デイリーコンサイス
仏和・和仏辞典

SANSEIDO'S DAILY CONCISE DICTIONNAIRE FRANÇAIS

木内良行・三省堂編修所 [編]

第2版

© Sanseido Co., Ltd. 2011

SANSEIDO'S
DAILY CONCISE
DICTIONNAIRE FRANÇAIS
FRANÇAIS-JAPONAIS
JAPONAIS-FRANÇAIS

First Edition 2003
Second Edition 2011

Printed in Japan

編　者

木 内 良 行

三省堂編修所

編集協力	青山典裕	加賀通恵	熊倉良子
	冨田直子	浜永和希	
	三省堂辞書編集システム		
	三省堂データ編集室		

地　図	ジェイ・マップ
装　丁	三省堂デザイン室

Français-Japonais

仏和辞典

まえがき

　本書は『デイリーコンサイス仏和・和仏辞典』初版の全面改訂版である。携帯版の利便性を保ちつつ日常生活に直接に役立つ実用書を目指すという旧版来の基本理念のもと，全体の内容について大幅な変更を行った．今回，とくに仏和部分のすべての語彙および訳語について全面的な見直しを行った．本書に収録された仏和部の見出し語数は約5万1千語，成句等を含めて約7万1千項目，和仏部は見出し語数1万5千語，用例等含めて2万5千項目となり，収録語彙数についても旧版を上回るものとなった．以下，内容に関して，大きな変更のあった仏和部分の今回の編集方針について手短に述べておきたい．

　まず，語彙の選択については，できるだけ広範囲の需要に応えられるものであること目指した．現代の標準的なフランス語で必要と思われる語彙をあらためて検討し，整理し直した．旧版で多く含まれていた使用頻度の低い俗語表現は大幅に削り，そのかわりにより必要性が高いと思われる科学技術，医学関連の語彙を大幅に組み入れた．改訂作業において，国内外の既存の辞書や書物を参考にしたことは言うまでもないが，今回あらためて実感したことはネットにおける情報量の豊かさである．公の機関が公表している資料集や公開論文のみならず，とくに科学技術や医学関連の語彙や表現については専門家の方々のホームページ等から教えられるところが大きかった．どの語彙を記載すべきかの判断に際してもネットの検索における生起数が大いに参考になった．

　訳語に関しては，当然ながらできるだけ簡明であることを心掛けた．それぞれの語彙項目において，旧版で記述が重複していた部分はすべて削除し，訳語や慣用表現等で最低限必要と思われるものを適宜補足した．動詞等の用法や構文の説明についてもできる限り簡略化し，記述が長くなり過ぎないよう見やすさを工夫したつもりである．また発音については，今回，カタカナ表記（カナ発音）は基本語のみとし，すべての見出し語に国際音声記号（IPA）による発音記号を付した．

　限られた時間内での改訂作業であったために不備なところも残されてはいるであろうが，少なくとも情報量という点においては旧版よりもはるかに豊かなものになったと信じる．

　原稿の作成から校正に至るまで，三省堂辞書出版部諸氏，とくに編集長の柳百合さん，編集担当の相川千尋さんには様々なところでご協力，ご尽力いただいた．深く感謝申し上げる．

2011年2月

木内　良行

まえがき(初版)

　デイリーコンサイス合本シリーズは，1957年刊の「デイリーコンサイス英和辞典」，1964年刊の「デイリーコンサイス和英辞典」を合冊した1964年版の「デイリーコンサイス英和・和英辞典」を皮切りに，1999年には「中日・日中辞典」，2000年には「独和・和独辞典」が刊行され，いずれも学習者のセカンド・ディクショナリーとして，またビジネスや日常生活の実用辞典として，高い評価を得てきた．

　このシリーズに「仏和・和仏辞典」も加えてほしいという強い要望が各方面から寄せられて久しいが，ここにようやく刊行の運びとなったのは，関係者一同大いに喜びとするところである．

　情報の新陳代謝の極めて激しい当今，辞書は常に時代の最先端が立てる砂煙の後塵を拝する趣があるが，本書は時代と併走すべく最大限の努力をはらったつもりである．

　本書の主な特色は以下の通りである．

[仏和編]
(1) 現代生活に必要十分な70,000項目を収載し，基本語3,500語に＊，最重要語1,100語には＊を付けて注意を喚起した．
(2) 高頻度語を中心に，類書中最大の16,000項目にカナ発音を付した．
(3) 発信型辞典をめざし，頻度の高いイディオム，コロケーションを最大限収録するよう努めた．
(4) 百科情報を34の囲み記事で展開した．

[和仏編]
(1) 発信面での運用性を考え，類書中最大の23,000項目を収載した．
(2) 情報科学，バイオテクノロジー，環境関連分野など，日々増殖するカタカナ語も，時間的に許される限度まで収載に努めた．

　本書はその持つ情報の質，量とも，類書を圧倒する結果となったが編集・DTP作業遂行には一貫して(株)ジャレックスと(有)ワード・ワークスの協力をいただいた．最後に記して深く謝意を表したい．

2003年春

三省堂編修所

凡　　例

1.　見出し語
1) 見出し語はアルファベット順に配列しました．
2) 使用頻度の高い約3,700語を選び，星印(*)をつけ色刷りにしました．さらにその中で，最も重要な約1,100語は星印を2つ(**)つけました．
3) 同じ綴りでも語源が違うものなどは，右肩に番号を付して別見出しとしました．
4) 名詞・形容詞のうちで，性・数によって変化するものについては，変化する部分をイタリック体で示しました．

2.　発　音
1) 発音は国際音声記号(IPA)で[　]に入れ示しました．
2) 使用頻度の高い約4,800語には目安として，カナ発音を示しました．
3) 動詞活用形の見出し語や，アルファベットの読みにしたがって発音される略語は，発音を省略しました．
4) リエゾンやエリジオンしない有音のhやyで始まる語には，†をつけました．

3.　品　詞
1) 品詞は 名 形 他 自 のように，漢字でわかりやすく表示しました．
2) 多品詞の語については，2つ目以降は──で示しました．ただし，特に問題のない場合は，形名 のように併記した場合もあります．

4.　訳　語
1) 多義語の場合は，①②③…のように語義をわけて記述しました．小さな区分は「,」で，大きな区分は「;」で区切りました．
2) 重要な語には対応英語を(英 example)のように示しました．
3) 冠詞を伴う場合は[[　]]で示し，複数で用いられる場合は《複》のように示しました．

5.　用例・成句
1) 用例は──で示し，複数ある場合は/で区切りました．
2) 成句は▶で示し，原則として語義ごとに配置しました．

6.　動詞の活用
規則変化をする語を除き，動詞には巻末の「動詞活用表」に対応する番号を，112131…のように示しました．

7. 記号

( )	訳語の意味限定
	省略可能
〚 〛	大文字・小文字や le, la などの具体的な語形
[ ]	直前の語との交換可能
《 》	スピーチラベルあるいは結びつく前置詞など
(<...)	語源など
【 】	訳語の説明
⇨	参照

コラム索引

フランスの地方制度	13	ラ・マルセイエーズ	596
新聞広告を読む	42	フランスのメディア	604
ベルギー	96	フランスの省庁	620
メニューの項目	147	パリの美術館	641
著名なフランス映画	178	国際機関	676
フランスの会社組織	197	フランスの主要政党	697
フランスの郷土料理	245	フランスの菓子	703
海県と海外領土	315	フランスの世界遺産	704
フランスの教育制度	334	フランスの賞	767
フランスの選挙	339	ケベック	784
家族	397	ラグビー	849
フランスの祝日と主な祝祭	405	フランスの鉄道	887
サッカー	420	スイス連邦	913
フランスのチーズ	432	テニス	939
フランスの政治制度	458	著名なフランス演劇	944
フランスの裁判制度	547	欧州連合の主要機関	974
著名なフランス文学	570	フランスのワイン	994

略語の説明

1. 品詞

名	名詞	非人称	非人称動詞	間	間投詞
男	男性名詞	助	助動詞	接頭	接頭辞
女	女性名詞	形	形容詞	接尾	接尾辞
代	代名詞	副	副詞	不定詞	不定詞
自	自動詞	冠	冠詞	直説法	直説法
他	他動詞	前	前置詞	接続法	接続法
代動	代名動詞	接	接続詞	条件法	条件法

2. スピーチラベル
( ) 内にスピーチラベルを示しました。そのうち、以下のものは略語で示しました。

- 《話》 口語
- 《古》 古語・古風な表現
- 《俗》 俗語・卑語
- 《方》 方言
- 《文》 文語

3. 語源
完全にフランス語化したものを除き、借用語には元の言語を(<)で示しました。ただし、次の言語は略語で示しました。

- (<イ) イタリア語
- (<ド) ドイツ語
- (<英) 英語
- (<日) 日本語
- (<ギ) ギリシア語
- (<ラ) ラテン語
- (<ス) スペイン語

4. 専門分野一覧
語義の専門分野を〔 〕内に示しました。そのうち、以下のものは略語で示しました。

〔医〕	医学	〔言〕	言語	〔精医〕	精神医学
〔印〕	印刷	〔工〕	工学	〔生化〕	生化学
〔映〕	映画	〔光〕	光学	〔地〕	地質・地学
〔園〕	園芸	〔鉱〕	鉱物	〔哲〕	哲学
〔化〕	化学	〔古生〕	古生物	〔鉄〕	鉄道
〔菓〕	菓子	〔史〕	歴史	〔天〕	天文
〔海〕	海洋	〔歯〕	歯学	〔電〕	電気・電子
〔解〕	解剖	〔詩〕	詩(法)	〔動〕	動物
〔楽〕	音楽	〔写〕	写真	〔農〕	農業
〔カト〕	カトリック	〔狩〕	狩猟	〔舞〕	舞踊
〔気〕	気象	〔宗〕	宗教	〔服〕	服飾
〔機〕	機械	〔修〕	修辞	〔物〕	物理
〔キ教〕	キリスト教	〔商〕	商業	〔文史〕	文学史
〔ギ神〕	ギリシア神話	〔植〕	植物	〔法〕	法律
〔空〕	航空	〔織〕	織物	〔紋〕	紋章
〔車〕	自動車	〔心〕	心理	〔冶〕	冶金
〔軍〕	軍隊	〔神〕	神学	〔薬〕	薬学
〔外〕	外科	〔数〕	数学	〔料〕	料理
〔経〕	経済	〔政〕	政治	〔ロ神〕	ローマ神話
〔劇〕	演劇	〔生〕	生物	〔論〕	論理
〔建〕	建築	〔聖〕	聖書		

フランス語の発音と綴り字

I. 発　音

1. 母　音：12の(口)母音と4つの鼻母音からなる.

a) (口)母音

12の(口)母音を舌の位置(前/後)，唇の形(平ら/丸い)，口の開き(狭い/広い)で見ると，次のようになる．

舌の位置	前	⟷	後
唇の形	平ら	⟷	丸い
口の開き			
狭い	i　　y		u
	e　　ø		o
		ə	
	ɛ　　œ		ɔ
広い	a		ɑ

日本語のアイウエオとの関連では，概略，次のようになる．

[i]：「イ」に近いが唇をより左右に強く引き発音する．
[u]：唇を丸めて突き出し強く発音する「ウ」．
[y]：[u] の丸い唇で [i] の舌の位置で発音する．
[e]：口の開きが狭い，「イ」に近い「エ」．
[ɛ]：口の開きが広い，「ア」に近い「エ」．
[a]：「ア」とほぼ同じ．
[ɑ]：[a] より口の奥の方で発音される「ア」．
[o]：「オ」に近いが，より唇を丸め緊張させて発音する．
[ɔ]：「ア」に近い「オ」．
[ø]：唇は [o] の形，舌は [e] の位置で発音する．
[œ]：唇は [ɔ] の形，舌は [ɛ] の位置で発音する．
[ə]：「ウ」に近い，舌・唇・口の緊張のとけた状態で発音される．

b) 鼻母音：[ɛ̃], [ɔ̃], [ɑ̃], [œ̃]

それぞれ [ɛ], [ɔ], [ɑ], [œ] の音を，鼻に響かせて発音する．

2. 半母音：[j], [ɥ], [w]

音の作り方はそれぞれ母音 [i], [y], [u] に似ているが，息の通路がさらに狭くなる．単独では音節を作ることができず，その点において子音と同様となる．

3. 子 音：次の17の子音からなる．

閉鎖音：[p], [b], [t], [d], [k], [g]
鼻　音：[m], [n], [ɲ]
摩擦音：[f], [v], [s], [z], [ʃ], [ʒ]
流　音：[l], [r]

日本語のアイウエオとの関連では，概略，次のようになる．
[p], [b], [t], [d], [k], [g]：パ行，バ行，タ行，ダ行，カ行，ガ行の子音とほぼ同じ．
[m], [n]：マ行，ナ行の子音とほぼ同じ．
[ɲ]：「ニュ」とほぼ同じ音．
[f], [v]：上前歯を下唇に当てて発音する．
[s], [z]：サ行，ザ行の子音とほぼ同じ．
[ʃ], [ʒ]：「シュ」，「ジュ」に近いが，舌先は上歯茎にはつけずに発音する．
[l]：舌先を上前歯の裏側につけて発音する．
[r]：舌は上げずに喉の奥を震わせて(うがいの時のように)発音する．

II. 字母 (Alphabet) とその名称

A a[ɑ], B b[be], C c[se], D d[de], E e[ə], F f[ɛf], G g[ʒe], H h[aʃ], I i[i], J j[ʒi], K k[ka], L l[ɛl], M m[ɛm], N n[ɛn], O o[o], P p[pe], Q q[ky], R r[ɛr], S s[ɛs], T t[te], U u[y], V v[ve], W w[dubləve], X x[iks], Y y[igrɛk], Z z[zɛd]

1. 合　字
Œ œ：oとeの合字．この組み合わせで単母音の場合に用いられる．
　　例：cœur [kœr]
Æ æ：aとeの合字．ラテン語からの借用語で用いられる．
　　例：cæcum [sekɔm]

2. 綴り字記号
アクサン・テギュ (accent aigu)：é
アクサン・グラーヴ (accent grave)：à, è, ù
アクサン・シルコンフレクス (accent circonflexe)：â, ê, î, ô, û
トレマ (tréma)：ë, ï, ü
セディーユ (cédille)：ç

Ⅲ. 綴り字とその発音
1. 母音字
a) 単母音字

a, à : [a]　ami, table, là
a, â : [ɑ]　classe, âme, pâte
e : [-]　(無音) gare, salade
　　[ə]　menu
　　[e]　nez, chanter
　　[ɛ]　appel, avec
é : [e]　été, café
è, ê : [ɛ]　mère, crème, fête
i, î, y : [i]　ici, île, stylo
o, ô : [o]　mot, tôt
o : [ɔ]　alors
u, û : [y]　utile, mûr

b) 複母音字

ai, aî, ei : [ɛ]　mais, maître, Seine
ai : [e]　chanterai
au, eau : [o]　auteur, château
eu, eû, œu : [œ]　fleur, cœur
　　　　　[ø]　heureux, vœux
ou, où, oû : [u]　vous, fou, où, goût
oi : [wa]　loi, oiseau

c) (同一音節内の)母音字 + m/n

am, an, em, en : [ɑ̃]　champ, France, emploi, encore
aim, ain, eim, ein, im, in, ym, yn : [ɛ̃]　faim, maintenant, Reims, plein, imbécile, fin, symphonie, syndrome
om, on : [ɔ̃]　nom, bon
um, un : [œ̃]　parfum, lundi
ien : [jɛ̃]　bien, italien
　　[jɑ̃]　science
oin : [wɛ̃]　besoin, loin
ion : [jɔ̃]　action
ian : [jɑ̃]　confiance
oyen : [wajɛ̃]　citoyen

2. 子音字

- b : [b] beau, bon
  - [p] (s, t の前) absence, obtenir
- c : [s] (e, i, y の前) cela, cité, cycle
  - [k] (e, i, y 以外の前) carte, corps, court, classe
- ç : [s] ça, leçon
- ch : [ʃ] chaise, chiffre
  - [k] orchestre, chrétien
- d : [d] donner, droit
- f : [f] français, faire
- g : [ʒ] (e, i, y の前) geler, régime, gymnastique
  - [g] (e, i, y 以外の前) gare, gomme, goût, grand
- gu : [g] (e, i の前) guerre, guitare
- gn : [ɲ] champagne, montagne
- h : [-] (無音の h) hôtel, histoire
  - [-] (有音の h) hasard, haut (h 自体は発音されないがリエゾン, アンシェヌマン, エリジオンが起こらない)
- j : [ʒ] jour, jardin
- k : [k] Kenya, kilogramme
- l : [l] lune, lac
- m : [m] mère, main
- n : [n] Noël, nager
- p : [p] père, pain
- ph : [f] photo, philosophie
- q : [k] coq, cinq
- qu : [k] quand, qui
- r : [r] rose, réel
- s : [s] sac, esprit
  - [z] besoin, maison
- ss : [s] passer, bassin
- t : [t] table, talent
- th : [t] thé, sympathique
- ti : [ti] tigre, question
  - [si] action, dictionnaire
- v : [v] vivre, vrai
- w : [v] wagon
  - [w] week end, wallon
- x : [ks] excuse, taxi
  - [gz] examen, exemple
- z : [z] zéro, bizarre

3. アンシェヌマン (enchaînement)

語末の子音が次の母音字(または無音のh)で始まる語の語頭母音と連結して発音される現象をアンシェヌマンという.

une⌢étudiante [ynetydjãt], il⌢a [ila], elle⌢habite [ɛlabit], avec⌢eux [avɛkø]

4. リエゾン (liaison)

その語単独の場合には発音されない語末の子音字が, 次に母音字(または無音のh)で始まる語が続く場合にその語頭母音と連結して発音されることがあり, その現象をリエゾンという.

des‿amis [dezami], un‿étudiant [œ̃netydjã], chez‿elle [ʃezɛl], très‿amusant [trɛzamyzɑ̃], plus‿aimable [plyzɛmabl], grand‿arbre [grɑ̃tarbr]

5. エリジオン (élision)

母音字で終わる語の後に母音字(または無音のh)で始まる語が続く場合に, 前の語の語末母音字が脱落することがあり, その現象をエリジオン(母音字省略)という. エリジオンが起こる語は次のとおり: ce, de, je, la, le, me, ne, que, se, si, te, jusque, lorsque, puisque, quoique (si は il(s) とのみエリジオンが起こる)

ce + est → c'est, le + enfant → l'enfant, je + habite → j'habite, que + il → qu'il, si + il → s'il

A

A¹, a¹ [a] 男 ① フランス字母の第1字 ② 《楽》イ音, イ調 ▶ *de A à Z* AからZまで, 初めから終りまで, 一部始終 *prouver par A plus B* (A + B = …, のように)理詰めで証明する

A², a² (略) ① [A] Ampère 〔電〕アンペア; Autoroute 高速道路 ② [a] are アール

a³ [a] avoir の直・現・3・単

a- 接頭 ①《ギ》「非」「無」「欠如」の意 ②《ラ》(ある場所・状態への)「移行」「変化」の意

*à [a ア] 前 [à + le→au; à + les→aux] ①(場所・方向・到着点)…に, …のところに[へ], …で, …へ, (…まで)…に, …まで (de) —être à la maison 家にいる / aller à Paris [au Canada, aux États-Unis] パリ[カナダ, アメリカ]へ行く / à six heures 6時に / de lundi à vendredi 月曜日から金曜日まで / à mon arrivée 私が着いたら / à vingt minutes [40 km] de Paris パリから20分[40キロ]のところにある ②(対象)…に[を]; …のために —donner … à A A(人)に…をあげる ③(分離)…から —acheter … à A A(人)から…を買う ④(単位)…につき, …あたり ; …ぎめ[単位]で —à l'heure 時間ぎめで, 時給で ⑤(帰属)…の(もの); (責任の所在)…のする(のは)…だ (de) —C'est à moi. それは私のです / C'est à toi de décider. 決めるのは君だよ ⑥(付属)…の入った, 付きの; (所有)…をもった; (手段)…で; …を使って —café au lait カフェオレ / une femme aux yeux bleus 青い目の女性 / cuisiner … au beurre …をバターで料理する ⑦(原因)…により, …で; …から —à la demande de …の要請により ⑧(用途)…用の —tasse à café コーヒーカップ ⑨(人助けを求めるなど) —Au feu! 火事だ / Au secours! 助けて / Au voleur! 泥棒だ ⑩《不定詞とともに》…するための, …すべき —maison à vendre 売家 / Je n'ai rien à écrire. 何も書くことがない ▶ *à la* …風の(に) —à la napolitaine ナポリ風に

ab- 接頭 《ラ》「離脱」の意

abaca [abaka] 男 マニラ麻

abaissement [abɛsmɑ̃] 男 引き下げる

abaissant(e) [abɛsɑ̃, -ɑ̃t] 形 品位を傷つける

abaisse [abɛs] 女 〔料〕伸ばしたねり粉

abaisse-langue [abɛslɑ̃g] 男 〔医〕舌押え

abaissement [abɛsmɑ̃] 男 (下げる, 下ろす)こと; (量・水準・価格の)低下, 下落; (品位・面目の)失墜, 卑下

*abaisser [abese アベセ] 他 (英 lower) おろす, 下げる; 低くする; (費用などを)減らす; (人の)品位を落とす —代動 [s'~] ①下がる; 低くなる; 減少する ②(…のまで)へり下る, 卑下する, 身を落とす

abaisseur(se) [abɛsœr, -øz] 形 〔解〕引き下げ筋(= muscle ~)の

abajoue [abaʒu] 女 (猿などの)頬袋

*abandon [abɑ̃dɔ̃ アバンドン] 男 遺棄, (車の)乗り捨て, 放置; (権利・財産の)放棄, 譲渡; (競技での)途中棄権 ▶ *à l'abandon* 放棄(放置)して *avec abandon* くつろいで, 打ちとけて

abandonné(e) [abɑ̃dɔne] 形 (< abandonner) (見)捨てられた; 遺棄された; (車を)乗り捨てられた

*abandonner [abɑ̃dɔne アバンドネ] 他 (英 abandon) (土地・職場などを)去る, 離れる, 捨てる; (権利などを)放棄する; (権限・財産などを人に)譲り渡す, ゆだねる (à); 断念する —代動 [s'~] (感情などに)身をゆだねる[任す], ふける (à)

abaque [abak] 男 〔数〕計算板; 算盤

abasie [abazi] 女 歩行不能症

abasourdi(e) [abazurdi] 形 (< abasourdir) (大きな音で)耳が一時的に聞こえなくなった; (驚きで)茫然とした, 仰天した

abasourdir [abazurdir] 他 33 (人の)耳を聾(ろう)する; 仰天させる

abasourdissant(e) [abazurdisɑ̃, -ɑ̃t] 形 仰天させる

abasourdissement [abazurdismɑ̃] 男 仰天

abat¹ [aba] 男 (複) 臓物, もつ

abat² [aba] abattre の直・現・3・単

abâtardir [abatardir] 他 33 退化させる; 堕落させる —代動 [s'~] 退化する; 堕落する

abâtardissement [abatardismɑ̃] 男 退化; 堕落

abatée [abate] 女 〔空〕急降下

*abat-jour [abaʒur アバジュール] 男 (不変) (ランプ・電灯の)かさ, ランプシェード; ひさし, 凹(すり)口上

abats [aba] abattre の直・現・1[2]・単; 命・1・単

abat-son(s) [abasɔ̃] よろい窓[鐘の音を地上に向けて送るため教会・寺院の高塔に取付ける]

abattable [abatabl] 形 打ち倒しうる

abattage [abataʒ] 男 ①伐採; 取りこわし ②畜殺 ▶ *avoir de l'abattage* 元気旺盛である, きびきびしている *vente à l'abattage* 大売出し

abattant… ⇒abattre

abattant [abatɑ̃] 男 (家具などの)たれ板, 揚げぶた; 自在板; はねぶた

abatte… ⇒abattre

abattement [abatmɑ̃] 男 ①(税金の)控除; (支払額の)割引 ②衰弱; 落胆, 気力消沈

abatteur [abatœr] 男 ①坑夫 ②てきぱき仕事をこなす人

abattis [abati] 男 ①(複) [料] (家禽の)肉及び外の部分[頭・首・足・内臓など];(話) (人間の)手足 ▶ *Numérote tes abattis!* (威嚇) 手足の1,2本はなくなってもおぼえとけ [伐採した]もの

abattoir [abatwar] 男 畜殺場;虐殺の場, 戦場

abattons [abatɔ̃] 直(命)·現·1·複

abattr... ⇨abattre

*__abattre__ [abatr アバットル] 他9 ①打ち倒す, 倒す;(家などを)取りこわす;(ほこり・風を)静める ②(動物を)仕留める, 撃ち殺す; (人を殺す, 処刑する ▶ *homme à abattre* 邪魔な奴 ③(飛行機を)撃墜する ④(自尊心を)くじく;意気消沈させる —*ne pas se laisser abattre* へこたれない, 落胆しない ⑤(仕事を)沢山こなす, 片付ける ⑥[トランプ] 手札を見せる;手の内を見せる — (代動) [**s'～**] ①(突然に)倒れる ②(…に)襲いかかる (sur)

*__abattu(e)__ [abaty アバテュ] 形 (< abattre) ①意気消沈した;衰弱した ②取り倒された, 伐採された ③(飛行機が)撃墜された

abat-vent [abavã] 男 (不変) 庇;(煙突の)風よけ

abat-voix [abavwa] 男 (不変) (説教壇の頭上にある)反響板

abbatial(ale) [abasjal] 形 (男 複 -*aux*[-o]) 大修道院(長)の —女 大修道院付属の教会

abbaye [abei] 女 大修道院

*__abbé__ [abe アベ] 男 ①神父; …師 —Monsieur l'abbé 神父さん ②僧院長

abbesse [abɛs] 女 女子大修道院長

Abbeville [abvil] アブビル [Somme 県北西部の町]

abbevillien(ne) [abvilje, -ɛn] 形 男 (前期旧石器時代の)アブビル[シェル]文化の

*__abc__ [abese アベセ] 男 (不変) ①アルファベット ②ABC読本 ③初歩, 基礎

abcéder [apsede] 自57 [医] 膿瘍になる, 化膿する

abcès [apsɛ] 男 [医] 膿瘍;膿 ▶ *crever [vider] l'abcès* 膿をだす;断固とした処置をとる —abcès de fixation 社会の病巣をえぐり出してくれる出来事[状況]

abdicable [abdikabl] 形 讓位[辞職]しろ[すべき]

abdicataire [abdikatɛr] 形 名 讓位[辞職]した(人)

abdication [abdikasjɔ̃] 女 讓位;辞職;棄権

abdiquer [abdike] 他 (王位を)讓る;(職を辞する;(権利などを)放棄する — 自 讓位する

abdomen [abdɔmɛn] 男 [解] 腹,腹部

abdominal(ale) [abdɔminal] 形 (男 複 -*aux*[-o]) 腹部の —男 (複) 腹筋(= muscles abdominaux) ▶ *faire des abdominaux* 腹筋運動をする

abdos [abdo] 男 (複) (話) 腹筋運動 [abdominaux の略]

abducteur [abdyktœr] 形 外転する —男 [解] 外転筋(= muscle ～)

abduction [abdyksjɔ̃] 女 (筋の)外転(作用)

abécédaire [abeseder] 男 初歩読本;入門書

*__abeille__ [abɛj アベイユ] 女 ミツバチ(蜜蜂) ▶ *abeille mère* 女王バチ *avoir les abeilles* (話) ひどくいらだっている,怒っている

abélien(ne) [abeljɛ̃, -ɛn] 形 [数] アーベルの

aber [abɛr] 男 (ブルターニュの)深海の河口

aberrant(e) [abɛrɑ̃, -ɑ̃t] 形 常規を逸した, 異常な, 変則の, 特異な

aberration [abɛrasjɔ̃] 女 ①非常識な考え[行為], 無分別 ②[天] 光行差;[光] 収差 ▶ *aberration chromosomique* 染色体異常

abêtir [abetir] 他33 愚かにする — (代動) [**s'～**] 愚かになる

abêtissant(e) [abetisɑ̃, -ɑ̃t] 形 人を愚かにする, 低俗な

abêtissement [abetismɑ̃] 男 低俗化, 愚かにする[なる]こと

abhorrer [abɔre] 他 (文) 嫌悪する, 憎悪する

abiétacées [abjetase], **abiétinées** [abjetine] 女 (複) [植] モミ属

abîme, abyme [abim] 男 ①深淵;深海 ▶ *un abîme de ...* 底知れぬほどの(知識など) ②地獄, 奈落;破滅 ▶ *au bord de l'abîme* 破滅に瀕している —la course à l'abîme 破滅への道 ③ ▶ *en abyme* [この表現では abîme は稀](構造が)入れ子の, はめ込まれた

abîmé(e) [abime] 形 (< abîmer) (物が)いたんだ, 破損した;(俗) 傷だらけの, 手ひどくやられた

*__abîmer__ [abime アビメ] 他 (英 damage) いためる, 損ずる;(話) 傷つける;非難する ▶ *abimer le portrait à* (話) (人の)顔に大けがを負わす[ぶん殴る] — (代動) [**s'～**] ①そこなわれる, 損ずる, いたむ ②(文) 沈む, 吸込まれる;(物思いなどに)ふける (dans) ▶ *s'abîmer les mains [yeux]* 手[目]をいためる

ab intestat [abɛ̃tɛsta] 副 (<ラ) [法] 遺言なく — 形 遺言なしの

abiogenèse [abjɔʒ(ə)nɛz] 女 [生] 自然発生

abiotique [abjɔtik] 形 生物の存在に適さない(できない)

ab irato [abirato] 副 (<ラ) [法] 怒りにかられて

abject(e) [abʒɛkt] 形 卑しい, 卑劣

な,下劣な

abjectement [abʒɛktmɑ̃] 副 卑劣にも

abjection [abʒɛksjɔ̃] 囡 卑劣,下劣(なこと,もの)

abjuration [abʒyrasjɔ̃] 囡 〔宗教・主義の〕放棄

abjurer [abʒyre] 他 (宗教を)宣誓して放棄する;(主義・主張を)放棄する

ablatif [ablatif] 男 〔文法〕奪格

ablation [ablasjɔ̃] 囡 〔外科手術による〕切除

-able 接尾 (<ラ)「…できる」「…の性質をもつ」の意の形容詞をつくる

ableret [ablərɛ] 男 四つ手網

ablette [ablɛt] 囡 〔魚〕ブリーク【コイ属の一種】

ablier [ablje] 男 = ableret

ablution [ablysjɔ̃] 囡 ①〔宗〕みそぎ,沐浴 ②体を洗うこと

abnégation [abnegasjɔ̃] 囡 自己犠牲,献身 ► *avec abnégation* 私心なく,献身して

ABO [abeo] 形 ► *système ABO* ABO式血液型

aboi [abwa] 男 ①〔文・古〕吠え声 ②〔複〕(獲物を追い詰めた猟犬の群れの)吠え声 ► *aux abois* (獲物が)追い詰められて;(人が)窮地[絶望的状態]にあって

aboiement [abwamɑ̃] 男 吠え声,吠えること;(軽蔑的)(人々のわめき声

abolir [abɔlir] 他 33 廃止する

abolition [abɔlisjɔ̃] 囡 廃止,撤廃

abolitionnisme [abɔlisjɔnism] 男 奴隷制度[死刑]廃止論

abolitionniste [abɔlisjɔnist] 形 奴隷制度[死刑]廃止論の —— 名 奴隷制度[死刑]廃止論者

abominable [abɔminabl] 形 憎むべき;ひどいやな

abominablement [abɔminabləmɑ̃] 副 ひどく

abomination [abɔminasjɔ̃] 囡 嫌悪;嫌悪すべきもの[行為] ► *avoir... en abomination* …をひどく嫌う *l'abomination de la désolation* 冒瀆(ぼうとく),悪の極み

abominer [abɔmine] 他 ひどく憎む[嫌う],嫌悪する

abondamment [abɔ̃damɑ̃] 副 どっさり,豊富に

***abondance** [abɔ̃dɑ̃s] アボンダンス 囡 豊かさ,多量さ;富裕;豊饒(ほうじょう) ► *Abondance de biens ne nuit pas.* (ことわざ)財産はいくらあっても害にはならぬ *d'abondance de cœur* 心を開いて,信頼しきって *en abondance* 豊富に[の],多量に[の] *parler d'abondance* よどみなく話す,とうとうと話す

***abondant(e)** [abɔ̃dɑ̃, -ɑ̃t] アボンダン(ト) 形 多量の,豊富な,(…に)富んだ (en)

abonder [abɔ̃de] 自 多量に[たくさん]ある;(…に)富む,(…で)満ちている (en) ► *abonder dans le sens de...* (話)(人)の意見に全面的に賛成する

***abonné(e)** [abɔne] アボネ 形 (<abonner) (…に)加入している,(…の)予約者である (à) ► *être abonné à un journal* 新聞をとっている ②(話)(…の)習慣がある ► *être abonné à la dernière place* いつもビリである ③(新聞雑誌の)予約購読者;(鉄道の)定期券所持者;(劇場の)定期予約者;(ガス・水道・電気・電話の)加入者 ► *être (se mettre) aux abonnés absents* 答えようとしない,耳を貸さない

***abonnement** [abɔnmɑ̃] アボヌマン 男 (ガス・水道・電気・電話の)加入契約;使用料金;(新聞・雑誌の)予約申込;予約購読代,(鉄道・劇場の)定期券;シーズンチケット

***abonner** [abɔne] 他 (人の名で…に)を定期購読する (à) — 代動 [s'~] (…に)定期購読[加入,利用]を申し込む (à)

***abord** [abɔr] アボール 男 ①(人を迎える)応接ぶり(人に近づく)物腰 ②(複)周囲,付近 ► *aux abords de...* 付近で,…の近くで ③人に近づくこと ► *au premier abord / de prime abord* ひと目見て,一見したところ *dès l'abord*(文)初めから *être d'un abord facile* 近づきやすい ► *d'abord* まず,何よりも,まずもって

abordable [abɔrdabl] 形 ①接近しやすい;愛想がよい ②(値段などが)手ごろな

abordage [abɔrdaʒ] 男 ①(他の船や波止場への)横付け ②(船の)衝突

***aborder** [abɔrde] アボルデ 他 ①(場所・局面に)さしかかる;近づく;(人に話をしようと)近づく ②(問題などに)とりかかる,着手する ③(船が)衝突する — 自 (…に)着岸する;到着する;(船が)横づけになる

aborigène [abɔriʒɛn] 形 土着の — 名 ①土着民 ②アボリジニー[オーストラリア先住民]

abortif, -ive [abɔrtif, -iv] 形 ①堕胎[流産]させる ②発育不全の;(病気の)進行が中断した — 男 妊娠中絶薬

abouchement [abuʃmɑ̃] 男 ①接合 ②〔医〕吻合(ふんごう)

aboucher [abuʃe] 他 (管を接合[連結]する — 代動 [s'~] (悪事などを企むために人と)寄り合う,談合する (avec)

abouler [abule] 他 (俗)与える — 代動 [s'~] (俗・古)来る

aboulie [abuli] 囡 〔医〕無意志(症)

aboulique [abulik] 形名 無意志(症)(の)(人)

about [abu] 男 (木や金属の)継ぎ口

aboutage [abutaʒ] 男 〔海〕(ロープの)繋ぎ,継ぎ接ぎ

aboutement [abutmɑ̃] 男 (端の)接合

abouter [abute] 他 端と端を接合する

aboutir [abutir アブティール] 自 33 ① (…で)終わる, (…に)通じる (à, en, dans); (…するに)至る (à) —n'aboutir à rien 何の結果も生まない (2)成功する, うまくいく ▶ **faire aboutir** 成功させる

aboutissants [abutisã] 男 (複) ▶ **les tenants et les aboutissants** 委細顛末等

aboutissement [abutismã] 男 結末, 到達点; 成果

aboyer [abwaje アボワイエ] 自 45 ① (犬が…に)吠える (après, contre) ② (話)がみがみ言う, わめく —他 どなって言う, わめきたてる

aboyeur(se) [abwajœr, -øz] 名 ① (話)がみがみ言う人;(劇場やホテルの門の)客寄せ, 車係など —男 吠える犬

abracadabra [abrakadabra] 男 アブラカダブラ [呪文]

abracadabrant(e) [abrakadabrã, -ãt] 形《話》わけのわからない, 奇妙奇天烈な

abraser [abrɑze] 他 すり減らす, 研磨する

abrasif(ve) [abrazif, -iv] 形 研磨用の —男 研磨剤

abrasion [abrazjɔ̃] 女 ① 研磨; 摩滅, ② (地)削摩; 侵食作用

abrégé(e) [abreʒe] 形 (<abréger) 要約された —男 要約, 簡約; 概要 ▶ **en abrégé** 簡略に, 要約すると

abrégement [abreʒmã] 男 短縮すること;(著作や演説の)要約;(つづり字の)省略

abréger [abreʒe] 他 40 57 短縮する, 要約する

abreuvement [abrœvmã] 男 (動物に)水を飲ませること

abreuver [abrœve] 他 (牛・馬などに)水を飲ませる; (人に…を)浴びせる (de) —代動 [s'~] (動物が)水を飲む;(話)(人が)浴びるように飲む

abreuvoir [abrœvwar] 男 (家畜・野鳥の)水飲み場; 水飲みおけ

abréviatif(ve) [abrevjatif, -iv] 形 省略の, 省略を示す

abréviation [abrevjɑsjɔ̃] 女 (語の)綴りの短縮; 略語

*****abri** [abri アブリ] 男 避難所; 壕, シェルター ▶ **à l'abri de** 安全に保護されて **abri de jardin** 小屋,(庭園の)休憩所 **se mettre à l'abri** (…から)安全な場所に隠れる (de)

abribus [abribys] 男 待合室のあるバス停

*****abricot** [abriko アブリコ] 男 (植)アンズ —形 (不変)アンズ色の

abricoté(e) [abrikɔte] 形 アンズ風味の

abricotier [abrikɔtje] 男 (植)アンズの木

abrité(e) [abrite] 形 (<abriter) 陰になった;風をさえぎる

*****abriter** [abrite アブリテ] 他 ① 匿う, 保護する, 防ぐ (de) ②(人を)収容する —代動 [s'~] ①(雨・風から)避難する, 身を防ぐ (de) ②(法律・親などを)傘にする (derrière)

abrivent [abrivã] 男 風よけ

abrogatif(ve) [abrɔgatif, -iv] 形 廃止を目的とした

abrogation [abrɔgɑsjɔ̃] 女 (法)取り消し, 廃止, 撤回

abrogatoire [abrɔgatwar] 形 = abrogatif

abroger [abrɔʒe] 他 40 (法令などを)廃止する

abrupt(e) [abrypt] 形 ①切り立っている, 急な, けわしい ②がさつな, ぶっきらぼうな ③がけ, 絶壁

abruptement [abryptmã] 副 ぶっきらぼうに

abruti(e) [abryti] 形 名 (話)ばか(な), あほ(な)

abrutir [abrytir] 他 43 ばかにする, 知性を失わせる; ぼんやりさせる ▶ **abrutir ... de travail** (人)を仕事でへとへとさせる —代動 [s'~] 頭がぼうっとなる; ばかになる

abrutissant(e) [abrytisã, -ãt] 形 極端につまらない; 頭をぼうっとさせる; 疲れさせる

abrutissement [abrytismã] 男 愚鈍化;(知力の)低下

A.B.S. (略) (<英) Anti-lock Brake System (自動車の)アンチロックブレーキシステム

abscisse [apsis] 女 (数)横軸標

abscons(e) [apskɔ̃, -ɔ̃s] 形 難解な

*****absence** [apsɑ̃s アプサンス] 女 (英 absence) ①不在, 留守, 欠席; (…の)欠如, 不足 ②記憶の空白, 放心 ▶ **en l'absence de** …がいない時に;…がいないいないうちに

*****absent(e)** [apsɑ̃, -ɑ̃t アプサン(ト)] 形 (英 absent) ①(…に)いない, 留守の, 欠席の (de) ②放心した, ぼうっとした ③欠けている, ない —名 不在者, 欠席者

absentéisme [apsɑ̃teism] 男 しょっちゅう休むこと, ずる休み

absentéiste [apsɑ̃teist] 名 しょっちゅう休む人

absenter [apsɑ̃te] 代動 [s'~] (いるべき場所から)離れる, 欠席[欠勤]する (de)

abside [apsid] 女 (建)礼拝堂の後陣

absidial(ale) [apsidjal] 形 (男複 -aux[-o]) (建)礼拝堂の後陣の

absidiole [apsidjɔl] 女 (建)小後陣, 後陣の礼拝堂

absinthe [apsɛ̃t] 女 ①アブサント(酒) [ニガヨモギを主成分とするリキュール] ② (植)ニガヨモギ

*****absolu(e)** [apsɔly アブソリュ] 形 (英 absolute) ①完全な, 全くの; 絶対

absoluité — acacia

absoluité [apsɔlyite] 女 〔哲〕絶対性

***absolument** [apsɔlymɑ̃ アブソリュマン] (英 absolutely) 副 ① 必ず,絶対に;完全に,全く ②〖返答として〗もちろん,当然 ③〖文法〗補語なしで(用いられる) ▶ *Absolument pas.* 絶対嫌だ,全く違う

absolution [apsɔlysjɔ̃] 女 ①〔神〕赦免(ﾟﾝ),罪の許し ②〔法〕無罪放免

absolutisme [apsɔlytism] 男 〔政治上の〕専制主義,独裁主義;〔哲〕絶対主義

absolutiste [apsɔlytist] 形 絶対主義の —— 男 専制[絶対]主義者

absolutoire [apsɔlytwar] 形 〔法〕無罪放免の

absolv... ⇨absoudre

absorbable [apsɔrbabl] 形 吸収される

absorbant(e) [apsɔrbɑ̃, -ɑ̃t] 形 ① 吸収する,吸収力のある ② 心を奪う,夢中にさせる

absorbé(e) [apsɔrbe] 形 (< absorber) 没頭している

***absorber** [apsɔrbe アブソルベ] 他 (英 absorb) ① 吸収する,吸い込む ② 食べる,飲む;消費する ③ 心を奪う,夢中にさせる —— 代動 [s'~] (…に)没頭する,熱中する,ふける (dans)

absorbeur(se) [apsɔrbœr, -øz] 男 〔化〕吸収器

absorption [apsɔrpsjɔ̃] 女 ① 摂取,吸収 ②〔企業などの〕合併

absorptivité [apsɔrptivite] 女 〔化・理〕吸収力[性]

absoudre... ⇨absoudre

absoudre [apsudr] 他 62 ①〔カト〕赦免する,罪を許す ②(…について人を)許し,見のがす (de)

absous, about [apsu] ⇨ absoudre

absoute [apsut] 女 〔カト〕①〔棺の前での〕赦祷(ﾊ) ②〔聖木曜日の〕罪の赦(ﾕﾞ)し

abstenir [apstənir] 代動 [s'~] 75 ①(…することを)差し控える,慎しむ (de) ②〔投票を〕棄権する

abstention [apstɑ̃sjɔ̃] 女 ①〔投票の〕棄権 ②放棄,断つこと

abstentionnisme [apstɑ̃sjɔnism] 男 〔政〕棄権主義(主義)

abstentionniste [apstɑ̃sjɔnist] 形 棄権(主義)の —— 男 投票棄権者

abstenu(e) [apstəny] absterir の過去分詞

abstien..., abstiln... ⇨abstenir

abstinence [apstinɑ̃s] 女 肌食うこと,禁欲;〔宗〕小斎 ▶ *faire abstinence* 肉を断つ

abstinent(e) [apstinɑ̃, -ɑ̃t] 形 節制する,禁欲する —— 男 禁欲家,節制家

abstract [apstrakt] 男 〔文章などの〕要約,概要

abstraction [apstraksjɔ̃] 女 抽象(化);抽象概念;空想 ▶ *faire abstraction de* …を考慮に入れなければ,*faire abstraction de* …を考慮に入れない,捨象する

abstrai... ⇨abstraire

abstraire [apstrer] 他 72 ①(…から)抽出する,取り出す (de) ②〔哲〕抽象する —— 代動 [s'~] (…から)自分を切り離す (de)

***abstrait(e)** [apstrɛ, -ɛt アブストレ(ト)] 形 (英 abstract) 抽象的な;難解な —— 男 抽象(的)の観念

abstraitement [apstrɛtmɑ̃] 副 理論上は,抽象的に

abstray... ⇨abstraire

abstrus(e) [apstry, -yz] 形 難解な,晦渋(ﾂﾞ)な

***absurde** [apsyrd アブシュルド] 形 (英 absurd) 道理に合わない,不合理の;条理な;ばからしい;非常識な —— 男 不合理,不条理;背理 ▶ *démonstration par l'absurde* 背理法による証明

absurdité [apsyrdite] 女 ① 不合理,不条理;非常識 ② ばかげたこと

***abus** [aby アビュ] 男 (英 abuse) ① 誤用,悪用;乱用 ▶ *abus de confiance* 背信,背任 *abus de tabac* たばこの吸い過ぎ *Il y a de l'abus.* 〔話〕それは行き過ぎだ ②〖複〗弊害,悪習

***abuser** [abyze アビュゼ] 自 (英 abuse) (~ de) ①(…を)悪用[乱用]する;〔親切などに〕乗ずる;〖補語なしで〗度が過ぎる —*abuser de ses forces* 権力を濫用する 〔立場を利用してつけこむ,もてあそぶ —— 他 だます —— 代動 [s'~] 思い違いをする ▶ *si je ne m'abuse* 私の思い違いでなければ

abusif(ve) [abyzif, -iv] 形 過度の,みだりな;不当な,誤った

abusivement [abyzivmɑ̃] 副 誤って,みだりに

abyme [abim] 男 = abîme

abyssal(ale) [abisal] 形 (男複 -aux [-o])〔海〕深海の

abysse [abis] 男 ① 深海 ②〔文〕深淵,人的な隠れた奥底

Abyssin(e) [abisɛ̃, -in] 固名 〔A-〕アビシニアの(人)

Abyssinie [abisini] 女 アビシニア〔エチオピアの旧称〕

abyssinien(ne) [abisinjɛ̃, -ɛn] 形 名 = abyssin

abzymo [abzim] 女 〔生化〕抗体酵素,抗体触媒

acabit [akabi] 男 〔軽蔑的〕気質,性質;種類 ▶ *du même acabit* 同じような

acacia [akasja] 男 〔植〕アカシア(属)

▶ **faux acacia** ニセアカシア

académicien(ne) [akademisjɛ̃, -ɛn] 名 アカデミーフランセーズ会員；アカデミー会員

académie [akademi] 女 ①学士院，文芸院；[A-] アカデミーフランセーズ(= A- française) ②(フランスの)大学区 ③裸体画(の習作)

académique [akademik] 形 ①学士院の，文芸院の；アカデミーフランセーズの ②(軽蔑的)アカデミー風の；形式ばった

académiquement [akademikmɑ̃] 副 学校のやり方によれば

académisme [akademism] 男 アカデミズム，伝統主義，形式尊重

Acadie [akadi] 女 アカディア [カナダ東南部旧フランス植民地]

acadien(ne) [akadjɛ̃, -ɛn] 形名 [A-]アカディアの(人) ── 男 アカディア方言

acajou [akaʒu] 男 [植] マホガニー ── 形 (不変) マホガニー色の，赤茶色の，赤刺色

alcalèphe [kalɛf] 男 [動] クラゲ

acanthacées [akɑ̃tase] 女 (複) [植] キツネノマゴ科

acanthe [akɑ̃t] 女 [植] アカンサス；[建] アカンサス葉飾り(= feuille d'~)

acanthocéphales [akɑ̃tɔsefal] 男 (複) [動] 鉤頭(こうとう)動物(門) [寄生虫の一群]

a cap(p)ella [akapela] 副形 (不変) (楽) アカペラで[の]

acariâtre [akarjɑtr] 形 (特に老人・高齢女性に関して)気むずかしい，おこりっぽい

acaricide [akarisid] 形名 ダニ駆除剤の(= produit ~)

acariens [akarjɛ̃] 男 (複) [虫] コナダニ，ダニ

acaule [akol] 形 [植] 茎の見えない

accablant(e) [akablɑ̃, -ɑ̃t] 形 押しつぶすような，圧倒的な；耐え難い，たまらない

accablé(e) [akable] 形 (< accabler) (悲しみなどに)打ちひしがれた

accablement [akabləmɑ̃] 男 落胆，意気消沈

***accabler** [akable] 他 (英 overwhelm) ①圧倒する；(人を…で)悩ませる (de) ②(人に…を)さんざん浴びせる (de)

accalmie [akalmi] 女 ①(暴風雨の)小止み；(海の)凪 ②(病気・騒乱などの)小康

accaparant(e) [akaparɑ̃, -ɑ̃t] 形 熱中させる；独占する，忙殺する

accaparement [akaparmɑ̃] 男 独占

accaparer [akapare] 他 ①買占める；独占する，一人占めにする ②(人を)忙殺する ── Son travail l'accapare. 彼は仕事にかかりきりだ．

accapareur(se) [akaparœr, -øz] 名 独占する(人)；買占める(人)

accastillage [akastijaʒ] 男 [海] 上部構造物(総称)，船楼

accédant(e) [aksedɑ̃, -ɑ̃t] 形 ▶ **accédant à la propriété** 住宅取得者

accéder [aksede] 自 57 ①(…に)到達する，達する (à) ②(願いなどを)聞き入れる (à)

accelerando [akselerɑ̃do] 副 (< イ) [楽] アッチェレランド，だんだん速く

accélérateur(trice) [akseleratœr, -tris] 形 加速の，促進する ── 男 (自動車の)アクセル；[化] (化学反応の)促進剤；[物] 粒子加速器 (= ~ de particules)

accélération [akselerasjɔ̃] 女 加速，促進；[物] 加速度，スピードアップ

accéléré(e) [akselere] 形 (< accélérer) 加速された，速い ── 男 [映] コマ落とし，低速度撮影

***accélérer** [akselere アクセレレ] 他 57 (英 accelerate) 加速する；(仕事などを)促進する，スピードアップする ── 自 加速する ── (代動) [s'~] 速くなる，速度が増す

accéléromètre [akselerɔmɛtr] 男 [物] 加速度計

***accent** [aksɑ̃ アクサン] 男 ①(英 accent) ②(英 stress) [音声] 抑揚，アクセント；[文法] アクセント記号 ── **accent aigu** アクサン・デギュ [´] / **accent circonflexe** アクサン・シルコンフレックス [^] / **accent grave** アクサン・グラーヴ [`] ③調子，強弱；抑揚 ── mettre [faire, porter] l'accent sur … 強調する，際立たせる / **accent tonique** 強勢

accenteur [aksɑ̃tœr] 男 [鳥] イワヒバリ，カヤクグリ

accentuation [aksɑ̃tyasjɔ̃] 女 ①アクセント(を置くこと)；目立っていること，際立ち ②強調，強化 ③アクセント記号(の付加)

accentué(e) [aksɑ̃tɥe] 形 (< accentuer) ①アクセントのある；アクサン記号のついた ②目だった，際立った；強調された

accentuer [aksɑ̃tɥe] 他 ①[音声] (…に)アクセント[強勢]を置く；[文法] アクサン記号をつける ②目立たせる，際立たせる，強調する；増加[増大]させる ── (代動) [s'~] ①強調される；はっきりする，強まる ②アクセントをつけて発音される

acceptabilité [aksɛptabilite] 女 [言] (文の)許容度

acceptable [aksɛptabl] 形 受け入れられる，許容できる，承諾できる

acceptant(e) [aksɛptɑ̃, -ɑ̃t] 形 受容的な，受け入れる ── 名 受諾者，受諾者

acceptation [aksɛptasjɔ̃] 女 ①承諾；受諾 ②受諾；[商] (手形の)引受

*__accepter__ [aksɛpte アクセプテ] 他 (英 accept) 受け入れる，応じる，受諾する ▶ __accepter de《que》__ …する[である]ことを受け入れる ── 代動 __s'~__ 自分（の欠点）を受け入れる

__accepteur(se)__ [akseptœːr, -øz] 名 受け取る人；[商] 手形引受人 ── 男 受容体

__acception__ [aksɛpsjɔ̃] 女 ① 語義，意味 ▶ __dans toute l'acception du mot__ 文字通り ② (人の) 特別扱い，考慮 ▶ __sans acception de personne__ だれも特別視せずに，公平に

*__accès__ [aksɛ アクセ] 男 (英 access) ① 入ること，立ち入り；アクセス，近づくこと，達すること，到達；[情報] アクセス ▶ __accès réservé aux riverains__ [掲示] 居住者のみ ▶ __accès interdit__ [掲示] 立入り禁止 ▶ __avoir accès à__ …へ行ける[入れる] ▶ __donner accès à__ …へ通じる，…へ行けるようにする ▶ __être d'un accès facile (difficile)__ 近づきやすい[近寄りがたい] ② 出入口，通路 ③ 病気や感情の発作，爆発 ▶ __accès de fièvre__ 発熱 ▶ __par accès__ 発作的に，気まぐれに

__accessibilité__ [aksesibilite] 女 近づきやすさ

__accessible__ [aksesibl] 形 ① 近づきやすい；わかりやすい ② (人に) 好きのする ③ (…に) 左右されやすい 《à》

__accession__ [aksɛsjɔ̃] 女 (…への) 到達，達成；(地位への) 就任；(資格の) 取得，(印・数) 印章に記載される) 加盟 (à)

__accessit__ [aksesit] 男 (ラ) 準入賞，次点

__accessoire__ [aksɛswar] 形 付随的な，副次的な，あまり重要でない ── 男 ① 付属品［品］；付随［副次］的なこと；[劇] 小道具 ②[服] (バッグ，靴などの) 小物

__accessoirement__ [akseswarmɑ̃] 副 副次的に；付随して

__accessoiriser__ [akseswarize] 他 (車に) 付属品をつける；(服を) 小物で飾り立てる

__accessoiriste__ [akseswarist] 名 ① 小道具係 ② 自動車用品販売業者

*__accident__ [aksidɑ̃ アクシィダン] 男 (英 accident) ① 事故，災難；偶然[不意]のできごと；波瀾 ▶ __accident de parcours__ 偶発事，思わぬ事故 ▶ __accident de voiture__ 自動車事故 ▶ __avoir un accident__ 事故にあう ▶ __par accident__ 偶然に，たまたま ②[楽] 臨時記号 ③ 凹凸 ▶ __accident de terrain__ 土地の起伏

__accidenté(e)__ [aksidɑ̃te] 形 (< accidenter) ① 事故にあった ② (土地が) 高低[起伏] のある，変化に富んだ ── 名 事故の被害者

__accidentel(le)__ [aksidɑ̃tɛl] 形 偶然の；事故による

__accidentellement__ [aksidɑ̃tɛlmɑ̃] 副 事故によって；偶然に，たまたま

__accidenter__ [aksidɑ̃te] 他 ① (…に) 損傷を与える ② 変化を与える

__accise__ [aksiz] 女 (ケベック) 消費税；(複)(ベルギー) 消費税

__acclamation__ [aklamasjɔ̃] 女 喝采，歓呼の声 ▶ __élire par l'acclamation__ 満場の拍手で[投票によらずに] 選出する

__acclamer__ [aklame] 他 拍手喝采を送る，歓声で迎える

__acclimatable__ [aklimatabl] 形 慣れる風土のある

__acclimatation__ [aklimatasjɔ̃] 女，__acclimatement__ [aklimatmɑ̃] 男 (新しい環境への) 順応，慣れること

__acclimater__ [aklimate] 他 (動植物を) 適応させる；(思想・習慣を) 導入する，根づかせる ── 代動 __s'~__ 順応する，慣れる

__accointances__ [akwɛ̃tɑ̃s] 女 (悪い意味で) 交際，親交 ▶ __avoir des accointances dans《avec》__ …と交際がある

__accolade__ [akɔlad] 女 ①(授賞・叙任での) 抱擁の動作 ▶ __donner l'accolade à__ (人を) 抱擁する ② 中括弧，ブレース{ }

__accoler__ [akɔle] 他 結びつける，連結する；(印・数) 中括弧に入れる

__accommodant(e)__ [akɔmɔdɑ̃, -ɑ̃t] 形 気やすい，協調的な

__accommodation__ [akɔmɔdasjɔ̃] 女 ① 適応，順応 ②(目の距離の) 調節機能

__accommodement__ [akɔmɔdmɑ̃] 男 和解，妥協；示談

__accommoder__ [akɔmɔde] 他 ①(…に) 合わせる，適応させる《à》② 調理する ──代動 (眼の) 焦点が合う ── __s'~__ ①(…に) 順応する，慣れる《à》②(人と) 和解する，折り合いをつける《avec》③(…で) 満足する，甘んずる《de》

__accompagnateur(trice)__ [akɔ̃paɲatœːr, -tris] 名 ①[楽] 伴奏者 ②(旅行などの) ガイド；付添い

__accompagnement__ [akɔ̃paɲmɑ̃] 男 ① 同伴；随行 ②[楽] 伴奏 ③[料] 添え物

*__accompagner__ [akɔ̃paɲe アコンパニェ] 他 (英 accompany) ①(…に) 伴う，同伴する；随行する；見送る；[楽] (…の) 伴奏をする ② 伴わせる，添える ── 代動 __s'~__ ①(…を) 伴う，連れて行く《de》

__accompli(e)__ [akɔ̃pli] 形 (< accomplir) ① 完全な，申し分のない ▶ __fait accompli__ 既成事実 ② 完了した，完成した，実現した ③[文法] 完了の ── 男 [文法] 完了相[形]

*__accomplir__ [akɔ̃pliːr アコンプリール] 他 33 (英 accomplish) ① 仕遂げる，果たす，

実行[履行]する, 実現する ②完了する, 終える —[代動][s'~] 果される, 実現される

accomplissement [akɔ̃plismɑ̃] 男 (義務などの)遂行; (願望の)達成, 実現

*__accord__ [akɔr アコール] 男 (英 agreement) 同意, 一致; [文法] 一致, 呼応; 気の合うこと; 調和; 調和音; 調子の合っていること; [通信] 同調 ► **D'accord.** わかった, オーケー. いいよ **d'un commun accord** 全員一致で **en accord avec** …と調和[一致]して **être d'accord** (人に)同意する (avec) **se mettre d'accord avec** …と合意に至る

accord-cadre [akɔrkadr] 男 (複 ~s-~s) 労使間基本協定

accordéon [akɔrdeɔ̃] 男 [楽] アコーディオン ► **en accordéon** (靴下などが) しわになった

accordéoniste [akɔrdeɔnist] 名 アコーディオン奏者

*__accorder__ [akɔrde アコルデ] 他 (英 grant) ①(…に)認める, 許す (à) ► **accorder de l'importance à** …を重視する ②[楽] 調律する ③一致させる —[代動][s'~] ①(…することに)意見が一致する (à) ②[文法] (…と)一致する (avec) ③一致[調和]する; 適合する

accordeur(se) [akɔrdœr, -øz] 名 [楽] 調律師

accordoir [akɔrdwar] 男 [楽] (ピアノなどの)調律用の道具; チューニングハンマー

accorte [akɔrt] 形 (女性形のみ) [文・古] 快活な, 愛嬌のある

accostage [akɔstaʒ] 男 ①[海] 横着け, 接岸 ②[話] 言い寄ること

accoster [akɔste] 他 ①(言葉をかけるために)近寄る; 言い寄る ②(船を)横着けする —自 横着けする

accotement [akɔtmɑ̃] 男 道端, 路肩 ► **Acotements non stabilisés** (標識) 路肩注意

accoter [akɔte] 他 [古] 寄りかからすもたれかける

accotoir [akɔtwar] 男 (いすなどの)肘掛け

accouchée [akuʃe] 女 産婦

accouchement ►[akuʃmɑ̃] 男 出産, 分娩 ► **accouchement sans douleur** 無痛分娩

*__accoucher__ [akuʃe アクシェ] 自 (子どもを)産む, 出産する ► **accoucher avant terme** 早産する ②(…を)生み出す, 考え出す (de) ③[話] 白状する — 他 分娩を助ける

accoucheur(se) [akuʃœr, -øz] 名 産科医 — 男 助産師

accouder [akude] [代動][s'~] 肘をつく

accoudoir [akudwar] 男 肘掛け; [建] 手すり

accouplement [akupləmɑ̃] 男 ①交接; 交尾 ②接合, 結合

accoupler [akuple] 他 ①一対にする; 接合[結合]する; 連結する ②交尾させる —[代動][s'~] 一対となる; 交尾する

*__accourir__ [akurir アクリール] 自 [18] [助動詞は多く être] かけつける, 走って来る

accoutrement [akutrəmɑ̃] 男 変わった身なり

accoutrer [akutre] 他 —[代動][s'~] (軽蔑的) 変わった身なりをする

accoutumance [akutymɑ̃s] 女 ①慣れること ②(薬物への)耐性, 依存

accoutumé(e) [akutyme] 形 (< accoutumer) 慣れた, いつもの ► **comme à l'accoutumée** いつものように

accoutumer [akutyme] 他 (人を… (すること)に)慣らす (à) —avoir accoutumé de [不定詞] [文] いつも …している —[代動][s'~] (…(すること)に)慣れる (à)

accouvage [akuvaʒ] 男 人工孵化

accréditation [akreditasjɔ̃] 女 (大使に)信任状を授けること

accrédité(e) [akredite] 形 (< accréditer) 認定された, 公認の — 名 (金銭・手形の)受取人, 被支払人

accréditer [akredite] 他 ①(…に)信用[名声]をうえる; (風説・報道などを)確認する ②信任状を授ける —[代動][s'~] 信用[名声]を得る; (風説・報道などが)確認される

accréditeur [akreditœr] 男 [商] 保証人

accro [akro] 形 [名] [話] ①麻薬中毒の(人) ②熱狂的な愛好者

*__accroc__ [akro アクロ] 男 ①かぎ裂き, 裂け目 ②(名声などの)汚名, きず ③思わぬ障害, 邪魔 ► **sans accroc** 何事もなく

accrochage [akrɔʃaʒ] 男 ①(額・カーテンなどを)掛けること ②(車との)接触; [軍] (ちょっとした)交戦; [話] 喧嘩

accroche [akrɔʃ] 女 キャッチフレーズ, うたい文句

accroche-cœur [akrɔʃkœr] 男 (複 ~-~(s)) 頰または額のおくれ毛

accroche-plat [akrɔʃpla] 男 (複 ~-~(s)) 皿掛け

*__accrocher__ [akrɔʃe アクロシェ] 他 ①(かぎなどに)掛ける, つるす ②(かぎに)引っ掛けて破く ③(車と)接触する, ぶつかる ④(注意)を引く ⑤(地位を)手に入れる —[代動][s'~] ①(…に)ひっかかる, しがみつく (à) ②あきらめない, がんばりぬく ③[話] (人と)口論をする (avec)

accrocheur(se) [akrɔʃœr, -øz] 形 ①粘り強い, ファイトのある ②どぎつい, 派手な

accroire [akrwar] 他 [成句でのみ] (古・文・カナ) ► **en faire accroire à** (人)をだます **faire [laisser] accroi-**

re A à B 《文》B(人)にAを信じ込ませる

accroissement [akrwasmɑ̃] 男 増加, 増大; 拡大; 《数》増し分

*accroître [akrwatr アクルワトル] 他 16 増加[増大]させる ── 代動 [s'~] 増加[増大]する

accroupi(e) [akrupi] 形 (＜ accroupir) しゃがんだ, うずくまった; 座った

accroupir [akrupir] 代動 [s'~] 33 しゃがむ

accru(e) [akry] 形 (＜ accroître) 増加[増大]した ── 男 (根から出た)新芽, ひこばえ ── 女 (減水による)土地の拡大, (森林の自然な)拡張

*accueil [akœj アクイユ] 男 ① 受け入れ, 応接, もてなし ►*faire bon* [*mauvais*] *accueil à* (人)をあたたかく迎える[冷遇する] ②(会社などの)受付；〔情報〕page d'accueil ホームページ

accueillant(e) [akœjɑ̃, -ɑ̃t] 形 あいそりのよい, 愛想のある

*accueillir [akœjir アクイール] 他 22 ①(英 welcome) 迎える, もてなす；(人)を泊める ②受け入れる, (施設などが)収容する

acculer [akyle] 他 追い詰める; (人を…に)追い込む (à)

acculturation [akyltyrasjɔ̃] 女 異文化への適応, 異文化受容

acculturé(e) [akyltyre] 形 文化変容を起こした

accumulateur [akymylatœr] 男 〔電〕蓄電池, バッテリー; 〔工〕蓄圧機; 〔情報〕アキュムレーター ►*accumulateur de chaleur* 蓄熱ヒーター

accumulation [akymylasjɔ̃] 女 積み重ね, 蓄積, 集積; 充電 ►*radiateur à accumulation* 蓄熱ヒーター

accumuler [akymyle] 他 ①積み重ねる, 蓄積する ②蓄電する ── 代動 [s'~] 積もる, 積み重なる; 蓄積される

accus [aky] 男 (複) (略) accumulateurs 〔話〕バッテリー

accusateur(trice) [akyzatœr, -tris] 形 告訴[告発・起訴]する; とがめる ── 名 告訴人, 告発者, 起訴人; 非難者

accusatif [akyzatif] 男 〔文法〕対格

accusation [akyzasjɔ̃] 女 〔法〕告訴, 告発, 起訴; 検事(局); 非難 ►*lancer une accusation contre* …を告発する ►*mettre en accusation* 起訴する

accusé(e) [akyze] 形 (＜ accuser) 際立った, 目立った ── 名 刑事被告人, 被告 ►*accusé de réception* (荷物・郵便物の)受領証

*accuser [akyze アキュゼ] 他 (英 accuse) ①(人を…に[人に・して])非難する, 告発[告訴]する (de) ②(人に…の)責任を負わせる (de) ③はっきり示す, 表わす ►*accuser la fatigue* 疲れた様子を見せる ►*accuser réception de* (荷物・郵便物の)受領を確認する ── 代動 [s'~] ①自らを責める; 後悔する; (過ち・罪と)認める (de) ②互いに非難する ③目立つ, 著しい

ace [ɛs] 男 〔テニス〕エース

-acée(s) 接尾 《ラ》(植物における)「…科」の意

acéphale [asefal] 形 頭のない; 首領のいない

acerbe [asɛrb] 形 皮肉な, 辛らつな

acéré(e) [asere] 形 (＜ acérer) とがった, 鋭い, 鋭利な; 《文》辛らつな

acérer [asere] 他 52 鋭くする

acériculture [aserikyltyr] 女 (カナダの)サトウカエデ栽培 [メープルシロップ収穫用]

acescence [asesɑ̃s] 女 (ワインなどの)腐敗

acescent(e) [asesɑ̃, -ɑ̃t] 形 酸敗した

acétate [asetat] 男 〔化〕酢酸塩, アセテート

acétification [asetifikasjɔ̃] 女 酢酸生成, 酸に変わる[変える]こと

acétifier [asetifje] 他 酢にする

acétique [asetik] 形 酢酸の

acétone [asetɔn] 女 〔化〕アセトン

acétylène [asetilɛn] 男 〔化〕アセチレン

acétylsalicylique [asetilsalisilik] 形 〔薬〕アセチルサリチルの

achalandé(e) [aʃalɑ̃de] 形 ①(品揃えが)豊富な ②(カナダ)(顧客が)多い

acharné(e) [aʃarne] 形 (＜ acharner) ①激しい, 執拗な; (人に対して)容赦のない (contre, après) ②(…に)熱中した (à)

acharnement [aʃarnəmɑ̃] 男 激烈さ; 執拗さ; 熱中, 熱情 ►*acharnement thérapeutique* (軽蔑的の)延命治療 *avec acharnement* 激烈に, 執拗に

acharner [aʃarne] 代動 [s'~] ①(人を)しつこく追撃する (après, contre, sur) ②つきまとう, 執念する (sur); (…する ことに)執拗になる (à)

*achat [aʃa アシャ] 男 (英 buying, Purchase) ①買い入れ, 購買 ②買物, 購入物 ►*faire des achats* 買い物をする ►*pouvoir d'achat* 購買力

ache [aʃ] 女 セリの俗称

acheminement [aʃminmɑ̃] 男 (…への)あゆみ (à, vers); 進歩 ►*acheminement des secours aux civils* 民間人への救援物資の輸送

acheminer [aʃmine] 他 ①(…へ)発送する; 配達する, 送る (sur, ves, à) ②(ある状態に)導く ③(…へ)向かわせる (sur, vers) ── 代動 [s'~] ①(…へ)向かう (sur, vers, à) ②達する, 至る

*acheter [aʃte アシュテ] 他 1 (英 buy) ①買う; (人にものを)買ってあげる

acheteur(se)

⟨à, pour⟩; (人からものを)買う ⟨à⟩ ③ (代価を払って)かろうじて獲得する ④ 《話》買収する — 代動 **s'~** ① 買える ② 自分のために買う

acheteur(se) [aftœr, -øz アシュトゥール(ズ)] 图 買手, 購入者; [法] 買主; [商] バイヤー, 仕入人

acheuléen(ne) [aʃøleɛ̃, -ɛn] 形男 アスュール文化の 【前期旧石器時代】

achevé(e) [aʃve] 形 (< achever) 完成した; 《文》完璧な;《軽蔑的》全くそのもの ▶ *d'un ridicule achevé* 滑稽の極み

achèvement [aʃvmɑ̃] 男 完成, 竣工

*******achever** [aʃve アシュヴェ] 他 (英 complete, finish) ① 終える, 完成させる ② 完全に打ちのめす, (ものごとが人をへとへとに)疲れさせる, とどめをさす

Achille [aʃil] 固男 [ギ神] アキレウス, アキレス ② **[a-]** 固男 ▶ *talon d'Achille* アキレスの踵(かかと), 弱点 **tendon d'Achille** アキレス腱(けん)

acholie [akɔli] 女 [医] 胆汁欠乏症; 無胆汁症

achondroplasie [akɔ̃drɔplazi] 女 [医] 軟骨形成不全症

achoppement [aʃɔpmɑ̃] 男 ▶ *pierre d'achoppement* 障害, つまずく場所

achopper [aʃɔpe] 自《文・古》(…に)つまずく ⟨sur⟩ — 代動 **s'~** 《文》つまずく

achromatique [akrɔmatik] 形 [光] 収色性の; [植] 非染色性の

achromatiser [akrɔmatize] 他 [物] 色収差を補正する

achromatisme [akrɔmatism] 男 [光] 色消し; 消色性, 収色性

achromie [akrɔmi] 女 [医] 色素欠乏症 (=albinisme)

*******acide** [asid アシッド] 形 (英 acid) ① すっぱい, 酸味のある; 辛らつな ② 酸性の — 女 ① 酸 ▶ *acide acétique* 酢酸 **acide aminé** アミノ酸 **acide chlorhydrique** 塩酸 **acide gras** 不飽和脂肪酸 **acide gras trans** トランス脂肪酸 [心臓疾患の原因の一つ] **acide sulfurique** 硫酸 ② 《話》LSD

acidifiant(e) [asidifjɑ̃, -ɑ̃t] 形 酸っぱくする[なる]

acidification [asidifikasjɔ̃] 女 酸性化

acidifier [asidifje] 他 酸性にする; すっぱくする

acidimétrie [asidimetri] 女 [化] 酸滴定, 酸度量法

acidité [asidite] 女 ① 酸味, すっぱさ; 辛らつさ ② 酸性(度)

acidose [asidoz] 女 [医] 酸血症, アシドーシス

acidulé(e) [asidyle] 形 かすかに酸味のする

---

acier [asje アシィエ] 男 (英 steel) ① 鋼鉄, 鉄鋼業 ▶ *acier inoxydable* ステンレス **acier trempé** 鍛鋼 **d'acier** 鋼のような —regard d'acier 冷たいまなざし ② 砲弾, 銃弾

aciérage [asjeraʒ] 男 [冶] 被鉄法; [電化] 電気被鉄法

aciérie [asjeri] 女 製鋼所

acmé [akme] 女 《文》頂点; 《古》(病の)極期

acné [akne] 女 [医] 座瘡(ざそう), にきび ▶ *acné juvénile* 成長期のにきび

acolyte [akɔlit] 男 《話・軽蔑的》手下, 子分

acompte [akɔ̃t] 男 前払い金, 手付金; 《話》先取りして味わう楽しみ

aconit [akɔnit] 男 [植] トリカブト

aconitine [akɔnitin] 女 アコニチン 【トリカブトに含まれる猛毒】

a contrario [akɔ̃trarjo] 副形 (< ラ) 反対推論により[による]

acoquiner [akɔkine] 代動 **s'~** (悪い仲間と)付き合う, ぐるになる ⟨avec, à⟩

à-côté [akote] 男 ① (問題の裏側, 別の側面) ② 《複》副収入; ついでの出費

à-coup [aku] 男 (機械の)不規則な動き, 急停止 ▶ *par à-coups* 不規則に, 断続的に **sans à-coups** 順調に

acousticien(ne) [akustisjɛ̃, -ɛn] 名 音響技術者

acoustique [akustik] 形 ① 聴覚の ② 音響の — 女 ① 音響学; (室内の)音響効果

acquéreur(esse) [akerœr, -ɛs] 名 [女性形 acquéreuse は法律用語として使う] 買い手, 買主 ▶ *se porter acquéreur de* …の買い手になる

*******acquérir** [akerir アケリール] 他 ② (英 acquire) ① 手に入れる, 得る, 獲得する ② (物を主語に) (人に)手に入れさせる, 獲得させる — 代動 **s'~** (人が…を)得る; (ものが)獲得される

acquêt [akɛ] 男 《複》[法] 取得財産 【結婚期間中に夫婦の得た共有財産】

acquiescement [akjɛsmɑ̃] 男 同意, 承認

acquiescer [akjese] 自 ⑤ (…に)同意, 承諾する ⟨à⟩; 賛同する ▶ *acquiescer d'un signe de tête* うなずいて承諾する

acquis(e) [aki, -iz] 形 (< acquérir) ① 後天性の ② 得られた, 獲得した — 男 ① 学識, 経験 ② 《複》既得権益 ▶ *caractères acquis* [生] 獲得形質

acquisition [akizisjɔ̃] 女 手に入れること, 獲得, 購入物 ▶ *acquisition du langage* 言語習得 **faire l'acquisition de** …を手に入れる

acquit [aki] 男 領収書, 受領書 ▶ *par acquit de conscience* 念のために; 安心できるように **pour acquit** 「領

収済」

acquit-à-caution [akitakosjɔ̃] 男 [税関] 無関税運送免状

acquittement [akitmɑ̃] 男 ①[法] 無罪放免 ②(義務の)履行; (借金の)返済, 支払い

acquitter [akite] 他 ①[法] (被告を)無罪放免する; (義務・債務などから人を)解放する《de》②(負債を)返済する ③(…に)受取の署名をする ― 代動 [s'~] (義務などを)果たす《de》; (借金を)返済する

acra [akra] 男 アクラ【細かく刻んだ魚や野菜を衣で揚げたジャマイカ料理】

acre [akr] 囡 エーカー【昔の土地面積の単位で; 52アール】(英国では約40アールに相当)

âcre [ɑkr] 形 えがらっぽい, 苦い; 辛らつな, 激しい

âcreté [ɑkrəte] 囡 えがらっぽさ, 苦さ, 渋さ; 辛らつさ, 激しさ

acridien [akridjɛ̃, ɛn] 男 [虫] バッタ

acrimonie [akrimɔni] 囡 (気分・言葉の)とげとげしさ, 荒々しさ

acrimonieux(se) [akrimɔnjø, -øz] 形 辛らつな, 皮肉な

acrobate [akrɔbat] 图 軽わざ師; 《軽蔑的》達人

acrobatie [akrɔbasi] 囡 軽業; 軽業 ► *acrobaties aériennes* アクロバット飛行 *faire des acrobaties* 曲芸をする

acrobatique [akrɔbatik] 形 軽わざの

acromégalie [akrɔmegali] 囡 [医] 先端巨大症, 末端肥大症

acronyme [akrɔnim] 男 アクロニム, 頭字語

acropole [akrɔpɔl] 囡 (古代ギリシア都市の)城砦, アクロポリス; [A-] アテネのアクロポリス

acrostiche [akrɔstiʃ] 男 [詩] 折句(⁽⁴⁾)

acrylique [akrilik] 男 (繊維)アクリル

***acte** [akt アクト] 男 ①(英 act) 行為 ► *acte gratuit* なくした行為 *acte médical* 医療行為 *faire acte d'autorité* 権力を行使する *faire acte de* …を示す, 発揮する *faire acte de bonne volonté* やる気のあるところを示す *faire acte de candidature* 立候補する *faire acte de présence* 顔を出す *passer à l'acte* 行動に移す ②証書: 文書, 調書 ► *acte d'accusation* 起訴状 *acte de baptême* 洗礼証書 *acte de décès* 死亡証明書 *acte de mariage* 結婚証明書 *acte de naissance* 出生証明書 *acte de vente* 売渡証書 *acte judiciaire* 法律文書 *acte notarié* 公正証書 *avaler son acte de naissance* (話)死ぬ *dont acte* (証書の末尾で)上記の通り相違ありません *prendre acte de [que]* …を法的に確認させる; (後日のために)はっきりとどめる ③《複》(学会などの)議事録; 言行録 ► *Actes des Apôtres* (新約聖書の)使徒行伝 ④[劇] 幕, 段 ⑤(事件などの)局面

acter [akte] 他 (調書を)作成する; (正式に)確認する, 明記する

***acteur(trice)** [aktœr, -tris アクトゥール(トリス)] 图 (英 actor, actress) ①俳優, 役者 ②(事件などの)当事者, 関係者

***actif(ve)** [aktif, -iv アクティフ(ヴ)] 形 (英 active) ①活動的な, 活発な; 勤勉な, 積極的な ► *armée active* 現役軍 *entrer dans la vie active* 働き始めに入る *population active* 労働人口 *prendre une part active à* …に積極的に参加する ②(薬などが)効能のある ③[文法] 能動の ― 男 ①[商] 資産, 貸方 ②[文法] 能動態 ► *avoir … à son actif* …を功績として持っている

actine [aktin] 囡 [生] アクチン【タンパク質の一種】

actinide [aktinid] 男 [物] アクチノイド【放射性元素で原子番号89から103までの総称】

actinie [aktini] 囡 [動] イソギンチャク

actino- 接頭 (ギリ) 「放射」の意

actinomycète [aktinomisɛt] 男 [生] 放線菌

actinothérapie [aktinoterapi] 囡 光線療法

***action** [aksjɔ̃ アクシヨン] 囡 (英 action) ①行動, 行い, 動作, しぐさ; 活動 ► *action d'éclat* すばらしい功績 *action économique et sociale* 社会経済政策 *action humanitaire* 人道援助 *champ d'action* 活動分野 *en action* 行動中の, (機械などが)作動中の *faire une bonne action* 善行を施す *film d'action* アクション映画 *passer à l'action* 行動に移る ②[文学] 筋の運び[進行]; 筋 ③働き; [物・作用] 作用, 働きかけ ► *sous l'action de* …の作用で ④[法] 訴訟 ⑤[商] 株, 株式

actionnaire [aksjɔnɛr] 图 [商] 株主

actionnariat [aksjɔnarja] 男 株主たること; 株主; 持ち株制度

actionner [aksjɔne] 他 (機械などを)動かす, 作動させる

activement [aktivmɑ̃] 副 活発に, 積極的に, せっせと

activer [aktive] 他 活気づける; 速め, せきたてる ― 代動 [s'~] 急ぐ; 熱心に働く

activisme [aktivism] 男 [政] 活動主義, 積極的行動主義

activiste [aktivist] 形 積極的行動主義の ― 图 積極的行動主義者

***activité** [aktivite アクティヴィテ] 囡 (英 activity) 活動(範囲), 仕事; 活力,

活気 ▸*activité d'éveil* 早期教育 *activité professionnelle* 職業 *en activité* 活動中の; (公務員が)現職の, (工場などが)操業中の

actrice [aktris アクトリス] 囡 ⇨acteur

actuaire [aktyɛr] 男 会計士

actualisation [aktyalizasjɔ̃] 囡 現実化

actualiser [aktyalize] 他 現実化する; 現代化する

*****actualité** [aktyalite アクテュアリテ] (英 actuality) ①現実, 現状, 実状; 現実性, 時事性 ②[複] ニュース ―*actualité sportive [politique]* スポーツ界[政界]の動向 ▸*être d'actualité* 現代的である, ニュース性のある

actuariat [aktyarja] 男 会計業務

*****actuel(le)** [aktyɛl アクテュエル] 厖 (英 current) 現在の; 現代的な; 今日的な ▸*à l'heure actuelle* 現在では

*****actuellement** [aktyɛlmã アクテュエルマン] 圖 (英 at present) 現在は, 目下

acuité [akqite] 囡 ①(音などの)鋭さ; (苦痛・病気などの)激しさ ②(五感の)鋭さ ▸*acuité visuelle* 視力

acupuncteur(trice), acuponcteur(trice) [akypɔ̃ktœr, -tris] 名 鍼灸師, 鍼灸医

acupuncture, acuponcture [akypɔ̃ktyr] 囡 [外] 鍼灸法, 鍼術

acutangle [akytɑ̃gl] 厖 [数] 鋭角の

adage [adaʒ] 男 (主に法律の)格言

adagio [adadʒjo, adaʒjo] 圖 (く伊) ゆるやかに ― 男 アダージョ(の曲), 緩板曲

adamantin(e) [adamɑ̃tɛ̃, -in] 厖 ダイヤモンドのように堅い[光る]

adaptable [adaptabl] 厖 とりつけられる; 適応できる

adaptateur(trice) [adaptatœr, -tris] 名 脚色[翻案]者 ― 男 アダプター, 変換器

adaptation [adaptasjɔ̃] 囡 当てはめる[はまる]こと; 適合, 応用, 適応(性); 脚色, 翻案 ▸*capacité [faculté] d'adaptation* 適応能力

*****adapter** [adapte アダプテ] 他 (英 adapt) ①(…に)取りつける (à) ②(…に)当てはめる, 適合[順応]させる (à) ③翻案する, 脚色する ―*adapter un roman au cinéma* 小説を映画用に脚色する ― 代動 [*s'~*] (…に)当てはまる; 適合[順応]する (à)

addenda [adɛ̃da] 男 (<ラ) 〈不変または複数 addendas〉 付録, 補遺

addictif(ve) [adiktif, -iv] 厖 中毒の, 依存症の

addiction [adiksjɔ̃] 囡 (アルコールや麻薬の)中毒, 依存

additif [aditif] 男 ①(法令や規則の)補則 ②(食品)添加物

*****addition** [adisjɔ̃ アディシォン] 囡 (英 addition) ①加えること, 付加 ②付加物; [数] 加法; (料理店などの)勘定(書); [印] 傍注, 付記

additionnel(le) [adisjonɛl] 厖 付加の; 追加の; (情報)アドオンの

*****additionner** [adisjɔne アディシォネ] 他 ①(…に)添加する (à); [~ A de B] (AにBを)混入する ②合計する ― 代動 [*s'~*] 加わる

additive(e) [aditive] 厖 (重油や軽油が)添加剤の入った

adducteur [adyktœr] 男 [解] 内転筋 (= muscle ~)

adduction [adyksjɔ̃] 囡 ①導水(法); (水・ガス・石油などを)引くこと ②[解] 内転(作用)

-ade 接尾 (く ギ, ラ, イ, ス) 行為, 場所, 集合, 製品を表す女性名詞をつくる

adénite [adenit] 囡 [医] リンパ腺炎

adénoïde [adenɔid] 厖 [医・生理] 腺状の, 腺様の

adénome [adenom] 男 [医] 腺腫

adénovirus [adenovirys] 男 [医] アデノウイルス【呼吸器疾患を起こす】

adepte [adɛpt] 名 信徒; (学説・政党などの)信奉者, 愛好者, 実践者

adéquat(e) [adekwa, -at] 厖 (…に)完全に一致する, 妥当な (à)

adéquation [adekwasjɔ̃] 囡 適合, 一致

adhérence [aderɑ̃s] 囡 くっついていること, 粘着, 固着; (複)[医] 癒(*)着

*****adhérent(e)** [aderɑ̃, -ɑ̃t アデラン(ト)] 厖 (…に)粘着する (à); 粘着性の ― 名 支持者; 党員, 会員 ▸*carte d'adhérent* 会員証

adhérer [adere] 自 57 ①(…に)粘着する, くっつく (à) ②(意見などに)賛同する, 賛成する; (会・政党などに)加盟する (à)

adhésif(ve) [adezif, -iv] 厖 粘着する; 粘着性の ― 男 粘着物 ▸*pansement adhésif* ばんそうこう *ruban adhésif* 接着テープ, セロハンテープ

adhésion [adezjɔ̃ アデジォン] 囡 ①同意 ②加盟, 加入 ▸*demander son adhésion à* …への加盟申請をする

ad hoc [adɔk] 厖 (くラ) ①(しばしば皮肉で)適切な ②そのための ▸*commission ad hoc* 特別委員会

ad hominem [adominɛm] 厖 (くラ) 個人を(攻撃)対象にする ▸*argument ad hominem* 対人論法 *attaque ad hominem* 人身攻撃

adiabatique [adjabatik] 厖 [物] 断熱過程の

*****adieu** [adjø アデュ] 圖 さようなら, さきぎんよう ― 男 告別, 離別 ▸*dire adieu à* …に別れを告げる *faire ses adieux à* …に別れの挨拶をする

à-Dieu-va(t) [adjœva(t)] 圖 なるようになれ

adipeux(se) [adipø, -øz] 厖 [生理]

脂肪の; 脂肪質の
adiposité [adipozite] 囡 [医] 脂肪の蓄積, 肥満
adjacent(e) [adʒasã, -ãt] 形 (…に) 隣接した (à) ▶ *angles adjacents* [数] 隣接角

*__adjectif(ve)__ [adʒɛktif, -iv アジェクティフ(ヴ)] 形 形容詞の ── 男 形容詞 ▶ *adjectif attribut* 属詞形容詞 *adjectif épithète* 付加形容詞

adjectivement [adʒɛktivmã] 副 形容詞的に
adjoindre [adʒwɛ̃dr] 他 38 ①(…に) 添える, 加える (à) ②(人に助手として) 付ける (à) ── 代動 [s'~] ①(助手などを) 自分につける ②(…と) 仲間になる, 加わる
adjoint(e) [adʒwɛ̃, -ɛ̃t] 形 (< adjoindre) 補助の, 副の, 副の ── 名 助手, 補助者; (市町村の) 助役 (= ~au maire) ▶ *directeur adjoint* 部長[局長, 社長] 補佐
adjonction [adʒɔ̃ksjɔ̃] 囡 ①付加 (すること); (助手などの) 配属 ②添加物 ▶ *sans adjonction de* …無添加の
adjudant(e) [adʒydã, -ãt] 名 ①曹長 ②[話] 偏狭で口うるさく威張った人
adjudant-chef [adʒydãʃɛf] 男 (複 ~s-~s) 准尉
adjudant-major [adʒydãmaʒɔr] 男 副官
adjudicataire [adʒydikatɛr] 名 落札人
adjudication [adʒydikasjɔ̃] 囡 [商] 競売; 入札
adjuger [adʒyʒe] 他 40 ①[法] 判決によって与える ②(人に) 授与する ③落札させる, 入札によって与える ▶ *Adjugé!* 落札! ── 代動 [s'~] わがものにする
adjuration [adʒyrasjɔ̃] 囡 ①懇願 ②[神] (神の名による) 厳命

adjurer [adʒyre] 他 ①懇願する ② [神](神の名により)厳命する
adjuvant(e) [adʒyvã, -ãt] 形 [薬] ①補薬; 補助薬, 混合薬 ②補助; 刺激
ad libitum [adlibitɔm] 副 (<ラ) 随意に, アドリブで
*__admettre__ [admɛtr アドメトル] 他 41 (英 admit) ①加入する[通る]ことを許す ②是認する, 認める; (…であることを許す (que + 直説法)); (人が…すること を許す (à)) ▶ *être admis à* …することを許可される ③(…ということを仮定する (que + 接続法)) ── admettons qu'il vienne réellement 仮に彼が来たとしよう
administrateur(trice) [administratœr, -tris] 名 ①行政担当者; (会社・銀行の) 支配人, 理事 ②(土地・財産などの) 管理人 ▶ *administrateur judiciaire* 管財人
administratif(ve) [administratif, -iv] 形 管理の; 経営の; 行政の
*__administration__ [administrasjɔ̃ アドミニストラスィヨン] 囡 ①経営, 管理; 行政, 施政; 行政権 ▶ *conseil d'administration* 取締役[重役]会議; 理事 [役員] 会 ②行政部 [省・庁・局]; 経理部; [A-] 官公庁, 役所 ⇨[コラム: フランスの地方制度] ③[医] 投薬 ④[キ教] (秘蹟の)授与
administré(e) [administre] 名 被治者; 行政区域民, 県[市, 町, 村]民
administrer [administre] 他 ①経営する; (業務を)管理する; 管財する ②(国を)統治する, 行政を取りしきる; (法を)施行する ③与える; [宗] (秘蹟を)授ける; [医] (薬を)処方する, 服用させる ④ [法] 証拠を提出する
*__admirable__ [admirabl アドミラブル] 形 感嘆すべき, すばらしい
admirablement [admirabləmã] 副 感嘆するほどに, すばらしく
admirateur(trice) [admiratœr, -t-

フランスの地方制度

- Etat 国
- Région 地域圏
- Département 県
- Commune 市町村

Région 地域圏	:旧体制下の地方 (Provence) に由来するフランス本土に22, 海外に4あり
Département 県	:フランス革命時に機械的に区画されたフランス本土に96, 海外に4
Commune 市町村	:旧体制下のカトリック教会の小教区 (paroisse) に由来する全国でおよそ3万7千ある

admiratif(ve) …ris] 名 感嘆者, 賞賛者 ━━ 形 感嘆する

admiratif(ve) [admiratif, -iv] 形 感嘆する; 感嘆した

*__admiration__ [admirasjɔ̃ アドミラシヨン] 女 感嘆, 嘆美; 感嘆(嘆美)の(的) ▶ *être (tomber) en admiration devant* …に感心する *faire l'admiration de* …を感心させる

admirativement [admirativmɑ̃] 副 うっとりして

:__admirer__ [admire アドミレ] 他 (英 admire) ① 見とれる; 感心(感服)する ②(人が)…なのはずいぶんと思う ③(皮肉的に)《que, de》

admissibilité [admisibilite] 女 2次(口頭)試験受験資格; (就職試験などの)応募資格

admissible [admisibl] 形 ①(弁解や行為などが)許容(認容)できる《à》②(筆記試験に合格して)2次試験を受けられる; (…に)入る(通る, 加わる)ことのできる《à》━━ 名 筆記試験合格者

*__admission__ [admisjɔ̃ アドミシヨン] 女 ① 入る(入れる, 加わる)ことの許可, 入会(入場)などを許可する(される)こと; 許可, 承認 ② (機) 給気 ▶ *faire une demande d'admission à* …への入会を申し込む

admonestation [admɔnɛstasjɔ̃] 女 (文) 訓戒, 叱責

admonester [admɔnɛste] 他 訓戒(説諭)する; 叱責する

admonition [admɔnisjɔ̃] 女 説諭, 警告

ADN (略) (英 DNA) *acide désoxyribonucléique* デオキシリボ核酸

ado [ado] 名 (話) (10代の)若者

adolescence [adɔlesɑ̃s アドレサンス] 女 青春期, 年頃

*__adolescent(e)__ [adɔlesɑ̃, -ɑ̃t アドレサン(ト)] 名 (10代の)若者, ティーンエイジャー

adonis [adɔnis] 男 ① [A-] 【ギ神】アドニス 【女神アフロディテに愛された美青年】 ② 美青年, 美少年 ③ (動) シジミチョウ

adonner [adɔne] 代動 [s'~] (…に)専念する, 熱中する《à》; おぼれる

adoptant(e) [adɔptɑ̃, -ɑ̃t] 名 ① 養い親; 養父母

adopté(e) [adɔpte] 名 養子, 養女 ━━ 形 養子(養女)になった

*__adopter__ [adɔpte アドプテ] 他 (英 adopt) ① 養子にする ②(意見や計画を)採用する; 受け入れる ③ 可決する; (決議・法案などを)通過させる

adoptif(ve) [adɔptif, -iv] 形 養子縁組によっての; 子として迎えた ▶ *enfant adoptif* 養子 *père adoptif* 養父

adoption [adɔpsjɔ̃] 女 ① 養子縁組 ▶ *d'adoption* 帰化した; 養子などの *patrie d'adoption* 第二の故郷 *pays d'adoption* 第二の祖国; 帰化した国 ②(意見・計画などの)採用; (政)可決, 採択

*__adorable__ [adɔrabl アドラブル] 形 かわいらしく, すばらしい, ほれぼれするような

adorablement [adɔrabləmɑ̃] 副 すばらしく

adorateur(trice) [adɔratœr, -tris] 名 ① 礼拝者; 崇拝者 ② 熱愛者, ファン

*__adoration__ [adɔrasjɔ̃ アドラシヨン] 女 ① 礼拝; 崇拝 ② 熱愛

*__adorer__ [adɔre アドレ] 他 ①(神を)礼拝する; 崇拝する ② 熱愛する; 大好きが

adosser [adose] 他 ①(…に)もたせかける; 立てかける; (…を)背にして置く《à, contre》② 背中合わせにする ━━ 代動 [s'~] ①(…に)よりかかる ②(…に)背を向ける, 背にする

adoubement [adubmɑ̃] 男 (中世の)騎士叙任式

adouber [adube] 他 ①(史)(騎士に)甲冑を着せる; 叙任する ②(チェス)(駒)をさわる

*__adoucir__ [adusir] 他 33 ① 和らげる, (苦痛などを)静める, (色・光などを)柔らかにする; (表面を)なめらかにする; (カーブをまゆるやかにする ② 水を軟水にする ━━ 代動 [s'~] ① 和らぐ; 穏やかになる; なめらかになる ②(人・性格が)円熟する

adoucissage [adusisaʒ] 男 ① (染色の)色薄め ② 研磨

adoucissant(e) [adusisɑ̃, -ɑ̃t] 形 (医) 鎮痛性の ━━ 男 鎮痛剤, 緩和剤; 柔軟仕上剤

adoucissement [adusismɑ̃] 男 (条件・環境の)改善, 緩和; 軽減

adoucisseur [adusisœr] 男 ① 研磨工 ② 軟水化装置 (= ~ d'eau)

Adour [adur] 男 [l'~] アドゥール川 【フランス南西部】

ad patres [adpatres] 副 《ラ》 (話) あの世へ ▶ *envoyer ad patres* 殺す

adragante [adragɑ̃t] 女 トラガントゴム (= *gomme d'~*)

adrénaline [adrenalin] 女 アドレナリン

adrénergique [adrenɛrʒik] 形 アドレナリンの ▶ *récepteur adrénergique* アドレナリン受容体

*__adresse__[1] [adres アドレス] 女 (英 address) ① あて名; 住所, アドレス ▶ *à l'adresse de* …あての, …に向けられた *carnet d'adresses* 住所録 *changer d'adresse* 引っ越す *donner une bonne adresse* よい店を教える *se tromper d'adresse* 相手を間違える ② 請願, 建白, 上奏; (政)勅語奉答文

*__adresse__[2] [adres アドレス] 女 器用, 巧敏さ, 巧妙; ずるさ, 悪知恵 ▶ *avec adresse* 器用に; 抜け目なく, 巧妙に *tour d'adresse* 早業; 手品

*adresser [adrese アドレセ] 他 ①(手紙・小包などを人に)送る, 差し向ける (à) ②(人を…に)差し向ける (à) ③(人に言葉などを)かける;(抗議などを)提出する (à)
— 代動 [s'~] ①話しかける, 問合わせる ②((指示や標示などが)…に)対象としている; 訴えかける

adret [adrɛ] 男 (山の)日当たりのよい斜面

adroit(e) [adrwa, -at アドルワ(ト)] 形 巧みな, 器用な;(言葉などが)適切な, 機敏な, 如才のない; 狡い, 狡猾な

adroitement [adrwatmɑ̃] 副 器用に; 如才なく

ADSL (略) (< 英) asymmetric digital subscriber line 非対称デジタル加入者線

adulateur(trice) [adylatœr, -tris] 名 おべっか使い — 形 おべっかを使う

adulation [adylasjɔ̃] 女 (古) おべっか

aduler [adyle] 他 ①(…に)おべっかを使う, へつらう ②賞賛する

*adulte [adylt アデュルト] 形 ①(動植物が)生長した ②おとなの — 名 成人;(法) 成年者 ▶âge adulte 壮年期

adultération [adylterasjɔ̃] 女 (古) 偽造, 歪曲

adultère [adyltɛr] 男 不倫, 姦通 — 形 姦通の; 不倫の, 不義の — 名 姦通者, 姦婦

adultérer [adyltere] 他 57 (古) 偽造する; ごまかす

adultérin(e) [adylterɛ̃, -in] 形 不義で生まれた; 不義の

advenir [advənir] 自 75 (不定詞と分詞 (advenant, advenu) 及び各時制の3人称のみ用いられる一般に非人称) 起る, 生ずる, 偶発する ▶advienne que pourra 何が起ころうとも Qu'est-il advenu de…? …はどうなったか?

adventice [advɑ̃tis] 形 付随的な;(植) 外来の

adventif(ve) [advɑ̃tif, -iv] 形 (植) (根などが)不定の

adventiste [advɑ̃tist] 形 名 (宗) キリスト再臨派の)

*adverbe [adverb アドヴェルブ] 男 (文法) 副詞

adverbial(ale) [adverbjal] 形 (男複 -aux[-o]) (文法) 副詞の, 副詞的な

adverbialement [adverbjalmɑ̃] 副 副詞的に

*adversaire [adverser アドヴェルセール] 名 反対者, 相手方;(競技の)対戦相手;(軍) 敵

adversatif(ve) [adversatif, -iv] 形 (言) 反意の

adverse [advers] 形 反対の;(スポーツ)相手側の;(運が)不幸な; 好意のない, 敵意のある;(法) 相手方の ▶partie adverse (訴訟の)相手方

adversité [adversite] 女 不運, 逆境; 災い

ad vitam æternam [advitameternam] 副 (<ラ) (話) 永久に

aède [aɛd] 男 (古代ギリシアの)吟唱詩人

aèdes, aedes [aedɛs] 男 ヤブカ; ネッタイシマカ

aérateur(trice) [aeratœr, -tris] 男 通風機, 換気器

aération [aerasjɔ̃] 女 換気; 換気装置

aéré(e) [aere] 形 風通しのよい, 広々とした ▶centre aéré (バカンス中に野外活動などを行う)子供用施設

*aérer [aere アエレ] 他 57 (…に)風を通す, 換気する;(衣類などを)風に当てる — 代動 [s'~] 外気に当たる ▶s'aérer la tête 気分を変える

*aérien(ne) [aerjɛ̃, -ɛn アエリヤン(リエヌ)] 形 ①空気の; 気体の; 空中の, 空からの;(空) 航空の ②空気のように軽い;(足どりなどが)軽快な ③(機・電) 架空の, 高架の ▶compagnie aérienne 航空会社 force aérienne 空軍

aéro- 接頭 (<ギ) 「空気」「気体」「航空」の意

*aérobic [aerobik アエロビク] 女 エアロビクス

aérobie [aerɔbi] 形 (生) 好気性の — 男 (生) 好気性細菌

aéro-club [aeroklœb] 男 航空愛好家協会【パイロットやスカイダイビング・パラグライダー愛好家などの集まり】

aérodrome [aerɔdrom] 男 飛行場

aérodynamique [aerɔdinamik] 形 (機) 流線型の — 女 空気力学, 航空力学

aérofrein [aerɔfrɛ̃] 男 (空) エアブレーキ

*aérogare [aerɔɡar アエロガール] 女 ①(空港の)旅客ターミナル ②(市内の)空港行きバスの発着所

*aéroglisseur [aeroglisœr アエログリスール] 男 ホバークラフト

aérogramme [aerɔɡram] 男 (郵便) エアログラム

aérographe [aerɔɡraf] 男 エアブラシ

aéromodélisme [aeromodelism] 男 模型飛行機製作

aéronautique [aeronotik] 形 航空(術)の — 女 ①航空学; 航空術 ②航空機

aéronaval(ale) [aeronaval] 形 (男複 -als) 海空協同(作戦)の; 海空軍両用の

aéronef [aeronɛf] 男 航空機類, 空を飛ぶもの(ヘリコプター・気球など)

aérophagie [aerɔfaʒi] 女 (医) 呑気症, 嚥下(空)症

aéroplane [aeroplan] 男 (古・ふざけて) 飛行機

*aéroport [aerɔpɔr アエロポール] 男

aéroporté(e) (英 airport) 空港

aéroporté(e) [aeroporte] 形 空輸された — *troupes aéroportées* 空挺部隊

aéropostal(ale) [aeropostal] 形 (男複 -*aux*[-o]) 航空郵便の

aérosol [aerɔsɔl] 男 エアゾール; スプレー(= *bombe*~)

aérospatial(ale) [aerɔspasjal] 形 (男複 -*aux*[-o]) 航空宇宙(産業)の

aérostat [aerɔsta] 男 飛行船, 気球

aérostatique [aerɔstatik] 形 女 気体[空気]静力学(の); 軽航空学(の)

aérotransporté(e) [aerɔtrɑ̃sporte] 形 空輸の, 空挺の

æschne [ɛskin] 女 [虫] ヤンマ科

afanaf [afanaf] 副 (俗) 半々で

affabilité [afabilite] 女 愛想のよさ, 丁寧さ

affable [afabl] 形 (…に対して)愛想のよい, 親切な, ていねいな (à, avec, envers)

affablement [afablǝmɑ̃] 副 愛想よく, 親切に

affabulation [afabylasjɔ̃] 女 ①(小説などの)筋立, プロット ②(心) 作り話 ③(古)(寓話の)教訓

affabuler [afabyle] 自 話を作る

affadir [afadir] 他 33 (…の)風味をなくす; 無味乾燥にする, 面白味をなくす —— 代動 [*s'~*] 風味がなくなる, おもしろくなくなる

affadissement [afadismɑ̃] 男 風味[面白味]を失うこと; 無味乾燥

***affaiblir** [afeblir アフェブリール] 他 33 弱くする, 弱める, 衰える, 衰弱する —— 代動 [*s'~*] 弱くなる, 弱まる, 衰弱する

affaiblissement [afeblismɑ̃] 男 弱くなること, 衰退, 減退

***affaire** [afer アフェール] 女 ① (英 fair, matter) 仕事, 用事; 関係のあること, 問題, (話) 公務 — *C'est une autre affaire*. それは別の問題だ, 話が別だ / *affaires de l'État* [lɛs ~s] [国家の重要問題 / *Ministère des Affaires étrangères* [lǝ ~] 外務省 ▶ *avoir affaire à* (人)とかかわる, (人)に話がある, (人)を相手にする *être à son affaire* 気に入ったことをしている, お手のものだ *faire l'affaire* (…に)ふさわしい, 似合う (*de*); 間に合う, (話) 役に立つ *faire son affaire à* (人)と決着をつける; やっつける, 殺す — *J'en fais mon affaire.* (話) 私に任せてください *toutes affaires cessantes* だだちに ②(英 business) 事業; 商売, ビジネス; (複) 経済状態 — *homme d'affaires* 実業家, ビジネスマン ▶ *La belle affaire!* (話・反語的に)そいつはおどろきだ! ③事件; 訴訟; 取り引き; (複) 悪事, 闇商売 ▶ *affaire de mœurs* スキャンダル *tirer... d'affaire* (人)を厄介事から抜け出させる ④厄介事, 困難; (複) (話) 月経

⑤(複) 身の回りの品

affairé(e) [afere] 形 (<*affairer*) 忙しい, 忙しそうな

affairement [afermɑ̃] 男 忙しそうな状態, せわしなさ

***affairer** [afere アフェレ] 代動 [*s'~*] 多忙である

affairisme [aferism] 男 (政治などでの)利権の獲得; 金もうけ主義

affairiste [aferist] 名 利権屋, 金もうけ主義者

affaissement [afesmɑ̃] 男 くぼむ[たるむ]こと, 沈下; 低下

affaisser [afese] 他 くぼませる, 沈下させる, たわませる —— 代動 [*s'~*] ①(地面などが)へこむ, 沈下する ②(人が)崩れ落ちる, 倒れる

affaler [afale] 代動 [*s'~*] (…に)ぐたりと腰かける (*dans, sur*); (話) (犯罪などを)告白する, 知らせる

affamé(e) [afame] 形 (<*affamer*) 飢えた; (…を渇望している (*de*) —— 名 飢えた人

affamer [afame] 他 飢えさせる

affameur(se) [afamœr, -øz] 名 飢えさせる人

affectation [afɛktasjɔ̃] 女 ①気どり, わざとらしさ; きざ; (…を)装うこと (*de*) ②(地位などへの)配属, 任命

affecté(e) [afekte] 形 (<*affecter*) 気どった, わざとらしい; 見せかけの, 装った

affecter [afekte] 他 ①悲しませる, 感動させる; 悪い影響[害]を与える ②(ものごとを…に)充てる, 備える; (人を…に)任命[配属]する (*à*) ③(…を装う, (…のふりをする (*de*) ④(形・様相を呈する, 帯びる —— 代動 [*s'~*] (…に)深く悲しむ (*de*)

affectif(ve) [afektif, -iv] 形 感情的な; 情緒の, 感情の

***affection** [afɛksjɔ̃ アフェクスィヨン] 女 (英 affection) ①愛情, 愛着 ▶ *se prendre d'affection pour* …が好きになる ②病気, 疾病

affectionné(e) [afɛksjɔne] 形 (<*affectionner*) (手紙の結びで)愛する —*votre fille affectionnée* 愛する娘より

affectionner [afɛksjɔne] 他 愛する, 好む

affectivité [afɛktivite] 女 感受性; 情緒

affectueusement [afɛktuøzmɑ̃] 副 愛を込めて — *Affectueusement vôtre.* (手紙の結びで) 愛情を込めて

***affectueux(se)** [afɛktuø, -øz アフェクテュウ(-ズ)] 形 (英 affectionate) 愛情の深い, 優しい

afférent(e) [aferɑ̃, -ɑ̃t] 形 ①(…に)帰属する; 付随する (*à*) ②[解] (体液を)輸入する

affermage [afermaʒ] 男 ①(農地などの)賃貸し ②(新聞広告の)請負

affermer [aferme] 他 (農地などを)賃

貸し[賃借り]する

affermir [afermir] 他 33 固める, 強固にする ― 代動 [s'~] 固まる, 強固になる

affermissement [afermismɑ̃] 男 強固にすること, 確立

afféterie [afetri] 女 気どり; いやみ

affichage [afiʃaʒ] 男 ①掲示; 広告 ②(データの)表示; ディスプレイ

*****affiche** [afiʃ] アフィシュ 女 (英 poster) はり札, ポスター, ビラ, ちらし, 掲示(= ~ murale); 告示 ▶à l'affiche 上演中の *quitter l'affiche* 終演する *tenir longtemps l'affiche* ロングラン公演をする *tête d'affiche* (芝居などの)主役

*****afficher** [afiʃe] アフィシェ 他 ①(ポスターなどを)貼る, 掲げる ②見せびらかす, 誇示する ▶*afficher complet* 満員を出す *afficher un sourire* 偽りの笑みを浮かべる *Défense d'afficher* (掲示)はり紙禁止 ― 代動 [s'~] ①はり札[掲示]される; (ビラなどで)広告される ②見せびらかす

affichette [afiʃɛt] 女 小形はり紙; 小広告

afficheur [afiʃœr] 男 ①ビラはり人 ②ディスプレイ

affichiste [afiʃist] 名 ポスターデザイナー

affilage [afilaʒ] 男 (刀などを)研ぐこと

affilé(e) [afile] 形 (< affiler) 研ぎ澄まされた, よく切れる, 鋭い

affilée [afile] 〘成句でのみ〙 ▶*d'affilée* 連続で

affiler [afile] 他 (…に)刃をつける, 研ぐ

affiliation [afiljasjɔ̃] 女 入会, 加入, 加盟; 合併

affilié(e) [afilje] 形 (< affilier) 入会[加入, 加盟]した; 合併した ― 名 加入者

affilier [afilje] 代動 [s'~] (…に)加入[加盟, 加担]する (à)

affinage [afinaʒ] 男 精錬; 最終加工, 仕上げ

affinement [afinmɑ̃] 男 洗練

affiner [afine] 他 ①(金属を)精錬する; (砂糖などを)精製する ②(酒やチーズを)熟成させる ③洗練させる ― 代動 [s'~] 洗練される

affineur(se) [afinœr, -øz] 名 精錬工; 仕上げ工

affinité [afinite] 女 ①類似関係, 共通性 ②〘化〙親和力

affiquet [afikɛ] 男 [複] (衣服につける)変な飾り

affirmatif(ve) [afirmatif, -iv] 形 肯定的な ― 男 女 ▶*dans l'affirmative* もし賛成ならば *répondre par l'affirmative* 肯定で答える ― 副 (証)そうか!?

affirmation [afirmasjɔ̃] アフィルマシヨン 女 ①断言, 肯定 ②(個人の才能や性格が)際立つこと

affirmativement [afirmativmɑ̃] 副 肯定的に

*****affirmer** [afirme] アフィルメ 他 ①断言する; はっきり示す ②(…を)際立つ, はっきり現れる

affixe [afiks] 男 〘文法〙接辞

affleurement [aflœrmɑ̃] 男 ①平準化 ②(地表への)露出, 発見

affleurer [aflœre] 他 同じ高さにする ― 自 (地表に)現れる

afflictif(ve) [afliktif, -iv] 形 〘法〙体刑の ▶*peine afflictive* 体刑

affliction [afliksjɔ̃] 女 〘文〙激しい悲しみ, 苦悩, 心痛; 不幸

affligé(e) [afliʒe] 形 (< affliger) (…に)苦しむ, 悩む (de)

affligeant(e) [afliʒɑ̃, -ɑ̃t] 形 ①悲しい, いたましい ②(その価値の低さゆえ)耐え難い

affliger [afliʒe] 他 40 深く悲しませる ― 代動 [s'~] (…することを, …であることを)深く悲しむ (de; que)

affluence [aflyɑ̃s] 女 混み合っていること; 群集, 群れ ▶*heures d'affluence* ラッシュアワー

affluent [aflyɑ̃] 男 支流, 分流

affluer [aflye] 自 (血・液体が)注ぐ, どっと流れる; (人・金などが)ひしめく, 押し寄せる

afflux [afly] 男 (血などが)どっと流れ込むこと; (群衆の)ひしめき, (物の)殺到

affolant(e) [afolɑ̃, -ɑ̃t] 形 恐ろしい; 気を動転させる

affolé(e) [afɔle] 形 (< affoler) (激しい感情・恐怖などで)取り乱した, 動転した ― 名 狂った人; 取り乱した人

affolement [afɔlmɑ̃] 男 狂乱, 狂気; 恐慌

*****affoler** [afɔle] アフォレ 他 動揺させる, 恐怖におとし入れる; 狂わせる ― 代動 [s'~] 冷静さを失う

affouage [afwaʒ] 男 共有林の採薪権

affouagement [afwaʒmɑ̃] 男 採薪権所有者名簿の作成; 採薪区域の確定

affouager [afwaʒe] 他 40 (…の)採薪権所有者の名簿を作製する; (…の)採薪区域を定める

affouagiste [afwaʒist] 男 (共有林の)採薪権所有者

affouiller [afuje] 他 (岸・地盤などを)侵食する, 削壊する

affourcher [afurʃe] 他 ①〘海〙双錨泊させる ②〘建〙(材木を)はめこむ

affour(r)agement [afuraʒmɑ̃] 男 飼料を与えること

affour(r)ager [afuraʒe] 他 40 (家畜に)飼料を与える

affranchi(e) [afrɑ̃ʃi] 形 (< affranchir) 解放された; (因習・道徳などから)自由の, とらわれない ― 名 解放された奴隷(= esclave ~); (因習などにとらわれない)自由人

affranchir [afrɑ̃ʃir] 他 33 ①(人を…から)解放する,自由にする(de) ②(手紙に)切手を貼る ③(話)(人に)(秘密や情報などを)知らせる ━ 代動 [s'~] 自由の身になる;(抑圧から)解放される

affranchissable [afrɑ̃ʃisabl] 形 郵送できる

affranchissement [afrɑ̃ʃismɑ̃] 男 ①解放 ②切手を貼ること;郵便料金の支払い

affres [afr] 女 (複) (文)苦悶,苦しみ ►*affres de la mort* [les ~] 断末魔の苦しみ

affrètement [afrɛtmɑ̃] 男 借り切り,チャーター

affréter [afrete] 他 57 借り切りにする,(乗り物を)チャーターする

affréteur [afretœr] 男 チャーター主

affreusement [afrøzmɑ̃] 副 恐ろしく;ひどく;ものすごく

***affreux(se)** [afrø, -øz アフルー(ズ)] 形 (英 awful) 恐ろしい;見るに耐えない,おぞましい;ひどい;いやな,不快な ━ 名 (話)不吉な人,陰険な人 ►*affreux jojo* いずれっ子

affriander [afriɑ̃de] 他 (文)誘惑する,おびき寄せる

affriolant(e) [afriɔlɑ̃, -ɑ̃t] 形 誘惑的な,(女性が)色っぽい,そそる

affrioler [afriɔle] 他 (古)(飲食・巧言などで)誘惑する,おびき寄せる

affriquée [afrike] 形 (女性形のみ) 女 言 破擦音(の)

affront [afrɔ̃] 男 侮辱,無礼 ►*faire un affront à* …を侮辱する

affronté(e) [afrɔ̃te] 形 (< affronter) (建) 端と端を水平に継ぎ合わせた;(紋) 向き合った

affrontement [afrɔ̃tmɑ̃] 男 ①直面,対決 ②(傷口などの)接合

affronter [afrɔ̃te] 他 ①(敵・問題などに)立ち向かう,直面する ②継ぎ合わせる,接合 ━ 代動 [s'~] 対立する,衝突する

affruiter [afrɥite] 他 (…に)果樹を植える ━ 自 実を結ぶ

affublement [afyblǝmɑ̃] 男 奇妙な服装[いでたち]

affubler [afyble] 他 (人に)奇妙なものを着せる(de) ►*être affublé de* 妙な服装をした ━ 代動 [s'~] (…を)着る(de)

affurer [afyre] 他 (話)大金を儲ける;(賞などを)勝ち取る

affusion [afyzjɔ̃] 女 医 灌注,灌水

affût [afy] 男 潜伏所,待ち伏せの場所;(望遠鏡の)台;砲架 ►*être à l'affût de* …を待ち構えている

affûtage [afytaʒ] 男 (刃などを)研ぐこと

affûter [afyte] 他 (刃などを)研ぐ,鋭くする;(準備を万端整える

affûteur(se) [afytœr, -øz] 名 研ぎ師 ━ 女 研磨機

affûtiaux [afytjo] 男 (複) (話)つまらないもの,くだらないこと

afghan(e) [afgɑ̃, -an] 形 名 [A-] アフガニスタンの(人) ━ 男 パシュトゥン語 [アフガニスタンのイラン語系語派]

Afghanistan [afganistɑ̃] 男 アフガニスタン【西アジアの国】

aficionado [afisjonado] 男 (<ス) (闘牛の)愛好者;(文芸・スポーツなどの)熱狂的ファン

►**afin** [afɛ̃ アファン] 副 ►*afin de* (不定詞) / *afin que +* (接続法) …するために,…できるために

afnaf [afnaf] 副 (話) = afanaf

afocal(ale) [afokal] 形 (男 複 -aux [-o]) (望遠鏡が)無限焦点の

a fortiori [aforsjori] 副 (<ラ) いわんや,なおさら

AFP (略) Agence France-Presse フランス通信社

***africain(e)** [afrikɛ̃, -ɛn アフリカン(ケヌ)] 形 アフリカの ━ 名 [A-] アフリカ人

africanisation [afrikanizasjɔ̃] 女 アフリカ化

africaniser [afrikanize] 他 代動 [s'~] アフリカ化する

africanisme [afrikanism] 男 アフリカのフランス語法[アフリカ特有の表現や語彙]

africaniste [afrikanist] 名 アフリカ研究者,アフリカ学者

afrikaans, afrikans [afrikɑ̃s] 男 アフリカーンス語【南アフリカ共和国の公用語の1つ】

afrikaner [afrikanɛr], **afrika(a)nder** [afrikɑ̃dɛr] 形 名 アフリカーナー人(の),ボーア人(の)

***Afrique** [afrik アフリク] 女 アフリカ ►*Afrique australe* [l'~] アフリカ南部 *Afrique du Nord* [l'~] 北アフリカ *Afrique du Sud* [l'~] 南アフリカ共和国 *Afrique noire* [l'~] ブラックアフリカ

afro [afro] 形 (不変) 男 アフロ(の) ►*coiffure afro* アフロヘアー

afro-américain(e) [afroamerikɛ̃, -ɛn] 形 名 (北米での)アフリカ系アメリカ人(の)

afro-asiatique [afroazjatik] 形 名 [A-] アジア・アフリカの(人)

after-shave [aftœrʃɛv] 形 名 (<英) (不変) アフターシェイヴ(の)

AG (略) assemblée générale 総会

ag. (略) agence

aga [aga] 男 (トルコの)指揮官,下級士官

agaçant(e) [agasɑ̃, -ɑ̃t] 形 ①いらいらさせる,わずらわしい ②(古)(女性が)挑発的な,色っぽい

agace [agas] 女 (鳥)カササギ

agacement [agasmɑ̃] 男 いらいらすること;いらだたしさ

agacer [agase アガセ] 他 52 ①いらいらさせる ②(歯に)しみる ③(古)挑発する

agacerie [agasri] 女 媚態, 誘惑的なふるまい

agalactie [agalakti], **agalaxie** [agalaksi] 女 [医] 乳汁分泌欠如

agame [agam] 形 [植] 隠花の ── 男 [動] アガマトカゲ

Agamemnon [agamɛmnɔ̃] 女 [ギ神] アガメムノン [トロイア戦争の総大将]

agami [agami] 男 [鳥] ラッパチョウ [南米産]

agapes [agap] 女 (複) ごちそう ▶ **faire des agapes** ごちそうを食べる

agar-agar [agaragar] 男 寒天

agaric [agarik] 男 [植] ハラタケ

agate [agat] 女 ①[鉱] 瑪瑙(めのう) ②(瑪瑙を模した)色ガラス

agave [agav] 男 [植] リュウゼツラン

age [aʒ] 男 鋤の棟

-age 接尾 行為, 集合, 製品, 性質を表す男性名詞をつくる

***âge** [ɑʒ アージュ] 男 (英 age) 年齢; 年代; (人生のある時期); 時代; 老年 ▶ **à l'âge de** …歳で **âge adulte** 壮年期 **âge de fer [de bronze]** 鉄器[青銅器]時代 **âge de raison** 物心のつく年齢 [7 歳] **âge d'or** 黄金時代 **âge ingrat** [l'~] 思春期, 難しい年頃 **âge mental** 精神年齢 **âge mûr** = âge adulte **bel âge** 青春時代 **d'âge mûr** 熟年の **d'un âge avancé** 年配の **être en âge de** …するに十分な年齢である **hors d'âge** 年期限を越えた, 古くなった; (ウイスキー, ブランデーなどの)年代物の **J'ai passé l'âge.** (それをするには)私は年をとりすぎだ **notre âge** 現代 **Quel âge?** 歳は? **troisième âge** 老年期

***âgé(e)** [ɑʒe アージェ] 形 (英 elderly) 年を取った, 高齢の; …歳の ▶ **être âgé de … ans** …歳である

Agen [aʒɛ̃] アジャン [Lot-et-Garonne 県の県庁所在地]

agenais(e) [aʒnɛ] 形名 [A-] アジャンの(人)

agence [aʒɑ̃s アジャンス] 女 (英 agency) 代理店; 取次店; 支店 ▶ **agence de placement** 職業紹介所 **agence de voyages** 旅行代理店 **agence immobilière** 不動産屋 **agence matrimoniale** 結婚相談所 **Agence nationale pour l'emploi** 国立雇用局, 職安[略 ANPE] **agence publicitaire** 広告代理店

agencement [aʒɑ̃smɑ̃] 男 整理, 配置; 構成

agencer [aʒɑ̃se] 他 53 整理する, 配置する; 組立てる ── **bien [mal] agencé** うまく[まずく]配置された ── 代動 [s'~] 配置［調整]される

agenda [aʒɛ̃da アジャンダ] 男 手帳, 備忘録

agénésie [aʒenezi] 女 [医] 発育不全; 不妊

agenouillé(e) [aʒnuje] 形 (< agenouiller) ひざまずいた

agenouillement [aʒnujmɑ̃] 男 ひざまずくこと

agenouiller [aʒnuje] 代動 [s'~] ひざまずく; (権力に)絶対服従する

agenouilloir [aʒ(ə)nujwar] 男 (お祈りの)ひざつき台

***agent** [aʒɑ̃ アジャン] 男 (英 agent) ①代理人; (不動産や保険, 旅行などの)仲介業者 ▶ **agent d'assurances** 保険外交員 **agent de change** 株式仲買人, **agent immobilier** 不動産屋 ②警官(= ~ de police) ③(官公庁の)職員 ▶ **agent du fisc** 税務署員 **agent d'entretien** 清掃員 ④スパイ ▶ **agent secret** 秘密諜報員 ⑤作因, 動因; [文法] 動作主

agentif [aɑ̃tif] 男 [文法] 動作主格

agératee [aʒerat], **ageratum** [aʒeratɔm] 男 [植] キク科の植物

ageratum [aʒeratɔm] 男 [植] アゲラタム, カッコウアザミ

Agétac [aʒetak] 《略》(英 GATT) Accord Général sur les Tarifs Douaniers et le Commerce 関税貿易一般協定

aggiornamento [a(d)ʒjɔrnamento] 男 近代化; (時代に合わせた)改訂, 手直し

agglo [aglo] 男 (話) ボール紙

agglomérant(e) [aglomerɑ̃, ɑ̃t] 男 [土木] 道路を固める材料

agglomérat [aglomera] 男 ①[鉱] 集塊岩 ②(人や物の)寄せ集め

agglomération [aglomerasjɔ̃] 女 ①市街地 ▶ **agglomération parisienne** [l'~] パリ都市圏 [パリとその郊外] ②集積, 固まり; 集塊

aggloméré [aglomere] 男 [鉱] 練炭, ブリケット; [建] チップボード; [地] 礫岩(れきがん)

agglomérer [aglomere] 他 57 集積する, 寄せ集める; 固める ── 代動 [s'~] 寄り集まる

agglutinant(e) [aglytinɑ̃, -ɑ̃t] 形 膠着性の, 接着する ── 男 粘結剤

agglutination [aglytinasjɔ̃] 女 ①[言] 膠(にかわ)着 ②凝固; [医] 癒(ゆ)着

agglutiner [aglytine] 他 粘着させる, 固める; 凝集させる ── 代動 [s'~] へばりつく; 固まる

aggravant(e) [agravɑ̃, -ɑ̃t] 形 (罪などを)より重くする; [医] 悪化させる

aggravation [agravasjɔ̃] 女 (状況・状態の)悪化, 深刻化

aggraver [agrave] 他 ①(病状などを)悪化させる, (刑・税金を)重くする ── 代動 [s'~] 重くなる, 悪化する

agha [aga] 男 = aga

agile [aʒil] 形 敏捷(びんしょう)な, すばやい; 明敏な, 頭のよい

agilement [aʒilmɑ̃] 副 すばやく; 明

agilité [aʒilite] 女 敏捷(びん); (頭の回転などの)すばやさ

agio [aʒjo] 男 (銀行の)手数料

agiotage [aʒjɔtaʒ] 男 投機, 株式売買

agioter [aʒjɔte] 自 株式売買をする, 相場をはる

agioteur(se) [aʒjɔtœr, -øz] 名 相場師, インサイダー取引をする人

***agir** [aʒir アジール] 自 33 ①(英 act) (人が…に)働きかける (auprès de, sur); 行動する, ふるまう ②(…に)作用する, 効果を及ぼす (sur) ③(法)(人に対して)訴訟する (contre)
— 代動 [s'~] [非人称] [il s'agit de …] (英 concern) …(すること)が問題である;…に関することである; …することが必要である **De quoi s'agit-il?** [話] 何のこと[話]ですか// **il s'agit que …** [話] …しないといけない // **quand il s'agit de** [不定詞] …のことになると // **s'agissant de** …に関しては; …に関することなので

âgisme [aʒism] 男 老人蔑視, 高齢者差別

agissant(e) [aʒisɑ̃, -ɑ̃t] 形 活動的な; 効果的な

agissements [aʒismɑ̃] 男 [複] (悪い)行い, 陰謀

agitateur(trice) [aʒitatœr, -tris] 名 扇動家

***agitation** [aʒitasjɔ̃ アジタスィヨン] 女 激しい動き; (社会・精神の)動揺, 不安

***agité(e)** [aʒite アジテ] 形 (<agiter) 大きく荒れた; 動揺した, 不安な, 落着かない ►**avoir un sommeil agité** 落着いて眠れない
— 名 落着きのない人

***agiter** [aʒite アジテ] 他 ①(英 shake) 振る, 揺する; (脅しなどを)ちらつかせる — Agiter avant l'emploi. (掲示)使用前によく振ってください ②(問題などを)討議する ③(英 agitate)(人を)動揺する; 揺さぶりをかける — 代動 [s'~] 揺れ動く; 動き回る — **s'agiter comme un diable dans un bénitier** [話] 困った状況から何とか逃れようともがく

agit-prop [aʒitprɔp] 女 [不変] 共産主義者のプロパガンダ

aglyphe [aɡlif] 形 [動] 無毒牙の(ヘビ)

agnat(e) [aɡna(t)] 名 [法] 父方の親族

agnation [aɡnasjɔ̃] 女 [法] 男系親

***agneau** [aɲo アニョ] 男 [複 ~x] ①(英 lamb) ①子羊; 従順な人 ►**doux comme un agneau** 穏やかでおとなしい性格の // **l'Agneau de Dieu** 神の子羊, キリスト ②[料] 子羊の肉

agnelage [aɲ(ə)laʒ] 男 羊の出産(期)

agneler [aɲ(ə)le] 他 4 (羊が)子を生む

agnelet [aɲ(ə)lɛ] 男 小さい子羊

agneline [aɲ(ə)lin] 形 (女性形のみ) 女 (最初に刈り取る)羊毛の

agnelle [aɲɛl] 女 雌の子羊

agnosticisme [aɡnɔstisism] 男 [哲] 不可知論

agnostique [aɡnɔstik] 形 [哲] 不可知論の — 名 不可知論者

agnus-Dei [aɡnysdei] 男 [不変] [宗] アニュスデイ(ラテン語で神の子羊の意)[この言葉で始まるミサの祈りの言葉]

agonie [aɡɔni] 女 死の苦しみ, 断末魔; 最後

agonir [aɡɔnir] 他 33 (稀) (悪口を)浴びせる

agonisant(e) [aɡɔnizɑ̃, -ɑ̃t] 形 名 死にかかっている(人), 臨終の(人)

agoniser [aɡɔnize] 自 死にかかっている; 瀕死の状態にある

agora [aɡɔra] 女 ①(古代ギリシアで特にアテネの)広場 ②歩行者専用区域

agoraphobie [aɡɔrafɔbi] 女 [医] 広場恐怖(症)

agouti [aɡuti] 男 [動] アグーチ【齧歯(げっし)動物】

agrafage [aɡrafaʒ] 男 (ホッチキス・ピンなどで)留めること

agrafe [aɡraf] 女 留め具; ホック; クリップ; 締め金具 (バンドのバックル); ホッチキスの針

agrafer [aɡrafe] 他 ①(クリップ・ホッチキスなどの)留め具で留める [はさむ]; ホックをかける ②(話)(人を)つかまえる, 逮捕する

agrafeuse [aɡraføz] 女 ホッチキス

agrainer [aɡrene] 他 (鳥などのために)穀物をまく

agraire [aɡrɛr] 形 土地の, 農地の; 土地配分の

agrammatical(ale) [aɡra(m)matikal] 形 [男複 -aux [-o]] [言] 非文法的な, 文法の規則にかなっていない

agrandir [aɡrɑ̃dir] 他 33 大きくする, 拡張する; (写真を)引き延ばす — 代動 [s'~] 大きくなる, 拡張する

agrandissement [aɡrɑ̃dismɑ̃] 男 拡大, 拡張; [写] 引き延ばし

agrandisseur [aɡrɑ̃disœr] 男 [写] 引伸ばし機

agranulocytose [aɡranylɔsitɔz] 女 [医] 顆粒球滅少症; 無顆粒症

agraphie [aɡrafi] 女 [医] 失書症, 書字不能症

agrarien(ne) [aɡrarjɛ̃, -ɛn] 形 農業保護の — 名 農業保護主義者

***agréable** [aɡreabl アグレアブル] 形 (英 pleasant) 快い, 心地よい, 愉快な

agréablement [aɡreabləmɑ̃] 副 快く, 心地よく

agréation [aɡreasjɔ̃] 女 (ベルギー)

agréé(e) [aɡree] 形 (<agréer) 公認の;承認[承認]された, 公認の

***agréer** [aɡree アグレエ] 他 (英 accept) 受け入れる, 承認する — 自 (人の)気に入る (à) ►**se faire agréer dans** …に受け入れられる // **veuillez agréer**

mes salutations distinguées [l'expression de mes sentiments distingués] 敬具

agrég [agreg] 《話》= agrégation

agrégat [agrega] 男 集合体, 寄せ集め

agrégatif(ve) [agregatif, -iv] 名 (中学以上の)教授資格試験受験者

agrégation [agregasjɔ̃] 女 ①(中学以上の)教授資格(試験) ②かたまり, 集団

agrégé(e) [agreʒe] 形 教授資格を有した ── 名 (中学以上の)教授資格所有者

agréger [agreʒe] 他 40 57 かたまりにする; (人を…に)加入させる《à》── 代動 **s'~** かたまりになる; (…に)加わる《à》

agrément [agremɑ̃] 男 ①楽しみ, おもしろみ; 愛嬌, 魅力 ②承諾, 承認 ► **arts d'agrément** [les ~s] (趣味としてやる)芸事

agrémenter [agremɑ̃te] 他 (…で)飾る, おもしろ味をつける《avec, de》

agrès [agrɛ] 男複 [スポーツ] 機械体操用[鞍馬・つり輪など]; [海] 船具

agresser [agrese] 他 襲う, 攻撃する

agresseur [agresœr] 男 攻撃者, 暴漢, けんかを売る人; 侵略者

agressif(ve) [agresif, -iv] アグレッシブ(ヴ) 形 攻撃的な, 挑発的な, けんか好きの; 侵略的な

agression [agresjɔ̃] アグレッション 女 攻撃; 侵略 ► **agression de la vie moderne** [les ~s] 現代生活のストレス

agressivement [agresivmɑ̃] 副 攻撃的に; 挑発的に

agressivité [agresivite] 女 攻撃的な性質, けんか腰; 侵略的な性質

agreste [agrɛst] 形 いなかの, 粗野な

agri- 〈ラ〉接頭「農」の意

agricole [agrikɔl] アグリコル 形 《英 agricultural》農業の ► **pays agricole** 農業国

agriculteur(trice) [agrikyltœr, -tris] アグリキュルトゥール(トリス) 名 農夫, 農民

agriculture [agrikyltyr] アグリキュルテュール 女 《英 agriculture》農業

agriffer [agrife] 代動 **s'~** (…を)ぐいとつかむ, (…に)しがみつく《à》

agrile [agril] 男 [虫] ナガタマムシ

agrion [agriɔ̃] 男 [虫] イトトンボ

agripaume [agripom] 女 [植] マザーワート【メジルギ属の一種】

agripper [agripe] 他 ぎゅっと握る ── 代動 **s'~** (…に)しがみつく; (…を)しっかりつかむ《à》

agro- 接頭 = agri-

agroalimentaire [agroalimɑ̃tɛr] 形 農産物加工の ── 男 農産物加工業(= industrie ~)

agrochimie [agroʃimi] 女 農芸化学

agro-industrie [agroɛ̃dystri] 女 農工業

agronome [agrɔnɔm] 男 農学者 ► **ingénieur agronome** 農業技師

agronomique [agrɔnɔmik] 形 農学の

agrotis [agrɔtis] 男 [虫] ヤガ科

agrumes [agrym] 男複 [植] カンキツ類の果実

aguerrir [agerir] 他 33 (人を苦痛・戦争などに)慣らす《à, contre》── 代動 **s'~** (…に)慣れる《à, contre》

aguets [agɛ] 男複 《複》待伏せ; 見張り ► **être [rester] aux aguets** 待ち伏せする, 監視している

agui [agi] 男 [海] 二本のはらみ綱; なわ結び

aguichant(e) [agiʃɑ̃, -ɑ̃t] 形 誘惑的な, 心を引く, まどわす

aguicher [agiʃe] 他 誘惑する; (…に)色目を使う

aguicheur(se) [agiʃœr, -øz] 名 魅力的な人, まどわす人

Ah. (略) ampère-heure [電] アンペア時

ah [ɑ ア] 間 《英 oh》①(喜び・苦悩・感嘆・同情・不満) ああ ②(文意の強調) ああ, そう ③(驚き・皮肉) ほう, はー ④(焦燥) ああもう, ええい ⑤(肯定の強調)ああ, そうだ ► **ah bon?** 本当?

ahan [aɑ̃] 男 〈古・文〉労苦, 呻吟; (労苦による)あえぎ

ahaner [aane] 自 〈古〉呻吟する; 〈文〉(労苦により)あえぐ

ahuri(e) [ayri] 形 (< ahurir) びっくりした; 呆然とした ── 名 ばか, 間抜け

ahurir [ayrir] 他 33 面くらわせる, 呆然とさせる

ahurissant(e) [ayrisɑ̃, -ɑ̃t] 形 唖然とさせる, 驚くほどの

ahurissement [ayrismɑ̃] 男 狼狽, びっくり仰天

ai [e] 動 avoir の直・現・1・単

aï [ai] 男 [動] ミツユビナマケモノ

aiche [ɛʃ] 女 (釣り針の)えさ

aicher [eʃe] 他 (釣り針に)えさをつける

aide [ɛd エド] 女 《英 aid, help》助け, 援助, 補助; 救済 ► **à l'aide de** …を使って, …のおかげで / **aide économique** 経済援助 / **aide sociale** 社会保障 / **appeler … à l'aide** (人)に助けを求める / **apporter son aide à** …を助ける / **avec l'aide de** …の助けを借りて / **venir en aide à** (人)を手助けにやってくる / **aide familiale** 家政婦, お手伝いさん / **aide-ménagère** ホームヘルパー ── 名 《英 assistant, helper》 手伝い, 助手 ── **aide-comptable** 会計係助手, 会計官補 / **aide-opérateur(trice)** アシスタントカメラマン / **aide-soignant(e)** 医療補助者

aidé(e) [ede] 形 (< aider) ▶pas aidé (話)(容貌・頭が)さえない, よくない

aide-mémoire [ɛdmemwar] 男 (不変) 便覧, 必携

aider [ede エデ] 他 (英 help) (…を; …するのを)助ける, 手伝う (dans; à); (法) 幇助する ── 間 (…するのに)助ける, 役立つ (à) ── 代動 [s'~] (…を)使用する, 利用する (de)

aie [ɛ] avoir の命・2・単; 接・現・1・単.

-aie 接尾 「生育地」「栽培地」の意の女性名詞をつくる

aïe [aj アユ] 間 (英 ouch) おお痛い!

aient [ɛ] avoir の接・現・3・複

aies [ɛ] avoir の接・現・2・単

aïeul(e) [ajœl] 名 (古) 祖父[祖母]

aïeux [ajø] 男 (複) 祖先, 先祖

aigle [ɛgl エーグル] 男 1 (鳥) ワシ(鷲); [A-] (天) 鷲座 ▶Ce n'est pas un aigle. 頭の切れるほうではない ── 女 (鳥) 雌ワシ; (紋) 鷲紋

aiglefin [ɛglɔfɛ̃] 男 (魚) (北海産の)タラの一種

aiglette [ɛglɛt] 女 (紋) 小鷲模様

aiglon(ne) [ɛglɔ̃, -ɔn] 名 (鳥) ワシのひな

aigre [ɛgr エグル] 形 1 すっぱい 2 とげとげしい, 気むずかしい; (音が)耳ざわりな; (声が)かん高い; (色が)毒々しい; (風が)身にしみるような ── 男 酸味 (= goût ~) ▶tourner à l'aigre 酸くなる; とげとげしくなる

aigre-doux(ce) [ɛgradu, -us] 形 (男複 ~s-~, 女複 ~s-~s) 1 甘ずっぱい 2 (言葉などが)穏やかな中にとげを含んだ

aigrefin¹ [ɛgrəfɛ̃] 男 = aiglefin

aigrefin²(e) [ɛgrəfɛ̃, -in] 名 詐欺師

aigrelet(te) [ɛgrəle, -ɛt] 形 酸味を帯びた; やや辛らそうな

aigrement [ɛgrəmɑ̃] 副 辛らつに, 荒々しく

aigremoine [ɛgrəmwan] 女 (植) キンミズヒキ

aigrette [ɛgrɛt] 女 1 (鳥) シラサギ 2 (鳥の)冠毛; (帽子の)羽飾り

aigreur [ɛgrœr] 女 1 酸味 2 とげとげしさ, 辛辣さ; 苦々しさ ▶aigreurs d'estomac 胸やけ

aigri(e) [ɛgri] 形 (< aigrir) 気難しい(人)

aigrir [ɛgrir] 他 33 1 すっぱくする 2 怒らせる, 気むずかしくする ── 間 すっぱくなる ── 代動 [s'~] 1 すっぱくなる 2 気むずかしくなる

aigrissement [ɛgrismɑ̃] 男 1 (飲み物が)すっぱくなること, 酸化 2 (感情の)悪化, (関係の)気まずくなること

aigu(ë) [egy エギュ] 形 (英 sharp, acute) 1 鋭い, 先のとがった, (カーブが)急な 2 (苦痛などが)激しい 3 (聴力・知性が)優れた 4 (音が)鋭い 5 (対立などが)危機的な ── 男 (楽) 高音声 ▶

accent aigu ⇨accent **angle aigu** (数) 鋭角

aiguail [egaj] 男 (方) 露

aigue-marine [egmarin] 女 (複 ~s-~s) 藍玉(⸺)(宝石)

aiguière [egjɛr] 女 (貴金属でつくられた, 場によっては装飾品の)水さし

aiguillage [eguijaʒ] 男 1 (鉄) 転轍器の操縦; (列車の入れ換え); 転轍機 2 進路指導

aiguillat [eguija] 男 (魚) ツノザメ

*aiguille [eguij エギュイユ] 女 1 (英 needle) 針 (= ~ à coudre [tricoter]); (計器・時計などの)針 ▶chercher une aiguille dans une botte de foin むだ骨を折る 2 針状のもの; 尖塔; 尖峰 3 (松などの針葉樹の)葉

aiguillée [eguije] 男 針分

aiguillée [eguije] 女 1 針分

aiguiller [eguije] 他 (転轍機で)転轍させる; (話などを)向ける; (人を…へ)向ける, 導く (vers, sur, dans)

aiguilletage [eguij(ə)taʒ] 男 (海) ニードルパンチする; (海) なわで縛る

aiguillette [eguijɛt] 女 1 (ひも形の)たれ金具; 飾りひも 2 (料) (牛の)ラム肉の端 (= ~ de rumsteck)

aiguilleur [eguijœr] 男 (鉄) 転轍手 ▶aiguilleur du ciel 航空管制官

aiguillon [eguijɔ̃] 男 1 (鉄) 針 2 (虫) (ハチなどの)針 3 (牛を突くための)突き棒 3 行動を促すもの

aiguillonner [eguijɔne] 他 1 (牛を)突き棒で突っつく 2 刺激する; 奮起させる

aiguillot [eguijo] 男 (海) (舵の)軸

aiguisage [egizaʒ], **aiguisement** [egizmɑ̃] 男 研ぐこと, 鋭くすること

aiguiser [egize] 他 1 研ぐ, 鋭くする 2 (感覚を)鋭敏にする; (感情・食欲を)刺激する

aiguiseur(se) [egizœr, -øz] 名 研ぎ屋; 日立て屋

aiguisoir [egizwar] 男 研ぎ道具; 砥石

aïkido [aikido] 男 (< 日) 合気道

*ail [aj アイユ] 男 (複 ~s, aulx[o]) ニンニク ▶ail des bois (ケベック) ヒラタマネギ

-ail 接尾 道具, 集合体, 「…の状態」を表す男性名詞をつくる

ailante [elɑ̃t] 男 (植) ニワウルシ属の木

*aile [ɛl エル] 女 1 (英 wing), 羽 ▶avoir des ailes 非常に敏捷である; 軽やかに動く avoir du plomb dans l'aile 問題を抱えている avoir un coup dans l'aile (話) 酔っ払っている battre de l'aile 調子が悪い donner des ailes à qn 人を早く走らせる d'une coup d'aile ひと飛びで, 一気に voler de ses propres ailes 自力でやる, ひとり立ちする 2 (飛行機の)翼 3 (建) 翼 4 (政党の)派閥 ──l'aile gauche

ailé(e) [droite] du parti 党の[右]派 ⑤[自動車の]泥よけ；[軍][隊伍の]翼；[スポーツ](サッカーなどの)ウイング ⑥[科](鳥の)手羽肉

ailé(e) [ele] 形 翼[羽]のある；軽やか，自在な

aileron [ɛlrɔ̃] 男 ①(サメなどの)ひれ，(鳥の翼の)先端 ②(飛行機の)補助翼，(水車の)水受け板

ailette [elɛt] 女 ①(ラジエーターの)ひれ；(扇風機などの)羽根 ②[織](紡績機の)フライヤー

ailier [elje] 男 [スポーツ](サッカーなどの)ウイング

aillade [ajad] 女 ①ニンニクのソース ②ガーリックトースト

aille(...) aller の接・現

-aille [接尾] 行為・集合を表す女性名詞をつくる

-ailler [接尾] 反復・指小を表す動詞をつくる

ailleurs [ajœr アイユール] 副 (英 elsewhere) 他の場所で[に] ▶Elle a l'esprit ailleurs. 彼女は心ここにあらずだ ▶d'ailleurs (英 besides) さらに，それに；もっとも，ただし (他の…なのだが) ►par ailleurs 他の見地では，他方では；もっとも；それに，そのうえ；他のところから[では]

ailloli [ajoli] 男 [料] アイオリ 【ニンニク・卵・油・レモンなどで作った冷たいソース；南仏料理】

aimable [ɛmabl] 形 (英 amiable, kind) ①(人に対して)愛想のよい，親切な (avec, envers, pour) ②愛すべき，愛らしい

aimablement [ɛmabləmã] 副 愛想よく

aimant¹ [ɛmã] 男 磁石；磁針；棒磁石

aimant²(e) [ɛmã, -ãt] 形 優しい，慈愛のこもった

aimantation [ɛmãtasjɔ̃] 女 磁化

aimanté(e) [ɛmãte] 形 (< aimanter) 磁化した，磁気を帯びた

aimanter [ɛmãte] 他 磁化させる

*__aimer__ [eme エメ] 他 (英 like) 愛する；好む；…がほしい ―aimer le vin ワインが好きである / aimer les enfants 子供好きである ▶aimer + [不定詞] …したい *__aimer à croire que__ … 〈文〉 …と信じたい _aimer que_ + [接続法] …してほしい ②(英 love) 恋する (~ d'amour)

Ain [ɛ̃] 固 ①[川~] アン川 【Rhône 川に注ぐ】 ②アン県 【フランス東部】

-ain(-e) [接尾] ①「…の」「…的」の意の形容詞をつくる ②「…人」の意の名詞をつくる

aine [ɛn] 女 [解] 鼠径部

-aine [接尾] 「約…」の意の女性名詞をつくる

*__aîné(e)__ [ene エネ] 形 (英 elder) (きょうだいの中で)年長の；最年長の ―名 [長]兄[女]；(長)兄，(長)姉 ②年長者，先輩 ―Il est mon aîné de cinq ans. 彼は私より5歳年上です

aînesse [enɛs] 女 ▶droit d'aînesse 長子(相続)権

*__ainsi__ [ɛ̃si アンスィ] 副 (英 thus, in this way) ①(この)ように，(それと)同様に；たとえば ▶ainsi donc だから ainsi que …のように；そして…も Ainsi soit-il. [キ教] かくあれかし，アーメン et ainsi de suite 以下同様 pour ainsi dire いわば，ほとんど s'il en est ainsi そういうなら ►par ainsi 〈古〉 したがって，それゆえに

*__air¹__ [ɛr エール] 男 ①空気；風；雰囲気 ▶à l'air libre 戸外に air comprimé 圧搾空気 air conditionné エアコン changer de l'air 転地の (療養の) 気分転換をする en plein air 戸外で，野外で être dans l'air 兆しがある，広がり始める l'air du temps 最近の風潮 prendre l'air 外の空気を吸う ②空；航空 ▶avoir le mal de l'air 飛行機酔いする hôtesse de l'air スチュワーデス armée de l'air 空軍 ③►en l'air 空高く，宙に；上に；遠くに；無秩序に，ちらかった；現実離れした，いいかげんな ―tirer en l'air 威嚇射撃する / flanquer [ficher] en l'air 投げ出す，放り出す / parole en l'air 口先だけの言葉

*__air²__ [ɛr エール] 男 (英 appearance, look) 表情，顔つき，態度；様子，風采 ▶avoir l'air [形] [de]…のように見える d'un air dégagé のびのびした prendre de grands airs 尊大な態度をとる sans en avoir l'air それとなくしながら

*__air³__ [ɛr エール] 男 節，歌，メロディー

airain [ɛrɛ̃] 男 〈古〉 青銅 ▶avoir un cœur d'airain 非情な心の持ち主である

airbag [ɛrbag] 男 ①エアバッグ ②(複)[話] 豊かな胸(の女性)

airbus [ɛrbys] 男 エアバス

*__aire__ [ɛr エール] 女 ①区域，領域，エリア；[地] 地域(帯)；平らな場所，作業場 ▶aire d'atterrissage 滑走路 aire de jeu 遊び場 aire de lancement (ミサイルなどの)発射基地 aire de repos (高速道路の)パーキングエリア aire de stationnement 駐車場 ②[数] 面積 ③(ワシなどの)巣

-aire [接尾] 「…の」「…的な」の意の形容詞をつくる

airelle [ɛrɛl] 女 [植] コケモモ，スノキ (の実)

airer [ere] 自 (ワシなどが)巣を造る

ais [ɛ] 男 (製本などに使う木や板の)板

-ais(e) [接尾] ①「…の」の意の形容詞をつくる ②「…人」「…語」の意の名詞をつくる

aisance [ɛzɑ̃s] 女 容易，気軽さ；(着物などの)ゆとり；裕福，安楽 ▶avec aisance 楽々と，自在に lieux [cabinet] d'aisance トイレ

*__aise__ [ɛz エーズ] 女 ①気楽，安易，自

aisé(e) [eze] 形 ①やさしい，容易な ②ゆったりとした；(家が)裕福な

aisément [ezemã] 副 気楽に，不自由なく；たやすく，楽に

Aisne [ɛn] 女 ①(l'~) エーヌ川 (Oise川に合流する) ②エーヌ県【フランス北部】

-aison 接尾 行為・行為の結果を表す女性名詞をつくる

aisseau [eso] 男 (複 ~x) 〔建〕こけら板

aisselle [esɛl] 女 わきの下

ait [ɛ] avoir の接・現・3・単

Aix-en-Provence [ɛksɑ̃prɔvɑ̃s] エクサン・プロヴァンス【Bouches-du-Rhône 県の都市】

aixois(e) [ɛkswa, -az] 形名 [[A-]] エクサン・プロヴァンスの(人)

AJ (略) auberge de la jeunesse ユースホステル

ajaccéen(ne) [aʒakseɛ̃, -ɛn], **ajaccien(ne)** [aʒaksjɛ̃, -ɛn] 形名 [[A-]] アジャクシオの(人)

Ajaccio [aʒaksjo] 男 アジャクシオ【コルシカ島；Corse-du-Sud 県の県庁所在地】

ajiste [aʒist] 形名 ユースホステル会員(の)

ajointer [aʒwɛ̃te] 他 (…の)端と端を継ぎ合わす

ajonc [aʒɔ̃] 男 〔植〕ハリエニシダ

ajour [aʒur] 男 (明かり取りなどの)穴，すき間

ajouré(e) [aʒure] 形 (< ajourer) 明り取りをつけた；透かし彫りをした

ajourer [aʒure] 他 (…に)透かし細工をする；(…に)明り取りをつける

ajourné(e) [aʒurne] 形 (< ajourner) ①(召集)延期された ②落第した(もの)

ajournement [aʒurnəmɑ̃] 男 ①延期 ②不合格，落第

ajourner [aʒurne] 他 ①延期する ②不合格にする，決定を先送りする

ajout [aʒu] 男 添加物，追加物；加筆

***ajouter** [aʒute アジュテ] 他 (英 add) ①(…に)加える，付加する(à) ②(…と)付言[付記]する(que) — 自 (…を)

増大させる(à) ▶ **ajouter foi à** …を信じる — 代動 s'~ 付加される

ajustable [aʒystabl] 形 調整できる，合わせられる

ajustage [aʒystaʒ] 男 (部品の)調整，嵌め[組み]合わせ，組み立て

ajusté(e) [aʒyste] 形 (衣服が)体にぴったり合った

ajustement [aʒystəmɑ̃] 男 ①合わせること，調整，整理 ②(争いの)調停，和解

ajuster [aʒyste] 他 (…に)ぴったり合わせる；調整する；ねらいを定める — 代動 s'~ ぴったりと合う，一致する；(…に)順応する(à)

ajusteur [aʒystœr, -øz] 男 〔機〕組立工

ajutage [aʒytaʒ] 男 筒口，噴口

akène [akɛn] 男 〔植〕痩果

-al(ale) 接尾 「…に関する」の意の形容詞をつくる

alabandine [alabɑ̃din], **alabandite** [alabɑ̃dit] 女 硫マンガン鉱

alabastrite [alabastrit] 女 〔鉱〕雪花石膏

alacrité [alakrite] 女 〔古〕快活，熱心

alaire [alɛr] 形 〔空〕翼の

alaise [alɛz] 女 = alèse

alambic [alɑ̃bik] 男 〔化〕蒸留器

alambiqué(e) [alɑ̃bike] 形 〔文〕技巧を凝らしすぎた

alandier [alɑ̃dje] 男 火床，炉床

alangui(e) [alɑ̃gi] 形 (< alanguir) だらりとした，気力に欠ける

alanguir [alɑ̃gir] 他 33 気力[熱意]をなくさせる，弱らせる，だらけさせる — 代動 s'~ 活気[元気]を失う，弱る

alanguissement [alɑ̃gismɑ̃] 男 無気力，意気消沈，倦怠

alarmant(e) [alarmɑ̃, -ɑ̃t] 形 気がかりな，憂慮すべき

***alarme** [alarm アラルム] 女 警報；不安，心配 ▶ **donner [sonner] l'alarme** 警告を発する

alarmer [alarme] 他 心配させる，気づかわせる — 代動 s'~ (…を)ひどく心配する(de)

alarmisme [alarmism] 名 (人騒がせな)心配性

alarmiste [alarmist] 形名 人騒がせな(人)

alaterne [alatɛrn] 男 〔植〕クロウメモドキの1種

albanais(e) [albanɛ, -ɛz] 形名 [[A-]] アルバニアの(人) — 男 アルバニア語

Albanie [albani] 女 アルバニア【バルカン半島の共和国】

albâtre [albɑtr] 男 雪花石膏 ▶ **d'albâtre** 〔文〕透き通るほど白い

albatros [albatros] 男 アホウドリ

albédo [albedo] 男 〔物〕反射能，アルベド【地表が太陽光を反射する割合】

Albi [albi] アルビ【Tarn 県の県庁所在地】

albigeois(e) [albiʒwa, -az] 形 名 [A-] アルビの(人) — 男 (複) [A-s] [時に小文字] [宗] アルビ宗派

albinisme [albinism] 男 [医] 色素欠乏症

albinos [albinos] 形 (不変) 名 白子(の)

albite [albit] 女 [鉱] 曹長石

albuginé(e) [albyʒine] 女 [解] (睾丸の)白膜

albugo [albygo] 男 [解] (角膜や爪の)白斑

***album** [albɔm アルボム] 男 アルバム; 絵本

albumen [albymɛn] 男 [生] 卵白; [植] 胚乳

albumine [albymin] 女 [化] アルブミン

albuminé(e) [albymine], **albumineux(se)** [albyminø, -øz] 形 胚乳を含んだ

albuminoïde [albyminɔid] 形 [化] アルブミン性の — 男 硬タンパク質

albuminurie [albyminyri] 女 [医] タンパク尿

alcade [alkad] 男 ①〔古〕(スペインの)法官, 町の裁判官 ②(スペインの)市[町]長

alcalescence [alkalesɑ̃s] 女 [化] アルカリ性

alcalescent(e) [alkalesɑ̃, -ɑ̃t] 形 [化] アルカリ性の

alcali [alkali] 男 [化] アルカリ

alcalimètre [alkalimɛtr] 男 [化] アルカリ計

alcalimétrie [alkalimetri] 女 [化] アルカリ定量

alcalin(e) [alkalɛ̃, -in] 形 [化] アルカリ性の — 男 [化] アルカリ

alcalinité [alkalinite] 女 [化] アルカリ性

alcalinoterreux(se) [alkalinotɛrø, -øz] 形 ▶ **métaux alcalinoterreux** [化] アルカリ土類金属【マグネシウム・カルシウムなど】

alcaloïde [alkalɔid] 男 [化] アルカロイド

alcazar [alkazar] 男 (昔のスペインのムーア人の)城, 要塞

Alceste [alsɛst] アルセスト【Molière の Misanthrope の主人公】; 気むずかし屋

alchémille [alkemij] 女 [植] ハゴロモグサ

alchimie [alʃimi] 女 (中世の)錬金術

alchimique [alʃimik] 形 錬金術の

alchimiste [alʃimist] 男 錬金術師

***alcool** [alkɔl アルコル] 男 (英 alcohol) アルコール, 酒精; アルコール飲料 ▶ **alcool à 90 degrés** 消毒用アルコール **alcool à brûler** 変成アルコール **alcool au volant** 飲酒運転 **lampe à alcool** アルコールランプ **sans alcool** ノンアルコールの

alcoolat [alkɔla] 男 [薬] 芳香性酒精溶液

alcoolature [alkɔlatyr] 女 [薬] アルコール浸剤

alcoolé [alkɔle] 男 (アルコール)チンキ剤

alcoolémie [alkɔlemi] 女 血中アルコール含有量 ▶ **taux d'alcoolémie** 血中アルコール濃度

alcoolification [alkɔlifikasjɔ̃] 女 アルコール発酵

alcoolique [alkɔlik] 形 ①アルコールの ②[化] アルコールを含んだ ③[医] アルコール中毒の — 名 アルコール中毒患者

alcoolisation [alkɔlizasjɔ̃] 女 ①[化] アルコール化 ②[医] アルコール混合

***alcoolisé(e)** [alkɔlize アルコリゼ] 形 アルコールを含んだ ▶ **boisson non alcoolisée** ノンアルコール飲料

alcooliser [alkɔlize] 他 (…に)アルコールを加える — 代動 [s'~] (話) 大酒を飲む, 酔っ払う

alcoolisme [alkɔlism] 男 [医] アルコール中毒

alcoolo [alkɔlo] 形 名 (話) 酔っ払い(の)

alcoologie [alkɔlɔʒi] 女 アルコール依存症研究

alcoomètre [alkɔmɛtr] 男 アルコール比重計

alcoométrie [alkɔmetri] 女 アルコール定量

***alcootest** [alkɔtɛst アルコテスト] 男 酒気検知機

alcôve [alkov] 女 ①ベッドをはめ込む壁のくぼみ ②閨房 ▶ **secrets d'alcôve** ベッドでの睦言(むつごと)

alcyon [alsjɔ̃] 男 ①[ギ神] アルキュオネ【伝説上の海鳥】 ②[鳥] カワセミ

alcyonaires [alsjɔnɛr] 男 (複) [動] ウミトサカ目

aldéhyde [aldeid] 男 [化] アルデヒド

al dente [aldɛnte] 形 (不変) 副 (イタリア料理で)(パスタなどが)アルデンテの[に]

aldin(e) [aldɛ̃, -in] 形 [史] (中世中ほどりの)印刷業者アルドゥスの — **caractères aldins** アルドゥス活字

ale [ɛl] 女 (英) (色の淡い)ビール

aléa [alea] 男 不足の出来事, 事態; リスク — **les aléas du métier** 職業上のリスク

aléatoire [aleatwar] 形 偶然に左右される, 偶然性の; 不確定な, 不安定な; 無作為の

aléatoirement [aleatwarmɑ̃] 副 偶然に, 不安定に, 丸投げやり方で

alémanique [alemanik] 形 ドイツ語圏スイスの ▶ **Suisse alémanique** スイスのドイツ語圏

Alençon [alɑ̃sɔ̃] アランソン【Orne 県の県庁所在地】

alène, aléne [alɛn] 女 (くつ屋などの)

alénois [alenwa] 形《男性形のみ》 ► *cresson alénois* 〖植〗コショウソウ

alentour [alɑ̃tuʀ] 副 周囲に，付近に — 男《複》周辺，付近，近いもの *aux alentours de ...* 《場所》…の周囲に；《時間》…のころに

aleph [alef] 男 アレフ〖ヘブライ字母の第1字〗

alépine [alepin] 女〖織〗ボンバジーン

alérion [aleʀjɔ̃] 男〖紋〗翼を広げたくちばしと脚のない小ワシの模様

alerte¹ [alɛʀt] 間 気をつけろ，警戒せよ — 女 警報；警戒；不安；危機感；危険と兆し ► *alerte à la bombe* 爆弾予告 *donner l'alerte* 警告を与え，警報を鳴らす *fausse alerte* 誤報，思いすごし

alerte² [alɛʀt] 形 (年の割りには)きびきびした，機敏な

alertement [alɛʀtəmɑ̃] 副 きびきびと

alerter [alɛʀte] 他 非常召集する；(…に)急を報ずる，警報を発する

Alès [alɛs] アレス〖Gard 県の町〗

alésage [alezaʒ] 男 ①〖機〗(シリンダーの)内径，孔(きう)仕上げ ②〖シリンダーの〗内径

alèse [alɛz] 女 ①〖医〗病床用敷布 ②継ぎ板

alésé(e) [aleze] 形 (< aléser) 〖紋〗内部の模様が盾の周縁に触れていない

aléser [aleze] 他 [57] (管の)内部を広げる，中ぐりをする

aléseuse [alezøz] 女 ボーリング盤

aleurone [alørɔn] 女〖生〗糊粉(ジ、)

alevin [alvɛ̃] 男 幼魚，稚魚

alevinage [alvinaʒ] 男 池に幼魚を放つこと；幼魚養殖法

aleviner [alvine] 他 (池に)幼魚を放つ

alexandrin(e) [alɛksɑ̃dʀɛ̃, -in] 形 (古代ギリシアの)アレクサンドリアの — 男〖詩〗アレクサンドラン〖12音節の詩句〗

alexie [alɛksi] 女〖医〗失読症

alezan(e) [alzɑ̃, -an] 形 くり毛の (馬)

alfa [alfa] 男〖植〗アフリカハネガヤ

algarade [algaʀad] 女 口論，罵り合い

algazelle [algazɛl] 女〖動〗(アフリカ産の)シロオリックス

*****algèbre*** [alʒɛbʀ] 女 ①代数学 ②〖古〗理解できない難しいこと

algébrique [alʒebʀik] 形 代数学の

algébriquement [alʒebʀikmɑ̃] 副 代数学的には

algébriste [alʒebʀist] 名 代数学者

Alger [alʒe] アルジェ〖アルジェリアの首都〗

*****Algérie*** [alʒeʀi] アルジェリア 〖女〗 アルジェリア

algérien(ne) [alʒeʀjɛ̃, -ɛn] 形 〚A-〛アルジェリアの (人)

algérois(e) [alʒeʀwa, -az] 形 〚A-〛アルジェの(人)

algide [alʒid] 形〖医〗寒気がする

algidité [alʒidite] 女〖医〗寒気

algie [alʒi] 女 (原因のはっきりしない)痛み

algodystrophie [algodistʀɔfi] 女 〖医〗複合性局所疼痛症候群，CRPS

algologie [algɔlɔʒi] 女 藻類学

algoneurodystrophie [algɔnøʀɔdistʀɔfi] 女 = algodystrophie

algonkin(e), **algonquin(e)** [algɔ̃kɛ̃, -in] 形名 (北米先住民の)アルゴンキン族の(人)

algorithme [algɔʀitm] 男〖数〗算式；アルゴリズム

algorithmique [algɔʀitmik] 形 算式の，計算の

algothérapie [algɔteʀapi] 女 海藻療法

algue [alg] 女〖植〗藻類

alias [aljas] 副 (<ラ) 別名，または名

alibi [alibi] 男 ①〖法〗アリバイ，現場不在証明 ②逃げ口上，口実

aliboufier [alibufje] 男〖植〗エゴノキ科の木

alidade [alidad] 女〖測量・海〗照準儀

aliénabilité [aljenabilite] 女〖法〗讓渡[割讓]可能性

aliénable [aljenabl] 形 ①〖法〗讓渡[割讓]できる ②分離可能な

aliénant(e) [aljenɑ̃, -ɑ̃t] 形 疎外の

aliénataire [aljenatɛʀ] 名〖法〗讓受人

aliénateur(trice) [aljenatœʀ, -tʀis] 名〖法〗讓渡人

aliénation [aljenasjɔ̃] 女 ①離反，疎隔，疎外 ②精神病 (= ~ mentale, ~ d'esprit) ③讓渡

aliéné(e) [aljene] 形 (< aliéner) 疎外された；精神病の — 名 精神病者

aliéner [aljene] 他 [55] ①讓渡する；(独立・自由を)放棄する ②遠ざける，失う；疎外する — 代動 s'~ (人を)失う；自己疎外する，疎外される

aliéniste [aljenist] 形名〖古〗精神病医の(人)

aligné(e) [aline] 形 (< aligner) ①一列に並んだ ②(党・政府などに)同調した (sur)

alignement [alinmɑ̃] 男 ①列，並び；一列にする[なる]こと ► *être [se mettre] à l'alignement* 一列に並んでいる ②(…への)同調，追従 ► *alignement monétaire* 通貨調整 *être dans l'alignement de ...* と呼をなして，同調して ③〖法〗建築線；(複)〖考古〗巨石群

aligner [aline] 他 ①並べる，整列させる；列挙する ②(…に)合わせる (sur) ► *les aligner*〚話〛札を並べる，金を払う — 代動 s'~ ①並ぶ，整列する ②(…に)同調する (sur) ► *pouvoir*

(toujours) s'aligner《話》勝ち目がない，相手にならない

aligoté [aligote] 形《男性形のみ》(ブルゴーニュ産の)白ブドウ(の酒)

*aliment [alimɑ̃] アリマン 男 食物; 栄養物; (精神上の)糧, 養いになる物 ▶ **fournir [donner] un aliment à** …に材料を提供する; …をさらに刺激する

*alimentaire [alimɑ̃tɛːʀ] アリマンテール 形 食物の，栄養の; 食べるための ▶ **littérature alimentaire** 金もうけのための文学作品 **obligation alimentaire** 扶養義務 **pension alimentaire** 扶養手当【離婚後などに当事者が払う】 **régime alimentaire** 食餌(しょくじ)療法

*alimentation [alimɑ̃tasjɔ̃] アリマンタスィヨン 女 ① 食物(をとる[与える]こと); 栄養摂取; 食料品(店); 食料品供給, 食品流通 ② 補給, 供給 ▶ **alimentation de base** 主食 **magasin d'alimentation** 食料品店 **rayon alimentation** (スーパーの)食料品コーナー

*alimenter [alimɑ̃te] アリマンテ 他《英 feed》① (…に)食物[栄養]を与える; 養う ② 供給する; (…に)材料を与える ▶ **alimenter A en B** AをBを供給する ─ 代動 **s'~** (…を食べて生きている《de》; (…が)供給される《en》

alinéa [alinea] 男 (文)次の行，改行; 段落, パラグラフ

aliquote [alikɔt] 形《女性形のみ》数 割り切れる(部分)

alise [aliz] 女 〔植〕ナナカマドの実

alisier [alizje] 男 〔植〕ナナカマド

alisma [alisma], **alisme** [alism] 男 〔植〕サジオモダカの類

alité(e) [alite] 形 (< aliter) (病人が)寝込んだ; 寝たきりの

alitement [alitmɑ̃] 男 病臥; 病人を床につかせること

aliter [alite] 他 (病人を)床につかせる ─ 代動 **s'~** 床につく

alizarine [alizarin] 女 〔化〕アリザリン

alize [aliz] 女 〔植〕= alise

alizé [alize] 形 男 貿易風(の)

alizéen(ne) [alizeɛ̃, -ɛn] 形 貿易風の

alizier [alizje] 男 〔植〕= alisier

alkékenge [alkekɑ̃ʒ] 男 〔植〕ホオズキ

alla [ala] aller の直・単過・3・単

allâ... ⇨ aller

Allah [alla] 男 アラー【イスラム教の唯一神】

allai... ⇨ aller

allaitement [alɛtmɑ̃] 男 哺育(ほいく), 哺乳

allaiter [alɛte] 他 (…に)哺乳する

allant(e) [alɑ̃, -ɑ̃ːt] 形 (< aller) 活動的な; (老人が)動き回れる ─ 男 元気, 活気, 精力 ▶ **plein d'allant** 元気一杯の ③《複》▶ **allants et venants** 行き来する人々

allantoïde [alɑ̃tɔid] 女 〔解〕尿膜, 尿嚢(にょう)

allas [ala] ⇨ aller

allée [ale] aller の過去分詞

alléchant(e) [aleʃɑ̃, -ɑ̃ːt] 形 食欲をそそる; 誘惑的な, 心を惹く

allécher [aleʃe] 他 57 食欲を誘う; 誘惑する

*allée [ale] アレ《英 path》並木道，(庭園などの)小道, 細道; 通路 ▶ **allée et venue** 往来 **allées et venues**《複》年払; 方々駆け回ること

allégation [a(l)legasjɔ̃] 女 申立て, 主張;(議論補強のための)引用, それにもとづく主張

allège [a(l)lɛːʒ] 女 ① 〔海〕はしけ, 運貨船 ② 〔建〕窓下の胸壁, まぐさ

allégé(e) [a(l)leʒe] 形 (食事の)低脂肪の, 低カロリーの

allégeance¹ [a(l)leʒɑ̃ːs] 女 ① (国家や君主への)忠順, 忠誠 ② 国籍

allégeance² [a(l)leʒɑ̃ːs] 女 ① (古)緩和; 慰め ②〔ヨット〕ハンディキャップをつけること

allégement, allègement [a(l)lɛʒmɑ̃] 男 軽減, 削減

alléger [a(l)leʒe アレジェ] 他 40 57 軽くする; 削減[軽減]する; (苦痛などを)緩和する ▶ **alléger les effectifs** (クラスなどの)定員を減らす

allégorie [a(l)legɔri] 女 寓意; 寓話; 寓意画

allégorique [a(l)legɔrik] 形 寓意的な

allégoriquement [a(l)legɔrikmɑ̃] 副 寓意的に

allègre [a(l)lɛgr] 形 快活な, 元気な

allégrement, allègrement [a(l)lɛgrəmɑ̃] 副 快活に, 敏捷に, 元気に

allégresse [a(l)legrɛs] 女 大喜び, 歓喜

allegretto, allégretto [a(l)legre(t)to] 副《イ》〔楽〕やや快速に ─ 男〔楽〕アレグレットの曲

allegro, allégro [a(l)legro] 副《イ》〔楽〕アレグロ, 軽快に速く ─ 男〔楽〕アレグロの曲

alléguer [a(l)lege] 他 57 (議論の補強のために, 法律などの根拠あるものを)引用する; 申立てる

alléluia [a(l)leluja] 間 ハレルヤ【「主をほめ讃えよ」の意で，神への賛歌・喜びを表す言葉】 ─ 男〔宗〕ハレルヤ〔賛歌〕

*Allemagne [almaɲ] アルマーニュ ドイツ ▶ (ex-) **Allemagne de l'Est** [l'~] (旧)東ドイツ (ex-) **Allemagne de l'Ouest** [l'~] (旧)西ドイツ

*allemand(e) [almɑ̃, -ɑ̃ːd アルマン(ド)] 形 ドイツの; ドイツ人[語]の ─ 名 [A-] ドイツ人 ─ 男 ドイツ語

*aller [ale アレ] 自 [5] 《英 go》① 助動詞 être① 行く; (…に《à, en, chez》) 坐る ② (物事などが)進行する; (人・機械などの)調子が…である ─ aller

allèrent 28 **allongé**

allèrent [alɛʁ] aller の直・単・過・3・複

allergène [alɛʁʒɛn] 男 [医] アレルゲン ▶アレルギーを起こす物質

allergénique [alɛʁʒenik] 形 [医] アレルギーを起こす

allergie [alɛʁʒi] 女 [医] アレルギー, 異常敏感症 ▶*allergie aux pollens* 花粉症 *l'allergie à …* …アレルギー

allergique [alɛʁʒik] 形 アレルギーの; (…に)弱い (à)

allergisant(e) [alɛʁʒizɑ̃, -ɑ̃t] 形 [医] アレルギーを起こす

allergologie [alɛʁɡɔlɔʒi] 女 [医] アレルギー学

allergologue [alɛʁɡɔlɔɡ], **allergologiste** [alɛʁɡɔlɔʒist] 名 アレルギー専門医

aller-retour [alɛʁ(ə)tuʁ] 男 往復切符; 往復; (話) 往復びんた

alleu [aløa] 男 (複 ~x) [史] (封建時代の) 自由地

alleutier [aløtje] 男 [史] 自由地の所有者

allez [ale] aller の直・命・現・2・複

alliacé(e) [aljase] 形 ニンニクの; ニンニク入りの

alliage [aljaʒ] 男 [化・冶] 合金; 混合物

alliaire [aljɛʁ] 女 [植] アリアリア [ニンニク臭のする欧州産の野草]

***alliance** [aljɑ̃s] アリヤンス 女 ①(英 alliance) 同盟, 連合 ▶*faire [conclure] une alliance avec …* …と同盟を結ぶ ②姻戚関係 ▶*par alliance* 義理の ③(2つのものの)結合 ④結婚指輪

allié(e) [alje] 形 (<allier) ①同盟の ②姻戚関係のある ━ 名 ①同盟国; 仲間, 味方; (複) [A-s] 連合軍 ②姻戚

Allier [alje] 男 ①[l'~] アリエ川 [Loire 川の支流] ②アリエ県 [フランス中部]

allier [alje] 他 [~ A à [avec] B] (A を B と) 結びつける; 調和させる; 同盟させる; 姻戚関係を結ばせる, 縁組する ━ 代動 [s'~] (…と)同盟[縁]を結ぶ; 調和する (à, avec)

alliez [alje] aller の直・半・2・複, 接・2・複

alligator [aliɡatɔʁ] 男 [動] アメリカワニ, アリゲーター

allitération [aliteʁasjɔ̃] 女 頭韻法

***allô**, ***allo** [alo] アロ 間 (英 hello) 《電話で》もしもし

allocataire [alɔkatɛʁ] 名 受給者, 受給者

allocation [alɔkasjɔ̃] 女 支給, 割り当て; 手当 ▶*allocation chômage* 失業手当 *allocation logement* 住宅手当 *allocations familiales* 家族手当 *toucher les allocations* (話) 家族手当を受け取る

allocs [alɔk] 女 (複) (話) 家族手当 (= allocations familiales)

allocution [al(l)ɔkysjɔ̃] 女 小演説, 談話

allodial(ale) [alɔdjal] 形 (男複 -aux [-o]) [史] 完全私有の

allogame [alɔɡam] 形 [植] 他花受粉の

allogamie [alɔɡami] 女 [植] 他花受粉

allogène [al(l)ɔʒɛn] 形名 他の土地からの; 他国から来た(人)

allomorphe [al(l)ɔmɔʁf] 男 [言] (同一の形態素の)異形態

allonge [alɔ̃ʒ] 女 [ボクシング] リーチ ▶*avoir une bonne allonge* (話) リーチが長い

allongé¹(e) [alɔ̃ʒe] 形 (<allonger) ①横になった ②長くなった; 細長い ③(コーヒーがお湯[水]で)薄めた, 薄い ▶*mine [figure] allongée* がっかりした顔

allongé² [alɔ̃ʒe] 男 (複) (話) 寝たきりの人; (俗) 死人 ▶*boulevard [jardin] des allongés* (話) 霊園, 墓地 *être aux allongés* (話) 墓の中に

いる, 死んでいる

allongement [alɔ̃ʒmɑ̃] 男 延長; 長くする(なる)こと

*__allonger__ [alɔ̃ʒe アロンジェ] 他 40 ① (英 lengthen) 長くする; 長く見せる ② (腕・足などを)伸ばす ③ (人を)ぶちのめす; (話)与える ▶**allonger la sauce** (話)話を長引かせる **allonger le pas** 足を速める —— 自 長くなる. —— 代動 [s'~] ① 体を伸ばす ② (話) ぱったり倒れる ③ 長くなる, 伸びる; 長く続く ④ (尋問に)自白する

allons [alɔ̃] aller の直[命] 現・1・複

allopathe [alɔpat] 形 [医] 逆症療法を行なう

allopathie [alɔpati] 女 [医] 逆症療法

allopathique [alɔpatik] 形 [医] 逆症療法の

allophone [alɔfɔn] 形 名 ① [言] (同一の音素の)異音 ② 本人が居住している場所で話されている言語が母語とは異なる人

allotir [alɔtir] 他 33 (財産などを)分割[分配]する ▶**allotir des héritiers** [法]財産を分配する

allotissement [alɔtismɑ̃] 男 分割, 分配

allotropie [alɔtrɔpi] 女 [化] 同素体

allotropique [alɔtrɔpik] 形 [化] 同素体の

allouer [alwe] 他 割当てる, 支給する; (時間を)与える

alluchon [al(l)yʃɔ̃] 男 [機] (はめ歯車の)歯

allumage [al(l)ymaʒ] 男 火[明かり]をつけること; 点火, 点灯

allumé(e) [alyme] 形 (< allumer) ① 点火[点灯]された ② (酒で)赤くなった ③ 興奮した —— 名 [話]大酒のみ

allume-cigares [alymsigar] 男 《不変》(車の)シガーライター

allume-feu [alymfø] 男 《複～,～(x)》たきつけ

allume-gaz [alymgaz] 男 《不変》(ガスの)点火器

*__allumer__ [alyme アリュメ] 他 ① (英 light) 明かりを 点ける; 明るくする ② (英 turn on) (テレビなどを)つける ③ (文)(戦争などを)引き起こす ④ (男の)欲望をかき立てる ⑤ (俗)銃で撃つ; 激しく批判する —— 代動 [s'~] ① 火がつく; 点火[点灯]される; (日などが)輝く ② 燃え; かき立てられる, 刺激される; (文)(戦争などが)引き起こされる

allumette [alymɛt アリュメット] 女 (英 match) マッチ ▶**allumette au fromage** チーズ入りマッチ **allumette de sûreté [suédoise]** 安全マッチ **pommes allumettes** 細長いフライドポテト

allumettier(ère) [al(l)y(ɛ)tje, -ɛr, alymetje, -ɛr] 名 マッチ製造者

allumeur(se) [alymœr, -øz] 名 [古・俗]火[点灯]する人 —— 女 (話)挑発的な女; 売春婦(のような)女

*__allure__ [alyr アリュール] 女 ① (英 pace) 速度, 速さ; 歩調, 歩きぶり ② (英 manner) (人の)態度, ふるまい; (物の)外観, 様子; (ものごとの)進み具合, 成りゆき ▶**à toute allure** 全速力で **avoir de l'allure** (態度などが)立派で気品がある **avoir fière allure** 威風堂々としている **avoir une drôle d'allure** 奇妙に見える **d'allure louche** 怪しげな

allusif(ve) [a(l)lyzif, -iv] 形 暗示的な

allusion [a(l)lyzjɔ̃] 女 ほのめかし, 暗示, あてつけ ▶**faire allusion à** …をそれとなく言う, ほのめかす

allusivement [a(l)lyzivmɑ̃] 副 それとなく, 暗示的に

alluvial(ale) [a(l)lyvjal] (男複 -aux-o) [地] 沖積土からなる

alluvionnaire [a(l)lyvjɔnɛr] 形 [地] 沖積土の

alluvions [a(l)lyvjɔ̃] 女《複》[地] 沖積土

allyle [alil] 名 [化] アリル

allylique [alilik] 形 [化] アリルの

Alma [alma] 男 [l'~] アルマ川[クリミア半島を流れる; 英仏軍がロシア軍を破った地]

alma mater [almamater] 女 《ベルギー・スイス・カナダ》母校

almanach [almana] 男 暦; 年鑑

almandine [almɑ̃din] 男 [鉱] 鉄礬(ばん)ザクロ石, 貴ザクロ石

almandine [almɑ̃din] 女 = almandin

almée [alme] 女 (エジプトの)舞姫

almicantarat [almikɑ̃tara] 男 [天]等高度圏

aloès [alɔɛs] 男 アロエ

aloétique [alɔetik] 形 アロエの

aloi [alwa] 男 合金における貴金属の純分; 品質, 品性 ▶**de bon aloi** 良質の; 上品な, 見事な **de mauvais aloi** 粗悪の; 下品な

alopécie [alɔpesi] 女 [医] 脱毛症, はげ

*__alors__ [alɔr アロール] 副 ① (英 then) その時に (英 so) その時, だから ② **alors que** + [直説法] …であるのに **alors que** + [条件法] たとえ…でも **Ça alors!** まったくびっくりだね **d'alors** そのときの (英) **Et (puis) alors?** それから, だからどうしたというのだ (喧嘩のときなどに)何を **jusqu'alors** そのときまで **Non mais alors!** けしからん, 何だと

alose [aloz] 女 [魚] アローゼ[ニシン科の食用魚]

alouate [alwat] 男 [動] ホエザル

alouette [alwɛt アルエット] 女 [鳥] ヒバリ ▶**attendre que les alouettes tombent toutes rôties** 《ことわざ》全

alourdi(e) [alurdi] 形 (< alourdir) 重い, 不活発な, 鈍い

alourdir [alurdir] 他 33 ①重くする; (人に…の)負担を負わす (de) ②不活発にする, 鈍くする ── 代動 [s'~] 重くなる; 不活発になる, 鈍くなる

alourdissement [alurdismɑ̃] 男 重(苦)くなること

aloyau [alwajo] 男 〔料〕牛の腰肉 〔フィレ・ランプ・サーロインなど〕

alpaga [alpaga] 男 ①〔動〕アルパカ ②〔織〕アルパカ

alpage [alpaʒ] 男 〔アルプスの〕山腹の放牧場

alpaguer [alpage] 他 〔俗〕(人を)引き止める; 逮捕する

Alpes [alp] 女 〔複〕[les ~] アルプス山脈

Alpes-de-Haute-Provence [alp(ə)dəotprɔvɑ̃s] 女 〔複〕 アルプ・ド・オート・プロヴァンス県〔フランス南東部〕

Alpes-Maritimes [alp(ə)maritim] 女 〔複〕 アルプ・マリティム県〔フランス南東部〕

alpestre [alpɛstr] 形 アルプス山脈の

alpha [alfa] 男 アルファ〔A, α; ギリシア字母の第1字〕

***alphabet** [alfabɛ アルファベ] 男 ①〔英 alphabet〕アルファベット, 字母 ②初歩; 初歩読本

alphabétique [alfabetik] 形 アルファベット(順)の ▶ **ordre alphabétique** アルファベット順

alphabétiquement [alfabetikmɑ̃] 副 アルファベット順に

alphabétisation [alfabetizasjɔ̃] 女 識字教育, 文字教育 ▶ **taux d'alphabétisation** 識字率

alphabétisé(e) [alfabetize] 形 名 読み書きができる(人)

alphabétiser [alfabetize] 他 (…に)文字[読み書き]を教える

alphanumérique [alfanymerik] 形 〔分類が〕文字と数字の組合せの

alpin(e) [alpɛ̃, -in] 形 アルプス山の; 〔スポーツ〕登山の

alpinisme [alpinism] 男 登山

***alpiniste** [alpinist アルピニスト] 名 登山家

alpiste [alpist] 男 〔植〕カナリークサヨシ

Alsace [alzas] 女 アルザス〔フランス東部の地域圏〕

Alsace-Lorraine [alzaslɔrɛn] 女 アルザス・ロレーヌ〔フランス北東部の地域; ドイツと国境を接する〕

alsacien(ne) [alzasjɛ̃, -ɛn] 形 [[A-]] ── 男 アルザス方言

alsacien(ne)-lorrain(e) [alzasjɛ̃lɔrɛ̃, alzasjɛnlɔrɛn] 形 名 [[A-L-]] アルザス・ロレーヌの(人)

altaïque [altaik] 形 アルタイ山脈の

▶ **langues altaïques** アルタイ諸語〔チュルク諸語・モンゴル諸語・ツングース諸語の総称〕

altérabilité [alterabilite] 女 悪化[劣化]しやすい性質

altérable [alterabl] 形 変質[悪化]しやすい

altérant(e) [alterɑ̃, -ɑ̃t] 形 ①のどをかわかす ②変質させる

altération [alterasjɔ̃] 女 ①悪くなること; 悪化, 変質; 〔地〕風化 ②〔文書などの〕偽造, 歪曲; 〔楽〕変調; 変化記号

altercation [altɛrkasjɔ̃] 女 いさかい合い, 口論

altéré(e) [altere] 形 (< altérer) ①悪化に[変質した] ②(…に)飢えた; (…を)渇望する (de)

alter ego [alterego] 男 〔ラ〕分身; 〔無二の〕親友; 腹心

altérer [altere] 他 57 ①(多くは悪い状態へ)変質する, 改變(へん)する, (真実を)ゆがめる ②[多くは受動態] のどを渇かせる ── 代動 [s'~] 変質する; 悪化する; 風化する

altérité [alterite] 女 〔哲〕他者性

altermondialisme [altermɔ̃djalism] 男 アルテルモンディアリスム〔反グローバリゼーション運動の一つ〕

alternance [alternɑ̃s] 女 交代; 〔言〕交替 ▶ **en alternance** 交互に

alternant(e) [alternɑ̃, -ɑ̃t] 形 交互[交替]の

alternat [alterna] 男 交互, 交替

alternateur [alternatœr] 男 〔電〕交流発電機

alternatif(ve) [alternatif, -iv] 形 ①交互[交替]の ▶ **courant alternatif** 〔電〕交流 ②二者択一の, いずれか一方の ── 女 ①二者択一(の状況) ②代替物; 〔複〕交互, 交替

alternativement [alternativmɑ̃] 副 交互に, 次々と

alterne [altern] 形 ①〔植〕互生の ②〔数〕**angles alternes** 錯角

alterné(e) [alterne] 形 (< alterner) 交互の, 互い違いにした

alterner [alterne] 自 (…と)交代する; 交互にやってくる (avec) ── 他 交互にやる; 〔農〕輪作する

altesse [altɛs] 女 〔敬称〕殿下 ▶ **son Altesse** 殿下 **Votre Altesse.** 〔呼びかけ〕殿下

althæa [altea], **althée** [alte] 男 〔植〕ビロードアオイ属

altier(ère) [altje, -ɛr] 形 高慢な, 横柄な

altimètre [altimɛtr] 男 高度計

altimétrie [altimetri] 女 高度測量

altiport [altipɔr] 男 〔高地の小さな〕飛行場

altise [altiz] 女 〔虫〕ノミハムシ〔ブドウなどの害虫〕

altiste [altist] 男 〔楽〕ヴィオラ奏者

***altitude** [altityd アルティテュード] 女 海

抜,標高;〔空〕高度 ▶**en altitude** 高地;高所で **mal d'altitude** 高地病,高山病 **prendre [perdre] de l'altitude** (飛行機が)上昇[下降]する

alto [alto] 男 〔楽〕ヴィオラ ─ ヴィオラ奏者

altruisme [altrɥism] 男 愛他主義

altruiste [altrɥist] 形 愛他主義の ─ 名 愛他主義者

altuglas [altyglas] 男 アクリル樹脂 【もとは商標名】

alu [aly] 男 〔話〕アルミニウム ▶**papier d'alu** アルミホイル

alumine [alymin] 女 〔化〕酸化アルミニウム, アルミナ

aluminerie [alyminri] 女 アルミニウム工場

aluminium [alyminjɔm] 男 アルミニウム

alun [alœ̃] 男 〔化〕ミョウバン

aluner [alyne] 他 ミョウバン水を塗る

alunir [alynir] 自 33 月面着陸する

alunissage [alynisaʒ] 名 月面着陸

alunite [alynit] 女 〔化〕ミョウバン石

alvéolaire [alveolɛr] 形 ①歯槽の;肺胞の ②〔言〕歯茎音 [s·t など]の

alvéole [alveɔl] 男 ①ハチの巣の小穴;(石などの)くぼみ ▶**alvéole dentaire** 歯槽 **alvéoles pulmonaires** 肺胞

alvéolé(e) [alveɔle] 形 ハチの巣状の

alvéolite [alveɔlit] 女 〔医〕肺胞炎;歯槽炎

alysse [alis] 男 〔植〕イワナズナ属;ミヤマナズナ属

alyte [alit] 男 〔動〕サンバガエル

alzheimer [alzaimɛr] 男 〔医〕アルツハイマー病

a.m. 副 〈ラ〉 (略) ante meridiem 午前

amabilité [amabilite] 女 親切,愛想,優しさ;(複)親切な行為[言葉] ▶**avoir l'amabilité de** … 親切にも…する

amadou [amadu] 男 火口

amadouer [amadwe] 他 (人を)丸め込む;なだめる ─ 代動 **s'~** 〔話〕おとなしくなる

amaigri(e) [amegri] 形 (< **amaigrir**) やせた, 細くなった

amaigrir [amegrir] 他 33 やせさせる;厚みを減らす ─ 代動 **s'~** やせる

amaigrissant(e) [amegrisɑ̃, -ɑ̃t] 形 やせさせる

amaigrissement [amegrismɑ̃] 男 減量;薄く[縮小]すること

amalgamation [amalgamasjɔ̃] 女 〔化〕アマルガム法〔鉱石の貴金属をアマルガムにして抽出する方法〕

amalgame [amalgam] 男 ①〔化〕アマルガム ②混合, 雑多な寄せ集め;混同 ③(言) 縮約(**de** + **le**→**du** など)

amalgamer [amalgame] 他 ①アマルガムを作る ③混合させる, 合同[合併]させる

aman [amɑ̃] 男 〈アラビア〉 生命の保証〔イスラム教国で降伏した敵になされる〕

amandaie [amɑ̃dɛ] 女 アーモンド畑

*****amande** [amɑ̃d] 女 アーモンド ▶**en amande** (目が)アーモンド型の **pâte d'amandes** [**la~**] アーモンドペースト

amandier [amɑ̃dje] 男 〔植〕アーモンドの木

amandine [amɑ̃din] 女 アーモンドパイ

amanite [amanit] 女 〔植〕テングタケ属のキノコ ▶**amanite phalloïde** タマゴテングタケ

amant [amɑ̃] 男 ①(男の)愛人;(複) 愛人同士〔女性は **maîtresse**〕 ②〔文〕愛好家

amarantacées [amarɑ̃tase] 女 (複)〔植〕ヒユ科

amarante [amarɑ̃t] 形 〔不変〕アマランサス色の, ケイトウ色の ─ 女 〔植〕アマランサス〔ヒユ属の総称〕

amareyeur(se) [amarɛjœr, -øz] 名 カキ養殖場の従業員

amarinage [amarinaʒ] 男 船酔いしなくなること

amariner [amarine] 他 〔海〕①捕らえた船に船員を乗り込ませる ②海に慣らす ─ 代動 **s'~** 船酔いしなくなる

amarrage [amaraʒ] 男 〔海〕繋ぐこと;(船の)係留

amarre [amar] 女 (船などの)係留;もやい綱, 係留用ロープ ▶**larguer les amarres** (出港するために)もやい綱を解く;〔話〕旅に出る

amarrer [amare] 他 ①〔海〕もやい綱でつなぐ ②(荷物などを)縛りつける ─ 代動 **s'~** 係留される

amaryllidacées [amarilidase] 女 (複)〔植〕ヒガンバナ科

amaryllis [amari(l)is] 女 〔植〕アマリリス

amas [amɑ] 男 堆積, 蓄積;(…の)山 (**de**)

amasser [amɑse] 他 ためる, 蓄積する;寄せ集める ─ 代動 **s'~** たまる, 積み重なる

*****amateur(trice)** [amatœr, -tris] アマトゥール(トリス) 名 〔女性形 **amatrice** は稀〕①愛好者, 愛好家;(スポーツなどの)アマチュア, ...の(**de**) ②(軽蔑の)好事家(ゔ);通, 収集家 ▶**en amateur** 素人として, 遊び半分に **travail d'amateur** いい加減な仕事 ③(話)品物の買い手 ▶**Avis aux amateurs!** (話)興味のある方はどうぞ買って下さい ─ 形 〔不変〕素人の;…の好きな(**de**)

amateurisme [amatœrism] 男 ①(スポーツ)アマチュア精神 アマチュアリズム ②(軽蔑の)素人芸

amatir [amatir] 他 33 つや消しにする

amaurose [amoroz] [amoros] 女 〔医〕黒そこひ, 黒内障

amazone [amazon] 女 ①(話)乗

馬する女性, 女性騎手 ▶**monter en amazone** (馬に)横座りに乗る ②乗馬用の長くゆったりしたスカート ③《話》車で客引きする売春婦

Amazonie [amazɔni] 囡 [l'~] (南米の)アマゾン地方

amazonien(ne) [amazɔnjɛ̃, -ɛn] 形 图 [A.-] アマゾンの人

ambages [ɑ̃baʒ] 囡 〖複〗〖成句でのみ〗▶**sans ambages** 単刀直入に

***ambassade** [ɑ̃basad] アンバサド 囡 ①《英 embassy》大使館 ②大使の職 ③外交使節 ④《話》使い ▶**en ambassade** 使者として

***ambassadeur** [ɑ̃basadœr] アンバサドゥール 男 ①《英 ambassador》大使; 使節 ②《話》使者

ambassadrice [ɑ̃basadris] 囡 ①《古》大使夫人 ②(女性の)大使 ③《話》(女性の)使者

***ambiance** [ɑ̃bjɑ̃s] アンビアンス 囡 雰囲気; 環境; 《話》楽しい雰囲気, 陽気な気分 ▶**d'ambiance** 環境, 雰囲気づくりの ― **lumière d'ambiance** ムード照明 / **musique d'ambiance** [la ~] バックグラウンドミュージック **Il y a de l'ambiance!** 雰囲気がいい, 活気がある **mettre ... dans l'ambiance** (人)を盛り上げる **mettre de l'ambiance** 陽気な雰囲気を演出する

ambiant(e) [ɑ̃bjɑ̃, -ɑ̃t] 形 周囲の ▶**température ambiante** 気温, 室温

ambidextre [ɑ̃bidɛkstr] 形名 両手きき(の)

ambigu(ë) [ɑ̃bigy] 形 あいまいな, 両義的な; 怪しげな

ambiguïté [ɑ̃bigɥite] 囡 曖昧さ; 両義性

ambitieusement [ɑ̃bisjøzmɑ̃] 副 野心的に

ambitieux(se) [ɑ̃bisjø, -øz] 形 ①野心のある; 野心的な ②大胆な; 思い上がった ― 名 野心家

***ambition** [ɑ̃bisjɔ̃] アンビスィヨン 囡 《英 ambition》野心, 野望; 大望

ambitionner [ɑ̃bisjɔne] 他 渇望する, 熱望する ▶**ambitionner de** …することを切望する

ambivalence [ɑ̃bivalɑ̃s] 囡 《心》アンビバレンス, 反対感情の両立, 両価性; 両義性

ambivalent(e) [ɑ̃bivalɑ̃, -ɑ̃t] 形 アンビバレントな, 両価性の

amble [ɑ̃bl] 男 (馬の)側対歩, だく足

ambler [ɑ̃ble] 自 側対歩で進む

ambleur(se) [ɑ̃blœr, -øz] 形名 側対歩で進む(馬)

amblyope [ɑ̃bljɔp] 形名 弱視の(人)

amblyopie [ɑ̃bljɔpi] 囡 《医》弱視

Amboise [ɑ̃bwaz] アンボアーズ 【Indre-et-Loire 州の町; 後期ゴシック式の古城がある】

ambon [ɑ̃bɔ̃] 男 (初期教会堂の)読経台

ambre [ɑ̃br] 男 ①龍涎香, アンバーグリス(= ~ gris) ②《称》(= ~ jaune)

ambré(e) [ɑ̃bre] 形 (<ambrer) ①龍涎香のにおいのある ②琥珀色の

ambréine [ɑ̃brein] 囡 《化》アンブレイン

ambrette [ɑ̃bret] 囡 《植》①オクラ; ②スイートタルタン〖ヤグルマギク〗

ambroisie [ɑ̃brwazi] 囡 《ギ神》神の食物

ambrosien(ne) [ɑ̃brozjɛ̃, -ɛn] 形 《宗》聖アンブロジオの

ambulacre [ɑ̃bylakr] 男 《動》(棘皮(きょくひ)動物の)歩帯

ambulance [ɑ̃bylɑ̃s] 囡 救急車(= **voiture d'~**) ▶**tirer sur une ambulance** 《話》困っている人をさらに攻撃する

ambulancier(ère) [ɑ̃bylɑ̃sje, -er] 名 救急車の運転手

ambulant(e) [ɑ̃bylɑ̃, -ɑ̃t] 形 巡回する, 歩き回る ▶**comédiens ambulants** 旅役者 **marchand ambulant** 行商人 **vente ambulante** 車内販売

ambulatoire [ɑ̃bylatwar] 形 《医》歩行できる; 《法》変更可能

***âme** [am アーム] 囡 《英 soul》①魂, 霊魂; 精神, 心 ▶**dans l'âme** 心からの; 徹底的に **de toute son âme** 心の底から, 心をこめて, 全力を尽くして **en mon âme et conscience** 良心に誓って **état d'âme** 気持ち, 気分, 精神状態 **être comme une âme en peine** 途方に暮れている **rendre l'âme** 《文》息を引き取る ②中心人物; 《文》住人, 住民 ▶**âme sœur** (趣味や感性が)通じ合う人 **sans rencontrer âme qui vive** だれとも会うこともなく ③(ものごとの)核心, 中心

amélanchier [amelɑ̃ʃje] 男 《植》ザイフリボク属

améliorable [ameljɔrabl] 形 改良[改善]できる

***amélioration** [ameljɔrasjɔ̃] アメリオラスィヨン 囡 《英 improvement》改良, 改善; 健康・天気などの)回復

***améliorer** [ameljɔre] アメリオレ 他 《英 improve》改良[改善]する ― 〖代動〗〖**s'~**〗 よくなる, 改善される

amen [amen] 男 《不変》アーメン ▶**dire amen** 《話》そっくり認める

***aménagé(e)** [amenaʒe] アメナジェ 形 (<aménager) 設備が整った, 整備された

aménageable [amenaʒabl] 形 改修できる; 融通のきく

***aménagement** [amenaʒmɑ̃] 男 整備, 改修 ▶**aménagement du temps de travail** フレックス制; 労働時間の調整 **aménagement du territoire** 国土開発

aménager [amenaʒe アメナジェ] 他 40 改修する, 手直しする

amendable [amɑ̃dabl] 形 改良[修正]できる

***amende** [amɑ̃d アマンド] 女 罰金 **être (mis) à l'amende** (仲間内で)軽い罰を受ける **faire amende honorable** 自分の非を認めて謝罪する

amendement [amɑ̃dmɑ̃] 男 ①[法] [政] 修正(案) ②[農] (土壌の)改良(剤)

amender [amɑ̃de] 他 ①[法] [政] (法案・議案などを)修正する ②改める ③[農] (土壌を)改良する ── [s'~] 行いを改める, 再出発する

amène [amɛn] 形 [文] 心地よい, 快適な; 人好きのする

amenée [amne] 女 ①導水 ②(流体の)導管

***amener** [amne アムネ] 他 (英 bring) ①連れて行く[来る]; 持って行く[来る] — amener A à [chez] B A を B のところに連れて行く; B をまにこの家; 誘導する; 導入する ③(人に…するように)させる, 仕向ける (à) ④(旗を降ろす ⑤引き寄せる ── 代動 [s'~] (話) やって来る

aménité [amenite] 女 ①(態度などの)柔らかさ, 親切さ ②(複) (皮肉をこめた)とげのある言葉, 悪口 **► sans aménité** 情け容赦なく

aménorrhée [amenɔre] 女 [医] 無月経

amentifère [amɑ̃tifer] 形 [植] 尾状花序をつける

amenuisement [amnɥizmɑ̃] 男 縮小, 減退

amenuiser [amnɥize] 他 薄くする, 小さくする; 減少させる ── 代動 [s'~] 薄くなる, 小さくなる; 減少する

***amer¹(ère)** [amer アメール] 形 ①苦い **► avoir la bouche amère** 口の中が苦い **orange amère** ダイダイ(橙) ②(経験などが)つらい, 耐え難い, 辛辣な ── 男 アメール【リキュールの一種】

amer² [amer] 男 [海] 航海目標

amèrement [amɛrmɑ̃] 副 悲痛に; 手きびしく

***américain(e)** [amerikɛ̃, -ɛn アメリケ(ケヌ)] 形 アメリカの **► à l'américaine** 米国風の[に] ── 名 [A-] アメリカ人 ── 男 アメリカ英語; (ベルギー) (タルタル)ステーキ

américanisation [amerikanizɑsjɔ̃] 女 アメリカ化

américaniser [amerikanize] 他 アメリカ化させる, アメリカ風にする

américanisme [amerikanism] 男 ①アメリカ風 ②[言] アメリカ英語からの借用による語法

américaniste [amerikanist] 名 アメリカ学が専門の ── 名 アメリカ学者

amérindien(ne) [ameʀɛ̃djɛ̃, -ɛn アメラングジャン(ジェヌ)] 形名 アメリカインディアンの

***Amérique** [amerik アメリク] 女 [l'~] アメリカ **► Amérique centrale** [l'~] 中央アメリカ **Amérique du Nord** [l'~] 北米 **Amérique du Sud** [l'~] 南米 **Amérique latine** [l'~] ラテンアメリカ

amérir, amerrir [amerir] 自 33 [空] 着水する

Amerloque [amerlɔk] 名 《話・軽蔑的》アメリカ人

amerrissage [amerisaʒ] 男 着水

amertume [amertym] 女 ①苦さ, 苦味 ②苦しみ; 手きびしさ, 辛らつさ

améthyste [ametist] 女 [鉱] 紫水晶

amétrope [ametrɔp] 形 [医] 非正視の

amétropie [ametrɔpi] 女 [医] 眼の屈折異常, 非正視

ameublement [amœbləmɑ̃] 男 《集合的》室内装飾; 家具

ameublir [amœblir] 他 33 ①(土地を)耕作しやすくする ②[法] (不動産を)夫婦の共有財産にいれる

ameuter [amøte] 他 寄せ集める, 群れをなす ── 代動 [s'~] 群をなして集まる

amharique [amarik] 男 アムハラ語【エチオピアの公用語】

***ami(e)** [ami アミ] 名 ①(英 friend) 友達, 友人; 味方 **► ami d'enfance** 幼友達 **faire ami-ami** (話) 仲良くする, 仲直りする **mes chers amis** (呼びかけ) 諸君 ②恋人, 愛人 **► petit ami** 恋人 ③愛好者 **► ami des arts** 芸術愛好家 **amis de la nature** [les ~] 自然愛好家 ── 形 友好的な, 親しい

amiable [amjabl] 形 和解の, 示談の上の **► à l'amiable** 示談で[による]; 和解的な

amiante [amjɑ̃t] 男 [鉱] 石綿, アスベスト

amibe [amib] 女 [生] アメーバ

amibiase [amibjaz] 女 [医] アメーバ症

amibien(ne) [amibjɛ̃, -ɛn] 形 [医] アメーバ性の

amiboïde [amibɔid] 形 [生] アメーバ類似の, アメーバ様の ── 男 アメーバ

***amical(ale)** [amikal アミカル] 形 複 -aux [-o-] (英 friendly) 友情のこもった, 友好的な ── 女 友愛会, 交流団体 **► match amical** 親善試合

amicalement [amikalmɑ̃ アミカルマン] 副 友情をこめて; 親しげに; 仲良く **► Amicalement.** (手紙の最後に) 愛情を込めて, 草々

amide [amid] 男 [化] アミド

amidon [amidɔ̃] 男 でん粉; (洗濯用のり)の

amidonnage [amidɔnaʒ] 男 (洗濯物に)のりづけする

amidonner [amidɔne] 他 (洗濯物

amidonnerie [amidɔnri] 女 でん粉工場

amidonnier(ère) [amidɔnje, -ɛr] 名 でん粉製造業者

amidopyrine [amidopirin] 女 〖薬〗 アミノピリン

Amiens [amjɛ̃] アミアン【Somme 県の県庁所在地】► *cathédrale d'Amiens* [la ～] アミアン大聖堂【ゴシック様式の代表的建築物】

amincir [amɛ̃sir] 他 33 (服が人をほっそり)みせる; 細くする, 薄くする ━ 代動 [s'～] すらっとする; 細く[薄く]なる

amincissant(e) [amɛ̃sisɑ̃, -ɑ̃t] 形 やせさせる, すらりと見せる

amincissement [amɛ̃sismɑ̃] 男 細く[薄く]する[なる]こと; やせること

amine [amin] 女 〖化〗 アミン

aminé [amine] 形 (男性形のみ) ► *acide aminé* アミノ酸

a minima [aminima] 形 ► *appel a minima* 〖法〗増刑示唆

amino(-)acide [aminoasid] 男 = aminé

amiral [amiral] 男 (複 -aux [-o]) 海軍大将[将官] ► *vaisseau* [*bateau*] *amiral* 旗艦

amirauté [amirote] 女 ①海軍将官の職 ②海軍本部

:amitié [amitje アミティエ] 女 (英 friendship) 友情; 友好関係; 好意 ► *Mes amitiés à votre père.*《話》お父さんによろしく

ammodyte [amɔdit] 男 ①〖魚〗イカナゴ ②〖動〗ハナダカクサリヘビ

ammoniac [amɔnjak] 形[男] 〖化〗アンモニアの

ammoniacal(ale) [amɔnjakal] 形 (男複 -aux [-o]) 〖化〗アンモニアの, アンモニアを含んだ

ammoniaque [amɔnjak] 女 〖化〗アンモニア水

ammoniaqué(e) [amɔnjake] 形 アンモニア水を含んだ

ammonite [amɔnit] 女 〖古生〗アンモナイト, アンモン貝

ammonium [amɔnjɔm] 男 〖化〗アンモニウム

ammophile [ɑ̃mɔfil] 形 砂地に棲息する

amnésie [amnezi] 女 〖医〗健忘症, 記憶喪失

amnésique [amnezik] 形名 記憶喪失症の(人), 健忘症の(人)

amniocentèse [amnjosɛ̃tɛz] 女 〖医〗羊水穿刺(ʷ°)

amnios [amnjos] 男 〖解〗羊膜

amniotique [amnjɔtik], **amnique** [amnik] 形 〖解〗羊膜の ► *liquide amniotique* 羊膜液, 羊水

amnistiable [amnistjabl] 形 特赦の対象となる

amnistie [amnisti] 女 大赦, 特赦, 恩赦

amnistié(e) [amnistje] 形[名] (く*amnistier*) 大赦された(人)

amnistier [amnistje] 他 大赦する; 許す

amocher [amɔʃe] 他 《話》(ものを)ぶっ壊す; (人を)なぐる, 傷つける

amodiataire [amɔdjatɛr] 名 (田地の)賃借人

amodiateur(trice) [amɔdjatœr, -tris] 名 (田地・漁場・漁業権の)賃貸人

amodiation [amɔdjasjɔ̃] 女 (田地・漁場・漁業権の)賃貸; (採掘権の)転貸

amodier [amɔdje] 他 (田地などを)賃貸する

amoindrir [amwɛ̃drir] 他 33 小さくする; 弱くする ━ 代動 [s'～] 小さくなる; 減る, 弱る

amoindrissement [amwɛ̃drismɑ̃] 男 減少; 衰え; 低下

amok [amɔk] 男 アモック【無意識に人を殺傷する精神錯乱のひとつ】

amollir [amɔlir] 他 33 ①柔かくする ②《古》(人を)柔弱にする, 弱くする ━ 代動 [s'～] ①柔かくなる ②和らぐ; 弱まる

amollissant(e) [amɔlisɑ̃, -ɑ̃t] 形 柔かにする; 弱くする

amollissement [amɔlismɑ̃] 男 柔かくなる[する]こと; 柔弱になる[する]こと

amome [amɔm] 男 〖植〗アモムム【ショウガ属】

amonceler [amɔ̃sle] 他 4 ①積み上げる; 蓄積する ②(証拠などを集める) ━ 代動 [s'～] 積み上がる; 積もる, たまる

amoncellement [amɔ̃sɛlmɑ̃] 男 積み重ねること; 堆積, 山

amont [amɔ̃] 男 ①川上, 上流 ► *en amont* (…の)上流に 《*de*》 ②前段階

amoral(ale) [amɔral] 形 (男複 -aux [-o]) 道徳と無関係な; 無道徳な

amoralisme [amɔralism] 男 無道徳主義

amoralité [amɔralite] 女 無道徳性

amorçage [amɔrsaʒ] 男 ①(機械などの)作動; (装置の)取りつけ; (情報)起動 ②(釣り針に)餌をつけること

amorce [amɔrs] 女 ①紙火薬; (銃の)雷管; 点火装置 ②(魚などの)えさ ③始まり, 糸口

amorcer [amɔrse] 他 52 ①開始する, 口火を切る; 起動する; 道を開ける; 穴を開ける ②(銃に)雷管を装置する ③(ポンプに)呼び水を注ぐ ④(釣り針に)餌をつける, 撒餌をする ━ 代動 [s'～] 始まる; 起動する

amorçoir [amɔrswar] 男 撒餌(ʷᵃ)用具【水の底にえさをまく】

amoroso [amɔrozo] 副 《く伊》〖楽〗アモローソ, 愛情をこめて

amorphe [amɔrf] 形 ①〖化・生〗無定形の; 非結晶の ②無気力な; 個性のない

amorti(e) ない

amorti(e) [amɔrti] 形 (< amortir) 弱くなった, 和らいだ ― 男 〖テニス〗ドロップショット ► *faire un amorti* 〖サッカー〗ボールをトラップする ― 女 〖テニス〗(ネット際に落ちた)ドロップショットのボール

amortir [amɔrtir] 他 33 ①和らげる, 緩和する ②減価償却する ③〖負債を〗償還する ④〖サッカー〗トラップする; 〖テニス〗ドロップショットを打つ ― 代動 [s'~] ①原価償却される ②弱まる, 和らぐ, 消える

amortissable [amɔrtisabl] 形 〖商〗償却される

amortissement [amɔrtismɑ̃] 男 ①和らげること ②減価償却

amortisseur [amɔrtisœr] 男 消音装置, 緩衝装置

amour [amur アムール] 男 (英 love) ①愛, 愛情; 恋愛; 《複》恋愛関係, 情事 ► *À tes amours!* 〖話〗君に乾杯! 《(くしゃみをした人に)》お大事に *amour de rencontre* 行きずりの恋 *amour maternel* 母性愛 *amour paternel* 父性愛 *avec amour* 愛情を込めて *faire l'amour* (人と)セックスする, 寝る 《à, avec 人》 *filer le parfait amour* 仲睦まじく愛し合う *pour l'amour de …* …のことを考えて, …のために ―*Pour l'amour du Ciel [Dieu]!* 〖話〗お願いだから *premier amour* 初恋 *un amour de …* とてもかわいい… *vivre un grand amour* 大恋愛をしている ②〖話〗いとしい人 ►*mon amour* ねえ, 君, あなた 〖恋人・妻・女などへの呼びかけ〗 ③愛の神, キューピッド ④(動物の)発情, 交尾

amouracher [amuraʃe] 代動 [s'~] 〖話・軽蔑的に〗(…に)惚れ込む 《de》

amourette [amuret] 女 浮気恋

amoureusement [amurøzmɑ̃] 副 愛情をこめて; 心を込めて

*amoureux(se) [amurø, -øz アムルー(ズ)] 形 ①恋している ►*être amoureux de* (人に)恋している; (…に)夢中である *tomber amoureux* (人)に惚れる, 恋に落ちる 《de》 ②恋愛の ►*vie amoureuse* 異性関係 ③惚れっぽい; 官能的な, 色っぽい ― 名 ①恋人, 恋に相手; 愛する者 ②(…に)熱中している人 《de》 ►*amoureux transi* 恋人の前ですっかり上がってしまう男

amour-propre [amurprɔpr] 男 《複 ~s-~s》自尊心, 誇り; うぬぼれ

amovibilité [amɔvibilite] 女 取り外し可能なこと

amovible [amɔvibl] 形 移動可能な: 取りはずし可能な

ampélidacées [ɑ̃pelidase] 女 《複》〖植〗ブドウ科

ampélopsis [ɑ̃pelɔpsis] 男 〖植〗ノブドウ

ampérage [ɑ̃peraʒ] 男 〖電〗アンペア数

ampère [ɑ̃pɛr] 男 アンペア

ampère-heure [ɑ̃perœr] 男 〖電〗アンペア時

ampèremètre [ɑ̃permetr] 男 〖電〗電流計, アンメーター

amphétamine [ɑ̃fetamin] 女 アンフェタミン〖覚醒剤〗

amphi [ɑ̃fi] 男 (略) amphithéâtre 〖話〗階段講堂

amphiarthrose [ɑ̃fjartroz] 形 〖解〗繊維軟骨結合

amphibie [ɑ̃fibi] 形 両生の; 水陸両用の ― 男 両生動物; 水陸両用のもの

amphibien [ɑ̃fibjɛ̃] 男 〖動〗両生類

amphibole [ɑ̃fibɔl] 女 角閃(かくせん)石

amphibologie [ɑ̃fibɔlɔʒi] 女 両義性, 文意のあいまいさ

amphibologique [ɑ̃fibɔlɔʒik] 形 〖言〗両義的な, 意味のあいまいな

amphigouri [ɑ̃figuri] 男 〖文〗支離滅裂な作品

amphigourique [ɑ̃figurik] 形 支離滅裂な, わけのわからない

amphineures [ɑ̃finœr] 男 《複》〖動〗双神経亜門〖軟体動物の一種〗

amphioxus [ɑ̃fjɔksys] 男 〖魚〗ナメクジウオ

amphipodes [ɑ̃fipɔd] 男 《複》〖動〗ヨコエビ目

amphisbène [ɑ̃fisbɛn] 男 〖動〗ミミズトカゲ

amphithéâtre [ɑ̃fiteɑtr] 男 ①(古代ローマの)円形闘技場 ②〖劇〗舞台正面の階段桟敷 ③階段講堂 ►*en amphithéâtre* すり鉢状に

amphitryon [ɑ̃fitrijɔ̃] 男 (夕食の)主人役〖モリエールの喜劇中の人物の名から〗

ampholyte [ɑ̃fɔlit] 男 〖化〗両性物質

amphore [ɑ̃fɔr] 女 〖考古〗アンフォラ〖両取手つきのつぼ〗

ample [ɑ̃pl] 形 ①(服などが)たっぷり(ゆったり)した; (場所が)ゆとりのある, 広々とした ②豊かな, 豊富な ►*jusqu'à plus ample informé* 更に詳しい情報が入るまで

amplectif(ve) [ɑ̃plektif, -iv] 形 〖植〗被包した

amplement [ɑ̃pləmɑ̃] 副 十分に, たっぷりと

ampleur [ɑ̃plœr] 女 ①ゆとり, 広々していること, 大きさ ②豊かさ

ampli [ɑ̃pli] 男 〖話〗= amplificateur

amplificateur(trice) [ɑ̃plifikatœr, tris] 形 拡張する, 拡大する ― 男 ①〖音響〗アンプ; 増幅器 ②〖写〗引き伸ばし機

amplification [ɑ̃plifikasjɔ̃] 女 ①〖修〗拡大, ②引伸し ③〖電〗増幅 ④増加; 誇張

amplifier [ɑ̃plifje] 他 ①拡大する;

増加させる ②敷衍する; 誇張する ― 代動 [s'～] 拡大される

amplitude [ɑ̃plityd] 女 ①振幅 ②気温較差 ③広さ, 大きさ, 広がり ④〔天〕(天体の)出没方位角

ampli-tuner [ɑ̃plityner] 男 (複 ~s-~s) アンプとチューナーが一体になったレシーバー

*__ampoule__ [ɑ̃pul] 女 ①電球 ②(注射液の)アンブル ③水ぶくれ, まめ ►**ampoule à baïonnette** (差し込み式の)電球 **ampoule à vis** (回して取り付ける)電球

ampoulé(e) [ɑ̃pule] 形 (文体などが)誇張した

amputation [ɑ̃pytasjɔ̃] 女 ①〔医〕切断, 切除 ②削除, 削減

amputé(e) [ɑ̃pyte] 名 切断手術を受けた人

amputer [ɑ̃pyte] 他 ①〔医〕切断する ②(...から)削除する, 削減する (de)

amstellodamois(e) [amstɛlodamwa, -az], **amstellodamien(ne)** [amstɛlodamjɛ̃, -ɛn] 形名 [[A-]] アムステルダム(の人)

Amsterdam [amstɛrdam] アムステルダム【オランダの首都】

amuïr [amqir] 代動 33 [s'～] 〔言〕無音化する

amuïssement [amqismɑ̃] 男 〔言〕無音化

amulette [amylɛt] 女 お守り, 護符

amure [amyr] 女 〔海〕タック【帆の風上側下隅】

amurer [amyre] 他 〔海〕(帆に)風上側下隅索を張る

*__amusant(e)__ [amyzɑ̃, -ɑ̃t アミュザン(ト)] 形 (英 amusing) おもしろい; こっけいな

amuse-gueule [amyzgœl] 男 (複 ~-~(s)) 〔話〕食前酒のおつまみ

amusement [amyzmɑ̃] 女 楽しみ, 娯楽, 気晴らし

*__amuser__ [amyze アミュゼ] 他 (英 amuse) ①おもしろがらせる, 楽しませる ②たぶらかす, だます ►**Tu m'amuses.** 〔話〕冗談でしょう, とんでもない ― 代動 [s'～] ①(...して; ...で)遊ぶ, 楽しむ (à) ②時間をむだに費やす; 遊び呆ける ►**Amusez-vous bien!** 〔話〕せいぜい楽しんでいらっしゃい, ごゆっくり

amusette [amyzɛt] 女 〔古〕気晴らし

amuseur(se) [amyzœr, -øz] 名 おもしろがらせる[ふざける]人

amygdale [amidal] 女 〔解〕扁桃腺

amygdalite [amigdalit] 女 〔医〕扁桃腺炎

amylacé(e) [amilase] 形 でん粉質[性]の

amyle [amil] 男 〔化〕アミル

amylène [amilɛn] 男 〔化〕アミレン

amylique [amilik] 形 ►**alcool amylique** ペンチルアルコール

amyotrophie [amjɔtrɔfi] 女 〔医〕筋萎縮症

amyotrophique [amjɔtrɔfik] 形 〔医〕筋萎縮の

*__an__ [ɑ ɑ̃] 男 (英 year) 年; 歳, 年齢 ►**avoir quatre-vingts ans** 80歳である ►**en l'an 300 de notre ère** 紀元300年に ►**en l'an 300 avant Jésus-Christ** 紀元前300年に ►**bon an mal an** (よい年も悪い年も)平均して **nouvel an** [lə ～] 新年 **premier** [jour] **de l'an** [lə ～] 元日 **tous les ans** 毎年 **tous les deux ans** 2年ごとに

-an(e) 接尾 ①「...の」の意の形容詞をつくる ②「...人」の意の名詞をつくる

anabaptisme [anabatism] 男 再洗礼派

anabaptiste [anabatist] 形名 再洗礼派(の人)

anabiose [anabjoz] 女 〔生〕蘇生

anabolique [anabɔlik] 形 〔化〕同化作用の

anabolisant(e) [anabɔlizɑ̃, -ɑ̃t] 男 アナボリックステロイド(の)【筋肉増強剤】

anabolisme [anabɔlism] 男 〔化〕同化作用

anacarde [anakard] 男 〔植〕カシューナッツ

anacardier [anakardje] 男 〔植〕カシューの木

anachorète [anakɔrɛt] 男 隠者; 世捨て人

anachorétique [anakɔretik] 形 隠者の

anachronique [anakrɔnik] 形 時代錯誤の

anachronisme [anakrɔnism] 男 時代錯誤

anacoluthe [anakɔlyt] 女 〔文法〕破格構文

anaconda [anakɔ̃da] 男 〔動〕アナコンダ【南アメリカの大ヘビ】

Anacréon [anakreɔ̃] アナクレオン【ギリシア詩人】

anacrouse [anakruz] 女 〔楽〕弱起, アウフタクト

anaérobie [anaerɔbi] 形名 〔生〕嫌気性の(生物)

anaglyphe [anaglif] 男 ①浅浮き彫り装飾 ②立体写真

anaglyptique [anagliptik] 形 点字(印刷)の ― 男 点字印刷法

anagogie [anagɔʒi] 女 〔宗〕秘儀解釈

anagogique [anagɔʒik] 形 〔宗〕秘儀解釈の

anagrammatique [anagramatik] 形 語句のつづり換えの

anagramme [anagram] 女 アナグラム【語句のつづり換え; 例えば singe→signe】

anal(ale) [anal] 形 (複男 -aux [-o]) 〔解〕肛門の ►**stade anal** (精〕肛

門期

analeptique [analɛptik] 形 〔医〕興奮性の ― 男 興奮薬；覚醒剤

analgésie [analʒezi] 女 〔医〕無痛覚(症)

analgésique [analʒezik] 形 鎮痛の；無感覚の ― 男 鎮痛剤

anallergique [analɛrʒik] 形 〔医〕低アレルギー性の

analogie [analɔʒi] 女 類似(性)；類推 ▶ par analogie avec …との類推によって

analogique [analɔʒik] 形 ①類似の，類推による ②〔情〕アナログの

analogiquement [analɔʒikmɑ̃] 副 類推で；アナログで

analogue [analɔɡ] 形 (…に)類似の，似通った(à) ― 男 類似のもの

analphabète [analfabɛt] 形 名 文盲の

analphabétisme [analfabɛtism] 男 文盲

analysable [analizabl] 女 分析できる

analyse [analiz] 女 ①分析，分解；精神分析 〔史〕解析(学) ②概要，要約 ▶ analyse infinitésimale 〔数〕微積分学 analyse qualitative [quantitative] 〔化〕定性[定量]分析 avoir l'esprit d'analyse 分析力に優れている en dernière analyse 結局(は)

*analyser [analize アナリゼ] 他 ①〔英 analyze〕分析する ②精神分析する ③〔作品などを〕要約する ― 代動 [s'〜] 自己分析する

analyseur [analizœr] 男 分析装置，分析器

analyste [analist] 名 分析者，分析学者；精神分析学者，アナリスト

analyste-programmeur(se) [analist (ə) prɔɡramœr, -øz] 名 (複 〜s-〜s)〔情報〕システム分析者

analytique [analitik] 形 分析的な；精神分析の；〔数〕解析的な

analytiquement [analitikmɑ̃] 副 分析的に

anamnèse [anamnɛz] 女 既往症

anamnestique [anamnɛstik] 形 既往症の

anamorphose [anamɔrfoz] 女 ①〔光〕歪(ひず)像；〔美術〕アナモルフォーシス【投影などによる歪像を使った画法】 ②〔生〕増齢変態

*ananas [anana(s) アナナ(ス)] 男 〔植〕パイナップル

anapeste [anapɛst] 男 〔詩〕短々長格

anaphase [anafaz] 女 〔生〕(細胞分裂)後期

anaphore [anafɔr] 女 〔修〕行頭反復；〔文法〕前方照応

anaphorique [anafɔrik] 形 〔文法〕前方照応的な

anaphrodisiaque [anafrɔdizjak] 形 性欲を抑制する ― 男 制淫剤

anaphylactique [anafilaktik] 形 〔医〕過敏性の

anaphylaxie [anafilaksi] 女 〔医〕過敏症

anaplastie [anaplasti] 女 〔外〕= autoplastie

anar [anar] 名 〔話〕= anarchiste

anarchie [anarʃi] 女 無政府状態；混乱，無秩序

anarchique [anarʃik] 形 無政府状態[主義]の；無秩序な，混乱状態の ▶ de façon [manière] anarchique 無秩序なやり方で

anarchiquement [anarʃikmɑ̃] 副 無秩序に

anarchisant(e) [anarʃizɑ̃, -ɑ̃t] 形 無政府主義的な傾向の

anarchisme [anarʃism] 男 無政府状態；無政府主義

anarchiste [anarʃist] 名 無政府主義の ― 名 無政府主義者

anarthrie [anartri] 女 〔医〕(脳障害による)構音不能

anasarque [anazark] 女 〔医〕浮腫

anastatique [anastatik] 形 凸版の

anastigmat [anastiɡmat], anastigmatique [anastiɡmatik] 形 〔男性形のみ〕〔光〕アナスティグマート(の)【収差を補正した複合レンズ】

anastomose [anastɔmoz] 女 〔解〕吻合(こう)

anastomoser [anastɔmoze] 他 代動 [s'〜] 吻合する

anastrophe [anastrɔf] 女 〔修〕倒置法，語順転位

anathématiser [anatematize] 他 はげしく非難する；〔宗〕破門する

anathème [anatɛm] 男 ①〔宗〕破門，呪詛；憎悪 ▶ jeter l'anathème sur …を激しく非難する ②破門された人

anatocisme [anatɔsism] 男 〔商〕複利法

anatomie [anatɔmi] 女 ①解剖学，解剖 ②(人体・動植物の)構造；〔話〕からだ

anatomique [anatɔmik] 形 ①解剖(学上)の ②体に合わせた

anatomiquement [anatɔmikmɑ̃] 副 解剖学的に

anatomiste [anatɔmist] 名 解剖学者

anatoxine [anatɔksin] 女 〔薬〕アナトキシン

-ance 接尾 行為・状態を表す女性名詞をつくる

ancestral(ale) [ɑ̃sɛstral] 形 (男複 -aux, -o) 祖先の；祖先伝来の

*ancêtre [ɑ̃sɛtr ɑ̃sɛtʀ] 名 (英 ancestor) ①先祖，〔複〕祖先 ②原型，先駆者 ③〔話〕老人

anche [ɑ̃ʃ] 女 〔楽〕(管楽器やオルガン

anchois [ɑ̃ʃwa アンショワ] 男 [魚] アンチョビー

ancien(ne) [ɑ̃sjɛ̃, -ɛn アンシヤン(エヌ)] 形 ① (英 ancient, old) 古くからの; 古い; 昔の, 古代の, 古来の ▶ **à l'ancienne** 古風な; 時代遅れの **ancien français** 古フランス語 **Ancien Régime** [l'~] (フランス革命以前の)旧体制, アンシャンレジーム ② (英 former) 元の, 前の —**l'ancienne mairie** 旧市庁舎 ▶ **ancien combattant** 退役軍人 **ancien élève** 卒業生 — 名 ① 先輩; 年長者 ② 卒業生, 以前… していた (de) — 男 ① 時代もの, 年代もの, 古い董物 ② [A-s] 複 古代の人々

anciennement [ɑ̃sjɛnmɑ̃] 副 以前は

ancienneté [ɑ̃sjɛnte] 女 古さ; 在職期間 ▶ **à l'ancienneté** 年功による **de toute ancienneté** 大昔から

ancillaire [ɑ̃si(l)lɛr] 形 (ふざけて) 下女の ▶ **amours ancillaires** 召使との情事

ancolie [ɑ̃kɔli] 女 [植] オダマキ

ancrage [ɑ̃kraʒ] 男 ① 停泊(所); 投錨(地) ② 根を下ろすこと ▶ **point d'ancrage** (物事の)中心; 要

ancre [ɑ̃kr] 女 錨 ▶ **jeter l'ancre** 錨を降ろす **lever l'ancre** 錨を上げる

ancrer [ɑ̃kre] 他 ① 錨でとめる ② 定着させる, 固定する — 代動 **s'~** ① 錨をおろす ② 根を おろす, 腰を落ちつける

andalou(se) [ɑ̃dalu, -uz] 形 名 [[A-]] アンダルシアの(人)

Andalousie [ɑ̃daluzi] 女 アンダルシア [スペイン南部]

andante [ɑ̃dɑ̃t, andante] 副 (<イ) [楽] アンダンテ, ゆるやかに — 男 アンダンテの曲

andantino [ɑ̃dɑ̃tino, andantino] 副 (<イ) [楽] アンダンティーノ, ややゆるやかに — 男 アンダンティーノの曲

Andes [zɑ̃d] 女 複 [les ~] アンデス山脈 (= la cordillera des ~)

andésite [ɑ̃dezit] 女 安山岩

andin(e) [ɑ̃dɛ̃, -in] 形 [[A-]] アンデス地方の(人)

andorran(e) [ɑ̃dɔrɑ̃, -an] 形 [[A-]] アンドラの(人)

Andorre [ɑ̃dɔr] 女 アンドラ [ピレネー山脈中にある小独国]

andouille [ɑ̃duj] 女 ① [料] (豚の肉や腸物の)腸詰め ② (話) まぬけ, ばか ▶ **faire l'andouille** ばかなまねをする

andouiller [ɑ̃duje] 男 (シカの)枝角

andouillette [ɑ̃dujɛt] 女 [料] (豚・子牛などの)小型の腸詰め

-andre, -andrie, andro- 接尾 (<ギ)「人」「男」の意の形容詞[名詞]をつくる

androcée [ɑ̃drɔse] 男 [植] 雄蕊(しべ)群, おしべ

androcéphale [ɑ̃drosefal] 形 人の頭をした

androgène [ɑ̃drɔʒɛn] 形 男 [生化] アンドロゲンの

androgyne [ɑ̃drɔʒin] 形 男 [植] 雄雌同花序の(植物); [生] 両性具有の(人)

androïde [ɑ̃drɔid] 男 アンドロイド

andrologie [ɑ̃drɔlɔʒi] 女 男性学

andropause [ɑ̃drɔpoz] 女 [医] 男性更年期 [年齢による男性機能の衰え]

androstérone [ɑ̃drɔsteron] 女 [生化] アンドロステロン [男性ホルモンの1種]

âne [ɑn アーヌ] 男 ① (英 donkey) [動] ロバ ② (話) ばか, あほう ▶ **dos d'âne** (道などの)起伏, でこぼこ **peau d'âne** (話・軽蔑的)大学の卒業資格

anéantir [aneɑ̃tir] 他 ③ ① 完全に打ち砕く ② (精神的に)打ちのめす, 疲れさせる — 代動 **s'~** 無くなる, 消え

anéantissement [aneɑ̃tismɑ̃] 男 ① 壊滅, 破壊 ② 過労困憊, 呆然自失

anecdote [anɛkdɔt] 女 逸話, 珍事, 奇談; 小話 ▶ **pour l'anecdote** 余談として

anecdotier(ère) [anɛkdɔtje, -ɛr] 名 (文) 逸話の語り手; 逸話収集家

anecdotique [anɛkdɔtik] 形 逸話的な; (軽蔑的)重要でない, 瑣末な ▶ **histoire anecdotique** 逸話

anémiant(e) [anemjɑ̃, -ɑ̃t] 形 [医] 貧血を起こさせる

anémie [anemi] 女 [医] 貧血

anémié(e) [anemje] 形 (< anémier) 衰えた, 沈滞した

anémier [anemje] 他 ① (…に)貧血を起こさせる ② (話)弱くする

anémique [anemik] 形 貧血症の, 弱々しい

anémo- 接頭 (<ギ)「風」の意

anémographe [anemɔgraf] 男 自記風速計

anémomètre [anemɔmɛtr] 男 風速計

anémone [anemɔn] 女 [植] アネモネ ▶ **anémone de mer** イソギンチャク

anémophile [anemɔfil] 形 [植] (花粉が)風で媒介される

anencéphalie [anɑ̃sefali] 女 [医] 無脳症

ânerie [ɑnri] 女 馬鹿で愚かな言動 ▶ **dire** [**faire**] **une ânerie** 馬鹿なことを言う[する]

anéroïde [aneroid] 形 (気圧計など)液体を用いない

ânesse [ɑnɛs] 女 雌ロバ

anesthésiant(e) [anɛstezjɑ̃, -ɑ̃t] 形 男 = anesthésique

anesthésie [anɛstezi] 女 ① 麻酔, 麻酔法 ▶ **anesthésie générale** 全身麻酔 **anesthésie locale** 局部麻酔 **sous anesthésie** 麻酔をかけられている ② 知覚喪失 ③ (心の麻痺, 無関心な状態

anesthésier [anɛstezje] 他 ① (…

anesthésiologie [anesteziolɔʒi] 女 麻酔学

anesthésique [anestezik] 形 の — 男 麻酔剤

anesthésiste [anestezist] 名 麻酔医

aneth [anet] 男 〖植〗 イノンド

anévr(y)smal(ale) [anevrismal] 形 (男複 -aux[-o]) 〖医〗動脈瘤の

anévr(y)sme [anevrism] 男 〖医〗動脈瘤

anfractuosité [ɑ̃fraktɥozite] 女 くぼみ;〖医〗屈曲,屈折

angarie [ɑ̃gari] 女 〖法〗徴用権〖交戦国が領海内にある中立国の船舶を徴用する権利〗

***ange** [ɑ̃ʒ アンジュ] 男 (英 angel) 天使; 天使のような人 ▸Va me chercher mes lunettes, tu seras un ange. 《話》私の眼鏡を捜してきてくれると本当にありがたいんだけどな ▸**ange déchu** 堕天使 **ange gardien** 守護天使, ボディーガード 《話》(すりなどの)見張り役 ▸**avoir une patience d'ange** すばらしく忍耐強い **être aux anges** 有頂天になっている **Un ange passe.** 天使が通る〖気まずい沈黙が生じたときに言う〗

angélique [ɑ̃ʒelik] 形 天使の; 天使のような — 女 〖植〗アンゼリカ, セイヨウトウキ

angéliquement [ɑ̃ʒelikmɑ̃] 副 天使のように

angélisme [ɑ̃ʒelism] 男 夢想主義, 現実離れした考え方

angelot [ɑ̃ʒlo] 男 小天使

angélus [ɑ̃ʒelys] 男 〖宗〗(朝・昼・晩の)お告げの祈り; その時を知らせる鐘

Angers [ɑ̃ʒe] アンジェ〖Maine-et-Loire 県の県庁所在地; 中世の古城がある〗

angevin(e) [ɑ̃ʒvɛ̃, -in] 形 〖A-〗アンジェの(人); アンジュー (Anjou) 地方の(人)

***angine** [ɑ̃ʒin アンジヌ] 女 〖医〗アンギーナ ▸**angine de poitrine** 狭心症

angineux(se) [ɑ̃ʒinø, -øz] 形 アンギーナの

angiocardiographie [ɑ̃ʒjokardjografi] 女 血管心臓造影〖撮影〗法

angiocholite [ɑ̃ʒjokɔlit] 女 〖医〗胆管炎

angiographie [ɑ̃ʒjografi] 女 〖医〗血管造影〖撮影〗法〖X線特殊造影法〗

angiologie [ɑ̃ʒjolɔʒi] 女 〖医〗脈管学〖血管とリンパ管を扱う〗

angiome [ɑ̃ʒjom] 男 〖医〗脈管腫

angioplastie [ɑ̃ʒjoplasti] 女 〖医〗血管形成術

angiosperme [ɑ̃ʒjospɛrm] 形 〖複〗被子植物

angiotensine [ɑ̃ʒjotɑ̃sin] 女 〖生〗アンジオテンシン〖昇圧作用のある生理活性物質〗

***anglais(e)**[1] [ɑ̃glɛ, -ɛz アングレ(ズ)] 形 英国(人)の; イングランド(人)の; 英語のたじが多いも ▸**filer à l'anglaise** (こそこそと逃げる, 急いで去る — 名 〖A-〗英国人 — 男 英語 (parler en langue ~e)

anglaise[2] [ɑ̃glɛz] 女 ①アングレーズ〖舞曲の一種〗 ②英語書体 ③長い巻き毛

anglaiser [ɑ̃gleze] 他 (馬の尾が下がらないように)尾を下げる筋肉を切る

***angle** [ɑ̃gl アングル] 角度; かど, すみ —**le magasin qui fait l'angle.** 角にある店 ▸**angle aigu** 〖数〗鋭角 **angle droit** 〖数〗直角 **angle mort** 死角 **angle obtus** 〖数〗鈍角 **arrondir les angles** ものごとを円滑にする **sous l'angle de** …の観点からすると

anglet [ɑ̃glɛ] 男 〖建〗直角の溝

***Angleterre** [ɑ̃glatɛr アングルテール] 女 イングランド; イギリス

anglican(e) [ɑ̃glikɑ̃, -an] 形 名 英国国教会の(信者)

anglicanisme [ɑ̃glikanism] 男 英国国教

angliche [ɑ̃gliʃ] 形 《話・古・しばしば軽蔑的》英国の — 名 〖A-〗英国人, イギリス人

angliciser [ɑ̃glisize] 他 英国ふうにする, 英語化する

anglicisme [ɑ̃glisism] 男 英国ふうの語句; 英語からの借用(語)

angliciste [ɑ̃glisist] 名 英国研究家; 英語学者

anglo-américain [ɑ̃gloamerikɛ̃] 男 アメリカ英語 (=américain)

anglo-arabe [ɑ̃gloarab] 英国種とアラビア種の交配馬

anglomane [ɑ̃glomɑn] 名 《古》英国心酔者, 大の親英家

anglomanie [ɑ̃glomani] 女 英国心酔, 英国かぶれ

anglo-normand(e) [ɑ̃glonɔrmɑ̃, -ɑ̃d] 形 アングロノルマン(種)の ▸**îles Anglo Normand** (イギリス海峡のチャネル諸島 — 男 アングロノルマン語

anglophile [ɑ̃glofil] 形 名 親英の(人), 英国びいきの(人)

anglophilie [ɑ̃glofili] 女 英国びいき

anglophobe [ɑ̃glofɔb] 形 名 英国ぎらいの(人)

anglophobie [ɑ̃glofɔbi] 女 英国ぎらい

anglophone [ɑ̃glofɔn] 形 英語を話す, 英語圏の — 名 〖A-〗英語を話す人, 英語国民

anglo-saxon(ne) [ɑ̃glosaksɔ̃, -ɔn] 形 アングロサクソンの — 名 〖A-S-〗アングロサクソン人 — 男 古英語

angoissant(e) [ɑ̃gwasɑ̃, -ɑ̃t] 形 不安を感じさせる, 気をもませる

angoisse [ɑ̃gwas] アンゴワス 女 (英 anguish) 極度の不安, 恐れ, 苦しみ ▶ *C'est l'angoisse.* (話) いやだ, つらい

angoissé(e) [ɑ̃gwase] 形 (< angoisser) 苦しんでいる, 悩んでいる, 心配した

angoisser [ɑ̃gwase] 他 不安にさせる; 悩ます ── 自 (話) 心配である, 不安になる ── 代動 **s'~** (話) いらいらする, 悩む

Angola [ɑ̃gɔla] 男 アンゴラ【アフリカ南西部の国】

angolais(e) [ɑ̃gɔlɛ, -ɛz] 形名 [[A-]] アンゴラの(人)

angora [ɑ̃gɔra] 形 アンゴラ種の ── 男 ①アンゴラ織り ②アンゴラネコ[ヤギ, ウサギ]

Angoulême [ɑ̃gulɛm] アングレーム【Charente 県の県庁所在地】

angström, angstrom [ɑ̃strɔm] 男 (物) オングストローム【記号Å】

anguiforme [ɑ̃gif ɔrm] 形 ヘビのような形の

anguille [ɑ̃gij] 女 (魚) ウナギ ▶ *Il y a anguille sous roche.* (話) 怪しい, 何か隠し事があるようだ

angulaire [ɑ̃gylɛr] 形 かどの, かどに角のある, 角度をつける ▶ *distance angulaire* (天) 角距離 *pierre angulaire* (建) 隅石; (物事の)かなめ *secteur angulaire* (数) 2直線の交わりで分割された平面

anguleux(se) [ɑ̃gylø, -øz] 形 角の多い, 角立った; (顔が)骨張った

anhélation [anelɑsjɔ̃] 女 (医) 呼吸窮迫

anhéler [anele] 自 (文) あえぐ

an(h)idrose [anidroz] 女 (医) 無発汗症

anhidrotique [anidrɔtik] 形名 (医) 無発汗症の(患者)

anhydre [anidr] 形 (化) 無水の

anhydride [anidrid] 男 (化) 無水物

anicroche [anikrɔʃ] 女 (ちょっとした)事故, 面倒

ânier(ère) [ɑnje, -ɛr] 名 ロバを追う人

aniline [anilin] 女 (化・染) アニリン

animadversion [animadvɛrsjɔ̃] 女 (文) 非難, 不賛成; 叱責

*****animal**[1] [animal アニマル] 男 (複 *-aux* [-o]) (英 animal) 動物; 獣 ▶ *animaux de compagnie* ペット *animaux domestiques* 家畜 *animaux sauvages* 野生動物

*****animal**[2]**(ale)** [animal アニマル] 形 (複 *-aux*[-o]) 動物の; 動物的な

animalcule [animalkyl] 男 (生) 極微動物

animalerie [animalri] 女 動物保管所; ペットショップ

animalier(ère) [animalje, -ɛr] 形 動物の ▶ *parc animalier* (放し飼いになっている)動物園 ── 男 動物画家[彫刻家]; (実験室の)飼育係

animalité [animalite] 女 動物性, 獣性

animateur(trice) [animatœr, -tris] 名 ①推進者, リーダー ②(テレビなどの)司会者 ③アニメ製作者

animation [animɑsjɔ̃] 女 ①生気, 活気, 活気 ②推進 ▶ *mettre de l'animation* 活気を与える ②(活動などの)推進 ③(映) アニメーション ▶ *film d'animation* アニメ, アニメーション映画

*****animé(e)** [anime アニメ] 形 (< animer) ①命のある; 動きのある ②活気のある, 活発な; 景気がよい ③(言) 有生の ▶ *dessin animé* アニメ, アニメーション

*****animer** [anime アニメ] 他 ①(…に)生気を与える; 活気づける, 元気づける ②(人を)激励する, かり立てる ③(組織・活動を)推進する ── 代動 **s'~** ①元気づく, 活気うく ②(目などが)輝く; 興奮する

animisme [animism] 男 精霊崇拝, アニミズム

animiste [animist] 形名 アニミズムの(信者)

animosité [animozite] 女 敵意, 憎悪, 恨み

anion [anjɔ̃] 男 (化) 陰イオン

anis [ani(s)] 男 (植) アニス(の実)

anis étoilé (植) シキミ

aniser [anize] 他 (…に)アニスの実で風味をつける

anisette [anizɛt] 女 アニス酒

Anjou [ɑ̃ʒu] 男 アンジュー【フランス北西部の旧地方名】

ankylose [ɑ̃kiloz] 女 (医) 関節硬直

ankylosé(e) [ɑ̃kiloze] 形 しびれた

ankyloser [ɑ̃kiloze] 他 (…の)体をしびれさせる ── 代動 **s'~** 関節が硬直する, しびれる; 麻痺する

annal(ale) [anal] 形 (男複 *-aux*[-o]) (法) 一年間有効の

annales [anal] 女 複 ①年代記; 歴史 ▶ *rester dans les annales* 歴史に名を残す ②(学会などの)年報, 紀要

annaliste [analist] 名 年代記編者

Annam [anam] 男 アンナン(安南)【ベトナムの中部地方】

annamite [anamit] 形名 [[A-]] アンナンの(人) ── 男 アンナン語, ベトナム語

*****anneau** [ano アノ] 男 (複 *~x*) 輪, 環; 指輪; (複) (体操) つり輪 ▶ *anneau de croissance* (木の)年輪

annécien(ne) [anesjɛ̃, -ɛn] 形名 [[A-]] アヌシーの(人)

Annecy [ansi] 女 アヌシー【Haute-Savoie 県の県庁所在地】

*****année** [ane アネ] 女 (英 year) ①年, 一年 ── *les années 90* 1990年代 ②年度 ▶ *année budgétaire* 会計年度 *année calendaire* [*civile*] (学年度や会計年度に対して)暦年 *année scolaire* [*universitaire*] [[l'~]] (大

année-lumière [anelymjɛr] 〈~s,~〉〔天〕光年 ▶**à des années-lumière de** …から何光年も彼方の

annelé(e) [anle] 形 (<anneler) 環になった;〔生〕環状の

annélides [anelid] 女《複》環形動物門

annexe [aneks] 形 付属の ▶école annexe (師範学校の)付属小学校 — 女 ①別館 (= bâtiment ~) ②付帯事項;付録,増補 ▶**en annexe** 付録で

annexer [anɛkse] 他 ①付加する,付け加える ②併合する — 代動 [s'~] 独り占めする;盗む,自分のものにする

annexion [anɛksjɔ̃] 女 併合;添加,付加

annexionnisme [anɛksjɔnism] 男 併合主義,併合論

annexionniste [anɛksjɔnist] 形 併合主義の — 名 併合主義者

annihilation [aniilasjɔ̃] 女 滅ぼすこと;〔物〕対(つい)消滅

annihiler [aniile] 他 ①壊滅させる,滅ぼす ②(人を)だめにする

***anniversaire** [anivɛrsɛr] アニヴェルセール 記念(日)の — 男 ①(英 anniversary) 記念(日);誕生日 (= ~ de naissance) ▶**Bon [Joyeux] anniversaire!**〔話〕誕生日おめでとう

***annonce** [anɔ̃s] アノンス 女 ①(英 announcement) 知らせ, 通知, アナウンス → **à l'avance de** —の前触れ ②(英 advertisement) 広告 (= ~ publicitaire); (番組などの)予告, 案内 →[コラム:新聞広告を読む] ▶**annonce judiciaire [légale]** 裁判所の法定公告 **journal d'annonces** (無料の)情報紙 **passer une annonce** 広告を載せる **petite annonce** (新聞の)三行広告 ③前兆, しるし

***annoncer** [anɔ̃se アノンセ] 他 52 ①(英 announce) (人に)知らせる (à);(人の)来訪を知らせる ▶**annoncer la couleur** 考えをはっきり言う ②(ものが)予告する,物語る — 代動 [s'~] (…だと)予想される;(…の気配が)感じられる —La crise s'annonce. 危機が迫っている / Ça s'annonce bien [mal].〔話〕これは幸先がいい[よくない]

annonceur(se) [anɔ̃sœr, -øz] 名 ①広告者;(広告の)スポンサー ②(ラジオ・テレビの)アナウンサー

annonciateur(trice) [anɔ̃sjatœr, -tris] 形 予告する,前兆を示す ▶**signe annonciateur** 前兆,予兆

Annonciation [anɔ̃sjasjɔ̃] 女 [l'~] (聖母マリアへの)受胎告知, お告げの祝日【3月25日】

annoncier(ère) [anɔ̃sje, -ɛr] 名 広告担当者

annotateur(trice) [anɔtatœr, -tris] 名 注釈者

annotation [anɔtasjɔ̃] 女 注解, 注釈

annoter [anɔte] 他 (…に)注釈をつける

***annuaire** [anɥɛr アニュエール] 男 電話帳 (~ du téléphone), 人名簿, 年鑑

annualisation [anɥalizasjɔ̃] 女 (労働時間などの)年度単位による年間管理(化)

annualiser [anɥalize] 他 年間で計算する

annualité [anɥalite] 女 毎年行われること;年度制, 年決め

annuel(le) [anɥɛl] 形 (英 annual) 毎年行われる, 年1度の;1年間の,任期1年の

annuellement [anɥɛlmɑ̃] 副 毎年;年間で

annuité [anɥite] 女 年賦払い;年金

annulable [anylabl] 形 取り消せる, 無効にできる

annulaire [anylɛr] 男 薬指 (= doigt ~)

annulation [anylasjɔ̃] 女 取り消し, 破棄

***annuler** [anyle アニュレ] 他 無効にする, 廃棄する;取消す

anobli(e) [anɔbli] 形 (< anoblir) 授爵された

anoblir [anɔblir] 他 33 (…に)爵位を与える

anoblissement [anɔblismɑ̃] 男 授爵

anode [anɔd] 女 〔電〕陽極

anodin(e) [anɔdɛ̃, -in] 形 たいしたことのない; 当り障りのない; 取るに足らない

anomal(ale) [anɔmal] 形 (男 複 -aux [-o]) 変則的な, 特異の

anomalie [anɔmali] 女 異常;〔生〕奇形;〔文法〕破格

anomie [anɔmi] 女 アノミー, 無規範状態

ânon [ɑnɔ̃] 男 〔動〕ロバの子

anonacées [anɔnase] 女《複》バンレイシ科

ânonnement [ɑnɔnmɑ̃] 男 つっかえながら読むこと

ânonner [ɑnɔne] 他 自 つっかえながら読む[唱える]

anonymat [anɔnima] 男 匿名, 無名 ▶**garder l'anonymat** 名を伏せる

anonyme [anɔnim] 形 ①名前の,作者不明の ②平凡な, どこにでもある

anonymement [anɔnimmɑ̃] 副 匿名で

anophèle [anɔfel] 男 〔虫〕ハマダラカ【マラリアを媒介する蚊】

anorak [anɔrak] 男 アノラック
anordir [anɔrdir] 自 33 (風が)北へ変わる
anorexie [anɔrɛksi] 女 〔医〕食欲喪失, 食欲不振
anorexigène [anɔrɛksiʒɛn] 形 食欲を抑制する ── 男 食欲抑制剤
anorexique [anɔrɛksik] 形 食欲不振の
anormal(ale) [anɔrmal] 形 (男複 -aux[-o]) 異常の; 変則の; 常軌を逸した
anormalement [anɔrmalmɑ̃] 副 異常に, 常軌を逸して
anoures [anur] 男〔複〕〔動〕無尾目, カエル目
anoxie [anɔksi] 女 〔医〕無酸素(症), 酸素欠乏(症).
ANPE 女 (略) Agence nationale pour l'emploi 国立雇用局, 職安

新聞広告を読む

不動産広告

Immobilier

Offre meublés 9ᵉ

Mᵒ Po LE PELETIER part.
studio tt cft, excellent
état, dche, wc, kitchen,
frigo, chff, placards 495euros
ch.comp. 01.40.41.01.12
06.20.55.22.98

賃貸家具付き パリ9区
地下鉄ル・ペルティエ駅近く個人貸し
ワンルーム最新設備完備, 状態良好
シャワー, トイレ, キチネット
冷蔵庫, 暖房, 戸棚付き
月495ユーロ管理費込み
連絡先 01.40.41.01.12
(携帯) 06.20.55.22.98

求人

Emplois

Sté d'Édition Multimédia
(Paris 7ᵉ) recherche
SECRÉTAIRE pour
tâches administratives
(expér. WINDOWS + WORD)
+ contacts téléphoniques
Expér. 1 an souhaitée
Env. CV + photo à
Management Paris
17 bis, Passage Jean Nicot,
75007 PARIS ou
infotmf@mgparis.fr

マルチメディア出版社 (パリ7区)
秘書募集
事務作業(要ウィンドウズ, ワード経験)
及び電話の応対 経験1年以上
履歴書・写真を下記迄郵送
マネジメント・パリ
75007 パリ, ジャン・ニコ通り17番地の2
又は電子メール infotmf@mgparis.fr

略語の読み方

asc	ascenseur	エレベーター
ch.comp.	charges comprises	管理費込み
chff	chauffage	暖房
CV	curriculum vitæ	履歴書
dche	douche	シャワー
Env.	envoyer	郵送してください
expér.	expérience	要経験
imm.	immeuble	ビル
Mᵒ	métro	地下鉄の駅
nat.	nationalité	国籍
P	pièce	部屋
part.	particulier	個人
pdre cont.	prendre contact avec	…と契約する
prét.	prétentions	(給与の) 希望額
réf.	référence	照会先
Sté	société	会社
tt cft	tout confort	最新設備完備

anse [ɑ̃s] 女 ①(容器・かごの)柄, 手, 取手 ▶**faire danser l'anse du panier** (使用人が)買い物の金をちょろまかす ②(地) 入江

ansé(e) [ɑ̃se] 形 [取手]のついた

ansérine [ɑ̃serin] 女 [植] アカザ属

-ant(e) [接尾] ①「…する」の意の形容詞をつくる ②「…する人」の意の名詞をつくる

antagonique [ɑ̃tagɔnik] 形 敵意ある, 相入れない, 反対の

antagonisme [ɑ̃tagɔnism] 男 敵対, 対立(関係); 矛盾

antagoniste [ɑ̃tagɔnist] 形 対立する; 相反する ― 名 敵, 反対者

antalgique [ɑ̃talʒik] 形 [医] 鎮痛の ― 男 鎮痛剤

antan [ɑ̃tɑ̃] 男 [[成句のみ]] ▶**d'antan** (文) 往時の, 昔の

antarctique [ɑ̃tarktik] 形 南極の ▶**cercle polaire antarctique** [le ~] 南極圏 ― 男 [l'A-] 南極大陸; 南極海 = l'océan A-)

anté- [接頭] (<ラ) 「前」の意

antébois [ɑ̃tebwa] 男 (家具に傷がつくのを防ぐための)当て木

antécédence [ɑ̃tesedɑ̃s] 女 [地] 先行(河川, 谷)

antécédent(e) [ɑ̃tesedɑ̃, -ɑ̃t] 形 (…より)先の, 前の (à) ― 男 ①[文法] 先行詞 ②(話) 前歴, 経歴; 病歴 (= ~s médicaux) ▶**avoir de bons [mauvais] antécédents** 輝かしい[後暗い]過去がある

Antéchrist [ɑ̃tekrist] 男 [神] キリストの敵, 反キリスト

antédiluvien(ne) [ɑ̃tedilyvjɛ̃, -ɛn] 形 ①ノア大洪水の前の ②(話・皮肉的)時代遅れの, 古くさい

antéfixe [ɑ̃tefiks] 女 [建] アンテフィクサ [古代ローマ・ギリシアで用いられた屋根タイルの終端の装飾ブロック]

anténatal(ale) [ɑ̃tenatal, -aux[-o]] 形 (男複 -aux[-o]) [医] 出産前の, 妊娠期間中の

antenne [ɑ̃tɛn] 女 ①①触角 ▶**avoir des antennes** (…に)情報源を持つ ⟨dans⟩; (話) 第六感がある ②アンテナ ▶**antenne parabolique** パラボラアンテナ ③放送 ▶**être à l'antenne** 放送中である **hors antenne** 放送されていない **passer à l'antenne** 放送される **temps d'antenne** 放送時刻 ④支部, 支社 ▶**antenne chirurgicale** 救急医療班

antépénultième [ɑ̃tepenyltjɛm] 形名 後ろから3番目の(音節)

antéposer [ɑ̃tepoze] 他 [文法] 前置する ▶**adjectif antéposé** 名詞の前に置く形容詞

antéposition [ɑ̃tepozisjɔ̃] 名 [文法] 前置

antérieur(e) [ɑ̃terjœr アンテリユール] 形 ①(英 prior, previous) (時間 (…より)先の, 前の (à) ▶**dans une vie antérieure** 前世に / **futur antérieur** [文法] 前未来 **passé antérieur** [文法] 前過去 ②(場所) 前方の; (音声) 前舌の ▶**membre antérieur** 前脚 **patte antérieure** 前足

antérieurement [ɑ̃terjœrmɑ̃] 副 (…より)先に, 以前に (à)

antériorité [ɑ̃terjɔrite] 女 (時間) 先行

antérograde [ɑ̃terɔgrad] 形 [医] ▶**amnésie antérograde** 順向性健忘

antéversion [ɑ̃teversjɔ̃] 女 [医] 前傾

anthémis [ɑ̃temis] 女 [植] カミツレモドキ属 [キク科の植物]

anthère [ɑ̃tɛr] 女 [植] 葯(ゃ)[おしべの花粉かを入れた袋状の部分]

anthérozoïde [ɑ̃terɔzɔid] 男 [植] 雄性配偶子

anthèse [ɑ̃tɛz] 女 [植] 開花

anthologie [ɑ̃tɔlɔʒi] 女 アンソロジー, 選集

anthracite [ɑ̃trasit] 男 無煙炭 ― 形 (不変) 濃灰色の

anthrax [ɑ̃traks] 男 [医] 癰(ょう)

anthropo- [接頭] (<ギ) 「人類」「人」の意

anthropocentrique [ɑ̃trɔpɔsɑ̃trik] 形 人間中心主義の

anthropocentrisme [ɑ̃trɔpɔsɑ̃trism] 男 人間中心主義

anthropoïde [ɑ̃trɔpɔid] 形 人間に似た ― 男 [動] 類人猿

anthropologie [ɑ̃trɔpɔlɔʒi] 女 人類学

anthropologique [ɑ̃trɔpɔlɔʒik] 形 人類学の, 人類学的な

anthropologiste [ɑ̃trɔpɔlɔʒist], **anthropologue** [ɑ̃trɔpɔlɔg] 男 人類学者

anthropométrie [ɑ̃trɔpɔmetri] 女 人体測定; [法] 人体測定による犯人の身元をつきとめる方法

anthropométrique [ɑ̃trɔpɔmetrik] 形 人体測定の

anthropomorphe [ɑ̃trɔpɔmɔrf] 形 人間の姿をした

anthropomorphisme [ɑ̃trɔpɔmɔrfism] 男 ①[宗] 神人同形論 ②(動物などの)擬人化, 人間のような機械を作ること

anthropophage [ɑ̃trɔpɔfaʒ] 形 人食いの ― 名 人食い人種

anthropophagie [ɑ̃trɔpɔfaʒi] 女 人食いの習慣

anthropopithèque [ɑ̃trɔpɔpitɛk] 男 [古生] 猿人

anthurium [ɑ̃tyrjɔm] 男 [植] アンスリウム

anti- [接頭] (イ) 「反対」「対立」「逆」「予防」などの意

antiacarien [ɑ̃tiakarjɛ̃] 形 ダニ

防虫の(製品)
antiacide [ɑ̃tiasid] 形《化》酸を中和する ― 男 酸中和剤
antiadhésif(ve) [ɑ̃tiadezif, -iv] 形 くっつかない
anti-aérien(ne) [ɑ̃tiaerjɛ̃, -ɛn] 形 対空の, 防空用の
anti-âge [ɑ̃tiɑːʒ] 形《不変》(化粧品などが)老化防止の
antialcoolique [ɑ̃tialkɔlik] 形 禁酒の
antialcoolisme [ɑ̃tialkɔlism] 男 禁酒主義(運動)
antiallergique [ɑ̃tialɛrʒik] 形 抗アレルギー性の(物質)
antiamaril(e) [ɑ̃tiamaril] 形《医》黄熱病予防の
antiatomique [ɑ̃tiatɔmik] 形 原爆放射能を防ぐ ▶ *abri antiatomique* 核シェルター
Antibes [ɑ̃tib] アンティーブ【Alpes-Maritimes 県の保養地】
antibiogramme [ɑ̃tibjɔgram] 男《医》アンチビオグラム[抗生物質に対する微生物の耐性を調べる]
antibiotique [ɑ̃tibjɔtik] 形《生化》抗生の ― 男 抗生物質 ▶ *sous antibiotiques* 抗生物質を投与されて(た)
antibois[1]**(e)** [ɑ̃tibwa, -az] 形 [A-] アンティーブの(人)
antibois[2] [ɑ̃tibwa] 男 = antébois
antibrouillard [ɑ̃tibrujar] 形《不変》▶ *phare antibrouillard* (自動車の)フォグ・ランプ
antibruit [ɑ̃tibrɥi] 形《不変》防音の ▶ *mur antibruit* 防音壁
anticalcaire [ɑ̃tikalkɛr] 形 水垢防止の
anticancéreux(se) [ɑ̃tikɑ̃serø, -øz] 形《医》がん予防の, 抗がん性の
anticapitaliste [ɑ̃tikapitalist] 形 反資本主義の
antichambre [ɑ̃tiʃɑ̃br] 女 玄関控室, 待合室; (予兆のな)前段階 ▶ *courir les antichambres* (人を求めて)駆け回る *faire antichambre* (だれかに会うために)辛抱強く待つ
antichar(s) [ɑ̃tiʃar] 形《男性形のみ》対戦車用の
antichoc [ɑ̃tiʃɔk] 形 衝撃を和らげる, 緩衝の
anticipation [ɑ̃tisipasjɔ̃] 女 前もってすること; 予想, 予測 ▶ *film* [*roman*] *d'anticipation* SF 映画[小説] *par anticipation* 前もって, あらかじめ
anticipé(e) [ɑ̃tisipe] 形 前もっての, 事前の; 期限前の ▶ *avec mes remerciements anticipés* (依頼の手紙などで)あらかじめお礼申し上げます *remboursement anticipé* 期限前償還
anticiper [ɑ̃tisipe] 他 前もってする; 前に行う ― 自 (…を)先回りする

(*sur*) ▶ *anticiper un paiement* (期限前に)支払いを済ます *N'anticipons pas!*〔話〕あまり先回りして考えるのはやめよう
anticlérical(ale) [ɑ̃tiklerikal] 形 (男複 -*aux*[-o]) 反教権主義の ― 名 反教権主義者
anticléricalisme [ɑ̃tiklerikalism] 男 反教権主義
anticlinal(ale) [ɑ̃tiklinal] 形 (男複 -*aux*[-o])〔地〕背斜の ― 男 背斜
anticoagulant(e) [ɑ̃tikɔagylɑ̃, -ɑ̃t] 形 抗凝血の ― 男 抗凝血剤
anticolonial [ɑ̃tikɔlɔnjalism] 男 反植民地主義
anticolonialiste [ɑ̃tikɔlɔnjalist] 形 反植民地主義の ― 名 反植民地主義者
anticommunisme [ɑ̃tikɔmynism] 男 反共産主義(運動)
anticommuniste [ɑ̃tikɔmynist] 形 反共産主義の ― 名 反共産主義者
anticonceptionnel(le) [ɑ̃tikɔ̃sepsjɔnɛl] 形 避妊の
anticoncurrentiel(le) [ɑ̃tikɔ̃kyrɑ̃sjɛl] 形 自由競争に反する
anticonformisme [ɑ̃tikɔ̃fɔrmism] 男 反順応主義
anticonformiste [ɑ̃tikɔ̃fɔrmist] 形 反順応主義の ― 名 反順応主義者
anticonstitutionnel(le) [ɑ̃tikɔ̃stitysjɔnɛl] 形 違憲の, 憲法に違反する
anticorps [ɑ̃tikɔr] 男〔生理〕抗体
anticyclone [ɑ̃tisiklon] 男〔気〕高気圧
anticyclonique [ɑ̃tisiklɔnik] 形〔気〕高気圧の
antidate [ɑ̃tidat] 女 前日付
antidater [ɑ̃tidate] 他 (実際より)前日付けにする
antidémocratique [ɑ̃tidemɔkratik] 形 反民主主義的な
antidépresseur [ɑ̃tidepresœr] 男〔医〕抗うつ剤
antidérapant(e) [ɑ̃tiderapɑ̃, -ɑ̃t] 形 (タイヤがすべり止めの
antidétonant(e) [ɑ̃tidetɔnɑ̃, -ɑ̃t] 形 耐爆性の ― 男 耐爆剤
antidiphtérique [ɑ̃tidifterik] 形〔医〕ジフテリア予防の
antidopage [ɑ̃tidɔpaʒ] 形 ドーピング防止の ▶ *contrôle antidopage* ドーピングテスト
antidote [ɑ̃tidɔt] 男 解毒剤; (…に対する)特効薬 (*contre*)
antidouleur [ɑ̃tidulœr] 形《不変》鎮痛の ▶ *centre antidouleur* ホスピス
antiéconomique [ɑ̃tiekɔnɔmik] 形 非経済的な
antienne [ɑ̃tjɛn] 女 ① 交唱(聖歌); 交唱篇; 繰り返し文句 ②〔古〕いつ

antiesclavagiste [ɑ̃tiɛsklavaʒist] 形 奴隷制反対の ― 名 奴隷制廃止論者

antifasciste [ɑ̃tifaʃist] 形名 反ファシズムの(人)

antifongique [ɑ̃tifɔ̃ʒik] 形〔医〕抗真菌(性)の, 殺真菌(性)の

antifriction [ɑ̃tifriksjɔ̃]《不変》減摩性の

anti-g [ɑ̃tiʒe] 形《不変》▶ **combinaison anti-g** (宇宙飛行士の)耐加速度服, 耐重力服

antigang [ɑ̃tigɑ̃g] 形《不変》▶ **brigade antigang** (警察の)ギャング取り締まり部門

***antigel** [ɑ̃tiʒɛl] アンチジェル 男 抗凍結剤, 不凍剤;《話》強いアルコール飲料

antigène [ɑ̃tiʒɛn] 男 抗原

antigivrant(e) [ɑ̃tiʒivrɑ̃, -ɑ̃t] 形〔空〕凍結防止の

antiglisse [ɑ̃tiglis]《不変》▶ **vêtements antiglisse** (滑り止めを施した)スキーウェア

antigouvernemental(ale) [ɑ̃tiguvɛrnəmɑ̃tal] 形 (男 複 -aux [-o]) 反政府的な

antigrippe [ɑ̃tigrip] 形《不変》〔医〕インフルエンザ予防の ▶ **vaccin antigrippe** インフルエンザワクチン

Antigua-et-Barbuda [ɑ̃tigwaebarbyda] 女 アンティグア・バーブーダ〔西インド諸島の国〕

antihalo [ɑ̃tialo] 形《不変》男〔写〕ハレーション防止の(の)

antihausse [ɑ̃tios] 形《不変》〔医〕インフレ防止の

antihéros [ɑ̃tiero] 男 アンチヒーロー

antihygiénique [ɑ̃tiiʒjenik] 形 非衛生的な

anti-inflammatoire [ɑ̃tiɛ̃flamatwar] 形〔医〕炎症を抑える ― 男 抗炎症剤

antijeu [ɑ̃tiʒø] 男《不変》〔スポーツ〕インターフェア, 妨害プレー

***antillais(e)** [ɑ̃tijɛ, -ɛz] アンティイエ(ズ) 形 [A-] アンティル諸島の(人); 西インド諸島の(人)

***Antilles** [ɑ̃tij] 女《複》[les ～] アンティル諸島 ▶ **Antilles françaises** [les ～] フランス領アンティル諸島 **Grandes Antilles** [les ～] 大アンティル諸島 **mer des Antilles** [la ～] カリブ海 **Petites Antilles** [les ～] 小アンティル諸島

antilogarithme [ɑ̃tilɔgaritm] 男〔数〕真数

antilogie [ɑ̃tilɔʒi] 女〔修〕(同一文内の裏表間の意味内容における)矛盾

antilope [ɑ̃tilɔp] 女〔動〕レイヨウ, アンテロープ

antimatière [ɑ̃timatjɛr] 女〔物〕反物質【反粒子からなる仮想の物質】

antimilitarisme [ɑ̃timilitarism] 男 反軍国主義

antimilitariste [ɑ̃timilitarist] 形 反軍国主義の ― 名 反軍国主義者

antimissile [ɑ̃timisil] 形 対ミサイルの ― 名 対ミサイル用ミサイル

antimite [ɑ̃timit] 男 (毛皮・衣料保存用の)防虫剤, 除虫剤

antimitotique [ɑ̃timitotik] 形男 抗有糸分裂(性)の(物質)

antimoine [ɑ̃timwan] 男〔化〕アンチモン

antimonarchique [ɑ̃timɔnarʃik] 形 君主制反対の

antimonarchiste [ɑ̃timɔnarʃist] 形名 君主政体反対の(人)

antimondialisaition [ɑ̃timɔ̃djalizasjɔ̃] 女 (経済の)反グローバル化(の動向)

antimondialiste [ɑ̃timɔ̃djalist] 形名 (経済の)グローバル化反対の(人)

antimoniate [ɑ̃timɔnjat] 男〔化〕アンチモン酸塩

antimonié(e) [ɑ̃timɔnje] 形 アンチモンを含む

antimoniure [ɑ̃timɔnjyr] 男〔化〕アンチモン化合物

antimycosique [ɑ̃timikozik] 形〔医〕抗真菌性, 殺真菌性の(物質)

antinatataliste [ɑ̃tinatalist] 形 (政策などが)出生率低下を目指す

antinational(ale) [ɑ̃tinasjɔnal] 形 (男 複 -aux [-o]) 反国家的な

antinazi(e) [ɑ̃tinazi] 形名 ナチス反対の(人),

antineutron [ɑ̃tinøtrɔ̃] 男〔物〕反中性子

antinévralgique [ɑ̃tinevralʒik] 形〔医〕抗神経痛の

antinomie [ɑ̃tinɔmi] 女〔哲〕二律背反

antinomique [ɑ̃tinɔmik] 形 二律背反的な

antinucléaire [ɑ̃tinykleɛr] 形名 反核の(人)

antipape [ɑ̃tipap] 男〔カト〕対立教皇

antiparasite [ɑ̃tiparazit] 形〔通信〕空電防止の, 雑音防止の ▶ **dispositif antiparasite** 雑音防止装置

antiparasiter [ɑ̃tiparazite] 他 (…に)空電防止(装置)を施す

antiparlementaire [ɑ̃tiparləmɑ̃tɛr] 形 議会政治反対の

antiparlementarisme [ɑ̃tiparləmɑ̃tarism] 男 反議会主義

antiparticule [ɑ̃tipartikyl] 女〔物〕反粒子

antipathie [ɑ̃tipati] 女 嫌悪, 反感

***antipathique** [ɑ̃tipatik] アンティパティク 形 虫が好かない; 相容れない; 反対の

antipatriotique [ɑ̃tipatrijɔtik] 形 非愛国的な

antipatriotisme [ɑ̃tipatrijɔtism] 形 非愛国心

antipelliculaire [ɑ̃tipelikylɛr] 形 ふけ防止の

antipersonnel [ɑ̃tipɛrsɔnɛl] 形 人員殺傷用の, 対人の ▶ *mine antipersonnel* 対人地雷

antiphlogistique [ɑ̃tiflɔʒistik] 形 〔医〕《古》抗炎症の

antiphrase [ɑ̃tifraz] 女 〔修〕反語(法)

antipode [ɑ̃tipɔd] 男 ①対蹠地; 正反対 ②《複》非常に遠いところ, 遠隔地 ▶ *aux antipodes de* …から遠く離れている *être à l'antipode de* …の対極にある

antipodiste [ɑ̃tipɔdist] 名 足芸師

antipoétique [ɑ̃tipɔetik] 形 詩的でない

antipoison [ɑ̃tipwazɔ̃] 形《不変》 ▶ *centre antipoison* 中毒医療センター

antipoliomyélitique [ɑ̃tipɔljɔmjelitik] 形〔医〕抗ポリオの ▶ *vaccin antipoliomyélitique* ポリオワクチン

antipollution [ɑ̃tipɔlysjɔ̃] 形《不変》汚染防止の

antiprotectionniste [ɑ̃tiprɔtɛksjɔnist] 形名 保護貿易反対の(人)

antiproton [ɑ̃tiprɔtɔ̃] 男〔物〕反陽子

antiprurigineux(se) [ɑ̃tipryriʒinø, -øz] 形《薬》かゆみ止めの ━ 男 (薬)

antiputride [ɑ̃tipytrid] 形 防腐の

antipyrétique [ɑ̃tipiretik] 形〔医〕解(ゲ)熱の

antipyrine [ɑ̃tipirin] 女〔薬〕アンチピリン

antiquaille [ɑ̃tikaj] 女 (値打ちのない)骨董品

antiquaire [ɑ̃tikɛr] 男 古物商, 骨董屋

antique [ɑ̃tik] 形 ①古代(ギリシア・ローマ)の; 古代の ━ *à l'antique* 古代風の ②時代遅れの, 過去のものとなった ━ 男 古代美術 ━ 男 または 女 古美術品

antiquité [ɑ̃tikite] 女 ①[l'~] 古代; [l'A.-] 古代ギリシア・ローマ文明 (= l'A.- grecque et romaine) ▶ *de toute antiquité* 大昔からずっと ②《複》古美術品 ▶ *magasin d'antiquités* 骨董品屋

antirabique [ɑ̃tirabik] 形〔医〕抗犬病に効く ▶ *vaccin antirabique* 狂犬病予防ワクチン

antiracisme [ɑ̃tirasism] 男 人種差別反対

antiraciste [ɑ̃tirasist] 形名 人種差別に反対する(人)

antiradar [ɑ̃tiradar] 形《男女同形, 複数~s》〔軍〕レーダーに探知されない(装置)

antireflet [ɑ̃tirəflɛ] 形《男女同形, 複数~s》〔光〕(レンズなどが)コーティングされた

antiréglementaire [ɑ̃tireɡləmɑ̃tɛr] 形 規則に反する

antireligieux(se) [ɑ̃tir(ə)liʒjø, -øz] 形 宗教的な

antirépublicain(e) [ɑ̃tirepyblikɛ̃, -ɛn] 形名 共和制反対の(人)

antirides, antiride [ɑ̃tirid] 形《不変》しわ止めの

antirouille [ɑ̃tiruj] 形《不変》さび止めの ━ 女 さび止め剤

antiscientifique [ɑ̃tisjɑ̃tifik] 形 反科学主義の

antisèche [ɑ̃tisɛʃ] 女《話》カンニングペーパー

antisémite [ɑ̃tisemit] 形 ユダヤ人排斥の ━ 名 ユダヤ人排斥論者

antisémitisme [ɑ̃tisemitism] 男 ユダヤ人排斥主義

antisepsie [ɑ̃tisɛpsi] 女〔医〕防腐法, 殺菌法, 消毒法

antiseptique [ɑ̃tisɛptik] 形〔医〕殺菌する, 消毒する; 防腐の ━ 男 防腐剤, 消毒薬

antisismique [ɑ̃tisismik] 形〔建〕耐震の

antisocial(ale) [ɑ̃tisɔsjal] 形《男複 -*aux*[-o]》反社会的な

antispasmodique [ɑ̃tispasmɔdik] 形〔医〕抗けいれん性の ━ 男 鎮痙薬

antistatique [ɑ̃tistatik] 形〔電〕帯電防止の

antisyndical(ale) [ɑ̃tisɛ̃dikal] 形《男複 -*aux*[-o]》反労働組合の

antitabac [ɑ̃titaba] 形《不変》①喫煙反対の ▶ *campagne antitabac* 禁煙キャンペーン ②タバコの臭いを消す

antiterroriste [ɑ̃titɛrɔrist] 形 テロ対策の

antitétanique [ɑ̃titetanik] 形〔医〕破傷風予防の

antithèse [ɑ̃titɛz] 女 ①正反対(のもの); 対照; [哲]反, 反対命題 ②(ある物事とは)正反対の物, 真逆

antithétique [ɑ̃titetik] 形 正反対の, 対立的な

antitoxine [ɑ̃titɔksin] 女〔医〕抗毒素

antitoxique [ɑ̃titɔksik] 形〔医〕抗毒性の

antitrust [ɑ̃titrœst] 形《不変》独占禁止の

antituberculeux(se) [ɑ̃tityberkylø, -øz] 形〔医〕結核予防の

antitussif(ve) [ɑ̃titysif, -iv] 形 咳止めの

antivariolique [ɑ̃tivarjɔlik] 形 天然痘予防の

antivenimeux(se) [ɑ̃tivənimø, -øz] 形〔医〕解(ゲ)毒の

antiviral(ale) [ɑ̃tiviral] 形《男複 -*aux*[-o]》抗ウイルスの

antivirus [ɑ̃tivirys] 男〔情報〕ウイルス駆除ソフト

antivol [ɑ̃tivɔl] 形(不変) 盗難防止の ― 男 盗難防止装置(= dispositif ~)

antonomase [ɑ̃tɔnɔmaz] 女 (修) 換称, 代名

antonyme [ɑ̃tɔnim] 男 反意語

antonymie [ɑ̃tɔnimi] 女 反意性

antre [ɑ̃tr] 男 洞窟；(動物・盗賊などの)巣

anus [anys] 男 (解) 肛門

Anvers [ɑ̃vɛr] アントワープ(ベルギーの都市)

anversois(e) [ɑ̃vɛrswa, -az] 形名 [A-] アントワープの(人)

anxiété [ɑ̃ksjete] 女 ひどい心配, 不安, 気遣い ▶*avec anxiété* 不安な気持ちで *être dans l'anxiété* とても心配している

anxieusement [ɑ̃ksjøzmɑ̃] 副 不安な気持ちで, 心配して

*anxieux(se) [ɑ̃ksjø, -øz ɑ̃ンクスィュ(ズ)] 形 ①(英 anxious)(…を)ひどく心配する, 不安な, 気づかう (de) ②(…することを)熱望している (de)

anxiogène [ɑ̃ksjɔʒɛn] 形 (医) 不安を引き起こす

anxiolytique [ɑ̃ksjɔlitik] 形 不安を和らげる ― 男 抗不安剤

AOC (略) appellation d'origine contrôlée 原産地統制呼称(酪農製品や農産物, ワインなどがその地方に限定された高品質であることを保証する)

AOP (略) appellation d'origine protégée 原産地保護呼称(欧州連合が認証する AOC)

aorte [aɔrt] 女 大動脈

aortique [aɔrtik] 形 (解) 大動脈の

*août [u, ut ウ(ト)] 男 (英 August) 8月 ▶*Quinze Août* [lə ~] (8月15日の)聖マリア被昇天祭

aoûtat [auta] 男 (虫) ツツガムシ

aoûtien(ne) [ausjɛ̃, -ɛn] 名 ①(話) 8月に休暇をとる人 ②8月に都会にとどまっている人

ap. [apr] (略) après 後に ― 男 300 ap. J.-C. 紀元 300 年

apache [apaʃ] 男 (古) (都会の)無頼漢, 愚連隊

apaisant(e) [apɛzɑ̃, -ɑ̃t] 形 なだめる；和らげる

apaisement [apɛzmɑ̃] 男 鎮めること, 鎮静；鎮める言葉 ▶*politique d'apaisement* 宥和政策

*apaiser [apeze アペゼ] 他 (人を)落着かせる, なだめる；(痛み・不安・争いなどを)鎮める, 和らげる ― 代動 [s'~] 落着く；静まる, 和らぐ

apanage [apanaʒ] 男 固有のもの；所有物；属性, 特性 ▶*avoir l'apanage de* …を独占する

aparté [aparte] 男 ①ひそひそ話, 私語；密談 ▶*en aparté* 内密に ②(劇) 独白

apartheid [aparted] 男 (南アフリカ)

の)人種差別政策, アパルトヘイト【1991年廃止】

apathie [apati] 女 無関心, 無気力, 感情鈍麻

apathique [apatik] 形 無関心の, 無気力な

apathiquement [apatikmɑ̃] 副 無気力に

apatride [apatrid] 形名 無国籍の(人)

Apennins [ape(n)nɛ̃] 男 (複) [les ~] アペニン山脈

apepsie [apepsi] 女 (医) 消化不良

aperception [apɛrsɛpsjɔ̃] 女 (哲) 統覚

*apercevoir [apɛrsəvwar アペルスヴォワール] 他 63 (英 perceive) ①ちらっと見る；(…が)見える, 目にはいる ②意図して理解する, 見抜く ― 代動 [s'~] ①(英 notice) (…に, …ということ)気づく (de; que); 互いに気がつく ②目にづく

aperçoi... ⇨apercevoir

aperçu [apɛrsy] 男 概要, 概観；着眼, 洞察 ▶*aperçu avant impression* 印刷プレビュー *donner un aperçu de* …の概要を説明する

aperçu(...) ⇨apercevoir

apériodique [aperjɔdik] 形 非周期の

apéritif [aperitif], (話) **apéro** [apero] 男 食前酒, アペリティフ

apesanteur [apəzɑ̃tœr] 女 無重力状態

apétale [apetal] 形 (植) 花弁のない

*à-peu-près [apøprɛ アプペ] 男 (不変) (英 approximation) おおよそのところ, だいたい, いい加減

apeuré(e) [apœre] 形 おびえた

apex [apɛks] 男 ①(解) 尖端 ②(天) 太陽向点 ③(ラテン語碑文で使われた)長音記号

aphasie [afazi] 女 (医) 失語症

aphasique [afazik] 形名 (医) 失語症の患者

aphélie [afeli] 形男 (天) 遠日点(の位置)

aphone [afɔn] 形 (声かれ)しわがれた, かすれた；(医) 失声の

aphonie [afɔni] 女 (医) 無声(症), 発声不能(症)

aphorisme [afɔrism] 男 金言, 警句

aphrodisiaque [afrɔdizjak] 形 催淫の ― 男 催淫剤, 媚薬

aphte [aft] 男 (医) アフタ

aphteux(se) [aftø, -øz] 形 ▶*fièvre aphteuse* (獣医) 口蹄疫

api [api] 男 (= pomme d'api) 半面が赤い小型のリンゴ

à-pic [apik] 男 (不変) 断崖, 絶壁

apicole [apikɔl] 形 養蜂の

apiculteur(trice) [apikyltœr, -tri-

apiculture [apikyltyr] 囡 養蜂
apiculteur, trice [apikyltœr, tris] 名 養蜂家
apiol [apjɔl] 男 〔化〕アピオール
apiquer [apike] 他 〔海〕(帆布などを)垂直に上げる;(円材に)仰角をつける
apitoiement [apitwamɑ̃] 男 あわれみ, 同情
apitoyer [apitwaje] 他 45 (人を…に対して)不憫に思わせる (sur) ― 代動 **[s'〜]** (…に)気の毒に思う (sur)
apivore [apivɔr] 形 名 ミツバチを食べる(鳥, 動物)
ap. J.-C. [apresʒezykri] (略)(英 AD) après Jésus-Christ キリスト紀元, 西暦
APL (略) aide personnalisée au logement 住宅手当
aplanétique [aplanetik] 形〔光・写〕無収差の
aplanir [aplanir] 他 33 (地面などを)平らにする;(困難・障害を)取り除く ― 代動 **[s'〜]** (表面が)平らになる;(困難・障害が)なくなる
aplanissement [aplanismɑ̃] 男 平らにすること;(困難などの)除去
aplat, à-plat [apla] 男 一色塗り
aplati(e) [aplati] 形 (< aplatir) 平らな;(鼻が)ぺちゃんこの
***aplatir** [aplatir] 他 33 ①平らにする, ぺちゃんこにする ②(話)(人をうちのめす ― 代動 **[s'〜]** ①平らになる, ぺちゃんこになる ②(話)いつくばる;うつぶせになる ▶ **s'aplatir devant…** / **s'aplatir comme une crêpe** (人)にへつらう,(人)にぺこぺこする
aplatissage [aplatisaʒ] 男 平らにすること
aplatissement [aplatismɑ̃] 男 ①平らにする[なる]こと ②へつらい, 追従
aplomb [aplɔ̃] 男 ①垂直, 鉛直;均衡, 安定 ▶ **à l'aplomb de** …に垂直に / **d'aplomb** 垂直に;安定して;好調で ▶ **mettre [poser]… d'aplomb** …を垂直にする / **remettre d'aplomb** 元気を回復させる / **se tenir d'aplomb** 安定している ②落着き, 冷静;ずうずうしさ ▶ **garder [perdre] son aplomb** 落着きを保つ[失う] / **ne pas se sentir d'aplomb** 気分が消沈した, 調子がよくない
apnée [apne] 囡 ①〔医〕呼吸停止 ▶ **syndrome d'apnée du sommeil** 睡眠時無呼吸症候群 ②〔スポーツ〕フリーダイビング ▶ **plonger en apnée** 素もぐりをする
apnéique [apneik] 形 無呼吸の
apnéiste [apneist] 名 フリーダイビングの選手
apocalypse [apɔkalips] 囡 (世の終末を思わせる)惨事; [l'A-]〔聖〕ヨハネ黙示録
apocalyptique [apɔkaliptik] 形 黙示録の;世の終末を思わせる
apocope [apɔkɔp] 囡 〔言〕語尾音省略, 語尾消失
apocryphe [apɔkrif] 形 典拠の不確かな;〔聖〕偽典の
apode [apɔd] 形 〔動〕無脚[足]の;〔魚〕腹びれのない
apodictique [apɔdiktik] 形 疑う余地がない;〔論〕必然的に真理である, 定言的
apodose [apɔdoz] 囡 〔文法〕(条件文の)帰結節
apogée [apɔʒe] 男 〔天〕遠地点;絶頂, 極み ― **à l'apogée de sa gloire [carrière]** 栄光[経歴]の絶頂期に ▶ **être à son apogée** 最盛期である
apolitique [apɔlitik] 形 政治に無関係, 無関心の;非政治的
apolitisme [apɔlitism] 男 非政治性
apollinien(ne) [apɔlinjɛ̃, -ɛn] 形 アポロンの;均整がとれ調和に満ちた美しさを持った
Apollon [apɔlɔ̃] 〔ギ神〕アポロン; [a-] 美男子, 美青年
apologétique [apɔlɔʒetik] 形 弁明の, 擁護する ― 囡 〔神〕(キリスト教の)弁証学
apologie [apɔlɔʒi] 囡 弁明, 擁護;賛辞 ▶ **faire l'apologie de** …を弁護する;…を誉める, 賞賛する
apologiste [apɔlɔʒist] 名 弁護する人;(キリスト教)擁護論者
apologue [apɔlɔg] 男 教訓(譚), 寓話
aponévrose [apɔnevroz] 囡 〔解〕腱膜(けん)
apophonie [apɔfɔni] 囡 〔言〕母音交替
apophtegme [apɔftɛgm] 男 格言, 警句
apophyse [apɔfiz] 囡 〔解〕(骨)突起, 隆起
apoplectique [apɔplɛktik] 形 〔医〕卒中の(患者)
apoplexie [apɔplɛksi] 囡 〔医〕卒中 ▶ **attaque d'apoplexie** (脳)卒中
apostasie [apɔstazi] 囡 背教, 棄教;変節;脱党
apostasier [apɔstazje] 他 棄教する;変節する
apostat(e) [apɔsta, -at] 形 背教した;変節した ― 名 背教者
a posteriori [apɔsterjɔri] 副形 (不変)(ラ)後天的に[な], 経験に基づいて[た]
apostille [apɔstij] 囡 傍注
apostiller [apɔstije] 他 (…の)欄外に推薦文を記入する;(…に)傍注をつける
apostolat [apɔstɔla] 男 布教;(新思想などの)宣伝
apostolique [apɔstɔlik] 形 ①使徒の(ような) ②ローマ教皇庁の
apostoliquement [apɔstɔlikmɑ̃] 副 使徒のように;熱意を込めて
apostrophe[1] [apɔstrɔf] 囡 (呼びか

apostrophe
い)呼びかけ ►*mot mis en apostrophe* 呼びかけ詞

apostrophe² [apostrof] 囡 〔文法〕省略記号 [']

apostropher [apostrofe] 他 (荒っぽくに)呼ぶ,乱暴に言い掛けをかける ── 代動 [s'~] どなり合う

apothème [apotem] 男〔数〕辺心距離

apothéose [apoteoz] 囡 ① 輝かしい成果, (成功); 〔劇〕(夢幻劇などの)大詰め, フィナーレ

apothicaire [apotiker] 男 〔古〕薬剤師 (= pharmacien) ►*compte d'apothicaire* 複雑すぎて怪しい勘定書

apôtre [apotr] 男 ① [A-] 〔聖〕使徒 ② 伝道(布教)者 ►*faire le bon apôtre de …* 〔古〕(見かけだけ)善人ぶる *se faire l'apôtre de …* を熱心に唱伝する

Appalaches [apalaʃ] 囡(les monts)──アパラチア(アメリカのアパラチア山脈)

apparais(...), apparaît(...) ⇨ apparaître

*****apparaître** [aparetr] アパレトル 自 47 〔助動詞は普通 être〕(英 appear) ① 現れる, 姿を現わす; 明らかになる ② [~ à A…] A(人)に…のように思われる ►*il apparaît que …* 〔非人称〕…は明らかである, …と結論できる

apparat [apara] 男 華美, 豪華 ►*avec [en grand] apparat* 豪華に *d'apparat* 華やかな

apparatchik [aparatʃik] 男 (共産党の)官僚, 政治局員; (軽蔑的)組織の執行部メンバー

apparaux [aparo] 男 〔複〕〔海〕船具

*****appareil** [aparej] アパレユ 男 ① 装置, 器具, 機械 ►*appareil auditif* 補聴器 *appareil dentaire* 歯の矯正器, 入れ歯 *appareils ménagers* [les ~] 家電製品 ② 写真機 (= photographique) ③ 電話機 (= ~ téléphonique) ─ Qui est à l'appareil? (通話相手に)〔話〕どなたですか ④ 飛行機 ⑤〔解〕(身体の)器官 (党や組合などの)機関, 組織 ►*appareil digestif* 消化器官 *appareil respiratoire* 呼吸器官 ⑦ 〔スポーツ〕器械体操用具 ⑧ 〔古・文〕外観 ►*dans le plus simple appareil* 全裸で

appareillage [aparejaʒ] 男 ① 〔海〕出帆準備 ② 設備, 器具類 ③ (医療器具の)装着

appareiller [apareje] 他 ① (同じ物を)取りそろえる, 組み合わせる ② 〔医〕医療器具を装着する ── 自 〔海〕出帆する

appareilleur [aparejœr] 男 石工の親方

apparemment [aparamɑ̃] 副 見たところ; たぶん

*****apparence** [aparɑ̃s] アパラーンス 囡 (英 appearance) 見かけ, 外見, 風采 ►*en*

appel
apparence うわべは *sauver les apparences* うわべを繕う

apparent(e) [aparɑ̃, -ɑ̃t] 形 ① 明白な, はっきりした; 目に見える, 目につく ② 表面的な, 見かけだけの

apparenté(e) [aparɑ̃te] 形 (< apparenter) ① (…と) 縁続きの, (…の)血をひく (à) ② 類似した, 性質の似た; (政治的に近い立場の)

apparentement [aparɑ̃tmɑ̃] 男 縁組; 協定, 協約

apparenter [aparɑ̃te] 代動 [s'~] ① (政治的に)連合する, 政策協定を結ぶ ② (…に似ている; (…と)連携する; (…と)縁組する (à)

appariement [aparimɑ̃] 男 対にする(なる)こと

apparier [aparje] 他 対にする, つがわせる

appariteur(trice) [aparitœr, -tris] 名 (大学の)守衛

apparition [aparisjɔ̃] アパリスィヨン 囡 ① (英 appearance) 現れること, 姿を見せること, 出現 ② 幽霊, 幻 ►*faire son apparition* 現れる *par ordre d'apparition à l'écran* 画面に登場する順に

apparoir [aparwar] 非人称 ►*Il appert de ces témoignages que…* 〔法〕これらの証言から…ということは明らかである

appart [apart] 男 〔話〕= appartement

*****appartement** [apartəmɑ̃] アパルトゥマン 男 (英 apartment) (数室から成る)マンション

appartenance [apartənɑ̃s] 囡 (党や階級などに)属すること; 〔数〕(集合の)要素であること

*****appartenir** [apartənir] アパルトゥニール 自 75 (英 belong) [[~ à]] ① (…の)ものである ② (…に)所属する, (…の)一員である ►*Il appartient à A de …* …は A(人)のなすべきこと(権利)である ── 代動 [s'~] ►*ne pas s'appartenir* 自由になる時間がない

appas [apɑ] 男 〔複〕〔文〕(女の)色香; (女の)乳房

appât [apɑ] 男 餌; 誘惑

appâter [apɑte] 他 ① (動物を)餌でおびき寄せる; (人を)誘惑する ② (家禽に)餌を与え, 食わせて太らせる

appauvrir [apovrir] 他 33 貧しくする; 貧弱にする, 衰えさせる ── 代動 [s'~] 貧しくなる; 衰える

appauvrissement [apovrismɑ̃] 男 貧しくする(なる)こと; 衰えること

âpeau [apo] 男 〔狩〕鳥笛; おとり用の鳥

*****appel** [apɛl] アペル 男 ① 呼びかけること, 呼び声; 合図; 点呼; 〔軍〕招集 ►*faire appel à* A (人に)呼びかける; …を要求する *faire appel à l'armée* 軍隊を

appelant(e) [aplɑ̃, -ɑ̃t] [情報] 呼び出しの — 名 上訴人 — 男 [狩] 囮笛; おとりの鳥

動員する **faire l'appel** 出席をとる **faire un appel de phares** (合図のために)ヘッドライトを点滅させる **lancer un appel au calme** 冷静を訴える **manquer à l'appel** その場にいない; 取り返しがつかない **appel d'air** 通気; 吸気(装置) **appel de fonds** 払い込みの請求 **appel d'offre** [商] 入札 **appel du large** [l'∼] 海の誘惑 **appel du pied** ひそかな誘い **offre [prix] d'appel** 客を呼ぶためのプレゼント, 超特価 **pied d'appel** [スポーツ] 踏み切りの足 ② [法] 再審; 上訴; 上告 ► **sans appel** 最終的な, 取り返しがつかない ③ (電話などの)呼び出し, 通話 ► **appel en P.C.V.** コレクトコール

appelé(e) [aple] 形 (<appeler) 呼ばれた; 名付けられた, ►**Il y a beaucoup d'appelés mais peu d'élus.** [聖書] 招かれる人は多いが, 選ばれる人は少ない; 機会を与えられても成功する人はごくわずかである

***appeler** [aple アプレ] 他 [4] (英 call) ① 呼ぶ, 呼びかける; 呼び出す; [法] 召喚する ►**appeler au secours** [à l'aide] 助けを呼ぶ **appeler l'attention de A sur B** BによってAに対するAの注意を促す [∼ AB] AをBと呼ぶ名付ける ②**appeler les choses par leur nom / appeler un chat un chat** 歯に衣を着せない ③(人に)電話する ④(人を…にするように)仕向ける; (人を…に)任命する (à) —**Le devoir m'appelle à …**するのは私の義務だ ⑤(ものが)必要とする; 引き起こす ⑥►**en appeler** [法] 上訴する **en appeler à …**に任せる, …にすがる 〈代動〉 **s'∼** …という名前である; (…と)呼ばれる —**Comment ça s'appelle en français?** これはフランス語で何と言いますか / **Comment vous appelez-vous?** - **Je m'appelle X.** お名前は何とおっしゃいますか - 私はXといます ►**se faire appeler Arthur** [Joseph, Jules] [話] しかられる **Voilà ce qui s'appelle parler.** よくぞ言った **Voilà ce qui s'appelle une gaffe!** こういうのをへまと言うんだよ

appellatif(ve) [apelatif, -iv, apɛl-latif, -iv] 形 ►**nom appellatif** 普通名詞

appellation [apelasjɔ̃] 女 ① 命名, 名称; 商標, 名称 ►**appellation d'origine contrôlée** (ワインやチーズなどの)原産地統制呼称 [略 AOC] **appellation d'origine protégée** (欧州連合が認証する)原産地保護呼称 [略 AOP]

appendice [apɛ̃dis] 男 ① 付録, (本の)補遺 ② 付属のもの, 付属の建物 ③ [解] 付属器官, 突起

***appendicite** [apɛ̃disit] 女 [医] 虫垂炎

appendre [apɑ̃dr] 他 [28] [古] 掛ける, つるす

appentis [apɑ̃ti] 男 [建] 差し掛け(の小屋)

appert [apɛr] ⇨ **apparoir**

appesantir [ap(ə)zɑ̃tir] 他 [33] 重くのしかかる; (肉体や精神を)鈍くする 〈代動〉 **s'∼** ① 重くなる; 鈍重になる ② (…について)くどくどしく説く (sur)

appétence [apetɑ̃s] 女 [文] 本能的な欲求

***appétissant(e)** [apetisɑ̃, -ɑ̃t] アペティサン(ト)] 形 食欲[欲望]をそそる

***appétit** [apeti アペティ] 男 (英 appetite) ① 食欲 ►**Bon appétit!** (食事をする人に) たっぷり召し上がれ **couper [ouvrir] l'appétit à** (人)の食欲をそぐ [そそる] ② 欲求, 欲望

***applaudir** [aplodir アプロディール] 他 [33] (英 applaud) ① (…に)拍手喝采する ② (…することで人を)称賛する (de) — 自 称賛する, (文) (…に)賛成する (à)

applaudissement [aplodismɑ̃ アプロディスマン] 男 ①〈複〉拍手喝采 ►**tonnerre d'applaudissements** 万雷の拍手 ②〈文〉賛成, 同意

applicabilité [aplikabilite] 女 適用[応用]可能性

applicable [aplikabl] 形 (…に)適用できる, 応用される (à)

applicateur(trice) [aplikatœr, -tris] 形 男 塗薬用の(綿棒, へら) — 名 (規則などを)適用する人, 施行者

application [aplikasjɔ̃ アプリカスィヨン] 女 (英 application) ① 塗ること; 貼り付けること; 当てること ② 適用, 応用, 施行, 実施 ③ 専心, 勤勉 ④〈数〉写像; [情報] アプリケーション ►**entrer en application** 施行される **mettre en application** 応用する **travailler avec application** まじめに働く

applique [aplik] 女 ① 補強や装飾(に)取りつけられたもの ② 壁灯 ③ [服] アプリケ

appliqué(e) [aplike] 形 (< appliquer) ① 勤勉な; 注意深い ② 応用した, 実用的

***appliquer** [aplike アプリケ] 他 [4] (英 apply) ① (…に)押し当てる; はり付ける; 塗る (sur, contre, à) ②(ある目的に)あてはめる, 適用する, 応用する ③〈∼ à〉…に精神などをそそぐ 〈代動〉 **s'∼** ① 押し当てられる; はり付けられる ② (…に)適用される, あてはまる (à) ③ (…するのに)身を入れる, 専念する (à)

appoint [apwɛ̃] 男 ① 小銭, つり銭 ►**donner [faire] l'appoint** つり銭のないように払う ② 助力, 貢献 ►**d'appoint** 補助的な

appointage [apwɛtaʒ] 男 とがらせること

appointements [apwɛtmɑ̃] 男

(複)俸給,給料
appointer[1] [apwɛ̃te] 他 (…に)給料を与える
appointer[2] [apwɛ̃te] 他 とがらす
appontage [apɔ̃taʒ] 男 (飛行機の)着艦
appointement [apɔ̃tmɑ̃] 男 [海] 波止場,桟橋
apponter [apɔ̃te] 自 (空母に)着艦する (sur)
apport [apɔr] 男 寄与,貢献; [法] 出資(額)
***apporter** [apɔrte アポルテ] 他 (英 bring) ①持って来る[行く] ②もたらす; 与える ►*apporter du soin à* …(する)のに気を配る
apposé(e) [apoze] 形 (< apposer) [文法] 同格の, 同格におかれた
apposer [apoze] 他 ①(貼り札・広告などを)貼る ②(署名を)添える ③(印を)押す
apposition [apozisjɔ̃] 女 ①貼ること ②(署名を)添えること; 押すこと ③[文法] 同格
appréciable [apresjabl] 形 目につく; かなりの, 貴重な
appréciateur(trice) [apresjatœr, -tris] 名 (…の)鑑定人 (de)
appréciation [apresjasjɔ̃] 女 ①評価, 見積り ②判断, 判定 ►*soumettre A à l'appréciation de B* A を B (人)の評価にゆだねる
***apprécier** [apresje アプレスィエ] 他 ①(英 appreciate) 評価する, 測る ②高く評価する, (…の)真価を認める; 気に入る ── 代動 [s'~] ③(経)(通貨が)値上がりする
appréhender [apreɑ̃de] 他 ①恐れる, (…ではないかと心配する (que / de 不定詞)) ②逮捕する ③把握する
appréhension [apreɑ̃sjɔ̃] 女 懸念, 不安
***apprendre** [aprɑ̃dr アプランドル] 他 60 (英 learn) 学ぶ, 習い, おぼえる; (聞いて)知る (英 teach) (人に)教える; 知らせる (英 learn to) …することを習う, …できるようになる ►*Ça lui apprendra (à vivre)!* (話) あいつはひどい目に会うだろう(いい薬だ)
apprenti(e) [aprɑ̃ti] 名 (職人の)見習い, 訓練生, 初心者 ►*apprenti sorcier* 魔法使いの弟子《自分ではおさえようがないとんでもないことを引き起こしてしまった人》
***apprentissage** [aprɑ̃tisaʒ アプランティサージュ] 男 見習い(期間), (職業)訓練 ►*centre d'apprentissage* 研修所 *faire l'apprentissage* 見習いを始める
apprêt [aprɛ] 男 ①気取り, ざざ然な態度 ②(織物・皮などの)仕上げ(に使う材料) ③(複)(古) 準備 ►*sans apprêt* 飾らずに
apprêté(e) [aprɛte] 形 (< apprêter) 取りの,不自然な
apprêter [aprɛte] 他 ①(織物・皮などを)仕上げる ②(文)(食事の用意を)する, 準備する ── 代動 [s'~] ①(…のために)身支度[準備]をする (pour) ►*s'apprêter à*… まさに…しようとしている, …をする準備をしている
apprivoisable [aprivwazabl] 形 飼いならすことのできる
apprivoisement [aprivwazmɑ̃] 男 飼いならす[される]こと; 手なずけ(られ)ること
apprivoiser [aprivwaze] 他 ①(動物を)飼いならす ②(文)(子ども・病人を)おとなしくさせる ── 代動 [s'~] ①(動物が)飼いならされる, (人が)順応する ②(文)(…に)慣れる (à)
approbateur(trice) [aprɔbatœr, -tris] 形 賛成[同意, 承認]を表す ── 名 (文)賛同者
approbatif(ve) [aprɔbatif, -iv] 形 賛成[同意, 承認]を示す
approbation [aprɔbasjɔ̃] 女 ①賛成, 同意, 称賛 ②承認, 認可
approbativement [aprɔbativmɑ̃] 副 賛意を表すやり方で
approchable [aprɔʃabl] 形 〖多く否定辞とともに〗近づきやすい
approchant(e) [aprɔʃɑ̃, -ɑ̃t] 形 近い, 似通った
approche [aprɔʃ] 女 ①近づくこと, 接近 ②(問題への)取り組み方, 解決方法 ③(文)(複)(空)(潜走路への)進入;[スポーツ]アプローチショット ►*à l'approche de / aux approches de* … が近づくと *d'approche difficile* とっつきにくい
approché(e) [aprɔʃe] 形 (< approcher) およその
***approcher** [aprɔʃe アプロシェ] 他 (英 approach) (…に)近づける (de) ②(人に)近づく; (人と)親しくなる ── 自 代動 [s'~] (…に)近づく (de)
approfondi(e) [aprɔfɔ̃di] 形 (< approfondir) (調査などが)徹底した
approfondir [aprɔfɔ̃dir] 他 33 ①深くする ②(知識・問題などを)深く研究する, 掘り下げる ③(友情・憎しみなどを)深める ── 代動 [s'~] 深くなる, 深まる
approfondissement [aprɔfɔ̃dismɑ̃] 男 深くする[なる]こと; (問題・知識への)追究
appropriation [aprɔprijasjɔ̃] 女 ①わが物にすること, 専有, 横領 ②適合させること
approprié(e) [aprɔprije] 形 (< approprier) 適合した, 適切な
approprier [aprɔprije] 他 (…に)適合させる (à) ── 代動 [s'~] 自分のものにする, 横領する

approuvé(e) [apruve] 形 (< approuver) 承認された

*__approuver__ [apruve] 他 ① (英 approve) …に賛成する, 同意する; (人が…するのに)賛意を示す (de) ② (…を)承認[是認]する (que)

approvisionnement [aprɔvizjɔnmɑ̃] 男 供給, 調達, 補給; 貯蔵, 蓄え

approvisionner [aprɔvizjɔne] 他 [~ A en B] A に B を供給する ― [代動] **s'~** (…を)仕入れる, 買い入れる (en)

approximatif(ve) [aprɔksimatif, -iv] 形 (英 approximate) おおよその, 概算の

approximation [aprɔksimasjɔ̃] 女 概算

*__approximativement__ [aprɔksimativmɑ̃] 副 (英 approximately) およそ, ほぼ

*__appui__ [apɥi] 男 (英 support) 支えること; 支え; 支持, 後援 ►**à l'appui** (…を) 支え[証拠]として (de) **prendre appui sur** …によりかかる

appui-bras [apɥibrɑ] 男 (不変) (座席の)ひじ掛け

appuie-tête [apɥitɛt] 男 (複 ~s-~) (歯医者の椅子・車の座席の)首押さえ, ヘッドレスト

appuyé(e) [apɥije] 形 (< appuyer) 押しつけがましい; 執拗な

*__appuyer__ [apɥije] 他 30 ① (英 rest) …にもたせかける, 押しつける (sur, contre) ② (英 support) 支持する, 支援する ③ (…に)基づかせる ― 自 (~ sur) ①(…を)強く押す ② (…を)強調する ③(…に)支えられる ④ (ある方向を)とる ►**appuyer à gauche [sur la gauche]** (車などが)左に寄る ― [代動] **s'~** ①(人を)かかえこむ; (仕事などを)背負い込む ② (…に)もたれかかる, よりかかる (à, contre, sur) ③(…に)頼る; 基づく (sur)

apraxie [apraksi] 女 [医] 失行[合目的的な行動ができない状態]

apraxique [apraksik] 形名 [医] 失行の(患者)

âpre [ɑpr] 形 ① 渋い; ざらざらした ② 荒々しい; 激しい, きびしい ►**âpre au gain** 金儲けに執着した, 貪欲な

aprèm [aprɛm] 男 [話] 午後 (< après-midi)

âprement [ɑprəmɑ̃] 副 激しく, 厳しく

*__après__ [aprɛ] 前 (英 after) ① (時間・空間) …のあとに[で]; …の後ろに[で]; …の次に, …に次いで; [[複合形の不定詞または名詞を après que とともに]] …したしてから ►**bien [peu] après** …からだいぶ[少し]たって / **courir après** …のあとを追いかける ►**après coup** 後になって **après quoi** そのあとで **après tout** 結局 **Après vous [toi]**. どうぞ, お先に ② [[名詞を繰り返して]] …に…, …に…, 続けて…―**jour après jour** 来る日も来る日も, 毎日毎日 ③ (話) …に向かって, …に対して ►**en avoir après …** (…) に恨む ④ **d'après** の意に では; …に倣(なら)せた, …の流の―副 (時間・空間) (その)あとで[に]; それから; (そ の)次に ►**un mois après** 1か月後 ► **le mois d'après** 来月, 翌月 **longtemps** [peu] **après** その後だいぶたって [少しして] ⑤ 未来, 将来

après- [接頭] 「以後」「後」「次」の意

*__après-demain__ [aprɛdmɛ̃] アプレドマン 副 (英 the day after tomorrow) 明後日, あさって

après-guerre [aprɛɡɛr] 男 (特に第1次・第2次大戦の)戦後

*__après-midi__ [aprɛmidi] アプレミディ 男 または 女 (英 afternoon) 午後

après-rasage [aprɛrazaʒ] 男 (複数不変) アフターシェーブローション

après-ski [aprɛski] 男 (複 ~~s) スノーブーツ

après-vente [aprɛvɑ̃t] 形 (不変) 販売後の ►**services après-vente** アフターサービス [略 SAV]

âpreté [ɑprəte] 女 ① 渋味, すっぱさ; ざらざらしていること ② 厳しさ, 激しさ; 辛辣さ

a priori [apriɔri] 形 先見的な ― 副 先験的に; 原則としては: ろくに検討もせず ― 男 (不変) 先入観; 先験的概念

apriorisme [apriɔrism] 男 先験論, 先験主義

apr. J.-C. [...] (略) (英 AD) après Jésus-Christ キリスト紀元, 西暦

à-propos [apropo] 男 時宜に適していること; 適当, 適切 ►**avoir l'esprit d'à-propos** 機転が利く

apside [apsid] 女 [天] (楕円軌道の)長軸端, 軌道極点

apte [apt] 形 (…(するの)に)適している; (…する, …の)資格がある (à)

aptère [aptɛr] 形 ①(虫) 欠翅類の ②(建) 翼柱のない

aptéryx [apteriks] 男 (鳥) キーウィー

aptitude [aptityd] 女 (英 aptitude) 適性, 素質, 天賦の才

apurement [apyrmɑ̃] 男 会計監査; 借金・負債の決済

apurer [apyre] 他 (会計を)検査する

apyre [apir] 形 不燃の

aqua- [接頭] (<ラ) 「水」の意

aquaculture [akwakyltyr] 女 ①(魚介類・海藻類の)養殖 ② 水栽培

aqua(-)fortiste [akwafɔrtist] 男 エッチング師

aquagym [akwaʒim] 女 アクアビクス [プールの中で音楽に合わせてする運動]

aquaplanage [akwaplanaʒ] 男 = aquaplaning

aquaplane [akwaplan] 男 水上スキー

aquaplaning [akwaplaniŋ] 男 《英》〖車〗ハイドロプレーニング【雨天, 高速運転中に起こるスリップ】

aquarelle [akwarɛl] 女 水彩画(法)

aquarelliste [akwarɛlist] 名 水彩画家

*__aquarium__ [akwarjɔm] アクワリヨム 男 ①水槽 ②水族館

aquatinte [akwatɛ̃t] 女〖美術〗アクアチント版画

aquatique [akwatik] 形 水生の, 水棲の; 水の

aquavit [akwavit] 男 アクアヴィット【北欧産の辛口蒸留酒】

aqueduc [akdyk] 男 水道橋;〖解〗(導)水管

aqueux(se) [akø, -øz] 形 ①〖解〗房水の ②水(気)の多い ▶**solution aqueuse** 水溶液

aquiculture [akyikyltyr] 女 = aquaculture

aquifère [akɥifɛr] 形 (地層が)水を含んだ, 水分透過性の —— 男 帯水層

aquilin(e) [akilɛ̃] 形 ▶**nez aquilin** 鷲鼻

aquilon [akilɔ̃] 男〖文〗北風; 北

aquitain(e) [akitɛ̃, -ɛn] 形 名 〖A-〗アキテーヌの(人)

Aquitaine [akitɛn] 女 アキテーヌ【フランス南西部の地方】

aquosité [akozite] 女 水(気)が多いこと

ara [ara] 男〖鳥〗コンゴウインコ

*__arabe__ [arab] アラブ 形 アラブ(人)の, アラビア(語)の —— 形 〖A-〗アラブ人 —— 男 アラビア語

arabesque [arabɛsk] 女 唐草模様, アラベスク模様

arabica [arabika] 男 アラビカコーヒー

Arabie [arabi] 女〖l'~〗アラビア半島 ▶**Arabie Saoudite** サウジアラビア ▶**désert d'Arabie** 〖le ~〗アラビア砂漠

arabique [arabik] 形 アラビアの ▶**gomme arabique** アラビアゴム

arabisant(e) [arabizɑ̃, -ɑ̃t] 名 アラビア(語)学者

arabisation [arabizasjɔ̃] 女 アラブ化

arabiser [arabize] 他 アラブ化する; アラビア語化する

arable [arabl] 形 ▶**terre arable** 耕作可能な土地

arabophone [arabofon] 形 名 アラビア語を話す(人), アラビア語圏の(人)

arachide [araʃid] 女〖植〗落花生, ナンキン豆

arachnéen(ne) [arakneɛ̃, -ɛn] 形 ①〖動〗薄くて軽い ②〖動〗クモ形類の

arachnides [araknid] 男〖複〗〖動〗クモ形類

arachnoïde [araknɔid] 女〖解〗蜘蛛(くも)膜

arachnoïdien(ne) [araknɔidjɛ̃, -ɛn] 形〖解〗蜘蛛(くも)膜の

arack [arak] = arak

*__araignée__ [arɛɲe] アレニェ 女 ①〖動〗クモ(蜘蛛) ▶**avoir une araignée au plafond**〖話〗頭が変である ②〖料〗ステーキ用の牛肉 ③▶**araignée de mer** 蜘〖動〗ケンシガニ

araire [arɛr] 男〖農〗一輪犂(すき)

arak [arak] 男 アラック酒, アラキ酒

araméen(ne) [arameɛ̃, -ɛn] 形 名〖A-〗アラムの(人)【古代西アジアのセム系の民族】 —— 男 アラム語

arasement [arazmɑ̃] 男〖建〗平らにする[削る]こと;〖地〗侵食

araser [araze] 他〖建〗平らにする, 削る;〖地〗侵食する

aratoire [aratwar] 形 耕作の

araucaria [arokarja] 男〖植〗ナンヨウスギ属

arbalète [arbalɛt] 女 弩(いしゆみ)【中世の武器】

arbalétrier [arbaletrije] 男〖古〗弩の射手; 弩(いしゆみ)職人

arbi [arbi] 男 《俗・古・軽蔑的》(北アフリカの)アラブ人

arbitrage [arbitraʒ] 男 ①仲裁(裁判), 調停; 審判 ②〖商〗鞘取り, 裁定取引

arbitraire [arbitrɛr] 形 勝手な, 恣意的な —— 男 専制; 恣意性

arbitrairement [arbitrɛrmɑ̃] 副 勝手に

arbitral(ale) [arbitral] 形 (男複 -aux[-o])仲裁の, 調停の ▶**décision arbitrale** 審判の判断 **tribunal arbitral** 仲裁裁判所

arbitralement [arbitralmɑ̃] 副 仲裁によって

*__arbitre__ [arbitr アルビトル] 名 ①〖法〗仲裁人 ②〖スポーツ〗審判者 ▶**arbitre de chaise** 〖テニス〗主審 **faire l'arbitre** 審判をつとめる **libre arbitre** 自由意志

arbitrer [arbitre] 他 ①〖法〗調停する, 仲裁する ②〖スポーツ〗(試合の)審判をする ③〖商〗裁定取引を行う; 鞘取りを行う

arborer [arbore] 他 ①(高く旗などを)掲げる ②これみよがしに身につける ③(感情・意見などを)公然と発表する ▶**arborer un sourire** 満足げに笑みをこぼす

arborescence [arborɛsɑ̃s] 女〖植〗樹木に似ていること; 高木性

arborescent(e) [arborɛsɑ̃, -ɑ̃t] 形〖植〗樹木に似た, 高木状の

arboricole [arborikol] 形 ①〖動〗樹上に住む ②〖植〗樹木栽培の

arboriculteur(trice) [arborikyltœr, -tris] 名 樹木栽培者

arboriculture [arborikyltyr] 女 樹木栽培

arborisation [arborizasjɔ̃] 女 樹枝状(部)

arborisé(e) [arborize] 形 樹枝状の

arbouse [arbuz] 〖女〗〔植〕イチゴノキの実

arbousier [arbuzje] 〖男〗〔植〕イチゴノキ

arbovirose [arboviroz] 〖女〗〔医〕アルボウイルスへの感染

arbovirus [arbovirys] 〖男〗〔医〗アルボウイルス

‡**arbre** [arbr アルブル] 〖男〗 ① (英 tree) 木, 樹木, 喬木 ▶ **arbre de Noël** クリスマスツリー **arbre d'ornement** 観葉樹 **arbre fruitier** 果樹 **arbre généalogique** 系統樹, 家系図 ②〔機〕軸, 棒 ▶ **arbre à cames** 〔機〕カム軸 **arbre de transmission** 〔機〕駆動軸

arbrisseau [arbriso] 〖男〗木, 灌木

arbustif(ve) [arbystif, -iv] 〖形〗 小低木の, 小灌木の

arbuste [arbyst] 〖男〗 小低木, 小灌木

*__arc__ [ark アルク] 〖男〗 ① 弓; 弓形 ②〔建〕アーチ, 迫持 ▶ **arc de triomphe** 凱旋門 ③〔数〕(円の) 弧 ▶ **arc en plein cintre** 半円アーチ **en arc de cercle** 弓形の, 円弧状の

arcade [arkad] 〖女〗①〔建〕アーケード, 拱廊 ②弓形のもの ▶ **arcade sourcilière** 眉(ﾏﾕ)弓〔眉の生える部分〕

Arcadie [arkadi] 〖女〗アルカディア〔古代ギリシャの高原; 桃源郷〕

arcadien(ne) [arkadjɛ̃, -ɛn] 〖形〗〖名〗 [A-] アルカディアの(人)

arcanes [arkan] 〖男〗〖複〗 奥義, 秘密

arcature [arkatyr] 〖女〗〔建〕アーケード状装飾

arc-boutant [arkbutɑ̃] 〖男〗〔建〕 (ゴシック建築の) フライング・バットレス, 飛び梁

arc-bouté(e) [arkbute] 〖形〗 (< **arc-bouter**) (…を支えに) 踏んばった (**sur**)

arc-bouter [arkbute] 〖代動〗 〖**s'~**〗 (…に) 体重をかける (**sur, à, contre**)

arceau [arso] 〖男〗 ①(丸天井などの) 半円形の部分 ②(クロッケーの) 弓形小門

*__arc-en-ciel__ [arkɑ̃sjɛl アルカンシエル] 〖男〗(複 ~s-~~) 〔発音は単複同じ〕(英 rainbow) 虹

*__archaïque__ [arkaik アルカイク] 〖形〗 古風な, 古代の

archaïsant(e) [arkaizɑ̃, -ɑ̃t] 〖形〗 古風な; 古語趣味の

archaïsme [arkaism] 〖男〗 ①古風な表現 ②昔ながらのやり方

archange [arkɑ̃ʒ] 〖男〗 大天使, 天使長

*__arche__[1] [arʃ アルシュ] 〖女〗 アーチ, 迫持; 橋脚

arche[2] [arʃ] 〖女〗 ①櫃(ﾋﾂ) ② ▶ **arche de Noé** 〖l'~〗〔聖〕ノアの箱舟 = **arche**

archéen(ne) [arkeɛ̃, -ɛn] 〖形〗〖男〗 原生代の

archéo- 〔接頭〕(< ギ)「古代の」の意

archéologie [arkeɔlɔʒi アルケオロジ] 〖女〗 考古学

archéologique [arkeɔlɔʒik] 〖形〗 考古学の

archéologue [arkeɔlɔg] 〖名〗 考古学者

archéoptéryx [arkeɔpteriks] 〖男〗 始祖鳥

archéozoïque [arkeɔzɔik] 〖形〗〔生〕原生代の = **archéen**

archer [arʃe] 〖男〗 ①(弓の)射手 ②〔話〕巡査

archet [arʃe] 〖男〗〔楽〕(弦楽器の) 弓

archétype [arketip] 〖男〗 原型, 典型; 〔生〕原型

archevêché [arʃəveʃe] 〖男〗 大司教管区; 大司教館

archevêque [arʃəvɛk] 〖男〗〔カト〕大司教; [英国国教会] 大主教

archi- 〔接頭〕(< ギ) ①〔話〕「極端な」「超…」の意 ②「上位の」の意

archiconnu(e) [arʃikɔny] 〖形〗〔話〕だれでも知っている, 超有名な

archidiaconat [arʃidjakɔna] 〖男〗〔カト〕司教の職(位)

archidiacre [arʃidjakr] 〖男〗〔カト〕助祭長

archiduc [arʃidyk] 〖男〗 大公〔昔のオーストリア皇子の称号〕

archiduchesse [arʃidyʃɛs] 〖女〗 大公妃

-**archie** 〔接尾〕(< ギ)「支配」「統治」の意の女性名詞をつくる

archiépiscopal(ale) [arʃiepiskɔpal] 〖形〗(男複 -*aux*[-o]) 〔カト〕大司教の

archiépiscopat [arʃiepiskɔpa] 〖男〗〔宗〕大司教の職(位)

archifaux(sse) [arʃifo, -os] 〖形〗〔話〕大間違いの

archimandritat [arʃimɑ̃drita] 〖男〗ギリシャ正教修道院長の職(位)

archimandrite [arʃimɑ̃drit] 〖男〗ギリシャ正教修道院長

Archimède [arʃimed] アルキメデス〔古代ギリシャの数学者〕

archimédien(ne) [arʃimedjɛ̃, -ɛn] 〖形〗 アルキメデスの

archipel [arʃipɛl] 〖男〗 諸島, 列島

archiphonème [arʃifɔnɛm] 〖男〗〔言〕原音素

archiplein(e) [arʃiplɛ̃, -ɛn] 〖形〗〔話〕超満員の

archiprêtre [arʃiprɛtr] 〖男〗〔カト〕主席司祭

architecte [arʃitɛkt アルシテクト] 〖男〗 (英 architect) 建築家, 建築技師

architectonique [arʃitɛktɔnik] 〖形〗 建築学の; 建築, 構成技法, 構造

architectural(ale) [arʃitɛktyral] 〖形〗(男複 -*aux*[-o]) 建築 (学) の, 建築学上の

architecture [arʃitɛktyr] 〖女〗 ①建築(学); 建築様式 ②構造, 構成 ③〔情報〕アーキテクチャ【コンピューターシステムの基本設計】

architecturer [arʃitɛktyre] 〖他〗 〔

architrave [aʀitʀav] 女【建】アーキトレーブ, 台輪

archivage [aʀʃivaʒ] 男 (書類などの)保管

archiver [aʀʃive] 他 (書類などを)保管する, 綴じる; 保存する

archives [aʀʃiv] 女 (複) 古文書, 記録

archiviste [aʀʃivist] 名 古文書保管人, 記録保管人

archivolte [aʀʃivɔlt] 女【建】アーキボルト, 飾り追縁(ﾌﾁ)

archonte [aʀkɔ̃t] 男 アルコン【古代アテナイの最高職】

arçon [aʀsɔ̃] 男 ①(くらの)前輪(ﾏｴﾜ)と後輪(ｼﾘﾜ)【馬具】 ▶ *vider les arçons* 落馬する ② ▶ *cheval d'arçons* [スポーツ] あん馬 ③ (収穫量を増やすために)ブドウの枝を曲げること

arctique [aʀktik] 形 北極の ▶ *cercle polaire arctique* 〖le ~〗北極圏 ―― 〖l'A-〗北極地方

arcure [aʀkyʀ] 女 (果物の収穫量を増やすために)枝を弓形に曲げること

-ard(e) 接尾 〈ド〉(しばしば軽蔑的)「…の(人)」の意の形容詞名詞をつくる

Ardèche [aʀdɛʃ] 女 ①〖l'~〗アルデシュ川【Rhône 川の支流】 ②アルデシュ県【フランス南東部】

ardéchois(e) [aʀdeʃwa, -az] 形名 〖A-〗アルデシュの(人)

ardemment [aʀdamɑ̃] 副 熱心に, 熱烈に

ardennais(e) [aʀdɛnɛ, -ɛz] 形名 〖A-〗アルデンヌの(人)

Ardenne [aʀdɛn] 女 〖l'~〗アルデンヌ【フランスからベルギーにまたがる山地】

Ardennes [aʀdɛn] 女 ①〖les ~〗= Ardenne ②アルデンヌ県【フランス北東部】

ardent(e) [aʀdɑ̃, -ɑ̃t] 形 ①激しい, 熱烈な; 情熱的な ②火のような; 燃えるように熱い; 焼けつくような ③(…の)熱心な (à)

ardeur [aʀdœʀ] 女 ①熱意, 情熱 ②焼けつくような暑さ

ardillon [aʀdijɔ̃] 男 (バックルなどの)留め金

*****ardoise** [aʀdwaz] アルドワーズ 女 ①スレート(= feuille d'~) ②石盤(~ à écrire) ▶ *prendre une ardoise à l'eau* 小便をする ③(話・古)借り, ツケ ▶ *avoir une ardoise chez ...* (話・古)…のところで買い物をする 〖不変, 同格として形容詞的にも使われる〗スレートグレー(の)

ardoisé(e) [aʀdwaze] 形 スレートグレーの

ardoisier(ère) [aʀdwazje, -ɛʀ] 形 スレートの ―― 名 スレート採石人 ―― 女 スレート採石場

ardu(e) [aʀdy] 形 困難な; 険しい

are [aʀ] 男 アール【面積の単位; 100 平方メートル】

arec [aʀɛk] 男【植】ビンロウ, ビンロウジュ

aréique [aʀeik] 形 (地域などが)川のない

arène [aʀɛn] 女 ①(楕円形の)闘技場; 闘牛場 ②〖文・詩〗砂 ③(サーカスなどの砂地の)舞台 ④(政争・論争の)舞台 ▶ *descendre dans l'arène* 挑戦に応じる

arénicole [aʀenikɔl] 形【動】砂地に住む ―― 女 ゴカイ(= ~ des pêcheurs)

aréole [aʀeɔl] 女【解】乳輪

aréomètre [aʀeɔmɛtʀ] 男【物】浮き計

aréopage [aʀeɔpaʒ] 男 ①選考委員会, 評議会 ②〖l'A-〗アレオパゴス会議【古代アテナイの政治機構】

aréquier [aʀekje] 男 = arec

*****arête** [aʀɛt] アレート 女 ①魚の骨, 角(ｶﾄﾞ), 稜;(山の)尾根 ③面と面が交差する部分

arêtier [aʀetje] 男【建】(屋根の)隅棟

arêtière [aʀetjɛʀ] 女【建】隅棟瓦

*****argent** [aʀʒɑ̃] アルジャン 〖英 silver〗 銀 ▶ *d'argent* 銀色に輝く (英 money) 銀貨(= monnaie d'~, = blanc〖monnaie〗) 金, 金銭, 貨幣; 財産 ▶ *argent comptant* 現金 *argent de poche* ポケットマネー *argent liquide* 現金; 即金 *argent sale* 不正な金 *en avoir pour son argent* 使った金に見合うものを得る *prendre ... pour argent comptant* 額面どおり受け取る, 真に受ける

argentan [aʀʒɑ̃tɑ̃] 男 洋銀, 洋白

argenté(e) [aʀʒɑ̃te] 形 (< argenter) ①銀めっきされた, 銀色の ②〖否定辞と伴に〗(話)金を持った

argenter [aʀʒɑ̃te] 他 銀張りにする, 銀めっきする, 銀色に光らせる

argenterie [aʀʒɑ̃tʀi] 女 銀食器(の一式) ▶ *faire l'argenterie* 銀食器をきれいに磨く

argentier [aʀʒɑ̃tje] 男 ①(古・ふざけて) ▶ *grand argentier* 〖le ~〗大蔵大臣 ②銀食器をしまう家具

argentifère [aʀʒɑ̃tifɛʀ] 形 銀を含む

argentin(e)¹ [aʀʒɑ̃tɛ̃, -in] 形 (音が)銀を鳴らすような

argentin(e)² [aʀʒɑ̃tɛ̃, -in] 形名 〖A-〗アルゼンチンの(人)

Argentine [aʀʒɑ̃tin] 女 アルゼンチン

argentite [aʀʒɑ̃tit] 女【鉱】輝銀鉱

argenture [aʀʒɑ̃tyʀ] 女 銀めっき(すること)

argile [aʀʒil] 女 粘土 ▶ *colosse aux pieds d'argile* 見掛け倒しの人

argileux(se) [aʀʒilø, -øz] 形 粘土質の, 粘土でできた

argon [aʀgɔ̃] 男【化】アルゴン

argonaute [aʀgonot] 男 ①〖A-〗【ギ神】アルゴナウテス【アルゴー船の乗組員】

②[動] フネダコ, タコブネ

Argonne [argɔn] アルゴンヌ【Champagne 地方と Lorraine 地方の間の森林地帯】

***argot** [argo アルゴ] 男 (英 slang) ①隠語, 合言葉 ②(ある特定の社会の)通語, 用語

argotique [argɔtik] 形 隠語の, 俗語的な

argotisme [argɔtism] 男 俗語[隠語](表現)

argousier [arguzje] 男 [植] シーバックソーン【グミ科の果樹】

arguer [argɥe] 他 (文) (…から)結論づける (de); (…ということを)根拠に主張する (que) — 自 (文) (…を)理由[口実]にする (de)

***argument** [argymɑ̃ アルギュマン] 男 (英 argument) 論拠, 理由 ▶ *argument de vente* [商] セールスポイント *tirer argument de* (…)を理由[口実]にする ②(本などの)要旨, あらすじ

argumentaire [argymɑ̃tɛr] 男 (セールス用の)パンフレット

argumentateur(trice) [argymɑ̃tatœr, -tris] 形名 議論好きの(人)

argumentation [argymɑ̃tɑsjɔ̃] 女 立論, 理由づけ; 論証

argumenter [argymɑ̃te] 自 (…に)賛成の; (…に)反対の理由を示す (en faveur de; contre); (…を)論拠にする (de) — 他 論理を組み立てる

Argus [argys] 男 {ギ神} アルゴス【百眼巨人】

argus [argys] 男 ①アルギュス(= Argus de l'automobile)【8年未満の中古車を扱う情報誌】— *coté à l'Argus* アルギュスで値段をつけた ②(鳥) セイロン(= ~ géant) ③(文) 見張りの人

argutie [argysi] 女 ヘ理屈, あら探し

argyronète [argirɔnɛt] 女 [動] ミズグモ

aria¹ [arja] 女 (<イ) (楽) 詠唱, アリア

aria² [arja] 男 (古) 面倒, 当惑

aride [arid] 形 不毛の, 乾燥した; 無味乾燥な, 退屈な

aridité [aridite] 女 乾燥(状態), 不毛; 味気ないこと, 無味乾燥

Ariège [arjɛʒ] 女 ①[l'~] アリエージュ川【Garonne 川の支流】②アリエージュ県【フランス南部】

ariégeois(e) [arjeʒwa, -az] 形 [A-] アリエージュの(人)

arien(ne) [arjɛ̃, -ɛn] 形 [A-] アリウス派の(教徒)

ariette [arjɛt] 女 (楽) アリエッタ, 小詠唱

arioso [arjozo] 男 (<イ) (楽) アリオーソ

aristo [aristo] 形 [不変] 名 (話) 貴族の

aristocrate [aristɔkrat] 名 貴族(階級の人); 貴族的な主義者

aristocratie [aristɔkrasi] 女 貴族(階級);貴族政治

aristocratique [aristɔkratik] 形 貴族のような; 貴族階級の

aristocratiquement [aristɔkratikmɑ̃] 副 貴族然として

aristoloche [aristɔlɔʃ] 女 (植) ウマノスズクサ

Aristote [aristɔt] アリストテレス【古代ギリシアの哲学者】

aristotélicien(ne) [aristɔtelisjɛ̃, -ɛn] 形名 アリストテレス学派の(人)

aristotélisme [aristɔtelism] 男 アリストテレス哲学

arithméticien(ne) [aritmetisjɛ̃, -ɛn] 名 算術の達人

***arithmétique** [aritmetik アリトメティック] 形 算術の — 女 算術

arithmétiquement [aritmetikmɑ̃] 副 計算では

arlequin(e) [arləkɛ̃, -in] 男 (劇) アルルカン【雑色の服を着た道化役】— *un habit d'arlequin* 雑多なよせ集め

arlequine [arləkin] 女 (劇) アルルカン(女性)の

Arles [arl] アルル【Bouches-du-Rhône の町; ローマ時代の史跡で有名】

arlésien(ne) [arlezjɛ̃, -ɛn] 形名 [A-] アルルの(人)

armada [armada] 女 ▶ *une armada de…* 大量の…

Armagnac [armaɲak] アルマニャック【フランス西部の旧地方名】

armagnac [armaɲak] 男 アルマニャック【コニャックに似た辛口のブランデー】

armateur [armatœr] 男 (海) 船主, 船舶偽装者

armature [armatyr] 女 ①(組織・理論などの)枠組, 構造 ②骨組, 芯(じん), 枠(わく) ③(楽) 調号

***arme** [arm アルム] 女 ①(英 weapon) 武器, 兵器; 手段 ▶ *à armes égales* 同一条件で *arme à double tranchant* 諸刃の剣 *arme à feu* 火器 *armes blanches* 刀剣類 *Aux armes!* 武器を取れ *capituler [se rendre] avec armes et bagages* 全面降伏する *déposer [rendre] les armes* 降伏する *passer… par les armes* (人)を銃殺する *passer l'arme à gauche* (話) 死ぬ *prendre les armes* 武器を取る; 蜂起する ②(複) (英 arms) 軍隊; 戦争 ▶ *faire ses premières armes* 初陣(にじん)を飾る ③剣術, フェンシング ④(複) 紋章

armé(e) [arme] 形 (< armer) ①(…)で武装した; (…)を備えた (de) ▶ *forces armées* (一国の)兵力 ②(建) 補強された ▶ *béton armé* 鉄筋コンクリート

***armée** [arme アルメ] 女 (英 army)

軍, 軍隊; 大勢, 大群 ▶armée de l'air [l'~] 空軍 armée de métier (徴兵制軍隊に対して)職業軍人制軍隊 armée de terre [l'~] 陸軍 l'Armée du salut 救世軍 les Armées célestes 天使 une armée de …の大群

armement [arməmɑ̃] 男 ①武装; 装備; 軍備 ②(海)艤装 ▶course aux armements [la ~] 軍拡競争 limitation des armements [la ~] 軍備制限

Arménie [armeni] 女 アルメニア【西アジアにある共和国】

arménien(ne) [armenjɛ̃, -ɛn] 形 アルメニアの ── 名 [[A-]] アルメニア人 ── 男 アルメニア語

*__armer__ [arme アルメ] 他 (英 arm) ①武装させる, (人に…を)備えさせる (de) ②(武器などを)セットする ③(海)艤装する ④(建)補強する ── 代動 [s'~] (…で)武装する, 備える, 身につける (de)

armistice [armistis] 男 休戦; [[l'A-]] 第1次大戦休戦協定記念日 [11月11日] (= l'anniversaire de l'A-)

armoire [armwar] 女 ワードロール (英 cupboard, closet) 衣装[洋服]だんす; 食器棚 ▶armoire à glace 鏡つきの洋服だんす;(話) 肩幅の広いがっしりした男 armoire frigorifique 大型冷蔵庫

armoiries [armwari] 女(複) (紋) 紋章

armoise [armwaz] 女 (植) ヨモギ属

armorial(ale) [armorjal] 形 (男複 -*aux*[-o]) 紋章の; 紋章のついた ── 男 紋章集

armoricain(e) [armorikɛ̃, -ɛn] 形 名 [[A-]] アルモリカの(人) ── 男 アルモリカ語

armorier [armorje] 他 (…に)紋章を入れる, 紋章で飾る

Armorique [armorik] 女 アルモリカ【ブルターニュのケルト名】

armure [armyr] 女 ①よろい ②防衛手段 ③(布地の)織り方;(ケーブルの)鎧装(がいそう);(楽)調号

armurerie [armyrri] 女 武器製造; 銃取扱店

armurier [armyrje] 男 銃製造[販売]人

ARN (略) (英 RNA) acide ribonucléique リボ核酸

arnaque [arnak] 女(話) 詐欺

arnaquer [arnake] 他(話) ①(金を)だまし取る ②捕まえる, 連捕する

arnaqueur(se) [arnakœr, -øz] 名(話) ペテン師, 詐欺師

arnica [arnika] 男 女 (植) アルニカ

arobase [arobaz] 男, **arobas, arobaz** [-s, -z] 女 (情報) アットマーク【@】

arobe [arɔb] 女 アローブ【スペイン・ポルトガルの質量の単位; 12.780kg】

aromate [arɔmat] 男 香辛料

aromatique [arɔmatik] 形 香りのする, 芳香を放つ

aromatisation [arɔmatizasjɔ̃] 女 芳香をつけること

aromatiser [arɔmatize] 他 芳香をつける

arôme, arome [arom] 男 ①香気, 芳香 ②香料

arpège [arpɛʒ] 男 (楽) アルペジオ, 分散和音

arpéger [arpeʒe] 他 [[4](#)][[6](#)][[7](#)] (楽) アルペジオ[分散和音]でひく

arpent [arpɑ̃] 男 アルパン【昔の地積の単位; 20-50アール】

arpentage [arpɑ̃taʒ] 男 測量

arpenter [arpɑ̃te] 他 ①(土地を)測量する ②大またに歩く

arpenteur(se) [arpɑ̃tœr, -øz] 名 (土地)測量技師

arpète, arpette [arpɛt] 名 (俗) 見習

arpion [arpjɔ̃] 男 (俗) 足 (= pied)

-arque 接尾 (ぐれ) 「支配者」「統治者」の意の男性名詞をつくる

arqué(e) [arke] 形 弓なりの ▶avoir les jambes arquées. がに股である

arquebuse [arkəbyz] 女 (古) 火なわ銃

arquebusier [arkəbyzje] 男 火なわ銃兵

arquer [arke] 他 弓形にする, 曲げる ── 自 (話) 歩く ── 代動 [s'~] 弓形になる, 曲がる

arr. (略) **arrondissement** [arɔ̃dismɑ̃] (パリなどの)区

arrachage [araʃaʒ] 男 引き抜くこと

arraché [araʃe] 男 (スポーツ) (バーベルの) スナッチ ▶à l'arraché (話) 大努力の上で, 懸命になって vol à l'arraché 引ったくり

arrache-clou [araʃklu] 男 くぎ抜き器

arrachement [araʃmɑ̃] 男 ①悲痛な思い ②(稀) 引き離すこと

arrache-pied [araʃpje] [成句の中で] ▶d'arrache-pied (話) 休まずに, 一心に; 必死に

*__arracher__ [araʃe アラシェ] 他 (英 tear, pull out) 引き抜く, もぎ取る, (…から)引き出す, 強奪する; (…から)無理矢理に引き離す (à, de) ─ Je vais lui arracher les yeux. (話) 目玉をえぐり抜めてやる ▶Ça arrache (la gueule). (話) これはすごいぞ, (酒が)くるぞ ── en arracher (話) 一生懸命働く ── 代動 [s'~] ①(…から)自分を無理に引き離す (de, à) ②(痛いから) (急いで)飛び出す, 遠走する ▶s'arracher les cheveux (話) 絶望する, 途方にくれる

arracheur(se) [araʃœr, -øz] 名 (何かを)引き抜く人 ▶mentir comme un arracheur de dents 平気で嘘をつく ── 女 掘り起こし機

arrageois(e) [araʒwa, -az] 形名 [A-] アラス (Arras) の人

arraisonnement [arezɔnmɑ̃] 男 臨検, 船舶検査

arraisonner [arezɔne] 他 (飛行機や船を) 臨検する

arrangeant(e) [arɑ̃ʒɑ̃, -ɑ̃t] 形 協調的な, 親切な

arrangement [arɑ̃ʒmɑ̃] 男 ① 整えること; 配列; 整理, 整頓 ② 取り決め; 示談, 和解, 調停

***arranger** [arɑ̃ʒe アランジェ] 他 40 (英 arrange) ① 整える; 配列する; 整理する; 準備する, 手はずを整える ② (争いなどを) 解決する ③ 修理する, 直す; 都合よく直す, 作り変える;〔楽〕編曲する ④ものが人に都合がつく ⑤ (話) ひどい目にあわせる; 痛めつける —代動〔s'〜〕① 整えられる, うまくいく —Cela va s'arranger. (話) 何とかなるでしょう ② (…する; …となるよう) 準備をつける (de; que) ③ (…と) 和解する (avec) ④ (…ですます, がまんする (de)

Arras [ɑrɑs] アラス [Pas-de-Calais 県の県庁所在地]

arrdt [arɔ̃dismɑ̃] (略) arrondissement 郡 (パリなどの) 区

arrérages [areraʒ] 男(複) (年金などの) 支払いの延滞金

***arrestation** [arɛstɑsjɔ̃ アレスタスィヨン] 女 検挙, 逮捕; 拘留 —**être [mettre] en état d'arrestation** 拘留中である [にする]

***arrêt** [arɛ アレ] 男 ① (英 stop) 停止, 中止; 停車 ►**arrêt de [du] travail** (病気・ストライキなどによる) 休業; 仕事を休むこと **arrêt du cœur** 心臓の停止 **arrêt sur image** (画像の) ストップモーション **coup d'arrêt** 歯止め, 中断 **donner un coup d'arrêt** à …に歯止めをかける **être à l'arrêt** 停車中である **faire un arrêt** 停車する; (ゴールキーパーが) セーブする **jouer les arrêts de jeu** ロスタイムでプレーする **sans arrêt** 休むことなく; 絶え間なく ② 停留所 (= d'autobus) **arrêt facultatif** (バスの) 随時停留所 [乗降客があるときのみ止まる] ③ (法) 判決 ►**signer son arrêt de mort** 破滅への道を選ぶ ④ 逮捕; (複)〔軍〕禁足 ►**maison d'arrêt** 留置場 **mandat d'arrêt** 逮捕状 **mettre ... aux arrêts** (人) を禁固 [足] 処分にする

arrêté(e) [arete] 形 (< arrêter) 止まった, 決定した; 断固たる —男 ① (行政機関の発する) 条例, 法令 ② 決算

***arrêter** [arete アレテ] 他 (英 stop) ① 止める, 停止する; やめる; 阻止する, さえぎる; (テレビなどの) スイッチを切る —Arrête ton char! (話) でたらめはやめろ! / Arrête ton cinéma! (話) いい加減にしろ ② やめる, 逮捕する ③ 日・計画などを決める —自 止まる; (話などを) やめる; (…するのを) やめる (de)

代動〔s'〜〕① 止まる, 終わる; 立ち止まる ② (…に) 注意を向ける, 気にかける; 心を決める (sur, à) ③ (…するのを) やめる (de)

***arrhes** [ar アル] 女(複) 手付金, 予約金

arriération [arjerasjɔ̃] 女 遅れ; 後進性; 知的障害

***arrière** [arjɛr アリエール] 男 (英 back) 後ろ; (乗り物の) 後部; (スポーツ) 後衛; (軍) 後方; 後ろ側 —**à l'arrière** 後方へ **assurer ses arrières** 背後を固める; 逃げ込める場所に (代動) を用意しておく **en arrière** 後ろに [へ, で] —**En arrière! Vous gênez.** (話) どいてくれ邪魔だよ **en arrière de** …の後ろに [へ, で]; より遅れて **regarder en arrière** 後ろを振り向く; 過去を振り返る **rester en arrière** 遅れをとる **revenir en arrière** 引き返す (ビデオなどを) 巻き戻す; 思考をさかのぼる **se balancer d'avant en arrière** 前から後ろにバランスを取る 《不変》(英 rear) ►**marche arrière** 後退, バックギア **roue arrière** 後輪 **siège arrière** 後部座席

arrière- [接頭] 「以後」「後部」の意

arriéré(e) [arjere] 形 (< arriérer) ① 未払の, 遅滞した ② (子供が) 知能の遅れた; (国が) 未開発の; (考え・技術が) 時代遅れの —名 知的障害児 —男 遅延額 [未払]金; (仕事などの) 遅れ

arrière-ban [arjɛrbɑ̃] 男 ►**ban et arrière-ban** 〔le 〜〕 (グループの) 全員

arrière-bouche [arjɛrbuʃ] 女〔解〕咽頭

arrière-boutique [arjɛrbutik] 女 (複 〜〜s) (店の) 奥の部屋

arrière-cour [arjɛrkur] 女 裏庭

arrière-cousin(e) [arjɛrkuzɛ̃, -in] 名 遠縁の親類

arrière-garde [arjɛrgard] 女〔軍〕後衛 (部隊) ►**d'arrière-garde** 時代遅れの

arrière-gorge [arjɛrgɔrʒ] 女〔解〕のどの奥

arrière-goût [arjɛrgu] 男 後味

arrière-grand-mère [arjɛrgrɑ̃mɛr] 女 (複 〜〜s〜s) 曾祖母

arrière-grand-oncle [arjɛrgrɑ̃tɔ̃kl] 男 (複 〜〜s〜〜s) 祖父 [祖母] のおじ

arrière-grand-père [arjɛrgrɑ̃pɛr] 男 (複 〜〜s〜s) 曾祖父

arrière-grands-parents [arjɛrgrɑ̃parɑ̃] 男(複) 曾祖父母

arrière-grand-tante [arjɛrgrɑ̃tɑ̃t] 女 (複 〜〜s〜s) 祖父 [祖母] のおば

arrière-main [arjɛrmɛ̃] 女 ① 〔テニス〕 バックハンド (= coup d'〜) ② (馬の) 後四半部

arrière-neveu [arjɛrnəvø] 男 (複 〜〜x) 甥 [姪] の息子; (複) 子孫

arrière-nièce [arjɛrnjɛs] 女 (複

arrière-pays [arjerpei] 男 (海岸から遠い)後背地

arrière-pensée [arjerpɑ̃se] 女 ①底意, 下心 ▶*sans arrière-pensée* 率直に, 遠慮なく

arrière-petite-fille [arjerpətitfij] 女 (複 ~s-~s-~s) 曾孫娘

arrière-petit-fils [arjerpətifis] 男 (複 ~s-~s-~s) 曾孫

arrière-petits-enfants [arjerpətizɑ̃fɑ̃] 男(複) 曾孫

arrière-plan [arjerplɑ̃] 男 (絵画・舞台などの)背景; 目立たない所

arrière-port [arjerpɔr] 男 内港

arriérer [arjere] 他 57 (古・稀)遅らせる, 延期させる

arrière-saison [arjersɛzɔ̃] 女 ① 晩秋; 初冬 ②(人間の)初老期 ③(小麦・ぶどうの)収穫後の数ヶ月間

arrière-salle [arjersal] 女 奥の間

arrière-train [arjertrɛ̃] 男 (複 ~s) ①(動物の)後半部分; (話)尻

arrimage [arimaʒ] 男 (船荷の)積み込み; 固定

arrimer [arime] 他 (船荷を)積み込む; (網で)固定する

arrivage [arivaʒ] 男 (荷物の)到着, 入荷; (到着した)荷物; (意地悪く例えて)(客などが)どっと押し寄せること

arrivant(e) [arivɑ̃, -ɑ̃t] 名 到着者

arrivé(e) [arive] 形 (<arriver) 成功した —名 到着者

arrivée [arive] 女 (英 arrival) ①到着 ②到着ロビー; 到着ホーム ③(スポーツ)ゴール ④空気[水, ガスなど]の取入れ口

***arriver** [arive] 自 [助動詞 être] (英 arrive) 着く, 到着する; やってくる; 行く —J'arrive! (話)今行きます! ②(…に)達する, 届く; (…)できるようになる (à) ▶*en arriver à*… ついには…するに至る ③(英 happen) 起る, 生じる —Ça m'arrive souvent. それは私にはよくあることだ ▶*comme il arrive souvent* よくあるように *Il arrive* ... *[de* [不定詞], *que* ... [接続法]] [非人称]…が起こる, …ということがある *Quoi qu'il arrive*. 何が起ころうとも

arrivisme [arivism] 男 出世第一主義

arriviste [arivist] 形名 出世主義(者)(の)

arrobase [arɔbas, arɔbɑz] 女 = arobase

arrobe [arɔb] 女 = arobe

arroche [arɔʃ] 女 [植] ハマアカザ

arrogamment [arɔgamɑ̃] 副 横柄に; 傲慢に

arrogance [arɔgɑ̃s] 女 横柄, 尊大

arrogant(e) [arɔgɑ̃, -ɑ̃t] 形 横柄で, 傲慢な

arroger [arɔʒe] 代動 [s'~] 40 (…)を)不当に自分の物とする

arrondi(e) [arɔ̃di] 形 (<arrondir) 丸くなった, 丸い —男 ①丸味(のある部分) ②輪郭

***arrondir** [arɔ̃dir] アロンディール 他 33 ①丸くする; 丸味をつける ②(対立などを)和らげる —*arrondir les angles* ことを荒立てない ③ふやす, 拡張する ④端数を切り捨てる[切り上げる] —[代動] [s'~] ①丸くなる, 太る ②(古)大きくなる, 広がる

arrondissement [arɔ̃dismɑ̃] アロンディスマン 男 (パリなどの)区; 郡[県の下位区分]

arrosage [arozaʒ] 男 ①水まき; 散水 ②賄賂 ③(軍)(俗)集中砲火, 集中爆撃

***arroser** [aroze] アロゼ 他 ①(英 water, sprinkle) 水をまく; (液体を)かける; (…に)ソースをかける ▶*se faire arroser* びしょぬれになる ②(…に)酒を加える ③(話)酒で祝う, 酒をふるまう —*Ça s'arrose*. (話)お祝いだ, 飲もう ▶*arroser son café* (話) (アルコール類を)コーヒーに加える (avec) *courage arrosé* (話)(酒で勢いをつけた)から元気 ③(川が土地を)流れる, 灌漑する; (マスコミが)情報を流す ④(話)(人を)買収する ⑤(軍)(砲弾)を浴びせる

arroseur(se) [arozœr, -øz] 名 水をまく人, 散水作業員 ▶*arroseur arrosé* しかけた策略に自らはまった人 —女 散水車

***arrosoir** [arozwar] アロゾワール 男 じょうろ

arrow-root [arorut] 男 (英)(植)クズウコン

arsenal [arsənal] 男 (複 -aux [-o]) ①海軍工廠(= ~ maritime); 兵器庫, 兵器工場 ②大量の武器 ③戦い[行動]の手段; 装備一式 ▶*arsenal des lois* [l'~] (法律によって定められた)全ての権利 *un arsenal de* … 大量の…

arsenic [arsənik] 男 (化) 砒素

arsenical(e) [arsənikal] 形 (男複 -aux[-o]) (化) 砒素の; 砒素を含む

arsenite [arsenit] 男 (化) 亜砒酸塩

arséniure [arsenjyr] 男 (化) 砒素化合物

***art** [ar] アール 男 (英 art) 芸術; (複) 美術; 知恵, 作法; 技術, 技巧 ▶*art dramatique* [l'~] 演劇 [上演]法 *arts décoratifs* 装飾美術 *arts martiaux* 武術; 格闘技 *Conservatoire national des arts et métiers* (パリの)工芸工業学校 *homme de l'art* 専門家 *huitième art* [le ~] テレビ *l'art de* …するこつ *l'art pour l'art* 芸術至上主義 *neuvième art* [le ~] 漫画 *pour l'amour de l'art* 楽しみで(損得ぬきに) *septième art* [le ~] 映画

art. [artikl] (略) article

Arte [arte] アルテ【フランス・ドイツ共同

出張のテレビ局; 文化教養番組主体)

artefact [artefakt] 男 人工物, 加工品; [考古] 人工遺物

artère [arter] 女 ①[解] 動脈 ▶**artère coronaire** [解] 冠状動脈 **artère pulmonaire** 肺動脈 ②幹線道路

artériectomie [arterjɛktɔmi] 女 [医] 動脈切除術

artériel(le) [arterjɛl] 形 [解] 動脈の

artéri(o)- 接頭 (<ラ)「動脈」の意

artériographie [arterjɔgrafi] 女 [医] 動脈造影[撮影](法)

artériole [arterjɔl] 女 [解] 小動脈

artériosclérose [arterjɔskleroz] 女 [医] 動脈硬化(症)

artériotomie [arterjɔtɔmi] 女 [医] 動脈切開術

artérite [arterit] 女 [医] 動脈炎

artésien(ne) [artezjɛ̃, -ɛn] 形 ① [A-] アルトワ(Artois)の ②▶**puits artésien** 自噴井 ── 名 [A-] アルトワ地方の人

arthrite [artrit] 女 [医] 関節炎

arthritique [artritik] 形名 [医] 関節炎の(患者)

arthropodes [artrɔpɔd] 男 (複) [動] 節足動物

arthrose [artroz] 女 [医] 関節症

Arthur [artyr] 男 アルチュール【男子の名】 ▶**roi Arthur** [le 〜] アーサー王 **se faire appeler Arthur** (話) しかられる

artichaut [artiʃo] 男 [植] アーティチョーク, チョウセンアザミ ▶**avoir un cœur d'artichaut** 浮気性である

article [artikl] 男 (英 article) ①商品, 品物; 品目 ── **articles de bureau** [**sport, toilette, voyage**] 事務[スポーツ, 化粧, 旅行]用品 ②(法律などの)条項, 項目; (文書の)各部分[内容] ▶**à l'article de la mort** 死ぬ間際に ③(新聞などの)記事, 論文 ▶**article de fond** (新聞などの)論説記事 **faire l'article** (商品などを)大々的に宣伝する ④[文法]冠詞 ▶**article défini** [**indéfini**] [文法]定[不定]冠詞

articulaire [artikylɛr] 形 [解] 関節の

articulation [artikylasjɔ̃] 女 ①[解] 関節; 節; [機] 継手, リンク ②明瞭に発音すること; [言] 調音, 分節 ③ (各要素の)つながり; (話などの)構成

articulatoire [artikylatwar] 形 [言] 調音の, 分節の

articulé(e) [artikyle] 形 (<articuler) ①関節のある; 連接した ②発音の明瞭な; 分節された ── 男 (複) 関節動物 ▶**autobus articulé** 連接バス

articuler [artikyle] 他 ①はっきりと発音する; 1語[1音節]ごとに切って言う ②関連づける; 連結する ── 代動

[s'〜] ①関節でつながる ②つながり合う; 関連する

artifice [artifis] 男 策略, 手管; 技術, 技巧 ▶**feu d'artifice** 花火

*__artificiel(le)__ [artifisjɛl] アルティフィスィエル 形 ①(英 artificial) 人工の, 人為的な ②不自然な, 作ったような

artificiellement [artifisjɛlmɑ̃] 副 人工的に; 作為的に; わざとらしく

artificier [artifisje] 男 花火製造人; 花火師 ②爆弾処理班の人

artificieusement [artifisjøzmɑ̃] 副 [文] 狡猾に, ずる賢く

artificieux(se) [artifisjø, -øz] 形 [文] 狡猾な, ずる賢い

artillerie [artijri] 女 ①兵器(一式) ▶**artillerie lourde** 重火器 ②[軍] 砲兵

artilleur [artijœr] 男 [軍] 砲兵, 砲手

artimon [artimɔ̃] 男 [海] ミズンマスト

artiodactyles [artjɔdaktil] 男 (複) 偶蹄(ぐうてい)目

*__artisan(e)__ [artizɑ̃, -an] アルティザン(ザヌ) 名 ①職人 ②張本人, 原因

*__artisanal(ale)__ [artizanal] アルティザナル 形 (男複 -aux[-o]) 職人の; 手工業的な; 家庭内工業の ▶**fabrication artisanale** 家内工業 **foire artisanale** 工芸品バザー

artisanalement [artizanalmɑ̃] 副 手作りで, 職人の手で

*__artisanat__ [artizana] アルティザナ 男 ①職人階級; 職人の身分 ②家内工業, 手工業 ▶**artisanat d'art** [l'〜] 工芸 **magasin d'artisanat** 工芸品店

*__artiste__ [artist] アルティスト 男 (英 artist) 芸術家; 名人; 役者, 俳優, 歌手, 演奏者 ── 形 芸術的な, 芸術的素質をあらわす

artistement [artistəmɑ̃] 副 趣味良く, 美しく

artistique [artistik] 形 芸術的な

artistiquement [artistikmɑ̃] 副 芸術的に; 美しく

Artois [artwa] 男 アルトワ【フランス北部の旧地方名】

artothèque [artɔtɛk] 女 [美] 美術図書館【版画や写真などの美術品を貸し出す】

arum [arɔm] 男 [植] アルム【サトイモ科】

aryen(ne) [arjɛ̃, -ɛn] 形名 [A-] アーリア(語)族(の)

arythmie [aritmi] 女 [医] 不整脈

arythmique [aritmik] 形 [医] 不整脈の

as¹ [a, ɑ] 動 ⇒avoir

as² [ɑs] 男 ①(トランプ・サイコロなどの)1, エース, ポイント ②頂点に入る人, 第一人者 ▶**être ficelé** [**fichu, foutu**] **comme l'as de pique** ひどい身なりをしている, ぶざまだ **être plein aux as**

《話》金をたくさん持っている **passer ...** 《話》…をわざと抜かす

a/s. 《略》aux soins de …気付,方

asbeste [asbɛst] 男 アスベスト(= amiante)

asbestose [asbɛstoz] 女 〖医〗アスベスト症, 石綿肺

ascaride [askarid], **ascaris** [askaris] 男〖医〗カイチュウ(回虫)

ascendance [asɑ̃dɑ̃s] 女 ①先祖, 血統, 家系 ②〔気流の〕上昇

ascendant(e) [asɑ̃dɑ̃, -ɑ̃t] 形 登っていく, 上向きの 男 支配力, 影響力 ▶ **avoir de l'ascendant sur** (人に)影響力を持つ **subir l'ascendant de** (人)の影響を受ける —— 男《複》先祖

***ascenseur** [asɑ̃sœːr] 男 アサンスール 《英 elevator》エレベーター ▶**renvoyer l'ascenseur** …にお返しをする

***ascension** [asɑ̃sjɔ̃] 女 アサンスィヨン ①上ること; 登山; 上昇 ▶〖l'A-〗〖キ教〗キリスト昇天《復活祭後40日目》**ascension professionnelle** 昇進, 昇格 **faire l'ascension d'une montagne** 山に登る

ascensionnel(le) [asɑ̃sjɔnɛl] 形 上昇する[させる] ▶ **vitesse ascensionnelle** 上昇速度

ascensionniste [asɑ̃sjɔnist] 名 登山家

ascèse [asɛz] 女 禁欲, 苦行

ascète [asɛt] 名 禁欲者, 苦行者

ascétique [asetik] 形 禁欲の, 苦行の

ascétisme [asetism] 男 禁欲主義

ascidie [asidi] 女〖動〗ほや状器官

ASCII [aski] 《〈英〉** ► **code ASCII** 〔情報〕アスキーコード

asclépiade [asklepjad] 女〖植〗アスクレピアス, トウワタ

ascomycètes [askomisɛt] 男《複》〖植〗子囊(_{のう})菌類

ascorbique [askɔrbik] 形 ▶ **acide ascorbique** アスコルビン酸, ビタミンC

asdic [asdik] 男 〈英〉潜水艦探知機

asepsie [asɛpsi] 女〖医〗無菌状態; 無菌処置

aseptique [asɛptik] 形〖医〗無菌状態の, 無菌の

aseptisé(e) [asɛptize] 形 滅菌した, 無菌の

aseptiser [asɛptize] 他〖医〗(…に)無菌処置を施す

asexué(e) [asɛksɥe] 形 ①〖生〗無性(生殖)の ②中性的な・〈軽蔑的〉性欲をなくした

ashkénaze [aʃkenaz] 形 名 アシュケナージ(の)〔ヨーロッパ北・東・中央部居住のユダヤ人〕

ashram [aʃram] 男 〔インドの〕遁世(_{とんせい})僧院

asiate [azjat] 名 〈稀・軽蔑的〉アジア人

***asiatique** [azjatik アズィヤティク] 形 アジアの ―― 名〖A-〗アジア人

***Asie** [azi アズィ] 女《英 Asia》アジア ▶ **Asie centrale** 中央アジア **Asie du Sud-Est** 東南アジア **Asie Mineure** 小アジア

asilaire [azilɛːr] 形 養老院の; 精神病院の

asile [azil] 男 避難所, 隠れ家; 保護施設; 落ち着ける場所 ▶ **asile de nuit** 浮浪者用宿泊施設 **demander [accorder] l'asile politique** 政治亡命を求める[入れる] **droit d'asile** 〔外国大使館などの有する〕保護権

asocial(e) [asɔsjal] 形〔男複 -aux [-o]〕社会から逸脱した(人), 反社会的な(人)

asparagus [asparagys] 男〖植〗観賞用アスパラガス

aspartam, aspartame [aspartam] 男 アスパルテーム〔低カロリーの砂糖代用品〕

aspe [asp] 男 糸車, 糸巻き

***aspect** [aspɛ アスペ] 男 ①《英 appearance》外観, 様相; 容姿, 見かけ ②《英 aspect》〔問題などの〕角度, 視点 ③〖文法〗相, アスペクト ▶ **à l'aspect de** …を見て

aspectuel(le) [aspɛktɥɛl] 形〖文法〗アスペクトの, 相の

***asperge** [aspɛrʒ アスペルジュ] 女 ①〖植〗アスパラガス ②《話》ひょろ長い人(= grande ~)

asperger [aspɛrʒe] 他 40〖~ A de B〗A に B を振りかける[はねかける] ―― 代動〖s'~〗(…に)浴びる, かかる(de)

aspérité [asperite] 女《複》(表面のざらざらすること); 凹凸(のあること)

asperme [aspɛrm] 形〖植〗種子がない

aspersion [aspɛrsjɔ̃] 女 (水などを)軽く振りかけること ▶〖キ教〗(洗礼の)灌水

aspersoir [aspɛrswaːr] 男〖キ教〗(聖水の)灌水器

asphaltage [asfaltaʒ] 男 アスファルト舗装

asphalte [asfalt] 男 アスファルト; 舗道

asphalter [asfalte] 他 (道路を)アスファルトで舗装する

asphodèle [asfɔdɛl] 男〖植〗アスフォデルス〔ユリ科〕

asphyxiant(e) [asfiksjɑ̃, -ɑ̃t] 形 窒息性の; 息が詰まるような

asphyxie [asfiksi] 女 窒息; 〔活動の〕停滞, 麻痺

asphyxié(e) [asfiksje] 形 〈くだけて〉窒息した; 停滞[麻痺]した ―― 名 窒息者

***asphyxier** [asfiksje アスフィクスィエ] 他 窒息させる; 停滞[麻痺]させる ―― 代動〖s'~〗窒息する(死する)

aspic[1] [aspik] 男〖動〗アスプクサリヘビ〔毒ヘビ〕 ▶ **une langue d'aspic**

《文》毒舌家

aspic[2] [aspik] 男〔料〕アスピック【肉汁などのゼリー】

aspidistra [aspidistra] 男〔植〕ハラン

aspirant(e) [aspirɑ̃, -ɑ̃:t] 形 吸い上げる ▶*hotte aspirante* ガスレンジフード *pompe aspirante* 吸い上げポンプ ─ 名 候補者 ─ 男〔軍〕士官候補生, 海軍少尉候補生

***aspirateur** [aspiratœːr] 男 アスピレーター, 吸引機器（特に）電気掃除機 ▶*passer l'aspirateur* 掃除機をかける

aspiration [aspirasjɔ̃] 女 ①熱望, 渇望, あこがれ ②呼吸 ③〔言〕気音

aspiratoire [aspiratwaːr] 形 吸い込む, 吸気の

aspiré(e) [aspire] 形〔言〕(<aspirer) 有音の;（帯）気音の ▶*h aspiré* 有音のh

aspirer [aspire] 他（空気・水などを）吸い込む, 吸い上げる ─ 自（…することに）あこがれる, 熱望する（à）

aspirine [aspirin] 女 アスピリン

assagir [asaʒiːr] 他 33 (人を)賢くする;（情熱などを）落ち着かせる ─ 代動 [s'~] 落ち着く

assagissement [asaʒismɑ̃] 男 落ち着くこと

assai [asaj] 副 (<イ)〔楽〕非常に, きわめて

assaill... ⇨assaillir

assaillant(e) [asajɑ̃, -ɑ̃:t] 形 攻める(者), 侵略する(者)

assailli [asaji] assaillir の過去分詞

assaillir [asajiːr] 他 33 ①攻める, 襲う ②(人を…で)悩ます (de) ─ être assailli de questions 質問責めにされる

assainir [aseniːr] 他 33 ①衛生的にする; 浄化する ②（経済活動などを）健全[正常]にする

assainissement [asenismɑ̃] 男 浄化; 健全化, 正常化

assaisonnement [asezɔnmɑ̃] 男 味をつけること, 調味料, 香辛料

assaisonner [asezɔne] 他 ①味をつける, 調味料を加える;〈文〉(…に)風趣[妙味]を添える ②〈話・古〉こらしめる ▶*se faire assaisonner par*〈話〉(人)からひどく叱られる

***assassin**[1] [asasɛ̃ アササン] 男（英 murderer) 暗殺者, 刺客（= mouche ~e）▶*À l'assassin!* 人殺し!

assassin[2]**(e)** [asasɛ̃, -in] 形 悩殺的な

***assassinat** [asasina アサシナ] 男 殺人; 暗殺; 謀殺; (自由・勝利の)圧殺

***assassiner** [asasine アサシネ] 他 ①殺害する ②(音楽などを)冒涜する; 酷評する, さんざんにやっつける

assaut [aso] 男 襲撃, 攻撃; 競い ▶*À l'assaut!*〔号令〕突撃! *donner l'assaut à* …を襲撃する *faire assaut de* …を競う *prendre … d'assaut* …に殺到する; …を攻略する

-asse 接尾 軽蔑を表す形容詞[名詞]をつくる

assèchement [asɛʃmɑ̃] 男 干上がらせること, 干拓

assécher [aseʃe] 他 57 乾燥させる; 排水する ─ 代動 [s'~] 干される

ASSEDIC [asedik]〔略〕Association pour l'emploi dans l'industrie et le commerce 商工業雇用協会【失業保険実施団体】▶*toucher les AS-SEDIC* 失業手当てを得る

assemblage [asɑ̃blaʒ] 男 組合わせ, 寄せ集め, 集合 ▶*langage d'assemblage*〔情報〕アセンブリ言語

***assemblée** [asɑ̃ble アサブレ] 女 ①（英 gathering）集まり, 集合, 集会;（英 assembly）議会 ▶*assemblée générale* 総会 *Assemblée nationale* 国民議会【フランスの下院】

assembler [asɑ̃ble] 他 組み合わせる, 組み立てる ─ 代動 [s'~] 集まる

assener, asséner [asene] 他 57 殴る;（激しい言葉を）浴びせる;（一方的に）まくしたてる

assentiment [asɑ̃timɑ̃] 男 同意, 賛同 ▶*donner son assentiment à* …に同意する

***asseoir** [aswaːr アソワール] 他 6,7 ①（英 sit）着席させる; 確立する, 基準を定める ▶*asseoir sa réputation sur* 名声を確立する *faire asseoir* …を座らせる ②(話)を睡眠とさせる, 黙らせる ─ 代動 [s'~] ①座する, 着席する ②(話)…などどうでもいい, 気に留めない (dessus)

-asser 接尾 軽蔑・反復・指小を表す動詞をつくる

assermenté(e) [asɛrmɑ̃te] 形 宣誓した

assermenter [asɛrmɑ̃te] 他〈古〉宣誓させる

assertif(ve) [asɛrtif, -iːv] 形 断定的な, 断言的な

assertion [asɛrsjɔ̃] 女 断言, 主張

asservi [asɛrvi] 形 奴隷状態の;（…に）隷従した (à)

asservir [asɛrviːr] 他 33 ①奴隷化する, 隷属化に置く ②制御する ─ 代動 [s'~] (…に)服従する (à)

asservissement [asɛrvismɑ̃] 男 隷属[する]こと, 隷従;〔機〕サーボ制御, 自動制御

asservisseur [asɛrvisœːr] 男 制御装置

assesseur [asesœːr] 男〔法〕陪席判事; 補佐役

assey... ⇨asseoir

***assez** [ase アセ] 副（英 enough）適度に, 十分に; かなり, どちらかと言えば ▶*assez A pour B* B (する)のに十分A *assez de…* 十分の… *C'(en) est assez! / En voilà assez!*

assidu(e) 《話》もうたくさんだ! *en avoir assez de* …(する)のにうんざりする

assidu(e) [asidy] 形 ①勤勉な, 熱心な ②欠かさずの, 絶えざる

assiduité [asiduite] 女 ①勤勉, 熱心 ②欠かさずに通うこと;〖複〗〖古〗(女性に対して)しつこくつきまとうこと

assidûment [asidymã] 副 熱心に, 勤勉に; たゆまず, 欠かさず

assied (...) ⇨asseoir

assiégé(e) [asjeʒe] 形名 (< assiéger) 包囲された(人)

assiégeant(e) [asjeʒã, -ãt] 形名 包囲する(人, 軍)

assiéger [asjeʒe] 他 4057 ①取り囲む;〖軍〗包囲する ②〈文〉(執拗に)悩ます;(心配などが)迫る

assiér ... ⇨asseoir

*****assiette** [asjɛt アスィエット] 女 (< asplate) 皿, 一皿分の料理 ▶*assiette anglaise* 冷肉の取り合わせ ▶*assiette au beurre* 《話》おいしい仕事 *assiette creuse [à soupe]* スープ皿 *assiette plate* 平皿 ②(ものの)安定, すわり方; 基盤;〖海〗トリム;〖馬術〗乗り方 ▶*assiette de l'impôt* 〖I´-〗課税の基準 *ne pas être dans son assiette* 《話》具合が良くない, 居心地が悪い

assiettée [asjete] 女 一皿分

assignable [asiɲabl] 形 ①〈古〉割り当てる, 指定しうる ②〖法〗召喚しうる(à)

assignat [asiɲa] 男 〖史〗(フランス革命時代の)アシニァ紙幣

assignation [asiɲasjɔ̃] 女 ①割り当て, 充当 ②〖法〗召喚(状)(= ~ à comparaître) ▶*assignation à résidence* 居住地の指定

assigner [asiɲe] 他 ①割り当てる; 指定する, 定める ②〖法〗召喚する ▶*être assigné à résidence* 〖法〗居住地の指定をうける

assimilable [asimilabl] 形 ①(食料・知識などが)吸収されうる ②(…と)軟べられる, 似ている(à) ③(外国文化に)同化できる

assimilateur(trice) [asimilatœr, -tris] 形 同化する; 同化作用のある —— 形名 (他文化を)同化させる力のある(人)

assimilation [asimilasjɔ̃] 女 同化;〖生理〗吸収

assimilé(e) [asimile] 形 (< assimiler) 類似した —— 名 相等官

assimiler [asimile] 他 ①(食物などを)吸収する;(知識などを)理解する ②(移民などを)同化する ③(…と同列に), 同類とみなす(à) —— 代動 [s'~] ①吸収される; 同化する ②(…に)自分をなぞらえる, 同等とみなす(à)

assirent [asir] ⇨asseoir

*****assis(e)** [asi, -iz アスィ(ズ)] 形 (< asseoir) 安定した; 座った ▶*Assis!* 《話》座れ! *place assise* (立ち席に対して)座席

assise [asiz] 女 ①基礎, 土台;〖建〗(レンガなどの)横の層, 列 ②〖複〗〖法〗重罪裁判(所) (= cour d'~) ③〖複〗(政党・学会などの)会合

assiss ... ⇨asseoir

assistanat [asistana] 男 〈軽蔑的〉 ①(大学の)助手職; 助手手当 ②公的な財政援助

assistance [asistɑ̃s] 女 ①救助, 救済;〖I´A- (publique)〗児童養護施設 ②聴衆, 観衆; (…への)出席 (à) ▶*assistance médicale* 医療扶助 *assistance technique* 技術援助 ▶*être à l'Assistance (publique)* (子供が)施設に入っている *prêter assistance à* (人)に援助をする

assistant(e) [asistɑ̃, -ɑ̃t] 形 補助[補佐]の —— 名 ①助手; 補佐役 ▶*assistant social* ソーシャルワーカー ②〖多く複〗出席者, 聴衆

assisté(e) [asiste] 形 (< assister) 機会を援用した ▶*assisté par ordinateur* コンピュータ援用による —— 名 〈軽蔑的〉福祉援助を受けている人

assister [asiste アスィステ] 自 (~ à) ①〈英 attend〉 (…に)出席する ②〈英 witness〉 (…を)目撃する, 目にする —— 他 ①援助[補佐]する ②付き添う; 看取る

assi[t ...] ⇨asseoir

associatif(ve) [asɔsjatif, -iv] 形 ①団体の ②連想による;〖数〗結合の

*****association** [asɔsjasjɔ̃ アソスィアスィヨン] 女 〈英 association〉 ①会, 団体, 協会, 組合, クラブ ②提携, 協同; (…への)参加, 参与 (à) ③結びつき; 組み合わせ; 連想

associationnisme [asɔsjasjɔnism] 男 〖心〗観念連合説, 連合主義 ②〖フーリエなどの〗協同主義

associationniste [asɔsjasjɔnist] 形名 〖フーリエの〗協同主義者(の)

associé(e) [asɔsje] 形 (< associer) 補助の, 副の —— 名 共同出資者 ▶*associé principal* (組合などの)長; 社長 *membre associé* (学会などの)準会員

*****associer** [asɔsje アソスィエ] 他 〈英 associate〉 ①(…に)結びつける (à) ②(…に)参加させる (à) —— 代動 [s'~] ①(…に)参加[協力]する (à, avec) ②(…と)分かち合う (à)

assoi ... ⇨asseoir

assoiffé(e) [aswafe] 形 (< assoiffer) (のどが)渇いた; (…を)渇望している (de)

assoiffer [aswafe] 他 (…の)のどを渇かす

assolement [asɔlmɑ̃] 男 〖農〗輪作

assoler [asɔle] 他 〖農〗輪作する

assombrir [asɔ̃brir] 他 63 暗くする; 曇らせる; 陰気にする —— 代動 [s'~] 暗くなる, 曇る, 陰気になる

assombrissement [asɔ̃brismɑ̃] 男 暗くなること; 陰になること

assommant(e) [asɔmɑ̃, -ɑ̃t] 形《話》うんざりするような、退屈でたまらない

assommer [asɔme] 他 ①(頭を殴り殺す ②打ちのめす；圧倒する ③うんざりさせる

assommoir [asɔmwar] 男 こん棒 ▶ *coup d'assommoir* 不意の出来事

Assomption [asɔ̃psjɔ̃] 女〔カト〕聖母[マリア]被昇天祭【8月15日】(= Fête de l'=)

assonance [asɔnɑ̃s] 女《詩》類韻, 諧韻(ポミ), 母音韻

assorti(e) [asɔrti] 形 (< assortir) ①似合いの；つり合った，調和した ▶ *bien assorti* 似合いの *mal assorti* 不釣合いの ②品物がそろった；いろいろ取りまぜた ▶ *hors-d'œuvre assortis* 前菜の盛り合せ ③…を含んだ (de)

assortiment [asɔrtimɑ̃] 男 ①つり合い；配合, 組合わせ ②盛り合わせ料理

assortir [asɔrtir] 他 33 ①(…に)合わせる (à)；[~ A de B] A に B を組み合える ②(…に)商品を卸す ─ 代動 [s'~] ①(…と)調和する, 合う (à)；(…を)伴う (de)

assoupi(e) [asupi] 形 まどろんでいる, 静まっている

assoupir [asupir] 他 33 ①居眠りさせる ②苦痛などを静める ─ 代動 [s'~] まどろむ；静まる

assoupissement [asupismɑ̃] 男 ①まどろみ, 居眠り ②《古》無気力, 麻痺

assouplir [asuplir] 他 33 ①柔らかくする ②(性格などを)柔和にする, 穏やかにする ─ 代動 [s'~] 柔らかくなる；和らぐ, ゆるやかになる

assouplissant [asuplisɑ̃, assouplisseur** [asupliscer] 男 柔軟剤

assouplissement [asuplismɑ̃] 男 柔らかくすること；緩和 ▶ *des exercices d'assouplissement* 柔軟体操

assourdir [asurdir] 他 33 ①(人の)耳をろうする, 耳をつんざく ②(音を)かき消す, 弱める ─ 代動 [s'~] (音が)弱くなる, 消える

assourdissant(e) [asurdisɑ̃, -ɑ̃t] 形 耳をろうする

assourdissement [asurdismɑ̃] 男 ①少しの間耳が聞えなくなること ②防音, 消音

assouvir [asuvir] 他 33 ①(飢えかわきなどを)いやす ②(欲求を満たさせる ─ 代動 [s'~] (欲求などが)満たされる, いやされる

assouvissement [asuvismɑ̃] 男 満足, 充足

assoy... ⇨asseoir

assujetti(e) [asyʒeti, assu-jettir] 支配[拘束]された；(…を)義務づけられた (à) ─ 名 加入[納税]義務者

assujettir [asyʒetir] 他 33 ①(人を…に)従わせる (à) ②固定する, くくりつける ③《文》支配化に置く ─ 代動 [s'~] …に従う (à)

assujettissant(e) [asyʒetisɑ̃, -ɑ̃t] 形 (仕事などが)過度に要求する, 厳しい

assujettissement [asyʒetismɑ̃] 男 ①《文》支配；服従 ②(納税の)義務

assumer [asyme] 他 引き受ける；受け入れる ─ 代動 [s'~] あるがままの自分を受け入れる

***assurance** [asyrɑ̃s アスュランス] (英 assurance) ①保険；保証, 確約 ▶ *assurance maladie* 健康保険 ②自信, 確信, 安心 ▶ *prendre de l'assurance* 自信を得る

assurance-vie [asyrɑ̃svi] 女 (複 ~s-~) 生命保険

***assuré(e)** [asyre アスュレ] 形 (< assurer) ①確実な, 確かな；自信[確信]のある ②保証されている：保険でカバーされている ─ 名 〔商〕被保険者 ▶ *assuré social* 社会保険加入者

assurément [asyremɑ̃] 副 確かに, 間違いなく；その通り

***assurer** [asyre アスュレ] (英 assure) 他 ①(人に…であると)断言する, 確信させる (que)；(人に…を)保証する (de), 請け合う, 確約する ②(業務などを)滞りなく行う ③保険をかける ④安定させる, 固定する ─ 自 《話》うまくやれる, よく見せる ─ 代動 [s'~] ①(…に対して)保険に入る；備える (contre) ②身を安定させる ③確実なものとする, 確かめる (de; que)

assureur [asyrœr] 男 保険業者

Assyrie [asiri] 女 アッシリア【古代メソポタミアの帝国】

assyrien(ne) [asirjɛ̃, -ɛn] 形 名 ①アッシリアの人

astable [astabl] 形〔電〕安定していない

astasie [astazi] 女〔医〕起立不能(症)

astate [astat] 男〔化〕アスタチン【原子番号85の元素】

aster [astɛr] 男 ①〔生〕星状体 ②〔植〕アスター(= ~ d'automne)

astérie [asteri] 女〔動〕ヒトデ

astérisque [asterisk] 男 星印, アステリスク【＊】

astéroïde [asterɔid] 男〔天〕小遊星, 小惑星

asthénie [asteni] 女〔医〕機能衰弱

asthénique [astenik] 形 名〔医〕衰弱した(人)

asthmatique [asmatik] 形 名〔医〕ぜんそくの(患者)

asthme [asm アスム] 男 [医] ぜんそく

asti [asti] 男 アスティ・スプマンテ [イタリア北部 Asti 産の発泡性白ワイン]

asticot [astiko] 男 ①[虫] (魚釣用の)ウジ ②《俗》やせっぽち, (つまらない)やつ

asticoter [astikɔte] 他《話》(つまらないことで)しつこく悩ませる, いらだたせる ― 代動 [s'～] 言い争う

astigmate [astigmat] 形 名 [医] 乱視の(人)

astigmatisme [astigmatism] 男 [医] 乱視

astiquage [astikaʒ] 男 つや出し

astiqué(e) [astike] 形 (< astiquer) みがかれた; (身なりや化粧が)きちっとした

astiquer [astike] 他 みがく, つや出しする

astragale [astragal] 男 ①[解] 距骨 ②(柱や家具の)玉縁(線)

astrakan または **astracan** [astrakɑ̃] 男 アストラカン [ロシアのアストラカン産の小羊の毛皮]

astral(ale) [astral] 形 (男 複 -aux [-o]) 星の

astre [astr] 男 [天] 天体, 星

astreignant(e) [astreɲɑ̃, -ɑ̃t] 形 (< astreindre) (仕事・規律などが)骨の折れる, つらい

astreindre [astrɛ̃dr] 他 19 (人に…することを)しいる, 強制する (à) ― 代動 [s'～] (…に)(やむなく)従う; 努めて…する (à)

astreinte [astrɛ̃t] 女 強制, 束縛; [法] 罰金

astringence [astrɛ̃ʒɑ̃s] 女 収斂(ホネン)性

astringent(e) [astrɛ̃ʒɑ̃, -ɑ̃t] 形 ①[医] 収斂性の ②にがい, しぶい ― 男 収斂剤

astro- 接頭《ラ》「天体」「星」の意

astrolabe [astrolab] 男 [天] アストロラーベ [昔の天文観測儀]

astrologie [astrɔlɔʒi] 女 占星術

astrologique [astrɔlɔʒik] 形 占星術の

***astrologue** [astrɔlɔg アストロログ] 男 占星学者

astronaute [astronot アストロノト] 名 宇宙飛行士

astronautique [astronotik] 女 宇宙航行学

astronef [astronef] 男 宇宙船

astronome [astronom] 男 天文学者

astronomie [astronomi] 女 天文学

astronomique [astronomik] 形 ①天文学の ②天文学的な, 莫大な

astronomiquement [astronomikmɑ̃] 副 ①天文学の見地から ②(数値が)莫大に

astrophysique [astrofizik] 女 天体物理学

***astuce** [astys アステュス] 女 ①悪賢さ, 抜け目のなさ;《話》うまい手, 機転

②《話》しゃれ, 冗談

astucieusement [astysjøzmɑ̃] 副 抜け目なく, ずる賢く

***astucieux(se)** [astysjø, -øz アステュスィユ(-ズ)] 形 巧妙な, 抜け目のない

asymétrie [asimetri] 女 不均衡

asymétrique [asimetrik] 形 不均整の

asymptomatique [asɛ̃ptomatik] 形 [医] (自覚症状のない, 無症候性の

asymptote [asɛ̃ptɔt] 女 [数] 漸近線

asymptotique [asɛ̃ptɔtik] 形 [数] 漸近的な

asynchrone [asɛ̃krɔn] 形 [情報] [物] 非同期の

asyndète [asɛ̃det] 女 [修] 連辞[接続詞]省略

asynergie [asinɛrʒi] 女 [医] 共同不能症

-at 接尾 「…の職」「…の場所」の意の男性名詞をつくる

atavique [atavik] 形 [生] 隔世遺伝の; 祖先からの

atavisme [atavism] 男 ①[生] 隔世遺伝, 先祖返り ②遺伝的性質

ataxie [ataksi] 女 [医] (筋肉・手足の)運動失調(症)

ataxique [ataksik] 形 運動失調の

atchoum [atʃum] 間 ハクション [くしゃみ]

atèle [atɛl] 男 [動] クモザル

***atelier** [atəlje アトリエ] 男 ①仕事場, 作業場; ②班, 作業グループ

atemporel(le) [atɑ̃pɔrɛl] 形 時間を超えた

atermoiement [atɛrmwamɑ̃] 男 時間稼ぎ, 《複》ぐずぐずと引き伸ばすこと

atermoyer [atɛrmwaje] 他 45 ぐずぐずと引き伸ばす

athée [ate] 形 無神論的な ― 名 無神論者

athéisme [ateism] 男 無神論

athénée [atene] 男 ①(古代の)アテナ神を祭る神殿 ②(ベルギー) アテネ [ベルギーの公的な高等教育機関]

Athènes [atɛn] ノ 固女 [ギリシアの首都]

athénien(ne) [atenjɛ̃, -ɛn] 形 名 [A-] アテネの(人)

athermique [atɛrmik] 形 非熱伝導の

athéromateux(se) [ateromatø, -øz] 形 名 [アテロームの](患者)

athérome [atero(o)m] 男 [医] アテローム, 粉瘤腫, 皮脂嚢腫

athérosclérose [aterɔskleroz] 女 アテローム性動脈硬化(症)

***athlète** [atlɛt アトレト] 名 (英 athlete) ①陸上競技選手 ②筋肉質の人

athlétique [atletik] 形 ①競技(者)の ②(筋肉が)がっちりした

***athlétisme** [atletism アトレティスム] 男 陸上競技

atlante [atlɑ̃t] 男 [建] 人像柱, 男像

Atlantide [atlɑ̃tid] 女 [ギ神] アトランティス

*__atlantique__ [atlɑ̃tik] 形 大西洋の ── 男 [A-] 大西洋(= l'océan ~) ▶ **Pacte atlantique** 北大西洋条約機構, NATO

atlas [atlɑs] 男 ①地図帳 ②第一頸椎(環椎)

atm [atmɔsfɛr] (略) atmosphère [物]気圧

atmosphère [atmɔsfɛr] アトモスフェール 女 (英 atmosphere) ①大気(圏) ②雰囲気, 環境 ③ [物] 気圧

atmosphérique [atmɔsferik] 形 大気の, 空気の, 大気による

-atoire 接尾 ①形容詞をつくる ②「…する場所」の意の男性名詞をつくる

atoll [atɔl] 男 [地] 環状さんご島, 環礁

atome [atom] 男 原子 ▶ **atomes crochus** (2人の間の)親近感, 共感

atome-gramme [atomgram] 男 [化] グラム原子

atomicité [atomisite] 女 [化] 原子価

*__atomique__ [atomik] アトミク 形 (英 atomic) 原子の; 原子力の; 核兵器保有の

atomisation [atomizasjɔ̃] 女 細分化, 分裂; 微粒子化

atomisé(e) [atomize] 形 (< atomiser) 被爆した ── 名 被爆者

atomiser [atomize] 他 ①原子に分解する ②原子爆弾で破壊する

atomiseur [atomizœr] 男 霧吹き器, スプレー

atomisme [atomism] 男 [哲] 原子論

atomiste [atomist] 名 原子論者の ── 形 原子論の, 原子物理学の

atomistique [atomistik] 形 原子論の ── 女 原子物理学

atonal(ale) [atonal] 形 (男複 -aux [-o]) [楽] 無調の

atonalité [atonalite] 女 [楽] 無調性

atone [atɔn] 形 ①無気力な, 張りのない ② [医] 無緊張症の, 弛緩(しかん)の ③ [文法] 無強勢の

atonie [atoni] 女 [医] 無緊張, アトニー

atours [atur] 男 [古・ふざけて] (女性の)おめかし

*__atout__ [atu] アトゥ 男 切り札; チャンス ▶ **avoir tous les atouts (dans son jeu)** 持ち駒がそろっている

atoxique [atɔksik] 形 無毒の

atrabilaire [atrabilɛr] 形 名 [文] ひねくれた(人), 気むずかしい(人)

âtre [ɑtr] 男 [文] 火床, 炉

-âtre 接尾 ①「…色がかった」の意の形容詞をつくる ②軽蔑を表す形容詞[名詞]をつくる

Atrée [atre] 男 [ギ神] アトレウス

atrésie [atrezi] 女 [医] 閉鎖症

atrium [atrjɔm] 男 ①(古代ローマの)中庭 ② [解] 心房; 心耳(耳の鼓室)

atroce [atrɔs] 形 ①残酷な ② (話) ひどい, すさまじい

atrocement [atrɔsmɑ̃] 副 ①むごく, 残虐に ② (話) ひどく

atrocité [atrɔsite] 女 ①残忍さ; 残虐な行為 ② (話) ひどいこと

atrophie [atrɔfi] 女 [医] 萎縮, 退化(知力などの)減退

atrophié(e) [atrɔfje] 形 (< atrophier) [医] 萎縮した; やせ衰えた, 衰退した

atrophier [atrɔfje] 代動 [s'~] 萎縮する; 衰える

atropine [atrɔpin] 女 [化] アトロピン

atropisme [atrɔpism] 男 アトロピン中毒

attablé(e) [atable] 形 (< attabler) 食卓についている

attabler [atable] 代動 [s'~] 食卓につく

attachant(e) [ataʃɑ̃, -ɑ̃t] 形 興味を引く, おもしろい, 魅力のある

attache [ataʃ] 女 ①とめるもの【クリップ・ピンなど】②(人との)つながり, 友人[親戚]関係 ③ [解] 関節; [複]手首, 足首 ▶ **à l'attache** つながれている **port d'attache** 船舶の係留地; 活動拠点

attaché(e) [ataʃe] 形 (< attacher) (…に愛着がある(à)) ── 男 (大・公使館の)館員 ▶ **attaché culturel** (大使館の)文化担当官 **attaché de presse** 報道担当官

attaché-case [ataʃekɛz] 男 アタッシュケース

attachement [ataʃmɑ̃] 男 (…への)愛情, 愛着; 専心, 没頭 (à, pour)

*__attacher__ [ataʃe] アタシェ 他 (英 attach) ①(…に)結びつける, つなぐ; 愛着を抱かせる (à) ②結ぶ, しばる, 留める ③(視線を…に)注ぐ, 置く (sur) ④(人を…に)見習に出す (à) ── 自 [料] (鍋の底に料理が)焦げつく; (鍋に)焦げ付きができる ── 代動 [s'~] ①(…に)つながる, 結びつく (à) ②(服などが)留まる, 締まる ③(…に愛着をもつ(pour)); (…ほすることに)専心する (à)

attagène [ataʒɛn] 男 [虫] カツオブシムシ【穀類を食べる害虫】

attaquable [atakabl] 形 攻撃できる; 論難になる

attaquant(e) [atakɑ̃, -ɑ̃t] 形 名 攻撃する(人); (スポーツ)オフェンスの(選手)

*__attaque__ [atak] アタク 女 (英 attack) ①攻撃, 襲撃; 非難 ▶ **À l'attaque!** 攻撃開始! **être d'attaque** 元気がいい, 調子がよい ② [医] 発作 ▶ **avoir une attaque** 卒中の発作を起こす ③ [楽] アタック

*__attaquer__ [atake] アタケ 他 (英 at-

attardé(e) [atarde] 形名 (< attarder) 遅れた(人); 時代遅れの人; 知的障害の(人)

attarder [atarde] 代動 **s'~** ①(帰るのが)遅くなる ②(…することに)手間取る,(…していて)遅くなる《à》

atteign... ⇨ atteindre

atein... ⇨ atteindre

*****atteindre** [atɛ̃dr アタンドル] 他 19 (英 reach) ①到着する, 届く; 到達する, 達成する ②(人に)連絡をとる ③(ものが)当たる; 被害を与える; 影響する (目的などに)達成する, 達しる 自 (à)

atteint(e) [atɛ̃, -ɛ̃t] 形 (< atteindre) ①傷つけられた; 影響をうける; (病気に)冒された《de》 ②(…に)頭がおかしい

atteinte [atɛ̃t] 女 ①傷つくこと; 侵害, 損害 ②(複)(病気の)兆候, 発作 ►**atteinte à la sûreté de l'État** 国家反逆罪; 内乱罪 **hors d'atteinte de** …の手が届かない **porter atteinte à** (名声などを)傷つける

attelage [atlaʒ] 男 ①牛・馬などをつなぐこと; (車両の)連結 ②(車などを引く)一対の牛[馬] ③連結具

atteler [atle] 他 4 ①(牛・馬等に)つなぐ ②しばりつける ━ 代動 **s'~** (困難な仕事に)取りかかる《à》

attelle [atɛl] 女 ①[医] 副木(ξ_{s}) ②(馬にかける)曲がり棒

attenant(e) [atnɑ̃, -ɑ̃t] 形 (…に)付属の, 隣接した《à》

attend(...) ⇨ attendre

*****attendre** [atɑ̃dr アタンドル] 他 28 (英 wait) 待つ, (…するのを)待つ《que…》; 待ち構える, 待ち伏せる; 待ちうける; 予想する, 期待する, (…を)切望する《après》 ►**attendre un enfant** 妊娠している **en attendant** さしあたり; そうこうするうちに **faire attendre** (人)を待たせる **sans plus attendre** ただちに **se faire attendre** なかなか来ない; 待ち遠しい **Tout vient à point pour qui sait attendre.** (ことわざ)待てば海路の日和あり ━ 代動 **s'~** 予想する; 当てにする, (…を)期待する《à à ce que + 接続法》 ►**Il fallait s'y attendre.** そのくらい覚悟しておくべきだった

attendrir [atɑ̃drir] 他 33 ①感動させる, 心を動かす; 同情を誘う ②(肉を)柔らかくする ━ 代動 **s'~** ①(…に)感動する, 心が動く; 同情する《sur》

attendrissant(e) [atɑ̃drisɑ̃, -ɑ̃t] 形 感動させる, 心を動かす《軽蔑的に用いられることも多い》

attendrissement [atɑ̃drismɑ̃] 男 感動; 哀れみ

attendrisseur [atɑ̃drisœr] 男 肉をたたく[肉を柔らかくする道具]

attendu [atɑ̃dy] 前 …のゆえに, …をもって ►**attendu que…**《古》…のゆえに 形 (< **attendre**) 期待した, 予想した 男 (複) ►**attendus d'un jugement** [les ~] 判決理由

***attentat** [atɑ̃ta アタンタ] 男 ①テロ行為, 暴行; 謀殺, 暗殺 ②侵犯, 蹂躙(ξ_{^}) ►**attentat à la bombe** 爆弾テロ **attentat à la pudeur** [法] 強制猥褻行為

attentatoire [atɑ̃tatwar] 形 (…を)侵す, 侵害する《à》

attente [atɑ̃t] 女 ①(英 waiting) 待つこと; 待ち時間(= temps d'~) ►**en attente** 停滞中の, 未決の, 保留の **salle d'attente** 待合室 ②(英 expectation) 予期, 期待 ►**contre toute attente** すべての予想に反して **dans l'attente de vos nouvelles** (手紙文で)お便りを楽しみにしつつ **répondre aux attentes de** (人)の期待に応える

attenter [atɑ̃te] 自 (…に対し)害を加えようとする; (…を)侵害する《à》 ►**attenter à la sûreté de l'État** 国家に反逆する **attenter à la vie de** (人)の命を奪おうとする **attenter à ses jours [sa vie]** 自殺を企てる

*****attentif(ve)** [atɑ̃tif, -iv アタンティフ] 形 (英 attentive) 熱心な, 注意深い; 気をつける《à》; (看護などが)手厚い ►**prêter une oreille attentive** (…に)耳を傾ける

*****attention** [atɑ̃sjɔ̃ アタンスィヨン] 女 (英 attention) 注意, 関心; 配慮, 親切 ►**à l'attention de…** (手紙で)…様宛 **Attention!** 気をつけろ, 危ない **être plein d'attentions pour** (人)のため心を配る **faire attention à…** に気をつける, 注意を払う **porter A à l'attention de B** B(人)にAを知らせる **prêter attention à** …に注意を払う

attentionné(e) [atɑ̃sjɔne] 形 思いやりがある, 親切な

attentisme [atɑ̃tism] 男 日和見主義

attentiste [atɑ̃tist] 形名 日和見主義の(人)

*****attentivement** [atɑ̃tivmɑ̃ アタンティヴマン] 副 注意深く

atténuant(e) [atenɥɑ̃, -ɑ̃t] 形 (理由・境遇の)刑を軽減する ►**circonstances atténuantes** [法] 情状酌量

atténuation [atenɥasjɔ̃] 女 和らげること; 軽減, 緩和

atténuer [atenɥe] 他 和らげる, 弱める; 緩和する, 軽減する ━ 代動 **s'~** 弱まる, 和らぐ

atterrage [atɛraʒ] 男 陸地への接近; 陸地に近い海域

atterrant(e) [atɛrɑ̃, -ɑ̃t] 形 ぎょっと

atterrer [atere] 他 うちのめす, 落胆させる

atterrir [aterir アテリール] 自 33 ①着陸する; [海] 上陸する ②《話》やっとたどり着く

atterrissage [aterisaʒ アテリサージュ] 男 着陸; [海] 上陸 ▶ *atterrissage forcé* 緊急着陸 *atterrissage sans visibilité* 計器着陸

attestation [atestɑsjɔ̃] 女 証明書; [法] 証言

attester [ateste] 他 証明する; 証言する ― 自 (…を)保障する (de)

attiédir [atjedir] 他 33 《文》(液体を)ぬるくする; (感情などを)さます ― 代動 [s'~] (液体が)ぬるくなる; (感情が)さめる

attifement [atifmɑ̃] 男《話・軽蔑的》変な格好

attifer [atife] 他《話・軽蔑的》変な格好をさせる ― 代動 [s'~] 変な格好をする

attiger [atiʒe] 40《話・古》痛めつける, ひどい目にあわせる, 度を過ぎる(= ~ la cabane) ― 自《話》誇張する

Attique [a(t)tik] 女 アッティカ 【アテネを中心とした地方】

attique [a(t)tik] 形 アッティカの; アテネ(人)の ― 男 [建] 屋階(おく)

attirail [atiraj] 男《集合的》用具類; 《話》むだな荷物

attirance [atirɑ̃s] 女 心を引きつける力, 魅力, 誘惑 ▶ *attirance du vide* [gouffre] (高所から下を見たときの) めまい

attirant(e) [atirɑ̃, -ɑ̃t] 形 魅力的な, 惹きつける

*__attirer__ [atire アティレ] 他《英 attract》①引きつける ②(注意などを)引く; (人を)誘惑する, 魅了する ③(人に…を)引き起こす, もたらす (à) ▶ *attirer l'attention de A sur B* Bについて A(人)の注意を促す ― 代動 [s'~] ①引きつけ合う ②自ら招く

attiser [atize] 他 ①(火を)かきたてる, 焚く ②《文》(感情などを)あおりたてる

attitré(e) [atitre] 形 ①資格のある, 正式に任命された ②ひいきにしている

attitude [atityd アティテュド] 女《英 attitude》姿勢; 態度《ベルギー》▶ *prendre attitude* 態度を決める *prendre des attitudes* 気取る *prendre une attitude* 態度を打ち出す

attorney [atɔrnɛ] 男《< 英》(英米の)代理人, 弁護士

attouchement [atuʃmɑ̃] 男 さわること; 愛撫

attractif(ve) [atraktif, -iv] 形 引きつける, 魅力ある

attraction [atraksjɔ̃] 女 ①引力, 重力; 引きつけるもの ▶ *attraction magnétique* 磁力 *attraction universelle* 万有引力; 重力 ②呼び物, アトラクション ▶ *parc d'attractions* 遊園地

attractivité [atraktivite] 女 魅力

attraire [atrɛr] 他 72 ▶ *attraire... en justice* (人)を裁判所に召還する

attrait [atrɛ] 男 ①魅力; 性向, 好み ②《複》《文》(女性の)色香, 美しさ

attrapade [atrapad] 女《話》しかること

attrape [atrap] 女 ①いたずら; 《複》(いたずら用の)品々 ②罠

attrape-nigaud [atrapnigo] 男 (程度の低い)だまし

*__attraper__ [atrape アトラペ] 他 ①《英 catch》つかまえる; つかむ ②電車に間に合う ③(態度・なまりなどを)身につける ④《話》しかりつける ⑤《英 get》得る; (病気などに)かかる; 受ける ⑥だます, かっぐ ▶ *être* [*bien*] *attrapé* だまされる *Il faut attraper le coup* [*le tour de main*]. 《話》痛い目にあわないと分からないようだな *se faire attraper* 《話》(人に)しかられる (par) *se laisser attraper* がっかりする ― 代動 [s'~] ①(病気が)うつる ②《話》けんかする

attrayant(e) [atrɛjɑ̃, -ɑ̃t] 形 人を引きつける, 魅力的な

*__attribuer__ [atribɥe アトリビュエ] 他《英 attribute》[~ A à B] ①(Aを B(人)に)与える, 割り当てる ②(A を B に)帰する; (A を B のものだとする ― 代動 [s'~] (…を)自分のものとする

attribut [atriby] 男 ①属性, 特質, 特性 ②[文法] 属詞

attributaire [atribytɛr] 名 [法] (遺産などの)受取人; (家族手当の)受給者; [商] 譲受人

attributif(ve) [atribytif, -iv] 形 ①[文法] 属詞の ②[法] 付与の

attribution [atribysjɔ̃] 女 ①割り当て, 付与 ②《複》職権, 特権; 権限 ▶ *complément d'attribution* [文法] 帰属補語

attristant(e) [atristɑ̃, -ɑ̃t] 形 嘆かわしい, 悲しくさせる

attristé(e) [atriste] 形 (< attrister) 悲しんでいる; 悲しげな

attrister [atriste] 他 悲しませる ― 代動 [s'~] (…(するの))を悲しむ (de)

attroupement [atrupmɑ̃] 男 群衆, 人だかり

attrouper [atrupe] 代動 [s'~] 寄り集まる, 群がる

atypique [atipik] 形 例外的な

au [o オ] = à + le ⇒ le

aubade [obad] 女 [楽] オバド, 朝の歌(曲)

aubaine [obɛn] 女 (思いがけない)幸運

Aube [ob] 女 ①[l'~] オーブ川 【Seine 川の支流】②オーブ県 【フランス北東部】

aube[1] [ob] 囡 (英 dawn) ①夜明け(=「～du jour); れい明期 ▶**à l'aube de** …の始まりに ②[カト] アルバ[司祭がミサの時に着る白衣]; (初聖体拝領の子供の)白衣

aube[2] [ob] 囡 [海] (タービンの)羽; 水かき板(= roue à ～s)

aubépine [obepin] 囡 [植] サンザシ

aubère [obɛʀ] 形 粕糠毛の馬

*__auberge__ [obɛʀʒ] オベルジュ 囡 (田舎の)宿屋 ▶**auberge de la jeunesse** ユースホステル **auberge espagnole** 無秩序(な状況, 事態) **ne pas être sorti de l'auberge** (話)困難はまだ続く

aubergine [obɛʀʒin] 囡 [植] ナス ―形 《不変》ナス色の

aubergiste [obɛʀʒist] 图 宿屋の主人

aubert [obɛʀ] 男 《俗》金銭

aubier [obje] 男 [植] 液材, 辺材, 白太(しらた)

auburn [obœʀn] 形 《不変》(髪が)赤茶色の

Aubusson [obysɔ̃] オービュソン【Creuse 県の町; タペストリーの製造で有名】

Auch [oʃ] オーシュ【Gers 県の県庁所在地】

*__aucun(e)__ [okœ̃, -yn] オカン(キュヌ) 形《不定》①[avec ne, non, not any] [否定文で]いかなる…も…ない **―n'avoir aucune chance de** …する見込みがない / **sans aucune hésitation** 何のためらいもなく ▶**Aucune idée!** まるでわからない **en aucun cas** いかなる場合でも…ない **en aucune manière[façon]** 決して…ない ②[比較文・仮定文などにおける肯定文で]《文》どんな, 何の ―**Il lut plus qu'aucun autre enfant.** 彼ほど字が読める子はほかにはいない ―代 《不定》①[否定文で]だれも, だれ一人として(…ない); どれも(…ない) ②[肯定文で]だれか; 何か ▶**aucun de d'entre]** …のだれ[どれ]も(…ない)

aucunement [okynmɑ̃] 副 [否定]少しも, 全然

-aud(e) [接尾] 軽蔑を表す形容詞[名詞]をつくる

*__audace__ [odas] オダス 囡 大胆; ずうずうしさ ▶**avoir l'audace de** … あつかましくも…する

audacieusement [odasjøzmɑ̃] 副 大胆に; ずうずうしく

*__audacieux(se)__ [odasjø, -øz] オダシュー(ズ) 形图 大胆な(人); ずうずうしい(人)

Aude [od] 囡 ①[l'～] オード川 ②オード県【フランス南部】

au-deçà [od(ə)sa], **au-dedans** [od(ə)dɑ̃], **au-dehors** [odəɔʀ], **au-delà** [od(ə)la] ⇨deçà, dedans, dehors, delà

au-dessous [od(ə)su] オドゥスー 副 (英 below) その下に; 下の方に; それ以下に ▶**au-dessous de** …の下に; …以下

*__au-dessus__ [od(ə)sy] オドゥシュ 副 (英 above) その上に; 上の方に; それ以上に ▶**au-dessus de** …の上に; …以上[の]

au-devant [od(ə)vɑ̃] 副 その前に; それに向かって ▶**au-devant de** …に向かって, …に対して ―**aller au-devant du danger** 危険に向かっていく

audibilité [odibilite] 囡 聞き取れること

audible [odibl] 形 聞き取れる, 聞くことができる

audience [odjɑ̃s] 囡 ①会見, 謁見; [法] (刑事事件の)審問; (民事事件の)弁論 ▶**donner audience à** (人)を引見する ②関心, 支持者 ③[集合的] 視聴者; 視聴率(= taux d'～)

audimat [odimat] 男 オーディマット[視聴率測定機]; 視聴率 ▶**faire de l'audimat** 高視聴率を記録する

audimètre [odimɛtʀ] 男 視聴率測定装置

audimétrie [odimetʀi] 囡 視聴率の測定

audio- [接頭] (<ラ)「聴覚」「音」の意

audiogramme [odjogʀam] 男 [医] オーディオグラム, 聴力図

audionumérique [odjonymeʀik] 形 デジタルオーディオの

audiophile [odjofil] 图 オーディオファン

audioprothèse [odjopʀotɛz] 囡 補聴器

audioprothésiste [odjopʀotezist] 图 補聴器の調整の技術者

audio-visuel(le) [odjovizɥɛl] 形 視聴覚の; 音声と映像による ―男 視聴覚メディア【ラジオ, テレビなど】

audit[1] [odit] 男 (<英) 会計監査; 監査役

audit[2] [odi] = à + ledit ⇨ledit

auditer [odite] 他 検査[監査]する

*__auditeur(trice)__ [oditœʀ, -tʀis] オディトゥール(トリス) 图 ①(英 listener) 聴者, 聞き手; (ラジオの)聴取者 ②監査役 ③▶**auditeur libre** (大学の)聴講生

auditif(ve) [oditif, -iv] 形 耳の, 聴覚の

audition [odisjɔ̃] 囡 ①聴くこと; 聴力, 聴覚 ②発表会, 演奏会; オーディション ▶**passer une audition** オーディションを受ける **procéder à l'audition d'un témoin** 証人喚問を行う

auditionner [odisjone] 他 オーディションをする ―自 オーディションを受ける

auditoire [oditwaʀ] 男 聴衆

auditorium [oditɔʀjɔm] 男 (録音・録画用の)ホール, スタジオ

auge [oʒ] 囡 (家畜用の)おけ; (話) 皿

augmentatif(ve) [ɔgmɑ̃tatif, -iv] 形 [文法] 語義を拡大[増大]する — 男 拡大辞, 増大辞

augmentation [ɔgmɑ̃tasjɔ̃ オグマンタスィヨン] 女 (英 increase) 増加, 増大; 値上げ, 上昇

augmenter [ɔgmɑ̃te オグマンテ] 他 (英 increase) ①(物価・金額を)上げる; (人の)給料を上げる ②増加させる, 増やす — 自 ①(値段・価格が)値上りする, 上昇する ②増える, 増加する 代動 [s'～](…の分)増える(de)

augure [ogyr] 男 ①予兆, 前兆 ②(古代ローマの)卜占[卜占]官; 予言者ぶる人 ▶ **de bon [mauvais] augure** 吉兆[凶兆]の

augurer [ogyre] 他 《文》占う, 予言する

Auguste [ogyst] アウグストゥス帝

auguste [ogyst] 形 《文》威厳のある, 荘厳な — 男 (サーカスの)道化師

augustinien(ne) [ogystinjɛ̃, -ɛn] 形 アウグスティヌス(学派)の

*__aujourd'hui__ [oʒurdɥi オジュルデュイ] 副 (英 today) きょう; 今日(話)では

aulne [on] 女 [植] ハンノキ

aulof(f)ée [olofe] 女 [海] 船首を風上に向けること

aulx [o] 男(複) ail の複数

aumône [omon] 女 施し; 情け, 恩恵

aumônerie [omonri] 女 施設付き司祭の職

aumônier [omonje] 男 施設付き司祭

aune [on] 女 オーヌ【昔の長さの単位; 約1.2メートル】

Aunis [onis] オニース【フランス西部の旧地方名】

*__auparavant__ [oparavɑ̃ オパラヴァン] 副 (英 previously, beforehand) その前に, 以前に; 前もって, あらかじめ

*__auprès__ [oprɛ オプレ] 副 すぐそばに; 真横で ▶ **auprès de...** 《英 beside》(人)のそばに; …と比べて; …に対して; …の考えでは

auquel [okɛl オケル] = à + lequel ⇨ lequel

aura[1] [ora] 女 ①オーラ, 霊気 ②[医] (ヒステリー・てんかんなどの)前兆

aura[2] (...) ⇨ avoir

aurai (...) ⇨ avoir

auras [o(o)ra] avoir の直・未・2・単

auréole [oreɔl] 女 ①後光【絵画や彫刻などで神や聖人の頭上に光る】②(太陽・月の)かさ ③栄光, 威光 ④(円形の)しみ

auréolé(e) [oreɔle] 形 (< auréoler) 後光を帯びた; (…で)飾られた

auréoler [oreɔle] 他 (…を)後光で飾る; (人を)栄光で包む

aurez [o(o)re] avoir の直・未・2・複

auriculaire [orikylɛr] 形 耳の — témoin auriculaire (文)(じかに聞いたことを証言する)証人 — 男 小指(= doigt ～)

auricule [orikyl] 女 [解] 心耳

auriez [o(o)rje] avoir の条・現・2・複

aurifère [orifɛr] 形 金を含む, 金を産する

aurification [orifikasjɔ̃] 女 (歯に)金を詰めること

aurifier [orifje] 他 (歯に)金を詰める

Aurillac [orijak] オーリヤック【Cantal 県の県庁所在地】

aurions [o(o)rjɔ̃] avoir の条・現・1・複

aurique [orik] 形 ①[化] 第二金の ②▶ **voile aurique** [海] 三角帆

aurochs [orɔk(s)] 男 オーロックス【絶滅したヨーロッパの野牛】

aurons [o(o)rɔ̃] avoir の直・未・1・複

auront [o(o)rɔ̃] avoir の直・未・3・複

aurore [orɔr] 女 《文》暁の光, あけぼの ②[天] 極光, オーロラ(= ～ polaire) ▶ **à l'aurore (de la vie)** (人生の)曙に[で], 始まりに[で] — 形 (不変) 黄金色の ▶ **aurore australe** 南極光 **aurore boréale** 北極光

auscultation [ɔskyltasjɔ̃] 女 [医] 聴診

ausculter [ɔskylte] 他 [医] 聴診する

auspices [ɔspis] 男(複) (古代ローマの)鳥占い ▶ **sous d'heureux auspices** 幸先良く **sous les auspices de (人)**の保護のおかげで, …の後援で

*__aussi__ [osi オスィ] 副 ①[同等比較] [～ + 形容詞[副詞] + que...] (英 as... as) …と同じくらい ▶ **aussi ... que possible** できるだけ… ▶ **aussi bien (que ...)** (…)と同じくらい[同様に] **aussi longtemps que** …する限り **(tout) aussi bien que** その上, いずれにまた (英 also, too) …もまた, 同様に ▶ **Mais aussi ...?** それで[それにしても]? ▶ **non seulement ... mais aussi...** …だけでなく ③そんなに, それほど ▶ **aussi sec** (話)すぐに, さっさと, たちどころに ④(譲歩)たとえ…でも(que) — 接 したがって, だから

*__aussitôt__ [osito オスィト] 副 (英 immediately) 直ちに, すぐに ▶ **aussitôt que ...** (英 as soon as) …するやすぐに

austère [ɔstɛr] 形 ①きびしい, 厳格な ②簡素な, 味気ない

austèrement [ɔstɛrmɑ̃] 副 簡素に, 質素に

austérité [ɔsterite] 女 ①厳格, きびしさ ②簡素さ, 味気なさ ③(財政の)引き締め

austral(e) [ɔstral] 形 (男複 -aux [-o]) 南(半球)の

Australasie [ɔ(o)stralazi] 女 オーストララシア【オーストラリア・ニュージーランドの総称】

australasien(ne) [ɔstralazjɛ̃, -ɛn] 形 名 [A.-] オーストララシアの(人)

***Australie** [ɔstrali オストラリ] 女〔英 Australia〕オーストラリア, 豪州(= **Australie-Méridionale** [[~] オーストラリア南部州 **Australie-Occidentale** [[~] オーストラリア西部州

***australien(ne)** [ɔstraljɛ̃, -ɛn オストラリャン(エヌ)] 形名 [A-] オーストラリアの(人), 豪州の(人)

australopithèque [ɔstralopitɛk] 男 アウストラロピテクス [南アフリカで発見された猿人]

austro-hongrois(e) [ɔstroɔ̃grwa, -az] 形名 [A-] オーストリア・ハンガリーの(人)

autan [otɑ̃] 男〔南仏〕南からの烈風

***autant** [otɑ̃ オタン] 副 (En so much, so many) それだけ, それほど; それくらい ● **autant (de)**..., **autant (de)**... …するのと同じだけ…する ● **autant de ... que de A que B B** と同じだけの A ● **Autant pour moi!**〔話〕ごめん, 私の間違いです ● **autant que** …と同じくらい …の限りでは ● **autant que je sache** 私の知る限り ● **autant que possible** できるだけ ● **d'autant** そのぶん, それだけ ● **d'autant mieux que** それだけよく[ますます] ● **d'autant moins que** …であるだけますます少なく ● **d'autant plus** なおさら ● **d'autant plus que** …なだけにいっそう ● **d'autant** …だから ● **pour autant** それにもかかわらず

autarcie [otarsi] 女 自給自足経済

autarcique [otarsik] 形 自給自足の

***autel** [ɔtɛl] 男 ①祭壇 祭壇を ● **dresser un autel à** (人)を神として崇める ● **sacrifier A sur l'autel de B**〔文〕Bのために A を犠牲にする ● **s'approcher de l'autel** 聖体拝領をする ②宗教; 教会

***auteur** [otœr オトゥール] 男 ①〔英 author〕(著)作者; 作家; 作詞した人, 作詞家 ②(事故や事件を起こした)本人 ● **cinéma d'auteur**(商業映画に対する)作家映画; 前衛映画

auteur-compositeur [otœrkɔ̃pozitœr] 男(複 ~s ~s)作詞作曲家; シンガーソングライター(= ~~. **interprète**)

authenticité [otɑ̃tisite] 女 本物であること; 信憑性; 実在性

authentification [otɑ̃tifikasjɔ̃] 女〔法〕認証

authentifier [otɑ̃tifje] 他 (本物であると)認証する

authentique [otɑ̃tik] 形 ①本物の, 本当の, 偽りのない ②真正の

authentiquement [otɑ̃tikmɑ̃] 副 偽りなく; 本物として

autisme [otism] 男〔心〕自閉症

autiste [otist] 形名〔心〕自閉症の(人)

***auto** [oto オト] 女 自動車(= automobile), バンパーカー ● **auto tamponneuse** ダッジェム〔遊園地などの互いにぶつけて遊ぶ車〕

auto- 接頭(〈ギ〉)「自己」「自身」「自動車の」「自動の」の意

autobiographie [otobjɔgrafi] 女 自叙伝

autobiographique [otobjɔgrafik] 形 自伝の, 自伝に関する

autobronzant(e) [otobrɔ̃zɑ̃, -ɑ̃t] 形名 皮膚に日焼けと同じ効果がでる化粧品(の)

***autobus** [otobys オトビュス] 男〔英 bus〕(市内の)バス

***autocar** [otokar オトカール] 男 観光バス; 長距離バス

autocariste [ɔtokarist, otokarist] 名 バス会社の経営者

autocassable [otokasabl] 形 ● **ampoule autocassable**(やすりなしで)手であけられるアンプル

autocensure [otosɑ̃syr] 女 自主規制

autocensurer [otosɑ̃syre] 代動 [s'~] 自主規制する

autochenille [otoʃnij] 女 キャタピラ車

autochrome [otokrom] 形〔写〕オートクローム(の)

autochtone [otoktɔn] 形 土着の, 原生の 名 先住民, 土着民

autoclave [otoklav] 形 —— 男 オートクレーブ, 圧力釜

***autocollant(e)** [otokɔlɑ̃, -ɑ̃t オトコラン(ト)] 形(封筒・ラベルなどが)のり付きの —— 男 ステッカー, シール

autoconsommation [otokɔ̃sɔmasjɔ̃] 女〔経〕自家消費

autocopie [otokɔpi] 女 複写; コピー

autocorrection [otokɔrɛksjɔ̃] 女 自動調整

autocouchettes [otokuʃɛt] 形 (不変)= autos-couchettes

autocrate [otokrat] 男 独裁[専制]君主

autocratie [otokrasi] 女 独裁[専制]政治

autocratique [otokratik] 形 専制の, 独裁の

autocritique [otokritik] 女 自己批判

autocuiseur [otokɥizœr] 男〔料〕圧力鍋

autodafé [otodafe] 男〔史〕アウトダフェ〔スペイン・ポルトガルの宗教裁判; 異端者の火刑〕 ● **autodafé de livres** 禁書の焚刑

autodéfense [otodefɑ̃s] 女 自己防衛, 自衛 ● **groupe d'autodéfense** 自警団

autodérision [otoderizjɔ̃] 女 自嘲 ● **pratiquer l'autodérision** 自嘲する

autodestructeur(trice) [otodɛstryktœr, -tris] 形 自己破壊的な

autodestruction [otodɛstryksjɔ̃] 女 自己破壊

autodétermination [otodetɛrminasjɔ̃] 女 自己決定, 自決

autodétruire [otodetrɥir] 代動 15 [s'~] 自壊する, 自滅する

autodictée [otodikte] 女 オトディクテ【暗記した文章を筆記する綴り訓練】

autodidacte [otodidakt] 形 独学の(人)

autodidactisme [otodidaktism] 男, **autodidaxie** [otodidaksi] 女 独学

autodiscipline [otodisiplin] 女 自己規律

autodrome [otodrom] 男 サーキット; 自動車のテストコース

*__auto-école__ [otoekɔl オトエコル] 女 自動車教習所

autoérotisme [otoerɔtism] 男 〔心〕自己愛, 自体愛

autofinancement [otofinɑ̃smɑ̃] 男 〔経〕自己投資

autofinancer [otofinɑ̃se] 他 52 自己資金でまかなう

autoflagellation [otoflaʒelɑsjɔ̃] 女 自己非難【自分の行動を厳しく反省する】

autofocus [otofɔkys] 形男 〔写〕オートフォーカスの

autogamie [otogami] 女 〔生〕自家生殖

autogène [otoʒɛn] 形 ①自己発生の ②〔治〕自溶の, 自生の ▶ **soudure autogène**【同種材の自生溶接】

autogéré(e) [otoʒere] 形 〔労働者の〕自主管理の

autogestion [otoʒɛstjɔ̃] 女 〔労働者による経営の〕自主管理

autogestionnaire [otoʒɛstjɔnɛr] 形 自主管理に基づいた

autographe [otograf] 形 自筆の, 肉筆の —— 男〔有名人の〕サイン; 自筆の文章

autoguidage [otogidaʒ] 男 自動誘導

autoguidé(e) [otogide] 形 自動誘導の

automate [otomat] 男 ロボット, 自動機器; 自動販売機; キャッシュディスペンサー; 操り人形 ▶ **gestes d'automate**【機械的な動作】

automaticité [otomatisite] 女 = automatisme

*__automatique__ [otomatik オトマティク] 形〔英 automatic〕自動(式)の; 自動的な, 無意識の —— 男 直通ダイヤル電話; 自動拳銃 —— 女 オートメーション工学

automatiquement [otomatikmɑ̃] 副 自動的に; 無意識のうちに

automatisation [otomatizɑsjɔ̃] 女 自動化

automatiser [otomatize] 他 オートメーション化する; 自動化する

automatisme [otomatism] 男 ①無意識行動, 機械的な習慣 ②自動装置

automédication [otomedikɑsjɔ̃] 女 自己治療【薬を医者の処方なしに服用すること】

automitrailleuse [otomitrajøz] 女 〔軍〕(機関銃装備の)装甲車

automnal(ale) [otɔmnal] 形〔男複 -aux [-o]〕秋の

*__automne__ [otɔn オトヌ] 男〔英 fall, autumn〕秋;〔文〕(人生の)秋, 円熟期を過ぎようとする時期

*__automobile__ [otomɔbil オトモビル] 形 自動車の —— 女 自動車; 自動車産業

automobilisme [otomɔbilism] 男 自動車走行

*__automobiliste__ [otomɔbilist オトモビリスト] 名 ドライバー, 自動車運転者

automoteur(trice) [otomɔtœr, -tris] 形 自力で動く —— 男 小型電車

automutilation [otomytilɑsjɔ̃] 女 自傷

autonettoyant(e) [otonetwajɑ̃, -ɑ̃t] 形 自動洗浄の

autonome [otonom] 形 ①自治の; 独立の; 自立した ②〔情報〕オフラインの

autonomie [otonomi] 女 ①自治, 自立性; 自治(権) ②航続距離, 走行距離

autonomiste [otonomist] 形名 独立派の(人)

autopalpation [otopalpɑsjɔ̃] 女 〔医〕(乳房の)自己検査

autoplastie [otoplasti] 女 〔医〕自己組織形成術

autoportrait [otopɔrtrɛ] 男 自画像

autoproclamé(e) [otoprɔklame] 形 自称の

autoproclamer [otoprɔklame] 代動 [s'~] 自ら宣言する

autopropulsé(e) [otoprɔpylse] 形 自己推進の, 自力で推進する

autopropulsion [otoprɔpylsjɔ̃] 女 自動推進

autopsie [otɔpsi] 女 ①〔医〕死体解剖, 検死 ②批判的, 徹底的な分析

autopsier [otɔpsje] 他 検死解剖をする

autor [otɔr] 副〔成句でのみ〕▶ **d'autor**〔話〕いやおうなく, 何がなんでも (= d'autorité)

autoradio [otoradjo] 男 カーラジオ

autorail [otoraj] 男 ディーゼルカー, 気動車

autorégulation [otoregylɑsjɔ̃] 女 〔生理〕自己調整;〔機〕自動調整

autoreverse [otorəvɛrs, otorivɛrs] 形〔不変〕〔く英〕オートリバースの

*__autorisation__ [otorizɑsjɔ̃ オトリズスィヨン] 女〔英 authorization〕許可, 承

autorisé(e) 73 **avachir**

諾; 認可 ▶ *l'autorisation de* …する許可

autorisé(e) [ɔtɔrize] 形 (< autoriser) 許可された; 信頼すべき, 権威のある — *les milieux autorisés* 権威筋

***autoriser** [ɔtɔrize] 他 32 オトリゼ (英 authorize) ①認める, 許可する; (人が…するのを許す (à)) ②正当と認める — 代動 **s'~** [[s'~ de A pour B]] (A を B するための)楯にとる, 口実にする

autoritaire [ɔtɔritɛr] 形 ①独裁的な ②権威主義的な; 高圧的な

autoritairement [ɔtɔritɛrmɑ̃] 副 高圧的に; 独裁的に

autoritarisme [ɔtɔritarism] 男 独裁主義, 権威主義

***autorité** [ɔtɔrite] 女 (英 authority) ①権威, 威光; 権威のある[人], 典拠; 権力, 権限 ②(複)権力者, 当局(者) ▶ *d'autorité* [*de sa propre autorité*] 独断で, 許可なしに *faire autorité* 権威がある, 信用できる

***autoroute** [ɔtɔrut] 女 (英 expressway, highway, freeway) 高速道路 ▶ *autoroute de l'information* 〔情報〕情報ハイウェイ

autoroutier(ère) [ɔtɔrutje, -ɛr] 形 高速道路の

autosatisfaction [otosatisfaksjɔ̃] 女 自己満足

autos-couchettes [otokuʃɛt] 形 (不変) ▶ *train autos-couchettes* カースリーパー【乗客の車を一緒に運ぶ寝台列車】

auto(-)stop [otostɔp オトストブ] 男 ヒッチハイク

autostoppeur(se) [otostɔpœr, -øz] 名 ヒッチハイカー

autosuffisance [otosyfizɑ̃s] 女 自給自足

autosuffisant(e) [otosyfizɑ̃, -ɑ̃t] 形 自足の, 自給の

autosuggestion [otosygʒɛstjɔ̃] 女 自己暗示

autosuggestionner [otosygʒɛstjɔne] 代動 **s'~** 自己暗示をかける

autotracté(e) [ototrakte] 形 自力で推進する

autovaccin [otovaksɛ̃] 男 〔医〕自家ワクチン

***autour¹** [otur オトゥール] 副 (英 around, about) 周囲に, 近くに ▶ *autour de* …の周囲に; …の近くに; (数値が)およそ *tout autour* 回りをぐるりと

autour² [otur] 男 オタカ

***autre** [otr オトル] 形 (不定) (英 other, another) 他の, もう一方の; 別の, 異なった ▶ *autre ... que ...* …とは別の…; …以外の… *autre chose* 別のこと; 他のもの *dans l'autre sens* 反対方向に *d'autre part* 他方では *l'autre côté de* …の向こう側で — 代 (不定) ほかの人[もの]; 片方, 他方;

他人 ▶ *À d'autres!* そんな話ばかりが本当にするものか *aucun autre* ほかのだれも…ない *d'une minute à l'autre* すぐに *entre autres* 中でも, とりわけ *l'un ... l'autre ...* …は他方は…, 片方は…もう片方は… *l'un à côté de l'autre* 並んで *l'un et l'autre* どちらも *l'un ou l'autre* どちらか *ni l'un ni l'autre* どちらも…ない *qui d'autre?* ほかの[に]だれか? *quoi d'autre?* ほかのなにか *rien d'autre* ほかの何も…ない

***autrefois** [otrəfwa オトルフォワ] 副 昔, 以前に ▶ *d'autrefois* 昔の

***autrement** [otrəmɑ̃ オトルマン] 副 ①別なやり方で ▶ *autrement dit* 言い換えれば *autrement que* …とは違った方法で *pas autrement* それほど, たいして…ではない ②さもなければ ③[比較の強調]はるかに, ずっと

***Autriche** [otriʃ オトリシュ] 女 オーストリア

Autriche-Hongrie [otriʃɔ̃gri] 女 オーストリア・ハンガリー

***autrichien(ne)** [otriʃjɛ̃, -ɛn オトリシャン(エヌ)] 形 オーストリアの — 名 [[A-]] オーストリア人

***autruche** [otryʃ オトリュシュ] 女 〔鳥〕ダチョウ ▶ *avoir un estomac d'autruche* なんでも食べられる胃袋を持っている *politique de l'autruche* 危険を直視しないこと

autruchon [otryʃɔ̃] 男 ダチョウのひな

***autrui** [otrɥi オトリュイ] 代 (不定) 他人 [[俗語の補語になる]]

Autun [otœ̃] オータン [Saône-et-Loire 県の町; ローマの遺跡がある]

auvent [ovɑ̃] 男 (窓・玄関などの)ひさし

auvergnat(e) [ovɛrɲa, -at] 形 名 [[A-]] オーヴェルニュの(人)

Auvergne [ovɛrɲ] 女 オーベルニュ [フランス中南部の旧地方名]

***aux** [o オ] = à + les ⇨le

Auxerre [osɛr] オセール [Yonne 県の県庁所在地]

***auxiliaire** [oksiljɛr] 形 補助の, 副の — 名 補助者, 助手 — 男 〔文法〕助動詞 (= verbe ~)

auxiliairement [oksiljɛrmɑ̃] 副 補助的に

auxine [oksin] 女 〔生〕オーキシン [植物の生成を促す植物ホルモン]

***auquel(le)s** [okɛl オケル] = à + lesquel(le)s [auquel, à laquelle の複数] ⇨lequel

AV [ave] ①avis de virement [銀行](口座間の)振替通知 ②avant [車] 前部

Av., av [avny] (略) avenue 大通り

avachi(e) [avaʃi] 形 (< avachir) 形の崩れた (人・服などの), 無な形した

avachir [avaʃir] 他 33 (人・筋肉)をしまりをなくす, たるませる — 代動 **s'~** 形がくずれる; (…に)くずれ落ちる (dans)

avachissement [avaʃismɑ̃] 男 型崩れ; 無気力, たるみ

avai... ⇨avoir

aval[1] [aval] 男 ①〔商〕(手形の)保証 ②支持, 承認 ▶ *donner son aval* 賛同［承認］する

aval[2] [aval] 男 下流, 川下 ▶ *en aval de* …の下流に；〔経〕…の下流部門で ―*形* (不変)〔スキー〕谷側の

avalanche [avalɑ̃ʃ] 女 雪崩 ▶ *une avalanche de* … 大量の…

avalancheux(se) [avalɑ̃ʃø, -øz] 形 雪崩の起こりそうな

avaler [avale アヴァレ] 他 (英 swallow) 飲み込む; むさぼり食う; むさぼり読む;〔話〕(嘘などを)真にうけう, うのみにする ▶ *avaler... d'un trait* 一息に飲み込む *avaler la pilule*〔話〕(嫌なことを)黙って我慢する *avaler son acte de naissance*〔話〕死ぬ *C'est difficile à avaler* それはにわかには信じがたい; それは許しがたい *dur à avaler* 信じがたい

avaleur(se) [avalœr, -øz] 形名 飲みこむ(人) ▶ *avaleur de sabres* 剣を飲み込む軽業師

avaliser [avalize] 他 (手形を)保証する;(計画などを)支持する

avaliseur(se) [avalizœr, -øz] 形名〔法〕賛同する(人)

à-valoir [avalwar] 男 (不変) 内金

avance [avɑ̃s アヴァンス] 女 ① (英 advance) 前進, 先行, 進んでいること ▶ *à l'avance* 前もって *avoir de l'avance* (仕事などが)予定より進んでいる *avoir une longueur d'avance* 一歩先んじる *d'avance* 前もって; あらかじめ *en avance* 先んじて, 予定より早く *Merci d'avance*.〔話〕頼みますよ［前もって礼を言うとき〕 *par avance*〔文〕早めに, あらかじめ *prendre de l'avance sur* …をリードしている ② (複)(交渉の提言; 交際のための)言い寄り方 ③ (複)前払い, 前貸し;〔経〕前渡し投資

avancé(e)[1] [avɑ̃se] 形 (⇨ *avancer*) ①進んだ, 進行した, 進歩した;(生徒が)学力の進んだ ② (時間が)かなり過ぎた ―*âge avancé* 老年 ③腐敗しかかった

avancée[2] [avɑ̃se] 女 突出(部); 前進, 飛躍

avancement [avɑ̃smɑ̃] 男 前進, 進歩, 発展; 昇進

avancer [avɑ̃se アヴァンセ] 他 52 (英 advance) ①(時間などを)繰り上げる, 早める;(時計を進める);(仕事をはかどらせる) ②前に動かす,(車を)前進させる ③(意見などを)出す, 主張する ④(金を)前払いする; 貸す 自 ①前進する, 進歩する;(時間が)進む, はかどる ②(ものが)突き出る 代動 (s'~) ①前進する, 進む; はかどる ②突出る ③深入りする, 先走る

avanie [avani] 女〔文〕侮辱

avant [avɑ̃ アヴァン] 前 (英 before)(時間・位置・順序)の前に; までに; 以内の…の上に ―*arriver avant l'heure* 早めに着く ―*形* (不変) 前の *avant peu* まもなく, すぐに *avant que* +〔接続法〕…する前に *avant tout* …より前に *avant toute chose* 何よりもまず ―*副* (その前に, 手前に; 〔話〕) かつては; 昔は;〔文〕深く; 遅く ―*前* の前で ―*en avant (de...)* (…の)前に, 先に ―*男* 前部, 前面;〔海〕船首; (サッカーなどの)前衛, フォワード ▶ *à l'avant* 前部に ―*形* (不変) 前の ▶ *roues avant* 前輪

avant- 接頭「以前」「前部」の意

avantage [avɑ̃taʒ アヴァンタージュ] 男 (英 advantage) ①有利な点, 利点, 優越, 優位 ▶ *à l'avantage de* (人)の有利なように *avantages en nature* 現物給与 ―*avoir l'avantage à* …した方がよい/ *tirer avantage de* …から利益を引き出す ②利益; 特権 ③〔スポーツ〕(テニスの)アドヴァンテージ ④(複)〔話〕(女性の)豊満な魅力

avantager [avɑ̃taʒe] 他 40 優遇する, 有利にする; 引きたてる, よく見せる

avantageusement [avɑ̃taʒøzmɑ̃] 副 好意的に, 有利に;(値段が)安く

avantageux(se) [avɑ̃taʒø, -øz] 形 ①有利な, 都合のよい ②うぬぼれた, 傲慢な

avant-bras [avɑ̃bra] 男 (不変) 前腕

avant-centre [avɑ̃sɑ̃tr]〔サッカー〕センターフォワード

avant-corps [avɑ̃kɔr] 男 (不変)〔建〕突出部

avant-coureur [avɑ̃kurœr] 形 (男性形のみ) 予告する, 前触れの ▶ *signe avant-coureur* 前兆

avant-dernier(ère) [avɑ̃dernje, -ɛr] 形名 (複 ~-~s) 最後から2番目の(もの)

avant-garde [avɑ̃gard] 女 (複 ~-~s) 前衛, アヴァンギャルド ▶ *à l'avant-garde de* …の先頭に立つ

avant-goût [avɑ̃gu] 男 (複 ~-~s) 予感; 前兆

avant-guerre [avɑ̃gɛr] 男女 (複 ~-~s) 戦前(第1次または第2次世界大戦前)

avant-hier [avɑ̃tjɛr アヴァンティエール] 副 (英 the day before yesterday) 一昨日, おととい

avant-port [avɑ̃pɔr] 男〔海〕外港

avant-poste [avɑ̃pɔst] 男〔軍〕前哨

avant-première [avɑ̃prəmjɛr] 女 (複 ~-~s)〔劇〕試演会;〔映〕試写会;〔美〕下見会

avant-projet [avɑ̃prɔʒɛ] 男 (複 ~-~s) 草案

avant-propos [avɑ̃propo] 男 (不変) 序文, まえがき

avant-scène [avɑ̃sɛn] 女 (複 ~-~s) [劇] 前舞台; 前桟敷, (舞台脇の) ボックス席

avant-soirée [avɑ̃sware] 女 (テレビ)夕方早くの番組

avant-train [avɑ̃trɛ̃] 男 (複 ~-~s) (動物の)半身の前部; (馬車の)車体の前半部

avant-veille [avɑ̃vɛj] 女 (複 ~-~s) [l'~] 前々日

*__avare__ [avar アヴァール] 形 ①(英 miserly) 欲張りの, けちな ②(…を浪費しない, 惜しむ (de)) — 名 守銭奴, けち; [l'A-] 『守銭奴』(モリエールの喜劇)

avarice [avaris] 女 けち, 強欲

avarie [avari] 女 (船・積荷の)損傷, 損害

avarié(e) [avarje] 形 (< avarier) 傷んだ, 損傷した

avarier [avarje] 他 傷める; 損傷する

avatar [avatar] 男 ① [宗] (ヒンズー教の神の)化身 ②変化, 変容 ③不幸, 不運

Ave [ave], **Ave Maria** [avemarja] 男 (不変) [カト] アベマリア【聖マリアに捧げる祈り】

*__avec__ [avɛk アヴェック] 前 (英 with) ①(随伴・所持・同時)…と(ともに), …を[で]持って, …で —avec force 力ずくで / avec plaisir 喜んで / avec le jour 夜明けとともに ▶ **avec cela (ça (que …)** (話) そのほかに…, それに…*Et avec ça?* (店で)ほかには何か? ②(条件・対立・理由)…ならば, …にもかかわらず, …ので — 副 (話) いっしょに, それでもって ▶ **Il faudra bien faire avec.** 現状でなんとかやっていかなければならないだろう

aveline [avlin] 女 [植] ハシバミの実

avelinier [av(ə)linje] 男 [植] ハシバミの木

aven [avɛn] 男 [地] ドリーネ, 落し抜け穴

avenant[1](e) [av(ə)nɑ̃, -ɑ̃t] 形 愛想のよい, 人好きのする

avenant[2] [av(ə)nɑ̃] 男 ①追加条項 ② ▶ *à l'avenant* それ相応に[の]

avènement [avɛnmɑ̃] 男 即位; 到来; 出現

*__avenir__ [avnir アヴニール] 男 (英 future) 未来, 将来; 前途 ▶ *à l'avenir* 今後は ▶ *d'avenir* 将来性のある

Avent [avɑ̃] 男 [l'~] [カト] 待降節, アドベント【クリスマス前4週間】

*__aventure__ [avɑ̃tyr アヴァンテュール] 女 ①(英 adventure) 思いがけない出来事 ②冒険, 危険な賭け ③(英 affair) 情事, 浮気(= ~ amoureuse) ④これから起ころうとすること ▶ *à l'aventure* 行き当たりばったりに ▶ *dire la bonne aventure à* (人)の運勢を占う

aventuré(e) [avɑ̃tyre] 形 (< aventurer) (文) 冒険的な, 危険な

aventurer [avɑ̃tyre] 他 運に任せる, (難)にかける — 再 [s'~] 危険を冒す; 思い切って…する (à)

aventureusement [avɑ̃tyrøzmɑ̃] 副 危険をはらみながら

aventureux(se) [avɑ̃tyrø, -øz] 形 ①冒険好きの, 向う見ずの ②危険に満ちた

*__aventurier(ère)__ [avɑ̃tyrje, -ɛr アヴァンテュリエ(ール)] 名 冒険家; 策謀家

aventurisme [avɑ̃tyrism] 男 [政] 冒険主義

avenu(e) [avny] 形 [成句でのみ] ▶ *nul et non avenu* 存在しなかった, 無効の

*__avenue__ [avny アヴニュ] 女 ①(英 avenue) 並木道, 大通り ②(文)(何かを得るための)道 ▶ *avenues du pouvoir* [les ~] 権力への道

avéré(e) [avere] 形 (< avérer) 明白な, 既に知られた ▶ *C'est un fait avéré que/ Il est avéré que* …は既定の事実である

avérer [avere] 代動 57 [s'~] [s'~ + 属詞/名詞] (…ということが)確認される, 明らかになる ▶ *Il s'avère que* …のことが明らかである

avers [avɛr] 男 (硬貨・メダルの)表面

averse [avɛrs アヴェルス] 女 (英 shower) 通り雨, にわか雨, 夕立 ▶ *averse de neige* にわか雪 ▶ *de la dernière averse* (話) つい この前

aversion [avɛrsjɔ̃] 女 (…に対する)嫌悪, 反発, いや気 (envers, pour) ▶ *avoir [prendre] ... en aversion* (文)…を嫌っている; …に嫌悪感を抱く

averti(e) [avɛrti] 形 (< avertir) 知識[経験]の豊富な

avertir [avɛrtir アヴェルティール] 他 33 ①(英 inform, warn) (人)に…(であること)を知らせる; 警告する (de; que) ②(人)に…するように言う (de)

avertissement [avɛrtismɑ̃] 男 ①知らせ; 注意, 警告 ②非難, 勧告

avertisseur [avɛrtisœr] 男 (自動車の)クラクション; 警報機, 報知機

aveu [avø] 男 (複 ~x) ①告白; 自白, 自供 ②(古)承認, 許可 ▶ *de l'aveu de* …の証言によれば ▶ *passer aux aveux* 自白をする; 自白する

aveuglant(e) [avœglɑ̃, -ɑ̃t] 形 目をくらます ②紛れもない, 明白な

*__aveugle__ [avœgl アヴグル] 形 ①(英 blind) 盲目の; 盲目的な, 無思慮な ②[建] 窓のない(建物の)装飾用の ▶ *avoir une confiance aveugle en* (人)を全面的に信頼している ▶ *en aveugle* 後のことを考えずに — 名 盲人, 視覚障害者

aveuglement [avœgləmɑ̃] 男 盲 目, 無 分別

aveuglément [avœglemɑ̃] 副 盲目的に, 無分別に

aveugle-né(e) [avœɡləne] 名 生まれながらの盲人

aveugler [avœɡle] 他 ①視界をくらませる; 盲目的にする; 失明させる ②(窓などを)ふさぐ —— [代動] **s'~** (…に)目を向けない, (真実を)見ようとしない (sur)

aveuglette [avœɡlɛt] [成句中の成] ▶ **à l'aveuglette** 手探りで; やみくもに, 後のことを考えないで

aveulir [avølir] 他 33 《文》無気力にする —— [代動] **s'~** 無気力になる

aveulissement [avølismɑ̃] 男 《文》無気力化

Aveyron [avɛrɔ̃] 男 ①[l'~] アヴェロン川 ②アヴェロン県 [フランス南部]

aveyronnais(e) [avɛrɔnɛ, -ɛz] 形 [A-] 鳥(製)の

avez [ave] avoir の直・現・2・複

aviaire [avjɛr] 形 鳥(類)の

aviateur(trice) [avjatœr, -tris] 名 飛行士

aviation [avjasjɔ̃] 女 飛行, 航空; 航空機

avicole [avikɔl] 形 家禽飼育の

aviculteur(trice) [avikyltœr, -tris] 名 家禽飼育者

aviculture [avikyltyr] 女 家禽飼育(術)

avide [avid] 形 ①貪欲な; むさぼるような ②(…することを)渇望する, 熱望する (de)

avidement [avidmɑ̃] 副 むさぼるように, がつがつと; 貪欲に

avidité [avidite] 女 渇望; 貪欲; 食い意地

aviez [avje] avoir の直・半・2・複

Avignon [aviɲɔ̃] アヴィニョン 【Vaucluse 県の県庁所在地; 古都; 教皇庁所在地】 ▶ **festival d'Avignon** [l'e~] アヴィニョン演劇祭 [毎年夏に行なわれる演劇や音楽などの芸術祭]

avignonnais(e) [aviɲɔnɛ, -ɛz] 名 [A-] アヴィニョンの人

avilir [avilir] 他 33 卑しくする, 品性を落とす; 価値を下げる —— [代動] **s'~** 品性が落ちる, 堕落する; 価値が下がる

avilissant(e) [avilisɑ̃, -ɑ̃t] 形 品性を傷つける, 貶(おとし)める

avilissement [avilismɑ̃] 男 品位を落とすこと; 価値の低下[引き下げ]

aviné(e) [avine] 形 (ワインを)飲み過ぎた, 酔っ払いの

avion [avjɔ̃] 男 《英 airplane》 飛行機 ▶ **avion à réaction** ジェット機 **avion de chasse** 戦闘機 **avion de ligne** (大型)定期旅客機 **avion sanitaire** 傷病者輸送機 **en avion** 飛行機で, 空路で **par avion** 航空便で

avion-cargo [avjɔ̃kargo] 男 (複 ~s-s) 貨物輸送機

avion-citerne [avjɔ̃sitɛrn] 男 (複 ~s-s) (空中)給油機

avion-école [avjɔ̃ekɔl] 男 (複 ~s-~s) 練習機

avions [avjɔ̃] avoir の直・半・1・複

avis [avi] アヴィ 男 ①《英 opinion》考え, 意見; 忠告, 助言 ▶ **être d'avis de** [不定同] **que + [接続法]** …したほうがよいと思う **être de l'avis de** (人)…に賛成である **être du même avis que** (人)…と同意見である ②《英 notice》告示(= ~ au public); 通知 ▶ **avis de recherche** (犯罪者・行方不明者を探すための)ポスター **jusqu'à nouvel avis** 追っての通知があるまでは **sauf avis contraire** 取消通知のない限り

avisé(e) [avize] 形 (<aviser) 注意深い, 思慮のある ▶ **être bien avisé de …** よく考えて…する **être mal avisé de …** 軽率にも…する

aviser[1] [avize] 自 (…について)気をつける; 決心する (à) —— [代動] **s'~** (…することを)ふと思いつく, 考えつく (de) ▶ —— Ne t'avise pas de répondre! 《話》口答えするんじゃない!

aviser[2] [avize] 他 (人に…することを; …ということを)知らせる, 通知する (de; que)

aviso [avizo] 男 《軍》通報艦; スループ型砲艦

avitaillement [avitajmɑ̃] 男 (船や飛行機への)糧食, 燃料の積み込み

avitailler [avitaje] 他 《古》(船に)糧食を補給する; (飛行機に)燃料を積みこむ —— [代動] **s'~** (船に)糧食を積みこむ

avitaminose [avitaminoz] 女 《医》ビタミン欠乏症

aviver [avive] 他 ①鮮明にする; 生き生きさせる ②活気づける; (感情などを)あおり立てる

av. J.-C. [avɑ̃ʒezykri] 《略》《英 BC》 avant Jésus-Christ 紀元前

avocat(e)[1] [avɔka, -at] アヴォカ(ト) 名 《英 attorney, lawyer》 弁護士 ①弁護者 ▶ **avocat du diable** (議論などでわざと)異論を唱える人 **avocat général** 次席検事 **se faire l'avocat de …** を擁護する, 支持する

avocat[2] [avɔka] アヴォカ 男 《植》アボガド(の実)

avocatier [avɔkatje] 男 《植》アボガドの木

avoine [avwan] 女 《植》カラスムギ(の実) ▶ **coller filer, refiler** **une avoine à …** 《話》(人)を殴打する, ぶちのめす

avoir [avwar] アヴォワール 他 8 《英 have》 ①持っている, 所有している, 身につけている; (主語の)(目的語に人・事物・年齢などの性質に)がある ▶ **avoir à** [不定同] …しなければならない **en avoir après [à, contre]** … 《話》(人)に恨み

avoisinant(e) — azur

を抱く **en avoir assez de** …(する)のはうんざりである **n'avoir qu'à** …しさえすればいい **Qu'avez-vous?** どうしたのです？ ②[多く複合時制で] 手に入れる，得る；受け取る；(子供を)もうける；(人・動物・乗り物を)つかまえる；(行為をなす，する) ③[複合時制で][話]殴る，ひっかける；やっつける，負かす，へこませる — **se faire avoir** だまされる；金を巻き上げられる —[非人称][il y a…] ①…がある，存在する —**tout ce qu'il y a de** [話] 全く…だ／**il n'y a qu'à** [不定詞] …しさえすればいい，するしかない／**il n'y en a que pour** (人)のことしかない，(人)の話ばかりだ ②…前に —**il y a une heure 1 heure** 1 時間前に／**il y a … que** …前から(今までずっと)…である —[助][複合過去で] avoir + 過去分詞で完了を表す(すべての他動詞，大部分の自動詞の助動詞となる) —**J'ai mangé.** 食べた／**J'aurai terminé demain.** 明日には終わっているはずだ — [男] 財産；貸方

avoir fiscal 税額控除 **avoirs financiers** 財源

avoisinant(e) [avwazinā, -āt] [形] 隣の，近くの

avoisiner [avwazine] [他] ①(…に)隣接する；(…の)近くにある ②(…に)近い，似ている

avons [avɔ̃] avoir の直・現・1・複

Avoriaz [avɔrja] [男] アヴォリアズ【Haute Savoie 県にあるリゾート地】▶**festival d'Avoriaz** [le 〜]【毎年夏に行なわれる】アヴォリア映画祭

avorté(e) [avɔrte] [形] (< avorter) 失敗に終わった；完成しない

avortement [avɔrtəmā] [男] ①流産；堕胎，妊娠中絶 ▶**avortement thérapeutique** 母体保護のための中絶 ②失敗

avorter [avɔrte] [自] ①流産する；妊娠中絶する(= se faire 〜) ②失敗に終わる，だめになる

avorteur(se) [avɔrtœr, -øz] [名] [軽蔑的](非合法な)堕胎施術者

avorton [avɔrtɔ̃] [男] ①発育不良の動物(植物) ②[軽蔑的]ちび，できそこない

avouable [avwabl] [形] 公言できる，恥ずかしくない

avoué [avwe] [男] [法] 代訴人

*__avouer__ [avwe アヴエ] [他] (英 confess) [〜 名詞][不定詞/〜 que] 白状する，認める —[代動][s'〜] [~ + 形] 自分が…であると認める —**s'avouer vaincu** 負けを認める

*__avril__ [avril アヴリル] [男] (英 April) 4月

avulsion [avylsjɔ̃] [女] [医] 抜き取ること

avunculaire [avɔ̃kylɛʀ] [形] [法] おじ(おば)の

axe [aks] [男] ①軸，中心線 ②(思想の)方向性，基本方針 ③幹線道路 ▶**grands axes** [les 〜] 主要道路 ④▶**axe rouge** アクスルージュ [駐車禁止道路]

axer [akse] [他] (…に)向ける；(…を軸に)展開する〈sur, autour de〉 —**Il est très axé sur la politique.** 彼は政治に強い関心を持っている

axial(ale) [aksjal] [形] [男 複 -aux [-o]] 軸の

axiologie [aksjɔlɔʒi] [女] 価値論

axiologique [aksjɔlɔʒik] [形] 価値論の

axiomatique [aksjɔmatik] [形] 公理の — [女] 公理系

axiome [aksjom] [男] [数] [哲] 公理；[話] 自明の理

axis [aksis] [男] [解] (首の回旋運動で軸となる)第二頚椎

axolotl [aksɔlɔtl] [男] [動] アホロートル，ウーパールーパー

axone [akson] [男] [生理] 神経突起，軸索

ayant [ɛjɑ̃] avoir の現在分詞

ayant cause [ɛjɑ̃koz] [男] (複 〜s 〜) [法] 権利承継人

ayant droit [ɛjɑ̃drwa] [男] (複 〜s 〜) [法] 権利所有者

ayatollah [ajatɔla] [男] アヤトラ【イスラム教シーア派の指導者】

aye-aye [ajaj] [男] [動] リスザル【マダガスカル産】

ayez [e(ɛ)je] avoir の接(命)・現・2・複

ayons [ɛjɔ̃] avoir の接(命)・現・1・複

azalée [azale] [女] [植] ツツジ，アザレア

Azerbaïdjan [azɛʀbaidʒɑ̃] [男] アゼルバイジャン【西アジアの共和国】

azerbaïdjanais(e) [azɛʀbaidʒanɛ, -ɛz], **azéri(e)** [azeʀi] [形名] [A-] アゼルバイジャンの(人)

azerole [azʀɔl] [女] [植] アザロールの実

azerolier [azʀɔlje] [男] [植] アザロール，西洋サンザシ

AZERTY [azɛʀti] ▶**clavier AZERTY** フランス語配列のキーボード

azimut [azimyt] [男] [天] 方位角 ▶**dans tous les azimuts** [話] あらゆる方向に **tous azimuts** 全方位の，すべての領域での，全面的な

azimuté(e) [azimyte] [形名] [話] 気が狂った(やつ)，いかれた(やつ)

Azincourt [azɛ̃kuʀ] [男] アザンクール【Pas-de-Calais 県の 村】▶**bataille d'Azincourt** アザンクールの戦い【百年戦争中のフランス敗戦地】

azote [azɔt] [男] [化] 窒素

azoté(e) [azɔte] [形] [化] 窒素を含む

azoture [azɔtyʀ] [男] [化] アジ化水素酸，アジ化物

AZT [azdte] [略] azidothymidine アジドチジン【エイズの治療薬に使われる】

aztèque [astɛk] [形名] [A-] アステカ族の(人)【メキシコ先住民】

azur [azyʀ] [男] [文] 空色，淡青色；青空 ▶**Côte d'Azur** コートダジュール

azuré(e)

【フランス南東部の地中海沿岸】

azuré(e) [azyre] 形 (< azurer) 《文》空色の

azurer [azyre] 他 空色に染める，青くする

azyme [azim] 形 無酵母の ►**pain azyme** ユダヤ人が過ぎ越しの祭りの間食べる無酵母のパン

B

B, b [be] 男 ①フランス字母の第2字 ②〔楽〕ロ音, ロ調

B.A. (略) *bonne action* 善行〔ボーイ／ガールスカウトの用語〕

baba[1] [baba] 男 ババ〔ラム酒シロップに漬けたカステラ〕(= ~ *au rhum*)

baba[2] [baba] 形 《不変》あっけにとられた ►**en être [rester] baba**《話》開いた口がふさがらない

baba[3] [baba] 男 《俗》尻 ►**l'avoir dans le baba** だまされる, 担がれる

baba[4] [baba] 男 = baba-cool

b.a.-ba [beaba] 男《不変》《知識の》基礎, 初歩, いろは

baba-cool [babakul] 名 (複 ~s ~) ヒッピー

Babel [babɛl] 女 ►**tour de Babel** [la ~] バベルの塔

babélisme [babelism] 男 バベリズム〔異なる言語〔雑種語〕の用法〕

babeurre [baboer] 男 脱脂乳, 乳清

babil [babi(l)] 男 (子ども・若い娘の) おしゃべり; (鳥の) さえずり

babillage [babijaʒ] 男 (子ども・若い娘の) おしゃべり, 片言, むだ口

babillard(e) [babijar, -ard] 形 名 おしゃべりな(人) — 女《話》手紙(= babille) — 男〔情報〕《話・ケベック》掲示板

babiller [babije] 自 (子ども・女性が) おしゃべりをする

babines [babin] 女 複 (猿・ラクダなどの) 垂れ下がった唇；《話》(くいしんぼうの) 唇 ►**se lécher les babines** (食べた後の) 口の周りをなめる **s'en lécher les babines** 先の楽しみを思って舌なめずりする

babiole [babjɔl] 女《話》つまらないもの[こと], がらくた

babiroussa [babirusa] 男〔動〕バビルサ, シカイノシシ〔インドネシアのスラウェシ島に生息〕

bâbord [babɔr] 男 (船の) 左舷(ぽ) ►**À bâbord!** 取り舵!

babouche [babuʃ] 女 バブーシュ〔アラブ風の革スリッパ〕

babouin [babwɛ̃] 男〔動〕ヒヒ

***baby** [bebi, babi ベビ, バビ] 男《英》(複 *babies*, ~s) 赤ちゃん — 形《不変》赤ちゃん用の; 小型の

baby(-)boom [bebibum, babi-

bum] 男《英》ベビー・ブーム

baby-foot [babifut] 男《不変》(卓上の) サッカーゲーム

Babylone [babilon] 女 バビロン【古代バビロニアの首都】►***captivité de Babylone***《聖》バビロン捕囚【紀元前6世紀のユダヤ人強制移住】

Babylonie [babiloni] 女 バビロニア〔古代メソポタミア南部を指す呼称〕

babylonien(ne) [babilɔnjɛ̃, -ɛn] 形 名 [B~] バビロニアの(人), バビロンの(人)

baby-sitter [bebisitœr, babisitœr] 名《英》ベビー・シッター, 子守り(人)

baby-sitting [bebisitiŋ, babisitiŋ] 男《英》ベビー・シッティング, 子守り

bac**[1] [bak バク] 男 ①大きな容器 ②渡し船 ►bac à fleurs*** (園芸用の) 鉢 ***bac à glace*** (冷蔵庫の) 製氷皿 ***bac à légumes*** (冷蔵庫の) 野菜ボックス ***bac à sable*** (公園などの) 砂場, (猫の) 縄張り

bac**[2] [bak] 男《話》バカロレア, 大学入学資格(= baccalauréat) ►bac +...*** バカロレア取得後……年〔高等教育の就学年数を示す；例えば bac +3は *licence*(学士)にあたる〕***bac ES*** 経済学系(*économique et social*)バカロレア ***bac L*** 文学系(*littéraire*)バカロレア ***bac S*** 理学系(*scientifique*)バカロレア

bac[3] [bak] 男《俗》(トランプの)バカラ遊び (< *baccara*)

bacantes [bakɑ̃t] 女 複《俗》口ひげ

baccalauréat [bakalɔrea] 男 バカロレア〔中等教育修了時の国家試験, 大学入学資格となる；略 bac〕

baccara [bakara] 男〔トランプ〕バカラ ►***être en plein baccara***《話》行き詰る；破産した

Baccarat [bakara] バカラ【Meurthe-et-Moselle 県の町】

baccarat [bakara] 男 バカラ式クリスタルガラス

bacchanale [bakanal] 女 ①〔ロ神〕[les B~s] 酒神バッカス祭 ②酒歌；(話) 騒々しい踊り；乱痴気騒ぎ

bacchante [bakɑ̃t] 女 ①〔ロ神〕バッカス神の祭[巫女(ﾐ)]；尼 ②複《俗》口ひげ

Bacchus [bakys] 男 ①〔ロ神〕バッカス〔酒神〕②〔話〕酒飲み, 酒豪

baccifère [baksifɛr] 形〔植〕漿果(ｼｮｳｶ)(液果)のある〔実を結ぶ〕

bacciforme [baksifɔrm] 形〔植〕漿果(ｼｮｳｶ)状の

bâchage [baʃaʒ] 男 (車・商品に) シートをかけること

***bâche** [baʃ バシュ] 女 ①(車・商品などにかぶせる) シート；農業用 (防寒などの) ビニール・ド；(話) (粗布の) ハンチング, (俗) シッ ②(ポンプ・蒸気機関などの) 水タンク

bachelette [baʃlɛt] 女〔古〕若い娘

bachelier(ère) [baʃəlje, -ɛr] 名 バ

bâcher [baʃe] 他 シートをかける

bachique [baʃik] 形 [ロ神] (酒神)バッカスの

bachot [baʃo] 男 (話・古) バカロレア (= baccalauréat)

bachotage [baʃɔtaʒ] 男 (話) 試験のための詰め込み勉強; 受験勉強

bachoter [baʃɔte] 自 (話) (バカロレアなどの試験を)一夜漬けで準備する, 詰め込み式の受験勉強をする ― 自 一夜づけで受験勉強をする

bacillaire [basiler] 形 [医] バチルス性の ― 名 (肺)結核患者

bacille [basil] 男 桿状(ﾌﾞ)菌, 細菌, バチルス ▶ *bacille de Koch* 結核菌, コッホ菌

bacilliforme [basiliform] 形 [医] バチルス状の

bacillurie [basilyri] 女 [医] 細菌尿症

bâclage [baklaʒ] 男 いいかげんさ, 手抜き; やっつけ仕事

bâcler [bakle] 他 (話) (仕事などを)いいかげんに片づける

bacon [bekɔn] 男 (< 英) ベーコン ―œufs au bacon ベーコンエッグ

bactéri(o)- 接頭 (ギ) 「細菌」の意

bactéricide [bakterisid] 形 殺菌性の ― 男 殺菌剤

bactérie [bakteri] 女 バクテリア, 細菌

bactérien(ne) [bakterjɛ̃, -ɛn] 形 バクテリア[細菌]の

bactériologie [bakterjɔlɔʒi] 女 細菌学

bactériologique [bakterjɔlɔʒik] 形 細菌学の

bactériologiste [bakterjɔlɔʒist] 名 細菌学者

bactériophage [bakterjɔfaʒ] 男 形 バクテリオファージ(の)

badaboum [badabum] 間 (擬音) どさっ, ごろんごろろ 【物が落下して転がる音】

badaud(e) [bado, -od] 形 見物好きの ― 名 見物好きの人, 野次馬

badauderie [badodri] 女 野次馬根性, 物見高さ

baderne [badern] 女 《*vieille*》 *baderne* 頑迷な老人[軍人]

badge [badʒ] 男 (< 英) ①バッジ, ワッペン ②(情報) (記録用や出勤データなどを記録する)認証カード

badger [badʒe] 自 認証カードを使う; タイムカードを入れる

badgeusé [badʒøz] 女 カ ドー読証機; タイムレコーダー

badiane [badjan] 女 [植] 大回香(ｱﾆｽ), 八角, スターアニス

badigeon [badiʒɔ̃] 男 (壁などに塗る)石灰塗料; 塗り薬

badigeonner [badiʒɔne] 他 (塗料・薬などを)塗る ― 代動 [*se ~*] (自分の顔・体などに)薬[化粧品]を塗る

badigoinces [badigwɛ̃s] 女 (複) 《話》 唇

badin(e) [badɛ̃, -in] 形 (文) ひょうきんな

badinage [badinaʒ] 男 冗談, おどけること

badine [badin] 女 細くしなやかなステッキ(鞭(む)などにも用いられる)

badiner [badine] 自 冗談を言う, ふざける; 物事をまじめにとらない, 軽く見る ▶ *ne pas badiner avec* [*sur*] …のことを軽々しく扱わない, 甘く見ない

badinerie [badinri] 女 (文) 冗談

badminton [badmintɔn] 男 (< 英) バドミントン

BAFA (略) brevet d'aptitude aux fonctions d'animateurs (キャンプ活動などの)指導者適性認定書

baffe [baf] 女 (話) 平手打ち, びんた ▶ *coller* [*flanquer*, *foutre*] *une baffe à* (人)に平手打ちをくらわす, ぶったたく

baffle [bafl] 男 (< 英) (ラウドスピーカーの)バッフル板; (ステレオ装置の)スピーカー・システム

bafouer [bafwe] 他 嘲弄(ﾁｮｳﾛｳ)する; ないがしろにする

bafouillage [bafujaʒ] 男 (話) 口ごもること; わけのわからない話

bafouille [bafuj] 女 (話) 手紙

bafouiller [bafuje] 自 (話) 口ごもる ― 他 口ごもって言う, もぐもぐ言う

bâfrer [bafre] 他 (話) (…を)大食らい食う ― 代動 [*se ~*] (…を)大食らい食う(*de*)

bâfreur(se) [bafrœr, -øz] 名 貪り食う人

bagage [bagaʒ] バガージュ 男 ①(英 baggage) 持ち物; (複) 荷物 ②知識; 著作; (話) 学位, 学歴 ―*un bon bagage technique* 十分な専門知識 ▶ *avec armes & bagages* (話) 一切合切全部持って ― *se rendre avec armes et bagages* 全面降伏する *bagages à main* 手荷物 *faire ses bagages* (旅行などのために)荷造りする *plier bagages* 荷物をまとめる, そそくさと出かける[逃げ出す]; (話) 死ぬ

bagagiste [bagaʒist] 名 (ホテル・駅・空港などの)ポーター

bagarre [bagar] 女 ①乱闘 ②(話) 殴りあい, 争い, 戦争 ▶ *chercher la bagarre* けんかを売る, しかける

bagarrer [bagare] 自 (話) 争う, 戦う ― 代動 [*se ~*] (話) けんかをする, 殴り合う, 戦う

bagarreur(se) [bagarœr, -øz] 形 名 けんか[論争]好きな(人), 攻撃的な(人)

bagatelle [bagatel] 女 ①つまらぬこと, わずかな額; (話) [*la ~ de...*] (…という)大金 ②(話) 色事, 情事, 性交渉 ▶ *être porté sur la bagatelle* (話) 火遊び

baggy [bagi] 形 《<英》バギーパンツ

bagnard(e) [baɲar, -ard] 名 徒刑囚

bagne [baɲ] 男 ①(ガリー船廃止後の)徒刑場(のような場所); 流刑地; 《話》過酷な職場, 搾取工場

bagnole [baɲɔl] 女 《話》(ぼろ)自動車, おんぼろ車

bagou(t) [bagu] 男 《話》口がうまいこと ▶ *avoir du bagou(t)* 口が達者である

baguage [bagaʒ] 男 ①(目印のために鳥の脚に)輪をはめること ②(農)(樹液の降下を防ぐため)樹皮を環状に切ること

***bague** [baɡ バグ] 女 ①指輪 ②輪状のもの ▶ *bague de fiançailles* 婚約指輪

baguenauder [bagnode] 自 ①《話》ぶらつく ②つまらない事に興ずる — 代動 [se ~] 《話》ぶらつく

baguer [bage] 他 ①(指)輪をはめる ②(樹皮を)環状に切る

***baguette** [baɡɛt バゲット] 女 ①細い棒, 鞭(む); (複) 箸(じ); (複) 細い足 ▶ *baguette de chef d'orchestre* (指揮者の)指揮棒 *baguette de tambour* ドラムのスティック; 《話》短く硬い髪 *d'un coup de baguette magique* 魔法のように, あっという間に *mener [faire marcher]... à la baguette* (人を)厳しく従わせる, 圧政を行う *sous la baguette de...* …の指揮のもとで ②バゲット【棒状のフランスパン】 ③(建)刳形(どりがた); 玉縁(ぼう) ④(靴下の両側の)縦線模様

bah [ba] 間 《疑い・無関心・驚きを表す》ああ, やれ

Bahamas [baamas, baamas] 固女(複) [les ~] バハマ【バハマ諸島からなるカリブ海の英連邦の国】

Bahreïn [barejn] 固男 バーレーン【ペルシャ湾にある王国】

bahut [bay] 男 ①(中高のふたのある)大箱, 大櫃; 幅広で低い戸棚 ②《俗》(学生言葉で)中学校, 高校 ③《話》トラック; タクシー, 車 ④(手すり, 欄干などの)笠石

bai(e) [bɛ] 形 (馬が)栗色の

baie[1] [bɛ] 女 小湾; 湾

baie[2] [bɛ] 女 (窓・出入口用の壁の)開口部; 窓, 出入口 ▶ *baie vitrée* (大きな)ガラス窓

baie[3] [bɛ] 女 (電気電子機器の)ラック

baie[4] [bɛ] 女 (植) 漿果(しょうか)【ブドウ・トマトなど粒状の種子を多内蔵の小果実】; 野生の小さな丸い実

baignade [bɛɲad] 女 水浴; 水浴場

***baigner** [beɲe ベニェ] 他 ①水浴[入浴]させる ②漬ける, 浸す ③(水が岸などを)洗う; (川がある地方を)流れる ④(体・顔を涙[汗]で)濡らす — 自 ①漬ける, 浸る ▶ *Ça* [*Tout*] *baigne* (*dans l'huile*). 《話》うまく行っている, 順調である — 代動 [se ~] 入浴する; 水浴をする; 泳ぐ

baigneur(se) [bɛɲœr, -øz] 名 水浴する人, 泳ぐ人 — 男 赤ちゃん[ベベ]人形

***baignoire** [bɛɲwar ベニョワール] 女 ①浴槽(ぞう) ②(劇場の)1階ボックス席 ③(ヨット)コックピット

bail [baj] 男 (複 *baux*[bo]) リース, 賃貸借契約 ▶ *bail à loyer* 住宅の賃貸借[賃借]契約 *bail reconductible [renouvelable]* 更新[継続]できる賃貸借[賃借]契約 《話》 *Cela fait un bail que...* …してらずいぶん長い — *Ça fait un bail que je ne l'ai pas vu!* 彼にはもう何年も会っていなかった *Ça fait un bail!* 《話》久しぶりだね

bâillement [bɑjmɑ̃] 男 ①あくび ②裂け[割れ]目

bâiller [bɑje] 自 ①あくびをする ②少し開いている, 半開きになっている ③(布地が)たるんでいる

bailleur(eresse) [bajœr, -rɛs] 名 賃貸人 ▶ *bailleur de fonds* 出資者, スポンサー

bâilleur(se) [bɑjœr, -øz] 名 あくびをする人

bailli [baji] 男 (史)(王・領主の名において司法権をもった)代官

bailliage [bajaʒ] 男 (史) 代官(bailli)の管下

bâillon [bɑjɔ̃] 男 猿ぐつわ

bâillonner [bajone] 他 猿ぐつわをはめる; 言論の自由を抑圧する

bâillonnement [bajɔnmɑ̃] 男 ①猿ぐつわをはめること ②(新聞など に)箝口(こう)令をしくこと, 表現の自由の抑圧

***bain** [bɛ̃ バン] 男 ①入浴, 風呂(の水); 浴液, (複) 浴場; 水浴, 海水浴; 染液 ▶ *faire couler un bain* 風呂に湯を張る / *le grand* [*petit*] *bain* プールの深い[浅い]ところ ▶ *bain à remous* ジャクジー *bain de bouche* 口内洗浄, うがい *bain de foule* (王侯・政治家の)民情視察 *bain de mer* 海水浴 *bain de pieds* 足湯 *bain de siège* 腰湯 *bain de soleil* 日光浴 ▶*robe bain de soleil* サンドレス【両腕・肩・背中を露出させた】 *bain linguistique* 没入法(教育)【集中的外国語教育】 *bain moussant* 泡風呂 *bains douches* (シャワー)のある公衆浴場 *être dans le bain* 《話》事情に通じている; 深くかかわっている *prendre un bain* 風呂に入る, 入浴する *se (re)mettre dans le bain* 現場になじむ

bain-marie [bɛ̃mari] 男 (複 ~s-~) 湯煎(せん)鍋, 湯せんの湯

baïonnette [bajɔnɛt] 女 銃剣 ▶ *à baïonnette* 差し込み式の — *douille à baïonnette* 差し込み式のソケット

baise [bɛz] 女 《俗》セックス

baise-en-ville [bɛzɑ̃vil] 男 (外泊用の)小型旅行かばん

baisemain [bɛzmɛ̃] 男 (手にする)口づけ ▶**faire le baisemain à** (挨拶として女性の)手に口づけする

*__baiser__ [beze ベゼ] 他 キス, 口づけ▶**baiser de Judas** ユダの接吻; 裏切りのキス ▶**bons baisers** (手紙の最後で)愛をこめて▶**donner un baiser** (人)にキス[投げキスを]する ── 男 ① (文)キス[口づけ]する ② (俗)セックスする ③ (話)一杯食わせる, だます; 盗む, くすねる ④ (話)(学生言葉で)理解する

baiseur(se) [bɛzœr, -øz] 名 (俗)色好み, セックスが好きな人

*__baisse__ [bɛs ベス] 女 (…の)低下 (de); 値段の下落, 値下げ ──**sans baisse de salaire** 給料を下げることなく ▶**à la baisse** 下降気味で[の] ──**tendance à la baisse** 下降の傾向 **être en baisse** 下降[下落・価値・率など]が下降 [下降, 減少]している **revoir les chiffres à la baisse** (目標を)下方修正する

*__baisser__ [bese ベセ] 他 (英 lower) 低くする, 下げる, 降ろす ── 自 ① 低くなる, 下がる; 弱くなる, 衰える; 値下がりする ──Le jour baisse. 日が落ちて暗くなる ▶**baisser la tête** おじぎをする, 首をかしげる; 屈する **baisser le feu** [料] 火を弱める **baisser le ton** [態度] を和らげる **baisser les bras** あきらめる **baisser les yeux** (恥ずかしさなどで) 目を伏せる, うつむく **faire baisser la tension** 緊張を和らげる ── 代動 [**se** ~] 身をかがめる

baissier(ère) [besje, -ɛr] 形 (株) 弱気筋の ── 名 (株)弱気で取引をする投機家 ── 女 畑の窪地

bajoue [baʒu] 女 ①(牛などの)ほお ②(人)の垂れ下ほほ

bajoyer [baʒwaje] 男 水門の側壁, 運河・川の擁壁

bakchich [bakʃiʃ] 男 (<トルコ) (話)チップ; 賄賂(わいろ)

bakélite [bakelit] 女 (<商標)ベークライト【フェノール樹脂】

*__bal__ [bal バル] 男 舞踏会, ダンス・パーティ; ダンス・ホール ▶**bal costumé** 仮装舞踏会 **bal masqué** 仮面舞踏会 **bal musette** バルミュゼット【アコーディオンに合わせて踊る大衆ダンスホール】 **mener se bal** 中心となる, 牛耳る **ouvrir le bal** (舞踏会で人と)皮切りに踊る (avec)

balade [balad] 女 (話)散歩; ドライブ; 遠足, 旅行

balader [balade] 他 (話)散歩させる ◇ 酔客に連れて行く 持ち歩く ▶**envoyer balader** (話)(人)を追い払う, はねつける; (物)を放り出す ── 代動 [**se ~**] (俗)(当てしゃしく)散歩[散策]する, ドライブに行く; 散らかる

baladeur(se) [baladœr, -øz] 形 散

歩[ぶらつくこと]の好きな ▶**avoir la main baladeuse** (話)体を撫でまわす **train baladeur** 速度切り替え装置 ── 男 ウォークマン式の携帯音声再生機器 (コードを長く延ばせる)携帯用ランプ, 検札 ▶**baladeur numérique** 携帯デジタル音声再生機器 **micro baladeur** (小型の)移動式マイク

baladin(e) [baladɛ̃, -in] 名 (古)(古)バレエダンサー; (旅回りの)(道化)役者

balafon [balafɔ̃] 男 バラフォン【アフリカの木琴に似た打楽器】

balafre [balafr] 女 (顔などの)大きな切り傷, 傷跡

balafré(e) [balafre] 形 (顔などが)傷のある

balafrer [balafre] 他 切傷をつける

*__balai__ [bale バレ] 男 ①(英 broom) 箒(ほうき); ブラシ; (電)(整流子の)ブラシ ▶**balai de chiottes** (俗)便所掃除用ブラシ **balai d'essuie-glace** (車の)ワイパーブレード **balai mécanique** (回転ブラシつきの)じゅうたん用掃除具 **donner un coup de balai** 床をさっと掃く; (話)解雇する, 首を切る; (旧弊を一掃する **Du balai!** (話)とっとと消えうせろ! **passer le balai** (床を)掃く **ramasser les balais** (競技で)ビリになる ② (複)(話)年齢 ──Il a 80 balais. 彼は80歳だ ③(話)終電車; 最終バス

balai-brosse [balɛbrɔs] 男 (複 ~s~s) (柄つきの床みがき用)ブラシ, デッキブラシ

balaise [balɛz] 形 =**balèze**

balalaïka [balalaika] 女 バラライカ 【3本の弦があるロシアの弦楽器】

*__balance__ [balɑ̃s バランス] 女 ①はかり, てんびん; 均衡, 釣り合い; バランス; 差引き残高; [**B-**] [天] 天秤座 ▶**balance commerciale** 貿易収支 **balance des paiements** 国際収支, 経常収支 **être (du signe de la) Balance** 天秤座生まれである **faire pencher la balance** どちらか一方に加担する **mettre en balance le pour et le contre** 賛否両論をてんびんにかける **mettre tout son poids dans la balance** 局面を有利にするために全力を出す ② 密告者

balancé(e) [balɑ̃se] 形 (<**balancer**) 釣り合いのとれた; (話)(体が)均整のとれた, スタイルがよい

balancelle [balɑ̃sɛl] 女 (舞台用の)ゴンドラ; 工事用の吊り台; ブランコ式ガーデンチェア

balancement [balɑ̃smɑ̃] 男 揺れ; 釣り合い; ためらい; 躊躇(ちゅうちょ)

balancer [balɑ̃se] 他 ①揺り動かし, 振る; (話)振る; 投げる; (乱暴な言葉を)吐く; (話)厄介払いする, 処分する, 首にする ▶**envoyer une vanne (des vannes)** (話)いやみ[あてこすり]を言う J'ai envie de tout balancer. (仕事などを)やめてしまいたい ②釣り合わせる; 比較する ③密告する ── 自 揺り

balancier [balɑ̃sje] 男 ①(時計の)振り子 ②(綱渡り芸人の)バランス棒

balancine [balɑ̃sin] 女 [海] 吊索(ざく), 吊鐘, (帆具の)吊りロープ

balançoire [balɑ̃swar] 女 ①ぶらんこ, シーソー ▶envoyer ... à la balançoire (話)(人)を手荒く追いはらう ②(古)たわごと, 作り話

balane [balan] 男 [動] フジツボ(類)

balayage [baleja3] 男 ①掃除; 清掃 ②髪を部分的に脱色して軽いメッシュを入れること ③[情報] スキャニング

***balayer** [baleje] バレイエ 他 (英 sweep) ①掃く, 掃除する; 一掃する; (全体に)広がる; 追い払う ▶balayer devant sa porte (人のことをとやかく言う前に)自分のことをきちんとする[処理する] ②[情報] スキャニングする

balayette [balεjεt] 女 (柄の短い)小さい箒(ほうき), (トイレの)便器用ブラシ

balayeur(se) [balεjœr, -øz] 名 街路清掃人 — 女 街路清掃車

balayures [balεjyr] 女 (複)(箒(ほうき)で掃き集めた)ごみくず

balbutiant(e) [balbysjɑ̃, -ɑ̃t] 形 口ごもる, (赤ん坊が)片言を言う; 初期段階の

balbutiement [balbysimɑ̃] 男 ①口ごもること; 片言 ②初歩的な試み[段階]

balbutier [balbysje] 自 ①口ごもる, もぞもぞ言う ②(科学や技術などが)初期の段階にある — 他 口ごもりながら言う

balbuzard [balbyzar] 男 [鳥] ミサゴ

***balcon** [balkɔ̃] バルコン 男 ①バルコニー(の手すり) ②バルコニー席 [劇場の2・3階席] ▶**deuxième balcon** = **premier balcon** の上の3階桟敷席 **premier balcon** 2階(正面)の桟敷席

balconnet [balkɔnε] 男 (乳房上部を出す)ブラジャー(= soutien-gorge à ~)

baldaquin [baldakɛ̃] 男 (ベッドや玉座の)天蓋(がい)

Bâle [bɑl] 女 バーゼル [スイスの都市]

Baléares [balear] 女 (複) [les (îles)~]バレアレス諸島 [地中海西部のスペイン領の島群]

baleine [balεn] 女 クジラ(鯨); クジラのひげ, 鯨骨 [コルセットなどに用いる] **baleine à bosse** ザトウクジラ **baleine blanche** シロイルカ **baleine bleue** シロナガスクジラ **baleine de corset** コルセット用鯨骨(ひげ) **baleine de parapluie** かさの骨 **baleine franche** セミクジラ **pêche à la baleine** 捕鯨 **rire comme une baleine** 大笑い[ばか笑い]する

baleiné(e) [balεne] 形 (鯨)骨の入った ▶**corset baleiné** コルセバレネ[鯨骨入りのコルセット]

baleineau [balεno] 男 子クジラ

baleinier [balεnje] 男 捕鯨(母)船

baleinière [balεnjεr] 女 キャッチャーボート, 船長ボート, カッター

baleinoptère [balεnɔptεr] 男 ナガスクジラ

balèse, balèze [balεz] 形 (話) ①でかい, たくましい ②頭がいい, かしこい ▶**être balèze en ...** が得意である — 名 ①たくましい男, 巨漢, 得意(上手)な人

balèvre [balεvr] 女 [建] 壁面などの(修正すべき)出っ張り; 鋳物の出っ張り

balisage [baliza3] 男 ①標識[ブイ]を置くこと; 浮標灯; 航空標識の設置, 測量柱設置

balise [baliz] 女 ①浮標, ブイ; 航空標識; ラジオ・ビーコン; 道路標識 ②[情報] タグ

baliser [balize] 他 ①標識を設置する ②[情報] タグを付ける — 自 (話)怖がる

balisier [balizje] 男 = canna

baliste [balist] 女 (古代ローマ, 中世の)弩砲(ど)

balistique [balistik] 形 弾道(学)の; 弾丸に関する — 女 弾道学

balivage [baliva3] 男 (輪伐の際に残す)若木(baliveau)の選定, 印付け

baliveau [balivo] 男 (複~x) (輪伐の際に残しておく)若木, (足場を組むために用いる)垂直の建材

baliverne [balivεrn] 女 駄弁; 下らないこと

balkanique [balkanik] 形 バルカンの

balkanisation [balkanizasjɔ̃] 女 (国の)細分化

balkaniser [balkanize] 他 (バルカン半島のように)国を細分化する — 代動 [se ~] 細分化される

Balkans [balkɑ̃] 男 (複) [les ~] バルカン半島 (= peninsule balkanique)

ballade [balad] 女 ①[詩] バラード【3詩節と反歌から成り, 各節と反歌の終りが繰返しになっている】; (自由な詩形の)物語詩, 民謡 ②[楽] バラード ③(古)舞踊のための歌曲, その歌に合わせて踊る舞踊

ballant(e) [balɑ̃, -ɑ̃t] 形 (足・腕などが)ぶらぶらする — 男 ①(車などの)振動, 動揺 ②[海] (綱)のたるみ

ballast [balast] 男 ①(鉄道の枕木の下に敷く)砂利, バラスト ②(船の)バラスト室[安定を保つために水やバラストを入れる]; (潜水艦の)沈降槽(そう) ③[電] 安定器, 安定抵抗

balle¹ [bal バル] 囡 ①(英 ball)(テニスなどのボール, 球(⁀)) ▶ **balle de jeu [set, match]** ゲーム[セット, マッチ]ポイント **balle de service** サービスポイント **faire des balles** (テニスの練習で)ボールを打ち合う, 乱打する **La balle est dans notre camp.** 我々の番だ **renvoyer la balle à** (…に)ボールを投げ返す; 激しく反論する, 言い返す, 面倒を押し付ける **saisir la balle au bond** 好機をつかむ ②(銃, 拳銃の)弾丸 ▶ **balle à blanc** 空砲 **balle perdue** 流れ[逸れ]弾
balle² [bal] 囡 (商品の)大包み
balle³ [bal] 囡 《話》フラン
balle⁴ [bal] 囡 (穀物の)殻(⁀)
ballerine [balrin] 囡 ①バレリーナ ②(バレエ・シューズに似た)婦人靴
*__ballet__ [balɛ バレ] 團 ①バレエ, 舞踊 ②バレエ公演, バレエ音楽, バレエ団 ③(政治家などの)かけひき, 政治的動き
ballet(**t**)**omane** [baletɔman] 图 バレエ・ファン
*__ballon__¹ [balɔ̃ バロン] 團 ①(サッカー, バスケットボールなどの)ボール 【小型のボールは balle】 — **remettre le ballon en jeu** ボールを入れて試合を再開する ; (話す)順番を与える **taper dans le ballon** ボールをける[打つ] ②風船(= **en** (**le**) **baudruche**) ③気球 — **ballon captif** 係留気球 / **ballon d'essai** 観測気球 / **ballon dirigeable** 飛行船 ④(漫画の)吹出し ⑤フラスコ; 球型コップ, ブランデーグラス(= **verre** ~); 球技の器具, ボンベ ▶ **ballon d'eau chaude** 貯水式湯沸かし器(= **chauffe-eau**, **cumulus**). **ballon d'oxygène** 酸素ボンベ, 急場の助け **souffler dans le ballon** (酒気検知器で)酒気検査をする
ballon² [balɔ̃] 團 (ボージュ山脈の)頂上の丸い山
ballonné(**e**) [balɔne] 彫 (< ballonner) ふくれた, 膨張した — 團 〔舞〕バロネ(片足を曲げ伸ばしている間にもう一方の足行く軽い跳躍)
ballonnement [balɔnmɑ̃] 團 ①(スカートなどの)ふくらませること, ふくらみ ②〔医〕鼓腸
ballonner [balɔne] 他 ふくらませる, (人・動物に)鼓腸を起す
ballonnet [balɔnɛ] 團 小気球
ballot [balo] 團 ①(商品の)包み, 束 ②《話》のろま, ばか(人) — 彫 《男性形のみ》《話》ばかな
ballotin [balɔtɛ̃] 團 (チョコレートなどの)紙の箱
ballottage [balɔtaʒ] 團 〔政〕バロタージュ【第1回投票で候補者全員が必要得票数を満たせなかった時】 ▶ **en ballottage** 当選者未決定の **scrutin de ballottage** 決選投票
ballottement [balɔtmɑ̃] 團 動揺
ballotter [balɔte] 他 激しく揺さぶる; 揺れ動く, 板ばさみにする — 自 揺れる, あちこちへ行く ▶ **être ballotté entre** …の間で板ばさみになる, 揺れ迷う

ballottine [balɔtin] 囡 〔料〕バロティーヌ【詰め物をした鶏肉などのロール巻き】
ball-trap [baltrap] 團 クレービジョン射撃; 射撃場
balluchon [balyʃɔ̃] 團 (衣類など身の回り品の)小さな包み, 手荷物 ▶ **faire son balluchon** 《話》荷物をまとめる, 出て行く
balnéaire [balneɛr] 彫 海水浴の ▶ **station balnéaire** 海水浴場; 湯治場
balnéation [balneasjɔ̃] 囡 〔医〕入浴治療
balnéothérapie [balneɔterapi] 囡 〔医〕入浴療法, 温泉療法
bâlois(**e**) [balwa, -az] 彫 图 [B-] バーゼル(Bâle) の(人)
balourd(**e**) [balur, -urd] 彫 图 愚鈍な(人), 不器用な(人) — 團 (機械の)偏心, 鉄 輪が回転軸からずれていること, 不均衡
balourdise [balurdiz] 囡 愚鈍さ, 間の抜けた言葉[行為]
balsa [balza] 團 〔植〕バルサ(材)【熱帯アメリカ原産の木; 軽く, 模型などに用いる】
balsamine [balzamin] 囡 〔植〕ホウセンカ
balsamique [balzamik] 彫 香油の入った; 芳香性の — 團 〔薬〕バルサム剤, (バルサムを含む)鎮痛剤
balte [balt] 彫 バルト海沿岸の ▶ **pays** [**États**] **baltes** [**les** ~] バルト諸国
baltique [baltik] 彫 バルト海の — 囡 [**la** B-] バルト海
baluchon [balyʃɔ̃] 團 = balluchon
balustrade [balystrad] 囡 欄干, 手すり
balustre [balystr] 團 ①手すり・欄干の小柱 ②いすの背もたれの装飾柱 ③スプリングコンパス(= **compas à balustre**)
Balzac [balzak] (Honoré **de** ~) バルザック【1799-1850: フランスの小説家】
balzacien(**ne**) [balzasjɛ̃, -ɛn] 彫 バルザック(風)の — 图 バルザック研究[愛好者]
balzane [balzan] 囡 (馬の脚にある)白斑
bambin(**e**) [bɑ̃bɛ̃, -in] 图 《話》(2歳から4歳くらいの)子ども, 坊や, お嬢ちゃん
bamboche [bɑ̃bɔʃ] 囡 ①〔古〕大型の操り人形 ②《話・古》ちょっとした放蕩, 遊楽
bambocher [bɑ̃bɔʃe] 自 《話》遊楽する, 浮かれ騒ぐ
bambocheur(**se**) [bɑ̃bɔʃœr, -øz] 图 道楽者
bambou [bɑ̃bu] 團 竹; 竹ステッキ ▶ **attraper un coup de bambou** 《話》

日射病にかかる **avoir le bambou** 《話》頭がおかしくなる **C'est le coup de bambou.**《話》(店などが)すごく高い **pousses de bambou** タケノコ(筍)

bamboula [bɑ̃bula] 女 ① (古)タムタム(アフリカの太鼓)②(古)太鼓のリズムで一晩中踊るアフリカのダンス ②《話・古》どんちゃんさわぎ ▶**faire la bamboula**《話》浮かれ騒ぐ

ban [bɑ̃] 男 ① (話)手拍子, 喝采(ネミシ)② 《婚》婚姻公示 (= ~s de mariage)【教会の入口にて, 近く式の行われる婚姻に対する異議の申告をうながす公示】; 〔古〕布告, 公示 ー**publier [afficher] les bans** 公告を出す ③ 布告によって命じられた追放 ー**mettre ... au ban de la société** (人)を社会から追放する, つまはじきにする ④(布告や叙勲式などの際に)太鼓やラッパを鳴らすこと ⑤〔史〕領主による家臣の召集 ▶**ban et l'arrière-ban de sa famille** [le ~] 家族全員

*banal(ale) [banal] 形 (男複 -als)① 平凡な, ありふれた, 月並な ② 〔史〕領主の, 領主に属する

banalement [banalmɑ̃] 副 平凡に

banalisation [banalizasjɔ̃] 女 ① 大衆化, 平凡化, 俗化 ②(警察車両などの)目印の除去

banalisé(e) [banalize] 形 (< banaliser) ① 大衆化(俗化)された ②〔警察車両などが〕目印を外した ▶**voiture banalisée** 覆面パトカー

banaliser [banalize] 他 ① 平凡化する, 俗化する ② 目印を外す ③〔法〕(公の建物などを)特別からはずす ー(代動)〔se ~〕平凡になる

banalité [banalite] 女 ① 平凡さ, 陳腐さ;つまらない話〔文章〕▶**d'une banalité affligeante** とんでもなく陳腐な ー**échanger des banalités** とりとめのない話〔世間話〕をする

*banane [banan] 女 バナナ ② バナナの形をしたもの;《俗》(軍人の)勲章, (車のバンパーの)オーバーライダー; 大型ヘリコプター; ウエスト・ポーチ ▶**avoir la banane** 元気である, 機嫌がよい **peau de banane**《話》(人を陥れるための)卑劣な策略 **se prendre une (peau de) banane** 《話》しくじる, 失敗する

bananer [banane] 他 《話》(話)だまされる ー(代動)〔se ~〕《話》しくじる

bananeraie [bananre] 女 バナナ園

bananier [bananje] 男 バナナの木, バナナ輸送船

bananier(ère) [bananje, -er] 形 バナナの

*banc [bɑ̃ バン] 男 ①〔英 bench〕ベンチ, 腰掛; 席 ▶**banc des accusés** 被告席 **bancs de l'opposition** [les ~] 野党 ② 作業台 ▶**banc d'essai** テストベッド〔エンジンテスト中に使う基台〕; 試金石 ー**être au banc** d'essai 試験段階である ③ 堆積, 層; 群; 岩塊 ▶**banc de poissons** 魚群 **banc de sable** 砂堆〔砂州や砂丘を形成する砂の堆積〕▶**banc de neige**《ケベック》雪の吹きだまり

bancaire [bɑ̃ker] 形 銀行の ▶**carte bancaire** 銀行カード, キャッシュカード

bancal(e) [bɑ̃kal] 形 ① 一本足の, 足の曲がった, がに股の;(家具の)脚がぞろいな ②(思想・計画などが)安定性を欠く, 不正確な

banche [bɑ̃ʃ] 女 (コンクリートの)型枠

bancher [bɑ̃ʃe] 他 (コンクリートを)型枠に流し込む

banco [bɑ̃ko] 男 〈イ〉バンコ〔バカラなどで親に対して一人で賭をする宣言;間投詞的にも用いる〕▶**Banco!** バンコを宣言するときの言葉.《話》挑戦の意思を表す間投詞 **faire banco** (バカラで)バンコをする

bancroche [bɑ̃krɔʃ] 形名 《話》足の曲がった(人); がに股の(人)

bandage [bɑ̃daʒ] 男 ① 包帯(をすること), 帯具 ②(車輪に巻く)鉄帯, タイヤ

bandant(e) [bɑ̃dɑ̃, -ɑ̃t] 形 《話》興奮させる, 勃起させる; おもしろい ▶**pas bandant** おもしろくない, 特筆すべきことはない

*bande[1] [bɑ̃d バンド] 女 ① 帯状のもの, バンド, 縞(&); 包帯; テープ, 映画の(フィルム) ▶**bande audionumérique** デジタルオーディオテープ, DATテープ **bande de terre** 細長い土地 **bande dessinée** 劇画, 漫画〔略BD〕 **bande magnétique** 磁気テープ **bande originale** オリジナルサウンドトラック **bande sonore** サウンドトラック **bande Velpeau** ヴェルポー包帯〔骨折個所を固定する〕**bande vidéo** ビデオテープ ▶**bande d'arrêt d'urgence**(高速道路の)緊急避難用の路肩 **bandes rugueuses**(道路の)減速帯〔注意を促すためにこぼがある〕③(弾力性のある)玉突台の縁へり, クッション ー**par la bande** 間接的に ④(ラジオ・テレビの)周波数帯, バンド(= ~ de frequence)

bande[2] [bɑ̃d バンド] 女 群, 隊, 組, 団, グループ ▶**bande armée** 武装ギャング **Bande de ...!** この《いまいましい》…どもめ! **en bande** 一団となって, 群れをなして **faire bande à part** 単独行動をとる

bande[3] [bɑ̃d] 女 ①〔古〕側面 ②(船が片側に)傾くこと

bande-annonce [bɑ̃dɑnɔ̃s] 女(複 ~s ~)(映画の)予告編

bandeau [bɑ̃do] 男(複 ~x)① はち巻き, ヘアーバンド, 縁ひも; 目隠し布 ②(複)(女性の)まん中で分けてなでつけた髪

bandelette [bɑ̃dlet] 女 細い帯ひも〔包帯〕

bander[3] [bɑ̃de] 他 ① 包帯する, 目隠

banderille ► *avoir les yeux bandés* 明白な事実を認めるのを拒む ②強く引っ張る, 緊張させる ── 自(話) 勃(ぼ)る ③立つ；(人にそれられる, 性的な関心を抱く [pour])

banderille [bɑ̃drij] 囡 バンデリリャ【闘牛でリボンのついた槍】

banderillero [bɑ̃driero] 男 バンデリリェロ【牛に banderille を刺す役目の闘牛士】

banderole [bɑ̃drɔl] 囡 ①(槍やマストの先につける)細長い旗；吹流し；(デモ隊などの)横断幕

bande-son [bɑ̃dsɔ̃] 囡 (複 ~s-~) サウンドトラック

***bandit** [bɑ̃di] 男 強盗, 山賊；欲張り, 悪党, ならず者；(話・諧謔して) ならず者, いたずらっ子 ► *bandits de grand chemin* 街道の追いはぎ

banditisme [bɑ̃ditism] 男 強盗[山賊]行為 ► *grand banditisme* 凶悪犯罪

bandonéon [bɑ̃doneɔ̃] 男 バンドネオン【楽器】

bandoulière [bɑ̃duljɛr] 囡 負い革 ► *en bandoulière* 肩から斜めに掛けて

bang [bɑ̃g] 感 バーン!【爆発の音】── 男(不変) 音速の壁を破るときの衝撃

bangladais(e) [bɑ̃glade, -ez] 形名 【B-】バングラデシュの(人)

Bangladesh [bɑ̃gladɛʃ] 男 バングラデシュ【インドの東に接する国】

banian [banjɑ̃] 男 バンヤンノキ【東インド産のイチジク属の木】

banjo [bɑ̃(d)ʒo] 男 バンジョー【楽器】

***banlieue** [bɑ̃ljø] 囡 郊外, 市外 ► *grande banlieue* 郊外のはずれ *habiter en banlieue* 郊外に住む *proche banlieue* 近郊 *trains de banlieue* (近郊の)通勤電車

banlieusard(e) [bɑ̃ljøzar, -ard] 名形 (特にパリの)郊外に住む人

banne [ban] 囡 ①石炭運搬車 ②(果実などを入れる)柳かご ③(車などに積んだ貨物の)おおい布 ④(店先などの)日よけ

banneton [bantɔ̃] 男 ①(パン屋でパン種のパン生地を入れておく)籠 ②(水中に沈めて釣った魚を生かしておく穴の開いた)籠(い), 箱

banni(e) [bani] 形名 (< bannir) 追放された(人), のけ者(にされた)

bannière [banjɛr] 囡 ①(宗教・スポーツ団体の)団旗, (教会の)行列用の旗, 教会旗, (封建時代の)軍旗 ► *se ranger sous la bannière de* …に賛同[味方]する ②(話) ワイシャツ(のすそ) ► *en bannière* (話) (すそがはみ出た)ワイシャツ姿で

bannir [banir] 他 33 ①(穴) 追放する, のけ者にする ②(考えなどを)遠ざける, (習慣などを)止める ── 代動 [se ~] 亡命する；遠ざかる

bannissement [banismɑ̃] 男 追放, 遠ざけること

:**banque** [bɑ̃k バンク] 囡 ①(英 bank) 銀行(業) ── *Banque centrale européenne* 欧州中央銀行【略 BCE】/ *Banque de France* フランス銀行【略 BF】/ *Banque européenne d'investissement* 欧州投資銀行【略 BEI】/ *Banque européenne pour la reconstruction et le développement* 欧州復興開発銀行【略 BERD】/ *Banque mondiale* 世界銀行 ⇒ BIRD ②(臓器などの)バンク ─ *banque de données* データバンク / *banque du sang* 血液銀行 ③(賭博・トランプの)親元

banquer [bɑ̃ke] 自(話) 支払う, 金を出す

banqueroute [bɑ̃krut] 囡 ①破産, 倒産 ②破綻(た), 破滅 ► *faire banqueroute* 破産[破綻]する

banqueroutier(ère) [bɑ̃krutje, -ɛr] 名 破産者

banquet [bɑ̃kɛ] 男 宴会, 饗(きょう)宴, 祝宴

banqueter [bɑ̃kte] 自 4 宴会に参加する；ごちそうを食べる, 美食する

banquette [bɑ̃kɛt] 囡 ①長椅子, (列車・バスなどの)座席, (背もたれのない木の)腰掛 ②(塹壕(ざんごう)などの)足場 ③(橋・トンネル・運河などの)側道 ④ *banquette irlandaise* (馬術競技で)芝生をはった土手の障害

banquier(ère) [bɑ̃kje, -ɛr] 名 ①銀行家 ②(話) 資金提供者 ③(賭博の)胴元

banquise [bɑ̃kiz] 囡 浮氷塊, 流氷

banyuls [banjuls] 男 バニュルス【Roussillon 産の甘口ワイン】

baobab [baɔbab] 男【植】バオバブ【アフリカ産の大木】

baptême [batɛm] 男 ①【カト】洗礼(式) ► *baptême de l'air* 処女飛行, 初飛行 *baptême du feu* 砲火の洗礼, 初陣 ②(鐘・船などの)命名式

baptiser [batize] 他 ①洗礼を施す ► *baptisé au sécateur* (話) 割礼を受けた；(軽蔑的の)ユダヤ人の *faire baptiser un enfant* 子どもに洗礼を受けさせる ②(物に名前を)つける；あだ名をつける；(ものに)命名する ─ On le baptisa Patrick. 彼はパトリックという洗礼名を授かった ③(話) (ワインや牛乳を)水で割る

baptismal(ale) [batismal] 形 (男複 *-aux*[-o]) 洗礼(用)の

baptisme [batism] 男 (バプティスト派の)洗礼説【洗礼は幼児に施すのではなく, 成人の浸礼によるべきとの学】

baptistaire [batistɛr] 形【宗】洗礼を証明する

baptiste [batist] 形 バプティスト派の ── 名 バプティスト派の人

baptistère [batistɛr] 男 洗礼堂

baquet [bakɛ] 男 (木の)桶, たらい

bar¹ [bar] 男 (< 英) ①(バー・カフェの)

bar カウンター ②パー、酒場

bar² [bar] 男 〖魚〗スズキの類

bar³ [bar] 男 バール〖気圧の単位〗

baragouin [baragwɛ̃] 男, **baragouinage** [baragwinaʒ] 男 わけの分からない言葉[外国語]

baragouiner [baragwine] 他 〘話〙下手くそに話す; わけの分からない言葉を話す ▶ *baragouiner le français [l'espagnol]* 片言のフランス語[スペイン語]をしゃべる

baragouineur(se) [baragwinœr, -øz] 名 わけの分からない言葉を話す人

baraka [baraka] 女 〘話〙幸運 ▶ *avoir la baraka* 運が強い、ついている

baraque [barak] 女 バラック、小屋; 〘話〙ぼろ家、あばら家; 〘話・軽蔑的〙会社、店 ▶ *casser la baraque* 〘話〙(芝居などが)大当たりする

baraqué(e) [barake] 形 〘話〙(人の)体格ががっしりとした

baraquement [barakmɑ̃] 男 (兵隊・避難民・労務者などの)仮宿舎; 飯場小屋

baratterie [baratri] 女 〖海〗(船長・船主の)職務上の過失

baratin [baratɛ̃] 男 〘話〙べらべらしゃべること、口車、(女性への)口説き

baratiner [baratine] 他 〘話〙(女・客を)口車に乗せる、言いくるめる、ひっかける ─ 自 〘話〙べらべらしゃべる

baratineur(se) [baratinœr, -øz] 名 〘話〙口のうまい人

barattage [barataʒ] 男 撹(かく)乳(= ~ *de la crème*)

baratte [barat] 女 (バター製造用の)撹(かく)乳器

baratter [barate] 他 撹(かく)乳する

barbacane [barbakan] 女 バービカン〖中世の城の城外にある小郭、門楼〗

Barbade [barbad] 女 バルバドス〖西インド諸島東部の島国〗

barbadien(ne) [barbadjɛ̃, -ɛn] 形 名 [B-] バルバドスの(人)

barbant(e) [barbɑ̃, -ɑ̃t] 形 〘話〙うんざりさせる、退屈な

barbaque [barbak] 女 〘話〙粗悪な肉、肉

barbare [barbar] 形 ①未開の、野蛮な ②粗野な、粗暴な、良俗に反した; (表現が)不正確な; 残酷な、無情な ③〘古〙(古代ギリシャ・ローマ人からみて)外国の ─ 男 ①粗野な人、教養のない人 ②残酷な人 ③〘複〙野蛮人、蛮族

barbarie [barbari] 女 ①未開、野蛮; 粗野 ②残酷

barbarisme [barbarism] 男 〖文法〗造語; 破格[誤った]語法

***barbe**¹ [barb バルブ] 女 ①(英 *beard*) (ほお・あごの)ひげ〖口ひげは *moustache*〗 ▶ *à la barbe de* (人の) 目の前で *barbe à papa* 綿菓子、綿アメ *fausse barbe* 付けひげ *porter (la, une) barbe* ひげをはやしている *rire dans sa barbe* 陰で笑う、ほくそえむ *se faire la barbe* ひげをそる、ひげの手入れをする *se laisser pousser la barbe* ひげをのばす〖生やす〗 *se raser la barbe* ひげをそる ②(動物・鳥のひげ; 触毛(しょくもう)(麦の)の芒(のぎ); (鳥の)羽枝 ③〘複〙〘技〙金属の切断面のぎざぎざ、切ったページのぎざぎざ ─ 間 ▶ *C'est la barbe! / La barbe! / Quelle barbe!* もうたくさんだ、うんざりだ、やめろ

barbe² [barb] 男 バルブ馬(= *cheval ~*)

barbeau¹ [barbo] 男 (複 ~x) ①〖魚〗ニゴイ[コイ属] ②〘俗〙売春婦のひも; 売春宿の主人

barbeau² [barbo] 男 (複 ~x) 〖植〗ヤグルマギク

Barbe-Bleue [barbəblø] 男 青ひげ 〖ベローの童話の主人公〗; 残忍な夫

barbecue [barbəkju] 男 ①バーベキュー; バーベキュー用の鉄網[台] ②バーベキューパーティー

barbelé(e) [barbəle] 形 とげのある ─ 男 有刺鉄線(= *fil de fer ~*)

barber [barbe] 他 ①〘話〙うんざりさせる; だらす ②〘ケベック〙挑発する ─ 代動 〘話〙うんざりする

barbet(te) [barbɛ, -ɛt] 男 形 バーベット犬の〖長いもじれ毛の獅子犬〗

barbiche [barbiʃ] 女 山羊ひげ

barbichette [barbiʃɛt] 女 わずかな山羊ひげ

barbier [barbje] 男 ①〖史〗(髭を整える)床屋〖18世紀に外科医を兼ねた〗 ②〘ケベック〙床屋

barbifiant(e) [barbifjɑ̃, -ɑ̃t] 形 退屈な

barbifier [barbifje] 他 ①〘話〙(…の)髭(ひげ)を剃(そ)る、整える ②〘話〙(話・人を)うんざりさせる ─ 代動 [se ~] うんざりさせる

barbillon [barbijɔ̃] 男 ①〖魚〗小型のニゴイ ⇒ *barbeau* ②(ニゴイなどの)ひげ; (糸・釣り針の)かえし、(釣り針の)かかり

barbital [barbital] 男 〖薬〗バルビタール〖鎮痛・鎮静剤〗

barbiturique [barbityrik] 形 バルビツール酸の ─ 男 バルビツール酸剤〖鎮痛剤・鎮静剤〗

barbiturisme [barbityrism] 男 〖医〗バルビツール[バルビタール]中毒

barbon [barbɔ̃] 男 〘古・ふざけて〙老人

barboter [barbɔte] 自 ①(泥・水の中で)パチャパチャやる、動き回る ②〖化〗(気体が)液体をくぐる ─ 他 〘話〙盗む

barboteur(se) [barbɔtœr, -øz] 名 ①(泥・水の中を)動き回る人 ②〘話〙泥棒、かっぱらい ─ 男 ガス洗浄びん

barboteuse [barbɔtøz] 女 ロンパース〖幼児の遊び着〗

barbotin [barbɔtɛ̃] 男 〖海〗(錨鎖

barbotine [barbɔtin] 女 ①〔陶器に装飾を接着したり，型に流し込む〕薄いパテ ②水で薄く溶いたセメント

barbouillage [barbuja3] 男〔ペンキなどを〕塗りたくること；下手な絵

barbouillé(e) [barbuje] 形（＜barbouiller）汚れた，塗りたくられた
▶ **avoir l'estomac barbouillé**《話》胃がむかつく

barbouiller [barbuje] 他 ①（…で）汚す《de》▶ **barbouiller l'estomac [le cœur]** 吐き気を催させる ②〔壁などに〕書きなぐる，塗りたくる ③へたな絵を描く〔書く〕，駄文を書く ━ 代動〔*se* ～〕（…で）自分の…を汚す《de》

barbouilleur(se) [barbujœːr, -øːz] 名 下手な〔塗りたくる，書きなぐる〕人；へぼ画家，三文文士

barbouze [barbuz] 女〔俗〕━ 男 ━ 女〔話〕秘密警察官，秘密諜報員，スパイ

barbu(e) [barby] 形 ひげの生えた；ひげ状の毛のある ━ 男 ひげを生やした人；〔鳥〕ゴシキドリの類

barbue [barby] 女〔魚〕ヒラメの類

barcarolle [barkarɔl] 女 バルカロール〔ゴンドラの舟歌；3拍子の舟歌風声楽曲または器楽曲〕

barcelonais(e) [barsəlɔnɛ, -ɛːz] 形 名 [B-] バルセロナの(人)

Barcelone [barsəlɔn] バルセロナ〔スペインの都市〕

bard [baːr] 男 担架；手押し車

barda [barda] 男 ①〔軍〕〔兵隊の装具一式〕②〔話〕道具〔荷物〕一式

bardage [barda3] 男〔工事などで材料を担架や手押し車で運ぶこと

barde¹ [bard] 男〔ケルト族の〕吟遊詩人

barde² [bard] 女 馬の胸部・腎部を守る金属片でできたよろい，〔料〕〔肉を巻く〕薄い脂身〔ベーコン〕

bardeau [bardo] 男（複 ～x）屋根板，こけら板

barder¹ [barde] 他 ①〔よろいで〕覆う，（…で）身を守る《de》②〔肉を焼くときに〕薄い脂身〔ベーコン〕で巻く

barder² [barde] 自〔俗〕険しい雰囲気になる ▶ **Ça va barder!**《話》一荒れしそうだ，やばそうだ

bardot [bardo] 男〔動〕ケッテイ〔雌ロバと雄ウマの交配種〕

barème [barɛm] 男〔運賃・価格などの〕早見一覧表

baréter [barete] 自 ＝ barrir

barge¹ [bar3] 女〔鳥〕オグロシギ

barge² [bar3] 女 ①〔帆を備えた〕平底船；上陸用舟艇 ②〔四角い〕干し草の堆積

barguigner [bargine] 自〔話〕ためらう ▶ **sans barguigner** ためらわず

barigoule [barigul] 女〔プロヴァンス〕〔様々な〕キノコ ▶ **artichauts à la barigoule**〔料〕バリグール風アーティチョーク〔詰め物をしたアーティチョークのソテー〕

baril [bari(l)] 男 小さな樽，バーレル〔石油の容量単位；約159リットル〕

barillet [barijɛ] 男 ①小樽 ②〔機械の〕円筒部；〔ピストルの円筒形の〕弾倉；〔時計の〕ばね箱

bariolage [barjɔlaːʒ] 男 雑多な色に塗りたくること；混ぜした色〔思想，表現〕

bariolé(e) [barjɔle] 形（＜barioler）ごたまぜの，色とりどりの

barioler [barjɔle] 他 色をごたまぜに塗る

barjo(t) [barʒo] 形〔話〕ばかな，頭のおかしい〔jobard の逆さ言葉〕

Bar-le-Duc [barlədyk] バール・デュック〔Meuse 県の県庁所在地〕

barlong(ue) [barlɔ̃, -ɔ̃ːg] 形 長方形の

barmaid [barmɛd] 女（＜英）バーの女給

barman [barman] 男（複 ～s, barmen [-mɛn]）（＜英）バーテン

bar-mitsva [barmitsva] 女（不変）〔ヘブライ〕バル・ミツバー〔ユダヤ教の成人式〕

barn [barn] 男〔物〕バーン〔面積の単位，$10^{-28} \mathrm{m}^2$〕

barnache [barnaʃ] 女 ＝ bernache

baromètre [barɔmɛtr] 男 ①気圧計；晴雨計 ②〔世論などの〕バロメーター；指標

barométrique [barɔmetrik] 形 気圧〔晴雨〕計の

baron [barɔ̃] 男 ①〔史〕封建時代の大領主 ②男爵；勢力家，大立者 ③〔話〕共犯者，さくら

baron [barɔ̃] 男〔羊・子牛の〕後半身の肉

baronne [barɔn] 女 男爵夫人；男爵位をもつ女性

baron(n)et [barɔnɛ] 男〔英国の〕准男爵

baroque [barɔk] 形 ①〔古〕〔真珠が〕いびつな ②奇妙な，異様な ③バロック様式の ━ 男 バロック様式〔建築〕

baroqueux(se) [barɔkø, -øːz] 名〔話〕バロック音楽家

baroquisme [barɔkism] 男〔美術〕バロック様式，バロック調

baroud [barud] 男〔俗〕戦闘；けんか ▶ **baroud d'honneur**〔降伏前に名誉のためにする〕最後の一戦

barouder [barude] 自 戦う

baroudeur(se) [barudœːr, -øːz] 名〔あちこちをへめぐる〕レポーター，ルポライター ━ 男 戦争好きな兵隊，けんか好き；〔政治的な〕好戦的分子

baroufl [baruf] 男〔俗〕大騒ぎ

barque [bark] 女〔甲板のない〕小舟，ボート ▶ **charger la barque** 高望みする **mener [conduire] bien sa**

barque ものごとをうまく処理する *mener la barque* 裁量する,仕切る

barquette [barkεt] 囡 ①バルケット【小舟型のパイやタルトレット】 ②【食品を入れるプラスチックやアルミニウムの】小容器

barracuda [barakyda, barakuda] 男【魚】バラクーダ,カマス

*__barrage__ [baraʒ バラージュ] 男 ①せき止めること; 通行止め *barrage de police*(検問方法の)警察の封鎖物【バリケード】; 警察の非常線 *établir un barrage (routier)* 道路を封鎖する *faire barrage à* (活動などを)妨害する *match de barrage*【スポーツ】出場決定戦 ②ダム,堰【ｾｷ】 ③障害

*__barre__ [bar バール] 囡 ①(木や金属の)棒, 舵[ｶｼﾞ]棒;【スポーツ】(ラグビー・サッカーの)クロスバー (= transversale); 横給,棒を閉じる **▶** (*à*) *toute barre* 全速力で *avoir barre sur* (人に対して)影響力を持つ; (人より)優秀である *avoir un coup de barre* 急に疲れを感じる *barre de menu*【情報】メニュー・バー *barre de mesure*【楽】縦線,小節線 *barre d'espacement*【情報】スペース・バー *barre d'or* 金の延べ棒 *barre fixe*【体操】鉄棒 *barre oblique* スラッシュ【/】 *barres asymétriques*【体操】段違い平行棒 *barres parallèles*【体操】平行棒 *C'est le coup de barre*. 法外な値段だ! 疲れが出るほどだ; 弾が飛び出るほど高い *être à la (tenir la) barre* 舵[ｶｼﾞ]を執る立場にある *mettre [placer] la barre plus haut* 掛け金を上げる *placer la barre trop haut* 基準[望み]を高く置きすぎる *se prendre une barre*【話】笑い転げる,腹を抱えて笑う ②法廷内の柵【裁判官と傍聴人を隔てる】; 証人席 (= *des témoins*); 法廷 ③(港口・河口の)砂州,岩礁; 海岸に打寄せる大波 ④(体の内部の)痛み

barré(e) [bare] 形 (< *barrer*) (道が)通行止めの; (小切手などが)横線を引かれた —*Rue barrée*(掲示)通行止め

barreau [baro] 男 (複〜*x*) ①格子, 柵 **▶** *être derrière les barreaux* 服役中である ②小さな棒 ③[*le* 〜] (集合的)弁護士; 弁護士業; 弁護団

*__barrer__ [bare バレ] 他 ①遮断[ｼｬﾀﾞﾝ]する; 妨げる; (人の)計画を妨げる ②(文字などを)線を引いて抹[ﾏｯ]消する, 横棒を引く ③(船の)舵[ｶｼﾞ]をとる — 代動 *se* 〜 【話】立去る, 逃げる

barrette[1] [barεt] 囡 ①バレッタ, 髪留め ②(勲章の)略綬; 棒状の勲章

barrette[2] [barεt] 囡【カト】ピレタ, (聖職者の)黒い帽子【三隅または四角】; 枢機卿の赤い帽子

barreur(se) [barœr, -øz] 名 (ﾎﾟｰﾄの)コックス ②【話】(ナイトクラブなどの)ドアマン, 用心棒

*__barricade__ [barikad] 囡 ①バリケード; 妨害物 ②(複)内乱, 暴動

barricader [barikade] 他 バリケードでふさぐ, (ドアなどを)しっかり閉ざす — 代動 [*s'* 〜] バリケードに立てこもる; ひきこもる

*__barrière__ [barjεr バリエール] 囡 ①柵, 囲い **▶** *barrière de dégel* (大型車両の)雪解け期間交通制限 *Grande Barrière*【*la* 〜】グレートバリアリーフ【ｵｰｽﾄﾗﾘｱにある世界最大のサンゴ礁】 ②(昔の市の)関税境界, 障壁 **▶** *barrières tarifaires* 関税障壁

barrique [barik] 囡 (運搬用の)大樽 (の中味)【およそ200リットル入り】 *être plein comme une barrique*【話】(食べたり飲んだりして)腹がはちきれんばかりである

barrir [barir] 自[33] (ゾウやサイなどが)鳴く, 吠[ﾎ]える

barrissement [barismɑ̃] 男 (ゾウやサイなどの)叫び声, 吠[ﾎ]え声

bar-tabac [bartaba] 男 (複 〜*s*) たばこも売っているカフェ

bartavelle [bartavεl] 囡【鳥】アカシャコ

Barthélemy [bartelemi] 男 バルテルミー【男子の名】;【*Saint* 〜】バルトロマイ【キリストの十二使徒の一人】

baryte [barit] 囡【鉱物】重土; 酸化バリウム; 水酸化バリウム

baryton [baritɔ̃] 形【楽】バリトン(の)

baryum [barjɔm] 男【化】バリウム

barzoï [barzɔj] 男【犬】ボルゾイ【ロシア原産のウルフハウンド】

*__bas__[1]__(se)__ [bɑ, bɑs バス] 形 ①(高さ・程度・価値・値段・身分・年齢などが)低い, 小さい; 低地の; 海に近い; 下劣の; 卑しい; 卑劣な; 下級[下層]の **▶** *au bas mot* 最低でも, 少なくとも *enfant en bas âge* 年端のいかない子, 幼児 *être au plus bas* 最低である *être à bas pattes* 足が短い ②(時間的に)後代の ▶ *Bas les pattes!* 触るな *mettre bas* (動物が)子を産む *plus bas* もっと下に; (通りの)もっと先[行ったところ]に ③小声の, 低音の; ひそかの ▶ *parler bas / tout bas* 小声で話す — 副 ①(あるものの)下の部分, 低いところに; (家の)階下; (階段の)下に; (丘の)ふもとに **▶** *au bas de* ...の下[下部, 下位]に *avoir des hauts et des bas* 浮き沈み[好不調の波]がある *bas de page*【情報】フッター ▶ *au bas de* ...の下の(で), 下部に[で]; 基部の(に, で), — *avoir mal dans le bas du dos* 腰が痛い *de bas en haut* 下から上へ[まで] *d'en bas* 下の, 階下の (の) ほうの — *en bas* 下の, 下に, 階下に[で] *en bas de* ...の下で; ...より下で *la tête en bas* さかさまに *note au bas de page* 脚注 ②...反対! , ...を倒せ! — *À bas le fascisme!* ファシズムを倒せ!

bas[2] [bɑ] 男 ①長靴下, ストッキング **▶** *bas de laine* 毛糸の靴下; へそくりのお金

basalte [bazalt] 男 [鉱物] 玄武岩

basaltique [bazaltik] 形 [鉱物] 玄武岩(質)の

basane [bazan] 女 ①羊のなめし皮 ②(複)騎兵のズボンのひざ下部につける羊皮

basané(e) [bazane] 形 (肌が)褐色の, 極度に日焼けした

bas-bleu [bablø] 男 文学かぶれの女[才女], 青鞜(ホニルシ)婦人; 学者ぶった女

bas-côté [bakote] 男 ①(歩道がない道で歩行者用にあけてある)路肩 ②教会の側廊

basculant(e) [baskylɑ̃, -ɑ̃t] 形 上下[前後]に傾く

bascule [baskyl] 女 ①計量台; (体重などをはかる)(自動)はかり (= ~ automatique) ②シーソー ▶ **cheval à bascule** 揺り木馬 **fauteuil à bascule** ロッキング・チェア ③[水泳] ジャックナイフ, えび形飛び込み ④[情報] トグル

basculement [baskylmɑ̃] 男 (制御などの)変動, 異変

basculer [baskyle] 自 ①傾く; (…へ)倒れる, ひっくり返る (dans) ②(ある状態に)急に移る ③[情報] トグルする —— 他 傾ける, ひっくり返す; 移す, 移転[移行]させる

bas-de-casse [badkas] 男 (不変) [印] 小文字

*__base__ [baz バズ] 女 ①土台, 基盤 ▶ **base de maquillage** 化粧下地, ファウンデーション ②基盤; 根本原理 ▶ **à la base de** …を基盤とする; …を主成分とする **à la base** 基本[根本]的に **avoir des bases (solides) en …** の基礎がある[しっかりしている] **de base** 基本の, 基本的な, 下層の ③(政党などの)下部組織 ④基地 ▶ **base de départ** 基点, 出発点 **base de données** データベース **base spatiale** 宇宙基地 ⑤[化] 塩基, 塩基性 [数] 底辺, 底面, (対数の)底, 基底

basé(e) [baze] 形 (< baser) (…に)基づいた (sur); (…に)基地のある (à)

base-ball [bɛzbɔl] 男 (< 英) 野球

Bas-Empire [bazɑ̃pir] 男 後期ローマ帝国【4世紀中ごろから西ローマ帝国の滅亡までの期間】

baser [baze] 他 (…に)基盤[基礎・根拠]を置く (sur); (…に)基地を置く (sur, à) —— [代動] **se ~** (…の上に)基盤[根拠]を置く (sur) ▶ **Sur quoi vous basez-vous?** (話) あなたの意見の根拠は何ですか

bas-fond [bafɔ̃] 男 ①(海や川の)浅瀬 ②くぼ地, 窪地, 沼地 ③(複)(社会の)下層[の人々]; どん底

basic, Basic [bazik] 男 (< 英) [情報] ベーシック

basicité [bazisite] 女 [化] 塩基性度

basilic¹ [bazilik] 男 [植] バジル, バジリコ

basilic² [bazilik] 男 ①[動] セビレトカゲ (イグアナに似た中米産の爬虫類) ②[聖] バシリスク【ひとにらみで人を殺した大蛇】

basilique [bazilik] 女 ①(古代ローマの)バジリカ会堂【裁判, 商取引に用いる】 ②[建] (初期キリスト教の)バジリカ教会堂【特に中世初期】ローマのバジリカ会堂を基調にして建てられたキリスト教の会堂】 ③バジリカ聖堂【由緒ある教会に教皇から与えられる称号】

basique [bazik] 形 ①[化] 塩基性の ②基本的な, ベーシックな

basket¹ [baskɛt] 男 (< 英) バスケットボール

basket² [baskɛt] 女 (< 英) (複) (話) バスケット[テニス]シューズ (= chaussures de ~) ▶ **être bien [à l'aise] dans ses baskets** (話) くつろいでいる, 満足する **faire baskets** (話) こっそり逃げる **Lâche-moi les baskets!** (話) 邪魔をしないでくれ, ほっといてくれ

basket-ball [baskɛtbol] 男 = basket¹

basketteur(se) [baskɛtœr, -øz] 名 バスケットボールの選手

basmati [basmati] 男 バスマティ【インド産の細長い米】

basoche [bazɔʃ] 女 (昔の)裁判所書記組合; (軽蔑的)法律家の連中

basophile [bazɔfil] 形 ①[生] 好塩基性の ②[植] アルカリ性土壌を好む

basquaise [baskɛz] 形 (女性形の女) [B-] バスク地方の (女性) ⇒ basque ▶ **à la basquaise** [料] バスク風【トマト・ピーマン・生ハムを付け合わせる】 ——poulet à la basquaise 若鶏バスク風

basque¹ [bask] 形 バスク地方[人, 語]の ▶ **béret basque** ベレー帽 **Pays basque** [le ~] バスク地方【ピレネー山脈西部の地方】 **pelote basque** ⇒ pelote 成句 —— 名 [B-] バスク人 ⇒basquaise —— 男 バスク語

basque² [bask] 女 ペプラム【上着のウエストから下に付けられた部分】, 上着のすそ ▶ **être toujours pendu aux basques de** (人)にしつこくつきまとう

bas-relief [barəljɛf] 男 浅浮彫り

Bas-Rhin [barɛ̃] 男 バ=ラン県【フランス東部; ドイツと接する県】

basse¹ [bɑs] 女 [楽] ①低音, バス (= voix de ~) ②低音[バス]歌手 ③ベース, コントラバス ④(複)(ピアノなどの)低音部

basse² [bɑs] 女 暗礁, 珊瑚(ἐλ)礁

basse(-)cour [bɑskur] 女 (複 ~s-~s) 養鶏(り)場, 家禽飼育場; 家禽

basse fosse [bɑsfɔs] 女 (複 ~s-~s) 土牢

bassement [bɑsmɑ̃] 副 下品に, 卑劣に ▶ **être bassement intéressé** (自分の利益という)さもしい動機に駆られている

bassesse [bases] 囡 下品さ, 卑劣さ; 下品[卑劣]な行為

basset [base] 男 ①バセット【胴が長く脚の短い獵犬】②(話) 足の短い人

bassin [basɛ̃] 男 ①洗面器; 大皿; (病人用の)便器 ― hygiénique ②(公園などの)池, 貯水池; プール; 噴水盤 ③(港の)ドック ④盆地, (川の)流域 ▶ **Bassin parisien**[le～] パリ盆地 ⑤鉱床 ▶ **bassin houiller** 炭田, 炭坑 ⑥骨盤

bassinant(e) [basinɑ̃, -ɑ̃t] 形 (俗)うるさい, うんざりさせる

bassine [basin] 囡 ボール, 手なべ; ボール[手なべ]1杯分

bassiner [basine] 他 ①(話)(人を)うるさがらせる, うんざりさせる ②湿らせる, ぬらす; [園芸] 湿らせる程度の水をやる ③(寝台を)長柄湯たんぽで暖める

bassinet [basinɛ] 男 ①(史) 中世のかぶとの下にある鉄の帽子 ②(昔の)火皿 ③[医] 腎盂(じんう) ④キンポウゲの俗称 ⑤(古)(金を入れる)小さなたらい ▶ **cracher au bassinet** 金をしぶしぶ出す

bassinoire [basinwar] 囡 (古)(長柄つきの)行火(あんか)

bassiste [basist] 男 ①コントラバス奏者 ②ベースギター奏者

basson [basɔ̃] 男 [楽] ①バスーン(=ファゴット) ②バスーン奏者(=bassoniste)

basta [basta] 間 (くだ)(話) ふん, 勝手にしろ; もういい

baster [baste] 自 (スイス)(人に)讓歩する, (…に)屈する (devant)

Bastia [bastja] コルシカの港市; Haute-Corse 県の県庁所在地

bastide [bastid] 囡 ①(プロヴァンスの)田舎の邸宅, 館 ②(中世の)要塞都市

bastille [bastij] 囡 ①[B-] パリのバスチーユ(牢獄) ②砦(とりで), 要塞 ▶ **prise de la Bastille** [la～] バスチーユ奪取 【フランス革命の發端; 1789年7月14日】

bastingage [bastɛ̃gaʒ] 男 ①(船の)甲板の手すり ②(昔の船の)舷側に置いた防火・防御用ハンモック格納

bastion [bastjɔ̃] 男 ①稜堡(りょうほ) ②防壁, 砦(とりで)

baston [bastɔ̃] 男 (俗)けんか, 争い

bastonnade [bastɔnad] 囡 棒で殴ること; むち打ちの刑

bastringue [bastrɛ̃g] 男 (話) ①ダンスホール ②騷々しい音楽[楽団]; 騒々しい騒ぎ ③荷物, 持ち物

bas-ventre [bavɑ̃tr] 男 ①下腹 ②(婉曲に)性器, 陰部

bat [ba] battre の直・現・3・単

bât [ba] 男 (馬・ろばの)荷鞍(にぐら) ▶ **C'est là que le bât blesse.** そこが弱点[困ったところ]だ

bataclan [baklɑ̃] 男 (話) がらくた類 ▶ **et tout le bataclan** その他一切合財

Bataille [bataj] (Georges～) バタ

ユ【1897-1962; フランスの作家・思想家】

***bataille** [bataj] 囡 ①(英 battle) 戦い, 戦闘; 争い, けんか; 闘争 ▶ **au plus fort de la bataille** 戦い[戦闘]の真っ最中に **cheval de bataille** 愛・得(とく)ものがばさぼさの, (帽子などが)あみだの, ゆがんだ ②バタイユ【2人でするトランプ遊び】

batailler [bataje] 自 (…のために; するために)戦う (pour); [不定詞と]…しようと努力する, 苦労する

batailleur(-euse) [batajær, -øz] 形名 けんか[論争]好きな(人)

bataillon [batajɔ̃] 男 ①[軍]大隊 ②(文)軍隊 ③(…の)群れ, 大勢の…(de) ▶ **inconnu au bataillon** (話)まったく知られていない, 無名の

bâtard(e) [batar, -ard] 形 ①私生の, 嫡出(ちゃくしゅつ)でない ―**enfant bâtard** 私生児 ②雜種の ―**chien bâtard** 雜種犬 ③中間の, 折衷的な ― 名 ①私生兒, 庶子; 雜種

bâtard² [batar] 男 バタール(= pain ～)[baguette より短く太いパン]

bâtardise [batardiz] 囡 私生, 庶出; 雜種性

batavia [batavja] 囡 バタビア【レタスの品種】

bâté(e) [bate] 形 (< bâter) 荷鞍(にぐら)をつけた ▶ **âne bâté** 無知な人

***bateau** [bato] 男 (複 ～x) ①(英 ship) 舟, 船, ボート ▶ **mener ... en bateau** (人)をうまく話でだます ②舟遊び, セーリング ③船形のもの ④(歩道をけずった)車の出入り口 ― 形 (不變)ありふれた, 月並みな

bateau-citerne [batositern] 男 (複 ～x～s) タンカー

bateau-mouche [batomuʃ] 男 (複 ～x～s) バトームーシュ【パリのセーヌ川の観光船】

bateau-pilote [batopilɔt] 男 (複 ～x～s) 水先案内船

bateler [batle] 自 ④ (古) 軽業・手品をする

bateleur(-se) [batlær, -øz] 名 どさ回りの役者; おどけ者; 大道芸人, 軽業師

batelier(-ère) [batəlje, -ɛr] 名 (川船の)船頭 ―形 川船の

batellerie [batɛlri] 囡 河川運送業, (集合的)川船

bâter [bate] 他 (…に)荷鞍をつける

bat-flanc [baflɑ̃] 男 (不變) ①馬小屋の仕切り, (寄宿舎などの)寝室の木の仕切り ②(刑務所・山小屋などの)板ベッド

bath [bat] 形 (不變) (話) 親切な, すごくいい; きれいな, すばらしい

bathymétrie [batimetri] 囡 (海の)測深

bathyscaphe [batiskaf] 男 バチスカーフ【深海潛水艇】

bathysphère [batisfɛr] 女 バティスフェール【深海球形潜水器】

bâti(e) [bati] 形 (＜bâtir) ①建物が建てられた ②よく体格の ③[法](土地の)建物つきの ━━ 男 ①枠, 骨組, 構造 ②仮縫い

batifolage [batifɔlaʒ] 男 ふざけること

batifoler [batifɔle] 自 [話]ふざける

batifoleur(se) [batifɔlœr, -øz] 名 ふざける人

batik [batik] 男 ろう染め法［ろうけつ染］(の布), バティック

:bâtiment [batimɑ̃] 男 ①(大型の)建物, 建築物 ②建築業 ③(大型の)船 ▸ *bâtiment de guerre* 軍艦

:bâtir [batir] 他 33 ①建てる, 築く; (理論などを…に基づいて)組み立てる ▸ *bâtir des châteaux en Espagne* 空中楼閣を築く *se faire bâtir une maison* 家を建てる ②仮縫いする ━━ 代動 [se ~] 建てられる, 築かれる

bâtisse [batis] 女 ①建物の石造部分 ②大きくて(不恰好な)建物

bâtisseur(se) [batisœr, -øz] 名 ①建造者; 創始者 ②(夢物語などをつくりあげる人

batiste [batist] 女 バチスト【薄地の麻布】

:bâton [batɔ̃ バトン] 男 ①棒; 杖; 棒状のもの, スティック; 権杖, (権威の象徴としての)杖 ▸ *à bâtons rompus* これ, 脈絡なく ━ *parler à bâtons rompus* とりとめのない話をする *bâton de maréchal* 元帥杖; (人が就きうる)最高位 *bâton de vieillesse* 老後の支え *mettre des bâtons dans les roues à* …の邪魔[妨害]をする ②[話]1万フラン

bâtonnat [batɔna] 男 弁護士会会長の地位[任期]

bâtonner [batɔne] 他 (人を)棒で打つ

bâtonnet [batɔnɛ] 男 ①小さな棒 ②[解] 桿(カン)状体 (= batonnet rétinien)

bâtonnier(ère) [butɔnje, -ɛr] 名 弁護士会会長

batraciens [batrasjɛ̃] 男〔複〕[動] 両生類, 両生綱

battage [bataʒ] 男 ①打つ[たたく]こと ②(穀物などを)たたいて脱穀すること ③[話]大げさな宣伝, (誇大)広告 (= ~ publicitaire)

battant¹(e) [batɑ̃, -t] 形 ①打つ, たたく; はためく ▸ *à l'heure battante* ちょうどその時刻に *battant neuf* 真新しい, 新品の *le cœur battant* 胸をときめかせて

battant² [batɑ̃] 男 ①(戸・窓口の)扉; (様々な器具の)可動部分 ━ porte à double battant [à deux battants] 両開きの戸 ②(鐘の)舌 ━━ 名 女 bat-

tante [-ãt] 闘志満々の人; やり手

batte [bat] 女 ①木槌(つち); (クリケットなどの)バット ②(金属を箔にするために)打つこと

battement [batmɑ̃] 男 ①ぶつかること[音]; (雨の)打ちつける音 ②[バレエ] バットマン【片足を上げて元に戻す動作】 ③(心臓の)鼓動, (まつげの)まばたき, (鳥の)はばたき ④[物理](波の唸(ウナ)り) ⑤[方]合間, 休憩[待ち]時間

batterie [batri] 女 ①[電]バッテリー, 蓄電池 (~ ~ d'accumulators) ②砲列; 砲台; 砲兵中隊 ③打楽器 ④道具, 家財などの一式, 一揃(ソロ)い

batteur [batœr] 男 ①(ソース・マヨネーズ用の)撹拌(カクハン)器 ②(ジャズなどの)ドラマー, 打楽器奏者 ③打つ人; バッター, 打者

batteuse [batøz] 女 ①[工]箔打ち機 ②[農]脱穀機

batti[...] ⇒ battre

battle-dress [batœldrɛs] 男 (不変)(英)戦闘服; ミリタリー調のジャンパー

battoir [batwar] 男 ①(洗濯物をたたく)木のへら ②[話]大きくたくましい手

battons [batɔ̃] battre の直・現・1・複; 命・1・複

battr... ⇒ battre

:battre [batr バトル] 他 9 ①(英 beat) 打つ, たたく, 殴る; (…に)ぶつかる; (太鼓を)鳴らす ▸ *battre ... en brèche* (人を)激しく非難する *battre des mains* 手をたたく, 拍手する *battre froid à* (人)に冷淡な態度をとる *battre son plein* 真っ最中[たけなわ]である ②(…に)打ち勝つ, 破る ▸ *battre à plate(s) couture(s)* [*comme plâtre*] てんぱんにやっつける *battre un record* 記録を破る ③(場所を)捜索する ④かき混ぜる, ホイップする ⑤(トランプを切る) ━━ 自 ①ぶつかって音を立てる; (…に)ぶつかる, 当たる (contre); (…に)打ち合わせる (de); ②太鼓を鳴らす, 太鼓が鳴る ③(心臓の)動悸(ウ)を打つ; 規則正しく揺れ動く ▸ *battre de l'aile* (話)うまくゆかない, 不振である ━━ 代動 [se ~] ①殴り合う, 闘う ②(…と)戦う (avec, contre) ③(…に)全力を尽くす (pour) ④自分の体をたたく; 自分の…を打つ ▸ *se battre les flancs* 無駄な努力をする *s'en battre l'œil* [話]意に介さない[気にしない]

battu(e) [baty] 形 (＜ battre) ①打ちのめされた ▸ *avoir l'air d'un chien battu* (たたかれた犬のように)しょげている *avoir les yeux battus* (疲労・悲しみで)眼の下に隈がある ②敗北した ③(物に)打たれた, 踏み固められた

battue [baty] 女 獣狩の勢出し

baud [bo] 男 ボー【信号波の変調速度を表す単位】

Baudelaire [bodlɛr] (Charles~)

ボードレール [1821–67; フランスの詩人]

baudet [bodɛ] 男 〔話〕ロバ; 種ロバ ▶être chargé comme un baudet (ロバのように)荷物をたくさん背負っている

baudrier [bodrije] 男 ①皮ひも, 肩ひも, 負い革 ②(落下防止用)安全ベルト

baudroie [bodrwa] 女 〔魚〕アンコウ

baudruche [bodryʃ] 女 ①牛・羊の腸から作った薄膜 ②ゴムの薄膜, ゴム風船(= ballon de ~) ③うわべだけの人間

bauge [boʒ] 女 ①(猪などの)巣窟; 汚い場所 ②わらと粘土を混ぜた壁土

baume [bom] 男 ①(ハッカなどの)芳香性の植物 ②バルサム; バルサムを含む鎮痛剤 ▶mettre du baume au cœur de (人)の傷心を慰める, 励ます

baumier [bomje] 男 〔植〕バルサム樹

baux [bo] 男 (bail の複数形)

bauxite [boksit] 女 〔鉱物〕ボーキサイト

:**bavard(e)** [bavaʀ, -aʀd] バヴァール(ヴァルド) 形 ①おしゃべりな, 冗舌な ②口の軽い ▶être bavard comme une pie 本当におしゃべりだ —— 名 〔話〕おしゃべり, 冗舌な人 —— 男 〔俗〕弁護士

bavardage [bavaʀdaʒ] 男 ①おしゃべり ②むだ話, ゴシップ, 陰口

*****bavarder** [bavaʀde] バヴァルデ 自 ①(人と)おしゃべりする(avec) ②秘密を漏らす; 陰口をきく

bavardoir [bavaʀdwaʀ] 男 〔情報〕《ケベック》チャットルーム

bavarois(e) [bavaʀwa, -az] 形 [B-]バイエルン(Bavière) の(人) —— 男 ババロア〔生クリームなどを加えたゼリー状のデザート〕 ▶bavarois aux fraises イチゴのババロア

bavasser [bavase] 自 〔話・軽蔑的〕①おしゃべりする ②悪口を言う

bave [bav] 女 ①よだれ ②(かたつむりなどの)粘液

baver [bave] 自 ①よだれを垂らす ▶en baver 〔話〕辛い[苦しい]時を過ごす ▶en baver des ronds de chapeau 〔話〕ひどい目にあう, 非常に苦労する ②〔話〕(…で)茫然とする(de); 開いた口がふさがらない ③(人の悪口を言う, ひどい中傷をする(sur) ④(インクや絵具が)漏れる, 滲む(à)

bavette [bavɛt] 女 ①よだれ掛け ②前掛けの胸当て ③牛の上方腹部肉 ▶tailler une bavette 〔話〕おしゃべりをする

baveuse [bavøz] 女 〔魚〕イソギンポ

baveux(se) [bavø, -øz] 形 ①よだれを流す; 泡を出す ▶omelette baveuse 半熟のオムレツ ②おしゃべりな

Bavière [bavjɛʀ] 女 バイエルン〔ドイツ南部の州〕

bavocher [bavɔʃe] 自 〔印〕汚く印刷される, (インクなどが)滲む(à)

bavoir [bavwaʀ] 男 よだれ掛け

bavure [bavyʀ] 女 ①(印刷の)インクのにじみ ▶sans bavure(s) (仕事などが)完べきな ②鋳ばり ③〔話〕手落ち, 失敗; 〔警察・軍隊の〕やり過ぎ, 違法行為

bayadère [bajadɛʀ] 女 インドの舞姫; 〔織〕色々な柄の入ったしま模様

bayer [baje] 自 ▶bayer aux corneilles ぽかんと口を開けて(見とれる)ぼんやり時を過ごす

Bayonne [bajɔn] 女 バイヨンヌ〔Pyrénées-Atlantiques 県の大西洋寄りの町〕

bayou [baju] 男 (ミシシッピー川下流域などの)よどんだ入り江

bazar [bazaʀ] 男 ①(中近東の)市場, バザール ②〔話〕様々なものを売る店 ③〔話〕がらくたの寄せ集め; 乱雑 ▶Quel bazar! 〔話〕ひどい散らかりようだ

bazarder [bazaʀde] 他 〔話〕売り払う, さっさと処分する

bazooka [bazuka] 男 《<英》バズーカ

BCBG 形 〔略〕bon chic, bon genre 上品でしゃれた

BCE 女 〔略〕《英 ECB》 Banque centrale européenne 欧州中央銀行

BCG 男 〔略〕bacille bilié de Calmette et Guérin ビーシージー〔結核予防ワクチン〕

BD 女 〔略〕劇画, 長編コマ漫画〔< bande dessinée〕

bd. [bulvaʀ] 〔略〕boulevard 大通り

beach-volley [bitʃvɔlɛ] 男 《<英》ビーチバレー

béant(e) [beɑ̃, -ɑ̃t] 形 ①(目などが)大きく見開いた ②(驚きなどで)目や口をぽかんと開けた

Béarn [beaʀn] 男 ベアルヌ〔フランス南西部の旧地方名; ほぼ Pyrénées-Atlantiques 県にあたる〕

béarnais(e) [beaʀnɛ, -ɛz] 形 [B-]ベアルヌ地方の(人) —— 男 ベアルヌ方言 —— 女 ベアルヌ風ソース(= sauce ~e)〔バターと卵黄などで作る濃い温製ソース〕

beat [bit] 形男 = beatnik

béat(e) [bea, -at] 形 ①〔カト〕(福者に列せられた)至福な ②〔皮肉な意味で〕悟り尽くした; うれしそうな, おめでたい ③〔古〕信心深い

béatement [beatmɑ̃] 副 満足しきって, おめでたく

béatification [beatifikasjɔ̃] 女 〔カト〕列福

béatifier [beatifje] 他 〔カト〕(死者を)福者の列に加える

béatitude [beatityd] 女 ①〔カト〕至福〔選ばれた者が受ける最大の幸福〕 ▶les huit béatitudes 八福〔キリストが山上の垂訓で説いた8つの幸福〕 ②この上ない幸福

beatnik [bitnik] 形名 《<英》ビート族(の), ビート・ジェネレーション(の)

:**beau(belle)** [bo, bɛl] ボー(ベル) 形 [B-](男複 beaux, 女複 belles) 〔母音また

Beaubourg

は無音のhで始まる男性単数名詞の前では bel となる〗①(英 beautiful) 美しい, きれいな; すばらしい, 見事な; (精神的に) 立派な, 気高い ─se faire beau [belle] 着飾る, ドレスアップする; 化粧する / Belle Époque [la ～] ベルエポック, 美しき時代〖戦争もなく芸術や工芸が発達した時期; 1871-1914〗/ Belle Province [la ～] 美しい州〖Québecのこと〗 ②(天気が)晴れた ─Il fait beau. いい天気だ / un beau jour ある日 ③(社会的に)優れた, 上流の ▶ **beau linge** 上流階級〖社交界〗/ **beau monde** 社交界 ④盛りの, 幸せな; 快い ⑤(数量・程度の)大きな, 相当な ─une belle somme かなりの金額, 多額のお金 / au beau milieu 真っ只中に / avoir beau〖+不定詞〗どんなに…してもむだだ / de plus belle (前よりも)一層強く[激しく], 以前よりさらに ⑥(皮肉・反語的に)みごとな, 結構な ─un beau travail 結構なお仕事 / une belle grippe ひどい風邪 / La belle affaire [histoire]! それがどうしたっていうんだ / en faire de belles 《話》ばかなことをする / en faire voir de belles à ...《話》(人)をさんざんな目にあわせる ⑦▶**bel et bien** 実に, まったく ─男 ①美しい[すばらしい]もの, 人 ─C'est du beau! (反語的に)(子供に)わるさをしたな! / faire le beau (犬が)ちんちんする ⑧(古)(男が)めかす, 気取る (女性の場合は faire la belle) ②美点, 長所 ③晴天 ─au beau fixe (天候・関係などが)安定した ─女 ⇨belle

Beaubourg [bobur] 男 ボーブール〖パリのポンピドゥーセンター(とその周辺地域)の呼称〗

Beauce [bos] 女 ボース〖パリ南西地方の平野; 小麦の産地〗

beauceron(ne) [bosrɔ̃, -ɔn] 形 名〖B-〗ボースの(人)

beaucoup [boku ボクー] 副〖比較級はplus〗①(英 a lot, much)〖量〗たくさん, 《程度》たいへん, とても, 非常に, 《頻度》頻繁に ②(英 a lot of, much, many)〖~ de〗たくさんの…, 多くの… ─beaucoup d'arbres たくさんの木 / avec beaucoup de soin きわめて慎重に ③〖名詞的に〗(英 a lot, much, many) 多くの人, たくさんのこと[もの]; 多いこと, 大切なもの ─Beaucoup pensent que ... 多くの人が…だと思っている / Il y a beaucoup à voir. 見るべきものがたくさんある / C'est beaucoup dire.《話》それじゃあ言い過ぎだ / C'est déjà beaucoup.《話》それだけでもたいしたものだ / de beaucoup はるかに, ずっと / être pour beaucoup dans ...〖に大いに関係している, 多大に関与している ④〖比較級や副詞の前に比較級を強めて〗はるかに, ずっと ─C'est beaucoup mieux.《話》その方が(前より)全然いいよ / beaucoup trop vite とても速過ぎる

---

bébé

beau-dab [bodab] 男 《俗》義父

beauf¹ [bof] 男《話》= beau-frère

beauf² [bof] 男 偏狭なフランス人

***beau-fils** [bofis ボフィス] 男 (複~-x~s) ①前の妻の息子, 継子(ｹﾞｲｼ) ②婿(ｻｺ)

Beaufort [bofɔr] ►**échelle de Beaufort** ビューフォート風力階級表〖目測によって13段階に分けた風速の程度〗

beaufort [bofɔr] 男 サヴォワ地方の牛乳で作ったチーズ

beau-frère [bofrɛr] 男 (複~-x-~s) 義兄[弟], 妻[夫]の兄弟; (義)姉妹の夫

beaujo [boʒo] 男 《話》ボージョレワイン

Beaujolais [boʒɔlɛ] 男 ボージョレ〖Rhône 県の北部の地域; Saône 川流域のワインの産地〗

beaujolais [boʒɔlɛ] 男 (= vin de B-~) ボージョレワイン ►**beaujolais nouveau** [le ~] ボージョレヌーヴォー〖ボージョレワインの新酒; 収穫年の11月に発売される〗

beaujolpif [boʒɔlpif] 男 《話》ボージョレワイン

Beaune [bon] 女 ボーヌ〖Côte-d'Or 県南部の町; ワインの産地〗

beaunois(e) [bonwa, -az] 形 名〖B-〗ボーヌの(人)

***beau-père** [bopɛr] 男 (複~-x-~s) ①継父, 義父 ②妻[夫]の父; 舅(ｼｭｳﾄ)

beaupré [bopre] 男 〖海〗バウスプリット, 斜檣(ｼｬｼｮｳ)〖帆船の斜め前に突き出たマスト〗

***beauté** [bote ボテ] 女 ①(英 beauty) 美しさ, 美 ▶**de toute beauté** 非常に美しい **en beauté** 見事に, すばらしく ─**être en beauté** (女性の)美しさが際立っている **grain de beauté** ほくろ **produits de beauté** 化粧品 **se (re)faire une beauté** 美しく化粧する[装う] ②美人 ③《複》(女性の)魅力, (事物・作品などの)美点

Beauvais [bovɛ] 男 ボーヴェ〖Oise 県の県庁所在地〗

***beaux-arts** [bozar ボザール] 男《複》芸術; (造形)美術〖建築, 彫刻, 絵画など〗; 美術学校 ►**faire les beaux-arts** 美術学校に通う

***beaux-enfants** [bozɑ̃fɑ̃ ボザンファン] 男《複》義理の子〖血のつながりのない結婚相手の子供〗

***beaux-parents** [bozparɑ̃ ボパラン] 男《複》義父母; 舅(ｼｭｳﾄ)と姑(ｼｭｳﾄﾒ)

***bébé** [bebe ベベ] 男 (英 baby) ①赤ちゃん, 赤ん坊 ─**attendre un bébé** 妊娠している / faire le bébé 赤ちゃんみたいにふるまう / jeter le bébé avec l'eau du bain 角を矯めて牛を殺す ②(赤ちゃんに似せた)人形, ベビー人形 ③《話》厄介な問題, refiler le bébé《話》面倒を押し付ける ─形《不変》赤ちゃんのような

bébé-bulle [bebebyl] 男 (免疫不全で)無菌保育室に入れられた新生児, バブル・ベビー

bébé-éprouvette [bebeepruvɛt] 男 (複 ~s-~s) 試験管ベビー

bébête [bebɛt] 形 (話) 幼稚な, ばかな —男 (幼児) 小動物, 虫

be-bop [bibɔp] 男 (楽) ビーバップ (即興的なジャズの一種またその踊り)

bec [bɛk] ベク 男 ① (英 beak) (鳥の)くちばし; (魚などの)口; (人の)口; (物の)口, 先端 —**défendre ... bec et ongles** ... を必死で守る / **donner un bec à qn** ...にキスをする / **rester le bec dans l'eau** 待ちぼうけを食わされる, 途方に暮れる ▶**avoir une prise de bec avec ...** (人)と口げんかをする **bec fin** 食通, グルメ **bec verseur** 注ぎ口 **claquer du bec** (話) 腹がへっている **clouer le bec à ...** (人)を黙らせる **coup de bec** とげのある言葉 ② (北部) キス ③ 火口(な), バーナー **bec à gaz** ガスバーナー **bec de gaz** (街路の)ガス灯(の支柱) ④ (地形の)岬; 砂嘴(ミ) ⑤ (話) 障害 —**tomber sur un bec** (話) 思いがけない障害にぶつかる

bécane [bekan] 女 (話) ①自転車; バイク ②道具; 機械, (主に)コンピュータ

bécard [bekar] 男 (口がくちばし状の)雄サケ; 川カマス

bécarre [bekar] 男 (楽) 本位記号, ナチュラル

bécasse [bekas] 女 ①(鳥) ヤマシギ ②だまされやすい[ばかな]女性

bécasseau [bekaso] 男 (複 ~x) (鳥) ハマシギ

bécassine [bekasin] 女 ①(鳥) シギ ②ばかな[お人好しの]娘

because [bikoz] 接続 (中ろけ)(話) なぜなら, …の理由で (= parce que)

bec-croisé [bɛkkrwaze] 男 (複 ~s-~s) (鳥) イスカ

bec-d'âne [bɛkdan] 男 (複 ~s-~) = bedane

bec-de-cane [bɛkdəkan] 男 (複 ~s-~-~) (くちばし形の)てね錠(の取手)

bec-de-lièvre [bɛkdəljɛvr] 男 (複 ~s-~-~) 三口(?), 兎唇

bêchage [bɛʃaʒ] 男 掘ること

béchamel [beʃamɛl] 女 (料) ベシャメル・ソース (= sauce ~) [牛乳でのばしたホワイトソース]

bêche [bɛʃ] 女 鋤[壱], シャベル

bêche-de-mer [bɛʃdəmɛr] 女 = bichlamar

bêcher[1] [beʃe] 他 掘り起こす

bêcher[2] [beʃe] 他 (話)(人)をけなす; (人)に高くてお高くとまる; (...を)鼻でわらう

bêcheur(se) [bɛʃœr, -øz] 名 (話) 他人の悪口を言う人; お高くとまっている人

béchique [beʃik] 形 せき止めの ▶ **sirop béchique** せき止めシロップ(薬)

bécot [beko] 男 (話) (軽い)キス

bécoter [bekɔte] 他 (話) (軽く)キスする —**se ~** キスし合う

becquée [beke] 女 小鳥がくちばしでついばむ餌(☆), ひなに与える餌 ▶ **donner la becquée à ...** に少しずつ食べさせてやる

becquerel [bɛkrɛl] 男 (物) ベクレル (放射能の単位; 略 Bq)

becquetance, bectance [bɛktɑ̃s] 女 (俗) 食べ物; 食事

becqueter [bɛkte] 他 ①ついばむ ②(俗) 食べる —**代動 se ~** くちばしでつつき合う; (話) キスし合う

becter [bɛkte] 他 = becqueter

bedaine [badɛn] 女 (話) 太鼓腹

bédane [bedan] 男 片穴用のみ

bédé [bede] 女 漫画本(本)

bedeau [bado] 男 (複 ~x) 教会の番人, 香部屋係

bédéiste [bedeist] 名 漫画好き[愛好家]

bédéphile [bedefil] 名 漫画好き[愛好家]

bedon [badɔ̃] 男 (話) 太鼓腹(の人)

bedonnant(e) [badɔnɑ̃, -ɑ̃t] 形 (話) 腹の出た, 太った

bedonner [badɔne] 自 (話) 腹が出る

bédouin(e) [bedwɛ̃, -in] 形 ベドウィンの —名 [B-] ベドウィン族[アラブ系遊牧民] —男 ベドウィン語

bée [be] 形 (女性形のみ) ▶ **bouche bée** (驚きなどに)口をぽかんとあけている (de) ▶ **être bouche bée devant**(人)を無条件に賛嘆する

beefsteak [bifstɛk] 男 = biftek

béer [bee] 自 口をぽかんとあける(見とれる)

beffroi [befrwa] 男 ①(市役所などの)塔, 鐘楼; (教会の塔; 物見やぐら) ②(中世, 要塞の包囲陣で使われた)移動式の塔

bégaiement [begɛmɑ̃] 男 ①どもること ②(子どもの)片言 ③たどたどしい試み

bégayer [begeje] 自 どもる, 口ごもる; (赤ちゃんが)片言を言う —他 口ごもりながら言う

bégonia [begɔnja] 男 (植) ベゴニア ▶ **charrier dans les bégonias** (話) 大袈裟なことを言う ▶ **être dans les bégonias** (話) 意識を失っている

bègue [bɛg] 形 どもる, 吃音障害のある —名 どもる人, 吃音障害者

bégueule [begœl] 形 淑女ぶった; 気取った —名 淑女ぶる女性

bégueulerie [begœlri] 女 淑女ぶった女

béguin [begɛ̃] 男 ①(話) (一時の)恋心, 浮気心; 恋人 ▶ **au béguin** 愛情から ▶ **avoir le béguin pour ...**

béguinage (人)に熱を上げる ②(あごひもで留める)帽子 ►ベギン会修道女がかぶっていたので】

béguinage [beginaʒ] 男 ベギン会修道院

béguine [begin] 女 ベギン会修道女

bégum [begɔm] 女 (インドの)王妃, 王女

behaviorisme [bie(a)vjɔrism] 男 《〈英〉行動主義心理学》

behavioriste [bie(a)vjɔrist] 名 行動主義者

***beige** [bɛʒ べジュ] 形 ベージュ色の

beigne [bɛɲ] 女 《俗》平手打ち, びんた

beignet [bɛɲɛ] 男 〔料〕ベニエ【魚・野菜・果物などを衣にくるんで揚げたもの】

béké [beke] 名 (クレオール) ベケ【フランス領 Antilles 生まれの白人】

bel¹ [bɛl] beau の男性形第2形

bel² [bɛl] 男 〔物〕 ベル【音の単位】

bêlant(e) [bɛlɑ̃, -ɑ̃t] 形 ① メエメエと鳴いている ② 《話》震え声の

bel canto [bɛlkɑ̃to] 男 《イ》ベルカント【17-18世紀イタリアオペラの歌唱法】

bêlement [bɛlmɑ̃] 男 ①(羊ややぎの)メエという鳴き声 ②泣きごと,訴え

bélemnite [belɛmnit] 女 〔古生〕ベレムナイト【白亜紀に絶滅した軟体動物】

bêler [bele] 自 ① 《羊・やぎが)メエと鳴く ②(羊のような)震え声で言う〔歌う〕 ③泣きごとを言う

belette [bəlɛt] 女 〔動〕イタチ

Belfort [bɛlfɔr] 男 ベルフォール【Territoire de Belfort 県庁所在地】

belfortain(e) [bɛlfɔrtɛ̃, -ɛn] 形 [B-] ベルフォールの(人)

belge [bɛlʒ] 形 《英 Belgian》ベルギー(人)の — 名 [B-] ベルギー人

belgicisme [bɛlʒisism] 男 ベルギーのフランス語法【ベルギー特有の表現や語彙】

***Belgique** [bɛlʒik ベルジク] 女 《英 Belgium》ベルギー ⇒[コラム: ベルギー]

Belgrade [bɛlgrad] 男 ベオグラード【ユーゴスラヴィアの首都】

bélier [belje] 男 ①雄羊 ②[B-]〔天〕牡羊座 ③(昔の)破城槌 ④水撃ポンプ; 水撃作用, ウォーター・ハンマー

bélinogramme [belinɔgram] 男 ブラン式電送写真

bélinographe [belinɔgraf] 男 《話》

bélino [belino] 男 ブラン式電送写真装置

bélître [belitr] 男 《古》ろくでなし, やくざ者

Belize [beliz] 男 ベリーズ【中米のカリブ海に臨む国】

bélizien(ne) [belizjɛ̃, -ɛn] 形 名 [B-] ベリーズの(人)

belladone [bɛladɔn] 女 〔植〕ベラドンナ

bellâtre [bɛlɑtr] 男 《軽蔑的》軽薄でうぬぼれた二枚目

belle [bɛl] 形 beau の女性形 — 女 ①美人, 美女 ► Belle au bois dormant 《La ~》「眠り姫」; Belle et la Bête 《La ~》「美女と野獣」 ②恋人, 女 ③決勝機

belle-de-jour [bɛldəʒur] 女 (複 ~s-~s) 〔植〕ヒルガオ(昼顔)

belle-de-nuit [bɛldənɥi] 女 (複 ~s-~s) ①〔植〕オシロイバナ ②《俗》(夜働く)売春婦

belle-famille [bɛlfamij] 女 (複 ~s-~s) 義理の家族

***belle-fille** [bɛlfij] 女 (複 ~s-~s) ①義理の娘, 継娘 ②嫁

Belle-Île [bɛlil] 女 ベル島【ブルターニュ南方のビスケー湾にある島】

***belle-mère** [bɛlmɛr ベルメール] 女 (複 ~s-~s) ①義母, 継母 ②姑(ｼｭｳﾄﾒ)

belles-lettres [bɛllɛtr] 女 (複) 純文学, 文芸

***belle-sœur** [bɛlsœr ベルスール] 女 (複 ~s-~s) ①義姉[妹] ②(義)兄弟の妻

bellicisme [bɛlisism] 男 好戦的な考え方[態度], 主戦論

belliciste [bɛlisist] 形 好戦的な — 名 好戦主義[論]者

bellifontain(e) [bɛlifɔ̃tɛ̃, -ɛn] 形名 [B-] フォンテンブロー (Fontainebleau) の(人)

belligérance [beliʒerɑ̃s] 女 交戦状態

belligérant(e) [beliʒerɑ̃, -ɑ̃t] 形 (国が)交戦中の — 名 交戦国, 戦闘員

belliqueux(se) [belikø, -øz] 形 ①好戦的な, 戦争をあおる ②けんか好きな

belon [bəlɔ̃] 女 ブロン【ブルターニュ産の平たい牡蠣(ｶｷ)】

belote [bəlɔt] 女 〔トランプ〕ブロット【32枚のカードを使って2人から4人で行う】

béluga [belyga], **bélouga** [beluga] 男 ①シロイルカ, シロクジラ ②シロチョウザメ【キャビアがとれる】 ③小型ヨット

belvédère [bɛlvedɛr] 男 (名所などの)見晴らし台, 展望テラス

bémol [bemɔl] 形 (不変)〔楽〕変音の — 男 〔楽〕変記号, フラット [♭]; フラットのついた音 ► en si bémol 変ロ調で; mettre un bémol à …への語調[態度]を和らげる

bémoliser [bemɔlize] 他 ①〔楽〕 (…に)変記号[フラット]をつける, 半音下げる ②《話》(態度・語調などを)和らげる

***ben** [bɛ ベン] 副 《話》①《田舎》よく, たしかに (= bien) ②まあね, そぅう — Eh bien いやぁ▼

bénédicité [benedisite] 男 〔カト〕食前の祈り

***bénédictin(e)** [benediktɛ̃, -in] 形 ベネディクト会の — 名 ベネディクト会の修道士[女]; 篤学の士 — 女 ベネ

bénédiction [benediksjɔ̃] 囡 ①神の恵み［祝福］: 天恵, 幸運 ②(司祭による)祝福: 聖体降福式（聖体賛美式）（人に対する)祝福, 賛同, 感謝の言葉

bénef [benef] 男 《話》もうけ, 利益 (= bénéfice)

*__bénéfice__ [benefis] ベネフィス 男 ① もうけ, 利益 ②利点, 恩恵 ―bénéfice de ···「···のために, ···の得になるから」 ③(法的に認められた)特権, 特典 ―bénéfice du doute 「疑わしきは罰せず」の原則

bénéficiaire [benefisjɛʀ] 形 利益を生む, 黒字の ― 图 利益を受取る人

*__bénéficier__ [benefisje] ベネフィシエ 圓 ①(…の)恩恵に浴する; （…から)利益を得る《de》②(…の)得になる, 役にたつ《à》

bénéfique [benefik] 形 ①好都合な, 有利な ②《占いで》よい運勢をもたらす

Benelux, Bénélux [benelyks] 男 ベネルックス（《les pays du ~》）【ベルギー・オランダ・ルクセンブルグの3国の総称】

benêt [bənɛ] 形《男性形のみ》間抜けの, 頭の鈍い ― 男 間抜け, ばか

bénévolat [benevɔla] 男 奉仕[無償]の行為, ボランティア活動

bénévole [benevɔl] 形 ①無料の, 無報酬の ②篤志家, ボランティア

bénévolement [benevɔlmɑ̃] 副 ①無報酬で, ただで ②好意的に

Bengale [bɛ̃gal] 男 《le ~》ベンガル【インドとバングラデシュにまたがる地方】

bengali [bɛ̃gali] 形《不変》名 [[B-]] ベンガル(人) ― 男 ①ベンガル語 ②〔鳥〕ベニスズメ（紅雀）

ベルギー

- **首都**：ブリュッセル（EUの本部がある）
- **行政**：立憲君主制
- **言語**：南部はフランス語圏，北部はオランダ語圏，東部の一部がドイツ語圏，首都のブリュッセルは北部にあるが，フランス語・オランダ語共用

■ 祝日

1月1,2日	le Jour de l'An	元日
3, 4月	※Pâques	復活祭（春分以降最初の満月の次の日曜日）
	le Lundi de Pâques	復活祭の翌日の月曜日
5月1日	Fête du travail	メーデー
4, 5, 6月	※l'Ascension	キリスト昇天祭（復活祭40日後の木曜日）
5, 6月	※la Pentecôte	聖霊降臨祭（復活祭の7週後の日曜日）
	※le Lundi de Pentecôte	聖霊降臨祭の翌日の月曜日
7月11日	Fête de la Communauté flamande	フラマン語共同体の祝日
7月21日	Fête Nationale	ナショナル・デー
8月15日	l'Assomption	聖母被昇天祭
9月27日	Fête de la Communauté française	フランス語共同体の祝日
11月1日	la Toussaint	諸聖人の祝日
11月11日	l'Armistice 1918	第1次大戦休戦記念日
11月15日	Fête de la Communauté germanophone	ドイツ語共同体の祝日
12月25, 26日	Noël	クリスマス

（※は移動祝祭日）

■ 世界遺産

- Béguinages flamands　フランドル地方のベギン会修道院
- Les quatre ascenseurs du canal du Centre et leur site, La Louvière et Le Roeulx (Hainault)　中央運河にかかる4機の水力式リフトとその周辺の ル・ルヴィエール及びル・ルー（エノー）
- La Grand-Place de Bruxelles　ブリュッセルのグラン・プラス
- Beffrois de Belgique et de France　ベルギーとフランスの鐘楼群
- Le centre historique de Bruges　ブリュージュの歴史地区
- Habitations majeures de l'architecte Victor Horta (Bruxelles)　建築家ヴィクトール・オルタによる主な邸宅群（ブリュッセル）
- Minières néolithiques de silex de Spiennes (Mons)　スピエンヌの新石器時代の火打石の鉱山発掘地（モンス）
- Cathédrale Notre-Dame de Tournai　トルネーのノートル・ダム大聖堂
- Complexe Maison-Ateliers-Musée Plantin-Moretus　プランタン・モレトゥスの家屋・工房・博物館複合体
- Palais Stoclet　ストックレー邸

béni(e) [beni] 形 (< bénir) 幸いな, 祝福された

bénignité [beniɲite] 女 ①[病]良性であること ②[文]優しさ;寛大さ

Bénin [benɛ̃] 男 ベナン [アフリカ西部のギニア湾に臨む国]

bénin(igne) [benɛ̃, -iɲ] 形 ①穏やかな, 軽い; 寛大な;[医]良性の ②[文]温厚な, 優しい; 柔和な

béninois(e) [beninwa, -az] 形名 [B-] ベナンの(人)

béni-oui-oui [beniwiwi] 男[不変] (話・古] 追従者, イエスマン

bénir [benir] 他 33 ①(人のために)神の加護を祈る, 祝福する ②たたえる, 感謝する, 心から喜ぶ

bénit(e) [beni, -it] 形 (< bénir) 聖別された, 神聖な ▶ **eau bénite** 聖水

bénitier [benitje] 男 聖水盤

benjamin(e) [bɛ̃ʒamɛ̃, -in] 男 末っ子;(グループの)最年少者

benjoin [bɛ̃ʒwɛ̃] 男 安息香

benne [ben] 女 ①(鉱石などの)運搬車, トロッコ ②ダンプカーの荷台 ③(起重機などの)バケット ④ ▶ **benne à ordures** ごみ収集トラック

benoît(e) [bənwa, -at] 形名 猫かぶりの, 殊勝らしい

benoîtement [bənwatmɑ̃] 副 (軽蔑的)猫かぶりで

benthique [bɛ̃tik] 形 底生生物の

benthos [bɛ̃tos] 男 [生]底生生物, ベントス

benzène [bɛ̃zɛn] 男 [化]ベンゼン

benzénique [bɛ̃zenik] 形 [化]ベンゼンの

benzine [bɛ̃zin] 女 [化]ベンジン

benzodiazépine [bɛ̃zodjazepin] 女 [薬]ベンゾジアゼピン[精神安定剤]

benzol [bɛ̃zɔl] 男 [化]ベンゾール

béotien(ne) [beɔsjɛ̃, -ɛn] 形名 粗野な, 無教養な(人)

BEP (略) brevet d'études professionnelles 職業教育修了証書

BEPC 略 brevet d'études du premier cycle (昔の)前期中等教育終了証書

béquée [beke] 女 = becquée

béquille [bekij] 女 松葉杖(ぷ);支え

berbère [berber] 形 ベルベルの ― 名 [B-]ベルベル人[北アフリカの種族] ― 男 ベルベル語

bercail [berkaj] 男 (不変) ①羊小屋;カトリック教会 ②家, 家庭, 故郷 ▶ **rentrer au bercail** 我が家[故郷]に帰る

berceau [berso] 男 (複 ~x) ①揺りかご;幼少期;発祥の地, 起源 ②筒形弓形繰(***)°), 半円筒ヴォールト(= voûte en ~)

bercelonnette [bersələnet] 女 (舟型の脚にのせた)小型の揺りかご

bercement [bersəmɑ̃] 男 (揺りかごを)静かにゆすること

***bercer** [berse ベルセ] 他 52 ①(揺りかごで)ゆする;(文)(…で)育てる (de) ②心を静める, なぐさめる ③(人に…で)幻想[むなしい希望]を抱かせる (de) 一動 [se ~] (…で)自分を欺く (de) ▶ **se bercer d'illusions** 思い違いをする;いい気になる

berceuse [bersøz] 女 ①子守歌 ②揺りかご, ロッキング・チェアー

Bercy [bersi] ベルシー [パリ12区の大蔵省や多機能体育館などがあるセーヌ河畔の地区]

***béret** [bere ベレ] 男 ベレー帽 (= ~ basque)

Bérézina [berezina] [la ~] ベレジナ川[ベラルーシを流れる川; 1812年ナポレオン軍がロシア遠征で大敗した場所] ▶ **C'est la Bérézina!** 大失敗だ, しまった, まずい

bergamasque [bergamask] 形 [B-]ベルガモの(人) 一 女 ベルガマスク [18世紀に流行した舞踊(曲)]

Bergame [bergam] ベルガモ [イタリア北部の都市]

bergamote [bergamɔt] 女 [植] ①ベルガモット[柑橘(***)類の一種] ②ベルガモット[梨の一種]

berge[1] [berʒ] 女 土手

berge[2] [berʒ] 男 (話) 年齢, 歳

berger(ère) [berʒe, -er] 名 ①羊飼い ②聖職者, 牧師;(民衆の)指導者 ― 男 羊の番犬, 牧羊犬 (= chien de ~)

bergère [berʒer] 女 (クッションのついた)大型の安楽いす

bergerie [berʒəri] 女 羊小屋 ▶ **enfermer [laisser entrer] le loup dans la bergerie** 危険なものを招き入れる

bergeronnette [berʒərɔnet] 女 [鳥]セキレイ

béribéri [beriberi] 男 [医]脚気(鈴)

berk [berk] 間 (話)(不快を表して)ゲー, ウェー

berkélium [berkeljɔm] 男 [化]バークリウム

Berlin [berlɛ̃] ベルリン [ドイツの首都]

berline [berlin] 女 セダン型自動車

berlingot [berlɛ̃go] 男 ①(ピラミッド型の)キャンデー, ボンボン ②(ミルクやジュースの容器の)テトラパック

berlinois(e) [berlinwa, -az] 形名 [B-]ベルリンの(人)

berlue [berly] 女 幻覚 ▶ **avoir la berlue** 幻覚を見る

bermuda [bermyda] 男 (< 英) バミューダ(ショーツ)

Bermudes [bermyd] 男 (複) [les ~] バミューダ[北大西洋西部の英国領の島群]

bermudien(ne) [bermydjɛ̃, -ɛn] 形名 [B-]バミューダの(人)

bernache [bernaʃ] 女 [鳥]クロガン

bernardin(e) [bɛrnardɛ̃, -in] 名 シトー会修道士[女]

bernard-l'(h)ermite [bɛrnarlɛrmit] 男 [動] ヤドカリ

Berne [bɛrn] ベルン【スイスの首都】

berne [bɛrn] 女 [成句でのみ] ▸**en berne** 半旗の位置にかかげた

berner [bɛrne] 他 だます、かつぐ

bernique[1] [bɛrnik] 女 [貝] カサガイ

bernique[2] [bɛrnik] 間 〔古・話〕 だめだ！落胆を表す

bernois(e) [bɛrnwa, -az] 形 [B-] ベルンの[人]

berrichon(ne) [beriʃɔ̃, -ɔn] 形名 [B-] ベリーの(人); ベリ方言

berruyer(ère) [berɥje, -ɛr] 形 ブールジュ(Bourges)の ― 名 [B-] ブールジュの人

Berry [beri] 男 ベリ【フランス中部の旧地方名; 現在は Cher, Indre と Indre-et-Loire にあたる】

béryl [beril] 男 [鉱] 緑柱石

béryllium [beriljɔm] 男 [化] ベリリウム

berzingue [bɛrzɛ̃g] 男 [成句でのみ] 〔話〕▸**à tout(e) berzingue** 全速力で、全力で、いっぱいに

besace [bəzas] 女 (2つに折って肩に掛ける)ずだ袋

Besançon [bəzɑ̃sɔ̃] ブザンソン【Doubs 県、フランシュ・コンテ地方の首府】

bésef [bezɛf] 副 〔話〕 たくさん ▸**Il n'y en a pas bésef.** そんなにありません。

bésicles, besicles [bezikl] 女 (複) 〔古・ふざけて〕 めがね

bésigue [bezig] 男 ベジッグ【トランプ遊びの一種】

besogne [bəzɔɲ] 女 (課せられた)仕事、労役 ▸**aller vite en besogne** 仕事を手っ取り早くやる; 途中まで飛ばす

besogner [bəzɔɲe] 自 (嫌な)仕事をする、働く ― 他 〔話〕性的関係をもつ

besogneux(se) [bəzɔɲø, -øz] 形 あくせく働く ― 名 ② 貧乏人

*__besoin__ [bəzwɛ̃] ブズワン 男 ① 〔英 need〕必要、欲求; 不足、貧乏 ②(複) (生活)必需品; 生活費 ▸**au besoin** 必要な場合には、必要ならば ▸**avoir besoin de...** (すること)を必要とする ▸**dans le besoin** 金に困って、貧しくて ▸**en cas de besoin** 必要な場合には ▸**pour le(s) besoin(s) de la cause** 自分の立場を守るために、自分の都合のいいように ▸**si besoin est** 必要があれば ▸**subvenir aux besoins de** (人)に必要なものを供給する ②〔話〕便意 ▸**faire ses besoins** 大便をする / **besoin naturel** 便意

bessemer [bɛsmɛr] 男 ベッセマー法【溶けた銑鉄から鋼を生産する方法】

bestiaire [bɛstjɛr] 男 ①(古代ローマの)闘獣士 ②(中世の)動物誌; 動物彫刻

bestial(ale) [bɛstjal] 形 (男複 -aux [-o])獣のような、獣的な

bestialement [bɛstjalmɑ̃] 副 獣のように

bestialité [bɛstjalite] 女 獣性

bestiaux [bɛstjo] 男 (複) (鶏を除く)家畜

bestiole [bɛstjɔl] 女 小動物, (特に)昆虫

best-seller [bɛstsɛlœr] 男 (< 英) ベストセラー

bêta[1] [beta] 男 ベータ【B, β; ギリシャ字母の第2字】

bêta[2]**(sse)** [beta, -as] 名形 〔話〕 ばかな(人)

bêtablequant [betablokɑ̃] 形 [医] ベータ遮断剤の

*__bétail__ [betaj] ベタイユ 男 ①(集合的)(鶏以外の)家畜 ②(軽蔑的)人間の群れ

bétaillère [betajɛr] 女 家畜運搬用の小型トラック, 家畜車

béthathérapie [betaterapi] 女 [医] ベータ線療法

*__bête__ [bɛt] ベット 女 ① (英 beast, animal)(人間以外の)動物; けもの, 野獣 (= ~ sauvage); 〔話〕虫, 昆虫 ▸**chercher la petite bête** 〔話〕あら探しをする、重箱の隅をほじくる / **bête féroce** 猛獣 / **bête de somme** 荷物運搬の動物, 役畜 / **bête à bon Dieu** てんとうむし ② (獣のような激しい)人間; 目立つ人, すぐれた人 ▸**une brave [bonne] bête** いいやつ / **une sale bête** 意地汚いやつ / **bête à concours** 点取り虫, がり勉, (試験やコンクールのために)がんばる)努力家 ▸**travailler comme une bête** がむしゃらに働く ③ 愚かな人 ▸**faire la bête** わからないふりをする ― 形 ①愚かな, ばかげた, 軽率な ▸**bête comme chou** 〔話〕いとも簡単な; 朝めし前の / **bête comme ses pieds** 〔話〕本当にばかな / **bête de scène** (舞台のために生まれてきたような)すごい役者 **bête noire** [la ~] 苛立ちのもと ▸**C'est tout bête.** いとも簡単だ、そんなの朝飯前だ

bétel [betel] 男 [植] キンマ(の葉); 熱帯地方の強壮用のかみもの

bêtement [bɛtmɑ̃] 副 愚かに、軽々しく ▸**tout bêtement** 簡単に、あっさり

Bethléem [betleɛm] ベツレヘム【パレスチナ自治区の都市; イエスの生誕地とされる】

bêtifiant(e) [betifjɑ̃, -ɑ̃t] 形 ばかげた、愚かな

bêtifier [betifje] 自 ばかなことを言う ― 他 ばかにする ― 代動 [se ~]

*__bêtise__ [betiz] ベティーズ 女 愚かさ、軽率; ばかなこと、取るに足りないこと ▸**avoir la bêtise de...** / **bêtise de Cambrai** ミントキャンディー

bêtisier [betizje] 男 珍答[珍問]集

bêton[1] [betɔ̃] 男 コンクリート ▶*béton armé* 鉄筋コンクリート *en béton* コンクリート製の;確固とした

béton[2] [betɔ̃] 男 [話] (= *tomber*) —*Laisse béton!* ほっとけ, 気にするな

bétonnage [betɔnaʒ] 男 ①コンクリート造り ②(サッカーで)防御を固めること

bétonner [betɔne] 他 コンクリートで作る;堅固にする,強化する — 自 (サッカーで)防御を固める

bétonnière [betɔnjɛʀ], **bétonneuse** [betɔnøz] 女 コンクリート・ミキサー

bette [bɛt] 女 [植] フダンソウ

betterave [bɛtʀav] 女 [植] テンサイ, ビート ▶*betterave fourragère* カチクビート *betterave sucrière* [*à sucre*] サトウダイコン, テンサイ

betteravier(ère) [bɛtʀavje, -ɛʀ] 形 テンサイの, ビートの — 男 テンサイ栽培者

beuglement [bøgləmɑ̃] 男 牛の鳴き声 [モー];(長く尾をひく)やかましい音[声]

beugler [bøgle] 自 ①(牛が)モーと鳴く ②[話] わめく(長い不快な音を出す)うなる — 他 わめく

beur [bœʀ] 名 [話](フランス生まれの)アラブ人の二世 (*arabe* の読みかえ)

*****beurre** [bœʀ ブル](英 butter) 男 ①[形容詞的] バター色の, 薄黄色の; [話] おいしい物, もうけ物 ▶*assiette au beurre* 金づる *au beurre* (料理で)バターを使って *avoir un œil au beurre noir* (殴られて)眼の縁に黒いあざができている *beurre de cacahuètes* ピーナッツバター *beurre de cacao* カカオバター *beurre demi-sel* 減塩バター *beurre noir* バターノワール, 黒バターソース *compter pour du beurre* [話] 数に入らない, 問題外だ *faire son beurre* [話] ぼろもうけする *mettre du beurre dans les épinards* [話] 状況を良くする *On ne peut pas avoir le beurre et l'argent du beurre*. 恩恵だけを受けることはできない

beurré(e) [bœʀe] 形 (< *beurrer*) ①バターを塗った ②[話] 酔っぱらった — 男 [果実が柔らかい洋ナシ] ブレ
— 形 ①バターを塗った バター浸け ②[話] 酔い

beurrer [bœʀe] 他 バターを塗る — 代動 [se ~] [話] 酔っ払う

beurrerie [bœʀʀi] 女 バター製造(所)

beurrier [bœʀje] 男 (食卓用の)バター入れ

beuverie [bøvʀi] 女 酒盛り

bévatron [bevatʀɔ̃] 男 [物] ベバトロン (粒子加速装置)

bévue [bevy] 女 ミス, へま

Beyrouth [beʀut] ベイルート [レバノンの首都]

bézef [bezɛf] 副 = *bésef*

Béziers [bezje] ベジエ [フランス南部の都市;ワインの取引がさかん]

Bhoutan [butɑ̃] 男 ブータン [ヒマラヤ山脈東部の国]

bhoutanais(e) [butanɛ, -ɛz] 形 名 ブータン(人)(の)

bi- 接頭 (くら) 「二」「双」「複」「重」の意

biais(e) [bjɛ, -ɛz] 形 斜めの; 偏った, 偏見のある — 男 ①斜め, 斜線;(性格・問題の)側面, 角度 ▶*de [en] biais* 斜めに;遠回しに *par le biais de* …を通って; …という間接的な方法で ②[服] バイアス(テープ)

biaiser [bjɛze] 自 [文] 斜めに行く(なっている); 回り道をする; 回りくどい手段を用いる

Biarritz [bjaʀits] ビアリッツ [フランス南西部の大西洋岸の保養地]

biarrot(te) [bjaʀo, -ɔt] 形 名 [B-] ビアリッツの(人)

biathlète [bjatlɛt] 名 バイアスロンの競技者

biathlon [bjatlɔ̃] 男 バイアスロン

bibelot [biblo] 男 骨董(こっとう)品,(小型の)装飾品, 小物

biberon [bibʀɔ̃] 男 ①哺(ほ)乳びん ②(病人用の)吸飲み

bibi [bibi] 男 [話] 小型婦人帽

bibine [bibin] 女 [俗] まずい飲み物; 安ビール

bible [bibl] 女 ①[la (sainte) B-] 聖書, バイブル ②権威のある書物

biblio- 接頭 (くギ)「書物の」の意

bibliobus, bibliocar [biblijɔbys, -kaʀ] 男 移動巡回図書館

bibliographe [biblijɔgʀaf] 男 書誌学者

bibliographie [biblijɔgʀafi] 女 参考文献; 著述目録; 書誌学

bibliographique [biblijɔgʀafik] 形 文献に関する; 書誌学的な

bibliomane [biblijɔman] 名 本気違い; 書物収集家

bibliomanie [biblijɔmani] 女 書物収集癖

bibliophile [biblijɔfil] 名 珍本収集家, 愛書家

bibliophilie [biblijɔfili] 女 珍本収集癖, 愛書癖, 珍本に関する造詣(ぞうけい)

bibliothécaire [biblijɔtekɛʀ] 名 図書館員, 司書, 図書係

*****bibliothèque** [biblijɔtɛk ビブリヨテク] 女 ①図書館, 図書室; 書棚, 本箱; 書庫 ②蔵書 ③叢書, シリーズ ④[情報] ライブラリー ▶*rat de bibliothèque* (図書館で)本を読み漁る人, 本の虫

biblique [biblik] 形 聖書の[に関する]; 聖書風の

bic [bik] 男 [商] ボールペン

bicamér(al)isme [bikameʀ(al)ism] 男 (国会の)二院制

bicarbonate [bikarbɔnat] 男 【化】重炭酸塩．▶ **bicarbonate de soude** 重炭酸ナトリウム, 重曹

bicarbonate(e) [bikarbɔnate] 形 【化】重炭酸塩を含む

bicause [bikoz] 接前 〘話〙= because

bicentenaire [bisɑ̃tnɛʀ] 形 200年の．—男 200年祭

bicéphale [bisefal] 形 双頭の

biceps [bisɛps] 男 【解】二頭筋; 力こぶ

biche [biʃ] 女 雌鹿．▶ **ma biche** ねえ, おまえ【若い女性への呼びかけ】

bicher [biʃe] 自 〘古・話〙① うまくいく ② うれしがる, 喜ぶ

bichette [biʃɛt] 女 若い雌鹿．▶ **ma bichette** ねえ, おまえ【若い女性への呼びかけ】

bichlamar [biʃlamaʀ] 男 ビスラマ語【英語を基礎とするピジン語の一つ】

bichlorure [biklɔʀyʀ] 男 【化】二塩化物

bichon(ne) [biʃɔ̃, -ɔn] 名 マルチーズ【白い長い毛の小型犬】(= bichon maltais)

bichonner [biʃɔne] 他 こまごまと世話する, かわいがる, 手入れをする; 着飾らせる —代動 [**se ~**] 着飾る; ごてごてと化粧する

bichromate [bikʀɔmat] 男 【化】二(重)クロム酸塩

bichromie [bikʀɔmi] 女 二色性; 【印】ダブルトーン

bicipital(ale) [bisipital, -aux(-o)] 形 【解】二頭筋の

biclic [biklik] 男 【情報】ダブルクリック

bicliquer [biklike] 他・自 ダブルクリックする

biclou [biklu] 男 〘話〙自転車

bicolore [bikɔlɔʀ] 形 2色の

biconcave [bikɔ̃kav] 形 両凹(お)の

biconvexe [bikɔ̃vɛks] 形 両凸(と)の

bicoque [bikɔk] 女 〘話〙あばら家

bicorne [bikɔʀn] 男 (縁の2つに折れ上がった)二角帽

bicross [bikʀɔs] 男 自転車のクロスカントリーレース; モトクロス用自転車

ᴍ **bicyclette** [bisiklɛt ビシクレット] 女 自転車．—aller à [en] bicyclette 自転車で行く

bidasse [bidas] 男 〘話〙兵隊

bide [bid] 男 〘話〙① 腹 ② 大失敗

bidet [bidɛ] 男 ① ビデ ② 小さな乗用馬

bidimensionnel(le) [bidimɑ̃sjɔnɛl] 形 2次元の

bidirectionnel(le) [bidiʀɛksjɔnɛl] 形 【情報】双方向の

bidoche [bidɔʃ] 女 〘俗〙肉, まずい肉

bidon [bidɔ̃] 男 ①(ミルクや石油などを入れる金属の円筒形)容器, かん; (兵隊用の)水筒 ②〘話〙うそ, 冗談 ③ 腹 —形 〘不変〙見せかけの, にせ[いんちき]の

bidonnant(-ate) [bidɔnɑ̃, -ɑ̃t] 形 〘話〙すごく笑える

bidonner [bidɔne] 他 〘話〙だます, 一杯くわせる —代動 [**se ~**] 〘話〙腹をかかえて笑う

bidonville [bidɔ̃vil] 男 スラム街, 貧民窟

bidouillage [biduja3] 男 その場しのぎの仕事をする人; (他人にわからない)独自のやり方(コンピューター・プログラムからくる人); やっつけ仕事

bidouiller [biduje] 他 〘話〙(何とか工夫して)動かす, 間に合わす; 細工する

bidouilleur(se) [bidujœʀ, -øz] 名 〘話〙工夫する人

bidule [bidyl] 男 (名が不明, どうでもいいその[人について])あれ, あいつ, 何とかいう人

bief [bjɛf] 男 (運河の)水門間の間隔; 水車へ水を導く支流運河, 導水路

bielle [bjɛl] 女 【機】連接棒, コネクティング・ロッド; 支柱

biélorusse [bjelɔʀys] 形名 [**B-**] ベラルーシ(の人) —男 ベラルーシ語

Biélorussie [bjelɔʀysi] 女 ベラルーシ【ヨーロッパ東部の共和国】

ᴍ **bien** [bjɛ̃ ビァン] 副【優等比較級は mieux, 同等比較級は aussi ~, 劣等比較級は moins ~】① よく, 上手に, うまく, 立派に ▶ **aller bien** 元気である / **C'est bien fait (pour ...)!** (人がそうなるのは)当然だ, ざまあみろ / **très bien** とてもいい, 大変結構だ / **assez bien** まあまあ, かなりいい ▶ **tant bien que mal** どうにかこうにか, まずまず ② 本当に, 大いに, 大変; はるかに, ずっと; [数量を示す言葉とともに] たっぷり, 少なくとも ▶ **aimer bien** ...が大好きだ / **bien trois heures** たっぷり3時間 ▶ **bien de ...** たくさんの..., 多くの... ▶ **bien des fois** 何回も ③ (強意)まさに, 確かに ▶ **C'est bien ce que je disais.** ほら僕の言っていた通りだろう / **Je vais bien dit** だからちゃんと言ったじゃないか ▶ **bien entendu** もちろん, 当然 **bien sûr** もちろん ④ [間投詞的には] よろしい, 結構 ▶ **ou bien** あるいは, または ▶ **eh bien** ええと, そうですが; さて, それじゃあ; どうしたの ⑤ ▶ **bien que** ...である のに, ...にもかかわらず

—形〘不変〙① よい, すぐれた, 正しい, 満足な ② 適切な ③ 元気な ④ (...と)仲がよい (avec) ⑤ 快い, 快適な ⑥ 貌のすぐれた, きれいな ⑥ (成績評価で)優の

—男 ① 善, 善行; よいこと; 利益; 幸福 ▶ **le bien et le mal** 善と悪 / **du bien de ...** のことをよく言う, ほめる / **en bien** よいほうへ; 好意的に; 善意で / **faire du bien** (人の)ためになる; (薬などが人に)よい効果をもたらす, 効く; 元気づける

bien-aimé(e) [bjɛneme] 形 最愛の ― 名 恋人; [le B-A-] 最愛の王[ルイ15世の愛称]

bien-être [bjɛnɛtr] 男 満足[幸福]感;(物質的)充足, 幸福

bienfaisance [bjɛ̃fəzɑ̃s] 女 善行, 慈善

bienfaisant(e) [bjɛ̃fəzɑ̃, -ɑ̃t] 形 ①有益な, よく効く ②(古) 親切な, 慈善的な

bienfait [bjɛ̃fɛ] 男 ①恩恵;効果 ②(古・文) 親切, 好意

bienfaiteur(trice) [bjɛ̃fɛtœr, -tris] 名 (古) 恩人, 慈善家 ― 形 慈善的な, 情深い, 賛助する

bien-fondé [bjɛ̃fɔ̃de] 男 正当さ, 妥当性; [法] 正当性, 合法性

bien-fonds [bjɛ̃fɔ̃] 男 (複 ~s~) 不動産

bienheureux(se) [bjɛ̃nœrø, -øz] 形 《文》幸福な; 《話》幸運な, [カト] 福者の列に加えられた ― 名 幸福な人; [カト] 福者

biennal(ale) [bjenal] 形 (男複 -aux [-o]) 2年続く; 2年ごとの ― 女 ビエンナーレ[2年ごとに開かれる美術展などの展覧会]

bien-pensant(e) [bjɛ̃pɑ̃sɑ̃, -ɑ̃t] 形 伝統主義者(の), 保守主義者(の)

bienséance [bjɛ̃seɑ̃s] 女 礼儀; (複)作法, しきたり; (古) 適合, 好都合(なもの)

bienséant(e) [bjɛ̃seɑ̃, -ɑ̃t] 形 (古) 礼儀[しきたり]に適(かな)った

*bientôt [bjɛto ビヤント] 副 (英 soon) 間もなく, やがて; すぐに ▶À bientôt!(あいさつ)ではまた, 近いうちに C'est bientôt dit! 言うだけなら簡単だ! C'est pour bientôt? (話)(いらだちを示して)すぐ終わりますか

bienveillance [bjɛ̃vɛjɑ̃s] 女 (目下の者に対する)好意 ▶avec bienveillance 好意的に, 前向きに

bienveillant(e) [bjɛ̃vɛjɑ̃, -ɑ̃t] 形 親切な, 好意ある

bienvenu(e) [bjɛ̃vny] 形 《文》歓迎される, よい時に来た, 時宜にかなった ― remarque bienvenue 適切な意見 ― 名 歓迎される人(に) ▶Soyez le bienvenu [la bienvenue] !(話)ようこそいらっしゃいました ― 女 よい時に来ること; 歓迎 ▶souhaiter la bienvenue à (人)を歓迎する, 歓迎の意を表する

*bière¹ [bjɛʀ ビエール] 女 (英 beer) ビール ―bière **brune** 黒ビール / bière pression 生ビール ― **C'est de la petite bière.** (話) たいした事じゃない ▶ mettre ... en bière (人)を棺に収める

bière² [bjɛʀ] 女 棺, 柩(ひつぎ)

biface [bifas] 男 [考古] 両面が加工された石器

biffage [bifaʒ] 男 削除; (字を)消す線, 消す部分

biffe [bif] 女 《俗》歩兵(隊)

biffer [bife] 他 (線を引いて字を)消す, 削除する

biffin [bifɛ̃] 男 《俗》屑屋; 歩兵

bifurre [bifyr] 女 biffage

bifide [bifid] 形 [生] 二股の

bifidus [bifidys] 男 二股の, 二股菌

bifocal(ale) [bifɔkal] 形 (男複 -aux [-o]) (レンズが)二焦点の

*bifteck, *bifthèque [biftɛk ビフテック] 男 (英 beefsteak) ステーキ

bifurcation [bifyrkasjɔ̃] 女 分岐点; 三差路

bifurquer [bifyrke] 自 分岐する, 2つに分かれる; (…へ)方向を変える(sur, vers)

bigame [bigam] 形 重婚の ― 名 重婚者

bigamie [bigami] 女 重婚

bigarade [bigarad] 女 [植] ダイダイ

bigaradier [bigaradje] 男 ダイダイの木

bigarré(e) [bigare] 形 雑色の; 多彩な; 雑多な, 不統一な (<bigarrer)

bigarreau [bigaro] 男 (複 ~x) (紅白まだらの)サクランボ

bigarrer [bigare] 他 雑色にする; (…に)雑多なものを混ぜる

bigarrure [bigaryr] 女 雑色; 雑多なこと

big-bang [bigbɑ̃g] 男 (<英) ビッグバン[宇宙の起源となった大爆発]

bigle [bigl] 形 やぶにらみの(人), 斜視(の人)

bigler [bigle] 自 《話》①斜視である ②(…)を横目で眺める(sur) ― 他 《話》(うらやましげに)眺める

bigleux(se) [biglø, -øz] 形 名 《話》やぶにらみの人; 目の悪い人

bigophone [bigofɔn] 男 《話》①電話(=bigo) ②ビゴフォン[楽器]

bigorneau [bigɔrno] 男 (複 ~x) [動] タマビキ [食用貝]

bigorner [bigɔrne] 他 《俗》殴る; いためる, 損する ②角鉄床(つのかなとこ)(bigorne)の上でたたく ― (代動) 《俗》殴り合う [se ~]

bigot(e) [bigo, -ɔt] 形 名 信心家で凝り固まった(人)

bigoterie [bigɔtri] 女 偏狭な信心, 盲信

bigouden(ène) [bigudɛ̃, -ɛn] 形 ポン・ラベ(Pont-l'Abbé)の

bigoudi [bigudi] 男 (髪用の)カールクリップ, カーラー ▶en bigoudis カーラー

をした

bigre [bigr] 間 《古・驚き・失望》うわっ、ちぇっ、何だって

bigrement [bigrəmɑ̃] 副 《話》ひどく、すごく

biguine [bigin] 女 ビギン《西インド諸島の民俗舞踊》

bihebdomadaire [biɛbdɔmadɛr] 形 週2度の

bijection [biʒɛksjɔ̃] 女 《数》(写像の)全単射

bijou [biʒu ビジュー] 男 (複 ~x) 宝石, 装身具, アクセサリー; 珠玉のごとき作品, 傑作 ► **bijoux (de) fantaisie** 模造装身具

bijouterie [biʒutri] 女 宝石[装身具]店; 装身具の製造[販売]; (商品としての)装身具

bijoutier(ère) [biʒutje, -ɛr] 名 宝石[装身具]商

bikini [bikini] 男 ビキニ《水着》

bilabial(ale) [bilabjal] 形 (男複 -aux[-o]) 両唇子音([p][m]など)(の)

bilan [bilɑ̃] 男 ①貸借対照表, 決算(書), 明細書 — déposer son bilan 倒産宣言をする ②結果, 総括 — faire le bilan de … について調べる, まとめる ③健康診断(= ~ de santé)

bilatéral(ale) [bilateral] 形 (男複 -aux[-o]) 2つの側面を持つ, 両面の; 双方の

bilatéralement [bilateralmɑ̃] 副 両側から

bilboquet [bilbɔkɛ] 男 けん玉;《古》起き上がりこぼし

bile [bil] 女 ①胆汁 ②憂鬱(うつ), 心の苦しみ, いら立ち, 怒り ► **se faire de la bile**《話》(…のことで)気をもむ, 心配する (pour)

biler [bile] 代動 (se ~)《話》[主に否定形で]気をもむ, 心配する

bileux(se) [bilø, -øz] 形《話》苦労性の, やきもきする

bilharzie [bilarzi] 女 〔医〕ビルハルツ住血吸虫

bilharziose [bilarzjoz] 女 〔医〕ビルハルツ住血吸虫症

biliaire [biljɛr] 形 胆汁の ► **calcul biliaire** 胆石 **vésicule biliaire** 胆のう

bilieux(se) [biljø, -øz] 形 ①胆汁の多い ②《文》怒りっぽい, 陰気な

bilingue [bilɛ̃g] 形 2か国語の, 2か国語を話す(人)

bilinguisme [bilɛ̃gɥism] 男 2か国語を話すこと, 2か国語併用

bilirubine [bilirybin] 女 〔生化〕ビリルビン《胆汁中の赤褐色の色素》

-bilité 形容詞 -able, -ible, -uble の名詞化をつくる

billard [bijar] 男 ①玉突き, ビリヤード; 玉突き台, 玉突き場 ②《話》手術台 ► **billard américain** プール《15の球をポケットに落とす》 **C'est du billard.**《話》そんなのは簡単だ **monter sur le billard** 外科手術を受ける

bille¹ [bij] 女 ビリヤードの玉; ビー玉; (石やガラスなどの)球 ► **bille en tête** 大胆に, 断固として **crayon [stylo] à bille** ボールペン **reprendre ses billes** 手を引く **roulement à billes** ボールベアリング **toucher sa bille**《話》(…に)詳しい, 精通している (à, en) ②《話》顔, 頭

bille² [bij] 男 丸太

billet [bijɛ ビエ] 男 ①(乗り物・劇場の)切符, 券 — **billet aller [aller-retour]** 片道[往復]切符 / **billet d'avion** 航空券 / **billet de faveur** 招待券 / **billet de loterie** 宝くじ(の券) / **billet de train**(列車の)乗車券 ②紙幣, 札(= ~ de banque); 手形 — **billet vert** 米ドル紙幣 ③〔文〕短い手紙, (印刷された)通知状 — **billet doux** ラブレター ④証明書 — **billet de retard** 遅延証明書

billette [bijɛt] 女 ①丸太; たきぎ ②〔紋〕片長方形の模様

billetterie [bijɛtri] 女 ①劇場・乗物などの切符販売機 ②(銀行の)現金自動払い出し機, ATM

billevesée [bilvəze] 女《古》無意味な言葉, ばかげたこと

billion [biljɔ̃] 男 ①1兆 ②《古》10億

billot [bijo] 男 薪[まき]割台, 金敷台, まな板

bimbeloterie [bɛ̃blɔtri] 女 (棚などに飾る)置き物の製造[販売]

bimbelotier(ère) [bɛ̃blɔtje, -ɛr] 名 置き物の製造人[販売人]

bimensuel(le) [bimɑ̃sɥɛl] 形 月2回の

bimestriel(le) [bimɛstrijɛl] 形 2か月毎の

bimétallique [bimetalik] 形 2種の金属を用いた;〔経〕複本位制の

bimétallisme [bimetalism] 男〔経〕複本位制

bimoteur [bimɔtœr] 形《不変》2つの発動機を備えた — 男 双発機

binaire [binɛr] 形 ①2つの要素から成る, 2つの側面を示す ②〔情報〕バイナリの, 2進(法)の — 男〔哲〕二元論 ► **codé en binaire**〔情報〕二進数の, 二進符号

biner [bine] 他 鍬(くわ)で耕す

binette [binɛt] 女 ①鍬(くわ) ②《話》顔;〔情報〕スマイリー, 顔文字

bing [biŋ] 間 ぱちん, ばたん, どん《ぶつかったときなどの音》

biniou [binju] 男《ブルターニュ地方の》バグパイプ

binoclard(e) [binɔklar, -ard] 形名《話》眼鏡をかけた(人)

binocle [binɔkl] 男 ①《古》鼻眼鏡;《話》眼鏡

binoculaire [binɔkylɛr] 形 両眼の,

binôme [binom] 男 〘数〙2項式

bin's, binz [bins] 男 〘話〙乱雑さ, 無秩序; 複雑な順路[手順]

bintje [bintʃ] 女 ビンチェ【ジャガイモの一種】

bio [bjo] 形 〘不変〙自然の, 有機の; = biologique ▸ *aliments bio* 自然食品, 健康食品

bio- [接頭] (くび)「生(命)」の意

biocarburant [bjokarbyrɑ̃] 男 生物燃料

biocénose, biocœnose [bjosenoz] 女 〘生〙生物群集

biochimie [bjoʃimi] 女 生化学

biochimique [bjoʃimik] 形 生化学(的)の

biochimiste [bjoʃimist] 名 生化学者

bioclimatique [bjoklimatik] 形 生気象学の, 気候の生物への影響に関する

bioclimatologie [bjoklimatɔlɔʒi] 女 生気象学

bioconversion [bjokɔ̃vɛrsjɔ̃] 女 〘生〙バイオコンバージョン, 生物変換

biodégradable [bjodegradabl] 形 生物分解性の, 微生物によって分解されうる

biodégradation [bjodegradasjɔ̃] 女 生物分解

biodégrader [bjodegrade] 代動 [se ~] 生物分解される

biodiversité [bjodivɛrsite] 女 生物の多様性

bioénergie [bjoenɛrʒi] 女 〘生〙生物燃料から得られる)バイオエネルギー

bioéthique [bjoetik] 女 生命倫理

biogène [bjoʒɛn] 形 生物発生の

biogenèse [bjoʒənɛz] 女 〘生〙生物発生(説)

biogéographie [bjoʒeɔgrafi] 女 生物地理学

biographe [bjograf] 名 伝記作者

biographie [bjografi] 女 伝記

biographique [bjografik] 形 伝記風の, 伝記に関する

bioindustrie [bjoɛ̃dystri] 女 バイオ(関連)産業

biologie [bjɔlɔʒi] 女 生物学

biologique [bjɔlɔʒik] 形 生物学の ▸ *produits* [*aliments*] *biologiques* 自然食品

biologiser [bjɔlɔʒize] 他 (文化・社会現象などに)生物学的な根拠づけをする

biologisme [bjɔlɔʒism] 男 生物学の決定論

biologiste [bjɔlɔʒist] 名, **biologue** [bjɔlɔg] 名 生物学者

bioluminescence [bjolyminesɑ̃s] 女 〘生〙(ホタルなどの)生物発光

bioluminescent(e) [bjolyminesɑ̃, -ɑ̃t] 形 生物発光の

biomasse [bjomas] 女 〘生〙生物量, バイオマス

biome [bjom] 男 〘生〙バイオーム, 生物群系

bionique [bjonik] 形 女 生物工学(の)

biophysicien(ne) [bjofizisjɛ̃, -ɛn] 名 生物物理学者

biophysique [bjofizik] 女 生物物理学

biopsie [bjɔpsi] 女 〘医〙生検〖顕微鏡検査のための生体組織の採取〗; 生体観察

biopuce [bjɔpys] 女 〘生化〙DNA マイクロアレイ, DNA チップ

biorythme [bjoritm] 男 バイオリズム

biosécurité [bjosekyrite] 女 バイオセキュリティ【細菌やバイオテクノロジー開発に伴う危険の防御】

biosphère [bjɔsfɛr] 女 〘生〙生物圏

biosynthèse [bjosɛ̃tɛz] 女 〘生〙生合成

biote [bjɔt] 男 〘生〙生物相

biotechnologie [bjotɛknɔlɔʒi] 女 バイオテクノロジー

biothérapie [bjoterapi] 女 生物療法, バイオセラピー

biotine [bjɔtin] 女 〘生化〙ビオチン, ビタミンB7

biotope [bjɔtɔp] 男 〘生〙生息空間, 生態環境

biotype [bjɔtip] 男 〘生〙生物型

bioxyde [bjɔksid] 男 〘化〙二酸化物

bip [bip] 男 ① ビー[ピー]という発信音 ② ポケットベル, ポケベル ▸ *Parlez après le bip* (*sonore*). ビーという発信音の後にお話しください.

biparti(e) [biparti], **bipartite** [bipartit] 形 2つの部分[政党]から成る

bipartisme [bipartism] 男 2大政党性

bipartition [bipartisjɔ̃] 女 2分化

bip-bip [bipbip] 間 ピッピッ【電子音などの擬音】

bipède [biped] 形 2足の ━ 男 2足動物; (皮肉に)人間

bipenne [bipɛn] 形 〘動〙(昆虫が)双翼のある ━ 女 (古代ローマの)両刃の斧(*ォノ*)

biper[1] [bipe] 他 ポケットベルで呼び出す

biper[2], **bipeur** [bipœr] 男 ポケットベル

biphasé(e) [bifaze] 形 〘電〙二相の

biplace [biplas] 形 〘車・空〙複座の ━ 男 二人乗り自動車[飛行機]

biplan [biplɑ̃] 男 複葉機

bipolaire [bipɔlɛr] 形 〘電〙両極の; 2極式の

bipolarisation [bipɔlarizasjɔ̃] 女 (政界の)両極化, 二大政党化

bipolarité [bipɔlarite] 女 両極性

bique [bik] 女 〘話〙(雌の)ヤギ ▸ *être bique et bouc* 〘古〙(男が)両性愛の; *grande bique* ひょろっとした女

vieille bique くそばばあ

biquet(te) [bike, -ɛt] 名 《話》子ヤギ ▸ **mon biquet / ma biquette** 《愛情の呼びかけ》ねえ, きみ

biquotidien(ne) [bikɔtidjɛ̃, -ɛn] 形 1日2回の

birbe [birb] 男 《話》老いぼれ

BIRD (略)(英 IBRD) Banque internationale pour la reconstruction et le développement 国際復興開発銀行, 世界銀行

biréacteur [bireaktœr] 男 双発式ジェット機

biréfringence [birefrɛ̃ʒɑ̃s] 女 〔光〕複屈折

biréfringent(e) [birefrɛ̃ʒɑ̃, -ɑ̃t] 形 〔光〕複屈折の

birman(e) [birmɑ̃, -an] 形名 [B-] ビルマの(人) ― 男 ビルマ語

Birmanie [birmani] 女 ビルマ【ミャンマー】

bis¹ [bis] 副 ①2度, もう1度 ②第2の【番号, 番地の繰り返しを示す】 ③〔楽譜のリフレイン〕 ▸ **Bis!** アンコール! ― 男 アンコール

bis²(e)¹ [bi, biz] 形 褐色の ▸ **pain bis** 黒パン, ブラウンブレッド

bisaïeul(e) [bizajœl] 名 〔文〕曽祖父[母]

bisannuel(le) [bizanɥɛl] 形 ①2年ごとの, 1年おきの, 隔年の ②〔植〕2年生の, 越年生の

Biscaye [biskaj] ビスケー【スペイン北部のビスカヤ自治州の1つ】

biscornu(e) [biskɔrny] 形 ①形のゆがんだ, 不格好な ②《話》奇妙な

biscoteau [biskoto] 男 (複 ~x) 二頭筋 ▸ **avoir des biscoteaux** 力が強い, 筋肉隆々だ

biscotte [biskɔt] 女 ビスコット, ラスク

biscuit [biskɥi] 男 ①ビスケット ▸ **biscuit à la cuiller** レディフィンガー【指状の小さなカステラ風菓子】 **biscuit de Savoie** スポンジケーキ, カステラ **biscuit salé** クラッカー ②素焼きの陶磁器

biscuiterie [biskɥitri] 女 ビスケット製造[工場, 販売店]

bise² [biz] 女 北[北東]から吹く寒風, 北風

bise³ [biz] 女 《話》(挨拶として主におにする) 軽いキス ▸ **grosses bises** (手紙の末尾などに)

bise⁴ [biz] 形 bis の女性形

biseau [bizo] 男 (複 ~x) ①斜断面, 斜面 ②(刃の斜めにした)のみ ▸ **en biseau** 縁[端]が斜めにカットされた

biseautage [bizotaʒ] 男 (いかさまをやるために)カードに印をつけること

biseauter [bizote] 他 ①斜めにカットする ②(いかさまをやるために)カードのへりに印をつける

biser [bize] 他 《話》(…に)キスをする

biset [bize] 男 〔鳥〕カワラバト

bisexualité [bisɛksɥalite] 女 〔生〕両性性; 〔心〕両性共有

bisexué(e) [bisɛksɥe] 形 両性の; 雌雄同株の

bisexuel(le) [bisɛksɥɛl] 形名 両性愛の(人)

bismuth [bismyt] 男 〔鉱物〕蒼鉛(ネョネ), ビスマス

bison [bizɔ̃] 男 野牛

bisontin(e) [bizɔ̃tɛ̃, -in] 形 ブザンソン(Besançon)の ― 名 [B-] ブザンソンの人

bisou [bizu] 男 《話》キス

bisque [bisk] 女 ビスク【エビやカニなどの濃いポタージュ】

bisquer [biske] 自 《古》悔しがる, 不機嫌になる

bissac [bisak] 男 《古》ずだ袋

bissecteur(trice) [bisɛktœr, -tris] 形 〔数〕2等分する ― 女 2等分線

bissection [bisɛksjɔ̃] 女 〔数〕2等分

bisser [bise] 他 ①アンコールを求める ②(歌手などが)アンコールで歌う

bissextile [bisɛkstil] 形 〔暦〕閏の ▸ **année bissextile** 閏(ゔ゙)年

bistable [bistabl] 形 〔電〕双安定の

bistorte [bistɔrt] 女 〔植〕イブキトラノオ

bistouri [bisturi] 男 (外科手術用の)メス

bistre [bistr] 男形 〔不変〕錆(ネ)色(の), 黒ずんだ褐色(の)

bistré(e) [bistre] 形 錆(ネ)色の, 褐色の

bistro(t) [bistro] 男 《話》ビストロ, 酒場【簡単な食事もできる】;《古》酒場の主人

bisulfate [bisylfat] 男 〔化〕硫酸水素塩

BIT (略) Bureau international du travail 国際労働機関事務局

bit [bit] 男 〔情報〕ビット

bite [bit] 女 《俗》ペニス

bi-tension [bitɑ̃sjɔ̃] 女 2電源【電気製品などが異なる2つの電圧に対応できること】

biter [bite] 他 《話》理解する, わかる

biterrois(e) [biterwa, -az] 形 ベジエ(Béziers)の ― 名 [B-] ベジエの人

bitord [bitɔr] 男 〔海〕より綱

bitte¹ [bit] 女 〔海〕繋(ネ)柱, ビット

bitte² [bit] 女 = bite

bitter [biter] 男 ビター【苦味のある食前酒】

bitture [bityr] 女 = biture

bitturer [bityre] 代動 [se ~] = biturer

bitumage [bitymaʒ] 男 アスファルト舗装

bitume [bitym] 男 ①アスファルト.②《話》(アスファルト舗装の)(歩)道 ③タール, 瀝青(セキ)

bitumer, bituminer [bityme, -mine] 他 アスファルトで舗装する; タールを塗る

bitumeux(se) [bitymø, -øz], **bitumineux(se)** [bityminø, -øz] 形 ピッチ[タール]質の

biture [bityr] 女 ①《鎖を投げるときの》鎖の繰り出し方 ②《話》酔い ▶à toute biture 全速力で / **prendre une biture** 酔っ払う

biturer [bityre] 代動 [se ~]《話》酔っ払う

bivalent(e) [bivalɑ̃, -ɑ̃t] 形《化》2価の

bivalve [bivalv] 形 男 二枚貝(の)

bivouac [bivwak] 男 野営, 野営地; 《登山》ビバーク, 緊急の露営(地点)

bivouaquer [bivwake] 自 野営[ビバーク]する

*__bizarre__ [bizar ビザール] 形 奇妙な, 変な, おかしな; 気まぐれな —— 男 奇妙なこと

bizarrement [bizarmɑ̃] 副 奇妙に, 変に; 奇妙なことに

bizarrerie [bizarri] 女 奇妙さ, 奇行, 奇癖; 気まぐれ

bizarroïde [bizarɔid] 形《話》奇妙な, 変な

bizness [biznɛs] 男 = business

bizut(h) [bizy] 男《話》(学生言葉で)(高等専門学校や大学の)新米, 1年坊主

bizutage [bizytaʒ] 男《話》(学生言葉で)新入生いじめ《9月の入学シーズンに行われる》

bizuter [bizyte] 他《話》(学生言葉で)(新入生を)いじめる

bla(-)bla(-)bla [blablabla], **bla(-)bla** [blabla] 男《不変》《話》(内容空疎な)おしゃべり; 駄弁

blablater [blablate] 自《話》(軽蔑的に)べらべらしゃべる, 無駄話する

black [blak] 名形《話》黒人(の) ▶au black 隠れて, 不許可で

blackboulage [blakbulaʒ] 男《話》落籤, 落第

blackbouler [blakbule] 他《話》落籤[落第]させる

black-jack [blak(d)ʒak] 男《英》《トランプ》ブラックジャック

black-out [blakaut] 男《不変》《英》灯火管制, (停電による)暗闇 ▶faire le black-out sur …のことに口を閉ざす

black-rot [blakrɔt] 男《英》黒腐れ病《ブドウの病気》

blafard(e) [blafar, -ard] 形《光・顔などが》青白い

blague¹ [blag] 女 ①《話》うそ, ほら話; 冗談; 悪ふざけ ——blague à part 冗談抜きで, 冗談はさておき / Sans blague! 《俗》本当かよ, 冗談だろ ②軽率な行為, 失敗, へま, へま ▶Pas de blagues! へまをするなよ

blague² [blag] 女 たばこ入れ

blaguer [blage] 自《話》冗談を言う, ほらを吹く —— 他《話》からかう

blagueur(se) [blagœr, -øz] 形《話》からかう, ふざけた —— 名《話》ほら吹き, 茶化(*)す人

blair [blɛr] 男《俗》鼻; 皮肉屋

blaireau [blero] 男 《複 ~x》①《動》アナグマ(穴熊) ②(アナグマの毛で作った)ひげそり用ブラシ, 絵筆 ③《話》やぼったい奴

blairer [blere] 他 [主として否定文で] ne pas (pouvoir) blairer (人が)我慢ならない

blaisois(e) [blɛzwa, -az] 形男 = blésois

blâmable [blɑmabl] 形 非難すべき

*__blâme__ [blɑm ブラーム] 男 非難, 叱責; 譴(ケン)責, 懲戒

*__blâmer__ [blame ブラメ] 他 ①(人を…のことで)非難する, とがめる 《de, pour》②譴(ケン)責する, 懲戒する 《de, pour》—— 代動 [se ~] 自分を責める, 気にとがめる

:__blanc(che)__ [blɑ̃, -ʃ ブラン(シュ)] 形 [他の形容詞・名詞で限定される場合には不変] ①(≠ white) 白い; (顔が)蒼白な ▶blanc cassé 灰色 / blanc comme un cachet d'aspirine (肌が)真っ白な ②きれいな, 汚れていない; 何も書いていない ——copie blanche 白紙の答案 ▶voter blanc 白票を投じる ③空白の, 実質のない ——jeu blanc《テニス》ラブゲーム ④白い —— 名 [B-] 白人 —— 男 ①白, 白色 ▶chauffer à blanc (金属を)白熱させる; (人を)熱狂させる ②白色塗料; 白ろう ③(紙)表白, 余白, リンネル[木綿]製品《下着・シーツ・食卓布など》④空白, 何もない状態 ——laisser en blanc 空欄のままにしておく ▶saigner à blanc 血を最後の一滴まで出させる; しぼり取る / tirer à blanc 空砲を撃つ ⑤白ワイン(= vin ~) ⑥《植》うどん粉病 ⑦卵の白身, 卵白(= ~ d'œuf); 鳥の白さ身(= ~ de poulet); 白目(= ~ de l'œil)

blanc-bec [blɑ̃bɛk] 男 《複 ~s-~s》《古》青二才, くちばしの黄色いやつ

blanchaille [blɑ̃ʃaj] 女 (白い色をした)雑魚《魚の餌などにする》

blanchâtre [blɑ̃ʃɑtr] 形 白っぽい, 白みがかった

blanche¹ [blɑ̃ʃ] 女 ①《楽》2分音符 ②(玉突きの)白球 ③白い粉《ヘロインの》

blanche² [blɑ̃ʃ] 女 blanc の女性形

Blanche-Neige [blɑ̃ʃnɛʒ] 女《グリム童話の》白雪姫

blancheur [blɑ̃ʃœr] 女 白さ, 白い色; 純白, 無垢(ク)

blanchiment [blɑ̃ʃimɑ̃] 男 ①白くする[なる]こと; 漂白 ②マネーロンダリング (= blanchiment de l'argent)

blanchir [blɑ̃ʃiːr] 他 ①白くする ②洗濯する ③疑いを晴らす ④(料)ゆがく, あくを抜く(= faire ～) ⑤不正な金を洗浄する ― 自 (…で)白くなる《de》 代動 [se ～] ①白くなる; 白く汚れる ②身の潔白をあかす

blanchissage [blɑ̃ʃisaʒ] 男 ①クリーニング ②精糖

blanchissant(e) [blɑ̃ʃisɑ̃, -ɑ̃ːt] 形 白くなれる, 漂白する

blanchissement [blɑ̃ʃismɑ̃] 男 白くなること

blanchisserie [blɑ̃ʃisri] 女 洗濯屋[工場], クリーニング店

blanchisseur(se) [blɑ̃ʃisœːr, -øːz] 名 洗濯屋

blanc-seing [blɑ̃sɛ̃] 男 (複 ~s-~s) 白紙委任状

blanquette [blɑ̃kɛt] 女 ①(料)ブランケット[子羊・子牛など白肉のホワイトシチュー] ②ブランケット【Languedoc地方の発泡性白ワイン】

blasé(e) [blɑze] 形 名 何事にも感激しなくなった(人), すれた(人) ▶ faire le blasé 無関心を装う

blaser [blɑze] 他 (文) (…に対して)無感動にさせる, 飽きさせる《de, sur》

blason [blɑzɔ̃] 男 紋章; 紋章学

blasonner [blɑzɔne] 他 紋章を描く; 紋章の解説[解読]をする

blasphémateur(trice) [blasfematœːr, -tris] 形 不敬な ― 名 冒とく者

blasphématoire [blasfematwaːr] 形 冒とく的な, 不敬な

blasphème [blasfɛm] 男 冒とく的な[不敬な]言葉

blasphémer [blasfeme] 他 57 (文) 冒とくする ― 自 (…を)ののしる《contre》

blasto- 接頭 (<ギ)「芽」「胚」の意

blastoderme [blastodɛrm] 男 (生) 胞胚葉

blastogenèse [blastoʒənɛz] 女 (生) 胚発生

blastomère [blastomɛːr] 男 (生) 割球

blastomycose [blastomikoz] 女 (医) ブラストミコシス

blastopore [blastopoːr] 男 (生) 原口

blastula [blastyla] 女 (生) 胞胚

blatte [blat] 女 (虫) ゴキブリ

blazer [blazɛːr, blazœːr] 男 (英～) ブレザー

bld [bulvaːr] (略) boulevard 大通り

blé [ble ブレ] 男 ①(英 wheat) 小麦; (小麦の粒; 麦畑; (話)金 ▶ blé noir ソバ(蕎麦) blond comme les blés 鮮やかな金髪の manger son blé en herbe 資金を食い潰す

bled [blɛd] 男 ①(北アフリカの)内陸地方 ②(話)辺鄙な小さな村, 片田舎

blême [blɛm] 形 (生気がなく, 病的に) (…で)青白い《de》

blêmir [blemir] 自 33 青ざめる, 青白くなる

blêmissement(e) [blemisɑ̃, -ɑ̃ːt] 形 (文) 青ざめる, 青白くなる

blêmissement [blemismɑ̃] 男 (文) 青ざめること

blende [blɛ̃d] 女 (古) 閃(セン)亜鉛鉱 【現在では sphalérite】

blennorragie [blenoraʒi] 女 (医) 淋病

blépharite [blefarit] 女 (医) 眼瞼(ケン)炎

bléser [bleze] 自 57 なまって発音する 【[ʃ], [ʒ]音を [s], [z] 音で発音する】

blésois(e) [blezwa, -az] 形 名 [[B-]] ブロワ(Blois)の(人) ― 男 [le B-] ブレソワ地方【Blois とその周辺地域をさす】

blessant(e) [blesɑ̃, -ɑ̃ːt] 形 (心を)つける, 無礼な

blessé(e) [blese ブレセ] 形 《blesser》(…に)負傷した《à》; 感情を傷つけられた ― 名 負傷者, けが人

blesser [blese] 他 ①(英 wound) けがをさせる, 負傷させる ②(精神的に)傷つける; 痛める, 不快感を与える ― 代動 [se ～] ①(…に)けがをする《à》 ②感情を害する, 気を悪くする

blessure [blesyːr ブレスユール] 女 ①(英 wound) 傷, けが ②(精神的な)痛手, 打撃

blet(te) [blɛ, -ɛt] 形 (果実が)熟れすぎた

blette [blɛt] 女 = bette

blettir [bletiːr] 自 33 (果実が)熟れすぎる

blettissement [bletismɑ̃] 男 (果実が)熟れすぎた状態

bleu(e) [blø ブル] 形 ①(英 blue) 青い ― sang bleu 貴族の血 / steak bleu (レアより)生焼けのステーキ / l'heure bleue 夕暮れ時 / petite fleur bleue (古) (安っぽい)感傷 ②(寒さや感情で)青ざめた ▶ en être [en rester] bleu 唖然とする, 言葉を失う ― 男 ①青, 青色 ― bleu acier スチールブルー, 暗青灰色 / bleu ciel 空色 / bleu de méthylène メチレンブルー / bleu marine 濃紺色, ネイビーブルー / bleu pétrole (緑がかった)ブルーグレー / bleu vert 青緑 ▶ n'y voir que du bleu 何もわからない ②青色塗料[染料], 蛍光染料 ③(打ち身でできた)青あざ ④仕事着, つなぎの作業服(= ~ de travail) ⑤(話) 新参者, 新入り, 新兵 ⑥(青カビタイプの)ブルー・チーズ

bleuâtre [bløaːtr] 形 青味がかった

bleuet [bløɛ] 男 ヤグルマギク

bleuir [bløiːr] 他 33 青くする ― 自 青くなる

bleuissement [bløismɑ̃] 男 青くなること

bleusaille [bløzaj] 女 《俗》《軍隊で》新兵

bleuté(e) [bløte] 形 青みを帯びた, 薄青い

blindage [blɛ̃daʒ] 男 装甲(すること), 装甲鋼板

blindé(e) [blɛ̃de] 形 (＜blinder) ① 装甲された, 鋼鉄で覆われた; (話) びくともしない, 免疫になった ②《俗》酔っ払った ── 男 ① 装甲車, 戦車 ② 装甲部隊

blinder [blɛ̃de] 他 ①(防弾・防炎などのために)鋼板で覆う, 装甲する ② 強くする, 鍛える ── 代動 [se ~]《話》びくともしない

blinis [blinis] 男《複》ブリニ【麦・ソバ粉のパンケーキ】

blister [blistɛr] 男 (＜英) ブリスターパック【薬その他の商品に用いられる, 片面が透明のプラスチック包装】

blistériser [blisterize] 他 ブリスターパックで包装する

blitzkrieg [blitskrig] 男 (＜独) 電撃戦

blizzard [blizar] 男 (＜英) ブリザード, 暴風雪

***bloc** [blɔk ブロク] 男 ① 塊; 一団, 組; (政治上の)連合, ブロック ▶ **bloc d'alimentation** 電源函, パワーパック **bloc opératoire** (病院の)手術設備 **en bloc** ひとまとめにして, 総体的に; **faire bloc** 結束する, 一体となる ② (メモ用紙などの)綴り, メモ帳 ③ 【医】遮断, ブロック ▶ **à bloc** 完全に, できるだけ ─ **être gonflé à bloc**《話》はりきっている

blocage [blɔkaʒ] 男 ①(機械などを)止めること ②(物価上昇などの)抑制, 凍結 ③【建】乱積み【壁のすき間を詰めること】, 乱積み用小砕石 ▶ **avoir [faire] un blocage**(思考・記憶などが)一時的に遮断する

bloc-cuisine [blɔkkɥizin] 男 (複 ~s-~s) システム・キッチン

bloc-évier [blɔkevje] 男 (複 ~s-~s) (流しの)シンクユニット

bloc-fumeur [blɔkfymœr] 男 (自動車の)喫煙設備【ライター・灰皿】

blockhaus [blɔkos] 男 (＜ド)【軍】防堡, トーチカ; 司令塔

bloc-moteur [blɔkmɔtœr] 男 (複 ~s-~s) (自動車の)エンジン・ブロック

bloc-notes [blɔknɔt] 男 (複 ~s-~) (＜英) メモ用紙の綴じ), メモ帳, 覚え書

blocus [blɔkys] 男 包囲, 封鎖; 経済封鎖(= ~ économique)

blog, blogue [blɔg] 男 ブログ

blogueur(se) [blɔgœr, -øz] 名 ブログを書く人

Blois [blwa] ブロワ【Loir-et-Cher 県の県庁所在地】

***blond(e)** [blɔ̃, -ɔ̃d ブロン(ド)] 形 金髪の, ブロンドの; ブロンド色の, 黄金色の ── 名 金髪の人 ── 男 黄色種のたばこ(= cigarette ~e) ── 女 (ラガー)ビール(= bière ~e) ── 男 ブロンド色 **blond cendré** 灰色がかった金色 **blond platine** プラチナブロンド **blond roux** 赤[金]褐色 **blond vénitien** 赤みがかったブロンド **fausse blonde** 染めた金髪女性 **vraie blonde** 天然の金髪女性

blondasse [blɔ̃das] 形 名 (軽蔑的)薄いブロンド髪の(人)

blondeur [blɔ̃dœr] 女 ブロンド色(であること), (麦などの)黄金色

blondin(e) [blɔ̃dɛ̃, -in] 名 金髪の子ども;青年, 娘

blondinet(te) [blɔ̃dinɛ, -ɛt] 名《話》金髪の子ども

blondir [blɔ̃dir] 自 33 (麦などが)黄金色になる ── 他 (髪などを)ブロンドにする[染める] ▶ **faire blondir des oignons** (透明になるまで)玉ねぎを軽く炒める

***bloquer** [blɔke ブロケ] 他 ① 動けない[動かない]ようにする; (道を)ふさぐ, (交通を)止める ② 締める ③ ひとまとめにする ④ (小型手の)支払いを停止する; (賃金・資金を)凍結する, 状況が手詰まりになる, [心] 拒否反応を起こしている ── 代動 [se ~] ① 故障で動かなくなる ② (心が)(…に対して)拒否反応がある《contre》

blotti(e) [blɔti] 形 (＜blottir) 身をくめた, しゃがんだ

blottir [blɔtir] 代動 33 [se ~] ① ちぢこまる, 身をすくめる; 身を隠す ② 安全なところに非難する;(…に)寄り添う《contre》

blousant(e) [bluzɑ̃, -ɑ̃t] 形 (服が)ふくれた, ブラウジングした

***blouse** [bluz ブルーズ] 女 ①(英smock) 上っ張り, 作業服, 仕事着 ② (英 blouse)(女性用)ブラウス

blouser[1] [bluze] 他 《話》(人を)だます ▶ **se faire blouser** だまされる

blouser[2] [bluze] 自 (服が)ゆったりしている

blouson [bluzɔ̃] 男 ジャンパー

blouson(-)noir [bluzɔ̃nwar] 男 (複 ~s(-)~s) (黒い皮ジャンパーを着た)街の不良, 愚連隊

blue-jean [bludʒin] 男 (＜英) ブルージーンズ, ジーパン

blues [bluz] 男 (＜英)【楽】ブルース(の曲) ▶ **avoir le blues** [**un coup de blues**]《話》ふさぎこむ, 憂鬱になる

bluet [blyɛ] = bleuet

bluff [blœf] 男 (＜英)(もとはポーカーでの)ブラフ, はったり, こけおどし

bluffer [blœfe] 自 《話》ブラフ[はったり]をかける, だます ── 他 《話》(人を)うまくだます

Llluffeur(se) [blœfœr, -øz] 形 はったり屋の, だます ── 名 はったり屋, はら

blush [blœʃ] 男(複~(e)s)《英》はお紅

blutage [blytaʒ] 男 簡(ホŋ)い分けること

bluter [blyte] 他 簡(ホŋ)い分ける

blutoir [blytwar] 男 簡(ホŋ)い分け器

BNP Paribas [beenpeparibɑ] BNP・パリバ【フランスの銀行】

BO(略)① bande originale オリジナルサウンドトラック ⇒ bulletin officiel (d'un ministère) 省報

boa [bɔa] 男 ①ボア【熱帯地方の大形ヘビ】②(羽毛の)長いフラー

bob[1] [bɔb] 男 (婦人用の)布製の帽子

bob[2] [bɔb] 男 = bobsleigh

bobard [bɔbar] 男《話》デマ, うそくさい話

bobèche [bɔbɛʃ] 女 (燭(ょ)台の)蝋(ろ)受皿

Bobigny [bɔbini] ボビニィ【Seine-Saint-Denis 県の県庁所在地】

bobinage [bɔbinaʒ] 男 ①糸を糸巻きに巻くこと ②糸巻に巻いた糸 ③〔電〕巻き線

bobine [bɔbin] 女 ①糸巻,リール(フィルムや電線などの巻きもの, ボビン;〔電〕コイル ②《話》顔, おかしな[不機嫌そうな]顔つき

bobiner [bɔbine] 他 (糸巻・巻きわくに)巻き取る

bobineuse [bɔbinøz] 女 糸巻機

bobinoir [bɔbinwar] 男 自動糸巻機

bobo [bobo] 男《話・幼児》いたい【軽い傷】;軽い傷

bobonne [bɔbɔn] 女《話・軽蔑的》かみさん

bobsleigh [bɔbslɛg] 男《英スポーツ》ボブスレー, 二連橇(そŋ)

bocage [bɔkaʒ] 男 囲い地の景観【畑・牧草地・農家を囲った土手や垣根; フランス西部の田園地帯で見られる】;《文》小さな森, 木陰

bocager(ère) [bɔkaʒe, -ɛr] 形《文》小さな森の

bocal [bɔkal] 男(複 -aux[-o]) ①広口びん ②(球形の)金魚鉢, 水槽

Boccace [bɔkas] ボッカチオ【1313-75; イタリアの文学者】

boche [bɔʃ] 名《古・軽蔑的》[B-]ドイツ野郎 ─ 形 ドイツの

bock [bɔk] 男 ①約4分の1リットル入りのビールのコップ, 小ジョッキ[ジョッキに入った]ビール ②〔医〕潅(ゆ)注器

bodhisattva [bɔdisatva] 男(不変)【仏教】菩薩(ぼつ)

body [bɔdi] 女《英》ボディースーツ

body-building [bɔdibildiŋ] 男《英》ボディービルディング

boët(t)e [bwɛt] 女 (魚を釣る)餌

✱**bœuf** [bœf ブフ] 男(複 ~s)《英 ox, beef》牛; 牛肉; 牛みたいな男【頑丈(じょう)な[よく働く], 頭の回らない人】▶

bœuf (à la) mode ブフ・ア・ラ・モード【タマネギ・ニンジン入りの牛肉の煮込み】

bœuf bourguignon ブルゴーニュ風牛肉の蒸し煮

bœuf en daube bœuf miroton ミロトン【ゆで牛肉とタマネギの煮込み】▶《話・不変》でっかい, みごとな, すばらしい

bof [bɔf] 間 ちぇっ, ふん【軽蔑・無関心を表す】

bogie, boggie [bɔʒi] 男《英》〔鉄〕転向台車, ボギー車

bogue[1] [bɔg] 男 (栗のいが)

bogue[2] [bɔg] 女 (英 bug)〔情報〕バグ

bogué(e) [bɔge] 形 バグのある

Bohème [bɔɛm] 女 [la ~] ボヘミア【チェコの西部地方; 首都プラハがある】

bohème [bɔɛm] 形 ボヘミアの, 自由奔放な ─ 名 ボヘミアンの人 ▶ verres de bohème ボヘミアングラス [集合的] ボヘミアン ─ 女 ボヘミアン的生活; [la ~] 《集合的》ボヘミアン ▶ mener une vie de bohème ボヘミアン的な生活を送る

bohémien(ne) [bɔemjɛ̃, -ɛn] 形 ジプシーの; 浮浪な; ボヘミア (Bohême) の ─ 名 ジプシー; 浮浪者; [B-]ボヘミアの人

bohrium [bɔrjɔm] 男〔化〕ボーリウム【原子番号107の元素】

boi... ⇒ boite

✱**boire** [bwar ボワール] 他 (英 drink) 飲む;(目的語なしで)酒を飲む;(酒に)酔う;(物が液体を)吸収する ▶ **boire comme un trou**《話》底なしに飲む **boire la tasse** 泳いでいて水を飲んでしまう **boire les paroles de** (人)の言葉にききほれる **boire sec**《話》かなりの酒を飲む **boire un coup** 一杯やる **C'est la mer à boire** それは無理だ **Il y a à boire et à manger.**《軽蔑的に》長所もあるかもしれないが欠点もあるようなこと **offrir à boire à** (人)に一杯おごる **Qui a bu boira.**《ことわざ》悪習癖は決して直らない ─ 代動 [se ~] (飲み物が)飲まれる, 飲める ─ 男 飲むこと, 飲み物

bois[1] [bwa] boire の直・半1 [2]・単, 命2・単

✱**bois**[2] [bwa ボワ] (英 wood) 男 ①森, 林 ▶ **bois vert** 緑の森, 緑林 ②木; 材木;〔複〕木管楽器,(鹿などの)角, サッカーのゴール・ポスト ▶ **avoir la gueule de bois**《話》二日酔いである **bois de chauffage** たきぎ **bois mort** 枯れ木 **chèque en bois** 不渡り小切手 **en bois** 木製の ▶ **langue de bois** 政治家や役人などの決まり文句や中身のない表現に満ちたような言い方 **On verra de quel bois je me chauffe.** 目にもの見せてやる **toucher du bois**《話》(木で出来たものに触れて)厄払いをする

boisage [bwazaʒ] 男 ①(鉱山などで)木枠(ば)を施すこと ②木枠用木材,

boisé(e) [bwaze] 形 (< boiser) 木の生えた, 樹木の多い ②板張りの (ワインの)木の香りがする

boisement [bwazmɑ̃] 男 植林

boiser [bwaze] 他 ①(…に)植林する ②(壁などに)板張りをする

boiserie [bwazri] 女 板張り, 木工細工, 指物

boisseau [bwaso] 男《古》(穀物用の)枡(ます)

***boisson** [bwasɔ̃ ボワソン] 女 ①飲み物; アルコール飲料(= ～ alcoolisée) ②飲酒類 ▸ *boisson fraîche* [*chaude*] 冷たい[暖かい]飲み物 *être pris de boisson* 酔っている

boit [bwa] boire の直・現・3単

***boîte** [bwat ボワット] 女 ①（英 box）(…の)箱, 缶 (à, de), 缶詰 (= ～ de conserve) — boîte en conserve 缶詰の / mettre…en boîte (人)をからかう, 一杯食わせる / boîte à [aux] lettres (électronique) [情報] メール受信ボックス / boîte à outils 道具[工具]箱 / boîte à ouvrage 裁縫箱 / boîte crânienne 頭蓋骨, 頭蓋(ずがい)箱 / boîte d'allumettes マッチ箱 / boîte de dialogue [情報] ダイアログボックス 【入力時に画面上に出るウインドウ】/ boîte de vitesses (自動車の)ギアボックス / boîte noire ブラックボックス / boîte postale (郵便局の)私書箱 / boîte vocale 留守番電話機能 / 郵便受け, ポスト (= ～ aux [à] lettres) ③《話》(いやな)仕事場; 学校・家 ④《話》ディスコ, ナイト・クラブ, キャバレー(= ～ de nuit) ⑤[解] 腔洞(こうどう)

boitement [bwatmɑ̃] 男 = boiterie

boiter [bwate] 自 ①びっこをひく ②ぐらつく, 不安定である

boiterie [bwatri] 女 びっこをひくこと

boiteux(se) [bwatø, -øz] 形 ①足の悪い, びっこの ②ぐらつく, 不安定な — 名 足の悪い人[びっこの]人

boîtier [bwatje] 男 ①仕切りのある箱 ②機械などのケース

boitillement [bwatijmɑ̃] 男 軽くびっこをひくこと

boitiller [bwatije] 自 軽くびっこをひく

boit-sans-soif [bwasɑ̃swaf] 男《不変》《話》大酒飲み

boive(...) → boire

bol [bɔl ボル] 男 ①椀(わん), 大コップ, 鉢(はち) — en avoir ras le bol《話》うんざりする / prendre un bon bol d'air《話》外の新鮮な空気を吸う ②《話》運, 幸運 ▸ *coup de bol*《話》思いがけない幸運

bolchevik [bɔlʃəvik] 名 ボリシェヴィキ, ロシア共産党員

bolchevique [bɔlʃəvik] 形 ボリシェヴィキの, ロシア共産主義の

bolchevisme [bɔlʃəvism] 男 共産

主義, ボリシェヴィキ主義

bolée [bɔle] 女 (鉢一杯・おわんに)一杯

boléro [bɔlero] 男 ①[舞] ボレロ(の曲) ②ボレロ [婦人用の短い丈の上着]

bolet [bɔlɛ] 男 [植] イグチ [ハラタケ目のキノコ]

bolide [bɔlid] 男 ①[天] 火球 [速度の速い流星]; 隕(いん)石 ②高速車

Bolivie [bɔlivi] 女 ボリヴィア [南米アンデス山脈にある共和国]

bolivien(ne) [bɔlivjɛ̃, -ɛn] 形 名 [B-] ボリヴィアの人

bolognais(e) [bɔlɔnɛ, -ɛz] 形 ボローニャ風の ▸ *sauce (à la) bolognaise* ボローニャ風ソース [牛ひき肉のクリームソース]

Bologne [bɔlɔɲ] ボローニャ [イタリア北部の町]

bombance [bɔ̃bɑ̃s] 女《話》ご馳走, 宴会

bombarde [bɔ̃bard] 女 ①(中世の)射石砲, 臼(うす)砲 ②(オルガンの)低音ストップ; [昔のブルターニュ地方を中心に用いられた]オーボエ

bombardement [bɔ̃bardəmɑ̃] 男 爆撃, 砲撃

bombarder [bɔ̃barde] 他 ①砲撃[爆撃]する ②(人に…を)投げつける, 浴びせる（de) ③突然任命する ④ [物] (原子核を)衝撃する

bombardier [bɔ̃bardje] 男 爆撃機 ▸ *bombardier d'eau* (山林火災の)散水飛行機

***bombe¹** [bɔ̃b ボンブ] 女 ①爆弾 — bombe à retardement 時限爆弾 / bombe atomique 原子爆弾 / bombe incendiaire 焼夷弾 / bombe lacrymogène 催涙弾 / bombe sexuelle《話》性的魅力のある女 ②噴霧器 [ヘアー・スプレーなど] — bombe de laque ヘアスプレー缶 / bombe de peinture スプレー式ペンキ / bombe insecticide 殺虫スプレー ③球状のもの — bombe glacée 円錐(えん)状の形をしたアイスクリーム ▸ *bombe aérosol* スプレー缶 *faire l'effet d'une bombe* スキャンダルを起こす

bombe² [bɔ̃b] 女 宴会 (= bombance)

bombé(e) [bɔ̃be] 形 (< bomber) 凸(とつ)型の, 張り出した; 円くなった; 猫背の

bombement [bɔ̃bmɑ̃] 男 凸(とつ)形, ふくらみ

bomber — [bɔ̃be] 他 ふくらませる, 丸くする — 自 ①ふくらむ, 張り出す ②突っ走る, 驀(ばく)進する, とばす ▸ *bomber le torse* 肩をいからせて歩く

bombonne [bɔ̃bɔn] 女 = bonbonne

bombyx [bɔ̃biks] 男 [虫] カイコガ

***bon(ne)¹** [bɔ̃, ɔn ボン(ボンヌ)] 形 《bon は》多くは名詞の前; 母音で始まる男性名詞の前では鼻音でなくなる; 優等

比較級は meilleur 劣等比較級は moins bon〖 ① (話) おいしい; うまい; 立派な; 快い ▸ à bon compte 安い費用で / Bon anniversaire! (話) 誕生日おめでとう / Bon courage! (話) 幸運を祈りなさい / Bon voyage! (話) よい旅を / Bon week-end! (話) よい週末を / Bonne chance! (話) 幸運を祈ります / Bonne année! (話) あけましておめでとう / Bonne journée! (話) (一日の初めに) よい一日を, 行ってらっしゃい / Bonnes vacances! (話) よい休暇を ② 正確な; 正しい; ちょうどの; (…するのに) 適した, 役立つ, あるいは (à, pour) —à bon droit もっともな理由で / à bonne enseigne 確かな保証つきで / À quoi bon…? (話) …が何になるの? / aux bons soins de… (郵便で) …様方 / C'est à savoir. このことは知っておく価値がある / C'est bon. (勘定・計算などが) それでよろしだ; それで十分だ / Si bon vous semble. それがいいと思うなら / bonne réponse 正解 / bon sens [le —] 常識 ③ (強調) 十分な, 相当な, かなりの, たっぷり — de bon matin 朝早く / de bonne heure 早く (から) / une bonne fois pour toutes きっぱりと

— 副 具合のよい, 気持ちのよい ▸ sentir bon いい匂いがする tenir bon (攻撃などを)持ちこたえる

— 間 (同意・驚き・話題の転換など) よろしい, 結構よし, へえ —Ah bon? あそうなの?; 本当?

— 名 bon 男 ① よいもの [こと], 長所; おもしろい面 —pour de bon 本当に, 本気で ② (金・物の)引換券, 配給切符; 証書, 債券 —bon de commande 注文用紙 / bon du Trésor 国債

— 女 ① 女中 ② (話) おもしろい話

bonace [bɔnas] 女 (嵐の前後の) べた凪(な);静穏; 休息

bonapartisme [bɔnapartism] 男 ナポレオン1世[3世]の政治制度; ナポレオンびいき, ボナパルティスム

bonapartiste [bɔnapartist] 形 ナポレオン1世[3世]の政治制度の, ナポレオンびいきの — 名 ナポレオン大好き

bonasse [bɔnas] 形 単純でお人好しの

bonasserie [bɔnasri] 女 お人好し

bonbek [bɔ̃bek] 男 (話) キャンデー

*bonbon [bɔ̃bɔ̃ ボンボン] 男 ① キャンデー; ボンボン — coûter bonbon (話) 高い, 高価である / bonbon acidulé 甘酸っぱいボンボン ② (話) 睾丸 — casser les bonbons (人を) うんざりさせる

bonbonne [bɔ̃bɔn] 女 (柳細工の籠(な)に入った)細首の大びん; 油入れ

bonbonnière [bɔ̃bɔnjer] 女 ① ボンボン入れ ② (話) こぎれいなアパート

bon-chrétien [bɔ̃kretjɛ̃] 男 (複 ~s-~s) ウイリアムズ 【一番多く栽培されているセイヨウナシ】

*bond [bɔ̃ ボン] 男 跳ぶ[跳ねる]こと, バウンド; 飛躍, 躍進 ▸ bond en avant (経済などの) 飛躍的な成長 faire faux bond à (人)との約束をすっぽかす [破る] faire un bond 急増する, (値段などが) 跳ね上がる ne faire qu'un bond 駆けつける saisir la balle au bond チャンスに飛びつく se lever d'un bond 跳ね上がる

bonde [bɔ̃d] 女 (樽・風呂・流しなどの)栓口, 口, 流し口, (池などの) 排水孔

bondé(e) [bɔ̃de] 形 (< bonder) (…で) ぎっしり詰った; 満員の (de)

bonder [bɔ̃de] 他 (樽を)口まで一杯にする; ぎっしり詰める

bondérisation [bɔ̃derizasjɔ̃] 女 リン酸塩被膜法【金属の腐食防止法】

bondieusard(e) [bɔ̃djøzar, -ard] 名 (軽蔑的な) (大げさに) 信心ぶかい (や)

bondieuserie [bɔ̃djøzri] 女 (話・軽蔑的) ① 凝り固まった信心 ② (悪趣味な)祭具

*bondir [bɔ̃dir ボンディール] 自 [33] ① 跳ぶ, 跳ねる; (…に) 飛びかかる, 飛びつく (sur) ② 喜び・悲しみ・怒りなどで胸が高まる (de) — Cela me fait bondir! これには非常に腹が立つ

bondissant(e) [bɔ̃disɑ̃, -ɑ̃t] 形 飛び跳ねる; 息がはずむ, (胸が) 躍る

bondissement [bɔ̃dismɑ̃] 男 跳ねること, 跳躍; 心が躍ること

bondon [bɔ̃dɔ̃] 男 ① (樽の栓口) ② ボンドン【Normandie 産の円筒状の柔らかい山羊乳のチーズ】

bon enfant [bɔnɑ̃fɑ̃] 形 (不変) 人のよい, お人好しの

*bonheur [bɔnœr ボヌール] 男 (英 happiness, good luck) 幸福; 幸運 ▸ au petit bonheur (la chance) 思いつきで; 運まかせに avoir le bonheur de… 幸運にも…する faire le bonheur 幸運にする par bonheur 幸運にも porter bonheur à (人)に幸福をもたらす

bonheur-du-jour [bɔnœrdyʒur] 男 (複 ~s-~s) (18世紀の)婦人用小机

*bonhomme [bɔnɔm ボノム] 男 (複 bonshommes) ① (話・親しみ・軽蔑をこめて) 男, やつ; 坊や ▸ aller son petit bonhomme de chemin 地道にこつこつと事を運ぶ ② (簡単な人物の絵・像 — bonhomme de neige 雪だるま ③ (古) お人好し — 形 善良な, 気だてのよい

bonhommie, bonhomie [bɔnɔmi] 女 気だてのよさ, 人のよさ

boni [bɔni] 男 ① 剰余金; 利益 ② 特別手当, 報奨金

boniche [bɔniʃ] 女 (俗・軽蔑的な) 女中

bonification [bɔnifikasjɔ̃] 女 ① 改良, 改善 ② (商) 割引き, 割戻し (金),

リベート
bonifier [bɔnifje] 他 改良[改善]する
—代動 [se ~] 改良される; (ワインが)熟成する

boniment [bɔnimɑ̃] 男 《話》(香具師(ぐ)の)言葉巧みな口上; うそ, でたらめ

bonimenter [bɔnimɑ̃te] 自 《話》(香具師(ぐ)の)口上を言う; 口でごまかす, でたらめを言う

bonimenteur(se) [bɔnimɑ̃tœr, -øz] 名 《古》口上を言う人; はったりを言う人

bonite [bɔnit] 女 《魚》カツオ(鰹), ハガツオ(鰹)

***bonjour** [bɔ̃ʒur] 男 ①《英 good morning [afternoon]》お早う, こんにちは ▶*Bonjour les dégâts!* (よくない結果についての皮肉な言い方として)困ったね. 災難だ! ②《話》Simple comme bonjour! そんなの朝飯前だよ ③(カナダ)さようなら; 《話》…はもう終わりだよ —*Bonjour l'ambiance!* 雰囲気ぶちこわしだよ

***bon marché** [bɔ̃marʃe ボンマルシェ] ② 安く —形 (不変)安い

Bonn [bɔn] ボン【ドイツのライン河畔の都市; 旧西ドイツの首都】

bonne [bɔn] 形 ► bon の女性形

Bonne-Espérance [bɔnɛsperɑ̃s] ► *Cap de Bonne-Espérance* [le ~] (南アフリカの)喜望峰

bonne-main [bɔnmɛ̃] 女 (複 ~s-~s) チップ, 心付け

bonne-maman [bɔnmamɑ̃] 女 (複 ~s-~s) 《幼児》お婆さん

bonnement [bɔnmɑ̃] 男 ► *tout bonnement* ただ単に; 本当に, まったく

***bonnet** [bɔnɛ ボネ] 男 ①縁のない帽子, ボンネット; 布製帽子 ► *bonnet à poils* 毛皮帽 *bonnet de bain* 水泳帽 *bonnet de nuit* 陰気な人 *bonnet phrygien* フリジア帽【フランス革命期に流行した赤い縁なし帽; 自由の象徴】 *C'est bonnet blanc et blanc bonnet.* どちらでも同じだよ *gros bonnet* 大物, 有力者 *prendre ... sous son bonnet* 責任を持って…を引き受ける ②(ブラジャーの)カップ ③蜂巣胃[反芻(はんすう)動物の第2胃]

bonneteau [bɔnto] 男 (複 ~x) (トランプ) 札当て[用のカード] [裏返した3枚の札から当ての札を当てさせる賭博]

bonneterie [bɔnɛtri, bɔn(ə)tri] 女 メリヤス製品の製造・販売(店); メリヤス製品[靴下・下着類]; 毛編物類

bonneteur [bɔnɛtœr] 男 《トランプ》札当て師 [*bonneteau* する人]; ペテン師

bonnetier(ère) [bɔntje, -ɛr] 名 メリヤス・編物類製造[販売]人, メリヤス工 —女 小戸棚【もとは帽子入れの戸棚】

bonnette [bɔnɛt] 女 ①〔写〕補助レンズ, アタッチメント ②〔海〕補助帆

bonniche [bɔniʃ] 女 ► *boniche*

bon-papa [bɔ̃papa] 男 (複 ~s-~s) 《幼児》おじいさん

bonsaï [bɔ̃(d)zaj] 男 (<日) 盆栽

bonshommes [bɔ̃zɔm] 男 《複》*bonhomme* の複数形

***bonsoir** [bɔ̃swar ボンソワール] 男 《英good evening》①今晩は; おやすみ, さようなら ②《話・決別を示して》あばよ, バイバイ

***bonté** [bɔ̃te ボンテ] 女 ①親切, 好意; 善良さ, 優しさ ②《複》親切な行為; (女の)愛のあかし ③(物の)よさ ► *avoir la bonté de* [不定詞] 《古》親切にも…する *Bonté divine!* 《驚き》さあたいへん, とんでもない

bonus [bɔnys] 男 賞与, ボーナス; (自動車保険料の)無事故割引

bonze [bɔ̃z] 男 (<日) ①〔仏教の〕僧侶 ②《話》大御所; 尊大な人物, 勿体(もったい)ぶる人

bonzerie [bɔ̃zri] 女 《古》〔仏教の〕僧院

bonzesse [bɔ̃zɛs] 女 尼僧

bookmaker [bukmɛkœr] 男 (<英)(競馬の)ブックメーカー, 賭元

booléen(ne) [buleɛ̃, -ɛn], **boolien(ne)** [buljɛ̃, -ɛn] 形 ► *algèbre booléenne* ブール代数 *variable booléenne* ブール変数

boom [bum] 男 (<英)①(価格の)急騰, 経済的急成長; 一時的流行 ②《話》(学生言葉)にぎり騒ぎ, コンパ ► *être en plein boom* ものすごく忙しい

boomerang [bumrɑ̃g] 男 (<英)①ブーメラン ②自分に帰ってくる悪意, 身から出たさび

boots [buts] 男 (複) (<英) ショートブーツ

boqueteau [bɔkto] 男 (複 ~x) 小さな森, 林, 木立

borate [bɔrat] 男 〔化〕ホウ酸塩

borax [bɔraks] 男 〔化〕硼砂(ほうしゃ)

borborygme [bɔrbɔrigm] 男 〔医〕腹鳴(ふくめい)

***bord** [bɔr ボル] 男 ①《英 edge》道端, 沿岸, 岸; 縁(ふち), へり, 端; (帽子の)縁 ► *à ras bords* 縁(ふち)までなみなみと, 一杯に / *au bord de la mer* 海辺で / *au bord de l'eau* 水辺で / *être au bord des larmes* 今にも泣きそうである / *être du (même) bord de* (人)と立場[意見]が同じである, (人)の味方である / *jeter ... par-dessus bord* 船外に投げ捨てる; かなぐり捨てる / *sur les bords* 《話》《un peu とともに》…気味の ②(船の)舷(げん)側 ► *à bord* (船・飛行機に)搭乗して *journal [livre] de bord* 航海日誌 *virer de bord* 船首を回す; 方針を転換する

bordage [bɔrdaʒ] 男 (船の)被覆, 外板

bordé(e) [bɔrde] 形 (< *border*)(…で)囲まれた (*de*) — 男 ①(集合的)(船の)外板 ②(服などの)縁飾りひも

Bordeaux [bɔrdo] 男 ボルドー【Gironde 県の県庁所在地】

bordeaux [bɔrdo] ① ボルドー産ワイン(= vin de ~) ② 赤ワイン色，赤紫色 ― 形 (不変) [b-] 赤ワイン色の

bordée [bɔrde] 女 ① (片側の)舷側砲の一斉射撃 (帆船の) ②(船の)方向を変えずに進む距離 ③ (船の)勤務；当直 ④ ► **bordée d'injures** 罵りの言葉をまくし立てること ⑤► **bordée de neige** (ケベック)大降雪

bordel [bɔrdɛl] 男 (俗) ① 売春宿 ② 乱雑，大混乱

bordelais(e) [bɔrdəlɛ, -ɛz] 形 ボルドー (Bordeaux) の ― 名 [B-] ボルドーの人

bordélique [bɔrdelik] 形 (話) 混乱した，ごちゃごちゃの

***border** [bɔrde ボルデ] 他 ① (…で)縁取る，囲む (de) ②(…に)沿う，沿って並ぶ(進む) ③► **border un lit** 毛布をマットレスの下に折り込む ④ 制裁する

bordereau [bɔrdəro] 男 (複 ～x) (勘定などの)明細書，伝票，目録 ► **bordereau de livraison** (商品の)物品証，納品書 **bordereau de salaire** 給与明細書

bordier(ère) [bɔrdje, -ɛr] 形 ► **mer bordière** (= **mer épicontinentale**) [地理] 縁海【日本海のように大陸の外縁にあり，島などで外洋と区分されている】

bordure [bɔrdyr ボルデュール] 女 ① 縁，縁飾り ②(歩道などの)縁石 ► **en bordure de** …の端[縁]に，…に沿って

bordurette [bɔrdyrɛt] 女 (車道の)分離帯

bore [bɔr] 男 [化] 硼(ホウ)素

boréal(ale) [bɔreal] 形 (男複 -als, -aux[-o]) ① [地] 北の ② 北極(圏)の ► **aurore boréale** [[1~] 北極光，オーロラ

borée [bɔre] 男 [文] 北風

borgne [bɔrɲ] 形 ① 片目の ②いかがわしい，怪しげな ③► **fenêtre borgne** 明かり取りだけで外が見えない窓 ― 名 片目の人

borie [bɔri] 女 ボリー【南仏に見られる円形石造りの小屋】

borique [bɔrik] 形 [化] 硼(ホウ)酸を含んだ

bornage [bɔrnaʒ] 男 境界標[石](を立てること)

***borne** [bɔrn ボルヌ] 女 ① 限界，限度 ― **dépasser les bornes** 度を越える / **sans bornes** 際限のない 度が過ぎる ② 境界標[石]；標石，鎖を張るための石 ► **borne kilométrique** 道標を示す標石，(石の)里程標 ③ (複) 国家・地方の境界，国境 ④ (俗) キロメートル ⑤ [電] 端子，ターミナル ► **borne d'incendie** 消火栓 **borne interactive** インタラクティブ・ターミナル【公共の場所にある情報検索端末】

borné(e) [bɔrne] 形 (<borner) 限られた；視野の狭い，偏狭な

bornéen(ne) [bɔrneɛ̃, -ɛn] 形 [B-] ボルネオ島(人)の

borne-fontaine [bɔrnəfɔ̃tɛn] 女 (複 ～s ～s) (街角の)水道栓(セン)

Bornéo [bɔrneo] 女 ボルネオ【東南アジアの大島】

***borner** [bɔrne ボルネ] 他 ① 境界を定める；(国などの)境となる ② 抑制する ③ (…に)限定する (à) ― 代動 [se ～] ①(…に)とどめる；自分を抑える (à) ②(…に)とどまる (à)

bortch, bortsch [bɔrtʃ] 男 [料] ボルシチ

bosco [bɔsko] 男 [海] 甲板長

bosniaque [bɔsnjak], **bosnien(ne)** [bɔsnjɛ̃, -ɛn] 形 名 [B-] ボスニアの(人)

Bosnie [bɔsni] 女 ボスニア【バルカン半島の西部地方】

Bosnie-Herzégovine [bɔsnierzegɔvin] 女 ボスニア・ヘルツェゴヴィナ【バルカン半島の共和国】

Bosphore [bɔsfɔr] 男 [[le ～]] ボスポラス海峡【トルコ北西部のヨーロッパとアジアとを分ける海峡】

bosquet [bɔskɛ] 男 小さな森(林)，植込み，木立

bossage [bɔsaʒ] 男 [建] 石壁の打出し模様

bossa-nova [bɔsanɔva] 女 (< ポルトガル) (複 ～s ～s) [楽] ボサノバ

bosse [bɔs] 女 ① こぶ；(骨盤・胸骨の)隆起(ルー) ; 肉腫 ②(地面などの)凸部 ; こぶ，ふくらみ ③ 骨の隆起 ► **avoir la bosse de ...** (話) …の才能がある **rouler sa bosse** (話) 放浪する ; 世界各国を旅行する

bosselage [bɔslaʒ] 男 (金・銀器の)浮彫り

bosseler [bɔsle] 他 4 ① (金・銀器に)浮彫りを施す ② でこぼこする

bossellement [bɔsɛlmɑ̃] 男 でこぼこすること；でこぼこになっていること

bosselure [bɔslyr] 女 (金・銀器の)浮彫り；でこぼこ

bosser [bɔse] 自動 (話) 働く，勉強する ► **bosser un examen** 試験勉強する

bossette [bɔsɛt] 女 ① くつわの飾り金(金) ; (馬具の)目隠し皮 ② (銃の引き金の)突起部 ③ 化粧鋲

bossoir [bɔswar] 男 [船] 吊錨(チョウ)架 (= ~ d'ancre); ダビット，ボートつり (= ~ d'embarcation)

bossu(e) [bɔsy] 形 せむしの；(動物が)こぶのある ― 名 せむし ► **rire comme un bossu** (話) 腹がよじれるほど笑う

bot(e) [bo, -ɔt] 形 (足・手が)ねじれた

botanique [bɔtanik] 女 形 植物学

botaniste [bɔtanist] 名 植物学者
Botswana [bɔtswana] 男 ボツワナ【アフリカ南部の国】
botswanais(e) [bɔtswanɛ, -ɛz] 形 ボツワナの(人)
*__botte__[1] [bɔt ボット] 女 束
*__botte__[2] [bɔt ボット] 女 ① 長靴, ブーツ ▸ cirer [lécher] les bottes de ... (話)(人)にへつらう ▸ être à la botte de (人)のいいなりになる ▸ être sous la botte 軍事制圧された
botte[3] [bɔt] 女 (フェンシングの)突き; 不意の攻撃 ▸ botte secrète 不意うち
botteler [bɔtle] 他 [4] 束ねる
botter [bɔte] 他 ① (人に)長靴をはかせる, 長靴を作ってやる ─ être botté de cuir 革のブーツを履いている ② (話)気に入る ─ Ça me botte. (話)あいつは気に入った ③ (話)蹴っ[とばす] [目的語なしで] [スポーツ] キックする, シュートする
bottier [bɔtje] 男 (オーダーメイドの)靴屋
bottillon [bɔtijɔ̃] 男 (くるぶしまで入る深靴 【ふつう毛皮の裏がついている】
bottin [bɔtɛ̃] 男 電話帳; 商工年鑑 ▸ Bottin mondain [le ~] 紳士録
bottine [bɔtin] 女 (くるぶしの上までの)深靴
botulinique [bɔtylinik], **botulique** [bɔtylik] 形 [医] ▸ bacille botulique ボツリヌス菌
botulisme [bɔtylism] 男 [医] ボツリヌス中毒
boubou [bubu] 男 ブーブー【アフリカの丈の長い服】
boubouler [bubule] 自 (ミミズクが)鳴く
bouc [buk] 男 ① 雄ヤギ ② 山羊ひげ (= barbe du ~) ▸ bouc émissaire 身代わり, 犠牲, スケープゴート
boucan [bukɑ̃] 男 (話)騒がしい音, 大騒ぎ
boucanage [bukanaʒ] 男 ① 肌を焼くこと ② (皮を獲るために)野牛を狩りに行くこと
boucaner [bukane] 他 (肉や魚を)燻製にする
boucanier [bukanje] 男 [史] (カリブ海諸島の)野牛猟師, 海賊
bouchage [buʃaʒ] 男 ふさぐこと, 栓(セン)をすること
*__bouche__ [buʃ ブーシュ] 女 (英 mouth) (人間の)口; 唇; (食べる)人; (馬・牛・魚などの)口; (物の)口, 入り口; 河口; 湾の入り口 ▸ Bouche cousue! (話)黙っていろ, ほかに漏らすなよ ▸ bouche d'aération 通風口 ▸ bouche de métro 地下鉄の入り口 ▸ bouche d'égout マンホール ▸ bouche d'incendie 消火栓 ▸ bouche inutile 無駄飯食い ▸ de bouche à oreille 口づてに, 内密に ▸ de bouche en bouche 口づてに, 口コミで ▸ être dans toutes les bouches 話題になっている ▸ faire la bouche en cœur 作り笑いする ▸ faire la fine bouche (料理・芸術作品に対して)通ぶる; 気難しい, 鼻先であしらう ▸ garder ... pour la bonne bouche ...を最後の楽しみに取っておく ▸ parler la bouche pleine 口の中をいっぱいにしてしゃべる
bouché(e) [buʃe] 形 (< boucher) ① ふさがれた, 栓(セン)をした, つまった ─ avoir le nez bouché 鼻がつまっている ② (話)頭が鈍い ▸ bouché à l'émeri 完全なばか
bouche(-)à(-)bouche [buʃabuʃ] 男 (不変) 口移し人工呼吸法, マウスツーマウス
bouchée [buʃe] 女 ① 一口(の量) ▸ bouchée à la reine 鶏肉の小型パイ ▸ mettre les bouchées doubles (仕事の)スピードを上げる ▸ ne faire qu'une bouchée de ... を簡単に平らげる, あっさり片づける ▸ pour une bouchée de pain 格安で, タダ同然で ② (大きなチョコレート・ボンボン) ③ 一口パイ
*__boucher__[1] [buʃe ブシェ; [医] (英 plug) (...に)栓をする, つまらせる, ふさぐ; 妨げる, じゃまする ▸ boucher la vue 視界をさえぎる ▸ boucher le passage 通るじゃまになる ▸ en boucher un coin à ... (話) (人)をびっくり仰天させる, 唖然とさせる ─ [代動 se ~] ① ふさがれる, ふさがる ② 自分の口(など)をふさぐ ▸ se boucher le nez (いやな臭いをかがないように)鼻をつまむ ▸ se boucher les oreilles 耳をふさぐ, 聴こうとしない ③ (空が)曇る
*__boucher__[2](**ère**) [buʃe, -ɛr ブシェ(ール)] 名 butcher) (主に牛・羊の)肉屋 ② 屠(ほふ)殺業者 ③ 残忍な人 ▸ garçon boucher [形容詞的に] 肉屋の小僧
*__boucherie__ [buʃri ブシュリ] 女 ① 肉屋の店, 食肉業; [集合的に] 肉屋 ▸ boucherie charcuterie 肉屋兼調理済み総菜販売店 ▸ boucherie chevaline 馬肉屋 ② (古) 屠(ほふ)殺場 ③ 殺戮(リク)
Bouches-du-Rhône [buʃdyron] 女 [複] ブーシュ・デュ・ローヌ県【フランス南東部】
bouche-trou [buʃtru] 男 穴埋め, 間に合わせ, 欠員の代人・もの
*__bouchon__ [buʃɔ̃ ブション] 男 ① (びんなどの)栓(セン) ▸ pousser le bouchon [un peu, trop loin] (話)おおげさに言う[考える] ② (パイプなどが)つまること, 交通渋滞; 障害物 ③ (ねじった)わら・干し草などの束, (リンネルまたの)束
bouchonné(e) [buʃɔne] 形 (< bouchonner) (ワインが)コルクの味がついてしまった
bouchonner [buʃɔne] 他 ① (体を)ごしごしこする; (馬などを)わら束でこする

bouchot [buʃo] 男 (ムール貝などの)養殖場, いけす

bouclage [buklaʒ] 男 ①包囲; 閉鎖 ②《話》(人を)閉じ込めること, (ものを)しまい込むこと ③《新聞の紙面の編集作業の)完了

***boucle** [bukl] ブクル 女 ①締め金, バックル, 尾錠(び) ②耳輪 / boucle d'oreille イヤリング, 耳飾り / boucle d'oreille percée ピアス ③(糸・ひもなどの)輪; 巻毛, カール(= ~ de cheveux) ④(川・道の)湾曲, カーブ ⑤(筆記体文字の)輪状部分 [e, j, l など]の, ⑥(飛行機の)宙返り — boucler la boucle 《話》降り出しに戻る, 一回りする ⑦《情報》ループ

bouclé(e) [bukle] 形 (< boucler) (毛髪が)巻毛の; 《紋》輪をはめた

***boucler** [bukle] ブクレ 他 ①(バックルなどで)とめる, 締める — boucler sa valise 荷造りをする ②《話》閉める; 閉じ込める ③《話》締めくくる; 決算をする — boucler une affaire 決着をつける, まとめる ④(警官や軍隊が)包囲する — 自 ①(髪が)巻毛になる, カールする; 輪形になる ②《情報》ループする

bouclette [buklɛt] 女 小さい巻毛

bouclier [buklije] 男 ①盾; 防御物; 放射能遮蔽(がい)物 ②(甲殻類の)甲殻; (甲虫類の)さやばね ③《地理》楯状地

bouddha [buda] 男 仏陀(ﾀﾞ); 仏像

bouddhique [budik] 形 仏教の

bouddhisme [budism] 男 仏教

bouddhiste [budist] 形 仏教(徒)の — 名 仏教徒

***bouder** [bude] ブデ 自 ふくれる, むくれる; (…に)頬をむける (à) — bouder contre son ventre やせ我慢する, 怒って食べようとしない — 他 ①(…に)ふくれ面を見せる, 不満を示す ②《話》寄りつかなくなる; 好まない, 見向かない, 買い控える — 代動 [se ~] 互いに口をきかない

bouderie [budri] 女 ふくれること, ふくれ面, 不信感, 不平不満

boudeur(se) [budœr, -øz] 形 名 ふてぐされる(人); ふてくされた(人) — 女 (背で向かい合う二人がけの)椅子

boudin [budɛ̃] 男 ブーダン(= ~ noir) [豚の血と脂の腸詰]; 丸く太い指; 《話》ずんぐりした不細工な女の子 ▶ boudin blanc 白ブーダン [鳥や子牛などの自身の肉と牛乳で作る腸詰] faire du boudin 《話》ふくれ面をする, むくれる s'en aller [finir, partir, tourner] en eau de boudin 《話》最初が良かったのみじめな結果に終わる

boudiné(e) [budine] 形 (< boudiner) ①(服が)窮屈な服を着た ②(指が)丸く太い

boudiner [budine] 他 ①(プラスチックなどを)成形する ②糸を撚(ょ)り合わせる ③《話》人を締めつける

boudineuse [budinøz] 女 (プラスチックの)押出し成形機

boudoir [budwar] 男 ①婦人の居間, 閨房(ﾎｳ) ②砂糖をまぶしたビスケット

***boue** [bu] ブー 女 ①泥; 海底の泥 ②汚辱; 恥しめ; 悲惨な状態 ③(インキなどの)沈澱物 — traîner... dans la boue / couvr-ir... de boue (人)を辱める

bouée [bwe] 女 浮標, ブイ ▶ bouée de sauvetage 救命ブイ; 頼りの綱

boueu-x(se) [bwø, -øz, buø, -øz] 形 泥だらけの; ひどく汚れた; どろどろした — 男 《不変》(市・町・村の)(街路)清掃夫

bouffant(e) [bufɑ̃, -ɑ̃t] 形 ふくらんだ

bouffarde [bufard] 女 《話》(たばこの)パイプ

bouffe[1] [buf] 喜歌劇の — opéra bouffe 喜歌劇 — 男 喜歌劇の歌手

bouffe[2] [buf] 女 《話》食うもの; 食うこと; 料理

bouffée [bufe] 女 ①(息などの)一吹き ②突発, 発作 ▶ bouffée de chaleur (顔の)ほてり bouffée délirante (突発性の)発作

bouffer [bufe] 自 ふくらむ — 他 《話》①(がつがつと)食べる ②《話》(がつがつと)たべる, ぱくつく; 消費する; 《話》(人に)激しく怒る ▶ bouffer des briques 何も食うものがない Je l'aurais bouffé. 《話》あいつを殺してやろうかと思った se laisser bouffer par... に殺される — 代動 [se ~] 《話》激しくけんかする, 犬猿の仲である(= ~ le nez)

bouffetance [buftɑ̃s] 女 《話》食べ物

bouffette [bufɛt] 女 (リボンの)バラ結び, 小さい飾り房(ぎ)

bouffeu-r(se) [bufœr, -øz] 名 《話》大食い

bouffi(e) [bufi] 形 (< bouffir) ふくれた, むくんだ; (滑稽なほど自尊心や虚栄心で)いっぱいの ▶ Tu l'as dit, bouffi! 《話》君の言う通りだ

bouffir [bufir] 他 ③ ふくらませる, 脹れ上がらせる — 自 ふくれる, はれる

bouffissure [bufisyr] 女 (病的な)はれ, むくみ; (文体の)誇飾

bouffon(ne) [bufɔ̃, -ɔn] 名 ①道化者, ほか者 ②《古》道化役者; (王侯に仕えた)道化 — 形 《文》滑稽な

bouffonner [bufɔne] 自 《文》おどける, 滑稽なことを言う[する]

bouffonnerie [bufɔnri] 女 おどけたこと[滑稽なこと]

bougainvillée [bugɛ̃vile] 女,

bougainvillier [bugɛ̃vilje] 男 〔植〕ブーゲンビリア〔オシロイバナ科の南アメリカ産の低木〕

bouge [buʒ] 男 ①ぼろ家〔部屋〕 ②いかがわしいバー〔カフェ〕 ③樽のふくらんだ部分

bougeoir [buʒwaːr] 男 手燭〔しょく〕台, ろうそく立て

bougeotte [buʒɔt] 女 〔話〕移動欲; 旅行熱 ▶avoir la bougeotte じっとしていない

bouger [buʒe ブジェ] 自 40 ①身動きする, 動く ②〔とくに否定形で〕〔話〕変化する; 色が落ちる ③活発な動きを見せる; 〔政治的に〕立ち上がる, 行動する — 他 動かす —〔代動 se ~〕〔話〕動く, 体を動かす; 奔走する *Bouge-toi de là!* そこどけ

bougie [buʒi ブジ] 女 ①ろうそく ②〔エンジンの〕点火プラグ ③〔医〕ブジー

bougnoul, bougnoule [buɲul] 男 〔俗・軽蔑的〕黒ん坊〔マグレブ系・アラブ系の人を差別して言う言葉〕

bougon(ne) [bugɔ̃, -ɔn] 形 名 〔いつも〕ぶつぶつ不平を言う(人)

bougonnement [bugɔnmɑ̃] 男 不平を言うこと

bougonner [bugɔne] 自 ぶつぶつ不平を言う

bougre(sse) [bugr, -ɛs] 名 〔話〕奴〔ヤツ〕, 野郎 —bon bougre いいやつ ▶*Bougre d'andouille [d'idiot]!* ばかなやつめ! *Bougre de temps!* いやな天気だ —間 〔古〕くそ, ちくしょう

bougrement [bugrəmɑ̃] 副 〔古・話〕ものすごく

boui-boui [bwibwi] 男 (複 ~s ~) 〔話〕安っぽい食堂〔カフェ〕

bouillabaisse [bujabɛs] 女 ブイヤベース〔魚介類とニンニク, サフランなどを煮込んだプロヴァンス料理〕

bouillant(e) [bujɑ̃, -ɑ̃t] 形 煮え立っている; 熱い; 熱烈な, 激情的な; (…で)燃え立った (de)

bouille [buj] 女 〔話〕顔 ▶*avoir une bonne bouille* 人のよさそうな顔をしている

bouilleur [bujœːr] 男 蒸留酒〔ブランデー〕を作る人 ▶*bouilleur de cru* 〔自家産の果実で〕自家用蒸留酒を作る人

bouilli [buji] 男 ゆで(牛)肉

bouillie [buji] 女 小麦粉を牛乳で煮た粥〔カユ〕 ▶*C'est de la bouillie pour les chats.* わけの訳わからない文章だ *réduire en bouillie* どろどろにする; 人をこてんぱんにする

bouillir [bujiːr ブイール] 自 11 〔英 boil〕沸騰する; 煮える; 〔怒りなどのため〕頭にくる ③〔医〕ブジー — faire bouillir 沸かす, 沸騰させる / *faire bouillir la marmite* 生計〔セイケイ〕を立てる — 他 〔話〕沸騰させる, 煮る

bouilloire [bujwaːr] 女 やかん, 湯沸かし

bouillon [bujɔ̃] 男 ①野菜・肉を煮出したスープ, だし, ブイヨン — *boire [prendre] un bouillon* 〔話〕(水泳中に)水にあふれかける; 商売で大損する ②〔沸騰による〕泡; 〔液体の奔出, 泡立ち — *faire bouillir à gros bouillons* ぐらぐら煮立たせる ③〔複〕〔新聞・雑誌などの〕売れ残り, 残部 ④〔服〕(スカートなどの)ブフ ▶*bouillon de culture* (微生物培養用の)肉汁培地, ブイヨン; 温床

bouillonnant(e) [bujɔnɑ̃, -ɑ̃t] 形 沸き立つ, 泡立つ

bouillonnement [bujɔnmɑ̃] 男 沸き立つ〔泡立つ〕こと; 〔感情などの〕激動; 〔考えなどが〕次々と浮かんでくること

bouillonner [bujɔne] 自 ①沸き立つ, 泡立つ, ほとばしる ②〔話〕〔で〕感情が激する (de) ③〔話〕〔新聞・雑誌などが〕売れ残る

bouillotte [bujɔt] 女 湯たんぽ; 〔古〕湯沸かし

bouillotter [bujɔte] 自 ことこと煮える

boul. [bulvar] 〔略〕boulevard 大通り

boulange [bulɑ̃ʒ] 女 〔話〕パン屋

boulanger¹(ère) [bulɑ̃ʒe, -ɛːr ブランジェ(ール)] 〔英 baker〕パン屋

boulanger² [bulɑ̃ʒe ブランジェ] 他 自 (小麦粉を)パンに焼く

boulangerie [bulɑ̃ʒri ブランジュリ] 女 パン製造〔販売〕業

boulangisme [bulɑ̃ʒism] 男 ブーランジェ主義〔1885年前後のBoulanger将軍の反ドイツ, 反議会主義の運動〕

*****boule** [bul ブル] 女 ①球, 玉; 球形のもの; 〔複〕ペタンク 玉, 丸パン (= ~ de pain) ▶*avoir une boule dans la gorge* (不安などで)胸がふさがる *boule à thé* 球形の茶こし *boule de commande* 〔情報〕トラックボール *boule de neige* 雪玉 *faire boule de neige* (計画・問題などが)雪だるま式に大きくなる *jouer aux boules* ペタンクをする ②〔話〕頭, 顔 ▶*avoir la boule à zéro* 〔話〕丸坊主にしている *avoir les boules* 〔話〕いらだっている; うんざりしている *coup de boule* 〔話〕頭突き *en boule* 〔話〕怒って, かっとして *perdre la boule* 正気を失う, 狼狽する ③〔ベルギー〕ボンボン, キャンディー, 飴玉

bouleau [bulo] 男 (複 ~x) 〔植〕カバノキ(樺の木)

boule-de-neige [buldənɛʒ] 女 (複 ~s-~~) 〔植〕カンボク〔肝木〕

bouledogue [buldɔg] 男 〔英 bulldog〕ブルドッグ

bouler [bule] 自 〔話〕球のように転がる, 転げ落ちる ▶*envoyer bouler* (人を)追い払う, 追っ払う

boulet [bulɛ] 男 ①〔昔の〕丸い砲弾 (= ~ de canon) ②〔昔, 囚人の足につ

けた鉄の玉 ③厄介者[物]，重荷 ④たどん(炭団) ▶ **tirer à boulets rouges sur** (人)を容赦なく批判する **traîner un boulet** 心の重荷である

boulette [bulɛt] 囡 ①小さい球; (肉)だんご ②《話》大失敗

:**boulevard** [bulvar ブルヴァール] 男 ①(並木のある)大通り〖略 bd.〗②〖les (Grands) B-s〗(パリの)グラン・ブルヴァール〖マドレーヌ広場からレピュブリック広場に至る大通り〗③軽演劇 ＝ théâtre de ～)〖グラン・ブルヴァールの劇場で多く演じられたので〗

boulevardier(ère) [bulvardje, -ɛr] 形 軽演劇の

bouleversant(e) [bulvɛrsɑ̃, -ɑ̃t] 形 気を転倒させる，驚くべき

bouleversement [bulvɛrsəmɑ̃] 男 大混乱; 大変動; 動乱

:**bouleverser** [bulvɛrse ブルヴェルセ] 他 ①覆す，めちゃめちゃにする，激変させる; (気持ちを)動転させる

boulier [bulje] 男 (子どもの)数え玉 (= ～ compteur)

boulimie [bulimi] 囡 ①〔医〕多食症; ②大変な空腹 ③激しい欲望

boulimique [bulimik] 形 多食症の; 多食症の(患者)

boulin [bulɛ̃] 男 鳩小屋の穴; 〔建〕腕木をさしこむ壁の穴; (足場の)腕木

boulingrin [bulɛ̃grɛ̃] 男 (広い)芝生

boulisme [bulism] 男 球を用いるスポーツ

bouliste [bulist] 名 ペタンク(pétanque)をする人

boulle [bul] 男 (象眼細工の)ブル様式家具 ▶ **École Boulle** 〖「ブ~」〗 レコール ブル〖高級家具職人の訓練校〗

Boul'Mich' [bulmiʃ] 男 《話》ブル ミッシュ〖パリのサン・ミッシェル通り(le boulevard Saint-Michel)の愛称〗

boulocher [buloʃe] 自 毛玉ができる

boulodrome [bulodrɔm] 男 (ペタンクをする)球戯場

Boulogne [bulɔɲ] 男 ▶ **bois de Boulogne** ブーローニュの森〖パリ西端の森林公園; 競馬場などがある〗

Boulogne-sur-Mer [bulɔɲsyrmɛr] ブーローニュ・シュル・メール〖フランス北部イギリス海峡の港町〗

boulon [bulɔ̃] 男 ボルト ▶ **serrer [resserrer] les boulons** 締め付けを強める

boulonner [bulɔne] 他 ボルトで締める — 自 《話》働く

boulot[1] [bulo] 男 《話》仕事，勉強 ▶ **Au boulot!** 《話》さあ仕事だ! **être boulot boulot** 《話》仕事熱心である

boulot[2]**(te)** [bulo, -ɔt] 形 《話》ずんぐりした(人)

boulotter [bulɔte] 他 《話》食う

boum[1] [bum] 男 《話》ブーム — 間 どすん, ぽーん 〖物がぶつかったり, 爆発したりする音〗 ▶ **faire boum** どすんという, 落ちる

boum[2] [bum] 囡 (若者が自宅で開く)ダンスパーティ

boumer [bume] 自 《話》うまくいく ▶ **Ça boume?** 《話》うまくいってるかい?

*****bouquet**[1] [bukɛ ブケ] 男 ①花束, 束, 房 ②茂み, 木立 ③(ワイン・コニャックなどの)芳香 ④最後に一発打ち上げる盛大な花火 ▶ **C'est le bouquet!** 《話》(皮肉で)最高だ, あんまりだ, ひどすぎる ▶ **bouquet de programmes** (衛星放送の)マルチチャンネルパッケージ **bouquet garni** ブーケガルニ〖香草・香草の束; スープ・ソースなどに用いる〗

bouquet[2] [bukɛ] 男 ①〔動〕クルマエビ(車海老) ②雄ウサギ, (雄の)小ヤギ

bouqueté(e) [bukte] 形 (ワインが)よい香りの

bouquetier [buktje, -ɛr] 名 (クラブなどでの)花売り — 男 花瓶

bouquetin [buktɛ̃] 男 野生のヤギ

:**bouquin** [bukɛ̃ ブカン] 男 ①《話》本 ②古本

bouquiner [bukine] 自 ①《話》本を読む ②〈古〉古本をあさる

bouquineur(se) [bukinœr, -øz] 名 本好きの人, 本の虫

bouquiniste [bukinist] 名 (特にセーヌ河畔の)古本屋

bourbe [burb] 囡 (池などの)泥土

bourbeux(se) [burbø, -øz] 形 泥だらけの

bourbier [burbje] 男 泥沼; 窮地

bourbillon [burbijɔ̃] 男 〔医〕(はれものなどの)しん; 膿栓(のうせん)

Bourbon [burbɔ̃] 〖les ~s〗ブルボン家〖王朝〗

bourbon [burbɔ̃] 男 バーボン(ウィスキー)

bourbonien(ne) [burbɔnjɛ̃, -ɛn] 形 ブルボン家の

Bourbonnais [burbɔnɛ] 男 ブルボネ〖フランス中部の旧地方名; ほぼ Allier 県にあたる〗

bourdaine [burdɛn] 囡 〔植〕モチノキ

bourde [burd] 囡 ①へま, しくじり ②〈古〉うそ, 作り話

bourdon[1] [burdɔ̃] 男 巡礼杖(つえ)

bourdon[2] [burdɔ̃] 男 ①マルハナバチ ▶ **avoir le bourdon** 気がふさぐ, 憂鬱である ②(低音の)大鐘 ③〔楽〕(オルガンの)ブルドン [低音栓]

bourdonnant(e) [burdɔnɑ̃, -ɑ̃t] 形 ぶんぶんいう

bourdonnement [burdɔnmɑ̃] 男 ぶんぶんいう音 ▶ **avoir des bourdonnements d'oreilles** 耳鳴りがする

bourdonner [burdɔne] 自 ぶんぶんいう; 耳鳴りがする

bourg [bur] 男 (市場の立つ)町

bourgade [burgad] 囡 村

Bourg-en-Bresse [burkɑ̃brɛs] ブルカン・ブレス〖Ain 県の県庁所在地〗

bourgeois(e) [burʒwa, -az ブルジワ(ズ)] 名 ① 中産階級の人; 有産者, ブルジョワ —petits bourgeois プチブル, 小市民 ② 俗物, 趣味の低い人 ③ 〈史〉(貴族に対する)平民, 商人階級か(中世の市場町(bourg)や自由市の市民) ④ 中産階級の, 有産者の, ブルジョワの —cuisine bourgeoise (シンプルな)家庭料理 ② 俗物的な, 俗悪な —mener une petite vie bourgeoise 型にはまった生活を送る — 話 俗物的なこと, 低俗趣味 — 女 〈話〉妻, 女房

bourgeoisement [burʒwazmɑ̃] 副 ① 中産階級[ブルジョワ]的に ② (商売など)には使わないで)住宅として

bourgeoisie [burʒwazi] 女 ① 中産階級, 市民, 有産ブルジョワ階級 ② 〈史〉〈古〉平民[商人]階級

bourgeon [burʒɔ̃] 男 ① (植物の)芽 ② 肉芽(組織)

bourgeonnement [burʒɔnmɑ̃] 男 発芽(期)

bourgeonner [burʒɔne] 自 ① 発芽する; 吹出物を出す ② (傷口の)肉が盛り上がる

Bourgeron [burʒərɔ̃] 男 〈古〉(目の粗い)短い作業服, 作業衣

Bourges [burʒ] ブールジュ【Cher 県の県庁所在地】

bourgmestre [burgmɛstr] 男 (ベルギー・ドイツ・オランダなどの)市長

Bourgogne [burgɔɲ] 女 ブルゴーニュ【フランス中東部の地方】

bourgogne [burgɔɲ] 男 ブルゴーニュ・ワイン

Bourgueil [burgœj] ブルグイユ 【Loire 川下流域のワイン産地】

bourgueil [burgœj] 男 ブルグイユ・ワイン【フルーティな赤ワイン】

bourguignon(ne) [burgiɲɔ̃, -ɔn] 形 名 ① 〔B-〕ブルゴーニュの(人) — 男 〔料〕ブルゴーニュ風ビーフシチュー (= bœuf ~)【タマネギ・キノコ・赤ワインのソースを用いる】

bourlinguer [burlɛ̃ge] 自 ① (船が)難航する ② 〈話〉諸国を放浪[航海]する

bourlingueur(se) [burlɛ̃gœr, -øz] 形 名 〈話〉諸国を放浪する(人)

bourrache [buraʃ] 女 〔植〕ルリジシャ

bourrade [burad] 女 (人を)突き飛ばすこと, どんとたたくこと

bourrage [buraʒ] 男 詰めること; 詰め物 ▶bourrage de crâne 洗脳; つめこみ勉強 bourrage papier (プリンターの)紙詰まり

bourrasque [burask] 女 ① 突風 ② (怒りなどが)突然噴ること; かんしゃく; 不意の症勢 ▶bourrasque de neige 吹雪

bourratif(ve) [buratif, -iv] 形 〈話〉(食物が)胃にもたれる 腹のくちくなる

bourre [bur] 女 ① (動物の)抜け毛のかたまり ▶se tirer la bourre 〈話〉全力で勝負する ② (クッションなどに詰める)詰物 ③ (木の芽・若葉などの)わく毛 ④ (銃・砲の)おくり ⑤ ▶de première bourre 〈話〉第一級の, すぐれた ⑥ être à la bourre 〈話〉時間がない, 遅れている

bourré(e) [bure] 形 (< bourrer) ① (…に)一杯の, ぎっしりした, はちきれそうな(de) ② 〈話〉酔っ払った

bourreau [buro] 男 (複 ~x) ① 死刑執行人 ② 残忍な人; 冷血漢 ▶ bourreau de travail 仕事の鬼, 仕事人間 bourreau d'enfants 児童虐待者 bourreau des cœurs 女殺し, 女たらし

bourrée [bure] 女 ① (方) 小枝の束 ② 〔楽〕ブレ【Auvergne 地方の民俗舞踊とその曲】

bourrelé(e) [burle] 形 責めさいなまれた ▶bourrelé de remords 自責の念にさいなまれた

bourrelet [burlɛ] 男 ① (窓や戸などの)目張り[隙間をふさぐためのフェルトやゴムの帯] ② 長く丸くふくれたもの; (とくに胴まわりの)盛り上がり(= ~ de chair, ~ de graisse)

bourrelier [burəlje] 男 馬具製造[販売]人

bourrellerie [burɛlri] 女 馬具製造[販売]業; 馬具類

bourrer [bure] 他 ① (…に)ものを詰め込む; 〔~ A de B〕A (容器)に B (物)を詰め込む, A (人)に B (食べ物)を詰め込む ▶bourrer le crâne [le mou, la caisse] (人)におかしなことを吹きこむ ② ▶bourrer ... de coups (何度も)殴る — 自 ① (猟犬が)ノウサギを追いかける ② (機械で紙などが)詰まる ③ 〈話〉急ぐ ④ 〈話〉(食べ物が)胃にもたれる — 代動〔se ~〕① (…を腹一杯食べる(de) ② 殴り合う ③ 〈俗〉酔っ払う

bourriche [buriʃ] 女 (魚などを入れる)柄のないかご

bourrichon [buriʃɔ̃] 男 〈話〉頭

bourricot [buriko] 男 小さなろば

bourrin [burɛ̃] 男 〈俗〉馬

bourrique [burik] 女 ① 雌ロバ; ロバ; 〈話〉強情(でばかな)人 ▶faire tourner ... en bourrique (人)をひどいいじめで頭が働かないようにさせる ② 〈俗〉警官, ポリ公

bourru(e) [bury] 形 ① 無愛想な, 気難しい ② 粗い ③ (ワインが)新しい, (牛乳などが)しぼりたての

Bourse [burs] 〔la ~〕 男 ① 証券取引所, 株式市場 ▶Bourse de Paris 〔la ~〕パリ証券取引所 Bourse de travail 労働組合会館 jouer en Bourse 投機する, 株をやる

bourse [burs] 女 ブルス】 ① 奨学金 ② (昔の)財布; (自由に使える)金 ▶avoir la bourse plate 貧しい sans

bourse *délier* 1円も金を使わずに *tenir les cordons de la bourse* 財布のひもを握る ③《解》嚢(ã)

boursicoter [bursikɔte] 自 小口の株の投機をする

boursicoteur(se) [bursikɔtœr, -øz] 名 (小口の株の)投機家

boursier(ère) [bursje, ɛr] 形 ①奨学金を受けている ②株式取引の — 名 ①給費生, 奨学生 ②株式仲買人

boursouflage [bursuflaʒ] 男 ふくらみ; 誇張

boursouflé(e) [bursufle] 形 (< boursoufler) ①ふくらんだ, はれ上がった ②誇張された, 大げさな

boursoufler [bursufle] 他 ①ふくらませる, はれ上がらせる ②思い上がらせる ── 代動 [se ～] ふくらむ; はれる; 思い上がる

boursouflure [bursuflyr] 女 ふくらみ, はれ; 誇張

bous [bu] bouillir の直・現・1[2]・単; 命・2・単

bousculade [buskylad] 女 ①ひっくり返すこと; 突く, 押す ②混雑, 雑踏, 大あわて, 大騒ぎ

*bousculer [buskyle ブスキュレ] 他 ①ひっくり返す, 乱暴に押す, 突き飛ばす ②一変させる, 覆す ③(人を)せきたてる — 代動 [se ～] ①押し合いしに合いする ②《話》急ぐ

bouse [buz] 女 牛糞(ふん)(= ～ de vache)

bouseux [buzø] 男 《話》《軽蔑して》どん百姓

bousier [buzje] 男 《虫》クソムシ(糞虫)

bousillage [buzijaʒ] 男 ①《建》(壁などのために)土とわらを練り合わせること ②《話》やっつけ仕事; 壊してしまうこと

bousiller [buzije] 他 ①《話》台なしにする; ぶっ壊す ②《俗》殺す

bousilleur(se) [buzijœr, -øz] 名 《話》下手な職人, やっつけ仕事をする人

boussole [busɔl] 女 羅針盤, 磁石 ►*perdre la boussole* 《話》取り乱す, 頭が変になる

boustifaille [bustifaj] 女 《俗》食べ物, 食事

*bout[1] [bu ブー] 男 《英 end》端, 先, 先端; 末端; 終り, 果て ► *à bout* 限界の; 疲れきった *à bout de ～* がえはきた *à bout de bras* 腕力だけで *à bout portant* 銃口を突きつけて, 至近距離で *à tout bout de champ* 始終, 何かにつけて *au bout de ...* 《時間》...の後に *au bout de son [du] rouleau* 話題が尽きる; 金が尽きる; へばる *au bout du compte* 結局は *bout à bout* 端と端を合わせて *bout filtre* フィルター(付きたばこ) *de bout en bout* 全部, 端から端まで *du bout des lèvres* 心ならず *d'un bout à l'autre* 端から端まで, 始めから終りまで *en connaître un bout* 詳しい, 精通している *mener ... par le bout du nez (人)*を手玉に取る *pousser ... à bout (人)*を怒らせる *savoir ... sur le bout des doigts* ...をよく知っている, 熟知している *tenir le bon bout* うまくいきそうである *venir à bout de ...* ...に打ち勝つ, ...をやりとげる

bout[2] [bu] bouillir の直・現・3・単

bout[3] [bu] 男《海》綱

boutade [butad] 女 ①冗談, しゃれ ②《古》気まぐれ

bout-dehors [budəɔr] 男 (複〜～) 《海》ブーム

boute-en-train [butɑ̃trɛ̃] 男《不変》場をにぎやかす人, 盛り上げ役

boutefeu [butfø] 男 (複〜x) 《古》火付け役, 扇動者

*bouteille [butɛj ブテイユ] 女 ①(英 bottle) びん, ボンベ ► *boire à la bouteille* らっぱ飲みする *C'est la bouteille à l'encre.* 《話》わけがわからない *mettre en bouteille(s)* びんに詰める *prendre de la bouteille* (年をとって)年季が入る

bouter [bute] 他 《古》押す, 追い払う

bouteur [butœr] 男 ブルドーザー[英語の bulldozer の官製フランス語による代替語]

*boutique [butik ブティク] 女 ①(小売の)店, 売店 ► *boutique horstaxes* 免税店 *tenir [ouvrir, fermer] boutique* 店を営む[開く, たたむ], やめる, あきらめる ②《ブティック》[高級ブランドの (同một で形容詞的に) des robes boutique 高級ブランドのドレス] ③《話》仕事 — *parler boutique* 仕事の話をする

boutiquier(ère) [butikje, -ɛr] 名 小売店主, 《軽蔑して》ちっぽけな商人

boutoir [butwar] 男 猪(いのしし)[豚]の鼻 ► *coup de boutoir* 辛辣(しんらつ)な言葉, 激しい攻撃

bouton [butɔ̃ ブトン] 男 (英 button, bud) 芽, (とくに)蕾(つぼみ) ②(衣服の)ボタン; (電気器具などの)ボタン, スイッチ ► *bouton de manchette* カフスボタン ③取っ手, ノブ ④《話》吹出物, 水泡(ほう) ► *bouton de fièvre* 口辺にできる水泡(ほう) *donner des boutons à ...* (人)に毛嫌いさせる

bouton d'argent [butɔ̃darʒɑ̃] 男 (複〜～) 《植》カミツレモドキ

bouton-d'or [butɔ̃dɔr] 男 (複〜s〜) ①《植》ラナンキュラス, キンポウゲ ②キンポウゲ色, 黄色 — 形《不変》キンポウゲ色(黄色)の

boutonnage [butɔnaʒ] 男 ボタンをかけること; ボタンのつけ方

boutonner [butɔne] 他 ボタンをかける — 自 芽[蕾(つぼみ)]が出る; 吹出物が出る — 代動 [se ～] ①ボタンをかける ②《話》(自分の)ボタンをかける

boutonneux(se) [butonø, -øz] 形 吹出物のできた

boutonnière [butɔnjɛr] 女 ①ボタン・ホール ②[医] 小切開

bouton-poussoir [butɔ̃puswar] 男 (複 ~s-~s)(電気器具などの)プッシュ・ボタン

bouton-pression [butɔ̃prɛsjɔ̃] 男 (複 ~s-~s)[服]スナップ

bout-rimé [burime] 男 (複 ~s-~s)[詩] 韻題artículos

bouturage [butyraʒ] 男 さし木

bouture [butyr] 女 (さし木[取り木]用の)さし穂 ▸ **faire des boutures** さし木をする

bouturer [butyre] 自 (さし木の)吸根が出る — 他 さし木する

bouverie [buvri] 女 牛舎

bouvet [buvɛ] 男 スナップ鉋(ᵏᵃⁿⁿᵃ)

bouveteuse [buv(ə)tøz] 女 (木材の)溝掘り機

bouvier(ère) [buvje, -ɛr] 名 牛飼い ▸ **bouvier des Flandres** ブービエ【ベルギー産の大型牧羊犬】

bouvillon [buvijɔ̃] 男 去勢された子牛

bouvreuil [buvrœj] 男 [鳥] ウソ

bovidés [bɔvide] 男 《複》[動] ウシ科

bovin(e) [bɔvɛ̃, -in] 形 牛の — 男《複》ウシ類

bovinés [bɔvine] 男《複》ウシ類(= bovin)

bowling [buliŋ] 男 (< 英) ボウリング(場)

bow-window [bowindo] 男 (< 英) 出窓

box [bɔks] 男 (複 box, boxes) (< 英) ①(法廷の)被告席(= ~ des accusés) ②(病院の大部屋内の)仕切病室 ③(駐車場の)一区画、(競舎の)馬房

box[2] [bɔks] 男 ボックス皮【子牛のなめし皮】(= **box-calf**)

boxe [bɔks] 女 ボクシング(= ~ anglaise) ▸ **boxe française** フランス式キックボクシング

boxer[1] [bɔkse] 自 ボクシングの試合をする — 他 (話) 殴る

boxer[2] [bɔksɛr] 男 (< 英) ボクサー犬

boxeur(se) [bɔksœr, -øz] 名 ボクサー

box-office [bɔksɔfis] 男 (< 英)(映画,芝居などの)興行成績 ▸ **film en tête du box-office** 興行成績トップの映画

boy [bɔj] 男 (< 英) ①(とくに植民地での)原住民の召使いの少年 ②(ミュージックホールの)男性ダンサー

boyard [bɔjar] 男 (帝政ロシアの)貴族

boyau [bwajo] 男 (複 ~x) ①(多く複)(動物の)腸; (話)(人間の)腸 ▸ **rendre tripes et boyaux** (話) 嘔吐する **tordre les boyaux** (話) 下痢をする ②(ラケットや弦楽器の)ガット(=

corde de ~) ③ホース; (競技用自転車の)チューブなしのタイヤ ④細長い通路、溝

boyauter [bwajote] 代動 [se ~] (話) げらげら笑う

boycottage [bɔjkɔtaʒ], **boycott** [bɔjkɔt] 男 ボイコット、不買同盟；(人に対する)同盟排斥

boycotter [bɔjkɔte] 他 ボイコットする, (…の)不買運動をする, 共同で排斥する

boy-scout [bɔjskut] 男 (< 英)(古)ボーイスカウト【今日では scout と言う】; (話) 単純な理想家

BP (略) boîte postale 郵便私書箱

Bq (略) [bekrel] (略) becquerel [物] ベクレル

brabançon(ne) [brabɑ̃sɔ̃, -ɔn] 形名 [B.]ブラバントの(人) — 女 [la B.] ベルギー国歌

Brabant [brabɑ̃] 男 ブラバント【ベルギー中部の旧公国; Bruxelles がある】

brabant [brabɑ̃] 男 金属製の鋤(すき)

bracelet [braslɛ] ブラスレ 男 ①腕輪、ブレスレット ②(時計の)バンド ③(労働者などが手首に巻く)革の帯

bracelet-montre [braslɛmɔ̃tr] 男 (複 ~s-~s) 腕時計、ブレスレット時計

brachial(ale) [brakjal] 形 (男複 -aux) [解] 腕の, 上腕(じょうわん)の

brachiopodes [brakjɔpɔd] 男《複》[動] 腕足類【ホオズキガイなどの触手動物】

brachycéphale [brakisefal] 形名 [医] 短頭の(人)

brachydactyle [brakidaktil] 形名 [医] 短指症の(患者)

brachyoure [brakjur] 男 [動] カニ

braconnage [brakɔnaʒ] 男 密猟[漁]

braconner [brakɔne] 自 密猟[漁]する ▸ **braconner sur les terres d'autrui** 他人の領域を侵す

braconnier [brakɔnje] 男 密猟[漁]者

braconnière [brakɔnjɛr] 女 腰と太ももを防御する鎧(よろい)の一部

bractée [brakte] 女 [植] 苞(ほう)

bradage [bradaʒ] 男 安売り; 見切り

brader [brade] 他 ①(話) 捨て値で売り払う ②古物市 (braderie) で売る

braderie [bradri] 女 ①(露店での)投売り, 大安売り ②古物[古着]市

bradeur(se) [bradœr, -øz] 名 捨て値で売り払う人

bradycardie [bradikardi] 女 [医] 徐脈

braguette [bragɛt] 女 ①(古) 昔の膝までのズボンにつけられた袋状のもの ②(話) ズボンの前の合わせ目

brahmane [braman] 男 バラモン(婆羅門)【インドのカースト最上位の司祭会】

brahmanique [bramanik] 形 バラモン教の

brai [brɛ] 男 ピッチ

brai ... ⇨braire

braillard(e) [brajar, -ard] 形
(話)どなる(人), 泣きわめく(人)

braille [braj] 男 点字 [フランス人 L.
Braille(1809-52)が発明]

braillement [brajmɑ̃] 男 どなること,
大声で話すこと; 下手に歌うこと

brailler [braje] 自 どなる, わめく, (子
どもが)泣き叫ぶ ── 他 どなるように話す
〔歌う〕

brailleur(se) [brajœr, -øz] 形名
どなる(人), 泣きわめく(人)

braiment [bremɑ̃] 男 ロバの鳴き声

brain drain [brendrɛn] 男 (< 英)
(とくにアメリカへの)頭脳流出

brain(-)storming [brenstɔrmiŋ]
男 (< 英) ブレーン・ストーミング【自由に
意見を出し合う発想法】(公式用語語は
remue-méninges)

brain-trust [brentrœst] 男 (< 英)
ブレーン・トラスト, 顧問団

braire [brer] 自 72 〖多くは不定詞か3
人称直説法現在または単純未来〗①
(ロバが)鳴く ②(話)どなる, 泣きわめく

braise [brez] 女 ① 熾(ぉき), 炭火 ②
消し炭 ③ (俗・古) 銀貨; お金

braiser [breze] 他 蒸し煮する

bramement [bramɑ̃], **brame**
[bram] 男 (鹿の)鳴き声

bramer [brame] 自 ① (鹿が)鳴く; (人
が)泣きわめく

bran [brɑ̃] 男 糠(ぬか)の粕(かす); おがくず;
糞(ふん)

brancard [brɑ̃kar] 男 ① 担架の柄 ②
轅(ながえ)〖牛や馬に引かせるために車から
伸びた2本の棒〗 ▶ **ruer dans les
brancards** (人が)反抗する, 激しく抗議
する

brancardier [brɑ̃kardje] 男 担架を
持つ人, 担架兵

branchage [brɑ̃ʃaʒ] 男 ① (1本の木全
体の)枝; (複) 切り落とされた枝

*   **branche** [brɑ̃ʃ] 〖ブランシュ〗女 ① (英
    branch) (木の)枝; 分枝; 枝状のもの
    ② (系図の)支, (学問などの)部門, 分野,
    分科 ▶ **avoir de la branche**
    血筋が良い; 上品だ, 気品がある **ma
    vieille branche** (親しい友人への呼びか
    けで)やあ

branché(e) [brɑ̃ʃe] 形 (< bran-
cher) ① 接続された ②(話) 消息通
の, 訳知りの; 流行最先端の ▶ **en lan-
gage branché** 今風の言葉で **en
branché** + 無冠詞名詞 …に熱中して
いる

branchement [brɑ̃ʃmɑ̃] 男 (管や
線の)接続, 分岐; 分岐した管〔線〕, 支
管; 〔情報〕(機器の)接続, 構成, ブランチ
ング

brancher [brɑ̃ʃe] 他 ① (…につなぐ;
(…に)向ける, 導く; (人を…に)取り次ぐ,
紹介する《sur》② (話) 知らせる; 興味

を引く, 関心を持たせる ── 自 (鳥が)
枝に止まる ── 代動 《se ~》(…に)つ
ながる《sur》(話)(…について)興味を
持つ《sur》

branchial(ale) [brɑ̃ʃjal] 形 (男複
-aux[-o])　鰓(えら)の

branchie [brɑ̃ʃi] 女 鰓(えら)

branchu(e) [brɑ̃ʃy] 形 枝の多い
茂った

brandade [brɑ̃dad] 女 〔料〕 ブラン
ダード【干しダラにオリーブ油とニンニクを混
ぜた南仏料理】

brandebourg [brɑ̃dəbur] 男 〔服〕
(軍服などの)ボタン穴の飾りひも

brandir [brɑ̃dir] 他 33 振上げる, 振
回す(脅すために)振りかざす

brandon [brɑ̃dɔ̃] 男 (わらなどの)燃え
火; 火の粉

brandy [brɑ̃di] 男 (< 英) ブランデー

branlant(e) [brɑ̃lɑ̃, -ɑ̃t] 形 ぐらぐら
した, 不安定な

branle [brɑ̃l] 男 振動; 衝動, はずみ
▶ **mettre en branle** 突き動かす, 口火
を切る, 活気づかせる **se mettre en
branle** 活気づく

branle-bas [brɑ̃lba] 男 (不変) (何
かを準備しているときのてんやわんや, 大騒
ぎ ▶ **branle-bas de combat** (艦上で
の)戦闘準備

branlée [brɑ̃le] 女 大敗北

branlement [brɑ̃lmɑ̃] 男 首を(前後
〔左右に〕振ること

branler [brɑ̃le] 他 揺れる, ぐらぐらす
る ▶ **branler dans le manche** 不安
定である, 今にも壊れそうである ── 他
── (頭を左右に)振る ②(俗) する, やる
── 代動 《se ~》① (俗) マスターベー
ションする ② ▶ **se les branler** 怠惰
する, 怠ける **s'en branler** (話) 相手
にしない, ばかにする

branlette [brɑ̃lɛt] 女 (俗) マスター
ベーション

branleur(se) [brɑ̃lœr, -øz] 名 (話)
① マスターベーションをする人 ② やくた
ず

branque [brɑ̃k] 男 = branquignol

branquignol(le) [brɑ̃kiɲɔl] 形
(俗) ばかな, 頭のおかしな ── 男 (俗)
ばか

braquage [brakaʒ] 男 ① 車・飛行
機の)方向転換; ステアリング ② (俗) 強
盗(行為), ホールドアップ

braque [brak] 男 (毛の短い耳のたれ
た)猟犬 ── 形 (俗) いかれた, 頭のおか
しな

braquemart [brakmar] 男 (俗) ペ
ニス

*   **braquer** [brake] 〖ブラケ〗他 ① (武器・
    視線などを…の方向へ)向ける《sur》②
    (自動車・飛行機の)方向を変える, (ハンド
    ルを切る ③ (話) (人に…に対する)反感
    を抱かせる《contre》④ (俗) ホールド
    アップする, (ピストルなどで)脅迫する ⑤
    (話) 横やりを入れる, じゃまをする

braquet [brake] 男 (自転車の)歯数の比, ギア・レシオ; ギア ▶**changer de braquet** ギアを変える

braqueur [brakœr] 男 《俗》ピストル強盗

*bras [bra ブラ] 男 (英 arm); 器具などのアーム, 柄;(服の袖 —à bras raccourcis 力いっぱい / avoir le bras long 影響力がある / baisser les bras (試合で)負けを認める, 降参する / en bras de chemise 上着を脱いでいる / faire le bras d'honneur 挑発のしぐさをする(右のひじを曲げて左の手を上腕にあてる)/ Les bras m'en tombent! あきれて, 信じられない / se croiser les bras 手をこまねく, 仕事をしない, 無為に過ごす / bras droit 右腕, 頼りになる人 ②人手, 労働力; 協力(者), 助力 ③力, 権力, 勢力 —bras de fer 腕相撲, 力比べ, 権力 ④(馬の前肢; 前足) ⑤分流 —bras de mer 海峡, 水道

brasero [brazero] 男 《ス》(戸外で使う)金属製焜炉(\tiny こん\normalsize)

brasier [brazje] 男 ①(燃えさかる)火, 猛火 ②燃えさかる情熱, 激情

brasiller [brazije] 自 ①じりじり焼ける, 燃え輝く ②(海面が)光る

bras-le-corps [bral(ə)kɔr] 副〔成句での〕▶**à bras-le-corps** 両腕を胴にまわして; 精一杯

brassage [brasaʒ] 男 ①混合, 混淆(こう), かき混ぜること ②ビールの醸造

brassard [brasar] 男 腕章

brasse [bras] 女 ①一抱え(の量) (= coulée) ▶**brasse papillon** バタフライ

brassée [brase] 女 一抱え(の量)

brasser [brase] 他 ①かき混ぜる, 撹拌(はん)する; 混合する ②水をかき混ぜる(動きをさす) ③手がける, 扱う ▶**brasser des affaires** (一度に, あわてて)多くの事に手をつける

brasserie [brasri] 女 ①ブラスリー《主にビールなどを出すカフェ・レストラン》 ②ビール醸造(工場)

brasseur(se) [brasœr, -øz] 男 ①ビール醸造業者[問屋] ②平泳ぎ選手 ③▶**brasseur d'affaires** 事業を手広く手掛ける人; 事業家

brassière [brasjɛr] 女 ①長そでのベビー服, ベビージャケット ②救命胴衣

brasure [brazyr] 女 はんだ(ろう)付け

bravache [bravaʃ] 形 空威張りの —名 空威張りする人

bravade [bravad] 女 虚勢; 挑戦的な言行

*brave [brav ブラヴ] 形 ①[名詞の後]勇敢な ②[名詞の前]律義(\tiny り\normalsize)な, 正直な, まじめな, 人のいい —un brave homme 誠実な人 ③[名詞の前; ときに名詞の後]素朴な, ばか正直な —名 勇者 ▶**faire le brave** 強そうなふりをする **mon brave**〈話・見下して〉君, お前

bravement [bravmɑ̃] 副 ①勇敢に, 大胆に ②断固として, きっぱりと ③〈話〉素朴に, 無邪気にばか正直に

braver [brave] 他 勇敢に立ち向かう; 公然と反抗する; 挑む; 無視する

*bravo [bravo ブラヴォ] 間 うまいぞ, いいぞ, おめでとう, ブラボー —男 喝采(さい), 歓呼

bravoure [bravur] 女 ①勇気, 勇敢 ②(演)芸術作品の)華やかな技巧

break¹ [brɛk] 男〈英〉ステーション・ワゴン ②(御者席の高い型の)四輪馬車

break² [brɛk] 男〈英〉休憩;(テニス)ブレーク;〔楽〕ブレーク《ジャズにおける楽器の一時的演奏休止》▶**faire un break** 休憩する

breakfast [brɛkfœst] 男〈英〉(ベーコン, 卵などのついた)イギリス風朝食

*brebis [brəbi ブルビ] 女 ①雌羊 ②(羊のように)純粋で並はずれて優しい人 ③(軽蔑的に)おとなしい[ひよわな]人 ④従順なキリスト教信者 ▶**brebis galeuse** (家族・組織の中の)厄介者

brèche [brɛʃ] 女 ①(塀などの)割れ目, 裂け目;(城壁や戦線の突破口) —battre... en brèche (人)を激しく攻撃する, 手酷(\tiny ひ\normalsize)く(やっつける);(建物・計画)を破壊する, ぶちこわす / être toujours sur la brèche 戦闘態勢にある; いつも第一線で活躍している / s'engouffrer dans la brèche 人の功績を利用する; 前例をたてる ②(刃の)こぼれ,(皿などの)かけ目; 損害, 傷手

brèche² [brɛʃ] 女〔地〕角礫岩(\tiny かくれきがん\normalsize)

bréchet [breʃɛ] 男〔鳥〕の胸骨

bredouillage [brəduja:ʒ] 男 早口の分かりにくい言葉[を言うこと]

bredouille [brəduj] 形〈話〉▶**revenir[rentrer] bredouille** (狩り・釣りで)手ぶらで帰る;(会談・交渉で)成果を得られずに終る

bredouillement [brəduj mɑ̃], **bredouillis** [brəduji] 男 = bredouillage

bredouiller [brəduje] 他 自 早口でもごもご言う

bredouilleur(se) [brədujœr, -øz] 早口でもごもご言う人

*bref(brève) [brɛf(brɛ:v), -ɛv ブレフ(ブレヴ)](男 brefs) 形 ①[多くは名詞の前] (時間が)短い ②(話・表現が)短い, 簡単[簡潔]な; ぶっきらぼうな ▶**en bref** 要するに 〈文〉要するに, 要は —副 一言で言えば, 要するに —男〔カ〕教皇書簡

brelan [brəlɑ̃] 男〔ポーカーの〕スリーカード;(一投げで)3つのさいころの目を同じにすること

breloque [brəlɔk] 女 ①(腕輪·時計の鎖につける)小さな飾り ②〔軍〕(配І合や解散の合図の)太鼓 ▸ battre la breloque 調子が狂う, 頭がおかしい

Brême [brɛm] ブレーメン【ドイツ北部の都市】

brème [brɛm] 女 鯉の一種

Brésil [brezil] 男 ブラジル

brésil [brezil] 男 〔植〕ブラジルボウ【紅色染料ブラジリンを取る】

brésilien(ne) [breziljɛ̃, -ɛn] 形名 [B-] ブラジルの(人)

brésiller[1] [brezje] 他 ブラジル色素で染める

brésiller[2] [brezje] 他 粉状にする ── 自 粉状になる

bressan(e) [brɛsɑ̃, -an] 形名 [B-] ブレスの(人)

Bresse [brɛs] 女 ブレス【Saône 川と Jula 山脈の間の地方】

Brest [brɛst] ブレスト【Bretagne 西端の港町】

Bretagne [brətaɲ] 女 ブルターニュ【フランス北西端の地方; ケルト文化·言語圏に属する】

bretailler [brətaje] 自〔話〕①(ちょっとしたことで)剣を抜く ②剣術の練習に通う

bretelle [brətɛl] 女 ①負い皮, つり紐 ②〔複〕サスペンダー; (シュミーズなどの)つり紐, ストラップ ③(高速道路などへの)連絡道路(= ～ de raccordement)

breton(ne) [brətɔ̃, -ɔn] 形名 [B-] ブルターニュの(人) ── 男 ブルトン語

bretonnant(e) [brətɔnɑ̃, -ɑ̃t] 形 ブルターニュ文化·言語擁護の; ブルトン語を話す

bretteur(se) [brɛtœr, -øz] 名 剣術を心得た人

bretzel [brɛdzɛl] 男 プレッツェル(塩味のビスケット)

breuvage [brœvaʒ] 男 〔文〕飲み物

brève [brɛv] 形 bref の女性形 ── 女 短母音; 短音節

brevet [brəvɛ] 男 ①特許(証), 特許権(= droits du ～) ②卒業証, 証書 ③証拠, 証(あか)し ▸ brevet des collèges 中等教育前期修了証 déposer un brevet 特許を登録する

breveté(e) [brəvte] 形(< breveter) 免許状を持った, 特許を受けた ── 名 免許状所有者, 有資格者

breveter [brəvte] 他[4] 免許を与える; 特許を与える ▸ faire breveter ... の特許を取得する

bréviaire [brevjɛr] 男 ①〔カト〕聖務日課書 ②座右の書, 愛読書

BRI[1] (略) Brigade de recherche et d'intervention (警察の)組織犯罪取締班

BRI[2] (略) Banque des règlements internationaux (スイスのバーゼルにある)国際決済銀行

briard(e) [brijar, -ard] 形名 [B-] ブリ地方(Brie)の(人) (= chien ～)【毛の長い牧羊犬】

bribe [brib] 女〔複〕①〔古〕(とくに食物の)余り物, 残り, 切れ端 ②(会話や記憶の)断片

bric-à-brac [brikabrak] 男〔不変〕古道具, 骨董(とう)の山; がらくたの山; 雑多な手法のこけおどし

bricheton [briʃtɔ̃] 男〔俗〕(軍隊で)パン

brick [brik] 男 (2本マストの)小帆船

bricolage [brikɔlaʒ] 男 ①(家庭での)手仕事, 日曜大工(用品) ②(間に合わせの)修理, やっつけ仕事 ③(人類) ブリコラージュ, 器用仕事「持ち合わせ」のもので状況を切り抜けること)

bricole [brikɔl] 女 ①〔話〕下らない仕事, 雑用; つまらない事, 些細(ڊい)な事, こまごました物 ②ちょっとした アクセサリー, 小物 ③(昔の)馬の胸に当てる革帯, (荷物の)背負革

bricoler [brikɔle] 自 ①〔話〕こまごました事に手を出す, 家の雑事【日曜大工など】をする ②(バイトなどで)なんとか生活する ── 他 ①[素人細工で]修理する, 直す; こしらえる ②偽造する, ごまかす

bricoleur(se) [brikɔlœr, -øz] 名 ①修理と工作の好きな(うまい)人, 手先の器用な人 ②[le] 男 〔話〕= bricoleur

bricolo [brikɔlo] 男 〔話〕= bricoleur

bride [brid] 女 ①馬勒(ろく) 頭につける馬具の総称); (とくに)手綱 ▸ à bride abattue 全速力で lâcher la bride à ...の手綱を緩める laisser la bride sur le cou à ...を自由にしてやる tenir ... en bride ...の手綱を締める; 抑える ②輪状のひも結び; 〔機〕フランジ

bridé(e) [bride] 形(< brider) ①締めつけられた ②(目が)切れ長の, 目尻のつり上がった

brider [bride] 他 ①(馬に)馬勒(ろく)をつける; 手綱でしめつける ②(服が)しめつける ③〔文〕衝動などを抑える

bridge[1] [bridʒ] 男 〔英〕 (トランプの)ブリッジ

bridge[2] [bridʒ] 男 〔歯〕ブリッジ

bridger [bridʒe] 自[4] (トランプの)ブリッジをする

bridgeur(se) [bridʒœr, -øz] 名 (トランプの)ブリッジをする人

Brie [bri] ブリ地方(パリ盆地の東部)

brie [bri] 男 ブリ産チーズ【やわらかく白かびにおおわれている】

briefer [brife] 他〔話〕(ブリーフィング)で知らせる

briefing [brifiŋ] 男 〔英〕①〔空〕(離陸前の搭乗員の)最終打ち合わせ ②(企業などの)作戦会議, ブリーフィング

brièvement [brijɛvmɑ̃] 副 手短かに, 簡単に

brièveté [brijɛvte] 女 〔文〕①(時

briffer [brife] 他 《話》食う

brigade [brigad] 女 ①《軍》旅団 ②《憲兵・警察・役所などの》班 ▶ **brigade antigang**《警察の組織犯罪取締班》 **brigade de gendarmerie** 憲兵隊 **brigade volante** 特別機動捜査隊

brigadier [brigadje] 男 ①騎兵《砲兵》伍長 ②《憲兵・警察・工夫などの》班長, 部長, 監督

brigand [brigɑ̃] 男 強盗; 山賊; 悪者

brigandage [brigɑ̃daʒ] 男 ①強盗行為 ②恥知らずな行為, 汚職

brigue [brig] 女《文》権謀術数

briguer [brige] 他 ①《文》執拗に求める ②《古》策略によって得ようとする

brillamment [brijamɑ̃] 副 輝かしく; 目ざましく, 華々しく

brillance [brijɑ̃s] 女 ①輝度 ②《髪などの》光沢, つや ③《芸術作品などの》輝き

***brillant(e)** [brijɑ̃, -ɑ̃t ブリヤン(ト)] 形 ①《英 brilliant》光る, 輝く ②《否定を伴って》ぱっとしない; 満足には程遠い; いい出来ではない ― 男 ①輝き, 艶(?) ②華麗さ ③《ブリリアント・カットの》ダイヤモンド

brillanter [brijɑ̃te] 他 《宝石を》ブリリアント・カットにする; 《金属などに》光沢をつける; 《文》輝かせる

brillantine [brijɑ̃tin] 女《頭髪用》艶(?)出し香油, ポマード

brillantiner [brijɑ̃tine] 他 《髪に》香油《ポマード》をつける

***briller** [brije ブリエ] 自 ①光る, 輝く ②《顔などが》輝く ③《…で》目立つ, 引き立つ《par》 ▶ **briller par son absence** 人がいないのでかえって目立つ

brimade [brimad] 女 新入生《新兵》いじめ; いやがらせ

brimbaler [brɛ̃bale] 自他 = bringuebaler

brimborion [brɛ̃bɔrjɔ̃] 男 つまらない物, がらくた

brimer [brime] 他 いじめる, いやがらせをする ▶ **se sentir brimé** いじめを受けたと感じる

brin [brɛ̃] 男 ①《麻・わらなどの》1本, 繊維, 1切れ, 切れ端 ― un brin少しだけ / un brin de... ちょっとの, すぐの / pas un brin de... 全くない ②《切株からまっすぐに生えた枝》《草などの》芽生え, 細い茎 ▶ **beau brin de fille** 背が高くしなやかな娘

brindezingue [brɛ̃dzɛ̃g] 形《古・話》酔っ払った; 気のふれた

brindille [brɛ̃dij] 女 小枝

bringue[1] [brɛ̃g] 女 酒宴, どんちゃん騒ぎ

bringue[2] [brɛ̃g] 女《話》《軽蔑的に》ひょろっとした女 ▶ **grande bringue** ひょろっとしたのっぽの女

bringuebalant(e) [brɛ̃g(ə)balɑ̃, -ɑ̃t] 形 揺れる

bringuebaler, brinquebaler [brɛ̃g(k)bale] 自他 ゆさぶる, ゆらゆらする ― 他《古・話》揺さぶりながら運ぶ

brio [brijo] 男《演奏の妙技; すばらしい勢い》 ― avec brio 見事に

brioche [brijɔʃ] 女《菓》ブリオッシュ《卵・バターの入った丸いパン》 ②《話》太鼓腹 ― **prendre de la brioche** 腹が出る ③《古・話》へま, 失策

brioché(e) [brijɔʃe] 形 《ブリオッシュに似た》 ▶ **pain brioché** ブリオッシュ味のパン

***brique** [brik ブリク] 女 ①《英 brick》煉瓦(?); 煉瓦形のもの ②《話》100万旧フランの札束 ▶ **bouffer des briques**《話》何も食う物がない ― 形《不変》煉瓦色の

briquer [brike] 他 念入りにみがく

***briquet** [brikɛ ブリケ] 男 ライター

briqueter [brikte] 他 ④煉瓦で模様に塗る; 煉瓦を敷く

briqueterie [brik(ɛ)tri] 女 煉瓦(?)工場

briquetier [briktje] 男 煉瓦(?)製造工《販売人》

briquette [brikɛt] 女《煉瓦(?)形の練炭

bris [bri] 男《法》故意の破壊, 損壊

brisant(e) [brizɑ̃, -ɑ̃t] 形 破壊力の強い ― 男 岩礁; 砕ける波, 防波堤

briscard [briskar] 男 = brisquard

brise [briz] 女 そよ風, 微風; 風

brisé(e) [brize] 形 《< briser》 ①壊れた, 破れた; 砕けた ― **ligne brisée** 折れ線 / **arc brisé** 尖頭アーチ ②《疲れてくたくたの; 悲しみに打ちひしがれた

brisées [brize] 女《複》《獲物の通り道をしるすための折り枝》 ― **aller [marcher] sur les brisées de...**《文》《人の》縄張りを侵す **suivre les brisées de...**《文》《人の》例にならう

brise-fer [brizfɛr] 男《不変》 = brise-tout

brise-glace [brizglas] 男《不変》砕氷船

brise-jet [brizʒɛ] 男《複 ~~s(s)》《蛇口の》ノズル《水がはねないようにする》

brise-lames [brizlam] 男《不変》防波堤

brisement [brizmɑ̃] 男 砕く《砕ける》こと

brise-motte(s) [brizmɔt] 男《不変》ローラー車

***briser** [brize ブリゼ] 他 壊す, 砕く, つぶす; 台なしにする, むちゃめちゃにする;《精神的に》叩き砕く 萎(?)らせる;《疲れで》くたくたにする ― 自 ①波が砕ける ②《… と絶交する, 手を切る;《…を》止める, 絶つ《avec》 ― 《閃》[se] ①《自身》壊れる, 砕ける ②挫折(?)する,《攻撃される》失敗する, 打ち砕かれる; 中断する

brise-soleil [brizsɔlɛj] 男《不変》

[建] (日よけ用)ルーバー

brise-tout [briztu] 男 《不変》《物を壊す》そそっかし者, 不器用者

briseur(se) [brizœr, -øz] 名 破壊者 ▶ briseur de grève スト破り

brisquard [briskar] 男 《話》古参兵, 老兵

bristol [bristɔl] 男 厚紙; 名刺, 招待状

brisure [brizyr] 女 割れ目, 裂け目; 破片

britannique [britanik] 形 イギリス(人)の, 英国の —— 名 [B-] イギリス人

broc [bro] 男 (洗面用の)水差し(の1杯分)

brocante [brɔkɑ̃t] 女 《話》古物商売; 古道具店

brocanter [brɔkɑ̃te] 自 古物を売買する —— 他 古物を売る

brocanteur(se) [brɔkɑ̃tœr, -øz] 名 古物商, 古道具屋

brocard¹ [brɔkar] 男 [狩] 一歳のノロジカの雄

brocard² [brɔkar] 男 《文》嘲(ちょう)笑

brocarder [brɔkarde] 他 《文》嘲笑する

brocart [brɔkar] 男 錦(にしき), 金襴(らん), ブロケード

brocatelle [brɔkatɛl] 女 錦(にしき)まがい; 混色大理石

brochage [brɔʃaʒ] 男 ①仮綴(とじ)(にすること); 錦(にしき)織りの織り方 ②[機] (ドリルなどで)穴をあけること ③ピンによる接骨

brochant(e) [brɔʃɑ̃, -ɑ̃t] 形 〔紋〕他の模様の上にかぶさる

broche [brɔʃ] 女 ①[料] 焼き串(くし) ②ブローチ ③(結綿(ゆい)用の)木管のスピンドル; [医] 接骨用のピン ④[機] ブローチ ▶ à la broche 串焼きの

broché(e) [brɔʃe] 形 (< brocher) ①〔織〕錦(にしき)織りにした ②(本が)仮綴(とじ)じにする ③〔織〕錦綴りにすること; 錦綴り物, 模様

brocher [brɔʃe] 他 ①(本を)仮綴(とじ)じにする ②錦(にしき)織りにする ③(ドリルなどで)穴をえぐる

brochet [brɔʃɛ] 男 [料] 小さな焼き串(くし); ブロシェット, 串焼き ②(胸に飾るための)勲章アフ

brocheur(se) [brɔʃœr, -øz] 名 仮綴(とじ)じ工; 錦(にしき)織り工 —— 女 (本の)綴じ機

brochure [brɔʃyr] 女 ①仮綴(とじ)じ(本), パンフレット ②錦(にしき)綴りの模様

brocoli [brɔkɔli] 男 ブロッコリー

brodequin [brɔdkɛ̃] 男 編み上げ靴

broder [brɔde] 他 刺繍(ししゅう)する; 《話·古》(話に)尾ひれをつける, 粉飾する —— 自 刺繍する; 大げさな話をする

broderie [brɔdri] 女 ①刺繍(ししゅう); 刺繍業 ②誇張, (話の)尾ひれ

brodeur(se) [brɔdœr, -øz] 名 刺繍(ししゅう)職人 —— 女 刺繍機械

broiement [brwamɑ̃] 男 = broyage

brome [brom] 男 [化] 臭素

bromique [brɔmik] 形 臭素の

bromure [brɔmyr] 男 [化] 臭化物

bronche [brɔ̃ʃ] 女 気管支

broncher [brɔ̃ʃe] 自 ① [多くは否定形で](感情を言動に表す, ひるむ, 動じる; 反抗を示す ②《古》つまずく, よろめく

bronchiole [brɔ̃ʃjɔl, brɔ̃kjɔl] 女 細気管支

bronchiolite [brɔ̃kjɔlit] 女 [医] 細気管支炎

bronchique [brɔ̃ʃik] 形 [医] 気管支の

bronchite [brɔ̃ʃit] 女 [医] 気管支炎

bronchitique [brɔ̃ʃitik] 形 名 気管支炎の(患者)

bronchopneumonie [brɔ̃kɔpnømɔni] 女 [医] 気管支肺炎

bronchorrhée [brɔ̃ʃɔre] 女 [医] 気管支漏

bronchoscope [brɔ̃kɔskɔp] 男 気管支鏡

brontosaure [brɔ̃tɔzɔr] 男 [古生] 雷竜, ブロントザウルス

bronzage [brɔ̃zaʒ] 男 ①皮膚を日に焼くこと; 日焼け ②ブロンズ仕上げ

bronzant(e) [brɔ̃zɑ̃, -ɑ̃t] 形 日焼け用の

bronze [brɔ̃z] 男 ①ブロンズ, 青銅 —de bronze 《文》冷酷な ②青銅製品, (とくに)銅像

bronzé(e) [brɔ̃ze] 形 (< bronzer) 日焼けした; 青銅色の, 褐(かっ)色の

bronzer [brɔ̃ze] 他 ①(皮膚を日に)焼く ②ブロンズまがいに仕上げる; (さび止めに金属を焼く, (焼いて)褐(かっ)色[青銅色]にする —— 自 日焼けする —— 代動 [se ~] 身体を日に焼く, 日焼けする

bronzette [brɔ̃zɛt] 女 《話》(肌を)日に焼くこと

brossage [brɔsaʒ] 男 ブラシをかけること

***brosse** [brɔs ブロス] 女 ①《英 brush》ブラシ —manier [passer] la brosse à お世辞を言う, ぺこぺこする / brosse à chaussures 靴ブラシ / brosse à cheveux 櫛, ヘアブラシ / brosse à dents 歯ブラシ ②絵筆(=~à peindre) ③短く刈った髪 (=cheveux en ~) ④(蜜蜂などの)踵毛(しょう)

brosser [brɔse] 他 ①ブラシをかける, みがく ②(絵筆で)描く; [スポーツ](ボールを)切る, カットする —— 代動 [se ~] ①(自分の…に)ブラシをかける, みがく —se brosser les cheveux 髪をとかす / se brosser les dents 歯を磨く ②《話》《当てにしていた物が》手に入らない, なしで済ます

brosserie [brɔsri] 女 ブラシ[刷毛,ほうき]類の製造工場[販売];ブラシ製品

brou [bru] 男 (くるみなどの)果皮

brouet [bruɛ] 男 〔古〕スープ;薄がゆ

brouette [bruɛt] 女 一輪手押車

brouettée [bruete] 女 一輪手押車の1台分の(量)

brouetter [bruete] 他 一輪手押車で運ぶ

brouhaha [bruaa] 男 (擬音)がやがやいう声;騒音,ごたごた

brouillage [brujaʒ] 男 電波妨害,混信

brouillamini [brujamini] 男 〔古・話〕混乱,混雑,ごたごた

*brouillard[1] [brujar] 男 (英 fog)霧,もや,霞(ホスス); —brouillard givrant 霧氷を生じさせるような霧 ▶ être dans le brouillard 五里霧中である

brouillard[2] [brujar] 男 〔商〕当座帳

brouillasse [brujas] 女 もや,(薄い)霧

brouillasser [brujase] 非人称 霧雨が降る,霧が出る

brouille [bruj] 女 仲たがい,不和

brouillé(e) [bruje] 形 (< brouiller) ① かき混ぜた ② 曇った ③ (人と)不和の,仲たがいした (avec) ④ (頭が)混乱した;(…が)不得手だ,(…に)弱い (avec)

*brouiller [bruje ブルイエ] 他 ① かき混ぜる,ごちゃごちゃにする;(故意に)事を面倒にする ② 電波を妨害する ③ 濁らせる,曇らせる ④ (頭を)混乱させる;(物事を)混同する ⑤ 不和にする,仲たがいさせる ▶ brouiller les pistes [cartes] 問題をややこしくさせる,わざとわかりにくくさせる —— 代動 [se ~] ① 混ざる;もつれる;曇る ②(考えが)混乱する;(目など が)曇る ③(…と;…が原因で)仲たがいする,疎遠になる (avec; pour)

brouillerie [brujri] 女 〔古〕(一時の)仲たがい,不和

brouilleur [brujœr] 男 電波妨害装置

brouillon[1] [brujɔ̃] 男 下書き,草稿

brouillon[2](ne) [brujɔ̃, -ɔn] 形 物事を混乱させる;雑な;思いやりの ない,かげんな —— 名 だらしない人;面倒を起こす人,おせっかい

broum [brum] 間 ブルン,ブルン〔エンジン音の擬音語〕

broussaille [brusaj] 女 (多く複) (茨(嗣)・潅(木)などの)茂み,やぶ ▶ en broussaille もじゃもじゃの

broussailleux(se) [brusajø, -øz] 形 茨(嗣)などが生い茂った,草ぼうぼうの;(髪・ひげが)もじゃもじゃの

brousse [brus] 女 ① やぶの多い土地;(熱帯の)小潅(木)地帯 ②(アフリカなど熱帯の)僻(☓)地

broutage [brutaʒ] 男 (機械などの)がたつき

broutard [brutar] 男 (離乳後の)草を食べる子牛

brouter [brute] 他 (草・新芽を生えているのをそのまま)食う —— 自 (機械)がたがたする,スムーズに動かない;(刃物の)切り口ががさがさになる

broutille [brutij] 女 〔話〕つまらない物,些細(セレネ)な事

brownie [broni] 男 ブラウニー【正方形のチョコレートケーキ】

brownien(ne) [broniɛ̃, -ɛn] 形 ▶ mouvement browniens [物] (花粉やコロイド粒子などの)ブラウン運動

browning [broniŋ] 男 ブローニング式自動拳銃

broyage [brwajaʒ] 男 砕くこと

broyer [brwaje] 他 45 砕く,粉にする;砕く;(抵抗などを)粉砕する,打ちひしぐ;(事敵などで)押しつぶす ▶ broyer du noir 〔話〕落ち込む,ふさぎこむ

broyeur(se) [brwajœr, -øz] 形 (ものを)砕く —— 名 絵具[顔料]を砕く職人;砕く人 —— 男 粉砕[砕鉱]機 ▶ évier à broyeur ゴミ砕砕機のついた台所シンク

brrr [brrr] 間 おお寒さよ,おお怖いよ,ぶるぶる

bru [bry] 女 〔古・方〕息子の妻,嫁

bruant [bryɑ̃] 男 〔鳥〕ほおじろの一種

brucella [brysela] 女 〔生〕ブルセラ菌

brucelles [brysɛl] 女 (複) ピンセット

brucellose [bryseloz] 女 〔医〕ブルセラ症

bruche [bryʃ] 女 〔虫〕マメゾウムシ

Bruges [bryʒ] ブリュージュ【ベルギー北西部の都市】

brugnon [bryɲɔ̃] 男 〔植〕ネクタリン,ツバイモモ(椿桃)

bruine [bryin] 女 (冷たい)霧雨

bruiner [bryine] 非人称 霧雨が降る

bruineux(se) [bryinø, -øz] 形 霧雨の降る,霧雨のような

bruire [bryir] 自 12 ざわめく;音を立てる

bruiss ... ⇒bruire

bruissement [bryismɑ̃] 男 ざわめき;(小川の)せせらぎ

*bruit [brɥi ブリュイ] 男 ①(英 noise)音,物音,騒音 ②(英 rumor) 大騒ぎ,騒ぎ立てること;うわさ,評判 ▶ bruit de fond 暗騒音,バックグラウンドノイズ faire du bruit 音を立てる;評判になる,話題になる Le bruit court que ... というううわさがある sans bruit 音を立てずに,ひそかに

bruitage [brɥitaʒ] 男 (映画・演劇などの)効果音,擬音

bruiter [brɥite] 自 擬音を出す

bruiteur(se) [brɥitœr, -øz] 名 擬音係

brûlage [brylaʒ] 男 ①(畑の)雑草[枯草]を焼くこと ② シンジング(= ~ des cheveux)【カットの後に髪の毛先を焼く

*brûlant(e) [bryla, -ãt ブリュラン(ト)] 形 ①焼ける〔燃える〕ような; (火傷しそうに)熱い ②熱烈な, 情熱のこもった ③うかつに触れられない, 危険な

:brûlé(e) [bryle ブリュレ] 形 (＜brûler) ①焼けた, 燃えた, 焦げた; (日に)焼けた; (地面などが)干からびた; 身を焦がした —politique de la terre brûlée (退却時の)焦土作戦 ②秘密の活動が見破られた; 信用[権威]を失った ③狂信的な, 冒険を好む —tête brûlée / cerveau brûlé 目先苦労なことをする人 —名 やけどした人 ②焦げた部分, 焦げた匂い ▶ Ça sent le brûlé. 焦げ臭い; 雲行きが怪しい

brûle-gueule [brylgœl] 男 (複 ~-s または不変) (俗) 短いパイプ

brûle-parfum [brylparfœ̃] 男 (複 ~-~s または不変) 香炉

brûle-pourpoint [brylpurpwɛ̃] 副 [成句でのみ] ▶ à brûle-pourpoint だしぬけに, 唐突に

:brûler [bryle ブリュレ] 他 ①焼く, 燃やす; (燃料などを)消費する; 焦がす, 煎る ②ひりひりさせる, やけどさせる; (植物などを)痛める, 枯らす; (欲望などが)身を焦がす ③(規則などを)無視する, 罰則なしで停車しない —brûler une étape 途中の段階を省略する, 端折る / brûler un feu (rouge) 赤信号を横断する ④(話)(人を)撃ち殺す; 正体を暴く, 信用を失わせる —自 ①燃える, 焼ける; 焦げる —brûler de …のためにやられる, 身が痛む / brûler de fièvre 熱で燃えるように熱い / brûler d'envie de … で〔…〕したくて燃える, うずうずする ②(手などが)熱い; ひりひりする, 痛む; ひどく暑い ③(遊び・謎解きなどで)惜しい ④(古)(人に)恋焦がれる (pour) —代動 [se ～] ①やけどする, 痛める; (日に)焼ける ②焼身自殺する ▶ se brûler la cervelle 頭を撃ち抜いて自殺する

brûlerie [brylri] 女 ①(ブランデーの)蒸留所 ②コーヒー焙煎所

brûleur [brylœr] 男 バーナー, 燃焼器; 火口

brûlis [bryli] 男 〔農〕焼き畑

brûloir [brylwar] 男 コーヒー炒り器

brûlot [brylo] 男 ①(スキャンダルなどの)火種; 激烈な新聞〔記事〕②(古)火船(火船に火を放つ)

brûlure [brylyr] 女 ①やけど ②焼け焦げ ③(やけどのような)痛み —avoir des brûlures d'estomac 胸やけがする ④霜害; (日照りによる)枯渇; 焼け枯れ

brumaire [brymer] 男 〔史〕ブリュメール, 霧月〔共和暦の第2月〕

brumasser [brymase] 非人称 薄霧がかかる

*brume [brym ブリューム] 女 ①もや, (薄)霧; (海上の)(濃)霧 ②(多く複)漠としたこと; 朦朧(もうろう)

brumeux(se) [brymø, -øz] 形 ①霧〔もや〕の立ちこめた ②漠とした, 明晰でない

*brun(e) [brœ̃, bryn ブラン(ブリュヌ)] 形 ①(wash brown) (黒)褐色の, 焦茶色の ②褐色[黒色]の髪の ③ファシストの, 極右の【ナチスの制服の色から】—名 褐色の髪の人; 肌の浅黒い人 —男 褐色 —女 (葉が)褐色種のたばこ (cigarette ～e)《Gitane など》: 黒ビール (= bière ～)

brunante [brynãt] 女 《ケベック》夕暮れ, たそがれ ▶ à la brunante 夕暮れに

brunâtre [brynɑtr] 形 褐(ちゃ)色がかった

brunch [brœ̃ʃ] 男 (複 ～(e)s) ブランチ【昼食を兼ねた遅い朝食】

brune [bryn] 形 名 brun の女性形

brunette [brynɛt] 女 (古) 褐色の髪の若い女, ブルネット

brunir [brynir] 他 ③ ①(黒)褐色にする; (肌を)日に焼く ②(金属を)みがく —代動 [se ～] 日焼けする, 肌を焼く

brunissage [brynisaʒ] 男 ①(金属の)みがき出し ②〔料〕(レンジの)こげ目付け

brunissement [brynismã] 男 (肌などを)日に焼くこと, 日焼け

brunisseur(se) [brynisœr, -øz] 名 金属研磨工 —形 〔料〕焦げ目つけ用の

brunissoir [bryniswar] 男 (金属研磨工の)研磨

brushing [brœʃiŋ] 男 (＜英) (髪の)ブロー仕上げ【ブラシとドライヤーで整髪すること】

*brusque [brysk ブリュスク] 形 ①ぶっきらぼうな, そっけない, 乱暴な, 粗暴な ②不意の, 突然の, 唐突な

*brusquement [bryskəmã ブリュスクマン] 副 不意に, 急に

brusquer [bryske] 他 ①(人を)手荒に扱う ②(…を)急ぐ, 早める

brusquerie [bryskəri] 女 ぶっきらぼう, 無愛想な(言動), 粗暴さ

brut(e) [bryt] 形 ①もと[自然]のまま の; 野蛮な —champagne brut 辛口のシャンパン / pétrole brut 原油 ②〔経〕(経費・税などを除いた)総計の; (包装の重さを含めた)包込みの, 風袋込みの —salaire brut (税込みの)給与総額 —副 総計[包込み]で

*brutal(ale) [brytal ブリュタル] 形 (複 -aux[-o]) ①(人に)乱暴な (avec, envers), 粗野[粗暴]な; むき出しの, ありのままの; 容赦のない, 手厳しい ②不意の, 突然の, 唐突な —名 狂暴[乱暴]な人

brutalement [brytalmã] 副 ①手荒く, 乱暴に, 激しく; ぶしつけに; 容赦なくずけずけと ②突然, 不意に

brutaliser [brytalize] 他 虐待する,

brutalité [brytalite] 女 ①乱暴;残忍さ;粗野;露骨さ;《多く複》暴行,残忍な行為 ②荒々しさ,急激さ

brute [bryt] 女 ①野獣のような人間,粗暴[残忍]な人;ばか者 ②《文》畜生,野獣

Bruxelles [bry(k)sɛl] 固 ブリュッセル【ベルギーの首都;欧州連合本部がある】

bruxellois(e) [bryselwa, -az] 形 名 [B-] ブリュッセルの(人)

bruxomanie [bryksɔmani] 女 [医] 歯ぎしり

bruyamment [brɥijamɑ̃] 副 大きな音を出して,騒がしく

***bruyant(e)** [brɥijɑ̃, -ɑ̃t] 形 騒々しい,やかましい;うわさの高い

bruyère [bryjɛr] 女 ①[植] ヒース,エリカ ②ヒースの生い茂った荒野

bryologie [brijɔlɔʒi] 女 [植] 蘚苔(ﾀｲ)学,コケ植物学

bryophytes [brijɔfit] 女《複》[植] 蘚苔(ﾀｲ)類

bryozoaire [brijozɔɛr] 男 コケムシ綱

BT (略) basse tension 低電圧

BTP (略) bâtiment et travaux publics (産業部門としての)建設・公共事業

BTS (略) brevet de technicien supérieur 上級技術者免状【職業リセ修了後の専攻課程の2年間で取得する】

bu [by] boire の過去分詞

buanderie [bɥɑ̃dri] 女 洗濯場

bubale [bybal] 男 [動] ハーテビースト,シカレイヨウ【アフリカにすむレイヨウ類】

bubon [bybɔ̃] 男 ヨコネ(横痃)【梅毒・ペストなどの鼠蹊(ｿｹｲ)リンパ腺の炎症】

bubonique [bybɔnik] 形 [医] ヨコネの

Bucarest [bykarɛst] 固 ブカレスト【ルーマニアの首都】

buccal(ale) [bykal] 形 (男複 -aux [-o])[解] 口腔(ﾎﾞ)の

buccin [byksɛ̃] 男 ①[動] エゾバイ科の貝 ②(古代ローマの)ラッパ

buccodentaire [bykodɑ̃tɛr] 形 口腔(ﾎﾞ)[歯]内の

bûche [byʃ] 女 ①薪(ｷ) ▶une bûche de Noël [la~ ~] ビュシュ・ド・ノエル【薪の形をしたクリスマスケーキ】 ②《話》ばか,うすのろ ③《話》転倒 ▶prendre [ramasser] une bûche 転ぶ;失敗する

bûcher¹ [byʃe] 男 ①(火刑・焚(ﾀ)き書の)薪(ｷ)の山 ▶le ~ 火刑,焚刑 ②薪置場

bûcher² [byʃe] 他 ①《話》猛勉強する(= ~ ferme) ②(木材を)荒削りする;(石材の)角を落とす

bûcheron(ne) [byʃrɔ̃, -ɔn] 名 木こり;木材伐採人

bûchette [byʃɛt] 女 木切れ,小さな

薪(ｷ),付け木

bûcheur(se) [byʃœr, -øz] 名 《話》猛勉強する学生,がり勉家 ── 形 《話》がり勉の

bucolique [bykɔlik] 形 牧歌的な ── 女 牧歌

Budapest [bydapɛst] 固 ブダペスト【ハンガリーの首都】

***budget** [bydʒɛ ビュヂェ] 男 (公の)予算,予算案;(個人・団体の)予算;家計;収支

budgétaire [bydʒetɛr] 形 予算(上)の ▶année budgétaire 会計年度

budgétisation [bydʒetizasjɔ̃] 女 予算化

budgétiser [bydʒetize] 他 予算に組み入れる

budgétivore [bydʒetivɔr] 名 《話》(ふざけて)予算を食う ── 男 《話》税金泥棒,役人

bue(s) ⇨ boire

buée [bɥe] 女 ①水蒸気;湿気 ②《古》洗濯

Buenos Aires [bwenozɛr] 固 ブエノスアイレス【アルゼンチンの首都】

buenos-ayrien(ne) [bwenozɛrjɛ̃, -ɛn] 形 名 [B-A-] ブエノスアイレスの(人)

buffet [byfɛ ビュフェ] 男 ①食器棚,サイドボード ▶danser devant le buffet 食べるものがない ②(駅の)軽食堂,ビュフェ(= ~ de la gare) ③(パーティーなどの)立食テーブル;(立食の)料理 ④《話》腹,胃袋 ⑤(パイプ・オルガンの)前面管,オルガン・ケース(= ~ d'orgue) ⑥(レストランの)ショーケース

buffle [byfl] 男 [動] 水牛,水牛の皮

bufflèterie [byflɛtri] 女 (武器の)皮装具

bufflonne [byflɔn] 女 [動] 雌の水牛【雄は buffle】

bug [bœɡ] 男 (<英)[情報] バグ

bugle [byɡl] 男 ビューグル【軍隊で使われるラッパに似た楽器】

building [bildiŋ] 男 (<英)《古》ビルディング,高層ビル

buis [bɥi] 男 [植] 黄楊(ﾂｹﾞ);つげ材

buisson [bɥisɔ̃] 男 ①(潅(ｶﾝ)木の)茂み,やぶ ②[料] ビュイソン【ザリガニなどをピラミッド型に盛りつけた料理】

buisson-ardent [bɥisɔ̃ardɑ̃] 男 (複 ~s-~s) [植] ピラカンサ,ときわさんざし

buissonneux(se) [bɥisɔnø, -øz] 形 茂み[やぶ]で覆われた;低木[やぶ]の

buissonnier(ère) [bɥisɔnje, -ɛr] 形 ① ▶faire l'école buissonnière 学校をさぼる ②《古》潅(ｶﾝ)木の茂みで住む(鳥)

bulbaire [bylbɛr] 形 [解] 延髄の

bulbe [bylb] 男 ①球根 ②[解] 延髄(= ~ rachidien) ③(塔屋根の円屋根,ドーム

bulbeux(se) [bylbø, -øz] 形 球根

bulgare [bylgar] 形名 [B-] ブルガリア(の)(人) ── 男 ブルガリア語

Bulgarie [bylgari] 女 ブルガリア【バルカン半島にある共和国】

bulldozer [buldozɛʀ] 男 (<英) ブルドーザー; (喩)断固たる行動をとる人

bulle[1] [byl] 女 ①あわ, 水泡, 気泡 ▶ **bulle de savon** シャボン玉 **coincer la bulle** (話) 昼寝すること ②(漫画の)吹出し ③(医) 水疱

bulle[2] [byl] 女 (ローマ教皇の)教書; 勅書 (= ~ du pape)

buller [byle] 自 (話) ぶらぶらして過ごす

***bulletin** [byltɛ̃ ビュルタン] 男 ①(公的な)報告書; 証明書; (学会・団体などの)公報, 学術報告書, 紀要, 会報; (学校の)成績表, 通信簿; (新聞などの)特別(解説)記事, ニュース ▶ **bulletin de consigne** 手荷物の預かり証 **bulletin de salaire** [**de paye**] 給与支払明細書 **bulletin de santé** (重要人物の)容体報告書 **bulletin d'informations** (テレビ・ラジオの)ニュース番組 **bulletin météorologique**, **bulletin** (**de la**) **météo** 天気予報, 気象通報 **bulletin scolaire** 成績通知表 ②投票用紙 (= ~ de vote)

bulletin-réponse [byltɛ̃ʀepɔ̃s] 男 (複~s-~) (クイズなどの)応募用紙

bull-terrier [bultɛʀje] 男 (<英) ブルテリア犬

bûmes [bym] boire の直・単過・1・複

bungalow [bœ̃galo] 男 (<英) ①バンガロー ②(インドのベランダで囲まれた)平屋の家

bunker[1] [bunker, bunkɛʀ] 男 (<ド) (軍) 掩蔽壕

bunker[2] [bunkɛʀ] 女 (<英) (ゴルフの)バンカー

Bunsen [bunzen] 男 ▶ **bec Bunsen** (実験室の)ガスバーナー

bupreste [byprɛst] 男 (虫) タマムシ

buraliste [byralist] 名 (郵便局の)係員; (切手も売る)たばこ屋

bure [byʀ] 女 褐(ちゃ)色の粗末な毛織物(の服)

***bureau** [byro ビュロ] 男 (複~x) ①(英 office) 事務室, 仕事部屋, 書斎 ②(英 desk) 事務机, デスク ③会社, オフィス; (複)役所; (公共の)機関; (機関の)事務局, 部局, 委員会 ▶ **bureau de change** 外貨両替店 **bureau de poste** 郵便局 **bureau de tabac** (切手・印紙なども売る)たばこ屋 **bureau de vote** 投票所

bureaucrate [byrokʀat] 男 (いばっている)役人, 官僚; 事務員

bureaucratie [byrokʀasi] 女 ①官僚主義; 官僚体制 ②(集合的) 官僚, 役人

bureaucratique [byrokʀatik] 形 官僚的な; お役所風の

bureaucratisation [byrokʀatizasjɔ̃] 女 官僚化

bureaucratiser [byrokʀatize] 他 官僚体制化する, 官僚化させる

bureautique [byrotik] 形名 オフィス・オートメーション(の)

burent [byʀ] boire の直・単過・3・複

burette [byʀɛt] 女 ①(油・酢などを入れる)小びん ②(カト) (ブドウ酒や水を入れる)ミサ用の小びん ③(機械用の)油さし ④(化) ビュレット管, 目盛ガラス管 ⑤(複) (俗) 睾丸

burgrave [byʀgʀav] 男 (神聖ローマ帝国の)城塞司令官, 城主

burin [byʀɛ̃] 男 ①(彫金・彫刻・版画用の)のみ, ビュラン; ビュランで彫った版画 (= **gravure au ~**) ②金属切断機, たがね

burinage [byʀinaʒ] 男 彫金

buriné(e) [byʀine] 形 ①(ビュランで)彫った; (顔が)彫りの深い, 力強い

buriner [byʀine] 他 ①(銅版などをビュランで)彫る; (たがねで)細工する ②力強く簡潔に描く ── 自 (俗) 猛烈に働く, がり勉する

burineur [byʀinœʀ] 男 彫金師

burka, burqa [buʀka] 女 ブルカ【イスラムの女性のヴェール】

Burkina-Faso [buʀkinafaso] 男 ブルキナ・ファソ【アフリカ西部の国】

burlat [byʀla] 女 ビュルラ【サクランボの1種】

burlesque [byʀlɛsk] 形 滑稽な, おどけた, ばかげた ── 男 滑稽劇, ビュルレスク【17世紀のパロディーによる滑稽な文学様式】

burnous [byʀnu(s)] 男 ①(アラブ人の)頭巾つき外套, ブルヌス ②(赤ちゃん用の)頭巾つきおくるみ

bus[1] [by] boire の直・単過・1 [2]・単

***bus**[2] [bys バス] 男 ①(話) バス ②(情報) (ネットワークの)主ケーブル, バス

busard [byzaʀ] 男 (鳥) チュウヒ【タカ科】

buse[1] [byz] 女 ①(鳥) ノスリ ②(話) ばか, とんま

buse[2] [byz] 女 管, ノズル

business [biznɛs] 男 (<英) ①(話) ビジネス, 仕事, 商売 ②厄介な事柄[問題], こみいった事 ③(俗) 物, それ

busqué(e) [byske] 形 (<**busquer**) 弓形に曲った

busquer [byske] 他 ①(コルセットに)張り骨を付ける ②弓形に曲げる

buss... ⇒**boire**

buste [byst] 男 ①上半身, 胸; (女性の)胸, 乳房 ②半身像, 胸像

bustier [bystje] 男 ストラップレスのブラジャー

but[1] [by] boire の直・単過・3・単; (接・半・3・単)

***but**[2] [by(t) ビュ(ト)] 男 ①的, 目的,

butane [bytan] 男 〔化〕ブタンガス(= gaz ~)

buté(e) [byte] 形 (< buter) 頑固(ご)な, 意固地な

butée [byte] 女 ①迫持(ざ)の支え, 橋台 ②〔機〕止め(金具); スラスト軸受け

buter [byte] 自 ①(…に)ぶつかる, つまづく (contre, sur) ▸ **buter sur un mot** ある単語の発音でまごつく ②(に)(建築物などが)寄りかかる, (…で止められている (contre) ③〔スポーツ〕ゴールを決める ― 他 ①(人を)硬化にさせる, 意固地に反抗的にさせる ②支える, 寄りかからせる ③ぶつける ④〔話〕殺す ― 代動 **[se ~]** ①(…に)つまずく, ぶつかる (contre) ②頑固(ご)に反抗的になる

bûtes [byt] boire の直・単過2・複 形

buteur(se) [bytœr, -øz] 名 〔サッカー〕のゴール・ゲッター;〔ラグビー〕のキッカー

butin [bytɛ̃] 男 ①戦利品, 分捕り品; 盗んだ物 ②〔文〕(研究の)成果

butiner [bytine] 自 ①(蜂が)花から花へと蜜をあさる ― 他 ①探し求める; (蜂が蜜を)集める ②(物や情報を)集める

butineur(se) [bytinœr, -øz] 形 (虫などが)蜜をあさる ― 女 ハタラキバチ

butoir [bytwar] 男 ①受止[緩衝]装置, 〔鉄〕車止め; (ドアの)戸当り(= ~ de porte) ▸ **date butoir** 最終期限

butor [bytɔr] 男 ①〔鳥〕サンカノゴイ〔牛に似た鳴き声のサギ科の鳥〕 ②〔古・さげす〕柄の悪いがさ者, 無作法者

butte [byt] 女 ①小さい丘 ②(射撃の的を置く)的場(= ~ de tir) ▸ **être en butte à** …の的となる

butter [byte] 他 (植物の根元に)土をかける

butyle [bytil] 男 〔化〕ブチル(基)

butylène [bytilɛn] 男, **butène** [bytɛn] 男 〔化〕ブチレン

butylique [bytilik] 形 〔化〕ブチル基を含む

butyrique [bytirik] 形 酪酸の

buv... ⇨**boire**

buvable [byvabl] 形 ①(まあまあ)飲める ②〔話〕我慢できる

buvard [byvar] 男 吸取り紙(= papier ~)

buvette [byvɛt] 女 ①(劇場・駅などの)簡易食堂, ビュッフェ, スタンド ②(湯治場の)鉱泉飲み場

buveur(se) [byvœr, -øz] 名 酒飲み; 飲物を飲んでいる人, 喫茶店の客; (…をいつも)飲む人

buvoter [byvɔte] 自 〔話〕酒をちびちび飲む

byssinose [bisinoz] 女 〔医〕綿花肺, 綿肺

byte [bajt] 男 〔情報〕バイト〔情報伝達単位〕

Byzance [bizɑ̃s] ビザンチウム〔現在のイスタンブール〕 ▸ **C'est Byzance!** 〔話〕すばらしい!, 最高だ!

byzantin(e) [bizɑ̃tɛ̃, -in] 形 ビザンチン〔ビザンチウム〕の ― 名 [B-] ビザンチン人

C

C¹, c [se] 男 フランス字母の第3字

C² (略) ①〔C〕 Celsius [selsjys] 摂氏; coulomb [kulɔ̃] 〔電〕クーロン ②(ローマ数字の)100(= cent [sɑ̃]) ③炭素(= carbone [karbɔn])

c' [s] 代 〔指示〕〔中性〕 ce² の省略形; a の前でしか

CA (略) chiffre d'affaires 総売上高; corps d'armée〔軍〕軍団; chambre d'agriculture 農業会議所

*****ça** [sa サ] 代 〔指示〕(英 it, that, this) ①あれ, これ, それ **Donne-moi ça.** それをちょうだい / **Ça m'étonne.** それは驚きだ / **Qu'est-ce que c'est que ça?** それは何 ▸ **Ça ne fait rien.** なんでもありません; 大丈夫です **Ça va.** 元気だ; 順調だ ― **Ça va mal.** うまく行かない **Ça y est.** これでよし; ほら, やっぱり **C'est ça.** 〔話〕そうです, その通りです **comme ça** こんな風に; まあまあだ **Comment ça va?** 〔話〕調子はどう **Et avec ça?** 〔話〕(店員が客に)他には何か? ②〔非人称の主語〕 ― **Ça pleut.** 雨が降っている / **Ça m'agace de l'entendre.** 彼〔彼女〕の言うことを聞いているといらいらする ③(驚き・怒り・疑問の強調) ― **Qui ça?** いったい誰 / **Quand ça?** それはいつ ▸ **Ça alors!** 〔話〕なんだって, おやまあ **Ça par exemple!** まさか ― 男 〔精医〕イド

*****çà** [sa サ] 間 励まし・驚きなどを表して・〔古〕さあ ― 〔古〕(古)ここに

cabale [kabal] 女 ①陰謀, 策動; 徒党 ②(余) カバラ, ヘブライ神秘思想

cabaler [kabale] 自 陰謀を企てる

cabalistique [kabalistik] 形 神秘的な, 難解な; ヘブライ神秘思想の

caban [kabɑ̃] 男 (船員用の)防水外套(も)

*****cabane** [kaban カバヌ] 女 ①小屋, あばら屋; 〔俗〕刑務所 ▸ **cabane à lapins** ウサギ小屋 **cabane à outils** 道具小屋

cabanon [kabanɔ̃] 男 ①小屋, 物置; (南仏の小さな別荘) ②〔話〕(精神病院の)独房, 監禁室

cabaret [kabarɛ] 男 ①キャバレー, ナイトクラブ ②〔古〕居酒屋

cabaretier(ère) [kabartje, -ɛr] 名 〔古〕居酒屋の主人

cabas [kaba カバ] 男 買物かご; 蘭籠(らん)

***cabestan** [kabɛstɑ̃] 男 キャプスタン, 巻揚げ機

***cabillaud** [kabijo カビヨ] 男 〔魚〕コダラ

***cabine** [kabin カビヌ] 女 ①船室, キャビン ②(飛行機の)操縦室(= ～ de pilotage) ③(海水浴場などの)更衣室; 試着室(= ～ d'essayage) ▶**cabine d'ascenseur** エレベーターの籠 **cabine de douche** シャワー室 **cabine téléphonique** 公衆電話ボックス

***cabinet** [kabinɛ カビネ] 男 ①小部屋 ▶**cabinet de toilette** 洗面所, 手洗い ②事務室; 診察室 ▶**cabinet dentaire** 歯医者 ③(弁護士などの)顧客, 事務 ④内閣; 政府; 官房 ⑤〔古〕書斎, 仕事部屋 ⑥陳列室; 飾り棚

câblage [kɑblaʒ] 男 ①太索(だ)をなうこと, 太索の撚(よ)り ②配線(1地域の)有線化, ケーブル設置 ③電報を打つこと

***câble** [kɑbl カブル] 男 ①太索(だ), ロープ ②ケーブル, 被覆線 ▶**câble de frein** ブレーキワイヤー ②ケーブルテレビ(= télévision par ～(s)) ④〔古〕電信, 電報

***câblé(e)** [kɑble カブレ] 形 (<câbler) ①紡いだ; 〔建〕縄測(なわ)の ②有線化した, ケーブルを敷設した; 〔話〕時代の先端の, 流行通

câbler [kɑble] 他 ①(糸などを)綯(な)う, 撚(よ)る ②ケーブルを敷設する; ケーブルテレビに接続する ③電報を打つ

câblerie [kɑbləri] 女 ロープ(ケーブル)の製造工場

câblier [kɑblije] 男 ①海底電線敷設船 ②ケーブル(ロープ)製造者

câblodistribution [kɑblɔdistribysjɔ̃] 女 ケーブルテレビ放送(配信)

câblogramme [kɑblɔgram] 男 〔古〕電報

câblo-opérateur [kɑblɔɔperatœr] 男 有線放送関連の技師

cabochard(e) [kabɔʃar, -ard] 形 名 頑固な(人), 強情な(人)

caboche [kabɔʃ] 女 ①〔話・多くは悪い意味で〕頭; 記憶力 ②(くつの底などに打つ)びょう ▶**avoir une sale caboche** 頑固者[石頭]である

cabochon [kabɔʃɔ̃] 男 ①裁(た)らないまま磨いた宝石 ②(じゅうたんを留める)飾り鋲(びょう)

***cabosser** [kabɔse カボセ] 他 〔話〕へこませる; でこぼこにする

cabot [kabo] 男 ①〔軽蔑的〕犬 ②大根役者; 芝居がかった人, きざな人

cabotage [kabɔtaʒ] 男 沿岸航海

caboter [kabɔte] 自 沿岸航海をする

caboteur [kabɔtœr] 男 沿岸航海船(の船員)

cabotin(e) [kabɔtɛ̃, -in] 形 芝居がかった —— 名 大根役者; 気取り屋, 芝居がかった人

cabotinage [kabɔtinaʒ] 男 〔話〕芝居がかった態度[言動], 気取り

cabotiner [kabɔtine] 自 〔話〕演じる; 気取る

caboulot [kabulo] 男 〔話・古〕安酒場, いかがわしい飲み屋

cabrer [kabre] 他 ①(馬を)後脚で立ち上がらせる ②(飛行機を)急上昇させる ③(人を)怒らせる, 反抗させる —— 代動[se ～] ①(馬が)後脚で立つ ②(…に対して)憤慨する, 反抗する(contre)

cabri [kabri] 男 子ヤギ; (アフリカ産の小型の)ヤギ

cabriole [kabrijɔl] 女 ①(多く複)飛び跳ねること; とんぼ返り, 宙返り ②〔舞〕カブリオール [とびながら両足を打ち合うこと]; (馬の)跳躍 ③ややこしい議論を打ち切るための冗談

cabrioler [kabrijɔle] 自 跳ね回る

cabriolet [kabrijɔlɛ] 男 ①(車の)コンバーティブル, オープンカー ②1頭立て2輪馬車

CAC [kak] (略) cotation assistée en continu 連続電算指数; compagnie des agents de change 公認仲買人組合 ▶**indice CAC 40** 〔I～〕カック株価指数 [パリ株式市場の代表40銘柄をもとに計算]

caca [kaka] 男 ①〔話・幼児〕うんこ; ばっちい物 ②▶**caca d'oie** [形容詞のとき不変化形] 黄緑色の

cacade [kakad] 女 〔話〕下痢

***cacahouète**, ***cacahuète** [kakawɛt カカウェト] 女 〔植〕落花生 ▶**beurre de cacahuète** ピーナッツバター

***cacao** [kakao カカオ] 男 カカオの実[粉]; ココア ▶**beurre de cacao** カカオバター

cacaoté(e) [kakaɔte] 形 ココアの

cacaotier [kakaɔtje], **cacaoyer** [kakaɔje] 男 〔植〕カカオの木

cacarder [kakarde] 自 (ガチョウが)あがあ鳴く

cacatoès [kakatɔɛs] 男 〔鳥〕オウム

cacatois [kakatwa] 男 小さな帆; 小さな桁

cachalot [kaʃalo] 男 〔動〕マッコウ鯨

***cache** [kaʃ カシュ] 女 隠し場, 隠れ場 ▶**cache d'armes** (秘密の)武器貯蔵所 —— 男 〔写〕マスク, 焼型; (情報)キャッシュ[メモリ] ▶**mettre un cache sur** …をかくす, 隠蔽(いんぺい)する

***caché(e)** [kaʃe カシェ] 形 (<cacher) 隠れた

cache-cache [kaʃkaʃ カシュカシュ] 男 〔不変〕かくれんぼ ▶**jouer à cache-cache** かくれんぼをする

cache-col [kaʃkɔl] 男 〔不変〕(細い)スカーフ, マフラー

cachectique [kaʃɛktik] 形 名 〔医〕

悪液質の(患者)
Cachemire [kaʃmir] カシミール地方【インドとパキスタンにまたがる山岳地帯】
***cachemire** [kaʃmir タシュミール] 男 カシミヤ(のショール)
cachemirien(ne) [kaʃmirjɛ̃, -ɛn] 形 [C-] カシミールの(人)
cache-misère [kaʃmizɛr] 男 (不変) ぼろ隠し
***cache-nez** [kaʃne カシュネ] 男 (不変)(長い)マフラー
***cache-pot** [kaʃpo カシュポ] 男 (不変)(植木鉢を入れる)装飾用植木鉢
cache-poussière [kaʃpusjɛr] 男 (不変) ダスターコート
cache-prise [kaʃpriz] 男 (複 ~-s) コンセントカバー
***cacher**[1] [kaʃe カシェ] 他 (英 hide) 隠す; (視界を)遮る, おおう; [~ A (que ...) à B] B(人)に A(…)を秘密にする ► **cacher son jeu** 手の内を隠す / **pour ne rien vous cacher** 隠さずに言えば, 洗いざらい言うと ── 代動 [se ~] 隠れる; 見えなくなる ► **ne pas se cacher de** …のことを隠しだてしない
cacher[2] [kaʃe] 形 = kas(c)her
cache-radiateur [kaʃradjatœr] 男 (不変)(暖房用の)ラジエーターのカバー
cache-sexe [kaʃsɛks] 男 (複 ~-~ s) (ストリッパーの)パタフライ
***cachet** [kaʃɛ カシェ] 男 ① (英 stamp) 印章, スタンプ, 判; 封印; 郵便局)の消印(= ~ de la poste) ② (性格などの)特徴, 特質 ► **avoir du cachet** 独自のスタイル[独特の雰囲気]がある ③ (音楽家・講演者などの)謝礼金 ④ (薬)薬包, 錠剤
cachetage [kaʃtaʒ] 男 封印
cache-tampon [kaʃtɑ̃pɔ̃] 男 (不変) 遊びのハンカチ隠し
cacheter [kaʃte] 他 ④ 封印をする; (手紙に)封をする
***cachette** [kaʃɛt カシェット] 女 (話) 隠れ場; 隠し場 ► **en cachette (de ...)** (人に)気づかれずに; 陰で, こっそり
cachexie [kaʃɛksi] 女 (医) 悪液質【栄養失調症・癌などの病状末期の全身衰弱】
cachot [kaʃo カショ] 男 独房(入り); 土牢(ﾄﾞぅ), 監獄, 牢獄
cachotterie [kaʃɔtri] 女 (通例複) 隠しだて
cachottier(ère) [kaʃɔtje, -ɛr] 形名 隠しだてをする[を好む](人)
cachou [kaʃu] 男 カテキュー【アカシアなどから抽出した褐色染色料】── 形 (不変) 赤褐色の
cacique [kasik] 男 ① (俗)(学生言葉で高等師範学校の首席(入学者))② (中央アフリカの部族の)酋長(しゅうちょう); 重要人物
cacochyme [kakɔʃim] 形 (文・おどけ)ひ弱な, 病弱な

cacophonie [kakɔfɔni] 女 耳障りな音; 不協和音
cacophonique [kakɔfɔnik] 形 耳障りな; 不協和音の
cactacées [kaktase], **cactées** [kakte] 女 (複) サボテン科
***cactus** [kaktys カクテュス] 男 (植) サボテン; (話) 厄介事, 障害
c.-à-d. [sɛtadir] (略) c'est-à-dire すなわち
cadastral(ale) [kadastral] 形 (男複 -aux[-o]) 土地台帳の; 測地[検地]の
cadastre [kadastr] 男 土地台帳; 地籍調査局
cadastrer [kadastre] 他 測地[検地]する; 土地台帳に記入する
cadavéreux(se) [kadaverø, -øz] 形 死体のような
cadavérique [kadaverik] 形 死体(のような) ► **rigidité cadavérique** (筋肉の)死後硬直
***cadavre** [kadavr カダーヴル] 男 ① (英 corpse) 死体, 屍(しかばね) ► **cadavre ambulant** 死人のようにやせた人, 生ける屍 ② (話) 酒の空びん
***caddie** [kadi カディ] 男 ①(ゴルフの)キャディー(= caddy) ②(スーパー・空港の)カート
***cadeau** [kado カドー] 男 (複 ~x) (英 gift, present) 贈り物; おまけ, サービス ► **cadeau de Noël** クリスマスプレゼント **en cadeau** 贈り物として **faire cadeau de A à B** A(もの)を B(人)に贈る ── Je vous fais cadeau des détails. (話) 細かいことまでいちいち言わないよ / C'est pas un cadeau!(話) 耐えがたい奴だ **ne pas faire de cadeau** 手加減しない, 厳しい態度をとる
***cadenas** [kadna カドナ] 男 ナンキン錠
cadenasser [kadnase] 他 (…)にナンキン錠を掛ける; (人を)閉じ込める
***cadence** [kadɑ̃s カダンス] 女 調子, リズム; 律動; 韻律; 終止; (協奏曲の)カデンツァ ► **à une cadence infernale** すさまじいペースで **en cadence** リズムを合わせて, 規則正しいリズムで **marquer la cadence** 拍子をとる
cadencé(e) [kadɑ̃se] 形 (< cadencer) 調子のとれた, リズミカな
cadencer [kadɑ̃se] 他 52 リズム[調子]をつける
***cadet(te)** [kadɛ, -ɛt カデ(ト)] 形 (兄弟の中で)2番目の; 年下の; 末子の ── 名 ① 弟, 妹; 末子; 年下の人 ► **branche cadette** (家系の)分家 C'est le cadet de mes soucis. (話) そんなことはまったく気にしていない Il est mon cadet de deux ans. 彼は私より2歳若い ②(スポーツ)少年(16・17歳)クラスの(選手) ③(ゴルフの)キャディー ④(史)(軍隊に入った)青年貴族, 士官学校生徒

cadi [kadi] 男 (イスラム教徒の)裁判官

cadjun [kaʒœ̃] 形名 (不変) = cajun

cadmiage [kadmjaʒ] 男 カドミウムめっき

cadmium [kadmjɔm] 男 [化] カドミウム【原子番号48の金属元素】

cadrage [kadraʒ] 男 画面構成,(構え);(計画)の大枠

*****cadran** [kadrɑ̃ カドラン] 男 (時計・電話の)文字盤, ダイヤル ▶ **cadran solaire** 日時計

*****cadre** [kadr カードル] 男 ①額縁;枠組;骨組;限界, 制約;環境, 雰囲気, 場所 ▶ **cadre de vie** 生活環境 **cadre institutionnel** 制度的枠組 **dans le cadre de …** …の枠組内で; …の一部である ②幹部, 管理職 ▶ **cadre moyen** 中間管理者;(複) 中間管理職 **cadre supérieur** 上級管理者;(複) 上級管理職

cadrer [kadre] 自 (…と)適合する, 一致する (avec) ─ 他 (映画・写真の)画面に正しく配置する, 適所に収める ▶ **cadrer un tir** (サッカー) フリーキックを蹴る

cadreur(se) [kadrœr, -øz] 名 映画・テレビのカメラマン

caduc(que) [kadyk] 形 ①時代遅れの;[法] 無効の ②(生) 凋(ち)落性の ▶ **à feuilles caduques** 落葉性の ③(音声) 脱落性の

caducée [kadyse] 男 (ギ神) ヘルメスのつえ【2匹の蛇が巻きついたつえ;医師や薬局などのシンボル】

caducité [kadysite] 女 [法] 失効

cadursien(ne) [kadyrsjɛ̃, -ɛn] 形 ② [C-] カオール(Cahors)の人

cæcal(ale) [sekal] 形 男複 -aux [-o] [解] 盲腸の

cæcum [sekɔm] 男 [解] 盲腸

Caen [kɑ̃] 男 カーン【Calvados 県の県庁所在地】

cæsium [sezjɔm] 男 = césium

CAF (略) coût, assurance, fret 保険および運賃込み値段

*****cafard** [kafar カファール] 男 ①アブラムシ, ゴキブリ ②(話) ふさぎの虫, 憂鬱(うつ) ▶ **avoir le cafard** ふさぎこむ ─ 名 密告者;(古) 偽善者, 似非信心者

cafardage [kafardaʒ] 男 告げ口, 密告

cafarder [kafarde] 他 (話) 告げ口する ─ 自 (話) 憂鬱(うつ)になる, 気がふさぐ

cafardeur(se) [kafardœr, -øz] 名 告げ口屋

cafardeux(se) [kafardø, -øz] 形 気のふさいだ;気をふさがせる

caf'conc' [kafkɔ̃s] 男 (話) = café-concert

*****café** [kafe カフェ] 男 ①コーヒー;コーヒー豆 ▶ **café au lait** カフェオレ **café crème** クリーム[ミルク]入りのコーヒー **café filtre** ドリップ式のコーヒー **café noir** (砂糖・ミルクなしの)ブラックコーヒー **café soluble** インスタントコーヒー ②喫茶店, カフェ ▶ **discussions de café du Commerce** 政治のうわさ話 ▶ **C'est (un peu) fort de café** …とは信じられない ─ 形 (不変) コーヒー色の

café-concert [kafekɔ̃sɛr] 男 (複 ~s-~s) (古) カフェ[シャンソン]喫茶【音楽や寸劇を視聴できた喫茶店】

caféier [kafeje] 男 (植) コーヒーの木

caféière [kafejɛr] 女 コーヒー栽培場

*****caféine** [kafein カフェイン] 女 [化] カフェイン

café-restaurant [daferestorɑ̃] 男 (複 ~s-~s) (軽食も出す)カフェレストラン

cafetan [kaftɑ̃] 男 カフタン【イスラム圏で着る丈の長い衣服】

cafeter [kafte, -øz] 自 (話) (学生言葉で)密告する, 告げ口する

*****cafétéria, *cafeteria** [kafeterja] 女 カフェテリア

cafeteur(se) [kaftœr, -øz] 名 (話) (学生言葉で)ちくり屋, 告げ口[密告]をする人

café-théâtre [kafeteatr] 男 (複 ~s-~s) (古) カフェテアトル【小劇場のあるカフェ】

cafetier [kaftje] 名 (古) コーヒー店主

*****cafetière** [kaftjɛr カフティエール] 女 ①コーヒー沸かし ②(話) 頭, 顔 ▶ **cafetière électrique** コーヒーメーカー

cafouillade [kafujad] 女, **cafouillage** [kafujaʒ] 男 (話) もたつき, 混乱

cafouiller [kafuje] 自 (話) 混乱する, もたつく;(機械などが)調子が悪い

cafouilleux(se) [kafujœr, -øz] 形 (話) 混乱した

cafouillis [kafuji] 男 = cafouillage

caftan [kaftɑ̃] 男 = cafetan

cafte [kafte] 他 = cafeter

cafteur(se) [kaftœr, -øz] 名 = cafeteur(se)

*****cage** [kaʒ カージュ] 女 ①鳥かご;(動物の)檻(おり);囲い, 枠;監獄 ▶ **cage à lapins** ウサギ小屋;(複) (話) (画一的で狭い)公営住宅 **cage d'ascenseur** エレベーターシャフト **cage d'escalier** 階段室【手すりや踊り場も含めた垂直の空間】 **cage thoracique** [解] 胸郭, 胸部 ②(スポーツ) ゴール

*****cageot** [kaʒo カジョ] 男 ①(果物や家鳥などを運ぶ)かご ②(話) ブス

cagibi [kaʒibi] 男 (話) 物置部屋, 納戸(なんど)

cagna [kaɲa] 女 (俗) (軍隊で)地下待避壕(ごう)

cagnard [kaɲar] 男 (話) 日溜り, 太陽;(方) 風から守られた日当たりのよい場所

cagne [kaɲ] 女《俗》〖学生言葉〗= khâgne

cagneux(se)¹ [kaɲø, -øz] 形 X 脚の；(ヒトは)X 脚の；名 X 脚の人；足が内側に曲がった馬

cagneux(se)² [kaɲø, -øz] 名 = khâgneux

*__cagnotte__ [kaɲɔt カニョット] 女 賭金箱；(集まった)賭金；へそくり

cagot(te) [kago, -ɔt] 形《古》偽信心の；名 偽信仰深者，偽善者

*__cagoule__ [kagul カグウル] 女 ①頭巾(ずきん), 付き外套；(目と口の開いた部分に)防寒頭巾 ②［La C-］カグール【1930年代の極右ファシスト秘密組織】

cagoulé(e) [kagule] 形 覆面をかぶった

*__cahier__ [kaje カイエ] 男《英 notebook》帳面, ノート, 練習帳；《雑誌まるごととともに》…手帳 ▶ **cahier des charges**（製品の）仕様書　**cahiers d'exercices** 練習問題帳　**cahiers de doléances** ①《史》陳情書【旧体制下の全国三部会で起草された】②〖印〗折丁, 折り

cahin-caha [kaɛ̃kaa] 副《話・古》どうにかこうにか

Cahors [kaɔr] 男 カオール【Lot県の県庁所在地】

cahot [kao] 男 ①車の揺れ, がたつき；(道路の)でこぼこ ②障害

cahotant(e) [kaɔtɑ̃, -ɑ̃t] 形 がたつく, でこぼこの

cahotement [kaɔtmɑ̃] 男 (車の)揺れ；がたつくこと

cahoter [kaɔte] 自 (車が)揺れる, がたつく　他 揺する, がたつかせる；《話》もてあそぶ

cahoteux(se) [kaɔtø, -øz] 形 がたつく；でこぼこのある

cahute [kayt] 女 小屋, あばら屋

caïd [kaid] 男 ①カイド【イスラム教の官吏】 ②《話》(グループの)ボス ▶ **faire le caïd** 権力を濫用する　**jouer les caïds** 偉そうにする, 大物ぶる

caïeu [kajø] 男 (複〜x) (球根の母球からの)小球, 凝結

caillage [kajaʒ] 男 凝結, 凝固

caillasse [kajas] 女 ①《話》小石, (固まった)砂利 ②〖地〗(砂利の混じった)泥灰岩層

*__caille__ [kaj カーユ] 女 ①〖鳥〗ウズラ ▶ **chaud comme une caille** 体が火照っている　**gras [rond] comme une caille** 丸々と太った ②《愛称》可愛い子ども[女]

caillé [kaje] 男 凝乳 (=lait ~)

caillebotis [kajbɔti] 男 ①〖船〗(小升目の格子蓋)；格子敷（ぬかるみなどに敷く踏み板）

*__cailler__ [kɑje カイエ] 他 凝結させる — 自 ①凝固する ②《話》(人の)血が；(非人称で)寒い ▶ **Ça caille.** 寒い． — 代動［se 〜］凝結する；《話》心配する

caillette¹ [kajɛt] 女〖動〗皺胃(しゅうい)【反芻(はんすう)動物の第4胃】

caillette² [kajɛt] 女《古》おしゃべり【浮気な】女

caillot [kajo] 男〖医〗血塊；凝塊

*__caillou__ [kaju カイユ] 男 (複〜x) ①小石, 砂利；水晶などの原石；宝石 ②《話》頭

cailloutage [kajutaʒ] 男 ①砂利を敷くこと ②(コンクリートなどで)砂利を混ぜたもの

caillouter [kajute] 他 砂利を敷く

caillouteux(se) [kajutø, -øz] 形 小石だらけの

caïman [kaimɑ̃] 男〖動〗(南米産の)カイマン(ワニ)

caïque [kaik] 男 (エーゲ海・トルコの)軽舟

Caire [kɛr] 男［le 〜］カイロ【エジプトの首都】

cairn [kɛrn] 男 ケルン【石を積み上げたもの】

cairote [kɛrɔt] 形名［C-］カイロの(人)

*__caisse__ [kɛs ケス] 女 ①《英 box》箱の中身；車(体)；(機械装置の外箱)；〖楽〗太鼓(の胴) — **battre la grosse caisse** 派手に宣伝する ▶ **à fond la caisse**《話》猛スピードで　**caisse à outils** 道具箱　**caisse à savon**《話》粗悪な家具, ぽんこつ車　**caisse claire** 小太鼓　**caisse (de) cash register)** レジ, カウンター, 帳場；金庫；銀行, 公庫 ▶ **caisse de résonance** (楽器の)共鳴箱　**caisse de retraite** 年金基金　**Caisse d'épargne** フランス貯蓄銀行　**caisse noire, les caisses de l'État** ［les 〜］国庫　**passer à la caisse** 会社をクビになる　**tenir la caisse** 会計を預かる, レジ係をする ②《話》頭；胸 ▶ **bourrer la caisse**《話》だます ④《話》酔い；酔う — **partir de la caisse** 結核にかかっている ▶ **prendre une caisse**《スイス》酔っ払う

caisserie [kɛsri] 女 箱製造業[所]

caissette [kɛsɛt] 女 小箱

*__caissier(ère)__ [kɛsje, -ɛr ケスィエ(エール)] 名 会計係, 出納係

caisson [kɛsɔ̃] 男 ①〖土木〗潜函, ケーソン ②〖軍〗運搬車 ③〖建〗格間(ごうま) ④《話》頭 ▶ **se faire sauter le caisson**《話》自分の脳天をピストルで撃ち抜く

cajoler [kaʒɔle] 他 かわいがる, 機嫌をとる, 甘やかす

cajolerie [kaʒɔlri] 女 優しい態度[言葉], 甘やかし；甘言, おべっか

cajoleur(se) [kaʒɔlœr, -øz] 形名《古》へつらう[甘やかす](人)

cajou [kaʒu] 男〖植〗カシューノッツ, (noix de ~)

cajun [kaʒœ̃] 形名《不変》ケイジャン(の)【米国ルイジアナ州のフランス系住民】

cake [kɛk ケク] 男 ①フルーツケーキ ② ► **en cake** (化粧品が)固形の

cal [kal] 男 たこ，まめ；〔植〕癒(%)合組織，痂(%)

cal² [kal] (略) calorie カロリー

calage [kalaʒ] 男 ①(楔(%)による)家具の固定；(精密器具の)調整固定 ② ► **calage d'un moteur** エンスト

Calais [kalɛ] カレー【フランス北部の港市】 ► **Pas de Calais** ドーヴァー海峡

*calamar [kalamar カラマール] 男 = calmar

calamine [kalamin] 女 ①(エンジンのシリンダーにたまる)すす，カーボン ②〔鉱物〕カラミン

calaminé(e) [kalamine] 形 すすがついた

calaminer [kalamine] 代動 [se ~] (シリンダーに)すす[カーボン]がつく

calamistré(e) [kalamistre] 形 (毛髪がポマードを塗った)

*calamité [kalamite カラミテ] 女 (大きな)惨禍，(集団的な)災害；(個人の)不幸

calamiteux(se) [kalamitø, -øz] 形 〔文・古〕惨禍の多い

calandrage [kalɑ̃draʒ] 男 〔布・紙の〕艶(%)出し加工

calandre¹ [kalɑ̃dr] 女 〔車〕ラジエーターグリル；カレンダー，艶(%)出し機

calandre² [kalɑ̃dr] 女 ①〔鳥〕クロエリコウテンシ【地中海岸に生息する大きなヒバリ】②〔虫〕グラナリアコクゾウ，コクゾウムシ

calandrer [kalɑ̃dre] 他 艶(%)出しする

calandreur(se) [kalɑ̃drœr, -øz] 形 艶(%)出し工 —— 男 艶出し機のローラー

calanque [kalɑ̃k] 女 〔地中海の〕入り江，小湾

calao [kalao] 男 〔鳥〕サイチョウ

calc- 接頭 (ラ)「石灰」の意

*calcaire [kalkɛr カルケール] 形 石灰質の；〔化〕カルシウムの —— 男 石灰岩

calcédoine [kalsedwan] 女 〔鉱〕玉髄(%)

calcémie [kalsemi] 女 〔医〕(血液中の)カルシウム濃度

calcif [kalsif] 男 〔俗〕トランクス，パンツ

calcification [kalsifikasjɔ̃] 女 石灰化，(組織内の)カルシウム沈着

calcifié(e) [kalsifje] 形 石灰化した；炭酸石灰になった

calcifier [kalsifje] 代動 [se ~] 石灰化する；カルシウムが沈着する

calcination [kalsinasjɔ̃] 女 煆(*)焼

calciner [kalsine] 他 煆(*)焼して生石灰にする；〔化〕煆(*)焼する；高熱で焼く；黒焦げにする

calcite [kalsit] 女 〔鉱〕方解石

*calcium [kalsjɔm カルスィヨム] 男

〔化〕カルシウム

calcul¹ [kalkyl カルキュル] 男 計算；計略；予想 ► **calcul différentiel** 微分(学) **calcul intégral** 積分(学) **calcul mental** 暗算

calcul² [kalkyl] 男 〔医〕結石 ► **calcul biliaire** 胆石 **calcul rénal** 腎(%)(臓)結石

calculable [kalkylabl] 形 計算[予測]できる

*calculateur(trice) [kalkylatœr, -tris カルキュラトゥール(トリス)] 形名 計算する(人)；打算的な(人) —— 男 計算機 —— 女 (小型の)計算器；電卓

calculé(e) [kalkyle] 形 (< calculer) 計算された，打算的な；予想される ► **avec une gentillesse calculée** 打算的な優しさで **tout bien calculé** 熟慮の末に

*calculer [kalkyle カルキュレ] 他 計算する；(…であると)予測する(que)；工夫する ► **calculer son coup** よく考えて行動する **mal calculer son coup** 判断を誤る

calculette [kalkylɛt] 女 (ポケットサイズの)電卓

calculeux(se) [kalkylø, -øz] 形 〔医〕結石の

caldoche [kaldɔʃ] 形名 〔話〕ニューカレドニアの白人(の)

cale¹ [kal] 女 ①船倉；造船台(= ~ de construction) ► **à fond de cale** 船底に(で)，無一文で **cale sèche [de radoub]** (船底が露出する)乾ドック ②(船付場の)傾斜部

cale² [kal] 女 楔(%)，楔石；支柱；詰め木

calé(e) [kale] 形 (< caler) 〔話〕①物知りの，頭のいい ► **être calé en …** …がよくできる ②(物が)難しい，厄介な ③〔話〕腹が一杯である

calebasse [kalbɑs] 女 ヒョウタンの実；(実を乾燥させて作った)容器

calèche [kalɛʃ] 女 軽四輪馬車

*caleçon [kalsɔ̃ カルソン] 男 トランクス，パンツ；スパッツ ► **caleçon de bain** (トランクス型の)水着 **caleçon(s) long(s)** ズボン下

Calédonie [kaledɔni] 女 カレドニア【スコットランドの古名】

calédonien(ne) [kaledɔnjɛ̃, ɛn] 形 〔C〕カレドニアの(人)；ニューカレドニアの(人) ⇒Nouvelle-Calédonie

calembour [kalɑ̃bur カランブール] 男 語呂合わせ

calembredaine [kalɑ̃brədɛn] 女 〔古〕冗談，たわごと

calendes [kalɑ̃d] 女 (複) 〔史〕(ローマ古暦の)朔日(%)

calendos [kalɑ̃dos] 男 〔話〕カマンベールチーズ

*calendrier [kalɑ̃drije カランドリエ] (英 calendar) カレンダー，暦(法)；日程[予定](表) ► **calendrier d'examens** 試験日程

cale-pied [kalpje] 男(不変)(自転車のペダルの)つま先どめ

***calepin** [kalpɛ̃ カルパン] 男 手帳, メモ帳

caler¹ [kale カレ] 他 固定する —自 ①動かなくなる ②引き下がる 代動 [se ~] ①(エンジンが)止まる ②定着する; (たくさん)食べる ▶**se caler les joues** (たくさん)食べる

caler² [kale カレ] 他 (マスト・帆を)おろす —自 吃水(きっ)が…ある

caleter [kalte] 自 ① = calter

calfat [kalfa] 男 [海] 填隙(ひっ)工

calfatage [kalfataʒ] 男 填隙(ひっ), コーキング

calfater [kalfate] 他 [海](防水のため)填隙(ひっ)する, コーキングする【船体の結合部などに充填(じゅう)材を詰める】

calfeutrage [kalføtraʒ] 男, **calfeutrement** [kalføtrəmɑ̃] 男 (戸などの)すき間ふさぎ, 目張り

calfeutrer [kalføtre] 他 (戸などの)すき間をふさぐ —代動 [se ~] (人が)閉じこもる

calibrage [kalibraʒ] 男 ①口径を定めること; (物の大きさによる)より分け ②[印](原稿の印刷ページ数の)見積もり

***calibre** [kalibʁ カリブル] 男 ①口径, 弾径; 測定器, ゲージ; 大きさ, 規模

calibrer [kalibʁe] 他 ①口径[直径]を測定[決定]する ②(品物を大きさで分類する ③[印](原稿の)ページ数を見積もる

calice¹ [kalis] 男 [カト](ミサの)聖杯

calice² [kalis] 男 ①[植]萼(が) ②[解]腎杯(じんぱい)

calicot [kaliko] 男 [織] キャラコ, 白カナキン; 横断幕

califat [kalifa] 男 カリフの位[権力, 在位期間]

calife [kalif] 男 カリフ【イスラム教の最高権威者; 現在は廃止】

Californie [kalifɔʁni] 女 カリフォルニア

californien(ne) [kalifɔʁnjɛ̃, -ɛn] 形名 [C-] カリフォルニアの(人)

californium [kalifɔʁnjɔm] 男 [化] カリフォルニウム, 放射性元素

califourchon [kalifuʁʃɔ̃] 成句での み ▶**à califourchon** (馬・枝などに)またがって (sur)

câlin(e) [kalɛ̃, -in カラン(リヌ)] 形 (< câliner) 甘えた; 優しい; 愛をこうする —男 愛撫(あいぶ); (婉曲に)性交

***câliner** [kaline カリネ] 他 (愛撫(あいぶ)をしたり)やさしい言葉で強い愛情表現を示す, 可愛がる

câlinerie [kalinʁi] 女 愛撫(あいぶ), 甘い言葉; 甘えること

calisson [kalisɔ̃] 男 カリソン【プロヴァンス地方のアーモンド菓子】

calleux(se) [kalø, -øz] 形 たこ[よりの]のできた ▶**corps calleux** [解] 脳梁(のうりょう)

call-girl [kɔlgœʁl] 女 (<英)コールガール

calligramme [kaligʁam] 男 カリグラム【詩句を造形的・装飾的に配列し絵のようにしたもの】

calligraphe [ka(l)ligʁaf] 男 能書家, 書家

calligraphie [ka(l)ligʁafi] 女 能書(術), 書道

calligraphier [ka(l)ligʁafje] 他 (飾り文字などの決められた書体で)書く

calligraphique [ka(l)ligʁafik] 形 能書の; 書道の

callipyge [ka(l)lipiʒ] 形 (女性が)きれいなお尻の

callosité [kalozite] 女 (皮膚の)硬結, たこ

***calmant(e)** [kalmɑ̃, -ɑ̃t カルマン(ト)] 形 鎮痛の; (気持ちを)静める —男 [医] 鎮痛[鎮静]剤

calmar [kalmaʁ] 男 [魚] ヤリイカ

***calme** [kalm カルム] 形 (英 calm, quiet) 静かな; 平穏な, 落ち着いた; (事業などが)不活発な —男 静けさ; 凪(なぎ); 冷静さ, 落ち着き ▶**calme plat** 大凪 Du calme! 落ち着いて! garder son calme 平静を保つ

***calmement** [kalməmɑ̃ カルムマン] 副 落ち着いて; 平穏に

***calmer** [kalme カルメ] 他 (英 calm) 鎮める; 落ち着かせる; 和らげる ▶**calmer le jeu** 事態を鎮静化する **calmer les esprits** 気持ちを落ち着かせる —代動 [se ~] 静まる; 冷静になる; 和らぐ

calmir [kalmiʁ] 自 [海] (海・風が)静まる

calmos [kalmos] 副 静かに ▶**Calmos!** 落ち着けよ

calomniateur(trice) [kalɔmnjatœʁ, -tʁis] 名 中傷家 —形 中傷的な

calomnie [kalɔmni] 女 誹謗, 中傷

calomnier [kalɔmnje] 他 中傷する, そしる

calomnieux(se) [kalɔmnjø, -øz] 形 中傷的な

caloporteur [kalɔpɔʁtœʁ] 形男 冷却媒体(の)

***calorie** [kalɔʁi カロリ] 女 カロリー, 熱量

calorifère [kalɔʁifɛʁ] 男 (古) 暖房装置

calorifique [kalɔʁifik] 形 熱を生ずる, 熱の

calorifuge [kalɔʁifyʒ] 形 断熱の —男 断熱材料

calorifuger [kalɔʁifyʒe] 他 (…に)断熱する, 断熱物質でおおう

calorimètre [kalɔʁimɛtʁ] 男 [物] 熱量計

calorimétrie [kalɔʁimetʁi] 女 [物] 熱量測定(法)

calorimétrique [kalɔrimetrik] 形 熱量測定(法)の

calorique [kalɔrik] 形 カロリーの ▶ **ration calorique** (生物の)必要カロリー, 必要摂取量 **valeur calorique** カロリー, 熱量

calot[1] [kalo] 男 カロ［兵隊・スチュワーデスなどの縁なし帽］

calot[2] [kalo] 男 ビー玉, おはじき ▶ **rouler des calots** 《俗・古》驚いて目をむく

calotin [kalɔtɛ̃] 男 《話・軽蔑的》坊主(calotte をかぶる坊主); 信心家

calotte [kalɔt] 女 ①(カトリック僧のかぶる)球帽; (軽蔑的)(僧の党派) ②(子どもへの)平手打ち ▶ **calotte crânienne** [解]頭蓋冠[頭蓋上部] **calotte glaciaire** [地]氷冠［山頂の万年雪］

*__calque__ [kalk カルク] 男 ①透写; 模倣; 透写紙, トレーシングペーパー（~ papier ~）②［言］カルク, 借用表現 "honeymoon" を "lune de miel" をつくるような外国語の直訳による表現］

calquer [kalke] 他 模倣する, まねる; 透写する

calter [kalte] 自[代動]《se ~》《俗》ずらかる, さっさと立ち去る

calumet [kalymɛ] 男 カルメット(平和のパイプ)[北米先住民部族間の和解の話し合いのときに用いた長い飾りパイプ] ▶ **fumer ensemble le calumet de la paix** 和解する

calva [kalva] 男《話》= calvados

Calvados [kalvados] 男 カルヴァドス県［フランス北西部; Seine 湾に臨む］

calvados [kalvados] 男 カルヴァドス［リンゴ酒を蒸留したブランデー］

calvaire [kalvɛr] 男 ①《le C-》カルヴァリオの丘［キリストはりつけの地］②キリストはりつけの図像 ③《文》長い苦難

calville [kalvil] 女 (昔の)リンゴの一種

Calvin [kalvɛ̃] 男《Jean~》カルヴァン [1509–64; 宗教改革者]

calvinisme [kalvinism] 男 [神]カルヴァン主義; カルヴァン派教会

calviniste [kalvinist] 形名 カルヴァン派(の人)

calvitie [kalvisi] 女 はげ, 脱毛症 ▶ **calvitie précoce** 若はげ

Calypso [kalipso] 女 [ギ神]カリュプソ

calypso [kalipso] 男 カリプソ［ジャマイカ島発祥の2拍子のダンス（音楽）］

camaïeu [kamajø] 男 ①カマユー[濃淡の異なる2色からなる宝石; 単色(単彩)画法] ▶ **en camaïeu** 単色で

camail [kamaj] 女 ①(中世の)鎖かたびらのずきん ②(カトリック僧の着る)マント

③(鶏などの)首の細長い羽根

*__camarade__ [kamarad カマラド] 名 仲間, 同僚; (共産主義者や社会主義者の間で)同志 ▶ **camarade de classe** クラスメート, 級友

camaraderie [kamaradri] 女 友だちづきあい, 友情; 仲間意識

camard(e) [kamar, -ard] 形《文》しし鼻の(人); (鼻が)低くつぶれた(人) —— 女《la ~》死神, 死

Camargue [kamarg] 女《la ~》カマルグ［ローヌ河口のデルタ地帯］

camarilla [kamarija] 女《く ス》(政治に影響力のある)徒党, 政界の黒幕

cambiste [kɑ̃bist] 名 (銀行の)両替商

Cambodge [kɑ̃bɔdʒ] 男 カンボジア【インドシナ半島の立憲君主国】

cambodgien(ne) [kɑ̃bɔdʒjɛ̃, -ɛn] 形名《C-》カンボジアの(人)

cambouis [kɑ̃bwi] 男 (機械などの)汚れた油［グリース］

cambrage [kɑ̃braʒ] 男 (軽く弓形に)曲げること

Cambrai [kɑ̃brɛ] カンブレ［Nord 県の町］

cambré(e) [kɑ̃bre] 形《< cambrer》(軽く)反った, 弓形に曲った ▶ **avoir le pied très cambré** (足の)土踏まずが深い **avoir les reins cambrés** (背筋を伸ばして)胸を張っている, ふんぞり返っている

cambrement [kɑ̃brəmɑ̃] 男 (体を)反らすこと

cambrer [kɑ̃bre] 他 (軽く弓形に)曲げる —— [代動]《se ~》弓形になる, 反る

cambrien(ne) [kɑ̃brijɛ̃, -ɛn] 形名 [地]カンブリア紀(の)

cambriolage [kɑ̃brijɔlaʒ] 男 空き巣

*__cambrioler__ [kɑ̃brijɔle カンブリヨレ] 他《英 burgle》空き巣に入る

cambrioleur(se) [kɑ̃brijɔlœr, -øz] 名 泥棒[人], 盗賊

Cambronne [kɑ̃brɔn]《Pierre~》カンブロンヌ [1770–1842; ナポレオンに仕えた 将軍] ▶ **mot de Cambronne** (ワーテルロー敗戦時に言った)カンブロンヌの言葉「くそ!（Merde!）」の婉曲表現

cambrous(s)e [kɑ̃bruz(s)] 女《話・軽蔑的》田舎

cambrure [kɑ̃bryr] 女 反り, わん曲; (靴底の)土踏まず ▶ **cambrure des reins** 腰のくびれ **cambrure du pied** (足の)土踏まず

cambuse [kɑ̃byz] 女 ①(船の)酒保 ②[話]あばらや; 散らかした部屋

came[1] [kam] 女 [機]カム

came[2] [kam] 女《話》コカイン; 商品, ブツ

camé(e) [kame] 形名《< camer》《話》麻薬中毒の(人)

camée [kame] 男 カメオ(細工)［浮彫り

caméléon [kameleɔ̃] 男 〖動〗カメレオン; 〖古〗無節操な人

camélia [kamelja] 男 〖植〗ツバキ(の花) ▶ *La Dame aux camélias*『椿姫』[デュマ(フィス)作]

camélidés [kamelide] 男 〖複〗〖動〗ラクダ科

camelle [kamɛl] 女 〖地中海沿岸の塩田中にある〗塩の山

camellia [kamelja] 男 = camélia

camelot [kamlo] 男 〖安物の〗行商人; 〖屋台・出店の〗商人

camelote [kamlɔt] 女 〖話〗①安物, 粗悪品; 商品, ブツ ②精액 ▶ *être de la camelote* 安物である

camembert [kamɑ̃bɛːr] 男 〖カマンベール〘Normandie 地方の柔らかいチーズ〙; 〖話〗円グラフ

camer [kame] 代動〖se ~〗〖俗〗麻薬をやる; ヤクはくる

*caméra** [kamera カメラ] 女 (< 英) (映画・テレビ)カメラ ⇨ appareil ▶ *caméra vidéo* ビデオカメラ

caméraman, cameraman [kameraman] 男 (< 英) 〖映画・テレビ〗のカメラマン

camérier [kamerje] 男 〖ローマ教皇・枢機卿(ë*ì)の〗侍従

camériste [kamerist] 女 〖かってイタリアやスペイン王女の侍女; 〖文ふざけて〗〗女中

camerlingue [kamɛrlɛ̃ɡ] 男 〖カト〗カメルレンゴ〘ローマ教皇不在の間, 法王庁の裁判・財政などをあずかる枢機卿(ë*ì)〙

Cameroun [kamrun] 男 カメルーン〘アフリカ中西部の共和国〙

camerounais(e) [kamrune, -ɛz] 形; 〖C-〗カメルーンの(人)

*caméscope** [kameskɔp カメスコプ] 男 〖携帯用〗ビデオカメラ

*camion¹** [kamjɔ̃ カミヨン] 男 トラック ▶ *camion frigorifique* 冷凍トラック

camion² [kamjɔ̃] 男 〖古〗虫ピン

camion-citerne [kamjɔ̃sitɛrn] 男 〖複~s-~s〗タンクローリー, 〖ガソリンなどの〗運搬用トラック

camionnage [kamjɔnaːʒ] 男 トラック運送(業)〖運賃〗

camionner [kamjɔne] 他 トラックで運ぶ

*camionnette** [kamjɔnɛt カミヨネト] 女 小型トラック

camionneur(se) [kamjɔnœːr, -øːz] 男 トラック運送業者〖運転〗手

camisole [kamizɔl] 女 ①キャミソール〘婦人用の袖のない下着〙 ②〖昔の〗婦人用の袖つきの上着 ③〖精神障害者・囚人用の拘束衣〙(= ~ de force)

camomille [kamɔmij] 女 〖植〗カミツレ, カモミール ②カモミール茶

camouflage [kamuflaːʒ] 男 偽装, カモフラージュ ▶ *tenue de camouflage* 迷彩服

camouflé(e) [kamufle] 形 迷彩を施した

camoufler [kamufle] 他 ①〖俗〗〖軍隊で〗偽装〖迷彩〗を施す ②隠す ― *camoufler un crime en accident* 犯罪を事故に見せかける ―代動〖se ~〗(…に)身を隠す (dans, sous, avec)

camouflet [kamuflɛ] 男 侮辱

*camp** [kɑ̃ カン] 男 (英 camp) 野営, キャンプ; 収容所; 党派, 陣営 ▶ *camp de concentration* 強制収容所 *camp de travail* 強制労働キャンプ *camp d'extermination* 絶滅収容所, 大量虐殺の収容所〖特にナチスによるユダヤ人のもの〗 *camp retranché* 塁壕をめぐらせた陣地 *camp volant* 仮陣営, 仮住まい *lever* 〖碇を〗 *ficher, foutre, le camp* 立ち去る, うせる

campagnard(e) [kɑ̃paɲaːr, -ard] 形 田舎(者)の ― 男 田舎者

campagne [kɑ̃paɲ カンパニュ] 女 ①(英 country) 田舎, 田園; 農村 ― *la ville et la campagne* 都市と農村 ▶ *à la campagne* 田舎で *battre la campagne* 支離滅裂なことを言う ②(英 campaign) キャンペーン, 政治活動, 社会運動; 〖俗〗〖軍隊で〗遠征, 戦い ▶ *campagne de vaccination* 予防接種運動 *campagne électorale* 選挙運動 *campagne publicitaire* 〖de publicité〗 広告キャンペーン *se mettre en campagne* 調査を始める

campagnol [kɑ̃paɲɔl] 男 〖動〗ノネズミ

campanile [kɑ̃panil] 男 ①鐘楼〖教会堂とは別に建っている〗 ②〖屋根の上に設けた〗鐘楼

campanule [kɑ̃panyl] 女 〖植〗ツリガネソウ〘ホタルブクロ属の植物〙

campé(e) [kɑ̃pe] 形 (< camper) しっかりした, 身構えた ▶ *bien campé* (体格が)がっしりした; 〖出来映えが〗見事な ― *personnage bien campé* 生き生きと描かれた人物

campement [kɑ̃pmɑ̃] 男 ①キャンプ(すること) ②野営(地) ③〖乱雑な〗仮住まい

*camper** [kɑ̃pe カンペ] 自 (英 camp) 野外生活する; キャンプする; 仮住まいする ▶ *camper sur ses positions* 自分の立場に固執する ― 他 ①野営させる ②(…を)構える, 置く; 的確に表現する ―代動〖se ~〗(人の前に)立ちはだかる, 断固とした態度をとる (devant)

*campeur(se)** [kɑ̃pœːr, -øːz カンプール] 男 (女) 〖英〗キャンパー, キャンプをする人

camphre [kɑ̃ːfr] 男 樟(ë*ì)脳

camphré(e) [kɑ̃fre] 形 樟脳入りの

camphrier [kɑ̃frije] 男 〖植〗クスノキ

*camping** [kɑ̃piŋ カンピング] 男 (英 camp) キャンプ(生活); キャンプ場 (= *terrain de*

~) ▶**camping sauvage**(自然の中でのキャンプ,(指定区域外の)不法キャンプ

camping-car [kɑ̃piŋkar] 男《<英》キャンピングカー

camping-gaz [kɑ̃piŋgaz] 男《商標》(携帯用)ガスこんろ

campo, campos [kɑ̃po] 男 ①カンポ【ブラジル高原の草原地帯】②《話・古》(学校の)休み

campus [kɑ̃pys] 男《<英》(アメリカ・カナダの)大学の構内, キャンパス【《郊外にある》大学】

camus(e) [kamy, -yz] 形名 しし鼻の(人), 鼻が低い(人)

***Canada** [kanada] 男 カナダ【北米の連邦共和国】

canada [kanada] 女 カナダ種のリンゴ

canadair [kanadɛr] 男《<商標》カナデール【山火事の消火にあたる飛行機】

canadianisme [kanadjanism] 男 カナダのフランス語法【カナダ特有の表現や語彙】

***canadien(ne)** [kanadjɛ̃, -ɛn] カナディアン(エス)形 カナダ(Canada)の — 名 [C-] カナダ人 — 女 ランパージャケット; カナダ式カヌー; 小形のテント

canaille [kanɑj] 女 ①《集合的・古》悪い連中 ②悪党;《話》いたずらっ子 — 形 卑しい

canaillerie [kanɑjri] 女 下品なこと

***canal** [kanal カナル] 男 (複 -aux[-o]) ①(水路)運河, 水路; 海峡 ②(水)管;〔解〕管 ▶**canal lacrymal** 涙管 ③仲介, 経路 ▶**par le canal de ...** を介して ④ ▶**Canal + [Plus]** カナル・プリュス【フランスの有料テレビチャンネル】

canalisable [kanalizabl] 形 船が航行できる

canalisation [kanalizɑsjɔ̃] 女 ①運河開設 ②(水・ガス・電気ケーブルなどの)配管, 配線 ③(世論などの)誘導

canaliser [kanalize] 他 ①(河川を)航行可能にする; (…に)運河を開く ②一方向に導く

canapé [kanape カナペ] 男《<英 sofa》①長いす ②〔料〕カナッペ【薄いパンに肉やチーズなどを乗せた前菜】

canapé-lit [kanapeli カナペリ] 男 (複 ~s-~s) ソファーベッド

canaque [kanak] 形 カナカの — 名 [C-] カナカ族の人;《複》カナカ族【ニューカレドニアの先住民】

***canard** [kanar カナール] 男 ①《<英 duck》アヒル; カモ ▶**canard boiteux**《話》落ちこぼれ; 死に体の企業 **froid de canard** 厳しい寒さ **mouillé [trempé] comme un canard** ずぶぬれになった ②《話》調子はずれの音 ③(話》うそ, 虚報;(低級な)新聞 ④カナール【コーヒーまたはラム酒に浸した角砂糖】

canardeau [kanardo] 男 アヒル[カモ]の子

canarder [kanarde] 他《話》①(物陰から隠れて)撃つ ②調子はずれに歌う[演奏する] — 自《楽》調子はずれの音を出す

***canari** [kanari カナリ] 男〔鳥〕カナリア — 形《不変》▶**jaune canari** カナリア色の

Canaries [kanari] 女《les (îles) ~》カナリア諸島【アフリカ北西の大西洋上のスペイン領】

canasson [kanasɔ̃] 男《話》①駄馬 ②馬

canasta [kanasta] 女 キャナスタ【同位札7枚を組合わせるトランプ遊び】

cancan [kɑ̃kɑ̃] 男 ①かげ口, 悪口 ②カンカン踊り

cancaner [kɑ̃kane] 自 かげ口をきく

cancanier(ère) [kɑ̃kanje, -ɛr] 形名 かげ口をよくきく(人)

***cancer** [kɑ̃sɛr カンセール] 男《英 cancer》①癌(がん) ▶**cancer du sein [du poumon]** 乳[肺]がん ②[le C-] かに座 ▶**tropique du Cancer** [le ~] 北回帰線, 夏至線

cancéreux(se) [kɑ̃serø, -øz] 形 がんにかかった; がん腫(しゅ)性の — 名 がん患者

cancérigène [kɑ̃seriʒɛn] 形 発がん性の

cancérologie [kɑ̃serɔlɔʒi] 女〔医〕がん学

cancérologue [kɑ̃serɔlɔg] 名〔医〕がん専門医[研究者]

cancéropôle [kɑ̃serɔpol] 男 がん研究センター

cancoillotte [kɑ̃kwajɔt] 女 カンコワイヨット【Franche-Comté 地方のクリームチーズ】

cancre [kɑ̃kr]《話》忘け者の生徒, 劣等生

cancrelat [kɑ̃krəla] 男〔虫〕ゴキブリ

cancroïde [kɑ̃krɔid] 男〔医〕表皮がん

candela [kɑ̃dela] 女 カンデラ【光度の単位】

candélabre [kɑ̃delɑbr] 男 枝付燭(しょく)台

candeur [kɑ̃dœr] 女 無邪気さ, 純真さ

candi [kɑ̃di] 形《男性形のみ》▶**sucre candi** 氷砂糖

***candidat(e)** [kɑ̃dida, -at カンディダ(ト)] 名 候補者; 受験者 ▶**se porter candidat à un poste** 職に応募する

***candidature** [kɑ̃didatyr カンディダテュール] 女 立候補(資格), 志願 ▶**faire acte de candidature** 立候補を届け出る **poser sa candidature à un poste** 職に応募する

candide [kɑ̃did] 形 無邪気[純真]な

candidement [kɑ̃didmɑ̃] 副 無邪気[純真]に

candidose [kɑ̃didoz] 女〔医〕カンジダ症

ダ症【カンジダ菌による皮膚や粘膜の感染症】

candir [kɑ̃dir] 代動 33 《se ~》結晶する

candisation [kɑ̃dizasjɔ̃] 女 結晶化

*****cane** [kan カヌ] 女 雌アヒル

caner [kane] 自《話》尻ごみする，おじける；死ぬ

*****caneton** [kantɔ̃ カヌトン] 男 アヒル[カモ]の子

canette[1] [kanɛt] 女 雌アヒルのひな；子豚モ

canette[2] [kanɛt] 女 = cannette

*****canevas** [kanva カヌヴァ] 男 ①（タペストリーの）カンバス ②（作品の）構想，下地

caniche [kaniʃ カニシュ] 名 プードル犬 ▶*suivre ... comme un caniche* （人）に忠実に従う

caniculaire [kanikylɛr] 形 猛暑の，真夏の

*****canicule** [kanikyl カニキュル] 女 猛暑；真夏

canidés [kanide] 男《複》《動》イヌ科

canier [kanje] 男《南仏》葦(あし)原

*****canif** [kanif カニフ] 男（折りたたみの）小型ナイフ ▶*donner un coup de canif dans le contrat (de mariage)* 浮気をする

canin(e) [kanɛ̃, -in] 形 犬の ▶*exposition canine* 犬の品評会 *faim canine* ひどい空腹 —— 女《俗》犬歯

caninette [kaninɛt] 女 犬の糞の清掃装置のついたオートバイ

canisse, cannisse [kanis] 女《南仏》（風除けの）葦(あし)の編み垣

canitie [kanisi] 女 白髪になること

caniveau [kanivo カニヴォ] 男《複 ~x》（歩道の）溝，排水溝

canna [kana] 男 カンナ

cannabique [kanabik] 形 大麻の

cannabis [kanabis] 男《植》インド大麻；《麻薬の》ハシシ，マリファナ

cannabisme [kanabism] 男 大麻による麻薬中毒

cannage [kanaʒ] 男（いすの）籐(とう)張り

cannais(e) [kanɛ, -ɛz] 形 名 《C-》カンヌ（Cannes）の人

*****canne** [kan カヌ] 女 ①茎（などの幹）；サトウキビ（= ~ à sucre）②杖，ステッキ ▶*canne à pêche* つり竿 *canne anglaise* 松葉杖 *canne blanche* （盲人用の）白い杖

canné(e) [kane] 形 籐(とう)で張った ▶*siège canné* 籐いす

cannelé(e) [kanle] 形《＜canneler》【建】縫みぞのある —— 男【楽】カヌレ

canneler [kanle] 他 ④（柱に）縫みぞを彫る

cannelier [kanəlje] 男 ニッケイ（シナモン）の木

*****cannelle**[1] [kanɛl カネル] 女 ニッケイ皮，シナモン —— 形《不変》ニッケイ[茶]色の

cannelle[2] [kanɛl] 女（樽の）栓，飲み口

cannelloni [kanɛlɔni] 男《＜イ》【料】カネロニ【ひき肉やチーズなどを詰めて筒型に巻いたパスタ料理】

cannelure [kanlyr]女【建】（柱の）縫みぞ

canner [kane] 他（いすの座席・背部に）籐(とう)を張る

Cannes [kan] カンヌ【フランス南東部にある観光・保養都市】▶*festival de Cannes*【le ~】カンヌ映画祭【毎年5月に開かれる国際映画祭】

cannette [kanɛt] 女 ①（ビールなどの）びんの栓，缶 ②樽につける蛇口 ③糸巻き

canneur(se) [kanœr, -øz] 男（いす）の籐(とう)張り職人

cannibale [kanibal] 形 人食いの；残忍な —— 名 食人種；残忍な人

cannibaliser [kanibalize] 他（再利用のために）分解する，（他の商品の）売上げを鈍する

cannibalisme [kanibalism] 男 食人（の風習）；残忍さ

cannisse [kanis] 女 = canisse

*****canoë** [kanɔe カノエ] 男《英》カヌー（競技）▶*faire du canoë* カヌーに乗る

canoéiste [kanɔeist] 名 カヌー競技者（に乗る人）

canoë-kayak [kanɔekajak] 男《不変》《スポーツ》カヌー・カヤック競技

*****canon**[1] [kanɔ̃ カノン] 男 ①大砲；銃身，砲身；（注射器などの）胴，筒 ▶*canon à eau*（デモ隊などを鎮圧する）放水銃 *canon à neige*（人工雪を降らせる）スノーカノン *chair à canon*（犠牲にされる）兵士 *marchand de canons*（軽蔑的）武器商人 ②《話》グラス1杯のワイン ③《古》(17世紀頃の)半ズボンの下部につけた飾り

*****canon**[2] [kanɔ̃ カノン] 男 ①規準，標準；（人体の美しさの基準；[カト]教会法令(集)；聖書正典(= droit~)②【楽】カノン ▶*chanter en canon* 輪唱する —— 形《不変》（美しさが）理想的の

canon [kaɲɔ̃] 男《スイ》地区，渓谷

canonial(ale) [kanɔnjal] 形（男複 -aux[-o]）宗規で定めた，宗規にかなった

canonicat [kanɔnika] 男【カト】教会参事会員（chanoine）の職位［聖職録］

canonique [kanɔnik] 形 宗規［基準］にかなった ▶*âge canonique* 相当の年齢【聖職者の女中になれる40歳以上の女性】

canonisation [kanɔnizasjɔ̃] 女（カト）列聖

canoniser [kanɔnize] 他【カト】聖列に加える

canoniste [kanɔnist] 男 教会法の専門家

canonnade [kanɔnad] 女 砲撃

canonnage [kanonaʒ] 男 砲術; 砲撃

canonner [kanɔne] 他 砲撃する

canonnier [kanɔnje] 男 砲手

canonnière [kanɔnjɛːr] 女 〘海〙(小型の)砲艦

*__canot__ [kano カノ] 男 ボート ► __canot de sauvetage__ 救命ボート __canot pneumatique__ ゴムボート

canotage [kanɔtaʒ] 男 ボートこぎ

canoter [kanɔte] 自 ボートをこぐ

canoteur(se) [kanɔtœːr, -øːz] 名 ボートをこぐ人

canotier(ère) [kanɔtje, -ɛːr] 名 ボートをこぐ人 — 男 カンカン帽

Canson [dɑ̃sɔ̃] 男 ▶ __papier Canson__ 画用紙, 製図用紙

cantabile [kɑ̃tabile] 男 副 〈く寸〉〘楽〙カンタービレ(で)

Cantal [kɑ̃tal] 男 カンタル県〘フランス中部〙

cantal [kɑ̃tal] 男 カンタル〘圧縮した固いチーズ〙

cantaloup [kɑ̃talu] 男 〘植〙カンタロープメロン

cantate [kɑ̃tat] 女 〘楽〙カンタータ

*__cantatrice__ [kɑ̃tatris カンタトリス] 女 (クラシックの女性)歌手, 声楽家

cantharide [kɑ̃tarid] 女 ① 〘虫〙ツチハンミョウ科の昆虫, ジョウカイボン科の昆虫 ② 〘薬〙カンタリス 〖雇淫剤〗

cantilène [kɑ̃tilɛn] 女 カンティレーナ〖単調な物悲しい歌; (比較的短い叙情的な)詩; 〈古〉(聖歌に対し)俗歌 —la cantilène de Sainte Eulalie『聖女ユーラリーの賛歌』〖フランス語で現存する最古の文章(880年頃)〗

cantilever [kɑ̃tilevœːr, kɑ̃tilevɛːr] 男形 〘建〙張り出した

*__cantine__ [kɑ̃tin カンティヌ]女(英 canteen, cafeteria)① (学校・工場などの)食堂 ② (特に兵隊の)旅行用トランク

cantinier(ère) [kɑ̃tinje, -ɛːr] 名 食堂の管理人

cantique [kɑ̃tik] 男 聖歌; 賛美歌

cantoche [kɑ̃tɔʃ] 女〈話〉(学校・工場などの)食堂

canton [kɑ̃tɔ̃] 男 (フランスの)小郡〖選挙区になる arrondissement の下位行政区分〗; (スイスの)州; (鉄道・道路の)区間

cantonade [kɑ̃tɔnad] 女 舞台裏 ▶ __parler à la cantonade__ 聞こえよがしに言う

cantonal(ale) [kɑ̃tɔnal] 形 〖男複 -aux[-o]〗(フランスの)小郡の; (スイスの)州の

cantonnement [kɑ̃tɔnmɑ̃] 男 〘兵〙隊の宿営(地)

cantonner [kɑ̃tɔne] 他 ① 〈古〉(部隊を)宿営させる ② 閉じ込める, 隔離する ▶ __cantonner... à [dans] un rôle__ (人)を役に追いやる — 代動 〖se ~〗閉じこもる; (…だけに)とどまる (à, dans)

cantonnier [kɑ̃tɔnje] 男 道路[保線]作業員

canulant(e) [kanylɑ̃, -ɑ̃ːt] 形 〈話〉うんざりする, しつこい

canular [kanylaːr] 男 〈話〉人をかつぐこと, 悪ふざけ

canularesque [kanylaresk] 形 冗談の

canule [kanyl] 女 〘医〙注射器[注入器]の先; 洗浄用の管, カニューレ

canuler [kanyle] 他 〈話〉うんざり[いらいら]させる

canut(se) [kany, -yz] 名 (リヨンの)絹織工

canyon [kanjɔ̃] 男 渓谷 ► __Grand Canyon__ 〖le ~〗(米国の)グランドキャニオン

canzone [kɑ̃tzone, kantsone, kidzɔn] 女 ① イタリアの抒情詩 ② 〘楽〙(16-17世紀イタリアの)音楽曲から派生した器楽曲 ③ カンツォーネ, イタリアのポピュラーソング

CAO 〖略〗(英 CAD) conception assistée par ordinateur コンピューター援用設計

caoua [kawa] 男 〈話〉コーヒー

caouane [kawan] 女 〘動〙アカウミガメ

*__caoutchouc__ [kautʃu カウチュー] 男 ① (英 rubber) (弾性)ゴム ② ゴム製レインコート; 〖複〗ゴム靴, オーバーシューズ ► __bottes en caoutchouc__ ウェリントン・ブーツ __caoutchouc mousse__ フォームラバー〖寝具・クッションなどに用いる〗 __en caoutchouc__ ゴムの, ゴム製の

caoutchoutage [kautʃutaʒ] 男 ゴム引き

caoutchouter [kautʃute] 他 (…)をゴム引きにする

caoutchouteux(se) [kautʃutø, -øz] 形 ゴムのような

CAP 〖略〗certificat d'aptitude professionnelle 職業適正証

*__cap__¹ [kap カプ] 男 ① 岬; 〖le C-〗(南アフリカ共和国の)ケープタウン ► __cap de Bonne Espérance__ 〖le ~〗喜望峰〖アフリカ南西端の岬〗 __cap Horn__ 〖le ~〗ホーン岬〖南米最南端の岬〗 __changer de cap__ 進路を変更する, 方向を変える __de pied en cap__ つま先から頭まで, 全体に __mettre le cap sur__ …の方に向かう __passer [doubler] un cap__ 危機を脱する, 難局を乗り越える

cap² [kap] 形 〈話〉…できる(= capable)

*__capable__ [kapabl カパブル] 形 ①(…すること)ができる (de) ② 有能な, 能力のある

*__capacité__ [kapasite カパシテ] 女 ① (英 ability) 能力, 才能; 性能 ② (英 capacity) 容積 ► __capacité en droit__ 法科適格証〖2年間授業を受けた法学部生に授与〗 __capacités intellectuelles__ 知能, 知的能力 __de grande__

capacité 大勢収容できる, たっぷり収納できる

caparaçon [kaparasɔ̃] 男 馬衣, 馬鎧(ﾖﾛｲ), 馬飾り

caparaçonner [kaparasɔne] 他 (…に)馬衣[馬鎧馬飾り]をつける

cape [kap カプ] 囡 そでなしマント ▶ **film de cape et d'épée** 《剣士の冒険活劇映画 **sous cape** こっそり, ひそかに

capeline [kaplin] 囡 キャプリン〖婦人用の日よけ帽〗

CAPES [kapes] (略) certificat d'aptitude au professorat de l'enseignement secondaire 中等教員適正証

capésien(ne) [kapesjɛ̃, -ɛn] 名 CAPESの取得者

CAPET [kapet] (略) certificat d'aptitude au professorat de l'enseignement technique 技術教員適正証

Capet [kape] カペー〖カペー王朝の初代王Hugues一世の異名〗

capétien(ne) [kapesjɛ̃, -ɛn] 形名 カペー王朝の(王族)

Capétiens [kapesjɛ̃] 名 (複) [les～] 〖中世フランスの〗カペー王朝〖987-1328〗

capharnaüm [kafarnaɔm] 男 (話)取りちらかした場所

capillaire [kapi(l)lɛr] 形 ①毛髪のように細い ―veines[vaisseaux] capillaires 毛細血管 男 ①〖植〗ハコネシウ類のシダ類 ②(複)〖解〗毛細血管 ▶ **lotion capillaire・soins capillaires** 髪の手入れ, ヘアケア

capillarité [kapi(l)larite] 囡 ①毛細管現象 ②毛のように細いこと

capillaroscopie [kapilarɔskɔpi] 囡 毛細血管検査

capilliculteur(trice) [kapilikyltœr, -tris] 名 理容師, 美容師

capilliculture [kapilikyltyr] 囡 髪の手入れ

capilotade [kapilotad] 囡 〖成句でのみ〗 ▶ **en capilotade** ぐちゃぐちゃに; へとへとに

*capitaine [kapitɛn カピテヌ] 男 (英 captain) ①大尉, 中隊長; 艦長; 船長; 主将; 名将; (企業の)指導者 ②〖魚〗ツバメコショロ ▶ **l'âge du capitaine** (話)答えられない〖それまでの話とは関係ない〗問題

capitainerie [kapitɛnri] 囡 ①〖史〗王室狩猟区 ②港湾管理事務所

*capital¹(ale) [kapital カピタル] 形 (男複 -aux [-o]) (英 capital) ①重要な, 最重要の, 命にかかわる; 死刑に値する ▶ **lettre capitale · peine capitale** 極刑, 死刑

*capital² [kapital カピタル] 男 (男複 -aux [-o]) (英 capital) ①資本金; 元手; (複)資本; 資本家; (知的・文化的)蓄積 ▶ **capital artistique de la région** 地方文化財 **capital social** 会社資本; 組合資本

capitale [kapital] 囡 (英 capital) ①首都; 主要都市 ②〖印〗大文字 ▶ **en capitales d'imprimerie** 大文字活字体で

capitalisable [kapitalizabl] 形 資本化できる, 蓄財できる

capitalisation [kapitalizasjɔ̃] 囡 資本化(還元), 蓄財

capitaliser [kapitalize] 他 ①資本化する; (金)知識を蓄える ②(収入・財産の)資本価値を計算する ―自 財を貯める; (…を)利用する, (…につけこむ)(sur)

capitalisme [kapitalism] 男 資本主義; (集合的)資本家, 資本主義国

capitaliste [kapitalist] 形 資本家[主義]の ―名 ②資本家; (話)大金持ち

capital-risque [kapitalrisk] 男 〖経〗ベンチャーキャピタル〖ベンチャー企業への投資・資本〗

capital-risqueur [kapitalriskœr] 男 ベンチャー投資家

capiteux(se) [kapitø, -øz] 形 (酒や香りが)頭にのぼるような, うっとりするような, 官能的な

Capitole [kapitɔl] 男 ①[le～]カピトリウム丘, カピトリオ丘〖ローマ7つの丘の一つ〗 ②(Toulouse などのいくつかの都市の)市庁(舎), 市役所 ③(ワシントンの)議事堂

capiton [kapitɔ̃] 男 (キルティングした)いす張り; 詰め物, クッション

capitonner [kapitone] 他 詰め物を入れて刺し縫いする; クッション状のもので覆う

capitulaire [kapitylɛr] 形 ①〖宗〗教会参事会の ②▶ **lettre capitulaire** (章の初めの)装飾大文字 ―男 〖史〗(フランク王国の定める)勅令

capitulard(e) [kapitylar, -ard] 形 降伏論者の ―名 降伏論者; 卑怯者, 臆病者

capitulation [kapitylasjɔ̃] 囡 ①降伏(条約) ②妥協, 譲歩

capitule [kapityl] 〖植〗頭状花 (=fleur capitulée)

capituler [kapityle] 自 降伏する; 妥協する

capoeira [kapue(i)ra] 囡 カポエイラ〖音楽の伴奏つきで行われるブラジルの格闘技〗

capon(ne) [kapɔ̃, -ɔn] 形 (話・古)臆病な; 卑劣な ―名 臆病者; 卑劣者

caponnière [kapɔnjɛr] 囡 ①(要塞などの)連絡壕 ②(鉄道トンネル内の)番小屋

caporal(ale) [kapɔral] 男 (複 -aux [-o]) ①〖軍〗伍長 ②キャポラル〖並の刻みタバコ〗

caporalisme [kapɔralism] 男 融通の利かないこと; 権威主義; (古)軍国

主義

*capot¹ [kapo カポ] 男 (自動車の)ボンネット; 覆い; [海] (甲板昇降口の)揚げ蓋

capot² [kapo] 形 《不変》 ▶ être capot (トランプで)一度もあがらずに完敗する

capotage [kapotaʒ] 男 (車·船の)転覆; 《話》失敗

capote [kapɔt] 女 ①(自動車などの)幌(ほ); (兵隊用のフード付き外套(がい)) ②《話》コンドーム(= ~ anglaise)

capoter [kapɔte] 他 (車などに)幌をかける ── 自 ①(車などが)転覆する ②《話》失敗する ③《ケベック·話》正気を失う

cappa [kapa] 女 [カト] (高位聖職者の)礼典用マント

cappelletti [kape(l)leti] 男 《複》カペレティ (パスタに肉や野菜などの詰め物をして円形にしたもの)

cappuccino [kaputʃino] 男 《イ》カプチーノ 【生クリームを加えたエスプレッソコーヒー】

*câpre [kɑpr カープル] 女 [料] ケーパー 【フウチョウボクのつぼみの酢漬け】

capricant(e) [kaprikɑ̃, -ɑ̃t] 形 不規則な; がたがたの

capriccio [kapritʃjo] 男 《イ》[楽] カプリッチオ, 綺想曲

*caprice [kapris カプリス] 男 (英 caprice) 気まぐれ, 移り気; 浮気(心); 《複》急変 ▶ faire des caprices 気まぐれを起こす faire un caprice (子どもが)だだをこねる

capricieusement [kaprisjøzmɑ̃] 副 気まぐれ(わがまま)に

capricieux(se) [kaprisjø, -øz] 形 気まぐれ(移り気, わがまま)な, 不安定(不規則)な ── 名 移り気(わがまま)な人

*capricorne [kaprikɔrn カプリコルヌ] 男 ①[虫] ヤマカミキリ類 ②[le C-] 山羊座

câprier [kaprije] 男 [植] セイヨウフウチョウボク

caprin(e) [kaprɛ̃, -in] 形 [動] ヤギの

capselle [kapsɛl] 女 (道の)雑草

capsulage [kapsylaʒ] 男 (化)(小皿, 蒸発皿 ── capsule spatiale 宇) びんに口金をつけること

*capsule [kapsyl カプスュル] 女 ①びんの口金, 栓 ②[薬] カプセル; [植] 種囊(しゅのう), 殻; [解] 囊; 薬包 ②(化) 小皿, 蒸発皿 ▶ capsule spatiale 宇宙カプセル 【宇宙空間での作業用】

capsuler [kapsyle] 他 (びんに)口金をかぶせる

captage [kaptaʒ] 男 (水·電気などを)引くこと

captateur(trice) [kaptatœr, -tris] 名 騙取(へんしゅ)者

captatif(ve) [kaptatif, -iv] 形 自分のものとする, 独占する

captation [kaptasjɔ̃] 女 [法] 騙取(へんしゅ)

*capter [kapte カプテ] 他 ①巧みに手に入れる, 丸めこむ ②(電信·放送を)捕らえる; (水を)引く

capteur [kaptœr] 男 センサー ▶ capteur solaire 太陽電池パネル

captieux(se) [kapsjø, -øz] 形 《文》(本当らしく見せて)欺く

captif(ve) [kaptif, -iv カプティフ(ヴ)] 形 《文》捕虜の(の); 捕らわれた(人) ── nappe captive 囚人被圧地下水; ballon captif (綱のついた)係留気球

*captivant(e) [kaptivɑ̃, -ɑ̃t カプティヴァン(ト)] 形 心を奪う, 魅惑的な

captiver [kaptive] 他 (英 captivate) 心を捕らえる, 魅了する; 《古》捕縛する ── 他動 (se ~) (…に)屈服する; 夢中になる (à)

captivité [kaptivite カプティヴィテ] 女 捕われの(自由のない)状態

capture [kaptyr] 女 ①捕獲(物); 捕らえた人 ②[情報] キャプチャー ③[物] (原子核による他の粒子の)捕獲

capturer [kaptyre] 他 (英 capture) 捕らえる

*capuche [kapyʃ カピュシュ] 形 (婦人用の)頭巾, (取り外し可能な)フード

capuchon [kapyʃɔ̃ カピュション] 男 (コートなどの)フード; フード付きコート; (万年筆などの)ふた

capucin(e) [kapysɛ̃, -in] 名 カプチン会修道士(女) ── 女 [植] ノウゼンハレン(の花)

cap-verdien(ne) [kapvɛrdjɛ̃, -ɛn] 形名 [C-V-] カボベルデの(人)

Cap-Verde [kapvɛrd] 男 カボベルテ 【大西洋上にあるアフリカ人の共和国】

Capverver [kapvɛr] 女 ニシン用縄

caquelon [kaklɔ̃] 男 (フォンデュ用)厚底鍋

caquet [kakɛ] 男 ①(産卵時のめんどりが)くわっくわっという鳴き声 ②《話》おしゃべり; 自慢話; 悪口 ▶ rabattre [rabaisser] le caquet de (人)をだまらせる, やり込める

caquetage [kaktaʒ] 男 ①(めんどりが)くわっくわっと鳴くこと ②おしゃべり

caquètement [kakɛtmɑ̃] 男 = caquetage

caqueter [kakte] 自 [4] ①(めんどりが)くわっくわっと鳴く ②ぺちゃくちゃしゃべる

*car¹ [kar カール] 接 (前文の理由·説明)というのは, なぜなら…だから ── 男 《不変》理由 ▶ les si et les car (軽蔑的に)無駄で愚々しい議論

*car² [kar カール] 男 長距離バス ▶ car de police 警察の輸送車, 囚人護送車 car (de ramassage) scolaire スクールバス

carabe [karab] 男 [虫] オサムシ

carabin [karabɛ̃] 男 《話·古》医学生

*carabine [karabin カラビヌ] 女 軽小銃

carabiné(e) [karabine] 形 《話》猛

烈な, ひどい —un rhume carabiné ひどい風邪

carabinier [karabinje] 男 ①〔古〕騎銃兵 ②(イタリアの)憲兵; (スペインの)税関吏

caraco [karako] 男〔古・農村で〕(袖の長いゆったりした)婦人用上着; キャミソール

caracoler [karakɔle] 自 ①(馬が)半回転する ②(部隊の先頭に立って馬に乗って)進む ▸caracoler en tête 勝っている, 有利な立場にある —Il caracole en tête des sondages. アンケートでは彼が有利である

*****caractère** [karakter カラクテール] 男 (英 character) ①性格, 性質; 気質 ②りっぱな人物; 特性, 特徴 ▸avoir du caractère 根性がある ③文字; 活字 ▸en gros [petits] caractères 大[小]文字で

caractériel(le) [karakterjel] 形 性格上の —名〔心〕性格障害者 ▸troubles caractériels〔心〕性格障害

caractérisation [karakterizasjɔ̃] 女 特徴づけ

caractérisé(e) [karakterize] 形 典型的な; まぎれもない

caractériser [karakterize] 他 (英 characterize) 特徴づける; (…の)特色[性格]を明確に描き出す —代動 [se ~] (…によって)特徴づけられる (par)

*****caractéristique** [karakteristik カラクテリスティク] 形 特有の; (…の)特徴を示す (de) —女 特質, 特色

caractérologie [karakterɔlɔʒi] 女 性格学

caracul, karakul [karakyl] 男 カラクール【中央アジア原産の羊, その子羊の毛皮】

carafe [karaf カラフ] 女 (英 carafe) (食卓用の)水差し(の一杯分); 〔俗〕頭 ▸rester en carafe〔話〕ほったらかしにされる ▸tomber en carafe 故障する

carafon [karafɔ̃] 男 (小型の)水差し(の一杯分); 〔俗〕頭

caraïbe [karaib] 形 カリブ人の —名 [C-] カリブ人; [les C-s] カリブ族【ヨーロッパ人到着以前のカリブ海先住民】 ▸mer des Caraïbes [la ~] カリブ海

carambolage [karɑ̃bɔlaʒ] 男〔ビリヤード〕キャノン, キャロム【手玉を2つの玉に連続してつけること】; 〔話〕玉突き衝突

caramboler [karɑ̃bɔle] 他 (車の)玉突き衝突する —自〔ビリヤード〕キャノン[キャロム]する

carambouillage [karɑ̃bujaʒ], **carambouille** [karɑ̃buj] 男&女 取込み詐欺

carambouilleur [karɑ̃bujœːr] 男 取込み詐欺師

*****caramel** [karamɛl カラメル] 男 焼き砂糖, カラメル(ソース); キャラメル —形

〔不変〕キツネ色の

caramélisation [karamelizasjɔ̃] 女 (砂糖が)カラメル状になること

caraméliser [karamelize] 他 (砂糖を)カラメル状にする; (…に)カラメルをまぜる, カラメルで覆う

carapace [karapas] 女〔動〕背甲, 甲殻; 被覆物; 殻

carapater [karapate] 代動 [se ~] 〔話〕ずらかる, 逃亡する

carassin, caracin [karasɛ̃] 男 フナ

carat [kara] 男 ①金位; カラット【宝石の衡量単位】 ②〔話〕▸dernier carat 最終リミット

*****caravane** [karavan カラヴァヌ] 女 隊商, キャラバン; (旅行者などの)団体; キャンピングカー

caravanier(ère) [karavanje, -ɛr] 男 隊商の引率者; キャンピングカー旅行者

caravaning [karavaniŋ] 男 (< 英) キャンピングカーでのキャンプ

caravansérail [karavɑ̃seraj] 男 ①(昔の)隊商宿 ②(外国)人でにぎわう場所

caravelle [karavɛl] 女 カラベル船【15世紀頃の高速帆船】

carbamate [karbamat] 男 カルバマート, ウレタン

carbet [karbɛ] 男 (アンティル諸島)共同の船置場

carbochimie [karbɔʃimi] 女 石炭化学

carbonade [karbɔnad] 女 (炭火で焼いた)焼肉

carbonarisme [karbɔnarism] 男〔史〕炭焼党【19世紀イタリアの対フランスの秘密結社】

carbonaro [karbɔnaro] 男 (複 ~s, carbonari)〔史〕(イタリアの)炭焼党員

carbonate [karbɔnat] 男〔化〕炭酸塩

*****carbone** [karbɔn カルボヌ] 男〔化〕炭素, カーボン紙 (= papier ~); (カーボン紙で写した)コピー ▸dater… au carbone 14 放射性炭素から…の年代を推定する

carboné(e) [karbɔne] 形〔化〕炭素を含む

carbonifère [karbɔnifɛr] 形 石炭を含む —男〔地〕石炭紀(層)

carbonique [karbɔnik] 形 炭酸の ▸gaz carbonique 炭酸ガス

carbonisation [karbɔnizasjɔ̃] 女 炭化

*****carbonisé(e)** [karbɔnize カルボニゼ] 形 (くろ bonisez 炭化した; 黒焦げになった

carboniser [karbɔnize] 他 炭化する; 黒焦げにする

carburant [karbyrɑ̃] 男 ①エンジン用燃料【ガソリンなど】 ②(冶金)浸炭剤 —形〔男性形のみ〕炭化水素を含む

carburateur [karbyratœr] 男 キャブレタ, 気化器

carburation [karbyrasjɔ̃] 女 〔燃〕気化作用;〔冶〕浸炭

carbure [karbyr] 男 〔化〕炭化物; 炭化カルシウム, カーバイド

carburer [karbyre] 他 〔冶〕浸炭する ── 自 ①〔エンジンが〕燃料を気化する ②《話》うまく行く ③《話》〔飲み物を〕常飲する (à)

carcailler [karkɑje] 自 〔ウズラが〕鳴く

carcajou [karkaʒu] 男 クズリ【スカンジナビア・ロシア・北アメリカ北部のイタチ科の動物】

carcan [karkɑ̃] 男 束縛, 拘束;《古》〔刑罰用の〕鉄首輪

carcasse [karkas] 女 ①〔動物の〕骸骨;《話》体躯【多くは悪い意味】;〔建物などの〕骨組 ▶pneu à carcasse radiale ラジアルタイヤ

Carcassonne [karkasɔn] カルカソンヌ【Aude 県の県庁所在地; 中世の城塞都市】

carcéral(ale) [karseral] 形 (男複 -aux[-o]) 刑務所の(ある)

carcinogène [karsinɔʒɛn] 形 発がん性の

carcinogenèse [karsinɔʒənɛz] 女 がん発生

carcinologie [karsinɔlɔʒi] 女 ①甲殻類学 ②腫瘍(しゅよう)学, がん研究

carcinomateux(se) [karsinomatø, -øz] 形 がん腫の

carcinome [karsinom] 男〔医〕〔腫〕〔上皮組織の悪性腫瘍(ようよう)〕

cardage [kardaʒ] 男 〔繊維を〕梳(す)くこと

cardamome [kardamɔm] 男〔植〕ショウズク, カルダモン

cardan [kardɑ̃] 男 〔機〕カルダンジョイント, 自在継ぎ手

carde [kard] 女 ①〔植〕〔チョウセンアザミ・フダンソウの〕葉助(?) ②〔繊〕梳毛(?)機; けば立て機

carder [karde] 他 〔繊維を〕梳く

cardia [kardja] 男 〔解〕噴門〔胃の入り口〕

cardial [kardjal] 形 (男複 -aux[-o])〔解〕噴門の

cardiaque [kardjak] 形 心臓の; ── 名 心臓病患者 ▶crise cardiaque 心臓発作, 心筋梗塞

cardigan [kardigɑ̃] 男 (< 英) カーディガン

cardinal(ale) [kardinal] 形 (男複 -aux[-o]) 基本の, 枢要の ── 男 ①〔カト〕枢機卿(けい) ②〔鳥〕ショウジョウウコウチョウ ▶nombre cardinal 基数 points cardinaux 基本方位【東西南北】

cardinalat [kardinala] 男 〔カト〕枢機卿(けい)の職位

cardinalice [kardinalis] 形 〔カト〕枢機卿の

cardio- 〔接頭〕(< ギ)「心臓」の意

cardiogramme [kardjɔgram] 男 〔医〕心拍曲線

cardiographe [kardjɔgraf] 男 心拍記録器

cardiographie [kardjɔgrafi] 女 心拍記録(法)

cardiologie [kardjɔlɔʒi] 女 心臓(病)学

cardiologue [kardjɔlɔg] 名 心臓病学者, 専門医

cardiopathie [kardjɔpati] 女 〔医〕心臓病

cardiorespiratoire [kardjɔrɛspiratwar] 形 〔医〕心肺の

cardiotomie [kardjɔtɔmi] 女 〔医〕心臓切開

cardiotonique [kardjɔtɔnik] 形 強心性の ── 男 強心剤

cardiovasculaire [kardjɔvaskyler] 形 〔医〕心臓血管の

cardite [kardit] 女 ①ザルガイ ②心臓炎

cardon [kardɔ̃] 男 〔植〕カルドン【葉柄が食用のチョウセンアザミ科の多年草】

***carême** [karɛm] 男 〔カト〕四旬節; 〔四旬節の〕断食 ▶face de carême やつれた生気のない顔

carénage [karenaʒ] 男 ①〔海〕船底の修理〔清掃〕(場所) ②〔自動車を〕流線型にすること

carence [karɑ̃s] 女 怠慢;〔責任の〕回避; 欠如;〔法〕無資産, 支払不能

carène [karɛn] 女 〔船〕船底の掃除〔修理〕

caréné(e) [karene] 形 (車体などが) 流線型の

caréner [karene] 他 57 ①船底を修理〔清掃〕する ②〔車体などを〕流線型にする

carentiel(le) [karɑ̃sjɛl] 形 欠乏が原因の ── maladie carentielle 欠乏性の疾患

caressant(e) [karesɑ̃, -ɑ̃t] 形 愛撫する, かわいがる; 甘ったれた; 優しい, 愛情深い

caresse [karɛs] 女 愛撫;〔風などが〕優しく触れること;《古》甘言

***caresser** [karese カレセ] 他 (英 caress) ①愛撫する, 優しくなでる; 〔文〕〔虚栄心などを〕くすぐる ②〔計画などを〕暖める, 抱く

caret [karɛ] 男 ①糸巻 ▶fil de caret 〔海〕〔索具をつくる〕麻糸 ②〔動〕タイマイ

car-ferry [karfɛri] 男 (複 ~-~s, ~-ferries) カーフェリー

***cargaison** [kargɛzɔ̃ カルゲゾン] 女 船荷 ▶une cargaison de ...《話》多量の...

cargo [kargo] 男 (< 英)〔海〕貨物船

cargue [karg] 女 〔海〕〔帆の〕絞り綱 ミガメ

carguer [karge] 他 〔海〕〔帆を〕絞る

cari [kari] 男 =curry

cariatide [karjatid] 女【建】女人像柱

caribou [karibu] 男【動】カリブー【カナダにいるトナカイ】

caricatural(ale) [karikatyral] (男複 -aux [-o]) 形 風刺画の(化した); 滑稽な ▶*image caricaturale* 誇張されたイメージ

*__caricature__ [karikatyr カリカテュール] 女 (英 caricature) ①漫画, 風刺画 ②滑稽な物まね; パロディー ③〘話〙滑稽な人

caricaturer [karikatyre] 他 ①漫画[風刺画]に描く ②戯画化する

caricaturiste [karikatyrist] 男 風刺漫画家

*__carie__ [kari カリ] 女 ①虫歯(＝~ dentaire) ②【医】カリエス

carié(e) [karje] 形 虫歯になった

carier [karje] 他 ①〘古〙にからめる; 虫歯にする ── 代動 se ~ 虫歯になる

carieux(se) [karjø, -øz] 形 虫歯の

*__carillon__ [karijɔ̃ カリヨン] 男 (英 bell, chime) カリヨン, 鐘楽; (時計などの) チャイムの音

carillonnement [karijɔnmɑ̃] 男 カリヨンを鳴らすこと; カリヨンの音

carillonner [karijɔne] 自 鐘楽(carillon)を奏する; 〘話〙呼び鈴をやかましく鳴らす ── 他 ①鐘をついて知らせる ─*fête carillonnée* 大祭 ②〘ニュースなど〙鳴り物入りで知らせる

cariste [karist] 男 (リフトなどの)運転手

caritatif(ve) [karitatif, -iv カリタティフ(ヴ)] 形 慈善の ▶*association* [*organisation*] *caritative* 慈善団体[組織]

carlin [karlɛ̃] 男 パグ【短毛で額にしわのある小形犬】

carlingue [karlɛ̃g] 女 飛行機の内部【客席と操縦席】

carliste [karlist] 名形 カルロス党(の)【19世紀スペインでカルロス家の王位継承を主張】; カルロス党員の

carmagnole [karmaɲɔl] 女 ①カルマニョール【フランス革命時に流行したジャケット】; [la C-] カルマニョール【フランス革命時の流行歌もしくは踊り】

carme [karm] 男【カト】カルメル会の修道士

carmélite [karmelit] 女【カト】カルメル会の修道女

carmin [karmɛ̃] 男 (絵具の)洋紅, カーマイン【紫がかった深紅色】 ── 形 (不変) 洋紅色の

carminé(e) [karmine] 形 洋紅色の; 洋紅を含む

carnage [karnaʒ] 男 ①虐殺, 殺戮(?) ②〘話〙目茶苦茶

carnassier(ère) [karnasje, -er] 形 肉食性の; (人が)肉好きの ── 男 肉食獣; (複)食肉類

carnation [karnasjɔ̃] 女 肌の色

*__carnaval__ [karnaval カルナヴァル] 男 (英 carnival) [カト] 謝肉祭【四旬節前に行われるお祭り】; (お祭りの間の)大騒ぎ

carnavalesque [karnavalesk] 形 ①謝肉祭の ②異様な, グロテスクな

carne [karn] 女〘話〙固い肉; 〘話・古〙老馬

carné(e) [karne] 形 肉食の; 肉から成る

*__carnet__ [karne カルネ] 男 ①(英 notebook)手帳 ②(英 book)(切手・切符など)1綴り ▶*carnet à souches* 控え付きの帳面 *carnet d'adresses* 住所録 *carnet de bord* (ラリーなどの)タイム記録簿; 航海日誌 *carnet de chèques* 小切手帳 *carnet de commandes* 注文控え帳; 注文の総量 *carnet de notes* (学校の)通知表 *carnet de tickets* 回数券 *carnet de timbres* 切手シート

carnier [karnje] 男 獲物袋

carnivore [karnivor] 形 肉食の ── 男 (複)食肉類

Caroline [karɔlin] 女 カロリーヌ【女子の名】 ▶*Caroline du Nord* (米国の)ノースカロライナ州 *Caroline du Sud* サウスカロライナ州

carolingien(ne) [karɔlɛ̃ʒjɛ̃, -ɛn] 形 名 [C-] カロリング王朝の(王族)

Carolingiens [karɔlɛ̃ʒjɛ̃] 男 (複) [les ~] カロリング王朝【751-987; フランク王国後期の王朝】

caroncule [karɔ̃kyl] 女 小さな肉瘤(㍾), 肉皐(㌶); (鳥のとさか, 垂れ肉

carotène [karɔten] 男【化】カロチン

carotide [karɔtid] 女【解】頸(以)動脈

carottage [karɔtaʒ] 男〘話〙かたり, 搾取

*__carotte__ [karɔt カロト] 女 ①(英 carrot) ニンジン ②(赤いニンジン形の)タバコ屋の標識 ③円筒型の土壌標本 ▶*Les carottes sont cuites!* 〘話〙万事休すだ *manier la carotte et le bâton* 飴と鞭を使う ── 形 (不変) ニンジン色の

carotter [karɔte] 他 ①〘話〙(人から)だまして取る(à) ②土壌標本を採取する ── 自 (…の)上前をはねる(sur)

carotteur(se) [karɔtœr, -øz], **carottier(ère)** [karɔtje, -er] 形名〘話〙いさま[詐欺]師の)

caroube [karub], **carouge** [karuʒ] 男【植】イナゴマメの実

caroubier [karubje] 男【植】イナゴマメの木

carpaccio [karpatʃ(j)o] 男 〈イ〉カルパッチオ【生の薄切り牛肉にソースをかけた料理】

*__carpe__[karp カルプ] 女【魚】コイ

carpe² [karp] 男 〖解〗腕関節, 手首の骨

***carpette** [karpɛt] カルペット 女 ①カーペット, 小さなじゅうたん ▸ *s'aplatir comme une carpette devant* …の前で卑屈にへつらう ②〘話〙卑屈で卑しいやつ

carpettier [karpetje] 男 じゅうたん職人

carpiculture [karpikyltyr] 女 コイの養殖

carquois [karkwa] 男 えびら, 矢筒

carre [kar] 女 (スケート・スキーの)エッジ

***carré(e)** [kare] [kare カレ] ▸ *rester sur le carré* 正方形の; 四角い; 角張った; 平方の; 率直な, 明確な —男 ① 正方形; 四角形のもの; 〖軍〗方陣 ②〖数〗2乗 —4 au carré 4の2乗 ▸ *avoir une coupe au carré* (髪型を)ボブにしている ▸ *carré des* 〘トランプ〙エースのフォーカード ▸ *élever au carré* 2乗する ▸ *épaules carrées* いかり肩 ▸ *mètre carré* 平方メートル

***carreau** [karo カロ] 男 (複 ~x) ① (英 tile) 化粧板, タイル ▸ *laver le carreau* 〘話〙 地面に倒れる; (試験などに) 失敗する ② (英 pane) 窓ガラス ▸ *faire les carreaux* 窓ガラスをふく (英 check) 〘複〙 チェック, 格子縞 ▸ *à carreaux* 格子柄の, 格子縞の ③〘トランプ〙ダイヤ ▸ *se tenir à carreau* 〘話〙 用心する, 警戒する ⑤鉱石置き場 ⑥〘話〙片めがね; 〘複〙 目

carrée [kare] 女 〘俗〙部屋, 家

Carrefour [karfur] カルフール 【フランスのスーパーマーケット】

***carrefour** [karfur] 男 (複 ~s) ①十字路, 交差点; (選択などの)分かれ道, 岐路

***carrelage** [karlaʒ カララージュ] 男 タイルを張ること; タイル張りの床 ▸ *laver le carrelage* 床を洗う

carreler [karle] 他 ④ (床に)タイルを張る; (紙・布に)格子の目をひく

carrelet [karlɛ カルレ] 男 ①〖魚〗カレイ ②(魚をとる)四つ手網 ③(馬具屋の)大針

carreleur(se) [karlœr, -øz] 名 タイル敷き職人

***carrément** [karemɑ̃ カレマン] 副 はっきりと, 率直に, きっぱりと; 間違いなく

carrer [kare] 代動 [se ~] (肘掛けなどに)ゆったりと腰を落ち着ける

carrier [karje] 男 石切工

***carrière¹** [karjɛr カリエール] 女 ① (英 career) 職業; [la C-] 外交官の職; 経歴 ②〘古〙(軍の)競技場 ▸ *donner carrière à* …に自由にさせる ▸ *faire carrière dans* …で成功する ▸ *militaire de carrière* 職業軍人

carrière² [karjɛr] 女 石切場

carriérisme [karjerism] 男 出世主義〖自分の社会的な成功のみを考える〗

carriériste [karjerist] 男 出世主義者

carriole [karjɔl] 女 (ほろ付きの)二輪荷馬車

carrossable [karɔsabl] 形 車の通れる

carrossage [karɔsaʒ] 男 車体取付け

carrosse [karɔs] 男 〘古〙(ほろ付きの)四輪大型馬車

carrosser [karɔse] 他 (車台に)車体を取り付ける

carrosserie [karɔsri] 女 (自動車の)車体; 車体製造(業) ▸ *atelier de carrosserie* 自動車車体工場

carrossier [karɔsje] 男 (自動車の)車体製造人〖修理工〗 ▸ *être chez le carrossier* (車が)修理に出ている

carrousel [karuzɛl] 男 騎馬隊のパレード; 激しい往来

carroyage [karwajaʒ] 男 碁盤目

carrure [karyr] 女 肩幅; (人・性格などの)幅

***cartable** [kartabl カルタブル] 男 ランドセル, 通学かばん

***carte** [kart カルト] 女 ① (英 card) カード; 証明書; クレジットカード (=~ de crédit); ② 名刺; 葉書 (=~ postale) ▸ *carte à mémoire* [*à puce*] スマートカード〖磁気カードより容量の大きい多機能ICカード〗 *carte bancaire* キャッシュカード *carte blanche* 白紙委任状 — *avoir carte blanche* 自由に行動できる / *donner carte blanche à* (人)を自由に行動させる *carte bleue* カルト・ブルー〖銀行のキャッシュ兼クレジットカード〗 *carte d'abonnement* 定期券 *carte de séjour* (外国人の)滞在許可証 *carte de travail* (外国人の)労働許可証 *carte de visite* 名刺 *carte de vœux* 挨拶状, お祝いのカード *carte d'électeur* 有権者登録証 *carte d'étudiant* 学生証 *carte d'identité* 身分証, (フランス国籍の)高齢者割引証 *carte grise* 車の登録証 *carte vermeil* (フランス国鉄の)高齢者割引証 *carte verte* 国際自動車保険証 *payer par carte* クレジットカードで支払う ②メニュー (=~ de menu:メニューの項目) ▸ *carte des vins* ワインリスト ▸ *manger à la carte* 一品ごとに注文して食べる ③ トランプ ▸ *battre les cartes* トランプを切る ▸ *brouiller les cartes* 事態をややこしくする, 混乱させる ▸ *dessous des cartes* [le ~] (事件の)真相, 秘密 ▸ *jouer cartes sur table* 〘隠さずに〙堂々と振る舞う ▸ *jouer la carte* (*de* ...) (…)に賭ける ▸ *jouer sa dernière carte* 最後の大勝負に出る ▸ *tirer les cartes à* (人)の運命を占う ④(英 map) 地図 (=~ de géographie)

cartel [kartɛl] 男 カルテル, 企業連合; (政党などの)連合

carte-lettre [kartəlɛtr] 女 (複 ~s-~s) 郵便書簡

cartellisation [kartɛlizasjɔ̃] 女 カ

メニューの項目

++++++ MENU ++++++

HORS-D'ŒUVRE — 前菜
Pâté de campagne Saumon fumé
Terrine de foie gras de canard Canapé au caviar
Escargots à la bourguignonne Rillettes de porc

+

POTAGE — スープ, ポタージュ
Consommé froid Bisque de homard
Soupe de poisson Potage aux carottes

+

ENTRÉES — アントレ(食事の始めに, 前菜またはスープの後に食べる料理)
Assiette anglaise Omelette aux fines herbes

+

POISSON ET CRUSTACÉS — 魚介料理
Homard grillé Coquilles St.Jacques à la provençale
Sole meunière Moules marinière

+

VIANDES (GERNIS) — (付けあわせ添え)肉料理
Steak au poivre Châteaubriant
Carré d'agneau persillé Coq au vin
Escalope de veau aux champignons Pot-au-feu

+

LÉGUMES — 野菜料理
Salade de saison Salade niçoise
Champignons à la provençale Soufflé aux épinards

+

FROMAGES — チーズ
Plateau de fromages Camembert
Cheddar Parmesan

+

DESSERTS — デザート
Tarte aux framboises Gâteau au chocolat
Crème caramel Glace à la vanille
Mousse au chocolat Profiteroles

料理名の読み方

Filet de charolais sauté bourguignonne
シャロレ種の牛ヒレ　ブルゴーニュ風のソテー
料理名(材料や部位)　調理法(ソースや添え物)

+ 調理法 +

à point	ミディアムの	bien cuit	よく焼いた, ウェルダンの
saignant	レアの	blondi	きつね色に焼いた
cru	生の	bouilli	ゆでた
à la vapeur	蒸した	au four	オーブンで焼いた
sauté	炒めた	frit	フライにした
farci	詰め物をした	fondu	溶かした
pané	パン粉をまぶした	haché	細切れにした

+ …風 +

à la moutarde	マスタード風味	au poivre	粗挽きコショウ風味
à la crème	クリームソースかけ	à l'orange	オレンジソースかけ
aux pommes	ポテト添え	aux petits pois	グリンピース添え
à la bourguignonne	ブルゴーニュ風(赤ワインとタマネギで煮た)		
à la provençale	プロヴァンス風(にんにくとパセリで味をつけた)		

carter [karter] 男 〔機〕〔部品の〕金属カバー

carte-réponse [kartərepɔ̃s] 女 (複 ~s-s) 返信用はがき、回答用カード

cartésianisme [kartezjanism] 男 〔哲〕デカルト哲学; (デカルト的)合理主義

cartésien(ne) [kartezjɛ̃, -ɛn] 形 ①デカルトの哲学の ②論理的な, 明晰な —— 名 デカルト学(派の)哲学(者)

carte-vue [kartəvy] 女 (複 ~s-~s)《ベルギー》絵葉書

Carthage [kartaʒ] カルタゴ【紀元前の北アフリカの商業国家】

carthaginois(e) [kartaʒinwa, -az] 形; 名 [C-] カルタゴの(人)

cartier [kartje] 男 ①トランプ製造業者 ②トランプに使われる紙

cartilage [kartilaʒ] 男 〔解〕軟骨

cartilagineux(se) [kartilaʒinø, -øz] 形 軟骨(状)の

cartographe [kartograf] 名 地図作成者

cartographie [kartografi] 女 製図法, 地図作成法 ► *cartographie du génome*〔生〕ゲノムの塩基配列の決定

cartographier [kartografje] 他 (…の)地図を作成する

cartographique [kartografik] 形 地図作成(法)の

cartomancie [kartomɑ̃si] 女 トランプ占い

cartomancien(ne) [kartomɑ̃sjɛ̃, -ɛn] 名 トランプ占い師

***carton** [kartɔ̃] カルトン 男 ①厚紙(段ボール)(の紙) ②(デッサン用の)紙ばさみ (= ~ à dessin) ③(役所などの)書類入れ ④(家に)招待状 ⑤(ステンドグラスやタペストリーなどの)下絵 ⑥(地図のある部分の)拡大地図 ► *carton jaune* [サッカー] イエローカード *carton rouge* [サッカー] レッドカード *de carton* (人について)中身のない, ちゃちな *faire un carton* 標的を撃つ; (人を)狙撃する; 《話》(スポーツなどで)圧勝する; 成功する *rester [dormir] dans son carton* (計画などが)棚上げになる

cartonnage [kartonaʒ] 男 ①ハードカバーの装丁(業); 厚紙の製品(業); 厚紙包装

cartonner [kartone] 他 ハードカバーで装丁する —— 自 《話》(スポーツなどで)圧勝する; 成功する

cartonnerie [kartonri] 女 厚紙製造(術), 厚紙商

cartonneux(se) [kartonø, -øz] 形 厚紙の

cartonnier(ère) [kartonje, -ɛr] 名 厚紙製造工; 厚紙屋

***carton-pâte** [kartɔ̃pɑt] 男 (複 ~s-~s) 張り子などを作るための成形材料 ► *de* [*en*] *carton-pâte* 見せかけの, 作りものの

carton-pierre [kartɔ̃pjɛr] 男 (複 ~s-~s) 浮き彫り装飾などに用いられた紙や石灰, にかわなどを混ぜた成形材料

cartoon [kartun] 男 ①アニメ ②アニメの下絵

***cartouche**[1] [kartuʃ] カルトゥシュ 女 ①[軍] 弾薬筒, 薬包 ②カートリッジ ③(タバコの)カートン ► *une cartouche de cigarettes* 1カートンのタバコ

cartouche[2] [kartuʃ] カルトゥシュ 男 ①〔考古〕カルトゥーシュ【古代エジプトのヒエログリフの一つで王や神の名を囲む長円形の枠】 ②カルトゥーシュ【銘などを囲む巻軸装飾】

cartoucherie [kartuʃri] 女 弾薬製造[貯蔵]所

cartouchière [kartuʃjɛr] 女 (ベルトについた)弾薬入れ, 弾薬帯

cary [kari] 男 = curry

caryatide [karjatid] 女 = cariatide

caryopse [karjɔps] 男 〔植〕(大麦などの)頴果【種子に密着した乾いた果皮】

caryotype [karjotip] 男 〔生〕核型【その生物に特有の染色体構成】; 染色体図

***cas** [kɑ] 男 (英 case) 場合, 事情; 事由; 〔医〕症例, 患者; 〔法〕判例, 訴訟; 〔言〕格 ► *au cas où* + 条件法 …の場合に, …すれば *au cas par cas* 個別に, ケースバイケースで *cas de conscience* 良心の問題; 微妙な問題 *cas de figure* 仮説 *cas de force majeure* 〔法〕不可抗力の場合 *cas d'école* 典型的な例 *cas social* 〔法〕困窮や病気などの社会的な問題; 社会的な生活上の問題を抱えた人 *C'est un cas!* あいつは変わり者だ *en aucun cas* いかなる場合も…ない *en cas de* …の場合は *en tout cas* とにかく *faire cas de* …を尊重する *le cas échéant* 万一の場合には

casanier(ère) [kazanje, -ɛr] 形; 名 出不精な(人)

casaque [kazak] 女 (騎手の)短上衣 ► *tourner casaque* 《話》突然立場を変える

casbah [kazba] 女 (北アフリカの)城砦; 城の陣取る区域

***cascade** [kaskad] カスカド 女 ①滝 ②(スタントマンなどの)離れ業 ③立て続けに起こること ► *en cascade* 次々と

cascader [kaskade] 自 ①滝になって落ちる ②(スタントマンが)立て続けにスタントの演技をする

***cascadeur(se)** [kaskadœr, -øz] 名 ①(映画の)スタントマン ②(サーカスの)軽業師

cascara [kaskara] 女 〔植〕カスカラサグラダ

cascatelle [kaskatɛl] 女 小滝

cas(c)her [kaʃer] 形 〔不変〕= kas(c)her

***case** [kɑz] カズ 女 ①(引出しや箱などの)仕切り;(ノートなどの)枡目; チェス盤の

caséine [kazein] 囡 〖化〗カゼイン

casemate [kazmat] 囡 要塞内の堡塁(ほう).

caser [kaze] 他 ①(人を)落ち着かせる, 職につかせる, 結婚させる ②〔古〕仕切物に片づける ━━ 代動 [se ~] 〔話〕身を落ち着ける; 職につく; 結婚する

caserne [kazern] 囡 兵営; 大きな建物 ▶ **caserne de pompiers** 消防署

casernement [kazernəmã] 男 兵舎(に収容すること); 駐屯

caserner [kazerne] 他 兵舎に収容する

cash [kaʃ] 副 〈英〉現金で ▶ **payer cash** 現金で支払う

cashmere [kaʃmir] 男 = cachemire

***casier** [kazje] カズィエ 男 ①整理棚, キャビネット, ラック; (集合住宅・研究室などの)郵便ラック ▶ **casier judiciaire** 前科 ─ **avoir un casier judiciaire vierge [chargé]** 前科がない[ある] ②(エビをとるための)かご

***casino** [kazino] カズィノ 男 〈イ〉 ①カジノ, 公認賭博場 ②[C-] カジノ【フランスのスーパーマーケット】

casoar [kazoar] 男 〔鳥〕ヒクイドリ; (陸軍士官学校生徒の)帽子の羽の前立て

Caspienne [kaspjen] 囡 〖la (mer) ~〗カスピ海【中央アジアの世界最大の湖】

***casque** [kask] カスク 男 ヘルメット, かぶと; (美容院の)ヘア・ドライヤー; (電話交換手などの)レシーバー ▶ **casque de chantier** 工事現場用ヘルメット **casque intégral** フルフェイスヘルメット **Casques bleus** 〖les ~〗 ブルーヘルメット 〖国連平和維持部隊〗

casqué(e) [kaske] 形 かぶと[ヘルメット]をかぶった

casquer [kaske] 自 〔話〕金を払う

***casquette** [kasket] カスケット 囡 〈英 cap〉ひさし付きの帽子, 制帽 ▶ **avoir plusieurs casquettes** 要職をかけ持ちしている

cassable [kasabl] 形 砕け[折れ]やすい

cassage [kasaʒ] 男 粉砕

Cassandre [kasɑ̃dr] 囡 〔ギ神〕カッサンドラ〖トロイア滅亡を予言したトロイア王女〗; [c-] 不幸な結末を予言する人

cassant(e) [kasɑ̃, -ɑ̃t] 形 ①もろい, 砕けやすい ②横柄な, 高圧的な ③ [否定文で] ▶ **pas cassant** 〔話〕たいしたことない, らくちんな

cassate [kasat] 囡 砂糖漬けの果物入りアイスクリームの一種

cassation [kasasjɔ̃] 囡 ①〔法〕(前審判決の)破棄 ▶ **Cour de cassation** 破棄院 〖フランスの最高裁〗 ②〔軍〕(刑罰としての)階級の格下げ ③〔楽〕カッサツィオーネ〖ディヴェルティメントの一種, 18世紀に野外で演奏された器楽曲の形式の一つ〗

casse[1] [kas] 囡 〔話〕破損(物); スクラップ ▶ **bon pour la casse** スクラップにした方が よい **mettre à la casse** スクラップに出す

casse[2] [kas] 囡 〔印〕活字ケース ▶ **bas de casse** 小文字の活字ケース

casse[3] [kas] 男 〔話〕押し込み強盗

cassé(e) [kase] 形 (< casser) ①壊れた, 故障した ②くたくたに疲れた ▶ **blanc cassé** オフホワイト **voix cassée** しわがれ声

casseau [kaso] 男 (複 ~x) ①活字ケースの半面 ②(複)(動物の去勢用の)木筒 ③ = cassot

casse-cou [kasku] 形不変 ①(ころびそうな)危険な道 ②〔話〕向こう見ずな(人) ▶ **crier casse-cou** 危険を知らせる

casse-couilles [kaskuj] 形名(不変) うるさい(人), うっとうしい(人)

***casse-croûte** [kaskrut] カスクルート 男(不変) 〔話〕軽い食事〖カナダ〗軽食堂〖英語 sack-bar の代用語〗

casse-croûter [kaskrute] 自 〔話〕軽い食事をする

casse-cul [kasky] 名形 (不変) 〔話〕うるさい, 腹が立つ(人[もの])

casse-dalle [kasdal] 男(不変または複 ~s ~s) 〔話〕軽い食事

casse-graine [kasgrɛn] 男(不変) 〔話〕軽い食事

casse-gueule [kasgœl] 男(不変) 〔話〕危険な企て[場所] ━━ 形 (不変) 〔話〕危険な, 向こう見ずの

cassement [kasmã] 男 ▶ **cassement de tête** 頭痛の種, 心配事

casse-noisette(s) [kasnwazɛt] 男(不変) クルミ割り(器)

casse-noix [kasnwa] 男(不変) クルミ割り器; 〔鳥〕ホシガラス

***casse-pieds** [kaspje] カスピエ 男(不変) 形(不変) 〔話〕うるさい人, 我慢ならない(人)

casse-pipe(s) [kaspip] 男(不変) 〔話〕戦争, 戦場

***casser** [kase] カセ 他 〈英 break〉こわす, 割る; 使えなくする, 駄目にする; (役職などを)降格させる; 外す; 取り消す; 〔法〕破棄する; 中断させる, 妨げる ─ **casser un jugement** 判決を無効にする ▶ **à tout casser** 〔話〕ものすごい, すばらしい; せいぜい **Ça ne casse rien.** たいしたことはない, 月並みである **casser ... en deux [en morceaux]** を真っ二つ[粉々]にする **casser du sucre sur le dos de** 〔話〕(人)の陰口を言う **casser la figure [la gueule] à** 〔話〕(人)をぶん殴る; (人と)殴り合う

casser la tête [*les pieds*] うんざりさせる, 悩ませる *casser les oreilles* 耳ががんがんする, 騒音をたてる *casser les prix* 値段を大幅に下げる, 価格を切り下げる
——(代動) *se ～*) 壊れる, 割れる, 切れる, 折れる; 自分の…を折る［痛める］; 懸命に努力する —Je me suis cassé le poignet. 手首の骨を折ってしまった ◆ *Casse-toi!* 《話》とっとと失せろ! *se casser la figure* [*gueule*] 《話》失敗する; 転ぶ; 事故にあう; 自殺する; 破産する *se casser la tête* [《話》*le cul*] 《話》頭を悩ます, 懸命になる *se casser le nez* 失敗する *se casser le nez à la porte de …* (運悪く)…の留守宅を訪れる ——(自) 壊れる, 割れる, 切れる, 折れる

*casserole [kɑsrɔl カスロル] (女) ①(英 pan) 柄つきの［シチュー］なべ —une casserole de ～ なべ1杯分の ▶ *passer à la casserole* 《俗》ひどい目にあう; (女性が)性関係を強要される ②《話》音程の狂ったピアノ［声］

casserolée [kɑsrɔle] (女) シチューなべ1杯分

*casse-tête [kɑstɛt カステト] (男) (不変または複 —s～s) ①こん棒 ②頭を悩ます仕事, 難問 ③ジグソーパズル

cassetin [kɑstɛ̃] (男) 活字ケースの仕切り

*cassette [kasɛt カセト] (女) ①カセットテープ ②(宝石入れ用の)小箱 ③(王侯の)個人資産

casseur(se) [kɑsœːr, -øz] (名) ①(物を)こわす人 ②スクラップ業者 ③(デモの)暴力分子 ④《話》押し込み強盗

cassier [kasje] (男) 〔植〕キンゴウカン

*cassis¹ [kasis カシス] (男) ①〔植〕クロスグリ(の実) ②クレーム・ド・カシス〔クロスグリのリキュール〕 ③カシス〔ワインの銘柄の一つ, 白ワインが有名〕 ④カシス〔色〕

cassis² [kasi(s)] (男) (道路を横断する)排水溝, 道路の急激なへこみ

cassitérite [kasiterit] (女) 〔鉱〕錫石(石), 酸化スズ (SnO₂)

cassolette [kɑsɔlɛt] (女) 香炉; (料理用の)小さな耐熱容器

casson [kɑsɔ̃] (男) ①ガラス再製用のガラス片 ②砂糖のかたまり

cassonade [kasɔnad] (女) 赤砂糖

cassot [kaso] (男) (カナダ)(果物などの)容器

*cassoulet [kasulɛ カスレ] (男) カスーレ 〔ラングドック地方のインゲン豆と肉の煮込み料理〕

cassure [kɑsyːr] (女) 裂け［割れ］目; 亀裂, 断絶

castagne [kastaɲ] (女) 《話・俗》げんこつ, パンチ

castagner [kastaɲe] (自他) 《話・俗》殴り合いをする, 殴る

castagnettes [kastaɲɛt] (女) (複) カスタネット

*caste [kast] (女) ①(インドの)カースト制度 ②世襲的(特権)階級

castel [kastɛl] (男) 小さな城, 屋敷

castillan(e) [kastijɑ̃, -an] (形) [C.] カスティーリャの(人) ——(男) カスティーリャ語 〔スペインの公用語〕

Castille [kastij] カスティーリャ 〔スペインの中部と北部〕

casting [kastiŋ] (男) (＜英) (映画や舞台の)配役

castor [kastɔːr カストル] (男) 〔動〕ビーバー(の毛皮)

castorette [kastɔrɛt] (女) ビーバーの模造の毛皮

castoréum [kastɔreɔm] (男) 海狸香, カストリウム

castrat [kastra] (男) (＜イ) カストラート〔ソプラノ保持のために幼少時に去勢された歌手〕

castrateur(trice) [kastratœːr, -tris] (形) 〔精医〕去勢コンプレックスを引き起こす

castration [kastrasjɔ̃] (女) 去勢, 不妊手術

castrer [kastre] (他) 去勢する

castrisme [kastrism] (男) カストロ主義

castriste [kastrist] (名) カストロ主義(者)の ——(形) カストロ主義(者)の

casuel(le) [kazyɛl] (形) 偶然の, 不時の ——(男) 臨時収入

casuiste [kazɥist] (男) 〔神〕決疑論者; 《話》詭弁家

casuistique [kazɥistik] (女) 〔神〕決疑論; 《話》詭弁, へ理屈

casus belli [kazys bɛlli] (男) (＜ラ) (不変) 開戦の原因(となる事件)

cata- (接頭) (＜ギ) 「下」「後ろ」の意

cataclysme [kataklism] (男) ①(天災による)大異変 ②(国などの)大動乱

catacombes [katakɔ̃b] (女) (複) カタコンブ 〔初期キリスト教徒の地下埋葬所〕

catadioptre [katadjɔptr] (男) (自転車の)反射鏡; 反射標識

catafalque [katafalk] (男) (葬儀の)棺台

cataire [katɛːr] (女) 〔植〕イヌハッカ

catalan(e) [katalɑ̃, -an] (形) [C.] カタロニア (Catalogne) の(人) ——(男) カタロニア語

catalepsie [katalepsi] (女) 〔医〕強硬［不動］症, カタレプシー

cataleptique [kataleptik] (形) 〔医〕強硬(不動)症の(患者)

catalogage [katalɔgaːʒ] (男) 目録の作成; 《軽蔑的》レッテル貼り

Catalogne [katalɔɲ] (女) カタルーニャ 〔スペインの東北部〕

*catalogue [katalɔg カタログ] (男) (英 catalogue) 目録; 詳細目録

cataloguer [kataloge] (他) 目録を作る; 類別する; レッテルをはる

catalpa [katalpa] (男) 〔植〕キササゲ

catalyse [kataliz] 女〖化〗触媒作用

catalyser [katalize] 他〖化〗(…に)触媒作用を及ぼす;(反応を)呼び起こす

catalyseur [katalizœr] 男〖化〗触媒

catalytique [katalitik] 形〖化〗接触反応の ▸ **pot catalytique** 触媒コンバーター【自動車の排気ガスを無害化する】

catamaran [katamarã] 男 双胴船【細長の船体を二つつないだ小型帆船】

cataphote [katafɔt] 男 = catadioptre

cataplasme [kataplasm] 男〖医〗① 湿布 ②〔話〕濃厚な[重い]食べ物

cataplexie [katapleksi] 女〖医〗カタプレキシー

catapultage [katapyltaʒ] 男 カタパルトで発射すること;激しく投げ飛ばすこと;抜擢

catapulte [katapylt] 女 ①弩(いしゆみ)【古代の兵器】 ②〖空〗カタパルト【空母の飛行機発射台】

catapulter [katapylte] 他〖空〗カタパルトで発射する;激しく投げ飛ばす;〔話〕(人を)抜擢する

cataracte[1] [katarakt] 女 大滝;激しい雨

cataracte[2] [katarakt]〖医〗白内障

catarrhe [katar] 男〖医〗〔古〕(鼻)カタル

catarrheu(se) [kataro, -øz] 形 カタルにかかりやすい; カタル性の

*__catastrophe__ [katastrɔf] カタストロフ〗女 (英 catastrophe) 大異変、大変動;破局;〔話〕困ったこと、災難;大困り ▸ **en catastrophe** 急いで;慌しく **film catastrophe** (災害などが題材の)パニック映画 **scénario catastrophe** (事態の)最悪の筋書き

catastrophé(e) [katastrɔfe] 形〔話〕打ちのめされた、弱りきった

catastropher [katastrɔfe] 他〔話〕落胆させる;気を挫(くじ)く

catastrophique [katastrɔfik] 形 ①大災害の;破局的な ②〔話〕悲惨な、ひどい

catastrophisme [katastrɔfism] 男 〔極端な〕悲観主義

catatonie [katatɔni] 女 緊張型緊合失調症

*__catch__ [katʃ] カチ〗男 (< 英) プロレス

catcher [katʃe] 自 プロレスの試合をする

*__catcheu(se)__ [katʃœr, -øz] カチューレ(ズ)〗名 プロレスラー

catéchèse [kateʃɛz] 女〖キ教〗教理問答による教育

catéchisation [kateʃizasjɔ̃] 女〖キ教〗教理教育

catéchiser [kateʃize] 他〖キ教〗教理を教える; 教えさとす、説教する

catéchisme [kateʃism] 男 ①〔キ教〕公教要理、カテキスム、教理問答集 ②(人の)信条 ③(学問の)基本(書)

catéchiste [kateʃist] 名〔キ教〕教理問答の教師

catéchumène [katekymɛn] 名〔キ教〕洗礼志願者;初心者

*__catégorie__ [kategɔri] カテゴリ〗女 (英 category) 部類、種類、タイプ;カテゴリー、範疇 ▸ **catégorie socioprofessionnelle** 職種、社会的職能類別 **hors catégorie** 特別に抜きんでた

catégoriel(le) [kategɔrjɛl] 形 部門[職種]別の

catégorique [kategɔrik] 形 断定的な;明確な;(否)定言的

catégoriquement [kategɔrikmɑ̃] 副 断定的に

catégorisation [kategɔrizasjɔ̃] 女 分類、範疇化

catégoriser [kategɔrize] 他 分類[類別]する、範疇化ずる

caténaire [katenɛr] 女 (電車の)架線

catgut [katgyt] 男 (< 英)〔外〕(縫合用の)腸線

cathare [katar] 名形〔キ教〕カタリ派の【キリスト教の異端の一派】

catharsis [katarsis] 女 (感情の)浄化、カタルシス

*__cathédrale__ [katedral] カテドラル〗女 (英 cathedral) カテドラル、大聖堂

cathèdre [katedr] 女 司教座

Catherine [katrin] 女 カトリーヌ【女子の名】 ▸ **sainte Catherine (d'Alexandrie)** (アレクサンドリアの)聖女カタリナ【キリスト教殉教者;11月25日が祝日】

cathéter [kateter] 男〔外〕カテーテル、消息子【ゾンデ】

catho [kato] 形名《話》= catholique

cathode [katɔd] 女〔電〕陰極

cathodique [katɔdik] 形〔電〕陰極(から出る;ブラウン管の);〔話〕テレビメディアの ▸ **tube cathodique** ブラウン管

catholicisme [katɔlisism] 男 カトリシズム、〔カト教〕カトリックの教義

catholicité [katɔlisite] 女 ①カトリックであること、カトリック教義の普遍性 ②全カトリック教徒

*__catholique__ [katɔlik] カトリク〗形 (英 Catholic) カトリックの;[[多くは否定で]]〔話〕正統の、まっとうな ▸ **pas très catholique** 少し怪しい、うさんくさい —— 名 カトリック教徒

catimini [ɑkatimini] [[成句でのみ]] ▸ **en catimini**〔話〕陰でひそかに、こそこそ

catin [katɛ̃] 女〔話・古〕売春婦

cation [katjɔ̃] 男〔物〕陽イオン、ガチオン【正電荷をもつ】

catogan [katɔgɑ̃] 男〔古〕うなじの所で結ばれたリボン[髪型]

cattleya [katleja] 女〔植〕カトレア

Caucase [kokaz] 男 [[le ~]] カフカ

caucasien(ne) [kokazjɛ̃, -ɛn] 形名 [C-] カフカス[コーカサス]の(人)

スミ[コーカサス](山脈)

caucasien(ne) [kokazjɛ̃, -ɛn] 形名 [C-] カフカス[コーカサス]の(人)

*cauchemar [koʃmar コシュマール] 男 (英 nightmare) ①悪夢 ②(話) つきまとまって苦しめるもの(人) ▶faire des cauchemars 悪夢を見る, 怖い夢を見る

cauchemarder [koʃmarde] 自 (話) 悪夢を見る

cauchemardesque [koʃmardɛsk], **cauchemardeux(se)** [koʃmardø, -øz] 形 悪夢のような

cauchois(e) [koʃwa, -az] 形名 [C-] コー(Caux)の(人)

caucus [kokys] 男 (ケベック) (非公開の)政党幹部会議; (会に参加した)政党幹部

caudal(ale) [kodal] 形 (男複 -aux [-o]) 尾の ▶nageoire caudale 尾びれ

caudé(e) [kode] 形 尾のある

caulerpe [kolɛrp] 女 [植] イワヅタ科の海藻

cauri [kɔri], **cauris** [kɔri(s)] 男 タカラガイ科の巻貝

causal(e) [kozal] 形 (男複 -aux[-o]) 因果関係を示す; [文法] 原因の

causalgie [kozalʒi] 女 [医] カウザルギー, 灼熱病

causalité [kozalite] 女 因果関係; 原因性

causant(e) [kozɑ̃, -ɑ̃t] 形 (話) 話好きの, おしゃべりな

causatif(ve) [kozatif, -iv] 形 [文法] 使役の

*cause [koz コーズ] 女 ①原因, 理由 ▶à cause de …のせいで *Et pour cause!* それもそのはずだ *pour cause de* …の理由で, …のために *pour la bonne cause* 立派な理由で, 大儀のために; もっともらしい理由で ②利害, 立場, 主張; [法] 訴訟事件, 申立て ▶*cause perdue* 失われた大義 *en cause* 訴訟中の, 問題の *être en cause* 当事者である, かかわっている; 問題になっている *mettre … en cause* …を問題にする; (人)を巻き添えにする, 喚問する

*causer¹ [koze コゼ] 他 (英 cause) (…の)原因となる, (…を)引き起こす

*causer² [koze コゼ] 自 (英 talk, chat) (話) 話をする; おしゃべりをする —causer politique [travail] 政治[仕事]の話をする ▶*Assez causé!* もうその話はよそう

causerie [kozri] 女 おしゃべり; 談話

causette [kozɛt] 女 (話) 軽いおしゃべり ▶*faire la causette* ちょっとおしゃべりをする

causeur(se) [kozœr, -øz] 名 ①話好きの人 ②話上手の人

causse [kos] 男 (フランス中・南部の)石灰質高原

causticité [kostisite] 女 腐食性; 辛らつさ

caustique [kostik] 形 腐食性の; 辛らつな —男 腐食剤

cauteleux(se) [kotlø, -øz] 形 狡猾な, ずるい

cautère [kotɛr] 男 [医] 焼灼(ゃく)物[焼きごて・硝酸銀棒など]; 焼灼剤 ▶*cautère sur une jambe de bois* (話) 効き目のない治療, 意味のないこと

cautérisation [koterizɑsjɔ̃] 女 (傷の)焼灼(ゃく)

cautériser [koterize] 他 [医] 焼灼(ゃく)する「感染しないように病組織を焼く」

*caution [kosjɔ̃ コスィヨン] 女 保証(金) —verser une caution de 1000 euros 1000ユーロの保証金を払う ▶*apporter* [*donner*] *sa caution à* (人・物)の保証をする, 支持する *libérer … sous caution* (人)を保釈する *se porter caution pour* (人)の保証人になる *sujet à caution* 怪しい, 疑わしい

cautionnement [kosjɔnmɑ̃] 男 保証(金); 支持

cautionner [kosjɔne] 他 保証する, (…の)保証人となる; (…を)請合う; 支持する

Caux [ko] [pays de ~] コー地方[ノルマンディー地方の Seine 川河口部]

cavaillon [kavajɔ̃] 男 ①カヴァイヨン[赤肉メロンの一種] ②ブドウ畑の畝の間の部分

cavalcade [kavalkad] 女 ①騎馬行進 ②(話) 騒々しい群れ

cavalcader [kavalkade] 自 群れをなして走り回る

cavale [kaval] 女 (俗) とんずら, 逃亡 ▶*être en cavale* (警察に追われて)逃げ回っている

cavaler [kavale] 自 ①(話) 走る; 走って逃げ回る —*cavaler après* (人)の後を追いかける (色事で)(人)を追い求める —他 (俗) うんざりさせる 代動 [*se* ~] (俗) 逃げる

cavalerie [kavalri] 女 騎兵隊, 機甲部隊; (集合的) 馬

cavaleur(se) [kavalœr, -øz] 形名 ふしだらな(人), 男[女]好きの(人)

*cavalier(ère) [kavalje, -ɛr カヴァリェ(-ール)] 名 ①騎手 ②(舞踏会などの)パートナー ▶*faire cavalier seul* 単独行動をする ③騎兵, 機甲部隊兵; [チェス] ナイト; U字型の金属器具 —形 乗馬(用)の; 失礼な, ぞんざいな ▶*allée* [*piste*] *cavalière* 乗馬用路, 乗馬コース

cavalièrement [kavaljɛrmɑ̃] 副 失礼なやり方で, ぶっきらぼうに

cave¹ [kav] 女 ①地下室 ②ワインセラー ③(飲むか食事するケース, キャビネット ④(ポーカーなどの)賭け金

cave² [kav] 男 (俗) ど素人, (だまされる)カモ

cave³ [kav] 形 ①《文》くぼんだ ② 大動脈 ((veines ～))

caveau [kavo] 男 (複 ～x) ①(墓地や教会の)地下納骨所 ②(シャンソン歌手などの出るキャバレー, 小劇場

***caverne** [kavɛrn カヴェルヌ] 女 ほら穴, 洞窟, 洞穴; [医] 空洞 ▶**caverne d'Ali Baba** [[la ～]] アリババの洞窟; 宝の山

caverneux(se) [kavɛrnø, -øz] 形 ①[解] 空洞の, 海綿状の ②洞窟の奥から響いてくるような —**voix caverneuse** 深く重々しい声

cavernicole [kavɛrnikɔl] 形 穴居性の(動物)

caviar [kavjar] 男 [料] キャビア ▶**caviar d'aubergines** キャビア風ナスのピュレ **gauche caviar** [[la ～]] 《軽蔑》豪勢で優雅に暮らしている左翼の政治家達 **passer au caviar** (出版物を)検閲する

caviardage [kavjardaʒ] 男 (当局・編集長による)文章の削除

caviarder [kavjarde] 他 (検閲で)削除する, 新聞の一部を黒く塗りつぶす

caviste [kavist] 男 (ホテルなどの)酒蔵係

cavité [kavite] 女 穴, くぼみ; [解] 窩(か); 腔(こう)

CB¹ [sebe] 女 (＜英) CB無線, 市民バンド[自動車無線などで使われる]; CB無線機 [＜citizen band]

CB² (略) carte bleue カルト・ブルー

CC¹ (略) corps consulaire 領事団

CC² (略) certifié [copie] conforme 謄(とう)本, 原本そのままの写し

C/c (略) compte courant [商] 当座勘定

CCI (略) Chambre de commerce et d'industrie 商工会議所

CCP (略) compte chèque postal 郵便振り替え口座

CD¹ (略)(英 compact disc) コンパクトディスク

CD² (略) corps diplomatique 外交団

CDD (略) contrat à durée déterminée 期間限定雇用契約(の労働者)

CDI (略) centre de documentation et d'information 資料情報センター

CDU (略) classification décimale universelle 万国十進分類法

***CE**¹ (略) comité d'entreprise (労使による)企業運営委員会

***CE**² (略) Communauté européenne 欧州共同体, EC

***CE**³ (略) Conseil de l'Europe 欧州評議会

***CE**⁴ (略) cours élémentaire (小学校の)中級クラス

***ce**¹ [s(ə)] 大 [指示] [[母音字の前でほぼ c なる]] (英 it, this, that) ① [c'est, ce sont] それ(あれ は) は…— C'est moi. 私です / C'est beau. きれい / C'est ça. そのとおり ▶**c'est que** …ということである; …というわけである ②[**c'est … qui** [**que**]…][主語の強調には qui; それ以外は que]] [強調構文]…なのは…である ③[関係代名詞の先行詞][ce + 関係代名詞]…であること[こと] —**ce que vous voulez** あなたの好きなもの ▶**à ce qu'on dit**, …によると…ということだ **ce à quoi j'ai pensé** 私の思っていたこと **ce dont on parle** 話題になっていること ④《話》**ce que** …なんて…だろう —Ce que c'est beau! なんてきれいなんだろう **et ce** しかも, それも **sur ce** それによって, そうして; それでは

***ce**² [s(ə)] 形 [指示] [[母音と無音のhでは男 cet; 女 cette; 複 ces]] (英 this, that) この, その, あの —**ce soir** 今晩 / **cet étudiant** この男子学生 / **cette maison** あの家 / **ces enfants** これらの子供たち

CEA (略) Commissariat à l'énergie atomique (フランスの)原子力庁

céans [seɑ̃] 副 ▶**maître de céans** この家[ここ]の主人

CECA (略) Communauté européenne du charbon et de l'acier 石炭鋼鉄ヨーロッパ共同体

***ceci** [səsi] 代 [指示] (英 this) このこと; 次のこと ▶**à ceci près que** …という点を除けば[別にすれば]

cécité [sesite] 女 ①失明; 盲目 ②無理解

***céder** [sede セデ] 他 57 (英 give up) (…に)譲る; 売渡す [à] —自 (英 give in) (…に)譲る, 屈服する, 負ける [à]; (圧力のために)曲がる, 屈する, 消える; (女が)身を任せる ▶**Bail à céder** [掲示] 売出中

cédérom [sederɔm] 男 CDロム

cédétiste [sedetist] 男 フランス民主労働同盟 (CFDT) (の組合員)

cedex [sedɛks] (略) courrier d'entreprise à distribution exceptionnelle (企業などの)特別配達郵便

***cédille** [sedij セディーユ] 女 [文法] セディーユ [c の下につけて a, o, u の前で [s] と発音させるための符号; 例えば ça]

cédrat [sedra] 男 [植] シトロン

cédratier [sedratje] 男 [植] シトロンの木

***cèdre** [sɛdr セドル] 男 [植] ヒマラヤスギ

CEE (略) (英 EEC) Communauté économique européenne ヨーロッパ経済共同体

CEG (略) collège d'enseignement général 《古》一般教育中学校

CEGEP, cégep [seʒɛp] (略) collège d'enseignement général et professionnel (ケベック)一般・職業教育カレッジ

cégétiste [seʒetist] 形 名 《話》フランス労働総同盟 (CGT) (の組合員)

CEI (略) Communauté des États Indépendants [[la ～]] (旧ソ連諸国による)

独立国家共同体

ceign... ⇨ceindre

ceindre [sɛ̃dr] 他 19 《文》(体や頭に)…を巻きつける《de》;(体に)まとう, 身につける

ceins [sɛ̃] ceindre の直・現・1(2)・単命・2・単

ceint¹(e) [sɛ̃, sɛ̃t] 形 (< ceindre) 巻きつけた; 身につけた

ceint² [sɛ̃] ceindre の直・現・3・単

*ceinture [sɛ̃tyr サンテュール] 女 (英 belt) ①帯 ②腰(ǎ)部, 腰, ウエスト ③(環状の)道路, 地帯 ④(レスリング) タックル ▶ *ceinture de sauvetage* 救命ベルト *ceinture de sécurité* シートベルト *ceinture verte* (都市を囲む)緑地帯 *faire ceinture / se mettre la ceinture / se serrer la ceinture* 食事を減らす; 財布の紐を締める, 倹約する *Petite Ceinture* (パリの)内環状路線(パリの環状道路沿いを走る)

ceinturer [sɛ̃tyre] 他 (人の)腰にしがみつく; (街などの周囲を)取り巻く

ceinturon [sɛ̃tyrɔ̃] 男 (軍服の)革ベルト

*cela [səla スラ] 代 《指示》それ, あれ; そのこと, あのこと; 以上のこと ▶ *à cela près que* …であることを除けば *cela dit* そう言うと; それはそれとして *cela fait* そうする, そうしてから *C'est cela.* そのとおりです. そうです *Comment cela?* 〖話〗それってどうしてですか *Et avec cela?* ほかには何か? *Il y a … de cela.* その…前だった *sans cela* さもなければ

céladon [seladɔ̃] 形 《不変》 薄緑色の —— 男 (中国の)青磁(= *porcelaine* ～)

célébrant [selebrɑ̃] 男 〖宗〗(ミサ・聖餐式の)司祭, 司教

*célébration [selebrasjɔ̃ セレブラシヨン] 女 (儀式などを)執り行うこと; 祝賀

*célèbre [selebr セレブル] 形 57 (…で)有名な《par, pour》

*célébrer [selebre] 他 67 ①(儀式などを)執り行う; (…の)祝典を祝う ②賞賛する

célébrité [selebrite] 女 ①名声 ②名士

celer [səle] 他 1 〖古・文〗隠す, 秘密にする

*céleri, *celeri [sɛlri セリリ] 男 〖植〗セロリ

célérité [selerite] 女 (行動の)迅速さ

célesta [selesta] 男 〖楽〗チェレスタ

céleste [selest] 形 ①天の, 天空の ②天国の ③《文》神々しい, 天界からの ④▶ *Céleste Empire* 天朝〖昔の中国王朝〗

célibat [seliba] 男 独身(生活)

*célibataire [selibater セリバテール] 形 独身の —— 名 独身者 ▶ *mère [père] célibataire* シングルマザー

[ファーザー]

celle [sel] 代 《指示》 celui の女性単数形

celles [sel] celui の女性複数形

celle(s)-ci [selsi] celui-ci の女性単数(複数)形

celle(s)-là [sella] celui-là の女性単数(複数)形

cellier [selje] 男 (食糧・ワインなどの)貯蔵室

cellophane [selɔfan] 女 セロファン ▶ *sous cellophane* セロファンで包んだ

cellulaire [selyler] 形 細胞(状)の; 独房の ▶ *téléphone cellulaire* (セルラー方式の)携帯電話 *voiture [fourgon] cellulaire* (独房式の)囚人護送車

*cellule [selyl セリュル] 女 ①小室; 独房 ②細胞 ③組織や機器の構成単位 ▶ *cellule d'avion* (飛行機の)翼組 *cellule de crise* 緊急対策委員会, 危機管理部 ▶ *cellule photoélectrique* 〖電〗光電池[管]

cellulite [selylit] 女 ①〖医〗蜂窩織炎(ほうかしきえん) ②セルライト[腹などにつきやゆる皮下脂肪]

celluloïd [selylɔid] 男 セルロイド

cellulose [selyloz] 女 セルロース, 繊維素 ▶ *cellulose végétale* 食物繊維

cellulosique [selylozik] 形 セルロース状の

celte [selt], **celtique** [seltik] 形 ケルト族[語]の —— 名 〖C-〗ケルト人; 《複》ケルト族〖インド・ヨーロッパ語族の1民族; 紀元前にヨーロッパ全域に住んでいた〗—— 男 ケルト語

*celui [səlɥi スリュイ] 代 《指示》《男性単数; 女性単数 *celle*, 男性複数 *ceux*, 女性複数 *celles*》①《*de* とともに》…のもの —*le livre de Natalie et celui de Jean* ナタリーの父親とジャンの父親 ②《関係代名詞とともに》…する人; …のもの —*celui qui porte des lunettes* めがねをかけている人

*celui-ci [səlɥisi スリュイシ] 代 《指示》《複 *ceux-ci* [søsi]》こちらのもの[人]; 次のこと; 後者

*celui-là [səlɥila スリュイラ] 代 《指示》《複 *ceux-là* [søla]》あちらのもの[人]; 前述したこと; 前者

cément [semɑ̃] 男 (歯の)セメント質; 〖冶〗粉末炭素

cémentation [semɑ̃tasjɔ̃] 女 〖冶〗セメンテーション〖高温で他の物質を浸透させて金属の質を高める〗

cémenter [semɑ̃te] 他 〖冶〗セメンテーション処理を行う

cénacle [senakl] 男 (文芸などの)グループ, 党派

*cendre [sɑ̃dr サンドル] 女 ①(英 *ash*) 灰 ②《複》死者の灰; 遺骸; 死者の記憶 ③〖les C-s〗〖カト〗灰の水曜日(= *le mercredi des C-s*)〖四旬節(*carême*)

cendré(e) [sɑ̃dre] 形 (< cendrer) ①灰色の ②灰[石灰]を撒いた

cendrée [sɑ̃dre] 囡 ①(トラックに敷き詰める)石炭殻 ②散弾;鉛のおもり

cendrer [sɑ̃dre] 他 灰白色にする;灰ときぼ;灰[石灰]を敷く

cendreux(se) [sɑ̃drø, -øz] 形 灰(色)の;灰でいっぱいの

*__**cendrier**__ [sɑ̃drije] サンドリエ 男 (英 ashtray) (タバコの)灰皿;(炉の)灰受け

*__**Cendrillon**__ [sɑ̃drijɔ̃] サンドリヨン 囡 ①シンデレラ【おとぎ話の主人公】 ②(古)[c-]こき使われる娘[女]

cène [sɛn] 囡 ①[la C-]キリスト最後の晩餐(さん) ②(プロテスタントの)聖餐式

cenelle [sənɛl] 囡 [植]サンザシ[ヒイラギ]の実

cénobite [senɔbit] 男 (共同生活をする)修道者;苦行者

cénotaphe [senɔtaf] 男 (死者の亡骸の入っていない)墓

cens [sɑ̃s] 男 [史](選挙権を得るための)財産資格

*__**censé(e)**__ [sɑ̃se] サンセ 形 [不定詞とともに](…すると)みなされている ▶ Nul n'est censé ignorer la loi. 法律の無知は許されない

censément [sɑ̃semɑ̃] 副 見たところでは;推測すると

censeur [sɑ̃sœr] 男 ①(新聞・雑誌などの)検閲係 ②(文)批評家,あら探しをする人 ③(古代ローマの)監察官【国勢調査・風紀取締りを司った】 ④(古)(高校の)学監

censitaire [sɑ̃sitɛr] 形 納税に基づく ── 名 納税有権者(= électeur -s)

censorial(ale) [sɑ̃sɔrjal] 形 (男複 -aux[-o]) 検閲の

censure [sɑ̃syr] 囡 (英 censorship) ①(書物の出版物・映画などに対する)検閲(機関) ②[精医]検閲 ③(内閣の)不信任 ▶ motion de censure (内閣への)不信任案

censurer [sɑ̃syre] 他 (英 censor) ①発禁にする ②(検閲の結果)削る ③(組織内で)懲戒する ④[精医]検閲する

*__**cent**__[1] [sɑ̃ サン] 形 (英 hundred) ①[他の数詞が後ろに続くときは不変] ①100 の ▶ cent fois 百回も;百倍も ②100 番目の ③たくさんの ▶ faire les cent pas (その場で)行ったり来たりする piquer un cent mètres (話) 全力疾走する;全速力で逃げる vivre à cent à l'heure (話)慌しい毎日を送る ── 男 100(の数);100 個 ▶ à cent pour cent 100 パーセントの,すっかり,完全に être cent pour cent sûr 100 パーセント自信がある,絶対に間違いない Il y a cent contre un à parier que … …する方に 100 対 1 で賭けてもよい,…であることは確実だ

cent[2] [sɛnt] 男 セント【通貨単位;100 分の 1 ドルもしくはユーロ】

*__**centaine**__ [sɑ̃tɛn サンテヌ] 囡 ①(およそ)100 ②100 歳;100(個,人)

centaure [sɑ̃tɔr] 男 [ギ神]ケンタウロス【半人半馬の怪物】

centaurée [sɑ̃tɔre] 囡 [植]ヤグルマギク

*__**centenaire**__ [sɑ̃tnɛr サントネール] 形 100 年の,100 年を経た,100 歳[年目]の ── 名 百歳人 ── 男 百年祭

centésimal(ale) [sɑ̃tezimal] 形 (男複 -aux[-o]) 100 分の 1 の,100 分法の;100 分目の

centi- 接頭 (<ラ)「100 分の 1」の意

centiare [sɑ̃tjar] 男 1 平方メートル【単位】

*__**centième**__ [sɑ̃tjɛm サンティエム] 形 ①100 番目の ②100 分の 1 の ── 名 100 番目の人(もの) ── 男 100 分の 1 ── 囡 100 回目の興行

centigrade [sɑ̃tigrad] 形 [物](古) 100 分度の,C 目盛の ── 男 [数]センチグレード【100 分の 1 グレード】

centigramme [sɑ̃tigram] 男 センチグラム【100 分の 1 グラム,略 cg】

centilage [sɑ̃tila3] 男 [数]百分位

centile [sɑ̃til] 男 [数]百分位数

centilitre [sɑ̃tilitr] 男 センチリットル【100 分の 1 リットル,略 cl】

*__**centime**__ [sɑ̃tim サンティム] 男 サンチーム【100 分の 1 フラン】;セント【100 分の 1 ユーロ;フランス国内での呼び名】 ▶ ne pas avoir un centime (sur soi) 一銭もない,文無しである

*__**centimètre**__ [sɑ̃timɛtr サンティメトル] 男 (英 centimeter) ①センチメートル【略 cm】 ②(洋服屋などの)巻尺

centon [sɑ̃tɔ̃] 男 寄せ集め[剽窃]作品;個性のない作品

centrafricain(e) [sɑ̃trafrikɛ̃, -ɛn] 形 名 [C-]中央アフリカの(人);中央アフリカ共和国の(人) ▶ République centrafricaine [la ~] 中央アフリカ共和国

centrage [sɑ̃tra3] 男 ①中心を決めること;センタリング ②[工]心出し,心立て;中央揃え

*__**central(ale)**__ [sɑ̃tral サントラル] 形 (男複 -aux[-o]) 中央の,主要な ▶ Amérique centrale [l'~]中米 Asie centrale [l'~]中央アジア personnage central 主な登場人物,中心人物 ── 男 電話(交換)局(= ~ téléphonique) ── 囡 ①発電所 centrale électrique 電力発電所 centrale nucléaire 原子力発電所 ②中央処理装置(機関) ③労働組合連合(= ~ syndicale) ④[C-]国立高等工業学校(= École c-)

centralien(ne) [sɑ̃traljɛ̃, -ɛn] 名 国立高等工業学校生[卒業生]

centralisateur(trice) [sɑ̃tralizatœr, -tris] 形 中央に集める,中央集権的な ── 名 中央に集める人;中央集権主義者

centralisation [sɑ̃tralizasjɔ̃] 女 中央集権化

***centraliser** [sɑ̃tralize サントラリゼ] 他 中央に集める, 集中させる; 中央集権化する

centralisme [sɑ̃tralism] 男 中央集権主義

centraliste [sɑ̃tralist] 形 名 中央集権主義の(人)

***centre** [sɑ̃tr サントル] 男 (英 center) ①中心, 中央, 中心施設; 枢心; 中心人物 ▶ **centre aéré** (休日に子どもを預かる)児童センター **centre commercial** ショッピングセンター **centre culturel** 文化センター **centre d'appels** コールセンター **centre de gravité** 重心; かなめ ▶ **Il se croit le centre du monde.** 彼は世界が自分を中心に回っていると思っている **centre de loisirs** レジャーセンター, 娯楽センター **centre de tri** (郵便物の)区分け所 **centre d'information et d'orientation** 職業相談所 **centre hospitalier** 医療センター ②(政党の)中道派 ▶ **centre droit** [政] 中道右派 ▶ **centre gauche** [政] 中道左派 ③[スポーツ] センタリング; (スポーツ)センター ④[解] 中枢

centrer [sɑ̃tre] 他 ①[~ A sur B] (AをBに)集中させる, (BをAの中心に) 据える ②(部品などの)中心を定める; [サッカー] センタリングする ▶ **être centré sur** …に焦点がしぼられている, …を中心にしている

***centre-ville** [sɑ̃trəvil サントルヴィル] 男 (複 ~s~s) 都心で, 街の中心街で ▶ **au centre-ville** 都心で, 街の中心街で

centrifugation [sɑ̃trifygasjɔ̃] 女 遠心分離(器にかけること)

centrifuge [sɑ̃trify3] 形 遠心(性)の, 遠心力利用の

centrifuger [sɑ̃trify3e] 他 ④ 遠心分離する, 遠心分離器にかける

centrifugeuse [sɑ̃trify3øz] 女 (果汁)しぼり器; 遠心分離器

centripète [sɑ̃tripet] 形 求心の, 求心性の

centrisme [sɑ̃trism] 男 中道主義

centriste [sɑ̃trist] 形 名 中道派の人[政治家]

centrosome [sɑ̃trozom] 男 [生] 中心体【動物細胞の中の小器官の一つ】

centuple [sɑ̃typl] 形 100倍の ― 男 100倍 ▶ **au centuple** 100倍にして

centupler [sɑ̃typle] 他 100倍にする; 大いに増やす ― 自 100倍になる; 大いに増大する

centurie [sɑ̃tyri] 女 (古代ローマの)百人隊; 百人組

centurion [sɑ̃tyrjɔ̃] 男 百人隊の隊長

CEP (略) certificat d'études primaires 《古》初等教育終了書

cep [sep] 男 ブドウの株

cépage [sepaʒ] 男 ブドウの木[品種]

cèpe [sep] 男 [植] イグチ(属), セープ【食用キノコの一種】

cépée [sepe] 女 (一本の切株から出る)若枝の木立, やぶ

***cependant** [s(ə)pɑ̃dɑ̃ スパンダン] 接 (英 however) しかしながら, にもかかわらず ― 副 《文·古》とかくするうちに, その間に

céphalée [sefale] 女 [医] 頭痛

céphalique [sefalik] 形 [医] 頭の

céphal(o)- [接頭] (くぎ) [頭] の意

céphalocordés [sefalokorde] 男 (複)〔動〕ナメクジウオ(目)

céphalopodes [sefalopod] 男 (複) 頭足類【タコ·イカなど】

céphalo-rachidien(ne) [sefalorasjidjɛ̃, -ɛn] 形 ▶ **liquide céphalo-rachidien** [解] 脳脊髄液【脳室と脊髄のくも膜下腔を満たす】

céphalothorax [sefalotoraks] 男 [動] 頭胸部【クモ類や甲殻類の頭と胸が癒合した部分】

céphéide [sefeid] 女 [天] ケフェイド変光星

cérame [seram] 形 ▶ **grès cérame** (陶器用の)砂岩

céramique [seramik] 女 形 陶器(の); セラミックス(の)

céramiste [seramist] 名 製陶業者, 陶芸家

céraste [serast] 男 [動] ツノヘビ

Cerbère [serber] 男 ①[ギ神] ケルベロス【地獄の番犬; 頭が三つで尾が蛇へび】②[c-] 気難しい,門番の厳しき番人

cerceau [serso] 男 (複 ~x) (木または金属の)輪, たが; (輪回し遊びの)輪; 半円形の枠

cerclage [serklaʒ] 男 たがを[輪を]掛けること

***cercle** [serkl セルクル] 男 (英 circle) ①円, 円形のもの; 輪, 人の輪, サークル, 会, クラブ ▶ **le cercle de famille** ご家族の方々 ②範囲; 循環論法; [地理] 圏 ▶ **cercle d'amis** 交友の輪 **cercle littéraire** 文学サークル **cercle polaire** 極圏 **cercle polaire arctique** [antarctique] 北[南]極圏 **cercle vicieux** [論] 循環論法; 悪循環 **entourer d'un cercle** 丸で囲む ▶ **premier cercle** (権力者の)取り巻き; (組織のトップ集団

cercler [serkle] 他 取り巻く, 輪をはめる

cercopithèque [serkopitek] 男 [動] (アフリカの)オナガザル

***cercueil** [serkœj セルクユ] 男 棺

***céréale** [sereal セレアル] 女 (英 cereal) ①穀粒 ②(複) シリアル(食品)

céréalière [serealje, -ɛr] 形 穀物の ― 男 (特に麦の)穀物大生産者

cérébelleux(se) [serebelø, -øz] 形 [解] 小脳の

cérébral(ale) [serebral] 形(男複 -aux[-o]) ①脳の ②知的な, 頭脳の —— 名 理屈だけの人

cérébromalacie [serebromalasi] 女 [医] 脳軟化症

cérébrospinal(ale) [serebrɔspinal] 形(男複 -aux[-o]) [医] 脳脊髄の

cérémonial [seremɔnjal] 男 (複 ~s) 慣例, しきたり; [カト] 典礼, 儀式書

***cérémonie** [seremɔni セレモニ] 女 (英 ceremony) 儀式; 堅苦しい礼儀 ▶ *faire des cérémonies* もったいつける *sans cérémonie* 格式ばらずに, 堅苦しいことは抜きにして

cérémonieusement [seremɔnjøzmɑ̃] 副 儀式ばって

cérémonieux(se) [seremɔnjø, -øz] 形 〔悪い意味で〕儀式ばった, 堅苦しい

***cerf** [ser, serf シェル(フ)] 男 (動) 雄ジカ

cerfeuil [serfœj] 男 (植) チャーヴィル【葉・香味料に用いる】

***cerf-volant** [servɔlɑ̃ セルヴォラン] (複 ~s~s) ①[虫] クワガタムシ ②凧(たこ) ▶ *lancer un cerf-volant* 凧上げをする

cerisaie [s(ə)rizɛ] 女 サクランボの果樹園

***cerise** [s(ə)riz スリーズ] 女 (英 cherry) ①サクランボ ▶ *avoir la cerise* 〔話〕ついてない —— 形 〔不変〕サクランボ色の ▶ *cerise sur le gâteau* 〔la ~に〕(さらに)引き立たせるもの, 花を添えるもの

cerisier [s(ə)rizje] 男 ①[植] サクラの木 ②[家具に用いる] 桜桃材

cérium [serjɔm] 男 [化] セリウム

cerne [sern] 男 ①目のまわりの隈(くま); 〔デッサンの〕輪郭線; 円, 輪

cerné(e) [serne] 形 (＜cerner) 隈のできた ▶ *avoir les yeux cernés* 目に隈ができている

cerneau [serno] 男 〔熟す前の〕木の実

cerner [serne] 他 (英 surround) ①取り囲む; 包囲する ② (英 define) 輪郭をはっきりさせる, (…の)範囲を定める

***certain(e)** [sertɛ̃, -ɛn セルタン(ヌ)] 形 (英 certain, sure) ①確実な ▶ *C'est certain.* 確かである *être sûr et certain que* まったく確かである *Il est certain que* …なのは確実だ ②[être certain de 名/不定詞/que …] を確信して ③[un(e) certain(e)] ある, いくらかの, 相当の; [複数形を伴って] いくつかの, ある種の —— *un certain M. Leblanc* ルブランさんという人 */ certaines personnes* ある人たち */ C'est à une certaine distance d'ici* ここからかなり離れている, 少し距離がある ▶ *au bout d'un certain temps* しばらくして *dans un certain sens* ある意味では *dans une certaine mesure* ある程度は *d'une certaine manière* ある意味では, ある程度は *jusqu'à un certain point* ある程度までは —— 代 〔不定〕〔複〕ある人たち; いくつかもの —— *certains d'entre vous* あなたたちのうちの何人か ▶ *Certains disent que* … と言う人もいる *pour certains* 人によっては

***certainement** [sertɛnmɑ̃ セルテヌマン] 副 (英 certainly) 〔強い肯定〕確実に, 確かに, きっと; もちろん

***certes** [sert セルト] 副 (英 indeed) 確かに, もちろん ▶ *certes A, mais B* なるほど A であるが B

certif [sertif] 男 〔話〕= certificat d'études primaires

***certificat** [sertifika セルティフィカ] 男 (英 certificate) 証(明)書; 資格証明書 ▶ *certificat d'aptitude professionnelle* 職業適性証【職業リセで取得する; 略 CAP】 *certificat de concubinage* (内縁関係の男女の)同居証明書 *certificat de décès* 死亡診断書 *certificat de mariage* 結婚証明書 *certificat de travail* 労働証明書 *certificat d'études primaires* 〔古〕初等教育終了証【小学校卒業時に取得する; 略 CEP】 *certificat médical* 診断書

certification [sertifikasjɔ̃] 女 証明, (文書による)保証; [空] 耐空証明

certifié(e) [sertifje] 形名 中等教育教員免許 (CAPES, CAPET) を持っている(人)

***certifier** [sertifje セルティフィエ] 他 (英 certify) 証明する, 保証する —— *copie certifiée conforme à l'original* 原本に相違ないことを証明された写し ▶ *certifier A à B* A (人)に B を保証する, 請け合う

***certitude** [sertityd] 女 確実(性); 確信 ▶ *avoir la certitude de* …(する)のを確信している

céruléen(ne) [seruleɛ̃, -ɛn] 形 〔文〕青空色の

cérumen [serymɛn] 男 耳あか

céruse [seryz] 女 〔絵具に使う〕白鉛

***cerveau** [servo セルヴォ] 男 (複 ~x) (英 brain) ①[脳] 大脳 ②頭脳, 脳; 頭の良い人 ③中枢機関, 指導部, ブレーン —— ▶ *fuite de des cerveaux* [la ~]頭脳流出(= l'exode des ~x)

cervelas [servəla] 男 セルヴェラ【香辛料のきいた太い燻製ソーセージ】

cervelet [servəlɛ] 男 [解] 小脳

cervelle [servɛl] 女 ①[脳] 脳; 脳みそ ▶ *se brûler la cervelle / se faire sauter la cervelle* 〔頭をピストルで撃って〕自殺する ②知能, 頭脳 ▶ *se creuser la cervelle* 頭をしぼる, 必死に考える

cervical(ale) [sɛrvikal] 形 (男複 -aux[-o]) [解] 首の, 頸(けい)部の, 了宮頸の

cervidés [sɛrvide] 男《複》《動》シカ科

cervoise [sɛrvwaz] 女 (古代・中世の)ビール

CES (略) collège d'enseignement secondaire 中等教育コレージュ, 中学校; contrat emploi-solidarité (失業者対策の)雇用連帯契約

*ces [se セ] 形 (指示) [ce の複数形] これらの, それらの, あれらの

césar [sezar] 男 ①ローマ皇帝; 帝王, 君主 ②[C-]ユリウス・カエサル [ローマの政治家]

césarien(ne) [sezarjɛ̃, -ɛn] 形 シーザー[ローマ皇帝]の ― 女 帝王切開

césarisme [sezarism] 男 (民主政治を装う)独裁政治

césium, cæsium [sezjɔm] 〔化〕セシウム

cessant(e) [sesɑ̃, -ɑ̃t] 形 ▶ **toutes affaires cessantes** 他のことは後回しにして; 即刻

cessation [sesɑsjɔ̃] 女 停止, 中止 ▶ **cessation d'activité** (企業の)閉鎖; 退職; (余剰人員の)解雇 **être en cessation de paiements** 支払い停止にある, 支払い不能である

*cesse [ses セス] 女 [常に冠詞を伴わず, 否定形に用いる] 休止 ▶ **n'avoir pas (point) de cesse que +** [接続法] …するまでやめない **sans cesse** 休みなく

*cesser [sese セセ] 他 (英 cease) ― 止する, 中断する, やめる ― 自 終わる, やむ, 消える ▶ **cesser de** [不定詞] …するのをやめる **ne (pas) cesser de** … 絶えず…する ―Il n'a pas cessé de pleuvoir. 雨が降りやまなかった

*cessez-le-feu [seselfø セセルフ] 男 (不変) 停戦(命令)

cessible [sesibl] 形 〔法〕譲渡できる

cession [sesjɔ̃] 女 〔法〕譲渡

cessionnaire [sesjɔnɛr] 名 〔法〕被譲渡者, 譲り受け人

*c'est-à-dire [setadir セタディール] 接 (英 that is to say) すなわち, 言いかえれば (略 c. -à-d.) ▶ **c'est-à-dire que** … それはつまり…ということである; 実はその…ということである

césure [sezyr] 女 (詩句中の)句切り

CET (略) Collège d'enseignement technique (旧) 技術教育コレージュ [現在の呼称は職業リセ (lycée professionnel)]

*cet [sɛt セット] 形 (指示) 〔男性形; 母音・無音の h で始まる男性名詞の単数形とともに用いる〕この, その, あの ⇨ce

cétacés [setase] 男《複》《動》クジラ目

cétoine [setwan] 女〔虫〕ハナムグリ

cétone [setɔn] 女〔化〕ケトン

cétonémie [setonemi] 女〔医〕ケトン血症

cétonique [setɔnik] 形〔生化〕ケトンの ▶ **corps cétonique** ケトン体

cétonurie [setɔnyri] 女〔医〕ケトン尿症

*cette [sɛt セット] 形 (指示)《女》この, その, あの ⇨ce

*ceux [sø ス] 代 (指示) 〔男性複数形〕…のもの; …する人 ⇨celui

*ceux-ci [søsi スシ], *ceux-là [søla スラ] ⇨celui

Cévennes [seven] 女《複》セヴェンヌ山脈〔フランス南部の山脈〕; セヴェンヌ地方

cévenol(e) [sevnɔl] 形名 [C-] セヴェンヌの(人)

Cézanne [sezan] (Paul〜)セザンヌ 〔フランスの画家; 1839-1906〕

cf. [kɔfer] (略) (<ラ) confer 比較(参照)せよ

CFC (略) chlorofluorocarbone 〔化〕フロン, クロロフルオロカーボン

CFDT (略) Confédération française et démocratique du travail フランス民主労働同盟〔社会党系の労働組合〕

CFTC (略) Confédération française des travailleurs chrétiens フランス・キリスト教労働者同盟

CGT (略) Confédération Générale du Travail フランス労働総同盟〔共産党系の労働組合〕

Ch (略) valvapœur (略) cheval-vapeur 馬力

chabichou [ʃabiʃu] 男 シャビシュー〔ポワトゥ地方の山羊乳チーズ〕

chablis [ʃabli] 男 シャブリ〔ブルゴーニュ地方 Chablis 産の辛口白ワイン〕

chabot [ʃabo] 男〔魚〕シャボ, カジカ〔頭が大きい淡水魚〕

chacal [ʃakal] 男〔動〕ジャッカル

chacon(n)e [ʃakɔn] 女〔楽〕シャコンヌ

*chacun(e) [ʃakœ̃, -yn] 代 (不定) (英 each) おのおの, 各自; だれでも, 各人皆 ―chacun des deux 二人とも / Chacun son tour! みんなかわりばんこだ! ▶ **Chacun son goût** [ses goûts]. (ことわざ)蓼で食う虫も好きずき

chafouin(e) [ʃafwɛ̃, -in] 形 (話) (やせて)陰険な顔つきの, 狡猾そうな

chagrin [ʃagrɛ̃ シャグラン] 男 (英 sorrow) 心痛, 悲しみ, 悩み ▶ **avoir du chagrin** (…に)悩んでいる(**de**) **faire du chagrin à** (人)を悲しませる ― 形(女 **chagrine** [-in])(文)悲しんでいる, 沈鬱な; 気難しい, 陰気な, 暗い

chagrin[ʃagrɛ̃] 男 粒起なめし皮; ざらざらした肌

chagriner [ʃagrine] 他 ①悲しませる ②(古)(…)に障る, 悩ませる, 困らせる

chah [ʃa] 男 シャー〔ペルシャ王の称号〕

chahut [ʃay] 男 (学生の教師に対する)抗議騒動, 野次; 騒音 ▶ **faire du chahut** 大騒ぎする

chahuter [ʃayte] 自 騒ぐ ── 他 (話の途中で)野次る; からかう, (冗談で)小突く

chahuteur(se) [ʃaytœr, -øz] 形 騒ぎを引き起こす ── 名 よく騒ぐ生徒

chai [ʃɛ] 男 (ワイン・コニャックなどの)酒倉

*__chaîne__ [ʃɛn シェヌ] 女 ①(英 chain) くさり, 鎖 ►(複) 束縛 ②連なり; 山脈 ③チャンネル, 放送 ④(店の)チェーン方式 ⑤(連続作業の)工程 ⑥ステレオセット ⑦(化)原子の連鎖 ⑧縦軸縦糸 ►**briser ses chaînes** しがらみを断ち切る **chaîne alimentaire** 食物連鎖 **chaîne câblée** ケーブルチャンネル **chaîne de fabrication, chaîne de montage** (工場の)組み立てライン, 流れ作業 **chaîne de montagnes** 山脈 **chaîne hi-fi** ハイファイステレオ **chaîne payante [à péage]** (テレビの)有料放送 **chaîne stéréo** ステレオセット **faire la chaîne** (物を受け渡す)列を作る **travail à la chaîne** 流れ作業; (話) (長く続く)単調な仕事

chaîné(e) [ʃene] 形 (タイヤなどが)チェーンをつけた

chaînette [ʃenɛt] 女 小さな鎖

chaînon [ʃenɔ̃] 男 鎖の輪; 連鎖, つながり

*__chair__ [ʃɛr シェール] 女 (英 flesh) ①肉, 身; 果肉 ►**avoir la chair de poule** 鳥肌が立つ ►**bien en chair** 丸々とした, 肉付きのいい **chair à canon** (話)一兵卒, 捨て駒の兵士, **chair à saucisse** [la ~] ソーセージ用のひき肉 **en chair et en os** 生身の; 本人自ら ②(文) (精神に対し)肉体, 肉欲

chaire [ʃɛr] 女 ①説教壇 ②教壇 ③講座; 教授の職

*__chaise__ [ʃɛz シェーズ] 女 (英 chair) いす **chaise cannée** 籐いす **chaise électrique** 電気いす **chaise haute** 子供いす **chaise longue** 長いす, デッキチェア **chaise pliante** 折りたたみいす **chaise roulante** 車いす ►(話) **être assis entre deux chaises** / (俗) **avoir [rester] le cul entre deux chaises** ためらっている, 中途半端な状態にある, **faire de la chaise longue** (長いすで)のんびりする

chaisière [ʃezjɛr] 女 ①(教会・公園の)いす使用料徴収係 ②いす職人

chaland[1] [ʃalɑ̃] 男 平底船, はしけ

chaland[2](**e**) [ʃalɑ̃, -d] 名 (古)顧客, 買い手

chalaze [ʃalaz, kalaz] 女 (生)卵帯, カラザ;(植)(胚珠の)合点

chalcographe [kalkɔgraf] 名 銅版彫刻家

chalcographie [kalkɔgrafi] 女 銅版彫刻術

*__châle__ [ʃɑl シャール] 男 ショール, 肩掛け

chalet [ʃalɛ シャレ] 男 ①山荘 ②(海辺の簡素な)別荘

*__chaleur__ [ʃalœr シャルール] 女 ①(英 heat) 暑さ; (複) 暑い時期 ──**les grandes chaleurs** うだるような暑さ ②熱さ; (物)熱 ③熱烈さ, 熱意 ►**chaleur humaine** 人間らしさ **la chaleur** (注意書)要冷蔵 ④(雌の)発情 ──**en chaleur** さかりのついた / **l'époque des chaleurs** 交尾期

chaleureusement [ʃalœrøzmɑ̃] 副 真心をこめて, 熱烈[熱心]に

*__chaleureux(se)__ [ʃalœrø, -øz シャルル(ーズ)] 形 熱烈な; 真心のこもった

châlit [ʃɑli] 男 寝台の骨組

challenge [ʃalɑ̃ʒ] 男 ①選手権(試合) ②挑戦

challenger [tʃalɛndʒœr], **challengeur** [ʃalɑ̃ʒœr] 男 挑戦者

chaloir [ʃalwar] 自く人称] 74 ►**Peu me chaut.** / **Peu m'en chaut.** 私には関係ない, どうでもいい〔現代フランス語では否定表現のみ〕

chalonnais(e) [ʃalɔnɛ, -ɛz] 形名 [C-] シャロン・シュル・ソーヌの(人)

châlonnais(e) [ʃɑlɔnɛ, -ɛz] 形名 [C-] シャロン・アン・シャンパーニュの(人)

Châlons-en-Champagne [ʃalɔ̃ɑ̃ʃɑ̃panj] シャロン・アン・シャンパーニュ 【Marne 県の県庁所在地】

Châlons-sur-Marne [ʃalɔ̃syrmarn] シャロン・シュル・マルヌ [Châlons-en-Champagne の旧名]

Chalon-sur-Saône [ʃalɔ̃syrson] シャロン・シュル・ソーヌ [Saône-et-Loire 県の町]

chaloupe [ʃalup] 女 (海)大型ボート; ランチ, 汽艇

chaloupé(e) [ʃalupe] 形 体を揺する

chalumeau [ʃalymo] 男 (複 ~x) ①吹管(ホミム) ②(草の茎で作った)草笛 ③ストロー

chalut [ʃaly] 男 トロール網 ►**pêcher au chalut** トローリングをする, トロール網で漁する

chalutier [ʃalytje] 男 トロール船

chamade [ʃamad] 女 ►**battre la chamade** (心臓が)どきどきする

chamaillo [ʃamaj] 女 = chamaillerie

chamailler [ʃamaje] 代動 [**se ~**] (話) (つまらない事で)けんかをする

chamaillerie [ʃamajri] 女 (話) 口論, けんか

chamailleur(se) [ʃamdʒœr, -øz] 形名 (話) けんか好きな(人), 口争いが好きの(人)

chaman [ʃaman] 男 シャーマン

chamanisme [ʃamanism] 男 シャーマニズム

chamarrer [ʃamare] 他 けばけばしく飾り立てる

chamarrure [ʃamaryr] 女 (複)けばけばしい飾り

chambard [ʃɑ̃bar] 男 (話) 騒動, い

chambardement [ʃɑ̃bardəmɑ̃] 男 《話》(社会・組織などの)混乱, 騒ぎ

chambarder [ʃɑ̃barde] 他 《話》ひっくり返す, 混乱させる

chambellan [ʃɑ̃bɛlɑ̃] 男 侍従

chambérien(ne) [ʃɑ̃berjɛ̃, -ɛn] 形 名 [C-] シャンベリの(人)

chambertin [ʃɑ̃bɛrtɛ̃] 男 シャンベルタン【ブルゴーニュ産の赤ワイン】

Chambéry [ʃɑ̃beri] 固 シャンベリ [Savoie 県の県庁所在地]

Chambord [ʃɑ̃bɔr] 固 シャンボール [Loire 渓谷にあるフランソワ1世の城]

chamboulement [ʃɑ̃bulmɑ̃] 男 《話》かき回してひっくり返すこと, 混乱

chambouler [ʃɑ̃bule] 他 《話》ひっくり返す, かき回す

chambranle [ʃɑ̃brɑ̃l] 男 (ドアや窓の)縁枠

chambray [ʃɑ̃brɛ] 男 (< 英) シャンブレー【縦糸に青, 横糸に白を用いた織物】

***chambre** [ʃɑ̃br シャンブル] 女 ① 寝室; 部屋; …室 ▶ **chambre à air** (タイヤのチューブ **chambre à coucher** 寝室 **chambre à gaz** (死刑用の)ガス室 **chambre d'amis** 客用寝室 **chambre de bonne** 女中部屋 **chambre d'hôte** 民宿, ユースホステル **chambre double** (ホテルの)ダブルの部屋 **chambre frigorifique** [**froide**] 冷蔵室, 冷凍室 **chambre noire**（写〕暗室, 暗箱 **faire chambre à part** 寝室を別にする, 別々の部屋で眠る **garder la chambre** (病気のため)家にいる **sans chambre à air** (タイヤの)チューブなしの ② 法廷; 会議所; [[C-]]議会 ▶ **Chambre basse** (議会の)下院 **Chambre basse** (et industrie) 商工会議所 **Chambre des communes** [[la ~]] (英国の)下院 **chambre des députés** [[la ~]] (1946年以前のフランス)代議院 **Chambre des lords** [[la ~]] (英国の)上院 **Chambre des représentants** [[la ~]] (米国・ベルギーなどの)下院; (日本の)衆議院 **Chambre haute** (議会の)上院

chambrée [ʃɑ̃bre] 女 ① 部屋仲間, 同室者 ② 兵舎

chambrer [ʃɑ̃bre] 他 ①(説得するために人を)監禁する ② ▶ **chambrer du vin** ワインを室温になじませる

chambrette [ʃɑ̃brɛt] 女 小部屋

chambrière [ʃɑ̃brijɛr] 女 ①《古》侍女 ②(サーカスなどで使う)長いむち

chambriste [ʃɑ̃brist] 名 室内楽を得意とする演奏者

***chameau** [ʃamo シャモ] 男 (pl ~x) ①(動)ラクダ; フタコブラクダ ②《女性に対しても使う》《話》いやなやつ, やかましいやつ

chamelier [ʃaməlje] 男 ラクダ引き

chamelle [ʃamɛl] 女 雌ラクダ

chamelon [ʃam(ə)lɔ̃] 男 子ラクダ

chamois [ʃamwa] 男 ①(動)シャモア ②シャモア皮 ―― 形《不変》薄黄色の

Chamonix-Mont-Blanc [ʃamonimɔ̃blɑ̃] 固 シャモニーモンブラン [Haute-Savoie 県のモンブランのふもとの町; 観光地]

***champ**[1] [ʃɑ̃ シャン] 男 ①(英 field) 畑地, 畑(町に対して) 田地, 田園 ―― **fleurs des champs** 野に咲く草, 野草 **champ de blé** 小麦畑 ②場, 空間; (活動の)分野, 範囲;〔光〕視野 ▶ **champ d'action** [**d'activité**] 活動の場, 行動範囲 **champ de bataille** 戦場 **champ de courses** 競技場, レース場 **champ de foire** 博覧会場 **champ de tir** 射撃場 **champ des mines** 地雷原 **champ magnétique** 磁界, 磁場 **champ visuel** 視野, 視界 **élargir le champ de** …の領域を広げる **hors champ** 映画画面外の, 映像に映っていない **laisser le champ libre à** (人)を自由に行動させる **mourir** [**tomber**] **au champ d'honneur** 名誉の戦死をする ③〔紋〕紋地(絵などの地(ぢ)); 素地

champ[2] [ʃɑ̃p] 男 《話》= champagne

Champagne [ʃɑ̃paɲ] 女 シャンパーニュ【フランス東北部の旧地方名】

***champagne** [ʃɑ̃paɲ シャンパーニュ] 男 シャンパン【発泡性の白ワイン】―― 形 シャンパン色の

Champagne-Ardenne [ʃɑ̃paɲardɛn] 女 シャンパーニュ・アルデンヌ【フランス北東部の地方】

champagnisation [ʃɑ̃paɲizasjɔ̃] 女 シャンパンの製造法

champagniser [ʃɑ̃paɲize] 他 (ワインを)発泡性にする, シャンパン(風)にする

Champ-de-Mars [ʃɑ̃d(ə)mars] 固 [[le ~]] (パリの)シャン・ド・マルス【エッフェル塔近くにある公園; 昔の練兵場】

champenois(e) [ʃɑ̃pnwa, -az] 形 シャンパーニュ地方の ―― 形 名 シャンパーニュの人(の) ―― 男 シャンパーニュ方言

champêtre [ʃɑ̃pɛtr] 形 《文》田舎の, 田園の

champi(sse), champis(se) [ʃɑ̃pi, -is] 名 形 《古・方》私生児の

***champignon** [ʃɑ̃piɲɔ̃ シャンピニョン] 男 (英 mushroom) ①キノコ, マッシュルーム, 茸類 ▶ **aller aux champignons** キノコ狩りに行く **champignon de Paris** [**couche**] マッシュルーム **pousser comme des champignons** 急速に発展する ②《話》(車の)アクセル ▶ **appuyer sur le champignon** アクセルを踏む ③キノコ形のもの, キノコ雲;洋服掛け

champignonnière [ʃɑ̃piɲɔnjɛr]

champignonniste [ʃɑ̃piɲɔnist] 名 キノコ栽培人

champion(ne) [ʃɑ̃pjɔ̃, -ɔn] チャンピオン(ヨン) 名 ①チャンピオン ②一流選手; 第一人者 ③闘士, 擁護者 ── 形 (話)すばらしい, 第一級の

***championnat** [ʃɑ̃pjɔna] チャンピヨナ 男 選手権[試合]

Champs-Élysées [ʃɑ̃zelize] 男 (複)[les ～] (パリの)シャンゼリゼ通り (= l'avenue des ～)

***chance** [ʃɑ̃s] シャンス 女 ①(英 chance) 運, 偶然; 幸運 ▶avoir de la chance 運がよい avoir de la chance de … 幸いにも…する Bonne chance! (話)幸運を祈ります, がんばれ coup de chance まぐれ当たり La chance a tourné. 風向きが変わった La chance lui sourit. 幸運の女神が微笑む laisser filer une chance みすみす好機を逃す par chance 運よく, 幸い Pas de chance! (話)ついてないね, お気の毒さま porter chance à (人)に つきをもたらす ②機会, 見込み, 可能性 ▶courir [tenter] sa chance 運試しをする donner sa chance à (人)にチャンスを与える Il y a des chances. 可能性は大いにある mettre toutes les chances de son côté できる限りのことをする

chancelant(e) [ʃɑ̃slɑ̃, -ɑ̃t] 形 よろめく; (健康・信条が)ぐらぐらの, 不安定な

chanceler [ʃɑ̃sle] 自 [4] よろめく, ふらつく; 動揺する, 不安定である

***chancelier** [ʃɑ̃səlje] シャンスリエ 男 ①ドイツ・オーストリアの首相 ②～ Chancelier de l'Échiquier (イギリスの)大蔵大臣 ③(印章を預かる)高官, 総裁;《古》大法官

chancellerie [ʃɑ̃sɛlri] 女 ①法務省 ②(大使館・領事館などの)事務局 ▶Grand chancellerie レジオンドヌール勲章局

chanceux(se) [ʃɑ̃sø, -øz] 形 運がいい

chancre [ʃɑ̃kr] 男 ①[医]下疳(かん), 潰瘍(よう) ──chancre mou = chancrelle ②(どんどん広がる)悪弊

chancrelle [ʃɑ̃krɛl] 女 [医]軟性下疳 [性感染症のひとつ]

chancreux(se) [ʃɑ̃krø, -øz] 形 下疳性の[にかかった]

chandail [ʃɑ̃daj] シャンダユ 男 厚地のセーター

Chandeleur [ʃɑ̃dlœr] 女 (八 リ)土の奉献, 聖母お清めの祝日【2月2日】

***chandelier** [ʃɑ̃dəlje] シャンドリエ 男 ①燭(しょく)台, ろうそく立て ②支柱

chandelle [ʃɑ̃dɛl] 女 ①ろうそく ②(飛行機・ボールなどの)垂直方向への急上昇; [テニス]ロブ ③(話)鼻水 ▶

chandelle romaine 筒形花火 devoir une fière chandelle à (人)に恩義がある Le jeu ne vaut pas la chandelle. (ことわざ)骨折り損のくたびれもうけ voir trente-six chandelles (話)(頭を殴られて)目から火花が出る

chanfrein [ʃɑ̃frɛ̃] 男 (馬などの)鼻面 【額から鼻先まで】; [建]面取り

chanfreiner [ʃɑ̃frene] 他 [建](石材などの)面取りをする

***change** [ʃɑ̃ʒ] シャンジュ 男 ①(英 exchange)両替; 為替(かぜ)(相場); 両替所 ②交換, 代わりの品 ▶donner le change à …をだます, 疑いをそらす gagner [perdre] au change 得を[損を]交換をする ③(赤ちゃんの)おむつ

changeable [ʃɑ̃ʒabl] 形 取り換えられる

***changeant(e)** [ʃɑ̃ʒɑ̃, -ɑ̃t] シャンジャン(ト) 形 変わりやすい, 不安定な

***changement** [ʃɑ̃ʒmɑ̃] シャンジュマン 男 (英 change)変更, 変化; 乗り換え ▶changement d'air 生活環境の変化, 気分転換 changement de vitesse (自動車の)変速(装置), ギアチェンジ

***changer** [ʃɑ̃ʒe] シャンジェ 他 [40] ①(…を)変える; [～ A contre [pour] B] (A を B に)交換する, 取りかえる; 両替する; [～ A en B] (A を B に)変える; [～ A de B] [A は無冠詞名詞] (A の B を変える ▶changer … de place …の位置を変える changer … de poste (人)を転属させる, 配置換えする changer de place avec (人)と席を替わる changer en bien [mal] 良く[悪く]な る ②(人)を着替えさせる ▶changer un bébé オムツを替える
── 自 ①変わる, 変化する ②(…を)変える, 取りかえる; 乗り換える (de + 無冠詞名詞) ▶changer d'adresse 引っ越す changer d'air (話)気分転換をする; 旅に出る Pour changer! (話・皮肉的)相変わらず, いつものことだ
── 代動 [se ～] ①着替える ②(…に)変わる (en)

changeur(se) [ʃɑ̃ʒœr, -øz] 名 両替商 ── 男 変換機 ▶changeur de monnaie 両替機

chanoine [ʃanwan] 男 [カト]教会参事会員

chanoinesse [ʃanwanɛs] 女 [カト](昔の)女子教会参事会員; 律修修道会修女

***chanson** [ʃɑ̃sɔ̃] シャンソン 女 (英 song)シャンソン, 歌, 歌謡, シャンソン ③(鳥などの)さえずり, (虫の)鳴き声 ③(波・風などの)ひびき ④(話)決まり文句, 口癖

chansonnette [ʃɑ̃sɔnɛt] 女 小唄

chansonnier(ère) [ʃɑ̃sɔnje, -ɛr] 名 ①シャンソニエ【風刺的なシャンソンやコントを作る芸人】 ②(文)(中世の吟遊

詩人の歌集

chant[1] [ʃɑ̃ シャン] 男 ①歌; 歌うこと ②(鳥や虫の)鳴き方 ③(叙事詩の)篇(へん) ▶ chant de cygne 白鳥の歌, (芸術家の)最後の作品 chant grégorien グレゴリオ聖歌

chant[2] [ʃɑ̃] 男 (レンガなどの)最小の側面 ▶ de [sur] chant 小さな面を手前に向けて

chantable [ʃɑ̃tabl] 形 歌うことのできる

*__chantage__ [ʃɑ̃taːʒ シャンターシュ] 男 ゆすり, 恐喝, 脅し

chantant(e) [ʃɑ̃tɑ̃, -ɑ̃ːt] 形 歌う; 歌うような; 歌いやすい

chanteau [ʃɑ̃to] 男 (複 ~x) ①(バイオリンなどの)側板片 ②《古・方》パンの薄片の一切れ; (布の)裁ち切れ

chantefable [ʃɑ̃t(ə)fabl] 女〔文学〕 (中世の歌と物語が交互に現れる)歌物語

*__chanter__ [ʃɑ̃te シャンテ] 自 ①歌う (鳥や虫が)鳴く; 音をたてる ▶ chanter juste [faux] 調子をはずさずに[調子はずれに] 歌う ── 他 ①歌う; (歌や詩では)ほめたたえる ▶ chanter les louanges de ... (人を)ほめちぎる ②(つべこべ言う) ▶ faire chanter (人)を脅す si ça vous chante それでよろしければ

chanterelle[1] [ʃɑ̃trɛl] 女〔弦楽器〕の最高音の弦, E 線

chanterelle[2] [ʃɑ̃trɛl] 女 アンズタケ 〔食用キノコ〕

*__chanteur__ [ʃɑ̃tœːr, -øz シャントゥール(ズ)] 名 歌手 ── 形 歌うようくさえずる ▶ maître chanteur 恐喝犯, ゆすり屋

*__chantier__ [ʃɑ̃tje シャンティエ] 男 ①建築[工事]現場, 作業場; 資材置場, 倉庫 ②《話》散らかった場所 ▶ Chantier interdit au public 〈揭示〉工事中につき立入り禁止 chantier naval 造船所 en chantier 工事中の; 進行中の, 作業中の mettre ... en chantier ...を実行に移す

Chantilly [ʃɑ̃tiji] シャンティイー 【パリ近郊の町; 城で有名】

chantilly [ʃɑ̃tiji] 女 《不変》 ホイップクリームの (= crème ~)

*__chantonner__ [ʃɑ̃tɔne シャントネ] 他自 (歌を)口ずさむ

chantourner [ʃɑ̃turne] 他 (型に合わせて)切り抜く

chantre [ʃɑ̃ːtr] 男 ①聖歌隊員 ②《古》叙事詩人

chanvre [ʃɑ̃ːvr] 男〔植〕麻, 大麻 ▶ chanvre indien (マリファナを作る)インド大麻

chaos [kao カオ] 男 混沌, 大混乱, カオス

chaotique [kaɔtik] 形 混沌とした; 混乱した

chap. [ʃapitr] 《略》 chapitre 章

chapardage [ʃapardaːʒ] 男《話》盗み

chaparder [ʃaparde] 他《話》盗む, かっぱらう

chapardeur(se) [ʃapardœːr, -øz] 形名《話》こそ泥の

chape [ʃap] 女 ①(コンクリートなどの)上塗り, 覆い, カバー ②〈古〉(祭式に聖職者が着る)袖なしのマント

chapeau [ʃapo シャポ] 男 (複 ~x) ①(英 hat) 帽子(型のもの) ▶ Chapeau (bas)! 《話》すごい; 脱帽だ! coup de chapeau (敬意を示す)帽子を持ち上げる挨拶 (en) baver des ronds de chapeau 《話》非常に苦労する; びっくり仰天する sur les chapeaux de roues 全速力で tirer son chapeau à (人)に脱帽する travailler du chapeau 気がおかしい, 頭がおかしい ②(新聞記事の)書出し, リード ③▶ chapeau de roue (自動車の)ハブキャップ

chapeauté(e) [ʃapote] 形 帽子をかぶった

chapeauter [ʃapote] 他 監督[支配・統制]する

chapelain [ʃaplɛ̃] 男 礼拝堂付き司祭

chapelet [ʃaplɛ] 男 ①数珠(じゅず); (状のもの) ▶ un chapelet de ... 一連の, 一つながりの ②ザビオルの祈り) ▶ réciter [dire] son chapelet 祈りを唱える

chapelier(ère) [ʃapəlje, -ɛr] 名 帽子製造人, 帽子屋 ── 形 帽子製造の

*__chapelle__ [ʃapɛl シャペル] 女 ①礼拝堂 ②(教区をもたない)教会 ③(教会内の)祭壇 ④(ミサ用の)祭具一式 —chapelle portative 携帯用祭具箱 ⑤教会の音楽隊 ⑥排他的な集団 ⑦ ▶ chapelle ardente 〔葬儀前の〕遺体安置所

chapellerie [ʃapɛlri] 女 帽子製造[販売]

chapelure [ʃaplyːr シャプリュール] 女 パン粉

chaperon [ʃaprɔ̃] 男 (社交界での)婦人の付添いの婦人

chaperonner [ʃaprɔne] 他 (若い婦人に)付き添う

*__chapiteau__ [ʃapito シャピト] 男 (複 ~x) ①〔建〕柱頭 ②(サーカスの)テント

*__chapitre__ [ʃapitr シャピトル] 男 ①(本などの)章; 項目, 箇条 ▶ au chapitre de / sur le chapitre de ...に関して, ...について ②(教会参事会の議事堂[議会室]) ③ ▶ avoir voix au chapitre 発言権がある

chapitrer [ʃapitre] 他 小言を言う, 叱る

chapka [ʃapka] 女 《ロシア語》シャプカ 〔垂れのある毛皮の帽子〕

chapon [ʃapɔ̃] 男 (食肉用の)去勢した雄鶏

chaponnage [ʃapɔnaːʒ] 名 (雄鶏

の)去勢

chaponner [ʃapɔne] 他 (雄鶏を)去勢する

chaptalisation [ʃaptalizasjɔ̃] 女 (発酵前のブドウ液への)砂糖の添加

chaptaliser [ʃaptalize] 他 (発酵前のブドウ液に)砂糖を加える

***chaque** [ʃak シャク] 形 ① (英 each) 各々の ② (英 every) 毎 ~ごとに —chaque jour 毎日 ▶à chaque instant いつも, ことあるごとに Chaque chose a son temps. 何事も適した時期がある —代 (不定) それぞれ(のもの)

***char**[1] [ʃar シャール] 男 ① 花車, 山車 ② 戦車, タンク ③ 荷車, (古代の)2輪馬車 ▶char à voile ランドヨット [風力で砂や氷の上を進む] char d'assaut, char de combat 戦車

char[2] [ʃar] 男 (話) はったり ▶Arrête ton char. (話) だまれ; 自慢話はやめろ

***charabia** [ʃarabja シャラビア] 男 (話) 訳のわからない言葉

***charade** [ʃarad シャラド] 女 シャラード [言葉遊び]; ジェスチャーゲーム

charançon [ʃarɑ̃sɔ̃] 男 [虫] コクゾウムシ

charançonné(e) [ʃarɑ̃sɔne] 形 コクゾウムシに食われた

***charbon** [ʃarbɔ̃ シャルボン] 男 ① (英 carbon, coal) 炭, 木炭(= ~ de bois), 石炭(= ~ de terre), 炭火 ▶aller au charbon (話) 大変な仕事をする être sur des charbons ardents (いらだち・焦りで)つらい思いをする ② [植] 黒穂病; [医] 炭疽 ③ 電極, 電池用の炭素棒

charbonnage [ʃarbɔnaʒ] 男 ① 採炭 ② (複) 炭坑

charbonner [ʃarbɔne] 他 炭で黒くする —自 炭化する, 焦げる

charbonneux(se) [ʃarbɔnø, -øz] 形 ① 石炭のように黒い, 炭素質の ② 炭疽(黒穂)病の(ような)

charbonnier(ère) [ʃarbɔnje, -ɛr] 形 石炭(採炭)の —名 石炭商; (古)炭焼人 ▶Charbonnier est maître chez soi. (ことわざ) 炭焼きも我が家では主人である foi du charbonnier [[話] 素朴な信仰 —男 石炭運搬船(= navire ~)

charcuter [ʃarkyte] 他 (話) (…を)へたに手術する; (…の)身を切る charcuter un texte 文章を台無しにする

***charcuterie** [ʃarkytri シャルキュトリ] 女 豚肉製品; 豚肉屋

charcutier(ère) [ʃarkytje, -ɛr] 名 豚肉屋, デリカテッセンの店主; (話) 下手な外科医

chardon [ʃardɔ̃ シャルドン] 男 [植] アザミ; (塀などの上の)忍び返し

chardonnay [ʃardɔnɛ] 男 シャルドネ [白ワイン用白ブドウ; そのブドウで造られた白ワイン]

chardonneret [ʃardɔnrɛ] 男 [鳥] ゴシキヒワ

charentais(e) [ʃarɑ̃tɛ, -ɛz] 形 名 [C-] シャラントの(人)

charentaises [ʃarɑ̃tɛz] 女 (複) (裏地のついた)スリッパ

Charente [ʃarɑ̃t] 女 ① [la ~] シャラント川 [フランス西部を西へ流れ大西洋に注ぐ] ② シャラント県 [フランス南西部]

Charente-Maritime [ʃarɑ̃tmaritim] 女 シャラント・マリティーム県 [フランス南西部, ビスケー湾に臨む県]

***charge** [ʃarʒ シャルジュ] 女 ① 負担, 責任, 職 ▶à charge de revanche 同じようにしてもらうという条件で; お返しに à la charge de …に養われて, …の負担で avoir la charge de [不定詞] …する役目を与えられている charge de travail 仕事, (仕事の)割り当て être à la charge de (人)の世話になっている, (人)に支払いの義務がある être en charge de …の責任者である personnes à charge 扶養者 仕事の引き受ける être en charge de 世話をする, 引き受ける prise en charge 負担[責任]を引き受けること; タクシーの初乗り料金; 医療費の払い戻し se prendre en charge 自分で責任を取る ② (英 charge) 負担(金), 税金 ▶charge publique (国家の)歳出; (納税者の)国税負担 charge utile (車などの)積載許容量 charges de famille 扶養家族 charges fiscales 税金 charges locatives 維持管理費 charges patronales 雇用主負担金 charges sociales (企業の)社会保険料負担分 ③ (英 load) 車荷; 重荷, 重積載, 充電 ▶mettre une batterie en charge バッテリーに充電する ④ (袋などに詰めた)火薬の量, 装薬 ⑤ 攻撃; [法] 被告への攻撃, 告発 ▶charge irrégulière [スポーツ] 反則のタックル ⑦ [文学] カリカチュア

chargé(e) [ʃarʒe] 形 (< charger) ① 荷を積んだ, 一杯の; 責任のある ▶être en charge de …に対して責任がある, …を担当している un mot chargé de sens 深い意味のある言葉 un regard chargé de menaces 脅迫するような視線, 刺すような眼差し ② 火薬の詰まった, 弾の入った ③ (胃などが)重苦しい ④ 誇張された —名 (役職名とともに) ▶chargé d'affaires 代理大使 [公使] chargé de cours (大学の)非常勤講師 chargé de mission 特別任務を帯びた官吏

chargement [ʃarʒəmɑ̃] 男 ① (乗り物への)荷物の積載, 積荷 ② 装填; 充電

***charger** [ʃarʒe シャルジェ] 他 40 ① (英 load, charge) (船などに)荷物を積む; (乗り物に…を)積む(de); (荷物など

に)詰め込む《dans, sur》 —**charger un camion de légumes** トラックに野菜を積み込む ②(人に)(…すること)の責任を負わせる《de》 ▶**Je m'en charge.** 私が引き受ける ③装填する, 充電する [**se ~**] (…を)引き受ける《de》 (…の)世話をする《de》

chargeur [ʃaʁʒœʁ] 男 (銃弾の)装填装置; (バッテリーの)充電器

Chargeurs [ʃaʁʒœʁ] シャルジュール【羊毛処理で世界トップのフランスの繊維メーカー】

*__chariot__ [ʃaʁjo シャリヨ] 男 カート, 荷車, ワゴン; (機械の)移動台 ▶**chariot élévateur** フォークリフト

charismatique [kaʁismatik] 形 カリスマ的な, 超能力を備えた

charisme [kaʁism] 男 ①〔宗〕カリスマ【神の賜物としての超自然的能力】 ②カリスマ【人を惹きつける特別な魅力】

charitable [ʃaʁitabl] 形 ①慈悲深い, 寛大な ②慈善に関わる ▶**organisation charitable** 慈善団体

charitablement [ʃaʁitabləmɑ̃] 副 寛大に

*__charité__ [ʃaʁite シャリテ] 女 ①〔宗〕隣人愛; 慈悲, 慈善, 施し; 〔キ教〕愛 ▶**faire la charité à** …に施し物をする ▶**fête de charité** 慈善パーティー; チャリティーバザー

charivari [ʃaʁivaʁi] 男 (ものすごい)騒音

charlatan [ʃaʁlatɑ̃] 男 ①大ぼら吹き, ぺてん師; やぶ医者

charlatanisme [ʃaʁlatanism] 男 大ぼら, ぺてん

Charlemagne [ʃaʁləmaɲ] 男 〔史〕シャルルマーニュ, カール大帝【742–814; フランク王の初代ローマ帝国皇帝】

Charles-de-Gaulle [ʃaʁldəgol] ▶**aéroport Paris-Charles-de-Gaulle** シャルルドゴール空港【パリ北東の国際空港】 **place Charles-de-Gaulle** (パリの)シャルルドゴール広場【凱旋門のある広場】 ⇨**de Gaulle**

Charleville-Mézières [ʃaʁlvilmezjɛʁ] シャルルヴィル=メジエル【Ardennes 県の県庁所在地】

charlot [ʃaʁlo] 男 〔話〕不真面目なやつ

charlotte [ʃaʁlɔt] 女 〔菓〕シャルロット【円筒(½)の型にビスキュイなどを敷いて果物やクリームを入れたケーキ】

*__charmant(e)__ [ʃaʁmɑ̃, -ɑ̃t シャルマン(ト)] 形 (英 charming) かわいい, 魅力的な, すてきな; [名詞の前で](皮肉的で)すごい

*__charme__¹ [ʃaʁm シャルム] 男 魅力; (複) 女の色香, 肉体的魅力; (古) 魔力, 魔法 —**Le charme est rompu.** 魔法が解けた ▶**être sous le charme de** (人)に魅せられている; 呪文にかかっている **faire du charme** (人に)色目を使う, 誘惑しようとする《à》 **hô-** **tel de charme** 売春宿 **magazine de charme** (女性のヌードなどの)雑誌 **offensive de charme** 色じかけ, 懐柔作戦 **se porter comme un charme** 不思議なほど健康である

charme² [ʃaʁm] 男 〔植〕クマシデ

*__charmer__ [ʃaʁme シャルメ] 他 (英 charm) 魅了する, 楽しませる; 喜ばせる

charmeur(se) [ʃaʁmœʁ, øz] 名 魅惑する人 —形 魅力的な ▶**charmeur de serpent** ヘビ使い

charmille [ʃaʁmij] 女 クマシデの並木道

charnel(le) [ʃaʁnɛl] 形 肉欲の, 性的な, 快楽の

charnellement [ʃaʁnɛlmɑ̃] 副 肉体的に

charnier [ʃaʁnje] 男 殺戮場, 屠殺場; 死体置場

charnière [ʃaʁnjɛʁ シャルニエール] 女 ちょうつがい; 接点, かなめ ▶**à la charnière de** …の接点, 境目に

charnu(e) [ʃaʁny] 形 肉(質)の; 肉付きのよい

charognard [ʃaʁɔɲaʁ] 男 ハゲタカ【動物の死骸を餌にするので】

charogne [ʃaʁɔɲ] 女 ①(動物の)死肉, 腐肉 ②〔話・軽蔑的〕悪党, 悪人

Charol(l)ais [ʃaʁɔlɛ] シャロレー地方【フランス中部; 中央山塊の北東地域】

charol(l)ais(e) [ʃaʁɔlɛ, -ɛz] 形[C-]名 ①シャロレー地方の(人); シャロレー種の(牛) [脂肪の少ない食肉用の品種]

charpente [ʃaʁpɑ̃t] 女 ①(建物の)骨組 ②(人の)骨格 ③(劇などの)構成

charpenté(e) [ʃaʁpɑ̃te] 形 体格のいい (<**charpent**er から)

charpenter [ʃaʁpɑ̃te] 他 ①(骨組のために)材木を切る ②組立てる ③支え, 構成する

charpenterie [ʃaʁpɑ̃tʁi] 女 大工, 大工仕事; 大工の作業場, 材木置場

*__charpentier__ [ʃaʁpɑ̃tje シャルパンティエ] 男 (英 carpenter) 大工

charpie [ʃaʁpi] 女 (古布の)ほぐし糸【以前はガーゼとして用いた】 ▶**mettre réduire en charpie** ばらばらにほぐす, めちゃくちゃにする

charre [ʃaʁ] = **char**²

charretée [ʃaʁte] 女 荷車1台分の量;《複》多量

charretier(ère) [ʃaʁtje, -ɛʁ] 名 荷車引き —形 荷馬車の通れる

*__charrette__ [ʃaʁɛt シャレット] 女 (英 cart) ①2輪の荷車, 荷馬車 ②(仕事の)追い込み期間

charriage [ʃaʁjaʒ] 男 (荷車による)運搬 ▶**nappe de charriage** 〔地〕しかぶせナップ

charrier [ʃaʁje] 他 ①(荷車で)運搬する ②(川などが)押し流す, 吹き飛ばす ③〔話〕(人を)からかう, だます —自〔話〕大げさに言う;(冗談などが)度を超す(=~ **dans les bégonias**)

charroi [ʃarwa] 男 荷車運搬

charron [ʃarɔ̃] 男 〖昔の〗車大工

charroyer [ʃarwaje] 他 ④⑤ 荷車で運搬する

***charrue** [ʃary シャリュ] 女 犂(ホセ) ▸ **mettre la charrue devant** *avant* **les bœufs** 〖ことわざ〗本末を転倒する

***charte** [ʃart シャルト] 女 憲章;〖中世の〗証書

charter [tʃartœr, ʃarter] 男 〈英〉チャーター機

chartériser [ʃarterize] 他 チャーターする

chartisme [ʃartism] 男 ①〖史〗チャーチスト運動〖18世紀の政治改革運動〗 ②グラフで相場や物価などを予測する経済分析法

chartiste [ʃartist] 男 ①古文書学校の学生〖卒業生〗 ②〖史〗チャーチスト運動者 ③グラフを使って分析する経済アナリスト

chartrain(e) [ʃartrɛ̃, -ɛn] 形 名 〖C-〗シャルトルの(人)

Chartres [ʃartr] シャルトル【Eure-et-Loir 県の県庁所在地;ゴシック大聖堂がある】

chartreux(se) [ʃartrø, -øz] 名 カルトジオ会修道士[女] ── 女 ①カルトジオ会修道院 ②シャルトルーズ【カルトジオ会修道院のつくるリキュール】

chas [ʃa] 男 〖針の〗穴, めど

***chasse** [ʃas シャス] 女 ①狩猟;狩猟場;狩猟期;獲物;…狩り(à);追跡, 追求 ▸ **aller à la chasse** ⋯を狩りに行く(à) **la chasse aux sorcières** 魔女狩り **chasse gardée** 私猟地 **être en chasse** 〖雌が〗発情している **faire la chasse à ...** ⋯を追いかける, 追跡する **prendre en chasse** 追跡する ②排水(装置), 〖便所の〗水洗装置(≒ ∼ d'eau) ▸**actionner** *tirer* **la chasse** 〖水洗便所の〗水を流す

châsse [ʃɑs] 女 ①〖宗〗聖遺物箱 ②枠, 柄 ③〖俗〗目

chasse-clou [ʃasklu] 男 ネールパンチ〖釘の頭を沈める道具〗

chassé-croisé [ʃasekrwaze] 男 (複 ∼s∼s) 行き(す)れ違い;〖場・状況の〗交替;〖舞〗クロスシャッセ

chasselas [ʃasla] 男 シャスラ〖白ワイン用ブドウ〗

chasse-neige** [ʃasnɛʒ シャスネージュ] 男 〖不変〗①〖機関車などの〗除雪器 ②〖スキー〗全制動 ▸ **descendre** *(une)* ***pente *en* **chasse-neige** 〖スキー〗ブルークする, 全制動滑降をする

***chasser** [ʃase シャセ] 他 ⟨英 hunt, chase⟩ 狩る, 狩り立てる;追撃する;採集する;⟨牛などを⟩追い立てる;追い出す;追い求める ── 自 狩る;⟨獣が⟩移動する,〖船が〗流される ▸ **chasser sur les terres de** ⟨人⟩の縄張りを荒らす

chasseresse [ʃasrɛs] 女 〖文〗女猟師 ── 形 〖女性形のみ〗猟をする

***chasseur(se)** [ʃasœr, -øz シャスール(ズ)] 名 猟師;(…を)追い求める人 (de) ── 男 戦闘機;(ホテルなどの)ボーイ **chasseur à pied** 歩兵 **chasseur alpin** 山岳歩哨兵 **chasseur de têtes**〖経〗ヘッドハンター **chasseur d'images** 報道写真家, カメラレポーター

chassie [ʃasi] 女 目やに

chassieux(se) [ʃasjø, -øz] 形 目やにがでた

châssis [ʃasi] 男 ①枠 ②〖自動車の〗車台 ③〖話〗女の魅力的な体

chaste [ʃast] 形 貞節な;清純な

chastement [ʃastəmɑ̃] 副 貞節に;清純に

chasteté [ʃastəte] 女 貞節;禁欲

chasuble [ʃazybl] 女 〖カト〗上祭服, カズラ〖司祭がミサのときに着る服〗

***chat¹(te)** [ʃa, ʃat シャ(ト)] 名 ①〖動〗ネコ〖科の動物〗 ▸ **À bon chat, bon rat.** 〖ことわざ〗敵もさるもの **d'autres chats à fouetter** 〖話〗他にやるべきことがある **avoir un chat dans la gorge** 声がしゃがれる **Chat échaudé craint l'eau froide.** 〖ことわざ〗やけどをした猫は冷水を恐れる;羹(ミミミ)に懲りて膾(ミリ)を吹く **chat perché** ペルシャネコ **chat sauvage** ヤマネコ **Il n'y avait pas un chat.** 人っ子一人いなかった **jouer au chat et à la souris** なかなか相手をつかまえられない **mon (petit) chat / ma (petite) chatte** 〖女性・子どもの呼びかけ〗 ②鬼ごっこ── **jouer à chat** 鬼ごっこする ③ ▸ **langue de chat** 〖菓〗ラングドシャ〖薄いクッキー〗 ④ ▸ **saut de chat** 〖舞〗ソードシャ〖跳躍の1種〗

chat² [tʃat] 男 〖情報〗チャット

châtaigne [ʃɑtɛɲ] 女 ①〖英 chestnut〗〖植〗栗(シ)の実 ②〖話〗(殴りの)一撃, 一発

châtaigner [ʃɑtɛɲe] 自 〖話〗殴り合う

châtaigneraie [ʃɑtɛɲrɛ] 女 栗林

***châtaignier** [ʃɑtɛɲe シャテニエ] 男 〖植〗栗の木

***châtain(e)** [ʃɑtɛ̃ シャタン] 形 〖時に女性形 châtaine が用いられる〗栗色の;〖髪が〗栗色の ── 男 栗色

chataire [ʃatɛr] 女 = cataire

***château** [ʃɑto シャト] 男 (複 ∼x) ①〖英 castle〗城(館);宮殿;大邸宅 ▸ **bâtir des châteaux en Espagne** 空中楼閣を築く, 実現不可能なことを計画する **château de cartes** カードの城〖もろく壊れやすいもののたとえ〗 **château fort** 城塞 **vie de château** 優雅な暮らし ②〖放射性燃料運搬用の〗コンテナ ③シャトー〖ボルドーワインの蔵元〗 ▸ **château-la-pompe** 〖俗〗水道水

chateaubriand 「『シャトー〜』などのワイン名をもじった冗談で」④ ▶ **château d'eau** 給水塔

chateaubriand, châteaubriant [ʃatobrijɑ̃] 男 [料] シャトーブリアン [牛ひれ肉のステーキ]

châteauroussin(e) [ʃɑtorusɛ̃, -in] 形名 [C-] シャトルーの(人)

Châteauroux [ʃɑtoru] シャトルー [Indre 県の県庁所在地]

châtelain(e) [ʃɑtlɛ̃] 名 城主; 大邸宅の主人

chat-huant [ʃɑɥɑ̃] 男 (複 〜s-〜s) [鳥] フクロウ

châtier [ʃɑtje] 他 [文] 罰する, 懲らしめる; (文章を)練る ▶ **Qui aime bien châtie bien.** (ことわざ) 愛すればこその鞭; かわいい子には旅をさせよ

chatière [ʃɑtjɛːr] 女 ①(戸の下などネコの通る穴) ②小さい穴; 通気孔

châtiment [ʃɑtimɑ̃] 男 罰, 懲罰 ▶ **châtiment corporel** 体罰

chatoiement [ʃatwamɑ̃] 男 玉虫色の輝き

chaton[1] [ʃatɔ̃] 男 指輪の爪 [宝石をはめる所]; 指輪の宝石

chaton[2] [ʃatɔ̃, -tɔn] 名 ①子猫 ②[植] 尾状花序

chatouille [ʃatuj] 女 くすぐり, 軽く触ること ▶ **faire des chatouilles à** (人)をくすぐる

chatouillement [ʃatujmɑ̃] 男 ①くすぐり; くすぐったさ ②むずがゆさ

***chatouiller** [ʃatuje シャトゥイエ] 他 (英 tickle) ①くすぐる ②むずがゆくする ③快感[快い刺激]を与える

chatouilleux(se) [ʃatujø, -øz] 形 ①くすぐったがる ②おこりっぽい, 過敏な

chatouillis [ʃatuji] 男 [話] ちょっとくすぐること

chatoyant(e) [ʃatwajɑ̃, -ɑ̃t] 形 玉虫色に光る

chatoyer [ʃatwaje] 自 45 [宝石などが]玉虫色に光る

châtrer [ʃɑtre] 他 ①(動物を)去勢する ②(作品の)大事な部分を削除する

chatte [ʃat シャット] 女 ①雌ネコ ⇒ chat(le) ②[俗] 女性性器

chattemite [ʃatmit] 形名 [話] 猫かぶり(の)

chatterie [ʃatri] 女 [古] 甘ったれ, へつらい; (複) 砂糖菓子

chatterton [ʃatɛrtɔn] 男 絶縁テープ

chatteur(se) [ʃatœr, -øz] 名 (インターネットで)チャットをする人

chat-tigre [ʃatigr] 男 (複 〜s-〜s) オオヤマネコ

***chaud(e)** [ʃo, ʃod ショー(ド)] 形 ①(英 hot, warm) 熱い; 暑い; (衣服などが)暖かい ②熱心な, 熱烈な; 激しい, 強烈な —**les banlieues chaudes** 問題を抱える郊外 ▶ **Chaud devant!** 気をつけろ! **point chaud** 紛争地帯 ③情熱的な, 好色な ▶ **quartier chaud** 色情街 ④[物] 放射性の — 男 熱くして ▶ **avoir chaud** (人が)暑い, 暑さを感じる **Ça ne me fait ni chaud ni froid.** 痛くも痒くもない, どうでもいいことだ **coûter chaud** [話] 高くつく **Il fait chaud.** 暑い **manger chaud** 熱いうちに食べる **servir chaud** 冷めないうちに出す — 男 熱; 暑さ; 暖かさ —**Restez donc au chaud.** 家の中で暖かくしていて ▶ **à chaud** 熱して; その場ですぐに **opérer à chaud** 緊急手術をする **reportage à chaud** 現地報告, 現地報道

chaude [ʃod] 女 (金属・ガラス加工の)適温; (方) たき火

chaudement [ʃodmɑ̃] 副 暖かく; 熱心に; 激しく

chaude-pisse [ʃodpis] 女 [話] 淋病

chaud-froid [ʃofrwa] 男 (複 〜s-〜s) [料] ショーフロワ [鳥などを使った冷製料理]

***chaudière** [ʃodjɛːr ショディエール] 女 ボイラー, 釜 ▶ **chaudière à gaz** ガス式ボイラー

chaudron [ʃodrɔ̃] 男 大なべ

chaudronnerie [ʃodrɔnri] 女 鍋・釜の製造業 [工場]; ボイラー製造 [工場]; ブリキ [銅版] 製造 [工場]

chaudronnier(ère) [ʃodrɔnje, -ɛr] 名 鍋・釜の製造業者; ボイラー製作工 [業者]; ブリキ屋; 金物屋 — 形 金物製造の, ボイラー製作の

***chauffage** [ʃofaʒ ショファージュ] 男 (英 heating) 暖房(装置) ▶ **chauffage au gaz** ガス暖房 **chauffage central** セントラルヒーティング **chauffage par le sol** 床暖房

chauffagiste [ʃofaʒist] 男 スチーム暖房工事業者

chauffant(e) [ʃofɑ̃, -ɑ̃t] 形 熱する, 温める; 加熱装置のついた

chauffard [ʃofar] 男 [話] 乱暴[下手]な運転をする人

chauffe [ʃof] 女 (暖房の火をたく[保つ]こと) ▶ **chambre de chauffe** (汽船の)ボイラー室

chauffe-assiettes [ʃofasjɛt] 男 [不変] 皿温め器

chauffe-bain [ʃofbɛ̃] 男 (浴槽用)瞬間湯沸し器

chauffe-biberon [ʃofbibrɔ̃] 男 (電気式)哺乳びん温め器

***chauffe-eau** [ʃofo ショフォ] 男 [不変] (ガス・電気式)湯沸し器

chauffe-plat [ʃofpla] 男 (料理の)保温用プレート

***chauffer** [ʃofe ショフェ] 他 (英 warm, heat) ①温める, 熱する ②[話] (人を)熱中[興奮]させる — 自 ①暖かくなる ②熱くなる; 過熱する —**Le poêle chauffe bien.** このストーブはとても暖かくなる ③(議論などが)熱を帯びる; (場が)盛り上がる, 活気づく ▶ **Ça va chauffer!** えらいことになりそうだ

chaufferette [ʃofret] 女 足温器、あんか

chaufferie [ʃofri] 女 ボイラー室

*__chauffeur__ [ʃofœr] 男 (ショフール) (英 driver) ①[女性にも男性形を用いる](自動車の)職業運転手 ②火夫、ボイラーマン

chauffeuse [ʃoføz] 女 低いひじかけのない椅子

chaulage [ʃolaʒ] 男 石灰撒き[塗り]

chauler [ʃole] 他 ①石灰を撒く;石灰で消毒する ②(壁に)漆喰を塗る

chaume [ʃom] 男 ①(ムギなどの)切り株(畑) ②(屋根ふき用の)わら

chaumer [ʃome] 他 (耕地から切り株を)取り除く

*__chaumière__ [ʃomjɛːr ショミエール] 女 わらぶきの家 ► *Ça fait pleurer dans les chaumières.* これはお涙ちょうだいものだ

chausse [ʃos] 女 ①(複)(古)タイツ;長靴下 ②(布製の濾斗形に)こし器

*__chaussée__ [ʃose ショセ] 女 ①車道 ②堤防 ► *Chaussée glissante* (掲示) スリップ注意

chausse-pied [ʃospje ショスピエ] 男 靴べら

*__chausser__ [ʃose ショセ] 他 ①(靴などを)はく ②人に靴をはかせる ③(車)にタイヤをつける ④(園)(樹木の根元に)土を寄せる ─ 自 (靴)が足によく合う ─ J'ai du mal à me chausser. 自分の靴が足に合わない / chausser du 39 靴のサイズは39 ─ 代動 [se ~] (自分のために)(de)、(靴を)買う

chausse-trap(p)e [ʃostrap] 女 罠、落とし穴;たくらみ

*__chaussette__ [ʃoset ショセト] 女 ①(足首までの)靴下、ソックス ► *laisser tomber comme une vieille chaussette* (人を)無情に見捨てる *retourner ... comme une vieille chaussette* (人の)意見を簡単に変えさせる ②柔らかい円筒形・円錐(ご)形の、(布の)コーヒーフィルター ─chaussette d'évacuation (火災時の)脱出シュート [ ] ► *jus de chaussette* 薄くてまずいコーヒー

chausseur [ʃosœr] 男 靴屋

chausson [ʃosɔ̃] 男 ①室内履き、スリッパ ②バレエシューズ、ダンスシューズ、体操靴 ③(果物の砂糖煮の入った半円形の)パイ ► *chausson aux pommes* リンゴのショソン

chaussonnier [ʃosɔnje] 男 靴職人

*__chaussure__ [ʃosyːr] 女 ①(複)靴、履物(総称) ► *chaussures à talon haut* ハイヒール *chaussures basses* 短靴、ショートシューズ *chaussures de ski* スキー靴 *chaussures montantes* アンクルブーツ *trouver chaussure à son pied* ぴったりなもの[相手]を見つける ②靴製造業

chaut [ʃo] chaloir の直・現・3・単

chauve [ʃoːv] 形 (英 bald) はげた ─ 男 はげ頭の人

chauve-souris [ʃovsuri] 女 (複 ~s-~) コウモリ

chauvin(e) [ʃovɛ̃, -in] 形名 盲目的愛国主義の[者]、狂信的な排外主義の[者]

chauvinisme [ʃovinism] 男 盲目的愛国主義、狂信的拝外主義

chaux [ʃo] 女 石灰 ► *blanchi [passé à la] chaux* 石灰で白く塗った *chaux vive* 生石灰 *lait de chaux* 石灰乳

chavirage [ʃaviraʒ] 男 (船の)転覆;(気持ちの)動転

chavirement [ʃavirmɑ̃] 男 = chavirage

chavirer [ʃavire] 自 ①船が転覆する ②ひっくり返る ─ 他 ①転覆させる ②(人を)動転させる、びっくりさせる ─ être chaviré びっくりした

cheap [tʃip] 形 (不変) (< 英) (話)安くて怪しげな、質の悪そうな

chéchia [ʃeʃja] 女 シェシア 【イスラム教国の縁なし帽】

check-list [(t)ʃeklist] 女 (< 英)(空) [離陸前の]点検表

check-up [(t)ʃekœp] 男 (不変) (< 英) 健康診断;精密検査

cheddite [ʃedit] 女 チェダイト【爆薬】

*__chef__ [ʃef シェフ] 男 (英 chief, head) ①かしら、長、指揮官;大統領;料理長、シェフ(= ~ de cuisine); (話) 強い人 ► *chef d'accusation* (法) 告訴箇条 *chef d'atelier* (工場の)職長 *chef de bande* (泥棒などの)一味のリーダー *chef de famille* 家長、一家の主 *chef de file* 指導者 *chef de gare* 駅長 *chef de gouvernement* 首相 *chef d'équipe* (スポーツチームなどの)監督、(工事の)班長 *chef d'établissement* 所長 *chef d'État [de l'État]* 国家元首 *chef d'état-major* 参謀総長 *chef d'orchestre* 指揮者 ► *de son propre chef* 自分の判断で、自ら進んで *en chef* (責任者として)長として;~長 *gardien chef* 看守 *grand chef* 族長、大ボス *jouer au petit chef* 偉がって指図する *médecin chef* 医長、医局長 *se débrouiller comme un chef* 見事に切り抜ける

*__chef-d'œuvre__ [ʃedœvr シェドゥーヴル] 男 (複 ~s-~) 傑作

chefferie [ʃefri] 女 ①(軍) (1945年以前の)工兵管区 ②(北アフリカの)部族長の支配地

*__chef-lieu__ [ʃefljø] 男 (複 ~s-~x) 県庁[区庁]所在地

cheftaine [ʃeftɛn] 女 (ガールスカウトの)隊長

cheik, cheikh [ʃɛk] 男 (アラブの)長

老, 教主

chéiroptères [keiroptɛr] 男 (複)
= chiroptères

chelem [ʃlɛm] 男 [トランプ] スラム ► **faire le grand chelem** [スポーツ] グランドスラムを達成する【主要大会に全部勝つこと】

chéloïde [keloid] 女 ケロイド

chéloniens [kelɔnjɛ̃] 男 (複) カメ目【類】

***chemin** [ʃ(ə)mɛ̃ シュマン] 男 (英 way, road) 道路; 道のり; 手段, 方法; 軌道 ► **aller [(pour) suivre] son petit bonhomme de chemin** コツコツと地道にやっていく **Cela n'en prend pas le chemin.** これは実現には程遠い **chemin d'accès** [情報] パス, アクセス経路【ネットワークなどのデータの通信経路】 **chemin de croix (du Christ)** 十字架の道; 苦難の道 **chemin de fer** ⇨見出し **chemin de halage** 引き船道 **chemin de ronde** (城壁沿いの) 巡回路 **chemin de terre** (未舗装の) 土の道, 抜け道 **chemin de traverse** 近道, 抜け道 **chemin des écoliers** 回り道, 遠回り **demander son chemin** 道を尋ねる **en chemin** 途中で **être sur le bon chemin** 正しい道筋をたどっている, 順調に進んでいる **faire du chemin** 遠くへ行く; 進歩する **faire son chemin** (思想が) 浸透する, 出世する **sur sa chemin / sur le chemin** (…の) 間に立ちはだかって (de)

***chemin de fer** [ʃ(ə)mɛ̃dfɛr シュマンドゥフェール] 男 (複 ~s de fer) 鉄道 (会社) ⇨SNCF

chemineau [ʃ(ə)mino] 男 (複 ~x) (古) 浮浪者, 季節労働者

***cheminée** [ʃ(ə)mine シュミネ] 女 ① (英 chimney) 煙突 ② (英 fireplace) 暖炉, マントルピース; ►**manteau de~**) ③ (火山の) 火道; [登山] チムニー【岩の縦に走った割れ目】 ► **cheminée d'aération** 送風 [排気] ダクト

cheminement [ʃ(ə)minmã] 男 ① 歩み ② (ゆっくりした) 発展, 進展

cheminer [ʃ(ə)mine] 自 ① (長い道のりを) 歩く ② (考えなどが) 徐々に進展する

cheminot [ʃ(ə)mino] 男 鉄道員

chemisage [ʃ(ə)mizaʒ] 男 機械の内・外面の補強

***chemise** [ʃ(ə)miz シュミーズ] 女 ① (ワイ) シャツ ② ► **chemise de nuit** ネグリジェ ③ (厚紙を2つに折った) 書類ばさみ ④ (機械などの) 被覆, 裏打ち ► **être en manches [bras] de chemise** 上着を脱いでいる; ラフな格好でいる **mouiller sa chemise** 苦労をいとわない **s'en soucier [moquer] comme de sa première chemise.** ((話)) まったく眼中にない

chemiser [ʃ(ə)mize] 他 (機械に) 被覆する

chemiserie [ʃ(ə)mizri] 女 (男性用の) シャツ [下着] 製造業; シャツ店

chemisette [ʃ(ə)mizɛt] 女 (婦人・子ども用) シュミゼット, ブラウス; (男性用) 半袖ワイシャツ

chemisier¹ [ʃ(ə)mizje] 男 (婦人用) シャツブラウス

chemisier²(ère) [ʃ(ə)mizje, -ɛr] 名 シャツ製造 [販売] 業者

chênaie [ʃene] 女 カシワの林

chenal [ʃ(ə)nal] 男 (複 -aux[-o]) 水路; 水車用流水溝

chenapan [ʃ(ə)napɑ̃] 男 いたずらっ子; 《古・ふざけて》ごろつき, ならず者

***chêne** [ʃɛn シェヌ] 男 [植] カシワ, オーク; オーク材 ► **chêne vert** セイヨウヒイラギガシ

chéneau [ʃeno] 男 (複 ~x) (軒の) 樋(とい), 溝

chêne-liège [ʃenljɛʒ] 男 (複 ~s-~s) [植] コルク樫(がし)

chenet [ʃ(ə)nɛ] 男 (暖炉の薪(まき)のせ台

chènevière [ʃɛnvjɛr] 女 麻畑

chènevis [ʃɛnvi] 男 麻の実

chenil [ʃ(ə)nil] 男 ①(猟犬の) 犬小屋 ② (話) 不潔な住居

chenille [ʃ(ə)nij] 女 ① 毛虫, 芋虫 ② (戦車などの) 無限軌道, キャタピラー ③ シュニール【ロード状にけば立てた糸】

chenillé(e) [ʃ(ə)nije] 形 無限軌道をつけた

chenillette [ʃ(ə)nijɛt] 女 小型無限軌道車

chenu(e) [ʃəny] 形 《文》老いて白髪の

cheptel [ʃɛptɛl, ʃtɛl] 男 ① 家畜 (賃貸契約) ② 農業用の建物, 農具

***chèque** [ʃɛk シェック] 男 (英 check) 小切手; …用の券 ► **chèque barré** (不正使用を防ぐ) 線引きされた小切手 **chèque de voyage** トラベラーズチェック **chèque en blanc** (金額無記入の) 白地小切手 **chèque postal** 郵便振替; 〈複〉郵便貯金業務部 **chèque sans provision**, 《話》**chèque en bois** 不渡り小切手 **donner un chèque en blanc à** …に白紙委任する, 自由にさせる **faire un chèque** 小切手を切る **toucher un chèque** 小切手を換金する

chèque-cadeau [ʃɛkkado] 男 (複 ~s-~x) 商品券

chèque-restaurant [ʃɛkrɛstɔrɑ̃] 男 (複 ~s-~s) (企業が社員に配る) 昼食券

chéquier [ʃekje] 男 小切手帳

Cher¹ [ʃɛr] ① [le ~] シェール川 [Loire川支流] ② シェール県【フランス中部】

***cher(ère)** [ʃɛr シェール] 形 (英 expensive) 高価な, 高い ― **C'est trop cher.** それは高過ぎる ― 副 高く, 高価に ― **Il a payé cher son impru-**

dence. 軽はずみなことをしたために彼は大変な目にあった / Il me le payera cher. あいつには必ず仕返ししてやる ▶**avoir pour pas cher** (話) 安く手に入る **coûter (valoir) cher** 高い, 高価である **donner cher pour** …の[する]ためならどんな代償を払ってもいい **ne pas donner cher de** …は長くないと思う ―Je ne donne pas cher de sa réussite. 彼の成功はそう長くないだろう **revenir cher à** (人)にとって高い

***cher(ère)**[2] [ʃɛr シール] 形 ①(英 dear) 愛する, 親愛な ▶**(mes) chers auditeurs** 聴衆の皆さん ②(人にとって)大切な, 貴重な (à) ―**une formule chère** 好んで使う言い回し ― 名 ▶**mon cher / ma chère**(呼びかけ)いとしい人

***chercher** [ʃɛrʃe シェルシェ] 他 ①(英 look for, seek) 探す, 探し求める ▶**aller chercher** 迎えに[探しに]行く, 呼びに[取りに]行く **ça va chercher dans les…**(値段などが)…になる ―Ça peut aller chercher loin! 高いものになるかもしれない **chercher les poux dans la tête de** (人)に言いがかりをつける **chercher la petite bête**(重箱の隅をほじくるような)あら探しをする **chercher midi à quatorze heures** 簡単なことを難しく考える **chercher une aiguille dans une botte** 不可能に近いことをさぐる **Il l'a bien cherché**. 彼は自業自得さ **venir chercher** …を迎え[探し]に来る, 呼びに[取りに]来る ②(英 try) (…しようと)努める, 試みる (à 不定詞) ③(話) (人)を挑発する; (人)にけんかを売る ― 代動 [**se ~**] 互いに探し求める; 自分を知ろうと努める

chercheur(se) [ʃɛrʃœr, -øz] 名 ①(英 researcher) 研究者, 研究員 ②(金などを探す人 ▶**chercheur d'or** 金鉱を掘るファインダー ― 形 好奇心の強い ▶**fusée à tête chercheuse** 自動誘導ロケット

chère [ʃɛr] 女 《文》 ごちそう ▶**aimer la bonne chère** 食べるのが好きである, 食道楽である

chèrement [ʃɛrmɑ̃] 副 ①高値に, 犠牲を払って ②愛情をこめて

***chéri(e)** [ʃeri シェリ] 形 (＜ chérir) いとしい, 最愛の ▶**—maman chérie** ねえママ, ねえお母さん ― 名 最愛の人 ▶**à notre père chéri**(墓で) 敬愛する父に / **mon chéri / ma chérie**(愛情をこめた呼びかけ) あなた, おまえ

chérif [ʃerif] 男 シャリーフ 《マホメットの娘 Fatima の子孫》; ソソビア人の族長

chérir [ʃerir] 他 33 深く愛する; 大事にする

chérot [ʃero] 形 (不変) (話) (値段が)高い

cherry [ʃeri] 男 (＜英) チェリーブランデー

cherté [ʃɛrte] 女 《古》高価(であること)

chérubin [ʃerybɛ̃] 男 ①天使ケルビン ②(話) かわいい子ども

chester [ʃɛstɛr] 男 チェスターチーズ《英国産》

chétif(ve) [ʃetif, -iv] 形 ①虚弱な, 体の弱い ②《文》貧弱な, わずかの

chevaine [ʃ(ə)vɛn] 男 [魚] モロコ

***cheval** [ʃ(ə)val シュヴァル] 男 (複 -aux [-o]) ①馬; 馬肉; 乗馬 ▶**à cheval** 馬で, 馬に乗って ― **monter à cheval** 馬に乗る **à cheval sur** …に馬乗りになって; にまたがって ―**à cheval sur deux mois** ふた月にまたがって **cheval à bascule** 揺り木馬 **cheval d'arçons**(体操の)鞍馬 **cheval de bataille** 軍馬 **cheval de course** 競走馬 **cheval de selle** 乗用馬 **cheval de trait** 馬車馬, **de cheval** 激しい, 猛烈な **être (très) à cheval sur** …にやかましい **faire du cheval** 乗馬をする **monter sur ses grands chevaux** いきり立つ; 居丈高になる ②(機)馬力 (＝~-vapeur) [略 Ch]; (自動車の)課税馬力 (＝~ fiscal) [略 CV] ―Elle fait combien de chevaux? ―C'est une 6 chevaux. これは何馬力ですか ―6馬力です ③(話) 働き者, 馬力のある人

chevalement [ʃ(ə)valmɑ̃] 男 (壁などの)支柱; (鉱山の坑口の)骨組

chevaleresque [ʃ(ə)valrɛsk] 形 騎士道の

chevalerie [ʃ(ə)valri] 女 (中世の)騎士制度; 騎士道

chevalet [ʃ(ə)valɛ] 男 ①架台, 画架 ②木挽き台 (＝~ de scieur) ③(弦楽器の)ブリッジ

chevalier [ʃ(ə)valje] 男 ①(中世の)騎士 ―**chevalier errant** 遍歴の騎士 / **chevalier servant** 女性に仕える男 ②(中世の騎士修道会の)騎士道 ③受勲者 ▶**chevalier de la Légion d'honneur** レジォンドヌール勲章騎士章の受勲者

chevalière [ʃ(ə)valjɛr] 女 頭文字[紋章]を石に刻んだ指輪

chevalin(e) [ʃ(ə)valɛ̃, -in] 形 馬の(ような) ▶**boucherie chevaline** 馬肉屋

cheval-vapeur [ʃ(ə)valvapœr] 男 (複 -aux [ʃ(ə)vovapœr])(機) 馬力.

chevauchant(e) [ʃ(ə)voʃɑ̃, -ɑ̃t] 形 (歯や瓦)などが)重なっている; (植)路瓦)状の

chevauchée [ʃ(ə)voʃe] 女 《文》騎行

chevauchement [ʃ(ə)voʃmɑ̃] 男 (丸^)ルなどが)重なり合うこと

chevaucher [ʃ(ə)voʃe] 自 《古·文》馬に乗って行く; (瓦などが)重なり合う; 歯並びが悪い ― 他 (馬などに)乗る, またがる; 重なる ― 代動 [**se ~**]

chevaux [ʃ(ə)vo] cheval の複数形

chevêche [ʃəvɛʃ] 女 〔鳥〕フクロウの一種

chevelu(e) [ʃəvly] 形 ①（ふさふさと）髪の生えた、長髪の ②〔植物の根などに〕ひげのある ―男〔植〕根毛

chevelure [ʃəvlyr] 女（長く豊かな）髪 —chevelure d'une comète〔天〕彗星の尾

chevesne [ʃ(ə)vɛn] 男〔魚〕モロコ

chevet [ʃ(ə)vɛ] 男 ①枕もと ►*lampe de chevet* ナイトスタンド; 枕もとの明かり *table de chevet* ナイトテーブル ②〔建〕教会の後陣

cheveu [ʃ(ə)vø シュヴー] 男（複 ～x）（英 hair）髪の毛 ►*arriver (tomber, venir) comme un cheveu sur la soupe* 間の悪いときにやってくる;（発言などの）的外れになる *avoir un cheveu (sur la langue)* 舌足らずだ *Il s'en faut d'un cheveu que...* もう少しで…になるところだ *se faire des cheveux (blancs)* 髪が白くなるほど心配する *tiré par les cheveux* 強引な、こじつけの

chevillard [ʃ(ə)vijar] 男 卸し肉屋

cheville [ʃ(ə)vij] 女 ①（英 ankle）〔解〕くるぶし、足首 ►*avoir les chevilles qui enflent*〔話〕思い上がっている、うぬぼれている *en chevilles* 共謀して、ぐるになって *ne pas arriver (aller, venir) à la cheville de*（人の）足元にも及ばない —Aucun ne lui arrive à la cheville. 誰も彼の足元にも及ばない ②木くぎ、ボルト ►*cheville ouvrière* キングボルト;中心人物、かなめ *être en cheville avec*（人）と密接なつながりがある、共同する ③（弦楽器の）糸巻き;（ピアノなどの）チューニングピン ④（韻律のために入れた）冗語

cheviller [ʃ(ə)vije] 他 ①木釘で止める;ボルトで締める ►*avoir l'âme chevillée au corps* 強い生命力がある ②（韻律を整えるために）冗語を入れる

cheviotte [ʃəvjɔt] 女〔織〕チェヴィオット羊の毛（織物）

chèvre [ʃɛvr シェーヴル] 女 ①（英 goat）（雌）ヤギ ►*devenir chèvre* かっとなる、頭に来る ②巻揚げ機;木びき台 ―男 ヤギ乳チーズ

chevreau [ʃəvro] 男（複 ～x）子ヤギ;キッド皮

chèvrefeuille [ʃɛvrəfœj] 男〔植〕スイカズラ

chevrette [ʃəvrɛt] 女 ①（雌の）子ヤギ ②ノロジカの雌 ③三脚台

chevreuil [ʃəvrœj] 男〔動〕ノロジカ

chevrier(ère) [ʃəvrije, -ɛr] 名 ヤギの番人

chevron [ʃəvrɔ̃] 男 ①〔建〕（屋根の）たる木 ②〔軍〕山形の記章;山形模様 ►*à chevrons* ヘリンボーンの、杉形織の

chevronné(e) [ʃəvrɔne] 形 (< chevronner) ①〔紋〕山形の印のある ②老練な

chevrotant(e) [ʃəvrɔtɑ̃, -ɑ̃t] 形〔声が〕震える

chevrotement [ʃəvrɔtmɑ̃] 男〔声の〕震え

chevroter [ʃəvrɔte] 自 震え声で歌う;〔話す〕;〔ヤギが〕めえと鳴く

chevrotin [ʃəvrɔtɛ̃] 男 ノロジカの子;子ヤギの皮、キッド皮;ヤギのチーズ

chevrotine [ʃəvrɔtin] 女 鹿狩り用の弾丸

chewing-gum [ʃwiŋgɔm] 男 (< 英) チューインガム

chez [ʃe シェ] 前 (英 at, in; to) …の家で(に);…の地方(国)で;（会社）で;…の間で、…において ―*sortir de chez soi* 自分の家から外へ出る / *aller chez le dentiste* 歯医者に行く / *travailler chez Renault* ルノーで働く / *chez les jeunes* 若者の間では ►*à côte de chez*, *près de chez...* ⇒*près de chez... chez soi* (英 at home)（自分の）家で、在宅して *Faites comme chez vous!*〔話〕おくつろぎください *Je suis bien chez...?*（電話で）…さんのお宅ですか *passer (par) chez*（人）の家に立ち寄る *près de chez*（人）の家の近所に(近く)で

chez-moi [ʃemwa], **chez-soi** [ʃeswa], **chez-toi** [ʃetwa] 名〔不変〕わが家、住まか

chiadé(e) [ʃjade] 形〔話〕困難な;（仕事が）入念な

chiader [ʃjade] 他〔話・古〕猛勉強する

chialer [ʃjale] 自 ①〔話〕泣く ②（カナダ）絶えず不平を言う

chialeur(se) [ʃjalœr, -øz] 形名〔話〕泣き虫の

chiant(e) [ʃjɑ̃, -ɑ̃t] 形〔話〕（人を）うんざりさせる

chianti [kjɑ̃ti] 男 キャンティ【イタリアのトスカーナ地方の赤ワイン】

chiard [ʃjar] 男〔俗〕（軽蔑的に）子供、がき

chiasme [kjasm] 男〔修〕対句交換法【対句の順序を交換させる】

chiasse [ʃjas] 女 ①虫の糞(ふん) ②〔俗〕下痢

chibouque, chibouk [ʃibuk] 男または女（トルコ人の）長煙管(きせる)

chic [ʃik シク] 形 ①（英 stylish）粋な、しゃれた ②（英 nice）〔話〕親切な、感じのいい ―男〔軽蔑〕こつ、抜け穴 ►*avoir le chic pour*（…するの）が非常にうまい ―間 ►*Chic (alors)!*〔喜び・満足を示して〕しめた、やった、すてき

chicane [ʃikan] 女 ①へ理屈、言いがかり ②〔裁判の法廷にはびこる〕詭弁;裁判(沙汰) ③ジグザグの通路;障害物

chicaner [ʃikane] 自 (裁判で) 詭弁を弄する;(…に) いいがかりをつける (sur)

—— 他 (人に)言いがかりをつける; 《話》悩ます

chicanerie [ʃikanri] 女 《古》へ理屈, 言いがかり

chicaneur(se) [ʃikanœr, -øz] 形 名 訴訟好きな人; 言いがかりを言う人

chicanier(ère) [ʃikanje, -ɛr] 形 名 文句ばかり言う(人)

chiche¹ [ʃiʃ] 形 《古》出し惜しむ(de); 貧弱な, わずかな — 間 よしっ, やろうじゃないか(…しようって)《que》[挑戦したり, 受けたりする気持ちを表す]

chiche² [ʃiʃ] 男 《植》ヒヨコ[エジプト]マメ(= pois ~)

chiche-kebab [ʃiʃkebab] 男 (複 ~s-~s)《トルコ》シシカバブ《中近東の羊肉の串焼き料理》

chichement [ʃiʃmɑ̃] 副 つつましく, けちけちと

chichi [ʃiʃi] 男 《話》気取った態度 ▶ faire des chichis 気取る, もったいぶる

chichiteux(se) [ʃiʃitø, -øz] 形 《話》気取った

chiclé [(t)ʃikle] 男 チクル(ゴム)《チューインガムの原料》

chicon [ʃikɔ̃] 男 《植》①レタス ②《ベルギー》エンダイブ

chicorée [ʃikɔre] 女 《植》キクニガナ属; チコリ ▶ chicorée endive エンダイブ

chicos [ʃikos] 形 《話》しゃれた, すてきな

chicot [ʃiko] 男 (木の)切株; 《話》歯の残根

chicotin [ʃikɔtɛ̃] 男 《古》アロエの液汁 ▶ amer comme chicotin 非常に苦い

chié(e) [ʃje] 形 《話》すばらしい, 信じられない, 驚きだ; いやな, 不快な; 図々しい, おかしな, 大勢 ▶ une chiée de... 大量の, 大勢

*__chien(ne)__¹ [ʃjɛ̃, -ɛn] シヤン(エヌ) 名 ①《犬 dog》犬 ▶ arriver comme un chien dans un jeu de quilles 間の悪いときにやってくる avoir du chien 《話》(女性の)色気がある Ce n'est pas fait pour les chiens. それを大いに利用すべきである chien d'arrêt 猟犬【ポインターなど】 chien d'aveugle 盲導犬 chien de berger 牧羊犬 chien de chasse 猟犬 chien de garde 番犬 chien de mer 小鮫(ξᵃ°) chien de race 純血種の犬 chien de traîneau (そりをひく)ハスキー犬 chien méchant (掲示)猛犬注意 chien policier 警察犬 chien savant 芸を仕込まれた犬 chiens écrasés (新聞の)三面記事 comme un chien (病気が)重い; ひどく; 冷酷に, 無惨に de chien / chien de ...《話》ひどい, たいへんな, 嫌な … —— 女 vie de chien みじめな生活 / Quel chien de temps! 何てひどい天気だ donner sa langue aux chiens (難問などに)降参する entre chien et loup たそがれ時に《犬に似返しをとうと手ぐずねをひいている》 Les chiens aboient, la caravane passe. (ことわざ)言いたいやつには言わせておけ Nom d'un chien! 《話》畜生, くそっ se regarder en chiens de faïence 敵意を込めてにらみ合う s'entendre comme chien et chat 犬猿の仲である ②(銃の)撃鉄 ▶ en chien de fusil 体を丸めて

chien(ne)² [ʃjɛ̃, -ɛn] 形 《話》けちな, 意地悪な

chiendent [ʃjɛ̃dɑ̃] 男 雑草; 《植》ハマムギ(の干した根); 《話》厄介なこと ▶ pousser comme du chiendent 雑草のようによく生える, しぶとい

chienlit [ʃjɑ̃li] 女 《文》仮装行列; 奇怪な仮装; 大混乱

chien-loup [ʃjɛ̃lu] 男 (複 ~s-~s)《犬》シェパード(= berger allemand)

chienne [ʃjɛn] 女 ⇒ chien

chiennerie [ʃjɛnri] 女 《古》汚らしいこと[生活]

chier [ʃje] 自 《俗》糞をする ▶ à chier うんざりするような Ça va chier. そいつはやっかいなことになる envoyer chier (人)を追いはらう faire chier 《俗》(人)を困らせる, うんざりさせる se faire chier うんざりする

chierie [ʃiri] 女 《話》相当にうんざりすること, かなりの面倒

chieur(se) [ʃjœr, -øz] 名 《話》やっかい者, うんざりさせられる人

chiffe [ʃif] 女 《古》ぼろ; 無気力な人, 腰抜けた(= ~ molle)

*__chiffon__ [ʃifɔ̃] シフォン 男 (英 rag) ぼろ切れ, 雑巾(= à poussière); 紙くず, 反故(ﾞl); 《複》《話》(女の)服, 装身具 ▶ donner un coup de chiffon à / passer un coup de chiffon sur ... に雑巾をかける parler chiffons お洒落の話をする; つまらないおしゃべりをする

chiffonnade [ʃifɔnad] 女 《料》シフォナード《サラダ菜・アンディーヴなどの千切り》

chiffonnage [ʃifɔnaʒ], **chiffonnement** [ʃifɔnmɑ̃] 男 しわくちゃにすること

chiffonné(e) [ʃifɔne] 形 (< chiffonner) しわくちゃになった ▶ visage chiffonné 疲れ果てた顔

chiffonner [ʃifɔne] 他 しわくちゃにする; 《話》困らせる ▶ Ça me chiffonne. それが悩みの種だ

chiffonnier(ère) [ʃifɔnje, -ɛr] 名 くず屋 ▶ se battre comme des chiffonniers なりふり構わず殴り合う — 男 引き出しの多い小物入れ

chiffrable [ʃifrabl] 形 計算できる; 数値化できる

chiffrage [ʃifraʒ] 男 見積もり, 算定; 番号をつけること

chiffre [ʃifr シフル] 男 ①(英 figure; sum) 数(字); 総額 ▶numéro de 7 chiffres 7桁の数字 ▶*chiffre d'affaires* 総売上高 *chiffres arabes* アラビア数字 *chiffres de vente* 売上金額 *chiffres romains* ローマ数字 *en chiffres ronds* 概算で ②(英 code) 暗号(課) ③(氏名の頭文字などの)組合せ文字

chiffré(e) [ʃifre] 形 (<chiffrer) 暗号にした; 数値化した, 数字の裏うけのある

chiffrement [ʃifrəmɑ̃] 男 暗号文の作成; 暗証番号化

chiffrer [ʃifre] 他 計算する; 暗号で書く; 番号をつける; [楽] (和音を示す)数字を記す ── 自 計算できる ── 代動 [se ~] (数字・金額が)(…に)達する (à)

chiffreur(se) [ʃifrœr, -øz] 名 暗号作成係; 計算するひと

chigner [ʃine] 自 (話) 泣く

chignole [ʃiɲɔl] 女 ①ドリル, 錐(ﾎﾘ) ②(話) ぼろ自動車

chignon [ʃiɲɔ̃] 男 シニヨン【女性の小さなまげ】

chihuahua [ʃiwawa] 男 動 チワワ【短毛のとても小さな犬】

chiisme [ʃiism] 男 (イスラム教の)シーア派

chiite [ʃiit] 名 シーア派教徒 ── 形 シーア派の

Chili [ʃili] 男 チリ【南米の共和国】

chili [ʃili] 男 (複 *chiles*) トウガラシ ▶*chili con carne* チリコンカルネ【ひき肉と豆をチリパウダーで煮込んだメキシコ料理】

chilien(ne) [ʃiljɛ̃, -ɛn] 形 名 [[C-]]チリの(人)

chimère [ʃimɛr] 女 ①[[C-]](ギ神) キマイラ【頭がライオンで, 胴がヤギ, 尾がヘビの伝説獣】 ②妄(ｳ)想, 実現不可能な計画 ③(魚) ギンザメ ④(生) キメラ

chimérique [ʃimerik] 形 空想[妄想]にふける; 空想的な

*chimie [ʃimi シミ] 女 (英 chemistry) ①化学 ②内的変化

chimio- [ʃimjo-] (話) = chimiothérapie

chimioluminescence [ʃimjolyminesɑ̃s] 女 (化) 化学発光

chimiorécepteur [ʃimjoreseptœr] 男 (化) 化学受容器

chimiorésistance [ʃimjorezistɑ̃s] 女 化学療法抵抗性【細菌の化学薬品に対する抵抗】

chimiosynthèse [ʃimjosɛ̃tɛz] 女 [生化] 化学合成

chimiotactisme [ʃimjotaktism] 男, **chimiotaxie** [ʃimjotaksi] 女 [生] 走化性, 化学走性

chimiothérapie [ʃimjoterapi] 女 [医] 化学療法

chimiothérapique [ʃimjoterapik] 形 [医] 化学療法の

*chimique [ʃimik シミク] 形 (英 chemical) 化学の, 化学的の ▶*produits chimiques* 化学薬品

chimiquement [ʃimikmɑ̃] 副 化学的に, 化学によって

chimiste [ʃimist] 名 (英 chemist) 化学者

chimpanzé [ʃɛ̃pɑ̃ze] 男 動 チンパンジー

chinchard [ʃɛ̃ʃar] 男 (魚) アジ

chinchilla [ʃɛ̃ʃila] 男 動 チンチラ(の毛皮)

*Chine [ʃin シヌ] 女 (英 China) 中国 ▶*mer de Chine orientale* [la ~] 東シナ海 *République de Chine* [la ~] 中華民国 *République populaire de Chine* [la ~] 中華人民共和国

chine [ʃin] 男 ①陶磁器, 唐紙(ﾄｳｼ) ②中国製, 骨董品 [商売] ▶*vente à la chine* 訪問販売

chiné(e) [ʃine] 形 (<chiner) 種々の色糸で, まだら模様に織られた

chiner [ʃine] 他 ①まだら模様に織る ②(話) 皮肉る; からかう; ねだる ── 自 (骨董屋で)古物をあさる

chinetoque [ʃintɔk] 名 (話・軽蔑的) 中国人

chineur(se) [ʃinœr, -øz] 名 ①古物商 ②(話・古) 皮肉屋, 茶化す人

*chinois(e) [ʃinwa, -az シノワ(ズ)] 形 (英 Chinese) ①中国(Chine) (人・語)の; 中国風の ②奇妙な ── 名 ①[C-] 中国人 ②(古・話) 怪しい[妙な]人物 ── 男 ①中国語 ②(円錐状の)漉(ｺ)し器 ▶*C'est du chinois.* (話) それはちんぷんかんぷんだ

chinoiser [ʃinwaze] 自 やかましいことを言う, へ理屈を並べる

chinoiserie [ʃinwazri] 女 ①中国趣味の(骨とう品) ②(複) (手続きなどの)わずらわしさ

chiot [ʃjo] 男 子犬

chiotte [ʃjɔt] 女 (話) ①(複) トイレ ▶*Aux chiottes!* ばかやろう! ②自動車

chiourme [ʃjurm] 女 (昔の)ガレー船をこぐ徒刑囚

chiper [ʃipe] 他 (話) 盗む, 奪う

chipie [ʃipi] 女 (話) がみがみ言う女; 意地の悪い小娘, いじずな娘

chipolata [ʃipolata] 女 (<イ) チポラータ【小さいソーセージ】

chipoter [ʃipɔte] 自 (話) ①まずそうに口先で食べる ②つまらぬ事に文句をつける; 値切る ── 他 (話) けちな文句を言う; 値切る

chipoteur(se) [ʃipɔtœr, -øz] 形 名 文句にうるさく言う(人); ぐずぐずする(人)

chips [ʃips] 女 (複) ポテトチップス (=pommes ~)

chique [ʃik] 女 ①かみタバコの塊(ﾀﾏﾘ) ▶*couper la chique* 話の腰を折る ②

chiqué [ʃike] 男 (話) 気取り, わざとらしさ, 見せかけ; にせもの ▶**au chiqué** もったいぶって *C'est du chiqué.* それははったりだ *faire du chiqué* もったいつける

chiquenaude [ʃiknod] 女 爪ではじくこと; 軽い刺激

chiquer [ʃike] 自他 かみタバコをかむ

chiqueur(se) [ʃikœr, -øz] 名 かみタバコをかむ人

chir(o)- 接頭 ((くギ))「手」の意

chiromancie [kirɔmɑ̃si] 女 手相占い

chiromancien(ne) [kirɔmɑ̃sjɛ̃, -ɛn] 名 手相見

chiropracteur(trice) [kirɔpraktœr, -tris] 名〔医〕脊柱指圧療法士, カイロプラクター

chiropractie, chiropraxie [kirɔpraksi] 女〔医〕脊柱指圧療法, カイロプラクティク

chiroptères [kirɔptɛr] 男(複)〔動〕翼手目【コウモリなどの夜行性哺乳動物】

chirurgical(ale) [ʃiryrʒikal] 形(男複 -aux[-o]) 外科の ▶*acte chirurgical* 外科的処置 *frappe chirurgicale* (軍事で特定の目標への)局地的攻撃

chirurgie [ʃiryrʒi] 女 (英 surgery) 外科 ▶*chirurgie esthétique* 美容外科, 美容整形

*__chirurgien(ne)__ [ʃiryrʒjɛ̃, -ɛn] シリュルジアン(エンヌ) 名 (英 surgeon) 外科医

chirurgien-dentiste [ʃiryrʒjɛ̃dɑ̃tist] 名(複 ~s-~s) 歯科医, 口腔外科医

chistera [(t)ʃistera] 女 (ヤナギ編みの)手袋型ラケット【バスク地方の球戯に用いる】

chitine [kitin] 女 キチン(質)

chiure [ʃjyr] 女 (昆虫, 特にハエの)糞

ch.-l. [ʃɛfljø] = chef-lieu 県庁[部庁]所在地

chlamydia [klamidja] 女〔生〕クラミジア【感染症を引き起こす細菌】

chleuh [ʃlø] 男 (話・軽蔑的)ドイツ野郎【第二次大戦中用いられた蔑称】

chlinguer [ʃlɛ̃ɡe] 自 (俗)悪臭を放つ, におう

chlore [klɔr] 男〔化〕塩素

chloré(e) [klɔre] 形 塩素を含む

chlorhydrate [klɔridrat] 男〔化〕塩酸塩

chlorhydrique [klɔridrik] 形 ▶*acide chlorhydrique* 塩酸

chlor(o)- 接頭 ((くギ))「緑」「塩素」の意

chloroforme [klɔrɔfɔrm] 男〔化〕クロロホルム

chloroformer [klɔrɔfɔrme] 他 クロロホルムで眠らせる; 麻酔にかける, 麻痺させる

chloroformisation [klɔrɔfɔrmizasjɔ̃] 女 クロロフォルム麻酔(をかけること)

chlorophylle [klɔrɔfil] 女 葉緑素

chlorophyllien(ne) [klɔrɔfiljɛ̃, -ɛn] 形 葉緑素の

chlorose [klɔroz] 女〔医〕萎黄(いおう)病; 貧血;〔植〕白化現象

chlorotique [klɔrɔtik] 形〔医〕萎黄病[貧血]にかかった(人)

chlorure [klɔryr] 男〔化〕塩化物 ▶*chlorure de sodium* 塩化ナトリウム

chloruré(e) [klɔryre] 形 塩化物になった

chlorurer [klɔryre] 他 塩化物にする

chnoque [ʃnɔk] 名 = schnock

chnouf [ʃnuf] 女 = schnouf

***choc** [ʃɔk] 男 (英 shock) 衝突, 衝撃; 対立; 打撃; 動揺 ▶*choc en retour* なお返し, あおり *choc opératoire* 〔医〕術後ショック *choc pétrolier* オイルショック *de choc* (攻撃などの)前衛の, 始動のための *prix choc* 破格の値段 *Résiste aux chocs* (掲示)耐衝撃性 *sous le choc* 衝撃で; 動揺して *tenir le choc* (試練などに)びくともしない, 平気である

chochotte [ʃɔʃɔt] 形女 (軽蔑的)上品ぶった[澄ました](やつ)

***chocolat** [ʃɔkɔla ショコラ] 男 (英 chocolate) チョコレート; ココア ▶*être chocolat* 《話》当てが外れる, 一杯食わされる 一形 (不変)チョコレート色の ▶*chocolat à cuire* 製菓用チョコレート *chocolat au lait* ミルクチョコレート

chocolaté(e) [ʃɔkɔlate] 形 チョコレート風味の[を含んだ]

chocolaterie [ʃɔkɔlatri] 女 チョコレート製造(工場)

chocolatier(ère) [ʃɔkɔlatje, -ɛr] 形名 チョコレート製造[販売]業の[業者]

chocottes [ʃɔkɔt] 女(複) (話・古)歯 ▶*avoir les chocottes* (話)(歯ががたがた言うほど)怖い

choéphore [kɔefɔr] 名 (古代ギリシアの)死者に供物をささげる人

chœur [kœr] 男 (英 chorus) ①合唱(団); (教会の)聖歌隊; 合唱曲 ▶*en chœur* 声をそろえて, いっせいに ②(教会の)内陣; (…の)一同 ▶*enfant de chœur* (カト)ミサ答え; 「(祭の助手); 2 お人好しの人 ③(古代ギリシアの)歌い舞う人の群れ, 合唱歌舞団

choir [ʃwar] 自 55 (文・古)落ちる, 倒れる ▶*laisser choir* (話) (人)を見捨てる

choisi(e) [ʃwazi] 形 (< choisir) 選ばれた; より抜きの

***choisir** [ʃwazir ショワズィール] 他 33 (英 choose) 選ぶ; (人を…に)選ぶ (comme); (…すること)決める (de), 間接疑問文を導いて] …を決める (si, quand, où) ▶*bien [mal] choisir* 正しい[間違った]選択をする 一[代動] se ~] 自分のために…を選ぶ; 選び合う

choix [ʃwa] 男 (英 choice) 選ぶこと, 選択(の可能性); 好み, 選んだもの; 選集 ▶**au choix** 好みに応じて **avoir le choix** 選べる, 選択の余地がある **choix de ...** 選集 **de choix** より抜きの, 特選の **―de premier choix** 一級の; 極上の **de seconde choix** 品質・値ともにまあまあの **fixer [porter] son choix sur** ...に決める **n'avoir que l'[le] choix.** 品揃えが豊富である **laisser le choix à** (人に)(...することの)選択を任せる (**de**)

cholagogue [kɔlagɔg] 形男 胆汁分泌(促進)の(薬)

chol(é)- 接頭 (ギ)「胆汁」の意

cholécystite [kɔlesistit] 女 [医] 胆嚢(のう)炎

cholécystotomie [kɔlesistɔtɔmi] 女 [医] 胆嚢(のう)造瘻(ろう)術

cholédoque [kɔledɔk] 形 ▶**canal cholédoque** [解] 総胆管

cholémie [kɔlemi] 女 [医] 胆血症

choléra [kɔlera] 男 ①[医] コレラ ②(話・古) いやなやつ

cholérique [kɔlerik] 形名 コレラの[にかかった]; コレラ患者

cholestérol [kɔlesterɔl] 男 [生化] コレステロール

cholestérolémie [kɔlesterɔlemi] 女 [生理] (血液中の)コレステロール量

cholurie [kɔlyri] 女 [医] 黄疸尿, 胆汁尿症

***chômage** [ʃomaʒ] ショマージュ] 男 (英 unemployment) 失業; (話) 失業手当; 操業停止 ▶**être au chômage** 失業中である

chômé(e) [ʃome] 形 休業の ▶**jour chômé** 休業日

chômedu [ʃomdy] 男 (話) 失業者; 失業(状態) ▶**être au chômedu** 失業中である

chômer [ʃome] 自 ①(祝日で)休業する ②失業する

***chômeur(se)** [ʃomœr, -øz ショムール(ズ)] 名 失業者

chope [ʃɔp] 女 (ビールの)ジョッキ(1杯の量)

choper [ʃɔpe] 他 (話) つかまえる; (病気に)かかる; (物を)くすねる

chopine [ʃɔpin] 女 (話) 1/2パイント; (話) ハーフボトル

choquant(e) [ʃɔkɑ̃, -ɑ̃t] 形 (英 shocking) 不愉快な, 無礼な

choquer [ʃɔke] 他 (英 shock) 怒らせる, 不快にさせる; (良識などに)そむく, 反する; (古) (...に)ぶつかる, ぶつける ▶**être choqué** (人が)ショックを受けている ―代動 [**se** ~] ①衝突する ②(...に)憤慨する (**de**)

choral(ale) [kɔral] 形 (複 ~s, -aux [-o]) 合唱(団)の ―男 (複 ~s) (合唱用の)聖歌 ―女 合唱団

chorée [kɔre] 女 [医] 舞踏病, 舞踏運動

chorège [kɔrɛʒ] 男 (古代ギリシアの)合唱団長; 合唱歌舞団の団長

chorégraphe [kɔreɡraf] 男 振付け師, 舞踏作者

chorégraphie [kɔreɡrafi] 女 (バレエなどの)振付け法; 舞踊術

chorégraphique [kɔreɡrafik] 形 振付法の

choriste [kɔrist] 名 合唱団員

chorizo [tʃɔriso, ʃɔrizo] 男 チョリソー [スペインのトウガラシ入りのポークソーセージ]

choroïde [kɔrɔid] 女 [解] 脈絡膜 [眼球の後部を形成する]

chorus [kɔrys] 男 ①[ジャズ] コーラス 【ソロまたは合奏によるアドリブ部分】 ②▶**faire chorus** (話) (人に)口をそろえて賛同する (**avec**)

***chose** [ʃoz ショーズ] 女 (英 thing) こと; もの; 《複》 現実, 事態, 何ごとも ▶**avant toute chose** 何よりもまず **C'est chose faite.** (話) それはもう済んだことだ **C'est (tout) autre chose.** それは(まったく)別の話だ **Chose promise, chose due.** (ことわざ) 約束は果たさねばならない **dans l'état actuel des choses** 現状では, こうした事態では **en mettant les choses au mieux [au pire]** うまくいった場合(でも) [最悪の場合(でも)] **être porté sur la chose** 《話》 あれ[セックス]が好きである **parler de choses et d'autres** あれこれと話をする, 雑談をする **peu de chose** さいなこと **regarder les choses en face** 現実を直視する

―男 (話) あれ, 何とかさん 【名前を知らないときや避けるときに使う】

―形 ▶**être se sentir] tout chose** (話) 少し変な感じがする, なんとなく気分がよくない

chosifier [ʃozifje] 他 (文) (観念を)具[物]体化する

***chou¹** [ʃu シュー] 男 (複 ~x) (英 cabbage) キャベツ; (話) 頭 ▶**avoir les oreilles en feuille de chou** 大きな耳をしている **bête comme chou** (人が)ばかだ, (問題が)ばかみたいに簡単な **chou à la crème** [菓] シュークリーム **chou de Bruxelles** 芽キャベツ **chou de ruban** リボンのばら結び **chou frisé** ケール **dans les choux** 《話》 ビリである, 遅れている **en avoir dans le chou** 頭のきれる, 賢い **faire chou blanc** 失敗する **faire ses choux gras de** ...で利益を得る, 甘い汁を吸う **feuille de chou** 三流新聞 **mon (petite) chou** 《話・親愛》 あなた, おまえ **rentrer dans le chou** 殴りかかる, ぶつかる

chou² [ʃu] 形 (不変) (話) かわいい, すてきな, 優しい

chouan [ʃwɑ̃] 男 [史] フクロウ党員 【フランス革命当時の王党派】

chouannerie [ʃwanri] 女 [史] フクロウ党の反乱

choucas [ʃuka] 女 〔鳥〕ニシコクマルガラス

chouchou(te) [ʃuʃu, -ut] 名 〔話〕お気に入り

chouchouter [ʃuʃute] 他 〔話〕甘やかす, 気に入る

choucroute [ʃukrut] 女 〔料〕シュークルート【塩漬けキャベツの煮】

***chouette**[1] [ʃwɛt] 女 ①〔鳥〕フクロウ ②►**vieille chouette** 気難しいばあさん

chouette[2] [ʃwɛt] 形 〔話〕すてきな, かっこいい ── 間 やった, いいぞ; いかす, すごい（= C- alors!）

chou-fleur [ʃuflœr] 男（複 ~x-~s）カリフラワー, ハナヤサイ

chouïa [ʃuja] 男 ►**un chouïa (de ...)** 〔話〕少し(の……), 少々

chouquette [ʃukɛt] 女 シュケット【粉砂糖をまぶした小さシュークリーム】

chou-rave [ʃurav] 男（複 ~x-~s）〔植〕コールラビ, カブカンラン

chouraver [ʃurave] 他 〔話〕盗む

choute [ʃut] 女 ►**ma choute** (女性への呼びかけ) ねえきみ（chou[2]の女性形）

chouya [ʃuja] 男 = chouïa

chow-chow [ʃoʃo] 男（複 ~s-~s）〔動〕チャウチャウ【中国産の毛むくじゃらの犬】

choyer [ʃwaje] 他 45 かわいがる; 大事にする

CHR 男 〔略〕centre hospitalier régional 地域圏病院センター【地域圏の中央病院】

chrême [krɛm] 男 〔カト〕聖香油

***chrétien(ne)** [kretjɛ̃, -ɛn] クレティヤン（エヌ）形〔英 Christian〕キリスト教（徒）の[的な]; 〔話〕慈悲深い, 寛大な ── 名 キリスト教徒

chrétiennement [kretjɛnmɑ̃] 副 キリスト教徒[的]に

chrétienté [kretjɛ̃te] 女 〔集合的〕キリスト教徒[国]全体

chris-craft [kriskraft] 男（< 英）クリス・クラフト【モーターボートの商標名】

Christ [krist] 男 キリスト; [c-] キリストの十字架像

christiania [kristjanja] 男 〔スキー〕クリスチャニア【板をそろえて高速に回転する技術】

christianisation [kristjanizasjɔ̃] 女 キリスト教化

christianiser [kristjanize] 他 キリスト教化[教徒に]する

christianisme [kristjanism] 男〔英 Christianity〕キリスト教

Christine [kristin] 女 クリスティーヌ【女の名】

Christophe [kristɔf] 男 クリストフ【男の名】

chromage [kromaʒ] 男 クロームめっき

chromatique [krɔmatik] 形 ①〔楽〕半音階の ②色彩[研究]の; 着色の ③〔生〕染色体の

chromatisme [krɔmatism] 男 ①色, 彩色 ②〔楽〕半音階性

chrome [krom] 男 ①〔化〕クローム ②《複》(自動車の)クロームめっき部品

-chrome 接尾（<ギ）「色」の意の形容詞をつくる

chromé(e) [krome] 形（< chromer）クロームを含む; クロームめっきした ── 男 クローム鋼

chromer [krome] 他 クロームめっきする

chromo [kromo] 男 着色石版画[術]（= ~ lithographie）;《軽蔑的》趣味の悪い色彩画

chromo- 接頭（<ギ）「色」の意

chromolithographie [krɔmɔlitɔgrafi] 女 着色石版[術]; 着色石版刷の絵

chromosome [krɔmozom] 男 〔生〕染色体

chromosomique [krɔmozomik] 形 染色体の

-chrome 接尾（<ギ）「時」「時間」の意の形容詞をつくる

chroniciser [krɔnisize] 代動 〔se ~〕慢性化する

chronicité [krɔnisite] 女 〔医〕慢性状態

chronique[1] [krɔnik] 形〔医〕慢性の; (悪いことが)長引いた

chronique[2] [krɔnik] 女 ①年代記, 編年史 ②(新聞などの)報道記事 ③《集合的》うわさ

chroniqueur(se) [krɔnikœr, -øz] 名 ①年代記作家[編者] ②報道記者 ►**chroniqueur sportif** スポーツ記者

chrono [krono] 男 〔話〕ストップウォッチ ──faire du 80 (km/h) chrono [au chrono] ストップウォッチで時速80キロを計測する

chrono- 接頭（<ギ）「時間」の意

chronologie [krɔnɔlɔʒi] 女 年代学; 年表, 年代順

chronologique [krɔnɔlɔʒik] 形 年代順の; 年代学の

chronologiquement [krɔnɔlɔʒikmɑ̃] 副 年代順に

chronométrage [krɔnɔmetraʒ] 男 時間測定

chronomètre [krɔnɔmetr] 男 ストップウォッチ; クロノメーター

chronométrer [krɔnɔmetre] 他 57 (ストップウォッチで)タイムを取る; 時間を正確に測定する

chronométreur(se) [krɔnɔmetrœr, -øz] 名 タイムキーパー, 計時係

chronométrique [krɔnɔmetrik] 形 クロノメーターの; (時間が)精密な

chronophotographie [krɔnɔfɔtɔgrafi] 女 運動の写真分解法

chrysalide [krizalid] 女 〔虫〕サナギ

chrysanthème [krizɑ̃tɛm] 男 〔植〕

chrys(o)- キク（菊）(の花)

chrys(o)- [接頭] 〔くら〕「金」の意

CHSCT 《略》comité d'hygiène, de sécurité et des conditions de travail (フランスの)労働条件・安全衛生委員会【労働災害予防のため事業所に設置される】

chtimi, ch'timi [ʃtimi] 形 〔話〕北フランスの(人)

chtouille [ʃtuj] 女 《俗》淋病; 梅毒

CHU 《略》centre hospitalier universitaire 大学病院

chu(e) [ʃy] choir の過去分詞

chuchotement [ʃyʃɔtmɑ̃] 男 ささやき声, ざわめき

chuchoter [ʃyʃɔte] 自 (英 whistle) ささやく, 耳打ちする; かすかな音をたてる — 他 ささやく, 耳打ちする

chuchotis [ʃyʃɔti] 男 かすかなささやき声

chuintant(e) [ʃɥɛ̃tɑ̃, -ɑ̃t] 形 シューという音をたてる; シュー音の — 男 [言] シュー音 (= consonne 〜)【[ʃ][ʒ]】

chuintement [ʃɥɛ̃tmɑ̃] 男 ①[言] シュー音の発声 ②(液体・ガスなどの)シューという音

chuinter [ʃɥɛ̃te] 自 ①(フクロウが)鳴く ②[言] シュー音を発音する ③(液体・ガスなどが)シューという音をたてる

chut [ʃyt シュト] 間 しっ, 静かに!

***chute** [ʃyt シュト] 女 ①(英 fall) 落ちること, 落下; 滝 (= 〜d'eau); 没落, 瓦(ガ)解; 陥落; 低下; (物価の)下落 ▶ **chute des reins** 腰部 **chute libre** 自由落下; 急激な低下; 暴落 **faire une chute** 落ちる **la chute des cheveux** 抜け毛 **point de chute** (爆弾の)落下点; (旅行の)落ち着き先 ②失敗, 不成功

chuter [ʃyte] 自 〔話〕倒れる, 落ちる; 失敗する; (値段が)下落する; (数が)減る; [トランプ] 宣言した枚数かけ取れない

chyle [ʃil] 男 [生理] 乳糜(びゅうびゅう)[腸内の乳白色のリンパ液]

chyme [ʃim] 男 [生理] 乳糜塊(びゅうびゅうカイ)[胃で消化された流動状の食物]

Chypre [ʃipr] 固 キプロス[地中海東部の共和国]

chypriote [ʃipri(j)ɔt] 形名 [C-] キプロスの(人)

ci [si シ] 副 ①[ce [cet, cette, ces] ...-ci で] この, こちらの —**ce livre-ci** この本 ②[指示代名詞とともに][celui-ci, celle-ci, ceux-ci, celles-ci] これら(のもの) ③ここに ▶ **à cette heure-ci** この時間には **ces jours-ci** ここ数日 **de ci de là** あちこちに[で]; ときどき —[代] [指示] 〔話〕[ça とともに] これ

ciao [tʃao] 間 〈イ〉〔話〕バイバイ, さよなら

ci-après [siapre] 副 (文章で)次に; 今後, 将来

cibiche [sibiʃ] 女 〔古・話〕タバコ

cibiste [sibist] 名 CB 無線の利用者

ciblage [sibla:ʒ] 男 (顧客層などの)絞り込み

cible [sibl] 女 (英 target) 的, 標的 ▶ **être la cible de** …の的となる, 対象となる

cibler [sible] 他 (顧客層などを)絞り込む, ターゲットにする

ciboire [sibwar] 男 [カト] 聖体器

ciboule [sibul] 女 [植] ネギ

ciboulette [sibulɛt] 女 [植] アサツキ

ciboulot [sibulo] 男 〔話〕頭

cicatrice [sikatris] 女 (英 scar) ①傷痕, 傷痕(キズ) ②心の傷; (戦争などの)傷痕

cicatriciel(le) [sikatrisjɛl] 形 傷痕(キズ)の, [医] 瘢痕(ハンコン)(性)の

cicatrisant(e) [sikatrizɑ̃, -ɑ̃t] 形 (傷を)いやす; [医] 瘢痕(ハンコン)を形成させる — 男 癒(イ)創薬

cicatrisation [sikatrizasjɔ̃] 女 (傷の)癒(イ)着; [医] 瘢痕(ハンコン)形成; (心の傷が)癒えること

cicatriser [sikatrize] 他 (傷を)癒(イ)着させる, 治す; 癒す — 自 [代動][se 〜] (傷が)癒着する, 治る

Cicéron [siserɔ̃] 男 キケロ[古代ローマの雄弁家・政治家]

cicérone [siserɔn] 男 〈イ〉〔古・ふざけて〕案内人, 観光ガイド

ci-contre [sikɔ̃tr] 副 反対側の(ページ)に; 向かい合って

-cide [接尾] 〈くら〉「殺す」の意の形容詞名詞をつくる —suicide 自殺

ci-dessous [sid(ə)su] 副 以下, 下記

ci-dessus [sid(ə)sy] 副 上に, 上記に

ci-devant [sid(ə)vɑ̃] 副 〔古〕以前に, 元は —[不変] 元貴族【フランス革命で爵位を剥奪された貴族】

CIDJ 男 《略》centre d'information et de documentation jeunesse 青少年情報・資料センター[青年層に情報提供や就職指導などをする全国組織]

cidre [sidr] 男 シードル, リンゴ酒

cidrerie [sidrəri] 女 リンゴ酒醸造所

Cᵢᵉ [kɔ̃paɲi] 《略》compagnie 会社

***ciel** [sjɛl スィエル] 男 [複〜s, (文) cieux[sjø]] [cieux は複数でひとつの空の意] ①空; 天; (複〜s) 気候, 風土; 地方 ▶ **bleu ciel** スカイブルー, 空色 ▶ **à ciel ouvert** 屋外の[で], 野外の[で]; 露天の[で] **entre ciel et terre** 宙ぶらりんで **sous le ciel de** …の空の下で, …の地で **tomber du ciel** 思いがけず舞い込む; (人が)ふと現れる ②(複 cieux) 天, 天国; 神の摂理; 神 —**royaume des cieux** [le 〜] 神の国 ▶ **Aide-toi, le ciel t'aidera.** (ことわざ)天は自ら助くる者を助く **Au nom du ciel!** 後生[お願い]だから **C'est le ciel qui vous envoie!** 〔話〕願ってもないところへ来てくれた **grâce au ciel** ありがた

い(ことに) ③ベッドの天蓋(ぶ);(鉱山などの坑道の)天井
── 形《不変》空色の
── 間《驚きや恐れ》おや,まあ;《喜び》ありがたい

cierge [sjɛrʒ] 男 ①(教会用の)大ろうそく ②〔植〕サボテン

cieux [sjø] 男《複》ciel の複数形

cigale [sigal] 女〔虫〕セミ ▸**cigale de mer**〔動〕セミエビ

cigare [sigar] 男 ①(英 cigar) 葉巻 ②《話》頭

***cigarette** [sigarɛt スィガレト] 女 (英 cigarette) (紙巻)タバコ;《薬》シガレット (= ~ russe) [細巻き焼菓子] ▸**cigarette (à bout) filtre** フィルターつきタバコ

cigarière [sigarjɛr] 女 葉巻タバコ製造女工

cigarillo [sigarijo] 男《くス》小型葉巻

ci-gît [siʒi] (墓碑に)ここに眠る

cigogne [sigɔɲ] 女〔鳥〕コウノトリ

ciguë [sigy] 女〔植〕毒ニンジン(から採った毒薬)

ci-inclus(e) [siɛ̃kly, -yz] 形〔名詞の前では不変〕,-yz 同封の

ci-joint(e) [siʒwɛ̃, -ɛ̃t] 形 同封の,添付の ▸**Vous trouverez ci-joint ...**(手紙で)…が同封されております

cil [sil] 男 (英 eyelash) まつげ(= ~ des yeux);〔生〕繊毛 ▸**battre des cils** まばたきをする **faux cils** 付けまつげ

ciliaire [siljɛr] 形 まつ毛の

cilice [silis] 男(粗布の苦行衣)

cilié(e) [silje] 形 ①(古)まつ毛のある ②繊(わ)毛のある

ciller [sije] 自 まばたきをする ▸**ne pas ciller** 平然としている;(恐怖で)まばたき一つしない

cimaise [simɛz] 女〔建〕軒蛇腹(のある)上部の刳(く)り型

cime [sim] 女 頂,頂上;《文》(栄光などの)絶頂

***ciment** [simɑ̃ スィマン] 男 セメント;《文》絆 ▸**ciment armé** 鉄筋コンクリート

cimenter [simɑ̃te] 他 セメントで固める;強固にする

cimenterie [simɑ̃tri] 女 セメント製造(工場)

cimentier [simɑ̃tje] 男 セメント工場の工員

cimeterre [simtɛr] 男 (アラビア・トルコなどの)三日月刀

***cimetière** [simtjɛr スィミティエール] 男 (英 cemetery) 墓地;(中古車などの)捨て場,廃棄場 ▸**cimetière de voitures** 廃車場

cinabre [sinabr] 男 辰砂(しんしゃ),朱砂,丹(に)

ciné [sine] 男《話》映画(館) (= cinéma)

cinéaste [sineast] 男 映画監督,映画製作者

ciné-club, cinéclub [sinekløb] 男 映画研究会,映画サークル,シネクラブ

***cinéma** [sinema シネマ] 男 (英 movie) ①映画;映画界《個々の作品は film》 ▸**vedette de cinéma** 映画スター ⇨〖コラム〗著名なフランス映画 ②映画館 ▸**aller au cinéma** 映画を観に行く ▸**cinéma à salles multiples** シネマコンプレックス ③《話》作りごと,大げさなお芝居 ▸**Arrête ton cinéma!** いい加減にしてくれ,お芝居はよせ **C'est du cinéma.** そんなことではでたらめだ **faire du cinéma** (話)芝居がかったまねをする,騒ぎ立てる **faire tout un cinéma** 一騒動演じる,大げさに騒ぐ **se faire du cinéma** 幻想を抱く

cinémascope [sinemaskɔp] 男〔映〕シネマスコープ【ワイドスクリーン方式】

cinémathèque [sinematɛk] 女 シネマテーク【映画の貴重な資料を揃え上映もする施設】

cinématique [sinematik] 形 女〔物〕運動学の

cinématographe [sinematɔgraf] 男 ①(昔の)映写機,シネマトグラフ ②(古)映画

cinématographie [sinematɔgrafi] 女 映画撮影法

cinématographique [sinematɔgrafik] 形 映画の

cinémomètre [sinemɔmɛtr] 男 自動速度取締装置

ciné(-)parc [sinepark] 男《ケベック》ドライブインシネマ

cinéphile [sinefil] 形名 映画ファン(の),映画狂(の) ──**urne cinéraire** 骨壺 ── 女〔植〕シロタエギク

cinérama [sinerama] 男 シネラマ

cinétique [sinetik] 形 運動性の ── 女 動力学;反応速度論

cinglant(e) [sɛ̃glɑ̃, -ɑ̃t] 形 (< cingler) 鞭打つ,(風雨が)打ちつける;(寒さが)きびしい;辛らつな,容赦ない

cinglé(e) [sɛ̃gle] 形《話》頭がおかしい(人)

cingler[1] [sɛ̃gle] 自 航行する

cingler[2] [sɛ̃gle] 他 (雨・風などが)激しく打つ;(痛烈な言葉を)浴びせる

cinnamome [si(n)namom] 男〔植〕クスノキ;肉桂(の木);シナモン

cinoche [sinɔʃ] 男《話》映画

cinoque [sinɔk] 形 = sinoque

***cinq** [sɛ̃k サンク] 形《不変》(英 five) 5つの;5番目の ── 男《不変》5(の数字)

***cinquantaine** [sɛ̃kɑ̃tɛn サンカンテヌ] 女 およそ50,50歳

***cinquante** [sɛ̃kɑ̃t サンガント] 形《不変》50(番目)の ── 男《不変》50(の

cinquantenaire [sɛ̃kɑ̃tnɛr] 形名 50歳[代]の(人) ── 男 50周年記念日
***cinquantième** [sɛ̃kɑ̃tjɛm サンカンティエム] 形 50番目の; 50分の1の ── 名 50番目の人(もの) ── 男 50分の1
***cinquième** [sɛ̃kjɛm サンキエム] 形 5番目の; 5分の1の ── 名 5番目の人(もの) ── 男 ①5分の1 ②6階 ③(パリなどの)5区 ── 女 第5学級【中等教育の第2学年で12-13歳に相当】
cinquièmement [sɛ̃kjɛmmɑ̃] 副 5番目に
cintrage [sɛ̃traʒ] 男 弓形に曲げること; (アーチの)拱架(*²)をすえること
cintre [sɛ̃tr] 男 ①洋服掛け,ハンガー

著名なフランス映画

第2次世界大戦まで
『巴里の屋根の下』Sous les Toits de Paris
　監督:ルネ・クレール (1930)

『望郷』Pépé-le-Moko
　監督:ジュリアン・デュヴィヴィエ (1936)

『大いなる幻影』La Grande Illusion
　監督:ジャン・ルノワール (1937)

『天井桟敷の人々』Les Enfants du Paradis
　監督:マルセル・カルネ (1943-45)

大戦後
『肉体の悪魔』Le Diable au Corps
　監督:クロード・オータン=ララ (1946)

『禁じられた遊び』Jeux Interdits
　監督:ルネ・クレマン (1951)

『恐怖の報酬』Le Salaire de la Peur
　監督:アンリ=ジョルジュ・クルーゾ (1952)

『現金に手を出すな』Touchez pas au Grisbi
　監督:ジャック・ベッケル (1954)

ヌーヴェル・ヴァーグ
『死刑台のエレベーター』Ascenseur pour l'Échafaud
　監督:ルイ・マル (1957)

『24時間の情事』Hiroshima, Mon Amour
　監督:アラン・レネ (1959)

『勝手にしやがれ』À Bout de Souffle
　監督:ジャン=リュック・ゴダール (1959)

『大人は判ってくれない』Les Quatre Cents Coups
　監督:フランソワ・トリュフォー (1959)

ヌーヴェル・ヴァーグ以後
『シェルブールの雨傘』Les Parapluies de Cherbourg
　監督:ジャック・ドゥミ (1964)

『男と女』Un Homme et une Femme
　監督:クロード・ルルーシュ (1966)

『ニューヨーク←→パリ大冒険』Les Aventures de Rabbi Jacob
　監督:ジェラール・ウーリー (1973)

『ラ・ブーム』La Boum
　監督:クロード・ピノトー (1980)

『チャオ・パンタン』Tchao Pantin
　監督:クロード・ベリ (1983)

『ベティ・ブルー』37°2 le matin
　監督:ジャン=ジャック・ベネックス (1986)

『グラン・ブルー』Le Grand Bleu
　監督:リュック・ベッソン (1988)

『ポンヌフの恋人』Les Amants du Pont-Neuf
　監督:レオス・カラックス (1991)

『憎しみ』La Haine
　監督:マチュー・カソヴィッツ (1995)

『アメリ』Fabuleux Destin d'Amélie Poulain
　監督:ジャン=ピエール・ジュネ (2001)

cintré(e) ②[アーチや円天井の]拱(きょう)腹【内側のカーブのある凹面】; 拱梁, せりわく

cintré(e) [sɛ̃tre] 形 ①アーチ形の, わん曲した ②[服が腰まわりでぴったり合った] ③[話] 頭が変な —— 男 [話・古] 頭がおかしい人

cintrer [sɛ̃tre] 他 ①[材木などを]曲げる ②[服を]腰などにぴったり合わせる

cirage [siraʒ] 男 ①靴引き, ワックス塗り, ワックス, 靴墨 ▶être dans le cirage 何もわからない; 茫然とする

circaète [sirkaɛt] 男 [鳥]チュウヒワシ[フランス中部から南部に生息]

circon- 接頭 (<ラ) 「周囲」の意

circoncire [sirkɔ̃sir] 他 70 割礼を行なう

circoncis(e) [sirkɔ̃si, -iz] 形名 (<circoncire) 割礼を受けた(人)

circoncision [sirkɔ̃sizjɔ̃] 女 割礼

circonférence [sirkɔ̃ferɑ̃s] 女 ①円周, 2 周長

circonflexe [sirkɔ̃flɛks] 形 ▶accent circonflexe [文法]アクサンシルコンフレックス【^】

circonlocution [sirkɔ̃lɔkysjɔ̃] 女 婉曲的な言い方

*__circonscription__ [sirkɔ̃skripsjɔ̃] スィルコンスクリプスィヨン 女 (行政上の)区画, 区分; 選挙区 (= ~ électorale).

circonscrire [sirkɔ̃skrir] 他 26 ①(…の)まわりに[境界]線を引く ②(一定の範囲に)限定する, 閉じ込める

circonscrit(e) [sirkɔ̃skri, -it] 形 限定された, (…に)外接した (à)

circonspect(e) [sirkɔ̃spɛ (kt), -ɛkt] 形 用心深い, 慎重な

circonspection [sirkɔ̃spɛksjɔ̃] 女 用心深さ, 慎重さ

*__circonstance__ [sirkɔ̃stɑ̃s] スィルコンスタンス (英 circumstance) (しばしば複) 周囲; 状況; 情勢; 事態; 事態, 場合; [法] 情状 ▶circonstances atténuantes [法]情状酌量 compliment de circonstance [文法]状況補語 dans les circonstances présentes [actuelles] 現状では de circonstance 時宜にかなった, 状況に応じた; 一時的な étant donné les circonstances 状況から考えて

circonstancié(e) [sirkɔ̃stɑ̃sje] 形 (<circonstancer) 詳細な

circonstanciel(le) [sirkɔ̃stɑ̃sjɛl] 形 状況の ▶complément circonstanciel [文法]状況補語

circonvenir [sirkɔ̃vnir] 他 75 丸め込む, 籠絡(ろうらく)する

circonvolution [sirkɔ̃vɔlysjɔ̃] 女 回ること ▶circonvolutions cérébrales [解] 脳回【人脳皮質のしわの隆起部分】

circuit [sirkɥi] 男 ①(革 tour)1 周, 周囲 ②(複雑な)道程; 回り道 ③周遊旅行 ④(英 circuit) 回路 ▶circuit de refroidissement 冷却回路 circuit électrique 配線, 回路 circuit fermé 閉回路 circuit imprimé プリント回路 circuit intégré 集積回路, IC ⑤(自動車レースなどの)サーキット ▶circuit automobile 自動車コース; サーキットコース ⑥(経済の)流通 ▶circuit de distribution 流通経路

circulaire [sirkylɛr] 形 円(形)の; 周遊の, 循環の —— 女 回状, 通達

circulairement [sirkylɛrmɑ̃] 副 円く, 円形に; 循環して

circularité [sirkylarite] 女 円いこと, (議論などの)堂々巡り

*__circulation__ [sirkylasjɔ̃] スィルキュラスィヨン 女 ①(英 traffic) 交通, 往来; (集合的)(通行する)車 ▶circulation aérienne 航空交通 Circulation interdite [掲示]通行禁止 disparaître de la circulation [話] 消息がわからない; 姿を見せない ②(血 circulation) 循環; 伝播; 流通 ▶avoir une bonne [mauvaise] circulation 血行がいい[悪い] mettre en circulation 流通させる; 広める retirer de la circulation (商品・本などを)回収する

circulatoire [sirkylatwar] 形 (血液)循環の ▶troubles circulatoires 循環器系の障害

*__circuler__ [sirkyle] スィルキュレ 自 ①(英 run, get around) (人や車が)往来する, 運行する, 通行する ②(英 circulate) (液体・空気などが)循環する ③(情報やうわさなどが)流布する; (手から手へと)移る, (貨幣などが)流通する

circum- 接頭 (<ラ) 「周辺」「まわりに」の意

circumnavigation [sirkɔmnavigasjɔ̃] 女 大陸[世界]一周の航海, 周航, 周遊

cire [sir] 女 ①蝋(ろう), ワックス; 封蝋 ▶cire à épiler 脱毛ワックス cire d'abeille 蜜蝋 personnage en cire 蝋人形 ②耳垢(あか)

ciré(e) [sire] 形 (<cirer) 蝋(ろう)引きした; 防水した —— 男 防水服, 雨合羽 ▶toile cirée 防水加工した布地

cirer [sire] 他 (英 wax) (ワックス・靴墨で)磨く; 防水する ▶cirer les bottes [pompes] à (人)にゴマをする; ぺこぺこする n'en avoir rien à cirer かまわない, まったく気にかけない

cireur(se) [sirœr, -øz] 名 ワックスをかけてでみがく人, 床をみがく人 —— 男 靴みがきの少年 ▶~ 男 電動床みがき機

cireux(se) [sirø, -øz] 形 ①(蝋(ろう)のような ②(顔色が病気のように)白く黄ばんだ

*__cirque__ [sirk] スィルク 男 ①(英 circus) サーカス(興行) —Quel cirque pour garer sa voiture ici! [話] ここに車を止めるなんて離れ業だ ②[話] 騒ぎ, 混乱; ばか騒ぎ, どんちゃん騒ぎ —Arrê-

cirrhose [siroz] 女 《医》肝硬変(症) (=~ de foie)

cirrocumulus [sirokymylys] 男 《不変》《気》巻積雲

cirrostratus [sirostratys] 男 《不変》《気》巻層雲

cirrus [si(r)rys] 男 《気》巻雲

cisaille [sizaj] 女 《多く複》大ばさみ; 切断機

cisaillement [sizajmɑ̃] 男 切断 ▶ **force de cisaillement** 剪断力

cisailler [sizaje] 他 大ばさみで切る, 切断する; 剪(さ)断する

*__ciseau__ [sizo] スィゾ 男 《複 ~x》 ①《複》(英 scissors) はさみ —**une paire de ciseaux à ongles** 爪切りばさみ ②のみ, たがね ③《複》(スポーツ)はさみ跳び;〔レスリング〕はさみ締め

ciseler [sizle] 他 ① (金・銀などに)彫る, 彫刻(ちょう)する ②《料》(魚に)包丁を入れる; (野菜を)千切りにする

ciselet [sizle] 男 たがね, 彫刻刀

ciseleur(se) [sizlœr, -øz] 男 彫金師

ciselure [sizlyr] 女 彫金[彫刻](術)

Cisjordanie [sisʒɔrdani] 女 〖la ~〗(中東の)ヨルダン川西岸地区

ciste [sist] 男 《植》ハンニチバナ科の小低木

cistercien(ne) [sistersjɛ̃, -ɛn] 形 名 シトー(Cîteaux)修道会の(修道士[女])

citadelle [sitadɛl] 女 (町を守る)城砦(さい); 砦(とりで); 拠り所

citadin(e) [sitadɛ̃, -in] 形 都市の —名 (英 city dweller) 都会人 —女 都市用の小型自動車

citation [sitasjɔ̃] 女 ① 引用(文) ② 《法》召喚(状) ③《軍》表彰 ▶ **citation à comparaître** 召喚(状)

*__cité__ [site] スィテ 女 ①(英 city) 都市 ②(都市の歴史的・経済的な心)旧市街 ▶ **Île de la Cité** 〖l'~〗(パリのシテ島〖セーヌ川の中の島〗) ③都市の団地 ▶ **cité universitaire** 大学都市 ④《古》都市国家

Cîteaux [sito] シトー【フランス中東部 Dijon付近の村; シトー修道会の創設地】

cité-dortoir [sitedɔrtwar] 女 《複 ~s-~s》ベッドタウン

cité-jardin [siteʒardɛ̃] 女 《複 ~s-~s》田園都市

*__citer__ [site] スィテ 他 ①(英 quote) 引用する; (英 cite) (例などを)挙げる; 引き合いに出す ②(英 summon)《法》召喚する ③《軍》表彰する

citerne [sitɛrn] 女 雨水だめ, 貯水槽; (燃料などの)タンク

cithare [sitar] 女 チター【弦楽器】; (古代ギリシアの)琴(キタラー)

*__citoyen(ne)__ [sitwajɛ̃, -ɛn] スィトワイヤン(エヌ) 名 ①(英 citizen) 市民, 公民; 国民 ②《話》やつ ③《史》…氏, 同志【フランス革命時代に Monsieur, Madameに代って用いた敬称】

citoyenneté [sitwajɛnte] 女 市民権

citrate [sitrat] 男 《化》クエン酸塩

citrique [sitrik] 形 ▶ **acide citrique** 《化》クエン酸

*__citron__ [sitrɔ̃] スィトロン 男 ①(英 lemon)《植》レモン ②《話》頭 —形《不変》レモン色の, 淡黄色の ▶ **citron pressé** レモン果汁, レモンジュース **citron vert** ライム **jaune citron** レモンイエロー, 淡黄色

citronnade [sitrɔnad] 女 レモン水, レモネード

citronné(e) [sitrɔne] 形 レモンを加えた; レモンの風味のある

citronnelle [sitrɔnɛl] 女 ①《植》レモンの匂いのする植物【メリッサ草・ニガヨモギ】 ②シトロネル酒【レモンの皮を浸して作ったリキュール酒】

citronnier [sitrɔnje] 男 《植》レモンの木

citrouille [sitruj] 女 ①《植》カボチャ ▶ **avoir la tête comme une citrouille** 心配事が山ほどある ②《話》頭でか頭; かぼちゃ頭

citrus [sitrys] 男 《植》柑橘(かんきつ)類

cive [siv] 女 =ciboule

civet [sivɛ] 男 《料》シヴェ【ウサギなどを赤ワインで煮たシチュー】

civette[1] [sivɛt] 女 《植》アサツキ (=ciboulette)

civette[2] [sivɛt] 女 《動》ジャコウネコ; 麝香(じゃこう)【ジャコウネコからとる香料】

civière [sivjɛr] 女 担架

*__civil(e)__ [sivil] スィヴィル 形 ①(英 civil) 市民の ②(軍人に対し)民間(人)の ③《法》民事の ④世俗の ⑤《古》礼儀正しい —男 ①民間人 ▶ **dans le civil** (兵士などに対して)普段は, 市民生活では —**en civil** (兵士などが制服ではなく)普通の服を着た ②《法》民事 ▶ **poursuivre ... au civil** (人)を民事訴訟で追求する

civilement [sivilmɑ̃] 副 ①宗教儀式によらずに ②《法》民事的に; 民法上 —**être civilement responsable** 民事上責任がある

civilisateur(trice) [sivilizatœr, -tris] 形 文明化[教化]する

*__civilisation__ [sivilizasjɔ̃] スィヴィリザスィヨン 女 ①文明, 文化 ②文明化, 教化

civilisé(e) [sivilize] 形 《<civiliser》開化した, 文明化した —名 文明人

civiliser [sivilize] 他 ①文明化[教化]する ②《話》(人)の行儀・態度にみがきをかける —代動 〖se ~〗 ①文明化する ②《話》態度がていねいになる, 角が抜ける

civiliste [sivilist] 男 《法》民法学者

civilité [sivilite] 女 ①《古》礼儀作法 ②《複》《古》敬意，あいさつの言葉

civique [sivik] 形 公民の，市民の ▶ **sens civique** 公徳心

civisme [sivism] 男 公民精神，公徳心，市民としての自覚

cl [略] centilitre センチリットル

clabauder [klabode] 自 《文》(わけもなく)わめく，かみつく，悪口を言う; (人に)吠えかかる 《contre, sur》

clabauderie [klabodri] 女 《文》わめき声; 悪口

clac [klak] 間 ぴしり!; ばちっ!(むち・機械の急激な鋭い音)

clafoutis [klafuti] 男 クラフティ【チェリーなどの入った焼菓子】

claie [kle] 女 簀(す); 箱(せ); さく

*clair(e) [kler クレール] 形 ①(英 bright) 明るい; (空が)晴れた —par temps clair 晴れた日に ②(英 light-colored) (色が)薄い，淡い色の —bleu clair 空色(の) ③光をよく通す，透明な，澄んだ ④(英 clear) 明らかな，はっきりした; 理解しやすい，明白な —Je serai clair avec vous. あなたにははっきり言いましょう ▶ **C'est clair comme de l'eau de roche.** それは火を見るよりも明らかだ ▶ **Il est clair que**…は明らかだ
— 副 はっきりと ▶ **Parlons clair.** 腹を割って話そう，率直に話そう **voir clair** はっきり見える，よく見える
— 男 光; 明るさ; 《複》(絵などの)明るい部分; (織物などの)薄くなった部分 ▶ **au clair** 明らかに，はっきりと **clair de lune** 月の光，月明かり **en clair** 分かりやすく言えば，つまり; (暗号でなく)普通の言葉で **être au clair sur**…がはっきりわかっている **le plus clair de**…の大部分 **mettre les choses au clair avec**〜(人)とのささいな問題を解決する，誤解を解く **mettre ses idées au clair** 考えをはっきりさせる［整理して］述べる **tirer**…**au clair** (液体をこす); (事を)明らかにする

clairance [klerɑ̃s] 女 ①《生》クリアランス，浄化率 ②《航空》クリアランス，離(着)陸許可

Claire [kler] 女 クレール【女子の名】

claire [kler] 女 仕上げ用養殖池で育った高級カキ (= **huître de** 〜)

*clairement [klermɑ̃ クレルマン] 副 (英 clearly) はっきりと; 明瞭に

clairet(te) [klere, -et] 形 (色・濃度が)薄い; (声が)かん高い — 男 薄赤色ワイン (= **vin** 〜)

clairette [kleret] 女 クレレット【南仏で栽培される白ワイン用ぶどう品種，クレレット種で作る白ワイン】

claire-voie [klervwa] 女 《複〜s-〜s》格子, さく(欄) ▶ **à claire-voie** すき間のある; まばらの

clairière [klerjer] 女 林間の空地

clair-obscur [klerɔpskyr] 男 《複 〜s-〜s》(絵画などの)明暗法; 淡い光, 薄明かり

clairon [klerɔ̃] 男 (軍隊の)ラッパ; ラッパ手

claironnant(e) [kleronɑ̃, -ɑ̃t] 形 (音が)かん高い，けたたましい

claironner [klerone] 他 吹聴する; (秘密を)いいふらす —自 かん高い音を出す; ラッパを吹く

clairsemé(e) [klersəme] 形 (< clairsemer) (人・草などが)まばらな

clairvoyance [klervwajɑ̃s] 女 洞察力; 卓見; (超心理学での)透視

clairvoyant(e) [klervwajɑ̃, -ɑ̃t] 形 (英 clear-sighted) 洞察力のある，先見の明がある; 視力正常の; 透視力のある

clam [klam] 男 《貝》アサリ, ハマグリ

clamecer [klamse] 自 52 ⇒ **clamser**

clamer [klame] 他 叫ぶ, 声高に言う

clameur [klamœr] 女 騒ぎ, 喧騒; ごうごうたる非難 ▶ **clameurs de la foule** 《les 〜》群衆のどよめき

clamp [klɑ̃p] 男 《医》鉗子

clampage [klɑ̃paʒ] 男 《医》鉗子圧迫

clamper [klɑ̃pe] 他 《医》鉗子で血流などを止める

clamser [klɑ̃se] 自 《話》くたばる, 死ぬ

clan [klɑ̃] 男 (スコットランド・アイルランドの)氏族; 《話》徒党, 仲間, 派閥 ▶ **esprit de clan** 党派心

clandestin(e) [klɑ̃destɛ̃, -in] 形 非合法の, 内密の, 秘密の —名 密航者; 地下に潜っている人, 非合法活動者 ▶ **passager clandestin** 密航者

clandestinement [klɑ̃destinmɑ̃] 副 ひそかに, こっそりと

clandestinité [klɑ̃destinite] 女 秘密, 内密; 地下活動 ▶ **dans la clandestinité** こっそりと

clando [klɑ̃do] 名 《話》⇒ **clandestin**

clanique [klanik] 形 氏族の; 党派【徒党】の

clap [klap] 男 (映画の)かちんこ

clapet [klape] 男 ①(ポンプなどの)弁, バルブ ②《話》口 ▶ **ferme son clapet** だまれ

clapier [klapje] 男 ①ウサギ小屋 ②《話》小さくて汚い住居; 〔登山〕がれ場

clapotage [klapɔtaʒ] 男 ⇒ **clapotement**

clapotement [klapɔtmɑ̃] 男 (波などの)ぴちゃぴちゃいう音

clapoter [klapɔte] 自 (波が)ぽちゃんぽちゃん[ぴちゃぴちゃ]いう

clapotis [klapɔti] 男 (波などの)ぽちゃんぽちゃんいう音

clappement [klapmɑ̃] 男 舌を鳴らすこと[音]; 舌打ち

clapper [klape] 自 舌打ちする

clappement [klakmã] 男 肉離れ

claquant(e) [klakã, -ãt] 形 《話》疲れさせる

claque[1] [klak] 女 ①平手打ち;《集合的》《劇場の拍手係,さくら ②(話)大損 ▸ **donner** [**flanquer, filer**] **une claque à** (人)を平手打ちする **en avoir sa claque** うんざりする,参る **faire la claque** 雇われて喝采する,さくらになる **prendre une claque** (株・カジノで)大損をする

claque[2] [klak] 男 オペラハット(= chapeau ~)

claque[3] [klak] 男 《俗》売春宿

claquement [klakmã] 男 (戸の)ばたん,(歯の)かちかち,(弾丸の)ぱちっ,(むちの)びしゃりという音を立てること

claquemurer [klakmyre] 他 (狭い所に)閉じ込める —— 代動 **[se ~]** 自宅などに閉じこもる

claquer [klake] 自 ①《英 slam》(乾いた)音を出す,鳴る;(人が体の一部を)鳴らす《**de**》②(人が)くたばる;(計画などが)だめになる;(ものが)壊れる ▸ **claquer dans les doigts** (**mains, pattes**) **à** (人)の事業・希望などが急に潰れる,おじゃんになる ——他 ①(戸や本を)ばたんといわせる;(舌を)鳴らす —**claquer la porte** ドアをパタンと閉める ▸ **claquer des dents** (寒さ・恐怖で)歯をかちかちさせる **claquer des doigts / faire claquer ses doigts** 指をぱちりと鳴らす **claquer du bec** 腹がへっている **claquer la porte au nez de** (人)を外に叩き出す,門前払いをくわす ②平手で打つ ③《話》(金を)使い尽くす;へとへとにさせる —— 代動 **[se ~]** へとへとに疲れる ▸ **se claquer un muscle** 肉離れする

claquette [klaket] 女 ①《複》(ダンスの)タップ,足踏み ②(小さな)拍子木,(映画の)かちんこ

clarificateur(trice) [klarifikatœr, -tris] 形 明らかにする,解明する

clarification [klarifikasjɔ̃] 女 ①(液体の)浄化,濾過 ②(問題などの)解明

clarifier [klarifje] 他 ①(空気・液体などを)澄ませる,精製する ②(問題・状況を)明確化する —— 代動 **[se ~]** 澄む;明確になる

clarine [klarin] 女 (家畜の首に付ける)鈴

clarinette [klarinet] 女 クラリネット (吹奏楽)

clarinettiste [klarinetist] 男 クラリネット吹奏者

***clarté** [klarte クラルテ] 女 ①《英 brightness》明るさ,光 ②《英 clearness》澄んでいること,透明 ③明るいさ,明せき ④《複》《古・文》知識,情報 ▸ **à la clarté de** …の明かりで

clash [klaʃ] 男 《英》衝突,激しい対立

***classe** [klas クラス] 女 《英 class》①学級,クラス;学年;授業,教室(= salle **de ~**) **en classe** 授業中である / **monter de classe** 進級する / **classe de neige** スキー教室 / **classe verte** 野外教室 ②階級,階層;等級;《数》級,類;(…)階 ▸ *labor_era* 労働者階級;労働者層 / **classe politique** [**la ~**] 政界 / **classes moyennes** [**les ~**] 中産階級;中間層 ▸ **avoir (de) la classe** / **être la classe** 洗練されている,高級である **de grande classe** 高級な **de première classe** 一流の;(乗り物が)一等の **hors classe** 別格の
—— 形 《話》しゃれた,上品な;堂々たる,すごい ▸ **Ça fait classe.** 風格がある,びしっと決まっている **classe affaires** [**économique**] (航空機の)ビジネス[エコノミー]クラス

classement [klasmã] 男 分類,整理;格付け;成績 ▸ **avoir un bon** [**mauvais**] **classement** よい[悪い]成績を取る **classement alphabétique** アルファベット順の分類

***classer** [klase クラセ] 他 ①《英 classify》分類する;整理する —**classer un édifice monument historique** 建物を歴史的建造物に指定する ②評価する ③即決[整理済み]とする —— 代動 **[se ~]** 分類される,部類に入る,(…と)評価される 《**dans, parmi**》

classeur [klasœr] 男 ファイリングキャビネット;紙ばさみ,ファイル ▸ **classeur à anneaux** リングバインダー [ルーズリーフを綴じる金具のついたファイル]

classicisme [klasisism] 男 古典主義(の特徴)

classificateur(trice) [klasifikatœr, -tris] 形 分類を行う,分類好きの —— 名 分類する人;分類学者

classification [klasifikasjɔ̃] 女 分類(法);格付け,職階

classifier [klasifje] 他 分類する;格付けする

***classique** [klasik クラシック] 形 ①古典(主義)の; ②《古代》ギリシア・ラテンの —études classiques 古典研究 ③伝統的な;模範的な;標準の —*C'est le coup classique.* この手口はよくある ④学校用の
—— 男 ①古典主義の作家[作品];古典主義者 ②古典的な名作 ③クラシック音楽(= musique ~)

classiquement [klasikmã] 副 ①古典的に ②伝統[慣習]的に;古風に;ありきたりに

claudication [klodikasjɔ̃] 女 《文》足をひきずること;跛行

claudiquer [klodike] 自 《文》(足を)引きずる

clause [kloz] 女 《法》条項,約款《又》

claustra [klostra] 男 (明かり取りの)

claustral(ale) [klostral] 形 (男複 -aux[-o]) 修道院の(ような)

claustration [klostrasjɔ̃] 女 幽閉, 監禁

claustrer [klostre] 他 幽閉する, 閉じ込める —— 代動 [se ~] 閉じこもる

claustrophobe [klostrofɔb] 形名 密室[閉所]恐怖症の(人)

claustrophobie [klostrofɔbi] 女 密室[閉所]恐怖症

clavaire [klaver] 女 〔植〕ホウキタケ

claveau [klavo] 男 (複 ~x)〔建〕(アーチなどで用いられる)迫持ち石

clavecin [klavsɛ̃] 男〔楽〕クラヴサン, ハープシコード, チェンバロ

claveciniste [klavsinist] 名 クラヴサン[ハープシコード, チェンバロ]演奏者

clavette [klavet] 女 くさび栓, 止めピン

clavicorde [klavikɔrd] 男〔楽〕クラヴィコード

claviculaire [klavikyler] 形〔解〕鎖骨の

clavicule [klavikyl] 女〔解〕鎖骨

clavier [klavje] 男 ①〔英 keyboard〕キーボード, 鍵盤 ②音域, 声域; 能力範囲; 幅

claviste [klavist] 男 (文字入力などの)キーボードオペレーター

clayère [klejer] 女 かきの養殖場

clayette [klejet] 女 (食品運搬用の)かご

clayon [klejɔ̃] 男 (チーズなどを置く)のこ

clayonnage [klejɔnaʒ] 男 土砂止めの編み垣

*__**clé**__ [kle クレ] 女 ①〔英 key〕鍵; 手がかり, 秘訣 ─à la clé 結局, 最後に / clé d'accès〔情報〕パスワード / clé(s) en main 入居可能に(使えるように, すぐに使える(動かせる)) / fermer... à clé …に鍵をかける / mettre la clé sous la porte [le paillasson] 夜逃げする / mettre sous clé …を鍵をかけてしまっておく; (人)を監禁する ②要所 ─clé de voûte 〔建〕(アーチの底)のかなめ石; (組織の)かなめ ③スパナ, レンチ ─clé à molette モンキーレンチ / clé de contact (車の)イグニションキー / clé universelle 自在スパナ /〔楽〕管楽器の ─clé 記号などの)音部記号 ⑥〔形容詞的に〕最も重要な ─mot-clé キーワード / industrie-clé 基幹産業 ⑦〔レスリング〕ロック, 〔柔道〕固め

clean [klin] 形〔不変〕〈英〉〔話〕(見かけや道徳的な面で)清潔な; さっぱりした, さわやかな

clébard [klebar], **clebs** [kleps] 男〔話〕犬

clef [kle] 女 = clé

clématite [klematit] 女〔植〕テッセン, クレマチス, センニンソウ

clémence [klemɑ̃s] 女 寛容, 寛大;

(気象などの)穏やかさ

clément(e) [klemɑ̃, -ɑ̃t] 形 寛大[寛容]な, 慈悲のある;(気候などが)穏やかな

clémentine [klemɑ̃tin] 女 クレマンティーヌ【小ぶりのオレンジ】

clenche [klɑ̃ʃ] 女 (戸口の)掛け金

Cléopâtre [kleopatr] 女 クレオパトラ【古代エジプトの女王】

clepsydre [klepsidr] 女 (昔の)水時計

cleptomane [kleptoman] 名 窃盗狂患者 —— 形 窃盗狂の

cleptomanie [kleptomani] 女 窃盗症, 窃盗狂

clerc [kler] 男 ①(法律事務所の)見習生, 書生 ─pas de clerc (初歩的な誤り ▸ clerc de notaire 公証人見習 ②聖職者; 〈古〉学者, 知識人

clergé [klerʒe] 男〔集合的〕聖職者

clergyman [klerʒiman] 男 (〈英〉複 clergymen[-men])(英米の)牧師

clérical(ale) [klerikal] 形 (男複 -aux[-o]) 聖職者の; 教権拡張主義者の ─ 名 教権拡張主義者

cléricalisme [klerikalism] 男 教権拡張主義

cléricaliste [klerikalist] 形名 教権拡張主義者の

cléricature [klerikatyr] 女 聖職者の身分

Clermont-Ferrand [klermɔ̃ferɑ̃] クレルモン・フェラン【Puy-de-Dôme県の県庁所在地】

clic [klik] 擬 (乾いた音を示す擬音)カチッ, パチン —— 男〔情報〕(マウスの)クリック

clic-clac [kliklak] 擬 (カメラのシャッターなどの擬音)カシャッカシャ, パチッパチッ —— 男〔不変〕(スプリング式の)ソファーベッド

clichage [kliʃaʒ] 男〔印〕製版法

cliché [kliʃe] 男 ①〔写〕ネガ; 写真 ②〔印〕(ステロ版・鉛版などの)印刷版 ③紋切り型

clicher [kliʃe] 他〔印〕製版する

clicherie [kliʃri] 女〔印〕製版工場

*__**client(e)**__ [klijɑ̃, -ɑ̃t クリヤント] 名 〈英 client〉客, 顧客

*__**clientèle**__ [klijɑ̃tɛl クリヤンテル] 女 ①〔集合的〕客; 患者; 依頼人 ②〔集合的〕支持層, ファン ③ 顧客であること; ひいき

clientélisme [klijɑ̃telism] 男 利権政治

clientéliste [klijɑ̃telist] 形名 利権政治家の

clignement [kliɲmɑ̃] 男 まばたき;〔文〕点滅

cligner [kliɲe] 他 (目を細める, ぱちぱちさせる —— 自 まばたきする(= ~ des yeux) ▸ cligner de l'œil ウィンクする, めくばせする

clignotant(e) [kliɲɔtɑ̃, -ɑ̃t] 形 まばたく, 点滅する —— 男 (自動車の)点滅

clignotement [kliɲɔtmɑ̃] 男 まばたき; 点滅

clignoter [kliɲɔte] 自 (目が)まばたく; (光が)明滅[点滅]する

clim [klim] 女 《話》エアコン; 空調

climat [klima] 男 (英 climate) 気候, 風土; 雰囲気, 環境

climatère [klimater] 男 《医》更年期

climatique [klimatik] 形 気候(上)の

climatisation [klimatizasjɔ̃] 女 空調

climatisé(e) [klimatize] 形 空調のある

climatiser [klimatize] 他 (英 air-condition) 空調をする, エアコンを設置する

climatiseur [klimatizœr クリマティズール] 男 エアコン, 空調装置

climatologie [klimatɔlɔʒi] 女 気候学, 風土学

climax [klimaks] 男 頂点

clin d'œil [klɛ̃dœj] (複 ~s d'~) めくばせ, ウィンク; 流し目; 瞬き; ほのめかし ▶en un clin d'œil またたく間に faire un clin d'œil めくばせする, ウィンクする

clinicien(ne) [klinisjɛ̃, -ɛn] 名 臨床医(= médecin ~)

clinique [klinik クリニク] 女 ①診療所, 私立病院 ②臨床医学[講義] ── 形 臨床の ▶signe clinique 臨床像, 病像

cliniquement [klinikmɑ̃] 副 臨床的にみて

clinquant(e) [klɛ̃kɑ̃, -ɑ̃t] 形 ぴかぴか光る, 飾りだけの ── 男 (刺繍などに使う)金・銀の薄片; (偽の宝石などの)安ぴか物, うわべだけのはながやかさ

clip¹ [klip] 男 《英》クリップつきの宝石

clip² [klip] 男 プロモーション・ビデオ, ビデオクリップ(= ~ vidéo)

clique [klik] 女 ①《話》徒党, 一味; 派閥 ②(楽隊の)太鼓, ラッパ

cliquer [klike] 自 《情報》(マウスを)クリックする

cliques [klik] 女《複》《方》木靴 ▶prendre ses cliques et ses claques (et s'en aller) 《話》荷物をまとめてさっさと立ち去る

cliquet [klikɛ] 男 (歯車などの)歯止め, つめ

cliqueter [klikte] 自 [4] (硬いものがぶつかり合って)かちかちいう

cliquetis [klikti] 男 《擬音》(硬いものが)かち合う音

clisse [klis] 女 (びんの)籐巻(覆); (チーズの水切用の)すのこ

clitoris [klitɔris] 男 《解》陰核, クリトリス

clivage [kliva:ʒ] 男 ①(石目(ぷ)にそって)割ること ②裂け目; 分化, 区別, 亀裂

cliver [klive] 他 (石目(ぷ)にそって)割る; 分化させる, 区分する ── 代動 [se ~] (石目(ぷ)にそって)割れる

cloaque [klɔak] 男 ①下水だめ; 不潔な場所[住居] ②《文》堕落・悪徳の掃き溜め, 巣窟(ぷ), 塊

clochard(e) [klɔʃar, -ard] 名《話》浮浪者, ホームレス

clochardisation [klɔʃardizasjɔ̃] 女 ホームレス化

clochardiser [klɔʃardize] 他 ホームレス化にする, みすぼらしくする ── 代動 [se ~] ホームレス化する, みすぼらしく[みじめに]なる

cloche¹ [klɔʃ クロシュ] 女 鐘; 鐘型の蓋[食器おおい] ▶cloche à fromage チーズ・カバー déménager à la cloche de bois 夜逃げする son de cloche 説 sonner les cloches à … を強く叱責する

cloche² [klɔʃ] 女 ①《話》愚か者; 不器用な人; 《集合的》浮浪者 ②《話・古》頭 ③ ▶se taper la cloche たらふく食べる ── 形 《話》不器用な, 間抜けな

cloche-pied [klɔʃpje] [成句でのみ] ▶à cloche-pied 片足で

clocher¹ [klɔʃe クロシェ] 男 ①(英 bell tower) (教会の)鐘楼 ②《転》故郷 ▶querelles de clocher 内輪もめ

clocher² [klɔʃe] 自《話》うまく行かない, 具合が悪い ▶Il y a quelque chose qui cloche. 何かおかしい Qu'est-ce qui cloche? 《話》どうしたの

clocheton [klɔʃtɔ̃] 男 小さな鐘楼; 鐘楼ふうの装飾建築

clochette [klɔʃɛt] 女 鈴; 釣鐘状の花 ▶clochettes bleues ブルーベル [藍色の釣鐘形の花が咲く草の総称]

clodo [klodo] 男 《話》浮浪者(= clochard)

cloison [klwazɔ̃] 女 (英 partition) 仕切り, 隔壁; (精神的・社会的)隔たり ▶cloison étanche (船の)防水隔壁 cloison mobile (自由に動かせる)間仕切り, ついたて

cloisonnage [klwazɔna:ʒ], **cloisonnement** [klwazɔnmɑ̃] 男 仕切り(方), 区画

cloisonné(e) [klwazɔne] 形 (< cloisonner) 〔生〕隔壁のある; 七宝模様の; 細分化した, 仕切られた ── 男 七宝焼

cloisonner [klwazɔne] 他 仕切る; (人を)分離[隔離]する

cloître [klwatr] 男 修道院, 僧院; 禁域; (修道院の)回廊

cloîtré(e) [klwatre] 形 (< cloîtrer) 修道院に閉じこもった; (世間から)引きこ

もった

cloîtrer [klwatre] 他 修道院に入れる, 閉じ込める ━ [代動] **se ~**] 修道院に入る, 世捨て人の生活をする

clonage [klɔnaʒ] 男 [生] クローン化

*__clone__ [klon] クロヌ 男 [生] クローン；(話) そっくりな人[物]

cloner [klone] 他 クローン化する, クローンを作る

clonus [klɔnys] 男 [医] クローヌス, 間代(ホヒん)

clope[1] [klɔp] 男 (タバコの)吸殻, 吸いさし ▶ **Des clopes!** (話) 全然

clope[2] [klɔp] 男 (話) タバコ

cloper [klɔpe] 自 (話) タバコを吸う

clopin-clopant [klɔpɛ̃klɔpɑ̃] 副 (話) 足を引きずりながら, どうにかこうにか

clopiner [klɔpine] 自 足を引きずりながら歩く

clopinettes [klɔpinɛt] 女 (複) (話) 何も(…ない) ▶ **des clopinettes** ほんのわずかなもの；全くないもの

cloporte [klɔpɔrt] 男 ①[動] ワラジムシ ②(軽蔑的) 卑屈でいやなやつ；(俗) 門番

cloque [klɔk] 女 (虫などに刺された)はれ；(やけどによる)水ぶくれ ▶ **en cloque** (妊娠して)お腹が大きい

cloquer [klɔke] 自 (皮膚の)水ぶくれになる；(塗料を塗ったところに)空気がたまる ━ 他 (布に)水泡のような襞をつける

clore [klɔr] 他 13 [文・古] 閉じる, 閉ざす, 囲う；(交渉・会議などを)終える

clos[1] [klo] clore の直・現在・1[2]・単；命・2・単；過去分詞

clos[2](**e**) [klo, -oz] 形 (< clore) [文] 閉ざされた, 囲まれた, 終わった

clos[3] [klo] 男 (囲いをした)畑；ブドウ畑；垣根

clôt [klo] clore の直・現在・3・単

clôture [klotyr] 女 ①(庭・修道院などの)囲い, 欄, 垣 ▶ **mur de clôture** 仕切壁 ②閉鎖；閉店；(会などの)終り, 終結, 閉会；(会計などの)締め ▶ **séance [date] de clôture** 閉会式[日] ③(修道院の)隠棲, 禁域の義務

clôturer [klotyre] 他 囲む；垣を設ける；終える, 終結する；閉じる

*__clou__ [klu] クル 男 ①(英 nail) くぎ, びょう；ささいなこと, くだらないこと ━ Des clous! (話) 全然, おあいこ / maigre comme (un cent de) clou ひどくやせている / enfoncer le clou 説得のため何度も説明を繰り返す / river son clou à …を黙らせる / ne pas valoir un clou 三文の値打ちも無い / Un clou chasse l'autre. (ことわざ) 新しいものが古いものに取って代わる ②(複) 横断歩道 ③(話) (催し物の)呼び物, 最大の呼物 ④[医] 癰(ドウ), 腫物(ドウン), 面皰(ドウボー) ⑤ぼろ自動[転]車 ⑥できものの ▶ **clou de girofle** チョウジ, 丁子(チョウジ)の芽

*__clouer__ [klue] クルエ 他 くぎで留める；くぎ付けにする；動かなくする ▶ **clouer**

le bec à (人)をびしゃりと黙らせる **être cloué au lit** 寝たきりである

clouté(e) [klute] 形 (< clouter) びょう打った ▶ **passage clouté** 横断歩道 **pneus cloutés** スパイクタイヤ

clouter [klute] 他 (飾り)鋲を打つ

clouterie [klutri] 女 くぎ製造[販売](所)

clovisse [klɔvis] 女 [貝] クロビス [地中海地方のアサリの呼び名]

clown [klun] 名 (< 英) 道化役者, 道化師；ピエロ；お調子者, ひょうきん者 ▶ **faire le clown** おどけて見せる

clownerie [klunri] 女 道化, 悪ふざけ

clownesque [klunɛsk] 形 道化の, 滑稽な

club [klœb] 男 (< 英) ①(運動・社交・政治・芸術の)クラブ；収容[娯楽]の[…]・・クラブ ②大きな革製のアームチェア(= fauteuil ~) ③ゴルフクラブ

clunisois(e) [clynizwa, -az] 形 [C-] クリュニーの(人)

Cluny [klyni] クリュニー 【Saône-et-Loire 県の都市】 ▶ **abbaye de Cluny** (ベネディクト会の)クリュニー修道院

cluse [klyz] 女 [地] 山峡

clystère [klistɛr] 男 [医] [古] 灌腸

CM (略) cours moyen (小学校の)中等科

cm [sɑ̃timɛtr] (略) centimètre センチメートル

CNC (略) Centre national du cinéma et de l'image animée 国立映画研究所

CNIL [knil] (略) Commission nationale de l'informatique et des libertés (フランスの)情報科学と自由の全国委員会

CNPF (略) Conseil national du patronat français フランス経営者全国評議会 [1998 年に Medef と改名]

CNRS (略) Centre national de la recherche scientifique 国立科学研究所

co- [接頭] (<ラ) 「共同」の意 (= con)

coaccusé(e) [kɔakyze] 名 [法] 共同被告

coach [kotʃ] 男 (< 英) (スポーツの)コーチ

coadministrateur(trice) [kɔadministratœr, -tris] 名 共同管理者

coagulant(e) [kɔagylɑ̃, -ɑ̃t] 形 [化] 凝結[凝固]させる ━ 男 凝結[凝固]剤

coagulation [kɔagylasjɔ̃] 女 凝結；凝固

coaguler [kɔagyle] 他 凝結[凝固]させる ━ 自 [se~] 凝結[凝固]する

coalisé(e) [kɔalize] 形 (< coaliser) 同盟[連合]した ━ 男 (複) 同盟国；連合軍

coaliser [kɔalize] 他 同盟[連合]させ

coalition 186 **cocotte**

る —[代動] [se ~] 同盟[連合]する

coalition [kɔalisjɔ̃] 囡 同盟, 連合 ▶*gouvernement de coalition* 連立政府

coaltar [koltar] 男 (<英) コールタール ▶*être dans le coaltar* (話) 何が何だかわからない, はっきりした考えをもてない

coarctation [kɔarktasjɔ̃] 囡 [医] (大動脈などの)縮窄(ぎ)

coassement [kɔasmã] 男 (カエル)の鳴き声

coasser [kɔase] 自 (カエルが)鳴く

coassocié(e) [kɔasɔsje] 名 共同事業者; 協同著

coati [koati] 男 [動] ナガバナアライグマ

coauteur [kɔotœr] 男 共同執筆者, 共著者

coaxial(ale) [kɔaksjal] 形 (男複 *-aux*[-o]) 同軸の

cobalt [kɔbalt] 男 [化] コバルト

cobaye [kɔbaj] 男 [動] モルモット; 《話》実験台

cobra [kɔbra] 男 [動] コブラ

coca¹ [kɔka] 囡 [植] コカ

coca² [kɔka] 男 《話》= coca-cola

coca-cola [kɔkakɔla] 男 《商標名》コカコーラ

cocagne [kɔkaɲ] 囡 《古・文》祭り, 喜び ▶*mât de cocagne* 宝棒[祭りなどで, 地面に立てられ, てっぺんにつるした賞品を登って取り合う] *pays de cocagne* 桃源郷 *vie de cocagne* 極楽暮らし

cocaïne [kɔkain] 囡 コカイン

cocaïnomane [kɔkainɔman] 名 コカイン中毒

cocarde [kɔkard] 囡 (国旗の色を示す)円い花形の帽章, 国別標識; 国, 政党; (リボンの)花結び, バラ花飾り

cocardier(ère) [kɔkardje, -ɛr] 形 《けなして》勲章[軍隊]好きな, 軍国主義の — 名 盲目的愛国者, 軍国主義者

cocasse [kɔkas] 形 《話》珍妙な, こっけいな

cocasserie [kɔkasri] 囡 《話》珍妙;おかしなこと[身振り]

coccinelle [kɔksinɛl] 囡 [虫] テントウムシ

coccygien(ne) [kɔksiʒjɛ̃, -ɛn] 形 尾てい骨の

coccyx [kɔksis] 男 [解] 尾てい骨

coche¹ [kɔʃ] 男 (昔の)駅馬車 ▶*rater* [*louper*] *le coche* 《話》好機を逸する

coche² [kɔʃ] 囡 刻み目;(材木上の)しるし

cochenille [kɔʃnij] 囡 ①[虫] エンジムシ, カイガラムシ ②臙脂(ᅵᅩᄋ)

cocher¹ [kɔʃe] 男 御者 ▶[le C-] [天] 御者座

cocher² [kɔʃe] 他 しるしを付ける

cochère [kɔʃɛr] 形 《女性形のみ》▶*porte cochère* (馬車の出入りできる)正門

cochon [kɔʃɔ̃] 男 豚; 豚肉(料理) ▶*cochon de lait* (生後6か月以下の)飲み豚 / *cochon d'Inde* [動] テンジクネズミ, モルモット / *copains comme cochons* 大変親しい仲間 / *tête de cochon* 頑固, 石頭 ▶...*de cochon* ひどい— *manger comme un cochon* がつがつ食べる — 形 《話》*cochonne* [-ɔn] (話) 汚い(人); 下品な(人); 好色な(人); 卑猥な(人) ▶*Petit cochon!* 下品なやつだ, いやなやつ

cochonnaille [kɔʃɔnaj] 囡 (複) (話) 豚肉加工食品 [ソーセージ・ハム]

cochonner [kɔʃɔne] 他 (仕事を)雑にやる; 台無しにする

cochonnerie [kɔʃɔnri] 囡 (話) 不潔(なもの); 下品な言葉[行為]; 不良品, がらくた ▶*manger des cochonneries* ジャンクフードを食べる

cochonnet [kɔʃɔnɛ] 男 ①子豚 ②ペタンク (pétanque) の的球

cochylis [kɔkilis] 男 [虫] ハマキガ [ブドウの害虫]

cocker [kɔkɛr] 男 (<英) コッカースパニエル [犬]

cockpit [kɔkpit] 男 (<英) (飛行機・ヨット・レースカーの)操縦席

cocktail [kɔktɛl] 男 (<英) カクテル(パーティー); 混ぜ合わせ, 寄せ集め ▶*cocktail explosif* (危険性や可能性を含む)寄せ集めの人[もの] *cocktail Molotov* 火炎瓶

coco¹ [koko] 男 ①ココヤシの実(= noix de ~) —*beurre de coco* ココナッツバター / *fibre de coco* ココヤシ繊維, コイア ②(古) レモン入りの甘草(ネᄃᄉ) 水 ③《話》頭, 胃 ④《幼児》卵 ⑤[女性形は *cocotte*] (親愛の呼びかけ)かわいい子 ⑥(話)(いやな, 怪しげな, 変な)やつ

coco² [koko] 名 《話》コカイン

cocon [kɔkɔ̃] 男 繭(ポ) —*s'enfermer dans son cocon.* 自分の内に閉じこもる

cocontractant(e) [kɔkɔ̃traktɑ̃, -ɑ̃t] 名 [法] 共同契約者

cocooner [kokune] 自 (話)安楽を求める

cocooning [kokuniŋ] 男 (<英) 家でのんびりして過ごすこと

cocorico [kɔkɔriko] 男 コケコッコー [雄鶏の鳴き声; 間投詞的に, フランスの国民誇しの高揚を表す] —*chanter cocorico, pousser un cocorico* フランスの勝利を祝う

cocotier [kɔkɔtje] 男 [植] ココヤシの木 —*secouer le cocotier* 《話》老人や働けない人たちを追い出す

cocotte¹ [kɔkɔt] 囡 [料] シチュー鍋 —*cocotte-minute* 圧力鍋 [商標名]

cocotte² [kɔkɔt ココト] 女 ①(幼児)めんどり ②(話・古)高級娼婦,尻軽女 ▶sentir [puer] la cocotte 下品な安香水の匂いがする ③▶Hue, cocotte! はいどうどう[馬を励ます掛け声] ④▶ma cocotte (女の子・女性に対する呼びかけ)かわい子ちゃん

cocu(e) [kɔky] 形 浮気された,だまされた ─ 男 妻を寝取られた男

cocuage [kɔkɥaʒ] 男 (話)浮気されること

cocufier [kɔkyfje] 他 (話)浮気する

codage [kɔdaʒ] 男 記号[暗号]化

***code** [kɔd コド] (英 code) 男 ①法典,法規;きまり,規範 ─code civil 民法典 / code de la route 道路交通法 / code du travail 労働法典 / code pénal 刑法典 ②暗号,略号,コード ─code confidentiel (d'identification) 暗証番号 / code d'accès アクセスコード / code génétique 〔生〕遺伝コード / code personnel 暗証番号 / code postal 郵便番号 / code secret 暗号 ③(自動車)(ヘッドライトの)ロービーム ▶se mettre en code(s) 車のライトをロービームにする

code à barres [kɔdabar], **code-barres** [kɔdbar] 男 (複〜s〜s) バーコード

codébiteur(trice) [kodebitœr, -tris] 名 共同債務者

codécision [kodesizjɔ̃] 女 共同決定[決議]

codéine [kɔdein] 女 〔化〕コデイン,メチルモルヒネ

coder [kɔde] 他 (通信文を)符号[暗号]化する,電信略号にする ─ 自 〔医〕(DNA が…の)遺伝情報を持っている

codex [kɔdɛks] 男 薬局方

codicille [kɔdisil] 男 〔法〕遺言付属書

codification [kɔdifikasjɔ̃] 女 法典編集,成文化;〔体系合理化〕

codifier [kɔdifje] 他 法典に編む,成文化する;コード[体系合理化]する

codirecteur(trice) [kɔdirɛktœr, -tris] 形 共同責任の ─ 名 共同責任者

coédition [kɔedisjɔ̃] 女 共同出版,共同編集の著

coefficient [kɔefisjɑ̃] 男 係数;率;要因;(試験の採点の)調整係数 ▶coefficient d'erreur 誤差率

cœlacanthe [selakɑ̃t] 男 〔魚〕シーラカンス

cœlentérés [selɑ̃tere] 男 (複) 〔動〕腔腸動物〔クラゲなど〕

cœlioscopie [seljɔskɔpi] 女 〔医〕腹腔鏡検査

coéquipier(ère) [kɔekipje, -ɛr] 名 同じチームの者,チームメイト

coercible [kɔɛrsibl] 形 圧縮できる

coercitif(ve) [kɔɛrsitif, -iv] 形 強制的な

coercition [kɔɛrsisjɔ̃] 女 強制;〔法〕強制権

***cœur** [kœr クール] 男 ①(英 heart) 心臓;ハート型のもの;〔トランプ〕ハート ─opération à cœur ouvert (人工心肺をつなぐ)開心手術 ②中心,核心で;(果物などの)芯 ─au cœur de …の中心に;…のさなかに ③心,心情;性格;熱意;勇気 ▶à cœur joie 大喜びで,心ゆくまで à cœur ouvert 率直に aller droit au cœur 胸にこたえる (à) avoir... sur le cœur (食べ物が)もたれている;…はいつまでも覚えている,心にわだかまっている avoir à cœur de [不定詞]…するのに熱中[執着]する avoir bon cœur 心が優しい,思いやりがある avoir le cœur à l'ouvrage 仕事に熱心に取り組んでいる avoir le cœur de [不定詞]…するだけの勇気がある avoir le cœur gros [serré] 悲しくて胸がいっぱいである avoir le cœur sur la main 気前がいい,寛大である avoir mal au cœur 吐き気がする avoir un cœur d'artichaut 移り気である avoir un cœur de pierre (石のように)心が冷たい avoir un cœur d'or 寛大だ,とても優しい Ça vient du cœur! それは本心からだ! coup de cœur (人・物に)熱を上げること de bon cœur 喜んで;心から de tout cœur 心から donner du cœur au ventre à (人)を勇気づける d'un cœur léger 軽い気持ちで,気楽に;うきうきした気分で être de tout cœur avec (人)とまったく同感である[共感する] mettre tout son cœur dans …に気を入れる,集中する mon (petit) cœur (呼びかけ)ねえ,あなた;ねえ,君 ne pas porter... dans son cœur 敵意を持つ,恨みをいだく par cœur そらで,暗記して;完全に prendre les choses à cœur …をひどく気にする,…を苦にする serrer... contre son cœur …をしっかり抱える si le cœur t'en dit もし気に入ったら tenir à cœur (…の)気にかかる,関心を引く (à)

cœur-poumon [kœrpumɔ̃] 男 〔医〕人工心肺

coexistence [kɔɛgzistɑ̃s] 女 共存 ▶coexistence pacifique 平和共存 【政治体制にかかわらず国同士が共存すること】

coexister [kɔɛgziste] 自 (…と)共存する (avec)

cofacteur [kɔfaktœr] 男 補助因子,共同因子

coffrage [kɔfraʒ] 男 ①坑道などの支えの枠組・(コンクリート工事の)枠組 ②(配管などの)目隠し工事

coffre [kɔfr] 男 ①(ふた付きの)大箱,金庫 ─coffre à jouets おもちゃ箱 / coffre à outils 道具箱 / coffres de l'État [les〜] 国庫 ②(自動車の後尾の)トランク ③(話)胸;声量 ▶avoir

du coffre 体格がよい; 声量がある; 勇気がある

coffre-fort [kɔfrəfɔr] 男 (複 ~s-~s) 金庫

coffrer [kɔfre] 他 ①《話》牢に入れる, 逮捕する ②(コンクリート工事の)枠板を組む

coffret [kɔfrɛ] 男 小箱, 手箱; (CDなどの)ケース(セット) ▶*coffret à bijoux* 宝石箱

cofinancement [kofinɑ̃smɑ̃] 男 共同出資

cofinancer [kofinɑ̃se] 他 52 〔経〕共同出資する

cofondateur(trice) [kofɔ̃datœr, -tris] 名 共同創設者; (企業の)共同創業者

cogérance [kɔʒerɑ̃s] 女 共同管理
cogérant(e) [kɔʒerɑ̃, -ɑ̃t] 名 共同管理人

cogérer [kɔʒere] 他 57 共同管理する; 経営に参加する

cogestion [kɔʒɛstjɔ̃] 女 共同管理

cogitation [kɔʒitasjɔ̃] 女《話・皮肉的》思索

cogiter [kɔʒite] 自他 《話・皮肉的》思索する

cogito [kɔʒito] 男 〔哲〕コギト, 思考作用

Cognac [kɔɲak] コニャック【Charente 県の町】

cognac [kɔɲak] 男 コニャック【白ワインを蒸留したブランデー】

cognaçais(e) [kɔɲasɛ, -ɛz] 形 ▶[C-] コニャックの(人)

cognassier [kɔɲasje] 男 〔植〕マルメロの木 ▶*cognassier du japon* ボケ

cogne [kɔɲ] 男《俗》警官

cognée [kɔɲe] 女 斧(㉘), まさかり ▶*jeter le manche après la cognée*《話》(やる気をなくして)あきらめる

cogner [kɔɲe] 他《話》(…に)ぶつける; (人を)殴る — 自《話 knock》(…を(何度も))強く打つ, たたく(sur, contre, à); ぶつかる — *cogner à la porte* ドアをノックする ②(エンジンが)ノッキングする ③(日差し・酒が)強い, きつい —*Ça cogne!* かんかん照りだ！《話》悪臭がする — 代動 [se ~] (…に)ぶつかる (à, contre) ▶*se cogner la tête contre les murs*, 絶望的な状況の中で何とかしようともがく

cognitif(ve) [kɔgnitif, -iv] 形 認識の, 認知の ▶*sciences cognitives* 認知科学

cognition [kɔgnisjɔ̃] 女 〔哲〕認識(力)

cohabitation [kɔabitasjɔ̃] 女 ①同居, 同棲 ②〔政〕保革共存【大統領と内閣が対立政党から出ること】

cohabiter [kɔabite] 自 ①《英 live together》(…と)同棲[同居]する (avec) ②(ものが)共存する; 〔政〕保革共存する

cohérence [kɔerɑ̃s] 女 (論理的な)一貫性, まとまり

cohérent(e) [kɔerɑ̃, -ɑ̃t] 形《英 coherent》①首尾一貫した, まとまりのある (…と)一致する, 矛盾しない (avec)

cohésif(ve) [kɔezif, iv] 形 凝集させる, 結びつける

cohésion [kɔezjɔ̃] 女 ①〔物〕凝集(力); 団結, 統合 ②(議論などの)一貫性

cohorte [kɔɔrt] 女 ①一群, 一団 ②(古代ローマの)歩兵隊

cohue [kɔy] 女《英 crowd》雑踏, 混雑

coi(te) [kwa, -at] 形 ▶*rester [demeurer, se tenir] coi*《文》静かに[じっと]している

coiffe [kwaf] 女 (古風な)かぶりもの, 婦人帽; 帽子の裏

coiffé(e) [kwafe] 形 (<coiffer) ①(…を)かぶった, (…に)覆われた (de) ②髪を整えた ▶*être bien [mal] coiffé* 髪をきちんとしている[ぼさぼさ頭だ]; *être né coiffé* ついている, 運がいい

coiffer [kwafe コワフェ] 他 ①《英 do one's hair》(人を)髪を結う, 散髪する —*se faire coiffer par* (人)に整髪[散髪]してもらう ②《英 cover》(人を…を)かぶらせる (de); (帽子を)かぶる ③《英 head》支配下に置く, 統括する ④(競走相手を)鼻差で負かす —*coiffer ... sur le poteau* (人)にわずかな差で勝つ, 土壇場で勝つ ⑤(占)誘惑する — 代動 [se ~] ①(…を)かぶる (de) — 代動 [se ~] ①整髪する ③(…に)夢中になっている

coiffeur(se)[kwafœr, -øz コワフール(ズ)] 名《英 hairdresser》理髪師, 美容師 ▶*aller chez le coiffeur* 散髪に行く

coiffeuse² [kwaføz] 女 小形の化粧台, 鏡台

coiffure [kwafyr コワフュール] 女 ①かぶりもの, 帽子 ②髪型; 美容, 理髪 ▶*salon de coiffure* 美容院

coin [kwɛ̃ コワン] 男 ①《英 corner》角(ど), 片隅; 端, 口元 —*au coin du feu* 炉端で; くつろいで ▶*les quatre coins du monde* 世界各地 *petit coin* [le ~]《話》トイレ, 便所 *regard [sourire] en coin* 皮肉でいじわるな目線; *regarder [surveiller] ... du coin de l'œil* (人を)ひそかに見る[見張る] *rester dans son coin* 自分の殻に閉じこもっている ②街角; 近所; 辺ぴな場所 —*du coin* 近所の / *dans le coin* この近所[界隈]に ③楔(ぐっ) ④(貨幣の)鋳型, 刻印

coincé(e) [kwɛ̃se] 形 (< coincer)《英 jammed》(ものが)動かない; (人が)身動きがとれない;《話》(心理的に)動けない, 臆病な; 進退きわまった, どうしようもなくなった

coincement [kwɛ̃smɑ̃] 男 (弁などが)はさまって動かなくなること; 身動きがとれ

coincer [kwɛ̃se] 他 52 ①固定する,動かなくする; 《話》身動きできなくする,追い詰める ②(話)逮捕する ▶ (話)(ドアなどが)動かなくなる ▶ **coincer la bulle** 何もしないでいる,眠る ━ 代動 [se〜] ①(何かがはさまって)動かなくなる ②(…に指などを)はさむ,つめる(dans)

coïncidence [kɔɛ̃sidɑ̃s] 囡 (英 coincidence) ①偶然の一致, 符合 ②(図形の)一致

coïncident(e) [kɔɛ̃sidɑ̃, -ɑ̃t] 形 一致(符合)した; 同時の

coïncider [kɔɛ̃side] 自 一致する; (…に)符合する(avec); (…と)同時に起こる(avec)

coin-coin [kwɛ̃kwɛ̃] 男《不変》(擬音)があがあ【アヒルの鳴き声】

coïnculpé(e) [kɔɛ̃kylpe] 名 《法》連帯被告, 共同容疑者

coing [kwɛ̃] 男《植》マルメロの実 ▶ **être jaune comme un coing**《話》顔色が悪い

coin-repas [kwɛr(ə)pɑ] 男《複 〜s-〜s》(部屋の)食事用コーナー

coït [kɔit] 男《生》性交, 交接

coite [kwat] 形 ⇒coi

coke¹ [kɔk] 男《英》コークス・カー

coke² [kɔk] 囡《話》コカイン

cokéfaction [kɔkefaksjɔ̃] 囡 コークス化

cokéfier [kɔkefje] 他 コークスにする

cokerie [kɔkri] 囡 コークス製造工場

*__col__ [kɔl] コル 男 ①《英 collar》(衣服の)襟, カラー ▶ **col blanc** ホワイトカラー【事務系職員】 **col bleu** ブルーカラー【現場労働者】 **col châle** ショールカラー **col cheminée** タートルネック **col chemisier** シャツネック, ワイシャツのカラー **col Claudine** 丸襟(えり) **col (en) V** Vネック **col Mao** 詰め襟 **col marin** セーラーカラー **col roulé** ロールカラー; タートルネック **col tax col**(コルタク)の取り付け襟 **se hausser(se pousser) du col** 偉そうに見せる ②(びんなどの)首;【解】頸(けい)部, 頭(とう)部 ▶ **col de l'utérus** 子宮頸部 ③(山間の)峠

cola [kɔla] 男《植》コーラ(の木)

colback [kɔlbak] 男 ①(昔の)前立て付き毛皮軍帽 ②《話》襟, のど, 背中(=colbac, colbak, colbaque)

colchique [kɔlʃik] 男《植》コルチカム, イヌサフラン

-cole 接尾 《ラ》「栽培する」「住む」の意の形容詞(名詞)をつくる

coléoptères [kɔleɔptɛr] 男《複》《虫》鞘翅(しょうし)類【コガネムシやテントウムシなど】

*__colère__ [kɔlɛr] コレール 囡 (英 anger) 怒り ▶ **avec colère** 怒って **être en colère** 怒っている **passer sa colère sur** (人)に八つ当たりする **se mettre en colère** 怒る

coléreux(se) [kɔlerø, -øz] 形 怒りっぽい

colérique [kɔlerik] 形 《古》怒りっぽい

colibacille [kɔlibasil] 男 大腸菌

colibacillose [kɔlibasiloz] 囡 大腸菌感染

colibri [kɔlibri] 男 《鳥》ハチドリ

colifichet [kɔlifiʃɛ] 男 安びか物; 小間物, 小さな装飾品

colimaçon [kɔlimasɔ̃] 男《動》《古》カタツムリ ▶ **en colimaçon** 螺旋状に

colin [kɔlɛ̃] 男《魚》タラ

colin-maillard [kɔlɛ̃majar] 男 目隠し鬼ごっこ

colique [kɔlik] 囡 下痢; (通例複)腹痛, 疝(せん)痛; 厄介事, うるさいやつ ▶ **avoir la colique** 怖い

*__colis__ [kɔli] コリ 男 小包; 荷物

Colisée [kɔlize] 男 [le 〜] (古代ローマの)コロシアム

colistier(ère) [kɔlistje, -ɛr] 名 (同一選挙人名簿にある)候補者同志

colite [kɔlit] 囡《医》大腸炎, 結腸炎

collabo [kɔ(l)labo] 名《話》(軽蔑的に)(第2次大戦中の)対独協力者

collaborateur(trice) [kɔ(l)labɔratœr, -tris] 名 ①協力者; 共著者 ②(第2次大戦中の)対独協力者

collaboration [kɔ(l)labɔrasjɔ̃] 囡 ①(英 collaboration)(…との)協力, 共同(avec) ②(第2次大戦中の)対独協力 ▶ **en collaboration avec** …と共同で, 協力して

collaborer [kɔ(l)labɔre] 自 ①(英 collaborate) [〜 avec A pour (à) B] (Bのために A(人)と)協力する ②(第2次大戦中に)対独協力する

collage [kɔlaʒ] 男 ①のりづけ(すること) ②《美術》コラージュ ③《話》同棲 ④(ワインを澄ますこと)

collagène [kɔlaʒɛn] 男《生》コラーゲン, 膠原質

collant(e) [kɔlɑ̃, -ɑ̃t] 形 くっつく, 接着の; ぴったり体に合う;《話》しつこい ━ 男 (パンティー)ストッキング; タイツ

collante [kɔlɑ̃t] 囡《話》(学生言葉で)試験(成績)通知書

collapser [kɔlapse] 自《話》気絶する

collapsus [kɔlapsys] 男《医》虚脱(状態)

collatéral(ale) [kɔ(l)lateral] 形 (男複 -aux[-o])①並立した, 副次の ②【法】傍系の ━ 男 《複》傍系親族【兄弟・従兄弟・伯父など】; (教会の)側廊 ▶ **points collatéraux** 【地】(中間の)四方位

collation [kɔlasjɔ̃] 囡 ①(夕方にとる)軽い食事・称号・学位の)授与 ③ 《古》突き合わせ, 照合

collationnement [kɔlasjɔnmɑ̃] 男 校正, 照合

collationner [kɔlasjɔne] 他 校正[照合, 校訂]する ── 自 軽く食事をする

colle [kɔl コル] 女 ①糊; 接着剤 ─être [vivre] à la colle (話) 同棲している / colle blanche でんぷん糊 ②(話) 難問 ─poser une colle 難問を出す ③(学生) 試験勉強, (間としての) 居残り勉強

collecte [kɔlɛkt] 女 募金; 集めて回ること, 回収 ▶**collecte de fonds** 資金集め

collecter [kɔlɛkte] 他 (寄付金・資金・署名・情報などを)集めて回る, 募る

collecteur(trice) [kɔlɛktœr, -tris] 名 (税金や寄付金などを集めて回る) 人 ▶**collecteur d'impôts** 収税吏 ── 形 集める ── 男 下水渠[幹](= égout ~); [電] 集電環, 整流子 ▶**collecteur d'admission** (エンジンの) 給気集合管

collectif(ve) [kɔlɛktif, -iv コレクティフ(ヴ)] 形 (英 collective) 集団の, 団体の ▶**billet collectif** 団体券 **propriété collective** 共有財産 [地] **travail collectif** 集団労働 ── 男 ① [文法] 集合名詞 (= nom ~) ② (古) 補正予算案 (= ~ budgétaire) ③集合住宅 (= immeuble ~), (社会行動・組合などの) 集団

collection [kɔlɛksjɔ̃ コレクスィヨン] 女 (英 collection) ①収集品, コレクション (= objet de ~) ▶**timbre de collection** 収集切手 ②(雑誌などの) バックナンバー集, 双書 ③デザイナーの新作

collectionner [kɔlɛksjɔne] 他 収集する; (話) たくさん集める

collectionneur(se) [kɔlɛksjɔnœr, -øz] 名 収集家

collectivement [kɔlɛktivmɑ̃] 副 全体として

collectivisation [kɔlɛktivizasjɔ̃] 女 生産組織化, 集産化

collectiviser [kɔlɛktivize] 他 共有[集散, 国有]化する

collectivisme [kɔlɛktivism] 男 集団主義, 集産主義

collectiviste [kɔlɛktivist] 形 集団主義, 集産主義の ── 名 集団主義者, 集産主義者

collectivité [kɔlɛktivite] 女 集団; 団体, 共同体 ▶**collectivité locale** 地方自治体 [市町村 (commune)・県 (département)・地域圏 (région) など] **collectivité territoriale** (海外) 特別自治体, 領土自治体

***collège** [kɔlɛʒ コレジュ] 男 ①中学校, コレージュ (= ~ d'enseignement secondaire) [中等教育の前期課程の4年間; 11–15 歳に相当] ②(司教などの) 会, 団体 ③学校 ─Collège de France [le ~] コレージュ・ド・フランス [パリにある公開講座の高等教育機関] / collège d'enseignement général et

professionnel (ケペック) 一般職業教育カレッジ [義務教育後に通う高等教育機関; 略 **Cégep**] ④▶**collège électoral** (一選挙区の) 全有権者; 選挙人団

collégial(ale) [kɔleʒjal] 形 (男複 -aux[-o]) ①僧会の ②合議制の; 集団による ▶**église collégiale** 参事会管理聖堂

collégialement [kɔleʒjalmɑ̃] 副 合議制にして

collégialité [kɔleʒjalite] 女 合議制

collégien(ne) [kɔleʒjɛ̃, -ɛn] 名 ①コレージュの生徒 ②青二才, 世間知らず

***collègue** [kɔl(l)ɛg コレグ] 名 (英 colleague) 同僚, 同役

***coller** [kɔle コレ] 他 ①糊ではる; (…に) 近寄せる (à, contre, sur); (話) (人に) うるさくつきまとう ─coller aux fesses [au train] de … (話) (人に) しつこくつきまとって悩ませる, 困らせる ②(話) (…に) 押しこむ; (いやなことを人に) 押しつける; (人を牢屋などに)入れる ③(学生(生徒に)難問を出す; (生徒を)やりこめる, 落第させる ④(話) (…に) ぴったりくっつく (à); (…) 同伴する (avec); (話) うまくいく; [スポーツ] ぴったりマークする ─coller à la peau (考えなどが) 離れない, 抜けきれない ▶**Ça colle.** (話) うまくいってる, 順調だ。 **Ça ne colle pas.** (話) 都合が悪い, 合わない ── 代動 [se ~] ①…にぴったり体を寄せる, (…) にかじりつく, (…から) 離れない (à, contre) ②(話) (人と) 同棲する (avec) ③(話) 始める ▶**s'en coller** (話) どうでもいい

collerette [kɔlrɛt] 女 飾り襟

collet [kɔlɛ] 男 ①(ウサギなどをとる) 罠 ②(家畜の) 頸部 ③(古) 襟 ▶**collet monté** 堅苦しい, もったいぶった **mettre la main au collet à** …を逮捕する

colleter [kɔlte] 他 (古) (人の) 襟首をつかむ ── 代動 [se ~] ①(…と) つかみ合う, 取っ組み合う (avec) ②(困難なことなどに) 取り組む

colleur(se) [kɔlœr, -øz] 名 (壁紙などの) 糊うり職人

colley [kɔlɛ] 男 〔犬〕 コリー

***collier** [kɔlje コリエ] 男 ①(英 necklace) 首飾り, ネックレス; (犬などの) 首輪; (管をしめる金属製の) 環 ─collier de misère つらく厳しい仕事 / être franc du collier 率直な, 公正な / reprendre le collier 仕事に再び取りかかる ▶**donner un coup de collier** 奮闘する ②頬髯 (= ~ de barbe) ③牛[羊] のくび肉

collimateur [kɔlimatœr] 男 〔光〕視準鏡 ▶**avoir … dans le collimateur** …をしっかりと見張る, つけねらう

colline [kɔlin コリヌ] 女 (英 hill) 丘, 小山

***collision** [kɔlizjɔ̃ コリズィヨン] 女 (車や武力などの) 衝突 ▶**entrer en colli-**

sion 衝突する

collodion [kɔlɔdjɔ̃] 男 [化] コロジオン

colloïdal(ale) [kɔlɔidal] 形 (男複 -aux [-o]) [化] コロイド状の

colloïde [kɔlɔid] 男 [化] コロイド, 膠質

colloque [kɔ(l)lɔk] 男 討議; 討論会; シンポジウム; 対話

collusion [kɔlyzjɔ̃] 女 [法] 共謀, 結託

collusoire [kɔlyzwar] 形 [法] 共謀による

collutoire [kɔ(l)lytwar] 男 (口腔・咽喉用の)塗布剤

colluvion [kɔ(l)lyvjɔ̃] 女 [地] 崩積層

collyre [kɔlir] 男 目薬

Colmar [kɔlmar] コルマール【Haute-Rhin 県の県庁所在地】

colmarien(ne) [kɔlmarjɛ̃, -ɛn] 形 名 [[C-]] コルマールの(人)

colmatage [kɔlmataʒ] 男 ①穴をふさぐこと ②(土地に)沈泥法をつかうこと, 客土

colmater [kɔlmate] 他 ①穴をふさぐ; 固める ②(土地に)沈泥法[客土]を施す

colo [kɔlɔ] 女 《話》林間[臨海]学校【< colonie de vacances】

colocataire [kɔlɔkatɛr] 名 共同借家人

Cologne [kɔlɔɲ] 女 ケルン【ドイツの都市】▶ eau de Cologne オーデコロン

colombage [kɔlɔ̃baʒ] 男 [建] 間柱(まじら); 木骨壁構造 ▶ maison à colombage(s) ハーフティンバーの家【構造材が露出している木造建築】

colombe [kɔlɔ̃b] 女 ①[詩] ハト(鳩), ハト派(の人), 平和主義者

Colombie [kɔlɔ̃bi] 女 コロンビア【南米の共和国】▶ Colombie britannique ブリティッシュコロンビア【カナダ西部の州】

colombien(ne) [kɔlɔ̃bjɛ̃, -ɛn] 形 名 [[C-]] コロンビアの(人)

colombier [kɔlɔ̃bje] 男 [文] 鳩小屋

colombin [kɔlɔ̃bɛ̃] 男 ①(陶芸に使う)土のひも ②《話》糞

colombophile [kɔlɔ̃bɔfil] 形 名 伝書鳩を飼う(人)

colombophilie [kɔlɔ̃bɔfili] 女 伝書鳩飼育

colon [kɔlɔ̃] 男 ①入植者, 植民地の白人 ②林間[臨海]学校の子供 ③(在外)居留民 ④少年院の子供 ⑤[法] 小作人 ⑥《話》= colonial

côlon [kolɔ̃] 男 [医] 結腸

colonel [kɔlɔnɛl] 男 陸軍大佐; 連隊長

colonelle [kɔlɔnɛl] 女 《話・古》大佐(連隊長)夫人

colonial(ale) [kɔlɔnjal] 形 (男複 -aux [-o]) 植民地の —— 名 植民地人 —— 男 植民地軍の兵 —— 女 (以前の)植民地軍

colonialisme [kɔlɔnjalism] 男 植民地主義

colonialiste [kɔlɔnjalist] 形 名 植民地主義の(人)

*colonie [kɔlɔni] コロニ 女 ①(英 colony) 植民地 ②(在外)居留民, 同郷のグループ; (芸術家などの)集団 ③林間[臨海]学校(—— de vacances) ④(集団などの)群れ ⑤[法] 少年院, 感化院

colonisateur(trice) [kɔlɔnizatœr, -tris] 形 植民地する —— 名 植民地開拓者, 入植者

colonisation [kɔlɔnizasjɔ̃] 女 植民地化

colonisé(e) [kɔlɔnize] 形 (< coloniser) 植民された(国[人]); 植民されていた(国人)

coloniser [kɔlɔnize] 他 ①植民地(化)する ②(植物や微生物などがある場所に)增殖する

colonnade [kɔlɔnad] 女 列柱, 柱廊

*colonne [kɔlɔn] コロヌ 女 ①(英 column) (円)柱; 円柱状のもの; 記念碑 ②(新聞などの)欄 ③[軍]の縦隊 ——en colonne par deux 2列縦隊で ▶ colonne vertébrale 脊柱

colonnette [kɔlɔnɛt] 女 小円柱

colophane [kɔlɔfan] 女 ロジン(松脂を蒸留したもの)

coloquinte [kɔlɔkɛ̃t] 女 [植] コロシント

colorant(e) [kɔlɔrɑ̃, -ɑ̃t] 形 着色する —— 男 染料, 着色料

coloration [kɔlɔrasjɔ̃] 女 着色; 色合い, 色調 ▶ se faire faire une coloration 髪を染めてもらう

-colore [接尾] (< ラ) 「色」の意の形容詞をつくる

coloré(e) [kɔlɔre] 形 (< colorer) 色のついた; 色彩豊かな, 多彩で面白い

colorer [kɔlɔre] 他 ①色をつける, 彩る; 赤く染める —— colorer... en ~を~色に染める ②(…に)飾りを与える; [文] 趣きをよくする —— 代動 [se ~] 色づく, 染まる; (自分が…を)染める, 彩る

coloriage [kɔlɔrjaʒ] 男 着色; ぬり絵

colorier [kɔlɔrje] 他 着色する; 色を塗る

coloris [kɔlɔri] 男 彩色法; 色調; 音楽表現(和音や楽器の使い方), (文章表現などの)華麗さ

colorisation [kɔlɔrizasjɔ̃] 女 色が出ること; 色をつけること; 白黒映画の彩色技術

coloriser [kɔlɔrize] 他 (白黒映画に)彩色する, 色を着ける

coloriste [kɔlɔrist] 名 色彩の秀でた画家; [美容]染髪技術者; カラーコー

colossal(ale) ディモネーター

colossal(ale) [kɔlɔsal] 形 (男複 -aux[-o]) 巨大な; 大規模な

colossalement [kɔlɔsalmɑ̃] 副 巨大に, 大規模に

colosse [kɔlɔs] 男 巨像; (怪力のある)大男, 巨大な獣; 偉人; 大国 ▸ *colosse aux pieds d'argile* 見掛け倒しの男

colostrum [kɔlɔstrɔm] 男 〖生〗初乳

colportage [kɔlpɔrtaʒ] 男 ①行商 ②(思想などを)言い広めること

colporter [kɔlpɔrte] 他 ①行商する, 売り歩く ②(話)(噂などを)言いふらす

colporteur(se) [kɔlpɔrtœr, -øz] 名 ①行商人 ②言いふらす人

colt [kɔlt] 男 コルト[自動]拳銃

coltiner [kɔltine] 他 (重い物などを)背負う, 運ぶ ―― 代動 [se ~] (話)(辛いことなどを)する, 引きうける

columbarium [kɔlɔ̃barjɔm] 男 骨灰安置所

colvert [kɔlvɛr] 男 〖鳥〗野鴨

colza [kɔlza] 男 〖植〗アブラナ, ナタネ, ナノハナ

com- 接頭 〈ラ〉 = con-

*****coma** [kɔma] コマ 男 〖医〗昏睡状態 ▸ *dans un coma dépassé* 脳死状態で *être (tomber) dans le coma* 昏睡状態にある[陥る]

comateux(se) [kɔmatø, -øz] 形 名 〖医〗昏睡状態の人

*****combat¹** [kɔ̃ba] コンバ 男 戦闘; 戦闘, 勝負, 戦い, 闘争, 競争; [les ~s] 〖文〗戦争 ▸ *combat aérien* 空中戦 *combat d'arrière-garde* 後衛戦; 引き延ばし作戦 *combat de boxe* ボクシングの試合 *combat de catch* レスリングの試合 *combat de rues* 市街戦 *combat naval* 海戦

combat² [kɔ̃ba] combattre の直・現・3・単

combatif(ve) [kɔ̃batif, -iv] 形 名 闘争的な(人), 攻撃的な(人)

combativité [kɔ̃bativite] 女 闘争性; 論争好き

combats [kɔ̃ba] combattre の直・現・1[2]・単; 命・2・単

combatt... ⇨combattre

combattant(e) [kɔ̃batɑ̃, -ɑ̃t] 形 (<combattre) 戦う ―― 名 ①戦闘員 ②なぐり合う人 ③開戦, 軍属(%)

combatti[î]... ⇨combattre

combattons [kɔ̃batɔ̃] combattre の直・現・1・複; 命・1・複

combattr... ⇨combattre

*****combattre** [kɔ̃batr] コンバットル 他 ①(英 fight) (…と)戦う; 敵対[対立]する, 反対する ―― 自 戦う ―― 代動 [se ~] 互いに戦う; 競い合う

combattu [kɔ̃baty] combattre の過去分詞

combe [kɔ̃b] 女 渓谷

*****combien** [kɔ̃bjɛ̃] コンビヤン 副 ①いくつ, いくら, どれくらい; [~ de...] いくつの..., どのくらいの... ▸ *combien de personnes* 何人 ▸ *Ça fait combien? / Combien ça coûte? / C'est combien?* (話) いくらですか *combien de fois* 何回, どれくらいの頻度で *depuis combien de temps* いつから, どれくらい前から *Je vous dois combien?* おいくらですか *pour combien de temps* (時間的に)どのくらい(の間) ②(感嘆副詞として)[combien (de)...] どれほどの(...), 何と(多くの...) ▸ ―― *Si tu savais combien ça m'a agacé!* それが私が困ったかわからないでしょう ―― 男 (不変) ①量; 大きさ ②値段 ▸ *Au combien chaussez-vous?* (靴のサイズはいくつですか *Il y a en a tous les combien?* どのくらいの頻度であるのですか (バス電車など)何分おきに来ますか ▸ *Nous sommes le combien?* きょうは何日ですか

combientième [kɔ̃bjɛ̃tjɛm] 形 名 (話) 何番目の(人)

*****combinaison** [kɔ̃binɛzɔ̃] コンビネゾン 女 ①(英 combination) 組合せ, 結合, 配合; 〖化〗化合 ―― *combinaison gagnante* (くじの当たり番号) ②計略; 陰謀 ③作業服; (女性の)スリップ ▸ *combinaison de plongée (sousmarine)* ウェットスーツ *combinaison de ski* スキーウェア *combinaison spatiale* 宇宙服

combinard(e) [kɔ̃binar, -ard] 形 名 (話・軽蔑的) 悪賢い(人)

combinat [kɔ̃bina] 男 (旧ソ連の)コンビナート

combinatoire [kɔ̃binatwar] 形 結合の; 配合の

combine [kɔ̃bin] 女 (話) 計略, うまいずるい手 ▸ *être dans la combine* ぐるになっている

combiné(e) [kɔ̃bine] 形 (<combiner) 組合わされた, 結合した; 〖化〗化合した ―― 男 ①〖化〗化合物 ②(電話の)送受話器; (複数の機能を備えた)家電機器 ③〖スポーツ〗複合競技 ④〖服〗オールインワン 【ブラジャーとコルセットが1つになったもの】 ▸ *combiné alpin* [スキー]アルペン複合 *combiné nordique* [スキー]ノルディック複合

combiner [kɔ̃bine] 他 ①(英 combine) 組合わせる; 結合[配合]する; 〖化〗化合させる ②(ある目的のため)やり方や手段を考える, たくらむ

comble [kɔ̃bl] 男 ①(英 height) 頂点, 絶頂; (ある状況の)極み ―― *au comble de...* の極みに, 絶頂に / *du fond en comble* 上から下まで, すべて, 完全に / *être à son comble* 絶頂に達する, 絶頂にある ②屋根; 屋根裏部屋 ―― *faire salle comble* ホールを満員にする / *La mesure est comble.* これ以上は無理だ

―― 形 一杯の; 超満員の

comblé(e) [kɔ̃ble] 形 (< combler) (英 fulfilled) すっかり満足した

comblement [kɔ̃bləmɑ̃] 男 埋めること, 埋め立て

combler [kɔ̃ble] 他 (英 fill) 埋める; 補う; 満足させる, 満たす ▶**combler A de B** A(人)をB(もの)で一杯にする *combler son retard* 遅れを取り戻す

comburant(e) [kɔ̃byrɑ̃, -ɑ̃t] 形〔化〕燃焼させる —— 男 (ロケット燃料用の)酸化剤

comburer [kɔ̃byre] 他 燃焼させる

combustibilité [kɔ̃bystibilite] 女 可燃性; 燃焼力

combustible [kɔ̃bystibl] 形 燃焼性の —— 男 燃料

combustion [kɔ̃bystjɔ̃] 女 燃焼

come-back [kɔmbak] 男 (< 英) (有名人やスポーツ選手の)復帰, カムバック

***comédie** [kɔmedi] 女 (英 comedy) ①喜劇; 演劇; 〈古〉劇場 —*comédie de boulevard* 大衆演劇 / *comédie de mœurs* 風俗喜劇 / *comédie dramatique* (通常一般の)ドラマ / *comédie musicale* ミュージカル ②芝居, 茶番; 騒ぎ; 〈話〉厄介事 ▶ *C'est toujours la même comédie.* いつも一苦労である *jouer la comédie* 芝居を打つ, ふりをする

Comédie-Française [kɔmedifrɑ̃sez] 女 【la ~】コメディー・フランセーズ【パリの国立劇場; 古典演劇を主に上演する】

***comédien(ne)** [kɔmedjɛ̃, -en] コメディヤン(エンヌ) 名 ①俳優 ②役者, 俳優 ③偽善者 ③(tragédien に対して)喜劇役者 —— 形 うわべを装った ▶ *Quel comédien!* まんまといっぱい食わされた

comédon [kɔmedɔ̃] 男 にきび

comestible [kɔmestibl] 形 (英 edible) 食べられる, 食用の —— 男 (複)食料品

comète [kɔmɛt] 女 彗(ほう)星 ▶ *tirer des plans sur la comète* 〈話〉できもしない計画を立てる

comice [kɔmis] 男 (地方の)農業推進会; (フランス革命中の)選挙会

comique [kɔmik] 形 喜劇の, こっけいな —— 名 喜劇俳優[作家]; 道化役 —— 男 喜劇味, こっけいさ

comiquement [kɔmikmɑ̃] 副 喜劇的に; 滑稽に

comité [kɔmite] 男 (英 committee) 委員会; (集合的)委員 ▶ *comité de gestion* 管理委員会 *comité de soutien* 支援委員会 *comité d'entreprise* (労使代表による企業運営委員会 *en petit comité* 内輪で

***commandant(e)** [kɔmɑ̃dɑ̃, -ɑ̃t] コマンダン(ト) 名 (英 commander) 指揮[司令]官; (船の)艦長; 少佐 —— 形 〈文〉命令好きな, 横柄な ▶ *commandant de bord* (民間機の)機長

***commande** [kɔmɑ̃d] コマンド 女 ①(英 order) 注文(の品) —*passer une commande à* …に注文をする ; (芸術家に)作品を依頼する / *ouvrage de commande* 依頼制作の作品 ②操縦装置; (複)操作 ▶*à commande par effleurement* ワンタッチ制御の *commande à distance* リモート・コントロール, 遠隔操縦装置 *être aux [prendre les] commandes* 操縦している[する]; 指揮をとっている[とる]

commandement [kɔmɑ̃dmɑ̃] 男 命令, 指揮(権); (宗教上の)掟(おきて), 戒律; (軍隊の)司令部

***commander** [kɔmɑ̃de] コマンデ 他 ①(英 command) 指揮する, 命令する ▶ *commander à A de* 不定詞 [*que* 接続法 A (人) に…するように命ずる *sans vous commander* 〈古・話〉さしつかえなかったら, 構わなければ ②(英 order) 注文する ③(尊敬の念などを)起こさせる, (注意などを)促す ④(ある地点がその周囲をなす意で)を見渡す, コントロールできる; (…の)入口を占める ⑤(機械を)操作[運転]する —— 自 ①(…に)指令する, 指揮する (à) ②(…を)抑える, 制する (à, sur) —— 代動 [se ~] ①自制する: 制御される ②(部屋などが)互いにつながっている

commandeur [kɔmɑ̃dœr] 男 勲章受章者

commanditaire [kɔmɑ̃diter] 名 (合資会社の)有限責任社員; (会社の)出資者; スポンサー

commandite [kɔmɑ̃dit] 女 ①合資会社 ②株式合資会社の出資金 ▶ *société en commandite* 合資会社

commanditer [kɔmɑ̃dite] 他 ①(合資会社社員として)出資する; (人・事業に)融資する; スポンサーになる, 資金援助する ②金を払って陰で(スパイなどを)操る, (事件などを)仕組む

commando [kɔmɑ̃do] 男 突撃隊; ゲリラ隊

***comme** [kɔm コム] 接 (英 as, like) ①…のように[に], …と同じように ▶ *comme ça* このように[な] *comme ci comme ça* まあまあ, ほどほど —*un homme comme lui* 彼のような人間 / *Faites comme vous voulez.* 好きなようにやりなさい *comme il faut* 適切に, うまく ②として —*apprécier… comme collègue* …を仲間とみなす ③…なので Comme Il pleuvait, j'ai pris la voiture. 雨が降っていたので, 車を使った ④(ちょうど)…のときに —*Elle est entrée juste comme je sortais.* ちょうど私が出ようとしたときに彼女が入ってきた —— 副 (英 how) 何と; どんなに —*Comme il fait beau!* 何て いい天気なんでしょう / *Tu sais comme elle est.*

彼女がどんな人かを知ってるでしょう，彼女はあんなだからね

commedia dell'arte [kɔmedjadelart(e)] 〈不変〉〈＜イ〉コメディア・デラルテ〖16-18世紀のイタリア即興喜劇〗

commémoratif(ve) [kɔ(m)memɔratif, -iv] 形 記念する，記念の

commémoration [kɔ(m)memɔrasjɔ̃] 女 記念，追憶；記念祭

commémorer [kɔ(m)memɔre] 他 記念する，祝う

commençant(e) [kɔmɑ̃sɑ̃, -ɑ̃t] 形 始まったばかりの，初学[初心]の ― 名《古》初学[初心]者

*__commencement__ [kɔmɑ̃smɑ̃ コマンスマン]《英 beginning》男 初め，始まり；《複》基礎，土台；《複》初期，新人のころ ▶ dès le commencement 初めから／ Il y a un commencement à tout. 何事にも初めがある；最初からうまくいくことはない

*__commencer__ [kɔmɑ̃se コマンセ] 自 52 始まる— Ça commence à bien faire! もううんざりだ，いいかげんにしろ／ Ça commence bien! 上々の滑り出しだ／ Ça commence mal! スタートをくじいた／ commencer à [de]《文》《不定詞》…し始める／ commencer par …（ものが）…で始まる；（人が）…から始まる／ pour commencer! 手始めに／ Tu ne vas pas commencer! もうやめろ — 他 始める，（…の）始めにある；手はどきする

commensal(ale) [kɔ(m)mɑ̃sal] 名 (男複 -aux[-o]) ① 食卓を共にする人，会食者 ② 〖生〗共生生物

commensalism [kɔmɑ̃salism] 男 共生

commensurable [kɔmɑ̃syrabl] 形 同一単位で測定できる；（…と）通約できる《avec》

*__comment__ [kɔmɑ̃ コマン] 副《英 how》① どのように，どんな；どうすれば — Comment a-t-il fait? 彼はどうやってそれをやったのですか／ Comment est-il? 彼はどんな人の／ Comment allez-vous? ごきげんいかがですか／ Comment ça va? どんな具合[調子]ですか／ Comment faire? どうしよう[すればいいのだろう]／ Comment se fait-il que +《接続法》? いったいどうして…なのか／ Comment vous appelez-vous? お名前は？ ② （聞き返し）え，何ですって？ ③ ― ▶ Et comment! (Mais) comment donc! もちろん，いいですとも，ええどうぞ — 男《不変》方法，やり方

commentaire [kɔmɑ̃tɛr] 男 ①《英 comment》注釈，注解，解説 ② 悪意の解釈，とりざた ▶ faire des commentaires sur …について解説する；うわさする Sans commentaire! ノーコメント

commentateur(trice) [kɔmɑ̃tatœr, -tris] 名 ① 注釈者 ② テレビ・ラジオの解説者

commenter [kɔmɑ̃te]《英 comment》 他 注解する，（…に）注釈をつける；批評する；悪口を言う

commérage [kɔmeraʒ] 男《話》（くだらない）おしゃべり，うわさ話

*__commerçant(e)__ [kɔmɛrsɑ̃, -ɑ̃t コメルサン(ト)] 名 商人；《話》小売りの商人 — 形 商業の（盛んな）；商才に富んだ

*__commerce__ [kɔmɛrs コメルス] 男 ①《英 commerce》商業，商売，取引；商店；《集合的》商人，商業界；悪い商売 ▶ commerce de gros 卸売業 commerce détail 小売業 commerce électronique 《英 e-commerce》電子（商）取引 commerce extérieur 対外貿易 commerce international 国際取引 faire du commerce (…と) 取引する《商売》をする 《avec》petit commerce [le ~] 小売業界 Proche commerce (不動産などの掲示) 買物に便利 tenir un commerce 店を経営する ② 《古・文》交際；社会的交流

commercer [kɔmɛrse] 自 52 (…と) 商売する《avec》

*__commercial(ale)__ [kɔmɛrsjal コメルスィヤル] 形 (男複 -aux[-o]) 通商［貿易］の，商業上の；金儲け主義の ▶ activité commerciale 商売［ビジネス］centre commercial ショッピングセンター école commerciale ビジネススクール — 女 〖車〗ライトバン

commercialement [kɔmɛrsjalmɑ̃] 副 商業的に；通商［貿易］によって

commercialisation [kɔmɛrsjalizasjɔ̃] 女 商業化［商品化］

commercialiser [kɔmɛrsjalize] 他 商業［商品］化する；（市場に）売りに出す

commère [kɔmɛr] 女 おしゃべり［うわさ好きの］女

commet(s) [kɔmɛ], **commett...** ⇒ commettre

commettage [kɔmɛtaʒ] 男 〖海〗綱（を糸などを撚り）あわせて）つくること

commettant(e) [kɔmɛtɑ̃, -ɑ̃t] 名 委任者；代理指定人

commettons [kɔmɛtɔ̃] commettre の直・現在・1・複

*__commettre__ [kɔmɛtr コメトル] 他 41 ①《英 commit》（犯罪・過失などを）犯す — commettre un meurtre 殺人を犯す／ commettre une erreur ミスを犯す ② 《文》（…に）任ずる（ものを人に）任せる，委ねる ③ 綱をつくる ④《古》危険にさらす — 代動《se ~》（不都合などが）行われる；《文》（…と）かかわり合いになる《avec》

commi(s)... ⇒ commettre

comminatoire [kɔ(m)minatwar] 形 〖民法〗威嚇(いかく)的な；脅迫の

commis¹ [kɔmi] 名 店員，アシスタン

commis² [kɔmi] commettre の過去分詞

commisération [kɔ(m)mizerɑsjɔ̃] 囡 憐憫(%), 同情

*__commissaire__ [kɔmisɛːr] コミセール 名 ①(英 superintendent) 警察署長, 警視 (= ~ de police) ▶ *commissaire principal (divisionnaire)* 警視正 ②委員, 役員; [スポーツ] (試合・競技の) 監視員 ▶ *commissaire aux comptes* (株式会社の)会計監査役 *commissaire européen* 欧州委員

commissaire-priseur(se) [kɔmisɛrprizœːr] 名 (複 ~s-~s) 動産公売官

*__commissariat__ [kɔmisarja] コミサリア 男 ①委員の職 ②政府機関, 委員会 ▶ *Commissariat à l'énergie atomique* 原子力庁 [フランスの研究機関; 略 CEA] ③警察署 (= ~ de police)

*__commission__ [kɔmisjɔ̃] コミスィヨン 囡 ①(英 message) (他人のための)用事, 伝言, 使い走り ②手数料; コミッション — *toucher* (10%) *de commission* (10パーセント)の手数料をとる ③ 〖複〗(毎日の)買い物; 食料品 ④委員会; 委任, 委託 — *commission d'enquête* 調査委員会 / *commission d'examen* (初等教育の)試験委員会 / *Commission des opérations de Bourse* (フランスの)証券取引委員会 〖略 COB〗 / *Commission européenne* 欧州委員会 / *Commission nationale de l'informatique et des libertés* (フランスの)情報科学と自由の全国委員会 〖略 CNIL〗

commissionnaire [kɔmisjɔnɛːr] 男 取次業者; 仲買人; (ホテルなどの)メッセンジャー, 〖古〗使い走りの人

commissoire [kɔmiswaːr] 形 〖法〗契約を解除する

commissure [kɔmisyːr] 囡 〖解〗接合部; 口の端

commit [kɔmi] commettre の直・単過・3・単

*__commode__ [kɔmɔd] コモド 形 ①(...に)便利な, 都合のよい (à) ②簡単な, 単純な ③〖古〗(性格が)気さくな ④ — *pas commode* (性格が)厳しい, 要求の多い —— 囡 (整理)たんす

commodément [kɔmɔdemɑ̃] 副 便利に; 心地よく

commodité [kɔmɔdite] 囡 ①(英 *convenience*) 〖複〗生活の便 ②便利; 好都合 ③〖複〗〖古〗便所

commodore [kɔmɔdɔːr] 男 (英米海軍の)准将

commotion [kɔmosjɔ̃] 囡 (精神上の)衝撃; 震盪(½½); 心の動揺; 激動 ▶ *commotion cérébrale* 脳震盪

commotionner [kɔmosjɔne] 他 激しい衝撃を与える, (脳)震盪(½½)にかからせる

commuable [kɔmyabl] 形 減刑できる

commuer [kɔmɥe] 他 (...に)減刑する ▶ ~ (en)

*__commun(e)__ [kɔmœ̃, -yn] コマン(ミュヌ) 形 ①(...に)共通の, 共同の (à); 一般の, 公共の, 多数の —— *intérêt commun* 公共の利益; 共通の利益 / *d'un commun accord* 全員一致で; 合意の上で / *n'avoir rien de commun* (...と)まったく共通点がない (avec) / *peu commun* めずらしい, まれな ▶ *vie commune* 〖la ~〗 共同生活 ②普通の, 平凡な; 俗っぽい, 卑しい —— 男 ①共同; 共通; 共有財産 —*en commun* 共通して, 一緒に / *hors du commun* 並はずれた / *mettre ... en commun* ...を共有する ②平凡, 水準; 卑俗 ③〖複〗付属建物 ④〖古〗庶民階級 ▶ *commun des mortels* 〖le ~〗 (世間一般の)俗人, 凡人 ▶ *transports en commun* 〖les ~〗 公共交通機関

communal(ale) [kɔmynal] 形 (男複 -*aux* [-o]) 共有の; 市町村の —— 囡 〖複〗公共地 —— 男 公立小学校

communard(e) [kɔmynaːr, -ard] 名 (1871年の)パリコミューンの参加者

communautaire [kɔmynotɛːr] 形 共同体の; ヨーロッパ共同体の

*__communauté__ [kɔmynote] コミュノテ 囡 ①共同体 — *vivre en communauté* 共同生活をする / *Communauté des États indépendants* 〖la ~〗 独立国家共同体 〖旧ソ連邦構成国12ヶ国による共同体, 略 CEI〗 / *Communauté européenne* 〖la ~〗 ヨーロッパ共同体 / *Communauté économique européenne* 〖la ~〗 欧州経済共同体, EEC / *communauté internationale* 〖la ~〗 国際社会 ②(意見・趣味などの)共通性 ③(夫婦などの)共有財産

*__commune__ [kɔmyn] コミュヌ 囡 ①市町村, 地方自治体 〖フランスの最小行政単位〗 ②(封建時代の)自由都市; 〖la ~〗 (1871年の)パリコミューン; (1789-95年の)パリ革命の自治団体 ③〖les C-s〗 (英国の)下院 (= la Chambre des ~s) ④ ▶ *commune populaire* (中国の)人民公社

communément [kɔmynemɑ̃] 副 一般に, 通常

communiant(e) [kɔmynjɑ̃, -ɑ̃t] 名 〖カト〗聖体拝領する人[子ども] ▶ *premier communiant* 初めて聖体拝領する人「子ども」

communicabilité [kɔmynikabilite] 囡 伝達可能性

communicable [kɔmynikabl] 形 (人に)伝えられる, 伝達可能な

communicant(e) [kɔmynikɑ̃, -ɑ̃t] 形 互いに通じる —— *vases communicants* 連通管

communicateur(trice) [kɔmynikatœr, -tris] 男 情報を伝える人, (企業などの)情報担当者

communicatif(ve) [kɔmynikatif, -iv] 形 打ち解けた, 話好きの; (陽気な気分などが)人にうつりやすい

***communication** [kɔmynikɑsjɔ̃] 女 (英 communication) ①(意志・情報などの)伝達, 連絡; 通知; (電話の)通話 (= ~ téléphonique) —moyens de communication 情報伝達手段; 交通手段 / demander à entrer en communication avec 書類の提出を要求する[閲覧を要求する] / entrer en communication avec (人)と連絡をとる; 電話が通じる / être en communication avec (人)と交渉[連絡]を持っている; 通話中である / mettre ... en communication (人)に電話する, (人)に電話をつなぐ ⟨avec⟩ / communication interurbaine 市外通話 ②(学会での)発表, 報告 ③広報(活動), PR

communier [kɔmynje] 自 ①(思想・感情などが)通じ合う ②[カト]聖体拝領をする — 他 聖体を授ける

communion [kɔmynjɔ̃] 女 ①(思想・感情などの)一致 —être en communion (avec ...) avec ...と(思想や感情などを)わかち合う; (自然などと)一体になる ②[カト]聖体拝領 ③同じ宗教を信じる仲間, 宗教団体

communiqué [kɔmynike] 男 公式声明, コミュニケ ▶ **communiqué de presse** プレスリリース

***communiquer** [kɔmynike] コミュニケ 他 (英 communicate) 伝え, 伝達する; 見せる; 分かち合う; 伝染させる — 自 ①連絡を取る ⟨avec⟩; ...と意志を通じ合う⟨avec⟩; (...と)通じている ⟨avec⟩ — 代動 [se ~] ①伝わる, 伝染する; (火などが)移る ②(部屋などが)相通じる; 伝え合う; (...と)交渉をもつ, 親しくする⟨avec, à⟩

communisant(e) [kɔmyniza̅, -ɑ̃t] 形 名 (話)共産主義に同調的な(人)

***communisme** [kɔmynism] 男 コミュニスム 共産主義

communiste [kɔmynist] 名 共産主義者 — 形 共産主義の

commutateur [kɔmytatœr] 男 (電気の)スイッチ; 整流子; 電話交換機

commutation [kɔmytasjɔ̃] 女 ①置換え, 取換え, 交換 ②減刑

commuter [kɔmyte] 他 [~ A de B] (AとBを)置き換える — 自 置換え可能な —A et B commutent / A commute avec B AとBは置換え可能である

Comores [kɔmɔr] 男 (複) [les ~] コモロ諸島【インド洋マダガスカル島付近にある共和国】

comorien(ne) [kɔmɔrjɛ̃, -ɛn], **comorois(e)** [kɔmɔrwa, -az] 形 [C-] コモロ諸島の(人)

compacité [kɔ̃pasite] 女 緻密さ, 密度

compact(e) [kɔ̃pakt] 形 緻密な, ぎっしり詰まった; 小型の 男 CD (= disque ~); ミニコンポ

compact-disc [kɔ̃paktdisk] 男 (く英) CD

compacter [kɔ̃pakte] 他 (ごみ・鉄くずなどを)押しつぶして小さくする

compagne [kɔ̃paɲ] 女 ①女友達, 女の連れ ②(文)妻, 伴侶, 愛人

***compagnie** [kɔ̃paɲi] コンパニ 女 ①(英 company) 一緒にいること, 同伴する; つきあい; 連れ —de compagnie ⟨avec ...⟩ (...と)一緒に / en compagnie de ...と一緒に / tenir compagnie à (人)のお相手をする / être de bonne [mauvaise] compagnie 育ち[しつけ]がよい(悪い) ②会社; 劇団 —compagnie aérienne 航空会社 / compagnie d'assurances 保険会社 ⇒[コラム: フランスの会社組織] ③(軍)中隊 ▶ **compagnies républicaines de sécurité** 共和国保安機動隊 [略 CRS]

***compagnon** [kɔ̃paɲɔ̃] コンパニョン 男 (英 companion) ①(男の)連れ, 伴侶 ②(古)仲間, 友達 ③(親方の下で働く)職人 ▶ **compagnon de route** (旅の)道連れ

compagnonnage [kɔ̃paɲɔnaʒ] 男 (大工職人などの)同業者組合; (徒弟期間後親方の下で働く)お礼奉公

comparable [kɔ̃parabl] 形 (...と)比較できる⟨à⟩ 似通った

comparai... ⇒comparaître

***comparaison** [kɔ̃parezɔ̃ コンパレゾン] 女 (英 comparison) 比較, 対照; たとえ; [修] 直喩 ▶ **Comparaison n'est pas raison.** (ことわざ)たとえは論拠たりえない en comparaison (...と)比較すれば ⟨de⟩ faire une comparaison entre A et B AとBを比較する / par comparaison (...と)比較すれば ⟨avec, à⟩ sans comparaison (形容詞として)ずば抜けてすばらしい; (副詞句として)文句なしに, すぐに

comparaître [kɔ̃parɛtr] 自 47 (法) 出頭する; 現れる

comparant(e) [kɔ̃parɑ̃, -ɑ̃t] 形 出頭[出廷]する — 名 出頭人

comparateur(trice) [kɔ̃paratœr, -tris] 形 比較を好む — 男 側長器, 比較器, コンパレータ

comparatif(ve) [kɔ̃paratif, -iv] 形 比較の, 比較に基づく — 男 [文法] 比較級 ▶ **au comparatif** 比較級の, 比較級で ▶ **comparatif d'infériorité [de supériorité]** [文法] 劣等[優等]比較

comparatisme [kɔ̃paratism] 男 比較研究

comparatiste [kɔ̃paratist] 名 比較言語学[文学]者 — 形 比較研究の

comparativement [kɔ̃parativmã] 副 比較的に; (…と)比較して (à)

comparé(e) [kɔ̃pare] 形 (<comparer) 比較研究による ▶*linguistique comparée* 比較言語学

***comparer** [kɔ̃pare コンパレ] 他 (英 compare) (…と)比較する (avec); (…にたとえる (à); 対等に取り扱う ── 代動 [se ~] 比較される; (…と)自分を比較する, (…に)自分をたとえる (à)

comparse [kɔ̃pars] 名 端役, 重要でない役

***compartiment** [kɔ̃partimã コンパルティマン] 男 (英 compartment) 車室, 仕切り; (将棋盤の)目 ▶*compartiment à glace* 冷凍車

compartimentage [kɔ̃partimãtaʒ] 男 仕切ること

compartimenter [kɔ̃partimãte] 他 区画[区分]する, 仕切る

comparu [kɔ̃pary] ⇨comparaître

comparu[û]... ⇨comparaître

comparution [kɔ̃parysjɔ̃] 女 (法廷への)出廷

***compas** [kɔ̃pa] 男 ①コンパス, 羅針盤 ▶*avoir le compas dans l'œil* 《話》目測できっちりと測る *compas à pointes sèches* 分間コンパス, ディバイダー ②《複》(人の)足, 脚

compassé(e) [kɔ̃pase] 形 (態度などが)固苦しい, 形式一点張りの

compassion [kɔ̃pasjɔ̃] 女 《文》同情, 憐憫(れんびん)

compatibilité [kɔ̃patibilite] 女 両立(性), 適合性; 〔情報〕互換性

compatible [kɔ̃patibl] 形 (英 compatible) (…と)両立[適合]できる, 矛盾のない (avec); 〔情報〕(…と)互換性のある (avec)

compatir [kɔ̃patir] 自 33 (…に)同情する (à, avec)

compatissant(e) [kɔ̃patisã, -ãt] 形 同情する, 思いやりのある

compatriote [kɔ̃patrijɔt] 名 (英 compatriot) 同国人; 同郷人

compendium [kɔ̃pɛ̃djɔm] 男 (<ラ) 大要, 要約

compensateur(trice) [kɔ̃pɑ̃satœr, -tris] 形 補償の; (ばね・磁石などが)補整する ── 男 補整器

compensation [kɔ̃pɑ̃sasjɔ̃] 女 (英 compensation) (…と)埋め合せ; 手形交換; 〔羅針盤の〕調整 ▶*en compensation de* …の代わりに, …の補償として

compensatoire [kɔ̃pɑ̃satwar] 形 補償の; 契約

compensé(e) [kɔ̃pɑ̃se] 形 (<compenser) 釣り合いがとれた ▶*semelles compensées* ウェッジヒール【靴底がかかとと一体になっているもの】 *temps compensé* 《スポーツ》(ハンディを考慮した)タイムの補正

compenser [kɔ̃pɑ̃se] 他 (英 compensate) 償う, 補う ── 代動 [se ~] 埋め合わされる; 補い合う

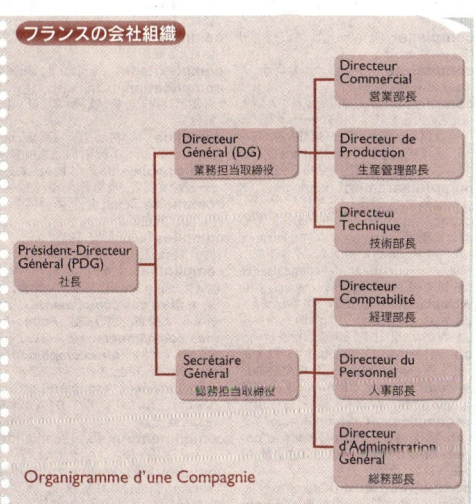

フランスの会社組織

Président-Directeur Général (PDG) 社長
├─ Directeur Général (DG) 業務担当取締役
│   ├─ Directeur Commercial 営業部長
│   ├─ Directeur de Production 生産管理部長
│   └─ Directeur Technique 技術部長
└─ Secrétaire Général 総務担当取締役
    ├─ Directeur Comptabilité 経理部長
    ├─ Directeur du Personnel 人事部長
    └─ Directeur d'Administration Général 総務部長

Organigramme d'une Compagnie

compère [kɔ̃per] 男 ①(手品師などの)さくら ②《話・古》仲間, 相棒

compère-loriot [kɔ̃perlɔrjo] 男 (複~s~s) ①(まぶたの)ものもらい ②〔鳥〕コウライウグイス

compète [kɔ̃pɛt] 女《略》compétition《話》競争

compétence [kɔ̃petɑ̃s] 女(英 competence)《判断・決定の)能力, 資格;権限, 管轄; 《複》専門家, 権威

compétent(ve) [kɔ̃petɑ̃, -ɑ̃t] 形 有能な, 適任の;権限を持つ

compétiteur(trice) [kɔ̃petitœr, -tris] 名 競争相手

compétitif(ve) [kɔ̃petitif, -iv] 形 競争に耐えうる

*__compétition__ [kɔ̃petisjɔ̃ コンペティション] 女(英 competition) 競争, 対抗;〔スポーツ〕対抗試合, 競技(= compétitive) ▶ avoir l'esprit de compétition 競争心に富む entrer en compétition avec …と競争する

compétitivité [kɔ̃petitivite] 女 競走力

Compiègne [kɔ̃pjɛɲ] コンピエーニュ〔フランス北部の町〕

compilateur(trice) [kɔ̃pilatœr, -tris] 名 ①(散逸した資料の)編纂(者)の人 ②《軽蔑的》剽窃(ひょう)者 ── 男〔情報〕コンパイラー

compilation [kɔ̃pilasjɔ̃] 女 編纂[集成](物);剽窃;CDなどの選曲集

compiler [kɔ̃pile] 他 (資料などを)編纂[集成]する, 剽窃する;〔情報〕コンパイルする

compisser [kɔ̃pise] 他《古・ふざけて》小便をかける

complainte [kɔ̃plɛ̃t] 女 ①哀歌 ②〔法〕占有保持の訴え

complaire [kɔ̃plɛr] 自 53《文》(人の)気に入るようにする(à) ── 代動 [se ~] (自らの不幸・後悔・無知などに)満足に浸る (dans); 《軽蔑的》(…することに)楽しみ[喜び]を見出す (à)

complaisamment [kɔ̃plɛzamɑ̃] 副 快く, 親切に;満足して, 悦に入って

complaisance [kɔ̃plɛzɑ̃s] 女 ①心遣い, 好意 ── avoir la complaisance de 不定詞 親切に…する ②甘やかし, 媚(び) ── certificat de complaisance 恩着せで出した証明書 / sourire de complaisance 愛想笑い ③自己満足

complaisant(e) [kɔ̃plɛzɑ̃, -ɑ̃t] 形 ①親切な ②甘すぎる ③自己満足した

*__complément__ [kɔ̃plemɑ̃ コンプレマン] 男 (英 complement) ①補充, 補足 ▶ complément d'information 追加[補足]情報 ②〔文法〕補語; 《数》余角 ▶ complément circonstanciel 〔文法〕状況補語 complément d'objet direct [indirect] 〔文法〕直接[間接](目的)補語

complémentaire [kɔ̃plemɑ̃tɛr] 形 補充の, 補完性の, 相補的な ▶ pour tout renseignement complémentaire 詳細については

complémentarité [kɔ̃plemɑ̃tarite] 女 補充性, 補完性, 相補性

*__complet(ète)__ [kɔ̃plɛ, -ɛt コンプレ(ト)] 形 ①完全な, 全部そろった;申し分のない;徹底した, 完璧の;(食品が)必要な栄養をすべて含んだ ── pain complet 全粒小麦粉のパン ②満員の;《掲示》満室, 満員 ── 男 ①(三つぞろいの)背広, スーツ(≒ veston) ②すべての人[もの] ▶ au complet / au grand complet 全員そろって;完全に

*__complètement__ [kɔ̃plɛtmɑ̃ コンプレトマン] 副 完全に, まったく, すっかり

*__compléter__ [kɔ̃plete コンプレテ] 他 57 完全なものを補う;完了する ── 代動 [se ~] 互いに補う;完全なものになる

complétive [kɔ̃pletiv] 女 〔文法〕従属節(= proposition ~)

complexe [kɔ̃plɛks] 形 ①複雑な;難しい ── 男 ①複雑(なもの);〔心〕複合, コンプレックス;《話》劣等感 ── avoir des complexe 劣等感[ひけめ]を感じる / complexe d'infériorité 劣等感 ②コンビナート, 総合施設[企業] ── complexe hôtelier 総合宿泊施設 / complexe routier 道路網

complexé(e) [kɔ̃plekse] 形 《話》内向的な, コンプレックスのある

complexer [kɔ̃plekse] 他 《話》コンプレックスを抱かせる

complexifier [kɔ̃plɛksifje] 他 より複雑なものにする

complexion [kɔ̃pleksjɔ̃] 女 《文》体質;気質

complexité [kɔ̃plɛksite] 女 複雑さ

complication [kɔ̃plikasjɔ̃] 女 ①複雑さ;《複》紛糾, 支障 ②《複》〔医〕併発症

complice [kɔ̃plis] 形 (英 accomplice) 共犯の;ひそかに同意を示す ▶ être complice de …に加担している ── 名 共犯者, 加担者

complicité [kɔ̃plisite] 女 共謀, 加担;〔法〕共犯

complies [kɔ̃pli] 女《複》〔カト〕夕の祈り, 終課

*__compliment__ [kɔ̃plimɑ̃ コンプリマン] 男 (英 compliment) お世辞, 挨拶, 賛辞 ▶ faire des compliments (人)を誉める; お世辞を言う (à) Faites-lui mes compliments. 《話》彼によろしく伝えてください Mes compliments. 《話》おめでとう, よくやった

complimenter [kɔ̃plimɑ̃te] 他 [~ A sur B] A(もの)についてB(人)にお祝い[お世辞]を言う

complimenteur(se) [kɔ̃plimɑ̃tœr, -øz] 形 名 おべっかを言う(人)

*__compliqué(e)__ [kɔ̃plike コンプリケ] 形 (< compliquer) ①複雑な, 面倒な ②気難しい ③(合併症の)併発の

compliquer 《話》うるさい[気難しい]人間

***compliquer** [kɔ̃plike コンプリケ] 他 (英 complicate) 複雑にする ── 代動 [se ~] 複雑になる;(自分にとって)複雑にする ▶*Ça se complique.*《話》事態がややこしくなる

complot [kɔ̃plo] 男 陰謀

comploter [kɔ̃plɔte] 他 (…の)陰謀を企てる,ひそかに企む ── 自 (…に対して)陰謀を企てる《contre》;ひそかに策謀する

comploteur(se) [kɔ̃plɔtœr, -øz] 名 陰謀家

complu [kɔ̃ply] complaire の過去分詞

compo [kɔ̃po] 女 《話》(学生言葉で)試験;作文 [composition の略]

componction [kɔ̃pɔ̃ksjɔ̃] 女 ①(神を汚した)悔恨 ②もったいぶった態度

comportement [kɔ̃pɔrtəmɑ̃] 男 (英 behavior) 行動,ふるまい

comportement|al(ale) [kɔ̃pɔrtəmɑ̃tal] 形 (男複 -*aux*[-o]) 行動の

comportementalisme [kɔ̃pɔrtəmɑ̃talism] 男 行動主義(心理学)

***comporter** [kɔ̃pɔrte コンポルテ] 他 (英 include, entail) 含む,(…から)なる;伴う ──*Ce roman comporte deux parties.* この小説は2部に分かれている ── 代動 [se ~](英 behave) 行動する;(車などが)動く

composant(e) [kɔ̃pozɑ̃, -ɑ̃t] 形 構成[組成]する 男 ①[化]成分;構成要素[機械や電子回路の]部品 ②[物]分力

compose(e) [kɔ̃poze] 形 (< composer) ①構成[合成]された,複合の ②見せかけの;気取った 女 組み合わせ;[化]化合物;[文法]複合語,合成語

composées [kɔ̃poze] 女 《複》[植]キク科

***composer** [kɔ̃poze コンポゼ] 他 ①組立てる,構成する ──*composer un menu* 献立を組む / *composer un numéro* 番号を合わせる,押す ②作曲する;(作品などを)書く ③[印](活字を組む《avec》 ② 作曲する;本を書く ── 代動 [se ~] ①(…で)できている《de》 ②[古] うわべを作る

composite [kɔ̃pozit] 形 ①交じり合った;ちぐはぐな ②[建](コリント式とイオニア式との)混合式の

compositeur(trice) [kɔ̃pozitœr, -tris] 名 ①作曲家 ②[古]植字工

***composition** [kɔ̃pozisjɔ̃ コンポズィスィヨン] 女 ①組立て,構成;合成,構成;成分 ②制作,創作,作曲 ③芸術作品 ④(学校の作文,試験[略 compo] ⑤[印]植字;組版 ⑥[古]妥協,示談

compost [kɔ̃pɔst] 男 堆(た)肥

compostage¹ [kɔ̃pɔstaʒ] 男 (切符などに)パンチを入れること

compostage² [kɔ̃pɔstaʒ] 男 堆肥作り

composter¹ [kɔ̃pɔste コンポステ] 他 (切符などに)打抜き器で穴を開ける,日付印を押す

composter² [kɔ̃pɔste] 他 堆肥を施す,堆肥化する

composteur [kɔ̃pɔstœr] 男 ①(文字,数字を打ち抜く)押捺器,ナンバリング ②[印]植字架,ステッキ

compote [kɔ̃pɔt] 女 [料]果物の砂糖煮;つぶれたもの ▶*avoir* (体の部位: *la tête, les jambes* など)*en compote*《話》(頭・脚などが)よろよろだ

compote de pommes リンゴの砂糖煮

compotier [kɔ̃pɔtje] 男 コンポート皿,脚付き果物鉢[グラス][砂糖煮の果物などを入れる]

compréhensibilité [kɔ̃preɑ̃sibilite] 女 明瞭さ,よくわかること

compréhensible [kɔ̃preɑ̃sibl] 形 (英 comprehensible) 理解できる;もっともな

compréhensif(ve) [kɔ̃preɑ̃sif, -iv] 形 (英 understanding) ①理解のある,親切な ②包含する;[論]内包的な

compréhension [kɔ̃preɑ̃sjɔ̃] 女 (英 comprehension) ①理解(力);明快さ ②[論]内包【一つの記号が意味しうるすべて】 ③思いやり

comprenn..., comprend [kɔ̃prɑ̃]⇨comprendre

***comprendre** [kɔ̃prɑ̃dr コンプランドル] 他 60 (英 understand) ①理解する;(…が)わかる《que》+ 直説法》 ②(人の言動・感情などを)納得する;(…はもっともだと思う《que》+ 接続法》 ③含む,包含する;…からなる ── 代動 [se ~] 理解し合う;理解される ──*Je me comprends.* 私は自分の言いたいことはわかっている

comprenette [kɔ̃prənet] 女 《話》理解力

compresse [kɔ̃pres] 女 湿布,ガーゼ

compresser [kɔ̃prese] 他 詰め込む,押し込む

compresseur [kɔ̃presœr] 形 (男性形のみ) 圧縮用の ── 男 圧縮機 ▶*rouleau compresseur* [土木] (地ならし用)ローラー

compressibilité [kɔ̃presibilite] 女 圧縮できること

compressible [kɔ̃presibl] 形 圧縮できる;(出費などを)切り詰める

compression [kɔ̃presjɔ̃] 女 圧縮;削減 ▶*compression numérique* [情報] 圧縮

compri[...] ⇨ comprendre

comprimé(e) [kɔ̃prime] 形 (<

comprimer (続き) ①圧縮された(縮小)する；(靴などがサイズが)きつい ②(古)抑圧する ―男 錠剤

compris(e) [kɔ̃pri, -iz] 形 (<comprendre) ①理解された, わかった ②含まれた ―être compris entre …の間にある / non compris …を除いて / service non compris サービス料別料金 / tout compris すべて込みで, 全部含めての料金 / y compris …を含めて

comprom... ⇨ compromettre

compromettant(e) [kɔ̃prɔmetɑ̃, -ɑ̃t] 形 危険な, 巻き添えにする

compromettre [kɔ̃prɔmetr] 他 [41] (人を)危険に巻き込む；(健康・評判・事業などを)危うくする ―自 仲裁契約を結ぶ；妥協に達する ―代動 (se ~) 自分の状況や評判を危うくする；自ら危うい状況を引き受ける, リスクを負う

compromis[1] [kɔ̃prɔmi] 男 妥協；(法)仲裁(契約), 示談 ▶ **trouver un compromis** 和解(示談)にこぎつける

compromis[2](e) [kɔ̃prɔmi, -iz] 形 (<compromettre) 危うくなった, 巻き添えにされた, 評判を傷つけられた

compromission [kɔ̃prɔmisjɔ̃] 女 状況や評判を危うくする行為；怪しげな妥協案；(軽蔑的に)(良心に)反する行為

compromissoire [kɔ̃prɔmiswaʁ] 形 (法)仲裁に関する ▶ **clause compromissoire** 仲裁条項

comptabilisation [kɔ̃tabilizasjɔ̃] 女 帳簿への記載

comptabiliser [kɔ̃tabilize] 他 帳簿に載せる

comptabilité [kɔ̃tabilite] 女 簿記, 会計；会計課 ▶ **service comptabilité** 会計課, 経理部

comptable [kɔ̃tabl] 形 ①(商)簿記の, 会計の ②(…について)責任ある (de, à, envers) ③(文法)可算の ―名 会計係 ▶ **nom comptable** 可算名詞

comptage [kɔ̃taʒ] 男 計算

comptant [kɔ̃tɑ̃] 形 (男性形のみ) 現金の ―男 argent comptant 現金 / **prendre pour argent comptant** 言われたこと(約束)をそのまま信じる ―副 ▶ **au comptant** 即金で ▶ **payer comptant** 現金で払う

compte [kɔ̃t コント] 男 ①(英 calculation) 計算；(英 bill) 勘定；考慮 ―à bon compte 安く；たいしたことなく / à ce compte-là そういう事情なら, この分では / à son compte 自分の責任に(負担)で / avoir son compte (話) くたくたである；殺される；ぐでんぐでんに酔っている / compte tenu de …を考慮に入れて, …を考慮すると / en fin de compte 要するに, 結局 / être laissé pour compte 無視される / faire ses comptes 収支を計算する, 勘定を締める / Le compte y est. 勘定が合っている；(話)数がそろっている / Les bons comptes font les bons amis. (ことわざ)勘定のけじめが友情を固める, 親しき仲にも礼儀あり / mettre sur le compte de A à B Aの勘定にBをつける；AをBのせいにする / pour le compte de (人)のために；(人)に代わって (人)の名義で / prendre … en compte …を考慮する；…の責任を負う / Son compte est bon. 今に彼は目に会う；当然の報いを受ける / sur le compte de …について / tenir compte de …を考慮に入れる, 斟酌する / tenir les comptes 会計(経理)を担当する；帳簿をつける / tout compte fait 結局, 要するに / travailler à son compte 独立して商売をしている, 自営業を営む / compte à rebours 秒読み, カウントダウン；逆算 ②(英 account) 口座 ―fermer un compte 口座を閉める / ouvrir un compte 口座を開ける / compte chèque postal 郵便振替口座 / compte chèques (courant) 当座預金口座 / compte en banque 銀行口座 / **compte sur livret** 通知預金口座 ③報告, 説明 ▶ **compte rendu** 報告；報道；(書物や映画の)批評 ―demander des comptes à (人)に説明を求める / rendre compte de (人)…の報告(釈明)をする(à) / rendre des comptes à (人)に釈明する / se rendre compte de …に気づく, …がわかる

compte-fils [kɔ̃tfil] 男 (不変) リネンテスター (検査用のルーペ)

compte-gouttes [kɔ̃tgut] 男 (不変) 点滴器；ピペット ▶ **au compte-gouttes** (話) ちびちびと

compter [kɔ̃te コンテ] 他 ①(英 count) 数える, 勘定する；見積もる；計算[考慮]に入れる ―compter les points (ゲームの)得点を数える；(傍観者が)勝負を読む, 審判する ②(英 include) …の中に数える, 含める (parmi)；(…が)ある (人)に…の代金を請求する (à) ③(+ 不定詞)…するつもりである；(~ que 直説法)…と思う, 期待する ―自 ①数える ②compter de …から / compter de tête 暗算する / compter sur ses doigts 指で(指折り)数える / sans compter 気前よく ②(英 matter) …にとって重要である (pour)；(…の)価値がある (pour) ③ (…を)当てにされる (sur)；(…に)含められる (avec) ▶ **compter les coups** 客観的に判断する. **sans compter que** …を考慮しないで ―J'y compte bien! きっとそうなると期待しています! ④(…の中に)数えられる (parmi, au nombre de) ▶ **compter pour du beurre** 数に入らない, 相手にされない ―代動 (se ~) 数えられる；数に入る

compte-tours [kɔ̃tuʁ] 男 (不変) 回転(速度)計

compteur [kɔ̃tœr] 男 メーター, 計量器 ▶ *compteur de vitesse* 速度計 *compteur d'eau [électrique, à gaz]* 水道[電気, ガス]メーター *compteur Geiger* ガイガー計数管 *compteur kilométrique* (車の)走行距離計

comptine [kɔ̃tin] 女 子どものとなえ歌〔鬼を決めるときなどに歌う〕

*****comptoir** [kɔ̃twar コントワール] 男 (英 counter) ① 帳場, カウンター ② (企業の)海外支店; 銀行; (フランス銀行の)支店

compulser [kɔ̃pylse] 他 調べる, 参照する

compulsion [kɔ̃pylsjɔ̃] 女 強制; (心の)強迫

comte [kɔ̃t] 男 伯爵

comté[1] [kɔ̃te] 男 伯爵領; (イギリス・アングロサクソン系諸国の)州

comté[2] [kɔ̃te] 男 コンテ〔フランシュコンテ産の加熱圧搾した固いチーズ〕

comtesse [kɔ̃tɛs] 女 ① 伯爵夫人 ② (女性の)伯爵

comtois(e) [kɔ̃twa, -az] 名形 [C-] フランシュコンテ (Franche-Comté) (の)人

con[1]**(ne)** [kɔ̃, kɔn] 名形 (話) ばか(な(やつ)), うすのろ(の) ▶ *à la con* ばかげた, 変な *comme la lune / con comme un balai* 大ばか もの *jouer au con* ばかなことをする *Sale con!* いやなやつめ

con[2] [kɔ̃] 男 (俗) 女性器

con- 接頭 (くら) 「共同の」「相互の」の意

conard(e) [kɔnar, -ard] 名形 (俗・軽蔑的) ばか(な), うすのろ(の)

conasse [kɔnas] 女 (俗・軽蔑的) ばかな女

concasser [kɔ̃kase] 他 細かく砕く; [刻む]

concasseur [kɔ̃kasœr] 男 砕鉱機, 粉砕機

concave [kɔ̃kav] 形 凹面の

concavité [kɔ̃kavite] 女 凹状; (レンズの)凹面; くぼみ

concéder [kɔ̃sede] 他 57 譲渡[譲与]する, 譲歩する; (スポーツ)(ゴールやコーナーキックなどを)相手に与える

concélébrer [kɔ̃selebre] 他 57 司祭らが共同であげる

concentration [kɔ̃sɑ̃trasjɔ̃] 女 集中; (経) (企業の)統合; (化) 濃縮 ▶ *camp de concentration* 強制収容所

concentrationnaire [kɔ̃sɑ̃trasjɔner] 形 強制収容所の(ような)

concentré(e) [kɔ̃sɑ̃tre] 形 (精神を)集中した; 濃縮した; 簡潔な ── 男 エキス, 凝縮物 ▶ *concentré de tomates* トマトピューレ

concentrer [kɔ̃sɑ̃tre] 他 ① (英 concentrate)一箇所に集める, 集中する ─ *concentrer son attention sur* …に注意を集中する ② (溶液を)濃縮[濃厚]にする ③ (古) 抑制する, 抑える ── 代動 〔se ~〕集中する; 専心する

concentrique [kɔ̃sɑ̃trik] 形 ① 同心の; 同心円を描く ② 求心的な

concepige [kɔ̃spiʒ] 名 (俗) (屋敷・マンションの)管理人, 守衛

concept [kɔ̃sɛpt] 男 (哲) 概念; (商品の消費者向けの)うたい文句

concepteur(trice) [kɔ̃sɛptœr, -tris] 名 (計画・広告などの)立案[企画]者

conception [kɔ̃sɛpsjɔ̃] 女 ① (英 conception) 着想, 構想, 概念; 立案, 企画 ▶ *conception assistée par ordinateur CAD*, コンピュター援用自動設計〔略 CAO〕② 受胎, 懐胎

conceptualisation [kɔ̃sɛptɥalizasjɔ̃] 女 概念化

conceptualiser [kɔ̃sɛptɥalize] 他 概念[理論]化する

conceptuel(le) [kɔ̃sɛptɥɛl] 形 概念(論)の

concernant [kɔ̃sɛrnɑ̃] 前 …に関する

concerné(e) [kɔ̃sɛrne] 形 関係のある

*****concerner** [kɔ̃sɛrne コンセルネ] 他 (英 concern) …に関した, かかわる ▶ *Cela ne vous concerne pas.* あなたには関係ない *en [pour] ce qui concerne* …に関する限り

*****concert** [kɔ̃sɛr コンセール] 男 ① (英 concert) 演奏会, コンサート; (複) 合唱[合奏]団 ② いっせいに起きること ─ *concert d'éloges* 湧き上がる賞賛の声 / *concert de lamentations* 苦情の嵐 ▶ *de concert* (…と)いっせいに, 協力して (avec)

concertant(e) [kɔ̃sɛrtɑ̃, -ɑ̃t] 形 (楽)(各パートを)演奏する, 歌う; 協奏の

concertation [kɔ̃sɛrtasjɔ̃] 女 協議; 協調; (討議への住民の)参加

concerté(e) [kɔ̃sɛrte] 形 (< concerter) 打ち合わせられた, 計画された

concerter [kɔ̃sɛrte] 他 協議する, 打ち合わせる ── 代動 〔se ~〕協議する; 協調[共謀]する

concertiste [kɔ̃sɛrtist] 名 (コンサートの)演奏者; (コンチェルトなどの)独奏者

concerto [kɔ̃sɛrto] 男 (< イ) (楽) 協奏曲, コンチェルト

concessif(ve) [kɔ̃sesif, -iv] 形 (文法) 譲歩の ── 女 (文法) 譲歩節(= proposition ~)

concession [kɔ̃sesjɔ̃] 女 (英 concession) 譲歩; (土地・権利の)交譲, 払下げ; 許可; 委譲された土地 ▶ *proposition de concession* (文法) 譲歩節

concessionnaire [kɔ̃sesjɔnɛr] 形 名 権利を譲り受けた(人) ▶ *concessionnaire automobile* 自動車ディー

conceivable [kɔ̃svabl] 形 考え得る，想像[理解]できる

conchyliculture [kɔ̃kilikyltyr] 女 食用貝の養殖

conchyliologie [kɔ̃kiljɔlɔʒi] 女 貝類学, 貝類研究

*__concierge__ [kɔ̃sjɛrʒ] 名 ①(アパートやビルの)門番, 管理人 ②(話)うわさ好きの人

conciergerie [kɔ̃sjɛrʒəri] 女 ①(古・文)門番の職; 管理人室 ②[la C-]コンシエルジュリ【フランス革命時のパリ裁判所付属の牢獄】

concile [kɔ̃sil] 男 [教会]公会議; 宗教会議

conciliable [kɔ̃siljabl] 形 妥協[調停]できる

conciliabule [kɔ̃siljabyl] 男 ①ひそひそ話;(古)(悪事の)密議 ②[カト]非公認会議

conciliaire [kɔ̃siljɛr] 形 公[宗教]会議の

conciliant(e) [kɔ̃siljɑ̃, -ɑ̃t] 形 妥協[協調]的な; 和解させる

conciliateur(trice) [kɔ̃siljatœr, -tris] 名 調停者 ─ 形 妥協[和解]を目的とした

conciliation [kɔ̃siljɑsjɔ̃] 女 和解, 調停; 折衷

concilier [kɔ̃silje] 他 ①(文)和解[妥協]させる, 調停する ②(…と)一致[両立]させる(avec) ③(…に好意などを)抱かせる(à) ── 代動 [se ~] ①妥協する; 一致[両立]する ②(好意などを)得る ▶ *se concilier les bonnes grâces de* (人)の覚えがよくなる

concis(e) [kɔ̃si, -iz] 形 簡潔な, 簡明な

concision [kɔ̃sizjɔ̃] 女 簡潔, 簡明

concitoyen(ne) [kɔ̃sitwajɛ̃, -ɛn] 名 同じ町の市民; 同国人

conclave [kɔ̃klav] 男 [カト](枢機卿による)教皇選挙会(場)

conclu [kɔ̃kly] conclure の過去分詞

conclu... ⇨conclure

concluant(e) [kɔ̃klyɑ̃, -ɑ̃t] 形 (<conclure) 決定的な

*__conclure__ [kɔ̃klyr] コンクリュール 他 14 ①(契約を)結ぶ ②(…の)結末をつける; しめくくる;(…することを)推断する ▶ *conclure A de B* BからAと結論を引き出す *J'en conclus que...* 私は…と結論する, 判断する *Marché conclu!* 話は決まった ── 自 (話を)終える ▶ *conclure par* …で終わる[話を終える] *pour conclure* 結論すれば, 要するに ── 代動 [se ~] 取り決められる; 推断される ▶ *se conclure par* …で終わる

*__conclusion__ [kɔ̃klyzjɔ̃] コンクリュジョン 女 ①結論; 結末 ②(条約などの)締結 ③(拔)(訴訟最終の)申し立て;(被告の)抗弁 ④(訴訟検事の)意見 ⑤(話)[副詞的用法]結論として ▶ *en conclusion* 結論として, 結局

concocter [kɔ̃kɔkte] 他 (話)(念入りに)準備する

conçoi... ⇨concevoir

concombre [kɔ̃kɔ̃br] 男 [植]キュウリ ▶ *concombre de mer* ナマコ

concomitance [kɔ̃kɔmitɑ̃s] 女 付随, 共存

concomitant(e) [kɔ̃kɔmitɑ̃, -ɑ̃t] 形 付随する, 共存する

concordance [kɔ̃kɔrdɑ̃s] 女 ①一致, 符合; [文法]一致 ─ *concordance des temps* [文法]時制の一致 ②用語索引 ③(地)(地層の)整合

concordant(e) [kɔ̃kɔrdɑ̃, -ɑ̃t] 形 ①一致[符合]する ②(地)整合的な

concordat [kɔ̃kɔrda] 男 ①[カト]政教条約【法王と政府間の契約】 ②[商]強制和議【債権者と債務者間の破産に対する】

concordataire [kɔ̃kɔrdatɛr] 形 ①政教条約の(を受け入れた) ②強制和議に服した

concorde¹ [kɔ̃kɔrd] 女 調和, 和合 ▶ *place de la Concorde* [la ~](パリの)コンコルド広場

concorde² [kɔ̃kɔrd] 男 [le C-]コンコルド【超音速旅客機】

concorder [kɔ̃kɔrde] 自 (英 agree) ①(…と)一致[符合]する(avec) ─ *faire concorder des chiffres* 帳尻を合わせる ②(同じ目的のために)協力する ③同時に起こる

concourant(e) [kɔ̃kurɑ̃, -ɑ̃t] 形 (<concourir) 同点に向かう ▶ *droites concourantes* [数]一点に集まる直線

concourir [kɔ̃kurir] 自 18 ①(英 work toward)(…することをめざして)協力[貢献]する(à) ②(英 compete)競争する, 競う;[法](債権者が)競合する ③(数)一点に集まる

concouriste [kɔ̃kurist] 名 (軽蔑的に)大会参加者

*__concours__ [kɔ̃kur] コンクール 男 ①(英 competition) 競争[選抜]試験; 陸上競技;[法](債権者の)競合 ▶ *concours de beauté* 美人コンテスト *concours d'entrée* (…への)入学試験(à) *concours hippique* 馬術競技(会) *hors concours* コンクールの対象外の, 特別の ②(話)別格の ③(英 aid)協力; 共進会 ▶ *avec le concours de* …の協力を得て *prêter son concours à* …に協力する ④(状況などの)符合;(文・古)(人が)多く集まること

► *concours de circonstances* 偶然の重なり、巡り合わせ

concouru [kɔ̃kury] concourir の過去分詞

concouru(e)... ⇨concourir

concrescence [kɔ̃kresɑ̃s] 囡 〔生〕合着, 癒合; 〔医〕癒着詠

***concret(ète)** [kɔ̃kre, -et コンクレ(ト)] 厖 具体的(具象)的な; 実際[物質]的な ――男 具象 ►*nom concret*〔文法〕具象名詞 *nombre concret*〔数〕名数

concrètement [kɔ̃kretmɑ̃] 副 具体的に; 実際に

concrétion [kɔ̃kresjɔ̃] 囡 凝結(物); 〔医〕結石(形成); 〔地〕結核体

concrétisation [kɔ̃kretizɑsjɔ̃] 囡 具体化; 実現

concrétiser [kɔ̃kretize] 他 具体化する; 実現する ――代動 [se ～] 具体的になる; 実行される

conçu(e) [kɔ̃sy] 厖 (< concevoir) ►*bien [mal] conçu*(作品・計画などが)よくできた[不備な], 便利[不便]な

conçu(...), conçû... ⇨concevoir

concubin(e) [kɔ̃kybɛ̃, -in] 名 内縁の夫[妻]

concubinage [kɔ̃kybinaʒ] 男 内縁関係

concupiscence [kɔ̃kypisɑ̃s] 囡 色欲, 現世欲

concupiscent(e) [kɔ̃kypisɑ̃, -ɑ̃t] 厖 みだらな, 色欲に溺れた, 貪欲な

concurremment [kɔ̃kyramɑ̃] 副 ①(…と)共同して ((avec)) ②競争して ③同時に

***concurrence** [kɔ̃kyrɑ̃s コンキュランス] 囡 (英 competition) 競争; 《集合的》競争相手; 〔法〕(債権者の)競合 ►*concurrence déloyale* 不正競争 *faire concurrence à / être en concurrence avec* (人)と張り合う, (人)に対して競争を挑む *jusqu'à concurrence de* …を限度として, …に達するまで

concurrencer [kɔ̃kyrɑ̃se] 他 52 (…と)競争する, 商売で張り合う ――代動 [se ～] (互いに)競争する

concurrent(e) [kɔ̃kyrɑ̃, -ɑ̃t] 厖 (英 competing, rival) 競争中の ――名 競争相手

concurrentiel(le) [kɔ̃kyrɑ̃sjɛl] 厖 競争している; 競争力のある

concussion [kɔ̃kysjɔ̃] 囡 公金横領; 汚職

concussionnaire [kɔ̃kysjɔnɛr] 厖 汚職の ――名 汚職者

condamnable [kɔ̃dɑnabl] 厖 非難すべき, 罰すべき

condamnation [kɔ̃dɑnɑsjɔ̃] 囡 ①〔法〕刑(の宣告), 有罪判決; 叢咎; 非難 ►*condamnation à mort* 死刑 *condamnation à perpétuité* 終身刑 ②(ドアなどを)締め切ること ►

condamnation centralisée des portes (車の)セントラルロッキングシステム

condamnatoire [kɔ̃danatwar] 厖 〔法〕有罪の

***condamné(e)** [kɔ̃dane コンダネ] 厖 (< condamner) ①有罪を宣告された ②(病人が)助かる見込みのない ③(入り口などが)閉鎖された ――名 受刑者 ►*condamné à mort* 死刑囚

***condamner** [kɔ̃dane コンダネ] 他 (英 condemn) ①刑[有罪]を宣告する; (…の刑罰)を科す ((à)); (…の)罪を明らかにする; (人)に…(すること)を余儀なくさせる ►*condamner... à mort* (人)に死刑を宣告する *condamner... à une amende* (人)に罰金刑を科す *condamner... pour meurtre* (人)に殺人の罪で有罪を宣告する ②非難する, とがめる; 誉す ③(医者が病人に)回復不能とみなす ④(場所などを)閉鎖する, 封鎖する ►*condamner une porte [une ouverture]* 扉[入り口]を閉ざす ――代動 [se ～] ①[se ～ à 不定詞] …を余儀なく…する ②非難される; 有罪を宣告される

condé [kɔ̃de] 男 〔俗〕①(警察などの)許可; 黙認 ②警官

condensable [kɔ̃dɑ̃sabl] 厖 縮縮可能な; 液化可能な

condensateur [kɔ̃dɑ̃satœr] 男 ①蓄電器, コンデンサー ②集光レンズ

condensation [kɔ̃dɑ̃sɑsjɔ̃] 囡 凝縮; 凝結; 〔化〕縮合; 蓄電

condensé(e) [kɔ̃dɑ̃se] 厖 ①凝結した ►*lait condensé* 練乳 ②要約した, 簡潔な ――男 要約, あら筋

condenser [kɔ̃dɑ̃se] 他 ①凝縮[凝結]する; (気体を)液化する ②簡潔に表す, 要約する ――代動 [se ～] (気体が)液化する

condenseur [kɔ̃dɑ̃sœr] 男 ①凝縮器〖気体を冷却して液化する装置〗 ②集光レンズ

condescendance [kɔ̃desɑ̃dɑ̃s] 囡 恩着(セ)せがましい態度

condescendant(e) [kɔ̃desɑ̃dɑ̃, -ɑ̃t] 厖 横柄な, 優越感のこもった

condescendre [kɔ̃desɑ̃dr] 自 28 〔文〕(目下の人に)同意してやる ((à)); 自分をおとしめる

***condiment** [kɔ̃dimɑ̃ コンディマン] 男 香辛料; 薬味

condisciple [kɔ̃disipl] 男 学友, 同窓生

***condition** [kɔ̃disjɔ̃ コンディスィヨン] 囡 (英 condition) 条件; 資格; 状態; 《複》状況, 事情, 環境; 身分, 階級 ►*à condition de* 不定詞 */ que* + 接続法 …という条件で *condition d'admission* (…への)入会[入場, 入学]資格 *(dans) condition préalable* 必要[前提]条件 *condition sine qua non* 必須条件 *conditions de paiement* 支払条件 *conditions de travail* 労

働く conditions *conditions de vie* 生活状態[環境] *conditions requises* 必要条件 *dans ces conditions* その条件では，ということならば *en bonne [mauvaise] condition* 調子のよい[悪い] *sans condition* 無条件で[の，に] *se mettre en condition* …に向けてコンディションを整える；調整する

conditionné(e) [kɔ̃disjɔne] 形 (< conditionner) ①条件づけられた ② *air conditionné* 空調，エアコン ③包装された ④〔古〕[*bien, mal* を伴って]…の状態にある

conditionnel(le) [kɔ̃disjɔnɛl] 形 〔英 conditional〕 条件つきの；〔文法〕 条件法の —— 男 〔文法〕 条件法(= mode ∼)

conditionnement [kɔ̃disjɔnmɑ̃] 男 ①〔心〕条件づけ；〔世論操作〕 ②(温度・湿度などの)調整 ▸ *conditionnement de l'air* 室内の空調 ③(商品の)包装

conditionner [kɔ̃disjɔne] 他 ①条件づける，影響を及ぼす ②(室温・湿度を)調節する ③商品を包装する

conditionneur(se) [kɔ̃disjɔnœːr, -øːz] 名 (商品の)包装[梱包]係 —— 男 ①調節器; 空調機 ②ヘアコンディショナー

condoléances [kɔ̃dɔleɑ̃s] 女〔複〕悔やみ; 弔詞 ▸ *lettre de condoléances* 悔やみ状 *Toutes mes condoléances*. 悔やみ申し上げます

condom [kɔ̃dɔm] 男〔医〕コンドーム

condominium [kɔ̃dɔminjɔm] 男 ①(複数の国による)共同統治[管理] ②〔カナダ〕コンドミニアム，分譲マンション【語 condo】

condor [kɔ̃dɔːr] 男〔鳥〕コンドル

condottiere [kɔ̃dɔ(t)tjɛːr] 男〔複 ∼s または *condottieri*〕(中世イタリアの)傭兵隊長

conductance [kɔ̃dyktɑ̃ːs] 女 コンダクタンス，電気伝導率【電気抵抗の逆数】

__conducteur(trice)__ [kɔ̃dyktœːr, -tris コンデュクトゥール(トリス)] 名 ①運転手 ②〔文〕指導者，案内者 ③導く；伝導性の —— 男 (熱・電気の)伝導体 (= corps ∼)

conductibilité [kɔ̃dyktibilite] 女〔物〕(熱・電気の)伝導性

conductible [kɔ̃dyktibl] 形 〔物〕伝導性の

conduction [kɔ̃dyksjɔ̃] 女〔物〕伝導

condui... [kɔ̃dy...] ⇨conduire

__conduire__ [kɔ̃dɥiːr コンデュイール] 他 15 ①〔英 lead〕(人を…に)連れていく，導く，案内する (à, auprès de) ②〔英 drive〕(乗り物を)操縦[運転]する ▸ *conduire bien [mal]* 運転がうまい[へただ] ③運ぶ ④指導[指揮]する; (人が…するように)導く (à) —— 自 ①(車を)運転する ②(道などが…に)通じる (à) —— 代動 [*se* ∼] ①〔英 behave〕行う，ふるまう ▸ *se conduire bien [mal]* 行儀がよい[悪い] ②運転[運営]される

conduis... [kɔ̃dɥi] ⇨conduire
conduit... [kɔ̃dɥi] ⇨conduire
conduit [kɔ̃dɥi] 男 水路, 導管 ▸ *conduit auditif*〔解〕聴道 *conduit d'aération* 通気管, 通風孔 *conduit d'eau* (古) *conduit souterrain* 排水渠[⁽⁾]

__conduite__ [kɔ̃dɥit コンデュイット] 女 ①〔英 behavior〕ふるまい, 行動, 品行 ▸ *s'acheter une conduite* 行いを改める ②〔英 driving〕操縦, 運転 ▸ *conduite à droite [gauche]* (車の)右側[左側]通行; (車の)右[左]ハンドル *conduite en état d'ivresse* 酒酔い運転, 飲酒運転 ③経営, 指揮 ④導くこと, 案内 ⑤〔英 pipe〕導管 ▸ *conduite d'eau [de gaz]* 水道[ガス]管

condyle [kɔ̃dil] 男〔解〕顆(ᵏ)状突起

condylome [kɔ̃dilom] 男〔医〕コンジローム，感染症の一つ

cône [koːn] 男 ①円錐(ᵗ)〔形〕②〔植〕毬果(ᵏʸᵘᵘᵏᵃ)

confection [kɔ̃fɛksjɔ̃] 女 ①(菓子・料理の)製作；完成 ②〔古〕(既製服)製造;業；既製服

confectionner [kɔ̃fɛksjɔne] 他 ①完成させる，(料理などを)作る ②(既製服を)製造する

confectionneur(se) [kɔ̃fɛksjɔnœːr, -øːz] 名 既製服製造専門業者

confédéral(ale) [kɔ̃federal] 形 (男複 -*aux*[-o]) 連邦の，連盟の

confédération [kɔ̃federasjɔ̃] 女 連邦；連盟；同盟 ▸ *Confédération helvétique* [[a~] スイス連邦

confédéré [kɔ̃federe] 形 (< confédérer) 連邦[連合]の; 組合を組織した ——名 [[Les C-s]] 〔複〕〔史〕(アメリカ南北戦争の)南部連邦(軍)

confédérer [kɔ̃federe] 他 57 同盟[連合]させる —— 代動 [*se* ∼] 同盟[連合]する

confer [kɔ̃fɛr] (ラ) 参照[比較]せよ【略 cf】

__conférence__ [kɔ̃ferɑ̃ːs コンフランス] 女 〔英 conference〕①講演，講義 ▸ *maître de conférence* 准教授 ②協議, 会議 ▸ *conférence au sommet* サミット会議 ③▸ *conférence de presse* 記者会見

conférencier(ère) [kɔ̃ferɑ̃sje, -ɛr] 名 講演者，講演家

conférer [kɔ̃fere] 他 57 (称号・勲章などを)授ける，与える (à) —— 自 協議する

confesse [kɔ̃fɛs] 女 告解，懺悔 ▸ *aller à confesse* 懺悔[告解]に行く

confesser [kɔ̃fɛse] 他 ①白状する，

confesseur [kɔ̃fesœr] 男 ①〔カト〕聴罪司祭 ②〔キ教〕証者

confession [kɔ̃fesjɔ̃] 女 (英 confession) ①懺悔, 告解 ②〔罪などの〕白状, 告白 ③信仰; 信条

confessionnal [kɔ̃fesjɔnal] 男 (複 -aux[-o]) 〔カト〕告解場所[室]

confessionnel(le) [kɔ̃fesjɔnɛl] 形 信仰の, 宗派の

confetti [kɔ̃feti] 男 (複) 〔祭りなどで使う〕紙吹雪, コンフェティ ▶**Vous pouvez en faire des confettis!** 〔手紙・文書について〕こんな紙切れは何の役にも立たないよ

:**confiance** [kɔ̃fjɑ̃s コンフィヤンス] 女 ①〔英 trust〕信頼, 信用 ▶**avoir confiance en / faire confiance à** …を信頼する **personne de confiance** 信頼できる人;（…の）右腕 **voter la confiance (au gouvernement)** 信任投票をする ②〔英 confidence〕自信, 確信; 安心感 ▶**confiance en soi** 自信 **de confiance** 信頼して, 安心して **perdre [reprendre] confiance (en soi)** 自信を失う[取り戻す]

confiant(e) [kɔ̃fjɑ̃, -ɑ̃t] 形 ①（…を）信用[信頼]している (dans, en) ②すぐ他人を信用する ③自信のある

confidence [kɔ̃fidɑ̃s] 女 打明け話; 秘密 (の話) ▶**Confidence pour confidence, ...** 〔相手の告白を受けて〕実は, 私もうちあけますが… **en confidence** こっそりと, 内密に **faire une confidence à** （人に）秘密を打ち明ける

confident(e) [kɔ̃fidɑ̃, -ɑ̃t] 名 ①打明け話のできる相手; 〔古典劇の〕打明け話の聞き役

confidentialité [kɔ̃fidɑ̃sjalite] 女 〔行政などの〕情報保持[外部に漏れないこと]

confidentiel(le) [kɔ̃fidɑ̃sjɛl] 形 〔英 confidential〕内密の, 秘密の; 限られた人のみの

confidentiellement [kɔ̃fidɑ̃sjɛlmɑ̃] 副 内々に, 密かに

:**confier** [kɔ̃fje コンフィエ] 他 ①（ものごとを人に）預けること, 預ける (à) ②（人に）打ち明ける ▶**confier A aux soins [à la garde] de B** A を B（人）の注意[保護]に委ねる ── 代動 [se ~] ①（人に）自分の意中[秘密]を打ち明ける (à) ②（…に）献身, 任せる, 委ねる (dans, à)

configuration [kɔ̃figyrasjɔ̃] 女 ①外形; 形状; 形態 ②地勢 ③〔情報〕システム構成; システム設計

configurer [kɔ̃figyre] 他 ①〔文〕形成する ②〔情報〕（機器をある用途に合わせて）設定する

confiné(e) [kɔ̃fine] 形 (< confiner) 閉じこもった; 閉じ込められた ▶**vivre** **confiné chez soi** 家に引きこもって暮らす

confinement [kɔ̃finmɑ̃] 男 閉じ込めること;〔病人の〕隔離;〔古〕独房監禁;〔物〕（放射性物質の）密閉

confiner [kɔ̃fine] 自 （…に）隣接する, 境を接する (à) ── 他 監禁する, 閉じ込める ── 代動 [se ~] （…に）引きこもる, 閉じ込もる (dans)

confins [kɔ̃fɛ̃] 男 (複) 境界地域, 果て ▶**aux confins de** …の果てで[に]

confire [kɔ̃fir] 他 70 〔古〕（野菜・肉・果物などを）漬ける

confirmand(e) [kɔ̃firmɑ̃, -ɑ̃d] 名 〔カト〕堅信の秘跡を受ける人

confirmation [kɔ̃firmasjɔ̃] 女 ①確認, 確信;（条約の）批准 ②〔カト〕堅信（の秘跡）〔洗礼を受けた信者に恩寵を与え, 信仰を強める力を与える秘跡〕

:**confirmer** [kɔ̃firme コンフィルメ] 他 〔英 confirm〕①確認する;（…であることが）確かだと言う, 保証する,（ものごとが）裏付ける (que) ②（人に…への）気持ちを固めさせる (dans) ── 代動 [se ~] 〔受動的に〕確かになる ▶**Il se confirme que ...** 〔非人称〕…であることが確認される

confis [kɔ̃fi] confire の直・現（単過）・1(2)・単; 命・単

confis... ⇒confire

confiscable [kɔ̃fiskabl] 形 没収される可能性のある

confiscation [kɔ̃fiskasjɔ̃] 女 没収, 押収

confiscatoire [kɔ̃fiskatwar] 形 没収[押収]の

confiserie [kɔ̃fizri] 女 ①糖菓 ②（果物などの）砂糖漬け ③糖菓店, 糖菓工場

confiseur(se) [kɔ̃fizœr, -øz] 名 糖菓製造[販売]人, 菓子屋

confisquer [kɔ̃fiske] 他 ①裁判所・警察などが押収する, 没収する ②（一時的に生徒や子どもから）取り上げる ③奪い取る, 自分の物にする

confit(e) [kɔ̃fi, -it] 形 (< confire) (砂糖・酢・油などに) 漬けた, …で満たされた (en) ▶**confit en dévotion** 信仰心過剰な ── 男 〔料〕コンフィ〔肉をその脂でくるんだもの〕 ▶**confit d'oie [de canard]** ガチョウ[鴨]肉のコンフィ

confît... ⇒confire

:**confiture** [kɔ̃fityr コンフィチュール] 女 ジャム ▶**confiture de fraises** イチゴジャム

confiturerie [kɔ̃fityrri] 女 ジャム製造業[所]

confiturier(ère) [kɔ̃fityrje, -ɛr] 名 ジャム作り職人 ── 形 ジャム作りの ── 男 ジャム入れ

conflagration [kɔ̃flagrasjɔ̃] 女 国際的な紛争;（政治的）動乱

conflictuel(le) [kɔ̃fliktɥɛl] 形 紛

conflit [kɔ̃fli コンフリ] 男 (英 conflict) 紛争, 戦争; 衝突, 葛藤; [法] (法律相互の)抵触 ▶ **conflit de générations** 世代間の争い **conflit d'intérêts** 利害の対立 **conflit social** 社会的葛藤; 労使間の紛争 **entrer en conflit avec** (人)と対立状態になる, 不和になる

confluent [kɔ̃flyɑ̃] 男 (川などの)合流点

confluer [kɔ̃flye] 自 ①(川が)(…と)合流する (avec) ②(文)(人が)集まる, 集中する

confondant(e) [kɔ̃fɔ̃dɑ̃, -ɑ̃t] 形 (< confondre) 驚かす, 狼狽させる

confondre [kɔ̃fɔ̃dr コンフォンドル] 61 他 ①[~ A avec B] (AをBと)混同する, 間違える; 合わせる, 混ぜる ②あ然とさせる, 驚かせる ── 代動 [se ~] 混ざる, 1つになる ▶ **se confondre en remerciements [excuses]** しきりに礼[詫び]を言う

confondu(e) [kɔ̃fɔ̃dy] 形 (< confondre) あ然とした, 深く感情を揺さぶられた (de)

conforme [kɔ̃fɔrm] 形 (英 corresponding to) 一致[合致, 適合]した (à) ②原文[原本]通りの ▶ **photocopie certifiée conforme** 原本と相違ないことを証されたコピー ③規範にかなった; 標準的な

conformé(e) [kɔ̃fɔrme] 形 (< conformer) [bien, malとともに] ▶ **bien conformé** 体に障害がない **mal conformé** 体に障害がある

conformément [kɔ̃fɔrmemɑ̃] 副 (…に)従って, 応じて (à)

conformer [kɔ̃fɔrme] 他 ①(…に)一致[適合]させる (à) ②形づくる ── 代動 [se ~] (…に)順応する, 従う (à)

conformisme [kɔ̃fɔrmism] 男 順応主義

conformiste [kɔ̃fɔrmist] 名 ①順応主義者 ②英国国教徒 ── 形 ①因習的な, 順応主義の ②英国国教会の ▶ **Église conformiste** 英国国教会

conformité [kɔ̃fɔrmite] 女 一致, 符合, 類似 ▶ **en conformité avec** …と一致して, …に応じて

*__confort__ [kɔ̃fɔr コンフォール] 男 (英 comfort) ①快適さ, 安楽; 安逸 ②(住居などの)設備 ③ **médicament de confort** 鎮痛剤

*__confortable__ [kɔ̃fɔrtabl コンフォルタブル] 形 (英 comfortable) 快適な, 設備の整った; 安心の

confortablement [kɔ̃fɔrtabləmɑ̃] 副 心地よく; 安心できる程度に

conforter [kɔ̃fɔrte] 他 ①(論拠などを)強める, 裏付ける ②(古)(人を)力づける

confraternel(le) [kɔ̃fratɛrnɛl] 形 同僚の

confraternité [kɔ̃fratɛrnite] 女 同僚との(良い)関係; 交誼 (な)

confrère [kɔ̃frɛr コンフレール] 男 (英 colleague) 同僚, 同業者

confrérie [kɔ̃freri] 女 (宗) 信徒団体; 組合, 協会

confrontation [kɔ̃frɔ̃tasjɔ̃] 女 比較, 対照; 対決, (法) 対質 [被告人や証人などをお互いに対面させる]

confronter [kɔ̃frɔ̃te] 他 (…と)対決させる, (法)対質させる (avec); (…と)比較[照合]する (avec) ▶ **être confronté à** …に直面する

confucéen(ne) [kɔ̃fyseɛ̃, -ɛn] 形 孔子の, 儒教の

confucianisme [kɔ̃fysjanism] 男 儒教, 孔子の思想

confucianiste [kɔ̃fysjanist] 形名 儒教を信奉する(人),

Confucius [kɔ̃fysjys] 孔子 【中国の思想家; 儒教の祖】

*__confus(e)__ [kɔ̃fy, -yz コンフュ(ズ)] 形 (英 confused) ①混乱した; はっきりしない ②(…に)当惑[恐縮]した (de) ▶ **Je suis confus!** (話)恐れ入ります, 申し訳ありません

confusément [kɔ̃fyzemɑ̃] 副 雑然と; 漠然と

*__confusion__ [kɔ̃fyzjɔ̃ コンフュズィョン] 女 (英 confusion) 混同; 混乱; 当惑 ▶ **à ma grande confusion** たいへん恥ずかしいことに **confusion des peines** 刑罰の吸収【同時に複数の刑が適用される場合, 最も重い刑を科すこと】 **confusion mentale** (心) 精神錯乱 **faire [commettre] une confusion de …** を取り違える, 混同する **mettre la confusion** 混乱を引き起こす **prêter à confusion** 混乱を招く

confusionnisme [kɔ̃fyzjɔnism] 男 ①(心)(幼児の心性の)未分化状態 ②(政)人心攪(交)乱

*__congé__ [kɔ̃ʒe コンジェ] 男 ①(英 holiday) 休暇, 休日 ▶ **congé de formation** 研修休暇 **congé (de) maladie** 病気休暇, 病欠 **congé (de) maternité** 出産休暇, 産休 **congé (de) parental** 育児休暇 **congés payés** 有給休暇 **en congé** 休みで, 休暇中 **prendre congé** (人)に別れの挨拶をする (de) ②解雇; (賃貸契約の)解約 ▶ **donner (son) congé à** (人)に解雇を言い渡す

congédier [kɔ̃ʒedje] 他 ①(人を)追い払う ②(古)解雇する

congelable [kɔ̃ʒlabl] 形 氷結しうる

congélateur [kɔ̃ʒelatœr コンジェラトゥール] 男 冷凍庫[機]

congélation [kɔ̃ʒelasjɔ̃] 女 氷結, 凍結; (食品の)冷凍 ▶ **point de congélation de l'eau** 水の氷点【摂氏0度】

*__congeler__ [kɔ̃ʒle コンジュレ] 他 ①(液体を)凍らせる; (食品を)冷凍する ──

[代動][se ~] 冷凍する, 凍る ▶**produits congelés** 冷凍食品

congénère [kɔ̃ʒener] 形 同種の, 同属の ― 男 [動・植] 同種のもの;〔話・軽蔑的〕同類, 仲間 ▶**muscles congénères**〔解〕共動筋

congénital(ale) [kɔ̃ʒenital] 形 (男複 -aux[-o]) ①〔病気が〕先天的な ②〔話〕〔軽蔑的に〕生まれながらの

congénitalement [kɔ̃ʒenitalmɑ̃] 副 生まれながらに

congère [kɔ̃ʒer] 女 雪の吹きだまり

congestif(ive) [kɔ̃ʒɛstif, -iv] 形 充血性の

congestion [kɔ̃ʒɛstjɔ̃] 女 ①充血, うっ血 ▶**congestion cérébrale** 脳うっ血 **congestion pulmonaire** 肺うっ血 ②〔カナダ〕交通渋滞

congestionné(e) [kɔ̃ʒɛstjɔne]〔＜congestionner〕〔顔などが〕充血した

congestionner [kɔ̃ʒɛstjɔne] 他 ①充血させる ②〔交通を〕渋滞させる

conglomérat [kɔ̃ɡlɔmera] 男 ①〔鉱〕礫(れき)岩 ②寄せ集め, 集合体 ③複合企業体

conglomérer [kɔ̃ɡlɔmere] 他 57 ひと塊にする

conglutination [kɔ̃ɡlytinasjɔ̃] 女 膠着(こうちゃく)

conglutiner [kɔ̃ɡlytine] 他 膠着(こうちゃく)させる

Congo [kɔ̃ɡo] 男 コンゴ; [le ~] コンゴ川 ▶**République démocratique du Congo** [la ~] コンゴ民主共和国〔旧称ザイール〕**République du Congo** [la ~] コンゴ共和国

congolais¹(e) [kɔ̃ɡɔlɛ, -ɛz] 形 名 [[C-]] コンゴの(人)

congolais² [kɔ̃ɡɔlɛ] 男 ココナッツ菓子の一種

congratulation [kɔ̃ɡratylasjɔ̃] 女 《古・ふざけて》お祝い, 祝賀

congratuler [kɔ̃ɡratyle] 他《古・ふざけて》祝う, 祝賀する

congre [kɔ̃ɡr] 男〔魚〕アナゴ

congrégation [kɔ̃ɡreɡasjɔ̃] 女 ①修道会 ②〔法王庁の〕聖省 ③〔プロテスタントの〕信徒組合

***congrès** [kɔ̃ɡrɛ コングレ] 男 ①〔外交上・学術上の〕会議 ②[le C-]〔米国〕連邦議会

congressiste [kɔ̃ɡresist] 名 会議出席者

congru(e) [kɔ̃ɡry] 形 ①〔古〕適切な ②〔数〕合同の ③▶**portion congrue**〔生活のための〕最低限の食料[資金]

congruence [kɔ̃ɡryɑ̃s] 女 ①〔数〕(2数の)合同(式), 相合

congruent(e) [kɔ̃ɡryɑ̃, -ɑ̃t] 形 ①適合した ②〔数〕合同の

conicité [kɔnisite] 女 円錐(すい)形

conifère [kɔnifer] 男 毬果(きゅうか)植物

conique [kɔnik] 形 円錐(すい)形の ― 女 〔数〕円錐曲線 (= section ~)

conjectural(ale) [kɔ̃ʒɛktyral] 形 (男複 -aux[-o]) 推測の, 憶測による

conjecture [kɔ̃ʒɛktyr] 女〔英 guess〕推量, 推測, 臆測 ▶**en être réduit aux conjectures** 推測に頼らざるをえない **se perdre en conjectures** あれこれ推測する, 思案に迷う

conjecturer [kɔ̃ʒɛktyre] 他 推測[憶測]する

conjoint(e) [kɔ̃ʒwɛ̃, -ɛ̃t] 形 (＜conjoindre) 付随した; 共同の ― 名 配偶者

conjointement [kɔ̃ʒwɛ̃tmɑ̃] 副 (…と)共同[協力]して (avec); 同時に

conjonctif(ive) [kɔ̃ʒɔ̃ktif, -iv] 形 ①〔文法〕接続(詞)の ②〔解〕結合の ▶**tissu conjonctif**〔解〕結合組織

conjonction [kɔ̃ʒɔ̃ksjɔ̃] 女 ①連結, 結合; 出会い; 〔文法〕接続詞; 〔天〕合(ごう) ▶**conjonction de coordination [de subordination]**〔文法〕等位[従位]接続詞

conjonctive [kɔ̃ʒɔ̃ktiv] 女 〔解〕結膜

conjonctivite [kɔ̃ʒɔ̃ktivit] 女 〔医〕結膜炎

conjoncture [kɔ̃ʒɔ̃ktyr] 女〔英 circumstances〕情勢, 局面; 〔経〕景気, 経済情勢

conjoncturel(le) [kɔ̃ʒɔ̃ktyrɛl] 形 景気の, 経済情勢に関する

conjoncturiste [kɔ̃ʒɔ̃ktyrist] 名 〔経〕経済情勢分析家

conjugaison [kɔ̃ʒyɡɛzɔ̃] 女 ①〔英 conjugation〕〔文法〕(動詞の)活用(表) ②〔文〕結合 ③〔生〕(生殖細胞の)接合 ▶**tableaux de conjugaison** 動詞活用表

conjugal(ale) [kɔ̃ʒyɡal] 形 (男複 -aux[-o]) 夫婦の, 婚姻上の ▶**devoir conjugal** 夫婦間で性的関係を受け入れる義務

conjugalement [kɔ̃ʒyɡalmɑ̃] 副 ①夫婦として ②夫婦のように

conjugué(e) [kɔ̃ʒyɡe] 形 結びつけられた, 結合された; 対になった;〔植〕接合の; 〔数〕共役の ― 女 (複) [植] 接合藻類

conjuguer [kɔ̃ʒyɡe] 他〔英 conjugate〕〔文法〕〔動詞を変化[活用]させる〕 ②結びつける, (力などを)合わせる ― 代動 [se ~] ①〔文法〕(動詞が)変化する ②重なる, 組み合わさる

conjuration [kɔ̃ʒyrasjɔ̃] 女 ①陰謀, 謀反(むほん), 共謀 ②まじない

conjuratoire [kɔ̃ʒyratwar] 形 お祓(はら)いの

conjuré(e) [kɔ̃ʒyre] 名 陰謀の加担者, 謀反(むほん)人

conjurer [kɔ̃ʒyre] 他 ①祓(はら)う; 遠ざける, 避ける ②〔古〕〔悪事を企てる〕 ③▶**conjurer A de** 不定詞〔文〕 A

connais ..., connaiss ... ⇨ connaître

connaissable [kɔnesabl] 形男 認識できる(もの); 知りうる(もの)

connaissance [kɔnesɑ̃s コネサンス] 女 (英 knowledge) 知識; 認識; 知り合い, 知人; 面識 ▸ **à ma connaissance** 私の知る限りでは **avoir connaissance de** …を知る, …の情報を得る **avoir connaissance en** …についての知識をもっている **en (toute) connaissance de cause** よく事情を心得て **faire connaissance avec/faire la connaissance de** (人)と知り合いになる, …を知る **perdre [reprendre] connaissance** 意識を失う[取り戻す] **prendre connaissance de** …をよく読む; 調べる **sans connaissance** 気絶して, 意識を失って **venir à la connaissance de** (人)の知るところとなる, 耳に入る

connaisseur(se) [kɔnesœr, -øz] 名 [女性形は稀] 鑑定人, 玄人 — 形 玄人の

connaît ... ⇨ connaître

connaître [kɔnetr コネトル] 他 16 (1) 知っている; (人)と知り合いである, わかる, 識別できる; (場所)に行ったことがある; [～ A à B] B (人)にA があることをB を通して知っている ▸ **connaître de vue [nom]** (人)の顔[名前]は知っている **connaître mal** (人)を誤解している[する] **en connaître un bout** (話)詳しい, 博識である **faire connaître A à B** A を B に知らせる, 教える, 紹介する **Je ne lui connaissais pas ces talents.** 彼にそんな才能があるとは知らなかった **Je n'y connais rien [pas bien].** そのことは何も[よく]知りません **se connaître** 評判を高める, 有名になる; 名を名乗る; 知られる (2)(人)と知り合いになる; 経験する, 味わう — 代動 [se ～] 自己を知る; 知り合う; (…と)知られる ▸ **s'y connaître en …** …に詳しい

connard(e) [kɔnar, -ard] 名形 (俗・軽蔑的)ばか(な)

connasse [kɔnas] 女 (俗・軽蔑的)ばかな女

conne [kɔn] 形 con の女性形

conneau [kɔno] 男 (複 ~x) (話)ばか(人)

connecter [kɔnekte] 他 結合する; [電]接続する ▸ **connecté** オンラインの **non connecté** オフラインの — 代動 [se ～] (…に)接続する (à) ▸ **se connecter à Internet** インターネットに接続する **se connecter au réseau** (コンピューターが)ネットワークにつながる

connecteur [kɔnektœr] 男 [電]連接器, コネクタ

connement [kɔnmɑ̃] 副 (話)愚かに, 意味もなく

connerie [kɔnri] 女 (話)ばかげたこと ▸ **dire des conneries** くだらないことを言う **faire une connerie** ばかなことをする

connétable [kɔnetabl] 男 [史] (12-17世紀の)軍総司令官, 元帥

connexe [kɔ(n)neks] 形 結合された; 密接な関係のある; [法]付帯の

connexion [kɔ(n)neksjɔ̃] 女 関連; [電]接続; 結合, 連結

connivence [kɔ(n)nivɑ̃s] 女 ①共謀, 共犯 ▸ **sourire de connivence** 心得顔の笑み, 意味ありげな笑い ②(古)見逃すこと

connotation [kɔ(n)nɔtasjɔ̃] 女 含意, 含みの意味; [論]内包

connoter [kɔ(n)nɔte] 他 含意する; [論]内包する

connu(e) [kɔny コニュ] 形 (< connaître) 知られている, 既知の; 有名な (pour); 月並みな — 男 既知のこと

connu û ... ⇨ connaître

conoïde [kɔnɔid] 形 円錐(-)形の

conque [kɔ̃k] 女 ほら貝, 帆立貝; [解]耳殻

conquér ... ⇨ conquérir

conquérant(e) [kɔ̃kerɑ̃, -ɑ̃t] 形 征服する; (心をとらえる); (態度が)うぬぼれた, 自信たっぷりの — 名 征服者; 異性を誘惑する人, 男[女]たらし

conquérir [kɔ̃kerir] 他 21 (英 conquer) 征服[支配]する; (人の心をつかむ, 魅する — 代動 [se ～] 獲得される

conquerr ... ⇨ conquérir

conquête [kɔ̃ket] 女 征服; 獲得物; 人の心をつかむこと; (話)ものにした男[女] ▸ **à la conquête de** を獲得[征服]に向かって **faire la conquête de** …を征服する, 勝ち取る; …の心をつかむ

conqui[t] ... ⇨ conquérir

conquis(e) [kɔ̃ki, -iz] 形 (< conquérir) 征服された; 魅せ[誘惑]された

conquistador [kɔ̃kistadɔr] 男 (複 ~s, ~es) (スペ) コンキスタドール【大航海時代にアメリカで土地や先住民を征服した探検家】

consacré(e) [kɔ̃sakre] 形 (< consacrer) ①聖なる, 聖別された ②(…に)捧げられた, 当てられた (à) ③慣用[慣例]になった, 認められた ▸ **expression consacrée** 慣用表現

consacrer [kɔ̃sakre] 他 ①(英 devote) (…に)捧げる; (時間や労力を)割く, 当てる (à) ②(英 consecrate) (文)神聖にする, 聖別する ③確立する, 定着させる — 代動 [se ～] (…に)身を捧げる (à)

consanguin(e) [kɔ̃sɑ̃gɛ̃, -in] 形名 [法]腹ちがいの(兄弟); 同じく父の血を引いている(者); 血族の (者) ▸ **mariage consanguin** 近親結婚

consanguinité [kɔ̃sɑ̃ɡ(ɥ)inite] 囡 〔法〕父系血筋関係; 親族関係

consciemment [kɔ̃sjamɑ̃] 副 意識して, 知っていながら

***conscience** [kɔ̃sjɑ̃s コンシヤンス] 囡 (英 conscience, consciousness) 意識; 良心, 信条 ▶**avoir ... sur la conscience** …を気に病む, …が良心をさいなむ **avoir la conscience tranquille** 良心に恥じるところがない **conscience collective** 集合意識 **conscience de soi** 自己意識 **conscience politique** 政治意識 **conscience professionnelle** プロ意識, 職業的良心 **perdre [reprendre] conscience** 意識を失う[取り戻す] **prendre conscience de** …に気づく, …を自覚する **se donner bonne conscience** 自分を正当化する, やましさをますす

consciencieusement [kɔ̃sjɑ̃sjøzmɑ̃] 副 良心的に, 丹念に

***consciencieux(se)** [kɔ̃sjɑ̃sjø, -øz コンシヤンスュー(-ズ)] 形 (英 conscientious) 良心的な, 丹念な

conscient(e) [kɔ̃sjɑ̃, -ɑ̃t] 形 (英 conscious) 意識のある, 自覚のある; (…を)意識している, 自覚した (de) ── 男 [心] 意識

conscientisation [kɔ̃sjɑ̃tizasjɔ̃] 囡 意識の目覚め

conscientiser [kɔ̃sjɑ̃tize] 囡 (自己の立場, 権利や政治について)自覚を持たせる, 意識を目覚めさせる

conscription [kɔ̃skripsjɔ̃] 囡 徴兵

conscrit [kɔ̃skri] 男 徴兵適格者; 新兵; [話・古] 初心者

consécration [kɔ̃sekrɑsjɔ̃] 囡 [カト] 聖別(すること); 聖変化; (社会的)容認; (評価などの)確立

consécutif(ve) [kɔ̃sekytif, -iv] 形 ①引き続く, 相次ぐ, 連続する ②(…の)結果として生じた (à) ▶**proposition consécutive** [文法] 結果節

consécutivement [kɔ̃sekytivmɑ̃] 副 ①引き続いて, ぶっ通しで ②(…の)結果として (à)

***conseil** [kɔ̃sɛj コンセイユ] 男 ①忠告, 助言; 助言者, 相談役, 顧問 ▶**demander conseil à** (人に)助言を求める, 相談する **être de bon conseil** は助言者だ, 思慮分別がある **La nuit porte conseil.** (ことわざ) 夜が悪ければ良い知恵が浮かぶ ②会議, 評議会 ▶**Conseil constitutionnel** 憲法評議会 **conseil d'administration** 取締役会 **conseil de classe** (中学・高校の)学級会議《教師と父母, 生徒代表が生徒の成績やクラスの問題を話す》 **conseil de discipline** 懲戒委員会 **conseil de famille** [法] 家族会《未成年者や被後見人について話す》 **Conseil de l'Europe** 欧州評議会 **Conseil de l'Union européen** (欧州連合の)(閣僚)理事会 **Conseil de sécurité** (国連の)安全保障理事会 **Conseil des ministres** (大統領主催の)閣議; = Conseil de l'Union européen **conseil d'établissement** 学校管理評議会 **Conseil d'État** コンセイユ・デタ, 国務院 **Conseil économique et social** (フランスの)経済社会評議会 **conseil en communication** メディアコンサルタント **Conseil européen** 欧州理事会 **Conseil fédéral** (スイス)連邦議会 **conseil général** (フランスの)県議会 **conseil juridique** 法律顧問 **Conseil municipal** 市町村参事会 **conseil régional** 地域圏議会 **Conseil supérieur de l'audiovisuel** (フランスの)視聴覚高等評議会 [放送規制審議会, 略 CSA]

conseillable [kɔ̃sɛjabl] 形 勧められる

***conseiller**[1] [kɔ̃seje コンセイエ] 他 (英 advise) (人に)助言を与える, 指導する ▶**conseiller A à B** B (人)に A (ものを)勧める **conseiller à A de** 不定詞 A (人)に…するように勧める

conseiller[2]**(ère)** [kɔ̃seje, -ɛr] 名 助言者, 忠告者; 顧問; 議員 ▶**conseiller d'État** 国務院参事官 **conseiller d'orientation** 進路[就職]指導員 **conseiller général** (フランスの)県会議員 **conseiller municipal** 市[町, 村]会議員 **conseiller (principal) d'éducation** (学校の)教育指導主事 **conseiller régional** 地域圏議会議員

conseilleur(se) [kɔ̃sɛjœr, -øz] 名 (文・軽蔑的) 助言好きの人 ▶**Les conseilleurs ne sont pas les payeurs.** (ことわざ) 助言者は言うだけ言っても結果の責任までとってくれない

consensuel(le) [kɔ̃sɑ̃sɥɛl] 形 [法] 合意上の

consensus [kɔ̃sɛ̃sys, kɔ̃sɑ̃sys] 男 (意見・感情の)一致, 合意

consentant(e) [kɔ̃sɑ̃tɑ̃, -ɑ̃t] 形 (< consentir) [法] 同意[承認]する; (相手の)性的な求めに応じる ▶**entre adultes consentants** 同意成人間で

consentement [kɔ̃sɑ̃tmɑ̃] 男 同意, 承認

consentir [kɔ̃sɑ̃tir コンサンティール] 自 動 ①(英 consent) (…することに)同意する ▶**Qui ne dit mot consent.** (ことわざ) 沈黙は同意のしるし ②[海] (マストなどが)曲がる ── 他 認める, 許可する; 同意する (que)

conséquemment [kɔ̃sekamɑ̃] 副 したがって, それゆえに; (…の)結果として (à)

***conséquence** [kɔ̃sekɑ̃s コンセカンス] 囡 (英 consequence) 結果, 帰結, 重要性; [論] 結論 ▶**de conséquence** 重要な **en conséquence** したがって, その結果; それ相応に **en consé-

conséquent(e) [kɔ̃sekɑ̃, -ɑ̃t] 形 ①首尾一貫した; (古)(…と)一致した (à); (話)重要な,大きな ▶**par conséquent** したがって, だから — 男 〔論〕後件

conservateur(trice) [kɔ̃sεrvatœr, -tris] 形 ①(英 curator) 保管[管理]者; 学芸員; 〔女性についても男性形を用いられる〕司書 ②保守主義者 — 男 形 (英 conservative) 保守的な ③保存のための ▶**agent conservateur** (食品用の)保存添加物 — 男 (食品用の)冷凍車

conservation [kɔ̃sεrvasjɔ̃] 女 保存, 保管; 貯蔵

conservatisme [kɔ̃sεrvatism] 男 保守主義

conservatoire[1] [kɔ̃sεrvatwar] 形 〔法〕保存する

conservatoire[2] [kɔ̃sεrvatwar] 男 芸術[音楽]学校

***conserve** [kɔ̃sεrv コンセルヴ] 女 (英 canned food) 缶詰, びん詰(食品) ▶**mettre en conserve** 缶詰[びん詰]にする; (ふざけて)いつまでもとっておく ▶**de conserve** いっしょに, 同じルートで

conservé(e) [kɔ̃sεrve] 形 (← conserver) 保(ﾎ)ちがいい ▶**bien conservé** (年齢よりも)若々しい

***conserver** [kɔ̃sεrve コンセルヴェ] 他 (英 preserve) 保存する, 貯蔵する; 失わずにいる, 保ち続ける ▶**conserver au froid** 冷蔵する — 代動 [**se ~**] 保つ, 保存される; (ものを)自分のためにとっておく

conserverie [kɔ̃sεrvəri] 女 缶詰工場[製造業]

***considérable** [kɔ̃siderabl コンシデラブル] 形 (英 considerable) 大きな, 著しい; 重要な

considérablement [kɔ̃siderablə mɑ̃] 副 著しく

considérant [kɔ̃siderɑ̃] 男 〔法律などの〕前文, 理由(書)

***considération** [kɔ̃siderasjɔ̃ コンシデラシヨン] 女 ①(英 consideration) 考察, 配慮; 注意, 慎重さ ▶**en considération de / par considération pour** …を考慮して ▶**prendre ... en considération** …を考慮に入れる ②〔複〕(…に関する)考察 (sur) ③〔文〕尊重, 尊敬

***considérer** [kɔ̃sidere コンシデレ] 他 57 ①(英 consider) 熟考[検討]する; (…と)考える, 思う (que) ▶**Considérant que** …を考慮して, …を考えた結果 **tout bien considéré** よく考えた結果 ②〔~ A comme B〕A を B と見なす ③注視する, 眺める ④〔多くは受動態〕重んずる, 尊敬する — 代動 [**se ~**] (…と)自分をみなす (comme); 自分を高く買う; 検討[考察]される; 自分を眺める [見つめる]; 互いに見つめる

consignation [kɔ̃sinasjɔ̃] 女 (金の)供託; (商品の)委託; 供託[保証]金

consigne [kɔ̃sin] 女 ①(英 checkroom) 手荷物一時預かり所 ▶**consigne automatique** コインロッカー ②(荷・瓶びんなどの)保証金 ③(英 instructions) 命令, 司令; (兵・学校での)禁足, 外出禁止 ▶**donner les consignes** 命令を出す

consigné(e) [kɔ̃sine] 形 ①禁足を命じられた ②(荷箱・びん類に)保証金付きの(返却時に支払われる) ③供託[委託]される

consigner [kɔ̃sine] 他 ①外出[通行, 立ち入り]を禁じる ②(びん・荷箱の)保証金をとる ③(金を)供託する; (商品を)委託する ④書きとめる, 記入[記録]する, 文書にしておく

consistance [kɔ̃sistɑ̃s] 女 固さ, 濃度, 密度; 堅実; 確実さ; 〔考え・人・文章などの〕中身, 内容 ▶**prendre consistance** (液体が)固まる; 確かになる, 本格的になる ▶**sans consistance** はっきりしない, 中身のない, 一貫性のない

consistant(e) [kɔ̃sistɑ̃, -ɑ̃t] 形 (英 thick) 固い, 濃い; (話)(食べものなどが)ボリュームのある; (議論が)堅実な, 首尾一貫した

***consister** [kɔ̃siste コンシステ] 自 (英 consist) (…から)なる, 成り立つ; (…に)ある (en, dans); 〔~ à 不定詞〕…することにある, …である

consistoire [kɔ̃sistwar] 男 〔カト〕枢機卿会議; 〔プロテスタント・ユダヤ教〕長老会議

consœur [kɔ̃sœr] 女 (自営業を営む)女性の同業者[同僚]

consolable [kɔ̃solabl] 形 慰められうる

consolant(e) [kɔ̃solɑ̃, -ɑ̃t] 形 慰めになる

consolateur(trice) [kɔ̃solatœr, -tris] 形名 慰めになる(人[もの]), 慰める(人[もの])

consolation [kɔ̃solasjɔ̃] 女 慰め(になるもの) ▶**lot [prix] de consolation** 残念賞

console [kɔ̃sol] 女 ①〔建〕持送り ②(壁に取り付けた)二本足の小テーブル ③〔情報〕コンソール【入出力を行う操作装置】▶**console de jeu (vidéo)** テレビゲーム機 **console de mixage** (放送や録音での)ミキシングテーブル ④**console d'orgue** 〔楽〕オルガンの演奏台

***consoler** [kɔ̃sole コンソレ] 他 (人のことで)慰める (de); (苦痛などを)和らげる — 代動 [**se ~**] 気を取り直す; (が)慰めになる (avec)

consolidation [kɔ̃solidasjɔ̃] 女 ①強化, 補強; (骨折・傷の癒(ｲ)ﾕ)合 ②〔商〕(一時借入金の)長期債化

consolider [kɔ̃sɔlide] 他 強化[補強]する; (一時借入金を)長期借化する ▶ **consolider son avance** リードを広げる; 優勢を保つ ― 代動 [**se ~**] 強化[補強]される

consommable [kɔ̃sɔmabl] 形 食べられる

consommateur(trice) [kɔ̃sɔmatœr, -tris] 名 ① 消費者 ② (レストランなどの)客

consommation [kɔ̃sɔmasjɔ̃] コンソマスィヨン 女 ① 消費 ② (カフェでの)飲食物 ③《文》完遂, 成就 ▶ **article [produit] de consommation courante [de grande consommation]** 主要産物, 重要商品 **faire une grande consommation de ~** を大量に消費する **produits de consommation** 消費財

consommé¹(e) [kɔ̃sɔme] 形 完ぺきな; 熟達した

consommé² [kɔ̃sɔme] 男 [料] コンソメ

consommer [kɔ̃sɔme] コンソメ 他 ① 消費する; 飲食する ▶ **À consommer de préférence avant le ...** (表示)…までにお召し上がりください ②(車がガソリンを)食う ③《文》成就する ― 自 (カフェで)飲食する ― 代動 [**se ~**] 食べられる; (…して)食べる, 飲む ▶ **se consommer chaud** 熱いうちに食べる

consomptible [kɔ̃sɔ̃ptibl] 形 消費[消耗]される

consomption [kɔ̃sɔ̃psjɔ̃] 女 ①《古・文》(病気による)消耗, 憔悴[しょうすい] ②〘医〙衰弱, やつれ

consonance [kɔ̃sɔnɑ̃s] 女 ①〘楽〙協和(音) ②語尾同音 ③音の響き ▶ **nom aux consonances étrangères** 外国風の響きの名前

consonant(e) [kɔ̃sɔnɑ̃, -ɑ̃t] 形 協和音の, 語尾が同音で終わる

consonantique [kɔ̃sɔnɑ̃tik] 形 子音の

consonantisme [kɔ̃sɔnɑ̃tism] 男 〘言〙子音体系

consonne [kɔ̃sɔn] 女 〘言〙子音

consort [kɔ̃sɔr] 男 ① 〘法〙共同利害関係者 ② ▶ **... et consorts** (軽蔑的)…の一味 ③ ▶ **prince consort** (イギリス・オランダの)女王の配偶者;《話》(力や名のある女性の)夫

consortium [kɔ̃sɔrsjɔm, -sjɔm] 男《英》コンソーシアム【共同プロジェクトを遂行する企業連合】

conspirateur(trice) [kɔ̃spiratœr, -tris] 名 陰謀家(の)

conspiration [kɔ̃spirasjɔ̃] 女 陰謀, 共謀

conspirer [kɔ̃spire] 自 ① (…に対して)陰謀を企てる (contre) ②《文》(…に)協力する (à)

conspuer [kɔ̃spɥe] 他 罵倒する

constamment [kɔ̃stamɑ̃] 副《英 constantly》絶えず, いつも

constance [kɔ̃stɑ̃s] 女 ① 不変 ②《文》頑固さ, 粘り強さ ▶ **avec constance** 粘り強く ③《古》毅然たる態度, 勇気

constant(e) [kɔ̃stɑ̃, -ɑ̃t] 形 ① 不変の, 一定の ②《文》不動の, 粘り強い ▶ **être constant dans ...** 一途にーする 女〘数〙常数, 定数; 不変の特徴

constat [kɔ̃sta] 男 ①(現状)証明書; 供述書, 確認書 ② 確認, 結果; 証明 ▶ **constat amiable** (保険会社に送る)自動車事故確認書

constatation [kɔ̃statasjɔ̃] 女 確認; 証明; 確認した事実

constater [kɔ̃state] コンスタテ 他《英 notice, certify》認める, 確認する; 証明する

constellation [kɔ̃stelasjɔ̃] 女 ① 星座 ②(…が)ちりばめられたもの; 秀でた人達の集まり

constellé(e) [kɔ̃stele] 形 (< consteller) 星をちりばめた; (…を)ちりばめた (de)

consteller [kɔ̃stele] 他 (星などを)ちりばめる

consternant(e) [kɔ̃stɛrnɑ̃, -ɑ̃t] 形 驚くべき

consternation [kɔ̃stɛrnasjɔ̃] 女 鷲愕[がくがく], 茫然自失

consterné(e) [kɔ̃stɛrne] 形 (< consterner) 茫然とした

consterner [kɔ̃stɛrne] 他 茫然[愕然]させる

constipation [kɔ̃stipasjɔ̃] コンスティパスィヨン 女 便秘

constipé(e) [kɔ̃stipe] 形 ① 便秘している ②《話》心配な; しかめ面した; 窮屈そうな ▶ **être constipé du morlingue** (俗)けちである ― 男 便秘の人

constiper [kɔ̃stipe] 他 便秘させる

constituant(e) [kɔ̃stitɥɑ̃, -ɑ̃t] 形 構成する; 憲法を制定する ― 男〘言〙構成要素; 〘史〙憲法制定議会のメンバー ― 女 [La C~] (1789 年の)憲法制定議会 (= l'Assemblée c~)

constitué(e) [kɔ̃stitɥe] 形 (< constituer) (…で)構成された

constituer [kɔ̃stitɥe] コンスティテュエ 他《英 constitute》 ①(…を)構成する, (…の)構成要素をなす; (…の)成立要件を満たしている ② 設立する ③〘法〙任命[指名]する ④ (権利などを)設定する ― 代動 [**se ~**] 構成される; 設立[組織]される, 自分を…となす[なる]; 指定されている ▶ **se constituer en société** 社会を形成する **se constituer prisonnier** 自首する

constitutif(ive) [kɔ̃stitytif, -iv] 形 (…を)構成する (de); 権利を設定する

constitution [kɔ̃stitysjɔ̃] コンスティテュスィヨン 女《英 constitution》① 設

立;構成 ►*constitution de stocks* 備蓄, 貯蔵 ②体格, 体質 ③[多くは C-]憲法; 政体 ④[法]設定; 任命, 指名

constitutionnalité [kɔ̃stitysjɔnalite] 囡 合憲性

constitutionnel(le) [kɔ̃stitysjɔnɛl] 形 ①憲法の, 合憲の; 立憲の, 憲法にかなった, 合法的な ②体質的な, 体質に関する

constitutionnellement [kɔ̃stitysjɔnɛlmɑ̃] 副 合憲的に

constricteur [kɔ̃striktœr] 男 形 [解] 括約[収縮]筋(= muscle ~) ►*boa constricteur* ボア【獲物を絞め殺す大蛇】

constrictor [kɔ̃striktɔr] 形 (男性形のみ) ►*boa constrictor* ⇒constricteur

constructeur(trice) [kɔ̃stryktœr, -tris] 男 建造者, 建築家; 製造業者 ── 形 (動物の)巣を自分でつくる ►*constructeur automobile* 自動車メーカー

constructible [kɔ̃stryktibl] 形 建築することができる ►*terrain constructible* 宅地

constructif(ve) [kɔ̃stryktif, -iv] 形 (英 constructive) 建設[創造]的な

***construction** [kɔ̃stryksjɔ̃ コンストリュクスィヨン] 囡 (英 construction) 建築(産業), 建設(物); 構造, 構築, 構成; [文法] 構文 ►*construction de l'esprit* 心の中のもの *construction navale* [la ~] 造船業 *en (cours de) construction* 建設中の *matériaux de construction* 建設資材

constructivisme [kɔ̃stryktivism] 男 [美術] 構成主義【20世紀初頭のソ連の幾何学的抽象芸術】

construi... ⇒construire

***construire** [kɔ̃strɥir コンストリュイール] 他 ①建築[建造, 建設]する; (作品・理論などを)作る; [数] (作図する ──代動 [se ~] 自分の...を立てる; 建て[作]られる; 構成される, 組み合わされる

construit [kɔ̃strɥi] ⇒construire

consubstantiel(le) [kɔ̃sypstɑ̃sjɛl] 形 [神] (...と)同質[同体]の, 一体となった (à, avec)

consul [kɔ̃syl] 男 ①領事 ②[古代ローマの]執政官 ③[革命時の]統領 ►*Premier consul* [史] 第一統領 【ナポレオンのこと】

consulaire [kɔ̃syler] 形 ①領事の ②[史] 執政官の

***consulat** [kɔ̃syla コンスュラ] 男 ①領事館; 領事の職 ②[C-] 統領政治【1799-1804】

consultable [kɔ̃syltabl] 形 (本や文書などが)見られる, 調べられる

consultant(e) [kɔ̃syltɑ̃, -ɑ̃t] 形 諮問の ── 名 顧問; (医者・弁護士などの)依頼人 ►*médecin consultant* (診察はしない)相談医

consultatif(ve) [kɔ̃syltatif, -iv] 形 諮[顧]問の

consultation [kɔ̃syltasjɔ̃] 囡 ①諮詢, 参照; 診察 ②[学者・弁護士・医師の] 鑑定; 評議, 討議 ►*aller à la consultation* 医者に診てもらいに行く *consultation électorale* 選挙 *heures de consultation* [les ~] 診察時間, 診察時間 ②診断書; 意見書

***consulter** [kɔ̃sylte コンスュルテ] 他 (英 consult) ①(...に)相談する; (医師の)診察を受ける ②調べる, 参照する ── 自 (医者が)診察する ── 代動 [se ~] 慎重に考える; 相談し合う; 参照される[できる]

consumer [kɔ̃syme] 他 ①焼き尽くす ②[文] (徐々に)消滅させる; (文) 苦しめる, 憔悴(しょうすい)させる ③[古・文] (時間・金などを)使い果たす ── 代動 [se ~] ①(徐々に)燃え尽きる ②[文] 憔悴する, 弱る

consumérisme [kɔ̃symerism] 男 消費者運動

***contact** [kɔ̃takt コンタクト] 男 ①(英 contact) 接触; (人との)交際, 親密な関係 (avec); 連絡 ►*au contact de* ...に触れて, ...の影響で *avoir un bon [mauvais] contact avec* (人)と仲がよい[悪い] *en contact étroit avec* ...と密接につながって *entrer en contact* 接触する, 交信する, 近づきになる *faire des contacts* ネットワークを作る, ネットワーク化する *prise de contact* 連絡, 交信; 交戦 *rester en contact* 交際を続ける; 接触を保つ; 連絡を保つ *se mettre en contact avec* 接触する, 近づきになる, 交信する ②[電] 接触, スイッチ ►*couper le contact* スイッチを切る *mettre le contact* スイッチを入れる

contacter [kɔ̃takte] 他 (英 contact) (...に)連絡をとる, 接触する

contagieux(se) [kɔ̃taʒjø, -øz] 形 (英 contagious) 伝染性の; 感染する, 蔓(まん)延する ── 名 伝染病患者

contagion [kɔ̃taʒjɔ̃] 囡 伝染(病), 感染; 蔓延, 伝播

contagiosité [kɔ̃taʒjozite] 囡 伝染性

container [kɔ̃tener, kɔ̃tener] 男 (<英) コンテナ

contamination [kɔ̃taminasjɔ̃] 囡 (病原菌の)伝染; 汚染

***contaminer** [kɔ̃tamine コンタミネ] 他 (英 contaminate) 病毒をうつす, 感染させる, 汚染する; (人に)悪影響を及ぼす

***conte** [kɔ̃t コント] 男 (英 tale) ①短い物語 ②ありそうもない話 ►*conte de fée* おとぎ話; ありそうもない話; すばらしいできごと

contemplateur(trice) [kɔ̃tɑ̃platœr, -tris] 名 熟視[熟考]する人; 瞑想にふける人

contemplatif(ve) [kɔ̃tɑ̃platif, -iv] 形 瞑想的な；[宗] 観想的な ― 名 瞑想者；観想(生活を送る)修道士

contemplation [kɔ̃tɑ̃plasjɔ̃] 女 熟視；熟考；瞑想；[宗] 観想

contempler [kɔ̃tɑ̃ple] 他 熟視する，うっとり眺める；(…について)考え込む，瞑想する ― 代動 (se ~) 自分に見とれる；互いに見つめ合う

*__contemporain(e)__ [kɔ̃tɑ̃pɔrɛ̃, -ɛn コンタンポラン(レヌ)] 形 (英 contemporary) 同時代の；現代の ― 名 同時代人

contempteur(trice) [kɔ̃tɑ̃ptœr, -tris] 名 [文] けなす人，中傷家

conten... ⇨contenir

contenance [kɔ̃tnɑ̃s] 女 ①容積；(土地の)面積 ②態度；落ち着き ► **faire bonne contenance** 落ち着き払っている **perdre contenance** 取り乱す，落ち着きをなくす **se donner une contenance** 平静を装う

contenant [kɔ̃tnɑ̃] 男 (<contenir) 容器

conteneur [kɔ̃tnœr] 男 = container

conteneuriser [kɔ̃tnœrize] 他 コンテナに入れる[で輸送する]

*__contenir__ [kɔ̃tnir コントニール] 他 75 ①含む，入れる，中に収める；(容積・面積が)…である ②抑制する ― 代動 (se ~) 自制[我慢]する

*__content(e)__ [kɔ̃tɑ̃, -ɑ̃t コンタン(ト)] 形 (…(すること)が)気に入った，満足である (de) ► **être content de soi** うぬぼれている，自己満足する ― 男 ► **avoir son content de** 欲しいだけ…がある

contentement [kɔ̃tɑ̃tmɑ̃] 男 満足(させること)

*__contenter__ [kɔ̃tɑ̃te コンタンテ] 他 (英 satisfy) 満足させる ― 代動 (se ~) (…(すること)に)満足[我慢]する，(…する)にとどめる (de)

contentieux(se) [kɔ̃tɑ̃sjø, -øz] 形 係争の，訴訟の；論争の，争点の ― 男 訴訟，争点；(会社の)法務部

contention [kɔ̃tɑ̃sjɔ̃] 女 ①(骨折箇所の)固定 ②(昔の)(精神病患者の)拘束 ③ [文] 精神力の集中，緊張

contenu(e) [kɔ̃tny] 形 (<contenir) 含まれた，入れられた；抑えられた ― 男 内容；中身

conter [kɔ̃te] 他 話す，語る ► **en conter à** (人)をだます

contestable [kɔ̃tɛstabl] 形 疑わしい，異論の余地のある ► **Il est contestable que** + 接続法 …かどうかは疑わしい

contestataire [kɔ̃tɛstatɛr] 形名 異議を申し立てる(人)，反体制の人

contestation [kɔ̃tɛstasjɔ̃] 女 異議(の申し立て)，異論；論争，紛争；反抗，反体制

conteste [kɔ̃tɛst] 女 [成句でのみ] ► **sans conteste** 間違いなく，異論の余地なく

contesté(e) [kɔ̃tɛste] 形 論議的な，疑義の多い

*__contester__ [kɔ̃tɛste コンテステ] 他 (英 contest) 異議を申し立てる，抗議する；(…を)疑う (que + 接続法) ― 自 抗議する；反抗する

conteur(se) [kɔ̃tœr, -øz] 名 語り手，物語作家

contexte [kɔ̃tɛkst] 男 (英 context) 文脈，文章の前後関係；状況，背景

contextuel(le) [kɔ̃tɛkstɥɛl] 形 文脈上の[に関する]

contexture [kɔ̃tɛkstyr] 女 (骨格や筋肉・繊維などの)組織／(織物の)織り方；(芸術作品の)構成

contien... ⇨contenir

contigu(ë) [kɔ̃tigy] 形 (…に)隣接している (à)；互いに密接な関係にある

contiguïté [kɔ̃tigyite] 女 隣接(していること)；密接な関係

contin..., contîn... ⇨continuer

continence [kɔ̃tinɑ̃s] 女 (肉欲の)節制，禁欲

*__continent__[1] [kɔ̃tinɑ̃, -ɑ̃t コンティナン(ト)] 形 (肉欲の)節する，禁欲する

continent[2] [kɔ̃tinɑ̃] 男 ①大陸 ②(英国に対して)ヨーロッパ大陸

continental(ale) [kɔ̃tinɑ̃tal] 形 (男複 -aux[-o]) 大陸の，大陸的な；ヨーロッパ大陸の ► **climat continental** 大陸性気候 [気温の変化が大きい]

contingence [kɔ̃tɛ̃ʒɑ̃s] 女 ①(複) 偶発的な出来事；些細[ありふれた]こと ②[哲] 偶然性

contingent(e) [kɔ̃tɛ̃ʒɑ̃, -ɑ̃t] 形 ①偶然の，不測の；重要でない，些細な ― 男 ①輸入割当量；負担，分け前 ②徴兵年次

contingentement [kɔ̃tɛ̃ʒɑ̃tmɑ̃] 男 (輸入量などの)割当て，配分

contingenter [kɔ̃tɛ̃ʒɑ̃te] 他 (輸入量などを)割り当てる，配分する

*__continu(e)__ [kɔ̃tiny コンティニュ] 形 連続した，途切れない ► **journée continue** 昼休み短縮労働 [終業を早めるための方式] ► **en continu** 連続して，続けて

continuateur(trice) [kɔ̃tinyatœr, -tris] 名 後継[継承]者

continuation [kɔ̃tinyasjɔ̃] 女 継続；延長 ► **Bonne continuation!** (そのまま)頑張ってください

continuel(le) [kɔ̃tinɥɛl] 形 (英 continual) 連続的な，ひんぱんな

continuellement [kɔ̃tinɥɛlmɑ̃] 副 絶えず，しょっちゅう

*__continuer__ [kɔ̃tinɥe コンティニュエ] 他 ①続ける，継続する，引き継ぐ ②(空間的に)延ばす，延長する ― 自 続く，(仕事・話などを)続ける；(道などが)続いている ► **continuer à [de]** 不定詞 …し続ける

ける — [代動] [se ~] 続けられる; 延びる, 広がる

continuité [kɔ̃tinɥite] [女] 連続(性), 継続; 連なり, 延長

continûment [kɔ̃tinymɑ̃] [副] 連続して; 絶えず

contondant(e) [kɔ̃tɔ̃dɑ̃, -ɑ̃t] [形] 打撲げ傷を負わせる

contorsion [kɔ̃tɔrsjɔ̃] [女] ①(体の一部を激しくねじる[ゆがめる]こと; しかめ面 ②気取った様子, 大げさな表情[身振り]

contorsionner [kɔ̃tɔrsjɔne] [se ~] ①(…をくねらせる, 妙な格好[顔]をする ②気取った様子を示す, 大げさな身振りをする

contorsionniste [kɔ̃tɔrsjɔnist] [名] (体を自由にねじ曲げる)曲芸師

contour [kɔ̃tur] [男] ①輪郭, 周辺; 曲がりくねった線, (川や道路の)蛇行

contourné(e) [kɔ̃turne] [形] (< contourner) ゆがんだ, 複雑な形の; 気取った, ひねくれた

contournement [kɔ̃turnəmɑ̃] [男] 迂(う)回; 回避 ► *autoroute de contournement* バイパス

contourner [kɔ̃turne] [他] ①(英 by-pass) 迂回[する ②(英 get around) (困難などを)かいくぐる, 回避する

contr(a)- [接頭] (くラ) 「反対」の意

contraceptif(ve) [kɔ̃traseptif, -iv] [形] 避妊の —[男] 避妊薬[具]

contraception [kɔ̃trasepsjɔ̃] [女] 避妊 ► *être sous contraception orale* 経口避妊薬を使う

contractant(e) [kɔ̃traktɑ̃, -ɑ̃t] [形] 契約する —[名] 契約当事者

contracté(e) [kɔ̃trakte] [形] (< contracter) ①緊縮[緊張]した, (話)不安な ②[文法] 縮約した

contractile [kɔ̃traktil] [形] [生理] 収縮性の

contraction [kɔ̃traksjɔ̃] [女] ①収縮, ひきつり ► *avoir des contractions* (女性の)陣痛がおきている ②[文法] 縮約の ► *contraction de texte* 文章の要約

contractuel(le) [kɔ̃traktɥɛl] [形] 契約上の —[名] (官公庁の)嘱託, 臨時職員; 駐車違反取締員

contracture [kɔ̃traktyr] [女] (筋肉の)拘(こう)縮, 持続性収縮

contradicteur(trice) [kɔ̃tradiktœr, -tris] [名] 反論者

*contradiction** [kɔ̃tradiksjɔ̃] コントラディクスィヨン [女] ①矛盾 ► *Il y a contradiction entre A et B.* A et B est en contradiction avec B.* AとBは矛盾している ②反対, 反論 ► *esprit de contradiction* (何にでも反対

する)あまのじゃく

contradictoire [kɔ̃tradiktwar] [形] (英 contradictory) 矛盾する, 相容れない; 反対する, 対立した ► *débat contradictoire* 討論会 *jugement contradictoire* [法](両当事者が出席する)対審判決

contradictoirement [kɔ̃tradiktwarmɑ̃] [副] 矛盾して; 討論の形で; [法] 対審の形式で

contraign... ⇨contraindre

contraignant(e) [kɔ̃treɲɑ̃, -ɑ̃t] [形] (< contraindre) 強制[拘束]する, 融通のきかない

contrain... ⇨contraindre

*contraindre** [kɔ̃trɛ̃dr] コントランドル [他] ⑲ (逆 compel) ①[~ A à 不定詞] (人)に…するよう強いる ②(古・文) (感情などを)抑える —[代動] [se ~] ①[se ~ à 不定詞] 努めて無理に…する ②我慢(自制)する

contrains(t) [kɔ̃trɛ̃] ⇨ contraindre

contraint(e) [kɔ̃trɛ̃, -ɛ̃t] [形] (< contraindre) 強制された, 気兼ねした; 窮屈な, 不自然な ► *contraint et forcé* 無理やり強制されて

contrainte [kɔ̃trɛ̃t] [女] 拘束, 強制; 窮屈さ, 気兼ね ► *par la contrainte* 強制的に

*contraire** [kɔ̃trɛr] コントレール [形] ①逆の, 相反する; (…に)反対の, 反する (à) ②不利な; (…に)有害な (à) —[男] 反対のこと[人]; [言] 反意語 ► *au contraire* 反対に *au contraire de* …と違って

contrairement [kɔ̃trɛrmɑ̃] [副] (…に)反対に, 反して (à); (…とは)逆に (à)

contralto [kɔ̃tralto] [男] (< イ) [楽] アルト(歌手)

contrapuntique, contrapon(c)tique [kɔ̃trapɔ̃(k)tik] [形] [楽] 対位法による

contrariant(e) [kɔ̃trarjɑ̃, -ɑ̃t] [形] 人を困らせる, 異を唱える, やっかいな, 邪魔な

*contrarié(e)** [kɔ̃trarje] コントラリエ [形] (< contrarier) (英 annoyed) 反対された; いらいらした, 困ったような; (色や形などが)錯曲した

contrarier [kɔ̃trarje] [他] ①(ものごとを)妨げる, 邪魔する ②(英 annoy) (ものごとが)人を不快にする, いらいらさせる ③(色や形などを)際立たせる, コントラストをつける —[代動] [se ~] ①対照的に置かれて引き立つ ②くやしがる

contrariété [kɔ̃trarjete] [女] ①不愉快さ, 不満, 困惑; いらだち ②(古・文) 対立, 矛盾 ► *éprouver une contrariété* いら立ちを感じる

contraste [kɔ̃trast] [男] (英 contrast) 対照, コントラスト ► *par contraste* 逆に, それに対して

contrasté(e) [kɔ̃traste] [形] (<

contraster) 対照的な, コントラストのある

contraster [kɔ̃traste] 自 (英 contrast) 《…と》対比をなす 《avec》 — 他 《文》対照させる

contrastif(ve) [kɔ̃trastif, -iv] 形 〖言〗対照による, 対比的な

*__contrat__ [kɔ̃tra コントラ] 男 (英 contract) 契約; 契約書; 協定, 約束 **contrat à durée déterminée** 期間限定雇用契約〖略CDD〗 **contrat à durée indéterminée** 無期限雇用契約〖略CDI〗 **contrat de travail** 雇用契約 **contrat emploi-solidarité** 雇用連帯契約《政府が支援して失業者を再雇用し職業訓練をする; 略CES》 **être sous contrat** 契約に基づいている **passer un contrat** (人と)契約を結ぶ《avec》 **remplir son contrat** 義務を果たす

contravention [kɔ̃travɑ̃sjɔ̃] 女 違反警察; (主に交通法規の)違反(調書); 罰金; 駐車違反 告発 ► **dresser contravention à** (人)に罰金を科す

*__contre__ [kɔ̃tr コントル] 前 (英 against) ①《対立・敵対》…に反して, …に反対して, …にもかかわらず ► **avoir quelque chose contre** …に賛成しにくい **par contre** それに反して; その代わりに ②《予防・防止》…を避けて, …に備えて ► **s'assurer contre l'incendie** 火災に対する保険をかける ③《接触》…にぴったり触れて, 《古》…のそばに ► **danser joue contre joue** チークダンスを踊る ④《交換》…と引き換えに ► **échanger A contre B** A と B を交換する — 副 ①反対して ②間近に, ぴったりと触れて ► **s'appuyer contre** もたれる — 形(不変) ①反対; 欠点 ②〖ビリヤード〗(球と球の)キス; 〖トランプ〗(ブリッジの)ダブル; 〖スポーツ〗反撃, カウンターアタック; 〖バレーボール〗ブロック

contre- 接頭 《ラ》「反対」「対立」「予防」などの意

contre-allée [kɔ̃trale] 女 脇道 (大通りに沿った)側道

contre-amiral [kɔ̃tramiral] 男 (複 〜aux[-o]) 〖軍〗海軍准将

contre-appel [kɔ̃trapɛl] 男 (軍隊での)再点呼

contre-attaque [kɔ̃tratak] 女 逆襲, 反撃, カウンターアタック

contre-attaquer [kɔ̃tratake] 他 自逆襲する

contrebalancer [kɔ̃trəbalɑ̃se] 他 52 《…と》つり合う, 匹敵; 相殺する — 代動《se 〜》互いにつり合う, 匹敵する ► **s'en contrebalancer** 《話》そんなことはどうでもよい

contrebande [kɔ̃trəbɑ̃d] 女 密輸入; 密輸品

contrebandier(ère) [kɔ̃trəbɑ̃dje, -ɛr] 名 密輸入者

contrebas [ɑ̃trəba] [[成句でのみ]] ► **en contrebas** (…の)下方へ 《de》

contrebasse [kɔ̃trəbas] 女 コントラバス(奏者)

contrebassiste [kɔ̃trəbasist] 男コントラバス奏者

contrebasson [kɔ̃trəbasɔ̃] 男 〖楽〗コントラファゴット

contrebatterie [kɔ̃trəbatri] 女〖軍〗対砲射撃

contrecarrer [kɔ̃trəkare] 他 《…》を阻止する, …に逆らう

contrechamp [kɔ̃trəʃɑ̃] 男 〖映〗リバースショット(の画面) 《前景とは正反対の位置からの撮影》

contre-chant [kɔ̃trəʃɑ̃] 男 〖楽〗対(位)旋律

contre(-)choc [kɔ̃trəʃɔk] 男 反動 (= contrecoup)

contrecœur [kɔ̃trəkœr] 男 〖成句でのみ〗► **à contrecœur** いやいや, しぶしぶ

contrecoup [kɔ̃trəku] 男 (出来事の)はね返り, 余波 ► **par contrecoup** はね返りを受けて, それと引きかえに

contre-courant [kɔ̃trəkurɑ̃] 男逆流 ► **à contre-courant de** …の流れに逆らって

contre-culture [kɔ̃trəkyltyr] 女(主流の文化に対する)対抗文化

contredanse [kɔ̃trədɑ̃s] 女 ①コントルダンス ②《話》交通違反

contredi[...i]... ⇒ contredire

contredire [kɔ̃trədir] 他 37 (人の言葉に)反対する, 反論を加える; (ものが)…に反する, 矛盾する — 代動《se 〜》矛盾したことを言う; 口論する

contredisez [kɔ̃trədize] contredire の直・現・2・複・命

contredit [kɔ̃tradi] 男 〖法〗異議(申し立て) ②《文》異論 ③► **sans contredit** 文句なしに, 確かに

contrée [kɔ̃tre] 女 国, 地方

contre-écrou [kɔ̃trekru] 男 〖機〗止めナット

contre-emploi [kɔ̃trɑ̃plwa] 男〖劇〗ミスキャスト

contre-enquête [kɔ̃trɑ̃kɛt] 女 裏付け調査

contre-épreuve [kɔ̃treprœv] 女逆校正刷; 転写刷

contre-espionnage [kɔ̃trɛspjɔnaʒ] 男 防諜(ぼうちょう)(機関) ► **faire du contre-espionnage** 防諜活動を行う

contre-exemple [kɔ̃trɛgzɑ̃pl] 男反例

contre-expertise [kɔ̃trɛkspɛrtiz] 女 再鑑定

contrefaçon [kɔ̃trəfasɔ̃] 女 偽造; 偽物

contrefacteur [kɔ̃trəfaktœr] 男偽造者

contrefai... ⇒ contrefaire

contrefaire [kɔ̃trəfɛr] 他 31 まねる; 偽造する

contrefait(e) [kɔ̃trəfɛ, -ɛt] 形 (<

contrefaire) ゆがんだ, 奇形の

contre-feu [kɔ̃trəfø] 男 (複 ~-x) 煙突の背壁; 向かい火; ネガティブキャンペーン【競争相手を批判して信頼を失わせる】

contrefiche(r) [kɔ̃trəfiʃ(e)] 代動 [se ~] (話)(…を)ばかにする, 問題にしない (de)

contre-fil [kɔ̃trəfil] 男 逆方向 ▶ à contre-fil 逆に, 逆らって

contre-filet [kɔ̃trəfilɛ] 男 [料] 牛の腰肉上部, サーロイン

contrefort [kɔ̃trəfɔr] 男 [建] 控え壁;(靴の)かかと皮;(複) 山の支脈

contrefoutre [kɔ̃trəfutr] 代動 ⑨ [se ~] (俗)(…を)ばかにする, 問題にしない (de)

contre-haut [kɔ̃trəo] 男 [成句での み] ▶ en contre-haut 上のほうに, 高い場所に

contre-indication [kɔ̃trɛ̃dikasjɔ̃] 女 [医] 禁忌 ▶ Contre-indicaiton en cas de ... (表示)…の症状のあるときには服用しないこと

contre-indiqué(e) [kɔ̃trɛ̃dike] 形 (複 ~~s) [医] (薬などが)禁忌された, 使用を禁じられた; 不適切な ▶ C'est contre-indiqué. それは不適切です, それはおすすめできません

contre-indiquer [kɔ̃trɛ̃dike] 他 [医] (薬・療法などを)禁じる

contre-interrogatoire [kɔ̃trɛ̃teroɡatwar] 男 [法] 反対尋問

contre-jour [kɔ̃trəʒur] 男 逆光線; 逆光の写真[絵] ▶ à contre-jour 逆光で; 照明の向きの悪い場所で

contre-la-montre [kɔ̃trəlamɔ̃tr] 男 (不変)(自転車の)タイムトライアル【単独走行して所要時間を競う】

contremaître(sse) [kɔ̃trəmɛtr, -trɛs] 名 職工長; 監督

contre-manifestant(e) [kɔ̃trəmanifɛstɑ̃, -ɑ̃t] 名 対抗デモの参加者

contre-manifestation [kɔ̃trəmanifɛstasjɔ̃] 女 対抗デモ

contre-manifester [kɔ̃trəmanifɛste] 自 対抗デモを行う[に参加する]

contremarche [kɔ̃trəmarʃ] 女 ① 階段のステップ間の垂直部分, 蹴込(ﾞ)み ② [軍] 後退行軍

contremarque [kɔ̃trəmark] 女 ①(貨物などにつける)副標, 付加標 ②(劇場の)一時外出券【再度入場できる】

contre-mesure [kɔ̃trəm(ə)zyr] 女 対抗処置, 対策

contre-offensive [kɔ̃trɔfɑ̃siv] 女 反撃, 反攻

contrepartie [kɔ̃trəparti] 女 ①代償, 補償 ▶ en contrepartie その代わりに, 代償として ②反対意見, 反論 ③(帳簿などの)反対の側, 写し

contre(-)pente [kɔ̃trəpɑ̃t] 女 反対側の斜面

contre-performance [kɔ̃trəpɛrfɔrmɑ̃s] 女 予想外の不成績, 期待はずれ

contrepèterie [kɔ̃trəpɛtri] 女 コントルペトリ【語句やシラブルを置き換える言葉遊び】

contre(-)pied [kɔ̃trəpje] 男 (ある意見・立場などの)正反対 ▶ à contre-pied 逆に prendre ... à contre-pied (人)の意表を突く;(人)と正反対のことをする[主張する]

contreplaqué [kɔ̃trəplake] 男 ベニヤ板, 合板

contre-plongée [kɔ̃trəplɔ̃ʒe] 女 [映] 仰角撮影, ローアングルショット

contrepoids [kɔ̃trəpwa] 男 分銅; 対重; 平衡, つり合い ▶ faire contrepoids バランスをとる

contre(-)poil [kɔ̃trəpwal] [成句での み] ▶ à contre-poil 毛の向きと反対に prendre ... à contre-poil (話)(人)の気持ちを逆なでする

contrepoint [kɔ̃trəpwɛ̃] 男 [楽] 対位法(を用いた); 付随的(副次的)な主題 ▶ en contrepoint 対応して, 同時に

contrepoison [kɔ̃trəpwazɔ̃] 男 解毒剤

contre-porte [kɔ̃trəpɔrt] 女 とびらの内側

contre-pouvoir [kɔ̃trəpuvwar] 男 反対[対抗]勢力

contre(-)projet [kɔ̃trəprɔʒɛ] 男 対案

contre(-)proposition [kɔ̃trəprɔpozisjɔ̃] 女 反対提案

contre-publicité [kɔ̃trəpyblisite] 女 ① 対抗宣伝 ② 逆効果となる宣伝

contrer [kɔ̃tre] 他 阻止する, 反撃する;(スポーツ)ブロックする —— 自 [トランプ](ブリッジで)ダブルをかける —— se faire contrer (…に)反撃される (par)

contre-rail [kɔ̃trəraj] 男 [鉄] 護輪レール【レールの内側に敷かれる】

contre-réforme [kɔ̃trərefɔrm] 女 [史](カトリック側の)反宗教改革

contre-révolution [kɔ̃trərevɔlysjɔ̃] 女 反革命

contre-révolutionnaire [kɔ̃trərevɔlysjɔnɛr] 形 反革命の —— 名 反革命家

contrescarpe [kɔ̃trɛskarp] 女 (要塞の)堀の外岸(の斜面)

contreseing [kɔ̃trəsɛ̃] 男 副署

contresens [kɔ̃trəsɑ̃s] 男 ①反対の意味に解すること; 誤解, 誤訳, 誤読 ②非常識, 間違い ③ 逆方向 ▶ à contresens 間違って; 逆方向に

contresignataire [kɔ̃trəsiɲatɛr] 形 名 副署する(人の)

contresigner [kɔ̃trəsiɲe] 他 (…に)副署する

contre(-)sujet [kɔ̃trəsyʒɛ] 男 [楽] (フーガの)対主題

contre(-)temps [kɔ̃trətɑ̃] 男 ①不

測の出来事[事態], 思いがけない事故 ▶ **à contretemps** 間の悪いときに ② 〔楽〕シンコペーション, 切分法

contre-ténor [kɔ̃trətenɔr] 男〔楽〕カウンターテナー

contre-terrorisme [kɔ̃trəterɔrism] 男 テロに対する報復, 報復テロ

contre-terroriste [kɔ̃trəterɔrist] 形 報復テロの —— 名 報復テロを行う人

contre-torpilleur [kɔ̃trətɔrpijœr] 男 駆逐艦

contretype [kɔ̃trətip] 男〔映〕デュープ, 〔映画フィルムの〕コピー

contre-ut [kɔ̃tryt] 男〔楽〕3点ハ音

contre-valeur [kɔ̃trəvalœr] 女〔経〕対価

contrevenant(e) [kɔ̃trəvnɑ̃, -ɑ̃t] 形名 違反の[者]

contrevenir [kɔ̃trəv(ə)nir] 自 75 (…に)違反する, そむく (à)

contrevent [kɔ̃trəvɑ̃] 男 雨戸, よろい戸

contrevérité [kɔ̃trəverite] 女 事実に反する主張, 虚偽の申し立て; 反語, 皮肉

contre-visite [kɔ̃trəvizit] 女 再検査, 再審査

contre-voie [kɔ̃trəvwa]〔成句での み〕▶ **à contre-voie** 反対側の線に, 進行方向と逆方向に

*****contribuable** [kɔ̃tribɥabl] コントリビュアブル 名 納税者

contribuer [kɔ̃tribɥe] コントリビュエ 自 (…するのに)貢献[寄与]する (à); 出資する

contributif(ve) [kɔ̃tribytif, -iv] 形 寄与する

*****contribution** [kɔ̃tribysjɔ̃] コントリビュション 女 ① 貢献, 協力 ▶ **apporter sa contribution à** …に貢献[協力]する **mettre ... à contribution** を頼りにする, …の力を借りる ② 分担金, 割り前金; 税金;〔複〕税務署 ▶ **contribution sociale généralisée** 一般社会保障拠出金〔社会保障財源確保のために対象納税者から一律に徴収する; 略 CSG〕 **contributions directes [indirectes]** 直[間]接税

contrister [kɔ̃triste] 他〔文〕〔主に受動態で〕ひどく悲しませる

contrit(e) [kɔ̃tri, -it] 形 後悔した, 恥じ入った

contrition [kɔ̃trisjɔ̃] 女〔宗〕改悛[かいしゅん], 後悔

contrôlable [kɔ̃trolabl] 形 確かめられる, 検査[検証]できる

*****contrôle** [kɔ̃trol] コントロル 男 ①（草 check) 点検, 検査, 監視, 検閲; 検査所; 窓口 ▶ **contrôle continu**（学生の）平常点評価 **contrôle de police**（警察の）職務質問, 身元検査 **contrôle des billets** 検札

contrôle des passeports [[le ~]] パスポート検査[検査所] **contrôle fiscal** 税務調査, 帳簿の検査 **contrôle radar** レーダーによるスピード違反取締まり **contrôle sanitaire** 衛生検査, 検疫 **contrôle technique** 車検 ②（英 control）制御, 抑制; 調整, 調節; 管理 ▶ **contrôle de soi** 自制 **contrôle des naissances** 産児制限, バースコントロール **perdre le contrôle de son véhicule**（車の）ハンドルを取られる **prendre le contrôle d'une entreprise** 企業を支配下に置く **sous contrôle étranger** 外資系の; 外国に制圧された **sous contrôle judiciaire** 仮釈放中[の] **sous contrôle médical** 医師の指導のもとで

*****contrôler** [kɔ̃trole] コントロレ 他 ① (英 check) 点検[検査]する, 取締まる ② (英 control) 制御する, 支配する —— 代動 [se ~] 自制する, 感情を抑える

*****contrôleur(se)** [kɔ̃trolœr, -øz] コントロルー(ル)(ズ) 名 改札[検札]係;〔列車の〕車掌; 検査官; 航空管制官 —— 男 制御装置, 調整器; 監視器 ▶ **contrôleur de gestion** 経営管理責任者 **contrôleur de la navigation aérienne** 航空管制官

contrordre [kɔ̃trɔrdr] 男 取消し命令

controuvé(e) [kɔ̃truve] 形 偽りの, でっち上げた

controversable [kɔ̃trɔvɛrsabl] 形 議論の余地のある, 疑わしい

controverse [kɔ̃trɔvɛrs] 女 議論, 論争

controversé(e) [kɔ̃trɔvɛrse] 形 論争の的となった, 異論の多い

contumace [kɔ̃tymas] 女〔法〕出頭拒否 ▶ **par contumace** 欠席裁判で

contumax [kɔ̃tymaks] 形名 出頭を拒否している（被告）

contusion [kɔ̃tyzjɔ̃] 女 打撲傷

contusionner [kɔ̃tyzjɔne] 他（…に）打撲傷を負わせる

conurbation [kɔnyrbasjɔ̃] 女 連合都市, 都市圏

convain- ⇨convaincre

convaincant(e) [kɔ̃vɛ̃kɑ̃, -ɑ̃t] 形 説得力のある

*****convaincre** [kɔ̃vɛ̃kr] コンヴァンクル 他 73 説得する, 納得させる ▶ **convaincre A de B** A (人)に B (罪など)を認めさせる **convaincre A que ...** A (人)に…ということを納得［確信］させる **se laisser convaincre** 言い伏せられる —— 代動 [se ~] (…を)納得[確信]する (de, que)

convaincu(e) [kɔ̃vɛ̃ky] 形 (< convaincre)（…に）確信を抱いた; (de) 納得した, 確信に満ちた ▶ **d'un ton convaincu** 自信たっぷりに

convalescence [kɔ̃valesɑ̃s] 女 回

convalescent(e) [kɔ̃valesɑ̃, -ɑ̃t] ▶*être en convalescence* 回復期にある
convalescent(e) [kɔ̃valesɑ̃, -ɑ̃t] 形名 回復期にある(人), 病み上がりの(人); 治りかけの(人)
convecteur [kɔ̃vɛktœr] 男 対流式暖房機
convection [kɔ̃vɛksjɔ̃] 女 〔物〕対流
conven... ⇨convenir
convenable [kɔ̃vnabl] コンヴナブル 形 ①(英 suitable) (…に)適当な, 適切な, ふさわしい(à) ②(英 decent) 礼儀正しい ③(話)かなりよい, まともな
convenablement [kɔ̃vnabləmɑ̃] 副 ①きちんと, 礼儀正しく ②ほどほどに; 適切に, ふさわしく
convenance [kɔ̃vnɑ̃s] 女 ①(複) 礼儀作法 ②都合, 便宜; (文) 適当, 適合, 合致 ▶*à la convenance de* …の都合のよいように *pour convenances personnelles* 一身上の都合で
*convenir [kɔ̃vnir] コンヴニール 自 75 ①(人に)都合がよい, (…に)ふさわしい (à) ▶*Ça me convient.* 私はそれでいい *Si l'heure vous convient* その時間で都合がよければ ②[通常助動詞は avoir, être は (文)] (…(する)ことである) (…について) 取り決める, 意見が一致する (de, que); (…したことを) 認める |非人称| ▶*Il convient de [que]* …するのが望ましい, …すべきである ▶*Il convient de faire remarquer...* はっきりさせておくが… ▶*Il est convenu que...* …と決められている 代動 [*se* ~] 互いに気が合う, 似合う
convent [kɔ̃vɑ̃] 男 (フリーメーソンの)総会
convention [kɔ̃vɑ̃sjɔ̃] 女 取り決め, 協定; 慣例, しきたり; (臨時的な) 議会; (米大統領候補を決める) 党大会 *convention collective* 労働協約 *Convention de Genève* [la ~] ジュネーブ条約【疾病兵・捕虜・文民の保護が目的の国際協約】*conventions sociales* [les ~] 社会的慣習
conventionné(e) [kɔ̃vɑ̃sjone] 形 (医師・病院が)社会保険に加入している
conventionnel(le) [kɔ̃vɑ̃sjɔnɛl] 形 協定による; 約束上, 慣例的な, 型にはまった *armes conventionnelles* (核兵器でない)通常兵器
conventionnellement [kɔ̃vɑ̃sjɔnɛlmɑ̃] 副 取り決め[協定]によって; 慣例に従って
conventuel(le) [kɔ̃vɑ̃tɥɛl] 形 修道会[院]の
convenu(e) [kɔ̃vny] 形 (< convenir) 取り決められた; 紋切形の *comme convenu* 予定どおりに, 決められたとおりに
convergence [kɔ̃vɛrʒɑ̃s] 女 (一点への)集中, 収斂(しゅうれん); 〔数〕 収束する; 一致

---

convergent(e) [kɔ̃vɛrʒɑ̃, -ɑ̃t] 形 集中[一致]する; 〔数〕収束する
converger [kɔ̃vɛrʒe] 自 40 (英 converge) (…に) 集まる; (vers, sur); 一点に集まる; 共通目標に向かう, 一致する
*conversation [kɔ̃vɛrsasjɔ̃] コンヴェルサスィヨン (英 conversation) ①会話, 会談, おしゃべり ▶*dans la conversation courante* 日常会話で ▶*en (grande) conversation* 話中で, 話の最中で ②話し方 ▶*avoir de la conversation* 話上手である, 話術に長けている ③会談, 会議, 話し合い
conversationnel(le) [kɔ̃vɛrsasjɔnɛl] 形 〔情報〕対話式の
converser [kɔ̃vɛrse] 自 (…と)(親しく)話す (avec)
conversion [kɔ̃vɛrsjɔ̃] 女 ①(…への)回心, 改宗, 改心 (à) ②(…への)転換, 変換 (en); 回転, 旋回; 配置[方向]変換
converti(e) [kɔ̃vɛrti] 形名 (< convertir) 改宗した(者)
convertibilité [kɔ̃vɛrtibilite] 名 〔商〕(株券・株式などの)転換できること; (貨幣の)兌換性
convertible [kɔ̃vɛrtibl] 形 変換できる; 〔商〕転換[兌換]できる — 男 ソファーベッド(= canapé ~); 垂直離着陸機(= avion ~)
convertir [kɔ̃vɛrtir] 他 33 ①(…に) 改宗させる (à) ②(…に) 変える, 変換する (en) ③〔論〕 換位する — 代動 [*se* ~] ①(…に)改宗[転向]する (à); (…に)変わる (en); 配置[方向]変換する, 転換する
convertisseur [kɔ̃vɛrtisœr] 男 ①〔電〕変換[変流]器 ②〔冶〕転炉
convexe [kɔ̃vɛks] 形 凸(とつ)状の
convexité [kɔ̃vɛksite] 女 凸状
convict [kɔ̃vikt] 男 (英) 英国の法律での囚人, 流刑囚
*conviction [kɔ̃viksjɔ̃] コンヴィクスィヨン 女 (英 conviction) 確信, 自信; (複)信念, 信条; (話)まじめさ, 真剣さ ▶*pièce à conviction* (裁判での)証拠物件
convien... ⇨convenir
convier [kɔ̃vje] 他 ①(人に…するように)勧める, 誘う (à) ②(文)(人を)(食事などに)招待する (à)
convi[i]n... ⇨convenir
convive [kɔ̃viv] 名 (食事への)招待客, 食卓仲間, 会食者
convivial(e) [kɔ̃vivjal] (男複 -aux[-o]) 形 ①なごやかな, 和気あいあいの ②(コンピューターなどが)初心者にも使いやすい
convivialité [kɔ̃vivjalite] 女 ①なごやかさ, うちとけた雰囲気 ②(コンピューターなどの)使いやすさ
convocation [kɔ̃vɔkasjɔ̃] 女 ①呼び出し通知, 出頭命令(書) ②議会など

の召集

convoi [kɔ̃vwa] 男 ①(人・車の)列 ②列車 ③護衛付きの)輸送隊, 輸送船団 ④葬列

convoiter [kɔ̃vwate] 他 (英 covet) 切望する

convoitise [kɔ̃vwatiz] 女 切望, 渇望

convoler [kɔ̃vɔle] 自 〔古・ふざけて〕結婚[再婚]する (avec) ▶ *convoler en justes noces* 結婚する

convolvulacées [kɔ̃vɔlvylase] 女(複) ヒルガオ科

***convoquer** [kɔ̃vɔke コンヴォケ] 他 (英 convene) (会議などを)招集する; 出頭を命じる; 呼び出す; (試験日などを)通知する

convoyer [kɔ̃vwaje] 他 45 ①(船団などを)護送する ②輸送する

convoyeur(se) [kɔ̃vwajœr, -øz] 名 護送する(人) ▶ *convoyeur de fonds* 現金輸送車の警護員 ——男 ①[軍] 護衛艦 ②コンベヤー

convulsé(e) [kɔ̃vylse] 形 (< convulser) [医] ひきつけた, 痙攣(ﾎﾞ)を起した

convulser [kɔ̃vylse] 他 痙攣(ﾎﾞ)させる, ひきつらせる ——代動 [se ~] 痙攣する

convulsif(ve) [kɔ̃vylsif, -iv] 形 痙攣(ﾎﾞ)の

convulsion [kɔ̃vylsjɔ̃] 女 [医] 痙攣(ﾎﾞ); 激動

convulsionné(e) [kɔ̃vylsjɔne] 形 痙攣(ﾎﾞ)を起こした, ひきつった

convulsionner [kɔ̃vylsjɔne] 他 [医] 痙攣(ﾎﾞ)を起こさせる

convulsivement [kɔ̃vylsivmɑ̃] 副 痙攣(ﾎﾞ)的に; 身をひきつらせて

coobligé(e) [kɔɔbliʒe] 名 [法] 共同債務者

cooccupant(e) [kɔɔkypɑ̃, -ɑ̃t] 名 [法] 共同占有者(の)

cookie [kuki] 男 (< 英) ①[菓] クッキー ②[情報] クッキー

cool [kul] 形 (不変)(< 英) ①(話) 落ち着いた, のんびりした ②楽しい, かっこいい

coolie [kuli] 男 クーリー, 苦力【中国・インドなどの労働者】

coopérant(e) [kɔɔperɑ̃, -ɑ̃t] 名 ①共同参加者 ②海外協力隊員

coopérateur(trice) [kɔɔperatœr, -tris] 名 ①協力する者 ②協同組合員[加入者] ——形 協力的な

coopératif(ve) [kɔɔperatif, -iv] 形 (革 cooperative) 協調的な, 協同の

coopération [kɔɔperasjɔ̃] 女 (英 cooperation) ①協力 ②対外援助; 海外協力【兵役の代わりに行なう】; 協同, 協業

coopératisme [k(ɔ)ɔperatism] 男 協同組合制

coopérative [k(ɔ)ɔperativ] 女 協

同組合

coopérer [kɔɔpere] 自 57 (…に)協力する (à)

cooptation [kɔɔptasjɔ̃] 女 (会員による)新会員の指名

coopter [kɔɔpte] 他 (会員が人を)新会員として認める

coordinateur(trice) [kɔɔrdinatœr, -tris] 形 調整する ——名 調整役[係]

coordination [kɔɔrdinasjɔ̃] 女 (英 coordination) ①調整, 整理 ②[文法] 等位 ③組合ではない, ストなどでの一時的な共闘

coordonnateur(trice) [kɔɔrdɔnatœr, -tris] 名 形 = coordinateur

coordonné(e) [kɔɔrdɔne] 形 (< coordonner) 調整された, 秩序ある; [文法] 等位の ——男 (複) セパレーツ【上下自由に組み合わせて着る婦人服】 ——女 (複) ①(話) 居所, 連絡先, 日程; 位置 ②(複) [数] 座標 ③[文法] 等位節

coordonner [kɔɔrdɔne] 他 ①調整する; 組織立てる ②[文法] 等位接続詞でつなぐ

***copain(copine)** [kɔpɛ̃, kɔpin コパン (コピーヌ)] 名 (英 pal, friend) ①仲間, 友達 ▶ *son (petit) copain* 彼女のボーイフレンド ——形 (話) 仲がいい ▶ *copain comme cochons* 大変親しい仲だ *copain-copain* 仲がよい

copartage [kɔparta:ʒ] 男 [法] (財産の)共同分割

coparticipation [kɔpartisipasjɔ̃] 女 共同参加

copeau [kɔpo] 男 (複 ~x) かんなくず, こっぱ; (金属の)削りくず

Copenhague [kɔpənag] 女 コペンハーゲン【デンマークの首都】

Copernic [kɔpɛrnik] (Nicolaus~) コペルニクス【1473-1543; ポーランドの天文学者; 地動説を提唱】

oopernicien(ne) [kɔpɛrnisjɛ̃, -ɛn] 形 コペルニクス説の(支持者である) ▶ *Révolution copernicienne* コペルニクス的転回

copiage [kɔpjaʒ] 男 他人の答案を写すこと, カンニング

***copie** [kɔpi コピ] 女 (英 copy) ①写し, コピー; 模倣, 複写, 複製 ②(試験などの)答案; 原稿 ▶ *copie papier* ハードコピー【コンピューターの紙に印刷された記録】 *rendre*[*remettre*] *sa copie* 答案[レポート]を提出する *rendre copie blanche* 白紙答案を出す

***copier** [kɔpje コピエ] 他 (英 copy) 書き写す, (…を)コピーする; (人の宿題などを)写す, カンニングする; 模写, 模倣する

copier-coller [kɔpjekɔle] 男 (不変) [情報] コピー(アンドペースト)【データの一部をコピーして他の場所に貼り付ける

copieur(euse) [kɔpjœr, -øz] 名 他人の答案や参考書を引き写す生徒, カンニングする生徒 — 男 複写機, コピー機

copieusement [kɔpjøzmā] 副 たくさん, 大量に

copieux(se) [kɔpjø, -øz] 形 たくさんの, たっぷりの

copilote [kɔpilɔt] 男 副操縦士

copinage [kɔpinaʒ] 男《話・軽蔑的》仲間を優遇すること, なれあい

*__copine__ [kɔpin コピーヌ] 女《話》copain の女性形

copiner [kɔpine] 自《話》(…と)仲よくする(avec)

copinerie [kɔpinri] 女《話》友達づきあい;《集合的》友達

copiste [kɔpist] 名 ① 写字[写本, 写譜]者 ② 模倣者

copra(h) [kɔpra] 男〔植〕コプラ

coprésidence [kɔprezidɑ̃s] 女 議長団方式, 複数による司会

coprésident(e) [kɔprezidɑ̃, -ɑ̃t] 名 共同議長[司会者], 議長団の(一員)

coprin [kɔprɛ̃] 男〔植〕ヒトヨタケ《傘が溶解するキノコ》

copro-〔接頭〕《ギ》「糞」の意

coproduction [kɔprɔdyksjɔ̃] 女 共同製作

coprolalie [kɔprɔlali] 女〔医〕汚言症《汚い言葉や猥褻(ホミ)語の多用》

coprolithe [kɔprɔlit] 男《考古》糞石《排泄物の化石》

coprophile [kɔprɔfil] 形〔生〕(バクテリアなどが)糞便中に生息する

copropriétaire [kɔprɔprijetɛr] 名〔法〕共有者

copropriété [kɔprɔprijete] 女〔法〕共有(物) ▶ **immeuble en copropriété** 共同所有の建物

copte [kɔpt] 名〔〔C〕〕コプト人《エジプトのキリスト教徒》— 男 コプト語 — 形 コプト人[語]の

copulation [kɔpylasjɔ̃] 女〔生理〕交接, 交尾

copule [kɔpyl] 女〔文法〕繋辞《主語と属詞を結ぶもの; être など》

copuler [kɔpyle] 自 交尾する

copyright [kɔpirajt] 男《英》著作権, 版権

*__coq__[1] [kɔk コク] 男 ① 雄鳥;(鳥の)雄; 風見鶏 ▶ **coq au vin** 若鶏の赤ワイン煮込み **coq de bruyère** ライチョウ **coq gaulois**〔le ~ 〕ガリアの雄鶏《勇ましいフランスのシンボル》 **être comme un coq en pâte** 何不自由なく暮らす, ぬくぬくと暮らす **passer du coq à l'âne** 話題が次々と, とりとめのない話をする ②《話》女にもてる男 ▶ **poids coq**《ボクシング》バンタム級

coq[2] [kɔk] 男 (船の)料理人, コック

coq-à-l'âne [kɔkalan] 男《不変》(途中で話題が変わること, ちぐはぐな話こと)

coquard, coquart [kɔkar] 男《話》殴られて目のまわりにできた黒あざ

coque [kɔk] 女 ① 木の実の殻 ▶ **coque de noix** クルミの殻;《話》(老朽化した)小船 ②《古・文》卵の殻 ▶ **œuf à la coque** 半熟卵 ③ カラス貝の類 ④ 船体, (自動車の)モノコックボディー

coquelet [kɔklɛ] 男〔料〕若鶏

coquelicot [kɔkliko] 男〔植〕ヒナゲシ, コクリコ ②《複》日章旗[軍]

coqueluche [kɔklyʃ] 女 ① 百日咳(¾) ▶ **avoir la coqueluche** 百日咳にかかる ② 人気者 ▶ **être la coqueluche de …** の人気者である

coquelucheux(se) [kɔklyʃø, -øz] 形 百日咳にかかった — 名 百日咳患者

coquerico [kɔk(ə)riko] 男 = cocorico

coquet(te) [kɔkɛ, -ɛt] 形 ①《英 stylish》おしゃれな; 粋な; こぎれいな ②(女性が)色っぽい, なまめかしい ③ かなりの額[量]の — 女 色っぽい女

coquetier [kɔktje] 男 ①《古》卵屋, 鶏肉屋 ② 卵立て ▶ **décrocher [gagner] le coquetier** うまくゆく

coquetière [kɔk(ə)tjɛr] 女 卵ゆで器

coquettement [kɔkɛtmɑ̃] 副 ① こびて, 色っぽく ② しゃれて, こぎれいに

coquetterie [kɔkɛtri] 女 ① おしゃれなこと, 粋なこと ② こび; あだっぽさ; 気取り ▶ **avoir une coquetterie dans l'œil**《話》軽い斜視である

*__coquillage__ [kɔkijaʒ コキヤージュ]《英 shellfish》名 ① 貝類 ② 貝殻

*__coquille__ [kɔkij コキーユ]《英 shell》女 ①(卵・くるみなどの)殻, 貝殻; 自分の殻 ▶ **coquille de noix** 小船 **coquille d'œuf** 卵殻 **coquille Saint-Jacques** ホタテガイ ▶ **rentrer dans sa coquille** 自分の内に閉じこもる **sortir de sa coquille** 世間に出る ②〔料〕コキーユ ③〔印〕誤植

coquillettes [kɔkijɛt] 女《複》〔料〕シェルマカロニ《貝殻型のマカロニ》

coquin(e) [kɔkɛ̃, -in] 形 ① いたずらな, やんちゃな ② いかがわしい, 猥褻(ꜛ)な — 名 ① いたずらっ子 ②《古》ならず者, ごろつき — 男《話》愛人, 情夫

coquinerie [kɔkinri] 女《古・文》いたずら(っぽさ); 下卑(ⴰ)た行為

cor[1] [kɔr] 男 ① 角笛; ホルン ▶ **à cor et à cri** 執拗に, やかましく **cor anglais** イングリッシュホルン **cor de chasse** 狩猟用のラッパ ②(複)鹿の角の枝 ③(尾の魚の目

corail[1] [kɔraj] 男(複 *coraux* [-o]) ① サンゴ; ホタテ貝の赤い部分 ②〔同格で形容詞的に〕サンゴ色の, 明るい赤色

corail[2] [kɔraj] 形〔C〕コライユの(= train ~)《フランス国鉄の急行列車》

coraillien(ne) [kɔraljɛ̃, -ɛn] 形 サ

ンギでできた

Coran [kɔrɑ̃] 男 [le ~] コーラン【イスラムの聖典】

coranique [kɔranik] 形 コーランの

***corbeau** [kɔrbo コルボ] 男 [複 ~x] カラス

corbeille [kɔrbɛj] 女 (英 basket) ① (取手のない)かご ▶ **corbeille à ouvrage** 編みものかご **corbeille à pain** パンかご **corbeille à papier(s)** 紙くず入れ ② [建] 花かご飾り ③ [劇] 二階正面さじき ④ (パリ証券取引所の立会人用の)中央囲い

corbillard [kɔrbijar] 男 霊柩(きゅう)車

cordage [kɔrdaʒ] 男 ① (船の索具・機械操作用の)綱, ロープ ② [テニス] (ラケットのガット張り)

***corde** [kɔrd コルド] 女 ① (英 rope) 綱, 縄, ひも, ロープ, (登山の)ザイル ▶ **avoir plusieurs cordes à son arc** いろいろな手段を心得ている **corde à linge** 洗濯ひも, 物干しロープ **corde à nœuds** (登攀用の)結び目のついたロープ **corde à sauter** なわ跳びの縄 **corde lisse** (登山用の)ロープ, ザイル **de corde** あやうね織の **être sur la corde raide** 危うい橋を渡る **grimper [monter] à la corde** ロープをよじ登る **Il pleut [Il tombe] des cordes.** どしゃ降りである。 **tenir la corde** 順調にやる, 優位を占める **tirer sur la corde** やり過ぎる, 度を越す ② 絃, ガット; 弦楽器 ▶ **instruments à cordes** 弦楽器 **orchestre à cordes** 弦楽オーケストラ **quatuor à cordes** 弦楽四重奏 ③ (弦のように)振動するもの; 心 ▶ **toucher la corde sensible de** (人)の心の琴線に触れる ④ [数] 弦 ⑤ レース場のコース内側の線 ▶ **prendre un virage à la corde** インナーコースをつく, カーブの内側を回る ⑥ [格闘技の]リング ▶ **être envoyé dans les cordes** (ボクサーが)ロープ際に追い詰められる ⑦ ▶ **corde du tympan** 鼓索神経 **cordes vocales** [解] 声帯

cordeau [kɔrdo] 男 [複 ~x] ① (直線を引くために張る)細い縄, ひも ▶ **au cordeau** くっきりと, 整然とした ② 導火索

cordée [kɔrde] 女 ① 一束(の量) ② ザイル・パーティー [ロープでつなぎ合った登山隊] ③ [漁] 延縄(なわ)

cordelette [kɔrdəlɛt] 女 細なわ

cordelier(ère) [kɔrdəlje, -ɛr] 名 [史] 聖フランシスコ会修道士(女) 【フランス革命までの呼び名】

cordelière [kɔrdəljɛr] 女 (ベルトや飾りに用いる)編みひも; [建] なわより

corder [kɔrde] 他 ① (ラケットにガットを)張る ② (なわで)縛る ③ (縄やひもを)撚(よ)る, 綯(な)う

cordi- 接頭 (<ラ) 「心」「心臓」の意

cordial(ale) [kɔrdjal コルディヤル] 形 (男複 -aux[-o]) (英 cordial) 心からの, 真心のこもった;《古・文》激しい; 強心作用のある ━ 男 強心剤

cordialement [kɔrdjalmɑ̃] 副 心から, 誠意をこめて ▶ **cordialement (vôtre) / bien cordialement** (手紙の結び) 敬具 **détester ... cordialement** (人)を心底嫌う

cordialité [kɔrdjalite] 女 真心, 誠意

cordier(ère) [kɔrdje, -ɛr] 名 形 綱製造(人)(の) ━ 男 (弦楽器の)緒止

cordillère [kɔrdijɛr] 女 (スペイン・南米の)山脈 ▶ **cordillère des Andes** [la ~] アンデス山脈

cordon [kɔrdɔ̃] 男 ① ひも(状に連なるもの); 綬(じゅ) ▶ **cordon de sonnette** 呼び鈴のひも **cordon littoral** 沿岸州, 沿岸砂洲 **cordon sanitaire** 防疫線; 予防線 **tenir les cordons de la bourse** 財布のひもを握っている ② [解] 索, 帯, 腱(けん) ▶ **cordon ombilical** [解] 臍(せい)帯, 臍の緒

cordon-bleu [kɔrdɔ̃blø] 男 [複 -s-~s] 《主に女性についていう》《話》料理の名人

cordonnerie [kɔrdɔnri] 女 靴修理店; 靴直し業

cordonnet [kɔrdɔnɛ] 男 ① 細ひも, より糸, 刺繍糸 ② (貨幣の縁飾り)

***cordonnier(ère)** [kɔrdɔnje, -ɛr] 名 靴の修理屋 ▶ **Les cordonniers sont les plus mal chaussés.** 《ことわざ》靴屋が一番ひどい靴をはいている; 医者の不養生

cordouan(e) [kɔrdwɑ̃, -an] 形 [C-] コルドバの

Cordoue [kɔrdu] 女 コルドバ【スペイン南部の都市】

Corée [kɔre] 女 (英 Korea) 朝鮮 ▶ **Corée du Nord** 北朝鮮 **Corée du Sud** 韓国 **République de Corée** 大韓民国 **République populaire démocratique de Corée** 朝鮮民主主義人民共和国

coréen(ne) [kɔreɛ̃, -ɛn] 形 (英 Korean) 朝鮮(韓国)の ━ 男 [C-] 朝鮮(韓国)人 ━ 男 朝鮮(韓国)語

coreligionnaire [kɔrəliʒjɔnɛr] 名 同宗徒

coresponsabilité [kɔrɛspɔ̃sabilite] 女 共同責任

coresponsable [kɔrɛspɔ̃sabl] 形 共同責任のある

coriace [kɔrjas] 形 (食べ物が皮のように)固い; [話] しぶとい, 頑固な

coriandre [kɔrjɑ̃dr] 女 コリアンダー【葉は香菜, 種子は香辛料に用いるセリ科の植物】

coricide [kɔrisid] 男 魚(うお)の目の薬

corindon [kɔrɛ̃dɔ̃] 男 [鉱] 鋼玉石【ルビー・サファイアなど】

Corinthe [kɔrɛ̃t] 女 コリント【ギリシア南部の都市; 古代ギリシアの都市国家】

corinthien(ne) [kɔrɛ̃tjɛ̃, -ɛn] 形 コリントの;〔建〕コリント式の ―― 名 [[C-]] コリント人 ―― 男〔建〕コリント式 (= ordre ~)

corme [kɔrm] 女〔植〕ナナカマドの実

cormier [kɔrmje] 男〔植〕ナナカマド (の木)

cormoran [kɔrmɔrɑ̃] 男〔鳥〕ウ

cornac [kɔrnak] 男 ① 象使い; 猛獣使い ②〔話〕(旅行者の)案内人

cornaline [kɔrnalin] 女〔鉱〕カーネリアン, 紅玉髄

cornaquer [kɔrnake] 他〔話〕案内する

cornard [kɔrnar] 男形 (男性形のみ) 古·話 妻を寝取られた(夫)

*__corne__ [kɔrn コルヌ] 女 ① (1つの)角; 触角 ▶ **à cornes** 角のある, 角状の **faire les cornes**〔古〕(両人差し指を人に向けて)ばかにする **porter des cornes**〔古〕妻夫に裏切られる, 浮気される **prendre le taureau par les cornes** 困難に立ち向かう ②かど, 先端 ③警笛; 角細工 ▶ **corne d'abondance**〔ギ神〕豊穣の角, コルヌ·コピア **corne de brume** 霧笛 ④(足の)タコ ▶ **avoir de la corne** タコができている

corné(e) [kɔrne] 形 角質の

corned-beef [kɔrnbif, kɔrnɛdbif] 男 (<英>) コンビーフ

cornée [kɔrne] 女〔解〕角膜

cornéen(ne) [kɔrneɛ̃, -ɛn] 形〔解〕角膜の

Corneille [kɔrnɛj] (Pierre〜) コルネイユ [1606–84; 劇作家]

corneille [kɔrnɛj] 女〔鳥〕カラス属

cornélien(ne) [kɔrneljɛ̃, -ɛn] 形 コルネイユ(風)の; 義務を第一義におく, 義務と本心の板ばさみになった

cornemuse [kɔrnəmyz] 女〔楽〕コルヌミューズ [皮袋と数本の管のあるバグパイプ]

cornemuseur(se) [kɔrnəmyzœr, -øz] 名 バグパイプ奏者

corner¹ [kɔrne] 自 ① 角笛を吹く; 警笛を鳴らす ▶ **corner aux oreilles de...**〔話〕(人)に大声で話す ② 耳鳴りがする ―― 他 端を折り曲げる

corner² [kɔrnɛr] 男 (<英>) (サッカー) コーナーキック ▶ **tirer un corner** コーナーキックを蹴る

cornet [kɔrnɛ] 男 ① 円錐(形)形の紙製の容器 (= ~ en papier); (アイスクリームの)コーン (= ~ de glace) ②〔楽〕コルネット ▶ **cornet de frites** フライドポテトの袋 **cornet de glace** コーン入りのアイスクリーム

cornette [kɔrnɛt] 女 修道女の角ずきん

cornettiste [kɔrnetist] 名〔楽〕コルネット奏者

corn-flakes [kɔrnflɛks] 男(複) (<英>) コーンフレーク

corniaud [kɔrnjo] 男 ① 雑種犬 ②〔話〕愚か者

corniche [kɔrniʃ] 女 ①〔建〕軒じゃばら ② 絶壁の突出部; 崖縁(がけぶち)の道 (= route en ~); (家具などの天板の)縁装飾

cornichon [kɔrniʃɔ̃] 男 ①(ピクルス用の)小キュウリ ②〔話〕ばか, 間抜け

cornière [kɔrnjɛr] 女 ①〔建〕(屋根の)谷樋

corniste [kɔrnist] 名〔楽〕ホルン奏者

Cornouailles [kɔrnwaj] 女 コーンウォール [英国イングランド南西端の州]

cornouiller [kɔrnuje] 男〔植〕サンシュユ, ヤマグミ; ミズキ属

cornu(e) [kɔrny] 形 角のある; 角型の

cornue [kɔrny] 女〔化〕レトルト, 蒸留器

corollaire [kɔrɔ(l)lɛr] 男 ①〔数〕系; 必然の結果; ②〔論〕派生の命題

corollairement [kɔrɔ(l)lɛrmɑ̃] 副 派生[必然]的に

corolle [kɔrɔl] 女〔植〕花冠

coron [kɔrɔ̃] 男 (仏北部·ベルギー南部の)鉱山労働者住宅[街]

coronaire [kɔrɔnɛr] 形〔解〕冠状の ▶ **artère coronaire** 冠状動脈

coronal [kɔrɔnal] 形(男複 -aux[-o]) 冠状の;〔天〕コロナの

coronarien(ne) [kɔrɔnarjɛ̃, -ɛn] 形〔医〕冠状動脈の

coronarite [kɔrɔnarit] 女〔医〕冠状動脈炎

coronavirus [kɔrɔnavirys] 男〔生〕コロナウイルス

coronelle [kɔrɔnɛl] 女〔動〕スムースヘビ[属]

corporal [kɔrpɔral] 男(複 -aux[-o]) 〔教会〕聖体布

corporatif(ve) [kɔrpɔratif, -iv] 形 同業組合の, 同業者全体の

corporation [kɔrpɔrasjɔ̃] 女 (一般に)同業組合, 同業者全体; ギルド

corporatisme [kɔrpɔratism] 男 同業組合主義

corporatiste [kɔrpɔratist] 形 名 同業組合主義の[者]

corporel(le) [kɔrpɔrɛl] 形 ① 体の ②〔法〕有体の ▶ **bien corporel** 有体財産

*__corps__ [kɔr コール] 男 ①(英 body) 体, 身体, 肉体; 体つき;〔法〕身柄 ▶ **à corps perdu** 身の危険を顧みず, がむしゃらに **à son corps défendant** しぶしぶ, いやいやながら **avoir du corps** (ワインが)こくがある **corps à corps** 体と体をぶつけて, 取っ組み合って **disparaître corps et biens**[kɔrzebjɛ̃] 影も形もなくなる, 実現する **donner corps à...** に実体を与える, 実現する **garde du corps** ボディーガード **prendre corps** 現実味を帯びる, 具体化する **robe près du**

corps 体にぴったりとしたドレス **se donner corps et âme** [kɔrzeam] 身も心も捧げる **tenir au corps** (食べ物が)滋養のある ②胴体；本体 ③死体，遺体 ▶**Il faudra qu'ils me passent sur le corps!** あいつらにそんなまねはさせないぞ ④〖数〗体 ⑤物体 ▶**corps composé** 化合物 **corps étranger** 異物 **corps solide** 固体 ⑥集団，団体；〖軍〗隊 ▶**corps céleste** 天体 **corps d'armée** 軍団 **corps de ballet** バレエ団 **corps de métier** 同業者組合；ギルド **corps diplomatique** 外交団 **corps électoral** 有権者，選挙民 **corps expéditionnaire** 遠征軍 **corps médical** 医師団 **corps politique** 政治団体 **grands corps de l'État** [les ~] 高級官僚

corps-à-corps [kɔrakɔr] 男〖不変〗取っ組み合い，白兵戦

corpulence [kɔrpylɑ̃s] 女 ①〖古〗体つき ②肥満

corpulent(e) [kɔrpylɑ̃, -ɑ̃t] 形 肉づきのよい；肥満の

corpus [kɔrpys] 男〈ラ〉〖言〗資料体，コーパス【テキストなどを大規模に集めたもの】

corpusculaire [kɔrpyskyler] 形〖微〗粒子の

corpuscule [kɔrpyskyl] 男〖微〗粒子；〖解〗小体，小球

corrasion [kɔrazjɔ̃] 女〖地〗風食〖風に運ばれる粒子による浸食〗

*****correct(e)** [kɔrɛkt コレクト] 形 ①(規則どおりに)正しい，正確な；礼儀正しい；ほどほどの，公正な ▶**politiquement correct** 政治的配慮で表現を選んだ

correctement [kɔrɛktəmɑ̃] 副 ①正確(的確)に，正しく；礼儀正しく；堅実に；まっとうに

*****correcteur(trice)** [kɔrɛktœr, -tris コレクトゥール(トリス)] 名 ①〖印〗〖試〗校正者；校正係 ②〖機〗補整(調整)装置；修正液(= ~ liquide)；〖情報〗スペルチェッカー(= ~ d'orthographe[orthographique])

correctif(ve) [kɔrɛktif, -iv] 形 ①矯正する ②緩和する ③①〖補整措置 ②(薬の)緩和剤；緩和物(の表現) ▶**apporter un correctif à** …を緩和する

*****correction** [kɔrɛksjɔ̃ コレクシヨン] 女〈英 correction〉①訂正，修正；校正；添削 ②正確さ；端正さ，礼儀正しさ ③(俗)体罰，罰 ▶**maison de correction**〖古〗感化院

correctionnel(le) [kɔrɛksjɔnɛl] 形〖法〗軽罪の —— 女 軽罪裁判所(= tribunal ~) ▶**passer en correctionnelle** 軽罪裁判に送られる

corrélat [kɔrela] 男 相互関係のある，相関物

corrélatif(ve) [kɔrelatif, -iv] 形

相関的な

corrélation [kɔrelasjɔ̃] 女 相互関係 ▶**A est en corrélation avec B.** A と B は密接にかかわっている **mettre en corrélation** 関連づける

corrélativement [kɔrelativmɑ̃] 副 相関的に，

*****correspondance** [kɔrɛspɔ̃dɑ̃s コレスポンダンス] 女 ①文通，通信；書簡集 ▶**cours par correspondance** 通信教育〖講座〗 ③(交通機関の)連絡 ▶**vols en correspondance** 乗り継ぎ便，連絡便

correspondancier(ère) [kɔrɛspɔ̃dɑ̃sje, -ɛr] 名〖商〗通信文係

*****correspondant(e)** [kɔrɛspɔ̃dɑ̃, -ɑ̃t] 名 文通相手；(電話の)相手；特派員，通信員 —— 形 対応する，一致する

*****correspondre** [kɔrɛspɔ̃dr コレスポンドル] 自 61 〈英 correspond〉(…に)対応[一致]する(à)；(…に)つながっている(avec)；(…と)連絡する(avec) —— 代動 [se ~] 一致[対応，照応]する

Corrèze [kɔrɛz] 女 コレーズ県〖フランス中部〗

corrézien(ne) [kɔrezjɛ̃, -ɛn] 形 名 [C-] コレーズの(人)

corrida [kɔrida] 女〈スペ〉①闘牛 ②けんか；大騒ぎ

corridor [kɔridɔr] 男 廊下；〖地〗回廊地帯

corrigé [kɔriʒe] 男 (宿題などの)正解，模範解答；とらの巻

*****corriger** [kɔriʒe コリジェ] 他 40 〈英 correct〉①訂正する，直す；添削する，改める，正す ②緩和する ③(人を)矯正させる，(人)体刑を加える ▶**corriger A de B** A(人)から B を改めさせる —— 代動 [se ~] 自分の欠点[態度]を改める；(…)を直す，(…)を直す(de)

corrigible [kɔriʒibl] 形 訂正〖矯正〗できる

corroboration [kɔrɔbɔrasjɔ̃] 女 確実にすること；確証

corroborer [kɔrɔbɔre] 他 強める，(…に)確証を与える

corroder [kɔrɔde] 他 腐食する；消耗させる

corrompre [kɔrɔ̃pr] 他 66 〈英 corrupt〉①買収する；堕落させる ②〖古〗腐敗させる ③〈文〉(正しいものを)悪くする；(文章を)改ざんする —— 代動 [se ~] 腐る；堕落する，悪くなる

corrompu(e) [kɔrɔ̃py] 形〈← corrompre〉堕落した；買収された

corrosif(ve) [kɔrozif, -iv] 形 腐食性の；〈文〉破壊的な，辛らつな —— 男 腐食剤

corrosion [kɔ(r)rozjɔ̃] 女 腐食

corroyage [kɔrwajaʒ] 男 革なめし；溶接；鍛圧

corroyer [kɔrwaje] 他 45 (革を)なめす；溶接〖鍛造〗する

corroyeur(se) [kɔrwajœr] 名 革なめし工

corrupteur(trice) [kɔryptœr, -tris] 形 (文)堕落させる, 損なう ― 名 堕落させる人; 買収する人; 贈賄者

corruptible [kɔryptibl] 形 腐敗しやすい; 買収できる

corruption [kɔrypsjɔ̃] 男 ①買収, 贈賄, 堕落; 崩れること; 腐敗, (水・大気の)汚染

corsage [kɔrsaʒ] 男 ①ブラウス ②(婦人服の)身ごろ

corsaire [kɔrsɛr] 男 ①海賊船(の首領) ②▶*pantalon corsaire* [服]パイレーツパンツ[膝下までの女性用のぴったりしたズボン]

Corse [kɔrs] 囡 コルシカ島[地中海の島; フランスの特別自治体]

corse [kɔrs] 形 名 [C-] コルシカの(人) ― 男 コルシカ語[イタリア語方言]

corsé(e) [kɔrse] 形 (< corser) ①濃い, こくのある ②手強い, やっかいな ③きわどい, わいせつな

Corse-du-Sud [kɔrsdysyd] 囡 コルス・デュ・スュッド県[コルシカ島南部]

corselet [kɔrsəlɛ] 男 ①[服]コースレット[ブラジャーとガードルが一体となったもの][女性用民族衣装などの]胴着 ②[虫]前胸部

corser [kɔrse] 他 (味を)濃く[強く]する; (話などを)誇張する, 込み入らせる ― 代動 [se ~] (事件などが)込み入ってくる, (話が)おもしろく[きわどく]なる

corset [kɔrsɛ] 男 コルセット

corseté(e) [kɔrsəte] 形 こわばった, 硬直した

corseter [kɔrsəte] 他 ① (…に)コルセットを着けさせる; 堅苦しくさせる

corsetier(ère) [kɔrsətje, -ɛr] 名 コルセット製造[販売]業者

corso [kɔrso] 男 (祭の山車の行列)

cortège [kɔrtɛʒ] 男 行列; 一行; (何かに)伴うもの ▶*cortège de* …一連の; 一続きの *cortège funèbre* 葬列 *cortège nuptial* 花嫁行列

cortès [kɔrtɛs] 囡 〈複〉 (スペインとポルトガルの)国会

cortex [kɔrtɛks] 男 [植]皮層; [解]皮質

cortical(ale) [kɔrtikal] 形 (男複 *-aux* [-o]) [解]皮質の

corticoïde [kɔrtikɔid] 男 名 [生化]コルチコイドの[副腎皮質から分泌されるホルモン]

corticosurrénal(ale) [kɔrtikɔsyr(r)enal] 形 名 (男複 *-aux* [-o]) [医]副腎皮質の

corticothérapie [kɔrtikɔterapi] 囡 [医]副腎皮質ホルモンによる療法

cortisol [kɔrtizɔl] 男 [生化]コルチゾル[副腎皮質ホルモンの一つ]

cortisone [kɔrtizon] 囡 (< 英) [生化]コーチゾン[抗炎症作用がある副腎皮質から分泌されるホルモン]

corton [kɔrtɔ̃] 男 コルトン[有名なブルゴーニュ産ワイン]

corvéable [kɔrveabl] 形 雑役を課せられる

corvée [kɔrve] 囡 嫌な[辛い]仕事; 雑役; (封建時代の)賦役(ふぇき), 夫役(ぶく) ▶*être de corvée de* …の仕事の当番である *Quelle corvée!* 何て煩わしい, うんざりだ

corvette [kɔrvɛt] 囡 [軍]コルベット[17-19世紀の護衛・沿岸警備艦, 第二次大戦中の対潜水艦用艦艇]

corvidés [kɔrvide] 男〈複〉[鳥]カラス科

coryphée [kɔrife] 男 ①(古代ギリシアの劇の)合唱隊長 ②指導者, 長

coryza [kɔriza] 男 [医]鼻風邪, 鼻カタル

cosaque [kɔzak] 男 コサック騎兵

cosécante [kosekɑ̃t] 囡 [数]余割(関数), コセカント

cosignataire [kosiɲatɛr] 名 連署人

cosigner [kosiɲe] 他 連署する

cosinus [kosinys] 男 [数]コサイン, 余弦

cosmétique [kɔsmetik] 名 化粧品 ― 形 化粧用の

cosmétologie [kɔsmetɔlɔʒi] 囡 美容術, 化粧品研究

cosmétologue [kɔsmetɔlɔg] 名 化粧品研究家

cosmique [kɔsmik] 形 宇宙(規模)の

cosm(o)- 接頭, **-cosme** 接尾 (< ギ) 「宇宙」「世界」の意

cosmodrome [kɔsmɔdrom] 男 (旧ソ連の宇宙船などの)打ち上げ基地

cosmogonie [kɔsmɔgɔni] 囡 宇宙の創造説; 宇宙生成[進化]論

cosmogonique [kɔsmɔgɔnik] 形 宇宙創造の

cosmographie [kɔsmɔgrafi] 囡 宇宙構造論

cosmographique [kɔsmɔgrafik] 形 宇宙構造の

cosmologie [kɔsmɔlɔʒi] 囡 宇宙論

cosmologique [kɔsmɔlɔʒik] 形 宇宙論の

cosmonaute [kɔsmɔnot] 名 宇宙飛行士 [とくに旧ソ連の飛行士を指すことがある]

cosmopolite [kɔsmɔpɔlit] 形 国際性の豊かな, 国際的な ― 名 国際人

cosmopolitisme [kɔsmɔpɔlitism] 男 国際性

cosmos [kɔsmos] 男 (秩序ある体系としての)宇宙; [植]コスモス

cossard(e) [kɔsar, -ard] (俗) 形 ぐうたらな, ものぐさな ― 名 なまけ者

cosse[1] [kɔs] 囡 ①(豆などの)莢(ざ*) ②[電]ターミナル, 端子

cosse[2] [kɔs] 囡 (話)怠惰

cossu(e) [kɔsy] 形 富裕な; 豪華な

costal(ale) [kɔstal] 形 (男複 -aux [-o]) 【解】肋骨の

costard [kɔstar] 男 (話) 男髪

Costa-Rica [kɔstarika] 男 コスタリカ【中央アメリカの共和国】

costaricien(ne) [kɔstarisjɛ̃, -ɛn] 形 名 [C-] コスタリカの(人)

costaud(e) [kosto, -od] 形 《女性にも男性形を用いる》①頑丈な ②…によくできる, 博識の ③(ものが)丈夫な; (酒・コーヒーが)強い ── 名 (話) 頑丈[屈強]な男

*__costume__ [kɔstym コスチューム] 男 (英 costume, suit) ①服装 ②スーツ, 背広

costumé(e) [kɔstyme] 形 仮装した
▶ **bal costumé** 仮装舞踏会

costumer [kɔstyme] 他 (人に…の)服装をさせる, 仮装をさせる (en) ── 代動 [se ~] (…に)仮装する(en)

costumier(ère) [kɔstymje, -ɛr] 名 衣裳屋; (劇場の)衣裳係

cotation [kɔtasjɔ̃] 女 ①相場建て, 時価 ②(価格・評価などの)表示

*__cote__ [kɔt コート] 女 ①税金などの割り当て額 ▶ **cote mal taillée** 妥協 ②(株・為替の)相場 ③(人気などの)度合, 率; 評価, 評点 ▶ **avoir la cote de popularité** 人気がある (auprès de) **cote de popularité** 人気度 ④標高; 水位 ▶ **cote d'alerte** 警戒水位; 危険的段階 ⑤(図書・資料の)整理番号

*__coté(e)__ [kɔte コテ] 形 (< coter) ①(高く)評価される ②相場をつけられた ③(標高などの)数字を記入された; 評価のつけられた

*__côte__ [kot コト] 女 ①(英 rib) 肋(あばら)骨; (複)わき腹; あばら肉; 筋 ▶ **côte à côte** 横に並んで **se tenir les côtes** 腹を抱えて笑う ②(英 slope) 斜面, 坂; (複)ブドウ畑(のある丘陵) ③(英 coast) 海岸 ▶ **Côte d'Argent** [la ~] 銀の海岸【フランスの大西洋岸】 **Côte d'Azur** [la ~] コートダジュール【フランスの地中海岸】 **Côte d'Émeraude** [la ~] エメラルド海岸【フランスのドーバー海峡沿岸】 **Côte d'Ivoire** [la ~] 象牙海岸; コートジボワール【西アフリカの共和国】

*__côté__ [kote コテ] 男 (英 side) (建物・事物などの)側面; 側, 方向; わき(腹), (敵・味方の)側, 陣営; [数] (多角形の)辺, (多面体の)面 ▶ **à côté** (…の)隣り[近く] (de); (…に対して) (…に反して)反対に ▶ **changer de côté** (テーブルなどで)リっ手をかえる **côté cour** (舞台の)上手 **côté du vent** 風上 **côté jardin** (舞台の)下手 **côté sous le vent** 風下 **de ce côté-ci** こちら側では **de ce côté-là** あちら側では **de côté** 斜めに **de l'autre côté** 反対側に; 一方, 反対に **de mon côté** 私としては **être couché**

sur **le côté** 横倒しでいる **laisser … de côté** …をわきに放っておく, 無視する **le côté pratique** 実用面 **mettre … de côté** (金などを)とっておく **passer à côté d'une difficulté** 難しいことから目をそらす **prendre … du bon côté** …のよい面を見る, いい意味にとる **regarder de quel côté vient le vent** 風向きを見る; 目和見する

coteau [kɔto] 男 (複 ~x) ①小さな丘 ②丘の斜面の耕地[ブドウ畑]

Côte-d'Or [kotdɔr] 男 コート・ドール県【フランス東部】

côtelé(e) [kotle] 形 うね織りの

côtelette [kotlɛt] 女 (英 cutlet) [料] 骨付きの背肉

coter [kɔte] 他 ①価値[相場]を決める ②(整理)番号をつける ③(図面・地図に)寸法を記す

coterie [kɔtri] 女 (軽蔑的)派閥, 党派

Côtes-d'Armor [kotdarmɔr] 女 (複) コート・ダルモール県【フランス北西部】

cothurne [kɔtyrn] 男 (古代悲劇俳優が用いた)厚底の靴

cotidal(ale) [kɔtidal] 形 (男複 -aux [-o]) 同潮時線の

côtier(ère) [kotje, -ɛr] 形 沿岸の, 海岸の

cotignac [kɔtiɲak] 男 マルメロのジャム

cotillon [kɔtijɔ̃] 男 ①ダンスやゲームのパーティー ②(複) パーティーなどの飾り【紙ふぶき・縄テープなど】

cotisant(e) [kɔtizɑ̃, -ɑ̃t] 形 会費[分担金]を払った ── 名 有料会員, 出資分担者

cotisation [kɔtizasjɔ̃] 女 会費, 分担金 ▶ **cotisations sociales** 社会保険料

cotiser [kɔtize] 自 割り前[分担金, 会費]を払う ── 代動 [se ~] 金を出し合う, カンパする

côtoiement [kotwamɑ̃] 男 接近, 近接, (…に)沿って進むこと

coton [kɔtɔ̃ コトン] 男 (英 cotton) 綿, 木綿; 脱脂綿 (= ~ **hydrophile**) ▶ **avoir les jambes en coton** 足に力が入らない **élever un enfant dans du coton** 子供を甘やかして育てる **filer un mauvais coton** 体調が悪い, 難しい状況にある **robe de [en] coton** コットンのドレス ── 形 (不変) (話) 難しい, やっかいな ▶ **coton à broder** 刺繍糸 **coton à repriser** かがり糸

cotonnade [kɔtɔnad] 女 綿布, 綿の混紡布

cotonneux(se) [kɔtɔnø, -øz] 形 ①綿のような, 綿で覆われた ②力がない

cotonnier(ère) [kɔtɔnje, -ɛr] 形 綿の ── 名 綿紡績工 ── 男 [植] 綿の木

coton-poudre [kɔtɔ̃pudr] 男 ニトロセルロース, 硝化綿〖火薬の一種〗

coton-tige [kɔtɔ̃tiʒ] 男〖複 ~s-~s〗綿棒

côtoyer [kotwaje] 他 45 ①(人と)く会う,つき合う;(…に)沿って進む 2小はすれすれ[紙一重]である ▸*côtoyer le danger* 危険と隣り合う

cotre [kɔtr] 男〖海〗カッター〖一本マストの小船〗

cotriade [kɔtrijad] 女 コトリヤード〖ブルターニュ地方の魚と野菜のスープ〗

cottage [kɔtedʒ, kɔtaʒ] 男〖< 英〗①コテージ,山荘 ②カッテージチーズ

cotte [kɔt] 女 ①(胸当てのある)仕事ズボン ②▸*cotte de mailles*(中世の)鎖かたびら

cotuteur(trice) [kɔtytœr, -tris] 名〖法〗共同後見人

cotyle [kɔtil] 男〖解〗寛骨臼(ぜつ)

cotylédon [kɔtiledɔ̃] 男〖植〗子葉

*cou [ku] 男 クー〖英 neck〗首;びんの首 ▸*endetté jusqu'au cou* 借金で首が回らない *jusqu'au cou* 首まで;すっかり *sauter [se jeter] au cou de* …に抱きつく,…の首に跳びつく

coud [ku] coudre 直・現・3・単

couac [kwak] 男 ①(カラスの鳴き声の擬音)調子はずれの音[声];場違いで趣味の悪いだじゃれ

couard(e) [kwar, -ard] 形 名〖文〗臆病な(人),卑怯な(人)

couardise [kwardiz] 女〖文〗臆病,卑怯

couchage [kuʃaʒ] 男 宿泊,就寝;寝具 ▸*sac de couchage* 寝袋

couchailler [kuʃaje] 自〖軽蔑的に〗誰とでも寝る

couchant(e) [kuʃɑ̃, -ɑ̃t] 形 (< coucher)(日が)沈む ▸*au soleil couchant* 夕暮れ時に *faire le chien couchant* へつらう *soleil couchant* 夕日 ── 男 ①日暮れ;夕空;〖文〗西(方);〖海〗西 ②日没

*couche [kuʃ] 女 クーシュ ①層,階層 ▸*couche d'ozone* オゾン層 *couches sociales* 社会階層 *dans toutes les couches de la société* 社会のあらゆる階層にわたって *en tenir une couche* 大ばか者 ②おむつ ③〖複〗産褥(じょく), 分娩(べん) ④〖文〗寝床(どこ),褥(しとね) ⑤苗床

couché(e) [kuʃe] 形 (< coucher) ①寝ている,横になった;倒れた ▸*Couché!* (犬に)伏せ! ②▸*papier couché* アート紙

couche-culotte [kuʃkylɔt] 女〖複 ~s-~s〗紙おむつ

*coucher [kuʃe] 他 ①〖英 put to bed, lay down〗(人)を寝かせる;(ものを)倒にする,倒す ②記入する;(色を)塗る ③〖英 sleep〗寝る,泊まる ── 自 ▸*coucher avec …*〖話〗(人)と肉体関係をもつ ── 代動〖se~〗①〖英 go to bed〗寝る;(太陽などが)沈む;身をかがめ

る;(策(さく)(…に)屈する,どうしようもなくあきらめる〖*devant*〗── 男 就寝;日没(= coucher du soleil) ▸*À prendre au coucher*〖注意書〗就寝時に服用のこと *au coucher du soleil* 日没時に,夕暮時に

coucherie [kuʃri] 女〖話〗(軽蔑的に)肉体関係

couche-tard [kuʃtar] 名〖不変〗〖話〗遅(まで起きている人

couche-tôt [kuʃto] 名〖不変〗早寝の人

couchette [kuʃɛt] 女 (船・汽車などの)簡易寝台

coucheur(se) [kuʃœr, -øz] 名 ▸*mauvais coucheur*〖話〗気難しい人

couci-couça [kusikusa] 副〖話〗どうにかこうにか

coucou [kuku] 男 ①〖鳥〗カッコウ ②ハト時計(= pendule à ~) ③〖植〗キズイセン ④〖古〗昔の飛行機 ⑤〖俗〗家 ── 間 (かくれんぼで)鬼さんこちら,おーい,ここだよ!;ばあ!,ほら

coud [ku] coudre 直・現・3・単

*coude [kud] クード 男〖英 elbow〗①肘,肘関節;〖機〗クランク ▸*coude à coude* 並んで *donner un coup de coude à* (人)に肘でつついてそっと合図する *huile de coude* 精力,エネルギー *lever le coude* 大酒を飲む,酒飲みである *se serrer les coudes* 助け合う *sous le coude* 未決のままの,待機中の

coudé(e) [kude] 形 (< couder) 肘型に曲った,角のある

coudée [kude] 女 クデ〖昔の長さの単位;約 50 センチ;肘から中指の末端までの長さ〗▸*avoir les coudées franches* 自由にふるまう

cou-de-pied [kudpje] 男〖複 ~s-de-~〗足の甲

couder [kude] 他 肘状に曲げる

coudière [kudjɛr] 女〖スポーツ〗肘当て,肘用サポーター

coudoiement [kudwamɑ̃] 男 人との出会い,交際;接触

coudoyer [kudwaje] 他 45 すれ違う;隣り合う;接触する,よく出会う

*coudre [kudr] 男 クードル 他 17〖英 sew〗縫う,綴じる ▸*coudre à la main [à la machine]* 手で[ミシンで]縫う

coudrier [kudrije] 男〖植〗ハシバミ

couds [ku] coudre 直・現・1・2・単

couenne [kwan] 女〖料〗豚の皮

couette [kwɛt] 女 ①羽根布団 ②〖機〗軸受け;〖船〗船架 ③(ヘアピンなどで束ねた)髪の房

couffin [kufɛ̃] 男 大籠 ▸*un couffin de …* かご一杯の…

couguar, cougouan [kugwar] 男〖動〗ピューマ

couic [kwik] 男〖擬音・話〗うっ,ぎゃっ〖絞め殺されるときの声〗▸*faire couic*

couille [kuj] 女 ①《俗》睾丸(こう) ►**avoir des couilles (au cul)** 肝っ玉がすわっている，勇気がある **casser les couilles** ジジジ[いらいら]させる *C'est de la couille.* / *De mes couilles! Mes couilles!* とんでもない，ばか言え **couille molle** 意気地なし **partir en couilles** しくじる，《口》危うくなる，訳のわからない方向に向かっていく **se faire des couilles en or** たくさんの金を稼ぐ ②問題，トラブル

couillon [kujɔ̃] 男《話》ばか，のろま ─ 形《不変》ばかな

couillonnade [kujɔnad] 女《俗》ばかげたこと

couillonner [kujɔne] 他《俗》かつぐ，だます

couinement [kwinmɑ̃] 男 キーキー言ううめき声；きしむ音

couiner [kwine] 自《擬声・話》(ウサギなどが)鳴く；(子供が)泣きわめく；きしる

coulage [kulaʒ] 男 ①(型に流し込むこと ②浪費，使いこみ，盗み

coulant(e) [kulɑ̃, ɑ̃t] 形 ①(液体が)さらっとした，(固形物が)とろける；(文体が)流れるような ►**nœud coulant** 輪差(わさ)結び ②《話》(人が)きさくな ─ 男 ①(ベルトなどの金属・皮製)の輪 ②《植》匍匐茎(ほふく)

coule [kul] 女 (次の成句でのみ) ►**à la coule**《話》こつを知っている，ぬかりのない

coulée [kule] 女 流出(されたもの)；(鋳型に入れる)金属；鋳込み ►**coulée de boue** 泥流，土砂 **coulée de lave** 溶岩流 **coulée de neige** 雪崩 **coulée verte** (遊歩道などがある)緑化地域

*****couler** [kule] クーレ 自《英 flow》 ① 流れる ►**couler à flots** (酒などが)たっぷりふるまれる **couler de source** (物事が)当然の成り行きをたどる **faire couler** (水などを流す **faire couler le sang** 流血の惨事を招く ②漏れる ③(船が)沈む；(会社などが)破産する；《話》死ぬ ─ 他 ①流す，漉(こ)す；(型に)流し込む，鋳造する ②(時間を)過ごす ►**couler des jours heureux** 幸せな日々を送る ③(船を)沈める；(人を)破産[失脚]させる；(会社などを)破産させる ④こっそりやる，そっと手渡す；耳打ちする ─ 代動 [se ~] 滑り[もぐり]込む；破産[失脚]する ►**se couler dans** …にすっぽり入り込む **se la couler douce**《話》のんびり幸せに暮す

*****couleur** [kulœʀ] クルール 女《英 color》①色；色調，色彩，ペイント，染料 ►**boîte de couleurs** 絵の具箱 **couleurs à l'eau** 水彩絵の具 **couleurs à l'huile** 油絵の具 **se faire faire une couleur** 髪を染めてもらう ③精彩，トーン；(色に例えられる)特徴，性質，傾向；様相 ►**couleur locale** 地方色；(言語的に同郷で)地方色豊かな **couleur politique** 政治の色合い，政治傾向 ④顔色；血色 ►**perdre [reprendre] ses couleurs** 顔色が悪くなる[良くなる] ⑤トランプのマーク【スペード・ハート・クラブ・ダイヤ】 ►**annoncer la couleur** 切り札を宣言する；意図を明らかにする ⑥《複》国旗(の色)

couleuvre [kulœvʀ] 女 (無毒の)ヘビ；ヨーロッパヤマカガシ(=~ à collier) ►**avaler des couleuvres** 侮辱にじっと耐える

coulis [kuli] 男《料》クーリ【野菜や果物をピュレ状にしたもの】►**coulis de framboises [de tomates]** ラズベリー[トマト]のクーリ

coulissant(e) [kulisɑ̃, -ɑ̃t] 形 (戸が)横にすべる

coulisse [kulis] 女 ①舞台裏，舞台脇；内幕；《株》(取引所外の)隠れ市場 ►**en coulisse / dans les coulisses** 舞台裏で；ひそかに **les coulisses de la politique** 政治の内幕 **rester dans la coulisse** 陰で糸を引いている，(事件などの)裏にいる ②(敷居などの)溝 ►**porte à coulisse** 引き戸

coulisseau [kuliso] 男 (複~x) 小溝；(機)溝の中を動く部品

coulisser [kulise] 他 (戸などの)溝をつける；(裁縫)(ゴムなどを通すための)折り返しをつける ─ 自 (戸などが溝を滑る)

*****couloir** [kulwaʀ クルワール] 男 ①(英 corridor) 通路，廊下 ②《複》(議会などの)ロビー，舞台裏 ③峡谷 ④(映写機のフィルムを通す細い)溝；(陸・水泳の)コース；(テニスコートの)アレー ►**bruits de couloir(s)** (非公式の場で飛び交う)うわさ話 **couloir aérien** 航空路 **couloir d'autobus** 車線，バスレーン **couloir d'avalanches** 雪崩路 **couloir humanitaire** (戦争地域への人道上の)救援物資輸送路

coulomb [kulɔ̃] 男《電》クーロン

coulommiers [kulɔmje] 男 クーロミエ【ブリ地方の柔らかい白カビチーズ】

coulpe [kulp] 女《古》罪 ►**battre sa coulpe** 自らの罪を認める，改悛の情を示す

coulure [kulyʀ] 女 流れ出ること；流れ出た跡

coumarine [kumaʀin] 女《化》クマリン

country [kuntʀi] 男《不変》《楽》カントリー

*****coup** [ku クー] 男《英 knock, blow》①(瞬発的な)行為，打つこと，殴打，銃砲，発砲；(突然の)出来事；ショック；(発砲・爆発などの)音；(人を驚かすような)挙，悪巧み；一打，一撃，一発，一回，一度，一杯 ►**à chaque coup** 毎回 **à coup sûr** 必ず，間違いなく **à coup(s)**

coupable … **de** …をふんだんに使って **à tous les coups** 毎回，その度に **après coup** 後で，その後 **attraper [prendre] le coup** こつをつかむ **au coup par coup** その場で，ケースバイケースで **avoir coup dans l'aile [dans le nez]** ほろ酔い機嫌である **boire [prendre] un coup** (酒を)一杯やる **ce coup-ci** 今回は **coup bas** (ボクシングの)ローブロー；卑劣な手段 **coup de balai** (突然の)大量解雇；(害悪者の)一掃，警官の手入れ；大売出し **coup de barre** 急な疲れ **coup de boule** 頭突き **coup de chance** 幸運，つき **coup de feu** 特にレストランなどの)忙しい時間，ピーク時 **coup de fil** 電話をかけること **coup de foudre** ひとめぼれ **coup de fourchette** 旺盛な食欲 **coup de jarnac** 思いがけない反撃(攻撃)；中傷，裏切り行為 **coup (de pied) en vache** だまし討ち **coup de pompe** = coup de barre **coup de sort** 運命のいたずら，巡り合わせ **coup de tête** 出来心，衝動 **coup de trop** (酒の)飲みすぎ，深酒 **coup droit** (テニスの)フォアハンドストローク **coup du lapin** 首への一撃；むちうち症 **coup dur** 試練，つらい目 **coup fourré** 不愉快な状態；だまし討ち **coup monté** (仕組まれた)陰謀 **coup sur coup** 立て続けに，相次いで **coups et blessures** 暴行障害 **donner un coup de main à** (人)に手を差しのべる **du coup** そのために，だから；その途端に **du même coup** それと同時に；ついでに **du premier coup** 一度で，一回目で；最初から **d'un seul coup** 一度で，一挙に；突然に **en mettre un coup** がんばる，最大限の努力をする **en prendre un coup** (車などが)ひどい損傷を受ける；(人が)強いショックを受ける **en venir aux coups** 殴り合う **être dans le coup** (計画などに)加わっている **être sur un coup** もうけ仕事に加わっている **faire le coup** (いつもの手[やり口])を使う **marquer le coup** (出来事を)記念する，祝う **mettre … dans le coup** (人)を参加させる **pour le coup** 今度こそ；かくなる上は **pousser un coup de gueule** 大声でどなる **prendre un coup de vieux** 急に老けこむ **rater son coup** ミス[へま]をする **sous le coup de** …の影響下に；…に脅かされて **sur le coup** すぐに；即座に **tenir le coup** (人が)耐える；(ものが)長持ちする **tenter un coup** 試みる，やってみる **tirer un coup** (女を)ものにする **tout à coup** いきなり **tout d'un coup** 一挙に；突然 **valoir un coup** やってみる価値がある

*coupable [kupabl クパブル] 形 (英 guilty) (…の)罪のある (de)，有罪の；非難されるべき，よからぬ — 名 犯人，罪人，責任者

coupage [kupaʒ] 男 異なる液体を混ぜること，ブレンド

coupant(e) [kupã, -ãt] 形 ①よく切れる ②(口調や声などが)威圧的な

coup-de-poing [kud(ə) pwɛ̃] 男 (複 ~s-de-~) ①メリケン・サック(= ~ américain) (主に ~ に指にはめる) [同格の形容詞的用法として] ②(政策や調査などに)突然で有無を言わせぬ ②[考古] 石斧(おの)

*coupe[1] [kup クープ] 女 カップ，グラス，杯；賞杯 ▶**coupe de France de football** [la ~] フランスサッカー杯 **coupe du monde** [la ~] (サッカー)ワールドカップ **Il y a loin de la coupe aux lèvres.** 目のはしるか遠い

coupe[2] [kup] 女 ①(英 cutting) 切り[刈り]取り，伐採；[服] 裁断；(服などの)仕立て；(髪の)カット(= ~ de cheveux)；(文の)区切り ▶売り切りの **coupe au carré [rasoir]** (髪型のボブ[レザーカット]) **faire une coupe sombre dans** (…)を大幅に削減する ②(トランプ)カードを切ること ▶**sous la coupe de** (人)の支配下に置かれている ③切り目，断面図 ▶**en coupe** 断面から見た一 ④切られたもの；布地；(森林の)伐採区域

coupé(e) [kupe] 形 (< couper) ①切られた，カットされた；さえぎられた ▶**balle coupée** (テニス)カットされたボール **bien [mal] coupé** 仕立てのよい[悪い] ③(水で)割った — 男 クーペ[2ドアで座席が2列式の自動車]

coupe-chou [kupʃu] 男 (複 ~-~x) (話)短剣

coupe-cigare [kupsigar] 男 葉巻切り

coupe-circuit [kupsirkɥi] 男 (複 ~-~(s)) [電] 安全器，ブレーカー

coupée [kupe] 女 (船の)舷(げん)門

coupe-faim [kupfɛ̃] 男 (不変) 食欲抑制剤

coupe-feu [kupfø] 男 (不変) 防火壁；防火用林間道路 ▶**porte coupe-feu** 防火扉

coupe-file [kupfil] 男 (警察が記者などに出す)通行許可証

coupe-gorge [kupgɔrʒ] 男 (不変) (強盗・殺人犯の出そうな)危険な場所

coupe-jarret [kupʒarɛ] 男 (古・ふざけて) 殺し屋，刺客

coupellation [kupɛlasjɔ̃] 女 [冶] 灰吹(ふき)法 [鉛を用いた鉱石からの金属抽出法]

coupelle [kupɛl] 女 [冶] 灰吹皿

coupe-ongle(s) [kupɔ̃gl] 男 (不変) 爪切りはさみ

coupe-papier [kuppapje] 男 (不変) ペーパーナイフ

*couper [kupe クーペ] 他 ①切る，刈る，裁断する；中断する；断つ；(電気などで)止める；(熱を下げる；削除する；仕切る，区切る；(…から)切り離す (de)；(道などが)横切る，交わる ▶**cou-**

couper-coller

per... en deux …を2つに切る *couper... en (petits) morceaux* …を細かく切る *couper A à B* B(から)A(を)切る *couper A de B* B から A(人)を切り離す *couper la chique à* (人)の話をさえぎる;(驚きなどが)口もきけなくさせる *couper la parole à* (人)の話をさえぎる *couper la respiration à* (人)に息をのませる, びっくりさせる *couper la route à* (人)の行く手をさえぎる *couper l'appétit à* (人)の食欲を失わせる *couper le contact* スイッチを切る *couper les cheveux en quatre* 箱の隅をつつく;細かいことにこだわる *Coupez!* (撮影などで)カット! *se faire couper les cheveux* 髪を切ってもらう ②[トランプ]カードを切る, 切り札を使う ▶ *couper à trèfle* (トランプ)でクラブを取る ③(酒を)水で割る ④[刃物が切れる ②〔話〕(…を)避ける(à) ③横切る, 通り抜ける ▶ *couper à travers champs* 野原を横切る ── [代動] [se ~] ①自分の…を切る, けがをする ② *se couper en quatre pour* …のために身を捧げる *se couper les cheveux [les ongles]* 髪[爪]を切る ②(道が)交差する ③〔話〕うっかり本音がでる, うそがばれる ④(…と)接触を断つ, 手を切る, 手が切れる(de)

couper-coller [kupekɔle] 男〔不変〕〔情報〕カットアンドペースト

couperet [kupre] 男 ①肉切り包丁 ②断頭台の刃

couperose [kupʁoz] 囡 〔医〕赤色膿疱(の):赤ら顔;赤鼻

couperosé(e) [kupʁoze] 形 赤ら顔[赤鼻]の;赤色膿疱のできた

coupeur(se) [kupœʁ, -øz] 名 [布・革の]裁断師;(…で)ブドウを摘む人

coupe-vent [kupvɑ̃] 男〔不変〕①[服]ウインドブレイカー ②(機関車などの)風切り

couplage [kuplaʒ] 男 2つずつつなぐこと;連結, 結合;〔電〕接続

***couple** [kupl] クープル ①1組の男女, 番(つがい) ②(物)偶力 ③〔古・方〕(同種のものの)一対 ── 囡(動物をつなぐ)皮ひも

coupler [kuple] 他 対にする, 連結[接続]する;(犬などを)革ひもでつなぐ

couplet [kuplɛ] 男 ①(歌の)1節;[複]歌 ②〔話〕十八番, 持説

coupleur [kuplœʁ] 男 接続機器, カプラ

coupoir [kupwaʁ] 男 裁断機

coupole [kupɔl] 囡 ①九星型, 丸天井;[la C-] フランス学士院, 中仏アカデミーフランセーズ ▶ *être reçu sous la Coupole* アカデミーフランセーズの会員に選ばれる

coupon [kupɔ̃] 男 ①クーポン, 回数券 ②(証券から切り取る)配送券 ③(布の)端切れ

coupon-réponse [kupɔ̃ʁepɔ̃s] 男〔複 ~s-~s〕国際返信切手;(広告の)資料請求券

coupure [kupyʁ] 囡 ①切り傷 ②停電;断水 ③削除, カット ④中断, 断絶;中断 ▶ *coupure publicitaire* コマーシャルの時間 ⑤(雑誌[新聞]の)切抜き ⑥紙幣

couque [kuk] 囡 クック[ベルギー・北フランスの菓子パン]

***cour** [kuʁ クール] 囡 ①(英 court) 中庭;(学校の)校庭(= ~ *de récréation*) ▶ *jouer dans la cour des grands* 〔話〕大物と近うきになる ②宮廷;王宮;(集合的)朝臣;(権力者や婦人の)取り巻き, ご機嫌とり ▶ *faire la cour à une femme* 女性に言い寄る, 口説く ③裁判所;裁判官 ▶ *cour d'appel* 控訴院 *cour d'assises* 重罪院 *Cour de cassation* 破毀院 *cour de justice* 法廷 *Cour des comptes* 会計検査院 *Cour européenne de justice* 欧州司法裁判所 *Cour européenne des droits de l'homme* 欧州人権裁判所 *cour martiale* 軍法会議

cour. [kuʁɑ̃] 〔略〕 *courant* 今月の【書簡の日付】

cour... ⇨ *courir*

***courage** [kuʁaʒ クラージュ] 男 勇気, 元気;熱意, やる気 ▶ *avoir du courage* 勇敢である, 勇気がある *avoir le courage de ses opinions* 自分の意見を敢然と述べ実行する *Courage! / Du courage! / Bon courage!* がんばれ, しっかり *perdre courage* やる気をなくす *prendre son courage à deux mains* 不安や恐れの中で勇気を奮い立たせる *reprendre courage* 再び元気になる, 熱意を取り戻す

courageusement [kuʁaʒøzmɑ̃] 副 勇敢に;健気(けなげ)に, 熱心に

***courageux(se)** [kuʁaʒø, -øz クラジュー(ーズ)] 形 勇敢な, 元気な, 大胆な;熱心な

couramment [kuʁamɑ̃] 副 ①すらすらと, 流暢に ②一般に, 普通に

***courant¹** [kuʁɑ̃, -ɑ̃t クーラント)] 形(< *courir*) ①(英 current)流れている(ような) ②(英 usual) 普通の, 日常の ▶ *procédé courant* よく使う手 ③現在の;当前の ▶ *votre lettre du 5 courant* 本月5日の貴下の手紙

courant² [kuʁɑ̃] 男 ①流れ;時の流れ, 経過, 動向 ▶ *courant d'air* すきま風;風通し *dans le courant du mois [de la semaine]* 今月[今週]中 ▶ *être au courant de* …を知っている;事情に通じている *Le courant passe.* 〔話〕話しが通じる *mettre A au courant de B* B について A (人)に知らせる *se tenir au courant de* …について知る, 情報を得る *tenir A au courant de B* A (人)に B を逐一知らせ

る ②電流(= ～ électrique) ▶**couper le courant** 電源を切る ③〖商〗今月

courante [kurɑ̃t] 囡 ①〖俗〗下痢, 腹下し ②〖楽〗クーラント〖17・18世紀フランスの3拍子の舞曲〗

courbaril [kurbaril] 男〖植〗ジャトバ

courbatu(e) [kurbaty] 形〖文〗疲れきった

courbature [kurbatyr] 囡 疲労(感), 体の節々の凝り痛み

courbaturé(e) [kurbatyre] 形 (< courbaturer) だるい, 節々が痛む, 疲れきった

courbaturer [kurbatyre] 他 疲労させる

***courbe** [kurb] クールブ〗形 (英 curved) 曲った, カーブした ― 囡 (英 curve) 曲線, グラフ ▶**courbe de niveau** 〖地図〗等高線

courbé(e) [kurbe] 形 (< courber) 曲がった, 体を曲げた

courber [kurbe] 他 曲げる; かがめる ▶**courber la tête** (頭を)下げる; 服従する ― 自 曲る, たわむ ― 代動 [se ～] 曲る,〖文〗頭を下げる; 服従する ▶**se courber en deux** 深く身をかがめる, お辞儀する

courbette [kurbɛt] 囡 ばか丁寧なお辞儀, ぺこぺこすること

courbure [kurbyr] 囡 曲がり, 湾曲; 曲がった部分[もの]

courette [kurɛt] 囡 小さな中庭

coureur(se) [kurœr, -øz] 名 ①走る人 ②〖競〗走者 ▶**coureur automobile** レーサー **coureur cycliste** 自転車走者 **coureur de fond** 長距離走者 ③漁色家; 浮気な人 ▶**coureur de jupons** 〖話〗女の尻を追いかける男 ― 形 ①遊び好きな, 好色な, 浮気な ②〖動〗▶**oiseaux coureurs** 走鳥類〖ダチョウなど〗

courge [kurʒ] 囡〖植〗カボチャ〖ヒョウタン〗の類 ②〖話〗間抜け, ばか

courgette [kurʒɛt] 囡〖植〗クルジェット, ズッキーニ

courir [kurir] 自 18 ①(英 run) 走る; (競馬で)出走する; 急いで行く, 駆け寄る[回る]; 〖不定詞とともに〗…しに急いで行く ▶**Ce spectacle fait courir tout Paris.** パリ中の人々がこのショーにどっと押し寄せている **courir à la catastrophe** 破局へ向かう **courir à l'échec** 必ず失敗する **courir à sa perte** 破滅の道を突き進む, 墓穴を掘る **courir après** (人)を追いかける, 追い回す **en courant** 大急ぎで〖慌てて〗…する **Tu peux toujours courir!** 期待しても無駄だ, そんなことはお断りだ ②流れる, (うわさなどが)広まる; (時が)経過する; (利息・借家料などが)起算される; (期間などが)続く ▶**laisser courir** …のするままにさせる, 成り行きに任せる ― 他 ①(…に)ひんぱんに出入する; (競出に)出場する ▶**courir un 100 mètres** 100メートル走に出る ②(各方面に)追求する ③駆け回る; (…に)行き渡る, 広まる ▶**courir les rues** (みんなに)知れ渡っている, 広まっている **Le bruit court que …**といううわさが流れている ④(危険を)冒す; (運を)試す ▶**courir de grands dangers** 大きな危険に身をさらす ④追い回す; 〖話〗(人)をうんざりさせる ▶**courir les filles** 女を追い回す **courir sur le système** [**le haricot**] à〖話〗(人)の神経にさわる, (人)をうるさがらせる

courlis [kurli] 男〖鳥〗ダイシャクシギ

couron [kuron] 囡 ①冠; 冠状のもの; 歯冠 【歯茎から出ているエナメル質の部分】; (大都市の)都市圏 ▶**couronne d'épines** (キリストの)茨の冠 **couronne funéraire** [**mortuaire**] (棺や墓の上に置く)花輪 **ni fleurs ni couronnes** (儀式・葬儀などが)質素な ②〖多くは単〗王位, 王権; 王国 ▶**couronne d'Angleterre** [la ～] イギリス王国[王家] ③(王家の図柄のある)クラウン貨幣; クローネ〖ノルウェーやアイスランドなどの通貨単位〗

couronné(e) [kurone] 形 (< couronner) ①冠をいただいた; 受賞した ②ひざに負傷した

couronnement [kuronmɑ̃] 男 ①冠をかぶせること; 戴冠(は)式 ②最後を飾るもの; 完成; (建物・家具などの)上部の飾り ③(木を)冠状に刈りとること

couronner [kurone] 他 ①(王)に王冠をいただかせ, 即位させる ②賞を与える ③〖文〗(冠のように)いただく; 囲む ④〖文〗見事に終わらせる, 最後を飾る ⑤(転倒させて)馬の膝を負傷させる ▶**et pour couronner le tout** (皮肉で)その上, おまけに ― 代動 [se ～] ①王冠をいただく, 即位する; 頭を(…で)飾る ②膝を負傷する

courr- [kur] ⇨courir

courre [kur] 他 ▶**chasse à courre** 猟犬を使って騎馬でする狩り〖courir の古い形〗

courriel [kurjɛl] 男 電子メール

courrier [kurje] クーリエ〗男 ①(英 mail) 郵便(物); 郵送手段; 定期便; 〖古〗先供(然); 飛脚; 郵便配達人 ▶**par retour du courrier** 折り返しの便で **courrier électronique** 電子メール ②(新聞の)…欄 ▶**courrier des lecteurs** 投書欄 **courrier du cœur** 身の上相談欄

courroie [kurwa] 囡 (皮)ひも; (機械の)ベルト ▶**courroie de transmission** 伝導ベルト; 伝達(仲介)役 **courroie de ventilateur** (自動車の)ファンベルト

courroucé(e) [kuruse] 形 (< courroucer) 〖文〗怒った; (海などが)荒れ狂った

courroucer [kuruse] 他 52 《文》怒らせる

courroux [kuru] 男 《文》怒り, 憤怒

*__cours__ [kur クール] 男 ① 講義(録), 講座, 授業; 各種学校, 講習会; (大学の)課程, 科 ▶**cours accéléré** 速習コース **cours de vacances** 夏期講座 **cours du soir** 夜間講座 **cours élémentaire** (小学校の)初等科【2年目と3年目, 略 CE】 **cours moyen** (小学校の)中等科【4年目と5年目; 略 CM】 **cours par correspondance** 通信講座 **cours particuliers** 個人授業 **cours préparatoire** (小学校の)準備科【1年目; 略 CP】 **faire [donner] un cours sur** …について講義する ② 流れ; (天体の)運行; (時・事件などの)推移, 経過; (貨幣の)流通 ▶**au cours de** …の間に, …の途中で **avoir cours** (貨幣などが)流通している **avoir un cours rapide** 流れが速い **cours d'eau** 水路 **descendre le cours de la Seine** セーヌ川を下る **donner libre cours à** …に好きなようにさせる; …をぶちまける, 発散させる **en cours** 進行中の, 現行の **en cours de** …が進行中の; …の間に[の] **en cours de route** 走行中に, 途中で ③ 為替相場 ▶**cours du change** 為替相場, 交換レート ④【主として固有名詞に用いる】大通り

*__course__ [kurs クールス] 女 ① (英 run) 走ること; (英 course) 歩き回ること, 遠足; (登山で)登攀; (ものの)動き; (人の)歩み; (機械の運動) ▶**à [en] bout de course** (機械などが)調子が悪い, がたが来ている; (人が)疲れ果てている **le prix de la course** (タクシーなどの)運賃を払う ②【複】用事, 使い走り; 買い物 ▶**faire les courses** 買い物をする ③ (英 race) 競走, 競技: …競争 (à); 【複】競馬(= ~ **de chevaux**) ▶**aller aux courses** 競馬場に行く **C'est la course.** 戦場のような慌しさだ, 時間に追われている **course à la productivité** 生産競争 **course à pied** 徒競争 **course au pouvoir** [la ~] 権力争い **course automobile** カーレース **course aux armements** [la ~] 軍拡競争 **course contre la montre** (自転車の)タイムトライアル **course de demi-fond** 中距離走 **course de fond** 長距離走 **course de haies** ハードル競技 **course de relais** リレー競技 **course d'obstacles** 障害物競走 **course hippique** 馬術競技 **course sur piste** (陸上のトラック競技 **être dans la course** 時流に乗っている **faire la course avec** (人)と競争する ④【海】海賊行為, 海賊(稼)

courser [kurse] 他 ①《話》(レースで)追い込む ②(人の)あとをつける

coursier[1] [ère] [kursje, -ɛr] 名 使い走り

coursier[2] [kursje] 男 《文》駿馬(しゅんめ), 軍馬

cursive [kursiv] 女 (船内の)歩廊

*__court(e)__ [kur, kurt クール(ト)] 形 (英 short) ①短い; (時間が)短い, 早い; (長さが)足りない 短期の **prendre … au plus court** 一番手っとり早い方法をとる

— 副 短く; 突然, 急に ▶**couper court à** …にけりをつける, …をやめさせる, 話をはばむ **être à court de** …がない, 欠乏している **faire court** 簡潔にする, 短くする **prendre … de court** (人)の不意をつく **s'arrêter court** (話などを)急にやめる **s'habiller court** 短いドレスを着ている(スカートをはいている) **tourner court** 急に方向を変える; 突然打ち切りになる **tout court** 単に, 単純に

court[2] [kur] 男 (< 英) テニスコート

courtage [kurtaʒ] 男 《商》① 仲買 (業) ② 仲買手数料

courtaud(e) [kurto, -od] 形 名 ① (話)ずんぐりした(人) ②(犬・馬でしっぽや耳を切った)

court-bouillon [kurbujɔ̃] 男 (複 ~s-~s) 【料】クール・ブイヨン【魚の調理用のソース】

court-circuit [kursirkɥi] 男 (複 ~s-~s) 【電】短絡, ショート

court-circuiter [kursirkɥite] 他 ①【電】ショートさせる ②《話》手順を省く; 独断で行う

courtepointe [kurtəpwɛ̃t] 女 キルティングした掛け布団

courtier, -ière [kurtje, -ɛr] 名 卸売人, 仲買人;(保険や不動産などの)代理業者

courtine [kurtin] 女 ①《古》ベッドカーテン; つづれ織の屋掛け ②(城の)城壁, 幕壁

courtisan(e) [kurtizɑ̃, -an] 形 ①宮廷の ②へつらう — 男 ①廷臣, 宮廷人 ②追従者

courtisane [kurtizan] 女 《古》高級娼婦; 遊女

courtisanerie [kurtizanri] 女 《古》宮廷人的態度, 卑屈さ; おせじ, へつらい

courtiser [kurtize] 他 ①おもねる, へつらう ②(女)に言い寄る

court-jus [kurʒy] 男 (複 ~s-~s) 《話》ショート, 漏電

court(-)métrage [kurmetraʒ] 男 (複 ~(-)~s) 短編映画

courtois(e) [kurtwa, -az] 形 ①ていねいな, 礼儀正しい ②(中世の)宮廷風の

courtoisement [kurtwazmɑ̃] 副 礼儀正しく

courtoisie [kurtwazi] 女 (女性に対しての)丁寧さ, 礼儀正しさ

court-vêtu(e) [kurvety] 形 短い服を着た

couru(e) [kury] 形 (< courir) ①

人気のある, 流行の ②《話》《結果などが》あらかじめわかっている

cous... ⇨coudre

cousant [kuzɑ̃] coudre の現在分詞

couscous [kuskus] 男 クスクス《砕いた小麦を蒸して肉や野菜の煮込みと食べるアラビア料理》

couscoussier [kuskusje] 男 クスクス用鍋

cousette [kuzɛt] 女 ①《古》見習いのお針子 ②針箱

cousi... ⇨coudre

cousiez [kuzje] coudre の直・半・2・複；接・現・2・複

*‎**cousin¹(e)** [kuzɛ̃, -in クザン(ズィヌ)] 名 いとこ, 従兄弟[姉妹] (= ~ germain) ▶ Le roi n'est pas son cousin. あの人はあまりひとりよがりが過ぎる

cousin² [kuzɛ̃] 男 (虫) カガンボ(大型蚊の一種)

cousinage [kuzinaʒ] 男《話》いとこの関係；遠い親戚関係；親戚一同；類似

cousiner [kuzine] 自 (…と) 仲がよい《avec》

cousions [kuzjɔ̃] coudre の直・半・1・複；接・現・1・複

cousirent [kuzir] coudre の直・単過・3・複

cousis [kuzi] coudre の直・単過・1(2)・単

cousit [kuzi] coudre の直・単過・3・単

cousons [kuzɔ̃] coudre の直(命)・現・1・複

*‎**coussin** [kusɛ̃ クサン] 男 (英 cushion) クッション ▶ coussin d'air エアクッション

coussinet [kusinɛ] 男 ①小さなクッション ②《機》軸受け; (レールの) 座鉄

cousu(e) [kuzy] 形 (< coudre) 縫われた ▶ cousu de fil blanc 白糸縫いの; (策略などが) 見え透いた cousu d'or 金繰いの; とびきり豪華な cousu main 手縫いの; 念入りに作られた

*‎**coût** [ku ク—] 男 費用 ▶ coût de la vie 生活費 coût de production 生産費

coûtant [kutɑ̃] 形 《男性形のみ》 ▶ au [à] prix coûtant 原価で

*‎**couteau** [kuto クト—] 男《複 ~x》 ①包丁, ナイフ;《美術》パレットナイフ ▶ couteau à beurre バターナイフ couteau à éplucher 果物ナイフ couteau à huîtres オイスターナイフ couteau à pain パン切りナイフ couteau de balance 天秤の支え刃 couteau de cuisine 包丁 couteau électrique 電動肉切り包丁 être à couteau(x) tiré(s) 敵対している, 戦争状態にある jouer du couteau ナイフを使って争う mettre le couteau sous [sur] la gorge à (人)を脅迫する remuer [retourner] le couteau dans la plaie 苦しみ[苦痛]をかきたてる visage en lame de couteau やせて角張った顔 ②貝 マテガイ, カミソリガイ

coutelas [kutla] 男《複 ~x ~s》のこぎり歯ナイフ〖パン・ステーキ用〗

coutelet [kutlɛ] 男 大(肉切り)包丁; 片刃で広身の短剣

coutelier, -ère [kutəlje, -ɛr] 形 刃物業の — 名 刃物製造[販売]業者

coutellerie [kutɛlri] 女 刃物類; 刃物製造[販売]業; 刃物店[工場]

*‎**coûter** [kute クテ] 自 ①(英 cost) 値段が…である; 《〜 à A》A(人)に《費用が》かかる ▶ Ça ne coûte rien d'essayer. だめでもともとだから, やってみても損はない Combien ça coûte? いくらになりますか coûter bonbon 《俗》高くつく, 高価である coûter cher 高い, 高くつく ②(…にとって)困難だ, つらい《à》▶ Il n'y a que le premier pas qui coûte. (ことわざ) 何事も最初が大変だ ③ ▶ coûte que coûte 何が何でも, ぜひとも — 他 《〜 à B》A(損害・苦痛などを) B(人)に生じさせる, 招く;〖非人称〗〚Il en coûte à A de...〛…するのがA(人)にとってつらい;〚Il en coûte à A B〛 A(人)はそのことで Bを犠牲にする[失うことになる] ▶ coûter les yeux de la tête [la peau des fesses] 《話》ものすごく高い

coûteusement [kutøzmɑ̃] 副 大きな犠牲を払って, 高いお金をかけて

coûteux(se) [kutø, -øz] 形 高価な, 費用のかかる; 犠牲を要する, 高くつく

coutil [kuti] 男 厚織リンネル, ズック

*‎**coutume** [kutym クチュ—ム] 女 慣習;《法》慣習法 ▶ Une fois n'est pas coutume. (ことわざ) 一度あったことはまたあるわけではない

coutumier(ère) [kutymje, -ɛr] 形 慣習的, 平素の ▶ droit coutumier 慣習法 être coutumier du fait 《…ては非難[しかも]そうする, いつものことだ

couture [kutyr クチュ—ル] 女 (英 sewing, dressmaking) ①裁縫, 仕立て; 婦人服仕立業 ▶ haute couture オートクチュール, 高級婦人服(店); [同格の形容詞的な用法で] オートクチュールの ▶ veste [robe] (haute) couture オートクチュールの上着[ドレス] ②縫い目 ▶ regarder... sous toutes les coutures あらゆる角度から…を眺める sans couture(s) 縫い目のない, シームレスの ③傷跡

couturé(e) [kutyre] 形 《文》傷跡がある

*‎**couturier** [kutyrje クチュリエ] 男 ①高級婦人服デザイナー ▶ grand couturier トップデザイナー ②《解》縫工筋 (= muscle ~)

couturière [kutyrjɛr] 女 ①女性の婦人服仕立て屋[デザイナー]; (婦人服販

couvain [kuvɛ̃] 男 《昆虫の》卵の塊

couvaison [kuvɛzɔ̃] 女 《鳥類の》抱卵(期間)

couvée [kuve] 女 ①《親鳥が抱える》一腹(ぷら)の卵[ひな] ②一団, グループ; 一家の子供たち ▸*être de la même couvée* 同じように作られた, 同じ教育を受けた

couvent [kuvɑ̃] 男 ①修道院 ▸*entrer au couvent* 修道院に入る, 尼僧になる ②《修道女の》寄宿学校

couventine [kuvɑ̃tin] 女 修道女; 《修道院の》寄宿女学校の生徒

***couver** [kuve] 他 ①《鳥が卵を抱く》 ②《人を》大事にする ▸*couver... des yeux* 《人や物を》大切そうに見つめる; 熱望して見つめる ③《計画などを》たくらむ ④《病気などを》かかえる ── 自 潜む, ひそかに企てられる

***couvercle** [kuvɛrkl] クヴェルクル 男 《英 lid, cover》ふた

***couvert(e)** [kuvɛr, -ɛrt] クヴェール(ヴェルト) 形 (< couvrir) 《英 covered》①…で覆われた 《de》②曇った ▸*par temps couvert* 曇り空で ③帽子をかぶった, 衣服をまとった ④守られた, 安全な
── 男 食卓用具, 《1人分の》食器一そろい, 《そろいの》スプーンとナイフとフォーク ▸*mettre le couvert* 食器をセットする; 食卓の用意をする ②安全な場所; 木陰 ▸*sous le couvert de* …めかして, …の下で ③屋根; 《古》住居
── 女 《陶器などの》釉(ゆう)

***couverture** [kuvɛrtyr] クヴェルテュール 女 ①毛布, 掛ぶとん ▸*couverture chauffante [électrique]* 電気毛布 *tirer la couverture à soi* 《自分の》いい思いをする ②本の表紙, カバー ▸*en couverture* 表紙を飾った ③屋根 ④口実, 隠蔽 ⑤保護 ▸*couverture maladie universelle* 包括健康保険《低所得者の医療費を無料にする》 *couverture sociale* 社会保障による医療 ⑥担保, 保証金 ⑦報道[取材]範囲

couveuse [kuvøz クヴズ] 女 ①卵を孵(か)す雌; 人工孵化器(= ~ artificielle) ②人工保育器 ▸*être en couveuse* 保育器に入っている, 未熟児である

couvoir [kuvwar] 男 《農》卵を孵化させる場所

couvrai... ⇨couvrir

couvrant(e) [kuvrɑ̃, ɑ̃t] 形 覆う・《塗料・化粧品などが》よくのびる

couvre [kuvr] couvrir の直(接)・現・1(3)・単

couvre-chef [kuvrəʃɛf] 男 《話》かぶり物, 帽子

couvre-feu [kuvrəfø] 男 《複~-~x》①消灯の合図[時間] ②《政府による》夜間外出禁止(令)

couvre-lit [kuvrəli] 男 ベッドカバー

couvre-livre [kuvrəlivr] 男 書籍のカバー, ジャケット

couvre-pied(s) [kuvrəpje] 男 《不変》《キルティングの》《足》掛け布団

couvres [kuvr] couvrir の直(命)・現・2・単

couvreur [kuvrœr] 男 屋根ふき職人

couvrez [kuvre] couvrir の直(命)・現・2・複

couvri... ⇨couvrir

***couvrir** [kuvrir クーヴリール] 他 46 《英 cover》(…に)覆いをかける, (…で)覆う, 埋める《de, avec》②《…を》浴びせる《de》③覆い隠す; 《音などを》かき消す ④守る, 保護する; 《金銭的に》保証する; 《出費を》償う ⑤《ある距離を》進む; 《ある領域を》取材する ⑥《動物の雄が》交尾する ── 代動 [se ~] ①身を覆う, 帽子をかぶる; 自分の…を覆う ②(…で) 覆われる, (…に)まみれる 《天候が曇る《de》③《…で》身を守る《de》《スポーツ》ガードを固める

couvrons [kuvrɔ̃] couvrir の直(命)・現・1・複

cover-girl [kɔvœrgœrl] 女 《< 英》カバー・ガール《雑誌や本のモデルの女性》

covoiturage [kɔvwatyraʒ] 男 《車の》相乗り

cow-boy [kawbɔj, kɔbɔj] 男 《< 英》カウボーイ ▸*jouer aux cow-boys et aux Indiens* カウボーイとインディアンごっこをする

coxal(ale) [kɔksal] 形 《男 複 -aux [-o]》《解》腰の

coxalgie [kɔksalʒi] 女 《医》股関節痛

coxalgique [kɔksalʒik] 形名 《医》股関節痛の[患者]

coxarthrose [kɔksartroz] 女 《医》変形性股関節症

coyote [kɔjɔt] 男 《動》コヨーテ《北アメリカに生息するイヌ科の哺乳類》

CP 《略》 cours préparatoire (小学校の)準備科

CQFD 《略》 ce qu'il fallait démontrer 《数》かくて証明された!【証明の末尾に記す】

***crabe** [krab クラブ] 男 《英 crab》《動》カニ; 《話》頑固な人 ▸*marcher en crabe* 横に歩く *panier de crabes* 内輪もめが絶えない集団

crac [krak] 間 ばきっ, かちっ, べりっ【折れたり, 壊れたり, 破れたりする音】

crachat [kraʃa] 男 ①《吐いた》痰, 唾 ②《古・話》位の高い勲章

craché(e) [kraʃe] 形 ▸*tout craché* 《名詞・代名詞の後で》たいへん似ている, まさしく…だ ── *C'est* 《不変》 *elle tout craché*. いかにも彼女

らしい / être le portrait (tout) craché de... (話)(人)にそっくりである

crachement [kraʃmɑ̃] 男 唾[痰]を吐くこと; (スピーカーや電話の受話器からの)雑音

*****cracher** [kraʃe] 自 ① 唾[痰]を吐く, (話)(…に)唾をかける, (…を)軽蔑する,(人の悪口を言う (sur) ▶ *cracher dans la soupe* (人に)けちをつける *cracher en l'air* 天に唾する, 無駄なことをする *ne pas cracher sur* …が大好きな ② インクが飛ぶ; 雑音を発する ③ (話)(金を)払う ―― 他 吐き[吹き]出す; (悪口などを吐く) ▶ *cracher le morceau* 口を割る, 白状する *cracher son venin* (カッとなって)毒づく

cracheur(se) [kraʃœr, -øz] 名 ▶ *cracheur de feu [de flammes]* (大道芸人の)火吹き男

crachin [kraʃɛ̃] 男 霧雨, 小糠(ﾇﾄ)雨

crachiner [kraʃine] 非人称 霧雨が降る

crachoir [kraʃwar] 男 痰壺

crachotement [kraʃɔtmɑ̃] 男 しきりに唾[痰]を吐くこと; 雑音を発すること

crachoter [kraʃɔte] 自 しきりに唾[痰]を吐く; 雑音を発する

crachouiller [kraʃuje] 自 (話)(のどをあがあが鳴らして)やたらに唾[痰]を吐く

crack [krak] 男 (<英) ① (競馬の)名馬 ② (ひとつのことに)秀でた人; すばらしいもの ③ (俗)クラック【麻薬】

cracker [kraker, krakœr] 男 (<英) ① クラッカー ② (情報)ハッカー【不法に他のコンピューターシステムに侵入して妨害する人】

cracking [krakiŋ] 男 (<英) = craquage

cracra [krakra] 形 (不変)(話)不潔な, 垢(ｱｶ)だらけの

crade [krad], **cradingue** [kradɛ̃g], **crado** [krado] 形 (話)ひどくきたない, 不潔な

***craie** [krɛ クレ] 女 (英 chalk) ① チョーク, 白墨 ② 白亜

craign... ⇒craindre

craindr... ⇒craindre

***craindre** [krɛ̃dr クランドル] 他 19 (英 fear, be afraid) 恐れる, 心配する; 嫌う, 苦手である ▶ *craindre de* +不定詞 …することを恐れる, 心配する *craindre pour* …を気遣う *craindre que (ne)* +接続法 …ではないかと心配する[思う] *Il est à craindre que* …の恐れがある, …ということが懸念される *Ne craignez rien!* 何も恐れるな ―― 自 ① *Ça craint.* たいしたことない, つまらない ② 非人称 ▶ *Ça craint de* …のは危険だ

crains, craint [krɛ̃] ⇒craindre

***crainte** [krɛ̃t クラント] 女 (英 fear) 恐れ; 畏敬; 心配 ▶ *de [dans la, par] crainte de* …を恐れて *dans [de] crainte que* …を恐れて,…だといけないので *sans crainte* 遠慮せずに, ためらわずに

craintif(ve) [krɛ̃tif, -iv] 形 臆病な, おどおどした

craintivement [krɛ̃tivmɑ̃] 副 おそるおそる

cramé [krame] 男 焦げ臭い匂い

cramer [krame] 他 (古・話)軽く焦がす ―― 自 (話)燃えつきる, 焦げつく

cramoisi(e) [kramwazi] 形 深紅色の; (顔色が恥かしさ, 怒りなどで)真赤だ

crampe [krɑ̃p] 女 [医]痙攣(ｹｲﾚﾝ) ▶ *avoir des crampes d'estomac* 胃痙攣になる *avoir une crampe au mollet* 足がつる ② (話)うるさい人[こと]

crampon [krɑ̃pɔ̃] 男 ① [建]鎹(ｶｽｶﾞｲ), 鉤釘; [スポーツ]スパイク; [登山]アイゼン ▶ *chaussures à crampons* スパイクシューズ *crampons de lierre* [植]キヅタの根 ② (話)うるさくつきまとう人 ―― 形 (不変)(話)しつこい, うるさい

cramponné(e) [krɑ̃pɔne] 形 ① 鎹(ｶｽｶﾞｲ)で留められた ② (…に)かじりつく[しがみつく]者

crampomnement [krɑ̃pɔnmɑ̃] 男 しがみつくこと; つきまとい

cramponner [krɑ̃pɔne] 他 ① 鎹(ｶｽｶﾞｲ)で留める ② (話)(人に)うるさくつきまとう ―― 代動 *se* ～ (…に)しがみつく, かじりつく (à); 持ちこたえる

cran [krɑ̃] 男 ① 刻み目[滑り止めの爪をかませる], (ベルトなどの)穴 ▶ *couteau à cran d'arrêt* 歯止めのついた折りたたみナイフ *cran de sûreté* (銃の)安全装置 ② 段(階), (階級が) 上がる[下がる], 昇格[降格]する ③ (話)勇気, 大胆さ, 忍耐力 ▶ *être à cran* 怒りが爆発しそうである ④ (髪の)ウェーヴ

***crâne** [krɑn クラヌ] 男 (英 skull) 頭蓋(ｶﾞｲ)(骨); 頭のてっぺん; (古)頭脳, 理解力 ▶ *avoir mal au crâne* 頭痛がする *bourrer le crâne* しつこくプロパガンダをする, 洗脳する *n'avoir rien dans le crâne* 頭が空っぽである ―― 形 (文)勇ましい, 殺(ｽﾞ)する

crânement [krɑnmɑ̃] 副 (古)勇ましく, 大胆に; 殺々と, 威勢よく

crâner [krɑne] 自 (話)威張る; 気勢を張る

crânerie [krɑnri] 女 (古)勇気, 大胆; 虚勢

crâneur(se) [krɑnœr, -øz] 形 名 (話)気取った(人), もったいぶった(人)

craniectomie [kranjɛktɔmi] 女 [医]開蓋手術

cranien(ne) [kranjɛ̃, -ɛn] 形 [解]頭蓋の

crani(o)- 接頭 (<ギ)「頭蓋」の意

craniologie [kranjɔlɔʒi] 女 頭蓋学

craniotomie [kranjɔtɔmi] 女 頭蓋(ｶﾞｲ)切開

craniectomie [女] 頭蓋切除

cranter [krɑ̃te] 他 (…に)溝(§)をつける

crapaud [krapo] 男 ①[動] ヒキガエル ②(話) 醜男(ホヒェ); 子供, がき ③ 安楽いす (= fauteuil ~) ④小型のグランドピアノ (= piano ~) ⑤宝石の傷

crapoteux(se) [krapotø, -øz] 形 (話) 不潔な

crapule [krapyl] 女 悪党, 無頼漢; 〔集合的〕下等の徒, 下劣な連中, やくざ —— 形 下劣な, 卑劣な

crapulerie [krapylri] 女 卑劣な行為, 悪行

crapuleusement [krapyløzmɑ̃] 副 卑劣[下劣]に

crapuleux(se) [krapylø, -øz] 形 《文》卑劣な, 下劣な

craquage [krakaʒ] 男 〔石油の〕分解蒸留法, 分留

craquant(e) [krakɑ̃, ɑ̃t] 形 ぱきっ[ぽきっ, ぺりっ]という ⇒crac

craque [krak] 女 (話) 大ぼら

craquelage [krakla3] 男 貫乳(キョッ)[陶器器の釉(ウ^ツリ)の面に細かいひびを入れること]

craquelé(e) [krakle] 形 (< craqueler) ひび焼きにした; ひび[亀裂]のはいった —— 男 ひび割れ模様, 貫乳(ニョッ)[ひび焼陶磁器]

craqueler [krakle] 他 (…に)ひびを入れる; 陶磁器などにひび焼きにする —— 代動 [se ~] ひびだらけになる

craquelin [kraklɛ̃] 男 [料]硬いビスケット

craquelure [kraklyr] 女 (ニス・絵具・陶磁器などの)ひび[割れ]

craquement [krakmɑ̃] 男 ばりばり, かさかさ[ものが折れたり, 割れたりする乾いた音]; (集団内の)不和; [崩壊の]前兆

craquer [krake] 自 ①(かりっという音といって)折れる; 破れる ▶faire craquer ses doigts 指をポキポキならす ②力尽きる, (心が)まいる, 倒れる ③(話) (欲望などに)負ける, 欲しくてたまらない ④(計画などが)破綻[失敗]する —— 他 ①折る, 破る; (マッチを)する ②(石油を)分解蒸留する ③[情報] (システムやソフトに対して)ハッカー行為を行う

craquètement [krakɛtmɑ̃] 男 ①ぱちぱち鳴る音; 歯のかちかちする音 ②(コオロギ・コウノトリの)鳴き声

craqueter [krakte] 自 ①小さな乾いた音をたてる, ぱちぱち[かたかた]鳴る ②コオロギ・コウノトリが鳴く

crash [kraʃ] 男 (< 英) ①墜落 ②(株や通貨の)暴落 ③[情報] ハードディスクなどによるデータ破損

crasher [kraʃe] 代動 [se ~] (飛行機が)墜落する; (車が)衝突する

craspec [kraspɛk] 形 (俗) 不潔な

crassane [krasan] 女 [園] クラッサン(梨(º)の一種)

crasse [kras] 女 ①垢(ホ), 汚れ, かす ②卑劣な行為 [やり 口] ▶faire une crasse à (人)にひどいことをする ③[冶] 鉄渣(ェ) ④(話) 霧(雨) —— 形 [治] 性形のみ] ひどい, まったくの ▶être d'une ignorance crasse 救いがたい無知である

crasseux(se) [krasø, -øz] 形 垢(ホ)だらけの, 非常に汚い

crassier [krasje] 男 鉱滓(ヒョッ)捨て場

-crate, -cratie, -cratique 〔接尾〕〈ギ 「権力」「支配」〉の意

cratère [krater] 男 噴火口; クレーター

cravache [kravaʃ] 女 (乗馬用の)鞭(ζ)

cravacher [kravaʃe] 他 鞭で打つ —— 自 馬を急がせる; (話) 大急ぎで働く, がんばる

*__cravate__ [kravat クラヴァット] 女 (英 tie) ①ネクタイ ▶en cravate ネクタイ着用で ▶s'en jeter un derrière la cravate (話) 一杯やる ②(勲章の)綬 ③(旗の柄の先につける)飾り布 ④[レスリング] ヘッドロック ▶[se ~] ネクタイをする

cravater [kravate] 他 ①(多くは過去分詞で)(人)にネクタイをつけてやる ②(リボンなどで)結ぶ ③[レスリング]ヘッドロックをする; (話) (人の首を)絞める; つかまえる ▶[se ~] ネクタイをする

crawl [krol] 男 (< 英) クロール ▶nager le crawl クロールで泳ぐ

crawler [krole] 自 クロールで泳ぐ ▶dos crawlé 背泳

crayeux(se) [krejø, -øz] 形 白亜質の; 胡粉のような

*__crayon__ [krɛjɔ̃ クレイヨン] 男 ①(英 pencil) 鉛筆(状のもの) ▶crayon à sourcils (鉛筆状の)まゆ墨, アイブロウペンシル crayon de couleur 色鉛筆 crayon feutre フェルトペン crayon gomme 消しゴムつき鉛筆 crayon gras 濃い鉛筆 crayon noir 黒鉛筆 crayon optique [情報] ライトペン ②鉛筆で書く絵(の筆使い); 肖像画 ③(話) 脚

crayonnage [krɛjɔnaʒ] 男 鉛筆でさっと書くこと, デッサン

crayonné [krɛjɔne] 男 大まかな案, 原画

crayonner [krɛjɔne] 他 (鉛筆で)(走り)書きする; デッサンする

créance [kreɑ̃s] 女 信任; 債権(証書)

créancier(ère) [kreɑ̃sje, -ɛr] 名 債権者, 借金取り —— 形 債権を持つ

créateur(trice) [kreatœr, -tris] 名 ①[宗] 創造主; [le C-] 神 ②創始者, 発明者 ▶créateur de mode ファッションデザイナー ③(芸術作品の)初演者 —— 形 創造的な, 創造する ▶secteurs créateurs d'emplois [les ~] 雇用創出地域, 産業活性地区

créatif(ve) [kreatif, -iv] 形 創造的な

créatine [kreatin] 女 [化] クレアチン

*__création__ [kreasjɔ̃ クレアスィヨン] 女 (英 creation) ① (神による)創造; [la C-]天地創造; 被造物, 森羅万象 ② 創造; 創作 ③ (演劇, 音楽の作品の)初演 ►__création de nouveaux emplois__ 新規雇用の創出

créatique [kreatik] 女 創造性開発法, ブレインストーミング

créativité [kreativite] 女 創造性, 創意

créature [kreatyr] 女 ① 造物, 人間(= ~ humaine); (文)[形容詞(句)とともに用いられて]女性 ② 手先, 子分 ③ (古)[形容詞なしで単独で用いられる](軽蔑的)(ふしだらな)女性

crécelle [kresɛl] 女 ① がらがら [幼児のおもちゃ] ② (話)おしゃべり女

*__crèche__ [krɛʃ クレシュ] 女 ① 託児所 [3歳以下の子供を預かる] ►__crèche parentale__ 親が運営する託児所 ② (話)住居, 部屋 ③ (古·文)秣おけ; キリストが生誕時に入れられた秣おけ ④ キリスト生誕時の厩の中の群像模型

crécher [kreʃe] 自 (話)住む, 泊まる

crédence [kredɑ̃s] 女 食器棚[台]

crédibiliser [kredibilize] 他 信頼できるものする

crédibilité [kredibilite] 女 信頼性, 信憑(ぴょう)性

crédible [kredibl] 形 信用できる, 信頼できる

*__crédit__ [kredi クレディ] 男 (英 credit) ①信用(取引), 貸付け; 預金 ►__acheter__ [__vendre__] ... __à crédit__ クレジット[掛け]で…を買う[売る] __crédit d'impôt__ 税額控除 __crédit en blanc__ 無担保の融資 __crédit immobilier__ 住宅ローン __crédit permanent__ リボルビングローン [限度額内であれば何度も融資を受けられる] __débloquer un crédit__ (凍結していた)融資をする __faire crédit à__ (人)に掛売りをする, 支払を猶予する; (人)を信用する __mettre__ [__porter__] __A au crédit de B__ A を B (人)の貸方に記入する __perdre tout crédit auprès de__ (人)の信用を完全になくす __prendre un crédit sur__ (期間の)貸付を受ける ② (複)予算額(= ~s budgétaires) ③ 金融機関, 銀行 ►__Crédit Agricole__ クレディ・アグリコル[フランスの銀行グループ] __Crédit Lyonnais__ クレディ・リヨネ ④ [商]貸方 ⑤ (文)人望, 評判

crédit-bail [kredibaj] 男 (複 ~s-~s) (英 leasing) [経]リース

créditer [kredite] 他 (人の)貸方に記入する ►__créditer A de B__ B を A(人)の功績として認める __créditer un compte de__ …を貸方に記入する

créditeur(trice) [kreditœr, -tris] 名 債権者, 貸方 ── 形 貸方の ►__compte créditeur__ 貸方(勘定)

credo [kredo] 男 (不変) (<ラ) [le C-]ド, 信徒信条; 信条, 主義

crédule [kredyl] 形 軽々しく信ずる, お人よしの

crédulité [kredylite] 女 信じやすさ, 盲信

*__créer__ [kree クレエ] 他 (英 create) ①(神が)創造する ②(初めて)作る, 創造[創作, 創設]する ③ 引き起こす, 生み出す ►__créer des ennuis__ (__difficultés__) __à__ (人)に迷惑を及ぼす; (人)を困らせる ④ (戯曲·音楽作品などを)初演する ── [代動 **se** ~] (自分に)作り出す; 作り出させる; 創造される

crémaillère [kremajɛr] 女 ① 自在鉤(ぎ) ►__pendre la crémaillère__ 新築祝いのパーティーをする ② 自在鍵 [書棚板の高さを調節する] ③ 歯桁, ラック

crémant [kremɑ̃] 男 クレマン [弱発泡性ワイン]

crémation [kremasjɔ̃] 女 火葬

crématiste [krematist] 名 火葬主義者 ── 形 火葬に賛成の

crématoire [krematwar] 形 火葬の ── 男 火葬場

crématorium [krematɔrjɔm] 男 死体焼却炉

*__crème__ [krɛm クレム] 女 ① (英 cream) 乳脂, クリーム; クリームチーズ [ソース] ►__crème à raser__ 髭剃りクリーム, シェービングクリーム __crème anglaise__ アングレーズソース [カスタードソース] __crème au beurre__ バタークリーム __crème (au) caramel__ カスタードプリン __crème brûlée__ クレームブリュレ __crème Chantilly__ (砂糖入りの)ホイップクリーム __crème d'asperges__ アスパラガスのポタージュ __crème de marron__ マロンペースト __crème fleurette__ 低脂肪クリーム, ライトクリーム __crème fouettée__ ホイップクリーム __crème fraîche__ 生クリーム __crème glacée__ アイスクリーム __crème pâtissière__ (シュークに詰める)カスタードクリーム __crème renversée__ カスタードプリン __fraises à la crème__ イチゴのクリームがけ __gâteau à la crème__ 生クリームのケーキ ②(甘口の)リキュール酒 ►__crème de cassis__ カシスリキュール ③ (話)最良のもの ── 男 クリーム[ミルク]入りのコーヒー(= café ~) ── 形 (不変) クリーム色の

crémer [kreme] 他 57 (…に)クリームを加える ── 自 乳皮が成る

*__crémerie__ [kremri クレムリ] 女 牛乳·乳製品販売店 ►__changer de crémerie__ (話)(今の場所が悪いので)場所を変える; よそへ行く

crémeux(se) [kremø, -øz] 形 ① クリーム[脂肪分]を多く含む ② クリーム状の

crémier(ère) [kremje, -ɛr] 名 牛乳[チーズなどの乳製品]及び卵販売業者

crémone [kremɔn] 女 (窓用の)落と

créneau [kreno] 男 (複~x) ①(島・城壁などの)銃眼; 銃眼型の装備 ▶ **monter au créneau** 矢面に立つ ②駐車スペースの空き;(予定表の)空き時間;〔放送〕予定放送時間帯, 定時放送枠;〔経〕末開拓市場 ▶ **créneau de lancement**（ロケットの）打ち上げ可能時間帯 **faire un créneau** うまく割り込んで駐車する

crénelé(e) [krenle] 形 (<créneler) ①銃眼胸壁のある ②ぎざぎざの

créneler [krenle] 他 ④ ①(…に)銃眼を設ける(壁などに)のぞき穴をつける ②(歯車の)歯をつける; (貨幣の縁に)ぎざぎざをつける

créole [kreɔl] 名 クレオール【旧植民地, 特に西インド諸島生まれの白人】— 男 クレオール語【土着語とフランス語・スペイン語などの混成語】— 形 クレオール(語)の

créolisation [kreɔlizasjɔ̃] 女 〔言〕クレオール化

créoliser [kreɔlize] 他 〔言〕(言語を)クレオール化させる —代動 [**se** ~] クレオール化する

créosol [kreɔzɔl] 男 〔化〕クレゾール

créosote [kreɔzɔt] 女 〔化〕クレオソート

crêpage [krepaʒ] 男 〔織〕クレープ加工, 縮立て; 髪を逆毛立ててふくらませること ▶ **crêpage de chignon**（話）(女の)髪をつかみ合うけんか; 激しいけんか

***crêpe¹** [krɛp] 女 〔菓〕クレープ ▶ **retourner ... comme une crêpe**（人)の意見を簡単に変えさせる

crêpe² [krɛp] 男 ①〔服〕クレープ, 縮み, ちりめん; (喪の)喪章 ②(靴底につける)クレープゴム

crêpelé(e) [krɛple] 形 (髪が)細かく波打った, 縮れた

crêper [krepe] 他 (織物に)クレープ加工する, (…に)しぼを出す ▶ **crêper les cheveux** 髪を逆毛立ててふくらませる **se crêper le chignon**（話）(女の)髪をつかみ合って大げんかする

crêperie [krɛpri] 女 クレープ屋

crépi [krepi] 男 〔建〕粗(ぁら)塗り, 漆喰[モルタル]塗り

crêpier(ère) [krɛpje, -ɛr] 名 クレープ屋 — 女 (クレープ・ホットケーキ用の)鉄板, フライパン

crépine [krepin] 女 〔料〕網脂(ぁぶら)【豚・羊などの内臓をおおう膜】

crépinette [krepinɛt] 女 〔料〕クレピネット【網脂で巻いた平たいソーセージ】

crépir [krepir] 他 33 粗塗りする, 漆喰で仕上げる

crépissage [krepisaʒ] 男 粗塗仕上げ

crépitation [krepitasjɔ̃] 女 (火花などの)ぱちぱちいう音 ▶ **crépitation osseuse**〔医〕断骨音 **crépitation pulmonaire**〔医〕(肺の)捻髪音

crépitement [krepitmɑ̃] 男 = **crépitation**

crépiter [krepite] 自 (火花・拍手などが)ぱちぱちいう

crépon [krepɔ̃] 男 厚手の縮み; 入れ毛 ▶ **papier crépon**（装飾・手芸用）クレープペーパー

crépu(e) [krepy] 形 (髪が)縮れた

crépusculaire [krepyskylɛr] 形 ①〔文〕薄明りの, たそがれの; 薄暗い; 衰えゆく ②(動物が)夜行性の

crépuscule [krepyskyl] 男 たそがれ(時); 〔文〕末期, 凋落期 ▶ **au crépuscule** 夕暮れに, 夕刻に **au crépuscule de sa vie** 人生のたそがれ時に

crescendo [kreʃɛndo, kreʃẽdo] 副 〔楽〕(<イ)次第に強く, クレッシェンドで ▶ **aller crescendo** 次第に強くなる — 男 〔小変〕クレッシェンド(で演奏すべき音); 次第に強まること

crésol [krezɔl] 男 〔化〕クレゾール

cresson [krεsɔ̃] 男 〔植〕クレッソン

cressonnière [krεsɔnjɛr] 女 クレッソン畑

Crésus [krezys] 男 ①クロイソス【古代リディア王】②[c-] 大富豪

crésyl [krezil] 男 〔化〕クレジル【消毒剤】

crétacé(e) [kretase] 形 〔地〕白亜紀(系)(の)

Crète [krɛt] 女 クレタ島(= île de ~)

crête [krɛt] 女 ①鶏冠(とさか) ②(山の)稜線;(屋根の)棟;(塀(へい)の)最上端

Créteil [krɛtɛj] クレテイユ【Val-de-Marne 県の県庁所在地】

crétin(e) [kretɛ̃, -in] 形 ①〔話〕ばかな ②〔医〕クレチン病にかかった — 名 ①〔話〕ばか者 ②〔医〕クレチン病患者

crétinerie [kretinri] 女 〔話〕間抜けな言動, 頭の悪さ

crétiniser [kretinize] 他 〔話〕低能(白痴)にする

crétinisme [kretinism] 男 ①クレチン病 ②〔白痴〕愚行; 低能

crétois(e) [kretwa, -az] 形 名 [[C-]] クレタ島(Crète)の(人)

cretonne [krətɔn] 女 クレトン【カーテンなどに用いるプリント柄の綿織物】

creusage [krøzaʒ], **creusement** [krøzmɑ̃] 男 掘削, 開削

Creuse [krøz] 女 ①[**la** ~] クルーズ川 ②クルーズ県【フランス中部】

creuse [krøz] 形 **creux** の女性形

***creuser** [krøze] 他 ①(英仏)掘る, 彫る; くぼませる; (問題などを)深く研究する ▶ **creuser l'écart**（違いを）強調する **creuser une idée** 考えを深く検討する ②〔話〕ひどく空腹にする — 自 ①穴を掘る, (問題などを)掘り下げる — 代動 [**se** ~] 掘られる; へこむ, くぼむ ▶ **La mer se creuse**. 波がうねる **se creuser la tête** [**cervelle**]〔話〕知恵を絞る

creuset [krøzɛ] 男 〔化〕坩堝(るつぼ);

creusois(e) [krozwa, -az] 形 ①[C-] クルーズ (Creuse) の(人)

creux(se) [krø, -øz クル-(ズ)] 形 ①中が空の, うつろな;くぼんだ;内容のない;(人)利用者の少ない ▶ **heures creuses** (人出・交通量などが少ない)時間;電力消費量などが落ち込む時間 *période creuse*(人出・交通量などが)すいている時期;(旅行の)シーズンオフ ──副 ▶ **sonner creux** うつろに響く ──男 ①くぼみ, 穴;(波の)谷間, 波高;(活動の)停滞期, 低調 ②低音 ▶ **avoir un creux** (話)腹がすいている *creux de la main* 手のひら *creux de l'estomac* みぞおち *creux des reins* 腰のくびれ *être au creux de la vague* (価格などが)底をつく;(経済などが)停滞している

crevaison [krəvɛzɔ̃] 女 (タイヤの)破裂, パンク

crevant(e) [krəvɑ̃, -ɑ̃t] 形 (話) ①くたくたになる ②おかしくてたまらない

crevard(e) [krəvar, -ard] 形 (話) ①虚弱な(人);いつも空腹な(人)

crevasse [krəvas] 女 ①割れ目, 亀裂;(氷河の)クレバス ((複))ひび, あかぎれ ▶ **avoir des crevasses aux mains** 手にあかぎれができている

crevasser [krəvase] 他 亀裂を生じさせる;ひびを切らす ──[se ～]亀裂を生じる;ひびが切れる

crevé(e) [krəve] 形 (<crever) ①裂けた, パンクした ②(動植物が)死んだ, 枯れた ③(話)疲れ切った

crève [krɛv] 女 (話)ひどい風邪

crève-cœur [krɛvkœr] 男 (不変)断腸の思い

crève-la-faim [krɛvlafɛ̃] 男 (不変)(話)食うや食わずの貧乏人

crever [krəve] 他 ①破裂させる;はちきれそうなほど, ふくれあがる ((de)) ▶ **crever de jalousie** 嫉妬に身をよじる *crever d'orgueil* 身持ちならない ((話))(…のため)死にそうである ((de)) *crever de froid* 死ぬほど寒い ③動植物が死ぬ, 枯れる;(話)(人)が死ぬ ──他 ①裂く, 破裂[パンク]させる ▶ **crever l'écran** (俳優が)迫真の演技をする *crever les yeux* 一目瞭然である ②((話))へとへとにさせる ──[代動][se ～]破裂する, つぶれる;自分の…を損なう ((de));((…して))くたくたに疲れる ((à))

crevette [krəvɛt] 女 小エビ ▶ **crevette grise** エビジャコ *crevette rose* テナガエビ

*****cri*** [kri クリ] 男 ①(英 cry)叫び;鳴き声;泣き声;(鳥・獣・虫の)鳴き声;声, 世論;内心の叫び;きしむ音 ▶ **cri aigu** [perçant] 鋭い叫び声 *cri du cœur* 本心の叫び *le dernier cri* [le ～] 最新の型 ▶ **pousser un cri** 叫び声をあげる

criaillement [kriajmɑ̃] 男 ①わめき;耳障りな音 ②(鳥)の鳴声

criailler [kriaje] 自 ①(つまらぬことで)わめく;やかましく文句を言う, 愚痴 ②(鳥)鳴く

criaillerie [kriajri] 女 わめきたてること;口やかましい文句

criailleur(se) [kriajœr, -øz] 形 名 (話)口やかましい(人);小言不平を言う愚痴っぽい(人)

criant(e) [krijɑ̃, -ɑ̃t] 形 ①目に余る, 言語道断な ②明らかな

criard(e) [krijar, -ard] 形 (子どもなどが)騒々しい;(声などが)甲高い, 耳障りな ▶ **couleur criarde** けばけばしい色

criblage [kribla3] 男 ①ふるいにかけること;(鉱山)選鉱

crible [kribl] 男 ふるい, 選別機 ▶ **passer au crible** 慎重に検討する

criblé(e) [krible] 形 (<cribler) (ふるいのように)穴のあいた, (…で)覆われた ((de)) ▶ **être criblé de dettes** 借金で首がまわらない

cribler [krible] 他 ふるいにかける;(…)穴[傷・しみ]だらけにする ▶ **cribler… de balles** 弾丸で…を蜂の巣のようにする *cribler… de questions* (人)を質問攻めにする *cribler… d'injures* (人)に罵詈雑言を浴びせる

cribleur(se) [kriblœr, -øz] 名 ふるいにかける人 ──男 女 ふるい機, 選別機

criblure [kriblyr] 女 (穀類の)ふるいかす

cric [krik] 男 ジャッキ, ウィンチ (= à d'automobile)

cricket [krikɛt] 男 (英)クリケット

cricri [krikri] 男 コオロギ(の声)

criée [krije] 女 競売, せり売 (= vente à la ～)

*****crier*** [krije クリエ] 自 ①叫ぶ, …の叫びを上げる ((de));大声を出す, わめく;(鳥などが)鳴く ▶ **crier de douleur** 痛みで悲鳴を上げる ②(…)をどなりつける, 攻撃[非難]する ((après, contre)), ③(…と)叫ぶ, 言いたてる, (…)を告発する ((à)) ▶ **crier à l'assassin [au meurtre]** 大げさに苦情を言う *crier au miracle* 驚嘆する;有頂天になる *crier au scandale* けしからんと騒ぎたてる ③(戸などが)きしむ;(色などが)目障りである ──他 ①叫ぶ;[~ que +直説法] …だと大声で言う;[[~ à A de…/que +接続法]] (人)に…するように大声で言う ②(…)を強く訴える;大声を出して売る ▶ **crier famine [misère]** 飢えて[不幸]と嘆く *crier grâce* 許しをこう, 慈悲を求める *crier vengeance* (行為が)復讐に値する ▶ **sans crier gare** 警告[予告]なしに

crieur(se) [krijœr, -øz] 名 ①呼び売り人;(古)触れ役[昔の公の布告を触れ回る役]

*****crime*** [krim クリム] 男 (英 crime) ①罪, 犯罪 ②殺人 ③(法)重罪;刑事犯 ▶ **crime contre l'humanité**

虐殺などの)人道に対する罪 **crime de guerre** 戦争犯罪 **crime passionnel** 情痴犯罪 **crimes et délits** 重罪と軽罪 ④(話)重大な過失, 罪悪 — 女 [[a C-]] (話)殺人事件捜査本部

Crimée [krime] 女 [[la ~]] クリミア半島 ▶ **guerre de Crimée** [[la ~]] クリミア戦争 [1853-56年]

criméen(ne) [krimeɛ̃, -ɛn] 形 一名 [[C-]] クリミアの(人)

criminaliser [kriminalize] 他 [法] (民事裁判を)刑事裁判へ移す

criminaliste [kriminalist] 男 刑法学者

criminalité [kriminalite] 女 (行為の)犯罪性; 犯罪(行為); 《集合的》犯罪(行為)

***criminel(le)** [kriminɛl] クリミネル 形 ①罪のある ②[法] 刑事(犯)の, 重罪の ③《話》許しがたい, 罪な — 名 ①[法] 刑事犯罪人 ②(殺人)犯人 ③《話・おおげさに》犯人 — 男 [法] 重罪裁判(所), 刑事裁判 ▶ **poursuivre ... au criminel** (人に対して)刑事訴訟を起こす ▶ [[la ~]] (話)殺人事件捜査本部(= brigade criminelle)

criminellement [kriminɛlmɑ̃] 副 ①犯罪的に ②重罪裁判(所)で, 刑事犯として

criminogène [kriminɔʒɛn] 形 犯罪を生む

criminologie [kriminɔlɔʒi] 女 犯罪学

criminologique [kriminɔlɔʒik] 形 犯罪(研究)に関する

criminologue [kriminɔlɔg] 名 犯罪学者

crin [krɛ̃] 男 (馬などの)たてがみと尾の毛 ▶ **à tous crin** 熱烈な, 極端な **crin végétal** (馬の毛の代用の)植物繊維

crincrin [krɛ̃krɛ̃] 男 (話)安っぽいバイオリン(の音)

crinière [krinjɛːr] 女 ①馬などのたてがみ; (かぶとの)飾り毛 ②(話)ゆたかな髪

crinoïdes [krinɔid] 男《複》[動] ウミユリ(綱)〖ウニ・ヒトデなど〗

crinoline [krinɔlin] 女 [服] クリノリン〖クジラの骨などを使ったペチコート〗

crique [krik] 女 入江, 入り江

criquet [krikɛ] 男 [虫] バッタ, イナゴ

***crise** [kriz クリーズ] 女 (英 crisis) ① 危機; 恐慌; 不足, 欠乏 ▶ **crise du logement** 住宅難 **crise économique** 経済危機 **en état de crise** 危機に瀕して **en período de crise** 危機的状況; 発作; 《話》(発作的な)興奮 ▶ **avoir une crise de fou rire** どっと笑いだす **crise cardiaque** 心臓発作 **crise de conscience** 良心の葛藤 **crise de foie** (暴飲暴食などによる肝臓の)不快感, むかつき **crise de nerfs** ヒステリーの発作, かんしゃく **crise d'épilepsie** てんかんの発作 **crise d'identi-**

té (青年期の)自己認識の危機, アイデンティティー・クライシス **piquer une [sa] crise** かっとする, 急に怒り出す

crispant(e) [krispã, -ãːt] 形 《話》うるさい, いらだたせる

crispation [krispasjɔ̃] 女 ①痙攣(ケイレン); ひきつり ②いらだち

crispé(e) [krispe] 形 (< crisper) 引きつった; 握り締めた; 緊張した

crisper [krispe] 他 ①(筋肉を)痙攣(ケイレン)させる; 握り締める; 縮める ②《話》いらだたせる — 代動 [se ~] ①痙攣する, (顔が)ひきつる; (手が)ぎゅっと握り締められる; 緊張する ②《話》いらだつ

crissement [krismã] 男 (歯・タイヤなどの)きしり, きしる音

crisser [krise] 自 きしる, きいきい鳴る

***cristal** [kristal クリスタル] 男 (複 -aux [-o]) ①水晶 (= ~ **de roche**); クリスタルガラス; 《複》クリスタル製品 ②[化] 結晶 ③《複》《話》洗濯ソーダ (= cristaux de soude) ▶ **cristal liquide** 液晶

cristallerie [kristalri] 女 クリスタルガラス製造(所); 《集合的》クリスタルガラス製品

cristallin(e) [kristalɛ̃, -in] 形 (水晶のように)透明な; 結晶状(性)の — 男 [解] (眼球の)水晶体

cristallisable [kristalizabl] 形 結晶しうる

cristallisation [kristalizasjɔ̃] 女 ①結晶作用; 結晶体 ②《文》(感情・考えの)明確化, 具体化

cristallisé(e) [kristalize] 形 (< cristalliser) 結晶した

cristalliser [kristalize] 他 結晶させる; はっきりさせる — 自 結晶する; (思想・感情が)明確になる — 代動 [se ~] 結晶する; はっきりする; 結晶される

cristallisoir [kristalizwaːr] 男 [化] 結晶皿

cristall(o)- 接頭 (< ギ)「水晶」「結晶」の意

cristallogenèse [kristalɔʒənɛz] 女 結晶形成

cristallographie [kristalɔgrafi] 女 結晶学

cristallographique [kristalɔgrafik] 形 結晶学の

cristallophyllien(ne) [kristalɔfiljɛ̃, -ɛn] 形 地変成作用を受けた

cristaux [kristo] ⇒ **cristal**

critère [kritɛːr] 男 (判断の)基準; 理由; (ラテン語から)判断の標識

critérium [kriterjɔm] 男 ①(スポーツ)選抜競技 ②[古] 判断基準

criticailler [kritikaje] 自 (話)難癖をつける; 悪口を言う

criticisme [kritisism] 男 [哲] 批判哲学〖カント以来の〗

critiquable [kritikabl] 形 非難すべき; 批判しうる

***critique** [kritik クリティク] 女 (英 criticism) 批評, 批判; 評論; 非難

▶faire la critique de …の批判[批判]をする — 名 評論家, 批評家 — 形 (英 critical) ①危険的な ②[物] 限界の ③批判的な ▶esprit critique 批判精神; 難癖をつける性格

*critiquer [kritike クリティケ] 他 (英 criticize) 批判[非難]する; 批評する

critiqueur(se) [kritikœr, -øz] 名 批判好きの人, 口うるさい人

croassement [krɔasmɑ̃] 男 (カラスの)鳴き声

croasser [krɔase] 自 (カラスが)カーカー鳴く; 悪口を言う

croate [krɔat] 形 名 [C-] クロアチア(の人) — 男 クロアチア語

Croatie [krɔasi] 女 クロアチア

croc [kro] 男 ①(吊す)鈎(かぎ) ②(犬などの)牙(きば) ③(話)(人の)歯 ▶avoir les crocs 非常にお腹が減っている montrer les crocs 牙をむく; 威嚇する

croc-en-jambe [krɔkɑ̃ʒɑ̃b] 男 (複〜s-en-〜) 足ばらい, 足がけ; (人を陥落とすための)卑劣な策動 ▶faire un croc-en-jambe à (人)をつまずかせる; 失敗させる

croche [krɔʃ] 女 [楽] 8分音符 ▶double croche 16分音符

croche-patte [krɔʃpat] 男 (話) = croche-pied

croche-pied [krɔʃpje] 男 足ばらい, 足がけ ▶faire un croche-pied à (人)に足がけをかける, つまずかせる; 失敗させる

crochet [krɔʃɛ] 男 ①小鈎(かぎ); 鈎型のもの; 鈎針 ▶crochet de boucherie 肉を吊す鈎 crochet à kagi針で…を編む faire du crochet かぎ針編をする vivre aux crochets de (人)に養ってもらう, たかって暮らす ②回り道, 寄り道; 急カーブ ③角括弧, ブラケット [ ] ▶entre crochets ブラケットでくくった ④(ボクシングの)フック ⑤牙

crochetage [krɔʃtaʒ] 男 錠を鈎で開けること

crocheter [krɔʃte] 他 (錠を)鈎でこじ開ける

crocheteur [krɔʃtœr] 男 ①錠前破り, 泥棒 ②(昔の)かつぎ人足

crochu(e) [krɔʃy] 形 鈎形の, 曲がった ▶au nez crochu 鈎鼻の avoir les doigts [mains] crochus (話)けちめつい, 欲張りである

croco [krɔko] 男 (話) ワニ革

crocodile [krɔkɔdil] 男 [動] ワニ, クロコダイル; ワニ革 ▶larmes de crocodile 空涙, うそ泣き sac en crocodile ワニ革のバッグ

crocus [krɔkys] 男 [植] クロッカス

croie... ⇨croire

croir... ⇨croire

*croire [krwar クロワール] 他 20 ①(…だと)思う (que …); (直説法で) ▶Je crois que oui [non]. (話)私もそう思います [思いません] On croirait que... まるで…のようだ ②(英 believe) 信じる, 信用する; (…であると信じる, 思い込む ▶en croire …の(言葉)を信じる ne pas en croire ses yeux [oreilles] (実際に起こっていることが)本当とは信じられない ③[〜 A B] (A を B だと思う); [〜 B de 不定詞] …(すること)は B だと思う ④想像する, 思い描く — 自 (…を)信じる (à); (人を)信頼する (en); (…の存在を)信じる (en); 信仰をもつ ▶croire au Père Noël 素朴すぎる, 幻想を抱いている Veuillez croire à mes sentiments dévoués. 敬具 — 代動 [se 〜] 自分(…)だと思う, うぬぼれる (= s'en 〜) ▶Il se croit malin. 彼は自分のことを利口だと思っている Il s'y croit. 彼はりっぱな気になっている; 自分をひとかどの人物と思いこんでいる

crois [krwa] croire の直・現・1[2]・単; 命・2・単

crois, croît [krwa] croître の直・現・1[2]・単; 命・2・単

croisade [krwazad] 女 ①[史] 十字軍 ②改善運動 ▶croisade contre [pour] …撲滅[撲擁]運動

croisé(e) [krwaze] 形 (< croiser) 十字形の, 交差した; (服の)ダブルの — 男 (中世の)十字軍兵士 — 女 交差点; (十字形の枠のある)ガラス窓 ▶à la croisée des chemins 交差点で coup droit croisé [テニス] クロスのフォアハンドショット jambes croisées [lles 〜] 組んだ脚 rimes croisées 交差韻[男性韻と女性韻が交互に出る]

*croisement [krwazmɑ̃ クロワズマン] 男 (英 crossing) ①交差点, 十字路; 交差; すれちがうこと ②異種交配

*croiser [krwaze クロワゼ] 他 ①(英 cross) (十字形に)組む, 交差させる; …と交差させる ②(…と)すれちがう ③[生] 異種交配させる — 自 (服の)前が重なる; (船)が巡航する — 代動 [se 〜] 交差する; すれちがう; (手紙などが)行き違いになる; (視線などが)交わされる; 交差する ▶se croiser à angle droit 直角に交わる se croiser les bras 腕組みをする; 手をこまねいて傍観している

croiseur [krwazœr] 男 巡洋艦

*croisière [krwazjɛːr クロワズィエール] 女 (英 cruising) ①船旅, クルージング ▶partir en croisière / faire une croisière 船旅に出る ②巡航 ▶vitesse [rythme] de croisière 巡航速度, 経済速度 ③▶missile de croisière [軍] 巡航ミサイル

croisiériste [krwazjerist] 名 (クルージングの)旅行客

croisillon [krwazijɔ̃] 男 (十字架の)横木; (窓の)横の桟; (教会の)袖廊

croiss... ⇨croître

croissance [krwasɑ̃s] 女 (英 growth) 成長, 発育; 発展 ▶en pleine croissance めざましい発展を遂

croissant[1] [krwasɑ̃ クロワサン] 男 三日月, 上弦; クロワッサン; 新月旗【特にトルコの旗】▶ **croissant de lune** 三日月

croissant(e)[2] [krwasɑ̃, -ɑ̃t] 形 (< croître) 成長する, 増大する ▶ **aller croissant** 増加する, 増大する;（音などが）大きくなる ▶ **fonction croissante**【数】増加関数

croissanterie [krwasɑ̃tri] 女 菓子パン屋【クロワッサン・ブリオシュなどを売る】

croit [krwa] croire の直・現・3・単

croît [krwa] 男 〈家畜の〉繁殖

croîtr... ⇒croître

croître [krwatr] 自 ①成長する, 発育する; 増大する;（…が）大きくなる 《en》 ▶ **croître en nombre [volume]** 数 [量] が増える

croix [krwa クロワ] 女 (英 cross) ①十字架; 苦難, 重荷 ▶ **C'est lui ma croix et la bannière.** それは骨が折れることだ **Chacun [porte] sa croix.** 人は皆十字架を背負っている, 苦難に耐えよ生きている ②勲章 ③十字印[記号] ▶ **croix gammée** 鉤十字, 逆[卍]号 ▶ **faire [mettre] une croix devant ...** の前にバツ印をつける **faire [mettre] une croix sur ...**《話》…を断念する **mettre les bras en croix** 両腕を左右に伸ばす

Croix-Rouge [krwaruʒ] 女 [la ~] 赤十字

cromlech [krɔmlɛk] 男【考古】クロムレック, ストーン・サークル【円形に並べた巨石群】

croquant(e) [krɔkɑ̃, -ɑ̃t] 形 ①（ビスケットなどが）かりかりする ── 男《史》クロカン【アンリ4世・ルイ13世時代に一揆を起こした農民】②《軽蔑的》田舎者

croque[1] [krɔk] 男《話》⇒croque-monsieur [-madame]

croque[2] [krɔk] 男 ▶ **à la croque au sel** 塩をつけるだけで

croque-madame [krɔkmadam] 男《不変》クロックマダム【クロックムッシューの上に目玉焼きをのせたもの】

croquembouche [krɔkɑ̃buʃ] 男 クロカンブッシュ【小さなシュークリームを積み上げたもの】

croque(-)mitaine [krɔkmitɛn]（子どもをおどす）お化け; こわいおじさん

croque-monsieur [krɔkməsjø] 男《不変》クロックムッシュー【ハム・チーズの焼いたサンドウィッチ】

croque(-)mort [krɔkmɔr] 男《話》葬儀屋【死体を墓地まで運ぶ係】

croquenot [krɔkno] 男《話》靴, どた靴

croquer [krɔke] 他 ①かりかり[ばりばり]嚙む[食べる];《話》散財する ▶ **chocolat à croquer** 板チョコレート ②クロッキーに描く, スケッチする ▶ **(jolie) à croquer**（女性が絵に描きたくなるほど）きれいな ── 自（嚙むと）かりかり[ばりばり]いう;（…に）かじりつく《dans》

croquet [krɔkɛ] 男 クロッケー【芝生の上で玉を木槌で打ち鉄門を通す遊び】

croquette [krɔkɛt] 女 ①【料】コロッケ ②▶ **croquettes pour chiens [chats]** ドッグ[キャット]フード

croqueur(se) [krɔkœr, øz] 名 むさぼり食う人; 乱費する人 ▶ **croqueuse de diamants**《話》浪費好きの女

croquignole [krɔkiɲɔl] 女 クロキニョル【クラッカー】

croquignolet(te) [krɔkiɲɔlɛ, -ɛt] 形《話・多くは肉親》（品物が）かわいい

croquis [krɔki] 男 クロッキー, スケッチ; 略図; 下書き

crosne [kron] 男【植】チョロギ (= ~ du Japon)

cross [krɔs], **cross-country** [krɔskuntri] 男（複 ~~s, ~-countries）《英》クロスカントリー

crosse [krɔs] 女 ①笏杖(じじょう), 司教杖 ②銃床, 握り ▶ **mettre [lever] la crosse en l'air** 降伏する ③（牛の）すね角 ④▶ **chercher des crosses à ...**（人）に因縁をつける, けんかを売る ▶ **crosse de hockey** ホッケーのスティック ⑥▶ **crosse de l'aorte**【解】大動脈弓

crotale [krɔtal] 男【動】ガラガラヘビ

crotte [krɔt] 女 糞(ふん);《話》くだらないもの, 泥 ▶ **C'est de la crotte.** なんのかすだ, まったくくだらない **Crotte (de bique)!**《間投詞に》くそっ, ちぇっ **crotte de chocolat**《話》チョコレートボンボン **crotte de nez** 鼻くそ

crotté(e) [krɔte] 形 (< crotter) 泥だらけの

crotter [krɔte] 他《古》泥まみれにする ── 自《話》くそをする ── 代動 [se ~] 泥だらけになる

crottin [krɔtɛ̃] 男 ①（馬・羊などの）糞(ふん) ②▶ **crottin de Chavignol** クロタン・ド・シャヴィニョル【ベリー地方の固いヤギのチーズ】

crouillat [kruja], **crouille** [kruj] 男《軽蔑的》（北アフリカの）アラブ人

croulant(e) [krulɑ̃, -ɑ̃t] 形 くずれかかった; 老いぼれた ── 男《話》旧弊な来し方, 老いぼれ; お年寄り;（複）両親

crouler [krule] 自 崩壊する; 計画などが失敗する;（…で）押しつぶされそうである, たわむ《sous》▶ **crouler sous le poids de ...** …の重みで押しつぶされる, 倒れる

croup [krup] 男《古》クループ【幼児のかかる呼吸器病; ジフテリア】

croupe [krup] 女（馬などの）尻;（オートバイの）後部座席;《話》（特に女性の）大きな尻; 山の背 ▶ **monter en croupe** 鞍【バイク】の後ろに乗る

croupetons [krupt5] 副 [成句でのみ] ▶ **à croupetons** うずくまって

croupi(e) [krupi] 形 (< croupir)

croupier(ère) [krupje, -ɛr] 名 賭博の台係

croupière [krupjɛr] 女 鞦(しりがい)【馬具】 ▶*tailler des croupières à …* 《文》(人)を困らせる

croupion [krupjɔ̃] 男 ①(鳥の)尻 ②《話・軽蔑的》(人間の)尻

croupir [krupiʀ] 自 33 ①(恥ずべき状態の中に)ひたる,おぼれる ②(水が)よどんで腐る

croupissant(e) [krupisɑ̃, -ɑ̃t] 形 よどんだ,腐った

croupissement [krupismɑ̃] 男 《文》(液体の)よどみ,腐敗;(恥ずべき状態に)浸ること

CROUS [krus] 男 《略》Centre régional des œuvres universitaires et scolaires クルース【大学生のための地域別学生支援機関】

croustade [krustad] 女 《料》クルスタード【揚げてかりかりにした肉詰めパイ】

croustillant(e) [krustijɑ̃, -ɑ̃t] 形 ①(ビスケットなどが)かりかりした ②きわどい,みだらな

croustiller [krustije] 自 (菓子などが)ぱりぱり音を立てる

croûte [krut] 女 ①パン[パイ,チーズ]の皮;《話》食物,めし ▶*casser la croûte* 《話》食う,飯を食う *croûtes de pain* パンくず *gagner sa croûte* 《話》自分の生活費を稼ぐ *jambon en croûte* ハムのパイ包み ②層皮;まだ乾いていない皮(=~ de cuir) ▶*croûte terrestre* 〔地〕地殻 ③〔医〕かさぶた ④《話》へたな絵 ⑤《話》頑固者

croûter [krute] 自《話》めしを食う

croûton [krutɔ̃] 男 パンの皮の切れ端[両端];〔料〕クルトン【スープに浮かせる揚げパンの小片】 ▶*vieux croûton* 《話》時代遅れの人

croyable [kʀwajabl] 形 信じられる

croyai… ⇨croire

croyance [kʀwajɑ̃s] 女 (…を)信じること,(…の)信仰,信念 (à, en, dans);信条

croyant(e) [kʀwajɑ̃, -ɑ̃t] 名 (<croire) 信者,信仰者 ― 形 信じる,信仰する

CRS 《略》compagnies républicaines de sécurité 共和国保安機動隊

cru¹ [kʀy] 男 ①ワインの産地;特産ワイン ▶*grand cru* 極上品銘ワイン ▶*de son (propre) cru* 自分で生み出した

***cru²(e)** [kʀy クリュエル] 形 ①(食物が)生の;未加工の ▶*jambon cru* 生ハム ②どぎつい,けばけばしい;(言葉が)露骨な,《話》きわどい ― 副 《話》生の(食物)で ▶*monter à cru* 裸馬に乗る

cru³ [kʀy] croire の過去分詞

crû [kʀy] croître の過去分詞

cruauté [kʀyote] 女 残酷,残虐な行為

cruche [kʀyʃ] 女 ①壺(つぼ),水差し(1杯分の量) ▶*Tant va la cruche à l'eau qu'à la fin elle se casse.* (ことわざ)危険を冒してばかりいるとそのうち命運が尽きる ②《話》ばか,愚か者 ― 形《話》愚かな

cruchon [kʀyʃɔ̃] 男 小さい水差し;水差し1杯分の量

crucial(e) [kʀysjal] 形(男複 -aux [-o]) 決定的な,最重要な

crucifères [kʀysifɛʀ] 女《複》〔植〕アブラナ科(= brassicacées)

crucifié(e) [kʀysifje] 形 (< crucifier) 十字架にかけられた;苦悩に満ちた ― 男 十字架上の人;[le C-] キリスト

crucifiement [kʀysifimɑ̃] 男 磔(はりつけ)刑,十字架にかけること

crucifier [kʀysifje] 他 磔刑に処する;《文》苦しめる

crucifix [kʀysifi] 男《不変》キリストの十字架像

crucifixion [kʀysifiksjɔ̃] 女 キリストの磔刑[図,像]

cruciforme [kʀysifɔʀm] 形 十字形の ▶*tournevis cruciforme* プラスドライバー *vis cruciforme* プラスのねじ

cruciverbiste [kʀysivɛʀbist] 名 クロスワード愛好者

crudité [kʀydite] 女 ①《複》生野菜,野菜サラダ ②(光・言葉などの)どぎつさ,露骨さ

crue [kʀy] 女 (河川などの)増水;(植物の)成長 ▶*en crue* 増水した

***cruel(le)** [kʀyɛl クリュエル] 形 (英 cruel) 残酷[残忍]な,むごい;厳しい,辛い ▶*femme cruelle* 《文》つれない女

cruellement [kʀyɛlmɑ̃] 副 残酷に;ひどく,どうしようもなく

crûment [kʀymɑ̃] 副 露骨に,はっきりと

crûmes [kʀym], **crus** [kʀy], **crut** [kʀy] ⇨croire

crural(e) [kʀyʀal] 形 (男複 -aux [-o]) 〔解〕股(もも)の

crûrent [kʀyʀ] croître の直・単過・3;複

crûs(s)… ⇨croître

crustacé [kʀystase] 男〔料〕エビ,カニ;《複》〔動〕甲殻類

crut [kʀy] croire の直・単過・3;複

crût [kʀy] croire の接・半・3・単;croître の直・単過・3;複

crûtes [kʀyt] croire, croître の直・単過・2;複

cryo- [接頭] (< cry-) 「寒冷」「氷霜」の意

cryoconservation [kʀijokɔ̃sɛʀvasjɔ̃] 女 低温保存【細胞や組織を冷凍保存する】

cryogène [kʀijoʒɛn] 形 〔物〕寒冷発生の ― 男 寒剤

cryogénique [kʀijoʒenik] 形 低温工学の

cryoscopie [krijɔskɔpi] 女 〖物〗凝固点降下法, 結氷点測定

cryptage [kriptaʒ] 男 〖放送〗スクランブル, 〔情報〕暗号化装置

crypte [kript] 女 (教会の)地下納骨[礼拝]堂

crypté(e) [kripte] 形 (< crypter) ▶*chaîne [émission] cryptée* スクランブルチャンネル[放送]

crypter [kripte] 他 〔情報〕暗号化する, 解読不能にする

crypto- 接頭 (<ギ)「隠れた」「潜在的な」の意

cryptocommuniste [kriptɔkɔmynist] 名形〖古〗隠れ共産主義者[党員]の

cryptogame [kriptɔgam] 形〖植〗花の咲かない, 隠花植物の — 男 隠花植物

cryptogamique [kriptɔgamik] 形 ①〖植〗隠花植物の ②(病気が)寄生菌による

cryptogénétique [kriptɔʒenetik] 形〖医〗原因不明の

cryptogramme [kriptɔgram] 男 暗号文書

cryptographie [kriptɔgrafi] 女 暗号通信法

cryptographique [kriptɔgrafik] 形 暗号で記した, 暗号通信法の

csárdás, csardas [tʃardaʃ, tsardaʃ, ksardas] 男 チャルダス〖ハンガリーの民俗舞踊〗

Cuba [kyba] 男 キューバ〖西インド諸島の共和国〗

cubage [kybaʒ] 男 体積(計算)

cubain(e) [kybɛ̃, -ɛn] 形 名 〖C-〗キューバの(人)

*__cube__ [kyb] キュブ 男 (英 cube) 立方体, 正六面体(のもの); 〖数〗3乗 — 形 立方の ▶*gros cube*〘話〙(500 cc 以上の大型バイク) *mètre cube* 立方メートル

cuber [kybe] 他〖数〗3乗する, 体積を求める — 自 …の容積がある ▶*Ça cube.* 〘話〙大変な数[値段]になる

cubique [kybik] 形 ①立方体の ②〖数〗▶*racine cubique* 立方根 ③〖数〗〘稀〙立方の, 3乗の — 女 3次曲線

cubisme [kybism] 男〖美術〗立体派, キュビズム

cubiste [kybist] 形 名〖美術〗立体派の(芸術家)

cubitainer [kybitenɛr] 男 キュビテナー〖ワインなど液体の運搬に用いるプラスチックの容器〗

cubitus [kybitys] 男〖解〗尺骨

cucu(l) [kyky] 形 〘不変〙 〘話〙 ばかばかしい, 滑稽な(=～ la praline)

cucurbitacées [kykyrbitase] 女 〘複〙〖植〗ウリ科

cueill... ⇨cueillir

cueillaison [kœjɛzɔ̃] 女 ①〘文〙摘み取ること ②収穫期

cueillant [kœjɑ̃] cueillir の現在分詞

cueillent [kœj] cueillir の直(接)・現・3・複

cueiller... cueillir

cueilles [kœj] cueillir の直(命・接)・現・2・単

cueillette [kœjɛt] 女 (果物の)摘み取り; (集合的)収穫物

cueilleur(se) [kœjœr, -øz] 名 (果物・花を)摘む人

cueillez [kœje] cueillir の直(命)・現・2・複

*__cueillir__ [kœjir] クイール 他 22 (英 pick, gather) ①(花・果実などを摘む ②〘話〙(人)をつかまえる; 逮捕する

cueilloir [kœjwar] 男 (高所の果実をもぐ)竿(は); (果実を入れる)籠(は)

cueillons [kœjɔ̃] cueillir の直(命)・現・1・複

cui... ⇨cuire

cui-cui [kɥikɥi] 男間 〘不変〙 〘話〙 小鳥のさえずり; チッチッ

cuider [kɥide] 他〘古〙思う; 信じる — 代動 [se～] 思い込む

*__cuiller__ [kɥijɛr], *__cuillère__ [kɥijɛr] キュイエール 女 ①1杯の(量); 料理用の大さじ, 杓子(ʼp); さじ型のもの; 〘話〙手 ▶*cuillère à café* コーヒースプーン *cuillère à dessert* デザートスプーン *cuillère à soupe* 大さじ, スープスプーン *ne pas y aller avec le dos de la cuiller* 遠慮なくふるまう, ずけずけとものを言う *petite cuillère* 小さじ *serrer la cuiller* 握手する

cuillerée [kɥijre, kɥijere], **cuillerée** [kɥijere] 女 スプーン1杯(の量)

*__cuir__ [kɥir] キュイール 男 ①皮, 革; 革製品; 〘古・ふざけて〙(人間の)皮膚 ▶*cuir chevelu* 頭皮 *de [en] cuir* 皮製の, 革製の ②〘話〙連音[リエゾン]の間違い

cuir... ⇨cuire

cuirasse [kɥiras] 女 (胴)よろい; (精神的に)身を守るもの, 防御; (軍艦の)甲鉄 ▶*défaut de la cuirasse* よろいのつなぎ部分; (攻撃されると)弱い所

cuirassé(e) [kɥirase] 形 (< cuirasser) よろいを着た; (軍艦が)装甲された; 平気な, 動じない — 男 装甲艦

cuirassement [kɥirasmɑ̃] 男 (軍艦などの)装甲; 防壁装

cuirasser [kɥirase] 他 (…に)よろいを着せる, (車・艦などを)装甲する; (…に対し)無感覚にする《contre》— 代動 [se～] よろいをつける; 装甲される; (…に対し)動じない《contre》

cuirassier [kɥirasje] 男 機甲部隊(兵); 〘昔〙胸甲騎兵

*__cuire__ [kɥir] キュイール 他 15 (英 cook) (食物を)煮る, 焼く ▶*cuire ... à la vapeur* …を蒸す *cuire ... au four*

オーブンで焼く **cuire ... au gril [à la poêle, à l'eau]** …で焼く［煮る, ゆでる］ **cuire à feu doux [à petit feu]** 弱火で調理する **cuire au beurre [à l'huile]** バター［油］でいためる ― 自 ①（食物が）焼ける, 焼ける, 調理される **faire cuire** 焼く, 煮る; 調理する ②《話》暑さで参る; ひりひり痛む ▶ **Les mains [yeux] me cuisent.** 手［目］がひりひりする **On cuit ici!**《話》ここは暑くてろうりそうだ ― 代動 **[se 〜]** ▶ **se [faire] cuire au soleil**《話》日焼けする

cuiriez [kɥirje] cuire の直・半・2・複
cuirions [kɥirjɔ̃] cuire の直・半・1・複
cuirons [kɥirɔ̃] cuire の直・未・1・複
cuiront [kɥirɔ̃] cuire の直・未・3・複
cuis ... ⇨cuire
cuisant(e) [kɥizɑ̃, -ɑ̃t] 形 (<cuire) 焼けるような, ひりひりする; 激しい, 痛烈な
cuisent [kɥiz] cuire の直・現・3・複
cuisez [kɥize] cuire の直・(命)・現・2・複

*cuisine [kɥizin キュイジヌ] 女（英 kitchen, cooking) ①台所, 料理（法）⇨[コラム: フランスの郷土料理] ②《話》小細工, 駆け引き ▶ **cuisine bourgeoise**（簡素な）家庭料理 **cuisine épicée** スパイスのきいた料理 **cuisine française** フランス料理 **cuisine légère** あっさりした食事 **faire la cuisine** 料理をする

cuisiné(e) [kɥizine] 形 (<cuisiner) 料理[調理]された, 料理ができているの
cuisiner [kɥizine] 他 料理する;《話》厳しく訊問する ― 自 料理する
cuisinette [kɥizinɛt] 女 簡易台所, キチネット

*cuisinier/ère [kɥizinje, -ɛʀ キュイジニエ(-ル)] 名（英 cook）料理人, コック ― 女 オーブンレンジ
cuisons [kɥizɔ̃] cuire の直・(命)・現・1・複
cuissage [kɥisaʒ] 男 ▶ **droit de cuissage**（封建領主の）初夜権
cuissard [kɥisaʀ] 男（自転車のレーシングパンツ;（よろいの）腿当て
cuissardes [kɥisaʀd] 女（複）（腿まで入る）ゴム長靴

*cuisse [kɥis キュイス] 女（英 thigh）腿（もも）;（料）もも肉 ▶ **avoir la cuisse légère**（女性が）尻が軽い **se croire sorti de la cuisse de Jupiter** 自分をえらいと思っている, 高慢である
cuisseau [kɥiso] 男（複 ~x）（料）（子牛の）もも肉
cuisson [kɥisɔ̃] 女 ①（食物を）煮る［焼く］こと;（料）だし汁 ▶ **cuisson à la vapeur** 蒸し調理 **cuisson au four** オーブン調理 **temps de cuisson** 加熱時間, 調理時間 ②（れんが・陶器などを）焼くこと ③ひりひりする痛み
cuissot [kɥiso] 男（鹿・猪などの）もも肉
cuistance [kɥistɑ̃s] 女《話》料理, 食事
cuistot [kɥisto] 男《話》炊事係, 料理人
cuistre [kɥistʀ] 男《文》衒(ゲン)学者, 知ったかぶり男
cuistrerie [kɥistʀəʀi] 女《文》物知りぶること

*cuit(e) [kɥi, -it キュイ(ト)] 形 (<cuire) 煮えた, 焼けた ▶ **bien cuit** よく焼いた, ウェルダンの **C'est du tout cuit.** 成功間違いなこと **cuit à point** 三ディアムの **être cuit**《話》失敗した, へばった; 泥酔している ― 女《話》酔い ▶ **prendre une cuite** 酔っ払う
cuiter [kɥite] 代動 **[se 〜]**《話》酔っ払う

cuivrage [kɥivraʒ] 男 銅めっき（すること）
*cuivre [kɥivʀ キュイーヴル] 男（英 copper）①銅;（複）銅（真鍮）製品, 銅版画 ▶ **cuivre jaune** 真鍮 **cuivre rouge** 金属銅 ②（複）金管楽器
cuivré(e) [kɥivre] 形 ①銅色の ②かん高い, よく響く
cuivrer [kɥivre] 他 銅めっきをする, 銅色にする
cuivreux(se) [kɥivrø, -øz] 形 ①（古）銅を含む ②（化）第一銅の ▶ **oxyde cuivreux** 酸化第一銅

cul [ky] 男《話》（人・動物の）尻;（びんなどの）底;（車の）後部 ▶ **à coups de pied au cul** 無理やりに **avoir le feu au cul** 非常に急ぐ; 発情する **comme cul et chemise** 切っても切れない, 切り離せない **cul entre deux chaises** た めらっている,中途半端な状況にある **faire le cul sec** 一気に飲み干す **l'avoir dans le cul**《俗》負ける, 失敗する **péter plus haut que son cul**《俗》高望みする, 虚勢をはる **se casser le cul pour ...** のために頑張る, 奮闘する **tomber sur le cul** 尻もちをつく; 仰天する **trou du cul** 尻の穴; ばか, うすばかやろう ④《話》セックス; ポルノ ▶ **de cul** 尻製の **film de cul** ポル映画 **histoire de cul** 卑猥な話 **revue [magazine] de cul** ポル雑誌 ③《話》ばか, 間抜け ▶ **cul béni** 信心に凝り固まった人 ④《話》幸運 ― 形《不変》《俗》ばかな ▶ **avoir l'air cul**《俗》間抜けに見える

culasse [kylas] 女（銃の）遊底, 銃尾;（内燃機関の）気筒頭
cul-blanc [kyblɑ̃] 男（鳥）腹白の鳥（ハシグロヒタキ・ハマシギなど腹部の白い鳥の俗称）
culbute [kylbyt] 女 ①でんぐり返り, 転落;《話》倒産;（水泳）クイック・ターン
culbuter [kylbyte] 他 ①ひっくり返す, 打倒する;（敵を撃退する ②《俗》（女を）押し倒してものにする ― 自 もんどり打つ, 転倒する

culbuteur	245	**cul-de-lampe**

culbuteur [kylbytœr] 男 (トロッコなどの)傾斜装置; (エンジンの)バルブロッカーアーム
cul-de-basse-fosse [kydbɑsfos] 男 (複 ~s-de-~-~) 地下牢
cul-de-four [kydfur] 男 (複 ~s-de-~) [建] 四分穹窿($\overset{きゅう}{}$$\overset{りゅう}{}$)
cul-de-jatte [kydʒat] 形 (複 ~s-de-~) 両足のない(人)
cul-de-lampe [kydlɑ̃p] 男 (複 ~s-de-~) [建] 持送(${}^{もち}_{おくり}$)受飾; [印] (本の章末・巻末の)余白のカット

フランスの郷土料理

①ブルターニュ地方
Fruits de Mer 海の幸の盛り合わせ
 ブルターニュ地方の名産、カキ・小エビ・ハマグリなどの海の幸の盛り合わせ
Sole Meunière シタビラメのムニエル
 薄く小麦粉をつけてバターで焼く、茹でたジャガイモを添えることが多い
Galette de Sarrasin そば粉のガレット
 そば粉のクレープ、ハムや卵、チーズなどをのせて焼く

②ロレーヌ地方
Quiche Lorraine キッシュ・ロレーヌ
 パイ生地の上にいためたベーコンをちらし、チーズや生クリーム、牛乳、卵などを混ぜ合わせたものを流し込んでオーブンで焼いた料理

③アルザス地方
Bœckeoffe, Bäkeofe ベーコフ
 白ワインでマリネした肉とタマネギ、ジャガイモを重ねてオーブンで火を通す煮込み料理
Choucroute Alsacienne アルザス風シュークルート
 ザワークラウトにベーコン、香辛料などと白ワインを加えて蒸したもの. ソーセージや塩茹でしたジャガイモとともに出される

④オーヴェルニュ地方
Pot-au-feu ポトフ
 「火にかかった鍋」の意. ニンジンやカブ、タマネギなどを塊のまま肉とともに煮込んだ代表的な家庭料理. マスタードなどを添えて食べる. このスープはブイヨンと呼ばれ、あらゆるポタージュのだし汁にもなる
Vichyssoise ヴィシソワーズ、ヴィシー風ポタージュ
 ジャガイモとポロネギのピュレに生クリームを加えた冷製ポタージュ

⑤プロヴァンス地方
Bouillabaisse à la Marseillaise マルセイユ風ブイヤベース
 マルセイユの代表料理で、魚介類をトマトやニンニクなどの野菜とともにサフランのスープで煮込んだ料理
Ratatouille ラタトゥイユ
 ニース発祥の野菜煮込み. トマト、ナスなどプロヴァンス地方の野菜をじっくり蒸し煮したもの
Salade Niçoise ニース風サラダ
 トマト、ピーマン、レタスなどの生野菜にゆで卵、黒オリーヴ、アンチョビを飾ったサラダ

⑥ラングドック地方
Cassoulet カスレ
 白インゲン豆と肉類、ソーセージの煮込み
Brandade de Morue 干しダラのブランダード
 干しダラのクリームペーストで、ゆでイモや黒オリーブなどとともに食べる

⑦バスク地方
Sole Normande ノルマンディ風シタビラメのクリーム煮
 ワインで蒸したシタビラメに生クリームのソースをかけたもの
Andouille, Andouillette アンドゥイユ、アンドゥイエット
 豚や子牛の内臓の腸詰めで、ソーセージの一種

cul-de-poule [kyd(ə)pul] ► *bouche en cul-de-poule* とがらせた口

cul-de-sac [kydsak] 男 (複 ~s-de-~) 袋小路, 行き止まり; 行き詰まり, 窮状

-cule 接尾 指小を表す名詞をつくる

culée [kyle] 女 〖建〗(アーチの)支柱; 〖土木〗(橋梁の)橋台

culer [kyle] 自 〖海〗(船が)後退する

culinaire [kyliner] 形 料理の ► *art culinaire* [I~] 料理法

culminant(e) [kylminã, -ãt] 形 絶頂の ► *point culminant* 最高峰; 絶頂, 頂点

culminer [kylmine] 自 頂点に達する

culot [kylo] 男 ①底 ②かす【パイプ・るつぼに残るもの】③(話) ずうずうしさ ► *avoir du culot* ずうずうしい *y aller au culot* はったりをかける

culottage [kylɔtaʒ] 男 パイプの内側にカーボンをつけること

***culotte** [kylɔt] 女 ①(英 pants, panties) 半ズボン;(婦人・子供用の)パンツ, パンティー ► *attraper ... par le fond de la culotte ... se moquer de ... comme de sa première culotte* ...を全く気にもかけない, 馬鹿にする *culotte(s) courte(s)* ショートパンツ *culotte(s) de cheval* 乗馬ズボン *porter la culotte* (話)(女性が)家のことを取り仕切る *trembler dans sa culotte* (話) ひどく怖がる ②【牛の尻肉】 ③(話) 賭けでのぼろ負け ④〖古〗酒酔い

culotté(e) [kylɔte] 形 (< culotter) 半ズボンをはいた;(手あかで)黒ずんだ; (話) ずうずうしい, 大胆な

culotter [kylɔte] 他 ①半ズボンをはかせる ②(使いこんで)黒ずませる ► *culotter une pipe* パイプの内側にカーボンをつける —代動 [se ~] 半ズボンをはく

culpabilisant(e) [kylpabilizã, -ãt] 形 罪悪感を与えるような

culpabilisation [kylpabilizasjõ] 女 罪悪感を与えること

culpabiliser [kylpabilize] 他 (人に)罪悪感を抱かせる —代動 [se ~] 罪悪感を抱く

culpabilité [kylpabilite] 女 有罪(性), 罪状 ► *sentiment de culpabilité* 罪悪感;〖精医〗罪責感

culte [kylt] 男 (英 cult) ①礼拝, 祭礼; 宗教 ► *objets du culte* [les ~] 祭具 ②崇拝; 尊敬 ► *culte de la personnalité* 個人崇拝 ③[同格または形容詞的に] カルトな

cul-terreux [kyltɛrø] 男 (複 ~s-~) (話・軽蔑的) どん百姓

cultivable [kyltivabl] 形 耕作に適する

cultivateur(trice) [kyltivatœr, -tris] 名 耕作者; 農夫, 農婦 —男 耕運機

cultivé(e) [kyltive] 形 (< cultiver) ①耕された; 栽培された ► *terres cultivées* 耕作地 ②教養のある

***cultiver** [kyltive] 他 (英 cultivate) ①耕す; 栽培する ②(才能などを)磨く;(芸術などを)究める, 修める;(友情を育む;(人付き合いを)大事にする —代動 [se ~] 耕される; 教養を身につける;(才能などが)養われる

cultuel(le) [kyltyɛl] 形 礼拝の

***culture** [kyltyr キュルテュール] 女 (英 culture) ①文化; 教養; 行動様式;(能力などの)練磨 ► *culture générale* 一般教養 *culture physique* 体育 ②耕作;(複) 耕作地;(細菌などの)培養 ► *mettre en culture* 栽培する

-culture 接尾 (< ラ)「耕作」「栽培」の意の女性名詞をつくる ► *agriculture* 農業

***culturel(le)** [kyltyrɛl キュルテュレル] 形 文化の

culturisme [kyltyrism] 男 ボディービル

culturiste [kyltyrist] 形 ボディービルの[に関する] —名 ボディービルをする人

cumin [kymɛ̃] 男 〖植〗クミン【実を香料に восточен】

cumlo(-)nimbus [kymylonebys] 男 (不変) 〖気〗積層雲

***cumul** [kymyl] 男 兼務, 兼任 ► *avec cumul de peines* 複数の刑で *cumul des mandats* 公選の兼任【例えば同時期に市長と大臣を務めること】

cumulable [kymylabl] 形 兼職でき; 併合可能の

cumulard(e) [kymylar, -ard] 名 (話)(不正な)兼職者, かけもちの人

cumulatif(ve) [kymylatif, -iv] 形 かけもちした, 併合した

cumuler [kymyle] 他 併せ持つ; 兼任する ► *intérêts cumulés* たまった【蓄積した】利子

cumulo(-)stratus [kymylostratys] 男 (不変) 〖気〗積乱雲

cumulus [kymylys] 男 〖気〗積雲

cunéiforme [kyneiform] 形 楔形の

cupide [kypid] 形 (文) 欲張りの, 金銭的に貪欲な

cupidement [kypidmã] 副 (文) 貪欲に

cupidité [kypidite] 女 (文) 金銭欲, 強欲, 強欲

Cupidon [kypidõ] 男 [ロ神] キューピッド【恋愛の神】; [c-] 美少年

cupri-, cupro- 接頭 (< ラ)「銅」の意

cuprifère [kyprifer] 形 銅を含む

cuprique [kyprik] 形 銅(質)の

cupule [kypyl] 女 〖植〗(ドングリなどの)殻斗(ぼく)

curable [kyrabl] 形 治癒の見込みのある

curaçao [kyraso] 男 キュラソー【オレ

curage [kyraʒ] 男 (水槽などの)掃除, 浚渫(しゅんせつ)

curare [kyrar] 男 矢毒 【南米先住民が用いる】

curarisant(e) [kyrarizɑ̃, -ɑ̃t] 形 〔医〕運動神経を麻痺させる

curatelle [kyratɛl] 女 財産管理, 後見

curateur(trice) [kyratœr, -tris] 名 財産管理人, 後見人

curatif(ve) [kyratif, -iv] 形 治療の

curcuma [kyrkyma] 男〔植〕ターメリック, ウコン【香辛料】

cure[1] [kyr] 女 治療, 療法; 養生; 湯治(== thermale) ► *cure de sommeil* 睡眠療法 *cure de thalassothérapie* タラソテラピー, 海水療法 *faire une cure à* …で療養する *faire une cure de* …を(療養のために)たっぷり食べる *suivre une cure d'amaigrissement* (痩せるための)ダイエットをする

cure[2] [kyr] 女 ①〔カト〕(教区の)主任司祭の職 ②司祭館

*****curé** [kyre キュレ] 男 ①主任司祭 ②〔話・軽蔑的〕(カトリックの)坊主; [les〜s] 教会, 僧侶階級

cure-dents [kyrdɑ̃] 男〔不変〕つまようじ

curée [kyre] 女 ①(利権・官職などの)奪い合い ②(犬に与える)獲物の分け前

cure-ongles [kyrɔ̃gl] 男〔不変〕爪磨き

cure-oreille [kyrɔrɛj] 男 耳掻き

cure-pipes [kyrpip] 男〔不変〕パイプ掃除具

curer [kyre] 他 泥を浚(さら)う —— 代動 [se 〜] (自分の歯・耳などを)掃除する

curetage [kyrtaʒ] 男〔医〕掻爬(そうは); (流産などの)子宮内除去手術

cureter [kyrte] 他[4]〔医〕掻把(そうは)する

cureton [kyrtɔ̃] 男〔話・軽蔑的〕司祭, 神父

curette [kyrɛt] 女 ①〔医〕掻爬(そうは)器 ②さび[泥]落し器; パイプ掃除具

curie [kyri] 女 ①(古代ローマの)クリア, 族区[行政区]; クリアの会合所; 元老院 ②〔宗〕ローマ教皇庁

curieusement [kyrjøzmɑ̃] 副 奇妙なことに; 異様に

*****curieux(se)** [kyrjø, -øz キュリュー(ズ)] 形 ①(英 curious) 好奇心の強い, せんさく好きな; (…に)興味を持つ; [être 〜 de 不定詞] …したがる ► *esprit curieux* 好奇心 ② 〔多くは名詞の前〕奇妙な —— 名 好奇心の強い人 やじ馬, 物好き ► *venir en curieux* ちょっと見に来る

*****curiosité** [kyrjozite キュリオズィテ] 女 (英 curiosity) ①好奇心, せんさく欲 ► *La curiosité est un vilain défaut.*《ことわざ》 詮索好きは身を誤る *par curiosité* 好奇心から ②見所; 名所旧跡; 珍しい物; 骨董品

curiste [kyrist] 名 湯治客

curling [kœrliŋ] 男 (< 英)〔スポーツ〕カーリング

curriculum (vitæ) [kyrikylɔmvite] 男〈ラ〉履歴書 [略 CV]

curry [kyri] 男 (< 英) カレー粉; カレー味の ► *au curry* カレー風味の

curseur [kyrsœr] 男 ①計算尺の(カーソル; 〔情報〕(画面上の)カーソル

cursif(ve) [kyrsif, -iv] 形 ①走り書きの; 簡潔な, 粗雑な

cursus [kyrsys] 男 (入学してから修了までの)大学の課程

curv(i)- 接頭 〈ラ〉「曲がった」の意

curviligne [kyrviliɲ] 形 曲線の[からなる]

curvimètre [kyrvimɛtr] 男 曲線計

cuscute [kyskyt] 女〔植〕ネナシカズラ

custode [kystɔd] 女 ①〔カト〕聖体容器 ②(乗用車の)後部側板

cutané(e) [kytane] 形〔解〕皮膚の ► *affection cutanée* 皮膚疾患

cuti [kyti] 女 ツベルクリン反応(検査) ► *virer sa cuti* (ツベルクリンで)陽性反応が出る; 〔話〕(意見や生活態度を)根本的に変える

cuticule [kytikyl] 女〔解・植〕表皮膜, 角皮

cuti-réaction [kytireaksjɔ̃] 女 ツベルクリン反応 [略 cuti]

cutter [kyter, kœtœr] 男 (< 英) カッター

cuvage [kyvaʒ] 男 (ワインの)醸造桶; 大桶(に) ► *cuve de développement*〔写〕現像タンク

cuveau [kyvo] 男 (複〜x) 小桶

cuvée [kyve] 女 ①醸造桶1杯分(のワイン) ②(1つのブドウ畑の)ワイン総収穫量 ► *la cuvée 1937* 1937年物のワイン

cuvelage [kyvlaʒ] 男 (防水・補強のための)炭坑壁の板張り; 掘り抜き井戸に鉄管を入れること

cuveler [kyvle] 他[45] 掘り抜き井戸に鉄管を入れる; (立坑壁に)内枠を張る

cuver [kyve] 自 (ワインが)発酵する —— 他 ① ► *cuver son vin* (睡眠・休息で)酔いを覚ます

cuvette [kyvɛt] 女 ①洗面器[台] ②便器 ③盆地

CV[1] 男〔不変〕〔略〕 curriculum vitæ 履歴書

CV[2] 男 cheval fiscal 課税馬力

cyanhydrique [sjanidrik] 形〔化〕シアン化水素の

cyan(o)- 接頭 〈ギ〉「青[藍]色の」,〔化〕「シアン」の意

cyanogène [sjanɔʒɛn] 男〔化〕シアン

cyanose [sjanoz] 女〔医〕チアノーゼ

cyanure [sjanyr] 男 〔化〕シアン化物

cybercafé [siberkafe] 男 インターネットカフェ

cybernaute [sibernot] 名 インターネット利用者；サイバー空間にいる人

cybernéticien(ne) [sibernetisje, -ɛn] 形 サイバネティックス[自動制御]の ── 名 サイバネティックス研究家

cybernétique [sibernetik] 形女 サイバネティックスの

cyclable [siklabl] 形 ▶**piste cyclable** 自転車専用レーン

cyclamen [siklamɛn] 男 〔植〕シクラメン

cycle [sikl] 男 ①(英 cycle) 循環(期)，周期 ▶**cycle économique** 景気循環 **cycle menstruel** 月経周期 ②教育過程 ▶**premier cycle** (大学の)教養課程；前期課程〔中等教育の最初の4年間；中学校 (collège)〕 **second [deuxième] cycle** (大学の)専門課程；後期課程〔中等教育の後半の3年間；高校 (lycée)〕 **troisième cycle** (大学の)博士課程 ③〔文学〕一連の詩[伝説] ④二輪車〔自転車・オートバイ〕▶**magasin de cycles** サイクルショップ，自転車屋

-cycle [接頭]〈ギ〉「円」「輪」の意

cyclique [siklik] 形 循環周期的な；〔化〕環状の，環式の；〔文学〕連作の；〔楽〕循環形式の

cyclisme [siklism] 男 自転車競技；サイクリング

***cycliste** [siklist スィクリスト] 形〔英 cycling, cyclist〕自転車(競技)の ── 名 自転車乗り；自転車競技の選手 ── 男 サイクリングショーツ〔ぴったりした膝下までの短パン〕▶**course cycliste** 自転車競技[レース]

cyclo [siklo] 男 = cyclomoteur

cyclo- [接頭]〈ギ〉「円」「輪」の意

cyclo(-)cross [siklokros] 男 自転車クロスカントリーレース

cyclomoteur [siklomotœr] 男 モーターバイク〔50 cc 以下のもの〕

cyclomotoriste [siklomotorist] 名 モーターバイクに乗っている人

***cyclone** [siklon スィクロヌ] 男 ①暴風雨，台風；〔気〕サイクロン，熱帯性低気圧；低気圧 ②(何もかもぶち壊す)嵐のような人 ③遠心集塵装置

cyclope [siklop] 男 ①[C-]〔ギ神〕キュクロプス【一眼の巨人】 ②〔動〕ケンミジンコ

cyclopéen(ne) [siklopeɛ̃, -ɛn] 形 巨大な

cyclo-pousse [siklopus] 男 (東南アジアなどの)輪タク，シクロ

cyclothymie [siklotimi] 女 躁鬱病

cyclothymique [siklotimik] 形 躁鬱病の(人)

cyclotourisme [sikloturism] 男 自転車旅行

cyclotouriste [sikloturist] 名 自転車旅行をする人

cyclotron [siklotrɔ̃] 男〔物〕サイクロトロン〔加速装置〕

cygne [siɲ] 男 白鳥(の羽毛)；[le C-]〔天〕白鳥座 ▶**chant du cygne** 白鳥の歌，(芸術家の)最後の作品

cylindre [silɛ̃dr] 男 円筒；円錐(状のもの)；(ピストンの)シリンダー ▶**une 6 cylindres** 6 気筒エンジン

cylindrée [silɛ̃dre] 女 (発動機の)気筒容積，排気量 ▶**grosse cylindrée** 排気量の大きい車 **petite cylindrée** 排気量の小さい車

cylindrer [silɛ̃dre] 他 ①ロールにかける，圧縮する ②円筒状にする

cylindrique [silɛ̃drik] 形 円筒形の

cymbale [sɛ̃bal] 女 シンバル〔楽器〕

cymbalier(ère) [sɛ̃balje, -ɛr] 男女 シンバル奏者

cymbaliste [sɛ̃balist] 名 = cymbalier

cynégétique [sineʒetik] 形 狩猟の ── 女 狩猟術

cynique [sinik] 形名 ①恥知らずな(人)，冷笑的な(人)，ひねくれた(人) ②〔哲〕犬儒学派の(人)

cyniquement [sinikmɑ̃] 副 臆面もなく，冷笑的[皮肉]に

cynisme [sinism] 男 ①冷笑的な態度，シニズム ②〔哲〕犬儒主義

cyn(o)- [接頭]〈ギ〉「犬」の意

cynocéphale [sinosefal] 男〔動〕ヒヒ

cynodrome [sinodrom] 男 ドッグレース場

cynophile [sinofil] 形 犬好きの ── 名 愛犬家

cynorexie [sinorɛksi] 女〔医〕過食症；食欲過多

cyphose [sifoz] 女〔医〕脊柱後湾症

cyprès [siprɛ] 男〔植〕イトスギ(糸杉)【喪の象徴】

cyprin [siprɛ̃] 男〔魚〕コイ(鯉)(科の魚)；金魚

cyprinidé [siprinide] 形 = chypriote

cyrillique [siri(l)lik] 形 ▶**alphabet cyrillique**〔言〕キリル文字

cyst(i-), cysto- [接頭]〈ギ〉「膀胱」「囊」の意

cystite [sistit] 女〔医〕膀胱炎

cystoscope [sistoskop] 男〔医〕膀胱鏡検査(法)

cytise [sitiz] 男〔植〕エニシダの類

cyt(o)- [接頭]〈ギ〉「細胞」「空洞」の意

cytologie [sitoloʒi] 女 細胞学

cytolyse [sitoliz] 女〔医〕細胞溶解

cytomégalovirus [sitomegalovirys] 男 サイトメガロウイルス〔ヘルペスウイルスの一種〕

cytoplasme [sitoplasm] 男〔生〕細胞質

czardas [tʃardaʃ, tsardaʃ, ksardas] 女 = csárdás

D

D, d [de] 男 ①フランス字母の第4字 ②ローマ数字の500 ③〖楽〗ニ音，ニ調 ④〖略〗deci- ▶ **système D**. 〖話〗臨機応変，要領のよさ，やりくりのう まさ

d' [d] 前冠 de の省略形

DAB [dab] 男〖略〗(<英) distributeur automatique de billets 現金自動支払い機

dab, dabe [dab] 男〖俗〗おやじ ▶ **les dab(e)s** 両親

***d'abord** [dabɔr ダボール] 副 まず，最初に

da capo [dakapo] 副 (<イ)〖楽〗ダカーポ

***d'accord** [dakɔr ダコール] 〖間〗よろしい，承知した ⇨accord ▶ **être d'accord avec A sur B** A(人)と B について同意[賛成]する **se mettre [tomber] d'accord avec** (人)と同意する[に至る]

dactyle [daktil] 男 ①〖植〗カモガヤ ②〖詩〗長短短格

dactylique [daktilik] 形〖詩〗長短短格の

dactylo [daktilo] 名 タイピスト；タイプ打ち(の技術)

dactyl(o)- [接頭] (<ギ)「指」の意

dactylographe [daktilɔgraf] 名〖古〗タイピスト

dactylographie [daktilɔgrafi] 女 タイプ原稿作成

dactylographier [daktilɔgrafje] 他 (手紙などを)タイプ(ライター)で打つ

dactylographique [daktilɔgrafik] 形 タイプ(ライター)の

dactylologie [daktilɔlɔʒi] 女〖聴覚障害者のための〗指文字

dactyloscopie [daktilɔskɔpi] 女 指紋鑑定

dada¹ [dada] 男 ①〖幼児〗お馬 ②〖話〗十八番(おはこ)，得意な話題；固定観念

dada² [dada]〖美術〗ダダ ── 形〖不変〗ダダの

dadais [dadɛ] 男 間抜けな若者

dadaïsme [dadaism] 男 ダダイスム

dadaïste [dadaist] 名 ダダイスムの作家・芸術家 ── 形 ダダイスムの

dague [dag] 女〖昔の短剣，短刀

daguerréotype [dagereɔtip] 男 ダゲレオタイプ 銀板写真

dahlia [dalja] 女〖植〗ダリア

daigner [deɲe] 他〖不定詞を伴って〗…してくださる，してやる

***d'ailleurs** [dajœr ダイュール] それに，その上，さらには ⇨ ailleurs

daim [dɛ̃] 男 ダマシカ，スエード皮

daine [dɛn] 女 ダマシカの雌

daïquiri [dajkiri] 男 ダイキリ【カクテル】

dais [dɛ] 男 (祭壇・王座の)天蓋

dalaï-lama [dalailama] 男 (複 ~s-~) ダライラマ(法王)【チベット仏教最高指導者】

dallage [dalaʒ] 男 敷石・タイルを張ること，舗装；〖集合的〗舗石

dalle¹ [dal] 女 ①舗石，敷石；(大理石・コンクリート・ガラスなどの)平板 ▶ **dalle de béton**〖建〗コンクリートスラブ **dalle funéraire** 墓石 ②〖話〗のど ▶ **avoir la dalle**〖話〗腹ぺこだ **avoir la dalle en pente**〖話〗のどからからである **se rincer la dalle** 飲む，一杯やる

dalle² [dal] 代〖不定〗〖不変〗〖話〗何も…ない ▶ **n'y voir que dalle**〖話〗さっぱりわからない **que dalle**〖話〗まったく，全然ない

dallé(e) [dale] 形 敷石を張った，舗装された

daller [dale] 他 敷石を張る，舗装する

dalmate [dalmat] 形名 [D-] ダルマチアの(人) ── 男 ダルマチア語

Dalmatie [dalmasi] 女 ダルマチア【ユーゴスラビアの沿海地方】

dalmatien [dalmasjɛ̃] 男 ダルメシアン【犬】

daltonien(ne) [daltɔnjɛ̃, -ɛn] 形名 色覚異常の(人)

daltonisme [daltɔnism] 男 色覚異常

dam [dɑ̃, dam] 男〖古〗損害 ▶ **au (grand) dam de …**〖文〗(人)に(大)損害をかける

damage [damaʒ] 男 地面の突き固め

daman [damɑ̃] 男〖動〗ハイラックス，イワダヌキ(岩狸)

Damas [damas] ダマスカス【シリアの首都】

damas [dama]〖織〗ダマスク(織)

damasquiné(e) [damaskine] 形 金銀を象嵌した

damasquiner [damaskine] 他 (鉄・鋼などに)金銀を象嵌する

damassé(e) [damase] 形 ダマスク風の ── 男 ダマスク風織物

damasser [damase] 他 (織物を)ダマスク風にする

***dame** [dam ダーム] 女 (英 lady) ①婦人，レディ ②〖古〗既婚の女性 ③貴婦人，上流婦人 (= grande ~) ④ 〖古〗(身分の高い)奥方，姫君；〖古〗(騎士が忠誠を誓った婦人)；修道女 ▶ **dame de compagnie** (病人や老人の)介護する婦人 **dame d'honneur** (宮廷の)女官 **Notre Dame** 聖母マリア **première dame de France** [la ~] フランス大統領夫人 ④(トランプなどの)クイーン；(チェス)チェッカー (= jeu de ~s) ⑤(土ま・(地面の突き固め)突き棒 ── 間〖話・強意〗もちろん，そうさ

dame-jeanne [damʒan] 女 (複 ~s-~s)〖柳細工で包んだ〗細首の大びん

damer [dame] 他 ①(チェスで歩を)女王に成らせる ▶**damer le pion à** …《話》(人)を負かす, 追い抜く《ゲレンデの雪などを》踏み固める

dameuse [damøz] 女 圧雪車, ゲレンデ整備用雪上車

damier [damje] 男 チェッカーボード; 市松模様 ▶**en [à] damier** (模様が)チェックの, 格子縞の

damnable [dɑnabl] 形 非難に値する

damnation [dɑnasjɔ̃] 女 地獄の責苦

damné(e) [dɑne] 形 地獄に落ちた;《話》いまいましい ── 名 地獄に落ちた人

damner [dɑne] 他 地獄に落とす ▶**faire damner** 《話》(人)を激怒させる ── 代動 (se ~) 地獄に落ちる

Damoclès [damɔklɛs] ダモクレス【古代シラクサのディオニシオス一世の廷臣】▶**épée de Damoclès** [l'~] ダモクレスの剣【絶えざる危険】

damoiseau [damwazo] 男 (複 ~x) (中世の)若殿【騎士(chebalier)になる前の呼称】

damoiselle [damwazɛl] 女 ①(中世の)貴族の娘 ②(damoiseau の)奥方

dan [dan] 男 (< 日)(柔道などの)段

danaïde [danaid] 女《虫》マダラチョウ

dancing [dɑ̃siŋ] 男 (< 英)ダンスホール

dandinement [dɑ̃dinmɑ̃] 男 よたよた歩き

dandiner [dɑ̃dine] 他 (体を)左右に揺する, よちよち歩く ── 代動 (se ~) 体を左右に揺して ▶**marcher en se dandinant** よたよたしながら進む

dandy [dɑ̃di] 男 (< 英)《古》ダンディー, だて男

dandysme [dɑ̃dism] 男《文》ダンディズム, 伊達(ダテ)ぶり

Danemark [danmark] 男 デンマーク

*__danger__ [dɑ̃ʒe] ダンジェ 男 (英 danger) 危険(性); 危機 ▶**Attention danger!** 気をつけろ, 危ないぞ **courir un danger** 危険を冒す **Danger de mort** (掲示)生命の危険あり **danger public** 《話》危険である人, 危険に瀕している **être hors de danger** 危機を脱している **(Il n'y a) pas de danger que +** [接続法]**!** 《話》…なんて絶対ありえない **mettre ... en danger** …を危険にさらす

dangereusement [dɑ̃ʒrøzmɑ̃] 副 危険なほどに, 命にかかわるほど

*__dangereux(se)__ [dɑ̃ʒrø, -øz] ダンジュルー(ズ) 形 (英 dangerous) 危険な, 有害な; 油断のならない

danois(e) [danwa, -az] 形 デンマーク (Denemark) の ── 男 [D-] デンマーク人 ── 男 デンマーク語; グレートデーン【大型の番犬】

*__dans__ [dɑ̃] ダン 前 (英 in, into) ①(場所・情況・範囲・方向・時間) …の中に[で], …に, …で, …の間に, …において, …の頃に ▶**dans la matinée** 午前中に **dans le mois** 今月中に **être dans la force de l'âge** 人生の盛りにある **habiter dans Paris** パリに住む **monter dans une voiture** 車に乗りこむ **regarder dans un miroir** 鏡を見る ②(起点) …の中から ▶**boire dans un verre** グラスから飲む **prendre un stylo bille dans un tiroir** 引き出しの中からボールペンを取り出す ③(時間)[現在を基点として] …後に ▶**Je reviendrai dans huit jours.** 一週間後に戻ります ④(概数)[dans les ...] およそ…, 約… ▶**Ça coûte dans les 500 euros.** だいたい500ユーロします

*__dansant(e)__ [dɑ̃sɑ̃, -ɑ̃t] 形 踊る(ような), ゆらめく; (パーティーなどで)ダンスがある

*__danse__ [dɑ̃s] ダンス 女 (英 dance) ダンス, 踊り, 舞踊; ダンス音楽, 舞踊曲 ▶**chaussures de danse** バレエシューズ **danse classique** クラシックバレエ **danse de Saint-Guy** 《医》舞踏病 **danse de salon** 社交ダンス **danse du ventre** ベリーダンス **entrer dans la danse** 行動を開始する, 参加する **mener la danse** 騒ぎの先頭に立つ, 扇動する

*__danser__ [dɑ̃se] 自 (英 dance) ①踊る, ダンスをする, バレエを踊る ②揺れる, ゆらめく ── 他 (ワルツなどを)踊る ▶**ne pas savoir sur quel pied danser** どうしていいかわからない

danseur(se) [dɑ̃sœr, -øz] 名 ダンサー, 舞踊家, バレリーナ; (ダンスのパートナー) ▶**pédaler en danseuse** (自転車を)立ちこぎする

dansot(t)er [dɑ̃sɔte] 自 踊りらしきことをする; 踊るように見える

Dante [dɑ̃t] (~ Alighieri) ダンテ【1265-1321; イタリアの詩人】

dantesque [dɑ̃tɛsk] 形 ダンテ風の; 壮大な, 荘厳な

Danube [danyb] 男 (le ~) ドナウ川, ダニューブ川

DAO (略) Dessin assisté par ordinateur コンピュータ支援設計, CAD

Daphné [dafne] 女【ギ神】ダフネ

daphnie [dafni] 女《動》ミジンコ

d'après [daprɛ] …によって, …によれば

dard [dar] 男 ①(蜂などの)針; (蛇の)舌の先 ②(昔の)投槍(ナゲヤリ)

Dardanelles [dardanɛl] 女《複》[détroit des ~] (エーゲ海にある)ダーダネルス海峡

darder [darde] 他《文》(眼差しなどを)投射する; (太陽が)激しく照りつける

darne [darn] 女 (大きな魚の)切り身

darse [dars] 女 (地中海沿岸の)係船ドック

dartre [dartr] 女《医》苔癬(タイセン)【発疹性皮膚癌】

dartreux(se) [dartrø, -øz] 形 〖医〗苔癬の ― 名 苔癬患者

Darwin [darwin] 〖人〗(Charles~) ダーウィン〖1809–82; イギリスの博物学者〗

darwinien(ne) [darwinjɛ̃, -ɛn] 形 ダーウィンの説の

darwinisme [darwinism] 男 ダーウィン説, ダーウィニズム

darwiniste [darwinist] 形名 ダーウィン説の擁護者

dasyure [dazjyr] 男 〖動〗フクロネコ

datable [databl] 形 日付[時代]を推定[決定]できる

datation [datasjɔ̃] 女 日付の記入; 年代[時代]の推定[決定] ▶*datation au carbone 14* 炭素14法〖放射性炭素年代測定法〗

datcha [datʃa] 女 ダーチャ〖ロシアの都市近郊の別荘〗

date [dat] ダット 男 ①日付, (年)月日; 日取り; 期日, 期限; 年代, 時代; (画期的な)事件 ▶*date butoir* 締め切り期限 ▶*date de naissance* 生年月日 ▶*date de valeur* (手形の)決済日 ▶*date limite* 期限 ▶*de fraîche date* 知り合ったばかりの, (付き合いが)浅い ▶*de longue date* (付き合いが)古くからの *faire date* 時代を画する *prendre date* 日時を決める

dater [date] 他 日付[場所]を書き入れる; (事件・作品などの)年月日を推定[決定]する ― 自 ①(…に)始まる, さかのぼる (de) ②旧式になる ③時代を画する ▶*à dater de …* …から ▶*Ça ne date pas d'hier [d'aujourd'hui]*. 昨日今日のことではない, ずっと前にさかのぼる

dateur(se) [datœr, -øz] 形 日付を記入[表示]する ― 男 日付印スタンプ; (腕時計の)日付表示装置

datif [datif] 男 〖言〗与格〖間接目的語にあたる〗

dation [dasjɔ̃] 女 〖法〗選定, 指定

datte [dat] 女 ①ナツメヤシの実 ▶*C'est comme des dattes.* 〖話〗無理 *des dattes* 〖話〗いやだ

dattier [datje] 男 〖植〗ナツメヤシ〖= palmier ~〗

daube [dob] 女 ①(肉の)蒸し煮 ②〖話〗安物, くだらないこと

dauber [dobe] 他自 〖古・文〗(人の)悪口を言う, 謗(ソシ)る

dauphin¹ [dofɛ̃] 男 〖動〗イルカ

dauphin² [dofɛ̃] 男 ①〖史〗(フランス)王太子 ②(企業や役職の)後継者

Dauphiné [dofine] 男 ドフィネ〖フランス南東部の旧地方名〗

dauphine [dofin] 女 〖史〗王太子妃

dauphinois(e) [dofinwa, -az] 形 ドフィネ(地方)の ― 名〖D-〗ドフィネの人 ▶*gratin dauphinois* ドフィネ風グラタン〖ジャガイモのグラタン〗

daurade [dɔrad] 女 〖魚〗タイ; ヨーロッパヘダイ

*davantage [davɑ̃taʒ ダヴァンタージュ] 副 (英 more) より以上に, もっと, さらに ▶*davantage de* …よりたくさんの *davantage que* …よりも一層

David [david] 男 ダヴィド〖男子の名〗; 〖聖・史〗ダビデ〖イスラエルの王〗

davier [davje] 男 抜歯用鉗子(カンシ)

DB (略) Division blindée 〖軍〗機甲師団

dB [desibɛl] (略) décibel 〖物〗デシベル

DCA (略) défense contre avions 対空防御; 対空砲火

DDASS (略) Direction départementale de l'action sanitaire et sociale 県保健社会福祉 ▶*enfant de la DDASS* 孤児, 施設にいる子ども

DDT (略) dichloro-diphényl trichloréthane ディーディーティー〖殺虫剤〗

***de** [də ドゥ] 前〖de + le→du; de + les →des; 母音および無音のhの前ではd'〗(英of, from) ①〖所有・部分・所属〗…の; …のうちで ▶*le chapeau de Pierre* ピエールの帽子 ▶*un de mes amis* 私の友達の1人 ②〖素材・用途・性質〗…(製)の; …(用)の; …の(性質の), …を持った ▶*un vase de cristal* クリスタルの花瓶 ③〖内容〗…の(入った) この小説は退屈だ *une tasse de café* 1杯のコーヒー ④〖起点・出身〗…から, …から(来た), (から)の ▶*de … en …* …から…へ; ごとに ―*de ville en ville* 町から町へ / *de dix en dix* 10分ごとに *du matin au soir* 朝から晩まで *rentrer de l'école* 学校から帰る ⑤〖数量・程度〗…の ▶*Le prix d'entrée est de 20 euros.* 入場料は20ユーロです ⑥〖対象・主題〗…の, …に対する, …について ▶*Que pensez-vous de cela?* それについてどうお考えですか ⑦〖原因・手段・様態〗…で, …のせいで ▶*mourir de froid* 凍え死ぬ ⑧〖期間〗…の間に ▶*de nos jours* 現代では *de nuit* 夜 ⑨〖同格〗…の, という ▶*la ville de Paris* パリの街 ⑩〖受動態の助作主補語〗…によって ▶*de qui [quoi] …?* だれ[何]によって…? ⑪〖不定詞の前〗…すること *Il est facile de critiquer*. 批判するのはたやすい ⑫〖形容詞・過去分詞の前〗 ▶*quelque chose d'intéressant* 何かおもしろいこと
― 冠 ①〖不定冠詞の複数形 des は〖形容詞 + 名詞〗の前では de になる〗 ▶*de belles fleurs* 美しい花 ②〖直接目的語につく不定冠詞・部分冠詞は否定文では de になる〗 ▶*Elle ne boit pas de vin*. 彼女はワインを飲まない

dé¹ [de] 男 さいころ (= ~ à jouer); 〖料〗さいの目 ▶*couper … en dés* …をさいの目に切る *jouer aux dés* さいころ遊びをする *Les dés sont jetés*. さいは投げられた, もう後には引けない

dé² [de] 男 指ぬき(= ～ à coudre); 《話》小さなグラス

dé- [接頭] (くラ) ①「反対」「逆」「除去」「分離」の意 ▶*désarmer* 武装解除する ②「強調」の意 ▶*découper* 細かく切る

DEA (略) diplôme d'études approfondies 専門研究過程修了証【博士課程1年目に取得する】

dealer¹ [dilœr] 男 麻薬の売人

dealer² [dile] 他 《話》(麻薬を)密売する

dealeur(se) [dilœr, -øz] 名 =dealer¹

déambulateur [deãbylatœr] 男 (病人などの)歩行器

déambulatoire [deãbylatwar] 男 (教会の)周歩廊

déambuler [deãbyle] 自 ぶらぶらする, そぞろ歩く

Deauville [dovil] ドーヴィル【ノルマンディー海岸の町】

débâcher [debaʃe] 他 (車などの)シートをとる

débâcle [debakl] 女 ①(川の)解氷 ②(軍隊の)潰走(ホニヒ), (企業などの)倒産, 崩壊

débâillonner [debajone] 他 ①猿ぐつわを外す ②言論の自由を与える

déballage [debalaʒ] 男 ①荷ほどき(した品物); 露店; 《話》乱雑に並んだ商品 ②《話》打ち明け話; (抑制のきかない)告白

déballer [debale] 他 ①(商品・箱の)荷をほどきする; (箱などから品物を取り出す; (行商人が商品を並べる ②《話》打ち明ける, (知っている事を)ぶちまける

débandade [debɑ̃dad] 女 ①四散すること; 敗走 ▶*à la débandade* ちりぢりに; でたらめに

débander [debɑ̃de] 他 包帯をとる; (張ったものを)ゆるめる — 自 《話》おとなしくなる; 《俗》(勃起が)おきさる ▶*sans débander* 休まずに, 途切れずに — 代動 [se ～] ちりぢりになる; 敗走する

débaptiser [debatize] 他 名を改める

débarbouiller [debarbuje] 他 ①(急いで)顔を洗う ②《話》窮地から救い出す — 代動 [se ～] ①(自分の)顔を洗う, 身じまいする ②《話》窮地を脱する

débarbouillette [debarbujɛt] 女 〈ケベック〉洗面用タオル

débarcadère [debarkadɛr] 男 船着場, 桟橋; 荷揚げ場

débarder [debarde] 他 ①荷揚げ〔陸揚げ〕する ②(切り出した)材木・石材を)運び出す, 運搬する

débardeur [debardœr] 男 ①港湾労働者, 沖仲仕 ②[服] タンクトップ; ランニングシャツ

débarquement [debarkəmɑ̃] 男 ①陸揚げ, 荷揚げ ②下船, 上陸 ▶*péniche de débarquement* [軍] 上陸用舟艇

débarquer [debarke デバルケ] 他 ①(船から)陸揚げする ②(船客を)下船させる, 上陸させる; 降ろす, 下車させる ③《話》(人を)免職にする, 追っ払う — 自 ①上陸する, 下船する下車する, (飛行機から)降りる ②《話》(…に)不意に来る (chez) ③《話》遠くから帰ったばかりのように)近況に疎(い

débarras [debara] 男 ①物置, 納戸 ②《話》厄介払い ▶*Bon débarras!* (話) これで厄介払いができた

*****débarrasser** [debarase デバラセ] 他 片づける, 邪魔を物を取りのぞく ▶*débarrasser A de B* AからBを取りのぞく, 厄介払いをする — 代動 [se ～] (…を)厄介払いをする, 片づける, 捨てる (de)

débat¹ [deba] 男 ①討論(会), 討議 ②《複》(議会の)討議, 討論;[法]審理, 口頭弁論

débat² [deba] ⇒débattre

débâter [debate] 他 (馬などから)荷鞍(bât)を取り外す

débatteur [debatœr] 男 演説家; 論客

débattre [debatr] 他 ①(…を)討論する ②話し合う, 交渉する; 値切る — 自 (…について)討論する (de, sur) — 代動 [se ～] ①もがく, じたばたする; (…と)闘う (contre) ②討議される

débattu [debaty] débattre の過去分詞

débauchage [deboʃaʒ] 男 (労働者などの)解雇; 仕事をやめさせること, 引き抜き

débauche [deboʃ] 女 《文》放蕩, 遊蕩,《古》暴飲暴食; (…の)濫用 (de) ▶*mener une vie de débauche* 放蕩な生活をする *une débauche de...* …の氾濫, おびただしい…

débauché(e) [deboʃe] 形 (< débaucher)《文》放蕩の — 名 放蕩者, 道楽者

débaucher [deboʃe] 他 ①(義務などに)背(そむ)かせる, (仕事などを)やめさせる ②解雇する, 整理する ③《古》堕落させる, 誘惑する; (話) 気晴らしをさせる

débecter [debɛkte] 他 《話》むかつかせる; うんざりさせる

débet [debɛ] 男 (決算時の)欠損

débile [debil] 形 虚弱な;[話] ばかな — 名 精神薄弱者 (= ～ mental)

débilitant(e) [debilitɑ̃, -ɑ̃t] 形 衰弱させる; 意気阻喪させる

débilité [debilite] 女 [生理] 虚弱, 衰弱 ▶*débilité mentale* 精神薄弱

débiliter [debilite] 他 (心身を)衰弱させる, 弱らせる, 意気阻喪させる

débinage [debinaʒ] 男 《話》悪口, 中傷

débine [debin] 女 《話》すかんぴん, じ

り貧

débiner [debine] 他 《話》けなす, 悪く言う

débineur(se) [debinœr, -øz] 名 《話》けなし屋, 悪口を言う人

débit[1] [debi] 男 ①売れ行き ②小売(店) ▶ **débit de boissons** 飲食店【バーやカフェ】**débit de tabac** たばこ屋 ③(水・ガス・電気の)流量, 交通[輸送]量 ④[情報]レート, 速度 ⑤話し方, 口調

débit[2] [debi] 男 [会計・商]借方, 払うべき金 ▶ **porter au débit** 借方に記入する

débitant(e) [debitɑ̃, -ɑ̃t] 名 (酒・たばこの)小売商

débiter[1] [debite] 他 ①売る, 小売する ②出任せにしゃべる;(単調に語る ③(木材・石材などを)ひき割る, 切る ④(ガス・液体などを定時間に)排出する, 供給する;(機械・工場が)生産する, 運ぶ, 運搬する ─ 代動 [se ~] ①ひき割られる ②売れる ③言いふらされる

débiter[2] [debite] 他 [商]借方に記入する ▶ **débiter une somme à ... / débiter ... d'une somme** ある金額を(人)の借方に記入する(の払いにする]

débiteur[1](**trice**) [debitœr, -tris] 名 債務者;(精神的に)負い目のある人, 恩に着ている人 ─ 形 負債のある ▶ **compte débiteur** 借方勘定

débiteur[2](**se**) [debitœr, -øz] 名 ①(古・軽蔑的)おしゃべり ②(古) 小売商 ─ 男 (石材などをひき割る)職人

débitmètre [debimetr] 男 流量計

déblai [deble] 男 [土木] ①整地, 開削 ②(複) 掘出した土, 残土

déblaiement [deblemɑ̃] 男 (障害物の)取り払い;その残土の処理

déblatérer [deblatere] 自 57 (…を) 罵(ののし)る, 毒づく《**contre**》

déblayage [debleja3] 男 取り払い, 整理

déblayer [debleje] 他 (じゃまなものを)取り除く ▶ **déblayer le terrain** 地ならしをする;下準備をする

déblocage [deblɔkaʒ] 男 ①(歯止めやブレーキを)はずすこと ②(封鎖・凍結・規制の)解除,(障害の)除去;放出,流通;《話》たわごと

débloquer [deblɔke] 他 ①(歯止めやブレーキを)はずす ②(封鎖・凍結・規制を)解除する,(障害を)取り除く,(商品などを)再び流通させる,放出する ─ 自 《話》たわごとを言う ─ 代動 [se ~] (状況などが)打開される, 停滞から脱する

débobiner [debɔbine] 他 (コイルの)巻きをほどく

débogage [debɔgaʒ] 男 [情報] デバッグを行うこと

déboguer [debɔge] 他 [情報] デバッグする, バグを除去する

débogueur [debɔgœr] 男 [情報] デバッガ【バグを除去するプログラム】

déboire [debwar] 男 幻滅, 失望; 失敗, 不運

déboisé(e) [debwaze] 形 《話》髪の毛がない, はげの

déboisement [debwazmɑ̃] 男 森林[山林]の伐採

déboiser [debwaze] 他 森林[山林]を伐採する ─ 代動 [se ~] (森林の)樹木が伐採される

déboîtement [debwatmɑ̃] 男 ①脱臼(きゅう) ②車線変更

***déboîter** [debwate] ヴォワテ 他 取り外す; 脱臼(きゅう)させる ─ 自 (車などが)列を離れる; 車線を変える ─ 代動 [se ~] 脱臼する

débonder [debɔ̃de] 他 (…の)栓(せん)を抜く, 穴を開く ─ 代動 [se ~] (長く抑えていた)感情を吐き出す(= ~ son cœur)

débonnaire [debɔnɛr] 形 《古・文》温厚な; お人好し過ぎる

débonnairement [debɔnɛrmɑ̃] 副 《文》温厚に, お人好しにも, 喜々として

débord [debɔr] 男 (商品の)過剰の; (鉄道の)貨物積み下ろし用側線

débordant(e) [debɔrdɑ̃, -ɑ̃t] 形 あふれるばかりの; (で)満ちあふれた《de》▶ **être débordant de vie** 活気に満ちている

débordé(e) [debɔrde] 形 (< déborder) 仕事で手が一杯の; 先を越された; (川などが)氾濫(はんらん)した

débordement [debɔrdəmɑ̃] 男 ①(河川の)氾濫; (言葉・感情の)迸り; [情報]オーバーフロー; (複) 放蕩(ほうとう) ②[軍] 包囲

***déborder** [debɔrde] デボルデ 自 ①氾濫(はんらん)する; あふれ出る, (…で)あふれる, 一杯である ②発する《de》▶ **déborder d'imagination** 想像力が豊かである ③(船が)沖に出る ─ 他 ①はみ出す, 外す; 縁(ふち)を取り去る ▶ **déborder un lit** ベッドの縁に折り込んだシーツと毛布を外す ③[軍・スポーツ] (…の)裏[横]に回り込む, 包囲する

débossage [debɔsaʒ] 男 てこぼこ取り

débosseler [debɔs(ə)le] 他 ④ でこぼこを直す; (金属製品の)凸凹(でこぼこ)を取る

débotté [debɔte] 男 [成句でのみ] ▶ **au débotté** 到着早々に; 不意に

débouchage [debuʃaʒ] 男 ①出口, 開口部 ②(商品の)販路, 市場; (産物を送り出し)輸送路, 輸出港 ③就職口

débouché [debuʃe] 男 (栓)を抜くこと, 詰まった管を通すこと

déboucher [debuʃe] 他 (栓)を抜く; 詰まったものを取り除く, 管(くだ)を通す ─ 自 ①(広い場所に)出る, 通じる; (川が)注ぐ《**dans**, **sur**》②(結果的に)…に行き着く, 到達する《**sur**》▶ **ne déboucher sur rien** 何もならない

déboucheur [debuʃœr] 男 (詰まった管の管通し(具)

débouchoir [debuʃwar] 男 栓抜き;

(詰まった管の)管通し(具)

déboucler [debukle] 他 ①留金[バックル]を外す ②(髪の)カールを伸ばす

déboulé [debule] 男 〔スポーツ〕ダッシュ, 疾走, 猛攻

débouler [debule] 自 ①転がるように転落する ②《話》駆け降りる ③突然現れる, 飛び込んで来る ④(ウサギなどが)不意に飛び出す ── 他 《話》(階段などを)駆け降りる

déboulonnement [debulɔnmã], **déboulonnage** [debulɔnaʒ] 男 ①(ボルトの)取り外し ②《話》地位を奪うこと; (評判を)悪くすること

déboulonner [debulɔne] 他 ①(ボルトで締めたものを)取り外す ②《話》(人から (de))地位などを奪う; (人の信用を)失わせる

débourrage [debuʀaʒ] 男 ①(革から)毛を取ること ②馬の調教

débourrer [debuʀe] 他 ①(詰まった物を)取り除く, 掃除する ②(なめす前に革から)毛を取る ③(馬を)調教し始める

débours [debuʀ] 男 (複 〜) 立替金; 支出, 出費

déboursement [debuʀsəmã] 男 支払い

débourser [debuʀse] 他 (自分の財布から)支払う

déboussolant(e) [debusɔlã, -ãt] 形 《話》物事が困惑させる, 困った

déboussolé(e) [debusɔle] 形 《話》途方に暮れた, 困惑した

déboussoler [debusɔle] 他 《話》困惑させる, 困らせる

:debout [dabu ドゥブー] 副 〔後続母音とリエゾンしない〕(英 standing) 立って; 起きて; 壊れずに, 健在で ▶*Debout!* 立て! 起きろ! *mettre … debout* (計画などを)軌道に乗せる *ne pas tenir debout* (人が)体力がない, 病弱の; (議論が)筋が通らない *tenir debout* 堅固な ── 形 《不変》立った, 起きた ▶*vent debout* 〔海〕逆風

débouter [debute] 他 〔法〕却下する, 棄却する ▶*débouter … de sa plainte* (人の)訴えを棄却する

déboutonner [debutɔne] 他 (服の)ボタンを外す ── [代動] *se 〜* (自分の服の)ボタンを外す; 《話》本心を打ち明ける

débraillé(e) [debʀaje] 形 ①(服装・態度が)だらしのない ②慎みのない, 下品な ── 男 ①だらしなさ, だらしのない服装

débranchement [debʀãʃmã] 男 〔電〕中断, (コンセントから抜いて)切ること; 〔鉄〕(車両編成の)分割, 入れ替え

débrancher [debʀãʃe] 他 〔電〕(電気器具の)プラグを抜く, 電源を切る; 〔鉄〕(車両編成を)分割する, 入れ替える

débrayage [debʀɛjaʒ] 男 ①クラッチを切ること ②《話》(自発的)就業拒否, ストライキ

débrayer [debʀeje] 他 (…の)クラッチを切る ── 自 《話》仕事[就業]をやめる; スト入る

débride(e) [debʀide] 形 (< *débrider*) 奔放な; 解き放たれた

débrider [debʀide] 他 ①拘束から解く, 自由にする ②〔解〕辺縁切除術を施す ③(…の馬勒(ばろく)を外す ▶*sans débrider* 中断なしに, 一息に

débris [debʀi] 男 ①破片, かけら ②(複)〔文〕残骸 ③▶*vieux débris* 《話·軽蔑的》老いぼれ

débrocher [debʀɔʃe] 他 ①(肉などを)串から外す ②本の綴(と)じを外す

débrouillage [debʀujaʒ] 男 (紛糾·謎の)解決; 難局の打開[切り抜け]

débrouillard, -ard [debʀujaʀ, -aʀd] 形 機転のきく; 抜け目のない ── 名 機転のきく人; 抜け目のない人

débrouillardise [debʀujaʀdiz] 女 《話》機転; 抜け目のなさ

débrouille [debʀuj] 女 《話》なんとかする[切り抜ける]手段

débrouillement [debʀujmã] 男 (紛糾の)解決

*débrouiller** [debʀuje] 他 ①(紛糾などを)解決する; 判読する, 解明する ②(もつれを)ほどく ③《話》(人に)難局の切り抜け方を教える, うまい方法を教える ── [代動] *se 〜* 《話》(困難などを)切り抜ける; うまくやる, 何とかする ▶*se débrouiller pour* [不定詞] 何とかして…する

débroussaillage [debʀusajaʒ], **débroussaillement** [debʀusajmã] 男 ①茨(いばら)の除去 ②複雑な事柄の解明

débroussailler [debʀusaje] 他 ①茨(いばら)を取り除く ②複雑な事柄を)解きほぐす

débucher [debyʃe] 自 (獲物が)森の茂みから出る ── 他 (獲物を)森の茂みから追い出す

débudgétisation [debydʒetizasjɔ̃] 女 国家予算からの削除

débudgétiser [debydʒetize] 他 〔経〕国家予算から削除する

débureaucratisation [debyʀokʀatizasjɔ̃] 女 官僚主義からの脱却

débureaucratiser [debyʀokʀatize] 他 官僚主義[支配]をやめる

débusquer [debyske] 他 (獲物を)狩り出す; (人を追い出す)

*début** [deby デビュ] 男 ①初め, 始まり, 初め[冒頭]の部分 ▶*au début* 最初は *au début de* …の初めに *dès le début* 初めから *du début à la fin* 初めから終わりまで *en début de* …の初めに ②(多く複)初舞台, デビュー ▶*faire ses débuts* 初舞台を踏む ③〔副詞的に〕…の初めに ▶*début mai* 五月の初めに

débutant(e) [debytã, -ãt] 名 初心者; 新人 ── 形 デビューしたての

débuter [debyte] 自 始まる, スタート

deçà する，デビューする ▶**débuter au théâtre** 初舞台を踏む ▶**débuter dans la vie** 世の中に出る，社会生活を始める

deçà [dəsa] 副 こちら[手前]に ▶ **deçà delà** 〘古〙あちらこちら **en deçà** こちら[手前]に **en deçà de** …のこちら側に，…の手前に；…以下に[の]

déca [deka] 男 〘話〙= décaféiné

déc(a)- 接頭 (〈ギ〉) 「10」の意

décachetage [dekaʃtaʒ] 男 開封

décacheter [dekaʃte] 他 ④ 開封する，（…の）封を切る；（…の）封印を破る

décadaire [dekadɛr] 形 10日目ごとの

décade [dekad] 女 10日，旬；10年（間）；〔共和暦の〕10日間，旬日

décadence [dekadɑ̃s] 女 ① 衰退，退廃，凋（ちょう）落，デカダンス ② 〔ローマ帝国の〕衰退 ▶**tomber en décadence** 衰退し始める

décadent(e) [dekadɑ̃, -ɑ̃t] 形 衰退の，退廃的な；デカダンス（派）の —— 名 デカダン；19世紀末末期のデカダンス派の芸術家

décadi [dekadi] 男 〔史〕〔共和暦の〕第10日

décaèdre [dekaɛdr] 形 男 10面体（の）

décaféiné(e) [dekafeine] 形 カフェイン抜きの —— 男 カフェイン抜きコーヒー〔= **café** ~〕

décaféiner [dekafeine] 他 （コーヒーから）カフェインを取り去る

décagonal(ale) [dekagɔnal] （男複 -aux[-o]）10角形の

décagone [dekagɔn, dekagon] 男 10角形（の）

décagramme [dekagram] 男 10〔デカ〕グラム

décaissage [dekɛsaʒ] 男, **décaissement** [dekɛsmɑ̃] 男 箱から出すこと；〔金の〕引出し，支払い

décaisser [dekɛse] 他 箱から出す；〔金庫・会計から〕金を引き出す，支払う

décalage [dekalaʒ] 男 ① 位置・時間の差異；（時間の）差 ▶**décalage horaire** 時差 ② ギャップ，不釣り合い，不一致，不調和 ③ 〔家具などの〕楔（くさび）を取ること

décalaminage [dekalaminaʒ] 男 〔シリンダーなどからの〕カーボン除去

décalaminer [dekalamine] 他 〔シリンダーなどから〕カーボンを除去する

décalcifiant(e) [dekalsifjɑ̃, -ɑ̃t] 形 〔医〕カルシウムを奪う，カルシウムを除去する

décalcification [dekalsifikasjɔ̃] 女 〔医〕〔骨・歯の〕カルシウムを失うこと；脱灰症

décalcifier [dekalsifje] 他 〔医〕〔組織などに〕カルシウムを失わせる〔除去する〕—— 代動 [se ~] カルシウムを喪失する；〘話〙下着を脱ぐ

décalcomanie [dekalkɔmani] 女 転写画（法）【絵や図案を陶器・ガラスなどに写す】

décalé(e) [dekale] 形 （人が）ずれた —— 名 社会からはみ出た人

décaler [dekale] 他 ① （場所・時間を）変える，ずらす；移動させる ② 〔家具下の〕楔（くさび）を取る —— 代動 [se ~] （列の中で）移動する，ずれる

décalitre [dekalitr] 男 デカリットル【容量の単位】

décalogue [dekalɔg] 男 （モーセの）十戒

décalotter [dekalɔte] 他 ① キャロット帽子を脱がせる ② 〘話〙びんの栓を抜く ③ （亀頭の）包皮をむく

décalquage [dekalkaʒ] 男, **décalque** [dekalk] 男 転写〔複写〕（法）；複写〔転写〕画

décalquer [dekalke] 他 （カーボン紙・トレーシングペーパーで）複写〔転写〕する

décamètre [dekamɛtr] 男 デカメートル【10メートル：記号 dam】

décamétrique [dekametrik] 形 デカメートル単位の

décamper [dekɑ̃pe] 自 （急いで）立ち去る，退く

décanal(ale) [dekanal] 形 （男複 -aux[-o]）主席司祭の；学長の；僧院長〔学長〕の

décanat [dekana] 男 主席司祭〔学長〕の職〔任期〕；僧院長〔学長〕の職〔任期〕

décaniller [dekanije] 自 〘話〙逃げる；ずらかる；立ち去る（退く）

décantation [dekɑ̃tasjɔ̃] 女 上澄み（を取ること）；デカンテーション；（思想の）明確化 ▶**bassin de décantation** 沈殿槽

décanter [dekɑ̃te] 他 ① （不純物を沈殿させて）上澄みを移し取る ② （思想などを）明確化する，（本質）を取り出す —— 自 澄む，明確になる —— 代動 [se ~] 明確になる，はっきりしてくる

décapage [dekapaʒ] 男 〔金属などの〕研磨，磨き

décapement [dekapmɑ̃] 男 = décapage

décapant(e) [dekapɑ̃, -ɑ̃t] 形 〔金属〕研磨剤（液）

décaper [dekape] 他 （金属の表面を）磨く

décapeur [dekapœr] 男 金属研磨工

décapeuse [dekapøz] 女 地ならし機，スクレパー

décapitaliser [dekapitalize] 他 （投下）資本を引き揚げる

décapitation [dekapitasjɔ̃] 女 斬首（ざん）（刑）

décapiter [dekapite] 他 ① 首を斬（き）る ② （木などの）頭部を切り取る

③首脳部を失わせる, 潰滅(ぐゎっ)させる
décapodes [dekapɔd] 男 (複) 〔動〕十脚目; 十脚形目
décapotable [dekapɔtabl] 女 〔車〕コンバーチブル(= voiture ～)
décapoter [dekapɔte] 他 (自動車の)幌を折りたたむ
décapsulage [dekapsylaʒ] 男 (びんの)栓抜き
décapsuler [dekapsyle] 他 (瓶の)口金(王冠)を取る; (ビールなどの)栓を抜く ⇒déboucher
décapsuleur [dekapsylœr] 男 (ビールなどの)栓抜き
décarburation [dekarbyrasjɔ̃] 女 (金属の)脱炭
décarcasser [dekarkase] 代動 [se ～] 〔話〕苦労する; あくせく働く, 骨を折る
décartellisation [dekartelizasjɔ̃] 女 〔経〕カルテル解体
décasyllabe [dekasi(l)lab], **décasyllabique** [dekasi(l)labik] 形 〔詩〕10音節[10脚]の ― 男 10音節の詩
décathlon [dekatlɔ̃] 男 〔スポーツ〕十種競技
décathlonien(ne) [dekatlɔnjɛ̃] 名 〔スポーツ〕十種競技の選手
décati(e) [dekati] 形 (織物が)光沢を失った; 〔話〕(人が)老け込んだ; 色香を失った
décatir [dekatir] 他 33 (織物の光沢を取る ― 代動 [se ～] 〔話〕老ける, 衰える
décatissage [dekatisaʒ] 男 (織物の)艶(ゐ)消し
décavé(e) [dekave] 形 (<décaver) ①(賭博・賭けで)無一文になった, 破産した; みじめな様子の ②(病気・疲れなどで)ぐったりなった ― 名 (賭博などで)素寒貧(ぎ)になった人; 破産者
décaver [dekave] 他 かけ金 ～ を全部巻き上げる ― 代動 [se ～] かけ金を全部取られる
décédé(e) [desede] 形名 死去した
décéder [desede] 自 57 [助動詞は être]死去する, 逝去する
décelable [deslabl] 形 発見可能な; 見破られる
décèlement [desɛlmɑ̃] 男 暴露
déceler [desle] 他 ①見つけ出す, 見抜く; 察知する; (微候から)見分ける, 見つけ, (…の痕跡を)発見する ②(ものが真実・感情を)現す, 示す; (…の存在を)知らしめる, 示す
décélération [deselerasjɔ̃] 女 (車の)減速; (活動などの)減退, 低下
décélérer [deselere] 自 57 減速する
décembre [desɑ̃br デサンブル] 男 (英 December) 12月
décemment [desamɑ̃] 副 ①礼儀正しく ②本来[は]; 普通は ③適切に, 正しく

décence [desɑ̃s] 女 ①礼儀正しさ; 品のよさ ②慎ましさ, 遠慮
décennal(ale) [desenal] 形 (男複 -aux[-o]) ①10年ごとの; 10年毎の; 10年間続く
décennie [deseni] 女 10年間
décent(e) [desɑ̃, -ɑ̃t] 形 ①礼儀にかなった, しかるべき ►**tenue décente** きちんとした身なり ②適当な, まずまずの ►**d'une manière décente** 何とか, まあまあ
décentrage [desɑ̃traʒ] 男 中心がずれること; 〔光〕偏心
décentralisateur(trice) [desɑ̃tralizatœr, -tris] 形 地方分権の ― 名 地方分権主義者
décentralisation [desɑ̃tralizasjɔ̃] 女 地方分権, 地方分散
décentralisé(e) [desɑ̃tralize] 形 (地方に分散[移転]した, 疎開した ― 名 地方移住者, 疎開者
décentraliser [desɑ̃tralize] 他 地方に分散[移転]する[させる]; 地方分権にする; 疎開させる ― 代動 [se ～] 地方に移る, 疎開する
décentrer [desɑ̃tre] 他 中心をずらす[外す]; 〔写〕あおる ― 代動 [se ～] 中心[焦点]がずれる
déception [desɛpsjɔ̃ デセプスィヨン] 女 失望(落胆, 幻滅)(の種)
décérébrer [deserebre] 他 (動物実験などで)脳(神経)を取り出す; (人から)考える力を奪う
décernement [desɛrnəmɑ̃] 男 (賞などの)授与
décerner [desɛrne] 他 (賞などを)授与する; 〔法〕(令状を)発する, (罪を)科する
décès [desɛ] 男 (特に公用文で)死亡
décevant(e) [desvɑ̃, -ɑ̃t] 形 ①期待外れの ②〔古〕人を欺く
décevoir [desvwar デスヴォワール] 他 63 (英 disappoint) ①失望させる, 期待を裏切る ②〔古〕欺く
déchaîné(e) [deʃene] 形 (<déchaîner) 荒れ狂った; ひどく興奮した
déchaînement [deʃenmɑ̃] 男 荒れ狂うこと, 猛威; (…に対する)激怒, 攻撃(contre)
déchaîner [deʃene] 他 ①鎖を解く ②荒れ狂わせる; (笑いや怒りなどを)引き起こす ►**déchaîner les critiques** うるうの非難をそそる ►**déchaîner l'hilarité générale** 大爆笑を誘う ― 代動 [se ～] ①(…に対して)(感情が)爆発する (contre) ②(人に対して)怒り出す, 怒りをぶちまける (contre) ►**La tempête se déchaîne.** 嵐が巻き起こる
déchanter [deʃɑ̃te] 自 期待[幻想]を捨てる; がっかり[幻滅]する; 調子[口調]を変える
décharge [deʃarʒ] 女 ①(負担の)軽

déchargement [deʃarʒəmɑ̃] 男 ①荷降ろし; 陸揚げ ②弾丸[火薬]の抽出

***décharger** [deʃarʒe デシャルジェ] 他 40 〘英 unload, relieve〙(…の)荷を降ろす; (心の)重荷を降ろす ▶ *décharger sa bile [sa rate]* 〘話〙怒りをぶちまける ②発砲する, 弾丸[火薬]を抜き取る ③放電する ④(…を軽減する, 免れさせる; (人に…を)免れさせる ⟪de⟫ ⑤免訴する 一 自 ①(布地の)色が落ちる ②〘話〙射精する — 代動 [se ~] ①(重荷を降ろす ▶ *se décharger de A sur B* AをB(人)に任せる[押しつける, 転嫁する]

décharné(e) [deʃarne] 形 (< décharner) ①やせ細った, 肉の落ちた, やせこけた ②荒涼とした

décharner [deʃarne] 他 やせ細らせる

déchaussage [deʃosaʒ] 男 (地面の凍結・融解による)植物の根元の露出

déchaussement [deʃosmɑ̃] 男 ①(履(は)き物を脱がせること ②(木・歯・塀)の根元の露出

déchausser [deʃose] 他 ①靴を脱がせる ②(木・壁・歯)の根元を裸にする — 代動 [se ~] ①靴を脱ぐ ②根元が露出する

dèche [dɛʃ] 女 〘話〙文なし, すっかんぴん; 無一文 ▶ *être dans la dèche* すっかんぴんだ

déchéance [deʃeɑ̃s] 女 ①落ちぶれること ②失権, 廃位; 失効

déchet [deʃɛ] 男 ① (複) 屑(くず), 滓(お); 廃棄物 ▶ *déchets industriels* 産業廃棄物 *déchets radioactifs* 放射性廃棄物 *déchets toxiques* 毒性廃棄物 ②目減り, ロス ③(人間の)くず

déchetterie [deʃɛtri] 女 ごみ処理場; リサイクル工場

déchiffrable [deʃifrabl] 形 解読[判読]できる

déchiffrage [deʃifraʒ] 男 ①解読 ②〘楽〙初見で演奏すること

déchiffrement [deʃifrəmɑ̃] 男 (上に暗号などの)解読[判読]

déchiffrer [deʃifre] 他 ①解読[判読]する; (謎・人の気持ち・意図・性格など)を見抜く 〘?〘楽〙初見で演奏する[歌う]

déchiffreur(se) [deʃifrœr, -øz] 名 解読者

déchiquetage [deʃiktaʒ] 男 切り刻むこと

déchiqueté(e) [deʃikte] 形 ①ずたずたの; (縁などが)ぎざぎざの ②〘話〙くたくたの; 酔っぱらった

déchiqueter [deʃikte] 他 4 ①切り刻む, 細かく刻む ②ぴずたずたに切る

déchiqueteur [deʃiktœr] 男 粉砕機, シュレッダー

déchiqueteuse [deʃiktøz] 女 = dechiqueteur

déchiqueture [deʃiktyr] 女 (布地の下で斜めぎざぎざの)裁ち方; (山・海岸線の)凸凹(おう), 切れ込み

déchirant(e) [deʃirɑ̃, -ɑ̃t] 形 胸を引き裂くような, 悲痛な

déchiré(e) [deʃire] 形 (< déchirer) 裂けた; 分裂した; (精神的に)引き裂かれた

déchirement [deʃirmɑ̃] 男 ①引き裂くこと; 分裂 ②悲痛な思い

***déchirer** [deʃire デシレ] 他 〘英 tear〙①(引き裂く, 破る; (国・集団を)分裂させる ▶ *déchirer le voile* ヴェールを破って真実を見せる ②(胸などを)引き裂く, (ひどく)悲しませる ③はげしく批判する, こきおろす ▶ *déchirer... à belles dents* さんざんに(人の)悪口を言う — 代動 [se ~] ①破れる, 裂ける ②はげしくけなし合う ③切り傷を負う ④(心が)引き裂かれる ▶ *se déchirer un muscle* 肉離れを起こす

déchirure [deʃiryr] 女 ①(衣服の)かぎ裂き[裂け目, 破れ目] ▶ *déchirure musculaire* 肉離れ

déchlorurer [deklɔryre] 他 塩化物を除去する, 減塩する

déchoir... [deʃwar] 代動 自 〘半過去・現在分詞形なし; 助動詞は avoir (動作), または être (状態)〙①落ちぶれる, 値打ちが下がる, 失脚する; (権利などを)失う ⟪de⟫ ②容貌[体力]が衰える

déchoy... ⇨ déchoir

déchristianisation [dekristjanizɑsjɔ̃] 女 非キリスト教化

déchristianiser [dekristjanize] 他 キリスト教を捨てさせる; 非キリスト教化する

déchu(e) [deʃy] 形 (< déchoir) 失墜[失脚]した; (地位・権威を)失った ⟪de⟫

déchu(...) [deʃy], **déchû...** ⇨ déchoir

déci- 接頭 (<ラ) 「10分の1」の

décibel [desibɛl] 男 〘物〙デシベル【音の強さの単位】

décidabilité [desidabilite] 女 〘論〙決定可能性

décidable [desidabl] 形 〘論〙(命題の)無矛盾で予算可能性, 決定可能性

décidé(e) [deside] 形 (< décider) ①決然とした, 断固とした ②明確な, 明らかな ③決まった, 決定[確定]した ▶ *être décidé à* …する決心である

décidément [desidemɑ̃] 副 〘文頭

décider [deside デシデ] 他 (英 decide) ① (…〈すること〉を)決める (de, que); (人に…〈すること〉を)決心させる ② 解決する, 決着をつける (de) ③ (…を)決める; (…の)決定を下す — 自 (…を)決める; (…の)決定を下す (de) — 代動 [se ~] ① 決心する; (…の方に)決める, (pour) ② (…〈すること〉を)決心する (à) ③ 決定される

décider(se) [deside̞œr, -ø:z] 名 決定権[権限]者[機関]【＜英語 decider】— 形 決定権をもつ

décigrade [desigrad] 男 デシグレード[直角の1,000分の1; 略 dg]

décigramme [desigram] 男 デシグラム[10分の1グラム]

décilitre [desilitr] 男 デシリットル[10分の1リットル]

décimal(ale) [desimal] 形 (男複 -aux[-o]) 〔数〕 (10)進法の ② 小数の — 女 小数位の数 ▶ jusqu'à la deuxième décimale 少数第2位まで

décimalisation [desimalizasjɔ̃] 女 10進法化

décimaliser [desimalize] 他 10進法[制]にする; 10進法化する

décimation [desimasjɔ̃] 女 ①〔古代ローマの〕10分の1刑 ② 大量殺戮(?)

décime [desim] 女〔史〕〔聖職者から徴集した〕10分の1税, 聖職者税

décimer [desime] 他 ①〔古代ローマで〕10人に1人を処刑する ② 大量に殺す

décimètre [desimɛtr] 男 デシメートル[10分の1メートル]; 10[20]センチメートルの物指し

décimétrique [desimetrik] 形 デシメートル単位の

décintrer [desɛ̃tre] 他〔建〕(アーチ・丸天井の工事に使用した)迫り枠[仮枠・支柱]を取りはずす

décisif(ve) [desizif, -i:v] 形 ① 決定的な, 決め手になる ② 断固とした ▶ porter un coup décisif à …に対して決定的な一撃を加える *tournant décisif* 決定的な転機

*décision** [desizjɔ̃] デシズィヨン 女 決定; 決心, 決意; 決断力 ▶ avec décision 決然と *prendre la décision de* (…〈すること〉を決める

décisionnaire [desizjɔnɛr] 名 決定者, 決定機関 — 形 決定に関する

décisionnel(le) [desizjɔnɛl] 形 決定の

déclamateur(trice) [deklamatœr, -tris] 名 (軽蔑的) 仰々しい演説者[朗読者]; 大言壮語する人 — 形 仰々しい, 大げさな, 演説口調の

déclamation [deklamasjɔ̃] 女 ① 朗読朗唱(法); 仰々しい言い方 ② 朗読[朗唱](法)の

déclamatoire [deklamatwar] 形 ① 大げさな, 演説口調の, 朗々たる ② 朗読[朗唱](法)の

déclamer [deklame] 他 ① (朗々と)読み上げる ② 大げさに言う[発音する] — 自 〔文〕 (…を)論難する; 罵(の)ばる (contre)

déclarable [deklarabl] 形 申告できる[すべき]

déclaratif(ve) [deklaratif, -i:v] 形 〔法〕 確認の ▶ phrase déclarative 〔言〕 平叙文 *verbe déclaratif* 〔言〕 言明動詞

*déclaration** [deklarasjɔ̃] デクララスィヨン 女 ① 表明[言明, 声明], 公表; 宣言(書); 恋の告白(＝ ~ d'amour); 宣告 ▶ déclaration de guerre 宣戦布告 *Déclaration des droits de l'homme et du citoyen* (フランス革命の)人権宣言[1789年国民議会が議決] *faire une [sa] déclaration à* (人)に愛の告白をする ② 届出, 申告 ▶ déclaration de vol 盗難届 *déclaration d'impôts* 税の申告

déclaré(e) [deklare] 形 (＜ déclarer) 公然の, 明白な

*déclarer** [deklare] デクラレ 他 ① (感情・意志・真実などを)はっきりと知らせる, 言い渡す, 表明[言明]する ▶ déclarer … coupable [innocent] (人)に有罪[無罪]を宣告する *déclarer la guerre* (国に) 宣戦布告をする *déclarer son amour* (人)に愛の告白をする (à) ② 申告する, 届け出る ▶ déclarer une naissance 出生の届出をする — 代動 [se ~] ① (自分のことを)言明する ▶ se déclarer pour [contre] …に賛成を[反対を]言明する ②(災害が)発生する, 起こる ③ 恋を告白する

déclassé(e) [deklase] 形 (＜ déclasser) (元の社会的階級から)脱落した, 落伍した; 格落ちとされた, 格下げされた; (スポーツ)ランクを下げられた — 名 (階級から落ちた)落伍者

déclassement [deklasmɑ̃] 男 等級の変更, 格下げ; (指定リストからの)削除

déclasser [deklase] 他 ① 等級[地位]を下げる, 格下げする ②(分類整頓したものを)混ぜ返す, 乱す

déclassification [deklasifikasjɔ̃] 女 機密扱いの解除

déclassifier [deklasifje] 他 機密扱いを解除する, 公開する

déclenchement [deklɑ̃ʃmɑ̃] 男 ① 止め装置をはずすこと, 作動, 始動 ②(出来事の)勃発; 開始

déclencher [deklɑ̃ʃe] 他 ① 止め装置をはずす; 始動させる, (カメラのシャッターを)切る ②(突然)引き起こす, 開始する — 代動 [se ~] ① 止め装置がはずれる, 始動する ② 引き起される, 始まる

déclencheur [deklɑ̃ʃœr] 男 作動(始動)装置; (カメラの)シャッター(＝ ~ d'un appareil photo)

décléricalisation [deklerikaliza-

décléricaliser [deklerikalize] 他 〔宗〕(本来聖職者の仕事でないものを)俗人の手にゆだねること

déclic [deklik] 男 ① 始動[止め]装置 ② 止め装置(のはずれる)カチッという音 (カメラの)シャッター(音) ③ (頭の)ひらめき

déclin [deklɛ̃] 男 (日が)傾くこと; (人生などの)終わり, 衰退, 凋落 ▶ **être sur le déclin** 傾いている, 衰退している

déclinable [deklinabl] 形 〔言〕語尾[格]変化する; 曲用のある

déclinaison [deklinezɔ̃] 女 ① 〔言〕(性·数·格)の語尾変化 ② 〔天〕方位角, 赤緯 ③ (地磁気の)偏角

déclinant(e) [deklinɑ̃, -ɑ̃t] 形 傾きかけた; 衰えつつある

décliner [dekline] 自 (日が)傾く; (体力·才能などが)衰える, 下り坂になる ── 他 ①〔文〕辞退する, 断る; 〔法〕拒否する ② 名乗る; 述べる ▶ **décliner son identité** 身分を名乗る ③〔文法〕格により語尾を変化させる ── 代動 [se ~]〔文法〕格変化する

déclive [dekliv] 形 ① 傾斜した, 下り坂の ② 最下[深]部の ── 女 ▶ **en déclive** 傾斜した

déclivité [deklivite] 女 傾斜; 坂, 斜面

décloisonnement [deklwazɔnmɑ̃] 男 障壁の除去

décloisonner [deklwazɔne] 他 (学問·行政の)隔壁[障壁]を除去する, ボーダーレス化する

déclouer [deklue] 他 釘(ƙ)を抜く

décochage [dekɔʃaʒ] 男 鋳型からの鋳物の取り出し

décochement [dekɔʃmɑ̃] 男 矢を射ること

décocher[1] [dekɔʃe] 他 (矢を)射る, 放つ; (言葉·視線などを)投げつける ▶ **décocher un coup à** (人)ににぎりこつを食らわす

décocher[2] [dekɔʃe] 他 鋳型をこわして鋳物を取り出す

décocté [dekɔkte] 男 煎(茶)薬

décoction [dekɔksjɔ̃] 女 煎(茶)出しすること; 煎薬

décodage [dekɔdaʒ] 男 暗号[コード]解読; テキスト[言葉]の解読; 〔情報〕復号, デコード

décoder [dekɔde] 他 (暗号·コードを)解読する, テキスト[言葉]を解読する; 〔情報〕デコードする

décodeur [dekɔdœʀ] 男 暗号解読者; デコーダー, 解読[解像]装置

décoffrage [dekɔfʀaʒ] 男 (セメントなどの)型枠の取り外し

décoffrer [dekɔfʀe] 他 (セメントなどの)型枠を取り外す

déçoi... ⇨ décevoir

décoiffer [dekwafe] 他 ① 髪を乱す ② (…の)帽子を取る, 栓を抜く; (信管の) 覆いを取る ③ 〔話〕驚かせる ▶ **Ça décoiffe!** 〔話〕そいつは驚きだ

décoincer [dekwɛ̃se] 他 52 楔(くさび)を外す; (はさまって動かないものを)元通りに動かす; 〔話〕人の気分を楽にさせる ── 代動 [se ~]〔話〕気分を楽にする

décolérer [dekɔleʀe] 自 57 〔否定文で〕▶ **ne pas décolérer** 怒りがおさまらない; (風などが)静まらない

décollage [dekɔlaʒ] 男 (英 take-off) 離陸 ▶ **au décollage** 離陸時に / **décollage économique** 自立成長が可能になる段階

décollation [dekɔlasjɔ̃] 女 斬首, 断頭

décollé(e) [dekɔle] 形 (< décoller) はがれた ▶ **avoir les oreilles décollées** 突き出た耳をしている

décollement [dekɔlmɑ̃] 男 はがす[はがれる]こと ▶ **décollement de la rétine** 〔医〕網膜剝離

***décoller** [dekɔle デコレ] 自 ① (飛行機が)離陸する; 〔話〕立ち去る ② 急に発展する; (成績などが)急に伸びる ③〔話〕痩(や)せる, 衰える ④ (麻雀で)実から離れる, トリップする ── 他 はがす, 離す ▶ **décoller A de B**〔話〕A (人)を B (テレビや本)から遠ざける ── 代動 [se ~] はがれる, 剝離する

décolletage [dekɔltaʒ] 男 肩[胸, 背]の露出; (衣服の)襟を大きくえぐること, 襟ぐり

décolleté(e) [dekɔlte] 形 肩[胸, 背]をあらわにした ▶ **robe décolletée** ローブデコルテ〖婦人用の夜会服〗 ── 男 襟(ƙ)ぐり, 襟開き; ネック(ライン); (デコルテであるかのような)肩, 胸もと ▶ **décolleté en pointe** V ネック **décolleté rond** 丸首

décolleter [dekɔlte] 他 4 (服が)肩[胸, 背]をあらわにする; 襟ぐりを大きくする

décolonisation [dekɔlɔnizɑsjɔ̃] 女 植民地解放[独立]

décoloniser [dekɔlɔnize] 他 非植民地化する, 植民地を独立[解放]させる

décolorant(e) [dekɔlɔʀɑ̃, -ɑ̃t] 形 漂白の, 漂白する; 脱色の, 退色させる ── 男 漂白[脱色]剤

décoloration [dekɔlɔʀɑsjɔ̃] 女 退色, 変色, 脱色, 漂白 ▶ **se faire faire une décoloration** (髪の毛を)脱色して もらう

décoloré(e) [dekɔlɔʀe] 形 (< décolorer) 変色[脱色]した ▶ **blonde décolorée**〔話〕ブロンドに染めた女性 ② 生気のない

décolorer [dekɔlɔʀe] 他 ① 退色[変色]させる, 漂白[脱色]する ② 生気を失わせる ── 代動 [se ~] 退色[変色]する; 漂白[脱色]する; 生気を失う, 青ざめる

***décombres** [dekɔ̃bʀ デコンブル] 男 〖複〗(壊れた建物の)残骸, 瓦礫

décommander [dekɔmɑ̃de] 他 ①

(注文を)取り消す ②(人に)招待の取り消しを知らせる ──[代動] [se ~] 約束を取り消す

décommunisation [dekɔmynizasjɔ̃] 囡 共産主義からの脱却

décommuniser [dekɔmynize] 他 共産主義から脱却させる

décomplexé(e) [dekɔ̃plekse] 形 (< décomplexer) 〖話〗コンプレックスを取り除かれた

décomplexer [dekɔ̃plekse] 他 〖話〗コンプレックス[劣等感]を取り除く, 気ままを楽にさせる

décomposable [dekɔ̃pozabl] 形 分解可能な, 分解[分析]できる

décomposé(e) [dekɔ̃poze] 形 (< décomposer) ①分解した; 腐った; 崩壊した ②(顔が悲しみなどで)ゆがんだ

décomposer [dekɔ̃poze] 他 ①分解[分析]する ②顔をゆがめさせる ③(肉などを)腐らせる ──[代動] [se ~] ①分解される; 崩壊する, 腐る ②(顔が)ゆがむ

décomposition [dekɔ̃pozisjɔ̃] 囡 ①分解[分析] ②(社会などの)崩壊; 腐敗 ③(顔が)ゆがみ[ひきつる]こと ▸ *en décomposition* 腐敗した

décompresser [dekɔ̃prese] 他 減圧する; 〖情報〗(圧縮データを)解凍する ──[自] 〖話〗リラックスする

décompresseur [dekɔ̃prescer] 男 減圧装置

décompression [dekɔ̃presjɔ̃] 囡 ①減圧 ▸ *accidents de décompression* 〖医〗潜水病 ②〖情報〗解凍

décomprimer [dekɔ̃prime] 他 減圧する

décompte [dekɔ̃t] 男 ①割引, 差し引き ▸ *faire le décompte de …* を割り引いて考える ②明細計算

décompter [dekɔ̃te] 他 割り引く, 控除する

déconcentration [dekɔ̃sɑ̃trasjɔ̃] 囡 ①権限委譲, 地方分権 ②(人が)集中力を失った状態

déconcentré(e) [dekɔ̃sɑ̃tre] 形 (< déconcentrer) 集中力を欠いた

déconcentrer [dekɔ̃sɑ̃tre] 他 ①集中力を失わせる ②権限委譲させる, 地方分権する ──[代動] [se ~] 集中力を欠く; 気が散る

déconcertant(e) [dekɔ̃sertɑ̃, -ɑ̃t] 形 面食らわせる, 意表を突いた

déconcerter [dekɔ̃serte] 他 面食らわせる, 調子を狂わせる

déconditionnement [dekɔ̃disjɔnmɑ̃] 男 心理的条件づけの解消

déconditionner [dekɔ̃disjɔne] 他 〔心〕心理的条件づけを解消する

déconfit(e) [dekɔ̃fi, -it] 形 気を落とした, 当惑した, がっかりした

déconfiture [dekɔ̃fityr] 囡 〖話〗敗北, 失敗; 倒産[破産]

décongélation [dekɔ̃ʒelasjɔ̃] 囡

解凍

décongeler [dekɔ̃ʒle] 他 ①(冷凍肉などを)解凍する; 室温で溶かす

décongestion [dekɔ̃ʒestjɔ̃] 囡

décongestionnement [dekɔ̃ʒestjɔnmɑ̃] 男 ①充血をとること ②混雑の緩和

décongestionner [dekɔ̃ʒestjɔne] 他 ①充血をとる ②混雑を緩和する

déconnage [dekɔnaʒ] 男 〖俗〗ばかばかしい話し; 愚かなふるまい

déconnecté(e) [dekɔnekte] 形 (…から)切り離された, 乖離した (de); 〖情報〗オフラインの

déconnecter [dekɔnekte] 他 〔電〕(…から)切り離す (de); 接続を切る; 〖情報〗オフラインにする ──[代動] [se ~] (…から)切り離される (de)

déconner [dekɔne] 自 〖話〗ばかなことを言う[する]; これる ▸ *déconner à pleins tubes* 思いっきりばかなことを言す[する] *Faut pas déconner!* 〖話〗ばかなことを言うな *sans déconner* 冗談抜きで, まじめに

déconnexion [dekɔneksjɔ̃] 囡 切断; 分離

déconseiller [dekɔ̃seje] 他 やめさせる, しないように勧める ▸ *C'est déconseillé*. それは避けるべきだ

déconsidération [dekɔ̃siderasjɔ̃] 囡 〖文〗不信, 不評

déconsidérer [dekɔ̃sidere] 他 57 (…の)評判を落とさせる, 信用を落とさせる ──[代動] [se ~] 評判[信用]を失う

déconstruction [dekɔ̃stryksjɔ̃] 囡 脱構築

déconstruire [dekɔ̃struir] 他 15 〔哲〕脱構築する【形而上学の概念構造を解体し, 再構築する】

décontamination [dekɔ̃taminasjɔ̃] 囡 汚染除去

décontaminer [dekɔ̃tamine] 他 (放射能・公害などによる)汚染を除去する

décontenancer [dekɔ̃tənɑ̃se] 他 52 狼狽（ろうばい）させる ──[代動] [se ~] 狼狽する

décontract [dekɔ̃trakt] 形 〈不変〉〖略〗décontracté 〖話〗くつろいだ; 固苦しくない

décontracté(e) [dekɔ̃trakte] 形 (< décontracter) ①(筋肉が)ゆるんだ ②〖話〗(人が)のんきな, くつろいだ; (物が)のびやかな, 無理のない ▸ *s'habiller décontracté* カジュアルな服装をする

décontracter [dekɔ̃trakte] 他 ①(筋肉などを)緩める ②(人を)くつろがせる ──[代動] [se ~] ①(筋肉・精神の緊張が)ゆるむ, 和らぐ; くつろぐ

décontraction [dekɔ̃traksjɔ̃] 囡 ①(筋肉・精神の)緊張の緩和, 弛緩 ②のんびりすること; 屈託のなさ; 楽な態度; 不遠慮, ぞんざいさ

déconvenue [dekɔ̃vny] 囡 失望,

落胆

décor [dekɔr デコール] 男 ①《家具・室内の》装飾 ②《劇・映画などの》舞台装置, 背景; 外見, うわべ ▶**faire partie du décor** 目立たない *l'envers du décor* 物事の裏側 *planter le décor* 舞台装置をつける ③自然の景観; 周囲の状況, 環境 ▶*aller* [*foncer*] *dans le décor* [*les décors*] 《話》《運転を誤って》道路わきに突っ込む

décorateur(**trice**) [dekɔratœr, -tris] 名 装飾家; 《映画や舞台の》美術担当者 ▶*décorateur d'intérieurs* インテリアデザイナー

décoratif(**ve**) [dekɔratif, -iv] 形 ①装飾の; 装飾的な ②《話》《人が》見栄えのする, 引きたてる; 《軽蔑的》お飾り《だけ》の

décoration [dekɔrasjɔ̃] 女 ①装飾, 飾り付け; 装飾品 ②勲章

décoré(**e**) [dekɔre] 形 ①飾られた ②《主にレジオン・ドヌール勲章を》叙勲された —— 名 受勲者

***décorer** [dekɔre デコレ] 他《英 decorate》①（…で）飾る, 装飾する《avec, de》②（人に）…という名の勲章を授ける《de》

décorticage [dekɔrtikaʒ] 男 《穀物の》殻やさやを取ること, 脱穀

décortiquer [dekɔrtike] 他 ①《樹木の》皮をはぐ; 《穀物・エビの》殻を取る, 脱穀する ②文章を細かく分析する

décorum [dekɔrɔm] 男 《不変》 《ラ》礼儀, 作法; 典礼, 礼式

découcher [dekuʃe] 自 外泊する

découd(...) ⇨découdre

découdre [dekudr] 他 17 ①縫い目を解く ② ▶**en découdre**（…と）殴り合う, けんかする《avec》—— 代動 [se ～] ほころびる

découler [dekule] 自（…から）生じる,（…に）由来する,（…という）結果になる《de》

découpage [dekupaʒ] 男 ①切り分けること, 切り抜き（絵）, 切り抜き遊び;《金属板などの》裁断; デクパージュ《貼り絵の技法》 ②《情報》区分, 分割 ▶*découpage électoral* 選挙区割り ②《映》コンテ

découpé(**e**) [dekupe] 形 ①葉などの縁にぎざぎざのある, 鋸（のこぎり）歯状のある ②切り取られた, 切り抜かれた

***découper** [dekupe デクペ] 他《英 curve, cut》切り分ける;《輪郭をなぞって》切り抜く;《輪郭などを光などで》浮き上がらせる ▶*Découpez suivant le pointillé*《表示》ミシン目に沿って切り取ってください —— 代動 [se ～] 切り取られる,（…に）くっきりと浮き上がって見える《sur》

découplé(**e**) [dekuple] 形 ▶*bien découplé*（体の）がっしりした; 均整のとれた

découpoir [dekupwar] 男 切断[押し抜き]機

découpure [dekupyr] 女 ①切り抜き; 切り抜くこと; 裁断 ②《葉などの》ぎざぎざの縁;《海岸線の》凹凸（おうとつ）

***découragé**(**e**) [dekuraʒe デクラジェ] 形《英 discouraged》落胆した; がっかりした

décourageant(**e**) [dekuraʒɑ̃, -ɑ̃t] 形 ①《人に》がっかりさせる, 意欲をそぐ;《人が》期待はずれの[期待を裏切る]

découragement [dekuraʒmɑ̃] 男 落胆, 失望

***décourager** [dekuraʒe デクラジェ] 他 40 落胆させる, 気力を失わせる;《人に…《すること》を思い止まらせる《de》;《計画などの》意気込みをくじく, （…に）水をさす —— 代動 [se ～] 意気消沈する, 気力をなくす

découronner [dekurɔne] 他 ①王位[帝位]を奪う;《威信・栄光を》奪う ②《木の》上部を下ろす, 上部にかぶさっているものを取りのぞく

décours [dekur] 男 ①《天》月が満ちから欠けていく時期 ②《病気が消えていく時期

décousu... ⇨découdre

décousu(**e**) [dekuzy] 形 ①ほころびた ②支離滅裂な, 乱雑な ——男 支離滅裂

***découvert¹**(**e**)¹ [dekuvɛr, -ɛrt デクヴェール《ヴェルト》] 形《< découvrir》①むき出しの; 無帽の;《額が》はげ上がった ▶*à visage découvert* 仮面をかぶらずに; 率直に, あからさまに ②発見された

découvert² [dekuvɛr] 男 ①《軍》無防備地帯 ▶*agir à découvert* 公然と行動する ②《商》信用貸し, 当座貸[借]越し ▶*être à découvert*《銀行口座が》借越しである, 残金がない *vente à découvert*《株などの》空売り

***découverte²** [dekuvɛrt デクヴェルト] 女《英 discovery》発見; 探険 ▶*partir à la découverte de* …の探険に出発する

découvr... ⇨découvrir

découvreur(**se**) [dekuvrœr, -øz] 名 発見者; 探検家

***découvrir** [dekuvrir デクヴリール] 46《英 discover》①発見する, 見つける; 見晴らす ▶*découvrir le pot aux roses* 真相をつかむ ②覆いを取る, 露（あら）わにする; 暴く, さらけ出す —— 代動 [se ～] ①帽子を脱ぐ, 衣服（の一部）を脱ぐ; ふとんのそとに, 自分の…を露（あら）わにする;《文》胸中を明かす ②危険に[攻撃に]身をさらす, 隙（すき）を見せる ③《空が》晴れる ④自己を発見する, 自らを知る ⑤知られる, 露見する; 認められる ▶**Ça** 他 *se découvrira*,《空が》もうじき晴れるだろう

décrassage [dekrasaʒ], **décrassement** [dekrasmɑ̃] 男 垢（あか）[汚れ]落とし

décrasser [dekrase] 他 ①垢（あか）を

落とす, 洗う ②垢抜けさせる, 教育する ― 代動 [se ~] ①垢を落とす ②無知でなくなる, 垢抜ける

décrédibiliser [dekredibilize] 他 信頼(信用)を失わせる

décréditer [dekredite] 他 (古)(…の)信用を落とさせる, 名誉を毀(そこな)損する

décrépir [dekrepir] 他 33 (…の)漆喰(しっくい)を剥(は)がす ― 代動 [se ~] 漆喰が剥(は)がれる

décrépi(e) [dekrepi, -it] 形 衰えた; 老朽化した

décrépitude [dekrepityd] 女 老衰; 衰退; 老朽化

decrescendo [dekreʃɛndo] 副 〈イ〉デクレシェンド, しだいに弱く, しだいに衰える ― 男 [不変] デクレシェンド (の楽節), 漸次弱音

décret [dekrɛ] 男 [政] デクレ【大統領や首相が署名した執行命令】

décréter [dekrete] 他 57 ①(デクレとして)布告する ②(文)決める, 決意する

décret-loi [dekrɛlwa] 男 (複 ~s-~s) デクレ・ロワ【第三・第四共和制下で法律適用の効力をもった政令】

décri... ⇨décrire

décrier [dekrije] 他 (文)[特に受動態・過去分詞で]けなす, 名声を失わせる

***décrire** [dekrir デクリール] 他 26 (英 describe) ①描写了[叙述]する, (の)有様を語る, 言い表す ②曲線などを描く

décrispation [dekrispasjɔ̃] 女 緩和, 沈静化

décrisper [dekrispe] 他 緩和させる; 沈静化させる

décrochage [dekrɔʃaʒ] 男 ①外すこと; (受話器を)とること ②撤退, 離脱 ③〔話〕(仕事などから)手を引くこと, (人と手を)切ること ④〔ラジオ〕(キー・ステーションから)自局の放送への切り替え ⑤〔宇宙〕軌道からの離脱

décrochement [dekrɔʃmɑ̃] 男 外す[外れる]こと; (壁の引っ込んだ)部分; (線・表面などの)引っ込んでいる部分; 〔地〕断層

***décrocher** [dekrɔʃe デクロシェ] 他 ①(釘などかけてあった物を)はずす ②(受話器を)はずす ③〔話〕獲得する, 手に入れる ― 自 ①撤退する, (敵との)接触を断つ ②〔話〕仕事から手を引く, 仕事をやめる〔休む〕; 脱落[離脱]する ③(…をやめる, 離れる, (…から)離脱する (de) ④〔俗〕麻薬をやめる ― 代動 [se ~] はずれる, 切り離される

décrochez-moi-ça [dekrɔʃemwasa] 男 [不変] 〔話・古〕古着屋

décroi... ⇨décroître

décroisement [dekrwazmɑ̃] 男 (組んだものを)ほどくこと

décroiser [dekrwaze] 他 (組んだものを)解く, ほどく

décroissance [dekrwasɑ̃s] 女 減少, 減退

décroissant(e) [dekrwasɑ̃, -ɑ̃t] 形 減少する, 減退する ▶*par ordre décroissant* 数の大きい方から

décroissement [dekrwasmɑ̃] 男 減少すること

décroître [dekrwatr] 自 16 【助動詞は avoir または être】(徐々に)減少する, 弱まる, 衰える;(日が)短くなる

décrottage [dekrɔtaʒ] 男 (靴などの)泥を落とすこと

décrotter [dekrɔte] 他 (靴などの)泥を落とす; 〔話〕(人を)垢(あか)抜けさせる, 教育する ― 代動 [se ~] (自分の)泥を落とす

décrottoir [dekrɔtwar] 男 (靴ふき用)マット; (靴の)泥落とし

décru(e) [dekry] décroître の過去分詞

décrû... ⇨décroître

décrue [dekry] 女 (増水後の河川などの)水減(量); 減少

décrusement [dekryzmɑ̃] 男 繭(まゆ)を熱湯につけること

décruser [dekryze] 他 (絹糸を取りやすくするために)繭を熱湯につける

décryptage [dekriptaʒ], **décryptement** [dekriptəmɑ̃] 男 暗号の解読

décrypter [dekripte] 他 (暗号を)解読する

déçu(e) [desy] 形容 失望(がっかり)した(人) ▶*ne pas être déçu du voyage* (話・皮肉的に)案の定いやな目にあう

décubitus [dekybitys] 男 〔医〕(ベッドに横になる)臥位(がい)

de cujus [dekyʒys, dekuʒus] 男 〔くう〕[不変] 〔法〕被相続人

déculottée [dekylɔte] 女 〔話〕惨敗

déculotter [dekylɔte] 他 (…の)(半)ズボンを脱がせる ― 代動 [se ~] ①(半)ズボンを脱ぐ ②へつらう

déculpabilisation [dekylpabilizasjɔ̃] 女 罪悪感からの解放

déculpabiliser [dekylpabilize] 他 (人を)罪悪感から解放する; (…を)罪悪視しない

déculturation [dekyltyrasjɔ̃] 女 (文化的)自己同一性の喪失; (伝統文化からの)離脱

décuple [dekypl] 男形 10倍(の)

décuplement [dekypləmɑ̃] 男 10倍

décupler [dekyple] 他 10倍にする; 著しく増大させる ― 自 10倍になる, 急増する

décurie [dekyri] 女 (古代ローマの)十人隊[組]

décurion [dekyrjɔ̃] 男 (古代ローマの)十人隊の長

dédaignable [dedɛɲabl] 形 [否定形で]無視できる ▶*Ce n'est pas dédaignable*. それはばかにできない

dédaigner [dedeɲe] 他 ①軽蔑する，侮る；(悪口などを)無視する ②断る，退ける ③〖不定詞とともに〗…することを潔しとしない

dédaigneusement [dedɛɲøzmɑ̃] 副 軽蔑したように，横柄に

dédaigneux(se) [dedeɲø, -øz] 形 ①軽蔑的な，横柄な ②《文》(…を)軽んじた，ばかにした；(…を)無視する ― 名 ▶faire le dédaigneux 偉そうに構える

dédain [dedɛ̃] 男 軽蔑；無視；横柄

dédale [dedal] 男 ①迷路，複雑なもの ②〖D-〗〖ギ神〗ダイダロス【クレタ島の迷宮の建設者】

dédaléen(ne) [dedaleɛ̃, -ɛn] 形 《文》錯綜した

*****dedans** [d(ə)dɑ̃] ドゥダン 副 (英 inside, within) …の中で［に］ ▶**de (d')** **dedans** 中から **en dedans (de …)** (…)の中に，内側に ▶ **entrer [rentrer] dedans** 《話》ぶつかる，衝突する **là-dedans** その中に；そこに **se ficher [foutre] dedans** 《話》間違える，だまされる ― 男 内部，内側 ▶**au-dedans** 内部に［で，が］；心の中に［で］

dédicace [dedikas] 女 ①(著作の)献辞，献呈の辞 ②(教会堂の)奉献；献堂(式)

dédicacer [dedikase] 他 52 献辞を書く

dédicatoire [dedikatwar] 形 献呈の

dédier [dedje] 他 ①(自分の著作を…に)献呈する《à》 ②《文》捧げる《à》 ③(神や聖人に)奉納[奉献]する《à》

dédir..., dédis(...) ⇨dédire

dédire [dedir] 代動 37 **se ～** ①(約束を)守らない，破る，取り消す《de》 ▶**Cochon qui s'en dédit.** 《話》約束を破るのは豚；うそでしたら針千本飲ます

dédit¹ [dedi] 男 違約(金)

dédit² [dedi] dire の直・現(単過)3・単；過去分詞

dédommagement [dedɔmaʒmɑ̃] 男 損害賠償，償い，埋め合わせ ▶**en dédommagement** 賠償として

dédommager [dedɔmaʒe] 他 40 ①(…の)弁償をする，償いをする《de》 ②(…に)報いる《de》 ― 代動 **[se ～]** (…の)埋め合わせをする《de》

dédoré(e) [dedɔre] 形 (<dédorer) 金箔(ぱく)[金めっき]のはげた；落ちぶれた

dédorer [dedɔre] 他 金箔(ぱく)[金めっき]をはがす ― 代動 **[se ～]** 金箔[金めっき]がはげる；威敬が失墜する

dédouanement [dedwanmɑ̃] 男 ①通関 ②名誉回復

dédouaner [dedwane] 他 ①(商品・荷物を)通関させる ②(人の)名誉を回復する，潔白を証明する ― 代動 **[se ～]**

dédoublement [dedublǝmɑ̃] 男 二分化，(の)分割 ▶**dédoublement de la personnalité** 二重人格

dédoubler [deduble] 他 ①2つに分ける；(列車を)増発する；(服の)裏を取り去る ― 代動 **[se ～]** (心)二重人格になる；(同時に)同時に現れる

dédramatisation [dedramatizasjɔ̃] 女 深刻に[大げさに]考えないこと

dédramatiser [dedramatize] 他 劇的な要素を排除する；冷静に考察する

déductibilité [dedyktibilite] 女 控除可能性

déductible [dedyktibl] 形 差し引きできる，控除可能の

déductif(ve) [dedyktif, -iv] 形 〖論〗演繹的な

déduction [dedyksjɔ̃] 女 ①差し引き，割引，控除 ▶**déduction faite de** …を差し引いた後で ②〖論〗演繹(禁)，推論，推断；結論

déduire ⇨déduire

déduire [dedɥir] 他 15 ①(…から)控除する，割引する《de》 ▶**tous frais déduits** 経費を控除して ②演繹(禁)する；推論する

déesse [deɛs] 女 女神；(女神のように)気高く美しい女性

de facto [defakto] 《ラ》 副 〖法〗 法律の下に正式ではないが)事実上，認められた

défaillance [defajɑ̃s] 女 (一時的な)失神；気力の緩(ゆる)み；(組織などの)弱さ，非能率；機能低下；《古》欠如 ▶**avoir une défaillance** めまいがする **défaillance cardiaque** 〖医〗心不全 **défaillance mécanique** 機械の故障 **sans défaillance** 欠点のない，確固とした

défaillant(e) [defajɑ̃, -ɑ̃t] 形 ①衰弱した，弱まった ②機能の低下した，非能率な ③(組織が)揺れている；欠席の ― 名 〖法〗欠席者，出頭しない証人

défaillir [defajir] 自 5 体の力が抜ける，気が遠くなる，卒倒する；気力が挫(くじ)ける，(気力・体力が)衰える，弱る ▶**sans défaillir** 断固[毅然]として

*****défaire** [defɛr] デフェール 他 31 ①解く，ほどく《整えた物を》乱す，散らかす ②(人から)…を取り除く[追い払う]《de》 ③《文》(敵を)撃破する ― 代動 **[se ～]** ①解体する，崩れる，ほどける《de》 ②(…を)追い払う，解消する《de》

défais(...) ⇨défaire

défait(e) [defɛ, -ɛt] 形 (<défaire) ほどけた，乱れた；(顔が)やつれた，ゆがんだ，敗れた

défaite¹ [defɛt] 女 (戦争・試合の)敗北，失敗

défaitisme [defetism] 男 敗北[敗戦]主義；悲観論

défaitiste [defetist] 形 敗戦[敗北]主義的な ― 名 敗戦[敗北]主義者；悲観論者

défalcation [defalkasjɔ̃] 女 差し引

défalquer […]を差し引く,控除する(de)

défausser [defose] 他 (曲がったものを)まっすぐにする ―― [代動] [se ~] (トランプ) (不要なカードを)捨てる (de)

défaut [defo] デフォー 男 (英 default, defect) ①欠点,欠陥;短所;きず;(必要なものの)不足,欠如(de);(ものの)欠落部分,くぼみ;切れ目,すき間 ▶ **à défaut de** …の代わりに **défaut de fabrication** 製造上の欠陥 **défaut de la cuirasse** (つけ込まれる)弱点 **être en défaut** 間違っている **faire défaut** 欠けている **prendre … en défaut** …の間違いをみつける **sans défaut** 欠点の無い,完全な ② [法] (法廷での)欠席 ▶ **juger … par défaut** …の欠席裁判をする ③ [情報] 既定値,デフォルト

défaveur [defavœr] 女 不人気,不評

défavorable [defavɔrabl] 形 (…に)不利な,都合の悪い;好意的でない (à)

défavorablement [defavɔrabləmã] 副 不利に;非好意的に,悪感情を持って

défavorisé(e) [defavɔrize] 形 (<défavoriser) (経済的・社会的に)恵まれない ▶ 貧困 層 ▶ **classes défavorisées** 恵まれない階層

défavoriser [defavɔrize] 他 (…に)不利にする ▶ **défavoriser A par rapport à B** Bに対してAを不利にする

défécation [defekasjɔ̃] 女 ①[生理] 排便 ②[化] (液体を澄(*)ますこと)

défectif(ve) [defektif, -iv] 形 [文法] 欠如的な ▶ **verbe défectif** 欠如動詞 [choir や frire など一部の変化形を欠いたもの]

défection [defeksjɔ̃] 女 離脱,脱退;欠席 ▶ **faire défection** 離脱する;欠席する

défectueusement [defektɥøzmã] 副 不備に,不完全に

défectueux(se) [defektɥø, -øz] 形 欠陥のある,不完全な

défectuosité [defektɥozite] 女 欠陥,不備;不完全

défendable [defãdabl] 形 防御できる;弁護できる

défendeur(eresse) [defãdœr, -dres] 名 [民事訴訟の]被告人

défendre [defãdr] デフォンドル 他 28 (英 defend, protect, forbid) ①(人に…を)禁止する (à) [名 /de 不定詞] ②(…から;…に対して)守る,防ぐ,防衛する;擁護する,弁護する (de; contre) ▶ **à son corps défendant** 意に反して,いやいやながら **défendre son bifteck** [話] 生活の糧を守る ―― [代動] [se ~] ①(…から)身を守る,弁解する (de, contre) ②[文] (…を)否認する

③自らに禁じる,差し控える (de) ④[話] (…を)うまくやってのける,(…が)うまい (en, à) ⑤(物事が)納得できる ▶ **Ça se défend!** それはもっともだ

défendu(e) [defãdy] 形 (< défendre) 禁じられた,守られた ▶ **Il est défendu de** …するのは禁止です

défenestration [defənɛstrasjɔ̃] 女 (人を)窓から投げ出すこと ▶ **défenestration de Prague** [史] 窓外放出事件 [30年戦争の発端となったプラハでの事件; 1618年]

défenestrer [defənɛstre] 他 (人を)窓から投げ出す

Défense [defãs] [la ~] ラデファンス地区 [パリ西部の高層オフィス街]

défense [defãs] デフォンス 女 (英 defence) ①禁止 ▶ **Défense de fumer [stationner]** [掲示] 禁煙[駐車禁止] ②防衛,擁護;身を守る術(*);弁護,抗弁;被告側;(スポーツ) 守備,ディフェンス;[複](軍の)防御施設 **défense civile** (空襲時の)民間防衛 **défenses immunitaires** [生] 免疫の防衛機構 **instinct de défense** 自己防衛本能 **jouer en défense** (スポーツ) 守備をする **La meilleure défense, c'est l'attaque.** 最大の防御は攻撃である **La parole est à la défense.** 弁護側に発言を許可します **légitime défense** 正当防衛 **prendre la défense de** (人の)味方をする **sans défense** 無防備な ③(動物の)牙(*)

défenseur [defãsœr] 男 [女性にも男性形を用いる] 守る人,擁護者;弁護人;(スポーツ) ディフェンスの選手

défensif(ve) [defãsif, -iv] デフォンスィフ(ヴ) 形 防御[防衛]の;保護の;守勢の ―― 女 ▶ **être sur la défensive** 身構えている

défensivement [defãsivmã] 副 防御的に

déféquer [defeke] 他 57 [化] (液体を)澄(*)ます ―― 自 排便する

défera(...) ⇒ **défaire**

déférence [deferãs] 女 尊敬,敬意

déférent(e) [deferã, -ãt] 形 ①敬意のこもった,恭(*)しい (envers) ②[解] 外に導く ▶ **canal déférent** [解] 輸精管

déférer [defere] 他 57 [法] (人を)告発する,(裁判所に)付託する ① (文) (…に敬意を表して)譲歩する,従う

déférez [defere] 直現 2複 ⇒ **déférer** …

déferlant(e) [defɛrlã, -ãt] 形 (波が)砕け散る ―― 女 砕け散る波;(人や物が)押し寄せること

déferlement [defɛrləmã] 男 (波が)砕け散ること;(感情の)爆発;(軍隊などの)襲来

déferler [defɛrle] 自 ①(波が)砕け散る ②(激しい勢いで)散らばる;(感情が)発散する;(人や物が)押し寄せる

défero... ⇨ **défaire**

déferrer [defere] 他 (馬の)蹄鉄を外す

défervescence [defɛrvesɑ̃s] 女 ①〖医〗解熱 ②発泡がおさまること

défeuiller [defœje] 他 〖古〗(植物から)葉を落とす

défi [defi] 男 挑戦, 決闘の申し込み; 挑発(の態度); (…への)挑戦 (à) ▸ *C'est un défi au bon sens.* それは常識外れだ *d'un air de défi* 挑発的態度で *mettre A au défi de...* A(人)に…できるかと挑発する *relever un défi* 挑戦に応じる

défiance [defjɑ̃s] 女 疑念, 不信 ▸ *mettre ... en défiance* (人)に不信を抱かせる

défiant(e) [defjɑ̃, -ɑ̃t] 形 疑い深い

défibrer [defibre] 他 (植物から)繊維を取り除く〔採取する〕

déficeler [defisle] 他 紐(ℓ)を解く
— 代動 [se ~] 紐が解ける

déficience [defisjɑ̃s] 女 (肉体的・精神的)欠陥, 欠如 ▸ *déficience cardiaque* 心不全 *déficience immunitaire* 免疫不全

déficient(e) [defisjɑ̃, -ɑ̃t] 形 欠陥のある, 不十分な — 名 障害者

*****déficit** [defisit デフィスィット] 男 赤字, 欠損; 不足(額) ▸ *combler le déficit* 赤字を埋める *déficit en main d'œuvre* 人手不足 *déficit hormonal* ホルモン不足 *être en déficit* 赤字である

déficitaire [defisiter] 形 赤字の; 不足の

défier [defje] 他 ①(人に…を)挑むむ, 申し込む, (…しようと)挑発する (de) ②(試練などに)耐えうる, 負けない; 挑む, 物ともしない ▸ *des prix défiant toute concurrence* どんな競争にも負けない価格 — 代動 [se ~] 〖文〗(…を)信用しない, 疑わしく思う, 怪しむ (de)

défigurer [defigyre] 他 (の)顔(容貌)を醜くする; 歪曲する, ゆがめる

défilé [defile] 男 ①縦列行進, 行列〔一行〕, 連続 ▸ *défilé de mode* ファッションショー ②(山間の)狭い道, 隘(ā)路

défilement [defilmɑ̃] 男 ①録音テープ[映写フィルム]の回転 ②〖情報〗スクロール

défiler [defile] 自 ①(縦列を作って)進む, 行進する ②続く, 相次いで来る ③ ▸ *faire défiler un document* [情報]文書をスクロールさせる — 他 (糸を抜き取って)解体する, 壊す — 代動 [se ~] 〖話〗隠れる; 逃げる, ずらかる

défîmes [defim] ⇨ **défaire**

défini(e) [defini] 形 (< **définir**) ①限定された, 一定の; 明確な ②定義された ▸ *article défini* 〖文法〗定冠詞

*****définir** [definir デフィニール] 他 33 (英 *define*) 定義する; 明確にする ▸ **définir comme...** 自分を…だと思う

définissable [definisabl] 形 定義可能な

*****définitif(ve)** [definitif, -iv デフィニティフ(ヴ)] 形 (英 *definitive*) 決定的な, 最終的な ▸ *en définitive* 結局(は), 要するに, つまりは

*****définition** [definisjɔ̃ デフィニスィヨン] 女 ①定義, 定義付け ②明確性, 限定 ③〖テレビ〗(画像の)走査線数 ▸ *par définition* 定義自体から, 論理的必然として, 本来 *télévision (à) haute définition* ハイビジョンテレビ

*****définitivement** [definitivmɑ̃ デフィニティヴマン] 副 ①決定的に, 最終的に ②結局, つまりは

défis(...), défîlt [defi] ⇨ **défaire**

défiscalisation [defiskalizasjɔ̃] 女 免税

défiscaliser [defiskalize] 他 (税金を)免除する, 免税する

déflagration [deflagrasjɔ̃] 女 激しい爆発; 〖化〗爆燃

déflagrer [deflagre] 自 〖化〗爆燃する

déflation [deflasjɔ̃] 女 (< 英) 〖経〗デフレーション, 通貨収縮

déflationniste [deflasjɔnist] 形 デフレーションの

déflecteur [deflektœr] 男 (自動車の前席席両側の)三角窓

déflocage [deflɔkaʒ] 男 〖建〗(アスベストの)除去工事

défloraison [deflɔrɛzɔ̃] 女 〖植〗〖文〗落花, 花が散る〔しばむ〕こと

défloration [deflɔrasjɔ̃] 女 処女を奪うこと

déflorer [deflɔre] 他 ①(材料を)駄目にする; 新味をなくさせる ②処女を奪う

défoliant(e) [defɔljɑ̃, -ɑ̃t] 形 葉を枯らす — 男 枯葉剤

défoliation [defɔljasjɔ̃] 女 ①落葉 ②〖軍〗枯葉作戦

défolier [defɔlje] 他 〖軍〗(化学薬品で)葉を枯らす

défonçage [defɔ̃saʒ] 男 ①(樽などの)底を抜くこと; (塀などを)壊すこと, 倒壊 ②深く耕すこと

défonce [defɔ̃s] 女 〖話〗(麻薬による)陶酔〔恍惚, 幻覚〕状態, トリップ

défoncé(e) [defɔ̃se] 形 ①底が抜けた, 穴のあいた ②〖話〗(麻薬で)トリップした

défoncement [defɔ̃smɑ̃] 男 = **défonçage**

défoncer [defɔ̃se] 他 ① ①底を抜く; (塀などを)突き破る, 打ち壊す ②(耕地を)深く耕す; (土を掘り返す, えぐる ③〖話〗(麻薬で)トリップさせる, 恍惚状態にする — 代動 [se ~] ①〖話〗(麻薬で)トリップする, 恍惚状態になる ②

《話》全力を傾け(ぶ), 精一杯働く

défonceuse [defɔ̃søz] 女 ①大鋤(*おおすき*) ②リューター(木材用切削工具)

défont [defɔ̃] défaire の直・現・3・複

déforestation [defɔrɛstasjɔ̃] 女 森林伐採[破壊]

déformable [defɔrmabl] 形 変形され得(*う*)る

déformant(e) [defɔrmɑ̃, -ɑ̃t] 形 変形する, 形をゆがませる ▸ *miroir déformant* 変形鏡〔姿が変形して映る〕

déformation [defɔrmasjɔ̃] 女 変形, 変質(*しつ*); ゆがみ, 歪(*いびつ*)曲; 堕落 ▸ *déformation professionnelle* 職業習癖〔職業上の習慣から来る考え方のゆがみ〕

***déformer** [defɔrme デフォルメ] 他 変形させる, 不格好にする; ゆがめる, 歪(*いびつ*)曲する, 堕落させる — 代動 [se ~] 変形する; ゆがむ, 堕落する

défoulement [defulmɑ̃] 男 [精気] 抑圧からの解放; うっぷん晴らし

défouler [defule] 他 《話》 (…の)欲求不満[ストレス]を解消する — 代動 [se ~] うっぷんを晴らす, ストレスを解消する

défourner [defurne] 他 (焼き上がったものを)窯から出す

défraîchi(e) [defrɛʃi] 形 色あせた, 使い古した

défraîchir [defrɛʃir] 代動 [se ~] 新鮮さを失う, 色あせる

défrayer [defrɛje] 他 ①(人の)費用を支払う ②(話などの)種となる ▸ *défrayer la chronique* うわさの的になる

défrichage [defriʃaʒ], **défrichement** [defriʃmɑ̃] 男 (荒地の)開墾[開拓]; 開墾地, (新分野の)開拓

défricher [defriʃe] 他 (土地を)開墾する; (新分野を)開拓する, 端緒を開く

défricheur(se) [defriʃœr, -øz] 名 開墾[開拓]者, 草分け

défriper [defripe] 他 (洋服の)しわを伸ばす

défriser [defrize] 他 ①(髪の)縮れを伸ばす; カールを取る ②《話》失望させる; 気を悪くさせる ▸ *Ça te défrise?* 《話》気に食わないのか

défroisser [defrwase] 他 (…の)しわを伸ばす — 代動 [se ~] しわが伸びる

défroque [defrɔk] 女 ①古着; 時代遅れの服装 ②僧衣の遺品; 粗末な形見

défroqué(e) [defrɔke] 形[名] (<défroquer) 還俗した(人); 僧服を脱いだ(人)

défroquer [defrɔke] 自 代動 [se ~] 僧服を脱ぎ, 還俗する

défunt(e) [defœ̃, -œ̃t] 形 《文》死亡した ▸ *mon défunt père / défunt mon père* 亡き父〔名を前に置くのは古語または方言〕— 名 故人

dégagé(e) [degaʒe] 形 (<dégager) ①(…から)解き放たれた, 自由な; 伸び伸びした, 屈託のない; 気楽な, くつろいだ ②覆われていない, 障害物のない, (場所が)空(*あ*)いている, (道路が)混んでいない ▸ *avoir le front dégagé* (髪を上げて)額が見えている ▸ *ciel dégagé* 晴れわたった空 ▸ *vue dégagée* (遠くまで)見える見晴らし

dégagement [degaʒmɑ̃] 男 ①(障害物の)除去; 清掃; (下敷きになった人などの)救助; (埋もれたものを)掘り出すこと ②(蒸気・熱・ガスの)放出, 排出, 発散 ③(家の中の)自由な空間［廊下など］; 連絡通路; 空地; 出口 ④(サッカー・ラグビーの)ロングパス, クリア ⑤(抵当物の)請け戻し, 質請け

dégager [degaʒe デガジェ] 他 40 ①(…から)解放する, 自由にする, (de) 救い出す, 掘り出す, 引き出す ▸ *dégager ... de sa promesse* (人)の約束を免除してやる *dégager sa responsabilité de ...* の責任を免れる *dégager une somme [des crédits]* (金)[予算]をある用途に使えるようにする ②(場所の)じゃまなものを取り除く, (場所を)空ける; 清掃する ▸ *Dégage!* 《話》失せろ ③(衣服に)ゆとりを与える, (襟ぐりなどを)大きく開ける ④発散する, 放つ ⑤(…から)(結論などを)引き出す (de) ⑥(抵当物などを)請け戻す ⑦(サッカー)ボールをクリアする; (ラグビー)タッチに逃れる — 代動 [se ~] ①(…から)自由になる, (約束を)免れる, (東縛から)抜け出す (de) ②障害物がなくなる; (匂いなどが)発散する ▸ *Le ciel se dégage.* 空が晴れ渡る ③(結論が)引き出される; (雰囲気が)生まれる ▸ *Il se dégage de A que B.* A から B が明らかになる

dégaine [degɛn] 女 《話》おかしな態度[ふるまい]

dégainer [degene] 他 (刀・ピストルを)抜く; (…の)鞘(*さや*)を払う

déganter [degɑ̃te] 他 (…の)手袋をとる[脱ぐ] — 代動 [se ~] 手袋を脱ぐ

dégarni(e) [degarni] 形 (<dégarnir) (…が)なくなった (de); 額がはげ上がった

dégarnir [degarnir] 他 33 ①(…から)備え付けたもの[飾り]を取り除く (de) ②兵を撤退させる — 代動 [se ~] ①(備わっていたものを)失う; 空(*あ*)になる, 少なくなる; 髪が薄くなる

***dégât** [dega デガ] 男 (多く複) 損害, 被害 ▸ *Bonjour les dégâts.* 《話》これは面倒なことになるぞ ▸ *limiter les dégâts* 《話》被害を最小限に食い止める

dégauchir [degoʃir] 他 33 ①(木材などの表面を)滑らかにする ②《古・話》ぎこちなさを取り除く, 打ち解けさせる

dégauchissage [degoʃisaʒ] 男 (木材などの表面を)滑らかにすること

de Gaulle [dəgol] (Charles ~) ドゴール【1890-1970; 軍人・政治家; 第5共

dégazage [degazaʒ] 男 ①ガス抜き ②タンカーの油槽掃除

dégazer [degaze] 他 （液体・固体などから）ガスを抜く ── 自 （ガス抜きをするため）油槽内を掃除する

dégel [deʒɛl] 男 ①雪解け, 解氷 ②危機の緩和; 緊張緩和 ③〔経済・政治での〕活動再開; 〔経〕凍結解除

dégeler [deʒle] 他 ①〔氷結を〕解かす ②〔手足などを〕暖める; 緊張を解く ③〔経〕凍結を解く ▸ **faire dégeler** 〔食品を〕解凍する ── 自 氷が解ける ▸ **Il dégèle.** 〔非人称〕水〔雪〕が解ける ── 代動 [se ~] ①〔話〕冷たくなった体を暖める; 〔体が〕暖まる ②緊張が解ける, 和やかになる

dégénératif(ve) [deʒeneratif, -iv] 形 〔医〕退行性の; 変性〔変質〕の

dégénéré(e) [deʒenere] 形 （＜ dégénérer）退化した, 退廃した ── 名 〔古・軽蔑的〕精神薄弱者

dégénérer [deʒenere] 自 57 ①〔動植物が〕退化する, 本来の特質を失う ②退歩する, 退廃〔堕落〕する ▸ **dégénérer en** ...という状態に堕する, 悪化する

dégénérescence [deʒeneresɑ̃s] 女 退化, 退廃; 〔医〕変質, 変性〔症〕

dégermer [deʒɛrme] 他 （...の）芽を摘む

dégingandé(e) [deʒɛ̃gɑ̃de] 形 〔歩き方, 動作などが〕ぎこちない

dégivrage [deʒivraʒ] 男 霜取り

dégivrer [deʒivre] 他 ...の霜〔着氷〕を取り除く; 〔冷蔵庫の〕霜取りをする

dégivreur [deʒivrœr] 男 霜取り装置, 除霜機, デフロスター

déglacer [deglase] 他 52 〔水やソースなどで〕煮汁をのばす

déglaciation [deglasjasjɔ̃] 女 〔地〕脱水河作用

déglingue [deglɛ̃g] 女 〔話〕壊れた〔荒廃した〕状態

déglinguer [deglɛ̃ge] 他 〔話〕壊す, ばらす, 取り外す ── 代動 [se ~] 〔話〕壊れる, ばらばらになる, 悪くなる

déglutir [deglytir] 他 33 飲み込む

dégobillage [degɔbijaʒ] 男 〔話〕へどを吐くこと

dégobiller [degɔbije] 自 〔話〕へどを吐く

dégoiser [degwaze] 自 〔話・軽蔑的〕ぺらぺらとしゃべる ── 他 〔話・軽蔑的〕のおしゃべりをする

dégommage [degɔmaʒ] 男 ①〔糊などの〕ゴム質をはがす ②〔話〕首にする, 地位を奪う

dégonflage [degɔ̃flaʒ] 男 ①空気を抜くこと, 空気が抜けること; 収縮 ②〔話〕怖気づくこと, 尻込み

dégonflard(e) [degɔ̃flar, ard] 形 〔話〕= dégonflé

dégonflé(e) [degɔ̃fle] 形 （＜ dégonfler）空気の抜けた; しぼんでしまった; 〔話〕怖気(ポジ)ついた ── 名 〔話〕臆病者, 腰抜け

dégonflement [degɔ̃flǝmɑ̃] 男 空気が抜けること; 腫れが引くこと; 収縮, 縮小

dégonfler [degɔ̃fle] 他 ①収縮させる; 空気〔ガス〕を抜く, 空気をひかせる ②〔話〕（...の）勇気〔自信〕をなくさせる ── 自 腫れがひく; 〔話〕勇気〔自信〕をなくす, 怖気(ポジ)づく

dégorgement [degɔrʒǝmɑ̃] 男 ①吐き出すこと, 排出 ②〔羊毛などの〕洗浄 ③〔堤防をあがり〕; 除去

dégorgeoir [degɔrʒwar] 男 ①排水口 ②〔釣〕〔魚の〕針はずし

dégorger [degɔrʒe] 自 40 ①〔...に〕注ぐ, 流れ込む （dans） ②水気が出る ▸ **faire dégorger** 水気を抜く; 泥〔血〕を抜きかえる ①〔パイプなどを〕通す ②〔料〕水分を取る ③〔織物の〕汚れ〔染料などを落とす ── 代動 [se ~] 注ぐ, 溢(あふ)れ出る

dégot(t)er [degɔte] 他 〔話〕探し出す; 見つける

dégoulinade [degulinad] 女, **dégoulinement** [degulinmɑ̃] 男 〔話〕液体の滴(しずく)り, 滴り落ちた跡

dégouliner [deguline] 自 〔汗などの液体が〕滴(しずく)り落ちる

dégourdi(e) [degurdi] 形名 （＜ dégourdir）〔話〕抜け目のない人, すばしっこい人

dégourdir [degurdir] 他 33 ①凍え〔痺(しび)れ〕を直す; （...の）血の巡りをよくさせる ②（...を）生き生き〔のびのび〕させる ── 代動 [se ~] ①自分の...の凍え〔痺(しび)れ〕を直す ②〔手足が〕凍え〔痺(しび)れ〕が直る ③ぎこちなさがとれる

dégourdissement [degurdismɑ̃] 男 痺(しび)れ〔凍え〕を直すこと, 痺れ〔凍え〕が直ること

*__dégoût__ [degu ヅグー] 男 〔英 dIsgust〕強い嫌悪; 不快感, 嫌気; 無関心 ▸ **avec dégoût** 嫌そうに ▸ **avoir du dégoût pour** ...が大嫌いである **dégoût de soi** 自己嫌悪

dégoûtamment [degutamɑ̃] 副 嫌悪感を催させるように

*__dégoûtant(e)__ [degutɑ̃, -ɑ̃t ヅグタン(ト)] 形 いやな, 胸の悪くなるような, 汚い; まずい ── 名 いやな奴

dégoûtation [dogutɑsjɔ̃] 女 〔話〕不快; 〔ひどい〕不潔さ; へどの出そうな人〔物〕

dégoûté(e) [degute] 形 （＜ dégoûter） ①〔話〕（...に〕うんざりした （de） ②口の肥えすぎた, 気難しい ▸ **ne pas être dégoûté(e)** 選り好みをしていない; 何でもやってのける ── 名 ▸ **faire le dégoûté** 気難しく振舞う

*__dégoûter__ [degute ヅグテ] 他 （＜ dis-

dégoutter [degute] 自 ①(…から)滴(しただ)る《de》②(…を)滴(したた)らせる《de》

dégradant(e) [degradã, -ãːt] 形 品位を落とす, 下劣な

dégradation [degradasjɔ̃] 女 ①(建物などの)破損, 損壊, 破壊, (状況の)悪化 ②(地位・資格の)剝奪, 罷(ひ)免 ▶ *dégradation civique* 〖法〗(有罪者の)公民権剝奪 ③(精神的な)堕落, 退廃 ④(色・光などが)徐々に薄くなること; 徐々に移り行くこと

dégradé(e) [degrade] 形 (＜dégrader) ①(資格などを)剝奪された ②堕落した ③(色・光が)徐々に薄れてゆく — 男 ①(色・光が)徐々に薄くなること, (色・光・画面の)ぼかし ②髪の段カット ③〖情報〗中間移行色, 混色

dégrader [degrade] 他 ①堕落させる, (…の)品位を下げる ②(…の)地位を下げる[奪う], 罷(ひ)免する ③破損する, 損害を与える ④(色・光を)徐々に薄くする; ぼかす — 代動《se ~》①品位を落とす, 堕落する ②地位が下がる; 徐々に破損する ④(状況などが)悪化する; 〖物〗(エネルギーが)低下[散逸]する ⑤徐々に薄らぐ

dégrafer [degrafe] 他 (…の)ホックをはずす — 代動《se ~》ホックがはずれる; (自分の服の)ホックをはずす

dégraissage [degrɛsaʒ] 男 脂染み抜き②〖話〗(人員削減などによる)経費節減 ▶ *opérer des dégraissages* 人員削減を行う

dégraissant(e) [degrɛsã, -ãːt] 形 脂染み[脂肪]を取る — 男 染み抜き剤

dégraisser [degrɛse] 他 ①(…の)脂肪を除く ②脂の汚れを取り除く, クリーニングする ③〖話〗経費[人員]削減する

****degré** [dəgre] ドゥグレ 男 (英 degree) ①(推移・価値の)段階[程度] ▶ *à [jusqu'à] un certain degré* ある程度まで(は) *au dernier degré [au plus haut degré]* 極度に, この上なく *degrés de comparaison* 〖文法〗(形容詞・副詞)の比較級【*positif* (原級)・*comparatif* (比較級)・*superlatif* (最上級)のこと】*par degré(s)* 段階的に, だんだん *prendre ... au premier degré* …を文字通りの意味で理解する *prendre ... au second degré* …を裏の意味で理解する ②(温度・経度などの)度【普通 10 degrés は 10° と表記】; 〖数〗(方程式の)次数; (角の)度 ▶ *angle de 45 degrés* 45 度の角 *degré alcoolique* アルコール度数 *degré Celsius [centigrade]* 摂氏温度 *degré Fahrenheit* 華氏温度 *équation du second degré* 2 次方程式 *Il fait 20 degrés.* 気温は 20 度だ ③〖法〗親等(= ~ de parenté) ④〖楽〗(音階の)度 ⑤〖古〗(階段の)段

dégressif(ve) [degresif, -iːv] 形 次第に減ずる, 漸減の ▶ *impôt dégressif* 逓(てい)減税 *tarif dégressif* 逓減料金

dégressivité [degresivite] 女 漸減性

dégrèvement [degrɛvmã] 男 軽減, 減税(= ~ fiscal)

dégrever [degrəve] 他 (…の)税を軽減する

dégriffé(e) [degrife] 形 (高級服などのブランド表示(griffe)を取り去った — 男 ブランド表示を取った品[服]

dégringolade [degrɛ̃gɔlad] 女 ①〖話〗転落; 暴落; 倒産

dégringoler [degrɛ̃gɔle] 自 〖自動詞は助動詞に être も使用〗〖話〗墜落する, 没落する, 落下する, (株が)暴落する — 他 〖話〗(転げるように)駆け降りる

dégrippant [degripã] 男 潤滑剤

dégrisement [degrizmã] 男 酔い[迷い]を醒(さ)ますこと, 酔い[迷い]が醒(さ)めること

dégriser [degrize] 他 (…の)酔いを醒ます; 迷い[夢]を醒ます — 代動《se ~》酔い[迷い]が醒める

dégrossi(e) [degrosi] 形 (＜dégrossir) ▶ *mal dégrossi* 粗野な

dégrossir [degrosir] 他 33 ①(石材などを)荒削りする; (…の)下ごしらえをする, (解決などの)糸口をつける ②(人を)教え諭(さと)す; (学課の)初歩を教える — 代動《se ~》身に躾を身につける

dégrossissage [degrosisaʒ] 男 荒削り, 下ごしらえ

dégrouiller [degruje] 代動《se ~》〖話〗急ぐ

dégroupement [degrupmã] 男 分散; グループ分け

dégrouper [degrupe] 他 (集団を)分散する; グループ分けする

déguenillé(e) [degnije] 形名 ぼろを着た(人)

déguerpir [degɛrpir] 自 33 (急いで)立ち退(の)く, 逃亡する

dégueu [dɛgø] 形名 〖話〗= dégueulasse

dégueulasse [degølas] 形 〖話〗胸のむかつくような, 不快 ▶ *C'est pas dégueulasse!* 悪くない, すごい *temps dégueulasse* ひどい天気 — 名 〖俗〗臭(くさ)い奴, 下司(げす)野郎

dégueulasser [degølase] 他 〖話〗(…を)めちゃくちゃに汚くする

dégueulasserie [degølasri] 女 〖話〗汚いこと

dégueuler [degøle] 自 〖俗〗(へど)を吐く; 悪態をつく

dégueulis [degœlis] 男《俗》へど, 吐物

déguisé(e) [degize] 形 (< déguiser)(…に)変装した, ふん装した; 隠された, 偽られた ▶ *fruits déguisés* 糖衣をかぶせた果物〔さくらんぼ・李(¾も)など〕 ━名 変装した人

déguisement [degizmɑ̃] 男 変装〔仮装〕,(感情のごまかし, 隠しだて, 偽り ▶ *parler sans déguisement*《文》率直に話す

déguiser [degize] 他 ①(…に)変装させる(en) ②(声や筆跡などを変え, 偽る(en) ③(代動)[se ~](…に)変装する, 化ける(en) ②自分の気持ちを隠す ▶ *se déguiser en courant d'air* こっそり逃げ出す

dégustateur(trice) [degystatœr, -tris] 名(ワインの)鑑定家[人]

dégustation [degystasjɔ̃] 女 試飲〔試食〕, 味の鑑定

déguster [degyste] 他 ①(酒などの)味を見る ②おいしく食べる, 味わう ③《話》(殴打・悪口などを)食らう〔浴びせられる〕; ひどい目にあう

déhaler [deale] 他 曳き綱で(船)を曳く

déhanché(e) [deɑ̃ʃe] 形 (< déhancher)①腰を振って歩く ②腰のゆがんだ, 腰つきの悪い

déhanchement [deɑ̃ʃmɑ̃] 男 ①腰を振って歩くこと ②腰がゆがんでいること, 腰のゆがんでいる姿勢

déhancher [deɑ̃ʃe] 代動 [se ~] ①腰を振る, 腰を揺って歩く ②一方の腰に体重をかける, 腰をくねらせる

déhiscent(e) [deisɑ̃, -ɑ̃t] 形《植》裂開する【自然に種子を放出する】

dehors [dəɔr ドゥオール] 副《英 outside, out》①次の語とリエゾンしない】 外に[で], 戸外に ▶ *Dehors!*《話》外に出ろ! *jeter* [*mettre*, *foutre*] ... *dehors*《話》…を追い出す; 解雇する ▶ *par dehors* 外を回って ━男 ①外部, 外側; 国外, 外国; 家の外, 家屋外 ▶ *de dehors* 外から *en dehors* 外に; それ以上に *en dehors de* …の外に; …を除いて ②外観, 見かけ ▶ *au-dehors* [*au dehors*] 外に [外観は]

déhoussable [deusabl] 形 (ソファーなどがカバーを取り外せる)

déicide [deisid] 形名 神を殺した(人); キリストを磔(はりつけ)にした(人) ━男 神を殺すこと, キリストの磔刑(たっけい)

déictique [deiktik] 形 男《言》直示(表現)(の), ダイクシス(の)

déification [deifikasjɔ̃] 女 神格化; 神として崇めること

déifier [deifje] 他 神格化する, 崇める

déisme [deism] 男 理神論, 自然神教

déiste [deist] 形 理神論[自然神教]を信じる ━名 理神論者

déité [deite] 女《文》(神話の)神; 神の如き[人]物

****déjà** [deʒa デジャ] 副《英 already》①もう, すでに, とっくに; 以前に, 前に ▶ *C'est déjà fini!* それはもう終わったよ *d'ores et déjà* 今日すでに ②(話・強調)それだけでも ▶ *C'est déjà quelque chose!* それだってもたいしたものだ ③(話・聞き直す時に)えっ ▶ *C'est combien, déjà?* いくらでしたっけ

déjanté(e) [deʒɑ̃te] 形《話》頭がおかしい

déjanter [deʒɑ̃te] 他 (タイヤの)リムを外す ━自《話》頭がおかしくなる

déjà-vu [deʒavy] 男《不変》《心》デジャ・ヴュ, 既視感覚; (話)すでに見た[陳腐な]もの

déjection [deʒɛksjɔ̃] 女 ①《医》排泄; (複)排泄物; 糞便 ②《地》(火山の)噴 出物 ▶ *cône de déjections*《地》扇状地

déjeté(e) [deʒte] 形 (< déjeter) 曲がった, ゆがんだ; 老いぼれた

déjeter [deʒte] 他 4 反らす, 屈曲させる, 曲げる ━代動 [se ~] 反る, 曲がる

****déjeuner** [deʒœne デジュネ] 男《英 lunch》①昼食 ▶ *déjeuner d'affaires* ビジネスランチ *petit déjeuner* 朝食 (《古・フランス北部・ベルギー・カナダ》朝食) ③《話》(すぐに乾燥するような)つまらない物 ▶ *déjeuner de soleil* すぐに色あせるもの ④(朝食用の)カップとお皿の食器セット ━自 12 昼食[朝食]を食べる

déjouer [deʒwe] 他 失敗させる; 裏をかく

déjuger [deʒyʒe] 代動 40 [se ~] 意見を変える, 前言を翻す; 前判決を取り消す

de jure [deʒyre]《ラ》《法》法的な[に], 法律状[の]; 正当[正式]な[に]

DEL(略)《仏》LED) diode électroluminescente 発光ダイオード

****delà** [d(ə)la ドゥラ] 副 ▶ *par-delà* その向こうに[で], その先に[で] *par-delà de* …の向こうに[で], …の先に[で] ━前 ▶ *au-delà de* …の向こうに[で], …を過ぎて, …を超えた *par-delà* …の向こうに[で]; …以遠に

délabré(e) [delabre] 形 (< délabrer) 荒廃した, 損われた

délabrement [delabrəmɑ̃] 男 破損, 荒廃, (健康の)衰え

délabrer [delabre] 他 (建物などを)荒廃させる; (健康・事業などを)台無しにする ━代動 [se ~] ①荒廃[破損]する, (健康[身体が])損われる ②(自力で)…を損わる

délacer [delase] 他 52 (靴などの)紐(を)解く

****délai** [delɛ デレ] 男《英 deadline》①期間, 期限 ▶ *à bref délai* 短期日内

に, 間もなく *dans les plus brefs délais* / *dans les meilleurs délais* できるだけ早く *délai de livraison* 配達期間 *dernier délai* 最終期限 *respecter* [*tenir*] *les délais* 期限を守る ② 猶予, 遅延 ► *délai de paiement* 支払日の延長 *délai de réflexion* クーリングオフ期間［契約の解除ができる期間］ *sans délai* 猶予なしに, 直ちに

délai-congé [delekɔ̃ʒe] 男 (複 ~s-~s) [法] 解雇予告期間

délaissé(e) [delese] 形 (< délaisser) 見限られた, ほったらかしにされた

délaissement [delesmɑ̃] 男 ①見捨てられた状態, 孤独; [法] 遺棄［放棄］

délaisser [delese] 他 ①見捨てる, なおざりにする; [法] 棄権［放棄］する

délassant(e) [delasɑ̃, -ɑ̃t] 形 疲れを癒す

délassement [delasmɑ̃] 男 疲れを癒すこと; 娯楽, 気晴らし

délasser [delase] 他 疲れを癒す ── 代動 [*se ~*] 休息する, 寛(くつろ)ぐ

délateur(trice) [delatœːr, -tris] 名 密告者

délation [delasjɔ̃] 女 密告, たれ込み

délavage [delavaʒ] 男 (色を水で)薄めること

délavé(e) [delave] 形 ①(色が)薄い, 色褪せた; 洗って色を落とした ► *jeans délavés* ブルーウォッシュ加工のジーンズ ②水浸しの

délaver [delave] 他 ①(色を水で)薄める, ぼかす ②水浸しにする

délayage [delejaʒ], **délayement** [delejmɑ̃] 男 ①溶く(のばす)こと; 溶解［物］ ②(話)(文章などの)水増し, 冗長, 駄(だ)弁

délayer [deleje] 他 ①(液体に塗料・粉などを)溶く ②冗漫に述べる

delco [delko] 男［車］エンジンの点火装置

deleatur, délétur [deleatyːr] 男 (不変) (<ラ) (校正刷りに書く) 削除符号, 「トル」(δ)

délectable [delektabl] 形 (文)美味な; 心地よい; 味わい深い

délectation [delektasjɔ̃] 女 悦楽, 歓喜

délecter [delekte] (文) 他 (…で)大いに楽しませる (de) ── 代動 [*se ~*] (…(する)こと)を非常に楽しみとする (à, de)

délégant(e) [delegɑ̃, -ɑ̃t] 名 委任者, 委譲者

délégataire [delegatɛːr] 男 受任者, 被委譲者

délégation [delegasjɔ̃] 女 ①(集合的)代表団; 委員会 ②委任, 委託, 委譲

délégitimer [deleʒitime] 他 非合法化する

délégué(e) [delege] 形 (< déléguer) (権限を)委任［委託］された, 代表の ── 名 代表者; 代理人 ► *délégué du personnel* 従業員代表 *délégué syndical* 組合代表

déléguer [delege] 他 57 ①(人を)代表として送る ②委任する, 委嘱する ► *déléguer ses pouvoirs à* (人)に権限を委任する

délestage [delestaʒ] 男 ①(船の)バラストを降ろす(、気球の)砂袋を放下すること ②荷重を減らすこと ③(ラッシュ時に)車の流れを他の道に誘導すること ► *itinéraire de délestage* 迂回路

délester [deleste] 他 ①(船の)バラスト［嗣］を降ろす, (気球の)砂袋を下す ②荷重を減らす ②(人の…を)降ろして(軽くする)他(を)奪う ③(車をラッシュ時の)他の道路に誘導する ── 代動 [*se ~*] ①(話)重い荷物を放り出す (de) ②(悩みを打ち明けて)気持ちを軽くする

déléter [delete] 形 ①(特にガスなどが)有毒［有害］な ②(文)害毒を流す

délibérant(e) [deliberɑ̃, -ɑ̃t] 形 討議［審議］の

délibératif(ve) [deliberatif, -iv] 形 議決(表決)可能の; 討議上の

délibération [deliberasjɔ̃] 女 ①討議, 審議; 討議の結論, 議決 ②熟慮, 熟考 ► *sans délibération* 軽はずみに

délibéré(e) [delibere] 形 (< délibérer) 断固とした［確固たる］; 故意の ── 男 (裁判官の)合議(に拠る判決) ► *mettre un jugement en délibéré* 判決を合議する

délibérément [deliberemɑ̃] 副 熟考の上, 意図して, 断固として, 決然と

délibérer [delibere] 自代 ①(…について)討議［協議］する (sur, de) ②(文)熟考する

*délicat(e) [delika, -at] デリカ(ト) 形 ①繊細な, 優美［優雅］な, 上品な ► *d'un geste délicat* 慎み深い態度で ②過敏な, 華奢(きゃしゃ)な, 虚弱の; 鋭敏な ③難しい, 微妙な ④思いやりのある ► *peu délicat* 無神経な ⑤繊細［デリケート］な人, 気難しい人 ► *faire le délicat* いちいち注文をつける

délicatement [delikatmɑ̃] 副 ①繊細に, 精巧に, 微妙に ②慎重に, そっと ③細かく気をつかって, 優しく; 上品［優雅］に ④(文)(義義的に)敏感に

délicatesse [delikates] 女 (英 delicacy) ①繊細さ, 精巧; 優雅さ, 洗練されていること ②心遣い(のこまやかさ), 思いやり ③敏感さ, 鋭敏さ; 脆(もろ)さ, ひ弱さ ④(問題の)難しさ, 微妙さ ► *avec délicatesse* 慎重に *manquer de délicatesse* デリカシーを欠く

délice [delis] 男 (不変) (うっとりするような)喜び(を生むもの) ── 女 (複)(文) 快楽を生む(悦楽) ► *jardin des délices* 地上の楽園 *s'endormir dans les délices de capoue* 貴重な時間を無駄なことに費やす

délicieusement [delisjøzmɑ̃] 副 気持よく, 楽しく; 魅惑的に

***délicieux(se)** [delisjø, -øz] デリシュー(ズ) 形 (英 delightful, delicious) ①とても心地よい, 甘美な; とても感じのよい, 非常に魅力的な ②とてもおいしい

délictueux(se) [deliktyø, -øz], **délictuel(le)** [deliktyɛl] 形 〔法〕 軽犯罪の; 違法(違反)する

délié(e)[1] [delje] 形 ①〔文〕細い ②鋭敏(精敏)な ━ 男 文字[活字]の線の細い部分

délié(e)[2] [delje] 形 解(と)かれた, 解(ほど)かれた; 自由な, 敏捷な ▶avoir la langue déliée おしゃべりだ, 口達者である ━ 男 敏捷さ

délier [delje] 他 ①(結び目・ひもなどを)解(と)く, 解(ほど)く ②自由[敏捷]にする; (…から)解放する ▶délier... d'une obligation (人)を義務から解放する délier la langue à... (酒などが)(人)の舌をほぐす, しゃべらせる sans bourse délier 一文も払わずに, ただで ━ 代動 [se ~] (ひもなどが)解ける; 解放される

délignification [delinifikasjɔ̃] 女 脱リグニン[木材のリグニン溶解によるパルプの製造法]

délignifier [delinifje] 他 リグニンを分解除去する

délimitation [delimitɑsjɔ̃] 女 境界画定, 範囲の限定; 境界線

délimiter [delimite] 他 境界を定める; 範囲を限定する

délinéateur [delineatœr] 男 〔路肩を示す〕反射盤付き道路標識

délinéer [delinee] 他 輪郭を示す

délinquance [delɛ̃kɑ̃s] 女 〔集合的〕犯罪性, 非行 ▶délinquance juvénile [sexuelle] 少年[性]犯罪

***délinquant(e)** [delɛ̃kɑ̃, -ɑ̃t] デランカン(ト) 名 〔少年の軽犯罪者の〕━ 形 軽犯罪を犯した ▶jeunesse délinquante 非行青少年

déliquéocncne [delikesɑ̃s] 女 ①〔化〕潮解性(の学) ②退廃, 衰退; 《話》(体力・知力の)衰え, 萎縮(しゅく) ▶en déliquescence 衰退している

déliquescent(e) [delikesɑ̃, -ɑ̃t] 形 〔化〕①潮解性の ②ひどく退廃した; 衰微した; 《話》(体力・知力の)衰えた

délirant(e) [delirɑ̃, -ɑ̃t] 形 ①過度の, 狂気のような, 熱狂的な ②精神錯乱の ③《話》ばかげた, とんでもない

délire [delir] 男 ①精神錯乱, 妄想状態; うわごと ▶délire de persécution 被害妄想 ②有頂天; 熱狂, 逆上 ▶en délire 熱狂した ③《話》ばかげたこと

délirer [delire] 自 ①精神が錯乱する, うわごとを言う ②熱狂[逆上]する, ばかげたことを言う ▶délirer de colère 怒りで逆上する délirer de joie 有頂天になる

delirium tremens [delirjɔmtrɛ-

mɛ̃s]《不変》〈ラ〉〔医〕(とくにアルコール中毒患者の)振顫[振戦]譫妄(しんもう)症

délit[1] [deli] 男 違反; 違法行為; 軽(犯)罪 〔重罪(crime)と違警罪(contravention)の中間の罪〕 ▶commettre un délit 違法行為をする corps du délit 犯罪構成事実 délit de fuite ひき逃げ délit d'ingérence 職権濫用 délit d'initié インサイダー取引罪 prendre... en flagrant délit (人)を現行犯で逮捕する

délit[2] [deli] 男 〔地〕節理

déliter [delite] 他 ①(岩石を)石層に沿って切る ②〔養蚕〕(養蚕台の)葉を取り替える

délivrance [delivrɑ̃s] 女 ①解放(感), 救助 ②交付; 引き渡し ③後産(あと)の排出, 出産(分娩)

délivrer [delivre] 他 ①解放[釈放]する; (…から)解き放つ, 救助する, (…を)取り除く (de) ②交付する, 引き渡す ━ 代動 [se ~] ①(…を)免れる, (…から)解放される (de) ②交付される, 引き渡される

délocalisation [delokalizɑsjɔ̃] 女 (工場などの)地方[海外]移転

délocaliser [delokalize] 他 (工場などを)地方[海外]移転する

déloger [deloʒe] 40 立ち退かせる, 追い払う; (獲物を)狩り出す (de) ━ 自 〔古〕立退く, 引越す

déloyal(ale) [delwajal] 形 (男複 -aux) 〔二〕不誠実な, 不正な, 卑怯な ▶concurrence déloyale 不正競争 coup déloyal 〔ボクシング〕反則パンチ, ローブロー

déloyalement [delwajalmɑ̃] 副 不正に, 卑怯にも

déloyauté [delwajote] 女 不誠実[不正, 卑怯] 性(右行為), 裏切り

Delphes [dɛlf] デルフォイ〔古代ギリシアの都市〕

delphien(ne) [dɛlfjɛ̃, -ɛn] 形名 [D-] デルフォイの(人)

delta [dɛlta] 男 ①〔ギリシア字母の第4字; Δ, δ〕 ②〔地〕三角州, デルタ ▶aile delta (ジェット機の)三角翼

deltaïque [dɛltaik] 形 〔地〕デルタ地帯の

deltaplane [dɛltaplan] 男 ハンググライダー ▶faire du deltaplane ハンググライダーをする

deltoïde [dɛltɔid] 男 〔解〕三角筋 (= muscle ~)

déluge [delyʒ] 男 ①[D-] ノア (Noé) の大洪水 (= ~ universel) ②大洪水, 豪雨 ▶Après moi le déluge!《こわがり》俺(おれ)は野となれ山となれ, remonter au déluge はるか昔のこと[もの]だ, 《話》流行遅れの un déluge de... 多量の…

déluré(e) [delyre] 形 機転のきく, 抜け目のない; 厚かましい; 向こう見ずな

délustrage [delystraʒ] 男 艶消し

délustrer [delystre] 他 (織り物の)艶(?)を消す — 代動 [se ~] 艶がなくなる

dem [dem] 女 《話》辞職【démissionの略】

démagnétisation [demaɲetizasjɔ̃] 女 消磁；減磁

démagnétiser [demaɲetize] 他 消磁[減磁]する

démagogie [demagɔʒi] 女 ①民衆扇動(策)，民衆に媚(こ)びる政策，デマゴギー ②衆愚政治

démagogique [demagɔʒik] 形 民衆扇動的な，欺瞞(ぎ*ま*)的な

démagogue [demagɔg], 《話》**démago** [demago] 名 民衆扇動家，扇動者，デマゴーグ — 形 民衆扇動家の，デマゴーグの

démailler [demaje] 他 (…の)編み目を解く；鎖の continental 目を解く — 代動 [se ~] (編み目が)解(ほつ)れる

‡demain [d(ə)mɛ̃ ドゥマン] 副 (英 tomorrow) ①明日 ②やがて，近い将来 — 男 明日；(近い)将来 ►**À demain!** (あしたに!)では明日また ►**demain en huit** 明日から1週間後に

démanchement [demɑ̃ʃmɑ̃] 男 ①柄を外すこと；脱臼(ぎ*ゅ*)；《楽》(弦楽器の)高い音へのポジション移動，シフティング

démancher [demɑ̃ʃe] 他 (…の)柄(ぇ)を外す；《話》脱臼(ぎ*ゅ*)させる；《楽》(弦楽器で)高音へのポジション移動[シフティング]を行う — 代動 [se ~] 柄が抜ける，はずれる；脱臼する；自分の…を脱臼させる；非常に苦労する，骨を折る

‡demande [d(ə)mɑ̃d ドゥマンド] 女 (英 demand) 願い，依頼，要求；申請，申し込み (en mariage)；注文，請求；《経》需要；《法》請求；[トランプ] コール ►**à [sur] la demande** (の利用者の)求めで[依頼に]よって (de) **Belle demande!** 《話·皮肉》すばらしい質問だね **demande d'asile** 亡命申請 **demande d'emploi** 求職 **demande en dommages-intérêts** 損害賠償請求 **faire une demande à** (人)にある要求をする

demandé(e) [d(ə)mɑ̃de] 形 (<demander) (商品などが)注文の多い，人気のある

‡demander [d(ə)mɑ̃de ドゥマンデ] 他 (英 ask) ①要求［請求]する，請う；乞う；頼む，依頼する，(…することを)求める(à)；(人を)呼んでもらう，面会を求める；(ものが)…を必要とする ►**demander à A de …** A(人)に…してくれと頼む ►(人)に…したいと言う **demander pardon à** (人)に許しを請う **en demander beaucoup [trop] à** …《話》(人)に多くを[過大な]要求をする **Je ne** **mande à voir!** 《話》見てみないと信じられないよ **Je ne t'ai rien demandé!** 《話》おまえには何も聞いてないよ **ne demander qu'à** …ひたすら…することを願う **ne pas demander mieux (que de … [que …])** これ[…する]以上の望みはない，喜んで同意する **On ne t'a pas demandé l'heure qu'il est [ton avis]** 《話》おまえには関係無いよ ②尋(たず)ねる，問う ►**demander après** …(人)に会いたいと言う；…の消息を尋ねる **demander des nouvelles de** (人)の消息を尋ねる **demander si** …かどうか尋ねる — 代動 [se ~] 自問する，不思議に思う

demandeur [d(ə)mɑ̃dœr] 名 ①女 **demandeuse** [-øz] 依頼者，申請者；質問者；(電話で呼び出した方の)人；《古》人にものを(絶えず)頼む人 ►**demandeur d'asile** 亡命申請者 **demandeur d'emploi** 求職者 ②女 **demanderesse** [-drɛs] 《法》原告

démangeaison [demɑ̃ʒɛzɔ̃] 女 ①かゆみ，むずがゆさ；《話》(何かしたくて)むずむずすること ►**avoir une démangeaison de** …したくてむずむずする

démanger [demɑ̃ʒe] 他 40 かゆがらせる，むずむずさせる；《話》(何かしたくて)むずむずさせる ►**Ça me démange de** …《話》私は…したくてむずむずする **La langue me démange.** 話したくてむずむずする **La main me démange.** (殴りたくて)腕がむずむずする

démantèlement [demɑ̃tɛlmɑ̃] 男 ①(要塞(ざ*い*)などの)防塞の取り壊し；防備の破壊 ②(組織などの)壊滅

démanteler [demɑ̃tle] 他 ①(要塞(ざ*い*)などの)防塞を取り壊す ②(組織·体制などの)を破壊する，打ち壊す，解体する

démantibuler [demɑ̃tibyle] 他 《話》(組み立てたものを)破壊する，ばらばらにする — 代動 [se ~] 《話》壊れる，(機械の)性能が落ちる

démaquillage [demakijaʒ] 男 化粧を落とすこと

démaquillant(e) [demakijɑ̃, -ɑ̃t] 形 化粧落とし用の — 男 クレンジングクリーム(= crème ~)；乳液(= lait ~)

démaquiller [demakije] 他 (…の)化粧を洗い落とす — 代動 [se ~] (自分の)化粧を落とす ►**se démaquiller les yeux** アイメイクを落とす

démarcage [demarkaʒ] 男 = démarquage

démarcation [demarkasjɔ̃] 女 境界[の画定；境界線(= ligne de ~)；区分[区別]するもの

démarchage [demarʃaʒ] 男 (商品の)訪問販売

‡démarche [demarʃ デマルシュ] 女 (英 gait) ①(ある目的のための)奔走，活動 ►**faire une démarche auprès de** (人)に頼み込む，働きかける ②(歩

démarcher [demaʁʃe] 他 訪問販売をする

démarcheur(se) [demaʁʃœʁ, -øz] 名 (戸別訪問の)セールスマン; 訪問販売員; 勧誘員

démariage [demaʁjaʒ] 男 ①離婚 ②〔農〕間引き

démarquage [demaʁkaʒ] 男 ①(マーク・商標の)除去 ②剽窃(ひょうせつ), 盗作 ③〔スポーツ〕敵のマークをはずすこと

démarque [demaʁk] 女 (バーゲン時に)商標のマークを取ること; 安売り

démarqué(e) [demaʁke] 形 (< démarquer) 〔スポーツ〕(敵から)マークされていない; (バーゲン用に)商標を落とした

démarquer [demaʁke] 他 ①(…の)印(商標)を取り去る; 正札をつけ変える ②剽窃(ひょうせつ)する ③〔スポーツ〕(敵の)マークをはずす ④(…から)距離をとる, 一線を画す ━ 代動 [se ～] ①(…から)距離をとる, 一線を画す ②〔スポーツ〕敵のマークをはずす

démarrage [demaʁaʒ] 男 ①(乗り物の)発進, 発車; (エンジンの)始動; 〔情報〕起動 ▶**démarrage en côte** 坂道発進 ▶**démarrage en trombe** 急発進 ②出帆; 出発; (スキーの)すべり出し ③〔スポーツ〕(スタート時の)ダッシュ; (ラストの)スパート

***démarrer** [demaʁe] デマレ 自 ①発車する, 始動する, 出帆する ②〈話〉(事業などが)うまく行き出す, スタートする, 始まる ━ 〈話〉 始める; 〔情報〕(ソフトなどを)起動する ▶**démarrer en trombe** 急発進する **faire démarrer** (車を)発車させる

démarreur [demaʁœʁ] 男 (エンジンの)始動装置, スターター

démasquer [demaske] 他 ①(…の)仮面[マスク]を取る ②暴露する, 暴く; 明かす ▶**démasquer ses batteries** 正体[本心]を暴露する ━ 代動 [se ～] 仮面を脱ぐ, 本心を現す

démâter [demɑte] 他 ①(…の)マストを取り除く ━ 自 マストを失う

dématérialisation [dematerjalizasjɔ̃] 女 ①非物質化; (物) エネルギーへの変換 ②紙媒体の電子化

dématérialiser [dematerjalize] 他 非物質化する; (物) (物質)エネルギーに変換する

dème [dɛm] 男 デモス【ギリシアの行政区】

démédicalisation [demedikalizasjɔ̃] 女 医薬品の対象からの除外

démédicaliser [demedikalize] 他 医薬品の対象から外す

démêlage [demelaʒ] 男 解きほぐすこと; (事件・問題などの)解明

démêlant [demelɑ̃] 男 (洗髪の)リンス

démêlé [demele] 男 (複) もめ合い, いざこざ; 紛争, 葛藤(かっとう)

démêlement [demelmɑ̃] 男 = démêlage

démêler [demele] 他 ①解きほぐす ②解明する; 見分ける, 見抜く ▶**démêler le vrai du faux** 真偽を見極める

démêloir [demelwaʁ] 男 梳櫛(すきぐし)

démêlure [demelyʁ] 女 (櫛(くし)で梳(す)き抜く時の)抜け毛

démembrement [demɑ̃bʁəmɑ̃] 男 (国などの)分割

démembrer [demɑ̃bʁe] 他 分割[分解]する

déménagement [demenaʒmɑ̃] 男 ①引っ越し, 転居, 移転 ②〈話〉引っ越し荷物

***déménager** [demenaʒe] デメナジェ 自 40 ①引っ越す ▶**déménager à la cloche de bois** 〈話〉夜逃げする ②〈話〉たわごとを言う 〈話〉すごい ▶**Ça déménage!** 〈話〉それはすごい ━ 他 (家具を)移す ▶**déménager une pièce** 部屋の家具を運び出す

déménageur [demenaʒœʁ] 男 引っ越し業者

démence [demɑ̃s] 女 ①精神錯乱, 気違いじみた行為 ②〔法〕心神喪失; 〔医〕痴呆

démener [demne] 代動 [se ～] ①動き回る, 暴れ回る ②奔走する, 奮闘する, 頑張る ▶**se démener comme un beau diable** 精力的に動き回る; 激しく暴れる

***démarrer** [demaʁe] デマレ 自 ①発 ...

démens [demɑ̃], **dément** ... ⇒ démentir

démenti[1] [demɑ̃ti] 男 ①否定, 否認, 打ち消し ②(…と)反対の事実, 反証 ▶**opposer un démenti formel à** …を公式に否定する

démenti[2] [demɑ̃ti] 他 démentir の過去分詞

démentiel(le) [demɑ̃sjɛl] 形 精神錯乱の; 〔医〕痴呆(患者)の; ばかげた

démentir [demɑ̃tiʁ] 他 48 ①打ち消す, 否認する ②(人の言葉に)反論(はんろん)[否認]をする ③(…に)反する, (…と)矛盾する ━ 代動 [se ～] [主に否定文で] 弱まる, 消える

démerdard(e) [demɛʁdaʁ, -aʁd] 形 〈話〉抜け目のない(人)

démerde [demɛʁd] 女 〈話〉抜け目のなさ

démerder [demɛʁde] 代動 [se ～] ①〈話〉抜け目なくやる, うまく切り抜ける; 急ぐ

démérite [demeʁit] 男 〔文〕落ち度, 失態, 瑕疵

démériter [demeʁite] 自 信望を失うようなことをする, 失態を演じる ▶**démériter aux yeux de** (人)の信望を失う

démesure [deməzyr] 女 いきすぎ, いきすぎた言動; 並外(なみはず)れた感情[態度]

démesuré(e) [deməzyre] 形 度を超した, 並外れた; とてつもない

démesurément [deməzyremā] 副 過度に

démet(s), démett ... ⇨démettre

démeubler [deməble] 他 (…の)家具を取り払う

demeurant [d(ə)mœrā] [成句中のみ] ▶ **au demeurant** 〔文〕 結局, だがやはり

demeure [dəmœr] 女 邸宅; 〔文・古〕 住まい, 住居 ▶ **à demeure** (ある場所に)長く, 恒久的に **la dernière demeure** 〔文〕 墓 **mettre A en demeure de** 〔不定詞〕 (人)に…するように強く命じる, 催促する **mise en demeure** 〔法〕 催促, 勧告

demeuré(e) [dəmœre] 形名 〔話〕 知恵(発音)の遅れた(子, 人)

:demeurer [dəmœre Fontaine ドゥムレ] 自 ① [助動詞は être] 〔文・古〕 (ある状態に)とどまる, (同じ状態のままでいる) ▶ **en demeurer là** そこでやめる, そこまでにしておく ② [助動詞は avoir] 住む, 滞在する

:demi(e) [d(ə)mi ドゥミ] 形 (英 half) 半分の; 中途半端な ▶ **... et demi ...** 半... と半分 ... 半 (グラス半分 [4分の1リットル]の)生ビール; 2分の1; 〔サッカーラグビーの〕ハーフバック ▶ **à demi** 半ば, ほとんど; 中途半端に 一 女 30分過ぎ, 半 ▶ **à la demie** 30分 たったら 一 副 半ば, ほとんど **demi de mêlée** 〔ラグビー〕スクラムハーフ **demi d'ouverture** 〔ラグビー〕スタンドオフ

demi- 接頭 〔不変〕「半分の」「不完全な」の意

démi[i]... ⇨démettre

demi-bouteille [d(ə) mibutɛj] 女 (ワインの)ハーフボトル, 小瓶(分)

demi-cercle [d(ə)misɛrkl] 男 半円

demi-dieu [d(ə) midjø] 男 (複~~x) 半神 [神と人間との間に生まれた子]; 神のような人

demi-douzaine [d(ə)miduzɛn] 女 半ダース, 約6

demie [d(ə)mi] 形 女 demi の女性形

demi-écrémé [d(ə)miekreme] 男 セミスキムドミルク (= lait ~) 〔乳脂肪分がほぼ半分の牛乳〕

demi-espace [d(ə)miɛspas] 男 〔数〕 (平面によって区切られた)半空間

demi-finale [d(ə)mifinal] 女 準決勝, セミファイナル ▶ **arriver en demi-finale** 準決勝に進出する

demi-finaliste [d(ə)mifinalist] 名 準決勝出場選手[チーム]

demi-fond [d(ə)mifɔ̃] 男 中距離競走(= course de ~)

demi-frère [d(ə)mifrɛr] 男 異父[異母]兄弟

demi-gros [d(ə)migro] 男 〔不変〕 仲買(業), 卸売仲立業

demi-heure [d(ə)mijœr ドゥミウール] 女 半時間, 30分

demi-jour [d(ə)miʒur] 男 薄明, 薄明かり 〔明け方または夕方の〕

demi-journée [d (ə) miʒurne] 女 (午前または午後の)半日

démilitarisation [demilitarizasjɔ̃] 女 非武装化

démilitariser [demilitarize] 他 非武装化する, 非軍事化[武装解除]する; (…の)軍事的性格を失わせる

demi-litre [d(ə)militr] 男 半リットル

demi-longueur [d(ə)milɔ̃gœr] 女 〔スポーツ〕 半馬身, 半艇身

demi-lune [d(ə)milyn] 女 半月形の建物; (城郭の)半月堡 一 形 〔不変〕 半月形の

demi-mal [d(ə)mimal] 男 〔不変〕 〔話〕 予想以下の損害[不幸], 不幸中の幸い ▶ **Il n'y a que demi-mal** それはとびどい

demi-mesure [d(ə)mimzyr] 女 中途半端な手段[対策]

demi-mondaine [d (ə) mimɔ̃dɛn] 女 〔古〕 高級娼婦

demi-monde [d(ə)mimɔ̃d] 男 〔古〕 高級娼婦の世界

demi-mot [d(ə)mimo] 男 ほのめかし ▶ **à demi-mot** ほのめかすだけで

déminage [deminaʒ] 男 地雷除去

déminer [demine] 他 地雷を除去する

déminéralisation [demineralizasjɔ̃] 女 ① 〔医〕 (人体からのカルシウムなど)鉱物質の減少 ② (鉱物質除去による)水の軟水化

déminéraliser [demineralize] 他 (…の)無機塩を消失させる, 鉱物質を除く ▶ **eau déminéralisée** 脱塩水

démineur [deminœr] 男 〔軍〕 地雷除去班員

demi-pause [d(ə)mipoz] 女 〔楽〕 2分休符

demi-pension [d (ə) mipɑ̃sjɔ̃] 女 ① (宿泊の)一泊二食制 ② 半寄宿(制) 〔通学生が学校で昼食をとる〕

demi-pensionnaire [d(ə)mipɑ̃sjɔner] 名 半寄宿生

demi-place [d(ə)miplas] 女 (劇場や運賃の)半額料金

demi-plan [d(ə)miplɑ̃] 男 〔数〕 (直線で区切られた)半平面

demi-portion [d (ə) miporsjɔ̃] 女 《話·蔑称的》 小さなつまらない奴

démis(...) ⇨démettre

démis(e) [demi, -iz] 形 脱臼(きゅう)した

demi-saison [d(ə)misɛzɔ̃] 囡 間(あ)の季節【春または秋】 ▶*vêtement de demi-saison* 間服

demi-sang [d(ə)misɑ̃] 男〖不変〗(片親だけが絶血種の)混血馬

demi-sel [d(ə)misɛl] 形〖不変〗(バターやチーズが)薄塩の —— 男〖不変〗① ドミ・セル【薄塩のクリームチーズ】 ②〖俗〗ちんぴら, ごろつき

demi-sœur [d(ə)misœr] 囡 異父〔異母〕姉妹

demi-sommeil [d(ə)misɔmɛj] 男 まどろみ, 半眠, 仮眠, 夢うつつの状態

demi-soupir [d(ə)misupir] 男〖楽〗8分の1休止; 8分休止(符)

*****démission** [demisjɔ̃] デミスィヨン 囡〖英 resignation〗辞職, 辞任; 任務の放棄, 辞表; 断念 ▶*donner sa démission* 辞表を出す, 辞職する

démissionnaire [demisjɔnɛr] 形 辞職(辞任)した —— 名 辞職者

*****démissionner** [demisjɔne] デミスィヨネ 自 辞職する; 放棄する, やめてゆく —— 他〖話〗辞職させる

démit, démîtes [demi, -it] ⇒**démettre**

demi-tarif [d(ə)mitarif] 男形 半額料金(の)

demi-teinte [d(ə)mitɛ̃t] 囡 ①〖美術・写〗中間色; 半濃淡, ぼかし ②〖楽〗ハーフトーン; 弱音

demi-ton [d(ə)mitɔ̃] 男〖楽〗半音

demi-tour [d(ə)mitur] 男 半回転 ▶*faire demi-tour* Uターンする; 引き返す

démiurge [demjyrʒ] 男 ①〖哲〗デミウルゴス, 造化の神; 〖プラトン学派の〗創造主 ②〖文〗創造者

demi-volée [d(ə)mivɔle] 囡〖スポーツ〗ハーフボレー

démobilisateur(trice) [demɔbilizatœr, -tris] 形 ①〖軍〗動員解除を行う ②〖政〗気勢をそぐ; 戦意を奪う

démobilisation [demɔbilizasjɔ̃] 囡 動員解除

démobiliser [demɔbilize] 他 ①動員解除をする, 復員させる ②(政治的に)動員力〔戦意〕を失わせる, (人々の)戦意を喪失させる; 気勢をそぐ

démocrate [demɔkrat] 形 民主主義の; (米国の)民主党の —— 名 民主主義者; (米国の)民主党員

démocrate-chrétien(ne) [demɔkratkretjɛ̃, -ɛn] 形〖複~s~s〗キリスト教民主主義(者)の —— 名 キリスト教民主主義者; キリスト教民主党員

*****démocratie** [demɔkrasi] デモクラスィ 囡〖英 democracy〗民主政治【民主主義】(代議制の)民主政治(1民主主義)

*****démocratique** [demɔkratik] デモクラティク 形〖英 democratic〗民主政治の; 民主的な; 民主(大衆)の

démocratiquement [demɔkratikmɑ̃] 民主(主義)的に

démocratisation [demɔkratizasjɔ̃] 囡 民主化

démocratiser [demɔkratize] 他 民主化する; 大衆化する

Démocrite [demɔkrit] デモクリトス〖古代ギリシアの哲学者〗

démodé(e) [demode] 形 (< démoder) 流行遅れの; 時代錯誤の

démoder [demode] 代動 [se ~] 流行遅れになる

démodulateur [demodylatœr] 男〖電〗復調器

démodulation [demodylasjɔ̃] 囡〖電〗復調; 検波

démographe [demɔgraf] 名 人口統計学者

démographie [demɔgrafi] 囡 ①人口統計学 ②人口(数) ▶*démographie galopante* 人口の急増

démographique [demɔgrafik] 形 ①人口(統計)学の ②〖複〗 ▶*poussée démographique* 人口増加

*****demoiselle** [d(ə)mwazɛl] ドゥモワゼル 囡 ①未婚の女性; お嬢さん, 娘さん, 令嬢 ▶*demoiselle de compagnie* 付き添いの少女 *demoiselle d'honneur* (結婚式で)新婦に付き添う少女 ②〖虫〗トンボ

*****démolir** [demɔlir] デモリール 他 33〖英 demolish〗①壊す, 解体する; (学説などを)覆(かへす)す, 無効にする ②(人の)信用〔評判〕を失わせる; 参らせる, へたばらせる; (人を)やっつける, 打ちのめす ▶*démolir le portrait à* (人を殴り倒す

démolissage [demɔlisaʒ] 男 信用〔権威〕の失墜; 酷評

démolisseur(se) [demɔlisœr, -øz] 名 解体業者, 取り壊し作業者; (学説・制度などの)破壊者

démolition [demɔlisjɔ̃] 囡 ①(建物の)取り壊し, 解体; (学説・制度などの)破壊, 打破 ②〖複〗(取り壊された建物の)残骸

démon [demɔ̃] 男 ①悪魔, 堕天使; [D-] 魔王 ②悪魔みたいな人間; (熱中させる)魔力 ▶*démon de midi* 中年の肉欲 *démon du jeu* ギャンブル熱 *petit démon* いたずらっ子 ▶*réveiller les vieux démons* 昔の悪夢がよみがえる ③〖古〗(人や国家の)守護霊

démonétisation [demɔnetizasjɔ̃] 囡 (貨幣の)通用廃止, 廃貨

démonétiser [demɔnetize] 他 (貨幣の)通用を停止する

démoniaque [demɔnjak] 形名 悪魔の(ような人), 悪魔に取りつかれた(人); 邪悪な(人)

démonologie [demɔnɔlɔʒi] 囡 悪魔学

démonstrateur(trice) [demɔ̃stratœr, -tris] 名 実演販売人; デモンストレーター

démonstratif(ve) [demɔ̃stratif, -iv] 形 ①証明する, 論証的な, 説得力のある ②(人が)感情をあらわにする, 表情豊かな〔文法〕指示の ▶ *adjectif [pronom] démonstratif* 指示形容詞〔代名詞〕── 男〔文法〕指示詞

démonstration [demɔ̃strasjɔ̃] 女 ①証明; 実験による証明 ②商品の使用法の実演, 実演販売 ③(多く複)(感情の表現)表明 ▶ *démonstration de force* 力の誇示 *démonstrations de joie* 喜びの表現 *disquette de démonstration*〔情報〕デモディスク *faire une démonstration* 証明する

démonstrativement [demɔ̃strativmɑ̃] 副 立証的に, 説得的に

démontable [demɔ̃tabl] 形 分解できる, 組み立て式の

démontage [demɔ̃taʒ] 男 分解, 取り外し

démonté(e) [demɔ̃te] 形 (海が)大荒れの; (人が)あわてた, 狼狽(ろうばい)した

démonte-pneu [demɔ̃tpnø] 男 タイヤ(脱着用)レバー; タイヤ取り外し器

démonter [demɔ̃te] 他 ①(機械など)を分解する; 取り外す ②(人を)狼狽(ろうばい)させる, 混乱させる ③落馬させる ── 代動 [*se* ~] ①狼狽する ②分解される; 取り外される; 自分の…の骨を外す ▶ *sans se démonter* 落ち着き払って

démontrabilité [demɔ̃trabilite] 女 証明可能性

démontrable [demɔ̃trabl] 形 証明〔論証〕可能な

*****démontrer** [demɔ̃tre] デモントレ 他 (…を)証明する《que》; 明らかにする, 示す

démoralisant(e) [demɔralizɑ̃, -ɑ̃t] 形 がっかりさせる, 気力をくじく, 気力を失わせる

démoralisateur(trice) [demɔralizatœːr, -tris] 形 がっかりさせる, 気力をくじく

démoralisation [demɔralizasjɔ̃] 女 意気阻喪(そそう)

démoraliser [demɔralize] 他 意気阻喪(そそう)させる, がっかりさせる ── 代動 [*se* ~] 気力(自信)を失う, がっかりする

démordre [demɔrdr] 自 51 (…を)あきらめる, 放棄する《de》▶ *ne pas démordre d'une opinion* 意見を曲げない

Démosthène [demɔsten] デモステネス〖古代ギリシアの雄弁家〗

démotivation [demɔtivasjɔ̃] 女 やる気をなくすこと

démotiver [demɔtive] 他 やる気〔動機〕を失わせる

démoucheter [demuʃte] 他 4 (フェンシングの剣先の)たんぽを外す

démoulage [demulaʒ] 男 型から取り出すこと

démouler [demule] 他 (鋳)型から取り出す

démoustication [demustikasjɔ̃] 女 蚊・蟲(あぶ)虫の駆除

démoustiquer [demustike] 他 蚊・蟲(あぶ)虫から駆除する

démultiplication [demyltiplikasjɔ̃] 女 減速; 減速率〔比〕(= *rapport de* ~)

démultiplier [demyltiplije] 他 減速する

démuni(e) [demyni] 形 (< *démunir*)①(…が)欠けた, 不足した《de》②お金のない; 精神的にもろい ── 男(複)貧困者

démunir [demyniːr] 他 33 (人から…を)奪う《de》── 代動 [*se* ~] (…を)手放す, 失う《de》

démuseler [demyz(ə)le] 他 4 ①(犬の)口輪を外す ②(束縛を)解く, 自由にさせる

démystificateur(trice) [demistifikatœːr, -tris] 形名 欺瞞(ぎまん)を暴く(人), 迷いを覚ます(人)

démystification [demistifikasjɔ̃] 女 欺瞞の暴露; 迷い〔迷信〕からの覚醒

démystifier [demistifje] 他 (迷妄から)目覚めさせる; (迷信などの)正体を暴く; 欺瞞を暴く; (…の)夢をさます

demythification [demitifikasjɔ̃] 女 実体の暴露; 迷信などの打破

démythifier [demitifje] 他 正体〔実体〕を暴く, 神話を打破する; 迷い〔迷信〕から覚まさせる

dénatalité [denatalite] 女 出生率(の)低下

dénationalisation [denasjɔnalizasjɔ̃] 女〔国営企業の〕民営化

dénationaliser [denasjɔnalize] 他〔国営企業を〕民営化する

dénaturalisation [denatyralizasjɔ̃] 女〔帰化人の〕国籍剥奪

dénaturaliser [denatyralize] 他〔帰化した人の〕国籍を奪う

dénaturé(e) [denatyre] 形 (< *dénaturer*)①自然に反した; 人道にもとる, ゆがんだ, 異常な ②変性〔変質〕した

dénaturer [denatyre] 他 ①変質させる ②(言葉などを)曲解する, (事実などを)歪(ゆが)める, 曲解(きょっかい)する; 変性〔変質〕させる; (味・香りを)落とす; 人道にもとる, 堕落させる

dénazification [denazifikasjɔ̃] 女 非ナチ化

dénazifier [denazifje] 他 非ナチ化する

dendrite [dɑ̃drit] 女〔解〕樹状突起

dendrochronologie [dɛ̃(d)rɔkrɔnɔlɔʒi] 女 年輪年代学

dendrologie [dɛ̃(d)drɔlɔʒi] 女 樹木学

dénégation [denegasjɔ̃] 女 否認, 拒絶

déneigement [denɛʒmɑ̃] 男 除雪

déneiger [deneʒe] 他 40 (道路などを)除雪する

dengue [dɛ̃g] 囡 〖医〗デング熱

déni [deni] 男 ①(文･古)否認 ②▶*déni de justice* 〖法〗裁判拒否

déniaiser [denjeze] 他 ①(人を)世慣れさせる, 利口にする, 垢(ぁか)抜けさせる ②性の手ほどきをする

dénicher [denife] 他 ①(鳥･卵)を巣から取り出す ②(話)(ようやくのことで)見つける, 探し出す ③(隠れ家から)追い出す — 圎 (鳥が)巣立つ

dénicheur(se) [denifœr, -øz] 名 ①(鳥･卵)を巣から取り出す人 ②珍しいものを探し出す人

dénicotinisation [denikotinizɑsjɔ̃] 囡 ニコチンを減らすこと

dénicotiniser [denikotinize] 他 (たばこの)ニコチンを減らす[抜く]; …のニコチンの含有量を減らす

dénicotiniseur [denikotinizœr] 男 (ニコチンを除去する)フィルター

denier [danje] 男 ①ドゥニエ〖フランスの旧貨幣〗; デナリウス〖古代ローマの銀貨〗 ②(複) 資金 ▶*de ses deniers* 自分の金で *deniers publics* [*de l'État*] 国家収入 ③▶*denier du culte* [カト] (教区への)献金

dénier [denje] 他 ①否認する ②(人に…を)拒む (à)

dénigrement [denigrəmɑ̃] 男 けなすこと, 中傷 ▶*campagne de dénigrement* (選挙などでの)組織的な誹謗(ひぼう)中傷 *par dénigrement* 貶(おとし)めて, 誹謗して

dénigrer [denigre] 他 悪く言う, けなす, 中傷する

dénigreur(se) [denigrœr, -øz] 形 名 離癖をつけたがる(人)

denim [danim] 男 〈英〉デニム〖厚地綿布〗

dénivelée 囡, **dénivelé** [denivle] 男 標高差; 高低差

déniveler [denivle] 他 4 高低差をつける, (…に)凹凸[起伏(ふく)]をつける

dénivellation [denivelɑsjɔ̃] 囡, **dénivellement** [denivelmɑ̃] 男 (土地･道路などの)高低差, 起伏; (身分などの)差, 上下

dénombrable [denɔ̃brabl] 形 数えられる, 算出可能な

dénombrement [denɔ̃brəmɑ̃] 男 算出, 列挙; (人口の)調査

dénombrer [denɔ̃bre] 他 数える, 数え上げる, 列挙する; (人口を)調査する

dénominateur [denɔminatœr] 男 〖数〗分母 ▶*dénominateur commun* 共通分母, (人や物事の)共通点

dénominatif(ve) [denɔminatif, -iv] 形 〖言〗名詞派生の; 命名的, 名称的 — 男 名詞派生語

dénomination [denɔminɑsjɔ̃] 囡 名称, 呼称; 命名

dénommé(e) [denɔme] 名 〖固有名詞を伴って〗…という人 ▶*un dénommé Charles* シャルルとかいう男

dénommer [denɔme] 他 名づける, 命名する; 〖法〗指名する

dénoncer [denɔ̃se] 他 52 ①(罪人を)告発[密告]する; 暴く ②(文)表わす[示す] ③〖法〗取り消す, 破棄を通告する; 通告する — 代動 [*se ~*] 自首する

dénonciateur(trice) [denɔ̃sjatœr, -tris] 形 告発[密告]する — 名 告発者, 密告者

dénonciation [denɔ̃sjɑsjɔ̃] 囡 ①告発, 密告 ②(協定などの)結末通告

dénotation [denotɑsjɔ̃] 囡 指し示すこと, 表示; 〖言〗明示的な意味, 外示; 〖論〗外延

dénoter [denote] 他 (特徴によって)示す[表わす]; 〖言〗外示する; 〖論〗外延によって示す

dénouement [denumɑ̃] 男 (事件などの)解決, 結末; (物語などの)大詰め

dénouer [denwe] 他 ①(結び目を)ほどく, 解く ②解決する, 結末をつける; 大団円に導く — 代動 [*se ~*] ①ほどける, 解ける ▶*La langue se dénoue.* 口を開き, 話し始める ②(問題が)解決する; 決着する; 大団円を迎える

de novo [denovo] 副 〈ラ〉自然発生的に

dénoyage [denwajaʒ] 男 (坑内からの)排水

dénoyautage [denwajotaʒ] 男 芯[種]を取ること

dénoyauter [denwajote] 他 (果物の)芯[種]を取る

dénoyauteur [denwajotœr] 男 (果物の)種抜き器具

dénoyer [denwaje] 他 45 (坑内から)排水する

denrée [dɑ̃re] 囡 (多く複) 食料品 (= ~*s alimentaires*); 飼料 ▶*denrée rare* 珍品, 得がたい物

***dense** [dɑ̃s ダンス] 形 濃い, 濃密な, 密集した; 〖物〗密度が高い, 高密度の; (文体などが)密度の高い

densification [dɑ̃sifikɑsjɔ̃] 囡 高密度化

densifier [dɑ̃sifje] 他 (…の)密度を高める

densimètre [dɑ̃simɛtr] 男 密度[比重]計

densité [dɑ̃site] 囡 密度; 比重; 濃さ, 濃密さ

***dent** [dɑ̃ タン] 囡 〈英 tooth〉 ①歯, 牙(きば) ▶*avoir la dent* (話)腹ぺこである *avoir la dent dure* (…を)酷評する *avoir les dents longues* (話)野心がつよい *brosse à dents* 歯ブラシ *coup de dent* かみつくこと; 辛辣(しんらつ)な批判 *dent de lait* 乳歯 *dent de sagesse* 親知らず *dent gâtée* [*cariée*] 虫歯 *être sur les*

dents ものすごく忙しい; 神経をとがらせている; 疲れ果てている **faire ses dents** (子供の)歯が生える **garder une dent contre** …に恨みを持つ **grincer des dents** 歯ぎしりする **n'avoir rien à se mettre sous la dent** 食べるものが何もない **parler entre ses dents** もぐもぐとしゃべる **se faire les dents** (ネズミなどが)歯を研ぐ; (…に)慣れる, 鍛えられる《sur》 ②(歯車・のこぎりなどの)歯; 鋸歯状のもの; (葉の縁の)ぎざぎざ; (山の)尖峰 ▶**en dents de scie** ぎざぎざの, ジグザグの

dentaire[1] [dɑ̃tɛr] 形 歯[歯科]の
dentaire[2] [dɑ̃tɛr] 女 〖植〗コンロンソウ

dental(ale) [dɑ̃tal] 形 (男複 *-aux* [-o]) 〖言〗歯音の —— 女 歯音 [d], [t], [n]などの発音のこと]

dent-de-lion [dɑ̃dəljɔ̃] 女 (複 *~s-~*) 〖植〗セイヨウタンポポ

denté(e) [dɑ̃te] 形 ①歯の生えた; ぎざぎざのある ▶**roue dentée** 歯車

dentelé(e) [dɑ̃tle] 形 (縁が)ぎざぎざの, 鋸(ﾉｺｷﾞﾘ)歯状の

denteler [dɑ̃tle] 他 [4] 縁をぎざぎざにする; (…に)ぎざぎざをつける

dentelle [dɑ̃tɛl] 女 レース; (複)レース飾り, レース細工 ▶**crêpe dentelle** 薄焼きのクレープ **ne pas faire dans la dentelle** (話) 細かい所にこだわらない, おおざっぱにやる

dentellerie [dɑ̃tɛlri] 女 レース製造[販売業, 販売店]; レース製品

dentellier(ère) [dɑ̃talje, -ɛr] 形 レースの —— 女 レースを編む女, レース女工 —— 男 レース編み機

denteIure [dɑ̃t(ə)lyr] 女 (葉・切手などの)ぎざぎざ(の形), (海岸線の出入り, (山の)鋸(ﾉｺｷﾞﾘ)歯状の稜線, 歯状装飾

denticule [dɑ̃tikyl] 男 〖建〗歯状飾

dentier [dɑ̃tje] 男 (連なった)入歯, 床義歯

*dentifrice** [dɑ̃tifris] 男形 歯磨き(の) ▶**eau dentifrice** 口内洗浄液 **pâte dentifrice** 歯磨き粉

*dentiste** [dɑ̃tist ダンティスト] 名 歯医者, 歯科医

dentisterie [dɑ̃tistəri] 女 歯科(の)学, 歯科学(業); 歯科医療

dentition [dɑ̃tisjɔ̃] 女 ①歯の(全体), 歯並び ②歯の形成; 生歯

denture [dɑ̃tyr] 女 〖文・集合的〗歯, 歯並び

dénucléarisation [denykleariza-sjɔ̃] 女 非核武装化

dénucléariser [denykleariz] 他 (一定の地域を)非核武装化する **zone dénucléarisée** 非核(武装)地帯

dénudé(e) [denyde] 形 (< dénuder) 裸の, 禿(ﾊｹﾞ)げた; 露出した

dénuder [denyde] 他 露出させる; 裸にする; (電線のコードなどを)むく —— 代動 [**se**~] 露出する; 裸になる

dénué(e) [denye] 形 (…を)欠いた, ない《de》▶**dénué de bon sens** 良識のない

dénuement [denymɑ̃] 男 貧窮[困], 窮乏(ｷｭｳﾎﾞｳ)

dénutri(e) [denytri] 形名 栄養失調の(人)

dénutrition [denytrisjɔ̃] 女 栄養不良, 栄養失調

déodorant(e) [deɔdɔrɑ̃, -ɑ̃t] 形 体臭を消す —— 男 デオドラントクリーム (= lotion ~); 体臭防止用化粧品 ▶**déodorant en bombe** デオドラントスプレー

déontique [deɔ̃tik] 形 義務の

déontologie [deɔ̃tɔlɔʒi] 女 ①職業倫理; 医の倫理 (= ~ médicale) ②〖哲〗義務論

déontologique [deɔ̃tɔlɔʒik] 形 職業倫理の

dép. (*departamɑ̃*) (略) département 県

dépannage [depanaʒ] 男 故障を直すこと, (自動車・機械などの)(応急)修理; 〖情報〗トラブルシューティング

dépanner [depane] 他 ①故障を直す; (乗物を)修理のため牽引(ｹﾝｲﾝ)する ②《話》(人を)窮状から救い出す; 金を貸す

dépanneur(se) [depanœr, -øz] 名 修理工 —— 男 〖ケベック〗(深夜営業の)コンビニエンスストア —— 女 (故障車を)牽引するレッカー車

dépaquetage [depakətaʒ] 男 包装を開けること

dépaqueter [depakte] 他 [4] (…の)包装を解く

dépar... →départir

dépareillé(e) [depareje] 形 (< dépareiller) (揃いのものが)半端の; 不揃いの

dépareiller [depareje] 他 (セットになったものを)半端[不揃い]にする

déparer [depare] 他 美しさ[美観]を損なる; 台無しにする

déparier [deparje] 他 (対の)一方を失う; (つがいの動物を)引き離す, 半端にする

*départ**[1] [depar デパール] 男 ①(英語の)出発; 発車; (スポーツ競技の)スタート; 初め, 出だし ▶**au départ** 初めは **de départ** 初めの **dès le départ** 最初から **donner** [**prendre**] **le départ** スタートの合図をする, スタートを切る **être sur le départ** まさに出発しようとしている **faux départ** (スポーツ) フライング **grand départ** (バカンス客のパリからの)大挙出発 [7月1日・8月1日など] **point de départ** 出発点, 初め, (ことの)起こり **prendre un bon** [**mauvais**] **départ** いい[悪い]スタートを切る **tableau des départs et des arrivées** 発着時刻表 ②(駅の)発

ホーム, 乗車口 ③ 辞職, 辞任; 解雇 *départ à la retraite* 定年退職 *départ en préretraite* 早期退職 *indemnité de départ* 離職手当

départ[2] [depar] 男 識別 ▶*faire le départ entre* (…)を区別する

départ(...) [depar] 男 ⇨ *départir*

départager [departaʒe] 他 40 ① (賛否同数の場合に)裁決を下す ② (2つの人・意見などの)一方を選ぶ, 判定する

***département** [departɑmɑ̃ デパルトマン] 男 (英 department) ① (フランスの)県(*複*)(パリに対して)地方 *département d'outre-mer* 海外県【略 DOM】② 部門, 部局; 課, 部; (大学の)学科; (行政組織の)省 ▶*département d'État* (米国の)国務省

départemental(ale) [departəmɑ̃tal] 形(男複 -*aux*) 県の ── 女 県道(= *route* ~)【略 R.D.】

départementalisation [departəmɑ̃talizasjɔ̃] 女 県への権限委譲

départementaliser [departəmɑ̃talize] 他 ①(権限を)県に移譲する ②(旧植民地を)県にする

départir [departir] 他 48 《文》[受身動態] 分かち与える, 割り当てる ── 代動 *se* ~ (…を)捨てる, 失う ▶*se départir de son calme* 冷静を失う

dépassant [depasɑ̃] 男 (レースなどの)縁飾り[ひだ飾り]【衿・袖などのレース, フリルなど】

dépassé(e) [depase] 形 (< *dépasser*) ①すたれた, 時代遅れの ②(人に)追い越された, 負けた ③どうしようもなくなった ▶*être dépassé par les événements* 状況に茫然自失(ぼうぜんじしつ)する

dépassement [depasmɑ̃] 男 ①(車の)追い越し ▶*Dépassement interdit* (揭示) 追い越し禁止 ② 超過 ③《哲》止揚(しよう), アウフヘーベン ▶*dépassement de soi-même* 自己を乗り越えること, 自己の進歩

***dépasser** [depase デパセ] 他 (英 pass, exceed) ①追い越す, 追い抜く; 通り過ぎる ②(ある量・限界を)越える, 超過する ▶*Ça me dépasse* 私についていけない *Cela dépasse mes forces*. それは私の手に負えない *dépasser l'attente de* (人)の予想を超える *dépasser les bornes [la mesure]* 度を越す, 行き過ぎる *ne pas dépasser la dose prescrite* 《注意書》処方された量を守ること ③上回る; 理解を越える; (困難などに)乗り越える

── 自 ①はみ出る, 飛び出している ②追い越しをする ▶*défense de dépasser* 《揭示》追い越し禁止

── 代動 *[se]* ~ 自分の限界を乗り越える

dépassionner [depasjɔne] 他 (議論の)興奮を鎮める; 熱を失わせる

dépatouiller [depatuje] ── 代動 *[se]* ~ 《話》苦境を切り抜ける, なんとかやってのける

dépatrier [depatrije] 他《文》祖国から引き離す

dépavage [depavaʒ] 男 敷石の除去

dépaver [depave] 他 (…の)敷石を取り除く[はがす]

dépaysant(e) [depeizɑ̃, -ɑ̃t] 形 (異なる環境で)居心地を悪くさせる, 違和感を覚える

dépaysé(e) [depeize] 形 (< *dépayser*) (環境・習慣が変わって)居心地が悪い, なじめない ▶*se sentir dépaysé* 違和感を覚える

dépaysement [depeizmɑ̃] 男 ①(異なる環境におかれた)居心地の悪さ, 戸惑(とまど)い, 違和感 ②環境[習慣]の変化; 気分転換

dépayser [depeize] 他 (環境・習慣の変化で)居心地を悪くさせる, 途方に暮れさせる

dépeçage [depəsaʒ], **dépècement** [depɛsmɑ̃] 男 ①(食用の家畜を)小さく切ること, 解体すること ②(国や領土の)分割

dépecer [depəse] 他 ① 52 ①(食用動物を)小さく切る, 解体する ②(国や領土を)分割する

dépêche [depɛʃ] 女 ①電報; (通信社の)至急報, 特電 ②公用文書 ▶*envoyer [recevoir] une dépêche* 電報を出す[受け取る]

***dépêcher** [depeʃe デペシェ] 他 (英 dispatch) (使者などを急いで派遣する ── 代動 *[se]* ~ 急ぐ; (…を)急いでする 《*de*》

dépeign... ⇨ *dépeigner*, *dépeindre*

dépeigner [depeɲe] 他 (…の)髪を乱す

dépein... ⇨ *dépeindre*

dépeindre [depɛ̃dr] 他 19 描写する[描く], 語る; (物が)表[示]す

dépeins, dépeint [depɛ̃] ⇨ *dépeindre*

dépenaillé(e) [depənaje, depnaje] 形 《話》 ぼろぼろの, ぼろを着た; ひどくだらしのない身なりの

dépénalisation [depenalizasjɔ̃] 女 処罰対象からの除外

dépénaliser [depenalize] 他〔法〕処罰の対象から除外する

dépend [depɑ̃] ⇨ *dépendre*

***dépendance** [depɑ̃dɑ̃s デパンダンス] 女 ①依存(関係), 従属(関係), 相関(関係), 甘え ②隷属, 属領 ③《複》付属物, 付属家屋, 付属(領)地 ④(麻薬などいの)依存症; (心) 依存 ▶*être sous [dans] la dépendance de* (人)に従属[依存]している, 扶養されている *tenir... sous sa dépendance* (人)を支配下に置く

dépendant(e) [depɑ̃dɑ̃, -ɑ̃ːt] 形 (…に)属した; 依存する, 従属する, 支配下にある (de) ▶**personne âgée dépendante** 介護が必要な老人 **proposition dépendante** [文法]従属文, 従節

dépendeur [depɑ̃dœːr] 男 ▶**dependeur d'andouilles**（話）背高ののっぽ

dépendre¹ [depɑ̃ːdr デパンドル] 自 28 (英 depend) の ──による, …次第である, …に依存[従属, 所属]する (de) ▶**Ça dépend.** 時と場合による **Il dépend de A de [que + 接続法]** である **ne dépendre que de soi-même** 自立している

dépendre² [depɑ̃ːdr] 他 28 (つるしてあるものを)下ろす, 外す

dépens [depɑ̃] 男（複）[法]訴訟費用 ▶**à ses (propres) dépens** 多くの犠牲を払って, 苦い経験によって **aux dépens de** …の費用で; …を犠牲にして **rire aux dépens de (人)** を笑いものにする

*__dépense__ [depɑ̃ːs デパンス] 女 (英 expense) 金を使うこと; 出費, 支出; 消費(量); 費用 ▶**dépense physique** (体の)運動 **dépenses diverses** 雑費 **dépenses publiques** 公共支出 **faire face à la dépense** 支払う **faire la dépense de** …の費用を支払う, …を買う **pousser … à la dépense** …に支払わせるようにする **regarder à la dépense** 倹約する

*__dépenser__ [depɑ̃se デパンセ] 他 (英 spend) ①（金を)使う; 消費する ②（時間・力を)使う ── [代動] [se ~] 力を尽くす, 努力する (pour)

dépensier(ère) [depɑ̃sje, -εːr] 形 金づかいの荒い ── 男 浪費家

déperdition [depεrdisjɔ̃] 女（熱・光・力などの ゆっくりとした)消耗, 損失, 衰退.

dépérir [deperiːr] 自 33 衰弱する[衰える]

dépérissement [deperismɑ̃] 男 衰弱[衰頽]

dépersonnalisation [depεrsɔnalizɑsjɔ̃] 女 非個性化; 非人格化; [医]離人症

dépersonnaliser [depεrsɔnalize] 他（…の)人格[個性, 特色]を失わせる; 陳腐にする[する], 特色を失わせる ── [代動] [se ~] 個性[特色]を失う, 陳腐になる

dépêtrer [depεtre] 他 解き放つ, 救い出す;（窮地から)救い出す (de) ── [代動] [se ~]（泥沼・敷などから)抜け出る;（困った状態から)逃れる (de)

dépeuplement [depœplǝmɑ̃] 男 過疎化

dépeupler [depœple] 他（地域の)人口を減らす, 過疎化する;（森などの)生息動物[植物]を絶やす[減らす];（森の)木を伐採する ── [代動] [se ~] 人[生物]がいなくなる, 過疎化する, 人口が減る; 生息動物[植物]が減る

déphasage [defɑzɑːʒ] 男 [物]位相差;（話）現実[状況]とずれていること

déphasé [defɑze] 形（話）現実からずれた; 現状に疎い

dépiauter [depjote] 他（話）動物の皮をはぐ;（覆(㈱)っている包み紙などを)剥(む)ぐ ▶**dépiauter un texte** 文章のあらを探しまわる

dépigeonnage [depiʒɔnaːʒ] 男 鳩害対策

dépigmentation [depigmɑ̃tɑsjɔ̃] 女 色素喪失

dépilage [depilɑːʒ] 男（皮の)脱毛

dépilation [depilɑsjɔ̃] 女 脱毛(症), 抜け毛

dépilatoire [depilatwɑːr] 形 脱毛用の ── 男 脱毛剤

dépiquage [depikɑːʒ] 男 [農]脱穀

dépiquer [depike] 他 ①（植え替えるために)苗を抜く ②脱穀する

dépistage [depistɑːʒ] 男 [医]（集団)検診; 調査, 追跡, 探索

dépister [depiste] 他 ①（跡(㈱)をたどって)探し出す; 見つけ出す ②足跡をくらます, 探索[追跡]を逃れる

dépit [depi] 男 悔しさ, 恨み, 遺恨 ▶**en dépit de** …にもかかわらず; …をものともせず, …を無視して **en dépit du bon sens** めちゃくちゃに

dépité(e) [depite] 形 くやしがっている

dépiter [depite] 他 くやしがらせる

déplacé(e) [deplase] 形 (< déplacer) ①場違いな, 所を得ない, 失礼な ② ▶**personne déplacée**（政治的な理由による)国外亡命者; 強制移住させられた人

*__déplacement__ [deplɑsmɑ̃ デプラスマン] 男 (英 displacement) ①移動 ▶**Ça vaut le déplacement.** 行くだけの価値はある ②出張, 旅行; 通勤 ▶**être en déplacement** 出張中である ③人事異動; 更迭(㌧), 左遷

*__déplacer__ [deplase デプラセ] 他 52 ①移動させる, 位置を変える, 動かす ▶**déplacer de l'air**（話）もったいぶる, いばる **déplacer le problème [la question]** 問題をずらす[はぐらかす] ②配置転換する; 更迭(㌧)[左遷]する ③（興行などが)人を呼び寄せる ── [代動] [se ~] ①移動する, 位置が変わる; 転居する ▶**sans se déplacer** その場を離れずに, その場で **se déplacer une vertèbre** [医]椎間板ヘルニアになる ②旅行する; 出向く, 出張する; 往診する

déplafonnement [deplafɔnmɑ̃] 男（保険料・年金などに加入できる給与額の)上限の引き上げ

déplafonner [deplafɔne] 他（保険料の)上限額を撤廃する, 上限を引き上げる

déplaire [depler デプレール] 自 53 (人の)気に入らない, 嫌われる 《à》 ► **n'en déplaise à …** はばかりながら, 気の毒だが; お気には召しませんが — 代動 **[se ~]** ① 気に食わない, 居心地が悪い, 退屈である ② 互いに気に入らない, 嫌い合う

déplais(...) ⇨ déplaire

déplaisant(e) [depleză, -ăt デプレザ(ント)] 形 不(愉)快な, 気に入らない; 感じの悪い

déplaisir [deplezir] 男 不満, 不(愉)快 ► **Je le ferai sans déplaisir.** それをするのは構いません

déplaît [deplɛ] déplaire の直·現·3·単

déplantation [deplɑ̃tasjɔ̃] 女, **déplantage** [deplɑ̃taʒ] 男 植え替え

déplanter [deplɑ̃te] 他 (木などを)植え替える; 草木を取り払う

déplantoir [deplɑ̃twar] 男 植え替えごて

déplâtrage [deplɑtraʒ] 男 ギブスを外すこと

déplâtrer [deplɑtre] 他 漆喰(こくい)をはがす; 【医】ギブスを取る

dépliage [deplijaʒ] 男 (たたんだ物を)広げること

dépliant(e) [deplijɑ̃, -ɑ̃t] 形 折り畳み式の — 男 (折り畳みの)パンフレット, 折り畳み広告; (本の)折り込み(ページ)

déplier [deplije] 他 (折り)畳んだものを広げる; (手足を)伸ばす; (小包をほどく; (代動)みから)出す▶並べる — 代動 **[se ~]** 広がる; 開く

déplissage [deplisaʒ] 男 皺(しわ)伸ばし

déplisser [deplise] 他 (…の)襞(ひだ)[皺(しわ)]を伸ばす — 代動 **[se ~]** 襞[皺]がとれる

déploiement [deplwamɑ̃] 男 ① (帆・旗)を広げる[掲げる]こと, 広がり ② (力の)誇示, 発揮 ③【軍】展開, 散開

déplombage [deplɔ̃baʒ] 男 (電気メーターなどの)封印解除; (歯の詰め物)除去

déplomber [deplɔ̃be] 他 (封緘(ふうかん)用・電気メーターなどの)鉛の封印を取り除く; (歯の)詰め物を取る

***déplorable** [deplɔrabl デプロラブル] 形 ① とても残念な, 嘆かわしい; ひどく悪い ② 不愉快な, ひどい

déplorablement [deplɔrabləmɑ̃] 副 嘆かわしく, ひどく悪く[下手に]

déplorer [deplɔre] 他 残念に思う, 不満に思う; 嘆く, 悲しむ

déployer [deplwaje] 他 45 ① 広げる, (旗・帆(ほ)を)掲げる; (商品などを)並べる ② (勇気・力などを)発揮する, 誇示する; (軍隊を)展開させる ► **rire à gorge déployée** 大口を開けて笑う — 代動 **[se ~]** 広げられる; 広がる; 発揮される

déplu(e) [deply], **déplû...** ⇨ déplaire

déplumé(e) [deplyme] 形 《< déplumer》羽の抜けた; 《話》頭が禿(は)げた

déplumer [deplyme] 代動 **[se ~]** 羽が抜ける; 《話》頭が禿(は)げる

dépoétiser [depoetize] 他 (…の)詩趣を殺(そ)ぐ, 詩的でなくする

dépoitraillé(e) [depwatraje] 形 《話》(裸の)胸をはだけた

dépoli(e) [depoli] 形 (磨(みが)きの消えた, 曇った ► **verre dépoli** すりガラス

dépolir [depolir] 他 33 光沢を失わせる, 艶(つや)を消しにする, 曇らせる

dépolissage [depolisaʒ] 男 艶(つや)消し

dépolitisation [depolitizasjɔ̃] 女 政治色を消すこと

dépolitiser [depolitize] 他 (…から)政治色をなくす

dépolluer [depolɥe] 他 (…の)汚染を除去[浄化]する

dépollution [depolysjɔ̃] 女 汚染の除去

déponent(e) [deponɑ̃, -ɑ̃t] 形 (ラテン語文法の)形式所相の【受動形で能動を表わす】

dépopulation [depopylasjɔ̃] 女 人口減少

déportance [deportɑ̃s] 女 ダウンフォース『走行中の車を地面に押しつけようとする空気の力』

déportation [deportasjɔ̃] 女 ① (強制収容所への)抑留 ② (政治犯の)国外追放

déporté(e) [deporte] 形 《< déporter》① 強制収容所に送られた ② 国外追放された — 名 ① (強制収容所の)抑留者, 囚人 ② 国外追放者

déportement [deportəmɑ̃] 男 (乗り物が)進路からそれること; (複) 不品行

déporter [deporte] 他 ① 強制収容所へ送る; 流刑にする ② (自動車・飛行機の)方向を逸(そ)らせる — 代動 **[se ~]** ① (車などが)流される, 横にそれる ② 【法】 (職務を辞退する

déposant(e) [depozɑ̃, -ɑ̃t] 形 預金する; 証言する — 名 ① 預金[寄託]者; 証人

dépose [depoz] 女 ① 取り外し, 解体[除去] ② (人・運搬物を)降ろすこと

déposée [depoze] 形 《< déposer》登録された ► **marque déposée** 登録商標

***déposer** [depoze デポゼ] 他 ① (持っていた物を)置く, 下ろす; 捨てる; (人を)降ろす ► **défense de déposer des ordures** (掲示)ごみ捨て禁止 **déposer les armes** 戦いをやめる ② (金などを)預ける; 寄託する ► **déposer de l'argent à la banque** 銀行に預金する ③ 提出する, 届け出る, 申し立てる; 登録する; 宣告する ► **déposer son bilan** 破産宣告をする **déposer une plainte contre** (人)を告訴する ④ 取り除く, 取りはずす ⑤ (皇帝などを)

dépositaire [depozitɛʀ] 名 ① 受託者, 保管者; 委託販売人 ▸ *dépositaire exclusif* [商] 一手販売店, 独占代理店 ② 打ち明け話の聞き手; (使命を)託された人

déposition [depozisjɔ̃] 女 ①[法] 証言, 供述 ▸ *faire une déposition* ②(国王の)廃位, (聖職者の)罷(ひ)免 ③ ▸ *Déposition de Croix* [美術] キリスト降架(図)

déposséder [deposede] 他 57 (人から)…を奪い取る 《de》

dépossession [deposesjɔ̃] 女 所有権などの剥奪, 没収

dépôt [depo] 男 ① 預けること, 委託; 預り物, 寄託物; 保証金 ▸ *dépôt légal* [法] 法定納本【公立図書館などに著作物や作品を納める義務】 ② 置場, 保管所, 倉庫, 車庫 ▸ *dépôt de marchandises* 商品倉庫 *dépôt de munitions* 弾薬庫 *dépôt d'ordures* ごみ捨て場 ③ 提出, 申し立て, (商標の)登録 ▸ *dépôt de bilan* [法] 破産宣告 ④ 沈澱物, 滓(おり) ▸ *dépôt de sable* シルト, 沈積土 ⑤ 留置場 ▸ *mandat de dépôt* [法] 拘置令状

dépotage [depotaʒ] 男 ①(草木を)鉢から出すこと ②(液体の)移し替え

dépoter [depote] 他 ①(草木を移植するために)鉢から出す ②液体を移し替える ③(話)(車から)荷物を出す —自 できる, 有能な

dépotoir [depotwaʀ] 男 ごみ捨て場; がらくた置場

dépôt-vente [depovɑ̃t] 男 (複 ~s~s) リサイクルショップ

dépouille [depuj] 女 ①(獣からはいだ)皮, (蛇・昆虫の)脱(ぬ)ぎ殻 ②[文] 亡骸(むくろ) (= ~ *mortelle*) ③(複) 戦利品; 掠奪品

dépouillé(e) [depuje] 形 (< dépouiller) ①飾りけのない, 簡素な; (…の)ない 《de》 ②葉の落ちた, 裸の

dépouillement [depujmɑ̃] 男 ①(資料などの)綿密な検査, 精査; 開票, 票数の勘定(= ~ *des scrutin*) ② 財産の没収[放棄]; 無一物 ③(文体などの)飾りのなさ, 簡潔さ ④(動物の)皮をはぐこと; 落葉

dépouiller [depuje] 他 ①(動物・木の)皮をはぐ; (植物の)葉[実]を落とす ②(人から)…を奪う, むしり取る 《de》 ③(資料などを)検査[検討]する ▸ *dépouiller le scrutin* 開票する ④ [文](衣服などを)脱ぐ; (感情を)捨てる —代動 [se ~] ①[文] (…を)脱ぐ, なくす, 捨てる 《de》 ②(蛇などが)脱皮する

dépourvu(e) [depuʀvy] 形 (…を)持っていない, 奪われた, 失った; 無一文の

《de》 ▸ *au dépourvu* あいにくの時に, 不意に ▸ *prendre … au dépourvu* (人の)不意をつく

dépoussiérage [depusjeʀaʒ] 男 (特に機械による)塵埃(ぢんあい)除去

dépoussiérer [depusjeʀe] 他 57 (特に掃除機などの機械で)埃(ほこり)を取る ▸ *dépoussiérer l'image de* …のイメージを一新する

dépravation [depʀavasjɔ̃] 女 ①退廃, 堕落 ②病的嗜好, 変態(瘤)癖

dépravé(e) [depʀave] 形 (< dépraver) 堕落[退廃]した; 異常な, 変質的な —名 堕落した人; 変質者

dépraver [depʀave] 他 堕落させる; 損う, 不自然にする, ゆがめる —代動 [se ~] 堕落する, 退廃する

dépréciateur(trice) [depʀesjatœʀ, -tʀis] 形名 くさす(人); けなす(人)

dépréciatif(ve) [depʀesjatif, -iv] 形 軽蔑的な

dépréciation [depʀesjasjɔ̃] 女 価値の減少[低下]; 過小評価; 軽視

déprécier [depʀesje] 他 ①(…の)価値を下げる ②正当に評価しない; 過小評価する; 軽視する; 貶(けな)める —代動 [se ~] ①価値が落ちる[下がる] ②車下する; けなし合う

déprédateur(trice) [depʀedatœʀ, -tʀis] 形 ①掠奪する ②公金横領の —名 ①掠奪者 ②公金横領者

déprédation [depʀedasjɔ̃] 女 ①略奪 ②公金横領; (公共・他人の財産の)毀損(きそん) ③自然破壊

déprendre [depʀɑ̃dʀ] 代動 60 [se ~] 《文》(愛着するものを)断ち切る, 離れる 《de》

dépressif(ve) [depʀesif, -iv] 形 気を滅入らせる, 意気消沈させる[した]; [心] 抑鬱(ようう)性の

dépression [depʀesjɔ̃] 女 ①意気消沈, [医] 鬱病[状態] (= ~ *nerveuse*) ②(気圧などの)低下; 低気圧 (= ~ *atmosphérique*) ③(市況の)不振, 景気後退[不況] (= ~ *économique*) ④沈下[陥没]; くぼ地 (= ~ *de terrain*)

dépressionnaire [depʀesjɔnɛʀ] 形 低気圧の

dépressurisation [depʀesyʀizasjɔ̃] 女 (飛行機などの)減圧

dépressuriser [depʀesyʀize] 他 (飛行機・宇宙船内の)気密性をなくする, 減圧する

déprimant(e) [depʀimɑ̃, -ɑ̃t] 形 意気消沈させる, うんざりさせる; 衰弱させる

déprime [depʀim] 女 《話》落ち込み, 鬱(うつ)状態 ▸ *faire de la déprime* 落ち込む ▸ *période de déprime* 最悪の時期

déprimé(e) [depʀime] 形 (< déprimer) ①意気消沈した, ふさぎ込んだ;

抑鬱状態の ②へこんだ、くぼんだ
déprimer [deprime] 他 ①[特に受動態で]衰弱させる,意気消沈させる ②くぼませる,へこます;沈下[低下]させる
déprogrammation [deprɔgramasjɔ̃] 女 プログラムからの削除
déprogrammer [deprɔgrame] 他 プログラムから外す;放送[上映,上演]を中止する
dépucelage [depyslaʒ] 男 ≪処女・童貞を奪うこと≫
dépuceler [depysle] 他 ④ ≪処女・童貞を奪う,失わせる≫
*__depuis__ [dəpɥi ドゥピュイ] 前 (英 since, for) [時間,期間;場所・範囲;序列]以来,…(前)から [[過去のある時点から;未来に関しては à partir de]] **depuis A jusqu'à B** AからBまで **depuis A que**… A(過去の時点)以来…して以来 **depuis le début jusqu'à la fin** 初めから終わりまで **depuis le temps que**… ずっと前から…なのだから **depuis longtemps** ずっと前から **depuis peu** 最近 **depuis que**…してから,…して以来 **depuis toujours** 昔から ── 副 それ以来,(それ)以後(に),後で[になって]
dépuratif(ve) [depyratif, -iv] 形 [医] 浄化性の,浄化作用のある ── 男 浄化剤
dépuration [depyrasjɔ̃] 女 浄化,精錬
dépurer [depyre] 他 浄化する,精錬する
députation [depytasjɔ̃] 女 ①使節・代表の派遣;使節団,代表団 ②代議士の職
*__député(e)__ [depyte デピュテ] 名 (英 deputy) ①使節,代表 ②国民議会議員;代議士,(下院)議員 ▶ **Chambre des députés** 代議院 [1946年までのフランス下院の呼称]
députer [depyte] 他 (使節・代表を)派遣する,(人を)代表として派遣する
déqualification [dekalifikasjɔ̃] 女 自分の資格より低い仕事につくこと
déqualifier [dekalifje] 他 (人を)本来の資格[技能]より低い仕事に従事させる
der [dɛr] 名 (不変)(略)dernier, dernière の略 ▶ **der des ders** [la 〜] 最後の最後;最後の勝負[1回];最後の戦争
déracine(e) [derasine] 名 (< déraciner) 祖国[故郷]喪失者,根なし草,デラシネ ── 形 故郷を喪失した,根なし草の
déracinement [derasinmɑ̃] 男 ①根絶 ②祖国から引き離すこと
déraciner [derasine] 他 ①(根こそぎにする;(悪習などを)根絶する ②(人を祖国・故郷から)引き離す
dérager [deraʒe] 自 ④ (話)怒りがおさまる

déraidir [deredir] 他 ③③ (態度などを)柔軟にする;和らげる;しなやかにする;従順にする
déraillement [derajmɑ̃] 男 [鉄]脱線;逸脱
dérailler [deraje] 自 ①(列車の車両が)脱線する ②(話)(機械などの)調子が狂う,(人の)頭がおかしくなる;意味不明なことを言う
dérailleur [derajœr] 男 ①(自転車の)多段変速ギヤ[変速装置] ②[鉄]転轍(5)装置
déraison [derezɔ̃] 女 《文・古》理性を欠いていること,没理性;不条理,狂気
déraisonnable [derezɔnabl] 形 筋道の通らない,不条理な;理性に反した;無分別な
déraisonnablement [derezɔnabləmɑ̃] 副 無分別に,理性に反して
déraisonner [derezɔne] 自 《文》わけ[非常識なこと]を言う
dérangé(e) [derɑ̃ʒe] 形 調子の狂った;腹具合が悪い;頭がおかしい
dérangeant(e) [derɑ̃ʒɑ̃, -ɑ̃t] 形 (話)不安にさせる,問題を起こす
dérangement [derɑ̃ʒmɑ̃] 男 ①乱れ,くずれ;混乱[乱雑],(事象などの)乱脈 ②わきわざ行く[来る]こと,出張,足労 ③(仕事などの)邪魔,(習慣などが)乱されること,中断 ④(調子の乱れ,狂い,不調;障害 ▶ **en dérangement** (機械などが)故障した
*__déranger__ [derɑ̃ʒe デランジェ] 他 ④ (英 disturb) 乱す;(人の)仕事などを邪魔する,座を立たせる;迷惑をかける;(機械・体調などを)狂わせる,損(ξ)なう;(計画・習慣などを)狂わす,(…に)合わない ▶ **Je ne vous dérange pas?** お邪魔じゃありませんか **Ne pas déranger** 起こさないで下さい [ホテルの部屋にかける] ── 代動 [se 〜] ①席を立つ,仕事を中断する ▶ **Ne vous dérangez pas.** どうぞそのままで ②調子が狂う,故障する ③(天気が)崩れる
dérapage [derapaʒ] 男 ①車輪のスリップ ▶ **dérapage contrôlé** (自動車の)ドリフト ②(スキーの)横滑り,デラパージュ ③状況[情勢]の悪化;不況 ▶ **dérapages budgétaires** 予算超過 ④抑制がきかなくなること ▶ **dérapages verbaux** 口をすべらせること,失言
déraper [derape] 自 ①(車の車輪などが)スリップ[横滑り]する ②(スキー)横滑りする,デラパージュする ③(事態が)急激に悪化する ④抑制がきかなくなる;(物価が)急騰する
dérasage [derazaʒ] 男 高さを下げること
déraser [deraze] 他 高さを下げる
dératé(e) [derate] 名 [成句でのみ] ▶ **courrir comme un dératé** ものすごく速く走る
dératisation [deratizasjɔ̃] 女 ネズミ駆除

dératiser [deratize] 他 ネズミを駆除する

derby [dɛrbi] 男 (＜英) ①[競馬]ダービー [イギリスのエプソム(Epsom)で毎年行われる競馬] ②(伝統的)対抗試合,ダービーマッチ

derche [dɛrʃ] 男 (俗) 尻 ▶ faux derche 偽善者

derechef [dərəʃɛf] 副 (文・古) 再び, もう一度

déréglé(e) [deregle] 形 (＜dérégler)(調子が)狂った, 乱れた; 過大な, 過度の

déréglementation [dereɡləmɑ̃tasjɔ̃] 女 規制緩和

déréglementer [dereɡləmɑ̃te] 他 規制緩和する

dérèglement [dereɡləmɑ̃] 男 (調子の)狂い, 変調[不調]; 乱行

dérégler [dereɡle] 他 57 (調子を)狂わせる, 乱す ― 代動 (se ～) 調子が狂う, 乱れる; 堕落する

dérégulation [dereɡylasjɔ̃] 女 規制緩和

déresponsabilisation [derespɔ̃sabilizasjɔ̃] 女 無責任化

déresponsabiliser [derespɔ̃sabilize] 他 (人に)責任を負わなくする

derge [dɛrʒ] 男 (話) ＝derche

déridage [deridaʒ] 男 (美容整形で)皺取り

dérider [deride] 他 ①(皺(ﾀ)を)取る, 伸ばす ②気持ちをほぐす, 安心させる, 陽気にする ― 代動 (se ～) 気持ちが晴れる, 快活に[明るく]なる, 愁眉を開く; にっこりする

dérision [derizjɔ̃] 女 ① あざけり, 嘲弄(ﾁｮｳ), 愚弄(ｸﾞ) ▶ tourner ... en dérision ... をつまらないものとして嘲弄する

dérisoire [derizwaʀ] 形 ① あまりにも少ない[安い], 話にならない ② 嘲笑すべき, ばからしい

dérisoirement [derizwaʀmɑ̃] 副 話にもならないほどに, 人をばかにしたやり方で

dérivatif [derivatif] 男 気晴らし, 気分転換

dérivation [derivasjɔ̃] 女 ① 水流の方向を変えること; 放水 ② 迂回(路); バイパス ③[言][海・航] 偏流 ④[語] 派生 ⑤[数] (関数の)誘導, 微分 ⑥[電] シャント, 分流, 分流

dérive [deriv] 女 ① (船・飛行機が風のためにコースを外れること; 漂流[偏流] ▶ à la dérive 漂流して; 成り行き任せで dérive des continents [地] 大陸移動説 ②(船の横流れを防ぐ)垂下竜骨; (飛行機の)方向舵, 垂直尾翼

dérivé(e) [derive] 形 (＜dériver) 派生の, 派生した, 二次的な ― 男 ① 派生語 [＝ mot ～] ②二次製品 [＝ produit ～] ③[化] 誘導体 [＝ corps ～] ― 女 [数] 微分係数, 導関数(の fonction ～e)

dériver [derive] 自 ①(...から)派生する, 由来する; 生じる (de) ②方向が外れる, (船や飛行機が)漂流[偏流]する ③(話)とり止めなく話す (sur) ④(人が)抽行きに[さまよう ― 他 ①水の流れを変える ②[言] (...から)派生させる (de)

dériveur [derivœʀ] 男 ①荒天帆 ②垂下竜骨付きの船; 流し網船

dermatite [dɛʀmatit], **dermite** [dɛʀmit] 女 [医] 皮膚炎

dermato [dɛʀmato] 女 (話) 皮膚科 ― 名 皮膚科医

dermato-, derm(o)- 接頭 (＜ギ) 「皮膚」の意.

dermatologie [dɛʀmatɔlɔʒi] 女 [医] 皮膚科

dermatologiste [dɛʀmatɔlɔʒist], **dermatologue** [dɛʀmatɔlɔɡ] 名 皮膚科医

dermatose [dɛʀmatoz] 女 [医] 皮膚病

derme [dɛʀm] 男 [解] 真皮

-derme 接尾 (＜ギ)「皮膚」の意の男性名詞をつくる

dermique [dɛʀmik] 形 [解] 真皮の

dernier(ère) [dɛʀnje, -ɛʀ] デルニエ[エール] 形 (英 last) ①最後[最終]の; 最近[最新]の; [名詞の前で] この前の ▶ la dernière minute / au dernier moment ぎりぎりになって, 土壇場で aux dernières nouvelles, ... 最近聞いたところでは ... ces derniers jours [temps] 最近, 近頃 la semaine dernière 先週 l'an dernier 去年 le dernier cri de ... (話) 最新型[最高]の ... le dernier étage 最上階 ② 極端な ▶ affaire de la dernière importance 非常に重要な問題; 最もつまらない問題 être du dernier bien avec (人)と大変親しい関係にある ③最下等[最低]の ▶ être dernier en classe クラスのびりである ― 名 最後のもの; 末っ子 ▶ ce dernier / cette dernière [直前の名詞を受けて] 後者 en dernier 最後に; être le dernier à (pouvoir) [不定句] ... être le dernier de que ... (人が)...する資格が一番ない, 最も...しそうにない le dernier des ... のうちで最もはなはだしい「一番下等な」もの ces derniers この上なくひどい[唾棄すべき]人 ― 女 (芝居などの)最終日[公演]; (新聞の)最終版; 最新のニュース

dernièrement [dɛʀnjɛʀmɑ̃] 副 近頃, 先ごろ, この間, この頃

dernier-né, dernière-née [dɛʀnjene, dɛʀnjɛʀne] 名 (複 ～s-～s) 末っ子; 最新のもの

dérobade [derɔbad] 女 (義務・困難などの)回避, しりごみ, 逃避; [馬術] 障害物[飛び越え]逃避

dérobé(e) [derɔbe] 形 (＜dérober)

dérober [derɔbe] 他 ①《文》(…から)こっそり盗む,くすねる(à) ②(…から)隠す,かくまう,守る(à) ③《文》逸らす,遠ざける ― 代動 [se ~] ①(…を)逃れる;返答[反応]を避ける,逃げる,期待に応じない(à) ②(人から)身を離す,離れる ③(馬が)障害物を迂避する(de) ④《文》(腕・足・手などが)崩れる;(膝)の力がぬける

dérochement [derɔʃmɑ̃] 男 (土地・川床からの)岩石除去

dérocher [derɔʃe] 自 (登攀(とうはん)中に)岩場から落ちる ②(金属の)酸洗いをする ― 他 (土地・川床から)岩石を除去する

déroctage [derɔktaʒ] 男 岩盤掘削

dérogation [derɔgasjɔ̃] 女 違反[抵触],(規則などの)例外[特例]

dérogatoire [derɔgatwaʀ] 形 《法》違反の;例外の,特例の

déroger [derɔʒe] 自 40 ①(…に)違反する,背く ②《文》(地位などに)ふさわしからぬ行為をする,体面を汚す

dérouillage [deʀujaʒ] 男 ①さび落とし;《話》ウォーミング・アップ

dérouillée [deʀuje] 女 《話》(ひどく)ぶん殴ること,殴打

dérouillement [deʀujmɑ̃] 男 = dérouillage

dérouiller [deʀuje] 他 ①錆を落とす;《話》(なまった機能を)呼び覚ます;(体のしびれなどを)とる ②《俗》(人を)殴りのめす,殴(なぐ)らしめる ― 自 《俗》殴られる,叱り飛ばされる ― 代動 [se ~] なまった身体[精神]を働かせる,ウォーミング・アップをする

déroulage [deʀulaʒ] 男 (丸太を回転し切削することによる)単板の製造

déroulement [deʀulmɑ̃] 男 ①(巻いてあるもの)を解くこと,解ける[広がる]こと;(丘・波などの)広がり ②展開,(事件などの)継起[推移] ③《情報》ラン,実行

dérouler [deʀule] 他 ①巻いてあるものをほどく,巻きもどす ②繰り広げる,展開する ― 代動 [se ~] ①(巻いたものが)ほどける,巻きもどる,広げられる ②広がる,展開する;次々に起こる,行われる;経過する

dérouleur [deʀulœʀ] 男 ①(紙などの)巻き取り装置,ロール ②(電算機の)磁気テープ装置

dérouleuse [deʀuløz] 女 ①(線などの)巻き取り器 ②ロータリーレース〔丸太から単板を製造する機械〕

déroutage [deʀutaʒ] 男 航路[行先]変更

déroutant(e) [deʀutɑ̃, -ɑ̃t] 形 面食らわせる;当惑させる,厄介(やっかい)な;度外れた

déroute [deʀut] 女 敗走,潰(かい)走;大敗,敗北;危機;当惑 ► **mettre en déroute** 敗走させる

déroutement [deʀutmɑ̃] 男 = **déroutage**

dérouter [deʀute] 他 ①(船や飛行機の)方角を変更させる ②当惑させる,途方に暮れさせる

derrick [deʀik] 男 (<英) デリック,油井やぐら

***derrière** [dɛʀjɛʀ デリエール] 前 (英 behind) …の後ろに[で];…の背後で,…の陰で;…の後ろだとなって,…に続いて,…の次に[あとに];(…を)見張った ► **laisser ... loin derrière soi** (人)をはるかに追い抜く;はるかにしのぐ **par derrière** …の背後で

― 副 後ろで[に],背後で[に] ► **là derrière** そこの後ろ[裏]で **sens devant derrière** さかさまに,後ろ前に

― 男 ①後部,裏;(建物の)裏側,裏口 ► **de derrière** 背後から **par derrière** 後ろから;背後から,陰で ②臀(でん)部,尻 ► **avoir ... au derrière** 《話》(人)に追われかられている **se taper le derrière par terre** 《話》笑い転げる,腹を抱えて笑う

déruralisation [deʀyʀalizɑsjɔ̃] 女 (地方の)過疎化現象

derviche [dɛʀviʃ] 男 (イスラム教の)修道僧

des[1] [de] 定 [不定冠詞 un, une の複数形] ⇨**un** ①いくつかの,何人かの,ある ②(之を強調) いくつもの;多くの;相当な ③[固有名詞の前 複数形で]…のような人[もの];…の作品,…の家の人々 ► **des Bourbon** ブルボン家の人々 ④《話》[数形容詞の前で誇張的に] ► **gagner des deux mille euros par semaine** 週に何と2000ユーロも稼ぐ

des[2] [de] 前 [前置詞 de と定冠詞複数形 les との縮約形]…の;…から ⇨**de** ► **Il arrive des États-Unis.** 彼がアメリカからやってくる

des-, dés- 接頭 (<ラ) ①「否定」「反対」の意を表す ②「剥奪」の意を表す;「除去」の意を表す ③「強意」を表す (= **dé**)

***dès** [dɛ デ] 前 (時間)…の時から早速,…からすぐに;(場所)…から,…を過ぎると ► **dès le début** 初めから **dès l'instant [le moment] où** …するとすぐ **dès lors** その時から;結果として **dès lors que** …である以上;…や否や **dès que** …するや否や[因果関係を示して]…の瞬間から,いったん…すると

désabonnement [dezabɔnmɑ̃] 男 予約購読の取りやめ

désabonner [dezabɔne] 代動 [se ~] 予約購読をやめる

désabusé(e) [dezabyze] 形 (<**désabuser**) すべてに幻想をなくした,幻滅した,醒(さ)めきった

désabuser [dezabyze] 他 《文》(人に

迷いから目覚めさせる；幻滅させる ― [代動] [se ~] (…の)迷いが醒(さ)める，幻滅する ((de))

désaccord [dezakɔr] 男 (…との)不和，仲違(なかたが)い，対立 ((avec))；不調和；(ことからの)不一致，食い違い

désaccordé(e) [dezakɔrde] 形 (< désaccorder) (楽器の)調子が狂った；調和を乱した

désaccorder [dezakɔrde] [代動] [se ~] (楽器の)調子が狂う；調和を失う

désaccoutumer [dezakutyme] 他 《文》(人に)…する習慣をなくさせる ((de)) ― [代動] [se ~] 《文》(…する)習慣をなくす ((de))

désacralisation [desakralizasjɔ̃] 女 神聖さの喪失；権威の失墜

désacraliser [desakralize] 他 神聖視しない，非神聖化する；(…の)権威を失墜させる

désactivation [dezaktivasjɔ̃] 女 無効化

désactiver [dezaktive] 他 放射能(など)を除去する；(磁気カードなどを)無効にする

désaérer [dezaere] 他 57 (…の)空気を抜く ((de))

désaffectation [dezafektasjɔ̃] 女 (建物などの)転用[廃用]

désaffecté(e) [dezafekte] 形 廃止，転用された

désaffecter [dezafekte] 他 (建物などの)用途を変更する，転用[廃用]する

désaffection [dezafeksjɔ̃] 女 愛着[興味]の薄れること，冷淡になること

désaffilier [dezafilje] 他 [se ~] 同盟関係を絶つ

*****désagréable** [dezagreabl デザグレアブル] (英 disagreeable) 形 不愉快な，嫌な；感じの悪い

désagréablement [dezagreablǝmɑ̃] 副 不愉快なやり方で，不愉快に

désagrégation [dezagregasjɔ̃] 女 風解，風化；〔化〕解離；分解，崩壊

désagréger [dezagreʒe] 他 40 57 (固まったものをぼろぼろにする，(岩石を)風解[風化]させる；〔化〕解離させる；分解する；崩壊[解散]させる ― [代動] [se ~] ぼろぼろになる，風化する；崩壊する，分散する

désagrément [dezagremɑ̃] 男 不愉快なこと；面倒，厄介

désaimantation [dezemɑ̃tasjɔ̃] 女 消磁

désaimanter [dezemɑ̃te] 他 消磁させる，磁力を失わせる

désajuster [dezaʒyste] 他 狂わせる

désaliénation [dezaljenasjɔ̃] 女 《文》疎外の克服，非疎外化；(束縛からの)解放

désaliéner [dezaljene] 他 57 《文》非疎外化する；(束縛から)解放する

désaltérant(e) [dezalterɑ̃, -ɑ̃t] 形 渇きを癒(いや)す

désaltérer [dezaltere] 他 57 (…の)渇きを癒(いや)す ― [代動] [se ~] (飲み物で)渇きを癒す

désambiguïsation [dezɑ̃biguizasjɔ̃] 女 意味の明瞭化

désambiguïser [dezɑ̃biguize] 他 (文や語の)曖昧さをなくす

désamorçage [dezamɔrsaʒ] 男 ①雷管を外すこと ②(機械の)作動を止めること ③(危機などの)緩和

désamorcer [dezamɔrse] 他 52 ①雷管を外す ②(機械の)作動を止める ③(危機などを)緩和する，(紛争を)未然に防ぐ

désamour [dezamur] 男 《文》愛が冷めること

désaper [dezape] 他 《話》服を脱がせる ― [代動] [se ~] 《話》服を脱ぐ

désapparier [dezaparje] 他 (番(つがい)の動物を)引き離す；(対になったものを)半揃(はんぞろ)いにする

désappointé(e) [dezapwɛ̃te] 形 (< désappointer) (人・様子が)落胆[失望]した

désappointement [dezapwɛ̃tmɑ̃] 男 失望，落胆，くやしさ

désappointer [dezapwɛ̃te] 他 失望[落胆]させる

désappren... ⇨ désapprendre

désapprendre [dezaprɑ̃dr] 他 60 《文》学んだことを忘れる

désappri[t]... ⇨ désapprendre

désapprobateur(trice) [dezaprɔbatœr, -tris] 形 反対[不賛成]の ― 名 反対者，不賛成者

désapprobation [dezaprɔbasjɔ̃] 女 反対，反対；不満，非難

*****désapprouver** [dezapruve デザプルーヴェ] 他 反対する，認めない；非難する

désapprovisionner [dezaprɔvizjɔne] 他 ①(銃から)弾を抜き取る ②糧食を奪う

désarçonner [dezarsɔne] 他 ①落馬させる ②(議論で)やり込める，当惑させる，詰まらせる

désargenté(e) [dezarʒɑ̃te] 形 ①銀めっきのはげた ②《話》一文なしの

désargenter [dezarʒɑ̃te] 他 ①銀めっきをはがす ②《話》無一文にする ― [代動] [se ~] 銀めっきがはげる

désarmant(e) [dezarmɑ̃, -ɑ̃t] 形 怒る気にもなれないほどの，あきれるほどの，敵意を失わせる

désarmé(e) [dezarme] 形 (< désarmer) 武装解除した；なす術(すべ)を知らない，お手上げである

désarmement [dezarmǝmɑ̃] 男 武装解除；軍備縮小；〔海〕繋装(けいそう)解除

désarmer [dezarme] 他 ①(人から)武器を取り上げる ②(国の)軍備を縮小する ②(人を)無防備にする，怒る気にもなれなくする ③船の艤装(ぎそう)を解く ― 自 ①軍備を撤廃[縮小]する ②(感情が)静

désarrimage [dezarimaʒ] 男 ①荷崩れ ②(固定されたものの)分離

désarrimer [dezarime] 他 ①荷崩れを起こさせる ②(固定されたものを)引き離す

désarroi [dezarwa] 男 (精神的)動揺, 混乱, 狼狽 ▶**être en plein désarroi** 気が動転している; (国・経済が)混乱している

désarticulation [dezartikylasjɔ̃] 女 ①脱臼(きゅう) ②分解

désarticuler [dezartikyle] 他 ①脱臼(きゅう)させる, 関節を外す ②分解する, ばらばらにする ── 代動 [se~] ①(自分の…を)脱臼する; 手足を自由自在に折り曲げる ②分解する, ばらばらになる

désassembler [dezasɑ̃ble] 他 分解する

désassorti(e) [dezasɔrti] 形 (食器が)不揃いの, 半端な; 品不足[品切れ]の

désassortiment [dezasɔrtimɑ̃] 男 品切れ, 品不足; 不揃いな食器などの不揃い

désassortir [dezasɔrtir] 他 33 半端にする; 品不足[品切れ]にする

désastre [dezastr] 男 ①災害, 災厄, 惨禍 ②破綻; 破産; (話)大失敗, 惨憺たる結果 ▶**courir au désastre** 破滅に向かう

désastreusement [dezastrøzmɑ̃] 副 惨憺たる状況で

désastreux(se) [dezastrø, -øz] 形 ひどい, 悲惨な; 惨事を招く, 壊滅的な

désatomisation [dezatɔmizasjɔ̃] 女 非核化

désatomiser [dezatɔmize] 他 《古》非核(武装)化する

désavantage [dezavɑ̃taʒ] 男 不利, 欠点; 不利な点 ▶**tourner au désavantage de ...** (状況が)(人)に不利になっていく

désavantager [dezavɑ̃taʒe] 他 40 不利にする

désavantageusement [dezavɑ̃taʒøzmɑ̃] 副 不利な状況で

désavantageux(se) [dezavɑ̃taʒø, -øz] 形 不利な, 損な

désaveu [dezavø] 男 (複 ~x) 否認, 取り消し ▶**désaveu de paternité** 〖法〗嫡出否認【子供を認知しないこと】

désavouer [dezavwe] 他 ①否認する, 取り消す ②非とする, 認めない, 非難する ── 代動 [se~] 自分の言動を否認[撤回]する; 前言を翻(ひるが)す

désaxé(e) [dezakse] 形 (< désaxer) ①(精神的に)異常な, 病的な ②軸からはずれた, 偏心した ── 男 精神異常者

désaxer [dezakse] 他 ①軸からはずす, 偏心させる ②精神の平衡を失わせる

Descartes [dekart] (René~) デカル

ト [1596–1650: 哲学者・数学者]

descellement [deseləmɑ̃] 男 開封

desceller [desele] 他 ①開封する ②(壁などに埋め込んであるものを)取り除く, 剝し起こす ── 代動 [se~] (埋め込んであるものが)はずれる, とれる

descendance [desɑ̃dɑ̃s] 女 ①(集合的)子孫, 後裔(さい) ②《古》家系, 出身

descendant(e) [desɑ̃dɑ̃, -ɑ̃t] 形 下って行く, 下降する ── 名 子孫[後裔] ▶**marée descendante** 引き潮

descendeur(se) [desɑ̃dœr, -øz] 名 (ロープなどの)下降器

***descendre** [desɑ̃dr デサンドル] 自 28 [助動詞は être] (英 go down, descend) ①降りる, 下る, 低くなる; (…から)下車する (de); 地位が下がる; (…の所で)下車する (à, jusqu'à) ▶**descendre à terre** (船から)上陸する **descendre dans la rue** デモ[暴動]に加わる **descendre dans le détail [jusqu'aux détails]** 微に入り細をうがつ ▶**Tout le monde descend!** (車内放送)皆さん降りてください ②泊る ③(警察が)踏み込みをする, 聞(きょう)入する, 臨検する ④(北から)南へ行く, 下る; (都会から地方へ)行く[下る] ⑤(…の)血筋[出身]である; (…から)進化する (de) ⑥〖劇〗舞台の前面に進み出る ── 他 [助動詞は avoir] ①降ろす ②下りる ③下げる, 低くする, 弱める ④《話》射ち落とす; (人を)射ち殺す ▶**descendre ... en flammes** (話)(人)をこきおろす, やっつける ⑤《話》飲む, 飲み干す

descendu(e) [desɑ̃dy] descendre の過去分詞

***descente** [desɑ̃t デサント] 女 (英 descent) ①下降, 降りること; (スキーの)滑降 ▶**à la descente (de ...)** (…から)降りた際に **avoir une bonne descente** (話)大酒飲み[大食い]である **descente en rappel** 〖登山〗懸垂下降 ②下り坂, 下り ③手入れ, 踏検, (特に海外の敵国への)侵攻, 襲来; (スポーツ)敵陣へのなだれ込み ④下ろすこと ▶**Descente de Croix** 〖美術〗キリスト降架図 ⑤《話》下車, ヘルニア ⑥〖建〗縦樋(とい), 立上がり管 ⑦マット ▶**descente de bain** 浴室用足拭き, バスマット **descente de lit** ベッドサイド・マット; (話)他人のいいなりの人

descriptif(ve) [deskriptif, -iv] 形 描写的[叙述的]な ── 男 (建物の)見取り図; 仕様書

description [dɛskripsjɔ̃] デスクリプシォン 女 ①描写, 叙述, 記述 ②〖法〗明細目録

desdits [dedi] desdit

déséchouer [dezefwe] 他 (座礁した船を)浮揚[離礁]させる

désectoriser [desektorize] 他 (各部門の)分割をやめる, 統合する

déségrégation [desegregasjɔ̃] 女 人種差別廃止[廃止]

désembouteiller [dezãbuteje] 他 (道路・電話線の)混雑[渋滞]を解消する

désemparé(e) [dezãpare] 形 (< désemparer) ①途方に暮れ,どうしていいか分からない ②(船・飛行機の)航行不能に陥った

désemparer [dezãpare] 自 ①[海] (船を)航行不能にする ② ▶sans désemparer 絶えず,たゆまず

désemplir [dezãplir] 自 33 (否定表現で用いる) ▶ne pas désemplir いつもいっぱいである

désencadrement [dezãkadrəmã] 男 貸付制限枠の緩和

désencadrer [dezãkadre] 他 枠(ﾜｸ)を外す;〔経〕貸付制限の枠を外す[緩和する]

désenchaîner [dezɑ̃ʃene] 他 鎖を外す

désenchanté(e) [dezɑ̃ʃɑ̃te] 形名 (< désenchanter) 熱狂[情熱]のさめた(人), 幻滅した(人)

désenchantement [dezɑ̃ʃɑ̃tmɑ̃] 男 幻滅;失望

désenchanter [dezɑ̃ʃɑ̃te] 他 ①熱狂をさます, 幻滅させる;失望させる ②《文》(…の)呪縛を解く

désenclavement [dezɑ̃klavmɑ̃] 男 (僻地などから)孤立から抜け出すこと

désenclaver [dezɑ̃klave] 他 (交通の便をよくして僻地などを)孤立から抜け出させる, 開発する

désencombrement [dezɑ̃kɔ̃brəmɑ̃] 男 邪魔なものの片づけ, 混雑の解消

désencombrer [dezɑ̃kɔ̃bre] 他 邪魔なものを取り除く, 片づける

désencrage [dezɑ̃kraʒ] 男 (リサイクルのための印刷物のインクの除去)

désenfler [dezɑ̃fle] 自 腫れがひく ── 他 腫れをひかせる

désenfumage [dezɑ̃fymaʒ] 男 煙の排出

désenfumer [dezɑ̃fyme] 他 煙を追い出す

désengagement [dezɑ̃gaʒmɑ̃] 男 協定の破棄;手を引くこと, 義務からの自由

désengager [dezɑ̃gaʒe] 他 40 契約を破棄する, (からんだものなどを)はずす ── 代動 [se ~] ①(計画・事業などから)身をひく;(義務などから)解放される, (…を)取り消す (de)

désengorger [dezɑ̃gɔrʒe] 他 40 通じさせる, (詰まった管を)通す

désenivrer [dezɑnivre] 他 酔いを醒(ｻ)ます ── 自 代動 [se ~] 酔いが醒める

désennuyer [dezɑ̃nɥije] 他 30 《文》退屈をまぎらせる ── 代動 [se ~] 気晴らしをする, 退屈を紛(ﾏｷﾞ)らす

désensablement [dezɑ̃sɑ̃bləmɑ̃]

男 砂の中から引き出すこと;(水路などに堆積した)砂の除去

désensabler [dezɑ̃sɑ̃ble] 他 砂の中から引き出す;(水路などの)砂を取り除く

désensibilisation [desɑ̃sibilizasjɔ̃] 女 感度を落とすこと;[医] 除感[脱感]感作[過敏症をなくすこと]

désensibiliser [desɑ̃sibilize] 他 感(光)度を落とす, 減感する;(歯の神経を抜く;[医] 過敏症をなくす;脱[除]感作する;敏感でなくさせる, 鈍らせる ▶désensibiliser l'opinion contre …に対する世論のアレルギーを取り除く se faire désensibiliser au pollen 花粉症を和らげる ── 代動 [se ~] 鈍覚になる

désensorceler [dezɑ̃sɔrsəle] 他 4 魔法[迷い]を解く;呪縛から解放する;不運から救い出す

désentoiler [dezɑ̃twale] 他 (新しいものにかえるため)画布を取り除く

désentortiller [dezɑ̃tɔrtije] 他 (糸のよじれ[もつれ]を解く, よりを戻す;(事件などの)もつれを解く;(問題を)解決する

désenvenimer [dezɑ̃v(ə)nime] 他 毒を取り除く;毒気を抜く, 宥(ﾅﾀﾞ)める

désenvoûtement [dezɑ̃vutmɑ̃] 男 魔法が解けること

désenvoûter [dezɑ̃vute] 他 魔法から解く

désépaissir [dezepesir] 他 33 薄くする

désépargne [dezeparɲ] 女 貯蓄を消費にまわすこと

déséquilibre [dezekilibr] 男 ①不均衡, 均衡を失うこと, アンバランス;[医] 平衡障害 ②精神不安定, 精神異常 (= ~ mental) ▶être en déséquilibre 不均衡である

déséquilibré(e) [dezekilibre] 形 (< déséquilibrer) 頭がおかしい, 精神異常の ── 名 精神異常者

déséquilibrer [dezekilibre] 他 ①均衡[バランス]を失わせる ②(精神の)平衡を失わせる

désert(e) [dezer, -ert デゼル(ト)] 形 (英 deserted) 無人の, 住む人もない, 寂しい ▶l'île déserte 無人島 ── 男 ①砂漠 ②無人の地;(楽しみ・潤いが何もない所) ③《古》人里離れた所 ▶prêcher dans le désert 誰も耳を貸さないような(むなしい)説教をする ③無(ﾑ), 孤独

déserter [dezerte] 他 (いるべき場所を)見捨てる;[軍] (…から)脱走する ── 自 [軍] 脱走する

déserteur [dezertœr] 男 脱走兵;《文》(主義・党派からの)離脱[離党]者, 裏切り者

désertification [dezertifikasjɔ̃] 女 砂漠化;過疎化

désertifier [dezertifje] 代動 [se ~] 砂漠化する;過疎化する

désertion [dezɛrsjɔ̃] 囡 (軍) 脱走, 脱営; (主義などを)捨て去ること, 脱党, 変節 ▸*désertion à l'ennemi* (軍) 投降 *désertion devant l'ennemi* (軍) 敵前逃亡

désertique [dezɛrtik] 形 砂漠の(ような) ▸*climat désertique* 砂漠気候

désescalade [dezɛskalad] 囡 (軍・外交) 戦線の縮小, 漸次撤退; 紛争から手を引くこと

désespérance [dezɛsperɑ̃s] 囡《文》絶望, 失望

désespérant(e) [dezɛsperɑ̃, -ɑ̃t] 形 絶望的な, がっかりさせる; 嫌な, 困った; どうしようもない; ひどい

***désespéré(e)** [dezɛspere] (英 desperate) 形 (<désespérer) ① 絶望的な; 残念な, 遺憾な ② 必死の, 死にもの狂いの ── 名 絶望者, 自殺者

désespérément [dezɛsperemɑ̃] 副 絶望的に; 取り返しのつかないほど; 必死に, 夢中で, 死にもの狂いで

***désespérer** [dezɛspere デゼスペレ] 他 57 (英 despair) 絶望させる; ひどく悲しませる, がっかりさせる ── 自 絶望する ▸*C'est à désespérer.* それは絶望的だ *désespérer de ...* ...(すること)をあきらめる ── 代動 [se ~] 絶望する, がっかりする, 悩み苦しむ

***désespoir** [dezɛspwar デゼスポワール] 男 (英 desperation) 絶望, 落胆; 絶望の原因, 悩みの種 ▸*en désespoir de cause* やむなく, 窮余(キュゥニ)の一策として *être au désespoir de* ...を大変残念に思う

désétatisation [dezetatizasjɔ̃] 囡 (国営企業の)民営化

désétatiser [dezetatize] 他 規制緩和する; 民営化する

désexcitation [dezɛksitasjɔ̃] 囡 (物) 脱励起

désexualisation [desɛksɥalizasjɔ̃] 囡 (精医) 脱性化

désexualiser [desɛksɥalize] 他 (精医) 脱性化する

déshabillage [dezabijaʒ] 男 服を脱がせる[脱ぐ]こと, 脱衣

***déshabillé** [dezabije デザビエ] 男 (婦人用の軽い)部屋着, ネグリジェ ▸*en déshabillé* 部屋着姿で

déshabiller [dezabije] 他 (英 undress) (...の)服を脱がせる ▸*Déshabiller (saint) Pierre pour habiller (saint) Paul.* 《ことわざ》 問題を1つ解決するために新たな問題を作り出す; 借金のために借金をする ── 代動 [se ~] 服を脱ぐ; 上着・手袋などを脱ぐ

déshabilloir [dezabijwar] 男 (プールなどの)更衣室

déshabituer [dezabitɥe] 他 (人に...の)習慣を失わせる (de) ── 代動 [se ~] (...の)習慣を失う, (...を)やめる (de)

désherbage [dezɛrbaʒ] 男 草取り, 除草

désherbant [dezɛrbɑ̃] 男 除草剤

désherber [dezɛrbe] 他 草取りをする; 雑草を取り除く

déshérence [dezerɑ̃s] 囡 (法) 相続人の不存在

déshérité(e) [dezerite] 形 (< déshériter) ① 相続権を奪われた ② 自然の恵恵に恵まれない, みじめな; 不具の, 不具量な ── 名 ① 相続権を奪われた人 ② (複) 恵まれない[貧しい]人々

déshéritement [dezeritmɑ̃] 男 相続権の剥奪

déshériter [dezerite] 他 ① 相続から除く, 相続権を奪う ② 不利[不幸]な状態に陥(姉)れる, (物質的・精神的)恩恵を与えない

déshonnête [dezɔnɛt] 形 (古) 下品な, 卑猥(ヒワイ)な, 慎みのない

déshonneur [dezɔnœr] 男 不名誉, 恥, 面汚(じ)し, 侮辱, 恥辱

déshonorant(e) [dezɔnɔrɑ̃, -ɑ̃t] 形 不名誉な, 恥となる

déshonorer [dezɔnɔre] 他 ① 名誉を傷つける, 体面を汚す, 侮辱する ▸*déshonorer une femme* (古) 婦女を辱める ② 《文》台無しにする, 損ねる, 傷つける ── 代動 [se ~] 名誉を失墜する, 恥をかく

déshumanisation [dezymanizasjɔ̃] 囡 非人間化, 人間性の喪失

déshumanisé(e) [dezymanize] 形 人間性を失った

déshumaniser [dezymanize] 他 (...の)人間性を失わせる, (...を)非人間化する

déshydratant(e) [dezidratɑ̃, -ɑ̃t] 形 脱水を促す

déshydratation [dezidratasjɔ̃] 囡 水分を除くこと; 脱水(状態)

déshydraté(e) [dezidrate] 形 ① 脱水した; 水分を失った ② (話) 喉が渇いた

déshydrater [dezidrate] 他 (化) (...の)水分を除く, 乾燥させる ── 代動 [se ~] 脱水状態になる

déshypothéquer [dezipoteke] 他 57 (法) 抵当権を解除する

desiderata [deziderata] 男 (複) 不足して困っているもの, 欲しいもの, 切実な要求

design [dizajn, dezajn] 男 (< 英) 商業[工業]デザイン ▸*design industriel* 工業デザイン 形 (不変) 現代風の機能的なデザインの

désignation [deziɲasjɔ̃] 囡 ① 指示, 指定 ② 表示; 名称, 呼称, 呼び名 ③ 選出, 指名

désigné(e) [deziɲe] 形 (< désigner) (...に)指名[指定]された; うってつけの (pour)

designer [dizajnœr, dezajnœr] 男 (< 英) (インダストリアル)デザイナー

désigner [dezine デズィニェ] 他 ①指し示す;（言葉などが）示す, 意味する ▶ *désigner ... du doigt* (ものを)指で示す *désigner ... par son nom* (人)を名指しする ②選ぶ, 指名する, 任命する ▶*être tout désigné pour* …にうってつけの — 代動 [**se** ~] 自分で名乗り出る

***désillusion** [dezi(l)lyzjɔ̃ デズィ(ル)リュズィヨン] 女 幻滅, 失望

désillusionner [dezi(l)lyzjɔne] 他 [多くは受動態で] 失望させる, 迷いから醒(さ)めさせる, 幻滅させる

désincarcération [dezɛ̃karserasjɔ̃] 女 (事故車からの)救出

désincarcérer [dezɛ̃karsere] 他 (事故車に挟(はさ)まれた人)を救出する

désincarné(e) [dezɛ̃karne] 形 ①(魂が)肉体から離れた ②(皮肉的)俗事を超越した, 現実離れした

désincrustation [dezɛ̃krystasjɔ̃] 女 (ボイラーなどの)湯垢(ゆあか)落とし;（肌の）角質取り

désincruster [dezɛ̃kryste] 他 (ボイラーなどの)湯垢(ゆあか)を落とす;（肌の）角質を取る

désindexation [dezɛ̃dɛksasjɔ̃] 女 (賃金などの)スライド制の取りやめ

désindustrialisation [dezɛ̃dystrjalizasjɔ̃] 女 脱工業化

désindustrialiser [dezɛ̃dystrjalize] 他 脱工業化させる

désinence [dezinɑ̃s] 女 〖文法〗(屈折)語尾

désinentiel(le) [dezinɑ̃sjɛl] 形 〖文法〗屈折語尾の,（屈折)語尾に関する, 語尾変化を持つ

désinfectant(e) [dezɛ̃fɛktɑ̃, -ɑ̃t] 形 消毒の — 男 消毒剤〖薬〗(= produit ~)

désinfecter [dezɛ̃fɛkte] 他 (傷口・衣服)を消毒[殺菌]する

désinfection [dezɛ̃fɛksjɔ̃] 女 消毒

désinflation [dezɛ̃flasjɔ̃] 女 ディスインフレーション

désinformation [dezɛ̃fɔrmasjɔ̃] 女 (マスコミなどによる)情報操作

désinformer [dezɛ̃fɔrme] 他 情報操作する, 虚偽情報を流す

désinsectisation [dezɛ̃sɛktizasjɔ̃] 女 害虫駆除, 殺虫

désinsectiser [dezɛ̃sɛktize] 他 害虫駆除を行う

désinstallation [dezɛ̃stalasjɔ̃] 女 〖情報〗アンインストール

désinstaller [dezɛ̃stale] 他 〖情報〗アンインストールする

désintégration [dezɛ̃tegrasjɔ̃] 女 ①(岩石の)風化 ②(放射性元素の)崩壊 ③分解, 破壊

désintégrer [dezɛ̃tegre] 他 57 ①分解する;（元素などを)崩壊させる ②(集団などを)分裂させる; 風化させる — 代動 [**se** ~] 崩れる, 分散する

désintéressé(e) [dezɛ̃terese] 形 (<désintéresser) 私心のない, 公平な; 無欲な, 無償の

désintéressement [dezɛ̃teresmɑ̃] 男 ①無私無欲, 公正な態度 ▶ *avec désintéressement* 私心なく ②(債権者に対する)弁済, 弁償

désintéresser [dezɛ̃terese] 他 ①(人)に借金を返す, 弁償する — 代動 [**se** ~] (…に)無関心になる, 無視する (de)

désintérêt [dezɛ̃tere] 男 〖文〗無関心

désintoxication [dezɛ̃tɔksikasjɔ̃] 女 〖医〗解毒, 毒素中和; 中毒患者治療;（悪影響)の治療 ▶*centre de désintoxication* 解毒センター【アルコール・麻薬などの中毒患者を治療する】*faire une [être en cure de désintoxication* (アルコール・麻薬の)中毒を治す

désintoxiquer [dezɛ̃tɔksike] 他 (…の)中毒を治す; 悪影響を除く;（…の)悪影響から逃れさせる

désinvestir [dezɛ̃vɛstir] 他 33 ①(…に)投資するのをやめる, 投資を減らす ②〖軍〗包囲を解く ③〖精医〗備給を撤収する【ある対象に感情を集中しなくなる】

désinvestissement [dezɛ̃vɛstismɑ̃] 男 投資の引き揚げ; 投資の削減

désinvolte [dezɛ̃vɔlt] 形 ①無遠慮な, なれなれしい ②屈託のない; 鷹揚(おうよう)な; 洒落(しゃれ)落ちた

désinvolture [dezɛ̃vɔltyr] 女 ①鷹揚(おうよう)さ, 屈託(くったく)のなさ, 洒落(しゃれ)落ちた ぞんざい, 無遠慮

***désir** [dezir デズィール] 男 (英 desire) 欲望, 願望; 性欲, 肉欲

désirable [dezirabl] 形 ①望ましい, 必要な ②性欲をそそる

***désirer** [dezire デズィレ] 他 ①欲する, 望む ▶*laisser à désirer* もうひとつだ, 物足りない *se faire désirer* (話) (人)を待たせて)じれったい思いをさせる, やきもきさせる *Vous désirez?* (店で)何にいたしましょうか ②欲情を抱く

désireux(se) [deziro, -øz] 形 (…が)欲しい, したい (de)

désistement [dezistəmɑ̃] 男 ①立候補の取り下げ ②〖法〗(告訴・控訴の)取り下げ

désister [deziste] 代動 [**se** ~] ①(投票の場合など)立候補を取り下げる ②〖法〗(告訴・控訴を)取り下げる (de)

désobéir [dezɔbeir] 自 33 (…に)背(そむ)く, 従わない (à)

désobéissance [dezɔbeisɑ̃s] 女 不服従, 反抗; 違反, 違反

désobéissant(e) [dezɔbeisɑ̃, -ɑ̃t] 形 (子供や徒弟が)言うことを聞かない, 不従順な, 反抗的な

désobligeamment [dezɔbliʒamɑ̃] 副 失礼なやり方で, 無愛想に

désobligeance [dezɔbliʒɑ̃s] 女

désobligeant(e) (文) 不親切, 無愛想, 失礼, 嫌がらせ

désobligeamment [dezɔbliʒamɑ̃, -ɑ̃t] 副 (…に対して)不親切な, 失礼な, 無愛想な

désobliger [dezɔbliʒe] 他 40 人に不愉快な思いをさせる, 人の心を傷つける

désobstruer [dezɔpstrye] 他 (…の)邪魔な物を取り除く; (管を)通す; [医] 閉塞治療を施す

désocialisation [desɔsjalizasjɔ̃] 女 社会からの孤立化; 社会性の喪失

désocialiser [desɔsjalize] 形 (< désocialiser) 社会とのつながりのない

désocialiser [desɔsjalize] 他 社会とのつながりを失わせる

désodé(e) [desɔde] 形 塩分をカットした, 塩抜きの ▶ *régime désodé* 無塩ダイエット

désodorisant(e) [dezɔdɔrizɑ̃, -ɑ̃t] 形 脱臭[防臭]の ── 男 脱臭[防臭]剤

désodoriser [dezɔdɔrize] 他 脱臭する

désœuvré(e) [dezœvre] 形 暇な, 何もする事のない ── 名 暇人(ひまじん)

désœuvrement [dezœvrəmɑ̃] 男 無為, 暇

désolant(e) [dezɔlɑ̃, -ɑ̃t] 形 ①とても悲しい, 痛ましい, 嘆かわしい ②いやな, 不快な, 困った

désolation [dezɔlasjɔ̃] 女 ①深い悲しみ, 悲痛, 悲嘆 ②(文) 荒廃(させること)

*__**désolé(e)**__ [dezole デゾレ] 形 (<désoler) (英 sorry) ①悲嘆に暮れた ②(文) 荒涼とした ③…して[…の]残念だ[すみません], …をすまない思う (de)

*__**désoler**__ [dezole デゾレ] 他 ①ひどく悲しませる, 困らせる, 当惑させる ②(文) 荒廃させる ── 代動 [se ~] 悲しむ, 嘆く, 残念に思う

désolidariser [desɔlidarize] 他 (連帯しているもの)切り離す; (…の)連帯を破る ── 代動 [se ~] (…と)離れる, 袂(たもと)を分かつ (de)

désopilant(e) [dezɔpilɑ̃, -ɑ̃t] 形 ひどくおかしい, 滑稽(こっけい)極まる

désorbiter [dezɔrbite] 他 (軌道を)外させる

désordonné(e) [dezɔrdɔne] 形 ①無秩序な, 不規則な, 乱れた ②(人が)だらしのない, 整頓(せいとん)のできない; 常軌を逸脱した, ふしだらな

*__**désordre**__ [dezɔrdr デゾルドル] 男 (英 disorder) 無秩序, 乱雑, 騒動, 乱れ, 渇乱; (宜) 自堕落, 放蕩, 乱脈, 騒ぎ; (体の) 不調, 異常 ▶*dans le désordre* 無秩序で ▶*désordre hépatique* [医] 肝障害 ▶*être en désordre* 散らかっている ▶*mettre ... en désordre* …を散らかす

désorganisateur(trice) [dezɔrganizatœr, -tris] 形 組織を破壊する; 秩序を乱す, 混乱させる ── 名 破壊

者; 秩序を乱す[混乱させる]人

désorganisation [dezɔrganizasjɔ̃] 女 (組織の)解体, 混乱

désorganiser [dezɔrganize] 他 (組織などを)解体[破壊]する; (計画などを)狂わせる, 混乱させる

désorientation [dezɔrjɑ̃tasjɔ̃] 女 方向を見失うこと; 当惑

désorienté(e) [dezɔrjɑ̃te] 形 (<désorienter) 方向を見失った; 途方に暮れた, 当惑した

désorienter [dezɔrjɑ̃te] 他 [多く受動態で] 方向を見失わせる; (羅針盤などを)狂わせる; 途方に暮れさせる, 当惑させる

*__**désormais**__ [dezɔrmɛ デゾルメ] 副 これからは, 今後は; その時から, それ以降

désossement [dezɔsmɑ̃] 男 ①(魚・肉の)骨を取ること ②(車などの)解体 ③(軽業師の)体の折り曲げ

désosser [dezɔse] 他 ①(魚・肉の)骨を取り除く ②(車などを)解体する ── 代動 (軽業師が)関節を(自在に)折り曲げる

désoxydant(e) [dezɔksidɑ̃, -ɑ̃t] 形 酸素を除去する; 還元する ── 男 脱酸剤; 還元剤

desperado [desperado] 男 (< ス) 無法者, ならず者

despote [dɛspɔt] 男 ①専制君主, 暴君, 独裁者 ②横暴な人間 ── 形 横暴な, 専制的な

despotique [dɛspɔtik] 形 専制[独裁]的な; 横暴な

despotiquement [dɛspɔtikmɑ̃] 副 専制的に; 横暴に

despotisme [dɛspɔtism] 男 ①専制政治[主義], 絶対権力 ②横暴, 専横

desquamation [dɛskwamasjɔ̃] 女 [医] (表皮の)落屑(らくせつ), 鱗屑(りんせつ)形成

desquamer [dɛskwame] 自 代動 [se ~] 皮がはげる, 落屑する

*__**desquels**__ [dekɛl], *__**desquelles**__ [dekɛl] チケル 代 [前置詞 de と lesquels, lesquelles との縮約形] ⇨ lequel

DESS (略) diplôme d'études supérieures spécialisées 高等専門研究修了書[博士課程1年目に取得する; 企業研修が義務付けられている]

dessablage [desablaʒ], **dessablement** [desabləmɑ̃] 男 砂の除去

dessabler [desable] 他 砂を除去する

dessaisir [desezir] 他 33 (人から…を)没収する, 剥奪する (de) ── 代動 [se ~] (…を)放棄する (de)

dessaisissement [desezismɑ̃] 男 ①没収, 押収 ②(…の)放棄 (de); [法] 裁判観所有権の放棄

dessalage [desalaʒ], **dessalement** [desalmɑ̃] 男 塩抜き

dessalé(e) [desale] 形 (<dessa-

ler) (話)世慣れた(人); 経験豊富な(人)

dessaler [desale] 他 ①(魚などの)塩抜きする[塩出しさせる] ②[多く受動態で](話)世慣れさせる ── 自 塩気[塩気]が抜ける ── 代動 [se ~] ①塩気を抜く ②世慣れする

dessangler [desɑ̃gle] 他 (馬の)腹帯をゆるめる ── 代動 [se ~] 腹帯がゆるむ

dessaouler [desule] 他自 = dessoûler

desséchant(e) [deseʃɑ̃, -ɑ̃t] 形 乾燥させる; 無味乾燥な, 心をひからびさせる

dessèchement [deseʃmɑ̃] 男 ①乾燥させる[する]こと; 干拓 ②体の憔悴(きょうすい), ひどく痩(や)せていること ③(精神・心の)枯渇; 心の潤いのなさ; 冷酷, 無情

dessécher [deseʃe] 他 57 ①乾燥させる; 干上がらせる; 干からびさせる ②憔悴(しょうすい)させる, やつれさせる ③(心の)潤いを失わせる, 薄情にさせる ── 代動 [se ~] ①乾燥する, 干からびる ②枯れる; 萎える, やつれる

dessein [desɛ̃] 男 (文)計画, 意図; 構想; もくろみ ▶**à dessein** 故意に, わざと

desseller [desele] 他 鞍(くら)を外す

desserrage [desɛraʒ] 男 ゆるめること

desserrement [desɛrmɑ̃] 男 ゆるみ, ゆるむこと

desserrer [desɛre] 他 ゆるめる ▶**desserrer les dents** 口を開く ── 代動 [se ~] ゆるむ

*__dessert__ [desɛr デセール] 男 デザート(の時間)

desserte[1] [desɛrt] 女 ①(ある場所との)交通の便, 交通手段; 連絡 ②[カト]祭務執行, (教会などの)管理

desserte[2] [desɛrt] 女 食器台; ワゴン

dessertir [desɛrtir] 他 33 (宝石を)台から外す

dessertissage [desɛrtisaʒ] 男 (宝石を台座から外すこと

desservant [desɛrvɑ̃] 男 外勤[臨時]司祭

desservir[1] [desɛrvir] 他 69 ①(交通機関・電車などが)通じている, 連絡している ②(…を)供給する(en) ③(司祭などが)祭務[礼拝]する

desservir[2] [desɛrvir] 他 69 ①食卓を片付ける, 皿[食器]を下げる ②(人の)損になる, (人に)損をさせる

dessiccateur [desikatœr] 男 デシケーター[低湿度保管器]

dessiccatif(ve) [desikatif, -iv] 形 乾燥させる ── 男 乾燥剤

dessiccation [desikasjɔ̃] 女 乾燥, 脱水

dessiller [desije] 他 ▶**dessiller les yeux à [de]** (人の)目を開かせる, 誤

りを悟らせる ── 代動 [se ~] (目が)開く

*__dessin__ [desɛ̃ デサン] 男 (英 drawing, sketch) ①素描, デッサン; デッサンの技術 ▶**dessin à la plume** ペン画 **dessin animé** アニメーション **dessin au fusain** 木炭画 **dessin humoristique** 諷刺漫画 ②模様, 図案; 輪郭, 製図, 図面;(作品の)構想, 構図 ▶**dessin industriel** 機械図 **faire un dessin à…**:…(に)事細(ごと)かに説明する **Inutile de faire un dessin!** (話)(図を描く必要のないほど)事は明々白々だ

dessinateur(trice) [desinatœr, -tris] 名 ①デッサン画家, 漫画家, イラストレーター ▶**dessinateur humoristique** 諷刺漫画家 ②デザイナー, 図案家, 図案家 ▶**dessinateur de mode** ファッションデザイナー **dessinateur industriel** インダストリアルデザイナー

dessiné(e) 形 (< dessiner) ①描かれた, 素描[デザイン]された bande **dessinée** (コマ)漫画, 劇画 [略 B.D.] ②輪郭のはっきりした(浮き出た)

*__dessiner__ [desine デシネ] 他 (英 draw) ①(線で)描く, デッサンする;(図面を)引く, (下絵を)描く ▶**dessiner… à grands traits** …を大まかにデッサンする ②輪郭を浮き出させる, くっきりと示す[表わす] ── 代動 [se ~] ①くっきりと現れる ②形をなす, 概形がはっきりする

dessoler[1] [desɔle] 他 (馬などの)ひづめの底を取り除く

dessoler[2] [desɔle] 他〔農〕輪作のやり方を変える

dessouder [desude] 他 ①(はんだ(付け)を)はがす, 離す ②(俗)殺す ── 代動 [se ~] はんだ[付け]がはがれる

dessoûler [desule] 他 ①(人の)酔いを醒ます ── 自 (話)酔いが醒める

*__dessous__ [d(ə)su ドゥスー] 副 (英 under, below) (その)下に, 下方に ▶**en dessous** 下(側)に; 下で; 階下に; ひそかに, 陰でこっそりと **en dessous de…**の下に; …の階下に; …以下で **être en dessous de tout** (人が)箸にも棒にもかからない, どうしようもない **sens dessus dessous** 上下さかさまに; 気が動転して

── 前 …の下に ▶**de dessous** の下から

── 男 ①下, 下部; すぐ下の階;(瓶(びん)などの)下敷き, 台 ▶**avoir le dessous** (戦い・議論で)旗色が悪い, 形勢不利である, やりこめられる **être au [dans le] troisième [trente-sixième] dessous** 困り果てている, あわれな状態にある ②尻・靴の)裏;《複》裏面, 裏側, 内情 ③《複》(女性の)下着 ④(舞台下の)奈落(= ~ du théâtre) ⑤(画

dessous-de-bouteille [d(ə)sud(ə)butɛj] 男《不変》ボトルマット, 瓶の下敷き

dessous-de-bras [d(ə)sud(ə)bra] 男《不変》(腋の)下の汗取りパッド

dessous-de-plat [d(ə)sud(ə)pla] 男《不変》皿敷き, プレートマット

dessous-de-table [d(ə)sud(ə)tabl] 男《不変》袖(を)の下

*__dessus__ [d(ə)sy ドゥスュ] 副 (< above, on) (その)上に, 上方に, 表(ᴃ)に ▸avoir le nez dessus すぐ傍(å)にいる, 目の前にある bras dessus bras dessous 腕を組んで ci-dessus この上に, 前記に en dessous 下方に là-dessus その上に; そこで; それについて mettre le doigt dessus 当てる, 図星を指(゚)す mettre le nez dessus 嗅(゚)ぎつける par-dessus (その)上に[を] sens dessus dessous (上下)さかさまに tomber dessus 襲いかかる
— 前 …の上に ▸de dessus …の上から
— 男 ①上部, 上; すぐ上の階 ②(布などの)表; 覆い, カバー ③[楽] 高音部 ▸avoir [prendre] le dessus (戦闘・議論などで)勝つ, 相手をやっつける dessus du panier 最良のもの

dessus-de-lit [d(ə)syd(ə)li] 男《不変》ベッドカバー

déstabilisateur(trice) [destabilizatœr, -tris], **déstabilisant(e)** [destabilizɑ̃, -ɑ̃t] 形 不安定にする

déstabilisation [destabilizasjɔ̃] 女 不安定化

déstabiliser [destabilize] 他 (体制を)動揺させる; 不安定にする — 代動 [se ~] 不安定になる

destin [dɛstɛ̃] 男 運命, 宿命; 巡り合わせ; 前途, 将来

*__destinataire__ [dɛstinatɛr デスティナテール] 名 (英 addressee) (郵便(物)の)名宛て人, 受け取り人; [情報] 受信者

*__destination__ [dɛstinasjɔ̃ デスティナスィヨン] 女 行き先, 届け先; 宛て先; 用途, 目的, 使い道 ▸à destination de …行きの

*__destinée__ [dɛstine デスティネ] 女 (英 destiny, fate) 運命, 宿命; 定め; 《文》生涯

*__destiner__ [dɛstine デスティネ] 他 (…のために)予定する, 用意する (à); (…を)目指す, 充てる, 宛てる (à) ▸destiner un poste à …のためにあるポストを用意しておく destiner une somme à …のためにある金額をとっておく — 代動 [se ~] (…を)志す, 目ざす (à); (…すつ)つもりでいる (à)

destituer [dɛstitɥe] 他 (…を)免職する; (役職を取り上げる (de) ▸destituer … de ses fonctions (人)から職務を取り上げる

destitution [dɛstitysjɔ̃] 女 罷免, 免職, 解任

déstockage [destɔkaʒ] 男 在庫の一掃

déstocker [destɔke] 他 自 [経] 在庫品を売りさばく, 在庫を一掃する

destrier [dɛstrije] 男 (中世の)軍馬

destroy [dɛstrɔj] 形《不変》(酒などで)ふらふらの

destroyer [dɛstrwaje, dɛstrɔjœr] 男《英》護衛艦, 駆逐艦

destructeur(trice) [dɛstryktœr, -tris] 形 破壊する; 破壊的な — 名 破壊者

destructible [dɛstryktibl] 形 破壊し得る, 破壊できる

destructif(ive) [dɛstryktif, -iv] 形 破壊力のある; 破壊的な; (…を)破壊する (de)

destruction [dɛstryksjɔ̃] 女 破壊, 絶滅, 根絶; (証拠)隠滅, 消滅; (契約などの)破棄

déstructuration [destryktyrasjɔ̃] 女 構造[組織]が失われること

déstructurer [destryktyre] 他 構造[組織]を失わせる — 代動 [se ~] 構造[組織]を失う

désuet(ète) [dezɥɛ, -ɛt] 形 使われて[行われて]なくなった, 古めかしい, 時代遅れの

désuétude [dezɥetyd] 女 廃(ᵉ)れること; 使われなくなること, 古臭くなること ▸tomber en désuétude 古臭くなる, (法律が)空文化する

désuni(e) [dezyni] 形 (< désunir) (家族やカップルが)離反した, 仲違いした

désunion [dezynjɔ̃] 女 離反, 不和, 仲違い

désunir [dezynir] 他 33 離す, 外(ₕ)す; (問題を)別々に扱う; (人を)不和にする, 離反させる

désynchronisation [desɛ̃kronizasjɔ̃] 女 非同期化

désynchroniser [desɛ̃krɔnize] 他 (一定の周期を)狂わせる, 不同期[不同調]にする

désyndicaliser [desɛ̃dikalize] 代動 [se ~] 組合から脱退する

détachable [detaʃabl] 形 切り離し可能の; (一部分だけを)取り外(ᶭ)すことができる

détachage [detaʃaʒ] 男 染(レ)み抜き

détachant(e) [detaʃɑ̃] 形 染み抜きの — 男 染み抜き剤

détaché(e) [detaʃe] 形 (< détacher) ①無関心な, 平然とした ②主体から分離した; ゆるんだ, ほどけた ③(公務員が)出向中の ④[楽] スタッカートの, 断音の 男 [楽] スタッカート, 断音

détachement [detaʃmɑ̃] 男 ①心の離反, 無関心, 超然; (…からの)離脱, 超脱 (de) ▸avec détachement 平然と ②[軍] 分遣隊 ③(公務員の)出

détacher¹ [detaʃe デタシェ] 他 (英 detach) ①ほどく, (…から)逸(ᵉ)らせる((de));はずす;(…から)解く(切り離す(de)) ②他から離して周囲から際立たせる,強調する;(音を)区切って発音する ③〖楽〗スタッカートで演奏する ④派遣する,出向させる ⑤(…から)遠ざける,(…との)絆(ᵏⁱⁿ)を断たせる(de) ⑥(…から)手を引かせる(de) —[代動] **se ~** ①(…からほどける;離れる,外(ʰⁱ)れる(de) ②はっきり目立つ;浮かび出る (…から)遠ざかる,(…に)執着[関心]をなくす,愛情が薄れる(de) ④派遣される,出向する ⑥他を引き離す,リードする

détacher² [detaʃe] 他 …の染(ˢʰⁱ)みを抜く

***détail** [detaj デタイユ] 男 ①細部;詳細;部分;些細(ᵏⁱ)な事柄 ▶**en détail** 詳細に, 詳しく　**entrer dans les détails** 詳細に入る　**faire le détail de** …の詳細を述べる　**ne pas faire le détail** 細かいことにこだわらない ②小売, ばら売り　**au détail** 小売りする;ばら売りする ▶**officier de détails** 〖軍〗主計将校

détaillant(e) [detajɑ̃, -ɑ̃t] 名 小売商(人) —[形] 小売りする

détaillé(e) [detaje] 形 詳しい, 詳細な

détailler [detaje] 他 ①小売り[ばら売り]する ②詳細に述べる;詳細に調べる;細かく描写する;細分する, 刻む

détaler [detale] 自 (話)走って逃げる;大急ぎで出かける;急いでずらかる

détartrage [detartraʒ] 男 湯垢(ᵃᵏᵃ)落とし;歯石取り

détartrant [detartrɑ̃] 男 湯垢(ᵃᵏᵃ)防止[除去]剤

détartrer [detartre] 他 湯垢(ᵃᵏᵃ)を落とす;歯石を取る

détaxation [detaksasjɔ̃] 女 減税, 免税;料金値下げ

détaxe [detaks] 女 (間接税の)課税額の軽減;税金の還付 ▶**marchandises en détaxe** 免税品

détaxer [detakse] 他 減税[免税](にする);(公定)料金を値下げする

détecter [detekte] 他 探知[検出]する, 発見する, 見破る

détecteur(trice) [detektœr, -tris] 形 探知[検出]する, 探知[検出]用の —[男] 探知[検出]器, センサー ▶**détecteur de mensonges** うそ発見器

détection [deteksjɔ̃] 女 探知, 探知, 検出;発見;〖情報〗チェック

détective [detektiv] 男 私立探偵 (= priv)

déteign... ⇨déteindre

***déteindre** [detɛ̃dr デタンドル] 他 ⑲ 色をあせさせる —[自] ①色があせる, 色が落ちる;(…に)色が移る(sur) ②(人に)影響を及ぼす(sur)

dételer [detle] 他 ④ ①(牛馬を)車から離す ②(車・鋤(ˢᵘᵏⁱ)から)牛馬を離す —[自] (仕事などを)中断する

détendeur [detɑ̃dœr] 男 (ガスの)減圧弁

***détendre** [detɑ̃dr デタンドル] 他 ㉘ (張っていたものを)緩める;(縮んでいたのを)伸ばす;(精神などの)緊張をゆるめる, 和らげる;くつろがせる;疲れをとる;(気体の)圧力を減ずる —[代動] **se ~** ①緩む;緊張が緩和する, リラックスする, 伸びる

détendu(e) [detɑ̃dy] 形 (< détendre) 緊張のほぐれた, 寛(ˡⁱⁿ)いだ;穏やかな;緩(ʸᵘʳᵘ)んだ

***détenir** [detnir デトニール] 他 ㊆ ①保持する, 持っている ②拘留する, 捕虜にする

***détente** [detɑ̃t デタント] 女 ①くつろぎ, 息抜き;緊張緩和, デタント;(張っていたものの)ゆるみ ②〖スポーツ〗(体の)ばね;(銃の)引き金 ▶**avoir une bonne détente** 〖スポーツ〗ばねが強い

détenteur(trice) [detɑ̃tœr, -tris] 名 保持者, 保有者

détention [detɑ̃sjɔ̃] 女 ①保持 ②拘留, 拘禁;監禁 ▶**détention provisoire** 勾留

détenu(e) [detny] 形 (< détenir) 拘留された;留置された —[名] 拘留された人;留置された人

détergent(e) [deterʒɑ̃, -ɑ̃t] 形 洗浄の —[男] 洗剤, 洗浄剤

détérioration [deterjɔrasjɔ̃] 女 悪化, 破損

détériorer [deterjɔre] 他 傷める, 悪化させる, 損なう, 駄目にする —[代動] [se ~] (物が)傷む, 壊れる;(状態が)悪くなる, 悪化する

déterminable [determinabl] 形 決定[確定]できる

déterminant(e) [determinɑ̃, -ɑ̃t] 形 決定する, 決定的な;決定的な —[男] 〖文法〗限定詞[辞]

déterminatif(ve) [determinatif, -iv] 形 〖文法〗限定的(な) —[男] 〖文法〗限定形容詞

détermination [determinasjɔ̃] 女 ①決定, 確定 ②決意, 断固(ⁿᵏᵒ)たる[毅然(ᵏⁱᶻᵉⁿ)とした]態度 ③〖文法〗限定

déterminé(e) [determine] 形 (< déterminer) ①決まった, 明確な ▶**durée déterminée** 一定の期間 ②決然とした, 断固とした ▶**d'un ton déterminé** 決然たる口調で

***déterminer** [determine デテルミネ] 他 (英 determine) ①決定[確定]する, 明確化する;測定する ②(人に)(…することを)決心させる(à);引き起こす, …の原因となる ③〖文法〗限定する —[代動] **se ~** ①(…(することに))決める, 決心する(à);決定される

déterminisme [determinism] 男 〖哲〗決定論

déterministe [determinist] 形 決

定論の —❷ 決定論者

déterré(e) [detere] ❷ ▶**avoir un air [une mine] de déterré**《話》死人のような顔[顔]をしている

déterrer [detere] ⑩ ①(地中から)掘り出す,発掘する ②(隠されていたものを)発見する

détersif(ve) [detersif, -iv] ⑱ 洗浄(用)の ▶**produit détersif** 洗剤 [石鹸など] —❷ [医] 洗浄剤

détersion [detersjɔ̃] ❷ [医] 洗浄

détestable [detestabl] ⑱ 嫌な,不快な,ひどい

détestation [detestasjɔ̃] ❷ 嫌悪

***détester** [deteste チテステ] ⑩ (英 detest)(ひどく)嫌う,憎(くしみ)がある —⑫動 [se 〜] 自分が嫌いである;互いに憎しみ合う

détonant(e) [detɔnɑ̃, -ɑ̃t] ⑱ 爆発性の ▶**cocktail [mélange] détonant** 危険な組み合わせ

détonateur [detɔnatœːr] ❷ 起爆装置;起爆剤

détonation [detɔnasjɔ̃] ❷ 爆音,爆発音

détoner [detɔne] ⓘ 爆音を発する,爆発する

détonner [detɔne] ⓘ 音程が狂う,調子外れになる;調和しない,そぐわない

détordre [detɔrdr] ⑩ 51 捩(ね)れ[捻(ね)り]を戻す

détorsion [detɔrsjɔ̃] ❷ 捩(ね)れ戻し

détortiller [detɔrtije] ⑩ 捩りを戻す

***détour** [detuːr チトゥール] ❷ (英 bend, curve) 曲がりくねり,曲がり角;回り道;婉曲な言い回し,遠回しなやり方 ▶**au détour de** …の途中で,…の折にたまたま **Ça vaut le détour**. …へと迂回している,回り道する《par》**sans détour** 率直な[に]

détourné(e) [deturne] ⑱ (< détourner) 遠回りの,婉曲な(さしっな)

détournement [deturnəmɑ̃] ❷ ①進路[方向]変更 ▶**détournement d'avion** ハイジャック ②横領,濫用 ▶**détournement de fonds** 資金横領 **détournement de mineur** 未成年者誘惑罪

***détourner** [deturne チトゥルネ] ⑩ (英 divert) ①進路[方向]を変える;そらす ▶**détourner la conversation** 話をそらす **détourner la tête** 顔をそむける **détourner les yeux [le regard]** 視線をそらす ▶**détourner un avion** 飛行機をハイジャックする ②横領する —⑫動 [se 〜] ①進路[方向]を変える,それる;(…から)離れてゆく《de》②顔をそむける

détoxication [detɔksikasjɔ̃] ❷ 解毒(作用)

détoxiquer [detɔksike] ⑩ 解毒する

détracteur(trice) [detraktœːr, -t-

ris] ❷ 誹謗(ひぼ)者,中傷者 —⑱ 誹謗する,中傷する

détraqué(e) [detrake] ⑱ 調子の狂った:《話》頭の調子のおかしい ▶**avoir l'estomac détraqué**《話》お腹を壊す —❷ 頭の調子のおかしい人,狂人

détraquement [detrakmɑ̃] ❷ 調子の乱れ,変調

détraquer [detrake] ⑩ (機械の)調子を狂わせる;《話》(人の)体の調子を乱す —⑫動 [se 〜] ①調子が狂う ②《話》自分の…の調子を狂わせる;(大気が)崩れる

détrempe [detrɑ̃p] ❷ ①[美術] テンペラ[画] ②[冶] 焼き戻し

détremper [detrɑ̃pe] ⑩ ①(油・水などの液体で)柔らかくする;溶く;(生地を作るため小麦粉に)水[こねり]を混ぜる ▶**être détrempé** どろどろになる ②[冶] 焼き戻しをする;柔弱にする

détresse [detres] ❷ (孤立無援の)苦悩,悲嘆;苦痛,窮乏;遭難 ▶**bateau en détresse** 沈没しそうな船 **entreprise en détresse** 倒産しそうな会社 **être dans la détresse** 悲嘆にくれている **signal de détresse** 遭難信号【S.O.S.のこと】

détricoter [detrikɔte] ⑩ (編んだものを)ほどく

détriment [detrimɑ̃] ❷ [成句でのみ] ▶**au détriment de** …に迷惑をかけて,…を犠牲にして

détritique [detritik] ⑱ [地] 砕屑(さいっ)からなる

détritus [detritys] ❷ (複) ごみ,塵(ちり),廃物(はいっ)

détroit [detrwa] ❷ ①海峡 ②[医] 峡部

détromper [detrɔ̃pe] ⑩ (人の)誤りを悟らせる —⑫動 [se 〜] 誤りに気づく,目が覚める

détrôner [detrone] ⑩ ①王位を剥奪する;座を奪う;廃位する ②《話》権威[信用]を失わせる,…にとって代わる

détrousser [detruse] ⑩ 《古・ふざけて》(…から)強奪する,はぎ取る

détrousseur [detrusœːr] ❷ 《古・ふざけて》泥棒

détrui... ⇨ détruire

***détruire** [detruir チトリュイール] ⑩ 15 (英 destroy) 破壊する,壊す,消失させる;殺す,絶滅させる;損ねる,台なしにする;打破する,一掃する,覆(おお)す —⑫動 [se 〜] ①自殺「自滅」する ②殺し合う,互いに損ね合う

***dette** [dɛt チット] ❷ (英 debt) 借金,負債,借り;恩(義) ▶**dette de l'État** 国債 **dette publique** 公債 **être en dette avec [envers]** …に借金[借り,恩義]がある **Qui paie ses dettes s'enrichit**.《ことわざ》借金を返す者は金持ちになる[信用を増す]

DEUG [dœg, døg]《略》diplôme

deuil [dœj ドゥイユ] 男 (英 mourning)(近親などの)死別の悲しみ,哀愁,不幸; 近親の死; 喪服喪章; 服喪期間, 喪 ▸ **avoir le cœur en deuil** 悲哀に暮れている **avoir les ongles en deuil**《話》爪が真っ黒だ **deuil national**《話》**être en deuil** [**porter le deuil**] 喪服を着ている; 喪に服している; 悲嘆に暮れている **faire son deuil de …**《話》…をあきらめる

deus ex machina [deysɛksmakina] 男《ラ》(劇)機械仕掛けの神; 行き詰まった状況を解決する人やもの

DEUST [dœst]《略》diplôme d'études universitaires scientifiques et techniques (大学の一般理系一般課程[期間は2年]修了証書

***deux** [dø ドゥ] 形《不変》(英 two)[母音, 無音のhの前では[z]でリエゾン] ① 2つの, 2人の, 両方の ▸ **de deux choses l'une** 2つのうち1つ ▸ **tous les deux jours** 1日おきに ②わずかな, 少しの ▸ **à deux pas d'ici** ここからすぐ近くの **dans deux secondes** すぐに ― 名《不変》 2つ, 2人; [**les ~**] 両方 ― 男《不変》 2(の数字), 2つ, 2日 [時, 分, 番地], (トランプの)2(の札) ▸ **à deux** 2人で;〖テニス〗ジュース **À nous deux !** さしの勝負だ; 話し合おう **Ça fait deux.** その2つは別のものだ **comme pas deux** 二人といないほど, とてつもなく **couper en deux** 2つに切る **de mes deux**《俗》このろくでもない **deux à [par] deux** 2人[2つ]ずつ, **en moins de deux**《話》たちまち, あっという間に **entre deux** 2つの間で; まずまず **Jamais deux sans trois.**《ことわざ》2度あることは3度ある **les deux / tous [toutes] les deux** 両方とも **mesure à deux deux** **-huit**〖楽〗2分の2[8分の2]拍子 **ne faire ni une ni deux**《話》一も二もなく決める

***deuxième** [døzjɛm ドゥズィエム] 形 (英 second) 2番目の ― 名 2番目のもの[人] ― 男 3階(=~ étage); (パリ市の)2区 ― 女 2等(=~ classe)

***deuxièmement** [døzjɛmmɑ̃ ドゥズィエムマン] 副 2番目に, 第2に

deux-mâts [døma] 男 2本マストの帆船

deux-pièces [døpjɛs] 男《不変》①ツーピース(ドレス)②セパレーツの水着 ③2部屋のアパルトマン

deux-points [døpwɛ̃] 男《不変》コロン[:]

deux-quatre [døkatr] 男《不変》〖楽〗4分の2拍子

deux-roues [døru] 男《不変》2輪車【自転車・オートバイ・スクーターなど】

Deux-Sèvres [døsɛvr] ドゥー・セーヴル県〖フランス西部〗

deux-temps [døtɑ̃] 男 2サイクル(式)エンジン;(=moteur à cycle à ~)

deuzio [døzjo] 副《話》= deuxièmement

dev... ⇒devenir

dévaler [devale] 自 ①(急速に)下り る; 転げ落ちる ②急な下り坂になっている ― 他 駆け下りる

dévaliser [devalize] 他 持ち物を奪い取る ▸ **dévaliser un magasin**《話》店の品を大量に買い込む

dévalorisant(e) [devalorizɑ̃, -ɑ̃t] 形 価値(評価)を下げる

dévalorisation [devalorizasjɔ̃] 女 (価値信用)の低下;(民族などの)軽視

dévaloriser [devalorize] 他 価値・信用を低める, 落とす; 軽んじる, 辱める ― 代動 [**se ~**] 価値が下がる

dévaluation [devaluasjɔ̃] 女 平価切下げ; 価値の下落

dévaluer [devalue] 他 平価を切下げる; 価値(信用)を落とす ― 代動 [**se ~**](平価が)切下げられる; 価値が下がる

devancement [dəvɑ̃smɑ̃] 男 (…の)先に立つこと, 先行り; 凌駕(りょうが); 先回りすること; 前もってしてしまうこと ▸ **devancement d'appel**〖軍〗兵役前の志願

***devancer** [d(ə)vɑ̃se ドゥヴァンセ] 他 52 (…に)先立つ, 先行する; 凌駕(りょうが)する, 打ち勝つ;(…よりも先に)着く, 来る;(…の)先回りをする,(…を)見越す

devancier(ère) [dəvɑ̃sje, -ɛr] 名 先人, 先駆者

***devant**[1] [d(ə)vɑ̃ ドゥヴァン] 前 (英 in front of, before)(空間の)…の前に[で, を, へ]; …の面前で; …の先に, …の前途に; …に照らして;《古》(時間的に)…より前に ▸ **de devant** …の前から **devant la gravité de la situation** 事態の重大性にかんがみて **devant le danger** 危険に直面して **Regarde devant toi.** 前を見なさい ― 副 先に, 先頭に立って; 一番前に;(文)以前に ▸ **comme devant**(文)以前と同様に, 相変らず **par devant** 前方から, 前向きに[を] **partir les pieds devant**《話》死ぬ **sens devant derrière** 後ろ前に ― 男 前方, 前面,(建物の)表(おもて) ▸ **le devant de la scène** 舞台の前面; 目立つ重要な位置 **prendre les devants** [**le devant**] 他人に先んずる; 機先を制する, 先手を打つ

devant[2] [d(ə)vɑ̃] devoir の現在分詞

devanture [d(ə)vɑ̃tyr ドゥヴァンテュール] 女 店頭(の陳列品), ショー・ウインドー

dévastateur(trice) [devastatœr, -tris] 形 荒廃させる, 大損害を与える

dévastation [devastasjɔ̃] 女 荒廃; 損害

dévaster [devaste] 他 荒廃させる, ひどい損害を与える

déveine [devɛn] 女 (話) 不運 ▶ *être dans la [en] déveine* (話) 不運で

***développé(e)** [devlɔpe] デヴロペ 形 (<développer) 発達した, 発育した ▶ *pays développés* 先進国 ── 男 [舞] デヴロペ【曲げた脚を広げていく動作】; (重量挙げの)プレス

développement [devlɔpmɑ̃] デヴロプマン 男 (英 development) ①発達, 発達, 発育; (出来事の)進展, 展開; (地域・技術の)開発; (複)進展の結果; [楽] 展開(部); [数] 展開(図); [建] 展開図 ▶ *en plein développement* めざましく発達しつつある; 育ち盛りの ▶ *pays en voie de développement* 発展途上国 ②詳説, 敷衍(ふえん) ③ [写] (フィルムの)現像 ④ (自転車のペダルの1回転で進む距離)

***développer** [devlɔpe] デヴロペ 他 (英 develop) ①発達させる, 進展させる; (考えなどを)展開[詳述]する, 詳しく説明する, 敷衍(ふえん)する; [数] 展開する; [軍] 展開[散開]させる ② [写] (フィルムを)現像する ③ (包んであるものを)解く, 開く ④ (自転車がペダル1回転で)…の距離進む ── 代動 [se ~] ①発達[発展, 発育]する ②進展する, 増大する, 展開する, 広がる

développeur [devlɔpœr] 男 ① (フィルムの)現像技術者 ② [情報] ソフト開発者[会社]

deven... ⇨devenir

***devenir¹** [dəv(ə)nir] ドゥヴニール 自 75 (英 become) [助動詞は être] ① (…になる) ▶ *faire devenir chèvre* (話)困らせる, 怒らせる *Que devenez-vous? / Qu'est-ce que tu deviens?* (話)調子はどうですか ② [哲] 生成する

devenir² [dəv(ə)nir] 男 変転, 生成; 未来 ▶ *en devenir* 発展している

devenu(e) [dəvny] devenir の過去分詞

déverbal [devɛrbal] 形 (複 -aux [-o]) [文法] 動詞派生名詞

dévergondage [devɛrɡɔ̃daʒ] 男 放縦, 放埒(ほうらつ), ふしだら; 常軌の逸脱, 奔放, 突飛

dévergondé(e) [devɛrɡɔ̃de] 形 (<dévergonder) 淫(みだ)らな, ふしだらな, 常軌を逸した, とてつもない ── 名 ふしだらな人間

dévergonder [devɛrɡɔ̃de] 代動 [se ~] 自堕落になる, 淫らな生活を送る; 常軌を逸する

déverguer [devɛrɡe] 他 (帆布から帆を)外す

dévernir [devɛrnir] 他 (…のニスを)取り去る, 剥ぐ

déverrouillage [devɛrujaʒ] 男 ①門(かんぬき)を外すこと ②銃の遊底を抜くこと

déverrouiller [devɛruje] 他 ①

297

門(かんぬき)を外す ②銃(砲)の遊底を抜く

devers [dəvɛr] ── *par-devers...* (文)…の手元に/所有に

déversement [devɛrsəmɑ̃] 男 ①排水, 放水, (水の)流出 ②反(そ)り

déverser [devɛrse] 他 ①(水を)流し, 注ぐ ②放出する, 吐き出す ── 代動 [se ~] 流れ出る, 流れ込む; 注ぐ, 注ぎ込む

déversoir [devɛrswar] 男 排水[流出]口; (ダムの)水門; (感情の)はけ口

dévêtir [devetir] 他 64 服を脱がす ── 代動 [se ~] 服を脱ぐ; 裸になる; 薄着になる

devez [dəve] devoir の直·現·2·複; 命·2·複

déviance [devjɑ̃s] 女 逸脱, 異常行動

déviant(e) [devjɑ̃, -ɑ̃t] 形 常軌を脱した ── 名 逸脱者; [心] 異常者

déviateur(trice) [devjatœr, -tris] 形 偏向させる, 偏向させる, そらす, はずれさせる

***déviation** [devjasjɔ̃] デヴィアスィヨン 女 (通常でない方向への)方向転換, 回り道, (迂回の)迂(う)回(路); (行為などの)逸脱[脱線], 偏向; (統計などの)偏差; (磁針の)自差, 偏向, (光線の)錯行; [医] 湾曲

déviationnisme [devjasjɔnism] 男 (政党の方針[綱領]からの)偏向, 逸脱, 分派行動

déviationniste [devjasjɔnist] 形 (党の方針から)偏向している, 異端的な, 反主流派の ── 名 異端[偏向]分子; (偏向した思想·信条を持った)人, (反主流派の)人

dévidage [devidaʒ] 男 糸繰り; (話) 繰り言

dévider [devide] 他 ①(巻いてあるものを)ほどく; (糸を)かせに巻きとる[繰る] ②(数珠などを)繰る ③(話)(ぺらぺらと)まくしたてる ▶ *dévider son chapelet [son écheveau]* 言いたいだけ言う

dévideur(se) [devidœr, -øz] 名 繰糸工 ── 男 [情報] ストリーマ

dévidoir [devidwar] 男 糸繰り機, 巻き機; [園芸用]ホース巻, (ホースなどの)巻枠, ホース·リール; (釣糸などの)リール; かせ

devien... ⇨devenir

dévier [devje] 他 逸(そ)らせる, 方向を転換させる, (車などを)迂(う)回させる; 曲げる, 屈折させる ── 自 (…から)(方向が)逸れる, 外(はず)れる (de); (目的などが)外れる, 逸脱する

deviez [dəvje] ⇨devoir

devin(eresse) [dəvɛ̃ vin(ə)rɛs] 名 占い師 ▶ *Je ne suis pas devin.* そんなことは分からない

devi[i]n... ⇨devenir

***deviner** [d(ə)vine] ドゥヴィネ 他 (英 guess) 見抜く, (言い)当てる, (推察)する, 想像する; (どうにか, かすかに)見分ける; (謎を)当てる, 解く; (文)(人の)心中

devinette [d(ə)vinɛt] 女 なぞなぞ[なぞかけ], クイズ ▶*jouer aux devinettes* なぞなぞ遊びをする ▶*poser une devinette à* (人)になぞかけする

devînmes [d(ə)vɛ̃m], **devinrent** [d(ə)vɛ̃r], **devinss...**, **devint** [d(ə)vɛ̃], **devîntes** ⇨ *devenir*

devions [d(ə)vjɔ̃] ⇨ *devoir*

devis [d(ə)vi] 男 見積書 ▶*établir un devis* 見積書を作成する

dévisager [devizaʒe] 他 40 (人の顔を)じろじろと見る[眺める]

devise[1] [d(ə)viz] 女 ① 標語; スローガン, 格言 ② モットー, 生活信条 ③ (紋章の)題銘, 銘句

devise[2] [d(ə)viz] 女 (経) 外貨, 外国為替 (~ *s étrangères*) ▶*payer en devises* 外国通貨で支払う

deviser [d(ə)vize] 自 ((文))...について)談笑する, 閑談する, 打ち解けて話し合う ((*de*))

dévissage [devisaʒ] 男 ねじ釘を抜くこと; (ねじでとめてあるものの)取りはずし; 蓋を開けること; 〔登山〕 滑落

dévisser [devise] 他 (ねじ釘を)抜く, ふたをして開ける, ねじまげる —— 自 ①(ねじ釘)出かかる ②〔登山〕(足場をふみはずして)落ちる, 滑落する —— 代動 [se ~] ▶*se dévisser le cou* ((話))首をよじらせて後ろを向く

de visu [devizy] ((< ラ)) 見たうえで, 目で見て, 目撃者として

dévitalisation [devitalizasjɔ̃] 女 歯神経を抜くこと

dévitaliser [devitalize] 他 〔歯〕歯神経を抜く

dévoilement [devwalmɑ̃] 男 ① ヴェールを取ること, 除幕 ② 暴露, 解明

‡**dévoiler** [devwale デヴワレ] 他 ①...からベールを取る, 除幕する, 覆いを取る ②暴く, 暴露する, 明らかにする, 明るみに出す —— 代動 [se ~] ①ヴェールを脱ぐ ②明らかになる, 現れる, 暴かれる, ばれる

‡**devoir**[1] [d(ə)vwar ドゥヴワール] 23 他 ① ((英 have to, must)) ((不定詞を伴って助動詞的に)) ((義務))...しなければならない; ((話者の意思)) ...すべきである ▶*Je dois vous téléphoner.* 電話しなければ ▶*Tu aurais dû téléphoner.* 電話をよこすべきだったのに ②((可能性・推定))...するに違いない, きっと...だろう, ...するはずだ; ((必然)) 心ず...する(宿命だ); ((意向・未来))...するつもりでいる, ...することになっている ▶*Cela devait arriver!* そうなるさだめかった ▶*Elle doit être arrivée.* 彼女はもう着いているはずだ ③(英 owe) (人に)...(お金など)を支払うことになっている; 借りている; (人に)...の恩義[借り]がある ((*à*)) ▶*Combien vous dois-je?* ((話)) おいくらですか ▶*devoir à A de ...* A (人)のおかげで...する ...のは A (人)のおかげである ▶*Je te dois d'avoir réussi.* 私が成功したのは君のおかげです —— 代動 [se ~] ((...に)) ... に尽くすべき務めがある; ((...する)) 義務がある ((*de*)) ▶*comme il se doit* 当然のように; ((話)) 予想されたように ▶*Je me dois de le faire.* 私はそれをする義務がある

‡**devoir**[2] [d(ə)vwar ドゥヴワール] 男 ((英 duty)) ①義務, 本分; 宿題; (教室でする)筆答問題 ▶*faire son devoir* 義務を果たす, やるべきことをする ▶*Il est de son devoir de* ...するのは人の義務である ▶*manquer à son devoir* 義務を果たせない ▶*par devoir* 義務感から ▶*rendre à ... ses derniers devoirs* ((文)) (人)の葬式に参列する ▶*se mettre en devoir de* ...にとりかかる, ...する準備をする

dévolu(e) [devoly] 形 〔法〕(法的に)(権利・財産が)帰属した, 割り当てられた ((*à*)) —— 男 ▶*jeter son dévolu sur* ...に目をつける, 決めに, を狙うに選ぶ

dévolution [devolysjɔ̃] 女 〔法〕帰属, (財産などによる)相続権の移行

devons [d(ə)vɔ̃] *devoir* の直・現・1・複; 命・現・1・複

dévorant(e) [devɔrɑ̃, -ɑ̃t] 形 食(ら)い尽くす, 食欲な, 飽くことのない, 激しい; 焼き尽くすような; 憔悴(しょうすい)させる

dévorateur(trice) [devɔratœr, -tris] 形 ((文)) 貪欲(どんよく)な; 焼き尽くす

dévorer [devɔre] 他 むさぼり食う, むさぼり読む; (火が)焼き尽くす; (金などを)使い果たす; 苦しめる, 苛(さいな)む ▶*dévorer ... des yeux* (人)を食い入るように見つめる

dévoreur(se) [devɔrœr, -øz] 名 (を)食うもの; (欲望が)旺盛な人, 貪欲な人

dévot(e) [devo, -ɔt] 形 信心深い, 敬虔(けいけん)な; 信心に凝り固まった —— 名 信心深い人; こちこちの信者

dévotement [devɔtmɑ̃] 副 信心深く, 信心を込めて, 敬虔(けいけん)に

dévotion [devɔsjɔ̃] 女 信仰(深さ); (聖者・聖地に対する)信仰, 崇拝; お勤め, お祈り; (聖人や人への)敬愛, 愛着 ▶*avoir une grande dévotion pour* (人)を深く敬愛している ▶*être à la dévotion de* (人)に一身を捧げる ▶*faire ses dévotions* お勤めをする

dévoué(e) [devwe] 形 (< *dévouer*) (...に)献身的に仕える; 忠実な ((*à*))

dévouement [devumɑ̃] 男 献身, 犠牲的精神; 忠誠, 忠実さ

dévouer [devwe] 代動 [se ~] ①献身する, 献身的に勤める; (...に)一身を捧げる ((*à*)) ② ((話)) (他人の厄介なことを)引き受ける

dévoyé(e) [devwaje] 形 (< *dévoyer*) 悪の道に走った, 正道を踏みはずした ▶*jeune dévoyé* 非行少年

dévoyer [devwaje] 他 ((文)) 悪の道

に走る; 正道を踏みはずさせる 【代動】[se ~] 正道を踏みはずす, 悪の道に走る

devr- ⇨devoir

dextérité [dɛksterite] 囡 器用さ, 巧妙さ

dextre [dɛkstr] 囮 ①〔古〕右の ②〔動〕〔貝が〕右巻きの

dextrose [dɛkstroz] 男 〔化〕グルコース

dey [dɛ] 男〔アルジェリアの太守の称号; 1671年から1830年まで〕

dézinguer [dezɛ̃ge] 他〔話〕滅ぼす, 殺す; 激しく非難する

DG 〔略〕directeur général 副社長, 専務取締役

dg. [desigram]〔略〕décigramme デシグラム

di- 接頭〔くぎ〕「二」「二重」「2度・2倍」の意

diabète [djabɛt] 男 〔医〕糖尿病(= ~ sucré) ▶avoir du diabète 糖尿病である diabète insipide 尿崩症

diabétique [djabetik] 囮 糖尿病の —名 糖尿病患者

diabétologue [djabetɔlɔg] 名 糖尿病専門医

***diable**[1] [djabl] 男 ディアーブル ① 悪魔; 〔D-〕魔王, サタン (英 devil) à la diable 大急ぎで, いいかげんに au diable …はとっとと失(う)せろ au diable (vert) 非常に遠い avoir le diable au corps 精力にあふれいる. 力がみなぎっている; 激しい恋をしている Ce n'est pas le diable 大したことではない C'est le diable. 困ったことになった. そいつは困難だ de tous les diables 極度の, 途方もない diable de … 〔話〕奇妙な, 厳(?)な du diable 酷い, 物凄い Du diable si … さっぱり〔全然〕…しない en diable ひどく envoyer … au diable 〔à tous les diables〕〔話〕…を追い払う faire le diable (à quatre) 大暴れする. ふしだらな生活を送る; 獲得〔阻止〕のために奮闘する ne craindre ni Dieu ni diable 何ものも恐れない Que le diable l'emporte!〔話〕悪魔にでも攫(ゔ)われたらいい, とっとと消えうせろ Que le diable m'emporte!〔話〕どうにでもなれ, 何だってやってやるぞ〔不機嫌・決意を表す〕 s'agiter [se démener] comme un (beau) diable さんざん暴れ回る tirer le diable par la queue 〔話〕いつも金に窮している. ひどく金に困っている ②やんちゃ坊主, いたずらな子(供)〔特に男の子〕, やつ, 男 ▶bon diable〔話〕いやな奴 Ce n'est pas un mauvais diable.〔話〕あいつは悪い奴ではないよ grand diable のっぽ pauvre diable〔話〕かわいそうなやつ

— 囮〔子供が〕手に負えない, 腕白な

— 圏 ①〔驚き・賞賛・憤慨・不安など〕うへっ, あれっ, ちくしょう ②〔憤慨・いら

だち・驚き〕 ▶Que diable! まったく, ちぇっ ③〔疑問詞の後で〕〔強調〕一体全体 ▶Où diable est-il allé? 一体あいつはどこに行ったのだろう

diable[2] [djabl] 男 〔小荷物運搬用の〕2輪の手押車; びっくり箱 (= ~ à ressort)

diablement [djabləmã] 副〔話〕ひどく, 大いに

diablerie [djabləri] 囡 ①〔話〕〔子供の〕悪戯(ぼ); 意地悪(ピォ) ②〔文学〕〔中世の〕悪魔が登場する神秘劇

diablesse [djablɛs] 囡 ①女悪魔 ②〔古〕意地悪女, 怒りっぽい女

diablotin [djablɔtɛ̃] 男 ①悪魔の子供, 小悪魔 ②〔話〕いたずらっ子; 腕白な小僧

diabolique [djabɔlik] 囮 悪魔の; 悪魔のような, 極悪(う)な, 残酷な

diaboliquement [djabɔlikmã] 副 悪魔(ご)に, 残酷に

diabolisation [djabɔlizasjɔ̃] 囡 悪者扱い

diaboliser [djabɔlize] 他 悪者にする, 悪魔を見なす

diabolo [djabɔlo] 男 ①ディアボロ〔遊び〕〔空中独楽(ぇ)〕 ②ディアボロ〔飲み物〕〔シロップ入りのレモネード〕

diacétylmorphine [djasetilmɔrfin] 囡 〔化〕ヘロイン

diachronie [djakrɔni] 囡 〔言〕通時態〔論〕

diachronique [djakrɔnik] 囮 通時態の

diacide [djasid] 男 〔化〕二〔価〕酸

diaclase [djaklaz] 囡 〔地〕節理

diaconat [djakɔna] 男 〔カトリックの〕助祭職;〔プロテスタントの〕執事職

diaconesse [djakɔnɛs] 囡 ディアコネス, 〔プロテスタントの〕婦人社会奉仕団会員, 慈善事業団に属する婦人

diacre [djakr] 男 〔教会〕〔カトリックの〕助祭;〔プロテスタントの〕執事

diacritique [djakritik] 囮 〔言〕区別的の ▶signe diacritique 区別符号, 弁別符号〔à, dû の ` , ^ の符号など〕

diadème [djadɛm] 男 〔古代の〕王冠; 王位;〔女性用の〕王冠型髪飾り

diagnostic [djagnɔstik] 男 診断; 判断, 仮説 ▶erreur de diagnostic 誤診 faire [poser] un diagnostic 診断する

diagnostique [djagnɔstik] 囮 診断の決め手となる

diagnostiquer [djagnɔstike] 他〔…を〕診断する,〔…の〕予想を立てる, 判断を下す

diagonal(ale) [djagɔnal] 囮〔男複 -aux [-o]〕対角線の —囡 対角線 ▶en diagonale 斜めに; lire en diagonale〔話〕斜め読みする, ざっと目を通す

diagonalement [djagɔnalmã] 副 対角線状に; 筋違いに, 斜めに

diagramme [djagram] 男 図, 線図, 図表, グラフ; 曲線; [鉄] 運行表, ダイヤグラム ▶*diagramme à barres [en tuyaux d'orgue]* 棒グラフ *diagramme en arbre* 枝分かれ図 *diagramme en secteurs* 円グラフ

dialatabilité [dilatabilite] 女 膨張性

dialectal(ale) [djalɛktal] 形 (男複 -aux [-o]) 方言の, 地方語の

dialecte [djalɛkt] 男 方言

dialecticien(ne) [djalɛktisjɛ̃, -ɛn] 名 弁証論]家, 弁証法論者

dialectique [djalɛktik] 女 ①[哲] 弁証法; 論法, 論理 ②論理的討論法, 弁論術 ── 形 弁証法的(な), 弁証法に関する

dialectiquement [djalɛktikmɑ̃] 副 弁証法的に

dialectologie [djalɛktɔlɔʒi] 女 方言学

dialectologue [djalɛktɔlɔg] 名 方言学者

*__dialogue__ [djalɔg ディアローグ] 男 ①対話; 対談; (一致点を見出すための)話し合い ▶*être un homme de dialogue* いつでも話し合いに応じてくれる人である ②(劇, 映画の)台詞(セリフ) ③[情報] ダイアローグ

dialoguer [djaloge] 自 対話する, しゃべる; (交渉の為に話し合う, 交渉する; 対話形式でコンピューターを操作する ── 他 対話形式にする, 脚色する; 映画の対話[台詞(セリフ)]を書ける

dialoguiste [djalogist] 名 (テレビ・映画の)シナリオ作家

dialyse [djaliz] 女 [化・医] 透析 ▶*être en dialyse* 透析を受けている

dialysé(e) [djalize] 形 (<dialyser) 透析を受けている ── 名 透析患者(=patient ~)

dialyser [djalize] 他 透析する

dialyseur [djalizœr] 男 透析装置

diam [djam] 男 (話)=diamant

diamagnétique [djamanetik] 形 [物] 反磁性の

diamagnétisme [djamanetism] 男 [物] 反磁性

*__diamant__ [djamɑ̃ ディヤマン] 男 (英 diamond) ①ダイヤモンド ②ガラス切り(=~ de vitrier) ▶*diamant noir* トリュフ

diamantaire [djamɑ̃tɛr] 名 ダイヤモンド商人[細工師] ── 形 ダイヤのような光を放つ

diamanté(e) [djamɑ̃te] 形 ダイヤのはまった, ダイヤをちりばめた

diamantifère [djamɑ̃tifɛr] 形 ダイヤモンドを含む

diamétral(ale) [djametral] 形 (男複 -aux [-o]) 直径の

diamétralement [djametralmɑ̃] 副 直径の方向に ▶*diamétralement opposé* 真っ向から対立した

diamètre [djametr] 男 直径, 径

diamide [djamid] 男 [化] ジアミド

diamine [djamin, djamin] 女 [化] ジアミン

Diane [djan] 女 [ロ神] ディアナ, ダイアナ [月の女神]

diantre [djɑ̃tr] 間 (古・驚き・強調) なんとまあ, いやはや

diapason [djapazɔ̃] 男 ①音叉(オンサ) ②(気持ちなどの)度合, 高さ, 調子 ▶*être au diapason de ...* (話) ...と調子が合っている

diapédèse [djapedɛz] 女 [医] 白血球血管外遊走

diaphane [djafan] 形 半透明の; (文)(肌が)透き通るような

diaphanéité [djafaneite] 女 (文) 半透明性

diaphonie [djafɔni] 女 (電話や信号などの)混線

diaphorétique [djaforetik] 形 [医] 発汗させる ── 男 発汗剤

diaphragme [djafragm] 男 ①[解] 横隔膜 ②[医] (女性用)避妊具, ペッサリー ③[音響] (スピーカー, マイクなどの)振動板 ④[写] (カメラのレンズの)絞り

diaphragmer [djafragme] 他 [写] (レンズの絞りを)絞り込む

diaphyse [djafiz] 女 [解] 骨幹

diapo [djapo] 女 (話) =diapositive

diapositive [djapozitiv] 女 スライド

diapré(e) [djapre] 形 (文) 玉虫色の; さまざまな色の; 多彩な

diaprure [djapryr] 女 (文) 玉虫色の彩り; さまざまな色で飾られていること, とりどりの色

diarrhée [djare] 女 下痢

diaspora [djaspɔra] 女 [史] ディアスポラ [ユダヤ民族の四散]; (一般に)民族の四散; 四散した民族の共同体

diastole [djastɔl] 女 [生理] (心臓・動脈の)膨張, 拡張; (心)拡張(期)

diathermane [djaterman], **diatherme** [djaterm], **diathermique** [djatermik] 形 [物] 熱透過の

diatomées [djatɔme] 女 [複] [植] 珪藻(ケイソウ)類

diatonique [djatɔnik] 形 [楽] 全音階の

diatribe [djatrib] 女 酷評, 攻撃[誹謗]文書

dichoroïque [dikrɔik] 形 二色性の

dichotomie [dikɔtɔmi] 女 ①二分; [論] 二分法, 二項対立, 両断 ②[天] 半月

dichotomique [dikɔtɔmik] 形 二項対立の

dichroïsme [dikrɔism] 男 [物] 二色性

dichromatique [dikrɔmatik] 形 二色の; [医] 二色型色覚の

dichromatisme [dikrɔmatism] 男 [医] 二色型色覚

dico [diko] 男《話》= dictionnaire

dicotylédone [dikɔtiledɔn] 形〔植〕双子葉の ── 女〔複〕双子葉類

dicoumarol [dikumarɔl] 男, **dicoumarine** [dikumarin] 女〔化〕ジクマロール【抗凝固剤】

dicrote [dikrɔt] 形〔医〕► **pouls dicrote** 重拍脈, 重複脈

dictame [diktam] 男〔植〕ハクセン; ハナハッカ

dictaphone [diktafɔn] 男 ディクタフォン【手紙の口述用録音機】

dictateur(trice) [diktatœr, -tris] 名 ①独裁者 ► **faire le dictateur** 横暴にふるまう ②〔古代ローマの〕執政官

dictatorial(ale) [diktatɔrjal] 形 (男複 -aux[-o]) 独裁的な; 高飛車な, 尊大な

dictatorialement [diktatɔrjalmɑ̃] 副 独裁的に

dictature [diktatyr] 女 ①独裁, 専制, 絶対的権力 ②〔古代ローマの〕執政官の位

*__dictée__ [dikte ディクテ] 女〔英 dictation〕①書き取り;ディクテーション ► **dictée musicale** 採譜【聞いた曲を楽譜に書き写すこと】 **écrire une lettre sous la dictée de** (人)の口述で手紙を書き取る ②口述;指示 ► **agir sous la dictée des circonstances** 状況の命ずるままに行動する

dicter [dikte ディクテ] 他 ①書き取らせる, 口述する ②(人に)指示する, ひそかに教える (à)

diction [diksjɔ̃] 女 発声法, 話し方; 朗読法

*__dictionnaire__ [diksjɔnɛr ディクショネール] 男〔英 dictionary〕辞書, 辞典, 事典 ► **consulter un dictionnaire** 辞書を引く **dictionnaire encyclopédique** 百科事典 **dictionnaire étymologique** 語源辞典

dicton [diktɔ̃] 男 ことわざ, 俗諺

didacticiel [didaktisjɛl] 男〔情報〕チュートリアル, 教育ソフト

didactique [didaktik] 形 教育[教訓]的な, 学術[専門]的な ► **terme didactique** 専門語, 学術用語 ── 女 教育[学]

didactisme [didaktism] 男 教訓主義

didactyle [didaktil] 形〔動〕二本指の

Diderot [didro] (Denis~)ディドロ【1713–84; 哲学者・小説家】

dièdre [djɛdr] 形〔数〕二面の, 二面角の ── 男〔数〕二面から成るもの;二面角;〔航空〕上反角

diégèse [djeʒɛz] 女〔文学〕物語内で展開される時空間

diégétique [djeʒetik] 形〔文学〕物語内時空間の

diélectrique [djelɛktrik] 形〔物〕誘電体の ── 形 誘電的

diencéphale [diɑ̃sefal] 男〔解〕間脳

Dieppe [djɛp] ディエップ 【Seine-Maritime 県の港町】

dieppois(e) [djɛpwa, -az] 形 名 [D-] ディエップの(人)

diérèse [djerɛz] 女〔言〕分音【同音節内で連続した母音を別々に発音すること】

dièse [djɛz] 男〔楽〕嬰(ʌɪ)記号, シャープ[♯] ── 形 嬰記号[シャープ]の付いた

diesel [djezɛl] 男 ディーゼルエンジン(= moteur ~); ディーゼルエンジン車

diète [djɛt] 女 ①〔治療のための〕減食, 節食, ダイエット; 絶食(= ~ absolue); 食餌(じ)療法;〔病人のための〕規定食 ► **être à la diète** 減食[絶食]している

diète[2] [djɛt] 女〔史〕(スイスなどの)議会 ► **la Diète du Japon** 日本の国会

diététicien(ne) [djetetisjɛ̃, -ɛn] 名〔食餌療法を処方する〕栄養士, 栄養学者

diététique [djetetik] 形 食餌(じ)療法の, 栄養学的に定められた ── 女 食餌療法, 食養法, 栄養学

*__dieu__ [djø ディユー] 男 (複 ~x) 〔英 god〕 【女性形は **déesse**】[D-] (一神教, とくにキリスト教の)神;(多神教の)神; 神像;神のごとき人物; ► **bête à Bon Dieu** テントウムシ **Dieu merci.**《安堵から》ありがたい **Dieu seul le sait.** 神のみぞ知る **Dieu vous bénisse!**(くしゃみをした人に)お大事に **(Grands) Dieux!**(驚きから)あらまあ **Mon Dieu!**(驚き・失望などから)ああ, ちぇっ, わあ **On lui donnerait le bon Dieu sans confession.** 彼(女)はとてもなしそうだが, 猫をかぶっている

diffamant(e) [difamɑ̃, -ɑ̃t] 形 中傷的な

diffamateur(trice) [difamatœr, -tris] 中傷的な, 名誉毀損の ── 名 中傷者, 名誉毀損(者)

diffamation [difamasjɔ̃] 女 中傷; 名誉毀損; 中傷的な言葉 ► **campagne de diffamation**(選挙相手への)中傷キャンペーン

diffamatoire [difamatwar] 形 名誉を毀損する, 中傷的な

diffamer [difame] 他 中傷する, 名誉を毀損する; 誹謗(ﾋﾓ)する

différé(e) [difere] 形 延期された, 遅れた ── 男〔録画(音)〕(番組) ► **en différé** 録画[音]の,〔情報〕オフラインの

différemment [diferamɑ̃] 副 違ったふうに, 異なった方法で, 別に

*__différence__ [diferɑ̃s ディフェランス] 女 違い, 相違(点), (数量の)差, 開き, 差 ► **à la différence de …** …とは異なり, …と違って **différence spécifique**〔論〕種差 **faire la différence** 違いに気づく; 差をつける

différenciateur(trice) [diferɑ̃sjatœr, -tris] 形 違いを生じさせる, 分化する

différenciation [diferɑ̃sjɑsjɔ̃] 女 区別[識別]; 分化

différencier [diferɑ̃sje] 他 区別[識別], 弁別する, 相違をはっきりさせる — 代動 [se ～] ①(…と)異なる, 区別される (de) ②細胞などが分化する

différend [diferɑ̃] 男 意見や利害の対立, 紛争 ▶ avoir un différend avec (人)と意見が衝突する

:**différent(e)** [diferɑ̃, -ɑ̃t] ディフェラン(ト) 形 ①(…とは)異なった, 別の (de) ②[複数名詞の前で] 色々な, 様々な ▶ à différentes reprises 何回かにわたって ▶ pour différentes raisons 様々な理由で

différentiation [diferɑ̃sjɑsjɔ̃] 女 〔数〕微分(法)

différentiel(le) [diferɑ̃sjɛl] 形 ①差異を生み出す;〔機〕差動の ▶ tarif différentiel 逓減運賃 — 男 〔数〕微分の一 — 男 〔自転車の〕差動装置, ディファレンシャル・ギア

différentier [diferɑ̃sje] 他 〔数〕微分する

différer [difere] 他 57 (…するのを)延期する, 延ばす (de, à) — 自 ①(…と)違う, 異なる, 異なっている (de); (…について)意見を異にする (sur) ②《文》延期する ▶ sans différer 《文》直ちに, すぐに

:**difficile** [difisil] 形 ①困難な, (…するのが)難しい (à) ②気難しい — 名 ▶ faire le [la] difficile 気難しくする

difficilement [difisilmɑ̃] 副 やっとのことで, ようやく, 苦労して; なかなか…しない

***difficulté** [difikylte] ディフィキュルテ 女〈英 difficulty〉困難, (…することの)難しさ (à); 困難な事柄, 障害, 困ったこと ▶ en difficulté 困っている, 苦境に陥っている ▶ faire des difficultés pour …するのを渋る, 文句を言う ▶ mettre … en difficulté (人)を苦境に落とし入れる

difficultueux(se) [difikyltɥø, -øz] 形 《文》困難な, 厄介な(%%"); 《古》気難しい

diffluence [diflyɑ̃s] 女 流出, 拡散; [地理] 分流;（組織の）溶化;（河川の）分岐

diffluent(e) [diflyɑ̃, -ɑ̃t] 形 (液体のように)流れる;四方に広がる,拡散する

difforme [diform] 形 (特に人間の体について)奇形[不具]の; 不格好な

difformité [diformite] 女 奇形, 不具, 形のゆがみ; 《文》(精神的)歪(ﾐﾞ)み

diffracter [difrakte] 他〔物〕(光を)回折させる

diffraction [difraksjɔ̃] 女〔物理〕(光などの)回折

diffus(e) [dify, -yz] 形（四方に）広がった, 拡散[散乱]した; 散漫な,《文》冗長らしい

diffusément [difyzemɑ̃] 副 散漫に, 冗長に

diffuser [difyze] 他 ①(情報・思想を)広める, 普及させる;（書籍・ビラを）配布[頒(%%")布]する ②放送する ▶ diffuser en direct [différé] (番組を)生放送[録画放送]する ③(光・熱を)放つ, 拡散させる — 代動 [se ～] 拡散する; 流布する, 普及する

diffuseur(se) [difyzœr, -øz] 名（書籍の）配給業者, 卸売業者 — 男（電灯の）散光器;（揮発性の）芳香剤の拡散器

diffusible [difyzibl] 形 拡散する;伝播し得る

diffusion [difyzjɔ̃] 女 ①広めること, 普及, 流布, 伝播(%%");（書籍等の）配給, 配布 ②放送 ③(光・熱などの)拡散, 放射

***digérer** [diʒere] ディジェレ 他 57 ①消化する;《話》(知識などを)身につける, 消化する ②《話》耐える, 我慢(%%")する — 代動 [se ～] 消化される;（知識などが）消化吸収される

digest [daiʒɛst, diʒɛst] 男〈英〉ダイジェスト(版), 要約

digeste [diʒɛst] 形 消化しやすい, こなれやすい;（作品などが）わかりやすい

digestibilité [diʒɛstibilite] 女 消化しやすさ

digestible [diʒɛstibl] 形 消化の良い, 消化しやすい

digestif(ve) [diʒɛstif, -iv] 形 消化の, 消化を助ける, 消化に関する — 男 食後酒, ディジェスティフ; 消化を助ける(飲) ▶ trouble digestif 消化不良

digestion [diʒɛstjɔ̃] 女 消化, (消化の行われる)食後の時間;（知識などの)消化, 理解

digicode [diʒikɔd] 男 ディジタルロック〔建物の入り口で暗証番号を入力する装置〕

digit [diʒit] 男〈英〉[情報] ディジット

digit(-) 接頭 〈ラ〉「指」の意

digital(ale) [diʒital] 形（男複 -aux [-o]) ①指の ▶ empreinte digitale 指紋 ②[情報] 指紋の

digitale² [diʒital] 女 [植] ジギタリス

digitaline [diʒitalin] 女 [薬・化] ジギタリン

digitaliser [diʒitalize] 他 デジタル化する

digitigrade [diʒitigrad] 形 [動] 指行性の, 指先で歩く — 男 (複) 趾(")行類 [犬・猫など]

digitopuncture [diʒitɔpɔ̃ktyr] 女 指圧(療法)

Digne [diɲ] ディーニュ 【Alpes-de-Haute-Provence 県の県庁所在地】

***digne** [diɲ] ディーニュ 形〈英 worthy〉

dignement ①(…に)値する, ふさわしい 《de》 ▶ **digne de ce nom** その名にふさわしい **digne de foi** 信じるに値する **digne d'éloges** 賞賛に値する ②品位[威厳]のある, 堂々とした, 立派な; 厳しい, 勿体ぶった

dignement [diɲ(ə)mɑ̃] 副 ①立派に, 堂々と, 颯爽(ﾂｳ)と; 勿体(ﾀｲ)ぶって ②(それに)相応しく, 相当[相応, 応分]に

dignitaire [diɲitɛr] 男 高位, 高官, お偉方

dignité [diɲite] 囡 ①尊尤, 立派さ, 尊敬 ②自尊心, 誇り, 威厳 ③高位, 栄誉;〔複〕顕職にある者, 高官

digramme [digram] 男〔言〕二重音字〔二字で一音を表す, たとえば ch[ʃ] など〕

digression [digresjɔ̃] 囡 ①〔講演・論文で〕本題を離れること, 脱線, 余談 ②〔天〕(太陽との)離角

digue [dig] 囡 堤防, 土手, 突堤;堤防, 防波堤, 障害物

Dijon [diʒɔ̃] ディジョン〖Côte-d'Or 県の県庁所在地; Bourgogne 地方(地域圏)の中心都市〗

diktat [diktat] 男〈ド〉(国際政治における)強制条約; 強制されたもの

dilacération [dilaserasjɔ̃] 囡 ずたずたに引き裂くこと

dilacérer [dilasere] 他 [57] ずたずたに引き裂く

dilapidateur(trice) [dilapidatœr, -tris] 名 (財産・公金などを)濫費する(人) — 形 浪費家[濫費]する

dilapidation [dilapidasjɔ̃] 囡 浪費, 濫費

dilapider [dilapide] 他 (財産・公金などを)濫費[浪費]する

dilatable [dilatabl] 形 膨脹性の, 膨張し得る

dilatabilité [dilatabilite] 囡 膨脹性

dilatateur(trice) [dilatatœr, -tris] 形 〔解〕膨脹[拡張]させる — 男 (外科)手術の拡張器

dilatation [dilatasjɔ̃] 囡 膨脹, 拡張

dilater [dilate] 他 膨脹[拡大]させる, 拡張する; 喜(ﾖﾛｺ)ばせる ▶ **dilater la rate** (話) 大笑いさせる — 〔代動〕[**se ~**] 膨脹する; 膨らむ

dilatoire [dilatwar] 形 延期させる, 回避する; 時間稼ぎのための ▶ **donner une réponse dilatoire** 逃げ口上を言う

dilemme [dilɛm] 男 ジレンマ, 板挟み;〔論〕両刀論法

dilettante [diletɑ̃t] 名〈イ〉愛好家, 芸術愛好家, 素人(ﾉｳﾄ);ディレクタント ▶ **faire** 〜 **en dilettante** 趣味でやる, 道楽半分にする

dilettantisme [diletɑ̃tism] 男 道楽, 趣味, 素人芸

diligemment [diliʒamɑ̃] 副 敏速に;〈古〉熱心に; 勤勉に

diligence [diliʒɑ̃s] 囡 ①〈古〉熱心, 熱意;〈文〉迅速〔敏速〕さ, 勤勉〔精励〕ぶり ▶ **à la diligence de** …〔法〕…の要求に応じて ②〈古〉乗合馬車

diligent(e) [diliʒɑ̃, -ɑ̃t] 形〈古〉熱心な, 勤勉な, 入念な;〈文〉敏速な

diluant [dilɥɑ̃] 男 (塗料の)希釈(ｷｼｬｸ)液

diluer [dilɥe] 他 ①(水などに)溶かす, 薄める, 希釈(ｷｼｬｸ)にする ②(効果などを)弱める, 減ずる — 〔代動〕[**se ~**] 溶ける; 薄くなる

dilution [dilysjɔ̃] 囡 希釈(した溶液), 溶解物

diluvien(ne) [dilyvjɛ̃, -ɛn] 形 大洪水(のような)

diluvium [dilyvjɔm] 男〔地〕洪積層

*__dimanche__ [dimɑ̃ʃ] ディマーンシュ 男 日曜日 ▶ **chauffeur du dimanche** 日曜ドライバー, 未熟な運転手 **habits** [**costumes, vêtements**] **du dimanche** 晴れ着, 一張羅 **peintre du dimanche** 日曜画家

dîme [dim] 囡〔史〕10分の1税〖収穫の10分の1を教会に納めた〗 ▶ **prélever une dîme sur** …(話) …の上前をはねる

*__dimension__ [dimɑ̃sjɔ̃] ディマンスィヨン 囡 ①大きさ, 寸法, サイズ;(物事の)側面, 意義, 広さ;重大さ;規模;〔経〕経営規模, 規模の大きさ ▶ **à la dimension** [**aux dimensions**] **de** …にふさわしい, 適応した **de dimension internationale** 国際規模の **de grande dimension** 大規模の **de petite dimension** 小規模の **dimension réelle** 原寸 **prendre la dimension** [**les dimensions**] **de** …の大きさ[寸法]を計る;価値[実力]を知る;(事柄が)…(の)規模になる, …の様相を帯びる ②〔数〕次元 ▶ **espace à deux** [**trois**] **dimensions** 2次元〔3次元〕空間 **quatrième dimension**〖**la ~**〗4次元

diminué(e) [diminɥe] 形 (< **diminuer**) (肉体・精神的に)衰弱した[弱った], 落ち込んだ, 下劣になった; 減少した, 減らした;〔楽〕半音減の;(編み物の)目を減らした

diminuendo [diminɥɛ̃do, diminɥɛ̃dɔ] 副〔楽〕〈イ〉ディミヌエンド, しだいに弱く

*__diminuer__ [diminɥe] ディミニュエ 他 (英 reduce, diminish) 減らす, 小さくする; 短縮する, 弱める;(人の)値打ちを下げる, 貶(ｻｹﾞ)める, (人を)くさす, けなす — 自〔減少した後の状態を示す時は助動詞に être をとる〕減る, 減少する, 弱[低くなる; 短くなる; 値が下がる, 安くなる

diminutif [diminytif] 男〔文法〕指小語[辞]〖小ささや愛着を示す接尾語;「小さな家」を maisonnette にする〗

diminution [diminysjɔ̃ ディミニュスイヨン] 囡 (英 reduction) 減少, 軽減; 低下, 短縮; 緩和; 衰え; (編み物の)減らし目, 目を減らすこと

dimorphe [dimɔrf] 形 2つの形質を持つ

dimorphisme [dimɔrfism] 男 二相性, 二形性

dinar [dinar] 男 ディナール【イラク・チュニジア・アルジェリアなどの通貨単位】

dinde [dɛ̃d] 囡 七面鳥の雌;《話》間抜けな女

dindon [dɛ̃dɔ̃] 男 七面鳥; 《話》間抜け男 (=~ de la farce)

dindonneau [dɛ̃dɔno] 男 (複 ~x) 七面鳥の雛(ﾋﾅ)

:**dîner** [dine ディネ] 自 ①(英 dinner) 夕食, 晩餐 ②《古・カナダ・ベルギー》昼食 —— 男 ①(英 dine) 夕食をとる ②《ケベック・スイス》昼食をとる

dîner-spectacle [dinespektakl] 男 (複 ~s-~s) ディナーショー

dînette [dinɛt] 囡 (子供の)飯事(ままごと); (道具) ▶ **jouer à la dînette** ままごとをする

dîneur(se) [dinœr, -øz] 男 囡 夕食客, 夕食をとる人

ding [diŋ] 間 (擬音) リーン【鐘やベルの音】 ▶ **ding, ding, dong** カランコロン【鐘の音】

dinghie, dinghy [diŋgi] 男 ①救命ゴムボート ②(小型の)モーターボート

dingo[1] [dɛ̃go] 男 チンゴ【オーストラリアの野生化した犬】

dingo[2] [dɛ̃go] 形 《不変》《話・古》頭のおかしい, 気違いの —— 名 《話》気違い

dingue [dɛ̃g] 形 《話》①頭のおかしい, 気違いの ②奇妙な, 一風変った; すごい, 驚くべき, とてつもない ③《話》いかれたやつ

dinguer [dɛ̃ge] 自 《話》[faillir, aller や venir の後で] 倒れる, 落ちる ▶ **envoyer dinguer** …を突き飛ばす, 放り出す, 追い払う

dinguerie [dɛ̃gri] 囡 《話》ばかげたこと; 変な性格; 狂った行為; 奇妙なこと

dinosaure [dinozɔr] 男 ①《古生》恐竜 ②《話》(過去の栄光で生き残っているが)時代遅れになった人[もの]

diocésain(e) [djɔsezɛ̃, -ɛn] 形名 〔カト〕司教区の(信徒)

diocèse [djɔsɛz] 男 〔カト〕司教区

diode [djɔd] 囡 ダイオード

Diogène [djɔʒɛn] ディオゲネス【古代ギリシアの哲学者】

dioïque [dɔik] 形 〔植〕雌雄異株の

dionysiaque [djɔnizjak] 形 ①古代ギリシアのディオニュソス(神)の[的な] ②《文》激情[衝動]の —— 囡 (複) ディオニュソス祭, 酒神祭

dionysies [djɔnizi] 囡 (複) 古代ギリシアのディオニュソス祭

Dionysos [djɔnizos] 〔ギ神〕ディオニュソス【酒と豊饒の神; ローマ神話では Bacchus】

dioptrie [djɔptri] 囡 〔光〕ジオプトリ【レンズの屈折力の単位】

dioptrique [djɔptrik] 囡 屈折光学 —— 形 屈折(系)の, 屈折光学の

diorama [djɔrama] 男 ジオラマ

diorite [djɔrit] 囡 〔地〕閃(ｾﾝ)緑岩

dioxine [djɔksin] 囡 〔化〕ダイオキシン

dioxyde [diɔksid] 男 〔化〕二酸化物 ▶ **dioxyde de carbone** 二酸化炭素

diphasé(e) [difaze] 形 ▶ **courant diphasé** 二相電流〔2対の電線での〕

diphtérie [difteri] 囡 〔医〕ジフテリア

diphtérique [difterik] 形 〔医〕ジフテリア性の —— 名 ジフテリア患者

diphtongaison [diftɔ̃gɛzɔ̃] 囡 〔音声〕二重母音化

diphtongue [diftɔ̃g] 囡 〔音声〕二重母音

diphtonguer [diftɔ̃ge] 他 〔音声〕二重母音化する —— 代動 [se ~] 二重母音になる

dipl(o-) 接頭 (<ギ) 「二重」「二倍」の意

diplodocus [diplɔdɔkys] 男 〔古生〕ディプロドクス, 梁竜(ﾘｮｳﾘｭｳ)【ジュラ紀の恐竜】

diploïde [diplɔid] 形 〔生〕倍数性

diplômant(e) [diplɔmɑ̃, ɑ̃t] 形 免状取得を目的とした

*: **diplomate** [diplɔmat ディプロマット] 名 (英 diplomat) 外交官; 駆け引きのうまい人 —— 男 ディプロマット【砂糖漬けの果物をのせたフィンガービスケット, カスタードクリームを加えたデザート菓子】 —— 形 駆け引きのうまい

*: **diplomatie** [diplɔmasi ディプロマスィ] 囡 (英 diplomacy) 外交(術); 外交官界; (集合的で) 外交官; 駆け引きの巧(ｺｳ)みさ, 外交的手腕 ▶ **entrer dans la diplomatie** 外交官になる

diplomatique [diplɔmatik] 形 外交(上)の; 駆け引きに長けた, 外交的な ▶ **corps diplomatique** 外交団 **langage diplomatique** 外交[社交]辞令 **maladie diplomatique** 《話》仮病, 逃げ口上

diplomatiquement [diplɔmatikmɑ̃] 副 外交的に, 外交によって; 巧みに

*: **diplôme** [diplom ディプローム] 男 (英 certificate) ①卒業証書, 免状, 証書 ②資格試験,《免状の取得のための》試験

diplômé(e) [diplome] 形 (正式の)資格[免状]を持っている —— 名 有資格者, 免状所有者

diplopie [diplɔpi] 囡 二重視

dipode [dipɔd] 形[男] 〔動〕二足の(動物)

dipolaire [dipɔlɛr] 形 〔物〕双極の

dipôle [dipol] 男 〔物〕双極子

dipsomane [dipsɔman] 形名 〔医〕アルコール依存症の(患者)

dipsomanie [dipsɔmani] 女 〔医〕アルコール依存症

diptère [dipter] 形 〔虫〕双翅(*し)の ― 男 《複》〔虫〕双翅類【蚊・蠅など】

diptyque [diptik] 男 ①〔美術〕(中世の)二枚折りの絵[浮き彫り] ②〔文学作品の〕二部作

*dire [dir ディール] 他 24 (英 say) 言う, 述べる, 語る; (人に)言う (à); (…だと)言う (que); (意見を)言う, 表す, 示す; 訴える; 提案する; 口に出す; (ことばに)する, 命じる (de 不定詞) ▶ **à vrai dire, à dire vrai** 実を言えば **Bien faire et laisser dire.** 《ことわざ》やることをやって人が何を言おうと気にするな **Ça me dit quelque chose.** それには心当たりがある **Ça vous dit de …?** 《話》…する のはどうですか, しませんか **C'est dit.** それで決まりだ, 話は決まった **C'est pas pour dire, mais …** それでも(やはり)… **comme on dit** いわゆる **comment dire** (挿入句で)なんて言いましょうか, そう言えばいいかな **Comment dire on ça en …?** 《話》…ではこれをなんと言いますか **dire du bien [mal] de …**の ことをよく[悪く]言う **Dites [donc]!** 《話》ねえ, ちょっと; まさか **dis-je / disais-je** (挿入句で・話)さて話を元に戻すと, もう一度言うと **disons** 《話》 そうだな, とにかく; 例えば **entre nous soit dit, …** 《話》ここだけの話だけど… **On dit que …** うわさでは…だ, という話だ **pour tout dire** 要するに, つまり **soit dit en passant** ついでに言うと, それはそうと **vouloir dire** 意味する, つもりである

― 代動 [se] ①言われる; (言葉が)用いられる ▶ **Ça ne se dit pas.** そういうものじゃない, そういう言い方をするものじゃない **Comment ça se dit en …?** それは…ではなんと言うの ②思う ③自分が…だと言う, …だと自称する ④ 互いに言う

― 男 《複》発言, 意見, 主張; 供述, 言葉 ▶ **au dire de / selon les dires de** (人)の言[意]によれば

*direct(e) [direkt ディレクト] 形 (英 direct) まっすぐな; 近道の; 直通[直行]の; 率直な; 直接の; 露骨な; 正の, 順の ▶ **complément direct** 〔文法〕直接目的語
― 男 ①〔ボクシング〕ストレート ②〔テレビ・ラジオの〕生放送 ▶ **en direct** 生放送の[で] ③直通[直行]列車 (= train ~)
― 副 《話》まっすぐに; 直接に

*directement [direktəmɑ̃ ディレクトゥマン] 副 (英 straight) まっすぐに; 直接に, じかに, 直接

*directeur(trice) [direktœr, -tris ディレクトゥール(トリス)] 名 (英 director, manager) 長, 校長, 所長, 局長, 部長, 理事, 重役, 支配人; 監督; 〔史〕総裁政府の執政官 ▶ **comité directeur** 重役会 **directeur de cabinet** (省の)官房長 **directeur de journal** (新聞の)編集長 **directeur de thèse** (大学の)指導教官 **directeur d'école** 小学校の校長 **directeur des ressources humaines** 人事部長 [略 DRH] **directeur général** 副社長, 専務取締役 [略 DG] **président-directeur général** 社長 [略 PDG]
― 形 指導[主導]する, 指導[主導]的な ▶ **roue directrice** (自動車, 自転車の)前輪

directif(ve) [direktif, -iv] 形 ①強圧的な, 指導を押しつける ②(マイク・アンテナが)指向性の

direction [direksjɔ̃ ディレクスィヨン] 女 (英 direction, management) ①方向; 方針 ▶ **dans la direction de** …の方向に **en direction de** …の方向に(乗り物が) …行きの **toutes directions**〔道路標識〕どの方面もこちら **Vous n'êtes pas dans la bonne direction.** 方向を間違っていますよ ②指導, 管理, 取り締まり ▶ **prendre la direction de** …の指揮を執(と)る **sous la direction de** …の指導の下に; (オーケストラの)…の指揮による ③経営陣, 指導者陣; (官庁の)部, 局; 事務局[局], 重役室, 支社, 支局 ▶ **direction générale** 総務部 ④(自動車の)ハンドル操作, ステアリング ▶ **direction assistée** (自動車の)パワーステアリング

directionnel(le) [direksjɔnɛl] 形 指向性の; 方向を指示する; 方向指示の

directive¹ [direktiv] 女《複》指令, 指示; (党の)綱領; (欧州連合加盟国の)達成基準

directive² [direktiv] 女 directif の女性形

directivité [direktivite] 女 強圧的な性質, 押しつけ主義

directoire [direktwar] 男 ①(株式会社や同の組織の)重役会, 取締役会 ②〖Le D~〗〔史〕(フランス革命中の)総裁政府【1795-1799】

directorial(ale) [direktɔrjal] 形 (男複 -aux[-o]) ①(社長・所長など)長 (directeur) の ②〔史〕総裁政府の

directrice [direktris] 女〔数〕準線【円錐曲線を作る定直線】

dirham [diram] 男 〔アラブ首長国連邦やモロッコなどの通貨単位〕

dirigé(e) [diriʒe] 形 (< diriger) 指導された ▶ **économie dirigée** 統制経済 **travaux dirigés** (大学の)演習

dirigeable [diriʒabl] 男 飛行船 (= ballon ~)

dirigeant(e) [diriʒɑ̃, -ɑ̃t] 形 指導する, 支配する ― 名 指導[支配]者, リーダー

diriger [diriʒe ディリジェ] 他 40 (英 direct) 指揮[指導, 監督]する; 管理する, (会社を)経営する; (…に)導く, 向ける, 送る (sur, vers); 操縦[運転]する

diriger son attention sur …に注意を向ける —— 代動 [se ~] (…に)向かって行く, 向く; 前進する (vers)

dirigisme [diriʒism] 男 (資本主義下の)統制経済(体制)【戦後フランスの経済体制】

dirigiste [diriʒist] 形 統制経済(論者)の —— 名 統制経済論者

dirimant(e) [dirimɑ̃, -ɑ̃t] 形 ► *empêchement dirimant* 結婚無効の申し立て

dirlo [dirlo] 名《話》校長; 上司 (= directeur)

dis [di] ⇒ *dire*

dis- 接頭《ラ》「分離」「相違[差異]」「欠陥[欠如]」「否定」の意

disant [dizɑ̃] *dire* の現在分詞

discal(ale) [diskal] 形 (男複 *-aux* [-o])《医》椎間板の

discernable [disɛrnabl] 形 識別できる; 見分けられる, 認められる

discernement [disɛrnəmɑ̃] 男 見識, 見識力, 分別, 識別(力), 判断力; 見分け;《文》判別

discerner [disɛrne] 他 見分ける, はっきりと見る; 見抜く; 判別[識別]する; (姿・形・音などを)認める ► *discerner le vrai du faux* 真と偽とを見分ける

*****disciple** [disipl] ディシープル 男 弟子[門人], 信奉者

disciplinable [disiplinabl] 形 規律を守らせることができる, 躾(しつ)けることのできる

disciplinaire [disipliner] 形 規律上の; 懲戒の

disciplinairement [disiplinɛrmɑ̃] 副 規律に従って

*****discipline** [disiplin] ディシプリーヌ 女 ①規律; 軍規; 規律への服従 ②学科, 研究分野

discipliné(e) [disipline] 形 (< *discipliner*) 規律正しい, 統制のとれた; 行儀のいい

discipliner [disipline] 他 規律正しくさせる; 統制[統御]する; 秩序を保たせる —— 代動 [se ~] 規律正しくする, 規律を守る

disc-jockey [disk(ə)ʒɔkɛ] 男 (< 英) ディスク・ジョッキー

disco [disko] 男 ディスコ音楽 (= *musique* ~)

discobole [diskɔbɔl] 男 (古代ギリシアの)円盤投げ選手

discographie [diskɔgrafi] 女 レコード目録, レコード分類

discographique [diskɔgrafik] 形 レコード目録の

discoïde [diskɔid] 形 円盤形[状]の

discomycètes [diskɔmisɛt] 男(複)《植》盤菌類

discontinu(e) [diskɔ̃tiny] 形 (< *discontinuer*) 不連続な; 中断した, 断続的な —— 男 不[非]連続

discontinuer [diskɔ̃tinɥe] 自 ► *sans discontinuer* 途切れずに

discontinuité [diskɔ̃tinɥite] 女 不[非]連続(性); 中断

disconv… ⇒ *disconvenir*

disconvenance [diskɔ̃vnɑ̃s] 女 不似合; 不具合

disconvenir [diskɔ̃vnir] 自 ⑮《文》[助動詞は *être*, 否定で用いる]
► *ne pas disconvenir de …* …を否定しない, 認める

discopathie [diskɔpati] 女《医》椎間板系

discophile [diskɔfil] 名 (レコード・CDの)愛好家, 収集家; レコード音楽ファン

discophilie [diskɔfili] 女 レコード収集癖

discordance [diskɔrdɑ̃s] 女 不調和, 不一致

discordant(e) [diskɔrdɑ̃, -ɑ̃t] 形 ①不調和な, 不一致な ②《楽》不協和な

discorde [diskɔrd] 女《文》不和

discorder [diskɔrde] 自《文》不和になる; 対立する;《楽》不協和である, 音が合わない

discothécaire [diskɔtekɛr] 名 (レコード[CD]ライブラリーの)貸出し係

discothèque [diskɔtɛk] 女 ①(レコード[CD]の)コレクション, ライブラリー; レコード室, レコード貸出し ②ディスコ

discount [diskaunt, diskɔ̃nt] 男《英》安売り, 割引き;ディスカウントショップ (= *magasin* ~)

discounter¹ [diskuntɛr, diskawntɛr] 名 ディスカウントショップ(の経営者)

discounter² [diskɔ̃nte] 他 安売りする

discour… ⇒ *discourir*

discoureur(se) [diskurœr, -øz] 形 饒舌な, 多弁な —— 名 お喋(しゃべ)り, 駄弁家

discourir [diskurir] 自 ⑱ (…について)長広舌(ちょうこうぜつ)を振るう, 駄弁を弄(ろう)する, お喋(しゃべ)りする (sur, de)

*****discours** [diskur] ディスクール 男 (英 *speech*) ①演説, 講演, スピーチ; 説明; 話, 話談 ②《文法》話法 ► *discours direct* 直接話法 *discours indirect* 間接話法 ③《言》ディスクール, 言述, 話語, 言説 ④《哲》議論

discourtois(e) [diskurtwa, -az] 形 不作法な, 無礼な

discourtoisie [diskurtwazi] 女《古》不作法, 無礼

discrédit [diskredi] 男 不評(判), 不人気; 不信用 ► *être en discrédit auprès de* (人に)信用がない *jeter le discrédit sur* (人の)信用をなくす

discréditer [diskredite] 他 (…の)信用を失わせる, 評判を悪くする, (…を)けなす —— 代動 [se ~] ①(人の)信用[評判]を落とす (aux yeux de, auprès

discret(ète) [diskrɛ, -ɛt ディスクレ(ト)] 形 ▷ discreet 1) 慎しい(つつ)み深い, 慎重な; 秘密を守る, 口が堅い; 地味(ピみ)な, 目立たない

discrètement [diskrɛtmɑ̃] 副 慎しく, 控え目に; 目立たずに, 地味(ピみ)に; 堅く

discrétion [diskresjɔ̃] 女 慎しみ, 控え目, 遠慮; 口の堅さ, 秘密厳守 ▶à *discrétion* 思うままに, 好きなだけ *à la discrétion de* (人)の思うままに

discrétionnaire [diskresjɔnɛr] 形 自由にできる ▶*pouvoir discrétionnaire* (法) (裁判官の)自由裁量権; 絶対権力

discriminant(e) [diskriminɑ̃, -ɑ̃t] 形 判別する ── 男 [数] 判別式

discrimination [diskriminasjɔ̃] 女 ①差別 ▶*discrimination raciale* 人種差別 ②区別, 識別; 分析

discriminatoire [diskriminatwar] 形 差別的な, 人種差別の

discriminer [diskrimine] 他 区別する, 差別する, 分離する

disculpation [diskylpasjɔ̃] 女 無罪の証明

disculper [diskylpe] 他 (…の)無罪を証明する ── 代動 [se ~] 自分の無罪[無実]を証明する; (人に)弁解[釈明]する (auprès de)

discursif(ve) [diskyrsif, -iv] 形 ①〔文〕推論的な; 〔論〕論証的な ②(文体などが)散漫な ③〔言〕言説 (= discours)の

*discussion** [diskysjɔ̃ ディスキュスィヨン] 女 ①議論, 検討, 話し合い ②反論, 口論; 文句 ▶*avoir une violente discussion avec* (人)と激しく口論する

discutable [diskytabl] 形 議論の余地のある, 討議[検討]すべき, 疑わしい; 好ましくない, いかがわしい

discutailler [diskytaje] 自 〔話〕下らない議論を(長々と)する

discutailleur(se) [diskytajœr, -øz] 名 〔話〕下らない議論をする人

discuté(e) [diskyte] 形 (< discuter) 議論[異論]の多い, 異論の余地のある, 怪しい

*discuter** [diskyte ディスキュテ] 他 〔英 discuss〕①討議する, 議論する, 検討する ▶*discuter le coup [le bout de gras]* 〔話〕お喋(2*)りする ②問題視する, (…)に異論を唱える ── 自 ①(…について)議論する (de, sur, あるいは前置詞なしで) ▶*discuter politique [affaires]* 政治[ビジネス]について語る ②文句を言う 理屈を言う ▶*sans discuter* つべこべ言わずに ── 代動 [se ~] 討議[議論, 検討]される ▶*Cela peut se discuter.* それは議論の余地がある

disert(e) [dizɛr, -ɛrt] 形 〔文〕能弁[雄弁]な

disette [dizɛt] 女 (とくに食糧・生活必需品の)欠乏, 不足; 飢饉

diseur(se) [dizœr, -øz] 名 (…を)常に言う人 (de); 占い師 ▶*diseur de bons mots* (軽蔑称り) いつも駄洒落(ピれ)を言う人

disgrâce [disgrɑs] 女 〔文〕①失寵(ちょう), 不興 ②〔文〕醜さ

disgracié(e) [disgrasje] 形 (< disgracier) ①醜い, 不興を被(こう)った; 失寵した

disgracier [disgrasje] 他 (寵愛・重用していた者・人を)疎んじる, 退ける

disgracieusement [disgrasjøzmɑ̃] 副 無様(ぶざま)に; 無愛想に

disgracieux(se) [disgrasjø, -øz] 形 不格好な, 無愛想な, 不愉快な

disharmonie [dizarmɔni] 女 不調和

disiez [dizje], **disions** [dizjɔ̃] ⇒ dire

disjoign..., disjoin... ⇒ disjoindre

disjoindre [disʒwɛ̃dr] 他 38 (…から)引き離す, 分ける, 分離する (de) ── 代動 [se ~] 分離する, はずれる

disjoint(e) [disʒwɛ̃, -ɛ̃t] 形 分離した[された], 別々の; はがれた

disjoncter [disʒɔ̃kte] 自 ブレーカーが落ちる; 〔話〕正気をなくす

disjoncteur [disʒɔ̃ktœr] 男 〔電〕安全器, ブレーカー, 自動遮断器

disjonctif(ive) [disʒɔ̃ktif, -iv] 形 〔文法〕離接的な, 分離的な ── 女 〔文法〕分離的な接続詞 (= conjonction disjonctive)

disjonction [disʒɔ̃ksjɔ̃] 女 分離

dislocation [dislɔkasjɔ̃] 女 ①分解, 解体; 崩壊; はずれること ▶*dislocation d'un membre* 脱臼(だっきゅう) ②〔地〕断層 ③〔軍〕転位

disloqué(e) [dislɔke] 形 (< disloquer) ばらばらになった; はずれた; 脱臼(だっきゅう)した

disloquer [dislɔke] 他 ①(手荒に)抜く, 外す ②分解[分解]する, ばらばらにする ── 代動 [se ~] ①はずれる, 身体をねじる ②分解[分解], 崩壊]する

disons [dizɔ̃] ⇒dire

disparais [disparɛ] ⇒disparaître

disparaître [disparɛtr ディスパレートル] 自 他 〔助動詞は avoir; 完了の状態を表すときは être をとることもある〕①見えなくなる, なくなる, 消え失せる ②(物が)なくなる; (人が)いなくなる, 姿を消す ③(物が)絶(た)える; (人が)亡(な)くなる ▶*faire disparaître* 隠す, 消し去る, なくす; 殺す

disparate [disparat] 形 不釣合いな, ちぐはぐな ── 女 〔文〕不調和, 不釣合い

disparité [disparite] 女 不均衡; 不同, 差異, 不釣合い ▶*disparité de salaires* 賃金格差

disparition [disparisjɔ̃] ディスパリスィヨン 囡 (英 disappearance) ①消えること,見えなくなること,紛失,消失,行方不明 ②消滅,滅亡;絶滅;死去

disparu(e) [dispary] 厖 見えなくなった;行方不明の;消失した,死んだ — 图 行方不明者;死者

dispatcher¹ [dispatʃœr] 他 配分する,割り振る

dispatcher², **dispatcheur** [dispatʃœr] 图 分配係;配車係

dispatching [dispatʃiŋ] 男 (< 英) 操車センター;管制室

dispendieusement [dispɑ̃djøzmɑ̃] 副 費用をかけて

dispendieux(se) [dispɑ̃djø, -øz] 厖 費用のかかる,高くつく

dispensaire [dispɑ̃sɛr] 男 無料診療所

dispensateur(trice) [dispɑ̃satœr, -tris] 名 形 分配する(人)

dispense [dispɑ̃s] 囡 免除(証明書),特別許可(証)

dispenser [dispɑ̃se] 他 ①(人に…を)免除する 《de》 ②(分かちて)与える,施す,分配する — 代動 **se ~** 《…を》免れる,しないですます 《de》

dispersant [dispɛrsɑ̃] 男 〔化〕(海上に流出した石油に対する)分散剤

dispersé(e) [dispɛrse] 厖 (< disperser) 分散した,散らばった,ばらばらの

dispersement [dispɛrsəmɑ̃] 男 分散;撒き散らすこと

disperser [dispɛrse] 他 四方に散らす,撒(ま)き散らす,ちりぢりにする;(注意・努力)を分散する ► **disperser son attention** 気を散らす — 代動 **se ~** (群衆が)ちりぢりになる;(物が)四散する;気を散らす

dispersion [dispɛrsjɔ̃] 囡 散らばること,散乱;分散;(注意などの)散漫

disponibilité [disponibilite] 囡 ①自由に使用[処分]できること ②(精神の)闊達(ゟ)さ ③休職,待命 ④《複》持ち金,資金 ⑤〔経〕流通資金

*****disponible** [disponibl] 厖 (英 available) ①自由に使える,空いている,手が空く,在庫がある ②手が空いている,暇がある;休職[待命中]の ③(人・精神が)物にとらわれない — 男 〔軍〕予備役;待命中の将校

dispos [dispo, -oz] 厖 元気な,活発な ► **frais et dispos** 元気に満ちあふれた

disposé(e) [dispoze] 厖 (< disposer) 配置された,…の状態にある ► **être bien [mal] disposé** 機嫌がいい[悪い] **être bien [mal] disposé à l'égard de [envers]** …に好意[悪意]をもっている **être disposé à** …する気になっている,喜んで…する

*****disposer** [dispoze] 他 (英 dispose) ①並べる,配置する,整える ②(人に…する)気にさせる,覚悟をさせる 《à》 — 自 (…を)自由に使う,使える 《de》;(…を)意のままにする 《de》;を譲渡する 《de》 ► **Vous pouvez disposer.**(目下の者に)下がってよろしい — 代動 **se ~** ①配置される,並ぶ ②(…する)覚悟をする,つもりになる 《à》

***dispositif** [dispozitif] 男 装置;対策,措置;(部隊の)配置;〔情報〕デバイス ► **dispositif d'alarme** 警報装置

disposition [dispozisjɔ̃] 囡 ①配置,配列,並べ方;《複》準備,手はず;〔情報〕レイアウト ► **prendre des [ses] dispositions** 対策をとる,準備をする ②(人・物を)自由に使えること ► **à la disposition de …**…の自由に使えるように ③(…の)傾向,性向,体質 《à》;気持ち,気分;意向;《複》素質,才能 ► **disposition d'esprit** 気分,感じ方 ④〔法律・契約の〕条項,規定 ► **dispositions testamentaires** 〔法〕遺贈条項

disproportion [disproporsjɔ̃] 囡 不釣合い,不均衡

disproportionné(e) [disproporsjone] 厖 不釣合いな,不均衡な;並外れた,度外れの

*****dispute** [dispyt] 囡 口論,言い争い;喧嘩(けんか) (英 argument) ► **dispute d'amoureux** 痴話喧嘩

disputé(e) [dispyte] 厖 (< disputer) ► **très disputé** (議論や試合が)白熱した

*****disputer** [dispyte] 他 (英 fight) 争う,戦う;(人と…を)争う;(文)議論を戦わせる;(話) 叱(しか)る ► **se faire disputer par**(人)から叱られる — 代動 **se ~** (英 quarrel) ①(…と)口論する,言い争いをする 《avec》 ②(試合が)行われる

disquaire [diskɛr] 名 CD屋

disqualification [diskalifikasjɔ̃] 囡 〔スポーツ〕失格,出場資格剥奪

disqualifier [diskalifje] 他 〔スポーツ〕(選手)を失格させる;(人の)信用を失わせる — 代動 **se ~** 〔スポーツ〕失格する;信用を失う

*****disque** [disk] ディスク 男 (英 disk) 円盤(状のもの);ディスク;レコード;CD (= ~ compact);〔情報〕(話)話題を変える ► **changer de disque** ► **disque dur** 〔情報〕ハードディスク **disque intervertébral** 〔解〕椎間板 **disque optique compact** 〔情報〕CD-ROM **mettre [passer] un disque** CD[レコード]をかける

disquette [diskɛt] 囡 〔情報〕フロッピーディスク

disruptif(ve) [disryptif, -iv] 厖 〔電〕(放電が)破裂性の

disse [dis] ⇨**dire**

dissection [disɛksjɔ̃] 囡 解剖;(詳細な)分析

dissemblable [disɑ̃blabl] 厖 似て

dissemblance [disãblãs] 女 似ていないこと,相違〔不同〕

dissémination [diseminɑsjɔ̃] 女 〔植〕①(胞子・種子の)散布 ②分散;伝播(%), 拡散

disséminer [disemine] 他 撒き散らす,分散させる ── 代動 [se ~] 散らばる;広がる

dissension [disɑ̃sjɔ̃] 女 激しい対立;不和,紛争

dissentiment [disɑ̃timɑ̃] 男 (意見・見解の)相違;対立,不和

disséquer [diseke] 他 57 解剖する;詳細に分析する

dissertation [disɛrtɑsjɔ̃] 女 小論文,レポート

disserter [disɛrte] 自 ①(…について)発表[報告]する ②長々としゃべる(sur, de)

disses [dis] ⇨dire

dissidence [disidɑ̃s] 女 離反,反逆;分離派;反体制派

dissident(e) [disidɑ̃, -ɑ̃t] 形 反逆する,離反する ── 名 反体制派,離反者

dissiez [disje] ⇨dire

dissimilation [disimilɑsjɔ̃] 女 〔音声〕異化〔隣接する音素によって音素が変化すること〕

dissimulateur(trice) [disimylatœːr, -tris] 形 本心を隠す,欺瞞(%)な ── 名 本心を隠す人,猫かぶり,とぼけ屋

dissimulation [disimylɑsjɔ̃] 女 本心を隠すこと,隠し立て;隠蔽(%%), 秘匿(%%)

dissimulé(e) [disimyle] 形 (<dissimuler) 隠された,本心を隠した,陰険な

*__dissimuler__ [disimyle ディシミュレ] 他 (英 conceal) ①隠す;(感情を)偽(%)る ②(物などを)隠す,目立たなくする ── 代動 [se ~] 隠れる,潜(%)む;(自分を)目立たなくする

dissions [disjɔ̃] ⇨dire

dissipateur(trice) [disipatœːr, -tris] 形 浪費[蕩費]する ── 名 浪費[蕩費]家

dissipation [disipɑsjɔ̃] 女 ①晴れること,消散;注意力散漫;浪費,蕩費 ②〔文〕放蕩

dissipé(e) [disipe] 形 (<dissiper) 注意力散漫な,落ち着きのない;〔文〕放埒(%%%)な

dissiper [disipe] 他 ①晴らす,払(%)う;(不安を)消し去る ②気を散らす ③浪費する,蕩費する ── 代動 [se ~] 晴れる,(疑念・不安が)消える;気が散る

dissociabilité [disɔsjabilite] 女 解離性;分離可能性

dissociable [disɔsjabl] 形 分離できる;解離できる

dissociation [disɔsjɑsjɔ̃] 女 解離

dissocier [disɔsje] 他 分離する,切り離す;解離させる ── 代動 [se ~] 分離[解体]される;解離する

dissolu(e) [disɔly] 形 〔文〕放縦な,放埒(%%%)な

dissolution [disɔlysjɔ̃] 女 ①(議会などの)解散;(契約などの)解消 ②溶解,溶液;(タイヤのチューブ修理用の)ゴム糊(%) ③〔文・古〕退廃,放埒(%%%)

dissolv... ⇨dissoudre

dissolvant(e) [disɔlvɑ̃, -ɑ̃t] 形 溶解させる;〔文〕(道徳・秩序を)打ち壊す ── 男 溶剤;(マニキュアの)除光液(= ~ gras)

dissonance [disɔnɑ̃s] 女 耳ざわりな音;〔楽〕不協和音;不調和,不一致;矛盾

dissonant(e) [disɔnɑ̃, -ɑ̃t] 形 耳ざわりな;〔楽〕不協和な;不調和な,ちぐはぐな

dissoudre [disudr] 他 62 ①溶解させる,溶かす(= faire ~) ②(議会などを)解散する;(契約などを)解消する ── 代動 [se ~] ①溶解する,溶ける ②解散[解体,解消]する

dissous(te) [disu, -ut] (<dissoudre) 溶けた,解散した,解消された

dissuader [disɥade] 他 (人に…を)思いとどまらせる(de)

dissuasif(ve) [disɥazif, -iːv] 形 抑止効果のある,威嚇(%%)的な ▸à un prix dissuasif 手が出ないほどの高値

dissuasion [disɥazjɔ̃] 女 思いとどまらせること;抑止(手段) ▸forces de dissuasion (核兵器などの)抑止戦力

dissyllabe [disi(l)lab] 形男 二音節の(語)

dissyllabique [disi(l)labik] 形 二音節の

dissymétrie [disimetri] 女 非対称,不均整;不均斉(%)

dissymétrique [disimetrik] 形 非対称の,不均整な

*__distance__ [distɑ̃s ディスタンス] 女 距離,(時間・間の)隔(%)たり,間隔;差,違い,ギャップ ▸à distance (遠く)距離を隔てて;年月を隔てて ▸commande à distance リモートコントロール de distance en distance 間隔を置いて;時々 garder [conserver, prendre] ses distances 人との間に距離を置く;一線を画す se tenir à distance 距離を置いている,関わらない tenir... la distance (人と)付き合わない tenir la distance 持ちこたえる,持久力がある

distancer [distɑ̃se] 他 52 ①(相手を)引き離す,追い抜く ②(反則した馬を)失格させる ③〔文〕間隔を置く

distanciation [distɑ̃sjɑsjɔ̃] 女 (対象と)距離を保つこと ▸effet de distanciation (ブレヒトの劇などにおける)異化効果

distancier [distɑ̃sje] 他 間隔を空け

distant(e) [distɑ̃, -ɑ̃t ディスタン(ト)] 形 ①(距離的に)(…から)離れた, 隔たった;(時間的に)(…から)隔たった ((de)) ②よそよそしい, 冷ややかな, お高くとまった ▶ **se montrer très distant** お高くとまっている

distendre [distɑ̃dr] 他 28 膨脹させる, 張らせる; 引っ張って伸ばす, (伸ばして)張りを失わせる, ゆるめる ── 代動 [se ~] 膨脹する; 張る; ゆるむ

distension [distɑ̃sjɔ̃] 女 膨脹, 張ること; 伸びてしまうこと, ゆるみ

distillat [distila] 男 蒸留物

distillateur(trice) [distilatœːr, -trice] 名 蒸留酒製造[販売]人

distillation [distilasjɔ̃] 女 蒸留(物)

distiller [distile] 他 ①蒸留する ②滴(しずく)らせる, 滲(し)み出させる;(情報などを)小出しにする ③《文》念入りに作る;(思想などを)練り上げる ── 自 (蒸留で)分離する

distillerie [distilri] 女 ①特に蒸留酒の蒸留業[所, 工場], 蒸留酒製造業[所], ブランデー製造所

distinct(e) [distɛ̃(kt), -ɛ̃kt ディスタン(クト)] 形 ①はっきりした, 明晰(せき)[明瞭(りょう)]な ②…とは違った, 異なった, 別の ((de)) ③[哲] 判明な

distinctement [distɛ̃ktəmɑ̃] 副 はっきりと, 一つひとつ明確に

distinctif(ve) [distɛ̃ktif, -iv] 形 区別を示す; 他と異なる, 特異な ▶ **trait distinctif** 特徴

distinction [distɛ̃ksjɔ̃ ディスタンクション] 女 ①区別, 識別, 差別; 違い ②非凡, 卓越 ③品位, 気品; 洗練;(生まれや家柄の)高貴さ ④高位 ⑤栄誉(の印), 勲章

distingué(e) [distɛ̃ge] 形 ((< distinguer)) ①秀でた, 卓越した ②気品のある, 上品な;《文》傑出した

distinguer [distɛ̃ge ディスタンゲ] 他 ((英 distinguish)) ①区別する, 識別する ▶ **distinguer A de [d'avec]** A と B を区別する ②見分ける, 聞きとる, わかる ③(人を)高く買う, 特にかわいがる, 抜擢(ばってき)する ④目立たせる, 特徴づける; 卓越させる ── 自 (…の間で)見分けをつける ((entre)) ── 代動 [se ~] ①(…から)区別される, 異なる ((de)) ②抜きん出る, 目立つ, 有名になる; 見分けられる, (それと)分かる

distinguo [distɛ̃go] 男 《ラ》《話》微妙な区別, ニュアンス

distique [distik] 男 《詩》二行詩; 二行連句

distomatose [distomatoz] 女 [医] ジストマ症, 吸虫症

distome [distom] 男 [生] ジストマ

distorsion [distorsjɔ̃] 女 ①捻(ねじ)れ, 歪(ゆが)み; 歪(ひず)み, 不均衡 ②[医] 捻転(てん), 捻挫(ざ); 顔の歪(ゆが)曲

distractif(ve) [distraktif, -iv] 形 娯楽的な, 娯楽としての

distraction [distraksjɔ̃ ディストラクスィヨン] 女 ((英 leisure)) ①気晴らし, 慰み; 娯楽, 趣味 ②放心, 上(うわ)の空; 不注意(によるミス); 迂闊(うかつ)な行為

distrai... ⇒distraire

distraire [distrɛːr ディストレール] 他 72 ①気をそらせる;(人の)再(ちゅう)意を そらす ②気を晴らす, 楽しませる ▶ **distraire l'attention de** (人)の注意をそらす ②気を晴らす, 楽しませる ③《文》(一部を)取り出す, 割(さ)く, 流用する ── 代動 [se ~] ①(…から)気を紛らす, 気晴らしをする ((de)) ②うっかりする, 放心する

distraitement [distrɛtmɑ̃] 副 ぼんやりと, 上(うわ)の空で

distray... ⇒distraire

distrayant(e) [distrɛjɑ̃, -ɑ̃t] 形 気晴らしになる, 面白い

distribué(e) [distribɥe] 形 ((< distribuer)) 分配[配置]された

distribuer [distribɥe ディストリビュエ] 他 ((英 distribute)) ①配る, 分配する, 配給[供給]する; 区分する, 割り当てる, 配分[配置]する; 配役を決める

distributeur(trice) [distribytœːr, -tris] 名 配布[分配]者, 配給業者 ── 男 (自動)配達機 ▶ **distributeur de films** 映画配給業者 ── 男 [配達機] ▶ **distributeur (automatique) de billets** 現金自動支払機; 乗車券販売機

distributif(ve) [distribytif, -iv] 形 ①配分する ▶ **justice distributive** [法] 配分的正義 ②[文法] 配分的な ── 男 [文法] 配分詞 [chacun など]

distribution [distribysjɔ̃ ディストリビュスィヨン] 女 配ること, 分配; 配給; 配達, 割り当て; 配分; 配置; 開取り ▶ **distribution des prix** 賞の授与; 学校の終業式[賞授与式] **distribution par câble** (テレビの)ケーブルによる配信 **grande distribution** 大規模流通

distributionnalisme [distribysjɔnalism] 男 [言] 分布主義

distributionnel(le) [distribysjɔnɛl] 形 [言] 分布(上)の, 分布的な, 分布に関する

district [distrikt] 男 地域, 地区 ▶ **district urbain** (市町村の)連合地区

dit(...), dît(...) ⇒dire

dit(e) [di, -it] 形 ((< dire)) 言われた, 決まった, 決められた; …と呼ばれた; またの名をっ… 通称を…という ▶ **à l'heure dite** 約束の時間に **Aussitôt dit, aussitôt fait.** 言うが早いか行われた, **autrement dit** 言い換えれば, 換言すれば, つまり **ceci [cela] dit** こう言ったものの, それはさておき **C'est dit.** それで決まりだ, 話は決まった **entre nous**

soit dit ここだけの話だ **soit dit en passage** ついでに言えば ── 男 ①格言 ②(中世の)韻文物語, 物語詩

dites, dîtes [dit] ⇨ **dire**

dithyrambe [ditirɑ̃b] 男 ①(古代ギリシアの)酒神ディオニュソス賛歌 ②〖文〗熱狂的賛辞

dithyrambique [ditirɑ̃bik] 形 ほめちぎった, 過度にほめた, べたぼめの

dito [dito] 形副男 〖不変〗〈イ〉[商] 同上の(り)【商業文で用いる. dºと略す】

diurèse [djyrɛz] 女〖医〗利尿

diurétique [djyretik] 形〖医〗利尿の ── 男〖医〗利尿剤

diurne [djyrn] 形 昼[間]の; 1日の, 24時間の;〔動〕昼行性の;〔植〕(花が)昼間開く

diva [diva] 女〈イ〉〖古〗(有名な)歌姫, プリマドンナ

divagation [divagasjɔ̃] 女 支離滅裂な話, とりとめのない話, たわごと

divaguer [divage] 自 とりとめのないことを言う, たわごとを言う

divan [divɑ̃] 男 (背・腕のない低い)長椅子(ƒ); ソファーベッド

divergence [divɛrʒɑ̃s] 女 ①分散; (道などの)分岐; (扇形の)放散 ②(意見などの)相違, 分裂 ③(原子炉の核分裂の開始, 臨界状態

divergent(e) [divɛrʒɑ̃, -ɑ̃t] 形 ①分散した ②相違する, 対立した

diverger [divɛrʒe] 自 40 ①(道などが)分岐する, 違った方向に向かう ②(意見などが)分かれる, 相違する ③(原子炉が)核分裂を始める

***divers(e)** [divɛr, -ɛrs ディヴェール(ス)] 形 〈英 various, diverse〉①変化のある, 変わりやすい;〖複〗色々[様々]な, 各種の, 異なる ▶ **fait divers** 三面記事 **frais divers** 雑費 ②〖古〗〖文〗対立する ③〖不定〗【複数名詞の前】数々の, いくつかの, いくつもの ── 男 雑費, 諸経費

diversement [divɛrsəmɑ̃] 副 さまざまに; 色々に, 異なって

diversification [divɛrsifikasjɔ̃] 女 多様化; 多角化

diversifier [divɛrsifje] 他 ①さまざまに変化させる; 多様にする ②〖経〗(生産・販売などを)多様化する ── 代動 [se ～] さまざまに変化する, 多様化する

diversiforme [divɛrsiform] 形 多様な形をした

divercioin [divɛrsjɔ̃] 女 ①〖文〗気分転換, 気晴らし ▶ **faire diversion** 気分転換をする ②〖軍〗(軍)(陽動攻撃)

diversité [divɛrsite] 女 多様性, 相違

divertir [divɛrtir] 他 33 (人を)愉快にする, 気を晴らす ── 代動 [se ～] 楽しむ, 気を晴らす

divertissant(e) [divɛrtisɑ̃, -ɑ̃t] 形 気晴らしになる, おもしろい, 楽しい

divertissement [divɛrtismɑ̃] 男 ①気晴らし, 娯楽 ②〖楽〗嬉(ƒ)遊曲, ディヴェルティメント

dividende [dividɑ̃d] 男 ①〖数〗被除数 ②〖商〗(株の)配当金, 利益配当

divin(e) [divɛ̃, -in] 形 ①神の, 神による; 神聖な ②崇高な, (この上なく)素晴らしい, みごとな ▶ **divine providence** 神の摂理

divinateur(trice) [divinatœr, -tris] 形 未来を見抜く, 物事を見抜く力のある, 先見の明がある

divination [divinasjɔ̃] 女 占い; 予知, 予知(能力); 先見の明

divinatoire [divinatwar] 形 占いの; 予見する

divinement [divinmɑ̃] 副 神々(⅔)しいばかりに, 完璧に, 見事に

divinisation [divinizasjɔ̃] 女 神格化; 神聖視, 賛美

diviniser [divinize] 他 神格化する, 神聖視する, 称(⅔)える

divinité [divinite] 女 神性; 神; 崇拝の対象

***diviser** [divize ディヴィゼ] 他〈英 divide〉分ける, 分割する, 割る, 割り算をする ▶ **diviser 4 par 2** 4を2で割る **diviser pour régner** 分割して統治せよ;〖情報〗分割統治法 ── 代動 [se ～] (…に)分かれる, 割れる 《en》除数, 約数

diviseur[1] [divizœr] 男 〖数〗除数, 約数

diviseur[2] **(se)** [divizœr, -øz] 名 分裂を引き起こす人

divisibilité [divizibilite] 女 分割できること;〖数〗整除性

divisible [divizibl] 形 分割できる;〖数〗割り切れる

division [divizjɔ̃ ディヴィズィョン] 女 ①分けること, 分割; 区分; (分類上の)部門; 分裂, 対立;〖数〗割り算;不和 ▶ **division cellulaire** 細胞分裂 ②(定期などの)目盛 ③〖軍〗師団;〔スポーツ〕(数チームからなる)リーグ

divisionnaire [divizjɔnɛr] 形〖軍〗師団の, 部局の ── 男 (警察の)本部の師団長, 警察本部長 (= **commissaire (de police)** ～)

divorce [divɔrs ディヴォルス] 男 ①離婚 ▶ **demander le divorce** (配偶者や裁判所に)離婚を請求する **divorce par consentement mutuel** 協議離婚 ②(利害などの)乖離, 不一致, 対立

divorcé(e) [divɔrse] 形 (< **divorcer**) 離婚した; … と別れた ── 名 離婚した人

divorcer [divɔrse ディヴォルセ] 自 42 ①(…と)離婚する《avec》②〖文〗絶縁する, やめる

divulgateur(trice) [divylgatœr, -tris] 名 暴露(ƒ)する人

divulgation [divylgasjɔ̃] 女 (秘密などの)暴露, 漏洩(⅔)

divulguer [divylge] 他 (秘密などを)暴露する, 漏らす —代動 [se ~] (秘密などが)露見する, 漏れる

*__dix__ [di, dis ディス] 形 (不変) (英 ten) ①10の ②10番目の ③ [不特定の多数・少数を示す] いくつもの —男 (不変) 10(の数字); [le ~] 10日 [時, 場地], (トランプの)10

*__dix-huit__ [dizyit ディズュイット] 形 (不変) (英 eighteen) 18の; (序数詞の代わりに用いて) 18番目の —男 (不変) 18; [le ~] 18日; 18(地)

*__dix-huitième__ [dizyitjɛm ディズュイティエム] 形 (英 eighteenth) 18番目の —名 18番目の人[もの] —男 ① 18分の1 ②(パリの)18区

*__dixième__ [dizjɛm ディズィエム] 形 (英 tenth) 10番目の; 10分の1の —名 10番目の人[物] —男 ①10分の1 ②10階[日本の11階] ③(パリの)10区 —女 第10学級[現在の小学校最終学年に相当]

*__dixièmement__ [dizjɛmmɑ̃ ディズィエマン] 副 (英 tenthly) 10番目に

*__dix-neuf__ [diznœf ディズヌフ] 形 (不変) (英 nineteen) ①19の ②19番目の —男 (不変) 19; [le ~] 19日; 19(地)

*__dix-neuvième__ [diznœvjɛm ディズヌヴィエム] 形 (英 nineteenth) 19番目の; 19分の1の —名 19番目の人[物] —男 ①19分の1 ②(パリの)19区

*__dix-sept__ [diset, disset ディス(ス)セット] 形 (不変) (英 seventeen) 17の; 17番目の —男 (不変) 17; [le ~] 17日, 17(地)

*__dix-septième__ [dis(s)etjɛm ディス(ス)ティエム] 形 (英 seventeenth) 17番目の —名 17番目の人[物] —男 ①17分の1; (パリの)17区

dizain [dizɛ̃] 男 (詩) 10行詩

:__dizaine__ [dizɛn ディゼンヌ] 女 (about ten) ①(ひとまとめにした)10; 10個[人]; 約10 ▸__une dizaine de ...__ 約10の... ②(カト) ロザリオ一連(の=~ de chapelet)

DJ [didʒe, didʒi] (略) (<英) disc-jockey ディスクジョッキー

djaïn [dʒain, dʒaina] 形 ジャイナ[ジナ]教の —名 ジャイナ[ジナ]教徒

djaïnisme [dʒainism] 男 ジャイナ[ジナ]教【インドの非バラモン教の宗教】

djebel [dʒebel] 男 (北アフリカの)山

djellaba [dʒe(l)laba] 女 ジェラバ【北アフリカで着られているフードの付いた長袖の外衣】

Djibouti [dʒibuti] ジブチ【アフリカ東部の共和国, またその首都】

djihad [dʒi(j)ad] 男 ジハード【イスラム教の聖戦】

djinn [dʒin] 男 (アラビア神話の)鬼神

dl. [desilitr] (略) décilitre デシリットル

dm. [desimetr] (略) décimètre デシメートル

DMP (略) Dossier médical personnel 電子カルテ, 総合医療管理システム

DNA [deɛnɑ] ⇨ADN

do [do] 男 (不変) (楽) ド, ハ音

d° [dito] (略) dito 同上

doberman [dɔberman] 男 ドーベルマン【警察犬】

DOC [dɔk] (略) disque optique compact (情報) CD-ROM

doc [dɔk] 名 (話) = documentation

docile [dɔsil] 形 素直な, 従順な; 御しやすい

docilement [dɔsilmɑ̃] 副 素直に, 従順に

docilité [dɔsilite] 女 素直さ, 従順(さ)

dock [dɔk] 男 (<英) ①ドック, 港湾倉庫, 荷役埠頭 ②貨物陸揚施設; (岸壁の倉庫など) ▸__dock flottant__ 浮きドック

docker [dɔker] 男 (<英) 港湾労働者, 沖仲仕

docte [dɔkt] 形 (古・ふざけて) 学問を鼻にかけた, 物知り顔の, 衒(ゲン)学的な —副 衒学的

doctement [dɔktəmɑ̃] 副 (古・ふざけて) 博識らしく, 衒(ゲン)学的に, 勿体(モッタイ)ぶって

*__docteur__ [dɔktœr ドクトゥール] 男 (英 doctor) ①医学博士(= ~ en médecine); 医者 ▸__aller chez le docteur__ 医者に行く ②博士 ③(古) 神学者 ▸__docteur de la loi__ ユダヤ教の律法学者 ▸__docteur de l'Église__ 教父

doctoral(ale) [dɔktɔral] 形 (男複 -aux[-o]) ①博士課程の; 博士号に関する ②(軽蔑的) 学者ぶった, もったいぶった

doctoralement [dɔktɔralmɑ̃] 副 衒(ゲン)学的に

doctorant(e) [dɔktɔrɑ̃, -ɑ̃t] 名 博士号取得準備者

doctorat [dɔktɔra] 男 ①博士号, (博士の)学位 ▸__doctorat d'État__ 国家博士号 __thèse de doctorat__ 博士論文 ②博士号取得のための資格審査試験

doctoresse [dɔktɔres] 女 (古・稀) 女性の医学博士, 女医

doctrinaire [dɔktriner] 形 教義の, 学説の; 教条主義的な, 偏狭な —名 教条主義者

doctrinairement [dɔktrinermɑ̃] 副 教条主義的に, 偏狭に

doctrinal(ale) [dɔktrinal] 形 (男複 -aux[-o]) 教義[教条] (上)の, 学理[学説] (上)の

doctrinalement [dɔktrinalmɑ̃] 副 教義(教条)的に, 学説上

doctrine [dɔktrin] 女 ①教義; 学説, 主義; 見解, 解釈 ②(法) 法解釈

*__document__ [dɔkymɑ̃ ドキュマン]

documentaire ①資料,文献,文書,記録;記録文学,ノンフィクション;証書書類[物件] ▶ *document d'archives* [映]資料映像 *document de référence d'information* (基礎知識を載せた)参考資料 ②(複)[商]船荷証券,保険証書,送り状

documentaire [dɔkymɑ̃tɛr] 形 (参考)資料の,資料になる;記録の;証書書類に基づく — *à titre documentaire* ご参考までに — 男 記録映画,ドキュメンタリー(= film ～)

documentaliste [dɔkymɑ̃talist] 名 資料[文書]管理[整理]係,文書係

documentariste [dɔkymɑ̃tarist] 名 ドキュメンタリー[記録]映画作家

documentation [dɔkymɑ̃tasjɔ̃] 女 資料収集;文献考証;証拠固め,傍証[考証];(集合的)参考資料[文献]

documenté(e) [dɔkymɑ̃te] 形 (< documenter) 資料[情報]に詳しい;資料に裏付けられた

documenter [dɔkymɑ̃te] 他 参考資料を提供する;資料で裏付ける,立証する — (代動 *se ～*) …についての参考資料を集める,取材する (*sur*)

dodéca- 接頭 (< ギ)「12」の意

dodécaèdre [dodekaɛdr] 男 [数] 12面体

dodécagone [dɔdekago(ɔ)n] 男 [数] 12角形

dodécaphonique [dɔdekafɔnik] 形 [楽] 12音(音楽)の; 12音音階の

dodécaphonisme [dɔdekafɔnism] 男 [楽] 12音音楽(技法), ドデカフォニー

dodécaphoniste [dɔdekafɔnist] 形 12音音階を用いる; 12音音楽の — 名 12音音楽の作曲家

dodécasyllabe [dɔdekasi(l)lab] 男 12音節の(詩句)

dodelinement [dɔdlinmɑ̃] 男 (頭や体を)ゆっくりゆらすこと

dodeliner [dɔdline] 自 (体の部分を)ゆっくりゆらす (*de*) ▶ *dodeliner de la tête* 頭をこっくりこっくりする

dodo [dodo] 男 (幼児) ねんね;ベッド ▶ *aller au dodo* ねんねしにいく *faire dodo* ねんねする

dodu(e) [dɔdy] 形 丸々太った

dogaresse [dɔgarɛs] 女 [史] 総督 (doge) 夫人

doge [dɔʒ] 男 [史] 総督《昔のジェノヴァ,ヴェネチア共和国で選出された》

dogmatique [dɔgmatik] 形 ①独断的な,有無を言わせない ②教義上の,教義[教理]に関する — 名 教義論者,独断論者,教条主義者 — 女 教義神学(= théologie ～)

dogmatiquement [dɔgmatikmɑ̃] 副 独断的に,断定的に

dogmatiser [dɔgmatize] 自 ①断定的に言う,決めつける ②教義を論じる

dogmatisme [dɔgmatism] 男 ① [哲] 独断論 ② [宗] 教条主義 ③独断的な態度[意見]

dogmatiste [dɔgmatist] 形 独断論の,教条主義の — 名 独断論者,教条主義者

dogme [dɔgm] 男 ①教義,ドグマ ②(キリスト教の)教義

dogue [dɔg] 男 (< 英) 番犬,ブルドッグ ▶ *dogue anglais* マスチフ *être d'une humeur de dogue* (人が)怒りっぽい

doi- ⇒devoir

doigt [dwa ドワ] 男 (英 finger) (人間の手の)指;(獣の)指;指(1本)の幅,少量;指形のもの;[電]指片 ▶ *à un doigt [deux doigts] de* …のすぐ近くに *doigts de pieds* つま先 *faire toucher du doigt à* (人に)…の現状を理解させる *filer [glisser] entre les doigts de* (人の)手からこぼれ落ちる逃げる *les doigts dans le nez* (話) いとも簡単に *Mon petit doigt me l'a dit.* (話) (子供に)隠し事をしてもちゃんとわかっているよ *montrer … du doigt* (人)を指さす,批判する *ne pas lever [bouger] le petit doigt* 小指一本あげない,少しも動かない *obéir au doigt et à l'œil* 言いなりになる *petit doigt* 小指 *se cacher derrière son petit doigt* いやなことは見ないふりをする *se mettre le doigt dans l'œil (jusqu'au coude)* (話) とんだ勘違いをする *toucher du doigt* (指で)触れる;把握する *un doigt de …* ごく少量の…

doigté [dwate] 男 ① [楽] 運指法,指使い;指先の器用さ;巧妙さ ②機転[術策,練達]

doigter [dwate] 他 正しい運指法で演奏する,指を使って演奏する ▶ *manière de doigter* 運指法

doigtier [dwatje] 男 指サック,指抜き

dois [dwa] ⇒devoir

doit¹ [dwa] 男 [会計] 借方,負債の部;[商]資産の部 ▶ *doit et avoir* 借方と貸方

doit² [dwa] ⇒devoir

doiv- ⇒devoir

dol [dɔl] 男 [法] 詐欺

dolby [dɔlbi] 男 ドルビー【ノイズを低減して録音する方式】

dolce [dɔltʃe] 副 (< イ) [楽] ドルチェ,甘く,甘美に,柔らかく,優しく

dolce vita [dɔltʃevita] 女 (< イ) 甘い生活,享楽的な生活

dolcissimo [dɔltʃisimo] 副 (< イ) [楽] ドルチシモ,極めて甘美に

doléances [dɔleɑ̃s] 女 (複) 苦情,泣き言

dolent(e) [dɔlɑ̃, -ɑ̃t] 形 ① 悲しげな,愚痴っぽい,哀れっぽい ② (文) 気分のすぐれない,苦しい

dolichocéphale [dɔlikɔsefal] 形 名 [人類] 長頭の(人)

doline [dɔlin] 囡 〖地〗ドリーネ〖くぼ地〗

dollar [dɔlar] 男 〈英〉ドル〖米国・カナダなどの通貨単位〗

dollarisation [dɔlarizasjɔ̃] 囡 〈英〉ドル化〖実質的にドルを通貨として用いること〗

dolluche [dɔlyʃ] 男 〈俗〉ドル

dolmen [dɔlmɛn] 男 ドルメン〖巨石で作った先史時代の遺跡〗

dolomie [dɔlɔmi] 囡 苦灰(くゎぃ)岩〖苦灰石を主成分とする堆積岩〗

dolomite [dɔlɔmit, dɔlɔmit] 囡 〖鉱〗ドロマイト, 苦灰(くゎぃ)石

dolomitique [dɔlɔmitik] 形 〖鉱〗ドロマイトの

DOM [dɔm] (略) Département d'outre-mer 海外県 ⇨ DOM-TOM

*__domaine__ [dɔmɛn ドメヌ] 男 ①所有地, 領地; 公有地, 公有財産; 〖法〗 [D-] 国有財産 (= ~ de l'État) ▶ *domaine aérien* 領空 ▶ *domaine maritime* 領海 *tomber dans le domaine public* 〖著作権が切れて〗公有財産となる ②領域,〖専門〗分野, 範囲 ▶ *dans tous les domaines* あらゆる領域〖分野〗にわたって ③〖情報〗ドメイン

domanial(ale) [dɔmanjal] 形 〈男複 -*aux*[-o]〉〖法〗所有国有〖地〗の, 国有の; 領地の

dôme [dom] 男 ①円屋根, 円天井, ドーム;〖ドイツやイタリアの〗大伽藍堂(がらん)〖大聖堂〗, ドゥオーモ ②円屋根状のもの ③〖地〗円頂丘

domestication [dɔmɛstikasjɔ̃] 囡 飼い馴(な)らすこと;〖自然の力の〗利用, 実用化

domesticité [dɔmɛstisite] 囡 〖集合的〗召使い

*__domestique__ [dɔmɛstik ドメスティク] 形 〈英 domestic〉①家庭の, 家の ▶ *déchets domestiques* 家庭ごみ *travaux domestiques* 家事 ②飼い馴(な)らされた ── 名 召使い, 使用人

domestiquer [dɔmɛstike] 他 飼い馴(な)らす;〖自然の力を〗利用する

*__domicile__ [dɔmisil ドミスィル] 男 〈英〉住所, 住居, 自宅 ▶ *à domicile* 自宅で〔へ〕 *certificat de domicile* 住民票 *domicile conjugal* 夫婦の住居 *domicile légal* 〔住民登録した〕住所 *élire domicile* 居を構える *jouer à domicile* 〖スポーツ〗ホーム〖本拠地〗で戦う *sans domicile fixe* 住居不定人, ホームレス

domiciliaire [dɔmisiljɛr] 形 住居の ▶ *visite* 〔*perquisition*〕*domiciliaire*〖法〗家宅捜索

domiciliation [dɔmisiljasjɔ̃] 囡 〖法〗手形支払場所の指定

domicilié(e) [dɔmisilje] 形 (…に)居住する〔している〕《à》

domicilier [dɔmisilje] 他 ①居住地を定める ▶ *se faire domicilier* …〔場所〕に住所を登録する ②〖法〗手形の支払場所を定める

dominance [dɔminɑ̃s] 囡 〖遺伝の〗優性

dominant(e) [dɔminɑ̃, -ɑ̃t] 形 優勢な, 主要な; 支配する, 主権を握る;〔下を〕見おろす ▶ *gène dominant*〖生〗優性遺伝子 *vents dominants*〖地理〗卓越風 ── 囡 ①支配的な特色, 基調 ②〖楽〗属音, ドミナント

dominateur(trice) [dɔminatœr, -tris] 形 威圧的な, 横柄な; 支配する ── 名 支配者

domination [dɔminasjɔ̃] 囡 支配, 統治, 支配力, 影響力;〖スポーツなどで〗優位, リード ▶ *domination de soi-même* 自己制御 *exercer sa domination sur*(人)に影響力を行使する

*__dominer__ [dɔmine ドミネ] 他 ①支配する, 圧倒する, 制御する ▶ *se laisser dominer par* …に身を任せる ②〖問題〗を把握する ③〖場所を主語にして〗見おろす, 見渡す ── 自 ①支配する; 圧倒する ②優位である; 目立つ ── 代動 [*se* ~] 自制する, 感情を抑える

dominicain(e)¹ [dɔminikɛ̃, -ɛn] 名 〖カト〗ドミニコ会修道士〔女〕── 形 ドミニコ会の, ドミニコ修道会の

dominicain(e)² [dɔminikɛ̃, -ɛn] 形 ドミニカ共和国の; ドミニカ国の ── 名 [D-] ドミニカ人

Dominicaine [dɔminikɛn] 囡 ドミニカ共和国 〖西インド諸島の大アンチル諸島中の共和国〗

dominical(ale) [dɔminikal] 形 〈男複 -*aux*[-o]〉日曜日の, 主日の; 天主の

dominion [dɔminjɔn] 男 〈英〉〖イギリスの〗自治領

Dominique [dɔminik] 囡 [la ~] ドミニカ島, ドミニク国〖西インド諸島東部のパンチル諸島中の共和国〗

domino [dɔmino] 男 ①〖象牙製などの〗ドミノ札;〖複〗ドミノ〔ゲーム〗〖28枚の札で同じ目を並び合わせる遊び〗②〔フード付きの〕ドミノ仮装衣〔を着た人〕

dominoterie [dɔminɔtri] 囡 ドミノ札製造業

dominotier(ère) [dɔminɔtje, -ɛr] 名 ドミノ札製造〔販売〕業者

domisme [dɔmism] 男 住環境学

dommage [dɔmaʒ ドマージュ] 男 〈英 damage〉①損害〖損失, 損傷〗, 被害; 残念な〔困った〕こと ▶ *(C'est) dommage! / (Quel) dommage!*〖話〗残念だ, 惜しい *C'est dommage de 〔que…〕* …するのは残念である〔…であることは残念だ〕*dommage de guerre* 戦災 *dommage(s) corporel(s)* 身体の損傷 *dommages et intérêts*, *dommages-intérêts* 損害賠償

dommageable [dɔmaʒabl] 形 (…に)損害を与える《à》

domotique [dɔmɔtik] 囡 ホームオー

domptable 【住居内の設備を自動制御する技術】

domptable [dɔ̃(p)tabl] 形 飼い馴らせる,抑えられる

domptage [dɔ̃(p)taʒ] 男 馴らすこと

dompter [dɔ̃(p)te] 他 (動物を)馴らす,調教する;屈服させる;(感情を抑える)

dompteur(se) [dɔ̃(p)tœr, -øz] 名 (サーカスなどの)猛獣使い,調教師

Domrémy [dɔ̃remi], **Domrémy-la-Pucelle** [dɔ̃remilapysɛl] ドンレミー【フランス北東部の村；ジャンヌ・ダルクの生地】

DOM-TOM [dɔmtɔm] (略) Départements et territoires d'outre-mer 海外県と海外領土 ⇨[コラム：海外県と海外領土]

***don¹** [dɔ̃ ドン] 男 (<ラ> (英 gift) 与えること,贈与,(臓器の)提供；贈り物；寄付(金),寄贈,賞品；《文》神の賜物(たまもの),天賦(てんぷ)の才能；《天の恵み,天性 ▶avoir le don de / avoir un don [des dons] pour …の[…する](才(能))がある don de soi 献身,自己犠牲 faire don de A à B B(人)にAを贈与する

don² [dɔn] 男 (<ス> スペイン貴族の称号[尊称]【普通は姓でなく名の前につく.例：don Juan】

doña [dɔɲa] 女 (<ス> スペイン女性貴族の称号[尊称]【例：doña Anna】

donataire [dɔnatɛr] 名 【法】受贈者

donateur(trice) [dɔnatœr, -tris] 名 寄付[寄贈,贈与]者；【法】贈与者

donation [dɔnasjɔ̃] 女 【法】贈与；贈与証書

***donc** [dɔ̃, dɔ̃k ドン(ク)] 接 (英 so, therefore, indeed) ①それゆえに,したがって ②さて,ところで — 間 ①だから；つまり,要するに ②《疑問・命令・驚きなどの強調》いったい,へえ,おい ③《中断した話を元に戻す》さて,ところで ▶Allons donc! まさか；(皮肉に)へえ,おやおや Comment donc? どういうこと？ Dis [Dites] donc! ⇨ dire Quoi donc? 何なんだ

dondon [dɔ̃dɔ̃] 女 《話》でぶ女,太った女 (= grosse ~)

donf [dɔ̃f] ▶à donf 《話》徹底的に,完全に 【à fond の逆さ言葉】

donjon [dɔ̃ʒɔ̃] 男 (城の)主塔

don Juan [dɔ̃ʒɥɑ̃] 男 ドン・ファン【スペインの伝説上の色事師】；女たらし

donjuanesque [dɔ̃ʒɥanɛsk] 形 ドン・ファン風の

donjuanisme [dɔ̃ʒɥanism] 男 ドン・ファン的行動,女たらし

donnant(e) [dɔnɑ̃, -ɑ̃t] 形 ①《古》気前がよい ②▶donnant donnant ギブアンドテイクで,公正に

donne [dɔn] 女 ①(トランプの)札の分配,札を配ること ▶faire la donne 札を配る fausse donne 配り間違い ②(政治・経済などの)力関係 ▶nouvelle donne (政治などの)新しい情勢

donné(e) [dɔne] 形 (英 given) ①定められた,決まった,一定の ▶à un moment donné ある瞬間に,突然 étant donné [que] …から見て,…である以上；…が与えられたとすると ②《数》(仮定・前提として)与えられた ③《話》所与,与件

donnée [dɔne] 女 データ,資料；《哲》所与,与件；《数》既知数

***donner** [dɔne ドネ] 他 (英 give) ①(人に)与える,あげる；差し出す；(席などを)譲る(à)；渡す,預ける；(金額を)支払う；(人のために)(会を)開く,催す《pour》；映画などを上演[上映]する；

海外県と海外領土

France フランス
Belgique ベルギー
Suisse スイス
Canada カナダ
Saint-Pierre-et-Miquelon サン・ピエール・エ・ミクロン
Quebec ケベック
Guadeloupe グアドループ
Wallis-et-Futuna ワリス・エ・フツナ
Martinique マルチニーク
Guyane française 仏領ギアナ
Mayotte マイヨット
Réunion レユニオン
Polynésie française 仏領ポリネシア
Nouvelle-Calédonie ニューカレドニア
Terres australes et antarctiques françaises 仏領南方・南極地域

海外県　　海外領土　　海外準県
フランス語を母語とする国・地域　　フランス語を公用語とする国々
フランス語を主な言語とする国々

伝える;(気をうつす;知らせる;《話》密告する ▶**donner A à** 不定詞 Aを与えて…させる **donner le bonjour à** (人)にこんにちはと言う,挨拶する *Je vous le donne en mille.* わかりっこ[当たりっこ]ないよ ②(結果・収穫など)産出する;引き起こす;(ある状態)にする ― 自 ①(…に)面している,通じる《sur》②収穫をもたらす,実をつける;(活発に活動する,効果を生む ③(太陽が)照りつける《à》差す《sur》④(…にのめり[はまり]込む,陥る《dans, à, sur》▶ *donner dans le panneau* 《話》だまされる

― 代動 [se ~] ①(…に)一身を捧げる,専心する《à》;(女性が)身を任す;責任を持つ ▶ *se donner la peine de* …するのに苦労する,労を惜しまず…する ②(…を)(自分のために)手に入れる ▶ *se donner la mort* 自殺する *se donner pour* …になりすます *s'en donner (à cœur de joie) / se donner du bon temps* 大いに楽しむ ③互いに与える *se donner la main* 握手する,手を取り合う ④催される,発表される

donneur(se) [dɔnœːr, -øːz] 名 (…を)与える人,提供者《de》;献血者 (= ~ de sang); (蔵器の提供者,ドナー ▶ *donneur de leçons* 《軽蔑的》説教者 *donneur d'ordre* 〔商〕手形経営者 *donneur universel* (血液型がO型の)万能献血者 ⑦トランプの配り手,ディーラー ③《話》密告者

don Quichotte [dɔ̃kiʃɔt] ドンキホーテ;ドンキホーテ的人物《空想的な理想家》

don(-)quichottisme [dɔ̃kiʃɔtism] 男 ドンキホーテ的性格[行動];空想的な理想主義

donzelle [dɔ̃zɛl] 女 気取った女[娘];いかれた女

dopage [dɔpaʒ] 男 〔スポーツ〕ドーピング

dopamine [dɔpamin] 女 〔生化〕ドーパミン

dopaminergique [dɔpaminɛrʒik] 形 〔生化〕ドーパミン作用性の

dopant(e) [dɔpɑ̃, -ɑ̃ːt] 形 (薬物の)興奮作用のある ― 男 興奮剤;〔化〕添加剤

dope [dɔp] 女 《英》《話》麻薬

doper [dɔpe] 他 《英 dope》(人などに)興奮剤を与える;(物の)能力を高める ― 代動 [se ~] 興奮剤を服用する

doping [dɔpiŋ] 男 《英》= dopage

doppler [dɔpler] 形 〔医〕ドップラー診断装置 ▶ *effet Doppler* 〔物〕ドップラー効果

dor… ⇨dormir

dorade [dɔrad] 女 〔魚〕ヨーロッパヘダイ

dorage [dɔraʒ] 男 金箔(ぱく)を張ること;(菓子で)卵黄を塗ること

Dordogne [dɔrdɔɲ] 女 ①[la ~]ドルドーニュ川 ②ドルドーニュ県〔フランス中西部〕

doré(e) [dɔre] 形 《英 golden》①金箔(ぱく)を塗った;金色の;輝かしい ②卵黄を塗った;狐色に焼いた ③日焼けした ― 男 金鍍金(ときん)[金箔(ぱく)]

dorénavant [dɔrenavɑ̃] 副 今後(は),これからは

dorer [dɔre] 他 ①金箔(ぱく)を張る,金めっきする ②金色にする[染める] ③〔料〕(菓子で)卵黄を塗る;こんがり焼く ― 自 金色になる;こんがり焼ける ▶ *dorer la pilule à…* 《話》(人)を甘言で釣る,丸め込む ― 代動 [se ~] ①金めっきされる ②金色になる;日焼けする ③こんがりする

d'ores et déjà [dɔrzedeʒa] 今すでに

doreur(se) [dɔrœːr, -øːz] 名 金鍍金(ときん)工,金箔(ぱく)師

dorien(ne) [dɔrjɛ̃, -ɛn] 形 (古代ギリシアの)ドーリア地方の ― 名 [D-]ドーリア地方の人 ― 男 ドーリア方言

dorique [dɔrik] 男 形 〔建〕ドーリア式(の)

dorloter [dɔrlɔte] 他 甘やかす,ちやほやする,大事に育てる ― 代動 [se ~] 楽を(しよう)する,自分を甘やかす

dorm… ⇨dormir

dormant(e) [dɔrmɑ̃, -ɑ̃ːt] 形 ①(眠っている;眠りこむ ②固定した,静止した ▶ *châssis dormant* (窓の)はめ殺し枠 *eau dormante* たまり水,静水 ― 男 〔戸・窓などの)固定枠

dormeur(se) [dɔrmœːr, -øːz] 形 眠る ― 名 ①眠っている人 ②よく寝る人,寝っきのない人 ― 男 イチョウガニ (= crabe ~) ― 女 (宝石を耳たぶに固定するタイプの)イヤリング

:**dormir** [dɔrmiːr ドルミール 《英 sleep》眠る;活動しない,活用されない ▶ *dormir à poings fermés* ぐっすりと眠る *dormir comme une souche* ぐっすりと眠る *dormir debout* 眠くてしょうがない *dormir d'un sommeil léger* 浅く眠る *dormir tranquille [sur ses deux oreilles]* 安心できる *histoire à dormir debout* 途方もない話 *Qui dort dîne.* 《ことわざ》眠っていて

dormitif(ve) ればご飯の気を感じないですむ ― 他〔文〕〔同族語の somme, sommeil と〕眠る ▶*dormir son [du] dernier meilleur*〔文〕最後の眠りにつく, 死ぬ

dormitif(ve) [dɔrmitif, -iv] 形〔医〕〔古〕眠気を誘う, 鎮静な

dormition [dɔrmisjɔ̃] 女〔カト〕聖母マリア永眠

dors [dɔr] dormir の直・現・1・2 単, 命・2 単.

dorsal(ale) [dɔrsal] 形（男複 -aux [-o]）背の; 手の甲の ― 男〔地理〕脊梁(せきりょう)線; (山脈の)屋根筋, 海嶺, リッジ; 気圧の尾根線, 高気圧の張出部 ▶*dorsal barométrique*〔気〕気圧の尾根線, 高気圧の張出部

dort [dɔr] dormir の直・現・3 単.

dortoir [dɔrtwar] 男 (寄宿舎などの)共同寝室, 大寝室; 大都市周辺の住宅地域 ▶*banlieue (-) dortoir* 郊外のベッドタウン

dorure [dɔryr] 女 ① 金箔(はく)押し, 金泥(でい)塗り, 金鍍金(めっき)術 ② 金箔, 金泥, 金鍍金 ③ 金の装飾; 金びかの装身具

doryphore [dɔrifɔr] 男〔虫〕コロラドハムシ

dos [do ド]（英 back）男 ① 背中;（着物・椅子・本などの）背;（手足の）甲;（ページの）裏面,（刀剣などの）峰;〔スポーツ〕背泳 (= crawl) ▶*à dos* 背後に *avoir bon dos* (不当にも)責任を背負わされる; 口実に使われる *avoir [porter]... sur son dos*〔話〕…をしょい込んでいる, …にいつも悩まされる *avoir toujours... sur le dos* …にいつも監視されている *courber le dos* あきらめる, 譲歩する *dos à dos* 背中合わせに *en avoir plein le dos*〔俗〕〔食物〕うんざりしている *faire A dans le dos de B*〔話〕(人)のいない所で A をする *faire le gros dos*〔猫が〕背を丸くする *faire un enfant dans le dos à*〔話〕(人)に無断で事を運ぶ *l'avoir dans le dos*〔話〕当てがはずれ, しくじる *n'avoir rien à se mettre sur le dos* 着る物がない *renvoyer [mettre] deux personnes dos à dos* どちらの肩も持たない, 引き分けにする *se coucher sur le dos* 仰向けに横になる *se mettre ... à dos*〔人〕を敵に回す, 支持を失う *tomber sur le dos de*〔人〕に突然(後ろから)襲いかかる *tourner le dos à* …に背を向ける *voir au dos* (ページの)裏面を見よ

dosage [dozaʒ] 男 ①（薬の）調合〔配合〕, 服用量の決定 ② 分量〔割合〕を定めること

dos-d'âne [dodan] 男〔不変〕(道路などの)起伏

dose [doz] 女 (薬の一回分の)服用量, 常用量, 刀量, 副量,（薬の）調合量,（飲・嗜好品などの）定量;（量）程度, 量, 多さ;〔物〕線量(放射線照射の度合を表す) ▶*à petites doses* 少しだけ *dose mortelle* 致死量 *forcer la*

double dose 分量を増やす; 誇張する

doser [doze] 他（薬一回分の）服用量を定める; 調合する;（分量・割合）定める, 決める; 適度に用いる

doseur [dozœr] 男〔技〕液量計 ▶*bouchon doseur* 計量カップ

dosimètre [dozimɛtr] 男〔物〕(放射)線量計

dossard [dɔsar] 男〔スポーツ〕ゼッケン, 背番号

* **dossier** [dosje ドスィエ]（英 file）男 ① 関係書類, 関連ファイル, 一件書類,（訴訟)記録;〔情報〕フォルダ, ファイル ▶*connaître ses dossiers* 精通している *dossier de presse* 記者会見資料 *dossier d'inscription* (学校の)入学願書 *dossier médical* (病院の)診察記録, カルテ *être sélectionné sur dossier* 書類選考される ②（椅子などの）背, 背もたれ

dot [dɔt] 女 (嫁入りや修道院に入る女性などの)持参金;〔法〕夫婦財産制

dotal(ale) [dɔtal] 形（男複 -aux [-o]）持参金の

dotation [dɔtasjɔ̃] 女 ① (公共施設維持のために与えられる)基金 ②〔法〕(国家元首・大臣・上院議員などの)年俸, 歳費

doter [dɔte] 他 ① 持参金をつける; 俸棒を与える ②（ものに…を）設置する;（人に…を）授ける, 備える; 恵む(de)

d'où [du] そこから; どこから ⇒où

douaire [dwɛr] 男〔法〕〔古〕寡婦給与財産(権), 寡婦資金

douairière [dwɛrjɛr] 女 ①（軽蔑的）上流社会の老婦人, 金持ち婆さん ②〔古〕寡婦資産を受けた寡婦

* **douane** [dwan ドゥワヌ] 女 ① 税関; 税関事務所 ▶*marchandises (entreposées) en douane* 保税貨物 *poste [bureau] de douane* 税関 ② 関税 (= droit de ~) ▶*exempté de douane* 免税の

douanier(ère) [dwanje, -ɛr] ドゥワニエ(エール) 形 税関〔関税〕の ― 男 税関吏

douar [dwar] 男 (アラブ遊牧民の)テント部落

doublage [dublaʒ] 男 ①〔映〕吹き替え ②（服の）裏打ち, 裏付け ③〔劇〕代役(を立てること) (=~ d'un acteur)

* **double** [dubl ドゥーブル]（英 double, twice）二倍の; 二重の; 二つの (の); 裏表のある ▶*à double tranchant* 両刃の *enfermer... à double tour* (人)を投獄する; 錠を二重にかける *en double exemplaire* …を二部つくる *faire coup double* 一石で二鳥を得る *faire double emploi* 重複する *fermer une porte à double tour* 鍵を二重にかける *jouer un double jeu* 二股をかける *mener une double vie* 二重生活を送る

― 副 二倍に; 二重に

doublé(e) — 男 ①二倍 ►*à double fond* 二重底の *à double sens* 両方向の；二通りに解釈できる *au double* 二倍の値段で；たっぷりと，十分に *double page* 見開き *en double* 二重に；重複して ②写し，複製品，コピー；合鍵；[情報] バックアップ；影武者；生き写しの人 ③（標本・コレクションなどの）重複品 ④（テニス・卓球などの）重複品 ►*double dames* [スポーツ] 女子ダブルス *double mixte* [スポーツ]（男子と女子の）ミックスダブルス

doublé(e) [duble] 形 ①（…の）裏の付いた；（…を）兼ね備えた (de) ②（映画，俳優が）吹き替えの —— 男 ①金または銀の付も張り細工 ②相次ぐ2度の成功，2連勝

double-clic [dubləklik] 男 ダブルクリック

double-cliquer [dubləklike] 自 [情報] ダブルクリックする (sur)

double-croche [dubləkrɔʃ] 女 (複 ~s-~s) 十六分音符

double-décimètre [dubləd esimetr] 男 (複 ~s-~s) 20cm 定規

doublement [dubləmɑ̃] 副 二通りに，二重の意味で —— 男 ①二倍；二重にすること；（車の）追い抜き；（文字を）重ねること；（隊列を1列から）2列にすること

doubler [duble ドゥーブレ] 他（英 double）①二倍にする，二度繰り返す ②（衣服に）裏を付ける ③（車などを）追い抜く；（岬などを）足って）回する ④（役者の）代役を務める；（映画の吹き替えをする ⑤（俗）裏切る，だます —— 自 ①二倍になる ②（車が）追い抜く —— 代動 [se ~]（…が）倍増する；兼ね備える (de)

double-rideau [dublərido] 男 (複 ~s-~x) 窓側の厚い布のカーテン

doublet [dublɛ] 男 [言] 二重語 [同語源だが語形や意味の変わった語；*hôtel* と *hôpital* など]

doublon [dublɔ̃] 男 [印]（同じ文字[行]の）重複

doublonner [dublɔne] 自（軽蔑的）（…と）重なる，重複する，ダブる (avec)

doublure [dublyr] 女 ①（衣服の）裏，裏地 ②（演劇などの）代役，スタントマン，スタンドイン

Doubs [du] 男 ①[le ~] ドゥー川 ②ドゥー県 [フランス東部]

douçâtre [dusatr] 形 ⇒douceâtre

douce [dus] 形[女] doux の女性形

douceâtre [dusatr] 形 甘ったるい；薄甘くてまずい；締まりのない；軟弱な

doucement [dusmɑ̃ ドゥスマン] 副 そっと，静かに；少しずつ，ゆるやかに；どうにかこうにか；かろうじて

douceureusement [dusrøzmɑ̃] 副（古）さも優しそうに，親切めかして

doucereux(se) [dusrø, -øz] 形（古）さも優しそうな，親切めいた；甘ったるい

doucette [dusɛt] 女 [植] ノヂシャ

doucettement [dusɛtmɑ̃] 副 (話) 非常にゆっくりと，静かに

douceur [dusœr ドゥスール] 女（英 sweetness）①柔らかさ，滑らかさ；甘美さ，快（にぎ）さ；穏やかさ，温和，優しさ；（静かな）喜び，しあわせ；楽しさ ►*douceur de vivre* 生きる幸せ *en douceur* 静かに，そっと，ゆっくりと *Plus fait douceur que violence.*（ことわざ）柔よく剛を制す *prendre ... par la douceur*（人）を優しく扱う；説く ②甘さ，うまさ；（複）甘いもの，菓子

douche [duʃ ドゥーシュ] 女 (英 shower) ①シャワー；シャワー設備 ►*douche écossaise* 温水と冷水が交互に出るシャワー；幸不幸が交互に来ること *prendre une douche* シャワーを浴びる ②（話）にわか雨 ③（話）興奮を冷ますこと，幻滅 ►*faire l'effet d'une douche froide* 冷や水を浴びせる，興ざめさせる ④不快感を与える

doucher [duʃe] 他 ①（人に）シャワーを浴びさせる ②（雨などが）びしょぬれにする ③（話）（人の）興奮を冷ます，ひどくがっかりさせる —— 代動 [se ~] シャワーを浴びる

douchette [duʃɛt] 女 シャワーヘッド；バーコードリーダー

doucheur(se) [duʃœr, -øz] 名 シャワー係

doucir [dusir] 他（ガラス・金属などを）磨く

doucissage [dusisaʒ] 男（ガラス・金属などの）研磨

doudoune [dudun] 女 ①ダウンジャケット ②（複）（話）（女性の）胸

doué(e) [dwe] 形（<douer）（…の）才能[天分]に恵まれた，天分のある (en, pour)；（…が）生まれながらに備わった (de)

douer [dwe] 他（…に才能などを）（天などが）授ける，恵む (de)

douille [duj] 女 ①（道具の柄を差し込む）筒，受け金 ②[電] ソケット ③（銃弾の）薬莢（きょう）

douiller [duje] 自（話）支払う ►*Ça douille.* 金がかかる

douillet(te) [dujɛ, -ɛt] 形 ①柔らかい，ふんわりした，気持ちのいい ②痛がりの，弱虫の ③キルティングの部屋着，ガウン，コート —— 名 弱虫

douillettement [dujɛtmɑ̃] 副 柔らかに，気持よく，甘やかして

douilletterie [dujɛtri] 女（痛みに対する敏感さ，ひ弱さ，意気地のなさ

douleur [dulœr ドゥールール] 女（英 pain）苦痛，痛み；（複）陣痛；苦しみ，苦悩 ►*Les grandes douleurs sont muettes.*（ことわざ）激しい苦悩は言葉では言えない

douloureuse [dulurøz] 女 ⇒dou-

douloureusement [duluroezmã] 副 痛そうに, 苦しく; 痛ましく; ひどく

douloureux(se) [duluroe, -øz ドゥルルー(ズ)] 形 痛い, 苦しい, つらい; 苦し[悲し]そうな, 悲痛な ― 女 《話》勘定書, 請求書

doum [dum] 男〔植〕ドームヤシ

douma [duma] 女〔ロシアの〕下院

doute [dut ドゥト] 男〔英 doubt〕疑い, 疑惑, 迷い; 〔哲〕懐疑 ▸ **avoir des doutes sur [au sujet de]** …について疑う **Dans le doute, abstiens-toi.** 迷いがあるときはやめておけ **hors de doute** 疑う余地のない **laisser… dans le doute** (人)を疑ったままにさせる **mettre …en doute** …を疑う **sans aucun [nul] doute** 間違いなく, 多分

***douter** [dute ドゥテ] 自（…を）疑う, 信じない, 危ぶむ ― 他 ▸ **à n'en pas douter** 疑いもなく, 確かに **ne douter de rien** 自信満々である, 怖いもの知らずである ― 代動 [se ～]（…を予期する, 予感する〈de〉) ▸ **Je m'en doutais.** そんなことだと思っていた

douteusement [dutøzmã] 副 疑わしげに, 怪しげに

douteux(se) [dutø, -øz] 形 疑わしい, 疑惑的な, 怪しい; 曖昧(ホピ)な; 胡散(ポ)臭い, 怪しげな, 薄汚い ― 男 懐疑的な人

douvain [duvɛ̃] 男 樽板(douve)用木材

douve¹ [duv] 女 ①〔城の〕堀 ②〔畑の〕溝(ホ) ③〔競馬〕〔障害競走の〕水濠 ④樽用の板

douve² [duv] 女〔生〕吸虫, ジストマ（＝distome）

Douvres [duvr] ドーヴァー〔イギリス南東部の港町〕

***doux(ce)** [du, dus ドゥー(ス)] 形〔英 sweet, soft, easy〕柔らかい, なめらかな; (気候が)穏やかな, 温暖な; (性質などが)優しい, 柔和な; 愛情のこもった, 心温まる, 楽しい, 懐しい;（ほんのり）甘い; 穏やかな, ゆるやかな;（薬の効果が）きつくない ▸ **drogue douce**（大麻など, 比較的中毒性の弱い）麻薬 **eau douce** 淡水, 真水 **en pente douce** ゆるやかな坂で **fer doux** 軟鉄 **Il fait doux.** 天気が穏やかだ **se la couler douce**《話》安穏に暮らす **une mort douce** 安らかな死 **vin doux** 甘口ワイン ― 男 ▸ **filer doux**《話》おとなしく振る舞う **tout doux!**《話・古》まあまあ落ち着いて！ ― 名 おとなしい人, 優しい人 ― 男 甘さ, 快さ, 穏やかさ, 弱音 ― 女 ① **ma douce** ねえ, 君〔お前〕[妻・恋人に対する愛情を込めた呼びかけ] ② **en douce**《話》こっそりと, ひっそりと, 何食わぬ顔で

doux(ce)-amer(ère) [duzamer, dusamer] 形 [男複 doux-amers, 女複 douces-amères] ほろ苦い

douz. [duzen]（略）douzaine ダース

***douzaine** [duzɛn ドゥゼヌ] 女〔英 dozen〕ダース,12; 約12 ▸ **à la douzaine** ダース単位で; さらに, ありふれた **demi-douzaine** 半ダース **une douzaine de…** 約12の…

***douze** [duz ドゥーズ] 形〔不変〕〔英 twelve〕①12の ②12番目の ― 男（数字）; 12日［時, 分, 番地］; 〔印〕12ポイント

***douzième** [duzjɛm ドゥズィエム] 形 12番目の, 12の,12分の1の ― 名 12番目の人［もの］ ― 男 12分の1;〔パリの〕12区

douzièmement [duzjɛmmã] 副 12番目に

Dow Jones [dawdʒɔns] ▸ **indice Dow Jones** ダウ平均株価指数〔アメリカの代表的な株価指標〕

-doxe〔接尾〕（くぎ）「意見」「教義」の意の形容詞[名詞]をつくる

doyen(ne) [dwajɛ̃, -ɛn] 名 ①最年長者（＝～ d'âge）; 最古参（者）②（大学の）学部長 ③〔カト〕首席司祭

doyenné [dwajene]〔カト〕首席司祭区

DP（略）délégué du personnel 従業員代表

Dr（略）docteur 博士

dr. [drwat]（略）droite 右

drachme [drakm] 女 ドラクマ〔ユーロ導入以前のギリシアの通貨単位〕

draconien(ne) [drakɔnjɛ̃, -ɛn] 形 きわめて厳しい

dragage [dragaʒ] 男 浚渫(しゅんせつ), 泥さらい

dragée [draʒe] 女 ①ドラジェ〔糖衣をかけたアーモンド菓子〕; 〔薬〕糖衣錠剤 ▸ **tenir la dragée haute à …**《話》(人)の欲しがるものを与えない, 高く支払わせる ②〔銃〕〔銃の〕弾

dragéifier [draʒeifje] 他（アーモンドや薬に）糖衣をかける

drageon [draʒɔ̃] 男〔植〕吸枝(ホッし)

drageonnage [draʒɔnaʒ] 男〔植〕吸枝(ホッし)による繁殖

drageonnement [draʒɔnmã] 男〔植〕吸枝(ホッし)が出ること

drageonner [draʒɔne] 自〔植〕吸枝(ホッし)を出す

dragon [dragɔ̃] 男 ①竜, ドラゴン; 悪魔 ②《話》(がんこな・厳格な)監視人, 番人, こわもて娘 ▸ **dragon de vertu**（ふざけて）貞操の権化(ゴ), 及ばぬ肩入れ女 ③〔軍〕竜騎兵, 装甲部隊

dragonnades [dragɔnad] 女〔複〕〔ルイ14世時代の竜騎兵によるプロテスタントの迫害〕

dragonne [dragɔn] 女〔剣の柄の〕下緒; (傘・カメラの)握り紐(ウ), ストラップ

drague [drag] 女 ①浚渫(しゅんせつ)機; 浚渫船; 掃鉤(ほうこう), 探り; 〔軍〕掃海機;

(牡蠣(かき)・貝を採る)すくい網 ②《話》ナンパ

draguer [drage] 他 ①(港湾[川]を)浚渫(しゅんせつ)する; (機雷を)除去する, 掃海する ②《話》(女または男を)ひっかける, ナンパする ―― 自 女[男]をひっかける, ナンパする

dragueur(se) [dragœr, -øz] 名 《話》ナンパする人 ―― 男 浚渫船; 掃海艇(=～ des mines)

D

draille [drɑj] 女 〔海〕支索

drain [drɛ̃] 男 (<英) 排水暗渠(あんきょ); (湿地の)排水管; 〔医〕誘導管, 排膿(のう)管, ドレーン

drainage [drɛnaʒ] 男 (湿地の)排水; (資金などを)集めること, 吸い寄せること; 〔医〕排液; 排膿(のう)

drainer [drɛne] 他 (湿地を)排水する; (資金を)集める; 吸引する; (人を)かき集める; 〔医〕排膿(のう)する, 排液する

draisine [drezin] 女 〔鉄〕保線車

drakkar [drakar] 男 〔史〕(バイキングの)海賊船

***dramatique** [dramatik ドラマティク] 形 (英 dramatic) ①演劇の ►*artiste dramatique* 舞台俳優 *auteur dramatique* 劇作家 *centre dramatique* 演劇学校 ②劇的な, 悲劇的な; 危険な, 重大な ―― 女 (テレビ・ラジオの)ドラマ番組(=émission ～)

dramatiquement [dramatikmɑ̃] 副 演劇的に; 劇的に, 悲劇的に, 深刻に

dramatisant(e) [dramatizɑ̃, -ɑ̃t] 形 誇大視する, 大げさな

dramatisation [dramatizasjɔ̃] 女 劇的に仕立てること, 誇大視

dramatiser [dramatize] 他 誇大視する, 大袈裟(げさ)に話す, 深刻に考える; (話などに)演劇的効果を与える, 劇的に物語る[描写する]

dramaturge [dramatyrʒ] 名 劇作家, 脚本家

dramaturgie [dramatyrʒi] 女 ドラマトゥルギー, 演劇論, 劇作法

***drame** [dram ドラム] 男 (英 drama) 劇; 劇的事件, 惨劇, 悲劇 ►*drame lyrique* 歌劇, オペラ *en faire tout un drame* 《話》些細(ささい)な事を大げさに騒ぎ立てる[深刻化する]

***drap** [dra ドラ] 男 (英 sheet, cloth) シーツ(=～ de lit); ラシャ; 毛織物, ウール ►*drap de bain* (特大の)バスタオル *mettre ... dans de beaux draps* (人)を苦境におとしいれる *se mettre dans les draps* ベッドにもぐり込む, 就寝する

drapé(e) [drape] 形 (<draper) ひだのある, ひだを入れた; ラシャで覆った ―― 男 (服の)ひだ(のとり方), ドレープ

***drapeau** [drapo ドラポー] 男 (複 ～*x*) (英 flag) ①(国家・軍隊の象徴としての)旗, 国旗, 軍旗 ►*drapeau tricolore* 三色旗【青・白・赤のフランス国旗】②標識; 旗印, 象徴; 旗頭; 理念, 理想; 旗手 ③《複》軍隊 ►*être sous les drapeaux* 兵役に服する ④《古》ラシャの布片; おむつ, 着物

draper [drape] 他 ①ゆったりした襞(ひだ)の服[布]を着せる ②(布に)ドレープをつける ③襞(ひだ)のある布を掛ける ④(喪のしるしに)黒布で覆う ―― 代動 [se ～] (ゆったりした襞ができるように)まとう ►*se draper dans* …を鼻にかける, 自慢する

draperie [drapri] 女 ①襞(ひだ)のある幕[垂れ布]; ゆったりした襞のある衣服[たれ布, カーテン] ②毛織物 ③ラシャ製造[販売]業 ④〔美術〕衣服の(波形の)襞の表現

drap-housse [draus] 男 (複 ～*s*-～*s*) フィット・シーツ【マットレスにぴったりかぶさる】

drapier(ère) [drapje, -ɛr] 形 ラシャの; ラシャ製造[販売]業の ―― 名 ラシャ製造[販売]業者

drastique [drastik] 形 ①思い切った, 抜本的な ②〔医〕薬効の強い ―― 男 峻(しゅん)下薬

drave [drav] 女 〔植〕ドラーバ

Dresde [drɛsd] ドレスデン【ドイツの都市】

dressage [drɛsaʒ] 男 ①建てること, 組み立て, 設置 ②(動物の)調教;《話》厳しい教育, 猛訓練 ③(ひずみを直して)仕上げること, 調整

dressé(e) [drese] 形 (< dresser) (動物が)訓練された; 仕込んだ, 調教した; (人が)しつけのよい

***dresser** [drese ドレセ] 他 (英 raise, lift) ①立てる, まっすぐにする, 起こす; 建てる, 据(す)え付ける; 作製する, 仕上げる; 調(ととの)える ►*dresser A contre B* AをBと対立[喧嘩(けんか)]させる *dresser la table [le couvert]* 食卓を調える[食器を並べる] *dresser l'oreille* 耳をそばだてて聞く ②(動物を)調教する; (人を)仕込む, 訓練する; (人を)厳しくしつける; 服従させる ―― 代動 [se ～] ①起き上がる, 立ち上がる, (山などが)聳(そび)える; (…に対して)立ち上がる, 反抗する, 居丈高(いたけだか)になる《contre》②(動物が)しつけを覚える ►*se dresser sur la pointe des pieds* 爪先立ちする *se dresser sur ses ergots* 攻撃的になる *se dresser sur ses pattes de derrière* (馬などが)後足で立つ

dresseur(se) [drɛsœr, -øz] 名 (動物の)調教師, 訓練係

dressing [dresiŋ] 男 衣装部屋

dressoir [drɛswar] 男 食器棚, 食器台

Dreyfus [drɛfys] ►*affaire Dreyfus* 〖l'～〗〔史〕ドレフュス事件【19世紀末のユダヤ人将校ドレフュスのスパイ容疑に関わる裁判事件】

dreyfusard(e) [drɛfyzar, -ard] 形 名 〔史〕ドレフュス擁護派の(人)

DRH [略] direction des ressources humaines 人事部; directeur des ressources humaines 人事部長

dribble [dribl] 男 〔英〕〔スポーツ〕ドリブル

dribbler [drible] 自 〔くだ〕〔スポーツ〕ドリブルする — 他 〔スポーツ〕(人を)ドリブルで抜く

dribbleur(se) [dribloer, -øz] 名 〔スポーツ〕ドリブルの得意な選手

drille [drij] 男 〔古〕怪しい奴, 偽兵 ▶*joyeux [bon] drille* 愉快な[いい]仲間

dring [driŋ] 間 男 リーン〔ベルの音を表す擬声語. ding ともいう〕

drisse [dris] 女 〔海〕ハリヤード〔帆や旗を揚げる綱〕

drive [drajv] 男 〔英〕〔テニス・ゴルフ〕ドライブ

driver [drajve, drive] 自 〔テニス・ゴルフ〕ドライブを打つ

drogeonnage [drɔʒɔnaʒ] 男 〔植〕吸枝($^{\circ\circ}$)による繁殖

drogue [drɔg] 女 麻薬, ドラッグ; 〔古〕怪しい薬, 偽薬 ▶*drogue douce* (大麻などの比較的中毒性の弱い)麻薬 *drogue dure* (中毒性の)強い麻薬

drogué(e) [drɔge] 形 (< droguer) 麻薬中毒の — 名 麻薬中毒者

droguer [drɔge] 他 (人に)大量に薬を飲ませる — 代動 *se* — 麻薬を飲む; 大量に薬を飲む

droguerie [drɔgri] 女 日用雑貨〔家庭用の薬品・化粧品・日用品など〕; 日用雑貨店

droguiste [drɔgist] 名 日用雑貨商

†droit¹(e) [drwa, -at ドロワ(ト)] 形 ①〔英 straight〕まっすぐな; 垂直な; 直立した ▶*angle droit* 直角 *ligne droite* 直線 *route droite* まっすぐな道 *se tenir droit* まっすぐな姿勢を保つ ②〔英 right〕(人・行い・判断などが)正しい, 健全な ③右の; 右手の ▶*centre droit* 中道右派
— 副 ①まっすぐに, 一直線に ②直接に; すぐに ③正しく
— 男 ①直角(= angle ~) ②〔ボクシング〕右 ▶*au droit de ...* …と直角を成して
— 女 ①右側, 右手 ▶*à droite* 右(手)に, 右側に[を] *à ma droite* 私の右に *de droite à gauche* あちゅから左に ②〔政〕右派, 右翼 ③直線(= ligne ~) ④〔ボクシング・フェンシング〕右(手)

†droit² [drwa ドロワ] 男 ①〔英 right〕権利 ▶*avoir droit à ...* …に対して権利がある *avoir le droit de ...* する権利がある *avoir (le) droit de vie ou de mort sur ...* の生殺与奪の権を持っている *droit d'asile* 亡命の権利 *droit d'auteur* 著作権; 〔[~s ~s]〕印税 *droit de grève* スト権 *droit de passage* 通行権 *droit de propriété* 所有権 *droits de l'homme* 人権 *droits successifs* 相続権 ②法律(学) ▶*droit civil* 民法; [[~s ~s]] 市民権 *droit écrit* 成文法 *droit pénal* 刑法 ③納付金, 料金

droitement [drwatmɑ̃] 副 正直に, 正しく, まっすぐに

droit-fil [drwafil] 男 (複 ~s-~s)〔服〕布地の糸目

droitier(ère) [drwatje, -ɛr] 形 ①右利きの, 右打の ②〔話〕右派の — 名 ①右利きの人; 〔スポーツ〕右打ちの選手 ②右派の人, 右翼

droitisme [drwatism] 男 〔政〕右派, 保守主義 (の傾向, 右寄りの態度)

droitiste [drwatist] 形 右傾化した, 右寄りの, 右翼の — 名 右寄りの人, 右翼

droiture [drwatyr] 女 正しさ, 実直さ

drolatique [drɔlatik] 形 〔文〕滑稽な, おどけた

*‡**drôle** [drol ドロール] 形 〔英 funny, odd, amusing〕①滑稽な, おどけた; 奇妙な, おかしな, 変な; 〔話〕たいした, すごい ②〔名詞的に〕▶*avoir un drôle d'air* 奇妙にみえる, 不審な感じがする *en voir de drôles* 変なものを見る, 大変な目にあう *faire une drôle de tête* しかめ面をする *un(e) drôle de ...* 変な[妙な]…(冠詞は de の次の名詞に一致する) — 名 変な人物, おかしな人物

drôlement [drolmɑ̃] 副 ①奇妙に ②〔話〕すごく

drôlerie [drolri] 女 滑稽な言葉[行為]; 滑稽さ

dromadaire [drɔmadɛr] 男 〔動〕ヒトコブラクダ

Drôme [drom] ① [la ~] ドローム川〔Rhône 川の支流〕②ドローム県〔フランス南部〕

-drome [接尾] (ギ) 「走路」の意の男性名詞をつくる

drop [drɔp], **drop-goal** [drɔpgol] 男 〔ラグビーの〕ドロップゴール ▶*passer un drop* ドロップゴールを決める

drop(p)er [drɔpe] 他 〔話〕落とす, 捨てる; なおざりにする — 自 〔話〕逃げ出す

drosophile [drɔzɔfil] 女 〔虫〕ショウジョウバエ

dru(e) [dry] 形 (植物が)密生した; (髭が)濃く濃い, 豊かな — 副 密に, 繁に; (雨などの降り方が)ひどく

drug(-)store [drœgstɔr] 男 (< 英)ドラッグストア

druide [drɥid] 男 ドルイド教の祭司

druidesse [drɥides] 女 ドルイド教の巫女(^{みこ})

druidique [drɥidik] 形 ドルイド教の

druidisme [drɥidism] 男 ドルイド教〔古代ケルト人の宗教〕

drupe [dryp] 女 〔植〕核果(^{か})〔桃や杏(^{あんず})など核をもつ果実〕

dry [draj] 形 (不要) (<英) (シャンパンなどが)辛口の、さっぱりした ── 男 ドライマティーニ

dryade [dryad] 女 ①[ギ神] ドリュアス【木の精】②[植] チョウノスケソウ

DST [略] Direction de la surveillance du territoire 国土保安局【情報収集や諜報活動の監視をする機関】

DTS [金融] (IMF加盟国の)特別引出権 [droits de tirage spéciaux の略]

*__du__ [dy デュ] [de + le の縮約形] …の; …から ▶venir du Portugal ポルトガルから来る

*__du__ [dy デュ] 冠 [部分冠詞の男性形; 女性形は de la] ①(英 some (of, any)) いくらかの ▶manger du riz [pain] ご飯[パン]を食べる ②[固有名詞に付けて、その人の作品(の一部)を指す] ▶lire du Molière モリエールの作品を読む ③[芸術・スポーツ・勉強などの修練の対象を表す] ▶faire du tennis テニスをする

du ..., du(...) ⇨devoir

*__dû(due)__ [dy デュ] (devoir の過去分詞)形 (男複 dus, 女複 dues) ①借りとなっている; (…に)支払う[支払われる]べき(à) ②(…に)起因する、帰する(à) ▶en bonne et due forme 書式にかなった、正式の ── 男 支払われるべきもの、借金

dual(ale) [dyal] 形 (男複 -als [-o]) ①[数]二項の ②二重の

dualisme [dɥalism] 男 二元論、二重性; [哲] 二元論

dualiste [dɥalist] 形名 二元論(者)

dualité [dɥalite] 女 二元性、二重性

dubitatif, -ive [dybitatif, -iv] 形 疑いを表す; 不審そうな

dubitativement [dybitativmɑ̃] 副 疑いをもって、疑わしげに

Dublin [dyblɛ̃] ダブリン【アイルランドの首都】

dublinois(e) [dyblinwa, -az] 形 ダブリンの ── 名 [D-] ダブリン市民

dubnium [dubnjɔm] 男 ドブニウム【原子番号105の元素】

duc [dyk] 男 ①公爵; [史] (公国の)君主 ②[鳥] フクロウ、ミミズク

-duc [接尾] (<ラ)「導管」の意の男性名詞を作る

ducal(ale) [dykal] 形 (男複 -aux [-o]) 公爵(夫人)の

ducat [dyka] 男 (<イ) ドゥカット【昔のヴェニスで使用された金貨】

duché [dyʃe] 男 公国、公爵領

duchesse [dyʃes] 女 ①公爵夫人; (公国の)女公 ②(話)お高くとまった女

ductile [dyktil] 形 (金属が)可延性の; 柔軟な、従順な

ductilité [dyktilite] 女 (金属の)可延性

dudit [dydi] [de + ledit の縮約形] ⇨ledit

due [dy] ⇨dû

due(s) [dy] ⇨devoir

duègne [dɥɛɲ] 女 (古) 付添いの老女

duel¹ [dɥɛl] 男 決闘; 戦い; (二者の)戦い ▶provoquer [appeler]... en duel (人)に決闘を挑む ▶se battre en duel 決闘する

duel²(le) [dɥɛl] 形 [言] 双数[両数]の ── 男 双数、両数 ▶duel oratoire 論戦

duelliste [dɥɛlist] 名 決闘者; 決闘好き

duettiste [dɥetist] 名 2重奏[唱]者、2重奏[唱] (duo) を演奏する[歌う]人

duffel-coat, duffle-coat [dœfelkot] 男 (<英) ダッフルコート

dugong [dygɔ̃g] 男 [動] ジュゴン

dulçaquicole [dylsakikɔl] 形 [生] 淡水棲息の

dulcinée [dylsine] 女 (話・ふざけて) いとしい女性、意中の女【ドン・キホーテの恋人の名から】

dulie [dyli] 女 [カト] 天使や聖人の崇拝

Dumas [dyma] (Alexandre~) 男 デュマ【フランスの劇作家・小説家親子】

Dumas fils [dymafis] デュマフィス [1824–95]

Dumas père [dymapεr] デュマペール [1802–70]

dûment [dymɑ̃] 副 [法] 正式に、規定通りに; しかるべく、申し分なく、きちんと

dumping [dœmpiŋ] 男 (<英) [経] ダンピング

dune [dyn] 女 砂丘

dunette [dynet] 女 [海] 船尾楼(甲板)、船尾、高甲板

Dunkerque [dœ̃kɛrk] ダンケルク【フランス最東北端の港町】

dunkerquois(e) [dœ̃kɛrkwa, -az] 形 [D-] ダンケルクの(人)

duo [dyo] 男 2重奏[唱](曲)、デュエット; 2人組、コンビ; (話) 言い合い ▶chanter en duo デュエットで歌う

duodécimal(ale) [dɥɔdesimal] 形 (男複 -aux[-o]) [数] 12進法の

duodénal(ale) [dɥɔdenal] 形 (男複 -aux[-o]) [解] 十二指腸の

duodénite [dɥɔdenit] 女 [医] 十二指腸炎

duodénum [dɥɔdenɔm] 男 [解] 十二指腸

duopole [dɥɔpɔl] 男 [経] 複占【二つの企業による寡占】

DUP [略] 公益宣言【公共事業における地方議会の承認; Déclaration d'utilité publique の略】

dupe [dyp] 女 [男性にも女性名詞を用いる] だまされた人、だまされやすい人 ── 形 (…に)だまされた、だまされやすい(de)

duper [dype] 他《文》(人を)欺く, だます —— 代動 [se ~]《古》思い違いをする; 欺き合う

duperie [dypri] 女《文》①欺瞞(ぎまん), ペテン, 騙(だま)すこと ②だまされること

dupeur(se) [dypœr, -øz] 名 騙(だま)す人, ぺてん師

duplex [dypleks] 男 ①(ラジオ・テレビの)多元放送(装置);(電話などの)同時送受信方式 ②複層型アパルトマン [上下階が一続きのマンション]

duplicata [dyplikata] 男《不変》《ラテン》複本, 謄本; 写し

duplicateur [dyplikatœr] 男 複写機

duplication [dyplikasjɔ̃] 女 (録音・録画の)複製; (染色体の)重複

duplicité [dyplisite] 女 裏表のある性格, 二枚舌, 二心(ふたごころ);《古》二重性

dupliquer [dyplike] 他 コピーする, 複製を作る

duquel [dykɛl] 代《前置詞 de と lequel の縮約形》⇨lequel

:**dur(e)** [dyr デュール] 形 (英 hard, rough) ①固い, 硬い; (…に対して)抵抗力が強い, 負けない, …しにくい(à); 硬い, タカ派の ▶**avoir la peau dure** 面の皮が厚い ②難しい; 困難な; つらい, 苦しい; 手に負えない; …し難い(à); (人に対して)厳しい, 無情な(avec, envers, pour); [非人称構文で] 辛い, 堪え難い ▶**coup dur** 手痛い打撃; 激戦; 危険な行動(行動) **être dur d'oreille / dur de la feuille** 耳がほとんど聞こえない
—— 副《話》激しく, ひどく ▶**croire à ... dur comme fer** …を盲目的に信じる
—— 男 固いもの;《話》頑丈な[がまん強い]男, したたか者; 強硬派, タカ派 ▶**C'est un dur à cuire.**《話》あいつは冷たい男だ **construction en dur** 耐久建築 **dur de dur**《話》タフの中のタフ, 不屈の男 **en dur** (コンクリート・石などの)耐久性のある材料でつくられた **jouer les durs** 強硬に出る, 強がる
—— 女 ▶**à la dure** 《話》地面の上で寝る **en voir de dures** ひどい目に遭う

durabilité [dyrabilite] 女 持続性; 〔法〕有効期間

durable [dyrabl] 形 長続きのする, 永続的[恒久的]な, もちがよい

durablement [dyrabləmɑ̃] 副 恒久的に

duraille [dyraj] 形《俗》固い; 難しい

duralumin [dyralymɛ̃] 男 ジュラルミン

*****durant** [dyrɑ̃ デュラン] 前 (英 during) …の間(ずっと), …を通じて ▶**travailler un mois durant** 1ヶ月間働く

duratif(ve) [dyratif, -iv] 形《言》継続相の【動作・状態の継続を示す形式】

—— 男 継続相

*****durcir** [dyrsir デュルスィール] 他 ③固くする, 厳しくする, 強固[強硬]にする
—— 自 代動 [se ~] 固くなる, 厳しくなる, 強固[強硬]になる

durcissement [dyrsismɑ̃] 男 固めること, 強固になること; (態度などの)硬化

durcisseur [dyrsisœr] 男 硬化促進剤

dure [dyr] 形《女》dur の女性形

*****durée** [dyre デュレ] 女 (英 duration) 期間, 持続[継続]期間; 持続(性), 寿命 ▶**de courte durée** 短期間の **de longue durée** 長期間の, 長持ちする **pendant une durée d'un mois** 1ヶ月の間 **pour une durée illimitée** 無期限で

durement [dyrmɑ̃] 副 手荒く, 激しく; 冷酷に

dure-mère [dyrmɛr] 女 (複 ~s-~s) 〔解〕(脳の髄膜の)硬膜

durent [dyr] devoir の直・単過・3・複; durer の直・現・3・複

*****durer** [dyre デュレ] 自 (英 last) 続く, 持続する; 長く続く, 長持ちする

*****dureté** [dyrte デュルテ] 女 ①固さ[硬さ], 硬度 ②厳しさ; 苛酷さ; つらさ; 無情; 生硬; 冷酷; (態度・意見の)強硬さ

durian [dyrjɑ̃] 男〔植〕ドリアン(の実)

durillon [dyrijɔ̃] 男 (手などにできる)たこ

durion [dyrjɔ̃] 男 = durian

durit, durite [dyrit] 女 (自動車エンジンなどの)ラジエーターホース; 燃料管

dus(...), dut [dy] ⇨devoir

DUT [略] diplôme universitaire de technologie 工業技術短期大学修了書【2年間の IUT (工業技術短期大学)で取得する】

duvet [dyvɛ] 男 ①(鳥・動物の)綿毛, ダウン ②(生え初(そ)めの)薄ひげ, うぶ毛 ③寝袋, シュラーフザック

duveté(e) [dyvte] 形 うぶ毛に覆われた

duveter [dyvte] 代動 ④ [se ~] 綿毛[うぶ毛]で覆われる

duveteu|x(se) [dyvtø, -øz] 形 綿毛[うぶ毛]のような; うぶ毛のたくさん生えた

*****dynamique** [dinamik ディナミック] 形 (英 dynamic) ①力強い, 精力的な, 活動的な, エネルギッシュな ②(力)力学の; 動的な, 動態の —— 女 ①(物)動力学, 力学 ▶**dynamique de groupe** 〔心〕集団力学 ②推進力, 力強さ, 活き, ダイナミックス【社会的な動きを引き起こす力】 ▶**en dynamique** 動きつつある, 進歩[発展]しつつある

dynamiquement [dinamikmɑ̃] 副 ①動的に, 力強く, 精力的に ②(動)力学上

dynamisant(e) [dinamizɑ̃, -ɑ̃t] 形 活力[活気]を与える, 活動的にする, 活性化する

dynamisation [dinamizasjɔ̃] 囡 薬効の増強; 活力[活性]化

dynamiser [dinamize] 他 バイタリティー[活力, 活気]を与える, 活動的にする; 薬効を増強する

dynamisme [dinamism] 男 ①活(動)力, 精力, (原)動力, バイタリティー; 動的な性質 ②〔哲〕力本[力動]説, ダイナミズム

dynamiste [dinamist] 形名 力動説の(信奉者)

dynamitage [dinamitaʒ] 男 ダイナマイトによる爆破, 発破; (伝統などの)粉砕, 破壊, 打破

dynamite [dinamit] 囡 ダイナマイト; 危険なもの[人物]; 《話》危険物; コカイン, 麻薬 ▶ *faire sauter... à la dynamite* …をダイナマイトで爆破する

dynamiter [dinamite] 他 (ダイナマイトで)爆破する; 粉砕[破壊]する

dynamiteur(se) [dinamitœr, -øz] 名 ①爆弾テロリスト ②(伝統文化などの)破壊[粉砕]者

dynamo [dinamo] 囡 発電機, ダイナモ

dynam(o)- 接頭 (<ギ)「力」「動力」の意

dynamoélectrique [dinamoelektrik] 形 力学エネルギーを電気エネルギーに変換する

dynamomètre [dinamɔmɛtr] 男 力量[動力], 握力]計

dynamométrique [dinamɔmetrik] 形 力量計の

dynastie [dinasti] 囡 王朝; (名高い)家系

dynastique [dinastik] 形 王朝[王家]の

dyne [din] 男 〔物〕ダイン【力の単位】

dys- 接頭 (<ギ)「困難」「不良」「障害」の意

dysacousie [dizakuzi] 囡 〔医〕聴覚不全

dysarthrie [dizartri] 囡 〔医〕構音障害

dysarthrique [dizartrik] 形 〔医〕構音障害の

dysbarisme [disbarism] 男 〔医〕減圧症

dysbasie [dizbazi] 囡 〔医〕歩行障害

dysbasique [dizbazik] 形 〔医〕歩行障害の

dyscalculie [diskalkyli] 囡 〔医〕算数障害

dyschromatopsie [diskrɔmatɔpsi] 囡 〔医〕色弱

dyschromie [diskrɔmi] 囡 〔医〕皮膚色素異常症

dyscrasie [diskrazi] 囡 〔医〕悪液質

dysenterie [disɑ̃tri] 囡 〔医〕赤痢

dysentérique [disɑ̃terik] 形 〔医〕赤痢(性)の; 赤痢にかかった ── 名 赤痢患者

dysfonctionnement [disfɔ̃ksjɔnmɑ̃] 男 〔医〕機能不全, 機能障害; (行政機構の)機能不全

dysgénique [disʒenik] 形 〔生〕劣性(遺伝)の

dysgraphie [disgrafi] 囡 〔医〕書字障害, 失書症

dysgraphique [disgrafik] 形名 失書症の(患者)

dysharmonie [dizarmɔni] 囡 ①〔医〕解離性障害 ②〔文〕不調和(= disharmonie)

dyskinésie [diskinezi] 囡 〔医〕ジスキネジア, 運動異常症

dyskinétique [diskinetik] 形 〔医〕運動異常症の

dyslexie [disleksi] 囡 〔医〕失読症

dyslexique [disleksik] 形名 失読症の(患者)

dysmélie [dismeli] 囡 〔医〕四肢異常

dysmélique [dismelik] 形名 〔医〕四肢異常の(患者)

dysménorrhée [dismenɔre] 囡 〔医〕月経困難症

dysmnésie [dismnezi] 囡 〔医〕記憶障害

dysmnésique [dismnezik] 形 〔医〕記憶障害の

dysmorphie [dismɔrfi], **dysmorphose** [dismɔrfoz] 囡 〔医〕異形症

dysorexie [dizɔrɛksi] 囡 〔医〕食欲異常

dysorthographie [dizɔrtɔgrafi] 囡 〔医〕正書困難【子供が正しい綴りを習得できない】

dysosmie [dizɔsmi] 囡 〔医〕嗅覚異常

dyspepsie [dispɛpsi] 囡 〔医〕消化不良(症)

dyspeptique [dispɛptik] 形名 消化不良(症)の(患者)

dysphagie [disfaʒi] 囡 〔医〕嚥下(衆)障害

dysphagique [disfaʒik] 形 〔医〕嚥下(衆)障害の(患者)

dysphasie [disfazi] 囡 〔医〕失語症

dysphasique [disfazik] 形名 失語症の(患者)

dysphonie [disfɔni] 囡 〔医〕発音障害, 発声困難

dysphorie [disfɔri] 囡 不快な気分, 身体の違和感

dysphorique [disfɔrik] 形 不快を引き起こす

dysplasie [displazi] 囡 〔生・医〕異形成【皮膚組織などに生じる細胞の異常】

dyspnée [dispne] 囡 〔医〕呼吸困難

dyspnéique [dispneik] 形名 呼吸困難の(患者)

dystasie [distazi] 囡 〔医〕起立困難

dystocie [distɔsi] 囡 〔医〕難産

dystrophie [distrɔfi] 囡 〔医〕ジスト

dystrophique [distrofik] 形 〔医〕ジストロフィーの

dysurie [dizyri] 女 〔医〕排尿障害

dysurique [dizyrik] 形名 〔医〕排尿障害の(患者)

dytique [ditik] 男 〔虫〕ゲンゴロウ

E

E, e [ə] 男 ①フランス字母の第5字 ②〔楽〕ホ音,ホ調 ③〔略〕[E] est être; Excellence 閣下, 呪(¿) [[¨]] ④[e] électron 電子

-é(e) 接尾 動詞の過去分詞をつくる語尾

EAO 〔略〕(英 CAI) enseignement assisté par ordinateur コンピュータ支援利用学習

*****eau** [o o'] 女 (英 water)(複〜x) ①水, 水分; 液; 雨; (複)噴水; 温泉; 鉱泉; (複)湖沼, 池; 水溶液; 分泌物; (複)羊水; (海)喫水, 水深; (船の)航跡; 水路 ▶aller sur l'eau 水に浮ぶ; 航海する apporter de l'eau au moulin de (人)の議論の助けをする basses eaux 干潮 couler à l'eau ゆでる dans ces eaux-là だいたい、およそ eau chaude 湯 eau courante (水道の)水; 流水 eau de Cologne オーデコロン eau de javel ジャベル水, 洗浄漂白剤 eau de mer 海水 eau de parfum 香水 eau de rose バラ香水 eau de source わき水 eau de toilette (香水の)オードトワレ eau douce 淡水, 真水 eau du robinet (蛇口から直接出した)生水 eau gazeuse 炭酸鉱泉水, 炭酸ミネラルウォーター eau minérale 鉱泉水, ミネラルウォーター eau oxygénée 過酸化水素水, オキシドール eau plate 炭酸なしの水 eau potable 飲料水 Eaux et Forêts [les 〜] 治水林野庁 eaux territoriales 領海 eaux thermales 温泉水 eaux usées 汚水, 排水 en avoir l'eau à la bouche よだれがでる; そそられる être en eau 汗だくになる faire eau 水が漏れる hautes eaux 満潮 Il passera de l'eau sous les ponts. 長い時間がかかる, するのは困難だ Il y a de l'eau dans le gaz. 何か変だ, 雲行きがあやしい laver à grande eau 徹底的に洗う, 洗い流す mettre à l'eau 進水させる mettre de l'eau dans son vin 引き下がる, 譲歩する nager entre deux eaux ふたまたをかける perdre les eaux 破水する prendre l'eau 水を通す, 水がしみこむ se mettre à l'eau 水の中に浸かる; 泳ぐ s'en aller (finir, partir, tourner) en eau de boudin (話) だんだん悪くなる service des eaux 給水事業; 水道局 tomber à l'eau (話) (計画などが)流れる, おじゃんになる ②(宝石の)透明度, 品質

-eau 接尾 (<う)「指小」「道具」の意の男性名詞をつくる

eau-de-vie [odvi] 女 (複〜x〜) 蒸留酒, ブランデー

eau-forte [ofort] 女 (複〜x〜s) 〔美術〕エッチング; 〔化〕エッチング用の硝酸液

ébahi(e) [ebai] 形 (<ébahir) あっけにとられた, びっくりした

ébahir [ebair] 他 33 びっくりさせる, 仰天させる — 代動 [s'〜] びっくりする, 仰天する

ébahissement [ebaismɑ̃] 男 仰天, ぼう然自失

ébarber [ebarbe] 他 (余分な物を)切り取る

ébats [eba] 男 〔複〕羽根を伸ばすこと; 遊んで戯れること

ébattre [ebatr] 代動 9 [s'〜] はしゃぎ回る, 跳ね回る

ébaubi(e) [ebobi] 形 (話)びっくりした, 感心しきった

ébauchage [eboʃaʒ] 男 下書きをすること

ébauche [eboʃ] 女 下絵, 下書き; 草案; かすかな輪郭; 始まり

ébaucher [eboʃe] 他 ① 粗削りする, 下書きする; さっと輪郭を作る ②わずかに…する ▶ébaucher un sourire かすかに笑みを浮かべる — 代動 [s'〜] 形をとる, 姿を見せ始める

ébauchoir [eboʃwar] 男 (粗削り用の)粘土べら, のみ

ébaudir [ebodir] 代動 33 [s'〜] 〔文〕楽しむ, 喜ぶ

ébène [eben] 女 黒檀(ぐう)材; 漆黒(ぐう)

ébénier [ebenje] 男 〔植〕黒檀(ぐう)

ébéniste [ebenist] 名 高級家具師

ébénisterie [ebenist(ə)ri] 女 高級家具製作(業)

éberlué(e) [eberlye] 形 (話) びっくりした, あっけにとられた

éblouir [ebluir] 他 33 目をくらませる, くらくらさせる; 魅了する

éblouissant(e) [ebluisɑ̃, -ɑ̃t] 形 まぶしい; (美しくて)まぶしいばかりの, 絢爛(%)たる

éblouissement [ebluismɑ̃] 男 ①強い光で)目がくらむこと, まぶしさ; めまい; 驚嘆; 感嘆 ▶avoir un éblouissement 頭がくらくらする, めまいがする

ébonite [ebonit] 女 エボナイト, 硬質ゴム

éborgner [eborɲe] 他 片目にする; (果樹の)むだ芽を摘む — 代動 [s'〜] (自分の)目をつぶす

éboueur [ebwœr] 男 (道路の)清掃夫

ébouillanter [ebujɑ̃te] 他 熱湯に浸す — 代動 [s'〜] 熱湯でやけどする

éboulement [ebulmɑ̃] 男 落盤, 地崩れ; 崩れ落ちた土砂

ébouler [ebule] 自 崩れる; 崩れ落ちる ― 他 崩す ― 代動 [s'～] 崩れる, 崩れ落ちる

éboulis [ebuli] 男 崩れ落ちた土[岩石]

ébourgeonnement [eburʒɔnmɑ̃], **ébourgeonnage** [eburʒɔnaʒ] 男 むだ芽を摘むこと

ébourgeonner [eburʒɔne] 他 〔農〕 むだ芽を摘む

ébouriffant(e) [eburifɑ̃, -ɑ̃t] 形 《話》びっくりさせる, 驚異的な

ébouriffé(e) [eburife] 形 髪を乱した; 《話》びっくりした

ébouriffer [eburife] 他 髪を乱す; 《話》びっくりさせる

ébranchage [ebrɑ̃ʃaʒ], **ébranchement** [ebrɑ̃ʃmɑ̃] 男 枝降ろし

ébrancher [ebrɑ̃ʃe] 他 枝を降ろす

ébranlement [ebrɑ̃lmɑ̃] 男 震動, 揺れ; 動揺, ぐらつき; 《文》 (心理的な)動揺, ショック

ébranler [ebrɑ̃le] 他 動揺させる, 揺さぶる; (勇気・健康などを)損なう, 動揺させる, ぐらつかせる; (人の気持ちをぐらつかせる ― 代動 [s'～] ① (行列などが)動き出す ② 揺れる, ぐらつく; 動揺する

ébraser [ebraze] 他 〔建〕 隅切りにする

ébréché(e) [ebreʃe] 形 縁が欠けた, 刃こぼれした

ébrécher [ebreʃe] 57 刃をこぼす; (皿の)縁を欠く; 《話》 (財産を使い込む; (名声に)傷をつける

ébréchure [ebreʃyr] 女 欠けた破片

ébriété [ebrijete] 女 酩酊(ぽい)

ébrouer [ebrue] 代動 [s'～] ぶるっと水をふるう, 体をふるわせる; (馬が怖がりして)ぶるっと荒い鼻息を立てる

ébruitement [ebryitmɑ̃] 男 うわさを広めること, うわさが広まること

ébruiter [ebryite] 他 言いふらす ― 代動 [s'～] (うわさが)広まる

ébulliomètre [ebyljometr], **ébullioscope** [ebyljoskop] 男 〔化〕 沸点測定装置

ébullition [ebylisjɔ̃] 女 沸騰; **être en ébullition** 騒然としている, 沸き返っている

éburné(e) [ebyrne] 形 象牙のような色[質]の

éburnéen(ne) [ebyrneɛ̃, -ɛn] 形 《文》=éburné

écaillage [ekajaʒ] 男 うろこを落とすこと; (牡蠣(かき)などの)殻むき

écaille [ekaj] 女 ① うろこ; (植物・動物などの)鱗片; (物の表面からはがれ落ちる)剥(はく)片 ② べっ甲 ③ 《古》 (二枚貝の)殻

écailler¹ [ekaje] 他 うろこを落とす; (…の)殻を開ける; (剥(はく)片として)はがれ落ちさせる ― 代動 [s'～] (うろこ状に)はげ落ちる

écailler²**(ère)** [ekaje, -ɛr] 名 牡蠣(かき)売り

écailleux(se) [ekajø, -øz] 形 うろこのある; (薄片になって)はげ落ちやすい

écalure [ekajyr] 女 (壁などの)はげおちた部分; (はがれた)剥(はく)片

écale [ekal] 女 (くるみなどの)殻

écaler [ekale] 他 (くるみなどの)殻をとる

écanguer [ekɑ̃ge] 他 (麻などを繊維をとるために)打ち砕く

écarlate [ekarlat] 形 深紅色の ― 女 深紅, 緋(ひ)色; 《古》 深紅の布

écarquiller [ekarkije] 他 (目を)大きく見開く

***écart** [ekar エカール] 男 (英 gap) ① 隔たり, 距離; 差; (標準からの)ずれ, 偏(へん)差; 逸(いつ)れること; 逸脱 ② (行政相互間)周遊集落 **▶ à l'écart** はなれて, わきに **à l'écart de** …から離れて **écart de conduite** 軽い犯罪, 微罪 **écart de langage** 汚い言葉, 暴言 **faire un écart** (…を)大きく方向を変える, 逸脱する (de) **grand écart** (体操・バレエの)スプリット 〔股を直線に開いて床に腰を落とす〕 **mettre ... à l'écart** (人)をわきに追いやる **réduire l'écart entre** …の間の距離を縮める **tenir A à l'écart de B** A(人)をBから引き離す **tirer ... à l'écart** (話しかけに)人)をわきに連れ出す

écarté¹**(e)** [ekarte] 形 ① 人里離れた ② 間隔の広い, すき間がある

écarté² [ekarte] 男 エカルテ 〔トランプ遊びの一種〕

écartelé(e) [ekartəle] 形 (< écarteler) 板ばさみになった

écartèlement [ekartɛlmɑ̃] 男 《古》 四つ裂きの刑 〔罪人の手足を4頭の馬で引き裂く〕

écarteler [ekartəle] 他 ① (心などを)引き裂く, 板ばさみにする; 《古》 四つ裂きの刑にする

écartement [ekartəmɑ̃] 男 隔たり, 幅; 隔てる[離れる]こと

***écarter** [ekarte エカルテ] 他 ① 間を分ける, かき分ける ② (…から)遠ざける, 離す (de); (…から)追い払う, 押しのける; 排除する, 無視する ― 代動 [s'～] ① 間が離れる, 四散する ② (…から)遠ざかる, 離れる (de)

ecce homo [ɛkseɔmo] 男 《不変》 〈ラ〉 この人を見よ; 〔美術〕 茨の冠を頂いたキリスト像 〔ピラトがキリストを指して「この人を見よ」と言ったことから〕

ecchymose [ekimoz] 女 〔医〕 皮下溢血(いっけつ)斑; 青いあざ

ecclésiastique [eklezjastik] 形 教会の; 聖職者の ― 男 聖職者; 僧侶

écervelé(e) [esɛrvəle] 形名 思慮のない(人), 軽率な(人)

échafaud [eʃafo] 男 死刑[台]

échafaudage [eʃafodaʒ] 男 (建築

échafauder [eʃafode] 他 (理論などを)強引に組立てる, でっち上げる —自 (建築用の)足場を組む

échalas [eʃala] 男 添え木;《話》ひょろ長い人, のっぽ

échalasser [eʃalase] 他 添え木をする

échalote [eʃalɔt] 女〔植〕エシャロット

échancré(e) [eʃɑ̃kre] 形 半円形の切込みの入った

échancrer [eʃɑ̃kre] 他 (服の襟などに)半円形[V字型]の切込みを入れる

échancrure [eʃɑ̃kryr] 女 半円形 [V字型]の切込み; (海岸線の)出入り

***échange** [eʃɑ̃ʒ エシャンジュ] 男 (英 exchange) 交換; (手紙·資料などの)やり取り;《複》交易, 貿易(= ~ commerciaux) ▶**échange de bons procédés** (親切などの)お返し(de) 《…の》代わりに, 交換として

échangeable [eʃɑ̃ʒabl] 形 交換できる

***échanger** [eʃɑ̃ʒe エシャンジェ] 他 40 (英 exchange) (…と)交換する, 取りかえる (contre); 交わし合う ▶**échanger des balles** (テニス·卓球で)ラリーをする

échangeur [eʃɑ̃ʒœr] 男 ①インターチェンジ, 立体交差 ②熱交換器

échangisme [eʃɑ̃ʒism] 男 スワッピング, 夫婦交換

échangiste [eʃɑ̃ʒist] 名 スワッピングする人

échanson [eʃɑ̃sɔ̃] 男〔史〕(王侯に)酌する人; 《ふざけて》飲み物を注ぐ人

échantillon [eʃɑ̃tijɔ̃] 男 (商品の)見本, サンプル; 代表例, 典型; 〔統計〕サンプル, 標本

échantillonnage [eʃɑ̃tijɔnaʒ] 男 (商品の)見本作り; 《集合的》見本(集); 〔統計〕サンプリング

échantillonner [eʃɑ̃tijɔne] 他 (商品の)見本を作る[選ぶ]; 〔統計〕サンプリングをする

échappatoire [eʃapatwar] 女 (義務からの)逃げ道, 逃げ口上

échappé(e) [eʃape] 名 (< échapper) 逃げた —名 ①逃亡者, 脱走者 ②[eʃape]〔舞〕エシャッペ《バレエの基本的な動きの一つ》

échappée [eʃape] 女 ①(特に自転車競技で)他の走者を振り切ること, スパート ②すき間(からの)見晴らし ③《文》わずかの時間[間隔] ④《古》(息抜きの)小旅行

échappement [eʃapmɑ̃] 男, 機械》排気「排出」; (時計の)雁木(がん); [情報]エスケープ(キー) ▶**en échappement libre** (車が)マフラーなしで **gaz d'échappement** 排気ガス

***échapper** [eʃape エシャペ] 自 (英 escape) ①(…から)逃れる; (…を)免れる 《à》 ▶**échapper à l'impôt** 免税される; 税金を払わない **laisser échapper** 逃がす; 落とす; 見落とす ②(人に気づかれる. 理解を越える, 忘れられる 《à》 ▶**Son nom m'échappe.** 彼の名前を度忘れした ③(人がうっかり漏らす「示す」《à》④(…から)滑り落ちる《de》 —他代動 ①▶**l'échapper belle** かろうじて助かる ②(カナダ)落とす; 逃がす —代動 **s'~** ①(…から)逃げる, そっと出て行く《de》②(水·種などが)あふれる, 漏れる ③(スポーツ)(特に自転車競技で)他を振り切る

écharde [eʃard] 女 (体に刺さった)とげ

écharner [eʃarne] 他 (獣皮を肉から)はぐ, そぐ

***écharpe** [eʃarp エシャルプ] 女 肩掛け, マフラー; 綬(じゅ); つり包帯 ▶**avoir le bras en écharpe** 三角巾(きん)で腕をつっている

écharper [eʃarpe] 他 (刃物で)重傷を負わせる; 虐殺する; 八つ裂きにする

échasse [eʃas] 女 竹馬 ▶**être monté sur des échasses** 足が長い; もったいぶった

échassiers [eʃasje] 男《複》〔鳥〕渉禽(しょうきん)類《ツル·サギなど》

échauder [eʃode] 他 熱湯に通す[つける]; 《話》痛い目にあわせる —代動 **s'~** 熱湯でやけどする

échauffement [eʃofmɑ̃] 男 熱すること, 加熱; (穀物の)むれ発酵; 激昂(きょう), 興奮; 炎症 ▶**exercices d'échauffement** (スポーツ)ウォーミングアップ, 準備運動

échauffer [eʃofe] 他 温める, 熱する; (精神·議論などに)熱を帯びさせる, 興奮させる ▶**échauffer les oreilles à …** 《話》(人を)いらいらさせる —代動 **s'~** (スポーツ)ウォーミングアップをする; 興奮する, 熱気を帯びる; (穀物などが)発酵する

échauffourée [eʃofure] 女 小ぜりあい, 乱闘

échauguette [eʃogɛt] 女 (城の)物見台, 望楼

èche [ɛʃ] 女 = esche

échéance [eʃeɑ̃s] 女 (手形などの)支払い期日; 期日の来た手形; 決着のつく日, 期日 ▶**à longue [brève] échéance** 長期間[短期間]で **échéances politiques** (選挙の)投票日 **venir à échéance** 満期になる

échéancier [eʃeɑ̃sje] 男 手形支払(受け取り)台帳; (計画などの)期限, 期日

échéant(e) [eʃeɑ̃] 形〔法〕期限の ▶**le cas échéant** 万一の場合

***échec** [eʃɛk エシェック] 男 ①(英 fail, ure) 失敗, 挫折, 不成功 ▶**avoir une conduite d'échec** 自滅する **subir un échec** 失敗をこうむる **tenir... en échec** (人)を抑える, 行動させない

voué à l'échec 必ず失敗する ②〔chess〕〔複〕チェス；チェスの駒；〔チェス〕王手 ▶**Échec au roi!** チェック! **Échec et mat!** チェックメイト! **jeu d'échecs** チェス盤 **jouer aux échecs** チェスをする

échelier [eʃəlje] 男（一本の縦木の両端に横木のついた）一本はしご

*__échelle__ [eʃɛl] 女 ①〔英 ladder〕はしご；階段，段；等級，規模，スケール；縮尺；目盛り；〔楽〕音階 ▶**à l'échelle de** …の規模で **croquis à l'échelle** 縮尺図 **échelle de poissons**（ダムの）魚梯 **échelle de Richter**〔地〕リヒター尺度〔地震のマグニチュード〕**échelle des salaires** 給与体系 **échelle d'incendie** 避難はしご **échelle mobile**（消防の）延長はしご；〔経〕スライド制〔物価などの変動に応じて調整される〕**échelle sociale** 社会の階層 **être au sommet de l'échelle**（地位などの）頂点にいる **faire la courte échelle à …**（自分が踏み台になって）（人）を上にあげてやる；（人）の昇進を手を貸す

échelon [eʃlɔ̃] 男（はしごの）横木，段；段階，階級；〔軍〕（前線から後方までの）部隊配置の段階，縦陣 ▶**à tous les échelons** すべての段階で **grimper rapidement les échelons** 出世の階段を駆け登る

échelonnement [eʃlɔnmɑ̃] 男 間隔をおいて並べること（並んでいること）

échelonner [eʃlɔne] 他 等間隔に並べる，等分に行う；〔軍〕縦陣に配置する 一代動 [s'~] 等間隔を置く（に分けて行われる）；〔軍〕縦陣に並ぶ

échenillage [eʃ(ə)nijaʒ] 男 毛虫の駆除

écheniller [eʃnije] 他（…の）毛虫を駆除する；（文章などから）むだを削る

écheveau [eʃvo] 男（複 ~x）（糸の）かせ；（事件などの）もつれ

échevelé(e) [eʃəvle] 形 ①髪を乱した ②熱狂的な，奔放な

écheveler [eʃəvle] 他 4 〔文〕髪を乱す

échevin(e) [eʃvɛ̃] 名（ベルギー・オランダで）市［町・村］の助役；（フランス革命前の）町役人

échidné [ekidne] 男〔動〕ハリモグラ

échine[1] [eʃin] 女 背骨，背；（豚の）背肉 ▶**avoir l'échine souple**（人につらう **courber [plier] l'échine** 服従する

échine[2] [eʃin] 女〔建〕（イオニア式柱頭の）渦巻き型飾り形；（ドーリア式建築のまんじゅう飾り形）

échiner [eʃine] 代動 [s'~]〔話〕（…するのに）骨が折れる〈à〉

échinodermes [ekinodɛrm] 男〔複〕〔動〕棘皮（きょくひ）動物〔ウニやヒトデなど〕

échiquéen(ne) [eʃikeɛ̃, -ɛn] 形 チェスの

échiquier [eʃikje] 男 ①チェスボード，碁盤 ▶**échiquier mondial** 国際問題の舞台 **échiquier politique**〔『l'~』で〕政治の舞台 **en échiquier** 碁盤目に〔の〕；市松模様の ②勝負の舞台で③〔É.〕〔イギリスの〕大蔵省

écho[1] [eko] 男 こだま；反響，反応；うわさ；〔複〕（新聞の社会欄，三面記事欄；〔時代・影響などの〕反映 ▶**en écho** おうむ返しに **se faire l'écho de**（考えなどに）共鳴する；（うわさ）を広める

écho[2] [eko], **échographie** [ekografi] 女〔医〕超音波診断法

échographier [ekografje] 他〔医〕超音波検査する

écholalie [ekolali] 女〔医〕反響言語〔意味のないおうむ返し、発話障害の一つ〕

écholocation [ekolokasjɔ̃], **écholocalisation** [ekolokalizasjɔ̃] 女〔動〕反響定位〔コウモリなど超音波での位置確認〕

échoppe[1] [eʃɔp] 女 屋台店

échoppe[2] [eʃɔp] 女 たがね，彫（ちょう）刀

échotier(ère) [ekotje] 名 三面記事を書く記者

échotomographie [ekotomografi] 女 超音波断層撮影法

échouage [eʃwaʒ], **échouement** [eʃumɑ̃] 男 座礁；浅瀬に乗上げること

*__échouer__ [eʃwe エシュエ] (英 fail) 自 ①（…に）失敗する〈à, dans〉②（ある場所に）舞い込む；（仕方なく）とどまる ③（船が）座礁する 一他 座礁させる；（船を）浜へ打上げる 一代動 [s'~] 座礁する

échu(e) [eʃy] 形（< échoir）支払い期日の来た **à terme échu** 支払い期日に **intérêts échus** 未払い利息

écimage [esimaʒ] 男（植物の上部の）葉を取り除くこと

écimer [esime] 他（植物の上部の）葉を取り除く

éclaboussement [eklabusmɑ̃] 男（水・泥などを）はねかけること；ほとばしり

éclabousser [eklabuse] 他 ①水〔泥〕をはねかける；（人の）評判を傷つける，巻き添えにする ②（ぜいたくなどを）ひけらかす 一代動 [s'~] しぶきを浴びる

éclaboussure [eklabusyr] 女（複）（泥などの）はね返り，とばしり；そば杖，とばっちり

*__éclair__ [eklɛr エクレール] 男〔英 lightning, flash〕①稲妻，電光；閃（せん）光；（目などの）輝き；（頭の）ひらめき ▶**éclair de malice** いたずらっぽい目の輝き **en un éclair** あっという間に **passer comme un éclair** あっという間に過ぎる ②〔形容詞的に名詞に付加して〕電撃の，あっという間の ▶**fermeture éclair** ファスナー **voyage éclair** 短期

éclairage [eklɛraʒ エクレラージュ] 男 照明, 採光; [美術] 光の当て方; 観点 ▶ porter un nouvel éclairage sur … に新たな観点から光をあてる éclairage public [ública] 街灯

éclairagisme [eklɛraʒism] 男 (特に歴史建造物の)照明技術[設備]

éclairagiste [eklɛraʒist] 名 照明専門家, 照明技師

éclairant(e) [eklɛrɑ̃, -ɑ̃t] 形 明るくする; (疑問などを)明らかにする

éclaircie [eklɛrsi] 女 ①雲の切れ目; 晴れ間 ②林間の空地 ③事態の一時的な好転

éclaircir [eklɛrsir エクレルスィール] 他 33 (英 clear up) ①明るくする, はっきりさせる; (疑問などを)明らかにする ②薄める ③薄くする, まばらにする ④明るくなる, 澄む; はっきりする ⑤薄く(まばらに)なる ▶ s'éclaircir la voix (のどの通りをよくするために)せき払いをする

éclaircissement [eklɛrsismɑ̃] 男 説明, 解明; 釈明

éclairé(e) [eklere] 形 (< éclairer) 見識[教養]のある

éclairement [eklɛrmɑ̃] 男 ①〖文〗明るくなること ②〖光〗照度

éclairer [eklere エクレレ] 他 (英 light) 照らす, 照明する, 明るくする; (問題などを)明らかにする; (人に…について)本を示す, 教える《sur》— 自 照らす ▶ éclairer ... d'un jour nouveau (問題など)に新たな光を当てる éclairer la lanterne de (人)によく分からせる, 説明する — 代動 [s'~] ①明るくなる; (明かりが)灯る; 自分の足元を照らす ②(表情などが)晴れやかになる; (疑問などが)解ける

éclaireur [eklɛrœr] 男 斥候 ▶ avion éclaireur 偵察機 partir en éclaireur 斥候に出る — 名 (女 **éclaireuse** [-øz]) ボーイ[ガール]スカウト団員

éclampsie [eklɑ̃psi] 女 [医] 子癇《ん》《痙攣《ﾈｯ》を伴う妊婦中毒症》

éclamptique [eklɑ̃ptik] 形 名 [医] 子癇《ん》の(患者)

éclat [ekla エクラ] 男 ①(爆発などによる)破片 ②爆発音, 大きな音[声] ▶ éclats de voix 叫び声 faire un éclat 騒ぎ; 騒ぎを起こす rire aux éclats 大声で笑う ③輝き; 閃《ﾈｯ》光; 鮮やかな色, すばらしさ, 華々しさ coup d'éclat 輝かしい業績, 偉業 donner de l'éclat à … を添える

éclatant(e) [eklatɑ̃, -ɑ̃t エクラタン(ト)] 形 ①(音が)鳴りきたる; 光り輝く, 鮮やかな; 輝かしい; 明白な

éclatement [eklatmɑ̃] 男 破裂, 爆発; 分裂

éclater [eklate エクラテ] 自 (英 burst) ①爆発する, 破裂[さく裂]する; 分裂する; 響き渡る, とどろく; (戦争など

が)起る, 勃発する; (感情などを)爆発させる; 突然あらわれる《de, en》▶ **éclater de rire** 爆笑する; 笑い出す **éclater en sanglots** 月っと泣き出す **laisser éclater sa joie** よろこびに身を任せる ②(青)明白になる ③一躍有名になる ④(市)輝やく — 代動 [s'~] (話)(仕事などが)楽しくて夢中になる

éclectique [eklɛktik] 形 (趣味・意見などの)幅広い; 〖哲〗折衷《ﾁｭｳ》主義の

éclectisme [eklɛktism] 男 幅広い趣味, 見識の広さ; 〖哲〗折衷《ﾁｭｳ》主義

éclipse [eklips] 女 ①[天] 食 ▶ **éclipse de lune** 月食 **éclipse de soleil** 日食 **éclipse totale** [**partielle**] 皆既[部分]食 ②(有名人などの)活動の中断; (名声などの消失[かげり]) ▶ **à éclipses** 点滅式の **carrière à éclipses** 浮き沈みの激しい職業

éclipser [eklipse] 他 ①(天体が)食する, 光をさえぎる ②(ライバルの)影を薄くする, 圧倒する — 代動 [s'~] ①(天体が)食になる[欠ける] ②(話)姿を消す, そっと立ち去る

écliptique [ekliptik] 男 形 [天] 黄道の

éclisse [eklis] 女 ①薄板 ②[外] 副木 ③(レールの)継ぎ板

éclopé(e) [eklope] 形 足を痛めた — 名 足を痛めた人; [軍] 軽傷者

éclore [eklɔr] 自 13 [助動詞は多くは être] (卵・ひなが)かえる; 花が開く; 開花する

éclosion [eklozjɔ̃] 女 孵《ﾌ》化; 開花; 誕生

éclusage [eklyzaʒ] 男 (船の)水門通過

écluse [eklyz] 女 水門, 堰《ｾｷ》

éclusée [eklyze] 女 (船の通過のための)閘《ｺｳ》水量

écluser [eklyze] 他 ①(水門を調節して)船を通らせる ②(話)(酒を)がぶ飲みする

éclusier(ère) [eklyzje, -ɛr] 名 水門の番人, 堰《ｾｷ》番

éco- 接頭 〈エコロジー〉「環境」「生態」の意

écobilan [ekobilɑ̃] 男 環境評価【製品の製造・使用・廃棄に至る環境への影響を評価する】

écobuage [ekobɥaʒ] 男 焼き畑

écobuer [ekobɥe] 他 焼き畑にする

écocide [ekosid] 男 生態系破壊

écœurant(e) [ekœrɑ̃, -ɑ̃t] 形 吐き気を催させる, 嫌悪を感じさせる; 元気をなくさせる, 落胆させる

écœurement [ekœrmɑ̃] 男 吐き気 催, やる気をなくすこと, 意気阻喪

écœurer [ekœre] 他 吐き気を催させる; 嫌気を起こさせる, うんざりさせる; やる気を失わせる

école [ekɔl エコル] 女 (英 school) ①学校; (集合的) 生徒および教職員; (特

écolier(ère) [ekɔlje, -ɛr エコリエ(ール)] 名 小学生; 初心者, 新米

écolo [ekɔlo] 形 = écologique — 名 〔話〕= écologiste

écologie [ekɔlɔʒi] 女 生態学, 自然環境保護(運動)

écologique [ekɔlɔʒik] 形 生態学の[に関する]; 自然環境保護の[に関する]

écologiquement [ekɔlɔʒikmɑ̃] 副 生態学的に, 環境保護の点では

écologisme [ekɔlɔʒism] 男 エコロジスム, 自然環境保護論[主義]

écologiste [ekɔlɔʒist] 名 環境保護論者

écologue [ekɔlɔg] 名 生態学者

écomusée [ekɔmyze] 男 民族誌博物館

éconduire [ekɔ̃dɥir] 他 15 追い払う, 追い返す; 要求をはねつける

économat [ekɔnɔma] 男 会計(出納)係(の職); 会計課

économe [ekɔnɔm] 形 倹約家の, 出し惜しみをしない — 名 (学校・病院などの)会計係

économètre [ekɔnɔmetr] 名 計量経済学者

économétrie [ekɔnɔmetri] 女 計量経済学

économétrique [ekɔnɔmetrik] 形 計量経済学の[に関する]

***économie** [ekɔnɔmi エコノミ] 女 ① 経済 ▶ *avoir le sens de l'économie* 金にうるさい *économie de marché* 市場主義経済 *économie dirigée* 統制経済 *économie politique* 経済学 ② 倹約, 節約; 〔複〕貯金, 貯え ▶ *avoir des économies* 貯金がある ▶ *des économies de bout de chandelle* ほんのわずかな節約 ▶ *faire des économies* 貯金をする ▶ *faire l'économie de* …を省く ③〔文〕構成; 組織

***économique** [ekɔnɔmik エコノミク] 形 ① 経済学の; 経済上の ▶ *crise économique* 経済危機 *cycle économique* (経済の)景気循環 ② 安上がりの, 経済的な ▶ *classe économique* (飛行機の)エコノミークラス — 男 〔集合的〕経済(現象) — 名 経済学者(= science ~)

économiquement [ekɔnɔmikmɑ̃] 副 ① 経済上, 経済学的に ▶ *économiquement faibles* 〔les ~〕低所得層, 経済的弱者 ② 倹約して

économiser [ekɔnɔmize] 他 節約[倹約]する; 金を貯める ▶ *économiser* …代を節約する

économiseur [ekɔnɔmizœr] 男 ▶ *économiseur d'écran* 〔情報〕スクリーンセイバー

économiste [ekɔnɔmist] 名 経済学者, 経済の専門家

écope [ekɔp] 女 〔海〕(船底の水を汲み出す)柄杓(ひしゃく), あか取り

écoper [ekɔpe] 他 ①(船の水を)あか取りで汲み出す ②〔話〕(損害・罰・罰金を)受ける — 自 ①〔話〕罰を食う, やられる; (…を)くらう(de)

écoproduit [ekɔprɔdɥi] 男 エコプロダクト〔環境に配慮した製品〕

écorçage [ekɔrsaʒ] 男 皮をはぐこと, むくこと

écorce [ekɔrs] 女 ① 樹皮; (果物の)皮 ②〔文〕外見, 見かけ ▶ *écorce terrestre* 〔地〕地殻

écorcer [ekɔrse] 他 52 (樹皮を)はぐ, (果物の)皮をむく

écorché(e) [ekɔrʃe] 形 (< écorcher) 皮がはがれた; 皮膚をすりむかれた — 名 皮をはがれた人 ▶ *écorché vif* 神経のひりひりした人 — 男 〔美術〕皮をはいだ人体[動物]模型

écorcher [ekɔrʃe] 他 ① 皮をはぐ; すりむく, (扌り)傷をつける ② 騒音を出す ▶ *écorcher les oreilles de* (人)に耳障りな音を出す ③ 不正確に話す[発音する] ④〔古〕暴利をむさぼる — 代動 〔s'~〕皮膚をすりむく

écorcheur(se) [ekɔrʃœr, -øz] 名 ① 皮はぎ職人 ②〔古〕暴利をむさぼる人

écorchure [ekɔrʃyr] 女 かすり[かき]傷, 擦過傷

écorecharge [ekɔrəʃarʒ] 女 エコチャージ[洗剤などの詰め替え用製品]

écorner [ekɔrne] 他 ① 隅[角・縁]を欠く; 〔話〕(財産などに)穴をあける, 使い込む

écornifleur(se) [ekɔrniflœr, -øz] 名〔古〕たかり人間; 食客

écornure [ekɔrnyr] 女 (かどや縁の)欠け傷, 破片

écossais(e) [ekɔsɛ, -ɛz] 形 ① ス

コットランドの ②タータンでできた, タータン・チェックの ── 名 [[É.-]] スコットランド人 ── 男 スコットランド語方言; タータン

Écosse [ekɔs] 女 スコットランド

écosser [ekɔse] 他 (豆などの)さやをむく

écosystème [ekɔsistɛm] 男 [生] 生態系

écot [eko] 男 (会食の)各自の勘定

écotaxe [ekotaks] 女 環境税

écotoxique [ekotoksik] 形 環境を汚染する

écotype [ekotip] 男 [生] 生態型

écoulement [ekulmã] 男 ①流出, 排出; 排水 ②(人・車や時の)流れ; (商品の)売行き; 流通

écouler [ekule] 他 売りさばく; 流通させる ── 代動 [s'~] 流れる; (時などが)過ぎる; なくなる; (商品が)はける, さばける

écourter [ekurte] 他 (期間を)縮める; (不自然に)ちょん切る; (古)(長さを)短くする

écoutant(e) [ekutɑ̃, -ɑ̃t] 名 電話相談員

écoute[1] [ekut] 女 (ラジオ・電話を)聞くこと, 聴取; 傍受; [軍] (音による敵の)探知, 聴音 ▶**écoutes téléphoniques** 盗聴 **être à l'écoute de** (人)の言うことを聞く **heures de grande écoute** (ラジオ・テレビの)ゴールデンタイム **indice d'écoute** 視聴率 **mettre ... sur écoute** (人)の電話を盗聴する **table d'écoute** 電話盗聴器

écoute[2] [ekut] 女 [海] (帆の向きを調節する)帆脚綱

***écouter** [ekute] 他 (英 listen to) 注意して聞く, 耳を傾ける; (人の言うことを)聞き入れる; (感情などに)従う **Écoute! / Écoutez!** (注意を促す)いいですか **écouter ... parler** (人)が話すのを聴く **écouter aux portes** 盗み[立ち]聞きする **écouter de toutes ses oreilles** 一心に耳を傾ける, 熱心に傾聴する **n'écoutant que son courage** 勇気のみを頼りにしながら 《雅文》[ぽんやり]と聞く ── 代動 [s'~] 本心に従う; 自分の身をいたわる, 健康に気にする ▶**s'écouter parler** 自分の言葉に酔って話す **Si je m'écoutais, ...** 本心を言えば…

écouteur [ekutœr] 男 受話器, レシーバー, イヤホン, ヘッドホン

écoutille [ekutij] 女 (甲板の)昇降口, ハッチ

écouvillon [ekuvijɔ̃] 男 (瓶などの洗浄用の)棒ブラシ

écrabouillage [ekrabujaʒ], **écrabouillement** [ekrabujmɑ̃] 男 《話》(ぐちゃぐちゃに)押しつぶすこと

écrabouiller [ekrabuje] 他 《話》(ぐちゃぐちゃに)押しつぶす

écran [ekrɑ̃] 男 (英 screen) ①スクリーン; 映画, (テレビ)の映像スクリーン, 画面 ▶**écran de contrôle** モニター画面 **écran tactile** [情報] タッチスクリーン **grand écran** [[le ~]] 大型スクリーン【映画】 **petit écran** [[le ~]] 小型スクリーン【テレビ】 ②ついたて; 幕 ▶**écran solaire** 日焼け止めクリーム **écran total** (強力な)日焼け止めクリーム **faire écran à** …を見えなくする; 理解を妨げる

écrasant(e) [ekrazɑ̃, -ɑ̃t] 形 骨の折れる, 押しつぶすような; 圧倒的な ▶**majorité écrasante** 圧倒的大多数

écrasé(e) [ekraze] 形 (< écraser) 押しつぶされた, ぺちゃんこの; (車に)ひかれた

écrasement [ekrazmɑ̃] 男 押し[すり]つぶすこと; 粉砕, 完全な破壊; 激突

écrase-merde [ekrazmɛrd] 女 (複)《話》大きぎすぎる靴

***écraser** [ekraze エクラゼ] 他 (英 crush) 押し[踏み]つぶす, 粉々にする; (車が)ひく; 強く押し付ける(ペダルなどを強く踏む); 粉砕する, 徹底的に打ち負かす; 重くのしかかる; (…で)圧迫[圧倒]する (de, par); [情報] 消去する, 上書きする ▶**Écrase!** 《話》もういい; ほっとけ **écraser le coup** 水に流す **en écraser** 《話》よく眠る, ぐっすり眠る ── 代動 [s'~] ①つぶされる, ぺちゃんこになる; (飛行機が)墜落する; 《話》押し合う ②《話》文句を言わないでおく, おとなしくしている, あきらめる

écraseur(se) [ekrazœr, -øz] 名 下手で危険なドライバー

écrémage [ekremaʒ] 男 クリーム分離; 《話》一番良い部分を選び取ること

écrémer [ekreme] 他 57 ①(牛乳から)クリームを分離する[すくいとる] ②《話》(一番よい部分を)選び取る, 選別する ▶**lait écrémé** 脱脂乳, スキムミルク

écrémeuse [ekremøz] 女 クリーム分離器

écrêtement [ekrɛtmɑ̃] 男 (数値の)平滑化

écrêter [ekrɛte] 他 (砲弾が城壁などの)頂を崩す; (圧などを切り崩して)平らにする; (突出した値を)平均に近づける

écrevisse [ekrəvis] 女 [動] ザリガニ

écrier [ekrije] 代動 [s'~] (英 cry out) 叫ぶ, 大声を上げる

écrin [ekrɛ̃] 男 宝石箱; 箱におさめられた宝石[貴重品]

***écrire** [ekrir エクリール] 他 26 (英 write) かく; つづる, (手紙を)書き送る, 著作する; 作曲する; [[~ à A de [que] ...]] A(人)に…するように[…と]手紙を書く ▶**écrire un livre** 本を書く, 著述する ── 代動 [s'~] 書かれる; 手紙のやりとりをする ▶**comment ça s'écrit?** どうつづるのですか? **machine à écrire** タイプライター

écris [ekri] ⇒**écrire**

écrit(e) [ekri, -it エクリ(ト)] 形 (< écrire) (英 written) 書かれた; 筆記の; 文書による ▶**épreuve écrite** 筆記試験 **langue écrite** 書き言葉 ―― 男 ①書類; 文書; 作品, 著作 ②筆記試験 ▶**par écrit** 文書で

écriteau [ekrito] 男 (複 ~x) 掲示, 標識, 立札, はり紙

écritoire [ekritwar] 女 (インク・ペンなどを入れる) 文箱

écriture [ekrityr エクリチュール] 女 (英 writing) ①文字, 字[書]体; 筆跡, 文体; 書くこと, エクリチュール; [l'É-(s)] 聖書 ②[法] 文書; (複) (訴訟に必要な書類) ③(複) [経] 簿記

écrivailler [ekrivaje], **écrivasser** [ekrivase] 自 [話・軽蔑的] 書きなぐる, 乱作する

écrivailleur(se) [ekrivajœr, -øz] 名, **écrivaillon** [ekrivajɔ̃] 男 [話・軽蔑的] (書きなぐる)三文文士, 乱作作家

écrivain [ekrivɛ̃ エクリヴァン] 男 (英 writer) [女性にも男性形を用いる] 作家; 文筆家 ▶**écrivain public** 代書人 **femme-écrivain** 女流作家

écrivassier(ère) [ekrivasje, -ɛr] 名 [話・軽蔑的] 三文文士

écrou [ekru] 男 ①[機] ナット, 雌ネジ ▶**écrou à ailettes** つまみナット; 蝶(ちょう)ナット ②[法] (刑務所への) 身柄拘留令状 ▶**mettre ... sous écrou** (人) を囚人名簿に入れる

écrouelles [ekruɛl] 女 (複) [医] (古) 瘰癧(るいれき)[頸部のリンパ節結核] ▶**herbe aux écrouelles** [植] ゴマノハグサ

écrouer [ekrue] 他 (人) を囚人名簿[身柄拘留令状]に記入する; 投獄する

écrouir [ekruir] 他 33 [冶] 冷間加工する

écrouissage [ekruisaʒ] 男 [冶] 冷間加工

écroulement [ekrulmɑ̃] 男 崩壊, 倒壊; 没落; (人が) 倒れること

écrouler [ekrule] 他 (励) [s'~] 崩れる; 没落する, 挫折する; (人が) 倒れる

écroûter [ekrute] 他 (パンの皮などの) 硬い部分をとる; [農] 土の表面を軽く耕す

écru(e) [ekry] 形 さらしていない, 生(き)の

ecstasy [ɛkstazi] 男 (< 英) (麻薬の) エクスタシー

ectasie [ɛktazi] 女 [医] 拡張(症)

ecthyma [ɛktima] 男 [医] 膿瘡(のうそう)

ecto- 接頭 (< ギ) 「外」「外部」の意

ectoblaste [ɛktɔblast], **ectoderme** [ɛktɔdɛrm] 男 [生] 外胚葉

ectopie [ɛktɔpi] 女 [医] 転位, 偏位

ectoplasme [ɛktɔplasm] 男 ① [生] 外部原形質 ②(霊媒から発するという) 心霊体

écu [eky] 男 ①(中世の) 楯(たて); [紋]

楯形の紋章 ②エキュ【昔の金[銀]貨】 ③(略) (< 英) european currency unit (昔の)欧州通貨単位, エキュ【現在はユーロ】

écubier [ekybje] 男 [海] 錨鎖(びょうさ)孔

écueil [ekœj] 男 暗礁; 危険物; 障害

écuelle [ekɥɛl] 女 深皿, 椀(わん); どんぶり

éculé(e) [ekyle] 形 (履物の) かかとのつぶれた; 使い古された

écumage [ekymaʒ] 男 [料] あく取り

écumant(e) [ekymɑ̃, -ɑ̃t] 形 (文) 泡立つ; 口から泡を吹いた

écume [ekym] 女 泡; あく; 唾の泡; (馬の) 汗; [古] 浮きかす, ドロス; (文・古) 最下層の人々

écumer [ekyme] 他 ①[料] 泡[あく]をとる ②荒し回る; 一番いい部分を奪い取る ―― 自 泡立つ; 泡をふく ▶**écumer de rage** 泡を吹いて激怒する

écumeur(se) [ekymœr, -øz] 名 海賊 (= ~ de mer); 剽窃者

écumeux(se) [ekymø, -øz] 形 泡立つ

écumoire [ekymwar] 女 [料] あく取り用杓子(しゃくし)

écurer [ekyre] 他 (古) (鍋などを)掃除する; (井戸をさらう)

écureuil [ekyrœj] 男 [動] リス ▶**écureuil volant** モモンガ

écurie [ekyri] 女 ①厩舎(きゅうしゃ), 馬小屋; (話) 汚い場所 ②(集合的) (同一厩舎[馬主に属する)競走馬全体(レースや選抜試験などで)同一チームに属する全員の総称)

écusson [ekysɔ̃] 男 ①ワッペン, 楯(たて)形模様[紋章]; (所属部隊などを示す) 徽章, 肩章の紋 ②[園] つぎ芽

écussonnage [ekysɔnaʒ] 男 [園] 芽つぎ

écussonner [ekysɔne] 他 ①[園] 芽つぎをする ②紋章をつける

écussonnoir [ekysɔnwar] 男 [園] 芽つぎ用ナイフ

écuyer(ère) [ekɥije, -jɛr] 名 すぐれた騎手, 馬術教師; (サーカスの) 曲馬師 (= ~ de cirque) ―― 男 [史] (中世の従者, 盾(たて)持ち; 平貴族[貴族] の称号); 盾主馬口寮の役人

eczéma [ɛgzema] 男 [医] 湿疹(しっしん)

eczémateux(se) [ɛgzematø, -øz] 形 湿疹(しっしん)の にかかった ―― 名 湿疹患者

éd. [edisjɔ̃] (略) édition 版; 出版社

édam [edam] 男 エダム【オランダ産の球状の黄色いチーズ】

edelweiss, édelweiss [edɛlvajs, edɛlvɛs] 男 (不変) (< ド) (植) エーデルワイス, セイヨウすきすぎく

éden [edɛn] 男 ①[l'É-] [聖] エデン(の園) ▶**le jardin d'É-)** ②(文) 楽園

édénique [edenik] 形 《文》エデンの, 楽園の

édenté(e) [edɑ̃te] 形 歯の抜けた —— 名 《複》[動] 貧歯目

EDF (略) Électricité de France フランス電力公社

EDI (略) échange de données informatisées [情報] (商取引用の)電子データ交換

édicter [edikte] 他 ①(法により)命じる, 規定する; (法律を)発布する (決定などを)表明する ②《文》

édicule [edikyl] 男 (路傍の売店・共同便所などの)小建築物; (教会などの付属の)小室

édifiant(e) [edifjɑ̃, -ɑ̃t] 形 模範的な, 教訓的な; 《皮肉的》(悪い見本として)ためになる

édification [edifikasjɔ̃] 女 ①建設, 建立 ②(学説などを)立てること, 構築 ③教化; 教訓

édifice [edifis] 男 (大)建築物; 機構, 構築物; 体系

édifier [edifje] 他 ①建てる, 建立する; (学説などを)作る, 築き上げる ②教化する, 教訓を与える; (人の)幻想を破る, 目を覚まさせる

édile [edil] 男 市長; 市の役人; 市会議員; (古代ローマの)造営官

édilité [edilite] 女 (古代ローマの)造営官(の職); (都市の役人, 幹部

édit [edi] 男 ①《史》(昔のフランス王の)勅令, 王令 ②(ローマの政務官による)法令

éditer [edite] 他 ①出版[発行]する; 刊行する, 校訂する; [情報] 編集する

***éditeur(trice)** [editœr, -tris エディトゥール(トリス)] 名 《英 publisher》 ①出版社, 発行者 ②編者, 編者 ③[情報] エディタ ▶ éditeur de textes [情報] テキストエディタ [テキスト編集ソフト] —— 形 刊行する

***édition** [edisjɔ̃ エディスィヨン] 女 《英 publishing》 ①出版; 出版界[業]; (複)出版社(= maison d'~) ②(本やレコードの)発行; (映画などの)製作; [情報] (データの)編集 ③版; 校訂(本) ▶ dernière édition 最新版 édition de poche ポケット版 édition électronique 電子出版[デジタル・データをCD-ROMの形で出版すること]; デスク・トップ・パブリッシング[コンピューターで編集して出版すること] édition revue et corrigée 改訂版 édition spéciale 臨時増刊号, 号外

édito [edito] 男《話》= éditorial

éditorial(ale) [editɔrjal, -o] 形 (男 complement -aux [-o]) 出版[校訂]の —— 男《英》社説, 論説

éditorialiste [editɔrjalist] 名 論説委員

Edmond [edmɔ̃] 男 エドモン【男子の名】

Édouard [edwar] 男 エドゥワール【男子の名】

子の名】

édredon [edrədɔ̃] 男 羽ぶとん; 羽毛の足掛けぶとん

éducable [edykabl] 形 教育できる

éducateur(trice) [edykatœr, -tris] 形 教育の, 教訓的な —— 名 教育者, 教師

éducatif(ve) [edykatif, -iv] 形 教育に役立つ, 知識を与える ▶ système éducatif 教育制度

***éducation** [edykasjɔ̃ エデュカスィヨン] 女 《英 education》 ①教育, 訓練 (教育制度) ▶ éducation civique 公民教育 Éducation nationale [[l'~]] 公教育 éducation permanente 生涯教育 éducation physique et sportive 体育[略 EPS] éducation sexuelle 性教育 ministère de l'Éducation nationale 文部省 ②しつけ, 礼儀 ▶ avoir de l'éducation しつけのいい manquer d'éducation 態度の悪い sans éducation 礼儀をわきまえない ③《古》飼育, 栽培

éducationnel(le) [edykasjɔnɛl] 形 教育(上)の

édulcorant(e) [edylkɔrɑ̃, -ɑ̃t] 形 甘みを加える —— 男 甘味料

édulcorer [edylkɔre] 他 甘みをつける; (表現などを)和らげる

éduquer [edyke] 他 教育する, しつける; 訓練する ▶ bien [mal] éduqué 育ちのよい[悪い]

-éen(ne) [接尾] 《ラ》「…の(人)」の意の形容詞[名詞]を作る

effaçable [efasabl] 形 消せる; 消去可能な

effacé(e) [efase] 形 (< effacer) ①消えた ②控え目の; 目立たない

effacement [efasmɑ̃] 男 ①消去, 削除, 消失 ②控え目(な態度)

***effacer** [efase エファセ] 他 **52** (英 erase) 消す; (記憶などを)消す, 忘れさせる; 色あせさせる; 目立たなくさせる, 影を薄れさせる; (後ろへ, 脇へ)引っ込める; [情報] 消去する, 削除する ―― (代動) |s'~| 消える; わさべ消る, 席を譲る ▶ s'effacer devant (人に)賛成して引き下がる

effaceur [efasœr] 男 修正ペン

effarant(e) [efarɑ̃, -ɑ̃t] 形 恐るべき, 驚くべき, とんでもない; 信じられない

effaré(e) [efare] 形 (< effarer) 慄(おのの)然とした, ぎょうとした, おびえた

effarement [efarmɑ̃] 男 驚愕(がく), おびえ, 狼狽(ばい)

effarer [efare] 他 慄然とさせる, お びえさせる; ぎょうとさせる, びっくりさせる

effarouché(e) [efaruʃe] 形 (<effaroucher) おびえた

effarouchement [efaruʃmɑ̃] 男 おじけづかせる[おびえる]こと; おびえ

effaroucher [efaruʃe] 他 (動物を)おびえさせる; (人を)おじけつかせる; 逃腰にさせる, そっぽを向かせる; 《古》驚かせる

フランスの教育制度

	doctorat 博士課程（3年）		
master 修士課程（2年）	Grandes Écoles グランゼコール（3年）		
licence 学士課程（1年）			
D.E.U.G. 一般教育課程（2年）	C.P.G.E. グランドゼコール準備コース（2年）	I.U.T. 技術短大（2年）	

baccalauréat バカロレア，大学入学資格

18		
	lycée 普通高校（3年）	lycée professionnel 職業高校（2～3年）
15		
	collège 中学校（4年）	
11		
	école primaire 小学校（5年）	
6		

教育制度：国が管轄する中央集権的な教育制度
義務教育：6歳から16歳まで
　　　　　　　　　　　（上記の表参照）

ベルギーの教育制度
教育制度：ベルギーにはオランダ語，フランス語，ドイツ語の共同体があり，各言語共同体が管轄するので共同体ごとに違いがある
義務教育：6歳から18歳まで；ただし全日制は16歳までで，16歳以後はパートタイムとなり仕事をすることもできる

　école primaire(小学校) 6年間　　lycée(中学校) 3年間

　athénée(アテネ)：16歳から18歳までの大学進学希望者が通う全日制の学校

大学：CESS(Certificat d'Enseignement Secondaire Supérieur 上級中等教育修了証)を取得すると大学に進学できる

スイスの教育制度
教育制度：canton(州)が管轄するのでcantonごとに違いがある
義務教育：6歳から15歳まで；多くのcantonが6-3制をとっている

　école primaire(小学校) 4～6年間
　école secondaire(中学校) 3～5年間

　gymnase(ギムナジウム)とEDD：gymnaseとは大学進学のための学校。EDDはécole de degré diplôme(修了証取得学校)で2年間もしくは4年間の職業教育を行う

大学・専門学校：maturité(大学入学資格)を取得すると大学に進学できる；大学にあたるhaute école universitaireやhaute école spécialisée，職業教育をするécole supérieureがある

ケベックの教育制度
教育制度：カナダ連邦ではprovince(州)が管轄する
義務教育：6歳から16歳まで

　école primaire(小学校) 6年間　　école secondaire(中学校) 5年間

　CEGEP (セジェップ)：collège d'enseignement général et professionnel (普通・職業教育カレッジ)は義務教育後に通う高等教育機関で，2年間の大学進学コースと3年間の職業訓練コースがある

大学：2年間のCEGEPの課程を修了すると大学に進学できる，フランス語で授業する大学と英語で授業する大学がある

effecti(ve) — ▶*faire* ~(…に)驚く, おびえる, 気を悪くする《*de*》

effecti(ve) [efektif, -iv] 形 実際の, 現実の; 有効な — 男 《集団の実(員)数; 定員数》兵[数から見た]勢力, 人数 ▶*augmenter ses effectifs* 数[労働力]を増やす

effectivement [efektivmã] 副 実際に, 事実; 《同意・肯定で》確かに, まったくその通り; なるほど

*****effectuer** [efektɥe エフェクテュエ] 他 《英 carry out》実行する, 実現する — 代動 [*s'~*] 実行される, 行われる

efféminé(e) [efemine] 形 女のような, 柔弱な

efféminer [efemine] 他 《文》女性的に[柔弱に]する

effervescence [efervesɑ̃s] 女 沸騰, 泡立ち; 興奮, 騒ぎ ▶*être en effervescence* 興奮で沸き立っている

effervescent(e) [efervesɑ̃, -ɑ̃t] 形 沸き立っている, 泡立っている; 発泡性の, 興奮しやすい; 激しやすい

*****effet** [efe エフェ] 男 ①結果, 効果, 効き目; 《法律の》効力, 実効性; 《芸術的効果》効果もしくは言葉, 気取った身振り; 《複》見せびらかし ▶*avoir pour effet de* …する効果を生む *effet de serre* 《環境》温室効果 *effets secondaires* 副作用 *effets spéciaux*《映画の》特殊効果, 特撮 *en effet* その通り; 《前文について》なにしろ *être sans effet* 効果がない *faire (de l')effet* 効果を与える; 見栄えがする *faire effet*《薬》効く *prendre effet*《法律が》発効する *sous l'effet de* …の影響下に ②《ビリヤード》《球の》ひねり, スピン ③《商》手形（=*~ de commerce*）▶*effets publics*《商》公債 ④《複》衣類, 身の回り品 ▶*effets personnels* 所持品; 身の回り品

*****efficace** [efikas エフィカス] 形 《物が》有効な, 能率的な; 《人が》有能な, 役に立つ, 能率的な

efficacement [efikasmã] 副 効果的に, 有効に, 首尾よく

efficacité [efikasite] 女 効果, 効き目, 効力, 能率, 効率

efficience [efisjɑ̃s] 女 能率

efficient(e) [efisjɑ̃, -ɑ̃t] 形 ①《哲》結果を生じる ②能率的な

effigie [efiʒi] 女 《貨幣などに刻まれた》肖像; 《絵・彫刻などの》人物像, 人形(だ) ▶*à l'effigie de* …の肖像の刻まれた

effilage [efilaʒ] 男 先を細くすること

effilé(e) [efile] 形 (<*effiler*) ほっそりした, とがった ▶*amandes effilées* アーモンドフレーク *poulet effilé* 臓器を取り出した若鶏 — 男 《織物の》縦糸をほぐした総(ﾌﾟ)べり飾り

effilement [efilmã] 男 先を細くする[とがらせる]こと, 先細(き)

effiler [efile] 他 糸をほぐす; 先を細くする — 代動 [*s'~*] ほぐれる; 先細になる

effilochage [efilɔʃaʒ] 男 《糸くずなどを再生のため》ほぐすこと

effilocher [efilɔʃe] 他 《織物などを》ほぐす; ぼろぼろにする — 代動 [*s'~*]《織物が》ほぐれる, ぼろぼろになる;《雲などが》ちぎれる

effilocheur(se) [efilɔʃœr, -øz] 名 ぼろ解き工[業者] — 女 ぼろ解き機

effilochure [efilɔʃyr], **effilure** [efilyr] 女 ほぐした糸くず;《布の》ほぐれた部分

efflanqué(e) [eflɑ̃ke] 形 《動物が》空き腹の痩せた; やせこけた

effleurage [eflœraʒ] 男 皮革を磨くこと, 軽いマッサージ

effleurement [eflœrmã] 男 軽く触れること; 軽い愛撫(#)

effleurer [eflœre] 他 軽く触れる, かすめる;《心を》よぎる;《問題に》軽く触れる

efflorescence [eflɔresɑ̃s] 女 ①《文》開花 ②《化》風解;《塩化物の細かな結晶[粉]》

efflorescent(e) [eflɔresɑ̃, -ɑ̃t] 形 ①《文》《花が》満開の;《芸術などが》盛事に開花した ②《化》風解した;《塩化物の細かな結晶で覆われた》

effluent(e) [eflyɑ̃] 形 《流体が》流出する — 男 下水, 廃水 ▶*effluents radioactifs* 放射性廃棄物

effluve [eflyv] 男 《複》ものの発散する匂い; ②《精神的な》発散物, 息吹き

effondré(e) [efɔ̃dre] 形 (<*effondrer*) 崩壊した; ぐったりと崩れ落ちた; 打ちのめされた, すっかり参った

effondrement [efɔ̃drəmã] 男 崩壊, 瓦解(ﾀﾞｲ), 失墜; 落胆, 意気阻喪

effondrer [efɔ̃dre] 他 崩壊する, つぶれる; 暴落する; 倒れる; 参る, 降参する; がっくりする — 代動 [*s'~*] ▶*s'effondrer dans un sofa* ソファーに倒れ込む *s'effondrer en larmes* 涙に沈む

*****efforcer** [eforse エフォルセ] 代動 52 [*s'~*] 《英 strive》…しようと《努力》する《*de*》; 自分を抑える, 我慢する

*****effort** [efɔr エフォール] 男 ①努力, 苦心 ▶*faire effort pour* …苦心しして…する ②《機》応力, 耐久力 ▶*effort de traction*《物》引っ張り応力 ③《経》支出 ▶*effort financier*《経》財政支出

effraction [efraksjɔ̃] 女 《法》不法侵入, 家宅侵入 ▶*effraction informatique* コンピューターハッキング *entrer par effraction* 不法侵入する; 押

effrai... ⇨ effrayer

effraie [efrɛ] 囡 〖鳥〗メンフクロウ

effrangé(e) [efrɑ̃ʒe] 形 縁がぼろぼろの

effranger [efrɑ̃ʒe] 他 40 ほぐして総(ふさ)にする —— 代動 **s'~** 縁がほぐれて総になる

effray... ⇨ effrayer

effrayant(e) [efrejɑ̃, -ɑ̃ːt] 形 恐ろしい, ぞっとするような; 《話》ものすごい, べらぼうな

effrayé(e) [efreje] 形 (< effrayer) おびえた, 怖がった

*****effrayer** [efreje エフレイエ] 他 (英 frighten) おびえさせる, 怖がらせる; しりごみさせる —— 代動 **s'~** (…に)おびえる 《de》

effréné(e) [efrene] 形 《文》抑制するもののない, 気違いじみた

effritement [efritmɑ̃] 男 細かく砕けること, 風化; 〔耕地の〕疲弊; 減少, 頽退

effriter [efrite] 他 粉々にする; 徐々に弱める, 風化させる —— 代動 **s'~** (風化などで)ぼろぼろになる; なしくずしに消える; 次第に衰える

effroi [efrwa] 男 《文》恐怖 ▶ **saisi d'effroi** 恐怖に圧倒された おびえた

effronté(e) [efrɔ̃te] 形 ずうずうしい, 厚かましい —— 名 ずうずうしい[厚かましい]人

effrontément [efrɔ̃temɑ̃] 副 ずうずうしく(も)

effronterie [efrɔ̃tri] 囡 ずうずうしさ, 押しの強さ

effroyable [efrwajabl] 形 恐ろしい, ぞっとさせる; 《話》すさまじい, ひどい

effroyablement [efrwajabləmɑ̃] 副 《話》すさまじく, ひどく

effusif(ve) [efyzif, -iv] 形 ①《文》溢れ出る ②〖鉱〗溶岩流の ▶ **roche effusive** 火山岩

effusion [efyzjɔ̃] 囡 ①心情の吐露, 感激, 夢中でしゃべること ②(液体の)流出 ▶ **effusion de sang** 流血

égailler [egaje, egeje] 代動 **s'~** 散らばる, 四散する

*****égal(ale)** [egal エガル] 形 (男複 -aux [-o]) (英 equal) ①等しい, 同等の; …に等しい (à); 平等な, 対等な; むらのない, 一様の, 平らな ▶ **de caractère égal** むらのない性格 ▶ **rester égal à soi-même** (人が)いつまでも変わらない ②どうでもよい, 気にしない ▶ **Ça m'est égal.** 《話》どちらでもいい —— 名 対等[同等]の人[物] ▶ **d'égal à égal** 対等に **sans égal** 比類のない

égalable [egalabl] 形 比べられる

*****également** [egalmɑ̃ エガルマン] 副 (英 equally) 等しく; 同様に; 《話》やはり, …もまた; それに[また]

*****égaler** [egale エガレ] 他 (英 equal) 等しい; 匹敵する, 比肩する; 《古》等しくする ▶ **deux plus deux égalent quatre** 2+2=4 —— 代動 **s'~** …に匹敵[比肩]する, 匹敵すると自負する《à》

égalisateur(trice) [egalizatœːr, -tris] 形 等しくする, 平らにする; 〔スポーツ〕同点の ▶ **but égalisateur** 〔スポーツ〕同点ゴール

égalisation [egalizasjɔ̃] 囡 平等[均等]化, 平らにすること; 〔スポーツ〕同点にすること

égaliser [egalize] 他 平等[均等]化する; 平らにする, ならす; そろえる —— 自 〔スポーツ〕同点にする

égalitaire [egaliteːr] 形名 平等主義の(人)

égalitarisme [egalitarism] 男 平等主義

égalitariste [egalitarist] 形 平等主義的な —— 名 平等主義者

*****égalité** [egalite エガリテ] 囡 (英 equality) 等しさ, 同等; 平等; むらのないこと; 平静; 平坦(へいたん); 〖数〗等式; 〔テニス〕ジュース ▶ **à égalité de** …が同じでであることは **être à égalité** (試合などで)同点である; 引き分けである **signe d'égalité** 等号

*****égard** [egaːr エガール] 男 (英 regard) 〔成句でのみ〕考慮, 配慮; (複) 敬意 ▶ **à bien des égards** 多くの点において **à certains égards** ある意味では **à cet égard** その点については **à l'égard de** …に対して[関して] (の) **à tous (les) égards** あらゆる点から **avoir égard à** …《文》…を考慮する **eu égard à** …を考慮して **par égard pour** …を考慮[配慮]して

égaré(e) [egare] 形 (< égarer) 道に迷った, 血迷った, 取り乱した

égarement [egarmɑ̃] 男 《文》錯乱, (心の)動揺; 変調, 異常

égarer [egare] 他 ①(人を)道に迷わせる; 誤らせる, 錯乱させる ②置き忘れる, 一時的に紛失する —— 代動 **s'~** 道に迷う; 錯乱する; 本題からそれる

égaux [ego] 形名 égal の男性複数形

égayant(e) [egɛjɑ̃, -ɑ̃ːt] 形 《文》愉快な

*****égayer** [egeje エゲイエ] 他 (英 cheer up) 陽気にする, 楽しくさせる; 華やかにする, 彩る, 明るくする —— 代動 **s'~** 《文》戯れる, 喜ぶ, 楽しむ

Égée [eʒe] 〖ギ神〗アイゲウス 〖アテナイ王でテセウスの父〗 ▶ **mer Égée** [la ~] エーゲ海

égéen(ne) [eʒeɛ̃, -ɛn] 形 エーゲ海の

égérie [eʒeri] 囡 (政治家・芸術家の)女性助言者 〖ローマ神話のニンフ, エグリア (Égérie) が王の助言者であったことから〗

égide [eʒid] 囡 〖ギ神〗楯(たて) 〖ゼウスとアテナが持っていた鎧(よろい状のもの)〗; 《文》保護 ▶ **sous l'égide de** …の庇(ひ)護の

églantier [eglɑ̃tje] 男 〔植〕ノバラ
églantine [eglɑ̃tin] 囡 ノバラの花
églefin [egləfɛ̃] 男 〔魚〕タラダマシ【北大西洋産の鱈の一種】
***église** [egliz エグリーズ] 囡 (英 church) 教会(堂); [É-] (教団としての)教会;《集合的》キリスト教徒 ▶ **Église catholique** カトリック教会 **homme d'Église** 聖職者
églogue [eglɔg] 囡 田園詩, 牧歌
ego [ego] 男 《ラ》〔哲〕〔精医〕自我, エゴ
égocentrique [egɔsɑ̃trik] 形名 自己中心的な(人)
égocentrisme [egɔsɑ̃trism] 男 〔心〕自己中心主義, 自己中心的性質
égoïne [egɔin] 囡 手挽ノコの一種
égoïsme [egɔism] 男 エゴイズム, 利己主義
***égoïste** [egɔist エゴイスト] 形 (英 egoistic) 利己主義の —— 名 利己主義者, 利己主義的な人, わがまま
égoïstement [egɔistəmɑ̃] 副 利己的に, 自分本位に
égorgement [egɔrʒəmɑ̃] 男 (のどを切って)殺すこと
égorger [egɔrʒe] 他 40 (のどをかき切って)殺す; 生贄(に以)に供する;《古》(客から)暴利をむさぼる, 搾り取る
égorgeur(se) [egɔrʒœr, -øz] 名 (のどを切って)殺す人
égosiller(s') [egozije] 代動 [s'~] わめく, どなる; 声をふりしぼって歌う
égotisme [egɔtism] 男 〔文〕自己中心主義, 自我崇拝; 自己分析を好む傾向)
égotiste [egɔtist] 形〔文〕自己中心主義の; 自己分析好きの —— 名 自己中心主義者; 自己分析する人
égout [egu] 男 下水道; 下水管 ▶ **eaux d'égout** 下水
égoutier [egutje] 男 下水掃除夫[管理人]
égouttage [eguta ʒ], **égouttement** [egutmɑ̃] 男 水分を切る[がれる]こと
égoutter [egute] 他 水を切る ▶ **égoutter la [sa] sardine** (話)小便をする —— 代動 [s'~] 水が切れる
égouttoir [egutwaR] 男 (皿などの)水切り器[台]
égrainage [egrena ʒ] = égrenage
égrainer [egrene] 他 = égrener
égrappage [egrapa ʒ] 男 (ブドウの)房取機
égrapper [egrape] 他(ブドウなど)房から摘み取る
égrappoir [egrapwar] 男 (ブドウの)除梗機
égratigner [egratiɲe] 他 ひっかく, かすり傷をつける; 皮肉る; (言葉で)ちくりと刺す —— 代動 [s'~] ひっかき傷を負う
égratignure [egratiɲyr] 囡 かすり傷, ひっかき傷

égrenage [egrəna ʒ] 男 (穂・さやなどから)実をとること;(数珠)をつまぐること;点々と連なること
égrener [egrəne] 他 ① (穂などから)実を採る, 脱穀する ② (数珠を)つまぐる;(連続して)音を鳴らす ▶ **égrener un chapelet** (カト) (数珠をつまぐって)ロザリオの祈りを唱える —— 代動 [s'~] ① (さや・房などから実が)落ちる ② 点々と連なる
égrillard(e) [egrijar, -ard] 形 みだらな
égrisage [egriza ʒ] 男 (宝石などの)研磨
égriser [egrize] 他 (宝石などを)研磨する
égrotant(e) [egrɔtɑ̃, -ɑ̃t] 形《文》病気がちの
égrugeoir [egry ʒwar] 男 (塩・コショウなどをする)乳鉢
égruger [egry ʒe] 他 40 (塩・コショウなどを乳鉢で)すりつぶす
égueulé(e) [egœle] 形 (びん・器などの)口の欠けた ▶ **cratère égueulé** 〔地〕爆裂火口
Égypte [eʒipt] 囡 エジプト
égyptien(ne) [eʒipsjɛ̃, -ɛn] 形名 エジプトの(人) —— 男 (古代)エジプト語
égyptologie [eʒiptɔlɔʒi] 囡 エジプト学
égyptologue [eʒiptɔlɔg] 名 エジプト学者
***eh** [e(ɛ)エ] 間 (英 hey) (呼びかけ)ね え;(注意の喚起)おい;(聞き返し)えっ;(驚き)おや;(感嘆) まあ;(喜び) うわあ;(激励) さあ ▶ **Eh bien** まあ;それで;それでは;ところで **Eh non!** そうではないと思います **Eh oui!**（残念ながら）そうですね
éhonté(e) [eɔ̃te] 形 恥知らずの(人)
eider [edɛr] 男 〔鳥〕ケワタガモ
einsteinium [ɛnstɛ(j)tenjɔm] 男 〔化〕アインスタイニウム【原子番号99の元素】
Eire [ɛr] 囡 エール【アイルランドのゲール語名】
éjaculation [eʒakylasjɔ̃] 囡 射出; 射精 ▶ **éjaculation précoce** 早漏
éjaculer [eʒakyle] 他 (液体を)射出する —— 自 射精する
éjectable [eʒɛktabl] 形 ▶ **siège éjectable** 〔空〕脱出装置付操縦席
éjecter [eʒɛkte] 他 排出する; 投げ出す;(話)追い出す —— 代動 [s'~] (パイロットが)緊急脱出する
éjecteur [eʒɛktœr] 男 排出機, エジェクター
éjection [eʒɛksjɔ̃] 囡 ① 飛び散らせる[投げ出す]こと, 排出; 〔生理〕《古》排泄(5) ② (話) 追放
ektachrome [ɛktakrɔm] 男 《商標》〔写〕エクタクローム【カラーリバーサル

-el(le) フィルム》

-el(le) [接尾]〈ラ〉「…に関する」の意の形容詞をつくる

élaboration [elabɔrasjɔ̃] 囡 ①(念入りな)仕上げ，周到な準備；(原稿などの)推敲(う) ②〔生理〕同化，生成

élaboré(e) [elabɔre] 形 (< élaborer) よく推敲(う)された，練り上げられた，念の入った

élaborer [elabɔre] 他 念入りに準備する，練る；(原稿などを)推敲(う)する；〔生理〕同化する，生成する ― 代動 [s'~] 仕上げられる，練られる

élæis [eleis] 男 〔植〕= éléis

élagage [elagaʒ] 男 枝降ろし

élaguer [elage] 他 枝を払う，枝降ろしする；(文章の)ぜい肉を削る

élagueur(se) [elagœr, -øz] 名 枝降ろしする人

__élan__¹ [elɑ̃] 男 ①跳躍；飛躍，突進；はずみ，勢い；(感情などの)高揚；衝動；情熱 ▶ prendre son élan 助走する

élan² [elɑ̃] 男 〔動〕ヘラジカ

élancé(e) [elɑ̃se] 形 (< élancer) すらりとした

élancement [elɑ̃smɑ̃] 男 ①(肉体のうずき，激痛 ②〔文〕神・真理などへのあこがれ，渇望

__élancer__ [elɑ̃se] 他 52 ①そびえ立たせる ②〔古〕力いっぱい投げる ③(身体の部分を主語，人を目的語にして)…がうずくように痛む ― 代動 [s'~] ①(人に向かって)突進する，駆け出す (vers) ②そびえる，そそり立つ ▶ s'élancer à la poursuite de (人)を追って駆け出す

__élargir__ [elarʒir] 他 33 ①(英 widen) 広げる，広める；大きく見せる ▶ élargir son horizon 視野を広げる ②釈放する ― 自 広くなる ― 代動 [s'~] 広くなる

élargissement [elarʒismɑ̃] 男 ①広くすること，拡大 ②〔法〕釈放

élasthanne [elastan] 男 エラスタン【弾性に富む繊維】

élasticité [elastisite] 囡 弾性，バネ；(手足・精神などの)柔軟性；〔解釈〕・融通性，融通性，ルーズさ

élastique [elastik] 形 弾性のある，伸縮のする；融通のきく；ルーズな ― 男 ゴム；ゴムひも【帯】 ▶ en élastique ゴム製の

élastiqué(e) [elastike] 形 (服などが)ゴム製のついた

élastomère [elastɔmɛr] 男 〔化〕エラストマー；合成ゴム

Elbe¹ [ɛlb] 囡 [l'île d'~] エルバ島【地中海 Corse 島近くの島；Napoléon Ier の流刑地】

Elbe² [ɛlb] 囡 [l'~] エルベ川【チェコからドイツに流れる川】

eldorado [ɛldɔrado] 男 (<ス) [[E-]] 黄金郷；夢の国，理想郷

---

338 **électroacoustique**

éléate [eleat] 形 古代ギリシアの都市エレア (Éléa)の ― 男 (複) エレア学派

éléatisme [eleatism] 男 エレア派哲学

électeur(trice) [elektœr, -tris] 名 選挙者[人]，有権者 ▶ carte d'électeur 選挙者登録カード【投票するときに身分証明書と共に必要】

électif(ve) [elɛktif, -iv] 形 選挙で選ばれる，公選の

__élection__ [elɛksjɔ̃ エレクスィヨン] 囡 ①選挙 ▶[コラム「選挙の」] ▶ se présenter aux élections 選挙に立候補する ②選択；好み；〔法〕(住所の)選定 ▶ patrie d'élection 自分で住むことを選んだ国，第2の故郷

électivité [elɛktivite] 囡 〔生〕選択性

électoral(ale) [elɛktɔral] 形 (男・複 -aux[-o]) 選挙の ▶ droit électoral 選挙権 taux de participation électorale 投票率

électoralisme [elɛktɔralism] 男 (政党の)選挙至上主義

électoraliste [elɛktɔralist] 形 名 選挙至上主義者[の](の)

électorat [elɛktɔra] 男 選挙権の行使；(集合的) 選挙民，有権者

électricien(ne) [elɛktrisjɛ̃, -ɛn エレクトリスィヤン(エヌ)] 名 電気技師；電気屋

__électricité__ [elɛktrisite エレクトリスィテ] 囡 (英 electricity) 電気，電力；〔話〕電気の消費；電灯 ▶ allumer l'électricité 電気をつける ▶ électricité de France = EDF électricité statique 静電気 Il y a de l'électricité dans l'air. 〔話〕ぴりぴりした雰囲気である panne d'électricité 停電

électrification [elɛktrifikasjɔ̃] 囡 配電；電化

électrifier [elɛktrifje] 他 電気を引く；電化する

__électrique__ [elɛktrik エレクトリク] 形 (英 electric) 電気の，電気で動く；(電流のように)しびれるような；激しい，強烈な

électriquement [elɛktrikmɑ̃] 副 電気で

électrisable [elɛktrizabl] 形 帯電し得る

électrisant(e) [elɛktrizɑ̃, -ɑ̃t] 形 帯電させる；感動させる，しびれさせる

électrisation [elɛktrizasjɔ̃] 囡 帯電，感電

électriser [elɛktrize] 他 帯電させる，電流を流す；感動させる，行動へ駆り立てる

électr(o)- [接頭] 〈ラ〉「電気の[による]」の意

électroacoustique [elɛktroakustik] 囡 電気音響学 ― 形 (音楽・楽器で)電気の ▶ musique électroacoustique 電子音楽

électroaimant [elɛktrɔɛmɑ̃] 男 電磁石

électrocardiogramme [elɛktrɔkardjɔgram] 男 [医] 心電図(表)

électrocardiographie [elɛktrɔkardjɔgrafi] 女 [医] 心電図法

électrochimie [elɛktrɔʃimi] 女 電気化学

électrochoc [elɛktrɔʃɔk] 男 [医] 電気ショック(療法)

électrocoagulation [elɛktrɔkɔagylasjɔ̃] 女 [医] 電気凝固

électrocuter [elɛktrɔkyte] 他 感電死させる; 電気いすで処刑する

électrocution [elɛktrɔkysjɔ̃] 女 感電死; 電気いすによる処刑

électrode [elɛktrɔd] 女 電極

électrodynamique [elɛktrɔdinamik] 女形 電気力学(の)

électro(-)encéphalogramme [elɛktrɔɑ̃sefalɔgram] 男 [医] 脳波, 脳電図

électro-encéphalographie [elɛktrɔɑ̃sefalɔgrafi] 女 [医] 脳波法

électrogène [elɛktrɔʒɛn] 形 発電する ▶ *groupe électrogène* 発電装置

électrolyse [elɛktrɔliz] 女 電気分解, 電解

électrolyser [elɛktrɔlize] 他 電気分解する

électrolyte [elɛktrɔlit] 男 電解質, 電解液

électrolytique [elɛktrɔlitik] 形 電解(質)の

électromagnétique [elɛktrɔmaɲetik] 形 電磁気(学)の, 電磁の ▶ *ondes électromagnétiques* 電磁波

électromagnétisme [elɛktrɔmaɲetism] 男 電磁気学

électromécanique [elɛktrɔmekanik] 形 電気機械の — 女 電気機械(工学)

électro(-)ménager(ère) [elɛktrɔmenaʒe, -ɛr] 形 電家の ▶ *appareil électroménager* 家電製品 — 男 (集合的) 家庭電化[家電]製品 ▶ *magasin d'électroménager* 電気店, 家電専門店

électrométallurgie [elɛktrɔmetalyrʒi] 女 電気冶金, 電気精錬

électromètre [elɛktrɔmɛtr] 男 電圧計, 電位計

フランスの選挙

◆◆選挙の種類◆◆

suffrage direct (直接選挙)
- élections présidentielles　大統領選挙
- élections législatives　国民議会選挙　┐5年ごとに改選
- élections européennes　欧州議会選挙　┘
- élections régionales　地域圏議会選挙　6年ごとに改選
- élections cantonales　県議会選挙　任期は6年で3年ごとに半数を改選
- élections municipales　市町村議会選挙　6年ごとに改選

suffrage indirect (間接選挙)
- élections sénatoriales　元老院選挙　任期は6年で3年ごとに半数を改選

◆◆scrutin uninominal majoritaire à deux tours◆◆
(単記多数決2回投票制)

大統領と国民議会議員の投票方法; 第1回投票で過半数を獲得した候補者がいない場合に第2回目のscrutin de ballottage(決選投票)を行い, 相対多数を得た者が当選する

◆◆électeur(trice) inscrit(e) (有権者)◆◆

18歳以上のフランス国民でlistes électorales (選挙簿)に登録した者がdroit de vote(投票権)を持てる

◆◆選挙用語◆◆

élection générale 総選挙
élection partielle 補欠選挙
circonscription électorale 選挙区
siège 議席
droit d'éligibilité 被選挙権
candidat(e) 候補者
candidature 立候補
campagne électorale 選挙運動
engagement public 公約
discours 演説
vote 票; 投票
bureau de vote 投票所
bulletin de vote 投票用紙
vote par procuration 不在者投票
bulletin blanc 白紙投票
abstention 棄権
taux de participation électorale 投票率
dépouillement 開票

électromoteur(trice) [elεktrɔmɔtœr, -tris] 形 電動の, 電気を起こす — 男 電動機, モーター

électron [elεktrɔ̃] 男 電子, エレクトロン

électronégatif(ve) [elεktrɔnegatif, -iv] 形 〔化〕陰電性の

électronicien(ne) [elεktrɔnisjɛ̃, -εn] 名 電子工学者

*__électronique__ [elεktrɔnik エレクトロニック] 形 電子の, 電子工学の ▶*microscope électronique* 電子顕微鏡 — 女 電子工学, エレクトロニクス

électronucléaire [elεktrɔnykleεr] 形名 原子力発電(の)

électronvolt [elεktrɔvɔlt] 男 〔物〕電子ボルト

électrophone [elεktrɔfɔn] 男 レコードプレーヤー

électropositif(ve) [elεktrɔpozitif, -iv] 形 〔化〕陽電性の

électroradiologie [elεktrɔradjɔlɔʒi] 女 電気放射線(医)学

électroscope [elεktrɔskɔp] 男 検電器

électrostatique [elεktrɔstatik] 形 静電気の — 女 静電気学

électrotechnicien(ne) [elεktrɔtεknisjɛ̃, -εn] 名 電気工学技師

électrotechnique [elεktrɔtεknik] 女形 電気工学(の)

électrothérapie [elεktrɔterapi] 女 〔医〕電気療法

électrovalence [elεktrɔvalɑ̃s] 女 〔化〕電子価

électrovanne [elεktrɔvan] 女 電磁弁

élégamment [elegamɑ̃] 副 優美に, 上品に; 手際よく, うまく

*__élégance__ [elegɑ̃s エレガンス] 女 ① 趣味[好み]のよさ, 上品, 粋(ぃき), おしゃれ; 慎み, 礼儀; 上品さ[上品ぶった]言動 ② (証明などの)鮮やかさ, 手際のよさ

*__élégant(e)__ [elegɑ̃, -ɑ̃t エレガン(ト)] 形 ① 趣味のいい, 上品な; 粋(ぃき)な, おしゃれな; 慎みのある, 礼儀正しい ② 手際のいい, うまい, しゃれた ③ 〈俗〉趣味のいい[上品な]女 — 男 きざな男

élégiaque [eleʒjak] 形 哀歌(調)の, 物悲しい, 哀愁の — 男 哀歌詩人

élégie [eleʒi] 女 哀歌, 悲歌, エレジー; 哀切な作品

éléis [eleis] 男 〔植〕アブラヤシ

*__élément__ [elemɑ̃ エレマン] 男 ① 要素, 成分, 部品; 〔情報〕アイテム; (集団内の)メンバー, 分子; 〔軍〕(小)部隊, 分隊; 〔複〕基本, 基礎; 〔化〕元素; 〔数〕(集合の)元 ▶*les quatre éléments* 〔古〕(〔文〕)(生物の)本来の住みか, 領分; 人の活動領域, 得意分野 ▶*être dans son élément* 自分の得意分野にいる

*__élémentaire__ [elemɑ̃tεr エレマンテー

ル] 形 〔英 elementary〕① 初等の, 基礎の ② 基本[基礎]的な, 本質的な; 初歩的な, 簡単な ③ (構成)要素の; 〔化〕元素の; 〔古〕四大元素の

*__éléphant__ [elefɑ̃ エレファン] 男 象; 〔俗〕(不器用で)のっそりとした人; (政財界の大物 ▶*éléphant de mer* ゾウアザラシ

éléphanteau [elefɑ̃to] 男 (複 ~x) 子象

éléphantesque [elefɑ̃tεsk] 形 〔話〕巨象のような, 巨大な

éléphantiasis [elefɑ̃tjazis] 男 〔医〕象皮病

-eler 接尾 (<ら)〔…状にする〕の意の動詞をつくる

-elet(e) 接尾 指小を表す形容詞[名詞]をつくる ⇔-et

*__élevage__ [elvaʒ エルヴァージュ] 男 〔英 breeding〕 飼育, 牧畜; 養殖 ▶*élevage des vins* ワインの熟成

élévateur(trice) [elevatœr, -tris] 形 物を揚げる; (圧力や緊張を)増大させる(ための) — 男 物を揚げる装置; 〔解〕挙筋

élévation [elevasjɔ̃] 女 ① 上昇; 高まり; 向上; 高い位につける[つく]こと, 昇進 ② 持ち上げること ③ 建設, 建立 ④ 高み, 高台; 気高さ, 高尚さ ⑤〔カト〕聖体奉挙(の時) ⑥ 〔数〕累乗; 〔製図〕エレベーション, 立面図

élévatoire [elevatwar] 形 荷揚げの, 汲(く)み上げの

*__élève__ [elεv エレーヴ] 名 〔英 pupil, student〕生徒; 学生; 弟子; 〔軍〕候補生

*__élever__ [εlve エルヴェ] 他 〔英 raise〕① 上げる, 高くする; (精神などを)高める; 建設する, 建てる; (異議などを)申し立てる, 昇進させる ▶*élever la voix* 声を張り上げる; 発言する ▶*élever le ton* 語気を強める ▶*élever un nombre au carré* 〔数〕ある数を2乗する ② 育てる; 教育する ③ 飼育する — 代動 〔s'~〕① 上がる, 上昇する; (金額などが…に)達する(à); 昇進する, 出世する ② 建つ, そびえ立つ; (声や意見などが)生じる, 沸き起こる; (…に)抗議する, 反対する (contre)

éleveur(se) [elvœr, -øz] 名 (家畜の)飼育者

elfe [εlf] 男 〔神話〕エルフ【北欧神話の空気・火・地の精】

éli... ⇨élire

élider [elide] 他 母音(字)を省略する, エリジョンする — 代動 〔s'~〕 母音(字)が省略される

Élie [eli] 男 エリヤ【旧約聖書のイスラエルの預言者】

éligibilité [eliʒibilite] 女 被選挙資格 ▶*droit d'éligibilité* 被選挙権

éligible [eliʒibl] 形 被選挙資格のある

élimé(e) [elime] 形 すり切れた

élimer [elime] 他 すり切らせる ─ 代動 [s'~] すり切れる

élimination [eliminasjɔ̃] 女 ①除去, 選別;[スポーツ] 予選落ち;[数] 消去法 ▶ procéder par élimination 消去法でやる ②[生理] 排泄(ﾊﾞ)

éliminatoire [eliminatwar] 形 (不適格者)除去の, 予選の ─ 女 《複》[スポーツ] 予選

éliminer [elimine] 他 ①除去する; (志願者を)ふるい落とす, 選別する;[スポーツ] (相手チームを)敗退させる;[数] 消去する ②[生理] 排泄する ▶ Éliminé! 失格です

élingue [elɛ̃g] 女 [海] 吊(ﾂ)り索[鎖]

élinguer [elɛ̃ge] 他 [海] 吊(ﾂ)り索[鎖]

*__élire__ [elir エリール] 他 39 (英 elect) ①選ぶ, 選挙で選ぶ ②選択する ▶ élire domicile 居を定める

Élisabeth [elizabɛt] 女 エリザベート《女子の名》

élisabéthain(e) [elizabetɛ̃, -ɛn] 形 《英国の》エリザベス1世時代の《主に16世紀後半》

élision [elizjɔ̃] 女 [文法] 母音(字)省略, エリジオン《例: le + ami→l'ami》

élitaire [eliter] 形 エリートの(に関する)

élite [elit] 女 《集合的》選り抜き, 精鋭, エリート;《複》(各分野の)一流の人々, エリート ▶ d'élite 一流の, 選ばれた

élitisme [elitism] 男 エリート主義

élitiste [elitist] 形 エリート主義の ─ 名 エリート主義者

élixir [eliksir] 男 エリキシル剤;《古》(植物などから抽出した)精髄 ▶ élixir d'amour 媚(ﾋﾞ)薬 élixir de longue vie 不老不死の霊薬

*__elle__ [ɛl エル] 代 《人称》(英 she, it) 彼女(は);《3人称女性・主語・強勢形》《女性名詞を受けて》それ(は)

-elle 接尾 《くら》「指小」「道具」の意の女性名詞をつくる

ellébore [elebɔr] 男 [植] ヘレボルス, クリスマスローズ《根がかって精神病の妙薬ともされた》

ellipse¹ [elips] 女 [数] 楕(ﾀﾞ)円

ellipse² [elips] 女 [文法] 省略《文中の1語あるいは数語の省略;それが省略されても意味が通じるもの》

ellipsoïdal(ale) [elipsɔidal] 形 《男複 -aux[-o]》楕(ﾀﾞ)円形の

ellipsoïde [elipsɔid] 男 [数] 楕(ﾀﾞ)円面 ─ 形 楕円形の

elliptique¹ [eliptik] 形 [数] 楕(ﾀﾞ)円の

elliptique² [eliptik] 形 [文法] 省略の

elliptiquement [eliptikmɑ̃] 副 [文法] 省略して, 省略法で

élocution [elɔkysjɔ̃] 女 話し方, 発声法 ▶ défaut d'élocution 言語障害

éloge [elɔʒ] 男 賛辞, 称賛; 称賛の演説 ▶ éloge funèbre 弔辞 faire l'éloge de ～を賞する

élogieusement [elɔʒjøzmɑ̃] 副 ほめて

élogieux(se) [elɔʒjø, -øz] 形 称賛のしめす ▶ parler de ... en termes élogieux ～を絶賛する

éloigné(e) [elwaɲe] 形 (< éloigner) (空間的に)遠い, 離れた (de); (時間的に)遠い, 隔たった (...から)は遠い, 異なった (de) ▶ parent éloigné 遠縁の親族

éloignement [elwaɲmɑ̃] 男 遠ざかる[遠ざける]こと; 離れていること, 隔たり, 距離; 時の隔たり, 経過;《古》反感

*__éloigner__ [elwaɲe エロワニェ] 他 (英 move away) ①(...から)遠ざける, 離れさせる, 遠のかせる (de); 追い払う, 疎遠にする (de) ②延期する, 間を置く ─ 代動 [s'~] (...から)遠ざかる, 離れる, 別れる (de)

élongation [elɔ̃gasjɔ̃] 女 ①[医] 伸張 ▶ se faire une élongation à (筋肉を)伸ばして痛める ②[天] 離角

élonger [elɔ̃ʒe] 他 40 (...に)沿って航行する; 横付けする;[海] (索などを)他ぞえする

éloquemment [elɔkamɑ̃] 副 雄弁に

éloquence [elɔkɑ̃s] 女 雄弁;(身振りや数字の)説得力; 感動させる力

éloquent(e) [elɔkɑ̃, -ɑ̃t] 形 雄弁な, 多くのことを表している, 表現力に富む;(数字・データが)説得的な

élu(e) [ely] 名 (< élire) 選ばれた, 選挙された; 神に選ばれた ─ 名 選ばれた人, 当選者 ▶ élu de son cœur [l'~] 意中の人 élus locaux [les ~] 地方評議員 nouveaux élus [les ~] 新しく選出された人

élu... ⇨élire

élucidation [elysidasjɔ̃] 女 解明

élucider [elyside] 他 明らかにする, 解明する

élucubration [elykybrasjɔ̃] 女 《多く複》(苦心の挙句の)駄作, 愚論; 《古》精励の作

éluder [elyde] 他 うまく避ける, 逃げる

élue... ⇨élire

élurent [elyr] ⇨élire

Élysée [elize] 男 ①[ﾌ神] 極楽浄土 ②エリゼ宮(= le Palais de l'~)《大統領官邸》

élyséen(ne) [elizeɛ̃, -ɛn] 形 《話》エリゼ宮の; フランス大統領の

élytre [elitr] 男 (甲虫類の)鞘翅

émaciation [emasjasjɔ̃] 女 やつれ, 憔悴(しょうすい)

émacié(e) [emasje] 形 やつれた, やせ衰えた

e-mail [əmel, imel] 男 《英》Eメール

émail [emaj] 男 (複 *-aux*[-o]) ①ほうろう; (歯の)エナメル質; 釉薬(ゆうやく); エナメル ②七宝(しっぽう)(細工品), エマイユ ③《紋》(紋章に用いられる)色 《金属色2色と色5色》 ④《古》(花の)鮮やかな彩り

émaillage [emajaʒ] 男 エナメル加工; 釉薬(ゆうやく)をかけること

émailler [emaje] 他 ①エナメルを塗る; 七宝(しっぽう)を施す; 釉薬(ゆうやく)をかける ②《文・古》(…で)あざやかに彩る, 飾る ③ちりばめる (de)

émaillerie [emajri] 女 七宝(しっぽう)工芸

émailleur(se) [emajœr, -øz] 名 エナメル工; 七宝(しっぽう)工

émanation [emanasjɔ̃] 女 発散, 放射; 発散物; 臭気; 《化》エマナチオン; …の発露, 発現 (de); 《哲・神》流出, エマナチオ

émancipateur(trice) [emɑ̃sipatœr, -tris] 形 解放する — 名 解放論者

émancipation [emɑ̃sipasjɔ̃] 女 解放, 自由化; 《法》後見(親権)解除

émancipé(e) [emɑ̃sipe] 形 (< émanciper) ①解放された; 《法》後見を解かれた; (因習にとらわれない) ②《話》わがままな, 放縦な

émanciper [emɑ̃sipe] 他 解放する, 自由にする; 《法》後見(親権)を解除する — 代動 [s'~] ①解放される; 《話》自由奔放に振る舞う, 放縦に流れる; 後見を解かれる

émaner [emane] 自 (…から)発散(放射)する, やってくる (de); 発する, 出来する

émargement [emarʒəmɑ̃] 男 欄外署名[記入]

émarger [emarʒe] 他 ⒇ 欄外に署名[記入]する; 縁を切り取る — 自 (受取りの署名をして)給料を受け取ること

émasculation [emaskylasjɔ̃] 女 去勢; 骨抜き, 無力化; 去勢状態

émasculer [emaskyle] 他 去勢する; 力を弱める; 柔弱[骨抜き]にする

émaux [emo] 男 émail の複数形

embâcle [ɑ̃bakl] 男 (氷塊などによる)水路障害

emballage [ɑ̃balaʒ] 男 ①包装, 荷造り; 包装[梱包]用材料 ► *carton d'emballage* 梱包用のダンボール *papier d'emballage* 包装紙 *sous emballage* 包装した; 荷造りをした ②《スポーツ》(自転車競技のラストスパート

emballant(e) [ɑ̃balɑ̃, -ɑ̃t] 形 刺激的な, 夢中にさせる

emballé(e) [ɑ̃bale] 形 (< emballer) (…に)夢中になった, 熱中した (pour)

emballement [ɑ̃balmɑ̃] 男 ①熱狂, 興奮 ②(エンジンなどの)過度の回転

emballer [ɑ̃bale] 他 ①包装(荷造り)する ②(エンジンを)過度に回転させる ③《話》よろこばせる, 熱狂[興奮]させる; 誘惑する ④《話》刑務所にぶち込む — 代動 [s'~] ①《話》かっとなる, 夢中になる, 興奮する (pour) ②(馬が)驚いて飛び出す ③(エンジンが)過度に回転する

emballeur(se) [ɑ̃balœr, -øz] 名 包装(荷造り)人

embarbouiller [ɑ̃barbuje] 他 《話・古》(人の)頭[記憶]を混乱させる

embarcadère [ɑ̃barkadɛr] 男 桟橋, 埠頭

embarcation [ɑ̃barkasjɔ̃] 女 小舟, ボート

embardée [ɑ̃barde] 女 ①(車が急に進路変更すること ②《海》急な船首の揺れ

embargo [ɑ̃bargo] 男 《ス》出港禁止; (商品の一時的な)通商禁止, 輸出禁止; 発行停止, 没収 ► *lever l'embargo* 出入港禁止を解く

embarquement [ɑ̃barkəmɑ̃] 男 (船・飛行機に)乗る[乗せる]こと, 乗船, 搭乗; 荷積み ► *carte d'embarquement* 搭乗券

*embarquer** [ɑ̃barke] 他 《英 embark》①(船・飛行機・車に)乗せる; 積む; (人を…に)巻き込む (dans) ②《話》持ち去る, 引っ立てる, 逮捕する ③困難なことを始める, 着手する ④(船が)波をかぶる — 自 ①乗船[搭乗]する ②(困難なことに)挑む ③(船・飛行機などに)乗り込む; 乗って旅立つ ④(厄介なことに)手を出す, 首を突っ込む (dans) — 代動 [s'~] ①船・飛行機などに乗り込む; 乗って旅立つ ②(厄介なことに)手を出す, 首を突っ込む (dans)

*embarras** [ɑ̃bara] 男 《英 embarrassment》困惑, 窮地; (経済的)苦境; 面倒, 厄介; 障害; 車の渋滞 ► *avoir l'embarras du choix* 選択に迷う *embarras gastrique* 腹痛, 消化不良 ► *être dans l'embarras* 苦境にいる; 途方にくれている; 金に困っている *faire des embarras* 《話・古》もったいぶる

embarrassant(e) [ɑ̃barasɑ̃, -ɑ̃t] 形 邪魔な; 厄介な, 困った; 難しい

*embarrassé(e)** [ɑ̃barase] 形 (< embarrasser) 困った; 混乱した; 邪魔された; 動きがとれない ► *avoir l'estomac embarrassé* 腹の具合が悪い

*embarrasser** [ɑ̃barase] 他 《英 embarrass》(人を)困らせる, 悩ませる; 邪魔をする, 動作を妨げる; 《話》(人に)厄介をかける — 代動 [s'~] ①(人を)持てなす, 背負い込む (de) ②《多くは否定形で》(…に)気にする, 心配する (de)

embase [ɑ̃baz] 女 受け台, 台座

embasement [ābazmā] 男 〔建〕基礎, 根積み

embastiller [ābastije] 他 投獄する

embauchage [āboʃaʒ] 男 採用, 雇入れ; (党員などの)狩り集め

embauche [āboʃ] 女 採用, 募集, 職, 勤め口 ▶ **bureau d'embauche** 職業紹介所 **entretien d'embauche** (就職の)面接

embaucher [āboʃe] 他 (人を)雇う, (話) (…するために人を)呼び寄せる (pour) — 自《方》(仕事に)とりかかる (à)

embauchoir [āboʃwar] 男 (型くずれを防ぐための)靴型, シューキーパー

embaumement [ābommā] 男 死体の腐敗保存

embaumer [ābome] 他 ①香りで満たす, いい匂いさせる, …の匂いがする ②(死体に防腐処置を施す — 自 香気を放つ

embaumeur [ābomœr] 男 死体の防腐処理人

embellie [ābeli] 女 晴れ間; 〔海〕凪ぎ

*__embellir__ [ābelir] アンベリール (英 beautify) (より)美しくする[見せる]; 美化する; 粉飾する — 自 [[助動詞は avoir または être; être は変化した状態を示す]] 美しくなる

embellissement [ābelismā] 男 美化, 飾り, 潤色

emberlificoter [ābɛrlifikɔte] 他 (話)だます, 丸め込む; 面倒にする, もつれさせる — 代動 [s'~] (話)足をとられる, 体の自由を失う; 混乱する, まごつく

embêtant(e) [ābetā, -āt] 形 (話)うんざりする; 面倒な, 困った — 男 困った[面倒な]こと

embêté(e) [ābete] 形 (< embêter) とまどった, 困った

embêtement [ābetmā] 男 (話)面倒, 厄介, 嫌なこと

*__embêter__ [ābete] アンベテ 他 (話)困らせる; うんざりさせる — 代動 [s'~] うんざりする, わざわざ…する (à) ▶ **Il ne s'embête pas!** 彼は恵まれている

embistrouiller [ābistruje] 他 (話)悩ませる, 困らせる

emblavage [āblavaʒ] 男 麦(穀物)まき

emblaver [āblave] 他 麦(穀物)の種子をまく

emblavure [āblavyr] 女 麦(穀物)をまいた畑

emblée [āble] [[成句でのみ]] ▶ **d emblée** 一挙に, すぐに

emblématique [āblematik] 形 象徴的な

emblème [āblɛm] 男 紋章［記章など]にあしらった象徴的図柄); 象徴(物), シンボル

embobiner [ābɔbine] 他 (話)丸め込む, 甘い言葉でだます

emboîtage [ābwataʒ] 男 ①箱[中]に入れること ②(製本)(本の)外箱; 厚紙(フランス)綴じ, 表紙うけ ③(複)はめ込み遊びワゴン

emboîté [ābwate] 男 〔舞〕アンボワテ【片方のかかとにつま先をつけるようにして歩く】

emboîtement [ābwatmā] 男 はめ込み; 取り付け; 〔機〕印籠(淡)継ぎ; 〔建〕継ぎ継ぎ

emboîter [ābwate] 他 (…にはめ込む, 接合する (dans); (…に)ぴったりはまる ▶ **emboîter le pas à** (人)のすぐ後をそのままたどる; 後に従う; 真似る — 代動 [s'~] はまる, 接合する

embolie [ābɔli] 女 接合

embole [ābɔl] 男 塞栓(芥)子【塞栓症の原因となる異物】

embolie [ābɔli] 女 〔医〕塞栓(芥)症【血流障害が起きる】▶ **embolie pulmonaire** 肺塞栓

embonpoint [ābɔ̄pwɛ̄] 男 肥満

embosser [ābɔse] 他 ①(船首と船尾に錨を下ろして)停泊させる ②(カードに文字や番号を)浮き彫りにする

embouche [ābuʃ] 女 豊かな牧場で肉牛を太らせること; 肥沃な牧場

embouché(e) [ābuʃe] 形 (< emboucher) ▶ **mal embouché** (話)口汚い, 乱暴な口調の

emboucher [ābuʃe] 他 (管楽器を)口に当てる, 吹く

embouchoir [ābuʃwar] 男 (管楽器の)口, マウスピース

embouchure [ābuʃyr] 女 ①(管楽器の)吹口(纴) 【emboichoir の端】 ②河口; 馬銜[銜]

embouquer [ābuke] 他 (船が運河・海峡など)狭いところに入る — 自 (海峡などに)入る

embourber [āburbe] 他 泥の中にはめる — 代動 [s'~] 泥の中に入る; (苦境に)陥る, もがく

embourgeoisement [āburʒwazmā] 男 ブルジョワ化; 俗悪化

embourgeoiser [āburʒwaze] 代動 [s'~] ブルジョワ化する, 卑小化[低俗化]する

embourrure [āburyr] 女 (いすなどの)カバー

embout [ābu] 男 棒状のものの先端, (ステッキなどの)石突き

*__embouteillage__ [ābutejaʒ] アンブテイヤージュ 男 ①交通渋滞, 雑踏; 超満員, 混雑 ②瓶詰めにすること

embouteiller [ābuteje] 他 ①(道を)通れなくする, 混雑させる; (港を)封鎖する ②(ワインなどを)瓶に詰める

emboutir [ābutir] 他 33 (金属板に)型をつける, (衝突で)ぺしゃんこにする — 代動 [s'~] 衝突される, へこむ

emboutissage [ābutisaʒ] 男 (金属への)型打ち, チェージング

embranchement [ābrāʃmā] 男

embrancher ①(線路などの)分岐点; 別れ道, 支線; 枝分かれ ②《生》(分類上の)門

embrancher [ɑ̃brɑ̃ʃe] 他 (道・管を)本道・本管につなぐ ― **s'~** ((…に)つながる, 接続する (sur, à); 分岐する, 分かれる

embrasé(e) [ɑ̃brɑze] 形 (< embraser) 《文》燃えている, 真っ赤に焼けた; 焼けつくような, 非常に熱い

embrasement [ɑ̃brɑzmɑ̃] 男 《文》(夕日などの)真っ赤な輝き;こうこうるイルミネーション;《古》大火;動乱

embraser [ɑ̃brɑze] 他 《文》真っ赤に染める, 真っ赤に照らす;燃えるように熱くする;(人の心を)燃え立たせる; 火をつける, 燃やす ― **s'~** 真っ赤に染まる;《文》(心が)燃え立つ, 夢中になる; 火がつく

embrassade [ɑ̃brɑsad] 女 《複》キスを交わすこと, 抱擁

embrasse [ɑ̃brɑs] 女 カーテンの留め紐(ひも)

embrassement [ɑ̃brɑsmɑ̃] 男 《文》抱擁, 接吻(せっぷん)

*__embrasser__ [ɑ̃brɑse] アンブラセ 他 (英 kiss, embrace) ①接吻する, 口づけ[キス]をする; 抱擁する ▶ **Je t'embrasse.**(手紙で)愛をこめて;(電話で)気をつけて ②(全体を)見渡す, 一望する;(全体を)理解する, 包括的にとらえる; 含む, 包括する ③(文)探る, 属する, 奉じる ― **s'~** キスしあう; 抱き合う

embrasseur(se) [ɑ̃brɑsœr, -øz] 形 キスするのが好きな ― 名 やたらとキスする人

embrasure [ɑ̃brɑzyr] 女 ①(戸・窓をはめる)壁の切込み, 戸口 ②(要塞(ようさい)などの)銃眼

embrayage [ɑ̃brɛjaʒ] 男 (自動車の)クラッチ(をつなぐこと)

embrayer [ɑ̃brɛje] 自 クラッチをつなぐ;(機械が)連動する;(…について)話しを始める (sur);《話》(工場で)仕事を再開する

embrigadement [ɑ̃brigadmɑ̃] 男 (軽蔑的)加入[加盟, 入党]させること;《軍》《古》旅団編成

embrigader [ɑ̃brigade] 他 (軽蔑的)(組織の中に)入らせる;動員する;《軍》《古》旅団に編成する[編入させる] ― **s'~** 組織に入る, 加盟する

embringuer [ɑ̃brɛ̃ge] 他 《話》(事件などに)巻き込む ― **s'~** 《話》巻き込まれる, 巻き添えになる (dans)

embrocation [ɑ̃brɔkɑsjɔ̃] 女 《医》液療法[外用の薬液を塗布すること]; 外用塗擦剤, 塗り薬

embrochement [ɑ̃brɔʃmɑ̃] 男 (肉を)焼き串(ぐし)に刺すこと;《話》(人を)串刺しにすること

embrocher [ɑ̃brɔʃe] 他 (肉を)焼き串(ぐし)に刺す;《話》(剣で人を)串刺しにする ― **s'~** 焼き串に刺される;《話》串刺しにされる;互いに刺し合う

embrouillage [ɑ̃brujaʒ] 男 (電波の)混線, 妨害;《話》もつれ, 混乱

embrouillamini [ɑ̃brujamini] 男 《話》大混乱, 大混雑

embrouille [ɑ̃bruj] 女 《話》混乱, 騒ぎ; 不正行為 ▶ **sac d'embrouille** 混乱の中にあること

embrouillé(e) [ɑ̃bruje] 形 (< embrouiller) もつれた, 混乱した, こじれた

embrouillement [ɑ̃brujmɑ̃] 男 もつれさせること; もつれ; 混乱

embrouiller [ɑ̃bruje] 他 もつれさせる; 混乱[紛糾]させる; 人の頭を混乱させる ― **s'~** もつれる, 混乱する, 訳が分からなくなる

embroussaillé(e) [ɑ̃brusaje] 形 茂みで覆われた, 茂みのような; ぼうぼう[ぼさぼさ]の

embrumer [ɑ̃bryme] 他 霧で包む;(顔つきを)曇らせる(暗くする) ― **s'~** 霧がかかる; 暗くなる

embruns [ɑ̃brœ̃] 男 《複》(複) 波しぶき

embryo- 接頭 ((ギ) 「胚(はい)」「胎児」の意

embryogénie [ɑ̃brijɔʒeni], **embryogenèse** [ɑ̃brijɔʒənɛz] 女 《生》胚(はい)形成, 発生学

embryologie [ɑ̃brijɔlɔʒi] 女 《医》胎生学; 《生》発生学

embryologique [ɑ̃brijɔlɔʒik] 形 《医》胎生学の; 《生》発生学の

embryon [ɑ̃brijɔ̃] 男 《生》胚(はい); 胚芽; 《医》胎児, 胚胎; 兆し, 萌芽(ほうが) ▶ **à l'état d'embryon** 萌芽状態の; 初期の

embryonnaire [ɑ̃brijɔnɛr] 形 《生》胚(はい)の; 胎児の; 萌芽(ほうが)の, 萌芽状態の, 初期の

embu(e) [ɑ̃by] 形 (色・絵が)くすんだ ― 男 くすんだ色

embûche [ɑ̃byʃ] 女 (多く複)わな, 支障, 障害

embué(e) [ɑ̃bɥe] 形 (< embuer) (ガラスが)曇った; (目が涙でうるんだ

embuer [ɑ̃bɥe] 他 (湯気・涙などで)曇らせる ― **s'~** (湯気・涙などで)曇る

embuscade [ɑ̃byskad] 女 待ち伏せ(の場所); 伏兵, 奇襲 ▶ **être en embuscade** 待ち伏せしている **tomber dans une embuscade** 待ち伏せにあう

embusqué(e) [ɑ̃byske] 形 (< busquer) (兵士などが)待ち伏せをした ― 男 《古・軽蔑》安全な勤務先 ▶ **tireur embusqué** 狙撃者

embusquer [ɑ̃byske] 他 ①待ち伏せさせる ②(戦争で後方勤務の者かせる ― **s'~** 待ち伏せる, 身を隠す

éméché(e) [emeʃe] 形 《話》ほろ酔いの

-ement 接尾 ((ラ) 行為, 行為の結

émeraude [emrod] 囡 エメラルド, 翠玉(%); エメラルドグリーン, 鮮緑色 ― 厖《不変》エメラルドグリーンの, 鮮緑色の

émerge(e) [emerʒe] 厖 (< émerger) 水面上に出ている

émergence [emerʒɑ̃s] 囡 ①(光線・液体の)射出, 噴出 ②(生)(進化中の予期しない物質[器官]の)創発(思いがけない出現) ③(医)(神経の)露出点; (生)突起体; 毛状体

émergent(e) [emerʒɑ̃, -ɑ̃t] 厖 現れ出る; (光線が)射出する ▶**année émergente** 元年 **pays émergent** 新興の経済発展国

émerger [emerʒe] 囲 ④ 水面に現れる, 頭を出す; 浮かび出る, 現われ出る, 頭角を現す; 抜きん出る

émeri [emri] 男(鉱)エメリー; 金剛砂 ▶**être bouché à l'émeri** (話)まったくのばかだ **papier émeri** エメリー研磨紙

émerillonné(e) [emerijɔne] 厖 (目つきが)生き生きした, いたずらっぽい

émérite [emerit] 厖 ①熟練の; 老練な ②▶**professeur émérite** 名誉教授

émersion [emersjɔ̃] 囡 ①浮上 ②(天)(日食・月食などの後の星の)再現

émerveillement [emervɛjmɑ̃] 男 感嘆, 驚嘆(すべきこと)

émerveiller [emerveje] 囮 感嘆させる ― 代動 [s'~] (…であることに)感嘆する (de, que)

émet(s) [eme], **émett...** ⇒ émettre

émétique [emetik] 厖(医)嘔吐させる ― 男 吐剤

émetteur(trice) [emetœr, -tris] 厖 ①(貨幣・小切手などを)発行する, 振出する ②発信[放送]する ― 男 発行人, 振出人 ― 男 送信機; 発信器

émettre [emetr] 囮 ④ ①(光・音を)発する ②述べる, 発表する ③(貨幣・小切手などを)発行する ④放送[発信]する ― 囲 放送する

émeu [emø] 男(複 ~x)(鳥)エミュー 【ダチョウ目, オーストラリアの鳥】

émeus[t] [emø], **émeuv...** ⇒ émouvoir

émeute [emøt] 囡 騒乱, 暴動

émeutier(ère) [emøtje, -ɛr] 男 暴徒; 暴動の扇動者

émi..., émic(...), émit [emi] ⇒ émettre

émiettement [emjɛtmɑ̃] 男 ①粉々にすること, 粉砕; くず ②細分化, 分散, 拡散

émietter [emjete] 囮 細かく砕く; 細分(化)する; 分散させる ― 代動 [s'~] 細かく(砕)ける, 分散する

émigrant(e) [emigrɑ̃, -ɑ̃t] 厖 (国を離れて)移住する ― 名 移民

émigration [emigrasjɔ̃] 囡 ①(他国への)移住; (集合的)移民; (フランス革命時の)亡命貴族 ②(動)(鳥類の)渡り; (魚類の)回遊

émigré(e) [emigre] 厖 (<émigrer) (他国へ)移住した ▶**travailleur émigré** 移民労働者 ― 名 (他国への)移民; (フランス革命時の)亡命貴族

émigrer [emigre] 囲 ①(他国へ)移住する ②(鳥が)移り住む; (魚が)回遊する

émincé(e) [emɛ̃se] 厖 (< émincer) 薄切りにした ― 男 (特に肉やタマネギの)スライス, (薄切り肉の)シチュー

émincer [emɛ̃se] 囮 ⑤ (料)薄切りにする

éminemment [eminamɑ̃] 副 きわめて, すぐれて, 著しく

éminence [eminɑ̃s] 囡 ①高地, 台地, 丘 ②卓越, 傑出 ③(解)隆起, 突起 ④枢機卿(ⁿ)の尊称 ▶ **son Éminence** 猊下(¹)

éminent(e) [eminɑ̃, -ɑ̃t] 厖 すぐれた, 卓越した; 〔古〕(場所の)高い

émir [emir] 男 アミール【イスラム教国の首長・地方総督・将軍・王族などの称号】

émirat [emira] 男 首長国 ▶**Émirats arabes unis** [les~] アラブ首長国連邦

émissaire [emisɛr] 男 ①密使 ②(湖水などの)放水路 ③▶**bouc émissaire** 贖罪の山羊, スケープゴート, 身代り

émissif(ve) [emisif, -iv] 厖(物)放射する

*****émission** [emisjɔ̃] エミスィヨン 囡(英broadcast) ①放送, 放映; 番組; (メッセージなどの)発信 ▶**émission en différé** 録画放送 **émission en direct** 生放送 ②(紙幣・公債などの)発行, 振出 ③(光・熱などの)放出, 放射; 発音, 発生; (尿・体液などの)排出

émissole [emisɔl] 囡(魚)ホシザメ(星鮫)

emmagasinage [ɑ̃magazinaʒ] 男 蔵入れ, 貯えること; (知識などの)蓄積

emmagasiner [ɑ̃magazine] 囮 蔵に入れる, 貯蔵する; (頭の中にため込む) (記憶にとどめる)

emmailloter [ɑ̃majɔte] 囮 包み込む, つつみ込む; (人を)縛る, 束縛する ― 代動 [s'~] くるまる

emmanchement [ɑ̃mɑ̃ʃmɑ̃] 男 柄を付けること

emmancher [ɑ̃mɑ̃ʃe] 囮 ①(…に)柄をつける; 継ぎ合わせる ②(話)とりかかる, 始める ― 代動 [s'~] (話)始まる

emmanchure [ɑ̃mɑ̃ʃyr] 囡 袖ぐり

emmêlement [ɑ̃mɛlmɑ̃] 男 もつれ, 混乱; 紛糾

emmêler [ɑ̃mele] 囮 もつれさせる, 混

乱させる, ごっちゃにする; もつれる ▶s'emmêler les pieds [crayons, pédales, pinceaux] (話) 訳が分からなくなる, 混乱する

emménagement [ɑ̃menaʒmɑ̃] 男 ①(新居への)引っ越し ②(複)(船内の)間取り

***emménager** [ɑ̃menaʒe アンメナジェ] 自 40 (新居に)移る, 入居する, 引っ越す《dans》

emménagogue [ɑ̃menagɔg, emenagɔg] 形 [医] 月経を促進する — 男 月経促進薬

***emmener** [ɑ̃mne アンムネ] 他 (英 take) ①連れて行く; (人を)送る; (物を)持って行く ②(部隊・チームを)指揮する, 先導する

emment(h)al [emɛ̃tal, emɑ̃tal] 男 エメンタール《スイスのエメンタール産のgruyèreチーズ》

emmerdant(e) [ɑ̃mɛrdɑ̃, -ɑ̃t] 形 (話)うるさい, くだらない

emmerde [ɑ̃mɛrd] 女 (話) = emmerdement

emmerdé(e) [ɑ̃mɛrde] 形 (< emmerder) うんざりしている, いやになる, 困っている

emmerdement [ɑ̃mɛrdəmɑ̃] 男 (話) ひどく面倒なこと, 大変な難儀

emmerder [ɑ̃mɛrde] 他 (話) うんざりさせる, うるさがらせる; (人を)無視する, ばかにする, 問題にしない ▶Je t'emmerde! おまえなんかそくらえだ (代動) [s'~] (話) うんざりする, いやになる, 退屈する ▶ne pas s'emmerder (他人のこと・金銭などにお構いなしにする

emmerdeur(se) [ɑ̃mɛrdœr, -øz] 名 (話) いまいましい[うるさい]やつ

emmétrope [ɑ̃metrɔp, emetrɔp] 形名 [生理] 正視の(人)

emmieller [ɑ̃mjele] 他 (話) うるさがらせる《emmerderの婉曲語法》

emmitoufler [ɑ̃mitufle] 他 (話) (暖かい衣服で)包む — (代動) [s'~] 暖かくくるまる

emmouscailler [ɑ̃muskaje] 他 (話・古) うるさがらせる

emmurer [ɑ̃myre] 他 壁の中に閉じ込める; (古)土牢に閉じ込める — (代動) [s'~] (沈黙・感情などに)閉じこもる《dans》

émoi [emwa] 男 (文) 不安, 動揺, 興奮; (深い)感動 ▶en émoi 動揺している, 騒然としている

émollient(e) [emɔljɑ̃, -ɑ̃t] 形 [医] 緩和する, 鎮痛の — 男 緩和剤, 鎮痛剤

émolument [emɔlymɑ̃] 男 ①[法] (相続人・包括受遺者・配偶者による遺産などの)取得 ②(複)(弁護士・公証人などの)報酬; (公務員などの)給与

émondage [emɔ̃daʒ] 男 (枝の)刈込み

émonder [emɔ̃de] 他 枝を刈込む[お

ろす], 剪定(ﾃﾝ)する; (種子を)選別する

émondeur(se) [emɔ̃dœr, -øz] 名 枝を刈込む人

émondoir [emɔ̃dwar] 男 刈込み用具

émoticone, émoticône [emɔtikon] 男 (メールやインターネットなどで用いる)顔文字

***émotif(ve)** [emɔtif, -iv] 形 感じやすい, 興奮しやすい; 感情に関する — 名 興奮しやすい[感じやすい]人

***émotion** [emosjɔ̃ エモスィヨン] 女 (喜怒哀楽などの)心の動き, 感動, 興奮, 動揺; (俗) 不安, パニック

émotionnable [emosjɔnabl] 形 感動しやすい

émotionnel(le) [emosjɔnɛl] 形 (心)感情の, 情動の

émotionner [emosjɔne] 他 (話) (心を)動揺させる, 感動[興奮]させる

émotivité [emɔtivite] 女 感じやすい性格; (心) 被感動性 ▶d'une grande émotivité とても激しやすい

émottage [emɔtaʒ], **émottement** [emɔtmɑ̃] 男 (畑の)土ならしすること

émotter [emɔte] 他 (畑の)土ならしする

émou [emu] 男 = émeu

émouchet [emuʃɛ] 男 [鳥] 小型の猛禽(ﾓｳｷﾝ)《特にハイタカ》

émouchoir [emuʃwar] 男 ハエ払い《馬の尾に柄をつけたもの》

émoudre [emudr] 他 60 (刃物を)回転砥石で研ぐ

émouleur [emulœr] 男 研ぎ師[屋]

émoulu(e) [emuly] 形 (< émoudre) ▶frais émoulu 学校を出たての; 資格を取りたての《de》

émoussé(e) [emuse] 形 鈍くなった; (刃物の)切れなくなった

émousser [emuse] 他 鈍くする; (感覚なとを)鈍らせる, 和らげる — (代動) [s'~] 鈍くなる, 和らぐ

émoustillant(e) [emustijɑ̃, -ɑ̃t] 形 陽気にする, うきうきさせる

émoustiller [emustije] 他 陽気にする, うきうきさせる

émouvoir... ⇒émouvoir

émouvant(e) [emuvɑ̃, -ɑ̃t] 形 人の心を動かす, 感動的な

***émouvoir** [emuvwar エムヴォワール] 他 27 (英 move) (心を動かす, 感動させる; 感情[動揺]させる — (代動) [s'~] 心を動かす; 興奮[動揺]する

empaffé [ɑ̃pafe] 男 (俗) ばかやろう, まぬけ

empaillage [ɑ̃pajaʒ] 男 藁(ﾜﾗ)を詰めること; 剥製(ﾊｸｾｲ)にすること

empaillé(e) [ɑ̃paje] 形 (< empailler) 藁(ﾜﾗ)を詰めた; 剥製にした; (話)のろまな, 無気力な

empailler [ɑ̃paje] 他 藁(ﾜﾗ)を詰める; 剥製にする

empailleur(se) [ɑ̃pajœr, -øz] 名

empalement [ɑ̃palmɑ̃] 男 串刺しの刑；(とがった物の上に)落ちること

empaler [ɑ̃pale] 他 串刺しの刑にす — 代動 **s'~** (話) (とがった物の上に)落ちる，踏み抜く

empan [ɑ̃pɑ̃] 男 アンパン，一わたり【昔の長さの単位で，親指の先から小指の先までの距離，約20センチ】

empanaché(e) [ɑ̃panaʃe] 形 羽根飾りをつけた；(…で)飾られた，(…)

empanacher [ɑ̃panaʃe] 他 羽根飾りをつける；飾り立てる

empanner [ɑ̃pane] 自 [海] ジャイブ(風下への方向転換)する

empaquetage [ɑ̃paktaʒ] 男 包むこと，包装；小包にすること

empaqueter [ɑ̃pakte] 他 4 包む，包装する；小包にする — 代動 **s'~** 包まれる；くるまる

s'emparer [sɑ̃pare] 代動 **s'~** ①(…)を奪う，占領する；横取りする《de》 ②(…)をいきなりつかむ，しっかりつかむ；(怒りや悲しみなどが人の心を)とらえる；(眠気などが人に)突然やってくる《de》

empâté(e) [ɑ̃pɑte] 形 (<empâter) ①ねばねばした ②肉づきのよい，太った

empâtement [ɑ̃pɑtmɑ̃] 男 ①(顔などの)肉づきのよさ ②(家畜(ボ)を)太らせること ③[美術] 絵具を厚く塗ること

empâter [ɑ̃pɑte] 他 ①捏粉(ミミミ)(状)の物を塗り付ける ②ねばねばさせる ③太らせる — 代動 **s'~** 肉がつく，太る

empattement [ɑ̃patmɑ̃] 男 ①(自動車の前後の両車輪間の距離，ホイールベース ②[建] (塀・柱などの)太くなった部分，土台

empaumer [ɑ̃pome] 他 (話・古)(人を)たぶらかす，手なずける，丸め込む

empêché(e) [ɑ̃peʃe] 形 (< empêcher) 都合のつかない，出席不可能な

empêchement [ɑ̃peʃmɑ̃] 男 (思いがけない)障害；差支え，不都合

*****empêcher** [ɑ̃peʃe] アンペシェ 他 (英 prevent) 妨げる；(人が…するのを)妨げる《de》；(…とは)ならないようにする《que》 ▶ **(Il) n'empêche que...** それでもやはり…だ 〈n'empêche〉にしても，それにしても — 代動 **s'~** (…(すること)を)我慢する《de》 ▶ **ne (pas) pouvoir s'empêcher de** …ずにはいられない

empêcheur(se) [ɑ̃peʃœr, -øz] 名 邪魔をする人 ▶ **empêcheur de tourner en rond** 万事に口出しする人

empeigne [ɑ̃peɲ] 女 靴の甲 ▶ **gueule d'empeigne** (話)〔罵倒して〕いやなやつ

empennage [ɑ̃penaʒ] 男 矢に羽をつけること；矢羽；(飛行機などの)尾翼

empenne [ɑ̃pen] 女 (矢の)羽根

empenné(e) [ɑ̃pene] 形 (矢に)羽のついた

empenner [ɑ̃pene] 他 (矢に)羽をつける；尾翼をつける

*****empereur** [ɑ̃prœr アンプルール] 男 (英 emperor) 皇帝，帝王；(石油王など産業界の)王者；《l'E-》ナポレオン1世[3世]【女性形は impératrice】

emperler [ɑ̃perle] 他 真珠(のようなもので)飾る；飾る，装飾に凝る

empesage [ɑ̃pəzaʒ] 男 (シャツなどに)糊をつけること

empesé(e) [ɑ̃pəze] 形 (<empeser) 糊を付けた；堅苦しい，しゃちほこばった

empeser [ɑ̃pəze] 他 (布に)糊をつける

empester [ɑ̃peste] 他 …の悪臭がする；(思想などが)害する，毒する — 自 悪臭を放つ

empêtrer [ɑ̃petre] 他 身動き取れなくなる；(面倒なことに)巻き込む《dans》 — 代動 **s'~** (…)に巻き込まれる；混乱がる《dans》

emphase [ɑ̃faz] 女 誇張，大げさな言葉[しぐさ]

emphatique [ɑ̃fatik] 形 誇張した，大げさな；[文法] 強調的な，強意の

emphatiquement [ɑ̃fatikmɑ̃] 副 誇張して，大げさに

emphysémateux(se) [ɑ̃fizemato, -øz] 形名 [医] 気腫(ポ)の(患者)

emphysème [ɑ̃fizem] 男 [医] 気腫(ポ) ▶ **emphysème pulmonaire** 肺気腫

empiècement [ɑ̃pjesmɑ̃] 男 [服] ヨーク【ブラウスなどの肩やスカートの上部の布地を切替えた部分】

empierrement [ɑ̃pjermɑ̃] 男 バラスを敷くこと，砂利道舗装；バラス

empierrer [ɑ̃pjere] 他 バラス[砂利]を敷く

empiétement [ɑ̃pjetmɑ̃] 男 侵[浸]食；侵害，越権；[法] 行政権の乱用

empiéter [ɑ̃pjete] 自 57 (…を)侵す，侵食する；侵害する《sur》

empiffrer [ɑ̃pifre] 代動 **s'~** (話)(…に)たらふく食う《de》

empilable [ɑ̃pilabl] 形 積み重ねられる

empilage [ɑ̃pilaʒ], **empilement** [ɑ̃pilmɑ̃] 男 積み重ねること；堆積物

empiler [ɑ̃pile] 他 ①積み重ねる ②(話) だまくらかす，くすねる — 代動 **s'~** 積み重なる；(…に)すし詰めになる《dans》

empire [ɑ̃pir] 男 ①帝国；植民地(帝国)；帝国 ▶ **empire financier** 金融帝国 **pas pour un empire** (どんなに褒美を(くれる)も)絶対に…しない **Premier Empire** 《le ~》(ナポレオン1世の)第一帝政 **Second Empire** 《le ~》(ナポレオン3世の)第二帝政 ②支配権，土地，(精神的)権威，支配力；影響 ▶ **avoir de l'empire sur** (人)に影響力がある；…を支配している **sous l'empire de** …に支配される；とりつかれる

empirer [ɑ̃pire] 自 悪くなる，悪化する ― 他 (文) 悪化させる

empirique [ɑ̃pirik] 形 経験に基づく，経験的な；(哲) 経験論の

empiriquement [ɑ̃pirikmɑ̃] 副 経験的に，経験的に基づいて

empirisme [ɑ̃pirism] 男 経験主義(の態度)；(哲) 経験主義[論]

empiriste [ɑ̃pirist] 名 経験主義者，経験論者 ― 形 経験主義(者)の，経験論の

emplacement [ɑ̃plasmɑ̃] 男 ①敷地，用地；駐車場 ②(建物などの)跡，遺跡

emplafonner [ɑ̃plafɔne] 他 (話)(車に)衝突する

emplâtre [ɑ̃platr] 男 ①膏[こう]薬；(タイヤ修理用の)ゴム布 ②(話・古)無気力な人，役立たず ③(話)平手打ち ④(話)胃にもたれる食べ物

emplette [ɑ̃plɛt] 女 買物；買った品物 ▶ **faire des emplettes** 買物をする

emplir [ɑ̃plir] 他 33 (文・古) 埋め尽くす；一杯にする，満たす ― 代動 [s'~] (…で)一杯になる，満たされる (de)

***emploi** [ɑ̃plwa アンプロワ] 男 ①(英 use) 使用；用法，用途 ▶ **emploi du temps** 時間割 **faire double emploi** 重複する，余分である **mode d'emploi** 使用法；使用説明書 ②(英 employment) 職務，仕事，職；雇用 ▶ **demande d'emplois** 求職 **être sans emploi** 失業中である **offre d'emploi** 求人広告；**plein(-)emploi** 完全雇用 ③(芝居の)役柄 ▶ **avoir le physique [la tête] de l'emploi** (話) (役柄にぴったり合う体つきをしている) ④(簿記) 記入，記帳

emploi..., employ... ⇨ **employer**

employabilité [ɑ̃plwajabilite] 女 雇用条件にかなう条件

employable [ɑ̃plwajabl] 形 用い得る，役に立つ

‡**employé(e)** [ɑ̃plwaje アンプロワイエ] 名 (英 use) 従業員，事務員；(工場労働者に対して)会社員，サラリーマン ▶ **employé de banque** 銀行員 **employé de bureau** 会社員 **employé de maison** 家事従業員

‡**employer** [ɑ̃plwaje アンプロワイエ] 他 45 (英 use) 用いる，使用する；(ものを…のために)使う (à) ②(英 employ) 雇う；(人を)使う，利用する；採用する ▶ **mal employer** 誤用する ― 代動 [s'~] ①使われる，用いられる ②(…するのに)献身[努力]する (à)

employeur(se) [ɑ̃plwajœr, -øz] 名 使用者，雇主

emplumé(e) [ɑ̃plyme] 形 羽(毛)で覆われた[飾られた]

emplumer [ɑ̃plyme] 他 羽で飾る，羽飾りをつける

empocher [ɑ̃pɔʃe] 他 (金銭を)受け取る；(古)ポケットに入れる；(話)(侮辱・打撃などを)受ける，被る

empoignade [ɑ̃pwaɲad] 女 (話) 口げんか，激論

empoigne [ɑ̃pwaɲ] 女 つかむこと ▶ **foire d'empoigne** 欲得の渦巻くところ，私利私欲の世界

empoigner [ɑ̃pwaɲe] 他 つかむ，握る；(人を)とらえる，感激させる；(話)逮捕する，捕える ― 代動 [s'~] 殴り合う，言い争う

empois [ɑ̃pwa] 男 (洗濯用の)糊

empoisonnant(e) [ɑ̃pwazɔnɑ̃, -ɑ̃t] 形 (話) 不愉快な，うんざりさせる

empoisonnement [ɑ̃pwazɔnmɑ̃] 男 ①中毒；毒殺 ②(話) 煩わしさ，苦労；害毒を及ぼすこと

empoisonner [ɑ̃pwazɔne] 他 ①(人に)毒を盛る，毒殺する；(食物などに)毒を混ぜる[塗る] ②悪臭で満たす；汚染する ③(話)うんざりさせる，悩ませる ④(古)(人・精神を)毒する，腐敗させる；台無しにする ― 代動 [s'~] ①毒を飲む；毒殺自殺をする；食中毒になる ②(話)うんざりする，退屈する

empoisonneur(se) [ɑ̃pwazɔnœr, -øz] 名 ①毒殺者；(人を)毒する者；(話)嫌がらせをする人，不愉快な人物；ひどい料理人

empoissonnement [ɑ̃pwasɔnmɑ̃] 男 魚の放流

empoissonner [ɑ̃pwasɔne] 他 (池・川などに)(稚魚を)放流する

emporté(e) [ɑ̃pɔrte] 形 怒りっぽい (< **emporter**) かっとなりやすい(人)

emportement [ɑ̃pɔrtəmɑ̃] 男 逆上，激昂

emporte-pièce [ɑ̃pɔrtəpjɛs] 男 (不変) 打ち抜き器，穴あけ器 ▶ **à l'emporte-pièce** 率直な；辛らつな

***emporter** [ɑ̃pɔrte アンポルテ] 他 (英 take (away)) 持って行く，運ぶ；連れ去る；奪い取る；(人の)命を奪う；(勝利や名を)獲得する；(情熱などが)人を駆り立てる，興奮させる ▶ **emporter la bouche** (料理が)ひどくからい辛い **emporter le morceau** 成功する，欲しいものを手に入れる **l'emporter** (…で)優位に立つ，勝つ (sur) **plats à emporter** 持ちかえりの料理 **se laisser emporter par** (…情)に駆られる，逆上する **Vous ne l'emportez pas au paradis!** いまに見ていろ，仕返しをするからな ― 代動 [s'~] (…に)逆上する，かっとなる (contre)

empoté(e) [ɑ̃pɔte] 形 名 (< **empoter**) (話) 不器用な(人)；のろまな人

empoter [ɑ̃pɔte] 他 鉢に植える；壺に詰める

empourprer [ɑ̃purpre] 他 赤く染める ― 代動 [s'~] 赤くなる

empoussiérer [ɑ̃pusjere] 他 53 に

こりだらけにする — 代動 [s'～] ほこりまみれになる

empreign..., emprein... ⇨ empreindre

empreindre [ɑ̃prɛ̃dr] 他 19 ①印する, 刻み込む ②〈文〉(…を)帯びる; (…の)痕跡をとどめる — 代動 [s'～] 印される, 跡が残る; (悲しみなどが)刻みつけられる (de)

empreinte [ɑ̃prɛ̃t] 女 ①(印された)跡, 型; (貨幣・メダルの)刻印 ▶prendre l'empreinte d'une dent 歯の型を取る ②指紋 (= ～s digitales); 足跡 (= ～ de pas) ▶empreinte génétique 遺伝子指紋【DNA 構造を分析することで当人を特定できる】 empreinte vocale 声紋 relever [prendre] des empreintes digitales 指紋をとる ③(精神的な象徴; 性格の特徴)

empressé(e) [ɑ̃prese] 形 (< empresser) 熱心な, いそいそとした

empressement [ɑ̃presmɑ̃] 男 熱心さ, 急ぐこと; (人に)(喜んで)尽くすこと, 特別の好意

empresser [ɑ̃prese] 代動 [s'～] ①(英 hasten) 急いで[いそいそと]…する (de) ②(人に)熱心に尽くす, ご機嫌をとる (auprès [autour] de)

emprise [ɑ̃priz] 女 ①影響力, 支配 ▶avoir de l'emprise sur (人)に影響力をもつ sous l'emprise de … に突き動かされて ②〈法〉(公用による土地などの)収用, 買収

emprisonnement [ɑ̃prizɔnmɑ̃] 男 投獄; 監禁; 禁固(刑)

emprisonner [ɑ̃prizɔne] 他 投獄する; 閉じ込める; 締めつける; 自由を奪う

emprunt [ɑ̃prœ̃] 男 ①借金, 負債; 国債, 公債 (= ～ d'État, ～ public) ②借用, 剽窃(ひょうせつ); 借用語 ▶d'emprunt 見せかけの, 借り物の

emprunté(e) [ɑ̃prœ̃te] 形 (< emprunter) (人が)不器用な, ぎこちない

*****emprunter** [ɑ̃prœ̃te] 他 アンプランテ (英 borrow) ①(…から)借りる, 取り入れる, 借金する (à) ②(道, 方向)を取る, 利用する ▶Empruntez le passage souterrain (掲示) 地下道をお通りください

emprunteur(se) [ɑ̃prœ̃tœr, -øz] 形 借金癖のある; 借りる ─ 名 借り手, 借金癖のある人

empuantir [ɑ̃pɥɑ̃tir] 他 33 悪臭で満たす

empuantissement [ɑ̃pɥɑ̃tismɑ̃] 男 悪臭の充満

empyrée [ɑ̃pire] 男 〈文〉蒼(そう)空; (神々の住む)天上界; 天国; (古代の天文学で)最高天

*****ému(e)** [emy エミュ] 形 (< émouvoir) (英 moved) 深く感動した, 心を動かされた, 興奮した; 感動的な

ému..., émû... ⇨ émouvoir

émulateur [emylatœr] 男 〔情報〕エミュレータ

émulation [emylasjɔ̃] 女 ①競争心, ライバル意識 ②〔情報〕エミュレーション【他機種のプログラムを自分の機種で実行すること】

émule [emyl] 名 〈文〉競争者, 好敵手

émuler [emyle] 他 〔情報〕エミュレーションを行なう

émulsif(ve) [emylsif, -iv], **émulsifiant(e)** [emylsifjɑ̃, -ɑ̃t] 形 〔化〕乳化を促す — 男 乳化剤

émulsion [emylsjɔ̃] 女 乳濁液; 乳剤; [写] 感光乳剤

émulsionner [emylsjɔne] 他 乳濁液[乳剤]にする; 感光乳剤を塗る

émurent, émus(...), émut [emy] ⇨ émouvoir

*****en¹** [ɑ̃ アン] 前 (英 in, to) ①(場所)…で[に], …(の方)へ; …の中で[に] ▶vivre en France フランスで暮らす ②(関係)…に関して, …について, …において ▶être fort en français フランス語が得意だ ③(時間)…に; (所要時間が)…かかって ▶en 2010 2010 年に en trois jours 三日で ④(方法・手段)…(の乗物)に乗って, …して ▶voyager en avion [train] 飛行機[列車]で旅行する ⑤(状態・形状)…の状態で[に], …になって[に] ▶être en colère 怒っている ⑥(服装)…を着て ▶s'habiller en blanc 白い服を着る ⑦(材料)…でできた, …からなる ▶en bois 木製の ⑧(変化)…に(変える) ▶traduire en anglais 英語に翻訳する ⑨[en + 現在分詞(文法用語ではジェロンディフという)] (同時性)…しながら; …する時に, …するにつれて (原因・手段)…したために, …することによって (条件)…すれば; (譲歩・対立)…としても, …とは言え En tombant il s'est blessé. 彼は転んだけがをした En travaillant beaucoup, tu réussiras. 一生懸命働けば君は成功する Tout en étant malade, elle est allée voir ses parents. 病気なのに彼女は両親に会いに行った travailler en chantant 歌いながら仕事をする

*****en²** [ɑ̃] 代 ①[le・la・les とは異なり特定の限定されたものを指さない場合の直接目的代名詞] それ(ら) ▶As-tu un stylo?-Oui, j'en ai un. 消しペン持ってる?-ああ, あるよ Voulez-vous des cerises? Il y en a encore. さくらんぼはいかが?まだありますよ ②[de + 名詞を受ける代名詞] それは/ついて, やり…とか, そこから/の/せいで ▶J'en suis fier. それを誇りに思っている On en parle. その

eñ- [接頭] (くラ) [b, p, m の前では em-] 「…の中に入れる」「…にする」の意;「除去」「離脱」の意

-en(ne) [接尾] (くラ) = -éen(ne)

ENA [ena] 略 École nationale

d'administration 国立行政学院【高級官僚養成機関】

enamouré(e) [ɑ̃namure], **énamouré(e)** [enamure] 形《(…に)ほれ込んだ,夢中になった》(de)

enamourer [ɑ̃namure], **énamourer** [enamure] 代動《s'~》《古》ほれる,恋に落ちる

énantiomorphe [enɑ̃tjɔmɔrf] 形 左右対称の

énarchie [enarʃi] 女《話》エナルシー【ENA 出身の高級官僚支配体制】

énarque [enark] 男《話》ENA の卒業生；(ENA 出身の)エリート官僚

énarthrose [enartroz] 女《解》球関節

en-avant [ɑ̃navɑ̃] 男《不変》[ラグビー] ノックオン

en-but [ɑ̃by(t)] 男《不変》[ラグビー] インゴール

encablure [ɑ̃kablyr] 女《海》鏈長【古い距離の単位で約200 m に相当】

encadré [ɑ̃kadre] 男 コラム,囲み記事

encadrement [ɑ̃kadrəmɑ̃] 男 ① 枠(をつけること),額縁(で); 囲み; ② 《集合的》幹部; (幹部による)監督 ▶ *encadrement du crédit*（政府による)銀行の貸出制限 ②《集合的》幹部; (幹部による)監督

encadrer [ɑ̃kadre] 他 ① 枠をつける,額縁に入れる; 囲む; 取り囲む,挟(む)む; 両側から守る ▶*ne pas pouvoir encadrer ...*《話》...にはがまんできない ② 統率する,指導する; 将校[下士官]を配備する ③(挿語などをはめ込む,挿入する

encadreur(se) [ɑ̃kadrœr] 名 額縁屋[職人]

encager [ɑ̃kaʒe] 他 40 (鳥や動物を)籠(に[檻(に)])に入れる; 閉じ込める,投獄する

encagouler [ɑ̃kagule] 他 覆面する

encaissable [ɑ̃kesabl] 形 領収[取立て]できる; (手形などが)換金できる

encaisse [ɑ̃kɛs] 女 手持現金[有価証券] ▶ *encaisse métallique*（兌換紙幣を保証するための)金・銀貨[塊]; 正貨準備金

encaissé(e) [ɑ̃kese] 形 (< encaisser) (谷・道が)両側の険しい切り立った,両側をはさまれた

encaissement [ɑ̃kɛsmɑ̃] 男 ① 領収,取立て ②(川・道の)両側の切り立っていること

encaisser [ɑ̃kese] 他 ① 領収する,取り立てる; (手形などを)現金化する ②《話》殴打などを受ける；[ボクシング][目的語なしで] パンチに耐える ③《話》《多く否定形で》(人を)がまんする —代動《s'~》(谷などが)断崖にはさまれている

encaisseur [ɑ̃kesœr] 男 集金人; (銀行の)出納係【手形代金の取立てを行う係】

encan [ɑ̃kɑ̃] 男《成句でのみ》▶*à l'encan* 競売で; 取引で,金次第で

encanailler [ɑ̃kɑnaje] 代動《s'~》ろくでもない連中と交わる,柄が悪くなる

encapuchonné(e) [ɑ̃kapyʃɔne] 形 (< encapuchonner) フードをかぶった; すっぽりと覆った

encapuchonner [ɑ̃kapyʃɔne] 他 フードをかぶらせる; (マントなどを)すっぽりとかぶせる —代動《s'~》頭巾をかぶる,すっぽりおおう; (馬が口をきらって)口を胸につける

encart [ɑ̃kar] 男《製本》(本に入れる)挿入紙; はさみ込み ▶ *encart publicitaire* 折り込み広告

encartage [ɑ̃kartaʒ] 男《製本》別刷紙[広告など]をはさみ入れること

encarter [ɑ̃karte] 他 (別刷紙・広告などを)はさみ込む; (ボタン・ピンなどを)厚紙に留める

en-cas, encas [ɑ̃kɑ] 男《不変》(好きなときに食べる)軽食; 不時のための備え

encaserner [ɑ̃kazɛrne] 他 兵営に泊める[入れる]

encastrable [ɑ̃kastrabl] 形 はめ込める

encastré(e) [ɑ̃kastre] 形 (< encastrer) はめ込んだ

encastrement [ɑ̃kastrəmɑ̃] 男 はめ込むこと,埋め込み; (他の部材を受ける)受口,ほぞ

encastrer [ɑ̃kastre] 他 はめ込む —代動《s'~》(…に)はめ込まれる,はまる(dans)

encaustiquage [ɑ̃kostikaʒ] 男 ワックスを塗ること,ワックスがけ

encaustique [ɑ̃kostik] 女 つや出しワックス; [美術] (古代の)蠟画法

encaustiquer [ɑ̃kostike] 他 (…に)ワックスを塗る,ワックスをかける

-ence 接尾 女 《〈ラ〉》= -ance

enceindre [ɑ̃sɛ̃dr] 他 19 (…で)取囲む,囲う (de)

enceinte¹ [ɑ̃sɛ̃t] 形《女性形のみ》妊娠している ▶ *être enceinte de cinq mois* 妊娠5ヶ月である *tomber enceinte* 妊娠する

enceinte² [ɑ̃sɛ̃t] 女 ① 囲い; 城壁; 囲いの中,構内,室内 ▶*dans l'enceinte de* ...の構内で *mur d'enceinte* 外壁 ②(ステレオの)スピーカーユニット[システム] (= ~ acoustique)

encens [ɑ̃sɑ̃] 男 ① 香(う) ②《文・古》称賛,へつらい

encensement [ɑ̃sɑ̃smɑ̃] 男 ① 香をたくこと, [カト] 撒香(きっこう) ② ほめそやすこと,へつらうこと

encenser [ɑ̃sɑ̃se] 他 ① 香をささげる ②《文・古》ほめそやす,へつらう

encenseur(se) [ɑ̃sɑ̃sœr, -øz] 名 ① 香をたく人; [カト] つり香炉を振る人 ②《文・古》へつらう人

encensoir [ɑ̃sɑ̃swar] 男 〔カト〕つり香炉

encéphale [ɑ̃sefal] 男 〔解〕脳

encéphalique [ɑ̃sefalik] 形 〔解〕脳の

encéphalite [ɑ̃sefalit] 女 〔医〕脳炎

encéphalo- 接頭 (<ギ)「脳」の意

encéphalogramme [ɑ̃sefalɔgram] 男 〔医〕脳造影図

encéphalographie [ɑ̃sefalɔgrafi] 女〔医〕脳造影法〔脳をX線撮影する〕

encéphalomyélite [ɑ̃sefalɔmjelit] 女 〔医〕脳脊髄炎

encéphalopathie [ɑ̃sefalɔpati] 女 〔医〕脳障害, 脳症 ▶**encéphalopathie spongiforme bovine** 牛海綿状脳症, 狂牛病《略: ESB》

encerclement [ɑ̃sɛrkləmɑ̃] 男 包囲

encercler [ɑ̃sɛrkle] 他 包囲する; (丸く)囲む

enchaînement [ɑ̃ʃɛnmɑ̃] 男 ①連鎖, つながり; 脈絡, 関係 ②〔劇〕つけげいこ, 場面転換の間をつなぐせりふ;〔映〕シークエンスの転換, ディゾルブ;〔言〕アンシェヌマン《語の末尾の子音と次の語の冒頭の母音をつなげて一つの音節として発音すること》

enchaîner [ɑ̃ʃene] 他 ①鎖でつなぐ ②束縛する, 屈服させる, 従わせる; とりこにする ③話に脈絡をつける; 連結させる —— 自 話をつなぐ;〔劇〕(間があいた後で)せりふをつなぐ;〔映〕場面を移す, 溶接〔溶明〕する —— 代動 **s'~** ①つながる, 関連しあう

*__enchanté(e)__ [ɑ̃ʃɑ̃te アンシャンテ] 形 (<enchanter) ①満足した, とてもうれしい ▶**Enchanté (de faire votre connaissance)**. はじめまして ②魔法の; 魔法にかけられた

enchantement [ɑ̃ʃɑ̃tmɑ̃] 男 ①大きな喜び, 満悦; すばらしい出来事, 魅惑するもの ②魔法をかける[かかる]こと; 魔法(の力) ▶**comme par enchantement** 思いがけなく, 魔法にかかったかのように

enchanter [ɑ̃ʃɑ̃te] 他 ①魅惑する; 大いに喜ばせる ②魔法にかける

enchanteur(eresse) [ɑ̃ʃɑ̃tœr, -trɛs] 名 魔法使い; 魅惑的な人物 —— 形 うっとりさせる, 魂を奪う

enchâssement [ɑ̃ʃɑsmɑ̃] 男 はめこむこと; はめ込み方; 象嵌(がん);〔言〕埋め込み

enchâsser [ɑ̃ʃɑse] 他 (宝石などを)はめ込む, 象嵌(がん)する,〔ユリ〕聖遺物容器に入れる; 〔言〕(節などを文中に)埋め込む

enchemiser [ɑ̃ʃ(ə)mize] 他 (本などを)おおう, カバーをかける

enchère [ɑ̃ʃɛr] 女 ①(競売での)せり上げ, 付け値;《複》競売 ▶**faire monter les enchères** せり値をあげる

faire une enchère 値をつける **mettre ... aux enchères** …を競売にかける ②〔トランプ〕(ブリッジなどでの)せり上げ, ビッド, オークション

enchérir [ɑ̃ʃerir] 自 33 (競売で人より高い値をつける (sur); 《文》(…を)越える, しのぐ (sur)

enchérisseur(se) [ɑ̃ʃerisœr, -øz] 名 入札者, 競り手

enchevêtré(e) [ɑ̃ʃ(ə)vetre] 形 (<enchevêtrer) 入り組んだ, もつれた, 錯綜した

enchevêtrement [ɑ̃ʃ(ə)vɛtrəmɑ̃] 男 もつれ(させること); 錯綜; 混乱

enchevêtrer [ɑ̃ʃ(ə)vetre] 他 もつれさせる, 錯綜させる —— 代動 **s'~** こんがらかる, もつれる

enchevêtrure [ɑ̃ʃ(ə)vetryr] 女 木の枠組み, かまち

enchifrené(e) [ɑ̃ʃifrəne] 形 〈古〉鼻づまりの, 鼻風邪をひいた

enchifrènement [ɑ̃ʃifrɛnmɑ̃] 男 〈古〉鼻づまり, 鼻風邪

enclave [ɑ̃klav] 女 ①飛び地《他国領に囲まれた領土》; 内陸国; 部屋などの張出し部分 ②〔地〕捕獲岩

enclavement [ɑ̃klavmɑ̃] 男 はめ込まれた状態; 飛び地〔飛び領土〕化;〔医〕(組織への異物などの)嵌入

enclaver [ɑ̃klave] 他 取り囲む; はめ込む, 差し込む

enclenchement [ɑ̃klɑ̃ʃmɑ̃] 男 〔機〕かみ合わせる[かみ合う]こと; 連動〔連結〕装置

enclencher [ɑ̃klɑ̃ʃe] 他 連動させる, かみ合わせる; 始動させる, (…と)かみ合う, 連動〔連結〕される (avec)

enclin(e) [ɑ̃klɛ̃, -in] 形 (…の; …する)傾向がある, 癖がある (à)

encliquetage [ɑ̃klikta3] 男 爪車装置, ラチェット機構

encliqueter [ɑ̃klikte] 他 爪車装置〔ラチェット機構〕を働かせる

enclitique [ɑ̃klitik] 形 〔文法〕前接の —— 男 前接語

enclor... ⇨enclore

enclore [ɑ̃klɔr] 他 13 囲う, 囲む; 閉じ込める —— 代動 **s'~** (自分の土地に)囲いをする;《文》閉じこもる

enclos(e) [ɑ̃klo, -oz] 形 (<enclore) 囲まれた, 囲われた;《文》閉じ込もった —— 男 囲い, 垣〔塀〕; 囲われたところ

enclos(...), enclôt [ɑ̃klo] ⇨enclore

enclume [ɑ̃klym] 女 ①鉄床(とこ) ②〔解〕(内耳の)きぬた骨

encochage [ɑ̃kɔʃa3] 男 切り込み, 刻み目(を入れること); 矢はずをとること

encoche [ɑ̃kɔʃ] 女 切り込み, 刻み目; (錠前の舌・鍵などの)刻み目; 矢はず

encocher [ɑ̃kɔʃe] 他 (…に)刻み目を

つける; (矢の矢はずを)弓の弦につがえる

encodage [ɑ̃kɔdaʒ] 男 〔情報〕エンコード

encoder [ɑ̃kɔde] 他 〔情報〕符号化する, エンコードする

encoignure [ɑ̃kɔɲyr] 女 ①(部屋の)角, 隅 ②(隅に置く)三角戸棚

encollage [ɑ̃kɔlaʒ] 男 糊を塗ること; 接着; 糊

encoller [ɑ̃kɔle] 他 糊付けする, 膠(にかわ)を塗る

encolleur(se) [ɑ̃kɔlœr, -øz] 名 糊付け職人 —— 女 〔織〕糊付け機

encolure [ɑ̃kɔlyr] 女 ①(馬などの)首; (競馬で)馬の首の長さ ▶gagner d'une encolure 首差で勝つ ②(人の)首の太さ; (服の)襟ぐり; カラーサイズ

encombrant(e) [ɑ̃kɔ̃brɑ̃, -ɑ̃t] 形 かさばる, 邪魔な;《話》足手まといの, うるさい

encombre [ɑ̃kɔ̃br] 男 〔成句でのみ〕 ▶sans encombre 無事に, つつがなく

encombré(e) [ɑ̃kɔ̃bre] 形 (< encombrer) (…で)混雑した, ふさがった (de)

encombrement [ɑ̃kɔ̃brəmɑ̃] 男 ①(人や物で)一杯であること; 混雑; 交通渋滞 ②(家具などの占める)空間, 寸法

encombrer [ɑ̃kɔ̃bre] 他 (場所を)(…で)ふさぐ, 邪魔になる, 混雑させる; あふれさせる, いっぱいにする (de, avec) ▶encombrer le passage 通り道をふさぐ —— 代動 〔s'~〕(…を)たくさん抱え込む, 持て余す (de)

encontre [ɑ̃kɔ̃tr] 〔成句でのみ〕 ▶à l'encontre (…に)逆らって, 反対して (de)

encorbellement [ɑ̃kɔrbɛlmɑ̃] 男 〔建〕(バルコニーなどの)張出し(部分)

encorder [ɑ̃kɔrde] 代動 〔s'~〕(登山者が)互いをザイルで結ぶ, アンザイレンする

***encore** [ɑ̃kɔr アンコール] 副 ①(英 still) まだ, なおも, 今も; (否定文中で)まだ…しない ▶Encore! (驚いていらだって)またか! ②(英 again) 再び, また ▶encore une fois もう一度 Quoi encore? 今度は何だ; ほかに何が? ③もっと; (比較級の前で程度を強める)さらに, なおいっそう ▶encore mieux [pire] もっとよい〔悪い〕 ④…ではあるが; やはり; それにしても ▶encore faut-il… 少なくともまず…しないといけない encore que… 〔文〕…にもかかわらず et encore (疑って)それもどうだか; (不満げに)それなのに si encore もし…であれば; せめて…ならば

encorner [ɑ̃kɔrne] 他 角で突く[傷つける]

encornet [ɑ̃kɔrnɛ] 男 〔動〕イカ

encour- ➩*encourir*

encourageant(e) [ɑ̃kuraʒɑ̃, -ɑ̃t] 形 勇気[元気]づける; 期待を抱かせる

encouragement [ɑ̃kuraʒmɑ̃] 男 勇気[元気]づけること, 励まし(の言葉); 奨励, 助成

***encourager** [ɑ̃kuraʒe アンクラジェ] 他 40 (英 encourage) 勇気[元気]づける, 鼓舞する; 奨励[助成]する ▶encourager A à… A(人)を励まして…させる

encourir [ɑ̃kurir] 他 18 〔文〕(罰などを)受ける, 課せられる

encrage [ɑ̃kraʒ] 男 〔印〕(ローラーなどに)インクを塗ること

encrassement [ɑ̃krasmɑ̃] 男 垢をつけること; 垢がつくこと

encrasser [ɑ̃krase] 他 垢だらけにする; (すす・錆などで)汚す, つまらせる —— 代動 〔s'~〕垢だらけになる, 汚れがたまる

***encre** [ɑ̃kr アンクル] 女 (英 ink) インク; (イカ・タコの)墨 ▶C'est la bouteille à l'encre. (話) まったくわけがわからない encre de Chine 墨(汁) encre sympathique あぶり出しインク faire couler beaucoup d'encre (新聞などに)書きたてられる noir comme de l'encre 真黒だ

encrer [ɑ̃kre] 他 〔印〕(…に)インクを塗る

encreur [ɑ̃krœr] 形 (男性形のみ) インクを塗る ▶rouleau encreur インクローラー

encrier [ɑ̃krije] 男 インク壺

encroûté(e) [ɑ̃krute] 形 (< encroûter) 因習的な; 硬直した

encroûtement [ɑ̃krutmɑ̃] 男 (外皮[殻]で)覆う[覆われる]こと; 頑固, 精神の硬直

encroûter [ɑ̃krute] 他 (外皮[殻]で)覆う —— 代動 〔s'~〕外皮[殻]で覆われる; (考えなどが)硬直している; (因習などに)閉じこもっている (dans)

enculage [ɑ̃kylaʒ] 男 《俗》肛門性交

enculé(e) [ɑ̃kyle] 名 《俗》肛門性交をする人; 汚い奴

enculer [ɑ̃kyle] 他 《俗》肛門性交をする ▶enculer les mouches くだらないことを論じる; ぐだぐだ言う Va te faire enculer! 失せろ!

encuver [ɑ̃kyve] 他 桶に入れる

encyclique [ɑ̃siklik] 女 ローマ教皇の回勅

encyclopédie [ɑ̃siklɔpedi] 女 ①百科事典 ②〔l'E-〕百科全書〔1751〜72年にディドロ Diderot らによって編まれた〕

encyclopédique [ɑ̃siklɔpedik] 形 (知識が)百科的なる; 該博な

encyclopédiste [ɑ̃siklɔpedist] 名 百科事典の執筆者; 百科全書派の思想家

endémie [ɑ̃demi] 女 地方〔風土〕病

endémique [ɑ̃demik] 形 (病気が)風土性の; (ある地方に)永続的な, 恒常的な

endémisme [ɑ̃demism] 男 〔生〕風

土性

endenter [ɑ̃dɑ̃te] 他 (機械などに)歯をつける

endetté(e) [ɑ̃de(ɛ)te] 形 (< endetter) 借金をした, 債務のある

endettement [ɑ̃dɛtmɑ̃] 男 借金(すること), 負債

endetter [ɑ̃de(ɛ)te] 他 借金させる ── 代動 [s'～] 借金する

endeuiller [ɑ̃dœje] 他 悲しみに沈める; 悲しい気持ちにさせる

endiablé(e) [ɑ̃djable] 形 (< endiabler) もの狂おしい; 手に負えない, すさまじい

endiabler [ɑ̃djable] 自《古》怒り狂う

endiamanté(e) [ɑ̃djamɑ̃te] 形 ダイヤで飾った

endiguer [ɑ̃dige] 他 (川を)せき止める, 堤防で支える; 阻む; 抑制する

endimanché(e) [ɑ̃dimɑ̃ʃe] 形 (< endimancher) 晴着を着た; (ぎこちなく)着飾った

endimancher [ɑ̃dimɑ̃ʃe] 代動 [s'～] 晴着を着る

endive [ɑ̃div] 女 アンディーヴ, チコリ【サラダに使う野菜; 白くて苦味がある】

endivisionner [ɑ̃divizjɔne] 他 (軍)師団に編成[編入]する

endo- 接頭 (< ギ)「内」「内部」の意

endoblaste [ɑ̃dɔblast], **endoderme** [ɑ̃dɔdɛrm] 男 (生)内胚葉

endocarde [ɑ̃dɔkard] 男 (解)心内膜

endocardite [ɑ̃dɔkardit] 女 (医)心内膜炎

endocarpe [ɑ̃dɔkarp] 男 (植)内果皮

endocrine [ɑ̃dɔkrin] 形《女性形のみ》▶ **glande endocrine** (生理)内分泌腺

endocrinien(ne) [ɑ̃dɔkrinjɛ̃, -ɛn] 形 (生理)内分泌の

endocrinologie [ɑ̃dɔkrinɔlɔʒi] 女 内分泌学

endocrinologue [ɑ̃dɔkrinɔlɔg] 名 内分泌学者

endoctrinement [ɑ̃dɔktrinmɑ̃] 男 教え込むこと, 教化

endoctriner [ɑ̃dɔktrine] 他 教化する, 説得する, 教化

endoderme [ɑ̃dɔdɛrm] 男 (生)内胚葉

endogame [ɑ̃dɔgam] 形 同族結婚の ── 名 同族結婚をする部族[民族]

endogène [ɑ̃dɔʒɛn] 形 内(因)性の, 内生の

endolori(e) [ɑ̃dɔlɔri] 形 (< endolorir) 痛い; 心を痛めた

endolorir [ɑ̃dɔlɔrir] 他 69 (身体·心に)苦痛を与える

endolorissement [ɑ̃dɔlɔrismɑ̃] 男 苦痛

endomètre [ɑ̃dɔmɛtr] 男 (解)子宮内膜

endométriose [ɑ̃dɔmetrjoz] 女 (医)子宮内膜症

endométrite [ɑ̃dɔmetrit] 女 (医)子宮内膜炎

endommager [ɑ̃dɔmaʒe] 他 40 損害を及ぼす, 破損させる

endoparasite [ɑ̃dɔparazit] 男 (生)内部寄生生物[虫]

endoréique [ɑ̃dɔreik] 形 (地理)内陸河川の, 内陸流域の

endoréisme [ɑ̃dɔreism] 男 (地理)内陸流域(としての性質)

endormant(e) [ɑ̃dɔrmɑ̃, -ɑ̃t] 形 眠気を誘う, 退屈な

endormi(e) [ɑ̃dɔrmi] 形 (< endormir) 眠っている; ぼんやりとした, 活気のない ▶ **à moitié endormi** 寝ぼけて, 半分眠って ── 名 ぼんやりした人, 活気のない人

***endormir** [ɑ̃dɔrmir アンドルミール] 他 69 ①眠らせる; 眠気を催させる, 退屈させる ②(苦痛などを)和らげる, 弱める ③(話)甘言でだます, 丸め込む ── 代動 [s'～] ①眠りこむ, 寝つく ②無気力になる, 怠ける ▶ **s'endormir sur ses lauriers [sur le rôti]** 一時の成功に甘んじて, 後何もしない

endormissement [ɑ̃dɔrmismɑ̃] 男 寝込み; 睡眠の初期段階

endorphine [ɑ̃dɔrfin] 女 (生化学)エンドルフィン

endos [ɑ̃do] 男 (手形·小切手の)裏書

endoscope [ɑ̃dɔskɔp] 男 (医)内視鏡

endoscopie [ɑ̃dɔskɔpi] 女 (医)内視鏡検査(法)

endosmose [ɑ̃dɔsmoz] 女 (物)内浸透

endossable [ɑ̃dɔsabl] 形 裏書できる

endossement [ɑ̃dɔsmɑ̃] 男 (手形·小切手の)裏書

endosser [ɑ̃dose] 他 ①はおる, 着る ▶ **endosser l'uniforme [la soutane]**《古》軍隊[教会]に入る ②責任を負う ③(小切手·手形を)裏書する

endosseur [ɑ̃dosœr] 男 (商)裏書人

endothélium [ɑ̃dɔteljɔm] 男 (解)血管内皮

endothermique [ɑ̃dɔtɛrmik] 形 (物·化)吸熱の

***endroit** [ɑ̃drwa アンドロワ] 男 (英 place)① 所, 場所, (人の使む)土地, (ものの)身体·心などの)個所, 部分; 側面 ▶ **à l'endroit de...**《文》…に対して **par endroits** ところどころ; あちこちに ②(布)地などの表(側) ≠ 裏面 ▶ **à l'endroit** 表にして; 正しい方向に

enduction [ɑ̃dyksjɔ̃] 女 (織)コーティング

enduir..., **enduis[t]...** ⇨ enduire

enduire [ɑ̃dɥir] 他 15 (…で)塗る (de) ― 代動 [s'~] (…を)体に塗る (de)

enduit [ɑ̃dɥi] 男 塗料, 防水剤; うわ薬, 上塗り

endurable [ɑ̃dyrabl] 形 耐えられる

endurance [ɑ̃dyrɑ̃s] 女 耐久力, 忍耐力 ▶ *épreuve [course] d'endurance* (自動車の)耐久レース

endurant(e) [ɑ̃dyrɑ̃, -ɑ̃t] 形 耐久力[スタミナ]のある, 強靱な

endurci(e) [ɑ̃dyrsi] 形 (< endurcir) 頑強な; 冷徹な, 動じない; 頑なな, こりごりの

endurcir [ɑ̃dyrsir] 他 33 (肉体を)強くする, 鍛える; (精神を)強くする, 無感覚にする ― 代動 [s'~] 自分を鍛える, 強くなる; (…に)慣れる, 冷徹[無感覚]になる (à)

endurcissement [ɑ̃dyrsismɑ̃] 男 (…に対して)強くなること; 頑な[無感覚]になること

endurer [ɑ̃dyre] 他 耐える, 忍ぶ

enduro [ɑ̃dyro] 男 (オートバイの)耐久レース ― 女 (耐久レース用の)ダートバイク

énergétique [enɛrʒetik] 形 エネルギーの; 精力的な ▶ *aliment très énergétique* 高カロリー食物 *ressources énergétiques* エネルギー資源 ― 女 [物] エネルギー論, 熱力学

:**énergie** [enɛrʒi エネルジ] 女 (英 energy) (肉体の)力; 精神力, 気力; [物・生理] エネルギー ▶ *avec énergie* 精力的に *énergie éolienne* 風力エネルギー *énergie nucléaire* 原子力エネルギー *énergie solaire* 太陽熱エネルギー *énergies fossiles* 化石燃料エネルギー

:**énergique** [enɛrʒik エネルジク] 形 (英 energetic) 精力的な, エネルギッシュな; 断固とした; 強い効果がある, 強力な

énergiquement [enɛrʒikmɑ̃] 副 精力的に; 有効に

énergisant(e) [enɛrʒizɑ̃, -ɑ̃t] 形 精力を与える; 元気づける ― 男 興奮薬, 刺激薬

énergumène [enɛrgymɛn] 名 狂信者, 熱狂した人

énervant(e) [enɛrvɑ̃, -ɑ̃t] 形 いらいらさせる, うるさい

énervation [enɛrvasjɔ̃] 女 ①〔外〕神経切除 ②(中世の)膝の腱(?)を焼き切る刑

énervé(e) [enɛrve] 形 (< énerver) いらいらした, ぴりぴりした

énervement [enɛrvəmɑ̃] 男 いらだち; (神経の)高ぶり

énerver [enɛrve] いらだたせる, かっとさせる ― 代動 [s'~] いらだつ, 興奮する

:**enfance** [ɑ̃fɑ̃s ɑ̃ファンス] 女 (英 childhood) ①幼少期, 子供時代 ▶ *petite enfance* 乳児期 *retomber* *en enfance* (老人が)もうろくする ②〔集合的〕子供, 児童 ③黎明期, 揺籃期

:**enfant** [ɑ̃fɑ̃ ɑ̃ファン] 名 (英 child) ①(大人に対して)子供, 児童; 子供じみた人; [法] 未成年者; (親に対して)子 ▶ *enfant adoptif* 養子 *enfant de chœur* (礼拝儀式で司祭を助ける)侍者, ミサ侍り; (口)純真な人 *enfant légitime* 嫡出子 *enfant naturel* 私生児 *enfant unique* ひとりっ子 *faire l'enfant* 子供じみたことをする *faire un enfant dans le dos à …* (話)(人)の裏切る, だます *jardin d'enfants* 保育園 ②…生まれの人, 市民 ③〔*mon*, *mes*, ~s, *les* ~〕ねえ君〔年少者への親しみを込めた呼びかけ〕 ▶ 子孫, 末裔(ぽぽ) ― 形 (不変) 子供っぽい ▶ *bon enfant* 人のいい, 素朴そうな

enfantement [ɑ̃fɑ̃tmɑ̃] 男 (古)出産, 出産; (文)創作, 制作

enfanter [ɑ̃fɑ̃te] 他 (文)産む; (作品などを)生み出す, 制作する

enfantillage [ɑ̃fɑ̃tijaʒ] 男 子供っぽい言動; 愚にもつかないこと

enfantin(e) [ɑ̃fɑ̃tɛ̃, -in ɑ̃ファンタン(ティヌ)] 形 子供の, 子供らしい; 子供っぽい, 幼稚な; 子供でもわかる, 簡単な

enfariné [ɑ̃farine] 小麦粉まみれの; おしろいを塗った ▶ *le bec enfariné* (話) おめでたい顔つきで

enfer [ɑ̃fɛr] 男 ①地獄; 〔複〕(古代信仰で)死後の世界; 地獄のような場所[状態], 惨状 ▶ *d'enfer* (話)ものすごい, 恐ろしい ②(図書館の)禁書棚

enfermement [ɑ̃fɛrməmɑ̃] 男 閉じ込めること; 閉じ籠もり

enfermer [ɑ̃fɛrme ɑ̃フェルメ] 他 (英 lock up) ①(…に)閉じ込める, 幽閉する (dans); しまう ②(物が)取巻く, 囲む ― 代動 [s'~] (…に)閉じこもる, 引きこもる (dans)

enferrer [ɑ̃fɛre] 代動 [s'~] (嘘などの)自分が仕掛けたわなにかかる; (剣などで)自ら突き刺される

enfiévrement [ɑ̃fjɛvrəmɑ̃] 男 熱狂(させること)

enfiévrer [ɑ̃fjɛvre] 他 57 熱狂させる, かき立てる

enfilade [ɑ̃filad] 女 一連, ひと続き; (…の) (de) ▶ *en enfilade* 一列に並んだ

enfilage [ɑ̃filaʒ] 男 (針などに)糸を通すこと

enfiler [ɑ̃file] 他 ①糸を通す; (服に)腕を通す, 急いで着る[はく] ②(せまい道に)入り込む ③(流暢にしゃべり続ける ④(俗)(性的にものにする ⑤(食べ物[飲み物]を)かっつく食べる[飲む] ― 代動 [s'~] (食べ物[飲み物]を)がっつく食べる[飲む]

enfileu(se) [ɑ̃filœr, -øz] 名 ①糸を通す人 ②(流暢にしゃべり続ける人

:**enfin** [ɑ̃fɛ̃ ɑ̃ファン] 副 (英 at last, finally) ①ついに, やっと, とうとう ②

enflammé(e) 〔列挙の最後で〕最後に ③結局,要するに ④〔前言の言い直し〕というか,むしろ,つまり;とにかく ⑤〔間投詞的〕とにかく,まあなんとか;さあ ▶**mais enfin** でも(にかく);(あきれて)まったくひどい

enflammé(e) [ɑ̃flame] 形 (< enflammer) ①燃えている ②炎症を起こした ③情熱的な

enflammer [ɑ̃flame] 他 ①火をつける,燃え上がらせる ②炎症を起こさせる ③熱くする,興奮させる ━━ 代動 [s'~] ①火のつく,燃え上がる ②炎症を起こす ③興奮する;(恋に)燃え上がる

enflé(e) [ɑ̃fle] 形 (< enfler) ふくれた,腫れた ━━ 名 〔話〕ばか野郎

enfler [ɑ̃fle] 他 ①腫れ上がらせる,ふくらませる ②量を増す,大きくする ③〔古〕誇張する,水増しする ━━ 自 腫れる,ふくれる ━━ 代動 [s'~] ふくれる,大きくなる

enflure [ɑ̃flyr] 女 ①腫れ,むくみ ②〔古〕誇張 ③〔話〕ばか

enfoiré(e) [ɑ̃fware] 名形 〔俗〕ばか者(の),くそったれ(の)

enfoncé(e) [ɑ̃fɔ̃se] 形 (< enfoncer) (顔・体の中に)くぼんだ,入り込んだ

enfoncement [ɑ̃fɔ̃smɑ̃] 男 ①打ち込むこと,打ち壊すこと ②くぼみ,奥まった所

* **enfoncer** [ɑ̃fɔ̃se アンフォンセ] 他 52 (英 drive in) ①打ち込む,突っ込む,差し込む;(帽子を深く)かぶる ②(人を)陥れる,追いやる;中傷する ③壊す,押し破る;突破する ④〔話〕(相手を)打ち負かす,やっつける ━━ 自 沈む,はまり込む ━━ 代動 [s'~] ①(…に)はまり込む,沈む (dans) ②(…に)ふける,没頭する (dans) ③だんだん駄目になる,破滅する

enfonceur(se) [ɑ̃fɔ̃sœr, -øz] 名 ▶ **enfonceur de porte(s) ouverte(s)** 何でもないことに骨折る人,自明のことを得々と証明する人

enfouir [ɑ̃fwir] 他 33 埋める;埋葬する;しまい込む,隠す ━━ 代動 [s'~] もぐる,隠れる

enfouissement [ɑ̃fwismɑ̃] 男 埋めること,埋葬

enfourcher [ɑ̃furʃe] 他 ①またがる ②〔話〕(考えなどに)執着する,夢中になる

enfourchure [ɑ̃furʃyr] 女 (木やズボンなどの)また

enfournage [ɑ̃furnaʒ] 男, **enfournement** [ɑ̃furnəmɑ̃] 男 (パン作り・陶芸などで)かま入れの技術

enfourner [ɑ̃furne] 他 ①かまに入れる ②〔話〕詰め込む,押し込む;(食べ物を)かき込む

enfreign... ⇨enfreindre
enfrein... ⇨enfreindre
enfreindre [ɑ̃frɛ̃dr] 他 19 〔文〕(法律に)違反する

enfui[t]... ⇨enfuir

* **enfuir** [ɑ̃fɥir アンフュイール] 代動 35 [s'~] 〔英 run away〕逃げる,逃げ去る;〔文〕(時が)過ぎ去る

enfumage [ɑ̃fymaʒ] 男 煙を充満させること

enfumé(e) [ɑ̃fyme] 形 煙の充満した

enfumer [ɑ̃fyme] 他 煙でいぶす,煙たがらせる

enfutailler [ɑ̃fytaje], **enfûter** [ɑ̃fyte] 他 (ワインなどを)樽に詰める

enfuy... ⇨enfuir

engagé(e) [ɑ̃gaʒe] 形 (< engager) 政治参加の,政治的関心の強い,コミットした ━━ 男 志願兵 (≈ volontaire)

engageant(e) [ɑ̃gaʒɑ̃, -ɑ̃t] 形 心を引く,気をそそる,魅力的な

* **engagement** [ɑ̃gaʒmɑ̃ アンガジュマン] 男 ①約束,義務;契約;雇用[出演]契約;兵役志願 ▶ **engagement public** (政治家の)公約 **prendre l'engagement de** …すると約束する **sans engagement de votre part** (カタログなどで)購入の義務なし ②〔軍〕兵力の投入;局地戦 ③〔スポーツ〕エントリー;試合開始 ④(知識人の)社会参加 ⑤投入,投資

* **engager** [ɑ̃gaʒe アンガジェ] 他 40 ①(契約などが)義務を負わせる,拘束する ▶ **Ça n'engage à rien.** それは何の義務も負わせない ②契約をかわす;雇う;(志願兵を)募集する ③誘う;(人に…を)勧める (à);巻き込む ④始める ▶ **engager la conversation** 会話を始める ⑤(抵当に)入れる ⑥差し込む,入れる;(車などを狭いところへ)進入させる ⑦投資する ━━ 代動 [s'~] ①(…すると約束する〔誓う〕;(…する)義務〔責任〕を負う (à) ②雇われる;軍に志願する ③(…に)入る,入り込む (dans); 〔スポーツ〕エントリーする ④巻き込まれる,かかわり合いになる;(知識人が)政治〔社会〕に参加する ⑤始まる,開始する

engainant(e) [ɑ̃gɛnɑ̃, -ɑ̃t] 形 〔植〕葉鞘(ようしょう)のある

engainer [ɑ̃gene] 他 鞘(さや)に納める;〔植〕苞(ほう)で包む

engeance [ɑ̃ʒɑ̃s] 女 〔集合的〕軽蔑すべき連中,手合い

engelure [ɑ̃ʒlyr] 女 しもやけ

engendrement [ɑ̃ʒɑ̃drəmɑ̃] 男 生むこと

engendrer [ɑ̃ʒɑ̃dre] 他 ①引き起こす;生じる;(男あるいは親が子を作る) ②〔言〕〔文〕生成する ②〔数〕(回転によって)図形を描く

* **engin** [ɑ̃ʒɛ̃] 男 ①器具,道具,機械;兵器,武器;ミサイル,ロケット ▶ **engin blindé** 戦車;装甲車 **engin explosif** 爆発装置,爆弾 **engin spatial** 宇宙ロケット ②〔話〕(何だか分からないもの)

engineering [ɛn(d)ʒiniriŋ] 男 〔< 英〕エンジニアリング【公式には ingénier-

englober [ɑ̃glɔbe] 他 ひとまとめに扱う;含める

englouitir [ɑ̃glutiːr] 他 33 飲み込む,がつがつ食べる;(海が船などを)呑み込む;(人が金を)浪費する;(ものごとが金が)かかり失せる — [代動] [s'～] 飲み込まれる,消え失せる

engloutissement [ɑ̃glutismɑ̃] 男 飲み込むこと;消費

engluage [ɑ̃glyaʒ], **engluement** [ɑ̃glymɑ̃] 男 鳥もちを塗ること

engluer [ɑ̃glye] 他 鳥もちをつける,べたつかせる;だます,引っかける — [代動] [s'～] (…で)身動きできなくなる (dans)

engoncé(e) [ɑ̃gɔ̃se] 形 (< engoncer) (服などに) 首を埋めている;不恰好な,ぎこちない

engoncer [ɑ̃gɔ̃se] 他 52 (衣服が)首を短く見せる

engorgement [ɑ̃gɔrʒəmɑ̃] 男 (通路・管などが)ふさがる[詰まる]こと;渋滞;[医] 充血,腫脹

engorger [ɑ̃gɔrʒe] 他 40 通路・管などを,ふさぐ[詰まらせる];[医] 充血[腫脹]を起こす — [代動] [s'～] ふさがる[詰まる]

engouement [ɑ̃gumɑ̃] 男 ① 心酔,熱狂 (pour) ②[医] (ヘルニアによる)蓄便

engouer [ɑ̃gwe] [代動] [s'～] ①(…に) (一時)夢中になる,心酔する (de) ②のどを詰まらせる

engouffrement [ɑ̃gufrəmɑ̃] 男 飲み込まれること

engouffrer [ɑ̃gufre] 他 (海などが)飲み込む,消し去る;(穴などに)投げ込む;(話) むさぼり食う,使い果たす — [代動] [s'～] (ものが)流れ込む,吸い込まれる;(…に人が)殺到する (dans)

engoulevent [ɑ̃gulvɑ̃] 男 [鳥] ヨタカ

engourdi(e) [ɑ̃gurdi] 形 (< engourdir) しびれた;鈍った

engourdir [ɑ̃gurdiːr] 他 33 麻痺させる,しびれさせる;鈍くする,和らげる — [代動] [s'～] 麻痺する,しびれる,鈍る,まどろむ

engourdissement [ɑ̃gurdismɑ̃] 男 麻痺,しびれ,鈍さ,無気力

engrais [ɑ̃grɛ] 男 肥料;肥育

engraissage [ɑ̃grɛsaʒ], **engraissement** [ɑ̃grɛsmɑ̃] 男 家畜を太らせること,肥育

engraisser [ɑ̃grɛse] 他 ① 太らせる,肥育する ② 肥沃(ひよく)にする;富ませる — 自 太る — [代動] [s'～] 太る;(土地が)肥沃になる;金持ちになる

engrangement [ɑ̃grɑ̃ʒmɑ̃] 男 (収穫物を)納屋に入れること

engranger [ɑ̃grɑ̃ʒe] 他 40 納屋に入れる;貯えておく

engrenage [ɑ̃grənaʒ] 男 ① 歯車装置,ギア ▶*engrenage de la violence* [l'～] 暴力の連鎖 ② 抜き差しならない状況;泥沼 ▶*être pris dans l'engrenage*. 身動きできない状況になる ▶*mettre le doigt dans l'engrenage* 後もどりできない状況に身をおいてしまう

engrener [ɑ̃grəne] 他 (歯車を)かみ合わせる;巻き添えにする — 自 (歯車が)かみ合う;始める — [代動] [s'～] (歯車が)かみ合う

engrosser [ɑ̃grose] 他 (俗) はらませる,妊娠させる

engueulade [ɑ̃gœlad] 女 (話)ののしり(合い);叱(しか)り責

engueuler [ɑ̃gœle] 他 (話) どやしつける;ののしる ▶*engueuler comme du poisson pourri à* (人)に毒づく — [代動] [s'～] ののしり合う

enguirlander [ɑ̃girlɑ̃de] 他 ① 花飾りで飾る ②(話) しかりつける,ののしる

enhardir [ɑ̃ardiːr] 他 33 大胆にする,自信をつけさせる — [代動] [s'～] (…するほど) 大胆になる (à)

enharmonie [ɑ̃narmɔni] 女 [楽] 異名同音

enharmonique [ɑ̃narmɔnik] 形 [楽] 異名同音の

enherber [ɑ̃nɛrbe] 他 (牧場などに)草を生やす

énième [ɛnjɛm] 形 (= nième) ① n乗の ②(話) 無数の,たくさんの

énigmatique [enigmatik] 形 なぞの,なぞめいた,不可解な

énigmatiquement [enigmatikmɑ̃] 副 不可解にも,なぞめいたやり方で

énigme [enigm] 女 なぞ,なぞなぞ遊び;不思議なこと

enivrant(e) [ɑ̃nivrɑ̃, -ɑ̃ːt] 形 酔わせる;うっとりさせる

enivrement [ɑ̃nivrəmɑ̃] 男 酔い;陶酔,熱狂

enivrer [ɑ̃nivre アンニヴレ] 他 (英intoxicate) 酔わせる;陶酔させる;熱狂させる — [代動] [s'～] (…に)酔う,熱狂する (de)

enjambée [ɑ̃ʒɑ̃be] 女 一またぎ;大また

enjambement [ɑ̃ʒɑ̃bmɑ̃] 男 [詩] 句またがり[詩句が完結せず次行へまたがること]

enjamber [ɑ̃ʒɑ̃be] 他 またぐ,またぎ越す — 自 [詩] (次の句に)またがる

enjeu [ɑ̃ʒø] 男 (複 ～x) 賭(か)け金;賭けているもの;争点

enjoin… enjoint ⇨enjoindre

enjoindre [ɑ̃ʒwɛ̃ːdr] 他 38 ▶*enjoindre à de …* (文) A (人)に…することを命ずる

enjôlement [ɑ̃ʒolmɑ̃] 男 丸め込むこと,口に乗せること

enjôler [ɑ̃ʒole] 他 甘言でだます,口車

に乗せる

enjôleur(se) [ɑ̃ʒolœr, -øz] 形 魅惑的な ― 名 口のうまい人, 甘言を弄する人

enjolivement [ɑ̃ʒolivmɑ̃] 男 きれいにすること; 飾り; (話)誇張

enjoliver [ɑ̃ʒolive] 他 さらに美しくする; 飾る; 潤色[誇張]する

enjoliveur [ɑ̃ʒolivœr] 男 (車輪の)ハブキャップ

enjolivure [ɑ̃ʒolivyr] 女 飾り; 潤色

enjoué(e) [ɑ̃ʒwe] 形 快活な, 陽気な

enjouement [ɑ̃ʒumɑ̃] 男 快活さ, 陽気さ

enjuiver [ɑ̃ʒɥive] 他 (軽蔑的な)ユダヤ化させる

enkysté(e) [ɑ̃kiste] 形 (< enkyster) [医] (できものなどが)嚢腫(のうしゅ)になった, 被嚢[被胞]した

enkystement [ɑ̃kistəmɑ̃] 男 [医] 嚢腫化, 被胞現象

enkyster [ɑ̃kiste] s'~ [医] (異物・腫瘍が)被嚢(のう)[被胞]化する

enlacement [ɑ̃lasmɑ̃] 男 絡み合い; 抱き合うこと

enlacer [ɑ̃lase] 他 52 抱きしめる; (人の)腰に)腕を回す; (ひも・つるが…に)絡みつく ― 代動 s'~ 抱き合う; 絡み合う

enlaidir [ɑ̃ledir] 他 33 醜くする; (景観などを)損ねる ― 自 醜くなる ― 代動 s'~ 醜くなる

enlaidissement [ɑ̃ledismɑ̃] 男 醜くする[なる]こと

enlevé(e) [ɑ̃lve] 形 (< enlever) 見事なさばきの

enlèvement [ɑ̃lεvmɑ̃] 男 誘拐; 取り上げること; 略奪; 除去, 回収

***enlever** [ɑ̃lve] 他 9 (英 remove) ①(…を)取り除く, どける, 消し去る(de) ②(人から)奪う, 取り上げる(à) ③脱ぐ; (身につけているものを)はずす ④運び出す, 持ち去る; 引き取る ⑤誘拐する, 連れ去る; さらう, 勝ち取る ⑥見事に演じる; 巧みに熟す ― 代動 s'~ 取り除かれる, 消えさる

enlisement [ɑ̃lizmɑ̃] 男 (砂・泥などに)埋まること; 埋没

enliser [ɑ̃lize] 他 (砂・泥に)はまり込ませる; 身動きできなくする ― 代動 s'~ (砂・泥に)はまり込む; 埋もれる; 行き詰まる

enluminer [ɑ̃lymine] 他 ①(写本などを)彩色する, 飾る ②(酒などが顔を)赤くする

enlumineur(se) [ɑ̃lyminœr, -øz] 名 彩色する人; (中世の)写本装飾師

enluminure [ɑ̃lyminyr] 女 (中世写本の)彩色装飾画; 彩色文字[挿絵]

ennéagone [eneagɔn] 男 [数] 9角形

enneigé(e) [ɑ̃neʒe] 形 (< enneiger) 雪で覆われた

enneigement [ɑ̃neʒmɑ̃] 男 積雪(状況), 積雪量

enneiger [ɑ̃neʒe] 他 40 雪で覆う

ennemi(e) [εnmi エヌミ] 名 (英 enemy) ①敵, 敵対者[物]; 敵軍[兵]; 敵国 ②(…が)嫌いな人, (…の)妨げる人 ― 形 (…の)敵意のある; 有害な; 相容れない ▶ en pays ennemi 敵地で

ennoblir [ɑ̃noblir] 他 33 気高くする, 向上させる ― 代動 s'~ 気高くなる, 向上する

ennoblissement [ɑ̃noblismɑ̃] 男 向上

ennuager [ɑ̃nɥaʒe] 他 雲で覆う

***ennui** [ɑ̃nɥi アンニュイ] 男 ①心配(事), 悩み; もめごと; 面倒 ②退屈; (文)倦怠; (ロマン派の)憂愁

***ennuyé(e)** [ɑ̃nɥije アンニュイエ] 形 (< ennuyer) (英 worried, bothered) 困った, 弱った

***ennuyer** [ɑ̃nɥije アンニュイエ] 他 30 (英 worry, bore) 困らせる, 心配させる; うるさがらせる, うんざりさせる; 退屈させる ▶ Ça m'ennuie de… …はあまりやりたくない ― 代動 s'~ ①退屈する ②(…が) (い)ないで淋しくてどうしようもない(de) ▶ s'ennuyer à mourir 死ぬほど退屈である; s'ennuyer comme un rat mort [à cent sous de l'heure] (話) 退屈しきる

***ennuyeux(se)** [ɑ̃nɥijø, -øz アンニュイユー(ズ)] 形 (英 worrying, boring) 嫌な, 困った, 面倒な; 退屈な

énoncé [enɔ̃se] 男 ①文, 文面; 述べられたこと ②発表, 表明; 陳述 ③[言] 発話, 言表; [論] 立言

énoncer [enɔ̃se] 他 52 述べる, 陳述する ― 代動 s'~ [言] 表現される

énonciatif(ve) [enɔ̃sjatif, -iv] 形 [言] 陳述的な ▶ proposition énonciative 平叙文

énonciation [enɔ̃sjasjɔ̃] 女 ①陳述, 言明 ②[言] 発話[言表]行為

enorgueillir [ɑ̃nɔrgœjir] 他 33 高慢にする ― 代動 s'~ (…を)誇る, 鼻にかける(de)

***énorme** [enɔrm エノルム] 形 並外れた, 巨大な; はく大な; (話) 驚くべき, 大したひどい

***énormément** [enɔrmemɑ̃ エノルメマン] 副 並外れて, 途方もなく, 猛烈に ▶ énormément de … 非常に多くの…

énormité [enɔrmite] 女 並外れていること, 途方もなさ; 場違いな[奇矯な]言動

énostose [enɔstoz] 女 [医] 内骨症

énouer [enwe] 他 (布地から毛玉などを)取り除く

enquérir [ɑ̃kerir] 代動 2 s'~ (文) (…について) 調査する, 尋ねる(de)

enquer … ⇒enquérir

***enquête** [ɑ̃kεt アンケート] 女 調査, アンケート; [警察の]捜査; (公式の)調査; 証人尋問 ▶ enquête d'opinion 世論調査 enquête sociale (法) 家庭環境調査【婚の際の子の養育権その他を決

enquêter [ɑ̃kete] 自 (…について) 調査[捜査]する《sur》

enquêteur(teuse, trice) [ɑ̃kɛtœːr, -tøːz, -tris] 名 捜査官; 調査員, アンケート担当者

enquiquinant(e) [ɑ̃kikinɑ̃, -ɑ̃ːt] 形 《話》うるさい, うっとうしい

enquiquinement [ɑ̃kikinmɑ̃] 男 《話》面倒, わずらわしさ

enquiquiner [ɑ̃kikine] 他 《話》うるさがらせる, 悩ませる —代動 [s'~] 《話》(…に)うんざりする《avec》; (…する のに)骨を折る《à》

enquiquineur(se) [ɑ̃kikinœːr, -øːz] 形名 《話》うるさい人

enracinement [ɑ̃rasinmɑ̃] 男 根を張らせる[張る]こと; 根強さ; 定着[定住]

enraciner [ɑ̃rasine] 他 根を張らせる; (人の心に)植えつける; はびこらせる —代動 [s'~] (植物などが)根を張る[下ろす]; (考えなどが)定着する; (人が)居つく, 定住する

enragé(e) [ɑ̃raʒe] 形 (< enrager) ①怒り狂った, 激しく, (…に)熱狂的な《de》 ②狂犬病にかかった —名 熱中した人, …狂

enrageant(e) [ɑ̃raʒɑ̃, -ɑ̃ːt] 形 《話》腹立たしい, いまいましい

enrager [ɑ̃raʒe] 自 40 ひどく悔しがる; 激怒する《de》 ▶**faire enrager** (人を)(からかって)怒らせる; 迷惑がらせる

enraiement [ɑ̃rɛmɑ̃], **enrayement** [ɑ̃rɛjmɑ̃] 男 制止, 抑止

enrayage [ɑ̃rɛjaʒ] 男 (機械・銃の)故障

enrayer [ɑ̃reje] 他 (機械・銃を)故障で使えなくさせる; …の進行を止める —代動 [s'~] (銃器が)故障して使えなくなる; (病気などの進行が)止まる

enrégimenter [ɑ̃reʒimɑ̃te] 他 (軍隊・政党などに)加入させる

enregistrable [ɑ̃rʒistrabl] 形 記録にあたいする, 録音[録画]が可能な

enregistrement [ɑ̃rʒistrəmɑ̃] 男 ①登記, 登録, [E-] 登記所 ②記録; 録音; 録画 ③《空·鉄道》手荷物を預けること; チェックイン(カウンター)

*__enregistrer__ [ɑ̃r(ə)ʒistre アンジストレ] 他 《英 record, register》 ①記録する, 登録する; 書き留める; 銘記する ②《空·鉄道》(手荷物を)預ける ③ (帳簿に)記入する; 登録[登記]する

enregistreur(se) [ɑ̃r(ə)ʒistrœːr, -øːz] 形 (自動)記録する — 男 自動記録装置, レコーダー ▶**enregistreur de vol** フライトレコーダー【飛行に関するデータを記録する装置】

enrhumé(e) [ɑ̃ryme] 形 (< enrhumer) 風邪をひいた

enrhumer [ɑ̃ryme] 他 風邪をひかせる —代動 [s'~] 風邪をひく

enrichi(e) [ɑ̃riʃi] 形 (< enrichir) ①成金の ②(…が)豊富な《en》 ▶

uranium enrichi 《物》濃縮ウラン

*__enrichir__ [ɑ̃riʃiːr アンリシール] 他 33 《英 enrich》 ①金持ちにする, 富ませる; (…で)充実させる, 豊かにする ②(鉱石を)富化する; 濃縮する —代動 [s'~] 金持ちになる, 豊かになる; (…で)飾られる《de》; (自分の…を)豊かにする

enrichissant(e) [ɑ̃riʃisɑ̃, -ɑ̃ːt] 形 (精神を)豊かにする

enrichissement [ɑ̃riʃismɑ̃] 男 金持ちになる[なる]こと, 豊かにする[なる]こと; 充実させること

enrobage [ɑ̃robaʒ], **enrobement** [ɑ̃robmɑ̃] 男 包む[くるむ]こと, 被覆, コーティング; 糖衣

enrober [ɑ̃robe] 他 ①(外被で)包む[くるむ], コーティングする ②(柔らかい言葉で)包む, 和らげる

enrochement [ɑ̃rɔʃmɑ̃] 男 《土木》捨石【基礎工事の際に水中に投げ入れる石】

enrôlé(e) [ɑ̃role] 形 (< enrôler) (軍隊)名簿に載った — 名 軍籍登録者

enrôlement [ɑ̃rolmɑ̃] 男 (軍籍)登録, 徴募; (グループへの)加盟

enrôler [ɑ̃role] 他 軍隊名簿に載せる, 加盟させる; (グループ)に加わる —代動 [s'~] 兵役に就く; (グループ)に加わる

enroué(e) [ɑ̃rwe] 形 (< enrouer) 声がかすれた

enrouement [ɑ̃rumɑ̃] 男 声がしがれること

enrouer [ɑ̃rwe] 他 声をかすれさせる —代動 [s'~] 声がかすれる, しわがれ声になる

enroulement [ɑ̃rulmɑ̃] 男 巻く[巻きつく]こと, 巻きついた状態; 《建》渦巻形; 《電》(コイルの)巻線

enrouler [ɑ̃rule] 他 (…に)巻きつける《sur, autour de》; 丸める —代動 [s'~] 巻きつく; (…にくるまる)《dans》— 形名 ▶**cylindre enrouleur** 《機》巻きドラム

enrubanner [ɑ̃rybane] 他 リボンで飾る; (勲章の略綬(ぶ))をつける

ensablement [ɑ̃sɑblamɑ̃] 男 砂で埋める[埋もれる]こと; 砂州

ensabler [ɑ̃sɑble] 他 砂で埋める; (港湾などを)砂でふさぐ; (船を埋れ)させる —代動 [s'~] 砂で埋まる; 座礁する

ensachage [ɑ̃saʃaʒ] 男 袋に詰めること; 袋しかぶせること

ensacher [ɑ̃saʃe] 他 袋に詰める, 袋をかぶせる

ensanglanter [ɑ̃sɑ̃glɑ̃te] 他 血だらけにする, 血で汚す; 赤く染める ▶**ensanglanter un pays** (戦争などで)国中を血でぬらす

enseignant(e) [ɑ̃seɲɑ̃, -ɑ̃ːt] 名 教員, 教師 — 形 教える; 教師の

enseigne¹ [ɑ̃sɛɲ] 女 ①看板; チェー

ン(店) ②《文》旗印, 軍旗 ▶être logé à la même enseigne 同じ苦境にある

enseigne² [ɑ̃sɛɲ] 男 (昔の軍隊の)旗手 ▶enseigne de vaisseau 海軍中尉[少尉]

***enseignement** [ɑ̃sɛɲmɑ̃ アンセニュマン] 男 ① 教育; 授業, 教授法; 教職 ▶enseignement assisté par ordinateur コンピュタ支援[利用]学習[略 EAO] enseignement des langues 言語教育 enseignement primaire [secondaire, supérieur] 初等[中等, 高等]教育 enseignement professionnel 職業教育 enseignement technique 職業技術教育 ② 教訓 ▶tirer des enseignements de …から教訓を得る

***enseigner** [ɑ̃seɲe アンセニェ] 他 (英 teach) 教える, …の教授をする, 教える; 教え込む ▶enseigner A à B B(人) に A(ものごと) を教える —— 代動 [s'～] 教えられる

***ensemble** [ɑ̃sɑ̃bl] 副 (英 together) 一緒に, みんなそろって; まとめて; 同時に ▶aller ensemble 一緒に行く; 調和する
—— 男 ① 全体, 総計; 《数》集合; 集合, 集団; 調和, まとまり ▶dans l'ensemble 全体的には, 全般として d'ensemble (見解などが)総体的な, 全般の ② 〈服〉アンサンブル 【一揃いの婦人服】;〈楽〉アンサンブル, 重奏, 合奏; 一群の建物; 家具[室内装飾品]一式 ▶grand ensemble 集合住宅群, 団地

ensemblier [ɑ̃sɑ̃blije] 男 室内装飾家, インテリアデザイナー;(映画・テレビの)舞台装置係の助手

ensemencement [ɑ̃smɑ̃smɑ̃] 男 種まき;(培地への)細菌の播種(はしゅ); 稚魚の放流

ensemencer [ɑ̃smɑ̃se] 他 [52] 種をまく;(…を)散りばめる (de); (培地に)細菌を植えつける; 稚魚を放つ

enserrer [ɑ̃sere] 他 《文》締め付ける; 閉じ込める, 取り囲む

ensevelir [ɑ̃səvlir] 他 [33] ① 埋没させる, 隠蔽する ② 《文》 埋葬する, 屍衣(にに)に包む

ensevelissement [ɑ̃səvlismɑ̃] 男 埋没; 隠蔽(にな); 《文》 埋葬, 屍衣(にに)に包むこと

ensilage [ɑ̃silaʒ] 男 《農》(牧草などをサイロに保存すること; 貯蔵牧草

ensiler [ɑ̃sile] 他 《農》(牧草などを)サイロに入れる

ensoleillé(e) [ɑ̃sɔleje] 形 (<ensoleiller) 日が当たっている, 日当たりのよい; 晴れやかな

ensoleillement [ɑ̃sɔlɛjmɑ̃] 男 日当たり; 日照時間; 晴れやかに輝くこと

ensoleiller [ɑ̃sɔleje] 他 ①《多くは受動態》日光で照らす; 明るくする

ensommeillé(e) [ɑ̃sɔmeje] 形 眠そうな; 眠くなった

ensorcelant(e) [ɑ̃sɔrsəlɑ̃, -ɑ̃t] 形 心を惑わす, 魅する

ensorceler [ɑ̃sɔrsəle] 他 [4] 魔法にかける; 惑わす, 魅了する

ensorceleur(se) [ɑ̃sɔrsəlœr, -øz] 名 魅惑的な人;《古》魔法使い —— 形 魅惑的な

ensorcellement [ɑ̃sɔrsɛlmɑ̃] 男 魔法にかける[かけられる]こと, 呪(じゅ)縛; 魅力

ensoutané(e) [ɑ̃sutane] 形名 《話・軽蔑的》坊主の

ensuit[v]… ⇨ensuivre

:**ensuite** [ɑ̃sɥit アンスュイト] 副 (英 then, next) 次に, それから, そのあとで[後ろ]で[に]

ensuivre [ɑ̃sɥivr] 代動 [71] [s'～] 《文》 (…の)結果として起こる[生じる] (de) ▶et tout ce qui s'ensuit その他いろいろがすべて Il s'ensuit que … 《非人称》…という結果になる

-ent(e) 接尾《ラ》 =-ant(e)

entablement [ɑ̃tabləmɑ̃] 男 《建》エンタブラチュア 【円柱の柱頭付け根から上の部分】

entaché(e) [ɑ̃tase] 形 (<entacher)(…に)汚れた, 損なわれた (de)

entacher [ɑ̃tase] 他 汚す, 傷つける

entaille [ɑ̃taj] 女 (接合用の)切り込み, 溝; 深い切り傷

entailler [ɑ̃taje] 他 切り込む, 溝を彫る; 深い切り傷をつける —— 代動 [s'～] 自分の…を切る ▶s'entailler le doigt 自分の指を切る

entame [ɑ̃tam] 女 (パン・肉などの)最初の一切れ

entamer [ɑ̃tame] 他 ① 着手する, 始める; 最初の一片を切り取る;(酒などの)口を開ける, 手をつける ② 傷をつける; 打撃を与える; 突破する

entartrage [ɑ̃tartraʒ] 男 (ボイラーなどに)湯垢(あか)のつくこと; 歯が汚れること

entartrer [ɑ̃tartre] 他 湯垢(あか)をつける —— 代動 [s'～] (パイプに)湯垢がつく;(歯に)歯垢がつく

entassement [ɑ̃tɑsmɑ̃] 男 積み重ねること, 詰め込むこと; 堆積; すし詰め状態

entasser [ɑ̃tɑse] 他 ① 積み重ねる, 積み込む, 押し込める; 重ねる;(金を)ためる —— 代動 [s'～] ①(ごみなどが)積み重なる ②(…に)詰め込まれる (dans)

ente [ɑ̃t] 女 《園》接ぎ木の台, 接ぎ穂

entendement [ɑ̃tɑ̃dmɑ̃] 男 理解力, 分別;《哲》悟性

entendeur [ɑ̃tɑ̃dœr] 男 《成句での用法》 ▶À bon entendeur, salut! 《ことわざ》 よく覚えておけ!

:**entendre** [ɑ̃tɑ̃dr アンタンドル] 他 [28] ① (英 hear) 聞こえる, 聞く ▶à l'entendre … それを聞く限り … entendre dire que … と言われているのを

耳にする *entendre parler de* …のこと［噂］を耳にする ②《英 understand》理解する，わかる ▶*laisser entendre à A que* … A（人）に…だとわからせる *ne rien vouloir entendre* まったく耳を貸そうとしない *Qu'entendez-vous par là?* それはどういう意味ですか ⦅文⦆《人の言い分などに》耳を傾ける；《音楽などを》聞く ④《文》欲する，要求する；[〜 不定詞]…しようと思う ▶*Faites comme vous l'entendez.* 好きなようにしなさい
── 自 《耳が》聞こえる；わかる
── 代動 [*s'〜*] ① 聞こえる，耳に入る；理解される ▶*Cela s'entend facilement.* それは簡単にわかることだ ② 理解し合う，仲がよい；意見が合う ▶*On s'entend bien.* 私たちは仲よくやっている ③ 自分の言うことを理解している，言いたいことは…である ▶*Je m'entends.* つまり… ④[〜 *à*] ▶*s'y entendre* 《…に》精通している，明るい；…するのがうまい 《à, en》

entendu(e) [ātɑ̃dy] アンタンデュ 形 (< entendre) ⦅英 agreed⦆ 分かった，了解済みの；訳知りの，したり顔の ▶*bien entendu* もちろん *(C'est) entendu!* 了解! *comme de bien entendu* ⦅話⦆明らかに，もちろん *d'un air entendu* したり顔で，知ったように

entente [ātāt] 女 相互理解；合意，協調；協定［協約］；友好関係

enter [āte] 他 接ぎ木する

entérinement [āterinmɑ̃] 男 ⦅法⦆認可，確認

entériner [āterine] 他 ⦅法⦆認可する；認める，承認する

entérite [āterit] 女 ⦅医⦆腸炎

entéro- 接頭 (<ギ) 「腸」の意

entérobactérie [āterobakteri] 女 腸内細菌

entérocolite [āterokɔlit] 女 ⦅医⦆腸炎

entérocoque [āterokɔk] 男 ⦅医⦆腸球菌

entérovirus [āterovirys] 男 ⦅医⦆腸内ウイルス，エンテロウイルス

***enterrement** [ātermɑ̃] アンテルマン 男 埋葬，葬式［葬儀］，葬列；葬り去ること，拒絶，廃棄 ▶*faire [avoir] une tête [mine] d'enterrement* ふさぎこんで見える

***enterrer** [ātere] 他 ⦅英 bury⦆ 埋葬する；葬式［葬儀］を行う；葬式［葬儀］に参列する；埋める；隠す；もみ消す，葬り去る ▶*s'enterrer sa vie de garçon* （結婚直前に）男だけのパーティーをする ── 代動 [*s'〜*] 引きこもる

entêtant(e) [ātetā, -āt] 形 めまいを起こさせる，くらくらさせるような

en-tête [ātɛt] 男 ⦅レターヘッド【便箋に印刷された社名・住所など】⦆⦅印⦆《章の初めの》装飾模様 ▶*papier à lettres à en-tête* レターヘッドのある便箋

entêté(e) [ātete] 形 (< entêter) 頑固な，強情な ── 名 頑固者

entêtement [ātetmɑ̃] 男 頑固さ，強情さ

entêter [ātete] 他 《匂い・酒などが》頭をくらくらさせる ── 代動 [*s'〜*] 《…に》固執する 《dans》；どうしても…しようとする 《à》

enthousiasmant(e) [ātuzjasmɑ̃, -āt] 形 熱狂［感激］させる

***enthousiasme** [ātuzjasm] アントゥズィヤスム 男 熱狂，狂喜；感激，絶賛

enthousiasmer [ātuzjasme] 他 熱狂させる，夢中にさせる ── 代動 [*s'〜*] 《…に》感激する，大喜びする 《pour》

enthousiaste [ātuzjast] 形 熱狂的な，感激しやすい ── 名 熱しやすい人

enthymème [ātimɛm] 男 ⦅論⦆省略三段論法

entiché(e) [ātiʃe] 形 (< enticher) 《…に》夢中である 《de》

entichement [ātiʃmɑ̃] 男 《…への》執心，心酔 《pour》

enticher [ātiʃe] ── 代動 [*s'〜*] 《…に》病みつきになる，熱を上げる 《de》

***entier(ère)** [ātje, -ɛr] アンティエ(ール) 形 《英 entire, whole》［しばしば意をつよく強める］① 全体の，全部の；完全な；無傷の；完全な，まったくの ▶*la terre entière* みんな全員 *lait entier* 全乳 *pain entier* 全粒パン *pays tout entier* 国全体 *tout entier* ［副詞的に］全部，すべて ② 頑固な，一徹な ⦅数学⦆整数（= *nombre 〜*） ▶*dans son entier* すべて，そのまま，全部 *en entier* すっかり，完全に

***entièrement** [ātjɛrmɑ̃] アンティエルマン 副《英 entirely》まったく，すっかり，完全に

entité [ātite] 女 ⦅哲⦆実体，本質；実体的存在

entoilage [ātwalaʒ] 男 布で裏打ちすること；（裏打ち用の）布地

entoiler [ātwale] 他 布で裏打ちする；布で覆う

entôlage [ātolaʒ] 男 ⦅俗⦆（売春婦が客から）金を巻き上げること

entôler [ātole] 他 ⦅俗⦆（売春婦が客から）金を巻き上げる；だまし取る

entôleur(se) [ātolœr, -øz] 名 ⦅俗⦆だましとる人，詐欺師

entomo- 接頭 (<ギ)「昆虫」の意

entomologie [ātomolɔʒi] 女 昆虫学

entomologique [ātomolɔʒik] 形 昆虫学の

entomologiste [ātomolɔʒist] 名 昆虫学者

entonnage [ātonaʒ] 男 樽詰め

entonner [ātone] 他 音頭をとる，歌い出す ▶*entonner les louanges*

entonner *de* (人)をほめそやす

entonner[2] [ɑ̃tɔne] 他 (酒などを)樽に詰める;《話》がぶがぶ飲む

entonnoir [ɑ̃tɔnwaʀ] 男 漏斗(ʳʲʻʸ)

entorse [ɑ̃tɔʀs] 女 ①捻挫(^ペ) ▶ *se faire une entorse au poignet* 手首をねんざする ②歪(^゙)曲; 法規違反 ▶ *faire une entorse à* (規則などを)ねじまげる

entortillage [ɑ̃tɔʀtijaʒ], **entortillement** [ɑ̃tɔʀtijmɑ̃] 男 (つたなど に)絡みつくこと;《話で》あいまいさ; 言い逃れ

entortiller [ɑ̃tɔʀtije] 他 包む, くるむ, 巻く;《話》(人)を丸め込む(持って回った言い方で)解りにくくする —代動 [**s'~**] 絡みつく; くるまる;《話》(話)がこんがらかる

entourage [ɑ̃tuʀaʒ] 男 取り巻く物, 囲い;(宝石の)縁飾り; 周囲の人たち, 知人友人, 取り巻き

entouré(e) [ɑ̃tuʀe] 形 (< entourer)(人が)取り巻きの多い, ちやほやされている

***entourer** [ɑ̃tuʀe ɑ̃ントゥレ] 他 (英 surround) ①取り囲む; (…で)囲む, 包む(de) ②(人)の常に近くにいる;(人を)取り巻く; 面倒を見る, 援助する —代動 [**s'~**] (…に)取り巻かれる (de)

entourloupe [ɑ̃tuʀlup], **entourloupette** [ɑ̃tuʀlupɛt] 女《話》汚いやり方; 悪ふざけ

entournure [ɑ̃tuʀnyʀ] 女《服》袖(ʻ⁵)付け ▶ *être gêné aux entournures* 居心地が悪い, 困った情況にある

entours [ɑ̃tuʀ] 男《複》《文》周囲, 周辺

***entracte** [ɑ̃tʀakt ɑ̃ントラクト] 男 幕間(²ºʻ⁵), 休憩時間, 中休み; 間奏曲, 幕間の出し物

entraide [ɑ̃tʀɛd] 女 助け合い, 相互扶助

entraider [ɑ̃tʀede] 代動 [**s'~**] 助け合う

entrailles [ɑ̃tʀɑj] 女《複》臓腑(ʰ⁺), はらわた;《文》心の奥底, 情;《文》胎内 ▶ *entrailles de la terre* [les ~] 《文》地底の奥底

entrain [ɑ̃tʀɛ̃] 男 活気, 熱; 元気 ▶ *avec entrain* 熱狂的に

entraînant(e) [ɑ̃tʀɛnɑ̃, -ɑ̃t] 形 心を引く;(音楽などが)心をかきたてる

***entraînement** [ɑ̃tʀɛnmɑ̃ ɑ̃ントレヌマン] 男 ①引きずられる[込まれる]こと, 誘惑; 熱中, 夢中 ②調練, トレーニング; (馬の)調練 ③牽(ヒ)引, 駆動; 運動

***entraîner** [ɑ̃tʀene ɑ̃ントゥレネ] 他 (英 drag, carry away) ①引っ張って行く, 引きずる, 奪(ウ)い引きる; 連れて行く, 運び去る;(人を…に)引き込む, 誘惑する(dans);(人に…を)させる(à);(人の心をとらえる, 引きつける;[物が主語]結果として)もたらす, 引き起こす ▶ *se laisser entraîner* 引きずられる;(感情に)駆られる ②調練する, トレーニン

グ[コーチ]する;(…の)訓練をさせる(à) ③(機械が)動かす, 駆動させる —代動 [**s'~**] トレーニングする;(…のできるよう)練習する(à)

entraîneur(se) [ɑ̃tʀɛnœʀ, -øz] 名 (馬の)調練師;《スポーツ》コーチ, トレーナー; 主導者 ▶ *entraîneur de peuple* 大衆のリーダー

entraîneuse [ɑ̃tʀɛnøz] 女 (バーやナイトクラブの)ホステス

entrant(e) [ɑ̃tʀɑ̃, -ɑ̃t] 形 (新しく)入って来る —名 入って来る者, 入場者

entr'apercevoir [ɑ̃tʀapɛʀsəvwaʀ], **entrapercevoir** [ɑ̃tʀapɛʀsəvwaʀ] 他 63 ちらっと見る, 垣間(ᵏᶦᵐ)見る

entrave [ɑ̃tʀav] 女 邪魔物; 制限, 束縛; 足かせ

entravé(e) [ɑ̃tʀave] 形 (< entraver) 足かせをはめられた ▶ *jupe entravée* ホブルスカート【すその詰まったスカート】

entraver[1] [ɑ̃tʀave] 他 妨げる, 邪魔する, 束縛する; 足かせをはめる

entraver[2] [ɑ̃tʀave] 他《俗》分かる ▶ *Je n'entrave que dalle.* さっぱりわからん

***entre** [ɑ̃tʀ ɑ̃ントル] 前 (英 between) (2つの人・物・時間)の間に[で, の];《複数代(代)名詞を伴って》…の中に[で, の], …の中から ▶ *d'entre* …のうちの; ことさら *entre autres* とりわけ *entre nous* 我々の間の; ここだけの話だが

entre(e)- [接頭] 《ラ》「少し[半分]…する」の意;《代名動詞にて》「互いに…し合う」の意;《名詞に対して》「…間の」の意

entrebâillement [ɑ̃tʀəbɑjmɑ̃] 男 (ドアなどを)少し開くこと; 隙間

entrebâiller [ɑ̃tʀəbɑje] 他 少し開ける

entrechat [ɑ̃tʀəʃa] 男《舞》アントルシャ【跳びあがって数度足を打ち合わせる踊りの技】

entrechoquement [ɑ̃tʀəʃɔkmɑ̃] 男 衝突

entrechoquer [ɑ̃tʀəʃɔke] 他 (2つの物を)ぶつけ合う —代動 [**s'~**] ぶつかり合う; いがみ合う

entrecôte [ɑ̃tʀəkot] 女 (牛の)リブロース, アントルコート

entrecoupé(e) [ɑ̃tʀəkupe] 形 切れ切れの; (…で)中断された, さえぎられた(de)

entrecouper [ɑ̃tʀəkupe] 他 (…で)さえぎる, 中断させる(de) —代動 [**s'~**] 中断される; 交差する

entrecroisé(e) [ɑ̃tʀəkʀwaze] 形 (<entrecroiser) 交差[交錯]した

entrecroisement [ɑ̃tʀəkʀwazmɑ̃] 男 交差

entrecroiser [ɑ̃tʀəkʀwaze] 他 交差[交錯]させる —代動 [**s'~**] 交差[交錯]し合う

entrecuisse [ɑ̃trəkɥis] 男 股間(ﾏﾀ); (家禽(ｶｷﾝ)の)もも肉

entre(-)déchirer [ɑ̃trədeʃire] 代動 [s'~] 互いに引き裂く; 中傷し合う, ののしり合う

entre-deux [ɑ̃trədø] 男 (不変) 中間部; [服] 布の途中に挟む幅広レースなど; [バスケットボール] (試合開始の)ジャンプボール

entre-deux-guerres [ɑ̃trədøgɛr] 男 (不変) 両大戦間

entre(-)dévorer [ɑ̃trədevɔre] 代動 [s'~] (文) 互いに食い合う, 滅ぼし合う, 死闘を演じる

***entrée** [ɑ̃tre] 女 (英 entrance) ①入ること; 入場, 入会, 入学; 入場料[許可]; [情報] 入力 ▶à son entrée (人)が入ってくると **d'entrée** (掲示) 最初から **Entrée interdite** (掲示) 立ち入り禁止 **Entrée libre / Entrée gratuite** (掲示) 入場無料 **faire son entrée** (舞台に)登場する ②入口, 玄関 ▶entrée de service 通用門 **entrée des artistes** 楽屋口 ③[料] アントレ【前菜と主菜の間に出る料理】 ④(辞書の)見出し語

entrée-sortie [ɑ̃tresɔrti] 女 (複 ~s-~s) [情報] 入出力, インプットとアウトプット

entrefaite [ɑ̃trəfɛt] 女 [成句でのみ] ▶sur ces entrefaites そうしているうちに; その時

entrefilet [ɑ̃trəfilɛ] 男 新聞の囲み記事

entregent [ɑ̃trəʒɑ̃] 男 処世術, 才 ▶avoir de l'entregent 世才にたけている

entre-heurter [ɑ̃trəœrte] 代動 [s'~] (文) ぶつかり合う

entre(-)jambes [ɑ̃trəʒɑ̃b] 男 ①クロッチ【ズボンの股(ﾏﾀ)の部分】 ②(話) 股ぐら

entrelacement [ɑ̃trəlasmɑ̃] 男 交錯, 組み合わせ

entrelacer [ɑ̃trəlase] 他 52 組み[絡み]合わせる, 交錯させる ▶lettres entrelacées 組み合わせ文字 —— [s'~] もつれる

entrelacs [ɑ̃trəla] 男 組み合せ模様

entrelardé(e) [ɑ̃trəlarde] 形 [料] (肉が)霜降りの

entrelarder [ɑ̃trəlarde] 他 ①(赤身の肉に)ラードを刺し込む ②(話) (引用などを)挿入する (de)

entremêlement [ɑ̃trəmɛlmɑ̃] 男 混入

entremêler [ɑ̃trəmele] 他 混ぜ入れる; (…を)さしはさむ, まじえる (de) —— 代動 [s'~] 混じり合う (à, avec)

entremet... ⇨entremettre

entremets [ɑ̃trəmɛ] 男 [料] アントルメ【チーズのあとに出す甘いもの】

entremetteur(se) [ɑ̃trəmɛtœr, -øz] 名 (金目当ての)斡旋(ｱｯｾﾝ)家; 仲介者

entremettre [ɑ̃trəmɛtr] 代動 41 [s'~] 仲介する, 斡旋(ｱｯｾﾝ)する; 干渉する

entremi[i]... ⇨entremettre

entremise [ɑ̃trəmiz] 女 仲介, 取り持ち, 斡旋(ｱｯｾﾝ) ▶par l'entremise de (人)を介して

entrepont [ɑ̃trəpɔ̃] 男 [海] 中甲板(ｶﾝ)【積荷などの置き場】

entreposage [ɑ̃trəpoza:ʒ] 男 倉庫で保管すること

entreposer [ɑ̃trəpoze] 他 倉庫に入れる; 預ける

entreposeur [ɑ̃trəpozœr] 男 倉庫管理人

entrepôt [ɑ̃trəpo] 男 倉庫; 貨物集積所 ▶entrepôt frigorifique 冷蔵倉庫

entreprenant(e) [ɑ̃trəprənɑ̃, -ɑ̃t] 形 活動的な, 積極的な, 進取の気性に富む; (女性に対して)大胆な, 図々しい

***entreprendre** [ɑ̃trəprɑ̃:dr] アントルプランドル 他 60 ①(…に)取りかかる, 着手する; …しようと試みる[企てる] (de) ②説得しようとする; 口説く —— 自 (文・古) (…を)侵害する (sur)

entrepreneur(se) [ɑ̃trəprənœr, -ø:z] 名 [建築関係の]請負業者 ▶entrepreneur de travaux publics (公共工事を請け負う)土木業者

entrepri[i]... ⇨entreprendre

***entreprise** [ɑ̃trəpri:z] アントルプリーズ 女 (英 enterprise) ①企て, 計画 ②企業, 会社; 事業; 請負 ▶chef d'entreprise 社 長 **petites et moyennes entreprise** 中小企業【略 PME】 ③(軍) (文・古) 攻撃; (複) 誘惑(すること)

***entrer** [ɑ̃tre] アントレ 自 (英 enter) [助動詞 être] ①(人・物が)入る, 入ってくる: 加入[加盟]する, 入学する, 就職する; (党や会社などの)一員となる; (…の状態)になる; (…の時期)に入る; (車などが)突っ込む ▶**Défense d'entrer** (掲示) 立ち入り禁止 **entrer dans la vie active** 社会人生活を始める, 働き始める **entrer dans les vues [idées] de** …の見解に同意する **entrer dans une catégorie** 範疇に入る **entrer dans une colère noire** 激怒する **laisser entrer** 中に入れる ②(考えなどが)浮かぶ, 芽生える; 心に忍び込む —— 他 [助動詞 avoir] ①入れる, 突っ込む ▶**entrer des données** データを入力する

entresol [ɑ̃trəsɔl] 男 中2階

entre-temps [ɑ̃trətɑ̃] 副 その間に, そうこうするうちに

***entretenir** [ɑ̃trətni:r] アントルトゥニール 他 16 (英 keep, maintain) ①(ある状態で)保つ, 維持する, 持続させる; 手入れ[管理]をする; 養う, 養育する ②(人に…のことを)話す (de) —— [助動 avoir]

entretenu(e) (…について)語り合う《de》

entretenu(e) [ɑ̃trətny] 形 《＜entretenir》維持された，手入れされた；(女が)囲われた

*__entretien__ [ɑ̃trətjɛ̃] アントルティヤン 男 (英 maintenance) ① 保存，手入れ；維持(費)，持続；扶養，養育費 ② 会談(対談)，会見；面接

entretien…, entretiî]n… ⇒ entretenir

entretoise [ɑ̃trətwaz] 女 横木，横桁(ばた)【2つの物の間を一定間隔に保つためのもの】

entre-tuer [ɑ̃trətɥe] 代動 [s'~] 殺し合う

entrevoi…, entrevoî]…, entrevoi… ⇒ entrevoir

*__entrevoir__ [ɑ̃trəvwar] アントルヴォワール 他 ⑰ かすかに見る；垣間(ま゚)見る，ちらっと見る；かすかに見てとる，予見する

entrevoy…, entrevu… ⇒ entrevoir

entrevue [ɑ̃trəvy] 女 会見，会談 ▶avoir une entrevue avec (人)と会見する

entrisme [ɑ̃trism] 男 [政] (党・組織などへの)潜入工作

entropie [ɑ̃trɔpi] 女 [物] エントロピー

entrouvert(e) [ɑ̃truvɛr, -ɛrt] 形 《＜entrouvrir》半ば開いた

entrouvrir [ɑ̃truvrir] 他 ⑯ わずかに開く，細めに開ける — 代動 [s'~] 少し開く

entuber [ɑ̃tybe] 他 《話》だまし取る，ペてんにかける

enturbanné(e) [ɑ̃tyrbane] 形 ターバンを巻いた

énucléation [enykleasjɔ̃] 女 ① [外] (腫瘍・眼球の)摘出(手術) ② (果実の)核を除くこと

énucléer [enyklee] 他 ① (腫瘍・眼球などを)摘出する ② 核を取除く

énumératif(ve) [enymeratif, -iv] 形 列挙する[してある]

énumération [enymerasjɔ̃] 女 列挙，一覧表

énumérer [enymere] 他 ⑰ 列挙[列記]する，数え上げる

énurésie [enyrezi] 女 [医] 遺尿(症) ▶énurésie nocturne 夜尿症

env. [ɑ̃virɔ̃] (略) environ およそ，約

*__envahir__ [ɑ̃vair] アンヴァイール 他 ㉝ (英 invade) 侵入[侵略]する；一杯に広がる，覆い尽くす；(感情などが)人を満たす，とらえる

envahissant(e) [ɑ̃vaisɑ̃, -ɑ̃t] 形 侵略[侵入]する；(感情などが)心を満たすこと

envahissement [ɑ̃vaismɑ̃] 男 ① 侵略，侵入，侵害 ② はびこること，氾濫；(感情などが)心を満たすこと

envahisseur [ɑ̃vaisœr] 男 侵略者[軍]

envasement [ɑ̃vazmɑ̃] 男 泥で[に]埋まること

envaser [ɑ̃vaze] 他 泥で埋める — 代動 [s'~] 泥の中に埋まる

enveloppant(e) [ɑ̃v(ə)lɔpɑ̃, -ɑ̃t] 形 包み込む；包囲する；魅惑的な

*__enveloppe__ [ɑ̃v(ə)lɔp] アンヴロプ 女 (英 envelope) ① 封筒；包むもの；袖の下，賄賂 ▶enveloppe autocollante 糊(ぶ)付き封筒 mettre une lettre sous enveloppe 手紙を封筒に入れる toucher une enveloppe 賄賂をもらう；特別手当をもらう ② (官庁などの)総予算 ▶enveloppe budgétaire 予算枠 ▶(数)包絡線 ③ 《文》外観，うわべ

enveloppé(e) [ɑ̃v(ə)lɔpe] 形 《＜envelopper》① 包まれた，隠された ② 肉付きのいい，太りぎみ

enveloppement [ɑ̃v(ə)lɔpmɑ̃] 男 包むこと，包装；包囲(作戦)；湿布

*__envelopper__ [ɑ̃v(ə)lɔpe] 他 アンヴロペ (英 wrap, envelop) ① 包む，包装する，くるむ；(文) 取り巻く；包囲する ② (文) 包み隠す，ぼやけさせる；(人を視線・感情などで)包み込む《de》— 代動 [s'~] ①(…に)くるまる《dans》；(…で)身を包む；包まれる《de》②(ある態度)をとる，装う

envenimement [ɑ̃v(ə)nimmɑ̃] 男 (傷などの)悪化；(状況などの)激化

envenimer [ɑ̃v(ə)nime] 他 (傷・病気を)悪化させる，中毒[化膿]させる；(関係・状況などを)険悪化させる — 代動 [s'~] 化膿する；険悪になる，悪化する

envergure [ɑ̃vɛrgyr] 女 ① (船の)帆幅；(鳥や飛行機の翼の全幅) ② 能力，包容力，度量；規模，規格 ▶d'envergure (計画などが) 大規模な esprit de large [large] envergure 大局的な視野の持てる人物 prendre de l'envergure (企業・事業が)拡張する，発展する sans envergure (人が)器の小さな

enverr… ⇒ envoyer

*__envers__ [ɑ̃vɛr] アンヴェール 男 裏，裏面[裏側] ▶à l'envers 裏返しに；…を逆方向に；間違った方向に envers du décor 舞台裏；内幕 — 前 (英 towards) …に向かって，…に対して ▶envers et contre tous [tout] どんな事があっても

envi [ɑ̃vi] [成句での用法] ▶à l'envi (文) 競って，我先に

enviable [ɑ̃vjabl] 形 うらやましい

*__envie__ [ɑ̃vi] アンヴィ 女 (英 envy, wish) ① 切望，欲望；(生理的)欲求；羨(ぷ)望，ねたみ ▶avoir envie de …人に…する気がある avoir envie de …が欲しい；…したい；(人)に欲望を抱く faire envie à (人)を欲しがらせる faire passer l'envie de …の気を失くさせる ②《話》母斑[新生児のあざ]；(複) ささくれ

*__envier__ [ɑ̃vje] アンヴィエ 他 うらやむ，ねたむ ▶Je vous envie de …なのであな

envieusement [ɑ̃vjøzmɑ̃] 副 うらやましそうに, ねたましげに

envieux(se) [ɑ̃vjø, -øz] 形 (…を)うらやむ, ねたむ (de) ─ 名 すぐ羨ましがる人, ねたみ深い人 ▶**faire des envieux** うらやましがらせる

***environ** [ɑ̃virɔ̃] 副 (英 about) およそ, 約 ─ 男 《複》付近, 界わい, 近郊 ▶**aux environs de** …の周辺で; …の頃に; およそ **dans les environs** あたりでは; 近くに

environnant(e) [ɑ̃virɔnɑ̃, -ɑ̃t] 形 周囲の, 回りの

environnement [ɑ̃virɔnmɑ̃] 男 周囲, 環境, 状況

environnemental(ale) [ɑ̃virɔnmɑ̃tal] 形 (男複 -aux である) 環境(上)の

environnementaliste [ɑ̃virɔnmɑ̃talist] 名 環境問題専門家

environner [ɑ̃virɔne] 他 取り巻く, 取り囲む (de) ─ 代動 **s'~** (…に)取り巻かれている

envisageable [ɑ̃vizaʒabl] 形 検討に値する, 考え得る, 可能な

***envisager** [ɑ̃vizaʒe] アンヴィザジェ 他 40 ①検討する; 考慮に入れる; 予想[予期]する ②計画する, 企てる; …するつもりである (de) ③(… だと)みなす (comme)

envoi [ɑ̃vwa] 男 ①送ること, 発送; 派遣; 発送品 ②〔詩〕反歌【バラードの最後で献呈の意を表す四行詩】 ③▶**coup d'envoi**〔サッカー〕キックオフ; 開始, 開幕

envoi…⇨envoyer

envol [ɑ̃vɔl] 男 飛翔(ほう), 離陸

envolée [ɑ̃vɔle] 女 飛び立つこと; (心・魂などの)高揚, 飛翔; (価格など, 数値の)暴騰

envoler [ɑ̃vɔle] アンヴォレ 代動 **s'~** ①(英 fly away) 飛び立つ[去る], 離陸する; 《話》姿を消す, 雲隠れする ②風に舞い上がる, 吹き飛ばされる ③《文》(音が)消え去る, 生じる; 《話》(価格など, 数値が)はね上がる

envoûtant(e) [ɑ̃vutɑ̃, -ɑ̃t] 形 魅惑的な

envoûtement [ɑ̃vutmɑ̃] 男 ①のろい ②怪しげな魅力

envoûter [ɑ̃vute] 他 ①(人形により)のろいをかける ②魅惑する ▶**être envoûté par** …の魅力のとりこになる

envoûteur(se) [ɑ̃vutœr, -øz] 名 ①呪(じゅ)術師 ②魅惑する人

envoy…⇨envoyer

envoyé(e) [ɑ̃vwaje] 形 (<envoyer) 送られた; 《話》(返答などが)見事な ─ 名 使者[使節] ▶**envoyé spécial** 特派員

:**envoyer** [ɑ̃vwaje アンヴォワイエ] 他 29 (英 send) ①(物を)送る, 発送する; (人を)送り出す, 派遣する; 〔不定詞を伴って〕…しに行かせる ▶**envoyer … sur les roses**《話》(人を)追い払う, 突っぱねる **envoyer chercher** …を取りに[呼びに]やる ②投げる; 届かせる; 投げかける; (合図などを)送る ③(人を)打ち倒す; 撃つ, 殴る; (ある状況へ)追いやる ─ 代動 **s'~** ①互いに送り合う; 送られる ②《話》いやいや引き受ける, 仕方なくする ③《話》食べる, 飲む; 《俗》(人と)セックスする ▶**s'envoyer en l'air**《話》(麻薬やセックスなどで)舞い上がる

envoyeur(se) [ɑ̃vwajœr, -øz] 名 発送人, 差出人

enzyme [ɑ̃zim] 女 酵素

éoasen [eɔsɛn] 男 〔地〕始新世

Éole [eɔl] 固 〔ギ神〕アイオロス【風の神】

éolien(ne) [eɔljɛ̃, -ɛn] 形 風による, 風力で動く ─ 女 風車; 風力発電機 〈ポンプ〉 ▶**érosion éolienne** 風化

éosine [eozin] 女 〔化〕エオシン

épacte [epakt] 女 エパクト【太陽暦の1年と太陰暦の1年との差】

épagneul(e) [epaɲœl] 名 スパニエル犬

***épais(se)** [epɛ, -ɛs エペ(ス)] 形 (英 thick) ①部厚い; …の厚さの (de) ; むんぐりした, 厚ぼったい ②豊かな, たっぷりある; 濃厚[濃密]な; 深い ③鈍い, 粗野な ─ 副 密に; 《話》たくさん

***épaisseur** [epɛsœr エペスール] 女 (英 thickness) ①部厚さ, 厚み; 奥行き ②濃さ, 濃厚[濃密]さ; 深み, 密集 ③ずんぐりしていること, 鈍重さ

épaissir(se) [epesir] 自他 33 ①厚くする, 濃く[密に]する ②太らせる, ずんぐりさせる; 鈍くする ─ 自 厚く[濃く]なる; 太る; 鈍くなる ─ 代動 **s'~** ①厚くなる ②太る; 鈍くなる

épaississant(e) [epesisɑ̃, -ɑ̃t] 形 厚く[濃く]する ─ 男 濃化剤

épaississement [epesismɑ̃] 男 厚く[濃く]なること; 太ること

épamprer [epɑ̃pre] 他 (不要のブドウの枝を)取り除く

épanchement [epɑ̃ʃmɑ̃] 男 ①思いを打ち明けること, 心情の吐露[告白] ②〔医〕(体液などの)溢出(いっ)

épancher [epɑ̃ʃe] 他 (胸の思いを)告白する, 打ち明ける ─ 代動 **s'~** ①(人に)心情を吐露する (auprès de) , あふれ出す ②〔医〕(血などが)溢出(いっ)する

épandage [epɑ̃daʒ] 男 (肥料などの)散布 ▶**champ d'épandage** 下水散布場[処理場]

épandre [epɑ̃dr] 他 28 ①肥料などをまく ②《文・古》惜しみなく与える

épanoui [epanwi] 形 (<épanouir) ①(表情などが)晴れ晴れとした, 明るい ②すこやかに発達した, 成熟した, 開花した

épanouir [epanwir] 他 33 (顔・心を)晴れやかにする; (心身や才能を)成熟

épanouissement [epanwismɑ̃] 男 開花, 成熟

épargnant(e) [eparɲɑ̃, -ɑ̃t] 名 貯蓄家, 貯金家 ▶ *petits épargnants* 小額貯蓄者

épargne [eparɲ] 女 貯蓄, 貯金; 節約, 倹約 ▶ *caisse d'épargne* 貯蓄銀行 *épargne-logement* (住宅購入のための)住宅貯蓄 *épargne-retraite* (退職後のための)退職貯蓄

épargner [eparɲe] 他 ① 節約[倹約]する; 出し惜しみをする; 貯金[貯蓄]する ②(〜 A à B) B (人)にAを免れさせる, 無理強いしない; 手間を省いてやる ③ いたわる; 大目に見る; (災害などが)被害を及ぼさない ── 代動 [s'〜] 惜しむ, しないで済ませる, 免れる

éparpillement [eparpijmɑ̃] 男 散らばる[散らかす]こと, 散乱; 浪費

éparpiller [eparpije] 他 散乱[分散]させる, ばらまく; 散漫にさせる, 浪費する ── 代動 [s'〜] 散る, 散らばる; 色々なことに手を広げ過ぎる, 目移りする

épars(e) [epar, -ars] 形 散らばった, 散在する; 脈絡のない, ばらばらな

épatamment [epatamɑ̃] 副 (話) すばらしく, 見事に

***épatant(e)** [epatɑ̃, -ɑ̃t エパタン(ト)] 形 (話) すごい, すばらしい, 見事な

épate [epat] 女 (話) あっとわせること ▶ *à l'épate* 見せびらかすように

épaté(e) [epate] 形 (<épater) ① 平べったい ▶ *nez épaté* ぺしゃんこの鼻 ② (話) びっくりした

épatement [epatmɑ̃] 男 ①(鼻が)平べったい状態 ②(話・古) びっくり仰天

épater [epate] 他 (話) びっくりさせる, あぜんとさせる ── 代動 [s'〜] (話) びっくりする

épaulard [epolar] 男 動 シャチ

***épaule** [epol エポール] 女 ((英 shoulder) 肩 ▶ *avoir la tête sur les épaules* 良識がある *donner un coup d'épaule à* (人) に手を貸す *épaules carrées* いかり肩 *épaules tombantes* なで肩 *être large d'épaules* 肩幅がある *hausser* [*lever*] *les épaules* 肩をすくめる 《軽蔑・無関心・あきらめ・皮肉などを示す》 *ne pas avoir les épaules assez larges* [*solides*] 十分な力がない *par-dessus l'épaule* 軽蔑して *rouler les épaules* 肩をゆすって歩く 肩をふる ② 〔料〕 肩肉 ▶ *épaule d'agneau* 〔料〕 羊の肩肉

épaulé-jeté [epolɛʒ(ə)te] 男 (複 〜s-〜s) 〔重量挙げ〕ジャーク 【バーベルを肩まで上げ, 次に頭上に上げる動作】

épaulement [epolmɑ̃] 男 土留め壁, 支え壁; 弾丸よけの盛り土; 〔建〕はぞのおネ斧

épauler [epole] 他 ①(人)を助ける, 援助する ②肩にあてがう; (土留め壁などで)支える ③肩章をつける

épaulette [epolɛt] 女 (軍服の)肩飾り, 肩章; 〔服〕肩ひも; 肩パッド

épave [epav] 女 ①漂流物 ②遺失物, 遺留品 ③(災害などの)残骸

épée [epe] 女 剣; 剣の使い手, 剣豪; 〔フェンシング〕エペ ▶ *épée de Damoclès* ダモクレスの剣《いつやって来るかもしれない危険》 *un coup d'épée dans l'eau* 全く無駄な努力

épeiche [epɛʃ] 女 〔鳥〕アカゲラ

épeire [epɛr] 女 〔動〕オニグモ

épéiste [epeist] 名 〔フェンシング〕エペの競技者

épeler [eple] 他 ④ ①(語の)つづりを言う ②たどたどしく読む

épellation [epɛlasjɔ̃] 女 語のつづりを言うこと

épépiner [epepine] 他 (果実の)種を採る

éperdu(e) [eperdy] 形 (…で)狂ったようになった, 我を忘れた (de); (感情・態度が)激しい, 物狂おしい

éperdument [eperdymɑ̃] 副 激しく, 必死に; まったく

éperlan [eperlɑ̃] 男 〔魚〕キュウリウオ(の類)

Épernay [eperne] エペルネー【Marne 県の町; シャンパン生産の中心地】

éperon [eprɔ̃] 男 ①拍車 (山脈・海岸などの)突出部, 山脚 ③(船の船首の)水切り, 衝角 ④(鶏の)蹴爪(けづめ); (犬の)上距(はく)

éperonner [eprɔne] 他 拍車を入れる[つける]; 刺激する, かり立てる

épervier [epɛrvje] 男 ①〔鳥〕ハイタカ ②タカ派(の人) ③投網(とあみ)

éperviere [epɛrvjɛr] 女 〔植〕ヤナギタンポポ

éphèbe [efɛb] 男 ①(古代ギリシアの)青年 ②(皮肉の)美青年

éphélides [efelid] 女 (多く複) そばかす

éphémère [efemɛr] 形 ①つかの間の, はかない ②(昆虫の命が1日限りの) ── 男 〔虫〕カゲロウ

éphéméride [efemerid] 女 ①日めくりカレンダー ②同日暦【同じ日に起こった過去の様々な出来事を記述したもの】 ③暦, 天文暦; (複)(惑星の位置)推算暦

épi [cpi] 男 ①穂; 〔植〕穂状花序 ②(頭髪の)逆毛(さかげ) (= 〜 *de cheveux*) ③地形の装飾; 〔建〕忍び返し; 棟飾り; 頂飾り ④(馬)ひげ込み鞍, 撫(な)で鞍 (= 〜 *d'une roue ferrée*) ⑤ 堤防, 突堤 ⑥ *▶en épi* 斜めに

épi- 接 (<ギ) 「上」「表面」の意

épice [epis] 女 香辛料, スパイス

pain d'épice パンデピス【蜂蜜入りのライ麦菓子】 **quatre épices** オールスパイス【肉料理・ソースなどに広く用いる香辛料】

épicé(e) [epise] 形 (<épicer) [薬味]の入った; (話などが)卑猥(ʊ̈ʱ)な

épicéa [episea] 男 〔植〕トウヒ, 北洋エゾマツ, スブルース

épicène [episɛn] 形 〔言〕通性の【男性・女性で同形】

épicentre [episɑ̃tr] 男 (地震の)震央

épicer [epise] 他 52 香料[薬味]を入れる; (話などを)卑猥(ʊ̈ʱ)に[刺激的な]にする

épicerie [episri エピスリ] 女 食料品販売(店)【時に日用雑貨も扱う】; 食料品, 買置き食品 ▶ **épicerie fine** デリカテッセン【調理済み総菜販売店】

 rayon épicerie 食料品コーナー

épicier(ère) [episje, -ɛr エピシエ(ール)] 名 食料品店主

Épictète [epiktɛt] 男 エピクテトス【帝政期ローマのストア派哲学者】

Épicure [epikyr] 男 エピクロス【古代ギリシアの哲学者】

épicurien(ne) [epikyrjɛ̃, -ɛn] 形 〔哲〕エピクロス風[派]の; 享楽的な, 快楽を追い求める ── 名 エピクロス主義者[派], 快楽主義者

épicurisme [epikyrism] 男 〔哲〕エピクロス派の哲学, エピクロス主義; 享楽[快楽]主義

épidémie [epidemi] 女 流行病; 感染; (風俗・悪習などの)大流行

épidémiologie [epidemjɔlɔʒi] 女 〔医〕疫学

épidémique [epidemik] 形 流行性の; 感染する

épiderme [epidɛrm] 男 〔解〕表皮[上皮]; (話) 皮膚, 肌 ▶ **avoir l'épiderme chatouilleux [sensible]** 少しのことも気にする性格だ

épidermique [epidɛrmik] 形 ① 表皮(性)の, 皮膚の ② 表面的な一過性的な反応 ▶ **réaction épidermique** 一過性の反応

épier [epje] 他 (動静を)探る; (機会などを)うかがう; 見張る

épierrer [epjere] 他 (…から)石を取り除く

épieu [epjø] 男 (複 ~x) (古) (狩りに用いた)石突きのついた棒, 猪槍(ｲﾉｼｼﾔﾘ)

épigastre [epigastr] 男 〔解〕上腹部

épigastrique [epigastrik] 形 〔解〕上腹部の

épiglotte [epiglɔt] 女 〔解〕喉頭蓋(こうとうがい)

épiglottique [epiglotik] 形 〔解〕喉頭蓋(こうとうがい)の

épigone [epigɔn] 男 (文) エピゴーネン, 追随者, 亜流

épigrammatique [epigra(m)matik] 形 風刺(詩)の, 辛辣(しんらつ)な

épigramme [epigram] 男 風刺詩; 辛辣(しんらつ)な文句, 警句

épigraphe [epigraf] 女 碑銘【建造物の由来や年月を刻んだもの】; 銘句, 題辞【巻・章などの冒頭に引用されたもの】

épigraphie [epigrafi] 女 碑銘学, 金石学

épigraphique [epigrafik] 形 碑銘に関する

épilation [epilasjɔ̃] 女 脱毛

épilatoire [epilatwar] 形 脱毛用の

épilepsie [epilɛpsi] 女 〔医〕癲癇(てんかん)

épileptiforme [epilɛptiform] 形 〔医〕癲癇(てんかん)に似た

épileptique [epilɛptik] 形 〔医〕癲癇(てんかん)の ── 名 癲癇患者

épiler [epile] 他 毛を抜く, 脱毛する ── 代動 (s'~) 脱毛する

épillet [epijɛ] 男 〔植〕小穂(しょうすい)

épilogue [epilɔg] 男 (文学作品の)結末, エピローグ; (事件などの)結末

épiloguer [epilɔge] 自 (…について)長々と話す, あれこれ言う (sur)

Épinal [epinal] エピナル【Vosges 県の県庁所在地】

épinard [epinar] 男 〔植〕ホウレンソウ; (複) ホウレンソウの料理 ▶ **mettre du beurre dans les épinards** (話) 情況が良くなる **vert épinard** ホウレンソウ色, 暗緑色

épincer [epɛ̃se] 他 ①(石を)加工する ②(布の毛玉などを)取り除く

épine [epin] 女 ①とげ, いばら; 〔文〕苦難, 苦労の種 ▶ **épine blanche** 〔植〕サンザシ **épine dorsale** 〔解〕脊柱(せきちゅう); 脊髄(せきずい); 山脈 **épine noire** 〔植〕スピノサスモモ

épinette [epinɛt] 女 ① 〔楽〕スピネット【小型のチェンバロの一種】 ② (家禽(かきん)肥育用の)大きな枠籠(わくかご) ③ (植) トウヒ(の類)

épine ux(se) [epinø, -øz] 形 (生が)とげのある; (問題・事情が)微妙な, 厄介な ── 男 とげのある植物

épine-vinette [epinvinɛt] 女 (複 ~s~s) 〔植〕バーベリー

épinglage [epɛ̃glaʒ] 男 ピンでとめること

épingle [epɛ̃gl エパングル] 女 (英 pin) ピン, 留め針 ▶ **épingle à cheveux** ヘアピン **épingle à linge** 洗濯ばさみ **épingle de sûreté, épingle de nourrice** 安全ピン **être tiré à quatre épingles** きちんとめかしこんでいる **monter... en épingle** …を際立たせる **tirer son épingle du jeu** 状況が悪くならないうちに逃げ出す **virage en épingle à cheveux** ヘアピンカーブ

épingler [epɛ̃gle] 他 ①ピンでとめる ②(話) (人を)取り押さえる, 逮捕する

épinglette [epɛ̃glɛt] 女 バッジ

épinière [epinjɛr] 女 → **moelle épinière** 〔医〕脊髄(せきずい)

épinoche [epinɔʃ] 女 〔魚〕トゲウオ

Épiphanie [epifani] 女 [カト] 公現祭の祝日 (= fête [jour] des rois) 【1月6日: 東方の三博士の来訪によってキリストが神の子として世に公に現れたことを記念する】

épiphénomène [epifenɔmɛn] 男 [医] 副現象, 附帯症状; [哲] 附帯現象

épiphyse [epifiz] 女 [解] 松果(しょう)体

épiphyte [epifit] 形 [植] 着生の —— 男 着生植物【土壌以外の所に固着する】

épique [epik] 形 ①叙事詩の, 叙事詩的な; 叙事詩にふさわしい, 勇壮な ②《話・皮肉》の大層な, 仰々しい; とてつもない

épiscopal(ale) [episkɔpal] 形 (男複 -aux[-o]) [カト] 司教の —— 名 英国国教徒 ▶Église épiscopale 英国国教会, 聖公会

épiscopat [episkɔpa] 男 司教の職[任期]; 司教団

épisiotomie [epizjɔtɔmi] 女 [医] (出産時の)会陰(えいん)切開

épisode [epizɔd] 男 挿話, エピソード; ささいな出来事; (ドラマなど続きもの)の1話[1回] ▶roman [film] à épisodes 連続ものの小説[映画]

épisodique [epizɔdik] 形 ①[文] 挿話的な; 二次的[付随]の ②時たまの ▶faire des apparitions épisodiques ときどき現れる

épisodiquement [epizɔdikmɑ̃] 副 挿話的に; 時たま

épisser [epise] 他 (2本の綱・コードの先を)ない[より]合わせてつなぐ

épissure [episyr] 女 (綱・コードなどの)ない[より]合わせ, 捻継ぎ

épistaxis [epistaksis] 女 [医] 鼻血

épistémè [epistem] 女 《ギリシア語》[哲] (ある時代に固有の)認識基盤, エピステーメー

épistémologie [epistemɔlɔʒi] 女 [哲] 認識論

épistémologique [epistemɔlɔʒik] 形 認識論の

épistémologiste [epistemɔlɔʒist], **épistémologue** [epistemɔlɔg] 名 [哲] 認識論者

épistolaire [epistɔlɛr] 形 手紙[書簡]に関する[よる]

épistolier(ère) [epistɔlje, -ɛr] 名 手紙を書くのが上手[多]な人; 書簡体にすぐれた作家

épitaphe [epitaf] 女 墓碑銘

épithalame [epitalam] 女 [文] 祝婚歌

épithélial(ale) [epiteljal] 形 (男複 -aux[-o]) [解] 上皮の

épithélioma [epiteljɔma] 男 [医] 上皮腫

épithélium [epiteljɔm] 男 [解] 上皮(組織); [植] 被覆組織

épithète [epitɛt] 女 ①[文法] 付加形容詞 (= adjectif ~) ②[名詞に直接付くもの] ②(ほめたりなじったりする)呼び方, 形容

épitoge [epitɔʒ] 女 垂れ布, ストール【教授や司法官などがガウンの左肩につける】

épître [epitr] 女 ①(古典作家の)書簡 ②[宗] 使徒書簡

épizootie [epizɔɔti] 女 獣疫【家畜の伝染病】

épizootique [epizɔɔtik] 形 獣疫の

éploré(e) [eplɔre] 形 悲しみに沈んだ(人)

épluchage [eplyʃaʒ] 男 ①(野菜などの)皮をむき, 下ごしらえ; あら探し

épluche-légumes [eplyʃlegym] 男 (不変) (野菜の)皮むき器

* **éplucher** [eplyʃe エプリュシェ] 他 (英peel) ①(野菜・果物の)皮をむく, 要らない所を取除く ②丹念に調べる; 問題点を探す

éplucheur(se) [eplyʃœr, -øz] 名 (野菜などの)皮をむく人; よく調べる人, あら探しをする人 —— 男 皮むき器[ナイフ] (= conteau ~)

épluchure [eplyʃyr] 女 (野菜・果物を)むいた皮, 取り除いたくず

EPO (略) érythropoïétine [生理] エリスロポエチン【赤血球の生成を促進するホルモン】

épointement [epwɛ̃tmɑ̃] 男 (とがったものの)先をつぶすこと

épointer [epwɛ̃te] 他 (とがった物の)先をつぶす, すり減らす

époisses [epwas] 男 エポワス【ブルゴーニュ産の柔らかい非加熱チーズ】

* **éponge** [epɔ̃ʒ エポンジュ] 女 (英 sponge) スポンジ, 海綿状のもの; (形容詞的に) タオル(地); [動] 海綿動物 ▶éponge métallique 金属たわし **éponge végétale** ヘチマ **jeter l'éponge** 降参する, 負けを認める **passer l'éponge sur** (都合の悪いことを)消す

épongeage [epɔ̃ʒaʒ] 男 (スポンジなどで)拭き取ること

éponger [epɔ̃ʒe] 他 40 ①(水分を)拭き取る, ぬぐう; 吸収する ②(経理上の超過分を解消する ▶éponger une dette 借金を返す —— [代動] s'~] 顔をふく; 自分の…をぬぐう

éponyme [epɔnim] 形 その名の起源となった, 名祖(なおや)の

épopée [epɔpe] 女 叙事詩; (叙事詩にふさわしい)壮挙, 英雄的行為, 人事等

* **époque** [epɔk エポック] 女 (英 age) (歴史上の)同時代の)時期, ころ; (集合的)同時代人; [地] 紀 ▶à cette époque (-là) その当時 à l'époque 当時 à notre époque 現代では **Belle Époque** [la ~] よき時代, ベルエポック【20世紀初頭のフランス】 **d'époque** 時代ものの, 古い **être de son**

époque その時代に合っている ▶ **faire époque** 時代を画す

épouillage [epujaʒ] 男 しらみを取ること

épouiller [epuje] 他 (人の)しらみを取る

époumoner [epumɔne] 代動 **s'~** 声をからしてしゃべる[叫ぶ]; 息切れする

épousailles [epuzaj] 女(複) (話・ふざけて)結婚, 婚礼

épouse [epuz] 女 époux の女性形

épousée [epuze] 女 (古)花嫁, 新婦

***épouser** [epuze エプゼ] 他 (英 marry) ①(…と)結婚する ②(考えなどを)支持する, 共鳴する; (新しい考えなどを)取り入れる ③(形・動きに)ぴったり合う[はまる]

époussetage [epustaʒ] 男 ほこりを払うこと

épousseter [epuste] 他 4 (…の)ちり[ほこり]を払う

époustouflant(e) [epustuflɑ̃, -ɑ̃t] 形 (話)驚かせる, 異様な

époustoufler [epustufle] 他 (話)びっくりさせる, 仰天させる

époutir [eputir] 他 = énouer

***épouvantable** [epuvɑ̃tabl エプヴァンタブル] 形 恐ろしい, 身の毛もよだつ; ひどい

épouvantablement [epuvɑ̃tabləmɑ̃] 副 恐ろしく, ものすごく

épouvantail [epuvɑ̃taj] 男 かかし, こけおどし, おぞましい人[物]

épouvante [epuvɑ̃t] 女 激しい恐怖, 強い不安 ▶ **film d'épouvante** ホラー映画

épouvanter [epuvɑ̃te] 他 おびえさせる; 不安にする, 驚かせる —— 代動 **s'~** 恐怖に陥る; おびえる

***époux(se)** [epu, -uz エプー(ズ)] 名 (英 spouse) (法) 配偶者; (複) 夫婦, 夫妻 —— 男 夫; (話) 亭主 —— 女 妻; (話)細君

éprendre [eprɑ̃dr] 代動 60 **s'~** ほれる, 夢中になる, のめり込む

***épreuve** [eprœv エプルヴ] 女 ①(英 trial) 苦難, 試練, 試験; 試 金石 —— **à l'épreuve de** …に耐える —— **à l'épreuve du feu** 不燃性の, 耐火性の **à toute épreuve** ゆるぎない, 強固な; 対決 **épreuve orale (écrite)** 口頭[筆記]試験 **mettre ... à l'épreuve** …を試す ②(英 test)試験, テスト; 実験 ▶ **épreuve contre la montre** タイムトライアル ③(英 event)(スポーツの)競技, 試合; 校正[ゲラ]刷り; (版画の)試し刷り; (刷りあがった)版画の(写真の)プリント, 焼き付け

épri[i]... →éprendre

épris(e) [epri, -iz] 形 (<éprendre) (人に)ほれた, ぞっこんの; (物に)のめり込んだ (de)

éprouvant(e) [epruvɑ̃, -ɑ̃t] 形 試練を課す, つらい, 耐え難い

éprouvé(e) [epruve] 形 (<éprouver) ①テスト済みの; 確かな, 信用できる ②辛酸をなめた, 不幸な

***éprouver** [epruve エプルヴェ] 他 (英 feel) ①(感情・感覚を)感じる, 抱く ②(文)体験する, 身をもって知る, 実感する ③(英 test) する, テストする; (古) (人を)試練にかける, つらい目にあわせる ④(物が被害を被る, 損傷し, 損傷する

éprouvette [epruvet] 女 試験管; (冶)試験片

epsilon [epsilɔn] 男 エプシロン (ギリシア字母の第5字 E, ε)

épucer [epyse] 他 52 (…の)蚤(の)を取る

épuisant(e) [epɥizɑ̃, -ɑ̃t] 形 体力を消耗させる, ひどく疲れる

épuisé(e) [epɥize] 形 (<épuiser) 疲れきった; 使い尽した, 売り切れた

épuisement [epɥizmɑ̃] 男 ①(疲労)消耗 ▶ **mort d'épuisement** 過労死 ②使い果たすこと, 品切れ, 枯渇

***épuiser** [epɥize エピュイゼ] 他 (英 exhaust) ①使い尽す, 空にする ②へとへとにさせる, 消耗する —— 代動 **s'~** ①底をつく, 枯渇する ②へとへとになる; (…して)疲れ切れる (à)

épuisette [epɥizet] 女 たも網[魚をすくうための柄の付いた網]; (舟の)淦汲

épurateur [epyratœr] 男 浄化装置

épuration [epyrasjɔ̃] 女 ①浄化, 精製, 精錬; 純化, 洗練 ▶ **station d'épuration des eaux** 浄水場 ②粛清, 除名

épure [epyr] 女 原寸図, 施工図, 仕上がり予想図

épurement [epyrmɑ̃] 男 ①浄化[純化]すること ②粛清

épurer [epyre] 他 ①不純物を除去する, 浄化[精製]する; 純化する ②(不穏分子を)追放[粛清]する

équanimité [ekwanimite] 女 (文)平静, 落ち着き

équarrir [ekarir] 他 33 ①四角に切[切る] ②(食用にならない動物を)解体する

équarrissage [ekarisaʒ] 男 四角に切ること; 角材; (食用に向かない動物の)解体[皮・骨・脂などを利用するため]

équarrisseur [ekarisœr] 男 (動物の)解体業者

Équateur [ekwatœr] 男 エクアドル

équateur [ekwatœr] 男 赤道, 赤道地方

équation [ek wasjɔ̃] 女 方程式; [天] 差 ▶ **équation du premier degré** 1次方程式 **équation personnelle** [心] 個人差; 個人差

equatorial(ale) [ekwatɔrjal] (男複 -aux) 形 赤道[地帯]の —— 男 [天] 赤道儀

équatorien(ne) [ekwatɔrjɛ̃, -ɛn] 形 [[É.-] エクアドルの(人)

équerre [ekɛr] 囡 直角定規, 三角定規; 直角; (測量用の)直角儀 ► *à l'équerre / d'équerre* 直角[の]

équestre [ekɛstr] 形 騎手の, 騎馬の ► *centre équestre* 乗馬学校

équeuter [ekøte] 他 (果物の)柄を取り除く

équi- 接頭 (<ラ)「等しい」の意

équidés [ekide, ekɥide] 男(複) 〖動〗ウマ科

équidistance [ekɥidistɑ̃s] 囡 〖数〗等距離

équidistant(e) [ekɥidistɑ̃, -ɑ̃t] 形 〖数〗等距離の

équilatéral(ale) [ekɥilateral] 形 (男複 -aux [-o]) 〖数〗等辺の

équiprobable [ekilibrabl] 形 釣り合わせること, 釣り合い; 〖機〗釣り合わせ

équilibration [ekilibrasjɔ̃] 囡 平衡を保つこと, 釣り合わせること; (体の)平衡(機能)

*équilibre** [ekilibr エキリーブル] 男 (英 balance) 均衡; (絵画・建築における)均斉, 調和; 釣り合い, バランス; 精神の安定, 平静 (= ~ mental) ► *en équilibre* 釣り合って; バランスのとれた *équilibre de la terreur* (核による)恐怖の均衡 *garder l'équilibre* バランスを保つ *manquer d'équilibre* 精神的に不安定である *mettre ... en équilibre* ...を釣り合わせる

équilibré(e) [ekilibre] 形 (<équilibrer) 釣り合いのとれた, 安定した ► *mal équilibré* 釣り合っていない

équilibrer [ekilibre] 他 釣り合わせ, 均衡を保たせる; 安定させる, 調和させる ─ 代動 [s'~] 釣り合う, 補完し合う

équilibriste [ekilibrist] 名 曲芸師, 軽業(ガッ)師

équille [ekij] 囡 〖魚〗イカナゴ(の類)

équin(e) [ekɛ̃, -in] 形 馬の

équinoxe [ekinɔks] 男 〖天〗昼夜平分日〖1年のうちで昼夜の時間が等しい日〗 ► *équinoxe d'automne* 秋分 *équinoxe de printemps* 春分

équinoxial(ale) [ekinɔksjal] 形 (男複 -aux [-o]) 昼夜平分の

équipage [ekipaʒ] 男 〖集合的〗(船・飛行機の)乗組員[乗務員], クルー, 旅行装備一式; 〖古〗(王侯などの)供回り一行

*équipe** [ekip エキプ] 囡 (英 team) (作業などの)組, 班; 遊びの, 仲間; 〖スポーツ〗のチーム ► *équipe de jour* (工場などでの)昼組, 日勤 *équipe de nuit* (工場などでの)夜組, 夜勤 *équipe de secours* レスキュー隊 *esprit d'équipe* 団結心 *faire équipe avec* (人)と組む *jouer en [par] équipes* 組になって試合をする *sport d'équipe* チームスポーツ *travailler en* [*par*] *équipes* 組になって働く

équipé(e) [ekipe] 形 (<équiper) 装備・設備の整った; ...を, 備えつけた (de, en)

équipée [ekipe] 囡 気ままな外出, 冒険; 軽挙

*équipement** [ekipmɑ̃ エキプマン] 男 装備, 設備[施設]; 装備を施すこと; (とくに)船の艤装(ギ^ま); 軍隊の配備; (複)(飛行機の)備品 ► *équipements collectifs* 公共設備

*équiper** [ekipe エキペ] 他 (英 equip) 装備を施す, 設備を備える; (人に)必要なものを整える ─ 代動 [s'~] 装備[設備]を整える (de, en)

équipier(ère) [ekipje, -ɛr] 名 〖スポーツ〗チームのメンバー ► *équipier en titre* レギュラー

équiprobable [ekiprɔbabl] 形 〖数〗等確率の

équitable [ekitabl] 形 公正[公平]な

équitablement [ekitabləmɑ̃] 副 公平に

équitation [ekitasjɔ̃] 囡 乗馬, 馬術 ► *école d'équitation* 乗馬学校

équité [ekite] 囡 公正[公平]さ; (法ではなく良心の判断による)正義(感); 衡平

équiva... ⇨équivaloir

équivalence [ekivalɑ̃s] 囡 等価(資格などの)同等[対等]性

*équivalent(e)** [ekivalɑ̃, -ɑ̃t エキヴァラン(ト)] 形 等価値の; (...に)等しい (à); 〖論〗同値の; 同じ人[もの], 匹敵する人[もの] ─ 男 同等のもの[こと], 同義語; 〖物・化〗当量

*équivaloir** [ekivalwar エキヴァロワール] 自 [74] (...に)価値[効果]が等しい, 同じ意味である (à); (...に)等しい, 同価値である

équivoque [ekivɔk] 形 あいまいな, どちらとも取れる; 疑わしい, うさん臭い, いかがわしい, 不明確; 多義[両義]語(句)も ► *lever l'équivoque* あいまいなことをはっきりさせる *sans équivoque* はっきりと

-er 接尾 (<ラ)「...する」の意の動詞をつくる;〖行為者〗〖機能〗の意の男性名詞をつくる

-er(ère) 接尾 (<ラ) = -ier(ière)

érable [erabl(ə)] 男 〖植〗カエデ

éradication [eradikasjɔ̃] 囡 〖医〗(腫瘍などの)摘出 ② 根絶

éradiquer [eradike] 他 ① 〖医〗(腫瘍(ホ^ゅ)などを)摘出する ② 根絶[撲滅]する

éraflement [erafləmɑ̃] 男 かすること, かすり傷

érafler [erafle] 他 かすり傷をつける ─ 代動 [s'~] 自分の...をすりむく

éraflure [eraflyr] 囡 かすり傷

-eraie 接尾 (<ラ) 「生育地」「栽培地」の意の女性名詞をつくる

éraillé(e) [eraje] 形 (<érailler) ① (声が)かすれた ② (布が)すり切れた ③

(目が)充血した

éraillement [erajmɑ̃] 男 ①すり切れること ②かすり傷がつくこと ③(声の)かすれ

érailler [eraje] 他 ①(布などを)すり切らせる, ほつれさせる ②(皮などに)かすり傷をつける ③(声を)からす ── 代動 [s'~] (声が)かすれる

éraillure [erajyr] 女 ①(布地の)すり切れ ②かすり傷

erbium [ɛrbjɔm] 男 エルビウム【原子番号68の元素】

ère [ɛr] 女 紀元, 年号; 時代; 〔地〕代 ▶ avant notre ère 紀元前 *en l'an 1600 de notre ère* 紀元1600年に *ère atomique* 原子力時代 *ère chrétienne* キリスト紀元, 西暦

érectile [erɛktil] 形 〔生理〕勃(ぼっ)起性の

érection [erɛksjɔ̃] 女 ①〔文〕建立, 設立 ②〔生理〕勃起

éreintage [erɛ̃taʒ] 男 こきおろし, 酷評

éreintant(e) [erɛ̃tɑ̃, -ɑ̃t] 形 ぐったり疲れさせる

éreinté(e) [erɛ̃te] 形 (< éreinter) 疲れ果てた, へとへとの

éreintement [erɛ̃tmɑ̃] 男 ①酷評, けなすこと ②極度の疲労

éreinter [erɛ̃te] 他 ①ひどく疲れさせる ②こきおろし, 酷評する ── 代動 [s'~] へとへとになる

éreinteur(se) [erɛ̃tœr, -øz] 形 こきおろす, けなす ── 名 けなす人

érémiste [eremist] 名 (再就職困難最低所得保障 (RMI) の受給者

érémitique [eremitik] 形 〔文〕隠者(いんじゃ)の

érésipèle [erezipɛl] 男 〔医〕丹毒 (= érysipèle)

éréthisme [eretism] 男 ①〔医〕過敏(症), (異常)興奮 ②〔文〕(感情などの)激発

éreuthophobie [erøtofobi] 女 〔精医〕赤面恐怖(症)

erg[1] [ɛrg] 男 (<アラビア)(サハラ砂漠の)砂丘地帯

erg[2] [ɛrg] 男 〔物〕エルグ【仕事量のCGS単位】

ergonome [ɛrgɔnɔm] 名 人間工学者

ergonomie [ɛrgɔnɔmi] 女 人間工学

ergonomique [ɛrgɔnɔmik] 形 人間工学の

ergot [ɛrgo] 男 ①(雄鶏の)蹴爪(けづめ); (犬の)上趾(じょうし) ▶ monter [se dresser] sur ses ergots 威圧的な態度をとる ②(機械の)つめ, 突起 ③〔農〕麦角(ばっかく)(病)

ergotage [ɛrgɔtaʒ] 男 へ理屈, 詭弁

ergoté(e) [ɛrgɔte] 形 ①(鳥が)蹴爪のある; (犬などが)上趾(じょうし)のある ②〔農〕麦角病にかかった

ergoter [ɛrgɔte] 自 へ理屈をこねる; 難癖をつける

ergoteur(se) [ɛrgɔtœr, -øz] 形 へ理屈をこねる(人), 難癖をつける(人)

ergothérapeute [ɛrgoterapøt] 名 〔医〕作業療法士

ergothérapie [ɛrgoterapi] 女 〔医〕(社会復帰のための)作業療法

ergotisme [ɛrgɔtism] 男 〔医〕麦角(ばっ)中毒

éricacées [erikase] 女(複) 〔植〕ツツジ科

-erie 接尾 「行為」「性質」「…店」「集合」の意の女性名詞をつくる

ériger [eriʒe] 他 40 ①建立[建造]する; 設置[設立]する ②(…に)昇格させる; (…に)仕立て上げる (en) ── 代動 [s'~] (…のように)振る舞う (en)

éristique [eristik] 形 論争の ── 名 (古代ギリシア・メガラ学派の)論争者 ── 女 論争術

ermitage [ɛrmitaʒ] 男 隠者の住処; 人里離れた所

ermite [ɛrmit] 男 隠者; 〔宗〕隠修士

éroder [erode] 他 (地殻などを)浸食する; (金属などを)腐食する; (反対などを)じわじわとつぶしていく

érogène [erɔʒɛn] 形 〔精医〕性的に興奮させる ▶ zone érogène 性感帯

-eron(ne) 接尾 ①「…の従事者」の意の男性名詞をつくる ②指小を表す男性名詞をつくる

Éros [erɔs] 〔ギ神〕エロス【愛の神】 ── [é-] 〔精医〕エロス【性愛の原理】; 生の欲動

érosif(ve) [erozif, -iv] 形 浸食[腐食]性の

érosion [erozjɔ̃] 女 浸食(作用); 破壊, 衰退; 〔医〕糜爛(びらん) ▶ érosion monétaire 貨幣価値の下降

érotique [erɔtik] 形 性愛の; 色っぽい, 官能的な

érotiquement [erɔtikmɑ̃] 副 官能的に

érotisation [erɔtizasjɔ̃] 女 官能性を与えること

érotiser [erɔtize] 他 官能的な[扇情的]にする, エロチックにする

érotisme [erɔtism] 男 色情, 好色趣味; エロチシズム, 官能性

érotologue [erɔtɔlɔg] 名 エロチシズム研究家

érotomane [erɔtoman] 形名 〔医〕色情狂の(人)

érotomanie [erɔtomani] 女 〔医〕色情狂; (心)恋愛妄想

erpétologie [ɛrpetɔlɔʒi] 女 は虫類学

erpétologique [ɛrpetɔlɔʒik] 形 は虫類学の

erpétologiste [ɛrpetɔlɔʒist] 名 は虫類学者

errance [ɛrɑ̃s] 女 〔文〕彷徨(ほうこう)

errant(e) [ɛrɑ̃, -ɑ̃t] 形 ①放浪する, さま

errata [erata] 男 〔不変〕《ラ》〖erratumの複数〗正誤表

erratique [eratik] 形 あちこち移動する;(人が)安定性のない ▶ *fièvre erratique* 〔医〕間欠熱

erratum [eratɔm] 男 《ラ》(複 *errata*) 誤植

erre [ɛr] 女 (船の)航行速度

errements [ɛrmɑ̃] 男 〔複〕いつもの癖、悪習[悪癖]

errer [ere] 自 ① 放浪する、さまよう; 漂う ② 《文》誤る

*****erreur** [ɛrœr エルール] 女 (英 error) 誤り、間違い; 間違った考え;《複》過失、失敗; (数・物)誤差 ▶ *erreur de calcul* 計算間違い[ミス] *erreur de jugement* 判断ミス *erreur judiciaire* 〔法〕誤審 *Erreur n'est pas compte.* (ことわざ)計算に間違いはつきもの *erreurs de jeunesse* 若気の至り *faire [commettre] une erreur* (…について)過ちを犯す《sur》 *faire erreur* 間違える *par erreur* 誤って *sauf erreur* 私が間違っていなければ

erroné(e) [ɛrɔne] 形 間違った、誤った

erronément [ɛrɔnemɑ̃] 副 誤って

ers [ɛr] 男〔植〕レンズマメ

ersatz [ɛrzats] 男 〔不変〕《ド》代用食、代用品; まがいもの ▶ *ersatz de café* 代用コーヒー

erse[1] [ɛrs] 形 (スコットランド高地の)
—— 男 (スコットランド高地の)ゲール語

erse[2] [ɛrs] 女〔海〕(滑車などの)帯綱

éructation [eryktasjɔ̃] 女 〔文〕おくび、げっぷ

éructer [erykte] 自 《文》おくび[げっぷ]を出す ——他 (悪口などを)浴びせかける

érudit(e) [erydi, -it] 形 博識な、造詣(ぞうけい)の深い —— 名 博識な人、碩学(せきがく)

érudition [erydisjɔ̃] 女 学識、博学

éruginaux(se) [eryʒinø, -øz] 形 緑青(ろくしょう)色の

éruptif(ve) [eryptif, -iv] 形 ① 噴火による ② 〔医〕発疹(ほっしん)性の

éruption [erypsjɔ̃] 女 ① 噴出、噴火; (感情の)噴出、爆発 ② 〔医〕発疹; (血・膿の)溢出; (歯の)萌出 ▶ *éruption de boutons* 吹き出物

érysipèle [erizipɛl] 男 〔医〕丹毒

érythème [eritɛm] 男 〔医〕紅斑 ▶ *érythème solaire* (ひりひりするほどの)日焼け

Érythrée [eritre] 固 エリトリア〖アフリカ北東部の国〗

érythréen(ne) [eritreɛ̃, -ɛn] 形 〖E-〗エリトリアの(人)

érythro- 接頭〈ギ〉「赤」の意

érythrocytaire [eritrɔsitɛr] 形 〔生〕赤血球の

érythrocyte [eritrɔsit] 男 〔生理〕赤血球

érythropoïétine [eritrɔpɔjetin] 女 〔生理〕エリスロポエチン〖赤血球の生成を促進する: 略 EPO〗

es [ɛ] êtreの直・現・2・単

ès [ɛs] 前《古》〖en les の縮約形〗(…において、…の分野で) ▶ *agir ès qualités* 〔法〕(大臣などが)職権をもって行動する *docteur ès sciences* 〖後には複数名詞から来る〗理学博士

ESB (略) encéphalopathie spongiforme bovine 牛海綿状脳症、狂牛病

esbigner [ɛsbiɲe] 代動 〖*s'~*〗(話・古)ずらかる

esbroufe [ɛsbruf] 女 (話) 威張りちらすこと; はったり ▶ *à l'esbroufe* 大威張りで

esbroufer [ɛsbrufe] 他 (話) 威張って見せる、はったりをかます

esbroufeur(se) [ɛsbrufœr, -øz] 名 (話)威張りちらす人、はったり屋

escabeau [ɛskabo] 男 (複 *~x*) 踏み台、脚立; (背もたれ・肘掛けのない)いす

escadre [ɛskadr] 女 〔軍〕艦隊; 飛行連隊

escadrille [ɛskadrij] 女 〔軍〕小艦隊、編隊; (1977年までの)飛行小隊 ⇨ escadron

escadron [ɛskadrɔ̃] 男 ①〔軍〕騎兵[戦車、幅兵、憲兵]中隊; 飛行小隊 〖1977年以前は飛行中隊〗 ②(ふざけて)大群

escalade [ɛskalad] 女 ① よじ登ること、登攀(とうはん) ▶ *faire de l'escalade* 山登りに行く *faire l'escalade de …* を登る ② 戦線の拡大; 激化、急上昇 ▶ *pour éviter l'escalade* 事態の悪化を防ぐために ③ 〔法〕家宅侵入

escalader [ɛskalade] 他 ① よじ登る、乗り越える

escalator [ɛskalatɔr] 男 《英》エスカレーター

escale [ɛskal] 女 寄港(地)、着陸(地); 寄港[着陸]時間 ▶ *faire escale* (…に)寄港する《à》 *vol sans escale* 直行便

*****escalier** [ɛskalje エスカリエ] 男 《英 stair》階段; 階段状のもの ▶ *escalier de secours* 非常階段 *escalier de service* (通用口に通じる)裏階段 *escalier mécanique [roulant]* エスカレーター

escalope [ɛskalɔp] 女 〔料〕エスカロップ〖子牛などの薄切り肉〗

escamotable [ɛskamɔtabl] 形 隠し収納できる ▶ *meuble escamotable* (壁などに)収納できる家具

escamotage [ɛskamɔtaʒ] 男 ① 手品で隠すこと ② くすねること、すり ③ (飛行機の車輪の)脚を収納すること ④ (問題などの)はぐらかし

escamoter [ɛskamɔte] 他 ① 手品などで隠す ② くすねる、ごまかす ③ (突起部を)引っ込める; 収納する ④ (厄介な

escamoteur(se) [eskamɔtœr, -øz] 名 ①手品師 ②すり

escampette [eskɑ̃pɛt] 女 [[成句でのみ]] ▸ *prendre la poudre d'escampette* (話) そそくさと逃げ出す

escapade [eskapad] 女 (学校などを)さぼること, 脱出; (息抜きの)小旅行

escarbille [eskarbij] 女 (煙突からでる)火の粉, 煤(すす)

escarboucle [eskarbukl] 女 [鉱] ざくろ石

escarcelle [eskarsɛl] 女 (中世に腰に下げた)財布; (ふざけて) 財布 ▸ *rentrer [tomber] dans l'escarcelle de* (人) のものとなる

escargot [eskarɡo] 男 カタツムリ, エスカルゴ ▸ *avancer comme un escargot [à une allure d'escargot]* ゆっくりと進む

escargotière [eskarɡɔtjɛr] 女 ①エスカルゴ用の皿 ②エスカルゴ養殖場

escarmouche [eskarmuʃ] 女 小競り合い, 前哨戦

escarpe [eskarp] 女 (城の堀の)内岸

escarpé(e) [eskarpe] 形 急斜面の, 切り立った

escarpement [eskarpəmɑ̃] 男 急傾斜; 断崖(がい)

escarpin [eskarpɛ̃] 男 ハイヒール

escarpolette [eskarpɔlɛt] 女 (古) ぶらんこ

escarre [eskar] 女 [医] 壊疽 痂皮(話); 床ずれ

eschatologie [ɛskatɔlɔʒi] 女 [神] 終末論

eschatologique [ɛskatɔlɔʒik] 形 終末論の, 終末論的な

esche [ɛʃ] 女 (釣り用の)えさ

Eschyle [eʃil] アイスキュロス【古代ギリシアの悲劇詩人】

escient [esjɑ̃] 男 [[成句でのみ]] ▸ *à bon escient* 理由があって, 適切に ▸ *à mauvais escient* 理由なく, 軽率に

esclaffer [esklafe] 代動 [s'~] ぶっと吹き出す, 大笑い[高笑]いする

esclandre [esklɑ̃dr] 男 騒ぎ立てること, 騒ぎ; 醜聞

esclavage [esklavaʒ] 男 奴隷の身分[状態]; 奴隷制度; 束縛, 隷属(状態); 盲従

esclavagisme [esklavaʒism] 男 奴隷制度; 奴隷制度擁護論

esclavagiste [esklavaʒist] 形名 奴隷制度擁護者の

esclave [esklav] 名 奴隷; 奴隷根性の人; (…の)とりこ, 言いなりになる人 (de) ── 形 (…の)奴隷の, とりこになった, 縛られた (de)

escoffier [eskɔfje] 他 (俗) 盗む; 殺す

escogriffe [eskɔɡrif] 男 (話) のっぽ, ばかでかい男

escomptable [eskɔ̃tabl] 形 [商]

割引できる

escompte [eskɔ̃t] 男 [商] 手形割引; 値引

escompter [eskɔ̃te] 他 ①当てにする, 期待する ②[商] (手形を)割引する

escompteur(se) [eskɔ̃tœr, -øz] 名 [商] 手形割引人

escorte [eskɔrt] 女 護衛[護送]隊; エスコート; お供, 随員 ▸ *faire escorte à* (人)に付き添う *sous bonne escorte* 厳重な警備のもとに

escorter [eskɔrte] 他 護衛[護送]する; 送って行く

escorteur [eskɔrtœr] 男 護送艦

escouade [eskwad] 女 小グループ; (昔の軍の)分隊

escourgeon [eskurʒɔ̃] 男 秋まきの大麦

escrime [eskrim] 女 フェンシング

escrimer [eskrime] 代動 [s'~] (…に)骨折る (sur); (…しようと)奮闘する (à)

escrimeur(se) [eskrimœr, -øz] 名 フェンシングの選手

escroc [eskro] 男 詐欺師, ぺてん師

escroquer [eskrɔke] 他 だまし取る ▸ *escroquer A de B / escroquer B à A* (人)から B(もの)をだまし取る

escroquerie [eskrɔkri] 女 詐欺, ぺてん

escudo [ɛskydo] 男 エスクード【ユーロ導入以前のポルトガルの貨幣単位】

esgourde [esɡurd] 女 (俗) 耳

eskimo [ɛskimo] 形名 = esquimau

Ésope [ezɔp] イソップ【古代ギリシアの寓(ぐう)話作者】

ésotérique [ezɔterik] 形 秘教的な, 秘伝の; 難解な

ésotérisme [ezɔterism] 男 秘教(主義), 秘伝; 難解さ, 晦渋(さ)

espace [espas エスパス] (英 space) 男 場所, 空間, スペース; 宇宙; [物] 空間; 距離, 隔たり; 間隔 ▸ *en l'espace de* …の間に *Espace économique européen* [l'~] 欧州経済領域【略 EEE 또는 EEA(<英)】 *espace publicitaire* 広告スペース *espace vert* (都市の)緑地 *espace vital* (生存に必要な)生活圏

espacé(e) [espase] 形 (<espacer) 間隔の開いた

espacement [espasmɑ̃] 男 間隔を開けること, 間隔; [印] 語間, 行間

espacer [espase] 他 52 間をおく, 間隔を開ける; [印] (語間・行間)をあける ── 代動 [s'~] 間隔が開く, 間遠になる

espace-temps [espastɑ̃] 男 (複 ~s-~s) [物] 時空【3次元空間に時間を加えた4次元空間】

espadon [espadɔ̃] 男 [魚] メカジキ

espadrille [espadrij] 女 エスパドリーユ【縄底のズック靴】

Espagne [espaɲ エスパーニュ] (英

espagnol(e) [ɛspaɲɔl] (英 Spanish) 形名 [E-] スペインの(人) — 男 スペイン語

espagnolette [ɛspaɲɔlɛt] 女 イスパニア錠【両開き窓を締める回転ハンドルがついている】

espalier [ɛspalje] 男 果樹牆(ペキ)【壁「塀」沿いに垣根仕立てに植えた果樹】

espar [ɛspar] 男 (マストの)円材

*espèce [ɛspɛs エスペス] 女 (英 species) ①種類, 性質; (生物の種(族) ► **espèce de...** 《ののしり》…のやつめ! *Espèce de maladroit!* ぶきような奴だなあ *espèce humaine* 人類 *une espèce de ...* 一種の… ②《複》現金 ► *payer en espèces* 現金で支払う ③《複》[カト] 聖体のパンとブドウ酒の形色(なく) ► *saintes espèces* 聖別されたパンと葡萄酒 ④[法] 件, 係争点 ► *cas d'espèce* 特殊なケース *en l'espèce* この件については

*espérance [ɛsperɑ̃s エスペランス] 女 (英 hope) 希望, 期(感); 期待のもの, 希望の星; 《複》(相続する見込みの)遺産; 有望な将来; [カト] 希望, 望徳 ► *au delà de toute espérance* (成功などが)すべての予想を上回って *contre toute espérance* 予想に反して *dans l'espérance de [que]* …を期待して *espérance de vie* 平均余命

espérantiste [ɛsperɑ̃tist] 形名 エスペラント語の(擁護者[研究者])

espéranto [ɛsperɑ̃to] 男 エスペラント語

*espérer [ɛspere エスペレ] 他 57 (英 hope) 希望[期待]する; [[+ 不定詞 (que + 直説法)]] …であれば[…すれば]いいと願う; (人が来ることを)期待する, あてにする — 自 希望を持つ; (…を)頼りにする 〈en〉 ► *J'espère (bien).* 《話》そうであればいいと思います.

esperluette [ɛspɛrlyɛt] 女 [印] アンパサンド【&】

espiègle [ɛspjɛgl] 形 いたずらな, いたずらっぽい — 名 いたずら者

espièglerie [ɛspjɛgləri] 女 茶目っ気; いたずら

espion(ne) [ɛspjɔ̃, -ɔn] 名 スパイ, 諜(チョウ)報部員; (警察などの)密告者, 回し者

espionnage [ɛspjɔnaʒ] 男 スパイ行為, 諜(チョウ)報活動

espionner [ɛspjɔne] 他 スパイする; (人の行動を)見張る, 探る

espionn(n)ite [ɛspjɔnit] 女 《話》スパイ妄想[恐怖症]

esplanade [ɛsplanad] 女 (大きな建物の前の広場, 見晴し台, テラス

*espoir [ɛspwar エスポワール] 男 (英 hope) 希望, 期待; 期待のもの, 望みの綱; ホープ ► *avoir l'espoir que* …を期待する *L'espoir fait vivre.* どこにでも希望はある *sans espoir* (愛や

状況が)絶望的な

espressivo [ɛspresivo] 形副 《イ》[楽] エスプレッシーヴォ, 表情豊かに[な]

*esprit [ɛspri エスプリ] 男 ①(英 spirit) 精神(の持ち主), 心; (…の)精神 〈de〉; 《宗 mind》魂(脳), 知力; 意識, 思考; 想像力; 意図, 才気, 機知, 才覚, 気転, 気質; 性向[性格] ► *avoir bon [mauvais] esprit* 協力的で感じが良い[疑い深く悪意のある] *avoir de l'esprit* 才気がある *avoir l'esprit ailleurs* 別のことを考えている; 上の空である *avoir l'esprit d'analyse [critique]* 分析的な[批判的な]考えをする *avoir l'esprit dérangé* 頭がおかしい *avoir l'esprit large* 寛大な考えをする *avoir l'esprit mal tourné* いやらしい考え方をする *avoir (de) l'esprit* 才人である人 *Ça ne m'était pas venu à l'esprit.* それは頭に浮かばなかった *esprit de compétition* 競争心 *esprit de corps* 組織への連帯感, 献心 *esprit de famille* 家族愛 *esprit d'équipe* 団結心 *faible [simple] d'esprit* 精神薄弱の *faire de l'esprit* 才気を見せようとする *faire du mauvais esprit* 皮肉[いやみ]を言う *grand esprit* 偉大な頭脳 *Les grands esprits se rencontrent.* 《ことわざ》優れた頭脳を持つ人は同じような考え方をする *perdre l'esprit* 発狂する *présence d'esprit* とっさの機転 *tournure d'esprit* 物事のとらえ方, 考え方 *vue de l'esprit* 机上の空論 ②霊(魂); (妖)精; 本質, 真髄 ► *Esprit Saint* [l'~] 聖霊

-esque 接尾 《イ》《軽蔑的な》「…の」「…風な」の意の名詞をつくる

esquif [ɛskif] 男 《文》小舟

esquille [ɛskij] 女 折れた骨片

esquimau(de) [ɛskimo, -od] (男複 ~x) 形 エスキモーの — 名 [E-] エスキモー人 — 男 ①エスキモー語 ②[商標] エスキモー【チョコレートでくるんだ棒アイス】

[e]quinter(n) [ɛskɛ̃te] 他《話》ひどく疲れる

esquinter [ɛskɛ̃te] 他《話》へとへとに疲れさせる; 壊す, おしゃかにする; こきおろす — 代動 [s'~] 《話》…してくたくたになる〈à〉 ► *s'esquinter la santé* 健康を損なう *s'esquinter les tripes* 骨を折る

esquisse [ɛskis] 女 概要, 草案, 草稿; [美] 素描, 下絵; 兆し, 気配

esquisser [ɛskise] 他 素描する, 下描きする; 概略を示す; わずかに示す; …し始める [s'~] 形をとり始める[(姿が)見えてくる

esquive [ɛskiv] 女 (ボクシング・フェンシングなど)身をかわすこと

esquiver [ɛskive] 他 巧みに避ける[かわす] — 代動 [s'~] ひそかに逃げ出す

*essai [ɛse エセ] 男 (英 try, trial) 試

essaim — estampillage

し, 試験, 実験; 試み; エッセー, 随筆; 試作, 試論; [スポーツ] 試技, トライアル; [ラグビー] トライ ▶ **coup d'essai** 最初の試み **essai nucléaire** 核実験 **être à l'essai** 試験中である **faire plusieurs essais** 何回試みる **marquer un essai** [ラグビー] トライを決める **mettre ... à l'essai** 試してみる **prendre ... à l'essai** (人)を仮採用する **tube à essai** 試験管

essaim [esɛ̃] 男 (分封(ぶん)した)ミツバチの群れ; 群衆, 大群

essaimage [esɛmaʒ] 男 (ミツバチの)分封(ぶん)

essaimer [eseme] 自 ①(ミツバチが分封(ぶん)する【群れの一部が別れて去る】②(集団が)分散する; (企業が)支店を増やす

essart [esar] 男 開墾地

essarter [esarte] 他 開墾する

essayage [esejaʒ] 男 試着; 仮縫い ▶ **cabine d'essayage** 試着室

:**essayer** [eseje エセイエ] 他 30 (英 try) 試してみる; (服などを)試着する; (…しようと; …となるよう)試みる, 努力する《de; que》 — 代動 [s'～] (…することに)挑む, 実際にやってみる《à》

essayeur(se) [esejœr, -øz] 名 仮縫係; (製品などの)検査係

essayiste [esejist] 名《en 英》随筆家, エッセイスト

esse [ɛs] 女 S字型の鉤(かぎ); [楽] (バイオリンの) f字孔

-**esse** 接尾 ①「性質」「状態」の意の詞をつくる ②「女」「雌」の意の詞をつくる

:**essence** [esɑ̃s エサンス] 女 ①ガソリン; (植物の)精油, エキス ▶ **essence de lavande (vanille)** ラヴェンダー[バニラ]エッセンス **essence de térébenthine** テルペンチン, 松やに **essence sans plomb** 無鉛ガソリン **prendre de l'essence** ガソリンを入れる ②本質, 真髄; エッセンス

*:**essentiel(le)** [esɑ̃sjɛl エサンスィエル] (英 essential) 本質的な, きわめて重要な; (…にとって)必要不可欠な《à, pour》— 男 ①重要なこと, 要点; (…の)大部分《de》▶ **l'essentiel de ...** の主要部分 **L'essentiel est de ...** もっとも大事なのは…することである

essentiellement [esɑ̃sjɛlmɑ̃] 副 本質的に; 根本的に; 何よりも, とりわけ

esseulé(e) [esœle] 形《文》孤独な

essieu [esjø] 男 (複 ～x) 車軸

Essonne [esɔn] 女 ①[l'～] エソンヌ川 [Seine 川の支流] ②エソンヌ県 [パリ南郊]

essor [esɔr] 男《文》(鳥の)飛翔; (物事の)飛躍, 発展 ▶ **prendre son essor** (鳥が)飛び立つ; 急速に発展する

essorage [esɔraʒ] 男 (洗濯物の)脱水

essorer [esɔre] 他 (洗濯物などを)絞る, 脱水する — 代動 [s'～]《文・古》(空中に)飛び立つ

essoreuse [esɔrøz] 女 脱水機

essoreuse à salade サラダの水切り器

essoriller [esɔrije] 他 (犬などの)耳を切る

essoucher [esuʃe] 他 (伐採後に)根株を引き抜く

essoufflé(e) [esufle] 形《< essouffler》息切れした

essoufflement [esufləmɑ̃] 男 息切れ

essouffler [esufle] 他 [多くは受動態] 息切れさせる — 代動 [s'～] 息が切れる; 失速する

essuie-glace [esɥiglas] 男 (自動車の)ワイパー

essuie-mains [esɥimɛ̃] 男《不変》手ふき, ペーパータオル

essuie-meubles [esɥimœbl] 男《不変》家具用ふきん

essuie-tout [esɥitu] 男《不変》ペーパータオル

essuie-verres [esɥivɛr] 男《不変》コップふき

essuyage [esɥijaʒ] 男 ふくこと

*:**essuyer** [esɥije エスュイエ] 他 30 (英 wipe) ふく, ぬぐう; (…の)ほこりをふきとる; (いやな目に)あう; (被害を)被る ▶ **essuyer la vaisselle** 食器をふく **essuyer les plâtres** 新築の家に入る; 真っ先に被害を被る — 代動 [s'～] 自分の…をふく ▶ **s'essuyer les mains [les pieds]** 自分の手[足]をふく

est[1] [ɛ] être の直・現・3・単

:**est**[2] [ɛst エスト] 男 (英 east) ①東, 東部[東方] ②[l'E-] フランス東部; 東欧諸国《les pays de l'E-》 ▶ **à l'est de ...** …の東に — 形《不変》東の ▶ **vent d'est** 東風

establishment [ɛstabliʃmɛnt] 男《< 英》(集合的) 体制派の人々; 体制

estacade [ɛstakad] 女 杭(くい)打ち防波堤, 桟橋

estafette [ɛstafɛt] 女 [軍] 伝令

estafilade [ɛstafilad] 女 (主に顔の)切り傷; (ストッキングの)伝線

est-allemand(e) [ɛstalmɑ̃, -ɑ̃d] 形 (かつての)東ドイツの — 名 [E-] 東ドイツ人

estaminet [ɛstaminɛ] 男《古》居酒屋《特にベルギー・北フランスの小さなカフェ》

estampage [ɛstɑ̃paʒ] 男 ①浮彫りなどの型付け ②《話》詐欺

estampe [ɛstɑ̃p] 女 版画 ▶ **estampe japonaise** 浮世絵

estamper [ɛstɑ̃pe] 他 ①(浮彫りなどの)型を付ける ②《話》(人から)金を巻き上げる

estampeur(se) [ɛstɑ̃pœr, -øz] 名 ①(浮彫)などの型付け職人 ②《話》ぼったくり商人

estampillage [ɛstɑ̃pijaʒ] 男 証印

[検印]押し

estampille [ɛstɑ̃pij] 囡 検印, 証印 [商標]

estampiller [ɛstɑ̃pije] 他 検印, 証印を押す; (皮などに)模様を型押しする

*****est-ce que** [ɛska エスク] 〖疑問〗[主語と動詞を倒置しない疑問文作成ending]…ですか ▶ [文頭で] *Est-ce que tu aimes le foot?* サッカーは好きですか *Quand est-ce qu'ils ont fini le travail?* 彼らはいつ仕事を終えたのですか

ester[1] [ɛste] 自 [不定詞のみ] 出廷する

ester[2] [ɛstɛr] 男 [化] エステル

estérifier [ɛsterifje] 他 [化] エステル化する

esthète [ɛstɛt] 囲 (場合によっては軽蔑的に)耽美的主義者 ― 形 耽美主義の

esthéticien(ne) [ɛstetisjɛ̃, -ɛn] 名 ① 美学者 ② 美容師, エステティシャン

esthétique [ɛstetik] 形 審美的な, 美に関する; 美しい ― 囡 美学, 美しさ ▶ *chirurgie esthétique* 美容整形外科[手術] *esthétique industrielle* インダストリアルデザイン

esthétiquement [ɛstetikmɑ̃] 副 審美的観点から見て; 美しく

esthétisme [ɛstetism] 男 唯美主義

estimable [ɛstimabl] 形 ① 尊敬すべき, すぐれた ② かなりの, まあまあの

estimatif(ve) [ɛstimatif, -iv] 形 見積りの ▶ *devis estimatif* 見積書

estimation [ɛstimasjɔ̃] 囡 見積り, 評価; 算定

estime [ɛstim] 囡 尊敬; 評価 ▶ *à l'estime* 概算で *avoir de l'estime pour* (人)に尊敬の念を抱いている *succès d'estime* (作品などの)玄人(ぐろうと)受け

estimé(e) [ɛstime] 形 (< estimer) 高く評価されている; 見積もられた

*****estimer** [ɛstime エスティメ] 他 (英 estimate) (価値を) 評価する, 見積もる, (距離などを) 推察[概算]する; 高く評価する, 尊敬する; [~ + 形 [que...]] …すると[…だと]考える, 思う ▶ *estimer A B* AをBだと思う *Il estime avoir raison.* 彼は自分が正しいと思っている ― 代動 **s'~** [+ 形] 自分を…だと思う; 自分を(高く)評価する ▶ *s'estimer heureux de [que]* …は幸運だと思う

estivage [ɛstivaʒ] 男 夏期放牧

estival(ale) [ɛstival] 形 (男複 -aux [-o]) 夏の ▶ *station estivale* 避暑地

estivant(e) [ɛstivɑ̃, -ɑ̃t] 名 避暑客

est-nord-est [ɛstnɔrɛst] 男 東北東

estoc [ɛstɔk] 男 (古) (中世の)細身の剣 ▶ *frapper d'estoc et de taille*

《文》突いたり切ったりする; あらゆる手段を用いる

estocade [ɛstɔkad] 囡 (闘牛の)とどめの一突き, エストカーダ; 《文》不意の攻撃

*****estomac** [ɛstɔma エストマ] 男 胃(の辺り) ▶ *à l'estomac* (話) 大胆に *avoir de l'estomac* (話) 勇気がある *avoir l'estomac dans les talons* (話) 腹がぺこぺこだ *avoir mal à l'estomac* 胃痛, お腹が痛い *ouvrir l'estomac* 食欲を起こさせる

estomaquer [ɛstɔmake] 他 (話) びっくりさせる

estompage [ɛstɔ̃paʒ] 男 擦筆(きっぴつ)などでぼかすこと

estompe [ɛstɔ̃p] 囡 [美術] 擦筆(画)

estomper [ɛstɔ̃pe] 他 擦筆でぼかす; ぼやけさせる ― 代動 **s'~** ぼやける, かすむ

Estonie [ɛstɔni] 囡 エストニア【ヨーロッパ北東部の共和国】

estonien(ne) [ɛstɔnjɛ̃, -ɛn] 形名 [E-] エストニアの(人) ― 男 エストニア語

estouffade [ɛstufad] 囡 [料] エストファード【肉と野菜とを蒸し煮した料理】

estourbir [ɛsturbir] 他 33 (話) 殴り殺す, ぶち殺す; びっくりさせる

estrade [ɛstrad] 囡 ① 壇, 演壇 ② (古) 道 ▶ *battre l'estrade* (敵を)偵察する

estragon [ɛstragɔ̃] 男 [植] エストラゴン【香料野菜として用いられる】

estrapade [ɛstrapad] 囡 (昔の)つり落としの刑

estrogène [ɛstrɔʒɛn] 形名 ⇨ œstrogène

estrope [ɛstrɔp] 囡 [海] 索輪(さくりん)

estropié(e) [ɛstrɔpje] 形名 (< estropier) 手足に障害のある(人)

estropier [ɛstrɔpje] 他 ①(手足を)不具にする ②(語句, 文章などを)(台無しにする) ― 代動 **s'~** (手足に)障害を負う

estuaire [ɛstɥɛr] 男 (湾状の大きな)河口

estudiantin(e) [ɛstydjɑ̃tɛ̃, -in] 形 大学生の

esturgeon [ɛstyrʒɔ̃] 男 [魚] チョウザメ

*****et** [e エ] 〖後続の母音とリエゾンしない〗 接 (英 and) そして, …と, それから; とところで, しかも[それも]; それにもかかわらず, そのくせ; そうすれば; …なので[だから] ▶ *Et alors?* それで?, だから?

-et(te) 接尾 指小を表す名詞[形容詞]を作る

ETA 〖略〗(<バスク) Euzkadi ta Azkatasuna祖国バスクと自由【スペインバスク地方の独立を目指す政治組織】

êta [eta] 男 エータ 【H, η; ギリシア字母の第7字】

étable [etabl] 囡 家畜小屋; 牛小屋

établi[1] [etabli] 男 (指物師などの)仕事台

établi[2](**e**) [etabli] 形 確立した, 固定した; 既成の, 現行の

*__établir__ [etablir エタブリール] 他 33 (英 establish) 置く, 据える, 設置[開設]する; 確立[樹立]する; 作成[制定]する; 確証する, 明らかにする ▶ **établir l'innocence de** (人)の無実を立証する **établir son domicile à** …に居を定める, 家を建てる ── 代動 **s'~** ① 居を定める, 身を固める; …に位を立てる, 開業する ▶ **s'établir à son compte** 独立して商売を始める ② 生じる, 確立される; 証明される

*__établissement__ [etablismā エタブリスマン] 男 (英 establishment) ①施設; 企業, 工場, 学校(=~ scolaire) ② 設立, 建設, 確立; 作成 ③ 立証, 証明 ④(他の土地への)定住; (法)住所 ⑤ (複)植民地

étage [etaʒ エタージュ] 男 (英 floor) (家屋の)階(日本の2階以上を指す; 亡くなったもの)の)段; [地層; (古)身分, 階層 ▶ **à l'étage** 階上に[で] **au premier étage** 2階で [日本の3階] **deuxième étage** 2階で [日本の3階]

étagement [etaʒmā] 男 段状になっていること

étager [etaʒe] 他 40 段状に重ねる; 段階をつける ── 代動 **s'~** 段状に並ぶ[重なる]; 段階的に行われる

étagère [etaʒer] 女 棚, 飾り棚, 棚板

étai[1] [ete] 男 (仮の)支柱, つっぱり; (文)(社会などの)支え

étai[2] [ete] 男 (海)(マストの)支索

étaiement [etemā] 男 =étayage

étaient [ete] être の直・半・3・複

étain [etɛ̃] 男 錫(すず), 錫製品

étais [ete] être の直・半・1 [2]・単

était [ete] être の直・半・3・単

étal [etal] 男 (複 ~s, （稀)étaux[-o]) ①市場で商品を並べる台 ②肉屋のまな板

*__étalage__ [etalaʒ エタラージュ] 男 (商品などの)陳列; ショーケース; (知識などの)見せびらかし ▶ **faire étalage de** …をひけらかす, 見せびらかす

étalagiste [etalaʒist] 名 (ショーウインドーの)ディスプレイデザイナー

*__étale__ [etal] 形 動きがない, 静かな

étalement [etalmā] 男 空間的・時間的な幅を持たせること; (物を)広げること

étaler [etale] 他 ① 広げる, 広げて置く; ひけらかす, さらけ出す ▶ **étaler son jeu** [**ses cartes**] トランプの手を広げて見せる ② 塗る, のばす; (支出などを)割りふる, ずらす ③ (話) (人を)倒す, やっつける ── 代動 **se faire étaler** (試験などに)失敗する; (試合に)大敗する ④ ── 代動 **s'~** ①広がる, のびる, 塗られる; (一定の期間にわたる) ②自分をひけらかす, 露呈する ③(話)倒れる, 横になる

| | 376 | **état** |

étalon[1] [etalɔ̃] 男 種馬

étalon[2] [etalɔ̃] 男 (度量衡の)原器; 標準, 基準, 目安 ▶ **système d'étalon-or**(経)金本位(制)

étalonnage [etalɔnaʒ], **étalonnement** [etalɔnmā] 男 (度量衡の器具を)原器に合わせること, 目盛り付け

étalonner [etalɔne] 他 (度量衡の器具を)原器に合わせる, 目盛りを付ける, 検定する ▶ **étalonner un test**(心) テストを尺度化する

étamage [etamaʒ] 男 錫(すず)めっき; 銀引き

étambot [etābo] 男 (海)船尾(骨)材, 舵(だ)柱

étamer [etame] 他 錫(すず)めっきする; (鏡に)銀引きする [錫と水銀の合金を塗る]

étameur [etamœr] 男 錫(すず)めっき工; (鏡の)銀引き工

étamine[1] [etamin] 女 平織の薄布, 漉(こ)し布

étamine[2] [etamin] 女 (植)おしべ

étampage [etāpaʒ] 男 (金属の)型打ち

étampe [etāp] 女 プレス加工型

étamper [etāpe] 他 (金属に)型打ちする

étanche [etāʃ] 形 液体・気体を通さない, 防水[気密性]の ▶ **étanche à l'air** 空気を通さない, 気密の

étanchéité [etāʃeite] 女 防水性; 気密性(=~ à l'air)

étanchement [etāʃmā] 男 （文）流出を止めること

étancher [etāʃe] 他 (液体の流れを止める, 拭う; (樽などを漏らないようにする) ▶ **étancher sa soif** …どの渇きをいやす

étançon [etāsɔ̃] 男 (壁などの)支柱, つっかい棒

étançonnement [etāsɔnmā] 男 支柱をかうこと

étançonner [etāsɔne] 他 支柱をかう, つっかい棒をする

*__étang__ [etā エタン] 男 (英 pond) 池 ▶ **étang salé** 潟(がた)

étant [etā] être の現在分詞

étant donné [etādɔne] 前 …を考慮して ▶ **étant donné que** …なのだから

*__étape__ [etap エタプ] 女 (英 stage) 1日の行程[旅程]; (自転車競技などの)1走行区間; (発展・進歩の)段階; 休憩(地), 宿泊(地); (軍隊の)宿営(地) ▶ **brûler les étapes** どんどん先に進む **faire étape** (…に)ちょっと立ち寄る, 休憩する (à)

*__état__ [eta エタ] 男 (英 state) ①状態, 容体; 状況[立場] ▶ **à l'état neuf** 新品同様の状態で **dans l'état actuel des choses** 現状では **en bon [mauvais] état** (機械が)正常で[故障して]; いい[悪い]状態で **en l'état** もとの状態に[で] **en tout état de cause** いずれに

せよ ▶**état d'esprit** 精神状態 ▶**état d'urgence** 緊急事態 ▶**états d'âme** 心理状態 ▶**être dans tous ses états** (話) ひどく動揺している ▶**être en [hors d'] état de** …できる[できない]状態にある ▶**remettre ... en état** (車を)修理する;(家を)改修する ▶[É.-] **État**, 政府; 州 ▶**chef d'État** 国家元首 ▶**coup d'État** クーデター ▶職業、身分、法的地位 ▶**état civil** 戸籍 ▶**faire état de** …としてあげる ▶報告書、一覧表, 明細書 ▶**état de frais** 費用明細書 ▶**état des lieux** 借家現状書【入居時に作成する】

étatique [etatik] 形 国営[国有]の, 国家の

étatisation [etatizasjɔ̃] 女 国家管理, 国営[国有]化

étatiser [etatize] 他 国家管理にする, 国営[国有]化する

étatisme [etatism] 男 国家統制(論), 国家社会主義

état-major [etamaʒɔr] 男 (複 ~s-~s) 参謀本部, 幕僚部; 首脳部

états-unien(ne) [etazynjɛ̃, -ɛn] 形 名 [É.-] アメリカ合衆国の(人), 米国の(人)

***États-Unis** [etazyni エタズュニ] 男 (複) (英 the United States) アメリカ合衆国, 米国

étau [eto] 男 (複 ~x) 万力

étayage [etejaʒ] 男 (壁などを)支持すること, 補強

étayer [eteje] 他 支柱で支える, 補強 [強化]する, 固める

etc. [ɛtsetera] (略) et cætera 等々

et cætera, et cetera [ɛtsetera] (くら) 副 等々, など, その他(様々) [普通 etc. と略す]

***été**[1] [ete エテ] 男 (英 summer) 夏 ▶**en été** 夏に ▶**été indien** / **été de la Saint-Martin** 小春日和

été[2] [ete エテ] être の過去分詞

éteign ... ⇨éteindre

éteignoir [etɛɲwar] 男 (円錐形をした)蠟燭(ろうそく)消し; (話) 白けさせる人[もの]

***éteindre** [etɛ̃dr エタンドル] 他 28 ① (英 put out, extinguish) (火・テレビなど)を消す ② (文) 弱くする, 和らげる ③ [法] (権利・義務など)を消滅させる ━ 自 明かりを消す ━ 代動 [s'~] ① (火や明りが)消える ② (音などが)弱くなる ③ (文) 息が絶える

éteint(e) [etɛ̃, -ɛ̃t] 形 (< éteindre) 消えた, 弱まった; 生彩 [活気]のない; 鎮滅された

étend ... ⇨étendre

étendage [etɑ̃daʒ] 男 (干すために)広げること; 物干し, 台棚

étendard [etɑ̃dar] 男 旗(印), 軍旗 ▶**brandir** [**lever**] **l'étendard de la révolte** 反旗をひるがえす

étendoir [etɑ̃dwar] 男 物干し用具;

物干し場

***étendre** [etɑ̃dr エタンドル] 他 28 ① (英 spread, extend) 広げる, 伸ばす; (勢力などを)拡張する ② (人)を横たえる, 寝かせる; (話) 倒す[殺す]; (試験に)落とす ③ 塗る, 薄くのばす; (液体を)薄める ━ 代動 [s'~] ① 広がる, 伸びる; 横たわる, 倒れる ② (…にまで)及ぶ (à, jusqu'à, sur); (…について)延々と話す (sur)

étends [etɑ̃] ⇨étendre

étendu(e) [etɑ̃dy] 形 (< étendre) ① 広い, 広がった; 広げた, 伸びた ② 横になった, 倒れた ③ 薄めた, 薄くなった ▶**étendue d'eau** (酒が)水で割った

***étendue** [etɑ̃dy エタンデュ] 女 (英 extent) 広がり, 広さ[面積]; 範囲, 大きさ [規模]; (時間の)長さ; [有] 延長

-eter [接尾] 反復, 指小を表す動詞をつくる

***éternel(le)** [etɛrnɛl エテルネル] 形 (英 eternal) ① 永遠の, 不朽[不滅]の; [名詞の前] 果てしない, 絶え間ない ② [名詞の前] 例の, いつもの; 変わらない ━ 男 永遠なるもの; [[É.-] 神

éternellement [etɛrnɛlmɑ̃] 副 永遠に; 果てしなく, いつまでも

éterniser [etɛrnize] 他 ① だらだらと引きのばす ② (文) 不朽[不滅]にする ━ 代動 [s'~] ① だらだら長引く; (話) 長居する, ぐずぐずする ② (文) 不朽のものとなる

éternité [etɛrnite] 女 永遠(性), 不滅; 来世; (詩意して, 時に複数) 長い時間 ▶**de toute éternité** ずっと前から

éternuement [etɛrnymɑ̃] 男 くしゃみ(すること)

***éternuer** [etɛrnɥe エテルニュエ] 自 くしゃみをする

êtes [ɛt] être の直・現・2・複

étêtage [etɛtaʒ], **étêtement** [etɛtmɑ̃] 男 (木・釘などの)頂[頭]を切ること

étêter [etete] 他 (木・釘などの)頂[頭]を切る

éteule [etœl] 女 [農] (刈取り後に残る)藁(わら)

éthane [etan] 男 [化] エタン

éthanol [etanɔl] 男 [化] エタノール, エチルアルコール

éther [etɛr] 男 ① [化] エーテル, エチルエーテル ② [詩] 天空 ③ [物] エーテル [光や磁気の媒体として仮想された]

éthéré(e) [etere] 形 ① [化] エーテル性の ② (文) 軽やかな; 清純な, この世のものとも思えぬ

éthériser [eterize] 他 [医] (患者に)エーテル麻酔をかける

éthéromane [eterɔman] 形 名 エーテル中毒(の人)

éthéromanie [eterɔmani] 女 エーテル中毒

Éthiopie [etjɔpi] 女 エチオピア

éthiopien(ne) [etjɔpjɛ̃, -ɛn] 形 名

[É.] エチオピアの(人)

éthique [etik] 形 倫理(学)の, 道徳の — 女 倫理学[観]

ethnarque [ɛtnark] 男 (古代ローマの)地方長官

ethnie [ɛtni] 女 民族 [一つの言語・文化を共有する集団: 人種 race とは必ずしも関係がない]

ethnique [ɛtnik] 形 民族の ►*minorité ethnique* 少数民族 *nettoyage* [*purification*] *ethnique* 民族浄化

ethno- 接頭 (<ギ)「民族」の意

ethnocentrisme [ɛtnɔsɑ̃trism] 男 自民族[自国文化]中心主義

ethnocide [ɛtnɔsid] 男 民族の抹殺

ethnographe [ɛtnɔɡraf] 名 民族誌学者

ethnographie [ɛtnɔɡrafi] 女 民族誌学

ethnographique [ɛtnɔɡrafik] 形 民族誌学の

ethnolinguistique [ɛtnɔlɛ̃ɡɥistik] 女 形 民族言語学(の)

ethnologie [ɛtnɔlɔʒi] 女 民族学

ethnologique [ɛtnɔlɔʒik] 形 民族学の

ethnologue [ɛtnɔlɔɡ] 名 民族学者

éthologie [etɔlɔʒi] 女 動物行動学

éthologique [etɔlɔʒik] 形 動物行動学の

éthologue [etɔlɔɡ] 名 動物行動学者

éthyle [etil] 男 [化] エチル

éthylène [etilɛn] 男 [化] エチレン

éthylénique [etilenik] 形 [化] エチレン系[結合]の

éthylique [etilik] 形 ①[化] エチルの ►*alcool éthylique* エチルアルコール ②[医] アルコール(中毒)の — 名 アルコール中毒患者

éthylisme [etilism] 男 [医] アルコール中毒症

éthylomètre [etilɔmɛtr] 男 血中アルコール濃度計測器

étiage [etjaʒ] 男 (河川の)渇水位; 渇水

Étienne [etjɛn] 男 エチエンヌ [男子の名]

étier [etje] 男 (海から塩田への)導水路

étiez [etje] être の直・半・1・複

étincelant(e) [etɛ̃slɑ̃, -ɑ̃t] 形 きらめく; 輝く

étinceler [etɛ̃sle] 自 ④ (…で)輝く, きらめく; (情熱や怒りなどで激しい感情を)あらわにする 〈de〉

étincelle [etɛ̃sɛl] 女 火花, 火の粉; 輝き, きらめき, ひらめき ►*faire des étincelles* 火花が散る; 華々しい成果を上げる *jeter* [*lancer*] *des étincelles* きらきらと輝く

étincellement [etɛ̃sɛlmɑ̃] 男 きらめき

étiolé(e) [etjɔle] 形 (<étioler) しおれた

étiolement [etjɔlmɑ̃] 男 (日光不足による植物の黄化[軟白], しおれること; 虚弱化, 減退, 退化

étioler [etjɔle] 他 (遮光によって植物を)黄化[軟白]させる; (人を)青白くする, 衰弱させる —代動 s'~ (植物が)黄色[白く]なる; 虚弱になる; 減退[退化]する

étiologie [etjɔlɔʒi] 女 [医] 病因(学)

étions [etjɔ̃] être の直・半・1・複

étique [etik] 形 がりがりに痩せた, ひょろひょろの

étiquetage [etikta3] 男 札[ラベル, 付箋]を付けること

étiqueter [etikte] 他 ④ 札[ラベル, 付箋]を付ける; レッテルをはる

étiqueteur(se) [etik(ə)tœr, -øz] 名 札を付ける人, ラベルをはる人

étiqueteuse [etik(ə)tøz] 女 ラベル貼り(機械)

***étiquette** [etikɛt] エチケット 女 ①(英 label) 値札, 荷札, 名札, ラベル; レッテル; (党派などへの)所属 ►*étiquette politique* 政党の所属; 政治色 *sans étiquette* 無党派の ②(宮廷での)席次; (公式の場での)礼儀作法, エチケット

étirage [etiraʒ] 男 (金属・革などの)引伸し, 引抜き

étirement [etirmɑ̃] 男 伸びること; 手足を伸ばすこと; ストレッチ; [地] 扁(へん)平化

étirer [etire] 他 (金属・革・ガラスなどを)引伸ばす, 引抜く; (手足を)伸ばす —代動 s'~ 伸びる; 伸びをする

***étoffe** [etɔf] エトフ 女 ①生地[布]地, 織物; (作品の)素材, 材料 ②素質, 資質 ►*avoir de l'étoffe de* …の資質がある *manquer d'étoffe* 資質がない

étoffé(e) [etɔfe] 形 (<étoffer) 豊かな; 肉付きのいい; (材料をたっぷり使った

étoffer [etɔfe] 他 (布地や材料をたっぷり使って作る; 内容を豊かにする, 肉付けをする; [料] (スープやクリームに)こくをつける —代動 s'~ 内容が豊かになる; 肉付きがよくなる

***étoile** [etwal] エトワル 女 (英 star) 星, 天体; 星回り, 運勢; スター, 花形; 星形のもの; 勲章[階級章]; 星印, アステリスク; (放射状に細目の出ている)円形氷塊 ►*avoir la tête dans les étoiles* 夢想家である *dormir* [*coucher*] *à la belle étoile* 野宿する *étoile de David* ダビデの星[ユダヤ教のシンボル] *étoile de la mer* [動] ヒトデ *étoile du berger* 宵の明星, 金星 *étoile filante* 流れ星 *étoile montante* 新進スター *étoile polaire* 北極星 *lire… dans les étoiles* …を占う

étoilé(e) [etwale] 形 (<étoiler) 星の出ている, 星(のようなもの)をちりばめた 〈de〉; 星占いの, 星形の

étoilement [etwalmɑ̃] 男 ①(文)

étoiler [etwale] 他 《文》星をちりばめる;(…で)一面に飾る(de);放射状のひびを入れる ── 代動 [s'~] 星が出る;星のように輝く;放射状のひびが入る

étole [etɔl] 囡 ① ストラ〖司教・司祭が身につける袈裟(ᢇᢇ)〗 ②《主に毛皮の》ストール

étonnamment [etɔnamɑ̃] 副 驚くほど

*__**étonnant(e)**__ [etɔnɑ̃, -ɑ̃t エトナン(ト)] 形 (英 surprising) 驚くべき,あきれた;信じられない;すばらしい

*__**étonné(e)**__ [etɔne] 形 (< étonner)(英 surprised) 驚いた,びっくりした(de)

étonnement [etɔnmɑ̃ エトヌマン] 男 (英 surprise) 驚き

*__**étonner**__ [etɔne エトネ] 他 (英 surprise) 驚かせる;〖建〗ひびを入れる ► **Ça m'étonne.** それは意外だ ── 代動 [s'~] (…に)驚く(de)

étouffant(e) [etufɑ̃, -ɑ̃t] 形 窒息しそうな,息苦しい

étouffé(e) [etufe] 形 (< étouffer) ①窒息した ②押さえた,抑えた ► **rires étouffés** かみ殺した笑い

étouffée [etufe] 囡 〔料〕蒸し煮 ► **curie à l'étouffée** 獣肉を蒸し煮にする

étouffement [etufmɑ̃] 男 ①窒息,息苦しさ ②鎮圧,もみ消し

*__**étouffer**__ [etufe エトゥフェ] 他 ①窒息させる,息苦しくさせる ②(酸素を奪って)火などを消す;成長を妨げる;(事件などを)もみ消す;抑圧[鎮圧]する ── 自 窒息する,息苦しい ── 代動 [s'~] 窒息する;押し合いへし合いする

étouffoir [etufwar] 男 ①〈話〉息苦しい部屋 ②火消し壺 ③〖楽〗(ピアノの)ダンパー

étoupe [etup] 囡 麻くず

étoupille [etupij] 囡 (弾丸などの)信管

étourderie [eturdəri] 囡 軽率,おっちょこちょい;軽はずみ;〈話〉うかがいこと

*__**étourdi(e)**__ [eturdi エトゥルディ] 形 名 (< étourdir) 軽率な(人),そそっかしい(人);茫然となった(人)

étourdiment [eturdimɑ̃] 副 軽率に,うかがいに

étourdir [eturdir] 他 33 ①ぼうっとさせる,目を回させる,ふらふらにする;気を紛らす;(苦痛などを)和らげる ②うるさがらせる,うんざりさせる ── 代動 [s'~] 我を忘れる 気を紛らす;(…に)酔う(de)

étourdissant(e) [eturdisɑ̃, -ɑ̃t] 形 ①けたたましい ②すばらしい,うっとりさせる

étourdissement [eturdismɑ̃] 男 めまい,立ち眩み,陶酔;気晴らし

étourneau [eturno] 男 (複 ~x) ①〖鳥〗ムクドリ ②〈古〉軽率な若者[子供]

*__**étrange**__ [etrɑ̃ʒ エトランジュ] 形 (英 strange) 奇妙(風変わり)な,不思議な ── 男 奇妙[不思議]なこと

étrangement [etrɑ̃ʒmɑ̃] 副 妙なことに,不思議にも

*__**étranger(ère)**__ [etrɑ̃ʒe, -ɛr エトランジェール, -ʒɛr] 形 ①(英 foreign) 外国(人)の ②(英 strange) よその,外部の;(…に)関係のない,異端者である(à) ► **se sentir étranger** 自分がよそ者に感じる ── 名 ①外国人 ②他人,部外者 ── 男 外国 ► **à l'étranger** 外国に

étrangeté [etrɑ̃ʒte] 囡 奇妙さ;《文》奇妙なことがら[行為]

étranglé(e) [etrɑ̃gle] 形 (< étrangler) 首をしめられた,締めつけられた,窮屈な ► **voix étranglée par l'émotion** 感激してつまった声

étranglement [etrɑ̃gləmɑ̃] 男 ①(川・道の)狭くなっているところ ②(医)捻(ᠰ)転 ③〖医〗抑圧[弾圧] ④絞扼(ᠰ᠈),絞殺 ⑤(柔道の)のどわ

*__**étrangler**__ [etrɑ̃gle エトラングレ] 他 (英 strangle) ①首を締める,絞殺する;息を詰まらせる ②(自由などを)抑圧[弾圧]する;締めつける,苦しめる ── 代動 [s'~] ①のどが詰まる ► **s'étrangler de rire [colère]** 笑い[怒り]でむせる ②(川・道などが)狭くなる

étrangleur(se) [etrɑ̃glœr, -øz] 名 絞殺者 ── 男 (自動車の)絞り弁〖キャブレターに入るガソリン量を調節するもの〗

étrave [etrav] 囡 船首(材)

*__**être**__ [ɛtr エートル] 自 25 (英 be) ①…である,…になる ► **Je suis étudiant.** 私は学生です

②…に,…にいる,…にある;(過去の複合時制で)…へ行く(= aller) ► **Avez-vous déjà été à Paris?** パリに行ったことがありますか **Elle est à Prague.** 彼女はプラハにいる

③〈文〉存在する,ある,生きている ► **Je pense, donc je suis.** 我思う,故に我あり〖デカルトの言葉〗 **raison d'être** 存在理由

④[~ à…]…のものである;〖不定詞を伴って〗…されるべきである,…しているところである[…の予定だ] ► **C'est à moi.** それは私のものです **Cette voiture est à vendre.** この車売ります

⑤[~ de…]…起源[出身]である,…の一員である,…の性質[特徴]をもっている ► **Il est de Marseille.** 彼はマルセイユ生まれだ **Le taux de chômage est de 3%.** 失業率は3%だ

⑥[~ en…]…の状態にある,…を着ている,…でできている ► **être en blanc** 白い服を着ている **être en forme** 元気である

⑦[en ~ à…]…まで進んでいる,…するまでになる ► **On en est où?** どこまで進みましたか

⑧[y ~]用意ができている,わかる,合っ

étreign... ている, 関係がある ▶*Ça y est?* いいですか, わかる? *Ça y est.* そうでしょう, それで終わり; わかった, ほらね, 言ったでしょ;《なだめて》おやおや, まあまあ *y être* 理解する, 当てる *y être pour* …に関係[責任]がある

—[非人称] ①《時間》…時である ▶*Il est trois heures.* 3時です ②［Il est A de 不定詞 (que…)］…はA だ ▶*Il est inutile de le faire.* それをしても無駄だ ③［Il en est A de B］A に関してB である ▶*Il en est ainsi de…* …についての事情はこの通りだ ④《文》…がある, 存在する ▶*Il était une fois…* 昔あるところに…がいました

—[助]〈être + 過去分詞〉の一部およびすべての代名動詞の複合時制を作る ▶*Elle s'est levée.* 彼女は起きた *Nous sommes arrivés.* 私たちは到着した ②《受動態を作る》▶*Il a été accusé de meurtre.* 彼は殺人罪で起訴された

—[男]《英 being》生物, 存在物, 人間;《哲》存在[あること], 実在;内面, 心 ▶*de tout son être* 全身全霊で *être cher* 愛する人 *être humain* 人間 *Être suprême*［l'~］神 *être vivant* 生物

étreign... ⇨étreindre

étreindre [etrɛ̃dr] [他] ⑲ ①抱きしめる, はがみする, つかむ ②心を締めつける
—[代動]｛s'~｝抱き合う

étreinte [etrɛ̃t] [女] ①抱きしめること, 抱擁 ②締めつけ;《精神的な》重圧

étrenne [etrɛn] [女] ①（多く [複]）お年玉, 年末の心づけ《使用人や配達員など に与える》 ②使い初め ▶*avoir l'étrenne de* …を初めて使う

étrenner [etrene] [他] 初めて使う
—[自] 最初にひどい目にあう

êtres [ɛtr] [男] [複]《古》（建物の中の）配置, 間取り

Étretat [etrata] エトルタ【ノルマンディ海岸の町; 高い断崖(%)がある】

étrier [etrije] [男] ①鐙(#%)［馬具］;《医》《診察[手術]台の》足のせ;［登山 鐙］;《スキー》（スキー靴の）留め金 ▶*avoir le pied à l'étrier* 出発しようとしている;（仕事などが）うまくゆきそうだ *être ferme sur ses étriers* 主張がはっきりしている

étrille [etrij] [女] ①馬櫛(ε) ②[動] ガザミ【後期の縁取りのあるカニ】

étriller [etrije] [他] ①馬などを櫛でとすく ②《話》殴る, ひどい目にあわせる, こきおろす ③《話》請求

étripage [etripaʒ] [男] ①はらわたを出すこと ②《話》激闘, 虐殺

étriper [etripe] [他] ①（動物の）はらわたを出す ②《話》（人を）切りさばく, 殺す
—[代動]｛s'~｝刃物で争う, 殺し合う

étriqué(e) [etrike] [形] (< étriquer)（衣服などが）窮屈な, 狭い; みすぼらしい;

心の狭い

étriquer [etrike] [他] ①きつくする, 窮屈そうに見せる ②（板などを他と合わせるために）狭く削る;（文章などを）切り詰める

étrivière [etrivjɛr] [女] 鐙(#%)皮

*****étroit(e)** [etrwa, -at エトロワ(ト)] [形]《英 narrow》狭い, 窮屈な; 偏狭な; 厳密［厳密］な; 密接［緊密］な;（結び目・関係が）強い ▶*à l'étroit* 窮屈に, 貧乏に *être étroit d'esprit* 視野［考え］がせまい *lien étroit* 強い絆

étroitement [etrwatmɑ̃] [副] 窮屈に; 厳密に; 親密［緊密］に, ぴったりと

étroitesse [etrwatɛs] [女] 狭いこと, 狭さ ▶*étroitesse d'esprit* 考え［心］の狭さ

étron [etrɔ̃] [男] (人や犬の)糞(&)

Étrurie [etryri] [女] エトルリア【イタリア中部の古代の国】

étrusque [etrysk] [形名] [É-] エトルリアの (人), エトルリア語
—[男] エトルリア語

Ets [etablismɑ̃] [男]〈略〉Établissements《複》会社, 商店

*****étude** [etyd エテュド] [女]《英 study》①勉強, 学習, 研究（論文）;（中学などの）自習室［自習時間］（= salle d'~）;《複》学校教育, 学業, 課程; 調査研究, 検討;《楽》練習曲;《美術》習作, 試作; 試作, 試案 ▶*être à l'étude* 検討中である *étude de cas* 事例研究 *étude de marché* 市場調査 *études secondaires [supérieures]* 中等[高等]教育 *faire des études* 勉強[研究]している ②（公証人などの）事務所, 職

*****étudiant(e)** [etydjɑ̃, -ɑ̃t エテュディアン(ト)] [名]《英 student》(とくに大学の)学生 —[形] [形・する] ▶*étudiant de première année* 新入生 *étudiant de troisième cycle*（博士課程にいる）大学院生 *étudiant en lettres* 文学部の学生 *étudiant en médecine* 医学生

étudié(e) [etydje] [形] (< étudier) 考え抜かれた, 入念の; わざとらしい, 不自然な ▶*à des prix très étudiés* 安値で

*****étudier** [etydje エテュディエ] [他]《英 study》勉強する, 学ぶ; 練習する; 研究する, 調査［検討］する —[自] 勉強［研究］する, 学ぶ —[代動]｛s'~｝我が身を研究[観察]する, 態度をつくろう

étui [etui] [男] 容器, 箱; カの鞘(&) ▶*étui à lunettes* 眼鏡ケース

étuvage [etyvaʒ] [男] 高温殺菌

étuve [etyv] [女] ①（蒸風呂の）発汗室;《話》暑い所 ②高温殺菌器

étuvée [etyve] [女] [料] 蒸煮 ▶*cuire à l'étuvée* 蒸煮する

étuver [etyve] [他]（消毒器などで）熱する, 消毒する;[料] 蒸煮する

étymologie [etimoloʒi] [女] 語源 (学)

étymologique [etimoloʒik] [形] 語

étymologiquement [etimɔlɔʒikmɑ̃] 副 語源的に

étymologiste [etimɔlɔʒist] 名 語源学者

eu [y] avoir の過去分詞

eu[a]... ⇨avoir

eu- 接頭 (＜ギ)「善」「優」「良」の意

eucalyptol [økaliptɔl] 男 〔薬〕ユーカリプトール〔ユーカリのエッセンス〕

eucalyptus [økaliptys] 男 〔植〕ユーカリ

eucharistie [økaristi] 女 〔カト〕聖体(の秘蹟(ﾋ))

eucharistique [økaristik] 形 〔カト〕聖体の

Euclide [øklid] ユークリッド〔古代ギリシアの幾何学者〕

euclidien(ne) [øklidjɛ̃, -ɛn] 形 〔数〕ユークリッドの ▶ **Géométrie euclidienne** ユークリッド幾何学

eudémis [ødemis] 男 〔虫〕ハマキガ 〔蛾(ｶﾞ)はブドウの害虫〕

eudémonisme [ødemɔnism] 男 〔哲〕幸福主義

eugénique [øʒenik] 女形 優生学(上の)

eugénisme [øʒenism] 男 優生学

eugéniste [øʒenist] 名 優生学(支持)者

euh [ø] 間 うーむ、えーと、えっ〔困惑・驚き・疑問などを示す〕

Euménides [ømenid] 女 (複)〔ギ神〕エウメニデス〔地獄で人間の罪を罰する女神たち〕

eûmes [ym] avoir の直・単過去・1・複

eunuque [ønyk] 男 ①(昔) 去勢者 ②宦官(ｶﾝ) ③〈話〉意気地なし

euphémique [øfemik] 形 婉(ｴﾝ)曲な言い回しの

euphémisme [øfemism] 男 婉(ｴﾝ)曲語法

euphonie [øfɔni] 女 調和音;〔音声〕好音調〔文中の連続した音が耳に与える快い効果〕

euphonique [øfɔnik] 形 音調(口調)のよい;音調上の

euphorbe [øfɔrb] 女 〔植〕トウダイグサ〔属〕

euphorie [øfɔri] 女 陶酔, 幸福感;〔精医〕多幸症

euphorique [øfɔrik] 形 幸福感をもたらす, 浮かれた

euphorisant(e) [øfɔrizɑ̃, -ɑ̃t] 形 幸福感をもたらす, 薬剤的精神安定の —— 男 〔薬〕幸福感促進剤(＝médicament ～)

euphoriser [øfɔrize] 他 幸福感[快感]を与える

Euphrate [øfrat] 男 〖l'～〗ユーフラテス川

-eur(se) 接尾 (＜ラ)「…する人[道具]」の意の名詞をつくる

eurafricain(e) [ørafrikɛ̃, -ɛn] 形 ヨーロッパ・アフリカの

eurasiatique [ørazjatik] 形 ユーラシアの

Eurasie [ørazi] 女 ユーラシア(大陸)

eurasien(ne) [ørazjɛ̃, -ɛn] 形 ユーラシアの; 欧亜混血の —— 名 〖E-〗欧亜混血人

Euratom [ørɑtɔm] 男 (＜英)ユーラトム, 欧州原子力共同体(＝CEEA)

Eure [œr] 女 ① 〖l'～〗ウール川〔Seine 川の支流〕② ウール県〖フランス北部〗

Eure-et-Loir [œrelwar] 男 ウール・エ・ロワール県〔パリ盆地西部〕

eurêka [øreka] 間 (＜古ギ) われ発見せり〔アルキメデスが浮力の原理を発見した時の言葉; 名案が浮かんだ時に用いる〕

Euripide [øripid] エウリピデス〔古代ギリシアの悲劇作家〕

EURL (略) entreprise unipersonnelle à responsabilité limitée 有限責任一人企業

eurent [yr] avoir の直・単過去・3・複

euro [øro] 男 ユーロ 〖欧州連合通貨〗

eur(o)- 接頭 「ヨーロッパ(の)」の意

eurocentrisme [ørɔsɑ̃trism], **européocentrisme** [ørɔpeɔsɑ̃trism] 男 ヨーロッパ中心主義

eurocrate [ørɔkrat] 名 〈話・軽蔑的〉EU の官僚

eurodéputé(e) [ørɔdepyte] 名 欧州議会議員

eurodevise [ørɔdəviz] 女 ユーロマネー〔欧州金融市場に預けられる預金〕

eurodollar [ørɔdɔlar] 男 (＜英) ユーロドラー

euromarché [ørɔmarʃe] 男 ユーロマネー市場

euromissile [ørɔmisil] 男 ユーロミサイル

euromonnaie [ørɔmɔnɛ] 女 ＝eurodevise

euro-obligation [ørɔɔbligɑsjɔ̃] 女 ユーロ債

***Europe** [ørɔp ウロプ] 女 ヨーロッパ, 欧州; 〔ギ神〕エウロペ ▶ **Europe centrale [occidentale]** 〖l'～〗中欧[西欧] **Europe de l'Est** 〖l'～〗東欧

européanisation [ørɔpeɑnizɑsjɔ̃] 女 ヨーロッパ化[欧化]; ヨーロッパの枠を超えて〕ヨーロッパ規模の視点での考察

européaniser [ørɔpeɑnize] 他 ヨーロッパ化する, 全ヨーロッパ単位で考える —— 代動 〖s'～〗ヨーロッパ化になる; ヨーロッパ全体のこととして扱われる

européanisme [ørɔpeɑnism] 男 欧州精神[主義]; 欧州統合主義者

***européen(ne)** [ørɔpeɛ̃, -ɛn ウロペアン(エヌ)] 形 (英 European) ヨーロッパ[欧州]の; EU 支持の —— 名 〖E-〗ヨーロッパ人; 欧州統合主義者

eurosceptique [ørɔsɛptik] 形名 EU に懐疑的な(人)

eurosignal [ørosiɲal] 男 ユーロシニャル【ポケットベル】

Eurostar [ørostar] 男 ユーロスター【パリとロンドン・ブリュッセル・アムステルダムなどを結ぶ列車】

Eurotunnel [ørotynɛl] 男 ユーロトンネル【英仏海峡を結ぶトンネル】

Eurovision [ørovizjɔ̃] 女 ユーロビジョン【ヨーロッパ各国間でテレビ番組を中継する組織】

eurythmie [ɔritmi] 女 ①【楽・美術】調和, 均斉 ②【医】脈拍正常

eus [y] ⇨ avoir

euscarien(ne), **euskarien(ne)** [øskarjɛ̃, -ɛn], **euskérien(ne)** [øskerjɛ̃, -ɛn] 形 バスク人[語]の —— 名【E-】バスク人

euskera [øskera], **euskara** [øskara] 男 バスク語

euss… ⇨ avoir

eustatique [østatik] 形【地】ユースタシーの

eustatisme [østatism] 男【地】ユースタシー【氷河の溶解などによる海面の昇降】

eut [y], **eût** [y], **eûtes** [yt] ⇨ avoir

euthanasie [øtanazi] 女 安楽死

euthanasique [øtanazik] 形 安楽死の[をもたらす]

eutrophisation [øtrofizasjɔ̃] 女【環境】(湖水などの)富栄養(化)

***eux** [ø] 人称 接続 【3人称男性複数・強勢形】(英 them) 彼ら, それら ⇨lui

-eux(se) 接尾 〈ラ〉「…の性質の(人)」の意の形容詞[名詞]をつくる

***eux-mêmes** [ømɛm ウメム] 代名【人称】【3人称男性複数】(英 themselves) 彼ら[それら]自身 ⇨lui-même

E.V. [ɑvil] (略) en ville 直送で【手紙を郵便ではなく人に託す時の上書きで】

évacuant(e) [evakɥɑ̃, -ɑ̃t] 形【医】排泄(%)を促す —— 男 下剤

évacuateur(trice) [evakɥatœr, -tris] 形 排水[気]用の —— 男 排水口

évacuation [evakɥasjɔ̃] 女 ①撤去;(強制)退去, 避難, 撤退 ②排水, 排出;排泄(%);排泄物

évacué(e) [evakɥe] 形 (< évacuer) ①立退きになった, 人の立退いた ②出[排泄(%)]された —— 名 立退き者, 避難者

***évacuer** [evakɥe エヴァキュエ] 他 (英 evacuate) ①撤去する, 退去[避難]させる;(土地などから)退去[撤退]する ②排出[排泄]する;排泄(%)を促す ③(場所が)空[無人]になる;(液体・ガスが)流れ出る

évadé(e) [evade] 形 (< évader) 脱走[脱獄]した —— 名 脱獄囚

***évader** [evade エヴァデ] 代動 [s'～] 脱走[逃亡]する;(…から)逃避する, 気を

粉らす (de)

évaluable [evalɥabl] 形 評価し得る, 見積り可能な

évaluation [evalɥasjɔ̃] 女 評価(額), 見積り

***évaluer** [evalɥe エヴァリュエ] 他 (英 evaluate) (…と)評価する, 見積る;推定する

évanescence [evanesɑ̃s] 女【文】次第に消えてゆくこと, はかなさ

évanescent(e) [evanesɑ̃, -ɑ̃t] 形 ①【文】薄れてゆく ②【言】無音化する

évangélique [evɑ̃ʒelik] 形 福音の, 福音にかなった;福音主義[プロテスタント]の —— 名 福音主義者, プロテスタント【新教徒】

évangélisateur(trice) [evɑ̃ʒelizatœr, -tris] 形 福音を伝道する —— 名 福音伝道者

évangélisation [evɑ̃ʒelizasjɔ̃] 女 福音伝道, キリスト教の布教

évangéliser [evɑ̃ʒelize] 他 伝道する, キリスト教を布教する

évangélisme [evɑ̃ʒelism] 男 福音主義

évangéliste [evɑ̃ʒelist] 男 福音史家【マタイ・マルコ・ルカ・ヨハネの4人】;(新教の)巡回牧師

évangile [evɑ̃ʒil] 男 ①【É-】福音, キリストの教え, 福音書 ②(ある主義・思想の)教典[バイブル] ▶*C'est parole d'évangile*. これは絶対的真理だ

évanoui(e) [evanwi] 形 (< évanouir) 気を失った;消え失せた ▶*tomber évanoui* 気を失う, 卒倒する

***évanouir** [evanwir エヴァヌィール] 代動 33 [s'～] (s'être faint) 気絶する;消え失せる, 過ぎ去る

évanouissement [evanwismɑ̃] 男 失神;消失, 消滅

évaporateur [evaporatœr] 男 蒸発[乾燥]器

évaporation [evaporasjɔ̃] 女 蒸発, 気化

évaporé(e) [evapore] 形 (< évaporer) ①(話) そそっかしい ②蒸発した, 消えた —— 名 軽率[軽薄]な人

évaporer [evapore] 他 [s'～] ①蒸発[気化]する ②消え失せる;(話)(人が突然)姿をくらます

évasé(e) [evaze] 形 口の広がった

évasement [evazmɑ̃] 男 (管などの)口の広がり, 朝顔形

évaser [evaze] 他 (管などの)口を広げる —— 代動 [s'～] 口が広がる

évasif(ve) [evazif, -iv] 形 逃げ腰の, あいまいな

évasion [evazjɔ̃] 女 脱走, 逃亡;現実逃避, 気分転換 ▶*évasion de capitaux* 国外への資本の逃避 *évasion fiscale* 税金逃れ

évasivement [evazivmɑ̃] 副 逃れようと, あいまいに

Ève [ɛv] 女 エーヴ【女子の名】;〖聖〗イヴ, エヴァ

évêché [eveʃe] 男 司教区[館], 司教の職

évection [eveksjɔ̃] 女 〖天〗出差(しゅっさ)〖月の不等な軌道運動〗

éveil [evɛj] 男 (感情・能力などの)目覚め, 芽生え ▶*donner l'éveil* (…の)注意を喚起する(à) *être en éveil* (人が)用心している

éveillé(e) [eveje] 形 (< éveiller) 目を覚ましている; 生き生きした

***éveiller** [eveje エヴェイエ](英 awaken) 他 ①目覚めさせる; (感情・疑念などを)呼び起こす ── 代動 *s'~* ①目を覚ます; (…に)目覚める(à)

éveilleur(se) [evejœr, -øz] 名 呼び覚ます人, 覚醒(かくせい)させる人

***événement, évènement** [evɛnmɑ̃ エヴェヌマン](英 event) 男 出来事, 大事件; 大騒ぎ ▶*créer l'événement* 大事件に仕立てる *film-événement* 大作

événementiel(le) [evɛnmɑ̃sjɛl], **évènementiel(le)** [evɛnmɑ̃sjɛl] 形 出来事を追った ▶*histoire événementielle* 事件史

évent [evɑ̃] 男 ①(鯨類の)呼吸孔 ②(鋳型の)通気穴

éventail [evɑ̃taj] 男 ①扇, 扇子, うちわ; 扇状に広がったもの ▶*avoir les orteils en éventail* くろぐろ, のんびりする *en éventail* 扇形の ②選択の幅, 品揃え

éventaire [evɑ̃tɛr] 男 ①(古) (売り子などが体の前に吊るす)かご ②露店の陳列台

éventé(e) [evɑ̃te] 形 (< éventer) ①吹きさらしの ②空気に触れて変質した ③知れ渡った

éventer [evɑ̃te] 他 (扇などで)あおぐ; 外気に当てる; (秘密を)暴く, 嗅ぎ付ける ── 代動 *s'~* ①扇をあおぐ; (食物などが)変質する, 気が抜ける

éventration [evɑ̃trasjɔ̃] 女 〖医〗内臓脱出

éventrer [evɑ̃tre] 他 腹を裂く; 大きな穴をあける

éventreur [evɑ̃trœr] 男 腹をえぐる男 ▶*Jack l'Éventreur* 切り裂きジャック

éventualité [evɑ̃tyalite] 女 可能性; 起こり得る事態 ▶*dans l'éventualité de* …の場合には *parer à toute éventualité* あらゆる事態に備える

***éventuel(le)** [evɑ̃tyɛl エヴァンテュエル] 形 起こり得る, 不測の

éventuellement [evɑ̃tyɛlmɑ̃] 副 場合によっては, もしかしたら; 必要ならば

***évêque** [evɛk エヴェック](英 bishop) 男 (カトリックの)司教; (プロテスタントの)監督; (ギリシア正教・英国国教会の)主教

évertuer [evɛrtye] 代動 *s'~* (…しようと)骨を折る(à)

Évian-les-Bains [evjɑ̃lebɛ̃] エヴィアン・レ・バン【Haute-Savoie 県の温泉保養地】

éviction [eviksjɔ̃] 女 〖法〗追奪(ついだつ); 追放

évidage [evidaʒ], **évidement** [evidmɑ̃] 男 えぐること, くり抜き

***évidemment** [evidamɑ̃ エヴィダマン] 副 (英 of course) ①(多く文頭で)もちろん; 明らかに

évidence [evidɑ̃s] 女 明白な事実, わかりきったこと; 〖論〗明証 ▶*de toute évidence* 間違いなく *en évidence* 目立つで; はっきりと *mettre en évidence* 目立たせる; はっきりさせる *nier l'évidence* 事実を否定する *se mettre en évidence* 目立つ *se rendre à l'évidence* 明白な事実に屈する

***évident(e)** [evidɑ̃, -ɑ̃t エヴィダン(ト)] 形 (英 obvious) 明らかな, 間違いない ▶*C'est pas évident.*《話》そいつは難しいね *Il est évident que* …は明らかである

évider [evide] 他 くり抜く, えぐる; (襟などを)くり抜く

***évier** [evje エヴィエ] 男 (英 sink) (台所の)流し

évincement [evɛ̃smɑ̃] 男 = éviction

évincer [evɛ̃se エヴァンセ] 他 52 ①(策を弄して人を)押しのける ②〖法〗追奪(ついだつ)する, 所有権を剥(は)奪する

éviscérer [evisere] 他 内臓を取り出す

évitable [evitabl] 形 避けられる

évitement [evitmɑ̃] 男 〖鉄〗待避

***éviter** [evite エヴィテ] 他 (英 avoid) 避ける; (…するのを, …となるのを)避ける(de; que) ▶*éviter … à A / éviter à A de …* A, A …を免れさせる ── 代動 *s'~* 自分のために…を避ける; 避け合う; 避けられる

évocateur(trice) [evokatœr, -tris] 形 (…を)思い出させる, 彷彿(ほうふつ)とさせる(de)

évocation [evokasjɔ̃] 女 ①(記憶などを)呼び起こすこと, 喚起 ②降霊(術)

évocatoire [evokatwar] 形 ①霊を呼ぶ ②記憶を呼び覚ます

évolué(e) [evolye] 形 (< évoluer) 進化[進歩]した, 発達した

***évoluer** [evolye エヴォリュエ] 自 (英 evolve) 変化する, 進歩[発達]する; 動き回る; 〖軍〗移動する; 〖空〗旋回する

évolutif(ive) [evolytif, -iv] 形 変化する, 進化[進行]する

***évolution** [evolysjɔ̃ エヴォリュスィヨン] 女 ①変化, 進化, 発展, 進行, 展開 ▶*être en pleine évolution* めまぐるしく発展している *évolution des espèces*〖l'~〗〖生〗種の進化 ②〖軍〗移

évolutionnisme [evɔlysjɔnism] 男 [生] 進化論

évolutionniste [evɔlysjɔnist] 形 進化論の ― 名 進化論者

***évoquer** [evɔke] エヴォケ 他 (英 evoke) ①思い起こす, 描き出す; 想起させる, 言及する ②(死者の霊などを)呼び出す

Évreux [evrø] エヴルー【Eure 県の県庁所在地】

Évry [evri] エヴリー【Essonne 県の県庁所在地】

ex [eks] 名 [話] 先夫[先妻]; 別れた恋人

ex- 接頭 (く)「元の」「前の」の意
ex-Président 前大統領

ex. [ɛgzɑ̃pl] (略) exemple 例; exercice [簿記] 会計年度

ex abrupto [ɛksabrypto] (く) 副 いきなり, 出し抜けに

exacerbation [ɛgzasɛrbasjɔ̃] 女 (感情の)激化;〈文〉病状の昂(たか)り

exacerbé(e) [ɛgzasɛrbe] 形 (< exacerber) 極度の, 極端化した

exacerber [ɛgzasɛrbe] 他 かき立てる, あおる; 昂(たか)進させる ― 代動 [s'~] 激化する

exact(e) [ɛgza(kt), -akt エグザク(ト)] 形 (英 exact, punctual) 正確な; 精密 [厳密]な; 時間を守る ▶*être exact au rendez-vous* 約束の場所に時間通りに着く

***exactement** [ɛgzaktəmɑ̃ エグザクトマン] 副 (英 exactly) 正確に, ちょうど, まさしく; [単独で] そのとおり

exaction [ɛgzaksjɔ̃] 女 不当徴収; (複) (民衆に対する)暴虐

exactitude [ɛgzaktityd] 女 正確さ, 精密さ; 時間厳守

ex æquo [ɛgzeko] 副 形 同等に[の], 同順位に[の] ▶*être (classé) premier ex æquo* 1位タイである ― 名 (不変) 同順位者

exagération [ɛgzaʒerasjɔ̃] 女 誇張, 大げさな言葉[ふるまい]; 過度, 極端

exagéré(e) [ɛgzaʒere] 形 (< exagérer) 度を越した; 誇張した, 大げさな

exagérément [ɛgzaʒeremɑ̃] 副 極端に, やたらに

***exagérer** [ɛgzaʒere エグザジェレ] 他 57 誇張する, 大げさに言う[考える]; 強調する ― 自 度を越す, やりすぎる ― 代動 [s'~] 誇張される, 過大視する

exaltant(e) [ɛgzaltɑ̃, -ɑ̃t] 形 心を高揚させる, 感激[熱狂]させる

exaltation [ɛgzaltasjɔ̃] 女 (精神的)大きな高揚, 熱奮;〈文〉賛美, 賞揚

exalté(e) [ɛgzalte] 形 名 (< exalter) (しばしば悪い意味で) 興奮[熱狂]した(人); 狂信的な(人)

exalter [ɛgzalte] 他 高揚させる, 興奮[熱狂]させる; 感情などをかき立てる;

〈文〉ほめたたえる ― 代動 [s'~] 気分が高揚する, 興奮する

***examen** [ɛgzamɛ̃ エグザマン] 男 (英 examination) 試験, テスト [examen は点数をつける能力試験; concours は定員の決まっている選抜試験]; 検査, 調査, 診察; 検討; 審議 ▶*à l'examen* 検討中の *examen blanc* 模擬試験, 実力テスト *examen de conscience* 自省, 内省 *examen de passage* 進級試験 *examen écrit* 口述[筆記]試験 *examen médical*, *examen de santé* 健康診断 *mettre... en examen* (人)を告訴[告発]する, *mise en examen* 告訴, 告発 *passer un examen* 試験を受ける

examinateur(trice) [ɛgzaminatœr, -tris] 名 (とくに口頭試験の)試験官; 審査員

***examiner** [ɛgzamine エグザミネ] 他 (英 examine) 検査[調査]する, 検討する; 診察する, 観察する; (人)を試験する ― 代動 [s'~] 自分を見つめる

exanthémateux(se) [ɛgzɑ̃tematø, -øz], **exanthématique** [ɛgzɑ̃tematik] 形 [医] 発疹(ほっしん)性の

exanthème [ɛgzɑ̃tɛm] 男 [医] 発疹(ほっしん)

exarchat [ɛgzarka] 男 [史] ビザンチン帝国の太守の職; 太守領

exarque [ɛgzark] 男 [史] ビザンチン帝国の太守

exaspérant(e) [ɛgzasperɑ̃, -ɑ̃t] 形 腹立たしい, しゃくにさわる

exaspération [ɛgzasperasjɔ̃] 女 激怒, いら立ち;〈文〉(病気・感情などの)激化

exaspéré(e) [ɛgzaspere] 形 (< exaspérer) 激怒した, いら立った; (病気などが)激化した

exaspérer [ɛgzaspere] 他 57 ひどくいら立たせる, 憤らせる; (苦しみなどを)かき立てる ― 代動 [s'~] 激昂(げきこう)する; (感情などが)つのる

exaucement [ɛgzosmɑ̃] 男 望みをかなえること, 成就(じょうじゅ)すること

exaucer [ɛgzose] 他 52 (神が)願いを聞き入れる; (望みを)かなえる

Exc. [ɛkselɑ̃s] (略) Excellence 閣下

ex cathedra [ɛkskatedra] 副 (く) 壇上からの; 権威をもって[もった]

excavateur [ɛkskavatœr] 男 掘削機

excavation [ɛkskavasjɔ̃] 女 穴; 穴を掘ること, 掘削

excavatrice [ɛkskavatris] 女 小型掘削機

excaver [ɛkskave] 他 穴をうがつ, 掘削する

excédant(e) [ɛksedɑ̃, -ɑ̃t] 形 超過した, ひどくうるさい, 耐え難い

excédé(e) [ɛksede] 形 (< excéder)

(疲れて)いらいらした

excédent [ɛksedɑ̃] 男 超過(分); 黒字 ▶ *excédent de bagages* 制限超過手荷物

excédentaire [ɛksedɑ̃tɛːr] 形 過剰の，超過した; 黒字の

excéder [ɛksede] 他 57 ① (数・量を)超過する;(能力・権限を)越える ② 疲れさせる，苛立たせる

excellemment [ɛksɛlamɑ̃] 副 〔文〕見事に，この上もなく

excellence [ɛksɛlɑ̃ːs] 女 〔文〕優れていること，卓越，秀逸 ▶ *par excellence* この上なく;特別に *Son Excellence* (大臣や司教に対する敬称)閣下，猊(げい)下

excellent(e) [ɛksɛlɑ̃, -ɑ̃ːt] 形 〖比較級，最上級はない〗秀でた，すばらしい，見事な

exceller [ɛksɛle] 自 (…に)すぐれている，抜きん出る，上手である 《dans, en, à》

excentré(e) [ɛksɑ̃tre] 形 (<excentrer) 中心から離れた場所の

excentrer [ɛksɑ̃tre] 他 〔機〕(…の)中心(軸)を移す

excentricité [ɛksɑ̃trisite] 女 ① 突飛(奇抜)さ，風変わり;《多く複》奇行 ② 中心から離れていること;〔数〕(楕円の)離心率

excentrique [ɛksɑ̃trik] 形 ① 突飛(奇抜)な，エキセントリックな ② 中心から離れた;〔数〕離心(偏心)の ── 名 ① 奇人，変人 ── 男 ① 一風変わった人 ② 〔機〕偏心機構(カム)

excentriquement [ɛksɑ̃trikmɑ̃] 副 常軌を逸して; 中心を外れて

excepté¹ [ɛksɛpte] 前 (英 except) …を除いて[除けば]，…のほかは ▶ *excepté que* …であることを除けば

excepté²(e) [ɛksɛpte] 形 〖名詞・代名詞の後で〗…を除いて，…のほかは

excepter [ɛksɛpte] 他 (…から)除く，除外する《de》

exception [ɛksɛpsjɔ̃ エクセプション] 女 除外，例外，異例(のこと); 〔法〕抗弁，異議 ▶ *à l'exception de* / *exception faite de* …を除いて *à quelques exceptions près* わずかな例外を除けば *d'exception* 特別の *faire exception (à la règle)* 例外をなす *faire une exception à* …の例外をつくる *L'exception confirme la règle.* (ことわざ)規則あっての例外 *par exception* 例外的に *sans exception* 例外なく

exceptionnel(le) [ɛksɛpsjɔnɛl エクセプシォヌル] 形 (英 exceptional) 例外的な，異例の; 並外れた，まれに見る

exceptionnellement [ɛksɛpsjɔnɛlmɑ̃] 副 例外的に，並外れて

excès [ɛksɛ エクセ] 男 (英 excess, surplus) 行き過ぎ，やり過ぎ，過度; 余剰; 暴力，放蕩(とう); 不摂生 ▶ *à l'excès* 過度に *excès de boisson* 飲み過ぎ *excès de pouvoir* 権力の濫用 *excès de vitesse* スピードの出し過ぎ *excès de zèle* 過度の熱狂 *tomber dans l'excès* 極端な方向へ行く

excessif(ve) [ɛksɛsif, -iːv エクセスィフ(ヴ)] 形 行き過ぎの，度を越えた，極端な; 〖名詞の前で〗非常な，大変な

excessivement [ɛksɛsivmɑ̃] 副 むやみに，やたらと; はなはだ

exciper [ɛksipe] 自 〔法〕(…を)理由に異議を申立てる《de》; 〔文〕(…を)楯(たて)にとって言い訳をする

excipient [ɛksipjɑ̃] 男 賦形(ふけい)剤 【薬を飲みやすくするための無効成分】

exciser [ɛksize] 他 〔医〕切除する

excision [ɛksizjɔ̃] 女 ① 〔医〕切除 ② 割礼; 女子割礼

excitabilité [ɛksitabilite] 女 〔生理〕興奮性，興奮しやすさ

excitable [ɛksitabl] 形 興奮しやすい，怒りやすい; 〔生理〕刺激に反応する

excitant(e) [ɛksitɑ̃, -ɑ̃ːt] 形 刺激(興奮)性の; 刺激的な，挑発的な，わくわくさせる ── 男 興奮剤，刺激物(物)

excitateur(trice) [ɛksitatœːr, -tris] 名 〔文〕挑発する人，扇動者 ── 男 〔電〕放電叉(さ)

excitation [ɛksitasjɔ̃] 女 興奮(状態); (…への)刺激，そそのかし《à》; 〔物〕励磁，励起

excité(e) [ɛksite] 形 名 (<exciter) 興奮した(人) ▶ *excité comme une puce* ひどく興奮した

exciter [ɛksite エクスィテ] 他 (英 excite) ① 興奮させる，刺激する; (感情・欲望を)かき立てる，引き起こす ② (人を)駆り立てる，そそのかす《à》; (馬)〖多くは否定形で〗興味を引く ▶ *exciter A contre B* A(人)をB(人)に敵対させる ── 代動 〖s'～〗興奮する，怒り出す; (話)(…に)夢中[躍起]になる《sur, à propos de》

exclamatif(ve) [ɛksklamatif, -iːv] 形 感嘆の ▶ *phrase exclamative* 〖文法〗感嘆文

exclamation [ɛksklamasjɔ̃] 女 (喜びや驚きの)叫び，感嘆詞 ▶ *point d'exclamation* 感嘆符 [!]

exclamer [ɛksklame] 代動 〖s'～〗(英 exclaim) (驚きや喜びで)声をあげる《sur》

exclu(e) [ɛkskly] 形 (< exclure) 除名[除外]された; 受入れられない，論外の ▶ *Il n'est pas exclu que* …ということもありうる ── 名 除名[除外]された人 ▶ *les exclus de la société* ‖ *les ～* ‖ 社会から排除された人たち

exclu(û)... ⇨exclure

exclure [ɛksklyːr エクスクリュール] 他 14 (英 exclude) (…から)人を追放[排除]する，除名する; 拒否する，認めない; 〖物が主語〗(…と)相容れない ── 代動

exclusif(ve) [ɛkskluzif, -iv] 形 独占的な, 専売の; 排他的な, 一緒な; (…と)相容れない《de》

***exclusion** [ɛksklyzjɔ̃ エクスクリュズィヨン] 女 除外, 除名; 放校 ▶**à l'exclusion de** …を除いて ▶**exclusion sociale** 《1~》 社会からの排除

exclusive [ɛksklyziv] 女 除名(処分), 除外, 追放

exclusivement [ɛksklyzivmɑ̃] 副 ①もっぱら, ひたすら ②含まずに ▶**jusqu'au 15 septembre exclusivement** (15日は含まず)9月14日まで

exclusivisme [ɛksklyzivism] 男 排他主義

exclusivité [ɛksklyzivite] 女 (販売・上映・出版などの)独占; (映画の)独占上映, ロードショー; 専売品, 特選品 ▶**en exclusivité** 独占で

excommunication [ɛkskɔmynikasjɔ̃] 女 〔カト〕破門; (政党などからの)追放

excommunié(e) [ɛkskɔmynje] 名 (< excommunier) 破門［追放］された(人)

excommunier [ɛkskɔmynje] 他 〔カト〕破門する; 追放[放逐]する

excoriation [ɛkskɔrjasjɔ̃] 女 〔医〕擦過傷

excorier [ɛkskɔrje] 他 擦りむく

excrément [ɛkskremɑ̃] 男 (多く複) 糞(⬝)便

excrémentiel(le) [ɛkskremɑ̃sjɛl] 形 糞(⬝)便の

excréter [ɛkskrete] 他 57 〔生理〕排泄(⬝)する

excréteur(trice) [ɛkskretœr, -tris], **excrétoire** [ɛkskretwar] 形 排泄(⬝)をつかさどる

excrétion [ɛkskresjɔ̃] 女 〔生理〕排泄(⬝), 分泌; (複) 排泄物, 分泌物

excroissance [ɛkskrwasɑ̃s] 女 いぼ, こぶ

***excursion** [ɛkskyrsjɔ̃ エクスキュルスィヨン] 女 遠足; 小旅行, ハイキング, 見学; 話の脱線

excursionner [ɛkskyrsjɔne] 自 遠足する, 見学する

excursionniste [ɛkskyrsjɔnist] 名 《古》遠足する人, 遊覧客

excusable [ɛkskyzabl] 形 許せる, 無理もない

***excuse** [ɛkskyz エクスキューズ] 女 言い訳, 弁明; 口実, 理由; (複) わび(の言葉), 陳謝 ▶**faire des excuses / présenter ses excuses** 謝る, わびる **Faites vos excuses.** 《話・古》そう言っては何ですが **mot d'excuse** (保護者が署名する)欠席届

***excuser** [ɛkskyze エクスキュゼ] 他 許す, 大目に見る《de》; 弁護する, かばう; [[物が主語]] 口実[理由]になる **Excusez-moi.** (…して)すみません《de》; よろしいですか ── 代動 [s'~] (…したこと)を; 人にあやまる《de; auprès de》

exécrable [ɛgzekrabl, ɛksekrabl] 形 最悪(最低)の; 《文》憎むべき, おぞましい

exécrablement [ɛgzekrabləmɑ̃, ɛksekrabləmɑ̃] 副 ひどいやり方で

exécration [ɛgzekrasjɔ̃, ɛksekrasjɔ̃] 女 《文》激しい憎悪; 憎悪のもの

exécrer [ɛgzekre, ɛksekre] 他 57 《文》激しく憎む; 毛嫌いする

exécutable [ɛgzekytabl] 形 実現［演奏］可能な

exécutant(e) [ɛgzekytɑ̃, -ɑ̃t] 名 (命令・作業を)実行する人; 演奏者, 楽団員

exécuté(e) [ɛgzekyte] 形 実施[制作]された; 演じられた

***exécuter** [ɛgzekyte エグゼキュテ] 他 (英 execute, carry out) ①実行[実現]する; 実施[施行]する ②制作する, 仕上げる; 演奏する, 演じる ③処刑する, 死刑を執行する ── 代動 [s'~] (困難なことを)実行する

exécuteur(trice) [ɛgzekytœr, -tris] 名 ▶**exécuteur des hautes œuvres** 《1~》《古》死刑執行人 **exécuteur testamentaire** 遺言執行人

exécutif(ve) [ɛgzekytif, -iv] 形 行政の, 法の執行に関する ── 男 行政府; 行政権(= pouvoir ~)

***exécution** [ɛgzekysjɔ̃ エグゼキュスィヨン] 女 ①実行, 実現; 施行, 執行 ▶**mettre … à exécution** (計画などを)実行する ②制作, 仕上げ; 演奏, 演技 ③死刑執行, 処刑(= ~ capitale) ④〔法〕差し押え, 強制執行

exécutoire [ɛgzekytwar] 形 執行すべき

exégèse [ɛgzeʒɛz] 女 (聖書などの)注釈, 解釈

exégète [ɛgzeʒɛt] 男 (聖書などの)注釈学者

exégétique [ɛgzeʒetik] 形 注釈[注解]の

***exemplaire**¹ [ɛgzɑ̃plɛr エグザンプレール] 男 (英 copy) (書籍・書類の)冊[部], 写し; 同種の人[もの]

***exemplaire**² [ɛgzɑ̃plɛr エグザンプレール] 形 模範的な; 見せしめの

exemplairement [ɛgzɑ̃plɛrmɑ̃] 副 模範的に; 見せしめに

exemplarité [ɛgzɑ̃plarite] 女 模範; 見せしめ

***exemple** [ɛgzɑ̃pl エグザンプル] 男 (英 example) 例; 前例; 手本, 模範; 見せしめ ▶**Ça par exemple!** なんてことだ **citer … en exemple** …を手本に示す **donner l'exemple** 手本を示す **faire un exemple de** (人)を見せしめにする **par exemple** たとえば **pour l'exemple** 見せしめに **prendre exemple sur** (人)を手本とする

exemplification [εgzāplifikasjɔ̃] 女 例示

exemplifier [εgzāplifje] 他 例示する

exempt(e) [εgzā(pt), -ā(p)t] 形 (…を)免除された, 持たない (de)

exempté(e) [εgzāpte] 形 名 (< exempter) (…を)免除された(人) (de)

exempter [εgzā(p)te] 他 (…を)免除する, 免れさせる (de)

exemption [εgzāpsjɔ̃] 女 免除; 免れること

exercé(e) [εgzεrse] 形 (< exercer) 訓練された, 熟練した

***exercer** [εgzεrse エグゼルセ] 他 52 (英 exercise) ①鍛える, 訓練する ②(影響などを)及ぼす; (権利を)行使する; (才能を)発揮する ③(職業などを)営む ー代動 [s'～] (…の[…する])訓練[練習]をする (à); 発揮[行使]される

***exercice** [εgzεrsis エグゼルスィス] 男 ①(英 exercise) 練習; 運動 (= physique); 演習; (複)練習問題集) ▶ *dans l'exercice de ses fonctions* 彼の職務執行中に *exercice de style* 文体練習 *exercice d'évacuation* 避難訓練 *exercices d'assouplissement* 柔軟体操 *faire de l'exercice* 運動をする ②(英 practice) 行使, 実行; 業務, 営業 ▶ *en exercice* 現職の; (医者が)開業中の *entrer en exercice* 就任する; 開業する ③[法] 会計年度

exérèse [εgzerεz] 女 [医] (腫瘍(よう)や結石の)切除

exergue [εgzεrg] 男 (メダルなどの)刻銘; 刻銘が刻印される部分; (作品冒頭の)引用句

exfoliant(e) [εksfɔljā, -āt] 形 [医] 剥脱(はく)する

exfoliation [εksfɔljasjɔ̃] 女 [医] 剥離[皮膚の角質層の剥離(はくり)]

exfolier [εksfɔlje] 他 (刃で表面を)剥(は)ぐ

exhalaison [εgzalεzɔ̃] 女 発散物, 臭気

exhalation [εgzalasjɔ̃] 女 発散; [生理](表皮からの)蒸発

exhaler [εgzale] 他 (香気・蒸気を)発散する; (ため息が)もれる; 〔文〕(感情を)表に出す ー代動 [s'～](香気などが)立ちのぼる

exhaussement [εgzosmā] 男 高くすること, 高めること

exhausser [εgzose] 他 ①(建物を)高くする ②(精神を高める

exhaustif(ve) [εgzostif, -iv] 形 徹底的な, 網羅的な

exhaustivement [εgzostivmā] 副 徹底的に, 漏れなく

exhaustivité [εgzostivite] 女 網羅性, 完全性

exhiber [εgzibe] 他 見せびらかす, ひけらかす; 見世物にする, 人前にさらす; 提示[露出]する ー代動 [s'～](軽蔑的に)目立つために人前に現れる

exhibition [εgzibisjɔ̃] 女 公開, 見世物, ショー; 誇示, ひけらかし; [法] 提示

exhibitionnisme [εgzibisjɔnism] 男 [医] 露出症; 露出癖[趣味]

exhibitionniste [εgzibisjɔnist] 形 露出癖の ー名 露出狂

exhortation [εgzɔrtasjɔ̃] 女 激励, 勧告

exhorter [εgzɔrte] 他 〔文〕(人に…を)勧める, 説く (à) ▶ *exhorter … à la patience* (人に)がまんをうながす

exhumation [εgzymasjɔ̃] 女 発掘

exhumer [εgzyme] 他 発掘する; (忘れられていたものを)引っ張り出す, よみがえらせる

exigeant(e) [εgziʒā, -āt エグズィジャン(ト)] 形 要求の多い, やかましい, 手のかかる; (仕事などが)厳しい, きつい

exigence [εgziʒās] 女 (多く複) 要求, 要望, 《複》要求額; (性格の)気難しさ, 要求の多さ

***exiger** [εgziʒe エグズィジェ] 他 40 (英 demand) (…するように; (である)ように)要求する (de; que); (ものが)ぜひ必要とする

exigibilité [εgziʒibilite] 女 請求しうること

exigible [εgziʒibl] 形 請求できる; 支払期限のきている

exigu(ë) [εgzigy] 形 狭い, 小さすぎる

exiguïté [εgzigɥite] 女 狭さ

***exil** [εgzil エグズィル] 男 (英 exile) 国外追放, 亡命(地); (住みなれた場所から)離れて暮らすこと, 流浪 ▶ *en exil* 亡命中である *envoyer … en exil* (人)を亡命させる

exilé(e) [εgzile] 形 (< exiler) 国に追われた, 遠ざけられた ー名 亡命者

exiler [εgzile] 他 国外に追放する; (ある場所から)遠ざける ー代動 [s'～] 亡命する; 隠棲(いんせい)する

existant(e) [εgzistā, -āt] 形 現行の; 実在の ー男 ①(企業の)手持ちの資産 ②[哲] 存在者

***existence** [εgzistās エグズィスタンス] 女 ①存在, 実在; [哲] 実存 ②生活, 生きていること; 寿命

existentialisme [εgzistāsjalism] 男 [哲] 実存主義[哲学]

existentialiste [εgzistāsjalist] 形 実存主義の ー名 実存主義者

existentiel(le) [εgzistāsjεl] 形 存在に関する, 実存の

***exister** [εgziste エグズィステ] 自 (英 exist) 存在する, 実在する, 生きる, 生存する; (…にとって)重要である ー非人称 [Il existe …] …がある, …が存在する

oxitoxine [εgzɔtɔksin] 女 [医] 外毒素

ex-libris [εkslibris] 男 (不変) (ラ) 蔵書印[票]

exo- [接頭] 《ギ》「外に」の意

exocet [ɛgzɔsɛ] 男 ①〔魚〕トビウオ ②〔軍〕エグゾセ【対艦ミサイル】

exocrine [ɛgzɔkrin] 形 外分泌の ▶**glande exocrine** 〔解〕外分泌腺

exode [ɛgzɔd] 男 ①集団移住〔移動〕; 避難, 逃亡 ▶**exode des capitaux**（国外への）資本流出 **exode des cerveaux**（国外への）頭脳流出 **exode rural**（戦後の農村の過疎化）②〔E.〕〔聖〕出エジプト（記）

exogamie [ɛgzɔgami] 女〔生〕異系交配; 〔社会学〕異なる部族間での結婚

exogène [ɛgzɔʒɛn] 形 外来の;〔医〕外因性の ▶**roche exogène**〔地〕表成岩

exonder [ɛgzɔ̃de] 代動 [s'~]（洪水後の землиが水により地表が）露わになる

exonération [ɛgzɔnerasjɔ̃] 女 免除 ▶**exonération d'impôt** 課税免除

exonérer [ɛgzɔnere] 他 57（人に…を）免除する (de); 免税する ― 代動 [s'~] 免除される (de)

exophtalmie [ɛgzɔftalmi] 女〔医〕眼球突出（症）

exophtalmique [ɛgzɔftalmik] 形〔医〕眼球突出（症）の

exorbitant [ɛgzɔrbitɑ̃, -ɑ̃t] 形 法外な, とんでもない

exorbité [ɛgzɔrbite] 形 （驚きや恐怖などで目が）飛び出た

exorciser [ɛgzɔrsize] 他（悪魔や災いを追い払う; (人に)悪魔祓(ばら)いをする

exorcisme [ɛgzɔrsism] 男 悪魔祓(ばら)い

exorciste [ɛgzɔrsist] 名 悪魔祓(ばら)いをする人, 祈祷師

exorde [ɛgzɔrd] 男 前置き, 導入部

exoréique [ɛgzɔreik] 形〔地理〕外洋流域性の

exoréisme [ɛgzɔreism] 男〔地理〕外洋流域性

exosphère [ɛgzɔsfɛr] 女 外気圏【大気圏外の最上層】

exostose [ɛgzɔstoz] 女〔医〕外骨腫(しゅ)症

exotérique [ɛgzɔterik] 形 公開の, 秘教的でない

exothermique [ɛgzɔtermik] 形〔物〕発熱性の

exotique [ɛgzɔtik] 形（西洋以外の）外国（産）の, 異国風の, エキゾチックな

exotisme [ɛgzɔtism] 男 異国情緒〔趣味〕

exotoxine [ɛgzɔtɔksin] 女〔医〕外毒素

expansé(e) [ɛkspɑ̃se]〔物〕膨張した

expansibilité [ɛkspɑ̃sibilite] 女〔物〕（流体の）膨張性

expansible [ɛkspɑ̃sibl] 形〔物〕膨張性の

expansif(ve) [ɛkspɑ̃sif, -iv] 形 外向的な[開放的な], 感情を表に出す ② 膨張する

***expansion** [ɛkspɑ̃sjɔ̃] エクスパンション 女 ① 膨張 ② 発展, 拡大; （思想などの）普及 ▶**économie en pleine expansion** 好景気の経済 ③ 感情の吐露

expansionnisme [ɛkspɑ̃sjɔnism] 男 ① 領土拡張論 ② 経済発展政策

expansionniste [ɛkspɑ̃sjɔnist] 形 領土拡張〔経済発展〕主義の ― 名 領土拡張〔経済発展〕主義論者

expansivité [ɛkspɑ̃sivite] 女 開放的な外交的な性格

expatriation [ɛkspatrijasjɔ̃] 女 国外追放, 亡命

expatrié(e) [ɛkspatrije] 形 (< expatrier) 祖国を追われた〔追放された〕 ― 名 国外追放者, 亡命者

expatrier [ɛkspatrije] 他（資本などを）国外に移す〔投資する〕― 代動 [s'~] 国を去る, 亡命する

expectative [ɛkspɛktativ] 女 ① 待機, 日和見 ②〔文〕（約束・可能性に基づく）期待 ▶**être [rester] dans l'expectative** 待つ, 機会を待つ

expectorant(e) [ɛkspɛktɔrɑ̃, -ɑ̃t] 形 痰(たん)を促す ― 男 去痰剤

expectoration [ɛkspɛktɔrasjɔ̃] 女 痰(たん)を吐くこと

expectorer [ɛkspɛktɔre] 他（痰(たん)などを）吐く ― 自 痰を吐く

expédient(e) [ɛkspedjɑ̃, -ɑ̃t] 形〔文〕当を得た, 好都合な ― 男 窮余の策, その場しのぎ ▶**vivre d'expédients** いかがわしい事をしながら何とか生活する

***expédier** [ɛkspedje] エクスペディエ 他 ①〔英 send〕発送する, 送る ②（話）（人を厄介者にする）始末する;（悪い意味で）さっさと片づける ▶**expédier les affaire courantes**（後任が来るまで）日常業務をこなす **expédier par bateau** 船便で送る ― 代動 [s'~]（手紙などが）送られる

expéditeur(trice) [ɛkspeditœr, -tris] 名 差出人, 発送人 ▶**gare expéditrice** 発送駅

expéditif(ve) [ɛkspeditif, -iv] 形 仕事が速い, 要領のいい; (方法などが)手っ取り早い

expédition [ɛkspedisjɔ̃] 女 ① 発送, 発送品, 派遣, 遠征 ▶**expédition punitive** 討伐隊 ② 探検（隊）, 〔ふざけて〕大旅行 ③〔法〕写し, 謄本

expéditionnaire [ɛkspedisjɔnɛr] 名 発送係 ▶**corps [armée] expéditionnaire** 遠征軍

expéditivement [ɛkspeditivmɑ̃] 副 てきぱきと; 手っ取り早く

***expérience** [ɛkspɛrjɑ̃s] エクスペリヤンス 女 ① 経験, 体験; 経験による知識 ② 実験, 試験; 試み ▶**avoir de l'ex-**

périence (…の)経験がある (en) ― **périence amoureuse** [sexuelle] 性体験 **expériences sur les animaux** 動物実験 **faire l'expérience de** …を経験する; …を試す **faire une expérience** 実験する **par expérience** 経験によって **sans expérience** 未経験で **savoir par expérience** 経験によって学ぶ

expérimental(ale) [ɛksperimɑ̃tal] (男複 -aux[-o]) 形 実験に基づく; 実験用の, 実験の ▶ **à titre expérimental** 実験的に

expérimentalement [ɛksperimɑ̃talmɑ̃] 副 実験によって

expérimentateur(trice) [ɛksperimɑ̃tatœr, -tris] 名 実験者

expérimentation [ɛksperimɑ̃tasjɔ̃] 女 (科学の)実験

expérimenté(e) [ɛksperimɑ̃te] 形 (< expérimenter) 経験豊富な, 老練な

expérimenter [ɛksperimɑ̃te] 他 試験する, 実験する; 身をもって知る

*__expert(e)__ [ɛksper, -ɛrt エクスペール(ペルト)] 形 (…に)精通[熟練]した (en, à) ― 名 [女性にも男性形を用いる] 専門家, エキスパート; 鑑定人

expert(e)-comptable [ɛksperkɔ̃tabl, ɛkspert(ə)kɔ̃tabl] 名 (複 ~s-~s) 公認会計士

expertise [ɛkspertiz] 女 (専門家の)鑑定[査定], 鑑定書 ▶ **expertise comptable** 会計監査

expertiser [ɛkspertize] 他 鑑定[評価]する

expiable [ɛkspjabl] 形 償いうる

expiation [ɛkspjasjɔ̃] 女 〖文〗償い, 贖罪(しょくざい)

expiatoire [ɛkspjatwar] 形 贖罪(しょくざい)の

expier [ɛkspje] 他 (罪を)償う; 報いを受ける

expirant(e) [ɛkspirɑ̃, -ɑ̃t] 形 〖文〗瀕死の; 消えそうな

expirateur(trice) [ɛkspiratœr, -tris] 形 呼気の ― 男 (複) 呼息筋 (= muscles ~s)

expiration [ɛkspirasjɔ̃] 女 ①息を吐くこと, 呼気 ②期限満了, 満期 ▶ **à l'expiration du délai** 期限切れの時に **venir à expiration** 期限が切れる

expirer [ɛkspire] 自 息を吐く; 死ぬ; 期限が切れる; 〖文〗尽きる, 徐々に消えてゆく ― 他 (息などを)吐き出す

explétif(ive) [ɛkspletif, -iv] 形 〖文法〗虚辞の

explicable [ɛksplikabl] 形 説明のつく, 理解できる

explicatif(ive) [ɛksplikatif, -iv] 形 説明の, 説明的な

*__explication__ [ɛksplikasjɔ̃ エクスプリカスィヨン] 女 (英 explanation) ①説明, 解説; 解釈 ▶ **explication de texte** (文学研究における)テキスト解釈 ②釈明, 言い訳; 議論, 口論 ▶ **avoir une explication avec** (人)と言い争う

explicitation [ɛksplisitasjɔ̃] 女 明白にすること, 明文化

explicite [ɛksplisit] 形 明白な, 明瞭な, はっきりと述べられた

explicitement [ɛksplisitmɑ̃] 副 明示的に, はっきり言葉にして

expliciter [ɛksplisite] 他 はっきり述べる, 明示[明文化]する

*__expliquer__ [ɛksplike エクスプリケ] 他 (英 explain) 説明する, 解明する; 理由などを明らかにする; 理由[原因]を明かす, 釈明する ― 代動 (s'~) ①自分の考えを説明する, 釈明する; (理由などが)理解[納得]できる, 説明がつく ②話し合う (avec); 議論する; 〖話〗腕力でけりをつける

*__exploit__ [ɛksplwa エクスプロワ] 男 ①偉業, 快挙, 功績; 〖文〗武勲; (皮肉的)お手柄 ②〖法〗(執行官の)令状 (= ~ d'huissier)

exploitable [ɛksplwatabl] 形 開発[採掘]可能な; 利用できる

exploitant(e) [ɛksplwatɑ̃, -ɑ̃t] 形 開拓する; 経営する, 搾取する ― 名 開発[開拓]者; (農場などの)経営者; 映画館主 ▶ **exploitant agricole** 自営農民

*__exploitation__ [ɛksplwatasjɔ̃ エクスプロワタスィヨン] 女 ①開発, 開拓; 経営, 営業; 開拓地, 耕地, 農場 (= ~ agricole) ▶ **exploitation commerciale** 商社 **exploitation familiale** 家族経営 **exploitation industrielle** 工業会社 **exploitation vinicole** ブドウ農園 ②つけ入れること, 利用, 搾取

exploité(e) [ɛksplwate] 形 (< exploiter) 開発された; 搾取された ― 名 搾取される者

*__exploiter__ [ɛksplwate エクスプロワテ] 他 (英 exploit) ①開発[開拓]する, 採掘する; 経営する ②活用[利用]する; 搾取する, つけ込む

exploiteur(se) [ɛksplwatœr, -øz] 名 搾取者

explorateur(trice) [ɛksploratœr, -tris] 名 探検家 ― 男 〖医〗消息子, ゾンデ

exploration [ɛksplorasjɔ̃] 女 探検, 探索; 調査; 〖医〗(精密)検査

exploratoire [ɛksploratwar] 形 予備的な

explorer [ɛksplore] 他 探検[探査]し, 細かく調査する, 探る; 〖医〗(精密)検査する

exploser [ɛksploze] 自 爆発[破裂]する; 感情を爆発させる; 急成長する, 爆発的に増える ▶ **faire exploser** 爆発させる; 打ち破る **laisser exploser sa colère** 怒りをあらわにする

explosible [ɛksplozibl] 形 爆発性

explosif(ve) [ɛksplozif, -iv] 形 爆発する; (状況が)爆発寸前の; 爆発的な, 急激な ── 男 爆発物

***explosion** [ɛksplozjɔ̃] エクスプロズィヨン 女 爆発; (感情の)爆発; 突発, 急激な増加[流行]

expo [ɛkspo] 女 〔話〕 = exposition

exponentiel(le) [ɛksponɑ̃sjɛl] 形 〔数〕指数の ── 女 指数関数(= fonction ～le)

***export** [ɛkspɔr] 男 〔話〕輸出

exportable [ɛkspɔrtabl] 形 輸出できる

exportateur(trice) [ɛkspɔrtatœr, -tris] 形 輸出する ── 名 輸出国, 輸出業者

***exportation** [ɛkspɔrtasjɔ̃] エクスポルタスィヨン 女 輸出; 〔複〕輸出品, 輸出高

***exporter** [ɛkspɔrte] エクスポルテ 他 〔英 export〕輸出する

exposant(e) [ɛkspozɑ̃, -ɑ̃t] 名 〔展覧会などの〕出品者 ── 男 〔数〕指数

***exposé¹** [ɛkspoze] エクスポゼ 男 〔英 exposition〕(研究などの)発表, 報告; 講演

exposé²(e) [ɛkspoze] エクスポゼ 形 (…に)さらされた, 向いた (à); 展示された ▶ *maison exposée au sud* 南向きの家 *œuvres exposées* [les ～] 展示作品

***exposer** [ɛkspoze] エクスポゼ 他 ① 〔英 expose〕展示[陳列]する, 出品する; 説明する, 述べる ②(…に)向ける; (危険などに)さらす (à) ── 代動 [s'～] (…することに)身をさらす ▶ *s'exposer au soleil* 日光浴する

***exposition** [ɛkspozisjɔ̃] エクスポズィスィヨン 女 ①展覧[博覧]会; 展示 ▶ *Exposition universelle* [l'～] 万国博覧会 ②(家の)向き, 日当たり; (光に)さらすこと ③説明; (文学作品の)導入部; 〔楽〕提示部

***exprès¹(esse)** [ɛksprɛs] エクスプレス 形 ①明白な, 厳しく定められた ②〔不変〕速達の ── 男 速達(便) ▶ *envoyer … en exprès* …を速達で送る

***exprès²** [ɛksprɛ] エクスプレ 副 わざと, 故意に; わざわざ ▶ *faire exprès de …* わざと…する *fait exprès* (わざとしたかのように)間の悪い

***express¹** [ɛksprɛs] エクスプレス 男 (< 英) 〔古〕急行列車(= train ～) 形 〔不変〕急行の, 高速の

***express²** [ɛksprɛs] エクスプレス 男 エスプレッソコーヒー(= café ～)

expressément [ɛkspresemɑ̃] 副 はっきりと, 明確に

***expressif(ve)** [ɛkspresif, -iv] エクスプレスィフ(ヴ) 形 表現力に富んだ, 意味深長な; いきいきした

***expression** [ɛkspresjɔ̃] エクスプレスィヨン 女 表現, 言い回し; 表情, 表現力, 表情, 表出; 〔数〕式 ▶ *expression corporelle* 身体表現 *expression toute faite* 決り文句 *réduire … à sa plus simple expression* …を最小限まで削減する

expressionnisme [ɛkspresjɔnism] 男 表現主義

expressionniste [ɛkspresjɔnist] 形 名 表現主義の(芸術家)

expressivité [ɛkspresivite] 女 表情の豊かさ, 表現力の確かさ

expresso [ɛkspreso] 男 (< イ) エスプレッソコーヒー

exprimable [ɛksprimabl] 形 表現できる

***exprimer** [ɛksprime] エクスプリメ 他 〔英 express〕①表現する, 言い表す, 示す ②〔文〕(果汁などを)搾り出す ── 代動 [s'～] 自分の考えを述べる; 表現される

expropriation [ɛksprɔprijɑsjɔ̃] 女 〔法〕(土地などの)収用, 接収

exproprié(e) [ɛksprɔprije] 形 (< exproprier) 収用された ── 名 収用を受けた人, 収用されたもの

exproprier [ɛksprɔprije] 他 〔法〕収用[接収]する

expulsé(e) [ɛkspylse] 形 名 (< expulser) 追放された(人)

expulser [ɛkspylse] 他 ①(…から)追い出す, 退去させる (de) ②排出[排泄(ﾂ)]する

expulsion [ɛkspylsjɔ̃] 女 ①追放, 放校 ②排出, 排泄[ﾂ]

expurgation [ɛkspyrgɑsjɔ̃] 女 〔文章の〕不穏当個所の削除

expurger [ɛkspyrʒe] 他 40 (原文の)不穏当な個所を削除する

exquis(e) [ɛkski, -iz エクスキ(ズ)] 形 すばらしい; (食物が)美味な, 快い, 魅力にあふれた, 物腰のやわらかな

exsangue [ɛksɑ̃g, ɛgzɑ̃g] 形 出血多量の, 貧血の; 〔文〕青ざめた, 生気のない

exsudation [ɛksydɑsjɔ̃] 女 滲出(にﾆこう)

exsuder [ɛksyde] 自 にじみ出る ── 他 にじみ出させる

extase [ɛkstɑz] 女 うっとりした状態, 忘我, 法悦 ▶ *tomber [être] en extase* うっとりする

extasié(e) [ɛkstɑzje] 形 (< extasier) うっとりした

extasier [ɛkstɑzje] 代動 [s'～] (…に)うっとりする, 夢中になる (devant, sur)

extatique [ɛkstatik] 形 うっとりした, 我を忘れた; 入神状態の

extemporané(e) [ɛkstɑ̃pɔrane] 形 〔医〕即応の

extenseur [ɛkstɑ̃sœr] 男 《男性形のみ》伸長させる ── 男 伸筋(= muscles ～s); エキスパンダー

extensibilité [ɛkstɑ̃sibilite] 女 伸張性

extensible [ɛkstɑ̃sibl] 形 伸展性のある, 柔軟性のある

extensif(ve) [ɛkstɑ̃sif, -iv] 形 ①[論]外延的な;〔文法〕広義の ②〔農〕粗放の

extension [ɛkstɑ̃sjɔ̃] 女 伸ばす[伸びる]こと, 広がり, 拡大, 延長;(意味の拡張);[論]外延 ▶*par extension* 意味が転じて

extensionnel(le) [ɛkstɑ̃sjɔnɛl] 形 〔論〕外延的な

extenso [ɛkstɑ̃so] ⇨in extenso

exténuant(e) [ɛkstenɥɑ̃, -ɑ̃t] 形 くたびれさせる

exténuation [ɛkstenɥasjɔ̃] 女 疲労困憊(%)

exténuer [ɛkstenɥe] 他 ひどく疲れさせる, 憔悴(½¾)させる —— 代動 **s'~** (…して)へとへとになる (à)

***extérieur(e)** [ɛksterjœr] エクステリユール 形 (英 exterior) 外(側)の, 外部の, 客観的な; 外面的な, うわべの ▶*politique extérieure* 対外政策 —— 男 外部, 外側;屋外, 外国;外観; (映画の)野外ロケ ▶*à l'extérieur* 屋外で, 外国で *de l'extérieur* 外部の;外から

extérieurement [ɛksterjœrmɑ̃] 副 外面から見ると, うわべは

extériorisation [ɛksterjɔrizasjɔ̃] 女 外在化, 表に出すこと

extérioriser [ɛksterjɔrize] 他 表に出す, 表現する —— 代動 **s'~** 表に現れる

extériorité [ɛksterjɔrite] 女 〔哲〕外在性

exterminateur(trice) [ɛkstɛrminatœr, -tris] 形 名 《文》皆殺しにする(人)

extermination [ɛkstɛrminasjɔ̃] 女 皆殺し, 絶滅 ▶*camp d'extermination* (ナチスの)絶滅収容所

exterminer [ɛkstɛrmine] 他 皆殺しにする, 撲滅(災)させる —— 代動 **s'~** 《話・古》(…して)へとへとになる (à)

externalisation [ɛkstɛrnalizasjɔ̃] 女 外注化

externaliser [ɛkstɛrnalize] 他 (業務を)外注する

externat [ɛkstɛrna] 男 通学制の学校, 通学制度;(病院付きの)通勤助手の身分

externe [ɛkstɛrn] 形 外部の, 外面の;通学の —— 名 通学生;(病院付きの)通勤助手 (~ *des hôpitaux*)

exterritorialité [ɛkstɛritɔrjalite] 女 治外法権

extincteur(trice) [ɛkstɛ̃ktœr, -tris] 形 消火の —— 男 消火器

extinction [ɛkstɛ̃ksjɔ̃] 女 (火・明かりを)消すこと;絶滅, 枯渇;(権利や債務の)消滅 ▶*avoir une extinction de voix* 声が出なくなる *espèce en voie d'extinction* 絶滅危惧(⅓)種 *extinction des feux* 消灯

extirpable [ɛkstirpabl] 形 根絶できる

extirpation [ɛkstirpasjɔ̃] 女 根絶

extirper [ɛkstirpe] 他 根こそぎにする;(腫瘍(%)を)摘出する;〔文〕根絶する;(話)引きこもったところから人を何とか引っ張り出す —— 代動 **s'~** 抜け出す

extorquer [ɛkstɔrke] 他 (…から)強奪する, ゆすりとる (à)

extorsion [ɛkstɔrsjɔ̃] 女 ゆすり, 強要

extra [ɛkstra] 男 (不変) ①特別のごちそう ②(ボーイなどの)臨時の仕事, エキストラ ▶*s'offrir un extra* 奮発してごちそうを食べる —— 形 (不変) (略) extraordinaire 極上の;〔話〕すごい

extra- 接頭 (くラ)「外に」「余分の」の意;〔話〕「とびきり」の意

extraconjugal(ale) [ɛkstrakɔ̃ʒygal] 形 (男複 -aux[-o]) 婚外の

extracteur [ɛkstraktœr] 男 分離[抽出]器;〔医〕摘出器

extractible [ɛkstraktibl] 形 取り外し可能の, リムーバブルな

extractif(ve) [ɛkstraktif, -iv] 形 採掘の, 抽出の

extraction [ɛkstraksjɔ̃] 女 ①引き抜くこと, 摘出;採掘, 分離, 抽出 ②〔古〕家柄

extrader [ɛkstrade] 他 (外国政府へ)容疑者として引き渡す

extradition [ɛkstradisjɔ̃] 女 (外国政府への)容疑者の引き渡し

extrados [ɛkstrado] 男 〔建〕(アーチの)外輪(紫)

extra-fin(e) [ɛkstrafɛ̃, -in] 形 ①非常に細い[薄い] ②極上の

extrafort(e) [ɛkstrafɔr, -ɔrt] 形 ①非常に強い ②極辛の —— 男〔服〕バイアステープ

***extraire** [ɛkstrɛr] エクストレール 他 活 (英 extract) ①引き抜く, 摘出する;採掘する;〔話〕むしりとる ②(…から)分離[抽出]する, 抜粋する (de);〔数〕(根などを)求める —— 代動 **s'~** 抽出される;〔話〕やっと抜け出す (de)

***extrait** [ɛkstrɛ] エクストレ 男 (英 extract) ①抜粋, 要約;抄本;〔複〕選集, アンソロジー ▶*extrait de naissance* 出生証明書 ②エキス, エッセンス ▶*extrait de vanille* ヴァニラエッセンス

extralucide [ɛkstralysid] 形 千里眼の, 予知能力のある

extra-muros [ɛkstramyrɔs] 副 形 (不変) 城壁外[市外]に[の]

***extraordinaire** [ɛkstraɔrdinɛr] エクストラオルディネール 形 (英 extraordinary) 異常な, 信じられない;並外れた,

extraordinairement 非凡な; 特別[臨時]の; 《話》すごい ―― 男 異常なこと ▶ *par extraordinaire* 万一

extraordinairement [ɛkstraɔrdinɛrmɑ̃] 副 特別[臨時]に; けた外れに; 奇妙にも

extraplat(e) [ɛkstrapla, -at] 形 テレビ・時計などが)ほっそりした, 薄型の ▶ *télévision à écran extraplat* フラットテレビ

extrapolation [ɛkstrapolasjɔ̃] 女 演繹(えき), 一般化; 〔統計〕外挿[補外]法

extrapoler [ɛkstrapole] 自 (断片的データから)敷衍[一般化]する, 拡大解釈する; 〔統計〕外挿[補外]する

extrasensoriel(le) [ɛkstrasɑ̃sɔrjɛl] 形 超感覚の, 五感以外の

extrasolaire [ɛkstrasɔlɛr] 形 太陽系外の

extraterrestre [ɛkstratɛrɛstr] 形 地球外の ―― 名 地球外生物, 宇宙人

extraterritorial(ale) [ɛkstratɛritɔrjal] 形 (男複 *-aux* [-o]) 〔商〕国外での[税金対策などで国外に拠点を置いて行うもの]

extraterritorialité [ɛkstratɛritɔrjalite] 女 治外法権

extra-utérin(e) [ɛkstrayterɛ̃, -in] 形 〔医〕子宮外の

extravagance [ɛkstravagɑ̃s] 女 常軌を逸したこと, 異常さ; 奇行, たわ言

extravagant(e) [ɛkstravagɑ̃, -ɑ̃t エクストラヴァガン(ト)] 形 常軌を逸した, 突飛な; 無茶苦茶な ―― 名 非常識な人, 変人

extravaser [ɛkstravaze] 代動 [s'〜] 〔医〕滲出(しんしゅつ)する

extraversion [ɛkstravɛrsjɔ̃] 女 外向性

extraverti(e) [ɛkstravɛrti] 形 名 〔心〕外向性の(人)

***extrême** [ɛkstrɛm エクストレム] 形 末端の, 最後の, ぎりぎりの; [名詞の後] 過度の, 過激な ▶ *extrême droite [gauche]* [l'〜] (政治の)極右[極左] *solutions extrêmes* 過激な解決法 *sports extrêmes* エクストリームスポーツ[限界に挑む危険を伴うスポーツ] ―― 男 極端, 正反対; 極端な態度[決定], 両極端; 〔数〕(比例の外項); 〔古〕極致 ▶ *à l'extrême* 極端に ▶ *d'un extrême à l'autre* 極端から極端へと *passer d'un extrême à l'autre* 極端から極端へ走る

***extrêmement** [ɛkstrɛmmɑ̃ エクストレムマン] 副 (英 extremely) きわめて, とても

extrême-onction [ɛkstrɛmɔ̃ksjɔ̃] 女 〔カト〕終油の秘跡

Extrême-Orient [ɛkstrɛmɔrjɑ̃] 男 極東

extrême-oriental(ale) [ɛkstrɛmɔrjɑ̃tal] 形 (男複 *-aux* [-o]) 極東の

extremis [ɛkstremis] ⇒ **in extremis**

extrémisme [ɛkstremism] 男 (政治思想での)過激主義

extrémiste [ɛkstremist] 形 名 過激派(の)

***extrémité** [ɛkstremite エクストレミテ] 女 ①端, 末端, はずれ; 〈複〉手足; 臨終 ②〔文〕窮地, 苦境, 極限状態; 臨終 ③〈複〉〔文〕極端な手段[行動], 無茶, 暴力行為 ▶ *à la dernière extrémité* 臨終の際に *pousser... à des extrémités* (人)を極端な方向に向かわせる

extrinsèque [ɛkstrɛ̃sɛk] 形 外部からの, 非本質的な

extroverti(e) [ɛkstrɔvɛrti] 形 名 = extraverti

extrusion [ɛkstryzjɔ̃] 女 ①〔地〕(溶岩などの地表からの)流出 ②(プラスチックなどの)押出加工

exubérance [ɛgzyberɑ̃s] 女 元気さ, にぎやかさ; 繁茂, 豊かさ

exubérant(e) [ɛgzyberɑ̃, -ɑ̃t] 形 元気一杯の, 陽気な; 繁茂した, 豊かな

exulcérer [ɛgzylsere] 他 〔医〕潰瘍(かいよう)を生じさせる

exultation [ɛgzyltasjɔ̃] 女 《文》狂喜, 法悦

exulter [ɛgzylte] 自 (...して)大喜びする (*de*)

exutoire [ɛgzytwar] 男 (不満・欲求の)はけ口

exuvie [ɛgzyvi] 女 (昆虫などの)抜け殻

ex-voto [ɛksvɔto] 男 〔不変〕奉納物

eye-liner [ajlajnœr] 男 (< 英) (複 〜-〜s) アイライナー

F

F¹, f¹ [ɛf] 男 ①フランス字母の第6字 ②〔楽〕ヘ音

F², f² [ɛf] ①[略] ①[F] franc[frɑ̃] フラン ②[F] farad[farad] 〔電〕ファラッド ③[F] Fahrenheit [farenajt] 華氏 ④[F] F1, F2, F3...「マンションのタイプ(主室数)を表す」 ⑤[F2] France 2 フランス第2〔フランスのテレビ局〕 ⑥[f] forte[fɔrte] 〔楽〕フォルテ ⑦[f.] fonction[fɔ̃ksjɔ̃] 関数 ⑧[f.] féminin[feminɛ̃] 〔文法〕女性の

fa [fa] 男 〔不変〕〔楽〕(音階の)ファ, ヘ音

F.A.B. 形 〔不変〕(英 F.O.B.) 〔商〕本船渡し〔< franco à bord〕

fable [fabl] 女 寓話(ぐうわ); 《文》作り話; 笑い者, 物笑いの種

fabliau [fablijo] 男 (複 〜x) ファブリオ【13-14世紀の諷刺(ふうし)の韻文】

fablier [fɑblije] 男 寓話(ぐうわ)集

Fabre [fabr] (Jean-Henri~) ファーブル【1823-1915; 昆虫学者】

fabricant(e) [fabrikɑ̃, -ɑ̃t] 名 (英 maker) 製造業者

fabricateur(trice) [fabrikatœr, -tris] 名 捏造(ねつぞう)者, 偽造者

fabrication [fabrikasjɔ̃] 女 ① 製造, 生産 ▶ **fabrication en série** 大量生産 ② 偽造, 捏造

fabrique [fabrik] 女 製造所, 工場

***fabriquer** [fabrike ファブリケ] (英 manufacture, make) 他 ① 製造する, 作る ② でっち上げる; 偽造する ③ 《話》する ▶ **Qu'est-ce qu'il fabrique?** 《話》彼は何をやっているんだ

fabulateur(trice) [fabylatœr, -tris] 形 作り話が好きな; 想像力の ── 名 虚言癖のある人

fabulation [fabylasjɔ̃] 女 作り話, 空想物語; 《古》想像力

fabuler [fabyle] 自 作り話をする, 誇張する

fabuleusement [fabyløzmɑ̃] 副 想像を絶するほど, べらぼうに

fabuleux(se) [fabylø, -øz] 形 想像を絶する, べらぼうな;《文》想像上の, 神話[伝説]の

fabuliste [fabylist] 名 寓話(ぐうわ)作家

fac [fak] 女 《話》大学, 学部(= faculté) ▶ **à la fac** 大学で

***façade** [fasad ファサード] 女 ① (英 front) (建物の)正面 ② (英 appearance) うわべ, 外見 ▶ **Ce n'est qu'une façade.** それはうわべだけでしかない ③ 《話》顔 ▶ **se ravaler la façade**《話》メイクを直す ④ 沿岸地方 ▶ **sur la façade atlantique** 〔フランスの〕大西洋岸では

***face** [fas ファス] 女 ① (英 face) 顔, 面, 硬貨の表; 側面; 様相, 局面; 体面, 面子(めんつ) ▶ **de face** 正面の[から] **en face** (…の)正面の[に] (de); 向かいの[に] **face à face** 向かい合って **Face de rat!** この野郎め! **faire face à** …と向き合う; …に取り組む **l'un en face de l'autre, l'un face à l'autre** お互いに向き合って **pile ou face** (コインの)表か裏か **regarder … en face** …と向き合う, …を直視する **sauver[perdre] la face** 面目を保つ[失う] **se faire face** 向き合う **tomber la face contre terre** 地面に顔から倒れる

face(-)à(-)face [fasafas] 男 (不変) (1対1の)討論; テレビ対談(= ~ télévisé)

face-à-main [fasamɛ̃] 男 (複 ~s-~~) 柄付きめがね

facétie [fasesi] 女 冗談; いたずら

facétieux(se) [fasesjø, -øz] 形 ① 冗談好きの, おどけた ②《文》滑稽(こっけい)な

facette [fasɛt] 女 (多面体の)面 ▶ **à facettes** 多面的な

facetter [fasete] 他 (宝石を)面にカットする

***fâché(e)** [fɑʃe ファシェ] 形 (< fâcher) ① (英 angry) (…に対して)怒った (contre); (人と)仲たがいした (avec) ② 《話 sorry》(…であることが)さっぱりわからない, 苦手な (avec) ③ 《話》(…の毒に)残念な (de, que …);《話》(否定形で)(…であることを)ひそかに喜ぶ (de, que …) ③ (…が)さっぱりわからない (avec)

***fâcher** [fɑʃe ファシェ] 他 (英 make angry) 怒らせる, 不快[残念]がらせる ── 代動 [**se** ~] (英 get angry) …に腹を立てる, 怒る (contre); …と仲たがいする (avec)

fâcherie [fɑʃri] 女 いさかい, 反目

fâcheusement [fɑʃøzmɑ̃] 副 不愉快に; 不都合に, 困った[残念な]ことに

fâcheux(se) [fɑʃø, -øz] 形 困った, 不都合な; 不愉快な, 残念な;《文》(人が)うるさい, 厄介な ▶ **Il est fâcheux de(que)** …は遺憾[残念]である ── 名《文》厄介な人, うるさい人物

facho [faʃo] 形 名《話》ファシスト(的)な(= fasciste)

facial(ale) [fasjal] 形 (男 複 -aux [-o]) 顔面の

faciès, facies [fasjes] 男 顔つき; 面貌(めんぼう), 顔貌(がんぼう)

***facile** [fasil ファシル] 形 (英 easy) やさしい, 楽な, 簡単な; …するのは容易だ, 簡単に…できる; 気さくな, 協調的な, 気安い; 安易な, 軽い; 自由自在な ▶ **avoir la larme facile** 涙もろい **avoir la vie facile** (金に困らない)気楽な生活をする **C'est[Il est] facile de** 不定詞 …するのはやさしい **C'est facile à dire!** 言うのは簡単! **être facile à vivre** 付き合いやすい **facile comme tout[bonjour]** いとも簡単な, 朝飯前の **facile d'accès** 楽に行ける; 簡単に手に入る **l'argent facile** 苦にもうけたお金, あぶく銭 ── 副《話》少なくとも; 優に

***facilement** [fasilmɑ̃ ファスィルマン] 副 (英 easily) 容易に, かんたんに; 少なくとも

***facilité** [fasilite ファスィリテ] 女 ① 容易さ, 簡単さ; 楽なこと;《複》便宜, 手段; 支払いの便宜, 分割払い; 能力, 才能; 資質; 自在さ, 流暢(りゅうちょう)さ ▶ **avoir de la facilité** 器用である **beaucoup de facilité[beaucoup de facilités] pour** …の才能がある **d'une grande facilité d'emploi** とても使いやすい **facilités de paiement** 分割払い ②《文》…やすい傾向, 気質 ③ 寛大さ, 協調性

***faciliter** [fasilite] 他 容易にする, 助ける ── 代動 [**se** ~] 自分の…を楽にする

façon [fasɔ̃ ファソン] 囡 ①(英 way, manner) (…の)仕方, やり方, 流儀 (de); ふるまい, 態度 ▶**à sa façon** 自分のやり方で; 自分なりに *C'est une façon de parler.*〈話〉それはことばのあやだ *de façon à*〔不定詞〕…するように *de façon à ce que* +〔接続法〕…するように *de telle façon que* …, (目的)…するやり方で; (結果)…するので *de toute façon* どのようでも, どっちみち *d'une certaine façon* ある意味では *d'une façon ou d'une autre* なんとかして; どちらにしても *en aucune façon* 全く…ない *faire des façons* もったいぶる *Non merci, sans façon.*〈話・断るときに〉本当にもう結構です *sans façon* 素直に; 遠慮なく; 簡単な; 気さくな ②(仕事の)出来具合, 仕立て, デザイン; 手間賃, 仕立て代; [形容詞的に] …風の, …を模した ▶**à la façon** (仕立や職人など)手間仕事での(り)

faconde [fakɔ̃d] 囡〈文・多くけなして〉能弁; 饒舌(じょう)

façonnage [fasɔnaʒ] 男 加工; 細工

façonnement [fasɔnmɑ̃] 男 性格の形成; 教育

façonner [fasɔne] 他 ①作る; 加工[細工]する; こしらえる; (土地・畑を)手入れする ②(文)(人間を)鍛える, 作り上げる — (代動) [se ~] ①加工[細工]される; 作られる ②(人間が)形成される

façonnier(ère) [fasɔnje, -er] 名 (仕立てや手間仕事の)職人 — 形 〈文〉もったいぶった, 気取った

fac-similé [faksimile] 男 複製, 複写

fac-similer [faksimile] 他 複写する

*facteur¹ [faktœr] 男 ①郵便配達員; (鉄道の)荷物取扱係 ②(ピアノ・オルガンなどの)楽器製造業者

factice [faktis] 形 作り物の, まがいの, 人造の; 不自然な — 男〈文〉作り物; 不自然, 作為

factieux(se) [faksjø, -øz] 形 秩序破壊を目指す, 反逆の — 名 反逆者

faction [faksjɔ̃] 囡 ①過激な集団; 分派 ②歩哨(しょう), 見張り ▶**être de [en] faction** 見張りに立っている

factionnaire [faksjɔner] 男 歩哨(しょう), 番兵

factitif(ve) [faktitif, -iv] 形〔文法〕使役の — 男 使役動詞(= verbe ~)

factoriel(le) [faktɔrjel] 形 因子の, 因数の — 囡〔数〕階乗

factorisation [faktɔrizasjɔ̃] 囡〔数〕因数分解

factoriser [faktɔrize] 他〔数〕因数分解する

factotum [faktɔtɔm] 男〈くラ〉一切を取り仕切る人, 執事

factuel(le) [faktɥɛl] 形 事実に関する

facturation [faktyrasjɔ̃] 囡 請求書[送り状]の作成(課)

*facture¹ [faktyr ファクチュール] 囡 〈英 bill〉請求書, 計算書; 送り状; 〈話〉損害, つけ ▶**établir une facture** 請求書を作成する *payer la facture* 勘定を支払う

facture² [faktyr] 囡 ①〔文学〕表現様式, 仕上がり ②楽器製造

facturer [faktyre] 他 (人に)の請求書を出す, 代金を請求する(à)

facturette [faktyret] 囡 (銀行カードなどの)利用明細票

facturier(ère) [faktyrje, -er] 名 請求書[送り状]係の — 男 仕切り帳, 帳簿

facultatif(ve) [fakyltatif, -iv] 形 任意の, 随意の ▶**arrêt facultatif** (バスの)随時停車

facultativement [fakyltativmɑ̃] 副 随意に, 任意に

*faculté [fakylte ファキュルテ] 囡 ①(英 faculty) 能力, 才能; 機能; 可能性, 余地 ②学部, 大学 ③〈古〉[F-] 医学部; 〈話〉医師団

fada〔両名 [話・南仏]少し頭のおかしい(人)

fadaise [fadez] 囡〔通例複〕くだらないこと, たわごと; だじゃれ

fadasse [fadas] 形〈話〉まずい, 味がない; (色が)くすんだ

fade [fad] 形 まずい, 味のない; (色が)くすんだ, あせた; むっとする; つまらない, 退屈な

fadé(e) [fade] 形〈話・皮肉的〉上出来の, 傑作の

fadeur [fadœr] 囡 味のなさ, まずさ; むっとするにおい; 精彩のなさ, つまらなさ; (複)くだらない話, 見え透いたお世辞

fado [fado] 男〔楽〕ファド〔ポルトガルの大衆歌謡〕

faf [faf] 男〈話〉ファシスト

fagot [fago] 男 たきぎ束, 柴の束 ▶**de derrière les fagots** (ワインが)秘蔵の, とっておきの; すばらしい *fagot d'épines* 気難し屋 *sentir le fagot* 異端の気がある, うさんくさい

fagotage [fagɔtaʒ] 男 変な身なり

fagoter [fagɔte] 他〈話〉センスのない(みっともない)身なりをさせる

Fahrenheit [farenajt] 形(不変) 華氏の〔略 F〕

faiblard(e) [feblar, -ard] 形〈話〉やや弱い; 力に欠ける

*faible [febl フェブル] 形〈英 weak〉弱い, 貧弱な, 力のない, もろい, 脆弱(ぜい)な; (意志の)弱い, 甘い, 気の弱い; 能力の乏しい, 成績の悪い; (ものごとに)弱い (en, à); かすかな, わずかな, 微量な

faiblement

(の;(濃度の)薄い ►*économicament faible* 経済的弱者の,所得の低い *être faible avec*(人)に甘い *être faible de* (ou *du coeur, de caractère*) 体[心臓,気]が弱い *être faible d'esprit* 意志が弱い *le point faible* 弱点 *le sexe faible* 女性 *tomber faible* (話)気絶する
— 名 弱者; 意志薄弱な人
—[男] 弱点; 嗜好(こう), 目がないこと ►*avoir un faible pour* …に目がない

faiblement [fεbləmɑ̃] 副 弱く, かすかに

*__faiblesse__ [fεblεs] フェブレス 女 (英 weakness) 弱さ; 貧弱; 能力[知力]の乏しさ; 価値のなさ; 気の弱さ, 甘さ; 弱点; 欠陥; 過ち; (古)(女性が)男の誘惑に負けてしまうこと ►*abus de faiblesse* [刑法]弱者の濫用 *avoir la faiblesse de …* …ついしてしまう ►*tomber en faiblesse* (古)気絶する

faiblir [fεbliʀ] 自 33 弱くなる,衰える,鈍る,たわむ,崩れる;力が抜ける;風などが弱まる,(作品などが)力が落ちる;(精彩を失う

faïence [fajɑ̃s] 女 陶器

faïencerie [fajɑ̃sʀi] 女 《集合的》陶器; 陶器製造[販売](業)

faïencier(ère) [fajɑ̃sje, -εʀ] 名 陶器製作[販売]業者 — 形 陶器を作る[売る]

faillai …, faillant … ⇨*faillir*

faille¹ [faj] 女 [地]断層; (議論などの)飛躍, 欠落; (友情などの)ひび ►*sans faille* (友情などが)揺るぎない; (論理などが)欠点のない, 厳密な

faille² [faj] 女 ファイユ《衣服などの生地になる横うねの絹織物》

failler [faje] 代動 [se ～] 〔地〕断層を生じる

failli(e) [faji] 形名 (<*faillir*) 破産した(人)

faillibilité [fajibilite] 女 誤る可能性

faillible [fajibl] 形 誤る可能性がある; 誤りやすい

*__faillir__ [fajiʀ] ファイイール 自 [日常語としては不定詞・複合時制のみ;変活 分詞 *failli*] ①[不定詞とともに]危うく…しそうになる, もう少しで…するところだ ②(文)…に背く, 怠る(à) ►*faillir à son devoir [sa parole]* 義務を果たさない, 約束を守らない

faillite [fajit] 女 破産; 失敗, 破綻(ほん), 挫折 ►*en faillite* 破産した *faire faillite* (企業が)破産する;(計画などが)破綻をきたす

faim [fε̃] ファン 女 (英 hunger) 空腹, 飢え; 飢饉(きん); 渇望 ►*avoir faim* おなかがすいている ►*avoir une faim de loup [une de ces faims]* 腹ぺこである *donner faim* 空腹感を与える *laisser … sur sa faim* (人)を欲求不満のままにしておく *manger à sa faim* 腹いっぱいに食べる *rester sur sa faim* まだおなかがすいている; 満足がいかない

---

faine, faîne [fεn] 女 ブナの実

fainéant(e) [feneɑ̃, -ɑ̃t] 形名 怠け者(の)

fainéanter [feneɑ̃te] 自 のらくら暮らす

fainéantise [feneɑ̃tiz] 女 のらくらすること,怠惰

*__faire__ [fεʀ] フェール 他 31 ①(英 do) 作る,行なう ②(ある距離を)進む ►*faire 100 km/h* 時速100キロで進む *faut le faire* (話)まったくすごい[ひどい],誰にでもできることじゃない,たいしたものだ *faire à* (話)(人)をだます *Que fait-il?* 彼の仕事はなんですか ②(科目・宿題などをやる; 競技を; 演奏する ►*faire de la box* ボクシングをする ►*faire du violon* バイオリンを弾く ③演じる, ふりをする *faire l'enfant* 子供じみたことをする ④(英 make) 作る, 製作する, 構成する ►*faire un film* 映画をつくる *Le monde est ainsi fait*. 世の中はこうしたものなんだ ⑤(値段で)売る;(計算・金額が)…になる ►*Ça fait 100 euros*. 100ユーロになる *Deux et Deux font quatre*. 2＋2＝4 ⑥[不定詞とともに](使役)…させる,させてやる,させてもらう *faire manger* 食べさせる *faire venir* 来てもらう ⑦[他の動詞に代わって]►*As-tu payé la note? -Non, c'est lui qui l'a fait*. あなたが払ったのですかーいいえ,彼が払いました ⑧結果をもたらさせる ►*Ça commence à bien faire.*（反語的）もうたくさんだ, もういいかげんにしろ *ça fait que …* それはつまり…ということだ *Ça ne fait rien*. かまいません; 大したことはありません

— 自 ①行動する ►*faire vite* すばやく行なう *Fais comme tu veux*. 好きなようにしなさい *Faites comme chez vous*. 楽にしてください *savoir y faire* (話)やり方を心得ている ②…のように見える ►*faire jeune [vieux]* 若く[老けて]見える ③効果がある ►*faire bien n'y fait*. どうしようもない ④(話)大[小]便をする
— 非人称 ①(気候・明暗などを表す)►*cela [ça] fait A que* …してからA(期間)になる *il fait bon [beau, mauvais]* 天気明 …するのは快適だ[つらい] *il fait chaud [frais, du vent]*. 暑い[涼しい,風がある] *Il fait nuit*. 夜になる[で]ある, 暗くなってきた
— 代動 [se ～] ①自分のために…をつくる; 作られる, 出来る ►*Il s'est fait beaucoup d'ennemis*. 彼はたくさんの敵をつくった *se faire des amis* 友達をつくる ②礼儀にかなう; 流行する ►*Cela ne se fait pas*. そういうことはしないものです ③[形容詞を伴って]…になる ►*Il se fait tard*. 遅くなりかけている ►*se faire vieux* 老けてくる, 年をとる ④[不定詞とともに]…される; してもらう ►*Faut se le faire!* (話)本当にあいつはやなやつだ *se faire comprendre*

自分の考え[言いたいこと]を理解させる **se faire couper les cheveux** 髪を切ってもらう **s'en faire** 心配する;気に病む

── 男 〔文〕行為, 行動;(芸術上の)手法, 技巧

faire-part [fɛrpar] 男 〔不変〕 通知状, 招待状

faire-valoir [fɛrvalwar] 男 〔不変〕 ①引き立て役 ②農地の開拓

fair-play [fɛrplɛ] 形 〔不変〕 (英)フェアプレイの

fais [fɛ] ⇨faire

faisabilité [fəzabilite] 女 (事業などの)実行可能性 ►**étude de faisabilité** フィージビリティースタディ『事業の採算などを調査する』

faisable [fəzabl] 形 実行可能な

faisan(e) [fəzɑ̃, -an] 名 〔鳥〕キジ(雄)

faisandé(e) [fəzɑ̃de] 形 名 (<faisander) (野鳥・獣の肉が腐るぎりぎりになった)物, 腐りかけた(物);(古)〔廃退〕した(物);いかがわしい, うさんくさい(物)

faisandeau [fəzɑ̃do] 男 〔複~x〕キジ(雄)のひな

faisander [fəzɑ̃de] 他 (野禽獣の肉を)ねかせて味をだす

faisanderie [fəzɑ̃dri] 女 キジの飼育場

faisant [fəzɑ̃] faire の現在分詞

faisceau [fɛso] 男 〔複~x〕束;ひとまとまり;(物)光線束, ビーム;〔解〕繊維束;〔軍〕叉銃 ►**faisceau laser** レーザービーム **faisceau lumineux** 光線束

faiseur(se) [fəzœr, -øz] 名 …を作る人; …が好きな人間, …好き (**de**) ► **faiseuse d'anges** (古) (違法に)堕胎を商売にする人 ── 男 目立ちがり屋

faisons [fəzɔ̃] faire の直・現〔命〕・1・複

faisselle [fɛsɛl] 女 チーズの水切りかご

:**fait**[1] [fɛ フェ] 男〔単数で音の区切りの前では[fɛt]となりやすい〕〔英仏〕 事実, 事, 事柄, 出来事;(文)行為;事業, 犯行;本題, 本論;話題 ►**aller (droit) au fait** 本題に入る **au fait** ところで **C'est un fait (que …)** (…なのは)事実[本当]だ **de ce fait** そういうわけで **de fait / en fait / par le fait** 事実上の, 実際は **dire son fait à** (人)に事の真相を話す **du fait de [que]** …のため, …の理由で **en venir au fait** 本題に入る **être le fait de …** の結果である **fait accompli** 既成事実 **fait de société** (問題)国事 **fait divers** (新聞の)三面記事;出来事 **Le fait est que…** 実は **les faits et gestes** (全)行動, (人の行動の)一部始終 **mettre… au fait de** (人)に…について知らせる **prendre… sur le fait** (人)の犯行の現場を押さえる **prendre**

fait et cause pour (人)を擁護[援護]する **tout à fait** まったく;(受け答えで)まさにそのとおりです

fait[2] **(e)** [fɛ, fɛt] 形 (<faire) ①(英made)作られた, できた;行われた;手入れをした, 化粧した (**pour**); …に成熟した ►**C'est bien fait pour toi!** ざまあみろ **fait(e) pour** …に向いている, …に適した **tout fait** 既製の, できあいの ②(話)(警察に)捕まる

faîtage [fɛtaʒ] 男 〔建〕棟木(ぬ), 甍(い), (文)屋根

faîte [fɛt] 男 (建物の)棟;てっぺん, 頂

faîteau [fɛto] 男 〔複~x〕(金属・陶製の)棟飾り

faites [fɛt] faire の直・現〔命〕・2・複

faîtière [fɛtjɛr] 形 〔建〕棟の ── 女 ①棟瓦 ②天窓

faitout, **fait-tout** [fɛtu] 男 〔複 faitouts, fait-touts は不変〕シチュー鍋, 深鍋

faix [fɛ] 男 〔文〕重荷

fakir [fakir] 男 ①(インドの)托鉢(た)僧;(イスラムの)苦行者 ②超能力ネタの手品を見せる大道芸人

falaise [falɛz] 女 (特に海岸の)断崖(がい), 絶壁

falbala [falbala] 男 ①(複)ごてごてした飾り, 華美な装い ②(昔の)裾(ま)飾り

falconidés [falkɔnide] 男 〔鳥〕ハヤブサ科

falconiformes [falkɔnifɔrm] 男 〔複〕猛禽(*)類

fall …⇨falloir

fallacieux(se) [fa(l)lasjø, -øz] 形 偽りの, まぎらわしい;うわべだけの, まことしやかな

:**falloir** [falwar ファロワール] 非人称 32 ①[il faut…] …が必要である, かかる ②[il faut + 不定詞] / il faut que + 接続法] …しなければならない, …すべきだ;…に違いない;必ず…する ►**comme il faut** きちんと, 申し分なく;[形容詞的に]きちんとした, 立派な **Faut le faire!** 全くすごい[ひどい], たいしたものだ **Il faut voir!** 見てみないとね, さあどうだね **Il ne fallait pas!** そんなことしなくてよかったのに

── 代動〔s'en ~〕〔非人称〕 **Il s'en faut de …** …だけ足りない ►**Il s'en faut. / Loin s'en faut. / (文) Tant s'en faut. / Il s'en faut de beaucoup!** それどころではない;その反対だ **Peu s'en faut. / Il s'en faut de peu (d'un rien)** 同然だ, もう少しのところだ **Peu s'en faut que** 接続法 危うく[もうすこしで]…するところだった

falot[1] **(e)** [falo, -ɔt] 形 精彩のない, 影の薄い

falot[2] [falo] 男 ①(大型の)角灯 ②軍法会議

falsificateur(trice) [falsifikatœr, -tris] 名 偽造[変造]者;(酒などに)混ぜ

falsification [falsifikasjɔ̃] 女 偽造, 変造, ごまかし; 混ぜものをすること

falsifier [falsifje] 他 偽造[変造]する; 歪曲(わいきょく)する

falun [falœ̃] 男 ファルン【貝殻が堆積してできた岩】

falzar [falzar] 男 《話》ズボン

famé(e) [fame] 形 〘成句でのみ〙 ► **mal famé** 評判の悪い

famélique [famelik] 形 飢えている, やせた

fameusement [famøzmɑ̃] 副 《話》とても, 非常に

*‡**fameux(se)** [famø, -øz ファム(ーズ)] 形 《英 famous》① 〘名詞の前で〙例の, 問題の; 《話》とびきりの, ひどい; すばらしい ► *pas fameux* 《話》ぱっとしない, かんばしくない ② 〘名詞の後ろで〙(皮肉で)有名な, 名高い

*‡**familial(ale)** [familjal ファミリヤル] 形 (男複 -aux[-o]) 家族の, 家庭の ► *allocations familiales* 家族手当, 扶養手当 — 女 ワゴン車(= voiture ~)

familiariser(se) [familjarize] 他 (…に)慣れさせる, 習熟させる《avec》— 代動 〘se ~〙(…に)慣れる, (…と)親しくなる《avec》

familiarité [familjarite] 女 親しさ, 親密さ, 慣れ; 《複》なれなれしい態度, くだけた表現

*‡**familier(ère)** [familje, -er ファミリエ(ール)] 形 《英 familiar》慣れ親しんだ; (人に)なじみの; (人に対して)なれなれしい, 無遠慮な《avec》; (表現が)くだけた, 平易な — 男 〘女性にも男性形を用いる〙親しくしている人; なじみ, 常連

familièrement [familjɛrmɑ̃] 副 親しく, なれなれしく; 俗に, くだけた言葉で

*‡**famille** [famij ファミーユ] 女 《英 family》家族(の人), 家庭; 子供たち(= petits ~); 親族, 親戚(しんせき), 一族; 家柄; 集団, グループ; 一派; 〔生〕科; 〔言〕語族 ⇒〔コラム: 家族〕 ► *C'est de famille.* 《話》それは家系の血筋だ *en famille* 家族ぐるみで[の] *entrer dans une famille* 家族になる *famille d'accueil* ホストファミリー *famille éloignée* 遠い親戚 *famille nombreuse* 大家族 *famille proche* 近い親戚

famine [famin] 女 飢饉(ききん), 飢え

fan [fan] 名 (< 英) 《話》(俳優などの) ファン

fana [fana] 形 名 《話》= fanatique

fanage [fanaʒ] 男 刈り草の乾燥

fanal [fanal] 男 (複 -aux[-o]) (港などの)標識灯; (船の)舷灯; (馬車などにつける)角灯

fanatique [fanatik] 形 《英 fanatic》狂信的な; (…に)熱狂的な《de》— 名 狂信者; 熱狂的愛好者, ファン

fanatiquement [fanatikmɑ̃] 副 狂信的に; 熱狂的に

fanatiser [fanatize] 他 狂信的にする; 熱狂させる

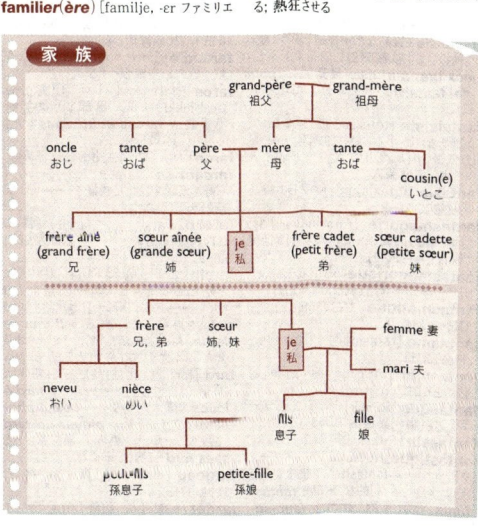

家族

fanatisme [fanatism] 男 狂信(的行為); 盲目的信仰

fandango [fɑ̃dɑ̃go] 男 〔くス〕ファンダンゴ〔スペインの4分の3または8分の6拍子の踊りまたはその曲〕

fane [fan] 女 (にんじんなどの)葉

fané(e) [fane] 形 (<faner) しおれた, 色あせた; しぼんだ, 年老いた

faner [fane] 他 (刈り草などを)乾かす; (花などを)しおれさせる ── 代動 [se ~] しおれる; (活力や輝きなどが)失われる

faneur [fancer, -øz] 名 〔古〕(刈り草乾燥機) 女 刈り草乾燥機

fanfare [fɑ̃far] 女 楽隊, ブラスバンド; (トランペットなどの)華やかな楽曲, ファンファーレ ▶**en fanfare** 大々的に, 派手に

fanfaron(ne) [fɑ̃farɔ̃, -on] 形 名 虚勢を張る(人); ほらを吹く(人)

fanfaronnade [fɑ̃faronad] 女 からいばり, 大ぼら

fanfaronner [fɑ̃faronne] 自 からいばりする; ほらを吹く

fanfreluche [fɑ̃frəlyʃ] 女 (価値のない)装飾品, 飾り

fange [fɑ̃ʒ] 女 〔文〕泥(水); 汚濁

fangeux(se) [fɑ̃ʒø, -øz] 形 〔文〕泥だらけの; 卑しい, 悪徳にまみれた

fanion [fanjɔ̃] 男 小旗, 団体旗

fanon [fanɔ̃] 男 鯨のひげ; (牛などの)咽喉(にのど)の垂れ肉; (七面鳥の)肉垂

***fantaisie** [fɑ̃tezi] ファンテズィ 女 ①気まぐれ, 思いつき ②奇抜さ, 独創性(創作上の奔放な)空想力 ③気取らない〔自由な〕作品; 〔楽〕幻想曲 ④▶**de fantaisie** (製品などが)普通と違う, 変わり種の ⑤形容詞的に同格で ▶**bijoux (de) fantaisie** 模造宝石 **pain (de) fantaisie** (一個単位で売られる)特製パン

fantaisiste [fɑ̃tezist] 形 気まぐれな, 気ままな; 勝手な, いい加減な ── 名 ①気まぐれ,風変わりな人, いい加減な人 ②〔古〕寄席芸人

fantasia [fɑ̃tazja] 女 (アラビア騎兵の)馬隊演

fantasmagorie [fɑ̃tasmagori] 女 幻影, 夢幻の光景; 魔術幻灯〔19世紀に流行した幻灯〕

fantasmagorique [fɑ̃tasmagorik] 形 夢幻的な, 怪異な; 魔術幻灯の

fantasmatique [fɑ̃tasmatik] 形 幻影の, 幻想の

fantasme [fɑ̃tasm] 男 幻影, 幻想; 〔精医〕幻想

fantasmer [fɑ̃tasme] 自 幻想〔幻影〕にとりになる

fantasque [fɑ̃task] 形 ①気まぐれな ②〔文〕(物が)異様な, 風変わりな

fantassin [fɑ̃tasɛ̃] 男 歩兵

***fantastique** [fɑ̃tastik] ファンタスティク 形 ①(英 fantastic) 空想上の, 架空の; 幻想(怪奇)的な ▶**film fantastique** 幻想映画 **roman fantastique** 幻想小説; 怪奇小説 ②〔話〕途方もない; すばらしい ── 男 幻想的なもの(作品), 幻想(怪奇)趣味

fantastiquement [fɑ̃tastikmɑ̃] 副 途方もなく, すばらしく; 幻想的に

fantoche [fɑ̃tɔʃ] 男 ①同格で形容詞的にも用いられる] 人の意のままになる人, 操り人形

fantomatique [fɑ̃tɔmatik] 形 幽霊のような; 不気味な

fantôme [fɑ̃tom] 男 ①幽霊, 亡霊; 幻影; 悩ましい思い出, 妄想 ②〔話〕(亡霊のような)やせっぽち ▶**un fantôme de** ...... 見せかけだけの…, …の影 ③[同格で形容詞的に] 幽霊の, 幻の; 有名無実の, 非実在の ▶**bateau fantôme** 幽霊船 **cabinet fantôme** (イギリスの)影の内閣

FAO (英 CAM) fabrication assistée par ordinateur 〔情報〕コンピュータ支援製造

faon [fɑ̃] 男 子鹿

FAQ [fak] 女 〔不変〕 (<英 Frequently Asked Questions) よくある質問

faquin [fakɛ̃] 男 〔古〕下司(げす)な人間

far [far] 男 (ブルターニュの)プラム入りケーキ

farad [farad] 男 〔電〕ファラッド〔静電容量単位〕

faraday [farade] 男 〔電〕ファラデー〔かつての電荷単位〕

faramineux(se) [faraminø, -øz] 形 〔話〕(数・量が)途方もない, 法外な

farandole [farɑ̃dɔl] 女 ファランドール〔プロヴァンス地方の列になって踊る8分の6拍子の民族舞踊とその曲〕

faraud(e) [faro, -od] 形 名 〔話〕気取った(人), 見栄を張った(人)

***farce¹** [fars ファルス] 女 ①(英 practical joke)いたずら, 悪ふざけ(ぶ) ②笑劇; 茶番劇 ▶**farces et attrapes** いたずら用の玩具(がん)

***farce²** [fars ファルス] 名 〔料〕詰め物

farceur(se) [farsœr, -øz] 名 いたずら好きな人; ほら吹き; 冗談好きの人 ── 形 冗談好きの

farci(e) [farsi] 形 (<farcir) 〔料〕ひき肉などを詰めた; (…が)詰め込まれた (de)

farcir [farsir] 他 ③③ ①〔料〕(ひき肉などの)詰め物をする ②(…を)詰め込ませる (de) ── 代動 [se ~] ①〔話〕(いやなことを)する, いやいや行う ②(人に)飽き飽きする ③〔俗〕(人と)寝る, やる ④たらふく食う (de) (人と)寝る, やる

fard [far] 男 化粧品, 紅白粉(おしろい); (役者の)ドーラン (=~ **gras**) ▶**fard à joues** 頬紅, ブラッシャー **fard à paupières** アイシャドー **piquer un fard** 〔話〕頬が赤らめる, 顔を赤らめる **sans fard** 自然な, 率直な

fardeau [fardo] 男 [複~x] 重荷; 負担, 責任; 辛いこと

farder [farde] 他 〔文〕化粧する; 〔文〕ごま

farfadet [farfadɛ] 男 妖精
farfelu(e) [farfəly] 形 《話》突飛な；風変わりな；馬鹿げた，滑稽(ﾃﾞ)な ― 名 《話》突飛[風変り]な人
farfouiller [farfuje] 自 《話》(探すために)ひっかき回す
faribole [faribɔl] 女 《話》くだらない話[こと]
farinacé(e) [farinase] 形 粉状の
*****farine** [farin] 女 《英 flour》(穀物の)粉；小麦粉 (= ~ de froment [blé])；肉骨粉 ▶**farine complète** 全粒小麦粉，**farine de poisson** フィッシュミール，**farine de sarrasin** そば粉，**farines animales** 動物性飼料，肉骨粉
fariner [farine] 他 粉[小麦粉]をふりかける
farineux(se) [farinø, -øz] 形 澱粉質の；粉状の；粉で白くなった ― 男 《複》澱粉質の野菜《インゲン豆などが多い》
farniente [farnjɛnte, farnjɑ̃t] 男 《イ》ぐうたらな生活，安逸，無為
faro [faro] 男 ファロ《ベルギー産の酸味の強いビール》
farouche[1] [faruʃ] 男 《植》ベニバナツメクサ《家畜の飼料》
farouche[2] [faruʃ] 形 ①人に馴れていない；野生の；人見知りする；社交性のない ②粗野な，激しい
farouchement [faruʃmɑ̃] 副 激しく
fart [far, fart] 男 スキー用ワックス
fartage [fartaʒ] 男 (スキーへの)ワックスがけ[塗り]
farter [farte] 他 (スキーに)ワックスを塗る
far-west [farwɛst] 男 《英》 [le F-W-] (アメリカ合衆国の)極西部；未開拓の無法地帯
fascia [fasja] 男 《解》筋膜
fasciation [fasjasjɔ̃] 女 《植》(茎や枝の異常な)帯化(ﾀｲ)
fascicule [fasikyl] 男 分冊
fascinant(e) [fasinɑ̃, -ɑ̃t] 形 魅惑的な
fascination [fasinasjɔ̃] 女 魅惑，幻惑；にらんで射すくませること ▶**exercer une fascination** (人を)魅惑する (sur)
fasciner [fasine] 他 魅惑する；悩殺する；(視線で)射すくませる
fascisant(e) [faʃizɑ̃, -ɑ̃t] 形 ファッショ的な
fascisation [faʃizasjɔ̃] 女 ファッショ化
fasciser [faʃize] 他 ファッショ化する
fascisme [faʃism] 男 ファシズム
fasciste [faʃist] 名 形 ファシスト(の)
fasce … falte
faste[1] [fast] 男 豪華，豪奢(ｺﾞｳ)の(誇示)

faste[2] [fast] 形 運の向いた ▶**jour faste** 吉日
fast-food [fastfud] 男 《英》ファストフード店
fastidieux(se) [fastidjø, -øz] 形 退屈な，うんざりする
fastoche [fastɔʃ] 形 《話》簡単な，やさしい
fastueux(se) [fastɥø, -øz] 形 豪華な，ぜいたくな；ぜいたく好きの
fat [fa(t)] 形 男 うぬぼれの強い(人)
*****fatal(ale)** [fatal ファタル] 形 《男複 -als》①運命の，宿命の；避け難い，必然的な ②(人に)致命的な，害のある (à) ▶**femme fatale** 男を破滅させる女，妖婦(ﾌ)
fatalement [fatalmɑ̃] 副 否応なく，どうしても；宿命的に
fatalisme [fatalism] 男 運命論；あきらめ(の態度)
fataliste [fatalist] 名 形 運命論者(の)
fatalité [fatalite] 女 《英 fate》運命，宿命；不運；不可避性，必然
fatidique [fatidik] 形 運命の定めた；運命を啓示する
fatigant(e) [fatigɑ̃, -ɑ̃t] 形 《英 fatiging, tiresome》疲れさせる，くたびれる；うんざりさせる
*****fatigue** [fatig ファティーグ] 女 《英 fatigue》疲れ，疲労；辛いこと[仕事] ▶**fatigue des métaux** 金属疲労 **tomber** (**être**) **mort de fatigue** 死ぬほど疲れる
*****fatigué(e)** [fatige ファティゲ] 形 《< fatiguer》《英 tired》疲れた；《…に》古された；《…に》飽きた；《話》使い古された；(話)使い古された；(に》うんざりする (de)
*****fatiguer** [fatige ファティゲ] 他 《英 tire》疲れさせる，うんざりさせる，悩ませる；酷使する，使い古す；《話》よくかき混ぜる ― 自 《se ~》《話》疲れる；(…に)うんざりする (de)；《話》むだな努力[苦労]する；(自分の)…を疲れさせる ▶**se fatiguer à** …へとへとになるまで…する，懸命に[苦労して]…する
fatma [fatma] 女 (北アフリカの)アラブの女中
fatras [fatra] 男 がらくたの山
fatuité [fatɥite] 女 うぬぼれ，自己満足
fatum [fatɔm] 男 《ラ》《文》運命，宿命
fatwa [fatwa] 女 ファトワー《イスラム法に関して法学の権威者が提出する意見》
faubourg [fobur] 男 ①都市の周辺部，郊外，場末 ②(パリなどの昔城壁外だった)街；(街路名として)通り
faubourien(ne) [foburjɛ̃, -ɛn] 名 (多くパリの)場末の住人，労働者
faucard [fokar] 男 (水草を刈るための長柄の)草刈り鎌
faucarder [fokarde] 他 鎌で水草を刈る

fauchage [foʃaʒ] 男 ①刈り入れ，草刈り ②(機銃などの)掃射

fauche [foʃ] 女 ①《話》一文無し ②盗み，盗品

fauché(e) [foʃe] 形 (< faucher)《話》文無しの ── 名《話》文無しの人

faucher [foʃe] 他 ①鎌で刈る ②なぎ倒す ③《話》盗む

faucheur(se) [foʃœr, -øz] 名 刈り取る人 ── 女 ①刈取機 ②[la F-]死

faucheux [foʃø] 男 [虫] メクラグモ

faucille [fosij] 女 半月形の鎌

faucon [fokɔ̃] 男 [鳥] ハヤブサ，タカ，(政治的)タカ派

fauconneau [fokɔno] 男 (複 ~x) ハヤブサのひな

fauconnerie [fokɔ̃nri] 女 ①鷹(たか)狩り ②鷹小屋

fauconnier [fokɔnje] 男 鷹匠(たかじょう)

faudr... ⇒**falloir**

faufil [fofil] 男 しつけ糸

faufiler [fofile] 他 仮縫いする，しつけをする ── 代動 [se ~] (巧みに)忍び込む (dans); すり抜ける (entre)

faune¹ [fon] 男 [ギ神] 牧神

faune² [fon] 女 ①動物相 ②《軽蔑的》(ある場所の)常連衆

faussaire [foser] 名 (紙幣などの)偽造(ぎぞう)犯

fausse [fos] 形 faux¹ の女性形

faussement [fosmɑ̃] 副 ①誤って，間違って ②偽って

fausser [fose] 他 〔英 distort〕 ゆがめる，ねじ曲げる；(判断を)狂わせる ▶ **fausser compagnie à** ...から突然いなくなる ── 代動 [se ~] ゆがむ；変わる；調子が狂う

fausset¹ [fose] 男 裏声；[楽] ファルセット

fausset² [fose] 男 樽の栓

fausseté [foste] 女 誤り，不正確；不誠実

faut [fo] ⇒**falloir**

:faute [fot フォト] 女 〔英 mistake〕 過ち，間違い，罪，道徳的過ち；失敗，不手際；〔英 fault〕落ち度，責任；[スポーツ] 反則；...の不足 (de) ▶ **être relâché faute de preuves** 証拠不十分で釈放される **faute d'argent** 資金不足で **faute de frappe** タイプミス **faute de goût** 趣味の悪さ **faute de mieux** 次善の策として **faute de quoi** (前文を受けて)さもないと **faute de temps** 時間がないので **faute professionnelle** 業務上過失 ── **en faute** (人)の過ちの現場を押さえる **sans faute** 間違いなく

fauter [fote] 自 《話·古》(女性が)身を誤る

:fauteuil [fotœj フォトゥイユ] 男 〔英 armchair〕ひじ掛け安楽いす；(劇場などの)座席；(議長・アカデミー会員の)席 ▶ **arriver dans un fauteuil** (競争などで)楽に一番になる **fauteuil à bascule** 揺り椅子 **fauteuil d'orchestre** (劇場の)1階席 **fauteuil roulant** 車いす

fauteur(trice) [fotœr, -tris] 名 (暴動などの)扇動者，挑発者

fautif(ve) [fotif, -iv] 形 過ちを犯した，罪[責任]のある，間違い[欠陥]のある ── 名 過ちを犯した人，罪[責任]のある人

fautivement [fotivmɑ̃] 副 誤って

fauve [fov] 形 ①淡黄褐色の ②[美術] フォーヴィスムの ── 男 ①(ネコ科の)野獣，猛獣(= bête ~)《ライオン・トラなど》 ②淡黄褐色 ③[les F-s] フォーヴィスムの画家

fauvette [fovɛt] 女 [鳥] ウグイス科の小鳥

fauvisme [fovism] 男 [美術] フォーヴィスム，野獣派

:faux¹(sse) [fo, fos フォ(ス)] 形 〔英 false〕 間違った，誤った，にせの，本物でない；見せかけの；根拠[いわれ]のない；調子の狂った[外れた]；不自然な；基準からずれた；あいまいな；不誠実な ▶ **avoir tout faux** 何もかもが間違っている，おかしくなる **fausse couche** 流産 **fausse nouvelle** 誤った報道 **faux ami** (言) 空似言葉 [2か国語間で見た目が似ていて意味がちがう単語] **faux col** 取り外しのできる襟；ビールの泡 **faux comme un jeton** 腹黒い，偽善的 **faux cul**《話》裏表のあるやつ，偽善者 **faux départ** フライング **faux frère** 偽りの友 **faux jeton** 偽善者 **faux nom** 偽名 **faux pas** つまずき; 失敗 **Il est faux de [que]** ...は「間違い[嘘]だ」

── 副 間違って；不正確に ▶ **chanter faux** 調子外れに歌う

── 男 虚偽；にせもの，偽造[模造]品，贋作(がんさく)；(文書などの)偽造

faux² [fo] 女 (長柄の)鎌(かま)

faux-filet [fofilɛ] 男 (牛肉の)サーロイン

faux-fuyant [fofɥijɑ̃] 男 逃げ口上

faux-monnayeur [fomɔnɛjœr] 男 にせ金作り，通貨偽造者

faux-semblant [fosɑ̃blɑ̃] 男《文》策略，口実，うそ

favela [favela] 女 (ブラジルの)スラム街，バラック街

:faveur [favœr ファヴール] 女 〔英 favor〕特別のはからい，優遇；人気，好意；《文》愛顧，寵愛(ちょうあい)；(楓)(古)(女が男に与える)愛のあかし ▶ **à la faveur de la nuit** 夜に乗じて **billet de faveur** 優待券 **en faveur de** ...の有利なこと **gagner la faveur du public** 大衆の支持を得る **traitement de faveur** 特別待遇

:favorable [favɔrabl ファヴォラブル] 形 (...に)好意的な (à); 好都合[有利]な

favorablement [favorabləmɑ̃] 副 好意的[有利]に

***favori(te)** [favɔri, -it] ファヴォリ(ット) 形 favorite (英 favorite) ①気に入りの ②(馬が)本命の ― 名 ①《古》お気に入りの人 ― 男 ①(王侯の)寵愛 ②本命馬 ③(話) 頬ひげ, もみあげ ― 女 (王侯の)愛妾(ホェォ), 寵妃(ルォ゙ゥ)

***favoriser** [favɔrize] 他 19 ファヴォリゼ (英 favor) ①優遇する, ひいきにする ②奨励[促進]する, 助ける

favorite [favɔrit] 形 女 favori の女性形

favoritisme [favɔritism] 男 えこひいき, 情実

favus [favys] 男 [医] 黄癬(ホォ゙ォ)

fax [faks] 男 ファックス ▶ envoyer ... par fax ... をファックスで送る

faxer [fakse] 他 ファックスする

fayot [fajo] 男 ①(話) インゲンマメ ②(話) やたらと職人や上司[兵士]に点取り虫, 再役下士官

fayoter [fajɔte] 自 (話) (軍隊・学校で)がむしゃらにする; 熱心がる

féal(ale) [feal] 形 (男複 -aux [-o]) (文) 忠実な ― 名 (文・ふざけて) 忠実な味方[友], 信奉者

fébrifuge [febrifyʒ] 形 解熱(ラ゙ッ)の ― 男 解熱剤

fébrile [febril] 形 (少し)熱のある; 熱に浮かされたような, ひどく興奮した

fébrilement [febrilmɑ̃] 副 熱に浮かされたように

fébrilité [febrilite] 女 発熱状態, 極度の興奮

fécal(ale) [fekal] 形 (男複 -aux[-o]) 糞便(ﾌ゙ﾝ)の ▶ matières fécales [医] (人の)糞便

fèces [fɛs] 女 《複》 糞便(ﾍﾞﾝ)

fécond(e) [fekɔ̃, -ɔ̃d] 形 多産の, 生殖[繁殖]力のある; 豊かな (…に)富んだ (en)

fécondable [fekɔ̃dabl] 形 (卵が)受精可能な, (雌が)受胎可能な, 妊娠可能な; 肥沃(ﾖ゙ｸ)に豊かにしうる

fécondant(e) [fekɔ̃dɑ̃, -ɑ̃t] 形 受胎(受精)の; (収穫などを)豊かにする

fécondateur(trice) [fekɔ̃datœr, -tris] 形 (文) 受精させる力のある(もの); 豊穣(ﾋﾞﾖｳ)にする力のある(もの)

fécondation [fekɔ̃dasjɔ̃] 女 授粉, 受胎, 受精 ▶ fécondation in vitro 試験管受精

féconder [fekɔ̃de] 他 受胎[受粉]させる; 肥沃(ﾋﾞｸ)にする; 豊かにする

fécondité [fekɔ̃dite] 女 多産性; 肥沃(ﾋﾞｸ)さ; 豊かさ

fécule [fekyl] 女 でんぷん

féculent(e) [fekylɑ̃, -ɑ̃t] 形 でんぷんを含んだ ― 男 でんぷん質の野菜

fedayin, feddayin [fedajin] 男 パレスチナゲリラ

fédéral(ale) [federal] 形 (男複 -aux [-o]) 連邦の; 連盟[連合]の ― 男 (複) (南北戦争の)北部連邦軍の人々

fédéraliser [federalize] 他 連邦化する

fédéralisme [federalism] 男 連邦制度; (史) ジロンド党の出したフランス地方分権案

fédéraliste [federalist] 形 連邦主義の ― 名 連邦主義者

fédérateur(trice) [federatœr, -tris] 形 統合(化)する; 連盟をつくる ― 名 統合者; 連邦推進派

fédératif(ive) [federatif, -iv] 形 連邦(制)の

fédération [federasjɔ̃] 女 連邦; 連盟, 連合団体; (フランス革命当時の)武装市民軍 ▶ Fédération de Russie ロシア連邦 fédération syndicale 労働組合

fédéré(e) [federe] 形 (<fédérer) 連邦を形成する ― 男 (史) 1790年の連盟軍の代表; 1815年の義勇兵; 1871年のパリコミューンの兵士

fédérer [federe] 他 57 連邦にする ― (代動) (se ~) 連邦になる

***fée** [fe フェ] 女 (英 fairy) 妖精(ﾖｳｾｲ), 仙女(ｾﾝ) ▶ avoir des doigts de fée / travailler comme une fée (女性の)手先が非常に器用である fée blanche (話) コカイン vraie fée du logis (古・ふざけて) 主婦の鑑

feed-back [fidbak] 男 (不変) (<英) フィードバック, 自己修正

feeling [filiŋ] 男 (<英) ①(楽)(ジャズなどの)感性, 表現力のある演奏 ②(話) 直観, 勘 ▶ faire ... au feeling 勘を頼りに…する

féerie [feri] 女 妖精(ﾖｳｾｲ)の国; 夢のように美しい光景; [劇] 夢幻劇

féerique [ferik] 形 妖精の; 仙境のような

feign ... ⇨feindre

feignant(e) [fɛɲɑ̃, -ɑ̃t] 形 名 (話) ぐうたらな(人)

fein ..., feindr ... ⇨feindre

feindre [fɛ̃dr] 他 19 (病気などを)装う; (…の)ふりをする; (目的語なしで) (文) 本心を隠す ▶ feindre de …のふりをする

feint(e) [fɛ̃, -ɛ̃t] 形 (<feindre) 見せかけの, うわべの ― 女 [スポーツ] フェイント; (話) しな, ぺてん; 見せかけ, 偽り

feinter [fɛ̃te] 他 [スポーツ] フェイントをかける; (話) だます

feldspath [fɛldspat] 男 [鉱] 長石

feldspathique [fɛldspatik] 形 長石を含んだ

fêlé(e) [fele] 形 (<fêler) ①ひびの入った, (声の)つぶれた ②(話) (頭が)少しおかしい, 素かっ

fêler [fele] 他 ひびを入れる ― (代動) (se ~) ひびが入る

félicitations [felisitasjɔ̃] 女 《複》

(英 congratulations) 祝辞; 賛辞 ► *avec les félicitations du jury* (学校などで)最優等の成績で *Félicitations!* おめでとう

*félicité [felisite フェリスィテ] 囡 〔宗教的な〕至福; 〔多く複〕〔文〕歓喜, 喜び

*féliciter [felisite フェリスィテ] 他 (英 congratulate) おめでとうと祝う, 祝する; 賞賛する; 〔人が…したのを〕誉める (de) ► *Je vous félicite!* 《話》おめでとう — 代動 [se ~] (…を)喜ぶ, よかったと思う (de, que)

félidés [felide] 男〔複〕〔動〕ネコ科

félin(e) [felɛ̃, -in] 形 ①〔動〕ネコ科の ②猫のように敏捷でしなやかな — 男 ネコ科の動物 ► *grands félins* 大型のネコ科の動物〔ライオン・ヒョウなど〕

fellag(h)a [felaga] 男 フェラガ〔1950年代にアルジェリア独立を支援したゲリラ戦士〕

fellah [fe(l)la] 男 (エジプト・北アフリカの)農夫

fellation [felasjɔ̃] 囡 フェラチオ

félon(ne) [felɔ̃, -on] 形 (君主に)不忠な; 不誠実な — 名 (封建時代の)逆臣, 裏切り者

félonie [feloni] 囡 (君主に対する)反逆, 裏切り

felouque [faluk] 囡 フェラッカ船〔地中海の小形帆船〕

fêlure [felyr] 囡 ひび, 割れ目; (声の)つぶれ

*femelle [famɛl フメル] 囡 (英 female) 雌; 〔俗・軽蔑的な〕女 — 形 雌の ► *prise femelle* コンセント

*féminin(e) [feminɛ̃, -in フェミナン(ニヌ)] 形 (英 feminine) 女性(用)の; 女性的な; 女性に関する;〔文法〕女性(形)の ► *au féminin* 〔文法〕女性形の — 男 女らしさ;〔文法〕女性(形)

féminisation [feminizasjɔ̃] 囡〔組織・集団の〕女性化; 〔集団の〕女性の進出;〔言〕(名詞の)女性化

féminiser [feminize] 他 女らしくする; 〔集団の〕女性をふやす; 〔男性名詞を〕女性名詞化する — 代動 [se ~] 女らしくなる; 〔集団中の〕女性の数が増える

féminisme [feminism] 男 フェミニズム, 女権拡張運動

féministe [feminist] 形 フェミニズムの — 名 フェミニスト, 女権拡張論者

féminité [feminite] 囡 女性的な特性, 女らしさ

*femme [fam フム] 囡 (英 woman) 女, 女性; 成人(一人前の)の女 ► *bonne femme* 《話・親しみ・軽蔑を込めて》おばさん, 女 ► *femme au foyer* 専業主婦 *femme battue* 家庭内暴力を受けた女性 *femme de chambre* (ホテルの)客室係 *femme de ménage* 家政婦 *femme de service* 掃除婦; (食堂の)配膳係 *femme de tête* 気骨のある女性 *femme du monde* 社交界の婦人 *femme fatale* 男を破滅させる女 ②《英 wife》妻 ③〔形容詞的に〕女らしい, 女性の

femmelette [famlɛt] 囡〔話〕女々しい男

fémoral(ale) [femoral, -o] 形 (男複 -aux [-o]) 〔解〕大腿(だい)部の

fémur [femyr] 男〔解〕大腿骨

fenaison [fənɛzɔ̃] 囡 干し草の取り入れの季節

fendant [fɑ̃dɑ̃] 男 ファンダン〔スイス産のブドウ品種, またはこの品種の白ワイン〕

fendillement [fɑ̃dijmɑ̃] 男 ひびが入れること; ひび(割れ)ること

fendiller [fɑ̃dije] 他 (一面に)ひびを入れる — 代動 [se ~] ひびが入る

fendoir [fɑ̃dwar] 男 (断ち包丁などの)切断具

fendre [fɑ̃dr] 他 28 (縦に)割る, 切る; ひびを入れる; 押し分けて進む ► *fendre le cœur [l'âme] à* (人)の胸を張り裂けさせる — 代動 [se ~] 割れる, 裂ける; (心が)張り裂ける; (フェンシングで)片足を大きく前に出して突っ込む ► *se fendre de …* 《話》…にお金を気前よく使う *se fendre la pipe [la pêche, la poire, la gueule]*《話》大笑いする

fendu(e) [fɑ̃dy] 形 (<fendre) 割れた, 裂けた; ひびの入った

fenestrage [fənɛstraʒ] 男 ①〔集合的〕窓(=fenestrage) ②〔情報〕ウインドウ分割

*fenêtre [f(ə)nɛtr フネートル] 囡 (英 window) ①窓; 窓口; のぞき窓, 穴;〔情報〕ウインドウ; (…への)窓, 展望 (sur) ► *fenêtre à guillotine* 上げ下げ窓 *fenêtre de dialogue* ダイアログボックス *jeter son argent par les fenêtres* 金を無駄に使う ② ► *fenêtre de lancement*〔宇宙〕発射時限〔打ち上げに最適な時間帯〕

feng shui [fɛŋʃwi] 男〔不変〕(<中国) 風水

fennec [fenɛk] 男 (サハラ地方の)小ギツネ

fenouil [fənuj] 男〔植〕ウイキョウ, フェンネル

fente [fɑ̃t] 囡 割れ目, 裂け目; すき間; (服)スリット, ポケットの開口部

féodal(ale) [feɔdal] 形 (男複 -aux [-o]) 封建制の; 封建的な — 男 封建領主; 大地主

féodalisme [feɔdalism] 男 封建制度[性]

féodalité [feɔdalite] 囡 封建制度[体制]; 財閥

*fer [fɛr フェール] 男 (英 iron) 鉄; アイロン(≒ ~ à repasser); (靴底の)金具; 剣の刃;〔ゴルフ〕アイアン;〔複〕鉄銃, 足かせ;〔複〕産科用鉗子(かん) ► *croire … dur comme fer* …を頑(がん)なに信じる *de fer* 鉄の; 堅固な *donner un coup de fer à* …にアイロンをかける

fer-blanc — **ferrite**

à cheval 鞍乗り(ホット) **fer à friser** カールごて **fer à souder** はんだごて **fer à vapeur** スチームアイロン **fer forgé** 錬鉄 **fer rouge** 焼きごて

fer-blanc [fɛrblɑ̃] 男 (複 ~s-~s) ブリキ

ferblanterie [fɛrblɑ̃tri] 囡 ブリキ製品[製造, 販売]

ferblantier [fɛrblɑ̃tje] 男 ブリキ屋, ブリキ工

-fère 接尾 (ラ)「…を含む」「生じる」の意の形容詞[名詞]をつくる

feria [ferja] 囡 (スペイン・南仏の,年に1度の)お祭り

férié(e) [ferje] 形 祝日の ▶**jour férié** 祝日, 祭日; (日曜日も含めた)休日

feriez, ferions [f(ə)rje], [f(ə)rjɔ̃] faire の条・現・2[1]・複

férir [ferir] 他 [成句でのみ] ▶**sans coup férir** 戦も交えずに; 容易に

fermage [fɛrmaʒ] 男 小作(地); 小作料

ferme¹ [fɛrm フェルム] 形 (英 firm) 堅い, 引き締まった; しっかりした, 力強い; 断固とした; 最終的な, 変わることのない ▶**avec la ferme intention de** …する断固たる意思で **fermes et définitifs** (市場での価格が)堅調な ▶**acheter [vendre] ferme** 購入[販売]を最終的に決める; 即金で買う[売る] 副 しっかりと, 堅固に, 熱心に ▶**fermion**

ferme² [fɛrm フェルム] 囡 (英 farm) 農場, 農園; 農家; 小作(契約) ▶**ferme d'élevage** 牧畜場 **ferme marine** 養殖場

ferme³ [fɛrm] 囡 (屋根・橋などの)組桁; [属] 書き割り

fermé(e) [fɛrme フェルメ] 形 (<fermer)(英 closed) 閉じた, 閉ざされた; 休業中の; 閉鎖的な; (…に対して)閉ざされた (à); (…に)無感覚な (à); (言)(音が)狭い

fermement [fɛrməmɑ̃] 副 しっかりと; 断固として

ferment [fɛrmɑ̃] 男 酵母, 酵素

fermentation [fɛrmɑ̃tasjɔ̃] 囡 発酵; 興奮, 高揚

fermenté(e) [fɛrmɑ̃te] 形 発酵した

fermenter [fɛrmɑ̃te] 自 発酵する;《文》(感情などが)沸き立つ, (心が)立ち騒ぐ, 興奮する

fermentescible [fɛrmɑ̃tesibl] 形 発酵しやすい

fermer [fɛrme フェルメ] 他 (英 close) 閉める, 閉じる; 閉店[休業]する ▶**fermer… à clé** …に鍵(ぎ)をかけて閉める **fermer boutique** 店じまいをする **fermer la marche** 行列のしんがりをつとめる **fermer (la porte) à double tour** (鍵を二重に掛けて)厳重に戸締りする ▶**fermer les yeux sur** (人の)見ないふりをする; 見逃す **fermer sa gueule** (話) 黙る **fermer sa porte à** …に門

戸を閉ざす **La ferme! / Ferme-la!** (話) 黙れ ①(水道・電気などを)止める, 消す ③(通行など)をふさぐ, 閉鎖する ④(可能性などを)閉ざす — 自 閉まる, 閉店する — 代動 [**se** ~] 閉まる, (…に対して)閉鎖される (à); (自らを)閉ざす

fermeté [fɛrməte] 囡 (精神の)強さ, 毅然(ごた)とした態度, 決断力の確かさ, 力強さ; (物の)固さ; (経)(市況の)堅調

fermette [fɛrmɛt] 囡 農家風別荘

fermeture [fɛrmətyr フェルムテュール] 囡 ①閉鎖; 閉店, 休業(期) ▶**faire la fermeture** (話)(酒場などで)最後まで居る **fermeture annuelle** (図書館や美術館の)年次休館 **fermeture définitive** (営業をやめる)閉店, 店じまい ②閉める装置[仕掛け] ▶**fermeture à éclair [glissière]** ファスナー

fermier(ère) [fɛrmje, -ɛr フェルミエ(ール)] 图(形) 小作人, 農夫, 農婦; 小命以来の(徴税請負人 (フランス旧制下の), 農地(地)借受人 形 小作地の, 農地の; 工場製でない)農場産バター[チーズ] **poulet fermier** 放し飼いの鶏

fermion [fɛrmjɔ̃] 男 [物] フェルミオン, フェルミ粒子

fermium [fɛrmjɔm] 男 [化] フェルミウム

fermoir [fɛrmwar] 男 (本・首飾りなど)留め金, 掛け金

féroce [ferɔs] 形 獰猛(どもう)な; 冷酷な; 情け容赦のない; はげしい

férocement [ferɔsmɑ̃] 副 残酷に, 狂暴に

férocité [ferɔsite] 囡 (動物の)獰猛(どもう)さ; 残酷さ, 冷酷, 苛酷さ

ferons, feront [f(ə)rɔ̃] faire の直・単純未来・1[3]・複

ferrage [fɛraʒ] 男 鉄具をつけること

ferraille [fɛraj] 囡 ①くず鉄 ▶**bruit de ferraille** ガラガラする音 **mettre… à la ferraille** …をくず鉄[スクラップ]にする ②(話)小銭

ferrailler [fɛraje] 自 ①(文)(剣で)戦う ②(車などが)がたがたいう

ferrailleur(se) [fɛrajœr, -øz] 图 くず鉄商

ferré(e) [fɛre] 形 (<ferrer) ①鉄製の ▶**voie ferrée** 鉄道 ②鉄具[金具]のついた ③(話)(…に)詳しい (sur)

ferrement [fɛrmɑ̃] 男 鉄具, 金具(の装着)

ferrer [fɛre] 他 ①(…に)鉄具をつける ②▶**ferrer un poisson** 魚に釣り針を食いこませる

ferret [fɛrɛ] 男 飾りひもの先端の金具

ferreux(se) [fɛrø, -øz] 形 鉄分を含んだ

ferrimagnétisme [fɛrimaɲetism] 男 [物] フェリ磁性

ferrite [fɛrit] 囡 [物] フェライト【磁気ヘッドなどに用いられる】

ferro- [接頭] (<ラ)「鉄」の意

ferromagnétisme [feromaɲetism] 男 強磁性

ferromanganèse [feromãganεz] 男 フェロマンガン, マンガン鉄

ferronickel [feronikεl] 男 ニッケル鉄

ferronnerie [feronri] 女 金物製造所; 金具; 金物 ▸*faire de la ferronnerie d'art* 金物職人になる

ferronnier(ère) [feronje, -εr] 名 金具製造業者; 金具商

ferroutage [feruta3] 男 (英 piggy back) (トラックごと貨車に乗せる)ピギーバック輸送

ferroviaire [ferovjεr] 形 (<イ) 鉄道の

ferrugineux(se) [feryʒinø, -øz] 形 鉄分を含む

ferrure [feryr] 女 鉄具, 金具; 蹄鉄(ζ)(の打ち方)

ferry [feri] 男 (複 ~s, ferries) = ferry-boat

ferry-boat [feribot] 男 (<英) フェリーボート

fertile [fεrtil] 形 肥沃(ξ)な; 豊かな; (…に)富む(en)

fertilisant(e) [fεrtilizã, -ãt] 形 肥沃(ξ)にする — 男 肥料

fertilisation [fεrtilizasjɔ̃] 女 肥沃(ξ)化

fertiliser [fεrtilize] 他 肥沃(ξ)にする; 豊かにする

fertilité [fεrtilite] 女 肥沃(ξ); 豊かさ

féru(e) [fery] 形 (<*férir*) (…に)夢中になった(*de*)

férule [fεryl] 女 《古》(木や革の)へら[罰として生徒の手をたたいた] ▸*être sous la férule de ...* (文) (人)の厳しい監視下にある

fervemment [fεrvamã] 副 熱心に

fervent(e) [fεrvã, -ãt] 形 熱烈な, 熱心な — 名 熱中している人

ferveur [fεrvœr] 女 熱意, 情熱 ▸*avec ferveur* 熱心に

fesse [fεs] 女 ①(複) しり, 臀(ξ)部 ▸*avoir ... aux fesses* (人)につけられている *avoir eu chaud aux fesses* (話) もうちょっとで危ないところだった *avoir le feu aux fesses* 急いでいる *coûter peau des fesses* (話)非常に高価, 高価な *de mes fesses* (話)くだらない, ろくでもない *être assis sur le bout des fesses* (話)居心地が悪い *Mes fesses!* (俗)くそくらえ!, 勝手にしやがれ!, (n')*y aller que d'une fesse* (話) やる気がない, だらだらする *Occupe-toi de tes fesses.* (話) 余計なお節介はよせ *poser ses fesses* (話) 怖じ気づく ②(話) セックス; 女 ▸*histoire de fesses* エッチな話, 猥談(ξ)

fessée [fese] 女 (罰として)しりをたたく

こと; (話)屈辱的な敗北, 惨敗

fesse-mathieu [fεsmatjø] 男 (複 ~-*x*) (古) 高利貸し; けち

fesser [fese] 他 (罰として)しりをたたく; こらしめる

fessier(ère) [fesje, -εr] 形 [解] 臀(ξ)部の — 男 [解] 臀筋; (話) しり, 臀部

fessu(e) [fesy] 形 (話) しりの大きな

festif(ve) [fεstif, -iv] 形 祝祭的な, お祭り気分の

festin [fεstε̃] 男 大宴会, 祝宴; ごちそう

festiner [fεstine] 他 (話)供応する — 自 宴を張る

***festival** [fεstival] 男 (複 *festivals*) [fεstival フェスティヴァル] 男 音楽[演劇, 映画]祭

festivalier(ère) [fεstivalje, -εr] 名 フェスティバル[祭典]の参加者

festivité [fεstivite] 女 お祭り騒ぎ

fest-noz [fεsno[o]z] 男 (複 ~-*noz*, *festou-*~) (ブルターニュ地方の伝統的な)夜祭

feston [fεstɔ̃] 男 ①花綱(ξ); [建] 花綱装飾 ②[服] スカラップ刺繍

festonner [fεstone] 他 ①花綱(ξ)で飾る ②スカラップ刺繍をつける

festoyer [fεstwaje] 自 45 祝宴を催す, 祝う

feta [feta] 女 フェタ【ギリシア産の羊または山羊のミルクから造る白いチーズ】

fêtard(e) [fεtar, -ard] 名 (話)飲んで騒ぐことが好きな人

***fête** [fεt フェット] 女 (英 *feast*) 祭, 祝日, 祭日; 祭り, 祭典, (複)(復活祭, 特にクリスマスの)休暇; 祝宴; (人の)聖人の日(*de*); お祭り騒ぎ; 楽しみ, パーティー ▸ [コラム: フランスの祝日と主な祝祭] ▸*Ça va être la fête.* (話)これからがお楽しみだ, ひどい目にあうぞ *ce n'est pas tous les jours fête.* 毎日がお祭りとはいかないよ *être de la fête* 祭り[パーティー]に参加する *faire fête à* (人)を大歓迎する *faire la fête* 多いに楽しむ *faire sa fête à* (人)をたたきのめす, 血祭りにあげる *fête des Mères* 母の日 *fête foraine* 縁日 *fête légale* 法定祝日 *fête nationale* 国民の祝日【フランスでは7月14日】*fêtes mobiles* 移動祝祭日【年によって日が変わる】*Je n'étais pas à la fête.* (話)僕には遊びじゃないんだよ; 騒ぐ気分ではないよ *se faire une fête de ...* することを楽しみにする *souhaiter bonne fête à* (人)の聖人の日を祝う

Fête-Dieu [fεtdjø] 女 (複 ~s-~) [カト]聖体の祝日

***fêter** [fεte フェテ] 他 (英 *celebrate*) 祝う; (人)を歓迎する

fétiche [fetiʃ] 男 お守り, マスコット; (頂礼崇拝対象となる)物神; [精医] フェティッシュ

féticheur [fetiʃœr] 男 物神崇拝の

呪物僧
fétichisme [fetiʃism] 男 物神[呪物]崇拝; 盲目的崇拝; (精気)フェティシズム

fétichiste [fetiʃist] 形 物神崇拝[フェティシズム]の — 名 物神崇拝者; フェティシスト

fétide [fetid] 形 悪臭のひどい

fétidité [fetidite] 女 悪臭

*__fétu__ [fety フェテュ] 男 藁(ホタ)

*__feu__[1] [fø フー] 男 (複〜x) ①(英 fire) 火; 暖炉; 花火; 火事; (顔などの)ほてり ▶ Au feu! 火事だ! *Avez-vous du feu?* (話) 火[ライター]をもってますか avoir le feu au derrière (話) 大急ぎである avoir le feu sacré 熱意に満ちている avoir les joues en feu 頬(ﾂﾎ)を真っ赤にしている C'est le coup de feu. (話) 今は大忙しだ dans le feu de la discussion 議論が白熱して demander du feu 火を貸してくれるようたのむ donner du feu à (人)に(タバコの)火をつける en feu 火に包まれている; 真っ赤になっている être sous le feu des projecteurs 脚光を浴びている faire cuire à feu doux 弱火で調理する faire cuire à feu vif 強火で調理する faire du feu 火をおこす faire

F

フランスの祝日と主な祝祭

祝日

1月	1日	le Jour de l'An 元日
	3, 4月	※Pâques 復活祭 〈春分以降最初の満月の次の日曜日〉
		※le Lundi de Pâques 復活祭の翌日の月曜日
5月	1日	Fête du Travail メーデー
	8日	le 8 Mai 第2次大戦休戦記念日
4, 5, 6月		※l'Ascension キリスト昇天祭〈復活祭40日後の木曜日〉
5, 6月		※la Pentecôte 聖霊降臨祭〈復活祭の7週後の日曜日〉
		※le Lundi de Pentecôte 聖霊降臨節の翌日の月曜日
7月	14日	le 14 juillet 革命記念日
8月	15日	l'Assomption 聖母被昇天祭
11月	1日	la Toussaint 諸聖人の祝日, 万聖節
	11日	l'Armistice de 1918 第1次大戦休戦記念日
12月	25日	Noël クリスマス

※は移動祝祭日

祝祭

Carnaval de Nice ニースのカーニバル
コート・ダジュール地方 Côte d'Azur で行われるイベント: 2月下旬ごろ

Fêtes johanniques ジャンヌ・ダルク祭
オルレアン Orléans で行われ, ジャンヌ・ダルクに扮した少女に行列が続く: 5月

Marathon de Paris パリマラソン
パリ市内を横断, 参加は自由: 5月

Internationnaux de France de Tennis 全仏オープンテニス
ロラン・ギャロス(パリ, ブローニュの森)で開催: 5月

Coupe de France フランスカップ
サッカーの選手権: 5月

Festival de Cannes カンヌ国際映画祭: 5月から6月

24 heures Autos 24時間耐久レース
ル・マン Le Mans で行われる: 6月第3日曜日

Fête de la Musique フランス音楽祭
フランス全土でさまざまなイベントが開催: 6月21日

Tour de France ツール・ド・フランス
フランス一周自転車レース: 6月から7月

Prix de l'Arc de Triomphe 凱旋門賞
ロンシャン競馬場 (パリ, ブローニュの森) で開催: 10月第1日曜日

Fête des Vendanges de Montmartre モンマルトルぶどう祭
パリ市内唯一のぶどう畑で行われる収穫祭: 10月

Beaujolais Nouveau est arrivé ボージョレ・ヌーヴォー解禁日: 11月第3木曜日

Les Trois Glorieuses 栄光の3日間
ブルゴーニュで行われるぶどうの収穫祭: 11月第3週末

feu de tout bois 使えるものは片っ端から使う **feu d'artifice** 花火 **feu de camp** キャンプファイアー **feu de cheminée** 《料理の》フランベの炎；煙突にたまったススが燃えること **feu de forêt** 山火事 **feu de joie** かがり火，祝火 **feu de paille** 《話》つかの間の熱狂 **feu du rasoir** かみそり負け **feu follet** 鬼火；つかまえられないもの **feux de la Saint-Jean** 聖ヨハネのかがり火〔6月23日の夜に収穫を祝って行なう〕**Il n'y a pas le feu (au lac)**《話》落ち着いてよ **jeter … au ~** 火を…に投げ込む **mettre le feu à** …に火をつける，火事にする **mettre le feu aux poudres** …に火をつける：大騒ぎになる **plat qui va au feu** 耐火性の皿 **rouge feu** 炎色②信号；《車などのライト；下記》 **feu antibrouillard** フォグランプ，霧灯 **feu arrière** テールランプ **feu clignotant** 点滅している灯；警告灯 **feu de position**《車の》側灯 **feu de stop** 停止灯，ブレーキライト **feu orange** 黄信号 **feu rouge** 赤信号 **feu vert** 青信号；ゴーサイン —**donner le feu vert à (…)**にゴーサイン〔許可〕を出す **feux de croisement**〔ヘッドライトの〕ロービーム **feux de détresse**〔車の〕故障警告灯；ハザードランプ **feux de la rampe**〔舞台の〕フットライト，脚光 **feux de route**〔ヘッドライトの〕ハイビーム **feux de signalisation** 信号灯 **feux tricolores** 信号灯 **pleins feux** (…に)発砲；戦場；《俗》ピストル ▶ **coup de feu** 発砲，銃撃 **être pris entre deux feux** 両陣営から攻撃される **faire feu**〔銃を〕撃つ **Feu!** 撃て! **mise à feu** 発射，発砲

feu(e)² [fø] 形 亡き，故

***feuillage** 《集合的》フィヤージュ》男〔英 foliage〕《集合的》〔樹木全体の〕葉；葉のついた枝

feuillaison [fœjɛzɔ̃] 女 芽吹くこと；新芽期

feuillant(ine) [fœjɑ̃, -tin] 名〔シトー会派の〕フイヤン修道員

feuillard [fœjaːr] 男〔樽のたが用の〕割れ枝

*:**feuille** [fœj] フイユ 女〔英 leaf〕〔植物の〕葉，《英 sheet》紙片；書類，証書；印刷物；《古》新聞，雑誌；〔金属などの〕薄片，薄板；《話》耳 ▶ **à feuilles caduques [persistantes]** 落葉〔常緑〕の **être dur de la feuille** 《話》耳が遠い **feuille d'aluminium** アルミホイル **feuille de calcul** 《情報》スプレッドシート **feuille de chou**〔軽蔑的の〕三流新聞，くだらない雑誌 **feuille de maladie**〔保険請求のための〕医師の診断書 **feuille de paye [paie]** 給与明細書 **feuille de soins** = feuille de maladie **feuille de style** 《情報》スタイルシート **feuille d'impôt** 納税通知書 **feuille volante** ルーズリーフ

feuille)¹ [fœje] 形《古》葉のついた
feuillée² [fœje] 女《文》葉の茂り；《複》野営地の仮設便所

feuille-morte [fœjmɔrt] 形《不変》枯葉色の

feuillet [fœje] 男〔ノートなどの〕1枚〔裏表2ページ分〕；葉層〔反芻(はんすう)動物の〕第3胃

feuilletage [fœjtaːʒ] 男〔新聞・雑誌のページをめくること；〔料〕折り込みパイ生地

feuilleté(e) [fœjte] 形〔< feuilleter〕層状になった — **verre feuilleté** 合わせガラス — 男 フイユテ〔折り込みパイ菓子〕；葉状岩

feuilleter [fœjte] 他 4〔新聞・雑誌の〕ページをめくる

feuilleton [fœjtɔ̃] 男 連載小説；連続ドラマ；〔新聞の文化[学芸]欄の記事〕▶ **feuilleton télévisé** テレビドラマ

feuilletoniste [fœjtɔnist] 名 連載〔新聞〕小説作家，大衆小説家；文芸[学芸]欄担当者

feuillette [fœjɛt] 女 酒樽〔114-140リットル入〕

feuillu(e) [fœjy] 形 葉の生い繁った，広葉〔樹〕の

feuillure [fœjyːr] 女〔窓・扉の〕溝

feuj [fœʒ, fɔʒ] 名《話》ユダヤ人〔*juif* の逆さ言葉〕

feulement [fœlmɑ̃] 男〔トラの〕ほえる声；〔猫の〕うなる声

feuler [føle] 自〔トラが〕ほえる；〔猫が〕うなる

feutrage [føtraːʒ] 男 フェルト製造；〔織物がはれて〕フェルト状になること

feutre [føtr] 男 フェルト；〔ピアノ・タイプなどの〕振動止め；フェルトペン

feutré(e) [føtre] 形〔< feutrer〕フェルト〔状〕の；フェルトを詰めた；〔音を〕静めた，押し殺した ▶ **marcher à pas feutrés** 忍び足で歩く

feutrer [føtre] 他 フェルト状にする；フェルトを詰める — 自[代動]〔**se ~**〕フェルト状になる

feutrine [føtrin] 女 フェルト

fève [fɛv] 女 そら豆の実；そら豆と似た豆 ▶ **fève de cacao** カカオ豆

féverole [fɛvrɔl], **fèverole** [fɛvrɔl] 女 そら豆の1種

*:**février** [fevrije] フェヴリエ 男〔英 February〕2月

fez [fɛz] 男 トルコ帽

FF [frɑ̃frɑ̃s]《略》Francs Français フランス・フラン

ff [fɔrtisimo]《略》fortissimo《楽》フォルティッシモ

FFI《略》Forces françaises de l'Intérieur フランス国内軍〔第2次大戦中の抵抗運動組織〕

fg. [fobur]《略》faubourg 街，通り

fi [fi] 間《古・ふざけて》ちぇっ，ふん ▶ **faire fi de** …にも耳もくれない，…を軽蔑する

fiabiliser [fjabilize] 他 (機械などの)信頼度を高める

fiabilité [fjabilite] 女 信頼度, 信頼性

fiable [fjabl] 形 信頼できる, 安全な

fiacre [fjakr] 男 辻馬車(の御者)

fiançailles [fjɑ̃saj] 女 (複) 婚約; 婚約の式[期間]; (企業・政党などの)合併[同盟]計画

*__fiancé(e)__ [fjɑ̃se フィヤンセ] 形 (< fiancer) (…と)婚約した (à) ── 名 婚約者

fiancer [fjɑ̃se フィヤンセ] 他 52 (…と)婚約させる (à, avec) ── 代動 [se ~] (…と)婚約する (à, avec)

fiasco [fjasko] 男 ①(話) 大失敗 ②(一時的な)性的不能

fiasque [fjask] 女 フィアスコ【イタリアの酒瓶】

fibranne [fibran] 女 人造繊維; スフ

fibre [fibr] 女 繊維, ファイバー; 心; 心の琴線, 気質 ▸ **fibre de bois**（梱包(の)材用の）木毛(もう) **fibre de verre** グラスファイバー **fibre optique** 光ファイバー

fibreux(se) [fibrø, -øz] 形 繊維のある

fibrille [fibrij, fibril] 女 小繊維

fibrine [fibrin] 女 〔化〕繊維素

fibrinogène [fibrinɔʒɛn] 男 〔生化〕フィブリノゲン

fibroblaste [fibroblast] 男 〔生〕線維芽細胞

fibrociment [fibrosimã] 男 石綿セメント

fibrocyte [fibrosit] 男 〔解〕繊維細胞

fibroïne [fibroin] 女 〔生化〕フィブロイン

fibromateux(se) [fibromatø, -øz] 形 名 線維腫(よう)(症)の(患者)

fibrome [fibrom] 男 〔医〕線維腫(よう)

fibromyalgie [fibromjalʒi] 女 〔医〕線維筋痛症

fibromyome [fibromjom] 男 〔医〕線維筋腫

fibroscope [fibroskɔp] 男 ファイバースコープ

fibroscopie [fibroskɔpi] 女 ファイバースコープ検査

fibrose [fibroz] 女 〔医〕線維症

fibula [fibyla] 女 〔解〕腓骨(ひこつ)

fibule [fibyl] 女 フィブラ【古代ギリシア・ローマの留め金】

ficaire [fiker] 女 〔植〕キンポウゲ

ficelage [fislaʒ] 男 ひもでくくること

ficelé(e) [fisle] 形 (< ficeler) ①(ひもでくくった; (話)(人が)締まった ②**bien** [**mal**] **ficelé(e)** (作品など)のよくできた[出来の悪い]

ficeler [fisle] 他 4 ①ひもでくくる ③(話)(服を)着せる

*__ficelle__ [fisɛl フィセル] 女 ①(英 string) ひも; 細引き; (人形劇の)操り糸 ▸ **tirer sur la ficelle** 誇張する, やり過ぎる ②策略, 駆け引き; 秘訣(ひけつ); (話) 策士 ▸ **connaître les ficelles du métier** こつを心得ている ▸ **tirer les ficelles** (話) 陰で糸を引く, 黒幕である ③フィセル【細長い棒パン】 ④ (話)(1등)の袖章(そでしょう)

fichage [fiʃaʒ] 男 リストアップ; (情報の)カード化

*__fiche__[1] [fiʃ フィシュ] 女 (英 card) (分類)用カード; (電気の)差し込み, プラグ, さび, 測釘; (ゲーム用の)象牙(ぞうげ)札, チップ ▸ **fiche-cuisine** (雑誌などの)レシピカード **fiche de paie** 給与明細 **fiche d'état civil** 身分登録カード **fiche d'inscription** 登録証 **fiche technique** 仕様書 **mettre en fiche** (データを)カードにする

fiche[2] [fiʃ フィシュ], *__ficher__[1] [fiʃe フィシェ] 他 [過去分詞は fichu になることが多い] ①(杭を)打つ, やる; (乱暴に置く, ほうり込む; (ぴんたなど)くらわす ▸ **Fiche-moi la paix!** ほっといてくれ **fiche-moi par terre** ひっくり返す **ficher … à la porte** (人)を追い払う **ficher … en colère** (人)を怒らせる **ficher à la poubelle** くずかごに捨てる **ficher le camp** 立ち去る ── 代動 [**se ~**] (話) ①自分を…に置く ②(人)をからかう, ばかにする (de); (…)を問題にしない (de) ▸ **Je m'en fiche!** どうでもいい **se fiche de … comme de sa première chemise** [**de l'an quarante**] …を全く気にかけない **se ficher dedans** 間違える, 思い違いをする

ficher[2] [fiʃe フィシェ] 他 ①(カードを)打[差し]込む ②(カードに)記載する; (ブラックリストに)載せる ── 代動 [**se ~**] 突き刺さる

fichier [fiʃje] 男 カード[ファイル]ボックス; (集合的) カード; 〔情報〕ファイル (= ~ **informatis**) ▸ **fichier d'adresses** 住所録 **fichier (des) clients** 顧客リスト

fichtre [fiʃtr] 間 (話・古・驚き・失望) おやおや, いやはや; ちぇっ ▸ **Fichtre non!** とんでもない **Fichtre oui!** もちろんそうとも

fichtrement [fiʃtrəmɑ̃] 副 (話・古) ひどく, すごく

fichu[1] [fiʃy] 男 フィシュ【婦人用の3角形のスカーフ】

fichu[2] **(e)** [fiʃy] 形 (< ficher) (話)だめになった, 破損した;〔名詞の前で〕いやな, いまわしい; すごい, かなりの ▸ **avoir un fichu caractère** いやな性格をしている **être bien fichu** よくできている; いい体をしている, 体格[体調]がよい **être fichu de …** …できる **être mal fichu** [**pas bien fichu**] 気分がすぐれない

*__fictif(ve)__ [fiktif, -iv] 形 ①架空の, 虚構の ②見かけ倒しの, 偽りの ③協定による, 約束上の

fiction [fiksjɔ̃] 女 作り話, 虚構; 擬制

fictivement [fiktivmɑ̃] 副 想像の上で, 虚構の力で

ficus [fikys] 男 〘植〙 イチジク属

fidéicommis [fideikɔmi] 男 〘法〙 (財産などの)信託

:**fidèle** [fidɛl フィデル] 形 (英 faithful) ① (…に)忠実な, 誠実な, (…を)固く守る (à) ② 正確な 名 信徒, 信者; 忠実な人; 支持者; 常連

fidèlement [fidɛlmɑ̃] 副 忠実に; 確実に

fidélisation [fidelizasjɔ̃] 女 固定客化

fidéliser [fidelize] 他 固定客にする

fidélité [fidelite] 女 ① (…に対する)忠実さ, 誠実さ; 貞節 (= ~ conjugale) (à) ② 正確さ

Fidji [fidʒi] フィジー [南太平洋のフィジー諸島からなる共和国] ▶ **îles Fidji** フィジー諸島

fidjien(ne) [fidʒjɛ̃, -ɛn] 形名 [**F-**] フィジーの(人)

fiduciaire [fidysjɛr] 形 信託を引き受けた; 信用に基づく ― 男 (信託の)受託者 ― 女 信託会社 ▶ **monnaie fiduciaire** 信用貨幣

fief [fjɛf] 男 〘史〙 (中世の)封土, 領地; 勢力範囲

fieffé(e) [fjefe] 形 札つきの, 極め付きの

fiel [fjɛl] 男 胆汁;〘文〙 苦々しさ, 憎しみ

fielleux(se) [fjelø, -øz] 形 苦い; 皮肉な, いやみな

fiente [fjɑ̃t] 女 (鳥獣の)糞(ふん)

fienter [fjɑ̃te] 自 (鳥獣が)糞(ふん)をする

:**fier¹(ère)** [fjɛr フィエール] 形 (英 proud) ① (…を)誇らしく思う, 自慢する(de);〘文〙 誇りをもった, 堂々とした ▶ **avoir fière allure** 堂々としている, 異彩を放っている ▶ **devoir une fière chandelle à** (人)に大変な恩恵を受けている ②〘古〙 高慢な, 尊大な ▶ **fier comme Artaban [un coq, un paon]** 非常に高慢で ③〘話〙 相当な, ひどい ―副〘話〙 非常に ▶ **faire le fier** 尊大に振る舞う; うぬぼれている

:**fier²** [fje フィエ] 代動 [**se ~**] (…を)信用する, 信頼する (à)

-fier 接尾 「…にする」の意の動詞をつくる

fier-à-bras [fjɛrabra] 男 (複 ~(s)-à-~)〘古〙 虚勢を張る人

fièrement [fjɛrmɑ̃] 副 高慢に; 誇りを持って, 勇敢に;〘話〙 非常に

fiérot(e) [fjero, -ɔt] 形名〘話〙 高慢な(人) ▶ **faire le fiérot** 威張る

fierté [fjɛrte] 女 誇り, 自尊心; 自慢(の種); 高潔さ

fiesta [fjɛsta] 女 〘くス〙〘話〙 祝祭, お祭り騒ぎ

:**fièvre** [fjɛvr フィエーヴル] 女 (英 fever) 熱; 熱病;〘複〙マラリア; 熱中; 興奮; 熱望; … 熱 ▶ **avoir (de) la fièvre** 熱がある **fièvre de cheval**〘話〙 ひどい高熱 **fièvre jaune** 黄熱病 **fièvre typhoïde** 腸チフス

fiévreusement [fjevrøzmɑ̃] 副 狂的に; 夢中で

fiévreux(se) [fjevrø, -øz] 形 熱のある; 熱病を起こさせる; 熱狂的な ― 名 熱病患者

fifille [fifij] 女 〘幼児〙 お嬢ちゃん

fifre [fifr] 男 横笛(奏者)

fifty-fifty [fiftififti] 副 半々に ― 男 (複 ~~s, ~-fifties) モーター・セーリング両用ヨット

figé(e) [fiʒe] 形 (< figer) こわばった, 動けない; 凝固した

figement [fiʒmɑ̃] 男 凝結

figer [fiʒe] 他 ④ 凝結させる, 固まらせる, 動けなくする ― 代動 [**se ~**] 凝結する, 固まる; (恐怖で血が)凍る; 動かなくなる, 硬直て硬化する

fignolage [fiɲɔlaʒ] 男 〘話〙 凝ること, 入念さ

fignoler [fiɲɔle] 他自 〘話〙 入念にやる, 仕上げる

figue [fig] 女 イチジク(の実) ▶ **faire la figue à** …を馬鹿にする **figue de Barbarie** ウチワサボテンの実 **mi-figue, mi-raisin** あいまいな, どっちともとれる

figuier [figje] 男 〘植〙 イチジクの木

figuline [figylin, -in] 形 陶器の ― 女 陶器

figurant(e) [figyrɑ̃, -ɑ̃t] 名 〘劇・映画〙の端役, エキストラ; 端役的な存在

figuratif(ve) [figyratif, -iv] 形 物の形をかたどった, 象形的な;〘美術〙具象派の ― 名 〘複〙〘美術〙具象派の芸術家

figuration [figyrasjɔ̃] 女 ① (集合的)〘劇・バレエ・映画の〙端役, エキストラ ② 形に表すこと, 表示; 具象絵画

:**figure** [figyr フィギュール] 女 ① (英 face) 顔; 顔つき, 表情 ▶ **bonne [mauvaise] figure** 愛想がよい **triste [piètre] figure** 悲しそうにする ②図(形); 図表, 挿絵; (人物)像; 表象, 象徴; (トランプの)絵札; 文飾, 文彩 ▶ **faire figure de** …の姿をとる; …のように見える **figure de proue** (船の)船首像; (社会運動の)リーダー **figure de style** この技巧 **prendre figure** 形をとる, 具体化する ③ 人物, 著名人 ▶ **grandes figures de l'histoire** [les] 歴史上の偉人たち ④ (スケートの)フィギュア ▶ **figures imposées** [スケート] 規定課題 **figures libres** [スケート] フリースタイル

figuré(e) [figyre] 形 (< figurer) 比喩(ひゆ)的な; 形[図, 記号]で表された ― 男 比喩(ひゆ)的な意味 (= sens ~) ▶ **au propre comme au figuré** (言葉の)本来の意味と比喩的な意味の両方で

figurément [figyremɑ̃] 副 比喩的に

figurer 的に

***figurer** [figyre フィギュレ] 他 (英 represent) (図・形・記号で)表す, 描く; (象徴的に)表す ── 自 (英 appear) 現れる, 姿を見せる; (芝居で)端役を演じる ── 代動 [se ~] 心に描く, 想像する; 思う

figurine [figyrin フィギュリヌ] 女 (青銅・テラコッタ製の)小像

***fil** [fil フィル] 男 ① (英 thread) 糸; 金属線; 電線, コード; 電話 ▶avoir... au bout du fil (人)と電話中である ▶avoir un fil à la patte (話)身動きがとれない ▶de fil en aiguille 少しずつ, 次から次へと ▶donner un coup de fil à... (話)(人)に電話する ▶donner du fil à retordre à... (人)を困らせる ▶à coudre 縫い糸 ▶à pêche 釣り糸 ▶à plomb (鉛直方向を示す)下振り糸 ▶le conducteur fil ...の本筋 fil d'Ariane (アリアドネの糸) 手がかり, 導き fil de chaîne 縦糸 fil de fer 針金 fil de fer barbelé 有刺鉄線 fil de la vierge 茂みなどにくもの巣 fil de trame 横糸 fil (d'Ecosse) (靴下・手袋などの)ライル糸 fil dentaire (歯間に用いる)デンタルフロス fil électrique 電線 ▶ne tenir qu'à un fil 危うくなっている ② (話)思想などの流れ, 筋道, つながり; (川や時間の)流れ ▶au fil des jours [des ans] 日[年]が経つにつれて ▶suivre le fil de ...の筋道をたどる ③ (木・肉などの)繊維の方向, 木目; (マメのさやの)すじ ④ 亜麻[綿・布], リネン ⑤ (刃物の)刃

fil-à-fil [filafil] 男 《不変》 霜降りの布地

filage [filaʒ] 男 糸に紡ぐこと, 紡績

filaire[1] [filɛr] 女 《生》 フィラリア

filaire[2] [filɛr] 形 有線の

filament [filamɑ̃] 男 ① (動植物の)繊維, (肉の)すじ ② (電球の)フィラメント

filamenteux(se) [filamɑ̃tø, -øz] 形 繊維質の, 筋のある

filandière [filɑ̃djɛr] 女 《古》 糸を紡ぐ女 ▶les sœurs filandières [ロギリ] パルカ(運命の三女神)

filandre [filɑ̃dr] 女 (肉・野菜にある)固いすじ

filandreux(se) [filɑ̃drø, -øz] 形 (肉・野菜が)繊維質の, すじの多い; (話)(文体などが)くどい, 冗漫な

filant(e) [filɑ̃, -ɑ̃t] 形 (液体などが)糸を引く ▶étoile filante 流れ星 pouls filant かすかな脈

filariose [filarjoz] 女 《医》 フィラリア症, 仙血糸状虫症

filasse [filas] 女 (麻・亜麻の)繊維の束 ── 形 《不変》 ▶cheveux (blond) filasse つやのない白っぽいブロンドの髪

filateur [filatœr] 男 製糸工場経営者

filature [filatyr] 女 ① 製糸工業[工場] ② 尾行 ▶prendre... en filature (人)を尾行する

***file** [fil フィル] 女 (英 line) (縦)列, 行列; 車線, 連続 ▶à la file 一列になって en file indienne (縦列で)前後に密接して file d'attente 待ちの行列 prendre la file 列に並ぶ se garer en double file 二重駐車をする

filé(e) [file] 形 (< filer) 細長い, 糸状の ▶ 織物用の糸 ▶corde filé 真鍮(しんちゅう)に糸を巻いた

***filer** [file フィレ] 自 ① 矢のように走る [飛ぶ]; (話)急いで行く[立ち去る], 逃げ出す ▶filer à l'anglaise こそりと出る filer doux (文句を言わず)従う ② (金が)すぐなくなる; (網目が)ほつれる, (ストッキングなどが)伝線する ③ (液体が)ねばる, 糸を引く; (網などが)繰り出される ── 他 ① 紡ぐ, 糸を出す; (網などを)繰り出す; ・帆をゆるめる; (船が速力を出す; くりひろげる, 展開する ▶filer le parfait amour (話)変わらぬ愛を抱き続ける filer le train à (人)のすぐ後をついていく filer un mauvais coton 状況(病状)が思わしくない ② 尾行する ③ (話)与える ▶filer A à B (話) B (人)に A (物)をあげる

***filet** [file フィレ] 男 (英 net, fillet) ① 網(製品); 網棚(= ~ à bagages); 網の買物袋(= ~ à provisions); 神経線維; 《スポーツ》(テニスなどの)ネット ▶coup de filet (話)警察の手入れ, 一斉取り締まり filet de la langue 舌の小帯 filet dérivant 《漁》流し網 un filet de ... ごく少量の[わずかな] ② ヒレ(肉); (3枚におろした魚の切り身); (鶏肉の)ささ身 ▶filet mignon 《料》フィレミニョン【牛のヒレ肉の先端部分】 ③ 《印》 (新聞などの)罫 ④ (ビスの)ねじ山

filetage [filtaʒ] 男 (ボルトなどに)溝を切ること; (ねじの)溝, 山

fileter [filte] 他 ① (ボルトなどに)溝を切る

fileur(se) [filœr, -øz] 名 紡ぎ手, 紡績工

filial(ale) [filjal] 形 (男 複 -aux[-o]) (親に対して)子としての ── 女 子会社

filialement [filjalmɑ̃] 副 (親に対して)子として, 子のように

filialisation [filjalizasjɔ̃] 女 (企業の)系列化

filialiser [filjalize] 他 (企業を)系列化する

filiation [filjasjɔ̃] 女 (子から見た)親子関係; 家系, 血統; (思想などの)系統, つながり

filière [filjɛr] 女 ① (たどるべき)段階, 手順, 手続き ▶suivre la filière だんだんに出世する ② 職業教育の課程; 関連産業 ③ (針金製造用の)有孔伸金板 ④ ねじ切り用ダイス回し ⑤ (物)(原子炉の)炉型式 ⑥ クモ・カイコの出糸突起

filiforme [filiform] 形 ①ごく細い, 貧弱な; 糸状の ②[医]〔脈が〕かすかな

filigrane [filigran] 男 〔紙の〕透かし模様; 〔金・銀・ガラスの〕線細工 ► **en filigrane** 透かしになった

filigrané(e) [filigrane] 形 線細工をした ► **papier filigrané** 透かし模様の入った紙

filin [filɛ̃] 男 〔船の〕麻縄, ロープ

‡fille [fij フィユ] 女 ①〘英 daughter〙 娘, 女の子; 女の子, 少女, 娘 ②〔古〕未婚の女, 処女 ► **jeune fille** 少女, 未婚の若い女性 **jouer la fille de l'air** 姿をくらます, ずらかる ③…で働く女性; 〚女性名詞を受けて〛…の所属 ④修道女 ⑤〔古〕娼婦 ► **fille de joie / fille publique** 売春婦

fillette [fijɛt] 女 ①少女, 若い娘 ②〔方〕〔アンジュー地方のワインの〕小びん

filleul(e) [fijœl] 名 〔名付け親にとっての〕名付け子

‡film [film フィルム] 男 〘英 cine〙 ①映画〔作品〕; 〔映画・写真の〕フィルム ► **film d'épouvante [d'horreur]** ホラー映画 **film muet** 無声映画, **film parlant** トーキー, 発声映画 **film policier** 刑事ものの映画 ②〔事件の〕展開 ③薄膜, 薄皮 〔食品包装用の〕ラップ

filmage [filmaʒ] 男 〔映画〕撮影

filmer [filme] 他 ①映画に撮る, 撮影する ②薄膜〔ラップ〕でおおう

filmique [filmik] 形 映画の; 映画化された; 映画的な

filmographie [filmɔgrafi] 女 〘映〙映画史編集, 映画作品リスト〔監督やジャンルごとに分けている〕

filmologie [filmɔlɔʒi] 女 映画理論〔研究〕, 映画学

filmothèque [filmɔtɛk] 女 マイクロフィルムコレクション〔ライブラリー〕

filoche [filɔʃ] 女 〔話〕尾行 ► **prendre … en filoche** 〔人を〕尾行する

filocher [filɔʃe] 〔話〕自 急ぐ 他 あとをつける

filon [filɔ̃] 男 ①鉱脈 ②〔話〕金づる ③有利な地位〔手段〕 ► **trouver le filon** 〔話〕うまい手口を見つける

filou [filu] 男 ①狡猾な盗人, 詐欺師, いかさま師 ②〔話〕いたずらっ子, 悪がき —— 形 〘男性形のみ〙狡猾な, いんちきな

filouter [filute] 他 くすねる, だましとる

filouterie [filutri] 女 詐欺, ぺてん

‡fils [fis フィス] 男 ①〘英 son〙 息子 ► **C'est bien le fils de son père.** 血は争えない **fils à papa** 親の七光りに包まれたどら息子 **fils de famille** 良家の息子 **fils de pute**〔話〕〘卑〙野郎, この野郎 **fils de ses œuvres** 自力で世に出た人 **fils spirituel**〔思想などの〕後継者 **le fils Martin** マルタン家の息子 ② 〚F-〛〘キ教〙〔三位一体の第2位としての〕子 ► **Fils de Dieu [de l'homme] [le ~]**〘キ教〙キリスト ③〚複〛〚雅〙子孫

filtrable [filtrabl] 形 濾過(る)性の

filtrage [filtraʒ] 男 濾過(る); 検問, 選別; 〔機密などの〕漏曳(%)

filtrant(e) [filtrɑ̃, -ɑ̃t] 形 濾過(る)性の ► **virus filtrant** 濾過性ウイルス

filtrat [filtra] 男 〔化〕濾過(る)液

filtration [filtrasjɔ̃] 女 濾過(る); 浸透〔液〕

‡filtre [filtr] 男 〘英 filter〙フィルター, 濾過(る)器; ドリップコーヒー; 〔ラジオの〕濾波器 ► **filtre à air** 空気浄化フィルター **filtre à café** コーヒーフィルター **filtre à huile** 油こし **filtre solaire** 遮光フィルター〔太陽観測の際に使う色つきのフィルム・レンズ〕

‡filtrer [filtre フィルトレ] 〘英 filter〙他 ①濾過(る)する, 濾(こ)す; ふるいにかける, 選別〔検問〕する —— 自 濾される, しみ出る; 浸透する; 〔光・噂などが〕漏れる

fimes [fim] faire の直・単純過去 1・複

fin[1] [fɛ̃ ファン] 女 ①〘英 end, finish〙終わり; 結末; 最後; 死; 破滅 ► **à la fin** ついに, ようやく, とうとう ② **C'est la fin des haricots.** 万事休す **en fin de compte** 結局のところ **mettre fin à** ～を終わりとする **prendre fin** 終わる; 〔契約などが〕切れる **sans fin** 終わりのない, 無限の(に) **toucher [tirer] à sa fin** 終わりに近づく ②目的, 意図 〚法〛現也 ► **à cette fin** このために **à toutes fins utiles** ご参考までに **La fin justifie les moyens.**〘ことわざ〙目的は手段を正当化する

‡fin[2]**(e)** [fɛ̃, fin ファン/フィヌ] 形 ①〘英 thin〙細かい, 細い; 薄い; ほっそりした ②純粋な, 極上の ③〘英 fine〙鋭敏な; 繊細な; 賢い; 〔差異などが〕微妙な; 〚名詞の前〛熟練の, 巧みな; 抜け目のない, 狡猾(忍)な ► **fin gourmet / fine gueule** 美食家, 食通, グルメ —— 副 細かく, 細く; 完全に, すっかり

final(ale) [final フィナル] 形 〚男複 -als, -aux[-o]〛終わりの, 最後の; 最終の ► **au final** 最後に

finale[2] [final フィナル] 女 ①〘スポーツ〙決勝戦 ► **demi-finale** 準決勝, **quart de finale** 準々決勝 ②〔言〕語末, 語尾

‡finale[3] [final フィナル] 男 〘イ〙〚楽〙終曲, 最終楽章, フィナーレ

finalement [finalmɑ̃ フィナルマン] 副 〘英 finally〙最後に, 結局

finaliser [finalize] 他 終わりを与える, 仕上げる

finaliste [finalist] 名 決勝戦出場の人〔チーム〕

finalité [finalite] 女 合目的性; 究極性

‡finance [finɑ̃s フィナンス] 女 ①〚複〛

財政, 財務; 経理; (常)(個人・グループの)財政状態; 資金 ▶**finances publiques** 国家財政 ②金融業(界), 財界(の仕事); (集合的)財界人, 財界人

financement [finɑ̃smɑ̃] 男 出資, 融資, 資金調達(供給)

financer [finɑ̃se] 他 52 (事業に)出資[融資]する ―― 自 (ふざけて)金を出す

***financier(ère)** [finɑ̃sje, -ɛr] フィナンスィエ(ール) 形 ①(英 financial) 財政の; 金融の ②(英) フィナンスィエールソースをかけた ―― 男 ①財界人, 金融資本家(業者) ②(菓) フィナンシエ(アーモンドパウダー・卵白などで作る長方形のケーキ) ③フィナンスィエールソース(トリュフ・子牛・マデラ酒などで作るソース ⇒ sauce ～)

financièrement [finɑ̃sjɛrmɑ̃] 副 財政上(的)に; (話)金銭面では

finasser [finase] 自 策を弄(ろう)する

finasserie [finasri] 女 奸策(かんさく), 小細工

finasseur(se) [finasœr, -øz], **finassier(ère)** [finasje, -ɛr] 形名 策を弄(ろう)する(人)

finaud(e) [fino, -od] 形名 狡猾(こうかつ)な(人), したたかな(人)

finauderie [finodri] 女 狡猾(こうかつ)さ, 抜け目なさ

fine¹ [fin] 形 fin² の女性形

fine² [fin] 女 極上のブランデー

fine de claire [findəklɛr] 女 養殖がき

finement [finmɑ̃] 副 細かく; 精巧に, 繊細に; 鋭敏に; 巧妙に, 狡猾(こうかつ)に

finesse [fines] 女 ①精巧さ, 見事さ, 鋭敏さ, 繊細さ ②細かさ, 細さ, 薄さ ③(複) 微妙な(難しい)点, 奥義(おうぎ)

finette [finet] 女 (裏が毛羽立った)綿ネル

***fini(e)** [fini] フィニ 形 <finir> ①(英 finished, over) 終わった ②出来映えのいい, 完璧な, 完成した; (悪い意味で) この上ない ③有限な, 限られた ―― 男 有限; (入念な)仕上げ

finir [finir] フィニール 他 23 (英 finish, end) 終える (…するのを終わる (de); (飲食物を)たいらげる; (話)最後まで聞く; [ものが主語] 締めくくる ―― 自 終わる; 死ぬ; (ある結果に)なる ▶**finir avec** (人)と縁を切る ▶(ものごと)にけりをつける **finir bien [mal]** いい[悪い]結果になる **finir en** …の形で終わる **finir par** +不定詞 ついに…する; 結局…する **finir par** …で終わる **pour finir** 結局は **qui n'en finit pas / à n'en plus finir** 果てしなく長い続く **pour finir** 結局は

finish [finiʃ] 男 (複 ～(s)) (く英) [スポーツ] フィニッシュ, ラストスパート

finissage [finisaʒ] 男 仕上げ

finissant(e) [finisɑ̃, -ɑ̃t] 形 終わりの, 終わりかかっている

finisseur(se) [finisœr, -øz] 名 仕上げに; [スポーツ] ラストスパートのきく選手

Finistère [finistɛr] 男 フィニステール県 [フランス西端]

finition [finisjɔ̃] 女 仕上げ, (複)仕上げ[加工]作業

finlandais(e) [fɛ̃lɑ̃dɛ, -ɛz] 形名 [[F-] フィンランドの(人) ―― 男 = finnois

Finlande [fɛ̃lɑ̃d] 女 フィンランド

finnois(e) [finwa, -az] 形 [F-] フィン人(の)[フィンランドの大半を占める民族] ―― 男 フィンランド語

fiole [fjɔl] 女 (細首の)ガラスの小瓶; (話)顔, 頭

fion [fjɔ̃] 男 ①(古) 仕上げ ▶**donner le (dernier) coup de fion** (作品に)最後の仕上げをする ②(話・フランス東部・スイス・カナダ) きつい言葉, 皮肉

fiord [fjɔrd, fjɔr] 男 = fjord

fioriture [fjɔrityr] 女 ①(多く複) [楽] 装飾音, フィオリトゥーラ; 装飾, けばけばしさ ▶**sans fioritures** 簡単に, 率直に

fioul [fjul] 男 燃料油, 重油 ▶**fioul domestique** 家庭用灯油

-fique [接尾] (ラ) 「作り出す」の意の語をつくる

firent [fir] faire の直・単純過去・3・複

firmament [firmamɑ̃] 男 [詩] 天空, 穹窿(きゅうりゅう)

firme [firm] 女 商社, 会社, 商店

fis [fi] faire の直・単純過去・1[2]・単

fisc [fisk] 男 (集合的)税務署, 税務官庁, 国庫

fiscal(ale) [fiskal] 形 (男複 -aux [-o]) 税務上の; 収税の

fiscalement [fiskalmɑ̃] 副 税務上は

fiscalisation [fiskalizasjɔ̃] 女 課税

fiscaliser [fiskalize] 他 ①(…に)課税する ②税金でまかなう

fiscalité [fiskalite] 女 税制; 課税

fish-eye [fiʃaj] 男 (く英) (写)魚眼レンズ

fiss… ⇒ faire

fissi- [接頭] (ラ) 「分裂」「割れ」の意

fissible [fisibl] 形 [物] (古) 核分裂性の

fissile [fisil] 形 ①(岩石などが)薄片になりやすい, 劈開(へきかい)性の ②[物] 核分裂性の

fission [fisjɔ̃] 女 [物] 核分裂

fissuration [fisyrasjɔ̃] 女 ひび割れ[亀裂]が生ずること

fissure [fisyr] 女 ひび, 割れ目; 欠陥

fissurer [fisyre] 他 ひび割れを生じさせる ―― 代動 [se ～] ひび割れを生じる

fiston [fistɔ̃] 男 (話)息子; (呼びかけで)坊や, 若いの

fistule [fistyl] 女 [医] 瘻(ろう)(管); 痔瘻

fistuleux(se) [fistylø, -øz] 形 [医]

瘻管(32)(性)の, 瘻孔のある
fit [fi], **fit(es)** [fi(t)] ⇨faire
FIV (略) fécondation in vitro 体外受精
fixage [fiksaʒ] 男 固定, 色止め；[写] 定着
fixateur(trice) [fiksatœr, -tris] 形 固定[定着]させる ― 男 [写] 定着液；(木炭画などの)定着液用)スプレー, セットローション；[生] 固定液
fixatif(ve) [fiksatif, -iv] 形 定着[固定]用の ― 男 (木炭画などに吹きかける)定着液, フィクサチーフ；セットローション
fixation [fiksasjɔ̃] 女 ①固定 (具), 取り付け；定着；(写真の)固定, [生] 固定 ▶abcès de fixation 固定膿瘍(ﾋﾞｮｳ)；必要悪 fixations de sécurité (スキー) (セーフティー)ビンディング ②(日時・金額の)取り決め, 決定 ③[精医] (性)的な固着, 病的執着 ▶faire une fixation sur …[精医] …に執着する
fixe[1] [fiks フィクス] 形 一定の, 不変の；(場所が)動かない ▶prix fixe 定価 résidence fixe 決まった住所[住居] ― 間 [軍] (号令) 気をつけ ― 男 固定給
fixe[2] [fiks] 男 麻薬注射
fixé(e) [fikse] 形 (<fixer) ①固定された, 定められた ▶l'heure fixée 決めた時間に *n'être pas fixé* (…について) 心が決まっていない, 何をしていいかわからない (sur) ②[精医] 固着した ③ (…について)知らされている, わかっている ▶être fixé sur le compte de (人)について知られる
fixement [fiksəmɑ̃] 副 じっと
fixer [fikse フィクセ] 他 (英 fix) 固定する；決める, 定める, (…)に集中する (sur)；(記憶に)とどめる；色止めをする, 定着させる ▶fixer les yeux sur (人)を見つめる fixer son attention sur …に注意を注ぐ ▶(考えなどを)はっきりさせる, (人にものごとを)はっきり知らせる (sur) ― 代動 [se ~] ①定住[定着]する；(言語・習慣などが)固定[定着]する；身を固める, 結婚する；[精医] 固着する ②(視線・注意が)集中する, 注がれる ③…を選ぶ, (…)に決める, 定まる (sur)；(目標などを決める
fixette [fikset] 女 [話] 固定観念
fixisme [fiksism] 男 生物不変説, 非進化論
fixiste [fiksist] 形名 生物不変説の[論者]
fixité [fiksite] 女 (特に視線の)固定, 不動；不変
fjord [fjɔrd, fjɔr] 男 [地] フィヨルド
flac [flak] 擬 ぴちゃ, ばしゃ 《水に[の]落ちる音》
flaccidité [flaksidite] 女 [文] 軟弱；たるみ
flacon [flakɔ̃] 男 (香水などの)小びん, フラスコ
flacon-pompe [flakɔ̃pɔ̃p] 男 (複 ~s-~s) (粉つきの)小びん, プッシュびん
flafla, fla-fla [flafla] 男 [話] 見栄, 気取り
flag [flag] 男 [俗] 現行犯【<flagrant délit】
flagada [flagada] 形 [話] くたびれた
flagellation [flaʒelasjɔ̃] 女 鞭(ﾑﾁ)打ち(の行)
flagelle [flaʒel] 男 [生] 鞭毛(ﾍﾞﾝﾓｳ)
flagellé(e) [flaʒele] 形 (<flageller) 鞭毛(ﾍﾞﾝﾓｳ)のある ― 男 (複) 鞭毛虫亜門
flageller [flaʒele] 他 鞭(ﾑﾁ)で打つ；懲罰を加える ― 代動 [se ~] 自らを(互いに)鞭打つ
flageolant(e) [flaʒɔlɑ̃, -ɑ̃t] 形 (足もとが)ふらついた, よろよろした
flageoler [flaʒɔle] 自 足がふらつく（震える）
flageolet[1] [flaʒɔle] 男 [植] (小粒の)インゲンマメ
flageolet[2] [flaʒɔle] 男 [楽] フラジョレット [縦笛]；(パイプオルガンの)フルート音栓
flagorner [flagɔrne] 他 [古] (…)にへつらう
flagornerie [flagɔrnəri] 女 [古] (低俗な)へつらい, 追従(ﾂｲｼｮｳ)
flagorneur(se) [flagɔrnœr, -øz] 名 [古] 追従(ﾂｲｼｮｳ)的な(人)
flagrant(e) [flagrɑ̃, -ɑ̃t] 形 明白な；[法] 公然たる ▶flagrant délit [法] 現行犯
flair [flɛr] 男 (犬の)嗅覚；勘 ▶avoir du flair pour …について勘が鋭い
flairer [flere] 他 嗅(ｶ)ぐ, 嗅ぎつける；(人が危険などに)感づく ― 代動 [se ~] 嗅ぎ合う；嗅ぎつけられる
flamand(e) [flamɑ̃, -ɑ̃d] 形 フランドル (Flandre)の ― 名 [F.] フランドル人 ― 男 フラマン語 [オランダ語方言；ベルギーの公用語の１つ]
flamant [flamɑ̃] 男 [鳥] フラミンゴ
flambage [flɑ̃baʒ] 男 炙(ｱﾌﾞ)ること, (鶏などの)毛を焼くこと；火炎による消毒
flambant(e) [flɑ̃bɑ̃, -ɑ̃t] 形 燃え盛るがる；[話] 見事な, ぱりっとした服装の ▶flambant neuf 真新しい
flambard [flɑ̃bar] 男 ▶faire le flambard [話] 空威張り[大言壮語]する
flambé(e) [flɑ̃be] 形 (<flamber) ①[料] フランベにした, (ブランデーなどで)火をつけた ②[話] 落ちぶれた, 駄目になった
flambeau [flɑ̃bo] 男 (複 ~x) 松明(ﾀｲﾏﾂ)；燭台；[文] (理性などの)光
flambée [flɑ̃be] 女 ぱっと燃え上がる[大きな]炎；(感情・行為などの)爆発, 一時的感情 ▶flambée des prix 物価の急騰
flamber [flɑ̃be] 自 燃え上がる ―

flambeur(se) [flɑ̃bœr, -øz] 名 《俗》(ばくちに)大金を賭(ｶ)ける人

flamboiement [flɑ̃bwamɑ̃] 男 炎の光; 火災

flamboyant(e) [flɑ̃bwajɑ̃, -ɑ̃t] 形 ①《文》燃えさかる; 燃え上がるような; 輝く ②〖建〗フランボワイヤン様式の ── 男 ①〖建〗フランボワイヤン様式 ②〖植〗カエンボク

flamboyer [flɑ̃bwaje] 自 45 燃え上がる; 火のように輝く

flamenco [flamɛnko] 男形 フラメンコ(の)

flamiche [flamiʃ] 女 《フランス北部・ベルギー》セイヨウネギのパイ

flamingant(e) [flamɛ̃gɑ̃, -ɑ̃t] 形 名 ①フラマン語を話す(人) ②フランドル主義の(者)

***flamme** [flɑm] 男 《英 flame》 炎, 火炎; 《複》火事, 火災; (目の)輝き; (感情の)炎; 情熱; 《古》恋の炎 ▶**être en flammes** / **être la proie des flammes** 炎に包まれている **flamme olympique** オリンピック聖火 **jeter feu et flamme** 怒る 《船のマストや槍先につける》旗 《手紙の消印》

flammé(e) [flame] 形 炎の形の斑紋(模様)のある

flammèche [flamɛʃ] 女 火花, 火の粉

flan [flɑ̃] 男 ①フラン《タルトの一種》; カスタードプリン ②刻印入りのメダルを作る金属プレート; 〖印〗紙版 ③《話》冗談 ▶**au flan** 《話》でまかせに **en être comme deux ronds de flan** 《話》びっくり仰天する, あきれてもの が言えない

flanc [flɑ̃] 男 わき腹; 側面; 山腹 ▶**à flanc de** …の斜面に **être sur le flanc** へとへとに疲れている, 病床にある **prêter le flanc** (敵の攻撃に)すきを見せる **tirer au flanc** 《話》(仕事などを)さぼる

flancher [flɑ̃ʃe] 自 《話》弱気になる, 後退する; (心臓などが)詰る

flanchet [flɑ̃ʃɛ] 男 《子》牛の腹部肉

Flandre [flɑ̃dr] 女 フランドル地方《フランス北部からベルギー・オランダにいたる地域》

flandrin [flɑ̃drɛ̃] 男 《話》不格好なのっぽ(= grand ~)

flanelle [flanɛl] 女 フランネル, フラノ

flâner [flɑne] 自 ぶらつく, 散歩する; のらくらする, 怠ける

flânerie [flɑnri] 女 ぶらつき, 散歩(の習慣)

flâneur(se) [flɑnœr, -øz] 形 名 のらくらする(人), 怠け者(な人), 暇人

flanqué(e) [flɑ̃ke] 形 (< flanquer) (…の)横にある, 伴われた(**de**)

flanquer¹ [flɑ̃ke] 他 (建物が)側面に並ぶ; 付き添う, 護衛する ── 代動 [**se** ~] 側面を防御し合う; 付き添われる

flanquer² [flɑ̃ke] 他 《話》たたく《投げつける》; (平手打ちなどを)食らわせる; (恐怖などを)与える ▶**flanquer … à la porte** (人)を追い出す **flanquer … par terre** (人)を地面にたたきつける **flanquer la trouille à** (人)を怖(ﾎﾞ)うがせる ── 代動 [**se** ~] **▶se flanquer par terre** ぶっ倒れる

flapi(e) [flapi] 形 《話》疲れ切った

flaque [flak] 女 水たまり

flash [flaʃ] 男 《複 ~es》《英》〖写・映〗フラッシュ; 速報 (~ **d'information**) **▶flash publicitaire** コマーシャル

flash-back [flaʃbak] 男 《英》《複 ~-~, ~(e)s-~》 (映画の)フラッシュバック

flasher [flaʃe] 自 《話》気を引かれる《**sur**》

flasque¹ [flask] 形 柔らかい, ぶよぶよした; 無気力な

flasque² [flask] 女 平型の小びん

flatté(e) [flate] 形 (< flatter) …に満足している, …を得意に思っている《**de, que**》

***flatter** [flate フラテ] 他 ①《英 flatter》お世辞を言う; (自尊心を)満足させる ▶**sans vous flatter** お世辞抜きで ②(感覚を)楽しませる; 実際より美しく見せる, 美化する ③助長する, そそる; (動物を)なでる ── 代動 [**se** ~] (…で)得意になる, 満足する《**de**》; (…と)思いこむ, (ひそかに)期待する《**de, que**》

flatterie [flatri] 女 へつらい, お世辞

flatteur(se) [flatœr, -øz] 形 へつらう; 人を喜ばせる; 美化する ▶**faire un tableau flatteur de** …を美化する ── 名 おべっか使い

flatteusement [flatøzmɑ̃] 副 お世辞たっぷりに; 美化して

flatulence [flatylɑ̃s] 女 〖医〗鼓腸 《腸内等に大量のガスがたまること》

flatulent(e) [flatylɑ̃, -ɑ̃t] 形 〖医〗鼓腸による; ガスがたまりやすい

flatuosité [flatyozite] 女 腸内ガス

Flaubert [flobɛr] (Gustave ~) フローベール〖1821-80; 小説家〗

fléau [fleo] 男 《複 ~x》 ①わざわい, 大災害; 厄介なこと(人), (穀物を打つから竿(ｻｵ)) ▶**fléau d'une balance** 秤(ﾊｶﾘ)の竿, 天秤(ﾃﾝﾋﾟﾝ)棒

fléchage [fleʃaʒ] 男 道しるべ(矢印)(をつけること)

***flèche** [flɛʃ] 女 《英 arrow》矢; 矢印; (教会の)尖塔(ｾﾝﾄｳ); 攻撃の矢; 辛辣(ｼﾝﾗﾂ)な皮肉 ▶**Ça n'est pas une flèche.** たいしたことのないやつだ. **faire flèche de tout bois** 使えるものはなんでも使う **monter en flèche** 急上昇する **partir comme une flèche** 大急ぎで出発する

fléché(e) [fleʃe] 形 矢印のある

flécher [fleʃe] 他 57 矢印で示す

fléchette [fleʃɛt] 女 小さい矢; ダーツ

fléchettes ‣*jouer aux fléchettes* 投げ矢で遊ぶ

fléchi(e) [fleʃi] 形 (< fléchir) 〘言〙屈折した

fléchir [fleʃir] 他 33 たわめる, 曲げる; (人を)屈服させる, 譲歩させる ── 自 たわむ, 曲がる; (気持や態度が)和らぐ; 屈服する; (価格が下がる); 弱まる ▸*sans fléchir* ひるむことなく

fléchissement [fleʃismã] 男 屈折, たわみ; 弱まり, 衰え; 低下

fléchisseur [fleʃisœr] 形(男性形のみ)曲げる ── 男〘解〙屈筋 (= muscle ~)

flegmatique [flɛgmatik] 形名 冷静[冷淡]な(人)

flegme [flɛgm] 男 冷静 ▸*flegme britannique* イギリス人特有の冷静さ

flegmon [flɛgmɔ̃] 男 = phlegmon

flémingite [flemɛ̃ʒit] 女〘俗〙ぐうたら ▸*avoir une flémingite aiguë* (ふざけて) 急性無力症にかかる

flemmard(e) [flemar, -ard] 名形〘話〙怠け者(の)

flemmarder [flemarde] 自〘話〙怠ける, 何もせずぶらぶらする

flemmardise [flemardiz] 女〘話〙不精

flemme [flɛm] 女〘話〙怠惰, のらくら ▸*avoir la flemme de* …する気力がない ▸*tirer sa flemme*〘話〙怠ける, のらくらする

flétan [fletã] 男〘魚〙オヒョウ

flétri(e) [fletri] 形 (< flétrir) しおれた; たるんだ

flétrir[1] [fletrir] 他 33 しおれさせる;〘文〙新鮮さを失わせる;〘文〙品位を落とす;(顔色を)あせさせる ── 代動 [se ~] しおれる;〘文〙衰える

flétrir[2] [fletrir] 他 33 名誉などをけがす; (罪人に)焼き印を押す ── 代動 [se ~] 自ら名誉を汚す

flétrissement [fletrismã] 男 (植物の)立ち枯れ(病);〘文〙(年齢による)衰え

flétrissure [fletrisyr] 女 ①しおれること; (容色の)衰え ②〘文〙辱め, 不名誉; 罪の烙印

‣**fleur** [flœr フルール] 女 (英 flower) ①花; 花模様[飾り] ▸*comme une fleur*〘話〙たやすく, 楽々と, 難なく; 思いがけなく不意に ▸*en fleur(s)* 花盛りで ▸*fleur bleue* 感傷的な心 ▸*fleur de lys* (フランス王家のユリの紋章) *Fleurs du mal*『悪の華』(ボードレールの詩) ▸*papier à fleurs* 花柄の紙 ②盛り, 精華 ▸*dans* [à] *la fleur de l'âge* (人の)最盛期に ③清純さ, 処女性 ④親切, 特別の好意, 贈り物; 〘複〙賛辞 ▸*faire une fleur à*〘話〙特典を与える ▸*lancer des fleurs à* / *couvrir … de fleurs* (人を)褒め称える ⑤(皮の)表 ▸*à fleur de* …すれすれの ▸*à fleur de peau* 敏感な; 表面的な ▸*avoir les*

nerfs à fleur de peau 怒りっぽい ⑥ ▸*fleur de farine* (きめの細かい)上質の小麦粉 ▸*fleur de sel* 塩の花【上質の甘い言葉】 ▸*fleur de sel* 精製していない塩; 塩田に最初に浮かぶ ⑧ ▸*fleurs de vin* ワインの花【発酵時に浮かぶ白カビ】

fleurdelisé(e) [flœrdəlize] 形 ユリの花柄[王家の紋章]のついた

fleurer [flœre] 自他〘文〙(…の良い)香りを発する

fleuret [flœrɛ] 男 フルーレ【フェンシングに用いる柔軟な剣】

fleurette [flœrɛt] 女 ①小さい花 ② ▸*conter fleurette à* (女性に)言い寄る ③ ▸*crème fleurette* 脂肪分の少ないクリーム

fleuri(e) [flœri] 形 (< fleurir) ①花の咲いている; 花で飾られた; 花模様の ②血色のよい;〘つやつやした〙③〘文体などが〙飾りの多い

fleurir [flœrir] 自 33 ①花が咲く ②繁栄する ③〘話・ふざけて〙吹き出物ができる ── 他 花で飾る; (文体などを)飾る ── 代動 [se ~] 自分の胸に花を差す

fleuriste [flœrist] 名 (英 florist) 花屋, 花売り; 花の栽培人

fleuron [flœrɔ̃] 男 花形装飾; 花形

‣**fleuve** [flœv フルヴ] 男 (英 river) 大きな川, 大河; 多量の流れ; 流れつづけるもの ▸*fleuve de boue* 泥流 ▸*fleuve de lave* 溶岩流

flexibilité [fleksibilite] 女 しなやかさ; (性格などの)柔軟さ;〘機〙たわみ性[度]

flexible [fleksibl] 形 曲げやすい, しなやかな; (性格などが)柔軟な ── 男〘機〙たわみ軸; ホース ▸*horaire flexible* フレックスタイム

flexion [flɛksjɔ̃] 女 ①(手足を)曲げること; (筋肉による)屈曲作用;〘機〙たわみ ②〘言〙屈折

flexionnel(le) [flɛksjɔnɛl] 形〘言〙屈折の

flexure [flɛksyr] 女〘地〙褶曲(しゅうきょく)

flibustier [flibystje] 男 ①(17-18 世紀のカリブ海の)海賊 ②〘古〙詐欺師

flic [flik] 男〘話〙警官, でか; 権威主義的な人 ▸*femme flic* 女性の警官 (= fliquesse)

flicage [flikaʒ] 男〘話〙(警察の)見張り

flicaille [flikaj] 女〘話〙〘集合的に〙警官, でか

flicard(e) [flikar, -ard] 名形〘話〙警官(の)

flic flac [flikflak] 間男〘話〙ぴしっ, ひたひた, ぴしゃぴしゃ【平手打ち・波や水の音】

flingue [flɛ̃g] 男〘話〙銃, はじき

flinguer [flɛ̃ge] 他〘話〙(人に銃を)ぶっぱなす, 殺す; (ものを)壊す, (人を)やっつける ── 代動 [se ~]〘古〙〘続〙自殺する; 意気消沈する, だめになる

flingueur(se) [flɛ̃gœr, -øz] 名

flip [flip] 男 《話》落ち込み,鬱(3)状態;《俗》(麻薬の禁断症状として現れる)恐怖感

flippant(e) [flipɑ̃, -ɑ̃t] 形《話》気の滅入るような,気味の悪い

flipper¹ [flipe] 自《話》(麻薬が切れて)力が抜ける;落ち込む

flipper² [flipœr] 男《英》ピンボール,フリッパー

fliquer [flike] 他《話》監視する

fliquesse [flikɛs], **fliquette** [flikɛt] 女《話》女性の警官

flirt [flœrt] 男《<英》① 戯れの恋,(異性間の)軽い交際;《古》(男女の)遊び友達 ② (政党・会社などの)接近工作

flirter [flœrte] 自 ① (異性と)付き合う,いちゃつく(avec) ② (政党などに)接近する(avec)

FLN 男《略》Front de libération nationale (アルジェリアの)民族解放戦線

floc [flɔk] 擬男 どぼん,びしゃ [水に落ちる音]

flocage [flɔkaʒ] 〔織〕フロック加工

floche [flɔʃ] 形 (糸が)縒れよれた

flocon [flɔkɔ̃] 男 ① (羊毛・綿・木綿の)ふわふわした塊; わた雪の小片(= ~ de neige) ② (穀物の)フレーク ► **flocons d'avoine** オートミール **flocons de maïs** コーンフレーク

floconner [flɔkɔne] 自 綿状になる;雪がひらひら舞う

floconneux(se) [flɔkɔnø, -øz] 形 ふわふわした; 綿状の

floculation [flɔkylasjɔ̃] 女 〔化〕凝集,綿状反応 [溶液が綿状の塊に沈殿すること]

flonflon [flɔ̃flɔ̃] 男 (複)(吹奏楽の)ずんちゃかちゃ(という音)

flop [flɔp] 男 ① (映画などの)大失敗作 ② ぺしゃん [柔らかいものが落ちる音]

flopée [flɔpe] 女《話》たくさん,大量 ► **une flopée de ...** 大量の...

floraison [flɔrɛzɔ̃] 女 開花(期);(文化・才能の)開花,輩出

floral(ale) [flɔral] 形 (男複 -aux[-o]) 花の

floralies [flɔrali] 女(複)花の展覧会;花祭

flore [flɔr] 女 ① 植物相,植物誌 ② [F-] 〔ロ神〕 フローラ〔花の女神〕 ► **flore intestinale** 〔生理〕腸内細菌叢(はち)

floréal [flɔreal] 男〔史〕(共和暦の)花月〔共和暦の第8月〕

Florence [flɔrɑ̃s] フィレンツェ [イタリア中部の都市]

florence [flɔrɑ̃s] 女 (釣り糸の)てぐす (= crin de F-)

florentin(e) [flɔrɑ̃tɛ̃, -in] 形 [F-] フィレンツェの(人) —— 男 フィレンツェ方言

florès [flɔrɛs] 男〔成句でのみ〕 ► **faire florès** 〔文・古〕成功する,名声を得る

flori(-) [接頭] 〈ラ〉「花」の意

floricole [flɔrikɔl] 形 (昆虫などが)花に棲息する

floriculture [flɔrikyltyr] 女 草花の栽培,花作り

florifère [flɔrifɛr] 形 〔植〕花のついた

florilège [flɔrilɛʒ] 男 詩の選集;詞華集

florin [flɔrɛ̃] 男 ギルダー【ユーロ導入以前のオランダの通貨単位】

floriss... ⇒**fleurir**

florissant(e) [flɔrisɑ̃, -ɑ̃t] 形 栄えている;血色の良い;はつらつとした,元気そうな

flot [flo] 男 ① (水などの)流れ;多量の流れ;上潮,満ち潮;人や感情の波;(複)波;海 ► **à flot de** 沢山の;(比)経済的に安定した **à flots** 多量の **remettre à flot** (企業を)財政難から立ち直らせる

flottable [flɔtabl] 形 浮くことの可能な

flottage [flɔtaʒ] 男 筏(な)流し

flottaison [flɔtɛzɔ̃] 女 ① (船の)喫水線(= ligne de ~) ② 〔生〕浮遊 ③ 〔為替相場の〕変動

flottant(e) [flɔtɑ̃, -ɑ̃t] 形 ① 浮いている,漂う;一定しない,浮動の ► **électorat flottant** 浮動票 ② (衣服が)ゆったりした —— 男 ① (スポーツ用の)ショートパンツ ② 〔商〕失権株

flottation [flɔtasjɔ̃] 女 浮選[浮かんだ物質を選び取ること]

flotte [flɔt] 女 ① 艦船,艦隊;海軍;船団 ► **flotte marchande (de commerce)** 商船団 ② 《話》水;雨

flottement [flɔtmɑ̃] 男 揺れ,(列の)乱れ,(自動車の走行の)不安定;動揺,ためらい;優柔不断

*****flotter**¹ [flɔte フロテ] 自 ① 〈英 float〉浮かぶ,漂う;たなびく;揺れ動く,さまよう;《文》ためらう (服が)大きすぎる;(人が)だぶだぶの服を着ている ③ (通貨が)変動通貨をとる(為替相場が)変動する —— 他 (木材を)流す;(ケーブルを)水面に敷設する

flotter² [flɔte] 非人称《話》大雨が降る

flotteur [flɔtœr] 男 浮き,浮標;(水上機の)フロート,浮舟

flottille [flɔtij] 女 小型船団[艦隊];航空戦隊

flou(e) [flu] 形 (輪郭や色の)ぼやけた,はっきりしない;(衣服が)ゆったりした;(情報)ファジーの —— 男 あいまいさ,不明確さ;〔美術〕ぼかし;(法律)のゆとり ► **flou artistique** 〔写〕ソフトフォーカス;故意にぼかすこと

flouer [flue] 他《話》だます;《古》だまして盗む

flouse, flouze [fluz] 男《話》金,銭

flouve [fluv] 女 [植] ハルガヤ(= ~ odorante)

fluctuant(e) [flyktɥɑ̃, -ɑ̃:t] 形 [変動]する

fluctuation [flyktɥasjɔ̃] 女 (多く 複) 波動し, 流動; 変動

fluctuer [flyktɥe] 自 (物価・情勢などが)変わる, 変動する

fluet(te) [flyɛ, -et] 形 (手足や声が)か細い

fluide [flɥid] 形 さらさらした; 流れるような; 流動的な, 捕らえがたい ─ 男 ① 流体 ② 目に見えない力; 霊力

fluidifiant(e) [flɥidifjɑ̃, -ɑ̃:t] 形 流体化する

fluidification [flɥidifikɑsjɔ̃] 女 流体化

fluidifier [flɥidifje] 他 流体にする; 流動的にする

fluidité [flɥidite] 女 流動性; さらっとしていること; 順調な流れ; 捕らえ難い事

fluo [flyo] 形 (不変) (略) (話) fluorescent 蛍光色の

fluor [flyɔ:r] 男 [化] フッ素 ▶ *au fluor* フッ素入りの

fluoration [flyɔrasjɔ̃] 女 (水道の)フッ素添加

fluoré(e) [flyɔre] 形 フッ素を含んだ

fluorescence [flyɔresɑ̃:s] 女 [物] 蛍光

fluorescent(e) [flyɔresɑ̃, -ɑ̃:t] 形 蛍光色の; 蛍光性の

fluorine [flyɔrin], **fluorite** [flyɔrit] 女 [鉱] 蛍石

fluorure [flyɔry:r] 男 [化] フッ化物

flûte [flyt] 女 ①[英式] フルート(奏者); 笛 ▶ *flûte à bec* 縦笛; リコーダー *flûte de Pan* パンパイプ *flûte traversière* フルート ②(小形の)細長いパン ③細長いグラス ④〈複〉(話)〈親しみ〉脚 ▶ *jouer des flûtes* (話) 一目散に逃げる

flûté(e) [flyte] 形 (音が)フルートに似た

flûtiau [flytjo] 男 (複 ~x) 玩具(等)の笛

flûtiste [flytist] 名 フルート奏者

fluvial(ale) [flyvjal] 形 (男複 -aux [-o]) 河川の

fluvio(-)glaciaire [flyvjoglasjɛ:r] 形 [地] 融水流水の

fluviographe [flyvjɔgraf], **fluviomètre** [flyvjɔmɛtr] 男 (河川の)水量記録計

flux [fly] 男 ① 流れ; [医] (体液の)流出; (経) 流れ, フロー ▶ *flux de capitaux* 資本の流れ *flux lumineux* 光束 *flux magnétique* 磁束 *flux menstruel* 月経 *flux monétaire* (経) キャッシュフロー *flux tendu* (商) 〈在庫を最小限にする〉カンバン方式 ▶ *le flux et le reflux* (潮の)満ち引き; (ものごとの)浮き沈み *un flux de...* 大量の…

fluxion [flyksjɔ̃] 女 ① 歯茎[類]のはれ, 充血 ② [医] 脈性充血; 炎症

FM [efem] 女 (不変) (<英) FM放送

FMI (略) 〈英 IMF〉 Fonds monétaire international 国際通貨基金

FN (略) Front national 国民戦線 【フランスの右翼政党】

Fnac (略) 〈F〉 Fédération nationale d'achats des cadres フナック 【書籍・オーディオなどを扱うチェーン店】

FNSEA (略) Fédération nationale des syndicats d'exploitants agricoles 農業組合全国同盟

FO (略) Force ouvrière 労働者の力 【CGTから分裂した労働組合】

FOB (不変) 〈<英〉 (略) free on board [法] 本船甲板渡し条件

foc [fɔk] 男 船首の三角帆, ジブ

focal(ale) [fɔkal] 形 (男複 -aux[-o]) [光] 焦点の ─ 女 [物・数] 焦点距離 (= distance ~)

focalisation [fɔkalizɑsjɔ̃] 女 焦点合わせ; 焦点化; 集中化

focaliser [fɔkalize] 他 [物] (光・電子の束を)集束させる, (…の)焦点を合わせる; 集める, 集中させる ─ 代動 [se ~] (…に)集中する (sur)

fœhn [føn] 男 フェーン 〔山から吹きおろす乾燥した熱風〕

foène, foëne [fwɛn] 女 (漁) 大銛

fœtal(ale) [fetal] 形 (男複 -aux[-o]) 胎児の

fœtoscopie [fetɔskɔpi] 女 胎児鏡検査

fœtus [fetys] 男 胎児

fofolle [fɔfɔl] 形 foufou の女性形

***foi** [fwa フォワ] 女 〈英 trust〉 信頼, 信用; (カト) 信徒; 信念; (…の) 誓約; 貞節 ▶ *avoir foi en* …を信じる *digne de foi* 信頼できる *être de bonne foi* 誠意がある *être de mauvaise foi* 不誠実である *faire... en toute bonne foi* 誠意をつくして…する *faire foi* 証明する *ma foi* (納得して)そう, 確かに *sans foi ni loi* 神も人も恐れない *sous la foi du serment* 宣誓して *sur la foi de* …に基づいて

***foie** [fwa フォワ] 男 〈英 liver〉 肝臓; 肝(ぎ), レバー ▶ *foie gras* フォアグラ

***foin**[1] [fwɛ̃ フォワン] 男 〈英 hay〉 干し草, 秣(まぐさ); 秣用の草 ▶ *faire du foin* (話) 騒ぎを起こす *rhume des foins* 花粉症

foin[2] [fwɛ̃] 間 (古・軽蔑・怒りなどを表して) 下らん, ばかな, いやだ!

***foire**[1] [fwaːr フワール] 女 〈英 fair〉 (農村での)市(☆), 定期市, 縁日; 見本市, 展示会; (話) お祭り騒ぎ; ごった返した場所 ▶ *faire de la foire* (話) どんちゃん騒ぎをする *foire d'empoigne* 私利私欲をつくした競争

foirer [fware] 自 (話) ① 失敗する; 空回りする ② 大失敗する

foireux(se) [fwarø, -øz] 形《話》しくじった; 怖がりの

*fois [fwa フォワ] 女 ①…倍;〔数〕掛ける **5 fois 5 font 15.** 3 × 5 = 15 ②(英 time) 度, 回 ▸**à la fois** 一度に, 同時に **autant de fois que** …と同じ回数 **cette fois-ci** 今度は **cette fois-là** あの時 **des fois**《俗》時々 **des fois que…**《俗》…することがあれば **en une fois** 一回で **encore une fois** もう一度 **neuf fois sur dix** 十中八九 **Non, mais des fois!**《話》とんでもない, 冗談じゃない **pour une fois** 一回だけ, 今度だけ **Une fois n'est pas coutume.** 一度あったからといって二度目があるわけではない **une fois pour toutes** これを最後に, 最終的に **une fois que…** いったん…すると

foison [fwazɔ̃] 女〔成句でのみ〕▸**à foison** たくさん, 大量に

foisonnant(e) [fwazɔnɑ̃, -ɑ̃t] 形 (…が)たくさんある《de, en》; 膨張する

foisonnement [fwazɔnmɑ̃] 男 豊かさ; 膨張

foisonner [fwazɔne] 自 たくさんある; (…に)富んでいる《de, en》; 膨張〔発展〕する

Foix [fwa] フォワ《Ariège の県庁所在地》

fol [fɔl] 形(男)〔母音または無音の h の前で〕fou の男性第二形

folâtre [fɔlɑtr] 形《文》(人が)陽気な, はしゃいだ

folâtrer [fɔlɑtre] 自 ふざける, はしゃぐ

foldingue [fɔldɛ̃g] 形名《話》頭のおかしい(人)

foliacé(e) [fɔljase] 形 葉の形をした

foliaire [fɔljɛr] 形〔植〕葉の

foliation [fɔljɑsjɔ̃] 女〔植〕葉並び

folichon(ne) [fɔliʃɔ̃, -ɔn] 形〔多く否定形で〕《古》陽気な, 面白い

*folie [fɔli フォリ] 女 狂気(の沙汰), 精神錯乱; 無分別な言動; ばく大な出費; マニア; 熱狂; 激しい恋 ▸**à la folie** 熱狂的に …を愛する; 熱烈に **avoir la folie de…** 愚かにも…する **avoir la folie des grandeurs**《話》誇大妄想を抱く **faire une folie** (…に)浪費する《pour》

folié(e) [fɔlje] 形 葉状の

folingue [fɔlɛ̃g] 形名《話》少し頭のおかしい(人)

folio [fɔljo] 男 1 葉〔写本・書物の表裏 2 ページ分〕;〔印〕ノンブル

foliole [fɔljɔl] 女〔植〕小葉;〔夢〕片

folioter [fɔljɔte] 他 (印刷物に)ページ数をつける

folk [fɔlk] 男 形《え英》フォークソング(の) (= folksong)

folklo [fɔlklo] 形《小要》《話》見かけだけの【folklorique の略】

folklore [fɔlklɔr] 男 ① 《単》民間伝承; 民俗学〔芸能〕 ②《話》見せかけだけのもの

folklorique [fɔlklɔrik] 形 ①民俗(学)の, 民間伝承の; 民俗芸能の ②《話》見せかけの

folkloriste [fɔlklɔrist] 名 民俗学者

folle¹ [fɔl] 形(女) fou の女性形

folle² [fɔl] 女 (女装した)同性愛者, ホモ

follement [fɔlmɑ̃] 副 熱烈に, 気が狂ったように; ものすごく

follet(te) [fɔlɛ, -ɛt] 形 気まぐれな; 悪ふざけする ▸**feu follet** 鬼火; とらえどころのないもの; 快活に動き回る人 ── 男〔いたずらな妖精《古》〕── 名 いたずらっ子, ばか小さな

folliculaire [fɔ(l)likylɛr] 形 小胞の ── 男《文》三文記者〔文士〕

follicule [fɔ(l)likyl] 男 ①〔解〕小胞 ②〔植〕さや, 袋果《古》

folliculine [fɔlikylin] 女〔生理〕フォリクリン〔卵胞ホルモン; 特にエストロン〕

folliculite [fɔlikylit] 女〔医〕毛嚢(のう)炎

fomentateur(trice) [fɔmɑ̃tatœr, -tris] 名 扇動者

fomentation [fɔmɑ̃tɑsjɔ̃] 女《文》扇動, 助長

fomenter [fɔmɑ̃te] 他《文》助長する, あおる

*foncé(e) [fɔ̃se フォンセ]《英 dark》形 (色が)濃い, 暗い

foncer¹ [fɔ̃se] 自《話》急ぐ; (…に)飛びかかる, 突き進む《sur, contre》

foncer² [fɔ̃se] 他 (色を)濃くする ── 自 色が濃くなる

foncer³ [fɔ̃se] 他 ①(樽などに)底を付ける; 打ち込む, 彫る ②〔料〕パイ生地〔脂身など〕を敷く

fonceur(se) [fɔ̃sœr, -øz] 形名《話》精力的な(人); 猪突(ちょとつ)猛進の(人)

foncier(ère) [fɔ̃sje, -ɛr] 形 ①土地〔不動産〕に関する ▸**propriétaire foncier** 土地所有者 **propriété foncière** 不動産 ②生来の, 根本的な

foncièrement [fɔ̃sjɛrmɑ̃] 副 本質的に, きわめて

*fonction [fɔ̃ksjɔ̃ フォンクシォン] 女 職, 地位; 職務・機能, 役割,〔数〕関数;〔化〕官能基 ▸**de fonction** 公用の **entrer en fonction(s) / prendre ses fonctions** (新しく)仕事につく, 就任する **être fonction de…** 次第である;〔数〕関数である **faire fonction de…** …の代理を務める; 役割を果たす **fonction publique** 公職 **voiture de fonction** 公用車

*fonctionnaire [fɔ̃ksjɔnɛr フォンクスィオネル] 名〔国家〕公務員, 官僚 ▸**haut fonctionnaire** 高級官僚

fonctionnaliser [fɔ̃ksjɔnalize] 他 機能的[本位]にする

fonctionnalisme [fɔ̃ksjɔnalism] 男〔機能主義《美》〕

fonctionnaliste [fɔ̃ksjɔnalist] 形 機能主義の ── 名 機能主義者

fonctionnalité [fɔ̃ksjɔnalite] 女

fonctionnariat [fɔ̃ksjɔnarja] 男 機能性, 使いやすさ, 便利さ
fonctionnariat [fɔ̃ksjɔnarja] 男 公務員職, 官史職
fonctionnarisation [fɔ̃ksjɔnarizasjɔ̃] 女 (従業員の)公務員化; (企業の)公営化
fonctionnariser [fɔ̃ksjɔnarize] 他 (従業員を)公務員化する; (企業を)公営化する
fonctionnarisme [fɔ̃ksjɔnarism] 男 〔軽蔑的〕官僚主義, お役所仕事(の非能率さ)
fonctionnel(le) [fɔ̃ksjɔnɛl] 形 機能的な; 機能に関する; 機能を備えた; 〔数〕関数の
*__fonctionnement__ [fɔ̃ksjɔnmɑ̃] フォンクシヨヌマン 男 機能の仕方, 働き, 作動
*__fonctionner__ [fɔ̃ksjɔne] フォンクショネ 自 〔英 work, function〕 (機械・器官が)作動する; (組織・制度が)機能する; 〔話〕働く, 仕事をする
*__fond¹__ [fɔ̃] フォン 男 〔英 bottom〕 底; 水底; 低地; どん底; 奥, (心などの)奥底; 核心; 基本, 基礎; 背景, 下地; 内容; 〔法〕本質; 〔スポーツ〕持久力, 耐久力; 長距離走; 〔料〕フォン, スープストック [だし汁] ▶ **à fond** 徹底的に; 完全に **à fond de train** 全速力で; 全力で **à la fond la caisse** 〔話〕 ⇨ **à fond de train**(↑) ▶ **aller au fond des choses** 物事の本質を探る **article de fond** (新聞・雑誌の)特集記事, (新聞の)論説 **au fond / dans le fond** 実のところ **au fond de** …の底に; 奥に **avoir un bon fond** (人が)根はいい **de fond** 本質的な, 基本的な; 最長距離の **de fond en comble** 何から何まで, 徹底的に **être à fond de cale** 一文無しである **fond d'artichaut** (大型の)アーティチョークの芯 **fond de tarte** パイの生地; クリームのベース **fond de teint** (化粧の)ファンデーション **fond sonore** [**musical**] バックグランドミュージック **fonds marins** 海底 **joueur de fond de court** 〔テニス〕ベースラインプレイヤー **le fond et la forme** 内容と形式 **racler les fonds de tiroirs** あり金をかき集める **respirer à fond** 深呼吸をする **sans fond** 底なしの **toucher le fond** 底につく; (心理的・物質的に)どん底に陥る

fond² [fɔ̃] fondre の直・現・3・単
fondamental(ale) [fɔ̃damɑ̃tal] (男複 -aux[-o]) 形 基本的な, 根本的な; 根底にある
fondamentalement [fɔ̃damɑ̃talmɑ̃] 副 基本[根本]的に
fondamentalisme [fɔ̃damɑ̃talism] 男 原理主義; 〔キ教〕根本主義 【聖書の書通りに信じるアメリカのプロテスタント1派】
fondamentaliste [fɔ̃damɑ̃talist] 名 基礎科学[医学]研究者; 原理主義

者; 〔キ教〕根本主義者
fondant(e) [fɔ̃dɑ̃, -ɑ̃t] 形 溶けている; (口の中で)とろけるような —— 男 〔菓〕フォンダン【糖衣(つき)のキャンディ】; 溶解剤
fondateur(trice) [fɔ̃datœr, -tris] 名 創設[創立]者; (会社などの)発起人 —— 形 創設の, 創立の
fondation [fɔ̃dɑsjɔ̃] 女 ①創立, 建設 ②(複) 基礎(工事); 土台 ③財団; 基金
fondé(e) [fɔ̃de] 形 (< fonder) 根拠のある; (…に)基づいた (sur); 設立された ▶ **être fondé à** …する十分な根拠[資格]がある ▶ **fondé de pouvoir(s)** (法定)代理人
fondement [fɔ̃dmɑ̃] 男 ①基礎, 土台; 根拠, 理由 ▶ **jeter les fondements de** …の基礎工事をする; 土台づくりをする **sans fondement** 基礎なしに, 根拠なしに ②〔話〕肛門, 尻
*__fonder__ [fɔ̃de] フォンデ 他 〔英 found〕 (…の)基礎を築く, 設立する; (…に)根拠を与える ▶ **fonder A sur B** B に A の根拠をおく —— 代動 [se ~] (…に)基づく, 根拠を置く (sur)
fonderie [fɔ̃dri] 女 鋳造[精錬] (所, 業者)
fondeur¹ [fɔ̃dœr] 男 鋳造[精錬]工(業者)
fondeur²(se) [fɔ̃dœr, -øz] 名 距離スキーの選手
fondeuse [fɔ̃døz] 女 鋳造機
*__fondre__ [fɔ̃dr] フォンドル 他 61 〔英 melt〕 ①溶かす; 鋳造する ②混ぜ合わせる; 融合させる, 合併する —— 自 ①溶ける, なくなる, 消える; 〔話〕やせる ②溶け合う; 合併する ▶ **faire fondre** 溶かす **fondre comme neige au soleil** あとかたもなく消える **fondre en larmes** 泣き崩れる ③(…に)襲いかかる (sur) —— 代動 [se ~] 溶け合う; 溶け込む; 合併する ▶ **se fondre dans le décor** (物が)背景と調和する; (人が)目立たない
fondrière [fɔ̃drijɛr] 女 水たまり, 穴ぼこ
*__fonds__ [fɔ̃] フォン 男 ①〔英 fund〕資金, 資本; 基金; (複) 現金 ▶ **fonds de pension** 年金基金 **fonds de prévoyance** 危険準備金 **fonds publics** 公債 ②営業権 (= ~ **de commerce**) 営業権つきの店舗; 地所, 土地(資産) ③(知識・健康の)貯え; 宝庫 ④(図書館などの)蔵書, 所蔵品; [[le ~ + 人名]] …コレクション
fondu(e) [fɔ̃dy] 形 (< fondre) ①溶けた; 鋳造された ②(色調が)ぼやけた ③〔俗〕(頭が)おかしい, いかれた —— 男 ぼかし ▶ **fondu enchaîné** 〔映〕オーバーラップ **ouverture [fermeture] en fondu** 〔映〕フェードイン[アウト]
fondue² [fɔ̃dy] 女 〔料〕フォンデュ (= ~ **savoyarde**) 【溶けたチーズに白ワインを加えた鍋にパンをからませて食べる】▶

fondue bourguignonne ブルゴーニュ風フォンデュ【牛肉を油で揚げながらソースをつけて食べる】

fongible [fɔ̃ʒibl] 形 [法] 財の代わりをなす ▶ **biens fongibles** 代替財

fongicide [fɔ̃ʒisid] 形 [医] カビ類に効く, 殺菌の — 男 抗カビ剤

fongique [fɔ̃ʒik] 形 菌性の

fongistatique [fɔ̃ʒistatik] 形男 [医] 静菌性の(抗菌薬)

fongueux(se) [fɔ̃gø, -øz] 形 [医] 菌状の, スポンジ状の

font [fɔ̃] faire の直・現在・3・複

***fontaine** [fɔ̃tɛn フォンテーヌ] 女 (fine fountain) 噴水; 給水所, 水くみ(水飲み)場; 泉; (古) (家屋用の)貯水器

Fontainebleau [fɔ̃tɛnblo] フォンテンブロー【パリ南東の町, 広大な森がある】

fontainier [fɔ̃tɛnje] 男 水道業者

fontanelle [fɔ̃tanɛl] 女 [解] (新生児の頭蓋の)泉門

fonte¹ [fɔ̃t] 女 ① 溶けること, 溶解 ② 鋳造; 鋳鉄 ③ [印] フォント

fonte² [fɔ̃t] 女 (多く複) (鞍(ふ)の)内側のピストル入れ革袋

fontis [fɔ̃ti] 男 (地面の)陥没, 落盤

fonts [fɔ̃] 男 複 ▶ **fonts baptismaux** 洗礼盤

***football** [futbol フットボール], (話) ***foot** [fut フット] 男 (<英) サッカー ⇨ コラム: サッカー ▶ **football américain** アメリカンフットボール **jouer au football** サッカーをする

footballeur(se) [futbolœr, -øz] 名 (<英) サッカー選手

footballistique [futbalistik] 形 サッカーの

footing [futiŋ] 男 (<英) (健康のための)散歩, ウォーキング

for [fɔr] 男 ▶ **en [dans] son for intérieur** 内心では

forage [fɔraʒ] 男 穴を掘ること, 掘削, ボーリング

forain(e) [fɔrɛ̃, -ɛn] 形 市(い)の, 旅の ▶ **fête foraine** 縁日の市 — 名 行商人(= marchand ~); 興業師, 旅芸人

foraminé(e) [fɔramine] 形 (貝などが)有孔の

foraminifère [fɔraminifɛr] 男 [動] 有孔虫

forban [fɔrbɑ̃] 男 海賊; 悪党, 悪徳商人

forçage [fɔrsaʒ] 男 ハウス栽培, 促成栽培

forçat [fɔrsa] 男 (昔の)ガレー船の漕(こ)ぎ囚人; 苦役に陥れられた人間 ▶ **travailler comme un forçat** 必死に働く

***force** [fɔrs フォルス] 女 (肉体的な)力, 腕力; (複) 体力; 精神力, 気力; (複) 力量, 能力; (物の)力, 強さ; 強制力; 勢い; (作品や論理の)力強さ; 武力; (複) 軍隊 ▶ **à force de ...** たくさん...したので **à la force du poignet** 腕力だけで; 腕一本で, 自分の努力だけで **à toute force** 何としても, 絶対に; **avec force** 力をこめて, 強く **avoir de la force** 力がある **avoir force de loi** 法律と同じ効力を持つ **dans la force de l'âge** 人生の絶頂期に **de force** 力で; 無理やり **de toutes ses forces** 全力で **en force** 大勢で; 懸命に **être en position de force** 強い立場にある **force de dissuasion** [軍] (核の)抑止力 **force de frappe** [軍] (核の)先制攻撃力 **force de la nature** 精力家 **force d'inertie** [物] 慣性力 **forces armées** 軍隊 **forces de l'ordre** 治安警察 **forces de maintien de la paix** (国連の)平和維持部隊 **par la force des choses** 成り行きで, やむを得ず — 形 (不変) (古・文) たくさんの

***forcé(e)** [fɔrse フォルセ] 形 (< forcer) ① [être ~ de 不定詞] ...せざるを得ない; 強いられた, 不可抗力の ▶ **atterrissage forcé** 不時着 ② わざとらしい, 不自然な

forcement [fɔrsəmɑ̃ フォルスマン] 男 強行, こじ開けること

***forcément** [fɔrsemɑ̃ フォルセマン] 副 (英 inevitably) 当然, 必然的に ▶ **pas forcément** そうとも限らない

forcené(e) [fɔrsəne] 形名 狂暴な(人); 熱狂的な(人)

forceps [fɔrsɛps] 男 (<ラ) [医] 鉗子(かん)

***forcer** [fɔrse フォルセ] 他 52 (英 compel, force) ① (人に...(すること)を)強いる, 強制する (à) ② こじ開ける; (コラム: à) の限度を越す, 無理する; 誇張する; (意味などを)ねじ曲げる ▶ **forcer la dose [note]** (話) やり過ぎる **forcer la porte de ...** の家に押し入る **forcer le pas** 歩調を速める **forcer le passage** 無理やり進む — 自 無理をする, なかなか動かない; (...を)使いすぎる (sur) — 代動 [se ~] 無理をする; 我慢して...する (à)

forcerie [fɔrsəri] 女 促成栽培用温室; 温床

forcing [fɔrsiŋ] 男 (<英) [スポーツ] 激しい攻撃; 猛攻 ▶ **faire du forcing auprès de ...** (話) ...に猛攻をかける

forcir [fɔrsir] 自 33 ① (人が)たくましくなる ② (風が)強くなる

forclos(e) [fɔrklo, -oz] 形 ① 時効により訴権を失った ② (口) 締め出された

forclusion [fɔrklyzjɔ̃] 女 ① 時効による訴権の喪失 ② [精医] 排除, 廃, 喪失

forer [fɔre] 他 (金属や岩に)機械で穴をあける; (井戸を)掘る

forestage [fɔrestaʒ] 男 = foresterie

foresterie [fɔrestəri] 女 林学, 森林開発[管理]

***forestier(ère)** [fɔrestje, -ɛr] 形 森林の, 森の中にある ▶ **(à la) forestière**

foret

[料] キノコを添えた ── 名 国有林の監視人

foret [fɔrɛ] 男 錐(きり), ドリル, 穿孔(せんこう)機

*forêt [fore フォレ] 女 (英 forest) 森林, 山林; (マストなどの)林立 ▶ **forêt domaniale** 国有林 **forêt vierge** 原始林

Forêt-Noire [fɔrɛnwar] 女 [la 〜] シュバルツバルト, 黒い森【ドイツ南西部の森林地帯】

forêt-noire [fɔrɛnwar] (複〜s-〜s) フォレノワール【サクランボ入りのチョコレートケーキ】

foreur [fɔrœr] 男 穴あけ工, 穿孔(せんこう)技師

サッカー

▶ プレイ
- amorti トラップ
- bicyclette オーバーヘッドキック
- dribble ドリブル
- coup de tête ヘディング
- faire une tête ボールをヘディングする
- centre センタリング
- penalty ペナルティーキック, PK
- coup de pied de coin ; corner コーナーキック
- coup franc フリーキック
- sortie de but ゴールキック
- dégagement クリア
- dégager クリアする
- intercepter インターセプトする
- feinte フェイント
- passe パス
- tacle タックル
- tir シュート
- tirer シュートする
- marquage マーク
- marquer un but ゴールを決める
- coup du chapeau ハットトリック

▶ 反則
- main ハンド
- croche-pied トリッピング
- obstruction オブストラクション
- hors-jeu オフサイド
- faute ファウル
- avertissement 警告
- carton jaune イエローカード
- carton rouge レッドカード

▶ ポジション・プレイヤー
- gardien de but ゴールキーパー
- arrière ; défenseur ディフェンダー
- milieu de terrain ミッドフィールダー
- avant ; attaquant ; buteur フォワード, ストライカー
- aile ウイング
- libero リベロ

▶ グラウンド
- aile ウイング
- but ゴール
- cercle central センターサークル
- ligne de but ゴールライン
- ligne de touche タッチライン
- ligne médiane ハーフウェイライン
- surface de but ゴールエリア
- surface de réparation ペナルティーエリア

サッカーフランスリーグ 《2009-2010 Ligue1; 都市(チーム名)》

Auxerre	オセール	(AJ Auxerre)
Bordeaux	ボルドー	(FC Girondins de Bordeaux)
Boulogne	ブローニュ	(Boulogne Côte d'Opale)
Grenoble	グルノーブル	(Grenoble Foot 38)
Le Mans	ル・マン	(Le Mans UC 72)
Lens	ランス	(RC Lens)
Lille	リール	(LOSC Lille Métropole)
Lorient	ロリアン	(FC Lorient)
Lyon	リヨン	(Olympique Lyonnais)
Marseille	マルセイユ	(Olympique de Marseille)
Monaco	モナコ	(AS Monaco)
Montpellier	モンペリエ	(Montpellier-Herault SC)
Nancy	ナンシー	(AS Nancy Lorraine)
Nice	ニース	(OGC Nice)
Paris	パリ	(Paris-Saint-Germain FC)
Rennes	レンヌ	(Stade Rennais FC)
Saint-Étienne	サン・テチエンヌ	(AS Saint-Étienne)
Sochaux	ソショー	(FC Sochaux-Montbéliard)
Toulouse	トゥールーズ	(Toulouse FC)
Valenciennes	バレンシエンヌ	(Valenciennes FC)

foreuse [fɔrøz] 女 穿孔(せんこう)機, 削岩機

Forez [fɔre] 男 フォレ地方《フランス中央山塊の北東部》

forézien(ne) [fɔrezjɛ̃, -ɛn] 形 [F-] フォレ地方の(人)

forfaire [fɔrfɛr] 自 31《文・古》(…)に背く, 違反する (à)

forfait[1] [fɔrfɛ] 男《文》大罪, 極悪な罪

forfait[2] [fɔrfɛ] 男 ①請負契約; 一括代金 ▶travailler à forfait 請負契約で仕事する ②見積課税[額] ③パッケージツアー ◆forfait avion-hôtel 飛行機とホテルのパック旅行

forfait[3] [fɔrfɛ] 男 棄権金;(出走取り消しの際に馬主が払う)違約金 ▶déclarer forfait (スポーツ) 棄権する

forfaitaire [fɔrfetɛr] 形 請負の, 見積額での

forfaitiser [fɔrfetize] 他 (利益・価格などの)見積額を決める

forfaiture [fɔrfetyr] 女 ①(公務員の)汚職 ②(史)(封建時代の)反逆

forfanterie [fɔrfɑ̃tri] 女 大言壮語, 大ぼら

forge [fɔrʒ] 女 鍛冶(かじ)場; 溶鉱炉, 鉄工場, 製鉄所

forgé(e) [fɔrʒe] 形 (<forger) ①精錬された ②捏造(ねつぞう)された

★**forger** [fɔrʒe フォルジェ] 他 40 (英 forge) ①(鉄などを)鍛える ▶C'est en forgeant qu'on devient forgeron. (ことわざ)習うより慣れろ ②工夫して作る ③でっち上げる ── 代動 [se ～] ①自分に…を作る ②勝手に思い描く ③鍛えられる

forgeron [fɔrʒərɔ̃] 男 鍛冶(かじ)屋; 製鉄所の労働者

forgeur(se) [fɔrʒœr, -øz] 名 ①作り上げる人 ②偽造[捏造(ねつぞう)]者

forjeter [fɔrʒəte] 他 (建) 突き出させる ── 自 突き出す, 張り出す

forlignér [fɔrliɲe] 自 価値が下がる, 身を落とす

formage [fɔrmaʒ] 男 成型, 成形

formalisation [fɔrmalizɑsjɔ̃] 女 形式化

formaliser[1] [fɔrmalize] 他 (論) 形式化する

formaliser[2] [fɔrmalize] 代動 [se ～] (…のことで)気を悪くする (de, pour, que)

formalisme [fɔrmalism] 男 形式主義; 虚礼

formaliste [fɔrmalist] 形 形式尊重[主義]の ── 名 形式を重んじる人, 形式主義者

★**formalité** [fɔrmalite フォルマリテ] 女 (英 formality) 形式, 手続き, 法規; 儀礼, 形式ばった行為 ▶sans autre formalité さっさと

format [fɔrma] 男 (本・写真などの)型, 判; 大きさ;(情報)フォーマット

formater [fɔrmate] 他 (情報)(ディスクを)フォーマットする, 初期化する

formateur(trice) [fɔrmatœr, -tris] 形 (能動むの)発達させる; 育成[形成]する ── 名 職業訓練の教官, 生涯教育の専門家

★**formation** [fɔrmasjɔ̃ フォルマシヨン] 女 (英 formation) 形成, 生成; 養成, 育成; 生育, 成長; 知識, 教養 ◆formation continue 継続[生涯]教育;(企業の行う)社員研修 **formation permanente** 生涯教育 **formation professionnelle** 職業訓練 **stage de formation accélérée** 速成特訓コース ②組織;(軍)隊(形) ▶**formation politique** 政治団体

★**forme** [fɔrm フォルム] 女 (英 form) 形, 形態; 型;(文法)…形;(哲)形相;(心)ゲシュタルト; 形式;(法律家の)手続き;(複)礼儀;(複)体の線, 体つき; 体調 ▶avoir la forme 元気である **dans les formes** 礼儀正しく; 正式に, きちんと **de pure forme** 単に形式だけの **en bonne**(**et due**)**forme** 正式に **en forme de** …のかたちに **être en (pleine, grande) forme** 絶好調である **mettre ... en forme** …を仕上げる, まとめる **pour la forme** 形式上 **prendre forme** 形をとる, 具体化する **sans autre forme de procès** これ以上形式張らずに **sous forme de** …の形で

formé(e) [fɔrme] 形 (<former) 形作られた, 出来上がった, 成熟した ▶jeune fille formée 年ごろの娘

formel(le) [fɔrmɛl] 形 (…について)明確な, はっきりした (sur); 形式上の, 外形だけの;(美術) 形式を重んじる

formellement [fɔrmɛlmɑ̃] 副 明確に; 形式的に

★**former** [fɔrme フォルメ] 他 (英 form) ①形づくる, 作る, 編成する ②(…)となす,(…)となる ③(人間を)育成する; 鍛える;(人に…を)教える (à) ④(考え・計画などを)抱く ── 代動 [se ～] ①自己を形成する, 素養[技術]を身につける ②形成される;(…の)形をなす

★**formidable** [fɔrmidabl フォルミダブル] 形 《英 tremendous》ものすごい, 巨大な;(話)すばらしい;(話)ひどい;《文》恐ろしい

formidablement [fɔrmidabləmɑ̃] 副 (話)すごく, ひどく

formide [fɔrmid] 形 (話)すばらしい, すごいやつ [<formidable]

formique [fɔrmik] 形 (化)蟻酸の ▶**acide formique**

formol [fɔrmɔl] 男 (化)ホルマリン

formosan(e) [fɔrmozɑ̃, -an] 形 名 [F-]台湾の(人)

Formose [fɔrmoz] 固 台湾(= Taiwan)

formulable [fɔrmylabl] 形 言い表せる, 表明できる

formulaire [fɔrmylεr] 男 ① 申込用紙, 申請書; 質問用紙 ②(科学などの)公式集 ③処方箋

formulation [fɔrmylasjɔ̃] 女 表明, 明記; 公式[文書]化; 論述

*__formule__ [fɔrmyl] 女 ① 書式; 用紙, 申込書; 表現(形式); 決まり文句, 格言; 方式, 方法;(数学の)公式; 型 ▶__formule de paiement__ 支払い方法 __formule de politesse__ (手紙などの)紋切り型の結辞 __formule heureuse__ うまい表現[方法] ②(スポーツ)フォーミュラカー

formuler [fɔrmyle] 他 (明確に)述べる, 表明する;(書式などに従って)作成する ── 代動 [se ~] 表現し表明される

fornication [fɔrnikasjɔ̃] 女 (カト)姦淫(かんいん); (話)肉体関係

forniquer [fɔrnike] 自 姦淫(かんいん)の罪を犯す

fors [fɔr] 前 (古)…を除いて

forsythia [fɔrsisja] 男 (植)レンギョウ

*__fort(e)__ [fɔr, fɔrt フォール(フォルト)] 形 強い, 頑健な, たくましい(特に女性が)太った(= gros); 強烈な;(においや味が)きつい;(人が)強力な, 丈夫な; 防備のある;(…が)秀でた, 得意な (en, à, sur);(作品などが)優れた,(表現などが)力強い; 有力な;(多くは名詞の前で)(数量的に)大きい, はげしい; 行き過ぎた; 口実が難しい ▶__au sens fort du terme__ 言葉の本来の意味で __C'est plus fort que moi.__ そうせざるを得ない, 我慢できない __C'est trop fort!__ それは行き過ぎだ __C'est trop fort pour moi.__ それは私の手には負えない __C'est un peu fort.__ (話)ちょっとやりすぎだ __être fort comme un bœuf [un Turc]__ とてつもなく強い __fort de__ …の数の ── 副 強く, 強く; 大いに;(不変)__Ça ne va pas fort.__ (話)調子が良くない __faire fort__ 大がかりにやる; 目立つ __fort bien__ 極めてうまく, けっこうな __se faire fort de__ 不定詞 …する自信がある (y) __aller fort__ (話)誇張する, 度が過ぎる ── 男 ① 強い人, 強者 ② 真ん中; 最中 ▶__au fort de__ …の真っ盛りに, 最中に ③ 要塞

Fort-de-France [fɔrdəfrɑ̃s] フォール・ド・フランス【フランスの海外県Martiniqueの県庁所在地】

forte [fɔrte] (くイ) 副 (楽)フォルテ, 強く ── 男 (不変)強音部

fortement [fɔrtəmɑ̃ フォルトマン] 副 強く, しっかりと; 激しく; 非常に

forteresse [fɔrtəres] 女 要塞(のような難関); 監獄

fortiche [fɔrtiʃ] 形 (話)巧みな, 抜け目ない ── 名 抜け目のない人

fortifiant(e) [fɔrtifjɑ̃, -ɑ̃t] 形 強壮にする, 元気をつける ── 男 強壮剤, 栄養剤

fortification [fɔrtifikasjɔ̃] 女 (とりでを築くこと), 城塞;(複)(パリの)城塞跡

fortifier [fɔrtifje] 他 (体を)丈夫にする, 強化する;(感情などを)強める; 強固にする; 要塞(化する ── 代動 [se ~] 体を鍛える;(健康・精神が)強くなる;(要塞を)たてこもる

fortin [fɔrtɛ̃] 男 小さな要塞(とりで)

fortiori [fɔrtjɔri] (くラ)「成句でのみ」 ▶__à fortiori__ いわんや, まして

fortissimo [fɔrtisimo] 副 (くイ) (楽)フォルティシモ, 大変強く ── 男 (複 ~s) 最強音部

fortuit(e) [fɔrtɥi, -it] 形 偶然の, 偶発的な

fortuitement [fɔrtɥitmɑ̃] 副 偶然に, たまたま

*__fortune__ [fɔrtyn フォルテュヌ] 女 ① 財産; 富裕, 資産家 ▶__coûter une (petite) fortune__ 非常に高くつく __faire fortune__ ひと財産つくる; 成功する ②(文)運命 ▶__chercher fortune__ 運試しをする __de fortune__ その場しのぎの __faire contre mauvaise fortune bon cœur__ 逆境の中で最善を尽くす

fortuné(e) [fɔrtyne] 形 裕福な, 金持ちの

forum [fɔrɔm] 男 (くラ) フォーラム, 広場【古代ローマの集会所】; 討論会, シンポジウム ▶__Forum des Halles__ [Le ~] フォロム・デ・アル【パリ1区のショッピング・センター】

*__fosse__ [fos フォス] 女 (英 pit) 穴; 墓穴; [地] 海溝;(解)窩(か), 腔(くう) ▶__fosse aux lions__ ライオンのおり; 手ごわい相手のいる場所 __fosse commune__ 共同墓穴 __fosse d'orchestre__ (劇場の)オーケストラボックス __fosse septique__ 浄化槽

*__fossé__ [fose フォセ] 男 (英 ditch) 溝, 堀, 壕; 隔たり, 断絶

fossette [fɔset] 女 えくぼ; 小さなくぼみ

fossile [fɔsil] 男 ① 化石 ②(話)時代遅れの人 ── 形 化石の; 時代遅れの

fossilifère [fɔsilifɛr] 形 (地)化石を含む

fossiliser [fɔsilize] 代動 [se ~] 化石になる; 時代遅れになる

fossoyeur [foswajœr] 男 墓掘り人;(文)(文明・制度の)破壊者

*__fou (folle)__ [fu, fɔl フー(フォル)] 形 (男複 fous, 女複 folles)「母音または無音のhの男性単数名詞の前では fol [fɔl] となる」(英 mad, crazy) 気の狂った; 気違いじみた; 無分別な;(…に)熱を上げた, 夢中な (de); 非常な, 大変な; 調子の狂った, 異様な ▶__avoir le fou rire__ 笑いが止まらなくなる __C'est fou ce que …!__ (感嘆)なんて…だろう __être fou à lier__ 全く気が狂っている __fou d'amour pour / amoureux fou de__

fouace [fwas] 囡 〘集〙フワス；フォカッチャ

fouailler [fwaje] 他 〘文〙鞭打つ

foucade [fukad] 囡 〘古・文〙一時的な熱中，気まぐれ

foudre[1] [fudr] 囡 (英 lightning) 雷；〘複〙激怒，非難 ▸**coup de foudre** 一目惚(ぼ)れ **foudre de guerre [d'éloquence]** 〘古・多く皮肉の〙大将 **frappé par la foudre** 雷に打たれた **s'attirer les foudres de** …の怒りを招く

foudre[2] [fudr] 男 大樽

foudroiement [fudrwamã] 男 雷撃

foudroyant(e) [fudrwajã, -ãt] 形 電撃的な；突然に襲いかかる

foudroyer [fudrwaje] 他 45 雷で打つ；突然襲う ▸**foudroyer… du regard** …をにらみつける；ぼう然とさせる

fouet [fwɛ] 男 鞭(打ちの刑)；〘料〙泡立て器 ▸**coup de fouet** 刺激，カンフル剤

fouettard(e) [fwetar, -ard] 形 ▸**Père Fouettard** [lə ~] 鞭(むち)のおじさん 〘言うことをきかない子供を叱る空想上の人物〙

fouetté(e) [fwete] 形 (< fouetter) 泡立てられた

fouettement [fwetmã] 男 鞭(むち)打つこと；(雨や波などを)たたきつけること；(帆などに)はためくこと

fouetter [fwete] 他 ① 鞭(むち)で打つ；〘文〙刺激する；激しく非難する；刺激する ② 〘料〙泡立てる，ホイップする

foufou/**fofolle** [fufu, fɔfɔl] 形 〘話〙ちょっと頭のおかしい；軽薄な；はしゃぎすぎの

foufoune [fufun] 囡 〘話〙①〘カナダ〙尻 ②女性器

fougasse [fugas] 囡 = fouace

fougère [fuʒɛr] 囡 〘植〙シダ

fougue [fug] 囡 激昂(こう)，血気 ▸**avec fougue** 激烈に **plein de fougue** 血気あふれる

fougueusement [fugøzmã] 副 猛然と，激烈に

fougueux(se) [fugø, -øz] 形 激昂(こう)した，激烈な

fouille [fuj] 囡 ①〘複〙(考古学・土木工事の)発掘(作業，現場)；捜索 ▸**fouille corporelle** (警察などの)身体検査 ②ポケット ▸**C'est dans la fouille!** きっとうまくいく，間違いない

fouillé(e) [fuje] 形 深く掘り下げた；〘美術〙陰影をつけた

fouille-merde [fujmɛrd] 名 〘複 ~-s(-)〙〘俗〙せんさく好き，探偵，スパイ

*****fouiller** [fuje フイエ] 他 ①丹念にくまなく調べる，捜索する；身体(所持品)検査をする ②(問題・地面を)掘り下げる；発掘する ━ 自 (…の中を)探し回る (dans)；〘動物〙餌(えさ)をあさる ━ 代動 〘se ~〙自分の体〖ポケット〗を探す ▸**Tu peux te fouiller.** 〘話〙いくら期待してもだよ，人を当てにしてもむだだ

fouilleur(se) [fujœr, -øz] 名 探し回るのが好きな人；発掘者 ━ 囡 女性の身体検査官

fouillis [fuji] 男 雑然とした堆積(たいせき)(群)

fouine [fwin] 囡 ①〘動〙ムナジロテン ②〘話〙お節介な人，でしゃばり

fouiner [fwine] 自 〘話〙探し回る，詮索(せんさく)する；口出しする

fouineur(se) [fwinœr, -øz] 形 名 〘話〙詮索(せんさく)好きの人；差し出がましい(人)

fouir [fwir] 他 33 (動物が土を)掘る

fouisseur(se) [fwisœr, -øz] 形 穴(土)を掘るのに適している ━ 男 穴(土)を掘る動物〖モグラなど〙

foulage [fulaʒ] 男 圧搾，圧搾

foulant(e) [fulã, -ãt] 形 ①圧縮する ▸**pompe foulante** 押し上げポンプ ②〘話〙〘否定文で〙疲れる

foulard [fular フラール] 男 (英 scarf) スカーフ；〘織〙フラード〖絹や合成繊維の薄い織物〙 ▸**foulard islamique** 〘女性のイスラム教徒が〙頭にかぶるスカーフ

foule [ful フール] 囡 (英 crowd) 人込み，群衆；大衆，民衆 ▸**en foule** どっと，大量に **une foule de…** 大量の…

foulée [fule] 囡 ①〘複〙〘猟〙(獲物の)足跡 ②(馬や走者の)歩調，歩幅 ▸**dans la foulée** すぐ後に；連続して

fouler [fule] 他 ①圧にする；圧搾する；〘文〙(足で地面を)踏む ▸**fouler aux pieds** 軽蔑(けいべつ)する，足蹴(あしげ)にする ②捻挫(ねんざ)させる ━ 代動 〘se ~〙捻挫する ▸**ne pas se fouler pour** 〖不定詞〗苦もなく…とする

foulOir [fulwar] 男 圧搾や充填(じゅうてん)用の器具；醸機

foulon [ful(ɔ̃] 男 ①(毛織物の)縮絨(じゅく)機 ▸**terre à foulon** 漂白土〖毛織物の脱脂に用いる〙

foulque [fulk] 囡 〘鳥〙オオバン

foultitude [fultityd] 囡 〘話〙たくさん

foulure [fulyr] 囡 (軽い)捻挫(ねんざ)；筋違い

*****four** [fur フール] 男 ①オーブン，大火，かまど；窯，炉 ▸**four à micro-ondes** 電子レンジ **petit four** プチフール〖ひと口サイズの菓子〙 **plat allant au four** 耐熱性の皿 ②(興行などの)失敗

fourbe [furb] 形 名 〘古〙悪賢い(人)，

fourberie [furbəri] 囡《古》狡猾(ずる)さ, 悪賢さ;《文》悪巧み

fourbi [furbi] 男《話》①身のまわり品一式, 一切合財(ざい); がらくた; 込み入った[面倒な]事 ②《それ, それ, あれ》

fourbir [furbir] 他 磨いて光らせる

fourbissage [furbisaʒ] 男《金属製品を》磨くこと

fourbu(e) [furby] 形 疲れ切った;《馬などが》蹄葉(ていよう)炎にかかった

fourche [furʃ] 囡 ①《農業用》フォーク, 熊手;《自転車の前輪フォーク》 ②分岐点

fourcher [furʃe] 自 分岐する ▶Ma langue a fourché. うっかり言い間違えた

*__**fourchette**__ [furʃɛt フルシェット] 囡 ①《英 fork》フォーク(形が違う) ▶avoir un bon coup de fourchette 《話》食欲がある ②《鳥の胸の》叉骨(さこつ) ③《数値の》差, 幅;《経》変動幅

fourchu(e) [furʃy] 形 いくつかに分かれた

fourgon¹ [furgɔ̃] 男 有蓋(ゆうがい)トラック, バン;《有蓋貨車》▶fourgon blindé 装甲車 fourgon cellulaire 囚人護送車 fourgon funéraire 霊柩(れいきゅう)車

fourgon² [furgɔ̃] 男 火かき棒

fourgonner [furgone] 自《話》(…の中を)かき回す;《古》(火かき棒で)火をかき回す

fourgonnette [furgɔnɛt] 囡 配達用のライトバン

fourgon-pompe [furgɔ̃pɔ̃p] 男《複 ~s-~s》消防ポンプ車

fourguer [furge] 他 ①《話》(粗悪品を)売りつける,《盗品を安く売る》 ②《俗》警察に密告する

Fourier [furje] ⁂ フーリエ (Charles) [1772-1837; 哲学者・経済学者]

fouriérisme [furjerism] 男 フーリエ主義, 空想的社会主義

fouriériste [furjerist] 形名 フーリエ主義者の

fourme [furm] 囡 円筒形のチーズ

*__**fourmi**__ [furmi フルミ] 囡《英 ant》①《虫》アリ(蟻); 小さなもの ▶avoir des fourmis dans les jambes (しびれとして)足がちくちくする ②勤勉な人 ③《俗》麻薬密売人(の手先), 運び屋

fourmilier [furmilje] 男《動》アリクイ

fourmilière [furmiljɛr] 囡 アリの巣, 蟻塚; 人が密集する場所

fourmi(-)lion [furmiljɔ̃] 男《複 ~s-~s》《虫》アリジゴク, ウスバカゲロウ

fourmillant(e) [furmijɑ̃, -ɑ̃t] 形 うようよしている

fourmillement [furmijmɑ̃] 男 ①雑踏, 混雑 ▶un fourmillement de … たくさんの… ②《肌が》むずむずする感じ

fourmiller [furmije] 自 ①《アリのように》うようよう群がる; たくさんある;《…で》一杯である《de》 ②《肌が》むずむずちくちくする

fournaise [furnɛz] 囡 猛火; 戦地; とても暑い場所;《古》大かまど

*__**fourneau**__ [furno フルノー] 男《複 ~x》①《料理用》レンジ, かまど; 炉;《パイプの》火皿 ▶être aux fourneaux 料理をしている haut fourneau 高炉, 溶鉱炉

fournée [furne] 囡 1度に焼き上がるパンの量;《話》一団, 同期任命組

fourni(e) [furni] 形 (< fournir)(品揃(そろ)えが)豊富な;《ひげなどが》密集した

fournil [furni] 男 パン焼き室, 製パン室

fourniment [furnimɑ̃] 男《兵士の》装具一式;《話》商売道具, 七つ道具

*__**fournir**__ [furnir フルニール] 他 ③3 他 ①(…に)提供[支給]する《à》 ②(求められたものを示す, 証拠を提出)する ③(トランプで)求められた印の札を出す ④生み出し,《…の》材料となる ⑤(努力・仕事をする ── 自《文》(…の要求)を満たす, (経費を)まかなう《à》 ▶fournir A en [de] B A (人・店) に B (品物)を供給する(納める)── 代動《se ~》(食料・日用品の)買い物をする

fournisseur(se) [furnisœr, -øz] 名 行きつけの商人, 納入業者; 提供者[国] ▶fournisseur d'accès (インターネットの)プロバイダー

fourniture [furnityr] 囡《複》必需品, 納入品; 供給品 ▶fournitures de bureau 事務用品 fournitures scolaires (学校で使う)文具類

fourrage¹ [furaʒ] 男 飼い葉, 秣(まぐさ)

fourrage² [furaʒ] 男 中身を詰めること

fourrager¹ [furaʒe] 自 40《話》(…を)かき回して探す《dans》

fourrager²(ère) [furaʒe, -ɛr] 形 飼い葉用の, 飼料用の ── 囡 ①飼料用の草地[運搬車] ②《軍人》軍人の肩の飾りひも

fourre [fur] 囡《スイス》枕カバー;《本・ノートなどの》カバー;《レコード・CDの》ジャケット

fourré¹ [fure] 男 やぶ, 茂み

fourré²(e) [fure] 形《毛皮などの》裏地のついた;《菓》(…が)詰まっている《à》;《話》もぐりこんでいる ▶coup fourré《話》だまし打ち

fourreau [furo] 男《複 ~x》鞘(さや), ケース, 袋 ▶robe [jupe] fourreau《服》シース・ドレス[スカート]

fourrer [fure] 他 ①突っ込む, 押し込む;《菓》《菓子の中に》詰める ▶fourrer son nez dans …《話》…に首を突っ込む ②《…に毛皮の》裏地をつける ③《カナダ》だます ④《俗》《女を》ものにする ── 代動《se ~》①《俗》もぐり込む ▶ne plus savoir où se fourrer 身の置き所がない, 隠れようがない se fourrer le

doigt dans l'œil (jusqu'au coude) ひどい勘違いをする

fourre-tout [furtu] 男《不変》《話》がらくた置き場, 納戸(なん); 手提げ袋, ナップザック

fourreur [furœr] 男 毛皮屋, 毛皮商人

fourrier [furje] 男 ①食糧・宿営係の下士官 ②《文》先駆者, 先触れ

fourrière [furjɛr] 女 (野犬などの)収容所; (駐車違反車の)車両置場

***fourrure** [furyr フリュル] 女 毛皮(の服); (動物の見事な)毛並み; 《紋》毛皮模様地

fourvoiement [furvwamɑ̃] 男《文》道に迷うこと; 判断を誤ること; 過ち

fourvoyer [furvwaje] 他 45 《文》道を間違わせる; 《文》誤らせる ── 代動 [se ～] 《文》道を間違える, (…に)迷い込む (dans); (判断が)誤る

foutaise [futɛz] 女《話》つまらないもの[こと]

foutoir [futwar] 男《話》大混乱, 乱雑な場所

foutre[1] [futr] 他 9 《話》する, やる, 食らわす; 置く, 投げ出す; 《古》(女とやる, 寝る ►*Ça la fout mal.* それはひどい, まずい *envoyer se faire foutre* を追い払う *Fous-moi la paix!* かまわないでくれ *Fous-moi le camp!* 俺の前から消えうせろ *foutre ... à la porte* (人を)追い出す; 解雇する *foutre ... en l'air* (物が)…をだめにする *foutre ... en poubelle* をゴミ箱行きにする, 投げ捨てる *foutre ... par terre* …をひっくりかえす, 台無しにする *foutre dedans* 欺く, だます *foutre le camp* 逃げ出す *foutre le trac [la trouille]* おびえさせる, びびらせる *Je n'en ai rien à foutre!* 俺の知ったことじゃないよ *Qu'est-ce que ça peut me foutre?* 俺に何の関係があるんだ? *Tout fout le camp.* 全部が台無しになる *Va te faire foutre!* あっちへ行け ── 代動 [se ～]《話》(…を)からかう, ばかにする (de); 倒れる, 飛びこむ ►*se foutre à* …しはじめる *se foutre de* …を馬鹿にする, …をからかう *se foutre dedans* へまをする *se foutre du monde* 傍若無人にふるまう *se foutre en l'air* 自殺する *se foutre en rogne* 激怒する *s'en foutre comme de l'an quarante / s'en foutre pas mal* 自分には関係ない, 全然気にしない

foutre[2] [futr] 間《古・話》あきたくもう, えんとまあ, 畜生《驚き・感嘆・怒り》

foutre[3] [futr] 男《俗》精液

foutu(e) [futy] 形 (< foutre) 《話》《名詞の前》悪い, いやな, 破滅した, 駄目にした ►*bien [mal] foutu* 《話》具合のよい[悪い]; 格好がよい[悪い] *être [se sentir] mal foutu* 気分が悪い *être foutu* 不定動 …することができる

fovéa [bvea] 女《解》中心窩(*)《網膜の黄斑部の中心》

fox [fɔks], **fox-terrier** [fɔkstɛrje] 男《不変》《略》フォックステリア

fox-trot [fɔkstrɔt] 男《不変》(< EN) (ダンスの)フォックストロット

***foyer** [waje フォワイエ] 男 ①(英 home)家庭, 家族(の住居); 《複》《古》故郷 ►*foyer fiscal* 課税対象者である集団 ②集会所, 会館; 休憩室; 寮 ③中心, 源; 焦点 ►*verres à double foyer* 二焦点眼鏡 ④炉, 暖炉; 火口, 火室 ►*foyer d'incendie* 火事の火元

frac [frak] 男 燕尾(びん)服

fracas [fraka] 男 激しい音, 大音響; 喧噪(けん)

fracassant(e) [frakasɑ̃, -ɑ̃t] 形 騒々しい; 大きな反響を呼ぶ, 派手な

fracasser [frakase] 他 粉々にする, 砕ける, 壊れる ── 代動 [se ～] 砕ける, 壊れる; (自分の…を)砕く

fraction [fraksjɔ̃] 女 ①(全体の)一部分 ►*une fraction de seconde* ほんの少しの間 ②《数》分数

fractionnaire [fraksjɔnɛr] 形《数》分数の

fractionnel(le) [fraksjɔnɛl] 形 (政党などの)分派的な

fractionnement [fraksjɔnmɑ̃] 男 分割, 区分

fractionner [fraksjɔne] 他 分割[分断]する ── 代動 [se ～] 分割される, 分かれる

fractionnisme [fraksjɔnism] 男《政》(政党内の)分派行動[活動]

fractionniste [fraksjɔnist] 形 (政党内の)分派活動の, 分派的な ── 名 分派活動をする人

fracture [fraktyr] 女 骨折; (地殻などの)亀裂(ぎ), 断層; 《古》破壊 ►*fracture sociale* 社会的断絶

fracturer [fraktyre] 他 (英 fracture) 骨折する; こじ開ける, 壊す ── 代動 [se ～] (骨が)折れる; (自分の…を)骨折する

***fragile** [fraʒil フラジル] 形 (英 fragile) 壊れやすい, もろい; 弱い, 虚弱な; 傷つきやすい

fragilisation [fraʒilizasjɔ̃] 女 弱化, 脆弱化

fragiliser [fraʒilize] 他 弱くする, もろくする

fragilité [fraʒilite] 女 壊れやすさ; (身体, 精神の)弱さ, 虚弱

fragment [fragmɑ̃] 男 (英 fragment) 破片, かけら; (文芸作品の)断片, 一節

fragmentaire [fragmɑ̃tɛr] 形 (英 fragmentary) 断片的な, 部分的な; 不完全な

fragmentation [fragmɑ̃tasjɔ̃] 女 粉々に砕けること; 分割, 分裂

fragmenter [fragmɑ̃te] 他 細分化する, 分割する

fragrance [fragrɑ̃s] 女 《文》芳香, 香気

frai [fre] 男 魚の産卵(期); (魚などの)卵, 稚魚

fraîche [frɛʃ] 形《女》→ frais¹の女性形

fraîchement [frɛʃmɑ̃] 副 ① 最近 ② 冷ややかに, 冷淡に

fraîcheur [frɛʃœr] 女 ① 涼しさ, 冷気 ② 冷淡さ ③ 新鮮さ, みずみずしさ ▸ **de première fraîcheur** (食品が)最高鮮度の

fraîchin [frɛʃɛ̃] 男 鮮魚のにおい, 磯(いそ)の香

fraîchir [frɛʃir] 自 33 ① 涼しく[肌寒く]なる ② (風が)強くなる

frais¹ (**fraîche**) [frɛ, frɛʃ] フレ(シュ) 形 ①《英 cool》涼しい, 肌寒い, ひんやりとした; (食物が)冷たい; 冷ややかな, 冷淡な ②《英 fresh》新しい, 最近の; 若々しい, みずみずしい, さわやかな;《文》純情なうぶな ▸ **frais et dispos** とても新鮮で ③《話・皮肉的》結構な, 困ったな ▸ **Nous voilà frais.**《話》困ったことになったぞ

── 副 ① 涼しく, 冷たく, 冷やかに [女性形容詞過去分詞]の前には多く性数の一致] 最近 ▸ **émoulu de l'université** 大学を卒業したばかりの ▸ **Il fait frais ce matin.** 今朝は涼しい[肌寒い] **Servir frais** (掲示)冷やしてお召し上がりください

── 男 ① 涼気, 冷気 ▸ **garder au frais** (掲示)冷暗所で保管してください; **prendre le frais** 涼しい空気にあたる ② ▸ **de frais** 少し前に, できたてで ③ 《風》 ▸ **bon frais** [海]雄風【風速: 41–50 km/h】 **grand frais** [海]強風【風速: 52–61 km/h】

── 女 ①《話》現金 ▸ **à la fraîche** 涼しい時刻で, 涼しい風の中で

frais² [frɛ] フレ 男《複》《英 expense, fee》費用, 出費, 経費; 経費, 骨折り ▸ **à grands frais** 多額の費用をかけて **à peu de frais** お金をかけずに **arrêter les frais**《話》無駄な骨折りをやめる **aux frais de** ...の費用で **avoir de gros frais** 出費がかさむ **faire les frais de la conversation** 話題になる; 会話を続ける **frais de déplacement** 旅費 **frais de fonctionnement** 運営費 **frais de garde** (子供の)保育費; (老人の)介護費 **frais de port et d'emballage** 送料郵包料 **frais de représentation** (接待費などの)仕事上の必要経費 **frais de scolarité** 授業料 **frais de transport** 交通費 **frais d'entretien** 維持費 **frais d'envoi** [**expédition**] 運送費 **frais d'inscription** 登録料 **frais divers** 諸経費 **frais financiers** 利子, 貸付金 **frais fixes** 固定費 **frais généraux** 経常費, 一般経費 **frais médicaux** 医療費 **frais réels** (課税さ れる) 経費 **rentrer dans ses frais** 立替金を返してもらう, 収支を合わせる **se mettre en frais** 大出費をする; さらに努力する **tous frais compris** 諸経費込みで

fraisage [frɛzaʒ] 男 フライス(盤)による(金属)加工

fraise¹ [frɛz] フレーズ 女《英 strawberry》① イチゴ(の実) ▸ **fraise des bois** 野イチゴ **sucrer les fraises**(老齢, 病気のために)手足が震える, 老いぼれている ②《話》頬 ▸ **ramener sa fraise** 何にでも口を挟む, 出しゃばる, いい格好をしたがる ── 形《不変》イチゴ色の

fraise² [frɛz] 女 (子牛や子羊の)腸間膜

fraise³ [frɛz] 女《服》円形の襞(ひだ)【16–17世紀に流行】

fraise⁴ [frɛz] 女 フライス(盤), フライスカッター;(歯科医の使う)ドリル

fraiser¹ [freze] 他《料》(生地を)手でこねる

fraiser² [freze] 他 (ねじ釘(くぎ)用に)円錐形の穴[皿穴]をあける

fraiseraie [frɛzrɛ] 女 イチゴ園

fraiseur(**se**) [frɛzœr, -øz] 名 フライス盤工 ── 女 フライス盤

fraisier [frɛzje] 男《植》イチゴ

fraisure [frɛzyr] 女 皿穴[ねじ釘(くぎ)用にくりぬかれた穴]

framboise [frɑ̃bwaz] 女《英 raspberry》キイチゴの実; フランボワーズ【キイチゴのリキュール】

framboiser [frɑ̃bwaze] 他 フランボワーズの香りをつける

framboisier [frɑ̃bwazje] 男《植》キイチゴの木

franc¹ [frɑ̃] フラン 男 フラン【スイスの通貨単位; ユーロ導入以前のフランス・ベルギーの通貨単位; 略 F, f】

franc²(**che**) [frɑ̃, -ɑ̃ʃ フランシュ] 形 ①《英 frank》率直な, 正直な; はっきりした, 明確な ② 混じりけのない; 正味の; [名詞の前, 悪い意味で]正真正銘の ▸ **cinq jours francs** [法] まるまる5日間 ③ 自由な; (…を)免れた 〈de〉 ▸ **boutique franche** 免税店 **coup franc** [スポーツ]フリーキック[スロー] **franc de port** 運賃支払い済みの

── 副《文》率直に ▸ **à vous parler franc** あなたに正直に申します

franc³(**que**) [frɑ̃, -ɑ̃k] 形 [史] フランク族の ── 名 [F-] フランク人[族]

français(**e**) [frɑ̃sɛ, -ɛz フランセ(ズ)] 形 ①《英 French》フランス(人[語])の, フランス的な ▸ **à la française** フランス流の ▸ **acheter français** フランス製のものを買う ── 名 [F-] フランス人 ── 男 フランス語

franc-comtois(**e**) [frɑ̃kɔ̃twa, -az] 形[名《複 ~s-~, ~s-~es》] [F-] フランシュ＝コンテ(Franche-Comté)地方の(人)

France [frɑ̃s フランス] 囡 フランス

Francfort [frɑ̃kfɔr] フランクフルト【ドイツ西部の都市】

franche [frɑ̃ʃ] 形 (女) franc²の女性形

Franche-Comté [frɑ̃ʃkɔ̃te] 囡 フランシュ・コンテ【フランス東部の旧地方名；現在は地域圏名】

***franchement** [frɑ̃ʃmɑ̃ フランシュマン] 副 (英 frankly) ①率直に(言えば)，きっぱりと ②【形容詞の前で】本当に，全く

***franchir** [frɑ̃ʃir フランシール] 他 33 越える；(困難などを)突破[克服]する

franchisage [frɑ̃ʃizaʒ] 男 [商] 手販売契約, フランチャイズ

franchise [frɑ̃ʃiz] 囡 ①率直さ，誠実さ ▶ *en toute franchise* 率直に ②免税；[史] 特権, 自由権；不可侵の罪権 ▶ *en franchise* 免税で *franchise de bagages* 制限重量を越え飛行機に無料で持ち込める荷物の重量 *franchise douanière* 関税免除 *franchise postale* 郵便料金免除 ③ [経] フランチャイズ

franchisé(e) [frɑ̃ʃize] 形名 フランチャイズ契約を結んだ(店) ▶ *magasin franchisé* フランチャイズ店

franchissable [frɑ̃ʃisabl] 形 越えられる，通れる

franchissement [frɑ̃ʃismɑ̃] 男 越えること，通過

franchouillard(e) [frɑ̃ʃujar, -ard] 形名《話・軽蔑的に》典型的フランス人(の)

francien [frɑ̃sjɛ̃] 男 (中世の)フランシアン方言

francilien(ne) [frɑ̃siljɛ̃, -ɛn] 形名 [F-] イル・ド・フランス(Ile-de-France)地方の(人)

francique [frɑ̃sik] 男 形 フランク語(の)

francisable [frɑ̃sizabl] 形 フランス(語)化できる

francisation [frɑ̃sizɑsjɔ̃] 囡 フランス語化

franciscain(e) [frɑ̃siskɛ̃, -ɛn] 名 形 フランシスコ会の(修道士[女])

franciser [frɑ̃size] 他 フランス(語)化する，フランス(語)風にする

francisque [frɑ̃sisk] 囡 フランク族の斧(おの)

francité [frɑ̃site] 囡 フランス的であること，フランス語[文化]特有の性格

francium [frɑ̃sjɔm] 男 [化] フランシウム

franc-jeu [frɑ̃ʒø] 男 (複 ~s-~x) フェアプレー

franc-maçon(ne) [frɑ̃masɔ̃, -ɔn] 名 形 (複 ~s-~s) フリーメーソンの(団員)

franc-maçonnerie [frɑ̃masɔnri] 囡 フリーメーソン団；仲間意識，相互扶助

franco [frɑ̃ko] 副 送料[運賃]納付済みで，無料で ▶ *franco à bord* FOB *franco de port* 送料無料で

franco² [frɑ̃ko] 副 《話》思い切って，きっぱり ▶ *y aller franco* 《話》思い切ってやる

franco- 接頭 「フランスの」の意

franco-français(e) [frɑ̃kofrɑ̃sɛ, -ɛz] 形 フランス人同士の；《話》フランス的な，フランス人固有の

François [frɑ̃swa] 男 フランソワ【男子の名】

Françoise [frɑ̃swaz] 囡 フランソワーズ【女子の名】

francophile [frɑ̃kɔfil] 形名 フランス(人)好きの(人)，フランス(人)びいきの(人)

francophilie [frɑ̃kɔfili] 囡 フランス(人)好き，フランスびいき

francophobe [frɑ̃kɔfɔb] 形名 フランス(人)嫌いの(人)

francophobie [frɑ̃kɔfɔbi] 囡 フランス(人)嫌い

francophone [frɑ̃kɔfɔn] 形名 フランス語を話す(人)，フランス語圏の(人)

francophonie [frɑ̃kɔfɔni] 囡 フランス語圏【フランスの他，ベルギー南部・スイス西部・カナダのケベック州・北アフリカなどを含む】

franco-provençal(ale) [frɑ̃koprovɑ̃sal] (男複 -*aux*[-o]) 形名 フランコ・プロヴァンス語(の)

franc-parler [frɑ̃parle] 男 (複 ~s-~s) 率直な[なれなれしい]話し方 ▶ *avoir son franc-parler* 率直に話す

franc-tireur [frɑ̃tirœr] 男 (複 ~s-~s) 非正規軍兵士，義勇兵；単独行動者，一匹狼 ▶ *agir en franc-tireur* 単独行動をする

frange [frɑ̃ʒ] 囡 ①房飾り ②おかっぱ(の前髪) ③切れ端；少数派 ④ *franges d'interférence* [光] 干渉縞

franger [frɑ̃ʒe] 他 40 (…に)縁飾りをつける

frangin(e) [frɑ̃ʒɛ̃, -in] 名 《話》兄弟，姉妹；《話》フリーメーソンの団員

frangipane [frɑ̃ʒipan] 囡 (菓子などに添える)アーモンドクリーム

franglais [frɑ̃glɛ] 男 形《話》フラングレ(の)【英語から取り入れられたフランス語の新語】

franque [frɑ̃k] 形 (女) 囡 franc³の女性形

franquette [frɑ̃kɛt] 囡 [成句での み] ▶ *à la bonne franquette* 気軽に[な]，格式張らないで

franquisme [frɑ̃kism] 男 フランコ主義【スペインのフランコ(Franco)による独裁制】

franquiste [frɑ̃kist] 形名 フランコ主義(者)(の)

trappadingue [trapadɛ̃g] 形 《話》完全にいかれた，気の狂った

frappant(e) [frapɑ̃, -ɑ̃t] 形 強い印

frappe¹ [frap] 囡 ① キーをたたくこと, キーのたたかれ方 ②(硬貨などの)打ち出し, 鋳造, 刻印 ③[軍] 攻撃 ▶**frappe aérienne** 空爆 ④(スポーツ) スマッシュ, パンチ

frappe² [frap] 囡 《話》ならず者, 不良 ▶**petite frappe** 不良少年

frappé(e) [frape] 形 ①氷で冷やした, よく冷えた ②(…に)驚いた, (心を)打たれた 《de》 ③明確な, 鮮やかな; 《話》頭のいかれた; 《服》型押しされた

frappement [frapmɑ̃] 男 打つ[たたく]こと[音]

*__frapper__ [frape フラペ] 他 ①(英 strike) 打つ, たたく, 殴る, (武器で)切る, 刺す; (光・音などに)当たる, ぶつかる, (キーを)たたく ▶**frapper un grand coup** 大きな決断をする ②驚かす, はっと思わせる, ひどく気付けさせる ▶**frapper l'imagination** 想像をかきたてる ③(病気・不幸などが)襲う; (…が)課する 《de》; (税・罰が)適用される ④鋳造する ⑤(飲み物等を)氷で冷やす ⑥(英 knock) (…を)たたく, ノックする 《à》; ぶつかる, 打つ ▶**frapper à toutes les portes** 方々に頼み込み, あらゆる手段をとる **frapper du pied** 足を踏み鳴らす **frapper dur** 強打する ── 代動 [se ~] ①《話》気にやむ, ひどく心配する ②自分の…をたたく; 互いにたたき合う, たたかれる ▶**sans se frapper** くよくよしない, 気に病まない

frappeur [frapœr] 形 (男性形のみ) ①(貨幣の)打ち出し工; (皮などの)型押し工 ▶**esprit frappeur** 家具や壁をたたいて通信をよこす霊

frasque [frask] 囡 無分別な行動

fraternel(le) [fratɛrnɛl] 形 兄弟[姉妹]の; 大変仲のよい, 親密な

fraternellement [fratɛrnɛlmɑ̃] 副 兄弟のように; 大変仲良く, 親愛の情をこめて

fraternisation [fratɛrnizasjɔ̃] 囡 仲良くすること, 有効; 仲直り, 和解

fraterniser [fratɛrnize] 自 (…と) (兄弟のように)仲よくする, 仲直り[和解]する 《avec》

*__fraternité__ [fratɛrnite フラテルニテ] 囡 (英 fraternity) 友愛, 兄弟愛; 友好関係

fratricide [fratriside] 形 兄弟[姉妹]殺しの(犯人), 仲間を殺す(犯人), 仲間で争う(犯人) ── 男 兄弟[姉妹]殺しの犯行

fratrie [fratri] 囡 [統計] (1家族の)兄弟姉妹

fraude [frod] 囡 不正[不法]行為, 詐欺 ▶**en fraude** 不正に, こっそりと **fraude électorale** 選挙違反 **fraude fiscale** 脱税 **passer… en fraude** …を密輸する

frauder [frode] 他 (…に)不正行為を働く, ごまかす ▶**frauder le fisc** 脱税する ── 自 不正行為を行う, だます

fraudeur(se) [frodœr, -øz] 形 不正を働く(人)

frauduleusement [frodylǿzmɑ̃] 副 不正に, 偽って, こっそりと

frauduleux(se) [frodylǿ, -øz] 形 不正な, いんちきの, 詐欺的な

frayer [freje] 他 (道を)切り開く ── 自 ①(…と)付き合う, 交際する 《avec》 ②(魚が)産卵する, (雄魚が)精液を放する ── 代動 [se ~] 自ら道を切り開く

frayeur [frejœr] 囡 (激しい)恐怖, 恐ろしさ

freak [frik] 名 (<英) ヒッピー; 麻薬中毒者

fredaine [frədɛn] 囡 《話》(軽い)過ち, 無鉄砲

fredonnement [frədɔnmɑ̃] 男 鼻などを口ずさむこと, ハミング

fredonner [frədɔne] 他 (歌などを)口ずさむ, ハミングで歌う ── 自 歌を口ずさむ

free-lance [frilɑ̃s] 形名 (<英) フリーランスの(人) ▶**travailler en free-lance** フリーランスで働く

freesia [frezja] 男 〔植〕 フリージア

freezer [frizœr] 男 (<英) (冷蔵庫の)冷凍室

frégate [fregat] 囡 ①フリゲート艦 [対潜・対空護衛艦] ②(昔の)3本マストの軍艦 ③〔鳥〕グンカンドリ

*__frein__ [frɛ̃ フラン] 男 (英 brake) ブレーキ, 制動機; 抑制; (古) 馬銜(くつわ) ▶**donner un coup de frein** (…に) ブレーキ歯止めをかける 《à》 **frein à disques** ディスクブレーキ **frein à main** ハンドブレーキ **frein à tambour** ドラムブレーキ **frein moteur** エンジンブレーキ **ronger son frein** (怒りや悔しさを)抑えかねている

freinage [frenaʒ] 男 ブレーキをかけること, 制動; 抑制

*__freiner__ [frene フレネ] 自 (英 brake) ブレーキがかかる ── 他 ブレーキをかける; 抑制[防止]する; (人の)行動を抑える ── 代動 [se ~] 自ら控えめにやる, 自制する

frelatage [frəlataʒ] 男 不純(物を混ぜること); 混ぜ物入りのもの

frelaté(e) [frəlate] 形 (<frelater)混ぜ物をした, 不純な; いかがわしい

frelater [frəlate] 他 混ぜ物をする, 不純にする

frêle [frɛl] 形 か弱い, かぼそい, きゃしゃな; 頼りならない, はかない

frelon [frəlɔ̃] 男 〔虫〕 スズメバチ

freluquet [frəlykɛ] 男 ①《古》ひ弱そうな男 ②《文・軽蔑的》きざで軽薄な男

frémir [fremir] 自 33 (喜び・恐怖・寒さに)震える 《de》; 沸騰し始める

frémissant(e) [fremisɑ̃, -ɑ̃t] 形 ①震えている, ざわめく, 軽く震えたてる ②

frémissement [fremismã] 男 ① 震え;(木の葉・風の)そよぎ, ざわめき; 身震い; (湯が沸騰して)軽い音をたてること ② 良い兆し ▶*frémissement de l'économie* 経済回復の兆し

frênaie [frɛnɛ] 女 トネリコの栽培地

french cancan [frenʃkɑ̃kɑ̃] 男 フレンチカンカン

frêne [frɛn] 男 〖植〗トネリコ

frénésie [frenezi] 女 熱狂, 夢中, 激しさ

frénétique [frenetik] 形 熱狂的な, 熱狂した

frénétiquement [frenetikmɑ̃] 副 熱烈に, 夢中になって

fréon [freɔ̃] 男 〖商標〗フロン(ガス)

fréquemment [frekamɑ̃] 副 しばしば, 頻繁に

fréquence [frekɑ̃s] 女 頻繁さ, 頻発, 頻度; 周波数, 振動数 ▶*modulation de fréquence* FM, 周波数変調

fréquencemètre [frekɑ̃smɛtr] 男 周波数計

***fréquent(e)** [frekɑ̃, -ɑ̃t] フレカン(ト) (英 frequent) 頻繁な, よく見られる[起こる]

fréquentable [frekɑ̃tabl] 形 付き合ってもよい; 通うにふさわしい

fréquentatif(ve) [frekɑ̃tatif, -iv] 形 〖文法〗反復を示す ―― 名 反復形[相]

fréquentation [frekɑ̃tasjɔ̃] 女 (場所に)頻繁に通うこと; 交際(相手) ▶*avoir de bonnes [mauvaises] fréquentations* 良い[悪い]人たちと付き合う

***fréquenté(e)** [frekɑ̃te フレカンテ] 形 人通りの多い; 人のよく集まる ▶*bien [mal] fréquenté* 客層のいい[悪い]

***fréquenter** [frekɑ̃te フレカンテ] 他 (場所に)よく行く, 頻繁に通う; (人と)付き合う, 交際する; 〖文〗(作家などを)愛読する ▶*fréquenter la bonne société* 社交界で活動する ―― 代動 [*se* ~] (お互いに)付き合いがある

fréquentiel(le) [frekɑ̃sjɛl] 形 頻度に関する

***frère** [frɛr フレール] 男 (英 brother) ① 兄, 弟; 兄弟 ▶*frère aîné*, *grand frère* 兄 *frère cadet*, *petit frère* 弟 ② 親友, 仲間, 同志 ▶*frères ennemis* 〖文〗(同じ党派の)敵対する仲間たち ③〖宗〗(同じ宗派に属する)兄弟, 信者; 修道士 ―― 形 (男性形のみ) 兄弟のような, 親密な; 同観の, 同志の

fréror [frero] 男 〖話〗弟分

frésia [frezja] 男 =freesia

fresque [frɛsk] 女 フレスコ画(法); 壁画; (文学で時代・社会の)一大絵巻, 全体図

fresquiste [freskist] 名 フレスコ画家

fressure [fresyr] 女 (動物の)臓物(ぞうもつ)

fret [frɛ(t)] 男 ① 商品の運賃 ② 運送 ③ 積荷, 荷物 ▶*fret aérien* 航空貨物

fréter [frete] 他 57 ① 賃貸しする ② (レンタカーを)借りる; 賃借りする

fréteur [fretœr] 男 船の賃貸人, 船主

frétillant(e) [fretijɑ̃, -ɑ̃t] 形 跳ね回っている; 活発な

frétillement [fretijmɑ̃] 男 跳ね回ること; ぴちぴち動くこと

frétiller [fretije] 自 ぴちぴちはねる; (犬が)しっぽを振る; 小躍りする ▶*frétiller d'impatience* 我慢できずにそわそわする

fretin [frətɛ̃] 男 〖集合的〗雑魚(ざこ), (捨てるような)小魚 ▶*menu fretin* 〖話〗くだらないもの, くず

frette [frɛt] 女 (強化用の)金属のたが

fretter [frete] 他 (…に)金属のたがをはめる

freudien(ne) [frødjɛ̃, -ɛn] 形 フロイト(S.Freud)(派)の ―― 名 フロイト主義者, フロイト派の人

freudisme [frødism] 男 フロイト学説, フロイト主義

freux [frø] 男 〖鳥〗ミヤマガラス

friabilité [frijabilite] 女 もろさ

friable [frijabl] 形 もろい, 砕けやすい

friand¹(e) [frijɑ̃, -ɑ̃d] 形 大好きな (*de*); 〖古〗すばらしい味の

friand² [frijɑ̃] 男 〖料〗フリアン[ソーセージの具の入ったミートパイ]; フリヤン [小さなアーモンドケーキ]

friandise [frijɑ̃diz] 女 甘いもの, 砂糖菓子

fric [frik] 男 〖話〗金(かね)

fricandeau [frikɑ̃do] 男 (複 ~*x*) フリカンドー[豚の背肪を詰めた子牛のもも肉の煮込み]

fricassée [frikase] 女 〖料〗フリカッセ[ウサギや鶏などのクリーム煮]

fricasser [frikase] 他 〖料〗フリカッセ風に煮る

fricatif(ve) [frikatif, -iv] 形 〖言〗摩擦音の ―― 女 摩擦音

fric-frac [frikfrak] 男 (複 ~*s*, ~(*s*)) 〖古〗押し込み(強盗)

friche [friʃ] 女 耕されていない土地 ▶*en friche* 休閑中の; 未開発の *friche industrielle* さびれた工業地域

frichti [friʃti] 男 =fricot

fricot [friko] 男 〖話〗めし, 料理, ごった煮

fricotage [trikɔtaʒ] 男 〖話〗いんちき取引, ごまかし

fricoter [frikɔte] 他 〖話〗① ひそかにたくらむ, ごまかす ② 料理する, シチューにする ―― 自 〖俗〗いんちきな取引をする; (人と)性的関係をもつ (*avec*); 料理を作る

fricoteur(se) [frikɔtœr, -øz] 名

friction [friksjɔ̃] 囡 ①(体・頭の)マッサージ,摩擦;皮膚に(薬を)擦り込むこと ②(物)摩擦;不和,軋轢(あつれき)

frictionner [friksjɔne] 他 (体・頭を)マッサージ[摩擦]する ── 代動 [se ~] (自分の体を)マッサージ[摩擦]する

*__frigidaire__ [friʒidɛr フリジデール] 男 (英 refrigerator) 冷蔵庫 ▶ **mettre … au frigidaire** …を冷蔵庫にいれる;…を棚上げする

frigide [friʒid] 形 (女性が)不感症の;《文》冷たい

frigidité [friʒidite] 囡 〔医〕不感症

frigo [frigo] 男 《話》冷蔵庫(=réfrigérateur);冷凍肉;冷蔵肉

frigorifié(e) [frigorifje] 形 ①冷凍[冷蔵]した ②《話》こごえた,こちこちになった

frigorifier [frigorifje] 他 ①冷凍[冷蔵]する ②《話》(人を)震え上がらせる;こちこちにする

frigorifique [frigorifik] 形 冷却[冷凍]する

frileusement [friløzmɑ̃] 副 寒そうに

frileux(se) [frilø, -øz] 形 ①寒がりの,寒そうな ②引っ込み思案の,おどおどした ③寒がりの人

frilosité [frilozite] 囡 ①弱腰,引っ込み思案 ②《文》寒がり

frimaire [frimɛr] 男 〔史〕フリメール,霜月〔共和暦の第3月〕

frimas [frima] 男 《複》《文》氷雪,霧氷

frime [frim] 囡 《話》見せかけ,ごまかし ▶ **C'est de la frime.** それははったりだよ **C'est pour la frime.** それはうわべだけだよ

frimer [frime] 自 《話》はったりをかます,格好をつける

frimeur(se) [frimœr, -øz] 形名 《話》はったりの屋,気取った人

frimousse [frimus] 囡 《話》(子供・若者の)顔,かわいい顔

fringale [frɛ̃gal] 囡 《話》激しい空腹[欲望,渇望]

fringant(e) [frɛ̃gɑ̃, -ɑ̃t] 形 ①(人が)はつらつと[さっそうと]した ②(馬が)元気な,跳ね回る

fringillidés [frɛ̃ʒilide] 男 《複》〔鳥〕アトリ科

fringué(e) [frɛ̃ge] 形 ▶ **bien [mal] fringué** 着こなしが上手な[下手な]

finguer [frɛ̃ge] 他 《話》服を着せる ── 代動 [se ~] 《話》服を着る

fringues [frɛ̃g] 囡 《複》《話》服

fripe [frip] 囡 古着,ぼろ

fripé(e) [fripe] 形 しわくちゃの,しわだらけの

friper [fripe] 他 しわくちゃ[しわだらけ]にする ── 代動 [se ~] しわくちゃになる

friperie [fripri] 囡 古着(商,店)

fripier(ère) [fripje, -ɛr] 名 古着屋

fripon(ne) [fripɔ̃, -ɔn] 名 ①いたずらっ子 (古)ぺてん師 ── 形 いたずらっぽい

friponnerie [friponri] 囡 《古》いたずら(っぽさ)

fripouille [fripuj] 囡 《話》詐欺師,ならず者

fripouillerie [fripujri] 囡 《話》詐欺,いんき臭さ

friquet [frikɛ] 男 スズメ

frire [frir] 他 34 (油で)揚げる,フライにする (= **faire ~**) ── 自 フライ[揚げ物]になる

frisage [friza:ʒ] 男 (髪などを)縮らせる[カールさせる]こと

frisant(e) [frizɑ̃, -ɑ̃t] 形 (光線が)斜めにかすめる

frisbee [frizbi] 男 (< 英) フリスビー

frise [friːz] 囡 ①(壁や家具などの)帯状装飾 ②〔建〕フリーズ〔円柱の台輪と軒蛇腹の間の部分〕 ③〔劇〕一文字〔天井を隠す舞台上方の幕〕

frisé(e)¹ [frize] 形 (髪が)巻き毛の,カールした,(動植物が)毛[葉]の縮れた ── 名 縮れ毛の人

frisé² [frize] 名 《話・軽蔑的》(第2次大戦中の)ドイツ人野郎

frisée [frize] 囡 〔植〕(葉の縮れた)チコリ,キクヂシャ

frisélis [frizli] 男 《文》(木の葉などの)かすかな震え,(水の)せせらぎ

friser [frize] 他 ①(髪を)カールする,(人を)縮れ毛にする ②かすめる;もう少しで…になる,危うく…を免れる ── 自 (髪が)カールしている,(人が)縮れ毛である;(楽器の弦の音が)ぶれる

frisette [frizɛt] 囡 ①小さな巻き毛 ②羽目板

frison¹ [frizɔ̃] 男 ①(額・首すじの)巻き毛 ②木くず,鉋くず,金くず

frison²(ne) [frizɔ̃, -ɔn] 形 (オランダの)フリースラント州 (Frise)の

frisotter [frizɔte] 他 (髪を)細かくカールさせる ── 自 (髪が)細かくカールしている,ちぢれる

frisottis [frizɔti] 男 《文》小さな巻き毛

frisquet(te) [friskɛ, -ɛt] 形 《話》うすら寒い;《文》肌寒さ

*__frisson__ [frisɔ̃ フリソン] 男 (英 shiver) ①震え,身震い;悪寒(おかん),戦慄(せんりつ) ▶ **donner le frisson à** (人)に戦慄を感じさせる ②《文》(事物や自然の)振動(音),さわめき

frissonnant(e) [frisɔnɑ̃, -ɑ̃t] 形 (寒さ・恐怖で)震えている

frissonnement [frisɔnmɑ̃] 男 《文》震え,身震い;(木の葉などの)そよぎ,ざわめき

frissonner [frisɔne] 自 ①(…で)震える,身震いする (de) ②震える,(水面・草木が)そよぐ

frisure [frizyːr] 囡 髪の毛のカール(のさ

*frit(e) [fri, -it フリット] 形 (< frire) ①〈英 fried〉油で揚げた, フライにした ②〈話〉窮地に陥った, 失敗した

*frite [frit フリット] 女 ①〔複〕フライドポテト ②▶avoir la frite〈話〉調子がいい

friterie [fritri] 女 フライドポテトを売る屋台

friteuse [fritøz] 女 フライ鍋, フライヤー

fritte [frit] 女 フリット〔溶融したガラス原料の混合物〕

friture [frityr] 女 ①揚げ物, フライ(用の小魚) ②フライ用の油 ②(ラジオや電話の)雑音

fritz [frits] 男〈話・古〉ドイツ人野郎, ドイツ兵

frivole [frivɔl] 形 ①くだらない, 取るに足らない ②(人が)軽薄な, 浮いている

frivolement [frivɔlmɑ̃] 副 軽薄に

frivolité [frivɔlite] 女 ①軽薄さ, さくだらなさ; くだらないこと[もの] ②〔古〕(婦人の)装身具, アクセサリー

froc [frɔk] 男 ①〔古〕(修道僧の)頭巾[ふく], 僧服 ▶jeter froc aux orties 還俗する ②〈話〉ズボン ▶baisser son froc〈話〉屈辱に甘んじる faire son froc〈話〉怖い思いをする

*froid(e) [frwa, -ad フロワ(ド)] 形〈英 cold〉①冷たい, 寒い; 冷淡な, 冷静な ▶garder la tête froide 冷静さを保つ laisser... froid (人に全く影響しない, どうでもよい ②(作品などが)生彩を欠いた ③(女性が)不感症の
—— 男 冷えたままで, 温めずに
—— 男 寒さ, 冷たさ, 寒気; 冷凍(技術); 冷淡; 冷静 ▶à froid 温めずに, 熱を加えずに; 冷静に avoir froid 寒さを感じる, 寒気がする cueillir [prendre] un adversaire à froid (試合などで)立ち上がりから攻撃に出る donner [faire] froid dans le dos (恐ろしさに)背筋を凍らせる être en froid avec (人)といがみ合っている Il fait froid. 寒い. Il fait un froid de canard [loup, gueux].〈話〉ひどく寒い ne pas avoir froid aux yeux 大胆である, 厚かましい opérer à froid〔医〕炎症がおさまってから手術をする; 冷静になってから行動する prendre [attraper, gagner] froid 風邪をひく vague de froid 寒波

froidement [frwadmɑ̃] 副 ①冷ややかに, 冷淡に ②冷静に; 平然と

froideur [frwadœr] 女 ①冷たさ, 冷淡, 無関心 ②(文章などの)生彩のなさ

froidure [frwadyr] 女 ①〔文〕厳寒, 寒い季節 ②〔医〕凍傷, 凍瘡

froissable [frwasabl] 形 (布や髪が)しわになりやすい

froissé(e) [frwase] 形 (< froisser) ①しわくちゃになった; (…に)気を悪くした (de); (筋肉などを)痛めた

froissement [frwasmɑ̃] 男 ①(布や紙を)しわくちゃにすること; (それがたてる)軽い音 ②(性格や利害の)衝突

froissement d'amour-propre 自尊心を傷つけられること 打撲傷, 捻挫(ねんざ)

froisser [frwase] 他 ①(布や紙を)しわくちゃにする ②(人の感情を害する; (人の利害や意見と)衝突する ③打撲傷を負わせる, 捻挫(ねんざ)させる ── 代動 [se ~] ①(布や紙が)しわくちゃになる ②(…に)気を悪くする (de) ③自分の…を痛める, くじく ▶se froisser un muscle 打撲する, 捻挫する

frôlement [frolmɑ̃] 男 軽く触れること[音]

frôler [frole] 他 ①軽く触れる, かする; かすめる ②(危険などを)危うく免れる ── 代動 [se ~] 軽く触れ合う; 接触しそうになる

frôleur(se) [frolœr, -øz] 形 軽く触れる —— 男 痴漢, さわり魔 —— 女 (気を)そそる女

*fromage [frɔmaʒ フロマージュ] 男 ①〈英 cheese〉チーズ ⇨[コラム: フランスのチーズ] ▶entre la poire et le fromage〈話〉食事の終わり頃, 会話が盛り上がるとき faire de ... un fromage〈話〉…を大げさに扱う fromage blanc フレッシュチーズ〈話〉何もせずに金が入る情況 ③▶fromage de tête〔料〕フロマージュ・ド・テート〔豚の頭肉のゼリー寄せ〕

fromager(ère) [frɔmaʒe, -ɛr] 形 チーズ(製造, 販売)の —— 名 チーズ製造業者, チーズ商人

fromagerie [frɔmaʒri] 女 チーズ製造所[貯蔵所], 卸売店

fromegi [frɔmʒi], from(e)ton [frɔmtɔ̃] 男 = fromage

froment [frɔmɑ̃] 男〔農〕〔文〕小麦; 小麦色 —— 形〔不変〕小麦色の

fronce [frɔ̃s] 女〔服〕ギャザー ▶jupe à fronces ギャザースカート

froncement [frɔ̃smɑ̃] 男 しわを寄せること ▶froncement de sourcils まゆをひそめること

froncer [frɔ̃se] 他 52 ①しわを寄せる ▶froncer les sourcils まゆをひそめる ②〔服〕ギャザーをつける

froncis [frɔ̃si] 男〔服〕(集合的)ギャザー, ひだ

frondaison [frɔ̃dɛzɔ̃] 女〔植〕木の葉が出ること, 発葉; (多く複)〔文〕(集合的)木の葉, 葉むら

fronde¹ [frɔ̃d] 女 投石機; ぱちんこ

fronde² [frɔ̃d] 女 ①反抗; 暴動 ②〖la F-〗〔史〕フロンドの乱; フロンド党

fronde³ [frɔ̃d] 女〔植〕(シダなどの)羽状に裂けた葉

fronder [frɔ̃de] 他 ①〔文〕権威などを)批判[攻撃]する, 嘲笑(ちょうしょう)する ②〔古〕投石器で石を投げる ③〔史〕フロンド党員になる

frondeur(se) [frɔ̃dœr, -øz] 形 批

フランスのチーズ

◆◆主な原産地◆◆

①Île-de-France イル・ド・フランス
　Brie de Melun ブリ・ド・ムラン
　Brie de Meaux ブリ・ド・モー

②Normandie ノルマンディ
　Neufchâtel ヌシャテル
　Livarot リヴァロ
　Pont-l'Évêque ポン・レヴェック
　Camembert de Normandie
　カマンベール・ド・ノルマンディ

③Champagne シャンパーニュ
　Langres ラングル
　Chaource シャウルス

④Franche-Comté フランシュ・コンテ
　Comté コンテ
　Vacherin du Haut-Doubs (Mont-d'Or)
　ヴァシュラン・ドゥ・オー・ドゥー (モン・ドール)

⑤Savoie サヴォワ
　Reblochon ルブロション
　Abondance アボンダンス
　Beaufort ボフォール

⑥Auvergne オーヴェルニュ
　Fourme d'Ambert (de Monbrison)
　フルム・ダンベール (ド・モンブリゾン)
　Bleu d'Auvergne ブルー・ドーヴェルニュ
　Saint-Nectaire サン・ネクテール
　Cantal カンタル
　Salers サレール

⑦Berry ベリー
　Pouligny Saint-Pierre プーリニ・サン・ピエール
　Selles-sur-Cher セル・シュル・シェール
　Crottin de Chavignol クロタン・ド・シャヴィニョル
　Valençay ヴァランセ

⑧Averyon アヴェロン
　Roquefort ロックフォール
　Bleu des Causses ブルー・デ・コース

◆◆AOPチーズ◆◆

AOPチーズは現在のところ約40種類ある。AOPとはAppellation d'Origine Protégée (原産地保護呼称) のことで、その土地で正しく作られたものであることを保証するものである。INAO (Institut National des Appellations d'Origine 全国原産地呼称協会) が運営管理している

◆◆分類◆◆

ナチュラルチーズ	Fraîche (熟成しない)	fromage à pâte fraîche	フレッシュチーズ
	Pâte molle (柔らかい)	fromage à croûte fleurie	白カビチーズ
		fromage à croûte lavée	ウォッシュチーズ
		fromage de chèvre	山羊乳のチーズ
	Bleu (青カビ)	fromage à pâte persillée	青カビチーズ
	Pâte pressée (堅い)	fromage à pâte pressée non cuite	非加熱圧搾チーズ
		fromage à pâte pressée cuite	加熱圧搾チーズ
プロセスチーズ		fromage fondu	フォンデュ

判[反抗]的な ── 男 ①(権威に)反抗する人, 批判者 ②[史] フロンド党員

*front [frɔ̃ フロン] 男 ①(人·動物の)額; 〖文〗頭, 顔; 大胆さ, 厚かましさ ▶marcher le front haut 毅然(きぜん)として歩く ②(英 front) 建物などの)正面; 〖軍〗戦線, 前線 ; (政治上の)統一戦線; [気]前線 ▶attaquer … de front …を真正面から攻撃する de front 真正面から; 同時に, 平行して faire front à …に正面から向き合う faire front commun contre …に共同戦線を張る front de mer 海岸線 Front national (第2次大戦中の)国民戦線; (極右政党の)国民戦線〖略 FN〗 Front populaire (1936年の)人民戦線 mener plusieurs tâches de front いくつもの仕事を平行してやる

frontal(ale) [frɔ̃tal] 形 (男複 -aux [-o]) 額の; 正面の, 前の ── 男 [解]前頭骨

frontal 正面衝突 ── 男 [解]前頭骨

frontalier(ère) [frɔ̃talje, -ɛr] 形 国境(付近)の ── 名 国境(付近)の住民; 越境労働者(= travailleur ~)

*frontière [frɔ̃tjɛr フロンティエール] 女 (英 frontier) 国境, 境界, 限界 ── 形 国境の ▶gardes frontières 国境警備隊

Frontignan [frɔ̃tiɲɑ̃] フロンティニャン【フランス南部の町】

frontignan [frɔ̃tiɲɑ̃] 男 フロンティニャン【甘口のマスカットワイン】

frontispice [frɔ̃tispis] 男 ①(第1ページの)口絵, 表題 ②〖古〗(建築物の)正面

fronton [frɔ̃tɔ̃] 男 ①〖建〗破風(はふ), 切妻壁 ②(バスク地方の球戯 (pelote) 用の)壁

frottage [frɔtaʒ] 男 こする[磨く]こと; みがき; [美術]フロッタージュ

frotté(e) [frɔte] 形 ①こすった, 磨いた ②〖文〗(…を)少し学んだ, かじった(de)

frottée [frɔte] 女 ①[料]ガーリックトースト ②〖古〗続けざまに殴ること, 殴打

frotte-manche [frɔtmɑ̃ʃ] 名 (ベルギー話) おべっか使い

frottement [frɔtmɑ̃] 男 こする[される]こと; 摩擦; 不和, 軋轢(あつれき), 衝突

*frotter [frɔte フロテ] 他 (英 rub) ①こする; (マッチを擦る), ふき掃除をする ②(…を)こすりつける (de, avec) ③[美術]透明な色を薄く塗ってぼかす ── 自 (…と)すれる, こすれる《contre》 ── 代動 《se ~》 ①自分の…をこする; (…に)体をすりつける《à, contre》 ▶se frotter les mains (満足気に)手をこすり合わせる ②(…と)かかわりあう, (人と)交際する《à》; 〖文〗(人と)衝突する ③少し学ぶ

frotteur(se) [frɔtœr, -øz] 名 ①床

磨き職人 ②《俗》痴漢, さわり魔 ── 男 (電車などの)集電靴; (機械の)摩擦部

frottis [frɔti] 男 ①[美術]薄彩色 ②[生]塗抹標本

frottoir [frɔtwar] 男 (タオルやブラシなどの)摩擦用具

frou-frou [frufru] 男 (複 ~s/~-~s) さらさら[衣ずれの音·羽音などを表す]

froufroutant(e) [frufrutɑ̃, -ɑ̃t] 形 さらさら[がたがた]音がする

froufroutement [frufrutmɑ̃] 男 さらさら音がすること, さらさら音

froufrouter [frufrute] 自 さらさら音がする, さらさら音のする軽い音を立てる

froussard(e) [frusar, -ard] 形名 《話》こわがりの人; 臆病な心

frousse [frus] 女 《話》非常な恐怖 ▶avoir la frousse ひどくおびえる

frs. [frɑ̃] 略《francs》フラン

fructidor [fryktidɔr] 男 [史] フリュクティドール, 実(みのり)月【共和暦の第12月】

fructifère [fryktifɛr] 形 〖植〗(枝などが)実のなる

fructification [fryktifikasjɔ̃] 女 実がなること, 結実(期); 成果

fructifier [fryktifje] 自 実を結ぶ, 収穫をもたらす; 利益を生む

fructose [fryktoz] 男 [化]フルクトース, 果糖

fructueusement [fryktɥøzmɑ̃] 副 有利に, 効果的に

fructueux(se) [fryktɥø, -øz] 形 実り多い, 有利な;《古·文》実のなる

frugal(ale) [frygal] 形 (男複 -aux [-o]) 質素な, 貧しい;粗食に甘んじる

frugalement [frygalmɑ̃] 副 質素に

frugalité [frygalite] 女 粗食; 質素; つましさ

frugivore [fryʒivɔr] 形名 果実を常食する(動物)

*fruit¹ [frɥi フリュイ] 男 ①果物, フルーツ; 果実〖聖〗禁断の果実 fruit sec ドライフルーツ; 期待はずれの人 fruits confits 砂糖漬けの果物 fruits rouges (スイス·カナダ)(カシスやイチゴなどの)赤い実 porter ses fruits 実を結ぶ ②成果, 利益, 結果,《文》獲物, 収穫物 ▶fruits de mer 海の幸 ③〖文〗子供;〖複〗[法]果実

fruit² [frɥi] 男 〖建〗(外壁面の)傾斜

fruité(e) [frɥite] 形 (ワインなどが)果実の風味のある

fruiterie [frɥitri] 女 果物屋; 果物の取引; 果物貯蔵庫

fruiticulteur(trice) [frɥitikyltœr, -tris] 名 果樹園経営者, 果物生産者

fruitier(ère)¹ [frɥitje, -ɛr] 形 果実のなる; 果物(運搬用)の ── 名 果樹園; 果物倉庫

fruitier(ère)² [frɥitje, -ɛr] 名 チー

frusques [frysk] 女 (複) (話) 着物, ぼろ服, 古着

frusquin [fryskɛ̃] 男 ▶**saint frusquin** (俗) 全財産, 一切合切(ぷい)

fruste [fryst] 形 粗野な, 繊細でない; (表面が)ざらざらした, 磨り減った

frustrant(e) [frystrɑ̃, -ɑ̃t] **, frustrateur(trice)** [frystratœr, -tris] 形 〔心〕欲求不満を生じさせる

frustration [frystrasjɔ̃] 女 ①欲求不満, フラストレーション; (期待の)裏切り ②(財産などの)横領; (借金の)踏み倒し

frustré(e) [frystre] 形名 欲求不満の(人)

frustrer [frystre] 他 ①失望させる, (期待を)裏切る; (心) 欲求不満を起こさせる ②〖~ A de B〗A (人)から B (もの)を奪う, 横領する

FS [frɑsɥis] (略) franc suisse スイス・フラン

FTP (略) 英 File Transfer Protocol 〔情報〕ファイル転送プロトコル

fuchsia [fyʃja, fyksja] 男 〔植〕フクシア, ホクシャ, ツリウキ草

fuchsine [fyksin] 女 〔化〕フクシン 〔赤紫色の染料〕

fucus [fykys] 男 ヒバマタ 〖海藻〗

fuel [fjul] 男 (<英) 重油, 燃料油

fugace [fygas] 形 消えやすい, つかの間の

fugacité [fygasite] 女 (光・色・思い出の)消えやすさ, はかなさ

-fuge [接尾] (<ラ) 「逃げる」「追い払う」の意の語を作る

fugitif(ve) [fyʒitif, -iv] 形 逃げた, 逃走中の; 消えやすい, つかの間の —— 名 逃亡者, 脱走者

fugue [fyg] 女 ①家出, 失踪(ぶ) ②〔楽〕フーガ

fugué(e) [fyge] 形 〔楽〕フーガをくふした

fuguer [fyge] 自 (話)姿をくらます, 家出する

fugueur(se) [fygœr, -øz] 形名 家出癖のある(人), 徘徊症の(人)

führer [fyrœr] 男 総統 〖ヒトラーの称号〗

fui [fɥi] fuir の過去分詞

*****fuir** [fɥir フュイール] 35 自 ①(英 flee) 逃げる, 逃走する; (文) 流れ(走り)去る ②(英 leak) (水・ガス・容器が)漏れる —— 他 〖se ~〗 互いに避け合う; (苦しみから)気を紛らわす

*****fuite** [fɥit フュイット] 女 ①(英 escape) 逃走, 失踪(ぶ), 逃亡; (責任の)回避, 逃げ口上 ▶**être en fuite** 逃亡中である ／**mettre ... en fuite** (人)を逃がす ／**prendre la fuite** 逃げ出す ②(水やガスの)漏れ; (容器の)漏れ口; (秘密の)漏洩(ぷ)(秘密文書の)紛失; (時間などの)速やかな経過; 流出 ▶**fuite des capitaux** 資本流失 ／**fuite des cerveaux** 頭脳流失

fulgurance [fylgyrɑ̃s] 女 (文)雷光, 閃光

fulgurant(e) [fylgyrɑ̃, -ɑ̃t] 形 閃光(%)を放つ, すばやい, 急激な; 衝撃[電撃]的な

fulguration [fylgyrasjɔ̃] 女 ①電光, 稲妻 ②〔医〕(腫(')・舟などの)電気焼灼(ぷく) ③考えのひらめき

fuligineux(se) [fyliʒinø, -øz] 形 ①煤(')を出す ②煤色の, くすんだ

fulmicoton [fylmikɔtɔ̃] 男 ニトロセルロース 〖火薬色の一種〗

fulminant(e) [fylminɑ̃, -ɑ̃t] 形 爆発性の, 怒りを爆発させる

fulminate [fylminat] 男 〔化〕雷酸塩

fulmination [fylminasjɔ̃] 女 ①(カト)(破門の)宣告 ②(教書などの)布告; 非難

fulminer [fylmine] 自 ①(…に)激怒する (contre) ②〔化〕爆発する —— 他 ①(カト)(破門などを)宣告する ②(非難を)浴びせる

fulminique [fylminik] 形 ▶**acide fulminique** 〔化〕雷酸

fumable [fymabl] 形 (タバコなどが)吸引できる

fumage[1] [fymaʒ] 男 〔料〕燻製(&)にすること

fumage[2] [fymaʒ] 男 (土地への)施肥

fumaison [fymezɔ̃] 女 = fumage[1]

fumant(e) [fymɑ̃, -ɑ̃t] 形 ①湯気を立てている; 湯気の立つ ②(話)かんかんに怒った; (話)見事な, すごい ▶**un coup fumant** (話)大成功

fumasse [fymas] 形 (話)怒った, 腹を立てた

fumé(e) [fyme] 形 燻製(%)にした; (光線よけに)煤(')を塗った, スモーク入りの ⇨**fumée** ▶**verres fumés** サングラス

fume-cigare [fymsigar] 男 (複 ~、~(s)-~(s)) 葉巻用パイプ

fume-cigarette [fymsigarɛt] 男 (複 ~、~(s)-~(s)) シガレットホルダー

*****fumée** [fyme フュメ] 女 ①(英 smoke) (タバコの)煙; 湯気; むなしいこと 〖もの〗, 取るに足りないこと ▶**partir [s'en aller] en fumée** むなしく消え去る, しりすぼみに終わる ⇨**fumé(e)** ②(複)(頭を錯乱させる)酒気, 酔い, 心の乱れ

*****fumer**[1] [fyme フュメ] 自 ①(英 smoke) タバコを吸う; 煙を出す, くすぶる ②湯気を立てる; (話)怒る, じりじりする —— 他 ①(タバコを)吸う ②燻製(%)にする

fumer[2] [fyme] 他 土地に肥料をまく

fumerie [fymri] 女 アヘン窟

fumerolle [fymrɔl] 女 (火山の)噴気, ガス

fûmes [fym] être の直・単純過去・1・複

fumet [fymɛ] 男 ①(焼き肉・酒の)よい

香り ②(狩)(獲物の)におい ③フュメ【魚やきのこを煮詰めて作るソースやスープのだし汁】

fumeur(se) [fymœr, -øz] 名 喫煙者 ▶**compartiment fumeurs**（列車の）喫煙車（両）**gros fumeur** ヘビースモーカー

fumeux(se) [fymø, -øz] 形 煙る, くすぶる; ぼんやりした, あいまいな

fumier [fymje] 男 ①堆肥(たいひ) ②《俗》汚いやつ, くず

fumigateur [fymigatœr] 男 (害虫)燻蒸(くんじょう)器

fumigation [fymigasjɔ̃] 女 燻蒸(くんじょう)療法;消毒法

fumigène [fymiʒɛn] 形 煙を出す ── 男 発煙器【畜を寒気から守る】

fumiger [fymiʒe] 他 燻蒸(くんじょう)する

fumiste [fymist] 名 暖炉職人, 暖房修理工 ── 形名 《話》ふざけた[でたらめの](人)

fumisterie [fymistəri] 女 ①暖房器具相談所[店] ②《話》でたらめ

fumivore [fymivɔr] 形 煙を除去する ── 男 排煙[完全燃焼]装置

fumoir [fymwar] 男 ①喫煙室[所] ②燻製(くんせい)室[所]

fumure [fymyr] 女 施肥; 肥料

fun [fœn] 形 (不変)(〈英〉《話》おもしろい, 愉快な ── 男 ①《話・ケベック》(= fonne) [le ～] 楽しみ ② = fun-board

funambule [fynɑ̃byl] 名 綱渡りの芸人

funambulesque [fynɑ̃bylɛsk] 形 綱渡りの;《文》奇妙な, 突飛な

funboard [fœnbɔrd] 男 《英》[スポーツ] ファンボード【小型のウインドサーフィン】

funèbre [fynɛbr] 形 葬式の; 死の; 陰鬱(いんうつ)な

funérailles [fyneraj] 女 (複) 葬式, 葬儀

funéraire [fynerɛr] 形 葬式の, 埋葬の; 墓の

funérarium [fynerarjɔm] 男 遺体安置所

funeste [fynɛst] 形 災い[死]をもたらす, 有害な; 致命的な; 不吉な

funiculaire [fynikylɛr] 男 ケーブルカー ── 形 《解》臍帯(さいたい)の; 精索の

funk [fœnk] 形名 (不変) ファンクの

funky [fœnki] 形 (複 ～s) ファンキーな曲 ── 形 (不変) ファンキーな

fur [fyr] 男 [成句でのみ] ▶**au fur (et) à mesure (que ...)** それ[…]に応じて, 次第に

furax [fyraks] 形 (不変)《話》(学生言葉で)頭にきた: かんかんに怒った

furent [fyr] être の直・単純過去・3・複

furet [fyrɛ] 男 ①(動) 白イタチ, フェレット ②《古》詮索好きな[好奇心の強い]人 ③環廻しの環【ゲーム】

furetage [fyrtaʒ] 男 探し回ること, 詮索(せんさく)

fureter [fyrte] 自 (1) 探し回る, 詮索(せんさく)する

fureteur(se) [fyrtœr, -øz] 形 探し回る(人), 詮索好きな(人)

*__fureur__ [fyrœr フュルール] 女 ①〈英 fury〉激しい怒り, 激怒 ②(風雨・戦いなどの)激しさ;《複》激しい動き ▶**accès de fureur** 怒りの爆発 ②熱狂, 興奮;[…の] 激しい情熱[嗜好] (**de**) ▶**faire fureur** 大人気となる, 大反響を呼ぶ

furia [fyrja, furja] 女 〈イ〉激しい興奮, 熱狂

furibard(e) [fyribar, -ard] 形《話》怒り狂った

furibond(e) [fyribɔ̃, -ɔ̃d] 形 怒り狂った, 怒気を含んだ

furie [fyri] 女 ①激怒, 狂乱;（自然・感情などの）激しさ ▶**en furie** 怒った, 荒れ狂った ②熱狂, 熱情 ③[les F-s]〔ロ神〕フリイエ【3人の復讐（ふくしゅう）の女神】④《話》(悪意・恨みに燃えた)鬼のような女

furieusement [fyrjøzmɑ̃] 副 猛然と, 憤然として;《話》はなはだしく, 極端に

*__furieux(se)__ [fyrjø, -øz フュリュー(-ズ)] 形 〈英 furious〉①激怒した, 怒り狂った ②(欲望などが)激しい; 猛烈な; 乱暴な ▶**avoir une furieuse envie de ...** …の(欲望が)激しい, …したい ── 名 怒り狂った人; 狂乱した人

furioso [fyrjozo] 形 〈イ〉[楽] 激情的に

furoncle [fyrɔ̃kl] 男 [医] フルンケル, ねぶと

furonculeux(se) [fyrɔ̃kylø, -øz] 形 [医] フルンケルの(できた)

furonculose [fyrɔ̃kyloz] 女 [医] せつ瘍(よう)多発症

furtif(-ive) [fyrtif, -iv] 形 ひそかな, すばやい ▶**avion furtif** ステルス機【レーダーに探知されにくい航空機】

furtivement [fyrtivmɑ̃] 副 ひそかに, こっそり

fus [fy] être の直・単純過去・1[2]・単

fusain [fyzɛ̃] 男 ①(植) ニシキギ(属の低木) ②(デッサン用)木炭; 木炭画

fusant(e) [fyzɑ̃, -ɑ̃t] 形 空中で炸裂(さくれつ)する;（火薬が）爆発せずに燃焼する

fuseau [fyzo] 男 (複 ～x) ①(織) 錘(つむ), 紡錘; 糸巻き ②先の細いズボン; スキーズボン(= pantalon ～) ③(複) 足[足の長い女] ▶**jouer des fuseaux** 《古・話》(全速力で)走る, 逃げ去る ④▶**fuseau horaire** 標準時【国または地域で共通の地方時】

*__fusée__ [fyze フュゼ] 女 ①〈英 rocket〉ロケット(弾) ②打ち上げ花火, のろし ③信管 ④(車)車軸先端

fusée-porteuse [fyzepɔrtøz] 女 打ち上げロケット;（事業などの）推進力(と

fusel [fyzɛl] 男 〔<英〕〔化〕フーゼル油

fuselage [fyzlaʒ] 男（飛行機の）胴体，機体

fuselé(e) [fyzle] 形（<fuseler）紡錘形の；ほっそりした

fuseler [fyzle] 他 4 紡錘形にする

fuséologie [fyzeɔlɔʒi] 女 ロケット工学

fuser [fyze] 自 ①（火薬が）爆発せずに燃える；（蝋(%)などが）溶ける ②はじけ飛ぶ，（笑い声などが）はじける；（色が）にじむ

fusette [fyzɛt] 女（小売り用の）糸巻

fusibilité [fyzibilite] 女 可溶性，溶解性

fusible [fyzibl] 形 溶けやすい，可溶性の — 男〔電〕ヒューズ

fusiforme [fyziform] 形 紡錘形の

fusil [fyzi フュズィ] 男 ►**chasse gun**）銃, 小銃, 鉄砲; 射手 ►**changer son fusil d'épaule** 考え[方針]をがらりと変える **coup de fusil** 銃撃, 銃声; (レストランなどの)恐ろしく高い勘定 **fusil à canon rayé** ライフル **fusil à lunette** 長距離ライフル **fusil de chasse** 猟銃 **fusil sous-marin** 水中銃 ②（話）胃，腹

fusilier [fyzilje] 男〔古〕小銃兵，射撃兵

fusillade [fyzijad] 女 一斉射撃；銃撃戦；銃殺

fusiller [fyzije] 他 銃殺する；（話）（言葉や視線を浴びせかける；（話）壊す，だいなしにする；（俗）浪費する ►**fusiller... du regard** 人をにらみつける

fusilleur [fyzijœr] 男 銃殺手[命令者]

fusil(-)mitrailleur [fyzimitrajœr] 男（複～s(-)～s）軽機関銃，自動小銃

fusion [fyzjɔ̃] 女 融解，溶解；核融合(=～ nucléaire); 合併, 併合;（人・心）の融和；〔情報〕ファイルの結合，一本化 ►**en fusion** 融解した

fusion-acquisition [fyzjɔ̃akizisjɔ̃] 女（複 ～s-～s）（企業の）吸収合併

fusionnement [fyzjɔnmɑ̃] 男 合併，融合

fusionner [fyzjɔne] 自 合併[合同]する，融合する —— 他 合併[合同]させる；融合させる

fuss... ⇒être

fustanelle [fystanɛl] 女 フスタネラ〔ギリシアの男性がはく短いスカート〕

fustigation [fystigasjɔ̃] 女 ①〔文〕鞭(%)で打つこと ②激しい非難

fustiger [fystiʒe] 他 40 ①〔文〕激しく非難する ②〔古〕（懲らしめに）棒[鞭(%)]で叩く

fut... ⇒être

fût¹ [fy] 男 ①幹 ②〔建〕柱身；道具の木製柄，柄 ③酒樽

fût² [fy] ⇒être

futaie [fytɛ] 女 大木(の樹林)

futaille [fytaj] 女（酒）樽

futal [fytal], **fute** [fyt] 男（話）ズボン

futé(e) [fyte] 形名 悪賢い(人)，するい(人)

fute-fute [fytfyt] (話) = futé

fûtes [fy] être 直・単純過去・2・複

futile [fytil] 形 くだらない；軽薄な

futilement [fytilmɑ̃] 副 無益に；軽薄に

futilité [fytilite] 女 くだらなさ，浅薄；(複) くだらない[無益な]こと

futon [fytɔ̃] 男〔<日〕ふとん

Futuna [fytyna] フトゥナ〔南太平洋にあるフランス海外領の島〕

futur(e) [fytyr フュテュール] 形（英 future）未来の；［名の前］将来の ► **dans la vie future** 来世では —— 男 (話) 未来の夫[妻]；〔文法〕未来，未来時制［形］► **futur proche** [le ～] 近い将来；〔文法〕近接未来

futurible [fytyribl] 名（経済動向などの）予測事象

futurisme [fytyrism] 男〔美術〕未来派〔20世紀初頭イタリアの機械文明を肯定する芸術運動〕

futuriste [fytyrist] 形 ①〔美術〕未来派の ②未来を思わせる，斬新な —— 名 未来派の芸術家

futurologie [fytyrɔlɔʒi] 女 未来学

futurologue [fytyrɔlɔg] 名 未来学者

fuyant(e) [fɥijɑ̃, -ɑ̃t] 形 逃避する，とらえどころのない；遠ざかる；急に引っ込んだ

fuyard(e) [fɥijar, -ard] 名 逃亡者；(敵前)逃亡兵

G

G¹, g¹ [ʒe] 男 ①フランス字母の第7字 ②〔楽〕ト音，ト調

G², g² (略)①[G]〔ʒe〕〔物〕重力の定数；重力加速度の大きさ ②[g][gram]gramme グラム ③ ► **G-8** [le ～] G8の国々(= Groupe des Huit) [G7にロシアが加わった先進国首脳会議]

gabardine [gabardin] 女〔服〕ギャバジン（のレインコート）

gabarit [gabari] 男 ①（貨車の積載制限の）重量・大きさの測定器〔ゲージ〕②（船体各部の）現寸型，型板；型紙 ③（とくに車の）規定の大きさ[型]；型，タイプ ④（体・性格の）大きさ，タイプ ⑤程度，類

gabbro [gabro] 男〔地〕斑れい岩

gabegie [gabʒi] 女（財政の）乱脈，（行政上の）混乱

gabelle [gabɛl] 女（旧体制下の）塩税；間接税

gabelou [gablu] 男 (軽蔑的) 税関吏; (旧体制下の)塩税吏, 間接税吏

gabier [gabje] 男 (船を操る)甲板員; トップマン

gabion [gabjɔ̃] 男 ①[土木] 蛇篭(じゃかご) ②(狩猟者が隠れる)狩屋

gable, gâble [gabl] 男 [建] (装飾した)切妻壁; 屋根窓の三角の木組み

Gabon [gabɔ̃] 男 ガボン [アフリカ中西部の共和国]

gabonais(e) [gabonɛ, -ɛz] 形 [G-] ガボンの(人)

Gabriel [gabrijɛl] 男 ①大天使ガブリエル ②ガブリエル [男子の名]

gâchage [gɑʃaʒ] 男 ①漆喰(しっくい)などをこねること ②(才能の)浪費, 濫費; 手抜き

gâche [gɑʃ] 女 ①(鍵の)受座 ②こね鏝(ごて), ねり鏝(ごて); (菓子職人の)へら

gâcher [gɑʃe] 他 ①(仕事をいいかげんにやる; (事物を)台なしにする, 浪費[濫費]する ▶ *gâcher le métier* 不当に低い賃金で働く, 不当に安売りする *gâcher une vie* 無駄に過ごす ②(漆喰(しっくい)やモルタルを)溶かす, こねる

gâchette [gɑʃɛt] 女 ①(銃の撃鉄の)阻止め; 引き金; (錠前の)止め金 ▶ *appuyer [presser] sur la gâchette* 引き金を引く

gâcheur(se) [gɑʃœr, -øz] 名 ①いいかげんな仕事をする人 浪費家 ── 男 [建] 漆喰をこねる人

gâchis [gɑʃi] 男 ①[建築] 石灰・セメントを混ぜたもの; ぬかるみ, 泥 ②瓦礫(がれき)の山 ③混乱, 乱雑; 難局; 浪費, 濫費

gades [gad], **gadidés** [gadide] 男 (複) タラ科

gadget [gadʒɛt] 男 (< 英) 新奇な品, アイデア商品; 単なる思いつき; [... の)形で形容詞的に] アイデア商品的な…, 珍奇な…

gadgétiser [gadʒetize] 他 (話) アイデア商品化する, 新奇なものにする

gadin [gadɛ̃] 男 (話) 転落, 転倒, 失敗 ▶ *prendre [ramasser] un gadin* 転ぶ, 落ちる, 失敗する

gadoue [gadu] 女 泥, ぬかるみ; 下肥(しもごえ), 塵芥肥(ちりあくたごえ)[肥料]

gadouille [gaduj] 女 (話) 泥, ぬかるみ

gaélique [gaelik] 形 ゲール人の ── 男 ゲール諸語

Gaëls [gael] 男 (複) ゲール人 [紀元前にアイルランドやスコットランドに住みついたケルト人]

gaffe [gaf] 女 ①(話) ヘマ, 失策 ②[海]竿(さお), 鉤竿(かぎざお)[舟の接岸などに用いる]; 魚鉤(うおばり), ギャフ ③ ▶ *faire gaffe* 注意する

gaffer [gafe] 他 ①爪竿(つめざお)で引っ掛ける, 魚鉤(うおばり)で引き上げる ②注意深く見る ── 自 ①(話) ヘマをやる, 失敗する ②(話) 注意して見る

gaffeur(se) [gafœr, -øz] 形 名 ヘまばかりする(人), とんまな(人)

gag [gag] 男 (< 英) [映] ギャグ

gaga [gaga] 名 形 ①(話) 老いぼれた, もうろくした(人) ②(話) (…に) ひどく甘い(人)

gage [gaʒ] 男 ①担保, 抵当; 質, 質草; (ゲームの)罰に出す品 ②保証(金), 証拠; 徴(しるし) ③(複) (召使いの)給金 ▶ à *gages* 金で雇われた

gagé(e) [gaʒe] 形 (< *gager*) 担保によって保証された, 抵当として差押えられた

gager [gaʒe] 他 40 ①(文) (…と)保証する, 断言する (que) ②(担保によって)保証する ③(古) 賭ける

gageure [gaʒyr] 女 ①向う見ずな行動[計画, 意見, 難事; (勝つ見込みのない)賭 ②(古) 賭の約束

gagman [gagman] 男 (< 英) (複 *gagmen* [-men]) [美術・劇] ギャグマン, ギャグ作者

gagnant(e) [gaɲɑ̃, -ɑ̃t] 形 (賭などで)勝つ, 当たりの, 本命の ── 名 勝者, 勝ち馬, 当せん者, 当たりくじ

gagne [gaɲ] 女 (話) 勝利への執念; 優勝, 成功

gagne-pain [gaɲpɛ̃] 男 (不変) ①生活手段, 稼ぎ道具 ②一家の柱, 稼ぎ手

gagne-petit [gaɲpəti] 男 (不変) 稼ぎの少ない人[職業]

*gagner [gane ガニェ] 他 ①(英 gain) 得る, かせぐ; もうける; 獲得する; (人を…の)味方に引き入れる, (…に)誘いこむ (à); (体重・身長が)増える; (反語的) (病気にかかる, (困難にぶつかる, 自業自得ものになる ▶ *avoir gagné sa journée* (皮肉的) 1日が無駄になる *gagner ... à sa cause* …を味方に引き入れる *gagner A à* [不定詞] …してAの得るようになる *gagner à être connu* 知られるようになる *gagner de la place* 場所をとる *gagner des mille et des cents* 大金を稼ぐ *gagner du temps* 時間を稼ぐ; 時間を節約する *gagner du terrain* 前進する, 進歩する, 広まる *gagner la confiance de* (人)から信頼される *gagner sa vie [sa croûte, son bifteck]* 生計を立てる ②(場所に)到達する; (時間が)意外に早くやってくる ▶ *gagner le large* (船が)沖に出る; (人が)逃げ出す ③感情(眠気など)が)襲う; (病気などが)広がる, 伝わる ── 自 ①(賭, くじに)当たる; (人に)勝つ (sur) ▶ *gagner haut la main* 楽勝する ②かせぐ, もうける; (…することに)得をする (à ce que); (…に) 病気・思想などが)広がる (sur); (に)侵食する ── 代動 [se ──] ①得られる; (…を)得る, 手に入れる ②(病気が)伝染する

gagneur(se) [gaɲœr, -øz] 名 稼ぎ手, (戦いの)勝利者, (賭でいつも勝つ)人

*gai(e) [ge ゲ] 形 (英 cheerful, mer-

Gaia [gaja] 囡〔ギリシャ〕ガイア【大地の女神】

gaiement [gemã] 副 陽気に, 快活に; 自ら進んで, 熱心に

gaieté [gete] 囡 陽気さ, 快活さ, ほろ酔い機嫌;〔部屋や色彩の〕明るさ;〔複〕陽気なふるまい, ふざけた言動;〔皮肉〕面白い点: ばか騒ぎ; 猥談 ▶ **de gaieté de cœur** 進んで, 喜んで

gaillard(e)[1] [gajar, -ard] 形〔人が〕元気な, 頑丈な; 活発な;〔話や歌などが〕陽気でぎょっとする, 猥雑な; ほろ酔い気分の ── 男 ①屈強な男, 快漢;〔話〕抜け目のない男; いたずらっ子 ▶ **mon gaillard**〔親しい呼びかけ・威嚇〕うちの人 ② ── 囡〔海〕船首楼 ▶ **gaillard d'avant**〔海〕船首楼

gaillarde[2] [gajard] 囡 ①〔印〕8ポイント活字 ②〔舞〕ガイヤルド【16世紀の3拍子の踊りまたはその曲】

gaillardement [gajardəmã] 副 元気に, 陽気に; 果敢に, 大胆に

gaillardise [gajardiz] 囡 きわどい話〔行為〕;〔多少みだらな〕陽気さ, 快活さ

gaîment [gemã] 副 = gaiement

gain [gɛ̃] 男 利益, もうけ, 収入; 精神的利益, 利点, 成果;〔物質的な〕節約; 増加; 獲得; 向上;〔文〕勝利 ▶ **avoir [obtenir] gain de cause en**〔裁判で〕勝訴する;〔議論で〕優位に立つ ▶ **donner gain de cause à** …に有利な決定をする; …の正当性を認める ▶ **être âpre au gain** 利益に貪欲な, がめつい ▶ **tirer un gain de** …から利益を得る

gaine [gɛn] 囡 ①〔刀剣類の〕鞘さや; ケース; 被い, 被覆 ②コルセット, ガードル ③〔植〕葉鞘(ようしょう);〔解〕〔筋肉などの〕鞘, 鞘 ④〔根元の方が細くなった〕飾り台

gainer [gene] 他〔鞘を〕, ケースなどをつける; 覆う;〔衣服などが〕ぴったりと包む

gaîté [gete] 囡 = gaieté

gal [gal] 男〔物〕ガル【加速度のCGS単位】

gala [gala] 男〔公式の〕大祭典,〔格式ばった〕レセプション; 特別公演 ▶ **soirée de gala** 大祭典の夜会

gala-, galact(o)- 接頭〔ギ〕「乳」の意

galactique [galaktik] 形〔天〕銀河(系)の

galactogène [galaktɔʒɛn] 形 乳汁分泌を促進させる〔もの〕

galactophore [galaktɔfɔr] 形〔生理〕乳を運ぶ ▶ **canaux galactophores** 乳管

galactose [galaktoz] 男〔化〕ガラクトース

galamment [galamã] 副〔女性に〕親切に; 優しく; 礼儀正しく; 巧みに, 手際よく

galant(e) [galã, -ãt] 形 ①〔女性に〕親切な, 愛想がいい; 女好きの ②色恋に関する;〔女が〕媚びを売る, 浮気な ▶ **en galante compagnie**〔異性の連れと一緒に〕── 男〔皮肉〕〔女の〕恋慕する男, 情人, 恋人; 女たらし; したたか者 ▶ **rendez-vous galant**〔男女の〕密会

galanterie [galãtri] 囡 ①〔女性に対する慇懃(いんぎん)さ〕, 親切; 優しい言動; 甘い言葉 ②〔古〕色事, 情事

galantine [galãtin] 囡〔料〕ガランティン【詰め物をした子牛・鶏などの骨などを抜いた冷製料理】

Galápagos [galapagos]〖les îles ~〗 ガラパゴス諸島【東太平洋の島】

galapiat [galapja] 男〔話〕ならず者, 不良

galaxie [galaksi] 囡 銀河, 天の川; 銀河系; 渦巻星雲

galbe [galb] 男〔体・顔・花びんなどの〕美しい輪郭, 曲線

galbé(e) [galbe] 形 ふっくらした, 輪郭の美しい

galber [galbe] 他〔…に〕美しい丸みをつける

gale [gal] 囡〔医〕疥癬(かいせん), ひぜん; 樹皮や葉につく病気, こぶ病;〔布の〕傷;〔材木の〕歯, 意地悪, 悪人 ▶ **être méchant comme la gale**〔話〕意地が悪い ▶ **ne pas avoir la gale** 気兼ねではない, 安心して付き合える

galéjade [galeʒad] 囡〔南仏〕法外なうそっぱちれ; 話, 大げさな話

galéjer [galeʒe] 自 [57]〔南仏〕大風呂敷を広げる, 大げさなことを吹く

galène [galɛn] 囡〔鉱〕方鉛鉱;〔受信機検波用の〕鉱石

galéopithèque [galeɔpitɛk] 男〔動〕ヒヨケザル

galère [galɛr] 囡 軍艦, ガレー船;〔複〕懲役, 強制労働, ガレー船を漕(こ)ぐ刑; 苦役; 苛酷な状況〔職業〕 ▶ **Quelle galère! / C'est (la) galère!**〔話〕なんて大変なんだ

galérer [galere] 自 [57]〔話〕つらい状況にある, 苦労する

galerie [galri] 囡 ①回廊, 歩廊, 廊下; 細長い部屋 ▶ **galerie des Glaces**〔ベルサイユ宮殿の〕鏡の間 ②〔美術品などの〕陳列室, 画廊;〔絵画の〕収集品, コレクション ▶ **galerie d'art**〔美術館の〕画廊 ▶ **galerie de peinture**〔美術館の〕画廊 ③〔アーケードのある商店街;〔劇〕回廊席〔桟敷(さじき)〕の上の階〕;〔教会の回廊 ▶ **galerie marchande** ショッピングモール〔センター〕 ④〔集合的に〕〔スポーツや芝居の見物人, 観客;〔古〕観覧席; 大衆, 世論 ▶ **amuser la galerie** 大衆に迎合する

épater la galerie 大向こうをうならせる, 観客をあっと言わせる **pour la galerie** 見せ掛けだけの ⑤地下道, 坑道, もぐら(など)の穴 ▶ **galerie d'aération** (坑内の)通風路 ⑥ルーフキャリア《車の屋根につける荷台》

galérien [galerjɛ̃] 男 徒刑囚, (昔のガレー船の)漕役刑囚 辛い生活をする ▶ **mener une vie de galérien** 辛い生活をする

galeriste [galrist] 名 美術ギャラリーの経営者

galerne [galɛrn] 女 ガルネルヌ(= vent de ~) 《フランス西部で北西に吹く冷たく湿った風》

galet [galɛ] 男 ①(海辺や川原の)丸い小石, 砂利 ②(家具の)キャスター

galetas [galta] 男 ①あばら家 ②《古》屋根裏部屋

galette [galɛt] 女 ①ガレット《円くて平たいパンケーキ》, (そば粉の)クレープ ▶ **galette des Rois** ガレットデロワ《公現祭(1月6日)のパイ菓子; 隠したソラマメなどあたると王になれる》 ②《古》薄いもの, (特に)マットレス ③《俗》銭; 財産

galeux, se [galø, -øz] 形 疥癬(かいせん)にかかった, 疥癬による; (木の)こぶのできた; 堕落した, 有害な ― 名 疥癬にかかった人; 軽蔑すべき人

Galilée[1] [galile] 女 ガリラヤ《パレスチナの地方; イエスの活動の地》

Galilée[2] [galile] (Galileo~) ガリレイ(1564–1642; イタリアの物理学者)

galiléen(ne)[1] [galileɛ̃, -ɛn] 形 ガリラヤの ― 名 [[G-]] ガリラヤ人 ― 男 [[le G-]] ガリラヤ人《イエス・キリスト》; [[複]] [[les G-s]] (初期の)キリスト教徒

galiléen(ne)[2] [galileɛ̃, -ɛn] 形 ガリレイ(物理学者)の

galimatias [galimatja] 男 訳の分からない談話[文章]

galion [galjɔ̃] 男 《史》ガリオン船《南米から金銀を運ぶスペインの艦船》

galiote [galjɔt] 女 小型ガレー船

galipette [galipɛt] 女 《話》とんぼ返り, はね回ること

galipot [galipo] 男 松やに

galle [gal] 女 《植》ふし, 虫こぶ, 没食子(もっしょくし)

Galles [gal] (英 Wales) [[le pays de ~]] ウェールズ ▶ **prince de Galles** [[le ~]] 英国皇太子(の称号)

gallican(e) [ga(l)likɑ̃, -an] 形 フランスガリア教会の ― 名 ガリア主義者, フランス教会独立主義者

gallicanisme [ga(l)likanism] 男 ガリア主義, フランス教会独立主義

gallicisme [ga(l)lisism] 男 ガリシスム, フランス語特有の慣用語法; (他言語の中の)フランス語風の表現

gallinacé(e) [ga(l)linase] 形 [[鳥]] キジ目の ― [[複]] きじ目, 鶉鶏類

gallique [galik] 形 ▶ **acide gallique** (化) 没食子(もっしょくし)酸

gallium [galjɔm] 男 [[化]] ガリウム

gallo- [接頭] 〈ラ〉「『ゴール(人)の』」「フランスの」の意

gallois(e) [galwa, -az] 形 ウェールズ(Galles)の ― 名 [[G-]] ウェールズ人 ― 男 ウェールズ語

gallomanie [ga(l)lɔmani] 女 フランス心酔

gallon [galɔ̃] 男 〈英〉 ガロン《英国で454リットル; 米国で378リットル》

gallophobe [ga(l)lɔfɔb] 形 名 フランス嫌いの(人)

gallo-romain(e) [galorɔmɛ̃, -ɛn] 形 ガリアとローマの; ガロロマンの ― 名 ガロロマン人

galoche [galɔʃ] 女 木底靴; 《古》オーバーシューズ; 大きい独楽(こま) ▶ **menton en galoche** 《話》大きくしゃくれたあご

galon [galɔ̃] 男 ①(服やカーテンの)縁取り, 飾り紐 ②[[複]] [[軍]] 階級章《袖章・山形記章など》 ▶ **prendre du galon** 昇進する, 出世する

galonné(e) [galɔne] 形 (< galonner) 飾り紐をつけた ― 男 《話》士官, 下士官

galonner [galɔne] 他 飾り紐をつける

galop [galo] 男 (馬の)駆足, ギャロップ《最も速い走り方》; 《古》ギャロップ《2拍子の軽快に踊りましは昔の曲》 ▶ **au galop** 全速力で **au triple galop** 全速力で **galop d'essai** 試運転; 能力テスト **prendre le galop** 速く走る

galopade [galɔpad] 女 (馬の)ギャロップで走ること, 駆歩(くほ); (人)の大急ぎで走る[行う]こと

galopant(e) [galɔpɑ̃, -ɑ̃t] 形 ギャロップで走る(馬); 奔馬のような; 急増する

galoper [galɔpe] 自 (馬が)ギャロップで走る; (人が)急ぐ; 走り回る; 大急ぎする; (時が)速く動く, (思考や想像力が)活発に働く

galopin [galɔpɛ̃] 男 《話》(街を走り回るいたずらっ子; 腕白小僧

galoubet [galubɛ] 男 ガルーベ《南仏地方の縦笛》

galuchat [galyʃa] 男 (鮫・えいの)皮製品《刀のさやなどに用いる》

galure [galyr], **galurin** [galyrɛ̃] 男 《話》帽子

galvanique [galvanik] 形 ガルヴァーニ電気[電流]の

galvanisation [galvanizasjɔ̃] 女 ①(電気療法) ②電気を与える[熱狂させる]こと ③亜鉛[電気]めっき

galvaniser [galvanize] 他 ①ガルヴァーニ電気[電流]をかける, 電気療法をほどこす ②(人や集団に)一時的な活気を与える, 熱狂させる ③電気[亜鉛]めっきをする

galvanisme [galvanism] 男 ガルヴァーニ電気; 電気療法

galvano [galvano] 男 (略) (話) galvanotype.

galvanotype (印) 電気版

galvanomètre [galvanɔmetr] 男 検流計

galvanoplastie [galvanɔplasti] 女 電気めっき法; [印] 電気製版術

galvanotype [galvanɔtip] 男 (印) 電気版

galvaudage [galvodaʒ] 男 (稀) 浪費; 堕落

galvauder [galvode] 他 (話) (名誉や家名を) 傷つける, (才能などを) だめにする — 自 無為に過す — 代動 [se ~] (名前や家名を) 傷つける; (才能などを) だめにする; 身を持ち崩す

gamay [game] 男 ガメ [ボージョレ地方の黒ブドウ; このブドウの軽い赤ワイン]

gambade [gɑ̃bad] 女 (陽気にはね回ること, 跳躍

gambader [gɑ̃bade] 自 (陽気に) 跳びはねる, はしゃぎ回る; 気ままに振舞う; (想像が) 駆け巡る

gambas [gɑ̃bas] 女 (複) ガンバス [地中海産の大型のエビ]

gamberge [gɑ̃berʒ] 女 (話) 考え, 思案, 想像, 推理

gamberger [gɑ̃berʒe] 自 他 (話) 考え込む — 他 (話) (…を) たくらむ, 考える

gambette [gɑ̃bɛt] 女 (話) 脚

Gambie [gɑ̃bi] 女 ガンビア [西アフリカの共和国]; ガンビア川

gambien(ne) [gɑ̃bjɛ̃, -ɛn] 形 [G.] ガンビアの (人)

gambiller [gɑ̃bije] 自 (話) (早いテンポで) 踊る

gambiste [gɑ̃bist] 名 [楽] ヴィオラ・ダ・ガンバ奏者

-game 接尾 (ギ) 「結婚」「交配」の意の形容詞[名詞] をつくる

gamelle [gamɛl] 女 ①弁当箱, 飯盒(はんごう) ②(話) (映画・テレビなどの) スタジオにある) 映写灯 ③(話) 転ぶこと ▶ ramasser [prendre] une gamelle 転ぶ, しくじる

gamète [gamɛt] 男 (生) 配偶子, 接合体, 生殖細胞

-gamie 接尾 (ギ) = -game

***gamin(e)** [gamɛ̃, -in ガマン(ガミヌ)] 名 (話) 子ども, 少年[女]; (話) (小さな) 息子[娘], がき — 形 子どもっぽい, いたずら好きの, おてんばな

gaminerie [gaminri] 女 子どもっぽさ; 子どもっぽい振舞い; (子どもの) いたずら, 腕白

gamma [ga(m)ma] 男 ①ガンマ [Γ, γ; ギリシア字母の第3字] ②100万分の1グラム ③ ▶ **rayon gamma** ガンマ線

gammaglobuline [ga(m)maglɔbylin] 女 [生化] ガンマグロブリン, 免疫グロブリン

gammathérapie [ga(m)materapi] 女 ガンマ線療法

gamme [gam] 女 ①[楽] 音階 ▶ **faire des gammes** 音階を練習する; 基礎調練をする ②(色などの) 連続的な変化, 段階, あらゆる段階[範囲, 種類]; (製品などの) シリーズ; 品質・価格などの段階, 程度, レベル ▶ **haut [bas] de gamme** 高級[低級]の

gammée [game] 形 (女性形のみ) ▶ **croix gammée** (逆) 卍(まんじ), (ナチスの) 鉤十字

gamopétale [gamɔpetal] 形 [植] 合弁花の

gamosépale [gamɔsepal] 形 [植] 合萼(がくがく)の

ganache [ganaʃ] 女 ①(話・古) 間抜け, 能なし ②(話) (馬の) 下あご — 形 とんまな, 間の抜けた

ganache [ganaʃ] 女 [菓] ガナッシュ [ケーキなどに用いるチョコレートクリーム]

Gand [gɑ̃] ゲント [ベルギー北西部の都市]

gandin [gɑ̃dɛ̃] 男 (古) (変に) きざな若者, しゃれ者

gandoura [gɑ̃dura] 女 ガンドゥーラ [アラビア人の着る袖なしの貫頭衣]

gang [gɑ̃g] 男 (〈英) ギャング団

Gange [gɑ̃ʒ] 男 [le ~] ガンジス川

ganglion [gɑ̃glijɔ̃] 男 [解・生理] 神経節[腺](= ~ nerveux); リンパ節[腺] (= ~ lymphatique); 《俗》 リンパ腺炎, ぐりぐり

ganglionnaire [gɑ̃glijɔner] 形 [解・生理] 神経節の, リンパ節の

gangrène(e) [gɑ̃gren] 形 (< gangrener) 腐敗した

gangrène [gɑ̃grɛn] 女 [医] 壊疽(えそ), 脱疽(だっそ); (樹皮の) 癌腫(がんしゅ) 病; 退廃, 腐敗, 堕落などの) もと

gangrener [gɑ̃grəne] 他 [医] 壊疽[えそ] にかからせる, 脱疽(だっそ) を起こさせる; (社会や精神を) 壊滅させる, 毒する — 代動 [se ~] 壊疽にかかる; (社会や精神が) 腐敗する, 毒される

gangreneux(se) [gɑ̃grənø, -øz] 形 [医] 壊疽にかかった; 壊疽性の

gangster [gɑ̃gster] 男 (〈英) ギャングの一員, 悪漢; 悪党, 悪徳商人

gangstérisme [gɑ̃gsterism] 男 ギャングのやり口[行為]; 暴力犯罪行為

gangue [gɑ̃g] 女 [鉱] 母岩, 捨石, 不純物; [解] 基礎質, 皮質; 覆っているもの, 外皮

ganse [gɑ̃s] 女 ①飾りひも ②(綱を結びつける) 輪; [海] 素環

ganser [gɑ̃se] 他 飾りひもをつける

***gant** [gɑ̃ ガン] 男 (英 glove) 手袋; (スポーツ, 化粧などに用いる) 特殊な手袋 ▶ **aller comme un gant à** …にぴったり合う **gant de crin** マッサージ用手袋 **gant (de) Notre-Dame** [植] ジギタリス **gant de toilette** (体を洗う) 浴用手袋 **gants de boxe** ボクシンググローブ **gants de caoutchouc** ゴム手袋 **je-**

ganté(e) — **garde-à-vous**

ter le gant 挑戦する **prendre les gants avec** …に対して慎重に振舞う **relever le gant** 挑戦に応じる

ganté(e) [gãte] 形 (< ganter) 手袋をはめた

gantelet [gãtlɛ] 男 (よろいの)こて; (職人の掌用)丘つて, 皮手袋

ganter [gãte] 他 手袋をはめる[はめさせる]; (手袋が手に)合う ► **...である〈de〉** — 代動 [**se ~**] 手袋をはめる

ganterie [gãtri] 女 手袋製造[工場]; 手袋商[店]

gantier(ère) [gãtje, -ɛr] 名 手袋製造人; 手袋屋[商人]

gantois(e) [gãtwa, -az] 形名 [G-] ゲント(Gand)の人

Ganymède [ganimɛd] 男 [ギ神] ガニュメデス「ゼウスに酒を酌むした美少年]

Gap [gap] 男 (< 英) ギャップ, 相違, へだたり

gap [gap] 男 ガップ [Hautes-Alpes 県の県庁所在地]

gaperon [gap(ə)rɔ̃] 男 ガプロン [オーヴェルニュ産のつぶした胡椒とニンニクを入れたチーズ]

*****garage** [garaʒ] 男 ① 車庫, ガレージ; 乗物置場 ② 自動車修理工場[店] ③ 入車, 駐車, [鉄] 列車を側線に入れること

garagiste [garaʒist] 名 自動車修理工場工[修理工]

garance [garɑ̃s] 女 [植] アカネ(茜); 茜色 — 形 〈不変〉 茜色の, 真っ赤な

garant(e) [garɑ̃, -ɑ̃t] 名 保証人[国] ► **être [se porter] garant de** …を保証する — 男 保証(となるもの); 典拠, 根拠

garanti(e) [garɑ̃ti] 形 (< garantir) 保証された, (…から)保護された〈de〉 — 名 被保証人

*****garantie** [garɑ̃ti] 女 (品質や権利などの) ガランティ, 保証; (事実・人物などの) 証拠, 身元保証; 担保; 保障, 保護 ► **donner des garanties** 担保を与える **prendre des garanties** 担保を取る **présenter toutes les garanties** (人が) 信頼できる人間であることを示す **sans garantie** 保証なしで **sous garantie** 保証つきで

*****garantir** [garɑ̃tiːr ガランティール] 他 33 (英 guarantee) 保証する; (…から) 保護する〈de〉; (…に対して) 保障する〈contre〉 ► **garantir à A que…** (人に) …であることを保証する — 代動 [**se ~**] (…から) 身を守る〈de, contre〉; (…に対する) 保険にはいる〈contre〉

garbure [garbyːr] 女 ガルビュール [ガスコーニュ地方の白インゲン豆と野菜がベースのスープ]

garce [gars] 女 (話) あばずれ女[娘], 感じの悪い女

*****garçon** [garsɔ̃ ガルソン] 男 (英 boy) 男の子, 少年; [所有形容詞とともに] 息子; 青年, 若者; 男; 独身の男性; (喫茶店などの) ボーイ; 下働き, 使用人 ► **brave garçon** 好青年 **garçon de courses** メッセンジャーボーイ **garçon d'écurie** 厩務員 **garçon d'honneur** (結婚式で) 新郎の付き添い役 **garçon manqué** おてんば娘 **vieux garçon** (年配の) 独身男性

garçonne [garsɔn] 女 《古》 (自由に生きる) 男のような娘 ► **à la garçonne** (とくに髪型などが) 男風の

garçonnet [garsɔnɛ] 男 小さな男の子 ► **rayon garçonnet** 子ども服売り場 **taille garçonnet** (服の) 男の子サイズ

garçonnier(ère) [garsɔnje, -ɛr] 形 (女の子が) 男のような, お転婆の — 女 《古》 独身者用アパルトマン

Gard [gaːr] 男 ① [le ~] ガール川 ② ガール県 [フランス南部]

*****garde¹** [gard ガルド] 名 付き添い人, ベビーシッター, 管理人; 番人, 監視人, 衛兵 ► **garde champêtre** 田園監視員 **garde de corps** ボディーガード **garde de jour [nuit]** 昼[夜]の警備 **garde d'enfants** ベビーシッター; 子守りすること **Garde des Sceaux** (フランスの) 国璽[じ]卿 [法務大臣が兼ねる] **garde d'honneur** 儀仗[ぎじょう]兵 **garde forestier** 森林監視官 **garde mobile** (警察の) 機動隊 **garde rapprochée** (要人の) ボディーガード **garde républicain** 共和国衛兵 — 女 (集合的) 衛兵(隊); 歩哨, 番兵

*****garde²** [gard ガルド] 女 ① 保管, 管理; 保護; 監視; 見張り, ガード ► **confier A à la garde de B** A を B (人) に預ける **être [se tenir] sur ses gardes** 警戒している **être de garde** 当番である **être mis [placé] en garde à vue** 勾留される **être sous bonne garde** 厳重に監視されている **être sous la garde de** …の監視下にある **garde à vue** (被疑者の) 勾留 **mettre … en garde** …を用心させる **mise en garde** 注意 **pharmacie de garde** 当番薬局 [夜間・休日に開業している] **prendre garde de [à ne pas]** …しないように気をつける **prends garde à** …に気をつける ② (剣の) つば; (トランプで) ロークの他の札を守る小さな札; [製本] 見返し(= **page de ~**)

gardé(e) [garde] 形 (< garder) 見張られた, 守られた, 守備された ► **chasse gardée** 自分の土地での自分達だけが許される特権; 自分のためにだけ取っておかれた領域

garde-à-vous [gardavu] 男 《不変》 [軍] 気をつけの姿勢, かしこまった姿勢 ► **Garde-à-vous fixe!** 気をつけ! **se mettre au garde-à-vous** 気をつけの姿勢をする

garde-barrière [gard(ə)barjɛr] 名 踏切番

garde-boue [gardəbu] 男《不変》(車輪の)泥よけ

garde-chasse [gardəʃas] 男 (複 ~-s~(s)) 密猟監視人, 森番

garde-chiourme [gardəʃjurm] 男 (複 ~-s~(s)) 恐ろしい監視人;(古)(ガレー船や徒刑場の)看守

garde-corps [gardəkɔr] 男《不変》手すり, 欄干(らんかん)

garde-côte [gardəkot] 男 沿岸警備艇;(古)沿岸警備兵[隊員]

garde-feu [gardəfø] 男《不変》(ストーブの前の火よけ用の衝立[金網])

garde-fou [gardəfu] 男 手すり, 欄干(らんかん)

garde-française [gard(ə) frɑ̃sɛz] 男 (複 ~-s~(s)) 近衛兵【1563-1789年の間パリの王宮を守った】

garde-malade [gard(ə) malad] 名 (複 ~-s~(s)) 看護人;(病人の)付添人

garde-manger [gardmɑ̃ʒe] 男《不変》(金網のついた)食料戸棚

garde-meuble(s) [gardəmœbl] 男 (複 ~-meubles~) 家具置場[倉庫], 物置[部屋]

gardénia [gardenja] 男〔植〕クチナシ

garden-party [gardɛnparti] 女 (複 ~-parties~) 〈英〉園遊会

garde-pêche [gardəpɛʃ] 男 ①(複 ~-s~) 漁業監視官 ②《不変》漁業監視船

* **garder** [garde ガルデ] 他 ①(人の)世話をする;(家畜などの)番をする;(人の)身柄を拘束する;(場所などを)見張る;(建物などを)管理する;(文)[~ A de B] (人を)Bから守る ②保存[保管]する;取っておく;返さない;(場所を離れないで)秘密などを守る;(体を)ひきとめる;(しるしをとどめている, 失わない;[~ A B] AをBのままにしておく ▶ **Dieu vous garde.** 神がお守り下さるように ─ 代動 [se ~] ①保存できる, 保つ ②(…しないように)気をつける (de);(…に)用心する, (…を)慎む (de)

garderie [gardəri] 女 ①保育所, 託児所 (= ~ d'enfants) ②(森林監視人の)巡回区域

garde-robe [gardərɔb] 女 ①(集合的)(個人の持ち衣装, ワードローブ ②(古・方) 衣装戸棚;洋服だんす ③(古) 便所

gardeur(se) [gardœr, -øz] 名 (家畜の)番人, 牧人

garde-voie [gardəvwa] 男 (複 ~-s~(s)) 線路保線係

garde-vue [gardəvy] 男《不変》サンバイザー

gardian [gardjɑ̃] 男 (Camargue 地方の)牛[馬]の番人

* **gardien(ne)** [gardjɛ̃, -ɛn] 名 番人, 監視人, 管理人, 守衛;看守 ▶ ~ **de prison**;擁護者;(守る)手段, 方法 ▶ **gardien de but** ゴール・キーパー ▶ **gardien de la paix** 警察官 **gardien de nuit** 夜警 **gardien d'immeuble** マンションの管理人 ─ 形 守る, 守護する ▶ **ange gardien** 守護天使;ボディガード

gardiennage [gardjɛnaʒ] 男 番人の仕事;(建物の)管理人の職;(港の)管理業務

gardois(e) [gardwa, -az] 形 名 [G-] ガール (Gard) の(人)

gardon [gardɔ̃] 男〔魚〕ローチ【コイ科】

* **gare**[1] [gar ガール] 女〈英 station〉駅, 停車場 **gare de marchandises** 貨物駅 **gare de triage** 操車場 **gare de voyageurs** 旅客駅 **gare maritime** 臨港駅 **gare routière** バス[トラック]発着所 **roman [littérature] de gare** (駅の売店にあるような)大衆小説[文学]

gare[2] [gar] 間 危ない, 気をつけろ ▶ **Gare à …** …に注意せよ

garé(e) [gare] 形 (< garer) 人・車が駐車している

garenne [garɛn] 女 ウサギの棲息場 ─ 男 ノウサギ (= lapin de ~)

* **garer** [gare ガレ] 他 ①駐車する;車庫に入れる;停泊させる ②(物を)しまう, 隠す, 置く ─ 代動 [se ~] ①(話)駐車する;わきに寄る ②(…を)避ける (de)

gargantua [gargɑ̃tɥa] 男 大食漢, [G-] ガルガンチュア【ラブレーの小説の主人公】

gargantuesque [gargɑ̃tɥɛsk] 形 ガルガンチュアのような;大食漢の

gargariser [gargarize] 代動 [se ~] ①うがいをする ②(話)(…を)喜ぶ, うれしがる (de, avec)

gargarisme [gargarism] 男 うがい(薬) ▶ **se faire un gargarisme** うがいする

gargote [gargɔt] 女 安食堂, 安くてまずい店

gargotier(ère) [gargɔtje, -ɛr] 名 安食堂の主人;下手な料理人

gargouille [garguj] 女 ①(屋根の)雨水落し, ガーゴイル ②(道路の)排水溝

gargouillement [gargujmɑ̃] 男 ①(水の)ごぼごぼいう音 ②(腹の)ぐるぐるいう音, 腹鳴り

gargouiller [garguje] 自 ①(水が)ごぼごぼ音をたてる ②(腹が)ぐうぐう音をたてる

gargouillis [garguji] 男 = gargouillement

gargoulette [gargulɛt] 女 (水を冷すための)素焼のつぼ ②(話)喉(のど)

gargousse [gargus] 女 薬包, 弾薬筒

Garibaldi [garibaldi] (Giuseppe=) ガリバルディ【1807-1882;イタリア統一運動の指導者】

garibaldien [garibaldjē, -ɛn] 男 〔史〕ガリバルディ義勇兵

gariguette [gariget] 女 ガリゲュット〔イチゴの一種〕

garnement [garnəmɑ̃] 男 いたずらっ子, 腕白小僧; たとえなし, ならず者

garni(e) [garni] 形 ① 野菜などを付け合わせた, 飾りのついた ② 豊かな, 中身の詰まった, 備えた, (…で) 一杯の (de) ③ 〔古〕〔貸部屋が〕家具付の ― 男 家具付の貸部屋

Garnier [garnje] (Charles-) ガルニエ〔1825-1898; 建築家〕▶ **Opéra [Palais] Garnier** (パリの) オペラ座

garniérite [garnjerit] 女 〔鉱〕珪ニッケル鉱

* **garnir** [garnir ガルニール] 他 ③ ① [〜 A de B] A に B を入れる, 備えつける, 添える ② (ものが) 満たす; 覆う; 飾る [代動] [se 〜] (…で) 埋まる, 一杯になる, 満ちる (de)

garnison [garnizɔ̃] 女 駐屯(ちゅうとん)部隊, 守備隊; 駐屯地, 駐屯部隊のいる町 ▶ **être en [tenir] garnison à** ... に駐屯する

garnissage [garnisaʒ] 男 備え付け(ること); 飾り[付属品]をつけること; (クッションなどの) 詰めものをすること

garniture [garnityr] 女 ① 〔料〕付け合せの野菜; (とくに服飾の) 飾り, 装飾 ② 〔道具や置物などの〕一揃い[一式]; 備品 ③ 補強材, 当て具, 詰め物; 〔機〕ライニング, パッキング ▶ **garniture de frein [d'embrayage]** ブレーキライニング [クラッチライニング]

Garonne [garɔn] 女 [la 〜] ガロンヌ川〔ピレネー山脈に発し, ジロンド川に注ぐ〕⇨ Haute-Garonne, Lot-et-Garonne, Tarn-et-Garonne

garou[1] [garu] 男 狼男 (= loup-〜)

garou[2] [garu] 男 〔植〕チンチョウゲ

garrigue [garig] 女 (地中海沿岸の) 石灰質の荒地を覆う灌木林

garrot[1] [garo] 男 (牛馬などの) 肩甲骨の間にある隆起, き甲

garrot[2] [garo] 男 ① 〔医〕止血帯 ▶ **poser un garrot** 止血帯をする ② (ねじ上げ用の) ねじり棒 ③ 絞首刑用の鉄環 (による絞首刑)

garrottage [garɔtaʒ] 男 縛ること, 束縛

garrotter [garɔte] 他 (人を) 縛りあげる, 締めつける; (精神的に) 束縛する

gars [ɡɑ] 〔話〕 ① 男 少年, 若者, 息子; (男らしい) 男 ② 〔話・呼びかけで〕おい, 君

Gascogne [ɡaskɔɲ] 女 ガスコーニュ地方〔フランス南西部〕

gascon(ne) [ɡaskɔ̃, -ɔn] 形 ① ガスコーニュ地方の ② ほら吹きの, 人を煙に巻く ― 男 ① 〔G 〜〕ガスコーニュ人 ② ほら吹き, 抜け目ない人 ― 男 ガスコーニュ方言

gasconnade [ɡaskɔnad] 女 自慢, ほら

gasconnisme [ɡaskɔnism] 男 ガスコーニュ方言特有の言い方[発音]

gas(-)oil [ɡazwal, ɡazɔjl] 男 〈英〉軽油, ディーゼル油 (= gazole)

gaspacho [ɡaspatʃo] 男 〔料〕ガスパチョ〔キュウリ・トマトなどの野菜にオリーブ油やニンニクを入れた冷たいスープ〕

gaspillage [ɡaspijaʒ] 男 (財力・才能などの) むだ使い, 浪費

* **gaspiller** [ɡaspije ガスピエ] 他 (英 waste) むだ使いする, 浪費する

gaspilleur(se) [ɡaspijœr, øz] 形 浪費する ― 男 むだ使いする人, 浪費家

gastéropodes [ɡasterɔpɔd] 男(複) 〔動〕腹足綱〔カタツムリなど〕

gastralgie [ɡastralʒi] 女 〔医〕胃痛

gastralgique [ɡastralʒik] 形 胃痛の ― 名 胃痛患者

gastrectomie [ɡastrektɔmi] 女 〔医〕胃切除術

gastrine [ɡastrin] 女 〔生化〕ガストリン〔胃の分泌ホルモン〕

gastrique [ɡastrik] 形 胃(部)の

gastrite [ɡastrit] 女 〔医〕胃炎

gastr(o)-, gastéro- 接頭, **-gastre** 接尾 (ギ) 「腹」「胃」の意

gastro(-)entérite [ɡastroɑ̃terit] 女 〔医〕胃腸炎

gastro(-)entérologie [ɡastroɑ̃terɔlɔʒi] 女 〔医〕胃腸病学

gastro(-)entérologue [ɡastroɑ̃terɔlɔɡ] 名 〔医〕胃腸病の専門医, 胃腸病学者

gastro-intestinal(ale) [ɡastroɛ̃testinal] 形 (男複 〜aux [-o]) 〔医〕胃腸の

gastronome [ɡastrɔnɔm] 名 美食家, 食通

gastronomie [ɡastrɔnɔmi] 女 美食(学), 料理法[術]

gastronomique [ɡastrɔnɔmik] 形 美食に関する, 料理法[術]の; ごちそうの並んだ

gastropodes [ɡastrɔpɔd] 男(複) = gastéropodes

gastroscope [ɡastrɔskɔp] 男 〔医〕胃カメラ

gastroscopie [ɡastrɔskɔpi] 女 〔医〕胃内視検査(法)

gastrula [ɡastryla] 女 〔生〕原腸胚

gastrulation [ɡastrylasjɔ̃] 女 〔生〕原腸胚形成

* **gâté(e)** [ɡɑte ガテ] 形 ① 腐った, 傷んだ ▶ **dent gâtée** 虫歯 ② 甘やかされた ▶ **enfant gâté** 甘やかされた子供; わがまま人; (…に) 作いふけった (de)

* **gâteau** [ɡɑto ガトー] 男 (複 〜x) 〈英 cake〉 ① 菓子, ケーキ ▶ **C'est du gâteau d'anniversaire** 誕生日ケーキ **gâteau de riz** ライスプディング **gâteau de semoule** セモリナプディング **gâ-**

teaux secs クッキー・ビスケット類 *se partager le gâteau* 〔話〕山分けする ②一定型に圧縮した塊 ― 形〔不変〕(親などが)子どもに甘い ▶ *C'est un papa gâteau.* 彼は子どもに甘い父親だ

***gâter** [gɑte ガテ] 他 ①損なう, 台なし[だめ]にする; 〔多く受動態で〕腐らせる, 傷める ▶ *Ce qui ne gâte rien.* それはなおさら結構なことだ ②甘やかす, (…に)甘い, (過分の贈り物をして)喜ばす ▶ *n'être pas gâté par la nature* 才能がない; 醜い ― 代動 [se ~] ①痛む, 腐る, 損なわれる, 台なし[だめ]になる ②(天気や状況が)悪化する; 自分の, 分が悪くなる

gâterie [gɑtʀi] 女 甘やかし; ちょっとした贈り物, お菓子

gâte-sauce [gɑtsos] 男 ①見習いコック ②〔古〕下手な料理人

gâteux(se) [gɑtø, -øz] 形 老いぼれた, もうろくした: 愚かな; (夢中になって)われを忘れた ― 名 老いぼれ, ぼけ老人; ばか, 間抜け

gâtifier [gɑtifje] 自〔話〕もうろくする, ぼける, われを忘れる, 他愛もなくなる

Gâtinais [gɑtinɛ] 男 ガティネ地方(パリ盆地南部)

gâtisme [gɑtism] 男 もうろう, ぼけ

GATT [gat] 男〔略〕(<英) General Agreement on Tariffs and Trade 関税貿易に関する一般協定, ガット

:gauche [goʃ ゴーシュ] 形 ①(英 left) 左の ▶ *du côté gauche* 左側の, 左寄りの ②(英 awkward) 不器用な, ぎこちない ③(線や形が)曲がった, ゆがんだ ▶ *courbe gauche* 〔数〕空間曲線 ― 女 左, 左側; 〔政〕左翼, 左派; 〔軍〕左翼 ▶ *à gauche* 左に: *de gauche à droite* 左から右へ: *être à gauche* 左翼である: *rouler à gauche [sur la gauche]* 左を走る ― 男 〔ボクシング〕左こぶし, 左パンチ ▶ *crochet du gauche* 〔ボクシング〕左フック *direct du gauche* 〔ボクシング〕左ストレート

gauchement [goʃmɑ̃] 副 無器用に, 下手に; ぎこちなく

gaucher(ère) [goʃe, -ɛʀ] 形名 左ききの(人) ▶ *gaucher contrarié* (無理に)右手を使っている左ききの人

gaucherie [goʃʀi] 女 ①ぎこちなさ, 不器用さ; 不手際, へま ②〔生理〕(手・眼の)左利き

gauchir [goʃiʀ] 自 33 (線や形が)ゆがむ, 曲がる; 反る, 狂う;〔古〕脇道にそれる ― 他 (物を)そらす, ねじる, ゆがめる; (事実などを)ゆがめる, 偽る ― 代動 [se ~] ゆがむ, ねじれる, 反る, 狂う

gauchisant(e) [goʃizɑ̃, -ɑ̃t] 形 左翼的傾向のある, 左翼的な ― 名 左翼系のシンパ

gauchisme [goʃism] 男 極左翼主義, 左翼急進主義, 左翼派, 新左翼理論

gauchissement [goʃismɑ̃] 男 (物の)ゆがみ, ねじれ; (事実などの)歪曲

gauchiste [goʃist] 形 極左の, 新左翼の, 過激派の ― 名 極左主義者, 過激派

gaucho [go(t)ʃo] 男 ガウチョ〔南米パンパ大草原のカウボーイ〕

gaudriole [godʀijɔl] 女〔話〕①〔複〕(非要な)冗談 ②色事, 情事

gaufrage [gofʀaʒ] 男 模様の押型付け; 浮出し模様

gaufre [gofʀ] 女 〔菓〕ゴーフル, ワッフル ▶ *moule à gaufres* おろかもの, 馬鹿 *prendre [ramasser] une gaufre* 転ぶ, 落ちる

gaufrer [gofʀe] 他 (布・皮・紙などに)押型で模様をつける

gaufrette [gofʀɛt] 女 〔菓〕ゴーフレット, ウェファース

gaufreur(se) [gofʀœʀ, -øz] 名 (皮・紙などに)押型で模様をつける職人 ― 女 型押し機

gaufrier [gofʀije] 男 ゴーフル[ワッフル]の焼き型

gaufroir [gofʀwaʀ] 男 型付けこて

gaufrure [gofʀyʀ] 女 (皮や布の)押型[浮き出し]模様

gaulage [golaʒ] 男 竿でたたいて果実を落とすこと

Gaule [gol] 女 ゴール地方, ガリア〔古代ローマ時代のケルト人居住地域; 現代のフランス・ベルギーの〕

gaule [gol] 女 長い棒, 竿; 釣竿

gauler [gole] 他 (実を落とすため)果樹を竿でたたく

gaullien(ne) [goljɛ̃, -ɛn] 形 ドゴール(風)の, ドゴール派の

gaullisme [golism] 男 ドゴール(de Gaulle)主義の政治

gaulliste [golist] 形 ドゴール派[主義]の ― 名 ドゴール派の(人)

gaulois(e) [golwa, -az] 形 ①ガリア[ゴール](Gaule)地方の, ガリア人[語]の ②陽気でみだらな, 露骨な, 率直な ▶ *esprit gaulois* (陽気で露骨な)ガリア精神 ― 名 ①[G-] ガリア人 ― 男 ガリア語 ― 女 ゴーロワーズ〔フランスタバコの商品名〕

gauloisement [golwazmɑ̃] 副 ふざけて, 陽気に, 露骨に

gauloiserie [golwazʀi] 女 きわどい冗談; 猥談; あけすけな陽気さ

gaur [goʀ] 男〔動〕ガウル, インドヤギュウ

gauss [gos] 男〔物〕ガウス〔磁気誘導の単位〕

gausser [gose] 代動 [se ~] 〔文〕(…が)(鼻先で)笑う, 嘲笑する (de)

gavage [gavaʒ] 男 (家禽に)多くの餌を無理に食べさせて太らせること, 肥育; 〔医〕ゴム管で食物を胃に送ること, 強制栄養

Gavarnie [gavaʀni] [*le cirque de* ~] ガバルニ圏谷〔ピレネー山中のカール;

gave [gav] 男 (ピレネー山脈の)急流, 激流

gaver [gave] 他 (家禽などに)多くの餌を無理に食べさせる; (話) (人に…をうんさん食べさせる; (人に知識などを)詰め込む, 山ほど与える (de) ― 代動 (se ~) (…をたらふく食べる (de); 詰め込む, 山ほど読む[見る] (de)

gavial [gavjal] 男 (動) ガンジスワニ

gavotte [gavɔt] 女 ガヴォット【2拍子の踊りまたはその曲】

gavroche [gavrɔʃ] 男 (パリの)下町の利発でたくましい少年 [ユゴー作『レ・ミゼラブル』に登場する浮浪児から]

gay [ge] 形 (不変) (<英 gay) ホモの集まる ― 男 (男の)同性愛者, ゲイ

gayal [gajal] 男 ガウル【インド産の牛】

▶**gaz** [gaz] 男 ガス; 気体ガス, ガス; 毒ガス; (車・空) 混合気; (複) 腸ガス, おなら ► *employé du gaz* [I'~] ガス公社の社員　*faire la cuisine au gaz* ガスで調理する　*gaz asphyxiant* 毒ガス　*gaz carbonique* 炭酸ガス　*gaz d'admission* 吸気ガス　*gaz de combat* (戦争で用いる)毒ガス　*gaz de pétrole liquéfié* 液化石油ガス　*gaz de ville* 都市ガス　*gaz d'échappement* 排気ガス　*gaz des marais* メタンガス　*gaz hilarant* 笑気ガス　*gaz lacrymogène* 催涙ガス　*gaz naturel* 天然ガス　*mettre les gaz* アクセルを全開にする　*se chauffer au gaz* ガス暖房である　*suicide au gaz* ガス自殺

Gaza [gaza] [la bande de ~] ガザ地区 [エジプトとイスラエルの国境にある地域]

gazage [gazaʒ] 男 ガスをかけること; ガスで中毒させる[殺す]こと

gaze [gaz] 女 (綿や絹の)薄布, 薄物, ガーゼ; (文) ぼかすもの, 婉曲な表現

gazé(e) [gaze] 形名 (<gazer) (とくに戦争で)毒ガスでやられた(人)

gazéification [gazeifikasjɔ̃] 女 ① 気化, ガス化　② 炭酸ガスを含ませること

gazéifier [gazeifje] 他 ① 化 気化[ガス化]する　② (水などに)炭酸ガスを含ませる

gazelle [gazɛl] 女 (動) ガゼル【アフリカ・アジア産のレイヨウ】

gazer¹ [gaze] 他 毒ガスで中毒させる; ガスで殺す ― 自 (話) エンジン全開[全速力]で行く; (話) 望み通りに運ぶ ► *Ça gaze.* うまくいっている

gazer² [gaze] 他 (古) 薄布で覆う; (文・古) ほのめかす

gazette [gazɛt] 女 (昔の)新聞, 雑誌, (古) 情報通, おしゃべり

gazeux(se) [gazø, -øz] 形 ① 気体の, ガス状の　② (水など)炭酸ガス入りの, 発泡性の ► *boisson gazeuse* 炭酸飲料　*eau gazeuse* 発泡性の水

gazier(ère) [gazje, -ɛr] 形 (都市)ガスの ― 男 ① ガス会社の社員; ガス屋　② (略) 男, やつ

gazinière [gazinjɛr] 女 ガスレンジ

gazoduc [gazodyk] 男 天然ガス[コークス・ガス]輸送管

gazogène [gazɔʒɛn] 男 ガス発生炉[発生器]

gazole [gazɔl] 男 軽油, ディーゼル燃料

gazoline [gazɔlin] 女 石油エーテル【溶剤に用いる】

gazomètre [gazɔmɛtr] 男 ガスタンク

gazon [gazɔ̃] 男 (英 lawn) 芝, 芝生地

gazonnement [gazɔnmɑ̃] 男 芝生地(を植えること)

gazonner [gazɔne] 他 芝を植えつける ― 自 芝生のように(短く)きれいに生えそろう; (土地が)芝生で覆われる

gazouillement [gazujmɑ̃] 男 (小鳥の)さえずり; (小川の)せせらぎ; (幼児の)片言; (耳に心地よい)話し声, 音

gazouiller [gazuje] 自 (小鳥が)さえずる; (小川などが)さらさらと音を立てて流れる; (幼児が)片言でしゃべる; (耳に心地よく)しゃべる

gazouillis [gazuji] 男 さえずり, せせらぎ; (幼児の片言のはっきりしない)おしゃべり

GDF (略) Gaz de France フランス・ガス公社

geai [ʒɛ] 男 (鳥) カケス

géant(e) [ʒeɑ̃, ɑ̃t] 名 巨人, 大男(女); 巨大企業, 大手; 巨匠, 天才, 大立者 ― 形 巨大な; 顕著な, きわめて重大[重要]な; (話) すごい

gecko [ʒeko] 男 ヤモリ

géhenne [ʒeɛn] 女 (聖) ゲヘナ, 地獄; (文) 苦しみ, 拷問

geign... ⇨geindre

geignard(e) [ʒɛɲar, -ard] 形 (話) 絶えず泣言を言う, ぐちっぽい; 哀れっぽい ― 名 絶えず泣言を並べる人, ぐちっぽい人

geignement [ʒɛɲmɑ̃] 男 泣言(を言うこと), うめき声, ぐち

gein... ⇨geindre

geindre [ʒɛ̃dr] 自 19 うめく, うなる; 悲しげな音を出す; (話) ぐちをこぼす, 泣言を言う

gel [ʒɛl] 男 ① 氷点下の寒さ, 厳寒, 寒い日; 結氷(期), 霜, 凍結, 停止　② (化) ゲル; ジェル ► *gel coiffant* 整髪ジェル

gélatine [ʒelatin] 女 (化) ゼラチン

gélatiné(e) [ʒelatine] 形 ゼラチンを塗った

gélatineux(se) [ʒelatinø, -øz] 形 ゼラチン質状の, ゼリー状の

gelé(e) [ʒ(ə)le] 形 凍った, 氷で覆われた, (人が)凍えた, 寒い; 凍傷にかかった; (資産などが)凍結された; 冷淡な, 無感動な; 身動きできない, 変わりようのない

gelée [ʒ(ə)le] 女 ① 氷の張る寒さ, 氷

geler [ʒ(ə)le ジュレ] 他 ③ 凍らせる、氷結させる；凍傷にからせる；(人を)ひどくふるえさせる；(心を)凍らせる、水をかける；(事態を)凍結[停止]する ― 自 凍る；凍って固くなる；非常に寒い、こごえる；凍傷にかかる ▶**Il gèle**．[非人称](気温が)氷点下に下がる、凍る、凍ってくる ― 代動 [**se** 〜] 氷が張る、凍る；[話]こごえる、寒い ▶**se les geler**(話) こごえる

gélif(ve) [ʒelif, -iv] 形 (石・木などが)寒気のため裂けた[裂けやすい]

gélifiant [ʒelifjɑ̃] 男 ゲル化剤

gélifier [ʒelifje] 他 ゼリー状にする、ゲル化する

gélinotte [ʒelinɔt], **gelinotte** [ʒəlinɔt] 女 [鳥] エゾライチョウ

gélose [ʒeloz] 女 寒天

gélule [ʒelyl] 女 [薬] (ゼラチン質の)カプセル

gelure [ʒ(ə)lyr] 女 [医] 凍瘡、しもやけ

Gémeaux [ʒemo] 男 [複] [les 〜] [天] ふたご座；[占星] 双児(ご)宮 ▶**être (sous le signe) des Gémeaux** ふたご座である

gémellaire [ʒemelɛr] 形 双子の

géminé(e) [ʒemine] 形 [建] (柱や窓が)対をなす、組の；[言] 二重の、重複した；[修] 反復した；[生] 双生の、共学の

gémir [ʒemir ジェミール] 自 ③ (苦痛にうめく、うなる、悲鳴をあげる；(…を)嘆く、泣く (de, sur)；(重圧の下などで)苦しむ、呻吟(ぎん)する；(物が)きしむ、鳴る；(風が)うなる ▶[文] うめく、うなるように言う

gémissant(e) [ʒemisɑ̃, -ɑ̃t] 形 うめくような、嘆く；(音が)哀れっぽい

gémissement [ʒemismɑ̃] 男 うめき声、嘆き；(鳩などの)鳴き声；(風の)うなり；(物の)きしむ音

gemmail [ʒemaj] 男 [複 -**aux** [-o]] (溶融式の)ステンドグラス

gemmation [ʒe(m)masjɔ̃] 女 [植] 芽球形成

gemme [ʒɛm] 女 ① 宝石 ② 松脂(ミミ) ― 形 鉱物性の ▶**sel gemme** 岩塩

gemmé(e) [ʒeme] 形 《文》宝石をちりばめた

gemmer [ʒeme] 他 (松脂(ミミ)採取のために)幹に刻み目をつける ― (樹木が)芽を出す

gemmifère [ʒemifɛr] 形 ① [鉱] 宝石を含む ② [植] 松脂のとれる

gémonies [ʒemɔni] 女 [複] (古代ローマの)罪人の死体のさらし場、嘆きの階段 ▶**vouer** [**traîner**] **... aux gémonies** 《文》…をさらし者にする

gênant(e) [ʒenɑ̃, -ɑ̃t] 形 (ものが)じゃまな；(人・ことがらが)迷惑な、わずらわしい；(うまくない；(服などが)窮屈な

gencive [ʒɑ̃siv] 女 [解] 歯茎、歯肉；(話) 顔 ▶**prendre un coup dans les gencives** (話) あごに1発くらう

***gendarme** [ʒɑ̃darm ジャンダルム] 男 ① 憲兵、[話] いかめしい人、いばりちらす人；男まさりの女、大女 ▶**faire le gendarme** (話) きびしく取り締まる ▶**gendarme couché** (道路の)スピード防止のための隆起 ▶**gendarme mobile** 機動憲兵 ▶[平形のドライソーセージ；ジャンダルム(平形のドライソーセージ)；ジャン ④ (古)(昔のフランスの)近衛騎兵

gendarmer(se 〜) [ʒɑ̃darme] (代動) (…に)激しく抗議する、むかっ腹を立てる (**contre**)；(相手を従わせるために)声を荒だてる

gendarmerie [ʒɑ̃darməri] 女 《集合的》憲兵隊；[軍に直属する警察機構]；憲兵隊の兵舎[本部]；(昔のフランスの)近衛騎兵隊 ▶**gendarmerie mobile** 機動憲兵隊

***gendre** [ʒɑ̃dr ジャンドル] 男 (英 son-in-law) 義理の息子、娘の夫、婿

***gène** [ʒɛn ジェヌ] 男 [生] 遺伝子 ▶**gène dominant** 優性遺伝子 ▶**gène récessif** 劣性遺伝子

-gène [接尾] (くぎ)「発生」の意の形容詞[名詞]をつくる

gêne [ʒɛn] 女 (肉体的な)不自由、不快；(呼吸などの)困難；気詰り、遠慮；厄介感；迷惑、面倒、厄介；(金銭上の)困難、不如意 ▶**être dans la gêne** 問題を抱えている；お金に困っている ▶**gêne respiratoire** 呼吸困難 ▶**sans gêne** 無遠慮である

gêné(e) [ʒene] 形 (< gêner) 困難な、気詰りな、遠慮した、ばつの悪い；(服などが)窮屈な；お金に困った

généalogie [ʒenealɔʒi] 女 家系、血統；家系、系図；(言語や植物などの)系統；系譜学

généalogique [ʒenealɔʒik] 形 家系の、系譜[系図]の ▶**arbre généalogique** 系譜樹

généalogiste [ʒenealɔʒist] 名 系譜[系図]学者

génépi [ʒenepi], **génépy** [ʒenepi] 男 ① [植] ニガヨモギ ② ニガヨモギのリキュール

***gêner** [ʒene ジェネ] 他 (肉体的に)窮屈にする、不便にする；妨げる、じゃまする、迷惑をかける；気詰りを感じさせる、嫌な思いをさせる；当惑させる；(…を)金銭的に困らせる ▶**Ça me gêne de ...** …してる ▶**Cela vous gêne si ...?** …しても構いませんか ― 代動 [**se** 〜] 遠慮する、気をつかう ▶**Ne vous gênez pas!** 《皮肉としても使う》

***général(ale)** [ʒeneral ジェネラル] 形 (男性複 -**aux** [-o]) (英 general) 一般的な；普通の；全体の、全体にかかわる；(職

務の全般を総括する、総…;漠然とした;(病気などの)全身性の ▶à la surprise générale みんなが驚いたことに devenir général 広まる、一般化になる
— 男 ①将軍, 将官 ▶général d'armée 陸軍大将 général de brigade 陸軍准将 général de corps d'armée 陸軍中将 général de division 陸軍大将 général en chef 総司令官 ②一般, 普通 ▶en général (=に)[の] ③《宗》管長, 総会長
— 女 ①(舞台の)総稽古, プレビュー(= repetition générale) ②将軍夫人

*généralement [ʒeneralmɑ̃] 副 (英 generally) 一般に, 普通に; 全般に, 広く; 概して ▶généralement parlant (英 generally speaking) 一般的に言って, 概して

généralisable [ʒeneralizabl] 形 一般化できる

généralisateur(trice) [ʒeneralizatœr, -tris] 形 一般化する, 概括する

généralisation [ʒeneralizasjɔ̃] 女 一般化, 概括; (医) 蔓延(状)

généralisé(e) [ʒeneralize] 形 (< généraliser) 一般化した, 広まった

*généraliser [ʒeneralize ジェネラリゼ] 他 (英 generalize) 一般化する; 普及させる, 広める, 拡大する — [代動] (se ~) 広まる, 普及[蔓延]する

généralissime [ʒeneralisim] 男 総司令官

généraliste [ʒeneralist] 形 ①一般医の ②一般の, 専門をもたない — 名 ①一般医 ②多方面の知識を持つ人, 万能家

généralité [ʒeneralite] 女 一般性; 《複》総論, 《複》(悪い意味で)一般論, 漠然とした話

générateur(trice) [ʒeneratœr, -tris] 形 生じる(de…); (数) 生成する — 男 発電機(=~ électrique); (情報) ジェネレーター, 発生装置 ▶générateur de vapeur ボイラー ▶(数) 母線(= ligne ~)

*génération [ʒenerasjɔ̃ ジェネラシヨン] 女 ①世代; 同一世代の人々; (科学技術・機械の進歩の)段階, 期, 世代 ▶immigré de la deuxième génération 第二世代の移民 ②〔生〕生殖, 発生; 〔言・哲〕生成, 形成 ▶génération spontanée 〔生〕自然発生

générationnel(le) [ʒenerasjonɛl] 形 (同)世代の

génératrice [ʒeneratris] 女 génératrice の女性形

générer [ʒenere] 他 57 〔言〕生成する; (情報) 発生させる

généreusement [ʒenerøzmɑ̃] 副 気前よく; 耐久的に; 豊かに

*généreux(se) [ʒenerø, -øz ジェネルー(ズ)] 形 気前のいい; 寛大な; 高潔な; 豊かな; 肥沃な; 豊富な — 名 気

前のいい人; 寛大な人

gén érique[1] [ʒenerik] 形 〔生〕属(genre)の, 種族の; 総称の ▶médicament générique ジェネリック医薬品(後発医薬品)

générique[2] [ʒenerik] 男 (映画の)クレジットタイトル; (責任者のリスト)

générosité [ʒenerozite] 女 気前のよさ; 寛大, 高貴な(犠牲的)精神, 高潔; 豊かさ, 肥沃; 《複》施し, 祝儀; (気前のよい)贈り物; 親切な行為

Gênes [ʒɛn] ジェノヴァ【北イタリアの港町】

genèse [ʒənɛz] 女 起源, 形成過程, 成立; 〔生〕発生; 宇宙発生論, 天地創造説; [la G-] 〔聖〕創世記

génésiaque [ʒenezjak] 形 創世記の; 起源の, 発生の

génésique [ʒenezik] 形 生殖の

genet [ʒ(ə)nɛ] 男 (スペイン産の)小型馬(パルブ種)

genêt [ʒ(ə)nɛ] 男 〔植〕エニシダ

généticien(ne) [ʒenetisjɛ̃, -ɛn] 名 遺伝学者

génétique [ʒenetik] 形 遺伝に関する, 遺伝学の; 成立に関する, 発生論的な ▶carte génétique 遺伝子地図 — 女 遺伝学

génétiquement [ʒenetikmɑ̃] 副 遺伝学的に, 遺伝(子)的に

gêneur(se) [ʒɛnœr, -øz] 名 厄介な人, じゃまもの, うるさい人

Genève [ʒənɛv] ジュネーヴ【スイスの都市】

Geneviève [ʒənvjɛv] 女 ジュヌヴィエーヴ【女子の名】

genevois(e) [ʒənvwa, -az] 形 名 [G-] ジュネーヴの(人)

genévrier [ʒənevrije] 男 〔植〕セイヨウネズ

génial(ale) [ʒenjal] 形 (男複-aux [-o]) ①天才的な ②(話) みごとな, うまい; すばらしい

génialement [ʒenjalmɑ̃] 副 じつに見事に

*génie [ʒeni ジャニー] 男 ①(genius)才能, 天分; 天才(的人物) ▶de génie 天才的な, 素晴らしい ②特質, 特性, 神髄 ③妖精, 守護神; 精神, 神霊 ▶être le bon [mauvais] génie de …の守り神[悪魔]である ④工学; (軍) 工兵(隊) ▶génie civil 土木工学 génie génétique 遺伝子工学 génie mécanique 機械工学

genièvre [ʒənjɛvr] 男 ネズ(の実), ジン(酒)

génique [ʒenik] 形 遺伝子の ▶thérapie génique 遺伝子治療

génisse [ʒenis] 女 (子を産んでいない)若い雌牛

génital(ale) [ʒenital] 形 (男複-aux [-o]) 生殖の ▶parties [organes] génitales 生殖器

génitif [ʒenitif] 男 〔文法〕属格

génocidaire [ʒenɔsidɛr] 形名 大虐殺の(犯罪者)

génocide [ʒenɔsid] 男 皆殺し,民族大虐殺

génois(e) [ʒenwa, -az] 形 ジェノヴァ(Gênes)の ─名 [G-] ジェノヴァの人 ─男 ①ジェノヴァ方言 ②[海] ジェノアジブ【ヨットレースなどの大型三角帆】 ─女 ジェノワーズ【スポンジケーキ】

génome [ʒenom] 男 [生] ゲノム ► *génome humain* ヒトゲノム

génomique [ʒenomik] 形 [生] ゲノムの

génothérapie [ʒenoterapi] 女 遺伝子治療

génotype [ʒenotip] 男 [生] 遺伝子型

:**genou** [ʒ(ə)nu ジュヌー] 男 (複 ~x) ①(英 knee) 膝 *être à genoux devant* …にひざまずいている, 崇めている *être sur les genoux* (疲れて)ふらふらである *faire du genou à* (合図で)(人)を足でつつく; (人)に足をからめてちゃつく *prendre* …*sur ses genoux* …を膝の上に乗せる *se mettre à genoux* ひざまずく ②[機]継手, ジョイント

genouillère [ʒ(ə)nujɛr] 女 ①(スポーツ)(ゴールキーパーなどの)膝当て ②[機]ナックル継手

:**genre** [ʒɑ̃r ジャンル] 男 ①(英 kind) 種類; 分野, 領域; 部門 ► *dans le genre* その種のものでは *genre humain* 人類 *ne pas être du genre à* [不定詞] …するようなタイプではない ②流儀, やり方; 態度, 身なり; 品; 趣味 ► *avoir bon* [*mauvais*] *genre* 品がいい[悪い] *genre de vie* 生活様式, ライフスタイル *se donner un genre* 気取る *tableau de genre* 風俗画 ③[生]属 ④[文法]性

:**gens** [ʒɑ̃ ジャン] 名(複)(英 people) ①[直前にくる形容詞は女性形]人々; 人間; …の人 (de); (話) 世間の人, 他人 ► *gens de lettres* 文士 *gens de mer* 船乗り *gens de théâtre* 舞台役者, 関係者 *gens du pays* [*(les)coin*] [(les) ~] 地元の人々 *gens du voyage* 旅芸人; 放浪の人々 *petites gens* 庶民

gent [ʒɑ̃] 女 (文·古)種族, 民族; 連中

gentiane [ʒɑ̃sjan] 女 [植] リンドウ; ゲンチアナ; ゲンチアナ食前酒

:**gentil¹(le)** [ʒɑ̃ti, -ij ジャンティ(ユ)] 形 ①(英 kind) 親切な, 優しい, 思いやりのある; かわいい; きれいな ► *être gentil comme tout* とてもかわいい ②(話·軽蔑的)まずまずの, ちょっとした ③[名詞の前](金額が)かなりの

gentil² [ʒɑ̃ti] 男 [史](ユダヤ人や初期キリスト教徒にとっての)異教徒

:**gentilé** [ʒɑ̃tile ジャンティレ] 男 地名にちなんだ地域住民の呼称

gentilhomme [ʒɑ̃tijɔm] 男 (複 *gentilshommes* [ʒɑ̃tizɔm]) 貴族; (文·古)紳士

gentilhommière [ʒɑ̃tijɔmjɛr] 女 田舎にある(貴族の)別邸, 小じんまりした館

gentilité [ʒɑ̃tilite] 女 [宗]異教徒

gentillesse [ʒɑ̃tijɛs] 女 親切, 心遣い; 親切な言動; (皮肉の)やり方, 仕打ち; 悪口 ► *avoir la gentillesse de* [不定詞]親切にも…してくれる

gentillet(te) [ʒɑ̃tijɛ, -ɛt] 形 かわいらしい, (たいしたことはないが)ほどほどの

*__gentiment__ [ʒɑ̃timɑ̃ ジャンティマン] やさしく, 親切に; おとなしく; かわいらしく

gentleman [dʒɛntləman] 男 (複 *gentlemen* [-mɛn])(〈英〉紳士, ジェントルマン

gentleman-farmer [ʒɑ̃tləmanfarmɛr, dʒɛntləman-] 男 (複 *gentlemen-farmers* または *gentlemans-farmers*)(〈英〉大地主, 豪農

gentry [dʒɛntri] 女 (複 *gentrys* または *gentries*)(〈英〉ジェントリー【英国の準貴族階級】

génuflexion [ʒenyflɛksjɔ̃] 女 膝を折ること【尊敬·屈服のしるし】; 服従

géo [ʒeo] 女 (略)*géographie*(話)地理(学)

géo- [接頭](〈ギ〉「土地」の意

géocentrique [ʒeosɑ̃trik] 形 [天]地球中心の

géocentrisme [ʒeosɑ̃trism] 男 [天]地球中心説, 天動説

géochimie [ʒeoʃimi] 女 地球化学

géochronologie [ʒeokrɔnɔlɔʒi] 女 [地]地球年代学

géode [ʒeɔd] 女 [鉱]晶洞; [医]リンパ腔拡張

géodésie [ʒeodezi] 女 測地学

géographe [ʒeograf] 名 地理学者

*__géographie__ [ʒeografi ジェオグラフィ] 女(〈英〉geography) 地理(学); 地理の本 ► *géographie humaine* 人文地理 *géographie physique* 自然地理

*__géographique__ [ʒeografik ジェオグラフィク] 形(〈英〉geographic) 地理(学)の

géographiquement [ʒeografikmɑ̃] 副 地理(学)的に

géoïde [ʒeɔid] 男 ジオイド, 地球体

geôle [ʒol] 女 (文)牢獄

geôlier(ère) [ʒolje, -ɛr] 名 (文)牢番; うるさく人を見張る人

géologie [ʒeɔlɔʒi] 女 地質(学)

géologique [ʒeɔlɔʒik] 形 地質学の, に関する

géologue [ʒeɔlɔg] 名 地質学者

géomagnétique [ʒeomanetik] 形 地磁気の

géomagnétisme [ʒeomanetism] 男 地磁気

géomancie [ʒeomɑ̃si] 女 土占い【砂などを投げて地面にできた形から占う】

géomètre [ʒeomɛtr] 名 幾何学者

測量技師

***géométrie** [ʒeɔmetri ジェオメトリ] 囡 (英 geometry) 幾何学(書); (部品などの)幾何学的配列 ▶**à géométrie variable** 可変的な, 状況によって変わる

géométrique [ʒeɔmetrik] 形 幾何学の; 幾何学的な; 整然とした, 正確な

géomorphologie [ʒeɔmɔrfɔlɔʒi] 囡 地形学

géophysicien(ne) [ʒeɔfizisjɛ̃, -ɛn] 名 地球物理学者

géophysique [ʒeɔfizik] 囡形 地球物理学(の)

géopoliticien [ʒeɔpɔlitisjɛ̃] 男 地政学者

géopolitique [ʒeɔpɔlitik] 囡形 地政学(の)

Georges [ʒɔrʒ] 男 ジョルジュ【男子の名】

Géorgie [ʒeɔrʒi] 囡 ①グルジア【西アジアの共和国】 ②(米国の)ジョージア州

géorgien(ne) [ʒeɔrʒjɛ̃, -ɛn] 形 グルジアの; ジョージア州の ── 名 [G-] グルジア人 ── 男 グルジア語

géorgique [ʒeɔrʒik] 形 [文学的]農耕肆事に関する

géoscience [ʒeɔsjɑ̃s] 囡 地球科学

géostation [ʒeɔstasjɔ̃] 囡 [宇宙]地上ステーション

géostationnaire [ʒeɔstasjɔnɛr] 形 静止軌道の ▶**satellite géostationnaire** 静止衛星

géosynchrone [ʒeɔsɛ̃krɔn, ʒeɔsɛ̃krɔn] 形 地球の自転周期と一致する ▶**orbite géosynchrone** 対地同期軌道

géosynclinal [ʒeɔsɛ̃klinal] 男 (複 -aux[-o]) [地]地向斜

géotechnique [ʒeɔtɛknik] 形 地質工学の

géothermal(ale) [ʒeɔtɛrmal] 形 (男複 -aux[-o]) 地熱の

géothermie [ʒeɔtɛrmi] 囡 地熱(研究)

géothermique [ʒeɔtɛrmik] 形 地熱の

géotropisme [ʒeɔtrɔpism] 男 [植]屈地性, 重力屈性

gérable [ʒerabl] 形 経営[運営]できる

gérance [ʒerɑ̃s] 囡 管理(期間)

géraniol [ʒeranjɔl] 男 [化]ゲラニオール

géranium [ʒeranjɔm] 男 [植]ゼラニウム

***gérant(e)** [ʒerɑ̃, -ɑ̃t ジェラン(ト)] 名 (英 manager) 支配人, 管理人

Gérard [ʒerar] 男 ジェラール【男子の名】

gerbage [ʒɛrbaʒ] 男 (穀物や箱などを)束ねること, 積み上げること

gerbe [ʒɛrb] 囡 (刈り取った小麦などの)束; (茎の長い)花束; (束状の)花火, 噴水 ▶**une gerbe de ...** 一束[一群の] ...

gerbée [ʒɛrbe] 囡 ①束状のもの ②(まだいくらか穂がついている)麦わらの束; 飼料用の穀物の束

gerber [ʒɛrbe] 他 (小麦などを)束ねる, (樽などを)積み重ねる ── 自 (話)吐く

gerbera [ʒɛrbera] 男 [植]ガーベラ

gerbier [ʒɛrbje] 男 (畑の中の)小麦や乾草の山

gerbille [ʒɛrbij] 囡 [動]アレチネズミ

gerboise [ʒɛrbwaz] 囡 [動]トビネズミ

gerce [ʒɛrs] 囡 (木材の)ひび割れ

gercer [ʒɛrse] 他 52 (皮膚に)ひびを切らせる ── 自代動 [se ~] ひびが切れる

gerçure [ʒɛrsyr] 囡 (皮膚の)ひび, あかぎれ, ひび割れ

***gérer** [ʒere ジェレ] 他 57 (英 manage) 管理[運営]する; (問題などに)取り組む

gerfaut [ʒɛrfo] 男 [鳥]大[白]ハヤブサ

gériatre [ʒerjatr] 名 老人病専門医

gériatrie [ʒerjatri] 囡 [医]老人[年]医学

gériatrique [ʒerjatrik] 形 老人[年]医学の

germain(e)¹ [ʒɛrmɛ̃, -ɛn] 形 ゲルマニアの, ゲルマン民族の ── 名 [G-]ゲルマン人

germain(e)² [ʒɛrmɛ̃, -ɛn] 形 [法]同じ父母から生まれた; よく似通った ◆(文→込)実の兄弟, 姉妹; 本いとこ(= cousin ~)【祖父母の少なくとも1人を同じくする】

germandrée [ʒɛrmɑ̃dre] 囡 [植]テウクリウム

germanique [ʒɛrmanik] 形 ゲルマン人の, ドイツ(語文化圏)の ── 男 ゲルマン語 ── 名 ドイツ語文化圏

germanisation [ʒɛrmanizasjɔ̃] 囡 ドイツ化, ゲルマン化

germaniser [ʒɛrmanize] 他 ドイツ化させる; ドイツ(文化)の支配下におく; ゲルマン化させる

germanisme [ʒɛrmanism] 男 ドイツ語特有の語法; ドイツ語からの借用語

germaniste [ʒɛrmanist] 名 ゲルマン語[ドイツ語]学者, ドイツ文化研究者

germanium [ʒɛrmanjɔm] 男 ゲルマニウム【金属元素; 半導体でトランジスタなどに用いる】

germano- 接頭 (くラ)「ドイツの」「ドイツに対する」の意

germanophile [ʒɛrmanɔfil] 形名 ドイツ好きの(人)

germanophilie [ʒɛrmanɔfili] 囡 ドイツ好き

germanophobe [ʒɛrmanɔfɔb] 形名 ドイツ嫌いの(人)

germanophobie [ʒɛrmanɔfɔbi] 囡 ドイツ嫌い

germanophone [ʒɛrmanɔfɔn] 形名 ドイツ語を話す(人); ドイツ語圏の(人)

germe [ʒɛrm] 男 種; 芽; 芽ばえ; 原【ノ次葉】

因; 根源;〔生〕胚(はい), 胚種;〔医〕細菌 ▶**germes de blé** 小麦胚芽 **germes de soja**(大豆の)もやし **germes pathogènes** 病原菌

germen [ʒɛrmɛn]男〔生〕生殖細胞(系列)

germer [ʒɛrme]自 発芽する; 芽を出す;〈感情などが〉芽ばえる

germicide [ʒɛrmisid]形〔農〕殺菌性の

germinal¹(ale) [ʒɛrminal]形 (男複 *-aux*[-o])胚(種)の, 生殖質の

germinal² [ʒɛrminal]男〔史〕ジェルミナル, 芽月【共和暦の第7月】

germinatif(ve) [ʒɛrminatif, -iv]形 発芽の

germination [ʒɛrminasjɔ̃]女 発芽; 芽ばえる

germon [ʒɛrmɔ̃]男〔魚〕ビンナガ

gérome [ʒerom]男 ジェロメ【ロレーヌ地方の匂いの強い munster チーズの呼び名】

gérondif [ʒerɔ̃dif]男〔文法〕ジェロンディフ(en + 現在分詞)【ラテン語の)ゲルンディウム】

géront(o)- 接頭〈ギ〉「老人の」の意

gérontocratie [ʒerɔ̃tɔkrasi]女 老人政治, 老人による支配

gérontocratique [ʒerɔ̃tɔkratik]形 老人政治の

gérontologie [ʒerɔ̃tɔlɔʒi]女 老人学

gérontologue [ʒerɔ̃tɔlɔg], **gérontologiste** [ʒerɔ̃tɔlɔʒist]名 老人学(研究)者

Gers [ʒɛr]男 ①[le ~]ジェール川【Garonne 川の支流】②ジェール県【フランス南西部】

gésier [ʒezje]男〈鳥の砂嚢(のう)【胃の最後の部分】;〈俗〉胃嚢, 腹

gésir [ʒezir]自〈文〉横たわる; (隠して)存在する

gesse [ʒɛs]女〔植〕レンリソウ(属)

gestaltisme [gɛʃtaltism]男 ゲシタルト心理学, 形態心理学

gestalt-thérapie [gɛʃtalttɛrapi]女 ゲシタルト(心理)療法

gestapo [gɛstapo]女〈ド〉ゲシュタポ【ナチス・ドイツの秘密国家警察】

gestation [ʒɛstasjɔ̃]女 妊娠;(作品などを)はぐくむこと, 創作 ▶**en gestation** 構想中である

géste¹ [ʒɛst ジェスト]男〈英 gesture〉身振り, しぐさ; 行い, 行為, 態度 ▶**avoir le geste large** 寛大である **faire un geste** 人助けをする;(人のために)動く, 介入する **joindre le geste à la parole** 言行を一致させる **les faits et gestes (de ...)**(...の)品行, 行状 **(Ne faites) pas un geste!** 〈話〉動くな **ne pas faire un geste pour** ...のために何一つしない **refuser d'un geste** 拒絶の身振りをする **s'exprimer par gestes** 身振りで表現する

geste² [ʒɛst]女〔中世文学〕(ジャンルとしての)武勲詩;〈古〉武勲, 偉業

gesticulation [ʒɛstikylasjɔ̃]女 大げさな身振り

gesticuler [ʒɛstikyle]自 盛んに身振りをする

gestion [ʒɛstjɔ̃]女 管理, 経営, 運営

gestionnaire [ʒɛstjɔnɛr]形 管理に関する; 管理の責任を有する ──男 管理人, 支配人;〔情報〕管理プログラム, ファイル管理ソフト

gestuel(le) [ʒɛstɥɛl]形 身振りの──女 身振り

gewurztraminer [gevyrtstraminɛr]男 ゲヴュルツトラミネール【アルザス産の辛口白ワイン】

geyser [ʒezɛr]男〈英〉間欠噴出泉;(水や煙などの)噴出

Ghana [gana]男 ガーナ【アフリカ西部の共和国】

ghanéen(ne) [ganeɛ̃, -ɛn]形名 [G-]ガーナの(人)

ghetto [geto]男 ユダヤ人町, ゲットー; 少数民族が隔離されている居住区;(集団的な)孤立

ghettoïsation [getoizasjɔ̃]女 ゲットー化, 隔離

GI [dʒiai]男〈不変〉〈英〉米軍兵士

gibbeux(se) [ʒibø, -øz]形 こぶのある; こぶの形をした

gibbon [ʒibɔ̃]男(東南アジアの)テナガザル

gibecière [ʒibsjɛr]女(猟師や漁夫の)肩から掛ける革袋

gibeline [ʒiblin, -in]名形(中世イタリアのギベリン党(の), 神聖ローマ皇帝派(の)

gibelotte [ʒiblɔt]女〔料〕ジブロート【ウサギのワイン煮込み】

giberne [ʒibɛrn]女(兵士の)弾薬入れ

gibet [ʒibɛ]男 絞首台

gibier [ʒibje]男; 猟鳥;《集合的》(猟の)獲物, 狩猟鳥獣; 獲物の肉; 獲物になる人物, かも;(心の)糧(かて) ▶**gibier à plume** 野鳥【ウズラやキジなど】**gibier d'eau** 水鳥, 鴨 **gros gibier** 大きな獲物【鹿や猪など】**menu gibier** 小さな獲物【ウサギやウズラなど】

giboulée [ʒibule]女 にわか雨

giboyeux(se) [ʒibwajø, -øz]形 獲物の多い

Gibraltar [ʒibraltar]ジブラルタル【イベリア半島最南端の英国領】

gibus [ʒibys]男 オペラハット【平らに折りたためるシルクハット】

giclée [ʒikle]女(水や血の)噴出, ほとばしり;〈話〉一斉射撃

giclement [ʒiklamɑ̃]男(水や血が)ほとばしり出ること

gicler [ʒikle]自(液体が)ほとばしる,

gicleur — **gîte**

噴出する; (泥が)はねかかる; 《文》(光など)がはね返る, きらめく

gicleur [ʒiklœːr] 男 (キャブレターなどの)噴霧栓 ▶ **gicleur d'incendie** (消火用の)スプリンクラー

Gide [ʒid] 固 (André~) ジード【1869-1951; 小説家】

***gifle** [ʒifl] ジフル 女 平手打ち; 屈辱, 打撃 ▶ **tête à gifles** 《話》ひっぱたきたいような憎らしい顔

gifler [ʒifle] 他 (人の頬を)張る; (風, 雨が)激しく叩く; 侮辱する

giga [ʒiga] 男 《話》= gigaoctet

giga- 接頭 (<ギ)「ギガ」「10億」の意

gigantesque [ʒigɑ̃tɛsk] 形 (英 gigantic) 巨大な, 巨人のような; 途方もない, 驚くべき

gigantisme [ʒigɑ̃tism] 男 〔医〕巨人症, 奇形的発育; (都市や企業の)巨大化, 異常肥大

gigaoctet [ʒigaɔktɛ] 男 〔単位〕ギガバイト【2^{30}バイト: 記号 Go】

GIGN 略 groupe d'intervention de la Gendarmerie Nationale 国家憲兵隊治安介入部隊【対テロ特殊部隊】

gigogne [ʒigɔɲ] 形 ①入れ子式の ② ▶ **mère Gigogne** 子だくさんの女性

gigolo [ʒigɔlo] 男 《話》(年上の女に食わせてもらっている)ジゴロ; (年若い)めしびと

gigot [ʒigo] 男 〔料〕(羊・子羊の)もも肉; 《話》腿(もも)▶ **manches gigot** ジゴ袖【そで付けがふくらんで袖口にかけて細くなる】

gigotmang [ʒigɔtmɑ̃] 男 (手足などを)ばたつかせること

gigoter [ʒigɔte] 自 《話》(手足などを)ばたつかせる, 暴れ回る

gigue¹ [ʒig] 女 ジーグ【17世紀に流行したイギリス起源の2拍子の踊りまたはその曲】

gigue² [ʒig] 女 《話》脚; (特に鹿の)腿(もも)▶ **grande gigue** 《話》ひょろ長い娘

Gilbert [ʒilbɛːr] 固 ジルベール【男子名】

***gilet** [ʒilɛ] ジレ 男 (英 vest) (肩広めの)チョッキ, ベスト; 肌着, シャツ(~ = de corps [peau]); (編物の)カーディガン, ジレ ▶ **gilet de sauvetage** (救命用の)ライフジャケット **gilet pare-balles** 防弾チョッキ

gille [ʒil] 男 《les G-s》 ジル【ベルギーの祭りで引きまわされる張りぼての大人形】 ②《古》道化役; とんま

gin [dʒin] 男 《英》ジン ▶ **gin tonic** ジントニック

gin-fizz [dʒinfiz] 男 《不変》《英》 ジンフィズ

gingembre [ʒɛ̃ʒɑ̃ːbr] 男 〔植〕ショウガ, ジンジャー

gingival(ale) [ʒɛ̃ʒival] 形 (男複 -aux[-o]) 〔解〕歯肉の

gingivite [ʒɛ̃ʒivit] 女 〔医〕歯肉炎

ginkgo [ʒinko, ʒɛ̃ko] 男 (<日)〔植〕イチョウ

ginseng [ʒinsɛŋ] 男 〔植〕チョウセンニンジン

giorno [dʒɔrno, ʒjɔrno] (<イ) 〔成句中で〕▶ **à giorno** 真昼のように(明るく)

girafe [ʒiraf] 女 (英 giraffe) 〔動〕キリン; 《話》のっぽ; 〔映・ラジ〕(移動マイクの)ブーム ▶ **peigner la girafe** だらだらと無駄な仕事をする, 何もしない

girafeau [ʒirafo], **girafon** [ʒirafɔ̃] 男 キリンの子

girandole [ʒirɑ̃dɔl] 女 ①枝付飾り燭(しょく)台 ②(祭り・舞踏会などの)イルミネーション ③噴水(の束) ④回転式花火

girasol [ʒirasɔl] 男 ①〔鉱〕ファイアオパール ②《古》ひまわり

giration [ʒirasjɔ̃] 女 旋回, 回転(運動)

giratoire [ʒiratwaːr] 形 旋回の, 回転する

girl [gœrl] 女 《英》(ミュージック・ホールの)踊り子

gir(o)- 接頭 (<ギ) = gyr(o)-

girofle [ʒirɔfl] 男 〔植〕クローヴ, 丁子(ちょうじ)(= clou de ~) ▶ **chou de ~** 〔チョウジノキの蕾(つぼみ)を乾燥した香味料〕

giroflée [ʒirɔfle] 女 〔植〕ニオイアラセイトウ

giroflier [ʒirɔflije] 男 〔植〕クローブ, 丁子

girolle [ʒirɔl] 女 〔植〕ジロール【アンズダケ科の食用キノコ】

giron [ʒirɔ̃] 男 ①(座っている人の)膝(ひざ)(の上) ②懐, ふところ ▶ **passer dans le giron de** … の傘下に入る ③〔建〕(階段の)踏み板(の幅)

girond(e) [ʒirɔ̃, -ɔ̃d] 形 ①《話・古》(人が)姿のよい ②《女》肉付きのよい, ぽっちゃりした

Gironde [ʒirɔ̃d] 固 ①《le ~》ジロンド川【ジロンド県【フランス南西部】 ③《集合的》(大革命時代の)ジロンド派

girondin(e) [ʒirɔ̃dɛ̃, -in] 形 ①ジロンド県(地方)の ②《史》ジロンド党の —名 《G-》①ジロンド県〔地方〕の人 ②《史》ジロンド党員

girouette [ʒirwɛt] 女 風見(かざみ), 風向計; くるくる意見の変る人

gis ... ⇒ **gésir**

gisant(e) [ʒizɑ̃, -ɑ̃ːt] 形 ①横たわっている —男 (墓の)横臥(おうが)した死者像

gisement [ʒizmɑ̃] 男 ①鉱脈; 鉱床; 地層 ▶ **gisement de pétrole** 石油鉱床 ②(貝類の)生息地; 潜在的な市場 ③《古》方位

gît [ʒi] gésir の直・現・3・単

gitan(e) [ʒitɑ̃, -an] 名 (スペインの)ジプシー —女《G-》 ジターヌ【フランスのたばこの名】

gîte [ʒit] 男 ①ねぐら, すみか, 宿; (バカンス用の)簡易宿泊所; ノウサギ(など)の巣

[むぐら] ▶donner le gîte et le couvert à …を泊める gîte d'étape 山小屋, ロッジ gîte rural (田舎の)民宿〖農家がヴァカンス客に貸す〗 ②(牛の)腿肉, もも肉(＝～ à la noix); 鉱床 ── 女 〖海〗船の座礁地点, (船の)傾斜 ▶donner de la gîte (船が)傾く

gîter [ʒite] 自 ①《文》住む, 宿る; (兎などが)巣を構える, 寝る ②(船が)座礁する; 傾く

giton [ʒitɔ̃] 男 《文》稚児〖男〗

givrage [ʒivraʒ] 男 ①(飛行機の翼, プロペラの)着氷

givrant(e) [ʒivrɑ̃, -ɑ̃t] 形 霧氷を生じさせる

givre [ʒivr] 男 霧氷; 雨氷; 霜

givré(e) [ʒivre] 形 ①霧氷で覆われた ▶orange givrée (皮の中に入った)オレンジシャーベット ②《話》頭がおかしい

givrer [ʒivre] 他 霧氷で覆う; (霜状の白い粉を)ふりかける; 着氷する ── 代動 〔se ～〕霧氷で覆われる, 着氷する

givreux(se) [ʒivrø, -øz] 形 (宝石が)曇りのついた

givrure [ʒivryr] 女 (宝石の)曇り

glabelle [glabɛl] 女 〖解〗眉間(さん)

glabre [glabr] 形 ひげのない; つるつるの

glaçage [glasaʒ] 男 ①(布地・紙などの)艶出し ②〖料〗(魚や肉に)照りをつけること; (菓子などに)糖衣をつけること

glaçant(e) [glasɑ̃, -ɑ̃t] 形 冷やかな, 冷たい

*glace [glas グラス] 女 ①(英 ice)氷; (複)氷塊, 流氷 ②冷凍, よそよそしさ ▶briser [rompre] la glace (会話の初めの)堅苦しさをとく rester de glace 冷淡である ③アイスクリーム ④(英 glass) (厚)板ガラス; (車の)ガラス窓, 鏡, 姿見 ⑤〖菓〗アイシング〖菓子の表面につける粉砂糖と卵白とを泡立てたもの〗; 〖料〗グラス〖ソースに用いるシロップ状に煮詰まった肉汁〗

*glacé(e) [glase グラセ] 形 ①凍った, 凍りついた; 凍るような, 冷えきった; 冷淡な, よそよそしい ▶café bien glacé アイスコーヒー[ティー] Servir glacé (注意書き)よく冷やしてお召し上がり下さい ②布地などの艶のある, 光沢をつけた; 〖菓〗糖衣をつけた

glacer [glase] 他 52 ①凍らせる; 冷やす (気持ちを)すくませる, 縮み上がらせる, ぞっとさせる ②(布地・紙などに)光沢をつける ③〖菓〗糖衣をつける; 〖料〗(魚や肉に)焼き色をつける; (野菜に煮汁で)照りをつける ── 自 〔血(が)凍る; 身が凍る; ぞっとする

glaciaire [glasjɛr] 形 氷(河)の ▶période glaciaire 〖地〗氷河期

glacial(ale) [glasjal] 形 (男複 -als, -aux[-o])①凍りつくような; 寒冷地の ②冷淡な, 冷ややかな

glaciation [glasjasjɔ̃] 女 〖地〗氷河作用; 氷河期

glacier [glasje] 男 ①氷河 ②アイスクリーム屋

glacière [glasjɛr] 女 氷室, アイスボックス; 冷蔵庫; (昔の)貯氷庫; 寒い部屋

glaciologie [glasjɔlɔʒi] 女 氷河学

glaciologique [glasjɔlɔʒik] 形 氷河学の

glaciologue [glasjɔlɔg] 名 氷河学者

glacis¹ [glasi] 男 ①(堡(ほ)塁前面の)斜堤 ②(大国の周辺の衛星国がつくる)緩衝地帯, 隣接諸国 ③(浸食による)斜面 ④〖建〗水垂れ

glacis² [glasi] 男 〖美術〗グラッシ, 上塗りの薄い色

glaçon [glasɔ̃] 男 ①氷, 氷塊 ②《話》(恋に動かされない)冷淡な人

glaçure [glasyr] 女 釉(うわぐすり)(を塗ること)

gladiateur [gladjatœr] 男 〖古代ローマの〗剣闘士

glaïeul [glajœl] 男 〖植〗グラジオラス

glaire [glɛr] 女 《古》(生の)卵の白身, 卵白; 〖医〗卵白状の粘液

glaireux(se) [glɛrø, -øz] 形 卵白状の, 粘液状の

glaise [glɛz] 女 ねば土; 粘土

glaiseux(se) [glɛzø, -øz] 形 粘土質の

glaive [glɛv] 男 (両刃の)剣; 《文》剣〖戦争や正義の象徴〗; 力, 権限

glanage [glanaʒ] 男 落穂拾い

gland [glɑ̃] 男 ①〖植〗どんぐり; (カーテンなどのどんぐり型の)総(ふさ) ②〖解〗亀頭 ③《話》おろか者, ばか

glande [glɑ̃d] 女 〖解〗腺(せん); 《話》腫れ物, ぐりぐり ▶avoir les glandes 怒る foutre les glandes à (人)をいらいらさせる

glandée [glɑ̃de] 女 どんぐり拾い

glander [glɑ̃de], glandouiller [glɑ̃duje] 自 《話》時間を無駄にする, のらくら過ごす; ぶらぶら歩きまわる ── 他 《話》する ▶Qu'est-ce que tu glandes? 何してるんだい

glandulaire [glɑ̃dylɛr], glanduleux(se) [glɑ̃dylø, -øz] 形 腺の; 腺質[腺状]の

glane [glan] 女 落穂拾い; ひとつかみの落穂 ▶glane d'oignons 紐でつなぎにした玉ねぎ

glaner [glane] 他 落穂を拾う; あちこちで拾い集める; (情報などを)拾い集める

glaneur(se) [glanœr, -øz] 名 落穂拾いをする人

glanure [glanyr] 女 (拾い集めた)落穂; (人の本などから)拾い集めたもの

glapir [glapir] 自 33 (動物が鋭い声で)鳴く; (人が)金切り声をあげる; 軋(きし)る, 不愉快な音をたてる ── 他 (金切り声で)わめく

glapissant(e) [glapisɑ̃, -ɑ̃t] 形 金切り声の, きゃんきゃん鳴く

glapissement [glapismɑ̃] 男 (動物の)鋭い鳴き声;(人間の)金切り声

glas [glɑ] 男 弔鐘 ► **sonner le glas de** …の終わりを告げる

glasnost [glasnɔst] 女 (ロシア) グラスノスチ, 情報公開

glatir [glatir] 自 33 (鷲が)鳴く

glaucomateux(se) [glokomatø, -øz] 形 〔医〕緑内障の

glaucome [glokom] 男 〔医〕緑内障

glauque [glok] 形 青緑色の

glaviot(er) [glavjote] 自 (俗)(つば・たんを)吐く

glèbe [glɛb] 女 〈文〉耕地;(封建時代の)農奴の属していた土地

glène¹ [glɛn] 女 〔解〕関節窩(か)

glène² [glɛn] 女 (一巻きの)ロープ

glénoïde [glenɔid] 形 〔解〕関節窩(か)の

glissade [glisad] 女 ①滑ること;下滑,(登山)グリセード ②グリサード【ダンスのステップ】 ③(飛行機の)曲飛び

glissage [glisaʒ] 男 伐採した木を山の斜面から滑らせて落すこと

glissant(e) [glisɑ̃, -ɑ̃t] 形 滑りやすい,危険な;つるっとした;ぬるりとした

glisse [glis] 女 (スキーの)滑りあい,滑り方 ► **sports de glisse** 滑走スポーツ【スキー, サーフィン, ボブスレーなど】

glissé(e) [glise] 形 (ダンスの)グリッセ(= **pas ~**)

glissement [glismɑ̃] 男 滑ること,滑り,滑走;(ある方向への)微妙な変化[変質] ► **glissement de terrain** 地滑り **glissement électoral** (…へ)多

*****glisser** [glise] グリセ 自 ①滑るように進む;(床・道路などが)滑りやすい;滑り[脱げ]落ちる;忍び込む,入って来る(…をかすめる,(微笑などが表情に)かすかに浮かぶ(**sur**) (…に)深入りしない, (…に)響かない(**sur**) ►**Glissons!** そのことを話すのはやめよう ③(…に)(知らず知らず,少しずつ)移行する,変る,(悪などに)はまり込む(**à, vers, dans**) ►**se laisser glisser** (話)死ぬ — 他 滑り込ませる, 差し込む;そっと知らせる[手渡す] ►**glisser un mot à l'oreille de ~** (…に)そっと耳打ちする — 代動 [**se ~**] (…に)忍び込む,そっと入る;滑り込む(**dans**);(…に)知らぬ間に入り込む(**dans**)

glisseur [glisœr] 男 ①(古)スケーター ②水中翼船 ③(数)スライディング・ベクトル

glissière [glisjɛr] 女 (引戸などの)滑り金具, レール 滑り溝;〔機〕(滑車などの)誘導装置 ► **glissière de sécurité** ガードレール **porte à glissière** 引戸

glissoir [gliswar] 男 (林木などの)滑削面

glissoire [gliswar] 女 ①氷滑りする道 ②滑り台

global(e) [glɔbal] 形 (男複 -aux [-o]) 全体の, ひとまとめにした;グローバルな, 地球規模の

globalement [glɔbalmɑ̃] 副 全体として

globalisant(e) [glɔbalizɑ̃, -ɑ̃t], **globalisateur(trice)** [glɔbalizatœr, -tris] 形 全体[総合]化する

globalisation [glɔbalizasjɔ̃] 女 全体[総合]化;地球[世界]化, グローバリゼーション

globaliser [glɔbalize] 他 全体的に見る, 総合する — 代動 [**se ~**] (市場の)総合[世界]化される

globalité [glɔbalite] 女 全体(性) ► **dans sa globalité** 全体的に

*****globe** [glɔb グローブ] 男 ①地球(儀);天体 ► **faire le tour du globe** 地球1周をする ②球,丸い球;球形の傘(カサ)[容器], (球形の)電灯の笠(かさをかぶった電燈) ► **globe oculaire** 眼球 ③(牛の)ももし肉, とくり肉

globe-trotter [glɔbtrɔtœr] 名 (〈英〉)世界を駆け巡る人, 世界旅行する人

globulaire [glɔbylɛr] 形 ①球形の ②血球の

globule [glɔbyl] 男 血球;〔生理〕小球 ► **globule polaire** 〔生〕極体 **globules blancs** 白血球 **globules rouges** 赤血球

globuleux(se) [glɔbylø, -øz] 形 ①球状の ②(眼球が)突出した

globuline [glɔbylin] 女 〔生化〕グロブリン

glockenspiel [glɔkœnʃpil] 男 〔楽〕鉄琴, グロッケンシュピール

*****gloire** [glwar グロワール] 女 (英 glory) 名誉, 栄光;名声;手柄, 功績;〔カト〕(神などの)栄光;(選ばれた者の)至福;〔美術〕(キリストの)後光, 光背;伝説化されたキリスト(画)像 ► **Ce n'est pas la gloire.** たいしたことではない **faire la gloire de** …の評判を高める **poème à la gloire de** …をたたえる詩

glorieusement [glɔrjøzmɑ̃] 副 名誉あるやり方で, 輝かしく;見事に

glorieux(se) [glɔrjø, -øz] 形 ①名誉[光栄]ある, 輝かしい;栄光に満ちた **Ce n'est pas très glorieux!** (話)あまりぱっとしない **Trente Glorieuses** [**Les ~**] 輝かしい30年【1945-75年のフランスの高度成長期】 **Trois Glorieuses** [**Les ~**] 栄光の3日間【1830年7月革命の7月27, 28, 29日;パリの民衆が蜂起し復古王政が倒れた】 ②〈文〉(…を)鼻にかけた, うぬぼれた(**de**);〈文〉壮麗[壮観]な ③〔宗〕至福を究めた, 栄光の

glorification [glɔrifikasjɔ̃] 女 賛美

glorifier [glɔrifje] 他 賛美する, ほめたたえる, 讃える — 代動 [**se ~**] (…の)光栄とする, 自慢にする(**de**)

gloriole [glɔrjɔl] 女 (下らない)自慢, うぬぼれ, 虚栄心;虚名

glose [gloz] 囡 注(釈); 無意味な[悪意ある]注釈

gloser [gloze] 他 注を加える ── 自 (…に)注釈を加える, (人のことを)とやかく言う (sur); 何か嫌味[下らないこと]を言う

glossaire [gloser] 男 (巻末の)用語解説, 語彙集; 古語[方言]辞典

glossateur [glosatœr] 男 注釈者

glossématique [glosematik] 囡 [言] 言語素論

glossème [glosɛm] 男 [言] 言語素

glosso-, -glosse 接頭 (<ギ) 舌の

glossolalie [glosɔlali] 囡 [宗] 異言

glossopharyngien(ne) [glosɔfarɛ̃ʒjɛ̃, -ɛn] 形 [解] 舌咽の

glottal(ale) [glotal] 形 (男複 -aux [-o]) [言] 声門音の

glotte [glɔt] 囡 [解] 声門

glottique [glɔtik] 形 [解] 声門の

glouglou [gluglu] 男 [話] ごぼごぼ(びんから水や酒の流れ出る音); ごくごく; (七面鳥や鳩の)鳴き声

glouglouter [gluglute] 自 [話] (びんなどから)流れ出る液体がごぼごぼという音を出す, ごくごくと飲む; (七面鳥・鳩が)くうくう鳴く

gloussement [glusmɑ̃] 男 (雌鶏の)こっこっと鳴く声; くすくす笑い

glousser [gluse] 自 (雌鶏が)こっこっと鳴く(ひなを呼ぶ声); くすくすと笑う

glouton(ne) [glutɔ̃, -ɔn] 形 むさぼり[がつがつ]食う ── 男 囡 大食い ── 男 クズリ【イタチ科の動物】

gloutonnement [glutɔnmɑ̃] 副 がつがつと, むさぼるように

gloutonnerie [glutɔnri] 囡 大食い; 食欲(ぼう)

gloxinia [gloksinja] 男 [植] グロキシニア

glu [gly] 囡 鳥もち; にかわ; [話] しつこくつきまとう人

gluant(e) [glyɑ̃, -ɑ̃t] 形 ねばねばした; (人が)しつこい, うるさい

gluau [glyo] 男 (複 ~x) もち竿(ざ)

glucagon [glykagɔ̃] 男 [生化] グルカゴン

glucide [glysid] 男 炭水化物

gluc(o)- 接頭 (<ギ) 「甘い」の意

glucose [glykoz] 男 ブドウ糖, グルコース

glume [glym] 囡 [植] 包穎(ほう)

gluon [glyɔ̃] 男 [物] グルーオン【クォーク間の相互作用を媒介する粒子】

glutamate [glytamat] 男 [化] グルタミン酸

glutamine [glytamin] 囡 [生化] グルタミン

glutamique [glytamik] 形 ▶**acide glutamique** グルタミン酸 (= glutamate)

gluten [glytɛn] 男 グルテン, 麩質(ふっ)

glycémie [glisemi] 囡 [医] 血糖値

glycéride [gliserid] 男 [化] グリセリド

glycérine [gliserin] 囡 [化] グリセリン

glycine [glisin] 囡 [生化] グリシン

glycine [glisin] 囡 [植] フジ

glyc(o)- 接頭 = gluc(o)-

glycogène [glikɔʒɛn] 男 [生化] グリコーゲン

glycogenèse [glikɔʒənɛz] 囡 [生化] グリコーゲン形成

glycogénique [glikɔʒenik] 形 [生化] グリコーゲン形成の

glycogénogenèse [glikɔʒenɔʒənɛz] 囡 [生化] グリコーゲン形成

glycol [glikɔl] 男 グリコール; エチレングリコール【不凍液として用いられる】

glycolipid [glikɔlipid] 男 [生化] 糖脂質

glycolyse [glikɔliz] 囡 [生化] 解糖系

glycolytique [glikɔlitik] 形 [生化] 解糖系の

glycoprotéine [glikɔprɔtein] 囡 [生化] 糖タンパク質

glycoprotéique [glikɔprɔteik] 形 [生化] 糖タンパク質の

glycosurie [glikɔzyri] 囡 [医] 糖尿

glycosurique [glikɔzyrik] 形 名 [医] 糖尿病の(患者)

glyphe [glif] 男 ① 字体 ② [考古] (石など)に刻された)文様, 文字

glyptique [gliptik] 囡 宝石彫刻術

glypt(o)- 接頭 (<ギ) 「彫刻」の意

glyptodon [gliptɔdɔ̃] 男, **glyptodonte** [gliptɔdɔ̃t] 男 [古代] グリプトドン【アメリカ大陸にいたカメのような哺乳類】

glyptographie [gliptɔgrafi] 囡 彫石学

glyptothèque [gliptɔtɛk] 囡 彫石(及び彫刻)陳列館[陳列室, コレクション]

GMT (略) (<英) Greenwich mean time グリニッジ標準時

gnac, gnaque [nak] 囡 [話] 負けん気

gnangnan [nɑ̃nɑ̃] 形 (不変) [話] すぐ泣きごとを言う; ぐずの, のろのろした ── 名 ふ抜けか, ぐずぐず言う人

gneiss [gnɛs] 男 [地] 片麻岩

gneissique [gnɛsik], **gneisseux(se)** [gnɛsø, -øz] 形 片麻岩の

GNL (略) gaz naturel liquéfié 液化天然ガス

gnocchi [nɔki] 男 (複) (イ) ニョッキ【小麦粉とじゃがいもなどで作るだんご状のパスタ】

gnognot(t)e [nɔɲɔt] 囡 [話] 下らないもの

gnôle, gnaule, gniôle [nol] 囡 [話] ブランデー; 蒸留酒

gnome [gnɔm] 男 [話] (醜い小人の姿をした)地の精; 醜い小人

gnomique [gnɔmik] 形 格言の

gnomon [gnɔmɔ̃] 男 日時計

gnon [ɲɔ̃] 男 (話) 殴ること, パンチ

gnose [gnoz] 女 [哲] グノーシス説

gnostique [gnostik] 形名 グノーシス派(の人)

gnou [gnu] 男 [動] ヌー

Go [ʒigaɔktɛt] 男 (略) gigaoctet ギガバイト

go¹ [go] 男 (<日) 碁

go² [go] 【成句でのみ】▶ **tout de go** (話) いきなり, 単刀直入に, ずばりと; 自由に, 無遠慮に

goal [gol] 男 (<英) ①ゴール・キーパー ②(古) ゴール

gobelet [gɔblɛ] 男 コップ, タンブラー; ダイス・カップ, 手品用のコップ ▶ **gobelet en papier** 紙コップ

gobeleterie [gɔb(ə)lɛtri] 女 ガラス食器製造(販売)業

gobeletier(ère) [gɔblǝtje, -ɛr] 名 ガラス食器製造(販売)業者

gobe-mouche(s) [gɔbmuʃ] 男 ①[鳥] ヒタキ;(話・古) 何でも真に受けるばか

gober [gɔbe] 他 丸のみにする, 嚙まずに食う;(話・古) 軽々しく信じる, うのみにする;(人) を好む, 尊敬する ― 代動 [**se ~**] (話) うぬぼれる, 自分を買いかぶる

goberger [gɔbɛrʒe] 代動 [**se ~**] 40 (話) 気楽にくつろぐ, 安楽に暮す; 宴会を催す

gobeur(se) [gɔbœr, -øz] 名 (話) 話をうのみにする人, 信じやすい人

godailler [gɔdɑje] 自 (服) に皺(ь)がよる

godasse [gɔdɑs] 女 (話) 靴

godelureau [gɔdlyro] 男 (複 ~x) (話) きざな男, 色男気取りの若者

godemiché [gɔdmiʃe] 男 張形(はりがた), ディルド

goder [gɔde] 自 (裁断のまずなどにより) 皺(ь)がよる

godet [gɔdɛ] 男 ①受け皿; 絵の具皿;(水車・ブルドーザーなどの) バケット ②(話) グラス;(小型) コップ ③(服の) 襞(ひだ), ひだ, フレア

godiche [gɔdiʃ] 形 名 (話) 無器用な(人), 間抜けな(人)

godille [gɔdij] 女 [海] 櫓(ろ), ともがい【小舟の船尾で左右にちどる運動させて漕ぐ】;[スキー] ウェーデルン

godiller [gɔdije] 自 櫓(ろ)[ともがい] で進むを操る;[スキー] ウェーデルンをする

godilleur(se) [gɔdijœr, -øz] 名 ウェーデルンをするスキーヤー; ともがいで漕ぐ人

godillot [gɔdijo] 男 ①兵隊靴;(話) どた靴 ②(主義などの) 盲目的信奉者; 腹心

godron [gɔdrɔ̃] 男 (銀器などの) 丸い浮彫模様

goéland [gɔelɑ̃] 男 [鳥] カモメ

goélette [gɔelɛt] 女 (2本マストの) スクーナー

goémon [gɔemɔ̃] 男 (ブルターニュ・ノルマンディ) 海藻 [ヒバマタやコンブなど]

gogo¹ [gogo] 男 (話) だまされやすい人

gogo² [gogo] 【成句でのみ】▶ **à gogo** (話) ふんだんに, 好きなだけ

gogs, gogues [gɔg] 男 (複) = **goguenots**

goguenard(e) [gɔgnar, -ard] 形 人をからかう, ひやかす

goguenarder [gɔg(ə)narde] 自 (文) ばかげた [冗談を言う, 人をからかう

goguenardise [gɔg(ə)nardiz] 女 からかい, 冷かし

goguenots [gɔg(ə)no] 男 (複) (話) トイレ

goguette [gɔgɛt] 女 ▶ **en goguette** (話) 上機嫌の(で), ほろ酔いの

goï [gɔj] 形名 (ユダヤ教徒から見て) 異教徒(の) (= goy)

goinfre [gwɛ̃fr] 形名 がつがつ食う(人)

goinfrer [gwɛ̃fre] 自 代動 [**se ~**] (…を) がつがつ食う (**de**)

goinfrerie [gwɛ̃frǝri] 女 (食べ方が) がつがつしていること

goitre [gwatr] 男 [医] 甲状腺腫

goitreux(se) [gwatrø, -øz] 形 甲状腺腫の ― 名 甲状腺腫患者

golden [gɔldɛn] 形 (不変) (<英) ゴールデン・デリシャス (= **pommes ~**)【黄色の果皮のリンゴ】

golf [gɔlf] 男 (<英) ゴルフ(場) ▶ **jouer au golf** ゴルフをする

golfe [gɔlf] 男 (大きく開いた) 湾; [**le G-**] ペルシャ湾 ▶ **États du ~** (ペルシャ湾の) 湾岸諸国 [**les ~s de Gascogne**] [**le ~**] (ビスケー湾 **golfe du Gulf** [**la ~**] 湾岸戦争

golfeur(se) [gɔlfœr, -øz] 名 ゴルファー

Goliath [gɔljat] 男 [聖] ゴリアテ【ダビデに殺されたペリシテ人の巨人】

golmotte 女, **golmote** [gɔlmɔt] 男 [植] テングタケ

gombo [gɔ̃bo] 男 [植] オクラ

gomina [gomina] 女 整髪用ポマード

gominé(e) [gɔmine] 形 (頭髪が) ポマードをつけた

gominer [gɔmine] 代動 [**se ~**] 頭髪にポマードをつける

gommage [gɔmaʒ] 男 ①ゴム(糊)を塗る[入れる]こと ②(ゴムで) 消すこと・観念・特色などを消すこと ③[美容] ゴマージュ【皮膚の表面の古い角質をとること】

*****gomme** [gɔm] 女 ゴム ①(英 eraser) 消しゴム; ゴム[樹皮から分泌する乳状液]; ゴム糊 ▶ **mettre la gomme** (話) 車のエンジンを吹かす, 全力を出す

gommé(e) [gɔme] 形 消しゴムで消した; ゴム糊をつけた

gommer [gɔme] 他 消しゴムで消す；消す，ぼかす，触れずにおく；忘れさせる

gomme-résine [gɔmrezin] 女 (複 ～s-～s) ゴム樹脂

gommette [gɔmɛt] 女 (紙のラベルなどの)シール

gommeux(se) [gɔmø, -øz] 形 (木がゴム質を採ることができる)；ゴム質の ― 男 (古)変にきざ過ぎる若者

gommier [gɔmje] 男 ゴムの木 [アカシア，ミモザなど乳状液を分泌する木の総称]

gonade [gɔnad] 女 〖解〗生殖腺

Goncourt [gɔ̃kur] ゴンクール [19世紀のEdmondとJulesの小説家兄弟]
▶ prix Goncourt ゴンクール賞 [フランスの文学賞]

gond [gɔ̃] 男 肘金(ひじがね)，蝶番(ちょうつがい)の受金 ▶ sortir de ses gonds 怒りを爆発させる

gondolage [gɔ̃dɔlaʒ] 男 (板などの)反ること，反り

gondolant(e) [gɔ̃dɔlɑ̃, -ɑ̃t] 形 (話)腹のよじれるほどおかしい

gondole [gɔ̃dɔl] 女 (ヴェネチアの)ゴンドラ

gondoler [gɔ̃dɔle] 自 (板などが)反る，ふくれる；(船体が)ゴンドラのように反る ― 代動 [se ～] 反る，(話) (腹をよじって)笑う

gondolier [gɔ̃dɔlje] 男 ゴンドラの船頭

-gone 接尾 (くぎ)「…角形」の意の男性形の名詞をつくる

gonflable [gɔ̃flabl] 形 ふくらませる，ふくらむ

gonflage [gɔ̃flaʒ] 男 (タイヤなどを)ふくらませること

gonflant(e) [gɔ̃flɑ̃, -ɑ̃t] 形 ①ふくらんだ ②(話)いらいらさせる

gonflé(e) [gɔ̃fle] 形 (< gonfler) (…で)ふくれた，はれた，一杯になった (de)；水増しした，誇張した ②(話)大胆な，あつかましい

gonflement [gɔ̃flɑ̃mɑ̃] 男 ふくらみ，はれ，膨張

gonfler [gɔ̃fle] ゴンフレ 他 ①(英 pump up) (空気やガスを入れて)ふくらませる；(心を)一杯にする；(…で)ふくらませる (de) ②水かさを増す；(計算などを)水増しする，誇張させる ③(話)(自動車のエンジンなどを)チューンナップする ― 自 ふくらむ，かさを増す；(手足などが)はれる ― 代動 [se ～] ふくらむ，はれる，かさを増す；(…で)心が一杯になる (de) ②(話)うぬぼれる

gonflette [gɔ̃flɛt] 女 (話・軽蔑的)ボディービルの練習

gonfleur [gɔ̃flœr] 男 空気入れ，ポンプ

gong [gɔ̃g, gɔ̃] 男 どら，ゴング

goniomètre [gɔnjɔmɛtr] 男 測角器，角度計

goniométrie [gɔnjɔmetri] 女 測

gonocoque [gɔnɔkɔk] 男 〖医〗淋(りん)菌

gonzesse [gɔ̃zɛs] 女 (話・軽蔑的)女，あま；(男に対して)ふけけ

gordien(ne) [gɔrdjɛ̃] 形 (男性形のみ) ▶ trancher le nœud gordien (文)難問を一挙に解決する；快刀乱麻を断つ

gore [gɔr] 男 (不変)(小説・映画での)流血シーン(の)

goret [gɔrɛ] 男 子豚；(話)汚い子

goretex [gɔrtɛks] 男 〖商標〗ゴアテックス〖透湿防水性の合成繊維〗

gorge [gɔrʒ] ゴルジュ 女 ①(英 throat) のど；咽喉(いんこう) ▶ Cela m'est resté dans [en travers de] la gorge. それを受け入れることはできない；それを言い出すことはできなかった faire des gorges chaudes de …をあからさまにからかう prendre … à la gorge …の首根っこを押さえる rire à gorge déployée 大声で笑う，心の底から笑う ②(文)(女の)胸，乳房 ③峡谷；(滑車などの)溝

gorgé(e) [gɔrʒe] 形 (…で)いっぱいの，満ちた

gorge-de-pigeon [gɔrʒdəpiʒɔ̃] 形 (光の当たり具合で)色の変わる，玉虫色の

gorgée [gɔrʒe] 女 (飲み物の)一口，一飲み

gorger [gɔrʒe] 他 無理に食べさせる (de) ― 代動 [se ～] (…を)一杯食べる[飲む] (de)；(…で)一杯になる (de)

gorgone [gɔrgɔn] 女 〖動〗ヤギ目 [暖海にいる扇状サンゴ]

Gorgones [gɔrgɔn] 女 (複) [les ～] 〖ギ神〗ゴルゴン〖蛇の頭髪で恐ろしい顔をした3人姉妹の怪物；メドゥーサはその1人〗

gorgonie [gɔrgɔni] 女 = gorgone

gorgonzola [gɔrgɔ̃zɔla] 男 ゴルゴンゾラ〖イタリア北東部産のブルーチーズ〗

gorille [gɔrij] 男 ①ゴリラ ②(話)(要人につく)ボディーガード

gosette [gɔzɛt] 女 (ベルギー)(半円形の)果物のパイ

gosier [gozje] 男 のど；咽頭；声(帯) ▶ avoir le gosier sec (話)のどがからからである chanter à pleine gosier 声を張り上げて歌う

gospel [gɔspɛl] 男 (英) ゴスペル

gosse [gɔs] ゴス 名 (話)子ども，がき；(親に対する)子ども ▶ beau gosse 美少年 belle gosse 美少女 sale gosse 悪ガキ

Goth [go] 男 ゴート人；(複)ゴート族〖4世紀ごろからローマ帝国に侵入したゲルマン民族〗

gotha [gɔta] 男 上流社会

gothique [gɔtik] 形 ①〖美術〗ゴシック様式の ②ゴート族の ― 男 ①ゴシック様式 ② = gotique ― 女 (術)

gotique [gɔtik] 形 ゴシック式の；ゴート族の — 男 ゴート語【東ゲルマン語に属する言語；現在は死滅】

goton [gɔtɔ̃] 女 《古・話》尻軽女

gouache [gwaʃ] 女 《美術》グワッシュ【アラビアゴムが媒材の不透明水彩絵の具】；グワッシュ画

gouacher [gwaʃe] 他 グワッシュ(画法)で描く

gouaille [gwaj] 女 あざ笑うこと，嘲笑

gouailler [gwaje] 自 あざ笑う，からかう —— 他 《古》(人を)あざける

gouaillerie [gwajri] 女 からかい，嘲笑

gouailleur(se) [gwajœr, -øːz] 形 嘲笑する，からかう

gouape [gwap] 女 《俗》ごろつき，与太者

gouda [guda] 男 ゴーダ【オランダ産の硬質チーズ】

goudron [gudrɔ̃] 男 タール；アスファルト

goudronnage [gudrɔnaːʒ] 男 タールを塗ること；アスファルト舗装

goudronner [gudrɔne] 他 タールを塗る

goudronneux(se) [gudrɔnø, -øːz] 形 タール質の —— 女 タール(アスファルト)撒布機

gouffre [gufr] 男 淵(ふち)，深潭，深み；深い穴[裂け目]；(海の)渦(巻)；(金銭を)吸込むもの；浪費家 ▶ *être au bord du gouffre* 危機に瀕している

gouge [guʒ] 女 円鑿(まるのみ)

gouger [guʒe] 他 円鑿で彫る

gougère [guʒɛr] 女 グジェール【グリュイエルチーズの入ったシュー】

gougnafier [guɲafje] 男 《話》ろくでなし

gouine [gwin] 女 《軽蔑的》同性愛の女，レズ

goujat(e) [guʒa, -at] 形 無作法な —— 男 ぶ行無作法な男

goujaterie [guʒatri] 女 無作法，粗野な行為

goujon¹ [guʒɔ̃] 男 《魚》カワハビ

goujon² [guʒɔ̃] 男 《機》つぼがね；ほぞ

goujonner [guʒɔne] 他 植込みボルトで接合[固定]する

goujonnière [guʒɔnjɛːr] 形 ▶ *perche goujonnière* 《魚》スズキの一種(淡水魚) (= grémille)

goulache, goulasch [gulaʃ] 男女 グラッシュ【ハンガリーのパプリカ入りの牛肉とタマネギのシチュー】

goulag [gulag] 男 (ソビエトの)強制収容所

goulée [gule] 女 《話》ほおばること；一口，一息

goulet [gulɛ] 男 山間(やまあい)の狭い道；狭い港口

gouleyant(e) [gulɛjɑ̃, -ɑ̃ːt] 形 (ワイン)の口当たりのよい，さっぱりした

goulot [gulo] 男 (びんなどの)首 ▶ *boire au goulot* ラッパ飲みする

goulu(e) [guly] 形 大食の，食欲な；むさぼるような —— 名 大食い ▶ *pois goulus* サヤインゲン，サヤエンドウ

goulûment [gulymɑ̃] 副 むさぼるように

goupil [gupi(l)] 男 《文・古》キツネ

goupille [gupij] 女 止めピン，割りピン，コタピン

goupiller [gupije] 他 ①ピンで止める ②《話》行う，取り計らう ▶ *se ~* (《話》行われる[代動] ▶ *Ça s'est bien goupillé*. 《話》うまくいった[いかなかった]．

goupillon [gupijɔ̃] 男 ①《カト》潅水器 ②(びんを洗う)棒ブラシ

gourance [gurɑ̃ːs], **gourante** [gurɑ̃ːt] 女 《話》間違い，ミス

gourbi [gurbi] 男 ①(アルジェリアの)あばら屋，小屋 ②《話》あばら屋 ③《俗》(軍隊で)簡単な[小さい]小屋

gourd(e) [guːr, -urd] 形 かじかんだ

gourde [gurd] 女 ①水筒；ひょうたん；柳のこもをかぶったびん ②《話》ばか，間抜け

gourdin [gurdɛ̃] 男 《話》こん棒

gourer [gure] [代動] ▶ *se ~* 《話》間違う

gourgandine [gurgɑ̃din] 女 《話・古》浮気女

***gourmand(e)** [gurmɑ̃, -ɑ̃ːd] グルマン(ド) 形 食い道楽の，食いしんぼうの；物欲しげな，食欲(しょく)な；やたらに金銭を欲しがる —— 名 食いしんぼう，美食家

gourmander [gurmɑ̃de] 他 ①厳しく叱責する ②《古》(馬を)手荒く扱う；制御する

gourmandise [gurmɑ̃diːz] 女 ①食いしんぼう，食道楽，大食 ②《複》ごちそう，甘いもの

gourme [gurm] 女 《古》湿疹(しっしん)；(馬の)腺疫(せんえき)

gourmé(e) [gurme] 形 《文》堅苦しい，取り澄ました

***gourmet** [gurmɛ] グルメ 男 ①グルメ，食通 ②ワインの鑑定家

gourmette [gurmɛt] 女 ①(時計・腕輪の)鎖 ②(馬の)くつわ鎖

gourou [guru] 男 (バラモン教の)指導者；精神的指導者

gousse [gus] 女 ①(豆などの)さや ②(ニンニクなどの)ひとかけら

gousset [gusɛ] 男 ①(チョッキやズボンの)小ポケット ②(昔の)小さな財布

***goût** [gu] グー 男 ①味，風味；味覚 ▶ *donner du goût à...* …に風味を加える *faire passer à qn le goût du pain* …の生命[気力]を奪う；やる気を失させる *sans goût* まずい ②(…への)意欲，関心 (à)；(…に対する)好み (de, pour)；(しばしば複) 好み，性

向; 趣味, センス, 鑑賞力, 美的感覚; 風(ऱ्क), 流儀 《dans》 ▶**à son goût** …の好み[判断]で **au goût du jour** 流行の **avoir le goût de ...** (人が)…の傾向がある, 好きである **de bon [mauvais] goût** 趣味のいい[悪い] **Des goûts et des couleurs (on ne discute pas).** (ことわざ)十人十色 **manquer de goût** センスがない **prendre goût à** …が好きになる

*goûter [gute グテ] 他 ① 味わう, 味をみる; 楽しむ, めでる ② 《文》愛好する, (高く)評価する ── 自 ①(…の)味をみる《à》; (…を)試食[試飲]する《de》; (…を)経験する《de》 ② おやつを食べる ── 代動 **se ~** 味わわれる ── 男 おやつ

goûteur(se) [gutœr, -øːz] 名 ① 味見[利き酒]をする人 ② おやつを食べる人

*goutte¹ [gut グット] 女 ① しずく, 水滴; (飲食などの)少量, 微量; 《点滴の滴下量; 《複》点眼[鼻]薬 ▶ **avoir la goutte au nez** 鼻水が出る **C'est la goutte (d'eau) qui fait déborder le vase.** それが我慢の限界だ **C'est une goutte d'eau dans la mer.** それは大海の一滴だ ▶ **goutte d'eau** 水滴 ▶ **pleuvoir à grosses gouttes** 大粒の雨が降る

goutte² [gut] 女 〔医〕痛風

goutte-à-goutte [gutaagut] 男 〔不変〕〔医〕点滴(装置)

gouttelette [gutlɛt] 女 小さなしずく, 水滴

goutter [gute] 自 したたり落ちる; しずくを垂らす

goutteux(se) [gutø, -øːz] 形 痛風(持ち)の ── 名 痛風患者

gouttière [gutjɛːr] 女 樋(ਁ); 副木(ਁ); [骨折した手足を固定する]; 《古》軒(ਁ), 屋根

gouvernable [guvɛrnabl] 形 統治[支配]できる

gouvernail [guvɛrnaj] 男 (船・飛行機の)舵(ਁ); 指揮(権), かじ取り ▶ **être au gouvernail / tenir le gouvernail** 指揮する

gouvernance [guvɛrnɑ̃ːs] 女 ①(セネガルの)地方行政職 ②〔史〕(アルトワ地方とフランドル地方の)裁判所

gouvernant(e) [guvɛrnɑ̃, -ɑ̃ːt] 形 支配する, 政権を握っている ── 男 統治者, 支配者 ── 女 《古》(女の)家庭教師; 家政婦

gouverne [guvɛrn] 女 ▶ **pour votre gouverne** ご参考までに

gouverné(e) [guvɛrne] 形 統治された ── 名 被支配者

*gouvernement [guvɛrnəmɑ̃ グヴェルヌマン] 男 ①(英 government) 政府, 内閣, 政権 ⇨[コラム: フランスの政治制度] ② 政治形態, 政体 ③ 統治, 支配 ④ 管理, 指導, 制御; 〔史〕(旧制度の)地方総監[知事]の統治区; (植民地の)総督府 ▶ **former le gouvernement** 組閣する

gouvernemental(ale) [guvɛrnəmɑ̃tal] 形 (男複 -aux[-o]) 政府(側)の ▶ **équipe gouvernementale** [l'~]

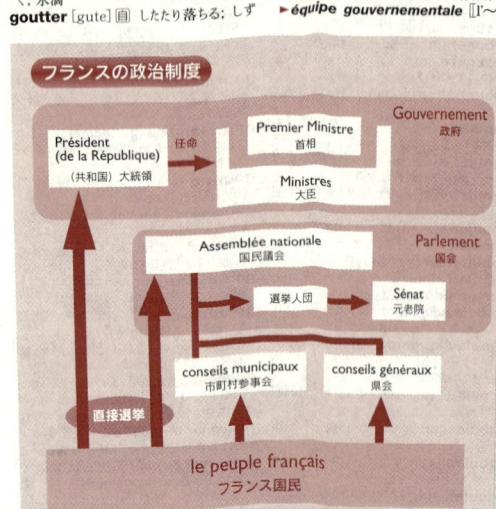

フランスの政治制度

Président (de la République) (共和国)大統領 →任命→ Premier Ministre 首相 → Ministres 大臣 → Gouvernement 政府

Assemblée nationale 国民議会 / Sénat 元老院 → Parlement 国会

選挙人団

conseils municipaux 市町村参事会 / conseils généraux 県会

直接選挙

le peuple français フランス国民

内閣 *organes gouvernementaux* 政府機関 *parti gouvernemental* 与党

gouverner [guverne グヴェルネ] 他 統治する，支配する；(船の)かじをとる；(…を)操る；(感情などを)抑える；(人を)支配する；〔文法〕支配する ── 自 統治する；(人が)舵をとる，(…に)向かう；(船が)舵に従う ── 代動 [se] ── 受動 統治される ② 〔文〕自制して行動する

gouverneur [guvernœr] 男 ①総裁；要塞[軍]司令官 ②(アメリカ合衆国の)州知事 ③(植民地の)総督 ④〔古〕家庭教師

gouzi-gouzi [guziguzi] 男〔話〕(くすぐるときの)こちょこちょ

goy [gɔj] 男 (複 ∼s, *goyim* [gɔjim])(ユダヤ教徒から見た)異教徒

goyave [gɔjav] 女〔植〕グァバの実

goyavier [gɔjavje] 男〔植〕グァバの木〖熱帯アメリカ原産；実は生食したり，ジャムにする〗

GPAO (略) *gestion de la production assistée par ordinateur* 〔情報〕コンピュータ支援生産管理

GPL (略) *gaz de pétrole liquéfiés* 液化石油ガス

GR (略) *grande randonnée* 自然歩道

gr (略) *grade* [grad] グレード; *gramme* [gram] グラム

Graal [gra(a)l] 男〔キ教〕聖杯 ▸ *quête du Graal* 〖*la* ∼〗(中世騎士物語の)聖杯の探索

grabat [graba] 男 粗末なベッド；〔古〕病床

grabataire [grabatɛr] 形名 寝たきりの(病人，老人)

grabuge [graby3] 男〔話〕けんか，騒動

***grâce** [grɑs グラース] 女 ①〔英 grace〕優雅さ，しとやかさ，魅力；〔複〕魅力，美貌，気取り ▸ *avec grâce* しとやかに ▸ *avoir mauvaise grâce à* …するのは適当でない ▸ *plein de grâce* しとやかな ▸ *trouver grâce auprès* [*aux yeux de*] …に気に入られる ②厚意，恩恵；(神の)恩寵，許し；〔法〕特赦 ▸ *à la grâce de Dieu* 天に任せて *De grâce!* お願いだから *délai de grâce* (債務の)猶予期間 *demander grâce pour* …の猶予を求める *donner le coup de grâce à* …に止めを刺す *être dans les bonnes grâces de* …に気に入られている *faire* … *de* [*avec*] *bonne* [*mauvaise*] *grâce à* 熱心に[嫌々ながら]…してやる *faire grâce à B A* B(人)にA(人)を許してやる，めんじてやる *grâce présidentielle* 大統領の恩赦 ③▸感嘆詞▸ *grâce à* …のおかげで ▸ *votre Grâce* (公爵)閣下，(司教)猊下〖英国の公爵・司教などに対する尊称〗

gracier [grasje] 他〔法〕特赦する

gracieusement [grasjøzmɑ̃] 副 優雅に，美しく，しとやかに，愛想よく；無料で

gracieuseté [grasjøzte] 女〔文〕愛想のよさ；愛想のよい行為；〔古〕心づかい，祝儀

***gracieux(se)** [grasjø, -øz] グラスィユー(ーズ) 形 ①〔英 graceful〕優雅な，しとやかな，やさしい；愛想のよい ②無料の，無報酬の

gracile [grasil] 形〔文〕か細い，きゃしゃな

gracilité [grasilite] 女〔文〕きゃしゃさ，か細さ

gradation [gradasjɔ̃] 女 漸(ぜん)増；〔楽・美術〕漸次的な推移，グラデーション；段階

grade [grad] 男 ①〔英 rank〕階級，等級〖とくに軍隊の階級〗；(大学の)学位，称号 ▸ *en prendre pour son grade* ひどく叱られる *monter en grade* 昇進する ②グレード〖直角の100分の1を表す角度の単位；略 gr〗

-grade 接尾 〈ラ〉行く」「歩く」の意の形容詞[名詞]をつくる

gradé(e) [grade] 形 下士級の ── 男 下士官

gradient [gradjɑ̃] 男 勾配，傾度

gradin [gradɛ̃] 男 階段席，観客席，スタンド；段(状)

gradua [gradɥa] 男〔ベルギー〕(専門学校などの)修了証

graduation [gradɥasjɔ̃] 女 目盛り(をつけること)

gradué(e) [gradɥe] 形 目盛のある；段階的な

graduel(le) [gradɥɛl] 形〔英 gradual〕漸進的な，段階的な ── 男〔カト〕昇階誦；ミサ聖歌集

graduellement [gradɥɛlmɑ̃] 副 次第に，少しずつ

graduer [gradɥe] 他 ①漸進[漸増]させる；(問題などの)少しずつ程度を上げる ②(…に)目盛をつける ③〔古〕学位を与える

graffiter [grafite] 他 落書きする，落書きでおおう

graffiteur(se) [grafitœr, -øz] 名 落書きする人

graffiti [grafiti] 男〔複〕落書；グラフィティアート

grafigne [grafin] 女〔カナダ〕引っ掻き傷

grafigner [grafine] 他〔古・方〕引っ掻く

grailler¹ [graje] 自他〔話〕食う

grailler² [graje] 自 ①叫ぶ ②しゃがれた声でしゃべる ③〔猟〕テュバを吹いて猟犬を呼び集める

graillon¹ [grajɔ̃] 男 (脂の)焦げた悪臭；揚げかす；〔複〕脂っこい料理

graillon² [grajɔ̃] 男〔俗〕痰(たん)

graillonnant(e) [grajɔnɑ̃, -ɑ̃t] 形 痰(たん)のからんだ声の

graillonner[1] [grɑjɔne] 自 焦げた脂の臭いがする

graillonner[2] [grɑjɔne] 自 《話》(痰(た)を出すために)咳(せき)払いする, 痰のからんだ声でしゃべる

grain [grɛ̃ グレン] 男 ①穀粒; 穀物; 種子; 粒状の(果)実; (砂やほこりなどの)粒; ビーズ; きめ, 粒子; わずかな量 ▶ **avoir un (petit) grain** 少し頭が変だ *café en grains* (ひいてない)コーヒー豆 *grain de beauté* ほくろ *grain de café* コーヒー豆 *grain de poivre* コショウの実 *grain de sable* ちょっとした問題 *mettre son grain de sel* 《話》口をはさむ *un grain de…* ごくわずかの… ②にわか雨; 突風, スコール ▶ **essuyer un grain** にわか雨にあう *veiller au grain* 慎重に事を運ぶ

grainage [grɛnaʒ] 男 = grenage

graine [grɛn グレヌ] 女 (英 seed) 種, 種子; 卵子 ▶ **casser la graine** 《話》食事をする *en prendre de la graine* 手本にする *graine de…* (軽蔑的な)犯罪者などの…の卵 *mauvaise graine* 末恐ろしいガキ *monter en graine* (植物が)実をむすぶ; (子どもが)急に大きくなる; (女性の)婚期を逃す

graineterie [grɛntri] 女 穀類・種子業店

grainetier(ère) [grɛntje, -ɛr] 名 穀類・種子商人

graissage [grɛsaʒ] 男 注油, グリースを塗ること

graisse [grɛs グレス] 女 ①脂肪, 油; (人間の)脂肪, 肥満 ②グリース;(ワイン・ビールなどが)変質して粘っこくなること; (活字の)太さ

graisser [grese] 他 グリース[油]を塗る, 油をさす; 油で光沢を出す; 油のしみをつける ▶ **graisser la patte à…** を買収する ― 自 (ワインなどが)変質して粘っこくなる

graisseur [grɛsœr] 男 グリース工; 注油器

graisseux(se) [grɛso, -øz] 形 油で汚れた; 脂肪質の

gramen [gramɛn] 男《文・古》芝生

graminacées [graminase] 女 複〘植〙イネ科

graminée [gramine] 女 イネ科植物

grammaire [gra(m)mɛr グラメール] 女 (英 grammar) 文法(学); 文法書;(芸術などの)法則 ▶ **faute de grammaire** 文法的な誤り, 文法ミス

grammairien(ne) [gra(m)mɛrjɛ̃, -ɛn] 名 文法家[学者]

grammatical(ale) [gra(m)matikal] 形(男複 -aux[-o]) 文法(上)の; 文法(の規則)にかなった

grammaticalement [gra(m)matikalmɑ̃] 副 文法的に, 文法上

grammaticaliser [gramatikalize] 他 文法化する,(普通の語を)文法要素にする

gramme [gram グラム] 男 グラム【単位】; 微量 ▶ **n'avoir pas un gramme de…** …のひとかけらもない

-gramme [gram グラム]〘接〙(ギ)「文字」「書かれたもの」の意の語をつくる

grand(e) [grɑ̃, -ɑ̃d グラン(ド)] 形〖男性名詞の前のリエゾンでは [grɑ̃t] となる〗①背が高い, 大きい; 年長の, 大人になった; (寸法などが)大きい, 長い; (程度の)大きい, ひどい; 重要な, 主要な; 偉大な, 高級な; (数量などが)たっぷりの, たくさんの ▶ **grand ensemble** (郊外の)大団地 *grand magasin* デパート, 百貨店 *grand vin* 銘柄ワイン *grande homme* [grɑ̃tɔm] 立派な人 [homme grand は「背が高い男」] ②大きく; 広く ― 名 年長の子ども; 上級生;(子どもから見ての)大人 ― 男〖ときにはG-〗大国; 大企業(グループ);大物, 実力者; 偉大なもの

grand-angle [grɑ̃tɑ̃gl], **grand-angulaire** [grɑ̃tɑ̃gylɛr] 男〘写〙広角レンズ

grand-chose [grɑ̃ʃoz グランショーズ] 代 (不定)〖否定形でのみ〗大したこと[もの] (ではない) ▶ **un pas grand-chose**《話》取るに足らない男[女]

grand-croix [grɑ̃krwa] 女 (不変)(レジョン・ドヌールなどの)最高等勲章 ― 男(複 ~s) 最高勲章佩綬(はいじゅ)者

grand-duc [grɑ̃dyk] 男(複 ~s) 大公 ▶ **tournée des grands-ducs**《話》お大尽遊び, 豪遊

grand-duché [grɑ̃dyʃe] 男(複 ~s) 大公国; 大公領

Grande-Bretagne [grɑ̃dbrətaɲ] 女〘地〙グレートブリテン(島), イギリス

grande-duchesse [grɑ̃ddyʃɛs] 女(複 ~s) 女大公; 大公妃

grandement [grɑ̃dmɑ̃] 副 大いに, すっかり; 並外れて(ぜいたくに), 多量に; 気前よく, 存分に; 気高く

grandeur [grɑ̃dœr グランドゥール] 女 ①大きさ, 規模; 重大さ ▶ **en route grandeur nature** 実物大の ②偉大さ, 壮大さ; 高貴, 崇高; 栄光, 栄華, 権勢 ③(星の)光度, 等級

Grand-Guignol [grɑ̃ɡiɲɔl] 男 ①〖グラン・ギニョル座〗[モンマルトルにあった猟奇専門の劇場] ②グロテスクなもの[ことの例え]

grand-guignolesque [grɑ̃ɡiɲɔlɛsk] 形 (複 ~~s) グロテスクな, 奇怪な

grandiloquence [grɑ̃dilɔkɑ̃s] 女 大仰な話し方[文体], 大言壮語

grandiloquent(e) [grɑ̃dilɔkɑ̃, -ɑ̃t] 形 [話し方などが]大仰な, 大言壮語の

grandiose [grɑ̃djoz] 形 雄大な, 荘厳な, 堂堂たる ― 男 雄大〖荘厳〗さ

grandir [grɑ̃dir グランディール] 自 ③③

grandissant(e) (英 grow) 大きくなる, 成長する; (英 increase) 増大する, 広がる; 偉大[立派]になる ▸**grandir en ...** ますます…になる ——他 (…を)大きく見せる; 誇張する; 大げさに考える; (人を)偉く[立派に]見せる ——[代動] **se** ~ 自分を大きく[高く]見せる; 偉くなる

grandissant(e) [grɑ̃disɑ̃, -ɑ̃t] 形 (徐々に)大きくなる

grandissement [grɑ̃disəmɑ̃] 男 大きくなる[なった]こと, 増大

grandissime [grɑ̃disim] 形 (話) 非常に大きい

grand(-)livre [grɑ̃livr] 男 (複 ~s-~s) 原簿, 台帳

grand-maman [grɑ̃mamɑ̃] 女 (複 ~(s)-~s) (話・古) おばあちゃん

*:**grand-mère** [grɑ̃mɛr] グランメール 女 (複 ~s-~s, 英 grandmothers) ① 祖母 ②(話) 老婆

grand-messe [grɑ̃mɛs] 女 (複 ~(s)-~s) [宗] 荘厳ミサ; (政治的)大式典, 大祭典

grand-oncle [grɑ̃tɔ̃kl] 男 (複 ~s-~s[grɑ̃zɔ̃kl]) 大伯父, 大叔父

grand-papa [grɑ̃papa] 男 (複 ~s-~s) (話・古) おじいちゃん

grand-peine [grɑ̃pɛn] [成句でのみ] ▸**à grand-peine** 悪戦苦闘して, かろうじて, やっとのことで

*:**grand-père** [grɑ̃pɛr] グランペール 男 (複 ~s-~s, 英 grandfathers) ① 祖父 ②(話) 老人

grand-rue [grɑ̃ry] 女 (複 ~(s)-~s) (村などの)大通り

*:**grands-parents** [grɑ̃parɑ̃] グランパラン 男 (複) (英 grandparents) 祖父母

grand-tante [grɑ̃tɑ̃t] 女 (複 ~(s)-~s) 大伯母, 大叔母

grand-voile [grɑ̃vwal] 女 (複 ~(s)-~s) [海] 主檣帆(ほ), 主帆

grange [grɑ̃ʒ] 女 (農家の)納屋, 穀倉

grani- [接頭] (ラ) 「細粒」の意

granit, granite [granit] 男 花崗(こう)岩

granité(e) [granite] 形 (花崗(こう)岩のように)ぶつぶつした ——男 グラニテ 【ざらざらした粒状のシャーベット】

graniter [granite] 他 花崗岩模様にする

graniteux(se) [granitø, -øz] 形 花崗(こう)岩状の

granitique [granitik] 形 花崗岩(質)の; 花崗岩と成る

granitoïde [granitɔid] 形 花崗(こう)岩に似た

granivore [granivɔr] 形 (鳥類が)穀物を餌とする ——男 (複) 穀食鳥類

granny (**smith**) [grani (smis)] 女 (不変) (<英) グラニースミス【酸味の強い青リンゴ】

granulaire [granyler] 形 細粒より成る

granulation [granylasjɔ̃] 女 ①(<複) (表面の)ぶつぶつ[ざらざら] ②細粒化; 水銀粒 ③[医] 肉芽

granule [granyl] 男 細粒(丸薬)

granulé(e) [granyle] 形 細粒状の, 顆(か)粒状の ——男 顆粒剤

granuler [granyle] 他 細粒にする

granuleux(se) [granylø, -øz] 形 ①粒状の; ぶつぶつ[ざらざら]した ②[医] 顆(か)粒状の, 肉芽の

granulome [granylom] 男 [医] 肉芽腫

granulométrie [granylɔmetri] 女 粒径

granulométrique [granylɔmetrik] 形 粒径の

-graphe [接尾] (<ギ) 「書く人[装置]」「書くこと」の意の語をつくる

graphe [graf] 男 図表, グラフ

graphème [grafɛm] 男 [言] 記素, 文字素

grapheur [grafœr] 男 [情報] グラフィック・ソフト

graphie [grafi] 女 [言] 記号文字使用, 書法

-graphie [接尾] (<ギ) 「書くこと」の意の語をつくる

graphique [grafik] 形 ①グラフにより, 線・図形などで表した, 視覚記号的な ②[情報] グラフィックスの ——男 図表, グラフ ▸**graphique à secteurs** 円グラフ **graphique en barres** 棒グラフ

graphiquement [grafikmɑ̃] 副 図表[グラフ]によって

graphisme [grafism] 男 筆跡, 字体; 画法, 画風; 図案, 図柄

graphiste [grafist] 名 グラフィック・デザイナー

graphite [grafit] 男 [鉱] 石墨, 黒鉛, グラファイト

graphiteux(se) [grafitø, -øz] 形 黒鉛(グラファイト)を含む

graphitique [grafitik] 形 黒鉛(グラファイト)の

graphologie [grafɔlɔʒi] 女 筆相学, 筆跡学

graphologique [grafɔlɔʒik] 形 筆相学[筆跡学]上の

graphologue [grafɔlɔg] 名 筆相学者[筆跡学者]鑑定家

*:**grappe** [grap, グラプ] 女 (英 cluster) ①[植] 総状花序 ②(ブドウなどの)房, 群 ▸**en [par] grappes** 房状に: **grappe de raisin** ブドウの房 **lâcher la grappe à** …をそっとしておく

grappillage [grapijaʒ] 男 (ブドウなどの)摘み残しを集めること; ちょっとした盗み, つまみ食い

grappiller [grapije] 他 (花・果実を)摘む; 拾い集める; (情報などを)くすねる,

grappilleur(se) [grapijœr, -øz] 名 《話》くすねる人, つまみ食いする人

grappillon [grapijɔ̃] 男 (ブドウの)小房

grappin [grapɛ̃] 男 四爪アンカー, ひっかけ錨(いか); 鉤 ▶ **mettre le grappin sur** (人)をつかまえて離さない, 独り占めする

‡**gras(se)** [gra, -ɑs グラ(ス)] 形 ①(英 fat)脂肪質の, 脂肪の多い; 脂で汚れた; ねっとりした ②太った, 肥満した; 肉太の, 分厚い ▶ **caractère gras** ゴシック体 ③[多くの名詞の前] 豊富な ▶ **faire la grasse matinée** 朝寝坊する ── 男 (肉の)脂身; (体の)肉が盛り上がった部分; 太い活字, ゴシック活字 ▶ **en gras** ゴシック体で ── 副 ▶ **faire [manger] gras** gras 肉食する

gras-double [grɑdubl] 男 [料] ミノ 【牛の第1胃】

grassement [grɑsmɑ̃] 副 ぜいたくに, ぬくぬくと; 気前よく, 過分に

grasseyement [grasɛjmɑ̃] 男 r の喉での発音

grasseyer [graseje] 自他 r を喉で発音する

grassouillet(te) [grasujɛ, -ɛt] 形 ぽっちゃりした, ぽちゃぽちゃした

gratifiant(e) [gratifjɑ̃, -ɑ̃t] 形 [心] 満足感を与える

gratification [gratifikasjɔ̃] 女 ①特別手当, 心付け ②[心] 満足感

gratifier [gratifje] 他 ①(人に)(ものを) (気前よく)与える, 報いる(de) ②(いやなものを)浴びせる, 報いる ③[心] 満足感を与える

gratin [gratɛ̃] 男 ①[料] グラタン ②《話》社会の最上層, 上流社会

gratiné(e) [gratine] 形 (< gratiner) ①グラタンにした ②(話)抜群の, 途方もない ── 男 オニオン・スープ

gratiner [gratine] 他 グラタンにする

gratis [gratis] 副 《ラ》無料で ── 形《不変》無料の

gratitude [gratityd] 女 感謝の気持

grattage [grataʒ] 男 こすって消すこと; 引っかくこと

gratte [grat] 女 ①草かき鍬(なぎ) ②《話》ちょっとした利得, 上前をはねること ③《話》ギター

gratte-ciel [gratsjɛl] 男《不変》摩天楼, 超高層ビル

gratte-cul [gratky] 男(複 ～,～(s))(野)ばらの実

gratte-dos [gratdo] 男《不変》孫の手

grattement [gratmɑ̃] 男 引っかくこと, 引っかく音

gratte-papier [gratpapje] 男 (複 ～,～(s)) 筆耕, 書記; 小役人; (古) 三文文士

gratte-pied(s) [gratpje] 男 玄関マット

*‡**gratter** [grate グラテ] 他 ①(英 scratch) かく, ひっかく; 表面をこする; 削り取る ②(話) ちくちくする, かゆみを与える ▶ **Ça (me) gratte.** かゆい ③(話) かき集める; (お金を)くすねる, ぴんはねする ④(話) 追抜く ── 自 ①(…を)引っかく(à) ②(話) 働く ③(楽器を)かきまぜる ▶ **gratter du violon [de la guitare]** (話) バイオリン[ギター]を下手かきな音で弾く ▶ **se ~** (自分の体を)かく ▶ **se gratter la tête** 頭をかきむしる

grattoir [gratwar] 男 字消しナイフ

grattouiller [gratuje] 他 《話》くすぐる

*‡**gratuit(e)** [gratɥi, -it グラテュイ(ト)] 形 ①無料の, 無償の ▶ **à titre gratuit** 無料で ②根拠のない, 動機のない

gratuité [gratɥite] 女 ①無料, 無償性 ②無根拠; 無動機

gratuitement [gratɥitmɑ̃] 副 ①無料で, 無報酬で, ただで ②何の根拠もなしに; 動機なしに

grau [gro] 男 (南仏で池が海に注ぐ)水路

gravats [grava] 男《複》(壊した建物の)残骸, 廃土

‡**grave** [grav グラーヴ] 形 ①重大な, 深刻な; (態度などの)重々しい, おごそかな, まじめな ②(音の)低い ▶ **accent grave** アクサン・グラーヴ[à, è などの記号] ── 副[楽] グラーヴェ, 荘重に, ゆっくりと ── 男 低音(域)

gravé(e) [grave] 形 (< graver) 刻まれた, 刻印された

graveleux(se) [gravlø, -øz] 形 ①いやらしい, みだらな ②砂[砂利]まじりの; (果肉が)じゃりじゃりした

gravement [gravmɑ̃] 副 重く, 深刻に, 危険に; 真剣な[深刻な]表情で, ごそかに

graver [grave] 他 刻む, 彫る; 刷る, 印刷する; (心などに)刻み込む ▶ **graver un disque** レコーディングする

Graves [grav] 男《複》[les ～] グラーヴ[ボルドー南部の小石や砂の多い地帯]

graves [grav] 男 グラーヴワイン

graveur(se) [gravœr, -øz] 名 版画家, 彫版師 ── 男 (レコードの)カッティングマシーン

gravide [gravid] 形 [医] 妊娠した

gravidique [gravidik] 形 [医] 妊娠の(による)

gravier [gravje] 男 (集合的)砂利; 小石

gravillon [gravijɔ̃] 男 (舗装用の)小砂利

gravillonnage [gravijɔnaʒ] 男 小砂利をまくこと

gravillonner [gravijɔne] 他 小

gravillonneuse [gravijɔnøz] 女 砂利撒き機

gravimétrie [gravimetri] 女 重量測定

gravimétrique [gravimetrik] 形 重量測定の

gravir [gravir] 他 33 (よじ)登る; はい上がる

gravissime [gravisim] 形 極めて重大[深刻]な

gravitation [gravitasjɔ̃] 女 重力, 引力

gravitationnel(le) [gravitasjɔnɛl] 形 重力の

gravité [gravite] 女 ①重大さ, 重要性; 重々しさ, 荘重さ ▶ sans gravité (傷や病気などの)軽い ②(物)重力 ▶ centre de la gravité 重心 lois de la gravité [les ～] 重力の法則

graviter [gravite] 自 (…の)回りを引力で回る⟨autour de⟩;(…の)方へ引力で引きつけられる⟨vers⟩; 取巻く

gravois [gravwa] 男 (複)= gravats

grèbe [grɛb] 男 (鳥)カイツブリ

*****grec(que)** [grɛk グレク] 形 (英 Greek) ギリシアの, ギリシア人[語]の ─ 名 [G-] ギリシア人 ─ 男 ギリシア語

Grèce [grɛs] 女 (英 Greece) ギリシア

gréciser [gresize] 他 ギリシア(語)風にする

grécité [gresite] 女 ギリシア(語)風, ギリシア的性格[気質]

gréco-bouddhique [grekobudik] 形 (美術)ガンダーラ様式の

gréco-latin(e) [grekolatɛ̃, -in] 形 ギリシア・ラテンの

gréco-romain(e) [grekorɔmɛ̃, -ɛn] 形 ギリシア・ローマの

grecque¹ [grɛk] 形 (女) grec の女性形

grecque² [grɛk] 女 (美術)ギリシア雷紋, 稲妻模様

gredin(e) [grədɛ̃, in] 名 (多く男性)いちもく野郎, ごろつき; いたずらっ子, 悪い子

gréement [gremã] 男 (海)帆を操る船具, 索具

green [grin] 男 (< 英) (ゴルフ)グリーン

gréer [gree] 他 (帆ややまを)装備する

greffage [grefaʒ] 男 接木(つぎ)すること

greffe¹ [grɛf] 男 ①接木(つぎ); 接ぎ枝, 接穂 ②(医)(臓器の)移植

greffe² [grɛf] 男 (裁判所の)書記課

greffé(e) [grefe] 名 臓器移植を受けた人

greffer [grefe] 他 ①(…に)接木(つぎ)する ②(医)(臓器などを)移植する; 結合させる, つけ加える ─ 代動 [se ～] 接ぎ木される; つけ加わる, 接合される;(…と)結びついている, 関連している⟨sur⟩

greffi(ère) [grefje, -ɛr] 名 (裁判所の)書記 ②(俗・古)猫

greffoir [grefwar] 男 接ぎ木用ナイフ

greffon [grefɔ̃] 男 ①(園)接ぎ穂, 穂木 ②(医)移植組織

grégaire [greger] 形 (生)群生する; 群れをなす ▶ avoir l'instinct grégaire (軽蔑的)群居本能による

grégarisme [gregarism] 男 群生性, 群居性; 群居本能

grège [grɛʒ] 形 ①生糸色の【ベージュがかった淡いグレー】 ②▶ soie grège 生糸

grégorien(ne) [gregɔrjɛ̃, -ɛn] 形 教皇グレゴリウス (Grégoire) の定めた ─ 男 グレゴリオ聖歌⟨= chant ～⟩

grègues [grɛg] 女 (複)(昔の)半ズボン, 股引 ▶ tirer ses grègues (古)逃げる

*****grêle¹** [grɛl グレル] 女 ひょう, あられ;(ひょうやあられのように)降るもの

grêle² [grɛl] 形 ひょろ長い, やせっぽちの;(声・音などが)細い ▶ intestin grêle 小腸

grêlé(e) [grele] 形 あばたのある

grêler [grele] 非人 ひょう(あられ)が降る;(雨あられのように)降って来る ─ 他 ひょうの害を与える

grelin [grəlɛ̃] 男 (海)(係留用の)太綱

grêlon [grɛlɔ̃] 男 あられ[ひょう]の粒

grelot [grəlo] 男 鈴;(俗・古)電話

grelottant(e) [grəlɔtɑ̃, -ãt] 形 (さむさなどに)震えている

grelottement [grəlɔtmã] 男 ①震え ②(鈴などの)音

grelotter [grəlɔte] 自 ①(寒さや恐怖で)震える ②(鈴が)鳴る

greluche [grəlyʃ] 女 (話)(つまらない)女, 娘

grenache [grənaʃ] 男 グルナシュ(の赤ワイン)【南仏で栽培される大粒の黒ブドウ】

Grenade [grənad] グラナダ【スペインの都市】

grenade [grənad] 女 ①ザクロの実 ②(軍)手榴弾 ▶ grenade lacrymogène 催涙弾

grenadier [grənadje] 男 ①ザクロの木 ②(軍)擲弾兵【手榴弾を投げる歩

兵;(特別部隊の)精鋭兵 ③《話》大男,力の大きな女

grenadin [grənadɛ̃] 男 ①《植》カーネーション(の一種) ②子牛の腿肉の蒸し煮

grenadine [grənadin] 女 ①グルナディン《ザクロのシロップ》 ②グルナディン《より強い糸を使用した絹織物》

grenage [grənaʒ] 男 ①粒状にすること ②表面をざらつかせること

grenaillage [grənajaʒ] 男 粒状の金属を吹きつけて洗浄すること

grenaille [grənaj] 女 粒状の金属,鉱粉;屑

grenailler [grənaje] 他 粒状にする

grenat [grəna] 男 ①《鉱》ガーネット, ざくろ石 ― 形〔不変〕ガーネット色の, 暗赤色の

grené(e) [grəne] 形 (< grener) ぶつぶつのある, ざらざらの ― 男 ざらざらした表面

greneler [grənle] 他 ④ 粒々をつける;ざらざらにする

grener [grəne] 他 粒にする ― 自 (穀物が)実る

grènetis [grənti] 男 (貨幣などの)ぎざぎざの縁(ち)

*__**grenier**__ [grənje グルニエ] 男 (英 attic) 屋根裏部屋;(屋根裏の)穀物庫;穀倉地帯

Grenoble [grənɔbl] グルノーブル《Isère 県の県庁所在地》▶**conduite de Grenoble** 《話》追い払うこと

grenouillage [grənujaʒ] 男 《話》(政治上の)闇取引;策謀, 陰謀

grenouille [grənuj] 女 カエル;《古》(カエルの形の)貯金箱;公金 ▶**grenouille de bénitier** 凝り固まった信者

grenouiller [grənuje] 自 《話》策謀する

grenouillère [grənujɛr] 女 (足先まで包む)乳児用コンビネーション

grenu(e) [grəny] 形 粒々のある, ざらざらした

grès [gre] 男 砂岩;(砂岩で作った)陶器

grésage [grezaʒ] 男 (砂岩の粉や砥石による)研磨

gréser [greze] 他 (砂岩の粉や砥石で)研磨する

gréseux(se) [grezø, -øz] 形 砂岩質の

grésière [grezjɛr] 女 砂岩の採石場

grésil [grezil, -zi] 男 (特に春先に降る)あられ

grésillement [grezijmɑ̃] 男 (鍋のじゅうじゅういう音;(ラジオなどの)ざあざあいう雑音

grésiller¹ [grezije] 自 (フライパンなどが)じゅうじゅういう;(ラジオなどが)ざあざあという音を出す

grésiller² [grezije] 非人称 みぞれが降る

grésoir [grezwar] 男 (ガラス用の)やす

gressin [gresɛ̃] 男 グリッシーニ《棒状の細長いパン》

*__**grève**__ [grɛv グレヴ] 女 ストライキ ▶**être en grève** ストライキ中である / **faire grève** / **se mettre en grève** ストライキをする / **grève de la faim** ハンガーストライキ / **grève de solidarité** 同情スト / **grève du zèle** 順法スト / **grève générale** ゼネスト / **grève perlée** 怠業観争 / **grève sauvage** 山猫スト / **grève sur le tas** 職場占拠

grève [grɛv] 女 砂浜,砂州

grever [grəve] 他 ④ (…で金銭的に)重い負担をかける;(予算を)圧迫する (de)

gréviste [grevist] 名 スト参加者

gribouillage [gribujaʒ] 男 ①下手な絵;なぐり書き, 乱筆

gribouiller [gribuje] 自 《話》なぐり書きする;落書する ― 他 なぐり書きする

gribouilleur(se) [gribujœr, -øz] 名 《話》落書きする人;乱筆家;へぼ作家

gribouillis [gribuji] 男 読めない字;下手な絵

grièche [grijɛʃ] ⇒ pie-grièche

grief [grijɛf] 男 不満, 苦情の種 ▶**faire grief à A de B** B のことで A(人)を非難する

grièvement [grijɛvmɑ̃] 副 (傷が)ひどく

griffade [grifad] 女 《古》爪でひっかくこと

*__**griffe**__ [grif グリフ] 女 ①(獣や鳥の)かぎ爪;爪型の器具;(宝石を指輪などにとめる)爪;受, 強がさ ▶**arracher A des griffes de B** A(人)を B(人)から救う / **lancer** [**donner**] **un coup de griffe** 悪意あることを言う / **rentrer ses griffes** 威嚇をやめて協調する / **sortir ses griffes** 威嚇する ②判〔署名を判にしたもの〕;(服の裏側に縫い付けられた)デザイナー名, (メーカーの)マーク, ブランド表示;しるし, 特長 ③(ブドウなどの)巻きげ;(アスパラガスなどの)根茎

griffé(e) [grife] 形 (< griffer) (有名デザイナーの名の入った

griffer [grife] 他 ①爪でひっかく ②(服などに)デザイナーの名(ブランド表示)を入れる

griffon [grifɔ̃] 男 ①《ギ神》グリフォン, グリュプス《頭がワシ胴体がライオンの怪物》②グリフォン・テリア《猟犬》

griffonnage [grifɔnaʒ] 男 なぐり書き;読みにくい筆跡;雑な絵;雑な書きもの

griffonner [grifɔne] 他 なぐり書きする;雑な絵を書く;走り書きする

griffu(e) [grify] 形 かぎ爪を持った

griffure [grifyr] 女 (爪による)かき傷, ひっかき傷

grigner [griɲe] 自 (服などが)しわになる

grignotage [griɲɔtaʒ] 男 少しずつかじる(減らす)こと;《政》蚕食(はん)作戦, じわじわと相手の力を弱めること

grignotement [griɲɔtmɑ̃] 男 かじること[音]

grignoter [griɲɔte] 他 少しずつかじる[食べる]; 間食する; (少しずつ)減らす, (敵の力を)徐々に弱める; (話)(儲けさせる, けちな儲けをする ── 自 少しずつかじる; 少ししか食べない; ちびちび儲ける ▶ *grignoter entre les repas* 間食する

grigou [grigu] 男 (話)けちん坊

grigri, gri-gri [grigri] 男 (複 *gris-*, ~*s*-~*s*) (アフリカ黒人の)護符, お守り

gril [gril] 男 (肉や魚の)焼網, グリル, (ステーキ用の溝つきの)鉄板 ▶ *être sur le gril* (話)(焦りや心配で)じりじりしている

grill [gril] 男 (〈英〉grill) (客の目の前で肉や魚を焼いて出すレストラン)

grillade [grijad] 女 焼いた肉; 焼魚, 網で焼くこと

grillage [grijaʒ] 男 (窓などの)鉄格子; 金網

grillager [grijaʒe] 他 40 金網を張る

grille [grij] 女 鉄格子(の門), (公園などの)鉄柵; 仕切格子; 格子窓; (ボイラー, 炉の)火床, 火格子; (クロスワードの)格子; (暗号解読用格子, 一覧表; (電気)グリッド, 制御格子

grille-pain [grijpɛ̃] 男 (不変) パン焼き器, トースター

griller¹ [grije] 他 ①(英 grill) (グリルで)焼く ②(太陽などが)灼きつける; (熱気・寒さが植物を)枯らす ③(話)ショートさせる, 焼き切る ④(話)通過する, とばす, (競争相手を)追い越す ▶ *griller un feu rouge* (話)赤信号を無視する ⑤ ▶ *griller une cigarette* (話)たばこを吸う ── 自 ①(グリルで)焼ける ▶ *faire griller* (グリルで)焼く ②ひどく暑い; (太陽で)焼ける ③(…で)[…したくて]じりじりする(de) ── 代動 [*se ~*]日焼けする

griller² [grije] 他 鉄格子の中に閉じ込める

grilloir [grijwar] 男 ロースター; 肉焼き器

grillon [grijɔ̃] 男 (虫)コオロギ

grill-room [grilrum] 男 〈英〉= grill

grimaçant(e) [grimasɑ̃, -ɑ̃t] 形 顔をしかめた

grimace [grimas] 女 ①しかめ面, 渋面; 猫かぶり, みせかけ, 作り顔; (道化などの)おかしな顔 ▶ *soupe à la grimace* (帰宅した夫への)妻の冷たいもてなし ②(話)(服の)鍛(しわ)

grimacer [grimase] 自 52 ①顔をしかめる(= ~ *de dégoût*) ②(服に)皺(しわ)がよる ── 他 (文)(…を)装う, (…の)ふりをする

grimacier(ère) [grimasje, -ɛr] 形 名 ①顔をしかめるくせのある(人) ②気取った(人) ③猫かぶりの(人)

grimage [grimaʒ] 男 (俳優の)メーキャップ

grimer [grime] 他 顔を隈(くま)取る, メーキャップする ── 代動 [*se ~*] (自分で)メーキャップする

grimoire [grimwar] 男 ①訳の分からない書物, 読みにくい文字 ②魔法使いの本(= *vieux* ~)

grimpant(e) [grɛ̃pɑ̃, -ɑ̃t] 形 はい上がる, 登(のぼ)る ▶ *plante grimpante* つる植物 ── 男 (俗)ズボン

grimpe [grɛ̃p] 女 〔スポーツ〕フリークライミング

*__**grimper**__ [grɛ̃pe] グランベ (助動詞は普通 *avoir* だが être を用いることもある) 自 ①(…に)よじ登る, はい上がる (à, dans, sur); (物の上にのる) ②(道)急な上りになる ③(つる植物が)上をはう ④(話)(高い地位に)やっとたどり着く ⑤(話)(電車などに)とび乗る ── 他 急いで登る, よじ登る ── 男 〔体操〕綱のぼり

grimpette [grɛ̃pɛt] 女 (話)急な坂道; 上り坂

grimpeur(se) [grɛ̃pœr, -øz] 形 (動物が)よじ登る習性のある ── 名 ロッククライマー; 上り坂の得意な自転車選手

grinçant(e) [grɛ̃sɑ̃, -ɑ̃t] 形 きしむ; 耳障りな, 歯の浮くような; 辛らつな

grincement [grɛ̃smɑ̃] 男 きしむ音, きしりと[きしり]こと; 不和, 軋轢 ▶ *grincement de dents*. 歯ぎしり

grincer [grɛ̃se] 自 52 きしむ; きいきいいう ▶ *grincer des dents* (悔しさなどから)歯ぎしりする

grincheux(se) [grɛ̃ʃø, -øz] 形 気難しい, 怒りっぽい ── 名 がみがみ言う人

gringalet(te) [grɛ̃galɛ, -ɛt] 形 名 ちびの(人), 弱虫の(人), 貧相な(人)

gringue [grɛ̃g] 男 ▶ *faire du gringue à…* (話) (人)に言い寄る, (人)を口説く

griot(te) [grijo, -ɔt] 名 グリオ【西アフリカの詩人・音楽家・呪術師を兼ねる口頭伝承者】

griotte [grijɔt] 女 〔植〕グリオット【酸味の強い小粒のサクランボ】

grippage [gripaʒ] 男 (潤滑油不足による)機械の故障, 焼き付き; (社会制度の)機能不全, 停滞

grippal(ale) [gripal] 形 (男複 -*aux* [-o]) インフルエンザの; 風邪の

*__**grippe**__ [grip] 女 ①〔医 influenza〕流行性感冒, インフルエンザ ▶ *avoir la grippe* 流感にかかっている ▶ *grippe intestinal*, 腹痛, 下痢を伴うインフルエンザ ②(古)気まぐれ ▶ *prendre… en grippe* …が急に嫌いになる, 堪え難くなる

grippé(e) [gripe] 形 (< gripper) 流感にかかった; (エンジンが)焼きついた —— 名 流感にかかった人

gripper [gripe] 自 ①(機械が)オイル不足で動かなくなる; (制度・政策などが)うまく機能しない, 行き詰る ②(布に)しわができる —— 他 オイル不足で機械を動かなくする; (制度などを)麻痺させる [**se ~**] 機械がオイル不足で動かなくなる; (制度などが)麻痺する

grippe-sou [gripsu] 男形 (複 ~~(s)) (話) ちびりと儲ける[ため込む]人, しみったれ(人)

gris(e) [gri, -iz グリ(ズ)] 形 ①(英 gray) [他の形容詞・名詞で限定される場合には赤で置かれる] 灰色の, ねずみ色の ► **gris anthracite** チャコールグレー **gris bleu** ブルーグレー **gris vert** 緑灰色 ② 曇った; 白髪混じりの; 陰鬱な; (話)酔った ► **aux cheveux gris** 白髪の **faire grise mine** 渋い顔をする **matière [substance] grise** [la ~] 頭脳 **vie grise** 単調な生活 —— 男 ① 灰色; 灰色の服; グリ[灰色の包みのパイプ用たばこ]

grisaille [grizaj] 女 ①【美術】グリザイユ[灰色の濃淡・明暗だけで浮彫の効果を出す画法またはその作品] ②灰色の色調; (冬の)灰色の風景; 憂鬱(ゆううつ)さ, 単調さ

grisailler [grizaje] 他 灰色で描く; グリザイユ画法で描く —— 自 灰色になる

grisant(e) [grizã, -ãt] 形 陶然とさせる

grisbi [grizbi] 男 (俗) 金(かね)

grise [griz] 形 【美術】(線影や点による)薄い着色; 隈(くま)

griser [grize] 他 軽く酔わせる, 陶酔させる ► **se laisser griser par le succès** 成功に酔いしれる [**se ~**] (…に; …で)酔う, (…に)陶酔する

griserie [grizri] 女 軽い酔い; 陶然となること; 陶酔

griset [grize] 男 ①【魚】カグラザメ ②スズメの幼鳥 ③【植】キシメジ

grisette [grizɛt] 女 ①(古) 貧しい[尻軽な]お針子 ②(古) ねずみ色の安い布

gris-gris [grigri] 男 grigri の複数形

grisoller [grizɔle] 自 (ヒバリが)鳴く

grison(ne) [grizõ, -ɔn] 形 (古) 白髪まじりの —— 男 (古) ごま塩頭の人; ろば

grisonnant(e) [grizɔnã, -ãt] 形 (髪・ひげが)半白になりかかっている

grisonnement [grizɔnmã] 男 (髪・ひげが)半白になること

grisonner [grizɔne] 自 (髪・ひげが)半白になり始める

Grisons [grizɔ̃] 男(複) グラウビュンデン州[スイス東部] ► **viande des Grisons** うす切りの干し肉

grisou [grizu] 男 (引火性の)坑内ガス ► **coup de grisou** 坑内ガスの火事

grisoumètre [grizumɛtr] 男 (坑内の)ガス検出器

grisouteux(se) [grizutø, -øz] 形 可燃性ガスを含んだ

grive [griv] 女 ツグミ

grivelé(e) [grivle] 形 (鳥が)灰色の斑(はん)点のある

griveler [grivle] 自 [4] 無銭飲食する

grivèlerie [grivɛlri] 女 無銭飲食

griveton [grivtɔ̃] 男 (俗) 兵隊

grivois(e) [grivwa, -az] 形 無遠慮な, はめを外した, きわどい

grivoiserie [grivwazri] 女 きわどい話, 猥(わい)談

grizzli, grizzly [grizli] 男 (又女) (ロッキー山脈に住む)灰色大熊, グリズリー

grœnendael [grɔ(n)endal] 男 グロネンダル犬[ベルギー産の長い毛をした牧羊犬]

Grœnland [grœnlɑ̃d, grɔɛlɑ̃d] 男 グリーンランド[大西洋上のデンマーク領の島]

grœnlandais(e) [grœnlɑ̃dɛ, -ɛz] 形 名 [G-] グリーンランドの(人)

grog [grɔg] 男 (<英) グロッグ【熱湯で割ったラム酒に砂糖とレモン汁を加える】

groggy [grɔgi] 形 (不変) (<英) (ボクシングで打たれて)ふらふらになった, グロッキーな; (話)(病気・疲労などで)ふらふらの

grognard(e) [grɔɲar, -ard] 形 (古)不平不満を言う —— 男 (ナポレオン時代の近衛(このえ)兵; 老兵

grognasser [grɔɲase] 自 (俗) ぶつぶつ不平を言う

grogne [grɔɲ] 女 ぶつぶつ言うこと, 不平不満

grognement [grɔɲmɑ̃] 男 ①豚[猪・熊]の鳴き声, うなり声 ②(話)ぶつぶつ不平を言うこと, 不満の声

grogner [grɔɲe] 自 ①(豚・猪・熊が)鳴く, (犬がうなる) ②(人に)ぶつぶつ不平を言う (après, contre) —— 他 (不平などをこぼす

grogneur(se) [grɔɲœr, -øz] 形 (話)不平家の, 不満げな

grognon(ne) [grɔɲɔ̃, -ɔn] 形 [[女性形はまれ]] 絶えず不平を言う; 不平顔をした [女性形は不変] 不平家

grognonner [grɔɲɔne] 自 ぶつぶつ不平を言う

groie [grwa] 女 グルワ[石灰岩地帯の粘土性土壌]

groin [grwɛ̃] 男 (豚・猪の)鼻面(はなづら); (話) 醜い顔

groisil [grwazil] 男 ガラスくず

grole, grolle [grɔl] 女 (多くは複) (俗) 靴, はきもの ► **traîner ses grolles** 放浪する, うろつく

grolles [grɔl] 囡《複》《話》恐れ, おびえ

grommeler [grɔmle] 自④ ぶつぶつ不平を言う, 口の中でもぐもぐ言う — 他 (不平などを)つぶやく

grommellement [grɔmɛlmã] 男 ぶつぶつ言うこと; 不平のつぶやき

grondant(e) [grɔ̃dã, -ãt] 形 うなる, とどろく

grondement [grɔ̃dmã] 男 (動物の)うなり声;(雷・嵐などの)とどろき

***gronder** [grɔ̃de] グロンデ 自① (子どもを)叱る ② ①うなる, とどろく ②(事が)起ころうとしている, とどろく ③《文》(…に)不満を言う, 抗議する (contre, après)

gronderie [grɔ̃dri] 囡 (子どもに対する)小言, 叱責(しっせき)

grondeur(se) [grɔ̃dœr, -øz] 形 口やかましい; とがめるような, とどろく — 名 やかまし屋

grondin [grɔ̃dɛ̃] 男 〖魚〗カナガシラ; ホウボウ

groom [grum] 男 《<英》(ホテルの)給仕, ページ・ボーイ

***gros(se)** [gro, -os グロ(ス)] 形 〖多くの名詞の前で〗 ①《英 fat》太い, 大きな; 厚い ②(数量・程度などが)大きな, 並外れた, 非常な;《人について》大変な, 金持ちの ▶*C'est un peu gros.* 信じられない ▶*gros comme une maison* あんまりだ, やり過ぎだ ③ひどい; 粗い, 激しい; 安物の; 粗野な, 下品な; (天候が)荒れた ▶*gros mot* 下品な言葉 ④…くらいの大きさの[太さの] 《comme》;《話》たっぷり, 優に(…+a); (…に満ちた, (…を含んだ) 《de》⑤ 《不安》(色が)濃い, 色濃い ⑥ 《名詞の後で》《古》妊娠した — 副 太く, 大きく, 多く ▶*il y a gros à parier que* …の可能性が高い, まず間違いなく… ▶*je donnerais gros pour* …のためなら何でもかける ▶*risquer gros* 危険に身をさらす —《話》太った人; 《しばしば》《話》偉い人, 金持 ▶*Mon gros.* やあ, きみ《親しみの呼びかけ》— 男 ① le ~ de … …の主要な部分; 最小 ▶*en gros* おおよそ ②〖商〗卸売

gros-bec [grobek] 男 〖鳥〗シメ

groschen [grɔʃen] 男《不変》グロシェン〖ユーロ導入以前のオーストリアの通貨単位〗

groseille [grozɛj] 囡 スグリの実[シロップ] ▶*groseille à maquereau* グーズベリ 形 《不変》スグリの実の色の, 明るい赤色の

groseillier [grozɛje] 男 〖植〗スグリの木

gros-grain [grogrɛ̃] 男 〖織〗グログラン 〖畝織の生地〗; グログランのリボン

Gros-Jean [groʒã] 男 ▶*être Gros-Jean comme devant* 元のもくあみである

gros-porteur [groportœr] 男 ジャンボ・ジェット機, 大型輸送機

grosse [gros] 形 → *gros* の女性形

grosse [gros] 囡 ①〖商〗グロス〖12ダース〗②(証書・契約書などの)謄本

grosserie [grosri] 囡 ①(鎌・斧などの)刃物 ②銀器 ③《古》卸商

grossesse [grosɛs] 囡 《英 pregnancy》妊娠(期間) ▶*grossesse nerveuse* 想像妊娠

grosseur [grosœr] 囡 大きさ, 太さ, 厚み; できもの; 肥満

***grossier(ère)** [grosje, -ɛr グロスィエ(ール)] 形 粗野な, 無作法な, 整っていない, 下品な; 粗雑な, 粗悪な;(無知などが)甚だしい, 甚だしい;《文・古》無教養な

grossièrement [grosjɛrmã] 副 大ざっぱに; 無作法に; 甚だしく

grossièreté [grosjɛrte] 囡 粗野, 無作法(野卑に(言動)); 粗悪語; 粗雑な言動

***grossir** [grosir グロスィール] 自③ 太る, 大きくなる; (量が)増える; 大げさになる; (数・強さが)増える; 大げさになる — 他 大きくする, 大きく見せる, 拡大する; (量を)増やす; 増やす; 誇張する

grossissant(e) [grosisã, -ãt] 形 大きく見せる; 大きくなる, 増えている

grossissement [grosismã] 男 大きくすること, 肥満; 増大; (レンズによる)拡大; 〖光〗倍率; 誇張

grossiste [grosist] 名 卸売り商, 問屋

grosso modo [grosomodo] 《<ラ》おおよそ, あらまし

grossoyer [groswaje] 他 《法》 謄本を作る

grotesque [grotɛsk] 形 珍妙[奇妙]な, グロテスクな, 異様な; 滑稽な, おかしな, 奇妙さ — 男 または 《複》《美術》グロテスク 〖15世紀後半に古代ローマの廃墟に発見された幻想的装飾モチーフ〗; グロテスク模様; 奇怪な画

grotesquement [grotɛskəmã] 副 異様に, 滑稽に

grotte [grot] 囡 洞窟, 洞穴

grouillant(e) [grujã, -ãt] 形 うようよしている;(人で)込みあった, (…が)たくさんいる 《de》

grouillement [grujmã] 男 うごめき; 群がり

grouiller [gruje] 自 ①うごめく, うようよする; 群がる ②(…で)一杯である 《de》③《話》急ぐ — 代動 《se ~》

grouillot [grujo] 男 ①(株式市場で)雑用の伝達係 ②見習い

group [grup] 男 《商》《古》送金行囊(のう)

groupage [grupaʒ] 男 同一地点向けの荷物をまとめること, 仕分け

groupal(ale) [grupal] 形 (男複 -aux, -o) 集団の

groupe [grup グループ] 男 ①(英 group) 群れ, 集まり; 集団, グループ;(同種のものの)集まり;(歩兵の)分隊, 飛行中隊 ▶*en groupe* 集団で *groupe armé* 武装集団 *groupe de pression* [政] 圧力団体 *groupe de tête* 先頭集団 *groupe d'intervention de la gendarmerie nationale* 国家憲兵隊出動部隊 [テロなどの特別機動隊;略GIGN] *groupe sanguin* 血液型 *groupe scolaire* (幼稚園・小学校などの)合同校舎 *psychologie de groupe* 集団心理学 ②[電] 発電機[装置] ▶*groupe électrogène* 発電機 ③[数] 群

groupement [grupmã] 男 集めること; 集団, 団体; 集合, 統合

grouper [grupe グルペ] 他 (英 group) 集める; 1つにまとめる;(いくつかの集団に)分ける,(まとめて)分類する — 代動 [se ~] 集まる, 一団となる

groupie [grupi] 名 (<英) グルーピー, 芸能人の追っかけ

groupusculaire [grupyskylɛr] 形 小集団の

groupuscule [grupyskyl] 男 《軽蔑的》小集団

grouse [gruz] 女 [鳥] アカライチョウ

gruau¹ [gryo] 男 (複 ~x) (穀類, とくにからす麦のひき割り); オートミール; 上質の小麦粉

gruau² [gryo] 男 ツル(鶴)のひな

grue [gry] 女 ①ツル(鶴) ▶*faire le pied de grue* 立ったまま長いこと待つ ②起重機, クレーン ③《俗・古》売春婦

grugeoir [gryʒwar] 男 (ガラス板用)ペンチ

gruger [gryʒe] 他 40 《文》(商売で)だます, 金を巻き上げる

gruiformes [gryifɔrm] 男 《複》[動] ツル目

grume [grym] 女 ①(伐採した)丸太 ②(伐採した木についている)樹皮 ③ブドウの実

grumeau [grymo] 男 (複 ~x) (牛乳などの)凝塊, (ソースなどの)だま, 固まり

grumeler(se) [grymle] 代動 [se ~] 4 凝結する; だまになる

grumeleux(se) [grymlø, -øz] 形 ①(牛乳などが)凝結している, だまのできた; ②(木・実などが)ざらざらしている

grutier(ère) [grytje, -ɛr] 名 クレーンの操縦者

gruyère [gryjɛr] 男 グリュイエール [スイスのGruyère地方産のフォンデュに用いる硬質チーズ]

gryphée [grife] 女 [貝] ポルトガルガキ

GSM (略) [ジェーエスエム] 男 (<英) global system for mobile communication [ヨーロッパのデジタル携帯電話規格]

guacamole [gwakamɔl] 男 [料] グアカモーレ [アボガドを使ったメキシコ料理]

Guadeloupe [gwadlup] 女 [*la ~*] グアドループ [カリブ海の島; フランスの海

468

外県]

guadeloupéen(ne) [gwadlupeɛ̃, -en] 形 [G-] 名 グアドループの(人)

guanine [gwanin] 女 [生化] グアニン

guano [gwano] 男 (<ス) グアノ [海鳥の糞や堆積固化した肥料]

guarani [gwarani] 形 グアラニ族の — 名 グアラニ族 [パラグアイの原住民でかつてインディオの1部族] — 男 グアラニ語: グアラニ [パラグアイの通貨単位]

Guatemala [gwatemala] 男 グアテマラ [中米の共和国]

guatémaltèque [gwatemaltɛk] 形 名 [G-] グアテマラの(人)

gué [ge] 男 浅瀬 ▶*passer (une rivière) à gué* 川の浅瀬を渡る

guéable [geabl] 形 (川が)歩いて渡れる

guèbre [gɛbr] 名 形 《古》(ペルシャの)ゾロアスター教徒の

Guebwiller [gɛbviler] ゲブヴィレール [フランス東部の町]

guède [gɛd] 女 [植] タイセイ, ホソバタイセイ; (ホソバタイセイの)藍色染料

guéguerre [gegɛr] 女 《話》(小規模な)戦争, 小競り合い

guelfe [gɛlf] 男 (中世イタリアの)ゲルフ党, 教皇派

guelte [gɛlt] 女 《古》(店員の)売上歩合

guenille [gənij] 女 ①(多く複) ぼろ着, 古着 ▶*en guenilles* ぼろをまとって ②ぼろ, 雑巾;《文》だめになった男; 腑(ふ)抜け

guenon [gənɔ̃] 女 雌猿;《話》醜い女

guépard [gepar] 男 [動] チーター

guêpe [gɛp] 女 スズメバチ ▶*fine guêpe* 《話》悪賢い女 *Pas folle, la guêpe!* 《話》なかなかしたたかなやつだ *taille de guêpe* 細い腰

guêpier [gepje] 男 ①スズメバチの巣; 窮地 ②[鳥] ハチクイ

guépière [gepjɛr] 女 ガピエール [ウエストを引き締める婦人用下着]

*guère** [gɛr ゲール] 副 ①[ne ...~] はとんど...ない, あまり...ない; [返答でneなしで] めったに ▶*Il n'y a guère de monde*. あまり人がいない *Il n'y a guère que lui qui* ...するのは彼だけである ②《古》多く, 非常に

Guéret [gerɛ] ゲレ [Creuse県の県庁所在地]

guéret [gerɛ] 男 (まだ種をまいていない)耕した畑; 休閑地;《文》[詩] 畑

guéri(e) [geri ゲリ] 形 (<guerir) 病気が治った; (悪癖などから)解放された, (...が)直った, (...に)興味をなくした (de)

guéridon [geridɔ̃] 男 (1本脚の)小型円テーブル

guérilla [gerija] 女 (<ス) ゲリラ戦[部隊]

guérillero [gerijero] 男 ゲリラ兵

***guérir** [gerir グリール] 他 33 ① (英 cure) (病人, 病気を)治す; (悲しみなどを)いやす ②(人の…を)治す (de) ── 自 (病気が)治る, 回復する (de); (精神的にいえる, 治る (…から), **[se ~]** (病気が)治る; (…から)いえる, 治る

guérison [gerizɔ̃] 女 (病気などの)回復, 治癒(ちゆ); (悪癖などの)矯正(きょうせい)すること

guérissable [gerisabl] 形 治る見込みのある, いやされる; 矯正(きょうせい)できる

guérisseur(se) [gerisœr, -øz] 名 民間療法師, 接骨師, 祈祷(きとう)師

guérite [gerit] 女 ①〖軍〗哨舎(しょうしゃ) ②(作業・休憩用の)小屋

***guerre** [gɛr ゲール] 女 (英 war) 戦争, …戦; 軍事, 戦術; 争い, けんか *correspondant de guerre* 従軍記者 *criminel de guerre* 戦争犯罪人 *de bonne guerre* 正々堂々と *de guerre lasse* 根負けして *faire la guerre à* …と戦争をする; …をなくそうと努める *guerre civile* 内戦 *guerre de Cent Ans* [la ~] 百年戦争 [1337-1453] *guerre de Sécession* [la ~] (アメリカの)南北戦争 *guerre de tranchées* 塹壕(ざんごう)戦 *guerre d'embuscade* ゲリラ戦 *guerre des nerfs* 神経戦 *guerre du Golfe* [la ~] 湾岸戦争 [1990-91] *guerre d'usure* 消耗戦 *guerre éclair* 電撃戦 *guerre froide* 冷戦 *guerre sainte* 聖戦 *partir en guerre contre* …と戦争を始める; …を非難する *Première (Deuxième, Seconde) Guerre mondiale* [la ~] 第 1 次[第 2 次]世界大戦

guerrier(ère) [gɛrje, -ɛr] 形 〖文〗戦争の, 好戦的な ── 男 (昔の)戦士; (集合的に)軍人

guerroyer [gɛrwaje] 自 45 戦をする

guet [gɛ] 男 見張り; 監視; 〖古〗夜警

guet-apens [gɛtapɑ̃] 男 (複 ~s~) 待ち伏せ; 罠(わな), 奸(かん)計 ▶*tomber dans un guet-apens* 待ち伏せられる; 罠にはまる

guêtre [gɛtr] 女 ゲートル ▶*traîner ses guêtres à* (あてもなく)ぶらつく, ぶらぶらする

guêtré(e) [gɛtre] 形 ゲートルをつけた

guêtron [gɛtrɔ̃] 男 〖古〗短いゲートル

guette, guète [gɛt] 女 (城塞の)見張り櫓, 望楼

guetter [gete] 他 ①狙う, 待ちぶせする, (獲物を)うかがう, 見張る ②待ちかねる, 待ちかまえる

guetteur(se) [getœr, -øz] 名 監視兵; 信号係

gueulante [gœlɑ̃t] 女 〖話〗(学生言葉で)抗議[歓呼]の叫び; 叫び声

gueulard(e) [gœlar, -ard] 形 名 ①〖話〗どなりたてる(人); 色がけばけばしい ②食いしんぼうの(の) ── 男 ①(高炉・ボイラーの)上部の口 ②〖海〗伝声管

***gueule** [gœl グル] 女 ①(獣・魚の)口; 〖話〗(人間の)口(=*bouche*), 顔, 面(つら); ②(物の)口; 〖軍〗(砲の)口, 外観, 格好 *avoir de la gueule* (品物, 作品が)格好がいい, 見栄えがする *avoir la gueule de bois* 二日酔いである *avoir une sale gueule* みすぼらしく見える *Bien fait pour sa gueule!* ざまあみろ *casser la gueule à* …の顔をなぐる *crever la gueule ouverte* みじめな死に方をする *en prendre plein la gueule* やっつけられる *faire la gueule* 嫌な顔をする, ふくれ面をする *faire une gueule d'enterrement* 悲惨な顔をしている *fermer sa gueule* だまる *fine gueule* 美食家, 食通 *fort en gueule, grande gueule* 口だけ達者な奴 *pousser un coup de gueule* 大声で怒鳴る *sa gueule* (人を指して)あいつ *sale gueule* 不愉快な顔 *se bourrer la gueule* 酔っぱらう *se casser la gueule* 落ちる, 失敗する *se fendre la gueule* 笑いこける *se jeter dans la gueule du loup* 不用意に危険に身をさらす *se payer la gueule de* …を馬鹿にする *s'en mettre plein la gueule* たらふく詰め込む, 食べる

gueule-de-loup [gœldəlu] 女 (複 ~s-~, ~) 〖植〗キンギョソウ

gueulement [gœlmɑ̃] 男 〖話〗叫び[どなり]声

gueuler [gœle] 自 〖話〗どなる, わめき立てる; 抗議する ── 他 どなる, わめく

gueules [gœl] 男 〖紋〗赤(地)

gueuleton [gœltɔ̃] 男 〖話〗ごちそう; 酒盛り, 大宴会

gueuletonner [gœltɔne] 自 〖話〗ごちそうを食べる, 宴会をする

gueuse, gueuze [gøz] 女 グーズ 〘ベルギー産の自然発酵ビール〙

gueux(se) [gø, -øz] 名 〖古〗乞食; 〖文・古〗ろくでなし ── 女 自堕落な女, 淫売婦

guèze [gɛz] 男 ゲーズ語, 古典エチオピア語

gugusse [gygys] 男 道化師; つまらぬ人

gui [gi] 男 〖植〗ヤドリギ

guibol(l)e [gibɔl] 女 〖俗〗足

guiches [giʃ] 女 (複) 〖話〗(額や頬に垂らす)巻毛

***guichet** [giʃɛ ギシェ] 男 (英 window) (役所, 切符売場などの)窓口; 小門, くぐり戸; (扉などの)入り口 ▶*guichet automatique (de banque)* (銀行の) ATM, 現金自動預け入れ払い機 *guichet d'un confessional* 告解室の小窓 *jouer à guichets fermés* 満員で公演する

guichetier(ère) [giʃtje, -ɛr] 名 窓口係

guidage [gidaʒ] 男 (飛行機ロケット

などの)誘導(装置)

guidance [gidɑ̃s] 囡 〈英〉ガイダンス, カウンセリング

*guide [gid ギッド] 男 案内人, ガイド; 指導者 — 囡 案内書, ガイド(ハンド)ブック, (銃の)照尺 ②〈ガールスカウト〉 ②(多く複)(馬車につながれる馬の)手綱

*guider [gide ギデ] 他(〇) 案内する, 導く; 誘導する; 道標となる; 指導する; (行動の)指針となる, 決定する — 代動 [se〜] (…に)導かれて道をたどる(行動する) (sur)

guiderope [gidrɔp] 男 〈英〉〈空〉(気球の)誘導索

guidon [gidɔ̃] 男 (自転車やオートバイなどの)ハンドル; (銃の)照星

guignard(e) [giɲar, -ard] 形 名 〈話〉ついていない(人)

guignard [giɲar] 男 〈鳥〉コバシチドリ(=pluvier 〜)

guigne[1] [giɲ] 囡 ギーニュ[柄の長い小粒の黒さくらんぼ]

guigne[2] [giɲ] 囡 〈話〉不運 ▶avoir la guigne 運が悪い, ついていない

guigner [giɲe] 他 横目で見る, 盗み見る; ひそかに狙う, 目をつける

guignol [giɲɔl] 男 人形芝居(の劇場); 道化者; 滑稽な人 ▶C'est du guignol! 〈話〉それはお笑いだ! **faire le guignol** ふざける

guignolet [giɲɔlɛ] 男 ギニョレ[guigne 種のさくらんぼのリキュール]

guignon [giɲɔ̃] 男 〈話・古〉不運

guilde [gild] 囡 〈史〉ギルド; (会員に特別価格で売る)頒布会

guili-guili [giligili] 男 〈話〉(くすぐるときの)こちょこちょ

Guillaume [gijom] 男 ギヨーム[男子の名] ▶**Guillaume 1**[er] ヴィルヘルム 1 世[プロイセン王, ドイツ初代皇帝] **Guillaume le Conquérant** 〈史〉ウィリアム征服王[イングランドを征服したノルマンディー公] **Guillaume Tell** ヴィルヘルム・テル[スイスの伝説の英雄]

guillaume [gijom] 男 しゃくり鉋(ﾅ)

guilledou [gijdu] 男 ▶**courir le guilledou** 〈話・古〉女をあさる, 情事を求める

guillemet [gijmɛ] 男 (多く複)引用符号, ギュメ(《》) ▶**entre guillemets** 引用符[ギュメ]のついた

guillemeter [gijmete] 他 ④ 引用符[ギュメ]で囲む

guillemot [gijmo] 男 〈鳥〉カモメ属

guilleret(te) [gijrɛ, -ɛt] 形 元気のよい, 陽気な

guillochage [gijɔʃaʒ] 男 縄編み模様を彫って入れること

guillocher [gijɔʃe] 他 (彫って)縄編み模様を入れる

guillochis [gijɔʃi] 男 (彫刻や宝石などの)縄編み模様の装飾

guillon [gijɔ̃] 男 〈スイス・ボージョレ地方〉樽の栓

guillotine [gijɔtin] 囡 ギロチン, 断頭台; (ギロチンによる)死刑 ▶**fenêtre à guillotine** 上げ下げ式の窓

guillotiné(e) [gijɔtine] 形 名 ギロチンにかけられた(人)

guillotiner [gijɔtine] 他 ギロチンにかける

guillotineur [gijɔtinœr] 男 ギロチンの刑執行人, 首切り人; 首切りの命令者

guimauve [gimov] 囡 ①〈植〉タチアオイ ②マシュマロ(=pâte de 〜) ③〈話〉甘ったるいもの ▶**C'est de la guimauve.** 〈話〉これは感傷的過ぎる

guimbarde [gɛ̃bard] 囡 ①くりかんな[工具] ②〈話〉ぼろ車(=vieille 〜) ③〈楽〉口琴 ④〈語〉ぼろギター

guimpe [gɛ̃p] 囡 ①ウインプル[尼僧のかぶる白布] ②ハイネックの袖なしブラウス

guincher [gɛ̃ʃe] 自 〈話〉踊る

guindé(e) [gɛ̃de] 形 固苦しい, 四角ばった

guindeau [gɛ̃do] 男 (複〜x) 〈海〉揚錨(ﾋ)機

guinder [gɛ̃de] 他 ①(帆柱などを)立てる; (起重機などで)つり上げる ②〈話〉もったいをつける — 代動 [se 〜] もったいぶる, 固苦しい話し方または書き方をする

guinderesse [gɛ̃drɛs] 囡 〈海〉檣索

Guinée [gine] 囡 ギニア【西アフリカの共和国】

guinée [gine] 囡 ギニー【英国の昔の金貨】

Guinée-Bissau [ginebisaw] 囡 ギニア・ビッサウ共和国

Guinée-Équatoriale [gineekwatɔrjal] 囡 赤道ギニア共和国

guinéen(ne) [gineɛ̃, -ɛn] 形 ギニア(Guinée)の — 名 [G-] ギニア人

guingois [gɛ̃gwa] [成句でのみ] ▶**de guingois** 〈話〉ゆがんで, 斜めに; 具合悪く ▶**Tout va de guingois.** 何もかもうまくいかない

guinguette [gɛ̃gɛt] 囡 (郊外の森などにある)酒場, キャバレー

guipage [gipaʒ] 男 (電線の)被覆(作業)

guiper [gipe] 他 ①(撚糸に)絹糸を撚りつける ②(電線に)被覆をつける

guipure [gipyr] 囡 ギピュール【模様をつなぎ合わせたレース】

guirlande [girlɑ̃d] 囡 (花・葉・紙を長くつないだ花輪, 花づな(装飾); ひと連なりになったもの ▶**guirlande de Noël** クリスマスの飾り **guirlande électrique** (クリスマスに飾る)ひとつながりの豆電球

guise [giz] 囡 [成句でのみ] ▶**à sa guise** 思うままに, 好きなように **en guise de** として; の代りに **n'en faire qu'à sa guise** やりたい放題をする

guitare [gitar ギタール] 囡 〈英 guitar〉ギター ▶**guitare acoustique** (sèche) アコースティックギター **guitare**

électrique エレキギター *jouer de la guitare* ギターを弾く

guitariste [gitarist] 名 ギター奏者

guitoune [gitun] 女《俗》《軍隊で》テント

Guizot [gizo] 男 (François~) ギゾー【1787-1874; 歴史家・政治家】

gulden [gyldɛn] 男 ギルダー【2002年まで用いられたオランダ通貨】

guppy [gypi] 男〔魚〕グッピー

gus [gys] 男 (俗)《軍隊で》やつ, 兵隊

gustati(f, ve) [gystatif, -iv] 形 味に関する, 味覚の

gustation [gystasjɔ̃] 女 味わうこと; 味感

gutta-percha [gytaperka] 女 グッタ・ペルカ, ガタパーチャ【ゴム状樹脂】

guttiférales [gytiferal] 女〔複〕〔植〕オトギリソウ科

guttiféracées [gytiferase] 女〔複〕〔植〕オトギリソウ科

guttural(ale) [gytyral] 形 (男複 *-aux* [-o]) 咽喉(ﾉﾄﾞ)の; のどから出る;〔音声〕喉音の =〔音声〕喉音子音 (= consonne ~e)

Guyana [gujjana] 男または女 ガイアナ【南米北東部の共和国】

guyanais(e) [gujjanɛ, -ɛz] 形〔G-〕名 ガイアナ(の)人

Guyane [gujjan] 女 ギアナ; 仏領ギアナ【南米北東部の海外県】(= Guyane française) ►*Guyane britannique* 英領ギアナ【ガイアナ (Guyana) の旧称】

guyanien(ne) [gujjanjɛ̃, -ɛn] 形 名 ガイアナ(の)人

Guyenne [gujɛn] 女 ギュイエンヌ【フランス南西部 Bordeaux を中心とするフランスの旧地方名】

gym [ʒim] 女 (話) 体操, 体育

gymkhana [ʒimkana] 男 (〜英)ジムカーナ【自動車の障害レース】

gymnase [ʒimnɑz] 男 ①体育館, 体操場 ②ギムナジウム【ドイツ・スイスの高等中学校】

gymnasial(ale) [ʒimnazjal] 形 (男複 *-aux* [-o]) (スイス) ギムナジウム【高等中学校】の

gymnaste [ʒimnast] 名 ①体操選手 ②体操家[体育]教師

gymnastique [ʒimnastik] ジムナスティック 女 体操(術), 体育;(話)軽業のような動作; 精神的[知的]努力, 訓練 ►*gymnastique aquatique* (プールで行なう)アクアエアロビクス *gymnastique au sol* 床運動 *gymnastique corrective* 矯正体操 *gymnastique douce* ストレッチ体操 *gymnastique intellectuelle [de l'esprit]* 頭の体操 —— 形 体操の, 体育の

gymnique [ʒimnik] 形 体操[体育]の ━━ 女 体育学

gymn(o)- 接頭 (ギ)「裸の」の意

gymnospermes [ʒimnɔsperm] 男〔複〕〔植〕裸子植物類

gymnote [ʒimnɔt] 男 (南米の)電気うなぎ

gynécée [ʒinese] 男 ①(古代ギリシアの)閨房(ｹｲﾎﾞｳ), ハレム ②〔植〕めしべ

gyné(co)- 接頭 (ギ)「女」の意

gynécologie [ʒinekɔlɔʒi] 女 婦人科学

gynécologique [ʒinekɔlɔʒik] 形 婦人科学の

gynécologue [ʒinekɔlɔg] 名 婦人科医 ►*gynécologue obstétricien* 産婦人科医

gynécomastie [ʒinekomasti] 女〔医〕女性化乳房

gynogenèse [ʒinoʒənɛz] 女 雌性発生

gynogénétique [ʒinoʒenetik] 形 雌性発生の

gypaète [ʒipaɛt] 男〔鳥〕ヒゲワシ

gypse [ʒips] 男 石膏

gypseu(x, se) [ʒipsø, -øz] 形 石膏質の, 石膏を含む

gypsophile [ʒipsɔfil] 女〔植〕カスミソウ

gyrin [ʒirɛ̃] 男〔虫〕ミズスマシ

gyr(o)-, gir(o)- 接頭 (ギ)「回転」の意

gyrocompas [ʒirokɔ̃pa] 男 転輪羅針儀, ジャイロコンパス

gyromètre [ʒirɔmɛtr] 男 ジャイロメーター

gyrophare [ʒirofar] 男 (救急車・パトカーの)回転灯

gyropilote [ʒiropilɔt] 男 ジャイロパイロット, オートパイロット

gyroscope [ʒirɔskɔp] 男 回転儀, ジャイロスコープ

gyroscopique [ʒirɔskɔpik] 形 ジャイロスコープの

H

H¹, h¹ [aʃ] 男 フランス字母の第6字 ►*h muet [aspiré]* 無音[有音]のアッシュ

H², h² (略) ①「H」 hydrogène [idrɔʒɛn] (化) 水素 ②*heure* [œr] 時 ③*hecto-* ヘクト ④*henry* [ɑ̃ri] (電) ヘンリー ⑤(話) *hachisch* [aʃiʃ] ハシッシュ, 大麻 ⑥*l'heure H* 攻撃開始時刻;(話)決行の時

*'**ha¹** [ɑ, ha] 感 ①あっ, ああ【驚き・苦痛】②はっはっ【笑い声】

*'**ha²** [ɛktar] (略) *hectare* ヘクタール

*'**habanera** [abanera] 女 (〜ス)〔楽・舞〕ハバネラ

habeas corpus [abeaskɔrpys] (〜ラ)〔法〕人身保護状

*'**habile** [abil] アビル 形 (英 skilled, clever) 巧みな, 器用な, 敏腕の, 熟達した; 手際のよい

habilement [abilmɑ̃] 巧みに, 上手に

*'**habileté** [abilte] アビルテ 女 (英 skill)

巧妙さ, 器用さ, 敏腕, 熟達; 巧妙なやり方, 手練手管(てくだ)

habilitation [abilitasjɔ̃] 女 [法] 資格の付与

habilité [abilite] 女 [法] 資格, 権利

habiliter [abilite] 他 (人に…する)資格[能力]を与える (à)

habillage [abijaʒ] 男 着付け; 包装; 外装; 見かけ, 外見; (どきゅんの)見せかけ
▶ **habillage intérieur** 内装

habillé(e) [abije] 形 ①(…の)服装[格好]をした (de, en) ②正装した, しゃれた服装をした ▶ **bien [mal] habillé** 着こなしのよい [悪い] ▶ **soirée habillée** 正装のパーティー

habillement [abijmɑ̃] 男 着付け, 衣装; 衣服[衣料]業界

*:**habiller** [abije] 他 ①(人に…の)服を着せる (de); (人に…の)扮装(ふんそう)をさせる (en); 服を提供する, 買い与える ②(服が)…に似合う ▶ **Un rien l'habille.** 彼女には何を着てもよく似合う ③覆う, 包装する (de) ④[料](下ごしらえに肉・魚などをさばく 代動 [s'~] ①服を着る, 着替えをする; (…の)扮装[扮飾]をする (de), 正装する ▶ **s'habiller convenablement** きちんとした身なりをする ▶ **s'habiller jeune** 若作りをする ②服を仕立てさせる

habilleur(se) [abijœr, -øz] 名 [劇] 場の衣装方, 着付け係

*:**habit** [abi] 男 ①(複) 服装, 衣服 ②燕尾服, 礼装 ▶ **en habit** 礼装した ③(特定の)服装; 法衣(ほうえ) ▶ **L'habit ne fait pas le moine.**《ことわざ》人は見かけによらない

habitabilité [abitabilite] 女 居住性 (車などの)収容能力

habitable [abitabl] 形 住める, 住むのに適した

habitacle [abitakl] 男 [海] 羅針盤箱; 操縦席, コックピット; (宇宙船の)船室; (自動車の)室内

*:**habitant(e)** [abitɑ̃, -ɑ̃t] アビタン(ト) 名 [英 inhabitant] 住民, 居住者; (集合的)土地の人, 地元の人

habitat [abita] 男 (動植物の)生息地; 居住様式[条件], 住環境

habitation [abitasjɔ̃] 女 居住, 住宅, 住まい; 住むこと, 居住

habité(e) [abite] 形 (<habiter) 人の住んでいる; 有人の

*:**habiter** [abite] アビテ 他 [英 live, inhabit] ①住む ②(感情などが)潜む, 取り憑(つ)く — 自 住む, 暮らす ▶ **habiter à la campagne** いなかに住む ▶ **habiter en ville** 街に住む

habituation [abityasjɔ̃] 女 [英 habit] 習慣化, (心) 馴化(じゅんか)

:**habitude** [abityd] アビテュド 女 [英 habit] 習慣, 癖; 慣れ; 風習, 習わしている ▶ **avoir l'habitude de** …する習慣がある, …(すること)に慣れている ▶ **comme d'habitude** いつものように

d'habitude 普段は ▶ **par habitude** 習慣で; 惰性的に ▶ **prendre l'habitude de** …することが習慣になる

habituel(le) [abityɛl] アビテュエル 形 [英 usual] 習慣的な, いつもの

*:**habituellement** [abityɛlmɑ̃] 副 習慣的に

*:**habituer** [abitye] アビテュエ 他 [英 accustom] (人を…に)慣らす, (人に…を)習慣づける (à) — 代動 [s'~] (…すること)に慣れる, 習慣がつく (à)

hâbler [ɑble] 自 [文] ほら吹く

hâbleur(se) [ɑblœr, -øz] 名 形 ほら吹きの

*:**hache** [aʃ] 女 斧(おの), 鉈(なた) ▶ **déterrer la hache de guerre** 戦いを始める ▶ **enterrer la hache de guerre** 戦いをやめる

haché(e) [aʃe] 形 細かく刻んだ; (文章・言葉が)とぎれがちの ▶ **bifteck haché** [料] ハンバーグ; ひき肉

hacher [aʃe] 他 ①(食材を)細かく切る, みじん切りにする; (肉を)ひく ②傷める, 粉砕する; (話を)中断させる; (文章を)短く切る

hachette [aʃɛt] 女 手斧(ちょうな), 鉈(なた)

hache-viande [aʃvjɑ̃d] 男 [不変] 肉ひき器

hachich [aʃiʃ] 男 = haschisch

hachis [aʃi] 男 [料] ひき肉, みじん切りにしたもの ▶ **hachis de persil** パセリのみじん切り ▶ **hachis de porc** 豚のひき肉 **hachis Parmentier** シェパードパイ [ひき肉と挽いた肉をマッシュポテトで包んで焼いたパイ]

hachoir [aʃwar] 男 ①刻み包丁; ひき肉器 ②まな板

hachure [aʃyr] 女 (複)[美術] 線影; 毛羽[地図で山などを示す斜線]

hachurer [aʃyre] 他 線影[毛羽(ぱ)]をつける

hacienda [asjɛnda] 女 (南米の)農場

hacker [akœr] 男 ハッカー

haddock [adɔk] 男 <英> ハドック [タラの燻製(くんせい)]

Hadès [adɛs] 〔ギ神〕ハデス 【冥界(めいかい)の神】

hadith [adit] 男 ハディース【マホメットなどの言行に関する伝承録】

hafnium [afnjɔm] 男 [化] ハフニウム【原子番号72の元素】

hagard(e) [agar, -ard] 形 取り乱した; 凶暴な

hagiographe [aʒjɔgraf] 男 聖人伝の作者; モデルを美化する伝記作家

hagiographie [aʒjɔgrafi] 女 聖人伝; 聖人研究; 美化された伝記

*:**haie** [ɛ] アイ 女 ①垣根; 生け垣 ②[スポーツ]ハードル; 障害物 ▶ **course de haies** ハードル競技 ▶ **110 mètres haies** 110メートルハードル ③人垣

haïku [aiku] 男 (<日) 俳句

haillon [ajɔ̃] 男 (複) ぼろ着

*haine [ɛn エヌ] 女 (英 hate, hatred) 憎しみ; 嫌悪 ▶**avoir la haine** (とくに理由もない)怒りにかられる **en [par] haine de** …を嫌って

haineusement [ɛnøzmɑ̃] 副 憎しみを込めて; 憎らしげに

haineux(se) [ɛnø, -øz] 形 執念深い; 憎しみのこもった; 悪意に満ちた

haïr [air] 他 36 (英 hate) 憎む, 嫌う, 嫌悪する ━ [**se** ━] 自己を嫌悪する; 憎み合う

haire [ɛr] 女 (苦行僧の着る)毛衣

hais[t] [ɛ], **haïs[t]** [ai], **haïss...** ⇨haïr

haïssable [aisabl] 形 憎むべき; 嫌らしい

Haïti [aiti] 固 ハイチ【西インド諸島の共和国】

haïtien(ne) [aisjɛ̃, -ɛn] 形 名 [H-] ハイチの(人)

halage [alaʒ] 男 曳(ʰ)き船; 曳船[曳船]道

halbran [albrɑ̃] 男 [狩] 野ガモの若鳥

hâle [ɑl] 男 日焼け(した肌の色)

hâlé(e) [ale] 形 日焼けした

haleine [alɛn] 女 呼吸, 息; 吐く息, 根気; (文)息吹; (漂ってくる)匂い, 臭い ▶**à perdre haleine** 息が切れるまで **avoir l'haleine forte / avoir mauvaise haleine** 口臭がする **avoir l'haleine fraîche** (口臭のない)すがすがしい息をしている **être hors d'haleine** 息切れする **reprendre haleine** ひと息つく **retenir son haleine** 息を殺す **tenir... en haleine** (人)を魅了する; はらはらさせる **travail de longue haleine** 息の長い仕事

haler [ale] 他 (綱で)引く; [海] (ロープで)船を引く

hâler [ɑle] 他 日焼けさせる ━ [**se** ━] 日焼けする

halètant(e) [alɛtɑ̃, -ɑ̃t] 形 息を切らした, あえいでる

halètement [alɛtmɑ̃] 男 息切れ, あえぎ

haleter [alte] 自 ① ①息を切らす, あえぐ ②はらはらする, かたずをのむ

haleur(se) [alœr, -øz] 名 船引き人夫 ▶(漁の網の引き上げ人

halieutique [aljøtik] 形 漁に関する ━ 女 水産業

hall [ol] 男 (英) (ホテルや大きな建物の)ロビー, ホール; (駅の)コンコース

hallali [alali] 男 [狩] 獲物を追い詰めた合図の叫び声[角笛]

halle [al] 女 市場; だだっ広い建物; (複) 中央市場 ▶**Forum des Halles** [le ~] フォロム・デ・アル (パリ中央市場跡のショッピングセンター) **Halles** [les ~] レ・アル 元のパリ中央市場

hallebarde [albard] 女 矛槍 ▶**Il pleut [tombe] des hallebardes.** (話) どしゃ降りだ

hallebardier [albardje] 男 ①矛槍(ﾎｺﾔﾘ)兵 ②端役(ﾊﾔｸ)

hallier [alje] 男 (深い)茂み

hallucinant(e) [a(l)lysinɑ̃, -ɑ̃t] 形 幻覚[錯覚]を起こさせる; 驚くばかりの

hallucination [a(l)lysinasjɔ̃] 女 幻覚, 幻想, 錯覚

hallucinatoire [a(l)lysinatwar] 形 幻覚(性)の

halluciné(e) [a(l)lysine] 形 名 幻覚にとらわれた(人)

halluciner [a(l)lysine] 他 ①(稀) 幻覚を生じさせる ②(話)ぼう然としている

hallucinogène [a(l)lysinɔʒɛn] 形 (薬・食品が)幻覚を起こさせる ━ 男 幻覚剤

halo [alo] 男 (太陽・月・光源のまわりの)かさ; 光輪; (写真・テレビの)ハレーション; 輝き ▶**halo de mystère** 謎めいた雰囲気

halogène [alɔʒɛn] 男 [化] ハロゲン; ハロゲンランプ (=**lampe** ~)

halophyte [alɔfit] 女 [植] 塩生植物

halte [alt] 女 休止; 休息; 休憩地, 停留所 ▶**faire halte** (…で)休憩する ⓘ **Halte!** 「号令」止まれ **Halte aux essais nucléaires!** 核実験反対!

halte-garderie [altəgardəri] 女 (複 ~s-~s) 託児所【短期間子どもを預ける】

haltère [altɛr] 男 バーベル; ダンベル ▶**poids et haltère** 重量挙げ

haltérophile [altɛrɔfil] 名 重量挙げの選手

haltérophilie [altɛrɔfili] 女 重量挙げ ▶**faire de l'haltérophilie** 重量挙げをする

halva [alva] 男 ハルバ【トルコ菓子】

hamac [amak] 男 (<ス) ハンモック

hamada [amada] 女 (<アラビア) ハマダ【サハラ砂漠の岩石台地】

hamadryade [amadrijad] 女 [ギ神] ハマドリアス【木の精霊】

hamadryas [amadrijas] 男 [動] マントヒヒ

Hambourg [ɑ̃bur] 固 ハンブルク【ドイツの都市】

hambourgeois(e) [ɑ̃burʒwa, -az] 形 名 [H-] ハンブルクの(人) ━ 男 (話)私服警官【<**en bourgeois**】

hamburger [ɑ̃burɡœr] 男 (<英) ハンバーガー

hameau [amo] 男 (複 ~x) 小さい集落

hameçon [amsɔ̃] 男 釣針

hammam [amam] 女 ハマム【トルコ式公衆浴場, 蒸し風呂】

hampe[1] [ɑ̃p] 女 (旗の)柄(ﾆ), (道具の)柄; (h, p, t, の)縦の線; [植] 花茎

hampe[2] [ɑ̃p] 女 [料] アンプ【牛の腹と腱肉にある肉】

†**hamster** [amstɛr] 男 [動] ハムスター
†**han** [ɑ̃] 間 えいっ, うん [かけ声]
†**hanche** [ɑ̃ʃ] 女 (複) 腰 ▸ *avoir les mains (poings) sur les hanches* 腰に手を当てている, 挑戦的な態度をとる *rouler des hanches* 腰振る *tour de hanches* 腰回り
†**handball** [ɑ̃dbal] 男 (< 英) ハンドボール
†**handballeur(se)** [ɑ̃dbalœr, -øz] 名 ハンドボールの選手
†**handicap** [ɑ̃dikap] 男 (< 英) ハンデ, 不利な条件; ハンディキャップ, 障害
†**handicapant(e)** [ɑ̃dikapɑ̃, -ɑ̃t] 形 ハンディキャップになる
†**handicapé(e)** [ɑ̃dikape] 形 (< handicaper) 障害をもった; 条件が不利な ―― 名 障害者 ▸ *handicapé mental* 精神障害者 *handicapé moteur* (身体麻痺(ま)のある)運動障害者 *handicapé physique* 身体障害者
†**handicaper** [ɑ̃dikape] 他 不利な状態に置く
†**handisport** [ɑ̃disprɔr] 形 障害者スポーツの; (テニスなど)車いすの
†**hangar** [ɑ̃gar] 男 納屋(ゃ), 物置, 倉庫; (飛行機の)格納庫
†**hanneton** [antɔ̃] 男 [虫] コガネムシ ▸ *pas piqué des hannetons* (話) すばらしい
Hanovre [anɔvr] ハノーバー【ドイツの都市】
†**hanovrien(ne)** [anɔvrjɛ̃, -ɛn] 形 名 [H-] ハノーバーの(人) ―― 男 [H-] ハノーバー馬
†**hanse** [ɑ̃s] 女 (中世の)商人組合; [la H-] ハンザ同盟
hantavirus [ɑ̃tavirys] 男 ハンタウイルス
†**hanté(e)** [ɑ̃te] 形 (< hanter) 幽霊の出る ▸ *maison hantée* 幽霊屋敷
†**hanter** [ɑ̃te] 他 (幽霊が)出る 2 (妄想・考えが)つきまとう, 取り憑(つ)く
†**hantise** [ɑ̃tiz] 女 強迫[固定]観念 ▸ *avoir la hantise de* …(するの)ではないかと恐れる
hapax [apaks] 男 [言] (資料の中で) 1 回しか使われていない語[表現]
haploïde [aplɔid] 形 [生] (染色体が)半数の
†**happement** [apmɑ̃] 男 ①(口で)くわえること ②(舌へ)引っつくこと
†**happening** [ap(ə)niŋ] 男 (< 英) [美術] ハプニング
†**happer** [ape] 他 (不意に)捕える; (動物が口でくわえ取る ▸ *être happé par une voiture* 車にぶつかる
happy end [apiɛnd] 男 (< 英) ハッピーエンド
†**haquet** [akɛ] 男 (樽を運ぶ)荷車
†**hara-kiri** [arakiri] 男 (< 日) 切腹
†**harangue** [arɑ̃g] 女 演説; (長広舌のお説教

†**haranguer** [arɑ̃ge] 他 熱弁[長広舌]をふるう
†**harangueur(se)** [arɑ̃gœr, -øz] 名 (文) 演説家; 長広舌をふるう人
†**haras** [arɑ] 男 (種)馬の牧場
†**harassant(e)** [arasɑ̃, -ɑ̃t] 形 ひどく疲れさせる
†**harassé(e)** [arase] 形 (< harasser) 疲れ果てた
†**harassement** [arasmɑ̃] 男 へとへとになること
†**harasser** [arase] 他 疲れ果てさせる
†**harcelant(e)** [arsəlɑ̃, -ɑ̃t] 形 執拗(しつよう)な, うるさい
†**harcèlement** [arsɛlmɑ̃] 男 (小刻みの)攻撃[なやらせ, 嫌がらせ ▸ *guerre de harcèlement* ゲリラ戦, 遊撃戦 *harcèlement moral* モラルハラスメント[職場での嫌がらせ] *harcèlement sexuel* セクシュアルハラスメント
†**harceler** [arsəle] 他 ① 執拗(しつよう)に攻撃する; (人を…で)悩ます, いらだたせる 《de》
†**harceleur(se)** [arsəlœr, -øz] 名 嫌がらせをする人
†**hard** [ard] 形 (< 英) ①(話) 受け入れがたい, つらい ② (ポルノが)ハードコアの ―― 男 ①ハードロック・ハードロック ② [情報] ハードウェア
†**harde** [ard] 女 [狩] (野生の鹿などの)群れ ▸ (ひと組につながれた)猟犬
†**hardes** [ard] 女 (複) ぼろ, 古着
†**hardi(e)** [ardi] 形 (英 bold) ①大胆な, 思い切った; 奔放(ほんぽう)な ②厚かましい, ずうずうしい ― [H-] がんばれ
†**hardiesse** [ardjɛs] 女 ①大胆さ, 勇敢さ; 大胆な行動; 奔放(ほんぽう)さ ②厚かましさ; 無礼 ▸ *avoir la hardiesse de* …大胆にも…する
†**hardiment** [ardimɑ̃] 副 大胆にも; 厚かましく
hard rock [ardrɔk] 男 《不変》 (< 英) ハードロック
hardware [ardwɛr] 男 (< 英) [情報] ハードウェア (= matériel)
†**harem** [arɛm] 男 ハレム【イスラム諸国の後宮, 女性の部屋】; ハレムの女たち; (話) 取り巻きの女たち
†**hareng** [arɑ̃] 男 [魚] ニシン (鰊) ▸ *hareng saur* 燻製(くんせい)ニシン
†**harengère** [arɑ̃ʒɛr] 女 (話) がさつな女
†**hargne** [arɲ] 女 不機嫌さ, けんか腰; (話) (スポーツ選手などの)ファイト
†**hargneusement** [arɲøzmɑ̃] 副 不機嫌に
†**hargneux(se)** [arɲø, -øz] 形 不機嫌な, 気むずかしい; けんか腰の, 闘志むき出しの
†**haricot** [ariko] 男 アリコ, インゲンマメ ▸ *courir sur le haricot* (話) (人を)いらいらさせる, うんざりさせる ▸ *fin des haricots* (話) 万事休す, 一巻の終わり *haricot à écosser* むき実用インゲンマメ *haricot à rame* 紅花イン

ゲンマメ **haricot blanc** 白インゲン **haricot de mouton** 羊肉のシチュー **haricot rouge** 赤インゲンマメ, アズキ **haricot sec** 乾燥インゲン, **haricot vert** サヤインゲン **travailler pour des haricots**(話)無駄骨を折る

haridelle [aridɛl] 囡 やせ馬(みすぼらしい)

†**harissa** [arisa] 囡 《アラビア》ハリッサ《赤トウガラシから作る北アフリカの辛いソース》

†**harki** [arki] 男 《アラビア》ハルキ《アルジェリア独立戦争時にフランス側についたアルジェリア兵》

harmattan [armatɑ̃] 男 ハルマッタン《アフリカ西部に吹く乾燥した風》

harmonica [armɔnika] 男 ① 〈英 harmony〉〔楽〕ハーモニカ ②〔楽〕ハーモニカ

***harmonie** [armɔni] アルモニ 囡 〈英 harmony〉〔楽〕和音;(音・色・形の)調和, 釣り合い, 均整; 諧調;(意見・感情の)一致, 和合; 吹奏楽団 ▶**en harmonie avec** …と調和する, 釣り合う

harmonieusement [armɔnjøzmɑ̃] 副 調和して; 仲良く

harmonieux(se) [armɔnjø, -øz] 形 調和[釣合]のとれた; 耳に快い, 調子のよい

harmonique [armɔnik] 形 〔楽〕和声的な, 倍音の; 調和的な ▶**division harmonique** 〔数〕調和分割 **série harmonique** 〔数〕調和級数 ― 男 囡 倍音

harmoniquement [armɔnikmɑ̃] 副 和声的に; 調和的に

harmonisation [armɔnizasjɔ̃] 囡 和声[伴奏]をつけること; (音字)母音調和

harmoniser [armɔnize] 他 調和させる; 調整する;〔楽〕(旋律に)和声[コード]をつける; (歌に)伴奏をつける ▶**harmoniser A avec B** AをBに合わせる ― 代動 **s'~** 調和する (avec)

harmoniste [armɔnist] 男 囡 和声法の音楽家

harmonium [armɔnjɔm] 男 〔楽〕ハーモニウム, リードオルガン

†**harnachement** [arnaʃmɑ̃] 男 ① 馬具をつけること, 馬具 ②(話)物々しい服装

†**harnacher** [arnaʃe] 他 馬具をつける; (人に)物々しい服装をさせる

†**harnais** [arnɛ], †**harnois** [arnwa] 男 ①馬具一式; ハーネス《登山家などの安全ベルト》 ②(話)服装, アクセサリー

†**haro** [aro] 男〔成句でのみ〕▶**crier haro sur** …《文》…を糾弾する **haro sur le baudet** 無実の人への糾弾

Harpagon [arpagɔ̃] 男 アルパゴン《モリエール『守銭奴』の登場人物》; [h-]《文》守銭奴

†**harpe**[1] [arp] 囡 ハープ, 竪琴(たてごと)

†**harpe**[2] [arp] 囡 〔建〕(接合用の)待歯

†**harpie** [arpi] 囡 ①[H-s] 〔ギ神〕ハルピュイア ②底意地の悪い女, がみがみ怒る女 ③〔鳥〕オウギワシ

†**harpiste** [arpist] 名 ハープ奏者

†**harpon** [arpɔ̃] 男 銛(もり)

†**harponnage** [arpɔnaʒ], †**harponnement** [arpɔnmɑ̃] 男 銛(もり)で打ち込むこと

†**harponner** [arpɔne] 他 ①銛(もり)を打ち込む ②(話)ひっ捕らえる

†**harponneur** [arpɔnœr] 男 銛(もり)打ち, 銛射手

haruspice [aryspis] 男 《古代ローマの》腸卜(ちょうぼく)官《いけにえの獣の腸を調べて神意を占った》

***hasard** [azar アザール] 男 〈英 chance〉偶然, 運; 偶然の出来事;《文》危険;(ゴルフコースの)ハザード ▶**à tout hasard** 念のために, 万一に備えて **au hasard** 手当たり次第に, 無作為に **hasard malheureux** 不運 **heureux hasard幸運 **en cas de hasard** 万一の場合 **jeu de hasard** 賭博(とばく); 運無負 **par hasard** 偶然に; はからずも **le plus grand des hasards**(時に皮肉的)まったく思いがけず **si par hasard** …のようなことがあれば

†**hasardé(e)** [azarde] 形 《文》(逆など)危険な; 軽率な, 大胆な

†**hasarder** [azarde] 他 思い切ってする[言う];《文》(命・財産を)危険にさらす ― 代動 **se ~** ①思い切って…する ②(**à**)危険に身をさらす, 危険な場所に行く

†**hasardeux(se)** [azardø, -øz] 形 危険な, 無鉄砲な

†**haschisch** [aʃiʃ] 男 ハシッシュ, 大麻 (= (話) hasch)

†**hase** [az, az] 囡 雌のノウサギ

hassidisme [asidism] 男 〔宗〕ハシディズム, 敬虔主義運動《ユダヤ教超正統派の運動》

†**hast** [ast] 男 ▶**arme d'hast**(槍(やり)などの)柄付(えづ)き武器

†**hâte** [ɑt] 囡 〈英 haste〉急ぐこと ▶**à la hâte** 大急ぎで **avoir hâte de** …急いで…する, 早く…したい **en (toute) hâte** 大急ぎで, すぐさま **sans hâte** 急がずに, 静かに

***hâter** [ɑte] アテ 他 速くする;《文》時期を早める ― 代動 **[se ~]** 急ぐ ▶**se ~ de** …急いで…する

†**hâtif(ve)** [ɑtif, -iv] 形 (時期的に)早い; (野菜・果物が)早生(わせ)の; (仕事などが)急いでした ▶**conclusion hâtive** 早合点

†**hâtivement** [ɑtivmɑ̃] 副 急いで; せっかちに; (時間的に)早く

†**hauban** [obɑ̃] 男 〔海〕シュラウド, 横静索(せいさく); (つり橋用の)ケーブル ▶**pont à haubans** 斜張橋

†**haubanage** [obanaʒ] 男 (マストの)シュラウドによる固定

haubaner [obane] 他 ワイヤーロープで支える; (マストを)シュラウドで固定する

haubert [ober] 男 (史) 鎖帷子(くさりかたびら)

hausse [os オス] 女 (英 rise) ①上昇; 値上がり ▶**à la hausse / en hausse** 上昇中で(の) **hausse de salaire** 昇給 **marché à la hausse** 強気市場, 上昇相場 ②(大砲などの)照準器

haussement [osmã] 男 ▶**haussement d'épaules** 肩をすくめること【軽蔑・無関心を表す】

hausser [ose オセ] 他 (英 raise) 高くする, 上げる; (値段などを上げる; (音声を上げる; 強める ▶**hausser les épaules** (軽蔑・無関心)肩をすくめる ― 代動 [se ~] 高くなる, 上がる ▶**se hausser au niveau de** 〈高い地位に〉上る **se hausser sur la pointe des pieds** つま先で立つ

haussier(ère) [osje, -ɛr] 形 (株式で)強気の ― 男 強気筋

haut(e) [o, ot オ, オー(ト)] 形 (英 high) (高さが)高い; 高所の, 上の; 高級な; 上流の; (数値・価値が)高い; (程度・品質が)高い; 非常に; (声・音が)大きい; 高地の, 内陸の; (川の)上流の; (水位が)高い; (大戦); (海が)潮が満ちた ▶**de haut niveau** 最高水準の, トップレベルの **être haut en couleur** 色が強い, カラフルである **haut de** …の高さの **haut lieu** 上層部; 一大中心地, メッカ **haute couture** オートクチュール **haute trahison** 大逆罪, 国家反逆罪 **le haut moyen âge** 中世初期 ②古い, 初期の ― 副 高く, 上に; (価格・値位・程度が)高く; 大声で; (音が)鋭く, 高音に ▶**fonctionnaire haut placé** 高官, 堂々と **Hauts les mains!** 手を上げろ **parler haut et clair** 大きな声ではっきりと話す; 自分の話をはっきりわからせる **plus haut** (書物で)前の方で; (時代)遡って **viser très haut** 目標をとても高く掲げる ― 男 ①上部, 高所; 【数値 + de ~】…の高さの; トップ, 上層部; 上の方の部分; (衣類の)上着, トップ ▶**au plus haut** 最高位で, 絶頂で **de [du] haut en bas** 上から下[まで], すっかり **de haut** 高い所から; 横柄に; 表面的に **d'en haut** 上層部から; 天から **du haut de** …の上[頂]から **en haut** 上に, 上の階に; 高く **en haut de** …の上の方に **le prendre de (très) haut** 横柄な態度をとる **(avec) regarder … de haut** 〈人〉を見下す, さげすむ **tomber de (son) haut** びっくり仰天する; 迷いから覚める, 倒れる ― 名 [la ~] (話) 上流階級 (= ~ société)

hautain(e) [otɛ̃, -ɛn] 形 高慢な, 尊大な, 横柄な, (文) 気高い

hautain[2] [otɛ̃] 男 = hautin

hautbois [obwa] 男 (楽) オーボエ

hautboïste [oboist] 名 オーボエ奏者

haut-commissaire [okɔmisɛr] 男 (複 ~s~s) 高等弁務官

haut-commissariat [okɔmisarja] (複 ~s~s) 高等弁務官職[事務所] ▶**haut-commissariat des Nations unies pour les réfugiés** 国際連合難民高等弁務官事務所【略 HCR】

haut-de-chausses [odʃos] 男 (複 ~s~~s) オー・ド・ショース, トランク・ホーズ【16-17世紀の膝丈(ひざたけ)の半ズボン】

haut-de-forme [odfɔrm] 男 (複 ~s~s) シルクハット

haut de gamme [odgam] 形 高級な ― 男 高級品

haute [ot] 形 女 haut の女性形

Haute-Corse [otkɔrs] 女 オート・コルス県【コルシカ島北部】

haute-contre [otkɔ̃tr] 女 (複 ~s~) (楽) カウンターテナー ― 男 カウンターテナーの歌手

Haute-fidélité [otfidelite] 女 (複 ~s~s) (音響機器の)ハイファイ

Haute-Garonne [otgarɔn] 女 オート・ガロンヌ県【フランス南西部】

Haute-Loire [otlwar] 女 オート・ロワール県【フランス中南部】

Haute-Marne [otmarn] 女 オート・マルヌ県【フランス北東部】

hautement [otmã] 副 ①高度に, 非常に ②公然と, はっきりと

Hautes-Alpes [otzalp] 女 (複) オート・ザルプ県【フランス南東部】

Haute-Saône [otson] 女 オート・ソーヌ県【フランス東部】

Haute-Savoie [otsavwa] 女 オート・サヴォワ県【フランス南東部】

Hautes-Pyrénées [otpirene] 女 (複) オート・ピレネー県【フランス南西部】

hautesse [otɛs] 女 トルコ皇帝の尊称 ▶**Sa Hautesse** 陛下

hauteur [otœr] 女 (物の)高さ; 高台, 高所; 卓抜さ, 気高さ; 尊大, 傲慢(ごうまん) ▶**à hauteur d'épaule** 肩の高さの ▶**à hauteur des yeux** 目の高さ[目線]に **à la hauteur de** …の高さ[レベル]に; …の位置に[の]; …に対処しうる; (能力などが)…の水準に達している **avoir la hauteur de** …の高さである **parler avec hauteur** 偉そうに話す **prendre [perdre] de la hauteur** 上昇[下降]する **saut en hauteur** [スポーツ] 走り高跳び **tomber de toute sa hauteur** (人が)前のめりに倒れる

Haute-Vienne [otvjɛn] 女 オート・ヴィエンヌ県【フランス中西部】

Haute-Volta [otvɔlta] 女 オート・ボルタ【共和国; 現在はブルキナ・ファソ】

haut-fond [ofɔ̃] 男 (複 ~s) 浅

haut(-)fourneau [ofurno] 男 (複 ~s(-)~x) 高炉, 溶鉱炉

'hautin [otɛ̃] 男 〔垣根や添え木式の〕ブドウ園

'haut-le-cœur [olǝkœr] 男 (不変) 吐き気; 嫌悪, 反感

'haut-le-corps [olǝkɔr] 男 (不変)〔怒り・嫌悪・驚愕(きょうがく)で〕びくっとすること

'haut-parleur [oparlœr] 男 スピーカー, 拡声器 ▶**haut-parleur d'aigu** 高音スピーカー **haut-parleur de grave** 低音スピーカー

'haut-relief [orǝljef] 男 (複 ~s-~s)〔美術〕高(肉)浮き彫り

'Haut-Rhin [orɛ̃] 男 オー・ラン県〔フランス東部〕

'Hauts-de-Seine [odǝsɛn] 男 (複) オー・ド・セーヌ県〔パリ近郊〕

'hauturier(ère) [otyrje, -ɛr] 形〔海〕遠洋の

'havage [avaʒ] 男〔採掘法で〕横透かし; 切り込み

'havanais(e) [avanɛ, -ɛz] 形 ハバナの ── 名 ①[H-] ハバナ人 ②[大] ハバニーズ〔ビションの一種〕

'Havane [avan] 女 [la ~] ハバナ〔キューバの首都〕

'havane [avan] 男 ハバナたばこ; ハバナ葉巻 ── 形 (不変) 葉巻色の; 薄褐色の

'hâve [ɑv] 形 やせ細った, やつれた, 青白い

'haver [ave] 他〔石炭を〕横透かし掘り法で採掘する

'haveur [avœr] 男 横透かし掘専門の鉱夫

'Havre [ɑvr] 男 [le ~] ル・アーヴル〔セーヌ川河口に近い港町〕

'havre [ɑvr] 男〔文〕避難所, 隠れ家; 〔古〕小さな港 ▶**havre de paix** 平穏に暮らせる所

'havresac [avrǝsak] 男 背負い袋, リュックサック

Hawaï [awai] 女 ハワイ〔諸島〕

hawaïen(ne) [awajɛ̃, -ɛn] 形 ハワイ〔諸島〕の (îles Hawaï) の ── 名 [H-] ハワイ人

'Haye [ɛ] 女 [la ~] ハーグ〔オランダの都市〕

hayon [ajɔ̃, ɛjɔ̃] 男〔自動車の〕ハッチバック〔車体のはね上げ式のドア〕

HCR (略) (Haut-commissairat des Nations unies pour les réfugiés) 国連難民高等弁務官事務所

'hé [e, he] 間 (く喉音)〔呼びかけ・驚きなど〕おい, ねえ; まあ; 〔皮肉・ためらい・同意など〕へえ; また, ふむ ▶**Hé! Hé!** ええ, ええ **Hé non!** いや, いや, 〔反語調〕そうですとも

'heaume [om] 男〔中世の〕兜(かぶと)

hebdomadaire [ɛbdɔmadɛr] 形 週〔ごと〕の, 週1回の ── 男 週刊紙[誌] (=〔話〕hebdo)

hebdomadairement [ɛbdɔmadɛrmɑ̃] 副 週ごとに, 毎週

hébergement [ebɛrʒǝmɑ̃] 男 宿泊; 宿営

héberger [ebɛrʒe] 他 46 泊める; 宿泊所[避難所]を提供する

hébété(e) [ebete] 形 ぼうっとした, 腑(ふ)抜けたような; 感覚の鈍った

hébétement [ebetmɑ̃] 男, **hébètement** [ebɛtmɑ̃] 男 ぼう然自失, 精神朦朧(もうろう)

hébéter [ebete] 他 57 ぼう然とさせる; 鈍らせる

hébétude [ebetyd] 女〔文〕精神朦朧(もうろう), ぼう然自失; 〔医〕遅鈍

hébraïque [ebraik] 形 ヘブライ(人・語)の

hébraïsant(e) [ebraizɑ̃, -ɑ̃t] 形, **hébraïste** [ebraist] 名 ヘブライ語〔聖書〕学者〔の〕

hébreu [ebrø] 男 (複 ~x) ①[H-] ヘブライ人〔女性形は Juive, Israélite〕 ②ヘブライ語の; 〔話〕それはまったくちんぷんかんぷんです ── 形〔男性形のみ〕〔女性形は, 人に関しては juive, israélite, ものに関しては hébraïque〕ヘブライの ▶**État hébreu** 〔l'~〕イスラエル

Hébrides [ebrid] 女 (複) [les ~] ヘブリディーズ諸島〔スコットランドの北西方にある〕

HEC (略) (École des Hautes Études commerciales) 高等商業専門学校〔ビジネス関係のグランゼコール〕

hécatombe [ekatɔ̃b] 女 大殺戮(さつりく); 〔戦時の〕大量の犠牲者

*****hectare** [ɛktar エクタール] 男 ヘクタール〔面積の単位: 略 ha〕

hectique [ɛktik] 形〔医〕消耗性の ▶**fièvre hectique** 消耗熱

hect(o)- 接頭 (く仏)「100」の意

hectogramme [ɛktɔɡram] 男 ヘクトグラム, 100 グラム〔重量単位: 略 hg〕

hectolitre [ɛktɔlitr] 男 ヘクトリットル, 100 リットル〔容量単位: 略 hl〕

hectomètre [ɛktɔmɛtr] 男 ヘクトメートル, 100 メートル〔長さ単位: 略 hm〕

hectométrique [ɛktɔmetrik] 形 100 メートルを標示する

hectopascal [ɛktɔpaskal] 男 ヘクトパスカル, 1ミリバール〔気圧単位: 略 hPa〕

hectowatt [ɛktɔwat] 男 ヘクトワット, 100 ワット〔電力単位: 略 hW〕

hédonisme [edɔnism] 男〔哲〕快楽主義

hédoniste [edɔnist] 形 快楽主義の ── 名 快楽主義者

hégélianisme [eɡeljanism] 男 ヘーゲル主義[哲学]

hégélien(ne) [eɡeljɛ̃, -ɛn] 形 ヘーゲルの ── 名 ヘーゲル哲学派の哲学者

hégémonie [eʒemɔni] 女〔国家・民

hégémonique [eʒemɔnik] 形 覇権主義の

hégémonisme [eʒemɔnism] 男 (国家・組織の)覇権主義

hégire [eʒir] 女 ヒジュラ,ヘジラ,イスラム教紀元【西暦622年】

***hein** [ɛ アン] 間 (英 eh, what) ①(相手の言葉を聞き返して)えっ,なんですって ②(同意を促したり念を押して)そうでしょ

***hélas** [elɑs エラス] 間 (英 alas) ああ,残念,悲しいかな ▶ **Hélas oui [non]** 残念ながら,そうですね[そうではありません]

Hélène [elɛn] 女 ①エレーヌ【女性の名】②【ギ神】ヘレネ【トロヤ戦争の原因となった絶世の美女】

†**héler** [ele] 他 57 (遠くから)呼ぶ,呼びとめる

hélianthe [eljɑ̃t] 男【植】ヒマワリ

hélianthine [eljɑ̃tin] 女【化】メチルオレンジ

hélice [elis] 女 ①プロペラ;スクリュー ②【数】螺線(らせん),渦巻線

héliciculture [elisikyltyr] 女 エスカルゴ養殖

hélico [eliko] 男 = hélicoptère

hélicoïdal(ale) [elikɔidal] 形 (男複 -aux[-o]) 螺旋(らせん)状の

***hélicoptère** [elikɔptɛr エリコプテール] 男 (英 helicopter) ヘリコプター (=《話》hélico)

héligare [eligar] 女 ヘリポート

héli(o)- 接頭 (<ギ)「太陽」の意

héliocentrisme [eljɔsɑ̃trism] 男 【天】地動説,太陽中心説

héliogravure [eljɔgravyr] 女 グラビア印刷;写真凸版(印)

héliomarin(e) [eljɔmarɛ̃, -in] 形 【医】海岸での日光療法の

Hélios [eljos] 男【ギ神】ヘリオス【太陽神】

hélioscope [eljɔskɔp] 男 太陽鏡,太陽観察望遠鏡

héliothérapie [eljɔterapi] 女【医】日光療法

héliotrope [eljɔtrɔp] 男 ①【植】ヘリオトロープ;向日性植物 ②【鉱】ブラッドストーン,ヘリオトロープ

héliotropisme [eljɔtrɔpism] 男【生】向日性

héliport [elipɔr] 男 ヘリポート

héliportage [elipɔrtaʒ] 男 ヘリコプター輸送

héliporté(e) [elipɔrte] 形 ヘリコプターで運ばれた,ヘリコプターによる

hélitreuiller [elitrœje] 他 ヘリコプターのウインチで吊り上げる

hélium [eljɔm] 男【化】ヘリウム

hélix [eliks] 男【解】耳輪;【動】カタツムリ

hellébore [elebɔr, ɛllebɔr] 男【植】ヘレボルス,クリスマスローズ

hellène [elɛn] 形 ヘラス[古代ギリシア]の;ギリシアの ━ 名[H-]ヘレネス[古代ギリシア人];ギリシア人

hellénique [elenik] 形 古代ギリシアの;ギリシアの

hellénisant(e) [elenizɑ̃, -ɑ̃t] 名【史】ギリシア(語)研究者;ギリシア化したユダヤ人

hellénisation [elenizasjɔ̃] 女 ギリシア化

helléniser [elenize] 他 ギリシア化する

hellénisme [elenism] 男 ヘレニズム【古代ギリシア文明】;ギリシア語法

helléniste [elenist] 名 古代ギリシア語[文明]研究者

hellénistique [elenistik] 形 ヘレニズム期の

†**hello** [ɛllo] 間 (<英) やあ

helminthe [ɛlmɛ̃t] 男 蠕虫(ぜんちゅう)【腸内に住む寄生虫】

helminthiase [ɛlmɛ̃tjaz] 女【医】蠕虫(ぜんちゅう)の病

helvète [ɛlvɛt] 形 = helvétique

helvétique [ɛlvetik] 形 (行政文書や凝った表現で)スイスの ▶ **Confédération helvétique** スイス連邦【スイスの公式名】

helvétisme [ɛlvetism] 男 スイスのフランス語法【スイス特有の表現や語彙】

†**hem** [ɛm] 間 おい;えへん【注意の喚起や咳(せき)払い】;ふうん,さあ【疑い・あざけりを表す】

hémarthrose [emartroz] 女【医】関節内出血

hématémèse [ematemez] 女【医】吐血

hémat(h)idrose [ematidroz] 女【医】血汗症

hématie [emat(s)i] 女 赤血球

hématite [ematit] 女【鉱】赤鉄鉱

hématologie [ematɔlɔʒi] 女 血液(病)学

hématologiste [ematɔlɔʒist], **hématologue** [ematɔlɔg] 名 血液(病)学者

hématome [ematom] 男【医】血腫(けっしゅ)

hématose [ematoz] 女 動脈血液化【肺での静脈血への酸素付加】

hématozoaire [ematozɔɛr] 男【動】住血吸虫 ▶ **hématozoaire du paludisme** マラリア原虫

hématurie [ematyri] 女【医】血尿

héméralopie [emeralɔpi] 女 夜盲症

hémi- 接頭 (<ギ)「2分の1」「半分」の意

hémicycle [emisikl] 男 半円形の空間;(階段式の)半円形劇場[会議室];[l'~](フランスの)国民議会

hémiole [emjɔl] 女【楽】ヘミオラ【3拍子2小節で大きな3拍子のようにすること】

hémiplégie [emipleʒi] 女【医】半

hémiplégique [emiplɛʒik] 形 名 半身不随の(人)

hémiptères [emiptɛr] 男(複)〔動〕半翅(ﾊﾝｼ)類〔セミ・アブラムシなど〕

hémisphère [emisfɛr] 男〔天体・地球の〕半球 ▶ *hémisphère cérébral* 〔解〕大脳半球 *hémisphère nord* [*boréal*] 北半球 *hémisphère sud* [*austral*] 南半球

hémisphérique [emisferik] 形 半球形の

hémistiche [emistiʃ] 男〔12音節詩句の〕半句〔詩句中央の句切り〕

hém(o)-, héma-, hémat(o)- 接頭〔くぎ中の〕「血」の意

hémocompatible [emokɔ̃patibl] 形〔医〕(拒絶反応のない)血液適合の

hémoculture [emokyltyr] 女〔医〕血液培養

hémodialyse [emodjaliz] 女〔医〕血液透析

hémoglobine [emoglobin] 女 ヘモグロビン, 血色素

hémoglobinopathie [emoglobinopati] 女〔医〕異常ヘモグロビン症

hémogramme [emogram] 男〔医〕ヘモグラム【血液検査の詳細結果】

hémolyse [emoliz] 女〔医〕溶血【赤血球の溶解】

hémolysine [emolizin] 女〔生〕溶血素【赤血球の膜を壊す物質】

hémopathie [emopati] 女〔医〕血液疾患

hémophile [emofil] 形 血友病にかかった ── 名 血友病患者

hémophilie [emofili] 女〔医〕血友病

hémoptysie [emoptizi] 女〔医〕喀血

hémoptysique [emoptizik] 形 喀血の, 喀血患者の ── 名 喀血患者

hémorragie [emoraʒi] 女〔医〕(多大な)人命喪失;(資本や頭脳の)大量流出 ▶ *hémorragie cérébrale* 脳出血 *hémorragie interne* 内出血

hémorragique [emoraʒik] 形〔医〕出血(性)の

hémorroïdal(e) [emoroidal] 形(男複 -*aux* [-o]) ① 痔(疾)の ② 直腸の, 肛門の

hémorroïde [emoroid] 女(複)〔医〕痔, 痔疾

hémostase [emostaz] 女〔医〕止血

hémostatique [emostatik] 形〔医〕止血の ── 男 止血剤

hendécagone [ɛ̃dekagon, -on] 名 形〔数〕11角形の

hendécasyllabe [ɑ̃dekasilab] 形 男 11音節の(詩句)

hennè [ene] 男〔植〕ヘンナ;ヘンナ染料【橙(ﾀﾞｲﾀﾞｲ)色;染髪などに使う】

hennin [enɛ̃] 男 エナン;〔15世紀の婦人の〕円錐(ｴﾝｽｲ)帽

†**hennir** [enir] 自 33 〔馬が〕いななく;〔馬がいななくような〕音を出す

†**hennissant(e)** [enisɑ̃, -ɑ̃t] 形〔馬がいななく

†**hennissement** [enismɑ̃] 男〔馬の〕いななき声

Henri [ɑ̃ri] アンリ【男性の名】

†**hep** [ɛp, hɛp] 間 おおい〔呼びかけ〕

héparine [eparin] 女〔生化〕ヘパリン【血液の抗凝固剤】

hépatique [epatik] 形〔解〕肝臓の, 肝臓病にかかった ── 名 肝臓病患者 ▶ *insuffisance hépatique* 肝(機能)不全

hépatisation [epatizɑsjɔ̃] 女〔医〕肝変

hépatite [epatit] 女 肝炎 ▶ *hépatite virale* ウイルス性肝炎

hépat(o)- 接頭〔くぎ中の〕「肝臓」の意

hépatocèle [epatosɛl] 女〔医〕肝ヘルニア

hépatocyte [epatosit] 男〔生〕肝細胞

hépatologie [epatoloʒi] 女〔医〕肝臓学

hépatomégalie [epatomegali] 女〔医〕肝腫大

hept(a)- 接頭〔くぎ中の〕「7」の意

heptacorde [ɛptakɔrd] 男〔楽〕(楽器が)7弦の

heptaèdre [ɛptaɛdr] 男〔数〕7面体

heptaédrique [ɛptaedrik] 形 7面体の

heptagonal(ale) [ɛptagonal] 形(男複 -*aux* [-o]) 7角形の, 7辺形の

heptagone [ɛptagon] 男 7角形

heptamètre [ɛptamɛtr] 男〔ラテン・ギリシアの詩で〕7歩格(の)

heptane [ɛptan] 男〔化〕ヘプタン

Héra [era] 女〔ギ神〕ヘラ【ゼウスの妻】

Héraclès [erakles], **Héraklès** [erakles] 〔ギ神〕ヘラクレス

Héraclite [eraklit] ヘラクレイトス【古代ギリシアの哲学者】

héraldique [eraldik] 形 紋章の, 紋章(術)に関する ── 女 紋章学;(総称的に)紋章

héraldiste [eraldist] 名 紋章学者

Hérault [ero] ①〔l'~〕エロー川 ②エロー県【フランス南部】

†**héraut** [ero] 男〔中世の〕伝令官;〔文〕先駆者;告知者

herbacé(e) [ɛrbase] 形 草質の, 草のような

herbage [ɛrbaʒ] 男〔自然の〕牧草地;牧畜

herbager[1] **(ère)** [ɛrbaʒe, -ɛr] 名 牧畜業者

herbager[2] [ɛrbaʒe] 他 40 放牧する

†**herbe** [ɛrb エルブ] 女 (英 grass, herb) *couper l'herbe sous le(s) pied(s) de* (人)を出し抜く, 押しのける *en herbe* (麦など)がまだ若い;将来の *fines herbes* 〔料〕

herbe-à-chats 香草, ハーブ ***manger son blé en herbe*** (利益を得る前に)元手を食いつぶす ***mauvaise herbe*** 雑草; 不良

herbe-à-chats [ɛrbaʃa] 囡(複〜s-〜-〜)〔植〕セイヨウカノコソウ(= valériane)

herbeux(se) [ɛrbø, -øz] 厖 草の生い茂った

herbicide [ɛrbisid] 厖 雑草を枯らす —— 男 除草剤

herbier [ɛrbje] 男 植物標本, 押し葉(花)

herbivore [ɛrbivɔr] 厖 草食性の —— 男〔複〕草食動物

herborisation [ɛrbɔrizasjɔ̃] 囡 植物採集

herboriser [ɛrbɔrize] 自 植物採集する

herboriste [ɛrbɔrist] 图 薬草[生薬]販売者

herboristerie [ɛrbɔristəri] 囡 薬草販売店業; 薬草市場

herbu(e)[1] [ɛrby] 厖 草の生い茂った

herbue[2] [ɛrby] 囡〔牧草地用の〕やせた土地

hercule [ɛrkyl] 男 ①[H-]〔ギ神〕ヘラクレス ②怪力の男, 筋骨のたくましい男

herculéen(ne) [ɛrkyleɛ̃, -ɛn] 厖 ヘラクレス(のような), 怪力の

hercynien(ne) [ɛrsinjɛ̃, -ɛn] 厖〔地〕(古生代の)ヘルシニア造山運動の

'hère [ɛr] 男 ► ***pauvre hère*** 哀れなやつ

héréditaire [erediter] 厖 ①世襲の, 相続の; 先祖代々の ②遺伝の

héréditairement [eredɛtɛrmɑ̃] 副 ①世襲で ②遺伝的に

hérédité [eredite] 囡 ①世襲(性),〔法〕相続(権) ②遺伝, 遺伝性気質[体質]

hérésiarque [erezjark] 男〔宗〕異端的開祖

hérésie [erezi] 囡 ①(カトリックから見た)異端 ②異説; 許しがたい行為;〔話〕常識外れ

hérétique [eretik] 厖图 (カトリックから見て)異端の(人); 異説を唱える人

'hérissé(e) [erise] 厖 (< hérisser) ①(毛・羽が)逆立った ②(とがったものが)突き出た, とげのある; 気難しい, とっつきにくい

'hérissement [erismɑ̃] 男 (毛・羽が)逆立つこと; 怒り, いら立ち

'hérisser [erise] 他 ①(毛・羽を)逆立てる ②(とがったもので)並べる;(とがったもので)覆う〈de〉③困難などで一杯にする〈de〉④怒らせる —— 代動 [se 〜] ①(毛・羽が)逆立つ, 逆立てる ②(とがったものが)立ち並ぶ; 覆われる〈de〉③怒る; いら立つ

'hérisson [erisɔ̃] 男 ①〔動〕ハリネズミ ②(栗の)いが ③(煙突掃除用の)金属ブラシ ④気難しい人 ⑤有刺鉄線; 忍び返し ⑥ ► ***hérisson de mer*** ウニ

héritabilité [eritabilite] 囡〔生〕遺伝率

héritage [eritaʒ] 男 遺産; 相続, 伝承 ► ***en héritage*** 遺産として ***laisser A en héritage à B*** A(財産)をBに遺産として残す

hériter [erite] 自 (財産を)相続する; 才能などを, 受け継ぐ;(人から)相続する〈de〉—— 他 (人から…を)相続する, 受け継ぐ〈de〉

héritier(ère) [eritje, -ɛr] 图 相続人; 後継者;〔話〕(跡取りの)子ども

hermaphrodisme [ɛrmafrɔdism] 男〔生〕雌雄同体現象, 両性の生殖器官をもつ

hermaphrodite [ɛrmafrɔdit] 厖 ①[H-]〔ギ神〕ヘルマフロディトス【両性具有者】②両性具有者;〔生〕雌雄同体 —— 男 両性具有者; 両性の; 雌雄同体の

herméneutique [ɛrmenøtik] 厖 解釈学の

hermès [ɛrmɛs] 男 ①[H-]〔ギ神〕ヘルメス【神々の使者, 旅人の守護神】②〔美術〕ヘルメス像

hermétisation [ɛrmetisitse] 囡 密封[密閉]性; 難解さ, 不可解さ

hermétique [ɛrmetik] 厖 ①密封[閉]の ②難解な, 不可解な

hermétiquement [ɛrmetikmɑ̃] 副 ①密封[閉]して ②難解に

hermétisme [ɛrmetism] 男 難解さ, 不可解さ

hermine [ɛrmin] 囡〔動〕アーミン, オコジョ; 白テン; アーミン[オコジョ]の毛皮

herminette [ɛrminet] 囡 手斧(ちょうな)

'herniaire [ɛrnjɛr] 厖〔医〕ヘルニアの ► ***bandage herniaire*** ヘルニアバンド, 脱腸帯

'hernie [ɛrni] 囡〔医〕ヘルニア ► ***hernie discale*** 椎間板ヘルニア

'hernié(e) [ɛrnje] 厖〔医〕ヘルニアになった

héroïcomique [erɔikɔmik] 厖〔文史〕英雄喜劇的な, 勇壮かつ滑稽(こっけい)な

héroïne[1] [erɔin] 囡 [héros の女性形] ①女性の英雄, 女傑 ②女主人公; 中心的な女性

héroïne[2] [erɔin] 囡〔化〕ヘロイン, モルヒネ剤

héroïnomane [erɔinɔman] 厖图 ヘロイン中毒の(患者)

héroïnomanie [erɔinɔmani] 囡 ヘロイン中毒

'héroïque [erɔik] 厖(英 heroic) ①英雄的な, 雄々しい, けなげな; 思い切った, 大胆な;(神話・伝説上の)英雄の

'héroïquement [erɔikmɑ̃] 副 勇ましく, けなげに

'héroïsme [erɔism エロイスム] 男 勇壮さ, 雄々しさ; 偉大さ

'héron [erɔ̃] 男〔鳥〕アオサギ

'héros [erɔ エロ] 男 (英 hero) ①英

雄, 勇士, 偉人 ②主人公, 主役 ③〔神話〕(半神半人の)英雄, 神人

herpès [ɛrpɛs] 男 〔医〕ヘルペス, 疱疹(ほうしん)

herpétique [ɛrpetik] 形 〔医〕ヘルペス[疱疹(ほうしん)]性の

herpétisme [ɛrpetism] 男 〔医〕皮膚病素質

†**hersage** [ɛrsaʒ] 男 馬鍬(まぐわ)で掻くこと

†**herschage** [ɛrʃaʒ] 男 手押し運搬

†**herscher** [ɛrʃe] 他 トロッコを手押しする; 鉱車で石炭を運ぶ

†**herscheur(*se*)** [ɛrʃœr, -øz] 名 運搬人夫

†**herse** [ɛrs] 女 ①〔農〕馬鍬(まぐわ) ②(城塞(じょうさい)の)落とし格子戸 ③(教会の)燭台 ④(劇場の)照明バトン

†**herser** [ɛrse] 他 〔農〕(土地を)ハローで[馬鍬(まぐわ)]でならす[耕す]

hertz [ɛrts] 男 〔電〕ヘルツ【振動数・周波数の単位: 略 Hz】

hertzien(*ne*) [ɛrtsjɛ̃, -ɛn] 形 電磁波の; (テレビなどの)放送の

Hésiode [ezjɔd] 〔ギ神〕ヘシオドス【古代ギリシアの詩人】

hésitant(*e*) [ezitɑ̃, -ɑ̃t] 形 ためらいがちな, 優柔不断な; はっきりしない

hésitation** [ezitasjɔ̃ エズィタスィヨン] 女 ためらい, 躊躇(ちゅうちょ) ►sans hésitation*** ためらうことなく; すらすらと

****hésiter** [ezite エズィテ] 自 (英 hesitate) ためらう; (…について)迷う《sur》; (…の間で)揺れる《entre》; 口ごもる, 言いよどむ ►***hésiter à*** …するのをためらう ***sans hésiter*** ためらうことなく; すらすらと

hétaïre [etair] 女 (古代ギリシアの)高級娼婦

hétéro [etero] 形名 《略》hétérosexuel 《話》異性愛の(人)

hétér(o)- 接頭 (<ギ)「異」「他」の意

hétérocerque [eterɔsɛrk] 形 〔動〕(魚が)歪尾の

hétérochromie [eterɔkrɔmi] 女 〔医〕虹彩異色症, オッドアイ[バイアイ]

hétérochromosome [eterokromozom] 男 〔生〕異形染色体

hétéroclite [eterɔklit] 形 ①雑多な, 混交の ②異様な; 特異な

hétérocycle [eterɔsikl] 男 複素環式化合物

hétérocyclique [eterɔsiklik] 形 複素環式化合物の

hétérodoxe [eterɔdɔks] 形 異端の; 非正統説の —— 名 異端者

hétérodoxie [eterɔdɔksi] 女 異端; 非正統性

hétérodyne [eterɔdin] 形 周波数変換方式の —— 女 ヘテロダイン通信機

hétérogamie [eterɔgami] 女 〔生〕異形配偶

hétérogène [eterɔʒɛn] 形 不均質の, 異質の

hétérogénéité [eterɔʒeneite] 女 不均質性, 異質性

hétérogreffe [eterɔgrɛf] 女 〔医〕異種移植; 異種形成

hétérologue [eterɔlɔg] 形 異種の

hétéromorphe [eterɔmɔrf] 形 〔生〕多型の

hétéromorphisme [eterɔmɔrfism] 男 〔生〕多型

hétéronome [eterɔnɔm] 形 〔哲〕他律の

hétéronomie [eterɔnɔmi] 女 〔哲〕他律

hétéronyme [eterɔnim] 形 異根同類の

hétéroplastie [eterɔplasti] 女 = hétérogreffe

hétéroplastique [eterɔplastik] 形 〔医〕異種移植の; 異種形成の

hétéroprotéine [eterɔprɔtein] 女 〔生化〕タンパク質のヘテロ複合体

hétéroptères [eterɔptɛr] 男 《複》カメムシ亜目(異翅亜目)

hétérosexualité [eterɔsɛksɥalite] 女 異性愛

hétérosexuel(*le*) [eterɔsɛksɥɛl] 形 異性愛の —— 名 異性愛者

hétéroside [eterɔzid] 男 〔化〕配糖体

hétérotrophe [eterɔtrɔf] 形 〔生〕従属栄養生物の

hétérotrophie [eterɔtrɔfi] 女 〔生〕従属栄養生物

hétérozygote [eterɔzigɔt] 名形 〔生〕(接合体が)異型(の); ヘテロ接合体(の)

†**hêtraie** [ɛtrɛ] 女 ブナ林, ブナの植林地

†**hêtre** [ɛtr] 男 〔植〕ブナ(の木)

†**heu** [ø] 間 ①(言いよどんで)えー, えーと ②(疑い・困惑を表して)ふうん, へえ

heur [œr] 男 [[成句でのみ]] ►***avoir l'heur de plaire à …*** 幸いなことに(人)の気に入る

****heure** [œr ウール] 女 (英 hour, o'clock, time) (時の単位の)時間; 時刻; 時(じ); 時期, 時代; 時宜; [[H-s]] 〔カト〕時祷書(= livres d'H-s) ►***à cette heure*** 今, 現在 ***à cette heure-ci*** [***-là***] この時刻に(は), こんな時間に ***à heure fixe*** 決めた時間に, 定刻に ***à la bonne heure*** しめた, ちょうどいい; (皮肉で)それはけっこう ***à la première heure*** 夜明けに ***à l'heure*** 定刻に; 1時間あたり ***à l'heure actuelle*** 今現在 ***à l'heure qu'il est*** 今このときに ***À quelle heure?*** いつ, 何時に? ***À tout à l'heure.*** ではまたのちほど ***à toute heure*** いつでも ***avant l'heure*** (予定時間より)早く ***c'est l'heure de*** …する時間だ ***de bonne heure*** 朝早く; 早い時期に ***de la première heure*** 初めから ***demander*** [***donner***] ***l'heure à*** (人)に時間を尋ねる[教える]

H

des heures 何時間も **heure creuse** オフピーク時，最盛期を過ぎた時間 **heure d'affluence** ラッシュアワー **heure de battement** (物事の)合い間(の時間) **heure de fermeture** 閉店[閉館]時間 **heure de pointe** ラッシュアワー **heure d'été** サマータイム **heure d'ouverture** 開店[開館]時間 **heures de réception** 受付[営業，診療]時間 **heures supplémentaires** 超過勤務時間，残業 *Il est deux heures.* 2時です *mettre ... à l'heure* (時計の)時刻を合わせる *ne pas demander l'heure (qu'il est)* (話) (人)の意見を聞かない，放っといてもらう *Quelle heure est-il? / Vous avez [Tu as] l'heure?* (話) 何時ですか *sur l'heure* ただちに，すぐに *tout à l'heure* さっきまで；まもなく

:**heureusement** [œrøzmɑ̃ ウルズマン] 副 (英 fortunately) 幸いにも，運よく；首尾よく，有利に ▶ *heureusement que ...* 幸いにも…である

:**heureux(se)** [œrø, -øz ウルー(ズ)] 形 (英 happy, lucky) ① 幸せな，幸福な；[être 〜 de ...[que ...]] …して[…で]うれしい，喜んでいる；運がいい，ついている ▶ *C'est (encore) heureux que ...* …なのは運がいい *heureux comme un poisson dans l'eau* 水をえた魚のように幸せそうな *heureux mortel* 好都合な，好ましい；(表現などが)巧みな，すぐれた ── 名 幸福な人 ▶ *faire un heureux* 人を喜ばせる

'**heurt** [œr] 男 衝突；対立

'**heurté(e)** [œrte] 形 (<heurter) ぎくしゃくした；耳障りな；(写真・絵などで)コントラストのきつい

'**heurtement** [œrtəmɑ̃] 男 衝突

'**heurter** [œrte] 他 (英 run into, shock) ① (...に)ぶつかる，衝突する；(...に)ぶつける ② (人を)傷つける，怒らせる；(良識などに)反する ── 自 (文) (ドアなどを)たたく (à)；(...に)ぶつかる，衝突する (à, contre) ▶ *heurter ... de front* (人)と真っ向から対立する ── 代動 [se 〜] ① (...にぶつかる (à, contre) ② (障害に遭う (à) ③ 互いに対立[反目]する

'**heurtoir** [œrtwar] 男 (ドアの)ノッカー

hévéa [evea] 男 〔植〕 パラゴムノキ

hex(a)- [egza] (く接) 「6」の意

hexachlorure [egzaklɔryr] 男 〔化〕6塩化物

hexacoralliaires [egzakɔraljɛr] (複) 〔動〕六放サンゴ亜網

hexacorde [egzakɔrd] 男 〔楽〕6音音階

hexaèdre [egzaɛdr] 形 6面の ── 男 6面体

hexaédrique [egzaedrik] 形 6面(体)の

hexafluorure [egzaflyɔryr] 男 〔化〕六フッ化物

hexagonal(ale) [egzagɔnal] 形 (男 複 -aux[-o]) 6角形の；《フランス本土の

hexagone [egzagɔn] 男 6角形；[l'H-]フランス本土 ── 形 6角形の

hexamètre [egzametr] 男形 (ラテン・ギリシアの詩で)6歩格の

hexapode [egzapɔd] 形 男 六脚の，昆虫の

'**hi** [i, hi] 男 (擬音) 間 (2,3度くり返して)ひぃひぃ (泣き声・笑い声)

hiatus [jatys] 男 ①〔音声〕母音接続(衝突) ② 断絶，中断；間隙(詮)

hibernal(ale) [ibernal] 形 (男 複 -aux[-o]) 冬の ▶ *sommeil hibernal* 冬眠

hibernant(e) [ibernɑ̃, -ɑ̃t] 形 冬眠する

hibernation [ibernasjɔ̃] 女 冬眠，冬ごもり，冬眠状態

hiberner [iberne] 自 冬眠する

hibiscus [ibiskys] 男 〔植〕ハイビスカス

'**hibou** [ibu] 男 (複 〜x) [鳥] ミミズク；陰気な人

'**hic** [ik] 形 (不変) (話) 困難な点，難関 ▶ *C'est là le hic.* そこが問題だ *Il y a un hic.* ちょっとした問題がある

'**hic et nunc** [iketnɔ̃(œ̃)k] 副 (<ラ) 直ちに，その場で

'**hickory** [ikɔri] 男 (<英) 〔植〕ヒッコリー

hidalgo [idalgo] 男 (<ス) スペインの貴族

'**hideur** [idœr] 女 醜悪，忌まわしさ

'**hideusement** [idøzmɑ̃] 副 醜く

'**hideux(se)** [idø, -øz] 形 醜悪な，ぞっとする，いまわしい

'**hidjab** [idʒab] 男 ヒジャーブ【女性イスラム教徒の頭を覆うスカーフ】

hidrosadénite [idrɔzadenit] 女 〔医〕化膿性汗腺炎

'**hie** [i] 女 (舗石をつき固める)杭(ﾞ)打ち器

'**hier** [jer イエール] 副 (英 yesterday) きのう，昨日；つい最近，先ごろ ▶ *avant-hier* おととい *hier matin* 昨朝 *hier soir* 昨晩 *ne pas dater d'hier* 昔(から)のことである

'**hiérarchie** [jerarʃi] 女 階級[階層]制，ヒエラルキー；序列，分類体系

'**hiérarchique** [jerarʃik] 形 階級制の，序列のある

'**hiérarchiquement** [jerarʃikmɑ̃] 副 階級によって，順序を経て

'**hiérarchisation** [jerarʃizasjɔ̃] 女 階級化，序列化

'**hiérarchiser** [jerarʃize] 他 階級[階層，序列]化する

'**hiérarque** [jerark] 男 ① ギリシア正教会の高位聖職者 ② お偉いさん，要人

'**hiératique** [jeratik] 形 おごそかな，

儀式ばった

hiératiquement [jeratikmɑ̃] 副 おごそかに, 儀式ばって

hiératisme [jeratism] 男 おごそかさ, 重々しさ

hiéroglyphe [jerɔglif] 男 ①《古代エジプトの》象形文字, ヒエログリフ ②《複》判読不能な文字

hiéroglyphique [jerɔglifik] 形 象形文字の

hiérophante [jerɔfɑ̃t] 男 《古代ギリシアの》エレウシスの秘儀の司祭

¹**hiérosolymitain(e)** [jerɔzɔlimitɛ̃, -ɛn] 形 エルサレムの ── 名 [H-] エルサレム人

hi(-)fi [ifi] 形《不変》《英》ハイファイ ▶ *chaîne hi-fi* ステレオシステム

highlander [ajlɑ̃dœr] 男《〈英〉スコットランド高地の人; 高地連隊兵

high-tech [ajtɛk] 男形《不変》《英》ハイテクの

¹**hi-han** [iɑ̃] 間 いおおん [ロバの鳴き声]

hilarant(e) [ilarɑ̃, -ɑ̃t] 形 滑稽(ﾞぃ)な, 笑いを誘う

hilare [ilar] 形 陽気な; ご満悦の

hilarité [ilarite] 女 哄笑(ﾞ?ぅ), 爆笑

¹**hile** [il] 男 ①〔植〕臍(^)② 〔解〕門

hilotisme [ilotism] 男 (スパルタの)奴隷の境遇; 《文》隷属, 無知の状態 ⇒ ilotisme

Himalaya [imalaja] 男 [l'~] ヒマラヤ山脈

himalayen(ne) [imalajɛ̃, -ɛn] 形 ヒマラヤの

¹**hindi** [indi] 男形 ヒンディー語(の)

hindou(e) [ɛ̃du] 形 ヒンズー教(徒)の, バラモン教の; インド人の ── 名 ヒンズー[バラモン]教徒; [H-] インド人

hindouisme [ɛ̃duism] 男 ヒンズー教

hindouiste [ɛ̃duist] 形名 ヒンズー教(の)

¹**hip** [ip] 間 ▶ *Hip, hip, hip! hourra!* 〔掛け声〕やったやった, 万歳!

hip-hop [ipɔp] 男形《不変》《英》ヒップホップ(の)

¹**hippie** [ipi] 形名《〈英〉ヒッピー(の) (= hippy)

hippique [ipik] 形 馬の, 馬術の ▶ *club hippique* 乗馬クラブ *concours hippique* 馬の品評会

hippisme [ipism] 男 馬術; 馬術競技

hipp(o)- 接頭《〈ギ〉「馬」の意

hippocampe [ipokɑ̃p] 男 ①〔魚〕タツノオトシゴ ②〔ギ神〕ヒッポカムポス, 海馬(げ)

Hippocrate [i(p)pokrat] ヒポクラテス〔古代ギリシアの医学者〕

***hippodrome** [ipodrom] 男 競馬場; 馬場

hippogriffe [ipogrif] 男 ヒッポグリフ【頭がワシ身体が馬で翼のある伝説上の怪物】

hippologie [ipɔlɔʒi] 女 馬学

hippologique [ipɔlɔʒik] 形 馬学の

hippomobile [ipomobil] 形 馬に引かれた

hippophaé [ipofae] 男〔植〕ヒッポファエ〔グミ科の小低木〕

hippophagie [ipofaʒi] 女 馬肉食

hippophagique [ipofaʒik] 形 馬肉食っての

hippopotame [ipopɔtam] 男〔動〕カバ[河馬];〔話〕ずうたいの大きな人

hippurique [ipyrik] 形 ▶ *acide hippurique*〔化〕馬尿酸

hippy [ipi] 形名 = hippie

hircin(e) [irsɛ̃, -in] 形 ヤギの, ヤギみの

***hirondelle** [irɔ̃dɛl] イロンデル 女《英 swallow〕〔鳥〕ツバメ

hirsute [irsyt] 形《毛髪・ひげが〕もじゃもじゃの, ぼさぼさの

hispanique [ispanik] 形 スペイン(人)の

hispanisant(e) [ispanizɑ̃, -ɑ̃t], **hispaniste** [ispanist] 名 スペイン語研究者

hispanisme [ispanism] 男 スペイン語特有の語法

hispan(o)- 接頭《〈ラ〉「スペインの」の意

hispano-américain(e) [ispanoamerikɛ̃, -ɛn] 形 スペイン系ラテンアメリカの, スペインとアメリカの ── 男 南米スペイン語 ── 名 [H-A-] スペイン系中南米人

hispanophone [ispanofon] 形名 スペイン語を話す(人)

***hisser** [ise] 他 高く掲げる; 巻き上げる; 引き持ち上げる ── 代動 [se ~] (…によじ登る (sur); 〈高い地位に〉はい上がる (à) ▶ *se hisser sur la pointe des pieds* つま先立ちする ── 間 ▶ *Oh! Hisse!* よいしょ

histamine [istamin] 女〔生化〕ヒスタミン

histaminique [istaminik] 形 ヒスタミンによる, ヒスタミンの

histidine [istidin] 女〔生化〕ヒスチジン

histiocyte [istjosit] 男〔医〕組織球, 組織マクロファージ

hist(o)- 接頭《〈ギ〉「組織」の意

histochimie [istoʃimi] 女〔生化〕組織化学

histocompatibilité [istokɔ̃patibilite] 女〔医〕組織適合

histocompatible [istokɔ̃patibl] 形〔医〕組織適合の

histogenèse [istoʒənɛz] 女〔生〕〔細胞らの〕組織形成

histogramme [istogram] 男〔統計〕ヒストグラム〔度数分布を示す柱状グラフ〕

***histoire** [istwar] イストワール 女 歴史, 歴史学, 歴史書; 経歴; 物語, 話;

histologie 《複》作り話, でたらめ; 事柄, いきさつ; もめ事, いさかい ▶*C'est toute une histoire.* 話は長いことになる; これはやっかいだ[ひと騒動だ] *faire des histoires* (話) 大騒ぎをする; (人に) 迷惑をかける (à) *histoire ancienne* 古代史 *histoire contemporaine* 現代史 *histoire de l'art* 美術史 *histoire de rire* 冗談, 笑い話 *histoire économique* 経済史 *histoire moderne* 近代史 *histoire naturelle* 自然史; (18世紀の) 博物学 *histoire sainte* 聖（書）史 *histoire sociale* 社会史 *petite histoire* (歴史の) 裏話 *sans histoire* 平凡な, 無事に

histologie [istɔlɔʒi] 囡 (生) 組織学

histologique [istɔlɔʒik] 厖 組織学の

historicisme [istɔrisism] 男 歴史主義

historicité [istɔrisite] 囡 歴史性, 真実性

historié(e) [istɔrje] 厖 (聖書・聖人伝からの) 人物画で装飾された

historien(ne) [istɔrjɛ̃, -ɛn] 图 歴史家, 歴史学者; 伝記作家; (話) 史学科学生

historier [istɔrje] 他 (聖書・聖人伝からの人物画で) 装飾する; 挿絵を入れる

historiette [istɔrjɛt] 囡 小話, 逸話

historiographe [istɔrjɔgraf] 图 (王によって任命された) 史料編纂官; 年代記作者

historiographie [istɔrjɔgrafi] 囡 史料編纂（法）; 史書

*__historique__ [istɔrik イストリク] 厖 ① 史的, 歴史学の (= historical) ② 歴史上の, 実在の ③ 歴史的な, 歴史に残る ── 男 時代時代の記録, 沿革 ▶*faire l'historique de* …の歩みをたどる

historiquement [istɔrikmɑ̃] 副 歴史的に; 史実に基づいて

histrion [istrijɔ̃] 男 ① (文) 大根役者 ②(古代ローマの) 喜劇役者

*__hit__ [it] 男 ① (略) (英) (話) (映画や歌の) ヒット(= tube)

hitlérien(ne) [itlerjɛ̃, -ɛn] 厖 ヒトラー(Hitler) (主義)の ── 名 ヒトラー主義者[支持者]

hitlérisme [itlerism] 男 ヒトラー主義

*__hit-parade__ [itparad] 男 (< 英) ヒットチャート; (映画などの) 人気順位

*__hittite__ [itit] 厖 ヒッタイトの ── 男 ヒッタイト語

*__HIV__ [aʃive] (略) (< 英) human immunodeficiency virus ヒト免疫不全ウイルス [エイズウイルス]

*__hiver__ [ivɛr イヴェール] 男 (英 winter) 冬 ▶*en hiver* 冬に

hivernage [ivɛrnaʒ] 男 越冬, 冬ごもり; (船の) 冬期停泊(期); (熱帯地方の) 雨期; (農) 冬季耕作

hivernal(ale) [ivɛrnal] 厖 (男複 -aux[-o]) 冬の ── 囡 冬山登山 *station hivernale* (スキーなどの) 冬期観光地, 避寒地

hivernant(e) [ivɛrnɑ̃, -ɑ̃t] 图 (スキー客などの) 冬期観光客; 避寒客

hiverner [ivɛrne] 自 冬を越す, 冬ごもりする[させる]; (避寒地で) 冬を過ごす ── 他 (家畜を) 冬の間小屋に入れる

*__HLM__ (略) *habitation à loyer modéré* 低家賃住宅 [低所得者層向けの公営集合住宅]

*__'ho__ [o] 圖 (呼びかけで) おい, おおい; (驚き・感嘆・怒りを表して) ほう, まあ, わあ

*__'hobby__ [ɔbi] 男 (複 -ies) (< 英) 趣味

*__'hobereau__ [obro] 男 (複 ~x) ①[鳥] チゴハヤブサ ②(文) 田舎(いなか) 貴族, 小領主

*__'hochement__ [ɔʃmɑ̃] 男 頭を縦[横]に振ること (~ de tête)

*__'hochepot__ [ɔʃpo] 男 オシュボ [肉・野菜などで作る濃いスープ料理]

*__'hoche(-)queue__ [ɔʃkø] 男 [鳥] セキレイ

*__'hocher__ [ɔʃe] 他 (頭を縦[横]に振る

*__'hochet__ [ɔʃɛ] 男 がらがら [乳児のおもちゃ]; (文) (虚栄心などを満足させる) ささいなこと, 楽しみ

*__'hockey__ [ɔkɛ] 男 (< 英) (フィールド) ホッケー (= ~ sur gazon) ▶*hockey sur glace* アイスホッケー

*__'hockeyeur(se)__ [ɔkɛjœr, -øz] 图 ホッケー選手

*__'hoir__ [war] 男 (法) (古) 相続人

*__'hoirie__ [wari] 囡 (法) (古) 相続財産

*__'holà__ [ɔla] 圖 おい, ちょっと [呼びかけ・注意の喚起・制止] ── 男 (不変) ▶*mettre le holà à* (事態を収拾する

*__'holding__ [ɔldiŋ] 男 (< 英) 持株会社

*__'hold-up__ [ɔldœp] 男 (不変) (< 英) ピストル強盗

holisme [ɔlism] 男 [哲] 全体論

*__'hollandais(e)__ [ɔ(l)lɑ̃dɛ, -ɛz] 厖 オランダ(人, 語)の ── 名 [H-] オランダ人 ── 男 オランダ語 ── 囡 ホルスタイン [乳牛]

*__'Hollande__ [ɔ(l)lɑ̃d] 囡 オランダ ── 男 オランダチーズ; (上質の) すき入れ紙 ── 囡 オランダリネン; オランダ陶

*__'hollywoodien(ne)__ [ɔliwudjɛ̃, -ɛn] 厖 ハリウッド (Hollywood) の; けばけばしい, 豪奢[ごうしゃ]な

holmium [ɔlmjɔm] 男 ホルミウム [原子番号67の元素]

holo- (ギ) 「全体」の意

holocauste [ɔlɔkost] 男 ①(古代ユダヤ教の) 燔祭(はんさい) ② [[H-]] ホロコースト [ナチスによるユダヤ人大虐殺] ③犠牲

hologramme [ɔlɔgram] 男 ホログラム

holographie [ɔlɔgrafi] 囡 ホログラフィー

holographique [ɔlɔgrafik] 形 ホログラフィーの

holothurie [ɔlɔtyri] 女 〔動〕ナマコ

holster [ɔlstɛr] 男 (拳銃用の)革ケース, ホルスター

†**homard** [ɔmar] 男 〔動〕オマールエビ, ロブスター ►**homard à l'américaine [l'armoricaine]** 〔料〕オマールのアメリカ風〖白ワインのトマトソースをかけた〗

†**home** [om] 男 (英) ①家庭 ②施設 ►**home d'enfants** (休暇中の)託児所

homélie [ɔmeli] 女 ①(福音書解説を主とした)説教 ②退屈で長ったらしいお説教

homéo- 接頭 《ギ》「類似」「同一」の意

homéopathe [ɔmeɔpat] 名 ホメオパシー主義の(医者)

homéopathie [ɔmeɔpati] 女 〔医〕ホメオパシー, 類似治療法, 同毒療法

homéopathique [ɔmeɔpatik] 形 ホメオパシーによる

homéostasie [ɔmeɔstazi] 女 〔生理〕(体温調節などの)恒常性, ホメオスタシス

homéostat [ɔmeɔsta] 男 自動制御装置

homéostatique [ɔmeɔstatik] 形 〔生理〕恒常性の

homéotherme [ɔmeɔtɛrm] 形男 定温[恒温]の(動物)

Homère [ɔmɛr] ホメロス, ホーマー

homérique [ɔmerik] 形 ホメロス(風)の; 雄壮な

†**home-trainer** [omtrɛnœr] 男 (英) 家庭用体操器具

homi- 接頭 《ラ》「人間」の意

homicide [ɔmisid] 男 殺人(罪) —— 名形 人殺しの ►**homicide involontaire** 過失致死 **homicide volontaire** 殺人

hominidés [ɔminide] 男 (複) 〔動〕ヒト科

hominiens [ɔminjɛ̃] 男 (複) 〔動〕ヒト族

hominés [ɔmine] 男 (複) 〔動〕ヒト亜科

hominoïde [ɔminɔid] 形 人間に似た

hominoïdés [ɔminɔide] 男 (複) 〔動〕ヒト上科

hommage [ɔmaʒ] 男 敬意, 尊敬; (複) 賛辞, 献辞; 献呈 ►**en hommage à** …に敬意を表して **présenter ses hommages à** …に敬意を表す **rendre hommage à** …に敬意を表す; …をたたえる

hommasse [ɔmas] 形 〔軽蔑的〕(女か)男のような

*****homme** [ɔm オム] 男 (英 man) ①人間, 人, 人類 ②男性, 男; (話) 夫, 愛人; (複) 部下; 兵卒 ►**comme un seul homme** いっせいに **d'homme à homme** 率直に **grand homme** 偉人 **homme d'affaires** 実業家 **homme de …の男[人]**〖職業・特徴を表す〗 **homme de main** の手先, 手下 **homme de paille** 名義人, ダミー **homme des cavernes** (原始時代の)穴居人 **homme d'État** (国政に携わる)政治家 **homme du monde** 社交界の人 **homme politique** 政治家 **jeune homme** 若い男, 青年; 《俗》息子 **métier d'homme** 男性の職業 **rayon hommes** 紳士服売り場 **vêtements d'homme** 紳士服

homme- 接頭 「…人間」の意

homme-grenouille [ɔmgrənuj] 男 (複 ~s-~s) フロッグマン, 潜水工作員

hommelette [ɔmlɛt] 女 《話》弱虫, 意気地なし

homme-masse [ɔmmas] 男 (複 ~s-~s) 大衆化した人間

homme-orchestre [ɔmɔrkɛstr] 男 (複 ~s-~s) ワンマンバンド; 1人で多くの仕事をこなす人, 万能な人

homme-robot [ɔmrɔbo] 男 (複 ~s-~s) ロボット人間

homme-sandwich [ɔmsɑ̃dwitʃ] 男 (複 ~s-~s) サンドイッチマン

homo¹ [ɔmo] 形名 《話》同性愛の(人)

homo² [ɔmo] (《ラ》(不変) 〔生〕ヒト属

homo- 接頭 《ギ》「同一」「相同」の意

homogène [ɔmɔʒɛn] 形 均質の, 同質の

homogénéisant(e) [ɔmɔʒeneizɑ̃, -ɑ̃:t] 形 均質化する

homogénéisation [ɔmɔʒeneizasjɔ̃] 女 均質化

homogénéisé(e) [ɔmɔʒeneize] 形 均質化された

homogénéiser [ɔmɔʒeneize] 他 均質化する

homogénéité [ɔmɔʒeneite] 女 均質性, 等質性; 統一, まとまり

homographe [ɔmɔgraf] 形 〔言〕同綴(異)異義の —— 男 同綴異義語

homographie [ɔmɔgrafi] 女 〔数〕ホモグラフィー, 平面射影変換

homographique [ɔmɔgrafik] 形 ホモグラフィーの

homogreffe [ɔmɔgrɛf] 女 〔医〕同種移植

homologation [ɔmɔlɔgasjɔ̃] 女 〔法〕認可; (記録の)公認

homologie [ɔmɔlɔʒi] 女 〔数〕ホモロジー

homologue [ɔmɔlɔg] 形 同類の, 同族の; 対応する; 〔化〕同族の —— 名 〔化〕同族体; 相同

homologuer [ɔmɔlɔge] 他 〔法〕認可する; (記録を)公認する ►**record**

homoncule [ɔmɔ̃kyl] 男 =homuncule

homonyme [ɔmɔnim] 形 〔言〕同形異義の ― 男 同形異義語 ― 名 同名の人[町]

homonymie [ɔmɔnimi] 女 ①同形異義 ②(2人の人物が)同名であること

homonymique [ɔmɔnimik] 形 同形異義の

homoparental(ale) [ɔmɔparɑ̃tal] 形 (男複 -aux [-o]) 親が同性愛者の

homophile [ɔmɔfil] 形名 同性愛の(人)

homophobe [ɔmɔfɔb] 形名 同性愛(者)を嫌う(人)

homophobie [ɔmɔfɔbi] 女 同性愛者を嫌うこと

homophone [ɔmɔfɔn] 形 〔言〕同音異義の ― 男 同音異義語

homophonie [ɔmɔfɔni] 女 〔言〕同音異義

homosexualité [ɔmɔsɛksyalite] 女 同性愛

homosexuel(le) [ɔmɔsɛksyɛl] 形名 同性愛の(人)

homothétie [ɔmɔtesi] 女 〔数〕相似変換

homothétique [ɔmɔtetik] 形 〔数〕相似変換の

homozygote [ɔmɔzigɔt] 名形 〔ホモ接合体の〕

homuncule [ɔmɔ̃kyl] 男 〔史〕(錬金術師・魔術師が作ったとされる)小人;《古・軽蔑的》ちび

†**Honduras** [ɔ̃dyras] 男 ホンジュラス

hondurien(ne) [ɔ̃dyrjɛ̃, -ɛn] 形 ホンジュラスの ― 名 [H-] ホンジュラス人

Honfleur [ɔ̃flœr] オンフルール〔セーヌ河口の町〕

†**hongre** [ɔ̃gr] 形男 去勢された(馬)
†**hongrer** [ɔ̃gre] 他 〔獣医〕馬を去勢する

†**Hongrie** [ɔ̃gri] 女 ハンガリー
†**hongrois(e)** [ɔ̃grwa, -az] 形 ハンガリーの ― 名 [H-] ハンガリー人 ― 男 ハンガリー語

***honnête** [ɔnɛt] オネト 形 (英 honest) 誠実な、正直な、(行為・事物が)正しい、まともな; まずまずの、妥当な ▶*honnête homme* (17世紀の)紳士

honnêtement [ɔnɛtmɑ̃] 副 誠実に、正直に(言って); 相応に ▶*gagner honnêtement sa vie* ちゃんと働いて暮らす

honnêteté [ɔnɛtte] 女 誠実、正直、正しさ; 礼節 ▶*avoir l'honnêteté de* …する ▶*en toute honnêteté* 率直に言って

***honneur** [ɔnœr] オヌール 男 (英 honor) 名誉、面目; 信用; 栄誉、尊敬; 《複》敬意のしるし、儀礼、栄達;〔トラン プ〕オナーカード ▶*À qui ai-je l'honneur?* どちらさまでしょうか ▶*à vous l'honneur* お先にどうぞ ▶*avec honneur* 称賛をもって ▶*avoir l'honneur de* …する光栄に浴する; 謹(ɔɲ)んで…する ▶*C'est tout à son honneur.* それは彼の名誉となる ▶*d'honneur* 名誉ある、名誉にかかわる ▶*en l'honneur de* …に敬意を表して、…を祝って ▶*être à l'honneur* 称賛される、もてはやされる ▶*faire honneur à …* (ものが)…の名誉となる; (人が)…に忠実である ▶*faire honneur à un repas* 〔話〕食事をたらふくと食べる ▶*invité d'honneur* (式の)主賓 ▶*J'ai l'honneur de vous informer* …のことをお知らせしたく筆をとりました ▶*mettre un point d'honneur à …* 面目にかけて…する ▶*rendre honneur à …* …に敬意を表する ▶*sauver l'honneur* 名誉を保つ ▶*votre Honneur* 閣下

†**honnir** [ɔnir] 他 33 〔古〕辱める、嫌悪する

honorabilité [ɔnɔrabilite] 女 信望、誠実さ

honorable [ɔnɔrabl] 形 ①名誉ある、尊敬すべき; 誠実な ②かなりの、相当な、満足のいく

honorablement [ɔnɔrabləmɑ̃] 副 ①信義をもって ②立派に; かなり

honoraire [ɔnɔrɛr] 形 名誉職の ▶*professeur honoraire* 名誉教授

honoraires [ɔnɔrɛr] 男 《複》 (医者・弁護士などへの)謝礼

honorariat [ɔnɔrarja] 男 名誉職

honoré(e) [ɔnɔre] 形 尊敬されている; 光栄な ▶*Je suis très honoré.* 〔話〕たいへん光栄に思います ― 男 〔商〕手紙

honorer [ɔnɔre] 他 ①敬う; (…の)名誉となる ②(時に皮肉の)(人に…を)授ける (de) ③(契約・約束を)守る; (手形・小切手を)支払う ― [代動] *s'～* ①(文)誇りに思う、自慢する (de) ②(自分に)面目を施す; 尊敬し合う

honorifique [ɔnɔrifik] 形 ▶*à titre honorifique* 名誉上の、肩書だけの

†**honoris causa** [ɔnɔriskoza] 〈ラ〉 形〔威をでのみ〕▶*docteur honoris causa* 名誉博士

†**honte** [ɔ̃t] 女 (英 shame) 恥、恥辱、不名誉; 恥ずかしさ、羞恥(ɕ̃)心 ▶*à ma grande honte* 大変恥ずかしいこと ▶*avoir honte de …* …(する)のが恥ずかしい ▶*C'est la honte!* そりゃひどい ▶*faire honte à …* …に恥をかかせる ▶*fausse* [*mauvaise*] *honte* よけいな羞恥心、気がね

†**honteusement** [ɔ̃tøzmɑ̃] 副 不名誉にも; 恥ずかしいほどに、あきれるほど

†**honteux(se)** [ɔ̃tø, -øz] 形 (英 shameful, ashamed) 恥ずべき、不名誉な、卑怯(ɕ̃)な; (…(することが)恥ずかしい (de); 隠している、隠れた ▶*Il est*

honteux de [不定詞] [que] [接続法] は恥ずべきことだ

hooligan [uligan, uligɑ̃] 男 《英》フーリガン

hooliganisme [uliganism] 男 フーリガンの乱暴、暴動

hop [ɔp, hɔp] 間 (激励や調子をつけるときに) そらっ、それっ; さあ

†**hôpital** [opital オピタル] 男 (複 *-aux* [-o]) (英 hospital) 病院, 診療所 ▶ *aller à l'hôpital* 入院する *entrer à l'hôpital* 入院する *hôpital de jour* 外来病院 *hôpital psychiatrique* 精神病院 *quitter [sortir de] l'hôpital* 退院する

hoplite [ɔplit] 男 (古代ギリシアの) 重装歩兵

†**hoquet** [ɔkɛ] 男 しゃっくり; (泣くときの) しゃくりあげ ▶ *avoir le hoquet* しゃっくりをする

†**hoqueter** [ɔkte] 自 1 しゃっくりをする; しゃくり上げる

Horace [ɔras] ホラティウス【古代ローマの詩人】

horaire [ɔrɛr オレール] 形 時間あたりの, 時間の ── 男 *vitesse horaire* 時速 ── 男 (英 timetable) (乗り物の) 時刻表; 時間割, 日程; 労働 [勤務] 時間 ▶ *horaire mobile [flexible, à la carte]* フレックスタイム *horaires de travail* 労働時間 *horaires des trains* (列車の) 時刻表

†**horde** [ɔrd] 女 ①(暴徒などの)群れ ②〖史〗遊牧民

horion [ɔrjɔ̃] 男 殴打

horizon [ɔrizɔ̃ オリゾン] 男 地平線, 水平線; 眺望, 視界, 視野; (将来の) 展望, 見通し; (思考・活動の) 範囲, 領域 ▶ *à l'horizon* 地平線上に; 近い将来に *changer d'horizon* 環境を変える *faire un tour d'horizon de* ⋯を概括的に検討する *ligne d'horizon* 〖山〗地平線 *ouvrir des horizons nouveaux à* ⋯に新しい領域を広げる *venir d'horizons divers* 違う境遇からやってくる

horizontal(ale) [ɔrizɔ̃tal オリゾンタル] 形 (男複 *-aux* [-o]) 水平の, 横にまっすぐな ── 女 水平直線 ▶ *à l'horizontale* 水平に, 横に *placer ... à l'horizontale* ⋯を水平に置く

horizontalement [ɔrizɔ̃talmɑ̃] 副 水平に, 横に

horizontalité [ɔrizɔ̃talite] 女 水平性

‡**horloge** [ɔrlɔʒ オルロージュ] 女 (英 clock) (駅などの) 大時計; 掛[置]時計 ▶ *être réglé comme une horloge* (生活習慣が) 時計のように規則正しい *horloge parlante* (電話の) 時報サービス *petite horloge* 心臓

horloger(ère) [ɔrlɔʒe, -ɛr] 時計の ── 名 時計商; 時計製造業者 ▶ *horloger bijoutier* (宝石類・時計など

の) 宝飾職人

horlogerie [ɔrlɔʒri] 女 時計製造業; 時計店; 〖集合的〗時計

†**hormis** [ɔrmi] 前 《文》⋯を除いて, ⋯以外は

hormonal(ale) [ɔrmɔnal] 形 (複 *-aux* [-o]) 〖生化〗ホルモンの ▶ *traitement hormonal* ホルモン療法

hormone [ɔrmɔn] 女 〖生化〗ホルモン

hormonothérapie [ɔrmɔnoterapi] 女 ホルモン療法

†**hornblende** [ɔrnblɛ̃d] 女 〖鉱〗普通角閃(かく)石

horo- 接頭 《<ギ》「時」の意

horodaté(e) [ɔrɔdate] 形 日時が印字された

horodateur(trice) [ɔrɔdatœr, -tris] 形 日時を印字する ── 男 タイムスタンプ

horoscope [ɔrɔskɔp] 男 星占い

†**horreur** [ɔrœr オルール] 女 (英 horror) 残酷さ; 醜悪さ; 〖複〗残虐行為; 醜悪なもの; 侮辱なもの[下品な] 言葉; 恐怖, 恐ろしさ; 嫌悪, 憎しみ ▶ *avoir... en horreur* ⋯を嫌う *avoir horreur de* ⋯を大嫌いである *dire des horreurs sur* (人の) 悪口を言う *faire horreur à* (人) を嫌いにさせる, うんざりさせる

‡**horrible** [ɔribl オリブル] 形 ①恐ろしい, ぞっとする ②ひどい, ものすごい; 不愉快な

horriblement [ɔribləmɑ̃] 副 ひどく, 恐ろしく

horrifiant(e) [ɔrifjɑ̃, -ɑ̃t] 形 ぞっとさせる, 恐ろしい

horrifier [ɔrifje] 他 ぞっとさせる, 恐怖[嫌悪]を抱かせる

horrifique [ɔrifik] 形 《古》恐るべき, ぞっとさせる

horripilant(e) [ɔripilɑ̃, -ɑ̃t] 形 鳥肌の立つ, いらだたせる

horripilation [ɔripilasjɔ̃] 女 鳥肌; いら立ち

horripiler [ɔripile] 他 鳥肌を立たせる, 憤慨させる; 《話》いらつかせる

‡**hors** [ɔr オール] 前 ① ‖hors de‖ (英 out of, outside) ⋯の外に; ⋯の外へ; ⋯をこえて ▶ *hors de soi* 我を忘れた, かっとなった *Hors d'ici !* 《話》出て行け ② ‖無冠詞単数を伴って‖ ⋯の外れた; ▶ *hors ligne [pair]* 並外れた ③ 《except》《文》⋯を除いて

†**horsain** [ɔrsɛ̃] 男 《方》外国人

†**hors-bord** [ɔrbɔr] 男 《不変》船外機, モーターボート

†**hors-concours** [ɔrkɔ̃kur] 男 《不変》(すでに受賞して) コンクール参加資格のない; 無審査出品者

‡**hors-d'œuvre** [ɔrdœvr オルドゥーヴル] 男 《不変》① オードブル, 前菜 ▶ *hors-d'œuvre variés* 前菜の盛り合わせ ② 《話》(話の) 前置き

†**hors(-)gel** [ɔrʒɛl] 形 《不変》不凍の

'hors-jeu [ɔrʒø] 男 (不変) [スポーツ] オフサイド

'hors-la-loi [ɔrlalwa] 男 (不変) アウトロー; 無法者

'hors-piste(s) [ɔrpist] 男 (不変) [スポーツ] オフピストスキー

'hors-série [ɔrseri] 形 (不変) (雑誌・新聞の)増刊(の), 別冊特集(の)

'hors-texte [ɔrtɛkst] 男 (不変) [印] 別丁図版

hortensia [ɔrtɑ̃sja] 男 [植] アジサイ

horticole [ɔrtikɔl] 形 園芸の

horticulteur(trice) [ɔrtikyltœr, -tris] 名 園芸家, 植木屋

horticulture [ɔrtikyltyr] 女 園芸

hortillonnage [ɔrtijɔnaʒ] 男 (ピカルディー地方の湿地栽培(法))

hosanna [oza(n)na] 男 ①ホサナ〔ユダヤ教で祈願の叫び; カトリック教の聖歌〕②〈文〉喜びの叫び

hospice [ɔspis] 男 ①老人ホーム (修道院経営の)巡礼者宿泊所

hospitalier(ère) [ɔspitalje, -ɛr] 形 ①病院[医療]の ▶ **centre hospitalier, établissement hospitalier** 病院 ②もてなしがよい, 人を歓待する ── 名 病院職員; 救護看護修士[女]

hospitalisation [ɔspitalizasjɔ̃] 女 入院(させること) ▶ **hospitalisation à domicile** 自宅療養

hospitaliser [ɔspitalize] 他 入院させる ▶ **être hospitalisé** 入院する

hospitalisme [ɔspitalism] 男 (心) 施設病, ホスピタリズム

hospitalité [ɔspitalite] 女 歓待, もてなし ▶ **offrir l'hospitalité à** (人)をもてなす

hospitalo-universitaire [ɔspitaloyniversitɛr] 形 (複 〜〜s) 大学病院の

hostellerie [ɔstɛlri] 女 田舎風のレストラン[ホテル] (= hôtellerie)

hostie [ɔsti] 女 [カト] 聖体パン

*****hostile** [ɔstil オスティル] 形 ①敵意をもった, 敵対する ②(…に)反対の (à)

hostilement [ɔstilmɑ̃] 副 敵意[悪意]をもって

hostilité [ɔstilite] 女 敵意, 憎しみ; (複)(戦争における)敵対行動[戦闘行動]

hosto [ɔsto] 男 (<hôpital) (俗)病院

'hot-dog [ɔtdɔg] 男〈英〉ホットドッグ

*****hôte(sse)** [ot, ɔtɛs オト(オテス)] 名 (英 host) ①(客を迎える)主人, ホスト ②(もてなしを受ける)客; 住人 ▶ **hôtesse d'accueil** 受付係 **hôtesse de l'air** スチュワーデス **ordinateur hôte** [情報] ホストコンピュータ

*****hôtel** [otɛl オテル] 男 (英 hotel) ホテル; 公共建物, (貴族などの)邸宅, 館 (= 〜 particulier) ▶ **aller [descendre] à l'hôtel** ホテルに泊まる **hô-** **tel de passe** 売春宿 **hôtel de ville** 市役所 **hôtel particulier** 大邸宅 **hôtel trois étoiles** 3つ星ホテル **maître d'hôtel** (レストランの)給仕長

hôtel-Dieu [otɛldjø] 男 (複 〜s-〜) (パリなどの)市立病院

hôtelier(ère) [otəlje, -ɛr] 名 ホテル経営者 ── 形 ホテルの, ホテル業の

hôtellerie [otɛlri] 女 ホテル業; 田舎風のホテル[レストラン]

hotline [ɔtlajn] 女〈英〉ホットライン

'hotte [ɔt] 女 ①背負いかご ▶ **hotte du Père Noël** [la 〜] サンタクロースの背負い袋 ②換気フード (= 〜 aspirante); (暖炉の)フード

'hottée [ɔte] 女 背負いかご一杯(の分量)

'hottentot(e) [ɔtɑ̃to, -ɔt] 形 ホッテントット(人)の ── 名 [H-] ホッテントット人

'hou [u, hu] 間 やあい, こら 〔やじ・おどしを表す〕

'houblon [ubl̃ɔ] 男 [植] ホップ

'houblonnage [ublɔnaʒ] 男 (ビールへの)ホップの添加

'houblonner [ublɔne] 他 (ビールに)ホップを入れる

'houblonnier(ère) [ublɔnje, -ɛr] 名 ホップ栽培者 ── 形 ホップ畑の; ホップを産出する

'houe [u] 女 鍬(くわ)

'houer [we] 他 (古) 鍬で耕す

'houille [uj] 女 ①石炭 ②発電, エネルギー ▶ **houille blanche** 水力発電 **houille d'or** 太陽エネルギー

'houiller(ère) [uje, -ɛr] 形 石炭の; 炭田の ── 女 炭坑, 炭鉱

'houle [ul] 女 波のうねり; 大波; (文) 荒波

'houlette [ulɛt] 女 ①羊飼いの杖 ▶ **sous la houlette de** (人)の指導のもとに ②(園芸用の)移植ごて

'houleux(se) [ulø, -øz] 形 波の高い, うねりのある; 紛然とした

'houligan [uligan, uliɡɑ̃] 男 = hooligan

'houp [up] 間 そらっ, ほれ 〔かけ声・励ましを表す〕

'houppe [up] 女 ①(羊毛・絹糸の)飾り房; (頭髪の)房 ▶ **houppe à poudre** (化粧用の)パフ

'houppelande [uplɑ̃d] 女 (昔の袖の広いゆったりした)外套(がいとう)

'houpper [upe] 他 ①房で飾る ②羊毛をすく

'houppette [upɛt] 女 ①(化粧用の)パフ; 小さな房飾り

'hourder [urde] 他 石膏(せっこう)を詰める; (石膏などで)床や壁の下地をつくる

'hourdis [urdi] 男 [建] 荒石積み; 石

houri(e) [uri] 女 (＜ペルシア)(コーランの中の)天女; 絶世の美女

hourra [ura] 男 歓呼, 歓声, 万歳 —間 万歳

hourvari [urvari] 男 《文》大騒ぎ

house [aus] 女 = house music

houseau [ozo] 男 (複 ～x) 革靴半ば(きゃはん)

house music [ausmjuzik] 女 〖楽〗ハウスミュージック

houspiller [uspije] 他 しかり飛ばす, こきおろす

houspilleur(se) [uspijœr, -øz] 名《文》がみがみ言う人, 非難はかりする人

housse [us] 女 ①(カバー用に) **housse de couette** 羽毛布団カバー ②(馬の尻を覆う)馬衣(ぎぬ)

housser[1] [use] 他 (カバーで)覆う

housser[2] [use] 他 ほうきで掃く, 掃除する

houssine [usin] 女 〈古〉(馬用の)鞭(むち), (ヒイラギ製の)しなやかな棒

houssoir [uswar] 男 ほうき

houx [u] 男 〖植〗セイヨウヒイラギ(柊)

hovercraft [ɔvœrkraft] 男 〈英〉ホバークラフト

hoyau [ɔjo] 男 (複 ～x) (小型の)鋤(すき)

HS [ɑrsɛrvis] 形 〈略〉hors service 〈話〉疲れ果てた; (電話などが)故障中の

HT [ɑrtaks] 形 〈略〉hors-taxe 免税の

hublot [yblo] 男 ①(船・飛行機の)丸窓; (洗濯機の)覗(のぞ)き窓 ②〈話〉目; 眼鏡

huche [yʃ] 女 長持; 長びつ ▶**huche à pain** パンケース

hue [y] 間 はいどう[馬へのかけ声] ▶**tirer à hue et à dia** 逆の方向にひっぱる; めちゃくちゃに行動する

huées [ɥe] 女〔複〕やじ, 罵声

huer [ɥe] 他 やじる, ののしる

Hugo [ygo] (Victor～) ユゴー【1802-85; 詩人・小説家・劇作家】

huguenot(e) [ygno, -ɔt] 名形〖史〗ユグノー(の)【カルヴァン派新教徒の蔑称】—女 〔古〕土鍋

huilage [ɥilaʒ] 男 注油

huile [ɥil ユイル] 女 (英 oil) ①油, 油絵の具; 油絵(=peinture à l'～) ▶**baigner dans l'huile** 〈話〉うまくいっている, まったく問題がない **huile d'arachide** 落花生油 **huile de bras** [coude] 〈話〉(仕事などに注ぐ)労力, ふんばり **huile de foie de morue** タラ肝油 **huile de paraffine** 灯油 **huile de table** サラダ油 **huile d'olive** オリーブ油 **huile essentielle** 精油 **huile solaire** サンオイル **jeter** [**verser**] **de l'huile sur le feu** 火に油を注ぐ **mer d'huile** 穏やかな海 ▶**tache d'huile** (油の染みのように)じわじわ浸透するもの **vérifier le niveau d'huile** (車の)オイルをチェックする ②

〔複〕〈話〉お偉方, 有力者

huile(e) [ɥile] 形 (＜**huiler**) 油をさした; 円滑に動く

huiler [ɥile] 他 油をさす, 油を塗る —代動 **s'～** 体に油[オイル]を塗る

huilerie [ɥilri] 女 搾油[製油]工場; 油屋

huileux(se) [ɥilø, -øz] 形 油性の, 油を含んだ; 脂ぎった

huilier[1] [ɥilje] 男 ①(卓上用の)油と酢の小びん ②油売り

huilier[2]**(ère)** [ɥilje] 形 油製造の

huis clos [ɥiklo] 〖法〗非公開審理, 傍聴禁止 ▶**à huis clos** 非公開で

huisserie [ɥisri] 女 〖建〗戸枠

huissier [ɥisje] 男 ①(官庁・議会・大学などの)守衛, 受付 ②執行官, 廷吏(ていり)

huit [ɥit ユイ(ト)] 形 〈不変〉(英 eight) 8つの, 8人の; (序数詞の代わりに用いて)8番目の —名 〈不変〉 8つ, 8人 —男 〈不変〉(数・数字・トランプの)8,8の字, 8の札; [le ～] 8日; 8番地; 8番, 8号; 8分; 8時 ▶**dans huit jours** (今日から数えて)1週間後に **donner à ... ses huit jours** (1週間分の給料を前払いして)…を解雇する **en huit** 1週間おいた後の **huit couché** 無限大の記号 〖∞〗 **trois huit** [les ～] (8時間ずつの)3交替勤務制

huitaine [ɥiten] 女 約8, およそ8つの; (約)1週間 ▶**dans une huitaine de jours** 一週間かそこらで **sous** [**à**] **huitaine** 1週間の期限で

huitième [ɥitjɛm ユイティエム] 形 (英 eighth) 8番目の, 第8の ▶**huitième merveille du monde** [la ～] (世界の七不思議に加えられるほどの)前代未聞の驚異 ②8番目の人[物] —男 ①8分の1 ②8階【日本の9階】; (パリの)8区 —男 第8学年【初等教育の第4学年; 現在の CM1 にあたる】 **huitième de finale** 〖スポーツ〗ベストエイトを決める試合

huitièmement [ɥitjɛmmɑ̃] 副 8番目に

huître [ɥitr] 女 ①〖貝〗カキ(牡蠣) ▶**huître perlière** 真珠貝 ②〈話〉間抜け

huitrier[1]**(ère)** [ɥitrije, -ɛr] 形 カキの —女 カキ養殖場

huitrier[2] [ɥitrije] 男 〖鳥〗ミヤコドリ

hulotte [ylɔt] 女 〖鳥〗モリフクロウ

hululement [ylylmɑ̃] 男 夜鳥の鳴き声

hululer [ylyle] 自 (夜鳥が)鳴く

hum [œm, hœm] 間 ふむ, うーん【疑惑・いら立ちなどを表す】; えへん【自分の存在を示す咳ばらい】

humage [ymaʒ] 男 (鼻で)吸い込む

humain(e) [ymɛ̃, -ɛn ユマン(ヌ)] 形 (英 human) 人間の, 人間固有の; 人間味のある, 人間的な ▶**être humain**

humainement [ymɛnmɑ̃] 副 人間的に; 親切に; 人間として

humanisation [ymanizɑsjɔ̃] 女 人間的にすること; (条件・環境の)改善

humaniser [ymanize] 他 人間的にする, 緩和する; 人間化する; 教化する ― 代動 **s'~** 人間的になる: 温和になる

humanisme [ymanism] 男 ①人間主義, ヒューマニズム ②(ルネサンスの)ユマニスム, 人文主義 ③古典文学(の教養)

humaniste [ymanist] 形 人間主義の; 古典に精通した ― 名 ①ヒューマニスト, 人間主義者 ②ユマニスト, 人文主義者 ③古典学者

humanitaire [ymanitɛr] 形 人道(主義)的な ― 名 〔l'~〕人道[救済]活動

humanitarisme [ymanitarism] 男 〔軽蔑的〕(ユートピア的な)人道主義

humanitariste [ymanitarist] 形名 (おめでたく単純な)人道主義(者)の

***humanité** [ymanite ユマニテ] 女 (＜ humanity) ①人類, 人間味, 人情 ③〔古〕(ギリシァ・ラテンの)古典研究 ④〔哲・神〕人間性

humanoïde [ymanɔid] 名形 (SFの)ヒューマノイド(の)

***humble** [œ̃bl アンブル] 形 ①謙遜な, へりくだった ②(多く名詞の前で)みすぼらしい, 取るに足らない ▸ **à mon humble avis** 卑見ながら ― 名 〔複〕貧しい人々

humblement [œ̃bləmɑ̃] 副 謙遜して; 控えめに

humectage [ymɛktaʒ] 男 給湿

humecter [ymɛkte] 他 湿らせる ― 代動 〔**s'~**〕湿る; 濡れる, (目が涙にうるむ ▸ **s'humecter le gosier [les amygdales]** のどを潤す, 一杯やる

***humer** [yme] 他 (空気・風を)吸い込む; においをかぐ

huméral(ale) [ymeral, -aux(-o)] 形 (男複 *-aux* -o) 〔解〕上腕骨の

humérus [ymerys] 男 (＜ ラ) 〔解〕上腕骨

***humeur** [ymœr ユムール] 女 (英 humor) ①機嫌, 気分 ②気質, 性格 ③〔文〕不機嫌; 気まぐれ ④〔複〕(医) 体液 ▸ **avec humeur** 腹立たしげに **d'humeur changeante** 気まぐれな **d'humeur égale** 穏やかな, 平静な **dire … avec humeur** いらいらしながら…を言う **être de bonne [mauvaise] humeur** 上機嫌[不機嫌]である **humeur noire** 陰鬱な気分

:**humide** [ymid ユミド] 形 (英 moist, humid) 湿った; 湿気の多い

humidificateur [ymidifikatœr] 男 加湿器

humidification [ymidifikɑsjɔ̃] 女 加湿; 調湿

humidifier [ymidifje] 他 湿らす, 加湿する

humidité [ymidite] 女 湿気; 湿度

humiliant(e) [ymiljɑ̃, -ɑ̃t] 形 屈辱的な; 侮辱的な

humiliation [ymiljɑsjɔ̃] 女 屈辱, 侮辱; 屈従, 屈服

humilié(e) [ymilje] 形名 (＜ humilier) 屈辱を受けた(人); 屈従する(人)

humilier [ymilje] 他 辱める, 侮辱する; 屈従させる

humilité [ymilite] 女 謙虚, 謙遜; うやうやしさ, 服従; 〔文〕(身分の)低さ ▸ **en toute humilité** 謙遜して

humoral(ale) [ymɔral, -aux(-o)] 形 (男複 *-aux* -o) 体液の

humoriste [ymɔrist] 形 ユーモアのある; 諧謔(かいぎゃく)の ― 名 ユーモア作家; 諷画画家

humoristique [ymɔristik] 形 ユーモラスな

humour [ymur] 男 (＜ 英) ユーモア ▸ **avoir de l'humour** ユーモアのセンスがある **faire de l'humour** おもしろがらせる **humour noir** ブラックユーモア **manquer d'humour** ユーモアのセンスがない

humus [ymys] 男 (＜ ラ) 腐植土

***hune** [yn] 女 〔海〕トップ, 檣楼(しょうろう)

***hunier** [ynje] 男 〔海〕トップスル, 中檣帆(しょうはん)

***huppe** [yp] 女 ①〔鳥〕ヤツガシラ ②(鳥の)冠羽

***huppé(e)** [ype] 形 ①(鳥が)冠羽のある ②〔話〕身分の高い, 上流の

***hure** [yr] 女 (イノシシ・豚などの)頭; 〔料〕ユール〔豚の頭肉のゼリー寄せ〕

***hurlant(e)** [yrlɑ̃, -ɑ̃t] 形 ①遠吠えする; わめく ②(色などが)どぎつい

***hurlement** [yrləmɑ̃] 男 遠吠え; わめく声, 怒号; (風などの)うなり ▸ **hurlements de rire** 爆笑

***hurler** [yrle] 自 ①(犬やオオカミが)遠吠えする; (人が)わめく, どなる; (風が)うなる ▸ **hurler avec les loups** 付和雷同する **hurler de rire** 笑いがとどろく ②(色が)どぎつくなる, 不調和になる ― 他 わめくように言う

***hurleur(se)** [yrlœr, -øz] 形名 ①遠吠えする(もの); わめき立てる(人) ②〔動〕ホエザル

***hurluberlu(e)** [yrlyberly] 形名 軽率な(人), 突拍子もない(人)

***hurrah** [ura] 男 = hourra

***hurricane** [yrikan] 男 ハリケーン

***husky** [œski] 男 (複 *-ies*) ハスキー犬

***hussard** [ysar] 男 軽騎兵

***hussarde** [ysard] 女 ハンガリー舞踊 ▸ **à la hussarde** 乱暴に, 粗野に

hussite [ysit] 〔宗〕フス派

***hutte** [yt] 女 掘っ立て小屋, 仮小屋

Huysmans [ɥismɑs] (Joris-Karl ~) ユイスマンス〔1848-1907; 小説家〕

hyacinthe [jasɛ̃t] 男 〔鉱〕風信子(ﾋｬｼﾝｽ)石, ジルコン

hyalin(e) [jalɛ̃, -in] 形 〔鉱〕(ガラスのように)透明な

hyalite [jalit] 女 ①(鉱)玉滴石【オパールの一種】②(医)硝子体炎

hyaloïde [jaloid] 形 〔解〕ガラス質の ▶ *membrane hyaloïde* (眼球の)硝子体膜

hybridation [ibridasjɔ̃] 女 〔生〕雑種形成

hybride [ibrid] 形 〔生〕雑種の;(やや軽蔑的に)混合の, 折衷の;〔言〕混種語の;〔情報〕ハイブリッドの — 男 〔生〕雑種;〔言〕混種語

hybrider [ibride] 他 57 交雑させる

hybridisme [ibridism] 男 〔生〕雑種性

hybridité [ibridite] 女 〔生〕雑種性

hybridome [ibridom] 男 〔生〕ハイブリドーマ【融合細胞の一種】

hydarthrose [idartroz] 女 〔医〕関節水腫(ｽｲｼｭ)

hydrargyrisme [idrarʒirism] 男 〔医〕水銀中毒

hydratant(e) [idratɑ̃, -ɑ̃t] 形 水分を与える ▶ *crème hydratante* モイスチャークリーム

hydratation [idratasjɔ̃] 女 〔化〕水和, 水化

hydrate [idrat] 男 〔化〕水化[水和]物 ▶ *hydrate de carbone* 炭水化物

hydraté(e) [idrate] 形 〔化〕水化した

hydrater [idrate] 他 (皮膚などに)水分を与える;〔化〕水化[水和]させる — 代動 *s'~* 水化[水和]する

hydraulique [idrolik] 形 水力の;油圧の;水利[給水]に関する — 女 水力学

hydravion [idravjɔ̃] 男 水上飛行機

hydrazine [idrazin] 女 〔化〕ヒドラジン

hydre [idr] 女 ①(ギ神)ヒドラ【水蛇の怪物】;《文》怪物;害の施しようのないもの ②(動)ヒドラ

hydrique [idrik] 形 水の

hydr(o)- 接頭 (<ギ)「水」「水素」の意

hydrocarbure [idrokarbyr] 男 〔化〕炭化水素

hydrocèle [idrosɛl] 女 〔医〕陰嚢(ｲﾝﾉｳ)水腫(ｽｲｼｭ)

hydrocéphale [idrosefal] 形名 〔医〕脳水腫の[水頭症](の)(患者)

hydrocéphalie [idrosefali] 女 〔医〕脳水腫[水頭症]

hydrocution [idrokysjɔ̃] 女 〔医〕冷水ショック

hydrodynamique [idrodinamik] 女形 流体力学(の)

hydro(-)électricité [idroelektrisite] 女 水力電気

hydro(-)électrique [idroelektrik] 形 水力発電の ▶ *centrale hydro(-)-*

électrique 水力発電所

hydrofoil [idrofojl] 男 (<英) 水中翼船

hydrogénation [idroʒenasjɔ̃] 女 〔化〕水素添加

hydrogène [idroʒɛn] 男 〔化〕水素

hydrogéné(e) [idroʒene] 形 水素化合した

hydrogéner [idroʒene] 他 57 水素と化合させる

hydrogéologie [idroʒeoloʒi] 女 水理地質学

hydroglisseur [idroglisœr] 男 エアボート, プロペラ船

hydrographe [idrograf] 名 水圏学者; 水路測量士技師

hydrographie [idrografi] 女 水圏[水路]学; 水路測量;(一地方の)水圏, 水利

hydrographique [idrografik] 形 水路測量上の, 水圏(学)の

hydrolase [idrolaz] 女 〔生化〕加水分解酵素

hydrolat [idrola] 男 蒸留芳香水

hydrologie [idroloʒi] 女 水文[水理]学

hydrologique [idroloʒik] 形 水文学の, 水文学的の

hydrologue [idrolog], **hydrologiste** [idroloʒist] 名 水文[水理]学者

hydrolyse [idroliz] 女 〔化〕加水分解

hydrolyser [idrolize] 他 加水分解する

hydromel [idromɛl] 男 ハチミツ水; ハチミツ酒

hydromètre [idromɛtr] 男 浮き秤(ﾊｶﾘ), 液体比重計; 水深計 — 女 〔虫〕イトアメンボ

hydrométrie [idrometri] 女 液体比重測定(法)

hydrométrique [idrometrik] 形 比重[水分量]測定の

hydronéphrose [idronefroz] 女 〔医〕水腎症

hydrophile [idrofil] 形 吸水性の ▶ *coton hydrophile* 脱脂綿 — 男 〔虫〕ガムシ【水生甲虫】

hydrophobe [idrofɔb] 形 〔医〕水を恐れる, 嫌う; 狂犬[恐水]病の一水を恐れる人; 恐水[狂犬病]患者; 疎水性のもの

hydrophobie [idrofɔbi] 女 〔医〕狂犬[恐水]病

hydropique [idropik] 形名 〔医〕水腫(ｽｲｼｭ)にかかった(患者)

hydropisie [idropizi] 女 〔医〕水腫(ｽｲｼｭ)

hydropneumatique [idropnømatik] 形 (自動車のサスペンションなどが)ハイドロニューマチックの

hydroponique [idroponik] 形 水耕栽培の ▶ *culture hydroponique*

水耕栽培

hydroptère [idrɔptɛr] 男 水中翼船

hydroquinone [idrokinɔn] 女 〔化〕ヒドロキノン(ハイドロキノン)

hydrosoluble [idrɔsɔlybl] 形 水溶性の

hydrosphère [idrɔsfɛr] 女 〔地理〕水圏

hydrostatique [idrɔstatik] 女 流体静力学(の)

hydrothérapie [idrɔterapi] 女 〔医〕水療法

hydrothérapique [idrɔterapik] 形 水療法の

hydrothorax [idrɔtɔraks] 男 〔医〕水胸症

hydroxyde [idrɔksid] 男 〔化〕水酸化物

hydroxyle [idrɔksil] 男 ヒドロキシル基, 水酸基

hyène [jɛn] 女 ハイエナ(類); 残忍非劣な人

Hyères [jɛr] イエール; [îles d'～] イエール諸島《フランス南東部; Toulon のそばにある》

hygiaphone [iʒjafɔn] 男 (窓口にある)透明なしきり

＊hygiène [iʒjɛn] 女 (英 hygiene) 衛生, 保健 ▶ *hygiène alimentaire* 食品衛生 *hygiène corporelle* [*intime*] 身体の衛生 *hygiène mentale* 精神衛生 *hygiène publique* 公衆衛生

hygiénique [iʒjenik] 形 衛生上の; 健康によい ▶ *papier hygiénique* トイレットペーパー *serviette hygiénique* 生理用ナプキン

hygiéniquement [iʒjenikmɑ̃] 副 衛生上, 衛生に関して

hygiéniste [iʒjenist] 名 衛生学者

hygro- 接頭 (<ギ)「湿度」「湿気」の意

hygroma [igrɔma] 男 〔医〕滑液嚢(のう)水腫(しゅ), ヒグローマ

hygromètre [igrɔmɛtr] 男 〔物〕湿度計

hygrométrie [igrɔmetri] 女 湿度測定法

hygrométrique [igrɔmetrik] 形 湿度測定の; 湿度に反応する

hygrophile [igrɔfil] 形 〔植〕好湿性の

hygrophobe [igrɔfɔb] 形 〔植〕嫌湿性の

hygroscope [igrɔskɔp] 男 湿度器

hymen¹ [imɛn] 男 (= hyménée) ①[H-] 〔ギ神〕ヒュメナイオス, ヒュメン《結婚の神》②〔文〕婚姻

hymen² [imɛn] 男 〔解〕処女膜

hyménée [imene] 男 = hymen¹

hymen(o)- 接頭 (<ギ)「膜」の意

hyménoptères [imenɔptɛr] 男 (複) 〔動〕ハチ目(膜翅目)

hymne [imn] 男 賛歌 ▶ *hymne national* 国歌

hyoïde [jɔid] 男 形 〔解〕舌骨(ぜっこつ)(の)

hyoïdien(ne) [jɔidjɛ̃, -ɛn] 形 〔解〕舌骨の

hypallage [ipa(l)laʒ] 女 〔修〕代換[換置]法

hyper [ipɛr] 男 (略) hypermarché 《話》大型スーパー(マーケット)

hyper- 接頭 (<ギ)「超」「過度」の意

hyperactif(ve) [iperaktif, -iv] 形 超活動的な, 活動過多の

hyperactivité [iperaktivite] 女 過度の活動

hyperbole [ipɛrbɔl] 女 ①〔修〕誇張法 ②〔数〕双曲線

hyperbolique [ipɛrbɔlik] 形 ①誇張した ②〔数〕双曲線の

hyperboliquement [ipɛrbɔlikmɑ̃] 副 誇張して

hyperboloïde [ipɛrbɔlɔid] 男 形 双曲面(の)

hyperboréen(ne) [ipɛrbɔreɛ̃, -ɛn] 形 極北の

hypercalcémie [iperkalsemi] 女 〔医〕カルシウム過剰血(症)

hyperchlorhydrie [iperklɔridri] 女 胃酸過多

hypercholestérolémie [iperkɔlesterɔlemi] 女 コレステロール過剰血(症)

hyperémie [iperemi] 女 〔医〕充血

hyperémotivité [iperemɔtivite] 女 過度の感受性, 過敏さ

hyperesthésie [iperɛstezi] 女 〔医〕知覚過敏

hyperglycémie [iperglisemi] 女 〔医〕過血糖(症)

hyperhémie [iperemi] 女 〔医〕充血(= hyperémie)

hyperinflation [iperɛ̃flasjɔ̃] 女 〔経〕ハイパーインフレ

hypermarché [ipɛrmarʃe] 男 大型スーパーマーケット

hypermédia [ipɛrmedja] 男 〔情報〕ハイパーメディア

hypermétrope [ipɛrmetrɔp] 形 名 遠視の(人)

hypermétropie [ipɛrmetrɔpi] 女 〔医〕遠視

hypernerveux(se) [ipɛrnɛrvø, -øz] 形 名 神経過敏な(人)

hypersécrétion [ipɛrsekresjɔ̃] 女 〔生〕分泌過多

hypersensibilité [ipɛrsɑ̃sibilite] 女 過敏症

hypersensible [ipɛrsɑ̃sibl] 形 名 過度に感じやすい(人), 過敏な(人)

hypersonique [ipɛrsɔnik] 形 超音速の

hypertendu(e) [ipɛrtɑ̃dy] 形 名 高血圧の(人)

hypertenseur [ipɛrtɑ̃sœr] 男 (男性形のみ) 高血圧(症)の

hypertension [ipɛrtɑ̃sjɔ̃] 女 〔医〕

高血圧(症)

hypertexte [ipertɛkst] 男 〔情報〕ハイパーテキスト ▶*lien hypertexte* 〔情報〕ハイパーリンク《電子文書の中に埋め込まれた情報リンク》

hypertrophie [ipertrɔfi] 女 異常な発達, 膨張;〔医〕肥大

hypertrophié(e) [ipertrɔfje] 形 異常発達した;肥大した

hypertrophier [ipertrɔfje] 他 肥大[異常発達]させる —— 代動 [s'~] 肥大[異常発達]する

hypertrophique [ipertrɔfik] 形 肥大化の

hypervitaminose [ipervitaminoz] 女 〔医〕ビタミン過剰症

hypn(o)- 接頭 《くぎ》「睡眠」の意

hypnose [ipnoz] 女 睡眠(状態);恍惚(ぅ), 陶酔 ▶*sous hypnose* 催眠状態で

hypnotique [ipnɔtik] 形〔医〕催眠(術)の;陶酔状態の

hypnotiser [ipnɔtize] 他 催眠術をかける;魅了する, 陶酔させる —— 代動 [s'~] 心を奪われる《sur》

hypnotiseur(se) [ipnɔtizœr, -øz] 名 催眠術師

hypnotisme [ipnɔtism] 男 催眠術[現象]

hyp(o)- 接頭《くぎ》「下」「低位」「減少」「不足」「次」の意

hypoacousie [ipoakuzi] 女〔医〕聴覚障害

hypoallergénique [ipoalɛrʒenik] 形 低アレルギー性の

hypocagne [ipokaɲ] 女 = hypokhâgne

hypocalcémie [ipokalsemi] 女〔医〕低カルシウム血(症)

hypocalorique [ipokalɔrik] 形 低カロリーの

hypocentre [iposɑ̃tr] 男〔地〕震源

hypochrome [ipokrom] 形 淡色の;低色素の

hypocondriaque [ipokɔ̃drijak] 形名 ヒポコンデリー症(の患者);憂鬱な(人)

hypocondrie [ipokɔ̃dri] 女〔精医〕ヒポコンデリー, 心気[憂鬱]症

hypocoristique [ipokɔristik] 男形〔言〕愛称語(の), 愛情を表す語(の)

hypocras [ipɔkras] 男《中世の》香料入りワイン

hypocrisie [ipɔkrizi] 女 偽善;偽善の言動

hypocrite [ipɔkrit] 形 偽善的な;誠実でない —— 名 偽善者

hypocritement [ipɔkritmɑ̃] 副 偽善的に

hypodermique [ipodɛrmik] 形 皮下の

hypogastre ▶*hypogastr-* 男〔解〕下腹部

hypogastrique [ipogastrik] 形 下腹部の

hypogé(e)¹ [ipɔʒe] 形〔植・動〕地下性の

hypogée² [ipɔʒe] 男《古代エジプトなどの》地下墓室, 石室

hypoglosse [ipoglɔs] 男形〔解〕舌下(ﾃ)神経(の)

hypoglycémie [ipoglisemi] 女〔医〕低血糖(症)

hypokhâgne [ipokaɲ] 女(話)《学生言葉で》《高等師範学校受験の》準備クラス

hypolipémie [ipolipemi] 女〔医〕低脂血症

hyponyme [iponim] 男〔言〕下位語

hypophysaire [ipofizɛr] 形〔解〕《脳》下垂体(の)

hypophyse [ipofiz] 女〔解〕《脳》下垂体

hyposécrétion [iposekresjɔ̃] 女〔医〕分泌不全

hypostase [ipostaz] 女 ①〔神〕《三位一体論の》位格 ②〔哲〕《アリストテレス・新プラトン主義の》基体, 実体 ③〔医〕血液降下 ④〔言〕品詞転換

hypostasier [ipostazje] 他《抽象的なものを》実体化してとらえる

hypostyle [ipostil] 形〔考古〕多柱造りの

hyposulfite [iposylfit] 形男〔化〕次亜硫酸塩, チオ硫酸塩

hypotendu(e) [ipotɑ̃dy] 形名 低血圧(症)の(患者)

hypotenseur [ipotɑ̃sœr] 男〔血圧〕降圧薬

hypotensif(ve) [ipotɑ̃sif, -iv] 形 低血圧の, 低血圧による

hypotension [ipotɑ̃sjɔ̃] 女〔医〕低血圧(症)

hypoténuse [ipotenyz] 女《直角3角形の》斜辺

hypothalamique [ipotalamik] 形〔解〕視床下部の

hypothalamus [ipotalamys] 男〔解〕視床下部

hypothécaire [ipotekɛr] 形 抵当(権)に関する, 抵当権のある

hypothécairement [ipotekɛrmɑ̃] 副 抵当権により

hypothèque [ipotɛk] 女 抵当(権), 担保;障害, 困難 ▶*être grevé d'hypothèques*《家などが》抵当に入っている *faire peser une hypothèque sur* …に障害を設ける

hypothéquer [ipoteke] 他 57 抵当に入れる ▶*hypothéquer l'avenir* 将来に賭する

hypothermie [ipotɛrmi] 女〔医〕低体温の

hypothèse [ipotɛz] 女 仮説, 仮定;推測, 想定, 可能性 ▶*dans l'hypothèse où …* 仮に …である場合, もしなら *en toute hypothèse* いずれにせよ *faire une hypothèse* (…について)推測する《sur》

hypothétique [ipɔtetik] 形 仮定的な; 当てにならない; 仮説による, 仮定の

hypothyroïdie [ipotiroidi] 女〔医〕甲状腺機能低下症

hypotonie [ipɔtɔni] 女 ①〔物〕低張 ②〔医〕筋緊張減退

hypotrophie [ipɔtrɔfi] 女〔医〕発育不全

hypovitaminose [ipovitaminoz] 女〔医〕ビタミン欠乏

hypoxémie [ipɔksemi] 女〔医〕低酸素血症

hypso- 接頭 (<ギ)「高さ」の意

hypsomètre [ipsɔmetr] 男 測高計, 沸点気圧計

hypsométrie [ipsɔmetri] 女〔地理〕測高法〔術〕; 地形図上の高低起伏

hypsométrique [ipsɔmetrik] 形 高低起伏の

hysope [izɔp] 女〔植〕ヤナギハッカ

hystérectomie [isterɛktɔmi] 女〔医〕子宮摘出〔術〕

hystérie [isteri] 女〔精医〕ヒステリー; 極度の興奮〔熱狂〕 ▶ **hystérie collective** 集団ヒステリー

hystérique [isterik] 形 ヒステリックな(人); ヒステリーの(患者)

hystéro- [istero] 女 =〔略〕〔話〕hystérique

hystérographie [isterɔgrafi] 女〔医〕X線子宮造影〔法〕

hystérotomie [isterɔtɔmi] 女〔医〕子宮切開

†**Hz** [ɛrts]〔略〕hertz〔電〕ヘルツ

I

I, i [i] 男 フランス字母の第9字; ローマ数字の1 ▶ **mettre les points sur les i** はっきりと主張する

IA〔略〕(英 AI) intelligence artificielle 人工知能

IAC〔略〕insémination artificielle entre conjoints 配偶者間人工受精

IAD〔略〕insémination artificielle avec donneur extérieur 非配偶者間人工受精

iambe, ïambe [jɑ̃b] 男 ①(古代ギリシアの)短長格(詩) ②(複) 諷刺詩

iambique, ïambique [jɑ̃bik] 形 名 短長格の(詩句)

-iatrie 接頭 (<ギ)「医学」の意の名詞をつくる

iatr(o)- 接頭 (<ギ)「医学」「医者」の意

iatrogène [jatrɔʒɛn], **iatrogénique** [jatrɔʒenik] 形 医師の治療が原因の, 医原性の

ibère [iber] 形 [I-] (古代イベリアの)

Ibérie [iberi] 女 イベリア【イベリア半島の古名】

ibérique [iberik] 形 イベリア(人)の ▶ **péninsule ibérique** イベリア半島

ibid., ib [ibidɛm]〔略〕ibidem 同書

ibidem [ibidɛm] 副 (ラ) 同書[同章, 同節]に【引用の出典を示す】

ibis [ibis] 男〔鳥〕トキ

-ible 接尾 =-able

Icare [ikar] 男〔ギ神〕イカロス

ICBM〔略〕(<英) intercontinental ballistic missile 大陸間弾道ミサイル

iceberg [ajsbɛrɡ, isbɛrɡ] 男 (<英) 氷山 ▶ **partie cachée de l'iceberg** [la ~] 氷山の隠れた部分; (問題の)本質的な部分 **partie visible de l'iceberg** [la ~] 氷山の一角

-iche 接尾 「…の一種」; 強意, 軽蔑を表す女性名詞, 形容詞をつくる

-ichon(ne) 接尾 指小を表す形容詞[名詞]をつくる

icht(h)y(o)- 接頭 (<ギ)「魚」の意

ichtyoïde [iftɔid] 形 魚に似た(形の)

ichtyologie [iktjɔlɔʒi] 女 魚類学

ichtyologiste [iktjɔlɔʒist] 名 魚類学者

ichtyophage [iktjɔfaʒ] 形 食魚の —名 魚食民[動物]

ichtyornis [iktjɔrnis] 男〔古生〕イクチオルニス(水鳥類)

ichtyosaure [iktjozɔr] 男〔古生〕イクチオサウルス【魚竜目の爬虫類】

*__**ici**__ [isi] イスィ 副 (場所) (英 here) ここに, ここで; (時間) (英 now) 今 ▶ **d'ici** ここ[この辺り]から, ここ[この辺り]で; 今から **d'ici (à) une semaine** 今から一週間後に **d'ici là** そのときまでに, その前に **d'ici peu** まもなく, もうすぐ **ici et là** ここそこに[で], あちこちに[で] **loin d'ici** ここからずっと遠くに[で, の] **par ici** ここちらへ; ここで[に] **près d'ici** この近くに[で, の]

icite [isit] 副 (カナダ) ここに, ここで

icone [ikɔn] 男〔情報〕アイコン

icône [ikon] 女 ①(ギリシア正教の)聖母[聖人]画像, イコン ②〔情報〕アイコン(= icone)

icon(o)- 接頭 (<ギ)「図像」の意

iconoclasme [ikɔnɔklasm] 男 聖像画像破壊運動

iconoclaste [ikɔnɔklast] 形 聖像を破壊する[禁じる]; 偶像を破壊する — 名 聖像[美術品]を破壊[禁止]する者; (文) 伝統破壊主義者

iconographie [ikɔnɔɡrafi] 女 ①美術品の主題[画像]の研究; 図像学; 肖像研究 ②(集合的)図像; (美術書などの)図版

iconographique [ikɔnɔɡrafik] 形 図像(学)の

iconologie [ikɔnɔlɔʒi] 女 図像解釈学; 図像学

iconoscope [ikɔnɔskɔp] 男 (テレビの)アイコノスコープ〔送像管〕

iconostase [ikɔnɔstaz] 女〔建〕聖

像屏【ギリシア正教の教会の身廊と内陣間の仕切り壁】

ictère [ikter] 男 [医] 黄疸(勢)

ictérique [ikterik] 形 [医] 黄疸(勢)の

ictus [iktys] 男 《ラ》[医] 発作

id. [idɛm] 《略》同上

***idéal(ale)** [ideal] 形 (英 ideal)(男複 -aux[-o], -als) ①理想的な，空想的な ── 男 理想 ▸ **dans l'idéal** 理想としては **L'idéal, ce serait de** 不定詞 [**que** + 接続法] 《話》…するのが理想だ

idéalement [idealmɑ̃] 副 理想的に

idéalisateur(trice) [idealizatœr, -tris] 形名 理想化する(人, もの)

idéalisation [idealizasjɔ̃] 女 理想化, 美化

idéaliser [idealize] 他 理想化[美化]する ── 代動 **s'~**] 理想化[美化]される; 自らを理想化[美化]する

idéalisme [idealism] 男 理想主義; [哲] 観念論

idéaliste [idealist] 形 理想主義的な; 観念論的な ── 名 理想主義者; 観念論者

idéalité [idealite] 女 観念性; 理想性

***idée** [ide] 女 (英 idea) 考え, 思考; 意見, 見解, ものの見方; 思いつき, 着想, アイディア; およその見当, 概念; うろまぎれ, 空想; 観念, 理念, [哲] イデア ▸ **à l'idée de** 不定詞 [**que** + 接続法] …を考えると まさか, 何え **A-t-on idée ?** まさか, 何え **changer d'idée** 考えを変える **idée de génie** 名案 **idée derrière la tête** 下心 **idée fixe** 固定観念 **idées noires** 悲観的な考え **idées politiques** 政治思想 **idées reçues** 社会通念 **Il y a de l'idée.** 《話》それには一理ある **ne pas avoir la moindre idée de** …の観念が全くない **Quelle idée !** 何てばかな考えだ **se faire des idées** (…について)錯覚する, 思い違いをする(**sur**) **se mettre dans l'idée de** …を考えつく **venir à l'idée** 思い浮かぶ

idée-force [idefɔrs] 女 (複 **~s-~s**) 中心観念, 動因となる観念, 行動理念

idéel(le) [ideɛl] 形 [哲] 観念の

idem [idɛm] 副 《ラ》同上, 同じく【同一の著者を指す】《話》同様に，ど ▸ **idem au cresson** 《話》同じもの[こと]

identifiable [idɑ̃tifjabl] 形 (身元などを)識別[確認]できる

identification [idɑ̃tifikasjɔ̃] 女 ①識別, 確認, 同定 ②同一化[視]; 混同

***identifier** [idɑ̃tifje] 他 (英 identify) 識別[特定, 同定]する, …の身元を確認する ② …を同一視[する]; (A を B と)同一視[混同]する(**à, avec**) ── 代動 **s'~**] (…と)一体化する(**à, avec**); 同一視[化]する

***identique** [idɑ̃tik] 形 (英 identical) 同じ; (…と)同一の(**à**)

identiquement [idɑ̃tikmɑ̃] 副 同じく, 同様に

identitaire [idɑ̃titer] 形 アイデンティティーの(に関わる) ▸ **crise identitaire** アイデンティティークライシス **quête identitaire** アイデンティティーの探求

***identité** [idɑ̃tite] 女 (英 identity) ①身分, 身元 ▸ **pièce d'identité** 身分証明書 ②一致, 同一性 ③(自己)同一性, アイデンティティー; [哲] 同一性; [数] 恒等式

idéo- [ideo] 接頭 《ギ》「観念」「考え」の意

idéogramme [ideɔgram] 男 表意文字

idéographie [ideografi] 女 表意(文字)法

idéographique [ideɔgrafik] 形 表意文字の

idéologie [ideɔlɔʒi] 女 イデオロギー, 観念体系; 思想体系; [哲] 観念学

idéologique [ideɔlɔʒik] 形 イデオロギー上の, 思想史上の, 観念学の

idéologue [ideɔlɔg] 名 観念論者; (軽蔑的) 理論家, 空論家 ── 男 (複) 観念学派【フランス革命期に興った哲学の一派】

ides [id] 女 (複) (ローマ暦の3月・5月・7月・10月の)15日, (その他の月の)13日

id est [idɛst] 接 《ラ》 すなわち【略 i.e.】

IDHEC [idɛk] 《略》 Institut des hautes études cinématographiques イデック, 高等映画研究所

idio- 接頭 《ギ》「特有の」「固有の」の意

idiolecte [idjɔlɛkt] 男 [言] 個人言語【ある個人の習慣言語の総体】

idiomatique [idjɔmatik] 形 ある言語に独特の; 慣用語法の

idiome [idjom] 男 [言] (ある国・地域の)特有[固有な](法); 国語; 方言

idiosyncrasie [idjosɛ̃krazi] 女 性癖, 特性, 個性; [医] 特異体質

***idiot(e)** [idjo, -ɔt イディヨ(ト)] 形名 (英 idiotic)) ばか(な); [医] 白痴(の) ▸ **idiot du village** 「~」《話》単純なやつ **Ne fais pas l'idiot.** 《話》ばかなことはやめろ

idiotement [idjɔtmɑ̃] 副 ばかみたいに

idiotie [idjɔsi] 女 ばかげたこと[もの], 愚かさ; 《話》くだらない作品; [医] 白痴

idiotisme [idjɔtism] 男 (ある言語の)慣用語法, 慣用表現

idoine [idwan] 形 《文》うってつけの

***idolâtre** [idɔlɑtr] 形 (…を)熱愛する, 崇拝する, 崇拝する ── 名 (偶像)崇拝者

idolâtrer [idɔlɑtre] 他 《文》 溺愛する; (偶像)崇拝する

idolâtrie [idɔlɑtri] 囡 熱愛, 溺愛(⸨にっ⸩); 偶像崇拝

idolâtrique [idɔlɑtrik] 形 偶像崇拝⸨偶像溺愛⸩的な

idole [idɔl] 囡 偶像; アイドル, 熱愛の対象

IDS (略)(英 SDI) initiative de défense stratégique 戦略防衛構想

idylle [idil] 囡 田園詩, 牧歌; 清純な恋

idyllique [idilik] 形 牧歌調の, 甘美な

i.e. [idest] (略)(<ラ) id est すなわち

-ie 接尾 性質, 状態,「…店」「…業」「階級」「制度」の意の女性名詞をつくる

-ième 接尾「…番目の(人, もの)」の意の序数詞をつくる

-ien(ne) 接尾「…の(人)」の意の形容詞をつくる

Iéna [jena] イエナ【ドイツの都市; ナポレオンがプロシア軍を破った地】

-ier(ère) 接尾「…をする(人)」「…をする人」「…の木」「…の意

If [if] (地中海マルセイユ沖の)イフ島

if [if] 男 〔植〕イチイ

-if(ve) 接尾「…の性質を持つ(人)」の意の詞をつくる

igloo, iglou [iglu] 男 イグルー【エスキモーの水の家】

IGN (略) Institut géographique national 国立地理調査所

Ignace [inas] (~de Loyola) イグナティウス・デ・ロヨラ【1491-1556; イエズス会の創立者】

igname [inam] 囡 〔植〕ヤマノイモ

ignare [iɲar] 形名 無知蒙昧(⸨もっ⸩)な(人), 無学な(人)

igné(e) [igne, iɲe] 形 ①〔文〕火の ②〔地〕火成の

igni- 接頭 (<ラ)「火」の意

ignifugation [iɲifygɑsjɔ̃, igni-] 囡 耐火処理, 耐火性化

ignifuge [iɲifyʒ], **ignifugeant(e)** [iɲifyʒɑ̃, -ɑ̃t] 形 耐火⸨不燃⸩の —— 男 耐火⸨不燃⸩物質

ignifuger [iɲifyʒe] 他 40 耐火⸨不燃⸩性にする

ignition [iɲisjɔ̃] 囡 燃焼, 灼熱; 〔化〕点火, 発火

ignoble [iɲɔbl] 形 卑劣な, 下劣な; ひどく汚い, 劣悪な

ignoblement [iɲɔbləmɑ̃] 副 下劣にして, 胸の悪くなるほど

ignominie [iɲɔmini] 囡 不名誉, 屈辱; (複)恥ずべき行為

ignominieusement [iɲɔminjøzmɑ̃] 副 不名誉に, 屈辱的に

ignominieux(se) [iɲɔminjø, -øz] 形〔文〕不名誉な, 屈辱的な

ignorance [iɲɔrɑ̃s] 囡 (…を)知らないこと (de), 無知; 無学 ► dans l'ignorance de …については無知である, …について知らない tenir A dans l'ignorance de B A(人)にBを知らせないでいる

*****ignorant(e)** [iɲɔrɑ̃, -ɑ̃t イニョラン(ト)] 形名 無知な(人); 無学な(人) ► faire l'ignorant 知らないふりをする

ignorantin [iɲɔrɑ̃tɛ̃] 男 ► frères ignorantins 無知なる修道士【病院修道士会の修道士が自分たちのことを謙遜してつかった言葉】

ignorantisme [iɲɔrɑ̃tism] 男 学問有害論

ignoré(e) [iɲɔre] 形 (<ignorer) 知られていない

*****ignorer** [iɲɔre イニョレ] 他 (英 ignore) ①(…ということを知らない (que); (…の)経験がない ②(人)を無視する ——(de) 人を知らない (de) ► afin que nul n'en ignore [法] 何人もそれを知らないことがないように —— 代動 (s'~) 自分は気づいていない; 互いに知らないふりをする

iguane [igwan] 男 〔動〕イグアナ

iguanodon [igwanɔdɔ̃] 男 〔古生〕イグアノドン

*****il** [il イル] 代(人称) 【3人称単数男性主語】 (英 he, it) ①彼は; それは ②【非人称構文の主語; 時刻・天候などを表す】 ► Il est ... de 不定詞 (que...)... は …である Il est arrivé un accident. 事故が起こった Il est trois heures. 3時です Il fait beau. いい天気です Il y a ... ⇒avoir

il- 接頭 (<ラ) [l で始まる語の前につく] ①「非」「否」の意 ②「中」の意 ⇒in-

ilang-ilang [ilɑ̃ilɑ̃] 男 (複 ~s~s) 〔植〕イランイラン【東南アジアの高木の一種; 花から香水をとる】

*****île** [il イル] 囡 (英 island) 島 ► île déserte 無人島

iléal(e) [ileal] 形 (男複 -aux [-o]) 〔解〕回腸の

Île-de-France [ildəfrɑ̃s] 囡 イル・ド・フランス【パリを中心とする旧地方名; 現地域圏】

iléite [ileit] 囡 〔医〕回腸炎

iléon [ileɔ̃] 男 〔解〕回腸

iléus [ileys] 男 〔医〕腸閉塞(症)

Iliade [iljad] 囡 イリアス【ホメロスの叙事詩】

iliaque [iljak] 形 〔解〕脇腹の ► os iliaque 骨盤

ilien(ne) [iljɛ̃, -ɛn] 形名 島民(の)

ilion [iljɔ̃] 男 〔解〕腸骨

Ille-et-Vilaine [iletvilɛn] 囡 イル・エ・ヴィレーヌ県【フランス北西部】

illégal(e) [i(l)legal] 形 (男複 -aux [-o]) 違法の, 不法の

illégalement [i(l)legalmɑ̃] 副 不法に, 法に違反して

illégalité [i(l)legalite] 囡 違法(性), 不法; 非合法(活動)

illégitime [i(l)leʒitim] 形 不法の, 非合法な; 不当な, 根拠のない; 結婚によらない

illégitimement [i(l)leʒitimmɑ̃] 副

illégitimité [i(l)leʒitimite] 囡 不当[非合法]性

-iller [接尾] 反復・指小を表す動詞をつくる

illettré(e) [i(l)letre] 形 文盲の, 名 文盲(の), 読み書きのできない人

illettrisme [i(l)letrism] 男 (かつて学習したものが忘れてしまった)文盲の状態

illicite [i(l)lisit] 形 不法な, 不正な

illicitement [i(l)lisitmɑ̃] 副 不法に, 不正に

illico [i(l)liko] 副 《話》 すぐに, 直ちに

illimité(e) [i(l)limite] 形 無制限の

illisible [i(l)lizibl] 形 読めない, 読みづらい; 読むに耐えない

illogique [i(l)lɔʒik] 形 論理に合わない, 非論理的な

illogiquement [i(l)lɔʒikmɑ̃] 副 非論理的に

illogisme [i(l)lɔʒism] 男 非論理性, 論理に合わないこと, 矛盾

illumination [i(l)lyminasjɔ̃] 囡 ① 照明, イルミネーション ② 霊感, ひらめき

illuminé(e) [i(l)lymine] 形 (< illuminer) ① 照明された, イルミネーションで飾られた; (表情などが) 輝いた, 明るい ② 〔宗〕霊感を受けた ── 名 幻想家; 狂信家; イルミナティ

illuminer [i(l)lymine] イ(ル)リュミネ 他 (英 illuminate) 照らす; イルミネーションで飾る; (表情などを)明るくする, 輝かせる ── 代動 [s'~] 照明される; 輝く, 明るくなる ► **s'illuminer de joie** 喜びで顔を輝かせる

illuminisme [i(l)lyminism] 男 〔宗〕啓示説 ② 〔精医〕天啓妄想

illusion [i(l)lyzjɔ̃] イ(ル)リュズィヨン 囡 錯覚, 幻覚; 幻想, 夢想; (奇術戯などの)幻術 ► **illusion d'optique** 錯覚 **se bercer d'illusions** 幻想にひたっている **se faire des illusions** 幻想を抱く, 考え違いをする

illusionner [i(l)lyzjɔne] 他 (人に)錯覚を与える ── 代動 [s'~] (…について)幻想を抱く (sur)

illusionnisme [i(l)lyzjɔnism] 男 手品, 奇術

illusionniste [i(l)lyzjɔnist] 名 手品師

illusoire [i(l)lyzwar] 形 幻想の, 偽りの, 空しい

illusoirement [i(l)lyzwarmɑ̃] 副 《文》幻想して

illustrateur(trice) [i(l)lystratœr, -tris] 名 挿絵画家, さし絵画家

illustratif(ve) [i(l)lystratif, -iv] 形 (…の)説明の[同用になる] (de)

illustration [i(l)lystrasjɔ̃] イ(ル)リュストラスィヨン 囡 ① (英 illustration) 挿絵, 図版, イラスト ② 例証, 実例, 説明

illustre [i(l)lystr] イ(ル)リュストル 形 著名な, 有名な

illustré(e) [i(l)lystre] イ(ル)リュストレ 形 (< illustrer) 挿絵[写真]入りの ── 男 グラビア雑誌, 絵入り雑誌[新聞]

illustrer [i(l)lystre] イ(ル)リュストレ 他 (英 illustrate) ① 挿絵[写真, 図版]を入れる ② 例証する, 明らかにする ③ 《文》有名にする ── 代動 [s'~] 《文》有名になる, 名を上げる

illustrissime [i(l)lystrisim] 形 《古》かくも名高い

illuviation [i(l)lyvjasjɔ̃] 囡 〔地〕集積(過程)

illuvium [i(l)lyvjɔm] 男 〔地〕(雨水の影響による)集積

îlot [ilo] 男 小島; (木や家の小さな群[かたまり]; (他から孤立した)小グループ

îlotage [ilotaʒ] 男 警察の担当区域

ilote [ilɔt] 名 ①《文》下層民, 下賤な人間 ②〔史〕(スパルタの)奴隷

îlotier [ilɔtje] 男 区域担当警察官

ilotisme [ilɔtism] 男 奴隷の境遇; 隷属

ils [il イル] 代 〔人称〕〔3人称複数男性・主語〕(英 they) (男性名詞・女性名詞の混ざった集合をさす場合にも使う) 彼らは; それらは

il y a [ilja イリヤ] ⇒ avoir

image [imaʒ イマージュ] 囡 絵, 写真, 像; (鏡などの)映像, 姿; 写像; 象徴; 比喩; 面影, イメージ ► **donner une image fidèle de …** を忠実に再現する **être l'image de** (人)にそっくりである **image de marque** (企業の)ブランドイメージ; (人の)イメージ **image d'Épinal** エピナル版画 [19世紀の通俗的版画]; 紋切り型 **image réelle** 〔光〕実像 **image virtuelle** 〔光〕虚像 **sage comme une image** (子どもが)絵のようにおとなしい

imagé(e) [imaʒe] 形 比喩[イメージ]に富んだ

imagerie [imaʒri] 囡 《集合的》版画(製作) ② 画像, 映像 ► **imagerie médical** 〔医〕画像診断, 造影検査

imagier(ère) [imaʒje, -ɛr] 名 版画(製作)の ① (中世の)彫刻師, 絵師; 版画絵師[業者]

imaginable [imaʒinabl] 形 想像できる, 考えられる

imaginaire [imaʒinɛr] イマジネール 形 (英 imaginary) ① 想像上の, 架空の ► **malade imaginaire** 自分を病気だと思い込んでいる人 ② ► **nombre imaginaire** 〔数〕虚数 ── 男 想像物, 想像の世界, 幻想 〔精医〕想像界

imaginatif(ve) [imaʒinatif, -iv] 形 想像力に富む(人), 想像力豊かな

imagination [imaʒinasjɔ̃] イマジナスィヨン 囡 ① (英 imagination) 想像(力), 想像力 ② 想像したもの

imaginer [imaʒine イマジネ] 他 (英 imagine) 想像[仮定]する, 思う, 考え

る; (…することを)考えつく《de》; [[~ A B]] [[B は属詞]] A を B だと思う ▸ **Je l'imaginais plus vieux.** 私は彼がもっと年をとっていると思っていた. ── 代動 [s'~] ① 自分を…と想像する ② 思い描く, 想像する ③ (…であると)思い込む 《que/不定詞》

imago [imago] 男 《ラ》〔動〕成虫 ── 女 〔精医〕イマーゴ【無意識的人物原型】

imagoïque [imagɔik] 形 〔精医〕イマーゴの

imam [imam] 男 《アラビア》イマーム【イスラム教の指導者】

imamat [imama] 男 (イスラム教の)イマームの職位, 指導権

imbattable [ɛ̃batabl] 形 打ち負かせない, 無敵の

***imbécile** [ɛ̃besil アンベスィル] 形 [英 stupid, foolish] 愚かな, ばかな; 〔医〕痴愚の ── 名 ばか者, 愚か者; 〔医〕痴愚者 ▸ **imbécile heureux** おめでたい奴

imbécilement [ɛ̃besilmɑ̃] 副 愚かに, 愚劣に

imbécillité [ɛ̃besilite] 女 ① 愚かさ, ばか加減; 愚行 《多く複》愚劣なこと ② 〔医〕痴愚

imberbe [ɛ̃bɛrb] 形 ひげのない

imbibé(e) [ɛ̃bibe] 形 (<imbiber) (液体が…に)しみ込んだ《de》; 《話》ぐでんぐでんに酔った

imbiber [ɛ̃bibe] 他 うるおす; [[A de B]] (A に B をしみ込ませる …) ── 代動 [s'~] 液体が; しみ込む; (…を)吸いこむ《de》; 《話》酒浸りになる

imbitable, imbittable [ɛ̃bitabl] 形 《話》理解できない, 不可解な, わかりにくい

imbrication [ɛ̃brikasjɔ̃] 女 (いくつかの要素の)絡み合い, 錯綜

imbriqué(e) [ɛ̃brike] 形 (<imbriquer) 瓦〔鱗〕状に重なり合った; 入り組んだ, 錯綜した

imbriquer [ɛ̃brike] 他 (板などを)瓦状に並べ合う; (問題などが)入り組む ── 代動 [s'~] (瓦状に)重なり合う; (問題などが)入り組む

imbroglio [ɛ̃brɔljo, ɛ̃brɔglijo] 男 《イ》複雑, 錯綜; 混乱; 筋の込み入った芝居

imbu(e) [ɛ̃by] 形 (感情判断などに)しみ込んだ, (…で)一杯の《de》 ▸ **être imbu de soi-même** うぬぼれが強い

imbuvable [ɛ̃byvabl] 形 飲めない; 《話》ひどくまずい; 《話》耐えがたい

imitable [imitabl] 形 真似できる

imitateur(trice) [imitatœr, -tris] 名 模倣者; ものまねをする人 ── 形 模倣好きの, ものまねのうまい

imitatif(ve) [imitatif, -iv] 形 (音を)模倣する; (人を)まねる

***imitation** [imitasjɔ̃ イミタスィヨン] 女 模倣, 模造品 ▸ **à l'imitation de…** を手本として

imité(e) [imite] 形 (<imiter) (…を)まねた, 写した《de》; 模倣した, にせの; 模造の

***imiter** [imite イミテ] 他 ① (英 imitate) まねる, 模倣する; (…に)似せる, 模造〔偽造〕する ② 手本にする ── 代動 [s'~] 互いにまねる, 模倣する

immaculé(e) [imakyle] 形 汚点一つない, 無垢な; 純潔な ▸ **immaculée Conception** [l'I~] 〔カト〕無原罪の宿り【聖母マリアは懐胎のときから原罪を免れていたとする考え; 12月8日に祝う】

immanence [imanɑ̃s] 女 〔哲〕内在性

immanent(e) [imanɑ̃, -ɑ̃t] 形 (…に)由来する, 内在する《à》; 〔哲〕内在的な

immangeable [ɛ̃mɑ̃ʒabl] 形 食べられない, まずい

immanquable [ɛ̃mɑ̃kabl] 形 不可避の; 必然的な

immanquablement [ɛ̃mɑ̃kablamɑ̃] 副 必ず, 間違いなく

immarcescible, immarcessible [i(m)marsesibl] 形 《文》朽ちることのない

immatérialité [i(m)materjalite] 女 非物質性; 無形

immatériel(le) [i(m)materjɛl] 形 〔哲〕非物質的な; 実体を欠く; 《文》この世のものとは思えない

immatriculation [imatrikylasjɔ̃] 女 (名簿などへの)登録; 登録番号 ▸ **plaque d'immatriculation** 〔車〕ナンバープレート

immatriculer [imatrikyle] 他 登録する

immature [imatyr] 形 (精神的に)未熟な, 幼稚な

immaturité [imatyrite] 女 《文》未熟さ, 未完成

***immédiat(e)** [imedja, -at イメディヤ(ト)] 形 [英 immediate] 即時の, 即座の, 直接の ── 男 ▸ **dans l'immédiat** さしあたり

***immédiatement** [imedjatmɑ̃ イメディヤトマン] 副 [英 immediately] すぐに, 即座に; すぐに; 〔哲〕直接[無媒介]に

immémorial(ale) [i(m)memɔrjal] 形 《男複 -aux》[-o]) (記憶にないほど)大昔の, 太古の

***immense** [imɑ̃s イマンス] 形 [英 immense] 広大な; 莫大な, 莫大な

immensément [imɑ̃semɑ̃] 副 広大に, 非常に

immensité [imɑ̃site] 女 広大さ; 無限; 巨大さ, 大きさ

immerger [imɛrʒe] 他 ④ (水に)沈める, 浸す; 水中に敷設する ── 代動 [s'~] 沈む, 潜る

immérité(e) [i(m)merite] 形 不当な; 過分の

immersion [i(m)mɛrsjɔ̃] 女 水中に沈めること, 水中浸没

immettable [ɛ̃metabl] 形 (服などが)着られない

*immeuble [imœbl] イムブル 男 (英 building) (都会の大きな)建物, ビル, マンション; [法] 不動産 —形 [法] 不動

immigrant(e) [imigrɑ̃, -ɑ̃t] 名 (他国からの)移民

immigration [imigrasjɔ̃] 女 (他国からの)移住 ▶*immigration clandestine* 不法移住

immigré(e) [imigre] 形 (< immigrer) (他国から)移住した —名 移民; 外国人[移民]労働者 ▶*immigré clandestin* 不法移民

immigrer [imigre] 自 (他国から)移住する

imminence [iminɑ̃s] 女 切迫, 急迫, 間近

imminent(e) [iminɑ̃, -ɑ̃t] 形 間近に迫った, 切迫[急迫]した

immiscer [imise] 代動 *s'〜* 52 (…に)介入する, 干渉する (dans)

immixtion [imiks(t)jɔ̃] 女 口出し, 干渉

*immobile [imɔbil] イモビル 形 (英 still) 動かない, 静かな; 不変の

immobilier(, -ère) [imɔbilje, -ɛr] 形 不動産の ▶*agence [société] immobilière* 不動産会社 *biens immobiliers* 不動産 —男 不動産(業)

immobilisation [imɔbilizasjɔ̃] 女 ①固定, 不動, 静止 ②[会計] 資本の, 固定化; (複) (企業の)固定資産

immobiliser [imɔbilize] 他 動かなくする, 固定する, 停滞[麻痺]させる; [経] 固定資産にする —代動 *s'〜* 動かなくなる, 止まる

immobilisme [imɔbilism] 男 ことなかれ主義

immobiliste [imɔbilist] 形名 ことなかれ主義の

immobilité [imɔbilite] 女 不動(の状態); 停滞, 不変

immodéré(e) [imɔdere] 形 過度の, 無節度の

immodérément [imɔderemɑ̃] 副 過度に, 無制限に

immodeste [imɔdɛst] 形 (古) 慎みのない, 不謹慎な

immodestie [imɔdɛsti] 女 (古) 慎みのなさ, 不謹慎, 恥知らず

immolation [imɔlasjɔ̃] 女 (文) 供犠; (自己)犠牲

immoler [imɔle] 他 (文) (神への)いけにえとしてささげる; 「〜 A à B」(Bのために A を)犠牲にする —代動 *s'〜* (文) 自分の命を犠牲にする

immonde [i(m)mɔ̃d] 形 汚らしい; 下劣な; 卑しい

immondices [i(m)mɔ̃dis] 女 (複) ごみ, 汚物

immoral(ale) [i(m)mɔral] イモラル 形 (男複 *-aux*[-o]) 不道徳な, 背徳的な; 猥褻な

immoralisme [i(m)mɔralism] 男 反道徳主義; 背徳的な態度

immoraliste [i(m)mɔralist] 形 反道徳的な —名 反道徳的な人, 背徳者

immoralité [i(m)mɔralite] 女 反道徳性, 背徳; 退廃; 猥褻

immortaliser [imɔrtalize] 他 不滅にする —代動 *s'〜* 不滅になる

immortalité [imɔrtalite] 女 不滅, 不朽(の名声)

immortel(le) [imɔrtɛl] イモルテル 形 不死[不滅]の, 不朽の; 永遠の —名 ①(古) 永遠の存在, 神 ②(複) アカデミー・フランセーズ会員 —女 永久花 [ムギワラギクなどドライフラワー用の花] ▶*immortelle des neiges* [植] エーデルワイス

immotivé(e) [i(m)mɔtive] 形 動機[根拠]のない, 恣意的な

immuabilité [imɥabilite] 女 不変性

immuable [imɥabl] 形 変わらない, いつもの; 一定分

immuablement [imɥabləmɑ̃] 副 変わることなく, 絶えず

immun(e) [imœ̃, -yn] 形 [医] 免疫になった

immunisant(e) [imynizɑ̃, -ɑ̃t] 形 免疫にする

immunisation [imynizasjɔ̃] 女 免疫化

immuniser [imynize] 他 (…に対して)免疫にする, 免疫性を与える, 守る (contre)

immunitaire [imyniter] 形 [医] 免疫の

immunité [imynite] 女 ①(外交官・議員の)免責特権, (税などの)免除 ▶*immunité diplomatique* 外交特権 *immunité parlementaire* 議員特権 ②[医] 免疫(性)

immuno- [imynɔ] 接頭 (<ラ) 「免疫」の意

immunodéficience [imynodefisjɑ̃s] 女 [医] 免疫不全

immunodéficitaire [imynodefisiter] 形 免疫不全の

immunodépresseur [imynodepresœr] 男 免疫反応抑制剤

immunodépressif(ve) [imynodepresif, -iv] 形 免疫反応抑制剤の

immunodépression [imynodepresjɔ̃] 女 [医] 免疫反応の抑制

immunodéprimé(e) [imynodeprime] 形名 [医] 免疫力の低下した(患者)

immunologie [imynɔlɔʒi] 女 免疫学

immunosuppresseur [imynosyprɛsœr] 男 = immunodépresseur

immunosuppressif(ve) [imynosypresif, -iv] 形 = immunodépressif

immunothérapie [imynoterapi] 女 [医] 免疫療法

immunotolérance [imynotolerɑ̃s] 女 [医] 免疫寛容

immutabilité [i(m)mytabilite] 女 不変性, 不易

impact [ɛ̃pakt] 男 衝撃, 影響, インパクト, 効果; 衝突; 弾着 ▶**avoir de l'impact sur** …に[影響]を与える **étude d'impact** (環境などの)アセスメント

impacter [ɛ̃pakte] 他 影響を与える

*****impair(e)** [ɛ̃pɛr] アンペール, 形 (英 odd) 奇数の — 男 ①(話)へま, 失敗 ②(ゲームでの)奇数(番号)

impala [impala] 男 [動] インパラ

impalpable [ɛ̃palpabl] 形 手で触れない, 手応えのない; 微細な; ふつうではからない

impaludation [ɛ̃palydɑsjɔ̃] 女 [医] マラリア感染

impaludé(e) [ɛ̃palyde] 形 マラリアに感染した; (地域が)マラリアが流行している

imparable [ɛ̃parabl] 形 避けられない, 身をかわすことができない

impardonnable [ɛ̃pardɔnabl] 形 許すことのできない, 許しがたい

*****imparfait(e)** [ɛ̃parfɛ, -ɛt] アンパルフェ(ト) 形 (英 imperfect). 不完全な, 未熟な;(文)未完成の — 男 [文法] 半過去

imparfaitement [ɛ̃parfɛtmɑ̃] 副 不完全に

imparisyllabique [ɛ̃parisilabik] 形 [言] 音節数不等の — 男 [言] 不等音節語

impartial(ale) [ɛ̃parsjal] 形 (男複 -aux[-o]) 公平な, 公正な

impartialement [ɛ̃parsjalmɑ̃] 副 公平に

impartialité [ɛ̃parsjalite] 女 公平, 公正

impartir [ɛ̃partir] 他 33 (文) 分け与える, 授ける;〔法〕(猶予などを…に)与える (à)

*****impasse** [ɛ̃pɑs] アンパス 女 (英 dead end) 袋小路, 行き止まり; 行き詰まり, 窮地 ▶**être dans une impasse** 行き詰る, 窮地に陥る **faire l'impasse sur** (試験でヤマを張って…を)勉強しない;(リスクを承知で…を)考慮に入れない **faire une impasse** [トランプ] 高い札を持っているのに低い札を出す **impasse budgétaire** 財政赤字

impassibilité [ɛ̃pasibilite] 女 平静さ, 冷静, 無表情

*****impassible** [ɛ̃pasibl] アンパスィブル 形 平然とした, 無感動な, 冷ややかな, 動じない

impassiblement [ɛ̃pasibləmɑ̃] 副 平然と, 無感動に, 冷淡に

impatiemment [ɛ̃pasjamɑ̃] 副 待ちかねて, じりじりと, いらいらして

impatience [ɛ̃pasjɑ̃s] 女 辛抱できないこと, いらだち; 短気, 性急さ

*****impatient(e)** [ɛ̃pasjɑ̃, -ɑ̃t アンパスィヤン(ト)] 形 忍耐心のない; 待ちきれない; (…したくて)うずうずしている 《de》

impatiente [ɛ̃pasjɑ̃t], **impatiens** [ɛ̃pasjɑ̃s] 女 [植] ホウセンカ, ツリフネソウ

impatienter [ɛ̃pasjɑ̃te] 他 いらいらさせる, じらす — 代動 [s'~] (…に)辛抱できなくなる, いらだつ 《de, contre》;(…したくて)うずうずしている 《de》

impatroniser [ɛ̃patrɔnize] [代動] [s'~] (自分の家であるかのように)主人顔をする

impavide [ɛ̃pavid] 形 (文) 恐れを知らない, 平然とした

impayable [ɛ̃pɛjabl] 形 (話)へんてこりんな, 何とも滑稽な

impayé(e) [ɛ̃peje] 形 未払いの; 不渡りの — 男 不渡り手形

impec [ɛ̃pɛk] 形 (不変) (略)(話) impeccable 完璧な — 副 (話) 完璧に

*****impeccable** [ɛ̃pekabl] アンペカブル 形 欠点の無い; 完璧な

impeccablement [ɛ̃pekabləmɑ̃] 副 完璧に, 非難の余地なく

impécunieux(se) [ɛ̃pekynjø, -øz] 形 (文) 金がない, 不如意な

impécuniosité [ɛ̃pekynjozite] 女 (文) 無一文, 不如意

impédance [ɛ̃pedɑ̃s] 女 [電] インピーダンス

impedimenta [ɛ̃pedimɛ̃ta] 男 (複) (くら) [軍] (古) (行軍の邪魔になる)荷物; (文) 邪魔もの, 足手まとい

impénétrabilité [ɛ̃penetrabilite] 女 入りにくいこと; [物] 不可入性; 計り知れなさ, 不可解

impénétrable [ɛ̃penetrabl] 形 ① (…の)入り込めない, 貫通できない 《à》 ② [物] 不可入性の ② 不可解な, 計り知れない

impénitence [ɛ̃penitɑ̃s] 女 [宗] 罪を悔悟しないこと

impénitent(e) [ɛ̃penitɑ̃, -ɑ̃t] 形 ① [宗] 罪を悔悟しない, 改悛の情のない; 悪習を捨てられない ② 頑迷な

*****impensable** [ɛ̃pɑ̃sabl] アンパンサブル 形 (英 unthinkable) 考えられない

imper [ɛ̃pɛr] 男 (話) レインコート

*****impératif(ve)** [ɛ̃peratif, -iv] アンペラティフ(ヴ) 形 ①(英 imperative) 命令的な, 命令をもつ ② さし迫った ③ [文法] 命法の — 男 ① [文法] 命令法 ② 命令, 要請 ▶**impératif catégorique** [哲](カントの)定言命法 **impératif hypothétique** [哲] 仮言命法

impérativement [ɛ̃perativmɑ̃] 副

強制的に; 命令口調で

impératrice [ɛ̃peratris] 女 [empereurの女性形] 皇后; 女帝

imperceptibilité [ɛ̃pɛrsɛptibilite] 女 知覚し得ないこと, 目に見えないこと

*****imperceptible** [ɛ̃pɛrsɛptibl] 形 知覚できない, 目に見えない; ごくわずかの; かすかな

imperceptiblement [ɛ̃pɛrsɛptibləmɑ̃] 副 感知できないほど, ごくわずかに

imperdable [ɛ̃pɛrdabl] 形 負けるはずのない

imperfectible [ɛ̃pɛrfɛktibl] 形 完全にできない, 完成し得ない

imperfectif(ve) [ɛ̃pɛrfɛktif, -iv] 形 [言] 未完了の ── 男 [言] 未完了相

imperfection [ɛ̃pɛrfɛksjɔ̃] 女 不完全, 未完成; 欠陥

impérial(ale) [ɛ̃perjal] 形 (男複 -aux[-o]) ①皇帝の, 帝国の; 〈史〉ローマ帝国(時代)の ②皇帝時代した, 堂々とした ── 女 ①(バス・電車の)屋上席 ②皇帝ひげ

impérialement [ɛ̃perjalmɑ̃] 副 皇帝[皇后]として; 皇帝然として

impérialisme [ɛ̃perjalism] 男 帝国主義(政策)

impérialiste [ɛ̃perjalist] 形 帝国主義の ── 名 帝国主義者; 帝政派

impérieusement [ɛ̃perjøzmɑ̃] 副 ①横柄に ②余儀なく, 否応なく

impérieux(se) [ɛ̃perjø, -øz] 形 ①高圧的な, 横柄な, いばった ②緊急な; 余儀ない

impérissable [ɛ̃perisabl] 形 不滅の, 消えることのない

impéritie [ɛ̃perisi] 女 〈文〉(仕事における)無能, 未熟

imperméabilisant(e) [ɛ̃pɛrmeabilizɑ̃, -ɑ̃t] 形 防水加工する ── 男 防水剤

imperméabilisation [ɛ̃pɛrmeabilizɑsjɔ̃] 女 防水加工

imperméabiliser [ɛ̃pɛrmeabilize] 他 防水加工する

imperméabilité [ɛ̃pɛrmeabilite] 女 ①水を通さないこと, 防水性 ②〈文〉鈍感さ

*****imperméable** [ɛ̃pɛrmeabl] アンペルメアブル 男 (英 raincoat) レインコート ── 形 ①防水性の; 不浸透性の ②(…を)受け入れない, 感じない (à)

impersonnalité [ɛ̃pɛrsɔnalite] 女 ①非人格性 ②非(没)個性 ③[文法] 非人称

*****impersonnel(le)** [ɛ̃pɛrsɔnɛl] アンペルソネル 形 ①個性[人間味]のない ②公平な, 無私の ③[文法] 非人称の

impersonnellement [ɛ̃pɛrsɔnɛlmɑ̃] 副 ①公平に, 無私に ②[文法] 非人称的に

impertinemment [ɛ̃pɛrtinamɑ̃] 副 無作法に, 無礼に

impertinence [ɛ̃pɛrtinɑ̃s] 女 失

礼; 無礼な言葉[行為]

impertinent(e) [ɛ̃pɛrtinɑ̃, -ɑ̃t] 形 ①無礼な, 失礼な ②〈古〉不適当な, 的外れな

imperturbabilité [ɛ̃pɛrtyrbabilite] 女 動じないこと, 平然としていること, 落ち着き

imperturbable [ɛ̃pɛrtyrbabl] 形 動じない, 平然とした

imperturbablement [ɛ̃pɛrtyrbabləmɑ̃] 副 動じることなく, 平然と

impétigineux(se) [ɛ̃petiʒinø, -øz] 形 [医] 伝染性膿痂(のう か)疹の

impétigo [ɛ̃petigo] 男 [医] 伝染性膿痂(のう か)疹, 飛び火

impétrant(e) [ɛ̃petrɑ̃, -ɑ̃t] 名 (免状・資格などの)取得者

impétueusement [ɛ̃petɥøzmɑ̃] 副 〈文〉性急に, 激しい勢いで, 猛然と

impétueux(se) [ɛ̃petɥø, -øz] 形 〈文〉激しい, 猛烈な; 性急な, 血気にはやる

impétuosité [ɛ̃petɥozite] 女 激烈さ, 激しさ

impie [ɛ̃pi] 形 名 《文》不信心な(人), 不敬虔(けい)な(人)

impiété [ɛ̃pjete] 女 不敬虔(けい)(な言動), 不信心

impitoyable [ɛ̃pitwajabl] 形 情け容赦のない, 冷酷な

impitoyablement [ɛ̃pitwajabləmɑ̃] 副 情け容赦なく, 冷酷に

implacable [ɛ̃plakabl] 形 容赦しない, 冷酷な; 執拗な, 避けがたい

implacablement [ɛ̃plakabləmɑ̃] 副 容赦なく, 冷酷に

implant [ɛ̃plɑ̃] 男 [医] インプラント, 組織移植 ▶ *implant capillaire* 毛髪移植 *implant dentaire* 人工歯根

implantation [ɛ̃plɑ̃tasjɔ̃] 女 ①導入, 設置 ②入植, 住みつくこと; (工場・産業などの)進出 ③[医] 移植

implanter [ɛ̃plɑ̃te] 他 ①(英 implant) 導入[新設]する ②植えつける, 根付かせる ③[医] 移植する ── 代動 's'～」 定着[定住]する, 根を下ろす, 進出する

implication [ɛ̃plikasjɔ̃] 女 ①かかわり合い; [法] 連座 ②[数・論] 含意, (論理的)結果

implicite [ɛ̃plisit] 形 暗々裡(り)の, 暗黙の

implicitement [ɛ̃plisitmɑ̃] 副 暗に

impliquer [ɛ̃plike] 他 ①(英 implicate)巻き添えにする, 関わらせる ②含意する; (結果として)導く ── 代動 's～」(に)関わる, 加わる (dans)

implorant(e) [ɛ̃plɔrɑ̃, -ɑ̃t] 形 嘆願する

imploration [ɛ̃plɔrasjɔ̃] 女 嘆願, 懇願

implorer [ɛ̃plɔre] 他 (赦し・助けを)懇願する『～ A de …』A (人)に…してくれ

と頼む; 哀願[嘆願]する

imploser [ɛ̃ploze] 自 (ブラウン管などが)内側に破裂する, 内破する

implosif(ve) [ɛ̃plozif, -iv] 形 〔音声〕内破子音の(= consonne 〜) ── 女 内破子音

implosion [ɛ̃plozjɔ̃] 女 ①(ブラウン管などの)内側への破裂 ②〔音声〕内破

impluvium [ɛ̃plyvjɔm] 男〔古代ローマの中庭の中央に設けられた〕雨水だめ

impoli(e) [ɛ̃pɔli] 形名 無作法な(人), 失礼な(人)

impoliment [ɛ̃pɔlimɑ̃] 副 無作法に, 無礼に

impolitesse [ɛ̃pɔlitɛs] 女 無作法, 無礼; 失礼な行為

impondérable [ɛ̃pɔ̃derabl] 形 ① ほとんど重さのない ②不測の, 予測しえない ── 男 (多く複)不測の事態[要因], 不確定要素

impopulaire [ɛ̃pɔpylɛr] 形 人気のない, 評判の悪い

impopularité [ɛ̃pɔpylarite] 女 不人気, 不評判

importable[1] [ɛ̃pɔrtabl] 形 輸入できる

importable[2] [ɛ̃pɔrtabl] 形 (服が)着られない

***importance** [ɛ̃pɔrtɑ̃s] アンポルタンス 女 (英 importance) ①重要性, 重大さ; (規模の)大きさ, 多量, 多数 ②(人の)勢力, 信望 ►accorder beaucoup [peu] d'importance à …を重要視する[ほとんど重視しない] attacher de l'importance à …を重視する avoir de l'importance 重要である Ça n'a pas d'importance. たいしたことではない d'importance 重要な; 〔古〕(副詞的に)大いに, たいへん prendre de l'importance 重要になる Quelle importance? 何が問題なのか sans importance 重要でない se donner de l'importance 偉そうにふるまう

:**important(e)** [ɛ̃pɔrtɑ̃, -ɑ̃ːt] アンポルタン(ト) 形 重要な, 重大な, 大事な; (数量·規模の)大きな, 著しい; 要職にある, 影響力[信望]のある ►quelqu'un d'important 要人 ►faire l'important 偉そうにする人 ── 男 重要[肝心]なこと ►L'important est de 不定詞 [que + 接続法] 重要[肝心]なのは…だ.

importateur(trice) [ɛ̃pɔrtatœr, -tris] 形 輸入する ── 名 輸入業者; 輸入国

***importation** [ɛ̃pɔrtasjɔ̃] アンポルタスィョン 女 ①輸入; (複)輸入品, (植物の品種などの)移入; (風俗·思想などの)移入, 導入

importer[1] [ɛ̃pɔrte] アンポルテ 他 (英 import) 輸入する; 持ちこむ, 導入する; 〔情報〕インポートする

importer[2] [ɛ̃pɔrte] 自 〔不定詞·分詞·3人称のみ〕(英 matter) (人にとって)重要である, 大事である (à) ►Il importe (à A) de 不定詞 [que + 接続法] 〔非人称〕…することは(A〈人〉にとって)重要である n'importe comment どんなふうにでも, でたらめに n'importe lequel [laquelle] どれでも n'importe où どこでも n'importe quand いつでも n'importe quel [quelle]... どんな…でも n'importe qui 誰でも; 凡庸な人物 n'importe quoi 何でも; 何でもかんでも, めちゃくちゃなこと Qu'importe! / Peu importe! どうでもいい

import-export [ɛ̃pɔrɛkspɔr] 男〔商〕輸出入 ►société d'import-export 貿易会社

importun(e) [ɛ̃pɔrtœ̃, -yn] 形名 しつこい(人), うるさい(人), 邪魔になる(人)

importunément [ɛ̃pɔrtynemɑ̃] 副〔文〕うるさく, しつこく

***importuner** [ɛ̃pɔrtyne] アンポルテュネ 他 うるさがらせる, 悩ませる

importunité [ɛ̃pɔrtynite] 女 ①〔古〕しつこさ, うるささ ②(複)うるさい催促; しつこい口説き

imposable [ɛ̃pozabl] 形 課税される

imposant(e) [ɛ̃pozɑ̃, -ɑ̃ːt] 形 ①堂々とした, 威風のある; (皮肉的に)でっぷり太った ②(数量が)圧倒的な

imposé(e) [ɛ̃poze] 形 (< imposer) ①課税された ②規定の ►figures imposées 〔スポーツ〕(フィギュアスケートの)規定演技 prix imposé 公定価格 ── 名 被課税者

***imposer** [ɛ̃poze] アンポゼ 他 (英 impose) ①[[〜 A à B]] AをB(人)に押しつける, 強いる, 押しつける; [[〜 A de 不定詞]]…することをAに強要する; (価値·権威を)認めさせる ►imposer des conditions à …に条件をつける imposer (le) silence à …を静かにさせる, 黙らせる imposer ses idées [sa présence] à (人)に考えを強要する s'en laisser imposer par …のうわべにだまされる ②課税する ── 自 [[en 〜 à A]] A(人)に畏敬の念を起こさせる ── 代動 [s'〜] ①不可欠である, 当然必要である ②認められる; 幅をきかす ③…(すること)を自分に強いる (de) ►Je ne voudrais pas m'imposer. 〔話〕お邪魔したくはないのですが

imposition [ɛ̃pozisjɔ̃] 女 ①課税 ②►imposition des mains〔宗〕按手(礼)

impossibilité [ɛ̃pɔsibilite] 女 (…することが)不可能であること (de), 不可能性; 不可能な事柄 ►être dans l'impossibilité de …することができない

***impossible** [ɛ̃pɔsibl] アンポスィブル 形 (英 impossible) ①不可能な, ありえない, 考えられない, とんでもない; (…することは)できない (à); 非常に困難な[つらい], 〔話〕(人の)手に負えない, 耐えがたい ►enfant impossible 手に負えない子ど

imposte [ɛ̃pɔst] 囡 ①【建】迫(せ)り元〔アーチの両端を載せる石〕②明かり取り(の窓),欄間(ﾗﾝﾏ)

imposteur [ɛ̃pɔstœr] 男 詐欺師,ぺてん師

imposture [ɛ̃pɔstyr] 囡〔文〕詐欺,ぺてん,うそ

*__impôt__ [ɛ̃po アンポ] 男 (英 tax) 税金,税 ►*être assujetti à l'impôt* 納税義務がある *impôt direct* 直接税 *impôt indirect* 間接税 *impôt prélevé à la source* 源泉徴収税 *impôt sur le revenu* 所得税 *impôt sur les plus-values* キャピタルゲイン課税 *impôts locaux* 地方税 *payer des impôts* 税金を払う

impotence [ɛ̃pɔtɑ̃s] 囡 身体不随;手足のなえ

impotent(e) [ɛ̃pɔtɑ̃, -ɑ̃t] 形 手足が不自由な,麻痺(ﾏﾋ)した ─ 名 手足[体]の不自由な人,身体障害者

impraticable [ɛ̃pratikabl] 形 (道などが)通れない,実現[適用]不可能な

imprécateur(trice) [ɛ̃prekatœr, -tris] 名〔文〕呪う人

imprécation [ɛ̃prekasjɔ̃] 囡〔文〕呪い,呪詛(ｼﾞｭｿ)

imprécatoire [ɛ̃prekatwar] 形〔文〕呪いの

imprécis(e) [ɛ̃presi, -iz] 形 不明確な,不正確な

imprécision [ɛ̃presizjɔ̃] 囡 不明確さ;不正確さ

imprédictible [ɛ̃prediktibl] 形 予言[予測,予知]できない

imprégnation [ɛ̃preɲasjɔ̃] 囡 浸透

imprégné(e) [ɛ̃preɲe] (<imprégner) 形 (…が)しみ込んだ《de》

imprégner [ɛ̃preɲe] 他 57 (…を)しみ込ませる《de》; (…に)強い印象を与える; (代動)s'~》しみ込む,影響を受ける《de》

imprenable [ɛ̃prənabl] 形 奪取できない,不落の

impréparation [ɛ̃preparasjɔ̃] 囡 準備不足

impresario, imprésario [ɛ̃presarjo] 男 (俳優・音楽家などのマネージャー, (催物の)主催者,(芝居・音楽会などの)プロデューサー

imprescriptibilité [ɛ̃preskriptibilite] 囡〔法〕時効にかからないこと,不可時効消滅性

imprescriptible [ɛ̃preskriptibl] 形

〔法〕時効にかからない;永続する

*__impression__¹ [ɛ̃presjɔ̃ アンプレスィヨン] 囡 (英 impression) 印象,感じ;感銘,感動;(複)感じたこと,感想 ► *avoir l'impression de…que…*…のような気がする *faire (une) bonne [mauvaise] impression* (人に)よい[悪い]印象を与える《à》*se faire sa première impression* 第一印象をあてにする

impression² [ɛ̃presjɔ̃] 囡 ①印刷,プリント;版 ②(写)感光;(油絵・ペンキの)下塗り ► *être à l'impression* 印刷中である *impression écran* 〔情報〕画面印刷

impressionnabilité [ɛ̃presjɔnabilite] 囡 ①(人の)感じやすさ,感受性 ②(写真フィルムの)感光度

impressionnable [ɛ̃presjɔnabl] 形 ①感じやすい,感受性が強い ②(写)感光性の

*__impressionnant(e)__ [ɛ̃presjɔnɑ̃, -ɑ̃t アンプレスィヨナン(ト)] 形 (英 impressive) 印象的な,衝撃的な;著しい

impressionner [ɛ̃presjɔne] 他 ①(英 impress) (…に)強い印象を与える,感動させる;動揺させる ②(写)感光させる

impressionnisme [ɛ̃presjɔnism] 男〔美術〕印象主義,印象派

impressionniste [ɛ̃presjɔnist] 形 名 印象派(の),印象主義の(画家)〔芸術家〕

imprévisible [ɛ̃previzibl] 形 予見[予知]できない

imprévision [ɛ̃previzjɔ̃] 囡 予見[予知]できないこと,先見の明のなさ

imprévoyance [ɛ̃prevwajɑ̃s] 囡 先見の明を欠くこと,不注意

imprévoyant(e) [ɛ̃prevwajɑ̃, -ɑ̃t] 形 名 先見の明がない(人)

*__imprévu(e)__ [ɛ̃prevy アンプレヴュ] 形 (英 unexpected) 思いがけない,唐突な ─ 男 意外な出来事,突発事

imprimable [ɛ̃primabl] 形 印刷できる;印刷する価値がある

imprimante [ɛ̃primɑ̃t] 囡〔情報〕プリンター,印字機 ► *imprimante à jet d'encre* ジェットインクプリンター *imprimante laser* レーザープリンター *imprimante matricielle* ドット(マトリックス)プリンター

imprimatur [ɛ̃primatyr] 男(不変) (教会・大学が与える)出版許可

*__imprimé(e)__ [ɛ̃prime アンプリメ] 形 (<imprimer) (英 printed) 印刷された;プリントの ─ 男 印刷物,刊行物;記入紙;プリント布地

*__imprimer__ [ɛ̃prime アンプリメ] (英 print) 他 ①(英 printed) 印刷する,出版する ⦅情報⦆プリントアウトする ②プリントする;(図柄・模様などを)刷る ③〔文〕印象する,跡を残す;(強い感情を心に)刻む,抱かせる;(運動などを)伝える;(方

imprimerie [ɛ̃primri アンプリムリ] 囡 ①印刷所 ②印刷業; 印刷(術) ▶*en caractères [lettres] d'imprimerie* 活字体で

imprimeur [ɛ̃primœr] 男 印刷業者[屋]; 印刷工

impro [ɛ̃pro] 囡 (話) 即興, アドリブ

improbabilité [ɛ̃prɔbabilite] 囡 ありえそうもないこと

improbable [ɛ̃prɔbabl] 形 ありそうもない

improbateur(trice) [ɛ̃prɔbatœr, -tris] 形名 (古) 反対の(人)

improbatif(ve) [ɛ̃prɔbatif, -iv] 形 (古) =improbateur

improbation [ɛ̃prɔbasjɔ̃] 囡 (文) 不賛成, 非難

improbité [ɛ̃prɔbite] 囡 (文) 不正直, 不誠実; 不誠実[不正直]な言動

improductif(ve) [ɛ̃prɔdyktif, -iv] 形 不毛の, 非生産的な ― 男 非生産者

improductivité [ɛ̃prɔdyktivite] 囡 非生産性, 不毛性

impromptu(e) [ɛ̃prɔ̃pty] 形 即興の, 即興的な, 準備なしの ― 男 即興劇[詩, 曲] ― 副 即座に, 準備なしで

imprononçable [ɛ̃prɔnɔ̃sabl] 形 発音できない

impropre [ɛ̃prɔpr] 形 不適切な; (…に)適して[向いて]いない (à)

improprement [ɛ̃prɔprəmɑ̃] 副 不適切に

impropriété [ɛ̃prɔprijete] 囡 (言葉の)不適切さ; 不適切な表現

improuvable [ɛ̃pruvabl] 形 証明不可能な

improvisateur(trice) [ɛ̃prɔvizatœr, -tris] 名 即興で何かをやる人【演奏家・詩人・演説者など】

improvisation [ɛ̃prɔvizasjɔ̃] 囡 即興(曲); 即興演奏

improvisé(e) [ɛ̃prɔvize] 形 (< improviser) 思いつきの, 即席の, 即興の

*improviser** [ɛ̃prɔvize アンプロヴィゼ] 他 (英 improvise) (ум などを)即興で作る[演奏する]; (ありあわせで)すばやく作る, 急ごしらえでしのぐ ― 代動 [s'~] 即座に作られる; 急に…になる

improviste [ɛ̃prɔvist] [成句でのみ] ▶*à l'improviste* 不意に, 突然に; 即興で

imprudemment [ɛ̃prydamɑ̃] 副 軽率に, 無謀に, 不用意に

imprudence [ɛ̃prydɑ̃s] 囡 軽率(な行為), 無謀さ ▶*blessures [homicide] par imprudence* (法) 過失傷害[致死]

*imprudent(e)** [ɛ̃prydɑ̃, -ɑ̃t アンプリュダン(ト)] 形 (英 careless) 軽率な, 無謀な ― 名 軽率[不注意]な人

impubère [ɛ̃pybɛr] 形 未成年の; 結婚適齢期に達していない ― 名 未成年者

impubliable [ɛ̃pyblijabl] 形 出版[公表]できない

impudemment [ɛ̃pydamɑ̃] 副 恥ずかしげ[臆面]もなく

impudence [ɛ̃pydɑ̃s] 囡 破廉恥(な行為); 恥を知らないこと ▶*avoir l'impudence de …* あつかましく…する

impudent(e) [ɛ̃pydɑ̃, -ɑ̃t] 形名 恥知らずな(人), 破廉恥な(人)

impudeur [ɛ̃pydœr] 囡 慎みのなさ, 厚顔無恥; みだらさ

impudicité [ɛ̃pydisite] 囡 (文) みだらさ, 猥褻(わいせつ), 不潔; みだらな行為[言動], 乱行

impudique [ɛ̃pydik] 形名 みだらな(人)

impudiquement [ɛ̃pydikmɑ̃] 副 みだらに

impuissance [ɛ̃pɥisɑ̃s] 囡 ①無力, 無能; 甲斐のなさ ▶*impuissance à …* する力がないこと ②性的不能, インポテンツ

*impuissant(e)** [ɛ̃pɥisɑ̃, -ɑ̃t アンピュイサン(ト)] 形 ①無力な, 無能な; …する力のない (à); (努力などの)甲斐のない ②性的不能の, インポテンツの ― 男 性的不能者

impulser [ɛ̃pylse] 他 (ある方向に)押す; 推進力を与える, 活気づける

impulsif(ve) [ɛ̃pylsif, -iv] 形名 衝動的な(人)

impulsion [ɛ̃pylsjɔ̃] 囡 推進力, 衝撃, 刺激; (精神の)衝動, 一時的感情; (電) インパルス; (情報) パルス ▶*impulsions nerveuses* (生) 神経インパルス

impulsivement [ɛ̃pylsivmɑ̃] 副 衝動的に; 感情に駆られて

impulsivité [ɛ̃pylsivite] 囡 衝動(性)

impunément [ɛ̃pynemɑ̃] 副 ①罰せられずに ②危険なく, 安全に

impuni(e) [ɛ̃pyni] 形 罰せられない

impunité [ɛ̃pynite] 囡 罰を受けないこと ▶*en toute impunité* まったく罰せられずに

impur(e) [ɛ̃pyr] 形 ①不純な, 混ぜ物の ②(文) (道徳的に)けがらわしい, みだらな; (宗) 不浄な

impureté [ɛ̃pyrte] 囡 ①不純(物), 混ざり物(のあること) ②(文) みだらさ; みだらな言動[行為]

imputabilité [ɛ̃pytabilite] 囡 (法) 刑事責任

imputable [ɛ̃pytabl] 形 ①(…に)責めを負わせるべき, 帰すべき (à) ②(…から)控除するべき, (…に)繰り入れるべき (sur)

imputation [ɛ̃pytasjɔ̃] 囡 ①(責任などを)人に帰すこと; 非難 ②(財) (…からの)控除 (sur), (…への)繰り入れ (à)

imputer [ɛ̃pyte] 他 ①[~ A à B] (AをBの)せいにする, (AをBの責任に)帰する

imputrescibilité [ɛ̃pytresibilite] 女 非腐敗性

imputrescible [ɛ̃pytresibl] 形 腐らない

in [in] 形 (不変) (<英) ①(話)流行の最先端を行く, はやりの ▶ **voix in** 映像・テレビ) 画面中の人物の声

in- [接頭] (<ラ) ①「非」「不」の意 ②[b, m, p の前でim-, l の前でil-となる] 「中」の意

-in(e) [接尾] ①「…の性質を持つ」の意の語をつくる ②指小を表す語をつくる ③「…の(人)」の意の形容詞(名詞)をつくる

INA [ina] (略) Institut national de l'audiovisuel 国立視聴覚研究所

inabordable [inabɔrdabl] 形 近づけない, 近寄りがたい; 値が高くて手が出せない

in absentia [inapsɛ̃sja] 副 (<ラ) 不在において

in abstracto [inapstrakto] 副 (<ラ) 抽象的に

inaccentué(e) [inaksɑ̃tɥe] 形 〔音声〕無強勢の, アクセントのない

inacceptable [inakseptabl] 形 承認[承諾]できない

inaccessibilité [inaksesibilite] 女 近づきにくいこと; 到達[理解]不能

inaccessible [inaksesibl] 形 近寄れない; 理解しない, (…に)動じない (à)

inaccompli(e) [inakɔ̃pli] 形 (文) 実行されていない, 未完成の

inaccomplissement [inakɔ̃plismɑ̃] 男 (文) 未完成, 不履行

inaccoutumé(e) [inakutyme] 形 常ならぬ, 稀な, 異例の; (文)(…に)慣れていない, 不慣れの (à)

inachevé(e) [inaʃve] 形 未完成の

inachèvement [inaʃɛvmɑ̃] 男 未完成

inactif(ve) [inaktif, -iv] 形 ①何もしない, 無為の; 不活発な, 低調な ②効力のない ③職業をもたない ― 名 非就業者

inaction [inaksjɔ̃] 女 無為, 無活動

inactivation [inaktivasjɔ̃] 女 不活性化

inactiver [inaktive] 他 〔生〕不活性化する

inactivité [inaktivite] 女 不活動, 休止; 休職

inactuel(le) [inaktɥɛl] 形 時宜にかなわない; 時期外れ[時代遅れ]の

inadaptable [inadaptabl] 形 適応できない

inadaptation [inadaptasjɔ̃] 女 (…への)不適応(状態) (à)

inadapté(e) [inadapte] 形 (環境に)適応[順応]できない (à) ― 名 不適応者

inadéquat(e) [inadekwa, -at] 形 (目的・対象に)かなっていない, 不適切な (à)

inadéquation [inadekwasjɔ̃] 女 (…に対しての)不適切さ (à)

inadmissibilité [inadmisibilite] 女 容認不可能性

*__inadmissible__ [inadmisibl] イナドミスィブル 形 (英 inadmissible) 受け入れられない, 容認しがたい

inadvertance [inadvɛrtɑ̃s] 女 不注意(による過失) ▶ **par inadvertance** 不注意から

inaliénabilité [inaljenabilite] 女 〔法〕譲渡不可能性, 譲渡禁止

inaliénable [inaljenabl] 形 〔法〕譲渡される

inaltérabilité [inalterabilite] 女 変質しないこと, 不変性

inaltérable [inalterabl] 形 (…に)変質[変化]しない (à); 変わらない, 不変の

inaltéré(e) [inaltere] 形 変わっていない, 不変のままの

inamical(ale) [inamikal] 形 (男複 -aux[-o]) 冷ややかな, 非友好的な

inamovibilité [inamɔvibilite] 女 〔法〕不可動性, 罷免されないこと, 終身制

inamovible [inamɔvibl] 形 ①〔法〕罷免[更迭]されない, 終身の ②動かない

inanalysable [inanalizabl] 形 分析[分解]できない

inanimé(e) [inanime] 形 ①無生物の, 生命のない; 死んだ ②意識を失った, 活気のない

inanité [inanite] 女 空しさ, 無益さ

inanition [inanisjɔ̃] 女 栄養失調; (飢餓による)衰弱 ▶ **tomber** [**mourir**] **d'inanition** 空腹で倒れる[餓死する]

inapaisable [inapɛzabl] 形 (文) 鎮められない, 和らげられない

inapaisé(e) [inapɛze] 形 (文) 抑えられない, 静まらぬ

inaperçu(e) [inapɛrsy] 形 人目につかない, 気付かれない, 目立たない ▶ **passer inaperçu** 見過ごされる

inapparent(e) [inaparɑ̃, -ɑ̃t] 形 外に現れない, 隠れた

inappétence [inapetɑ̃s] 女 食欲[欲望]の減退

inapplicable [inaplikabl] 形 適用できない

inapplication [inaplikasjɔ̃] 女 熱意[集中力]のないこと; 不実施

inappliqué(e) [inaplike] 形 ①熱意のない, 怠惰な ②適用[実施]されていない

inappréciable [inapresjabl] 形 ①計り知れない, 絶大な ②きわめてわずかな

inapprochable [inaprɔʃabl] 形 近づけない; 手の届かない

inapproprié(e) [inaprɔprije] 形

inapte [inapt] 形 (…に)向かない,適さない (à) —名 兵役[生活]不適格者

inaptitude [inaptityd] 女 (…に対する)不適性,無能 (à); 兵役不適格者

inarticulé(e) [inartikyle] 形 (言葉・音が)不明瞭な,はっきり発音されない

inassimilable [inasimilabl] 形 ①同化[吸収]され得ない; (社会環境に)適応できない (à) ②(…と)同一視できない (à)

inassouvi(e) [inasuvi] 形 満たされない, いやされない

inassouvissable [inasuvisabl] 形 《文》満たされぬ, いやされない

inassouvissement [inasuvismɑ̃] 男《文》不満

inattaquable [inatakabl] 形 ①攻撃できない, 難攻の ②非の打ちどころのない ③さびない, 変質しない

***inattendu(e)** [inatɑ̃dy イナタンデュ] 形 (英 unexpected) 思いがけない(こと), 予期せぬ[意外な] (出来事)

inattentif(ve) [inatɑ̃tif, -iv] 形 (…に)不注意な, 無頓着な (à)

inattention [inatɑ̃sjɔ̃] 女 不注意, 無頓着 ▶ **faute d'inattention** 不注意による間違い, ケアレスミス

inaudible [inodibl] 形 聞きとれない, 聞きとりにくい; 聞くに耐えない

inaugural(ale) [inogyral] 形 (男複 -aux [-o]) 開会(式)の, 開始の ▶ **discours inaugural** 開会の辞; 就任演説

inauguration [inogyrasjɔ̃] 女 開会式 [落成・除幕・開通] (式); 《文》始まり, 発端

***inaugurer** [inogyre イノギュレ] 他 ①落成 [開会・除幕・開通・就任] 式を行う ②始める; (…の) 端緒となる ③《話》 最初に[初めて]使う

inauthenticité [inotɑ̃tisite] 女 正当性[真実性]の欠如

inauthentique [inotɑ̃tik] 形 本物 [正当]でない

inavouable [inavwabl] 形 打ち明けられない, 恥ずべき, 後ろ暗い

inavoué(e) [inavwe] 形 告白されない; 自ら認めない

INC (略) Institut national de la consommation 国立消費経済研究所

inca [ɛ̃ka] 形 《不変》インカの —名 [les I-s] インカ族; [l'I-] インカ皇帝

incalculable [ɛ̃kalkylabl] 形 数えられない; はかり知れない; 莫大な

incandescence [ɛ̃kɑ̃desɑ̃s] 女 白熱, 赤熱

incandescent(e) [ɛ̃kɑ̃desɑ̃, -ɑ̃t] 形 白熱[赤熱]した; 燃えるような

incantation [ɛ̃kɑ̃tasjɔ̃] 女 まじない, 呪文を唱えること; 魅惑

incantatoire [ɛ̃kɑ̃tatwar] 形 呪文の, まじないの; 魅惑的な

***incapable** [ɛ̃kapabl アンカパブル] 形 ①(英 incapable) (…することが)できない (de) ②無能な, 役に立たない ③ [法] (権利を行使する)資格[能力]のない —名 無能な人; [法] 無能力者

incapacitant(e) [ɛ̃kapasitɑ̃, -ɑ̃t] 形 鎮圧用の, 戦闘不能に陥らせる (暴動などの)鎮圧用ガス [催涙ガスなど]

incapacité [ɛ̃kapasite] 女 …できないこと (de [à]) ②無能力, 無能 ▶ **être dans l'incapacité de** …することができない **incapacité de travail** (けがや病気による)労働不能

incarcération [ɛ̃karserasjɔ̃] 女 [法] 拘置, 投獄

incarcérer [ɛ̃karsere] 他 57 拘置 [投獄]する

incarnadin(e) [ɛ̃karnadɛ̃, -in] 形 淡紅色の

incarnat(e) [ɛ̃karna, -at] 形男 鮮紅色(の), 肉色(の)

incarnation [ɛ̃karnasjɔ̃] 女 権化, 化身 ② [宗] 受肉, 托身 ▶ **être l'incarnation de** …そのものである

incarné(e) [ɛ̃karne] 形 ①化身した ②[神] 受肉した

incarner [ɛ̃karne] 他 ①具体化[具現]する ②(役を)演じる ③肉体を与える — 代動 [s'~] ①体現[具象化]される ②化身する, 肉体化する

incartade [ɛ̃kartad] 女 ちょっとした逸脱; (馬術) 馬が急にそれること

incasique [ɛ̃kazik] 形 インカの

incassable [ɛ̃kasabl] 形 壊れない, 丈夫な

incendiaire [ɛ̃sɑ̃djɛr] 名 放火犯人 —形 ①火災を起こさせる ②扇動的な, 挑発的な; 扇情的な

***incendie** [ɛ̃sɑ̃di アンサンディ] 男 ① (英 fire) 火事 ②動乱, 戦火; まっかな光

incendié(e) [ɛ̃sɑ̃dje] 形 (< incendier) 焼失した; (人が)焼き出された —名 焼き出された人

incendier [ɛ̃sɑ̃dje] 他 ①放火する, 焼き払う ②《文》(夕日などが)まっかに染める ③(酒などが口にひりひりとする, (気持ちを)燃え立たせる ④《話》しかり飛ばす, 非難する

***incertain(e)** [ɛ̃sɛrtɛ̃, -ɛn アンセルタン(テヌ)] 形 (英 uncertain) ①確かな, はっきりしない ②(…について)確信がない, 迷っている (de) ③不確定なこと

***incertitude** [ɛ̃sɛrtityd アンセルティテュド] 女 (英 uncertainty) ①不確かさ, 不確実性; 不確定要素 ▶ **principe d'incertitude** [物] 不確定性原理 ②不決断, ためらい; 不確定要素 ▶ **être dans l'incertitude** 不安でいる

incessamment [ɛ̃sesamɑ̃] 副 今にも, すぐに

incessant(e) [ɛ̃sesɑ̃, -ɑ̃t] 形 絶え間ない, 不断の

incessibilité [ɛ̃sesibilite] 女 [法] 不可譲渡性

incessible [ɛsesibl] 形 [法] 譲渡できない

inceste [ɛ̃sɛst] 男 近親相姦

incestueux(se) [ɛ̃sɛstɥø, -øz] 形 近親相姦の; (子どもが)近親相姦で生れた ― 名 近親相姦者

inchangé(e) [ɛ̃ʃɑ̃ʒe] 形 変化していない

inchoatif(ve) [ɛ̃kɔatif, -iv] 形 [文法] 起動の［動作・変化の開始を示す］ ― 男 起動動詞

incidemment [ɛ̃sidamɑ̃] 副 付随的に, ことのついでに; 偶然に

incidence [ɛ̃sidɑ̃s] 女 ①影響, 結果, はね返り; (税負担の)転嫁 ②入射, 投射 ③[医] 発生率

incident¹(e¹) [ɛ̃sidɑ̃, -ɑ̃t] 形 ①付随的な ②[物] (光線などが)投射する, 入射する ▶ **rayon incident** [光] 入射光線 ③[文法] 挿入の

incident² [ɛ̃sidɑ̃] 男 ①(一般に předvídaný)出来事, 事変 ②紛争; (政治・社会上の)混乱 ③[法] 付帯請求 ④小説・戯曲の挿話 ▶ **incident de parcours** 思わぬトラブル **incident diplomatique** 外交上のトラブル **L'incident est clos.** もう口論[その話]はよそう **sans incident** 何事もなく

incidente² [ɛ̃sidɑ̃t] 女 [文法] 挿入節

incinérateur [ɛ̃sineratœr] 男 ごみ焼却炉

incinération [ɛ̃sinerasjɔ̃] 女 焼却; 火葬

incinérer [ɛ̃sinere] 他 57 焼却する; 火葬する

incipit [ɛ̃sipit] 男 (不変) (ラ) 書き出し, 冒頭の言葉

incirconcis(e) [ɛ̃sirkɔ̃si, -iz] 形 割礼を受けていない ― 男 (ユダヤ教から見て)異教徒

incise [ɛ̃siz] 女 [文法] 挿入節

inciser [ɛ̃size] 他 (ゴムの木に)切り込みをつける; (できものを)切開する

incisif(ve) [ɛ̃sizif, -iv] 形 鋭い, 切り込むような

incision [ɛ̃sizjɔ̃] 女 切り口(を入れること); 切開

incisive [ɛ̃siziv] 女 切歯, 門歯

incitant(e) [ɛ̃sitɑ̃, -ɑ̃t] 形 [医] 興奮させる ― 男 興奮剤

incitatif(ve) [ɛ̃sitatif, -iv] 形 励ます, 促す

incitation [ɛ̃sitasjɔ̃] 女 (…への)扇動, 激励 (à); [法] 教唆 ▶ **incitation financière** 奨励金 **incitation fiscale** (税制の)優遇策

inciter [ɛ̃site] 他 [~ A à...] A(人)を…する気にさせる

incivil(e) [ɛ̃sivil] 形 [文] 不作法な

incivilité [ɛ̃sivilite] 女 [文] 不作法(な言動)

incivique [ɛ̃sivik] 形 [文] 公民精神を欠いた

incivisme [ɛ̃sivism] 男 [文] 公民精神の欠如

inclassable [ɛ̃klasabl] 形 分類できない, ユニークな

inclémence [ɛ̃klemɑ̃s] 女 [文] (気候の)厳しさ; (古) 無慈悲, 冷酷

inclément(e) [ɛ̃klemɑ̃, -ɑ̃t] 形 [文] (自然が)厳しい; (古) 無慈悲な

inclinable [ɛ̃klinabl] 形 傾けられる

inclinaison [ɛ̃klinɛzɔ̃] 女 ①傾き, 傾斜, 勾配; (体を)傾けること ②[数] 傾斜, 傾角

inclination [ɛ̃klinasjɔ̃] 女 ①性向, 気質, 好み ▶ **avoir une inclination à** [不定詞] …するくせがある, …しがちである ②お辞儀, 会釈 ③[文] (人に対する)好み, 愛情

incliné(e) [ɛ̃kline] 形 (< incliner) 傾いた; …しがちな (à)

incliner [ɛ̃kline] 他 傾ける; …する気にさせる ▶ **incliner A à ...** A(人)が…(するよう)にしむける **incliner la tête** 頭を下げる ― 自 (…に)心が傾く, …する気になる ▶ (…に)傾く, …の方に傾く ― (代動) [s'~] ①身をかがめる, お辞儀をする, 敬意を示す; (…に) 屈服する, 降参する ②(devant) ②傾く, 傾いている

inclu[...　⇨include

incluant [ɛ̃klyɑ̃] include の現在分詞

inclure [ɛ̃klyr] 他 14 (英 include) 含める, 同封する; ― (代動) [s'~] 含まれている; 封入される

__inclus(e)__ [ɛ̃kly, -yz アンクリュ(ズ)] 形 (< inclure) 含まれた; 同封された ▶ **ci-inclus(e)** 同封の **dent incluse** [医] 埋伏歯 **être inclus dans** …に含まれている **jusqu'à ... inclus** …(の最後)まで

inclusif(ve) [ɛ̃klyzif, -iv] 形 …を包括している (de); 包括的な

inclusion [ɛ̃klyzjɔ̃] 女 含めること, 封入, 挿入; [数] 包含; [論] 包摂

inclusivement [ɛ̃klyzivmɑ̃] 副 含めて

incoagulable [ɛ̃kɔagylabl] 形 凝固[凝結]しない

incoercibilité [ɛ̃kɔɛrsibilite] 女 抑え難さ

incoercible [ɛ̃kɔɛrsibl] 形 抑えられない

incognito [ɛ̃kɔɲito] 副 (< イ) 身分を隠して, お忍びで ― 男 身分を隠すこと, お忍び ▶ **garder l'incognito** 身分を隠したままでいる

incohérence [ɛ̃kɔerɑ̃s] 女 脈絡のなさ; 不統一

incohérent(e) [ɛ̃kɔerɑ̃, -ɑ̃t] 形 脈絡のない, 不統一の

incollable [ɛ̃kɔlabl] 形 ①(話) どんな質問にも答えられる, 試験に落ちる心配がない ②(米・ハンダなどが) 粘つかない

incolore [ɛ̃kɔlɔr] 形 無色の; 生彩のない

incomber [ɛ̃kɔ̃be] 自 (義務・責任な

どが人)にかかる，課せられる《à》 ▶ **Il incombe à A de** …するのはA(人)の責任[役目]だ

incombustibilité [ɛ̃kɔ̃bystibilite] 囡 不燃性，耐火性

incombustible [ɛ̃kɔ̃bystibl] 形 不燃[耐火]性の

incommensurable [ɛ̃kɔmɑ̃syrabl] 形 ① 計り知れない，巨大［莫大］な ②〖数〗分数で表せない ▶ **nombre incommensurable** 無理数 ③ 比較不能の，同じ基準で計れない — 男 無限

incommensurablement [ɛ̃kɔmɑ̃syrabləmɑ̃] 副 けたはずれに，無限に

incommodant(e) [ɛ̃kɔmɔdɑ̃, -ɑ̃:t] 形 不快な，いやな

incommode [ɛ̃kɔmɔd] 形 不便な，使いにくい；《文》窮屈な，不快な；気難しい

incommodément [ɛ̃kɔmɔdemɑ̃] 副 不便に，居心地悪く

***incommoder** [ɛ̃kɔmɔde アンコモデ] 他 (人)を不快にする，迷惑をかける ▶ **être incommodé** 《古》(ものに)なやまされる《par》

incommodité [ɛ̃kɔmɔdite] 囡 ① 使いにくさ，不便 ②《文》迷惑，不快，(体の)不調

incommunicabilité [ɛ̃kɔmynikabilite] 囡 (思想・感情の)伝達不可能性，心の断絶

incommunicable [ɛ̃kɔmynikabl] 形 人に伝えられない；断絶した；人に譲渡できない

incomparable [ɛ̃kɔ̃parabl] 形 比類のない，(互いに)比較のできない

incomparablement [ɛ̃kɔ̃parabləmɑ̃] 副 比較にならないほど，抜群に

incompatibilité [ɛ̃kɔ̃patibilite] 囡 ① 相いれないこと，両立しないこと ②〖法〗兼職禁止 ③〖情報〗互換性のなこと；〖医〗血液型不適合；〖薬〗(薬物の)禁忌 ▶ **incompatibilité d'humeur** 性格の不一致

incompatible [ɛ̃kɔ̃patibl] 形 ① (…と)相いれない，両立しない《avec》 ②〖法〗兼職できない；〖情報〗互換性のない

incompétence [ɛ̃kɔ̃petɑ̃:s] 囡 ① (知識不足による)無能力，無資格《無管轄

incompétent(e) [ɛ̃kɔ̃petɑ̃, -ɑ̃:t] 形 ① (…について)無能な，知識[資格]のない《en》 ②〖法〗権限のない，管轄違いの

incomplet(ète) [ɛ̃kɔ̃plɛ, -ɛt] 形 不完全な，不備な，未完成の

incomplètement [ɛ̃kɔ̃plɛtmɑ̃] 副 不完全に

incompréhensibilité [ɛ̃kɔ̃preɑ̃sibilite] 囡 理解できないこと，不可解

***incompréhensible** [ɛ̃kɔ̃preɑ̃sibl アンコンプレアンスィブル] 形 理解できない，不可解な

incompréhensif(ve) [ɛ̃kɔ̃preɑ̃sif, -iv] 形 物わかりの悪い，理解のない

incompréhension [ɛ̃kɔ̃preɑ̃sjɔ̃] 囡 無理解，理解力のなさ

incompressible [ɛ̃kɔ̃presibl] 形 縮小できない；〖物〗圧縮できない

incompris(e) [ɛ̃kɔ̃pri, -i:z] 形名 理解されない(人)，人から認められない(人)

inconcevable [ɛ̃kɔ̃s(ə)vabl] 形 考えられない，想像もつかない，驚くべき

inconcevablement [ɛ̃kɔ̃svabləmɑ̃] 副《文》不可解なほど，並外れて，異常に

inconciliable [ɛ̃kɔ̃siljabl] 形 和解させられない，折り合えない；(…と)相いれない《avec》

inconditionnalité [ɛ̃kɔ̃disjɔnalite] 囡 無条件の支持，盲目的崇拝

inconditionné(e) [ɛ̃kɔ̃disjɔne] 形 〖哲〗いかなる条件にも制約されない，絶対の；(人が)自由な — 男 絶対，無限，無制約的

inconditionnel(le) [ɛ̃kɔ̃disjɔnɛl] 形 無条件の，絶対的な — 名 絶対的支持者

inconditionnellement [ɛ̃kɔ̃disjɔnɛlmɑ̃] 副 無条件に

inconduite [ɛ̃kɔ̃dɥit] 囡《文》不品行，飛行

inconfort [ɛ̃kɔ̃fɔ:r] 男 快適でないこと，居心地の悪さ；環境の悪い所

inconfortable [ɛ̃kɔ̃fɔrtabl] 形 快適でない，気詰まりな；不快な

inconfortablement [ɛ̃kɔ̃fɔrtabləmɑ̃] 副 快適でなく，不快に

***incongru(e)** [ɛ̃kɔ̃gry アンコングリュ] 形 とっぴな；非常識な

incongruité [ɛ̃kɔ̃gryite] 囡 非常識[不作法]なこと[言動]

incongrûment [ɛ̃kɔ̃grymɑ̃] 副 非常識に，無作法に

inconnaissable [ɛ̃kɔnɛsabl] 形男 知りえない(もの)，不可知な(もの)

***inconnu(e)** [ɛ̃kɔny アンコニュ] 形 (英 unknown)(…に)知られていない，未知の《de, à》；よくわからない，不明の；名前のわからない，無名の；経験したことのない；初めての ▶ **inconnu au bataillon** 《話》(人)がまるで知られていない，どこのどいつかわからない — 名 知らない人；無名の人 — 男 未知(のもの) — 囡〖数〗未知数；未知の要素

inconsciemment [ɛ̃kɔ̃sjamɑ̃] 副 無意識に，知らずに

inconscience [ɛ̃kɔ̃sjɑ̃:s] 囡 無意識(状態)；無自覚，無知，無分別 ▶ **sombrer dans l'inconscience** 無意識に陥る，意識を失う

***inconscient(e)** [ɛ̃kɔ̃sjɑ̃, -ɑ̃:t アンコンスィヤン(ト)] 形《英 unconscious》無意識の，(…に)気づかない，無自覚の，無分別な；気づかない《de》 — 名 意識[自覚]のない人 — 男〖心〗無意識 ▶ **inconscient collectif** 〖~〗〖心〗(ユング学説の)集団無意識

inconséquence [ɛ̃kɔ̃sekɑ̃s] 囡 首尾一貫しないこと, 矛盾; 無分別, 軽率な言動

inconséquent(e) [ɛ̃kɔ̃sekɑ̃, -ɑ̃t] 厖 首尾一貫しない, 矛盾した; 結果を考えない, 軽率な

inconsidéré(e) [ɛ̃kɔ̃sidere] 厖 軽率な, 無分別な

inconsidérément [ɛ̃kɔ̃sideremɑ̃] 副 軽率に, 無分別に

inconsistance [ɛ̃kɔ̃sistɑ̃s] 囡 堅実でないこと, 薄弱さ, 内実のなさ, 無内容; (物の)もろさ

inconsistant(e) [ɛ̃kɔ̃sistɑ̃, -ɑ̃t] 厖 堅実さのない; 一貫性[中身]のない; 固くない, (濃度が)薄い

inconsolable [ɛ̃kɔ̃sɔlabl] 厖 慰めようがない, 悲嘆にくれた

inconsolé(e) [ɛ̃kɔ̃sɔle] 形名 慰められない(人); 悲嘆にくれた(人)

inconsommable [ɛ̃kɔ̃sɔmabl] 厖 食べられない

inconstance [ɛ̃kɔ̃stɑ̃s] 囡 (意見などの)変わりやすさ, 移り気; (ものごとの)変わりやすさ

inconstant(e) [ɛ̃kɔ̃stɑ̃, -ɑ̃t] 厖 (意見・気持ちなどが)変わりやすい, 移り気な; (ものごとが)変わりやすい ―― 图 移り気な人, 無定見[無節操]な人

inconstitutionnalité [ɛ̃kɔ̃stitysjɔnalite] 囡 違憲性, 憲法違反

inconstitutionnel(le) [ɛ̃kɔ̃stitysjɔnɛl] 厖 違憲の, 憲法に違反する

inconstitutionnellement [ɛ̃kɔ̃stitysjɔnɛlmɑ̃] 副 憲法に違反して

inconstructible [ɛ̃kɔ̃stryktibl] 厖 (地域が)建設を禁止している

***incontestable** [ɛ̃kɔ̃tɛstabl] アンコンテスタブル 厖 議論の余地ない

incontestablement [ɛ̃kɔ̃tɛstabləmɑ̃] 副 明らかに, 確実に, 疑いもなく

incontesté(e) [ɛ̃kɔ̃tɛste] 厖 異論のない, 揺るぎない

incontinence [ɛ̃kɔ̃tinɑ̃s] 囡 ①(話を)自制できないこと; (文)(肉欲に対する)自制心のなさ, 淫乱 ②[医] 失禁

incontinent¹(e) [ɛ̃kɔ̃tinɑ̃, -ɑ̃t] 厖 (文)(欲望に対して)自制心のない; [医] 尿失禁の

incontinent² [ɛ̃kɔ̃tinɑ̃] 副 (文) 即座に, ただちに

incontournable [ɛ̃kɔ̃turnabl] 厖 避けて通れない, 考慮せざるをえない

incontrôlable [ɛ̃kɔ̃trolabl] 厖 検証[立証]できない; 制御[統制]できない, 抑えられない

incontrôlé(e) [ɛ̃kɔ̃trole] 厖 制御[検証]されていない

inconvenance [ɛ̃kɔ̃vnɑ̃s] 囡 無作法(な言動), 無礼

inconvenant(e) [ɛ̃kɔ̃vnɑ̃, -ɑ̃t] 厖 無作法な, 無礼な

***inconvénient** [ɛ̃kɔ̃venjɑ̃] アンコンヴェニヤン 男 (英 inconvenience) 不都合, 支障; 難点, 短所

inconvertibilité [ɛ̃kɔ̃vɛrtibilite] 囡 (紙幣などの)不換性

inconvertible [ɛ̃kɔ̃vɛrtibl] 厖 ①(紙幣などが)不換の ②(古) 改宗させられない

incoordination [ɛ̃kɔɔrdinasjɔ̃] 囡 不調整, 無秩序; [医] 協働運動失調症

incorporation [ɛ̃kɔrpɔrasjɔ̃] 囡 (…への)混入, 合体, 併合 (à, dans); [軍] 新隊への編入

incorporel(le) [ɛ̃kɔrpɔrɛl] 厖 無形の; [法] (財産が)無体の

incorporer [ɛ̃kɔrpɔre] 他 (…に)加え, 入れる (à, dans); 混入する; (人を)溶けこませる; (新兵を部隊に)編入する ―― 代動 [s'~] 溶けこむ, (体や団体に)取りこまれる (à, dans)

incorrect(e) [ɛ̃kɔrɛkt] 厖 不正確な, 間違った; 無作法な, 無礼な, 慣習[きまり]に反した

incorrectement [ɛ̃kɔrɛktəmɑ̃] 副 不正確に, 間違って; 無作法に

incorrection [ɛ̃kɔrɛksjɔ̃] 囡 (文法上の)間違い, 不正確(な表現); 無作法(な言動)

incorrigible [ɛ̃kɔriʒibl] 厖 矯正できない, 直しがたい

incorrigiblement [ɛ̃kɔriʒibləmɑ̃] 副 直せないほどに, 度しがたく

incorruptibilité [ɛ̃kɔryptibilite] 囡 腐敗しないこと; 買収されないこと, 清廉潔白

incorruptible [ɛ̃kɔryptibl] 厖 腐敗しない; 買収されない, 潔白な ―― 图 清廉潔白な人

incorruptiblement [ɛ̃kɔryptibləmɑ̃] 副 腐敗することなく; 変わることなく; 清廉潔白に

incoterm [ɛ̃kɔtɛrm] 男 [商] インコタームズ【国際商業会議所による貿易条件の定義集】

incrédule [ɛ̃kredyl] 形名 疑い深い(人), 神を信じない(人)

incrédulité [ɛ̃kredylite] 囡 疑い深さ; (文) 不信仰

incréé(e) [ɛ̃kree] 厖 [宗] 創造されたものではなく存在する

incrément [ɛ̃kremɑ̃] 男 [情報] インクリメント

incrémenter [ɛ̃kremɑ̃te] 他 [情報] 増分する, インクリメントする

incrémentiel(le) [ɛ̃kremɑ̃sjɛl] 厖 [情報] インクリメントを行う

increvable [ɛ̃krəvabl] 厖 パンク[破裂]しない; (話) 疲れを知らない

incriminable [ɛ̃kriminabl] 厖 非難すべきな

incrimination [ɛ̃kriminasjɔ̃] 囡 非難

incriminer [ɛ̃krimine] 他 (人に)責任を負わせる; 非難[攻撃]する, 告発する

incristallisable [ɛ̃kristalizabl] 厖 非結晶の

incrochetable [ɛ̃krɔʃ(ə)tabl] 形 (鍵などが)こじ開けられない

***incroyable** [ɛ̃krwajabl] アンクロワイヤブル 形 (英 unbelievable) 信じられない, 驚くべき; ひどい

incroyablement [ɛ̃krwajabləmɑ̃] 副 信じられないほど

incroyance [ɛ̃krwajɑ̃s] 女 無信仰

incroyant(e) [ɛ̃krwajɑ̃, -ɑ̃t] 形 名 無信仰の(者)

incrustation [ɛ̃krystasjɔ̃] 女 ①象眼, はめ込み細工; (壁などの)化粧張り; [テレビ](映像の)はめ込み ②[機] 湯垢の付着

incruste [ɛ̃kryst] 女 [成句でのみ] ▶**taper l'incruste** (俗) (人の家に)居座る

incruster [ɛ̃kryste] 他 ①象眼する, はめ込みをする; (壁などに)化粧張りをする ②(…に)湯垢をつける ── 代動 **s'~** ①(人の家に)居座る(chez) ②しっかり付着する ③(…の中に)はめ込まれる, 象眼される (dans) ④湯垢がつく

incrusteur(se) [ɛ̃krystœr, -øz] 名 (話) 押しかけ客, 無切符入場者

incubateur(trice) [ɛ̃kybatœr, -tris] 形 孵化させる ── 男 ①孵卵器 ②保育器

incubation [ɛ̃kybasjɔ̃] 女 抱卵, 孵化; (病気の)潜伏期; 醸成期間 ▶**période d'incubation** [生] 孵卵期間; [医] 潜伏期

incube [ɛ̃kyb] 男 (眠った女性を犯すといわれる)夢魔

incuber [ɛ̃kybe] 他 (卵を)かえす, 孵化させる

inculcation [ɛ̃kylkasjɔ̃] 女 教え込むこと, たたき込むこと

inculpation [ɛ̃kylpasjɔ̃] 女 容疑 ▶**sous l'inculpation de** …の容疑で

inculpé(e) [ɛ̃kylpe] 名 (< inculper) 容疑者, 被疑者

inculper [ɛ̃kylpe] 他 (英 indict) [~ A de B] A (人)を B の容疑で取り調べる, 告訴する

inculquer [ɛ̃kylke] 他 [~ A à B] B (人)に A (こと)を教え込む

inculte [ɛ̃kylt] 形 ①耕されていない, 荒れ果てた; (髪・ひげが)手入れされていない ②教養のない

incultivable [ɛ̃kyltivabl] 形 耕せない

inculture [ɛ̃kyltyr] 女 無教養

incunable [ɛ̃kynabl] 形 活版係発明時代の【1500年以前】 ── 男 揺籃(ﾖｳﾗﾝ)期本, インキュナブラ

***incurable** [ɛ̃kyrabl] アンキュラブル 形 不治の ── 名 不治の病人(= malade ~); (悪癖が)治らない人

incurablement [ɛ̃kyrabləmɑ̃] 副 いやし治し難いほどに

incurie [ɛ̃kyri] 女 怠慢, 投げやり

incurieux(se) [ɛ̃kyrjø, -øz] 形 〔文〕無関心な

incuriosité [ɛ̃kyrjozite] 女 〔文〕無関心

incursion [ɛ̃kyrsjɔ̃] 女 侵入; 乱入, 闖(ﾁﾝ)入; 専門外の分野に手を出すこと

incurvation [ɛ̃kyrvasjɔ̃] 女 内側に曲げること, (内側への)湾曲

incurvé(e) [ɛ̃kyrve] 形 (< incurver) 曲がった, 湾曲した

incurver [ɛ̃kyrve] 他 曲げる, 湾曲する ── 代動 **s'~** 曲がる, 湾曲する

incuse [ɛ̃kyz] 形 名 刻印を打ち出したメダル・硬貨)

indatable [ɛ̃databl] 形 年代[日付]決定のできない

Inde [ɛ̃d] 女 インド

indéboulonnable [ɛ̃debulɔnabl] 形 (話) 辞任させられない

indécelable [ɛ̃deslabl] 形 発見できない, 見破れない

indécemment [ɛ̃desamɑ̃] 副 下品に, 慎みなく; 無作法に

indécence [ɛ̃desɑ̃s] 女 慎みのなさ, 無作法; 品の悪さ, みだらさ; 下品な言動

indécent(e) [ɛ̃desɑ̃, -ɑ̃t] 形 慎みのない, 不作法な; 下品な, みだらな; 度外れな ▶**avoir une chance indécente** 度外れに運がよい

indéchiffrable [ɛ̃deʃifrabl] 形 判読[解読]できない; 不可解な, 謎めいた

indéchirable [ɛ̃deʃirabl] 形 裂けない

indécidabilité [ɛ̃desidabilite] 女 [論] 決定[説明]不可能性

indécidable [ɛ̃desidabl] 形 [論] 決定[説明]不可能な

***indécis(e)** [ɛ̃desi, -iz] アンデスィ(ズ) 形 ①決心がつかない, 優柔不断の; 未決定の, 未解決の; 曖昧な, ぼんやりした ── 名 優柔不断な人; 態度未決定の人

indécision [ɛ̃desizjɔ̃] 女 (…についての)不決断, 優柔不断 (sur)

indéclinable [ɛ̃deklinabl] 形 ①[言] 格変化しない, 不変化の ②[古] 回避できない ── 男 不変化語[副詞・接続詞・前置詞]

indécollable [ɛ̃dekɔlabl] 形 はがせない

indécomposable [ɛ̃dekɔ̃pozabl] 形 分解できない; はっきりと分けられない

indécrochable [ɛ̃dekrɔʃabl] 形 (話) 動かしがたい, 度しがたい

indécrottable [ɛ̃dekrɔtabl] 形 (人の)矯正できない, 手に負えない

indéfectibilité [ɛ̃defɛktibilite] 女 〔文〕永続性; 不滅

indéfectible [ɛ̃defɛktibl] 形 永遠の, 変わることのない; 衰えない

indéfectiblement [ɛ̃defɛktibləmɑ̃] 副 いつまでも, 永遠に

indéfendable [ɛ̃defɑ̃dabl] 形 防御できない; 弁護しえない

***indéfini(e)** [ɛ̃defini] アンデフィニ 形 (英 indefinite) 際限のない, 漠然とした, 不確定の; [文法] 不定の

indéfiniment [ɛ̃definimɑ̃] 副 際限なく, いつまでも; 不定の意味で

indéfinissable [ɛ̃definisabl] 形 定義の出せない; 名づけようのない; 不可解な

indéformable [ɛ̃defɔrmabl] 形 変形しない

indéfrichable [ɛ̃defriʃabl] 形 開墾できない

indéfrisable [ɛ̃defrizabl] 形 カールがとれない ─ 女 《古》パーマ

indéhiscent(e) [ɛ̃deisɑ̃, -ɑ̃t] 形 〔植〕不裂開の

indélébile [ɛ̃delebil] 形 (しみなどが) 消えない

indélicat(e) [ɛ̃delika, -at] 形 無作法な, 気のきかない; 不誠実な, 不正な

indélicatement [ɛ̃delikatmɑ̃] 副 不誠実に, 不作法に

indélicatesse [ɛ̃delikates] 女 不正, 不誠実な行為; 思いやりのなさ, 気のきかなさ

indémaillable [ɛ̃demajabl] 形 (編み目が) 解けない (生地), (靴下が) 伝線しない (生地)

*__indemne__ [ɛ̃demn アンデムヌ] 形 損害を受けなかった, 無傷の, 無事な ▶*sortir indemne de* …から無傷で助かる

indemnisable [ɛ̃dɛmnizabl] 形 補償される

indemnisation [ɛ̃dɛmnizasjɔ̃] 女 補償(金の支払い), 賠償

*__indemniser__ [ɛ̃dɛmnize アンデムニゼ] 他 補償する, 賠償する

*__indemnité__ [ɛ̃dɛmnite アンデムニテ] 女 (英 compensation) ① 補償金, 賠償金; 違約金 ▶*indemnité de licenciement* 解雇補償金 ② 手当 ▶*indemnité de logement* 住居手当 *indemnité parlementaire* 議員の歳費

indémodable [ɛ̃demɔdabl] 形 流行遅れにならない

indémontable [ɛ̃demɔ̃tabl] 形 分解できない, 取り外せない

indémontrable [ɛ̃demɔ̃trabl] 形 証明できない

indéniable [ɛ̃denjabl] 形 否定できない, 明白な

indéniablement [ɛ̃denjablamɑ̃] 副 否定しがたく, 明白に

indénombrable [ɛ̃denɔ̃brabl] 形 数え切れない, 列挙できない, 算出不能の

indentation [ɛ̃dɑ̃tasjɔ̃] 女 ① ぎざぎざ, (海岸線の) 出入り

indépassable [ɛ̃depɑsabl] 形 超えられない

*__indépendamment__ [ɛ̃depɑ̃damɑ̃ アンデパダマン] 副 (…と) 無関係に, (…の) ほかに 《de》

*__indépendance__ [ɛ̃depɑ̃dɑ̃s アンデパンダンス] 女 独立, 自立(心); 関連のなさ, 無関係性 ▶*indépendance d'esprit* 独立心

*__indépendant(e)__ [ɛ̃depɑ̃dɑ̃, -ɑ̃t アデパンダ(ント)] (英 independent) 独立 [自立] した; 独立 [自立] を可能にする; 独立の強い (…と) 無関係の 《de》 ▶*indépendant de sa volonté* 自分の意思とは関係のない *proposition indépendante* 〔文法〕独立節 ─ 名 ① 独立心の強い人 ② 独立諸派の議員 〔政治家〕【一般には保守派】③ [les I-s] 〔美術〕アンデパンダン派〘独立美術家協会〙

indépendantisme [ɛ̃depɑ̃dɑ̃tism] 男 独立論 [主義]

indépendantiste [ɛ̃depɑ̃dɑ̃tist] 名 独立主義者(の)

indéracinable [ɛ̃derasinabl] 形 根こそぎにできない, 心から取り除けない

indéréglable [ɛ̃dereglabl] 形 (機械の調子が) 狂わない

indescriptible [ɛ̃dɛskriptibl] 形 表現できない, 言い表せない

indésirable [ɛ̃dezirabl] 形 望ましくない; 国内に入って欲しくない ▶*effets indésirables* (薬の) 副作用 ─ 名 好ましからざる人物; 入国を許したくない人

indestructible [ɛ̃dɛstryktibl] 形 破壊できない, 不滅の

indétectable [ɛ̃detɛktabl] 形 (菌が) 検出できない (レーダーで探知できない)

indéterminable [ɛ̃detɛrminabl] 形 確定できない, 決定できない; 名づけようのない

indétermination [ɛ̃detɛrminasjɔ̃] 女 不確定, 不明確, 曖昧さ; 優柔不断, 不決断

indéterminé(e) [ɛ̃detɛrmine] 形 不確定の, 不明確の; 〔哲〕非決定論的な, 偶然の

indéterminisme [ɛ̃detɛrminism] 男 非決定論

index [ɛ̃dɛks] 男 ① 人さし指 ② (本の) 索引, インデックス; 指標, 指針 ③ [l'I-] (カトリックの) 禁書目録 ▶*mettre … à l'index* …をブラックリストに載せる, 排斥する

indexation [ɛ̃dɛksasjɔ̃] 女 ① (賃金などの, 物価) スライド (方式) ② (書物の) 索引法 [化]

indexé(e) [ɛ̃dɛkse] 形 (< indexer) (物価に) スライドされた ▶*salaire indexé sur l'inflation* インフレ調整した給料

indexer [ɛ̃dɛkse] 他 ① (一定の指標により) スライドさせる ② (本に) 索引 [印] をつける; バーコードをつける; 〔情報〕インデックスをつけ

indianisme [ɛ̃djanism] 男 インド学; インド的性格; インドの特有言語

indianiste [ɛ̃djanist] 名 インド学者

indic [ɛ̃dik] 男 《俗》情報提供者, 密告者 (= indicateur)

indicateur(trice) [ɛ̃dikatœr, -tris] 形 指示する ▶*panneau indica-*

teur 道路標識, ―图 密告者, (警察への)情報提供者 ―男 案内書; 時刻表; 指示器, 指針; 〔化〕指示薬, トレーサー ▶**indicateur de vitesse** 速度計 **indicateur économique** 経済指標

indicatif(ve) [ɛ̃dikatif, -iv] 形 指示する, 示す (de) ▶**à titre indicatif** ご参考までに ―男〔文法〕直説法 (= mode ~) ②サイン, 符号;(放送番組の)テーマ音楽 ▶**indicatif d'appel** 呼出し符号, コールサイン **indicatif téléphonique** 市外局番

***indication** [ɛ̃dikasjɔ̃] アンディカスィヨン 女 (英 indication) 指示;(複) 指図, 情報; 表示, 印, 手がかり;〔法〕表示;〔医〕(薬などの)適応症の指示 ▶**sauf indication contraire** 他に指示がない限り

indice [ɛ̃dis] 男 徴候, 指標, しるし;〔法〕状況証拠; 手がかり;〔数・経〕指数, 率 ▶**indice des prix**〔経〕価格指数 **indice du coût de la vie**〔経〕生計費指数

indiciaire [ɛ̃disjɛr] 形 指数の, 指数に合わせた

indicible [ɛ̃disibl] 形〔文〕言語を絶する

indiciblement [ɛ̃disibləmɑ̃] 副 言語に絶するほどに

indiciel(le) [ɛ̃disjɛl] 形 指数の

indien(ne) [ɛ̃djɛ̃, -ɛn] 形 ①インド (Inde) (人)の ②アメリカ先住民の, インディオの ―男 [I-] インド人; アメリカ先住民; インディオ ―女 インド更紗

indifféremment [ɛ̃diferamɑ̃] 副 無差別に, 区別なく

***indifférence** [ɛ̃diferɑ̃s] アンディフェランス 女 (…に対する)無関心, 無頓着, 無感動, 無感覚 (à, devant, pour); 冷淡, つれなさ; 宗教に対する冷淡さ, 無信仰 ▶**indifférence générale**〔人~〕人々の無関心

indifférenciation [ɛ̃diferɑ̃sjasjɔ̃] 女 未分化(状態)

indifférencié(e) [ɛ̃diferɑ̃sje] 形 未分化の

***indifférent(e)** [ɛ̃diferɑ̃, -ɑ̃t] アンディフェラン(ト) 形 (英 indifferent) (…に)関心をひかない; (人の)興味をひかない; (…にとって)どうでもよい (à); 冷淡な, つれない ▶**Il est indifférent à A de**〔不定詞〕**que +**〔接続法〕〔非人称〕A (人) にとって…することはどうでもよい; 冷淡な人; (宗教に)無関心な人

indifférentisme [ɛ̃diferɑ̃tism] 男 (政治や宗教の)無関心主義

indifférer [ɛ̃difere] 他 57 〔目的語は人称代名詞〕(誰) (…の)関心をひかない

indigénat [ɛ̃diʒena] 男〔史〕(植民地の現地人に対する)特別行政制度

indigence [ɛ̃diʒɑ̃s] 女 赤貧; (精神的な)貧困 ▶**indigence d'idées** 発想の貧困

indigène [ɛ̃diʒɛn] 形 (とくに植民地の)現地人の, 土着(民)の; 〔生〕その土地特有の, 自生の ―名 先住民, 現地人

indigent(e) [ɛ̃diʒɑ̃, -ɑ̃t] 形 ①(古) 赤貧の, 貧窮にあえぐ ②見すぼらしい ―名 (古) 貧乏人, 貧窮者

indigeste [ɛ̃diʒɛst] 形 消化しにくい; よくこなれていない, 読みづらい

indigestion [ɛ̃diʒɛstjɔ̃] 女 消化不良; 飽き飽きすること ▶**avoir une indigestion de** …には飽き飽きする

indignation [ɛ̃diɲasjɔ̃] 女 憤慨, 憤り

indigne [ɛ̃diɲ] 形 値しない, ふさわしくない (de); 失格の, 非難されるべき, ひどい ▶**Il est indigne de A de…**〔非人称〕…するのは A (人) にふさわしくない ―形〔法〕相続無資格者

indigné(e) [ɛ̃diɲe] 形 (< indigner) 憤慨した, (…に)憤慨している (de); (…に対して) 怒っている (contre)

indignement [ɛ̃diɲmɑ̃] 副 卑劣に; 不当に

***indigner** [ɛ̃diɲe] アンディニェ 他 憤慨させる, 怒らせる ―代動 (s'~) (…に) 憤慨する, 憤る (de, contre)

indignité [ɛ̃diɲite] 女 (文) 低劣[卑劣]さ, 卑劣な行為; (文) ふさわしくないこと, 無資格 ▶**indignité nationale** 第2次大戦中の対独協力罪, 非国民罪 **indignité successorale**〔法〕相続欠格, 相続権喪失

indigo [ɛ̃digo] 男 インディゴ, 藍(色) ―形 (不変) 藍色の

indigotier [ɛ̃digɔtje] 男〔植〕コマツナギ (インディゴ染料がとれる植物)

indiqué(e) [ɛ̃dike] 形 (< indiquer) ①指定[指示]された ▶**à l'heure indiquée** 指定された時間に ②適切な, 時宜に得た ▶**Ce n'est pas très indiqué.** それはあまりおすすめできません。

***indiquer** [ɛ̃dike] アンディケ 他 (英 indicate) 指す, 指し示す; 教える; 示す, 表す ▶**indiquer… du doigt (regard)**…を指さす[目で示す] ▶**indiquer l'heure**[時を]示す, 指定する ③〔美術〕ざっと描写する

***indirect(e)** [ɛ̃dirɛkt] アンディレクト 形 (英 indirect) 間接の, 遠回しの ▶**complément d'objet indirect** 間接目的(補)語 **discours [style] indirect** 間接話法 **d'une manière indirecte** 遠回しに

indirectement [ɛ̃dirɛktəmɑ̃] 副 間接に, 遠回しに

indiscernable [ɛ̃disɛrnabl] 形 区別できない; はっきり捉えがたい

indiscipline [ɛ̃disiplin] 女 規律の無視, 不従順

indiscipliné(e) [ɛ̃disipline] 形 規律に従わない, 不従順な

indiscret(ète) [ɛ̃diskrɛ, -ɛt] アンディスクレ(ト) 形 無遠慮な、ぶしつけな; 口の軽い、秘密を守らない ▶*à l'abri des regards indiscrets* 人目を避けて ── 名 無遠慮な人; 口の軽い人

indiscrètement [ɛ̃diskrɛtmɑ̃] 副 無遠慮に; 秘密を守らずに

indiscrétion [ɛ̃diskresjɔ̃] 女 不謹慎、無遠慮(な言動); 口の軽さ、秘密を漏らすこと ▶*sans indiscrétion* さしつかえなければ

indiscutable [ɛ̃diskytabl] 形 議論の余地のない、明白な、確実な

indiscutablement [ɛ̃diskytabləmɑ̃] 副 議論の余地なく、明白に、確実に

indiscuté(e) [ɛ̃diskyte] 形 異論のない、みんなが認める

***indispensable** [ɛ̃dispɑ̃sabl] アンディスパンサブル 形 (…に)ぜひ必要な、欠かせない (à); 《…することは》ぜひ必要である (de) ── 男 必要不可欠なもの(こと)

indisponibilité [ɛ̃disponibilite] 女 (ものを)自由に利用(処分)できないこと、手がふさがっていること; (商品の)品切れ; [法] 処分不可能; (公務員の)休職

indisponible [ɛ̃disponibl] 形 自由に使用(処分)できない; [法] 処分不能の; 手が空いていない、多忙な; [軍]勤務させられない ── 男 [軍] 勤務不能者

indisposé(e) [ɛ̃dispoze] 形 (< indisposer) (古) 体の具合が悪い, (婉曲的) (女性が)生理中の; (…に対して) 気分を害した (contre)

indisposer [ɛ̃dispoze] 他 (…の)体調[気分]を悪くする; (…に対して)悪い感情を抱かせる、怒らせる (contre)

indisposition [ɛ̃dispozisjɔ̃] 女 気分[体調]の悪いこと; (婉曲的) 生理期間

indissociable [ɛ̃disosjabl] 形 切り離せない

indissolubilité [ɛ̃disolybilite] 女 解消[破棄]できないこと

indissoluble [ɛ̃disɔlybl] 形 解消[破棄]できない

indissolublement [ɛ̃disɔlybləmɑ̃] 副 溶けないほどに、堅く

***indistinct(e)** [ɛ̃distɛ̃(kt), -ɛkt アンディスタン(クト)] 【男性形もtは発音されることがある】 はっきりしない、ぼんやりした、不明瞭な

indistinctement [ɛ̃distɛ̃ktəmɑ̃] 副 ぼんやりと、不明瞭に; 無差別に、区別なく

indium [ɛ̃djɔm] 男 [化] インジウム 【原子番号49の元素】

***individu** [ɛ̃dividy アンディヴィデュ] 男 ① (英individual) 個人; [生] 個体、個物; [哲] 個(体) ② [集 単数形では男性に対しての男] (軽蔑的)人、やつ、男

individualisation [ɛ̃dividyalizasjɔ̃] 女 個性化; 個別化、個体化

individualiser [ɛ̃dividyalize] 他 個別化する、個性を与える ── 代動 [s'~] 個別化する; 個性を示す

individualisme [ɛ̃dividyalism] 男 個人主義

individualiste [ɛ̃dividyalist] 形 個人主義(的)の ── 名 個人主義者

individualité [ɛ̃dividyalite] 女 個性(的)の

***individuel(le)** [ɛ̃dividyɛl] アンディヴィデュエル 形 (英 individual) 個人の; 個性的な、個別の ▶*chambre individuelle* 個室 *épreuve individuelle* [スポーツ] 個人参加選手 ── 男 個別性; [鉄] (寝台車の)個室

individuellement [ɛ̃dividyɛlmɑ̃] 副 個人的に、個々に、各自

indivis(e) [ɛ̃divi, -iz] 形 [法] (財産が)共有の; (所有者が)共同の ▶*par indivis* 共有して

indivisaire [ɛ̃divizɛr] 名 [法] 共有(不)分割者

indivisément [ɛ̃divizemɑ̃] 副 [法] 共有として、連帯で

indivisibilité [ɛ̃divizibilite] 女 分割できないこと、不可分性

indivisible [ɛ̃divizibl] 形 分割できない、不可分の

indivisiblement [ɛ̃divizibləmɑ̃] 副 不可分に、分かちがたく

indivision [ɛ̃divizjɔ̃] 女 [法] 不分割、共有

Indochine [ɛ̃dɔʃin] 女 インドシナ(半島) ▶*guerre d'Indochine* [la ~] インドシナ戦争【1946–54; フランス対ベトナムの戦争】

indochinois(e) [ɛ̃dɔʃinwa, -az] 形 インドシナの ── 名 [I-] インドシナ人【主としてフランス植民地時代の呼称】

indocile [ɛ̃dɔsil] 形 《文》強情な、言うことを聞かない

indocilité [ɛ̃dɔsilite] 女 《文》不従順、強情

indo-européen(ne) [ɛ̃doørɔpeɛ̃, -ɛn] インド・ヨーロッパ語族の ── 男 ① インド・ヨーロッパ語、印欧祖語 ② [les I-~E~] インド・ヨーロッパ系諸民族

indolemment [ɛ̃dɔlamɑ̃] 副 《文》不精に、怠惰に、だらだらと

indolence [ɛ̃dɔlɑ̃s] 女 《文》不精、怠惰、気力のなさ

indolent(e) [ɛ̃dɔlɑ̃, -ɑ̃t] 形 ① 無気力な、不精な、怠惰な ② [医] 無痛性の ── 名 不精者、不精な人

indolore [ɛ̃dɔlɔr] 形 [医] 無痛性の

indomptable [ɛ̃dɔ̃tabl] 形 飼いならせない; 屈服させられない、不屈な

indompté(e) [ɛ̃dɔ̃te] 形 飼いならされていない、制御できない

Indonésie [ɛ̃dɔnezi] 女 インドネシア

indonésien(ne) [ɛ̃dɔnezjɛ̃, -ɛn] 形 インドネシアの ── 名 [I-] インドネシア人

人 ─[男] インドネシア語

in-douze [induz] [形] (不変)〔印〕12折り判の(本)《in-12と略す》

Indre [ɛ̃dr] [女] ①[l'～]アンドル川《Loire の支流》 ②アンドル県《フランス中部》

Indre-et-Loire [ɛ̃drelwar] [女] アンドル・エ・ロワール県《フランス中部》

indu(e) [ɛ̃dy] [形] 不当な，不都合な；常識外れの ▶à une heure indue 常識外れの時間に，夜遅くに

indubitable [ɛ̃dybitabl] [形] 疑う余地のない；確かな

indubitablement [ɛ̃dybitabləmɑ̃] [副] 疑いもなく，明らかに

inductance [ɛ̃dyktɑ̃s] [女] 〔電〕インダクタンス，誘導係数

inducteur(trice) [ɛ̃dyktœr, -tris] [形] [電] 誘導の；[哲] 機能する ─[男] 誘導子，界磁

inductif(ve) [ɛ̃dyktif, -iv] [形] ①帰納的な ②[電] 誘導性の

induction [ɛ̃dyksjɔ̃] [女] ①帰納；推定，類推 ②[電] 誘導；[生] 誘導

induire [ɛ̃dɥir] [他] 15 (文) ①…から帰納する，結論を下す (de)；結果として…をもたらす，(…の)原因となる ②(古) (…に人を)誘いこむ (à)；[電] 誘導する ▶induire ... en erreur (人)を欺く；誤らせる

induit(e) [ɛ̃dɥi, -it] [形] (< induire) ①[電] 誘導された ②帰納された；誘発された ─[男] 発電子；被誘導回路

indulgence [ɛ̃dylʒɑ̃s] [女] ①寛大さ，寛容 ②[カト] 免罪(符)，贖宥(しょう)

indulgent(e) [ɛ̃dylʒɑ̃, -ɑ̃t] [形] 寛大な，寛容な，甘い

induline [ɛ̃dylin] [女] [化] インジュリン《染料》

indûment [ɛ̃dymɑ̃] [副] 不当に，みだりに；不法に

induration [ɛ̃dyrɑsjɔ̃] [女] [医] (細胞組織の)硬化(した部分)

induré(e) [ɛ̃dyre] [形] [医] 硬化した，硬血(性)の

indurer [ɛ̃dyre] [他] 硬化させる

industrialisation [ɛ̃dystrijalizɑsjɔ̃] [女] 工業化，産業化，機械化

industrialisé(e) [ɛ̃dystrijalize] [形] 工業[産業]化された ▶pays industrialisé 工業国

industrialiser [ɛ̃dystrijalize] [他] 工業[産業]化する；機械化する ─[代動] [s'～] 工業[産業]化する[される]

industrialisme [ɛ̃dystrijalism] [男] 工業[産業]主義；優先

***industrie** [ɛ̃dystri アンデュストリ] [女] (英 industry) 工業，産業；(製造業の)企業，工場 ▶industrie légère 軽工業 industrie lourde 重工業 ②(文・古) 稼業，生業(なり)；器用，巧みさ

***industriel(le)** [ɛ̃dystrijel アンデュストリエル] [形] (英 industrial) 産業の，工業の；大量[大量]生産の ─[名] (製造

業の)企業家，工場経営者

industriellement [ɛ̃dystrijɛlmɑ̃] [副] 工業[産業]的手段で，工業[産業]上

industrieux(se) [ɛ̃dystrijø, -øz] [形] (文)器用な，巧みな

inébranlable [inebrɑ̃labl] [形] 揺るがない，確固たる，不屈の

inébranlablement [inebrɑ̃labləmɑ̃] [副] 確固として

inéchangeable [ineʃɑ̃ʒabl] [形] 交換できない

inécoutable [inekutabl] [形] 聞くに耐えない

inécouté(e) [inekute] [形] 聞いてもらえない

INED [inɛd] 《略》Institut national d'études démographiques 国立人口統計学研究所

inéd. [inɛd] 《略》inédit

inédit(e) [inedi, -it] [形] ①未刊の，未公開の ②新機軸な，前代未聞の ─[男] ①未刊[未発表]の作品 ②新機軸，前代未聞の事柄

inéducable [inedykabl] [形] 教育できない，教育しにくい

ineffable [inefabl] [形] えも言われぬ；(話・軽蔑的)何とも言いようのない，笑ってしまう

ineffablement [inefabləmɑ̃] [副] (話)おかしく，変に

ineffaçable [inefasabl] [形] 消せない，ぬぐい去ることのできない

inefficace [inefikas] [形] 効力のない，(人に)役に立たない

inefficacement [inefikasmɑ̃] [副] 効力なく

inefficacité [inefikasite] [女] 効力のないこと；役立たず，無能

inégal(e) [inegal] [形] (男複 -aux [-o]) 等しくない，不均衡な；不規則な，むらのある；平坦でない

inégalable [inegalabl] [形] 比類のない，匹敵できない

inégalé(e) [inegale] [形] 無比の，匹敵するもののない

inégalement [inegalmɑ̃] [副] 不平等に，不均等に；不規則に

inégalitaire [inegaliter] [形] 不平等主義の

inégalité [inegalite] [女] 不平等，不均衡，不均等；むらがあること，不規則；起伏，凹凸；[数] 不等式

inélégamment [inelegamɑ̃] [副] 不粋に，やぼに；無遠慮に

inélégance [inelegɑ̃s] [女] 不粋，没趣味，やぼ

inélégant(e) [inelegɑ̃, -ɑ̃t] [形] 不粋な，やぼな；無作法な

inéligibilité [ineliʒibilite] [女] [法] 被選挙欠格，被選挙資格のないこと

inéligible [ineliʒibl] [形] 被選挙権のない

inéluctabilité [inelyktabilite] [女] 不可抗力

inéluctable [inelyktabl] 形 避けられない, 抗しえない; 厳然たる —— 男 不可抗力[不可避]の事柄

inéluctablement [inelyktabləmɑ̃] 副 避けようなく, 必然的に

inemploi [inɑ̃plwa] 男 失業

inemployable [inɑ̃plwajabl] 形 使えない

inemployé(e) [inɑ̃plwaje] 形 使われていない, 活用されていない

inénarrable [inenarabl] 形 滑稽極まる, 奇妙きてれつな

inentamé(e) [inɑ̃tame] 形 手つかずの

inenvisageable [inɑ̃vizaʒabl] 形 検討外の; 検討の余地がない

inéprouvé(e) [inepruve] 形 試練にあったことのない; 感じたことのない

inepte [inɛpt] 形 ばかな, ばかげた, 愚劣な, 無能の

ineptie [inɛpsi] 女 愚劣さ; 愚劣な言動

inépuisable [inepчizabl] 形 くみ尽くせない, 無限の; (おしゃべりが)とまらない

inépuisablement [inepчizabləmɑ̃] 副 尽きることなく, 限りなく

inépuisé(e) [inepчize] 形 《文》くみ尽くされていない, 限りない

inéquation [inekwasjɔ̃] 女〔数〕(未知数x変数を含む)不等式

inéquitable [inekitabl] 形 不公平な

inertage [inertaʒ] 男 (廃棄物の)不活性化; 可燃性の気体の不燃性ガスへの入れ換え

inerte [inɛrt] 形 動かない, 生気[気力]のない;〔物・化〕慣性的, 不活性の, 自動力のない

inertie [inɛrsi] 女 無気力, 不活動;〔物〕慣性;〔医〕無力(症)

inertiel(le) [inɛrsjɛl] 形〔物〕慣性の

inescomptable [inɛskɔ̃tabl] 形 (手形などが)割り引きできない

inespéré(e) [inɛspere] 形 思いがけない, 望外の

inesthétique [inɛstetik] 形 美的でない, 非審美的な

*__inestimable__ [inɛstimabl] イネスティマブル 形 評価を絶した, この上なくありがたい, 貴重な

inétendu(e) [inetɑ̃dy] 形 広がり[面積]のない

inévitabilité [inevitabilite] 女 不可避性

*__inévitable__ [inevitabl] イネヴィタブル 形 ①(英 inevitable) 避けられない, 必然的な ②(ふざけて)お決まりの, いつもの —— 男 避けられないこと

inévitablement [inevitabləmɑ̃] 副 必然的に, 不可避的に

inexact(e) [inɛgza(kt), -kt] 〔男性形も[kt]を発音することがある〕形 不正確な, 間違った; 時間を守らないでない

inexactement [inɛgzaktəmɑ̃] 副 不正確に; 時間を守らずに

inexactitude [inɛgzaktityd] 女 不正確さ; 誤り; (人が)時間に正確でないこと

inexcusable [inɛkskyzabl] 形 許せない, 弁解の余地もない

inexécutable [inɛgzekytabl] 形 実行できない; 演奏できない

inexécution [inɛgzekysjɔ̃] 女 不履行; 未執行

inexercé(e) [inɛgzerse] 形《文》訓練されていない; 不慣れな

inexigibilité [inɛgziʒibilite] 女〔法〕請求不能(性)

inexigible [inɛgziʒibl] 形〔法〕請求不能の

inexistant(e) [inɛgzistɑ̃, -ɑ̃t] 形 存在[実在]しない; ないも同然の, 無価値な, 取るに足りない

inexistence [inɛgzistɑ̃s] 女 存在[実在]しないこと;〔法〕不存在; ないも同然のこと, 無価値

inexorabilité [inɛgzɔrabilite] 女 無情さ, 冷酷さ

inexorable [inɛgzɔrabl] 形《文》(願いを)頑として聞き入れない, 無慈悲な, 冷酷な; 免れられない

inexorablement [inɛgzɔrabləmɑ̃] 副 無情に, 容赦なく

inexpérience [inɛksperjɑ̃s] 女 無経験, 不慣れ, 未熟

inexpérimenté(e) [inɛksperimɑ̃te] 形 無経験な, 未熟な; まだ試していない

inexpert(e) [inɛkspɛr, -ɛrt] 形《文》(…に)不器用な, 素人の (dans, en)

inexpiable [inɛkspjabl] 形 (罪が)償いようのない;《文》(感情などが)ぬぐいえない

inexplicable [inɛksplikabl] 形 説明できない; 不可解な

inexplicablement [inɛksplikabləmɑ̃] 副 説明できないほどに; 不可解に

inexpliqué(e) [inɛksplike] 形 解明されていない, 不思議な

inexploitable [inɛksplwatabl] 形 開発[利用]できない

inexploité(e) [inɛksplwate] 形 開発[利用]されていない

inexplorable [inɛksplɔrabl] 形 探検[踏査]できない, 調べられない

inexploré(e) [inɛksplɔre] 形 探検されていない, 未踏査の; 研究されていない

inexplosible [inɛksplozibl] 形 爆発[破裂]しない

inexpressif(ve) [inɛksprɛsif, -iv] 形 表現力に乏しい, 無表情な

inexprimable [inɛksprimabl] 形 言い難い, 言語に絶する

inexprimé(e) [inɛksprime] 形 表現されていない, 暗黙の

inexpugnable [inɛkspygnabl]

inextensible 《文》攻略できない, 難攻不落の

inextensible [inɛkstɑ̃sibl] 形 伸ばせない; 延長できない

in extenso [inɛkstɛ̃so] 副 《<ラ》略さず, 漏れなく —— 形 全文の

inextinguible [inɛkstɛ̃g(ɥ)ibl] 形 《文》消せない; 抑えきれない, 止められない

inextirpable [inɛkstirpabl] 形 引き抜けない, 除去できない

in extremis [inɛkstremis] 副形 《<ラ》①臨終に[の] ②(終わりの)間際に[の]

inextricable [inɛkstrikabl] 形 解きほぐせない, こんがらかった; 抜け出せない

inextricablement [inɛkstrikabləmɑ̃] 副 解きほぐしにくく; 錯綜して; 抜け出しにくく

infaillibilité [ɛ̃fajibilite] 女 実効性; 確実性; 誤りを犯さないこと, 無謬(びゅう)性

infaillible [ɛ̃fajibl] 形 (薬が)確実に効く, (方法が)絶対に成功する; 誤りを犯さない

infailliblement [ɛ̃fajibləmɑ̃] 副 確実に, 間違いなく; 誤りを犯さずに

infaisable [ɛ̃fəzabl] 形 なしえない, 実現できない

infalsifiable [ɛ̃falsifjabl] 形 偽造できない

infamant(e) [ɛ̃famɑ̃, -ɑ̃t] 形 名誉を傷つける, 不名誉な ▶**peine infamante** 名誉刑【公権剥奪など】

infâme [ɛ̃fɑm] 形 おぞましい, 下劣な; 不快な, 汚らしい

infamie [ɛ̃fami] 女 ①恥辱, 汚辱 ②《文》卑劣さ; 卑劣な行為; 《複》ひどい悪口, 中傷

infant(e) [ɛ̃fɑ̃, -ɑ̃t] 名 (昔のスペイン・ポルトガル国王の)王子, 王女〖次男・次女以下に使う〗

infanterie [ɛ̃fɑ̃tri] 女 歩兵隊 ▶**infanterie de marine** 海兵隊

infanticide [ɛ̃fɑ̃tisid] 形名 嬰児殺しの(犯人) —— 男 嬰児殺し

*__infantile__ [ɛ̃fɑ̃til] アンファンティル 形 ①【医・心】小児の, 幼児の ▶**maladies infantiles** 小児病 ②《軽蔑的》子どもっぽい, 幼稚な

infantilisant(e) [ɛ̃fɑ̃tilizɑ̃, -ɑ̃t] 形 幼児化させる

infantiliser [ɛ̃fɑ̃tilize] 他 小児[幼児]化する

infantilisme [ɛ̃fɑ̃tilism] 男 ①(しばしば軽蔑的)子どもっぽい性格[振る舞い], 幼稚さ ②【医】幼稚病

infarctus [ɛ̃farktys] 男 【医】梗塞; 心筋梗塞(≈ ~ du myocarde)

infatigable [ɛ̃fatigabl] 形 疲れを知らない

infatigablement [ɛ̃fatigabləmɑ̃] 副 根気よく, ねばり強く

infatuation [ɛ̃fatɥasjɔ̃] 女 《文》うぬぼれ, 自負

infatué(e) [ɛ̃fatɥe] 形 (…に)うぬぼれた, 思い上がった (de)

infatuer [ɛ̃fatɥe] 代動 [s'~] (…に)うぬぼれる (de)

inféconde(e) [ɛ̃fekɔ̃, -ɔ̃d] 形 不妊の; (土地・才能が)不毛の

infécondité [ɛ̃fekɔ̃dite] 女 不妊; 不毛; 貧困

*__infect(e)__ [ɛ̃fɛkt] アンフェクト 形 (英 horrible) 《話》(におい・味などが)胸が悪くなるような; ひどい; いやな, 下劣な

infecter [ɛ̃fɛkte] 他 (病毒に)感染させる, 化膿させる; 悪臭(など)で満たす —— 代動 [s'~] (伝染病に)感染する, 化膿する

infectieux(se) [ɛ̃fɛksjø, -øz] 形 感染性の

infectiologie [ɛ̃fɛksjɔlɔʒi] 女 【医】感染症学

infection [ɛ̃fɛksjɔ̃] 女 ①化膿; 感染, 伝染(病) ②悪臭を放つこと); 悪臭; 劣悪なもの

infélicité [ɛ̃felisite] 女 《文》不幸

inféodé(e) [ɛ̃feɔde] 形 (<inféoder) (…に)服従[従属]した (à)

inféoder [ɛ̃feɔde] 他 [~ A à B] AをB(人)の支配下に置く (à); 〖史〗(領地を)封地として与える —— 代動 [s'~] (…の)支配下に入る (à)

inférence [ɛ̃ferɑ̃s] 女 推理, 推論

inférer [ɛ̃fere] 他 57 [[~ de A que …]] (A (事実など)から…であると)推論する

*__inférieur(e)__ [ɛ̃ferjœr] アンフェリユール 形 (英 lower, inferior) 下の, 低い; 下流の; (…より)劣った, 下位な (à); (…より少ない (à) ▶**planètes inférieures** 【天】内惑星〖ある惑星を規準としてより太陽に近い惑星〗 —— 名 目下の者, 部下

infériorisation [ɛ̃ferjɔrizasjɔ̃] 女 劣等視

inférioriser [ɛ̃ferjɔrize] 他 劣等感を抱かせる; 過小評価する

infériorité [ɛ̃ferjɔrite] 女 (英 inferiority) 劣ること; 劣等; 劣勢; 下級; 弱点

infernal(ale) [ɛ̃fɛrnal] 形 (男複 -aux(-o)) 地獄の; 地獄[悪魔]のような; すさまじい; 耐えがたい

infertile [ɛ̃fɛrtil] 形 《文》不毛の, (才能などが)貧弱な

infertilité [ɛ̃fɛrtilite] 女 《文》不毛; 貧困

infester [ɛ̃fɛste] 他 (害のある動植物が)(…に)(寄生虫が)入りこむ; 《文》(強盗などが)荒らす, 横行する ▶**être infesté de** …が横行している

infeutrable [ɛ̃føtrabl] 形 毛羽立たない

infichu(e) [ɛ̃fiʃy] 形 《話》(…することが)できない (de)

infidèle [ɛ̃fidɛl] 形 ①(…に)不誠実な, 忠実でない (à); 不貞な, 浮気な ②

infidèlement ありのままでない, 不正確な ③《古》異教の ― 名 ①不実[浮気]な人 ②《古》不信心の人; 異教徒

infidèlement [ɛ̃fidɛlmɑ̃] 副 ①不誠実に ②不正確に

infidélité [ɛ̃fidelite] 女 ①(…に対する)不誠実さ; 不貞, 浮気, 不実 ②不正確(な部分)

infiltrat [ɛ̃filtra] 男〔医〕浸潤

infiltration [ɛ̃filtrasjɔ̃] 女 しみ込むこと; (液体・思想の)浸透; (人の)侵入, 潜入

infiltrer [ɛ̃filtre] 他 (…を)浸透させる, (…に)侵入する ―〔代動〕[s'～] しみ込む, 浸透する; (…から; …に)侵入[潜入]する《par; dans》

infime [ɛ̃fim] 形 ごくわずかの, 微細な; 最下級の

***infini(e)** [ɛ̃fini] アンフィニ (英 infinite) 無限の; 無数の ― 男 無限 ▶ à l'infini 無限に ● ensemble infini 〘数〙無限集合

infiniment [ɛ̃finimɑ̃] 副 無限に; 非常に

infinité [ɛ̃finite] 女 無限(性) ● un infinité de … 無数の…

infinitésimal(ale) [ɛ̃finitezimal] 形(男複 -aux[-o]) ごく微小の; 〘数〙無限小の

infinitif(ve) [ɛ̃finitif, -iv] アンフィニティフ(ヴ) 形 (英 infinitive) 〘文法〙不定詞の ― 男 不定詞 ▶ à l'infinitif 不定詞(形)で ― 女 不定詞形

infinitude [ɛ̃finityd] 女 《文》無限

infirmatif(ve) [ɛ̃firmatif, -iv] 形 〘法〙破棄する, 取り消した

infirmation [ɛ̃firmasjɔ̃] 女 〘法〙(判決の)破棄, 取り消し

infirme [ɛ̃firm] アンフィルム 形 (英 disabled) (…に)障害のある, 不具の《de》― 名 身体障害者

infirmer [ɛ̃firme] 他 (権威・価値を)弱める, 信を奪う; 〘法〙(判決を)破棄する

infirmerie [ɛ̃firməri] 女 病室; 医務室, 保健室

***Infirmier(ère)** [ɛ̃firmje, -ɛr] アンフィルミエ(ール) 名 看護士, 看護婦

infirmité [ɛ̃firmite] 女 (身体の)障害, 体の不自由; 弱さ; 弱点; 持病, 病弱

infixe [ɛ̃fiks] 男〔言〕接中辞

inflammabilité [ɛ̃flamabilite] 女 可燃性, 引火性

inflammable [ɛ̃flamabl] 形 引火性の, すぐに燃える

inflammation [ɛ̃flamasjɔ̃] 女 〘医〙炎症; 《文》発火, 発火

inflammatoire [ɛ̃flamatwar] 形 〘医〙炎症性の

inflation [ɛ̃flasjɔ̃] 女〘経〙インフレーション, (人員の)激増, (事物や現象の)氾濫《はん》

inflationnisme [ɛ̃flasjɔnism] 男 インフレ政策, 通貨膨張論

inflationniste [ɛ̃flasjɔnist] 形 インフレ(傾向)の, 通貨膨張(論)の ― 名 インフレ[通貨膨張]論者

infléchi(e) [ɛ̃fleʃi] 形 (< infléchir) 曲がった; 〘音声〙母音変化を起こした

infléchir [ɛ̃fleʃir] 他 33 曲げる, (光線を)屈折させる, (方向を)変える ―〔代動〕[s'～] 屈折する, 曲がる

infléchissement [ɛ̃fleʃismɑ̃] 男 わずかな変更, 修正

inflexibilité [ɛ̃fleksibilite] 女 不屈, 剛直, 無情, 頑固; まげられないこと

inflexible [ɛ̃fleksibl] アンフレクシブル 形 心を動かされない, 強情な, 不屈の; 厳しい

inflexiblement [ɛ̃fleksibləmɑ̃] 副 頑として, 屈することなく

inflexion [ɛ̃fleksjɔ̃] 女 ①(身体などを)曲げること; (方向の)変化; (光などの)屈折 ②声の調子の変化; 抑揚

infliger [ɛ̃fliʒe] 他 40 (罰などを)科する, 加える, (…に)つらい思いをさせる, (…)を押しつける

inflorescence [ɛ̃flɔresɑ̃s] 女 〘植〙花序

influençable [ɛ̃flyɑ̃sabl] 形 影響されやすい

***influence** [ɛ̃flyɑ̃s] アンフリュアンス 女 (英 influence) (…に対する)影響, 感化, 作用《sur》; 影響力, 勢力 ▶ avoir de l'influence sur (人)に影響力がある sous l'influence de …の力で; …に影響されて zone [sphère] d'influence 勢力範囲

influencer [ɛ̃flyɑ̃se] 他 52 影響[作用]を及ぼす, 左右する

influent(e) [ɛ̃flyɑ̃, -ɑ̃t] 形 (英 influential) 影響力のある, 有力な

influenza [ɛ̃flyɑ̃za, ɛ̃flyɛnza] 女 インフルエンザ, 流行性感冒

influer [ɛ̃flye] 自 (英 influence) (…に)影響[作用]を及ぼす《sur》; 〔占星〕(星が…)に感応する

influx [ɛ̃fly] 男 ① ▶ influx nerveux 〘生理〙神経衝撃, インパルス ②感応力, 流体《星の作用や影響を伝えると考えられた物体》

info [ɛ̃fo] 女 《話》情報; 《複》(テレビ・ラジオの)ニュース

in-f° [infɔljo] 《略》in-folio 2つ折り判(の本)

infographie [ɛ̃fɔɡrafi] 女 コンピューターグラフィックス

infographiste [ɛ̃fɔɡrafist] 名 コンピューターグラフィックスデザイナー

in-folio [infɔljo] 形 《不変》 男 《複 ～～(s)》2つ折り判(の本)

infondé(e) [ɛ̃fɔ̃de] 形 根拠〘いわれ〙のない

informateur(trice) [ɛ̃fɔrmatœr, -tris] 名 情報[資料]提供者; 報道者; 情報[密]告者

informaticien(ne) [ɛ̃fɔrmatisjɛ̃, -ɛn] 名 情報処理技術者

informatif(ve) [ɛ̃fɔrmatif, -iv] 形

情報を提供する, 知識を与える

*information [ɛ̃fɔrmasjɔ̃ アンフォルマスィヨン] 囡 (英 information) 情報; ニュース; 報道; (法) 予審 ▶**bulletin [flash] d'informations** ニュース番組 [速報] **journal d'information** 一般報道紙 **réunion d'information** ブリーフィング, 状況説明

informationnel(le) [ɛ̃fɔrmasjɔnɛl] 形 情報に関する, 情報の

*informatique [ɛ̃fɔrmatik アンフォルマティク] 囡 情報科学[処理]; コンピューター — 形 情報科学[処理]の; コンピューターによる

informatisable [ɛ̃fɔrmatizabl] 形 情報処理できる, コンピューターで処理できる

informatisation [ɛ̃fɔrmatizasjɔ̃] 囡 情報処理, 情報化, コンピューター処理化

informatiser [ɛ̃fɔrmatize] 他 情報処理する, コンピューター化[処理]する — 代動 [s'~] 情報処理[コンピューター化]される

informe [ɛ̃fɔrm] 形 形のなさない, 不完全な形の; 不格好な, 醜い

*informé(e) [ɛ̃fɔrme アンフォルメ] 形 (<informer) 情報を知っている, 消息通の — 男 ▶**jusqu'à plus ample informé** 詳細がわかるまで; 新しい証拠が出るまで

informel(le) [ɛ̃fɔrmɛl] 形 非公式の, 形式ばらない; (美術) アンフォルメルの — 男 [美術] アンフォルメル [1950年代の抽象表現主義]

*informer [ɛ̃fɔrme アンフォルメ] 他 (英 inform) (人に…(ということ)を)知らせる, 通知する ((de, que)); (人について)情報を与える ((sur)); (人の罪状を調べる ((contre)) — 自 [法] 予審を行う; (人について) 問い合わせる, 照会する, 情報を得る ((de, sur))

informulé(e) [ɛ̃fɔrmyle] 形 言葉に表わしていない

infortune [ɛ̃fɔrtyn] 囡 (文) (思いがけない) 不幸, 災難; 不運, 逆境 ▶**compagnon d'infortune** 不幸を共にする人

infortuné(e) [ɛ̃fɔrtyne] 形名 (文) 不幸せな(人)

infoutu(e) [ɛ̃futy] 形 (話) = infichu

infra [ɛ̃fra] 副 (<ラ) 下記に, 以下で

infra- 接頭 (<ラ) 「下」の意

*infraction [ɛ̃fraksjɔ̃ アンフラクスィヨン] 囡 (…に対する) 違反, 侵害 ((à)); (法) 犯罪 ▶**être en infraction** 違反している **infraction fiscale** 脱税

infranchissable [ɛ̃frɑ̃ʃisabl] 形 越えられない, 克服できない

infrangible [ɛ̃frɑ̃ʒibl] 形 (文) 壊れない; 堅固な

infrarouge [ɛ̃fraruʒ] 形男 赤外線(の)

infrason [ɛ̃frasɔ̃] 男 (物) 超低周波音

infrasonore [ɛ̃frasɔnɔr] 形 (物) 超低周波音の

infrastructure [ɛ̃frastryktyr] 囡 ①(建築・鉄道などの)基礎工事[施設], (経済・社会の)基盤[設備] ②(経・哲) 下部構造, インフラストラクチュア

infréquentable [ɛ̃frekɑ̃tabl] 形 つきあいたくない

infroissable [ɛ̃frwasabl] 形 しわにならない

infructueusement [ɛ̃fryktɥøzmɑ̃] 副 空しく, 実りなく

infructueux(se) [ɛ̃fryktɥø, -øz] 形 実りのない, 空しい

infumable [ɛ̃fymabl] 形 (タバコが)まずくて吸えない

infus(e) [ɛ̃fy, -yz] 形 (文) 天賦の ▶**avoir la science infuse** 生まれながらに博識である

infuser [ɛ̃fyze] 他 煎じる, 煎じられる; 熱湯に浸す; (文) 注入する — 自 (茶などの成分が液の中に)出る ▶**laisser infuser** (茶葉などに)お湯を注いでしばらくおく

infusible [ɛ̃fyzibl] 形 溶けない, 不融性の

infusion [ɛ̃fyzjɔ̃] 囡 ①煎じること; 煎じ薬; ハーブティー ②(神)(恩寵($ おんちょう $)などの)注入 ③(カト)(洗礼の)灌水

infusoire [ɛ̃fyzwar] 男 (動) 滴虫類 ②▶**terre d'infusoires** 珪藻土

ingagnable [ɛ̃ɡaɲabl] 形 勝算のない

ingambe [ɛ̃ɡɑ̃b] 形 健脚の, 達者な

ingénier [ɛ̃ʒenje] 代動 [s'~] (…しようと)工夫を凝らす ((à))

ingénierie [ɛ̃ʒeniri] 囡 (英 engineering) 工学

:ingénieur [ɛ̃ʒenjœr アンジェニュール] 男 (英 engineer) [[女性形はなく, 女性を示す語は femme ~]] 技師, 技術者, エンジニア ▶**ingénieur agronome** 農業技師 **ingénieur des travaux publics** 土木技師 **ingénieur du son** 録音技師 **ingénieur système** システムエンジニア

ingénieusement [ɛ̃ʒenjøzmɑ̃] 副 巧妙に, 器用に

ingénieux(se) [ɛ̃ʒenjø, -øz] 形 創意工夫に富んだ; 器用な, 巧みな

ingéniosité [ɛ̃ʒenjozite] 囡 創意工夫, 巧妙さ, 器用さ

ingénu(e) [ɛ̃ʒeny] 形名 (文) 無邪気な(人), 純真正直な(人) — 囡 (劇などでの)生娘役

ingénuité [ɛ̃ʒenɥite] 囡 率直[無邪気](な言動), 無垢, 正直

ingénument [ɛ̃ʒenymɑ̃] 副 率直に, 無邪気に

ingérable [ɛ̃ʒerabl] 形 (危機などの)管理ができない

ingérence [ɛ̃ʒerɑ̃s] 囡 (…への)不当

ingérer な干渉, 口出し《dans》 ▶*délit d'ingérence* 不当介入罪 *devoir d'ingérence*（紛争の）介入義務 *droit d'ingérence humanitaire* 人道的介入

ingérer [ɛ̃ʒere] 他 ⑤〔医〕口から摂取する ──代動 [s'~]（…に）不当に干渉する, 口出しする《dans》

ingestion [ɛ̃ʒɛstjɔ̃] 安〔医〕（薬・食物）摂取

ingouvernable [ɛ̃guvɛrnabl] 形 統治できない, 手に負えない; 操縦できない

ingrat(e) [ɛ̃gra, -at] 形 ①（英 ungrateful）（…に対して）恩知らずな;（労力ほどに）報いるところの少ない, 厄介な ②（人が）不器量な, 感じの悪い ▶*âge ingrat* 思春期 ──名 恩知らず

ingratitude [ɛ̃gratityd] 安 忘恩（行為）

ingrédient [ɛ̃gredjɑ̃] 男（混合物の）成分, 含有物,（料理などの）原材料

inguérissable [ɛ̃gerisabl] 形 不治の; 癒せない

inguinal(ale) [ɛ̃gɥinal] 形（男複 -*aux* [-o]）〔解〕鼠蹊(そけい)部の

ingurgitation [ɛ̃gyrʒitasjɔ̃] 安 がぶ飲み, むさぼり食い;（知識などの）詰め込み

ingurgiter [ɛ̃gyrʒite] 他 むさぼり食う, がぶ飲みする; 頭に詰め込む ▶*faire ingurgiter ... à* (人に)…を詰め込む

inhabile [inabil] 形 ①《文》不器用な, 未熟な, へたな ②〔法〕（…に）適さない,（…の）資格がない《à》

inhabileté [inabilte] 安《文》不器用, 拙劣

inhabilité [inabilite] 安《文》無能力

inhabitable [inabitabl] 形 住めない, 住みにくい

inhabité(e) [inabite] 形 人の住まない, 無人の

inhabituel(le) [inabitɥɛl] 形 いつもとは違う, 珍しい

inhalateur(trice) [inalatœr, -tris] 形 吸入(用)の ──男 吸入器（= *appareil* ~）

inhalation [inalasjɔ̃] 安〔医〕吸入

inhaler [inale] 他 吸入する

inharmonieux(se) [inarmɔnjø, -øz] 形《文》不調和な, 調子外れの

inhérence [inerɑ̃s] 安 固有性;〔哲〕内属

inhérent(e) [inerɑ̃, -ɑ̃t] 形（…に）本質的に属する, 固有の《à》;〔哲〕内属の

inhibé(e) [inibe] 形 (< *inhiber*)〔心・生理〕抑制された, 行動の自由を奪われた ──名 抑圧された人, 内向的な人

inhiber [inibe] 他〔心・生理〕（欲望を）抑制する; 行動の自由を奪う, 制止する;〔化〕（反応を）抑制する

inhibiteur(trice) [inibitœr, -tris]〔心・生理〕抑制する ──男〔化〕抑制剤

inhibitif(ve) [inibitif, -iv] 形〔心・生理〕抑制する

inhibition [inibisjɔ̃] 安〔心・生理・化〕抑制, 禁止;《文》気おくれ

inhomogénéité [inɔmɔʒeneite] 安 等質性[統一性]の欠如

inhospitalier(ère) [inɔspitalje, -ɛr] 形 もてなしの悪い; 無愛想な; 居心地の悪い

inhumain(e) [inymɛ̃, -ɛn] 形 無情な, 非人間的な, 人間離れした

inhumainement [inymɛnmɑ̃] 副 非人間的に, 冷酷に

inhumanité [inymanite] 安《文》非人間性, 非情, 残酷

inhumation [inymasjɔ̃] 安 埋葬

inhumer [inyme] 他 埋葬する

inimaginable [inimaʒinabl] 形 想像を絶する, 考えられないような

inimitable [inimitabl] 形 まねのできない, 比類のない

inimité(e) [inimite] 形 無類の, 模倣されたことがない

inimitié [inimitje] 安《文》（…への）敵意, 反目《contre, à l'égard de》

ininflammable [inɛ̃flamabl] 形 不燃性の

inintelligemment [inɛ̃teliʒamɑ̃] 副 愚かしく, 愚鈍に

inintelligence [inɛ̃teliʒɑ̃s] 安 無理解; 愚かしさ, 愚鈍

inintelligent(e) [inɛ̃teliʒɑ̃, -ɑ̃t] 形 愚かな, 頭が悪い

inintelligibilité [inɛ̃teliʒibilite] 安 わかりにくさ, 理解不能

inintelligible [inɛ̃teliʒibl] 形 理解できない, 意味のつかめない

inintéressant(e) [inɛ̃terɛsɑ̃, -ɑ̃t] 形 つまらない, 興味のない

ininterrompu(e) [inɛ̃terɔ̃py] 形 絶え間のない, 連続した

inique [inik] 形 きわめて不公平[不正]な

iniquement [inikmɑ̃] 副 不当に

iniquité [inikite] 安 ①不公平, 不正《文》②《文》（道徳・宗教上の）堕落, 罪

initial(ale) [inisjal] 形（男複 -*aux* [-o]）最初の, 冒頭の;〔音声〕語頭の ──安 イニシャル, 頭文字;〔音声〕語頭音

initialement [inisjalmɑ̃] 副 最初に(は)

initialisation [inisjalizasjɔ̃] 安〔情報〕初期化

initialiser [inisjalize] 他〔情報〕初期化する

initiateur(trice) [inisjatœr, -tris] 名 手ほどきする人; 先導者, 先駆者, 創始者 ──形 手ほどきする; 先導[先駆]的な

initiation [inisjasjɔ̃] 安（…の）入門, 手ほどき《à》; 入門儀式, 通過儀礼; 奥義伝授

initiatique [inisjatik イニスィヤティク] 形 (宗教・結社へ)入会する, 秘儀伝授の; 入門的な

***initiative** [inisjativ イニスィヤティヴ] 女 発意, 発議, 主導権; 率先した行動; 進取の気性, 自発性; [政] 発議権 ▶ à [sur] l'initiative de … の提案で avoir de l'initiative 主導権を握る de sa propre initiative 自発的に prendre l'initiative de … 率先して …する syndicat d'initiative 観光案内所

***initié(e)** [inisje イニスィエ] 名 事情(そのみち)に通じた人, 玄人; 奥義[秘伝]を伝授された人

***initier** [inisje イニスィエ] 他 (英 initiate) [〜 A à B] A(人)にBの手ほどきをする; A(人)にB(秘儀)を授ける, A(人)にB(宗教など)への入門を許す; A(人)にB(秘密)を明かす ─ 代動 [s'〜] (…の)初歩を学ぶ (à)

injectable [ɛ̃ʒɛktabl] 形 [医] 注入[注射]できる, 注射用の

injecté(e) [ɛ̃ʒɛkte] 形 [〜 A à B] A(< injecter)充血した, (液を)注入された ▶ yeux injectés de sang 充血した目

injecter [ɛ̃ʒɛkte] 他 注射する; (液・気体を)注入する; (予算・資本を)投入する ─ 代動 [s'〜] (目が)充血する (= 〜 de sang)

injecteur(trice) [ɛ̃ʒɛktœr, -tris] 形 注入[注射]の ─ 男 注射[注入]器; (ボイラーなどの)噴射装置, インジェクター

injection [ɛ̃ʒɛksjɔ̃] 女 注射(液); 注入; 噴射; (資本などの緊急の)大量投入

injoignable [ɛ̃ʒwaɲabl] 形 連絡がつかない

injonctif(ve) [ɛ̃ʒɔ̃ktif, -iv] 形男 [言] 指令法の

injonction [ɛ̃ʒɔ̃ksjɔ̃] 女 (文)指令, 勧告; 厳命; [法] 命令

injouable [ɛ̃ʒwabl] 形 上演[演奏, プレイ]できない

injure [ɛ̃ʒyr] 女 ①罵詈雑言(ばりぞうごん), 悪口; [法] 侮辱(罪) ②(文)(自然や時の力による)損害, 破損

injurier [ɛ̃ʒyrje] 他 (英 insult) ののしる, 侮辱する ─ 代動 [s'〜] ののしり合う

injurieusement [ɛ̃ʒyrjøzmɑ̃] 副 侮辱的に

injurieux(se) [ɛ̃ʒyrjø, -øz] 形 侮辱的な

***injuste** [ɛ̃ʒyst アンジュスト] 形 (英 unjust) 不正[不正]な, 不法な ─ 男 不正, 不義 ─ 名 不義の人

injustement [ɛ̃ʒystəmɑ̃] 副 不正[不当]に(も), 不公平に, 根拠なく

***injustice** [ɛ̃ʒystis アンジュスティス] 女 (英 injustice) 不当, 不正(行為), 不公平

injustifiable [ɛ̃ʒystifjabl] 形 正当化[弁解]できない, 許しがたい

injustifié(e) [ɛ̃ʒystifje] 形 根拠のない, 不当な

inlandsis [inlɑ̃dsis] 男 [地理](極地の)内陸氷, 氷床

inlassable [ɛ̃lasabl] 形 疲れを知らない, 倦(う)むことのない

inlassablement [ɛ̃lasabləmɑ̃] 副 疲れを知らずに, 倦(う)まずに, たゆまず

inlay [inlɛ] 男 (< 英) [歯] インレー, 詰めもの

***inné(e)** [i(n)ne イネ] 形 生まれつきの, 先天的な

innervation [inɛrvasjɔ̃] 女 神経分布[支配]

innerver [inɛrve] 他 (神経幹が)組織・器官に神経を分布させる

innocemment [inɔsamɑ̃] 副 悪意なく; 無邪気に, 愚かしく

***innocence** [inɔsɑ̃s イノサンス] 女 ①無罪, 無実, 潔白 ②無邪気, 無垢; 単純, 世間知らず

***innocent(e)** [inɔsɑ̃, -ɑ̃t イノサン(ト)] 形 ①無実[無罪]の, 潔白な; (…を)犯していない (de) ②無邪気な, 無垢な; 単純な, お人よしの ③罪[害]のない ─ 名 ①無実の[潔白な]人 ▶ faire l'innocent しらをきる, しらばくれる ②無邪気な人; 幼(おさな)子 ③世間知らず, お人よし

innocenter [inɔsɑ̃te] 他 (人の)無実を明らかにする[宣告する]; 正当化する, 弁解する

innocuité [i(n)nɔkɥite] 女 無害

innombrable [i(n)nɔ̃brabl] 形 数え切れない, 無数の

innommé(e) [i(n)nɔme] 形 = innommé

innommable [i(n)nɔmabl] 形 口に出すのもいやな, 言うのもけがらわしい

innommé(e) [i(n)nɔme] 形 無名の

innovant(e) [inɔvɑ̃, -ɑ̃t] 形 刷新[改新]する

innovateur(trice) [inɔvatœr, -tris] 形 改革する, 革新的な ─ 名 革新者

innovation [inɔvasjɔ̃] 女 革新, 改革; 新しいもの

***innover** [inɔve イノヴェ] 他自 (英 innovate) 革新[改新]する

inobservable [inɔpsɛrvabl] 形 ①観察できない ②(規律などを)守れない

inobservance [inɔpsɛrvɑ̃s] 女 (文) (戒律などを)守らないこと

inobservation [inɔpsɛrvasjɔ̃] 女 (規則などの)違反, 不履行

inoccupation [inɔkypasjɔ̃] 女 ①無職(業); 家などが)空いていること ②無為, 無職

inoccupé(e) [inɔkype] 形 ①(場所などが)空いている ②(人が)暇な, 仕事のない ─ 名 暇な人

in-octavo [inɔktavo] 形 (不変) 男 (複 〜〜(s)) 8つ折り判の(本) [in-8° と略す]

inoculable [inɔkylabl] 形 [医] 接

種できる

inoculation [inɔkylasjɔ̃] 女 〖医〗接種; 感染; 種痘(ﾀﾈ); (思想などの)感化, 伝播

inoculer [inɔkyle] 他 (ワクチンなどを人に)接種する; (危険思想などを)植えつける, 吹きこむ《à》

inoculum [inɔkylɔm] 男 〖医〗接種材料

inodore [inɔdɔr] 形 無臭の; (人が)さえない

inoffensif(ve) [inɔfɑ̃sif, -iv] 形 無害の, 罪のない, 安全な; 〘話〙意気地のない

inondable [inɔ̃dabl] 形 浸水[洪水]しやすい

*****inondation** [inɔ̃dasjɔ̃ イノンダスィヨン] 女 (英 flood) 洪水, 氾濫, 浸水

inondé(e) [inɔ̃de] 形 (< inonder) 浸水した, 洪水に見舞われた; (…に)浸った, あふれた《de》 — 名 水害罹災者

*****inonder** [inɔ̃de イノンデ] 他 (英 flood) (…に)洪水を起こす, 水浸しにする; ずぶ濡れになる; (…を)一杯にする, (…で)あふれさせる《de》 — 代動 **s'~** 浸水する; びしょ濡れになる; (自分の…を)びしょ濡れにする《de》

inopérable [inɔperabl] 形 〘医〙手術できない

inopérant(e) [inɔperɑ̃, -ɑ̃t] 形 効果のない

inopiné(e) [inɔpine] 形 (英 unexpected) 思いがけない, 予想外な

inopinément [inɔpinemɑ̃] 副 思いがけずも, 不意に

inopportun(e) [inɔpɔrtœ̃, -yn] 形 時宜を得ない, タイミングの悪い

inopportunément [inɔpɔrtynemɑ̃] 副 折悪しく, あいにく

inopportunité [inɔpɔrtynite] 女 〘文〙時宜を得ないこと

inopposabilité [inɔpozabilite] 女 〘法〙対抗できないこと

inopposable [inɔpozabl] 形 〘法〙対抗できない

inorganique [inɔrganik] 形 生命のない, 〘化〙無機の; 〘医〙機能の

inorganisable [inɔrganizabl] 形 組織化できない

inorganisation [inɔrganizasjɔ̃] 女 機構[組織]の悪さ, 不整備; 無組織

inorganisé(e) [inɔrganize] 形 未組織の; 無機的な; 無秩序の — 名 非組合員

inoubliable [inublijabl] 形 忘れられない

*****inouï(e)** [inwi イヌイ] 形 (英 incredible) 驚くべき, 信じられない, 途方もない; 前代未聞の

inox [inɔks], **inoxydable** [inɔksidabl] 形 [化]酸化しない, 錆(ｻ)びない — 男 ステンレス, 不銹金属

in(-)pace [inpase, inpatʃe] 男 〘不変〙修道院内の(終身の)幽閉牢

in petto [inpeto] 副 〘イ〙密かに, 内心

in-plano [inplano] 男 〘不変〙〘印〙全判(の)

inqualifiable [ɛ̃kalifjabl] 形 形容しがたい, 何とも言いようのない, ひどい

in-quarto [ɛ̃kwarto] 形 〘不変〙(複 ～～(s)) 4つ折判の(本)

*****inquiet(ète)** [ɛ̃kjɛ, -ɛt アンキエ(ト)] 形 (英 anxious) (…で)心配な, 不安な《de, que》; 〘文〙現状に不満足な, 落ち着かない — 名 心配症の人

inquiétant(e) [ɛ̃kjetɑ̃, -ɑ̃t] 形 心配な, 憂慮される; 不気味な, 怪しい

*****inquiéter** [ɛ̃kjete アンキエテ] 他 57 (英 worry) 心配させる, 不安にさせる; (攻撃・敵意などで)悩ませる, 邪魔をする; (警察が)つけ回す — 代動 **s'~** (人のことを; ものごとについて)心配する《pour; de》

*****inquiétude** [ɛ̃kjetyd アンキエテュド] 女 (英 worry) 心配, 不安, 懸念

inquisiteur(trice) [ɛ̃kizitœr, -tris] 形 探る[詮索する]ような — 名 取り調べ官; 〘史〙宗教裁判官

inquisition [ɛ̃kizisjɔ̃] 女 厳しい取り調べ; (I～)〘史〙宗教裁判所(判事)(= tribunal de l'I-)

inquisitoire [ɛ̃kizitwar] 形 〘法〙(訴訟の手続きが)糾問(ｷｭｳﾓﾝ)主義の

inquisitorial(ale) [ɛ̃kizitɔrjal] 形 (男複-*aux*[-o]) 宗教裁判の; (取り調べなどが)厳しい

inracontable [ɛ̃rakɔ̃tabl] 男 説明できない; 話せない

insaisissable [ɛ̃sezisabl] 形 捕えられない, 捕えどころのない; 〘法〙差し押えできない

insalubre [ɛ̃salybr] 形 健康によくない, 不衛生な

insalubrité [ɛ̃salybrite] 女 不健康, 不衛生

insane [ɛ̃san] 形 つまらぬ, ばかげた; 〘文〙気が違ったような; 非常識な

insanité [ɛ̃sanite] 女 ばかげたこと; 非常識; 狂気の沙汰

insatiabilité [ɛ̃sasjabilite] 女 (飽くことを知らぬ)貪欲

insatiable [ɛ̃sasjabl] 形 飽くことを知らない, 貪欲

insatisfaction [ɛ̃satisfaksjɔ̃] 女 不満足

insatisfaisant(e) [ɛ̃satisfəzɑ̃, -ɑ̃t] 形 満足のいかない

insatisfait(e) [ɛ̃satisfɛ, -ɛt] 形 不満な; 満たされていない — 名 不満な人 ◆ *éternel insatisfait* 満足することのない人

insaturé(e) [ɛ̃satyre] 形 〘化〙不飽和の

inscri ⇒ **inscrire**

inscriptible [ɛ̃skriptibl] 形 ①〘数〙(円などに)内接する ②登録できる; 〘情報〙書き込み可能な

inscription [ɛ̃skripsjɔ̃] 女 ①(英 enrollment) 登録, 入学手続き; 応募, 参加申し込み; 記入, 記載 *dossier d'inscription* 登録用紙 *droits d'inscription* 登録料 *inscription electorale* 選挙人登録 ②掲示; 落書き; 碑文, 碑銘; 〔数〕内接

inscrire [ɛ̃skrir] アンスクリール 他 26 ①(英 register) 登録する, 記載する; 記入する, 書き込む; (石などに) 刻む 〖s'~〗 ①(…に) 登録する, 加入する, 申し込む; 結びつく (à); (…に) 含まれる (dans); 表示される ③〔数〕内接する ▶*s'inscrire en faux contre…* 〔法〕…に対して文書偽造の申し立てをする; …を否認する

inscrit(e) [ɛ̃skri, -it] 形 ①名前が記載 [登録] されている ②〔数〕内接した — 名 登録者

INSEAD [insead] 〔略〕Institut supérieur européen d'administration des affaires インシアード【ビジネススクール】

insécable [ɛ̃sekabl] 形 分割できない

***insecte** [ɛ̃sɛkt] アンセクト 男 (英 insect) 昆虫

insecticide [ɛ̃sɛktisid] 形 殺虫の — 男 殺虫剤

insectifuge [ɛ̃sɛktify3] 形 防虫の — 男 防虫剤

insectivore [ɛ̃sɛktivɔr] 形 食虫の — 男 食虫動物; 〔複〕食虫類

insécurité [ɛ̃sekyrite] 女 安全でないこと, 不安

INSEE [inse] 〔略〕Institut national de la statistique et des études économiques 国立統計経済研究所

in-seize [insez] 形 男 (不変) 16折りの(本)

inséminateur(trice) [ɛ̃seminatœr, -tris] 名 人工授精を行う(人)

insémination [ɛ̃seminasjɔ̃] 女 〔生〕授精 ▶*insémination artificielle* 人工授精

inséminer [ɛ̃semine] 他 人工授精する

insensé(e) [ɛ̃sɑ̃se] 形 常軌を逸した, 非常識な, ものすごい;〈話〉気の狂った — 名 常軌を逸した[非常識な]人

insensibilisation [ɛ̃sɑ̃sibilizasjɔ̃] 女 麻酔化, 麻酔法

insensibiliser [ɛ̃sɑ̃sibilize] 他 麻酔をかける; 無感覚にする, ものに動じなくする

insensibilité [ɛ̃sɑ̃sibilite] 女 (…に対する) 無感覚, 麻痺(ま);無関心, 冷淡さ (à)

insensible [ɛ̃sɑ̃sibl] 形 ①(…に) 無感覚な, 麻痺[ま]した (à); (…に) 鈍感な ②感じられないほどの, ごくわずかな

insensiblement [ɛ̃sɑ̃siblǝmɑ̃] 副 目に見えないほどに, 少しずつ; 知らぬ間に

inséparable [ɛ̃separabl] 形 (…から) 切り離せない (de); (人が) 別れられない — 名〔複〕別れられない[いつもいっしょにいる]人

inséparablement [ɛ̃separablǝmɑ̃] 副 切り離せないほどに

insérer [ɛ̃sere] 他 57 (英 insert) ははさみこむ, 挿入する; (記事を) 掲載する, つけ加える; (社会に) 溶けこむ, 同化させる 〖s'~〗①(…の中に) 組み込まれる, 位置付けられる (dans); (人が) 溶けこむ, 同化する ②(…に) 付着する (sur)

INSERM [isɛrm] 〔略〕Institut national de la santé et de la recherche médicale 国立衛生医学研究所

insermenté [ɛ̃sɛrmɑ̃te] 形 (男性形のみ) 男〔史〕(フランス革命期に) 宣誓を拒んだ僧侶

insert [ɛ̃sɛr] 男 (<英)〔映·テレビ〕挿入画面【新聞·手紙などのアップ】; 〔ラジオ·テレビ〕放送中の電話インタビュー; 〔テレビ〕CMフィルム, テロップ

insertion [ɛ̃sɛrsjɔ̃] 女 (記事などの) 掲載; (社会に) 組み込まれること

insidieusement [ɛ̃sidjøzmɑ̃] 副 狡猾(こ)に, 悪賢く, 陰険に

insidieux(se) [ɛ̃sidjø, -øz] 形 (ものが) 陰険な; (人が) 狡猾(こ)な; (匂いなどが) そっと立ちこめる ▶*maladie insidieuse* 潜行性の病気 *question insidieuse* 油断のならない質問

insigne¹ [ɛ̃siɲ] 形 輝かしい; 〔皮肉的〕すばらしい, 驚くべき

insigne² [ɛ̃siɲ] 男 徽(き)章, 印, バッジ

insignifiance [ɛ̃siɲifjɑ̃s] 女 取るに足りなさ, くだらなさ

insignifiant(e) [ɛ̃siɲifjɑ̃, -ɑ̃t] 形 取るに足りない, くだらない

insinuant(e) [ɛ̃sinɥɑ̃, -ɑ̃t] 形 うまく取り入る, 言葉巧みな

insinuation [ɛ̃sinɥasjɔ̃] 女 ほのめかし, 当てつけ

insinuer [ɛ̃sinɥe] 他 (英 imply) ほのめかす 〖s'~〗 (…にもぐり込む, 入り込む (dans); (液体がしみ込む

insipide [ɛ̃sipid] 形 無味の, まずい; 無味乾燥な, つまらない

insipidité [ɛ̃sipidite] 女 無味, まずさ; 無味乾燥, おもしろみのないこと

insistance [ɛ̃sistɑ̃s] 女 しつこさ; 力説 ▶*avec insistance* 執拗に

insistant(e) [ɛ̃sistɑ̃, -ɑ̃t] 形 しつこい, 頑固な

insister [ɛ̃siste] アンシステ 自 (英 insist) (…)を強調する, (…に) 固執する (sur); (…することを) 求めて) しつこく言う (pour); (…であることを) 強く要請する (pour que…); 〈話〉続ける, あくまで行う

in situ [insity] 副 〈ラ〉本来の場所に[で]

insociabilité [ɛ̃sɔsjabilite] 女 非社交性, 交際嫌い

insociable [ɛ̃sɔsjabl] 形 非社交的

insolation 523 **installer**

insolation [ɛ̃sɔlasjɔ̃] 囡 ①日射病;日光に当たること,日光浴 ②日照時間,日差し

insolemment [ɛ̃sɔlamɑ̃] 副 横柄に,傲慢に,無礼に

insolence [ɛ̃sɔlɑ̃s] 囡 無礼,傲慢;無礼[傲慢]な言動

insolent(e) [ɛ̃sɔlɑ̃, -ɑ̃t] 形 無礼な;横柄な;これ見よがしの,ひけらかすような;途方もない ── 图 無礼[傲慢]な人

insolite [ɛ̃sɔlit] 形 異様な,突飛な ── 男 異様な[突飛な]もの

insolubilité [ɛ̃sɔlybilite] 囡 不溶性;解決不能

insoluble [ɛ̃sɔlybl] 形 不溶性の;(問題の)解決不能の

insolvabilité [ɛ̃sɔlvabilite] 囡 支払い能力のない

insolvable [ɛ̃sɔlvabl] 形 弁済できない,支払い能力のない

insomniaque [ɛ̃sɔmnjak] 形名 不眠(症)の(人)

insomnie [ɛ̃sɔmni] 囡 不眠(症)

insondable [ɛ̃sɔ̃dabl] 形 (深さの)測定できない,底のない;はかり知れない,途方もない

insonore [ɛ̃sɔnɔr] 形 防音の;響かない

insonorisation [ɛ̃sɔnɔrizasjɔ̃] 囡 防音(工事)

insonoriser [ɛ̃sɔnɔrize] 他 防音する

insonorité [ɛ̃sɔnɔrite] 囡 防音性

insortable [ɛ̃sɔrtabl] 形 人前に出せない

insouciance [ɛ̃susjɑ̃s] 囡 無頓着,のんき (de)

insouciant(e) [ɛ̃susjɑ̃, -ɑ̃t] 形 のんきな,無頓着な;(…を)気にかけない (de)

insoucieux(se) [ɛ̃susjø, -øz] 形 (文) (…を)気にかけない;気楽な

insoumis(e) [ɛ̃sumi, -iz] 形 服従しない(人),言うことをきかない(人) ── 男 服従兵 (= soldat ~)

insoumission [ɛ̃sumisjɔ̃] 囡 ①不服従 ②[軍] 不服従罪;職務離脱(罪),兵役忌避

insoupçonnable [ɛ̃supsɔnabl] 形 疑わしいところがない;すきもどころがない

insoupçonné(e) [ɛ̃supsɔne] 形 思いがけない,想像できない;嫌疑をかけられていない

insoutenable [ɛ̃sutnabl] 形 支持[擁護]できない;耐えられない

'inspecter [ɛ̃spɛkte アンスペクテ] 他 (英 inspect) 検査する;細かく調べる;監督する,視察する

'inspecteur(trice) [ɛ̃spɛktœr, -tris アンスペクトゥール(トリス)] 名 (英 inspector) 検査[視察]官,視学官;私服刑事 (= ~ de police (judiciaire)) ▶ **inspecteur d'Académie** 大学区視学官 **inspecteur des finances** 会計検査官 **inspecteur des impôts** 税務検査官 **inspecteur du travail** 労働条件監視官

inspection [ɛ̃spɛksjɔ̃] 囡 検査,視察,監督;検査[監督]官の地位[職],検査院,監督庁 ▶ **inspection du Travail** 労働監督官 **inspection générale des Finances** 財務監督局

inspirant(e) [ɛ̃spirɑ̃, -ɑ̃t] 形 インスピレーションを与える

inspirateur(trice) [ɛ̃spiratœr, -tris] 名 霊感を与える人[もの];主唱者;扇動者 (男性形のみ) ▶ **muscles inspirateurs** [解] 呼吸筋

'inspiration [ɛ̃spirasjɔ̃ アンスピラスィヨン] 囡 ①インスピレーション,霊感;思いつき,ひらめき;示唆;影響,感化 ▶ **avoir une bonne [mauvaise] inspiration** いい[悪い]思いが浮かぶ **selon l'inspiration du moment** その場の思いつきで ②息を吸いこむこと

inspiré(e) [ɛ̃spire] 形 (< inspirer) 霊感を受けた,(…に)着想を得る (de) ▶ **être bien [mal] inspiré de** …するのはいい[悪い]考えだ ── 名 霊感を受けた人

'inspirer [ɛ̃spire アンスピレ] 他 ①(作品・感情などを人に)産み出させる (à);(人に)霊感を与える,(人の)創作欲を刺激する ②息を吸う ── 自 息を吸う ── (代動) s'~ (…から)着想を得る (de)

instabilité [ɛ̃stabilite] 囡 不安定,変わりやすさ

instable [ɛ̃stabl] 形 不安定な,変わりやすい;定住しない ── 名 気が変わりやすい人;情緒不安定な人

installateur(trice) [ɛ̃stalatœr, -tris] 名 (機械や風呂などの)取り付け業者[工]

'installation [ɛ̃stalasjɔ̃ アンスタラスィヨン] 囡 ①取り付け,据え付け,設置(工事);[情報] インストール ▶ **frais [travaux] d'installation** 取り付け料金[作業] **installation électrique** 電気の配線工事 ②設備;施設;(複)設備一式 ▶ **installations portuaires** 港湾施設 **installations sanitaires** 衛生設備[風呂・便所・台所など] **installations sportives** スポーツ施設 ③居を構えること,定住 ▶ **être en pleine installation** 引っ越してきたばかりである

installé(e) [ɛ̃stale] 形 ①(話)出世した,いい身分の ②設備が整った

'installer [ɛ̃stale アンスタレ] 他 ①(英 install) 設置する,取り付ける,開設する;(…に)必要な設備を施す;[情報] インストールする ②(人をある場所に)落ち着かせる,住まわせる,座らせる,寝かせる ③(官僚などを)仕切りる □ ▶ **(on) installer** (話) えらそうにする,見栄を張る ── (代動) s'~ ①落ち着く,住む,居を定める;座る ②(医師・弁護士などが)

開業する; 設置される ③(考えなどが)定着する, 根を下ろす; (状態)に陥る

instamment [ɛ̃stamɑ̃] 副 切に, しきりに

instance [ɛ̃stɑ̃s] 囡 ①懇願, 切望 ▶**sur les instances de** (人)に懇願されて ②決定機関; 上層部 ③《法》訴訟手続; 審理 ▶**en instance** 進行中の; 審議中の ─ **courrier en instance** 配達待ちの郵便物 / **être en instance de...** まさに…しようとしている ④《精気》審敵, 心的力域 ⑤▶**instances de discours** (言)(個別的な)発話事件

***instant**[1] [ɛ̃stɑ̃ アンスタン] 男 《英 moment》瞬間, 一瞬, そのとき ▶**à l'instant** すぐに; たった今 **à tout instant** 絶えず **dans un instant** 間もなくすぐに **de tous les instants** 絶えず, 不断の **dès l'instant que [où]**...の瞬間から; …である以上 **en un instant** 一瞬にして **par instants** 時々 **pour l'instant** 今のところ **Un instant!** ちょっと待ってください.

instant[2](e) [ɛ̃stɑ̃, -ɑ̃t] 形 《文》差し迫った, 緊急の

instantané(e) [ɛ̃stɑ̃tane] 形 瞬間的な, 即時の; インスタントの ─ 男 瞬間写真, スナップショット

instantanéité [ɛ̃stɑ̃taneite] 囡 瞬間

instantanément [ɛ̃stɑ̃tanemɑ̃] 副 瞬く間に; 即座に

instar [ɛ̃star] [成句でのみ]▶**à l'instar de...** 《文》…にならって, …のように

instauration [ɛ̃stɔrasjɔ̃] 囡 《文》設立, 制定, 創始

instaurer [ɛ̃stɔre] 他 基礎を築く, 設立[創始]する ─ 代動 [s'~] 確立される, 作り出される

instigateur(trice) [ɛ̃stigatœr, -tris] 名 扇動者; 首謀者; 主唱者

instigation [ɛ̃stigasjɔ̃] 囡 教唆, 扇動 ▶**à l'instigation de...** (人)にそそのかされて

instillation [ɛ̃stilasjɔ̃] 囡 《医》点滴; 点眼

instiller [ɛ̃stile] 他 ①(薬液を)点滴する《(à)》 ②(思想などを)徐々に吹き込む

***instinct** [ɛ̃stɛ̃ アンスタン] 男 《英 instinct》本能; 直観, 勘り; 天性の好み; 《複》(軽蔑的な)本性, 衝動 ▶**d'instinct** 本能的に **instinct de conservation** 自己保存本能 **instinct maternel** 母性本能

***instinctif(ve)** [ɛ̃stɛ̃ktif, -iv アンスタンクティフ(ヴ)] 形 本能[無意識]的な, 衝動的な ─ 名 衝動的な人

instinctivement [ɛ̃stɛ̃ktivmɑ̃] 副 本能[直観]的に

instit [ɛ̃stit] 名 《話》= instituteur(trice)

***instituer** [ɛ̃stitɥe アンスティテュエ] 他 《英 institute》 (制度などを)制定する; 確立する ▶**s'instituer... (son) héritier** (遺言で)(人)を遺産相続人に指定する ─ 代動 [s'~] ①確立される, 設けられる ②自任する, 自分で…になる

***institut** [ɛ̃stity] 男 研究所, 学院; 学会, 教会; 〖宗〗修道会(の規則) ▶**institut de beauté** エステティック・サロン **Institut de France** [l'~] フランス学士院【アカデミー・フランセーズを含めた科学, 芸術など5つのアカデミーからなる】 **institut médico-légal** 法医学研究所 **Institut Pasteur** [l'~] パストゥール研究所 (パリに本部のある医学の研究・教育機関) **Institut universitaire de formation des maître** 教員養成大学院 [略 IUFM] **Institut universitaire de technologie** 工業技術短期大学 [略 IUT]

***instituteur(trice)** [ɛ̃stitytœr, -tris アンスティテュトゥール(トリス)] 名 《英 teacher》(小学校の)先生, 教員

***institution** [ɛ̃stitysjɔ̃ アンスティテュシオン] 囡 ①《英 institution》制度, 機構, 組織; 《複》体制 ②設立, 制定, 確立 ▶**institution d'héritier** 《法》相続人の指定 ③(私立の)学校, 塾 ④(話・皮肉の)慣例, しきたり ⑤《話》著名な人, 権威

institutionnalisation [ɛ̃stitysjɔnalizasjɔ̃] 囡 制度化

institutionnaliser [ɛ̃stitysjɔnalize] 他 制度化する ─ 代動 [s'~] 制度化される

institutionnel(le) [ɛ̃stitysjɔnɛl] 形 (国の)制度上の

instructeur(trice) [ɛ̃stryktœr, -tris] 名 教官; (新兵の)教練係 ▶**juge instructeur** 予審判事 **sergent instructeur** 教練軍曹

instructif(ve) [ɛ̃stryktif, -iv] 形 ためになる, 勉強に役立つ

***instruction** [ɛ̃stryksjɔ̃ アンストリュクシオン] 囡 ①《英 education》教育; 〖軍〗教練; 教養, 知識 ─ **avoir de l'instruction** 教養がある **instruction civique** 公民教育 **instruction publique** 公教育 **instruction religieuse** 宗教教育 ②《複》指示, 訓令; (商品の)使用法, 説明書 〖情報〗命令, インストラクション ③《法》予審 ▶**ouvrir une instruction** 予審を行う **instrui...** ⇨ instruire

***instruire** [ɛ̃strɥir アンストリュイール] 他 ①《英 teach》教育[教授]する; 〖軍〗訓練する; (…について)教える (sur); [~ A de B] A(人)にBを知らせる ②予審を行う ─ 代動 [s'~] ①学ぶ, 勉強する ②《文》(…について)問い合わせる, 調べる (de) ③《法》予審に付される

instruit(e) [ɛ̃strɥi, -it] 形 (< instruire)学識が深い; (…を)知っている (de)

***instrument** [ɛ̃strymɑ̃ アンストリュマン] 男 ①《英 instrument》道具, 手

instrumentaire 段, 手先 ▶être l'instrument de (人)の手先である;…の道具となる **instrument contondant** 鈍器 **instrument de mesure** 測定器 **instrument de travail** 勤器[仕事]道具 **instruments de bord**(自動車・航空機の)計器板 ②楽器(=～ de musique) ▶**instrument à cordes** 弦楽器 **instrument à percussion** 打楽器 **instrument à vent** 管楽器 ③〔法〕証書;(条約などの)原本

instrumental(ale) [ɛ̃strymɑ̃tal] 形(男複 -aux[-o]) ①器楽の;楽器の ②道具として使える ③法律;証書となる ——男〔文法〕具格(= cas ～)

instrumentaliser [ɛ̃strymɑ̃talize] 他 自分の都合のよいように使う

instrumentalisme [ɛ̃strymɑ̃talism] 男〔哲〕(デューイの)道具主義, 概念道具主義

instrumentaliste [ɛ̃strymɑ̃talist] 名 道具主義者 ——男〔哲〕道具主義者

instrumentation [ɛ̃strymɑ̃tasjɔ̃] 囡 管弦楽法, 音楽編成;(医療などの)機器

instrumenter [ɛ̃strymɑ̃te] 自〔法〕証書を作成する —— 他 器楽に編成する

instrumentiste [ɛ̃strymɑ̃tist] 名 (オーケストラなどの)器楽家, 楽器演奏者;手術助手

insu [ɛ̃sy] 前〔成句でのみ〕▶**à l'insu de** (人)に知られずに, (人)の知らない間に

insubmersibilité [ɛ̃sybmɛrsibilite] 囡 不沈性

insubmersible [ɛ̃sybmɛrsibl] 形 (船が)沈まない;(人気などが)落ちない

insubordination [ɛ̃sybɔrdinasjɔ̃] 囡 不服従, 反抗

insubordonné(e) [ɛ̃sybɔrdɔne] 形 従順でない, 反抗する

insuccès [ɛ̃syksɛ] 男 不成功, 失敗

insuffisamment [ɛ̃syfizamɑ̃] 副 不十分に

insuffisance [ɛ̃syfizɑ̃s] 囡 不足, 不十分;無能力;〔複〕欠陥;〔医〕機能不全 ▶**insuffisance cardiaque** 心不全 **insuffisance rénale** 腎不全

insuffisant(e) [ɛ̃syfizɑ̃, -ɑ̃t] 形 不十分な, 不足な;能力[才能]のない ——名 機能不全の患者

insufflateur [ɛ̃syflatœr] 男〔医〕吸引機

insufflation [ɛ̃syflasjɔ̃] 囡〔医〕通気法, 吹入法

insuffler [ɛ̃syfle] 他〔医〕(ガス・薬品などを体内に)吹き入れる;(感情などを)吹き込む

insulaire [ɛ̃sylɛr] 形 島の, 島に住む ——名 島民

insularité [ɛ̃sylarite] 囡 島国であること, 島嶼(⁾性, 島国性;島国根性

insulinase [ɛ̃sylinaz] 囡〔化〕インスリナーゼ《インスリン分解酵素》

insuline [ɛ̃sylin] 囡〔生化・薬〕インスリン

insultant(e) [ɛ̃syltɑ̃, -ɑ̃t] 形 侮辱的な, 無礼な

insulte [ɛ̃sylt] 囡 侮辱, 無礼な言動

__insulter__ [ɛ̃sylte] アンシュルテ 他(英 insult) 侮辱する, ののしる ——自〔文〕(…を)あざける(à) ——[代動] [s'～] ののしり合う

insupportable [ɛ̃sypɔrtabl] 形(英 unbearable) 耐えられない, 我慢できない

insupporter [ɛ̃sypɔrte] 他〔話〕我慢できなくする

insurgé(e) [ɛ̃syrʒe] 形名(< insurger) 反乱を起こした(人), 蜂起した(人)

insurger [ɛ̃syrʒe] 他 代動 [s'～] 40 (…に対して)反乱を起こす, 反抗する, 激しく抗議する(contre)

insurmontable [ɛ̃syrmɔ̃tabl] 形 乗り越えがたい;抑えがたい

insurpassable [ɛ̃syrpasabl] 形 上回れない, 比類がない

insurrection [ɛ̃syrɛksjɔ̃] 囡 暴動, 反乱, 蜂起

insurrectionnel(le) [ɛ̃syrɛksjɔnɛl] 形 反乱の, 蜂起(⁾の

intact(e) [ɛ̃takt] 形 もとのままの, 無傷の;完全な, 無欠の

intaille [ɛ̃taj] 囡 沈み彫り(の宝石)

intangibilité [ɛ̃tɑ̃ʒibilite] 囡 手を触れてはならないこと, 不可侵性

intangible [ɛ̃tɑ̃ʒibl] 形 侵してはならない, 不可侵の;触れることのできない

intarissable [ɛ̃tarisabl] 形 涸(⁾れることのない, 尽きない

intarissablement [ɛ̃tarisablǝmɑ̃] 副 涸(⁾れることなく, とめどなく

intégral(ale) [ɛ̃tegral] 形(男複 -aux[-o]) ①全部の, 完全な ②〔数〕積分の —— 男 フルフェイスのヘルメット(= casque ～) —— 囡 ①全集, 全作 ②〔数〕積分

intégralement [ɛ̃tegralmɑ̃] 副 全部に, ことごとく

intégralité [ɛ̃tegralite] 囡 全部, 全体 ▶**dans son intégralité** 全体として

intégrant(e) [ɛ̃tegrɑ̃, -ɑ̃t] 形 (全体の)一部をなす

intégration [ɛ̃tegrasjɔ̃] 囡 ①統合, 同化;〔経〕企業の系列化, 企業集中, 集積回路 ▶**intégration à très grande échelle** 〔電〕超大規模集積回路, VLSI ②〔数〕積分法

intégrationniste [ɛ̃tegrasjɔnist] 形名 統合[併合]主義の(人);人種差

intègre [ɛ̃tɛgr] 形 清廉潔白な

intégré(e) [ɛ̃tegre] 形 （集団に）同化した；統合[集積]された ▸ *circuit intégré*【電】集積回路, IC *traitement intégré*【情報】集中[集中]データ処理

intégrer [ɛ̃tegre] 他 57 ①（全体の中に）組み込む；同化する；統合[併合]する ②（数）積分する ── 自 （話）（学生言葉で）（高等専門学校に）入る (à, dans) ── 代動 [s'～]（…に）溶け込む, 同化する, 統合[併合]される (à, dans)

intégrisme [ɛ̃tegrism] 男【宗】教条主義, 原理主義

intégriste [ɛ̃tegrist] 形 非妥協的な；教条[原理]主義の ── 名 教条[原理]主義者

intégrité [ɛ̃tegrite] 女 ①完全さ, 無傷[もとのまま]の状態 ②潔白, 公明正大さ

intellect [ɛ̃telɛkt] 男 知性, 理解力

intellectualiser [ɛ̃telɛktyalize] 他 知的にする

intellectualisme [ɛ̃telɛktyalism] 男 主知主義, 知性偏重

intellectualiste [ɛ̃telɛktyalist] 形 名 主知主義の(者)

intellectuel(le) [ɛ̃telɛktɥɛl] 形（英 intellectual）知的な, 知能の, 知識の；頭脳的な；知性的な ── 名 知識人, インテリ

intellectuellement [ɛ̃telɛktɥɛlmɑ̃] 副 知的に

intelligemment [ɛ̃teliʒamɑ̃] 副 聡明に, 利口に, 巧みに

:intelligence [ɛ̃teliʒɑ̃s アンテリジャンス] 女 ①知能, 知性；頭のよさ；（…の）理解, 把握 (de)；才覚；こつ ▸ *avoir l'intelligence de* … …する気をきかすする *faire preuve d'intelligence* 知性[才気]を示す *intelligence artificielle* 人工知能【略 IA】②心が通じあうこと；《文》秘密の連絡；《複》スパイ活動 ▸ *d'intelligence* 共謀の *vivre en bonne [mauvaise] intelligence avec* (人)と仲よく[仲悪く]暮らす

:intelligent(e) [ɛ̃teliʒɑ̃, -ɑ̃t アンテリジャン(ト)] 形 頭のいい, 賢い；知的な, 理解力のある；知能が高い；（兵器が）人工頭脳を備えた ▸ *terminal intelligent*【情報】インテリジェントターミナル

intelligentsia, intelligentzia [ɛ̃teliʒɛ̃sja, ɛ̃teliʒɛ̃sja] 女（< ロシア）知識[インテリ]階級

intelligibilité [ɛ̃teliʒibilite] 女 理解できること, わかりやすいこと

:intelligible [ɛ̃teliʒibl アンテリジブル] 形 理解できる, わかりやすい；聞き取れる, 明瞭な；【哲】叡智的な

intelligiblement [ɛ̃teliʒiblǝmɑ̃] 副 よくわかるように, 明瞭に

intello [ɛ̃telo] 形 名（話・軽蔑的）知識人(ぶった), インテリ(の)

intempérance [ɛ̃tɑ̃perɑ̃s] 女 暴飲暴食；放蕩, 不節制；節度のなさ, 過度の；暴言

intempérant(e) [ɛ̃tɑ̃perɑ̃, -ɑ̃t] 形 暴飲暴食する；不節制な；過度な ── 名 暴飲暴食家, 不節制な人, 放蕩者

intempérie [ɛ̃tɑ̃peri] 女《複》悪天候；気候の厳しさ

intempestif(ve) [ɛ̃tɑ̃pɛstif, -iv] 形 時ならぬ, 場違いな

intempestivement [ɛ̃tɑ̃pɛstivmɑ̃] 副 場違いに

intemporalité [ɛ̃tɑ̃pɔralite] 女 超時性, 永遠性；非現世性

intemporel(le) [ɛ̃tɑ̃pɔrɛl] 形 時を越えた, 永遠の；現実のものではない

:intenable [ɛ̃tnabl アントナブル] 形 耐えられない, 我慢できない；守り切れない, 維持できない

intendance [ɛ̃tɑ̃dɑ̃s] 女 ①（学校・病院などの）経理課；【軍】経理部 ②（国の）経済・財政対策 ③（旧体制下の）地方長官の地位[管轄地]

intendant(e) [ɛ̃tɑ̃dɑ̃, -ɑ̃t] 名 ①経理[会計]係 ②（大きな家・財産の）管理人, 執事 ── 男【史】（旧体制下の）地方長官 ── 女 地方長官夫人；女子修道院院長

intense [ɛ̃tɑ̃s] 形 強度の, 激しい, 並外れた

intensément [ɛ̃tɑ̃semɑ̃] 副 強く, 激しく

intensif(ve) [ɛ̃tɑ̃sif, -iv] 形 集中的な, 徹底的な；【文法】強意の ▸ *grandeur intensive*（数値で表せない）強度 ── 男【文法】強意語

intensification [ɛ̃tɑ̃sifikasjɔ̃] 女 強める[強まる]こと, 強化, 増大

intensifier [ɛ̃tɑ̃sifje] 他 強める, 増大させる ── 代動 [s'～] 強くなる, 激しくなる

intensité [ɛ̃tɑ̃site] 女 強さ, 激しさ；（色の）濃さ；（音の）強弱

intensivement [ɛ̃tɑ̃sivmɑ̃] 副 強度に, 集中的に

intenter [ɛ̃tɑ̃te] 他（人に対して）訴訟を起こす (contre)

:intention [ɛ̃tɑ̃sjɔ̃ アンタンスィヨン] 女（英 intention）意図, 狙い；【法】犯意, 故意 ▸ *à l'intention de* （人）のために *agir dans une bonne intention* 善意で行動する *avoir l'intention de* [不定詞]…するつもりである *dans l'intention de* [不定詞]…する目的で

intentionné(e) [ɛ̃tɑ̃sjɔne] 形 ▸ *bien [mal] intentionné* 好意の[悪意のある]

intentionnel(le) [ɛ̃tɑ̃sjɔnɛl] 形（英 intentional）故意の, 意図的な

intentionnellement [ɛ̃tɑ̃sjɔnɛlmɑ̃] 副 故意に, 計画的に

inter [ɛ̃tɛr] 男（古）市外電話；（サッカー）インサイド

inter- [ɛ̃tɛr] 接頭（< ラ）「間の」「相互の」の意

interactif(ve) [ɛ̃teraktif, -iv] 形 相互作用の; [情報]対話型の, インタラクティブの

interaction [ɛ̃teraksjɔ̃] 女 相互作用

interactivité [ɛ̃teraktivite] 女 [情報]インタラクティビティー, 対話[双方向]型機能

interagir [ɛ̃teraʒir] 自 33 相互に作用する

interallié(e) [ɛ̃teralje] 形 (第1次大戦中の)連合国(側)の

interarmées [ɛ̃terarme] 形〈不変〉陸・海・空軍に共通の

interarmes [ɛ̃terarm] 形〈不変〉(歩兵・砲兵など)いくつかの兵科に共通の

interbancaire [ɛ̃terbɑ̃kɛr] 形 銀行間の

intercalaire [ɛ̃terkaler] 形 ①挿入(付加)される ②閏(うるう)の ▶ *jour intercalaire* 閏日[2月29日] — 男 差し込みページ(= feuillet)

intercalation [ɛ̃terkalasjɔ̃] 女 ①挿入, 付加 ②閏(うるう)年の2月に1日加えること

intercaler [ɛ̃terkale] 他 ①挿入する, 差し込む, 加える ②閏(うるう)年の2月に日を加える — 代動 [s'~] 挿入される, 入り込む, 加わる

intercéder [ɛ̃tersede] 自 57 とりなす; 仲介する

intercellulaire [ɛ̃terselyler] 形 [生]細胞間の

intercepter [ɛ̃tersepte] 他 (英 intercept) 途中で捕える(奪う), 横取りする, (通信を)傍受する; 遮る, 遮断する, 迎撃する

intercepteur [ɛ̃terseptœr] 男 迎撃機

interception [ɛ̃tersepsjɔ̃] 女 遮断, 妨害, 迎撃; 横取り, 傍受; インターセプト

intercesseur [ɛ̃tersesœr] 男 [カト]〈文〉仲介者

intercession [ɛ̃tersesjɔ̃] 女 [カト]〈文〉仲介

interchangeable [ɛ̃terʃɑ̃ʒabl] 形 交換[交代]できる

interclasse [ɛ̃terklɑs] 男 (授業と授業の間の)短い休憩時間

interclubs [ɛ̃terklœb] 形〈不変〉[スポーツ]クラブ対抗の

intercommunal(ale) [ɛ̃terkɔmynal] 形 (男複 -*aux*[-o]) 自治体相互間の

intercommunautaire [ɛ̃terkɔmynoter] 形 共同体間の

intercompréhension [ɛ̃terkɔ̃preɑ̃sjɔ̃] 女 (話し手同士での)相互理解

interconnecter [ɛ̃terkɔnekte] 他 [電](回路や生産拠点間を)連結[接続]する

interconnexion [ɛ̃terkɔneksjɔ̃] 女 発電所・生産拠点間の; 連結

intercontinental(ale) [ɛ̃terkɔ̃tinɑ̃tal] 形 (男複 -*aux*[-o]) 大陸間の

intercostal(ale) [ɛ̃terkɔstal] 形 (男複 -*aux*[-o]) [解] 肋(ろく)骨間の

intercours [ɛ̃terkur] 男 (授業の間の)短い休憩

interculturel(le) [ɛ̃terkyltyrel] 形 (異)文化間の

intercurrent(e) [ɛ̃terkyrɑ̃, -ɑ̃t] 形 中間に起こる

interdépartemental(ale) [ɛ̃terdepartəmɑ̃tal] 形 (男複 -*aux*[-o]) 県相互の, 各県共通の

interdépendance [ɛ̃terdepɑ̃dɑ̃s] 女 相互依存

interdépendant(e) [ɛ̃terdepɑ̃dɑ̃, -ɑ̃t] 形 相互に依存する

interdi... ⇒interdire

interdiction [ɛ̃terdiksjɔ̃] アンテルディクスィヨン 女 禁止; 職務停止(処分); [法]能力制限 ▶ *Interdiction de fumer* 禁煙 *Interdiction de stationner* 駐車禁止

†interdire [ɛ̃terdir] アンテルディール 他 37 ①(英 prohibit) 妨げる, 禁止する; 〖～A [de 不定詞]; que...] à B〗B(人)にA(…すること; …であること)を禁じる ②(公務員・聖職者を)停職にする — 代動 [s'~] (…を)自分に禁じる; …しないようにする (de)

interdisciplinaire [ɛ̃terdisipliner] 形 学際的な

interdisciplinarité [ɛ̃terdisiplinarite] 女 (研究の)学際的性格

†interdit(e) [ɛ̃terdi, -it] アンテルディ(ト) 形 (< interdire) ①(英 prohibited) (…を)禁じられた (de); 職務停止処分を受けた ②驚いた, 狼狽した — 名 禁治産者 — 男 排斥, 禁止; 禁忌

interentreprises [ɛ̃terɑ̃trəpriz] 形〈不変〉企業間の, 会社間の

†intéressant(e) [ɛ̃teresɑ̃, -ɑ̃t] アンテレサン(ト) 形 ①(英 interesting) おもしろい, 興味深い; 関心を引く, 考慮に値する ②有利な, 得な — 名 興味深い点 — 名 ▶ *faire l'intéressant* (軽蔑的)目立とうとする

intéressé(e) [ɛ̃terese] 形 ①打算的な, 自分の利益しか考えない ②利害関係のある, 関与している ③興味[関心]を示した — 名 利害関係者, 当事者

intéressement [ɛ̃teresmɑ̃] 男 (給与以外に従業員に支払う)利益分配; ボーナス; 特別手当

†intéresser [ɛ̃terese] アンテレセ 他 (英 interest) ①(人の)興味[関心]を引く; (人に…の)興味を起こさせる (à) ②(…と)関係がある, かかわる ③(…の)利益にあずからせる, 利害を共にさせる (à, dans) ④(リレ credit 人の…勘定)につけておもしろくする — 代動 [s'~] (…に)関心ある, 興味を抱く, 気にかける (à)

†intérêt [ɛ̃tere] アンテレ 男 (英 inter-

interethnique [ɛteretnik] 形 民族間の

interface [ɛterfas] 女 《英》①〔情報〕インターフェイス ②境界面〔領域〕; 〔物〕界面

interférence [ɛterferɑ̃s] 女 干渉, 衝突; おせっかい

interférer [ɛterfere] 自 57 ①(…と)競合する, ぶつかる《avec》②(…に)干渉する, 影響する

interféron [ɛterferɔ̃] 男〔生化〕インターフェロン▶ウイルス抑制物質

intergalactique [ɛtergalaktik] 形 銀河系間の

intergouvernemental(ale) [ɛtergu-vɛrnəmɑ̃tal] 形 (男複 -aux [-o]) 政府間の

intergroupe [ɛtergrup] 形・男 超党派会議の

interhumain(e) [ɛteryme, -ɛn] 形 人間関係の

:**intérieur(e)** [ɛterjœr] アンテリユール 形 《英 interior》 内側の, 内部の; 国内の; 内的な, 精神の ▶**affaires intérieures** [lɛs ~] 国内問題 **mer intérieure** 内海 **poche intérieure** 内ポケット ━━ 男 内側, 内部; 中味; 屋内, 室内, インテリア; 国内; 内陣 ▶ **de l'intérieur** (…の)中[内]から 《de》 **de l'intérieur** 内側から

intérieurement [ɛterjœrmɑ̃] 副 内部で[は], 内側に; 心の中で

intérim [ɛterim] 男 《ラ》 代理任[代行] (期間); 臨時雇用 ▶ **agence d'intérim** 人材派遣会社 **faire de l'intérim** 派遣社員として働く; 臨時雇用で働く **par intérim** 代理で **président [ministre] par intérim** 大統領[大臣]代理

intérimaire [ɛterimɛr] 形 臨時の, 代理の ━━ 名 代理者, 代行者; 臨時職員

interindustriel(le) [ɛterɛ̃dystri-jɛl] 形 産業間(取り引き)の

intériorisation [ɛterjɔrizɑsjɔ̃] 女 内在化; (感情の)内向化

intérioriser [ɛterjɔrize] 他 内面化する; (感情を)内に隠す; (役や知識を)自分のものにする

intériorité [ɛterjɔrite] 女 内面性, 内在性

interjectif(ve) [ɛterʒɛktif, -iv] 形〔文法〕間投詞の, 感嘆の意味を表す

interjection [ɛterʒɛksjɔ̃] 女 ①〔文法〕間投詞 ②〔法〕(控訴の)提起

interjeter [ɛterʒəte] 他 43 ▶ *interjeter appel*〔法〕控訴を申し立てる

interleukine [ɛterløkin] 女〔生化〕インターロイキン

interlignage [ɛterliɲaʒ] 男 行間を開けること

interligne [ɛterliɲ] 男 行間; 〔楽〕(五線譜の間の)行間(%); 行間の書き込み ▶ **double interligne** ダブルスペース

interligner [ɛterliɲe] 他 行間に書き入れる; 行間を空ける

interlinéaire [ɛterlineɛr] 形 行間に書いた[入れた]

interlocuteur(trice) [ɛterlɔky-tœr, -tris] 名 話し相手; 交渉相手

interlocutoire [ɛterlɔkytwar] 形〔法〕中間判決の (= jugement ~)

interlope [ɛterlɔp] 形 非合法の; もぐりの, いかがわしい

interloquer [ɛterlɔke] 他 あぜんとさせる, 狼狽(%)させる

interlude [ɛterlyd] 男 幕間(%)の寸劇[音楽]; 〔楽〕間奏曲; 〔テレビ〕番組の間のつなぎ番組

intermède [ɛtermɛd] 男 ①中断, 小休止; 途中の出来事 ②幕間(%)の寸劇[音楽]; 小オペラ

:**intermédiaire** [ɛtermedjɛr] アンテルメディエール 形《英 intermediate》中間の; (中に)介在する ━━ 名 仲介者, 調停者; 〔商〕仲買人, 中間業者 ━━ 男 中間(状態); 仲介, 仲立ち ▶ **par l'intermédiaire de** …を介して, …を通じて **sans intermédiaire** 直接に

intermédiation [ɛtermedjɑsjɔ̃] 女 (金融機関による)取引の仲介

intermezzo [ɛtermedzo] 男 《イ》〔楽〕間奏曲

interminable [ɛterminabl] 形 果てしない, 限りがない

interminablement [ɛterminabl-mɑ̃] 副 果てしなく

interministériel(le) [ɛterministe-rjɛl] 形 各省[大臣]間の

intermittence [ɛtermitɑ̃s] 女 断続, 間欠 ▶ **par intermittence** 不規則に, 断続的に

intermittent(e) [ɛtermitɑ̃, -ɑ̃t] 形 断続的な, 間欠的な

intermoléculaire [ɛtermɔleky-lɛr] 形 分子間の

internat [ɛterna] 男 ①寄宿制度; (集合的)寄宿生; 寄宿舎 ②(病院の)インターン期間[試験]

:**international(ale)** [ɛternasjɔnal] アンテルナスィオナル 形 (男複 -aux[-o]) 国際的な ━━ 名〔スポーツ〕国際試合出場選手 ━━ 女〔I-〕国際労働者同盟(の歌)

internationalisation [ɛ̃tɛrnasjɔnalizasjɔ̃] 女 国際化

internationaliser [ɛ̃tɛrnasjɔnalize] 他 国際的にする; 国際問題とする; 国際管理下に置く

internationalisme [ɛ̃tɛrnasjɔnalism] 男 国際(協調)主義

internationaliste [ɛ̃tɛrnasjɔnalist] 形名 国際(協調)主義の(人)

internationalité [ɛ̃tɛrnasjɔnalite] 女 国際性

internaute [ɛ̃tɛrnot] 名〔情報〕インターネットユーザー

interne [ɛ̃tɛrn] 形 内(部)の; 内的な; 体内の ── 名 寄宿生; (病院の)インターン ▶*médecine interne* 内科(学)

interné(e) [ɛ̃tɛrne] 形名 監禁された(人); 強制収容された(人)

internement [ɛ̃tɛrnəmɑ̃] 男 監禁, 強制収容; 〔法〕(精神病者の)保護収容

interner [ɛ̃tɛrne] 他 (犯罪者・精神病者などを)強制収容[監禁]する

Internet [ɛ̃tɛrnɛt] 男 (<英) インターネット

interocéanique [ɛ̃tɛrɔseanik] 形 両大洋間の

interparlementaire [ɛ̃tɛrparləmɑ̃tɛr] 形 (上下)両院間の; 各国議会間の

interpellateur(trice) [ɛ̃tɛrpelatœr, -tris] 名 急に声をかける人; 質問者

interpellation [ɛ̃tɛrpelasjɔ̃] 女 (不意に)呼びかけること; 不審尋問; (議会での)釈明要求, 質問

interpeller [ɛ̃tɛrpe(ɛl)le] 他 (不意に)呼びかける; (警官が)不審尋問する; (大臣・政府に)釈明を求める, 質問する; (ものごとが)考えさせる, 関心を引く ▶*Ça m'interpelle (quelque part).* 《皮肉》 それって考えさせられるね ── 代動 [s'~] 声を掛け合う, ののしる

interpénétration [ɛ̃tɛrpenetrasjɔ̃] 女 相互浸透

interpénétrer [ɛ̃tɛrpenetre] 代動 [s'~] 57 相互浸透する, 混じり合う

interpersonnel(le) [ɛ̃tɛrpɛrsɔnɛl] 形 個人間の

interphone [ɛ̃tɛrfɔn] 男 インターホン

interplanétaire [ɛ̃tɛrplanetɛr] 形 惑星間の

Interpol [ɛ̃tɛrpɔl] 男 (<英) インターポール【国際刑事警察機構】

interpolateur(trice) [ɛ̃tɛrpɔlatœr, -trls] 名 加筆者, 改竄(ﾊﾞﾝ)者

interpolation [ɛ̃tɛrpɔlasjɔ̃] 女 加筆, 挿入, 改竄(ﾊﾞﾝ), 〔数〕補間, 内挿

interpoler [ɛ̃tɛrpɔle] 他 (原文などに言葉を)加筆する, 改竄(ﾊﾞﾝ)する; 〔数〕補間[内挿]する

interposé(e) [ɛ̃tɛrpoze] (<interposer) 形 仲介となった

interposer [ɛ̃tɛrpoze] 他 (…を)間に置く; 介在させる ── 代動 [s'~] 間に入る; 仲裁する

interposition [ɛ̃tɛrpozisjɔ̃] 女 調停, 干渉 ▶*force d'interposition* (紛争の)監視軍 *interposition de personne* 〔法〕第三者の介在

interprétable [ɛ̃tɛrpretabl] 形 解釈できる

interprétariat [ɛ̃tɛrpretarja] 男 通訳の仕事

interprétatif(ve) [ɛ̃tɛrpretatif, -iv] 形 解釈的な, 説明する

interprétation [ɛ̃tɛrpretasjɔ̃] 女 ① 解釈, 説明 ② 通訳 ▶*interprétation simultanée* 同時通訳 ③ 演奏; 演技

***interprète** [ɛ̃tɛrprɛt] アンテルプレト 名 (英 interpreter) ① 通訳 ▶*servir d'interprète* 通訳を務める ② 演奏家; 役者 ③ 解釈者; 代弁者

***interpréter** [ɛ̃tɛrprete] アンテルプレテ 他 57 (英 interpret) 解釈する; 演じる, 演奏する; 歌う ▶*interpréter mal* …を曲解[誤解]する ── 代動 [s'~] 解釈される

interpréteur [ɛ̃tɛrpretœr] 男 〔情報〕インタプリタ

interprofessionnel(le) [ɛ̃tɛrprɔfesjɔnɛl] 形 職業[産業]別の枠を超えた(共通の)

interracial(ale) [ɛ̃tɛrrasjal] 形 (男複 -*aux* [-o]) 人種間の

interrégional(ale) [ɛ̃tɛrreʒjɔnal] 形 (男複 -*aux* [-o]) 地域相互の

interrègne [ɛ̃tɛrrɛɲ] 男 (国王・元首の)空位期間

interro [ɛ̃tɛro] 女 《話》 (学校の)テスト

interrogateur(trice) [ɛ̃tɛrɔgatœr, -tris] 形 いぶかしげな, 問いかけるような ── 名 (口頭試問の)試験官

interrogatif(ve) [ɛ̃tɛrɔgatif, -iv] 形 問いかけるような; 〔文法〕疑問の ▶*pronom interrogatif* 疑問代名詞 ── 男 疑問詞, 疑問文[節]

***interrogation** [ɛ̃tɛrɔgasjɔ̃] アンテロガスィヨン 女 (英 interrogation) 質問, 問い; 〔文法〕疑問(文); (学校の)テスト ▶*interrogation directe [indirecte]* 〔文法〕直接[間接]疑問 *interrogation écrite [orale]* 筆記[口頭]試問

interrogativement [ɛ̃tɛrɔgativmɑ̃] 副 問いかけるように; 疑問形で

interrogatoire [ɛ̃tɛrɔgatwar] 男 尋問; 調書

interrogeable [ɛ̃tɛrɔʒabl] 形 遠くから検索できる ▶*répondeur interrogeable à distance* リモートアクセスできる留守番電話

***interroger** [ɛ̃tɛrɔʒe] アンテロジェ 他 40 (英 question) (人に)尋ねる, 質問する; 尋問する; (…を)よく調べる, 〔情報〕(データベースを)検索する ▶*interroger … du regard* (人)をいぶかしげに眺める

— 代動 [s'~] (…に関して)自問する、疑問を抱く(sur)

interromp ... ⇨interrompre

*interrompre [ɛ̃terɔ̃pr アンテロンプル] 他 66 (英 interrupt) (ものごとを)中断する、止める;(人の)話をさえぎる — 代動 [s'~] ①(話を)中断する ②(ものごとが)途切れる ► *s'interrompre de* 不定詞 …するのをやめる

interrompu(e) [ɛ̃terɔ̃py] 形 (< interrompre) 中断された

interrupteur(trice) [ɛ̃teryptœr, -tris] 名 話の邪魔をする人 — 男 スイッチ、開閉器

interruptif(ve) [ɛ̃teryptif, -iv] 形 [法] 中断する

interruption [ɛ̃terypsjɔ̃] 女 中断, 中止;(話の)妨害、やじ;(話の)時の中断 ► *interruption (volontaire) de grossesse* 妊娠中絶【略 IVG】 *sans interruption* ひっきりなしに、途切れることなく

intersaison [ɛ̃tersɛzɔ̃] 女 オフシーズン

intersecté(e) [ɛ̃tersɛkte] 形 交錯した

intersection [ɛ̃tersɛksjɔ̃] 女 (道の)交差点;[数] ②直線と平面の交わり

intersession [ɛ̃tersesjɔ̃] 女 (議会の)休会期間

intersexualité [ɛ̃tersɛksɥalite] 女 [生] 半陰陽, 間性(かんせい)

intersidéral(ale) [ɛ̃tersideral] 形 (男複 -aux[-o]) [天] 天体間の、恒星間の

intersperieque [ɛ̃terspesifik] 形 [生] 種間の

interstellaire [ɛ̃tersteler] 形 [天] 恒星間の

interstice [ɛ̃terstis] 男 すき間; [解] 組織間隙(かんげき)

interstitiel(le) [ɛ̃terstisjɛl] 形 [解] 間隙(かんげき)の, 組織内の

intersubjectif(ve) [ɛ̃tersybʒɛktif, -iv] 形 [哲] 間主観的な、相互主観的な、主体間の

intersubjectivité [ɛ̃tersybʒɛktivite] 女 [哲] 間主観性, 相互主観性

intersyndical(ale) [ɛ̃tersɛ̃dikal] 形 (男複 -aux[-o]) 組合相互の — 女 組合連合大会

intertextualité [ɛ̃tertɛkstɥalite] 女 間テクスト、テクストの相互関連性

intertidal(ale) [ɛ̃tertidal] 形 (男複 -aux[-o]) 潮流間の

intertitre [ɛ̃tertitr] 男 (新聞などの)小見出し;(無声映画などの)字幕

intertrigo [ɛ̃tertrigo] 男 [医] 間擦疹

intertropical(ale) [ɛ̃tertrɔpikal] 形 (男複 -aux[-o]) 南北回帰線内の; 熱帯の

interurbain(e) [ɛ̃teryrbɛ̃, -ɛn] 形 都市間の — 男 市外電話

*intervalle [ɛ̃terval アンテルヴァル] 男 (英 interval) 間隔, 隔たり; 間, 合間; [楽] 音程 ► *à 6 jours d'intervalle* 6日おきに *dans l'intervalle* その間に *par intervalles* ときどき; ところどころ

*intervenant(e) [ɛ̃tervənɑ̃, -ɑ̃t] 形 訴訟に加わる — 名 (訴訟の)参加者;(討論の)発言者

*intervenir [ɛ̃tervənir アンテルヴニール] 自 75 [助動詞 être] ①(英 intervene)(…に)介入[干渉]する、口出しする (dans); (…に)参加する、発言する (dans); 仲裁する、とりなす (dans) 処置する; 手術をする ③(事件などが)起こる、生じる; (要因などが)働く ► *intervenir militairement* 軍事介入する

*intervention [ɛ̃tervɑ̃sjɔ̃ アンテルヴァンスィヨン] 女 ①介入; 干渉; 仲裁, とりなし; (討論などでの)発言 ► *intervention armée* 軍事介入 ②手術(= ~ chirurgicale) ③作用, 働き

interventionnisme [ɛ̃tervɑ̃sjɔnism] 男 (国家の)干渉主義, (他国への)介入政策

interventionniste [ɛ̃tervɑ̃sjɔnist] 形|名 干渉主義の[者]

interversion [ɛ̃tervɛrsjɔ̃] 女 (順序の)置き換え、転換

intervertébral(ale) [ɛ̃tervɛrtebral] 形 (男複 -aux[-o]) [解] 椎間の

intervertir [ɛ̃tervɛrtir] 他 33 (順序を)逆にする

intervien ... ⇨intervenir

*interview [ɛ̃tɛrvju アンテルヴィユ] 女 (<英) インタビュー ► *accorder une interview à* (人)のインタビューに応じる

interviewé(e) [ɛ̃tɛrvjuve] 形 (<interviewer) インタビューを受けた(人)

interviewer[1] [ɛ̃tɛrvjuve] 他 インタビューする

interviewer[2] [ɛ̃tɛrvjuvœr] 男 = interviewer

intervieweur(se) [ɛ̃tɛrvjuvœr, -øz] 名 インタビュー記者

intervin ... ⇨intervenir

interzone(s) [ɛ̃tɛrzɔn] 形 地域間の

intestat [ɛ̃tɛsta] 形 (不変) [法] 遺言のない

*intestin[1] [ɛ̃tɛstɛ̃ アンテスタン] 男 (英 intestine) 腸 ► *avoir les intestins fragiles* [*l'intestin fragile*] お腹の調子が悪い *gros intestin* 大腸 *intestin grêle* 小腸

intestin[2](e) [ɛ̃tɛstɛ̃, -in] 形 [文] 集団内の, 国内の

intestinal(ale) [ɛ̃tɛstinal] 形 (男複 -aux[-o]) 腸の

intifada [intifada] 女 インティファーダ【パレスチナ人による占領地区での反イスラエル闘争】

intimation [ɛ̃timasjɔ̃] 女 [法] 通告, 通達; 召喚

*intime [ɛ̃tim アンティム] 形 (英 inti-

intimement [ɛ̃timmɑ̃] 副 心の奥から;親しく

intimer [ɛ̃time] 他 (公式に)通告する;〖法〗(控訴により)出頭を命じる

intimidant(e) [ɛ̃timidɑ̃, -ɑ̃t] 形 威嚇的な

intimidateur(trice) [ɛ̃timidatœr, -tris] 形 威圧するための

intimidation [ɛ̃timidasjɔ̃] 女 威圧(されている状態), 脅し

intimidé(e) [ɛ̃timide] 形 (<intimider) おじけづいた

intimider [ɛ̃timide] 他 気おくれさせる, おじけづかせる; 脅す, 威圧する

intimisme [ɛ̃timism] 男 〖美術・文〗アンティミスム

intimiste [ɛ̃timist] 形名 〖美術・文〗アンティミスト

***intimité** [ɛ̃timite アンティミテ] 女 親密さ, 仲のよさ; 私生活 (場面などの)快適さ, くつろげること; 〖文〗内奥 ▶ *dans l'intimité* 私生活では; 内輪で *intimité conjugale* 夫婦仲がよいこと

intitulé(e) [ɛ̃tityle] 形 (<intituler) …という題名の — 男 表題; (財産目録などの)冒頭

intituler [ɛ̃tityle] 他 …にタイトルをつける — 代動 **s'~** …というタイトルである; …と自称する

intolérable [ɛ̃tɔlerabl] 形 我慢できない, 許しがたい

intolérance [ɛ̃tɔlerɑ̃s] 女 不寛容, 狭量; 〖医〗(薬・食べ物に対する)不耐性 (à)

intolérant(e) [ɛ̃tɔlerɑ̃, -ɑ̃t] 形名 不寛容な(人), 狭量な(人); 〖医〗不耐性の(人)

intonation [ɛ̃tɔnasjɔ̃] 女 抑揚, イントネーション; 口調

intouchable [ɛ̃tuʃabl] 形 触れてはならない; 非難[科弾]できない; 神聖な — 名 (インドの)不可触賤民, 最下層民

intoxication [ɛ̃tɔksikasjɔ̃] 女 〖話〗中毒(精神の)麻痺; 洗脳 ▶ *intoxication alimentaire* 食中毒

intox(e) [ɛ̃tɔks] 女 〖話〗中毒(精神の)麻痺; 洗脳 ▶ *intoxication alimentaire* 食中毒

intoxiqué(e) [ɛ̃tɔksike] 形 (…の)中毒になった (de) — 名 中毒患者

intoxiquer [ɛ̃tɔksike] 他 (人を)中毒させる; (精神を)毒する — 代動 **s'~** 〖戯〗(其の)中毒になる

intra- 接頭 (<ラ) 「内部」の意

intracardiaque [ɛ̃trakardjak] 形 〖医〗心臓内の — 女 心臓内注射

intracellulaire [ɛ̃traselylɛr] 形 〖生〗細胞内の

intradermique [ɛ̃tradɛrmik] 形 〖医〗皮内の — 女 皮内注射

intrados [ɛ̃trado] 男 〖建〗(アーチの)内輪

intraduisible [ɛ̃tradɥizibl] 形 翻訳できない; 言葉で言い表せない

intraitable [ɛ̃trɛtabl] 形 (…に対して)厳格な, 妥協しない (sur)

intramoléculaire [ɛ̃tramɔlekylɛr] 形 〖化〗分子内の

intra-muros [ɛ̃tramyros] 副形 (不変) (<ラ) 城壁内[市内]に[の] ▶ *Paris intra-muros* パリ市内

intramusculaire [ɛ̃tramyskylɛr] 形 筋肉内の — 女 筋肉内注射(= piqûre ~)

intransigeance [ɛ̃trɑ̃ziʒɑ̃s] 女 非妥協性, 一徹さ

intransigeant(e) [ɛ̃trɑ̃ziʒɑ̃, -ɑ̃t] 形 非妥協的な(人), 強硬な(人)

intransitif(ve) [ɛ̃trɑ̃zitif, -iv] 形 〖文法〗自動(詞)の — 男 自動詞

intransitivement [ɛ̃trɑ̃zitivmɑ̃] 副 〖文法〗自動詞として

intransitivité [ɛ̃trɑ̃zitivite] 女 〖文法〗自動詞性

intransmissibilité [ɛ̃trɑ̃smisibilite] 女 伝達不可能性

intransmissible [ɛ̃trɑ̃smisibl] 形 伝達できない, 伝わらない; 〖法〗譲渡できない

intransportable [ɛ̃trɑ̃spɔrtabl] 形 運べない, 動かせない

intranucléaire [ɛ̃tranykleɛr] 形 〖物〗原子核内の

intra-utérin(e) [ɛ̃trayterɛ̃, -in] 形 〖医〗子宮内の

intraveineux(se) [ɛ̃travenø, -øz] 形 静脈内の — 女 静脈注射(= piqûre ~)

intrépide [ɛ̃trepid] 形 大胆[不敵]な, 勇敢な; 断固たる, しつこい — 名 大胆不敵な人, 勇敢な人

intrépidement [ɛ̃trepidmɑ̃] 副 大胆に, 勇敢に; 徹底して

intrépidité [ɛ̃trepidite] 女 大胆さ, 勇敢さ; 頑固さ, しつこさ

intrication [ɛ̃trikasjɔ̃] 女 錯綜, 紛糾

intrigant(e) [ɛ̃trigɑ̃, -ɑ̃t] 形 陰謀をめぐらす, 陰謀好きな — 名 策士

intrigue [ɛ̃trig] 女 ① 陰謀, 策略 ② (小説・劇の)筋 ③ 〖古〗浮気, 情事

intriguer [ɛ̃trige] 他 妙だと思わせる, 困惑させる — 自 策をめぐらす

intrinsèque [ɛ̃trɛ̃sɛk] 形 内在的な; 本質的な, 固有の ▶ *muscles intrinsèques* 〖解〗固有筋

intrinsèquement [ɛ̃trɛ̃sɛkmɑ̃] 副 内在的に, 本質的に

intriquer [ɛ̃trike] 代動 **s'~** 1 からみする, もつれる; からまりあう

intro- 接頭 (<ラ) 「中へ[の]」「内へ[の]」の意

introducteur(trice) [ɛ̃trɔdyktœr, -tris] 名 紹介者; 導入者

introductif(ve) [ɛ̃trɔdyktif, -iv] 形 開始的; 開始を告げる

***introduction** [ɛ̃trɔdyksjɔ̃] 女 ①(人を)招じ入れること; 紹介;(産物・思想などの)導入, 輸入;(講演・著書などの)導入部; 序文; 入門(書) ▶ *lettre d'introduction* 紹介状 ②(ものを)差し込むこと, 挿入

***introduire** [ɛ̃trɔdɥir] 他 15 ①(英 introduce)(人を)招じ入れる; 紹介する, 導入する, 輸入する ②差し込む; 挿入する ③[法](訴訟を)開始する ━ 代動 **s'~** (…に)入り込む, 忍び込む (*dans*); 導入[輸入]される;(会・クラブなどに)入れてもらう

introduit(e) [ɛ̃trɔdɥi, -it] 形 (< introduire) 出入りを許されている, 顔が広い

introït [ɛ̃trɔit] 男 [カト] 入祭文【ミサの初めの祈り】

introjection [ɛ̃trɔʒɛksjɔ̃] 女 [精医] 取り込み, 摂取

intromission [ɛ̃trɔmisjɔ̃] 女 挿入

intronisation [ɛ̃trɔnizasjɔ̃] 女 即位, 就任; 確立, 普及

introniser [ɛ̃trɔnize] 他 即位[就任]させる; 確立[普及]させる ━ 代動 **s'~** 就任する; 確立される, 普及する

introspectif(ve) [ɛ̃trɔspɛktif, -iv] 形 内省的な, 内観の

introspection [ɛ̃trɔspɛksjɔ̃] 女 [心] 内観, 内省, 自己観察

introuvable [ɛ̃truvabl] 形 ①見つからない ②珍しい; 比類のない

introversion [ɛ̃trɔvɛrsjɔ̃] 女 [心] 内向性

introverti(e) [ɛ̃trɔvɛrti] 形名 内向的な(人)

intrus(e) [ɛ̃try, -yz] 名形 (招かれていないのに)押しかけた(人), 不法に職についた(人)(テスト・ゲームで)他と違うもの, 仲間はずれ

intrusion [ɛ̃tryzjɔ̃] 女 割り込み, 闖入; 介入; [地] 貫入

intubation [ɛ̃tybasjɔ̃] 女 [医] 挿管

intuber [ɛ̃tybe] 他 [医] 挿管する

intuitif(ve) [ɛ̃tɥitif, -iv] 形 直観的な; 勘のよい

***intuition** [ɛ̃tɥisjɔ̃] 女 直感, 勘; 予感 ▶ *avoir l'intuition de* …を予感する

intuitionnisme [ɛ̃tɥisjɔnism] 男 [哲] 直観主義

intuitivement [ɛ̃tɥitivmɑ̃] 副 直観的に

intumescence [ɛ̃tymesɑ̃s] 女 膨張

intumescent(e) [ɛ̃tymesɑ̃, -ɑ̃t] 形 膨張した

intussusception [ɛ̃tyssysɛpsjɔ̃] 女 = invagination

inuit [inɥit] 形 (不変) イヌイットの ━ 名 (複) [les I-s] (北米の)イヌイット

inule [inyl] 女 [植] オグルマ属【キク科】

inuline [inylin] 女 [化] イヌリン【多糖類の一種】

inusable [inyzabl] 形 すり切れない

inusité(e) [inyzite] 形 (言葉などが) 使われていない, すたれた

in utero [inytero] 副 <ラ> 子宮内で

‡**inutile** [inytil イニュティル] 形 (英 useless)(…の)役に立たない (à); 無用の ━ 名 やくだたず; 無用者 ━ 男 無用[無益]なこと

inutilement [inytilmɑ̃] 副 むだに

inutilisable [inytilizabl] 形 使えない, 役に立たない

inutilisé(e) [inytilize] 形 利用されていない

inutilité [inytilite] 女 無益さ, 無用; むだ(な言葉)

inv. [ɛ̃varjabl] (略) invariable 不変化の

invagination [ɛ̃vaʒinasjɔ̃] 女 [医] 重積; 腸重積症;[生] 陥入

invaincu(e) [ɛ̃vɛ̃ky] 形 不敗の, 無敵の

invalidant(e) [ɛ̃validɑ̃, -ɑ̃t] 形 生活に支障をきたす

invalidation [ɛ̃validasjɔ̃] 女 [法] 無効化

invalide [ɛ̃valid] 形 ①(老齢・けがなどで)働けない, 体が不自由な ②(古)(法的に)無効な ━ 名 (老齢・けがなどで)働けなくなった人 ━ 男 ①傷病(⁽⁾)軍人 ②[les I-s] (パリの)廃兵院, アンヴァリッド記念館

invalider [ɛ̃valide] 他 [法] 無効にする

invalidité [ɛ̃validite] 女 ①病身; 傷病, 廃疾, 障害 ②[法] 無効

invar [ɛ̃var] 男 インバー[アンバー]【鉄とニッケルの合金】

invariabilité [ɛ̃varjabilite] 女 不変(性)

invariable [ɛ̃varjabl] 形 変らない; 意志堅固な;[文法] 不変化の

invariablement [ɛ̃varjabləmɑ̃] 副 変わることなく, 相変わらず, いつも

invariance [ɛ̃varjɑ̃s] 女 [数] 不変性

invariant(e) [ɛ̃varjɑ̃, -ɑ̃t] 形 不変の ━ 男 不変のもの;[物・数] 不変量[式]

invasif(ve) [ɛ̃vazif, -iv] 形 [医] 侵襲性のある【検査などで体を傷つけて診断をする方法】;(腫瘍の)転移性の

invasion [ɛ̃vazjɔ̃] 女 ①侵略(者たち); 侵入, 乱入; 蔓延(ᵗᵃⁿ), 氾濫 ②[医] 発病期, 初期

invective [ɛ̃vɛktiv] 女 罵詈, ののしり

invectiver [ɛ̃vɛktive] 他 (文) 罵詈する, ののしる ━ 自 (文) (…を)ののしる (*contre*) ━ 代動 **s'~** ののしり

合う

invendable [ɛ̃vɑ̃dabl] 形 売れない

invendu(e) [ɛ̃vɑ̃dy] 形男 売れ残った(品)

inventaire [ɛ̃vɑ̃tɛr] 男 目録(作成); 在庫品調べ, 棚卸し;〔法〕財産目録; 詳細な調査

*__inventer__ [ɛ̃vɑ̃te アンヴァンテ] 他 (英 invent) 発明する; 考え出す; (話などを)でっち上げる ▶ **ne pas avoir inventé la poudre** [**le fil à couper le beurre**] (話)利口なほうではない ── 代動 [**s'~**] 考え出される, でっち上げられる;(自分のために)…を考え出す

*__inventeur(trice)__ [ɛ̃vɑ̃tœr, -tris アンヴァントゥール(トリス)] 名 (英 inventor) ①発明者[家] ②(法)(宝や遺失物などの)発見者

inventif(ve) [ɛ̃vɑ̃tif, -iv] 形 発明の才(創意)のある, 機略に富んだ

*__invention__ [ɛ̃vɑ̃sjɔ̃ アンヴァンスィヨン] 女 ①(英 invention) 発明(品); 創意, 独創; 工夫; でっち上げ; つくり話 ②〔法〕発見

inventivité [ɛ̃vɑ̃tivite] 女 発明の才, 創造, 創意

inventorier [ɛ̃vɑ̃tɔrje] 他 (商品・財産などの)明細目録ふをとる; 整理分類する

invérifiable [ɛ̃verifjabl] 形 真偽の確かめられない, 検証不能の

inversable [ɛ̃vɛrsabl] 形 くつがえすことができない

inverse [ɛ̃vɛrs アンヴェルス] 形 (英 opposite) 逆の, 反対の ▶ **dans l'ordre inverse** 逆の順番で **en sens inverse** (…と)反対方向に《de》 ── 男 逆(のこと), 反対 ▶ **à l'inverse** (…とは逆に《de》

inversement [ɛ̃vɛrsəmɑ̃] 副 逆に, 反対に ▶ **inversement proportionnel à** …とは逆比例して

inverser [ɛ̃vɛrse] 他 逆にする; 逆流[逆動]させる

inverseur [ɛ̃vɛrsœr] 男 逆転器[装置]

inversible [ɛ̃vɛrsibl] 形 ①〔写〕反転現像用の ②(数)可逆の ── 男 〔写〕リバーサルフィルム, 反転フィルム

inversion [ɛ̃vɛrsjɔ̃] 女 〔文法〕(語順の)倒置; (性的)倒錯, 同性愛;〔生理〕転位;(化)転化;〔電〕逆流;(数)反転

invertébré(e) [ɛ̃vɛrtebre] 形 無脊椎の ── 男 〔複〕無脊椎動物

inverti(e) [ɛ̃vɛrti] 形〔<invertir〕①〔化〕(糖)転化した ── 名 同性愛者

invertir [ɛ̃vɛrtir] 他 33 反転させる;〔化〕(糖)転化する

investigateur(trice) [ɛ̃vɛstigatœr, -tris] 名 探究者, 研究者; 調査する人 ── 形 探究的な, 探るようた

investigation [ɛ̃vɛstigasjɔ̃] 女 調査; 探究, 捜査 ▶ **champ d'investigation** 研究分野

investiguer [ɛ̃vɛstige] 他 (…を)調査する《sur》

investir [ɛ̃vɛstir] 他 33 ①投資する; [~ A dans B] BにA(精力・情熱)を注ぐ ②[~ A de B] (…に)B(権限などを)与える;(党が候補を)公認する ③包囲する, 占拠する ── 自代動 [**s'~**] (…に)精力を注ぐ, 打ち込む《dans》

investissement [ɛ̃vɛstismɑ̃] 男 ①投資(資本); (…に)全力をそそぐこと《dans》 ②包囲; 占拠 ③[精医]備給, カセクシス

investisseur(se) [ɛ̃vɛstisœr, -øz] 名形 投資家(の) ▶ **investisseur institutionnel** 機関投資家

investiture [ɛ̃vɛstityr] 女 (大統領・司教などの)任命(式); (立候補者の)公認 ▶ **recevoir l'investiture de son parti** 党の公認を得る

invétéré(e) [ɛ̃vetere] 形 (悪習などが)根深い, 年来の; 凝り固まった

invincibilité [ɛ̃vɛ̃sibilite] 女 打ち勝ちにくさ, 無敵; 克服しにくいこと

invincible [ɛ̃vɛ̃sibl] 形 不敗の, 無敵の, 不屈の; 克服できない, 抗えない

invinciblement [ɛ̃vɛ̃sibləmɑ̃] 副 打ち勝てないほど; 抗しがたく

inviolabilité [ɛ̃vjɔlabilite] 女 不可侵(性), 神聖

inviolable [ɛ̃vjɔlabl] 形 不可侵の, 神聖な; 不可侵権をもった

inviolé(e) [ɛ̃vjɔle] 形 侵されたことのない, 未侵の

invisibilité [ɛ̃vizibilite] 女 目に見えないこと, 不可視性

*__invisible__ [ɛ̃vizibl アンヴィズィブル] 形 目に見えない; 微細な;(人が)姿を見せない; 人目を避ける ── 男〔複〕〔経〕貿易外取引

invisiblement [ɛ̃vizibləmɑ̃] 副 目に見えないほど(ように)

*__invitation__ [ɛ̃vitasjɔ̃ アンヴィタスィヨン] 女 (英 invitation) (…への)招待(状)《à》; (…への)勧め, 勧誘, 勧告《à》 ▶ **à [sur] l'invitation de** (人)に招かれて, 勧められて **lettre [carton] d'invitation** 招待状

invite [ɛ̃vit] 女 (それとなく)そそのかすこと, 誘い

*__invité(e)__ [ɛ̃vite アンヴィテ] 形 (<inviter) 招待された ── 名 招待客, お客 ▶ **invité de marque** 特別ゲスト

*__inviter__ [ɛ̃vite アンヴィテ] 他 (英 invite) ①(…に)招待する, 招く, 誘う《à》; おごる ②(人に…するように)促す, 勧める《à》;(…の)(…が)…する気を起こさせる

in vitro [invitro] 副 《ラ》試験管内で, 生体外で

invivable [ɛ̃vivabl] 形 (環境・家が)生活しにくい; (話)(人かともかといっしょに)住めない, つきあいにくい

in vivo [invivo] 副《ラ》生体内で

invocation [ɛ̃vɔkasjɔ̃] 女 (…への)祈り, 祈願《à》

invocatoire [ɛ̃vɔkatwar] 形 《文》

加護のある

involontaire [ɛ̃vɔlɔ̃tɛr アンヴォロンテール] 形 (英 involuntary) 無意識の, 意図しない; 不本意な

involontairement [ɛ̃vɔlɔ̃tɛrmɑ̃] 副 無意識に, 過失で, うっかり

involution [ɛ̃vɔlysjɔ̃] 女 〔生〕退化, 退縮; 〔数〕対合

*__involuer__ [ɛ̃vɔke アンヴォケ] 他 (法律などに)引き合いに出す, …の力に頼る; 加護を祈る (懇願などを)乞う

*__invraisemblable__ [ɛ̃vrɛsɑ̃blabl アンヴレサンブラブル] 形 ①(英 unlikely) 本当らしくない, ありそうもない, 信じられない ②(話) 途方もない ── 男 ありそうもないこと

invraisemblablement [ɛ̃vrɛsɑ̃blabləmɑ̃] 副 信じられないほど, とてつもなく

invraisemblance [ɛ̃vrɛsɑ̃blɑ̃s] 女 本当らしくないこと

invulnérabilité [ɛ̃vylnerabilite] 女 傷つかないこと, 不死身

invulnérable [ɛ̃vylnerabl] 形 傷つかない, 不死身の;〔文〕(…に)屈しない, 動じない

iode [jɔd] 男 〔化〕ヨウ素, ヨード

iodé(e) [jɔde] 形 ヨードを含む

iodoforme [jɔdɔfɔrm] 男 〔化〕ヨードホルム

iodure [jɔdyr] 男 〔化〕ヨウ化物

ion [jɔ̃] 男 〔化〕イオン

Ionesco (Eugène ～) イオネスコ【1909-94; ルーマニア出身の劇作家】

Ionie [jɔni] 女 〔史〕イオニア【エーゲ海に臨む小アジアの地方; 古代ギリシア人が植民した】

ionien(ne) [jɔnjɛ̃, -ɛn] 形名 [I-] イオニアの(人) ── 男 イオニア方言

ionique[1] [jɔnik] 形 イオニア(式)の

ionique[2] [jɔnik] 形 イオンの

ionisant(e) [jɔnizɑ̃, -ɑ̃t] 形 イオン化する

ionisation [jɔnizasjɔ̃] 女 〔化〕イオン化, 電離

ionisé(e) [jɔnize] 形 (< ioniser) イオン化[電離]した

ioniser [jɔnize] 他 イオン化[電離]する

ionosphère [jɔnɔsfɛr] 女 〔物〕電離層

iota [jɔta] 男 ①イオタ【Ι, ι; ギリシア字母第9字】②ごく小さなこと[もの] ▶ **ne pas bouger d'un iota** 少しも動こうとしない **ne pas manquer un iota** 何一つ欠けていない

IPC (略) indice des prix à la consommation 消費者物価指数

ipéca [ipeka] 男 〔薬〕吐根(こん)[吐剤]

ipso facto [ipsofakto] 副 〈ラ〉事実そのものによって, おのずから

-ique 接尾 ①「…の性質をもつ(人)」の意の形容詞[名詞]をつくる ②「…学」「…術」の意の詞をつくる

ir- 接頭 (<ラ)「反(対)」の意

IRA (略) (< 英) Irish Republican Army アイルランド共和国軍

ira(s) [ira], **irai(...)** [ire] ⇒aller

Irak [irak] 男 イラク

irakien(ne) [irakjɛ̃, -ɛn] 形名 [I-] イラクの(人)

Iran [irɑ̃] 男 イラン

iranien(ne) [iranjɛ̃, -ɛn] 形名 [I-] イランの(人) ── 男 イラン語

Iraq [irak] 男 = Irak

iraqien(ne) [irakjɛ̃, -ɛn] 形名 = irakien

irascibilité [irasibilite] 女 怒りっぽさ, 気難しさ

irascible [irasibl] 形 怒りっぽい, 気難しい

ire [ir] 女 〔古〕怒り

Irène [irɛn] 女 イレーヌ【女子の名】

irez [ire] ⇒aller

iridacées [iridase] 女 (複) 〔植〕アヤメ科

iridié(e) [iridje] 形 〔化〕イリジウムを含んだ

iridien(ne) [iridjɛ̃, -ɛn] 形 〔医〕虹彩の

iridium [iridjɔm] 男 〔化〕イリジウム

iridologie [iridɔlɔʒi] 女 〔医〕虹彩学

iridien(ne) [irjɛ̃, -ɛn] 形 = iridien

iriez [irje], **irions** [irjɔ̃] ⇒aller

iris[1] [iris] 男 ①〔植〕アイリス ②(眼球の)虹彩; 写真の, レンズの絞り ③虹色, プリズム色

iris[2] [iris] 女 [I-]【ギ神】イリス【虹の女神】

irisation [irizasjɔ̃] 女 虹色を発すること; 虹色の光彩

irisé(e) [irize] 形 虹(色)の, 虹色に輝く

iriser [irize] 他 虹色にする ── 代動 [s'～] 虹色になる[輝く]

iritis [iritis] 女 〔医〕虹彩炎

irlandais(e) [irlɑ̃dɛ, -ɛz イルランデ(ズ)] 形 アイルランドの ── 名 [I-] アイルランド人 ── 男 アイルランド語

Irlande [irlɑ̃d] 女 アイルランド ▶ **Irlande du Nord** [I'～] 北アイルランド **République d'Irlande** [la ～] アイルランド共和国

IRM (略) imagerie par résonance magnétique [医] 核磁気共鳴影像法, MRI

*__ironie__ [irɔni イロニ] 女 (英 irony) 皮肉, 反語 ▶ **ironie du sort** 運命の皮肉なめぐりあわせ

*__ironique__ [irɔnik イロニク] 形 皮肉な

ironiquement [irɔnikmɑ̃] 副 皮肉に

ironiser [irɔnize] 自 (…について)皮肉を言う (sur)

ironiste [irɔnist] 名 皮肉屋, 風刺作家

irons, iront [irɔ̃] ⇒aller

iroquois(e) [irɔkwa, -az] 形 (北米

原住民のイロクオイ(語)族の ― 名 [I-] イロクオイ(語)族; [i-] (話)モヒカン刈りの髪型をした人 ― 男 イロクオイ語 ― 女 (話)モヒカン刈り

IRPP (略) impôt sur le revenu des personnes physiques 所得税

irradiant(e) [iradjɑ̃, -ɑ̃t] 形 発散する, 放射する

irradiation [iradjasjɔ̃] 女 発光, 放射; (生)放散, 拡散; (医)(放射線の)照射, 被曝

irradié(e) [iradje] 形 放射能(線)を浴びた, 被爆した ▶ *combustible irradié* (原子炉の)使用ずみ燃料

irradier [iradje] 自 他動 **s'~** 発散[分散]する, 広がる ― 他 放射線にかける, 照射する

irraisonné(e) [irɛzɔne] 形 理由のない, 理性にあわない

irrationalisme [irasjɔnalism] 男 非合理主義

irrationalité [irasjɔnalite] 女 非合理性

irrationnel(le) [irasjɔnɛl] 形 非理性的な, 合理的でない ― 男 不合理, 合理的でないもの; [数]無理数(= nombre ~)

irrattrapable [iratrapabl] 形 取り戻せない, 取り返しのつかない

irréalisable [irealizabl] 形 実現できない(こと)

irréalisé(e) [irealize] 形 実現されなかった

irréalisme [irealism] 男 現実感覚の欠如, 非現実的なこと

irréaliste [irealist] 形 非現実的な ― 名 非現実主義者

irréalité [irealite] 女 非現実性

irrecevabilité [irɛs(ə)vabilite] 女 受入れがたいこと; [法]不受理

irrecevable [irɛs(ə)vabl] 形 受け入れ[承認]できない

irréconciliable [irekɔ̃siljabl] 形 和解できない, 不倶戴天の(たてんの)

irrécouvrable [irekuvrabl] 形 取り戻しのつかない, 回収[復]不能の

irrécupérable [irekyperabl] 形 取り戻し不能, 再利用できない; (人が社会などに)復帰できない

irrécusable [irekyzabl] 形 反論できない; [法]忌避できない

irrécusablement [irekyzabləmɑ̃] 副 疑惑にしく, 反論の余地がないほど

irrédentisme [iredɑ̃tism] 男 (くに)失地回復主義, イレデンティズム [19世紀イタリアでの失地回復運動]

irrédentiste [iredɑ̃tist] 形 失地回復主義の ― 名 失地回復主義者

irréductibilité [iredyktibilite] 女 非還元性; [数]既約性; 頑固さ

irréductible [iredyktibl] 形 (…に)還元[簡略化]できない(à); [数]既約の; 妥協しない, 頑固な ― 名 頑固な人, 妥協しない人

irréductiblement [iredyktibləmɑ̃] 副 妥協[不可避]的に

irréel(le) [ireɛl] 形 非現実的な ― 男 非現実的なもの; [言]非現実法(= mode ~)

irréellement [ireɛlmɑ̃] 副 非現実的に

irréfléchi(e) [irefleʃi] 形 軽率な, 思慮の足りない

irréflexion [irefleksjɔ̃] 女 無分別, 軽率

irréfragable [irefragabl] 形 (文)論駁(ばく)[否定]できない; (法)覆しえない

irréfutabilité [irefytabilite] 女 反証不可能(性)

*****irréfutable** [irefytabl] イレフュタブル 形 反論できない

irréfutablement [irefytabləmɑ̃] 副 反論の余地がないほど

irréfuté(e) [irefyte] 形 反論[論駁]されたことのない

irrégularité [iregylarite] 女 ①(形状の)不均整; 不規則(性) ② 不正(行為), 違反

*****irrégulier(ère)** [iregylje, -ɛr] イレギュリエ(-ル) 形 ①(英 irregular)不規則な; 整っていない ② 不正規の, 不法な ③ 移り気の, (行動・成績が)一定しない

irrégulièrement [iregyljɛrmɑ̃] 副 不規則に, 不揃いに

irréligieux(se) [ireliʒjø, -øz] 形 無宗教の, 反宗教的な

irréligion [ireliʒjɔ̃] 女 無宗教, 無信仰

irremboursable [i(r)rɑ̃bursabl] 形 返金できない; 償還不能

irrémédiable [iremedjabl] 形 取り返しのつかない; 不治の; 復旧不可能な

irrémédiablement [iremedjabləmɑ̃] 副 取り返しのつかないほど, 決定的に

irrémissible [iremisibl] 形 (文)許しがたい; 避けがたい

irrémissiblement [iremisibləmɑ̃] 副 (文)容赦なく, 厳しく

irremplaçable [irɑ̃plasabl] 形 かけがえのない, 取り替えのきかない

irréparable [ireparabl] 形 修理できない, 取り返しのつかない, 償うことのできない ― 男 取り返しのつかないこと

irréparablement [ireparabləmɑ̃] 副 取り返しのつかないほど, 決定的に

irrépréhensible [irepreɑ̃sibl] 形 (文)非の打ちどころのない; 罪のない

irrépressible [irepresibl] 形 抑え切れない

irréprochable [ireprɔʃabl] 形 非の打ちどころのない, 申し分のない

irréprochablement [ireprɔʃabləmɑ̃] 副 非の打ちどころなく, 申し分なく

irrésistible [irezistibl] 形 ①抵抗できない, 抑えがたい; (人が)どうしようもなく魅力的な ② たまらなくおかしい

irrésistiblement [irezistibləmɑ̃]

irrésolu(e) [irezɔly] 副 どうしようもなく

irrésolu(e) [irezɔly] 形 態度があいまいな、煮え切らない；解決していない

irrésolution [irezɔlysjɔ̃] 女 優柔不断，不決断

irrespect [irɛspɛ] 男 不敬，無礼

irrespectueusement [irɛspɛktyøzmɑ̃] 副 無礼な態度で

irrespectueux(se) [irɛspɛktyø, -øz] 形 無礼な，不敬な

irrespirable [irɛspirabl] 形 吸うと危険な，呼吸困難な；息苦しい

irresponsabilité [irɛspɔ̃sabilite] 女 責任のないこと，無責任；免責

irresponsable [irɛspɔ̃sabl] 形 責任のない，免責されている；無責任な — 名 無責任な人

irrétrécissable [iretresisabl] 形 (布などが)縮まない

irrévérence [ireverɑ̃s] 女 (文) 不敬，無礼(な言動)

irrévérencieusement [ireverɑ̃sjøzmɑ̃] 副 (文) 不敬にも

irrévérencieux(se) [ireverɑ̃sjø, -øz] 形 (文) 不敬な，不遜な

irréversibilité [irevɛrsibilite] 女 不可逆性

irréversible [irevɛrsibl] 形 不可逆の；取り返しのつかない

irréversiblement [irevɛrsiblə-mɑ̃] 副 不可逆的に；取り返しのつかないように

irrévocable [irevɔkabl] 形 取消しのきかない，最終的な；後戻りない

irrévocablement [irevɔkabləmɑ̃] 副 決定的に

irrigable [irigabl] 形 灌漑(かんがい)できる

irrigateur(trice) [irigatœr, -tris] 形 男 灌漑(かんがい)用の(装置)

irrigation [irigasjɔ̃] 女 灌漑(かんがい)

irriguer [irige] 他 灌漑(かんがい)する

irritabilité [iritabilite] 女 ①怒りっぽさ ②(皮膚などの)過敏性

irritable [iritabl] 形 ①怒りっぽい，短気な ②〔生理〕(皮膚などが)過敏な，炎症を起こしやすい

irritant(e) [iritɑ̃, -ɑ̃t] 形 いらいらさせる，腹立たしい；刺激性な

irritation [iritasjɔ̃] 女 ①いらだち，怒り ②(軽い)炎症，ひりひりすること；〔生理〕刺激，興奮

irrité(e) [irite] 形 ①(…に対して)怒っている，いらだっている(contre) ②炎症を起こしている，ひりひりした

*****irriter** [irite] イリテ 他 (英 irritate) ①いらいらさせる，怒らせる ②(軽い)炎症を起こさせる，ひりひりさせる ③(文)(欲望・好奇心を)刺激する — 代動 [s'~] ①(…で；…に)いらいらする，怒る (de; contre) ②ひりひりする ③かきたてられる

irruption [irypsjɔ̃] 女 侵入，乱入；闖入；氾濫 ▶ faire irruption dans …に乱入する

Isabelle [izabɛl] 女 イザベル【女子の名】

isabelle [izabɛl] 形 〈不変〉 クリーム色の，(馬が)月毛の

Isaïe [izai] 男 〔聖〕イザヤ【ユダヤの予言者】

isard [izar] 男 〔動〕(ピレネー産の)カモシカ

isatis [izatis] 男 ①〔動〕ホッキョクギツネ ②〔植〕タイセイ(大青)

isba [izba] 女 〔ロシア農村の〕丸太小屋

ISBN (略) (< 英) International Standard Book Number 国際標準図書番号

ischémie [iskemi] 女 〔医〕虚血

ischémique [iskemik] 形 虚血性の

ischiatique [iskjatik] 形 〔解〕座骨の；腰関節の

ischion [iskjɔ̃] 男 〔解〕座骨

-iser 接尾「…化する」の意の動詞をつくる

Isère [izɛr] 女 ①[l'~] イゼール川【Rhône 川の支流】 ②イゼール県【フランス東南部】

ISF (略) impôt de solidarité sur la fortune 連帯富裕税

*****islam** [islam] 男 イスラム教；[l'I-] イスラム世界〔文化圏〕

islamique [islamik] 形 イスラム教の

islamisation [islamizasjɔ̃] 女 イスラム化

islamiser [islamize] 他 イスラム化する，イスラム教に改宗させる

islamisme [islamism] 男 イスラム教〔原理主義〕

islamiste [islamist] 形 イスラム教〔原理主義〕の — 名 イスラム教徒〔原理主義者〕

islamité [islamite] 女 イスラム的なもの，イスラム文化

islamologie [islamɔlɔʒi] 女 イスラム学，イスラム研究

islandais(e) [islɑ̃dɛ, -ɛz] 形 アイスランドの — 名 [I-] アイスランド人；(アイルランドの)ブルターニュ漁夫 — 男 アイスランド語

Islande [islɑ̃d] 女 アイスランド

ismaélien(ne) [ismaeljɛ̃, -ɛn] 名 イスマイル派の一員

ismaélisme [ismaelism] 男 イスマイル派【シーア派の1分派】

ismaélite [ismaelit] 形 名 イスマエルの後裔になる，アラブ人の

-isme 接尾 (くぎ, ラ)「主義」「状態」「活動」の意の名詞をつくる

iso- 接頭 (くぎ)「同じ」「等しい」の意

isobare [izɔbar] 形 〔気〕等圧の — 女 等圧線

isobathe [izɔbat] 形 〔地理〕等深の — 女 等深線

isocèle [izɔsɛl] 形 2等辺の

isochrone [izɔkrɔn], **isochronique** [izɔkrɔnik] 形 〔物〕等時性の

isochronisme [izɔkrɔnism] 男

isoclinal(ale) [izɔklinal] 形 (男複 -aux [-o]) [地理] 等斜の

isocline [izɔklin] 形 [物] 等伏[等傾]角の

isodynamie [izɔdinami] 女 (食物間の)栄養価が等しいこと

isodynamique [izɔdinamik] 形 ① [地] 等磁力の ② (食物が)等価の

isoédrique [izɔedrik] 形 [鉱, 単形の] 同一性質の面だけで取り囲まれていること

isogamie [izɔgami] 女 [生] 同形配偶

isoglosse [izɔglɔs] 形 [言] 等語線の

isoglucose [izoglykoz] 男 異性化糖(イソグルコース)

isogone [izogon] 形 [数] 等角の

isohyète [izɔjɛt] 形 [気] 等降水量の

isohypse [izoips] 形 [地理] 等高の

isolable [izɔlabl] 形 分離できる

isolant(e) [izɔlɑ̃, -ɑ̃t] 形 孤立させる; [電] 絶縁する ▶ **langue isolante** [言] 孤立語 — 男 絶縁体 ▶ **isolant phonique** 防音材 **isolant thermique** 断熱材

isolat [izɔla] 男 ① 孤立したもの ② [生] 分離[抽出]している人

isolateur [izɔlatœr] 男 [電] 絶縁物, 碍子(がい)

isolation [izɔlasjɔ̃] 女 (電気の)絶縁 **isolation phonique** [**acoustique**] 防音 **isolation thermique** 断熱

isolationnisme [izɔlasjɔnism] 男 [政] 孤立主義

isolationniste [izɔlasjɔnist] 名 形 [政] 孤立主義者[の]

*__isolé(e)__ [izɔle イゾレ] 形 (英 isolated) 孤立した; 人里離れた; 孤独な; 単独の; 特殊な;(電気などが)絶縁[断熱]された — 名 孤独な人, 連れのいない人

isolement [izɔlmɑ̃] 男 孤立; 孤独; 隔離; 絶縁

isolément [izɔlemɑ̃] 副 孤立して; 別々に

isoler [izɔle イゾレ] 他 孤立させる, 引き離す;(病人などを)隔離する, 断熱する, 防音する;[電] 絶縁する;(細書などを)分離抽出する ▶ **isoler... du bruit** …を防音する **isoler... du froid** …を防寒する — 代動 [**s'~**] ひとりきりになる, 引きこもる

isoloir [izɔlwar] 男 (仕切られた)投票用紙の記入場所

isomère [izɔmɛr] 男 形 [化・物] 異性体(の), 異性核(の)

isomérie [izɔmeri] 女 [化] 異性体; [物] 核異性

isométrie [izɔmetri] 女 [数] 等長写像

isométrique [izɔmetrik] 形 (結晶等)軸角の;[数] 等長の

isomorphe [izɔmɔrf] 形 同型の

isomorphisme [izɔmɔrfism] 男 [化・数] 同形(体); [言] 同形(性)

isoniazide [izɔnjazid] 女 [医] イソニアジド[結核の治療薬]

isorel [izɔrɛl] 男 イゾレル[硬質合板]

isosyllabique [izosi(l)labik] 形 [音声] 等音節の

isotherme [izɔtɛrm] 形 [気] 等温の ▶ **camion isotherme** 冷凍トラック — 女 等温線

isotope [izɔtɔp] 男 (< 英)[物] 同位体[元素], アイソトープ — 形 アイソトープの

isotopique [izɔtɔpik] 形 [物] 同位体の

isotrope [izɔtrɔp] 形 [物] 等方性の

isotropie [izɔtrɔpi] 女 等方性; 等方性媒質

Israël [israɛl] 男 イスラエル

israélien(ne) [israeljɛ̃, -ɛn] 形 (現代)イスラエルの — 名 [**I-**] イスラエル人

israélite [israelit] 形 ユダヤ教の, イスラエルの — 名 (**I~**) ユダヤ教徒[人]; (古代の)イスラエル人

-issime 接尾 (< ラ)「非常に」の意の形容詞をつくる

issu(e) [isy] 形 …出身の, …生まれの (**de**); (…から)生じた, 起こった (**de**)

*__issue__ 女 イシュ [izy] (英 exit) 出口; 解決策; 結末, 結果 ▶ **à l'issue de** …の終わりに, …の結果 **heureuse issue** 幸運な結末 **issue de secours** 非常口; 万一の手段 **sans issue** 出口のない; 行き詰まった **voie sans issue** 行き止まりの道; 苦境

IST (略) infection sexuellement transmissible [医] 性感染症

-iste 接尾 (< ギ, ラ)「…に従事する人」「…の専門家」「…を支持する(人)」の意の形容詞名詞をつくる

isthme [ism] 男 ① 地峡 ② [解] 峡部

italianisant(e) [italjanizɑ̃, -ɑ̃t] 名 イタリア学者; イタリア芸術の影響を受けている芸術家

italianiser [italjanize] 他 イタリア化する

italianisme [italjanism] 男 [言] イタリア語法; イタリア趣味

*__Italie__ [itali イタリ] 女 (英 Italy) イタリア

*__italien(ne)__ [italjɛ̃, -ɛn イタリヤン(エヌ)] (英 Italian) イタリアの — 名 [**I-**] (イタリア人 — 男 イタリア語

italique [italik] 形 (印) イタリックの; 斜体字の ▶ **on italique** (で) — 男 イタリック体の; 古代イタリアの

-ite 接尾 (< ギ) ①「…の(人)」の意の形容詞名詞をつくる ②「炎症」の意の女性名詞をつくる

item[1] [itɛm] 副 (< ラ) 同じく; さらに

item² [itɛm] 男 (<英) (文法などの) 項目

itératif(ve) [iteratif, -iv] 形 反復する、繰り返された; [言] 反復の

itération [iterasjɔ̃] 女 反復、繰り返し

ithyphallique [itifalik] 形 (古代ギリシアの) 男根の

***itinéraire** [itinerɛr イティネレール] 男 道順、ルート、旅程; (思想などの) 歩み ▶ *itinéraire bis* [*de délestage*] 迂回路

itinérant(e) [itinerɑ̃, -ɑ̃t] 形 巡回する、移動する

itou [itu] 副 (話・古) …もまた ▶*Et moi itou!* (話) 私も同じだ

-itude 接尾 性質、状態を表す形容詞をつくる

IUFM (略) Institut universitaire de formation des maîtres 教員養成大学院

iule [jyl] 男 [動] ヒヤスデ

IUT (略) Institut universitaire de technologie 工業技術短期大学

IVG (略) interruption volontaire de grossesse 妊娠中絶

ivoire [ivwar] 男 (英 ivory) 象牙(細工品); (歯の)象牙質 ▶*Côte d'Ivoire* [*la* ~] コートジヴォワール共和国 *couleur ivoire* アイボリー(色) *en ivoire* 象牙の

ivoirien(ne) [ivwarjɛ̃, -ɛn] 形 コートジヴォワール(人)の — 名 [I-] コートジヴォワール人

ivraie [ivrɛ] 女 [植] ドクムギ [ホソムギ属]; 有害物

***ivre** [ivr イーヴル] 形 (英 drunk) 酔った; (…に) 夢中の ⟨*de*⟩ ▶ *ivre de colère* 怒り狂った *ivre mort* 泥酔した

ivresse [ivrɛs] 女 酔い; 夢中、陶酔

ivrogne [ivrɔɲ] 形 (英 drunk) (酒に)酔った、酒飲みの — 名 酔っ払い

ivrognerie [ivrɔɲri] 女 飲酒癖、アル中

ivrognesse [ivrɔɲɛs] 女 (俗) 酒飲み女

ixia [iksja] 女 [植] イキシア(属)

ixième [iksjɛm] 形 X 番目の、数え切れないほどの

J

J, j¹ [ʒi] フランス字母の第10字; jour この J ▶*jour J* [*le* ~] [軍] 攻撃開始予定日; 行動開始日

j² [ʒul] [[]] (略) joule [物] ジュール

j' [ʒ] 代 (人称) je の縮約形

jable [ʒabl] 男 (樽の底板をはめ込んだめの) 樽板の溝

jabot [ʒabo] 男 ①(鳥・昆虫の)胃袋(ぶくろ) ②(レースなどでできた)シャツの胸飾り

jaboter [ʒabɔte] 自 (話・古) ぺちゃくちゃしゃべる

jacasse [ʒakas] 女 [鳥] カササギ(= pie)

jacassement [ʒakasmɑ̃] 男 おしゃべり; (カササギが)鳴く; (話) ぺちゃくちゃしゃべる

jacasser [ʒakase] 自 (カササギが)鳴く; (話) ぺちゃくちゃしゃべる

jacasserie [ʒakasri] 女 やかましいおしゃべり

jacasseur(se) [ʒakasœr, -øz] 形 名 (話) おしゃべりな(人)

jachère [ʒaʃɛr] 女 休耕地(状態) ▶ *en jachère* 休耕中の

jacinthe [ʒasɛ̃t] 女 [植] ヒヤシンス

jackpot [(d)ʒakpɔt] 男 (<英) スロットマシン; (スロットマシンの)大当たり、大金 ▶ *toucher le jackpot* 大当たりする

Jacob [ʒakɔb] 男 [聖] ヤコブ

jacobin(e) [ʒakɔbɛ̃, -in] 名 (史) ジャコバン派の; 過激な — [男] ジャコバン党員; 中央集権的な共和主義者 ▶ *club des Jacobins* ジャコバンクラブ 〔フランス革命時の急進的な政治結社〕

jacobinisme [ʒakɔbinism] 男 (史) ジャコバン主義; 中央集権的共和主義

jacot [ʒako] 男 = jacquot

jacquard [ʒakar] 男 [服] ジャカード式織機、ジャカード柄の編み物[織物]

jacquemart [ʒakmar] 男 = jaquemart

jacquerie [ʒakri] 女 農民一揆 〔1358年のジャクリーの乱より〕

Jacques [ʒak] 男 ①ジャック[男子の名] ②[史] 田舎者[農民に対する蔑称]; (話) うすのろ ▶ *battre* [*faire*] *le Jacques* (話) おどけてみせる、ばかなまねをする

jacquet [ʒakɛ] 男 バックギャモン(盤) 〔西洋すごろくの一種〕

jacquier [ʒakje] 男 = jaquier

jacquot [ʒako] 男 [鳥] オウム

jactance¹ [ʒaktɑ̃s] 女 (文) うぬぼれ、高慢

jactance² [ʒaktɑ̃s] 女 (俗) おしゃべり

jacter [ʒakte] 自 (話) しゃべる; (…を)口汚く批評する、中傷する ⟨*sur*⟩

jaculatoire [ʒakylatwar] 形 ▶ *oraison jaculatoire* [カト] 射祷[ょ] 〔熱心な短い祈り〕

Jacuzzi [ʒakyzi] 男 ジャクージ、ジャグジー 〔ジェット式泡風呂〕

jade [ʒad] 男 [鉱] 翡翠(ʰɔ); 翡翠細工

***jadis** [ʒadis ジャディス] 副 (文) かつて、昔

jaguar [ʒagwar] 男 [動] ジャガー

j'ai [ʒɛ] je + avoir の直・1・単 ⇨ avoir

***jaillir** [ʒajir ジャイイール] 自 33 (英 spurt out) ほとばしり出る、噴き出す; (光などが)発する; 急に現れる; そびえ立つ

jaillissant(e) [ʒajisɑ̃, -ɑ̃t] 形 噴き出る、湧き出る

jaillissement [ʒajismɑ̃] 男 噴出, ほとばしり

jaïn [ʒain], **jaïna** [ʒaina] 形 《ヒンディー》ジャイナ教(徒)の ― 名 ジャイナ教徒

jaïnisme [ʒainism] 男 ジャイナ教【インドの厳しい戒律の宗教】

jais [ʒɛ] 男 《鉱》黒玉；漆黒 ▶ *noir comme le jais* 漆黒の

jalon [ʒalɔ̃] 男 (測量用の)標柱；道しるべ；段取り ▶ *poser les (premiers) jalons de* …への道を開く，…を可能にする

jalonnement [ʒalɔnmɑ̃] 男 標柱を立てること

jalonner [ʒalɔne] 他 …に標柱を立てる，(…で)印をつける(de)；(標柱のように)点々と並ぶ，次々と起こる ― 自 標柱を立てる

jalousement [ʒaluzmɑ̃] 副 嫉妬して，ねたましげに；入念に

jalouser [ʒaluze] 他 ねたむ ― 代動 (se ~) ねたみ合う

*jalousie [ʒaluzi] 女 ① 嫉妬(心)，羨望 ② 鎧戸，ブラインド

*jaloux(se) [ʒalu, -uz ジャル-(-ズ)] 形 《英 jealous》嫉妬深い；(…を)ねたんでいる(de)；《文》(…に)執着している，恋々としている(de) ▶ *jaloux* 嫉妬深い人，やきもちやき ▶ *faire des jaloux* 嫉妬させる

jamaïcain(e), **jamaïquain(e)** [ʒamaikɛ̃, -ɛn] 形名 [J-] ジャマイカ(島)の(人)

Jamaïque [ʒamaik] 女 ジャマイカ(島)

*jamais [ʒamɛ ジャメ] 副 ①《英 never》《否定》[ne...jamais]決して[一度も]…ない ▶ *C'est le moment ou jamais de* …するのは今しかない *jamais de la vie* 絶対いやだ *Jamais deux sans trois!* 二度あることは三度ある *Je ne reviendrai jamais.* 二度と来ません *plus jamais* もう二度と(…ない) *plus que jamais* かつてないほど ②《ever》《過去》かつて，これまでに；《未来・仮定》いつか ▶ *à (tout) jamais* 永久に *Avez-vous jamais vu ça?* これを見たことがありますか *pour jamais* 永久に *si jamais...* 万一…なら

jambage [ʒɑ̃baʒ] 男 ①(f. m.などの)縦線 ②《建》(戸・窓などの)側柱

*jambe [ʒɑ̃b ジャンブ] 女 《英 leg》(人間の)脚；足；脚力；(馬の)後脚；(ズボンの)脚の部分，(物の)側面，支柱 ▶ *à toutes jambes* 全速力で *croiser les jambes* 足を組む *faire des ronds de jambe* 《話》ばか丁寧な態度を取る *faire une belle jambe* 《話》(人にとって)何の役にも立たない (4) *lever la jambe* 《話》女性が脚を上げる *ne plus tenir sur ses jambes* もう立っていられない *par-dessus la jambe* 《話》いい加減に，ぞんざいに *partie de jambes en l'air* 《話》性行為 *prendre ses jambes à son cou* 《話》一目散に逃げる *tenir la jambe à…* 《話》(人)を引きとめる，長話をする *tirer dans les jambes de…* 《話》(人)を陰険なやり方で陥れる，卑劣に中傷する

jambière [ʒɑ̃bjɛr] 女 ゲートル；〔スポーツ〕レガース，すね当て

*jambon [ʒɑ̃bɔ̃ ジャンボン] 男 《英 ham》ハム，豚のもも肉；《話》太腿 ▶ *jambon cru* 生ハム *jambon cuit [de Paris]* ボンレスハム *jambon fumé* 薰製ハム

jambonneau [ʒɑ̃bɔno] 男 (複 ~x) (豚のすね肉で作る)ハム

jamboree [ʒɑ̃bɔre, ʒɑ̃bɔri] 男 《英》ジャンボリー【ボーイスカウトの国際大会】

janissaire [ʒaniser] 男 《史》(オスマントルコの)近衛兵

jansénisme [ʒɑ̃senism] 男 《宗》ジャンセニスム【17世紀オランダの神学者ヤンセン(Jansenius)が提唱した厳格な教義】；厳しい道徳

janséniste [ʒɑ̃senist] 名 《宗》ジャンセニスト；厳格主義者 ― 形 ジャンセニストの；厳格な

jante [ʒɑ̃t] 女 車線，リム ▶ *être sur la jante* 《話》くたくたになる

Janus [ʒanys] 男 〔ロ神〕ヤヌス【門・物事の初めを司る双面神】

*janvier [ʒɑ̃vje ジャンヴィエ] 男 《英 January》1 月

Japhet [ʒafɛt] 男 〔聖〕ヤペテ【旧約聖書『創世記』のノアの息子の一人】

*Japon [ʒapɔ̃ ジャポン] 男 《英 Japan》日本 ▶ *au Japon* 日本に[で] ― 男 [j-] 和紙

japonais(e) [ʒapɔnɛ, -ɛz] 形 《英 Japanese》日本の ▶ *les [J-]* 日本人 ― 男 日本語

japonaiserie [ʒapɔnɛzri], **japonerie** [ʒapɔnri] 女 日本趣味；日本の美術品/骨董品

japonisant(e) [ʒapɔnizɑ̃, -ɑ̃t], **japonologue** [ʒapɔnɔlɔg] 名 日本学者/研究家

japonisme [ʒapɔnism] 男 ジャポニスム，日本趣味

jappement [ʒapmɑ̃] 男 (小犬の)きゃんきゃんいう鳴き声

japper [ʒape] 自 (小犬が)きゃんきゃん鳴く；《話》わめきたてる

jaque [ʒak] 男 《植》パラミツ【ジャックフルーツの実】

Jaqueline [ʒaklin] 女 ジャクリーヌ【女子の名】

jaquemart [ʒakmar] 男 (大時計の)鐘打ち人形

jaquette [ʒakɛt] 女 ① モーニングコート；(婦人用の)スーツの上着，ジャケット ▶ *être [filer, refiler] de la jaquette (flottante)* 《話》男性同性愛者である

②(本の)カバー；(CDなどの)ジャケット；(歯にかぶせる)外被冠

jaquier [ʒakje] 男 〖植〗パラミツ(ジャクフルーツ)の木

jar [ʒar] 男《話》俗語

jardin [ʒardɛ̃ ジャルダン]男 (英 garden) 庭，庭園，公園(= public); 菜園 ▶côté jardin (舞台の)下手(%%) jardin botanique 植物園 jardin d'enfants 保育園 jardin potager 菜園 jardin secret 胸に秘めた思い jardin zoologique 動物園

jardinage¹ [ʒardinaʒ] 男 園芸，庭いじり，ガーデニング

jardinage² [ʒardinaʒ] 男 ダイヤのきず

jardiner [ʒardine] 自 庭[畑]いじりをする

jardinet [ʒardinɛ] 男 小さな庭

jardineux(se) [ʒardinø, -øz] 形 (宝石の)きずのある

jardinier(ère) [ʒardinje, -ɛr ジャルディニ(エール)] 形 庭の，園芸の — 名 庭師，植木屋 — 女 ①植木鉢，プランター ②付け合わせ野菜(= ～ de legumes) ▶jardinière d'enfants 保母

jargon [ʒargɔ̃] 男 俗語，業界[専門]用語；わけのわからない言葉，崩れた[訛った]言葉 ▶jargon administratif お役所[官僚]用語

jargonaphasie [ʒargɔnafazi] 女 〖医〗流暢性失語症

jargonner [ʒargɔne] 自 わかりにくい話し方をする；俗語や専門用語を使って話す

jarnac [ʒarnak] 男 ▶coup de Jarnac《話》思いがけない反撃[攻撃]；裏切り行為【不意打ちで決闘に勝ったJarnac男爵から】

jarre [ʒar] 女 (油などを貯えておく)大きな壺

jarret [ʒarɛ] 男 ひかがみ，膝の裏；(牛・馬の後足の)飛節；(子牛の)すね肉(= ～ de veau) ▶avoir des jarrets d'acier 健脚である

jarretelle [ʒartɛl] 女 (サスペンダー式の)ガーター

jarretière [ʒartjɛr] 女 ①(バンド式の)ガーター ②(船の)括帆索

jars [ʒar] 男 ガチョウの雄

jaser [ʒaze] 自 悪口[陰口]を言う；秘密を漏らす；(幼児が)片言をしゃべる

jaseur(se) [ʒazœr, -øz] 形 おしゃべりな，口の軽い — 名 おしゃべりな人 — 男 〖鳥〗レンジャク

jasmin [ʒasmɛ̃] 男 〖植〗ジャスミン(の花)；ジャスミン香料

jaspe [ʒasp] 男 〖鉱〗碧玉

jaspé(e) [ʒaspe] 形 (< jasper) 碧玉(%%)模様の，碧玉に似た

jasper [ʒaspe] 他 碧玉(%%)模様をつける

jaspiner [ʒaspine] 自《話・軽蔑的》おしゃべりする

jaspineur(se) [ʒaspinœr, -øz] 名 おしゃべり

jaspure [ʒaspyr] 女 (書物などに)碧玉(%%)模様をつけること

jatte [ʒat] 女 (ベルギー)(広口の)椀(%)

jauge [ʒoʒ] 女 ①容量；(船の)トン数 ②流量計，ゲージ，計器 ▶jauge de niveau d'huile オイルゲージ

jaugeage [ʒoʒaʒ] 男 (液体などの)計量

jauger [ʒoʒe] 他 40 容量[容積]を測る；(人を)値踏みする，人柄を見抜く — 自 (…だけの)容量[喫水]をもつ

jaugeur [ʒoʒœr] 男 検量官；検量器

jaunâtre [ʒonɑtr] 形 黄色がかった，黄ばんだ

jaune [ʒon ジョヌ] 形 (英 yellow) 黄色い，黄色っぽい ▶fièvre jaune 〖医〗黄熱病 — 副 ▶rire jaune 苦笑(%%)いをする — 名 ①〖J-〗黄色人種 ②(非左翼の)労働組合員 — 男 黄色；黄色塗料[染料]；黄色い卵白 ▶jaune d'œuf 卵の黄味 jaune d'or 鮮明な黄色，山吹色

jaunet(te) [ʒonɛ, -ɛt] 形 黄色がかった

jauni(e) [ʒoni] 形 (< jaunir) 黄ばんだ，黄色くなった

jaunir [ʒonir] 他 33 黄色くする — 自 黄ばむ，黄色くなる

jaunissant(e) [ʒonisɑ̃, -ɑ̃t] 形 黄色くなる，黄ばんでいく

jaunisse [ʒonis] 女 〖医〗黄疸(%%) ▶en faire une jaunisse《話》ひどくがっかりする，悔しがる

jaunissement [ʒonismɑ̃] 男 黄色くなる[熟す]こと

Java [ʒava] 女 ジャワ(島) (= l'île de Java) 〖インドネシアの主島〗

java [ʒava] 女 ジャワ舞踏(3拍子の舞踏，その曲)；《話》ばか騒ぎ ▶faire la java じゃれ騒ぐ

javanais(e) [ʒavanɛ, -ɛz] 形 名 〖J-〗ジャワの(人) — 男 ①ジャワ語 ②ジャワ弁〖各シラブルに va, av を入れる俗語〗

Javel [ʒavɛl] 男 ▶eau de Javel ジャヴェル水〖次亜塩素酸ナトリウムの水溶液で漂白・殺菌用〗

javeler [ʒavle] 他 4 (刈り穂を束ねる前に畝に並べる — 自 (刈り取った穀物が乾いて)黄色くなる

javeleur [ʒavlœr] 男 ⇨Javel

javeline [ʒavlin] 女 (細長い)投げ槍

javelle [ʒavɛl] 女 (束ねる前に積まれた)刈り穂の山

javellisation [ʒavelizasjɔ̃] 女 (ジャヴェル水による)殺菌

javelliser [ʒavelize] 他 ジャヴェル水で殺菌する ⇨Javel

javelot [ʒavlo] 男 (武器または競技用の)投げ槍；投げ槍競技

jazz [dʒɑz ジャズ] 男 (< 英)(楽)ジャ

jazzman [dʒɑzman] 男 (複 -men[-men]) ジャズミュージシャン

jazzy [dʒɑzi] 形 《不変》 ジャズの

J.-C. [ʒezykri] 《略》 Jésus-Christ イエスキリスト ▸**après J.-C.** 紀元後 **avant J.-C.** 紀元前

***je** [ʒ(ə)] 代 《人称》(主語; 母音と無音のhの前でj') (英 I) 私は［が］ — 男 《不変》 私;〔哲〕自我

Jean [ʒɑ̃] 男 ジャン【男子の名】;〔聖〕ヨハネ

jean(s) [dʒin(s)] 男 《英》《服》ジーンズ

jean-fesse [ʒɑ̃fɛs] 男 《不変》《話》ろくでなし、怖がり

jean-foutre [ʒɑ̃futr] 男 《不変》《話》ろくでなし

jean-foutrerie [ʒɑ̃futrəri] 女 《話》怠けること、のらくら働くこと

Jeanne [ʒan] 女 ジャンヌ【女子の名】▸**Jeanne d'Arc** ジャンヌ・ダルク【1412-31; 百年戦争でフランスを救った聖女】

jeannette [ʒanɛt] 女 ①《首にかける》金の十字架 ②小型アイロン台 ③〔カトリック系〕ガールスカウトの団員

jeep [(d)ʒip] 女 《英》ジープ

jéjunum [ʒeʒynɔm] 男 〔解〕空腸

je-m'en-fichisme [ʒmɑ̃fiʃism] 男 《話》無関心, 我関せずの態度

je-m'en-fichiste [ʒmɑ̃fiʃist], **je-m'en-foutiste** [ʒmɑ̃futist] 形名 《話》無関心の(人), 我関せずの態度の(人)

je(-)ne(-)sais(-)quoi [ʒənsɛkwa] 男 《不変》何だかわからないもの, 名状しがたいもの

jérémiades [ʒeremjad] 女 《複》《話》泣き言

Jérémie [ʒeremi] 男 〔聖〕エレミヤ【ユダヤの預言者】

jerez [xeres] 男 = xérès

jerk [dʒɛrk] 男 《英》ジャーク【ゴーゴーダンスの一種】

jerker [dʒɛrke] 自 ジャークを踊る

jéroboam [ʒerɔbɔam] 男 《英》(3リットル入りの)大びん

Jérôme [ʒerom] 男 ジェローム【男子の名】

jerrycan, jerrican(e) [(d)ʒerikan] 男 《英》(20リットル入りの)石油[ガソリン]用ブリキ缶

Jersey [ʒɛrzɛ] ジャージ島【イギリス海峡にあるイギリスの島】— 男 [j-] ジャージー ▸**point de jersey** メリヤス編み

jersiais(e) [ʒɛrzjɛ, -ɛz] 形 [J-] ジャージー島の(人) ▸**race jersiaise** ジャージー種の(乳牛)

Jérusalem [ʒeryzalɛm] エルサレム【イスラエルの首都】

jèse [ʒɛz] 男 《話》イエズス会士

jésuite [ʒezuit] 男 ①イエズス会[修道]士 ②偽善者 — 形 ①イエズス会の ②偽善者流の, 猫をかぶった

jésuitique [ʒezuitik] 形 《軽蔑的》イエズス会の; 偽善的な

jésuitiquement [ʒezuitikmɑ̃] 副 偽善的に

jésuitisme [ʒezuitism] 男 《軽蔑的》①イエズス会の教説 ②偽善, 陰険さ

Jésus [ʒezy] 男 〔聖〕イエス, イエズス(= J.-Christ) ▸**Compagnie de Jésus** イエズス会 — 男 [j-] ①幼子イエスの(画)像; 《話》かわいい子ども ②(モルトーソーセージ(jésus de Morteau)など)のソーセージ

Jésus-Christ [ʒezykri] 男 イエスキリスト

jet¹ [ʒɛ] 男 投げること, 投擲(ﾄｳﾃｷ); 投げた距離; 噴出, 噴射;〔植〕新芽 ▸**à jet continu** ひっきりなしに **du premier jet** 一度で **d'un (seul) jet** 一気に **jet de lumière** 光線 **jet d'eau** 噴水 **premier jet** (芸術作品)素描, 下書き

jet² [dʒɛt] 男 《英》ジェット(機)

jetable [ʒ(ə)tabl] 形 使い捨ての

jeté¹ [ʒ(ə)te] 男 ①《家具の装飾用掛け布》▸**jeté de lit** ベッドカバー ②〔舞〕ジュテ【片足で飛び別の足で下りる】③〔重量挙げ〕ジュテ

jeté²(e¹) [ʒ(ə)te] 形 《話》頭がおかしい

jetée [ʒ(ə)te] 女 波止場, 防波堤;(空港の)ボーディングブリッジ

***jeter** [ʒ(ə)te] ジュテ 他 ④ 《英 throw》(人に向かって)投げる(à) 投げ込む; 放り出す, 捨てる; 投げつける 倒す; 押しやる, さっと着る; 放り投げる; (体の一部をさっと動かす; (声・言葉を)発する; (音や光を)放つ; (人をある状態に)追いやる; (感情を)引き起こす ▸**en jeter** 《話》しゃれている, いかす, すてきである ▸**jeter... à la tête de A** (人に面と向かって…を言う[投げかける]) **jeter... dehors** (人)を追い払う **jeter un coup d'œil** (…)をちらりと見る **jeter un froid** ひやりとさせる **N'en jetez plus.** 《お世辞·称賛》もう十分結構[たくさん]です — 代動 [se] ~ ①(土台を)築く; 飛び掛ける, 飛び込む (à, dans); (…に)飛びかかる (sur); ぶつかる (contre); (事業などに)身を投じる, 乗り出す ▸**se jeter à l'eau** 水に飛び込む; 思いきったことをする **s'en jeter un (verre)** 一杯引っかける **s'en jeter un derrière la cravate** 一杯やる ②(川が)流れ込む, 合流する

jeteur [ʒ(ə)tœr, -øz] 名 ▸**jeteur de sort** (呪いをかける)呪術師

jeton [ʒ(ə)tɔ̃] 男 (ゲーム機や公衆電話に使用される)コイン; (ゲームの)点札(クロークなどの)番号札(= ~ numéroté); 出席手当(= ~ de présence);《話》殴ること, 一撃;《複》びくびくすること ▸**avoir**

les jetons 《話》びくびくする **coller [flanquer, foutre] les jetons** 《話》びびらせる,びくびくさせる **un jeton** 腹黒い, 偽善的な **faux jeton** 《話》偽善者

jet(-)set [dʒɛtsɛt] 男または女《英》《集合的》ジェット族【ジェット機で世界中を飛び回る実業家・芸能人など】

jet-stream [dʒɛtstrim] 男《く英》《気》ジェット気流

‡**jeu** [ʒø ジュ] 男 (複 ~x) (英 play, game) ①遊び, 戯れ, ゲーム; 遊戯の道具, カード[駒]一揃い; 手の内, 勝負, ブレー; 競技場;(複) 競技大会, 競技, 演奏 ▶**avoir beau jeu de** …するのに有利な状況にし, 勝てる手のうちを見せない **cacher son jeu entrer dans le jeu de** (...)の全てに参加する **entrer en jeu** 勝負を始める **faire [jouer, sortir] le grand jeu** 《話》持っている力をすべて出し, 全力を尽くす **hors jeu** (ボールがアウトで)(選手の)オフサイドな **jeu d'adresse** (ビリヤードなど)技巧が必要なゲーム **jeu de cartes** 1組のトランプ; トランプゲーム **jeu de hasard** (サイコロなど) 運が必要なゲーム **jeu de l'oie** すごろくゲーム **jeu de mots** 言葉遊び **jeu de piste** 宝探し **jeu de rôles**(心理劇などの)役割演技;ロールプレイングゲーム **jeu d'eau** 噴水が描かれるゆがんだ形 **jeu décisif** (テニス)タイブレーク **jeu télévisé** (テレビの)クイズ番組 **jeu vidéo** テレビゲーム **Jeux Olympiques** オリンピック大会 **par jeu** 遊び半分に ②賭け事, ばくち; 賭け金 ▶**être en jeu** 賭けられている; 危険にさらされている ③働き, 機能;(法などの)運用, 適用 ④(器具の)遊び, ゆとり

jeu-concours [ʒøkɔ̃kur] 男 (複 ~x~) (テレビの)クイズ番組

‡**jeudi** [ʒødi ジュディ] 男 (英 Thursday) 木曜日 ▶**jeudi de l'Ascension** [le ~] (キリストの)昇天日〖復活祭から40日後の木曜日〗 **jeudi saint** 聖木曜日 〖復活祭前の木曜日〗

jeun [ʒœ̃] 男《成句でのみ》 ▶**à jeun** 何も食べずに; (酒飲みの前)の前に

‡**jeune** [ʒœn ジュヌ] 形 (英 young) 若い, 幼い; 年下の;(同業者の中で)年下の, 新しい;《話》未熟な[うぶな]な;《名詞の後》若々しい; 若者向き[向けの] ▶**jeune fille** 若い女性 **jeune homme** 青年 **jeune loup** (政界[財界]の)野心的な若手 **jeune marié** 新郎;(複)新婚夫婦 **jeune mariée** 新婦 **jeune premier** 二枚目俳優 **jeunes gens** 若者 — 副 若く ▶**faire jeune** 若く見える **s'habiller jeune** 若い格好をする — 名 青年, 若者

jeûne [ʒøn] 男 絶食; (宗教上の)断食; 禁欲

jeûner [ʒøne] 自 絶食する; 断食する

‡**jeunesse** [ʒœnɛs ジュネス] 女 (英 youth) 青少年期, 青春時代, 若いころ; 若さ, 未熟さ;《集合的》青少年, 若者たち; 若さ;《文》幼い人;《話》若い娘;《集合的》若者たち ▶**dans ma jeunesse** 私の若い時分に **erreur de jeunesse / péché de jeunesse** 若気の至り **ne plus être de la première jeunesse** もう若くはない

jeunet(te) [ʒœnɛ, -ɛt] 形《話》ごく若い(人)

jeûneur(se) [ʒønœr, -øz] 名 断食をする人

jeunisme [ʒœnism] 男 (美しさなどの)若さ信仰

jeunot(te) [ʒœno, -ɔt] 形《話》年端の行かない, 未熟な —名《話》若造, 青二才

jeux [ʒø] 男《複》jeu の男性複数形

jèze [ʒɛz] 男 = **jèse**

jihad [dʒi(j)ad] 男 = djihad

jingle [dʒingœl] 男《く英》(番組やCMの)テーマ曲

jiu-jitsu [ʒjyʒitsy] 男《不変》《日》柔術

JO (略) ① Journal Officiel 官報 ② Jeux Olympiques オリンピック

joaillerie [ʒɔajri] 女 宝石細工術; 宝石商[店];《集合的》宝石類

joaillier(ère) [ʒɔaje, -ɛr] 名 宝石細工職人; 宝石商 — 形 宝飾品の, ジュエリーの; 宝石商の

Job [ʒɔb] 男《聖》ヨブ〖信仰深い義人〗

job [dʒɔb] 男《く英》《話》アルバイト, 仕事

jobard(e) [ʒɔbar, -ard] 形名《話》おめでたい, 信じやすい; 頭がおかしい(人)

jobarderie [ʒɔbardri], **jobardise** [ʒɔbardiz] 女《話》おめでたさ, 信じやすい性格

jockey [ʒɔkɛ] 男《く英》競馬の騎手, ジョッキー

Joconde [ʒɔkɔ̃d] 女 [la ~] 《美術》ラ・ジョコンド〖モナ・リザのこと〗

jocrisse [ʒɔkris] 男《古》お人よし, 間抜け

jodhpur [ʒɔdpyr] 男 ジョッパーズ, 乗馬ズボン

jodler [ʒɔdle] 自《く独》ヨーデルを歌う

joggeur(se) [dʒɔgœr, øz] 名 ジョギングする人

jogging [dʒɔgiŋ] 男《く英》① ジョギング ② ジョギングウェア

‡**joie** [ʒwa ジョワ] 女 (英 joy, pleasure) 喜び, 歓喜, 陽気さ, 喜びの種; (多く複) 楽しみ;(話) 快楽;《話・皮肉的》困ったこと, 苦しみ ▶**à cœur joie** 心ゆくまで **à sa grande joie** 大喜びで **avec joie** 喜んで **C'est pas la joie!** 《話》いやだ, やりたくない **être fou [ivre] de joie** 狂喜している **feu de joie** (祝賀行事の)かがり火 **joie de vivre** 生きる[生命の]喜び **se faire une (telle) joie de** …するのを楽しみ

join ..., join ... ⇨joindre

joignable [ʒwaɲabl] 形 連絡がとれる

***joindre** [ʒwɛ̃dr ジュワンドル] 他 38 (英 join) 合わせる, 結合する; (…に)結びつける, 付け加える (à); (人と)連絡をとる, 会う; 《文》(人を)結びつける ▸ **joindre les deux bouts** 《話》帳尻を合わせる ── 自 合わさる, 閉まる ── 代動 (se ~) 結合する, (…に)仲間入りする, 加わる (à)

joint(e) [ʒwɛ̃, -ɛ̃t] 形 (<joindre) 合わさった, 結合した; 付け加えられた, 添付された (à) ── 男 ①接合部分, 継ぎ目; 目地; ジョイント; パッキン **joint de robinet** 蛇口のパッキン **joint d'étanchéité** 密封材 ②《話》《英》マリファナたばこ

jointif(ve) [ʒwɛ̃tif, -iv] 形 《建》縁と縁を接ばした, 胴着ぎ合した

jointoiement [ʒwɛ̃twamɑ̃] 男 《建》目地仕上げ

jointoyer [ʒwɛ̃twaje] 他 45 《建》目地仕上げ[目塗り]をする

jointure [ʒwɛ̃tyr] 女 関節; (板との)継ぎ目, 合わせ目

jojo[1] [ʒoʒo] 形 〔不変〕 (特に否定形で)きれいな, すてきな

jojo[2] [ʒoʒo] 男 ▸ **affreux jojo** 悪がき

jojoba [ʒoʒoba] 男 《植》ホホバ

joker [ʒɔkɛr] 男 《英》(トランプの)ジョーカー

***joli(e)** [ʒɔli ジョリ] 形 (英 pretty, nice)《名詞の前》①きれいな, かわいい; すてきな; おもしろい, 気のきいた ②《話》大した, かなりの, (皮肉的)結構な, ご立派な ▸ **C'est du joli travail!** (しばしば皮肉的)それは見事な仕事だ！ ── 男 きれいなこと[もの]; おもしろいところ, (皮肉的)ひどい話 ▸ **C'est du joli!** ひどいね！ **faire du joli** 《話》厄介なことをする

joliesse [ʒɔljɛs] 女 《文》きれいさ, かわいらしさ

joliment [ʒɔlimɑ̃] 副 ①きれいに, かわいらしく ②《話》相当に, とても; ひどく

Jonas [ʒɔnas] 男 《聖》ヨナ 【イスラエルの預言者】

jonc [ʒɔ̃] 男 ①《植》灯心草, イグサ; 藤; 籐製のステッキ[むち] ②(石のない)指輪, 腕輪 ③《俗》金(㌔), 《話》お金 ▸ **avoir du jonc** 《俗》金持ちである

joncacées [ʒɔ̃kase] 女 〔複〕《植》イグサ科植物

jonchaie [ʒɔ̃ʃɛ] 女 イグサの生育地

jonché(e) [ʒɔ̃ʃe] 形 (<joncher) (…で)散らかった (de)

jonchée[1] [ʒɔ̃ʃe] 女 (祝典のときに)地に撒かれる花, 葉; 地面に大量に撒かれたもの

jonchée[2] [ʒɔ̃ʃe] 女 ジョンシェ【イグサを使って作ったフレッシュチーズ】

joncher [ʒɔ̃ʃe] 他 (…で)覆う (de); (…を)撒き散らす (de); (ある場所に)散らばる

joncheraie [ʒɔ̃ʃre], **jonchère** [ʒɔ̃ʃɛr] 女 =jonchaie

jonchet [ʒɔ̃ʃɛ] 男 棒崩しの棒, 〔複〕棒崩し【積み上げた棒から他の棒を動かさずに1本ずつ抜きとる】

jonction [ʒɔ̃ksjɔ̃] 女 結合, 合体, 連結; 接合, 連結; 合流; 合流[交差]点

jongler [ʒɔ̃gle] 自 軽業[曲芸]をする; (…を)巧みに扱う, 楽にひねる (avec)

jonglerie [ʒɔ̃gləri] 女 軽業, 曲芸; (軽蔑的)技術のごまかし

jongleur(se) [ʒɔ̃glœr, -øz] 名 ①軽業[曲芸]師; (…を)巧みに操る人 (de) ②(中世の語り部, 吟遊詩人

jonque [ʒɔ̃k] 女 ジャンク 【中国の小型帆船】

jonquille [ʒɔ̃kij] 女 《植》キズイセン (黄水仙) ── 形 〔不変〕 薄黄色の ── 男 薄黄色

Jordanie [ʒɔrdani] 女 ヨルダン【アラビア半島の立憲君主国】

jordanien(ne) [ʒɔrdanjɛ̃, -ɛn] 形 名 [J-] ヨルダンの(人)

Joseph [ʒozɛf] 男 《聖》ヨセフ 【聖母マリアの夫】; ジョゼフ【男の名】

Josué [ʒozɥe] 男 《聖》ヨシュア【モーセの後継者】

jota [xɔta] 女 ①ホタ【スペイン・アラゴン地方の踊り】 ②スペイン字母のj

jouable [ʒwabl] 形 上演[演奏]できる; 勝負できる

joual [ʒwal] 男 《軽蔑的》ケベック俗語

joubarbe [ʒubarb] 女 《植》ベンケイソウ科

***joue** [ʒu ジュー] 女 (英 cheek) 頬(ほお); (ひげなどの)側面; (滑車の外殻) ▸ **En joue!** 〔軍〕狙え！ **joue contre joue** 頬と頬を寄せ合って **mettre en joue** (人に)銃を向ける **se caler les joues** 《話》腹一杯食べる **tendre l'autre joue** 人の仕打ちを甘んじて受ける, 仕返しをしない

***jouer** [ʒwe ジュエ] 自 (英 play) ①遊ぶ; (…と)遊ぶ (avec); (ゲーム・スポーツなどを)する; もてあそぶ (avec); (…を)真似る(気取る); 演技をする, 出演する; (楽器を)演奏する; (道具などを)扱う (de) ▸ **jouer des coudes** 肘で群集をかき分ける ②賭(ᵏ)け事をする; (…に)賭ける, 投機する (sur) ③機能する, 作動[作用]する ▸ **L'âge ne joue pas.** 年齢に問題ではない ④(鍵や戸に)遊びがある, ぐらぐらする; (光などが)ちらちらする ── 他 ①遊ぶ・スポーツをする; (カードゲームで)賭ける ②賭ける, 危険にさらす ③(曲を)演奏する上上演上映する; (役を)演じる ④真似る[気取る]; ふりをする ⑤《話》〔各〕《軍勤語で》だます ── 代動 (se ~) ①(ゲーム・競技などが行われる, 上演[上映]される; 演奏される ②(金などが)賭けられる; (運命などが)決せられる ③(…を

jouet [ʒwɛ ジュエ] 男 (英 toy) おもちゃ ▶être le jouet de … に翻弄される

joueur(se) [ʒwœr, -øz ジュウール(ズ)] 名 (英 player) ① 競技者, 選手; 演奏者 ② 遊び人, 賭(か)け事好き ▶être beau [mauvais] joueur 負けっぷりが潔い[悪い] —— 形 遊び[賭博]好きの

joufflu(e) [ʒufly] 形 頬(ほお)がふくれた

joug [ʒu] 男 (牛の)くびき; (文) 束縛, 支配 ▶tomber sous le joug de … の支配下に落ちる

jouir [ʒwir ジュイール] 自 33 (英 enjoy) (…を)楽しむ (de); (…に)恵まれる (de); (話) 楽しむ; 性的快感を味わう; (反語的) 苦しむ

jouissance [ʒwisɑ̃s] 女 ① 楽しみ, 享楽; 性的快感 ② (財産などの)享有, 所有; 使用[用益] (権); [株式] 配当(を受けること)

jouissant(e) [ʒwisɑ̃, -ɑ̃t] 形 (話) 楽しい, うまみのある

jouisseur(se) [ʒwisœr, -øz] 形 享楽的な —— 名 享楽家

jouissif(ve) [ʒwisif, -iv] 形 楽しい, おもしろい; (反語的) つらい

joujou [ʒuʒu] 男 (複 ~x) (幼児) おもちゃ; (話) 愛用品, 逸品 ▶faire joujou avec … で遊ぶ

joule [ʒul] 男 [物] ジュール【エネルギーの単位】

****jour** [ʒur ジュール] 男 (英 day) 日, 1日; (特定の)日, その日; 1日分の量[仕事, 給料]; 現代; (複) 日々, 生涯; 時代 ▶au jour le jour その日その日に, 規則正しく ces jours-ci このごろ(は); 最近, 近いうち de jour en jour 日に日に, 日増しに de nos jours 現代では du jour 今日の, 現代の du jour au lendemain 一夜にして, すぐに d'un jour à l'autre 明日にも, 今にも huit jours 1週間 jour après jour 来る日も来る日も jour de congé 休暇 jour de fête 祭日 Jour de l'An 元旦, 元旦 jour de Noël クリスマス jour des Rois 公現祭【1月6日】 jour férié 祝日; 休日 jour J [軍] 攻撃開始予定日; 行動開始日 jour ouvrable 平日, 就業日 jour pour jour 同じ日に jusqu'à la fin de mes jours 私が死ぬまで l'autre jour 先日 par jour 1日に(つき) quel jour? 何日, 何曜日 (過去)ある日; (未来)いつか un de ces jours そのうちに un jour ある日 ② 昼, 日中; 日の光; 光の当たり具合, 照明 ▶à jour きちんと; 最新に de jour 昼間に au grand jour 真昼間に; 公明正大に au petit jour 夜明けに C'est le jour et la nuit! それは天と地ほど違う de jour en jour 昼も夜も, 絶えず percer … à jour (人)の本性を見破る se faire jour 明らかになる sous un jour nouveau 新たな光の下で, 新たな観点から voir le jour 陽の目を見る, 生まれる ③ 明かり取り(窓); (刺繍・レースの)透かし

****journal** [ʒurnal ジュルナル] 男 (複 -aux [-o]) (英 newspaper, journal) ① 新聞, 新聞紙; 定期刊行物; ニュース番組 ▶journal officiel 官報 journal télévisé テレビのニュース番組 ② 日記, 日誌 (= ~ intime); (毎日つける) 記録 ▶journal de bord 航海日誌; [情報] ログ tenir un [son] journal 日記をつける

journalier(ère) [ʒurnalje, -ɛr] 形 日々の, 毎日の; (文) うつろいやすい —— 男 (農村の)日雇[季節]労働者

journalisme [ʒurnalism] 男 ジャーナリズム; ジャーナリズム特有の文体[やり方]

***journaliste** [ʒurnalist ジュルナリスト] 名 (英 journalist) 記者, ジャーナリスト

journalistique [ʒurnalistik] 形 (しばしば軽蔑的) 記者好みの, 新聞雑誌調の; ジャーナリスティックな

***journée** [ʒurne ジュルネ] 女 (英 day) ① 昼間, 1日 [朝から夕方までを指す] 1日の仕事[行程] (= ~ de travail); 日給 ▶dans la journée / pendant la journée 一日中 faire la journée continue (早く退社するため)昼休みを短縮して働く passer sa journée à … 1日を…して過ごす ② 歴史的な日, 『デー』戦いの日, 戦闘

journellement [ʒurnɛlmɑ̃] 副 毎日; しばしば

joute [ʒut] 女 競争, 論争; (中世の)騎馬槍試合 ▶joute oratoire 論戦

jouter [ʒute] 自 (…と)競争[論争]する; (中世) 騎馬槍試合をする

jouteur(se) [ʒutœr, -øz] 名 (文) 競技の相手; 騎馬槍試合する騎士

jouvence [ʒuvɑ̃s] 女 (文) 若さ, 青春

jouvenceau(elle) [ʒuvɑ̃so, -sɛl] 名 (男複 -eaux) (文) 若者, 乙女

juxter [ʒukste] 他 (文) (…に)隣接する

jovial(ale) [ʒɔvjal] 形 (男複 -als, -aux) 陽気な/快活な

jovialement [ʒɔvjalmɑ̃] 副 陽気に

jovialité [ʒɔvjalite] 女 陽気/快活さ

joyau [ʒwajo] 男 (複 ~x) 金銀宝石 (のアクセサリ); 至宝

joyeusement [ʒwajøzmɑ̃] 副 喜んで; 愉快に, 楽しく

joyeuseté [ʒwajøzte] 女 (文) 冗談, ふざけた遊び

***joyeux(se)** [ʒwajø, -øz ジュワイユー(ズ)] 形 (英 merry, joyful) うれしい, 楽しい; めでたい, 喜ばしい ▶être d'humeur joyeuse 上機嫌である être en joyeuse compagnie みんなと陽気に騒ぐ Joyeux anniversaire! 誕生日おめでとう Joyeux Noël! メリー

jubé [ʒybe] 男 (教会の)内陣仕切り【身廊と聖歌隊席の間にある仕切り】

jubilaire [ʒybilɛːʀ] 形 ① 在位[在職]50年の,50年記念の ② [カト] 大赦の

jubilation [ʒybilasjɔ̃] 女 歓喜, 大喜び

jubilatoire [ʒybilatwaːʀ] 形 歓喜の, 大喜びの

jubilé [ʒybile] 男 ① 在位[在職]50年記念; 金婚式 ②[宗] (古代ユダヤの)50年節 ③(カトリックの)大赦

jubiler [ʒybile] 自 大喜びする

juché(e) [ʒyʃe] 形 (< jucher) 高い所にある[止まった] ▶ キジがとまる場所

jucher [ʒyʃe] 他 (人を)(高いところへ)乗せる, 上げる (sur) ―自 (鳥が)とまり木にとまる; 高い所に住む ―代動 (se ~) (高いところに)乗っかる (sur); (鳥が)とまる

juchoir [ʒyʃwaːʀ] 男 (家禽の)とまり木

judaïcité [ʒydaisite] 女 ユダヤ人[教徒]であること

judaïque [ʒydaik] 形 ユダヤ教の

judaïser [ʒydaize] 自 ユダヤ教を奉ずる

judaïsme [ʒydaism] 男 ユダヤ教

Judas [ʒyda] 男 [聖] ユダ【キリストを裏切った使徒】―男 ①[j-] (ドアの)のぞき穴 ② 密告者

Judée [ʒyde] 女 [la ~] ユダヤ【パレスチナ南部の古代ユダヤ王国の地】

judéo- 接頭 (< ラ)「ユダヤ」の意

judéo-chrétien(ne) [ʒydeokʀetjɛ̃, -ɛn] 形 ユダヤ・キリスト教の

judiciaire [ʒydisjɛːʀ] 形 司法(上)の, 裁判の ▶ pouvoir judiciaire 司法権

judiciairement [ʒydisjɛʀmɑ̃] 副 司法上

judiciariser [ʒydisjaʀize] 他 司法に任せる, 裁判に訴える

judicieusement [ʒydisjøzmɑ̃] 副 正しい判断力で, 適切に

***judicieux(se)** [ʒydisjø, -øːz] 形 分別のある, 適切[的確]な

judo [ʒydo] 男 (< 日) 柔道

judoka [ʒydoka] 名 (< 日) 柔道家

***juge** [ʒyʒ] 男 (英 judge) ① 裁判官, 判事 ▶ juge d'instruction 予審判事 ② 判断を下す人; 審査員; 審判 ▶ être à la fois juge et partie 当事者と裁定者が同一であり, 公正な判断を下せない juge de ligne [テニス] 線審, juge de touche [リッカ゛ー・ラグビー] 線審員

jugé(e) [ʒyʒe] 形 (< juger) 裁かれた, 判断された ―男 ▶ au jugé およその見当で, あてずっぽうに

jugeable [ʒyʒabl] 形 審判可能な

***jugement** [ʒyʒmɑ̃] 男 ① 裁判; 判決 ▶ Jugement dernier [le ~] [キ教] 最後の審判 passer en jugement 裁判にかけられる pronouncer [rendre] un jugement 判決を下す ② 判断, 評価; 判断力 ▶ jugement de valeur 価値判断 manquer de jugement 分別がない porter un jugement sur ... …に判断を下す

jugeote [ʒyʒɔt] 女 (話) 判断力, 良識

***juger** [ʒyʒe] 他 40 (英 judge) ① 裁判する, 裁く; 判断する; 評価する ▶ être juger 裁判にかけられる ②[~ A B (~ que)] A を B と…と考える[思う] ―自 裁く, 判断する ▶ à en juger par …から判断すると juger de …について判断[評価]する; [主に命令形で] …を想像する ―代動 (se ~) 自己批判をする; 自分を…と思う; 裁かれる, 評価される ―男 = jugé

jugulaire [ʒygylɛːʀ] 形 [解] 咽喉(いんこう)部の, 頚部の ―女 ① 頚静脈 ② (帽子などの)あごひも

juguler [ʒygyle] 他 抑止する, 妨げる

***juif(ve)** [ʒɥif, ʒɥiːv] 形 ユダヤ(の)(英 Jewish) ユダヤ(人)の ―名 [多くJ-] ユダヤ人; ユダヤ教徒

***juillet** [ʒɥijɛ] 男 (英 July) 7月 ▶ *14 Juillet* [le ~] (フランス)革命記念日

juillettiste [ʒɥijɛtist] 名 7月にバカンスをとる人

***juin** [ʒɥɛ̃] 男 (英 June) 6月

juiverie [ʒɥivʀi] 女 ①(古) ユダヤ人社会 ②(軽蔑的の)ユダヤ人達; ユダヤ的なもの

jujube [ʒyʒyb] 男 [植] ナツメの実; ナツメの練り粉【咳止め薬になる】

jujubier [ʒyʒybje] 男 [植] ナツメの木

juke-box [(d)ʒykbɔks] 男 (複 -~ ou es)) (< 英) ジュークボックス

julep [ʒylɛp] 男 ①(古) ジュレップ水薬【麻に加えて飲んだ】② ▶ *mint julep* ミントジュレップ【バーボンベースのカクテル】

Jules [ʒyl] 男 ジュール【男子の名】 ▶ *se faire appeler Jules* (話) しかられる

jules [ʒyl] 男 (話) 男; 彼氏, 夫; (俗) ひも

Julie [ʒyli] 女 ジュリ【女子の名】

Julien [ʒyljɛ̃] 男 ジュリアン【男子の名】

julien(ne) [ʒyljɛ̃, -ɛn] 形 ユリウス暦の ▶ *année julienne* ユリウス年 *calendrier julien* ユリウス暦【紀元前46年ユリウス・カエサルより制定された】

juliénas [ʒyljenɑs] 男 ジュリエナス【ボージョレ地方産の赤ワイン】

Julienne [ʒyljɛn] 女 ジュリエンヌ【女子の名】

julienne [ʒyljɛn] 女 ①[植] ハナダイコン (= *dames*) ②千切り野菜 (入りコンソメスープ)

Juliette [ʒyljɛt] 女 ジュリエット【女子の名】

julot [ʒylo] 男 《俗》やくざ, ひも (= jules)

***jumeau(elle)** [ʒymo, -ɛl ジュモ(メル)] 形 (男複 -eaux)《英 twin》ふたごの, 双生児の;(動物が)同腹の;対になった;そっくりの ▶ *vrais* [*faux*] *jumeaux* 一[二]卵性双生児

jumelage [ʒymlaʒ] 男 接合;対にすること;姉妹都市[校]になること

jumelé(e) [ʒymle] 形 (< jumeler) 対になった ▶ *être jumelé avec* …と対になっている ▶ *roues jumelées* (トラック後輪の)二重タイヤ ▶ *villes jumelées* 姉妹都市

jumeler [ʒymle] 他 ④ 対にする;接合する;姉妹都市[校]にする

jumelle¹ [ʒymɛl] 形女 jumeau の女性形

jumelle² [ʒymɛl] 名女 (多く複)双眼鏡;《話》尻

jument [ʒymɑ̃] 女 雌馬

jumping [dʒœmpiŋ] 男 《英》〔馬術〕障害物競技

jungle [ʒœ̃gl] 女 《英》ジャングル;弱肉強食の世界

junior [ʒynjɔr] 形 (不変) ①〔スポーツ〕ジュニア(級)の ▶ *senior et cadet o* 中間のクラスで 16–21 歳 ②息子の, 弟の ③若向きの ― 名 〔スポーツ〕ジュニア級;ジュニアの選手

junker [junkɛr, juŋkœr] 男 (< ド)〔史〕ユンカー〔プロイセンの土地貴族〕

junkie [dʒœ̃ki] 男 《話》ヘロイン中毒患者

Junon [ʒynɔ̃] 女 〔ロ神〕ユノ〔結婚・出産の女神でユピテル (Jupiter) の妃〕

junte [ʒœ̃t] 女 (< スペ)(スペイン・ポルトガルなどの)評議会;(クーデターによる)軍事革命政権 (~ *militaire*)

jupe [ʒyp] 女 《英 skirt》スカート;(ドレスやコートの)腰から下の部分;〔機〕ピストンやホバークラフトなどの覆い ▶ *jupe plissée* プリーツスカート ▶ *jupe portefeuille* 巻きスカート

jupe-culotte [ʒypkylɔt] 女 (複 ~s-~s) キュロットスカート

jupette [ʒypɛt] 女 短いスカート, (テニスの)スカート

Jupiter [ʒypitɛr] 男 ①〔ロ神〕ユピテル, ジュピター〔最高位の神〕②〔天〕木星

jupitérien(ne) [ʒypiterjɛ̃, -ɛn] 形 ジュピター沿いの;威圧的な, 尊大な

jupon [ʒypɔ̃] 男 ペチコート, アンダースカート;《話》(集合的で)女, 娘 ▶ *coureur de jupons* 《話》女好き, 女たらし

juponné(e) [ʒypɔne] 形 (ドレスなどが)ペチコートでふくらんだ

Jura [ʒyra] 男 ①〔le ~〕ジュラ山脈〔フランス・スイス国境沿いの山脈〕②ジュラ県〔フランス東部〕

jurançon [ʒyrɑ̃sɔ̃] 男 ジュランソン〔ピレネーの丘陵地帯で作られる白ワイン〕

jurande [ʒyrɑ̃d] 女 (旧体制下の)宣誓職業組合

jurassien(ne) [ʒyrasjɛ̃, -ɛn] 形 ジュラ(Jura) の ― 名 〔J-〕ジュラ人

jurassique [ʒyrasik] 男形 〔地〕ジュラ紀の

juré(e) [ʒyre] 形 (< jurer) 固く誓った;宣誓した ― 名 《法》陪審員 ▶ *ennemi juré* 不倶戴天(ふぐたいてん)の敵

jurement [ʒyrmɑ̃] 男 《古》冒涜的な言葉, 罵詈雑言

***jurer** [ʒyre ジュレ] 他《英 swear》誓う, 約束する;〖~ à A de … [que …]〗A に…することを誓う;…だと断言する, 保証する ▶ *Je vous jure!* 断言します, 本当です;《憤慨・驚き》あきれた! ― 自 ①(…にかけて)誓う (par, sur);(…について)断言する ▶ *ne plus jurer que par* …を盲信する ②(…)を罵る (contre, après);(…)と調和しない (avec) 〖*se* ~〗心に誓う;互いに誓う

juridiction [ʒyridiksjɔ̃] 女 裁判権;裁判官[所]の管轄(権限);裁判所 ▶ *juridiction administrative* 行政裁判所 ▶ *juridiction civile* 民事裁判所 ▶ *juridiction judiciaire* 司法裁判所 ▶ *juridiction pénale* 刑事裁判所

juridictionnel(le) [ʒyridiksjɔnɛl] 形 裁判権の;裁判所の

juridique [ʒyridik] 形 《法》法律(上)の, 裁判上の

juridiquement [ʒyridikmɑ̃] 副 法律上, 裁判によって

juridisme [ʒyridism] 男 法律一点張りの議論

jurisconsulte [ʒyriskɔ̃sylt] 男 法律家;法律顧問

jurisprudence [ʒyrisprydɑ̃s] 女 《集合的》判例;法解釈 ▶ *faire jurisprudence* 判例となる

jurisprudentiel(le) [ʒyrisprydɑ̃sjɛl] 形 判例の;法解釈の

juriste [ʒyrist] 名 法学者 ▶ *juriste d'entreprise* 企業顧問弁護士

juron [ʒyrɔ̃] 男 悪態

jury [ʒyri] 男 《英》《法》陪審(団);《集合的》審査員, 試験官

***jus** [ʒy ジュ] 男 《英 juice》①ジュース, 果汁 ▶ *jus d'orange* [*de pomme*] オレンジ[アップル]ジュース ②汁, 肉汁 ③《俗》コーヒー ▶ *jus de chaussette* まずいコーヒー ④(海・川などの)水 ⑤《話》電流 ▶ *prendre un coup de jus* 感電する ⑥作文, レポート ⑦ ▶ *jeter le* [*son*] *jus* 《俗》人目を引く, 強く印象づける

jusant [ʒyzɑ̃] 男 干潮

***jusqu'à** [ʒyska ジュスカ] ⇒ jusque

jusqu'au-boutisme [ʒyskobutism] 男 《話》徹底抗戦論, (政治上の)過激論

jusqu'au-boutiste [ʒyskobutist]

名《話》徹底抗戦論者; 過激論者

jusque [ʒysk ジュスク] 前 (英 till, as far as) ①[à を伴って][場所・時間・程度を]…まで, …ほどに; [副詞的に]…でさえ ▶**jusqu'à ce que** + [接続法] …するまで ▶**jusqu'au bout** 最後まで, 徹底的に ▶**jusqu'au moment où** …(のとき)まで ② [à 以外の前置詞・副詞を伴って]…まで ▶**J'en ai jusque-là!** 《話》もううんざりだ **jusque chez lui** 彼の家まで **jusqu'ici** ここまで; そのときまで **jusque-là** そこまで; そのときまで, 今まで **Jusqu'où?** どこまで

jusquiame [ʒyskjam] 女《植》ヒオスキアムス

justaucorps [ʒystokɔr] 男 (ダンス用のレオタード)

*__juste__ [ʒyst ジュスト] 形 ① 正しい, 正確な; 適切な; 公正[公平]な, 正義にかなった; 正当な, もっともな **à juste titre** 正当に ② [trop, un peu などの副詞と共に] (衣類などが)きつい; (量が)ぎりぎりの ── 副 まさに, 正確に, ちょうど ▶**3kg juste** 3キログラムきっかり **tomber juste** (計算などが)ぴったり合う; 予想通りに行く ③ ぎりぎりに, かろうじて; …だけ ▶**C'est tout juste si ... ne m'a pas frappé.** 彼は私をたたきそうなところだった ── 名 正しきもの, 公正, 正義; 正義の人 ▶**au juste** 正確に **comme de juste**《話》当然のように; やはり

*__justement__ [ʒystəmɑ̃ ジュストマン] 副 ①(英 exactly) ちょうど, まさに; だからこそ ② 公正に, 正当に; 正しく, 適切に

justesse [ʒystɛs] 女 正しさ, 正確さ; 的確 ▶**de justesse** かろうじて

*__justice__ [ʒystis ジュスティス] 女 (英 justice) 正義, 公正, 公平; 当然の報い, 公正な判断; 司法, 裁判; 司法警察 (= police judiciaire) ⇨[コラム: フランスの裁判制度] ▶**Ce n'est que justice.**《話》それは当然だよ **décision de justice** 判決 **demander [obtenir] justice** 自分の正しさを認めさせようとする[認めさせる] **en toute justice** 公平に見て; 当然のこととして **justice sociale** 社会正義 **rendre justice à** (人)を公平に扱う; 正当に評価する **rendre la justice** 裁判をする **se faire justice** 復讐(ふくしゅう)する; (償いとして)自殺する

justiciable [ʒystisjabl] 形 (…の)裁判所管轄の (de); (意見などに)ゆだねられるべき, 従うべき (de) ── 名 裁判を受ける人

justicier(ère) [ʒystisje, -ɛr] 形 悪を裁く ── 名 正義の味方; 裁き手

justifiable [ʒystifjabl] 形 正当化できる; 説明のつく

justifiant(e) [ʒystifjɑ̃, -ɑ̃t] 形《神》義認の ▶**grâce justifiante** 義認の恩寵

justificateur(trice) [ʒystifikat-

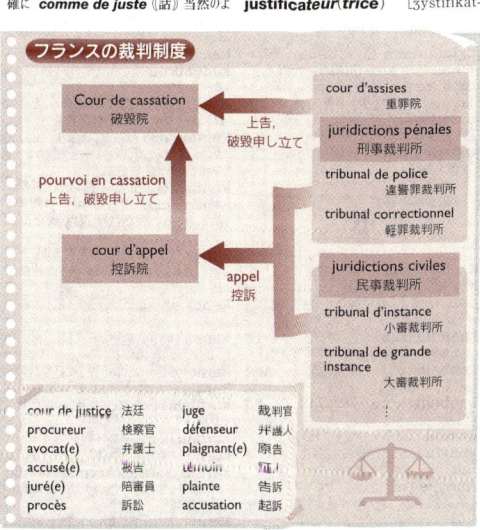

フランスの裁判制度

- Cour de cassation 破毀院
  - pourvoi en cassation 上告, 破毀申し立て
- cour d'appel 控訴院
  - appel 控訴
- juridictions pénales 刑事裁判所
  - 上告, 破毀申し立て
  - cour d'assises 重罪院
  - tribunal de police 違警罪裁判所
  - tribunal correctionnel 軽罪裁判所
- juridictions civiles 民事裁判所
  - tribunal d'instance 小審裁判所
  - tribunal de grande instance 大審裁判所

cour de justice 法廷	juge 裁判官
procureur 検察官	défenseur 弁護人
avocat(e) 弁護士	plaignant(e) 原告
accusé(e) 被告	témoin 証人
juré(e) 陪審員	plainte 告訴
procès 訴訟	accusation 起訴

œr, -tris〕形 正当化する; 無罪を証明する

justificatif(ve) [ʒystifikatif, -iv] 形 証明に役立つ; 無罪の証拠となる —— 男 証拠書類(= pièce -ve) ▶ *justificatif de domicile* 住居証明

justification [ʒystifikasjɔ̃] 女 ①正当化, 弁明 ②無罪の証明(書); 〔神〕義認 ③〔印〕行の長さを揃えること

justifié(e) [ʒystifje] 形 (<justifier) 正当な, 根拠のある

*****justifier** [ʒystifje ジュスティフィエ] (英 justify) 他 ①無罪を証明する, 弁護する [弁明する] ②根拠[正当性]を示す; 正当化する ③〔印〕行の長さを揃える ▶ *justifier... à gauche (droite)* (印)…を左詰め[右詰め]する —— 自 (…を)証明する (de) —— 代動 (se ~) (…について)自分の正しさ[無罪]を証明する (de); 正当化される ▶ *se justifier d'une accusation* 非難について弁明する

Justinien [ʒystinjɛ̃] 男 ユスティニアヌス1世 [6世紀の東ローマ皇帝]

jute [ʒyt] 男 (<英) 〔植〕ツナソ; 〔織〕ジュート

juter [ʒyte] 自 汁が出る(飛び散る)

juteux(se) [ʒytø, -øz] 形 (果実などが)汁気の多い; (話)金のもうかる, 実入りのいい —— 男 (俗)(軍隊で)特務曹長

juvénile [ʒyvenil] 形 若い, 青少年の
juvénilité [ʒyvenilite] 女 (文)若々しさ

juxta- 接頭 (<ラ)「…のそばに」の意
juxtalinéaire [ʒykstalineɛr] 形 ▶ *traduction juxtalinéaire* 対訳
juxtaposé(e) [ʒykstapoze] 形 (< juxtaposer) (文法)並置された
juxtaposer [ʒykstapoze] 他 並置[並列]する
juxtaposition [ʒykstapozisjɔ̃] 女 並置, 並列

K

K¹, k¹ [kɑ] 男 フランス字母の第11字
K², k² ①〔K〕kelvin [kɛlvin] 〔物〕ケルビン 〔絶対温度の単位〕 ②〔K〕(略) kilo [kilo] キロ【例: kg, km】

kabbale [kabal] 女 カバラ【ユダヤ教のラビたちによる旧約聖書の神秘的解釈】
kabbaliste [kabalist] 名 カバラ研究者
kabbalistique [kabalistik] 形 カバラの
kabuki [kabuki] 男 (<日) 歌舞伎
kabyle [kabil] 形名 〔K-〕カビリアの(人) —— 男 カビリア語
Kabylie [kabili] 女 カビリア【ベルベル系民族が多く住むアルジェリアの沿岸地方】

Kafka [kafka] (Franz~) カフカ【1883–1924; チェコの作家】
kafkaïen(ne) [kafkajɛ̃, -ɛn] 形 カフカ的な; カフカの小説の
kaiser [kajzɛr, kɛzɛr] 男 (<ド) カイゼル【1870–1918年のドイツ皇帝】
kakatoès [kakatoɛs] 男 〔鳥〕バタン【鮮やかな冠羽のオウム科の鳥】
kakémono [kakemono] 男 (<日) 掛軸, 掛物
kaki¹ [kaki] 男 (<日) 柿(の実)
kaki² [kaki] 男形 (不変) (<日) カーキ色の
kalachnikov [kalaʃnikɔf] 女 (ロシア製の)カラシニコフ自動銃
kalanchoé [kalɑ̃kɔe] 男 〔植〕カランコエ, リュウキュウベンケイ(属)
kaléidoscope [kaleidɔskɔp] 男 万華鏡; (万華鏡のように)さまざまに変化する印象, めくるめく思い
kaléidoscopique [kaleidɔskɔpik] 形 万華鏡のような
kali [kali] 男 〔植〕オカヒジキ(属)
kaliémie [kaljemi] 女 〔生〕(血液中の)カリウム含有率
kalium [kaljɔm] 男 〔化〕(古) カリウム
kamikaze [kamikaze] 男 (<日) ①神風特攻隊(員[機]) ②無鉄砲な人; 自爆テロリスト —— 形 特攻隊的な
kan [kɑ̃] 男 = khan
kanak [kanak] 形 (不変) カナクの —— 名 〔K-〕カナク人【フランス海外領 Nouvelle-Calédonie のメラネシア系住民】
kanat [kana] = khanat
kangourou [kɑ̃guru] 男 〔動〕カンガルー
Kant [kɑ̃t] (Emmanuel~) カント【1724–1804; ドイツの哲学者】
kantien(ne) [kɑ̃sjɛ̃, kɑ̃tjɛ, -ɛn] 形 カント哲学の; カントの —— 名 カント哲学者; カント哲学信奉者
kantisme [kɑ̃tism] 男 カント哲学
kaolin [kaɔlɛ̃] 男 (<中国) 〔陶器製造に用いられる〕高陵土, (白)陶土, 〔鉱〕カオリン
kapok [kapɔk] 男 (<英) カポック, パンヤ【カポックノキの果皮の軟毛; 枕などに詰める】
kapokier [kapɔkje] 男 〔植〕カポックノキ
kappa [kapa] 男 カッパ【Κ, κ; ギリシア字母の第10字】
karaoké [karaoke] 男 (<日) カラオケ
karaté [karate] 男 (<日) 空手
karatéka [karateka] 名 (<日) 空手家
karbau [karbo] 男 〔動〕スイギュウ
karité [karite] 男 〔植〕シアバタノキ
karma [karma], **karman** [karman] 男 (サンスクリット) カルマ, 業(ごう); 因果応報
karst [karst] 男 カルスト(地形)

karstique [karstik] 形 ▶relief karstique カルスト地形

kart [kart] 男 (<英) ゴーカート

karting [kartiŋ] 男 (<英) ゴーカートレース

kasbah [kazba] 女 (=casbah) ①北アフリカの城塞, 城塞都市 ②(俗) 家, バラック

kas(c)her [kaʃɛr] 形 (不変) (ヘブライ) [ユダヤ教] (食物の) 清浄な, 律法にかなった ▶manger kascher ユダヤ教の清浄な食品を食べる

kava [kava], **kawa** [kawa] 男 (<ポリネシア) カヴァ, カヴァカヴァ 【コショウの木; その根から作る飲料】

kawa [kawa] 男 (話) コーヒー (=caoua)

kayak [kajak] 男 (<イヌイット) カヤック【カヌー競技用の艇】

kayakiste [kajakist] 名 カヤック選手

kazakh(e) [kazak] 形 カザフの, カザフスタンの —— 名 [K-] カザフ人 —— 男 カザフ語

Kazakhstan [kazakstɑ̃] 男 カザフスタン【中央アジアの共和国】

kébab, kebab [kebab] 男 (<トルコ) ケバブ【肉の串焼料理】

keepsake [kipsɛk] 男 (<英) (19世紀初頭に流行した) 贈答用装飾本

keffieh [kefje(ɛ)], **kéfié** [kefje] 男 (<アラビア) カフィエ【アラビアのベドウィン遊牧民の頭巾】

kéfir [kefir] 男 ケフィア【乳清発酵飲料】

kelvin [kɛlvin] 男 ケルビン【絶対温度の単位; 記号 K】

kendo [kendo] 男 (<日) 剣道

Kenya [kenja] 男 ケニア【アフリカ東部の共和国】

kényan(e) [kenjɑ̃, -an] 形 [K-] ケニアの (人)

képhir [kefir] 男 =képhir

képi [kepi] 男 (<ド) ケピ【将校などの庇(ひさし)がついた円筒形の帽子】

kérabau [kerabo] 男 =karbau

kératine [keratin] 女 [生化] ケラチン, ケラチン

kératinisation [keratinizasjɔ̃] 女 [生化] ケラチン化, 角質化

kératiniser [keratinize] 代動 [se ~] [生化] ケラチン状になる, 角質化する

kératite [keratit] 女 [医] 角膜炎

kérat(o)- 接頭 (<ギ)「角」「角質」の意

kératocône [keratokon] 男 [医] 円錐角膜

kératose [keratoz] 女 [医] (皮膚の) 角化症

kératotomie [keratotomi] 女 [医] 角膜切開 ▶kératotomie radiaire 放射状角膜切開手術

Kerguelen [kɛrɡelɛn] [îles ~] ケルグレン諸島【南インド洋南部フランス領の島群】

kermès [kɛrmɛs] 男 [虫] カイガラムシ; (カイガラムシでつくる) ケルメス染料【赤色染料】; [植] (カイガラムシが寄生する) ケルメスガシ (=chêne ~)

kermesse [kɛrmɛs] 女 ①(北フランス・ベルギーの守護聖者の) 村祭り; 定期市の祭り ②野外慈善バザー

kérogène [kerɔʒɛn] 男 [地] ケロゲン, 油母(ぼ)

kérosène [kerɔzɛn] 男 灯油; ケロシン

ketch [kɛtʃ] 男 ケッチ【2本マストに縦帆をもつ帆船】

ketchup [kɛtʃœp] 男 ケチャップ

ketmie [kɛtmi] 女 [植] フヨウ属

keuf [kœf] 男 (話) 警官, おまわり 【flic の逆さ言葉】

keum [kœm] 男 (話) やつ, 野郎, 男 【mec の逆さ言葉】

Keynes [kɛinz] 男 (John Maynard~) ケインズ【1883-1946; イギリスの経済学者】

keynésianisme [kɛnezjanism] 男 ケインズ主義

keynésien(ne) [kɛnezjɛ̃, -ɛn] 形 ケインズ学派の; ケインズの

kg [kilogram] 男 (略) kilogramme キログラム

khâgne [kaɲ] 女 (話) 高等師範学校文科受験準備学級

khâgneux(se) [kaɲø, -øz] 名 (話) 高等師範学校文科受験準備学級の生徒

khalife [kalif] 男 =calife

khamsin [xamsin, ramsin] 男 (<アラビア) カムシン【エジプトの南に吹く乾燥した熱風】

khan [kɑ̃] 男 ①カン(汗), ハン【モンゴルなどの北方遊牧民族の君主の称号】 ②(中世の) 隊商宿場

khanat [kana] 男 ①カン(汗)の属国 ②カンの覇権

khédive [kediv] 男 (1867-1914年の)エジプト副王

khi [ki] 男 キフィー【X, χ; ギリシア字母の第22字】

khmer(ère) [kmɛr] 形 (<ヒンディー) クメールの —— 名 [K-] クメール人 【カンボジアの主要民族】 —— 男 クメール語

khôl [kol] 男 (<アラビア) コール属【アラビア・北アフリカで用いる眉(まゆ)墨】

kibboutz [kibuts] 男 (<ヘブライ) (複 -zim, [-tsim], または不変) キブツ【イスラエルの共同農場】

kibboutznik [kibutsnik] 名 (不変) キブツの住民

kick [kik] 男 (<英) (バイクの) キックスターター

kidnapper [kidnape] 他 (<英) 誘拐する

kidnappeur(se) [kidnapœr, -øz] 名 誘拐犯人

kidnapping [kidnapiŋ] 男 誘拐

kief [kif] 男 (＜アラビア) 至福；(トルコ人達の)昼休み

kif [kif] 男 ① キフ【北アフリカでたばこに大麻を混ぜたもの】 ② = kief ③ = kif()kif

kif(ف)er [kife] 他 《話》(…が)好きだ

kif(-)kif [kifkif] 形《不変》(＜アラビア)《話》同じ

kiki [kiki] 男《話》のど ▶ *C'est parti, mon kiki.* 《話》そら始まった *serrer le kiki* のどを絞める

kil [kil] 男《俗》(ワインの)1リットル

kilo [kilo] 男 ［物］キロ

kilo- 接頭 (＜ギ)「千」の意

kilobit [kilobit] 男 ［情報］キロビット

kilocalorie [kilokalɔri] 女 ［物］キロカロリー【熱量の単位】

kilofranc [kilofrɑ̃] 男 キロフラン【千フラン；記号 kF】

kilogramme [kilɔgram キログラム] 男 キログラム

kilogrammètre [kilɔgramɛtr] 男 ［物］キログラムメートル【仕事・エネルギーの単位, ジュールまたはワット秒の9.80665倍】

kilohertz [kiloɛrts] 男 ［物］キロヘルツ【振動数の単位】

kilométrage [kilometraʒ] 男 キロメートル測定；キロメートル道標の設置；走行距離

kilomètre [kilɔmɛtr キロメトル] 男 キロメートル

kilomètre-heure [kilometrœr] 男 (複 ~s~) 時速…キロメートル

kilométrer [kilometre] 他 57 キロメートルで測る；キロメートル道標を立てる

kilométrique [kilometrik] 形 キロメートルの

kilo-octet [kilɔɔktɛ] 男 ［情報］キロバイト

kilotonne [kilotɔn] 女 ［物］キロトン【T.N.T. 火薬キトンの破壊力に相当する量】

kilotonnique [kilotɔnik] 形 キロトンの

kilowatt [kilowat] 男 ［物］キロワット【仕事率の単位；記号 kW】

kilowatt(-)heure [kilowatœr] 男 (複 ~s~~s) ［電］キロワット時【エネルギー・電力量の単位；記号 kWh】

kilt [kilt] 男 (＜英) キルト【スコットランド民族衣装の男性用スカート】; (女性用の)スリートスカート

kimberlite [kɛ̃bɛrlit] 女 ［鉱］キンバーライト, 雲母カンラン岩

kimono [kimono] 男 (＜日) 着物；(着物風の軽い)化粧着, 部屋着 ▶ *manche kimono* 着物スリーブ(のドレス)

kiné [kine] 名 《話》運動療法士 — 女《話》運動療法

kinescope [kineskɔp] 男 (昔のテレビの)キネスコープ受像管

kinési- 接頭 (＜ギ)「運動」の意

kinésithérapeute [kineziterapøt] 名 ［医］運動療法士

kinésithérapie [kineziterapi] 女 ［医］(マッサージ・体操などの)運動療法

kinkajou [kɛ̃kaʒu] 男 ［動］キンカジュー, ハナミツアナ

*kiosque [kjɔsk キヨスク] 男 (＜トルコ) ① キオスク(＝~ à journaux)【新聞・花などの売店】 ② (庭のあずまや；(公園などの)野外音楽堂 (＝~ à musique) ③ (船の)艦橋室

kiosquier(ère) [kjɔskje, -ɛr] 名 キオスクの店主[店員]

kippa [kipa] 女 キッパ【男性のユダヤ教徒がかぶる縁なし帽】

kir [kir] 男 キール【白ワインにカシスのリキュールを加えた食前酒】 ▶ *kir royal* キール・ロワイヤル【シャンパンにカシスのリキュールを加えた食前酒】

kirghiz(e) [kirgiz] 形名 〖K-〗キルギスの(人) — 男 キルギス語

Kirghizistan [kirgizistɑ̃] 固男 キルギスタン共和国【中央アジアの共和国】

kirsch [kirʃ] 男 (＜ド) キルシュ【サクランボの蒸留酒】

kit [kit] 男 (＜英) キット, 組立部品一式 ▶ *en kit* 組立式の

kitchenette [kitʃənɛt] 女 (＜英) キチネット, 簡易台所

kite(surf) [kit(sœrf)] 男 ［スポーツ］カイトサーフィン

kit(s)ch [kitʃ] 男 (＜ド) キッチュ, まがいもの；俗悪な飾り — 形《不変》通俗的な；悪趣味な

kiwi [kiwi] 男 ① キウイ(フルーツ) ② ［鳥］キウイ

klaxon [klaksɔn] 男 クラクション, 警笛

klaxonner [klaksɔne] 自他 クラクションを鳴らす

klebs [klɛbs] 男 = clebs

kleenex [klinɛks] 男 ティッシュペーパー

kleptomane [klɛptɔman] 形名 窃盗癖の(人)

kleptomanie [klɛptɔmani] 女 窃盗癖

km [kilɔmɛtr] (略) kilomètre(s) キロメートル

km/h [kilɔmɛtrœr] (略) kilomètre(s) (à l')heure 時速…キロメートル

knickerbockers [knikɛrbɔker, nikœrbɔkœr], **knickers** [nikɛ(œ)r] 男 (複) ［服］ニッカーボッカーズ

knock-out [knɔkawt, knɔkut], (略) **K-O** [kao] 男《不変》(＜英) (ボクシングの)ノックアウト — 形《不変》ノックアウトされた；《話》へとへとになった、まいった ▶ *mettre... K.-O* (人)をノックアウトする

knout [knut] 男 (＜ロシア) (先に鉄球のついた革の)鞭；苔刑(笞)

Ko [kilɔɔktɛ] (略) kilo-octet ［情報］キロバイト

koala [kɔala] 男 ［動］コアラ

kobold [kɔbɔld] 男 コボルト【ドイツ民間伝承の妖精】

Koch [kɔk] (Robert~) コッホ [1843-1910; ドイツの細菌学者] ▶**bacille de Koch** コッホ菌, 結核菌

kohol [kɔɔl] 男 =khôl

koinè [kɔinɛ] 女 コイネー【東地中海地方の共通語だった古代ギリシア語】

kola [kɔla] 男 [植] コーラノキ; コーラノキの種子 (=noix de ~)

kolatier [kɔlatje] 男 コーラノキ

kolinski [kɔlɛ̃ski] 男 コリンスキー【イタチ, イタチの毛皮】

kolkhoz(e) [kɔlkoz] 男 (旧ソ連の)集団農場, コルホーズ

kolkhozien(ne) [kɔlkozjɛ̃, -ɛn] 形 ── 名 コルホーズ員の

Komintern [komintɛrn] 男 コミンテルン, 国際共産党, 第三インターナショナル

kope(c)k [kɔpɛk] 男 コペック, カペイカ【ロシアの通貨単位; 1ルーブルの100分の1】▶**Pas un kopeck!** 一文無しだ

korrigan(e) [kɔriɡã, -an] 名【ブルターニュ地方の伝説の小悪魔; 妖精】

kouglof [kuɡlɔf] 男 クグロフ【アルザス地方の円形の菓子】

koulak [kulak] 男 [史] クラーク【ロシアの富農】

kouros [kuros] 男 [美術] クーロス像【ギリシア・アルカイック時代の青年像】

Kourou [kuru] クールー【フランス領ギアナの北部の町; ヨーロッパ宇宙機関の基地】

Koweït, Koweit [kɔwɛjt] 男 クウェート【ペルシア湾岸の首長国】

koweïtien(ne) [kɔwɛjtjɛ̃, -ɛn] 形 名 [K-] クウェートの(人)

krach [krak] 男 〔ド〕株の大暴落 (= ~ boursier)

kraft [kraft] 男 クラフト紙【セメント袋や包み紙などに用いる】

kremlinologie [krɛmlinɔlɔʒi] 女 クレムリノロジー【ロシア政治の研究】

kremlinologiste [krɛmlinɔlɔʒist], **kremlinologue** [krɛmlinɔlɔɡ] 男 クレムリノロジー【ロシア政治の専門家】

krill [kril] 男 クリル【クジラの餌となるオキアミの群れ】

kriss [kris] 男 クリス【インドネシア・マレーシアの装飾的な短剣】

kroumir [krumir] 男 ① (話) 時代遅れの人 ② 体操用の運動靴

krypton [kriptɔ̃] 男 [化] クリプトン

ksi [ksi] 男 クシー【Ξ, ξ, ギリシア字母の第14字】

kugelhof [kyɡəlɔf] 男 =kouglof

kummel [kymɛl] 男 〈ド〉 キュンメル酒 【キャラウェーの実のリキュール】

kumquat [kɔmkwat, kumkwat] 男 [植] キンカン(金柑)

カンフル

kurde [kyrd] 形 クルド族の ── 名 [K-] クルド族の人; (複) クルド族 ── 男 クルド語

Kuwait, Kuweit [kuwɛt] 女 =Koweït

kvas, kwas [kvas] 男 クワス【東欧のアルコール性飲料】

kW [kilowat] (略) kilowatt キロワット

kWh [kilowatœr] (略) kilowattheure キロワット時

kymographe [kimɔɡraf] 男 [生理] キモグラフィー, 波動記録法

kyrie (eleison) [kirje (eleisɔn)] 男 **kyrielle (eleison)** [kirje (eleisɔn)] 男 (不変) (ギ) [カト] キリエ(エレイソン)【ミサの通常式文の「あわれみの賛歌」の冒頭語で「主よあわれみたまえ」の意】

kyrielle [kirjɛl] 女 ▶**une kyrielle de...** 〔話〕一連の…; たくさんの…

kyste [kist] 男 [医] 囊胞(ほう), 囊種; [生] 囊子, 包子

kystique [kistik] 形 包子の, 囊胞(ほう)の

L

L, l¹ [ɛl] フランス字母の第12字

l² ① [L] ローマ数字の50 (cinquante) ② 男 litre リットル

'l [l ル] 定 代 (人称)《中性》le, la の縮約形

la¹ [la ラ] 冠 代 (人称)《3人称単数女性・直接目的》[母音または無音の h の前で l' となる] (英 her, it, that) 彼女を, それを ⇒le

la² [la] 男 (不変) [楽] (音階の)ラ, イ [A] 音

là [la ラ] 副 (英 there) ① そこ, あそこ; ここ; その時, その点で; [en とともに] そこまで, そんな状態に ▶**ce...-là / cette...-là** その…, あの… **ce jour-là** その日 **ces gens-là** あの人たち **de là** そこから; それゆえ **en arriver là** そこまで行く(来る), そんな羽目に陥る **Il n'est pas là.** 彼は留守です ② (強調) それこそ; いったい ── 間 (慰めたり, なだめたりして) さあさあ, まあまあ; (前言を強調していいですか; まったく ▶**(Oh) là! là!** おやおや, やれやれ

labarum [labarɔm] 男 〈ラ〉 ラバルム【ローマ帝国軍の紋章の一つでギリシア文字 X と P を重ね合わせた形; ☧】

là-bas [labɑ] 副 (英 over there) あちらに, 向こうに(で)

labbe [lab] 男 [鳥] トウゾクカモメ

label [labɛl] 男 (英) (商品の保証票, ラベル: レッテル ▶**label de qualité** 品質証明ラベル; 品質保証

labéliser, labelliser [labelize] 他 (商品に)ラベルをつける

labeur [labœr] 男 ① (文) 辛苦, 労苦 ② (集合の)大物印刷, 書籍印刷

labiacée [labjase] 女 = labié(e)

labial(ale) [labjal] 形 (男複 -aux [-o]) 唇の; 〔音声〕唇音の ── 〔音声〕唇音 [b, p, f, v]

labialisation [labjalizasjɔ̃] 女 〔音声〕唇音化

labialiser [labjalize] 他 〔音声〕唇音化する

labié(e) [labje] 形 〔植〕(花冠が)唇形の ── 女 (複) 〔植〕シソ科

labile [labil] 形 不安定な, 変わりやすい

labilité [labilite] 女 〔化〕(化学結合の)不安定性; 〔心〕(性格・気分などの)動揺しやすさ

labo [labo] 男 〔話〕ラボ, 実験室

laborantin(e) [labɔrɑ̃tɛ̃, -in] 名 (研究所の)助手, 実験助手

*__laboratoire__ [labɔratwar] ラボラトワール 男 (英 laboratory) 実験室; 試験(研究)所; (薬局などの)調剤室; (写真の)現像所 ► __laboratoire pharmaceutique__ 製薬会社

laborieusement [labɔrjøzmɑ̃] 副 苦労して

:**laborieux(se)** [labɔrjø, -øz] 形 ① (仕事などが)骨の折れる, つらい; もたもたした, 苦労の跡の見える; 〔話〕 手間のかかる ② (人が)勤勉な; 勤労の; 自分の稼ぎで生活する

labour [labur] 男 耕作(法); 耕作地

labourable [laburabl] 形 耕作可能の, 耕作に適した

labourage [labura3] 男 耕作, 耕耘し

*__labourer__ [labure] 他 (英 plow) 耕す; 掘る; 傷(筋)をつける ► __visage labouré de rides__ 深いしわが刻まれた顔

laboureur [laburœr] 男 耕す人, 農夫

labrador [labradɔr] 男 〔犬〕ラブラドルレトリーバー

labre [labr] 男 〔魚〕ベラ

labyrinthe [labirɛ̃t] 男 ① 迷宮, 迷路; 紛糾, 複雑さ ② 〔解〕(内耳の)迷路

labyrinthien(ne) [labirɛ̃tjɛ̃, -ɛn], **labyrinthique** [labirɛ̃tik] 形 ① 迷路のような, 複雑極まる ② 〔解〕(内耳の)迷路の

:**lac** [lak ラク] 男 (英 lake) ① 湖, 湖水 ► __être dans le lac__ 〔話〕 行き詰まる __tomber dans le lac__ 〔話〕 (計画などが)流れる; (議案などが撤かれて)大量の ► __un lac de sang__ 血の海

laçage [lasaʒ] 男, **lacement** [lasmɑ̃] 男 ひもで結ぶこと; 結び方

Lacan [lakɑ̃] (Jacques~) ラカン [1901–81; 精神分析家]

Lacédémone [lasedemɔn] = Sparte

Lacédémonien(ne) [lasedemɔnjɛ̃, -ɛn] 形 名 〔L-〕= Spartiate

lacer [lase] 他 52 ひもで結ぶ

lacération [laserasjɔ̃] 女 (ずたずたに)引き裂くこと

lacérer [lasere] 他 57 (ずたずたに)引き裂く

lacertien [lasɛrtjɛ̃], **lacertiliens** [lasɛrtilje] 男 (複) 〔動〕トカゲ目

lacet [lasɛ] 男 ① (衣服・靴などの) ひも; 編みひも, つづら織 ② (道路などの)ジグザグ, 曲折 ► __en lacets__ (道路が)ジグザグの ③ (ウサギを獲る)罠, わな

lâchage [lɑʃaʒ] 男 ゆるめる[ゆるむ]こと; 放すこと; 〔話〕 人を見捨てること

*__lâche__ [lɑʃ ラシュ] 形 (英 loose) 臆病な; 卑怯な, 卑劣な; ゆるい, たるんだ; 〔文〕気力のない ── 名 臆病者; 卑劣者

lâchement [lɑʃmɑ̃] 副 臆病にも; 卑劣に

lâcher [lɑʃe ラシェ] 他 (英 loosen, release) 手からはなす, 放す; (動物を)放す; うっかり言う, もらす; ゆるめる; 〔話〕(人を)見捨てる; (ものごとを)放棄する; 〔スポーツ〕(走者を)引き離す ► __lâcher le morceau (paquet)__ 〔話〕 白状する __lâcher les baskets (la grappe) à ...__ 〔話〕(人を)そっとしておく, かまわないでおく __lâcher prise__ (つかんでいたものを)離す, 放棄する __les lâcher__ 〔話〕 渋々金を出す ── 自 切れる, ゆるむ, 壊れる ── 男 放つこと; 逃がすこと

Lachésis [lakezis] 女 〔ギ神〕ラケシス【運命の3女神の1人】

lâcheté [lɑʃte] 女 ① 臆病; 無気力 ② 卑怯, 卑劣(な行為)

lâcheur(se) [lɑʃœr, -øz] 名 〔話〕友達(味方)を見捨てる人; 頼りにならない人

lacis [lasi] 男 (繊維や道路などの)錯綜した網目

Laclos [laklo] (Pierre Choderlos de~) ラクロ [1741–1803; 小説家]

laconique [lakɔnik] 形 言葉少ない; 〔文体の〕簡潔な

laconiquement [lakɔnikmɑ̃] 副 簡潔に

laconisme [lakɔnism] 男 (表現の)簡潔さ

lacryma-christi [lakrimakristi] 〔不変〕 ラクリマ・クリスティ【南部イタリアの産のワイン】

lacrymal(ale) [lakrimal] 形 (男複 -aux[-o]) 涙の

lacrymogène [lakrimɔʒen] 形 催涙性の ► __gaz lacrymogène__ 催涙ガス

lacs [lɑ] 男 〔文〕(動物を獲る)輪奈, わな

lactaire [laktɛr] 男 〔植〕チチタケ

lactarium [laktarjɔm] 男 母乳を集め供給する施設

lactation [laktasjɔ̃] 女 授乳(期); 乳の分泌

lacté(e) [lakte] 形 乳の(ような), ミルクを含んだ; 乳白色の ► __Voie lactée__

lactescent(e) [laktesɑ̃, -ɑ̃t] 形 〖植〗乳液を含む;〘文〙乳白色の

lactifère [laktifɛr] 形 〖植〗乳液を含む

lactique [laktik] 形 ▶**acide lactique** 〖化〗乳酸 *ferment lactique* 乳酸発酵菌

lact(o)- 接頭 (<ラ)「乳」の意

lactoflavine [laktoflavin] 女 〖生化〗ラクトフラビン [ビタミン B₂のこと]

lactose [laktoz] 男 〖生化〗ラクトース, 乳糖

lactosérum [laktosɛrɔm] 男 ホエー, 乳精 [チーズを作るときにできる]

lacunaire [lakynɛr] 形 欠落のある, 不備な

lacune [lakyn] 女 欠落, 不備; 空隙, すき間

lacustre [lakystr] 形 湖の, 湖水の; 湖上の ▶**cités lacustres** (有史以前の) 湖上住居群

lad [lad] 男 (<英)〘競馬場の〙厩務(きゅう)員

*****là-dedans** [ladədɑ̃ ラドゥダン] 副 その中に; そこに

*****là-dessous** [ladsu ラドゥス] 副 その下に; その背後に ▶*Il y a quelque chose là-dessous.* 〘話〙何か怪しいな

*****là-dessus** [ladsy ラドゥスュ] 副 その上に; その点について; そうして, そこで; そう言うと

ladite [ladit] 形 (女) (複 *lasdites*) *ledit* の女性形

ladre [lɑdr] 形 名 ①〘文〙けちな(人) ②〘古〙ハンセン病の(患者) ③〖医〗嚢虫(のうちゅう)症のブタ [のウシ]

ladrerie [lɑdrəri] 女 ①〘文〙吝嗇(りんしょく) ②〘古〙ハンセン病; ハンセン病院 ③〖医〗嚢虫(のうちゅう)症

La Fayette [lafajɛt] (Comtesse de~) ラ・ファイエット夫人 【1634–93; 小説家】

La Fontaine [lafɔ̃tɛn] (Jean de~) ラ・フォンテーヌ 【1621–95; 寓話作家】

lagomorphes [lagomɔrf] 男 (複) 〖動〗ウサギ目

lagon [lagɔ̃] 男 〘珊瑚礁の中央にある〙礁湖

lagopède [lagopɛd] 男 〖鳥〗ライチョウ

lagotriche [lagotriʃ] 男 〖動〗ウーリーモンキー

lagunaire [lagynɛr] 形 潟(かた)の

lagune [lagyn] 女 潟(かた), 潟湖(せきこ)

*****là-haut** [lao ラオ] 副 この上に, あの高い所に; あの世(に)

lai¹ [lɛ] 男 レー, 短詩 〖中世の小物語詩・叙情詩〗

lai²(e) [lɛ] 形 〖古〗俗人の〘修道院の助修士〙 *sœur laie* 助修女

laïc [laik] 形 (男)(女)=*laïque*

laïcat [laika] 男 〘集合的に〙一般信徒

laïcisation [laisizasjɔ̃] 女 非宗教化, 世俗化

laïciser [laisize] 他 非宗教化する; 世俗化させる

laïcité [laisite] 女 ①非宗教性, 世俗性 ②政教分離(思想) ▶*principe de la laïcité* 〖le ~〗非宗教性の原則 〘フランス公教育の基本原則〙

*****laid(e)** [lɛ, -ɛd] レ(ド)) 形 (英 ugly) 醜い, 醜悪な; (行為が)恥ずべき, 見苦しい; 卑怯な ― 名 醜い人; 〘話〙いけない子 ― 男 醜さ, 醜いもの

laidement [lɛdmɑ̃] 副 醜く; 卑怯に

laideron [lɛdrɔ̃] 男 〘古い用法では女性名詞, 従来形容詞としては女性形 *laideronne* もある〙 不器量な(娘)

laideur [lɛdœr] 女 醜さ; 下劣さ, 卑劣さ; 醜い 〖下劣な〗行為; 汚いもの

laie¹ [lɛ] 女 〖動〗メスイノシシ

laie² [lɛ] 女 林道

laie³ [lɛ] 女 〘石工用の〙ハンマー

laie⁴ [lɛ] 女 =*laye*

lainage [lɛnaʒ] 男 ①ウールの服; 毛織物, ウールの服 ②〖織〗起毛

*****laine** [lɛn レヌ] 女 (英 wool) 羊毛, ウール; 毛糸; ウールの衣類; 羊毛状のもの ▶*laine de verre* グラスウール 〖ガラスの糸ガラス〗 *laine polaire* フリース *pure laine vierge* (混ぜりけなしの) 最初に毛刈りした羊毛, 初刈りの純毛 *se laisser manger [tondre] la laine sur le dos* 餌食(えじき)になる

laineur(se) [lɛnœr, -øz] 名 毛羽立て工 ― 女 毛羽立て機

laineux(se) [lɛnø, -øz] 形 羊毛製の; 毛羽立った; 羊毛のような; 縮れた; (植物が)綿毛の生えた

lainier(ère) [lɛnje, -ɛr] 形 羊毛 〖ウール〗の ― 名 毛織物業者, 羊毛商; 羊毛職工

laïque [laik] 形 〘男性形は時に *laïc*〙聖職者の; 一般信徒の; 宗教から独立した, 世俗の ▶*école laïque* 公立学校 ― 名 〖男性に対して多く *laïc*〗一般信徒, 非聖職者, 俗人

laisse [lɛs] 女 ①(犬・馬を引く綱), リード ▶*tenir ... en laisse* ...をひもにつないでむく; (人)を束縛する ②〘中世の武勲詩の〙節, レース ③(潮の満干(みちひ)の)干上がり面, 前浜

laissé(e)-pour-(-)compte [lesepurkɔ̃t] 形 (複 s(-)-(-)-) 返品になった, 売れ残りの; (人・ものが)望み手のない, 相手にされない ― 名 望み手のない人 〖もの〗 ― 男 返品, 売れ残り

*****laisser** [lese レセ] 他 (英 leave, let) ①残す, 残しておく; 置いていく; 置き忘れる ②飾っておく; 〖~ A B〗 A を B のままにしておく ▶*laisser la porte ouverte* ドアを開けておく ②(人)と別れる (場所を)離れる ④〖~ A B〗 (人)に A を残して死ぬ; 譲る; 委ねる, 任せる ⑤〖~ A + 不定詞〗 A (人)に...させる, A の自由に...させる ▶*Laisse pisser le mérinos!* 勝手にさせておけ *laisser*

laisser-aller [leseale] 男《不変》だらしなさ,いいかげんさ;無頓着

laisser-faire [lesefer] 男《不変》無干渉,自由放任

laissez-passer [lesepase] 男《不変》通行許可証;フリーパス;《法》(課税貨物の)運送許可証

*lait [lε] 男 (英 milk) ミルク, 牛乳; 母乳; 乳(状)液 ▶**boire du (petit-)lait** 悦に入る,喜ぶ **café au lait** カフェオレ **lait concentré [condensé]** 練乳, コンデンスミルク **lait de chèvre [vache]** 山羊乳[牛乳] **lait démaquillant** クレンジングミルク **lait écrémé** スキムミルク **lait en poudre** 粉ミルク **lait entier** 全乳 [脂肪分を取り除かない完全乳] **lait maternel** 母乳 **soupe au lait** 怒りっぽい人, 短気な人

laitage [letaʒ] 男 ミルク, 乳製品

laitance [letɑ̃s], **laite** [lεt] 女 (魚の)白子

laité(e) [lete] 形 (魚が)白子のある, 雄の

laiterie [letri] 女 酪農場, 乳製品工場; 酪農業; 乳製品業;《古》乳製品店 [チーズやバターなども売る店]

laiteron [letrɔ̃] 男【植】ノゲシ

laiteux(se) [letø, -øz] 形 乳のような; 乳白色の

laitier¹(ère) [letje, -εr] 形 牛乳の; 乳製品の, 酪農の ▶**produit laitier** 乳製品 ―― 名 牛乳屋; 牛乳配達人[販売人]; 酪農家 ―― 女 乳牛 (= vache laitière); (運搬用)牛乳缶

laitier² [letje] 男【冶】スラグ, 鉱滓(ざい)

laiton [letɔ̃] 男 黄銅, 真鍮(ちゅう)

*laitue [lety] レチュ 女【植】レタス

laïus [lajys] 男《話》演説, スピーチ; 空論, ほら

laïusser [lajyse] 自《話》話すぎる; 長々としゃべる[書く]

laïusseur(se) [lajyscør, -øz] 男《話》話が長い人

laize [lεz] 女 (布・壁紙の)幅

-lalie [接尾]《ギ》「話す」の意

lallation [la(l)lasjɔ̃]女 L 音の発音障害; 乳児のロロロ音

lama¹ [lama] 男【動】ラマ

lama² [lama] 男 (<チベット) ラマ教の僧, ラマ僧 ▶**grand lama** = dalaï-lama

lamage [lamaʒ] 男 座ぐり穴(あけ){ねじ頭部を埋め込むための穴}

lamaïsme [lamaism] 男 ラマ教

lamanage [lamanaʒ] 男【海】(港湾内での)船の通行, 係留作業

lamantin [lamɑ̃tɛ̃] 男【動】マナティー

Lamartine [lamartin] (Alphonse de~) ラマルティーヌ [1790-1869; 詩人]

lamaserie [lamazri] 女 ラマ教の僧院

lambda [lɑ̃bda] 男《不変》ラムダ [Λ, λ; ギリシア字母第11字] ―― 形《不変》普通の, 平均的な

lambdacisme [lɑ̃bdasism] 男 = lallation

lambeau [lɑ̃bo] 男(複 ~x) (布・紙・肉の)切れ端; (知識・作品などの)断片, (全体の)小部分 ▶**en lambeaux** ぼろぼろの

lambic [lɑ̃bik] 男 ランビック【アルコール度の高いベルギー産ビール】

lambin(e) [lɑ̃bɛ̃, -in] 形名《古》ぐずな(人), のろまな(人)

lambiner [lɑ̃bine] 自 ぐずぐずする, 時間を空費する

lambourde [lɑ̃burd] 女 ①【建】根太(だ); 梁受け ②木材 [石材]の挽(ひ)き割り ③梨の実がついた小枝

lambrequin [lɑ̃brəkɛ̃] 男 (寝台の天蓋(がい)や窓上部の)垂れ飾り; 幟飾り;《古》かぶとのてっぺんの覆い飾り;《古》よろいの垂れ飾り

lambris [lɑ̃bri] 男【建】(内壁・天井の)羽目板, 壁石; 上張り, 上塗り

lambrissage [lɑ̃brisaʒ] 男【建】上張り[上塗り]すること; 羽目板を張る

lambruche [lɑ̃bryʃ], **lambrusque** [lɑ̃brysk] 女【植】ランブルスカブドウ, 野ブドウ

lambswool [lɑ̃bswul] 男《<英》ラムズウール【子羊の毛】

*lame [lam ラム] 女 (英 blade) ①(ナイフなどの)刃; 刺; (金属などの)薄片, 薄板 ▶**lame de parquet** 床板 **lame de rasoir** カミソリの刃 ②大波; (大波の)うねり突発事 ▶**lame de fond** 底波; (世論の)うねり

lamé(e) [lame] 形 (<lamer) ラメの, 金糸[銀糸]を織り込んだ (= ~ or [argent]) ―― 男 ラメ

lamellaire [lamelεr] 形 薄板の, 葉状の

lamelle [lamεl] 女 (小)薄片;【生】層板

lamellé(e) [lamele], **lamelleux(se)** [la(l)melø, -øz] 形 薄片でできた

lamellibranches [lamelibrɑ̃ʃ] 男(複)【動】二枚貝綱; 弁鰓(さい)類【ホタテガイ・カキなど】

lamellicornes [lamelikɔrn] 男(複)【虫】コガネムシ科

lamelliforme [lameliform] 形 薄片状の

lamellirostres [lameliɔstr] 男(複)【鳥】カモ目, 板嘴(はんし)目【ガン, カモなど】

*lamentable [lamɑ̃tabl] ラマンタブル 形 ①ひどい; 無残な ②《雅》痛ましい, 悲痛な

lamentablement [lamɑ̃tabləmɑ̃]

lamentation [lamɑ̃tasjɔ̃] 女 嘆き(の言葉); 繰り言

lamenter [lamɑ̃te] 代動 《se 〜》(…)を嘆く《sur》; (…したことに)不平を言う《de》

lamento [lamento] 男《イ》〖楽〗ラメント, 哀歌

lamer [lame] 他 (ドレスなどに)ラメを施す, 金銀刺繍で飾る

lamiacées [lamjase] 女《複》= labiée

lamifié(e) [lamifje] 男形 合板(の), 合材(の)

laminage [lamina ʒ] 男 (金属の)圧延

laminaire [laminer] 女 〖植〗コンブ

laminectomie [laminɛktɔmi] 女 〖医〗椎(?)弓切除術

laminer [lamine] 他 ①(金属を)圧延する ②縮小[削減]する ③(体を)こわす

lamineur(se) [lamincer, -øz] 名 圧延工 ── 形 圧延の

laminoir [laminwar] 男 圧延機; 〖製紙〗艶出し機 ▶ **passer au laminoir** 厳しい試練を受ける[受けさせる]

lampadaire [lɑ̃pader] 男 フロアスタンド; 街灯

lampant(e) [lɑ̃pɑ̃, -ɑ̃t] 形 灯火用に精製した

lamparo [lɑ̃paro] 男 集魚灯

*****lampe** [lɑ̃p] ランプ 女《英 lamp》あかり, 電灯; 電球; (照明用・熱するための)ランプ; 真空管 ▶ **lampe à incandescence** 白熱灯, 白熱電球 **lampe à souder** ブローランプ **lampe de chevet** ベッド脇の明かり **lampe de poche** 懐中電灯 **lampe témoin** パイロットランプ **s'en mettre plein la lampe** がつがつ飲み食いする

lampée [lɑ̃pe] 女《話》(酒・飲み物の)ひと飲み

lamper [lɑ̃pe] 他《話》がぶがぶ[一息に]飲む

lampion [lɑ̃pjɔ̃] 男 紙ちょうちん; ランプ, カンテラ, 燭台

lampiste [lɑ̃pist] 名 ①照明係, 灯火係 ②下役; 下っ端 ③《古》ランプ屋

lampisterie [lɑ̃pistəri] 女 (鉄道・鉱山の)ランプ保管[修理]所, 整灯室; (古)ランプ製造[販売]業

lamproie [lɑ̃prwa] 女 〖魚〗ヤツメウナギ

lampyre [lɑ̃pir] 男 〖虫〗ツチボタル

lance [lɑ̃s] 女 槍; 槍状形式; (散水ホースなどの)ノズル ▶ **fer de lance** 槍の穂先; 最前線部隊; (産業・研究の)先端部門 **lance d'arrosage** 庭の小ホース **lance d'incendie** 消防用ホース **rompre une lance [des lances] avec [contre]** …と槍交える, 議論を戦わせる

lancé(e) [lɑ̃se] 形 (< lancer) ①世に出た, 有名になった ②身を投じた, 深入りした《dans》

lance-bombes [lɑ̃sbɔ̃b] 男《不変》(爆撃機の)爆弾投下装置

lancée [lɑ̃se] 女 飛躍, はずみ ▶ **sur sa lancée** 勢いに乗って, はずみをつけて

lance-engins [lɑ̃sɑ̃ʒɛ̃] 男《不変》ミサイル発射装置

lance-flammes [lɑ̃sflam] 男《不変》火炎放射器

lance-fusées [lɑ̃sfyze] 男《不変》ロケット砲, ロケット発射装置

lance-grenades [lɑ̃sgrənad] 男《不変》擲弾[発射]筒

*****lancement** [lɑ̃smɑ̃ ランスマン] 男《英 launching》投げること, 放り; 発射すること; (ロケットなどの)打ち上げ; (船の)進水; (商品・スターの)売り出し; (事業などの)開始; 〖情報〗(プログラムの)実行

lance-missiles [lɑ̃smisil] 男《不変》ミサイル発射装置[台]

lancéolé(e) [lɑ̃seɔle] 形 ①〖植〗槍形の; 披針(は)形の ②〖建〗鋭尖の, ランセット窓の

lance-pierre(s) [lɑ̃spjɛr] 男《不変》パチンコ [石を飛ばす玩具] ▶ **être payé au lance-pierre** はした金をもらう **manger avec un lance-pierre**《話》早食いする

*****lancer** [lɑ̃se ランセ] 他 52《英 throw, launch》投げる, 放つ; 発射する; (声・言葉・光・煙)を発する, 出す; (体の一部)を急に動かす, (手足)を突き出す; (商品・スターを)売り出す; (視線)を投げる; (商品・活動を)開始する, 軌道に乗せる; (乗り物などを)疾走させる, (機械)を動かす; (…に)巻き込む《dans》; (話)(会話に)引き入れる; 〖情報〗(プログラムを)実行する ── 代動《se 〜》投げられる; 投げ合う; 突進する; 飛びかかる; (事業などに)身を投じる, 飛び込む《dans》; 世に出る, 売り出される ── 男 〖スポーツ〗投擲(ホラ)競技; スローイング; 投釣り《= pêche au 〜》▶ **lancer du disque** 円盤投げ **lancer du javelot** 槍投げ **lancer du poids** 砲丸投げ **lancer franc** [籠球] フリースロー

lance-roquettes [lɑ̃srɔkɛt] 男《不変》(携帯式)ロケット発射装置

lance-torpilles [lɑ̃stɔrpij] 男《不変》魚雷発射装置

lancette [lɑ̃sɛt] 女 ①〖外〗ランセット ②〖建〗鋭尖アーチ

lanceur(se) [lɑ̃scer, -øz] 名 投げる人; 投擲(ホラ)選手; 投手; (事業などの)発起人; 宣伝担当者 ── 男 (人工衛星の打ち上げ)ロケット; ミサイル搭載潜水艦

lancier [lɑ̃sje] 男 (10世紀の)槍騎兵

lancinant(e) [lɑ̃sinɑ̃, -ɑ̃t] 形 (痛みが)刺すような; うずく

lancinement [lɑ̃sinmɑ̃] 男 苦痛, 苦悩

lanciner [lɑ̃sine] 自 (傷・心が)うずく;

lançon [lɑ̃sɔ̃] 男 〖魚〗イカナゴ

痛む ― 他 (人を)苦しめる,悩ませる;邪魔をする

land [lɑ̃d, lɑnd] 男 (複 *länder*) (＜ド)(ドイツ・オーストリアの)州

landais(e) [lɑ̃dɛ, -ɛz] 形 ランド地方の(Landes の) ― 名 [L-] ランド地方の人

landau [lɑ̃do] 男 (複 ~s) ①乳母車 ②ランドー馬車(幌付き4輪馬車)

lande [lɑ̃d] 女 (ヒースしか生えないような)荒地

Landes [lɑ̃d] 女 ランド県〖フランス南西部〗[[les ~]] ランド地方 (= les ~ de Gascogne)〖フランス南西部大西洋沿岸の砂丘地帯〗

landgrave [lɑ̃dgrav] 男 〖史〗(ドイツの)方伯; ドイツ皇帝直属裁判官

landtag [lɑ̃dtag] 男 (＜ド)(ドイツ・オーストリアの)州議会

***langage** [lɑ̃gaʒ ランガージュ] 男 (英 language) 言語, 言語活動; (記号などによる)表現, 表情, 文体; (ある集団・個人の)言葉づかい, 用語

langagier(ère) [lɑ̃gaʒje, -ɛr] 形 言語の, 言語に関する; 言葉づかい, 語法の

lange [lɑ̃ʒ] 男 (赤ん坊の)産着(うぶぎ), おむつ

langer [lɑ̃ʒe] 他 40 (産着(うぶぎ)で)くるむ; おむつをする ▶ **table à langer** おむつ交換台

langoureusement [lɑ̃gurøzmɑ̃] 副 物憂げに, 思い悩んで

langoureux(se) [lɑ̃gurø, -øz] 形 物憂げな; 切ない, 憔悴(しょうすい)した

langouste [lɑ̃gust] 女 〖動〗イセエビ

langoustier [lɑ̃gustje] 男 イセエビ漁の網〖漁船〗

langoustine [lɑ̃gustin] 女 〖動〗ヨーロッパアカザエビ

:**langue** [lɑ̃g ラング] 女 (英 tongue) ①舌; 舌状のもの ▶ **avaler sa langue** (話)(よく話す人が)黙る **avoir ... sur le bout de la langue** 舌の先まで出かかっている **avoir la langue bien pendue** ぺらぺらとよくしゃべる **avoir la langue qui fourche** (話) 言い間違いをする, 失言をする **donner sa langue au chat** (話) 降参する, お手上げする **langue de bœuf** タン **langue de terre** 地峡 **langue de vipère** 毒舌家 **mauvaise langue** 毒舌家, 中傷家 **ne pas avoir sa langue dans sa poche** 口をつぐむ, 秘密を守る **tenir sa langue** (人に対して)舌を出す (à); (話) 金に困っている ②(英 language) (ある国·民族の)言語, 国語; (ある個人・社会・分野に特有の)言葉; 文体 ▶ **langue de bois** (政治における)月並みな言葉, **langue maternelle** 母語 **langue morte** 死語 **langue populaire** 俗語 **langue verte** 隠語 **langue vivante** 現用語

langue-de-bœuf [lɑ̃gdəbœf] 女 (複 ~s-~-~) ①〖植〗ウシノシタ, カンゾウタケ(= fistuline) ②(建築作業用の)ハート形の工具

langue-de-chat [lɑ̃gdəʃa] 女 (複 ~s-~-~) ラングドシャ〖細長いビスケット〗

Languedoc [lɑ̃gdɔk] 男 ラングドック〖フランス南部の旧地方名〗

languedocien(ne) [lɑ̃gdɔsjɛ̃, -ɛn] 形 [L-] ラングドックの(人) ― 男 ラングドック方言

languette [lɑ̃gɛt] 女 ①小さな舌状のもの ②(管楽器の)舌, リード

langueur [lɑ̃gœr] 女 物憂さ, けだるさ; わびしさ; 悩ましさ; 意気消沈, 無気力; 衰弱; 哀愁

languide [lɑ̃gid] 形 〖文〗物憂げな; 憔悴(しょうすい)した, 無気力な

languir [lɑ̃gir] 自 33 ①活気がなくなる, 不振になる ②(…を)待ち焦がれる (après); (文) 思い悩む, 憔悴(しょうすい)する ▶ **faire languir** (人を)焦らす **languir d'amour pour** (人に)恋焦がれる ③(文)衰弱する; (植物の)枯れる — 代動 [se ~] (南仏) (…に)退屈する, うんざりする (de)

languissamment [lɑ̃gisamɑ̃] 副 (文) 物憂げに; 力なく; 悩ましげに

languissant(e) [lɑ̃gisɑ̃, -ɑ̃t] 形 ①活気のない, 不振な ②(文) 憔悴(しょうすい)した; 気のない; やつれた, 悩ましげな

lanière [lanjɛr] 女 細長い(革)帯, (革)ひも

lanifère [lanifɛr], **lanigère** [laniʒɛr] 形 羊毛のある; 羊毛状の

lanoline [lanɔlin] 女 ラノリン, 羊毛脂

lansquenet [lɑ̃skənɛ] 男 (＜ド)(15-16世紀フランスに雇われた)ドイツ人傭兵

lanterne [lɑ̃tɛrn] 女 ①ランプ, ランタン, カンテラ; (機関車の)前照灯; (自動車の)スモールランプ; 映写機, プロジェクター ▶ **éclairer la lanterne de** (人)にわからせる, 事情を説明する **lanterne magique** 幻灯機〖昔の映写機〗 **lanterne rouge** (競争などの)最下位, びり **prendre des vessies pour des lanternes** (話) とんでもない勘違いをする ②〖建〗ガラス張りの円天井; 頂塔

lanterneau [lɑ̃tɛrno] 男 (複 ~x) = lanternon

lanterner [lɑ̃tɛrne] 自 (話) 時間を空費する, ぐずぐずする ▶ **faire lanterner** (人)を待たせる

lanternon [lɑ̃tɛrnɔ̃] 男 〖建〗頂塔〖採光のため塔などの上部に設ける〗

lanthane [lɑ̃tan] 男 〖化〗ランタン〖原子番号57の元素〗

lanugineux(se) [lanyʒinø, -øz] 形 〖植〗綿毛でおおわれた

Laon [lɑ̃] ラン【Aisne 県の県庁所在地】

Laos [laos] 男 ラオス【東南アジアの共和国】

laotien(ne) [laosjɛ̃, -ɛn] 形 名 [L-] ラオスの(人) ── 男 ラオス語

lapalissade [lapalisad] 女 〔文〕 窃盗; 盗品

laparoscopie [laparɔskɔpi] 女 〔医〕腹腔鏡

laparotomie [laparɔtɔmi] 女 〔外〕開腹(術)

lapement [lapmɑ̃] 男 (犬・猫などが)ぺちゃぺちゃ飲むこと、その音

laper [lape] 他 自 (犬・猫が)舌を鳴らして飲む

lapereau [lapro] 男 (複 ~x) 子ウサギ

lapidaire [lapidɛr] 男 (ダイヤモンド以外の)宝石細工師; 宝石商 ── 形 宝石の, 石碑の, 碑文の; (碑文のように)簡潔な

lapidation [lapidasjɔ̃] 女 投石による死刑; (人への)非難

lapider [lapide] 他 石を投げつけて殺す; (人)に石を投げる

lapilli [lapi(l)li] 男 (複) 〈イ〉〔地〕火山礫⚓

***lapin(e)** [lapɛ̃, -in] ラパン(ピヌ) 名 (英 rabbit) ウサギ(兎); ウサギの肉[毛皮] ▸ **chaud lapin**〔話〕女好き, 好き者 **coup du lapin**〔話〕うなじへの一撃; 鞭打ち症 **lapin de garenne** アナウサギ **mon lapin**〔親しい呼びかけ〕坊や, お嬢ちゃん **poser un lapin à ...**〔話〕(人)に待ちぼうけを食わせる, すっぽかす ── 男〔話〕男, やつ ── 女 雌ウサギ;〔話〕子どもをたくさん産む女

lapiner [lapine] 自 (ウサギが)子を産む

lapinière [lapinjɛr] 女 ウサギ小屋

lapinisme [lapinism] 男 多産

lapis [lapis], **lapis-lazuli** [lapislazyli] 男 (不変) 〔鉱〕ラピスラズリ, 瑠璃(るり); 藍青色

lapon(e) [lapɔ̃, -ɔn] 形 ラップランドの ── 名 [L-] ラップ人 ── 男 ラップ語

Laponie [lapɔni] 女 ラップランド

laps [laps] 男 ▸ **laps de temps** 期間, 時間

lapsus [lapsys] 男 〈ラ〉(言葉の)間違い, 言い間違え; 書き間違え ▸ **faire un lapsus** うっかり言い[書き]間違える

laquage [laka3] 男 漆塗り; ヘアスプレーをかけること; マニキュアを塗ること

laquais [lakɛ] 男 ① 〔古〕従僕 ② 卑劣な奴

laque [lak] 女 漆; ラッカー, ヘアスプレー, マニキュア ── 男 漆器

laqué(e) [lake] 形 (< laquer) 漆[マニキュア]を塗った, ヘアスプレーをかけた;〔料〕照り焼きにした ▸ **canard laqué**〔料〕北京ダック

laquelle [lakɛl] 代 (疑問) 代 (関係) 〔関係〕 lequel の女性単数形 ⇨**lequel**

laquer [lake] 他 漆[ラッカー]を塗る; マニキュアする; ヘアスプレーをかける

larbin [larbɛ̃] 男 〔話・軽蔑的〕召使; 言いなりになる人

larcin [larsɛ̃] 男 〔文〕窃盗; 盗品

lard [lar] 男 (豚などの)脂肪, 脂肪; 脂身 ▸ **ne pas savoir [se demander] si c'est du lard ou du cochon** どういうことなのかわからない **rentrer dans le lard de** (人)を攻撃する, ぶちのめす **se faire du lard** ぶくぶくと太る **tête de lard**〔話〕石頭; 間抜け

larder [larde] 他 豚の背脂を刺し込む; 何度も突き刺す ▸ **larder ... de coups** (人)にげんこつの嵐を浴びせる

lardoire [lardwar] 女 刺し針【豚の背脂を刺し込む】

lardon [lardɔ̃] 男 ①豚の細切りにした背脂 ②〔話〕赤ん坊, がき

lare [lar] 男 ラレス【古代ローマの家・道路の神】

largable [largabl] 形 投下できる, 切り離せる

largage [larga3] 男 ①投下, 投棄, 投下 ②〔話〕厄介払い, 解雇, 首吊りで

***large** [lar3] ラルジュ 形 (英 wide, broad, generous) 幅の広い, (…が)大きな, (…の幅がある (de)); (衣服・靴が)ゆったりした, ゆるい; 気前のよい, 寛大な; (心・見方が)広い, 寛大な ▸ **au sens large du terme** 言葉の広い意味で **être large d'épaules** 肩幅が広い **large de 5 mètres** 幅 5 メートルで

── 副 広く, 大きく, ゆったりと ▸ **calculer large** 余裕をもって計算する **ne pas en mener large**〔話〕びくびくしている; 切羽詰まっている **voir large** 多めに見る; 大きく考える

── 男 ①幅; 横 ▸ **cinq mètres de large** 幅 5 メートル **être au large** ゆったりしている; 裕福である ②沖, 沖合 ▸ **au large de ...** の沖合で **au large de Calais** ドーバー海峡沖で **gagner le large** 沖に出る **prendre le large**〔話〕消え去る

***largement** [lar3əmɑ̃] ラルジュマン 副 広く, 大きく; たっぷりと; 裕福に; 気前よく; ゆうに; とっくに

largesse [lar3ɛs] 女 〔文〕気前のよさ; (複) 贈り物, 施し物

***largeur** [lar3œr] ラルジュール 女 (英 width, breadth) 幅, 横幅; (心・考えの)広さ, 寛大さ (≒ ~ **d'esprit**)

larghetto [largeto] 副 〈イ〉〔楽〕ラルゲット, やや遅く ──〔不変〕ラルゲットの曲

largo [largo] 副 〈イ〉〔楽〕ラルゴ, 非常にゆっくりとした速度で ── 男 〔不変〕ラルゴの曲

largue [larg] 形 〔海〕①(風が)斜めに吹く ②(綱などが)ゆるんだ

largué(e) [large] 形 (< larguer)

larguer [large] 他 ①(海)(綱を)ゆるめる, 解く ②投下する ③(話)厄介払いする, 捨てる

larigot [larigo] 男 ①(古)小さな笛 ②[楽]ラリゴ[オルガンの1⅓フィート(第6倍音)のストップ]

:larme [larm ラルム] 女 (英 tears) 涙; (話)(飲み物の)ごく少量 ▶ **avoir les larmes aux yeux** 目に涙を浮かべている **être en larmes** 泣き出している **fondre en larmes** 泣き崩れる **larmes de crocodile** そら涙 **pleurer à chaudes larmes** さめざめと泣く **ravaler ses larmes** 涙をこらえる **rire aux larmes** 涙が出るほど笑う

larmier [larmje] 男 ①[建](ひさしなどの)水切り ②[解]内眼角, 目頭 ③(シカ科の)眼下腺

larmoiement [larmwamɑ̃] 男 [医]流涙(症); (複)涙もろさ; 泣きまねね

larmoyant(e) [larmwajɑ̃, -ɑ̃t] 形 涙ぐんだ; 涙を誘う, かわいそうな

larmoyer [larmwaje] 自 45 (目が)涙を流す; めそめそする, 嘆く

La Rochefoucauld [larɔʃfuko] (François de~) ラ・ロシュフーコー【1613-80; モラリスト】

larron [larɔ̃] 男 (文)泥棒; 盗賊 ▶ **L'occasion fait le larron.** 《ことわざ》生まれつきの悪人はいない **s'entendre comme larrons en foire** 示し合わせる, ぐるになる **troisième larron** 漁夫の利を得る者

larsen [larsen] 男 《話》ハウリング【スピーカーとマイクが干渉しあって発振する騒音】

larvaire [larvɛr] 形 ①幼虫[幼生]の ②芽生えかけの, 未熟な

larve [larv] 女 ①幼虫; 幼生 ②(話)怠け者, 虫けら

larvé(e) [larve] 形 [医]潜伏性の; 潜在的な

laryngé(e) [larɛ̃ʒe], **laryngien(ne)** [larɛ̃ʒjɛ̃, -ɛn] 形 喉頭部の

laryngite [larɛ̃ʒit] 女 [医]喉頭炎 ▶ **avoir une laryngite** 喉頭炎にかかる

laryng(o)- [接頭]《<ギ》「喉頭」の意

laryngologie [larɛ̃ɡɔlɔʒi] 女 [医]喉頭(病)学

laryngologue [larɛ̃ɡɔlɔɡ], **laryngologiste** [larɛ̃ɡɔlɔʒist] 名 [医]喉頭専門医

laryngoscope [larɛ̃ɡɔskɔp] 男 [医]喉頭鏡

laryngoscopie [larɛ̃ɡɔskɔpi] 女 [医]喉頭鏡検査(法)

laryngotomie [larɛ̃ɡɔtɔmi] 女 [医]喉頭切開(術)

larynx [larɛ̃ks] 男 [解]喉頭

las¹ [lɑs] 間 (古)ああ

las²(se) [lɑ, lɑs ラ, ラース] 形 疲れた; (…するのに)うんざりした (de)

lasagne [lazaɲ] 女 [不変] (<イ) [料]ラザーニャ

lascar [laskar] 男 《話》抜け目のないやつ

Lascaux [lasko] ラスコー(の洞窟)【フランス南西部にある先史時代の動物画で有名な洞窟】

lascif(ve) [lasif, -iv] 形 好色な, 淫蕩(いんとう)な, 猥褻(わいせつ)な, 官能的な

lascivement [lasivmɑ̃] 副 扇情的に

lasciveté [lasivte], **lascivité** [lasivite] 女 好色, 淫蕩, 猥褻(わいせつ)さ

laser [lazer] 男 [物]レーザー ▶ **rayon laser** レーザー光線

lassant(e) [lɑsɑ̃, -ɑ̃t] 形 うんざりさせる; 疲れさせる

lasse [lɑs] 女 las²の女性形

*****lasser** [lɑse ラセ] 他 (英 weary, tire) うんざりさせる, 疲れさせる; やる気をなくさせる ― 代動 [se ~] (…(するの)に)飽きる (de)

lassitude [lasityd] 女 疲労(感), だるさ(感), 倦怠(感), 無気力

lasso [laso] 男 (<ス) (カウボーイなどの)投げ縄

lastex [lastɛks] 男 [服]ラステックス【ゴムひも】

lat. [latityd] (略) latitude 緯度

latence [latɑ̃s] 女 潜在, 潜伏

latent(e) [latɑ̃, -ɑ̃t] 形 潜在[潜伏]する, 隠れた

latéral(ale) [lateral] 形 (男複 -aux [-o]) 側面の; 横の

latéralement [lateralmɑ̃] 副 側面に

latéralisation [lateralizasjɔ̃] 女 [心]側性化【大脳で左右どちらかの機能が優位になること】

latéralisé(e) [lateralize] 形 ▶ **bien [mal] latéralisé** [心]利き側[優位区分]に対応した[しない]

latéralité [lateralite] 女 [心]利き側, 優位側

latérite [laterit] 女 [鉱]ラテライト, 紅土

latex [latɛks] 男 [不変] (<ラ) (植物の)乳液; ラテックス【ゴムの原料】

laticifère [latisifɛr] 形 [植]ラテックスを含んだ

laticlave [latiklav] 男 (古代ローマの)紫色の条飾りのついた元老院議員用チュニカ

latifundium [latifɔ̃djɔm] 男 (複 ~s, latifundia [latifɔ̃dja]) (古代ローマの有力者の)大土地所有

*****latin(e)** [latɛ̃, -in ラタン(ティヌ)] 形 (英 Latin) ①(古代ローマの) ラテン語の ②ラテン系の, ラテン民族の ― 男 [L]ラテン(古代ローマ)語; ラテン語 ▶ **y perdre son latin** 《話》さっぱりわけがわからない

latinisation [latinizasjɔ̃] 女 ラテン(語)化

latiniser [latinize] 他 ラテン(語)化する; ラテン的性質を与える

latinisme [latinism] 男 ラテン語特有の語法

latiniste [latinist] 名 ラテン語学者; ラテン文学者

latinité [latinite] 女 ラテン世界; ラテン文化(圏); ラテン性

latino-américain(e) [latinoamerikɛ̃, -ɛn] 形 ラテンアメリカの — 名 [L-] ラテンアメリカ人

latitude [latityd] 女 ①緯度; 気候, 地方 ②(行動の)自由

Latium [lasjɔm] 男 ラティウム【イタリア中部, 古代ローマ発祥の地】

lato sensu [latosɛ̃sy] 副 〈ラ〉広い意味で

-lâtre, -lâtrie 接尾 (くぎ) 「…を崇拝する(人)」の意の形容詞(名詞)をつくる

latrie [latri] 女 ►culte de latrie (カト)ラトリア【神にだけ捧げる最高礼拝】

latrines [latrin] 女(複) (野営地・兵舎などの)(簡易)便所

lattage [lata3] 男 木摺(ずり)打ち

latte [lat] 女 木摺(ずり)建material用の細長い木片; (複)(話)スキー板

latter [late] 他 (壁・屋根に)木摺(ずり)を打ちつける

lattis [lati] 男 木摺(ずり)下地

laudanum [lodanɔm] 男 阿片チンキ【催眠・鎮静剤】

laudateur(trice) [lodatœr, -tris] 名 《文》賛美者, 礼賛者

laudatif(ve) [lodatif, -iv] 形 称賛【賛美】する

laudes [lod] 女(複)〔カト〕賛課【日の出ごろに行う祈り】

Laure [lɔr] ロール【女子の名】

laure [lɔr] 女 ギリシア正教会の僧院

lauré(e) [lɔre] 形 月桂樹の冠をつけた

lauréat(e) [lɔrea, -at] 形 受賞した; 月桂冠を戴いた — 名 受賞者; 合格者

Laurent [lɔrɑ̃] ローラン【男子の名】

laurier [lɔrje] 男 ①〔植〕ゲッケイジュ(月桂樹); ローリエ【月桂樹の葉: 香辛料】(= feuille de 〜) ②(複)栄冠, 栄誉 ►s'endormir [se reposer] sur ses lauriers 過去の栄光にあぐらをかく

laurier-rose [lɔrjeroz] 男 (複〜s~s)〔植〕キョウチクトウ(夾竹桃)

laurier-sauce [lɔrjesos] 男 (複〜s~s)ローリエ【月桂樹の葉: 香辛料】

laurier-tin [lɔrjetɛ̃] 男 (複〜s~s)〔植〕ガマズミ

Lausanne [lozan] ローザンヌ【スイスの都市】

lavable [lavabl] 形 洗える

***lavabo** [lavabo ラヴァボ] 男 ①洗面台, 洗面所; (婉)(公衆)便所 ②(ミサで洗手礼の祈り) ③(話)アルコール中毒者

lavage [lava3] 男 (英 washing) 洗うこと, 洗濯, 洗浄 ►faire [subir] un lavage d'estomac 胃洗浄をしてもらう

lavage de cerveau 洗脳

Laval [laval] ラヴァル【Mayenne 県の県庁所在地】

lavallière [lavaljɛr] 女 大形の蝶結びネクタイ

lavande [lavɑ̃d] 女 〔植〕ラベンダー; ラベンダーの香水 — 形 (不変) ラベンダー(色)の

lavandière [lavɑ̃djɛr] 女 《文》洗濯女; 〔鳥〕セキレイ

lavasse [lavas] 女 (話)水っぽいスープ[コーヒー]

lave [lav] 女 溶岩

lavé(e) [lave] 形 (<laver) ①洗濯し, 水で洗った ②(色の)薄い; 青白い

lave-auto [lavoto] 男 《ケベック》洗車場

lave-glace [lavglas] 男 (フロントガラスの)ウィンドーウォッシャー

lave-linge [lavlɛ̃ʒ] 男《不変》洗濯機

lave-mains [lavmɛ̃] 男《不変》洗面台

lavement [lavmɑ̃] 男〔医〕浣腸(剤)

***laver** [lave ラヴェ] 他 (英 wash, bathe) 洗う, 洗濯する; (汚名を)そそぐ; (疑いを)晴らす — 代動 [se 〜] 自分の体(の一部)を洗う; 洗濯がきく; (疑惑などを)晴らす 目《文》►se laver la figure [les mains] 顔[手]を洗う se laver les mains de …から手を引く

laverie [lavri] 女 コインランドリー(= 〜 automatique); 洗い場; 洗鉱場

lavette [lavɛt] 女 ①食器洗いの布[ブラシ] ②(話)無気力な人; 役立たず

laveur(se) [lavœr, -øz] 名 洗う人 ►laveur de carreaux 窓拭き業の人 laveur de vaisselle (レストランの)皿洗い ②《カナダ》洗濯機

lave-vaisselle [lavvɛsɛl] 男《不変》食器洗い機

lavis [lavi] 男 淡彩画(法); 墨絵(画法), 水墨画

lavoir [lavwar] 男 共同洗濯場; 洗濯槽, 洗鉱場(機)

lavure [lavyr] 女 (台所などの)洗い水, 洗うこと; 水っぽいスープ

lawrencium [lɔrɑ̃sjɔm] 男〔化〕ローレンシウム

laxatif(ve) [laksatif, -iv] 形〔医〕便通をよくする — 男 緩下剤

laxisme [laksism] 男 放任[寛解]主義; (神学の)寛解主義

laxiste [laksist] 形名 放任[寛解]主義(の者); 寛解主義の人

laye [lɛ] 女 (楽)(オルガンの)空気室【風箱の一部】

layette [lejɛt] 女 産着, 乳幼児用の衣類

layon [lejɔ̃] 男 森[林]の小道

lazaret [lazarɛ] 男 (港・空港の)検疫所, 隔離所

lazariste [lazarist] 男〔カト〕ラザリスト会修道士

lazzi [la(d)zi] 男〔複〕〔イ〕〔文〕からかい、嘲り

le¹ (la) [l(ə), la ル(ラ)] 冠〔定〕〔複 les〕〔le, la は母音字または無音の h の前で l' となる〕①〔定冠詞〕〔à + le = au, à + les = aux; de + le = du, de + les = des〕〔英 the〕①〔特定化〕▸ **le propriétaire de la bicyclette** その自転車の持ち主 ②〔配分〕…ごとに、…につき ▸ **40 euros le litre** 1リットルあたり45ユーロ **deux fois l'an** 年2回 ③〔分数〕…分の1 ④…というもの ▸ **Elle aime la musique.** 彼女は音楽が好きだ ⑤〔体の一部〕▸ **se laver les mains** 手を洗う

le²(la) [l(ə), la ル(ラ)] 代〔人称〕〔中性〕〔単〕〔le, la は母音字または無音の h の前で l' となる〕①〔人称代名詞〕〔英 him, her; it〕彼(女)を;それを ▸ **Je ne le connais pas.** 私は彼を知りません ②〔中性代名詞 le〕〔英 it, that〕〔〔不定詞・節・属詞の代用として〕〕そのことを ▸ **Je le sais bien.** そのことについてはよくわかっています **Je l'espère** そう願いたいですね

lé [le] 男〔布・壁紙の〕幅

leader [lidœr] 男〔英〕リーダー、指導者; 党首; 首位の選手〔チーム〕

leadership [lidœrʃip] 男〔英〕リーダーシップ、指導的地位、主導権

leasing [lizin] 男〔英〕〔経〕リース〔長期的貸借関契約〕

léchage [leʃaʒ] 男 ①なめること ②〔文章に〕凝ること; 〔仕上げが〕念入りなこと

lèche [lɛʃ] 女 へつらい、おべっか ▸ **faire de la lèche** 〔話〕(人に)へつらう、ごまをする (à)

lèche-bottes [lɛʃbɔt] 名〔不変〕〔話〕おべっか使い、ごますり

lèche-cul [lɛʃky] 〔俗〕＝lèche-bottes

lèchefrite [lɛʃfrit] 女 〔ロースターの〕受け皿

lécher [leʃe] 他57 ①なめる; 〔炎が〕なめるように近める ▸ **lécher les bottes à** (人に)おべっかを使う **ours mal léché** がさつな〔(文章を)仕上げる、凝りすぎる ──〔代動〕〔se ~〕自分(の体)の一部をなめる

lécheur(se) [leʃœr, -øz] 形名 なめる(人);〔話〕おべっかを使う(人)

lèche-vitrine [lɛʃvitrin] 男〔不変〕〔話〕ウインドーショッピング

leçon [l(ə)sɔ̃ ル ソン] 女〔英 lesson〕①授業、レッスン;〔生徒の暗唱課題〕;学課;〔教科書の〕課; 教訓 ▸ **avoir bien appris la leçon** 人の言うことをよく**donner des leçons à** (人に)説教する、自分の立場を思い知らせる **faire la leçon à** (人に)説教する、細かく指示する **leçons de conduite** 運転免許実習 **leçons particulières** 個人教授 ②

〔カト〕読誦 ③〔写本・異本などの〕読み〔方〕

lecteur(trice) [lɛktœr, -tris] 名〔英 reader〕①読者、閲覧者 ②外国人語学教師 ── 男 ①〔オーディオの〕再生装置、プレーヤー ②〔情報〕読み取り装置、リーダー ▸ **lecteur de CD** CDプレーヤー **lecteur de CD-ROM** 〔情報〕CD-ROM ドライブ **lecteur optique** 〔情報〕光学スキャナー

lectorat [lɛktɔra] 男〔新聞や雑誌の〕読者層

lecture [lɛktyr レクテュール] 女〔英 reading〕①読むこと; 読書; 読み物、読んだ本;〔文字の読み方〕; 解釈、読み ②朗読;〔議会審議の〕読会〔ギリ〕③〔録音の〕再生;〔情報〕読み取り

lécythe [lesit] 男 レキュトス〔古代ギリシアの陶器の一種〕

LED 〔略〕〔英〕light emitting diode 発光ダイオード

ledit [lədi] 男〔複 lesdits〕前述の ── 女 ▷ ladite

***légal(ale)** [legal レガル] 形〔男複 -aux[-o]〕法律上の、法的な; 法定の; 合法の

légalement [legalmɑ̃] 副 法律上; 法的に; 合法的に

légalisation [legalizasjɔ̃] 女 合法化;〔証書の署名の真正なることの〕認証

légaliser [legalize] 他 合法化する、法律で認める;〔証書の署名の真正を〕証明する

légalisme [legalism] 男 法律至上主義; 律法主義

légaliste [legalist] 形名 法律一点張りの(人)、厳格主義者の〔者〕; 律法主義者

légalité [legalite] 女 合法性、適法性; 合法的範囲

légat [lega] 男〔カト〕ローマ教皇の使節

légataire [legater] 名〔法〕受遺者 ▸ **légataire universel** 包括受遺者〔全部の遺産を受け取る〕

légation [legasjɔ̃] 女 ①公使職; 公使館

legato [legato] 副〔イ〕〔楽〕レガートで、滑らかに ── 男 レガートの曲〔部分〕

lège [lɛʒ] 形〔海〕〔船が〕積荷を載せていない

légendaire [leʒɑ̃dɛr] 形 伝説の、伝説上の; 伝説的な; 名高い

légende [leʒɑ̃d] 女 ①伝説、言い伝え ②〔メダル・貨幣の〕銘 ③〔挿絵などの〕説明文、キャプション;〔図面・地図の〕凡例

***léger(ère)** [leʒe, -ɛr レジェ(ール)] 形〔英 light, slight〕軽い; 薄い; あっさりした; 軽めの、ちょっとした; 軽やかな、軽快な; 優美な; 器用な; 軽薄な; 軽率な、不謹慎な ▸ **à la légère** 軽々しく、軽率に

prendre à la légère 事態を軽く見る — 副 軽く;軽装で ► **manger léger** 軽く(油分やカロリーの少ないもの)を食事する

légèrement [leʒɛrmɑ̃ レジェルマン] 副 (英 lightly, slightly) 軽く;軽快に;わずかに;少し;軽率に,軽々しく

légèreté [leʒɛrte レジェルテ] 女 軽さ;薄さ;軽やかさ,軽快さ;軽薄さ,軽率さ;(食事などがあっさりしていること)

légiférer [leʒifere] 自団 55 規則を定める;法律を制定する

légion [leʒjɔ̃] 女 ①(古代ローマの)軍団;歩兵部隊;外人部隊(= L-étrangère) ②多数,大勢 ► **être légion** 大勢である **une légion de…** 多数の… ► **Légion d'honneur** レジオン・ドヌール勲章[国家に功績のあった人に与えられる]

légionnaire [leʒjɔnɛr] 男 ①外人部隊の兵士 ②(古代ローマの)軍団の兵士 ③レジオン・ドヌール勲章佩綬(はいじゅ)者

législateur(trice) [leʒislatœr, -tris] 名 法律制定者,立法者 — 男 立法権,立法権 — 形 法を制定する,立法的

législatif(ve) [leʒislatif, -iv] 形 立法の,立法権に関する;法律の,法的な — 男 立法権力 ► **élections législatives** 国民議会議員選挙

législation [leʒislasjɔ̃] 女 法,法律;法学

législature [leʒislatyr] 女 (立法議会の)会期

légiste [leʒist] 男 法学者 ► **médecin légiste** 法医学者;検死医

légitimation [leʒitimasjɔ̃] 女 [法] 認知;嫡出子と認めること

légitime [leʒitim レジティム] 形 合法的な;正当な,当然の ► **légitime défense** 正当防衛 — 女 《俗》女房,正妻

légitimement [leʒitimmɑ̃] 副 合法的に;正当に;当然に

légitimer [leʒitime] 他 ①[法] (私生子を)嫡出子と認める,認知する;合法化する ②《文》正当化する

légitimisme [leʒitimism] 男 正統王朝主義

légitimiste [leʒitimist] 形名 正統王朝派(の人)

légitimité [leʒitimite] 女 ①正当性,合法性;(子の)嫡出性 ②正当王位継承権

legs [lɛg, lɛ] 男 [法] 遺贈(物);遺産

léguer [lege] 他 57 遺贈する;後世に伝える,残す

légume [legym レギューム] 男 (英 vegetable) ①野 菜 ► **légumes secs** 豆類 ②植物人間 ③ ► **grosse légume** 《話》大物,有力者

légumier(ère) [legymje, -ɛr] 形 野菜の — 男 (ふた付きの)野菜用深皿

légumineuses [legyminøz] 女 (複)[植]マメ科

léiomyome [lejomjom] 男 [医]平滑筋腫

leishmania [lɛʃmanja], **leishmanie** [lɛʃmani] 女 [動] リーシュマニア原虫[原生生物の一種]

leishmaniose [lɛʃmanjoz] 女 [医] リーシュマニア症[リーシュマニア原虫による熱帯病]

Léman [lemɑ̃] 男 ► [**le lac ~**] レマン湖[スイスとフランス国境にある湖]

lemme [lɛm] 男 [数] 補助定理,レンマ

lemming [lɛmiŋ] 男 [動] レミング,タビネズミ[ネズミ科の小動物]

lémures [lemyr] 男 (複) (古代ローマの)死霊

lémurien [lemyrjɛ̃] 男 キツネザル

lendemain [lɑ̃dmɛ̃ ランドマン] 男 ► [**le ~**] 翌日; (近い)将来; (晩より) ► **au lendemain de…** …の直後に **le lendemain matin** 翌朝 **sans lendemain** 長続きしない

lendit [lɑ̃di] 男 [史] ランディ [中世の頃サン・ドニで開かれた市]

lénifiant(e) [lenifjɑ̃, -ɑ̃t] 形 [医] 鎮静の;気持ちを和ませる

lénifier [lenifje] 他 (痛みを)鎮める;(心を)和らげる,穏やかにする

Lénine [lenin] レーニン【1870-1924;ロシアの政治家】

léninisme [leninism] 男 レーニン主義

léniniste [leninist] 形名 レーニン主義(の人)

lénitif(ve) [lenitif, -iv] 形 [医] 鎮痛性の,緩和する;《文》和らげる — 男 鎮痛剤[鎮静,緩和剤]

lent(e) [lɑ̃, -ɑ̃t ラン(ト)] 形 (英 slow) 遅い,のろい;ゆっくりした ► **être lent à…** …するのが遅い

lente [lɑ̃t] 女 シラミの卵

lentement [lɑ̃tmɑ̃ ラントマン] 副 (英 slowly) ゆっくりと,のろのろと;静かに

lenteur [lɑ̃tœr] 女 遅さ,緩慢さ;のろのろしたやり方

lenticelle [lɑ̃tisɛl] 女 [植](樹木の)皮目(ひもく),皮孔(ひこう)

lenticulaire [lɑ̃tikylɛr] 形 レンズ状の

lenticule [lɑ̃tikyl] 女 [植] ウキクサ,アオウキクサ

lentigo [lɑ̃tigo] 男, **lentigine** [lɑ̃tiʒin] 女 [医] ほくろ,そばかす

lentille [lɑ̃tij] 女 ①レンズ;コンタクトレンズ(= ~s de contact) ②[植] レンズマメ

lentisque [lɑ̃tisk] 男 [植] マスティック[地中海沿岸のウルシ科の低木]

lento [lɛnto] 副 (<イ) [楽] レント,ゆ

Léon [leɔ̃] 男 ①レオン〔ブルターニュの北西部地方〕 ②レオン〔男子の名〕

Léonard [leɔnaʀ] 男 レオナール〔男子の名〕

léonin(e) [leɔnɛ̃, -in] 形 ①ライオンの(ような) ②〈分け方が〉不公平な;力ずくの ③▶**vers léonin** レオン体詩句〔半句同士が韻を踏んでいる〕

léopard [leɔpaʀ] 男 〔動〕ヒョウ(豹);豹の毛皮

lépidoptères [lepidɔptɛʀ] 男 (複)〔虫〕チョウ目, 鱗翅(りんし)目

lépiote [lepjɔt] 女 〔植〕カラカサタケ

lèpre [lɛpʀ] 女 ①ハンセン病 ②〈文〉(ゆっくりと広がる)害毒

lépreux(se) [lepʀø, -øz] 形 ①ハンセン病にかかった ②(表面が)ぼろぼろになった ━名 ハンセン病患者

léproserie [lepʀozʀi] 女 ハンセン病療養所

leptospire [lɛptɔspiʀ] 男 〔生〕レプトスピラ〔病原菌の一つ〕

leptospirose [lɛptɔspiʀoz] 女 〔医〕レプトスピラ症, 秋疫(あきえき)

:lequel(laquelle) [ləkɛl, lakɛl] ルケル(ラケル) (男 複 *lesquels*; 女 複 *lesquelles*) [à + lequel → auquel, à + lesquels → auxquels; de + lequel → duquel, de + lesquels → desquels, de + lesquelles → desquelles] 代 ①〔疑問〕(英 which (one)) どれ, どの人 ▶ *De ces deux chapeaux, lequel préférez-vous?* 2つの帽子のうちどちらが好きですか
━代〔関係〕…であるところの ▶ *C'est un problème auquel on n'avait pas pensé.* それは考えていなかった問題です *Il rencontra plusieurs parents parmi lesquels se trouvait son cousin Jean.* 彼は何人かの親戚に会ったがその中にいとこのジャンもいた ━形〔関係〕(法律文書や行政文書で)その ▶ *auquel cas* その場合には

lerche [lɛʀʃ] 形 〈俗〉高価な〔< *cher*〕

:les¹ [lə v] 冠 定冠詞の複数形 ⇒le

:les² [lə v] 代〈人称〉〔3人称複数・直接目的語〕(英 them) 彼らを, 彼女らを; それらを

les³ [le], **lès** [lɛ] 前 =lez

lesbien(ne) [lɛsbjɛ̃, -ɛn] 形名〔L-〕レスボス島の人
━女 同性愛の女性, レスビアン

Lesbos [lɛsbɔs] レスボス島〔エーゲ海にあるギリシアの島〕

lesdits, lesdites [ledi] [ledit] 形 (複) *ledit* の複数形

lèse- 接頭 (<ラ)「侵害」「冒涜(とく)」の意

lèse-majesté [lɛzmaʒɛste] 女 ▶ *crime de lèse-majesté* 〔法〕大逆罪, 不敬罪

***léser** [leze] レゼ 他 57 (利益・権利を)侵害する;損害(損傷)を与える;傷つける

lésine [lezin] 女 〈イ〉〔文〕客嗇(けち)

lésiner [lezine] 自 けちけちする ▶ *ne pas lésiner sur* …をふんだんに使う

lésinerie [lezinʀi] 女 〔文〕客嗇(けち)

lésion [lezjɔ̃] 女 ①外傷;病変;病巣; 〔法〕(契約などの)損害

lésionnel(le) [lezjɔnɛl] 形 〔医〕外傷の;病変の;病巣の

lessivable [lesivabl] 形 (色落ちせずに)洗浄できる

lessivage [lesivaʒ] 男 ①洗うこと, 洗浄 ②〈話〉(邪魔者の)一掃, 追放

lessive [lesiv] レシィヴ 女 ①洗剤; 洗濯(物) ②〈話〉(好ましくない人物の)追放

lessivé(e) [lesive] 形 (< lessiver) ①洗濯した ②〈話〉疲れ切った, へとへとの

lessiver [lesive] 他 ①洗剤で洗う, 汚れを落とす ②〈話〉(社会・地位などから)追い出す; 無一文にする

lessiveuse [lesivøz] 女 ①洗濯釜 ②〈話〉資金洗浄, マネーロンダリング

lessiviel(le) [lesivjɛl] 形 洗浄[洗濯]用の

lest [lɛst] 男 (船・気球に積む)バラスト; 安定(させるもの) ▶ *jeter [lâcher] du lest* (危機を脱するために)犠牲を払う

lestage [lɛstaʒ] 男 (船・気球に)バラストを積むこと

leste [lɛst] 形 ①敏捷な, 機敏な ②不謹慎な, みだらな

lestement [lɛstəmɑ̃] 副 敏捷に, 機敏に

lester [lɛste] 他 ①(船・気球に)バラストを積む; (漁網・釣糸に)おもりをつける ②〈話〉詰め込む, いっぱいにする

létal(ale) [letal] 形 (男複 *-aux*[-o])〔医〕致死の ▶ *dose létale* 致死量

léthargie [letaʀʒi] 女 ①〔医〕嗜眠(しみん)〔長期の無意識状態〕; 無気力 ▶ *tomber en léthargie* 昏睡状態になる

léthargique [letaʀʒik] 形 無気力の; 嗜眠状態の

letton(ne) [lɛtɔ̃, -ɔn] 形〔L-〕ラトビアの(人)

Lettonie [lɛtɔni] 女 ラトビア〔バルト海沿岸の共和国〕

lettrage [letʀaʒ] 男 文字の配置

:lettre [lɛtʀ] レットル 女 (英 letter) ①手紙; 契約書 ▶ *lettre d'amour* ラブレター *lettre de change* 〔商〕為替手形 *lettre de couverture* (保険の)仮契約書 *lettre de rappel* 催促状 *lettre de recommandation* 推薦状 *lettre morte* 空文; 役に立たないもの *lettre ouverte* 公開状 *lettre piégée* 爆弾入りの手紙 *lettres de noblesse* 貴族授与状 *passer comme une lettre à la poste* 〈話〉すんなり

[簡単に]通る ②文字,活字;文面 ▸*à la lettre* 文字どおりに;正確に *en toutes lettres* 完全に,省略せずに *prendre ... à la lettre* …を文字どおり受け取る ③(複)文学,文芸 *lettres classiques* (ギリシア・ラテンの)古典文学 *lettres modernes* (ギリシア・ラテン後の)近代に至る時代の文学

lettré(e) [letre] 形名 学識[教養]のある人,文字に通じた人

lettrine [letrin] 女 (編・章の初めに組み込まれる)飾り文字

lettrisme [letrism] 男 (詩)レトリスム〖音声記号などを重視する前衛詩運動〗

leu [lø] 男 〖成句でのみ〗▸*à la queue leu leu* 一列になって

leucémie [løsemi] 女 〖医〗白血病

leucémique [løsemik] 形〖医〗白血病の(患者)

leuc(o)- 接頭 (<ギ) 「白」の意

leucocytaire [løkɔsitɛr] 形 〖生〗白血球の

leucocyte [løkɔsit] 男 〖生〗白血球

leucocytose [løkɔsitoz] 女 〖医〗白血球増加症

leucodystrophie [løkɔdistrɔfi] 女 〖医〗白質萎縮症

leucopénie [løkɔpeni] 女 〖医〗白血球減少症

leucoplasie [løkɔplazi] 女 〖医〗白板(症),白斑症

leucorrhée [løkɔre] 女 〖医〗帯下(たいか),こしけ

leucose [løkoz] 女 = leucémie

leur[1] [lœr ルール] 代 〖人称〗〖3人称複数・間接目的〗彼(女)らに;彼(女)らから ▸*Je le leur dirais.* 彼らにそう言っておきましょう

leur[2] [lœr ルール] 形〖所有〗(複 ~s) (英 their, theirs) 彼(女)らの;それらの ▸*les parents et leurs enfants* 両親とその子どもたち

leur[3] [lœr ルール] 代〖所有〗〖定冠詞とともに〗 ①彼(女ら)のもの;それらのもの ▸*ma fille et la leur* 私の娘と彼らの娘 ②(les ~s) 彼(女)の家族[仲間] ▸*y mettre du leur* 尽力する

leurre [lœr] 男 ①(鷹を呼び戻すためのおとり) ②(魚釣りの)ルアー,擬餌(ぎじ) ③ごまかし,幻想 ④(軍)レーダー撹乱(かくらん)物

leurrer [lœre] 他 (鷹を)おとりで呼び戻す;(文)(見せかけの)えさで誘惑する ── 代動 (se ~) (文)幻想を抱く;思い違いをする

levage [l(ə)vaʒ] 男 ①持ち上げること ▸*appareil de levage* 巻き上げ機 ②(醸成による)練り粉のふくらみ

levain [l(ə)vɛ̃] 男 パン種;酵母;(文)(心配などの)種

levant(e) [l(ə)vɑ̃, -ɑ̃t] 形 〖男〗▸*au soleil levant* 明け方に ── 男 (文)東;〖L-〗レヴァント地方〖地中海東部沿岸地方〗

levantin(e) [l(ə)vɑ̃tɛ̃, -in] 形 レヴァント地方の ── 名 〖L-〗レヴァント地方の人

levé [l(ə)ve] 形 (<lever) 上げた,起こした;起床[起立]した ▸*au pied levé* 何の準備もなしに ── 男 測量(図)

levée [l(ə)ve] 女 ①(郵便物の)収集;(収集された)郵便物;(税金の)徴収;(トランプで)勝った札を集めること ②除去,取り消し,終了 ③土手,堤防 ④〖軍〗召集,動員 ▸*levée de séance* 閉会

lève-glace [lɛvglas] 男 = lève-vitre

‡lever[1] [l(ə)ve ルヴェ] 他 (英 raise, lift) ①上げる,持ち上げる ▸*lever l'ancre* 錨を上げる *lever le coude* (話)大酒を飲む *lever les yeux* 目を上げる *lever son verre à la santé de* …の健康のために乾杯する ②(人を)起こす;(横になっているものを)立てる ③取る,取り除く;解除する;終える ④集める ⑤図(絵)を描く ⑥(獲物を)狩り出す ── 自 (植物が)生える;(発酵して)膨らむ ── 代動 (se ~) ①起きる,起床する ②立ち上がる,起立する;決起する ③(日・月が)昇る ④(風が)起きる;(天気が)よくなる ▸*Ça se lève.* 空が晴れ上がった *se lever du pied gauche* (寝起きから)機嫌が悪い

lever[2] [l(ə)ve] 男 ①昇る[上がる]こと ②起床 ③測量(図) ▸*au lever* 寝起きに *lever de rideau* [劇]開幕;前座;[スポーツ]前座の試合 *lever du jour* 夜明け *lever du soleil* 日の出

leve-tard [lɛvtar] 名 (不変) (話)朝寝坊の人

lève-tôt [lɛvto] 名 (不変) (話)早起きの人

lève-vitre [lɛvvitr] 男 (車の)窓ガラスの開閉装置

Léviathan [levjatɑ̃] 男 レヴィアタン,リヴァイアサン〖ヨブ記に出てくる巨大な海の怪物〗;巨大なもの

levier [ləvje] 男 レバー,ハンドル;てこ;ものを動かす力 ▸*levier de vitesses* (自動車の)変速レバー

lévitation [levitasjɔ̃] 女 〖物〗(電磁場などでの)浮揚;(心霊現象の)空中浮揚

lévite [levit] 男 〖聖〗レヴィ人

levraut [ləvro] 男 子のウサギ

‡lèvre [lɛvr レーヴル] 女 (英 lip) 唇,口元;(オルガンのパイプの)フルー部分;(複)(傷口の)縁 ▸*avoir le cœur au bord des lèvres* [*sur les lèvres*] 吐き気がする *avoir le sourire aux lèvres* 口もとに微笑をうかべている *brûler les lèvres* (質問を)言いたくてたまらない *du bout des lèvres* 口先だけで;いやいや *être sur toutes les lèvres* 話題になっては *être suspendu aux lèvres de* (人の)言葉にしきりと聞き入る *se mordre les lèvres* (感情を抑えるため)唇をかむ

levrette [ləvrɛt] 女 〖犬〗①グレーハウンドの雌 ②イタリアングレーハウンド

lévrier [levrije] 男 〖犬〗グレーハウンド(= lévrier anglais)

lévron(ne) [levrɔ̃, -ɔn] 名 グレーハウンドの子犬

lévulose [levyloz] 男 〖化〗レブロース, 左旋糖

levure [l(ə)vyr] 女 イースト; 酵母(菌); ベーキングパウダー(=～ chimique)

lexème [lɛksɛm] 男 〖言〗語彙素

lexical(ale) [lɛksikal] 形 (男複 -aux[-o]) 〖言〗語彙の

lexicalisation [lɛksikalizasjɔ̃] 女 〖言〗語彙化【一連の形態素が1つの語彙単位となること: 例 tout à fait】

lexicalisé(e) [lɛksikalize] 形 語彙化した

lexicaliser [lɛksikalize] 他 〖言〗語彙化する ― 代動 [se ～] 語彙化される

lexico- 接頭 (ギ)「語彙」の意

lexicographe [lɛksikɔgraf] 名 語彙研究者, 辞書編纂者

lexicographie [lɛksikɔgrafi] 女 語彙研究, 辞書編纂法

lexicographique [lɛksikɔgrafik] 形 辞書編纂の

lexicologie [lɛksikɔlɔʒi] 女 〖言〗語彙論

lexicologique [lɛksikɔlɔʒik] 形 語彙(論)の

lexicologue [lɛksikɔlɔg] 名 語彙論研究者

***lexique** [leksik レクスィク] 男 ①(特定の領域・作家の使用する)語彙; 用語集 ②小辞典, 単語集

lez [le, lɛ] 前 (古) …の近くで

***lézard** [lezar レザール] 男 ①〖動〗トカゲ(の皮) ► *faire le lézard* ①日なたぼっこをする ②(話)問題, 障害

lézarde [lezard] 女 亀裂, ひび; (継ぎ目・縁い目などを覆う縮い材)

***lézarder** [lezarde レザルデ] 他 亀裂を生じさせる ― 自 (話)日なたぼっこをする ― 代動 [se ～] 亀裂ができる

liage [ljaʒ] 男 縛ること, 結び合わせること

***liaison** [ljɛzɔ̃ リエゾン] 女 連絡, 伝達;(人・ものの)関係, 結びつき; 関係; 愛人関係;〔文法〕リエゾン;〔料〕とろみつけ;〔結合;〔建〕(スレートなどの)合わせ目地; モルタル;〔船〕連結部品 ► *avoir une liaison* 浮気をする *être [entrer] en liaison avec* …と連携している[を結ぶ]

liane [ljan] 女 (熱帯地方の)つる植物

liant(e) [ljã, -ãt] 形 人づきあいのよい, 社交的な ― 名 ①〖建〗結合剤 ②柔軟性 ③〖文〗社会性

lias [ljas] 男 〖地〗ライアス統〖下部ジュラ系〗

liasse [ljas] 女 (紙幣・紙の)束, 綴り

Liban [libã] 男 レバノン【地中海東岸の共和国】

libanais(e) [libanɛ, -ɛz] 形 名 [L-] レバノン(の人)

libation [libasjɔ̃] 女 ①灌奠(献)【古代ギリシア・ローマの献酒】②(複)痛飲 ► *faire des libations* たっぷりと飲む

libelle [libɛl] 男 中傷文, 風刺文

libellé [libele] 男 (公式文書・手紙の)文面, 言葉づかい, 書式

libeller [libele] 他 〔文書を〕作成する; 文書で述べる

libellule [libelyl] 女 〖虫〗トンボ

liber [libɛr] 男 〖植〗師部, 内皮

libérable [liberabl] 形 〖軍〗除隊待ちの; 解放[釈放]される

***libéral(ale)** [liberal リベラル] 形 (男複 -aux[-o]) 自由な; リベラルな; 自由主義の; 寛大な, 物わかりのよい;〘文〙気前のよい ► *économie libérale* 自由経済, 市場経済 *professions libérales* 自由業 ― 名 自由主義者; 自由党員

libéralement [liberalmã] 副 自由に; リベラルに; 気前よく

libéralisation [liberalizasjɔ̃] 女 自由化

libéraliser [liberalize] 他 自由化する; リベラルにする

libéralisme [liberalism] 男 自由主義; 寛容[自由](な態度)

libéralité [liberalite] 女 〘文〙気前のよさ; (特に複)施し物

libérateur(trice) [liberatœr, -tris] 形 解放する ― 名 解放者; [L-] 救世主

libération [liberasjɔ̃ リベラション] 女 解放; 自由化; [L-] (第2次大戦での)フランスの解放; 〖軍〗(兵士の)除隊; 解放(エネルギーなどの)放出;〔化〕遊離;〔債務・義務の〕免除

libératoire [liberatwar] 形 〖法・財〗債務を弁済する; 義務を免除する

libéré(e) [libere] 形 (< *libérer*) 解放[釈放]された; 除隊された; (債務などを)弁済した ― 名 出獄者; 除隊兵

***libérer** [libere リベレ] 他 57 (v. *free*, *liberate*) (…から)解放する, 自由にする (de); 釈放する; 除隊させる; 障害物を取り除く; 外す;〔物・化〕放出する, 発散する ― 代動 [se ～] (…から)解放される, 自由になる (de)

Libéria [liberja] 男 リベリア【アフリカ西部の共和国】

libérien(ne)[1] [liberjɛ̃, -ɛn] 形 名 [L-] リベリアの(人)

libérien(ne)[2] [liberjɛ̃, -ɛn] 形 〖植〗師部の(< *liber*)

libéroligneux(se) [liberoliɲø, -øz] 形 〖植〗維管束の

libertaire [libertɛr] 形 絶対自由主義の(者), 無政府主義の(者)

***liberté** [liberte リベルテ] 女 (英 *liberty*, *freedom*) 自由; 奔放, 大胆さ; (複)自治権 ► *Liberté, Égalité,*

Fraternité 自由・平等・友愛【フランス共和国の標語】*liberté conditionnelle* 仮釈放 *liberté provisoire* 保釈 *liberté surveillée* 保護観察 *mettre [remettre]... en liberté* …を釈放する *moments de liberté* 暇な時間 *prendre des libertés avec* (人)になれなれしくする;(原文を勝手にいじくる *prendre la liberté de*... 失礼を顧みず…する

libertin(e) [libɛrtɛ̃, -in] 形 ①放縦な, みだらな ②(17世紀の)自由思想の, 無信仰の —名 ①放蕩者 ②(17世紀の)自由思想家, 無信仰家

libertinage [libɛrtinaʒ] 男《文》①放蕩, 放縦 ②無信仰, 自由思想

libidinal(ale) [libidinal] 形 (男複 *-aux*[-o]) 《精医》リビドーの

libidineux(se) [libidinø, -øz] 形《文》好色な(人)

libido [libido] 女 〈ラ〉《精医》リビドー [性衝動の基になるエネルギー]

libraire [librɛr] 名 本屋, 書店主

libraire [libreri リブレリ] 女 本屋, 出版者; 書籍販売業

libration [librasjɔ̃] 女 〖天〗秤(びょう)動

libre [libr リーブル] 形 (英 *free*) 自由な, 拘束されない, 束縛されていない; 暇な; (場所・時間が)空いている; 無料の; 打ちとけた, 遠慮のない, 慎みのない; (衣服などが)ゆったりした, 締めつけられていない; 〖スポーツ〗フリー(スタイル)の ► *à l'air libre* 戸外で, 野外で *donner libre cours à*... (怒りなどに)身を任せる *Entrée libre* 《掲示》入場無料 *être libre de*... 自由に…できる; …から解放されている, …のない *Libre à toi [à vous] de*... …するは君[あなた]の自由だ

libre-échange [librefɑ̃ʒ] 男 (複 *~s-~s*) 自由貿易

libre-échangiste [librefɑ̃ʒist] 形 自由貿易論(者)の —名 自由貿易論者

librement [librəmɑ̃] 副 自由に, 思いのままに; 自発的に; 適当に; 打ちとけて, 遠慮なく; 露骨に

libre(-)pensée [librəpɑ̃se] 女 自由思想, 自由な考え;《集合的》自由思想家

libre-penseur(se) [librəpɑ̃sœr, -øz] 名 (複 *~s-~s*) (宗教に縛られない)自由思想家

libre-service [librəsɛrvis リブルセルヴィス] 男 (複 *~s-~s*) (英 *self-service*) セルフサービス(の店)

librettiste [libretist] 名 (オペラの)台本作者

Libye [libi] 女 リビア【ノノリカ北部の共和国】

libyen(ne) [libjɛ̃, -ɛn] 形 [L-]リビアの(人) —男 (アラビア語の)リビア方言

lice[1] [lis] 女 闘技場; (競馬場・市の広場の)柵, 欄(らん) ► *entrer en lice* 競技[論争]に参加する

lice[2] [lis] 女 猟犬の雌

lice[3] [lis] = *lisse*[2]

licéité [liseite] 女 合法性

licence [lisɑ̃s リサンス] 女 ①学士号 ► *licence ès lettres [en droit]* 文〖法〗学士 ②許可, 認可; (スポーツなどの)ライセンス ③(文法や綴りの)破格 ④わがまま, 下品; 放縦 ► *licence poétique* 詩的許容 [詩において許される形式などの自由さ]

licencié(e) [lisɑ̃sje] 名 ①学士 ► *licencié ès lettres [en droit]* 文〖法〗学士 ②(スポーツなどの)ライセンス所持者, 登録選手 —形 学士号をもった

licenciement [lisɑ̃simɑ̃] 男 解雇, 罷免

licencier [lisɑ̃sje リサンスィエ] 他 (英 *dismiss*) 解雇する, 罷免する

licencieusement [lisɑ̃sjøzmɑ̃] 副《文》卑猥(ひわい)に

licencieux(se) [lisɑ̃sjø, -øz] 形《文》みだらな, 卑猥(ひわい)な; 節度を欠いた

lichen [likɛn] 男 〖植〗地衣(ちい)類;〖医〗苔癬(たいせん)

licher [liʃe] 他《話・古》(酒を)飲む

lichette [liʃɛt] 女《話》(食物の)小片, 少量

licitation [lisitasjɔ̃] 女 (共有財産の)競売

licite [lisit] 形 適法の, 合法の

licitement [lisitmɑ̃] 副 適法に, 合法的に

liciter [lisite] 他 (共有財産を)競売に[かける]

licol [likɔl], **licou** [liku] 男 (馬・犬などの首につける)頭絡(とうらく); (荷馬・荷牛などにつける)首輪

licorne [likɔrn] 女 〖神話〗一角獣, ユニコーン

licteur [liktœr] 男 (古代ローマの)リクトル【執政官等の先駆けとなった下級官吏】

lie [li] 女 (ワインの)澱(おり), (酒の)かす; 最低のもの, くず ► *boire le calice [la coupe] jusqu'à la lie* 辛酸をなめ尽くす *lie de la société* 社会のくず

lié(e) [lje] 形 (< *lier*) 縛られた; (契約・約束で)拘束された; 関連した, 結びついた(と); 親交ある ► *avoir partie liée avec*... …と結束[結託]している

Liechtenstein [liʃtɛnstajn, liftenstɛn] 男 リヒテンシュタイン【アルプス山脈中にある公国】

lied [lid] 男 (複 *~er*) (< ド)〖楽〗リート, 歌曲

lie-de-vin [lidvɛ̃] 形 赤紫色の, ワインレッドの

Liège [ljɛʒ] リエージュ【ベルギーの都市】

liège [ljɛʒ] 男 コルク ► *en [de] liège* コルク製の

liégé(e) [ljeʒe] 形 コルクのついた

liégeois(e) [ljeʒwa, -az] 形 [L-]リエージュ(Liège)の(人) ► *café [chocolat] liégeois* コーヒー[チョコレート]アイスクリームの上にホイップクリームをのせた

パフェ

*lien [ljɛ̃ リャン] 男 (英 bond, tie) ひも, 綱; (ものの)関連; (人の)きずな, つながり; [情報] リンク; [文] 拘束, 束縛 ▶ lien de parenté 血縁[親族]関係

*lier [lje リエ] 他 (英 bind, tie) 縛る, 束ねる, 結ぶ; (人·事柄を)結びつける, 関連づける; [文法] リエゾンして発音する; [情報] リンクする; 拘束する; [料] (ソースに)とろみをつける ▶ lier amitié 友情を結ぶ lier connaissance avec (人)と知り合いになる lier conversation avec (人)と言葉をかわす, 話し始める ─ 代動 [se] (…と)親しくなる, 密接な関係にある (avec); (契約などで)拘束される; (ソースに)とろみがつく ▶ se lier (d'amitié) avec (人)と友情で結ばれる se lier par une promesse 約束に縛られる

lierne [ljɛrn] 囡 [建] (後期ゴシックのボールトの)棟リブ; 補強用横架材

*lierre [ljɛr リエール] 男 [植] キヅタ

liesse [ljɛs] 囡 (文) (集団的な)歓喜

*lieu¹ [ljø リュー] 男 (複 ~x) (英 place, scene) 場所, 所; 現地, (事件の)現場; 根拠, 理由; [数] 軌跡 ▶ au lieu de …の代わりに; …せずに avoir lieu 行われる, 起こる avoir lieu de する理由がある donner lieu à …を生じさせる en dernier lieu 最後に en haut lieu 上層部[当局]で; その筋で en lieu sûr 安全な場所で en premier lieu 最初に en second lieu 2番目に haut lieu 某で有名な場所 lieu commun 決まり文句; 平凡な考え lieu de naissance 出生地 lieu de perdition 悪のはびこる場所 lieu saint 聖所 sur le lieu de travail 仕事場で sur les lieux (d'un crime [d'un accident]) (犯罪[事件]の)現場で tenir lieu de …の代わりにする

lieu² [ljø] 男 (複 ~s) [魚] ポラック(属)

lieu-dit [ljødi] 男 (複 ~x-~s) 通称…という場所

lieue [ljø] 囡 里(リ) [昔の距離の単位で約4キロ]; 長い距離 ▶ être à cent [mille] lieues de …どころではない, かけ離れている

lieuse [ljøz] 囡 (麦などを束ねる)バインダー, 結束機

lieutenance [ljøtnɑ̃s] 囡 (昔の)国王補佐官の職, 中将の職

lieutenant [ljøtnɑ̃] 男 ①[陸·空軍の]中尉; (商船の)航海士 ▶ lieutenant de vaisseau 海軍大尉 ②(首長者の)代理人, 次席者

lieutenant-colonel [ljøtnɑ̃kɔlɔnɛl] 男 (複 ~s-~s) [陸·空軍の]中佐

*lièvre [ljɛvr リエーヴル] 男 (英 hare) ①[動] ノウサギ(野兎); ノウサギの肉 ▶ C'est là que gît le lièvre. 問題はそこだ courir deux lièvres à la fois 2つの目的を追求する lever un lièvre 厄介だが重要な問題を提起する ②(マラソンなどの)ペースメーカー

lift [lift] 男 (英)① [テニス] トップスピン

lifter [lifte] 他 (英)①[テニス] トップスピンをかける ②顔のしわを伸ばす

liftier(ère) [liftje, -ɛr] 男 囡 エレベーターボーイ[ガール]

lifting [liftiŋ] 男 (英) ①リフティング[しわを取る美容整形術] ②《話》(組織の)刷新, 改革

ligament [ligamɑ̃] 男 [解] 靱帯(じんたい)

ligamentaire [ligamɑ̃tɛr] 形 [解] 靱帯(じんたい)の

ligamenteux(se) [ligamɑ̃tø, -øz] 形 [解] 靱帯(じんたい)性の

ligature [ligatyr] 囡 ①きつく縛ること; ひも, 帯; [医] 結紮(けっさつ); [園] 結び付け ②[印] 合字

ligaturer [ligatyre] 他 縛る; [医] 結紮(けっさつ)する

lige [liʒ] 形 [史] 忠誠を誓った; 献身的な ▶ homme lige 臣下, 家臣

lignage [liɲaʒ] 男 名門; [史] 家系 ▶ de haut lignage 名門の lignage cellulaire [生] 細胞系統

*ligne [liɲ リーニュ] 囡 (英 line) 線; 輪郭; 体の線; (ドレスなどの)ライン; (人·ものの)列; (文字の)行; (交通機関)路線; (行動·政策の)方針; 電話線, 電線; [情報] 回線; [軍] 戦列, 戦線; 家系, 血統 ▶ à la ligne 行を変えて aller à la ligne 改行する avoir la ligne スタイルがいい, 体の線がきれいである en ligne 電話がつながっている; [情報] オンラインの en ligne droite まっすぐに entrer en ligne de compte 考慮に入れられる garder la ligne 体の線を保つ grandes lignes 大筋; (鉄道の)幹線 hors ligne 並外れた; [情報] オフラインの ligne aérienne 航空路線 ligne continue (切れ目のない)実線 ligne d'arrivée (競走の)ゴールライン ligne de but (サッカーなどの)ゴールライン ligne de commande [情報] コマンドライン ligne de conduite 行動方針 ligne de démarcation 境界線 ligne de départ スタートライン ligne de flottaison (海)水線 ligne de fond [バスケットボール] エンドライン; [テニス] ベースライン; (釣)底倒付きの釣糸 ligne de mire 照準線 ligne de touche サイドライン; (ラグビー·サッカーの)タッチライン ligne directrice ガイドライン ligne discontinue (切れ目の入った)破線 lignes de la main 手相 lire entre les lignes 行間を読み取る pêcher à la ligne 釣りをする se mettre en ligne 一列に並ぶ, 整列する sur toute la ligne 完全に, まったく

lignée [liɲe] 囡 血統, 子孫; (思想などの)系譜, 系列 ▶ dans la lignée de …の流れをくむ

ligner [liɲe] 他 線を引く

ligneux(se) [liɲø, -øz] 形 木[木質]

lignicole [liɲikɔl] 形 〔動〕木生の，木にすむ

lignification [liɲifikasjɔ̃] 女 〔植〕木化(ゕ)

lignifier [liɲifje] 代動 [**se ~**] 〔植〕木化(ゕ)する《細胞壁が木質組織に固まること》

lignine [liɲin] 女 〔植〕リグニン，木質素

lignite [liɲit] 男 褐炭, 亜炭

ligoter [ligɔte] 他 ①(人を)縛る; 束縛する

ligue [lig] 女 連盟，同盟; [la L-] 〔史〕(宗教戦争時の)カトリック同盟(= Sainte L-)

liguer [lige] 他 結束[同盟]させる — 代動 [**se ~**] (…に対して結束[同盟]する (contre)

ligueur(se) [ligœr, -øz] 名 同盟者[員]; 〔史〕カトリック同盟員

ligule [ligyl] 女 〔植〕小舌(ょゔ)《葉の舌状突起》

ligure [ligyr], **ligurien(ne)** [ligyrjɛ̃, -ɛn] 形 名 [L-] リグリアの(人)

Ligurie [ligyri] リグリア《イタリア北西部地方》

lilas [lila] 男 ①〔植〕リラ(の花), ライラック ②ライラック色, ピンクがかった薄紫色 — 形 〔不変〕ライラック色の

liliacées [liljase] 女 〔複〕〔植〕ユリ科

lilial(ale) [liljal] 形 〔男複 -aux [-o]〕〔文〕ユリのような, 純白の; 純潔な

Lille [lil] リール 《Nord 県の県庁所在地》

lilliputien(ne) [lilipysjɛ̃, -ɛn] 形 名 非常に小さい(人)

lillois(e) [lilwa, -az] 形 名 [L-] リールの(人)

limace¹ [limas] 女 〔動〕ナメクジ; 〈話〉のろま

limace² [limas] 女 〈話〉シャツ

limaçon [limasɔ̃] 男 〔動〕カタツムリ; 〔解〕(内耳の)蝸牛(ゕぎゅう)殻

limage [limaʒ] 男 やすりがけ 《刃物を研ぐこと》

limaille [limaj] 女 やすりくず

limande [limɑ̃d] 女 〔魚〕カレイ

limande-sole [limɑ̃dsɔl] 女 〔魚〕レモンソール 《食用のカレイ》

limbe [lɛ̃b] 男 ①目盛り縁 ②(天体の外縁 ③〔植〕(花弁などの)拡大部; 葉身

limbes [lɛ̃b] 男 〔複〕①〔カト〕黄泉(ょみ)の辺獄《未洗礼の幼児が死後住むとされる》②〔文〕混沌とした状態[状況] ▶ **dans les limbes** 混沌とした

limbique [lɛ̃bik] 形 〈解〉大脳辺縁系の ▶ **système limbique** [解] 大脳辺縁系

lime¹ [lim] 女 やすり ▶ **lime à ongles** 爪磨き, 爪やすり

lime² [lim] 女 〔植〕ライム

limer [lime] 他 やすりをかける, 磨く ▶ **se limer les ongles** 自分の爪にやすりをかける

limette [limɛt] 女 〔植〕ライム(の実)

limettier [limetje] 男 〔植〕ライムの木

limeur(se) [limœr, -øz] 形 やすりエ — 女 やすり盤; 研磨機, シェーバー

limier [limje] 男 ①(大)ブラッドハウンド ②〈話〉探偵; 刑事

liminaire [liminɛr] 形 巻頭の, 冒頭の

liminal(ale) [liminal] 形 〔男複 -aux [-o]〕〔心〕意識(%)の; 知覚可能領域の限界にある

limitatif(ive) [limitatif, -iv] 形 制限する, 限定的な

limitation [limitasjɔ̃] 女 制限, 規制; (土地などの)境界の確定 ▶ **limitation de vitesse** 速度制限

*****limite** [limit リミト] 女 《英 limit》境界(線); 限界, 限度; [de + 無冠詞名詞…]限界の… ▶ **à la limite** 極限的に; 差し迫った場合には **à la limite de…** …ぎりぎりの ▶ **limite d'âge** 年齢制限; 定年 ▶ **sans limite(s)** 限りない — 形 境界の; 限界の; 制限の ▶ **cas limite** どっちつかずのケース; 極端なケース **date limite** 最終期限 **date limite de vente [consommation]** (食品などの)賞味[使用]期限 **être limite** 〈話〉ぎりぎりである

*****limité(e)** [limite リミテ] 形 《< limiter》限られた, 制限された; 〈話〉才能に乏しい, 能力のない

*****limiter** [limite リミテ] 他 《英 limit》区切る; 制限する, 限定する — 代動 [**se ~**] 自制する ▶ **se limiter à** …(す)るにとどめる; …だけである

limitrophe [limitrɔf] 形 隣接した, 国境に近い ▶ **être limitrophe de** …と境を接する

limnologie [limnɔlɔʒi] 女 湖沼学《湖沼の形態や生物などの研究》

limogeage [limɔʒaʒ] 男 〈話〉更迭, 左遷

limoger [limɔʒe] 他 40 〈話〉更迭[左遷]する

Limoges [limɔʒ] リモージュ 《Haute-Vienne 県の県庁所在地》

limon¹ [limɔ̃] 男 (川の運ぶ)泥上, 沈泥

limon² [limɔ̃] 男 (馬車などの)轅(ながえ); (階段の)桁(けた)

limonade [limɔnad] 女 (レモン風味の)ソーダ水, レモネード

limonadier(ère) [limɔnadje, -ɛr] 名 清涼飲料水製造(販売)業者; 〈古〉カフェ経営者

limonaire [limɔnɛr] 男 手回しオルガン

limoneux(se) [limɔnø, -øz] 形 泥土を含んだ

Limousin [limuzɛ̃] 男 リムーザン《フランス中部の旧地方名》

limousin(e) [limuzɛ̃, -in] 形 リムーザンの; リモージュ(Limoges)の — 名

[L] リムーザン[リモージュ]の人

limousine [limuzin] 女 リムジン

*__limpide__ [lɛ̃pid] ランピド 形 澄み切った, 透明な; 明快な, 平明な

limpidité [lɛ̃pidite] 女 澄み切っていること, 清澄さ, 透明さ; 明快さ

lin [lɛ̃] 男 〔植〕アマ(亜麻); 〔織〕リネン, 亜麻布

linacées [linase] 女《複》〔植〕アマ科

linceul [lɛ̃sœl] 男 (埋葬用の)白布, 経帷子(きょうかたびら)

linéaire [lineɛr] 形 線の, 線状の; 〔数〕線型の, 1次の; 変化に乏しい, 一本調子の

linéairement [lineɛrmɑ̃] 副 線に, 直線に

linéament [lineamɑ̃] 男《複》(顔の)線, 輪郭; (計画・作品の)大筋

linéarité [linearite] 女 線状性; 連続性

linge [lɛ̃ʒ] ランジュ 男 (英 linen)(家庭用の)布製品, 布類【シーツ・タオル・テーブルクロス・ナプキン・ふきんど】; 肌着, 下着(=~ de corps); 洗濯物 ▶ __blanc pâle__ __comme un linge__ (顔が)真っ青な __du beau linge__ (話)着飾った女性; 金持ち __laver son linge sale en famille__ 身内の恥をさらさないようにする

lingère [lɛ̃ʒɛr] 女 (ホテル・病院などの)シーツ係の女性

lingerie [lɛ̃ʒri] 女 ①肌着類, ランジェリー ②(寄宿舎・大邸宅の)リネン室 ③下着類製造[販売]

lingette [lɛ̃ʒɛt] 女 ウエットティッシュ, コットン ▶ __lingette démaquillante__ メイク落としシート

lingot [lɛ̃go] 男 鋳塊; 地金(=~ d'or)

lingotière [lɛ̃gɔtjɛr] 女〔冶〕鋳型

lingua franca [liŋgwafrɑ̃ka] 女《ex》〔言〕①リンガ・フランカ〔イタリア語を中心とした ロマンス諸語の 混成語〕②(母語の異なるグループが用いる)共通語

lingual(ale) [lɛ̃gwal] 形 (男複 -aux [-o]) 〔解〕舌の; 〔言〕舌音の

lingue [lɛ̃g] 女〔魚〕クロシマナガダラ

linguiste [lɛ̃gɥist] 名 言語学者

linguistique [lɛ̃gɥistik] 女 言語学
— 形 言語の, 言語学の

linier(ère) [linje, -ɛr] 形 亜麻(織)の, リネンの — 男 亜麻畑

liniment [linimɑ̃] 男 〔薬〕擦剤, 塗布剤

links [liŋks] 男《複》《英》ゴルフ場

lino[1] [lino] 男 = linoléum

lino[2] [lino] 女 = linotype

linogravure [linogravyr] 女 リノリウム版画

linoléum [linɔleɔm] 男 リノリウム(張りの床)

linon [linɔ̃] 男〔織〕ローン

linotte [linɔt] 女〔鳥〕ムネアカヒワ ▶ __tête de linotte__ 軽率な人, 粗忽者

linotype [linɔtip] 女《<英》ライノタイプ【行ごとに植字・鋳造する印刷機械】

linotypie [linɔtipi] 女 ライノタイプの植字

linotypiste [linɔtipist] 名 ライノタイプ植字工

linteau [lɛ̃to] 男 (複 ~x) 〔建〕まぐさ, まぐさ石

lion(ne) [ljɔ̃, -ɔn] リヨン(ヨヌ) 名〔動〕ライオン, 獅子; 勇敢な人 ▶ __avoir bouffé [mangé] du lion__ (話)いつにない力を発揮する; 荒れ狂っている — 男 〔L〕〔天〕獅子(レ)座 ② ▶ __golfe du Lion__ リヨン湾【南仏, 地中海北部】

lionceau [ljɔ̃so] 男 (複 ~x) ライオンの子

lipase [lipaz] 女〔生化〕リパーゼ, 脂肪分解酵素

lipide [lipid] 男 〔生化〕脂質

lipidique [lipidik] 形 脂質の

lipizzan [lipidzɑ̃] 形 (男性形のみ)リピッツァナー, リピッツァ種の(馬)

lip(o)- 接頭《<ギ》「脂肪」の意

lipoaspiration [lipoaspirasjɔ̃] 女 = liposuccion

lipome [lipom] 男 〔医〕脂肪腫【良性の腫瘍】

lipoprotéine [lipoprotein] 女〔生〕リポ蛋白(たん)質【脂質と蛋白質の複合体】

liposarcome [liposarkom] 男〔医〕脂肪肉腫

liposome [lipozom] 男 リポソーム【脂質膜をもつ人工小胞】

liposuccion [liposy(k)sjɔ̃] 女〔医〕脂肪吸引【皮下脂肪の除去する】

lipothymie [lipotimi] 女 〔医〕気絶, 卒倒

lippe [lip] 女《<オランダ》前に突き出た厚い下唇 ▶ __faire la lippe__ ふくれる

lippu(e) [lipy] 形 (下)唇の厚い

liquéfaction [likefaksjɔ̃] 女 (気体の)液化, 気力の低下; 《文》分解

liquéfiable [likefjabl] 形 液化しやすい

liquéfiant(e) [likefjɑ̃, -ɑ̃t] 形 液化させる

liquéfier [likefje] 他 (固体・気体を)液化させる, 液化させる — (代動) [se ~] 液化する, 凝縮する, 溶解する; 活力[気力]を失う

liquette [likɛt] 女 (話)シャツ

liqueur [likœr] 女 リキュール

liquidateur(trice) [likidatœr, -tris] 名〔法〕清算人; 整理人

liquidation [likidasjɔ̃] 女 清算, 整理, 処分, 片付け; 粛清; 決算; 棚卸し; バーゲンセール

*__liquide__ [likid] リキッド 形 (英 liquid) ①液状の, 液体の ②(現金が)すぐ支払える; (経〕(負債などの金額が)確定した ▶ __argent liquide__ 現金 — 男 ①液体; 流動食; (話)酒 ② __liquide__

vaisselle 食器洗い用液体洗剤 ②現金 ▶ **en liquide** 現金で

***liquider** [likide リキデ] 他 〈英 liquidate〉 清算する; 決算する; 機却しをする;〈話〉片づける;〈話〉手を切る, 厄介払いする, 殺す

liquidité [likidite リキディテ] 女 流動性; 換金性;《複》流動資産［資金］, 手元金

liquoreux(se) [likørø, -øz] 形 リキュール性の, 甘口の

liquoriste [likɔrist] 名 リキュール酒製造[販売]業者

***lire**[lir リール] 他 39 〈英 read〉読む, 読解する; 察知する, 判読する;〔情報〕読み込む ▶ **Lu et approuvé.** —— 自〔文字を読む; 読書する; 読み取る《dans》——〔代動〕**se —**〔本などが〕読める;〔表情などが〕読み取れる

lire[lir] 女 リラ〔ユーロ導入以前のイタリアの通貨単位〕

lis[lis] 男〔植〕ユリ〔百合〕; 白ユリの花

lis²[li] ⇨lire

lisai... ⇨lire

lisant(e) [lizã, -ãt] lire の現在分詞

lisbonnais(e) [lizbɔnɛ, -ɛz] 形 名〔L-〕リスボンの人

Lisbonne [lizbɔn] リスボン〔ポルトガルの首都〕

Lise [liz] 女 リーズ〔女子の名〕

liséré [lizre], **liseré** [lizere] 男〔服〕〔縁取りのリボン〕; 縁取り

liseron [lizrɔ̃] 男〔植〕ヒルガオ

Lisette [lizɛt] 女 リゼット〔女子の名〕

liseur(se) [lizœr, -øz] 名 読書家

liseuse[lizøz] 女 ①ブックカバー ②〈栞しおりを兼ねた〉ペーパーナイフ ③読書灯

lisibilité [lizibilite] 女 読みやすさ

lisible [lizibl リズィブル] 形〔文字が〕判読できる; 読みやすい; 読む価値のある; 読み取れる

lisiblement [liziblǝmã] 副 読みやすく

lisière [lizjɛr] 女 ①〔織物の〕へり, 耳 ②〔森・畑などの〕境, 外れ ③〔古〕〔幼児の服につける〕手引きひも ▶ **tenir en lisière(s)**〔文〕束縛する

lissage [lisaʒ] 男 滑らかにすること;〔紙・皮革の〕つや出し;〔顔の〕しわ取り手術

lisse¹ [lis リス] 形〈英 smooth〉滑らかな, すべすべした

lisse² [lis] 女 ①〔織〕ヘルド ②〔靴屋の〕つや出し ③〔石の〕仕上げこて ④手すり;〔船体の〕帯板;〔飛行機の〕縦通材

lissé(e) [lise] 形〈< lisser〉滑らかすべすべにした; つやのある —— 男 リセ〔シロップの濃度の1段階〕

lisser [lise] 他 滑らかにする, しわを伸ばす; つやを出す

lissier [lisje] 男〔織〕ヘルド〔綜絖そうこう〕

の取り付け工

lissoir [liswar] 男 ①〈紙・布・皮革のつや出し, こて ②〔地ならし用〕ローラー

listage [listaʒ] 男 ①リストアップすること ②= listing

***liste** [list リスト] 女 リスト, 一覧表; 名簿 ▶ **faire [dresser] une liste** リストを作成する **liste civile**〔国家元首の〕機密費 **liste de mariage** 結婚祝いリスト〔新郎新婦が欲しいものを書き出したもの〕 **liste électorale** 選挙人名簿 **liste noire** ブラックリスト **liste rouge** 電話帳不掲載人リスト

listel [listɛl], **listeau** [listo] 男（複 ~x）〔建〕平縁

lister [liste] 他 リストに載せる;〔データや文書を〕印刷する

listeria [listerja] 女《複数不変》〔生〕リステリア〔菌〕

listériose [listerjoz] 女〔医〕リステリア症

listing [listiŋ] 男〈英〉〔情報〕〔データや文書の〕印刷(物)〔= listage〕

liston [listɔ̃] 男〔船の側面の帯状の〕装飾

lit¹ [li] ⇨lire

***lit²** [li リ] 男〈英 bed〉①ベッド; 寝床;〔夫婦の〕寝床, 夫婦〔男女〕関係 ▶ **aller au lit** 床につく, ベッドに行く **d'un premier lit** 最初の結婚で **être au lit** 寝ている, ベッドの中にいる **faire son lit** ベッドを整える, ベッドメーキングする **garder le lit**〔病気で〕寝込んでいる **lit à baldaquin** 四柱式寝台 **lit de camp** キャンプベッド〔折り畳める移動式ベッド〕 **lit gigogne** 引き出し式ベッド **lit nuptial**〔文〕夫婦のちぎりの床 **lits jumeaux** ツインベッド **se mettre au lit** 床につく ②川床;〔わら・砂の〕層

litanie [litani] 女《複》連祷(れんとう); くどくどと述べ立てること

litchi [litʃi] 男〔植〕ライチ（の実）, レイシ（の実）

liteau [lito] 男（複 ~x）①〔織〕〔テーブルクロスの〕色縞 ②〔建〕木舞(こまい) ③角材〔25×25 mm, 20×40 mm〕 ④〔狩〕狼の隠れ場所

liter [lite] 他 重ねる

literie [litri] 女 寝具〔一式〕

lithiase [litjaz] 女〔医〕結石（症）

lithiasique [litjazik] 形名 結石（の）

lithium [litjɔm] 男〔化〕リチウム

litho [lito] 女〈話〉= lithographie

lith(o)- 〔接頭〕〈ギ〉「石」の意

lithographe [litɔgraf] 名 石版工, 石版師

lithographie [litɔgrafi] 女 リトグラフィー, 石版印刷〔術〕; リトグラフ, 石版画

lithographié(e) [litɔgrafje] 形 石版刷りの

lithographier [litɔgrafje] 他 石版刷りにする

lithographique [litɔgrafik] 形 石

版術の, 石版刷りの
lithologie [litɔlɔʒi] 囡 岩質
lithophanie [litɔfani] 囡 (磁器など半透明な材質に施された)レリーフ
lithosphère [litɔsfɛr] 囡 [地]岩圏 [地球の表層を形成する]
lithosphérique [litɔsferik] 形 [地]岩石圏の
lithotri(p)teur [litɔtri (p) tœr] 男 [医]衝撃波結石破砕装置
lithotritie [litɔtrisi] 囡 [医]結石破砕
litière [litjɛr] 囡 ① (家畜の)敷きわら;(ペット用の)砂 ②(昔の)輿(こ) ③ ▶ **faire litière de ...** (文) …を考慮しない
litige [litiʒ] 男 訴訟, 係争; 論争
litigieux(se) [litiʒjø, -øz] 形 訴訟(係争)の; 論争を招く
litote [litɔt] 囡 〔修〕緩叙法, 曲言法
***litre** [litr リトル] 男 (英 liter) ①リットル ②1リットルの容器, 1リットルびん
litron [litrɔ̃] 男 (話)ワインの1リット

ルびん
littéraire [literɛr] 形 文学の; 文学的な; 文科系の; (《軽蔑的》作り物の, 真実味に欠ける ── 囡 文科の教授[学生]; 文科系の人; 文学好き
littérairement [literɛrmɑ̃] 副 文学的に
littéral(ale) [literal] 形 (男複 *-aux* [-o]) 文字の; 文字[字義]どおりの; 逐語の; 書き言葉の
littéralement [literalmɑ̃] 副 文字どおりに; まったく
littéralité [literalite] 囡 字義的解釈; 直訳調
littérateur [literatœr] 男 (しばしば軽蔑的に)文士, 物書き
***littérature** [literatyr リテラテュール] 囡 (英 literature) ①文学, 文芸; 文学(研究)書 ⇨[コラム: 著名なフランス文学] ②作り物, 絵空事 ③文献
littoral(ale) [litɔral] 形 (男複 *-aux* [-o]) 沿岸の ── 男 沿岸地帯

著名なフランス文学

(演劇は「著名なフランス演劇」欄参照)

『ガルガンチュワ』Gargantua (1534)
→ 作者：ラブレー Rabelais

『寓話集』Fables (1668-94)
→ 作者：ラ・フォンテーヌ La Fontaine

『カンディード』Candide (1759)
→ 作者：ヴォルテール Voltaire

『危険な関係』Les liaisons dangereuses (1782)
→ 作者：ラクロ Laclos

『赤と黒』Le Rouge et le Noir (1830)
→ 作者：スタンダール Stendhal

『ゴリオ爺さん』Le Père Goriot (1835)
→ 作者：バルザック Balzac

『三銃士』Les Trois Mousquetaires (1844)
→ 作者：デュマ Dumas

『ボヴァリー夫人』Madame Bovary (1857)
→ 作者：フロベール Flaubert

『悪の華』Les Fleurs du mal (1857)
→ 作者：ボードレール Baudelaire

『レ・ミゼラブル』Les Misérables (1862)
→ 作者：ユゴー Hugo

『居酒屋』L'Assommoir (1877)
→ 作者：ゾラ Zola

『ジャン＝クリストフ』Jean-Christophe (1904-12)
→ 作者：ロラン Rolland

『狭き門』La Porte étroite (1909)
→ 作者：ジッド Gide

『失われた時を求めて』À la recherche du temps perdu (1913-27)
→ 作者：プルースト Proust

『夜の果てへの旅』Voyage au bout de la nuit (1932)
→ 作者：セリーヌ Céline

『異邦人』L'Étranger (1942)
→ 作者：カミュ Camus

『星の王子様』Le Petit Prince (1943)
→ 作者：サン＝テグジュペリ Saint-Exupéry

Lituanie [litɥani] 女 リトアニア【バルト海沿岸の共和国】

lituanien(ne) [litɥanjɛ̃, -ɛn] 形名 [[L]] リトアニアの(人) —— 男 リトアニア語

liturgie [lityrʒi] 女 [[カト]] 典礼

livarot [livaro] 男 リヴァロ【ノルマンディー産の柔らかい発酵チーズ】

live [lajv] 形 [[不変]] ライブ録音(の)

livide [livid] 形 蒼白(ˢᵒᵘʰᵃᵏᵘ)の; 鉛色の

lividité [lividite] 女 蒼白, 鉛色; [医] 紫斑(ˢʰⁱᵇᵃⁿ)

living [liviŋ], **living-room** [liviŋrum] 男 (<英) 居間, リビングルーム

livrable [livrabl] 形 (商品などが)配達できる

livraison [livrɛzɔ̃] 女 ①(商品の)配達, 引渡し; (配達された)商品; (逐次刊行される書物の)配本 ▶ **Livraison à domicile** 《掲示》宅配します

*__livre__**¹** [livr] 女 (<英 book) ①本, 書物; (書物の)巻, 絵; 帳簿, 台帳 ▶ **livre ouvert** すぐに, 難なく **livre de bord** 航海[業務]日誌; [情報] ログ **livre de classe** 教科書 **livre de messe** 祈禱書 **livre de poche** 文庫本 **livre d'images** 絵本 **livre d'or** 記念署名帳, 芳名録 電子ブック **livres de sacrés** 聖書

livre² [livr] 男 ①ポンド【英国などの通貨単位】②半キログラム, 500グラム

livrée [livre] 女 ①(従僕·召使の)制服 ②(動物·鳥の)毛並み

livrer [livre] 他 (<英 deliver) ①引き渡す; 《文》悲しい情況へゆだねる; 密告する; (秘密を)漏らす ▶ **livrer bataille** 戦闘を始める **livrer passage à** (人)に道をゆずる, 通す ▶ (商品を)渡す, 届ける ▶ **livrer à domicile** 宅配する —— 代動 [se ~] ①(…に)没頭する(à); 身をゆだねる; 心を打ち明ける ②降伏する, 自首する

livresque [livrɛsk] 形 書物から得ただけの, 机上の

livret [livrɛ] 男 ①(公的な)手帳, 通帳 ▶ **livret de caisse d'épargne** 貯金通帳 **livret de famillo** 家族手帳[氏名·結婚·死亡などを記載する] **livret scolaire** (学校の)通信簿 ②(美術館などの)カタログ; (オペラの)台本

livreur(se) [livrœr, -øz] 名 商品配達[配送]係, 配達人

lob [lɔb] 男 (<英) (テニス·サッカーで)ロブを上げる, ロビングする

lobotomie [lɔbɔtɔmi] 女 [外] ロボトミー, 前頭葉白質切除術

lobulaire [lɔbylɛr] 形 [解] 小葉の

lobule [lɔbyl] 男 [解] 小葉; [植] 小片

*__local(ale)__ [lɔkal ロカル] 形 (男複 -aux[-o]) 地方の, 地方[局地]的な; 局部の ▶ **couleur locale** 地方の特質 —— 男 (建物内の特定の)場所, 部屋

localement [lɔkalmɑ̃] 副 局地的に, 所によって; 局部的に

localisable [lɔkalizabl] 形 位置を突き止められる; (1つの場所に)限定できる

localisation [lɔkalizasjɔ̃] 女 ①位置決定; 位置測定 ②局地化; [生理] 局在(性)

*__localiser__ [lɔkalize ロカリゼ] 他 ①(…の)位置をつきとめる(測定する) ②(…が)広がるのを防ぐ —— 代動 [se ~] (…に)限られる, とどまる

localité [lɔkalite] 女 ①小さな町[村] ②特定の場所

*__locataire__ [lɔkatɛr ロカテール] 名 (英 tenant) 借家人, 下宿人, 借地人

locatif(ve)¹ [lɔkatif, -iv] 形 借家人[地]の; 賃貸に関する

locatif(ve)² [lɔkatif, -iv] 形 [言] 位格の —— 男 位格

*__location__ [lɔkasjɔ̃ ロカスィヨン] 女 (英 renting) ①賃貸借, リース; 賃貸料, レンタル料 ▶ **contrat de location** 賃貸借[貸借]契約 **donner [prendre] … en location** …を貸す[借りる] **location de vélos** 自転車レンタル **location de voitures** カーレンタル ②(劇場·乗り物の)予約; 前売券売場

location-vente [lɔkasjɔ̃vɑ̃t] 女 (複 ~s-~s) ローン方式による買取契約

loc. cit. (略) (<ラ) locato citato 上記引用文中

loch¹ [lɔk] 男 (船の速力を測る)測定器

loch², lough [lɔk, lɔx] 男 (スコットランドの)湖, 入り江

loche [lɔʃ] 女 ①[魚] ドジョウ ②[動] ナメクジ

lochies [lɔʃi] 女 (複) [医] 悪露(ᵒʳᵒ); [分娩後2-3週間, 膣(ᶜʰⁱᵗˢᵘ)から出る分泌物]

lock(-)out [lɔkaut, -awt] 男 [不変] (<英) (ストに対抗した)工場閉鎖

loco [lɔko] 女 = locomotive

loco- 接頭 (<ラ) 「場所」の意

loco citato [lɔkositato] 副 (<ラ) 上記引用文中 [略 loc. cit.]

locomobile [lɔkɔmɔbil] 形 移動蒸気機関[発動機] —— 女 《古》 移動性の

locomoteur(trice) [lɔkɔmɔtœr, -tris] 形 運動の, 移動の

locomotion [lɔkɔmɔsjɔ̃] 女 移動, 輸送, 旅行; (生物の)運動

locomotive [lɔkɔmɔtiv] 女 機関車

locomotrice [lɔkɔmɔtris] 囡 ディーゼル[電気]機関車

locuste [lɔkyst] 囡 [虫]トノサマバッタ, イナゴ

locuteur(trice) [lɔkytœr, -tris] 名 [言]話者

*****locution** [lɔkysjɔ̃ ロキュスィヨン] 囡 (英 phrase) (成)句, 熟語, 言い回し

loden [lɔden] 男 <ド> ローデン [厚地毛織物]

lœss [løs] 男 <ド> [地] 黄土

lof [lɔf] 男 [海] (船の)風上側 ▶ **aller au lof** (船首を)風上に向ける

loft [lɔft] 男 <英> ロフト, 屋根裏

logarithme [lɔgaritm] 男 [数] 対数

loge [lɔʒ] 囡 ①[劇場の]ボックス席; 楽屋; 番小屋, 守衛室; [美術] 個室アトリエ; 管理人の仕切り ▶ **être aux premières loges** 最もよく観察するのに絶好の場所にいる ②[建] 開廊, 外廊 ③(フリーメーソンの)支部, 集会所

logeable [lɔʒabl] 形 住み心地がよい; (ものが)たくさん入る

*****logement** [lɔʒmɑ̃ ロジュマン] 男 (英 housing) ①住居; 居住; [軍] 宿営 ② 家屋 ③ 〔機〕部品の入る〕くぼみ ▶ **logement social** (低所得者向けの)公営住宅 ④ 〔機械の部品の〕入るくぼみ

*****loger** [lɔʒe ロジェ] 自 40 (英 lodge) 泊まる, 住む ― 他 ① 泊める, 住まわせる ②(ものを)置く, 収容する; (弾丸を)撃ち込む ③(話) 居場所をつきとめる ― 代動 [se ～] ① 泊まる, 住む ② (弾丸などを)自分に撃ち込む 《dans》; (考えが)浮かぶ 《dans》

logeur(se) [lɔʒœr, -øz] 名 (家具付き部屋の)貸し主; 宿屋の主人

loggia [lɔdʒja] 囡 〈イ〉[建] ロッジア, 開廊【屋根付きの囲いのないバルコニー】

logiciel(le) [lɔʒisjel] 形 [情報] ソフトウエアの ― 男 ソフトウエア ▶ **logiciel de jeu** ゲームソフト **logiciel de navigation** ブラウザ

logicien(ne) [lɔʒisjɛ̃, -ɛn] 名 論理学者; 論理家

-logie 接尾 〈ギ〉「学問」の意の女性名詞をつくる

*****logique** [lɔʒik ロジック] 囡 (英 logic) 論理, 筋道; 思考法; 論理学 ― 形 論理的な; 当然な

logiquement [lɔʒikmɑ̃] 副 論理的に; 理屈だけで言えば, 本来なら

logis [lɔʒi] 男 〔文〕住まい, 家; 宿 ▶ **corps de logis** 母屋, 本館 **logis familial** 家庭

logisticien(ne) [lɔʒistisjɛ̃, -ɛn] 名 ① 兵站(へいたん)学者 ② 記号論理学者

logistique [lɔʒistik] 囡 ① [軍] 兵站(へいたん)学(の)【物資の補給や輸送に関わる分野】; (企業の)物流合理化手段(の), ロジスティックス(の) ② 記号論理学(の)

logo [logo] 男 (ブランドの)ロゴ

logo- 接頭 〈ギ〉「言葉」の意

logogramme [logogram] 男 略符, 略記; 記号

logographe [logograf] 男 ロゴグラフス【古代ギリシアのヘロドトス以前の年代記作者】

logogriphe [logogrif] 男 ①(ある語の綴りから別の語を作る)言葉遊び ②〔文〕意味不明な話

logomachie [logomaʃi] 囡 〔文〕①(議論の)空疎な言葉の列挙 ②屁理屈

logopathie [logopati] 囡 [医] 言語障害

logorrhée [logore] 囡 言葉漏れ [病的なほどの多弁]

logos [logos] 男 <ギ> ①[哲] (ギリシア哲学で)ロゴス, 世界の原理 ②[キ教] (神の)言葉, ロゴス

-logue 接尾 〈ギ〉「学者」の意の名詞をつくる

*****loi** [lwa ロワ] 囡 (英 law) 法, 法律; 法則; 規則, 定め, 掟(おきて); [宗] 戒律, (神の)教え ▶ **avoir force de loi** 法と同等の力をもつ **faire [dicter] la loi** (人を)支配する; わが物顔にふるまう ⓐ **loi du plus fort** [la ～] 強者の掟 **loi du silence** [la ～] 沈黙の掟 **loi du talion** [la ～] 同罪同法【加害者と同じ苦痛を加害者に課す】 **loi martiale** 戒厳令 **sans foi ni loi** 信仰も法もなく; 何も顧みない

loi-cadre [lwakadr] 囡 (複 〜s-〜s) [法] 枠組法律【原則だけを定め, 詳細は行政に委ねる】

*****loin** [lwɛ̃ ロワン] 副 (英 far) (空間に)遠く, 遠くに; (時間)遠い昔[未来]に ▶ **..., et de loin** 断然 …である **aller loin** 重大な結果を及ぼす; [未来形で] 将来性がある **aller trop loin** 度を越す, やりすぎる **au loin** 遠くに[へ] **de loin** 遠くから; ずっと前から; 断然 **de loin en loin** 間隔をおいて; 時々 **loin de** …から遠くに; [否定形で] ほとんど…ない **Loin de là!** とんでもない **voir loin** 先を見通す

*****lointain(e)** [lwɛ̃tɛ̃, -ɛn] 形 ルワンタン(テヌ) (英 distant) (時間・空間が) はるかな, 遠くの; (関係が)遠い, 間接的な; そわのそらの ― 男 〔文〕遠方; (複) (絵の)遠景 ▶ **au [dans le] lointain** はるかかなたに

loi-programme [lwaprɔgram] 囡 (複 〜s-〜s) 計画[企画]法律

loir [lwar] 男 [動] オオヤマネ ▶ **dormir comme un loir** ぐっすり眠る

Loire [lwar] 固 ①[la 〜] ロワール川 【フランス最長の川】 ②ロワール県 【フランス中部, ロワール川上流】 ▶ **Pays de la Loire** ペイ・ド・ラ・ロワール【ロワール川下流の地域圏】

Loire-Atlantique [lwaratlɑ̃tik] 固 ロワール・アトランティック県【フランス北西部】

Loiret [lware] 固 ①[le 〜] ロワレ川

【Loire 川の支流) ②ロワレ県【フランス中部】

Loir-et-Cher [lwarɛʃɛr] 男 ロワール・エ・シェール県【フランス中部】

loisible [lwazibl] 形 《文》許される ▶**Il est à A loisible de ... A** (人)が…するのは自由である

*__loisir__ [lwazir ロワズィール] 男 (英 leisure) 暇, 余暇, 自由な時間; (複) レジャー, レクリエーション ▶**avoir le loisir de** …する時間がある (**tout**) **à loisir** 心ゆくまで, 気の向くままに

lolita [lolita] 女 《話》色っぽい[早熟な]少女

lolo [lolo] 男 (幼児) おっぱい; (複)《話》乳房

lombago [lɔ̃bago] 男 [医]腰痛

lombaire [lɔ̃bɛr] 形 [解]腰の —— 女 **▶douleur lombaire** 腰痛

lombalgie [lɔ̃balʒi] 女 [医]腰痛

lombard(e) [lɔ̃bar, -ard] 形 名 **[L-]** ロンバルディア地方の(人) ▶**lombard** 男 ロンバルディア方言

Lombardie [lɔ̃bardi] 女 ロンバルディア地方【イタリア北部】

lombes [lɔ̃b] 男 (複) [解]腰部

lombric [lɔ̃brik] 男 [動] ミミズ

londonien(ne) [lɔ̃dɔnjɛ̃, -ɛn] 形 名 **[L-]** ロンドンの(人)

Londres [lɔ̃dr] (英 London) ロンドン

*__long(ue)__ [lɔ̃, lɔ̃g ロング] 形 ①(空間的・時間的に)長い; 時間がかかる; 昔から ▶**être long à** [不定詞] …するのに時間がかかる **long de ...** 長さが…の ②(料)(ソースなど)薄い —— 副 ①長く ②詳しく ▶**en dire long** (**sur ...**) …について長々と話す **en savoir long sur** …を詳しく知っている ②長い服で —— 男 長さ, 距離; 縦; [le ~ de] 長い服 … **de long** 長さ … **de long en large** 縦横に; (同じ所を)行ったり来たりで **en long** 縦に **en long et en large** あらゆる面から **tomber de tout son long** 長々とひっくり返る **tout au long de** …の間中 (**tout**) **le long de** …に沿って; …の間中 ②**▶**(音声) 長音符; 長母音 ②▶**à la longue** いつかは, そのうち, 結局は

long. 《略》 longitude 経度

longane [lɔ̃gan] 男 [植] リュウガンの実

longanimité [lɔ̃ganimite] 女 《文》忍耐[我慢]強さ

long-courrier [lɔ̃kurje] 形 (男性形のみ) 遠洋航海の; 長距離飛行の —— 男 遠洋航路船; 長距離専用飛行機

longe¹ [lɔ̃ʒ] 女 [料](子牛の)腰肉

longe² [lɔ̃ʒ] 女 (馬をつなぐ)綱, 繋索(¹); 手綱

*__longer__ [lɔ̃ʒe ロンジェ] 他 40 沿って行く; (道が)…に沿っている

longeron [lɔ̃ʒrɔ̃] 男 ①梁, (鉄橋などの)縦桁(³) ②(車体のフレームサイドメンバー; (飛行機の翼の)縦通材

longévité [lɔ̃ʒevite] 女 長寿; 寿命

longi- [接頭] 《ラ》「長い」の意

longiligne [lɔ̃ʒiliɲ] 形 手足や体が長くほっそりした

longitude [lɔ̃ʒityd] 女 経度 ▶**à** [**par**] **50° de longitude ouest** 西経50度に(ある)

longitudinal(ale) [lɔ̃ʒitydinal] 形 (男複 **-aux**[-o]) 縦の, 縦断の

long-métrage [lɔ̃metraʒ] 男 (複 ~**s**~**s**) 長編映画

*__longtemps__ [lɔ̃tɑ̃ ロンタン] 副 (英 for a long time) 長い間, 久しく ▶**aussi longtemps que** …である限り **longtemps avant** [**après**] …してずっと前に[後に] **si longtemps** 長い間 **avant longtemps** 間もなく **de longtemps / d'ici longtemps** [否定文で] これからしばらくは **depuis longtemps** ずっと以前から **il y a** [**ça fait, voici, voilà**] **longtemps** (**que ...**) (…して)ずいぶんになる **mettre longtemps à** …(するの)に長時間かかる **pendant longtemps / pour longtemps** 長い間

longue [lɔ̃g] 形 (女) 女 = long の女性形

longuement [lɔ̃gmɑ̃] 副 長い間; 長々と

longuet(te) [lɔ̃gɛ, -ɛt] 形 《話》(寸法・時間が)長めの —— 男 スティックパン (棒状の細長い乾パン)

*__longueur__ [lɔ̃gœr ロングール] 女 (英 length) 長さ, 丈; 縦; (陸上, (スポーツ))馬身, 艇身 ▶**à longueur de ...** の間中 **avoir une longueur d'avance** (人よりずっと先を行っている[先んじている] (**sur**) **avoir une longueur de / avoir** [**faire**] ... **de longueur** 長さが…ある **disposer ... en longueur** …を縦に配置する **être sur la même longueur d'onde** 波長が合う **longueur d'onde** 波長

longue-vue [lɔ̃gvy] 女 (複 ~**s-**~**s**) 望遠鏡

Lons-le-Saunier [lɔ̃l(ə)sonje] ロン・ル・ソーニエ【Jura 県の県庁所在地】

loof [lufa] 男 = luffa

look [luk] 男 《英》見た目, 格好

looping [lupiŋ] 男 《英》(飛行機の)宙返り

lope [lɔp], **lopette** [lɔpɛt] 女 《話・軽蔑的》ふぬけ, 腰抜け; 《俗》ホモ

lopin [lɔpɛ̃] 男 ①わずかな土地, 狭い畑 (= ~ **de terre**) ②[治]ブルーム; ビレット

loquace [lɔk(w)as] 形 おしゃべりな

loquacité [lɔk(w)asite] 女 《文》おしゃべり, 饒舌

loque [lɔk] 女 ①(複) ぼろ, ぼろ着; 服 ②無気力な人間

-loque [接尾] (ギ)《「話り」の意

loquet [lɔkɛ] 男 (扉の掛けがね, 掛錠

loqueteux(se) [lɔktø, -øz] 形 ぼろ

lord をまとった; (衣類・書物が)ぼろぼろの — 名 ぼろを着た人

lord [lɔr] 男 (＜英) 卿(ガ。); (英国の)貴族, 上院議員 ► **Chambre des Lords** (英国の)上院

lordose [lɔrdoz] 女 [医] 脊柱前湾症

lorgner [lɔrɲe] 他 物欲しげに[横目で]見る, 色員を使う; 目をつける

lorgnette [lɔrɲɛt] 女 オペラグラス, 小型双眼鏡 ► **regarder [voir] par le petit bout de la lorgnette** 些末な面ばかり見る, 視野が狭い

lorgnon [lɔrɲɔ̃] 男 (時に複) 鼻眼鏡[柄付きめがね]

Lorient [lɔrjɑ̃] ロリアン【ブルターニュ半島南岸の都市; 漁業が盛ん】

loriot [lɔrjo] 男 [鳥] コウライウグイス; [医] 麦粒腫

loris [lɔris] 男 [動] ロリス [サル]

lorrain(e) [lɔrɛ̃, -ɛn] 形名 [L-] ロレーヌ地方の(人)

Lorraine [lɔrɛn] 女 ロレーヌ【フランス北東部の地方名】

lorry [lɔri] 男 (複 ~s, -ies) (＜英) (線路工事用の)トロッコ

lors [lɔr] 副 そのとき ► **depuis lors** そのとき以来 **dès lors** 以来; それゆえ **dès lors que** …のときに; …であるからには **lors de** …のときに **lors même que** たとえ…だとしても **pour lors** その場合には

‡lorsque [lɔrsk ロルスク] 接 (英 when) ①…のときに; そのとき ②(対立) …なのに

*****losange** [lɔzɑ̃ʒ ロザンジュ] 男 菱(ひ)形

loser [luzœr] 男 (＜英) (話) 敗者, 負け犬

Lot [lɔt] ①[le ~] (レ)ロット川 ②ロット県【フランス中南部】

lot [lo] 男 ①(くじの)賞金, 賞品; (財産などの)分け前 ②(商品の)組み, ひと山 ③(文)運命, 宿命

*****loterie** [lɔtri ロトリ] 女 宝くじ, 福引き; 偶然 ► **Loterie nationale** 国営宝くじ【1933-90】

Lot-et-Garonne [lɔtegarɔn] 男 ロット・エ・ガロンヌ県【フランス南西部】

loti(e) [lɔti] 形 (＜lotir) 分け前をもらった ► **être bien [mal] loti** 運よい[悪い], 金持ち[貧乏]だ

lotion [losjɔ̃] 女 ローション, 化粧水

lotionner [lɔsjɔne] 他 ローションをつける; (傷口を)洗浄する

lotir [lɔtir] 他 33 分配[分割]する; 割り当てる (de); (土地を)分譲する

lotissement [lɔtismɑ̃] 男 分配, 分割; 分譲地

lotisseur(se) [lɔtisœr, øz] 名 (土地の分譲)業者

loto [lɔto] 男 ロト【国営の富くじ】; ロト遊び(のセット)【ゲーム】

lotte [lɔt] 女 [魚] カワメンタイ ► **lotte de mer** アンコウ

lotus [lɔtys] 男 [植] スイレン(科の植物); [神] ロートス【果実を食べると憂苦を忘れるといわれる植物】 ► **lotus sacré** ハス

louable[1] [lwabl] 形 称賛に値する

louable[2] [lwabl] 形 貸し得る; 借りうる

louage [lwaʒ] 男 [法] 賃貸借 ► **louage de services** 雇用契約 **voiture de louage** レンタカー

louange [lwɑ̃ʒ] 女 ①(文) 称賛; 賛辞 ②名誉, 手柄, 功績

louanger [lwɑ̃ʒe] 他 40 (文) 称賛する, ほめそぎる

louangeur(se) [lwɑ̃ʒœr, -øz] 形 (文) 称賛した, ほめたたえた

loub [lub], **loubard** [lubar] 男 (話) (都会・郊外の)ならず者の若者, 不良

louche[1] [luʃ] 形 ①いかがわしい, 怪しい ②(古) (色が)ぼやけた, 濁った — 男 ①不審な点, 怪しい所 ②[化] (液体の)混濁

louche[2] [luʃ] 女 レードル, おたま ► **à la louche** たっぷりと ②(話) 手

louchébème [luʃebɛm] 男 = loucherbem

loucher [luʃe] 自 ①やぶにらみ[斜視]である; (ふざけて)寄り目をする ②(話) ねたましげに[物欲しそうに]見る (sur, vers) ► **faire loucher** の欲望をかきたて

loucherbem [luʃɛrbɛm] 男 (俗) 肉屋 ► **boucher**

loucherie [luʃri] 女 (古) 斜視, やぶにらみ

louchet [luʃɛ] 男 (溝などを掘るための) 鋤(すき)

loucheur(se) [luʃœr, -øz] 名 斜視[やぶにらみ]の人

‡louer[1] [lwe ルエ] 他 (英 rent) ①賃貸しする; (席を)予約する ②(人を)雇う ► **À louer** (掲示) 貸家 — 代動 [se ~] 賃貸しされる

louer[2] [lwe] 他 称賛する, ほめる ► **Dieu soit loué!** (話) ああ助かった, やれやれ **louer A de B** AをBのことで称賛する — 代動 [se ~] (…するの)に満足する (de); ほめ合う

loueur(se) [lwœr, -øz] 名 賃貸しする人, 貸主

louf [luf], **loufoque** [lufɔk] 形 (話) 頭がおかしい, 奇妙な

loufoquerie [lufɔkri] 女 (話) 頭が変なこと, 奇行

lougre [lugr] 男 ラガー【3本マストの帆船】

Louis [lwi] ルイ【男子の名】

louis [lwi] 男 (1803-1914年の)20フラン金貨

Louise [lwiz] 女 ルイーズ【女子の名】

louise-bonne [lwizbɔn] 女 (複 ~s-~s) ルイーズ・ボンヌ【果汁の多い小形の洋梨】

loukoum [lukum] 男 ロクム【トルコの】

loulou ゼリー状糖菓】

loulou[1] [lulu] 男 スピッツ【犬】

loulou[2] **(tte)** [lulu, -ut] 名 《話》① 不良 ②かわい子ちゃん【子どもや女性の愛称】

***loup** [lu ルー] 男 (英 wolf) ①(動) オオカミ(狼) ②(魚) スズキ【地中海岸での呼び名】③(仮面舞踏会の)ビロードの半仮面 ▶*avoir connu* [*vu*] *le loup* 《話》(女性が)男を知かっている、初体験をしている *loup de mer* 経験豊かな船乗り

loupage [lupaʒ] 男 《話》失敗

loup-cervier [luservje] 男 (複 ~s-~s) (動) オオヤマネコ(= lynx)

loupe [lup] 女 ①ルーペ、拡大鏡、虫めがね ②(樹木の)こぶ; [医] 皮脂腺腫瘍(⊆᎒) ▶*examiner ... à la loupe* …を詳細に調べる

loupé [lupe] 男 《話》失敗(作)、きず物

louper [lupe] 他 《話》①失敗する、しそこなう ▶*Ça n'a pas loupé!* 思ったとおりだ *louper le coche* 好機を逃す *louper son coup* へまをする —— 自動 [*se* ~] 行き違いになる

loup-garou [lugaru] 男 (複 ~s-~s) 狼男【伝説上の怪物】

loupiot(te) [lupjo, -ɔt] 名 《話》子ども、ガキ

loupiote [lupjɔt] 女 《話》小さな電灯

***lourd(e)** [lur, -urd ルール(ルルド)] 形 (英 heavy) 重い; 重量のある; 重苦しい; (食べ物が)もたれる; (ワイン・香水が)強い、きつい; 重装備の;【主に名詞の前】重大な; (動き・頭の働きが)鈍い; 愚鈍な ▶*avoir la main lourde* 厳しくあたる; たっぷり入れる *Il fait lourd.* うっとうしい天気だ *lourd de* …でいっぱいの —— 副 ▶*ne ... pas lourd* 《話》大して…ない *peser lourd* 重い、重要である

lourdaud(e) [lurdo, -od] 形名 のろまな(人)、鈍い(人)、不器用な(人)

lourde [lurd(ə)] 女 《話》ドア、戸

lourdement [lurdəmɑ̃] 副 重く、鈍重に、不器用に; ひどく

lourder [lurde] 他 《話》追い出す、片づける

Lourdes [lurd] ルルド【フランス南部、Hautes-Pyrénées 県の都市; 巡礼地として有名】

lourdeur [lurdœr] 女 重さ;重苦しさ;うっとうしさ;不器用さ;(頭の)鈍さ、のろさ、鈍重さ ▶*avoir des lourdeurs d'estomac* 胃がもたれる

lourdingue [lurdɛ̃g] 形 《話》鈍重な; 間抜けな

loure [lur] 女 《楽》ルール【舞曲の一種、遅いジグ】

louré [lure] 男 《楽》ルレ【弓の頭を強く調して演奏すること】

lourer [lure] 他 《楽》ルレで演奏する

loustic [lustik] 男 ①〈古〉道化者、いたずら好き ▶*faire le loustic* ばかをまねする ②《話・軽蔑的》やつ

loutre [lutr] 女 (動) カワウソ(の皮) ▶*loutre de mer* ラッコ

louve [luv] 女 雌オオカミ

louvet(-et) [luve, -ɛt] 形 (馬が) 狼のような灰褐色の

louveteau [luvto] 男 (複 ~x) ①オオカミの子 ②カブスカウト【12歳未満のボーイスカウト団員】

louvoiement [luvwamɑ̃] 男 (ヨットの)タッキング、間切り; 駆け引き、遠回しの手段

louvoyer [luvwaje] 自 45 〔海〕間切る; ジグザグ帆走する; 遠回しをする; 言い逃れをする

Louvre [luvr] 男 ルーヴル美術館(= *musée du* ~) (= Palais du ~) ▶*école du Louvre* [l'~] エコール・デュ・ルーヴル【パリにある美術関係の教育機関】

lovelace [lɔvlas] 男 《文》女たらし

lover [lɔve] 他 〔海〕(ロープを)とぐろ巻きにする —— 代動 [*se* ~] (蛇などが)とぐろを巻く

***loyal(ale)** [lwajal ルワイヤル] 形 (男複 -aux[-o]) 誠実な、忠実な; 公正な ▶*à la loyale* 正々堂々と

loyalement [lwajalmɑ̃] 副 誠実に、正々堂々と

loyalisme [lwajalism] 男 (王家・体制・党などへの)忠誠、献身

loyaliste [lwajalist] 形名 忠誠【忠節】の(人); 体制支持者(の); 王党派(の)

loyauté [lwajote] 女 誠実、正直さ、忠誠

***loyer** [lwaje ルワイエ] 男 (英 rent) 家賃、部屋代; (家賃の)支払日; [法] 賃貸借(料) ▶*habitation à loyer modéré* 低家賃住宅、公営集合住宅【略 HLM】

Lozère [lozer] 女 ロゼール県【フランス中南部】

LSD (略) <F> Lyserg Säure Diäthylamid エルエスディー【幻覚剤】

lu [ly] lire の過去分詞

lubie [lybi] 女 気まぐれ、思いつき

lubricité [lybrisite] 女 淫靡(⁽ᲠᲒ⁾)、淫乱

lubrifiant(e) [lybrifjɑ̃, -ɑ̃t] 形 すべりをよくする —— 男 潤滑剤

lubrification [lybrifikasjɔ̃] 女 潤滑; 注油、塗油

lubrifier [lybrifje] 他 (機械に)油をさす; すべりをよくする

lubrique [lybrik] 形 《文》淫靡(⁽ᲠᲒ⁾)な、淫乱な

lubriquement [lybrikmɑ̃] 副 《文》淫靡(⁽ᲠᲒ⁾)に

Luc [lyk] 男 ① リュック【男子の名】 ②(聖) ルカ

lucane [lykan] 男 (虫) クワガタムシ

lucarne [lykarn] 女 天窓、小窓、開口部

Lucerne [lysern] ルツェルン【スイス中

lucide [lysid] 形 明晰な;意識がはっきりしている;自覚している

lucidement [lysidmã] 副 明晰に,明敏に

lucidité [lysidite] 女 明晰さ,明敏さ;意識の正常さ,正気

Lucien [lysjɛ̃] 男 リュシアン【男子の名】

Lucifer [lysifer] 男 リュシフェル【反逆天使;光,悪魔】

luciférien(ne) [lysiferjɛ̃, -ɛn] 形 悪魔の ━ 名 悪魔教信者

lucifuge [lysify3] 形[動] 光を避ける(動物)

lucilie [lysili] 女[虫] キンバエ(金蝿)

lucimètre [lysimɛtr] 男 露出計

luciole [lysjɔl] 女[虫] ホタル(蛍)

lucratif(ve) [lykratif, -iv] 形 金もうけの,営利の

lucrativement [lykrativmã] 副 営利として

lucre [lykr] 男《軽蔑的》営利;金銭欲

Lucrèce [lycrɛs] ルクレチウス【古代ローマの哲学者・詩人】

ludiciel [lydisjel] 男 ゲームソフト

ludion [lydjɔ̃] 男[物] 浮沈子(ふちんし)

ludique [lydik] 形 遊びの,遊戯(ゲーム)の ▶ activité ludique 遊戯活動 ━ 男 遊戯

ludisme [lydism] 男 遊戯

ludoéducatif(ve) [lydoedukatif, -iv] 形[情報]〈ソフトやCD-ROMが〉楽しみながら学ぶ

ludothèque [lydɔtɛk] 女 おもちゃライブラリー,児童館

luette [lɥɛt] 女[解] 口蓋垂(こうがいすい),懸雍(けんよう)垂,のどびこ

***lueur** [lɥœr] リュウール 女 ほのかな光,閃光;(目の)輝き;ひらめき ▶ à la lueur de …の光で; lueur d'espoir 希望の光

luffa [lufa] 男[植] ヘチマ

luge [ly3] 女 そり,リュージュ(競技)

lugubre [lygybr] 形 悲痛な,不気味な;《文》死を思わせる,喪を表す

lugubrement [lygybrəmã] 副 悲痛に,陰鬱(いんうつ)に;不気味に

***lui** [lɥi] リュイ 代《人称》《3人称単数》①間接目的語:《複数形は leur》に;彼に;彼[彼女]から;それに[から]

lui² [lɥi] 代《強勢形;女性形は elle;複数形は eux》①彼;彼自身 ②《前置詞の後》▶ pour lui 彼のために ③《対比》▶ lui, il est…, elle est… 彼は…だが彼女は… ④《il, elle の属詞として》▶ C'est lui. それは彼だ

***lui-même** [lɥimɛm] リュイメム 代《人称》《複 eux-mêmes》《英 himself, themselves》彼自ら,彼ら自身;それ自体 ▶ de lui-même 自分から進んで;ひとりでに en lui-même それ自体で par lui-même 彼自ら,自力(じりき)で

luire [lɥir] 自 15 光る,輝く;反射す

る;現れる,見える

luisance [lɥizɑ̃s] 女《文》輝き

luisant(e) [lɥizɑ̃, -ãt] 形 光った,輝いた;つやのある ━ 男 光沢,つや

lumbago [lɔ̃bago] 男 腰痛,ぎっくり腰

lumen [lymɛn] 男[物] ルーメン【光束の単位】

***lumière** [lymjɛr] リュミエール 女《英 light》①光;日光;明かり,照明;知性あふれる人 ②[知識] ▶ à la lumière de …の光に照らして,…を手がかりに Ce n'est pas une lumière.《話》彼(女)はあり賢くない faire toute la lumière sur (ものごと)を明らかにする lumière du jour 日光,日中の光 mettre… en lumière (ものごと)に光を当て,注意をうながす ②[天] 光年

lumignon [lymiɲɔ̃] 男 薄暗いランプ(明かり);(ろうそくの)芯(しん)(燃え残り)

luminaire [lyminɛr] 男 照明器具(装置)

luminance [lyminãs] 女[物] 輝度

luminescence [lyminɛsɑ̃s] 女[物] ルミネセンス,発光

luminescent(e) [lyminɛsɑ̃, -ɑ̃t] 形[物] 冷光を発する,発光する ▶ tube luminescent 蛍光灯

lumineusement [lyminøzmã] 副 明晰に,明断に

***lumineux(se)** [lyminø, -øz] リュミヌー(ズ) 形 光る;輝く;光の;明晰な,明解な ▶ enseigne lumineuse ネオンサイン

luminosité [lyminozite] 女 明るさ,輝度;光度

lump [lœp] 男[魚] ランプフィッシュ【卵はキャビアに似て食用にされる】

lunaire [lynɛr] 形 月の;月のような;太陽の;空想的な,夢見がちな

lunaison [lynɛzɔ̃] 女 朔望月,太陰月【月の公転周期】

lunatique [lynatik] 形名 気の変わりやすい(人),気まぐれな(人)

lunch [lœntʃ, lœʃ] 男《英》《複 ~s, ~es》軽い食事

***lundi** [lœdi] ランディ 男《英 Monday》月曜日 ▶ lundi de Pâques 復活祭後の月曜日【休日になる】

***lune** [lyn] リュヌ 女《英 moon》①月;太陰月(土星・木星の衛星);《話》大きな丸顔;尻 ▶ avoir ses lunes 生理がある con comme la lune(話)まったくのばか者ある,くだらない décrocher la lune pour (人)のために不可能なことを試みる être dans la lune 頭がぼうっとしている être dans une bonne (mauvaise) lune 機嫌がいい(悪い) lune de miel 蜜月,ハネムーン;新婚生活 nouvelle lune 新月 pleine lune 満月 promettre la lune できそうもないことを約束する tomber de la lune ひどく驚く vieille lune 陳腐なこと;《複》昔の時代

luné(e) [lyne] 形 ▶être bien [mal] luné (話) 機嫌がいい[悪い]

lunetier(ère) [lyntje, -er] 名 めがね商[製造業者]の —名 めがね作りの

***lunette** [lynɛt] リュネット 女 (英 glasses) ①《複》めがね **lunettes de plongée** 潜水用ゴーグル **lunettes de soleil** サングラス ②望遠鏡 ③丸い形のもの;(建)円窓;(施設の振れ止め)[美術]リュネット[壁の傾斜に合わせて飾られた絵画;多翼式祭壇画の半月形パネル];(トイレの)便座 ▶**lunette arrière** (自動車の)後部窓

lunetterie [lynɛtri] 女 めがね製造(販売)業

lunettier(ère) [lynɛtje, -ɛr] 名 形 = lunetier

lunule [lynyl] 女 爪の半月[半円]

lupanar [lypanar] 男 (文) 売春宿

lupin [lypɛ̃] 男 [植] ルピナス[マメ科]

lupus [lypys] 男 [医] (顔面の)狼瘡(そう)

lurette [lyrɛt] 女 [成句で] ▶**Il y a belle lurette que** … (話) …して久しい

luron(ne) [lyrɔ̃, -ɔn] 名 陽気な[愉快な]人, 楽天家 ▶**joyeux luron** 陽気な男

lus [ly], **luss…** ⇨lire

Lusitanie [lyzitani] 女 ルシタニア【古代ローマの州; 現代のポルトガル】

lusitanien(ne) [lyzitanjɛ̃, -ɛn] 形 ルシタニアの — 名 [L-] ルシタニア人

lusophone [lyzofɔn] 形 名 ポルトガル語を話す(人)

lusophonie [lyzofoni] 女 ポルトガル語圏

lustrage [lystraʒ] 男 つや出し; 光らせること

lustral(ale) [lystral] 形 (男複 -aux [-o]) (文) 清めの

lustration [lystrasjɔ̃] 女 (文) 清めの儀式

lustre[1] [lystr] 男 ①シャンデリア ②つや, 光沢;(文) 光彩; 名声

lustre[2] [lystr] 男 5年間 ▶**Ça fait des lustres que** …ずいぶんぶたい **depuis des lustres** ずっと昔から

lustrer [lystre] 他 つやを出す, 磨く;(着古して)光らせる

lustrerie [lystrəri] 女 シャンデリア(その他照明具)の製造[販売]業

lustrine [lystrin] 女 リュストリン【裏地に用いるつやのある木綿】

lut [lyt] 男 封泥(ぷう)

lut [ly], **lût(es)** [ly(t)] ⇨lire

lutécium [lytesjɔm] 男 ルテチウム【原子番号71の元素】

luth [lyt] 男 リュート【中世の弦楽器】

Luther [lytɛr] (Martin ·) ルター 【1483-1546; ドイツの宗教改革者】

luthéranisme [lyteranism] 男 ルターの教義 ルタ 派

lutherie [lytri] 女 弦楽器製造(販売)業; 書見台

luthérien(ne) [lyterjɛ̃, -ɛn] 形 名 ルター派の(人), 新教の(人) ▶**Église luthérienne** ルター派教会, ルーテル教会

luthier [lytje] 男 弦楽器製造者

luthiste [lytist] 名 リュート奏者

***lutin(e)** [lytɛ̃, -in] 形 (古) いたずらな — 男 ①(いたずらな)小妖精 ②(文) いたずらっ子

lutiner [lytine] 他 (文) (女性を)からかう, ちょっかいを出す

lutrin [lytrɛ̃] 男 [教会] (聖歌の)譜面台; 書見台

***lutte** [lyt] リュット 女 (英 struggle, fight) 闘争, 戦い; 対立; 抵抗, 闘争; [スポーツ] レスリング ▶**de haute lutte** 奮闘して, 懸命に; 力ずくで **être en lutte** 戦っている; 闘争中である **lutte des classes** 階級闘争 **lutte pour la vie** 生存競争 ▶**la lutte armée** 武力闘争 ▶**la lutte finale** 自然淘汰

***lutter** [lyte] 自 (英 struggle, fight) (…に対して; …のために)戦う, 闘う 《contre; pour》;(…と; ある 《de》;格闘する; レスリングする

lutteur(euse) [lytœr, -øz] 名 闘争的な人;(政治運動の)闘士;レスラー

lux [lyks] 男 [物] ルクス【照度の単位】

luxation [lyksasjɔ̃] 女 [医] 脱臼(きゅう)

***luxe** [lyks] 男 ぜいたく; 豪華; 過剰 ▶**boutique de luxe** 高級ブティック **de luxe** 豪華な, ぜいたくな **un luxe de** … たくさんの…, 無数な… **voiture de luxe** 高級車

Luxembourg [lyksɑ̃bur] 男 ①ルクセンブルク【ドイツ・フランス・ベルギーに囲まれた大公国 Grand-duché de Luxembourg; この大公国の首都】② ▶**jardin du Luxembourg** [le ~] (パリの) リュクサンブール公園 ③ ▶**Palais du Luxembourg** [le ~] リュクサンブール宮【フランス議会の元老院 (Sénat) がある】

luxembourgeois(e) [lyksɑ̃burʒwa, -az] 形 ルクセンブルクの — 名 [L-] ルクセンブルク人

luxer [lykse] 他 脱臼(ぷう)させる ▶**(代動)** [se ~] 自分の…が脱臼する ▶**se luxer l'épaule** 肩を脱臼する

luxmètre [lyksmɛtr] 男 照度計

luxueusement [lyksuøzmɑ̃] 副 ぜいたくに; 豪華に

***luxueux(se)** [lyksuø, -øz] リュクスュー(ズ)の (英 luxurious) ぜいたくな; 豪華な

luxure [lyksyr] 女 淫乱, 色欲

luxuriance [lyksyrjɑ̃s] 女 繁茂; 過剰さ, 豊富さ

luxuriant(e) [lyksyrjɑ̃, -ɑ̃t] 形 繁茂した, 過剰な; 豊富な

luxurieux(se) [lyksyrjø, -øz] 形 (文) 色欲をそそる; 淫乱な, 好色な

luzerne [lyzɛrn] 女 [植] アルファル

ファ, ムラサキウマゴヤシ

lx [lyks] (略) lux (物) ルクス
lycanthrope [likɑ̃trɔp] 名 狼男 (女); 狼化妄想症の人
lycaon [likaɔ̃] 男 (動) リカオン
*__lycée__ [lise] 男 リセ【フランスの中等教育の後期課程の3年間; 日本の高校に当たる】
lycéen(ne) [liseɛ̃, -ɛn] 形 名 リセの(生徒)
lychnide [liknid] 名 (植) = lychnis
lychnis [liknis] 男 (植) リクニス
lycope [likɔp] 男 (植) ジプシーワート
lycopène [likɔpɛn] 男 (生化) リコピン【カロテノイドの一つ】
lycoperdon [likɔpɛrdɔ̃] 男 (植) ホコリタケ
lycopode [likɔpɔd] 男 (植) ヒカゲノカズラ
lycose [likoz] 女 (動) タランチュラコモリグモ
lycra [likra] 男 (商標) ライクラ【伸縮性のある合成繊維】
Lydie [lidi] 女 リディア【紀元前に栄えた小アジアの王国】
lydien(ne) [lidjɛ̃, -ɛn] 形 名 [L-] リディアの(人)
lymphangite [lɛ̃fɑ̃ʒit] 女 (医) リンパ管炎
lymphatique[1] [lɛ̃fatik] 形 (生理) リンパ(液)の; リンパ性の
lymphatique[2] [lɛ̃fatik] 形 名 リンパ管(の) (= vaisseaux ~s); (話) 生気のない(人), 活気のない人
lymphatisme [lɛ̃fatism] 男 (医) 無気力
lymphe [lɛ̃f] 女 (生理) リンパ(液)
lympho- 接頭 (ラ)「リンパ」の意
lymphocitopénie [lɛ̃fositɔpeni] 女 = lymphopénie
lymphocytaire [lɛ̃fɔsitɛr] 形 (医) リンパ球の
lymphocyte [lɛ̃fɔsit] 男 (生理) リンパ球
lymphogranulomatose [lɛ̃fogranylomatoz] 女 (医) リンパ肉芽腫症
lymphokine [lɛ̃fɔkin] 女 (生理) リンフォカイン【抗原に刺激されリンパ球が産出する物質】
lymphome [lɛ̃fom] 男 悪性リンパ腫
lymphopénie [lɛ̃fɔpeni] 女 リンパ球減少症
lymphosarcome [lɛ̃fɔsarkom] 男 リンパ肉腫
lynchage [lɛ̃ʃaʒ] 男 リンチ, 私刑
lyncher [lɛ̃ʃe] 他 リンチを加える; (群集が)乱暴する
lyncheur(se) [lɛ̃ʃœr, -øz] 名 リンチに加わった者
lynx [lɛ̃ks] 男 (動) オオヤマネコ ▶ **avoir des yeux de lynx** 鋭い目つきをしている
Lyon [ljɔ̃] リヨン【Rhône 県の県庁所在地】
lyonnais(e) [ljɔnɛ, -ɛz] 形 リヨンの(人) — 男 リヨン方言; [L-] リヨネ【フランス中東部の旧地方名】
lyophile [ljɔfil] 形 親液性の; 凍結乾燥できる
lyophilisation [ljɔfilizasjɔ̃] 女 凍結乾燥, フリーズドライ
lyophiliser [ljɔfilize] 他 凍結乾燥(フリーズドライ)する
lyre [lir] 女 ①(楽) リラ, 竪琴 ②(文)詩; 詩作(活) ③ ▶ **oiseau lyre** (鳥) コトドリ
lyrique [lirik] 形 叙情的な; (楽) 歌の; 叙情詩人; 叙情(味) ▶ **art lyrique** オペラ, 歌劇 **artiste lyrique** オペラ歌手
lyrisme [lirism] 男 叙情(詩); 叙情性; 情熱
lys [lis] 男 = lis[1]
lyse [liz] 女 (生化) 溶解
-lyse 接尾 (ギ)「溶解」「分離」の意の語をつくる
lyser [lize] 他 (生化) 溶解する
lysine [lizin] 女 (生化) リシン【ヒトの必須アミノ酸の一つ】

M

M, m[1] [ɛm] 男 ①フランス字母の第13字 ②ローマ数字の千
m[2] (略) ①[M] Méga-(物) メガ; Maxwell マクスウェル ②[m] mètre メートル; minute 分; masculin (文法) 男性(の)
M. (複 *MM.*) (略) Monsieur …氏(様)
m' [m] 代 (人称) me の縮約形
MA (略) maître auxiliaire 補助教員
:**ma** [ma] 形 (所有) (女) (英 my) 私の ▶ mon
Maastricht [maastrikt] マーストリヒト【オランダ南東部の都市】▶ **traité de Maastricht** [le ~] マーストリヒト条約【1992年に調印されたヨーロッパ連合に関する条約】
maboul(e) [mabul] 形名 (<アラビア) (俗) 気の狂った(人)
mac [mak] 男 (俗) (売春婦の)ひも
macab [makab] 男 (話) = maccabée
macabre [makabr] 形 死を思わせる; 死骸の; 不気味な
macache [makaʃ] 副 (話) だめだ, だめさ, とんでもない
macadam [makadam] 男 マカダム舗装(の道)【砕石と砂をローラーで固める】; アスファルト舗装の道
macadamiser [makadamize] 他 マカダム舗装する; (道)に砕石を敷く
macaque [makak] 男 (動) マカク【ニホンザルなどの総称】; (話) 醜い人
macareux [makarø] 男 (鳥) ツノメ

macaron [makarɔ̃] 男 ①〔菓〕マカロン〖丸い形のクッキー〗②編んだ髪を耳の上で巻く髪形;〖話〗円形のバッジ;〖古〗略髪 ③〖話〗げんこつ

macaroni [makarɔni] 男〖侵〗(=) マカロニ ②〖話・軽蔑的〗イタリア人, イタ公

macaronique [makarɔnik] 形〖文学〗ラテン語(風)を混ぜた ▶*poésie macaronique* 俗語ラテン交錯の狂詩

maccarthysme [makkartism] 男 マッカーシズム〖1950年代米国での反共活動〗

macchabée [makabe], **macchab** [makab] 男〖俗〗死体, ホトケ

Macédoine [masedwan] 女 マケドニア〖バルカン半島の共和国〗

macédoine [masedwan] 女〖料〗マセドワーヌ〖野菜や果物をさいの目に刻んで混ぜた料理〗；ごたまぜ

macédonien(ne) [masedɔnjɛ̃, -ɛn] 形 マケドニアの —名〖M-〗マケドニア人 — 男 マケドニア語

macération [maserasjɔ̃] 女 ①〖宗〗苦行 ②〖料〗(肉などを)漬け込むこと ③〖医〗浸軟

macéré(e) [masere] 形 ①浸された ②(使用後の)やせ衰えた

macérer [masere] 他 57 ①〖宗〗(肉体を)苦しめる ②(食物などを)漬ける, 浸す (使用法) —自 漬かる, 浸る;(ある状況のまで)とどまる

Mach [mak] 男〖物〗マッハ〖数〗〖超音速の単位〗(= nombre de M-)

machaon [makaɔ̃] 男 〖虫〗キアゲハ

mâche [maʃ] 女〖植〗ノチシャ〖サラダにする〗

mâché(e) [maʃe] 形 (< mâcher) 咀嚼(そしゃく)された; ぎざぎざの; 押しつぶされた ▶*papier mâché* 紙粘土

mâchefer [maʃfɛr] 男 石炭殻, 鉱滓(こうさい)

mâchement [maʃmɑ̃] 男 咀嚼(そしゃく)

*__mâcher__ [maʃe] 他〖侵〗chew〗咀嚼(そしゃく)する, かむ; (思い通りに)加工する; ちぎる, ギザギザに切る;〖方〗打つ, 押しつぶす ▶*mâcher le travail à* (人)に仕事の段取りをつけてやる *ne pas mâcher ses mots* 自分の考えを遠慮なく言う

machette [maʃɛt] 女 マチューテ〖中南米でサトウキビの伐採などに用いられる鉈(なた)〗

mâcheur(se) [maʃœr, -øz] 名 (噛みタバコなどを)噛む人

machiavel [makjavɛl] 男 マキャベリスト; 権謀術数にたけた人

machiavélique [makjavelik] 形 マキャベリ主義的な; 老獪(ろうかい)な, 悪賢い

machiavélisme [makjavelism] 男 マキャベリズム, 権謀術数; 腹黒さ

mâchicoulis [maʃikuli] 男 石落とし, 突出し狭間(はざま)〖敵に石を落とすため城壁に設けられた突出部〗

-machie 接尾〖ぐ.ギ〗「戦い」の意

*__machin__ [maʃɛ̃] 男〖話〗それ, あれ, 何とかいうの; 何とかいう人, 何の兵

machinal(ale) [maʃinal] 形 (男複 -aux⟨o⟩) 機械的な, 無意識的な

machinalement [maʃinalmɑ̃] 副 機械的に, 無意識的に

machination [maʃinasjɔ̃] 女 陰謀

*__machine__ [maʃin] 女〖侵〗machine〗機械, 機器, 器具; タイプライター;〖レース用の〗マシン; 機関車; (機械のように動く)機械, 仕組み;〖舞台の〗仕掛け ▶*à la machine* 機械で *faire machine (en) arrière* 後退する, 引き下がる *machine à coudre* ミシン *machine à laver* 洗濯機 *machine à sous* スロットマシン *machine à vapeur* 蒸気機関

machine-outil [maʃinuti] 女 (複 ~s-~s) 工作機械

machiner [maʃine] 他 (陰謀などを)企てる, 工作する

machinerie [maʃinri] 女 機械装置[設備];(船の)機関室;〖劇〗舞台仕掛け

machine-transfert [maʃintrɑ̃sfɛr] 女 (複 ~s-~s) トランスファー・マシン〖一連のライン作業を行う一組の工作機械〗

machinisme [maʃinism] 男 機械主義, 機械化;〖哲〗(デカルトの)動物機械論

machiniste [maʃinist] 名 (劇場の)道具方;〖古〗(バスや地下鉄の)運転士

machisme [ma(t)ʃism] 男 男性優位主義

machiste [ma(t)ʃist] 形名 男性優位主義の人

macho [ma(t)ʃo] 男〖くス〗〖話〗マッチョ, やたらに男ぶる人 —形〖不変〗マッチョな

*__mâchoire__ [maʃwar] 女 マシュワール〗あご, 下顎(あご); 機械の締め付け部 ▶*mâchoire inférieure* 下あご *mâchoire supérieure* 上あご

mâchonnement [maʃɔnmɑ̃] 男 もぐもぐ噛むこと

mâchonner [maʃɔne] 他〖話〗ゆっくりと[もぐもぐ]噛む; もぐもぐ言う

mâchouiller [maʃuje] 他〖話〗(飲み込まずに)もぐもぐ噛む

mâchure [maʃyr] 女 (ビロードの)瑕(きず); あたり瑕(きず)

mâchurer [maʃyre] 他 ①黒く汚す;〖印〗不鮮明に刷る ②あたり瑕(きず)をつける

macle [makl] 女〖鉱〗十字型結晶, 双晶

Mâcon [mɑkɔ̃] 男 マコン〖Saône et Loire 県の県庁所在地〗

maçon [masɔ̃] 男 石工, れんが工 —形 *maçonne* [-ɔn]〗(動物や昆虫が)土などで巣を作る —名 フリーメーソン団員 ⇨ *franc-maçon*

mâcon [makɔ̃] 男 マコン産ワイン

maçonnage [masɔnaʒ] 男 石工[左官]の仕事; (石やれんがを使う)工事

maçonner [masɔne] 他 ①(壁などを)石[れんが]で築く; (戸・窓を)石[れんが]で塞ぐ

maçonnerie [masɔnri] 女 ①左官仕事; 石[れんが]造り ②フリーメーソン ⇨franc-maçonnerie

maçonnique [masɔnik] 形 フリーメーソンの

macramé [makrame] 男 マクラメ【様々な模様に編まれたレース】

macreuse [makrøz] 女 ①(鳥) ビロードキンクロ ▸ *macreuse noire* クロガモ ②〔食肉〕マクルーズ【牛肩肉の脂肪が少ない部分】

macro [makro] 女 (略)《話》macro-instruction, macroéconomie マクロ経済学, macrophotographie 〔写〕接写

macr(o)- 接頭 (ギ)「長」「大」の意

macrobiote [makrɔbjɔt] 形名 マクロビオティック実践者(の)

macrobiotique [makrɔbjɔtik] 形 女 (複 *mesdemoiselles*) マクロビオティック(の)【野菜・穀物・果物中心の食生活】

macrocéphale [makrosefal] 形 大頭の

macrocéphalie [makrosefali] 女 〔医〕大頭症

macrocosme [makrɔkɔsm] 男 〔文〕大宇宙

macrocosmique [makrɔkɔsmik] 形 〔文〕大宇宙の; 総合的な

macrocyte [makrosit] 男 〔生〕大赤血球

macroéconomie [makroekɔnɔmi] 女 マクロ経済学

macroéconomique [makroekɔnɔmik] 形 マクロ経済の

macro-instruction [makroɛ̃stryksjɔ̃] 女 〔情報〕マクロ命令

macromoléculaire [makromolekyler] 形 高分子の

macromolécule [makromolekyl] 女 〔化〕高分子【分子量が大きい】

macrophage [makrofaʒ] 形名 〔生〕マクロファージ(の), 大食細胞(の)

macrophotographie [makrofotografi] 女 〔写〕接写, マクロ

macrophotographique [makrofotografik] 形 〔写〕接写の

macroscopique [makrɔskɔpik] 形 肉眼で見える, 巨視的な

macroures [makrur] 男 (複) 〔動〕長尾類【オマールエビ, イセエビなど】

macula [makyla] 女 〔解〕(網膜中心部の)黄斑

maculature [makylatyr] 女 〔印〕(印刷紙・本を包む)厚手の包装紙; ワン刷り損じの紙

macule [makyl] 女 ①〔印〕(刷り上がった紙の)汚れ ②〔天〕(太陽の)黒点 ③〔医〕斑点

maculer [makyle] 他 ①〔文〕汚す, 汚点をつける ②〔印〕(乾いていないインクで)こすって汚す

Madagascar [madagaskar] 女 マダガスカル(島)【アフリカ南東岸の島, 共和国】

***madame** [madam マダム] 女 (複 *mesdames* [medam]) (英 Mrs.) ①(既婚女性に対する敬称)奥様, 奥さん; [冠詞を伴って] ご婦人; 〈古〉奥方; 王太妃殿下 ▸ *Chère Madame* (手紙の書き出しで)奥様 *Madame* …さん, …夫人 ②(結婚に関係なく, 職業上の地位などを示す女性に対する敬称) ▸ *Madame la directrice* 所長 *Madame le ministre* 大臣

Madeleine [madlɛn] 女 マドレーヌ【女子の名】; 聖〔宗〕マグダラのマリア ▸ *pleurer comme une Madeleine* さめざめと泣く ◆ 〔m-〕(菓) マドレーヌ【小さい貝殻の形をしたスポンジケーキ】

***mademoiselle** [madmwazɛl マドモワゼル] 女 (複 *mesdemoiselles*) (英 Miss) ①(未婚女性に対する敬称) *Mademoiselle* …さん, …嬢 ②(王弟の長女の敬称)お姫様

Madère [madɛr] マディラ【大西洋上モロッコ沖にあるポルトガル領の島】

madère [madɛr] 男 マディラ酒【マディラ島産の酒精強化ワイン】

madérisé(e) [maderize] 形 (白[ロゼ]ワインが)酸化した

madiran [madirɑ̃] 男 マディラン【フランス南西部産の赤ワイン】

madone [madɔn] 女 (くイ) 聖母マリア(像), マドンナ

madrague [madrag] 女 (マグロ漁に使う)台網

madras [madras] 男 マドラス【縦糸が絹, 横糸が綿の薄い布地】; マドラス地のスカーフ[ターバン]

madré(e) [madre] 形 〔文〕(素朴さを装いながら)抜け目のない

madrépore [madrepɔr] 男 〔動〕イシサンゴ

madréporique [madreporik] 形 〔動〕イシサンゴで形成された

Madrid [madrid] マドリード【スペインの首都】

madrier [madrije] 男 厚板

madrigal [madrigal] 男 (複 *-aux* [-o]) 〔文学史〕マドリガル, 叙情短詩; 〔楽〕マドリガル

madrilène [madrilɛn] 形名 〔M-〕マドリードの(人)

mae|**lstrom, maelström** [ma(e)lstro(m)] 男 (くオランダ) 大渦潮(ᵊ̃)

maestoso [maɛstozo] 副 (くイ) 〔楽〕マエストーソ, 荘厳に

maestria [maɛtrija] 女 (くイ) 見事な腕前, 名人芸

maestro [maɛstro] 男 (くイ) 巨匠, 大作曲家, 名指揮者

maf(f)ia [mafja] 女 〈イ〉マフィア；秘密犯罪組織

maf(f)ieux(se) [mafjø, -øz] 形 〈イ〉マフィアの(一員)

maf(f)ioso [mafjozo] 男 (複 *maf(f)iosi*) 〈イ〉マフィアの一員

magasin [magazɛ̃] 男 マガザン ①〖英 shop, store〗店, 商店；倉庫 ► *avoir ... en magasin* …の在庫がある ► *faire [courir] les magasins* ショッピングをする ► *grand magasin* デパート ②(連発銃の)弾倉, (カメラの)マガジン

magasinage [magazinaʒ] 男 ①〖商〗倉庫に納めること, 保管；在庫期間 ②〈カナダ〉買い物

magasiner [magazine] 他 〈カナダ〉買い物する

magasinier(ère) [magazinje, -ɛr] 名 倉庫係

magazine [magazin] 男 写真や挿絵の入った雑誌；写真のない雑誌 ＝ revue；(ラジオ・テレビの)情報番組

magdalénien(ne) [magdalenjɛ̃, -ɛn] 形 〖史〗マドレーヌ文化(期)(の)〖旧石器時代の最終期〗

mage [maʒ] 男 ①〖les M-s / les Rois ~s〗東方の三博士〖イエスの誕生を祝福に来た〗 ②魔術師, 占星術師

Magellan [maʒellɑ̃] 男 (Fernand de~) マゼラン〖1480?-1521；ポルトガルの航海者・探検家〗 ► *détroit de Magellan* マゼラン海峡 *nuages de Magellan* 〖天〗マゼラン星雲

magenta [maʒɛ̃ta] 形 男 マゼンタ色(の), 赤紫色(の)

Maghreb [magrɛb] 男 マグレブ, マグリブ〖モロッコ・アルジェリア・チュニジアの総称〗

maghrébin(e) [magrebɛ̃, -in] 形 マグレブの — 〖M-〗マグレブ人

magicien(ne) [maʒisjɛ̃, -ɛn] 名 魔法使い；不思議な力をもつ人, 奇術師

magie [maʒi] 女 魔法, 魔術, 呪術；奇術, マジック(＝ tour de ~)；不思議な力；(音楽・絵画などの)魅力 ► *comme par magie* 魔法のように *magie noire* 黒魔術, 妖術

magique [maʒik] 形 〖英 magic〗 ①魔法の, 小悪魔な ②魅惑する

magiquement [maʒikmɑ̃] 副 ①魔法によって ②魔法のごとく

magister [maʒistɛr] 男 ①(軽蔑的)衒学(学)者 ②〈古〉村の学校教師

magistère [maʒistɛr] 男 ①〖カト〗教導権 ②マジステール〖修士号に相当するフランスの大学の単位, licence 1 年と master 2 年からなる〗

magistral(ale) [maʒistral] 形 〖羅 *magistralis*〗 ①教師の, 教師然たる ► *cours magistral* 大教室での講義 ②見事な, 巨匠にふさわしい；(話・ふさけて)あざやかな

magistralement [maʒistralmɑ̃] 副 ①見事に, あざやかに ②教師然たる態度で

magistrat(e) [maʒistra] 名 ①司法官〖裁判官・検事など〗 ②行政官, 役人

magistrature [maʒistratyr] 女 ①司法官の職〖任期〗；《集合的》司法官 ②(権威のある)官職 ► *la magistrature suprême* フランス共和国大統領

magma [magma] 男 ①〖地〗マグマ, 岩漿 ②どろどろしたもの, ごたまぜ

magmatique [magmatik] 形 マグマの

magnanerie [maɲanri] 女 養蚕(所)

magnanime [maɲanim] 形 〈文〉寛容な

magnanimement [maɲanimmɑ̃] 副 〈文〉寛容に

magnanimité [maɲanimite] 女 〈文〉寛大さ

magnat [magna, maɲa] 男 ①(軽蔑的)(世界経済を牛耳る)大立者 ②〖史〗ポーランド・ハンガリーの大貴族の称号

magner [maɲe] ► *se magner* 〈俗〉急ぐ ► *se magner le cul [fion, popotin, train]* 急ぐ

magnésie [maɲezi] 女 ①〖化〗酸化マグネシウム ②炭酸マグネシウム〖スポーツ選手が滑り止め粉として用いる〗

magnésien(ne) [maɲezjɛ̃, -ɛn] 形 マグネシウムを含む

magnésite [maɲezit] 女 〖鉱〗マグネサイト, 菱苦土石（りょうくどせき）

magnésium [maɲezjɔm] 男 〖化〗マグネシウム, 苦土〖原子番号12の元素〗

magnétique [maɲetik] 形 ①磁力の, 磁気を帯びた ②(動物磁気による)催眠(治療)の ③魅惑的な, とらえて離さない

magnétisant(e) [maɲetizɑ̃, -ɑ̃t] 形 磁化される, 磁気を伝える

magnétisation [maɲetizasjɔ̃] 女 ①磁化の ②催眠状態

magnétiser [maɲetize] 他 ①磁化する ②とりこにする ③催眠術をかける

magnétiseur(se) [maɲetizœr, -øz] 名 (動物磁気による)催眠術師

magnétisme [maɲetism] 男 ①磁気(学), 磁性 ②動物磁気(＝ ~ animal)；催眠(術) ③魅力, 強い暗示

magnéto[1] [maɲeto] 女 マグネト発電機

magnéto[2] [maɲeto] 男 〈話〉＝ magnétophone

magnéto- 接頭 〈ラ〉「磁石」「磁気」の意

magnétocassette [maɲetokasɛt] 女 カセットデッキ

magnétochimie [maɲetoʃimi] 女 磁気化学

magnétoélectrique [maɲetoelɛktrik] 形 〖物〗電磁気の

magnétomètre [maɲetometr]

magnétométrie [maɲetɔmetri] 囡 磁気測定

magnétophone [maɲetɔfɔn] 男 テープレコーダー

magnétoscope [maɲetɔskɔp] 男 ビデオデッキ[テープ]

magnétosphère [maɲetɔsfɛr] 囡 〔物〕(地球の周辺の)磁気圏

magnificat [maɲifikat] 男《不変》〔カト〕マニフィカト【夕べの祈りに歌われる聖母マリアの賛歌】

magnificence [maɲifisɑ̃s] 囡 ① 壮麗さ, 華麗さ ②《文》(人の)鷹揚(ホホ)さ; ぜいたく

magnifier [maɲifje] 他《文》賛美[賞賛]する; 高める, 美化する

***magnifique** [maɲifik マニフィク] 形 (英 magnificent) すばらしい, 見事な; 壮麗[華麗]な; 《古》気前のよい

magnifiquement [maɲifikmɑ̃] 副 華やかに; 素晴らしく; 申し分なく

magnitude [maɲityd] 囡 ①〔天〕(星の)光度 ②(地震の)マグニチュード

magnolia [maɲɔlja] 男〔植〕モクレン, マグノリア

magnum [magnɔm] 男 (1.5リットル入りの)大びん

magot¹ [mago] 男《話》へそくり

magot² [mago] 男 ①〔動〕マゴット【西洋の尾なし猿】 ②(中国の陶器・石材等による、ずんぐりした)人形

magouille [maguj] 囡《話》(政界などの)裏工作, 闇取引 ▶ *magouilles financières* 金融裏工作, 不正会計

magouiller [maguje] 自《話》裏工作[闇取引]をする

magouilleur(se) [magujœr, -øz] 形|名《話》裏工作[闇取引]をする(人)

magret [magrɛ] 男 (ガチョウなどのさ)さみ ▶ *magret de canard* 鴨のささみ

magyar(e) [magjar] 形 (ハンガリーの主要民族の)マジャル人(-語)の ── 名 〘M-〙マジャル人 ── 男 マジャル語

mahara(d)jah [ma(a)ra(d)ʒa] 男 (複 〜s) マハーラージャ, 大王【インド王侯の尊称】

maharani [ma(a)rani] 囡 (〜s) マハーラーニ【マハーラージャの妃】

mahatma [maatma] 男《ヒンディー》マハトマ, 大聖者

mah-jong [maʒɔ̃g] 男《中国》マージャン[麻雀]

Mahomet [maɔmɛ] 男 マホメット

mahométan(e) [maɔmetɑ̃, -an] 形|名《古》= musulman

mahométisme [maɔmetism] 男《古》= islam, islamisme

mahous(se) [maus] 形《話》= maous

mahratte [marat] 形 (インド・デカン高原のマラータ族の) ── 男 マラータ語

***mai** [mɛ メ] 男 (英 May) 5月 ▶ *premier mai* 〘le 〜〙 メーデー

maie [mɛ] 囡 パン櫃(ぢ); 圧搾台

maïeuticien(ne) [majøtisjɛ̃, -ɛn] 名 助産師

maïeutique [majøtik] 囡《ギ哲》(ソクラテスの)産婆術

***maigre** [mɛgr メーグル] 形 (英 thin, lean) ① (食物が)脂肪分のない; 肉抜きの; 〘多く名詞の前〙わずかな, 貧弱な; 物足りない ▶ *maigre comme un clou* がりがりにやせている ── 名 やせた人 ── 男 肉のない肉; 肉抜きの食事 ▶ *faire maigre* (精進日などに)肉食を控える

maigrelet(te) [mɛgrəlɛ, -ɛt] 形|名 やせぎすの(人)

maigrement [mɛgrəmɑ̃] 副 わずかに, 貧素に; 不十分に

maigreur [mɛgrœr] 囡 やせていること; 乏しさ

maigri(e) [mɛgri] 形 (前よりも)やせた

maigrichon(ne) [mɛgriʃɔ̃, -ɔn], **maigriot(te)** [mɛgrijo, -ɔt] 形|名《話》やせっぽちの(人)

***maigrir** [mɛgrir メグリール] 自 ③ やせる ▶ *maigrir de 5 kg* 5キロやせる ── 他 (人を)やせさせる; (ものが人を)やせて見せる

mail¹ [maj] 男 ① 並木道, モール ②《古》(昔の)ペルメル球戯, ペルメル球戯で使う槌(ヒ)

mail² [mɛl] 男〔情報〕電子メール; メールアドレス

mailing [mɛliŋ] 男《英》〔商〕ダイレクトメール

maillage [majaʒ] 男 網目の大きさ; (鉄道などの)敷設網; (医療・文化施設などの)密度

maillant(e) [majɑ̃, -ɑ̃t] 形〔漁〕filet maillant 刺し網

maille¹ [maj] 囡 編み目, ニット地; 斑紋; 花芽; (網の)環 ▶ *maille à l'endroit [l'envers]* 表裏

maille² [maj] 囡〔史〕半ドゥニエ【カペー朝時代の最少貨幣】▶ *avoir maille à partir avec* ...と揉めごとを起こす

maillechort [majʃɔr] 男 洋銀【銅・亜鉛・ニッケルの合金】

mailler [maje] 他 (網などを)編む; 〔海〕シャックルでつなぐ ── 自 (網が)魚をとらえる; 斑紋が出る; 花芽が出る ── 代動 ▶ *se mailler de rire* 笑いころげる

maillet [majɛ] 男 木槌(ぢ); (クリケット・ポロの)マレット, 打球槌

mailleton [majtɔ̃] 男 ①〔農〕(ブドウの木を結ぶ)縄 ②挿し木; 芽

mailloche [majɔʃ] 囡 大槌(ぢ); (大太鼓の)ばち

maillon [majɔ̃] 男 鎖の環; 〔海〕一鎖【錨の長さの単位; 30メートル】

***maillot** [majo マイヨ] 男 ①(英 undershirt) (体にぴったりした)シャツ, タイ

ツ; ジャージー, ユニフォーム; 水着 ►*maillot de bain* 水着 *maillot de corps* アンダーシャツ *maillot jaune* マイヨ・ジョーヌ【ツール・ド・フランスでトップに立っている選手が着る黄色いシャツ】② 〔古〕産着, むつき

main [mɛ̃ マン] 囡 (英 hand) 手; 手助け, 援助; 手中, 所有者; 支配力; (トランプの)手札, 親; (絵や音楽などの)技量, 手法; 腕前; [印] 紙1帖 [25枚]; [サッカー] ハンド; パスワーン ►*à la main* 手に[で] *à main armée* 武装して *à pleines mains* 手一杯に, 大量に; しっかりと *à quatre mains* [楽] 連弾で [の] *avoir... en main* を掌握している *avoir la main leste* けんかっ早い *avoir un poil dans la main* (話)あきれるほど怠け者である *de main de maître* 見事な腕前で *de première main* 仲介なしに[の] *demander la main de ...* (女性に)結婚を申し込む *donner la main à* (人)に手を貸す *en mettre la [sa] main au feu* [多く条件法で]断言する, 確信している *en sous main* こっそりと *en venir aux mains* 取っ組み合いになる *envoyer la main* 《カナダ》手で合図する *être entre les mains de* (人)の手中にある, (人)に委ねられている *faire main basse sur* ...を奪う *forcer la main à* (人)に無理やり言うことをきかせる *haut la main* 楽々と *Haut les mains!/ Les mains en l'air!* 手を上げろ! *la main dans la main* 手に手を取って; 提携して *les mains vides* 手ぶらで *main courante* (階段などの)手すり *mettre la dernière main à* ...を仕上げる *mettre la main à la pâte* (自ら作業して)仕事を進める *ne pas y aller de main morte* 手加減せず攻撃する; やりすぎる *passer la main* 権力の座を退く;[トランプ]手をおりる *perdre la main* 腕が落ちる *petite main* お針子見習い *prendre... en main* ...を引き受ける *remettre... en main(s) propre(s)* ...を本人の手に渡す *se frotter les mains* 両手を揉み手をする; 非常に満足している *se laver les mains* 手を洗う *se laver les mains de* ...から手をひく *serrer la main à* (人)と握手をする *sous la main* 手もとに

mainate [menat] 男 [鳥] キュウカンチョウ(九官鳥)

*main-d'œuvre** [mɛ̃dœvr マンドゥーヴル] 囡 (複 ~s~) (英 labor) 労力, 人手; 《集合的》労働者, 労働力 ►*main-d'œuvre immigrée* [la ~] 外国人労働者

Maine [mɛn] ① [le ~] メーヌ川 ② [フランス北西部; 1790年に現在の Mayenne 県と Sarthe 県とになる]

Maine-et-Loire [mɛnelwar] 男

メーヌ・エ・ロワール県【フランス西部】

main-forte [mɛ̃fɔrt] 囡[常に無冠詞]援助; (官憲への)協力 ►*prêter main-forte à* (人)に力を貸す

mainlevée [mɛ̃lve] 囡 〔法〕(差し押え・抵抗権の)解除; (異議申立ての)撤回

mainmise [mɛ̃miz] 囡 掌握, 征服; 独占的支配

mainmorte [mɛ̃mɔrt] 囡 〔史・法〕死手議渡 ►*biens de mainmorte* 譲渡不能財産; 永代財産

maint(e) [mɛ̃, -ɛ̃t] 形 《文》多くの ►*à maintes reprises* 何度も, 繰り返して *maintes fois* しばしば

mainten... ⇨ maintenir

maintenance [mɛ̃tnɑ̃s] 囡 (機械・設備の)保守, メンテナンス; [軍] (人員・物資の)補給

*maintenant**[1] [mɛ̃tnɑ̃ マントナン] 副 (英 now) 今, 今では; さあ, それでは; 今から, 今後 [①文頭で商を受けて]ところで; しかし, でも ►*de maintenant* 今どきの, 現代の

maintenant[2] [mɛ̃tnɑ̃] maintenir の現在分詞

*maintenir** [mɛ̃tnir マントニール] 他 75 (英 maintain, keep) 支える, 押さえる; 維持する, 保つ; (自説を)曲げない ►*maintenir... en vie* (人)を生かしておく *maintenir que* ...であると言い張る ━ 代動 [se ~] 維持される; (悪くならない状態に)とどまる ►*Ça se maintient.* (話・あいさつなどで)変わりないですよ

maintien [mɛ̃tjɛ̃] 男 (英 maintenance) 維持, 保持; 据え置き; 様子, 態度 ►*assurer le maintien de l'ordre* 治安を維持する

maintien..., **mainti[i]n...** ⇨ maintenir

*maire** [mɛr メール] 男 (英 mayor) 市[町, 村]長;(パリなど大都市の)区長【女性の場合は Madame le ~】

mairesse [mɛrɛs] 囡 (女性の)市[町, 区, 村]長

*mairie** [meri メリ] 囡 (英 city hall) 市[区]役所, 町[村]役場; 市[区, 町, 村]の行政, 市[町, 村]長の職

*mais** [mɛ メ] 接 (英 but) しかし, しかしながら, けれども; (否定文の後で)…ではなくて…だ; (文頭で)だって, でも; ところで ►*non seulement ..., mais aussi [encore] ...* …だけでなく…
━ 副 (言葉を強調して)もちろん, まさに; 全然; (同じ言葉の反復で)いやはや, まったく; (驚き・いら立ち)一体, おいおい ►*Mais absolument! / Mais certainement! / Mais oui!* もちろんですとも *mais enfin* それでけっきょくは; ではいそうだが *Mais non!* もちろんそうじゃない; とんでもない *Mais si!* [否定疑問に対する肯定を認める]いいえ, そんなことはない *Non mais!* とんでもない; 何てことだ; まじかよ

maïs [mais] 男 (くさ) トウモロコシ

*maison [mezɔ̃ マゾン] 女 ①(英 house) 家, 家屋; 一家, 一族; 家柄; 公共の建物[施設], 会館, 病院, 商店, 商社; 会社; (古・集合的で) 奉公人, 召使 (= gens de ~) ▶**à la maison** 家に **maison close, maison de passe** 売春宿 **maison d'arrêt** 留置所 **maison de campagne** 別荘 **maison de disques** レコード会社 **maison de jeux** 賭博場 **maison de quartier** 地域センター **maison de la culture** 文化会館 **maison de rendez-vous** 連れ込み宿 **maison de retraite** 老人ホーム **maison d'édition** 出版社 **maison individuelle** 一戸建ての家 **maison mère** 本家 ── 形 《不変》 自家製の, その店特製の; (組織などに)独特の; 《話》見事な

Maison-Blanche [mezɔ̃blɑ̃ʃ] 女 《la ~》ホワイトハウス

maisonnée [mezɔne] 女 (同居の)家族全員

maisonnerie [mezɔnri] 女 ホームセンター, 日曜大工用品店

maisonnette [mezɔnɛt] 女 小さな家

*maître(sse) [mɛtr, -trɛs メートル(レス)] 名 (英 master) 主人, 支配者; 所有者, 持ち主, 飼い主; (学校や習い事の)先生, 教師 ▶**être maître de soi** 自制を保つ; 誰にも制約されない **maître auxiliaire** 補助教員 **maître de conférences** 助教授 **maître d'école, maître de maison** その家の主人 **maître d'école** 小学校の先生 **maître d'hôtel** (レストランの)給仕頭, ボーイ長 **se rendre maître de** ～を制する ② [男性形のみ] 師, 名人, 巨匠; (役職者などの)長, 主任; 師匠; (弁護士などの敬称); 先生 [略 Mᵉ]; [軍] 一等兵曹 **maître à penser** 手本とすべき思想家 **maître d'œuvre** (知的作業の)リーダー; [建] 設計管理者 **maître nageur** 水泳の先生 [コーチ] **passer maître dans l'art de** …の名人となる
── 女 愛人, 情婦;《古》恋人
── 形 名人にふさわしい; 名人級の, 優れた, 最も重要な ▶**idée maîtresse** 中心となる思想 **œuvre maîtresse** 代表作

maître-autel [mɛtrotɛl] 男 《複 ~s-~s》(教会の)主祭壇

maître chanteur [mɛtrəʃɑ̃tœr] 名 ゆすり屋

maître-chien [mɛtrəʃjɛ̃] 男《複 ~s-~s》(警察犬などの)犬担当官; 犬の訓練士

*maîtresse [mɛtrɛs メートレス] 女 **maître** の女性形

maîtrisable [metrizabl] 形 抑えられる, 制御可能な

maîtrise [metriz] 女 ①抑制; 支配; 制御; 自在に操ること, 見事な腕前 ▶**maîtrise de soi** 自制心 ②修士号; 教職 ③(同業組合の)親方(の身分) ④(教会の)聖歌隊; 聖歌隊員の養成所

*maîtriser [metrize メトリゼ] 他 抑制する, 制する; 支配する; 克服する, 自在に使いこなす; (事態を)掌握する
〔代動〕[**se ~**] 自制する, 冷静さを保つ

maïzena [maizena] 女 コーンスターチ

majesté [maʒɛste] 女 ①威厳, 尊厳; 壮麗さ, 崇高さ ②《世襲制君主の尊称》陛下 ▶**Sa Majesté le roi** 国王陛下

majestueusement [maʒɛstɥøzmɑ̃] 副 おごそかに, 壮麗に

majestueux(se) [maʒɛstɥø, -øz] 形 威厳のある, 壮大な

*majeur(e) [maʒœr マジュール] 形 ①(英 major) より大きい[多い]; 極めて重大な, 主要な ②成年に達した;《話》一人前の ③《楽》長調の ── 名 成年者, 成人 ── 男 ①中指(= médius) ②《楽》長調 ③【論】大前提(= prémisse ~e)

major [maʒɔr] 男 ①(グランドゼコールの)首席入学者 ②【軍】(20世紀初頭までの)軍医(= médecin ~); (1975年まで)高級将校; (1975年以降)准尉 ③ メジャー, トップ企業

majoration [maʒɔrasjɔ̃] 女 値上がり, 値上げ; 過大評価

majordome [maʒɔrdɔm] 男 家令; 給仕頭

majorer [maʒɔre] 他 値上げ[増額]する; 過大評価する

majorette [maʒɔrɛt] 女 バトンガール

majoritaire [maʒɔritɛr] 形 多数派の, 与党の; 多数決による; (…で)多数を占めている《dans》── 名 多数派に属する者

majoritairement [maʒɔritɛrmɑ̃] 副 主に, 多くが

*majorité [maʒɔrite マジョリテ] 女 ①(英 majority) (投票による)多数, 過半数; 多数派, 与党; 大多数, 大部分 ▶**dans la majorité de cas** 多くの場合は **en (grande) majorité** 大多数は **la majorité et l'opposition** 与党と野党 **majorité absolue (relative)** 絶対[相対]多数 ②成年【フランスでは18歳】▶**majorité civile** 民法上の成年

Majorque [maʒɔrk] 女 マジョルカ島【地中海に浮かぶスペイン領の島】

majorquin(e) [maʒɔrkɛ̃, -in] 形 名 《M-》マジョルカ島の(人)

majuscule [maʒyskyl] 形 大文字の ▶**A majuscule** 大文字のA ── 女 大文字

maki¹ [maki] 男 《くマダガスカル》【動】キツネザル

maki² [maki] 男 《く日》巻き寿司

*mal [mal マル] 男 (複 maux[mo]) ① (英 evil) 悪, 不善; 罪, 悪事; 害; 不幸, 災い; 痛み, 苦しみ, 病気; 困難, 苦労 ▶avoir le mal de mer [de l'air, des transports] 船[飛行機, 乗り物]酔いする avoir mal du pays ホームシックになる avoir mal à... が痛い avoir mal au cœur 胸がむかむかする De deux maux il faut choisir moindre. (ことわざ) 災いが2つなら小さい方を選べ dire du mal de ... の悪口を言う être en mal de ... が足りなくて困っている faire (du) mal à (人)に痛みを与える; (人)の心を傷つける se donner du mal de chien 大変な苦労をする se faire mal けがをする vouloir du mal à (人)の不幸を願う
— 副 (英 badly, wrongly) 悪く, 不十分に; へたに, まずく; 不公正に, 不親切に; 悪意をもって ▶aller mal 体調が悪い; うまく行かない Ça va mal! (話) これは使える, 効く de mal en pis ますます悪く être au plus mal (病人が)重体である; (仲が)非常に悪い être mal reçu 冷遇される mal à propos 都合の悪いときに mal en point 調子が悪い mal prendre ... (人の言葉など)を悪くとる mal tourner 悪化する pas mal [ne を伴って] なかなかいい; [ne なしで] かなり pas mal de ... かなりたくさんの… se sentir mal 気分が悪い
— 形 (不変) ▶Il est [C'est] mal de ... するのはよくない

malabar [malabar] 形 (俗) がっしりした(人), でっかい(人)

malachite [malakit] 女 〖鉱〗 孔雀(くじゃく)石

malacologie [malakɔlɔʒi] 女 軟体動物学

*malade [malad マラド] 形 (英 ill, sick) 病気の; 気分が悪い; (精神的に)参った, おかしくなった; (産業などが)不振の; (話)(物が)ぼろぼろの; (食べ物が)傷んだ ▶être malade d'inquiétude 心配でたまらない être malade du cœur [des reins] 心臓[腎臓]が悪い tomber malade 病気になる — 名 病人, 患者 ▶comme un malade 狂ったように malade mental 精神病患者

*maladie [maladi マラディ] 女 (英 illness, disease) 病気, 疾患; …病; (社会の)病; 病癖, マニア ▶En faire une maladie (話) ...で苦しそう maladie de la vache folle 狂牛病 maladie sexuellement transmissible 性感染症 [略 MST]

maladif(ve) [maladif, iv] 形 病弱な, 病気がちな; 病的な, 異常な

maladivement [maladivmɑ̃] 副 病的に

maladresse [maladrɛs] 女 ぎこちなさ, 不手際; へま

*maladroit(e) [maladrwa, -at マラドロワ(ト)] 形 (英 clumsy) 下手な; 不器用な, ぎこちない; 軽率な — 名 不器用な人; 粗忽(そこつ)者

maladroitement [maladrwatmɑ̃] 副 ぎこちなく; 粗忽(そこつ)に

Malaga [malaga] マラガ 〖スペイン南部の都市〗

malaga [malaga] 男 ①マラガ酒 〖甘味の強い白ワイン〗 ②マラガ産干しブドウ

mal-aimé(e) [maleme] 形 (複 ~(-)~s) 愛されていない(人), 人気ない(人)

malaire [malɛr] 形 〖解〗 頬の

malais(e) [malɛ, -ɛz] 形 マレーシアの — 名 [M-] マレー人 — 男 マレー語 ▶presqu'île Malaise [la ~] マレー半島

malaise [malɛz] 男 体の不調, 気分の悪さ; 不快感, 居心地の悪さ; (社会的)不安, 不満 ▶avoir un malaise 気分が悪くなる malaise cardiaque 軽い心臓発作

malaisé(e) [maleze] 形 (文) 困難な; (...するのが)難しい 〈de〉

malaisément [malezemɑ̃] 副 やっとの思いで, かろうじて

Malaisie [malɛzi] 女 マレーシア

malandrin [malɑ̃drɛ̃] 男 (文) 盗賊

malappris(e) [malapri, -iz] 形名 (古) 育ちの悪い(人), 無作法な人

malaria [malarja] 女 〖医〗 マラリア(熱)

malariologie [malarjɔlɔʒi] 女 マラリア研究

malavisé(e) [malavize] 形名 (文) 分別のない(人), 浅はかな(人)

Malawi [malawi] 男 マラウイ 〖アフリカ南東部の内陸国〗

malaxage [malaksaʒ] 男 捏(つ)ねること

malaxer [malakse] 他 練る, 捏(つ)ねる; 揉む

malaxeur [malaksœr] 男 練り機

malayalam [malajalam] 男 マラヤーラム語 〖インド南部ケララ州を中心とした言語〗

malayo-polynésien(ne) [malejopolinezjɛ̃, -ɛn] 形 ▶langues malayo-polynésiennes 〖言〗 マレー・ポリネシア語派

mal-baisé(e) [malbeze] 名 (話) セックスに不満のある人

malbouffe [malbuf] 女 (話) 健康によくない食品[食事]

malchance [malʃɑ̃s] 女 不運, 不幸 ▶jouer de malchance ついていない par malchance 不運にも

malchanceux(se) [malʃɑ̃sø, -øz] 形名 不幸な人, 運の悪い(人)

malcommode [malkɔmɔd] 形 ①不便な, 実用的でない ②(話・カナダ)(子供が)騒がしい

Maldives [maldiv] 女 (複) [les ~] モルディブ【インド洋北部の島々からなる共和国】

maldonne [maldɔn] 女 〔トランプ〕カードの配り違い; (話) 間違い, 誤解

***mâle** [mɑl マール] 男 (pl male) 形 1) (話・軽蔑的) 絶倫の男 ⊕ ①(男)の, 雄の; 雄々しい, 力強い ② (ねじが) 雄の; (部品の) 差込み用の

malédiction [malediksjɔ̃] 女 (文) 呪いの言葉); 不運[不幸]; [間投詞的に] (古) 畜生!

maléfice [malefis] 男 (災いを呼ぶ) 呪文, まじない

maléfique [malefik] 形 (文) 不吉な

malencontreusement [malɑ̃kɔ̃tʁøzmɑ̃] 副 折悪しく, あいにく

malencontreux(se) [malɑ̃kɔ̃tʁø, -øz] 形 不運の, 不適な

malentendant(e) [malɑ̃tɑ̃dɑ̃, -ɑ̃t] 形 名 耳の不自由な人

malentendu [malɑ̃tɑ̃dy] 男 誤解; (感情などの) 行き違い

mal-être [malɛtʁ] 男 (不変) 不満な状態

malfaçon [malfasɔ̃] 女 不手際, 欠陥

malfaisance [malfəzɑ̃s] 女 (思想などの) 悪影響; 悪意

malfaisant(e) [malfəzɑ̃, -ɑ̃t] 形 有害な, 悪意のある

malfaiteur [malfɛtœʁ] 男 犯罪者, 悪人; ギャング

malfamé(e) [malfame] 形 評判の悪い, あやしげな ► *quartier malfamé* いかがわしい界隈

malformation [malfɔʁmasjɔ̃] 女 奇形

malfrat [malfʁa] 男 (文) 悪党, ごろつき

malgache [malgaʃ] 形 マダガスカルの — 名 [M-] マダガスカル人 — 男 マダガスカル語

malgracieux(se) [malgʁasjø, -øz] 形 ぶさいく, 品のない

***malgré** [malgʁe マルグレ] 前 …にもかかわらず, …を無視して; …の意に逆らって ► *malgré soi* 不本意に; つい, 我知らず ► *malgré tout* 是非とも, いずれにしても

malhabile [malabil] 形 下手な, 不器用な

***malheur** [malœʁ マルール] 男 (英 misfortune) 不幸, 災難; 困ったこと; 不運, 逆境 ► *À quelque chose malheur est bon*. (ことわざ) 不幸の中にもよいことはある ► *avoir le malheur de ...* 運悪く…する *de malheur* 不吉な, いやな ► *faire un malheur* 不祥事を起こす; (芝居などが) 大当たりする *le malheur a voulu que ...* 運悪く…だった *Malheur à ...!* (人に) 災いあれ! *par malheur* 不幸にして *porter malheur à* (人に) 不幸をもたらす *si par malheur* 万が一 *Un malheur est si vite arrivé*. (ことわざ) 災難はいつ起きても不思議ではない

***malheureusement** [malœʁøzmɑ̃ マルルズマン] (英 unfortunately) 運悪く, 残念にも, あいにく

***malheureux(se)** [malœʁø, -øz マルルー (-ズ)] 形 ① (英 unfortunate, unhappy) 不幸な, 気の毒な, 哀れな; 悲しい, 苦しい; 不吉な, 不運な; (行為・言葉が) まずい, 失敗した ► *mot malheureux* 不用意な言葉 ② [名詞の前で] 価値のない, つまらない, ささいな —名 不幸な [貧しい] 人, ろくでなし

malhonnête [malɔnɛt] 形 不正直な, 誠実さを欠く; 恥知らずな; (古) 礼儀知らずの

malhonnêtement [malɔnɛtmɑ̃] 副 不正直に; 破廉恥に; (古) 無作法に

malhonnêteté [malɔnɛtte] 女 不正直, 破廉恥; (古) 無作法

Mali [mali] 男 マリ【アフリカ西部の共和国】

malice [malis] 女 茶目っ気, からかい; (古) 悪意 ► *sans malice* 悪意のない, 純朴な

malicieusement [malisjøzmɑ̃] 副 いたずらっぽく

malicieux(se) [malisjø, -øz] 形 茶目っ気のある, からかい好きの; 皮肉の効いた

malien(ne) [maljɛ̃, -ɛn マリヤン(エヌ)] 形 マリ (Mali) の — 名 [M-] マリ人の

maligne [maliɲ] 形 malin の女性形

malignement [maliɲmɑ̃] 副 ① いたずらっぽく ② (古) 悪意をもって

malignité [maliɲite] 女 悪意, 陰険さ; [医] (腫瘍などの) 悪性

***malin(gne)** [malɛ̃, -iɲ マラン(リーニュ)] 形 [くだけた語法では女性形に maline も用いる] ① (英 smart) 利口な, 抜け目のない; いたずら好きの; (反語的) 間抜けな ► *Ce n'est pas malin!* お安い用だ *C'est malin!* なんてばかなんだ *être malin comme un singe* 非常に悪賢い ② 悪意のある, 陰険な; 有害な, たちの悪い ► *prendre un malin plaisir à ～* することに意地の悪い喜びを覚える —名 抜け目のない人, 食えないやつ; (反語的) 愚か者 ► *faire le malin* 利口ぶる

malingre [malɛ̃gʁ] 形 虚弱な

malintentionné(e) [malɛ̃tɑ̃sjɔne] 形 名 悪意のある(人)

malique [malik] 形 ► *acide malique* [化] リンゴ酸

Mallarmé [malaʁme] (Stéphane～) マラルメ [1842–98; 詩人]

***malle** [mal マル] 女 ① 大型トランク; (古) (自動車の) トランク ► *se faire la malle* (話) 逃げる

malléabilité [maleabilite] 女 (金属の) 可鍛性, 展性

malléable [maleabl] 形 従順な, 影

malléolaire [maleɔlɛr] 形 [解] 踝(くるぶし)の

malléole [maleɔl] 囡 [解] 踝(くるぶし)

malle-poste [malpɔst] 囡 (複 ~s-~)〔古〕郵便馬車

malletier [mal(ə)tje] 男 トランク製造業者

mallette [malɛt] 囡 小型スーツケース, アタッシェケース

mal-logé(e) [malloʒe] 名 住宅〔住環境の悪い人

malmener [malməne] 他 ひどい目にあわせる, 虐待する; 酷評する;(相手を)やっつける

malnutrition [malnytrisjɔ̃] 囡 栄養失調[不良]

malodorant(e) [malɔdɔrɑ̃, -ɑ̃t] 形 悪臭を放つ

malotru(e) [malɔtry] 形名 無作法な(人), 粗野な(人)

malouin(e) [malwɛ̃, -in] 形 サン・マロ (Saint-Malo) の —— 男 [M-] サン・マロの人

Malouines [malwin] [les (îles) ~] フォークランド諸島

malpighie [malpigi] 囡 [植] キントラノオ(金虎尾)

malpoli(e) [malpɔli] 形名〔話〕無礼な(人)

malpropre [malprɔpr] 形 汚い, 不潔な; 恥知らずの, 汚らわしい —— 名 汚い人

malproprement [malprɔprəmɑ̃] 副 汚らしく; 下品に

malpropreté [malprɔprəte] 囡 汚さ; 卑猥(ひわい)さ, 下品さ; 不正行為

Malraux [malro] (André~) マルロー【1901-76; 小説家・批評家】

malsain(e) [malsɛ̃, -ɛn] 形 体に悪い, 不健康な; 退廃的な, 不健全な; 物騒な

malséant(e) [malseɑ̃, -ɑ̃t] 形〔文〕不作法な, 見当違いの

malsonnant(e) [malsɔnɑ̃, -ɑ̃t] 形 (言葉などが)耳障りな, 下品な

malstrom [malstrɔm] 男 = ma(e)lstrom, maelström

malt [malt] 男〈英〉(ビール醸造用の)麦芽, モルト

maltais(e) [maltɛ, -ɛz] 形名 [M-] マルタ(島)の —— 男 マルタ語; マルタチーズ【犬】—— 囡 マルタ産オレンジ

Malte [malt] 囡 マルタ(島)【地中海中央にある小さな島で共和国】

malté(e) [malte] 形 麦芽[モルト]にした, 炒った麦芽を入れた

malter [malte] 他 モルトにする

malterie [malt(ə)ri] 囡 麦芽製造工場

Malthus [maltys] (Thomas Robert ~) マルサス【1766-1834; 産児制限を説いたイギリスの経済学者】

malthusianisme [maltyzjanism] 男 マルサスの学説[人口論]; 産児制限

malthusien(ne) [maltyzjɛ̃, -ɛn] 形名 マルサス主義の(人)

maltraitance [maltrɛtɑ̃s] 囡 虐待

maltraiter [maltrete] 他 虐待する, いじめる; こきおろす

malus [malys] 男 (事故を起こしたドライバーの)保険料割増

malvacées [malvase] 囡(複)[植] アオイ科

malveillance [malvɛjɑ̃s] 囡 悪意, 敵意; 犯意

malveillant(e) [malvɛjɑ̃, -ɑ̃t] 形名 悪意[敵意]を抱いた(人)

malvenu(e) [malvəny] 形〔文〕(…する)資格を[権利]がない (de, à); 場違いの; 発育不全の

malversation [malvɛrsasjɔ̃] 囡 公金横領, 汚職

malvoisie [malvwazi] 男 マルヴォワジー【ギリシア産甘口ワイン】

malvoyant(e) [malvwajɑ̃, -ɑ̃t] 形名 視力の弱い(人); 弱視の(人)

***maman** [mamɑ̃] 囡 ママ〈英 mom〉ママ, お母さん; [la ~] 母親

mamelle [mamɛl] 囡 (哺乳動物の)乳房;〔古〕(女性の)乳房

mamelon [mam(ə)lɔ̃] 男 乳首, 乳頭; 円形突起; 円い丘

mamelonné(e) [mam(ə)lɔne] 形 乳頭状の突起で覆われた; 起伏に富んだ

mamelouk(e) [mamluk] 名 [史] マムルーク騎兵【イスラムの奴隷身分出身の軍人】

mamelu(e) [mamly] 形〔軽蔑的〕(女性の)胸の大きい

mamie[1] [mami] 囡 〈英〉〔話・幼児〕おばあちゃん

m'amie, mamie[2] [mami] 囡〔古・話〕私のいとしい女(ひと)【< mon amie】

mammaire [mamɛr] 形 [解] 乳房の

mammalien(ne) [mamaljɛ̃, -ɛn] 形 哺乳動物の

mammalogie [mamalɔʒi] 囡 哺乳類学

mammectomie [mamɛktɔmi] 囡 [解] 乳房切除術

mammifère [mamifɛr] 男 哺乳動物;(複)哺乳類 —— 形 乳房のある; 哺乳類の

mammite [mamit] 囡 [医] 乳腺炎

mammographie [mamɔgrafi] 囡 (X線による)乳房造影法

mammouth [mamut] 男 〈ロシア〉マンモス, 巨象; 巨大組織;[形容詞的に] 巨大な

mamours [mamur] 男(複)〔話〕愛情表現; 愛撫, かわいがること

mam'selle, mam'zelle [mamzɛl] 囡〔話〕= mademoiselle

management [manaʒmɛnt, managmɑ̃] 男〈英〉マネージメント, 管理・経営;(集合的)経営陣

manager¹ [manadʒer] 男 (＜英) = manageur

manager² [mana(d)ʒe] 他 40 (＜英) 管理運営する; 経営する; (スポーツ選手の)コーチ[マネージ]をする

manageu(se) [manadʒœr, -øz] 名 マネージャー, 支配人; 経営者

manant [manɑ̃] 男 ①(中世の)平民 ②(古・軽蔑的)百姓

manceau(elle) [mɑ̃so, -εl] 形 (男複 -eaux) ル・マン (Le Mans) の; メヌ地方の ―名 [M-] ル・マン[メヌ地方]の人

mancenille [mɑ̃s(ə)nij] 女 〔植〕マンチニールの実

mancenillier [mɑ̃sənije, mɑ̃sənilje] 男 〔植〕マンチニール【熱帯アメリカ産の有毒樹】

Manche [mɑ̃ʃ] 女 ①[la～]イギリス海峡, 英仏海峡 ②マンシュ県【フランス北西部】③(スペインのカスティーリャ・ラ・マンチャ州は = Castilla-La M-)

***manche¹** [mɑ̃ʃ マンシュ] 女 ①(英 sleeve) 袖 ▶**en manches de chemise**(上着を脱いで)ワイシャツ姿で **faire la manche** (話) (大道芸人などが)お金を集める **manches courtes [longues]** 半袖[長袖] **manches raglan** ラグラン袖 **sans manches** ノースリーブの ②管, 筒, ホース ③(ゲーム・競技の)回戦, セット

manche² [mɑ̃ʃ] 男 ①(英 handle) (道具の)柄(ぇ), 取っ手; (弦楽器の)棹(さぉ), ネック ▶**manche à balai** (話) (飛行機の)操縦桿(かん) ②〔料〕羊のもも肉の骨 ③〔料〕役立たず; (ゲーム・競技の)回戦, セット ▶**manche à gigot** 〔料〕もも肉の骨をはさむ器具

mancheron [mɑ̃ʃrɔ̃] 男 ①(犂(すき)の)柄(ぇ), 握り ②短い袖; 袖の付け根

manchette [mɑ̃ʃεt] 女 ①〔服〕袖口, カフス; (事務用の)袖カバー; (新聞の)大見出し ②〔プロレス〕空手チョップ ▶**coup de manchette** 〔フェンシング〕剣を持つ手首への突き

manchon [mɑ̃ʃɔ̃] 男 ①〔服〕マフ【筒型の防寒具で両側から手を入れる】②円筒形のもの; 〔部品〕スリーブ ▶**manchon à incandescence** ガスマントル【炎の輝きを増すための特殊な筒型カバー】

manchot(e) [mɑ̃ʃo, -ɔt] 形 ① 片腕のない(人) ②(話)不器用な(人) ―男 〔鳥〕ペンギン

-mancie [接尾] (＜ギ)「占い」の意

mandala [mɑ̃dala] 男 (＜サンスクリット) 曼荼羅(まんだら)

mandale [mɑ̃dal] 女 (俗) 平手打ち

mandant(e) [mɑ̃dɑ̃, -ɑ̃t] 名 〔法〕委任者; 委託者

mandarin [mɑ̃darɛ̃] 男 (＜ポルトガル) ①(昔の) マンダリン【中国清朝末の高等官吏】; (軽蔑的) インテリ, エリート ②北京語, 官話

mandarinal(ale) [mɑ̃darinal] 形 (男複 -aux[-o]) 高級官僚の, 特権階級の

mandarinat [mɑ̃darina] 男 (昔の中国の)高級官僚(職); (軽蔑的)知識階級, エリート

mandarine [mɑ̃darin] 女 マンダリン, みかん ―形 (不変) オレンジ色の

mandarinier [mɑ̃darinje] 男 〔植〕マンダリンの木

***mandat** [mɑ̃da マンダ] 男 ①為替 ▶**mandat postal** 郵便為替 ②委任, 委託; 任された任務; (議員の)権限, 職務; 任期 ▶**durée du mandat présidentiel** 大統領の任期 ③〔法〕令状 ▶**mandat d'amener** 勾引状 **mandat d'arrêt** 逮捕状 **mandat de perquisition** 捜索令状

mandataire [mɑ̃datεr] 名 受託[受任]者; 代理人

mandat-carte [mɑ̃dakart] 男 (複 ～s-～s) 為替葉書

mandatement [mɑ̃datmɑ̃] 男 為替の支払い; 〔法〕支払い指図

mandater [mɑ̃date] 他 ①(人に)委任[委託]する; (人を)代理[代表]に選ぶ ②為替で支払う; (支払金額を)為替に記入する

mandat-lettre [mɑ̃datlεtr] 男 (複 ～s-～s) 封緘(ふうかん)郵便為替

mandature [mɑ̃datyr] 女 当選した政治家の任期

mandchou(e) [mɑ̃tʃu] 形 満州の ―名 [M-] 満州人 ―男 満州語

Mandchourie [mɑ̃t(d)ʃuri] 女 満州

mandement [mɑ̃dmɑ̃] 男 〔カト〕(司教が信者にあてた)教書

mander [mɑ̃de] 他 (文) 召喚する; (手紙で)通知する

mandibulaire [mɑ̃dibylεr] 形 下あごの

mandibule [mɑ̃dibyl] 女 ①〔解〕下あご; (複)(話) あご ②くちばし; (昆虫の)助(あご)

mandoline [mɑ̃dɔlin] 女 ①〔楽〕マンドリン ②(野菜用の)スライサー

mandoliniste [mɑ̃dɔlinist] 名 マンドリン奏者

mandore [mɑ̃dɔr] 女 〔楽〕マンドラ【楽器】

mandorle [mɑ̃dɔrl] 女 (キリスト教聖画における楕円形の)光背, マンドルラ

mandragore [mɑ̃dragɔr] 女 〔植〕マンドレイク, マンドラゴラ(の根)

mandrill [mɑ̃dril] 男 〔動〕マンドリル

mandrin [mɑ̃drɛ̃] 男 〔機〕チャック【工作物を押さえる装置】; (旋盤の)心棒; 穿孔機

manducation [mɑ̃dykasjɔ̃] 女 〔生理〕食べること, 咀嚼(そしゃく)

-mane [接尾] (＜ギ)「…狂(の)」「…中毒の」の意

manécanterie [manekɑ̃tri] 女 聖歌隊員養成所

manège [manεʒ] 男 ①馬場, 調馬

mânes [mɑn] 男(複)(古代ローマの)死者の霊

manette [manɛt] 女 (機)レバー、ハンドル ▸**à fond les manettes!** (話)全速力で

manga [mɑ̃ga] 男 (<日)漫画

manganèse [mɑ̃ganɛz] 男 (化)マンガン

mangeable [mɑ̃ʒabl] 形 食用になる、何とか食べられる

mangeaille [mɑ̃ʒɑj] 女 (話)(量ばかり多くて)まずい食物；(古)飼料

mangeoire [mɑ̃ʒwar] 女 (家畜の)飼葉桶；(家禽用)えさ箱

*__manger__ [mɑ̃ʒe マンジェ] 他 40 ①(<eat)食べる；(スープなどを)飲む；[目的語なしで]食事をする ▸**avoir mangé du lion** (話)いつになく元気いっぱい ▸**manger à tous les râteliers** (話)儲かる話ならどれでもやる ▸**manger au lance-pierres** (話)早食いする ▸**manger dans la main de ...** (話)…の言いなりになる ▸**manger de la vache enragée** (話)ひどく貧しい ▸**manger la soupe sur la tête de ...** …より背が高い ▸**On mange bien [mal] ici.** ここの食事はおいしい[まずい] ②(虫が)食う；(錆が)腐食させる；蝕む、苛(さいな)む；消費[消耗]する；(燃料などを)食う、覆い隠す、見えなくさせる ▸**manger les mots** もぐもぐ言う ── 代動 [se ~] ①食べられる ▸**Cela se mange très chaud.** これは充分に温めて食べます ②食い合う ── 男 食事、食べ物

mange-tout [mɑ̃ʒtu] 男(不変)さやごと食べる豆；サヤインゲン、サヤエンドウ ── 形(不変)さやごと食べる ▸**haricots mange-tout** サヤインゲン

mangeur(se) [mɑ̃ʒœr, -øz] 名 (de)を食べる人；浪費家；濫費家

manglier [mɑ̃glije] 男 (植)マングローブ

mangoustan [mɑ̃gustɑ̃] 男 マンゴスチン(の木または実)

mangoustanier [mɑ̃gustanje], **mangoustier** [mɑ̃gustje] 男 マンゴスチンの木

mangouste¹ [mɑ̃gust] 女 (動)マングース

mangouste² [mɑ̃gust] 女 マンゴスチンの実

mangrove [mɑ̃grɔv] 女 (地理)マングローブの森林

mangue [mɑ̃g] 女 マンゴーの実

manguier [mɑ̃gje] 男 (植)マンゴー

maniabilité [manjabilite] 女 (道具などの)取扱いやすさ；(性格の)従順さ

maniable [manjabl] 形 扱いやすい、操作[操縦]しやすい；便利な；(人が)従順な

maniaco-dépressi[f(ve) [manjakodepresif, -iv] 形 躁鬱(そううつ)病の

*__maniaque__ [manjak マニヤク] 形 偏執的な、固定観念に捕われた；マニアックな；[医]躁病の ── 名 偏執狂；マニア、…狂

maniaquerie [manjakri] 女 偏執性、異常な熱中ぶり

manichéen(ne) [manikeɛ̃, -ɛn] 形 (宗)マニ教の、二元論の ── 名 マニ教徒、二元論者

manichéisme [manikeism] 男 マニ教；善悪二元論

*__manie__ [mani] 女 (英mania) 偏執、偏愛；癖；[医]躁病、妄想 ▸**avoir la manie de ...** の[…する]癖がある；…することに夢中である

maniement [manimɑ̃] 男 取り扱い、使い方；管理、運用

manier [manje マニエ] 他 (英handle)(道具・機械を)取扱う、操作[運転]する；(手で)こねる；(金を)取扱う、運用する；(事務作業などを)処理する；(言葉・論理を)使いこなす；(人を)操る、動かす ── 代動 [se ~] (簡単に)操作できる；[命令・不定形で]急ぐ

*__manière__ [manjɛr マニエール] 女 仕方、方法；流儀、様式；態度、物腰；行動；気取り；(芸術上の)手法、作風；(文法)様態 ▸**à la manière de** …のように；…風に ▸**sa manière** 自分なりのやり方で ▸**bonnes manières** 社交界の作法 ▸**C'est une manière de parler.** それは言葉のあやだ ▸**de cette manière** こんな風に ▸**de manière à ce que** + 接続法 …するように ▸**de quelle manière ...** どんな風に ▸**de telle manière que ...** [+ 直説法]…したために；[+ 接続法]…するように ▸**de toute manière** いずれにせよ ▸**d'une manière générale** 一般に ▸**d'une manière ou d'une autre** どうにかして；何としてでも ▸**faire des manières** 気取る ▸**la manière forte** 強硬手段 ▸**manière d'agir [de parler]** 行動様式[話し方] ▸**manière de voir (les choses)** ものの見方

maniéré(e) [manjere] 形 気取った、わざとらしい

maniérisme [manjerism] 男 気取った行動；(芸術上の)気取り、凝りすぎ；[美術史]マニエリスム

manieur(se) [manjœr, -øz] 名 取り扱う人、管理する人

manif [manif] 女 (話)= manifestation

*__manifestant(e)__ [manifɛstɑ̃, -ɑ̃t] 名 デモの参加者

*__manifestation__ [manifɛstasjɔ̃ マニフェスタスィヨン] 女 ①デモ、示威行動 ②行事、催し ③(感情・意志の)表明、表れ；(神の)顕現

*__manifeste¹__ [manifɛst マニフェスト] 形 明白な、目に見える

manifeste² [manifɛst] 男 ①宣言(書)、声明(書) ②(船の)積荷目録；(飛

行機の)フライト記録

manifestement [manifɛstəmɑ̃] 副 明らかに, 見るからに

manifester [manifɛste マニフェステ] 他 (英 show, demonstrate) 表明する, 明らかにする; (感情を)あらわにする — 自 デモをする — 代動 [se ~] 現れる, 明らかになる; 自己の存在[健在ぶり]を示す

manigance [manigɑ̃s] 女 (話) 小細工, (ちょっとした)悪巧み

manigancer [manigɑ̃se] 他 52 (話) (小細工を)する, たくらむ

manille¹ [manij] 女 マニラ【フィリピンの首都】 — 男 マニラ葉巻

manille² [manij] 女 マニラ【トランプ遊びの一種】

manille³ [manij] 女 (徒刑囚の鎖を繋いだ)環

manillon [manijɔ̃] 男 〔トランプ〕(マニラ遊びで)2番目に強い札【エース】

manioc [manjɔk] 男 〔植〕キャッサバ, マニオク【根からタピオカの原料が取れる】

manip [manip] 女 (略) manipulation (話)(学校での)化学・物理の実験

manipulable [manipylabl] 形 手で扱うことのできる; 操作可能な

manipulateur(trice) [manipylatœr, -tris] 名 (薬品・機器を)取り扱う人; 手品師 — 男 〔電〕電鍵(²ǀᵈ), 送信機

manipulation [manipylasjɔ̃ マニピュラシオン] 女 (薬品などの)取り扱い; 操作, 実験, 実習; 不正な工作(データの改竄(*ᵃⁿ)); 指先の手品; (脊椎矯正の)マッサージ ▶ *manipulations électorales* 選挙での不正工作 *manipulations génétiques* 遺伝子操作

manipule [manipyl] 男 ①〔カト〕腕帛(*ʰᵃ*)(ミサで司祭が左腕につける飾り帯)②(古代ローマの)旗

manipuler [manipyle マニピュレ] 他 手で扱う, 操作する; いじる; (手荷物や郵便を)取扱う, 運搬する; (人心・世論を)操る; (データを)改竄(*ᵃⁿ)する

manitou [manitu] 男 ①(話) 実力者, 大立て者(= grand ~) ②マニトウ【アメリカインディアンが信じる超自然的な力】

manivelle [manivɛl] 女 〔機〕クランク, クランクハンドル ▶ *premier tour de manivelle* 〔映〕クランクイン

manne¹ [man] 女 〔聖〕マナ【イスラエルの民に天から与えられたという食物】; 〈文〉天の賜物

manne² [man] 女 (柳の)大かご

mannequin¹ [mankɛ̃] 男 マネキン人形; 人体模型; ファッションモデル; (話)言いなりになる人

mannequin² [mankɛ̃] 男 (園芸用・果物運搬用の)かご

manœuvrabilité [manœvrabilite] 女 操縦できる(しやすい)こと

manœuvrable [manœvrabl] 形 操縦[操作]しやすい

manœuvre¹ [manœvr マヌーヴル] 女 (英 operation) (機器の)操作, (乗物などの)操縦, 運転; (複) 術策, 策略; (人の)小細工; 〔軍〕演習; 戦術的な移動; (複)(軍)大演習 ▶ *être en manœuvres* (軍) 大演習を行っている *fausse manœuvre* 操作ミス, へま *manœuvres électorales* 集票工作

manœuvre² [manœvr] 男 (英 unskilled laborer) 熟練を必要としない労務者

manœuvre-balai [manœvrabalɛ] 男 (複 ~s-~s) (駅の)雑役夫

manœuvrer [manœvre マヌーヴレ] 他 (機械などを)操作する, 取扱う; (乗物などを)操縦[運転]する; (人心・世論を)操る, 動かす — 自 (向きなどを変えるために)動かす; 〔軍〕演習を行う; 移動する; 画策する

manœuvrier(ère) [manœvrije, -ɛr] 形 (船や車の)操縦が巧みな; 操縦しやすい; (軍隊が)機動力のある — 名 (船や車を)巧みに操る人; 駆け引きのうまい人; 策士

manoir [manwar] 男 (中世の)館, (田舎の古い)屋敷

manomètre [manɔmɛtr] 男 〔物〕圧力計

manouche [manuʃ] 名 (話) ジプシー

manouvrier(ère) [manuvrije, -ɛr] 名 〈古・方〉日雇い人夫

manquant(e) [mɑ̃kɑ̃, -ɑ̃t] 形 欠けている; 欠席している; (金額などが)足りない — 名 欠席者 — 男 不足量[分]

manque [mɑ̃k マンク] 男 (英 lack of) 不足, 欠如; 欠乏, 欠陥, 欠点; (麻薬中毒患者の)禁断症状 ▶ *être en (état de) manque* 禁断症状に苦しんでいる *manque à gagner* 儲け損ない *manque de pot!* (話)ついてないな! *par manque de …* …がないので — 女 ▶ *à la manque* へぼな, できそこないの

manqué(e) [mɑ̃ke] 形 失敗した; 生きそこなった ▶ *garçon manqué* おてんば娘

manquement [mɑ̃kmɑ̃] 男 (法律・義務などに)背くこと; 違反 (*à*)

manquer [mɑ̃ke マンケ] 他 (乗物に)乗り遅れる; (人に)会い損なう; (機会を)逸する; 失敗する, しくじる ▶ *à ne pas manquer* 見逃せない, 必見の — 自 ①(英 be lacking, miss) 不足している, 欠けている; 欠席している ▶ *Je n'y manquerai pas.* 必ずそうします *manquer à* …をおろそかにする, …にそむく; (人に)淋しい思いをさせる; (文) …人に対して)礼儀を欠く; [+ 不定詞] …するのを怠る *manquer à sa parole* 約束を破る *manquer de …* [名詞とともに] …が足りない, …を欠いている; [不定詞とともに] すんでの所で… [否定形で] …することを忘れない *Ne manquez*

pas de lui dire. 彼(女)に必ず伝えてください **ne pas manquer d'air** 図々しい, あつかましい **Tu me manques.**（話）君がいなくて寂しい ►**Il me manque 20 euros.** あと20ユーロ足りない **Il ne manquait plus que ça.** こうなっては目も当てられない, 泣きっ面に蜂だ — 代動 **[se ~]** ① 互いに会い損なう ② 自殺し損なう

Mans [mɑ̃] 男 **[Le ~]** ル・マン【Sarthe の県庁所在地】

mansarde [mɑ̃sard] 女 屋根裏部屋;［建］マンサード屋根【途中で勾配が変わる屋根】

mansardé(e) [mɑ̃sarde] 形 (部屋の) ►**chambre mansardée** 屋根裏部屋

mansuétude [mɑ̃sɥetyd] 女《文》寛容, 親切

mante¹ [mɑ̃t] 女［虫］カマキリ; 男を食い殺しかねない女 (= ~ religieuse)

mante² [mɑ̃t] 男［魚］イトマキエイ

mante³ [mɑ̃t] 女《古》(袖なしの) 女性用マント

***manteau** [mɑ̃to] 男 (複 ~x) (英 coat) コート, オーバー; 覆い ►**manteau de cheminée** マントルピース

mantelet [mɑ̃tlɛ] 男 (女性用の) 短いケープ[マント]

mantille [mɑ̃tij] 女 (くス) マンティラ【スペインの女性がかぶるレースや絹の長いスカーフ】

manucure [manykyr] 名 マニキュア師 — 女 マニキュア

manucurer [manykyre] 他（話）(…に) マニキュアを施す

***manuel**¹**(le)** [manɥɛl マニュエル] 形 (英 manual) 手の; (仕事などが) 手[体]を使う; 手動の — 名 手仕事に向いた人, 肉体労働者

***manuel**² [manɥɛl マニュエル] 男 教科書, 手引き, マニュアル ►**manuel scolaire** 教科書

manuellement [manɥɛlmɑ̃] 副 手で, 手を使って

manufacture [manyfaktyr] 女 (工芸品などの) 製造所;《古》(手工業の) 工場

manufacturé(e) [manyfaktyre] 形 (工場で) 加工[製造]された

manufacturer [manyfaktyre] 他 (原料を) 加工する

manufacturier(ère) [manyfaktyrje, -ɛr] 形 加工業の; 工業[製造業] の; 工業地帯の — 名 工場主

manu militari [manymilitari] 副 (くラ) 武力で, 軍[警察] の力で

manuscrit(e) [manyskri, -it] 形 手書きの, 自筆の — 男 自筆原稿; 写本

manutention [manytɑ̃sjɔ̃] 女 商品[貨物]の取り扱い, 荷役; 管理; 荷物[貨物]取扱所, 倉庫

manutentionnaire [manytɑ̃sjɔner] 名 貨物取扱者, 発送係, 倉庫係

manutentionner [manytɑ̃sjɔne] 他 (商品・貨物を) 取り扱う

maoïsme [maɔism] 男 毛沢東主義

maoïste [maɔist] 形名 毛沢東主義(の人)

maori(e) [maɔri] 形 マオリ人の — 名 [M-] マオリ人【ニュージーランドの先住民】— 男 マオリ語

maous(se) [maus] 形（話）ばかでかい

mappemonde [mapmɔ̃d] 女 地球全図, 両半球図; 地球儀

maqué(e) [make] 形（俗）(…と) 同棲した (avec); 結婚した

maquer [make] 代動 **[se ~]**（俗）同棲する; 結婚する

maquereau¹ [makro] 男 (複 ~x) [魚] 鯖 (さば)

maquereau²**(relle)** [makro, -ɛl] 名（俗）売春宿の女将, 女衒 (ぜん); 売春婦のひも

maquette [makɛt] 女 模型, 下絵; [印] レイアウト, 組見本

maquetter [makete] 他 [印] (本などの) レイアウトを作る

maquettiste [maketist] 名 模型製作者; [印] レイアウトをする人

maquignon [makinɔ̃] 男 馬商人, 博労 (ばくろう); 悪辣な家畜商, 悪徳商人

maquignonnage [makinɔnaʒ] 男 馬の売買; (取引における) 不正手段

maquignonner [makinɔne] 他 (馬の欠点を隠して) 高く売りつける; あくどい取引をする

maquillage [makijaʒ] 男 メーキャップ, 化粧(品), 偽装[写]; 修整

***maquiller** [makije マキエ] 他 (英 make up) (人に) メーキャップ[化粧] を施す; 偽装[偽造] する, ごまかす — 代動 **[se ~]** メーキャップする, 化粧する

maquilleur(se) [makijœr, -øz] 名 メーキャップ師

maquis [maki] 男 ① (地中海沿岸, 特にコルシカ島の) 灌木地帯 ② マキ【第2次大戦中の抗独レジスタンス運動の隠れ家・拠点・組織をさす】►**prendre le maquis** (非合法活動的に) 地下に潜る ③（話）こんがらがった状況

maquisard [makizar] 男 抗独レジスタンスに参加した人

marabout [marabu] 男 ① イスラム教の道士[隠者]; 道士の墓 ② [鳥] ハゲコウ

maracas [marakas] 男 (複) [楽] マラカス

maraîcher(ère) [marɛʃe, -ɛr] 形 野菜栽培の — 名 野菜の栽培をする人

marais [marɛ] 男 ① 沼沢(地); (野菜栽培に適した) 低湿地 ② [le M-] パリのマレ地区【セーヌ右岸の由緒ある建物の多

marasme [marasm] 男 ①沈滞, 不振, 不況; (肉体の)衰弱; (子供の)栄養失調症 ②[植] ホウライタケ

marasque [marask] 女 マラスカ《さくらんぼの一種》

marasquin [maraskɛ̃] 男 (<イ) マラスキーノ【マラスカから作る蒸留酒】

marathe [marat] 男 = mahratte

marathon [maratɔ̃] 男 マラソン競走; 耐久競技, 延々と続く会議

marathonien(ne) [maratɔnjɛ̃, -ɛn] 名 マラソン走者

marâtre [marɑtr] 女 邪険な母親; 《古》継母

maraud(e) [maro, -od] 名《古》ならず者

maraudage [maroda3] 男 畑荒らし

maraude [marod] 女 ①畑荒らし ②▶taxi en maraude 流しのタクシー ③(ボランティアによる)救援隊 ▶maraude de nuit 夜間ホームレスなどのための救援活動隊

marauder [marode] 自 ①畑荒らしをする, 掠奪をはたらく ②(タクシーが)流す

maraudeur(se) [marodœr, -øz] 形名 ①畑泥棒(の) ②流しのタクシー(の) ③救援活動隊員(の)

*__marbre__ [marbr マルブル] 男 (英 marble) 大理石. 大理石でできたもの; [印本] 大理石模様; 組付け台 ▶être [rester] de marbre 平然としている ▶froid comme un [le] marbre 冷たい, 動じない

marbré(e) [marbre] 形 大理石模様の ▶gâteau marbré 〖集〗 マーブルケーキ

marbrer [marbre] 他 本の縁 [紙] に大理石模様をつける; (皮膚を)まだらにする

marbrerie [marbrəri] 女 大理石加工業 [加工術]; 大理石加工工場

marbrier [marbrije] 男 大理石加工; 大理石[墓石]業者

marbrière [marbrjɛr] 女 大理石採石場

marbrure [marbryr] 女 大理石模様

Marc [mark] 男 マルク【男子の名】

marc[1] [mar] 男 マール【貴金属の昔の重量単位, 約8オンスに相当】

marc[2] [mar] 男 (果実の)搾りかす; マール【ブドウの搾りかすから作った蒸留酒】; (コーヒー・茶の)出し殻

marcassin [markasɛ̃] 男 イノシシの子供

marcel [marsɛl] 男 《話》(男性用の)ランニングシャツ, タンクトップ

marcescence [marsesɑ̃s] 女 [植] しおれ

marcescent(e) [marsesɑ̃, -ɑ̃t] 形 [植] しおれた

*__marchand(e)__ [marʃɑ̃, -ɑ̃d マルシャン(ド)] 名 (英 merchant, shopkeeper) 販(...の)商人, 販売業者 (de) ▶marchand ambulant 行商人 marchand de biens 不動産業者 marchand de soupe まずい料理屋; 儲け主義の私立校経営者 marchand des quatre-saisons 野菜の行商人 marchand d'amour 売春婦 ―形 商業の; 売買の ▶galerie marchande 商店街 navire marchand 商船 prix marchand 卸値 qualité marchande 普通の品質

marchandage [marʃɑ̃da3] 男 ①値切ること; 駆け引き ②[法] (上前をはねる)下請負

marchander [marʃɑ̃de] 他 値切る; [否定形で] 出し惜しむ, 渋る

marchandeur(se) [marʃɑ̃dœr, -øz] 名 ①下請負業者 ②いつも値切る人

marchandisage [marʃɑ̃diza3], **merchandising** [merʃɑ̃di(dai)ziŋ] 男 (<英) [経] マーチャンダイジング, 商品化

*__marchandise__ [marʃɑ̃diːz マルシャンディーズ] 女 (英 goods) 商品, 品物; [鉄] 貨物

Marche [marʃ] 女 マルシュ【フランス中部の旧地方名】

marche[1] [marʃ] 女 (昔の)国境警備地帯

*__marche__[2] [marʃ マルシュ] 女 ①(英 walking) 歩み, 歩行; 行進; (スポーツ)競歩; 運行, 進行; 経過, 展開; (機械の) 調子 ▶chaussures de marche ウォーキングシューズ en marche 作動している, 進行中の en marche arrière バックで être à deux heures de marche (de) 歩いて2時間のところにある être en état de marche 機械などが)ちゃんと作動する faire marche arrière 後退する, 引き下がる fermer la marche 行進のしんがりをつとめる marche à pied ウォーキング marche à suivre 必要な手続き marche/arrêt オン/オフ mettre ... en marche ...を始動させる ouvrir la marche 行進の先頭を進む ②(階段の)段, ステップ, 段差; (鍵盤楽器の)ペダル; (動物の)足跡 ③(楽) 行進曲, マーチ ▶marche funèbre [nuptiale] 葬送 [結婚] 行進曲

*__marché__ [marʃe マルシェ] 男 (英 market) 市場(ば), (定期)市(は); 市場(ばよう); 取引先; (特定の物の)取引の中心地; 売買契約, 取引 ▶(à) bon [meilleur] marché (より)安い [(より)安く] conclure un marché avec (人)と売買契約を結ぶ faire son marché 市場へ買い出しに行く marché au fleurs 花市場 marché aux puces 蚤の市, フリーマーケット marché du travail 労働市場 marché noir 闇市 par-dessus le marché おまけに

marchéage [marʃea3] 男 [経] 販

売管理

marché-gare [marʃegar] 男 (複 ~s-~s) 市場駅《貨物駅と市場が合体したもの》

marchepied [marʃəpje] 男 昇降段, ステップ; 足場;(目的達成のための)足がかり, 手段

marcher [marʃe] 自 ① (英 walk, work) 歩く; 足を踏み入れる((sur)); (…に向かって)進む; 行進する(à, sur, contre); (話)歩く, 走る; (話)話に乗る; (…を)信じ込む((dans)) ▶ **faire marcher** (人)をかつぐ ▶ **marche ou crève!** (話)死ぬ覚悟でやれ, 極力がんばれ **marcher à côté de ses pompes** (話)頭がぼやっとしている, 調子がでない **marcher sur les pieds de**(人)の足を踏む, (人)を踏みつけにする ② (機械などが)動く, 機能し作動する; (物事がうまく運ぶ, 順調に行く; (人)の調子がよい ▶ **Ça marche!** オーケー!

marcheur(se) [marʃœr, -øz] 名 健脚家; 競歩の選手; デモの参加者 — 形 歩行する; (鳥などの)歩行性の

marcottage [markɔtaʒ] 男 [園]取木

marcotte [markɔt] 女 [園]取木する枝; 取木で根付いた個体

marcotter [markɔte] 他 [園]取木する

*****mardi** [mardi マルディ] 男 (英 Tuesday) 火曜日 ▶ **mardi gras** マルディ・グラ; 告解火曜日《謝肉祭の最終日》

mare [mar] 女 水たまり, 小さな池, 沼 ▶ **mare de sang** 血の海

marécage [mareka3] 男 沼地, 湿地

marécageux(se) [marekaʒø, -øz] 形 沼地(湿地)の; 沼地に生息する

maréchal [mareʃal] 男 (複 -aux [-o]) ①元帥 (= ~ de France) ②蹄鉄(ﾃｲﾃﾂ)工(= ~-ferrant)

maréchale [mareʃal] 女 元帥職

maréchale [mareʃal] 女 元帥夫人

maréchalerie [mareʃalri] 女 蹄鉄(ﾃｲﾃﾂ)業(術); 蹄鉄場

maréchal-ferrant [mareʃalferɑ̃, mareʃofərɑ̃] 男 (複 maréchaux-~s) 蹄鉄(ﾃｲﾃﾂ)工

maréchaussée [mareʃose] 女 (古)騎馬憲兵隊; (話・ふざけて)憲兵隊

*****marée** [mare マレ] 女 ①潮, 潮汐(ﾁｮｳｾｷ); (群衆・感情など)押し寄せるもの, 波; 大群 ▶ **(à) marée haute [basse]** 満潮〔干潮〕時; **marée descendante** 引き潮 **marée du matin** 入潮 **marée montante** 上げ潮 **marée noire** (タンカーの座礁などによる)海の重油汚染 ②鮮魚; 海の幸

marégraphe [maregraf] 男 [海] 験潮儀

marelle [marɛl] 女 石けり遊び【番号

をふった枠の中に石を入れる】; 石けり遊びの枠

marémoteur(trice) [maremɔtœr, -tris] 形 潮汐を利用した

marengo [marɛ̃go] 男 [M-] マレンゴ《イタリア北部の町; ナポレオンがオーストリア軍を破った戦場として有名》 — 形 (不変)男 ①(服) ▶ **brun marengo** 霜降り茶褐色の ②**poulet à la marengo** [料] 若鶏のマレンゴ風《炒めた若鶏をトマトやマッシュルームと共に白ワインで煮込んだ料理》

mareyage [marɛjaʒ] 男 魚の卸業

mareyeur(se) [marɛjœr, -øz] 名 魚の卸商(仲買人)

margarine [margarin] 女 マーガリン

marge [marʒ] 女 余白, 欄外; (時間・空間などの)余裕; (選択の)幅, 余地; 誤差, 差異; [経]利幅ち, マージン **en marge** (…の)外に, (…から)孤立して (de) **marge commerciale** 商業マージン **marge de sécurité** 安全のためのゆとり幅;(予管の)安全範囲 **marge d'erreur** (許容範囲の)誤差

margelle [marʒɛl] 女 (井戸などの)縁石(ﾌﾁｲｼ)

marger [marʒe] 自他 40 余白を残す; (タイプライターの)マージンの位置を調節する; [印](印刷用紙を)セットする

margeur(se) [marʒœr, -øz] 名 [印] 紙差し工 — 女 (タイプライターの)マージンストップ

*****marginal(ale)** [marʒinal マルジナル] 形 (男複 -aux[-o]) 欄外の, 余白の; 副次的な, 第二義的な; 中心から外れた, 周辺的な ▶ **coût marginal** 限界費用 **revenu marginal** 限界収入 — 名 はみだし者, アウトサイダー

marginalement [marʒinalmɑ̃] 副 副次的に; 中心部から離れて

marginalisation [marʒinalizasjɔ̃] 女 のけ者にすること; 孤立化

marginaliser [marʒinalize] 他 のけ者にする, 周辺に追いやる — 代動 [se ~] 周辺の存在になる, ドロップアウトする

marginalité [marʒinalite] 女 二義的なこと; 社会の周縁にある状態

marginer [marʒine] 他 余白に書き込みをする

margoulette [margulɛt] 女 (話) 顔 ▶ **se casser la margoulette** 顔面から転げ落ちる

margoulin(e) [margulɛ̃] 名 けち臭い投機家; 仕事のできない人間

margrave [margrav] 男 (ドイツの)辺境伯 — 女 辺境伯夫人

margraviat [margravja] 男 辺境伯の称号

marguerite [margərit] 女 ①[M-]マルグリット《女子の名》 ②[植]菊類の総称; マーガレット トナデウ（petite ~）

marguillier [margije] 男 教会管理人

mari [mari マリ] 男 〔英 husband〕夫

mariable [marjabl] 形 〔話〕結婚適齢期の; 結婚可能な

mariage [marjaʒ マリヤージュ] 男 〔英 marriage〕① 結婚, 婚姻; 結婚生活; 結婚式 ▸ **demander ... en mariage** (人)にプロポーズする **mariage blanc** 肉体関係のない結婚 **mariage civil** (市町村長の立ち会いで行なわれる)民事婚 **mariage d'amour** 恋愛結婚 **mariage de raison** (感情以外の)諸条件を考慮しての結婚 **mariage religieux** 教会で行なわれる結婚式 ② 結合, 調和; 合体, 合併 ③〔トランプ〕マリッジ, 札合せ

marial(ale) [marjal] 形 (男複 -aux [-o]) 聖母マリアの

mariannais(e) [marjane, -ez] 形名 [M-] マリアナ諸島の(人)

Marianne [marjan] 女 ① マリアンヌ 〔女子の名〕 ② 〔フランス共和国のシンボル; フリジア帽を被った女性の胸像〕 ③ [les îles ~] マリアナ諸島 〔サイパン・グアムのある西太平洋の諸島〕

Marie [mari] 女 マリー 〔女子の名〕 ▸ **Sainte Marie** 聖母マリア

marié(e) [marje マリエ] 形 〔英 married〕結婚した, 既婚の ━ 男 女 新郎, 新婦; 既婚者; (複)夫婦 ▸ **jeunes mariés** 新婚夫婦

marie-jeanne [mariʒan] 女 (不変) 〔話〕マリファナ (= marihuana)

marier [marje マリエ] 他 〔英 marry〕結婚させる (à, avec); (司祭や市長が)結婚式を執り行う ② (…)に結びつける, 組み合わせる (à) ━代動 [**se ~**] ① (人と)結婚する (avec) ② 組み合わされる, 調和する

marie-salope [marisalɔp] 女 (複 ~s~s) ① 〔俗〕ホッパー船 [底開きの土砂運搬船] ② 〔俗〕うす汚い (身持ちの悪い) 女

marieur(se) [marjœr, -øz] 形名 〔話〕仲人好きの(人)

marigot [marigo] 男 (流れが途中で地中に消える) 水無し川; (冠水しやすい) 低地

marihuana [marixwana], **marijuana** [mariʒyana, marirwana] 女 マリファナ

marimba [marimba] 男 〔楽〕マリンバ

*****marin(e)** [marɛ̃, -in マラン(マリヌ)] 形 ① 〔英 sea, marine〕海の; 海に生息する, 海でとれる ② 航海の; 船乗りの; 海が好きな ▸ **marin pêcheur** 遠洋漁業の漁師 **pull marin** マリンセーター ━ 男 〔英 sailor〕 ① 船乗り, 船員; 水夫; 航海術にたけた人 ② (男史用)セーラー服

marina [marina] 女 〔くい〕海浜観光 [娯楽] センター, マリーナ

marinade [marinad] 女 〔料〕マリネード [香辛料・酢・油などで作る漬け汁]; 酢, 酒漬け

*****marine** [marin マリヌ] 女 〔英 nautical, navy〕 ① 海軍 (= ~ militaire [de guerre]), **marine nationale** フランス海軍 ② (集合的) (船舶の)乗組員 (保有する)船舶, 海運力 ▸ **marine marchande** (集合的) (一国の保有する) 商船 ③ 海事, 航海(術) ④ 〔美術〕海洋画 ━ 形 (不変) マリン [ネイビー] ブルーの ▸ **bleu marine** マリンブルー ━ 男 〔英の〕海兵隊員

mariné(e) [marine] 形 マリネした, 酢漬けの

mariner [marine] 自 〔話〕不愉快な状況に長くとどまる ━ 他 (肉や魚を)マリネする; 塩漬けにする

marinier(ère) [marinje, -ɛr] 形 〔古〕(海・航海の) ━ 男 (川船の)船頭, 乗組員 ② ▸ **office marinier** 海軍下士官

marinière² [marinjɛr] 女 ① (水泳) 横泳ぎ ② 〔服〕(女子のセーラー服スワウス ③ ▸ **moules (à la) marinière** ムール貝のマリニエール [玉ねぎのみじん切りと共に白ワインで煮たもの]

mariolle [marjɔl] 形名 〔話〕悪賢い(人)

marionnette [marjɔnɛt] 女 操り人形, マリオネット; 傀儡(かいらい); (複)人形芝居 ▸ **spectacle de ~**

marionnettiste [marjɔnetist] 名 人形使い

marital(ale) [marital] 形 (男複 -aux[-o]) 〔法〕夫の

maritalement [maritalmɑ̃] 副 夫婦として; 夫婦のように

maritime [maritim マリティム] 形 海に面した, 海辺の; 海上の; 航海に関する; 海事の ━ 男 〔地理〕海運業者

maritorne [maritɔrn] 女 〔文〕うす汚い醜女

mark [mark] 男 マルク 〔ユーロ導入以前のドイツ・フィンランドの通貨単位〕

marivaudage [marivodaʒ] 男 気取った会話, 恋の駆け引き

marivauder [marivode] 自 (男女が)気取った言葉を交す

Marivaux [marivo] (Pierre de~) マリヴォー 〔1688-1763; フランスの劇作家〕

marjolaine [marʒɔlɛn] 女 〔植〕マジョラム〔ハーブの一種〕

marketing [marketiŋ] 男 (くも) 〔経〕マーケティング

marlou [marlu] 男 〔俗〕(売春婦の) ひも, 情夫

marmaille [marmaj] 女 〔話・軽蔑的〕騒がしい子供たち

marmelade [marməlad] 女 マーマレード ▸ **avoir le nez en marmelade** 鼻がつぶれている **en marmelade** ジャム状の; 形の崩れた **marmelade de poires** 洋梨マーマレード **marmelade d'oranges** オレンジマーマレード

***marmite** [marmit マルミト] 女 ①〔英 pot〕(手が2つの)鍋;鍋の中身 ▶*faire bouillir la marmite* 生計を立てる *marmite norvégienne* 保温ジャー ②〔軍〕〔古〕重砲の砲弾

marmiter [marmite] 他 〔軍〕〔古〕(重砲で)爆撃する

marmiton [marmitɔ̃] 男 〔話〕見習コック,皿洗い

marmonnement [marmɔnmɑ̃] 男 つぶやくこと;つぶやき

marmonner [marmɔne] 他 (不満などを)ぶつぶつ言う ── 自 ぶつぶつ言う

marmoréen(ne) [marmɔreɛ̃, -ɛn] 形 大理石(質)の;〔文〕大理石のように白い;冷たい

marmoriser [marmɔrize] 他 〔地〕大理石化させる

marmot [marmo] 男 ①〔話〕子供,少年 ②〔古〕(ノッカーの)おかしな顔をした人形 ▶*croquer le marmot* 長いこと待ちくびれる

marmotte [marmɔt] 女 ①〔動〕マーモット[リス科];マーモットの毛皮 ②旅行かばん;セールスマンの見本箱

marmottement [marmɔtmɑ̃] 男 ぶつぶつ言うこと;つぶやき

marmotter [marmɔte] 他 つぶやく,ぶつぶつ言う

marmouset [marmuze] 男 〔動〕マーモセット

marnage¹ [marnaʒ] 男 泥灰土による土壌改良

marnage² [marnaʒ] 男 〔海〕潮差

Marne [marn] 女 ①〔la ～〕マルヌ川[セーヌ川の支流] ②マルヌ県[フランス北東部]

marne [marn] 女 泥灰土

Marne-la-Vallée [marnəlavale] マルヌ・ラ・ヴァレ[パリ東部にある新都市;ディズニーランド・パリがある]

marner [marne] 他 (畑に)泥灰土を施肥する ── 自 〔俗〕ひどしゃに働く

marneux(se) [marnø, -øz] 形 泥灰質の

marnière [marnjɛr] 女 泥灰岩坑

Maroc [marɔk] 男 モロッコ

marocain(e) [marɔkɛ̃, -ɛn] 形 モロッコの ── 名 〔M-〕モロッコ人

maroilles [marwal] 男 マロワル[ノール県産のチーズ]

maronite [marɔnit] 形 名 マロン派の(信徒)[レバノン西方のカトリック教会]

maronner [marɔne] 自 〔方〕(不平などを)ぶつぶつ言う

maroquin [marɔkɛ̃] 男 モロッコ革(製品)[山羊か羊のなめし革]

maroquiner [marɔkine] 他 (牛皮などを)モロッコ革風に作る

maroquinerie [marɔkinri] 女 モロッコ革製造[販売](業);皮革製品店[商];(集合的に)皮革製品

maroquinier [marɔkinje] 男 モロッコ革製造業者;モロッコ革製品の商人;

皮革製品店の主人

marotte [marɔt] 女 〔話〕①固定観念,偏執 ②(宮廷の道化師の)笏杖(しゃく) ③(帽子屋・美容院などの)頭部だけのマネキン

marouette [marwɛt] 女 〔鳥〕クイナ

marouflage [maruflaʒ] 男 (壁紙などの)裏張り

maroufler [marufle] 他 〔美術〕(画布を壁などに)糊で貼り付ける;表装する

marquage [markaʒ] 男 (家畜・樹木などに)印をつけること;(スポーツなどで)相手側にマークすること

marquant(e) [markɑ̃, -ɑ̃t] 形 事件が重要な,強い印象を残す;(人が)著名な

***marque** [mark マルク] 女 ①〔英 mark〕印(しるし),目印,マーク;検印,刻印 (刀などの)銘;(位階などを示す)標章;〔言〕標識;商標,ブランド,有名メーカー(＝～ *de fabrique* [*de commerce*]) ▶*de marque* 有名ブランドの;一流の *grande marque de marque* 企業[ブランド]イメージ;(有名人などの)評価 *marque d'affection* 愛情のしるし *marque de fabrique* 商標,ブランド *marque déposée* 登録商標 ②証拠,特徴;跡,痕跡;あざ ③〔スポーツ〕スコア,得点;スタートライン ▶*À vos marques, prêts, partez!* 位置について,用意,ドン!

marqué(e) [marke] 形 (< marquer) 印のついた,目印をつけた;目立った,際立った;(人が)烙印を押された,レッテルを貼られた;(顔が)やつれた,やつれた

marque-page [markpaʒ] 男 しおり

***marquer** [marke マルケ] 他 〔英 mark〕①印[マーク]をつける;(印によって)示す,表す;〔話〕書きつける,記録する ②痕跡を残す;(人物・事件などが)大きな影響を残す,強調する;際立たせる;(スポーツ)得点する ▶*marquer le coup* 出来事を記念して祝う,事の重要性を強調する ③〔スポーツ〕(相手を)マークする ── 自 痕跡をとどめる;目立つ,有名になる 〔代動〕〔*se ～*〕示される,印があつかわれる

marqueté(e) [markəte] 形 きりはめ[寄木]細工で飾られた,まだら模様の

marqueter [markəte] 他 きりはめ[寄木]細工で飾る,まだら模様にする

marqueterie [markətri] 女 ①きりはめ[寄木]細工;(論文などの)継ぎはぎ,寄せ集め

marqueteur(se) [markətœr, -øz] 名 きりはめ[寄木]細工職人

marqueur(se) [markœr, -øz] 名 印をつける人;〔スポーツ〕スコアラー;ポイントジェンナー;〔医〕フェルトペン,マーカー;〔生・医〕トレーサー,マーカー,標識

marquis [marki] 男 侯爵

marquisat [markiza] 男 侯爵領;侯爵位

marquise [markiz] 女 ①侯爵夫人 ②(建物の入口の)ガラス張りの庇(ひさし); テントや建物入り口上に張られた布幕 ③細長い宝石を嵌めた指輪 ④二人用のソファ

Marquises [markiz] 女 (複) [îles 〜] マルキーズ諸島 [フランス領ポリネシアの群島]

marquoir [markwar] 男 (裁断用の)型付具, マーカー

marraine [maren] 女 ①(カト)代母; [プロテスタント]教母 ②社交界などに初めて来た人の後見役の女性; (船や作品の)女性の命名者 ▶ **marraine de guerre** 出征兵士の代母 [定期的に手紙や慰問品を兵士に送った]

marrane [maran] 男 (史) マラーノ [カトリックに改宗したスペインのユダヤ教徒]

marrant(e) [marã, -ãːt] 形 (話) 面白い, おかしい; 奇妙な

marre [mar] 副 ▶ **C'est marre.** (俗) もう十分だ **en avoir marre** (話) (…に)うんざりする (**de**)

marrer [mare] 代動 [**se 〜**] (話) 楽しむ, 大笑いする

marri(e) [mari] 形 (文) ▶ **être marri de** …を残念[遺憾]に思う

*marron¹ [marɔ̃ マロン] 男 ①栗の実, 栗色(のもの) ▶ **marron d'Inde** マロニエの実 **marron glacé** (菓) マロングラッセ ②(話) げんこつ ── 形 (不変) 栗色の, 茶色の

marron²(ne) [marɔ̃, -ɔn] 形 ①無免許[もぐり]の ②(古)(奴隷が)逃亡した

*marronnier [marɔnje マロニエ] 男 ①(植) マロニエ [とちの木] (= 〜 **d'Inde**) ②(農) 栗の木

Mars [mars] 男 ①(ロ神) マルス [軍神] ②(天) 火星

*mars [mars マルス] 男 ①(英 March) 3月 ②(虫) コムラサキチョウ

marseillais(e) [marsɛjɛ, -ɛːz] 形 マルセイユの ── 名 [M-] マルセイユの人 ── 女 [la M-] ラ・マルセイエーズ [フランス国歌] ⇒[コラム: ラ・マルセイエーズ]

Marseille [marsɛj] マルセイユ [Bouches-du-Rhône県の県庁所在地]

marshmallow [marʃmalo] 男 (〈英)マシュマロ

marsouin [marswɛ̃] 男 ①(動) ネズミイルカ ②(話) (かつての)海兵隊員

marsupial(e) [marsypjal] 形 (男複 -*aux* [-o]) (動) 袋形の; 袋のある ── 男 有袋類の動物; (複) 有袋類

La Marseillaise ラ・マルセイエーズ

1792年フランス革命軍の工兵大尉ルジェ・ド・リールが作詞作曲した. マルセイユの義勇兵たちがこの歌を歌いながらパリに上ったのでこの名がついたといわれる. 1795年7月14日に国歌に制定.
(以下は歌詞の一番のみ)

Allons enfants de la Patrie, アロン ザンファン ドゥ ラ パトリ	さあ, 祖国の子らよ
Le jour de gloire est arrivé! ル ジュール ドゥ グロワーレ タリヴェ	栄光の日がやって来た
Contre nous de la tyrannie, コントル ヌ ドゥ ラ ティラニ	我らに向かって
L'étendard sanglant est levé! レタンダル サングラン レ ルヴェ	暴君たちの血まみれの旗が振られている
l'étendard sanglant est levé! レタンダル サングラン テ ルヴェ	暴君たちの血まみれの旗が振られている
Entendez-vous dans les campagnes アンタンデヴ ヴ ダン レ カンパーニュ	聞こえるか, 野原いっぱいに
Mugir ces féroces soldats? ミュジール セ フェロス ソルダ	どう猛な兵士たちがうなっているのが
Ils viennent jusque dans vos bras イル ヴィエヌ ジュスク ダン ヴォ ブラ	彼らはすぐそこまでやって来ている
Égorger vos fils et vos compagnes! エゴルジェ ヴォ フィス エ ヴォ コンパーニュ	息子や妻たちののどを切り裂きに
Aux armes, citoyens! オ ザルム スィトワイヤン	武器を取れ! 市民たちよ!
Formez vos bataillons! フォルメ ヴォ バタイヨン	隊列を組め!
Marchons, marchons! マルション マルション	進め! 進め!
Qu'un sang impur カン サン カンピュル	敵の汚れた血で
Abreuve nos sillons. アブルヴ ノ スィヨン	われらが田畑を浸すのだ
(カタカナはおおよその発音です)	

marsupium [marsupjɔm] 男〔動〕（有袋類の）育児嚢（のう）

marte [mart] 女 = marte

marte [mart] 女 = martre

marteau [marto マルト] 男（複 ~x）① (英 hammer) 金槌（かなづち）, ハンマー;（ドアの）ノッカー;（ピアノの）ハンマー;（時計の）時を刻む槌（つち） ▶ **donner un coup de marteau** …を金槌で叩く；**lancement du marteau**〔スポーツ〕ハンマー投げ ②〔解〕（耳の）槌（つち）骨（= malléus）③〔魚〕シュモクザメ (= requin ~) — 形〔不変〕〔話〕気がふれている

marteau-pilon [martopilɔ̃] 男（複 ~x-~s）スチームハンマー, 蒸気金槌

marteau-piqueur [martopikœr] 男（複 ~x-~s）空気ドリル

martel [martel] 男〔成句でのみ〕▶ **se mettre martel en tête** ひどく心配する

martelage [martəlaʒ] 男〔冶〕（金属を加工するために）金槌で打つこと；（樹木に）刻印を打つこと

martèlement [martɛlmɑ̃] 男 槌（つち）で打つこと, 金槌の音；（金槌に似た）断続音

marteler [martəle] 他 ① （金属などを）金槌で打つ, 鍛える ② （金槌で打つように）連打する, 大きな音を立てる；悩ませる ③ はっきりと発音する, 大声で繰り返す

martial(ale) [marsjal, -aux[-o]] 形（男複 -aux[-o]）〔文〕戦争の, 軍の；（皮肉的）軍隊式の ▶ **arts martiaux**（とくに日本の）武術

martien(ne) [marsjɛ̃, -ɛn] 形 火星の, 火星の影響下にある — 名〔M-〕火星人

martin-chasseur [martɛ̃ʃasœr] 男（複 ~s-~s）〔鳥〕ワライカワセミ

Martin du Gard [martɛ̃dygar] (Roger ~) マルタン・デュ・ガール [1881-1958; 小説家]

martinet [martine] 男 ①（革や紐の尾のついた）鞭（むち）〔かつて子供のお仕置きに使われた〕②機械槌（つち）, はね槌 ③〔鳥〕アマツバメ

martingale [martɛ̃gal] 女 ①マルタンガル〔馬が頭を下げ過ぎるのを防ぐための革ベルト〕②（コートなどの）バックベルト ③（前回負けた額の）倍賭け；確実な賭け方

martini [martini] 男 マルティーニ〔ベルモット酒〕

martiniquais(e) [martinike, -ɛz] 形 マルティニーク島の — 名〔M-〕マルティニーク島人

Martinique [martinik] 女 マルティニーク島〔西インド諸島南東のフランス海外県〕

martin-pêcheur [martɛ̃pɛʃœr] 男（複 ~s-~s）〔鳥〕カワセミ

martre [martr] 女〔動〕テン；テンの毛皮

martyr(e) [martir] 名 殉教者；（思想・宗教に）殉じた人；（虐待などの）犠牲者 — 形 殉教の；迫害された ▶ **enfant martyr** 虐待を受けている子供

martyre [martir] 男 殉教, 殉死；大きな苦痛 ▶ **souffrir le martyre** 大きな苦しみを味わう

martyriser [martirize] 他 苦しめる, 虐待する；殉教へと追い込む

martyrologe [martirɔlɔʒ] 男 殉教〔犠牲〕者名簿

marxisant(e) [marksizɑ̃, -ɑ̃t] 形 マルクス主義がかった

marxisme [marksism] 男 マルクス主義

marxisme-léninisme [marksismleninism] 男 マルクス・レーニン主義

marxiste [marksist] 形名 マルクス主義の（人）

marxiste-léniniste [marksistleninist] 形名 マルクス・レーニン主義の（人）

mas [mɑ(s)] 男〔プロヴァンス地方特有の〕農家, 田舎家

mascara [maskara] 男 マスカラ

mascarade [maskarad] 女 ①仮装, 仮面（仮装）舞踏会, 仮装した人々の群れ；(16-17世紀の)仮面劇 ②虚飾, 偽善, 猿芝居

mascaret [maskare] 男 海嘯（かいしょう）〔満潮時に河口で起こる高波〕

mascaron [maskarɔ̃] 男〔建〕（柱頭などの飾りに用いる怪人面

mascarpone [maskarpɔn] 男 マスカルポーネ〔イタリアのロンバルディア地方のチーズ〕

mascotte [maskɔt] 女 お守り, マスコット

masculin(e) [maskylɛ̃, -in マスキュラン(ス)] 形 (英 male, masculine) 男の, 男性の；(女)男性のような；〔文法〕男性（形）の；（詩）男性（韻）の — 男〔文法〕男性（形）(= genre ~)

masculinisation [maskylinizasjɔ̃] 女 雄性化

masculiniser [maskylinize] 他 男らしくする；（女）男性的にする；〔文法〕男性化する；〔生〕雄性化する

masculinité [maskylinite] 女 男性であること；男らしさ；〔生〕雄性

maso [mazo] 形名〔不変〕〔話〕= masochiste

masochisme [mazɔʃism] 男 マゾヒズム, 被虐趣味

masochiste [mazɔʃist] 形名 マゾヒズムの — 名 マゾヒスト

masquage [maska3] 男 隠蔽；〔写〕マスキング〔修正〕

masque [mask マスク] 男 ①（英 mask）仮面, 覆面；マスク；（病気や感情などで生じる）顔つき；美容パック (~ de beauté)；〔古〕仮面をつけた人；見せかけ, 偽り ▶ **lever le masque** 本性をあらわす；**masque à gaz** ガスマスク；**masque à oxigène** 酸素マスク；**masque de plongée** 潜水マスク

masque mortuaire デスマスク ② 遮蔽(しゃ)物；土嚢

masqué(e) [maske] 形 (＜ masquer) 仮面[覆面]をつけた, 仮装した；隠された, 遮蔽(しゃ)された

masquer [maske マスケ] 他 ① 包み隠す, さえぎる, 見えなくする；(匂い・味を)消す；仮面[覆面]をつける ②［海］裏帆にする ── 自 ［海］(船が)裏帆にして後ずさりする ── 代動 **se ～** 仮面をつける；本性を隠す

massacrant(e) [masakrɑ̃, ɑ̃t] 形 ▶être d'une humeur **massacrante** ひどく機嫌が悪い

massacre [masakr] 男 ① (大量)虐殺, 殺戮; 大量破壊; (ボクシングなど)叩きのめすこと; (下手な俳優・演技などで芸術作品を)台無しにすること ② (客間などにある)角のついた鹿の頭部

massacrer [masakre マサクレ] 他 虐殺する, 殺戮する;（話）叩きのめす, 破損する, めちゃくちゃにする;（ひどい演奏・上演で）ぶち壊しにする ── 代動 **se ～** 殺し合う

massacreur(se) [masakrœr, -øz] 名 虐殺者, 殺戮者;（話）仕事の下手な人;（ひどい演奏などで）台無しにする人

massage [masaʒ] 男 マッサージ, あんま

*****masse**[1] [mas マス] 女 ① (英 mass)（物や液体・気体の）大きな塊; 総体, 全体; 総量; 大衆; 人の群れ;《複》民衆, 庶民 ▶**la masse** 大衆 (彫刻などが)ひと塊の木[石]からの **masse d'air** 気団 **masse de nuages** 雲の塊 **pas des masses** それほどでもない **tomber comme une masse** どすんと落ちる; ばたりと倒れる **une masse de ...**（話）たくさんの… **venir en masse** 大挙して押し寄せる ②《複》[美術]（絵画・建築の）マス, 構成要素 ③ 財産, 基金, 積立金 ④ [物] 質量 ⑤ [電] アース ▶**masse moléculaire**〔化〕分子量 ⑤〔電〕アース

masse[2] [mas] 女 大槌(つち), ハンマー ▶**coup de masse** 大打撃

massepain [maspɛ̃] 男 [菓] マジパン 《粉末アーモンド・砂糖・卵白をこねてペーストにしたもの；菓子の装飾などに用いる》

masser[1] [mase] 他 (人を)大勢集める, 結集させる; (物を)塊にする ── 代動 **se ～** 集結する

masser[2] [mase] 他 マッサージする ▶**se faire masser** マッサージしてもらう ── 代動 **se ～** 自分の…をマッサージする ▶**se masser le bras** 腕をマッサージする

massette [maset] 女 ①（石工・土工用の）大槌(つち) ②[植] 蒲(がま)

masseur(se) [masœr, -øz] 名 マッサージ師 ── 男 マッサージ器

massicot [masiko] 男 [印] 断裁機

massicoter [masikɔte] 他 [印] (紙を)断裁する

massier(ère) [masje, -ɛr] 名 [美術] (学校生の内で)アトリエ共同経費の徴収係

*****massif(ve)** [masif, -iv マスィフ(ヴ)] 形 ① 同質の塊の, めっきでない ② どっしりした, 頑丈な; ずんぐりした ③ 大量の, 大勢の ── 男 ① 花壇, 植え込み; 草むら ▶**massif de fleurs** 花壇 ② 山塊, 群山; 土台, 基礎 ▶**Massif central** [le ～]マッシフ・サントラル【フランス中南部の山地】

massification [masifikasjɔ̃] 女 大衆[マス]化

massifier [masifje] 他 大衆[マス]化する

massique [masik] 形 [物] 質量の; 単位質量当たりの

massivement [masivmɑ̃] 副 ① 大勢で, 一斉に; 大量に ② どっしりと, 重そうに

massivité [masivte, masivite] 女 重量感, どっしりしていること

mass(-)media [masmedja] 男《複》 [単数にも用いられる] (＜英) マスメディア, マスコミ

massue [masy] 女 棍棒(こん) ▶**argument massue** 反論の余地のない議論

mastaba [mastaba] 男 (＜アラビア) マスタバ【古代エジプトの台状の墓】

mastectomie [mastɛktɔmi] 女 [医] 乳房切除術

master[1] [mastœr, master] 男 (＜英) 修士号

master[2] [mastœr, master] 男 (＜英) マスターテープ, 録音音源

mastère [master] 男 マステール 《grandes écoles で提供されている修士に相当する課程》

mastic [mastik] 男 ① (窓ガラス用の)パテ; (接合・充填(じゅう)用の)セメント ② [印] ミスプリント, 誤植 ── 形 (不変) (パテのような)黄灰色の

masticage [mastikaʒ] 男 (パテやセメントを)詰めること, 充填(じゅう)

masticateur(trice) [mastikatœr, -tris] 形 咀嚼(そしゃく)の ── 男 [食品]の粉砕器

mastication [mastikasjɔ̃] 女 咀嚼(そしゃく)

masticatoire [mastikatwar] 形 (唾液分泌を促す)噛み物; チューインガム ── 形 咀嚼(そしゃく)のための

mastiquer[1] [mastike] 他 咀嚼(そしゃく)する

mastiquer[2] [mastike] 女 (パテやセメントを)詰める; (パテやセメントで)接合する

mastite [mastit] 女 乳腺炎

mastoc [mastɔk] 形 (不変) (話・軽蔑的)ずんぐりした, 重苦しい

mastocyte [mastosit] 男 [生] 肥満細胞

mastocytose [mastositoz] 女 [医] 肥満細胞症

mastodonte [mastodɔ̃t] 男 《古生》マストドン；《話》巨漢，巨大な機械；大企業

mastoïde [mastɔid] 女《解》乳様突起

mastoïdien(ne) [mastɔidjɛ̃, -ɛn] 形《解》乳様突起の，乳突状の

mastopathie [mastopati] 女《医》乳腺症，乳腺障害

mastroquet [mastrɔkɛ] 男《古・話》酒屋の主；《安手の》居酒屋，カフェ

masturbation [mastyrbasjɔ̃] 女 マスターベーション，オナニー

masturber [mastyrbe] 他 《人に》手で性的快感を与える ── 代動 [se ~] マスターベーションをする

m'as-tu-vu(e) [matyvy] 名《不変》《話》うぬぼれ屋 ── 形《不変》うぬぼれ屋の

masure [mazyr] 女 廃屋，あばら家

mat¹ [mat] 形《不変》《チェス》王手の；詰んだ ── 男《チェス》王手

mat²(e) [mat] 形 くすんだ，つやのない；《音が》鈍い，響かない

mat³ [mat], **mate** [mat] 男《話》= **mât**

*mât [ma マ] 男 (英 mast) マスト，帆柱；旗竿，支柱；棒登りの棒 ▶ **mât de cocagne**（縁日などで見られる）宝の棒〔上に景品などが吊るされたすべりやすい棒〕

matador [matadɔr] 男 (<スペ) マタドール〔牛にとどめを刺す闘牛士〕

matamore [matamɔr] 男 から威張りする(人)

match [matʃ マッチ] 男 (複 ~(e)s) (<英)《スポーツ》試合，競技 ▶ **faire match nul** 引き分ける **match aller** [**retour**] 第1[2]回戦

matchiche [matʃiʃ] 女《舞》マシーシ〔ブラジル起源のダンス〕

maté [mate] 男《植》マテチャの木；マテ茶

matefaim [matfɛ̃] 男《菓》マトファン〔焼き菓子〕

*matelas [matla マトラ] 男 (英 mattress) マットレス ▶ **matelas d'air**（壁の中の）防音・断熱用の空気層 **matelas de billets de banque** 分厚い札束 **matelas de crin** 馬毛のマットレス **matelas pneumatique** エアマットレス

matelassé(e) [matlase] 形 (<matelasser) キルトにした，キルティングの裏地をつけた

matelasser [matlase] 他（椅子などに）詰め物をする；（生地に）キルティングをする；（衣服に）裏をつける ── 代動 [se ~]《話》肥り出る

matelassier(ère) [matlasje, -ɛr] 名 マットレス製造［修繕］職人

matelassure [mat(a)lasyr] 女（布団・椅子などの）詰め物

matelot [matlo] 男 水夫，船員；(2等)水兵

matelote [matlɔt] 女 ① マトロット〔かつて船員仲間に流行した早いダンス〕 ② 《料》マトロット〔玉ねぎなどを入れた魚の赤ワイン煮〕

mater¹ [mate] 他 屈服させる，抑圧する；《チェス》《王》を詰める

mater² [mate] 他 ① つや消しにする ② （金属の隙間をなくすために）継ぎ目を締める

mater³ [mate] 他《俗》のぞき見する

mâter [mɑte] 他（船に）マストを立てる

matérialisation [materjalizasjɔ̃] 女 具体化，有形化；《物》(エネルギーの)物質化；《心霊》(霊の)具現

matérialiser [materjalize] 他 具体化する，実現する；具体的に示す ── 代動 [se ~] 実現される；具体[具象]化される

matérialisme [materjalism] 男《哲》唯物論；物質[実利]主義

matérialiste [materjalist] 形名《哲》唯物論の[者]；物質主義の[者]

matérialité [materjalite] 女（精神性に対して）物質性，具体性

*matériau [materjo マテリヨ] 男（複 ~x）《複》素材；〔土木〕材料，資材；(研究などの)資料

*matériel(le) [materjɛl マテリエル] 形 ① 有形の，物理的な；具体的な，実際上の ② 肉体的な，物質的な；金銭的な ── 男 ① 設備，施設；機材，用品 ② 《情報》ハードウェア ▶ **matériel de bureau** 事務機器 **matériel d'exploitation** 開発プラント **matériel roulant**《鉄》（車両などの）動的設備

matériellement [materjɛlmɑ̃] 副 実際上，物理的に；肉体的に，金銭的に

maternage [matɛrnaʒ] 男《心》マザリング〔母親の幼児に対する役割，養育行動〕

*maternel(le) [matɛrnɛl マテルネル] 形 (英 maternal) 母の，母性的な，母親のような；母方の ▶ **grand-père maternel** 母方の祖父 **lait maternel** 母乳 **langue maternelle** 母(国)語 ── 女 (話) 幼稚園 (= école ~le)

maternellement [matɛrnɛlmɑ̃] 副 母として，母親のように

materner [matɛrne] 他 自 母親のように世話を焼く；(精医)(患者に)母親のように接する

maternité [matɛrnite] 女 ① (英 maternity) 産院；妊娠，出産 ▶ **congé de maternité** 出産休暇 ② 母親であること，母性；〔美術〕母子像

math [mat] 女《複》《話》数学 (= mathématiques)；数学クラス

mathématicien(ne) [matematisjɛ̃, -ɛn] 名 数学者

*mathématique [matematik マテマティック] 形 (英 mathematics)《複》数学，数学クラス 形 (英 mathemati-

cal) 数学の, 数学的の; (数学のように)厳密な; (話)必然的な, 間違いない

mathématiquement [matematikmɑ̃] 副 数学的に; 厳密に, 確実に

mathématisation [matematizasjɔ̃] 女 数式化, 数学的処理

mathématiser [matematize] 他 数式化する; 数学を適用する

matheux(se) [matø, -øz] 名 (話)数学の得意な生徒; 数学専攻の学生 ― 形 数学に強い

*__matière__ [matjɛʁ マティエール] 女 ①(英 matter) 物質, 物体; (哲)質料; (英 material) 原料, 材料, 素材; (美術) マチエール; (演習・作品などの)題材, 主題; 内容; (学校の)科目, 教科; (生理)糞便 (= ~s fécales) ► __donner matière à__ …の原因になる en la matière その分野に関しては en matière de …に関して matière à …の材料 matière grise [解] (脳髄の)灰白質;(話)頭脳 matières dangereuses 危険物 matières grasses 脂肪質 matières premières 原料 ② [法] 事項, 事件; 理由, 根拠

matifiant(e) [matifjɑ̃, -ɑ̃t] 形 (化粧品などが)テカりをおさえる, マットな

Matignon [matiɲɔ̃] 固 [l'hôtel ~] (パリの)マティニョン邸 [フランスの首相官邸]

*__matin__ [matɛ̃ マタン] 男 (英 morning) 朝; 午前; (文)初め, 初期 ► __ce matin__ 今朝 de bon [grand] matin 朝早く demain matin 明日の朝(に) du matin au soir 朝から晩まで être du matin 早起きである le matin 朝に ― 副 (古)朝早く petit matin [le ~] 夜明け

mâtin¹ [matɛ̃] 男 マスチフ犬[番犬や猟犬になる大型犬]

mâtin²(e) [matɛ̃, -in] 名 (話)さつなやつ, いたずら者

matinal(ale) [matinal] 形 (男複 -aux[-o]) 朝の, 早起きの; (植物の)早咲きの ► __à une heure matinale__ 朝早くに

mâtiné(e) [matine] 形 (犬・猫が)雑種の; (…の)混ざった (de)

*__matinée__ [matine マティネ] 女 ①午前, 朝(の間) ► __dans la matinée__ 午前中に en début de matinée 朝早くに en fin de matinée 昼前に faire la grasse matinée 朝寝坊をする ②(芝居などの)昼興行, マチネー; (社交界などの)午後の集まり

mâtiner [matine] 他 (雑種・異種の雄犬や純血種の雌犬と交尾する

matines [matin] 女 (複) [カト教]朝課[早朝のお勤め・祈り]

matineux(se) [matinø, -øz] 形 (古)早起きの

matir [matiʁ] 他 (貴金属を)つや消しにする

matité [matite] 女 光沢のないこと, 音が響かないこと

matois(e) [matwa, -az] 形 名 (文)狡猾(こぅかつ)な(人)

maton(ne) [matɔ̃, -ɔn] 名 (俗)看守

matou [matu] 男 (去勢していない)雄猫

matraquage [matʁakaʒ] 男 ①警棒[棍棒]で殴ること; ショックを与えること ②(メディアによる)反復宣伝, 宣伝の押しつけ (= ~ publicitaire) ③(話)大幅値下げ

matraque [matʁak] 女 (硬いゴムまたは木の)警棒, 棍棒

*__matraquer__ [matʁake マトラケ] 他 ①警棒[棍棒]で殴る, やっつける; ショックを与える ②(メディアなどで)繰り返し宣伝する, 押しつける ③(人に)薬を大量に投与する; (話)とんでもない額の勘定書を突きつける

matraqueur(se) [matʁakœʁ, -øz] 名 (宣伝などが)何度も繰り返される; 棍棒[警棒]で殴る人; [スポーツ] (話)ラフプレーをする選手

matras [matʁa] 男 [化]長首フラスコ

matriarcal(ale) [matʁijaʁkal] 形 (男複 -aux[-o]) 母系[母権]制の

matriarcat [matʁijaʁka] 男 母系[母権]制

matrice [matʁis] 女 ①(古)子宮 ②(活字の)母型; (メダルなどの)型; (度量衡の)原器 ③[数]行列, マトリックス ④(税金の)原簿; 台帳

matricide [matʁisid] 男 母親を殺すこと ― 名 母親殺しの(人)

matriciel(le) [matʁisjɛl] 形 [数]行列[マトリックス]の; 原簿の; 台帳の

matricule [matʁikyl] 女 登録, 登録簿; 名簿 ― 男 登録番号 (= numéro ~) ― 形 登録の

matrilinéaire [matʁilineɛʁ] 形 母系の

matrimonial(ale) [matʁimɔnjal] 形 (男複 -aux[-o]) 結婚の ► __agence matrimoniale__ 結婚相談所

matrone [matʁɔn] 女 ①(貫禄のある)年配の婦人; (太って下品な)中年女 ②産婆

matronyme [matʁɔnim] 男 母方の姓

matronymique [matʁɔnimik] 形 母方姓の

Matthieu [matjø] 男 マチュー [男子の名]; マタイ

maturation [matyʁasjɔ̃] 女 (果物などの)成熟, 熟成; (才能・思想の)成熟

mature [matyʁ] 形 (生)(細胞が)成熟した

mâture [matyʁ] 女 (集合的)(1隻の船の)帆柱

maturité [matyʁite] 女 (果実や穀物の)成熟, 熟成; (肉体的成熟, 盛り); (腫物の)化膿; (才能・才能の)円熟; 分別, 判断力; 機が熟すこと ► __avoir à__

matutinal(ale) [matytinal] 形 (男複 -aux [-o]) 〘文〙朝の

Maubeuge [mobøʒ] モブージュ〘フランス北部 Nord 県のベルギー国境近くにある都市〙

maudire [modir] 他 [5] 〔過去分詞 maudit〕呪う, 恨む(神が)罰する ── 代動 [se ~] 自分を呪う

maudit(e) [modi, -it] 形 呪われた; 禁じられた;《名詞の前で嫌な, いまいましい ── 名 地獄に堕ちた者;[le M-] 悪魔

maugréer [mogree] 自 〘文〙悪態をつく, 不平を言う《contre》

Maupassant [mopasɑ̃] モーパッサン《Guy de~》モーパッサン〔1850-93; 小説家〕

maure [mɔr] 形 ムーア人の; 北西アフリカ独特の ── 名 [M-] ムーア人《北西アフリカに住みスペインを征服したイスラム教徒の総称》

maurelle [mɔrɛl] 女〘植〙ハズ, クロトン(の一種)《褐色色素となる》

mauresque [mɔrɛsk] 形 ムーア風の,《スペインなどにおける》アラブ様式の ── 女 [maure の女性形][M-]女性のムーア人

Mauriac [mɔrjak]《François~》モーリヤック〔1885-1970; 小説家〕

Maurice [mɔris] 女 ①モーリシャス (島) (= l'île ~)《西インド洋の島国》 ②モーリス《男子の名》

mauricien(ne) [mɔrisjɛ̃, -ɛn] 形 モーリシャス(島)の ── 名 [M-] モーリシャス人

Mauritanie [mɔritani] 女 モーリタニア〘アフリカ北西部のイスラム共和国〙

mauritanien(ne) [mɔritanjɛ̃, -ɛn] 形名 [M-] モーリタニアの(人)

mausolée [mozole] 男 霊廟(れいびょう), 陵(みささぎ)

maussade [mosad] 形 無愛想な, 機嫌が悪い; うっとうしい, 陰気な

maussadement [mosadmɑ̃] 副 無愛想に, うっとうしく, 陰気に

maussaderie [mosadri] 女 無愛想, 不機嫌

***mauvais(e)** [mo(ɔ)vɛ, -ɛz モヴェ(ズ)] 形〔優等比較級は plus mauvais と pire の2つの形があるが前者の方が一般的〕[多くは名詞の前で (⇔ bon)] (味が)まずい, (匂いなどが)不愉快な, いやな;体調がすぐれない;(器官などが)欠陥のある;間違った, 適切でない;(人が)能力の劣った, できの悪い;不吉な;つらい, 悲しい;(天候が)悪い, 荒れた;(人が)意地悪な, 陰険な出 下心ある;お粗末な;(質が)悪い, 粗悪な;有害な, 好ましくない;品の悪い, ふしだらな;(収穫・収入などが)乏しい;儲からない ── 副 悪く ── 名 悪人;[le M-] 悪魔 ── 男 悪; 欠点

***mauve** [mov モヴ] 女〘植〙アオイ(葵) ── 形男 薄紫色(の), モーヴ色(の)

mauviette [movjɛt] 女 ①〘話〙虚弱な人 ②〘古〙(脂肪がのって食べ頃の)ヒバリ, 小鳥

maux [mo] 男《複》mal の男性複数形

max [maks] 男〘話〙最大限; 最高値
▶ **max de fric** 大金

max. [maks]《略》maximum

maxi¹ [maksi] 男〘服〙マキシのドレス《スカート, コート》 ── 形《不変》〘服〙マキシの

maxi² [maksi] 形《不変》最大(限)の, 最高の ── 副 最大限, せいぜい ── 男 最大限

maxi- 接頭「非常に大きい」「長い」の意

maxillaire [maksi(l)lɛr] 形〘解〙顎骨(がっこつ)の ── 形〘解〙顎(あご)の

maxima [maksima] 男《複》maximum の複数形

maximal(ale) [maksimal] 形 (男複 -aux [-o]) 最大(限)の

maximalisation [maksimalizasjɔ̃] 女 最大化, 最高化

maximaliser [maksimalize] 他 最大化する

maximalisme [maksimalism] 男 過激主義

maximaliste [maksimalist] 形名 過激派の(人)

maxime [maksim] 女 格言, 警句; 行動方針, 処世訓;《複》箴言(しんげん)〔格言集

maximisation [maksimizasjɔ̃] 女 最大[最高]化; 最大限の価値の付与

maximiser [maksimize] 他 最大[最高]にする; 最高の価値を与える

***maximum** [maksimɔm マクシモム] 男 (複 ~s, maxima [-a]) 《ラ》最大限, 最高, 極限;〘法〙最高刑;〘数〙極大 ── au maximum できる限りのこと をする maximum de personnes [le ~] 最大限の人数 maximum de vitesse [capacité][le ~] 最大速度[最大容量] ── 形《maximum, maxima》(複 ~s, maxima) 最大[最高]の

maxwell [makswɛl] 男〘物〙マクスウェル〘電磁単位〙

maya [maja] 形 (複 ~(s)) (中央アメリカの)マヤ(人・語・文明)の ── 名 [M-] マヤ人 ── 男 マヤ語

mayen [majɛ̃] 男〘スイス〙家畜を収容できる建物を備えた高地の放牧場

Mayence [majɑ̃s] マイアンス〘ドイツの都市 Mainz〙

Mayenne [majɛn] 女 ①[la ~] マイエンヌ川 ②マイエンヌ県〘フランス中西部〙

mayonnaise [majɔnɛz] 女 マヨネーズ ── 形 マヨネーズの, マヨネーズであえた

Mayotte [majɔt] マイヨット島〘フランスの海外領土の一つ〙

mazagran [mazagrɑ̃] 男 ①(コー

ヒー用の陶製ゴブレット ②《古》《グラスに入れて出す》コーヒー【アルジェリアの町の名より】

Mazarine [mazarin] ▶ *bibliothèque Mazarine* [la ～] マザリーヌ図書館《パリ学士院の建物内にある国立図書館》

mazdéen(ne) [mazdeɛ̃, -ɛn] 形 ゾロアスター教の

mazdéisme [mazdeism] 男 ゾロアスター《拝火》教

mazette [mazɛt] 女《古》だめな人間; 《古》《勝負の》下手な者 — 間《驚嘆》すごい,すごい

mazout [mazut] 男《<ロシア》《船や機関車の》燃料油,重油 ▶ *poêle à mazout* 重油ストーブ

mazouté(e) [mazute] 形 廃棄[流出]重油で汚染された

mazurka [mazyrka] 女《<ポーランド》〖楽〗マズルカ《ポーランドの舞踏またはその曲》

M^e《略》maître…氏,…先生《弁護士・公証人などに対する敬称》

***me** [m(ə) A] 代《人称》〖1人称単数の目的語たる代名詞; 母音または無音の h の前では m' となる〗《英米》①〖直接目的語〗私を ▶ *Me voici.* 私です *Ne me regarde pas.* 《私のことを》見ないで ②〖間接目的語〗私に[にとって]; 私から ▶ *On m'a dit que ...* …だと聞いている ③〖代名動詞の再帰代名詞/自分自身〗自分を[に] ▶ *Je me lave les mains.* 私は手を洗う

mé- 接頭〖母音の前では més-〗「悪い」の意

mea culpa [meakylpa] 男《不変》《<ラ》〖成句でのみ〗▶ *faire son mea culpa* 自分の罪[過ち]を告白する[認める]

méandre [meɑ̃dʀ] 男《川・道などの》蛇行; 曲りくねった道; 紆余(2)曲折, 駆け引き ▶ *méandres administratifs* 入り組んだ官僚組織

méat [mea] 男〖解〗管,道(3)

mec [mɛk] 男《話》男,やつ;《所有形容詞とともに》恋人,彼氏

***mécanicien(ne)** [mekanisjɛ̃, -ɛn メカニスィヤン(エヌ)] 名《英 mechanic》①《機械・車の》修理工,組立工,整備工 ②《鉄・海》機関士,運転士 ③《機械技師(= ingénieur ～) — 形 機械の

***mécanique** [mekanik メカニク] 形《英 mechanical》①機械の; 機械で動く; 《動作などの》機械的な, 無意識の ②力学の,力学的な ③〖哲〗機械論の — 女 ①力学; 機械工学 ②機械, 機械仕掛け,装置 ③《人の》体の,《複》肩,身体 ▶ *rouler les mécaniques* 《話》肩をいからせて歩く

mécaniquement [mekanikmɑ̃] 副 機械によって, 機械的に

mécanisation [mekanizasjɔ̃] 女 機械化

mécaniser [mekanize] 他 機械化する

***mécanisme** [mekanism メカニスム] 男 ①機械仕掛け[装置], 仕組み, メカニズム;《社会・人体などの》構造, 仕組み, ②〖哲〗機械論

mécaniste [mekanist] 形 名 〖哲〗機械論の[者]

mécano [mekano] 男《話》《機械などの》組立工, 修理工(= mecanicien)

mécano- 接頭《<ギ》「機械の」の意

mécanographe [mekanograf] 男 事務機器の担当[操作]者;キーパンチャー,オペレーター

mécanographie [mekanografi] 女 事務機器の使用(法);事務機器による情報処理

mécanographique [mekanografik] 形 事務機器の[による], 情報処理の

mécanothérapie [mekanoterapi] 女 〖医〗メカノセラピー,機械療法

meccano [mekano] 男 メカノ《金属製の組立て玩具》

mécénat [mesena] 男 学問芸術の庇護(ご); メセナ《企業などによる文化支援活動》

mécène [mesɛn] 男 学問芸術の庇護(ご)者

méchamment [meʃamɑ̃] 副 意地悪く, 悪意をもって;《話》ものすごく

méchanceté [meʃɑ̃ste] 女 意地悪さ, 悪意;《複》とげのある言葉 ▶ *par méchanceté* 悪意をもって

***méchant(e)** [meʃɑ̃, -ɑ̃t メシャン(ト)] 形 ①《英 nasty, wicked》意地悪な, 悪意のある; 《表現が》辛辣(な)な ▶ *Ce n'est pas bien méchant.* 大したことではない ②《子供が》聞き分けのない, いたずらな《犬などが》かみつく ▶ *chien méchant* 猛犬 ③〖名詞の前で〗ひどい, 危険な, 《話・反語的》すごい;《文》価値のない — 名 ②《文》意地悪な人, 悪人;《les ～s》《映画などでの》悪玉

mèche¹ [mɛʃ] 女 ①《ろうそく・ランプの》しん, 灯心; 導火線 ②《他の部分と形状や色が異なる髪の房; 《布などの》房 ▶ *mèche rebelle* 逆毛 ③〖医〗《排膿(35)用の》ガーゼ; タンポン ④錐(3);ドリル ▶ *se faire faire des mèches* 髪をメッシュに染めてもらう *vendre la mèche* 秘密をばらす

mèche² [mɛʃ] 女《不変》〖成句でのみ〗▶ *être de mèche avec ...*《話》《人》とぐるになっている, 通じている *Il n'y a pas mèche.* お手上げだ

méchoui [meʃwi] 男《<アラビア》《野外で行う》羊の丸焼き料理

mechta [mɛʃta] 女《アルジェリア・チュニジアの》集落

mécompte [mekɔ̃t] 男 見込み違い; 失望

méconn... ⇨ méconnaître

méconnaissable [mekɔnɛsabl] 形 見違えるほどに変った, 見分けられない

méconnaissance [mekɔnɛsɑ̃s] 女 《文》無理解, 認識不足; (才能などの)無視

méconnaître [mekɔnɛtr] 他 16 認めない, 無視する; 正しく評価しない, 軽視する

méconnu(e) [mekɔny] 形 (< méconnaître) 真価を認められない, 不遇の —— 名 世に認められていない人

***mécontent(e)** [mekɔ̃tɑ̃, -ɑ̃t] (メコンタ(ント)) 形 (英 discontented) [[否定文で用いることが多い]] (…に)不満な, 不機嫌な ‹de, que› —— 名 不平家, 不満分子

mécontentement [mekɔ̃tɑ̃tmɑ̃] 男 不平, 不満

mécontenter [mekɔ̃tɑ̃te] 他 不満を抱かせる

Mecque [mɛk] 女 [[La ~]] メッカ [サウジアラビアの都市; イスラム教の聖地]

mécréant(e) [mekreɑ̃, -ɑ̃t] 形 名 無宗教の(人); 《古》異教の(徒)

***médaille** [medaj] メダーイユ 女 (英 medal) メダル, 賞牌(はう); 記章, バッジ; [聖人像などを刻んだ]お守りのメダル; [歴史的価値のある]古銭

médaillé(e) [medaje] 形 メダル[賞牌(はう)]を授けられた —— 名 メダリスト, 賞牌[勲章]受領者

médailler [medaje] 他 メダル[賞牌(はう)]を授ける

médaillier [medaje] 男 メダル陳列箱; メダルの収集

médailliste [medajist] 名 ① メダル収集家 ② メダル製造業者

médaillon [medajɔ̃] 男 ① メダイヨン [楕円の枠に入れた肖像画・彫刻] ② ロケット [写真などを入れて首から下げるアクセサリー] ③ [料] メダイヨン [肉・フォアグラなどの輪切り]

***médecin** [med(ə)sɛ̃] メドゥサン 男 (英 doctor) 医者, 医師 ▸ *médecin conventionné* 保険医 *médecin de famille* かかりつけの医者 *médecin de garde* 当直医 *médecin généraliste [spécialiste]* 一般 [専門] 医 *médecin légiste* 法医学者 *médecin traitant* 主治医 *Médecins sans frontières* 国境なき医師団 [第三世界で医療活動をするNGO; 略MSF]

medecin-conseil [med(ə)sɛ̃kɔsɛj] 男 (複 ~s-~s) (会社・団体などの)顧問医師

***médecine** [med(ə)sin] メドゥシーヌ 女 (英 medicine) 医学; 医業 ▸ *étudiant en médecine* 医学生 *médecine douce* 代替医療 *médecine générale* 一般医学 *médecine légale* 法医学

Medef [mɛdɛf] 《略》Mouvement des entreprises de France フランス企業連合 [日本の経団連にあたる]

médi... ⇨médire

média [medja] 男 (複 *media*, *médias*) マスメディア, メディア [*médium* がラテン語本来の単数の形] ⇨ [コラム: フランスのメディア]

médian(e) [medjɑ̃, -an] 形 中央の, 中間の ▸ *ligne médiane* [数] 中線 *nerf médian* [解] 正中神経 —— 女 [数] (三角形の)中線; [統計] メディアン, 中央値

médianoche [medjanɔʃ] 男 《文》(真夜中以降に食べる)夜食

médiat(e) [medja, -at] 形 間接の

médiateur(trice) [medjatœr, -tris] 名 調停者, 仲裁人; 調停物; オンブズマン —— 形 仲介の, 調停の

médiathèque [medjatɛk] 女 (書物・ビデオ・レコードなどが利用できる)メディアライブラリー

médiation [medjasjɔ̃] 女 仲裁, 調停; 仲介; [哲] 媒介

médiatique [medjatik] 形 マスメディアの; マスコミ受けする

médiatisation [medjatizasjɔ̃] 女 (マスコミへの)公表

médiatiser [medjatize] 他 メディアで流す, メディアで公表する

médiatrice¹ [medjatris] 女 [数] 垂直2等分線

médiatrice² [medjatris] 形 (女) 名 *médiateur* の女性形

***médical(ale)** [medikal] メディカル 形 (男複 -*aux*[-o]) 医学の; 医者の, 医師による; 薬の

médicalement [medikalmɑ̃] 副 医学上

médicalisation [medikalizasjɔ̃] 女 医療(施設)の普及

médicalisé(e) [medikalize] 形 医療設備の充実した

médicaliser [medikalize] 他 (ある地域に)医療を普及させる, 医療体制を整える

***médicament** [medikamɑ̃] メディカマン 男 (英 medicine) 薬, 薬剤, 医薬

médicamenteux(se) [medikamɑ̃tø, -øz] 形 ① 薬効のある ② 薬が原因の, 薬物による

médicastre [medikastr] 男 《古》やぶ医者

médication [medikasjɔ̃] 女 投薬, 治療

médicéen(ne) [medise̞ɛ̃, ɛn] 形 メディチ家の

médicinal(ale) [medisinal] 形 (男複 -*aux*[-o]) 薬用の ▸ *plante médicinale* 薬草

Médicis [medisi(s)] メディチ家 [イタリア/フィレンツェの名家] ▸ *prix Médicis* [le ~] メディシス賞 [フランスの文学

médic(o)- [接頭]〈ラ〉「医学」の意
médic(o)- [接頭]〈ラ〉「医学」の意
médico(-)légal(ale) [medikolegal] 形(男複 -aux[-o]) 法医学の
médico(-)social(ale) [medikosɔsjal] 形(男複 -aux[-o]) 社会医療の, 健康保険による
médiéval(ale) [medjeval] 形(男複 -aux[-o]) 中世の
médiéviste [medjevist] 名 中世研究家
médina [medina] 女(＜アラビア) メディナ【北アフリカのイスラム居住区】
médio- [接頭]〈ラ〉「中」「中間」の意

médiocratie [medjɔkrasi] 女 凡人政治
*__médiocre__ [medjɔkr メディヨクル] 形 平凡な, ぱっとしない; 並以下の; (人が)凡庸な, 愚かな; (量が)わずかな, そこそこの; 〔古〕中位の — 名 凡人, 無能な人 — 男 月並み, 平凡
médiocrement [medjɔkrəmɑ̃] 副 凡庸に, みすぼらしく
médiocrité [medjɔkrite] 女 凡庸, つまらなさ; 無能な人
médire [medir] 自 37 [直説法現在および命令法の2人称複数は médisez] …を悪く言う, けなす (de)

フランスのメディア

主要な新聞
 Le Figaro 『ル・フィガロ』
 Libération 『リベラシオン』
 Le Monde 『ル・モンド』
 Les Échos 『レ・ゼコ』

主要な雑誌
 [一般誌]
  L'Express 『レクスプレス』
  Le Point 『ル・ポワン』
  Le Nouvel Observateur 『ル・ヌーヴェル・オプセルヴァトゥール』
  Paris Match 『パリ・マッチ』
 [ファッション誌]
  Elle 『エル』
  Marie-Claire 『マリ・クレール』
 [映画誌]
  Cahiers du cinéma 『カイエ・デュ・シネマ』
 [スポーツ誌]
  France-Football 『フランス・フットボール』
  Tennis Magazine 『テニス・マガジン』

TV局
 [公営放送]
France 2	フランス・ドゥー	国内国外ニュース
France 3	フランス・トロワ	地域別ニュース
France 5	フランス・サンク	教養
Arte	アルテ	文化 (フランス・サンクの空き時間に放送)

 [民営放送]
TF1	テー・エフ・アン	ニュース全般
Canal +	カナル・プリュス	スポーツ・映画 (有料)
M6	エム・シス	音楽・映画など

通信社
 AFP (Agence France-Presse) フランス通信社

médis..., médit... ⇨ médire

médisance [medizɑ̃s] 女 悪口を言うこと; 誹謗, 中傷

médisant(e) [medizɑ̃, -ɑ̃t] 形名 (<médire) 悪口を言う(人), 口の悪い(人)

méditatif(ve) [meditatif, -iv] 形 瞑想的な, 物思いにふける ── 名 瞑想家

méditation [meditasjɔ̃] 女 瞑想, 熟慮; (複)瞑想録

***méditer** [medite メディテ] 他 (…について)じっくり考える; 計画を練る; (…しよう)ともくろむ«de» ── 自 (…について)熟考する, 瞑想する «sur»

Méditerranée [mediterane] 女 地中海 (= la mer ~)

méditerranéen(ne) [mediteraneɛ̃, -ɛn] 形 地中海の ── 名 [M-]地中海沿岸地方の人

médium¹ [medjɔm] (くら) 男 ①霊媒 ②(楽) 中声域, 中音 ③(美術) 媒材, 溶剤; (論) 媒概念

médium² [medjɔm] 男 = média

médius [medjys] 男 中指 (= majeur)

Médoc [medɔk] メドック地方 (ジロンド川左岸, ボルドーワインの代表的産地)

médoc [medɔk] 男 メドックワイン (= vin de M-)

médullaire [medylɛr] 形 (解) 骨髄の, 髄の; (植) 木髄の

médulleux(se) [medylø, -øz] 形 (植) 髄のある

Méduse [medyz] 女 (ギ神) メドゥーサ (頭髪が蛇からなり, 見る者を石と化した魔女)

méduse [medyz] 女 (動) クラゲ

médusé(e) [medyze] 形 (< méduser) 唖然(ぼうぜん)とした

méduser [medyze] 他 唖然(ぼうぜん)とさせる

meeting [mitiŋ] 男 (<英) 政治集会, 討論会; (スポーツ) 競技会, 大会 ▶ *meeting aérien* 航空ショー

méfait [mefɛ] 男 悪事, 非行; 害, 被害

méfiance [mefjɑ̃s] 女 不信, 疑念, 警戒心

méfiant(e) [mefjɑ̃, -ɑ̃t] 形 疑い深い, 用心した ── 名 疑い深い人

***méfier** [mefje メフィエ] (代動) «se ~» (英 suspect) 信用しない, 警戒する, 気をつける «de»

méforme [mefɔrm] 女 (スポーツ) 不調, ībū条件

méga- 接頭 (ギ) 「大」「白万」の意.

mégacôlon [megakɔlɔ̃] 男 (医) 巨大結腸症

mégacycle [megasikl] 男 (通信) メガサイクル

mégahertz [megaɛrts] 男 (通信) メガヘルツ (周波数の単位)

mégalithe [megalit] 男 (考古) (有史以前の)巨石

mégalithique [megalitik] 形 (考古) 巨石の

mégalo [megalo] 形名 (話) = mégalomane

mégalo- ⇨ méga-

mégalomane [megalɔman] 形名 傲慢な(人); (精医) 誇大妄想狂(の人)

mégalomanie [megalɔmani] 女 (精医) 誇大妄想狂; 並外れた野心

mégalopole [megalɔpɔl], **mégalopolis** [megalɔpɔlis] 女 ①巨帯大都市圏, 巨帯都市 ▶ *mégalopole européenne* ⟦la~⟧ ブルーバナナ (ロンドンからミラノに至る巨帯都市圏) ②大都市圏

mégaoctet [megaɔkte] 男 (情報) メガオクテット; メガバイト

mégaphone [megafɔn] 男 メガホン

mégapole [megapɔl] 女 = mégalopole

mégaptère [megaptɛr] 男 (動) ザトウクジラ

mégarde [megard] 女 (成句でのみ) ▶ *par mégarde* 不注意から, うっかり

mégathérium [megaterjɔm] 男 (古生) メガテリウム (ナマケモノの近縁属)

mégatonne [megatɔn] 女 メガトン (100万トン; 略 Mt)

mégawatt [megawat] 男 (電気) メガワット (100万ワット)

mégère [meʒɛr] 女 意地悪女, ねたみ女 (ギリシア神話の復讐の三女神の一人 メガイラより)

Megève [məʒɛv] ムジェーヴ (フランス東部の町, スキー場で有名)

mégir [meʒir] 他 ③③ (皮革) 明礬(みょうばん)でなめす

mégisser [meʒise] 他 = mégir

mégisserie [meʒisri] 女 皮なめし業; なめし皮販売

mégissier [meʒisje] 男 皮なめし業者; なめし皮商

mégohm [megɔm] 男 (電) メガオーム

mégohmmètre [megɔmmɛtr] 男 (電) 絶縁抵抗計

mégot [mego] 男 (話) たばこの吸いがら, 吸殻

mégotage [megɔtaʒ] 男 (話) けちり

mégoter [megɔte] 自他 (話) けちけちする; けちる «sur»

méhari [meari] 男 (複 ~s, *méhara* [meara]) (動) メハリ (早駆け用のヒトコブラクダ)

méhariste [mearist] 男 メハリに乗った人; (かつての)メハリ騎兵隊員

***meilleur(e)** [mɛjœr メイユール] 形 ①[bon の優等比較級] (英 better) よりよい, より好ましい ▶ *Meilleurs vœux pour l'année nouvelle.* 新年おめでとうございます ②[[定冠詞・所有

容詞を付して bon の優等最上級]](as best) 最もよい, 最も優れた ▶**le meilleur élève de la classe** クラス一の優等生 **le meilleur marché** 最も安い ―― 副 よりよく ▶**sentir meilleur** よりよい匂いがする ―― 名 [定冠詞を付けて]最良の人[存在, もの] ▶**J'en passe, et des meilleurs.** もっとおもしろい話がありますが, この辺にしておきます **Que le meilleur gagne!**(勝負事の始めに)最も優れた者に勝利あれ ―― 中 (定冠詞をつけて)最良の部分, 一番よいこと ▶**Le meilleur, c'est de...[que ...]** 一番よいのは…することだ [que ...]

méiose [mejoz] 囡 減数分裂

meitnérium [majtnɛʁjɔm] 男 マイトネリウム[原子番号 109 の元素]

méjuger [meʒyʒe] 他 40 (…について)判断を誤る, 真価を認めない ―― 自 (文) を過少評価する (de) ―― 代動 [se ~] (文) 自分を過小評価する

mél [mɛl] 男 (情報) E メール

mélæna [melena] 男 (医) メレナ【血便の一種】

*__mélancolie__ [melɑ̃kɔli メランコリー] 囡 (英 melancholy) 憂鬱(ウッ), 愁い, わびしさ; (精災) 鬱状態, メランコリー

mélancolique [melɑ̃kɔlik メランコリック] 囮 (英 melancholy) 憂鬱(ウッ)な, もの悲しい; (精災) 鬱病の ―― 名 陰気な人; (精災) 鬱病患者

mélancoliquement [melɑ̃kɔlikmɑ̃] 副 憂鬱(ウッ)そうに, もの悲しく

Mélanésie [melanezi] 囡 メラネシア

mélanésien(ne) [melanezjɛ̃, -ɛn] 囮 メラネシアの ―― 名 [M-] メラネシア人

*__mélange__ [melɑ̃ʒ メランジュ] 男 (英 mixing, mixture) 混合, 混ぜること; 交雑; 混合物, 雑種 ▶**sans mélange** 純粋な, 混じり気のない ②(複) 雑録; 論文集

mélangé(e) [melɑ̃ʒe] 囮 (< mélanger) 混ざった; 雑種の; 混統の

*__mélanger__ [melɑ̃ʒe メランジェ] 他 40 (英 mix, blend) 混ぜる, 混ぜ合わせる, ごちゃまぜにする, 混同する ―― 代動 [se ~] 混ざる

mélangeur [melɑ̃ʒœːʁ] 男 攪拌(カクハン)機, ミキサー; (冷水と温水の)混合栓(= **robinet ~**); サウンドミキサー(= ~ **de son**)

mélanine [melanin] 囡 (化) メラニン (色素)

mélanisme [melanism] 男 (医) 黒化症

mélan(o)- 接頭 (ギ) 「黒」の意

mélanocyte [melanɔsit] 男 (生) メラノサイト, メラニン形成細胞

mélanodermie [melanɔdɛʁmi] 囡 (医) 黒皮症

mélanome [melanom] 男 (医) 悪性黒色腫

mélanose [melanoz] 囡 (医) メラノーシス, 黒色症

mélasse [melas] 囡 ①糖蜜 ②(話) 濃霧; 苦しい状況 ▶**être dans la mélasse** 泥沼にはまっている

melba [mɛlba] 囮 (不変) ▶**pêche Melba** ピーチメルバ【桃のシロップ煮をバニラアイスに添えて, ラズベリーソースをかけたデザート】

melchior [mɛlkjɔːʁ] 男 洋銀 (= **maillechort**)

mêlé(e) [mele] 囮 混ざった, 雑多な; …の入り混じった (de)

méléagrine [meleagʁin] 囡 (動) アコヤ貝, 真珠貝

mêlécasse, mêle-cass(e) [mɛlkas] 男 カシス入りブランデー ▶**voix de mélécasse** (話) (酒のみの)かすれ声

mêlée¹ [mele] 囡 ①乱闘, 混戦 ②(ラグビーの)スクラム ▶**mêlée ouverte** (ラグビー) モール

mêlée² [mele] 囮 mêlé の女性形

méléna [melena] 男 = **mélæna**

*__mêler__ [mele メレ] 他 (英 mix, blend) 混ぜる, 混ぜ合わせる; もつれさせる; (人を…に)巻き込む (à) ▶**mêler A de B** A に B を混ぜる [挿入する] ―― 代動 [se ~] ①まざり合う; もつれる ②(…に)まじる, 加わる (à, dans) ③(…に)口出しする, 干渉する (de) **De quoi je me mêle!** 口出しするな **Mêle-toi de tes oignons!** (話) 引っ込んでろ

mélèze [melɛːz] 男 (植) カラマツ

mélia [melja] 男 (植) センダン

mélilot [melilo] 男 (植) メリロート, スイートクローバー

méli-mélo [melimelo] 男 (複 ~**s**-~**s**) (話) ごたまぜ, ごちゃごちゃ

mélinite [melinit] 囡 メリニット【ピクリン酸爆薬】

mélioratif(ve) [meljɔʁatif, -iːv] 囮 (語) 美称の, ほめ言葉の ―― 男 美称

mélisse [melis] 囡 (植) レモンバーム, メリッサ, コウスイハッカ, セイヨウヤマハッカ ▶**eau de mélisse** メリッサ水【気つけ薬】

mélo [melo] 男 (話) メロドラマ(風の)

mélodie [melɔdi] 囡 旋律, メロディー; (特にフランスの)歌曲; (詩などの)抑揚

mélodieusement [melɔdjøzmɑ̃] 副 美しい旋律をもって

mélodieu(se) [melɔdjø, -øːz] 囮 旋律の美しい, 音楽的な

mélodique [melɔdik] 囮 旋律に関する, 旋律的な

mélodramatique [melɔdʁamatik] 囮 メロドラマ風の; 芝居がかった

mélodrame [melɔdʁam] 男 ①メロ

mélomane [meloman] 形 音楽好きの(人)

melon [m(ə)lɔ̃ ムロン] 男 ①メロン ▶*melon d'eau* スイカ(= pastèque) ②山高帽(= chapeau ~) ③《話》頭 ④《俗・軽蔑的》アラブ人

melonnière [m(ə)lɔnjɛr] 女 メロン畑

mélopée [melɔpe] 女 単調な歌[旋律];(古代ギリシアの)叙唱

melting-pot [meltiŋpɔt] 男《英》(人種・文化の)るつぼ《特に19世紀アメリカを表す》;種々の人間や意見が交錯する場

Melun [məlɛ̃] マラン 《Seine-et-Marne県の県庁所在地》

Mélusine [melyzin] 女 メリュジーヌ《フランスの中世伝説に出てくる土曜日ごとに下半身が蛇に化した妖精》

membrane [mɑ̃bran] 女 (動植物の)膜;薄い膜;(電話・マイクなどの)振動板(= ~ vibrante) ▶*membrane cellulaire* 細胞膜

membraneux(se) [mɑ̃brənø, -øz] 形〔解〕膜質の

*****membre** [mɑ̃br] 男《英 member》①メンバー,一員,会員;加盟国 ▶*États membres* 加盟国 *membre fondateur* 創設メンバー ②手足,四肢;《文》陰茎(= ~ viril) ▶*membres antérieurs* [*postérieurs*] 前肢[後肢] ③〔数〕(数式の)辺 ④(船の)肋(2)

membré(e) [mɑ̃bre] 形 ▶*bien* [*mal*] *membré* 手足が屈強な[ひ弱な];《俗》ペニスが大きい[小さい]

membron [mɑ̃brɔ̃] 男〔建〕水切縁

membru(e) [mɑ̃bry] 形名《文》手足の頑丈な(人)

membrure [mɑ̃bryr] 女 (集合的に)《文》四肢;〔建〕骨組;〔海〕肋(2)材;フレーム材

mémé [meme] 女 《幼児》おばあちゃん;《話・軽蔑的》おばちゃん

*****même** [mɛm メーム] 形《英 same, even》①[名詞の前] 同じ,同一の,同種の;(…と)同じ(que) ▶*en même temps que* …と同時に ②[(代)名詞のあと] …でさえ;まさにその,…そのもの ▶*Elle est la bonté même.* 彼女は善良そのものだ *le jour même de mon arrivée* 私の到着したまさにその日に ③[人称代名詞の強勢形のあとにつけて] …自身(で,が,を) ▶*de lui-même* [*moi-même, …*] 自ら進んで

— 一代《不定》[定冠詞の後] 同類のもの[こと],同じ人 ▶*Elle est toujours la même, malgré les années.* 年齢に相変わらず *La réaction n'a pas été la même qu'à Paris.* パリでの反応とは違っていた

— 副 ①…すら,…までも;いやむしろ ▶*Il n'est même pas diplômé.* 彼は資格さえ持っていない ②まさに,ちょうど ▶*à même* じかに ▶*être à même de* …できる状態にある *il en va* [*est*] *de même pour* …にとっても事情は同じである *quand même* それでも,やはり *s'asseoir à même le sol* 地べたに座り込む *tout de même* それでも,何と言っても

mêmement [mɛmmɑ̃] 副《古》同様に

mémento [memɛ̃to] 男 ①〔カト〕メメント ②メモ帳,備忘録;要覧

mémérage [memeraʒ] 男《カナダ・話》おしゃべり

mémère [memɛr] 女《俗》おばあちゃん;《話》太った中年おばさん;《カナダ》おしゃべりな人

mémérer [memere] 自《カナダ・話》おしゃべりする

mémo [memo] 男《話》メモ(帳)

*****mémoire**[1] [memwar メモワール] 女《英 memory》記憶,記憶力;(死後の)名声;(亡き人の)思い出,追憶;[情報] 記憶装置,メモ ▶*à la mémoire de* …の追念に *avoir bonne* [*mauvaise*] *mémoire* 記憶力がよい[悪い] *avoir la mémoire courte* 忘れっぽい *avoir une mémoire d'éléphant* 図抜けた記憶力である *de mémoire* 記憶によって,そらで *de mémoire d'homme*〔否定文で〕記憶にある限りでは *mémoire morte* 読み出し専用メモリ【ROM】*mémoire tampon*〔情報〕バッファー *mémoire virtuelle*〔情報〕仮想メモリ *mémoire vive* ランダムアクセスメモリ【RAM】*mettre en mémoire*〔情報〕保存する *perdre la mémoire* 記憶をなくす *pour mémoire* 念のため *si j'ai bonne mémoire* 私の記憶が確かなら

mémoire[2] [memwar] 男 研究報告,論文;《複》[M-s]回想録;陳情書,意見書;(訴訟の)趣意書;見積書,計算書

*****mémorable** [memɔrabl メモラブル] 形 記憶すべき;忘れがたい

mémorandum [memɔrɑ̃dɔm] 男《複》(外交)覚書;メモ;手帳

mémorial [memɔrjal] 男《複 -aux》[-o] 記念碑[館];[M-] 日記,回想録

mémorialiste [memɔrjalist] 名 回想録の作者;時代の証人

mémoriel(le) [memɔrjɛl] 形 記憶の;〔情報〕メモリの

mémorisable [memɔrizabl] 形 記憶できる

mémorisation [memɔrizasjɔ̃] 女 記憶作用,暗記化;〔情報〕(メモリへの)データの保存

mémoriser [memɔrize] 他 記憶にとどめる;〔情報〕(データ)を記憶させる

menaçant(e) [mənasɑ̃, -ɑ̃t] 形 脅迫[威嚇]的な;雲行きが怪しい,一荒れしそうな

*menace [mənas ムナス] 女〔英 threat〕おどかし, 威嚇, 脅迫; 脅威, 危険 ▶**sous la menace** 脅されて

menacé(e) [mənase] 形 (< menacer) おびやかされた, 危険の ▶**espèces menacées** 絶滅危惧種

*menacer [mənase ムナセ] 他 52 ① (英 threaten) おどす, 脅迫する; (人に…するぞと)おどす《de》 ②(物が主語)危険が迫る; 今にも…するおそれがある《de》

ménade [menad] 女 〔ギ神〕マイナス〖バッカス(Bacchus)の巫女〗

*ménage [menaʒ メナージュ] 男 ①〔英 housekeeping〕家事, 掃除 ▶**faire des ménages** 家政婦をする **faire le ménage** 掃除をする ②《(英 couple)》夫婦, カップル; 世帯 ▶**faire bon ménage avec** …とうまく行く **ménage à trois**〖話〗三角関係 **se mettre en ménage** 所帯を持つ

ménagement [menaʒmã] 男 手加減, 節度, 手心;《複》心遣い, 配慮

*ménager[1] [menaʒe メナジェ] 他 40 (人をいたわる, 手心を加える; (…に)留意する, 大切に扱う; 大事に使う, 節約する;(力などを оぬまま)準備する, お膳立てをする;(場所を)あけておく;(席を取る, …を**ménager les susceptibilités** 人々にショックを与えない **ménager sa santé** 健康に気を遣う **ménager ses forces** 力をセーブする **ménager une surprise à** (人に)思いがけないプレゼントを用意する **ne pas ménager ses efforts** 労力を惜しまない — 代動〖se ~〗①自分の身体を大切にする, たがいにいたわり合う ②(自分のために…)の手はずを整える

*ménager[2]**(ère)** [menaʒe, -ɛr メナジェ, -エール] 形 家事の, 家庭の ▶**travaux ménagers** 家事労働 — 女 ①主婦 ②(ケース入りの)ナイフ・フォークセット

ménagerie [menaʒri] 女 (見世物用・研究用の)動物小屋;(小規模な)動物園;(集合的)(動物小屋の)動物

ménagiste [menaʒist] 名 家電商〖業者〗

menchevik [mɛ̃ʃevik] 名《ロシア》〔史〕メンシェヴィキ〖ロシア革命時の穏健派でボリシェヴィキに対抗した〗

Mende [mãd] マンド〖Lozère県の県庁所在地〗

mendélévium [mɛ̃deleviɔm] 男〔化〕メンデレビウム〖原子番号101の元素〗

mendélien(ne) [mɛ̃deljɛ̃, -ɛn] 形〔生〕メンデル(Mendel)の, メンデルの法則の

mendélisme [mɛ̃delism] 男〔生〕メンデルの遺伝学説

*mendiant [mãdjã, -ãt マンディヤン(ト)] 名〔英 beggar〕乞食, 物乞い — 形 物乞いをする — 男 マンディヤン〖干しイチジク, 干しブドウ, ハシバミの実, アーモンドからなるデザート〗

mendicité [mãdisite] 女 物乞いをすること, 乞食の境遇

mendier [mãdje] 自 物乞いをする 他 物乞いをする, 施しを乞う; 卑屈に求める

mendigot(e) [mãdigo, -ɔt]〖話〗乞食

mendigoter [mãdigɔte] 自他 物乞いをする

mendole [mãdɔl] 女〔魚〕スズキ目; ギンカガミ

meneau [məno] 男《複 ~x》〔建〕窓の仕切り枠

menées [məne] 女 ①《複》陰謀, 策略 ②〔狩〕鹿が逃げる道

*mener [məne ムネ] 他 11 ① (英 take, lead) ①(…に)連れて行く;《~ A + 不定詞》Aを…しに連れて行く; 導く, 引率する; 率先して…する; 至らせる《à》;(人を)動かす, 思うようにする;(車などを)動かす, 操縦する;(生活を送る;(活動などを)繰り広げる;〔スポーツ〕[J前の語なしで]リードする;〔数〕(線を)引く ▶**mener… à bonne fin (à bien)** うまくやり遂げる **mener… par le bout du nez** (人)を手玉に取る **mener la vie dure à** (人)を手厳しく扱う;(人)を苦しめる ②(乗物・道などが)運んで行く, 通じる, 至る《à》 ▶**Cela ne mène à rien.** そんなことをしても何にもならない

ménestrel [menɛstrɛl] 男 (中世の)吟唱詩人

ménétrier [menetrije] 男 田舎回りのバイオリン弾き〖結婚式などで踊りの伴奏をした〗

meneur(se) [mənœr, -øz] 名 (暴動・陰謀などの)指導者, 首謀者; 扇動者 ▶**meneur de jeu** (ショーなどの)司会者 **meneur d'hommes** リーダー

menhir [menir] 男 メンヒル〖先史時代の巨石建造物〗

méninge [menɛ̃ʒ] 女〔解〕(脳脊)髄膜;《複》〔話〕脳みそ, 知恵 ▶**se creuser les méninges**〖話〗脳みそを絞る

méninge(e) [menɛ̃ʒe] 形〔解〕(脳脊)髄膜の

méningiome [menɛ̃ʒjom] 男 髄膜腫

méningite [menɛ̃ʒit] 女〔医〕(脳脊)髄膜炎

méniscal(ale) [meniskal, -auks-o] 形 (男複 -auks-o) (関節内の)半月板の

méniscite [menisit] 女〔医〕半月板損傷

méniscographie [meniskɔgrafi] 女 膝《の関節》のX線撮影法

ménisque [menisk] 男 ①〔光〕メニスカス(凹凸)レンズ ②〔解〕(関節内の)半月板

ménopause [menɔpoz] 女〔医〕閉経(期); 更年期(= retour d'âge)

ménopausée [menopoze] 形《女

ménopausique [menopozik] 形 (障害などが)更年期による

menotte [mənɔt] 女 ①(幼児)おてて ②(複)手錠 ▶passer les menottes à (人)に手錠をかける

menotter [mənɔte] 他 (人)に手錠をかける

mens [mɑ̃] ⇨ **mentir**

mensonge [mɑ̃sɔ̃ʒ] 男 (英 lie) うそ; 虚偽, まぼろし; 欺瞞, 偽善 ▶pieux mensonge 善意の嘘

mensonger(ère) [mɑ̃sɔ̃ʒe, -ɛr] 形 うその, でたらめな

mensongèrement [mɑ̃sɔ̃ʒɛrmɑ̃] 副 でたらめに

menstruation [mɑ̃stryasjɔ̃] 女 (医) 月経(の機能)

menstruel(le) [mɑ̃stryɛl] 形 月経の

menstrues [mɑ̃stry] 女 (複)(古) 月経, メンス

mensualisation [mɑ̃sɥalizasjɔ̃] 女 (時間給の)月給化

mensualiser [mɑ̃sɥalize] 他 月給制にする; 月払いにする

mensualité [mɑ̃sɥalite] 女 月ごとの支払額月賦金; 月給

mensuel(le) [mɑ̃sɥɛl] 形 (英 monthly) 月一度の, 毎月の — 名 月給取り, サラリーマン — 男 月刊誌

mensuellement [mɑ̃sɥɛlmɑ̃] 副 毎月(1回)

mensuration [mɑ̃syrasjɔ̃] 女 身体測定;(複)身体測定値

-ment [接尾] ①形容詞から副詞をつくる ②= ement

mental(ale) [mɑ̃tal] 形 (男複 -aux[-o]) 精神の, 心の; 頭の中での ▶âge mental 精神年齢 calcul mental 暗算 — 男 (特にスポーツ選手の)精神面

mentalement [mɑ̃talmɑ̃] 副 精神的に; 頭(心)の中で

*****mentalité** [mɑ̃talite] 女 (英 mentality) 集団的精神構造, メンタリティー; 考え方(話・反肉的に)品性 ▶Jolie [Quelle] mentalité! 何と破廉恥な

menterie [mɑ̃tri] 女 (古・方) うそ

menteur(se) [mɑ̃tœr, -øz] 名 (英 liar) うそつき — 形 うそをつく, 偽りの

menthe [mɑ̃t] 女 (植) ハッカ, ミント; ハッカシロップ ▶à la [de] menthe ミント味の menthe à l'eau ハッカ水

menthol [mɑ̃tɔl] 男 (化) メントール

mentholé(e) [mɑ̃tole] 形 メントール入りの

mention [mɑ̃sjɔ̃] 女 記載, 言及; 記載事項; 成績, 評価 ▶avec la mention très bien [bien, assez bien, passable] 秀[優, 良, 可]の成績 avec mention 「良」以上の成績

で faire mention de …に言及する

*****mentionner** [mɑ̃sjɔne] 他 記載する, 言及する

mentir [mɑ̃tir マンティール] 自 48 (英 lie) ①うそをつく, だます, 偽る; (…に)反する (à) ②(ものが)人を欺く, 真実にそむく — 代動 [se ~] 自分をごまかす; だまし合う

Menton [mɑ̃tɔ̃] マントン [地中海岸の保養地]

menton [mɑ̃tɔ̃ マントン] 男 (英 jaw) あご; (昆虫の)口器 ▶double menton 二重あご menton en galoche しゃくれたあご

mentonnet [mɑ̃tɔnɛ] 男 (かんぬきの)受け金具;(機) タペット, カム; (鉄) (車輪の)つば

mentonnière [mɑ̃tɔnjɛr] 女 (帽子の)あごひも;(ヴァイオリンなどの)あご当て; (昔の)兜(₄)のあご当て

mentor [mɛ̃tɔr] 男 (文) (青年の)よき指導者[助言者]; [M-] (ギ神) メントール【テレマコスの養育助言者】

*****menu**¹ [məny ムニュ] 男 (英 menu) 献立(表); 定食, コース料理;(情報) メニュー

*****menu²(e)** [məny ムニュ] 形 小さい, 細かい; 小柄な; 取るに足らない, ささいな — 副 細かく ▶hacher menu みじん切りにする — 男 ▶par le menu 詳しく

menuet [mənyɛ] 男 (楽・舞) メヌエット

menuiser [mənɥize] 他 指物[木工]細工をする; (木・板を)薄くする

menuiserie [mənɥizri] 女 指物[木工]細工; 指物, 建具; 指物[木工]細工の作業場

menuisier [mənɥizje] 男 指物師, 建具屋, 木工職人

Méphistophélès [mefistofelɛs] メフィストフェレス【ファウスト伝説の悪魔】

méphistophélique [mefistofelik] 形 メフィストフェレスのような, 悪魔的な

méphitique [mefitik] 形 (ガスが)有毒な, 悪臭のする

méplat(e) [mepla, -at] 形 平たい — 男 (体の)平らな部分; (美術) (物の形を構成する)平面部分

mépren… ⇨ **méprendre**

*****méprendre** [meprɑ̃dr メプランドル] 代動 [se ~] 60 (文) (…について)考え違いをする, 見誤える (sur) ▶à s'y méprendre 取り違えるほど

mépri…, **mépris…** ⇨ **méprendre**

*****mépris** [mepri メプリ] 男 ①(…に対する)軽蔑, 蔑み (pour) ②(…の)軽視, 無視 (de) ▶au mépris des lois 法を無視して

méprisable [meprizabl] 形 軽蔑すべき, 見下げ果てた;(古) どうでもよい

méprisant(e) [meprizɑ̃, -ɑ̃t] 形 見下すような, さげすんだような

méprise [mepriz] 囡 (< méprendre) 取り違え, 勘違い

mépriser [meprize メプリゼ] 他 軽蔑する; 無視する, 軽んずる

mer [mɛr メール] 囡 (英 sea) 海; 特定の海, …湾; ▶bord de la mer 海岸 Ce n'est pas la mer à boire. それは不可能なことではない mer haute [pleine] mer 沖 La mer est haute [basse]. 満潮[干潮]だ mer Adriatique [la ～] アドリア海 mer Baltique [la ～] バルト海 mer du Nord [la ～] 北海 mer Morte [la ～] 死海 mer Noire [la ～] 黒海 mer Rouge [la ～] 紅海 prendre la mer 出航する

mercanti [merkɑ̃ti] 男 ①悪徳商人 ②(中近東・北アフリカの)市場商人

mercantile [merkɑ̃til] 形 金もうけ主義の

mercantilisme [merkɑ̃tilism] 男 〔文〕金もうけ主義; 〔経〕重商主義

mercaticien(ne) [merkatisjɛ̃, -ɛn] 名 マーケティング専門家

mercatique [merkatik] 囡 〔経〕マーケティング

mercenaire [mɛrsənɛːr] 形 〔文〕金で雇われた, 欲得ずくの ── 男 傭兵

mercerie [mɛrsəri] 囡 小間物, 小間物商[店]

mercerisé(e) [mɛrsərize] 形 〈綿糸・綿布が〉シルケット加工を施した

merceriser [mɛrsərize] 他 〔織〕〈綿糸・綿布に〉シルケット加工をし, 光沢を出させる

:**merci** [mersi メルスィ] 男 (英 thank you) ありがとう; お礼, 感謝の言葉 ▶dire merci à 〈人〉に礼を言う Non merci. いいえ結構です ── 囡 慈悲; 随意, ▶à la merci de 〈人〉のなすがままに; …の脅威にさらされて Dieu merci 神のおかげで, 幸いにも sans merci 情け容赦のない

mercier(ère) [mɛrsje, -ɛːr] 名 小間物商人【糸・ボタンやレースを売る】

:**mercredi** [mɛrkrədi メルクルディ] 男 (英 Wednesday) 水曜日【フランスの小・中学校では休日となる】 ▶mercredi des Cendres 灰の水曜日【四旬節の第1日; 司祭が信者の額に聖灰で十字を塗る】

mercure¹ [mɛrkyːr] 男 〔化〕水銀

Mercure² [mɛrkyːr] 男 (M-) メルクリウス, マーキュリー【商業・旅行者の神】; (天) 水星

mercuriale¹ [mɛrkyrjal] 囡 〔食料などの〕市場標準価格表【毎週発表される】

mercuriale² [mɛrkyrjal] 囡 ①裁判の開廷上の辞 ②〔文〕叱責

mercuriel(le) [mɛrkyrjɛl] 形 〔化・薬〕水銀の, 水銀を含む

mercurochrome [mɛrkyrɔkrom] 男 〔薬〕マーキュロクローム

merde [merd メルド] 囡 (俗) [m... と略記されることもある] 糞(くそ); 下らないもの, ろくでもないやつ[もの]; 苦境; 窮地 ▶...de merde なんてひどい…だ avoir de la merde dans les yeux あたりまえのことがわからない de merde ひどい, むかつく, いまいましい être dans la merde どうにもならない, にっちもさっちもいかない foutre [semer] la merde 騒ぎをおこす, めちゃくちゃにする ── 間 (俗) くそっ, しまった, ちくしょう [憤慨・落胆]; ほう, すごい [驚嘆] (= ～ alors); ご幸運を祈ります, がんばって ▶(oui ou) merde? はいかいいえどっちだ?, どっちかはっきりしろ!

merder [merde] 自 (話) 失敗する, しくじる

merdeux(se) [mɛrdø, -øːz] 形 糞まみれの; ろくでもない ── 名 青二才, がき; げす野郎

merdier [mɛrdje] 男 (俗) 大混乱, 泥沼状態

merdique [mɛrdik] 形 (話) くだらない, 醜悪な

merdoyer [mɛrdwaje] 自 45 (話) しどろもどろになる, 答えにつまる

:**mère** [mɛːr メール] 囡 (英 mother) 母, 母親; (動物の)雌親; 母代わりの女性, 母のごとき存在; マザー【上級修道女の尊称】(話・古) お母さん; 発祥地, 源 ▶fête des Mères 母の日 mère adoptive 養母 mère célibataire 未婚の母 mère de famille 一家の主婦 mère de vinaigre 酢母 mère indigne 母親失格の女 mère nourrice 乳母 mère patrie 母国 mère poule 子供を溺愛する母親 mère supérieure 女子修道院長 ── 形 主な; もとになる ▶société mère 本店

mère-grand [mɛrgrɑ̃] 囡 (複 ～s- ～) 《古》祖母

merguez [mɛrgɛz] 囡 (<アラビア) メルゲズ【香辛料を加えたソーセージ】

méridien(ne) [meridjɛ̃, -ɛn] 形 南の; 子午線の ── 男 子午線; 経線 ── 囡 ①(古) 昼寝 ②(18-19世紀に流行した) 長椅子

méridional(ale) [meridjɔnal] 形 (男複 -aux[-o]) 南の, 南部の, 南フランスの ── 名 (M-) 南仏人

meringue [mərɛ̃ːg] 囡 メレンゲ【泡立てた卵白と砂糖で作った軽い菓子】

meringuer [mərɛ̃ge] 他 (菓子)にメレンゲをかける

mérinos [merinos] 男 メリノ羊(毛)

merise [məriːz] 囡 〔野生の〕サクランボ

merisier [mərizje] 男 〔植〕〔野生の〕サクラの木

méristématique [meristematik] 形 〔植〕分裂組織の

méristème [meristɛm] 男 〔植〕分裂組織

méritant(e) [meritɑ̃, -ɑ̃ːt] 形 賞賛に値する; (皮肉な)ご立派な

mérite [merit] 男 (英 merit) 長所, 取り柄; 才能; 功績, 手柄; 功労章, 勲章 ▶*promotion au mérite* 成績に応じた昇進

mérité(e) [merite] 形 (賞罰などが) 当然な, 受けてしかるべき

mériter [merite] 他 (英 deserve) (…に)値する, (…の)資格がある; (…に)ふさわしい; 当然の報いだ; 自業自得だ *mériter de* [不定詞] …するに値する, …して当然である

méritocratie [meritokrasi] 女 (個人の)能力主義

méritocratique [meritokratik] 形 能力主義の

méritoire [meritwar] 形 賞賛に値する

merlan [merlɑ̃] 男 ① [魚] タラ ② [話・古] 理髪師 ▶*faire des yeux de merlan frit* 白目で上を向いてぼうっとする

merle [merl] 男 [鳥] ツグミ, クロウタドリ

Merleau-Ponty [merlopɔ̃ti] (Maurice~) メルロ・ポンティ【1908-61; 哲学者】

merlin [merlɛ̃] 男 ① (薪割り用の)斧[おの]; (屠畜[とちく]用の)大槌[つち] ② [狩] 鹿の角の根本部分

merlon [merlɔ̃] 男 (城などの)銃眼壁の凸部

merlu(s) [merly] 男 [魚] メルルーサ【タラ科】

merluche [merlyʃ] 女 干鱈[だら]

mérou [meru] 男 [魚] ハタ

mérovingien(ne) [merovɛ̃ʒjɛ̃, -ɛn] 形 [史] メロヴィング朝の ── 男 [複] [les M-s] メロヴィング王家[王朝]

merrain [merɛ̃] 男 ① (樽を作る) 樫[かし]板 ② [狩] 鹿の角の根本部分

merveille [mɛrvɛj] 女 (英 wonder, marvel) ① すばらしいもの [人], 傑作; 驚嘆すべきもの; 驚異, 不思議 ▶*à merveille* すばらしく, 見事に *faire des merveilles* 大成功をおさめる *huitième merveille du monde* [la ~] (世界の七不思議に匹敵する) 世にも不思議なこと *Quelle merveille!* なんて素晴らしいのだろう! ② メルヴェイユ【揚げクッキー】

merveilleusement [mɛrvɛjøzmɑ̃] 副 驚くほど, 見事に

merveilleux(se) [mɛrvɛjø, -øz] 形 (英 wonderful) すばらしい, 見事な; 驚くべき; 魔法の ── 男 驚異, 不思議なこと ── 女 [特に女性形] [中] 伊達女【男】[18世紀末頃に奇異な服装で人目を引いた]

mérycisme [merisism] 男 [医] 反鄒[すう]症

*★**mes** [me] 男 [所有] 【1人称単数の所有形容詞複数形】私の ⇨*mon*

més- [接頭] 「誤った」「悪い」の意

mésalliance [mezaljɑ̃s] 女 (身分の劣る者との)不釣合いな結婚

mésallier [mezalje] 代動 [se ~] 身分の劣る者と結婚する

mésange [mezɑ̃ʒ] 女 [鳥] シジュウカラ属の鳥 ▶*mésange charbonnière* [bleue] シジュウカラ

mésaventure [mezavɑ̃tyr] 女 不運な出来事, 災難

mescaline [mɛskalin] 女 [薬] メスカリン【サボテンの一種から抽出する麻薬】

mesclun [mɛsklœ̃] 男 ミックスグリーンサラダ

mesdames [medam] 女 [複] madame の複数形

*★**mesdemoiselles** [medmwazɛl] 女 [複] mademoiselle の複数形

mésencéphale [mezɑ̃sefal] 男 [解] 中脳

mésentente [mezɑ̃tɑ̃t] 女 不和, 軋轢[あつれき]

mésentère [mezɑ̃tɛr] 男 [解] 腸間膜

mésestimation [mezɛstimasjɔ̃] 女 [文] 見くびり, 軽視

mésestime [mezɛstim] 女 [文] 軽視, 見くびり

mésestimer [mezɛstime] 他 [文] 軽視する, 見くびる

mésintelligence [mezɛ̃teliʒɑ̃s] 女 [文] 不和, 仲たがい

méso- [接頭] (<ギ) 「中央の」の意

mésolithique [mezɔlitik] 形 中石器時代の

Mésopotamie [mezopotami] 女 メソポタミア

mésopotamien(ne) [mezopotamjɛ̃, -ɛn] 形 メソポタミアの ── 名 [M-] メソポタミア人

mésosphère [mezosfɛr] 女 [気] 中間圏

mésothérapie [mezoterapi] 女 [医] メソセラピー【皮膚組織に注射器で医薬品を注入する方法】

mesquin(e) [mɛskɛ̃, -in] 形 卑しい, こせこせした; けちな, しみったれた

mesquinement [mɛskinmɑ̃] 副 卑劣に; けちくさく

mesquinerie [mɛskinri] 女 狭量, さもしさ; けちくささ

mess [mɛs] 男 (<英) [軍] (将校・下士官の)会食所

*★**message** [mesaʒ メサージュ] 男 伝言, ことづけ; 主張, メッセージ; 【集元首の】教書; 通達; [情報] メッセージ ▶*message publicitaire* コマーシャル

messager(ère) [mesaʒe, -ɛr] 名 使者, メッセンジャー; [古] 飛脚; [文] [生] メッセンジャー ▶*ARN messager* (de) …の使い

messagerie [mesaʒri] 女 [複] 運送[宅配]業; 運送業[会社]; 急行貨物輸送[取扱所]業 ▶*messagerie électronique* [情報] 電子メール *messagerie rose* [情報] アダルト

ト messagerie vocale〖情報〗ボイスメール messageries aériennes 空輸 service de messagerie 運送業

messe [mɛs メス]（英 mass）囡〖宗〗ミサ；〖楽〗ミサ曲 ▶**faire des messes basses** ひそひそ話をする **messe de minuit** (クリスマス・イヴの)深夜ミサ

messianique [mesjanik] 形 〖宗〗メシアの

messianisme [mesjanism] 男 〖宗〗メシア信仰

messidor [mesidɔr] 男 〖史〗メシドール, 収穫月〖共和暦の第10月〗

messie [mesi] 男 〖宗〗メシア, 救世主 ▶**attendre ... comme le messie**〖話〗…を待ち焦がれる

messieurs [mesjø メシュー] 男 (複) monsieur の複数形

messin(e) [mesɛ̃, -in] 形名 [M-] メス (Metz) の(人)

messire [mesir]男〖古〗閣下, …殿〖上流の人に対する尊称〗

mesurable [məzyrabl] 形 測定可能な

mesurage [məzyraʒ] 男 測定

mesure [m(ə)zyr ムジュール] 囡 ① (英 measure) 測定, 計測,(複)寸法, 大きさ；(価値などの) 評価；力量, 能力 ▶**appareil de mesure** 測定器 **prendre les mesures de** …の寸法を測る **sur mesure** オーダーメードで；あちら向きの ②(度の)単位, 尺度；(計量用の)升 ③節度；適度, 程度 ▶**à mesure que** …につれて, 応じて **au fur et à mesure que** 次第に, それに応じて **dans la mesure du possible** できる範囲で **dans la mesure où** …の程度において **dans une certaine mesure** ある程度は **être à la mesure de** …に見合った **être en mesure de** …できる **outre mesure** 法外に **sans commune mesure** 比較にならない ④措置, 対策；手段 ▶**mesures d'austérité** 緊縮措置 **mesures de rétorsion** 報復措置 **par mesure d'hygiène** 衛生上の措置として **prendre des mesures** 対策を講じる ⑤〖楽〗小節,拍子；〖詩〗韻律 ▶**battre la mesure**〖楽〗拍子を取る **en mesure**〖楽〗拍子に合わせて

mesuré(e) [məzyre] 形 ①節度のある, 慎重な ②計算された；(…に)釣り合った (à)

mesurer [məzyre ムジュレ] 他 (英 measure) ①測定[測量]する, 測る ②計り分ける；出し惜しむ, 控えめにする, (言葉を)慎む ③見積もる, 推測する；熟慮する；…に釣り合わせる ④ ——〖数量表現を伴って〗長さが…ある；身長が…である ▶**Elle mesure 1.50 m.** 彼女の身長は1メートル50センチです ——〖代動〗[**se ~**] 測られる ▶ **se mesurer**

avec [à](人)と力くらべをする **se mesurer des yeux** じろじろと見つめ合う

mesureur [məzyrœr] 男 計[測]器；計[測]量器

mésuser [mezyze] 自〖文〗…を悪用[濫用]する (de)

met [mɛ] ⇨mettre

mét(a-)〖接頭〗(ギ)「後続」「参加」「変化」「超」「包含」「それ自体を対象とした」の意

métabolique [metabɔlik] 形 〖生理〗代謝の

métabolisme [metabɔlism] 男 〖生理〗代謝, 新陳代謝

métacarpe [metakarp] 男 〖解〗中手骨(ちゅうしゅこつ)

métacarpien(ne) [metakarpjɛ̃, -ɛn] 形〖解〗中手骨(ちゅうしゅこつ)の

métacentre [metasɑ̃tr] 男 〖物〗(浮力の)傾心, メタセンター

métairie [meteri] 囡 (分益小作制度 (métayage)による)小作地；小作農家の住居

métal [metal メタル] 男 (複 -**aux**[-o]) 金属, 金属元素；〖紋〗金地(ぢ) ▶**métaux légers [lourds]** 軽[重]金属 **métaux précieux** 貴金属

métalangage [metalɑ̃gaʒ] 男

métalangue [metalɑ̃g] 囡 〖言〗メタ言語, 記述用言語〖ある言語を記述・分析するための言語〗

métalinguistique [metalɛ̃guistik] 形 メタ言語の —— 囡 メタ言語学

métallifère [metalifɛr] 形 金属を含んだ

métallique [metalik] 形 金属(製)の；金属のような, 金属的な

métallisation [metalizasjɔ̃] 囡 精錬；めっきすること, メタリック塗装

métallisé(e) [metalize] 形 金属光沢を施した, メタリック塗装の

métalliser [metalize] 他 (金属化合物を)精錬する；めっきする, 金属光沢を与える

métallo [metalo] 男〖話〗冶金工

métallographie [metalɔgrafi] 囡 金属組織学；金属版印刷(術)

métalloïde [metalɔid] 男 〖化〗半金属, メタロイド

métallurgie [metalyrʒi メタリュルジ] 囡 冶金学[術], 冶金工業；金属工業(界)

métallurgique [metalyrʒik] 形 冶金学上の, 金属工業の

métallurgiste [metalyrʒist] 男 冶金工；金属工業の経営者 —— 形 金属工業の

métamorphique [metamɔrfik] 形 〖地〗(岩)変成の

métamorphisme [metamɔrfism] 男 〖地〗変成作用

métamorphose [metamɔrfoz] 囡 変身, 変化, 激変；〖生〗変態

métamorphoser [metamɔrfoze]

métaphore [metafɔr] 女 〔修〕隠喩, メタファー

métaphorique [metafɔrik] 形 隠喩の; 隠喩に富む

métaphoriquement [metafɔrikmɑ̃] 副 隠喩を用いて

métaphyse [metafiz] 女 〔解〕骨幹端

métaphysicien(ne) [metafizisjɛ̃, -ɛn] 名 形而上学者

métaphysique [metafizik] 女 形而上学; (軽蔑的) 抽象論, 空論 —形 形而上学的な; 観念的な, 具体性を欠く

métaphysiquement [metafizikmɑ̃] 副 形而上学的に

métapsychique [metapsiʃik] 形 女 心霊学の, 心霊現象(の) (= parapsychologie)

métapsychologie [metapsikɔlɔʒi] 女 超心理学

métastase [metastɑz] 女 〔医〕(がんなどの) 転移

métastaser [metastaze] 自他 転移する

métatarse [metatars] 男 〔解〕中足骨(ちゅうそくこつ)

métatarsien(ne) [metatarsjɛ̃, -ɛn] 形 〔解〕中足骨(ちゅうそくこつ)の

métathèse [metatɛz] 女 〔言〕音位転換

métayage [metejaʒ] 男 分益小作制度

métayer(ère) [meteje, -ɛr] 名 分益小作人

métazoaire [metazɔɛr] 男 〔生〕後生動物

méteil [metɛj] 男 小麦とライ麦の混合(栽培)

metempsyc(h)ose [metɑ̃psikoz] 女 〔宗〕輪廻(りんね)説, 転生

*__météo__ [meteo] メテオ 女 (話) 天気予報 —形 (不変) (話) 気象の, 天候の

météore [meteɔr] 男 ① 流星 ② (古) 大気現象

météorique [meteɔrik] 形 ① 流星の, 隕石(いんせき)の ② 急速な, 急激な

météorisation [meteɔrizasjɔ̃] 女 ① (地) 風化 ② 〔医〕= météorisme

météoriser [meteɔrize] 他 鼓腸させる

météorisme [meteɔrism] 男 〔医〕鼓腸症

météorite [meteɔrit] 女 または 男 隕石

météorologie [meteɔrɔlɔʒi] 女 気象学; 気象台

météorologique [meteɔrɔlɔʒik] 形 気象[天候]に関する

météorologiste [meteɔrɔlɔʒist],
météorologue [meteɔrɔlɔg] 名 気象学者; 気象予報士; 測候所員

métèque [metɛk] 名 (軽蔑的) (フランス在住の) 外人, よそ者

méthadone [metadɔn] 女 〔薬〕メサドン, メタドン

méthane [metan] 男 〔化〕メタン(ガス)

méthanier [metanje] 男 LNG[液化天然ガス]輸送船

méthaniser [metanize] 他 メタン化する

méthanol [metanɔl] 男 〔化〕メタノール

*__méthode__ [metɔd] メトド 女 (英 method) (学問研究などの)方法, 方法論; 手法; (話) 手段, やり方; 手引, 入門書, 教則本

méthodique [metɔdik] メトディク 形 理路整然とした; 系統立った, 首尾一貫した

méthodiquement [metɔdikmɑ̃] 副 理路整然と, 体系的に

méthodisme [metɔdism] 男 メソジスト派の教義

méthodiste [metɔdist] 形 メソジスト派の —名 メソジスト教徒

méthodologie [metɔdɔlɔʒi] 女 〔哲〕方法論

méthodologique [metɔdɔlɔʒik] 形 方法論的な

méthyle [metil] 男 〔化〕メチル(基)

méthylène [metilɛn] 男 〔化〕メチレン(基)

méthylique [metilik] 形 〔化〕メチルの ►**alcool méthylique** メチルアルコール

méticuleusement [metikyløzmɑ̃] 副 丹念すぎるほど, 細かく

méticuleux(se) [metikylø, -øz] 形 細かい, 綿密な; 用意周到の

méticulosité [metikylozite] 女 (文) 綿密さ, 細心の注意

*__métier__ [metje] メティエ 男 ① (英 job) 職業, 仕事, 商売; 職務, 役目, 任務 ►**de son métier** 本職の, 専門の; **être du métier** その道の専門家[プロ]である; **Il n'est point de son métier**... (ことわざ) 職業に貴賎なし; **mettre [avoir]... sur le métier** (芸術作品などを)制作する, 磨く ② 熟練, 技量, 腕前 ③ 紡織機, 織機

métis(se) [metis] 形 (人が)混血の; (動物が)雑種の; (布地が)綿・麻混紡の —名 混血の人 —男 綿と麻混紡の布

métissage [metisaʒ] 男 混血; 異種交配

métisser [metise] 他 異種交配させる; 混血させる

métonymie [metɔnimi] 女 〔修〕換喩

métonymique [metɔnimik] 形 換喩的な

métope [metɔp] 女 (ギリシア建築の)

メートープ

métrage [metraʒ] 男 ①メートル測量 ②(布地の)長さ;布地 ③(映画フィルムの)長さ ▶ **long** [**court**] **métrage** 長編[短編]映画

:**mètre**¹ [mɛtr] 男 (英 meter) メートル;メートル尺,メートル原器;[スポーツ] メートル競走 ▶ **mètre à ruban** 巻尺 **mètre carré** 平方メートル **mètre cube** 立方メートル

mètre² [mɛtr] 男 [詩] 韻律史;(ギリシア,ラテン詩の)歩格

métré [metre] 男 (建物などの)メートル測量;工事見積書

métrer [metre] 他 57 メートル測量する

métreur(se) [metrœr, -øz] 名 測量士;(建築工事の)積算士

métricien(ne) [metrisjɛ̃, -ɛn] 名 詩法の研究者

-métrie 接尾 (<ギ)「測定」の意の女性名詞をつくる

métrique¹ [metrik] 形 メートル法の;[数] 距離の,計量的な ── 女 [数] 計量

métrique² [metrik] 女 [詩] 韻律法[学];詩法 ── 形 韻律の

métrite [metrit] 女 [医] 子宮炎

:**métro**¹ [metro メトロ] 男 (英 subway) 地下鉄,メトロ ▶ **métro, boulot, dodo** [話] メトロ,仕事,おねんね【パリの労働者の味気ない生活をあらわす表現】**métro aérien** 地下鉄の高架線

métro² [metro] 形 [略] (海外領土から見て)内地の

métro- 接頭 (<ギ)「度量衡の」の意

métrologie [metrɔlɔʒi] 女 度量衡学

métronome [metrɔnɔm] 男 [楽] メトロノーム

métropole [metrɔpɔl] 女 ①主要[中心]都市,首都 ②(植民地・海外領土に対して)本国,内地 ③[カト] 首都大司教座

métropolitain(e) [metrɔpɔlitɛ̃, -ɛn] 形 ①首都の;大都市の ②本国の,内地の ▶ **France métropolitaine** [la ~] (海外県・海外領土に対して)フランス本土 ③[カト] 首都大司教の ── 名 (フランス)本国人

métropolite [metrɔpɔlit] 男 (ギリシア正教の)首都大主教

mets ¹ [mɛ] 男 [食事を構成する一つ一つの)料理,皿【日常的には plat と言う】

mets² [mɛ] ⇨ mettre

mettable [metabl] 形 (衣服が)着られる

***metteur** [mɛtœr メトゥール] 男 [[女性にも男性形を用いる]] (…の)制作者 (en) ▶ **metteur en œuvre** (計画などの)実行者;施工者 **metteur en scène** (映画の)監督;(演劇の)演出家

:**mettre** [mɛtr メトル] 他 41 ①(英 put) (物を)置く,入れる;預ける;配属[配置]する:位置づける;(ある状態に)する;陥れる ▶ **Mettez** [**Mettons**] **que** …(話) …ということにしておきましょう[おこう] **mettre … au rancart** (話) (不要なもの・人)を処分する,お払い箱にする **mettre … dehors** …を外へ出させる **mettre … debout** …をまっすぐ立てる **mettre bas** (動物が)子を産む;(文)捨てる **mettre du beurre dans les épinards** (話) (臨時収入などが)生活を楽にする **mettre le paquet** (話) ありったけの力を出す;金に糸目をつけない **mettre les pieds dans le plat** 口出しする,ずけずけと言う **y mettre du sien** 自分の力を犠牲にする ②つける,加える;取りつける,設置する;塗る ③(衣服・アクセサリーを)着る,身につける;着用させる ④(情熱・注意を)注ぐ;(金・時間を)かける;(信頼を)置く;(鍵を)掛ける;(テレビ・エアコンなどを)つける;(音楽を)かける ▶ **mettre la gomme** (話) 車のエンジンを目一杯ふかす,全力を出す **mettre le chauffage** 暖房を入れる **mettre longtemps à** …をするのに長い時間がかかる ⑤[[~ A à …]] A を…させる ▶ **mettre de l'eau à bouillir** お湯を沸騰させる **mettre du linge à sécher** 洗濯物を干す ── 代動 (**se ~**) ①(ある場所・状態に)身を置く,なる ▶ **se mettre à l'ombre** 日陰に入る **se mettre au lit** ベッドに入る **se mettre dans une situation délicate** 微妙な立場にいる ②身につける,着る ▶ **Je n'ai rien à me mettre.** 満足な服がない **se mettre en maillot de bain** 水着を着る ③…し始める,…に着手する (**à**) ▶ **se mettre en colère** 怒り出す ④(話) 殴り合う **s'en mettre jusqu'aux yeux** / **s'en mettre jusqu'à la lampe** たらふく詰め込む

Metz [mɛs] メス【Moselle 県の県庁所在地; Lorraine 地域圏の中心都市】

:**meuble** [mœbl ムブル] 男 (英 furniture) 家具,備品;(法) 動産 (= bien ~) ▶ **sauver les meubles** 必要最低限のものを確保する ── 形 ①[法] 動産の ②(土地の)柔らかい,耕しやすい

meublé(e) [mœble] 形 (貸家の)家具付きの ▶ **un ~** 家具付きマンション

meubler [mœble ムブレ] 他 ①(部屋・家に)家具を備えつける;(家具で部屋を)飾る ── 代動 (**se ~**) 家具をそろえる

meuf [mœf] 名 (俗) 女【femme の逆さ言葉】

meuglement [møgləmã] 男 牛の鳴き声

meugler [møgle] 自 牛が鳴く

meule¹ [møl] 女 ①グラインダー,ひき臼 ②円型のチーズ ③(話) バイク

meule² [møl] 女 (干し草などの)堆積 ▶ **meule de foin** 干し草の山

meuler [møle] 他 研ぐ, 研磨する

meulière [møljɛr] 女 珪石(類)(= pierre ~)

meunerie [mønri] 女 製粉業;(集合的)製粉業者

meunier(ère) [mønje, -ɛr] 名 ① 製粉業者;粉ひき ② [魚] ウグイ —形 製粉(業)の;[料]ムニエルの ► *truite (à la) meunière* マスのムニエル ③ [鳥] アオガラ (= mésange bleue)

meur... ⇨ mourir

meurette [mœrɛt] 女 [料] ムレットソース【魚や卵料理に添える赤ワイン入りのソース】

meurt-de-faim [mœrdəfɛ̃] 名(不変)(古)食うや食わずの人

Meurthe [mœrt] 女 [[la ~]] ムルト川【モゼル川の支流】

Meurthe-et-Moselle [mœrtemozɛl] 女 ムルト・エ・モゼル県【フランス北東部】

***meurtre** [mœrtr ムルトル] 男 殺人

meurtrier(ère¹) [mœrtrije, -ɛr] 形 (戦闘・事故などが)多数の死者を出す;凶暴な —名 殺人者, 人殺し

meurtrière² [mœrtrijɛr] 女 (城壁の)銃眼, 狭間(類)

meurtrir [mœrtrir] 他 33 打ち傷(あざ)をつける;(果物・野菜を)傷める;(人の心を)傷める — 代動 [se ~] (自分の体に)打ち傷をつくる

meurtrissure [mœrtrisyr] 女 打ち撲傷, あざ;(果物・野菜の)傷み;[文](心の)傷

Meuse [møz] 女 ①[[la ~]] ムーズ川 ② ムーズ県【フランス北東部】

meute [møt] 女 狐犬の群れ;つきまとう人の群れ

meuve ... ⇨ mouvoir

mévente [mevɑ̃t] 女 販売不振

mexicain(e) [mɛksikɛ̃, -ɛn] 形 メキシコの —名 [M-] メキシコ人

Mexique [mɛksik] 男 メキシコ

mézigue [mezig] 代 (人称)(俗) おれ, あたし

mezzanine [mɛdzanin] 女 (くい)中2階, ロフト;[劇場の中2階席

mezza voce [mɛdzavɔtʃe] 副(くい)[楽] メッザヴォーチェ【半分の声量で】

mezzo-soprano [mɛdzosɔprano], **mezzo** [mɛdzo] 男(くい)[楽] メゾソプラノ —女 メゾソプラノ歌手

mezzo-tinto [mɛdzotinto] 男(不変)(くい) [美術] メゾチント彫法[版画]【銅版画】

Mgr [mɔ̃sɛɲœr] (略) Monseigneur 閣下, 猊下(黎)

mi [mi] 男 (不変) [音階の]ミ.ホ音, E 音

mi- 接頭 ①(名詞を伴って)半ば, 半分 ► *à la mi-juin* 6月半ばに ► *à mi-chemin* 途中で ②(形容詞を伴って)半ば ► *mi-long* 中くらいの長さの

miam-miam [mjammjam] 間 (くい)

(食事について)うまいうまい —男 (不変)(幼児)(食べる行為・食事をさして)まんま

miaou [mjau] 男 にゃーお【猫の鳴き声】

miasme [mjasm] 男 瘴(ぎ)気, 腐敗ガス

miaulement [mjolmɑ̃] 男 猫の鳴き声【のような音】

***miauler** [mjole ミョレ] 自 (猫が)にゃーお[みゃー]と鳴く;猫の鳴き声に似た音を立てる

mi-bas [miba] 男(不変) ハイソックス

mica [mika] 男 [鉱] 雲母(誰)

micacé(e) [mikase] 形 [鉱] 雲母を含む, 雲母状の

mi-carême [mikarɛm] 女 四旬節 (carême)の中日【四旬節第3週目の木曜日子供が仮装などして楽しむ】

micaschiste [mikaʃist] 男 [鉱] 雲母(誰)片岩

micellaire [miselɛr, misɛlɛr] 形 [化] ミセル状の

micelle [misɛl] 女 [化] ミセル【界面活性剤の集合体】

Michaux [miʃo] (Henri~) ミショー【1899-1984;ベルギー出身の詩人】

miche [miʃ] 女 ①(大型の)丸パン(= ~ de pain) ②(複) (俗) 尻 ► *Gare à tes miches*. (話) 気をつけろ

Michel [miʃɛl] 男 ① ミシェル【男子の名】 ② ミカエル【大天使】

Michel-Ange [mikelɑ̃ʒ] ミケランジェロ【1475-1564;イタリアの彫刻家・画家】

Michelin [miʃlɛ̃] ミシュラン【ガイドブックや地図などで有名なフランスのタイヤメーカー】;ミシュランガイドブック

micheline [miʃlin] 女 ミシュランカー【ゴムタイヤ式の気動車】

mi-chemin [miʃ(ə)mɛ̃] [[成句での み]] ► *à mi-chemin* 途中で, 中途で

micheton [miʃtɔ̃] 男 (俗) 売春婦の客, ヒモ

mi-clos(e) [miklo, -oz] 形 半ば閉じた

micmac [mikmak] 男 (話) 陰謀, たくらみ;混乱

micocoulier [mikɔkulje] 男 [植] エノキ(榎)

mi-corps [mikɔr] [[成句でのみ]] ► *à mi-corps* 胴まで, 半身だけ

mi-côte [mikot] [[成句でのみ]] ► *à mi-côte* 山[丘]の中腹で, 中途で[に]

mi-course [mikurs] 女 [[成句での み]] ► *à mi-course* 途中で

***micro¹** [mikro ミクロ] 男 マイク(= microphone)

micro² [mikro] 男 (話) パソコン(= micro-ordinateur)

micro- 接頭 (くぎ) 「極小の」の意

***microbe** [mikrɔb ミクロブ] 男 ① 微生物, 細菌, 病原菌 ②(話) ちび助, 弱虫

microbien(ne) [mikrɔbjɛ̃, -ɛn] 形 微生物の;細菌の, 細菌性の

microbiologie [mikrɔbjɔlɔʒi] 囡 微生物学, 細菌学

microbiologiste [mikrɔbjɔlɔʒist] 图 微生物学者, 細菌学者

microbus [mikrɔbys] 男 マイクロバス

microcéphale [mikrosefal] 形名 小頭症の(患者)

microchirurgie [mikroʃiryrʒi] 囡 顕微手術

microcircuit [mikrosirkɥi] 男 集積回路, IC

microclimat [mikrɔklima] 男 微気候 [地表近くのごく狭い範囲の気候]

microcosme [mikrɔkɔsm] 男 小宇宙, ミクロコスモス; (社会などの)縮図

micro-cravate [mikrokravat] 男 (複 ~s-~(s)) ピンマイク

microéconomie [mikrɔekɔnɔmi] 囡 ミクロ経済学

microéconomique [mikrɔekɔnɔmik] 形 ミクロ経済の

microédition [mikroedisjɔ̃] 囡 〔情報〕デスクトップパブリッシング, DTP(=PAO)

microfibre [mikrɔfibr] 囡 マイクロファイバー

microfiche [mikrɔfiʃ] 囡 マイクロフィッシュ

microfilm [mikrɔfilm] 男 マイクロフィルム

microfilmer [mikrɔfilme] 他 マイクロフィルムにおさめる

micro-informatique [mikroɛ̃fɔrmatik] 囡 〔情報〕パソコン[マイクロコンピューター]学, パソコンに関連する情報科学の一分野

micromètre [mikrɔmɛtr] 男 ①マイクロメートル, 測微器 ②マイクロメートル [100万分の1メートル]

micrométrie [mikrometri] 囡 〔マイクロメーターによる〕微測定; 測微法

micron [mikrɔ̃] 男〔古〕ミクロン, マイクロメートル

Micronésie [mikrɔnezi] [États fédérés de ~] ミクロネシア連邦

micronésien(ne) [mikrɔnezjɛ̃, -ɛn] 形 ミクロネシアの ── 名 [M-] ミクロネシア人

micro-onde [mikroɔ̃d] 囡 マイクロ波

micro-ondes [mikroɔ̃d] 男 (不変) 電子レンジ (= four à ~)

micro-ordinateur [mikroordinatœr] 男 パソコン

micro-organisme [mikroorganism] 男 微生物

microphone [mikrɔfɔn] 男 マイクロホン [日常的には micro を用いる]

microphonique [mikrɔfɔnik] 形 マイクロフォンの

microphotographie [mikrɔfɔtɔgrafi] 囡 顕微鏡写真

microphysique [mikrɔfizik] 囡 微視的物理学, ミクロ物理学【原子・素粒子などを対象とする物理学】

microprocesseur [mikrɔprɔsesœr] 男 〔情報〕マイクロプロセッサー

micropyle [mikropil] 男 ①〔植〕珠孔 ②〔動〕精門, 精孔

microsatellite [mikrosatelit] 男 〔生〕マイクロサテライト, 縦列反復配列, 単純反復配列

microscope [mikroskɔp] 男 顕微鏡

microscopie [mikroskɔpi] 囡 顕微鏡検査

microscopique [mikroskɔpik] 形 顕微鏡でしか見えない, 微視的な; 顕微鏡による

microseconde [mikrɔsgɔ̃d] 囡 マイクロ秒 [100万分の1秒]

microsillon [mikrosijɔ̃] 男 LPレコード

microsociologie [mikrɔsɔsjɔlɔʒi] 囡 ミクロ社会学

microstructure [mikrostryktyr] 囡 ミクロ構造, 小構造

micro-trottoir [mikrotrotwar] 男 (複 ~s-~s) 街頭インタビュー調査

miction [miksjɔ̃] 囡 〔医〕排尿

*midi [midi] 男 ① (英 noon) ①正午, 真昼; 昼食時 ▶ chercher midi à quatorze heures 事をわざと難しく考える *repas de midi 昼食 *vers midi 正午ごろ ②南; [le M-] 南仏; 南欧 ▶ accent du Midi 南仏訛り

midinette [midinet] 囡 ①〔古〕(パリの)お針子, 洋裁店の売子 ②ミーハー娘

Midi-Pyrénées [midipirene] ミディ・ピレネ【フランス南西部の地域圏】

mie[1] [mi] 囡 パンの身【柔らかい部分】▶ pain de mie 食パン

mie[2] [mi] 囡 〔文・古〕愛する女(〔2〕)(= amie) ▶ ma mie 我が愛する女

*miel [mjɛl] 男 (英 honey) 蜂蜜, 蜜 ── 間 くそ, ちくしょう [merde の婉曲表現]

miellé(e) [mjele] 形 〔文〕 蜜を含んだ, 蜜のような

mielleusement [mjɛløzmɑ̃] 副 いかにも甘ったるそうに

mielleux(**se**) [mjɛlø, -øz] 形 ①〔文・古〕蜜の甘さの ②甘ったるい; うわべだけの

*mien(ne) [mjɛ̃, -ɛn ミヤン(ミエヌ)] 代 (所有) ⇨ sien (英 mine) [定冠詞とともに] 私のもの ── 男 [le ~] 私のもの (財産など); [les ~s] 私の身内[仲間] ▶ J'y mets du mien. (話) 私もそれなりのことしましょう ── 形 (所有) 〔文〕 私の

*miette [mjɛt ミエット] 囡 パンくず, かけら, 破片 (財産などの)わずかな残り, (話) ごくわずかな部分 ▶ mettre ... en miettes ... を粉々にする *ne pas perdre une miette de ... を少しも見[聞

mieux [mjø ミュ] 副 (英 better, best) ① [bien の優等比較級] よりよく, もっとうまく ▶ **à qui mieux mieux** 競って, われがちに **aller mieux** (病気・事態が)好転する, 快方へ向かう **de mieux en mieux** ますますよく ② (反語的に) まったく結構なことだ **faire mieux de** …した方がよい **Il vaut mieux** + 不定詞; **Mieux vaut** + 不定詞 …するほうがよい **on ne peut mieux** これ以上はできないほどよく **Tant mieux!** よかった, しめた ② [le ~] [bien の最上級] 最もよく, 一番上手に ▶ **le mieux qu'on peut** できる限りうまく ③ [文頭に置いて] そればかりか —— 形 (不変) よりよい; より具合のよい; より好ましい ▶ **ce qu'il y a de mieux** 最もよいこと [もの] **Elle est mieux avec les cheveux longs.** 彼女は髪が長いほうが素敵だ —— 男 よりよいこと [もの]; 改善, 回復; [le ~] 最もよいこと [もの]; 最善 ▶ **au mieux** 最もよく, 最高に **de son mieux** 最もよく手を尽くして **des mieux** (文) [過去分詞を伴って] 非常にうまく **faire de son mieux** 最善を尽くす **faute de mieux** 仕方なしに **Il y a du mieux.** (症状などの) 改善が見られる **le mieux est de…** 一番よいのは…することだ **Le mieux est l'ennemi du bien.** (ことわざ) 最善は善の敵; 求めすぎると元も子もなくす **pour le mieux** ベストを尽くして; うまく行けば

mieux-disant(e) [mjødizã, -ãz] 形 (古) (他人より) しゃべるのがうまい —— 男 よりもうまい

mieux-être [mjøzetr] 男 (不変) 生活 [健康] 状態の改善, 福祉の向上

mièvre [mjɛvr] 形 甘ったるい, 媚びるような

mièvrerie [mjɛvrəri] 女 甘ったるい態度

mignard(e) [miɲar, -ard] 形 ① (話) かわいらしい, 可憐な ② (軽蔑的に) 気取っている

mignardise [miɲardiz] 女 ① わざとらしさ, 気取った態度 ② (文) 愛らしさ

*__mignon(ne)__ [miɲɔ̃, -ɔn] 形 (英 cute, sweet) かわいい, 愛らしい; しゃれている ② (話) 親切な, 愛想のいい ③ ▶ **filet mignon** [料] フィレミニョン [ヒレ肉先端部分のステーキ] —— 名 (子供に対する呼びかけ) 坊や, お嬢ちゃん —— 男 [史] 国王の寵臣; 寵児(ちょうじ) —— 女 ミニョンヌ [濃赤色洋梨]

mignoter [miɲɔte] 他 (古) かわいがる, 甘やかす —— 代動 [se ~] (話) 念入りに身づくろいをする

*__migraine__ [migrɛn ミグレヌ] 女 頭痛, 偏頭痛

migraineux(se) [migrɛnø, -øz] 形 (偏) 頭痛の, 頭痛持ちの —— 名 頭痛持ち

migrant(e) [migrã, -ãt] 形 出稼ぎの; 移民の —— 名 移民労働者

migrateur(trice) [migratœr, -tris] 形 移動 [回遊] する, 渡りを行う —— 名 渡り鳥; 回遊魚

migration [migrasjɔ̃] 女 ① 人口移動, 移住 ② (動物の) 渡り; 回遊

migratoire [migratwar] 形 移動 [移住] (性) の

migrer [migre] 自 移動 [移住] する; (動物が) 渡る, 回遊する

mihrab [mirab] 男 ミフラブ【イスラム教のモスクのキブラ壁に設置された壁龕(へきがん)】

mi-jambe [miʒãb] 成句のみ ▶ **à mi-jambe(s)** ひざの半ばまで

mijaurée [miʒɔre] 女 気取った女 ▶ **faire la [sa] mijaurée** (女が) しなをつくる

mijoter [miʒɔte] 他 ① とろ火で煮込む, じっくり料理する ② (話) 密かに企てる —— 自 とろとろと煮える; (話) 心配しておずおずと準備される —— 代動 [se ~] (陰謀などが) 密かに準備される

mikado [mikado] 男 (< 日) ① 帝(みかど), 天皇 ② ミカド [積み上げた棒の山から, 他を動かさずに1本ずつ抜き取る遊び]

mil¹ [mil] 形 (不変) 千の【年号を表すのに使う】

mil² [mil, mij] 男 アワ (粟) の類

Milan [milã] ミラノ【イタリア北部の都市】

milan [milã] 男 [鳥] トビ (鳶)

milanais(e) [milanɛ, -ɛz] 形名 [M-] ミラノの (人)

mildiou [mildju] 男 [植] べと病【ブドウ・野菜などの病気】

mile [majl] 男 (< 英) = mille²①

miliaire [miljɛr] 形 [医] 粟粒(ぞくりゅう) 状の —— 女 粟粒疹(しん); 熱 (= fièvre ~)

milice [milis] 女 自警団, 民兵; [la M-] 親独義勇軍【ヴィシー政権がレジスタンスに対抗して作った組織】

milicien(ne) [milisjɛ̃, -ɛn] 名 義勇兵, 民兵

*__milieu__ [miljø ミリユー] 男 (複 ~x) (英 middle) (空間・時間の) 真ん中, 中央; (時間の) 半ば, 中期; 妥協策 ▶ **au beau [en plein] milieu de** …のど真ん中に; …のちょうど真ん中に **au milieu de** …の真ん中で; …の最中に **juste milieu** 中庸 ② 環境, 境遇; 階層; [le ~] 暗黒街, やくざ社会; (複) …界 ▶ **milieu de terrain** [サッカー] ミッドフィルダー **milieu familial** 家庭環境 **milieux autorisés** 権威筋 **milieux politiques** 政界

*__militaire__ [militɛr ミリテール] 形 ① (英 military) 軍事的な; 戦争の ② 軍隊による, 軍事力による ③ 軍式の, 軍人的な —— 男 軍人 ▶ **militaire de carrière** 職業軍人

militairement [militɛrmã] 副 軍隊式に, てきぱきと; 武力によって

militant(e) [militɑ̃, -ɑ̃t] 形 戦闘的な, 行動的な ── 名 闘士, 活動家

militantisme [militɑ̃tism] 男 戦闘的(行動的)な態度

militarisation [militarizasjɔ̃] 女 武装化, 軍国化; 軍備(などの)軍隊化

militariser [militarize] 他 武装化する; 軍備を増強する; 軍隊式に組織する

militarisme [militarism] 男 軍国主義, 軍事優先主義

militariste [militarist] 形名 軍国主義の(者)

militaro- [接頭] 「軍」の意

militaro-économique [militaroekɔnɔmik] 形 軍事と経済に関わる

militaro-industriel(le) [militaroɛ̃dystrijɛl] 形 軍事と産業に関わる

militaro-politique [militaropolitik] 形 軍事と政治に関わる

militer [milite] 自 (党派の一員として)活動する, 闘う; (事実や証拠が)有利に[不利に]作用する (pour[contre])

milium [miljɔm] 男 = millet[2]

milk-shake [milkʃɛk] 男 (< 英) ミルクセーキ

*****mille**[1] [mil ミル] 形 (不変) ①(英 thousand) 1000の; ②1000番目の ③無数の, たくさんの ▶en faire des morceaux 粉々になった mille fois 何度も; 何倍も
── 男 ①(不変) 1000; 1000個 ▶des mille et des cents (話) 大金 ②1000と記された的の中央 ▶mettre dans le mille 的に命中する; 目標を達成する

mille[2] [mil] 男 (< 英) ①マイル《約 1609 m》②海里《約 1852 m》(= ~ marin) ③ ~ **romain** (古代ローマの)マイル《約 1.48 km》

millefeuille [milfœj] 男 〔菓〕ミルフィーユ

mille(-)feuille [milfœj] 女 〔植〕セイヨウノコギリソウ

millénaire [milenɛr] 形 1000年(以上)の; 非常に古い ── 男 千年紀; 千年祭

millénarisme [milenarism] 男 〔宗〕千年王国(説)〖キリスト教の終末論の一つ〗

millénariste [mi(l)lenarist] 男 〔宗〕千年王国説の論者 ── 名 千年王国論者

millénium [milenjɔm] 男 〔宗〕千年王国, 至福千年〖キリスト再臨から最後の審判まで〗; 黄金時代; 千年紀, ミレニアム

mille-pattes [milpat] 男 (不変) 〔動〕ムカデ; 多足類

mille(-)pertuis [milpɛrtɥi] 男 〔植〕オトギリソウ

mille-raies [milrɛ] 男 (不変) 〔服〕ミラレ, (細紋(ゲル)のコーデュロイなど)細い縞柄の布地

millésime [milezim] 男 (硬貨やワインの)製造年号; (年号の)1000の位の数字

millésimé(e) [milezime] 形 製造年号入りの; 年代ものの

Millet [mijɛ] 〖Jean-François~〗ミレー〖1814-75; 画家〗

millet [mijɛ] 男 ①〔植〕(キビ(黍), アワ(粟)などの)雑穀類 ②〔医〕粟粒疹(ぞくりゅうしん)

milli- [接頭] 「1000 分の 1」の意

milliampère [miliɑ̃pɛr] 男 〔電〕ミリアンペア

milliampèremètre [miliɑ̃pɛrmɛtr] 男 〔電〕ミリアンペア計測器

*****milliard** [miljar] 男 10億; 無数, 多数 ▶**un milliard de ...** 10億の…

milliardaire [miljardɛr] 形 巨万の富を持つ ── 名 億万長者

milliardième [miljardjɛm] 形男 ①10億番目(の) ②10億分の1(の)

millibar [milibar] 男 〔気〕ミリバール〖今日では hectopascal を用いる〗

millième [miljɛm] 形男 ①1000番目の ②1000分の1(の); ごくわずかの(の) ── 名 1000番目の人[もの]

millier [milje ミリエ] 男 約 1000,1000 あまり ▶**des milliers de ...** 多数の… **par milliers** 幾千となく, 非常にたくさん **un millier de ...** およそ1000の…

milligramme [miligram] 男 ミリグラム

millilitre [mililitr] 男 ミリリットル

millimètre [milimɛtr ミ(ル)リメトル] 男 ミリメートル

millimétrique [milimetrik] 形 ミリメートル単位の ▶**papier millimétrique** ミリ方眼紙

*****million** [miljɔ̃ ミリヨン] 男 100万 ▶**un million de ...** 100万の…

millionième [miljɔnjɛm] 形男 ①100万番目(の) ②100万分の1(の) ── 名 100万番目の人[もの]

millionnaire [miljɔnɛr] 形 大金持ちの; (都市が)人口100万人以上の ── 名 百万長者, 富豪

millivolt [milivɔlt] 男 〔電〕ミリボルト

mi-long [milɔ̃] 形 中くらいの長さの

milord [milɔr] 男 (古) 閣下, 卿〖英国貴族に対する敬称〗

mi-lourd [milur] 形 (男性形のみ) 〔ボクシング〕ライトヘビー級の選手

mime [mim] 名 パントマイム俳優; 物まねのうまい人

mimer [mime] 他 まねる; 身振りで表現する; パントマイムをする

mimétique [mimetik] 形 模倣的な; 〔生〕擬態の

mimétisme [mimetism] 男 〔生〕擬態; (他人の態度などの)無意識の模倣

mimi [mimi] 男 ①(幼児) 猫, にゃんこ ②(話) キス, 愛撫 ③(話) きみ, あなた 〖愛情を込めた呼びかけ〗 ── 形

mimine [mimin] 女 ①《話》雌猫 ②《幼児》手

mimique [mimik] 女 身振り, ジェスチャー —形 身振りによる

mimodrame [mimodram] 男 パントマイム; 黙劇

mimolette [mimɔlɛt] 女 ミモレット【オランダ産のチーズ】

mi-mollet [mimɔlɛ] [[成句でのみ]] ▶à mi-mollet ふくらはぎの中ほどまで

mimologie [mimɔlɔʒi] 女 ①声帯模写;（ジェスチャーによる）物まね ②手話

mimosa [mimoza] 男 〖植〗ミモザ（の花）

mi-moyen [mimwajɛ̃] 形《男性形のみ》〖ボクシング〗ウェルター級の（選手）

min [minyt] 《略》minute

min. [minimɔm] 《略》minimum

minable [minabl] ミナブル 形《話》哀れな, みじめな; だめな —名 情けないやつ, だめ人間

minage [minaʒ] 男 ①爆弾をしかけること ②侵食

minaret [minarɛ] 男（イスラム寺院の）ミナレット【祈りの時を告げる尖塔】

minauder [minode] 自 しなを作る, 愛嬌を振りまく

minauderie [minodri] 女 しなを作ること;《複》媚態, 思わせぶり

minaudier(ère) [minodje, -ɛr] 形 しなを作る(人)

*****mince** [mɛ̃s マンス] 形 ①薄い, 細い, すらりとした ②ささいな, 取るに足りない, わずかな ▶Ce n'est pas une mince affaire. これは一筋縄ではいかない —間《話》ちぇっ, わあ《驚き・番腹など》

minceur [mɛ̃sœr] 女 ①薄さ, 細さ; すらりとしていること ②乏しさ, 貧弱さ

mincir [mɛ̃sir] 自 33 細くなる, やせる

*****mine**[1] [min ミーヌ] 女（英 look, expression）顔色; 顔つき, 顔の表情; 外見, 風貌; 様子;《複》態度; 気取った様子; しな ▶avoir bonne mine 顔色がよい;（料理が）おいしそうである avoir une mine de déterré 死人のような顔をしている faire grise mine そっけない態度をとる faire mine de …するふりをする mine de rien《話》そらぬ顔をして ne pas payer de mine 見た目がぱっとしない

mine[2] [min] 女 ①（英 mine）鉱山, 炭鉱 ▶mine de charbon 炭鉱 mine d'or 金鉱 ②宝庫, 宝の山 ③（鉛筆・シャープペンシルの）芯(しん) ④地雷, 機雷; 発破

miner [mine] 他 ①爆薬を仕組む, 地雷を敷設する ②侵食［浸食］する, 蝕（むしば）む; 消耗させる ▶être miné par l'inquiétude 心配事でやつれる —〖代動〗(se ~)（橋桟などが）むしばまれる, 憔悴する

minerai [minrɛ] 男 鉱石 ▶minerai de fer 鉄鉱石

*****minéral(ale)** [mineral] 形（男複 -aux) 鉱物の, 鉱物質の; ミネラルを含む; 無機質の —男 鉱物, 無機物

minéralier [mineralje] 男 鉱石運搬船

minéralisation [mineralizasjɔ̃] 女 鉱化; ミネラルを含ませること; 無機化

minéralisé(e) [mineralize] 形 ①（金属を）鉱化された ②ミネラルを含んだ

minéraliser [mineralize] 他 ①（金属を）鉱化する ②（水に）鉱物質［ミネラル］を含ませる

minéralogie [mineralɔʒi] 女 鉱物学

minéralogique [mineralɔʒik] 形 ①鉱物学の ②▶numéro〔plaque〕minéralogique 車の登録番号［ナンバープレート］〖自動車の登録はかつて鉱山局の管轄だったことから〗

minéralogiste [mineralɔʒist] 名 鉱物学者

minerval [minɛrval] 男《ベルギー》授業料

Minerve [minɛrv] 女 〖ロ神〗ミネルヴァ【知恵・芸術の女神】

minerve [minɛrv] 女 ①〖医〗頸部コルセット ②〖印〗小型印刷機

minestrone [minɛstron] 男《イ料》ミネストローネ【野菜・パスタなどの入ったスープ】

minet(te) [minɛ, -ɛt] 名 ①《話》子猫 ②《話》おしゃれな若者; 軽薄な若者 ③（子供に対して）坊や, お嬢ちゃん ④めめしい男, なよよよした男

*****mineur**[1] [minœr ミヌール] 男 ①坑夫, 炭坑夫 ②〖軍〗対壕工兵; 地雷敷設兵 ▶mineur de fond 坑内坑夫

mineur[2] [minœr] 形（英 minor) ①より小さい; 大して重要でない, マイナーな ②未成年の ③〖楽〗短調の —名 ①未成年者 —男 〖楽〗短調（= mode [ton]〜） ②〖論〗小前提（= proposition 〜）

mini [mini] 男 ミニスカート, ミニの服 —副 ▶s'habiller mini ミニの服を着る

mini-〖接頭〗《ラ》「小さい」の意

miniature [minjatyr] 女 ①ミニチュア; ミニチュア模型 ▶en miniature ミニチュア版の ②細密画(法) ③（中世写本の章冒頭の）装飾文字

miniaturisation [minjatyrizasjɔ̃] 女 小型化

miniaturiser [minjatyrize] 他 小型化する

miniaturiste [minjatyrist] 名 細密画家

minibus [minibys], **minicar** [minikar] 男 マイクロバス

minicassette [minikasɛt] 女《〈商標〉》ミニカセット, マイクロカセット

minichaîne [miniʃɛn] 女 ミニコンポ

minier(ère) [minje, -ɛr] 形 鉱山の

(ある) — 女 露天掘り鉱区

minigolf [minigɔlf] 男 ミニゴルフ

minijupe [miniʒyp] 女 ミニスカート

minima[1] [minima] 男 = **minimum**

minima[2] [minima] (ラ) [成句での み] ▶**appel a minima** [法] (量刑が軽すぎるとする)検察側の控訴

minimal(ale) [minimal] 形 (男複 -aux[-o]) 最小の, 最低の

minimalisme [minimalism] 男 [美術] ミニマリズム

minimaliste [minimalist] 形 名 ミニマリスト(の), 極小主義(者) (の)

minime [minim] 形 ごく小さな, ささいな — 名 [スポーツ] 少年[少女]選手【年齢制限は競技により異なる】 ② ミニモ会修道士

minimisation [minimizasjɔ̃] 女 最小限に見積もること, 矮小化

minimiser [minimize] 他 過小評価する; 最小限にする

***minimum** [minimɔm ミニモム] 男 (複 ~s, **minima**[-a]) (ラ) 最小限, 最低限; [数] 極小(値) ▶**au minimum** 最小[最低]限に; 少なくとも ▶**minimum vital** 必要最低限の生活費[栄養] — 形 (女 **minimum**, **minima**, 複 ~s, **minima**) 最小[最少]の, 最低(限)の

▶**strict minimum** [le ~] 必要最低限のもの

mini-ordinateur [miniɔrdinatœr] 男 [情報] ミニコンピューター

***ministère** [minister ミニステール] 男 ①(≈ministry) 内閣; 《集合的》閣僚 ②(中央官庁の)省庁; 省庁舎; 大臣の職 ≪[コラム: フランスの省庁] ③ 司祭職 (≈saint ~) ④ ▶**ministère public** 《集合的》[法] 検察官

ministériel(le) [ministerjɛl] 形 ① 内閣の ② 大臣による; 大臣の; 省の

ministrable [ministrabl] 形 名 [話] 大臣候補(の)

***ministre** [ministr ミニストル] 男 (英 minister) ① 大臣 ▶**ministre de l'éducation nationale** 文部大臣 **ministre délégué** 大臣補佐 **ministre des Affaires étrangères** 外務大臣 **premier ministre** 首相 ② 公使 ▶**ministre plénipotentiaire** 全権公使 ③ (キ教) 聖職者; (特に)プロテスタントの牧師

minitel [minitel] 男 ミニテル【フランスの情報通信システム télétel の端末機】

minitéliste [minitelist] 男 ミニテル使用者

minium [minjɔm] 男 鉛丹(たん)【錆び止め顔料】

フランスの省庁

*2010年11月現在

Ministère de la Défense et des Anciens Combattants
国防省・退役軍人省

Ministère des Affaires étrangères et européennes
外務・ヨーロッパ問題省

Ministère de l'Écologie, du Développement durable, des Transports et du Logement
エコロジー・持続可能開発・運輸・住宅省

Ministère de la Justice et des Libertés
司法・自由省

Ministère de l'Intérieur, de l'Outre-mer, des Collectivités territoriales et de l'Immigration
内務・海外県・海外領土・地方自治体・移民省

Ministère de l'Économie, des Finances et de l'Industrie
経済・財務・産業省

Ministère du Travail, de l'Emploi et de la Santé
労働・雇用・厚生省

Ministère de l'Education nationale, de la Jeunesse et de la Vie associative
国民教育・青少年・市民生活省

Ministère du Budget, des Comptes publics, de la Fonction publique et de la Réforme de l'État
予算・公会計・公務員・国家改革省

Ministère de l'Enseignement supérieur et de la Recherche
高等教育・研究省

Ministère de l'Agriculture, de l'Alimentation, de la Pêche, de la Ruralité et de l'Aménagement du territoire
農業・食料・漁業・農村地域・国土整備省

Ministère de la Culture et de la Communication
文化・通信省

Ministère des Solidarités et de la Cohésion sociale
連帯・社会的団結省

Ministère de la Ville
都市省

Ministère des Sports
スポーツ省

minoen(ne) [minɔɛ̃, -ɛn] 形男 ミノア文明の, クレタ文明の)

minois [minwa] 男 (子供や若い女性の)気どらずにちょっとした顔

minoration [minɔrasjɔ̃] 女 過小評価

minorer [minɔre] 他 低く見積る, 過小評価する; 減額する

***minoritaire** [minɔritɛr ミノリテール] 形名 少数派の(人)

***minorité** [minɔrite ミノリテ] 女 (英 minority) ①少数; 少数派; 少数民族 ▶ *être en minorité* 少数派である *minorité ethnique* 少数民族 ②未成年

Minorque [minɔrk] 女 [メノルカ島]【地中海のスペイン領バレアス諸島の島】

Minotaure [(ə)minɔtɔr] 男 〔ギ神〕ミノタウロス〔牛頭人身の怪物〕

minoterie [minɔtri] 女 製粉工場〔業〕

minotier [minɔtje] 男 製粉業者

minou [minu] 男 〔幼児〕にゃんこ, にゃあにゃあ

***minuit** [minɥi ミニュイ] 男 (英 midnight) 真夜中; 夜中の12時

minus [minys] 名 (= minus habens) ばか, 無能, 役立たず

minuscule [minyskyl] 形 ①ごく小さい, 微小な ②小文字の ― 女 小文字 ▶ *en minuscules* 小文字で

minutage [minytaʒ] 男 分刻みのスケジュール; (行事などの)厳密な時間割

***minute**¹ [minyt ミニュト] 女 (英 minute) (時間の単位)分 ▶ 略記は mn; (角度の単位)分【1度の60分の1; (英 moment) 瞬間, 短い時間; 〔同格的に〕すぐできる, 即席の ▶ *à la minute* 即座に; たった今 *d'une minute à l'autre* 間もなく; すぐに *minute, papillon!* ちょっと待って!, もっとゆっくり!

minute² [minyt] 女 〔法〕正本, 原本

minuter¹ [minyte] 他 (スケジュールを)分刻みで定める

minuter² [minyte] 他 〔法〕(証書などの)正本[原本]を作製する

minuterie [minytri] 女 (共同住宅の階段・廊下などの)自動消灯スイッチ〔スイッチを入れると数分間点灯して自動的に消える〕

minuteur [minytœr] 男 タイマー

minutie [minysi] 名 細心さ, 綿密さ

minutier [minytje] 男 (公正証書の)原本記録簿 ▶ *minutier central* 公正証書保存所

minutieusement [minysjøzmɑ̃] 副 ごと細かく, 綿密に

***minutieux(se)** [minysjø, -øz ミニュスィユー(-ズ)] 形 綿密な, 入念な; 細かいことにこだわる

miocène [mjɔsɛn] 形男 〔地〕中新世の

mioche [mjɔʃ] 名 〔話〕子供, がき

mi-parti(e) [miparti] 形 (異質な部分に)2等分された; 〔紋〕縦2等分された

Miquelon [miklɔ̃] ミクロン島〔カナダ太平洋岸にあるフランス海外領土〕⇨ Saint-Pierre-et-Miquelon

mirabelle [mirabɛl] 女 〔植〕ミラベル, イエロープラム; ミラベル酒

mirabellier [mirabelje] 男 〔植〕ミラベルの木

mirabilis [mirabilis] 男 〔植〕オシロイバナ

***miracle** [mirakl ミラクル] 男 奇跡; 奇跡のなこと, 驚異; (中世)の奇跡劇 ▶ *par miracle* 奇跡の ▶ *remède de miracle* 特効薬

miraculé(e) [mirakyle] 形名 奇跡を受けた(人); 奇跡的に助かった(人)

miraculeusement [mirakyløzmɑ̃] 副 奇跡的に; 驚くほどに

***miraculeux(se)** [mirakylø, -øz ミラキュルー(-ズ)] 形 (英 miraculous) 奇跡的な, 驚異的な; 奇跡による

mirador [miradɔr] 男 (くス) (刑務所などの)監視塔, (建物の屋上にある)展望台

mirage [miraʒ] 男 ①蜃気楼(なら); 幻影, 錯覚 ②〔軍〕[M-] ミラージュ戦闘機

miraud(e) [miro, -od] 形名 = miro

mire [mir] 女 ①〔いくつかの表現での み〕照準, 狙うこと ▶ *ligne de mire* 照準線 *point de mire* 標的; 注目の的 *prendre sa mire* 狙いをつける ②(テレビの)テストパターン ③〔建〕(測量用の)箱尺, 標尺

mirent [mir] ⇨ mettre

mirer [mire] 他 (卵の鮮度などを)光に透かして調べる;〔文〕(鏡・水面に)映す ― 代 [se〜] 〔文〕(鏡・水面に)自分の姿を映して見る (dans)

mirette [miret] 女 〔話〕目; 瞳

mirifique [mirifik] 形 〔話・皮肉的〕夢のような; 話がうますぎる

mirifiquement [mirifikmɑ̃] 副 (ふざけて) 夢のように

mirliton [mirlitɔ̃] 男 葦(あし)の横笛 ▶ *vers de mirliton* 〔話〕下手な詩

mirmidon [mirmidɔ̃] 男 = myrmidon

mirmillon [mirmijɔ̃] 男 (古代ローマの)剣闘士

miro [miro] 形名 〔不変〕〔話〕目の悪い人; 近眼の人

mirobolant(e) [mirɔbɔlɑ̃, -ɑ̃t] 形 〔話〕信じられないくらいすばらしい, 夢のような

***miroir** [mirwar ミロワール] 男 鏡; 鏡面状のもの; (鏡のように)映し出すもの, 反映 ▶ *miroir aux alouettes* (ヒバリをおびき寄せる鏡罠(かがみわな)); 人目を欺くもの *miroir de poche* 手鏡

miroitant(e) [mirwatɑ̃, -ɑ̃t] 形 きら

miroité(e) [mirwate] 形 ▶**cheval miroité** 連銭鹿毛の馬 [尻に白斑点のある馬]

miroitement [mirwatmɑ̃] 男 きらめき, 輝き

miroiter [mirwate] 自 きらめく, きらきら光る ▶**faire miroiter A à B** A (利益など)を B (人)にちらつかせる

miroiterie [mirwatri] 女 鏡の製造[販売]業; 鏡の製造所

miroitier(ère) [mirwatje, -ɛr] 名 鏡の製造[販売]業者, 鏡屋

miroton [mirɔtɔ̃], **mironton** [mirɔ̃tɔ̃] 男 〘料〙ミロトン [ゆでた牛肉と玉ねぎの煮込み]

mis¹ [mi] ⇒mettre

mis²(e) [miz] 形 (＜ mettre) 置かれた; 整えられた ▶**bien mis** 立派な服装をした

mis- 接頭 (＜ラ) ＝miso

misaine [mizen] 女 〘海〙前檣(ぜんしょう)帆, フォースル

misandrie [mizɑ̃dri] 女 男嫌い

misandre [mizɑ̃dr] 形名 男嫌いの(人)

misanthrope [mizɑ̃trɔp] 形名 人間[社交]嫌いの(人); 厭世的な(人)

misanthropie [mizɑ̃trɔpi] 女 人間嫌い; 厭世的な性格

misanthropique [mizɑ̃trɔpik] 形 〘文〙人間嫌いの, 厭世的な

miscellanées [miselane] 女 (複) 論文集

miscible [misibl] 形 〘化〙(液体などが)混和性の

***mise** [miz ミーズ] 女 (＜ mettre) ① (英 putting, setting) (ある場所・状態などに)置くこと; 実施, 適用 ▶**mise au point** ピント合わせ; 調整, 手直し **mise en demeure** 〘法〙催告 **mise en liberté** 釈放 **mise en page** (印) ページ組み **mise en plis** 髪のセット **mise en scène** 演出, 上演 **mise en service** 運行[運転]開始 ne **pas être de mise** 通用しない ② (賭金, 金を賭けること; 出資金 ▶**mise de fonds** 出資 **sauver la mise à** (人)に損をさせない; (人)をピンチから救い出す ③ 服装, 身なり

miser [mize] 他 (金を)賭ける —— 自 賭ける; (話)あてにする (sur)

misérabilisme [mizerabilism] 男 〘文学・美術など〙悲惨趣味

misérabiliste [mizerabilist] 形 悲惨趣味の

***misérable** [mizerabl ミゼラブル] 形 ① 悲惨な, ひどく貧乏な; 哀れな ②[名詞の前] 下らない, つまらない; 〘古〙浅ましい, 見下げ果てた —— 名 悪党, 人間の屑; 貧乏人, 不幸な人

misérablement [mizerablǝmɑ̃] 副 極貧のうちに; みじめに; 浅ましく

***misère** [mizer ミゼール] 女 (英 misery) 極貧, 窮乏; 悲惨; 災難, 苦難; 取るに足りないこと[もの]; (文) 不幸 ▶**être dans la misère** 極貧生活をしている **faire des misères à** (人)に嫌がらせをする **Misère!** (話) [間投詞的に] 何たることだ **salaire de misère** 薄給

miserere [mizerere] 男 《不変》 〘宗教〙ミゼレレ [詩篇50の冒頭句]; 〘楽〙ミゼレレ [歌詞のミゼレレの楽曲]

miséreux(se) [mizerø, -øz] 形名 ひどく貧乏な(人)

miséricorde [mizerikɔrd] 女 ① (古)慈悲, 救(ゆる)し, 憐れみ ② (教会の) 〘聖職者や修道僧の起立姿勢を支えるための小突起〙 —— 間 何てことだ

miséricordieusement [mizerikɔrdjøzmɑ̃] 副 〘神〙慈悲深く

miséricordieux(se) [mizerikɔrdjø, -øz] 形 〘神〙慈悲深い

miso [mizo] 男 (＜日) 味噌

miso- 接頭 (＜ギ) 「…を嫌う」の意

misogyne [mizɔʒin] 形名 女性蔑視の(人), 女嫌いの(人) (= misogyny)

misogynie [mizɔʒini] 女 女性蔑視; 女嫌い

miss [mis] 女 (複 ～, ～es) (＜英) 美人コンテストなどでの優勝者, ミス…; (話)若いイギリス[アメリカ]人の女性

mis... ⇒mettre

missel [misel] 男 〘カト〙ミサ典書

***missile** [misil ミスィル] 男 (＜英) ミサイル ▶**missile balistique** 弾道ミサイル

missilier [misilje] 男 〘軍〙ミサイル要員

***mission** [misjɔ̃ ミスィヨン] 女 使命, 任務, 役割; 使節団, 派遣団; 〘宗〙伝道, 布教 ▶**en mission** 任務で

missionnaire [misjɔner] 名 伝道者, 宣教師 —— 形 伝道の, 布教の

missive [misiv] 女 〘文・ふざけて〙書簡 ▶**lettre missive** (法)信書

mistelle [mistel] 女 ミステル [少し発酵したワインにアルコールを加えたもの; ヴェルモットなどの原料となる]

mistigri [mistigri] 男 (話) 猫; 〘トランプ〙ミスティグリ [ある種のゲームで切り札となるクラブのジャック]

mistoufle [mistufl] 女 ① (話) 意地悪 ② (俗) ひどい貧乏

mistral [mistral] 男 ミストラル [冬に南仏ローヌ川流域・地中海沿岸で海に向かって吹く強風]

mit [mi], **mît(es)** [mi, -it] ⇒mettre

mitage [mitaʒ] 男 (乱開発による)景観破壊

mitaine [miten] 女 ① 指先の出る手袋 ② 〘古・方〙親指だけ分かれた手袋, ミトン

mitan [mitɑ̃] 男 〘古・方・俗〙真ん中

mitard [mitar] 男 《俗》(刑務所の)独房

mite [mit] 女 ①(衣類を食い荒らす)衣魚(ﾊ),衣蛾(ｶﾞ);ダニ ②(古・話)日用に

mité(e) [mite] 形 (衣類などが)虫の食った

mi-temps [mitɑ̃] 女〔不変〕(サッカー・ラグビーなどの)ハーフタイム ▸**première mi-temps** 前半 **seconde mi-temps** 後半 —— 女〔不変〕パートタイムの仕事 ▸**à mi-temps** パートタイムで

miter [mite] 代動〔**se** ~〕(衣類が)虫に食われる

miteux(se) [mitø, -øz] 形 名 (話)みすぼらしい(人)

mithridatiser [mitridatize] 他 (医)(文)漸増対毒法により免疫化する

mithridatisme [mitridatism] 男, **mithridatisation** [mitridatizasjɔ̃] 女 (医)漸増対毒法〔毒物の量を漸増させることによって免疫を得ること〕

mitigation [mitigasjɔ̃] 女 緩和,軽減

mitigé(e) [mitiʒe] 形 ①緩和された;ぱっとしない,中途半端な ②(…の)まじった(de)

mitiger [mitiʒe] 他 40 (古)緩和(軽減)する

mitigeur [mitiʒœr] 男 (シャワーや洗面所の)混合水栓〔1つのレバーで水温・水量が調節できる〕

mitochondrial(e) [mitokɔ̃drijal] 形〔男複 -aux[-o]〕(生)ミトコンドリアの

mitochondrie [mitokɔ̃dri] 女 (生)ミトコンドリア

mitonner [mitone] 他 とろ火で煮る;時間をかけて準備する;(古)(人)をちやほやする —— 自 とろ火で煮える —— 代動〔**se** ~〕じっくり準備する;自分のために入念に準備する

mitose [mitoz] 女 (生)有糸分裂,体細胞分裂

mitoyen(ne) [mitwajɛ̃, -ɛn] 形 (法)境界の,共有の;(話)隣合った ▸**mur mitoyen** 共有壁

mitoyenneté [mitwajente] 女 境界(共有)となっていること;(法)共有権

mitraillade [mitrajad] 女 一斉射撃

mitraillage [mitrajaʒ] 男 機銃掃射;(カメラの)フラッシュ攻め,質問攻め

mitraille [mitraj] 女 ①一斉射撃,砲弾の雨 ②(古)くず鉄 ③(話)小銭

mitrailler [mitraje] 他 機銃掃射する;(話)写真を撮りまくる ▸**mitrailler … de questions** (人)を質問攻めにする

mitraillette [mitrajɛt] 女 ①軽機関銃,リブマシンガン〔= **pistolet-mitrailleur**〕②ミトライエット〔フランスパンを使ったベルギーのサンドイッチ〕

mitrailleur [mitrajœr] 男 機関銃手

mitrailleuse [mitrajøz] 女 (銃架のある)機関銃

mitral(ale) [mitral [-o]] 形 (男複 -aux[-o])(解)(心臓弁膜の)僧帽形の;僧帽弁の —— 女 僧帽弁(= **valvule** ~**e**)

mitre [mitr] 女 ①僧帽,司教冠,ミトラ ②煙突の傘

mitré(e) [mitre] 形 司教冠を授けられた,僧帽をかぶる資格のある

mitron [mitrɔ̃] 男 ①パン(ケーキ)屋の見習職人 ②煙突塔を支える(テラコッタの)台

mi-voix [miwa] 〔成句での み〕 ▸**à mi-voix** 小声で

mixage [miksaʒ] 男 〔映·音響〕ミキシング

mixer¹ [mikse] 他 〔映·音響〕ミキシングをする

mixer² [miksɛr] 男 (料理用の)ミキサー(= **mixeur**) —— 他 (食品を)ミキサーにかける

mixeur(se) [miksœr, -øz] 名 〔映·音響〕ミキサー —— 男 (料理用の)ミキサー

mixité [miksite ミクスィテ] 女 男女共学(制);(異文化などの)共存,混淆(ｺ)

mixte [mikst] 形 (英 **mixed**)男女共学(混合)の;混成の,性格を異ならからなる ▸**école mixte** 男女共学校 **mariage mixte** 宗教(宗派)の異なる者同士の結婚

mixtion [mikstjɔ̃] 女 混合;調合;(薬)混剤

mixtionner [mikstjone] 他 混合する,調合する

mixture [mikstyr] 女 (ごたまぜになって)得体の知れない食物;(薬品などの)混合物

Mlle [madmwazɛl] 〔略〕Mademoiselle …嬢

Mlles [medmwazɛl] 〔略〕Mesdemoiselles 【Mademoiselle の複数形】

MM. [mesjø] 〔略〕Messieurs 【Monsieur の複数形】

mm [milimetr] 〔略〕 millimètre ミリメートル

Mme [madam] 〔略〕Madame …夫人

Mmes [medam] 〔略〕Mesdames 【Madame の複数形】

mn [minyt] 〔略〕minute 分

mnémonique [mnemɔnik] 形 記憶に関する;記憶を助ける

mnémotechnique [mnemɔtɛknik] 形 記憶術の,記憶を助ける

mob [mɔb] 名 〔略〕モビレット,原付自転車

*__mobile__ [mobil モビル] 形 ①動く,可動性の;移動する,変動性の;(表情など)がよく動く;移り気な;機敏な;〔軍〕機動力のある ②〔情報〕移動通信の;モバイルの —— 男 ①(犯罪などの)動機,原動力 ②〔美術〕モビール〔物理〕動体 ③携帯電話

mobile(-)home [mobilom] 男 (複 ~(-,~)-s)(< 英)移動住宅, モビルハ

mobilier(ère) [mɔbilje, -ɛr] 形 動産の — 男 《集合的》家具調度類

mobilisable [mɔbilizabl] 形 (人の)動員[召集]可能な; (資金などが)調達可能な — 男 動員可能な兵士

mobilisateur(trice) [mɔbilizatœr, -tris] 形 大衆に訴える, 世論を動員する; 〔軍〕動員に関する

mobilisation [mɔbilizasjɔ̃] 女 ① 動員, 召集; 結集 ②〔法〕(不動産などの)動産化, 現金化

mobilisé(e) [mɔbilize] 形 (< mobiliser) 動員された — 男 召集兵

*__mobiliser__ [mɔbilize モビリゼ] 他 ① 動員[召集]する; (力などを)結集する; 呼びかける ②〔法〕動産化する — 代動 [se ~] 動員される; 行動に立ちあがる

mobilité [mɔbilite] 女 可動性; 機動性; 流動性, 変わりやすり

mobylette [mɔbilɛt] 女 モビレット, ミニバイク

mocassin [mɔkasɛ̃] 男 (< 英) ① モカシン【鞣なめしの柔らかい革靴】 ② 〔動〕ヌカマムシ【毒蛇の一種】 (= ~ d'eau)

mochard(e) [mɔʃar, -ard] 形 〔話〕かなり醜い, ひどい

*__moche__ [mɔʃ モッシュ] 形 〔話〕醜い, みっともない; (品質などが)ひどい; 卑劣な

mocheté [mɔʃte] 女 〔話〕ブス, 不細工; 醜いもの

modal(ale) [mɔdal] 形 (男複 -aux [-o]) ①〔文法〕(動詞の法 (mode) に関する; 〔論〕様相の; 〔楽〕旋法の

modalité [mɔdalite] 女 様式, 形式; 〔文法〕様態(法式); 〔論〕様相; 〔楽〕旋法(性); 〔法〕法的文書の限定条項 ► **modalités de paiement** 支払い方法

*__mode__¹ [mɔd モード] 女 (英 fashion) 流行; ファッション, モード; ファッション業界 ► **à la dernière mode** 最新流行の **à la mode** 流行の **à la mode de** …風の〔古〕 **être passé de mode** 流行遅れである **lancer une mode** 流行を打ち出す

*__mode__² [mɔd モード] 男 ① (英 style) 様式, 形式; 方法 ► **mode de scrutin** 投票方式 **mode de transport** 交通手段 **mode de vie** 生活様式 **mode d'emploi** 使用法 ②〔文法〕(動詞の)法, 叙法; 〔哲〕様態 ③〔楽〕旋法; 音階

modelage [mɔdlaʒ] 男 (粘土などによる)造形, 肉付け; 原型

modelé [mɔdle] 男 〔美術〕(絵画・彫刻の)レリーフ, 立体感; 〔地理〕(土地の)起伏

*__modèle__ [mɔdɛl モデル] 男 ① (英 model) 模範, 手本; 見本, 典型 ②(絵画や彫刻のモデル, モデル; (商品の)型, タイプ; 雛型, 模型; 理論モデル ► **modèle déposé** 意匠登録 **modèle réduit** 縮尺模型 **prendre ... pour modèle** (人)を手本とする **servir de modèle à** (人)の手本[モデル]となる **sur le modèle de** …にならって — 形 模範的な, 見本[手本]となる

modeler [mɔdle] 他 ① ①(粘土などで)形[姿]を作る, 造形する; 形を浮き立たせる; (服などが)体の線を見せる ② …に合わせる; …を範とする (sur) — 代動 [se ~] …を見習う (sur)

modeleur(se) [mɔdlœr, -øz] 名 〔美術〕塑像制作家; 〔工〕鋳型[木型]工; 製品模型を作る人

modelisme [mɔdelism] 男 模型制作

modéliste [mɔdelist] 名 ①服飾デザイナー ②模型製作者

modem [mɔdɛm] 男 〔情報〕モデム

modérantisme [mɔderɑ̃tism] 男 〔史〕(大革命当時の)穏和主義

modérateur(trice) [mɔderatœr, -tris] 形 抑制[緩和]する; 調停[調整]する — 名 仲裁者, などめ役 — 男 〔機〕調節[調速]機レギュレーター; (原子炉の)減速材

modération [mɔderasjɔ̃] 女 穏健, 中庸, 節度; 調停; 軽減, 緩和 ► **avec modération** ほどほどに

modéré(e) [mɔdere モデレ] 形 節度のある, 控え目な; ほどよい; 穏健派の, 中道の — 名 穏健[中道派の人

modérément [mɔderemɑ̃] 副 節度をもって, ほどほどに

*__modérer__ [mɔdere モデレ] 他 57 抑える, 和らげる; 鎮める — 代動 [se ~] 自制する, 節度を守る; 感情を抑える

*__moderne__ [mɔdɛrn モデルヌ] 形 (英 modern) 現代の; 現代[近代]の, モダンな; (考えなどが)進歩的な; (古代に対して)近代の, 近世の ► **histoire moderne** 近世史 〔一般にコンスタンチノープル陥落 (1453) からフランス革命 (1789) までの時代を指す〕 — 男 ① 現代趣味; モダンスタイルの家具 ②〔複〕近代人, 近代作家

modernisateur(trice) [mɔdernizatœr, -tris] 形 名 近代[現代]化を推進する(人)

modernisation [mɔdernizasjɔ̃] 女 近代[現代]化; 改良

*__moderniser__ [mɔdernize モデルニゼ] 他 近代[現代]化する, 現代風に改める; (設備などを)新しくする — 代動 [se ~] 近代化される

modernisme [mɔdernism] 男 モダン趣味, 当世風; (絵画・文学の)モダニズム; 〔宗〕近代主義【カトリックの現代化を図る運動】

moderniste [mɔdernist] 形 名 モダン趣味の(人); モダニズムの(芸術家)

modernité [mɔdernite] 女 (芸術などにおける)現代[近代]性

*__modeste__ [mɔdɛst モデスト] 形 (英

modest, 謙虚な, 控え目な; 質素な, 地味な; ぱっとしない; (金額が)ささやかな, わずかな ― 图 謙遜家, 控え目な人 ▶ **faire sa modestie** 謙遜なふりをする

modestement [mɔdɛstəmɑ̃] 副 謙虚に慎ましく, ささやかに

***modestie** [mɔdɛsti モデスティ] 囡 謙虚, 謙遜; 質素 ▶ **en toute modestie** 控え目に言って; (皮肉的に)ぬけぬけと ▶ **fausse modestie** 見せかけの謙遜さ

modicité [mɔdisite] 囡 ①安さ; (金額の)少なさ ②小ささ, 貧弱さ

modif [mɔdif] (略) modification 修正, 変更

modifiable [mɔdifjabl] 形 修正[変更]可能な

modificateur(trice) [mɔdifikatœr, -tris] 形 修正[変更]させる ― 男 変化を与える要素

modificatif(ve) [mɔdifikatif, -iv] 形 修飾する; 修正をもたらす

***modification** [mɔdifikasjɔ̃ モディフィカシヨン] 囡 修正, 変更; 変化; [文法] 修飾

***modifier** [mɔdifje モディフィエ] 他 (英 modify) 修正[変更]する; 変化させる; [文法] (副詞が)修飾する, 限定する ― 代動 [se ~] 変わる, 変化する; 修正される

modique [mɔdik] 形 (金額が)わずかな, 少ない

modiquement [mɔdikmɑ̃] 副 安く, ささやかに

modiste [mɔdist] 囡 婦人帽デザイナー[製造・販売も兼ねる]

modulable [mɔdylabl] 形 変更できる ▶ **horaires modulables** フレックスタイム

modulaire [mɔdylɛr] 形 ①[建] モジュールに基づく; プレハブ式の; (家具などが)ユニット[組立て]式の ②[数] 加群[加法]の

modulateur(trice) [mɔdylatœr, -tris] 形 [電] 変調(器)の ― 男 変調器 ― 囡 変調管

modulation [mɔdylasjɔ̃] 囡 (声・音の)高低, 抑揚; (色調や文体の)変化[美称・変調]; 転調; (料金などの)調整, 変動; [電] 変調

module [mɔdyl] 男 ①ユニット【組立て家具・プレハブ住宅などの一単位】 ▶ **module d'extension** [情報] プラグイン ②大きさ, 規格; [建] モジュール, 基準尺度 ③[数] (合同関係の)法; (ベクトルなどの)絶対値; [物] 率, 係数

moduler [mɔdyle] 他 抑揚をつける; (色調などの)変化を与える; [楽] 転調する; 調整する, 適応させる; [電] 変調する

modus vivendi [mɔdysvivɛ̃di] 男 [不変] (<ラ) 妥協点, 和解案

moelle [mwal] 囡 髄 ▶ **jusqu'à la moelle** 骨の髄まで **moelle épinière** 脊髄

moelleusement [mwaløzmɑ̃] 副 ふんわりと, 柔らかく

moelleux(se) [mwalø, -øz] 形 柔らかな, ふんわりとした; (味覚・聴覚・視覚に対して)心地よい, 柔らかい印象を与える

moellon [mwalɔ̃] 男 (建築用の)切石, 石材

***mœurs** [mœr(s) ムール, ムルス] 囡 [複] [英 customs] 風習, 風俗; 慣習; 生活習慣, 暮らしぶり; (動物の)習性 ②品行, 品性; 素行; [les ~] (話) 警察の風紀取締班 (= la brigade des police des ~)

mofette [mɔfɛt] 囡 ①[地] (火山の)炭酸ガス(孔) ②[動] スカンク (= mouffette)

mofler [mɔfle] 他 (話・ベルギー) 落第させる

mogette [mɔʒɛt] 囡 《西部方言》 インゲンマメ

moghol(e) [mɔgɔl] 形 [史] ムガール帝国の

mohair [mɔɛr] 男 (<英) [服] モヘア (織)

***moi** [mwa モワ] 代 [人称] [1人称単数・強勢形] 私 ⇒soi ① [主語 je・目的語 me を強調] ▶ **Il me l'a dit, à moi.** 彼はそう言ったんだ, この私に. **Moi, je n'ai rien dit!** 私は何も言っていないぞ ② [前置詞および比較の que の後で] ▶ **chez moi** 私の家 **plus âgé que moi** 私より年上の **pour moi** 私としては ③ [肯定命令文の目的語で] ▶ **Aide-moi.** 助けてくれ ④ [属詞や他の名詞との並立, あるいは独立した名詞句として] ▶ **C'est moi.** それは私だ. **Qui a fait cela?** ―**Moi.** 誰がやったんだ? ―私です ― 男 [不変] 自我; 自身; 利己心

moignon [mwaɲɔ̃] 男 ①(四肢や枝などの)切断されて残った部分 ②退化した(発育不全の)四肢[翼]

***moi-même** [mwamɛm モワメム] 代 [人称] [1人称単数] (英 myself) 私自身 ⇒lui-même

***moindre** [mwɛ̃dr モワンドル] 形 [petit の比較級 plus petit は抽象的なものに対して用いられる, 具体的な大小を表す場合には plus petit を使う] ①(な less, lower)より小さい[少ない], 劣っている ▶ **C'est un moindre mal.** これはまだましな方だ ②[[定冠詞]] 所有形容詞付きで]] 最も小さい, ごくわずかな [[否定形で]] なんらの(…も) ▶ **le moindre bruit** ごくかすかな物音 **les moindres détails** 非常に細かいこと **sans la moindre difficulté** 何の問題もなく ― 名 [定冠詞を付けて] 最も小さいもの, 何でもないこと; 最も多るものの ▶ **moindre des choses** [[い ~]] 最低限のこと

moindrement [mwɛ̃drəmɑ̃] 副 (文) [否定文中で le をともなって] 少しも…ない

***moine** [mwan モワヌ] 男 修道士; 僧

***moineau** [mwano モワノー] 男 (複)

moinillon [mwanijɔ̃] 男 若い修道僧

moins [mwɛ̃] 副 ① (英 less) [moins + 形容詞/副詞 (que) で比較級を表す] より少なく ▶ **Il est moins vieux que ton frère.** 彼は君のお兄さん[弟]よりも若い **Il vient moins souvent que Pierre.** 彼はピエールほどにはひんぱんに顔を出さない
② [単独で用い量の比較を表す] (量が)より少なく…する ▶ **Il travaille moins que vous.** 彼はあなたより働かない
③ [moins de + 無冠詞名詞で量の比較を表す] もっと少ない ▶ **les enfants de moins de quatre ans** 4歳未満の子供 **moins de dix** 10以下 **moins de gens** よりわずかな人々
④ (英 least) [定冠詞 + moins + 形容詞/副詞で劣等最上級を表す] 最も少なく…する ▶ **ce que … de moins** 最も少なく…なこと[もの] **de moins en moins** ますます少なく **en moins de** …以内で **en moins de rien** あっというまに **Il est le moins fort.** 彼は一番弱い **le moins riche des hommes** 最も貧しい人間 **pas le moins du monde** 少しも…でない
⑤ [定冠詞 le を伴い単独で用いて最小量を表す] (量が)最も少なく ▶ **C'est lui qui vient le moins souvent.** 一番来ないのは彼だ **l'émission que je regarde le moins** 私が最も見ない番組
⑥ [le moins de + 無冠詞名詞] 最も少ない
⑦ ▶ **à moins** …でなければ **à moins de faire une bêtise** へまをしなければ **à moins d'un imprévu** 不測の事態が起こらない限り **à moins qu'il ne vienne** 彼が来ないのであれば **au [pour] le moins** 少なくとも、せめて
── 前 (負数・引き算の)マイナスの;…を引いた;(時刻)…分前 ▶ **Dix moins huit font deux.** 10−8＝2 **Il est 4 heures moins 5.** 4時5分前だ **Il fait moins vingt.** マイナス20度だ
── 男 最少限のこと;マイナス記号 ▶ **du moins** それでも、とにかく **en moins** 足りない **Il a une dent en moins.** 彼は歯が1本欠けている **Le moins qu'on puisse dire, c'est que …** はっきり言えることは…

moins-perçu [mwɛ̃pεrsy] 男 (経) 未収金

moins-value [mwɛ̃valy] 女 (経) 減価

moirage [mwaraʒ] 男 モアレ加工(模様)

moire [mwar] 女 (英 mohair) モアレ (光沢のある波形模様の織物);(布地の)モアレ加工;《文》波状のきらきらした光沢

moiré(e) [mware] 形 (< moirer) 波形模様のある、モアレ仕上げの;きらきらと光沢の── 男 モアレ模様

moirer [mware] 他 (布地に)モアレ加工を施す

moirure [mwaryr] 女 モアレ光沢;波形模様

mois [mwa モワ] 男 (英 month) (暦の)月;(仕事などの単位としての)1か月;月給、毎月の支払い ▶ **au mois de janvier** 1月に **tous les trente-six du mois** めったに(…しない) **treizième mois** [**le ~**] (月給相当の)年末手当 **trois mois de loyer** 3か月分の家賃 **un bébé de 6 mois** 生後6か月の子供

Moïse [mɔiz] 男 モーセ 《古代イスラエルの預言者》

moïse [mɔiz] 男 揺りかご

moisi(e) [mwazi モワズィ] 形 かびの生えた;かび臭い ── 男 かびの生えたもの(部分)

moisir [mwazir モワズィール] 自動 ③ かびが生える;(金などが)眠っている;《話》長居する:ぐずぐずしている ── 他 かびさせる ── [代動] [**se ~**] かびる

moisissure [mwazisyr] 女 かび、かびた部分

moisson [mwasɔ̃ モワソン] 女 (英 harvest) (穀物、特に小麦の)刈入れ、収穫;刈取期;刈入れた穀物;多量の収穫物 ▶ **faire la moisson [les moissons]** 刈入れをする **une moisson de …** 数々の…

moissonnage [mwasɔnaʒ] 男 刈入れ;収穫方法

moissonner [mwasɔne モワソネ] 他 (英 harvest) (小麦などを)刈入れる;収穫する ① 《文》大量に集める;根こそぎにする

moissonneur(se¹) [mwasɔnœr, øz] 刈入れをする人

moissonneuse² [mwasɔnøz] 女 刈取り機

moissonneuse-batteuse [mwasɔnøzbatøz] 女 (複 ~s-~s) コンバイン、刈取り脱穀機

moissonneuse-lieuse [mwasɔnøzljøz] 女 (複 ~s-~s) バインダー、刈取り結束機

moite [mwat] 形 湿っぽい;汗ばんだ

moiteur [mwatœr] 女 湿気;汗ばむこと

moitié [mwatje モワティエ] 女 (英 half) 半分、2分の1;半ば;大半、大部分;《話》伴侶、かみさん ▶ **à la moitié de** …の途中で **à moitié** 半ば、ほとんど **à moitié prix** 半値で **de moitié** 半分だけ **faire … à moitié** …を中途半端にする **faire moitié-moitié** 折半する **réduire … de moitié** 半分に減らす

mojette [mɔʒεt] 女 = mogette

moka [mɔka] 男 モカケーキ;モカコー

mol [mɔl] mou の男性第2形

molaire¹ [mɔlɛr] 囡 臼歯(きゅう)

molaire² [mɔlɛr] 形 ①〈化〉モルの ②〈哲〉全的な

molasse [mɔlas] 囡〈化〉(石灰質の)砂岩

mole [mɔl] 囡〈化〉モル

môle¹ [mol] 男〈くい〉防波堤, 埠頭(とう)

môle² [mol] 囡〈魚〉マンボウ

moléculaire [mɔlekylɛr] 形〈化〉分子の

molécule [mɔlekyl] 囡〈化〉分子

moleskine [mɔlɛskin] 囡〈く英〉モールスキン【レグロースク一種: 綿布にエナメル質を塗ったもの】

molester [mɔlɛste] 他 暴力を振るう, 痛めつける;〈文〉迫害する

moleter [mɔlte] 他 4 (ローラーなどで)ぎざぎざをつける

molette [mɔlɛt] 囡 (機械の目盛り調節などの)ぎざぎざのついたつまみ; 歯車付きローラー; 拍車の歯車

Molière [mɔljɛr] モリエール【1622-73; 劇作家】

mollah [mɔ(l)la] 男〈くアラビア〉ムッラ【イスラム教の律法学者[聖職者]の尊称】

mollarchie [mɔ(l)larʃi] 囡 イスラム律法学者による統治

mollard [mɔlar] 男〈俗〉唾(つば), 痰(たん)

mollasse [mɔlas] 形 (身体が)しまりのない, ぶよぶよした;〈話〉無気力な — 图〈話〉無気力な人, ふぬけ

mollasserie [mɔlasri] 囡〈話〉無気力

mollasson(ne) [mɔlasɔ̃, -ɔn] 图形〈話〉無気力な(人), ぐずな(人)

molle [mɔl] mou の女性形

mollement [mɔlmɑ̃] 副 無気力に, だらだらと; 柔らかに; ゆったりと

mollesse [mɔlɛs] 囡 柔らかさ, 張りのなさ; あいまいさ; 無気力, 軟弱さ; 甘さ

mollet¹ [mɔlɛ] 男 ふくらはぎ

mollet²**(te)** [mɔlɛ, -ɛt] 形 少し柔らかい, ふんわりした ▶ œuf mollet 半熟の卵

molletière [mɔltjɛr] 囡 脚半(はん), ゲートル(= bande ~)

molleton [mɔltɔ̃] 男〈織〉メルトン【紡毛織物の一種】

molletonné(e) [mɔltɔne] 形〈服〉メルトン地の裏をつけた

molletonneux(se) [mɔltɔnø, -øz] 形〈服〉メルトン風の; 毛羽立てた

mollir [mɔlir] 自 2 力を失う, 衰える; 弱くなる, 弱気になる;〈話〉しりごみする — 他〈海〉(綱を)ゆるめる

mollo [mɔlo] 副〈話〉そっと, 静かに ▶ Vas-y mollo. 無理をするな

mollusque [mɔlysk] 男〈動〉軟体動物;〈話〉ぐうたら

molosse [mɔlɔs] 男〈文〉大型の番犬[牧羊犬]

molybdate [mɔlibdat] 男〈化〉モリブデン塩酸

molybdène [mɔlibdɛn] 男〈化〉モリブデン

molybdique [mɔlibdik] 形〈化〉モリブデンを含む

môme [mom] 图〈話〉がき, 子供 — 囡〈俗〉若い女; 愛人

***moment** [mɔmɑ̃ モマン] 男 ①短い時間; 瞬間, 一瞬; 時間【かなり長い時間を示すこともある】; 時機, 機会; 好機;〈哲〉契機 ▶ à ce moment-là その[彼]時 à tout moment いつも à un moment donné ある時不意に au dernier moment いざという時になって au moment de... ちょうど…の時に au moment où... ちょうど…する時に avoir de bons moments de (人)と楽しい時を過ごす Ce n'est pas le moment (de...) 今はその[そんなことをしている]場合ではない C'est le moment ou jamais. 今が絶好のチャンスだ dans un moment すぐに depuis un moment しばらく前から du moment que ... である以上は d'un moment à l'autre もうすぐ en ce moment 現在 Je n'en ai pas pour un petit moment. 用事はすぐ済みますから par moments 時々 pour le moment 今のところ sur le moment とっさに ②〈物〉モーメント, 力率

***momentané(e)** [mɔmɑ̃tane モマンタネ] 形 一時的な, 瞬間の

momentanément [mɔmɑ̃tanemɑ̃] 副 一時的に, ちょっとの間

momerie [mɔmri] 囡〈文〉滑稽な[偽善的]儀式

momie [mɔmi] 囡 ミイラ

momification [mɔmifikasjɔ̃] 囡 ミイラにすること, ミイラ化; (精神などの)硬直化

momifier [mɔmifje] 他 ミイラにする; 無気力にする — 代動 [se ~] (精神的に)硬直化する

mon(ma) [mɔ̃, ma モン(マ)] 形 (所有) (複 mes)【母音または無音の h で始まる女性単数名詞の前では mon を用いる】(英 my) 私の;【動作ების意味上の主語として】私が ▶ à [après] mon arrivée 到着した[着いた後] に mon fils et ma fille 私の息子と娘

monac(a)le [mɔnakal] 形 (男複 -aux [-o]) 修道士の(ような)

monachisme [mɔnaʃ(k)ism] 男 修道士の生活の; 修道院生活[制度]

Monaco [mɔnako] モナコ(公国)

monade [mɔnad] 囡〈哲〉モナド, 単子

monarchie [mɔnarʃi] 囡 君主政治, 王政; 君主制国家 ▸ monarchie absolue 絶対君主制 monarchie constitutionnelle 立憲君主制

monarchique [mɔnarʃik] 形 君主

monarchisme [mɔnarʃism] 男 君主制擁護論; 王政主義

monarchiste [mɔnarʃist] 形 君主制擁護論の — 名 君主制擁護論者

monarque [mɔnark] 男 君主, 帝王

monastère [mɔnastɛr] 男 修道院, 僧院; (特に)隠修修道院

monastique [mɔnastik] 形 修道士[女]の; 修道院の

monaural(ale) [mɔnɔral] 形 (男複 -aux[-o]) 〔音響〕モノラルの; 〔生理〕片耳の

*__monceau__ [mɔ̃so モンソー] 男 (複 ~x) 堆積, 山; 多量

mondain(e) [mɔ̃dɛ̃, -ɛn] 形 社交界の, 上流社会の; 社交界好きの ▶ **chronique mondaine**(新聞・雑誌の)ゴシップ欄 — 名 ① 社交界人士; 社交家 ② [la ~](警察の)風紀係

mondanité [mɔ̃danite] 女 ① (複) 社交界の催し(出来事); 社交界の作法 ② 社交界好き

:__monde__ [mɔ̃d モンド] 男 ① (英 world) 世界, 地球; 宇宙; 世の中, 世間 ▶ **Ancien Monde** [アジア, ヨーロッパ, アフリカ大陸] **autre monde** [l'~] [宗] 来世 **ce bas monde** [宗] 現世 **C'est un monde!** そんなばかな **dans le monde entier** 全世界で **faire tout un monde de...**を大げさに言う **mettre un enfant au monde** 子供を産む **Nouveau Monde** [le ~] 新世界 [アメリカ大陸] **Pas le moins du monde!** 全然! **venir au monde** 生まれて来る ② 社交界, 上流社会の; [[形容詞・補語を伴って]...の界, ...世界 ▶ **femme du monde** 社交界の婦人 **grand monde** [le ~] 上流社会 ③ 人々, 群衆; [[所有形容詞と共に]] 一同, 一族 ▶ **beaucoup [peu] de monde** たくさん[少ない]の人々 **(Il y a du) monde au balcon** (話) (女性が)巨乳である **se moquer du monde** 人をばかにしている **tout le monde** 皆

monder [mɔ̃de] 他 (殻)殻, 薄皮などの不純物を共に]] 削除し; きれいにする

*__mondial(ale)__ [mɔ̃djal モンディヤル] 形 (男複 -aux[-o]) 世界の, 世界的 — 男 [le M-~] ワールドカップ, 世界選手権

mondialement [mɔ̃djalmɑ̃] 副 世界的に

mondialisation [mɔ̃djalizasjɔ̃] 女 世界に広まること, グローバリゼーション

mondialiser [mɔ̃djalize] 他 世界的に広める, グローバル化する

mondialisme [mɔ̃djalism] 男 世界連邦主義

mondialiste [mɔ̃djalist] 形 世界連邦主義の — 名 世界連邦主義者

monégasque [mɔnegask] 形 モナコ (Monaco) の — 名 モナコ人

monème [mɔnɛm] 男 〔言〕記号素

monétaire [mɔneter] 形 貨幣の, 通貨の ▶ **marché monétaire** [le ~] 貨幣[金融]市場

monétarisme [mɔnetarism] 男 〔経〕マネタリズム

monétariste [mɔnetarist] 形 〔経〕マネタリズムの — 名 マネタリスト

mongol(e) [mɔ̃gɔl] 形 モンゴルの — 名 [M-] モンゴル人 — 男 モンゴル語

Mongolie [mɔ̃gɔli] 女 モンゴル(人民共和国)

mongolien(ne) [mɔ̃gɔljɛ̃, -ɛn] 形 ダウン症候群の(患者)

mongolisme [mɔ̃gɔlism] 男 〔医〕ダウン症候群

mongoloïde [mɔ̃gɔlɔid] 形 〔医〕ダウン症候群の特徴がある

moniale [mɔnjal] 女 〔宗〕隠修修道女 (修道院から出ずに聖務のみを行う)

monisme [mɔnism] 男 〔哲〕一元論

moniste [mɔnist] 形 名 一元論者(の) — 名 一元論者

moniteur(trice) [mɔnitœr, -tris] 名 ① (スポーツや技芸の)インストラクター, 教官; (林間・臨海学校の)指導員 [略 mono] ▶ **moniteur d'auto-école** 自動車教習所の教官 **moniteur de ski** スキーインストラクター — 男 〔医〕モニター(監視装置); 〔情報〕モニター; 監視プログラム

monition [mɔnisjɔ̃] 女 〔カト〕(譴責〔censure〕の)前の戒告

monitoire [mɔnitwar] 男 〔カト〕証言命令書

monitorage [mɔnitɔraʒ], **monitoring** [mɔnitɔriŋ] 男 (< 英) 〔医〕監視, モニタリング

monitorat [mɔnitɔra] 男 (スポーツや教習所などの)指導員の養成; 指導員の資格(職)

:__monnaie__ [mɔnɛ モネ] 女 ① (英 currency) 貨幣, 通貨 ② (英 coin) 硬貨, コイン (= pièce ~); [la M-] 造幣局(= Hôtel de la M-); 小銭(= menue ~); 釣り銭 ▶ **faire de la monnaie** お金をくずす **fausse monnaie** にせ金 **monnaie courante** (話) よくあること **payer en monnaie de singe** (話) うまいことを言って支払わない **servir de monnaie d'échange** (交渉で)取引の材料になる

monnaie-du-pape [mɔnɛdypap] 女 (複 ~s-~-~) 〔植〕ルナリア, ゴウダソウ

monnayable [mɔnɛjabl] 形 現金化し得る, 金になる; (金属が)貨幣に鋳造できる

monnayage [mɔnɛjaʒ] 男 貨幣鋳造

monnayer [mɔnɛje] 他 金に換える, 現金化する; (金属を)貨幣に鋳造する

monnayeur [mɔnɛjœr] 男 (硬貨の)自動販売機

mono¹ [mono] 《不変》《話》モノラルの

mono² [mono] 名《話》(林間・臨海学校などの)指導員 (= moniteur)

mon(o)- 接頭 《ギ》(くぎ)「一つの」「唯一の」の意

mono- 接頭《ギ》= mon(o)-.

monobloc [monoblɔk] 形《不変》一体鋳造の

monochrome [monokrom] 形 単色の

monochromie [monokromi] 女 単色

monocle [monɔkl] 男 片眼鏡

monoclonal(e) [monoklonal] 形 (男複 -aux[-o]) (生)抗体産生細胞クローンの ▶ **anticorps monoclonaux** モノクローナル抗体

monocoque [monokɔk] 形名 モノコック構造の

monocorde [monokɔrd] 形 ①(楽)1弦の ②一本調子の

monocorps [monokɔr] 男 ワンボックスカー

monocotylédone [monokɔtiledɔn] 形 (植) 単子葉の ─ 女 単子葉植物;《複》単子葉綱

monocratie [monokrasi] 女 独裁政治

monoculaire [monokylɛr] 形 単眼の,一眼の

monoculture [monokyltyr] 女 単作(農法),一毛作

monodie [monodi] 女 (楽) 単旋律音楽; モノディ [17世紀に生まれたオペラなどにおける独唱様式]

monogame [monogam] 形 一夫一婦制の,(動物の)一雌一雄の;単独株栽培の ─ 名 一夫一婦主義者

monogamie [monogami] 女 一夫一婦制

monogamique [monogamik] 形 一夫一婦制にもとづく

monogénique [monoʒenik] 形 (鉱) 単一組成の;(地) 単成の;(生) 単一遺伝子が原因の

monogénisme [monoʒenism] 男 単一起源論, 人種単一論

monogramme [monogram] 男 モノグラム [イニシャルを組み合わせて図版化したもの]; 書(ショ)判; 花押(カオウ)

monographie [monografi] 女 (特定の主題や個人についての)専攻論文, 個別研究

monographique [monografik] 形 個別研究の

monoï [monoj] 男《不変》《ポリネシア》(化粧用の)モノイオイル [ココナッツ油]

monoïque [monoik] 形 (植) 雌雄同株の

monokini [monokini] 男 モノキニ【トップレスの水着】

monolingue [monolɛ̃g] 形 単一言語の ─ 名 一つの言語しか話さない人

monolinguisme [monolɛ̃gɥism] 男 単一言語の使用

monolithe [monolit] 男 一本石[一枚岩]造の巨大建造物; 巨石 ─ 形 一本石[一枚岩]造の

monolithique [monolitik] 形 一本石[一枚岩]でできた;(政党・組織が)一枚岩の, 結束した;(考え方が)融通の利かない

monolithisme [monolitism] 男 (政党·組織の)一枚岩の構造;(建) 巨石建築

monologue [monɔlɔg] 男 独り言, 独白;《他人を無視した》長広舌;〔劇〕モノローグ, 独白場面

monologuer [monɔlɔge] 自 独り言を言う

monomane [monoman], **monomaniaque** [monomanjak] 形名 マニアックな(人)

monomanie [monomani] 女 (精医) モノマニア [偏執狂の一種]

monôme [monom] 男 ①(試験後などに街を練り歩く)学生の行列 ②(数) 単項式

monomère [monomɛr] 形名 (化) モノマーの, 単量体の

monométallisme [monometalism] 男 (経)(通貨の)単本位制

monomoteur [monomɔtœr] 男 単発機【エンジンが一つしかない飛行機】(= avion)

mononucléaire [mononykleɛr] 形 (生)(細胞の)単一核の ─ 男 単核白血球 = leucocyte ~

mononucléose [mononykleoz] 女 (医) ▶ **mononucléose infectieuse** 伝染性単核細胞症, キス病

monoparental(ale) [monoparɑ̃tal] 形 (男複 -aux[-o]) 片親の

monophasé(e) [monofaze] 形 (電) 単相の

monophonie [monofoni] 女 (音響) モノラル再生

monophonique [monofonik] 形 (音響) モラルの;(楽) 単一声部の

monophysisme [monofizism] 男 (神) (キリストの)単性説

monophysite [monofizit] 形 (神) (キリストの)単性説の ─ 名 単性説論者

monoplace [monoplas] 形 単座の, 1人乗りの ─ 男 単座の飛行機 ─ 女 1人乗りのレーシングカー

monoplan [monoplɑ̃] 男 単葉機

monopole [monopɔl] 男 独占(権), 独占権; 独り占め, 独占特許 ▶ **avoir le monopole de** …を独占する

monopoleur(euse) [monopɔlœr, -øz] 形 独占している(人) (= monopoliste)

monopolisateur(trice) [monopɔlizatœr, -tris] 形名 ひとり占めする人

monopolisation [monopɔlizasjɔ̃] 女 専売, 独占

monopoliser [monopolize モノポリゼ] 他 ひとり占めする; (経) 独占する, 専売する

monopoliste [monopolist] 形 (経) 独占的な ── 名 独占企業[資本家]

monopolistique [monopolistik] 形 (経) 独占的な

Monoprix [monopri] 男 モノプリ【フランスのスーパーマーケット】

monoptère [monopter] 形 男 (建) [列柱で囲まれた] 円形の寺院

monorail [monoraj] 形 男 (不変) モノレール (の)

monorime [monorim] 形 (詩) 単一韻の, 各行同韻の ── 男 単一脚韻詩

monosaccharide [monosakarid] 男 (生化) 単糖

monoski [monoski] 男 モノスキー【一枚板のスキー】

monoskieur(se) [monoskjœr, -øz] 名 モノスキーヤー

monospace [monospas] 男 ワンボックスカー

monostable [monostabl] 形 (電) 単安定の

monosyllabe [monosilab] 形 男 単音節の(語) ▶ *répondre par monosyllabe* そっけない一言で答える

monosyllabique [monosilabik] 形 単音節の

monothéique [monoteik] 形 一神教の; 一神論の

monothéisme [monoteism] 男 一神教, 一神論

monothéiste [monoteist] 形 一神教[論]の ── 名 一神教の信者, 一神論者

*__monotone__ [monoton] 形 モノトヌ 単調な, 変化に乏しい

monotonie [monotoni] 女 単調さ, 退屈さ

monotype [monotip] 男 ① (海) モノタイプ【大量生産された国際一型のヨット】② (美術) モノタイプ版画 ─ (印) モノタイプ【自動鋳造植字機】

monovalent(e) [monovalã, -ãt] 形 (化) 一価の

monoxyde [monoksid] 男 (化) 一酸化物

monoxyle [monoksil] 形 一木造りの

monozygote [monozigot] 形 (双生児が) 一卵性の

monseigneur [mɔ̃sɛɲœr] 男 (複 *messeigneurs, nosseigneurs*) 猊下((げか)), 下【高位聖職者の尊称】; 殿下【王族の尊称; 略 Mgr】

:monsieur [məsjø ムスィユー] 男 (複 *messieurs* [mesjø]) ① (英 Mr.) 男性の姓名や職名につける敬称】[略 M.]…氏, …さん, …様 ▶ *Monsieur le Ministre* 大臣, *monsieur X X* 氏 ② (男性に対する呼びかけ) ▶ *Bonjour monsieur.* おはようございます. *Messieurs Dames* (聴衆に向かって) 皆さん ③ [限定を伴って] 男性, 男の方 ④ (使用人が雇員などに) ご主人様; お客様 ⑤ (古) (話) ブルジョワの紳士

monstre [mɔ̃str モンストル] 男 怪物, 化け物; 実在の巨大生物; ひどく醜い人[物]; (性悪な人物が) 化け物のような人; 奇形 ── 形 (話) 巨大な, 途方もない ▶ *monstre sacré* スター; 非凡な人 *un boulot monstre* 山のような仕事

monstrueusement [mɔ̃stryøzmã] 副 途方もなく, 異様に

monstrueux(se) [mɔ̃stryø, -øz] 形 化け物のような; 奇形の; 巨大な, 常軌を逸した; 凶悪な, 極悪非道の

monstruosité [mɔ̃stryozite] 女 残虐性, 残酷行為; 奇形

mont [mɔ̃] 男 [固有名詞を伴って] …山; (古) 高山, 山地; [手相] 丘(((ὴ))の)手のひらの隆起部 ▶ *mont Blanc* モン ブラン【アルプス山脈最高峰】 *mont de Vénus* (解) 恥丘 *par monts et par vaux* 山越え谷越え; あちこち *promettre monts et merveilles* 途方もない約束をする

montage [mɔ̃taʒ] 男 ① (機械などの) 組立て; フィルムの編集; (写) モンタージュ (── *photographique*) ② ▶ *montage financier* (経) 資金繰り

montagnard(e) [mɔ̃taɲar, -ard] 形 山地の, 山地に住む ── 名 山地の住民 ── 男 (史) 山岳派【フランス革命時の急進派】

:montagne [mɔ̃taɲ モンタニュ] 女 (英 *mountain*) 山; 山地, 山岳地帯; 堆積; [la M-] (史) 山岳派 ⇨ *montagnard* ▶ *à la montagne* 山地で *en haute montagne* 山の高所で *faire de la haute montagne* 登山をする *montagnes Rocheuses* [les ─] (北米の) ロッキー山脈 *montagnes russes* ジェットコースター *se faire une montagne de* …を重大に [難しく] 考える *une montagne de* … 大量の…, …の山

montagnette [mɔ̃taɲet] 女 (話) 小さな山

montagneux(se) [mɔ̃taɲø, -øz] 形 山の多い

Montaigne [mɔ̃tɛɲ] (Michel Eyquem de〜) モンテーニュ【1533–92; 作家】

Montauban [mɔ̃tobã] モントーバン【Tarn-et-Garonne 県の県庁所在地】

Mont-Blanc [mɔ̃blã] 男 モンブラン山塊【モンブラン山以上 le mont Blanc】

mont-blanc [mɔ̃blã] 男 (複 〜s) (菓) モンブラン

Mont-de-Marsan [mɔ̃dmarsã] モン・ド・マルサン【Landes 県の県庁所在地】

mont-de-piété [mɔ̃d(ə)pjete] 男 (複 ~s-~-~) (〈古〉) 公営質屋

monte [mɔ̃t] 女 ①〈競馬〉騎乗, 乗りこなし振り ②(家畜の)交尾期

monté(e) [mɔ̃te] 形 ①よく揃った; 用意の整えられた; あらかじめ仕組まれた ► **bien monté** 〈俗〉ペニスが大きい **coup monté** 陰謀 ②馬に乗った ③(人に対して)怒っている (**contre**)

Monte-Carlo [mɔ̃tekarlo] モンテカルロ 【地中海岸のモナコ王国の北東部】

monte-charge [mɔ̃tʃarʒ] 男 (不変) 貨物用エレベーター

*__montée__ [mɔ̃te モンテ] 女 登ること, 上り; 上り坂; 上昇, 台頭

monténégrin(e) [mɔ̃tenegrɛ̃, -in] 形 名 【M-】モンテネグロの(人) ⇨ Servie-et-Monténégro

Monténégro [mɔ̃tenegro] 男 (ユーゴスラビアの)モンテネグロ

mont-en-l'air [mɔ̃tɑ̃lɛr] 男 (不変) 〈話・古〉泥棒

monte-plats [mɔ̃tpla] 男 (不変) (調理場と食堂を結ぶ)料理リフト

*__monter__ [mɔ̃te モンテ] 自 [語番 ①-④で助動 être. ⑤と⑥は avoir] ①(英 go up, climb)(人・動物が)登る, 上がる; (乗り物に)乗る ②昇進[出世]する, 進級する; 台頭する ③北上する ④(ものが)昇る, 上がる; 立ちのぼる, 湧き上がる; (温度が)上り坂になっている ⑤(値段・数量・温度などが)上がる, 上昇する; (高さなどが)伸びる, 届きだす (à) ⑥(評価が)高まる; (トーンが)上がる — 他 ①(階段などを)登る; (馬などに)乗る ②組み上げる, 高い所へ移す; (位置を)高くする; (人を)興奮させる; (人を)…に対して怒らせる (**contre**) ③組立てる; 準備する, 必要なものを揃える; (映画を)編集する — 代動 [**se** ~] ①登られる, 乗られる; かっとなる ②(金額などが)達する, 上る (à) ③(必要なものを)備える (**en**); (物が組み立てられる

Montesquieu [mɔ̃teskjø] (Charles de Secondat~) モンテスキュー 【1689-1755; 哲学者】

monteur(se) [mɔ̃tœr, -øz] 名 ①(機械の)組立て工 ②〈映〉フィルム編集係

montgolfière [mɔ̃gɔlfjɛr] 女 モンゴルフィエ式熱気球

monticule [mɔ̃tikyl] 男 丘陵, 小山

Montmartre [mɔ̃martr] モンマルトル【パリ北部18区のモンマルトルの丘を中心とする地区】

montmorency [mɔ̃mɔrɑ̃si] 女 モンモランシー【酸味のあるサクランボ】

montoir [mɔ̃twar] 男 (乗馬用の)踏み台, 踏み石

Montparnasse [mɔ̃parnas] モンパルナス【パリ14区】

Montpellier [mɔ̃pəlje] モンペリエ, モンプリエ【Hérault 県の県庁所在地; ラングドックルション(Languedoc-Rous-

sillon)地域圏の中心都市

montrable [mɔ̃trabl] 形 見せられる; 人前に出られる

*__montre__[1] [mɔ̃tr モントル] 女 〈英 watch〉腕時計, 懐中時計 ► **course contre la montre** 〈スポーツ〉タイムトライアル; 急ぎの仕事 **montre à quartz** クォーツ時計 **montre en main** 正確に

montre[2] [mɔ̃tr] 女 (文) 見せびらかし ► **faire montre de** …を見せびらかす **pour la montre** 見せびらかしに

Montréal [mɔ̃real] モントリオール【カナダ Québec 州の都市】

Montréalais(e) [mɔ̃reale, -ɛz] 形 名 【M-】モントリオールの(人)

montre-bracelet [mɔ̃trəbraslɛ] (複 ~s-~s) 腕時計

montrer [mɔ̃tre モントレ] 他 〈英 show〉見せる, 提示する; 指し示す; (道順・やり方などを)教える; 明らかにする, 指摘する; (態度・感情を)表に出す; (能力を)発揮する; 表現する, 描写する ► **se montrer … du doigt** …を指差す — 代動 [**se** ~] ①姿を現す, 現れる ②(属詞を伴って)…であることを示す; …であるように見える ► **se montrer à l'aise** くつろいでいるように見える

montreur(se) [mɔ̃trœr, -øz] 名 見世物師 ► **montreur de marionnettes** 人形使い

Mont-Saint-Michel [mɔ̃sɛ̃miʃɛl] 男 【le ~】モン・サン・ミシェル【ノルマンディー地方西部にある小島; 岩山の上の修道院で有名】

monture [mɔ̃tyr] 女 ①(馬・ラクダなど乗用の動物) ②(眼鏡のフレーム; (刀の)柄など; (宝石の)台座【もの を嵌めこむ台をあらわす】

*__monument__ [mɔnymɑ̃ モニュマン] 男 (歴史的・公共的な)大建造物; 記念建造物, 記念碑; 記念碑的な作品, 金字塔; 〈話〉巨大な[極端な]もの; (…の)極み (**de**) ► **monument historique** 歴史的建造物

monumental(ale) [mɔnymɑ̃tal] 形 (男 複 -aux[-o]) 巨大な, 不朽の; 途方もない

*__se moquer__ [mɔke モケ] 代動 [**se** ~] 〈英 mock〉(…を)ばかにする, 嘲笑する; 軽んじる (**de**); (…を)気にとめない, 無視する (**de**) ► **Je m'en moque.** 私の知ったことか

moquerie [mɔkri] 女 あざけり, からかい, 揶揄(やゆ)

*__moquette__ [mɔkɛt モケット] 女 (敷きつめ用の)絨毯(じゅうたん)

moqueter [mɔkete] 他 (部屋などに)絨毯(じゅうたん)を敷く

moqueur(se) [mɔkœr, -øz] 形 嘲笑的な, 皮肉っぽい; 冷やかし好きの — 名 嘲笑家

moraine [mɔrɛn] 女 〈地〉氷堆石(ひょうたいせき), モレーン【氷河に運ばれた岩石】

moral¹(ale) [mɔral モラル] 形 (男複 -aux[-o]) ①道徳の, 道徳に関する; 道徳的(教訓)的な ②抽象的な, 形而上の ▶**personne morale** [法] 法人

moral² [mɔral モラル] 男 気力, 士気; 精神状態 ▶**au moral** 精神的に **avoir le moral** 気力が充実している **avoir le moral à zéro** ひどく落ち込んでいる **ne pas avoir le moral** 意気消沈している **remonter le moral à [de]**(人)を励ます

morale² [mɔral モラル] 女 (英 morality) 道徳, モラル; 倫理学; (寓話などの)教訓 ▶**faire la morale à** (人)に説教をする

moralement [mɔralmɑ̃] 副 道徳[道義]的に; 精神的に

moralisant(e) [mɔralizɑ̃, -ɑ̃t] 形 道徳主義的な

moralisateur(trice) [mɔralizatœːr, -tris] 形名 道徳を説く(人); 説教好きな(人)

moralisation [mɔralizasjɔ̃] 女 モラルを高めること

moraliser [mɔralize] 他 モラルを高める ── 自 道徳的に考察する

moralisme [mɔralism] 男 道徳至上主義

moraliste [mɔralist] 名 [文学史] モラリスト(モンテーニュ, パスカルなど人間性の深い考察を行った作家); 道徳家 ── 形 モラリストの; 道徳(家)的な

moralité [mɔralite] 女 道徳心; 品行; (寓話などの)教訓

morasse [mɔras] 女 (新聞の)最終校正刷

moratoire [mɔratwaːr], **moratorium** [mɔratɔrjɔm] 男 [法] モラトリアム, 支払猶予[停止]

morbide [mɔrbid] 形 病気の, 病気に関する; 病的な, 不健全な

morbidesse [mɔrbidɛs] 女 ①[美術](画中人物の)肉付きの柔らかさ ②[文]頽廃的な美しさ

morbidité [mɔrbidite] 女 病的な傾向; 罹(り)病(びょう)率

morbier [mɔrbje] 男 モルビエ [ジュラ地方産のチーズ]

Morbihan [mɔrbiɑ̃] 男 モルビアン県 [フランス北西部]

morbilleux(se) [mɔrbijø, -øz] 形 [医] はしかの

morbleu [mɔrblø] 間 [古] 畜生!, くそ!

morceau [mɔrso モルソ] 男 (複 ~x) (英 piece) (食べ物の)一切れ, 一片; (食肉の)部分, 部位; 断片, 一部分; (音楽の)曲 (文学作品の)断章, 抜粋; 小品 ▶**casser [manger, lâcher, cracher] le morceau** [話]口を割る, 白状する **emporter le morceau** [話] (仕事を)うまくやってのける **en morceaux** 細かく, 粉々に **gros morceau** (やりぬけるのが)難しい事 **manger un morceau** 軽く食事をとる **morceau de bravoure** (文学作品の)さわり **recoller les morceaux** [話](別れたカップルが)もとにもどる

morceler [mɔrsəle] 他 ④ 分割する; 細分する

morcellement [mɔrsɛlmɑ̃] 男 分割, 細分化

mordacité [mɔrdasite] 女 [文] (批評などの)辛辣さ

mordancer [mɔrdɑ̃se] 他 ⑤② [染色]色止めをする, 媒染剤で処理する

mordant(e) [mɔrdɑ̃, -ɑ̃t] 形 ①(批判などが)痛烈な, 手厳しい; (暑さや寒さが)厳しい; (音や声が)鋭い, 刺すような ②(動物が)噛む, (酸などが)腐食性の ── 男 ①鋭さ, 辛辣さ ②媒染剤; 腐食剤 ▶**du ~** モルデント

mordicus [mɔrdikys] 副 (< ラ) [話]頑固に, 執拗に

mordillement [mɔrdijmɑ̃] 男, **mordillage** [mɔrdijaːʒ] 男 (繰り返し)軽く噛むこと

mordiller [mɔrdije] 他 (繰り返し)軽く噛む, もぐもぐ噛む

mordoré(e) [mɔrdɔre] 形名 光沢のある金褐色(の)

mordre [mɔrdr モルドル] 他 ⑤① (英 bite) 噛む, 噛みつく; (虫が)刺す; (鳥が)つばばむ; (釘などが)食い込む; (道具が)噛み込む ②(寒さ・暑さが)ひりひりと刺す; (感情が)心を苦しめる; 悪口を言う; 酷評する ③(酸などが)腐食させる ── 自 ①噛みつく 《à》; (食べ物をかじる 《dans》); (道具が)食い込む 《dans》, 興味を示す 《à》 ②(腐食などが)作用する 《sur》; はみ出す, 越える 《sur》 ▶**Ça mord.** (魚が)食いついた **mordre sur la ligne** [スポーツ]ラインを踏み越える **[反動]── 代動 se ~** 自分の…を噛む; (犬など が)咬み合う

mordu(e) [mɔrdy] 形 (< mordre) ①噛まれた ②[話] …に熱中した, 熱中きになった《de》 ③…に惚れている《pour》 ── 名 [話]…の熱狂的なファン《de》

more [mɔːr] 形名 = maure

moresque [mɔrɛsk] 形女 = mauresque

morfal(e) [mɔrfal] 形名 [話]食いしん坊(の)

morfil [mɔrfil] 男 (研いだあとの)刃先のまくれ

morfler [mɔrfle] 他 [話] (罰・一撃などを)くらう

morfondre [mɔrfɔ̃dr] 代動 **se ~** ⑤① 待ちくたびれる, 待ちあぐねる

morfondu(e) [mɔrfɔ̃dy] 形 (< morfondre) 落胆した, 失意の

morganatique [mɔrganatik] 形 [史] (王族の結婚で妻が身分違いの)

morgue¹ [mɔrg] 女 [文] 尊大な態度

morgue² [mɔrg] 女 (身元不明の)死

moribond(e) 体公示所; (病院の)霊安室

moribond(e) [mɔribɔ̃, -ɔ̃d] 形 危篤の, 瀕死の; 滅亡寸前の ── 名 危篤[瀕死]の人

moricaud(e) [mɔriko, -od] 形 《話》(皮膚が)黒い ── 名 ① 皮膚の黒い人; ②《差別的》有色人種, 黒人women

morigéner [mɔriʒene] 他 57 叱る

morille [mɔrij] 女 【植】アミガサタケ【食用キノコ】

morion [mɔrjɔ̃] 男 (16世紀頃のスペインの)歩兵用兜(かぶと)

mormon(e) [mɔrmɔ̃, -ɔn] 形 モルモン教の ── 名 モルモン教徒

mormonisme [mɔrmɔnism] 男 モルモン教

morne[1] [mɔrn] 形 陰鬱(いんうつ)な, どんよりした, 気がめいる

morne[2] [mɔrn] 男 (西インド諸島の)小山

mornifle [mɔrnifl] 女 《話》びんた

morose [mɔroz] 形 陰気な, 不機嫌な, どんよりした

morosité [mɔrozite] 女 《文》陰鬱(さ); 沈滞

Morphée [mɔrfe] 固 【ギ神】モルペウス【夢の神】

morphème [mɔrfɛm] 男 【言】形態素

morphine [mɔrfin] 女 【化】モルヒネ

morphing [mɔrfiŋ] 男 《英》【映】モーフィング【画面を変形させるコンピューターグラフィックスの画像処理技術】

morphinique [mɔrfinik] 形 モルヒネの

morphinisme [mɔrfinism] 男 【医】モルヒネ依存症[中毒]

morphinomane [mɔfinɔman] 形 名 モルヒネ中毒の(患者)

morphinomanie [mɔrfinɔmani] 女 モルヒネ中毒[常用]

morph(o)- 接頭 《ギ》「形」の意

morphogenèse [mɔrfoʒənɛz] 女 【生】形態形成; 【地】組織器官形成

morphologie [mɔrfɔlɔʒi] 女 形態, 構造; 【言】形態論; 【生】形態学

morphologique [mɔrfɔlɔʒik] 形 【言】形態の; 形態論の; 【生】形態学の

morphologiquement [mɔrfɔlɔʒikmɑ̃] 副 【言】形態[論]として

morphosyntaxe [mɔrfosɛ̃taks] 女 【言】形態統語論

morpion [mɔrpjɔ̃] 男 ①《話》ケジラミ(毛虱) ②《話》がき, ちび ③モルピオン【五目並べに似た遊び】

mors [mɔr] 男 [馬具] 馬銜(はみ)
▶ **prendre le mors aux dents** (人が) かっとなって仕事にとりかかれる

morse[1] [mɔrs] 男 【動】セイウチ

morse[2] [mɔrs] 男 モールス式電信法; モールス符号

morsure [mɔrsyr] 女 ① 噛みつくこと; 噛み傷, 刺し傷; 刺すような痛み ② (銅板などの) 腐食

*mort[2](**e**) [mɔr, mɔrt] 形 (英 dead) 死; 死ぬほどの苦しみ; 終焉, 破滅; [[la M-]] 死神 ▶ **à la mort de** …の臨終の際に **condamner ... à mort** (人)に死刑を言い渡す **en vouloir à mort à** (人)を殺したいほど憎む **freiner à mort** 《話》思いっきりブレーキをかける **Il n'y a pas mort d'homme.** たいしたことではない **jusqu'à la mort** 死ぬまで **la mort dans l'âme** 断腸の思いで, いやいや **mort naturelle** 自然死 **mort violente** (事故などによる)変死 **se donner la mort** 自殺する

*mort[2](**e**) [mɔr, mɔrt] (英 dead) 死んだ; (植物が)枯れた; (機械・道具が)壊れた; 死にそうな, 活気のない; 使用されていない, 無駄な ▶ **eau morte** 淀んだ水 **être morts de** … 死ぬほど … である **langue morte** 死語【ラテン語のような現在話されていない言語】**mort au combat** 戦死した **nature morte** 【美術】静物画 **temps mort** 何もしない時間, 無駄な時間 **tomber raide mort** 急死する ── 名 死者, 死人; 故人 ▶ **à mort** 死ぬほど, ひどく **faire le mort** 死んだふりをする

── 男 [トランプ] [ブリッジの]ダミー

mortadelle [mɔrtadɛl] 女 《伊》モルタデラ【イタリア産の大型ソーセージ】

mortaisage [mɔrtɛzaʒ] 男 ほぞ穴刻り(き)

mortaise [mɔrtɛz] 女 【建】ほぞ穴; 錠の受け穴

mortaiser [mɔrtɛze] 他 【建】ほぞ穴を刻(き)る

mortalité [mɔrtalite] 女 死亡率; (戦争, 災害, 伝染病などによる)大量死

mort-aux-rats [mɔr(t)ora] 女 《不変》殺鼠(さっそ)剤, 猫いらず

mort-bois [mɔrbwa] 男 《複 ~s-~》(建築その他で使えない)雑木

morte-eau [mɔrto] 女 《複 ~s-~x》小潮(時)

mortel(le) [mɔrtɛl] 形 ① 死すべき, 滅ぼべき ② 致命的な, 命にかかわる; 死ぬほどの, 極度の ▶ **ennemi mortel** 宿敵 ③ [名詞の前に]《話》ひどく退屈な, やりきれない ④ 死を思わせる, 死人のような ── 名 人間 ── 間 《話》すばらしい!

mortellement [mɔrtɛlmɑ̃] 副 致命的に; 死ぬほどに

morte-saison [mɔrtəsɛzɔ̃] 女 《複 ~s-~s》(経済活動の)沈滞期, 閑散期

mortier [mɔrtje] 男 ① 漆喰(しっくい), モルタル ② 乳鉢, すり鉢 ③ 迫撃砲

mortifère [mɔrtifɛr] 形 命取りの; 死ぬほどの

mortifiant(e) [mɔrtifjɑ̃, -ɑ̃t] 形 ① 屈辱的な ② (苦行などが)肉体を苦しめる

mortification [mɔrtifikasjɔ̃] 女 ① 屈辱 ② 苦行, 禁欲

mortifier [mɔrtifje] 他 ① 屈辱を与

mort-né(e) [mɔrne] 形 死産の;(計画などが)流れた —— 男 死産児

mortuaire [mɔrtɥɛr] 形 死(者)の;葬儀の

morue [mɔry] 女 ①〖魚〗タラ ②〘話〙性悪女;〘古・俗〙売春婦

morutier(ère) [mɔrytje, -ɛr] 形 タラ漁の —— 男 タラ漁船;タラ漁師

Morvan [mɔrvɑ̃] モルヴァン地方〖ブルゴーニュ地方の山地〗

morvandeau(elle) [mɔrvɑ̃do, -ɛl] 形(男複 -eaux) モルヴァン地方の —— 名 〖M-〗モルヴァン地方の人

morve [mɔrv] 女 ①鼻汁 ②〖獣医〗(馬の)鼻疽(び)

morveux(se) [mɔrvø, -øːz] 形 ①涙(な)をたらしている ②〖獣医〗(馬が)鼻疽(び)にかかった ③〘話〙洟たれ小僧, まぬけ;青二才

mosaïque[1] [mɔzaik] 女 モザイク, 寄せ木細工;寄せ集め

mosaïque[2] [mɔzaik] 形 〖宗〗モーセの

mosaïqué(e) [mɔzaike] 形 〖美術〗モザイク風の

mosaïsme [mɔzaism] 男 〖宗〗モーセの教え

mosaïste [mɔzaist] 名 寄せ木細工師;モザイク画師

Moscou [mɔsku] モスクワ

moscovite [mɔskɔvit] 形 モスクワの —— 名 〖M-〗モスクワの人

Moselle [mɔzɛl] 女 ①〖la ~〗モーゼル川 ②モーゼル県〖フランス北東部〗

Moskova [mɔskɔva] 女 〖la ~〗モスクワ川 ▸ *bataille de la Moskova* 〖史〗ボロジノの戦い〖(ナポレオンの)モスクワ攻撃;1812年〗

mosquée [mɔske] 女 モスク, イスラム寺院

:**mot** [mo モ] 男〘英 word〙単語, 暗号, 合言葉;言葉, 表現;名文句, 気の利いた言葉;書きつけ, ひと言, 短い手紙 ▸ *à mots couverts* 遠回しな言葉で ▸ *au bas mot* 低く見積もっても ▸ *avoir des mots avec* (人)と口論をする ▸ *avoir deux mots à dire à...* 〘話〙(人)に言わなければならない〖言っておきたい〗ことがある ▸ *avoir le dernier mot* (議論で)決定的な発言をする ▸ *avoir son mot à dire* 自分の意見を言う権利がある ▸ *avoir toujours le mot pour rire* いつも冗談を言う ▸ *bon mot / mot d'esprit* 気の利いた言葉 ▸ *dire deux mots à* …しかる ▸ *en un mot* 一言でいって, 簡潔に ▸ *fin mot* (何かの真相を解き明かす)キーワード ▸ *grand mot* 大げさな言葉 ▸ *gros mot* 汚い言葉, ののしり ▸ *mot à mot / mot pour mot* 一語一語, 原文通りに ▸ *mot de Cambronne / mot de cinq lettres* 〘話〙くそっ! ▸ *mot de passe* 合言葉;〖情報〗パスワード ▸ *mot d'ordre* 指令;合言葉 ▸ *mots croisés* クロスワードパズル ▸ *ne pas mâcher ses mots* ずけずけ言う ▸ *prendre... au mot* (人)の提案を即座に受け入る ▸ *toucher un mot de A à B* (人)AについてBに手短かに話す

motard [mɔtar] 名 〘話〙オートバイ乗り;(警察の)オートバイ隊員

mot-clé [mɔkle] キーワード

motel [mɔtɛl] 男 〘英〙モーテル〖自動車旅行者用のホテル〗

motet [mɔtɛ] 男 〖楽〗モテット〖宗教的声楽曲〗

:**moteur**[1] [mɔtœr モトゥール] 男〘英 engine, motor〙エンジン, 発動機, モーター;(事業などの)推進者, 原動力, 動機 ▸ *à moteur* 動力駆動の, エンジン付きの ▸ *bateau à moteur* モーターボート ▸ *moteur à explosion* 内燃機関 ▸ *moteur à injection* 燃料噴射式エンジン ▸ *moteur à réaction* ジェットエンジン ▸ *moteur de recherche* 〖情報〗検索エンジン ▸ *moteur électrique* 電気モーター

moteur[2]**(trice)** [mɔtœr, -tris] 形 動かす, 動力を与える;〖生理〗(筋肉・神経が)運動を伝える ▸ *à quatre roues motrices* (自動車)4輪駆動の, 4WD ▸ *force motrice* 原動力, 推進力

moteur-fusée [mɔtœrfyze] 男 (複 ~s-~s) ロケットエンジン

:**motif** [mɔtif モティフ] 男 〘英 motive〙動機, 理由;〖デザイン〗モチーフ, 模様;〖美術・楽〗主題, モチーフ ▸ *sans motif* 理由なしに ▸ *tissu à motifs* 柄のある布地

motilité [mɔtilite] 女 〖生理〗運動性, 運動機能

motion [mɔsjɔ̃] 女 動議, 発議 ▸ *motion de censure* 不信任案

motivant(e) [mɔtivɑ̃, -ɑ̃t] 形 きっかけとなる

motivation [mɔtivasjɔ̃] 女 動機, モチベーション;動機付け ▸ *lettre de motivation* 理由状〖求職の動機や理由を書いたもの〗

motivé(e) [mɔtive] 形 意欲的な, 明確な動機がある;理由(根拠)のある

motiver [mɔtive] 他 ①動機(動機付け)となる, やる気にさせる ②正当化する, 理由付けする

:**moto** [moto モト] 女 (125 cc 以上の)オートバイ, バイク

moto- 接頭 「エンジンを用いる」の意

moto(-)cross [motokrɔs] 男 〘不変〙モトクロス〖オートバイによるクロスカントリーレース〗

motoculteur [motokyltœr] 男 小型トラクター, 耕耘(ぅん)機

motoculture [motokyltyr] 女 〖農〗機械耕作, 機械化農業

motocyclette [motosiklɛt] 女 〘古〙オートバイ〖略 moto〙

motocyclisme [motosiklism] 男 オートバイ競技

motocycliste [mɔtɔsiklist] 图 オートバイ乗り

motofaucheuse [mɔtɔfoʃøz] 囡 草刈り機

motonautisme [mɔtɔnotism] 團 モーターボートレース

motoneige [mɔtɔnɛʒ] 囡 スノーモービル

motoneigiste [mɔtɔnɛʒist] 图 《カナダ》スノーモービル使用者

motopompe [mɔtɔpɔ̃p] 囡 自動ポンプ

motorisation [mɔtɔrizɑsjɔ̃] 囡 ① 自動車の普及 ② 機械化

motorisé(e) [mɔtɔrize] 形 (< motoriser) ①《話》車を持っている，車で来ている ② 機械化された

motoriser [mɔtɔrize] 他 機械化する

motoriste [mɔtɔrist] 图 ① エンジン修理工 ② エンジンメーカー

motrice [mɔtris] 形 moteur の女性形 —— 囡 機関車，牽引車

motricité [mɔtrisite] 囡〔生理〕運動性

mots(-)croisés [mokrweze] 男〔複〕クロスワードパズル

mots-croisiste [mokrwazist] 图 クロスワードパズル愛好者

motte [mɔt] 囡 ① 土くれ ▶ *motte de beurre*（小売り用の）バターの塊 ②《俗》恥丘

motu proprio [mɔtyprɔprijo] 副《ラ》自発的に —— 男《不変》《カト》教皇親書

motus [mɔtys] 間《話》しっ, 黙れ ▶ *Motus et bouche cousue!* 誰にも言っちゃだめだよ

mot-valise [mɔvaliz] 男（複 〜s〜s）〔言〕かばん語〔2語以上の語を圧縮して作る合成語〕

mou... ⇒ moudre

*★**mou¹(molle)** [mu, mɔl ム, モル] 形〔母音または無音のhで始まる男性単数名詞の前ではmolとなる（cf. *mou soft*）〕①軟らかい，ふわりとした；ぶよぶよした，張りのない；柔軟な，だらけた，生気のない；なだらかな；柔らかな；《古》〔名詞の前に置く〕穏やかな ②〔人，性格が〕気力のない，力のない ▶ *avoir les jambes molles*（疲れなどで）足がよろよろする ——图《話》軟弱な人；（網などの）ゆるみ，たるみ ▶ *avoir du mou*（網などが）たるみがある —— 副《話》そっと；だらだらと

mou² [mu]（牛などの）肺臓；《話》胃 ▶ *bourrer le mou à...*《話》(人)にしつこくプロパガンダを吹き込む，洗脳する ▶ *rentrer dans le mou*《話》ぶちのめす

moucharabié, moucharabieh [muʃarabje] 男《< アラビア》(アラビア建築の) 鎧出し格子窓

mouchard(e) [muʃar, -ard] 图《話》(警察の) スパイ；密告者 —— 男 探知器；偵察機

mouchardage [muʃardaʒ] 男《話》スパイ行為，密告

moucharder [muʃarde] 他《話》密告する；探る

*★**mouche** [muʃ ムシュ] 囡 ①〔英 fly〕〔虫〕ハエ（蠅）；《古》(カ・アブ・ハチなど) 飛ぶ昆虫 ▶ *faire la mouche du coche* (役に立たないのに) しきりに動き回る *faire mouche* 的を射る；目的を達する *fine mouche* ずる賢い人 *mouche tsé-tsé*〔虫〕ツェツェバエ *prendre la mouche* かっとなる *Quelle mouche t'a piqué?* なんでそんなに怒っているの？ ②《ハエのように見えるもの》つけぼくろ；(下唇の下の) ちょびひげ；(標的の中心の) 黒点；〔釣〕毛針，フライ；〔フェンシング〕たんぽ

*★**moucher** [muʃe ムシェ] 他 ① 洟（はな）をかむ ▶ *moucher un enfant* 子供の洟をかんでやる ②（人）を叱る —— 代動 〔se 〜〕自分の洟をかむ

moucheron [muʃrɔ̃] 男 羽虫，小バエ；《話》小僧，ちび

mouchet(é)e [muʃte] 形 斑点のある；まだら模様の

moucheter [muʃte] 他 4 斑点をつける；〔フェンシング〕(剣先に) たんぽ (mouche) をつける

mouchetis [muʃti] 男〔建〕(モルタルの) 粗塗り

mouchetture [muʃtyr] 囡 ① 斑点，まだら模様 ②〔医〕軽い切り傷

*★**mouchoir** [muʃwar ムショワール] 男〔英 handkerchief〕ハンカチ，スカーフ，ネッカチーフ (= 〜 de cou [tête]) ▶ *grand comme un mouchoir de poche*（土地が）非常に狭い *mouchoir en papier* ティッシュペーパー

mouclade [muklad] 囡〔料〕ムクラード〔生クリームソースをかけたムール貝の白ワイン蒸し〕

moud... ⇒ moudre

moudjahidin, moudjahidine(s) [mudʒaidin] 男〔複〕(< アラビア) ムジャーヒディーン〔イスラム過激派の民兵〕

moudre [mudr] 他 42 挽（ひ）く，粉にする ▶ *moudre un air* 手回しオルガンを回す

moue [mu] 囡 仏頂面，口をとがらすこと ▶ *faire la moue* 顔をしかめる

mouette [mwɛt] 囡〔鳥〕カモメ

mouf(e)ter [mufte] 自〔否定文で〕《話》文句を言う ▶ *sans moufter / ne pas moufter* 顔色一つ変えないで，平然と

mouf(f)ette [mufɛt] 囡〔動〕スカンク

moufle¹ [mufl] ① 囡 ミトン〔親指だけ分かれた手袋〕② 男 または 囡 複滑車，巻揚げ機

moufle² [mufl] 男〔化〕(加熱用の) 土鍋，マッフル ③〔陶器を焼く窯〕

mouflet(te) [muflɛ, -ɛt] 图《話》子供，ちび

mouflon [muflɔ̃] 男 ムフロン〔コルシカなどに棲息する羊〕

mouillage [mujaʒ] 男 ① 停泊(地)，係留(地) ② 水に入れること；濡らす［湿ら

mouille [muj] 女 〖海〗(湿気や水による)船ıoyの傷み

mouillé(e) [muje ムイエ] 形 (< mouiller)(英 wet) 濡れた, 湿った;〖文法〗湿音の

mouiller [muje ムイエ] 他 (英 wet) ①濡らす, 湿らせる;〖海〗(錨などを)水中に投げ込む ▶ **mouiller sa chemise**《話》あくせく働く, 苦労する **mouiller sa culotte**《俗》(恐さで)ぢびる ②水で薄める;〖料〗(加熱中に)酒・ブイヨンなどを加える ③《話》(人を)巻き添えにする ④〖文法〗(子音を)湿音化する ─ 自 投錨〖停泊〗する;《話》ひどく怖がる ─ 代動 [se~] ①濡れる, 湿る ②《話》(危険なことに)足を突っ込む

mouillette [mujɛt] 女 細長く薄いパン切れ〖半熟卵やコーヒーに浸して食べる〗

mouilleur [mujœr] 男 ①(切手濡らしの)スポンジ ②〖海〗投錨装置 ▶ **mouilleur de mine**〖軍〗機雷敷設船

mouillure [mujyr] 女 ①濡らすこと, 湿っていること; 濡れ跡 ②〖文法〗湿音化

mouise [mwiz] 女《話》困窮, 貧乏

moujik [muʒik] 男 (帝政ロシアの)農民

moujingue [muʒɛ̃g] 名《俗》子供, がき

moukère [mukɛr] 女 ①北アフリカの女 ②《俗・古・軽蔑的》女

moul... ⇒moudre

moulage [mulaʒ] 男 鋳造, 型に取ること; 鋳造物

moulant(e) [mulɑ̃, ɑ̃t] 形 (服が)ぴったりした

moule[1] [mul] 男 鋳型, 型枠;(菓子などの)型;〖人間・作品などのタイプ ▶ **Le moule est cassé.** 他にないような人だ **moule à gâteau** ケーキ用の型 **moule à gaufre(s)**《俗》あろかもの, ばか **moule à tarte** タルト用の型

moule[2] [mul] 女 ①ムール貝 ▶ **moules (à la) marinière**〖料〗ムールマリニエール〖ムール貝の白ワイン煮〗 ②《話》間抜けん, のろま

moulé(e) [mule] 形 鋳造された, 型に入れて作られた;(文字が印刷された,(印刷されたように文字が)整った

mouler [mule] 他 ①鋳造する, 型を取る;(体形や輪郭を浮き彫りにする ②(...に)合わせて作る(sur); (活字のような)整った字で書く

mouleur(se) [mulœr] 男 鋳物工, 塑造工 ─ 女 焼き型

moulin [mulɛ̃ ムラン] 男 (英 mill) ①製粉機; 製粉所, 風車[水車] ▶ **moulin à vent [eau]** 風車 ▶ **Moulin Rouge** ムーランルージュ〖パリのナイトクラブ〗 ②挽砕機, 粉ひき器, ミル ▶ **moulin à café** コーヒーミル **moulin à paroles**《話》おしゃべりな人 **moulin à poivre** こしょう挽き ③《話》(自動車の)エンジン

moulinage [mulinaʒ] 男 ①〖織〗生糸を撚(ょ)ること ②《話》(ミルで)野菜をすりつぶすこと

mouliner [muline] 他 ①〖織〗(生糸を)撚(ょ)る ②《話》(ミルで野菜を)すりつぶす

moulinet [mulinɛ] 男 ①回転式の機械, 巻上げ機,(釣りの)リール ②素早く回転させること

moulinette [mulinɛt] 女《商標》ムリネット〖野菜ミル〗 ▶ **passer... à la moulinette**《話》...を詳細に検討する

moulineur(se) [mulinœr, -øz], **moulinier(ère)** [mulinje, -ɛr] 名 (生糸の)撚糸工

Moulins [mulɛ̃] ムーラン〖Allier 県の県庁所在地〗

moult [mult] 副《古》大いに; とても

moulu(e) [muly] 形 (<moudre) ①粉にした ②くたくたになった(=~ de fatigue)

moulure [mulyr] 女 〖建〗刳形(くりがた), 玉縁(たまぶち) ②ケーブルモール, 配線カバー(= moulures électriques)

moulurer [mulyre] 他 〖建〗刳形(くりがた)をつける

moumoute [mumut] 女《話》かつら

mouquère [mukɛr] 女《話》= moukère

mour... ⇒mourir

mourant(e) [murɑ̃, -ɑ̃t] 形 ①死にかけている, 瀕死の ②《話》夢彷しい; 絶え入りそうな ③(力たぎらない面白な(話) ─ 名 瀕死の人

mourir [murir ムリール] 自 43 〖助動詞はêtre〗(英 die) 死ぬ;〖詩扱〗死にそうである;(植物が)枯れる, 消える, 消失する ▶ **à mourir** 死ぬほど **mourir de froid [faim, soif]** 寒くて[腹が減って, のどがかわいて]死にそうである **mourir de rire** 笑い転げる **mourir d'envie de ...** ...したくてたまらない **Plus bête que lui, tu meurs!**《話》彼ほど愚かな奴はいっこない ─ 代動 [se~] ①〖古〗〖古典法現在・半過去の形〗〖文〗死に瀕している, 消えかかっている;(...で)死にそうである(de)

mouroir [murwar] 男《話・軽蔑的》養老院, 老人ホーム

mouron [murɔ̃] 男 ①〖植〗ルリハコベ (=~ bleu) ▶ **mouron blanc [des oiseaux]** ハコベ ②▶ **se faire du mouron**《話》心配する

mouscaille [muskaj] 女 ▶ **être dans la mouscaille**《話》にっちもさっちもいかない

mousmé [musme] 女 (<日)〖古〗女;〖古・俗〗若い女

mousquet [muskɛ] 男 (16-17世紀の)マスケット銃

mousquetaire [muskətɛr] 男 (マスケット銃を持った)銃士; 近衛騎兵

mousqueton [muskətɔ̃] 男 ①短筒の小銃 ②〔登山〕カラビナ

moussaillon [musajɔ̃] 男〔話〕少年[幼児]水夫

moussaka [musaka] 女〔料〕ムサカ〔ひき肉とナスを重ねて焼いた料理〕

moussant(e) [musã, -ãːt] 形 泡を出す, 発泡性の

***mousse**[1] [mus ムス] 女 ①〔英 moss〕〔植〕コケ(苔) ②泡, あぶく;〔話〕ビール;〔料〕ムース ▸ **faire de la mousse**〔話〕大げさに騒ぎ立てる / **mousse à raser** シェービングムース / **mousse au chocolat**〔菓〕チョコレートムース / **mousse carbonique** 発泡性消化剤 **se faire de la mousse**〔話〕気をもむ, 心配する ③フォームラバー(= caoutchouc ～)

mousse[2] [mus] 男〔く1さい〕(16歳以下の)見習い水夫

mousse[3] [mus] 形 (先の)摩滅した

mousseline [muslin ムスリーヌ] 女〔織〕モスリン —— 形〔不変〕▸ **pommes mousseline** 生クリーム入りポテトピュレ

mousser [muse] 自 泡立つ ▸ **faire mousser**〔話〕はめそやす **se faire mousser** ひけらかす, 大いに自慢する

mousseron [musrɔ̃] 男〔植〕ハラタケ〔食用〕

mousseux(se) [musø, -øːz] 形 泡の立つ, 発泡性の —— 男 (シャンパン以外の)発泡性ワイン(= vin ～)

mousson [musɔ̃] 女 モンスーン, 季節風

moussu(e) [musy] 形 苔の生えた

***moustache** [mustaʃ ムスターシュ] 女〔英 mustache〕口ひげ;〔猫などの〕ひげ

moustachu(e) [mustaʃy] 形 男 口ひげを生やした(男)

moustérien(ne) [musterjɛ̃, -ɛn] 形〔考古〕ムステリアン期の【旧石器時代中期】

moustier [mustje] 男 = moutier

moustiquaire [mustikɛːr] 女 蚊帳(ホゃ); 網戸

***moustique** [mustik ムスティク] 男 ①〔英 mosquito〕〔虫〕カ(蚊) ②〔話〕子供, 小柄な人

moût [mu] 男 (発酵前の)ブドウ汁; (醸造用の)植物の搾り汁

moutard [mutar] 男〔話〕男の子, 小僧; (複)(女の子も含めて)ちびっこたち

***moutarde** [mutard ムタルド] 女〔英 mustard〕①マスタード, からし ▸ **La moutarde lui monte au nez.**〔話〕彼女ははらっとなっている ②〔植〕カラシナ —— 形〔不変〕①からし色の ② ▸ **gaz moutarde**〔軍〕マスタードガス

moutardier [mutardje] 男 ①からし壺 ②からし製造[販売]人

moutier [mutje] 男〔古〕修道院

***mouton** [mutɔ̃ ムトン] 男 ①〔英 sheep〕羊; 〔食用の〕去勢した雄羊〔去勢していない雄羊は bélier, 雌羊は bre-

bis, 子羊は agneau〕②〔英 mutton〕羊の肉, マトン; 羊の毛皮 ③〔羊のように従順な人; だまされやすい人 ④〔囚人に送り込まれ〕警察のスパイ ⑤〔複〕(羊毛を思わせる)白い波; ちぎれ雲; 綿ぼこり ▸ **mouton à cinq pattes** 世にも珍しいもの[人]; 奇人, 変人 **Revenons à nos moutons.** 本題に戻ろう

moutonnant(e) [mutonɑ̃, -ɑ̃ːt] 形 羊毛のような; 波打った

moutonné(e) [mutone] 形 (< moutonner) 綿毛で覆われた, 縮れた ▸ **roches moutonnées**〔地〕〔氷河の浸食によって削られてできた小丘〕

moutonnement [mutɔnmɑ̃] 男 羊毛状になること; 波立つこと

moutonner [mutɔne] 自 羊毛におおわれたようになる; (水面が)波立つ; (綿雲が)湧く; (地肌が)波打つ

moutonnerie [mutɔnri] 女 言われるがままに考えず行動する性格, 盲従

moutonneux(se) [mutɔnø, -øːz] 形 白波の立つ; 綿雲で覆われた

moutonnier(ère) [mutɔnje, -ɛr] 形 盲従する

mouture [mutyːr] 女 ①(麦・コーヒーなどを)挽く(こと), 挽かれた粉 ②(作品・主題の)繰り返し

mouv- ⇨ mouvoir

mouvance [muvɑ̃ːs] 女 ①勢力範囲 ②変わりやすさ

mouvant(e) [muvɑ̃, -ɑ̃ːt] 形 流動的な, 変動する; 不安定な —— 男 移り変わるもの

mouvement [muvmɑ̃ ムヴマン] 男 (物体の動き), 運動; (体の)動き, 身のこなし; (機械の)仕掛け, メカニズム; (人・車の)移動, 往来; 気配; (感情の)動き(de); (社会・芸術上の)運動, 機運; 組織; 推移, 進展; (文学作品の)躍動感, 生彩; 〔楽〕テンポ, 楽章; (土地などの)起伏, カーブ ▸ **dans un mouvement de colère** 怒りに駆られて / **faux mouvement** ぎこちない動き / **mouvement alternatif**〔機〕往復運動 / **mouvement de grève** ストライキ

mouvementé(e) [muvmɑ̃te] 形 波乱に富んだ, めまぐるしい; 起伏の多い

mouvoir [muvwaːr] 他 ①〔文〕動かす ②〔多く受動態で〕かり立てる, 突き動かす —— 代動〔se ～〕動く, 活動する; (…の中で)生きる(dans)

moviola [movjola] 女〔映〕ムーヴィオラ〔フィルムの編集用機器〕

moxa [mɔksa] 男〔中日〕灸(きゅう); もぐさ

***moyen**[1](ne) [mwajɛ̃, -ɛn ムワイヤン(エヌ)] 形〔英 middle〕中間に位置する; 並の, 平凡な; 中くらいの, 中標準的な; 平均した —— 女 平均, 中間; 普通, (試験などの)及第点; 平均値; 平均速度; 平均点 ▸ **avoir la moyenne** (試験に)及第点を

とる **en moyenne** 平均して **moyenne d'âge** [la ~] 平均年齢

:moyen² [mwajɛ̃ ムワイヤン] 男 〈英 means, way〉 方法; 方策; 手段; 〈複〉財力, 資力; 才能, 力量 ▶ **au moyen de** …によって **avec les moyens du bord** 手近な手段で **employer les grands moyens** 非常手段に出る **La fin justifie les moyens.**（ことわざ）目的は手段を正当化する **moyen de production** 生産手段 **moyen d'expression** 表現手段 **par ses propres moyens** 自力で **Pas moyen!** どうにもならない **perdre tous ses moyens** 力が発揮できない **trouver moyen de** …するのに成功する; (皮肉的) …する失敗をする **vivre au-dessus de ses moyens** 収入以上の暮らしをする

*__Moyen(-)Âge__ [mwajɛnɑːʒ ムワイエナージュ] 男 (英 the Middle Ages)〔史〕中世【西ローマ帝国滅亡 (476) からコンスタンティノーブル陥落 (1453) まで】

moyenâgeux(se) [mwajɛnɑːʒø, -øz] 形 中世の; 中世風の; (話) 古めかしい

moyen-courrier [mwajɛ̃kurje] 男 (複 ~s)~s) 〔空〕中距離輸送機

moyennant [mwajɛnɑ̃] 前 …によって, …のおかげで ▶ …と引き換えに

moyenne [mwajɛn] 形 moyen の女性形

moyennement [mwajɛnmɑ̃] 副 中くらいに, 普通に; そこそこ

moyenner [mwajɛne] 動 ①平均値をとる ▶ **Il n'y a pas moyen de moyenner.** (話) 打つ手がない

Moyen-Orient [mwajɛnɔrjɑ̃] 男 中東

moyeu [mwajø] 男 (複 ~x)〔機〕ハブ

Mozambique [mɔzɑ̃bik] 男 モザンビーク【アフリカ南東部の国】

mozarabe [mɔzarab] 形 名 (くス)〔史〕モザラブ(の)【イスラム教徒支配下のスペインでキリスト教信奉者】

mozzarella [mɔdzarɛla, mɔdzarɛlla] 女 (<イ) モッツァレラ【イタリア産のフレッシュチーズ】

MP3 [ɛmpetrwa] 男 (<英)（略) moving picture experts group Audio Layer 3〔情報〕MP3, エムピースリー【音声圧縮技術】

M^r [məsjø] = monsieur

MST (略) maladie sexuellement transmissible 性行為感染症

mu [my] 男 ミュー【M, μ; ギリシア字母の第12字】

mû, mue [my] ⇒ mouvoir

-muche 接尾 隠語をつくる

mucilage [mysilaʒ] 男〔植物の〕粘液質, 粘膜(ネン)剤

mucilagineux(se) [mysilaʒinø, -øz] 形 粘液質の

mucosité [mykozite] 女〔生理〕粘液

mucoviscidose [mykoviscidoz] 女〔医〕嚢(ノウ)胞性線維症

mucus [mykys] 男〔生理〕粘液

mue [my] 女 ①声変わり ②(動)（羽毛・体毛の）抜け替わり; 脱皮; 抜け殻

muer [mye] 動 ①声変わりする ②(動)（羽毛・体毛が）抜け替わる; 脱皮する ③（文）（…に）変わる (en) — 他 …に変える (en) — 代動 [se ~] …に変わる (en)

muesli [mysli] 男 (<ド) ミューズリー【オートミールと乾燥果実に牛乳をかけて食べる】

:muet(te) [mɥɛ, -ɛt ミュエ(ト)] 形 ① (英 dumb) 口のきけない, 声が出ない ▶ **muet de peur** 恐怖のあまり口がきけない ②無言の, 黙り込んだ; 言葉で表現されない ③無声の; [言] 発音されない ④（メダルやキーボードなどが）文字が入っていない — 名 口のきけない人 — 男 無声【サイレント映画 = film ~】

muezzin [mɥɛdzin] 男 ムアッジン,（イスラム寺院の）祈祷(き)時報係【尖塔から祈祷時刻を告げる】

mufle [myfl] 男 ①（動物の）鼻面(ゾ);（人間の）面(ジ) ②下品なぶるまいの人間

muflerie [myfləri] 女 下品さ; 下品な言動

muflier [myflje] 男〔植〕キンギョソウ

mufti [mufti] 男 ムフティー【イスラム法の解釈を行う資格のあるイスラム教宗教指導者】

muge [myʒ] 男〔魚〕ボラ

mugir [myʒir] 動 33 ①（牛が）鳴く, とどろく

mugissant(e) [myʒisɑ̃, -ɑ̃t] 形（牛などが）鳴く;（海・風が）とどろく

mugissement [myʒismɑ̃] 男（牛の）鳴き声;（海・風の）うなり

muguet [mygɛ] 男 ①〔植〕スズラン（鈴蘭)【フランスでは5月1日にスズランの花を贈る習慣がある】 ②〔医〕口腔カンジダ症

muid [mɥi] 男 ミュイ【昔の容量単位】; 1ミュイ入りの樽

mulâtre [mylɑtr] 形（不変）黒人と白人の混血の — 名 女 **mulâtresse**[-trɛs] 黒人と白人の混血児

mulâtresse [mylatrɛs] 女 mulâtre の女性形

mule¹ [myl] 女 雌ラバ【雄は mulet】 ▶ **tête de mule**（話）頑固者, 石頭

mule² [myl] 女 ミュール【婦人用のサンダル】

mulet¹ [mylɛ] 男 雄ラバ【雌は mule】;（話）（カーレースで）代替車

mulet² [mylɛ] 男〔魚〕ボラ

muleta [mylɛta, myleta] 女 ムレタ【闘牛士が使う赤布】

muletier(ère) [myltje, -ɛr] 名 ラバ引き — 形 ラバの通る ▶ **chemin**

muletier 狭く険しい道

Mulhouse [mylyz] ミュルーズ【フランス東部オーランス県 (Haut-Rhin) の都市】

mulot [mylo] 男 [動] ノネズミ

multi- 接頭 (ラ)「多」の意

multicellulaire [myltiselyler] 形 [生] 多細胞の

multicolore [myltikɔlɔr] 形 多色の

multiconfessionnel(le) [myltikɔ̃fesjɔnɛl] 形 多宗教の

multicoque [myltikɔk] 男 多胴船(の)【2つ以上の船体がある】

multiculturalisme [myltikyltyralism] 男 文化多元主義

multiculturel(le) [myltikyltyrɛl] 形 多文化の

multidisciplinaire [myltidisipliner] 形 学際的な, 多分野にわたる

multiethnique [myltiɛtnik] 形 多民族の

multifenêtre [myltif(ə)nɛtr] 形 [情報] マルチウィンドウ【画面上に複数の情報を同時に表示する】

multifonction(s) [myltifɔ̃ksjɔ̃] 形 (不変) (機械の)多機能の

multiforme [myltifɔrm] 形 多形の, 多岐にわたる

multilatéral(ale) [myltilateral] 形 (男複 -aux[-o]) 多国間の; 多角的な

multimédia [myltimedja] 形 [情報] マルチメディア(の)

multimilliardaire [myltimiljarder] 形名 超大富豪(の)

multimillionnaire [myltimiljonɛr] 形名 大富豪(の)

multinational(ale) [myltinasjɔnal] 形 (男複 -aux[-o]) 多国間の; 多国籍の ── 女 多国籍企業

multinorme [myltinɔrm] 形 = multistandard

multipare [myltipar] 形 [動] 多胎[多産]の ── 女 経産婦

multipartisme [myltipartism] 男 多党制, 複数政党制

multipartite [myltipartit] 形 (複数政党が)連立した, 複数政党制の

*__multiple__ [myltipl] ミュルティブル 形 ① [複数名詞とともに] 様々な, 多数の ② [単数名詞とともに] 複雑な, 多岐にわたる; 複式の; [数] 倍数の ▶ à multiples reprises 何度も ── 男 [数] 倍数

multiplex [myltiplɛks] 形男 (不変) 多重通信の

multiplexe [myltiplɛks] 男 シネマコンプレックス【複数の映画館やレストランとがある複合施設】

multiplicande [myltiplikɑ̃d] 男 [数] 被乗数【掛け算の第1項】

multiplicateur(trice) [myltiplikatœr, -tris] 形 増加[増大]させる ── 男 [数] 乗数【掛け算の第2項】

multiplicatif(ve) [myltiplikatif, -iv] 形 増加[増大]する; 乗法[掛け算]の

*__multiplication__ [myltiplikasjɔ̃] ミュルティブリカスィヨン 女 ①増加[増大]; [生] 繁殖 ②[数] 乗法; [機] (歯車の)回転比

multiplicité [myltiplisite] 女 多様性, 複雑さ; 多数

*__multiplier__ [myltiplije] ミュルティプリエ 他 (英multiply) 増やす; (何度も)繰り返す, 繁殖させる; 乗じる, 掛ける. 乗ずる ▶ X multiplié par Y égale Z. X × Y = Z ── 代動 [se ~] 増加する; 繰り返される; 繁殖する; (人が)何人分もの活躍をする

multipolaire [myltipɔlɛr] 形 [電] 多(重)極の

multiprise [myltipriz] 女 多口コンセント

multiprocesseur [myltiprosesœr] 男 [情報] マルチプロセッサー

multiprogrammation [myltiprogramasjɔ̃] 女 [情報] マルチプログラミング

multiprogrammé(e) [myltiprograme] 形 = multitâche

multipropriété [myltiproprijete] 女 共同所有

multiracial(ale) [myltirasjal] 形 (男複 -aux[-o]) 多人種の, 多民族の

multirécidiviste [myltiresidivist] 名 何度も犯罪を繰り返す者

multirisque [myltirisk] 形 (保険が)様々なリスクを補償する

multisalles [myltisal] 男 (不変) シネマコンプレックス(= complexe ~)

multistandard [myltistɑ̃dar] 形 (男性形同じ) (不変) (テレビなどが)マルチスタンダードの (= multinorme)

multitâche [myltitaʃ] 形 [情報] マルチタスクの【複数の仕事を同時に処理する】

multitraitement [myltitrɛtmɑ̃] 男 [情報] 多重処理, マルチプロセッシング

multitude [myltityd] 女 [文] 大衆 ▶ une multitude de ... 多数の...

muni [myni] munir の過去分詞

Munich [mynik] ミュンヘン【ドイツの都市】

munichois(e) [mynikwa, -az] 形 ミュンヘンの ── 名 [M-] ミュンヘンの人

*__municipal(ale)__ [mynisipal] ミュニスィパル 形 (男複 -aux[-o]) 市[町, 村]の; 地方自治体の ── 女 (複) 市町村議会選挙(= élections ~es)

*__municipalité__ [mynisipalite] ミュニスィパリテ 女 市[町, 村]当局【市長, 助役, 議員からなる】; 市[町, 村]

munificence [mynifisɑ̃s] 女 [文] 気前のよさ

munificent(e) [mynifisɑ̃, -ɑ̃t] 形 [文] 気前のよい, 寛大な, 気前(きまえ)な

*__munir__ [mynir] [02] 他 [~ A de B] A に B を備えさせる[持たせる] ── 代動 [se ~] (…を)備える, 身につける (de)

munition [mynisjɔ̃] 囡 ①《古》備蓄 ②《複》弾薬

munster [mœster] 男 マンステール【アルザス産の匂いの強いチーズ】

muphti [myfti] 男 = mufti

muqueux(se) [mykø, -øz] 形 粘液性の; 粘液を分泌する ── 男 粘膜

mur [myr] 男《英 wall》壁; 塀;《複》城壁; 町; 障害物; 越えがたいもの;(壁のように)無反応な人; 頑固者 ▶ **aller dans le mur**《話》失敗に終わる **coller au mur** 銃殺する **être au pied du mur** 逃げ場所がない **être le dos au mur** 引き下がれない **faire le mur** 無断で抜け出す **Les murs ont des oreilles.**《ことわざ》壁に耳あり **mur antibruit** 防音壁 **mur du son**《空》音速の壁 **mur mitoyen**〔法〕共同壁 **raser les murs**(人目を避けて)壁沿いに歩く

mûr(e¹) [myr] 形 ①《英 ripe, mature》(果実・穀物が)熟した,実った;(人が)成熟した, 円熟した ▶ **après mûre réflexion** じっくりと考えてから, 機が熟し, 練り上げられた ②《話》(布地が)くたびれた ③《俗》酔っ払った

murage [myraʒ] 男 壁で囲むこと

muraille [myraj] 囡 城壁;(城壁のように立ちはだかるもの) ▶ **Grande Muraille de Chine** [[la ~]]〔中国の〕万里の長城

mural(ale) [myral] 形(男複 -aux [-o]) 壁の; 壁にかける

mûre² [myr] 囡 ブラックベリー(の実), クワ(桑)の実

mûre [myr] 形囡 mûr の女性形

mûrement [myrmɑ̃] 副 じっくりと, 時間をかけて

murène [myrɛn] 囡〔魚〕ウツボ

murer [myre] 他 壁でふさぐ[囲む]; (人を)閉じこめる ── 代動 **se ~** 閉じこもる ▶ **se murer dans son silence** 黙り込む

muret [myrɛ] 男, **murette** [myrɛt] 囡 低い石垣[石塀]

murex [myrɛks] 男〔貝〕ホネガイ

muridés [myride] 男《複》〔動〕ネズミ科

mûrier [myrje] 男〔植〕クワ(桑)の木

mûrir [myrir]《自 33》《英 ripen, mature》(果実などが)熟す, 実る;(腫れ物が)膿み切る;(人が)成熟する;(計画などが)熟す ── 他 熟させる; 成長させる;(問題などを)熟考する

mûrissage [myrisaʒ], **mûrissement** [myrismɑ̃] 男 成熟;(計画などの)練り上げ

mûrissant(e) [myrisɑ̃, -ɑ̃t] 形(果実・人が)熟しつつある

mûrisserie [myrisri] 囡 燻蒸(ぐんじょう)倉庫【輸入バナナなどを熟させる場所】

murmel [myrmɛl] 男 マーモット(marmotte)の毛皮

murmure [myrmyr] 男 ①ささやき, つぶやき; せせらぎの音 ②《複》不満の声

murmurer [myrmyre] 他 ささやく, つぶやく《英 whisper》; ささやく, つぶやく ── 自 不平を言う, ざわめく;《文》(流れや風が)かすかな音を立てる

mur-rideau [myrrido] 男(複 ~s-~)〔建〕カーテンウォール, 帳壁

musagète [myzaʒɛt] 形《男性形のみ》▶ **Apollon musagète**〔ギ神〕ミューズを導くアポロン【Muses の守護神アポロンの異名】

musaraigne [myzarɛɲ] 囡〔動〕トガリネズミ

musard(e) [myzar, -ard] 形名《話》ぶらぶらしている(人)

musarder [myzarde] 自 のらくらする

musardise [myzardiz] 囡 ぶらぶら暮らすこと

musc [mysk] 男 麝香(じゃこう)(の香水)

muscade [myskad] 囡 ①〔植〕ナツメグ ②(手品師の使う)コルクの玉 ▶ **Passez muscade.**《手品師の掛け声》はい消えます

muscadet [myskadɛ] 男 ミュスカデ【ナント地方産の辛口白ワイン】

muscadier [myskadje] 男〔植〕ナツメグ(muscade)の木

muscadin [myskadɛ̃] 男〔史〕(フランス革命期の)めかした王政主義者

muscarde [myskard] 囡《イ》〔動〕ヤマネ

muscardine [myskardin] 囡《イ》(蚕の)硬化病

muscat [myska] 男 マスカット; マスカットワイン ── 形 **muscate** [-at] マスカットの

muscle [myskl] 男〔筋肉〕筋肉; 筋力 ▶ **muscle extenseur**〔解〕伸筋

musclé(e) [myskle] 形(< muscler) 筋骨たくましい;《話》腕っぷしの強い; 断乎たる

muscler [myskle] 他 (…の)筋肉を発達させる; より強固にする ── 代動 **[se ~]** (自分の)筋肉を鍛える

musculaire [myskyler] 形〔生〕筋肉の

musculation [myskylasjɔ̃] 囡 筋力トレーニング

musculature [myskylatyr] 囡《集合的》筋肉, 筋組織; 肉うき

musculeux(se) [myskylø, -øz] 形 ①筋骨たくましい ②〔解〕筋肉の

muse [myz] 囡 [[M-]]〔ギ神〕ミューズ【ゼウスの娘で学問・芸術を司る9女神】《とくに詩の女神をさす》; 詩的霊感; 詩歌

museau [myzo] 男(複 ~x) ①(哺乳類・魚の)鼻面口;《話》(人の)面(顔), 顔つき

musée [myze] 男 [[M-]]《英 museum》美術館, 博物館 ⇨[コラム: パリの美術館] ▶ **pièce de musée** 貴重で高価な物

museler [myzle] 他《4》(犬などに)口

muselet
輪をはめる; 口をふさぐ, 抑圧する
muselet [myz(ə)lε] 男 とめ金【シャンパンなど発泡酒のびんの栓をとめる針金】
muselière [myzəljεr] 女 (動物の)口輪
musellement [myzεlmɑ̃] 男 口輪をはめること; 口封じ
muséographie [myzeɔgrafi] 女 博物館誌
muséologie [myzeɔlɔʒi] 女 博物館学
muser [myze] 自 ①〔文〕無為に時を費やす ②〔狩〕(鹿が)発情期にある
musette [myzεt] 女 ①(肩から斜めにかける)布かばん; 〔楽〕ミュゼット【バッグパイプの一種】——男 (アコーディオンによる)大衆的な曲; (アコーディオンなどの曲に乗せて踊る)ダンス曲
muséum [myzeɔm] 男 (自然科学)博物館
musical(ale) [myzikal] 形 (男複 -aux[-o]) 音楽の; 音楽的な ▶ avoir l'oreille musicale 音楽がわかる
musicalement [myzikalmɑ̃] 副 音楽的に
musicalité [myzikalite] 女 音楽性
music-hall [myzikol] 男 ミュージックホール, 演芸場; ミュージックホールのショー

***musicien(ne)** [myzisjɛ̃, -εn] ミュズィスィヤン(スィエヌ) 名 音楽家; (楽団・バンドの)メンバー; 音楽愛好家 ——形 音楽のわかる; 音楽好きの

musico- 接頭 (<ラ) 「音楽」の意
musicographe [myzikɔgraf] 名 音楽評論家, 音楽史家
musicographie [myzikɔgrafi] 女 音楽解説[批評]
musicographique [myzikɔgrafik] 形 音楽解説[批評]の
musicologie [myzikɔlɔʒi] 女 音楽学, 音楽理論
musicologique [myzikɔlɔʒik] 形 音楽学の, 音楽理論の
musicologue [myzikɔlɔg] 名 音楽理論家, 音楽史家
musicothérapie [myzikɔterapi] 女〔医〕音楽療法

***musique** [myzik ミュズィック] 女 (英 music) 音楽; 楽曲, (歌詞に対して)曲; 楽譜, 譜面; 楽団; 軍楽隊; 音楽的な響き, 調べ ▶ connaître la musique (話)事情に通じている musique classique クラシック音楽 musique

---

パリの美術館　⇨裏見返し地図

◆コンコルド広場周辺
Musée du Louvre	ルーヴル美術館
Musée d'Orsay	オルセー美術館
Musée de l'Orangerie	オランジュリー美術館

◆レ・アル周辺
Musée National d'Art Moderne	国立近代美術館 (ポンピドゥー・センター内)
Musée Picasso	ピカソ美術館

◆モンマルトル周辺
Musée Gustave Moreau	ギュスターヴ・モロー美術館

◆カルティエ・ラタン周辺
Musée Delacroix	ドラクロワ美術館
Musée National du Moyen-Age	国立中世博物館(クリュニー美術館)

◆アンバリッド周辺
Musée Bourdelle	ブールデル美術館
Musée Zadkine	ザッキン美術館

◆シャイヨー宮周辺
Musée d'Art Moderne de la Ville de Paris	パリ市立近代美術館
Musée Marmottan	マルモッタン美術館
Musée National des Arts Asiatiques Guimet	国立ギメ東洋美術館

◆凱旋門周辺
Musée Cernuschi	セルニュスキ美術館
Musée Nissim de Camondo	ニシム・ドゥ・カモンド美術館
Musée Jacquemart-André	ジャックマール・アンドレ美術館

de chambre 室内楽 *musique de film* 映画音楽 *musique folklorique* 民族音楽

musiquer [myzike] 他 《古》詩に音楽をつける ― 自 音楽を楽しむ

musiquette [myziket] 女 《芸術的価値のない》安手の音楽

musqué(e) [myske] 形 麝香(じゃこう)の香りのする ▶*rat musqué* 【動】マスクラット

Musset [mysɛ] (Alfred de ~) ミュッセ【1810-57; 詩人・劇作家・小説家】

must [mœst] 男《<英》《話》(流行のためなどに)必須のもの;最高級品

mustang [mystɑ̃g] 男《<英》ムスタング【アメリカの大草原の半野生馬】

*musulman(e) [myzylmɑ̃, -an ミュズュルマン(マヌ)] 形 イスラム教徒の, イスラムの ― 名 イスラム教徒

mutabilité [mytabilite] 女 《文》変わりやすさ

mutable [mytabl] 形 《生》変わりやすい,変異を起こしやすい

mutagenèse [mytaʒənɛz] 女 《生》突然変異生成

mutant(e) [mytɑ̃, -ɑ̃t] 形 《生》突然変異の ― 名 《生》突然変異体, ミュータント

mutation [mytasjɔ̃] 女 ①急激な変化,変動 ②人事異動;(公務員の)配置転換;(スポーツ選手の)移籍 ③【法】所有権の移転[譲渡] ④《生》突然変異

mutatis mutandis [mytatismytɑ̃dis] 副《ラ》必要な変更を加えて

muter [myte] 他 配置換えする, 転勤[転属]させる ― 自 《生》突然変異をする

mutilant(e) [mytilɑ̃, -ɑ̃t] 形 【医】切断の

mutilateur(trice) [mytilatœr, -tris] 名《文》(手・足を)切断する人;(美術品を)破壊する人 ― 形 切断のための

mutilation [mytilasjɔ̃] 女 (手足の)切断;(景観・美術品の)破壊;(テクストの)改竄(ざん), 歪曲

*mutilé(e) [mytile ミュティレ] 形 ①手足を失った, 重傷を負った ②(作品などが)損われた,(文章が)改竄(ざん)された ― 名 手足を失った人

mutiler [mytile] 他 ①(多く受動態で)(手足を)切断する,重傷を負わせる, 不具にする ②(芸術作品を)毀損(きそん)する ③(景観などを)損なう, 台なしにする

mutin(e) [mytɛ̃, -in] 形 いたずら好きな ― 男 反乱者, 暴徒

mutiné(e) [mytine] 形 (<*mutiner*) 反乱を起こした[者]

mutiner [mytine] 代動 [*se* ~] 反抗する; 反乱[暴動]を起こす

mutinerie [mytinri] 女 反乱, 暴動

mutisme [mytism] 男 沈黙, 無言; 【医】無言症

mutité [mytite] 女 啞(おし)(症状), 発語障害

mutualisme [mytualism] 男 【経】相互扶助論

mutualiste [mytualist] 形 【経】相互扶助の ― 名 共済組合員;相互扶助論者

mutualité [mytualite] 女 相互扶助組織, 共済組合

*mutuel(le) [mytuɛl ミュテュエル] 形 相互の, 双方の ― 女 共済組合;相互保険(会社)

mutuellement [mytuɛlmɑ̃] 副 互いに

myalgie [mjalʒi] 女 【医】筋肉痛

myalgique [mjalʒik] 形 【医】筋肉痛の

Myanmar [mjanma(r)] 女 〖Union de ~〗ミャンマー連邦 ⇨*Birmanie*

myasthénie [mjasteni] 女 【医】筋肉疲労

myasthénique [mjastenik] 形 【医】筋肉疲労の

mycélien(ne) [miseljɛ̃, -ɛn] 形 菌糸(めん)の

mycélium [miseljɔm] 男 〖植〗菌糸(体)

Mycènes [misɛn] ミケーネ【古代ギリシアの都市】

mycénien(ne) [misenjɛ̃, -ɛn] 形名 〖M.〗ミケーネの(人); ミケーネ文明の)

myc(o)- 接頭 (<ギ)「菌」の意

mycobactérie [mikobakteri] 女 【生】マイコバクテリウム属【結核菌, ライ菌など】

mycologie [mikɔlɔʒi] 女 真菌学, 菌学

mycologique [mikɔlɔʒik] 形 真菌学の

mycologue [mikɔlɔg] 名 キノコ研究家, 真菌学者

mycoplasmes [mikɔplasm] 男 (複) 【生】マイコプラズマ属

mycose [mikoz] 女 【医】真菌症

myéline [mjelin] 女 【解】髄鞘(しょう), ミエリン鞘

myélite [mjelit] 女 【医】脊髄炎

myél(o)- 接頭 (<ギ)「骨髄」の意

myélographie [mjelɔgrafi] 女 【医】脊髄造影(法)

mygale [migal] 女 【動】トタテグモ

my(o)- 接頭 (<ギ)「筋」の意

myo- 接頭 (<ギ) = *my(o)-*

myocarde [mjɔkard] 男 【解】心筋

myogramme [mjɔgram] 男 【医】筋運動図

myologie [mjɔlɔʒi] 女 筋肉学

myologique [mjɔlɔʒik] 形 筋肉学の

myome [mjɔm] 男 【医】筋腫

myopathe [mjɔpat] 形名 【医】筋障害の(患者)

myopathie [mjɔpati] 女 【医】筋障害, ミオパシー ▶*myopathie primitive progressive* 進行性筋ジストロフィー

myope [mjɔp ミヨプ] 形 近視の;近視眼的な,視野の狭い ━ 名 近視の人

myopie [mjɔpi] 女 近視;視野の狭さ

myorelaxant(e) [mjɔr (ə) laksã, -ãt] 形 [医] 筋弛緩の

myosis [mjozis] 男 [医] 縮瞳(どう)

myosite [mjozit] 女 [医] 筋炎

myosotis [mjozɔtis] 男 [植] ワスレナグサ

myriade [mirjad] 女 無数, 莫大な数[量] ▶ *une myriade de ...* 莫大な数の...

myriapodes [mirjapɔd] 男 (複) 〔動〕多足類

myrmidon [mirmidɔ̃] 男 〔話〕ぱっとしない小男, つまらぬ男

myrrhe [mir] 女 ミルラ, 没薬(もつ);熱帯産の芳香性樹脂

myrte [mirt] 男 [植] ミルテ, ギンバイカ

myrtille [mirtij] 女 [植] コケモモの実;ブルーベリー

***mystère** [mister ミステール] 男 (英 mystery) ① 神秘, 謎, 不可思議;秘密, 隠し立て ② (古代宗教などの)秘儀, 奥義;[キ教] 玄義 ③ 〔文学〕(中世の)聖史劇;④ [M-] (商標) ミステール【メレンゲと細かく砕いたアーモンドでくるんだアイスクリーム】

mystérieusement [misterjøzmã] 副 不思議なことに;ひそかに

***mystérieux(se)** [misterjø, -øz ミステリユー(ズ)] 形 (英 mysterious) 謎めいた, 不可思議な;神秘的な;秘密ありげな, 隠し立てする

mysticisme [mistisism] 男 〔哲・神〕神秘主義思想

mysticité [mistisite] 女 〔文〕神秘性, 神秘的傾向

mystifiable [mistifjabl] 形 だまされやすい

mystificateur(trice) [mistifikatœr, -tris] 名 人をかつぐのを好きな(人);韜晦(どぅ)趣味の(人)

mystification [mistifikasjɔ̃] 女 人を煙に巻くこと, かつぐこと;欺瞞(まん)

mystifier [mistifje] 他 かつぐ, 一杯食わせる;(大衆を)巧みに操る

mystique [mistik] 形 ①神秘的な, 神秘主義的な;〔宗〕秘儀に関する, 霊的な意味を持つ ②狂信的な, 神がかり的な ━ 名 神秘家;狂信家 ━ 男 神秘(神)学;絶対的信念

mystiquement [mistikmã] 副 神秘的に, 神秘主義的に

mythe [mit] 男 神話, 伝説;神話化されたもの;絵空事, 作り話

mythifier [mitifje] 他 神話化する

mythique [mitik] 形 ①神話の;架空の

mytho [mito] 形 名 《話》虚言癖の(人)

myth(o)- 接頭 (<ギ) 「神話」「伝説」の意

mythographe [mitɔgraf] 男 神話学者

mythologie [mitɔlɔʒi] 女 《集合的》神話, 伝説;神話学;ゴシップ

mythologique [mitɔlɔʒik] 形 神話の

mythologue [mitɔlɔg] 名 神話学者

mythomane [mitɔman] 形 名 [医] 虚言癖の(人);虚言症の(患者)

mythomanie [mitɔmani] 女 [医] 虚言症, 誇張癖

mytiliculteur(trice) [mitikyltœr, -tris] 名 ムール貝養殖業者

mytiliculture [mitilikyltyr] 女 ムール貝養殖(業)

myxœdème [miksedɛm] 男 [医] 甲状腺機能低下症

myxomatose [miksɔmatoz] 女 [獣医] 兎粘液腫 [ウサギのウイルス性伝染病]

myxomycètes [miksɔmisɛt] 男 《複》〔植〕変形菌類, 粘菌類

N

N, n[1] [ɛn] 男 ①フランス字母の第14字 ②(略) [N] 窒素
n[2] ①(略) [N] Newton 〔物〕ニュートン ②Nord 北 ③nano- ナノ
n. (略) nom. 名詞
n' [n] (略) ne の縮約形
na [na] 間 《擬音》〈幼児〉ねえ, ほら;…だっては〔断定・否定を強める〕
nabab [nabab] 男 ①(昔のインドの)大守, 地方長官 ②大富豪
nabi [nabi] 男 ①〔宗〕(ヘブライの)預言者 ②[les ~s] 〔美術〕ナビ派〔19世紀末の画家集団〕
nabisme [nabism] 男 〔美術〕ナビ派
nabot(e) [nabo, -ɔt] 名 《軽蔑的》ちび
nabuchodonosor [nabykɔdɔnɔzɔr] 男 シャンパンの(15リットル入り)大型びん
nacelle [nasɛl] 女 ①(気球・飛行船の)ゴンドラ ②(化)ボート〔洗浄機器〕
nacre [nakr] 女 (カキ・真珠貝などの)真珠層
nacré(e) [nakre] 形 (<nacrer) 真珠光沢のある
nacrer [nakre] 他 真珠光沢をつける
nadir [nadir] 男 (<アラビア) 〔天〕天底(てい)
nævus [nevys] 男 (<ラ)《複 *nævi* [-i]》[医] 母斑, あざ
nage [naʒ] 女 ①水泳, 泳法, 泳ぐこと ▶ *à la nage* 泳いで;[料] クールブイヨンで煮た *en nage* 汗びっしょりで *faire un 100 mètres nage libre* 100メートルを自由形で泳ぐ *nage indienne* 横泳ぎ
nageoire [naʒwar] 女 (魚などの)

nager [naʒe ナジェ] 自 40 ①〔英 swim〕泳ぐ ►**nager entre deux eaux**（敵対する）両陣営の間を切り抜ける ②浮かぶ; つかる;（…に）浸る(plonge る)(dans);《話》途方にくれる ►**nager dans le bonheur** 幸せに浸る ③《話》困惑する, 途方に暮れる ━他 オールで漕(こ)ぐ;（ある型の泳ぎ・距離を）泳ぐ

nageur(se) [naʒœr, -øz] 名 泳ぐ人, 水泳選手

naguère [nagɛr] 副〔文〕少し前, 最近(まで)

naïade [najad] 女 ①〔ギ神〕ナーイアス〔川と湖に住む水の精〕②〔植〕イバラモ

naïf(ve) [naif, -iv ナイフ(ヴ)] 形（英 naive）お人よしの, 世間知らずの; 素朴な, 無邪気な, ありのままの ━名 お人よし, 世間知らず;[les 〜s]〔美術〕素朴派

nain(e) [nɛ̃, nɛn] 名 小人, 背の低い人 ━形 背の低い; とても小さい

nais [nɛ], **naissai**... ⇨naître

naissain [nɛsɛ̃] 男（カキなどの）稚貝

naissance [nɛsɑ̃s ナサンス] 女〔英 birth〕誕生, 出生, 出産;〔文〕生まれ, 家柄;〔文〕始まり, 発生, 起源; 起点, 発端;（身体部分などの）付け根 ►**à ma naissance** 私が生まれたとき **contrôle des naissances** 育児制限 **date de naissance** 生年月日 **de naissance** 生まれつき(の) **donner naissance à**（子供を産む); 引き起こす **prendre naissance** 生じる, 起こる

naissant(e) [nɛsɑ̃, -ɑ̃t] 形〔文〕生まれかけの, 始まりかけた, 現われ始めの ►**barbe naissante** 生え始めのひげ

naisse..., **naissi**..., **naissons** [nɛsɔ̃], **naît** [nɛ], **naître**... ⇨naître

naître [nɛtr ネトル] 自 44（英 be born）[助動詞はêtre]生まれる, 誕生する; 生じる; 現れる; 始まる;（葉・芽が）出る,（花が）咲く

naïvement [naivmɑ̃] 副 無邪気に; 率直に; ばか正直に

naïveté [naivte] 女 ばか正直さ; お人よし; 素朴さ, 率直さ; 無邪気な言動

naja [naʒa] 男〔動〕コブラ

Namibie [namibi] 女 ナミビア【アフリカ南西部の国】

namibien(ne) [namibjɛ̃, -ɛn] 形 [N-]ナミビアの(人)

nana [nana] 女〔話〕①娘; 女 ②情婦

nanan [nanɑ̃] 男（<擬音）〔話・古〕甘いもの ►**C'est du nanan.**《話》よくできている; すぐできる

nanar [nanar] 男〔話〕つまらない商品; 駄作映画

Nancy [nɑ̃si] ナンシー【Meurthe-et-Moselle 県の県庁所在地】

nandou [nɑ̃du] 男〔鳥〕レア, アメリカダチョウ

nanisme [nanism] 男〔医〕小びと症;〔生〕矮(わい)性

nano- 接頭辞〈くら〉ナノ【「10億分の1」の意】

nanomètre [nanɔmɛtr] 男 ナノメートル

nanoseconde [nanɔsgɔ̃d] 女 ナノセカンド【10億分の1秒】

nanotechnologie [nanɔtɛknɔlɔʒi] 女 ナノテクノロジー【ナノメートル単位を扱う技術】

nantais(e) [nɑ̃tɛ, -ɛz] 形名 [N-]ナントの(人)

Nanterre [nɑ̃tɛr] ナンテール【Hauts-de-Seine 県の県庁所在地】

nanterrien(ne) [nɑ̃tɛrjɛ̃, -ɛn] 形名 [N-]ナンテールの(人)

Nantes [nɑ̃t] ナント【Loire-Atlantique 県の県庁所在地】

nanti(e) [nɑ̃ti] 形 裕福な,（…を）持っている(de) ━名（軽蔑的）金持ち, 持てる者

nantir [nɑ̃tir] 他 33〔古〕（…を）用意させる, 備えさせる〔法〕（…を）担保に入れる ━代動 [se 〜]（…を）備える, 準備する(de)

nantissement [nɑ̃tismɑ̃] 男 担保, 抵当

naos [naos, naɔs] 男 ナオス【古代ギリシアの神殿の内陣】

napalm [napalm] 男〔化〕ナパーム(弾)

naphtalène [naftalɛn] 男〔化〕ナフタレン

naphtaline [naftalin] 女 ナフタリン

naphte [naft] 男 ①石油 ②〔化〕ナフサ【石油蒸留物】

Naples [napl] ナポリ【イタリアの都市】

Napoléon [napɔleɔ̃] ナポレオン ► **Napoléon Ier** ナポレオン1世【フランス皇帝】**Napoléon III** ナポレオン3世【フランス第2帝政皇帝】━男 [n-]ナポレオン金貨 ━女 ナポレオン【サクランボの一品種】

napoléonien(ne) [napɔleɔnjɛ̃, -ɛn] 形 ナポレオン1世[3世]の; ナポレオン家の; ナポレオン派の ━名 ナポレオン派

napolitain(e) [napɔlitɛ̃, -ɛn] 形名 [N-]ナポリの(人)

nappage [napaʒ] 男 ①テーブルクロス;〔総〕ナプリン類 ②〔料理・菓子をクリームやソースで覆うこと〕; ナパージュ用のソース

nappe [nap ナプ] 女（英 tablecloth）テーブルクロス,（教会の）祭壇布;（液体・気体などの）広がり, 層 ►**nappe de brouillard** 濃い霧 **nappe de pétrole** [**mazout**]（水面に浮いた）油膜 **nappe phréatique**〔地〕飽水帯, 地下水層

napper [nape] 他〔文〕（…を）覆う(de);（料理・菓子の全体を覆うように）ソースやクリームを(かける)

napperon [naprɔ̃] 男《ド》卓上[ランチョン]マット, ドイリー, テーブルセンター, 花瓶敷き

naqui[t]... ⇨naître

Narbonne [narbɔn] ナルボンヌ【Aude 県の都市】

narcisse [narsis] 男 ①【植】スイセン(水仙) ②《文》ナルシシスト;【N-】[ギ神]ナルキッソス

narcissique [narsisik] 形 ナルシシズムの, 自己陶酔の

narcissisme [narsisism] 男 ナルシシズム, 自己陶酔[偏愛]症

narco- [接頭]《ギ》「麻痺」「麻酔」「麻薬」の意

narcodollars [narkodɔlar] 男《複》麻薬密売の利益, 麻薬ダラー

narcolepsie [narkɔlɛpsi] 女【医】過眠症, ナルコレプシー

narcoleptique [narkɔlɛptik] 形【医】過眠症の

narcose [narkoz] 女【医】麻酔(状態)

narcothérapie [narkoterapi] 女【医】睡眠療法

narcotine [narkɔtin] 女【化】ノスカピン, ナルコチン【商品名; 咳を鎮める薬】

narcotique [narkɔtik] 男 麻酔剤[薬], 麻薬

narcotrafic [narkotrafik] 男 麻薬密売[取引]

narcotrafiquant(e) [narkotrafikɑ̃] 名 麻薬密売人; 麻薬密売の元締め

nard [nar] 男【植】甘松香(かんしょうこう), スパイクナード

narguer [narge] 他《話》軽蔑する, ばかにする, ものともしない

narguilé, narghilé [nargile] 男《ペルシア》水煙管(すいえんかん)

narine [narin] 女 鼻の穴, 鼻孔

narquois(e) [narkwa, -az] 形 皮肉な, 嘲笑的な

narquoisement [narkwazmɑ̃] 副 皮肉に, 嘲笑的に

narrateur(trice) [naratœr, -tris] 名 語り手, ナレーター, 話者

narratif(ve) [naratif, -iv] 形 物語体[風]の

narration [narasjɔ̃] 女 ①物語ること, 語り, 叙述 ー *présent de narration*【文法】物語体現在形 ②(学校での)課題作文

narrativité [narativite] 女 物語的性質[特質]

narrer [nare] 他《文》物語る, 叙述する, 説明する

narthex [nartɛks] 男【建】ナルテックス, (教会堂の)拝廊

narval [narval] 男【動】イッカク【クジラ目】

nasal(ale) [nazal] 形 (男複 -*aux* [-o]) 鼻の; [音声]鼻音の ー 女 [音声]鼻音

nasalisation [nazalizasjɔ̃] 女 鼻音化

nasaliser [nazalize] 他 [音声]鼻音化する ー[代動] *se* ~ 鼻音化される

nase¹ [naz] 男《話》鼻

nase² [naz] 形《話》(ものが)調子が悪い, ぼんくろの; (人が)疲れた

naseau [nazo] 男(複 ~*x*) (牛や馬などの)鼻孔

nasillard(e) [nazijar, -ard] 形 鼻声の, 鼻にかかった(ような)

nasillement [nazijmɑ̃] 男 ①鼻声で喋(しゃべ)ること, 鼻にかかった音 ②あひるの鳴き声

nasiller [nazije] 自 鼻声(のような音)を出す; 鼻声で話す; 鼻にかかったような音を出す

nasique [nazik] 男【動】①テングザル ②ハナナガムシヘビ

nasse [nas] 女 梁(やな)[魚をとるかご]; (鳥などの捕獲する)網

natal(ale) [natal] 形 (男複 -*als*) 生まれた所の ー *maison natale* 生家

nataliste [natalist] 形 出産奨励の, 避妊反対の

natalité [natalite] 女 出生率 (= taux de ~)

***natation** [natasjɔ̃] ナタスィヨン 女 (英 swimming) 水泳, 競泳

natatoire [natatwar] 形 ►*vessie natatoire* 浮き袋

natif(ve) [natif, -iv] 形 (…の)生まれ[出身]の 《de》;《文》生まれつきの ー 名 (…の)生まれの人 《de》

‡**nation** [nasjɔ̃] ナスィヨン 女 国民, 国家 ー *Nations unies* [les ~] 国連

‡**national(ale)** [nasjɔnal] ナスィヨナル 形 (男複 -*aux*[-o]) 国民[国家]の; 国立[国有]の; 国内の; 国民の; 全国的な, 国をあげての ー 女 国道 (= route ~) ー 男《複》国籍保有者, 自国民

nationalisation [nasjɔnalizasjɔ̃] 女 国有化, 国営化

***nationaliser** [nasjɔnalize] ナスィヨナリゼ 他 国有[国営]化する

nationalisme [nasjɔnalism] 男 ナショナリズム, 民族国家, 国粋主義

nationaliste [nasjɔnalist] 形 民族[国粋]主義の, 国家主義の ー 名 民族国家, 国粋主義者, ナショナリスト

‡**nationalité** [nasjɔnalite] ナスィヨナリテ 女 (英 nationality) ①国籍 ②国民性 ー *de nationalité française* フランス国籍の ー *double nationalité* 二重国籍

national-populisme [nasjɔnalpopylism] 男 国家大衆迎合主義

national-socialisme [nasjɔnalsɔsjalism] 男《単数》(ヒトラーの)国家社会主義

***national(ale)-socialiste** [nasjɔnalsɔsjalist] 形 (男複 -*aux*[-o] ~*s*) (ドイツの)国家社会主義の ー 名 国家社会主義者

nationaux [nasjono] 形（複）national の男性複数形

native [nativ] 形女 natif の女性形

nativité [nativite] 女 （キリストの）誕生；(聖母マリア/洗者ヨハネ)の誕生；[美術] キリスト降誕図[像] ▶ **fête de la Nativité** クリスマス (= Noël)

natrémie [natremi] 女 [医]（血液中の）ナトリウム含有率

natron [natrɔ̃], **natrum** [natrɔm] 男 [鉱] ソーダ石

nattage [nataʒ] 男（藁などを）編むこと

natte [nat] 女 ござ，むしろ，畳；(髪の毛の)三つ編み，お下げ髪

natter [nate] 他（藁を）・髪を編む

nattier(ère) [natje, -ɛr] 名 ござ職人[売り]

naturalisation [natyralizasjɔ̃] 女 ①帰化 ②（外来動植物の）馴化（じゅんか）③剥製/標本化

naturalisé(e) [natyralize] 形名 帰化した(人)

***naturaliser** [natyralize ナテュラリゼ] 他 ①帰化させる ②（外来動植物を）馴化（じゅんか）させる，移植する ③剥製[標本]にする ▶ **se faire naturaliser Français** フランスに帰化する

naturalisme [natyralism] 男 自然主義

naturaliste [natyralist] 名 ①博物学者，自然科学者；博物学愛好家 ②自然主義者 ③剥製[標本]製作者 — 形 自然主義の

***nature** [natyr ナテュール] 女 ①自然(界) ②本性；(現実のものとは別の)現物で ▶ **en nature**（お金などではなく）現物で ▶ **par nature** 本来，生まれつき ▶ **plus grand que nature** 実物より大きい ③性質；種類；（…な性格・体質の）人；個性的な人 ④[美術]実物；モデル ▶ **nature morte** 静物(画) — 形（不変）①（飲食物が）何も加えていない；生(き)の，プレーンな ▶ **thé nature** (ミルクやレモンなしの)ストレート紅茶 **yaourt nature** プレーンヨーグルト ②[話] 率直，素直な

***naturel(le)** [natyrɛl ナテュレル] 形（英 natural）①自然(界)の，天然の，自然のままの ②生まれつきの，生来の，生理的な ③当然の，当たり前の ④（人・態度などが）自然な，気取らない — 名 男 ①[住人] 住民 ②(*) ①生来の性格，気質 ▶ **être d'un naturel + 形容詞** …の性格である ②気取りのなさ，自然な態度 ▶ **au naturel** （写真などは）実物の，実際の；（食物が）味付けしていない **manquer de naturel** わざとらしい **thon au naturel** マグロの水煮

***naturellement** [natyrɛlmɑ̃ ナテュレルマン] 副（英 naturally）①ひとりでに；生まれつき；必然的に；気取らずに，飾らずに，当然，もちろん

naturisme [natyrism] 男 ①自然(回帰)主義，ヌーディズム；[哲]自然崇拝(主義)；[文学史] ナチュラリスム，本然主義

naturiste [natyrist] 形 自然(回帰)の；自然尊重の — 名 ①自然回帰主義[論]者，ヌーディスト ②本然主義者

naturopathe [natyropat] 形名 自然療法の専門家の

naturopathie [natyropati] 女 自然療法

naufrage [nofraʒ] 男 ①難船，難破，海事事故 ▶ **faire naufrage** 難破する ②崩壊，挫折

naufragé(e) [nofraʒe] 形 難破した — 名 難船した人，遭難者

naufrager [nofraʒe] 自 40 〈文〉難船[難破]する

naufrageur, -euse [nofraʒœr, -øz] 名 ①[船を難破させて略奪する人]；〈文〉転覆者；破壊者 — 形（船の）難破[遭難]の原因となる

naupathie [nopati] 女 [医] 船酔い

nauplius [noplijys] 男 [動] ノープリウス [甲殻類の孵化したばかりの幼虫]

Nauru [nauru] ナウル [太平洋中西部の赤道直下の島・共和国]

nauséabond(e) [nozeabɔ̃, -5d] 形 吐き気を催させる，嫌悪感を覚えさせる

***nausée** [noze ノゼ] 女 ①吐き気；嫌悪感，不快感 ▶ **avoir la nausée** 吐き気がする **donner la nausée à**（人）を不快にする

nauséeux(se) [nozeø, -øz] 形 吐き気を起こす；(人が)吐き気で苦しい

-naute, -nautique 接尾 〈ギ〉「航海者」「航海の」の意

nautile [notil] 男 [貝] オウムガイ；(オウムガイできた)装飾物

nautique [notik] 形 水上の；航海に関する ▶ **salon nautique** ボート展示会 **ski nautique** 水上スキー **sports nautiques** 水上スポーツ

nautisme [notism] 男 水上スポーツ，(特に)ヨット

nautonier(ère) [notonje, -ɛr] 名〈古〉渡し守，船頭 ▶ **nautonier des enfers**〔半神〕冥府の川アケロンの渡し守 [カロン Charon のこと]

naval(ale) [naval] 形 (男複 -als) 船の；航海の；海軍の

navarin [navarɛ̃] 男 ナヴァラン [羊肉のカブ入り煮込み]

Navarre [navar] 女 ①（スペインのナバラ自治州 (= Communauté forale de〜) ②ナバラ王国[中世から16世紀にかけて栄えた王国]

navel [navɛl] 女 [植] ネーブル (オレンジの一種)

navet [navɛ] 男 ①[植] 蕪(かぶ) ②絵画・小説・映画の駄作

***navette**¹ [navɛt ナヴェット] 女 ①[近距離の]シャトル便，連絡便 ▶ **faire la navette** (二つの間を)往復する 《entre》 **navette spatiale** スペースシャトル ②

navette² [navɛt] 女 〖植〗油菜

navigabilité [navigabilite] 女 (河川・海の)航行可能性; (船舶・飛行機の)耐航性

navigable [navigabl] 形 (河川・海が)航行可能な

navigant(e) [navigɑ̃, -ɑ̃t] 形 船上[機上]勤務の ── 名 (船の)乗組員, (飛行機の)搭乗員

navigateur(trice) [navigatœr, -tris] 名 航海士; 航空士; (自動車のラリーレースの)ナビゲーター; (文) 船旅の人, 航海者 ── 男 ナビゲーションシステム, 自動車ルート設定装置; 〖情報〗ブラウザ ── 形 航海に従事する

navigation [navigasjɔ̃] 女 航行, 航海; 航空; 〖情報〗ブラウジング ▶**navigation aérienne** 空輸, 飛行飛行 **navigation de plaisance** レジャー航海 **navigation spatiale** 宇宙飛行 **navigation sur l'Internet** 〖情報〗ネットサーフィン

*****naviguer** [navige ナヴィゲ] 自 航海する, 航行する; (船・飛行機を)操縦する; 《話》(頻繁に)旅行する ▶**naviguer sur Internet** 〖情報〗ネットサーフィンする **savoir naviguer** 《古》(問題などをうまく切り抜ける

naviplane [naviplan] 男 ホーバークラフト

navire [navir ナヴィール] 男 (英 ship) (大型の)船, 船舶 ▶**navire de guerre** 軍艦 **navire marchand** 商船, 貨物船

navire-citerne [navirsitɛrn] 男 (複 ~s-~s) (石油などを運搬する)タンカー

navire-école [navirekɔl] 男 (複 ~s-~s) 練習船

navire-hôpital [navirɔpital] 男 (複 ~s-hopitaux[-o]) 病院船

navire-usine [naviryzin] 男 (複 ~s-~s) 工船〖漁獲物の加工設備がある〗

navisphère [navisfɛr] 女 〖海〗(航海用の)天球儀

*****navrant(e)** [navrɑ̃, -ɑ̃t ナヴラン(ト)] 形 痛ましい, 悲痛な; 嘆かわしい, 遺憾な

navré(e) [navre] 形 ((navrer)) 遺憾に思う; 悲痛にくれた; (…に)申し訳ないと思う (de) ▶**Je suis vraiment navré.** 大変申し訳ありません

navrer [navre] 他 〖多くは受動態で〗深く悲しませる; 困らせる

nazaréen(ne) [nazareɛ̃, -ɛn] 形 ナザレの; 〖羊毛〗ナザレ派の ── 男 〖N-〗〖キ教〗ナザレ人〖ユダヤ人によるキリストの呼称〗

Nazareth [nazarɛt] 固 ナザレ, ナザレト 〖キリストが育ったイスラエル北部 ガリラヤ地方の町〗

naze [naz] 男 ⇨ **nase**¹

nazi(e) [nazi] 名 (<ド) 《略》Nationalsozialist ナチス(党員) ── 形 ナチスの

nazisme [nazism] 男 ナチズム

N.B. [nɔtabene] (<ラ) 《略》Nota Bene 注意

NBC 形 〖不変〗《略》nucléaire, biologique, chimique 〖軍〗核・生物・化学の

NDLR 《略》Note de la rédaction 編集者注

NDT 《略》Note du traducteur 翻訳者注

*****ne** [n(ə)] 副 ①〖通常は pas を伴って〗…ない ▶**Je ne sais pas.** 知りません **ne... guère** ほとんど…ない **ne... jamais** 決して…ない **ne... ni... ni [pas]...** …も…も…ない **ne... pas encore** まだ…ない **ne... pas que...** …だけが…ないのではない **ne... plus** もう…ない **ne... que...** …しか…ない **ne... rien [personne]** 何[だれ]も…ない ②〖虚辞の ne; 主節の動詞が否定的内容のときに従属節にあらわれ、それ自体は意味のない ne〗 ▶**Je crains qu'il ne soit vexé.** 彼が気を悪くしているのではないか心配です

*****néanmoins** [neɑ̃mwɛ̃ ネアンモワン] 副 (英 nevertheless) しかしながら, とはいっても; にもかかわらず

néant [neɑ̃] 男 (虚)無; 無価値なもの, なし 〖書類で該当事項のない時に記す〗 ▶**tirer... du néant** 恵まれない状況から…(人)を引きたてて[取り立てて]やる, (もの)ことを新たに創造する

néantisation [neɑ̃tizasjɔ̃] 女 消去

néantiser [neɑ̃tize] 他 消去する, 消滅させる

nebk(h)a [nɛpka] 女 〖地〗茂みの砂丘

nébuleuse¹ [nebyløz] 女 〖天〗星雲; 混沌(こんとん)とした〖曖昧(あいまい)な〗

nébuleux(se)² [nebylø, -øz] 形 (雲や霧で)曇った; (文)曖昧(あいまい)な; 不明確な; 難解な

nébulisation [nebylizasjɔ̃] 女 (薬や香水の)噴霧, スプレーすること

nébuliseur [nebylizœr] 男 噴霧器; 霧吹き; スプレー

nébulosité [nebylozite] 女 〖気〗雲量, 雲(うん), 霞(かすみ), 雲; (文)曖昧(あいまい)さ; 難解さ

*****nécessaire** [nesesɛr ネセセール] 形 (英 necessary) ①(…に)必要な, 不可欠な, なくてはならない (à) ▶**Il est nécessaire de** [不定冠] **que** + 接続法 …することが必要だ ②《文》必然的な; 避けがたい ── 男 ①〖集合的〗必需品; 必要なもの[こと] ▶**faire le nécessai-**

re pour …のための必要な手続きをする le strict nécessaire 必要最低限のもの ②《必要品を一式入れる》道具箱, 小物入れ ▶ nécessaire de couture 裁縫箱 nécessaire de toilette 化粧道具入れ

*nécessairement [nesesɛrmɑ̃ ネセセルマン] 副 《英 necessarily》どうしても, ぜひとも; 必ず; きっと; 必然的に, 当然

*nécessité [nesesite ネセシテ] 女 《英 necessity》必要(性), 必要なもの[こと];《文》必然(性); 不可避(性) ▶ de première nécessité 《生活する上で》欠かせない être [se trouver] dans la nécessité de [不定詞] …する必要に迫られている Nécessité fait loi.《ことわざ》必要は法を作る; 背に腹は変えられぬ par nécessité 必要に迫られて; やむなく

*nécessiter [nesesite ネセシテ] 他 《ものが…を》必要とする, 要する

nécessiteux(se) [nesesitø, -øz] 形 名《古》貧しい(人), 貧乏な(人), 貧窮している(人)

neck [nɛk] 男《英》〖地〗火山岩頸; 岩栓

nec plus ultra [nɛkplysyltra]《ラ》男《不変》《…の中で最上[最良]のもの, 極み(de)

nécr(o)- 接頭《ギ》「死」の意

nécrologie [nekrɔlɔʒi] 女 故人略歴, 《新聞・雑誌の》死亡者名簿; 死亡広告

nécrologique [nekrɔlɔʒik] 形 故人略歴[追悼]の; 死亡者名簿[広告]の

nécromancie [nekrɔmɑ̃si] 女 降霊術

nécromancien(ne) [nekrɔmɑ̃sjɛ̃, -ɛn] 男女 降霊術師

nécrophilie [nekrɔfili] 女 〖精神〗死体(性)愛; 屍姦

nécropole [nekrɔpɔl] 女 《古代の大規模な》墳墓, 大墓地, 墓所の;《文》《大都市の》大墓地

nécrose [nekroz] 女 〖生〗壊死(し)

nécroser [nekroze] 他 …に〖生〗壊死を起こさせる ━ 代動《se ~》〖生〗壊死する

nécrosique [nekrozik] 形, nécrotique [nekrotik] 形 〖生〗壊死(し)の

nectaire [nɛktɛr] 男〖植〗蜜腺

nectar [nɛktar] 男 ①ネクター《果汁に甘味料を添加したジュース》②《ギ・ロ神》ネクタル《不死の生命を与える神酒》③〖植〗花蜜;《文》美酒, 甘露

nectarine [nɛktarin] 女〖植〗ネクタリン

necton [nɛktɔ̃] 男〖動〗ネクトン, 遊泳生物

néerlandais(e) [neɛrlɑ̃dɛ, -ɛz] 形 ネーデルランド[オランダ]の ━ 名《N-》オランダ人 ━ 男 オランダ語

néerlandophone [neɛrlɑ̃dɔfɔn] 形 オランダ語の ━ 名《N-》オランダ語を話す人

nef [nɛf] 女 ①《教会堂の》外陣;《中央の》身廊, 中央広間 ②《昔の》大帆船(はんせん)

*néfaste [nefast ネファスト] 形 有害な; 災いをもたらす; 不吉な

nèfle [nɛfl] 女〖植〗セイヨウカリンの果実 ②《俗》《話》何の値打ちもないつまらないもの ▶ Des nèfles!《話》《否定して》全然, ぜんぜん

néflier [neflije] 男〖植〗セイヨウカリン(の木)

négateur(trice) [negatœr, -tris] 形 名《文》否定する(人), 反対ばかりする(人)

*négatif(ve) [negatif, -iv ネガティフ(ヴ)] 形《英 negative》①否定の, 否定的な; 拒否の; 消極的な ②《数・物》負の, マイナスの; 《医》陰性の ③〖写〗陰画の ━ 男 ①否定; 拒否 ▶ répondre par la négative 「いいえ」と答える ━ 男〖写〗ネガ, 陰画

*négation [negasjɔ̃ ネガスィヨン] 女 否定, 否認;〖文法〗否定; 否定語[表現]

négationniste [negasjɔnist] 形 名《ナチスのガス室の大量虐殺否定論者の》

négativement [negativmɑ̃] 副 否定的に

négativisme [negativism] 男 否定の態度; 〖精医〗拒絶(症)

négativité [negativite] 女 ①否定的[消極的]なこと, 陰性 ②《物》負

négaton [negatɔ̃] 男《物》《古》陰電子

négligé(e) [negliʒe ネグリジェ] 形《de négliger》①放っておかれた, 構(かま)われない ②身なりを構わない; 仕事・身なりが)ぞんざいな, だらしない ━ 男 ①身なりを構わないこと, だらしない身なり ②《古》《婦人の》部屋着

négligeable [negliʒabl] 形 無視できる, 取るに足りない ▶ non négligeable 無視できないほどの

négligemment [negliʒamɑ̃] 副 ぞんざいに, 無造作に(ぞっ)に, 無頓着に;《気取って》わざと無造作に

négligence [negliʒɑ̃s] 女 ぞんざい, 怠慢, 不注意; 手落ち, 落度, ミス ▶ par négligence 不注意から

*négligent(e) [negliʒɑ̃, -ɑ̃t ネグリジャン(ト)] 形 怠慢な, だらしのない, 投げやりな ━ 名 怠慢な人, だらしない人

*négliger [negliʒe ネグリジェ] 他 40《英 neglect》疎(おろそ)かにする, 怠る, 放っておく ▶ négliger de [不定詞] …するのを怠る[忘れる] ━ 代動《se ~》身なりを構わず, 自分(の体)を大切にしない

négoce [negɔs] 男 貿易;《古》商売, 商い

négociabilité [negosjabilite] 女 ①《証券などの》譲渡可能性 ②交渉余

négociable [negɔsjabl] 形 ①(証券などが)譲渡可能な；流通性のある ②交渉の余地のある

négociant(e) [negɔsjɑ̃, -ɑ̃t] 名 (…の)卸売業者[商人], 仲買人 (en)

négociateur(trice) [negɔsjatœːr, -tris] 名 仲介者, (外交問題の)交渉委員

*__négociation__ [negɔsjasjɔ̃] ネゴシヤシォン 女 (英 negotiation) ①交渉, 話し合い, 協議, 折衝；商談 ▸*négociations de paix* 和平交渉 ②(手形などの)譲渡

*__négocier__ [negɔsje] ネゴスィエ 他 ①(条約・契約の)交渉をする, 折衝する ②(手形などを)譲渡する ▸*négocier un virage* (高速で)巧みにカーブを切る ── 自 交渉する

nègre(négresse) [nɛgr, negrɛs] 名 ①(古・軽蔑的)ニグロ, 黒人, 黒坊〔Noirが普通の言い方〕；黒人奴隷 ▸*travailler comme un nègre* (話)休まずによくよく働く ── 男 ①(有名作家の)代筆者, ゴーストライター ②黒褐色の ③▸*parler petit nègre* 片言のフランス語を話す ── 形 〔女性形も nègre〕①黒人の〔人について用いるのは軽蔑的〕②黒褐色の ③▸*nègre blanc* (不変)(話)玉虫色の, 折衷的な

négrier(ère) [negrije, -ɛr] 形 黒人奴隷売買の ── 男 奴隷商人；奴隷船

négrillon(ne) [negrijɔ̃, -ɔn] 名 (話・軽蔑的)黒人の子供

négritude [negrityd] 女 (文)ネグリチュード, 黒人性, 黒人としての自覚, 黒人文化の特質

négroïde [negrɔid] 形 ネグロイドの, 黒人種の特徴を持つ[に似た]

negro(-)spiritual [negrospirituɔl] (複 ~(-)~s) (英)黒人霊歌

néguentropie [negɑ̃trɔpi] 女 ネグエントロピー, 負のエントロピー

négus [negys] 男 エチオピア皇帝の称号)

neige [nɛʒ] ネジュ 女 (英 snow) 雪；雪状のもの ▸*aller à la neige* (話)スキーに行く ▸*battre en neige* (卵白を泡立てる) *bonhomme de neige* 雪だるま *de neige* 真っ白な *neige carbonique* ドライアイス *neige fondue* みぞれ；ぬかるんだ雪

*__neiger__ [neʒe] ネジェ 非人称 40 (英 snow) 雪が降る

neigeux(se) [nɛʒø, -øz] 形 雪に覆われた；雪の降りそうな (文)雪のような；純白の ▸*temps neigeux* 雪が降りそうな天気

nelumbo, nélombo [nelɔ̃bo] 男 〔植〕ハス

nem [nɛm] 男 (<ベトナム)〔料〕春巻き

nénés [nene] 男 (複)(話)乳房,

おっぱい

nénette [nenɛt] 女 ①(話)若い女 ②(自動車用の)クリーンモップ ③(話)頭 ▸*se casser la nénette* (話)頭をつかう, 知恵を絞る

nenni [neni] 副 (古・方)否, いや, そうではない

nénuphar [nenyfar] 男 〔植〕スイレン

néo [neo] (略) ⇨ néoplasme

néo- (綴り <ギ)「新」の意

néo-calédonien(ne) [neokaledɔnjɛ̃, -ɛn] 形 ニューカレドニア(Nouvelle-Calédonie)の ── 名 〔N-C-〕ニューカレドニアの人

néocapitalisme [neokapitalism] 男 新資本主義

néocapitaliste [neokapitalist] 形 名 新資本主義(者)(の)

néoclassicisme [neoklasisism] 男 新古典主義

néoclassique [neoklasik] 形 名 新古典主義(者)(の)

néocolonialisme [neokɔlɔnjalism] 男 新植民地主義

néocolonialiste [neokɔlɔnjalist] 形 名 新植民地主義(者)(の)

néocortex [neokɔrtɛks] 男 〔解〕大脳新皮質

néofascisme [neofasism, neofaʃism] 男 ネオファシズム

néofasciste [neofaʃist] 形 名 ネオファシスト(の)

néoformation [neoformasjɔ̃] 女 ①〔生〕(組織の)新生成 ②〔医〕腫瘍

néoformé(e) [neoforme] 形 〔生〕(組織などが)新生成の

néogène [neɔʒɛn] 男 〔地〕新第三紀

néogrec(que) [neogrɛk] 形 ①近代ギリシア(語)の ②(美術)古代ギリシア模倣の, 新ギリシア派の 【古代ギリシア様式の模倣・再興をめざす】

néo-guinéen(ne) [neogineɛ̃, -ɛn] 形 ニューギニア(Nouvelle-Guinée)島の ── 名 〔N-G-〕ニューギニア(の)人

néolibéralisme [neoliberalism] 男 (経)新自由主義

néolithique [neolitik] 男 新石器時代 ── 形 名 新石器時代(の人)

néologie [neolɔʒi] 女 新語法, 新語の使用

néologique [neolɔʒik] 形 新語[新語義]の

néologisme [neolɔʒism] 男 新語, 新語の使用, 新語義, 新語論

néon [neɔ̃] 男 〔化〕ネオン, 蛍光灯(= *tube au ~*)

néonatal(ale) [neonatal] 形 (男複 -als) 新生児の

néonazi(e) [neonazi] 形 名 ネオナチの(人)

néonazisme [neonazism] 男 ネオナチズム

néophyte [neɔfit] 名 ①(政党などの)新加入者, 新参者 ②(初期キリスト教の)新改宗者 ── 形 新参者の

néoplasme [neoplasm] 男 [医] 腫瘍

néoplatonicien(ne) [neoplatonisjɛ̃, -ɛn] 形 [neoplatonisjɛ̃, -ɛn] 形 新プラトン主義(者)の

néoplatonisme [neoplatonism] 男 新プラトン主義

néoréalisme [neorealism] 男 新写実主義[写実主義への回帰を目指す芸術運動]; ネオ・レアリズモ [第2次大戦直後のイタリアの写実主義的映画運動]

néoréaliste [neorealist] 形 名 ネオレアリズモの(映画作家)

néorural(e) [neoryral] 形 (男複 -aux[-o]) (都会から)田舎に移り住んだ人

néo-zélandais(e) [neozelɑ̃dɛ, -ɛz] 形 ニュージーランド (Nouvelle-Zélande) の ── 名 [[N-Z-]] ニュージーランド人

Népal [nepal] 男 ネパール【ヒマラヤ山脈にある王国】

népalais(e) [nepalɛ, -ɛz] 形 ネパールの ── 名 [[N-]] ネパール人 ── 男 ネパール語

néphrectomie [nefrektɔmi] 女 [医] 腎摘出; 腎切除

néphrétique [nefretik] 形 [医] 腎臓の, 腎炎の ── 名 腎疝痛(ぜん)痛患者

néphrite [nefrit] 女 [医] 腎炎

néphr(o)- 接頭 (く付) 「腎臓」の意

néphrographie [nefrografi] 女 [医] 腎造影法

néphrologie [nefrolɔʒi] 女 腎臓病学

néphrologue [nefrolɔg] 名 腎臓病学者[専門医]

néphron [nefrɔ̃] 男 [解] 腎小体

néphropathie [nefrɔpati] 女 [医] 腎症

néphrose [nefroz] 女 [医] ネフローゼ

népotisme [nepɔtism] 男 閥族主義; えこひいき, 縁者びいき

Neptune [nɛptyn] 男 [ロ神] ネプチューン [海神]; [天] 海王星

neptunium [nɛptynjɔm] 男 ネプツニウム【原子番号93の放射性元素】

néréide [nereid] 女 ①[動] ゴカイ ②[[N-]] [ギ神] ネレイス【100人の海の精】

néréis [nereis] 女 = néréide①

*__**nerf**__ [nɛr] 男 (英 nerve) ①神経 ▶ avoir les nerfs à vif 神経がぴりぴりしている avoir les nerfs fragiles 神経がか弱い avoir les nerfs solides [d'acier] 神経が太い avoir ses nerfs (話) いらいらしている, かんしゃくを起す être à bout de nerfs 神経がまいっている; 我慢の限界である ②靭帯(にた), 腱(ひ) ③活力, 元気, 体力 ▶ Allons, du nerf! (話) さあ, 元気を出して nerf de la guerre 軍資金, 活力源

néroli [nerɔli] 男 (芳香油用の)ダイダイの花

Néron [nerɔ̃] 男 [37-68: 古代ローマの暴君]

néronien(ne) [nerɔnjɛ̃, -ɛn] 形 (文) ネロン (Néron) の, (ネロのように)残虐無比の

nerprun [nɛrprœ̃] 男 [植] クロウメモドキ

nervation [nɛrvasjɔ̃] 女 ①[植] 葉脈の脈系 ②[動] (昆虫の)翅脈相(しみゃく)

nerveusement [nɛrvøzmɑ̃] 副 神経質に

*__**nerveux(se)**__ [nɛrvø, -øz ネルヴ(ズ)] 形 (英 nervous) ①神経の, 神経による, 神経性の ②神経質な, 神経が高ぶった ③すじの多い, 筋肉質の ④活力のある, 元気な, 力強い; 弾性に富んだ, しなやかな ── 名 神経質な人

nervi [nɛrvi] 男 (くだ) (悪者の)手先, 手下; 殺し屋

nervosité [nɛrvozite] 女 神経過敏

nervure [nɛrvyr] 女 ①[植] 葉脈; [動] (昆虫の)翅脈(しみゃく) ②[建] リブ ③[服] ピンタック, パイピング ④(複)(製本)バンド[背皮の隆起部分]

nervuré(e) [nɛrvyre] 形 (昆虫が)葉脈[翅脈(しみゃく)]のある

n'est-ce pas [nɛspa ネスパ] [[文末または単独で]] ね, そうでしょう; [[文中に挿入されて]] …(とい)うのは は ▶ *N'est-ce pas que…?* …でしょう, …だよね

*__**net(te)**__ [nɛt ネット] 形 (英 clear, neat) ①はっきりした, 明確な, 明瞭な ②清潔な, きれいな; (文) (非難などから)免れた (de); 清廉な ▶ *avoir les mains nettes* きれいな手をしている; 清廉潔白である *faire place nette* 邪魔なものを片付ける ③正味の, 掛け値なしの ④…を免れた, 免除された (de) ── 副 ①きっぱりと; 正味で; あっけなく *refuser net* きっぱりと断る *s'arrêter net* すぱっとやめる *se casser net* ぽきりと折れる

nettement [nɛtmɑ̃ ネトマン] 副 (英 clearly) はっきりと, 明確に, 明瞭に, 明らかに

*__**netteté**__ [nɛtte ネトテ] 女 明瞭さ, 明晰さ, 鮮明さ; 清潔さ, きれいさ, 清廉潔白

nettoiement [nɛtwamɑ̃] 男 清掃, (ごみの)収集

*__**nettoyage**__ [nɛtwajaʒ ネトワイヤージュ] 男 (英 cleaning) ①掃除; 洗濯, クリーニング ▶ *nettoyage à sec* ドライクリーニング ②[軍] 掃討; (話) (役所などの)首切り; (危険分子などの)一掃, 締め出し

nettoyant(e) [nɛtwajɑ̃, -ɑ̃t] 形 洗浄する ── 男 洗剤, 汚れ落とし, クリー

nettoyer [netwaje ネトワイエ] 他 45 (英 clean) ①掃除する，きれいにする；洗濯する；(傷口を)消毒する ②(敵などを)追い払う，一掃する；(地域などを)浄化する；《話》空(ﾞ)にする；金品を根こそぎ盗む ▶ **nettoyer à sec** [à l'eau] ドライクリーニング[水洗い]をする ── 代動 [se ~] (自分の体服)をきれいにする；きれいになる[される]，洗濯される

nettoyeur(se) [netwajœr, -øz] 名 ①掃除をする人，掃除夫[婦] ②掃除機 ②(ケベック)クリーニング店

*__neuf¹__ [nœf ヌフ] 形 (不変) (英 nine) 9つの；9人の；9番目の ── 不変 9つ，9人 ── 男 (不変) ①9,9の字 ②9日；9番に；9分；9時

neuf²(ve) [nœf, nœv] 形 (英 new) 新しい，新品の，できたばかりの；新規の；(…において)未経験の，新米の，うぶな (à, dans) ▶ **flambant** [**tout**] **neuf** 真新しい *Quoi de neuf ?−Rien de neuf.* 変わったことはある？−目新しいことは何もない ── 男 新しいもの ▶ [こと]，新品 ▶ **à neuf** 新しい状態に *refaire* [*remettre*] *à neuf* 修繕する，改装する *vêtu de neuf* 新調の服を着た

neume [nøm] 男 [楽] ネウマ【中世聖歌の記譜記号】；ネウマ譜

neuneu [nønø] 形 《話》馬鹿な，間抜けな

neural(ale) [nøral] 形 (男複 -aux [-o]) [生] 神経(系)の

neurasthénie [nørasteni] 女 [医] 神経衰弱

neurasthénique [nørastenik] 形 [医] 神経衰弱の ── 名 神経衰弱の人，憂鬱(ﾞ)質の人

neur(o)- 接頭 (くぎ) 「神経」の意

neurobiologie [nørobjɔlɔʒi] 女 神経生物学

neurochirurgical(ale) [nøroʃiryrʒikal] 形 (男複 -aux [-o]) 神経外科の

neurochirurgie [nøroʃiryrʒi] 女 神経外科

neurochirurgien(ne) [nøroʃiryrʒjɛ̃, -ɛn] 名 神経外科医

neurodépresseur [nørodepresœr] 男 [医] 神経(系)抑制剤

neurofibromatose [nørofibromatoz] 女 [医] 神経線維腫症

neuroleptique [nørolɛptik] 形男 神経弛緩作用のある(薬)

neurologie [nørolɔʒi] 女 神経(病)学

neurologique [nørolɔʒik] 形 神経(病)学の

neurologue [nørolɔg] 名 神経科医

neuromusculaire [nøromyskylɛr] 形 神経と筋肉の

neuronal(ale) [nøronal] 形 (男複 -aux [-o]) [情報・解] ニューロンの ▶ *ordinateur neuronal* ニューロコンピュータ—

neurone [nørɔn] 男 [生] ニューロン，ノイロン，神経単位[元]

neuronique [nørɔnik] 形 ニューロンの

neuropathie [nøropati] 女 [医] 神経障害

neuropsychiatre [nørɔpsikjatr] 名 神経精神医学専門医，神経精神科医[医学者]

neuropsychiatrie [nørɔpsikjatri] 女 神経精神医学

neurotoxine [nørɔtɔksin] 女 [生化] 神経毒素【神経組織に有毒な物質】

neurotransmetteur [nørotrɑ̃smetœr] 男 神経伝達物質

neurotropisme [nørotropism] 男 [生] (ウイルスなどの)向神経性

neurovégétatif(ve) [nøroveʒetatif, -iv] 形 自律神経の ▶ *système neurovégétatif* 自律神経系

Neustrie [nøstri] 女 ネウストリア【メロヴィング朝フランク王国の西分国】

neutralisé(e) [nøtralize, -āt] 形 [化] 中和された ── 男 中和物

neutralisation [nøtralizasjɔ̃] 女 中立化，中立化宣言；(力などの)相殺(ﾞ)，無効化；[化・言] 中和

neutraliser [nøtralize] 他 中立化する；(効力などを)弱める，無力化する，無効にする；(力を)相殺(ﾞ)する；[軍] 制圧する；[化・言] 中和[中性化] (させる) ── 代動 [se ~] 無力化される，無効にされる；(力などが)相殺[中和]し合う；中和される

neutralisme [nøtralism] 男 [政] 中立主義(政策)

neutraliste [nøtralist] 形名 中立主義の(者)

neutralité [nøtralite] 女 中立，不偏不党；中立性

*__neutre__ [nøtr ヌートル] 形 中立の，不偏不党の；公平な；中間的な，特徴[精彩]のない；[文法] 中性の；[物] 中性の ── 男 中立国[民]；(ギアの)ニュートラル；[文法] 中性；[化] 中和物

neutrino [nøtrino] 男 [物] ニュートリノ

neutron [nøtrɔ̃] 男 (< 英) [物] 中性子，ニュートロン

neutronique [nøtrɔnik] 形 中性子の

neuvaine [nœvɛn] 女 [カト] 九日間の祈り

neuve [nœv] 形 **neuf** の女性形

*__neuvième__ [nœvjɛm ヌヴィエム] 形 (英 ninth) 9番目の；9分の1の ▶ **neuvième art** [le ~] 第9の芸術【漫画を指す】 ── 名 9番目の人[物] ── 男 ①9分の1 ②9階【日本の10階にあたる】③(パリの)9区 ── 女 ①第9学年【初等教育第の第3学年；現在の初級科の最終学年(CE2)にあたる】②[楽] 9度(音程)

neuvièmement [nœvjɛmmɑ̃] 副

ne varietur [nevarjetyr] 形 (ラ)(印刷本が)決定版の — 副 改変なしで; 〖法〗変更不可なものとして

névé [neve] 男 ネヴェ, フィルン, 万年雪

Nevers [nɛvɛːr] ヌヴェール【Nièvre 県の県庁所在地】

neveu [nəvø] 男 (複 ～x)(英 nephew) 甥(オイ)

névralgie [nevralʒi] 女 神経痛; 頭痛

névralgique [nevralʒik] 形 神経痛の ▶ **centre névralgique**(組織・交通網などの)中枢, 要所 **point névralgique** 急所

névrite [nevrit] 女 〖医〗神経炎

névr(o)- 接頭 (くギ)「神経」の意

névropathe [nevrɔpat] 形名〈古〉神経病症の(人)

névrose [nevroz] 女 神経症, ノイローゼ

névrosé(e) [nevroze] 形名 神経症の(患者), ノイローゼの(患者)

névrotique [nevrɔtik] 形 神経症性の[ノイローゼ]の, 神経症性の

new-look [njuluk] 形名〈不変〉(く英)(服装・政治などが)ニュールックの(の), 新流行の

newsmagazine [njuzmagazin] 男〈く英〉ニュース週刊誌

newton [njutɔn] 男 〖物〗ニュートン【力の単位: 記号 N】

New York [nujɔrk] ニューヨーク ▶ **l'État de New York** ニューヨーク州

newyorkais(e) [nujɔrkɛ, -ɛz] 形 [N-] ニューヨークの(人)

nez [ne] 男 (英 nose) 鼻; 顔(の全体); 嗅覚; 勘, 直感; 船首, 触先(ションサキ), 機首; (動物の)鼻面(ズラ); (馬の)鼻端(ツラ); 〖地理〗岬 ▶ **au nez (et à la barbe) de** (人)の目の前で ▶ **avoir... dans le nez** (人)(話)(人)を毛嫌いする **avoir le nez fin** 鼻がきく, 勘が鋭い **avoir un verre dans le nez** (話)ほろ酔い機嫌である **Ça lui pend au nez.** (話)彼はすぐにでもそんな目にあうぞ **fermer la porte au nez de** (人)を門前払いする **gagner les doigts dans le nez** (話)楽勝である **mettre le nez à la fenêtre** 窓越しに顔をのぞかせる **mettre le nez dehors** (話)外出する **nez à nez** 面と向かって, 出会いがしらに **nez aquilin** わし鼻 **nez busqué** かぎ鼻 **nez camus** しし鼻 **nez retroussé** 上を向いた鼻 **piquer du nez** (話)(居眠りして)こっくりする; (船が)へさきを水中につっこむ; (飛行機が)急降下する **saigner du nez** 鼻血を出す **se bouffer le nez** (話)激しい諍いをする, 犬猿の仲である **se casser le nez** (話)運悪く留守宅を訪れ, 失敗する **sentir à plein nez** (話)明らかである, ふんぷんと臭う **sous le nez de** (人)の目の前で

:ni [ni] 接 (英 nor) ①[(ne)... ni... ni]...も...もなく ▶ **homme ni maigre, ni gros** やせても太ってもいない男 **ne dire ni oui ni non** イエスともノーとも言わない **ni chaud ni froid** (話)無関心である **Ni l'un ni l'autre n'a parlé.** どちらも話そうとしなかった ②[ne... pas ni]...も...もなく ▶ **Elle ne veut pas le voir ni lui parler.** 彼女は彼と会うのも話しをするのも嫌がっている **Je ne l'aime ni ne l'estime.** 彼のことは好きでもないし尊敬もしていない ③[その他の否定表現とともに]...も...もなく ▶ **Je n'ai rien vu ni personne.** 何ひとつだれひとり見なかった **sans pull ni écharpe** セーターもマフラーも身に付けずに

niable [njabl] 形 [多くは否定文で]否定できる

Niagara [njagara] 男 [le ～] ナイアガラ川 ▶ **chutes du Niagara** ナイアガラの滝

niais(e) [njɛ, -ɛz] 形 愚かな, 間抜けな — 名 愚か者, 間抜け

niaisement [njɛzmɑ̃] 副 愚かにも, 愚かにも

niaiserie [njɛzri] 女 愚かさ; (複)愚行, 愚かな言葉

niaiseux(se) [njɛzø, -øz] 形 (カナダ)愚か者, 馬鹿

nibards [nibar] 男 (複)(話) = nichons

Nicaragua [nikaragwa] 男 ニカラグア【中央アメリカの共和国】

nicaraguayen(ne) [nikaragwajɛ̃, -ɛn] 形名 [N-] ニカラグアの(人)

Nice [nis] ニース【Alpes-Maritimes 県の県庁所在地】

niche¹ [niʃ] 女 ①壁龕(ガン)【彫刻などを飾る壁面につくったくぼみ】②犬小屋 ▶ **À la niche!** (犬に)小屋に入れ!; (人に)出ていけ, さっさと行け! ③〖経〗ニッチ, 市場の隙間

niche² [niʃ] 女 〈古〉いたずら

niché(e) [niʃe] 形 (< nicher) 巣を作った, 住みこんだ, 隠れた, 潜(ヒソ)んだ

nichée [niʃe] 女 (ひと孵(カエ)りの)ひな鳥, (動物の)一腹の子

nicher [niʃe] 自 (鳥が)巣を作る, 巣ごもる; 住む — 代動 [se ～] 巣を作る, 住む; 隠れる, 身を潜ませる

nichoir [niʃwar] 男 鳥の巣箱

nichons [niʃɔ̃] 男 (複)(話)乳房, おっぱい

nickel [nikɛl] 男 ニッケル, ニッケル貨 — 形 〈不変〉(話)ぴかぴかに磨かれた, 清潔な; 上出来の, 言うことのない

nickelage [niklaʒ] 男 ニッケルめっき

nickelé(e) [nikle] 形 ニッケルめっき(をした)

nickeler [nikle] 他 ④ ニッケルめっきをする

niçois(e) [niswa, -az] 形 [N-] ニース(Nice)の(人) ► **salade niçoise** ニース風サラダ [トマト・オリーブ・アンチョビーなどを混ぜる]

Nicolas [nikɔla] 男 ニコラ【男子の名】

Nicole [nikɔl] 女 ニコル【女子の名】

nicotine [nikɔtin] 女 (化) ニコチン

nicotinique [nikɔtinik] 形 ニコチンの

nicotinisme [nikɔtinism] 男 (慢性)ニコチン中毒

nictation [niktasjɔ̃] 女 ①まばたき、瞬目 ②(医)眼瞼痙攣(けいれん)

nid [ni (=)] 男 (英 nest) 巣, すみか, ねぐら; 巣窟 ► **nid à poussière** ほこりがたまった場所, ごみ溜 ► **nid d'aigle** 断崖にある建物, 天然の要塞

nidation [nidasjɔ̃] 女 (受精卵の)着床

nid-d'abeilles [nidabεj] 男 (複 ~s-~) (服) 蜂巣状(ﾊﾁﾉｽｼﾞｮｳ)織

nid-de-poule [nidpul] 男 (複 ~s-~-~) (路面にできた)穴

nidification [nidifikasjɔ̃] 女 巣作り, 営巣

nidifier [nidifje] 自 巣をかける

nièce [njεs ニエス] 女 姪(めい)

niellage [njelaʒ] 男 ニエロ[黒金]象眼(細工)

nielle[1] [njεl] 女 ①(植) ニゲラ(= nigelle) ②(植) リクニス(= lychnis) ③(麦の)黒穂病

nielle[2] [njεl] 男 ニエロ, 黒金; ニエロ[黒金]象眼(細工)

nieller[1] [njele] 他 黒穂病にかからせる

nieller[2] [njele] 他 ニエロ[黒金]象眼細工を施す

nielleur [njelœr] 男 ニエロ[黒金]象眼細工[職人]

niellure [njelyr] 女 ニエロ[黒金]象眼細工

nième [εnjεm] 名 ①(数) n 次の ②何度目, 何番目 ── 形 ①(数) n 次の; n 乗の ②何度目かの, 何番目かの [不特定だがかなり高い度合いを表す]

nier [nje ニエ] 他 (英 deny) 否定[否認]する

nietzschéen(ne) [nitʃeε̃, -εn] 形 ニーチェ(哲学)の ── 名 ニーチェ哲学信奉者

Nièvre [njεvr] 女 ①[la ~] ニエーヴル川 ②ニエーヴル県【フランス中部】

nigaud(e) [nigo, -od] 形名 愚かな(人), 間の抜けている(人)

nigelle [niʒεl] 女 (植) ニゲラ, クロタネソウ

Niger [niʒεr] 男 ①ニジェール【アフリカ中西部の共和国】 ②[le ~] ニジェール川

Nigeria [niʒerja] 男 ナイジェリア【アフリカ西部の連邦共和国】

nigérian(e) [niʒerjɑ̃, -an] 形 名 [N-] ナイジェリアの(人)

nigérien(ne) [niʒerjε̃, -εn] 形 名 [N-] ニジェールの(人)

night-club [najtklœb] 男 (< 英) (古) ナイトクラブ

nigri- 接頭 (< ラ) 「黒」の意

nihilisme [niilism] 男 ニヒリズム, 虚無主義

nihiliste [niilist] 形 虚無主義的な ── 名 虚無主義者, ニヒリスト

Nil [nil] 男 [le ~] ナイル川 ► **Nil Blanc[Bleu]** [le ~] 白[青]ナイル川

nimbe [nε̃b] 男 (美術) 光輪, 後光; (文) 光の輪

nimbé(e) [nε̃be] 形 光輪で囲まれた, 後光のさした

nimber [nε̃be] 他 光輪をつける; (…の)膜で包む (de) ── (代動) [se ~] (後光が射したように…で)輝く (de)

nimbostratus [nε̃bostratys] 男 (不変) (気) 乱層雲 [灰色の暗い雨雲]

nimbus [nε̃bys] 男 (不変) (気) 乱雲, 雨雲

Nîmes [nim] ニーム【Gard 県の県庁所在地】

n'importe [nε̃pɔrt] ⇒importer

Niort [njɔr] ニオール【Deux-Sèvres 県の県庁所在地】

nipper [nipe] 他 (話) 服を着せる ── (代動) [se ~] 服を着る

nippes [nip] 女 (複) (話・古) ぼろ着, 古着

nippo- 接頭 「日本の」の意

nippon(ne) [nipɔ̃, -ɔn] 形 日本の ── 名 [N-] 日本人

nique [nik] 女 侮蔑, 嘲笑(ちょうしょう) ► **faire la nique à** (人)をばかにする

niquer [nike] 他 (俗) 性交する, やる ► **Nique ta mère** 糞食らえ!

nirvana, nirvâna [nirvana] 男 (< サンスクリット) (宗) 涅槃(ねはん), ニルヴァーナ

nitescence [nitesɑ̃s] 女 (文) 光, 輝き

nitouche [nituʃ] 女 (< n'y touche pas)) ► **sainte nitouche** (話) 猫かぶり, かまとと

nitrate [nitrat] 男 (化) 硝酸塩

nitrater [nitrate] 他 (化) 硝酸塩化する; 硝酸塩を加える

nitré(e) [nitre] 形 (化) ニトロ基をもつ

nitrifier [nitrifje] 他 (化) 硝酸塩に変える, 硝化する

nitrique [nitrik] 形 ► **acide nitrique** (化) 硝酸

nitrobenzène [nitrobε̃zεn] 男 (化) ニトロベンゼン

nitroglycérine [nitrogliserin] 女 (化) ニトログリセリン 【爆薬】

nival(ale) [nival] 形 (男複 -aux [-o]) (地) 雪の, 雪による

nivéal(ale) [niveal] 形 (男複 -aux [-o]) (植) 雪の中に咲く; 冬期きの

niveau [nivo ニヴォ] 男 (複 ~x) (英 level) ①(基準面からの)高さ, 水位; 水準, レベル, 程度; (階)層, (建物の)階 ►

nivelage 金婚式 ►*as de noces* 結婚披露宴

au niveau [形] …のレベル[次元, 分野]では *au niveau de* …の高さに[で], …の段階[レベル, 次元]に *de haut niveau* 一流の 高水準の *au même niveau* 同じ高さの, 同等の (avec) *niveau de la mer* 海水準 *niveau de langue* 言語レベル[話し言葉・書き言葉・俗語など] *niveau de vie* 生活水準 *niveau scolaire* 教育程度 *niveau social* 社会階層 ② 水準器

nivelage [nivlaʒ] 男 地ならし, 平均化

niveler [nivle] 他 ④ (子) ① 平らにする, ならす; 均等[平等]にする, 平均化する, 同程度にする ② 水準器で測る

niveleur(se) [nivlœr, -øz] 名 水準測量技師; 地ならしする人; (軽蔑的) 平等主義者 ― 形 水準測量を行う, (水)[水平]にする; 均等化をはかる ― 女 地ならし機, グレーダー

nivellement [nivɛlmɑ̃] 男 (土地の) 平坦化, 地ならし, 平らにすること; 均等化, 平等[高低]測量

Nivernais [nivɛrnɛ] 男 ニヴェルネ地方 [フランス中東部の旧地方名]

nivernais(e) [nivɛrnɛ, -ɛz] 形 ニヴェルネ (Nevers) の ② ニヴェルネ地方の ― 名 [N-] ヌヴェール[ニヴェルネ地方]の人

nivôse [nivoz] 男 (史) ニヴォーズ, 雪月 [共和暦の第4月]

Nº, nº [nymero] (略) *numéro* 番号

nô [no] 男 (<日) 能, 能楽

nobélium [nɔbeljɔm] 男 ノーベリウム [原子番号102の元素]

nobiliaire [nɔbiljɛr] 形 貴族の ― 男 貴族名鑑

nobillaillon(ne) [nɔblɑjɔ̃, -ɔn] 名 (軽蔑的) 小貴族; 成り上がり貴族

***noble** [nɔbl ノブル] 形 ① 高貴な, 気高い, 高尚な, 威厳のある ② 貴重な ►*métaux nobles* 貴金属 ― 名 貴族

noblement [nɔbləmɑ̃] 副 気高く, 上品に; 立派に; 貴族として[らしく]

***noblesse** [nɔblɛs ノブレス] 女 ① (集合的) 貴族(階級), 貴族の身分 ►*être de haute noblesse* 名門貴族の出である *lettres de noblesse* (仕事や金銭によって手に入れた) 貴族の身分と認められる国王の勅許状 *noblesse d'épée* 武家貴族 *Noblesse oblige.* 貴族は義務を負う[身分・社会的な地位の保持には責任が伴うということ] ② 高貴さ, 気高さ, 気品, 威厳

nobliau [nɔbljo] 男 (複 〜x) = nobillaillon

noce [nɔs] 女 (複) 結婚; 結婚式, 婚礼; 結婚記念日; (話) どんちゃん騒ぎ; [la 〜] 婚礼の列席者 ►*convoler en justes noces* 結婚する *faire la noce* (話) 放蕩生活を送る *n'être pas à la noce* (話) つらい立場にいる *noces d'argent* 銀婚式 *noces d'or*

noceur(se) [nɔsœr, -øz] 名 (話・古) 放蕩者, 道楽者

nocher [nɔʃe] 男 (文) 船頭 ►*nocher des Enfers* (ギ神) カロン 【冥府(よみ)の渡し守】

nociception [nɔsisɛpsjɔ̃] 女 (生理) 侵害刺激受容

nocif(ve) [nɔsif, -iv] 形 有毒な, 有害な

nocivité [nɔsivite] 女 有毒, 有害(性)

noctambule [nɔktɑ̃byl] 形名 夜遊びをする(人), 夜更かしする(人)

noctiluque [nɔktilyk] 形 (動) 発光する ― 女 (動) ヤコウチュウ(夜光虫)

nocturne [nɔktyrn] 形 ① 夜の, 夜間の ② (動) 夜行性の; (植) (花が) 夜間に開く ― 男 (楽) (器楽曲による)ソナーデの一種; 夜想曲, ノクターン ― 女 ① (商店の)夜間営業 ② ナイトゲーム, ナイター (= match en ―)

nocuité [nɔkɥite] 女 (医) 有毒性

nodosité [nɔdozite] 女 (植物の)節, 節くれ; (医) 結節(症)

nodulaire [nɔdylɛr] 形 (医) 小(結)節の

nodule [nɔdyl] 男 (地) 団塊; (医) 小(結)節, 小瘤; (植) 小さなこぶ(瘤)

Noé [nɔe] (聖) ノア ►*arche de Noé* [l'〜 〜] ノアの方舟(音)

:Noël [nɔɛl ノエル] 男 (英 Christmas) ① クリスマス (= la fête de 〜) ►*croire au père Noël* 純朴である; 幻想を抱く *Joyeux Noël!* メリークリスマス! *Noël au balcon, Pâques au tison.* 《ことわざ》クリスマスの頃暖かいと復活祭は寒くなる *Père Noël* サンタクロース ② [n-] クリスマスキャロル; (話) クリスマスプレゼント (= petit n-) ③ クリスマスの祝日 (= fête de 〜)

***nœud** [nø ヌ] 男 (英 knot) ① 結び(目), 飾り結び; (事件・問題などの)核心, 要点; (交通の要所); (多くの複) ② 絆(ずな), 縁(ゆがり) ►*double nœud* 二重結び *nœud coulant* 輪差(じ)結び *nœud de cravate* ネクタイの結び目 *nœud papillon* 蝶ネクタイ ③ (海) ノット ►*filer à ... nœuds* …ノットで進む ③ 突起物; (木・竹の)節, こぶ ►*tête de nœud* 馬鹿, 間抜け

***noir(e)** [nwar ノワール] 形 (英 black) ① 黒い ② 黒人の ③ 暗い; (…で)黒く汚れた (de); 陰気な, 不吉な; 憎々しい; 邪悪な, 陰険な ►*film noir* フィルムノワール【犯罪映画】 *messe noire* 黒ミサ *se regarder ... d'un œil noir* (人)をむっとにらむ ④ (俗) 酔っぱらった [N.] 黒人 ― 男 ① (黒(色); 黒い服, 喪服 ►*en noir et blanc* (写真・映画の)白黒の *noir sur blanc* はっきりと, 明白に ② 黒い汚れ; 黒いもの; 喪中 ►*broyer du noir* ふさぎこむ *dans le*

noir 暗闇で *être dans le noir (le plus complet)* 五里霧中である *voir tout en noir* すべてを悲観的に考える ③闇市 ▸*au noir* 闇で, 非合法に, もぐりで

noirâtre [nwaratr] 形 黒っぽい, 黒ずんだ

noiraud(e) [nwaro, -od] 形 (白人が)褐色の(人)

noirceur [nwarsœr] 女 (文)黒さ, 暗さ; 邪悪さ, 邪悪な行為

noircir [nwarsir] 他 ③③ ①黒くする; 黒く汚す; 黒くなる, 黒ずむ ▸*noircir du papier* (話)(くだらないことを)書きまくる ②悲観的に見る ③(文)(詳細などを)walk,(人を)中傷する ━代動 [**se ~**] 黒くなる;(俗)酔っぱらう

noircissement [nwarsismɑ̃] 男 黒くする[なる]こと, 汚れること

noircisseur [nwarsisœr] 男 (話) ▸*noircisseur de papier* へぼ作家

noircissure [nwarsisyr] 女 黒斑, 黒い染み

noire [nwar] 女 (楽) 4 分音符

Noirmoutier [nwarmutje] ノワルムティエ島【Vendée 県の大西洋岸】

noise [nwaz] 女 (文・古)争い, 口論 ▸*chercher noise à* (人)にけんかを売る

noisetier [nwaztje] 男 (植) ハシバミ

noisette [nwazɛt] 女 ハシバミの実, ヘーゼルナッツ;(ハシバミ大のバターなどの)小さな塊 ━形(不変) ハシバミ色[淡褐色]の

*__noix__ [nwa ノワ] 女 ①クルミの実; 木の実, ナッツ ▸*noix de cajou* カシューナッツ *noix de coco* ココヤシ の実 *noix de muscade* ナツメグ ②(クルミ大のバターなどの)塊; クルミのような栗の粒 *noix de veau* 子牛腿肉(ももにく)の上部【上等の肉】 ③(銃)撃鉄け, うすのろ ▸*à la noix* (話)どうしようもない, くだらない, 変な

nolens volens [nɔlɛ̃svɔlɛ̃s] 副 (<ラ) 否応なく

noliser [nɔlize] 他 (商) (船や飛行機)をチャーターする

*__nom__ [nɔ̃ ノン] 男 (英 name) ①名, 名称; 姓; 肩書, 資格; 営業名, 商号, 屋号, 会社名 ▸*au nom de* …の名において;…の代わりに;…にかけて *en son nom* 彼の代わりに *faux nom* 偽名 *nom de famille* 姓, 苗字 *nom de fichier* [情報]ファイル名 *nom de jeune fille* 旧姓 *Nom de nom! / Nom de Dieu! / Nom d'un chien! / Nom d'une pipe!* (話)ちきしょう, ちぇっ, またか! *nom déposé* 商標 *nom et prénom* 姓名 *parler au nom de* …を代表して発言する *traiter … de tous les noms* (人)を罵(ののし)る *un homme du nom de Dupont* デュポンという名の男 ②名声, 名士; 大家 ▸*connaître … de nom* …の名声を知っている ③[文法]名詞 ▸*nom commun* 普通名詞 *nom composé* 合成語 *nom d'emprunt* 借用語 *nom propre* 固有名詞

nomade [nomad] 形 遊牧の; 放浪の;[情報]移動式の, モバイル ━名 遊牧民; 放浪者

nomadiser [nomadize] 自 遊牧生活を営む, 放浪する

nomadisme [nomadism] 男 遊牧生活; 放浪生活

no man's land [nomansland] 男 (不変)(<英)(敵対する両軍の間の)無人地帯, 中立地帯

nombrable [nɔ̃brabl] 形 数えられる

*__nombre__ [nɔ̃br ノンブル] 男 (英 number) 数, 数量; 多数, 大勢;[文法]数;(詩や文章における)調和, 調子 ▸*au nombre de* …の数で *Livre des Nombres* [le ~] (旧約聖書の)民数記 *nombre impair* 奇数 *nombre pair* 偶数 *sans nombre* 無数の(*un*) *bon nombre de* … たくさんの… *venir en nombre* 大挙して来る

nombreux(se) [nɔ̃brø, -øz ノンブルー(ズ)]形 [複数名詞の前で, 属詞として] 多くの, たくさんの;[単数名詞の前後で] 多(人)数の ▸*famille nombreuse* 大家族 *peu nombreux* 少数の

nombril [nɔ̃bri(l)] 男 臍(へそ); 大事な所, 中心 ▸*se prendre pour le nombril du monde* 自分が世界の中心が回っていると思う *se regarder le nombril* 自分のことしか考えない

nombril-de-Vénus [nɔ̃brildəvenys] 男 (植) ウンビリクス, ギョクハイ(玉盃) ベンケイソウ科

nombrilisme [nɔ̃brilism] 男 (話) 自己中心主義

nombriliste [nɔ̃brilist] 形名 (話) 自己中心主義の(人)

nome [nom] 男 (ギリシアの)県

nomenclateur(trice) [nɔmɑ̃klatœr, -tris] 名 学名命名者

nomenclature [nɔmɑ̃klatyr] 女 ①学術[専門]用語, 述語, 用語体系 ②(辞書などの)語彙, 項目 ③目録, リスト, カタログ

nomenklatura [nɔmɛ̃klatyra] (<ロシア) 女 ノーメンクラツーラ, 特権階級, 特権階級者(のリスト)

nominal(ale) [nɔminal] 形 (男複 -aux[-o]) ①名前の ▸*liste nominale* 名簿 ②名目上の, 名だけの; 公称の ③[文法]名詞の, 名詞的の

nominalement [nɔminalmɑ̃] 副 ①名前を挙げて ②名目上 ③[文法] 名詞句に, 名詞的に

nominalisme [nɔminalism] 男 (話)[哲]唯名論

nominaliste [nɔminalist] 形名 唯名論の[者]

nominatif(ve) [nɔminatif, -iv] 形 ①名前を記載した, 記名の ②〔文法〕主格の ── 男〔文法〕主格

nomination [nɔminɑsjɔ̃] 女 任命, 指名; 辞令

nominativement [nɔminativmɑ̃] 副 指名で, 名指しで

nominer [nɔmine] 他 (人・作品を)ノミネートする

nommé(e) [nɔme] 形 ①…という名の, …と名のつく ▶**un homme nommé Martin** マルタンという名の男 ②名前を挙げられた, ノミネートされた; 任命された, 指名された ③ ▶**à point nommé** おりよく ── 男〔法〕…という名の人物, 名前 ── 名

nommément [nɔmemɑ̃] 副 ①名指しで ②とくに, とりわけ

***nommer** [nɔme] ノメ 他 (= to name, nominate) ①名付ける, 命名する, 呼ぶ ②(…に)任命する, (…の)名前を挙げる; (…賞に)ノミネートする (à) ▶**être nommé à Paris** パリに赴任する ── 代動 [se ~] (…という)名前でいる; 名乗る

***non** [nɔ̃ ノン] 副 (英 no) ①[肯定疑問に対して] いいえ, いや, [否定疑問に対して] はい, ええ, [付加疑問] …ではないですか, …ですよね ▶**faire non de la tête** (拒否を示して)首を振る *Mais non!* (話)もちろん違います! 断じて違います *moi non plus* 私も…ではありません *non alcoolisé* ノンアルコールの *Non mais!* とんでもない *non (pas) A mais B* AではなくBである *non plus* …もまた(…でない) *non seulement A mais (aussi) B* AだけでなくBもまた (*Oh) que non!* とんでもない *place non réservée* 予約されていない席 ── 男(不変) いいえ(という言葉), 拒否, 否定 ▶**répondre par un non catégorique** きっぱりと断る

non- 接頭「非」「不」「無」の意

non-activité [nɔnaktivite] 女 (公務員・軍人の)休職; 待命, 退職, 退役

nonagénaire [nɔnaʒenɛr] 形 名 90歳(代)の(人)

non-agression [nɔnaɡresjɔ̃] 女 不侵略 ▶**pacte de non-agression** 不可侵条約

non-aligné(e) [nɔnaliɲe] 形〔政〕非同盟(主義)の ── 名 非同盟国, 非同盟[自主独立]の人

non-alignement [nɔnaliɲmɑ̃] 男 非同盟(主義), 自主独立

nonante [nɔnɑ̃t] 形《ベルギー・スイス》90の

non-appartenance [nɔnapartənɑ̃s] 女 無所属, 独立

non-assistance [nɔnasistɑ̃s] 女〔法〕救助義務違反 ▶**non-assistance à personne en danger** 危機にある者に対する救助義務の違反

non-belligérance [nɔ̃beliʒerɑ̃s] 女 非交戦状態[政策], 戦争[紛争]不介入

non-belligérant(e) [nɔ̃beliʒerɑ̃] 形 非交戦状態にある(国・人)

nonce [nɔ̃s] 男 教皇大使

nonchalamment [nɔ̃ʃalamɑ̃] 副 無頓着に, のんきに, のんびりと; 投げやりに

nonchalance [nɔ̃ʃalɑ̃s] 女 無頓着な, のんき 勃憂げ(な風情)

nonchalant(e) [nɔ̃ʃalɑ̃, -ɑ̃t] 形 無頓着な, のんきな; 投げやりな ── 名 のんきな[のんびりした]人間, 不精者

nonchaloir [nɔ̃ʃalwar] 男〔文〕= nonchalance

nonciature [nɔ̃sjatyr] 女 教皇大使の職[任期]; 教皇大使公邸

non-combattant(e) [nɔ̃kɔ̃batɑ̃, -ɑ̃t] 形 (軍隊の中の)非戦闘員[軍医・看護兵など] ── 男 非戦闘員

non-conciliation [nɔ̃kɔ̃siljɑsjɔ̃] 女〔法〕和解[調停]不成立

non-conformisme [nɔ̃kɔ̃fɔrmism] 男 ①非順応主義, 非同調主義 ②(英国の)非国教主義

non-conformiste [nɔ̃kɔ̃fɔrmist] 形 名 ①既成の道徳・風潮に従わない, 反画一主義な ②(教会)(英国の)非国教徒の ── 名 ①反伝統[反画一]主義者 ②(英国の)非国教徒

non-conformité [nɔ̃kɔ̃fɔrmite] 女 不一致, 背反; 食い違い, 不適合

non-contradiction [nɔ̃kɔ̃tradiksjɔ̃] 女〔論〕無矛盾

non-croyant(e) [nɔ̃krwajɑ̃, -ɑ̃t] 形 名 信仰を持たない(人), 無信仰の(人)

non-cumul [nɔ̃kymyl] 男〔法〕刑科の禁止〔複数の刑罰を科す際に, 最も重い刑罰のみを科す原則〕

non-directif(ve) [nɔ̃direktif, -iv] 形 無指導の, 指示[示唆]を与えない; 〔心・教育〕非指導主義の

non-directivisme [nɔ̃direktivism] 男〔心・教育〕無指導主義

non-discrimination [nɔ̃diskriminɑsjɔ̃] 女 非差別, 差別撤廃

non-dissémination [nɔ̃diseminɑsjɔ̃] 女 (核兵器の)拡散防止

non-dit [nɔ̃di] 男(不変) (意図して)言われなかったこと

non-droit [nɔ̃drwa] 男 法に触れない部分

non-engagé(e) [nɔ̃nɑ̃ɡaʒe] 形 非同盟の, (政治活動に)不参加の, 社会参加しない ── 名 非同盟国(者); (政治的・社会的活動への)不参加者

non-engagement [nɔ̃nɑ̃ɡaʒmɑ̃] 男 非同盟, (政治的・社会的活動の)不参加; (国内問題への)中立政策

non-être [nɔnɛtr] 男(不変)〔哲〕非有, 非存在, 虚無

non-événement [nɔnevɛnmɑ̃] 男 期待外れ

non-exécution [nɔnɛɡzekysjɔ̃] 女〔法〕不履行, 不実行

non-existence [nɔnɛgzistɑ̃s] 女 〖哲〗非実在, 非存在

non-figuratif(ve) [nɔ̃figyratif, -iv] 形 〖美術〗非具象の ── 名 非具象(派)の画家

*****non-fumeur(se)** [nɔ̃fymœːr, -øːz ／ nɔ̃fumœr(z)] 名 ①タバコを吸わない人, 非喫煙者 ②(同格的に)禁煙の

non-ingérence [nɔnɛ̃ʒerɑ̃s] 女 (内政)不干渉

non-initialisé(e) [nɔninisjalize] 形 〖情報〗フォーマットされていない

non-inscrit(e) [nɔnɛ̃skri, -it] 形 無所属の ── 名 無所属議員(候補者)

non-intervention [nɔnɛ̃tɛrvɑ̃sjɔ̃] 女 (内政)不干渉, 非介入

non-interventionniste [nɔnɛ̃tɛrvɑ̃sjɔnist] 形 非介入[不干渉]主義の ── 名 非介入[不干渉]主義者

non-lieu [nɔ̃ljø] 男 (複 ~s ~x) 〖法〗(予審)免訴; 控訴棄却

nonne [nɔn] 女 《古・ふざけて》尼さん, 修道女

non-observation [nɔnɔpsɛrvasjɔ̃] 女 (法などの)不履行, 不服従

nonobstant [nɔnɔpstɑ̃] 前 《古》…にもかかわらず, しかしながら, それなのに ── 副 〖文〗それにもかかわらず

non-paiement [nɔ̃pɛmɑ̃] 男 〖法〗不払い, 未払い; 滞納

non-prolifération [nɔ̃pɾoliferasjɔ̃] 女 (核兵器の)増産制限; 拡散防止

non-recevoir [nɔ̃r(ə)səvwar] 男 (不変) ▶**fin de non-recevoir** 拒絶; 〖法〗訴訟不受理事由

non-résident(e) [nɔ̃rezidɑ̃, -ɑ̃ːt] 名 非居住者

non-respect [nɔ̃rɛspɛ] 男 (法や規則を)守らないこと

non-retour [nɔ̃r(ə)tur] 男 ▶**point de non-retour** (飛行機の)帰還不能地点; (政策・計画などの)後戻りの出来ない段階

non-satisfaction [nɔ̃satisfaksjɔ̃] 女 不満

non-sens [nɔ̃sɑ̃s] 男 (不変) 非常識, ばからしさ, ナンセンス; 無意味, 意味をなさない文章[語句]

non-spécialiste [nɔ̃spesjalist] 名 素人

non-stop [nɔnstɔp] 形 (不変) (<英) ノンストップの, 途中休憩[着陸, 停車]なしの

non tissé(e) [nɔ̃tise] 形 不織の ▶**textile non-tissé** 不織布

non-valeur [nɔ̃valœːr] 女 無価値; 無利益; 不良債権

non-viable [nɔ̃vjabl] 形 〖医〗(胎児が)生存不能な

non-violence [nɔ̃vjɔlɑ̃s] 女 非暴

力(主義)

non(-)violent(e) [nɔ̃vjɔlɑ̃, -ɑ̃ːt] 形名 非暴力(主義)の(人)

non-voyant(e) [nɔ̃vwajɑ̃, -ɑ̃ːt] 名 目の見えない[不自由な]人, 盲人【aveugle という語を避けるための表現】

noologique [nɔɔlɔʒik] 形 〖哲〗精神を対象とする

nopal [nɔpal] 男 (<ス) 〖植〗(ノパル)サボテン

‡Nord [nɔːr] 男 ノール県【フランス北部】

‡nord [nɔːr ノール] 男 (英 north) 北, 北部, 北国 ▶**au nord** (…の)北に (de) **perdre le nord** 方向を失う; どうしていいかからなくなる ── 形 (不変) 北の ▶**Afrique du Nord** [l'~] 北アフリカ **Europe du nord** [l'~] 北ヨーロッパ **Grand Nord** 北極圏 **pays du nord** 北国 **pôle Nord** [le ~] 北極 **vent du nord** 北風

nord-africain(e) [nɔrafrikɛ̃, -ɛn] 形名 [N-A-] 北アフリカ(Afrique du Nord)の(人)

nord-américain(e) [nɔramerikɛ̃, -ɛn] 形名 [N-A-] 北アメリカ(Amérique du Nord)の(人)

nord-coréen(ne) [nɔrkɔreɛ̃, -ɛn] 形名 [N-C-] 北朝鮮 (Corée du Nord)の(人)

nord-est [nɔr(d)ɛst] 男 北東, 北東部(地方) ── 形 (不変) 北東の

nordique [nɔrdik] 形 ①北欧の, スカンディナヴィア(Scandinavie)の ②(ケベック)カナダ北部の ── 名 [N-] 北欧人 ── 男 北欧語, ノルド語

nordir [nɔrdiːr] 自 〖海〗北風に変わる, 風(向き)が北に変わる

nordiste [nɔrdist] 形名 ①(アメリカ南北戦争の)北軍派(の) ②フランス北部の(人)

nord-ouest [nɔr(d)wɛst] 男 北西, 北西部(地方) ── 形 (不変) 北西の, 北西部の

Nord-Pas-de-Calais [nɔrpɑdkalɛ] 男 ノール・パ・ド・カレー【フランスの地域圏名】

noria [nɔrja] 女 ①水汲(く)み水車; ナェーン式揚水機 ②ピストン輸送, (人, 物)の頻繁な往復

*****normal(ale)** [nɔrmal ノルマル] 形 (男複 -aux [-o]) ①正常な, 普通の, 標準の; 当然の, しかるべき; 正規の ②(数) 垂直な; 法線方向の ── 女 ①正常な状態, 常態; 標準; 平均 ②〖数〗法線ベクトル ③[N-] 高等師範学校 ▶**École normale** 高等師範学校 [小学校教員養成] **École normale supérieure** 高等師範学校【人学・りせ教員養成; グランドゼコールの一つ】

*****normalement** [nɔrmalmɑ̃ ノルマルマン] 副 (英 normally) 正常に, 普通に, 普段は

normalien(ne) [nɔrmaljɛ̃, -ɛn] 名 高等師範学校の学生; 師範学校の学生

normalisation [nɔrmalizasjɔ̃] 囡 規格化, 標準化; 正常化

normaliser [nɔrmalize] 他 (製品などを) 規格に合わせる, 規格化[標準化]する; 正常化する, 常態に戻す —— 代動 [se ～] 常態に戻る, 正常になる, 正常化される

normalité [nɔrmalite] 囡 正常(な状態), 常態; [化] 規定度

normand(e) [nɔrmɑ̃, -ɑ̃d] 形 ①ノルマンディーの ②[史] ノルマン人の —— 名 [N-] ノルマンディーの人; [史] ノルマン人 / スカンディナビア系の北ゲルマン人

Normandie [nɔrmɑ̃di] 囡 ノルマンディー(地方) [フランス北西部; 旧地方名]

normatif(ve) [nɔrmatif, -iv] 形 規範的な, 規範を確立する

norme [nɔrm] 囡 規範, 規則, 規準, 常態; (製品などの)規格; [数] (ベクトルの)ノルム ▶ **dans la norme** 正常である ▶ **hors normes** 常軌を逸している

nor(r)ois¹(e) [nɔrwa, -az] 形 古ノルド語の —— 男 古ノルド語 [古北欧語]

norois², noroît [nɔrwa] 男 北西風

Norvège [nɔrvɛʒ] 囡 ノルウェー

norvégien(ne) [nɔrveʒjɛ̃, -ɛn] 形 囡 [N-] ノルウェー(人)の —— 男 ノルウェー語

***nos** [no] 形 (複) [[所有形容詞; notre の複数形]] (英 our) 私たちの

nos(o)- [nɔzɔ-] (ギ)「病気」の意

nosocomial(e) [nɔzɔkɔmjal] 形 (男複 **-aux**[-o]) (病気が)院内感染した

nosographie [nɔzɔɡrafi], **nosologie** [nɔzɔlɔʒi] 囡 疾病分類学

nostalgie [nɔstalʒi] 囡 郷愁, 望郷, ホームシック; 憧憬(どうけい) ▶ **avoir la nostalgie de** …に郷愁を感じる

nostalgique [nɔstalʒik] 形 郷愁を誘う, 望郷の; 哀愁に満ちた —— 名 懐古趣味の人; ホームシックにかかった人

nostoc [nɔstɔk] 男 [植] ネンジュモ [藍藻類の一つ]

nota bene [nɔtabene] 男 (不変) (ラ) 注意せよ; 注記 [略 N.B.]

notabilité [nɔtabilite] 囡 著名人, 名士, 貴顕, 有力者

notable [nɔtabl] 形 注目に値する, めざましい, 顕著な; (人が)高名な, 著名な, 有力な —— 男 名士, 有力者

notablement [nɔtabləmɑ̃] 副 著しく, かなり, 大変

notaire [nɔtɛr] 男 [女性形にも男性形を用いる] 公証人

***notamment** [nɔtamɑ̃ ノタマン] 副 とりわけ, 特に

notarial(ale) [nɔtarjal] 形 (男複 **-aux**[-o]) 公証人の

notariat [nɔtarja] 男 公証人の職務; 公証人契約; 公証人会

notarié(e) [nɔtarje] 形 公証人が作成した, 公証人の立会いの下で作成された

▶ **acte notarié** 公正証書

notation [nɔtasjɔ̃] 囡 ①記号[符号]を付けること; 記号, 符号; 表記法, 記号体系 ②採点, 評価 ③メモ, 覚書 ④ [美術] (線でほのかに陰影を広げる描き方)

***note** [nɔt ノット] 囡 ①ノート, メモ, 控え; 注, 注釈; 文書; 通達; 覚書; 短評 ▶ **note de bas de page** 脚注 ▶ **note de service** 業務通達 ▶ **prendre … en note** …を書き留める ▶ **prendre note de** …を覚えておく, 銘記する ②点数, 成績 ▶ **avoir une bonne [mauvaise] note** いい[悪い]成績である ▶ **mettre une note à** …を採点する ③勘定書; 伝票; 支払金額, 料金 ▶ **note salée** (話) 法外に高い勘定 ④ [楽] 音符, 音, 調べ; (話し方などの)調子; (絵画などの)色調, トーン ▶ **donner la note** (音楽で)主音を出す, 模範を示す ▶ **être dans la note** ぴったり合っている ▶ **fausse note** 調子外れの音; 調和を乱すもの ▶ **forcer la note** 誇張する, 度を越す ▶ **la note devient trop salée** 夢中になりすぎる ▶ **note juste** 正しい音; 適切なもの

***noter** [nɔte] 他 ①(英 write down, note) 書き留める, メモする, (目)印をつける; [楽] 記譜する ②注意する, 留意する, 気づく ③採点する, (成績)評価をする

notice [nɔtis] 囡 略述, (巻頭の)紹介文, 解題, 解説; (器具などの)使用説明書 (~ explicative)

notificatif(ve) [nɔtifikatif, -iv] 形 通知[通告]する

notification [nɔtifikasjɔ̃] 囡 通知, 通告

notifier [nɔtifje] 他 (正式に)通知[通告]する

***notion** [nɔsjɔ̃ ノシヨン] 囡 観念, 概念; (複) 基礎知識

notionnel(le) [nɔsjɔnɛl] 形 観念 [概念] に関する

notoire [nɔtwar] 形 周知の, 有名な; 札つきの

notoirement [nɔtwarmɑ̃] 副 周知の通りに, 明らかに

notoriété [nɔtɔrjete] 囡 周知, 有名, よく知られていること; 名声, 評判; 有名人 ▶ **être de notoriété publique** 広く知れ渡っている

***notre** [nɔtr ノトル] 形 (所有) (複 **nos**) [1人称複数] (英 our) ①私たちの, 我々の; わが国の; 我々の時代の ②[共通の関心を表して] 例の, あの ③ [mon のかわりに謙譲] 我が輩の, 私どもの [著者・編者が自分のことを言う場合]

***nôtre** [notr ノートル] 代 (所有) [定冠詞とともに] (英 ours) 私たちのもの, 我々のもの; わが国のもの; 我々の時代のもの; (複) 私たちの家族 [仲間] ▶ **Serez-vous des nôtres demain?** 明日ご一緒にいかがですか ▶ **y mettre du nôtre** 貢献 [協力] する, 出資する, 譲歩する —— 形 (所有) (文) 私たちの,

我々の

Notre-Dame [nɔtrədam] 女 (不変) 聖母マリア; [[無冠詞で]] ノートルダム教会 [大聖堂] ▶ *Notre-Dame de Paris* パリのノートルダム寺院

notule [nɔtyl] 女 簡単な小注, 略注

nouage [nwaʒ] 男 結びつけること

nouaison [nwɛzɔ̃] 女 [植] (果実の)結実

nouba [nuba] 女 (話) どんちゃん騒ぎ

noué(e) [nwe] 形 (<nouer) ①結んだ, 縛られた, 極度に緊張した ▶ *avoir la gorge nouée* (悲しみなどで)胸がしめつけられる ②(痛風などで)結節のできた

nouer [nwe] 他 ①(ものを)結ぶ, 縛る; (人間関係などを)結ぶ; (強い感情を)締めつける; (罠を)作る, 仕組む, 企てる —— 代動 [se ~] 結ばれる; 仕組まれる; 始まる

noueux(se) [nwø, -øz] 形 節の多い, 骨ばった; [医] 結節のある

nougat [nuga] 男 ①[菓] ヌガー ②(話) 簡単なこと ③(複) (俗) 足

nougatine [nugatin] 女 ヌガティーヌ【製菓用のヌガー】; ヌガティーヌを入れたケーキ

__nouille__ [nuj ヌイユ] 女 ①(複) ヌードル, パスタ ②(話) 間抜け, 腑抜け ▶ *Quelle nouille!* (話) なんという間抜けだ!

Nouméa [numea] ヌーメア【フランス海外領土の Nouvelle-Calédonie の首都】

noumène [numɛn] 男 本体; 物自体【カント哲学の中心概念の一つ】

nounou [nunu] 女 (幼児) ばあや【乳母のこと】

nounours [nunurs] 男 (幼児) (ぬいぐるみの)熊ちゃん

nourri(e) [nuri] 形 食事[栄養]を与えられた, 養われた; 充実した, 豊富な; (十分に)熟した

nourrice [nuris] 女 ①乳母; (自宅に子供を預かる)保母 ▶ *épingle de nourrice* 安全ピン ▶ *mettre un enfant en nourrice* 子どもを乳母[保母]にあずける ②(ガソリンなどの)補助タンク

nourricier(ère) [nurisje, -ɛr] 形 糧(ᄐ)をもたらす, 養分を供給する ▶ *père nourricier* 養父

__nourrir__ [nurir ヌリール] 他 33 (英 feed) 食物を与える; 授乳する; 飼育する; 養う, 扶養する; 食物を供給する; [目的語なしで] 栄養[滋養]になる; (精神的に)糧(ᄐ)を与える, 培う; 維持する; 豊かにする; (感情などを)抱く ▶ *nourrir au sein* 母乳を与える — 代動 [se ~] ①(…を)摂取する, 食べる; 身につける, 心の糧にする ②(…に)没頭する, ふける (de) ③育てられる

nourrissant(e) [nurisɑ̃, -ɑ̃t] 形 栄養価の高い, 栄養[滋養]のある

nourrisseur [nurisœr] 男 ①家畜

[乳牛]飼育者 ②給餌(きゅうじ)器, 飼料缶

nourrisson [nurisɔ̃] 男 乳飲み子, (2歳以下の)乳児

__nourriture__ [nurityr ヌリテュール] 女 (英 food) 食物; 食事; 栄養; (精神的な)糧(ᄐ)

__nous__ [nu ヌー] 代 (人称) (英 we, us) ①私たち, 我々 ②人々; 人間 ③(謙譲) 我々【著者・編者が自分のことを言う場合】

__nous-même(s)__ [numɛm ヌーメム] 代 (人称) (英 ourselves) 私たち自身 ⇒lui-même

__nouveau(nouvelle)__ [nuvo, nuvɛl ヌーヴォー(ヌヴェル)] 形 (男複 ~x) [母音, 無音の h で始まる男性単数名詞の前では nouvel] (英 new) 新しい; 初めての, 今度の; 別の; 最新の, 最近出た, 新型の ▶ *art nouveau* アールヌーヴォー【1890年代パリを中心に流行した美術様式】 *nouveau venu* 新参者 *nouveaux mariés* 新婚夫婦 *Nouvel An* 元日, 正月 *Nouvelle Vague* ヌーヴェルヴァーグ【1950年代末から1960年代にかけての前衛的なフランス映画】 —— 名 新人; 新人生 —— 副 (ともに) 新しい[ともに]; 新事実 ▶ *à nouveau* 改めて; 新たに *de nouveau* 再び *Tout nouveau tout beau.* (ことわざ) 新しきものすべてよし

nouveau-né(e) [nuvone] 形 生まれたばかりの —— 名 新生児; 新製品, 新機軸

__nouveauté__ [nuvote ヌーヴォテ] 女 (英 novelty) 新しさ, 新しいこと[もの]; 新製品; 新作; 新刊書

nouvel [nuvɛl] 形 nouveau の男性第2形

nouvelle¹ [nuvɛl] 形 nouveau の女性形

__nouvelle²__ [nuvɛl ヌーヴェル] 女 (英 news) 知らせ, 通知; 情報; (複) 消息, 便り; ニュース, 報道 ▶ *dernières nouvelles* 最新ニュース *Pas de nouvelle, bonnes nouvelles.* (ことわざ) 便りがないのはいい便り *sans nouvelles de* (人)の消息がない

nouvelle³ [nuvɛl] 女 中編[短編]小説

Nouvelle-Calédonie [nuvɛlkaledɔni] 女 [la ~] ニューカレドニア【オーストラリア東方の島; フランス海外領土】

Nouvelle-Guinée [nuvɛlgine] 女 [la ~] ニューギニア【オーストラリア北方の島】

nouvellement [nuvɛlmɑ̃] 副 新たに, (つい)最近

Nouvelle-Orléans [nuvɛlɔrleɑ̃] 女 [la ~] ニューオーリンズ【米国南部の都市】

Nouvelles-Hébrides [nuvɛlzebrid] 女 (複) ニューヘブリデーズ諸島【南太平洋にあるバヌアツの主要部となる群島】

Nouvelle-Zélande [nuvɛlzelɑ̃d] 女 [[la ~]] ニュージーランド

nouvelliste [nuvelist] 名 中編[短編]小説家

nova [nɔva] 女 (複 *novæ*) 〔天〕新星

novateur(trice) [nɔvatœr, -tris] 形 革新的な ── 名 改革者; 革新的な人

novélisation [nɔvelizasjɔ̃] 女 (映画の)小説化

***novembre** [nɔvɑ̃br ノヴァンブル] 男 (英 November) 11月

novice [nɔvis] 形 経験の浅い, 新前の ── 名 初心者; [カト] 修練士[女]; 修練生

noviciat [nɔvisja] 男 〔カト〕修練(期), 修練所

novo [nɔvo] 男 = de novo

novocaïne [nɔvɔkain] 女 ノヴォカイン【塩酸プロカインの商品名; 局所麻酔剤】

noyade [nwajad] 女 溺れること; 溺死(？)

***noyau** [nwajo ノワイヨ] 男 (複 ~x) ①(果実の)種(な), 核 ②〔原子・核〕〔化〕核; 〔生〕細胞核; 〔地〕地核 ③集団・組織の)中核, 中心グループ, 主要メンバー; 常連 ▶ *noyau dur* 強硬派

noyautage [nwajotaʒ] 男 潜入工作

noyauter [nwajote] 他 (組織に)潜入工作を行う

noyé(e) [nwaje] 形 (< noyer) ①おぼれた, 溺死(？)した ②(涙などに)ぬれた, ぼやけた; (…に)沈んだ, 埋もれた (dans); 途方にくれた; (勉強などで)ついていけない ▶ *noyé dans la brume* もやに覆われた ── 名 溺死者; おぼれかけた人

***noyer**¹ [nwaje ノワイエ] 他 45 (英 drown) ①水に浸し[に]する, (…に)大量の水を入れる ②[多く受動態で] (…の(中))に埋没させる; 紛らす (dans); (輪郭などを)ぼかす; 聞き入れない, 包む ▶ *noyer son chagrin dans l'alcool* 悲しみを酒で紛らわす ── [代動] [se ~] ①おぼれる; 溺死する ▶ *se noyer dans un verre d'eau* なんでもない事に音をあげる ②(…の(中))に陥れ込む; 自分を見失う, 耽溺(な)する (dans) ▶ *se noyer dans les détails* 細部にとらわれて肝心な点を見失う

noyer² [nwaje] 男 〔植〕クルミの木; クルミ材; ウォールナット

***nu(e)** [ny ニュ] 形 (英 nude) 裸の; むき出しの, 裸[飾り]のない ▶ *pieds nus* 裸足 *tête nue* 帽子を被らずに ── 男 裸体; 裸体画[像] ▶ *à nu* むき出しの; 裸の ──をむき出しにする

***nuage** [nɥaʒ ニュアージュ] 男 (英 cloud) 雲, 憂色, 疑惑, 不和 ▶ *être dans les nuages* ぼんやりしている *sans nuages* 雲一つない

nuageux(se) [nɥaʒø, -øz] 形 曇った, 雲のかかった; 雲の; 不明瞭な, 曖昧(ぶ)な

***nuance** [nɥɑ̃s ニュアンス] 女 (英 shade) 色合い; 濃淡; (音・香り・味・感情・表現などの)微妙な違い, ニュアンス; 陰影, 味 ▶ *sans nuance* 一本気な *tout en nuances* 非常に繊細な

nuancé(e) [nɥɑ̃se] 形 (< nuancer) (色合いに)微妙な差のある, 含みのある, ニュアンスに富んだ; (…味を)帯びた (de)

nuancer [nɥɑ̃se] 他 52 ニュアンスをつける, 含みをもたせる; 色合い[濃淡]をつける

nuancier [nɥɑ̃sje] 男 (化粧品の)色見本

Nubie [nybi] 女 ヌビア【エジプト南部からスーダン北部までの地域】

nubien(ne) [nybjɛ̃, -ɛn] 形 [[N-]] ヌビアの[人]

nubile [nybil] 形 〔文〕結婚適齢期の, 年頃の

nubilité [nybilite] 女 結婚適齢(期), 年齢

nubuck [nybyk] 男 ヌバック革

nucal(ale) [nykal] 形 (男複 -aux [-o]) 項部の, 項(？)の

nucelle [nysɛl] 男 〔植〕珠心, 胚珠心

***nucléaire** [nykleɛr] 形 〔原子〕核の, (細胞の)核の ▶ *armes nucléaires* 核兵器 *famille nucléaire* 核家族 *guerre nucléaire* 核戦争 ── 男 核エネルギー, 原子力 (= énergie ~)

nucléarisation [nyklearizasjɔ̃] 女 (エネルギーの)原子力化, 核エネルギー化; 核武装化

nucléarisé(e) [nyklearize] 形 核を保有する

nucléariser [nykleɑrize] 他 原子力[核兵器]を保有させる

nucléariste [nyklearist] 名 核開発[武器]論者

nucléé(e) [nyklee] 形 〔生〕有核の

nucléide [nykleid] 男 〔物〕核種

nucléique [nykleik] 形 〔生化〕核の ▶ *acides nucléiques* 核酸

nucléo- [接頭] (ラ) 「核」の意

nucléole [nykleɔl] 男 〔生〕仁(ご), 核小体

nucléon [nykleɔ̃] 男 〔物〕核子

nucléoprotéine [nykleɔprɔtein] 女 〔生化〕核タンパク質

nucléoside [nykleɔzid] 男 〔生化〕ヌクレオシド

nucléosome [nykleɔzom] 男 〔生化〕ヌクレオソーム

nucléosynthèse [nykleɔsɛ̃tɛz] 女 〔天・物〕原子の元素合成, 原子核合成

nucléotide [nykleɔtid] 男 〔生化〕ヌクレオチド

nudisme [nydism] 男 裸体主義, ヌーディスム【裸体で生活する】

nudiste [nydist] 形 裸体主義の ── 名 裸体主義者, ヌーディスト

nudité [nydite] 囡 ①裸, 裸体, (身体の)露出部分; [美術] 裸体画[像・写真] ②飾りけのなさ, むき出し.

nue[1] [ny] 囡 nu の女性形

nue[2] [ny] 囡 ①〔文〕雲, 空 ②▶ **mettre** [**porter**]... **aux nues** (人を)ほめちぎる **tomber des nues** 驚愕する

nuée [nɥe] 囡 ①〔文〕厚い雲, 密雲 ②(大)群 ▶**une nuée de**... の大群 ③▶**nuée ardente** 〔地〕熱雲【小規模の火砕流】

nuement [nymɑ̃] 副 ⇨**nûment**

nue-propriété [nypRɔpRijete] 囡 (複~s-~s) 〔法〕虚有権【ある物を使用はできないが処分はできる】

nuer [nɥe] 他 色調を配合する, 含みをもたせる

*__**nuire**__ [nɥiR ニュイール] 自 15 (英 harm) (…を)害する, 傷つける, 妨げる (à) ▶ **volonté** [**intention**] **de nuire** 悪意 ── 代動 [**se** ~] 自分を損なう, 損たをする; 互いに妨げ合う

nuisance [nɥizɑ̃s] 囡 公害, 有害性 ▶**nuisances sonores** 騒音公害

nuisible [nɥizibl] 形 (…に)有害な (à); 有毒な

nuisette [nɥizɛt] 囡 ベビードール【婦人用の丈の短いネグリジェ】

nuit[1] [nɥi] nuire の直・現在・3・単

*__**nuit**__[2] [nɥi ニュイ] 囡 (英 night) 夜, 夜間; (ホテルでの)宿泊; 睡眠(時間); 暗がり, 夜の闇 ▶**astre de la nuit** 〖~〗月 **bateau de nuit** 夜行船 **Bonne nuit!** おやすみ **cette nuit** 今晩 **dans la nuit des temps** 〘文〙太古の昔に **de nuit** 夜間の, 夜の **Il fait nuit (noire).** 日が暮れる **nuit blanche** 白夜 **nuit de noces** 初夜 **nuit de Noël** クリスマスイブ **nuit et jour** 昼夜, 絶え間なく **travailler la nuit** 夜勤をする **vol de nuit** 夜間飛行

nuitamment [nɥitamɑ̃] 副 〘文〙夜中に

nuitée [nɥite] 囡 (旅行者のホテルでの)1泊, 宿泊

nuiteux(se) [nɥitø, -øz] 名 ; 警官・運転手などの)夜勤 ── 囡 〘俗〙売春婦

*__**nul(le)**__ [nyl ニュル] 形 無の, ゼロの, 存在しない; 無価値の, 無能な, (法的に)無知な; 無効の; 引き分けの ▶**faire match nul** 引き分ける **nul et non avenu** [法] 無効の, 無効の **nulle part** どこにも(…ない) **sans nul doute** きっと ── 形〘不定〙〘文〙いかなる…も…ない ▶**J'ai nulle envie de partir.** 私はちっとも行きたくない ── 代〘不定〙〘文〙誰も…(でない) ▶**Nul ne vint.** 誰も来なかった ── 名 〘話〙ダメな人

nullard(e) [nylaR, -aRd] 形 名 〘話〙(…が)全く駄目な(人) (**en**)

nullement [nylmɑ̃ ニュルマン] 副 (英 not at all) 少しも, いささかも; 全然

nullité [ny(l)lite] 囡 無価値; 無能, 無能な人; [法] 無効

nûment [nymɑ̃], **nuement** [nymɑ̃] 副 〘文〙あるがままに

numéraire [nymeRɛR] 形 ①計測用の ②(貨幣が)法定価格の ── 男 正金, 正貨, 現金

numéral(ale) [nymeRal] 形 (男複 -aux[-o]) 数の, 数を表す ── 男 [文法] 数詞 ▶**numéraux cardinaux** [**ordinaux**] 基[序]数詞

numérateur [nymeRatœR] 男 [数] (分数の)分子

numération [nymeRasjɔ̃] 囡 記数法, 数え方; 計算 ▶**numération décimale** 10進法

numérique [nymeRik] 形 数(の上)の, 数値の, 数量的の; デジタルの

numériquement [nymeRikmɑ̃] 副 数量的に, 数の上で

numérisation [nymeRizasjɔ̃] 囡 〔情報〕デジタル化

numériser [nymeRize] 他 〔情報〕デジタル化[処理]する

*__**numéro**__ [nymeRo ニュメロ] 男 (英 number) ①番号, ナンバー; 電話番号; 第…номер[番地, 号室]; (新聞・雑誌などの)号, 部, (商品の)品番, 型, サイズ ▶**au numéro 6** 6番地に **numéro de compte** 口座番号 **numéro de téléphone** 電話番号 **tirer le bon** [**mauvais**] **numéro** 運がいい[悪い] ②(ショーなどの)出し物, 演目, 番組 ▶**faire son numéro** いつものようにふるまう ③〘話〙変わり者 ▶**Quel numéro!** 〘話〙なんて変わり者だ

numérologie [nymeRɔlɔʒi] 囡 数占い, 数霊術

numérologue [nymeRɔlɔg] 男 数占い師

numérotage [nymeRɔtaʒ] 男 番号[番地]付け, ナンバリング

numérotation [nymeRɔtasjɔ̃] 囡 番号の順序; 番号付け, ナンバリング

numéroté(e) [nymeRɔte] 形 番号のついた, 番号入りの

numéroter [nymeRɔte] 他 (…に)番号[番地]をつける

numéroteur [nymeRɔtœR] 男 ナンバリングマシーン, 番号印字機

numerus clausus [nymeRyskloxys] 男 〘不変〙〈ラ〉入学・採用試験などの人数制限, 定員

numide [nymid] 形 〖N-〗ヌミディアの(人)

Numidie [nymidi] 固 囡 ヌミディア【アフリカ北部の古代王国】

numismate [nymismat] 名 古銭学者

numismatique [nymismatik] 形 囡 古銭学(の)

nunatak [nynatak] 男 〔地理〕(大陸氷河の中の)ヌナタク

nunuche [nynyʃ] 形〖話〗愚かな — 女 ばかな娘

nuoc-mam [nɥɔkmam] 男〘不変〙(ベトナムで)魚醬(ぎょしょう), ニョクマム

nu-pieds [nypje] 男〘複〙サンダル

nue(e)-propriétaire [nyproprijeter] 形名〘複 ~s~s〙〘法〙虚有権所有者の

nuptial(ale) [nypsjal] 形〘男複 -aux[-o]〙婚礼の, 結婚の ▶anneau nuptial 結婚指輪

nuptialité [nypsjalite] 女 婚姻数, 婚姻率

*****nuque** [nyk ニュック] 女 うなじ, 襟首

Nuremberg [nyrɛ̃bɛr] ニュルンベルク【ドイツ南部の都市】

nursage [nœrsaʒ] 男 = nursing

nurse [nœrs] 女〘<英〙〘古〙子守, 乳母

nursery [nœrsəri] 女〘<英〙新生児室; ベビールーム

nursing [nœrsiŋ] 男〘<英〙看護, 介護

nutation [nytɑsjɔ̃] 女 ①〘天〙章動 ②〘植〙転頭運動 ③〘医〙無意識に頭を振り動かすこと

nutriment [nytrimɑ̃] 男〘生理〙直接栄養分

nutritif(ve) [nytritif, -iv] 形 栄養になる, 栄養の多い; 栄養に関する

nutrition [nytrisjɔ̃] 女 栄養(摂取)

nutritionnel(le) [nytrisjɔnɛl] 形 栄養の

nutritionniste [nytrisjɔnist] 名 栄養士, 栄養学者

nyctalope [niktalɔp] 形名〘医〙夜盲症の(人・動物)

nyctalopie [niktalɔpi] 女〘医〙昼盲(症)

nycturie [niktyri] 女〘医〙夜間頻尿

nylon [nilɔ̃] 男 ナイロン

nymphe [nɛ̃f] 女 ①〘ギリシャ神〙ニンフ【山や森に住む水の精】②〘解〙小陰唇 ③〘動〙蛹(さなぎ)

nymphéa [nɛ̃fea] 男〘植〙スイレン(睡蓮)

nymphette [nɛ̃fɛt] 女〘無邪気さを装いながら男を誘(さそ)う〙小悪魔少女

nymphomane [nɛ̃fɔman] 形名 ニンフォマニア[色情症]の(女)

nymphomanie [nɛ̃fɔmani] 女 ニンフォマニア, 女子色情症

nymphose [nɛ̃foz] 女〘動〙蛹(さなぎ)期

nystagmus [nistagmys] 男〘医〙眼球振盪(とう), 眼振【眼球が意志と関係なく動く状態】

O

O, o¹ [o] 男 フランス字母の第14字

o² ①〘O〙ouest 西 ②oxygène 酸素の

ô [o] 間〘文〙おお, ああ, おや【驚き・喜び・苦痛・称賛・祈願・強調】

oaristys [aɔristis] 女〘文〙牧歌; 愛の戯れ

oasien(ne) [ɔazjɛ̃, -ɛn] 形名 オアシスの(住民)

oasis [ɔazis] 女(ときに男) オアシス

obédience [ɔbedjɑ̃s] 女〘上位の者への〙服従, 従順;〘学説などの〙所属

*****obéir** [ɔbeir オベイール] 自 33〘英 obey〙①〘(に)〙従う, 服従する; 属する(à) ②〘動物・器具が...の〙ままになる ▶être obéi 服従される;〘法などが〙守られる

obéissance [ɔbeisɑ̃s] 女 従うこと, 服従 ▶devoir obéissance à (人)に服従する義務がある

obéissant(e) [ɔbeisɑ̃, -ɑ̃t] 形 従順な, 言うことをよく聞く

obélisque [ɔbelisk] 男 オベリスク, 方尖(せん)柱碑

obéré(e) [ɔbere] 形 負債を負った

obérer [ɔbere] 他 57〘文〙財政的に苦しめる, 負債を負わす

obèse [ɔbɛz] 形名 異常に太った(人), 太りすぎの(人)

obésiologue [ɔbezjɔlɔɡ] 名〘医〙肥満症専門医

obésité [ɔbezite] 女〘過度の〙肥満

obi [ɔbi] 女〘<日〙〘着物の〙帯

obier [ɔbje] 男〘植〙カンボク (= viorne~)

obit [ɔbit] 男〘カト〙死者の命日ミサ, 年回供養

objectal(ale) [ɔbʒɛktal] 形〘男複 -aux[-o]〙〘精医〙対象の

*****objecter** [ɔbʒɛkte オブジェクテ] 他〘~ A à B〙A を理由に B(人)に反論する; A を口実に B(人)の要求を退ける ▶objecter à que ... A に...であると反論する

objecteur [ɔbʒɛktœr] 男 ▶objecteur de conscience 確信的兵役忌避者

*****objectif(ve)** [ɔbʒɛktif, -iv] オブジェクティフ(ヴ) 形 ①〘英 objective〙 客観的な ②〘哲〙実在の ③公平な, 偏(かたよ)りのない ④〘医〙他覚的な;〘文法〙目的格の ― 男 ①〘光〙対物レンズ; カメラ(のレンズ) ②目標, 目的 ③客観

*****objection** [ɔbʒɛksjɔ̃] オブジェクスィオン 女 反論; 異議

objectivation [ɔbʒɛktivasjɔ̃] 女 客観化; 客体化

objectivement [ɔbʒɛktivmɑ̃] 客観的に, 公平に

objectiver [ɔbʒɛktive] 他 客観化する; 客体化する;〘思想や感情を〙表明する

objectivisme [ɔbʒɛktivism] 男 客観主義

objectiviste [ɔbʒɛktivist] 形名 客観主義者(の) ― 名 客観主義者

objectivité [ɔbʒɛktivite] 女 客観性

*****objet** [ɔbʒɛ オブジェ] 男〘英 object〙

物(体), 品物; 対象, 目的; 〔文法〕目的語; 〔哲〕客体 ▶**faire [être] l'objet de** …の対象となる **objet d'art** 美術品 **objet de valeur** 貴重品 **objets trouvés** 遺失物(取扱所) **sans objet** 対象[根拠]のない

objurgation [ɔbʒyrgɑsjɔ̃] 女〔文〕① (多く複) 叱責, 糾弾(𮪉ん) ② 切願, 懇願

oblat(e) [ɔbla, -at] 名 ①〔宗〕献身者(財産を寄付した, 修道生活する信者) ②(複) (ミサにおける)捧げ物

oblatif(ve) [ɔblatif, -iv] 形 献身の

oblation [ɔblɑsjɔ̃] 女 (ミサの間のパンとブドウ酒の)奉献; 奉納

oblativité [ɔblativite] 女 献身

obligataire [ɔbligatɛr] 名〔商〕債券所有者 ━━ 形 債券の

***obligation** [ɔbligɑsjɔ̃ オブリガスィヨン] 女 義務, 責務; 債券, 負債 ▶**avoir l'obligation de** …する義務[必要]がある, **être dans l'obligation de** 不定詞 …することを余儀なくされる **obligations militaires** 兵役義務

***obligatoire** [ɔbligatwaʀ オブリガトワール] 形 (英 obligatory) 義務的な, 強制的な; 〔話〕避けられない, 当然の

obligatoirement [ɔbligatwaʀmɑ̃] 副 義務的に, 強制的に; 〔話〕必然的に, 必ず

***obligé(e)** [ɔbliʒe オブリジェ] 形 (< obliger) ① 避けられない, 必然的な ▶**être obligé à A (de** 不定詞**)** (…について) A (人)に恩義がある, …せざるをえない ②〔楽〕オブリガートの ━━ 名 恩義を受けた人

obligeamment [ɔbliʒamɑ̃] 副〔文〕親切に, 礼儀正しく

obligeance [ɔbliʒɑ̃s] 女〔文〕親切, 好意 ▶**avoir l'obligeance de** … 親切にも…してくれる

obligeant(e) [ɔbliʒɑ̃, -ɑ̃t] 形〔文〕親切な, 好意ある, (言葉などが)愛想のよい

***obliger** [ɔbliʒe オブリジェ] 他 40 (英 oblige) ① (人)に義務を負わせる, 強制する; (A 人に) …(することを)余儀なくさせる (**à** (**de** 不定詞)) ② (文)(…に)恩義を施す, 親切にする ━━ 代動 [s'~] (…する)義務を負う (**à**); (人の)保証人になる (**pour**)

oblique [ɔblik] 形 傾いた, 斜めの ━━ 女 斜線 ▶**en oblique** 斜めに ━━ 男〔解〕斜筋

obliquement [ɔblikmɑ̃] 副 斜めに, 斜めから

obliquer [ɔblike] 自 斜めに進む, 脇道にそれる

obliquité [ɔblik(ɥ)ite] 女 傾斜

oblitérateur(trice) [ɔbliteratœr, -tris] 形 消印を押す ━━ 男 (切手などの)スタンプ押し器

oblitération [ɔbliterasjɔ̃] 女 ① 消印(を押すこと) ②〔医〕(血管腔などの)閉塞, 退化, 衰え

oblitérer [ɔblitere] 他 57 ① 消印を押す ②〔医〕閉塞する ③〔文〕徐々に消し去る

oblong(ue) [ɔblɔ̃, -ɔ̃g] 形 細長い; (本が)横長の, 長方形の

obnubiler [ɔbnybile] 他 (精神を)曇らせる, 横лед思が頭から離れない ▶**être obnubilé par** …に取りつかれている

obole [ɔbɔl] 女 わずかな寄付[献金]

obscène [ɔpsɛn] 形 猥褻(わいせつ)な, 淫(みだら)らな

obscénité [ɔpsenite] 女 猥褻(わいせつ)(な言動)

***obscur(e)** [ɔpskyr オブスキュール] 形 (英 dark) ① 暗い ② わかりにくい; はっきりしない, 謎めいた ③ よく知られていない, 無名の

obscurantisme [ɔpskyrɑ̃tism] 男 反啓蒙(けいもう)主義[精神]

obscurantiste [ɔpskyrɑ̃tist] 名形 反啓蒙(けいもう)主義の

obscurcir [ɔpskyrsir] 他 33 暗くする; (視界を)曇らせる; わかりにくくする ━━ 代動 [s'~] 暗くなる; はっきりしなくなる

obscurcissement [ɔpskyrsismɑ̃] 男 暗くする(なる)こと, (知性などの)衰え, かげり; 不明瞭にすること

obscurément [ɔpskyremɑ̃] 副 はっきりせぬまま; わからないまま

obscurément [ɔpskyremɑ̃] 副 不明瞭に, 漠然と; 人に知られず, ひっそりと

***obscurité** [ɔpskyrite オブスキュリテ] 女 (英 darkness) 暗さ, 闇; わかりにくいこと; 不明瞭な点[文章]; はっきりしない状況 ▶**dans l'obscurité** 暗闇で

obsécration [ɔpsekrɑsjɔ̃] 女〔宗〕神への懇願の祈り

obsédant(e) [ɔpsedɑ̃, -ɑ̃t] 形 頭から離れない, つきまとう

obsédé(e) [ɔpsede] 名 (観念・妄想にとりつかれた人 ▶**obsédé sexuel** 性的倒錯者

***obséder** [ɔpsede オブセデ] 他 57 (人)に絶えずつきまとう, 意識から離れない

***obsèques** [ɔpsɛk オブセック] 女(複) 葬儀, 葬式 ▶**obsèques nationales** 国葬

obséquieusement [ɔpsekjøzmɑ̃] 副 媚(こ)びへつらって, おもねって

obséquieux(se) [ɔpsekjø, -øz] 形 媚(こ)びへつらう, ばか丁寧な

obséquiosité [ɔpsekjozite] 女 媚(こ)びへつらい, 卑屈, 追従(ついしょう)

observable [ɔpsɛrvabl] 形 観察できる

observance [ɔpsɛrvɑ̃s] 女 ① (規則などを)守ること; 戒律, 規則 ② 修道会

observateur(trice) [ɔpsɛrvatœr, -tris] 名 ① 観察する人, (実験などの)観測者 ②(会議・会合などの)傍聴者, 立

会人, オブザーバー ━━ 形 観察力のある, 観察好きな

observation [ɔpservasjɔ̃ オプセルヴァスィヨン] 女 (英 observance) 注意深く見守ること; 監視, 監察, 観察, 観察所見, 考察, 批評; 遵(パポ)守 ▶ **en observation** (病院で)観察下に ▶ **observations du professeur** 教師の観察所見

observatoire [ɔpservatwar] 男 天文台, 観測所, 気象台; 監視所 ▶ **Observatoire de Paris** パリ天文台

observer [ɔpserve オプセルヴェ] 他 (英 observance) ①注意深く見る, 観察する, 観測する; (人を)観察する ②(…に)気付く; (…を)指摘する ▶ **faire observer A à B** B(人)にAを指摘する ③(規則などを)守る, 遵(パポ)守する ━━ 代動 [s'~] ①自分を観察する; 言動に注意する; 互いにうかがう

obsessif(ve) [ɔpsesif, -iv] 形 妄想[強迫観念]を産む

obsession [ɔpsesjɔ̃] 女 妄想; 強迫観念

obsessionnel(le) [ɔpsesjɔnɛl] 形 強迫的な

obsidienne [ɔpsidjɛn] 女 〖鉱〗黒曜石

obsolescence [ɔpsɔlesɑ̃s] 女 (<英) すたれること; 旧式化, 廃用

obsolescent(e) [ɔpsɔlesɑ̃, -ɑ̃t] 形 すたれた, 旧式の

obsolète [ɔpsɔlɛt] 形 すたれた, 使われなくなった

obstacle [ɔpstakl オプスタクル] 男 障害(物); 妨げ, 反対 ▶ **faire obstacle à ...** を妨害する

obstétrical(ale) [ɔpstetrikal] 形 (男複-aux) 〖医〗産科の

obstétricien(ne) [ɔpstetrisjɛ̃, -ɛn] 名 〖医〗産科医

obstétrique [ɔpstetrik] 女 〖医〗産科学 ━━ 形 産科の

obstination [ɔpstinasjɔ̃] 女 頑固, 強情; 執拗さ, 粘り強さ

*****obstiné(e)** [ɔpstine オプスティネ] 形 (<obstiner) 頑固な, 強情な; 執拗な; 粘り強い ━━ 名 頑固者, 強情者

obstinément [ɔpstinemɑ̃] 副 頑固に, 執拗に, いつまでも

obstiner [ɔpstine] 代動 [s'~] (…に)固守する (dans)

obstructif(ve) [ɔpstryktif, -iv] 形 ①議事妨害の ②(サッカーで)オブストラクションの ③〖医〗閉塞(症)の

obstruction [ɔpstryksjɔ̃] 女 ①議事妨害 ②〖医〗閉塞 ③〖スポーツ〗オブストラクション

obstructionnisme [ɔpstryksjɔnism] 男 〖政〗議事妨害戦術

obstructionniste [ɔpstryksjɔnist] 形名 議事妨害の[をする人]

obstrué(e) [ɔpstrye] 形 詰まった, 塞(ﾌさ)がった

obstruer [ɔpstrye] 他 詰まらせる, 塞(ﾌさ)ぐ, 妨げる ━━ 代動 [s'~] 塞(ﾌさ)がれる, 詰まる

obtempérer [ɔptɑ̃pere] 自 57 (…に)従う, 応じる (à)

obten... ⇨obtenir

*****obtenir** [ɔptənir オプトニール] 他 75 (英 get, obtain) 得る, 手に入れる
obtenir de 不定詞 ･･･する許可を得る
obtenir de A que ... A(人)から･･･という約束をとりつける, ･･･してもらう ━━ 代動 [s'~] 得られる

obtention [ɔptɑ̃sjɔ̃] 女 得ること, 取得, 獲得, 入手

obtenu [ɔptəny] obtenir の過去分詞

obtien..., obti[e]n... ⇨obtenir

obturateur(trice) [ɔptyratœr, -tris] 形 ふさぐための, 閉鎖する ━━ 男 ①弁, バルブ ②(カメラの)シャッター

obturation [ɔptyrasjɔ̃] 女 (穴などを)ふさぐこと, 閉鎖(状態); (虫歯の)充填

obturer [ɔptyre] 他 (開口部･穴を)塞(ﾌさ)ぐ

obtus(e) [ɔpty, -yz] 形 鈍い; (先の)丸い ▶ **angle obtus** 〖数〗鈍角

obus [ɔby] 男 砲弾

obusier [ɔbyzje] 男 榴(ﾘゅう)弾砲 〚曲射砲の一種〛

obvie [ɔbvi] 形 〖哲〗〖文〗自明の

obvier [ɔbvje] 自 〖文〗 (…に)予防[防止]する (à)

oc [ɔk] 副 ▶ **langue d'oc** オック語〚中世の Loire 川以南の方言の総称〛

ocarina [ɔkarina] 男 (<イ) 〖楽〗オカリナ

occase [ɔkaz] 女 〖話･古〗機会, 好機; 中古品 ▶ **d'occase** 〖話〗中古の, 中古で

*****occasion** [ɔkazjɔ̃ オカズィヨン] 女 機会, 好機; 場合; きっかけ; 買い得(の品), 掘出し物 ▶ **à la première occasion** 機会があり次第 **à l'occasion** 機会があれば, 場合によっては **à l'occasion de ...** のときに, ･･･に際して **à plusieurs occasions** 何度も **avoir l'occasion de ･･･する機会がある** **d'occasion** 中古の **les grandes occasions** (冠婚葬祭などの)特別な場合 **L'occasion fait le larron.** 〖ことわざ〗機会が盗賊を作る (人は時と場合で思いも寄らない悪事を犯すという意味) **saisir l'occasion** (…する機会)をつかむ **sauter sur l'occasion** 機会をつかむ

occasionnel(le) [ɔkazjɔnɛl] 形 偶然の; 一時的な; 臨時の

occasionnellement [ɔkazjɔnɛlmɑ̃] 副 たまたま, 臨時に

occasionner [ɔkazjɔne] 他 (困ったことを)引き起こす, まねく

*****occident** [ɔksidɑ̃ オクスィダン] 男 〖l'O~〗西洋, 西欧; 西側諸国; 〖文〗西

occidental(ale) [ɔksidɑ̃tal] オクスィダンタル 形 (男複 -aux[-o]) (英 western) 西洋の, 西欧の; 西の ― 名 [O-] 西洋人

occidentalisation [ɔksidɑ̃talizasjɔ̃] 女 西洋化, 西欧化

occidentaliser [ɔksidɑ̃talize] 他 西洋化する, 西洋風にする ― 代動 [s'~] 欧化する

occidentalisme [ɔksidɑ̃talism] 男 西欧主義【狭義には19世紀ロシアにおけるスラブ主義に対立する思潮】

occidentaliste [ɔksidɑ̃talist] 形 名 西欧主義の(者)

occipital(ale) [ɔksipital] 形 (男複 -aux[-o]) 〔解〕後頭(部)の ― 男 後頭骨

occiput [ɔksipyt] 男 〈ラ〉〔解〕後頭部

occire [ɔksir] 他 70 〈古〉【不定詞と複合時制のみ】殺す

occis(e) [ɔksi, -iz] ⇨occire

occitan(e) [ɔksitɑ̃, -an] 形 の, オック文学(langue d'oc)の, オック(オクシタン)語の ― 男 オック(オクシタン)語【南仏方言の総称】

occlure [ɔklyr] 他 14 〔医〕(穴・開口を)閉じる

occlusal(ale) [ɔklyzal] 形 (男複 -aux[-o]) 歯のかみ合わせの

occlusif(ive) [ɔklyzif, -iv] 形 〔医〕閉塞(性)の; 〔音声〕閉鎖音の [[b] [p] [d] [t] [g] [k]などの] ― 女 〔音声〕閉鎖音

occlusion [ɔklyzjɔ̃] 女 閉鎖, 歯のかみ合わせ ▶**occlusion intestinale** 腸閉塞

occultation [ɔkyltasjɔ̃] 女 ①隠蔽 ②〔天〕星食, 掩蔽(えんぺい)

occulte [ɔkylt] 形 神秘的, 不可思議な; 秘密の, 内密の ▶**sciences occultes** 神秘学, オカルト学

occulter [ɔkylte] 他 ①隠蔽する, 隠す ②〔天〕(光線などを)覆い隠す

occultisme [ɔkyltism] 男 オカルト信仰;〔集合的〕神秘学

occultiste [ɔkyltist] 形 神秘学の, オカルトの ― 名 オカルト術者, 神秘学者

occupant(e) [ɔkypɑ̃, -ɑ̃t] 形 (場所を)占領している, 居住する, 居住者, 占有者 ― 男 占領軍

***occupation** [ɔkypasjɔ̃] 女 **l'O-** ドイツ軍占領時代 [1940-44年] ②仕事[活動]すること ▶**vaquer à ses occupations** 仕事に従事する

occupationnel(le) [ɔkypasjɔnɛl] 形 ▶**thérapeutique occupationnelle**〔精神〕作業療法

***occupé(e)** [ɔkype] 形 (<occuper) ①忙しい ②(場所などがふさがった; 占領された ▶**Ça sonne occupé.** (電話が)話し中です **C'est occupé.** 使用中です; (電話が)話し中です

***occuper** [ɔkype] 他 (英 occupy) ①(場所・地位を)占める; 住む, 占拠する ②(人を)雇う, 仕事を与える ③(仕事などが人を)忙殺する; (…することに)時間をつぶす ― 代動 [s'~] ①…(すること)で時を過ごす (à) ②…(すること)に従事する, (…することを)引き受ける (de) ▶**Est-ce qu'on s'occupe de vous?** (話)御用を承りましたか **Occupez-vous de vos affaires!** 余計なお世話だ **T'occupe!** 〖話〗お前には関係ない

occurrence [ɔkyrɑ̃s] 女 ①〈文〉場合 ▶**en l'occurrence** 現状においては **en pareille occurrence** このような場合には ②〔言〕(テキスト中での同一単語などの)出現

OCDE (略) (英 OECD) Organisation de coopération et de développement économiques 経済協力開発機構

Océan [ɔseɑ̃] 固 〔ギ神〕オケアノス【大洋神】

***océan** [ɔseɑ̃] オセアン 男 大洋, 大海, 海洋 ▶**océan Atlantique** [l'~] 大西洋 **océan Indien** [l'~] インド洋 **océan Pacifique** [l'~] 太平洋 **un océan de …**〈文〉…の広大な広がり, 膨大な…

océanaute [ɔseanot] 名 深海探検家

océane [ɔsean] 形 〔女性形のみ〕大西洋の; 大洋の

Océanides [ɔseanid] 女 (複) 〔ギ神〕【複数でオケアニデス】; 海・川・水の精; 大洋神オケアノスの三千人の娘たち】

Océanie [ɔseani] 固 オセアニア, 大洋州

océanien(ne) [ɔseanjɛ̃, -ɛn] 形 名 [O-] オセアニアの(人)

océanique [ɔseanik] 形 大洋の, 海洋(性)の ▶**climat océanique** 海洋性気候

océanographe [ɔseanɔgraf], **océanologue** [ɔseanɔlɔg] 名 海洋学者, 海洋研究者

océanographie [ɔseanɔgrafi], **océanologie** [ɔseanɔlɔʒi] 女 海洋学

océanographique [ɔseanɔgrafik], **océanologique** [ɔseanɔlɔʒik] 形 海洋学の

ocelle [ɔsɛl] 名 ①(チョウ・クジャクの羽の)目玉模様 ②〔昆虫の〕単眼

ocellé(e) [ɔsele] 形 (羽に)目玉模様のある

ocelot [ɔslo] 男 〔動〕オセロット(の毛皮)【南米産のオオヤマネコ】

ocre [ɔkr] 女 黄土【オ_ル】色の(染料) ― 形〔不変〕オークル色の, 黄土色の

ocré(e) [ɔkre] 形 オークルで染めた

—— 男 オークル着色

ocrer [ɔkre] 他 オークル[オーカー]で染める

oct(a)-, octi-, octo- 接頭 (<ラ)「8」の意

octaèdre [ɔktaɛdr] 男 [数] 8面体

octaédrique [ɔktaedrik] 形 8面体の

octal(ale) [ɔktal] 形 (男複 -aux[-o]) 8進法の

octan [ɔktɑ̃] 男 [化] オクタン

octant [ɔktɑ̃] 男 ① 八分円 [45°の弧] ② 八分儀

octante [ɔktɑ̃t] 形 [数] 〔古・方〕80 の【スイス・カナダで使用】

octave [ɔktav] 女 [楽] オクターブ, 8度音程, 第8音; [カト] 8日間の大祝祭【復活祭とクリスマス】; 祝祭の8日目

octavier [ɔktavje] 自 [楽] オクターブ上げて演奏する —— 他 (音を)オクターブ上げる

octet [ɔktɛ] 男 [情報] 8ビット

*:**octobre** [ɔktɔbr オクトブル] 男 (英 October) 10月

octogénaire [ɔktɔʒenɛr] 形 名 80歳の(人)

octogonal(ale) [ɔktɔgɔnal] 形 (男複 -aux[-o]) 8角(形)の

octogone [ɔktɔgɔn] 男 8角形

octosyllabe [ɔktɔsi(l)lab] 形 男 8音節[音綴り]の(詩句)

octosyllabique [ɔktɔsi(l)labik] 形 8音節の

octroi [ɔktrwa] 男 ①〔文〕(恩恵の)授与 ②(昔の)物品入市税, 入市税関

octroyer [ɔktrwaje] 他 45 与える —— 代動 [s'~] 無断で…をとる

octuor [ɔktyɔr] 男 [楽] オクテット; 8重奏(曲)

octuple [ɔktypl] 形 8倍(の)

octupler [ɔktyple] 他 8倍する

oculaire [ɔkylɛr] 形 [解] 目の ▶ globe oculaire 眼球 témoin oculaire 目撃者 —— 男 接眼レンズ

oculariste [ɔkylarist] 名 義眼製作者

oculiste [ɔkylist] 名 眼科医, 眼病医 —— 形 眼科の

odalisque [ɔdalisk] 女 (<トルコ)「ハレムの女性]; 高級娼婦

ode [ɔd] 女 ①(古代ギリシアの)抒(じょ)情短詩 [音楽をつけて歌った詩] ②オード, 頌歌(しょうか)

odelette [ɔdlɛt] 女 小オード, 短い頌歌(しょうか)

odéon [ɔdeɔ̃] 男 (古代ギリシア・ローマの)音楽堂, 劇場; [l'O-] (パリの)オデオン座

:**odeur** [ɔdœr オドゥール] 女 (英 smell) 匂い, 香り, 臭気 ▶ avoir une mauvaise odeur 悪臭がする ne pas être en odeur de sainteté auprès de (人)からよく見られていない odeur de renfermé かび臭さ sans odeur 無臭の

-odie 接尾 (<ギ)「歌」の意

odieusement [ɔdjøzmɑ̃] 副 ひどく, 耐え難く

odieux(se) [ɔdjø, -øz] 形 憎むべき, 忌まわしい; 不愉快な, 耐え難い

odomètre [ɔdɔmɛtr] 男 走行記録計, 万歩計

odontalgie [ɔdɔ̃talʒi] 女 [医] 歯痛

odont(o)- 接頭 (<ギ)「歯」の意

odontologie [ɔdɔ̃tɔlɔʒi] 女 [医] 歯(科)学

odontostomatologie [ɔdɔ̃tɔstɔmatɔlɔʒi] 女 [医] 口腔(こう)歯科学

odorant(e) [ɔdɔrɑ̃, -ɑ̃t] 形 芳香を放つ, 匂いのする

odorat [ɔdɔra] 男 嗅(きゅう)覚

odoriférant(e) [ɔdɔriferɑ̃, -ɑ̃t] 形 芳香を放つ, 芳香性の, 芳(かぐわ)しい

Odyssée [ɔdise] 女 ①オデュッセイア [ホメロス(Homère)作の叙事詩] ② [o-] 冒険旅行, 数奇な運命[人生]

œcuménicité [ekymenisite] 女 [宗] 教会各派の統合

œcuménique [ekymenik] 形 [宗] 全世界の, 世界教会運動の

œcuménisme [ekymenism] 男 [宗] 世界教会教会運動

œdémateux(se) [edematø, -øz] 形 [医] 水腫性の, 水腫[浮腫]にかかった

œdème [edɛm] 男 [医] 水腫, 浮腫

Œdipe [edip] 男 [ギ神] エディプス

œdipien(ne) [edipjɛ̃, -ɛn] 形 エディプス・コンプレックスの

:**œil** [œj ウイユ] 男 (複 yeux [jø]) (英 eye) ①目, 眼球; 視線, まなざし; 視方; 注目, 注意; (台風の)目 ▶ à l'œil 〔話〕ただで, タダで 肉眼で à mes yeux 私の意見では à vue d'œil 見て見るうちに aux yeux de l'opinion publique 世論によれば avoir un œil au beurre noir (殴られて)目にあざができている Ça crève les yeux. / Cela saute aux yeux. それは誰の目にも明らかだ coûter les yeux de la tête 目が飛び出るほど高い couver... des yeux …をいとおしく[物欲しそうに]見つめる du coin de l'œil 横目で faire de l'œil à (人)に色目を使う, 目配せする faire les gros yeux à (人)にらみつける fermer les yeux sur …に目をつぶる, 黙認する jeter le mauvais œil (眼で)呪いをかける jeter un coup d'œil à …を一瞥(べつ)する les yeux fermés 目をつぶって; 信頼しきって Mon œil! 〔話〕まさか, 怪しいもんだ n'avoir pas froid aux yeux 物事に動じない, 大胆である ne pas avoir les yeux dans sa poche 何でもちゃっかり見る ne pas en croire ses yeux 自分の目を疑う obéir au doigt et à

œil-de-bœuf [œjdabœf] 男 (複 ~s-~-~) 円窓[卵形]の小窓

œil-de-perdrix [œjdapɛrdri] 男 (複 ~s-~-~) ①(足指の)うおの目 ②ウイユ・ド・ペルドリ【スイスのロゼワインの一種】

œillade [œjad] 女 目くばせ，ウインク；流し目，色目 ►*lancer [décocher] une œillade à* (人)に目くばせをする

œillère [œjɛːr] 女 ①(目の)洗浄瓶 ②(複) 馬の遮眼帯 ►*avoir des œillères* 狭い見方しかできない

œillet [œjɛ] 男 ①【植】カーネーション；ナデシコ ►*œillet de jansénistes* リクニス *œillet d'Inde* マリーゴールド ②(靴やベルトなどの)穴

œilleton [œjtɔ̃] 男 ①(接眼レンズなどの)のぞき穴 ②(栽培用に植える)新芽

œillette [œjɛt] 女【植】ケシ；ケシ油 (= huile d'~)

œkoumène [ekumɛn] 男【地】エクメーネ【人間が居住している地域】

œnanthique [enɑ̃tik] 形 ワインの香りのする

œn(o)- 接頭 〈ギ〉「ワイン」の意

œnologie [enɔlɔʒi] 女 ワイン醸造学

œnologique [enɔlɔʒik] 形 ワイン醸造の

œnologue [enɔlɔg] 名 ワイン醸造学者

œnométrie [enɔmetri] 女 (ワインの)アルコール定量(測定)

œnométrique [enɔmetrik] 形 (ワインの)アルコール度測定の

œnothère [enɔtɛːr] 男【植】マツヨイグサ(待宵草)

œsophage [ezɔfaʒ] 男【解】食道

œsophagien(ne) [ezɔfaʒjɛ̃, -ɛn] 形【解】食道の

œsophagite [ezɔfaʒit] 女【医】食道炎

œstre [ɛstr] 男【虫】ウマバエ，ウシバエ，ヒツジバエ

œstrogène [ɛstrɔʒɛn] 形「牛理」発情じている —— 男 卵胞ホルモン，エストロゲン

œstrogénique [ɛstrɔʒenik] 形【生】エストロゲンの

œstrogénothérapie [ɛstrɔʒenɔterapi] 女【医】エストロゲン療法

œstrus [ɛstrys] 男【生】発情期[現象]

œuf [œf ウフ] 男 (複 ~s [ø]) (英 egg) ①卵；卵形のもの；【生】受精卵，卵子 ►*dans l'œuf* 未然に *œuf à la coque* (殻つきの)半熟卵 *œuf de Pâques* 復活祭の卵[チョコレートの] *œuf dur* かたゆで卵 *œuf mollet* 半熟卵 *œuf poché* ポーチドエッグ *œufs au [sur le] plat* 目玉焼き (話) 貧乏 *œufs brouillés* スクランブルエッグ *œufs en neige* 泡立てた卵白 *Quel œuf!* 何て馬鹿なやつだ *Va te faire cuire un œuf!* 失せろ! ②【スキー】(滑降のときの)クラウチング・スタイル

œuvre¹ [œvr ウーヴル] 女 (英 work) ①仕事，活動 ►*être à l'œuvre* 作業中である *mettre en œuvre* 活用する (法律を)発効させる *se mettre à l'œuvre* 仕事に取りかかる ②業績，成果；作品，著作 ►*œuvre d'art* 芸術作品 ③(複) 人道活動； (宗教) 慈善活動(= ~ de bienfaisance) ④(船の)喫水(きっすい)

œuvre² [œvr ウーヴル] 男 ①(集合的)(芸術家の)全作品 ②►*gros œuvre* (建物の)基礎工事 ③►*le grand œuvre* 錬金術

œuvrer [œvre] 自 《文》(…のために)働く，仕事をする，行動する (à, pour)

off [ɔf] 形〈不変〉〈英〉【映】(音声が)画面外からの，オフの

offensant(e) [ɔfɑ̃sɑ̃, -ɑ̃t] 形 無礼な，侮辱的な

offense [ɔfɑ̃s] 女 侮辱；[キ教]（神への）冒涜(ぼうとく)罪

offensé(e) [ɔfɑ̃se] 形名 侮辱された(人)

offenser [ɔfɑ̃se] 他 ①侮辱する ②神に背く；(規則などに)反する；(…に)不快感を与える —— 代動 [s'~] (…に)腹を立てる，気を悪くする (de)

offenseur [ɔfɑ̃sœːr] 男 無礼者，侮辱者

offensi|ve [ɔfɑ̃siːv, -iːv] 形 攻撃的な，攻撃の —— 女 攻撃，攻勢 ►*passer à l'offensive* 攻勢に転じる *prendre l'offensive* 攻勢に出る

offert(e) [ɔfɛːr, -ɛrt] 形 (< offrir) 提供された

offertoire [ɔfɛrtwaːr] 男【カト】①(ミサでの)パンとブドウ酒の奉献[奉献] ②奉献唱，オッフェルトリウム【聖餐(せいさん)式の聖体拝領の前に歌われ，ミサ曲ではクレドとサンクトゥスの間に置かれる】

office [ɔfis オフィス] 男 ①職務，役目，役割 ►*avocat commis d'office* 国選弁護士 *d'office* 規定により；自動的に *faire office de* …の役目を務める *remplir son office* 効力を発揮する；役目を果たす ②(公的機関の)局，庁，公社； (民間の)事業所；公職 ►*of-*

fice du tourisme 観光協会 ③配膳室 ④〔カト〕ミサ, 礼拝; 祭式

officialisation [ɔfisjalizasjɔ̃] 囡 公認, 公表

officialiser [ɔfisjalize] 他 公示する, 公表する

*__officiel(le)__ [ɔfisjɛl] オフィスィエル 形 (英 official) 公的な, 公式の; 公務に携わる; 公表された; 格式張った ——男 公人, 当局者

officiellement [ɔfisjɛlmɑ̃] 副 公式に, 正式に

officier[1] [ɔfisje] 自 (ミサなどの)祭式を執り行う

officier[2] [ɔfisje] 男 (英 officer) ①〔軍〕士官, 将校 ▸**officier d'ordonnance** (国家元首や将校などの)副官 ②公務員, 公吏 ▸**officier de l'état civil** 戸籍管理者 《ふつう市町村長が兼務する》 **officier de police** 警察官 **officier de police judiciaire** 司法警察主務官 **officier ministériel** (代訴人などの)裁判所補助吏 **officier public** (執行吏などの)公証官 ③オフィシエ受勲者

officieusement [ɔfisjøzmɑ̃] 副 非公式に

officieux(se) [ɔfisjø, -øz] 形 非公式の

officinal(ale) [ɔfisinal] 形 (男複 -aux/-o-) 薬用の

officine [ɔfisin] 囡 ①薬局, 調剤室 ②陰謀などの計画場所

offr… ⇨offrir

offrande [ɔfrɑ̃d] 囡 (神への)奉納, ささげ物; 寄付, 贈り物

offrant [ɔfrɑ̃] 男 (< offrir) ▸**au plus offrant** (競売で)最高入札者に

*__offre__ [ɔfr] オフル 囡 (英 offer) 申し出, 提案; [経] 供給; 入札; 特別価格 ▸**faire une offre à** (人)に提案をする **loi de l'offre et de la demande** [[主 〜]] 需要供給の法則 **offre d'emploi** 求人 **offre publique d'achat** (買収目的の)株式の公開買い付け [OPA]

*__offrir__ [ɔfriːr] オフリール 他 46 (英 offer, present) ①(人にものを贈る, 提供する; 与える; おごる; (人に~することを)申し出る (à) ②(ものごとが…を)持つ, 含む ——代動 [s'~] ①(…することを)申し出る (à, pour) ②(…を)自分のために奮発する ③(ものが)現れる, 起こる; 目に映る ▸**s'offrir aux regards** 視線にさらされる

offset [ɔfsɛt] 形男 (不変) (< 英) オフセット(印刷)(の)

offshore [ɔfʃɔr] 形 (不変) ①海洋油田の ②(企業などが)国外での ③(スポーツ)パワーボートの ——男 (不変) ①海洋採掘装置 ②パワーボート (= bateau ~)

offusquer [ɔfyske] 他 (人の)気分を害する, 怒らせる ——代動 [s'~] (…で)気を悪くする (de)

oflag [ɔflag] 男 (< ド) (第2次大戦時のドイツの)捕虜士官収容所

ogival(ale) [ɔʒival] 形 (男複 -aux/-o-) 〔建〕オジーヴ構造の, 尖(セン)頭式の, ゴシック式の

ogive [ɔʒiv] 囡 ①〔建〕オジーヴ, 交叉アーチ; 尖(セン)頭アーチ ②(砲弾の)弾頭 ▸**ogive nucléaire** 核弾頭

OGM (略) organisme génétiquement modifié 遺伝子組換え有機物[食品]

ogre(esse) [ɔgr, -ɛs] 名 (おとぎ話の)人食い鬼 ▸**manger comme un ogre** (話) がつがつ食べる

*__oh__ [o-] 間 おお; ああ; 驚き・喜び・憤慨など ▸**Oh! la! la!** あらあら, おやおや ——男 (不変) 《「おお」という叫び声》 ▸**pousser des oh et des ah** 感嘆の叫び声をあげる

ohé [ɔe] 間 《呼びかけ》おい, おい

ohm [om] 男 〔電〕オーム 【電気抵抗単位】

ohmique [omik] 形 〔電〕オームの(法則に従う), 抵抗のある

OHQ (略) ouvrier hautement qualifié 高度熟練工

-oïde, -oïdal 接尾 (<ギ) 「…形の(もの)」の意の形容詞[名詞]をつくる

oïdium [ɔidjɔm] 男 〔農〕オイディウム, うどん粉病(菌)

*__oie__ [wa] 囡 ①〔鳥〕ガチョウ, ガン《雌雄を含めた呼称》 ②(話)愚かな人, ばか ▸**oie blanche** (世間知らずのような)少女

oign… ⇨oindre

oignant [wanɑ̃] oindre の現在分詞

*__oignon__ [ɔɲɔ̃] オニョン 男 ①玉ねぎ, 球根 ▸**petit oignon** (ピクルス用)小玉ねぎ ②(足の)たこ, うおの目 ③(話) ▸**Mêle-toi de tes oignons!** (話)よけいな口を出すな **mes [tes, ses, nos, vos, leurs] oignons** (話)自分の仕事 ▸**soigner… aux petits oignons** (話)(人)の面倒をよく見る; …を丁重に扱う

oignonière [ɔɲɔnjɛr] 囡 玉ねぎ畑

oïl [ɔjl] 副 ▸**langue d'oïl** オイル語《中世の Loire 川以北で使用された方言の総称; 現代のフランス語の母体》

oindre [wɛ̃dr] 他 38 〔宗〕(額や手に)聖油を塗る

oint(e) [wɛ̃, -ɛ̃t] 形名 (< oindre) 〔宗〕聖油を塗られた(人) ▸**oint du Seigneur** [L'~] キリスト

-oir, -oire 接尾 (<ラ)「道具」「場所」の意の名詞をつくる

-oire 接尾 (<ラ)「…の」「…に適する」の意の形容詞をつくる

-ois(e) 接尾 ①「…の(人)」の意の形容詞[名詞]をつくる ②「…語」の意の男性名詞をつくる

Oise [waz] 囡 ①[l'~] オワーズ川 [Seine 川の支流] ②オワーズ県《フランス北部》

*oiseau [wazo オワゾ] 男 (複 ~x) ①(英 bird) 鳥 ▶à vol d'oiseau 直線距離で oiseau de proie 猛禽 ②(話) やつ, 人物 ▶oiseau rare 大変な人物

oiseau-lyre [wazolir] 男 (複 ~x-~s) 〔鳥〕コトドリ(琴鳥)

oiseau-mouche [wazomuʃ] 男 (複 ~x-~s) 〔鳥〕ハチドリ(蜂鳥)

oiselet [wazlɛ] 男 〔文〕小鳥

oiseleur [wazlœr] 男 野鳥捕獲業者, 鳥刺し

oiselier(ère) [wazəlje, -ɛr] 名 小鳥屋, 小鳥飼育販売業者

oiselle [wazɛl] 女 ①雌鳥 ②(話)うぶで愚かな娘

oisellerie [wazɛlri] 女 小鳥飼育販売業, 小鳥屋

oiseux(se) [wazø, -øz] 形 無益な, 無駄な

oisif(ve) [wazif, -iv] 形 何もしない, 無為の, 暇な ── 名 暇人(既), 有閑階級の人

oisillon [wazijɔ̃] 男 小鳥, 雛(な)鳥

oisivement [wazivmɑ̃] 副 何もしないで, 怠惰に

oisiveté [wazivte] 女 無為, 暇, 怠惰 ▶L'oisiveté est mère de tous les vices. (ことわざ)小人閑居して不善をなす

oison [wazɔ̃] 男 ①ガチョウのひな ②(古)すぐに人の言うことを信じる人

OIT (略) (英 ILO) Organisation internationale du travail 国際労働機関

O.K. [oke] 形 副 (不変) (<英) (話)オーケー, よし

okapi [ɔkapi] 男 オカピ【アフリカにすむキリン科の動物】

okoumé [ɔkume] 男 オクメ材【アフリカ・ガボン産の家具・合板用木材】

-ol(e) 接園 「…の(人)」の意の形容詞【名詞】をつくる

olé [ɔle] 間 (<ス) (声援) いいぞ, がんばれ ── 形 (不変) ▶olé olé 慎みのない, 大胆な

oléacées [ɔleuse] 女 (複) 〔植〕モクセイ科【オリーブ・ジャスミンなど】

oléagineux(se) [ɔleaʒinø, -øz] 形 (植物が) 油性の, 油を含む, 油の採れる ── 男 採油植物, 油性物質

olécrane [ɔlekran] 男 〔解〕肘頭(ぢょう)

olé(i)-, olé(o)- 接圓 (<ラ) 「油」の意

oléicole [ɔleikɔl] 形 オリーブ栽培の

oléiculteur(trice) [ɔleikyltœr] 名 オリーブ栽培者

oléiculture [ɔleikyltyr] 女 オリーブ栽培

oléifère [ɔleifɛr] 形 油のとれる

oléine [ɔlein] 女 〔化〕オレイン

oléoduc [ɔleɔdyk] 男 (石油の)パイプライン

olé olé [ɔleɔle] 形 (不変) (話) 軽薄な, 破廉恥な

Oléron [ɔlerɔ̃] 〔île d'~〕オレロン島【フランス西部, 大西洋沿岸の島】

olfactif(ve) [ɔlfaktif, -iv] 形 嗅(か)覚の

olfaction [ɔlfaksjɔ̃] 女 嗅(か)覚(作用)

olibrius [ɔlibrijys] 男 (話・古) おかしな行動をとる人, 変な人

olifant [ɔlifɑ̃] 男 (中世騎士の)象牙の角笛

oligarchie [ɔligarʃi] 女 寡(か)頭政治, 少数独裁政治, 少数の権力者

oligarchique [ɔligarʃik] 形 寡(か)頭政治的な

olig(o)- 接園 (<ギ)「少数」の意

oligocène [ɔligɔsɛn] 形 男 〔地〕漸新世の

oligochètes [ɔligɔkɛt] 男 (複) 〔動〕貧毛綱【ミミズなど】

oligo(-)élément [ɔligɔelemɑ̃] 男 〔生理〕ミネラル

oligopole [ɔligɔpɔl] 男 〔経〕売手寡占(な)【少数の売り手が独占する市場】

oligopolistique [ɔligɔpɔlistik] 形 〔経〕寡占(な)(状態)の

oligurie [ɔligyri] 女 〔医〕乏尿, 尿量減少

oliphant [ɔlifɑ̃] 男 = olifant

olivaie [ɔlivɛ] 女 オリーブ畑

olivaison [ɔlivɛzɔ̃] 女 〔農〕オリーブの収穫(期)

olivâtre [ɔlivɑtr] 形 オリーブグリーン色の, オリーブ色がかった

*olive [ɔliv オリヴ] 女 (英 olive) ①オリーブの実 ②オリーブ形のもの ── 形 (不変) オリーブ色(暗緑色)の

oliveraie [ɔlivrɛ] 女 = olivaie

olivette [ɔlivɛt] 女 ①オリーブ形のトマト ②ブドウ

Olivier [ɔlivje] 男 オリヴィエ【男子の名】

olivier [ɔlivje] 〔植〕オリーブの木

olivine [ɔlivin] 女 〔鉱〕橄欖(松)石

ollaire [ɔlɛr] 形 ▶pierre ollaire 凍石, 石けん石

olographe [ɔlɔgraf] 形 ▶testament olographe 〔法〕自筆(証書による)遺言(書)

OLP (略) (英 PLO) Organisation de libération de la Palestine パレスチナ解放機構

Olympe [ɔlɛ̃p] 男 ①古ギリシアのオリンポス山【神々の住居とされた山】 ②オリンポスの神々 ── 男 〔l'~の〕〔詩〕天

olympiade [ɔlɛ̃pjad] 女 ①古代ギリシアの)オリンピアード【オリンピアの祭典と祭典の間の4年間】 ②(複) オリンピック大会

Olympie [ɔlɛ̃pi] オリンピア【古代オリンピック競技の地】

olympien(ne) [ɔlɛ̃pjɛ̃, -ɛn] 形 ①(ギ神)オリンポス山(Olympe)の, オリンポスの神々の; (文)威厳のある ── 男

（複）オリンポスの神々

olympique [ɔlɛ̃pik] 形 オリンピックの ►**jeux Olympiques** オリンピック大会

olympisme [ɔlɛ̃pism] 男 オリンピック(大会)の運営[組織, 規約]

OM (略) Olympique de Marseille オリンピック・ドゥ・マルセイユ【マルセイユのサッカーチーム】

Oman [ɔman] [le sultanat d'~] オマーン【アラビア半島東南部の国】

ombelle [ɔ̃bɛl] 女 〖植〗散形花序 [放射状の花がつく]

ombellifères [ɔ̃belifɛr] 女 (複) 〖植〗セリ科

ombilic [ɔ̃bilik] 男 へそ; 〖文〗中心点

ombilical(ale) [ɔ̃bilikal] 形 (男複 -aux[-o]) 〖解〗へその

ombiliqué(e) [ɔ̃bilike] 形 へそのある

omble [ɔ̃bl] 男 〖魚〗イワナ(= ~ chevalier)

ombrage [ɔ̃braʒ] 男 ①(日陰になる)枝葉; 木陰 ②(他人の成功による)自信喪失 ►**porter ombrage à** (人に)不安を抱かせる **prendre ombrage de** …に気を悪くする

ombragé(e) [ɔ̃braʒe] 形 木陰になった

ombrager [ɔ̃braʒe] 他 40 (木が)日陰を作る

ombrageux(se) [ɔ̃braʒø, -øz] 形 すぐに気分を害する, 猜疑心の強い

***ombre**¹ [ɔ̃br] 女 ブル 〖英 shade, shadow〗 日陰; 暗がり, 陰; 陰影, 暗部; 人影; 気配; 霊魂 ►**à l'ombre** 日陰で **à l'ombre de** …の陰で **avoir peur de son ombre** ひどくおびえている **Ça ne fait pas l'ombre d'un doute.** 疑いの余地さえない **faire de l'ombre à** …の陰になる **laisser… dans l'ombre** …をうやむやにしておく **ombre à paupières** アイシャドー **ombres chinoises** 影絵芝居 **rester dans l'ombre** 世に埋もれている **rester dans l'ombre de** (人)の陰に埋もれている **sans l'ombre d'une hésitation** 少しのためらいもなく **terre d'ombre** アンバー [褐色の顔料]

ombre² [ɔ̃br] 男 〖魚〗= omble

ombré(e) [ɔ̃bre] 形 (デッサンなどが)陰影[濃淡]のついた

ombrelle [ɔ̃brɛl] 女 ①日傘, (婦人用の)小型パラソル ②(クラゲの)かさ

ombrer [ɔ̃bre] 他 (デッサン・絵に)陰影[濃淡]をつける

ombreux(se) [ɔ̃brø, -øz] 形 〖文〗陰になった, 陰をなす; 陰の多い

Ombrie [ɔ̃bri] 女 ウンブリア【イタリア中部の州】

ombrien(ne) [ɔ̃brijɛ̃, -ɛn] ―形 [O.-] ウンブリアの(人) ―男 ウンブリア方言

ombudsman [ɔmbydsman] 男 (くスウェーデン) オンブズマン【官公庁と個々の市民の間の争いを調停する人】

OMC (略) (英 WTO) Organisation mondiale du commerce 世界貿易機関

oméga [ɔmega] 男 ①オメガ【Ω, ω; ギリシア字母の第24字】; 最後にあるもの ►**l'alpha et l'oméga** 初めと終わり ②〖化〗オメガ脂肪酸

omelette [ɔmlɛt] 女 オムレツ ►**omelette aux champignons** マッシュルーム入りオムレツ **omelette baveuse** 半熟オムレツ **omelette norvégienne** 〖菓〗ノルウェー風オムレツ【アイスクリーム入りのスフレ】, ベークドアラスカ **On ne fait pas d'omelette sans casser des œufs.** (ことわざ)苦労なしには何事も成らず

omerta [ɔmɛrta] 女 オメルタ, (マフィアの)沈黙の掟

omet… ⇒ **omettre**

omettre [ɔmɛtr] 他 41 省く, 省略する ►**omettre de** 不定詞 …するのを省く[忘れる] **omettre que** + 直説法 …ということを省く[言い落とす]

omi[t]… ⇒ **omettre**

omicron [ɔmikrɔ̃] 男 オミクロン【O, o; ギリシア字母の第15字】

omis(e) [ɔmi, -iz] 形 (< omettre) 抜けた, 漏れた, 省かれた

omission [ɔmisjɔ̃] 女 省略, 欠落; 抜け, 漏れ落ち ►**par omission** 怠って

omni- 接頭 (くラ) 「全」「総」の意

omnibus [ɔmnibys] 男 普通列車 ―形 (不変) 各駅停車の

omnidirectionnel(le) [ɔmnidirɛksjɔnɛl] 形 全方向(性)の, 無指向性の

omnipotence [ɔmnipɔtɑ̃s] 女 絶対的な権力; 全能

omnipotent(e) [ɔmnipɔtɑ̃, -ɑ̃t] 形 絶対的権力を有する; 全能の

omnipraticien(ne) [ɔmnipratisjɛ̃, -ɛn] 形 一般医(の), 総合医(の)

omniprésence [ɔmniprezɑ̃s] 女 〖文〗遍在(性)

omniprésent(e) [ɔmniprezɑ̃, -ɑ̃t] 形 〖文〗遍在の; (記憶などが)常につきまとう

omniscience [ɔmnisjɑ̃s] 女 〖文〗全知

omniscient(e) [ɔmnisjɑ̃, -ɑ̃t] 形 〖文〗全知の, 何でも知っている

omnisports [ɔmnispɔr] 形 (不変) あらゆるスポーツができる, 総合体育の

omnium [ɔmnjɔm] 男 ①(自転車競技の)ミックスレース ②総合企業

omnivore [ɔmnivɔr] 形 雑食(性)の ―男 雑食動物

omoplate [ɔmɔplat] 女 肩甲骨

OMS (略) (英 WHO) Organisation mondiale de la santé 世界保健機関

:**on** [ɔ̃] 代 (英 one, you, we, people) ①[不特定の人間一般を表す] 人は, 人々は; だれかが ►**On dit que** …といううわさだ ②[特

定の人を指す主語人称代名詞の代用]《話》私(たち)は; あなた(たち)は; 彼ら(たち)は ▶On s'en va. さあ行こう

onagre[1] [ɔnagr] 男 アジアノロバ, オナガー【カスピ海沿岸地方にすむ野生のロバ】

onagre[2] [ɔnagr] 女 〔植〕マツヨイグサ (= œnothère)

onanisme [ɔnanism] 男 自慰, オナニー

onc, oncques [ɔ̃k] 副 = onques

once[1] [ɔ̃s] 女 オンス【重量単位; 1トロイオンス = 約31.1グラム; 1常用オンス = 約28.3グラム】 ▶**une once de ...** 少量の…, わずかの…

once[2] [ɔ̃s] 女 〔動〕ユキヒョウ

onchocercose [ɔ̃kɔserkoz] 女 〔医〕オンコセルカ症, 河川盲目症【血液媒介性の寄生虫による疾患】

oncial(ale) [ɔ̃sjal] 形 女 (男複 -aux [-o]) アンシャル書体(の)【3-8世紀のギリシャ・ラテン語写本で用いられた書体】

oncle [ɔ̃kl] 男【英 uncle】おじ

oncogène [ɔ̃kɔʒɛn] 形 発癌(性)の ── 男 発癌遺伝子

onction [ɔ̃ksjɔ̃] 女 ①〔宗〕塗油(式) ②〔文〕物柔らかな口調(態度)

onctueusement [ɔ̃ktɥøzmɑ̃] 副 やうやしく, しみじみと, ものやわらかに

onctueux(se) [ɔ̃ktɥø, -øz] 形 やわらかい, とろっとしている

onctuosité [ɔ̃ktɥozite] 女 やわらかさ, 油性の感じ

ondatra [ɔ̃datra] 男 〔動〕マスクラット

onde [ɔ̃d] 女 波紋;〔文〕波;〔物〕波動; (複)電波; (感情などの)高まり, うねり ▶**être sur la même longueur d'onde** (話)波長が合う **les ondes** ラジオ放送 **onde de choc** 〔物〕衝撃波; (悪)影響

ondé(e) [ɔ̃de] 形 〔文〕波打った, 波形(模様)の

ondée [ɔ̃de] 女 にわか雨, 驟雨(しゅうう)

ondemètre [ɔ̃dmetr] 男 波長計

ondine [ɔ̃din] 女 オンディーヌ【北欧神話の水の精】

on-dit [ɔ̃di] 男 (不変) うわさ

ondoiement [ɔ̃dwamɑ̃] 男 ①波打つこと, うねり ②〔カト〕略式の洗礼

ondoyant(e) [ɔ̃dwajɑ̃, -ɑ̃t] 形 変わりやすい, 流動的な

ondoyer [ɔ̃dwaje] 自 45 (波のように)揺れ動く, うねる ── 他 〔カト〕略式の洗礼を授ける

ondulant(e) [ɔ̃dylɑ̃, -ɑ̃t] 形 波打つ; 起伏する ▶**fièvre ondulante** 〔医〕波状熱, ブルセラ症

ondulation [ɔ̃dylasjɔ̃] 女 波打つこと, うねり; (土地の)起伏; (髪の)ウェーブ

ondulatoire [ɔ̃dylatwar] 形 〔物〕波状の, 波動性の

ondulé(e) [ɔ̃dyle] 形 (< onduler) 波状の, 波打った; (髪を)縮らせた

onduler [ɔ̃dyle] 自 波打つ, はためく,

うねる;(髪に)ウェーブしている ── 他 (髪に)ウェーブをかける

onduleux(se) [ɔ̃dylø, -øz] 形 うねった, 曲折の, 起伏のある

one-man-show [wanmanʃo] 男 (不変)(く英)(舞台の)ワンマンショー

onéreux(se) [ɔnerø, -øz] 形 費用のかかる, 高い ▶**à titre onéreux** 有償で[の]

ONF (略) Office national des forêts 国立森林局

ONG (略)(英 NGO) organisation non gouvernementale 非政府組織

*ongle [ɔ̃gl] 男 ツメ 爪 ▶**connaître [savoir] ... sur le bout des ongles** =をすべて知り尽くしている **jusqu'au bout des ongles** 完璧に **se faire les ongles** (自分の)爪を切る **se ronger les ongles** 爪をかむ; いらいらする

onglée [ɔ̃gle] 女 (寒さで指先が)かじかむこと ▶**avoir l'onglée** 指先がかじかんでいる

onglet [ɔ̃glɛ] 男 ①(折りたたみナイフなどの)爪かかり; (辞書などの)サムインデックス, 爪かけ ②〔食肉〕オングレ, スカート【牛の横隔膜の筋肉の部】 ③(木工の)45°の接合部

onglette [ɔ̃glɛt] 女 彫刻刀

onglier [ɔ̃glije] 男 爪の手入れ道具

onguent [ɔ̃gɑ̃] 男 軟膏(なんこう), 膏薬

onguiculé(e) [ɔ̃g(ɥ)ikyle] 形 〔動〕爪のある, 有爪(そう) ── 男 有爪動物

ongulé(e) [ɔ̃gyle] 形 〔動〕ひづめのある, 有蹄(ていし) ── 男 有蹄動物

onguligrade [ɔ̃gyligrad] 形 〔動〕ひづめで歩行する, 有蹄(ていし)の

onirique [ɔnirik] 形 〔医〕夢の; 夢幻的な

onirisme [ɔnirism] 男 〔心〕幻覚症

oniro-, onir(o)- (接頭)(< ギ)「夢」の意

oniromancie [ɔnirɔmɑ̃si] 女 夢占い

oniromancien(ne) [ɔnirɔmɑ̃sjɛ̃, -ɛn] 名 夢占い師

onomasiologie [ɔnɔmazjɔlɔʒi] 女 〔言〕名義論

onomastique [ɔnɔmastik] 女 〔言〕固有名詞人名学研究 ── 形 固有名詞(研究)の, 人名(研究)の

onomatopée [ɔnɔmatɔpe] 女 〔言〕擬音[擬声, 擬態]語, オノマトペ

onomatopéique [ɔnɔmatɔpeik] 形 擬声語の

onques [ɔ̃k] 副 (古) 決して (= jamais)

ont [ɔ̃] avoir の直・現・3・複

ont(o)- (接頭)(< ギ)「存在」の意

ontogenèse [ɔ̃tɔʒənɛz], **ontogénie** [ɔ̃tɔʒeni] 女 〔生〕個体発生

ontogénique [ɔ̃tɔʒenik] 形 〔生〕個体発生の

ontologie [ɔ̃tɔlɔʒi] 女 〔哲〕存在論

ontologique [ɔ̃tɔlɔʒik] 形 〔哲〕存

ontologique 存在論[的]な

ontologiquement [ɔtɔlɔʒikmɑ̃] 副〘哲〙存在論的に

ONU [ɔny, ɔɛny] 《略》(英 UNO) Organisation des Nations Unies 国際連合, 国連

onusien(ne) [ɔnyzjɛ̃, -ɛn] 形 国連の

onychophagie [ɔnikɔfaʒi] 女〘医〙爪咬み(症)

-onyme 接尾《ギ》「名」の意の形容詞[名詞]をつくる

onyx [ɔniks] 男〘鉱〙縞(ピホ)めのう, オニキス

onzain [ɔ̃zɛ̃] 男〘詩〙11行詩[節]

*__onze__ [ɔ̃z オーンズ] 形《不変》(英 eleven) 11(番目)の —男 11; 11日; 11番地 ▶ **onze novembre** [[le ~]] (第1次大戦)休戦記念日

onzième [ɔ̃zjɛm] 形 ① 11番目の ② 11分の1の —名 11番目の人[物] —男 ① 11分の1 ② 11階[日本の12階] ③ (パリの)11区 —女 ① 第11学年[初等教育の第1学年の昔の呼称] ② 〘楽〙11度〘音程〙

onzièmement [ɔ̃zjɛmmɑ̃] 副 第11番目に

oocyte [ɔɔsit] 男〘生〙卵母細胞

oogone [ɔɔgɔn] 女〘植〙生卵器

oosphère [ɔɔsfɛr] 女〘植〙卵球

oospore [ɔɔspɔr] 女〘植〙卵胞子

op. [ɔpys] 《略》 opus〘楽〙作品(番号)

OPA (英 TOB) 《略》 offre publique d'achat(買収目的)株式の公開買い付け

opacifier [ɔpasifje] 他 不透明にする

opacimètre [ɔpasimɛtr] 男 混濁度計

opacimétrie [ɔpasimetri] 女 混濁度測定

opacité [ɔpasite] 女 不透明(度)

opale [ɔpal] 女 オパール, 蛋白(矜)石

opalescence [ɔpalesɑ̃s] 女〘文〙乳白色

opalescent(e) [ɔpalesɑ̃, -ɑ̃t] 形 乳白色の

opalin(e¹) [ɔpalɛ̃, -in] 形 オパール色の

opaline² [ɔpalin] 女 乳白ガラス〘工芸品〙

*__opaque__ [ɔpak オパク] 形 ① 不透明な, 光を通さない; (…を)通さない〈à〉; 暗い; わかりにくい

op. cit. [ɔpyssite] 《略》(《ラ》opus citatum 前載書

ope [ɔp] 女男〘建〙(梁を通す)壁の穴

opéable [ɔpeabl] 形 (会社名)株式公開買い付け[OPA]の対象となりうる

open, open [ɔpɛn, ɔpɛn] 形《不変》(《英》) ① (スポーツ)(プロ・アマともに参加できる)オープンの ② ▶ **billet open**(日時を指定しない)オープンチケット

OPEP [ɔpɛp] 《略》(英 OPEC) Organisation des pays exportateurs de pétrole 石油輸出国機構, オペック

opéra [ɔpera] 男 《イ》① オペラ, 歌劇; オペラ劇場; 歌劇団 ▶ **Opéra Bastille** [[l'~]] バスチーユ・オペラ座 **Opéra de Paris** [[l'~]] (パリの)オペラ座

opérable [ɔperabl] 形 手術可能な

opéra-bouffe [ɔperabuf] 男(複 ~s(-)~s) オペラ・ブッファ, 喜歌劇

opéra-comique [ɔperakɔmik] 男 (複 ~s(-)~s) オペラコミック; 喜歌劇

opérant(e) [ɔperɑ̃, -ɑ̃t] 形 効果的な, 効力のある

opérateur(trice) [ɔperatœr, -tris] 名 ① (機械の)操作員; 電話の交換手; (映画・テレビの)カメラマン, 撮影技師 ② 〘電〙電話通信会社 ② 証券業者 ③ 〘数〙演算子 ④ 〘生〙作動遺伝子

opération [ɔperasjɔ̃ オペラシヨン] 女 ① (英 operation) 手術 ② 作業, 活動, 操作; 演算; (器官・理性などの)作用, 働き; 〘軍〙軍事行動, 作戦; (話)キャンペーン, 運動; 取引, 売買 ▶ **opération de bourse** 株取引

opérationnel(le) [ɔperasjɔnɛl] 形 作戦の, 軍事行動の; 実際に使用できる, 実用的な ▶ **recherche opérationnelle**〘経〙オペレーションズ・リサーチ

opérationnellement [ɔperasjɔnɛlmɑ̃] 副 作戦的に見て; 操作上; 実用的

opératoire [ɔperatwar] 形 ① 手術の, 手術に関する ② 操作(上)の, 演算の

opercule [ɔpɛrkyl] 男 (ミツバチの巣を作る)蝋のうすい膜; (巻き貝の)ふた, ふた(魚の)えらぶた

opéré(e) [ɔpere] 形 名 (< opérer) 手術を受けた(人)

*__opérer__ [ɔpere オペレ] 他 57 ① (効果・成功を)もたらす ② 成し遂げる ③ 手術をする —自 ① 作用する, 効く ② 行う, 仕事をする ③ 手術する — 代動 [s'~] 行われる; 生じる

opérette [ɔperɛt] 女 オペレッタ, 喜(軽)歌劇

ophicléide [ɔfikleid] 男 オフィクレイド〘大型金管楽器の一種〙

ophidien(ne) [ɔfidjɛ̃, -ɛn] 形 ヘビの —男 《複》〘動〙ヘビ類

ophiure [ɔfjyr] 女〘動〙クモヒトデ

ophrys [ɔfris] 男 または〘植〙オフリス

ophtalmie [ɔftalmi] 女 眼炎; 結膜炎

ophtalmique [ɔftalmik] 形〘解〙眼の

ophtalm(o)- 接頭《ギ》「眼」の意

ophtalmologie [ɔftalmɔlɔʒi] 女 眼科学

ophtalmologique [ɔftalmɔlɔʒik] 形 眼科の

ophtalmologiste [ɔftalmɔlɔʒist], **ophtalmologue** [ɔftalmɔlɔg] 名 眼科医

ophtalmomètre [ɔftalmɔmɛtr] 男 角膜計

ophtalmoscope [ɔftalmɔskɔp] 男 〔医〕検眼鏡

ophtalmoscopie [ɔftalmɔskɔpi] 女 〔医〕検眼, 検眼鏡検査法

opiacé(e) [ɔpjase] 形 アヘンの, アヘンを含んだ

opiacer [ɔpjase] 他 (たばこなどに)アヘンを混ぜる

opilions [ɔpiljɔ̃] 男 (複) 〔動〕ザトウムシ目

opinel [ɔpinɛl] 男 折りたたみナイフ

opiner [ɔpine] 自 〔法〕(…に)同意し賛同する《à》 ▶ **opiner du bonnet** [chef] うなずいて賛意を表明する

opiniâtre [ɔpinjɑtr] 形 執拗な, 粘り強い; 〔文〕頑固な

opiniâtrement [ɔpinjɑtrəmɑ̃] 副 頑固に, 粘り強く

opiniâtreté [ɔpinjɑtrəte] 女 執拗さ, 根強さ

***opinion** [ɔpinjɔ̃] 女 意見, 見解; 考え方; (複)信条; 世論(= ~ publique) ▶ **avoir une bonne [mauvaise] opinion de** (人)をよく[悪く]思う **se faire une opinion** 意見を抱く

opiomane [ɔpjɔman] 形 アヘン常用の, アヘン中毒の —— 名 アヘン中毒者

opiomanie [ɔpjɔmani] 女 アヘン中毒(症)

opium [ɔpjɔm] 男 アヘン

oponce [ɔpɔ̃s] 男 = opuntia

opopanax [ɔpɔpanaks] 男 〔植〕 ① オポパナクス《繖(竹)形花植物の一種》 ② オポパナクスの樹脂《薬用》

opossum [ɔpɔsɔm] 男 〔動〕オポッサム(の毛皮)《有袋類の一種》

oppidum [ɔpidɔm] 男 (< ラ) (古代ローマの)城塞都市

opportun(e) [ɔpɔrtœ̃, -yn] 形 (行動などが)時宜を得た; (時が)好都合な

opportunément [ɔpɔrtynemɑ̃] 副 都合よく, 折よく

opportunisme [ɔpɔrtynism] 男 日和見主義, 便宜主義

opportuniste [ɔpɔrtynist] 形 日和見主義の —— 名 日和見主義者

opportunité [ɔpɔrtynite] 女 時宜を得ていること, 適時性; (機会)

opposable [ɔpozabl] 形 向かい合せられる; 対抗[反論]できる

opposant(e) [ɔpozɑ̃, -ɑ̃t] 形 反対する —— 名 反対者; 野党議員

***opposé(e)** [ɔpoze] 形 (< opposer) (英 opposite) 向かいの, 反対側の; 対立する, 相反する; (…に)向かい合った 《à》 —— 男 反対側; 反対, 逆 ▶ **à l'opposé de** …とは反対に

***opposer** [ɔpoze] 他 向かい合わせる; 反対側に置く, 対置する; (…に)対決[対立]させる 《à》; 対照[対比]させる; (…を)引き合いに出す 《à》

▶ **opposer une objection à** (人)に異議を唱える —— 代動 [s'~] (…に)反対する 《à》; (…を)妨げる 《à》; 互いに対立する ▶ **s'opposer à ce que** + 接続法 …ということに反対する

opposite [ɔpozit] 男 〔成句でのみ〕 ▶ **à l'opposite** (…とは)向かい合って, 反対に 《de》

***opposition** [ɔpozisjɔ̃] 女 対立, 敵対; 反対, 反抗, 抵抗, 異議; 〔法〕差し止め, 異議; 野党; 対照, コントラスト; (位置の)向かい合い; 〔天〕衝(しょう)《2つの天体が地球から見て180°の角をなすこと》 ▶ **entrer en opposition avec** (人)と対立する **faire opposition à** (…に)反対する; (小切手の)支払いを差し止める **par opposition à** …とは対照的に; …とは反対に

oppositionnel(le) [ɔpozisjɔnɛl] 形 反対派[野党]の(人), 反体制的な(人)

oppressant(e) [ɔpresɑ̃, -ɑ̃t] 形 息苦しくさせる, 心を締めつける

oppressé(e) [ɔprese] 形 (息)胸苦しい

oppresser [ɔprese] 他 (…の)胸を圧迫する, 息苦しくさせる

oppresseur [ɔprescer] 形 《男性形のみ》 圧制的な —— 男 圧制の人, 圧制者

oppressif(ve) [ɔpresif, -iv] 形 抑圧の, 圧制的な

oppression [ɔpresjɔ̃] 女 抑圧, 圧制; 暴虐; 圧迫感, 息苦しさ

opprimant(e) [ɔprimɑ̃, -ɑ̃t] 形 圧政の

opprimé(e) [ɔprime] 形名 抑圧された(人), 圧制に苦しむ(人)

***opprimer** [ɔprime] 他 圧制を加える, 抑圧する; 弾圧する; 胸をしめつける

opprobre [ɔprɔbr] 男 〔文〕恥辱; 汚名 ▶ **jeter l'opprobre sur** (人)を辱める

optatif(ve) [ɔptatif, -iv] 形 〔文法〕願望を表す —— 男 〔文法〕願望法, 希求法

opter [ɔpte] 自 〔文〕(…を)選択する, (…に)決める 《pour》

opticien(ne) [ɔptisjɛ̃, -ɛn] 名 めがね商[技師]; 光学器械製造[販売]業(者) —— 形 光学の; めがねの

optima [ɔptima] 男 = optimum

optimal(ale) [ɔptimal] 形 《男複 -aux[-o]》 最良の, 最適の

optimalisation [ɔptimalizasjɔ̃] 女 効率化, 能率化, 最適化

optimalisation [ɔptimizasjɔ̃] 女 効率化, 能率化, 最適化

optimalisation [ɔptimalize], **optimiser** [ɔptimize] 他 ① 効率[能率]化する 最適化する ② 〔情報経〕最適化する

optimisme [ɔptimism] 男 楽天主義, 楽観論

***optimiste** [ɔptimist オプティミスト] 形

(英 optimist) 楽天[楽観]的な,楽天[楽観]主義の ── 名 楽天家,楽観主義者

optimum [ɔptimɔm] 男 (複 ~s, op-tima) (ラ) 最善,最適(条件)

***option** [ɔpsjɔ̃] オプション 女 ①選択,選択物[科目];[法]選択権;[商]オプション,選択権付き取引;(選択できる)付属品,仕様 ▶**à option** 選択できる *matière à option* (試験などの)選択科目 *option sur titres* 証券オプション *prendre une option sur* …をオプションで予約する

optionnel(le) [ɔpsjɔnel] 形 選択できる,オプションの

optique [ɔptik] 形 視覚の,目の;光学(用)の ── 女 ①光学 ②光学器械製造[販売]業 ③(集合的)光学部品 ④ものの見え方,視点,観点,角度 ▶**dans l'optique de** …の観点から;…と考えで

optomètre [ɔptɔmɛtr] 男 検眼器

opulence [ɔpylɑ̃s] 女 豪奢(ごうしゃ),富裕,豊富さ,豊満さ

opulent(e) [ɔpylɑ̃, -ɑ̃t] 形 豪華な,富裕な;豊富な,豊満な

opuntia [ɔpɔ̃sja] 男 [植] ウチワサボテン

opus [ɔpys] 男 (ラ) (作曲家の)作品(番号) **略 op.**

opuscule [ɔpyskyl] 男 小論文,小品,小冊子

OPV (略) offre publique de vente (株式の)公開売出し

OQ (略) ouvrier qualifié 熟練工

***or**[1] [ɔːr オール] 男 ①金,黄金(英 gold);金(きん),黄金;富,財産;価値があるもの,素晴らしいもの;金色,黄金色 ▶**à prix d'or** 高額で *affaire en or* もうかる仕事;掘り出し物 *C'est de l'or en barre.* 間違いなく儲かる話だ *en or* 金製の;素晴らしい,申し分のない *occasion en or* 最高の機会 *or blanc* 白金 *or massif* 純金 *or noir* (話) 石油 *pour tout l'or du monde* (どんなにお金を積まれても)絶対に (…しない) *rouler sur l'or* (話) 大金持ちである

***or**[2] [ɔːr オール] 接 (英 now, well) さて,ところで,ところが

oracle [ɔrɑkl] 男 ①(古代ギリシアなどの)神託;神託所;神託を下す神 ②〈文〉権威ある言葉[決定];権威者

Oradour-sur-Glane [ɔradursyrglan] オラドゥール・シュル・グラヌ [Haute-Vienne 県にある村;1944年住民がドイツ軍に虐殺された]

***orage** [ɔraʒ オラージュ] 男 (英 thunderstorm) 雷雨,(雨を伴う)にわか雷雨;(怒り・情熱などの)爆発;動乱,波乱 ▶*Il y a de l'orage dans l'air.* 《話》一波乱ありそうだ

orageusement [ɔraʒøzmɑ̃] 副 嵐のように,荒れて,激しく

orageux(se) [ɔraʒø, -øz] 形 雷雨になりそうな;雷雨の;騒々しい,動乱に満ちた

oraison [ɔrɛzɔ̃] 女 祈祷(きとう) ▶**oraison funèbre** 弔辞(ちょうじ),追悼演説

***oral(ale)** [ɔral オラル] 形 (男複 -aux [-o]) 口頭の,口伝えの;口の ── 男 口述試験,口頭試問

oralement [ɔralmɑ̃] 副 口頭で

Orange [ɔrɑ̃ʒ] 男 オランジュ [Vaucluse 県の都市;かつてオランジュ(オレンジ)公国の首都]

***orange** [ɔrɑ̃ʒ オランジュ] 女 [植] オレンジ ▶**orange pressée** (搾った)オレンジジュース ──(形)オレンジ色,(信号の)黄色 ── 形 (不変) オレンジ色の

orangé(e) [ɔrɑ̃ʒe] 形 オレンジ色の,橙色(だいだいいろ)の ── 男 オレンジ色,橙色

orangeade [ɔrɑ̃ʒad] 女 オランジェード [オレンジ果汁を炭酸水で割った飲み物]

***oranger** [ɔrɑ̃ʒe オランジェ] 男 [植] オレンジの木 ▶**eau de fleur d'oranger** 橙花(とうか)水 [香料]

orangeraie [ɔrɑ̃ʒre] 女 オレンジ畑[園]

orangerie [ɔrɑ̃ʒri] 女 ①オレンジ園[温室] ②[O-] (パリの)オランジュリー美術館

orang-outan(g) [ɔrɑ̃utɑ̃] 男 (複 ~s-~s) オランウータン

orateur(trice) [ɔratœːr, -tris] 名 [女性にも男性形を用いる] 演説者,発言者;演説家,雄弁な人

oratoire[1] [ɔratwaːr] 形 演説(家)の,弁論の

oratoire[2] [ɔratwaːr] 男 ①(個人の)祈祷所,小礼拝室 ②[O-] オラトリオ修道会

oratorien [ɔratɔrjɛ̃] 男 オラトリオ会の会員

oratorio [ɔratɔrjo] 男 (<イ) [楽] オラトリオ

orbe[1] [ɔrb] 男 [天] 軌道(面);(詩) 天体[天球]

orbe[2] [ɔrb] 形 ▶*mur orbe* [建] めくら壁

orbiculaire [ɔrbikylɛːr] 形 円い;環状の,円形を描く ── 男 [解] 輪筋,括約(かつやく)筋

orbital(ale) [ɔrbital] 形 (男複 -aux [-o]) [天] 軌道の

orbite [ɔrbit] 女 ①[天] 軌道;[物] 活動範囲 ②[解] 眼窩(がんか) ▶*être sur orbite* 軌道に乗っている *mettre … en [sur] orbite* …を軌道に乗せる

orbiter [ɔrbite] 自 (…の)まわりを回る,軌道を描く

orbiteur [ɔrbitœːr] 男 オービター [スペースシャトルのモジュールの宇宙船本体部分]

Orcades [ɔrkad] [les ~] オークニー諸島 [スコットランド北東沖の英領]

orchestral(ale) [ɔrkestral] 形 (男複

orchestrateur(trice) [ɔrkɛstratœːr, -tris] 名 管弦楽編曲者

orchestration [ɔrkɛstrasjɔ̃] 女 ①管弦楽法;(曲の)管弦楽(用)編曲 ②宣伝攻勢;(活動の)組織化

***orchestre** [ɔrkɛstr オルケストル] 男 (英 orchestra) ①オーケストラ, 管弦楽団 ▶ *orchestre de chambre* 室内管弦楽団 *orchestre symphonique* 交響楽団 ②(劇場の)オーケストラボックス;(劇場の)1階席(= fauteuil d'~)

orchestrer [ɔrkɛstre] 他 ①(ある作品)の管弦楽用に編曲する ②(活動)を組織化する, 組織的に行う

orchidacées [ɔrkidase] 女 (複)〔植〕ラン科

orchidée [ɔrkide] 女 〔植〕ラン

ordalie [ɔrdali] 女 (中世の)神明裁判, 探湯(くかたち)

***ordinaire** [ɔrdinɛːr オルディネール] 形 (英 ordinary) 普通の, 平常の, 通常の; (品質が)並の;(軽蔑的に)平凡な, ありふれた ▶ *l'eau ordinaire* 普通の水道水, (食事の)普通の飲物[食事] ▶ *à l'ordinaire* / *d'ordinaire* 普通は, ふつう; いつものように *ordinaire de la messe* ミサ通常文

ordinairement [ɔrdinɛrmɑ̃] 副 普通, 一般に;概して

ordinal(ale) [ɔrdinal] 形 (男複 -aux [-o]) 順序を示す ― *nombre ordinal* 序数 ⇒ 序数形容詞

ordinand [ɔrdinɑ̃] 男 〔カト〕(司祭に)叙階される者;〔プロテスタント〕(按手式で)牧師に任命される人

ordinant [ɔrdinɑ̃] 男 = ordinateur¹

***ordinateur**¹ [ɔrdinatœːr オルディナトゥール] 男 (英 computer) コンピューター, 電子計算機

ordinateur²**(trice)** [ɔrdinatœːr, -tris] 形 秩序をもたらす ― 男 〔宗〕叙階の執行者

ordination [ɔrdinasjɔ̃] 女 〔カト〕(司祭の)叙階(式);〔プロテスタント〕按手式

***ordonnance** [ɔrdɔnɑ̃ːs オルドナーンス] 女 (英 prescription) ①配置, 配列, 構成 ②行政命令, 法令, 政令 ③(医師の)処方(箋) ▶ *faire une ordonnance* 処方箋を書く *sur ordonnance* 処方箋のある ④〔軍〕〔時に男性形で〕従軍

ordonnancement [ɔrdɔnɑ̃smɑ̃] 男 〔経〕(行政官が会計係に出す)支払命令

ordonnancer [ɔrdɔnɑ̃se] 他 〔経〕(会計係に対し)···に支払を命令する

ordonnancier [ɔrdɔnɑ̃sje] 男 〔薬〕報告用処方記録

ordonnateur(trice) [ɔrdɔnatœːr, -tris] 名 組織する人, 命じる人 ― 男 〔軍〕支払命令官

***ordonné(e)**¹ [ɔrdɔne オルドネ] 形 (英 tidy) (< ordonner) ①よく整頓されている ②(人が)几帳面(きちょうめん)な

ordonnée² [ɔrdɔne] 女 〔数〕縦座標

***ordonner** [ɔrdɔne オルドネ] 他 (英 order) ①整理する, 片づける, 秩序立てる ②(...に)命じる:〔à...〕[à... de que ...] 人に...するように命令する ③処方する ④〔カト〕(···に)叙階の秘跡を授ける, 叙階する ― 代動 *s'~* ①整理[配列]される; 秩序立つ

***ordre** [ɔrdr オルドル] 男 (英 order) ①順序, 順番 ▶ *dans l'ordre* 順序正しく *être à l'ordre du jour* 議事日程に上がっている;話題になっている *par ordre alphabétique* [*chronologique*] アルファベット[日付]順で *procéder par ordre* 順番に処理する ②種類, 領域, 等級;〔生〕(分類上の)目(もく);(旧制度下の)階級, 身分;(聖職者・軍人の)位階, 階級 ▶ *dans un tout autre ordre d'idées* 全く違った考え方で *de l'ordre de...* およそ...(の数字) *de premier ordre* 一流の *de second ordre* 二流の *d'ordre pratique* 実用的な *d'ordre privé* 私的な *entrer dans les ordres* 聖職につく *ordre de grandeur* 概算, 見当 *pour des motifs d'ordre personnel* 個人的な理由で ③秩序, 治安, 安定 ▶ *ordre établi* 〔l'~〕既成秩序 *ordre public* 〔l'~〕 公共秩序 *rappeler... à l'ordre* (人)を規律に服させる;(人)に静粛を求める ④整頓, 整理, 几帳面(きちょうめん);古代の建築様式 ▶ *avoir de l'ordre* (人)が几帳面である *en ordre / mettre en ordre / mettre de l'ordre dans* ...を整理する *mettre bon ordre à* ...をうまく片づける ⑤命令, 指令;(小切手などの)裏書, 指図;注文 ▶ *donner un ordre à* (人)に命令を出す *être aux ordres de* (人)の指図のままに動く *jusqu'à nouvel ordre* 新たな命令があるまで, とりあえず *ordre de mission* 〔軍〕作戦命令 *Payer à l'ordre de ...* (小切手で...)氏(の指図人)に支払われた ⑥(弁護士・医師などの)職業団体;受勲者 ▶ *Ordre des médecins* 〔l'~〕医師会

***ordure** [ɔrdyːr オルデュール] 女 (英 dirt) ①ごみ;(動物の)糞 ②汚い[猥褻(わいせつ)な]言葉;下劣な行為 ③〔俗・罵倒の言葉〕けす野郎, いやな奴

ordurier(ère) [ɔrdyrje, -ɛːr] 形 汚い, 卑猥(ひわい)な

orée [ɔre] 女 縁辺(ふちべ), 境

oreillard [ɔrɛjaːr] 男 〔動〕ウサギコウモリ

***oreille** [ɔrɛj オレイユ] 女 (英 ear) 耳;聴覚, 聴力;音感;耳形のもの;(容器などの)つかみ;(傍(かたわ)らの)耳寄り話 ▶ *avoir de l'oreille* 音感がある *avoir l'oreille fine* 耳がいい *dire A à l'oreille à B* B (人)の耳元で A を伝え

dormir sur ses deux oreilles 安心して眠る *dresser [tendre] l'oreille* 耳をそばだてる *écorcher les oreilles* (音が)耳障りである *écouter d'une oreille distraite / n'écouter que d'une oreille* 耳の上の空で聞く *être dur d'oreille* 耳が遠い *faire la sourde oreille* 聞こえないふりをする *ne pas l'entendre de cette oreille* 断固反対である *oreilles en feuilles de chou* 大きな耳 *prêter l'oreille à* …に耳を貸す *rebattre les oreilles à* (人)に嫌というほど繰り返し言う *se boucher les oreilles* 耳をふさぐ *se faire tirer l'oreille* なかなか承知しない *tirer les oreilles à* (人)を叱りつける

*oreiller [ɔreje オレイエ] 男 [英 pillow] 枕

oreillette [ɔrejɛt] 女 ①[解](心臓の)心耳，心房 ②(帽子の防寒用の)耳あて

oreillons [ɔrejɔ̃] 男 (複)[医] おたふく風邪，流行性耳下(ヵ)腺炎

orémus [ɔremys] 男 (くら) 祈りましょう【ミサで司祭が呼びかける言葉】

ores [ɔr] 副 [[成句での古]] ▶*d'ores et déjà* 今からすでに[多くは mais とともに]

orfèvre [ɔrfɛvr] 男 金銀細工師[商]，彫金師 ▶*être orfèvre en la matière* その道に明るい，その方面の通(ツ)である

orfèvrerie [ɔrfɛvrəri] 女 金銀細工術[業，品]; [(集合的)] 金銀細工品

orfraie [ɔrfrɛ] 女 [鳥] オジロワシ

organdi [ɔrgɑ̃di] 男 [織] オーガンディ [薄地の綿織物]

organe [ɔrgan] 男 (英 organ) ①声; 発言 ②器官; 装置; 中枢, 主要機関 ▶*organes de commande* 制御装置 *organes génitaux* 生殖器

organicisme [ɔrganisism] 男 [哲・生] 有機体論

organigramme [ɔrganigram] 男 (企業などの)組織図, 機構図; [情報] フローチャート, 流れ図

organique [ɔrganik] 形 ①器官の, 器官に関する ▶*maladie organique* 器質性疾患 *vie organique* 生体活動 ②有機質[体]の; 有機質の; (国家・制度な)構造上の, 組織上の ▶*loi organique* 基本法

organiquement [ɔrganikmɑ̃] 副 有機的に, 組織的に; 器官上

organisateur(trice) [ɔrganizatœr, -tris] 名 組織する人, 主催者, まとめ役 — 形 組織する, 組織力のある

*organisation [ɔrganizasjɔ̃ オルガニザシヨン] 女 (英 organization) 組織; 計画(性); 機関, 団体 ⇨[コラム: 国際機関] ▶*manquer d'organisation* 計画性がない *organisation non gouvernementale* 非政府組織, NGO [略 ONG]

organisationnel(le) [ɔrganizasjɔnɛl] 形 (企業・政党などの)組織上の,

国際機関

- Union européenne (UE)
  欧州連合 (EU)
- Organisation du Traité de l'Atlantique Nord (OTAN)
  北大西洋条約機構 (NATO)
- Organisation des Nations unies (ONU)
  国際連合, 国連 (UN)
- Conseil de sécurité des Nations unies
  国連安全保障理事会
- Cour internationale de justice
  国際司法裁判所
- Organisation internationale du travail (OIT)
  国際労働機関 (ILO)
- Organisation mondiale de la santé (OMS)
  世界保健機関 (WHO)
- Organisation des Nations unies pour l'alimentation et l'agriculture (ONUAA)
  国連食糧農業機関 (FAO)
- Conférence des Nations unies pour le commerce et le développement (CNUCED)
  国連貿易開発会議 (UNCTAD)
- Banque internationale pour la reconstruction et le développement (BIRD)
  国際復興開発銀行, 世界銀行 (IBRD)
- Organisation mondiale du commerce (OMC)
  世界貿易機関 (WTO)
- Fonds monétaire international (FMI)
  国際通貨基金 (IMF)
- Agence internationale de l'énergie atomique (AIEA)
  国際原子力機関 (IAEA)
- UNESCO (Organisation des Nations unies pour l'éducation, la science et la culture)
  国連教育科学文化機関, ユネスコ
- UNICEF (Fonds des Nations unies pour l'enfance)
  国連児童基金, ユニセフ
- Commission des droits de l'homme des Nations unies
  国連人権委員会

organisé(e) 組織に関する ①(生物が)有機的組織を持つ,器官を備えた ②段取りの整った,計画された;(人が)手際のよい ▶ *voyage organisé* 団体旅行

organiser [ɔrganize オルガニゼ] 他 (英 organize) ①企画準備する,(…の)計画を立てる;組織する ②(〈カナダ〉)だます —代動 [s'~] ①段取りをつける ②(ものが)組織される

organiseur [ɔrganizœr] 男 [情報] 電子手帳

organisme [ɔrganism] 男 人体;[生]有機体;生物;組織;機関,機構 ▶ *organisme génétiquement modifié* 遺伝子組換え有機物[食品] [略 OGM]

organiste [ɔrganist] 名 オルガン奏者

organo- 接頭 「器官(の)」「有機(の)」の意

organogenèse [ɔrganoʒ(ə)nɛz], **organogénèse** [ɔrganoʒenez] 女 [医・生]器官形成[発生]

organologie [ɔrganɔlɔʒi] 女 [楽] 楽器研究

organomagnésien [ɔrganomaɲezjɛ̃] 男 [化] 有機マグネシウム ▶ *organomagnésiens mixtes* グリニャール試薬

organométallique [ɔrganometalik] 形 [化] 有機金属の

organophosphoré(e) [ɔrganofɔsfɔre] 形[男] [生化] 有機リン酸化合物[エステル](の)

organsin [ɔrgɑ̃sɛ̃] 男 [織](絹の)諸撚糸(もろよりいと)

orgasme [ɔrgasm] 男 [生理] オルガスム

orgasmique [ɔrgasmik], **orgastique** [ɔrgastik] 形 オルガスムの

orge [ɔrʒ] 女 [植] 大麦(おおむぎ) ▶ *sucre d'orge* [菓] 大麦糖

orgeat [ɔrʒa] 男 アーモンドシロップ (= *sirop d'~*)

orgelet [ɔrʒəlɛ] 男 [医] ものもらい,麦粒腫(ばくりゅうしゅ)腫

orgiaque [ɔrʒjak] 形 [文] 底抜け騒ぎの;(古代の)酒神[バッカス](祭)の

orgie [ɔrʒi] 女 ①乱痴気騒ぎ,不品行 ▶ *orgie de* あふれんばかりの…

orgue [ɔrg] 男 パイプオルガン ▶ *orgue de Barbarie* 手回しオルガン *point d'orgue* [楽] フェルマータ,延音記号

*orgueil** [ɔrgœj オルグイユ] 男 (英 arrogance) 高慢,慢心,思い上がり;誇り,自慢(の種)

orgueilleusement [ɔrgœjøzmɑ̃] 副 高慢にも,尊大に;誇らしげに

*orgueilleux(se)** [ɔrgœjø, -øz オルグイユー(ーズ)] 形 (英 arrogant) 高慢(傲慢);思い上がった;(…が)自慢の

(de) — 名 高慢な[思い上がった]人

*orient** [ɔrjɑ̃ オリヤン] 男 ①[O-] 東洋;(集)近東諸国,オリエント;[文] 東の空 ②真珠の光沢

orientable [ɔrjɑ̃tabl] 形 方向を変えられる

oriental(ale) [ɔrjɑ̃tal オリヤンタル] 形(男複 -aux[-o]) 東洋の,近東諸国の,オリエントの;東の — 名 [O-] 東洋人;近東諸国人

orientalisme [ɔrjɑ̃talism] 男 東洋学;東洋[オリエント]趣味

orientaliste [ɔrjɑ̃talist] 名 東洋(語)学者,東洋[オリエント]の画家[作家] — 形 東洋[オリエント]風趣味の

orientation [ɔrjɑ̃tasjɔ̃] 女 ①方向の決定;(進路)指導,オリエンテーション ▶ *orientation professionnelle* 職業指導 *orientation scolaire* 学習指導 ②(建物などの)向き,方角 ▶ *avoir le sens de l'orientation* 方向感覚がある

orienté(e) [ɔrjɑ̃te] 形 (<orienter)(…に)向けた,方向を定めた;ある傾向をもった ▶ *bien [mal] orienté* 向きのよい[悪い] *orienté au sud* 南向きの

*orienter** [ɔrjɑ̃te オリヤンテ] 他 (英 position)(…に)向ける,方向づける(vers);(人を…の方向に)導く,指導する(vers) — 代動 [s'~] ①自分の行くべき方向が決まる;(…の方向に)向かう(à, vers)

orienteur(se) [ɔrjɑ̃tœr, -øz] 名 [女性形は稀](進学・就職の)指導委員[員]

orifice [ɔrifis] 男 (管などの)口,穴

oriflamme [ɔriflam] 女 (装飾用の)旗,幟(のぼり)

origami [ɔrigami] 男 (<日) 折り紙

origan [ɔrigɑ̃] 男 [植] オレガノ,ハナハッカ

*originaire** [ɔriʒinɛr] 形 ①(…の)生まれの,出身の (de) ②最初からの,生まれつきの

originairement [ɔriʒinɛrmɑ̃] 副 本来は,もともと

*original(ale)** [ɔriʒinal オリジナル] 形(男複 -aux[-o]) ①(文献・絵画などがもとの),オリジナルの ②独創的な,個性的な ③風変わりな — 名 ①オリジナル,原型 ②(絵画・写真の)モデル;実物

originalement [ɔriʒinalmɑ̃] 副 独創的に;風変わりに

originalité [ɔriʒinalite] 女 独創性;新鮮味;風変わり,奇行

*origine** [ɔriʒin オリジヌ] 女 (英 origin) 始まり,起源;(出来事の)原因,出身,生まれ;由来;語源;発端,出発点;[数](座標の)原点 ▶ *à l'origine* は,そもそもは *avoir … pour origine* …を原因とする *dès origine* 初めから *d'origine* 出身の;原産の *d'origine*

originel(le) française フランス出身の ▶ *être à l'origine de* …の発端である ▶ *pays d'origine* 出身国; 原産国

originel(le) [ɔriʒinɛl] 形 原初の, もとの ▶ *péché originel* [宗] 原罪

originellement [ɔriʒinɛlmɑ̃] 副 本来, 初めから

orignal [ɔriɲal] 男 (複 -aux [-o]) [動] ムース【北米のヘラジカ】

orin [ɔrɛ̃] 男 [海] ブイロープ; 係留索

oripeaux [ɔripo] 男 (複) 趣味の悪い変わった服, すり切れたぼろ服

ORL 女 (略) oto-rhino-laryngologie 耳鼻咽喉科(学) ─ 名 oto-rhino-laryngologiste 耳鼻咽喉科(専門)医

Orléanais [ɔrleanɛ] 男 オルレネ, オルレアン地方【フランス中部の旧地方名】

orléanais(e) [ɔrleanɛ, -ɛz] 形 オルレアンの ─ 名 [O-] オルレアンの人

orléaniste [ɔrleanist] 名 [史] オルレアン家支持者, オルレアン派

Orléans [ɔrleɑ̃] オルレアン【Loiret 県の県庁所在地】

orlon [ɔrlɔ̃] 男 オーロン【アクリル系繊維】

Orly [ɔrli] オルリー【パリの南, Val-de-Marne 県の都市; 国際空港がある】

ormaie [ɔrmɛ] 女 ニレ林

orme [ɔrm] 男 [植] ニレ(材)

ormeau¹ [ɔrmo] 男 (複 ~x) [植] ニレの若木

ormeau² [ɔrmo] 男 [動] アワビ(類)

Orne [ɔrn] 女 ①[l'~] オルヌ川 ②オルヌ県【フランス北部】

orne [ɔrn] 男 [植] マンナトネリコ, マンナの木

orné(e) [ɔrne] 形 (…で)飾られた, 装飾が施された (de)

ornemaniste [ɔrnəmanist] 名 (室内装飾物を作る)装飾(画)工, 装飾彫刻師

ornement [ɔrnəmɑ̃] 男 ①装飾, 飾り; [楽] 装飾音 ▶ *plante d'ornement* 観賞植物 ②(複)[カト] 祭服

ornemental(ale) [ɔrnəmɑ̃tal] 形 (男複 -aux [-o]) 装飾用の

ornementation [ɔrnəmɑ̃tasjɔ̃] 女 装飾(の仕方), 飾り

ornementer [ɔrnəmɑ̃te] 他 装飾を施す

*****orner** [ɔrne オルネ] 他 (英 decorate) (…で)飾る (de, avec);美化する

ornière [ɔrnjɛr] 女 轍(わだち), 溝;因習, 古い考え

ornitho- [接頭] (<ギ)「鳥」の意

ornithologie [ɔrnitɔlɔʒi] 女 鳥類学

ornithologique [ɔrnitɔlɔʒik] 形 鳥類学の

ornithologiste [ɔrnitɔlɔʒist], **ornithologue** [ɔrnitɔlɔg] 名 鳥類学者

ornithorynque [ɔrnitɔrɛ̃k] 男 [動]

カモノハシ

oro- [接頭] (<ギ)「山」の意

orobanche [ɔrɔbɑ̃ʃ] 女 [植] ハマウツボ

orogenèse [ɔrɔʒənɛz] 女 [地] 造山運動作用

orogénique [ɔrɔʒenik] 形 [地] 造山作用の

orographie [ɔrɔgrafi] 女 山地地形学[誌], 山岳学[誌]

orographique [ɔrɔgrafik] 形 山地地形学の

oronge [ɔrɔ̃ʒ] 女 [植] セイヨウタマゴタケ ▶ *fausse oronge* ベニテングタケ

oropharynx [ɔrɔfarɛ̃ks] 男 [解] 中咽頭

orpailleur [ɔrpajœr] 男 砂金採取[採集]者

Orphée [ɔrfe] [ギ神] オルフェウス【詩人で竪琴(名手)の名手】

*****orphelin(e)** [ɔrfəlɛ̃, -in オルフラン(リーヌ)] 形名 (英 orphan) 孤児(の), (片)親のない ▶ *orphelin de père [mère]* 父親[母親]のいない子

orphelinat [ɔrfəlina] 男 孤児院

orphéon [ɔrfeɔ̃] 男 ①ブラスバンド; 吹奏楽団 ②(古)(男性の)合唱団; 楽団

orphéoniste [ɔrfeɔnist] 名 吹奏楽団員

orphie [ɔrfi] 女 [魚] ダツ

orphique [ɔrfik] 形 オルフェウス(教[派])の ─ 名 オルフェウス教徒

orphisme [ɔrfism] 男 (古代ギリシアの)オルフェウス教; オルフェウス派の教理

orpiment [ɔrpimɑ̃] 男 [鉱] 雄黄(ゅうおう), 石黄

Orsay [ɔrsɛ] ▶ *Musée d'Orsay* (パリの)オルセー美術館

ORSEC 女 (略) Organisation des secours (県単位の)災害救助組織 ▶ *plan ORSEC* (自然災害の)災害救助プラン ▶ *plan ORSEC-RAD* (原子力事故の)災害救助プラン

*****orteil** [ɔrtɛj] 男 足指 ▶ *gros orteil* 足の親指

orth(o)- [接頭] (<ギ)「真」「正」の意

orthocentre [ɔrtɔsɑ̃tr] 男 [数] 垂心

orthodontie [ɔrtɔdɔ̃(t)i] 女 歯列矯正(術)

orthodontiste [ɔrtɔdɔ̃tist] 名 歯列矯正医

orthodoxe [ɔrtɔdɔks] 形 正統の; 伝統的な ▶ *pas très orthodoxe* (方法が)真っ当でない ─ 名 [宗] ①正統派 ②ギリシア正教徒

orthodoxie [ɔrtɔdɔksi] 女 正統(性), 主流

orthodromie [ɔrtɔdrɔmi] 女 (船や飛行機の)大圏航法[航路], 大円距離

orthodromique [ɔrtɔdrɔmik, ɔrtɔdromik] 形 大圏航法[航路]の, 大円

orthogénie [ɔrtɔʒeni] 女 計画出産, 産児制限

orthogénisme [ɔrtɔʒenism] 男 計画出産学[研究]

orthogonal(ale) [ɔrtɔgɔnal] 形 (男複 -aux[-o]) 〖数〗直交の, 直角の

orthogonalement [ɔrtɔgɔnalmɑ̃] 副 直角に

*__orthographe__ [ɔrtɔgraf] オルトグラフ 女 (語の)綴(つづ)り, スペル, 正書法, 綴字(てつじ)法

orthographier [ɔrtɔgrafje] 他 (正書法で語・文字を)綴(つづ)る — 代動 [s'~] (語・文字が)綴られる

orthographique [ɔrtɔgrafik] 形 綴字(てつじ)(法)の

orthonormé(e) [ɔrtɔnɔrme] 形 〖数〗(ベクトルなどが)正規直交の

orthopédie [ɔrtɔpedi] 女 整形外科(学)

orthopédique [ɔrtɔpedik] 形 整形外科の

orthopédiste [ɔrtɔpedist] 名形 整形外科医(の); 整形外科器具製造[販売]業者(の)

orthophonie [ɔrtɔfɔni] 女 〖音声〗正音法, 発音矯正; 〖医〗言語障害治療

orthophonique [ɔrtɔfɔnik] 形 〖音声〗正音法の, 発音矯正の; 〖医〗言語障害治療の

orthophoniste [ɔrtɔfɔnist] 名 発音矯正士; 〖医〗言語障害治療士

orthopnée [ɔrtɔpne] 女 〖医〗起座呼吸

orthoptère [ɔrtɔptɛr] 男 (複)〖虫〗バッタ目, 直翅(ちょくし)目 (複)

orthoptie [ɔrtɔpsi], **orthoptique** [ɔrtɔptik] 女 〖医〗両眼視[斜視]矯正術[訓練]

orthoptiste [ɔrtɔptist] 名 両眼視[斜視]矯正士

orthosympathique [ɔrtɔsɛ̃patik] 形 〖解〗交感神経の

ortie [ɔrti] 女 〖植〗イラクサ ▶*ortie de mer* 〖動〗イソギンチャク

ortolan [ɔrtɔlɑ̃] 男 〖鳥〗ズアオホオジロ

orvet [ɔrvɛ] 男 〖動〗アシナシトカゲ

orviétan [ɔrvjetɑ̃] 男 〘古〙いんちき特効薬

O.S. 〘略〙 ouvrier spécialisé 単能工, 一般工

*__os__ [ɔs 複 o, オス] 男 (複 不変[o]) (人体の)骨; (複)骸骨, 遺骨 ▶*jusqu'à l'os* 〘話〙徹底的に; *os à mœlle* 骨付き肉 *os de seiche* イカの甲羅 *tomber sur un os* 思わぬ障害[難題]にぶつかる

oscar [ɔskar] 男 〖映〗(アメリカの)アカデミー賞; (各種コンクールで与えられる)賞

oscillant(e) [ɔsilɑ̃, -ɑ̃t] 形 振動する, 揺れ動く; 迷う, 不安定な

oscillateur [ɔsilatœr] 男 発振器, 振動子

oscillation [ɔsilasjɔ̃] 女 (横)揺れ, 振動; 変動

oscillatoire [ɔsilatwar] 形 振動の

osciller [ɔsile] 自 (ものが)振動する; (人間が2つの間で)揺れ動く, ためらう 《entre》

oscillographe [ɔsilɔgraf] 男 〖物〗オシログラフ, 振動記録器

oscillomètre [ɔsilɔmɛtr] 男 オシロメーター, 振動計

osculateur(trice) [ɔskylatœr, -tris] 形 〖数〗接触する ▶*cercle osculateur* 接触円

osé(e) [oze] 形 (< oser) 大胆な, 果敢な; ずうずうしい; あからさまな, みだらな

oseille [ozɛj] 女 ①〖植〗スカンポ, スイバ ②〘俗〙(金)銭

*__oser__ [oze オゼ] 他 (英 dare) ① [不定詞とともに] 思い切って[あえて]…する; ずうずうしくも…する ▶*J'ose espérer que…* 僭越ながら…を期待致します *si j'ose dire* あえて言うなら ② 〘文〙思い切って…をする — 代動 思い切って…する

oseraie [ozrɛ] 女 柳の林, 柳の植え込み

osier [ozje] 男 〖植〗柳, 柳の(細)枝.

Oslo [ɔslo] 〖ノルウェーの首都〗

osmium [ɔsmjɔm] 男 〖化〗オスミウム

osmose [ɔsmoz] 女 〖物〗浸透; 相互浸透, 影響

osmotique [ɔsmɔtik] 形 〖物〗浸透の

ossature [ɔsatyr] 女 〘集合的〙骨, 骨格; (建物・組織・作品の)骨組み

osselets [ɔslɛ] 男 (複) ▶*osselets de l'oreille* 〖解〗耳小(じしょう)骨 ② ▶*jouer aux osselets* お手玉遊びをする

ossements [ɔsmɑ̃] 男 (複) 骸骨

osseux(se) [ɔsø, -øz] 形 骨の; 骨ばった, 痩せこけた

ossification [ɔsifikasjɔ̃] 女 〖医〗骨化

ossifier [ɔsifje] 代動 [s'~] 〖医〗骨化する

osso buco [ɔsobuko] 男 〘不変〙 (< イ) 〖料〗オッソブーコ〖骨付きの子牛のすね肉の蒸し煮〗

ossu(e) [ɔsy] 形 〘文〙骨太の

ossuaire [ɔsyɛr] 男 骨[骸骨]の山; 納骨堂

ostéalgie [ɔsteal ʒi] 女 〖医〗骨痛

ostéite [ɔsteit] 女 〖医〗骨炎

ostensible [ɔstɑ̃sibl] 形 これ見よがしの, あからさまな

ostensiblement [ɔstɑ̃sibləmɑ̃] 副 これ見よがしに, 公然と, 無遠慮に

ostensoir [ɔstɑ̃swar] 男 〖カト〗聖体顕示台

ostentateur(trice) [ɔstɑ̃tatœr, -tris] 形 見せびらかす, これ見よがしの

ostentation [ɔstɑ̃tasjɔ̃] 女 見せびらかし, 誇示

ostentatoire [ɔstɑ̃tatwar] 形 〘文〙見せびらかしの, これ見よがしの

osté(o)- [接頭]《(ギ)》「骨」の意

ostéoblaste [ɔsteɔblast] 男 [生] 造骨細胞

ostéogenèse [ɔsteɔ ʒ(ə) nez] 女 [生] 骨(う)形成

ostéologie [ɔsteɔlɔʒi] 女 [解] 骨学

ostéologique [ɔsteɔlɔʒik] 形 骨学の

ostéomyélite [ɔsteɔmjelit] 女 [医] 骨髄炎

ostéopathe [ɔsteɔpat] 男 整骨医

ostéopathie [ɔsteɔpati] 女 ①骨障害 ②整骨

ostéophyte [ɔsteɔfit] 男 [医] 骨棘(きょく)

ostéoplastie [ɔsteɔplasti] 女 [医] 骨形成(術)

ostéoporose [ɔsteɔpoʁoz] 女 [医] 骨粗鬆(そしょう)症

ostéosarcome [ɔsteɔsaʁkom] 男 [医] 骨肉腫

ostéotomie [ɔsteɔtɔmi] 女 [医] 骨切り術

ostracisme [ɔstʁasism] 男 (組織からの)追放, 排斥

ostréi- [接頭]《(ラ)》「牡蠣(かき)」の意

ostréicole [ɔstʁeikɔl] 形 牡蠣の養殖の

ostréiculteur(trice) [ɔstʁeikyltœʁ, -tʁis] 名 牡蠣(かき)養殖業者

ostréiculture [ɔstʁeikyltyʁ] 女 牡蠣(かき)養殖

ostrogoth(e) [ɔstʁɔgo, -ɔt] 形 東ゴート人の —名 ①[O-] 東ゴート人 ②《話》がさつな人間, 無作法者, 変わり者

*__otage__ [ɔtaʒ オタージュ] 男 人質 ▶prendre ... en otage (人)を人質にとる

otalgie [ɔtalʒi] 女 [医] 耳痛

OTAN [ɔtɑ̃] (略) 《英 NATO》 Organisation du Traité de l'Atlantique Nord 北大西洋条約機構

otarie [ɔtaʁi] 女 [動] アシカ, オットセイ

ôté [ote] 前 …を除けば, …以外は

*__ôter__ [ote オテ] 他 《英 take off, remove》 取り除く, どける; (身につけているものを)脱ぐ, 外す ▶ôter A de [à] B B からAを取り除く, どける; (…を)頭から追い払う《de》 —[代動] s'~ どく

ot(i)-, ot(o)- [接頭]《(ギ)》「耳」の意

otite [ɔtit] 女 [医] (中)耳炎

otocyon [ɔtɔsjɔ̃] 男 [動] オオミミギツネ

oto-rhino-laryngologie [ɔtɔʁinɔlaʁɛ̃gɔlɔʒi] 女 耳鼻咽喉(いんこう)科(学) 【略 ORL】

oto-rhino-laryngologiste [ɔtɔʁinɔlaʁɛ̃gɔlɔʒist] 名 耳鼻咽喉(いんこう)科(専門)医 【略 ORL, oto-rhino】

otorragie [ɔtɔʁaʒi] 女 耳出血

otorr(h)ée [ɔtɔʁe] 女 [医] 耳だれ, 耳漏

Ottawa [ɔt(t)awa] オタワ《カナダの首都》

ottoman(e) [ɔtɔmɑ̃, -an] 形 オスマン-トルコ帝国の —名 [O-] オスマン-トルコ族 ▶Empire turc des Ottomans [l'~] (1299~1922)

*__ou__ [u ウ] 接 《英 or》 [[A ou B] AまたはB, AかB; [命令文の後で]] さもないと ▶ou (bien) A ou (bien) B AであろうとBであろう Ou c'est elle, ou c'est moi 彼女か, さもなくば私か!

*__où__ [u ウ] 副 (疑問) (関係)《英 where》 ①[疑問副詞]どこに, どこへ ▶d'où どこから —D'où viens-tu? どこから来たの; 出身はどこ? jusqu'où どこまで Où en êtes-vous? どこまで進んだの Où vas-tu? どこ行くの ②[関係副詞](場所)そこで…する(ところの)
— 代 (関係) …するところへ[に] ▶d'où どこから —d'où ma méfiance それで私は不審に思っているのだ / D'où on conclut que …以上から…という結論を下します la ville où j'habite 私が住んでいる町 le jour où je l'ai rencontré 私が彼と会った日 Où je pense! 《話》どこか, あそこ où que vous alliez あなたがどこへ行こうとも

OUA (略) 《英 OAU》 Organisation de l'Unité africaine アフリカ統一機構 [1963~2002; アフリカ連合(UA)の前身]

ouah [wa] 間 《話》うわぁ!, ああ!《驚嘆・喜びなどを表す》

ouailles [waj] 女 《複》《集合的》(キリスト教の)信者

ouais [wɛ] 副 《< 擬音》《英 yeah》《話・皮肉・疑いを表す》へえ, そうかね; [oui 口語形]ああ

ouate [wat] 女 脱脂綿, 衛生綿; 綿, 真綿

ouaté(e) [wate] 形 《< ouater》 綿でくるまれた; 居心地のよい; (音が)かすかな

ouater [wate] 他 (衣類・寝具に)綿を詰める

ouatine [watin] 女 キルティング(生地)

ouatiné(e) [watine] 形 キルティング生地で裏をつけた

*__oubli__ [ubli ウブリ] 男 忘れること, 忘却; 無視, 軽視 ▶oubli de soi 無私無欲, 自己犠牲 tomber dans l'oubli 忘れられる

*__oublier__ [ublije ウブリエ] 他 《英 forget》 忘れる; [~ de (que)…] …することを忘れる; (…を)なおざりにする; (人のことに)構わない; (ものごとを)気にとめない ▶se faire oublier ほとぼりがさめるのを待つ — [代動] s'~ ① 忘れられる, 消える ② 我を忘れる, かっとなる ③ 《話》(子供・病人・動物が)粗相(そそう)する

*__oubliette__ [ublijɛt] 女 《複》地下牢, (城塞の)落とし穴 ▶jeter ... aux oubliettes …を棚上げにする

oublieux(se) [ublijø, -øz] 形 《古》忘れっぽい; (…を)忘れる, おろそかにする《de》

oued [wɛd] 男 《〈アラビア〉水なし川, ワジ》[雨季にしか水の流れない北アフリカ砂漠の川]

Ouessant [wɛsɑ̃] ウエッサン【ブルターニュ半島の沖にある島】

*****ouest** [wɛst 英 west] 男 西;[l'O.] フランス西部(地方); 西側諸国 ── 形 《不変》西の ▶**à l'ouest** (…の)西に《de》 **vent d'ouest** [le ~]西風

ouest-allemand(e) [westalmɑ̃, -ɑ̃d] 形 (旧)西ドイツの ── 名 [O-A-](旧)西ドイツ人

ouf [uf ウフ] 間 《〈振音〉ふう, やれやれ

Ouganda [ugɑ̃da] 男 ウガンダ【東アフリカ中央部の国】

ougandais(e) [ugɑ̃dɛ, -ɛz] 形 名 [O-]ウガンダの人

*****oui** [wi ウィ] 副 《〈英 yes〉(肯定の答え)はい, ええ《否定疑問に対し肯定で答える場合は si》;《強調して》もちろんです〔Mais oui. Oui, bien sûr の意で用いる〕;《念・勧誘・だめ押し・接続》…ですよね ▶**Ah oui?** 本当? **faire oui de la tête** (承認として)うなずく **Je pense que oui.** そう思う **Mais oui. Bien sûr que oui.** もちろんだとも **Oui et non.** どちらとも言えない **Oui ou merde?** 《話》どっちなのはっきりしろ! **Oui ou non?** どっちなの ── 男 《不変》[リエゾンもエリジオンもしない]「はい」と言う(承知する), 肯定, 承認 ▶**dire oui pour un non** 何かにつけて

ouï …⇨**ouïr**

ouï-dire [widir] 男 《不変》うわさ, 風のたより ▶**par ouï-dire** うわさで

ouïe [wi] 女 ①聴覚 ▶**avoir l'ouïe fine** 耳がいい **être tout ouïe** 《話》熱心に耳を傾ける ②《複》(魚の)えら ③《複》(バイオリンなどの)響き孔, f 字孔

ouïgour, ouïghour [uigur] 形名 〈トルコ〉ウイグル(語)の

ouille [uj] 間 (痛みを表す)いたっ, いてっ

ouillère, ouillière [ujɛr] 女 《農》(ブドウの)株間

ouïr [wir] 他 《不定詞および過去分詞形のみ》《古》聞く ▶**j'ai ouï dire que** …とのうわさを聞いた

ouistiti [wistiti] 男 《動》キヌザル【中南米にすむ猿】 ▶**drôle de ouistiti** [un ~] 《話》変わったやつ

oukase [ukaz] 男 《〈ロシア〉至上命令

ouléma [ulemɑ] 男 =**uléma**

ouolof [wɔlɔf] 男 ウォロフ語

ouragan [uragɑ̃] 男 暴風雨, 嵐, ハリケーン, 《嵐のような》激しさ

Oural [ural] 男 ウラル山脈; [l' ~]ウラル川

ouralien(ne) [uraljɛ̃, -ɛn] 形 ウラルの; ウラル語族の; ウラル地方の ── 男 ウラル語族

ouralo-altaïque [uralɔaltaik] 形 ウラル・アルタイ語族の

ourdir [urdir] 他 33 ①《文》(陰謀などを)たくらむ ②《織》(織る前に縦糸を)揃える; 織る

ourdissage [urdisaʒ] 男 《織》整経, 縦糸揃え

ourdisseur(se) [urdisœr, -øz] 名 縦糸揃え工

ourdissoir [urdiswar] 男 整経機; 縦糸巻台

ourdou [urdu] 男 《不変》(パキスタンの)ウルドゥー語

ourlé(e) [urle] 形 縁をかがった

ourler [urle] 他 (ハンカチなど)縁取る; 縁縫いする

ourlet [urlɛ] 男 縁の折り返し

ourlien(ne) [urljɛ̃, -ɛn] 形 《医》おたふく風邪の, 流行性耳下(2)腺炎の

*****ours** [urs ウルス] 男 《動》クマ; クマの縫いぐるみ《~ en peluche》; 人つきあいの悪い人 ▶**avoir ses ours** 《話》月経がある **ours blanc** [**polaire**] シロクマ **ours brun** ヒグマ

ourse [urs] 女 めす熊, 母熊 ▶**Grande** [**Petite**] **Ourse** [[la ~]] 《天》大熊[小熊]座

oursin [ursɛ̃] 男 《動》ウニ ▶**avoir des oursins dans la poche** 《話》とてもけちである

ourson [ursɔ̃] 男 子熊

oust(e) [ust] 間 《話・追い出したりや促すときのかけ声》それ, さあさあ(= allez ~)

out [aut] 副 《〈英》《テニス》アウトになった ── 形 《不変》①《テニス》(ボール)のラインの外側に出た ②《話》流行[時代]遅れの

outarde [utard] 女 《鳥》ノガン(類)

*****outil** [uti ウティ 英 tool] 男 (英 tool) 道具, 工具; 用具

*****outillage** [utijaʒ ウティヤージュ] 男 道具一式; 機械設備; 装備

outillé(e) [utije] 形 《⇔outiller》設備[道具]を備えた

outiller [utije] 他 (…に)必要な設備[道具]をそろえる

outlaw [awtlo] 男 《〈英》無法者

outrage [utraʒ] 男 ひどい侮辱; 《法》侮辱罪; 違反, 背反 ▶**faire subir les derniers outrages à** …《文》…(女性)を陵辱する **outrage à la pudeur** (公然)猥褻(⑻)罪 **outrage à magistrat** 法廷侮辱罪 **outrages du temps** 《文》(年を重ねて)容色・健康が衰えること

outrageant(e) [utraʒɑ̃, -ɑ̃t] 形 侮辱的な, 無礼な

outrager [utraʒe] 他 40 (人を)ひどく侮辱する;(法や良識に)(違)反する, 背く

outrageusement [utraʒøzmɑ̃]

outrageux(se) [utraʒø, -øz] 形 度を超した，極端な

outrance [utrɑ̃s] 女 過度，行き過ぎ；誇張した表現 ►**à outrance** 過度に；徹底的に

outrancier(ère) [utrɑ̃sje, -ɛr] 形 過度の，極端な

outre¹ [utr] 女 (液体を入れる)革袋

*__outre²__ [utr] 前 (英 besides) …に加えて，…以外に ►**outre mesure** 非常に ►**outre que** …のみならず，さらに もっと遠くへ ►**en outre** そのうえ，さらに ►**passer outre** à (反対・規則などを)無視する

outre- 接頭「…の向こうに」の意

outré(e) [utre] 形 ①(＜outrer) 度の過ぎた，極端な ②(…に)憤慨した(de, par)

outre-Atlantique [utratlɑ̃tik] 副 大西洋の向こうで，アメリカで

outrecuidance [utrəkɥidɑ̃s] 女 (文)うぬぼれ；傲(ゴウ)慢さ，ずうずうしさ

outrecuidant(e) [utrəkɥidɑ̃, -ɑ̃t] 形 (文)うぬぼれの強い(人)；傲(ゴウ)慢な(人)

outremer [utrəmɛr] 男 ①(鉱)ラピスラズリ ②群青(ジョウ)色，ウルトラマリン —— 形 (不変) 群青色の

outre-mer [utrəmɛr] 副 (フランスからみて)海外に ►**départements d'outre-mer** 海外県 [略 DOM] ►**territoires d'outre-mer** 海外領土 [略 TOM] ⇒DOM・TOM

outrepassé(e) [utrəpɑse] 形 (＜outrepasser) (建) 馬踏(フミ)形の

outrepasser [utrəpɑse] 他 (限界を)越える

outrer [utre] 他 (ものごとを)誇張する；(人を)憤慨させる

outre-Rhin [utrərɛ̃] 副 ライン川の川向こうで，ドイツで

outre-tombe [utrətɔ̃b] 副 死後に

outsider [autsajdœr, utsidɛr] 男 (＜英) (競馬や選挙での)ダークホース

*__ouvert(e)__ [uvɛr, -ɛrt ウヴェール(ト)] 形 (＜ouvrir) (英 open) ①あいている，開いた；(文法)開音の；公開中の，営業中の；開始されている ②開放的な，率直な；(考え方が)柔軟な，寛容な；あからさまな；(スポーツ)参加資格を問わない

ouvertement [uvɛrtəmɑ̃] 副 率直に，隠さずに，公然と

*__ouverture__ [uvɛrtyr ウヴェルテュール] 女 (英 opening) ①あけること，開くこと；始めること；開始；(複)交渉の開始，申し入れ，提案 ►**cérémonie d'ouverture** 開会式 **ouverture de la chasse** 狩猟解禁 ②(楽)序曲 ③開き，すき間，穴；(角度の)開き；(ラグビー)オープン攻撃 ④(異質なものに対する)柔軟な態度，歩み寄り ►**ouverture d'esprit** 広い理解力

ouvrable [uvrabl] 形 ►**heures ouvrables** 就業時間 **jour ouvrable** 就業日，平日

*__ouvrage__ [uvraʒ ウヴラージュ] 男 (英work) 仕事；作品，著作，書物；手芸(品)；工具品；構築物，要塞 ►**ouvrage de référence** 参考図書 **se mettre à l'ouvrage** 仕事に取りかかる ►**de la belle ouvrage** (俗) 見事な出来事

ouvragé(e) [uvraʒe] 形 精巧な細工の，念入りに仕上げた

ouvrager [uvraʒe] 他 40 (文) 細工を施す

ouvrai ..., ouvre ... ⇒ouvrir

ouvrant(e) [uvrɑ̃, -ɑ̃t] 形 開く ►**toit ouvrant** (自動車の)サンルーフ

ouvré(e) [uvre] 形 (＜ouvrer) 加工された(した) ►**jour ouvré** 就業日

ouvre-boîtes [uvrəbwat] 男 (不変) 缶切り

ouvre-bouteilles [uvrəbutɛj] 男 (不変) 栓抜き

ouvrer [uvre] 他 加工する，細工する

ouvreur(se) [uvrœr, -øz] 名 (劇場・映画館の)案内係(女性が多い)

ouvri¹ ... ⇒ouvrir

*__ouvrier(ère)__ [uvrije, -ɛr ウヴリエ(ール)] 名 (英 worker) 労働者，工員；(又) 職人 ►**ouvrier agricole** 農業労働者 **ouvrier qualifié** 熟練工 [略 OQ] **ouvrier spécialisé** 単能工，一般工 [略 OS] —— 形 労働者の ►**classe ouvrière** 労働者階級 —— 形 働きバチ[アリ]

ouvriérisme [uvrijerism] 男 労働者至上主義

ouvriériste [uvrijerist] 形名 労働者至上主義の(者)

*__ouvrir__ [uvrir ウヴリール] 他 46 (英open, begin) あける，開く；広げる；切開する；開設する，開設する；開始する；(電気器具などの)スイッチを入れる，つける；(食欲を)そそる ►**l'ouvrir** (話) 話す ►**ouvrir l'appétit à** (人)の食欲を刺激する **ouvrir le feu** 射撃を始める；火ぶたを切る **ouvrir l'œil** 目を開かせる —— 自 (戸などが)開く，あく；(トランプ)ゲームを始める —— 代動 (s'~) (会議などが)始まる；(…に)心を開く，(…に)関心をもつ，目覚める(à)；(…に)開き始める ►**s'ouvrir le genou** ひざをけがする **s'ouvrir les veines** 手首を切る

ouvroir [uvrwar] 男 (女子修道院などの)共同作業室，裁縫室

ouvrons [uvrɔ̃] ouvrir の直(命)・現・1・複

ouzbek [uzbɛk] 形 ウズベキスタン(人)の —— 名 [O-] ウズベキスタン人 —— 男 ウズベク語

Ouzbékistan [uzbekistɑ̃] 男 ウズベキスタン

ouzo [uzo] 男 ウーゾ【ギリシアのアニス風味リキュール】

ovaire [ɔvɛr] 男 ①[解] 卵巣 ②[植] 子房

ovale [ɔval] 形 卵形(の), 楕円形(の)

ovarien(ne) [ɔvarjɛ̃, -ɛn] 形 ①[解] 卵巣の ②[植] 子房の

ovation [ɔvasjɔ̃] 女 熱烈な歓迎, 喝采(さい) ▶faire une ovation à (人)を熱烈に歓迎する

ovationner [ɔvasjɔne] 他 熱烈に歓迎する

ove [ɔv] 男 [建築・金細工の]卵形装飾

ové(e) [ɔve] 形 卵形の

overdose [ɔvœɛdɔz] 女 (＜英)[麻薬などの]致死量; 過多, やりすぎ

overdrive [ɔvœrdrajv] 男 (＜英)[ギアの]オーバードライブ

ovibos [ɔvibɔs] 男 [動] ジャコウウシ (= bœuf musqué)

oviducte [ɔvidykt] 男 [解] 卵管, 輸卵管

ovin(e) [ɔvɛ̃, -in] 形 羊の — 男 [複] [動] ヒツジ類亜科

ovinés [ɔvine] 男[複] = ovins

ovipare [ɔvipar] 形 [生] 卵生の — 男[複] 卵生動物

oviparité [ɔviparite] 女 [動] 卵生

OVNI [ɔvni] (略) (英 UFO) objet volant non identifié 未確認飛行物体

ovo-, ovi- [接頭] (＜ギ)「卵」の意

ovocyte [ɔvɔsit] 男 [生] 卵母細胞 (= oocyte)

ovoïde [ɔvɔid] 形 卵形の

ovovivipare [ɔvovivipar] 形 [生] 卵胎生の — 男[複] 卵胎生動物

ovoviviparité [ɔvoviviparite] 女 [動] 卵胎生

ovulaire [ɔvylɛr] 形 ①卵子の ②胚珠の

ovulation [ɔvylasjɔ̃] 女 排卵

ovulatoire [ɔvylatwar] 形 排卵の

ovule [ɔvyl] 男 ①[生] 卵(子), 卵細胞 ②[植] 胚珠(はいしゅ)

ovuler [ɔvyle] 自 排卵する

oxacide [ɔksasid] 男 [化] オキソ酸, 酸素酸

oxalide [ɔksalid] 女, **oxalis** [ɔksalis] 男 [植] カタバミ(属)

oxalique [ɔksalik] 形 ▶acide oxalique [化] 蓚(しゅう)酸

oxford [ɔksfɔr(d)] 男 オクスフォード【斜子(ななこ)組織の高級な綿織物】

oxhydrique [ɔksidrik] 形 [化] 水素と酸素の混じた, 酸水素の

ox(y)-, oxyd- [接頭] (＜ギ)「酸」の意

oxycarbone [ɔksikarbɔne] 形 一酸化炭素と結合した

oxydable [ɔksidabl] 形 酸化する[される]ことの

oxydant(e) [ɔksidɑ̃, -ɑ̃t] 形 酸化作用のある, 酸化させる — 男 酸化剤

oxydation [ɔksidasjɔ̃] 女 [化] 酸化(作用)

oxyde [ɔksid] 男 [化] 酸化物 ▶oxyde de carbone 一酸化炭素

oxyder [ɔkside] 他 酸化させる, さびつかせる — 代動 (s'~) 酸化する, さびる

oxygénation [ɔksiʒenasjɔ̃] 女 [化] 酸素添加(供給); (頭髪の脱色などの)オキシフル処理

****oxygène** [ɔksiʒɛn] オクスィジェヌ 男 酸素, きれいな空気 ▶ballon d'oxygène 酸素ボンベ【呼吸器用】

oxygéné(e) [ɔksiʒene] 形 酸素を含んだ; オキシフルで脱色した ▶eau oxygénée 過酸化水素水

oxygéner [ɔksiʒene] 他 ①酸素添加する, 酸化させる ②(髪を)オキシフルで脱色する — 代動 (s'~) (話) きれいな空気を吸う (= ~ les poumons)

oxymel [ɔksimɛl] 名 オキシメル, 酢蜜【5分の1水に酢と蜜を加えたもの】

oxymore [ɔksimɔr], **oxymoron** [ɔksimɔrɔ̃] 男 [修] 撞着(どうちゃく)語法, 矛盾形容 [un silence éloquent (雄弁なる沈黙)など]

oxyton [ɔksitɔ̃] 男 [言] オクシトン【最後の音節に強勢がある語】

oxyure [ɔksijyr] 男 [動] ギョウチュウ

oyat [ɔja] 男 [植] ビーチグラス

ozalid [ɔzalid] 男 [印] 青焼きプリント

ozone [ɔzɔn] 男 [化] オゾン ▶couche d'ozone オゾン層

ozonisation [ɔzɔnizasjɔ̃] 女 酸素のオゾン化; 水のオゾン殺菌

ozoniser [ɔzɔnize] 他 [化] (水などを)オゾン処理する

ozonosphère [ɔzɔnɔsfɛr, ɔzɔsfɛr] 女 オゾン層

P

P¹, p [pe] 男 (不変) フランス字母の第16字

P²,p (略) ①[p] パーキング ②passable (成績ふ)可 ③pièce 部屋 ④[P.] Père 神父 ⑤[楽] piano ピアノ ⑥page ページ ⑦pour → p. 100 パーセント

Pa (略) pascal(s) [物] パスカル【圧力の国際単位】

PAC (略) politique agricole commune (EU)の共通農業政策

PACA, Paca [paka] (略) Provence-Alpes-Côte d'Azur プロバンス・アルブ・コート⟨ダジュール地域圏, パカ地域圏

pacage [pakaʒ] 男 放牧, 飼育; 牧場, 牧草地

pacager [pakaʒe] 他 放牧する

pace(-)maker [pesmekœr] 男 (＜英)[医] 心臓ペースメーカー

pacha [paʃa] 男 ①パシャ【オスマン・ト

pachto ルコ帝国の高官・地方総督 ▸ **mener une vie de pacha** (話) 豪奢な生活を送る ②(軍)(俗)艦長

pachto [paʃto] 男 (アフガニスタンの)パシュトゥー語

pachyderme [paʃidɛrm] 男 象; (複)厚皮動物

pacificateur(trice) [pasifikatœr, -tris] 形 名 平和をもたらす(人), 調停する(人)

pacification [pasifikasjɔ̃] 女 平定すること; 仲裁, 調停, 和解

pacifier [pasifje] 他 平和にする, 平定する; (人心を)鎮める

*__pacifique__ [pasifik パスィフィク] 形 (英 pacific) 平和的な, 平和な ―― 男 [le P.-] 太平洋(= l'Océan P.-)

pacifiquement [pasifikmɑ̃] 副 平和に, 穏やかに武力によらずに

pacifisme [pasifism] 男 平和(穏健(%))主義

pacifiste [pasifist] 形 名 平和(穏健(%))主義の(者)

pack [pak] 男 (<英) ①(瓶などの)パック, カートン, 小型のボール箱 ②(ラグビー)(集合的)フォワード

package [paka(d)ʒ, pakɛdʒ] 男 (<英)(情報)パッケージ(ソフト)

packaging [paka(d)ʒiŋ, pakɛ-(d)ʒiŋ] 男 (<英) 包装

pacotille [pakɔtij] 女 (集合的)粗悪品, 安物 ▸ **de pacotille** 粗悪な, 安物の

Pacs [paks] (略) pacte civil de solidarité 連帯民事協約(婚外同棲者(同性愛者も含む)に一定の民法上の権利を認める民事契約)

pacser [pakse] 他 ▸ **être pacsé** 連帯民事協約(pacs)を結んでいる ―― 代動 [se ~] (人と)連帯民事協約を結ぶ (avec)

pacson, paqson, paxon [paksɔ̃] 男 (俗)包み

pacte [pakt] 男 条約(文書), 協定; 契約(書)

pactiser [paktize] 自 (…と)妥協する; 手を組む (avec)

pactole [paktɔl] 男 宝庫, 財源; 金のなる木

paddock [padɔk] 男 ①(競馬場の)パドック, 下見用の囲い地 ②(話)ベッド

paddy [padi] 男 (不変) ①(英)籾(%), 脱穀していない米

paella [pae(l)ja, paela] 女 (<スペ料)パエリヤ

paf¹ [paf] 間 どすん, ばたん, ぱん, ぱちん(落ちたり, たたいてでる衝撃音)

paf² [paf] 形 (不変)(話)酔った

pagaie [pagɛ] 女 (カヌー・丸木舟の)櫂(%), パドル

pagaille, pagaïe [pagaj] 女 (話)乱雑, 滅茶苦茶 ▸ **en pagaille** たくさん; 乱雑に

pagailleur(se) [pagajœr, -øz] 形 雑な

paganiser [paganize] 他 異教(徒)化する

paganisme [paganism] 男 (キリスト教にとっての)異教; (集合的)異教徒

pagayer [pageje] 自 (カヌー・丸木舟の)櫂(%)を操る

pagayeur(se) [pagejœr, -øz] 名 (丸木舟などを)漕(%)ぐ人

*__page¹__ [paʒ パージュ] 女 (英 page) ページ, (ページの裏表の)1枚; (作品の)一節; (歴史上の)出来事 ▸ **être à la page** 最新事情に通じている **page blanche** 空白のページ **page d'accueil** (情報)ホームページ **page de garde** (本の)見返し **pied de page** (情報)フッター **tourner la page** 心機一転する

page² [paʒ] 男 (史)小姓(ちゅ)

page³ [paʒ] 男 = pageot¹

pageau [paʒo] 男 = pageot²

page-écran [paʒekrɑ̃] 女 (複 ~s) (情報)ページ画面

pagel 男, **pagelle** [paʒɛl] 女 = pageot²

pageot¹ [paʒo] 男 (俗)寝床

pageot² [paʒo] 男 (魚)パジョ(タイ科の魚)

pagination [paʒinasjɔ̃] 女 (印)ページ(ノンブル)付け

paginer [paʒine] 他 (印)ページを付ける

pagne [paɲ] 男 パニェ (アジア・アフリカの伝統的な腰巻)

pagode [pagɔd] 女 (東アジアの)寺院, 仏塔, パゴダ ▸ **manche pagode** パゴダスリーブ(ひじから先に向かって広がったそで)

pagre [pagr] 男 (魚)ヨーロッパマダイ, パグル(タイ科)

pagure [pagyr] 男 (動)ヤドカリ

pahlavi [palavi] 形 男 パフラビー語(の)(中期ペルシア語)

paie [pɛ] 女 = paye

*__paiement__ [pemɑ̃ ペマン] 男 (英 payment) 支払い 金 金額 ▸ **paiement à la livraison** 代金引き換え払い, 着払い **paiement anticipé** 料金先払い **paiement échelonné** 分割払い

païen(ne) [pajɛ̃, -ɛn] 形 名 (キリスト教以外の)異教徒の(); 不信心な者; 信仰を持たない人

paierie [pe(e)ri] 女 支払い(事務)所[窓口], 出納課

paillard(e) [pajar, -ard] 形 猥褻(%)な(); 好色な(人)

paillardise [pajardiz] 女 いやらしいこと, みだらな言動

paillasse [pɑ(l)jas] 女 ①わら布団 ▸ **crever [trouer] la paillasse à ...** (話)(人)の土手っ腹に穴をあける ②(流しの)水切り台; 作業台

paillasson [pɑ(l)jasɔ̃] 男 ①玄関

paille [pɑ[a]j] 女 (英 straw) ①(1本の)わら; (一本の)わら; ストロー ► **chapeau de paille** 麦わら帽子 **être sur la paille** 貧窮生活をする ►(集) わらのようなもの; ②(金属・宝石などの)ひび, きず; 欠点 ④ ► **paille de fer** スチールのたわし —— 形 (不変) 麦わら色の, 薄黄色の

paillé(e) [pɑ[a]je] 形 ①麦わら色の, 薄黄色の ②(金属などが)きずのある

pailler [pɑ[a]je] 他 わらをかぶせる[張る]

pailleté(e) [pajte] 形 スパンコールをちりばめた

pailleter [pajte] 他 (服を)スパンコールで飾る, 薄片をちりばめる

paillette [pajɛt] 女 ①スパンコール, スパングル ②薄片 ③砂金 ④(宝石などの)きず

paillon [pɑ[a]jɔ̃] 男 ①金属片 ②わらかご ③(瓶にかぶせる)こも

paillote [pɑ[a]jɔt] 女 (熱帯地方の)わら小屋

pain [pɛ̃ パン] 男 (英 bread) ①パン, 菓子パン; パン状の料理; (パンのような)塊; 食糧, 生活の糧(²) ► **avoir du pain sur la planche** やることがたくさんある **C'est pain bénit!** またとない機会だ **corbeille à pain** パンかご **être (mis) au pain sec** (罰などとして)パンしか与えられない 生活 **gagner son pain** 自分の食い扶持を稼ぐ **Je ne mange pas de ce pain-là.** そんなことにはかかわらない **ôter [retirer] le pain de la bouche de** (人の)飯の種を取り上げる, 収入源を奪う **pain au chocolat** チョコレートパン **pain au lait** (小型の)ミルクパン **pain au son** ふすま入りパン **pain azyme** 無酵母パン **pain bis** ブラウンブレッド **pain complet** 全粒粉パン **pain de campagne** 田舎パン **▶(丸型の大きなパン) pain de mie** 食パン **pain de seigle** ライ麦パン **pain d'épice(s)** パンデピス, 蜂蜜入りのライ麦クッキー **pain grillé** トースト **pain perdu** フレンチトースト ②(俗)平手打ち, びんた

pair[1] [pɛr ペール] 男 ①同業, 仲間 ►**aller de pair avec** …が相伴う, …と両立する **au pair de famille** 住み込みで家事を手伝う **hors pair** 比類ない, この上ない ②(英国の)上院議員 [史](フランスの)貴族院議員 [1814-48年]

pair[2](**e**[1]) [pɛr ペール] 形 (英 even) 偶数の ►**jours pairs** 偶数日

paire[2] [pɛr ペール] 女 (英 pair) (靴などの)一対; 組; (動物の)つがい **C'est une autre paire de manches.** (話) それはまた別の話だ **donner une paire de claques (gifles) à** (人の)頬を殴る[はる] **Les deux font la paire.** (話) 同じ穴の貉(ひ⁾)だ

pairesse [pɛrɛs] 女 (英国の)貴族[上

685

院議員]の婦人; [史] 貴族院議員夫人

pairie [pe(ɛ)ri] 女 貴族院議員の身分

paisible [pezibl] 形 (英 peaceful) (人が)温和な, おとなしい; 静かな, 穏やかな

paisiblement [peziblǝmã] 副 穏やかに, 静かに

pais..., paît... ⇨ paître

paître [pɛtr] 自他 16 (動物が)牧草を食べる ► **envoyer paître …** (話) (人)をけんもほろろに追い払う

paix [pɛ ペ] 女 (英 peace) 平和, 平時; 講和(条約), 和平; 治安; 平穏, 安らぎ; 静けさ ► **avoir la paix** 安らぎを得る **en paix** 仲良く, 静かに **faire la paix avec** (人)と仲直りする **(Fiche-moi) La paix!** はっといてくれ **laisser… en paix** (人)をそっとしておく **pourparlers de paix** 和平交渉 **signer la paix** 講和条約に調印する

pajot [paʒo] 男 = pageot[1]

Pakistan [pakistã] 男 パキスタン

pakistanais(e) [pakistanɛ, -ɛz] 形 ►[P-] パキスタン人

Pal [pal] 男 (〈英〉 PAL 方式 【ヨーロッパで主流のカラーテレビの一方式】

pal [pal] 男 (先のとがった)杭; 串刺し刑

palabre [palabr] ①(複)(長くて退屈な)議論, 話し合い ②(アフリカ)討議, 審議

palabrer [palabre] 自 長々と[むだな]議論をする

palace [palas] 男 (英) 超高級ホテル

paladin [paladɛ̃] 男 (中世の)遍歴の騎士

palais[1] [palɛ パレ] 男 (英 palace) 宮殿; (公共の)大建築物, 官邸 ► **Grand [Petit] Palais** [le ~] グラン[プチ]パレ【1900年の万国博覧会会場; 現在は博物館・美術館】 **palais-Bourbon** [le ~] (国民議会のある)ブルボン宮 **palais de justice** 裁判所 **palais de l'Élysée** [le ~] エリゼ宮 【大統領官邸】 **palais des congrès** 会議場 **palais des Papes** [le ~] (アヴィニョンの)教皇宮 **palais du Louvre** [le ~] ルーヴル宮 **palais du Luxembourg** [le ~] (元老院のある)リュクサンブール宮 **palais Garnier** [le ~] オペラガルニエ 【旧オペラ座】

palais[2] [palɛ] 男 ①[解] 口蓋(ﾞ), 上あご ②味覚 ► **avoir le palais fin** 味覚が鋭い

palan [palɑ̃] 男 巻き上げ装置[機], 複滑車, ホイスト

palanche [palɑ̃ʃ] 女 天秤棒

palangre [palɑ̃gr] 女 [海] (巻き上げ機)

palanquée [palɑ̃ke] 女 [海] (巻き上げ機で)1回に運ぶ荷物量

palanquer [palɑ̃ke] 自 巻き上げ機を使う

palanquin [palɑ̃kɛ̃] 男 (東洋の)かご, 輿(î); (ラクダ・ゾウにつける)座椅子

Palaos [palao] 女 (複) パラオ 【西太平洋の共和国】

palatal(ale) [palatal] 形 (男複 -aux [-o]) (硬)口蓋(ぶ)(音)の ― 女 〔音声〕(硬)口蓋音

palatalisation [palatalizasjɔ̃] 女 〔音声〕(音)の硬口蓋(ぶ)化

palatalisé(e) [palatalize] 形 (< palataliser) 〔音声〕(硬)口蓋(ぶ)化された

palataliser [palatalize] 他 〔音声〕(硬)口蓋化する ― 代動 [se ~] (硬)口蓋化する

Palatin [palatɛ̃] [le mont ~] 古代ローマのパラチヌス丘

palatin(e)[1] [palatɛ̃, -in] 形 ①(ドイツの)ブファルツ[ファルツ]地方の ②[史]宮廷に属する

palatin(e)[2] [palatɛ̃, -in] 形 〔解〕口蓋(ぶ)の

Palatinat [palatina] ブファルツ[ファルツ]【ドイツの南西部地方; 中世の宮中伯領】

pale [pal] 女 (オールなどの)水かき; (プロペラの)羽根

***pâle** [pɑl] 形 (英 pale) (顔色が)青白い, 血の気がない; (色が)薄い, (光が)弱い; 精彩のない, さえない ► **pâle comme un linge** 血の気の失せた

pale-ale [pelɛl] 男 (< 英) 淡色ビール, ペールエール

palée [pale] 女 〔土木〕(土止めなどの)杭の列

palefrenier(ère) [palfrənje, -ɛr] 名 厩務(ぎむ)員, 馬丁(ぎょ)

palefroi [palfrwa] 男 (中世の儀杖(ぎょう)馬)

paléo- 接頭 (< ギ)「古」「旧」の意

paléochrétien(ne) [paleokretjɛ̃, -ɛn] 形 (6世紀以前の)初期キリスト教(徒)の

paléographe [paleɔgraf] 名 古文書学者

paléographie [paleɔgrafi] 女 古文書学

paléographique [paleɔgrafik] 形 古文書学的な

paléolithique [paleolitik] 形男 旧石器時代(の)

paléontologie [paleɔ̃tɔlɔʒi] 女 古生物学

paléontologique [paleɔ̃tɔlɔʒik] 形 古生物学の

paléontologiste [paleɔ̃tɔlɔʒist], **paléontologue** [paleɔ̃tɔlɔg] 名 古生物学者

paleron [palrɔ̃] 男 〔食肉〕(牛の)肩肉

Palestine [palɛstin] 女 パレスチナ

palestinien(ne) [palɛstinjɛ̃, -ɛn] 形 パレスチナ(人)の ― 名 [P-] パレスチナ人

palestre [palɛstr] 女 (古代ローマ・ギリシアの)体育場, レスリング場

palet [palɛ] 男 (的に投げて遊ぶ)平たい丸石; (アイスホッケーの)パック

paletot [palto] 男 パルトー【前をボタンで留める丈の短いコート】

palette [palɛt] 女 ①(絵の具の)パレット; (ある画家に固有の)色うかい ②(羊・豚の)肩甲骨付きの肉 ③(フォークリフトの)パレット

palettisation [palɛtizasjɔ̃] 女 パレットに載せること

palettis(e) [palɛtize] 形 (運搬のために)パレットに載せた

palettiser [palɛtize] 他 パレットに載せる, (運搬作業を)パレット化する

palétuvier [paletyvje] 男 〔植〕マングローブ(の木)

pâleur [pɑlœr] 女 (顔色の)青白さ; (光の)弱さ; (色の)薄さ

pali(e) [pali] 形男 (インドの)パーリ語

pâli(e) [pɑli] 形 青ざめた; (色・光が)薄くなった

pâlichon(ne) [pɑliʃɔ̃, -ɔn] 形 〔話〕少し青ざめた

palier [palje] 男 ①(階段の)踊り場, (道路・線路などの)水平部 ► **habiter sur le même palier** 同じ階に住む ②安定期, 横ばい状態

palière [paljɛr] 形 《女性形のみ》► **marche palière** 踊り場と同平面の踏み板 **porte palière** 踊り場に出るドア

palimpseste [palɛ̃psɛst] 男 パランプセスト【文字を消した上に新しく文字を書いた羊皮紙写本】

palin- 接頭 (< ギ)「再び」の意

palindrome [palɛ̃drom] 男 回文【前から読んでも後ろから読んでも同じ文】

palingénésie [palɛ̃ʒenezi] 女 歴史の循環; 輪廻(ぅ); 再生, 蘇生

palingénésique [palɛ̃ʒenezik] 形 蘇生[再生]の; 輪廻(ぅ)の

palinodie [palinɔdi] 女 ①改詠詩【以前の詩の内容を改めた詩】 ②(複) (特に政治的な)方針転換

***pâlir** [pɑlir バリール] 自 33 (英 turn pale) 青ざめる, 血の気が引く; 色が薄くなる; (光が)弱まる ► **faire pâlir** いらうらやましがらせる ― 他 蒼白(ぅ)にする, 青白くする; 色を落す

palis [pali] 男 (小型の)杭, 杭囲い

palissade [palisad] 女 (杭・板による)囲い; 垣根, 生垣

palissader [palisade] 他 (…に)柵[生垣]を設ける; 生け垣の形に刈り込む

palissandre [palisɑ̃dr] 男 〔植〕パリスアンドル; 紫檀(ぶ)材

palissant(e) [palisɑ̃, -ɑ̃t] 形 青ざめた; (光)色が薄くなった

palisser [palise] 他 (木の枝を)支柱に固定する

palisson [palisɔ̃] 男 (皮なめし用の)鉄床

palissonner [palisɔne] 他 (皮を)鉄床で加工する

paliure [paljyr] 女 〔植〕ツルウメモドキ; ナツメ

palladium [paladjɔm] 男 〔化〕パラジウム【原子番号48の元素】

Pallas [pallɑs] 女 〔ギ神〕パラス【女神 Athéna の異名】

palléal(ale) [paleal] 形 (男複 -aux [-o]) (動) 外套(膜)の

palliatif(ive) [paljatif, -iv] 形男 一時的な(手段), その場しのぎの

pallidectomie [palidɛktɔmi] 女 〔医〕淡蒼球破壊術

pallier [palje] 他 (…を…で)一時的にしのぐ(par) ─ 自 (…を)しのぐ(à)

palmaire [palmɛr] 形 〔解〕手のひらの

palmarès [palmarɛs] 男 受賞者名簿; ヒットチャート, ヒットパレード

palmature [palmatyr] 女 ①(動) 水かき ②〔医〕手指癒合

palme [palm] 女 ①ヤシの葉; シュロの葉【勝利・栄誉の象徴】▶**huile de palme** パーム油 **vin de palme** ヤシ酒 ②(勝利の)栄誉; 勲章, (複)教育功労章(= ~s académiques) ▶**avec palme** [軍] 勲章をつけて **palme d'or** 金賞【カンヌ映画祭最優秀映画賞】**remporter la palme** 勝利の栄冠を手に入れる ③(潜水用の)足びれ

palmé(e) [palme] 形 ①(植) 手のひら状の ②(動) 水かきのついた

palmeraie [palmərɛ] 女 シュロ林, ヤシ園

palmette [palmɛt] 女 シュロ葉模様

palmi- [接頭] (くラ)「掌状の」の意

palmier [palmje] 男 ①(植)ヤシ(科の植物); シュロ ②(菓) パルミエ【ヤシの葉形のパイ菓子】

palmier-dattier [palmjedatje] 男 〔植〕ナツメヤシ

palmipède [palmipɛd] 形 水かきのある ─ 男 水かきのある鳥; (複)遊禽(ﾕｳｷﾝ)類

palmiste [palmist] 男 〔植〕アブラヤシ

palmure [palmyr] 女 (動) 水かき

palombe [palɔ̃b] 女 〔鳥〕モリバト

palonnier [palɔnje] 男 〔空〕ラダーペダル, 方向舵用ペダル

pâlot(te) [palo, -ɔt] 形 (子供が)少し青白い

palourde [palurd] 女 (貝) アサリ(の類); ハマグリ(の類)

palpable [palpabl] 形 手で触れることのできる; 現実の; 明白な

palpation [palpɑsjɔ̃] 女 〔医〕触診, 触知, 感触

palpébral(ale) [palpebral] 形 (男複 -aux [-o]) 〔解〕眼瞼の

palper [palpe] 他 ①(手で)さわってみる; 〔医〕触診する ②〔話〕(金を手にする, 受け取る(= ~ **du l'argent**)

palpeur [palpœr] 男 センサー

palpitant(e) [palpitɑ̃, -ɑ̃t] 形 胸がふるえる; どきどきする, わくわくする ─ 男 〔話〕心臓

palpitation [palpitɑsjɔ̃] 女 動悸(ﾄﾞｳｷ), 痙攣(ｹｲﾚﾝ)

palpiter [palpite] 自 ①(心臓・脈が)動悸(ﾄﾞｳｷ)を打つ, どきどきする ②びくびくする, 戦慄(ｾﾝﾘﾂ)する

paltoquet [paltɔkɛ] 男 〔話〕きざなだけの男

palu [paly] 《話》マラリア

paluche [palyʃ] 女 《俗》手

paludéen(ne) [palydeɛ̃, -ɛn] 形 〔医〕マラリアの; マラリア菌の

paludier(ère) [palydje, -ɛr] 名 塩田で働く人

paludisme [palydism] 男 〔医〕マラリア

palus [paly] 男 (ボルドー地方の)沖積平野, 旧湿沢地

palustre [palystr] 形 沼の, 沼に住む

palynologie [palinɔlɔʒi] 女 (古生物学の)花粉学

pâmé(e) [pɑme] 形 卒倒せんばかりの

pâmer [pɑme] [代動] **[se ~]** (感動・恐ろしさで)ぼうっとする(**de**); (古) 意識を失う ▶**se pâmer d'admiration** 我を忘れて感心する

pâmoison [pɑmwazɔ̃] 女 (古) 失神, 気絶, 卒倒 ▶**tomber en pâmoison** (皮肉的)気を失う

pampa [pɑ̃pa] 女 パンパ(ス) 【南米の大草原】

pamphlet [pɑ̃flɛ] 男 (くま) 風刺文書, 謡誇(ﾎﾎﾞｳ)文書

pamphlétaire [pɑ̃fleter] 形名 風刺謡誇(ﾎﾎﾞｳ)文の書き手)

pampille [pɑ̃pij] 女 小さな房飾り

pamplemousse [pɑ̃pləmus] 男 グレープフルーツ

pamplemoussier [pɑ̃pləmusje] 男 〔植〕グレープフルーツの木

pampre [pɑ̃pr] 男 葉と房のついたブドウの枝;〔文〕ブドウ

Pan [pɑ̃] 男 〔ギ神〕パン, 牧神

pan[1] [pɑ̃] 男 ①(衣服の)すそ, 垂れ ②(壁などの)面, 構成部分

pan[2] [pɑ̃] 間 ぱん, ぱん 【撃つ・たたく・破裂する音】

pan-, pant(o)- [接頭] (くギ)「汎」「全」「総」の意

panacée [panase] 女 万能薬

panachage [panaʃaʒ] 男 ①(色などの混合(物)) ②(政) 複数政党候補者連記法【異なる政党の候補者を連記して投票すること】

panache [panaʃ] 男 (軍帽などの)羽根飾り, 羽根飾りがたいもの ▶**avoir du panache** 堂々としている

panaché(e) [panaʃe] 形 混ぜ合わせた, (色)混ぜ合わさった ─ 男 パナシ【蒸酸飲料で割ったビール】(= **demi ~**)

panacher [panaʃe] 他 ①色を混ぜ合わせる; さまざまな要素で構成する ②(政)連記法(の候補者名)に投票する

panade [panad] 女 パナード, パン粥(ｶﾞﾕ) ▶**être dans la panade** 《話》貧窮する

panafricain(e) [panafrikɛ̃, -ɛn] 形 汎アフリカ主義の, アフリカ民族統一の

panafricanisme [panafrikanism] 男 [政] 汎アフリカ主義

panais [pane] 男 [植] アメリカボウフウ

Panama, Panamá [panama] 男 パナマ [中米の共和国]

panama [panama] 男 パナマ帽

panaméen(ne) [panameɛ̃, -ɛn] 形 パナマの — 名 [P-] パナマ人

panaméricain(e) [panamerikɛ̃, -ɛn] 形 汎アメリカ主義の

panaméricanisme [panamerikanism] 男 汎アメリカ主義

panarabe [panarab] 形 汎アラブ主義の

panarabisme [panarabism] 男 汎アラブ主義

panard(e) [panar, -ard] 形 (馬の前脚が)がに股の — 男 [話] 足

panaris [panari] 男 [医] ひょう疽(そ)

panathénées [panatene] 女 (複) (古代ギリシアの)パンアテナイア祭 [アテナイで行われた女神アテナの祭]

pan-bagnat [pɑ̃bana] 男 (複 ~s ~) パン・バーニャ [ニース風サンドイッチ]

pancarte [pɑ̃kart] 女 掲示板, プラカード

pancetta [pɑ̃(t)ʃeta] 女 [イ] パンチェタ [豚ばら肉のベーコン]

panchen-lama [panʃenlama] 男 パンチェン・ラマ [チベット仏教でダライ・ラマに次ぐ僧]

panchromatique [pɑ̃krɔmatik] 形 [写] パンクロの

pancrace [pɑ̃kras] 男 (古代ギリシアの)パンクラティオン [ボクシングとレスリングを合わせた格闘技]

pancréas [pɑ̃kreas] 男 [解] 膵(すい)臓

pancréatique [pɑ̃kreatik] 形 膵臓(すいぞう)の

panda [pɑ̃da] 男 [動] パンダ

pandémonium [pɑ̃demɔnjɔm] 男 悪魔の巣窟; [P-] パンデモニウム, 地獄の首都

pandit [pɑ̃di(t)] 男 パンディット [学識の高いバラモン僧・賢者などに対する名誉称号]

Pandore [pɑ̃dɔr] 女 [ギ神] パンドラ ▶ boîte de Pandore パンドラの箱, 諸悪の根源

pandore [pɑ̃dɔr] 男 [古・話] 憲兵

pané(e) [pane] 形 (< paner) [料] (炒める[揚げる]前に)パン粉をまぶした

panégyrique [paneʒirik] 男 賛辞, 称賛の演説

panégyriste [paneʒirist] 男 称賛(演説)家, やたらにほめそやす人

panel [panel] 男 ① [統計] パネル(調査) ② パネルディスカッション

paner [pane] 他 (炒める[揚げる]前に) (…に)パン粉をまぶす

paneterie [pan(ə)tri, panetri] 女 (僧院・地方の)パン貯蔵所[配給所]

panetier [pan(ə)tje] 男 [史] (学校・軍隊などの)パン配給係

panetière [pan(ə)tjɛr] 女 パン戸棚; (古) (巡礼たちの)食物袋

paneton [pan(ə)tɔ̃] 男 (パン生地を作るときに必要な)小さなかご

pangermanisme [pɑ̃ʒermanism] 男 汎ゲルマン主義, 全ドイツ主義

pangermaniste [pɑ̃ʒermanist] 形 名 汎ゲルマン主義(者)の

pangolin [pɑ̃gɔlɛ̃] 男 [動] センザンコウ

panhellénisme [pane(ɛ)lenism] 男 汎ギリシア主義

panicaut [paniko] 男 [植] ヒゴタイサイコ; エリンギウム

***panier** [panje] パニエ 男 (英 basket) ① (くず)かご, バスケット; かごの内容[分] ② (バスケットボールの)ゴール; シュート ▶ dessus du panier より抜かれたもの, エリート **marquer un panier** [バスケットボール] シュートを決める **mettre au panier** …をくずかごに捨てる **mettre dans le même panier** (話) ひとまとめに扱う **mettre la main au panier** (俗) 尻をさわる[つねる] **panier à provisions** 買物かご **panier à salade** サラダの水切りかご; (話) 囚人護送車 **panier de crabes** (かに用の)罠(わな); 仲違いしている集団 ② [服] パニエ; (スカートを広げるための)輪骨を入れたペチコート

panière [panjɛr] 女 (取っ手が2つある)大型の籠(かご)

panier-repas [panjerəpa] 男 (複 ~s-~) バスケットに入った弁当

panifiable [panifjabl] 形 (穀物が)パンにできる, パンの原料になる

panification [panifikasjɔ̃] 女 パンにすること

panifier [panifje] 他 (穀物の粉を)パンにする

panini [panini] 男 (複 ~(s)) パニーニ [イタリア風サンドウィッチ]

paniquant(e) [panikɑ̃, -ɑ̃t] 形 パニックを引き起こす

paniquard(e) [panikar, -ard] 名 すぐにおびえて騒ぐ人

***panique** [panik] パニク 女 (英 panic) 恐慌, パニック; 恐怖, 恐怖心 ▶ être pris de panique パニックになる **Pas de panique!** うろたえるんじゃない — 形 (恐怖心などが)突然の

paniqué(e) [panike] 形 おじけづいた

paniquer [panike] 他 パニック状態にする, おびえさせる — 自 おびえる, 怖がる — 代動 [se ~] おびえる, うろたえる, 恐慌をきたす

panislamique [panislamik] 形 汎イスラム主義の

panislamisme [panislamism] 男 汎イスラム主義

panne**¹ [pan] パヌ 女 (英 breakdown) 故障, (事故による)停止; 《話》中断 ►**être en panne** 故障している; (計画などが)中断している, 先に進まない ***panne de courant [***d'électricité***] 停電 ***panne de secteur*** 〔電〕(配電の)幹線故障 ***panne d'essence*** [***sèche***] ガソリン切れ ***tomber en panne*** 故障する

panne[2] [pan] 女 ①〔建〕(垂木(たるき)を支える)桁(けた) ②(ブタの)皮下脂肪

panneau** [pano パノー] 男 (複 ～*x*) (英 notice) ①掲示板, 標識, 看板; (建物などの)板, 羽目板, ボード, パネル ►panneau d'affichage*** 掲示板 ***panneau de commande*** 〔情報〕(システム設定する)コントロールパネル ***panneau de signalisation*** [***indicateur***] 道路標識 ②(スカートの)はぎ ③〔狩〕(布や網で作った)罠(わな) ►***tomber dans le panneau*** だまされる

panneton [pan(ə)tɔ̃] 男 鍵の先【鍵穴に入れる部分】

panonceau [panɔ̃so] 男 (複 ～*x*) (ホテル・レストランの等級などを示す)プレート, 標章; (公証人事務所の)標識

panoplie [panɔpli] 女 (壁などに飾った, 中世の騎士の)武具一式; 道具[装備]一式; (子供の)仮装用セット ►***une panoplie de ...*** 一連の…

panoptique [panɔptik] 形男 〔建〕パノプティコン[全展望監視型](の)

panorama [panɔrama] 男 (< 英) 見晴らし, 眺望; (情勢などの)展望, 概観

panoramique [panɔramik] 形 パノラマのような, 全景を見渡せる ── 男 (映画・テレビの)パノラマ撮影, パン

panoramiquer [panɔramike] 自 カメラをパンする

pansage [pɑ̃saʒ] 男 (馬などの)ブラシかけ, ブラッシング

panse [pɑ̃s] 女 ①〔動〕ルーメン, こぶ胃【反芻(はんすう)動物の第1胃】 ②《話》(太鼓)腹; (壺などの)ふくらんだ部分 ►***se remplir*** [***s'en mettre***] ***plein la panse*** 腹いっぱいに食べる

pansement** [pɑ̃smɑ̃ パンスマン] 男 (英 bandage) 包帯, (傷口などの)手当て(用品) ►pansement adhésif*** バンドエイド

panser [pɑ̃se] 他 (英 bandage) ①包帯[手当て]をする ②(馬に)ブラシをかける

panslavisme [pɑ̃slavism] 男 汎スラブ主義

panslaviste [pɑ̃slavist] 形名 汎スラブ主義(者)(の)

pansu(e) [pɑ̃sy] 形 太鼓腹の, (壺が)ふくらみの大きい

Pantagruel [pɑ̃tagryɛl] 男 パンタグリュエル【ラブレー(Rabelais)の小説の主人公; 快楽主義の巨人】

pantagruélique [pɑ̃tagryelik] 形 パンタグリュエル的な, 途方もない

***pantalon** [pɑ̃talɔ̃ パンタロン] 男 (英 pants, trousers) ズボン, スラックス, パンタロン

pantalonnade [pɑ̃talɔnad] 女 道化芝居, どたばた劇; 見え透いた作り事, 茶番

pante [pɑ̃t] 男 《古・話》やつ

pantelant(e) [pɑ̃tlɑ̃, -ɑ̃t] 形 息を詰まらせた; (感動などで)息ができない; 息も絶え絶えで苦しんでいる

panteler [pɑ̃tle] 自 4 《文・古》あえぐ; 《稀》(感動で)息を詰まらせる

panthéisme [pɑ̃teism] 男 汎神論

panthéiste [pɑ̃teist] 形 汎神論の ── 名 汎神論者

panthéon [pɑ̃teɔ̃] 男 パンテオン, 万神殿 ►***Panthéon de Paris*** [le ～] パリのパンテオン【ルソー・ユゴーなどのフランスの偉人の霊廟】

panthère [pɑ̃tɛr] 女 〔動〕豹(ひょう)(の毛皮) ►***panthère noire*** 黒豹

pantin [pɑ̃tɛ̃] 男 操り人形; (人に言われて)すぐ意見を変える人

panto- 接頭 (< ギ) 「全」の意

pantographe [pɑ̃tɔgraf] 男 ①パンタグラフ, (伸縮)写図器 ②(電車の)パンタグラフ

pantoire [pɑ̃twar] 女 〔海〕ペンダント, 短索

pantois(e) [pɑ̃twa, -az] 形 あ然とした, 仰天した

pantomime [pɑ̃tɔmim] 女 パントマイム, 無言劇; 大げさな[わざとらしい]態度

pantouflage [pɑ̃tuflaʒ] 男 《話》(高級官僚の)民間への転職, 天下り

pantouflard(e) [pɑ̃tuflar, -ard] 形名 《話》出不精な(人)

***pantoufle** [pɑ̃tufl パントゥフル] 女 ①(英 slipper) スリッパ, 室内ばき ②《話》(公務員になるはずの高等専門大学の卒業生の)民間企業への就職

pantoufler [pɑ̃tufle] 自 (公務員が)民間企業に転職する, 天下りする

panure [panyr] 女 パン粉

Panurge [panyrʒ] 男 パニュルジュ【ラブレー(Rabelais)の Pantagruel の作中人物; 機略に富んでいる】

panzer [pɑ̃(d)zɛr] 男 (< ド) (ドイツ軍の)装甲車, 戦車

PAO 《略》(英 DTP) publication assistée par ordinateur 〔情報〕デスクトップ・パブリッシング【全ての編集作業をパソコンで行うこと】

paon(*ne*) [pɑ̃, pan] 名 〔鳥〕孔雀(くじゃく) ►***fier comme un paon*** ひどく高慢な ***se parer des plumes de paon*** 他人の手柄を自慢する

papa** [papa パパ] 男 (英 dad) パパ, お父さん, 父親; 《話》おじさん【年配の男に親しみを込めて】 ►à la papa*** のんびりと, 急がずに ***de papa*** 昔の, 時代遅れの ***papa gâteau*** 子供を甘やかす父親

papable [papabl] 形 《話》(枢機卿が)教皇に選ばれる資格がある

papaïne [papain] 女 〔生化〕パパイン

P

papal(ale) [papal] 形 (男複 -aux [-o]) (ローマ)教皇の

paparazzi [paparadzi] 男(複) (くイ) パパラッチ, 報道[追っかけ]カメラマンたち

papauté [papote] 女 (ローマ)教皇の権威[地位・在位期間]; 教皇制, 教皇庁

papavéracées [papaverase] 女(複) [植] ケシ科

papaye [papaj] 女 パパイヤの実

papayer [papaje] 男 [植] パパイヤの木

***pape** [pap] 男 ①(ローマ教皇[法皇]) ②(話)(その道の)権威, 第一人者

papelard¹(e) [paplar, -ard] 形 (文)偽善的な

papelard² [paplar] 男 (話)紙(切れ); 書類, 書き物

papelardise [paplardiz] 女 (文)偽善, 猫かぶり, 見せかけの信心

paperasse [papras] 女 無用な書類, 反故(ほご)

paperasserie [paprasri] 女 無用な書類の山, 無駄な書類作り

paperassier(ère) [paprasje, -ɛr] 形 名 書類作り[保存]の好きな(人)

papesse [papes] 女 女教皇

***papeterie** [papetri, pap(ə)tri] 女 (英 stationery store) 文房具[店]; 製紙(工場)

papetier(ère) [pap(ə)tje, -ɛr] 名 文房具商, 製紙[紙販売]業者 ── 形 製紙業の, 紙を作る

papi [papi] 男 = papy

***papier** [papje] 男 (英 paper) 紙; (新聞などの)記事, 原稿; (複)書類, 文書; (複)身分証明書類(パスポートなど)(= ~ d'identité); 手形, 証券 ▶ avoir une mine de papier mâché 青白い顔色をしている être dans les petits papiers de (人)のお気に入りである noircir du papier 書きまくる papier à cigarettes タバコの巻紙 papier en-tête レターヘッド付きの便箋 papier à lettres 便箋 papier alu [aluminium] アルミホイル papier cadeau [包装用]包装紙 papier calque トレーシングペーパー papier continu [包装・装飾用]連続用紙 papier crépon [包装・装飾用]クレープペーパー papier de soie ティッシュ papier d'emballage 包装紙, 荷造り用紙 papier émeri [verre] 紙やすり papier glacé (印刷用)光沢紙 papier hygiénique [toilette], (俗) cul トイレットペーパー papier journal 新聞紙 papier mâché 紙粘土 papier millimétré 方眼紙 papier peint 壁紙 papier tue-mouches ハエ取り紙 ▶ sur le papier 計算上は, 理論上は

papier-monnaie [papjemɔne] 男 (複 ~s—~s) (不換)紙幣【専門語では通常は billet と言う】

papille [papij(l)] 女 ①[解] 乳頭, 乳嘴(にゅうし) ▶ **papilles gustatives** (舌の)味蕾(みらい) ②[植物] 小突起

***papillon** [papijɔ] 男 (英 butterfly) ①[虫] チョウ(蝶); 蛾(ガ) (= ~ de nuit) ▶ **nœud papillon** 蝶ネクタイ ②(本などの)折りこみページ, 挿入紙; 駐車違反通告書[票] ③(水泳の)バタフライ (= brasse ~) ④蝶ナット

papillonnant(e) [papijɔnɑ̃, -ɑ̃t] 形 あちこち飛び回る, 移り気な

papillonnement [papijɔnmɑ̃], **papillonnage** [papijɔnaʒ] 男 移り気, 飛び回ること

papillonner [papijɔne] 自 (蝶のように)あちこち飛び回る, 気が移る

papillotant(e) [papijɔtɑ̃, -ɑ̃t] 形 ちらちら揺れる, 瞬き過ぎて, まばゆい

papillote [papijɔt] 女 ①(古)(髪の)カールペーパー ▶ **Tu peux en faire des papillotes.** (話)(書かれた物が)何の価値もない ②(キャンディなどの)包み紙; [料](包み焼きに使う)パピヨット, アルミホイル ▶ **en papillotes** [料] 包み焼きした

papillotement [papijɔtmɑ̃] 男 ちらちら輝き

papilloter [papijɔte] 自 (目・まぶたが)ちかちかする, しばたたく; きらきら光る

papisme [papism] 男 教皇第一[至上]主義

papiste [papist] 名 (カトリックを卑しめて)教皇制礼賛者 ── 形 教皇至上主義の

papivore [papivɔr] 名 (話) 読書家

papotage [papotaʒ] 男 (話) おしゃべり, 下らない話

papoter [papote] 自 (話) ぺちゃくちゃしゃべる, 無駄話をする

papou(e) [papu] 形 [P.-] パプア族の(人) ▶ **îles P-** パプア諸島

papouan(e)-néo-guinéen(ne) [papwɑ̃nɔgineɛ̃, papwanneogineɛn] 形 = papouasien

Papouasie [papwazi] 女 パプア(ニューギニア)

papouasien(ne) [papwazjɛ̃, -ɛn] 形 パプアニューギニア(人)の ── 名 [P.-] パプアニューギニア人

Papouasie-Nouvelle-Guinée [papwazinuvɛlgine] 女 パプアニューギニア

papouille [papuj] 女 (話) くすぐり, いちゃつき

paprika [paprika] 男 [植] パプリカ

papule [papyl] 女 [医] 丘疹(きゅうしん)

papy [papi] 男 (話・幼児) おじいちゃん

papy-boom [papibum] 男 (話) 高齢者の急増

papyrologie [papirɔlɔʒi] 女 パピルス古文書学[研究]

papyrologue [papirɔlɔg] 名 パピルス文書研究家

papyrus [papirys] 男 パピルス(紙),

パピルス(に書かれた)古文書

paqson [paksɔ̃] 男 = pacson

Pâque [pɑk] 女 (ユダヤ教の)過越祭(すぎこし祭); (過越祭に供える)いけにえの小羊

paquebot [pakbo パクボ] 男 (大型)客船, 定期船, 商船

pâquerette [pakrɛt] 女 [植] ヒナギク, デージー ►au ras des pâquerettes 俗view

Pâques [pɑk パーク] 男 (英 Easter) 〖無冠詞で単数扱い〗復活祭の(祝)日 ►la semaine de Pâques 復活祭後の1週間 le lundi de Pâques 復活祭後の月曜日 —— 女 (複) 〖無冠詞で〗復活祭, イースター ►faire ses Pâques 復活祭に聖体拝領をする Vacances de Pâques 復活祭休暇, 春休み

paquet [pakɛ パケ] 男 (英 parcel, pack) 小包, 包み, 梱包; (商品の)箱, 袋, パック; 〖情報〗パケット ►donner [lâcher] son paquet à ... 〘話〙…を激しく非難する mettre le paquet 〘話〙ありったけの力を尽くす paquet-cadeau プレゼント用包装 un paquet de ... …の大量の…, …の塊

paquetage [paktaʒ] 男 (兵士の)装具, 装備一式

paqueter [pakte] 他④ 荷造りする, 包装する

par [par パル] 前 (英 by, through) ① (動作主) …によって ② (手段・方法)で, …を用いて ►par Internet [fax] インターネット[ファックス]で par le train 列車で ③ (通過) …を通って, …から ►entrer par la fenêtre 窓から入る ④ (…の)で, …で ►être assis par terre 地面に座っている par endroits ところどころで par ici [là] この道を通って; この辺に par là あそこ[あの道]を通って; その辺りで ⑤ (天候・時間) …の時に, …の中を ►par le passé 過去に rester dehors par ce froid こんな寒い中を外にいる ⑥ (動機・原因) …で, …のために, …につき, …ずつ, …ごとに ►trois fois par jour 1日3回 —— 副 ►par trop あまりにも 〖trop の強調〗

par- 接頭 (ラ) 「完全に」「最後まで」の意

para [para] 男 〘話〙スカイダイバー; 落下傘兵

para- 接頭 (ギ) ①「傍らに」「側に」「副」「擬似」「準」「類似」の意 ②「…から守るもの」「…の」「反」の意

parabellum [parabelɔm] 男 (ド) (旧ドイツ軍の)大型口径自動拳銃

parabole[1] [parabɔl] 女 [宗] たとえ話, 比喩; 寓話

parabole[2] [parabɔl] 女 放物線; パラボラアンテナ

parabolique[1] [parabɔlik] 形 たとえの, 寓話的な

parabolique[2] [parabɔlik] 形 放物線を描く; パラボラ型の —— 男 放物線 [面]; 反射鏡式ストーブ

paraboliquement [parabɔlikmɑ̃] 副 放物線[面]状に, パラボラ型に

paracentèse [parasɛ̃tɛz] 女 [医] 穿刺(術)

paracétamol [parasetamɔl] 男 [薬] パラセタモール

parachèvement [paraʃɛvmɑ̃] 男 〘文〙完成, 完了

parachever [paraʃve] 他 完成する, (丁寧に)仕上げる

parachutage [paraʃytaʒ] 男 落下傘[パラシュート]降下[投下]; 〘話〙突然の任命

*__parachute__ [paraʃyt パラシュト] 男 パラシュート, 落下傘 ►faire du parachute ascensionnel 〔スポーツ〕 パラセンディングをする 〔パラシュートを車やボートで引っ張って上空に上がる〕 parachute doré [en or] 〘話〙大企業の退職時の賞与

parachuter [paraʃyte] 他 パラシュートで降下させる[投下する]; 〘話〙 (意外な[地元外の]地位に)任命する

parachutisme [paraʃytism] 男 パラシュート降下法[技術], スカイダイビング

parachutiste [paraʃytist] 名 スカイダイバー, 落下傘兵

Paraclet [paraklɛ] 男 [聖] パラクレートス, 助け主, 弁護者 [聖霊] の呼称

parade [parad] 女 ① (攻撃をかわすこと, 防御, 対応(策) ►trouver la (bonne) parade うまくかわす; うまい方法を見つける ② (軍事) パレード, 閲兵(式); (サーカスなどの)客寄せ芝居 ►de parade 儀式用の ►faire parade de ... …をみせびらかす ③ [生] 誇示, ディスプレイ 〖交尾前の求愛行動〗

parader [parade] 自 気取って歩く

paradeur(se) [paradœr, -øz] 名 気取り屋, 見せっ張り

paradigmatique [paradigmatik] 形 [言] 連合的な, 範列的な

paradigme [paradigm] 男 ① [言] 範列; 語形屈折「変化」表 ② パラダイム 〖ある時代・ある領域における知の枠組〗

paradis [paradi パラディ] 男 (英 paradise) ①天国; (この世の)楽園 ►oiseau de paradis [鳥] ゴクラクチョウ (極楽鳥) paradis fiscal (税金が少ない)租税避難地, タックスヘイブン paradis terrestre [聖] 地上の楽園, エデンの園 ② 〘古〙劇場の天井桟敷

paradisiaque [paradizjak] 形 天国の(ような), 素晴らしい

paradisier [paradizje] 男 [鳥] フウチョウ, ゴクラクチョウ (極楽鳥)

paradoxal(ale) [paradɔksal] 形 (男複 -aux) 逆説的な, 理屈に合わない

paradoxalement [paradɔksalmɑ̃] 副 逆説的に

paradoxe [paradɔks] 男 逆説、背理、パラドックス、理屈に合わないこと

parafe [paraf] 男 (署名に添える)飾り書き、略署名

parafer [parafe] 他 略署名をする

paraffinage [parafinaʒ] 男 パラフィン塗装

paraffine [parafin] 女 パラフィン

paraffiner [parafine] 他 パラフィンを塗る

parafiscal(ale) [parafiskal] 形 (男複 -aux[-o]) 特別課徴の

parafiscalité [parafiskalite] 女 特別課徴金

parages [paraʒ] 男(複) ①周辺海域、沿岸 ②いつもの場所 ► *dans les parages* この近くに

paragraphe [paragraf] 男 パラグラフ、(文章の)節、段落；[印] パラグラフ記号【¶】

paragrêle [paragrɛl] 形 (不変) 雹(ひょう)をよける ── 男 除雹(じょひょう)装置

Paraguay [paragwɛ] 男 パラグアイ 【南米の共和国】

paraguayen(ne) [parag(w)ɛjɛ̃, -ɛn] 形名 [P-]パラグアイの(人)

parais [parɛ], **paraiss**... ⇨ paraître

paraître [parɛtr パレトル] 自 47 (英 appear) ①(…に)現れる、姿を見せる (à) ► *laisser paraître* 姿を見せるようにする ②(…のように)見える、思える ► *Il paraît* [paraîtrait] *que* …らしい、…といううわさだ *paraît-il / à ce qu'il paraît* (挿入句で)…らしい ③(本が)出る、刊行される

paralangage [paralɑ̃gaʒ] 男 〔言〕準言語、パラ言語

paralittérature [paraliteratyr] 女 二次文学、周辺文学【漫画・大衆文学・シナリオなど】

parallaxe [paralaks] 女 〔光〕視差

parallèle [paralɛl パラレル] 形 (英 parallel) ①(…と)平行な (à) ②対応した、類似の ── 男 ①比較、比較、対照 ②[地] 緯線 ► *faire* [*établir*] *un parallèle entre X et Y* XとYを比較検討する *mettre ... en parallèle* …を比較する ── 女 平行線

parallèlement [paralɛlmɑ̃] 副 平行に；(…に)平行して (à)

parallélépipède [paralelepiped] 男 平行6面体

parallélisme [paralelism] 男 平行状態、(2つのものの)類似、一致；[情報] 並行処理

parallélogramme [paralelɔgram] 男 平行4辺形

paralogisme [paralɔʒism] 男 うその推理

paralympique [paralɛ̃pik] 形 ► *Jeux Paralympiques* パラリンピック

paralysant(e) [paralizɑ̃, -ɑ̃t] 形 麻痺し[しびれ]させる

paralysé(e) [paralize] 形 麻痺した、中風の ── 名 中風患者

paralyser [paralize パラリゼ] 他 (英 paralyse) 麻痺させる、不随にする；(活動・人を)麻痺させる、動けなくする

paralysie [paralizi] 女 ①(医)麻痺(状態)、不随、中風症 ②身動きできない状態；機能停止

paralytique [paralitik] 形 [医] 麻痺した、中風にかかった ── 名 麻痺[中風]患者

paramécie [paramesi] 女 [動] ゾウリムシ

paramédical(ale) [paramedikal] 形 (男複 -aux[-o]) 医療補助部門の、医学隣接部門の

paramètre [parametr] 男 〔数〕パラメータ、助変数、媒介変数；(問題理解に必要な)要因

paramétrer [parametre] 他 57 [情報] 設定する

paramétrique [parametrik] 形 パラメータの

paramilitaire [paramiliter] 形 (準)軍隊式の、軍隊をまねた

parangon [parɑ̃gɔ̃] 男 ①(文) 模範、典型 ②(エジプト・ギリシアの)黒大理石

parangonner [parɑ̃gɔne] 男 (異なる活字の)行揃えをする

parano [parano] 形名 (話) = paranoïaque

paranoïa [paranɔja] 女 [医] パラノイア、偏執病

paranoïaque [paranɔjak] 形名 偏執病の(患者)

paranormal(ale) [paranɔrmal] 形 (男複 -aux[-o]) 超常的な

parapente [parapɑ̃t] 男 パラグライダー

parapentiste [parapɑ̃tist] 名 パラグライダーをする人

parapet [parape] 男 (橋の)欄干(らんかん)、手すり、(道路の)ガードレール

parapharmacie [parafarmasi] 女 (薬局で買える)医薬部外品【シャンプー・化粧品など医薬品以外のもの】

paraphe [paraf] 男 = parafe

parapher [parafe] 他 = parafer

paraphrase [parafrɑz] 女 パラフレーズ、言い換え；冗長な陳述、回りくどい説明

paraphraser [parafraze] 他 わかりやすく言い換える

paraplégie [parapleʒi] 女 (下肢の)対麻痺(ついまひ)

paraplégique [parapleʒik] 形名 対麻痺(ついまひ)の(患者)

parapluie [paraplɥi パラプリュイ] 男 (英 umbrella) かさ(傘) ► *avoir avalé un parapluie* (話) 気取っている、堅苦しい *parapluie atomique* [*nucléaire*] 核の傘 *parapluie pliant* 折りたたみかさ

parapsychique [parapsifik] 形 心霊現象の; 超心理の

parapsychologie [parapsikɔlɔʒi] 女 超心理学[心霊現象などを研究する]

parapsychologique [parapsikɔlɔʒik] 形 超心理学の

parascolaire [paraskɔlɛr] 形 学(校)外の, 学校教育に準じる

parasitaire [parazitɛr] 形 寄生物による; 寄生している, 寄生的な

parasite [parazit] 男 ①寄生生物, 寄生虫; (他人・社会に)寄生している人 ②(複) (テレビ・ラジオなどの)雑音, ノイズ(= bruits ~s) ── 形 ①寄生する ②余計な, 邪魔な

parasiter [parazite] 他 ①(…に)寄生する ②雑音で妨害する

parasitisme [parazitism] 男 寄食, 居候生活;〖生〗寄生

parasol [parasɔl] 男 (大型の)パラソル ▶ pin parasol [植] カサマツ

parasympathique [parasɛ̃patik] 形[医] 副交感神経系の(の)

parataxe [parataks] 女〖文法〗並列, 並位 [接続詞なしに節などを並置すること]

paratexte [paratɛkst] 男 副テクスト [本文に関わる,本文以外の部分;序文・注などの他,文脈まで含む]

parathyroïde [paratirɔid] 女〖医〗副甲状腺

paratonnerre [paratɔnɛr] 男 避雷針

paratyphique [paratifik] 形名 パラチフスの(患者)

paratyphoïde [paratifɔid] 形 女〖医〗パラチフスの

paravent [paravɑ̃] 男 ついたて, 屏風; 覆い隠すもの, 隠れみの

parbleu [parblø] 間 もちろん, そうだとも

*__parc__ [park パルク] 男 (英 park) ①(広い)公園, 庭園; (宮殿などの)(大)庭園 ▶ parc d'attractions [de loisirs] 遊園地 parc national 国立公園 parc (naturel) régional 地域自然公園 ② (牛・羊などの)牧養場, 養殖場 ▶ parc à huîtres 牡蠣(ホタ)の養殖場 ③ (兵器・弾薬の)集積場, 置場 ④ (車両・機械設備などの)総体, 総保有量 ▶ parc automobile 自動車保有台数 parc immobilier 不動産保有量 ⑤駐車場(= ~ de stationnement)

parcage [parkaʒ] 男 囲いに入れること; 車庫入れ

parce [pars] ⇒parce que

parcellaire [parselɛr] 形 細かく分けられた

parcelle [parsɛl] 女 小片, 少量; (農地・土地の)小区画 ▶ une parcelle de… ひとかけらの…

parcelliser [parselize] 他 (農地・組織などを)細分化する

*__parce que__ [pars(ə) パルスク] 接 (英 because) ①(原因・理由で)なぜなら, …なので, …だから ②〔話〕〔単独で〕どうしても〔説明の拒絶〕

parchemin [parʃəmɛ̃] 男 ①羊皮(紙); (半皮紙に書かれた)文書 ②(手書きの)文書;〖話〗卒業証書

parcheminé(e) [parʃəmine] 形 羊皮紙の(ような) ▶ papier parcheminé 硫酸紙

parcheminer [parʃəmine] 他 羊皮紙に似せて作る, (紙を)パーチメント化する ── 代動 [se ~] (羊皮紙のように)皺(カ)がよる

par-ci, par-là [parsiparla] 副 あち(ら)こちらに, 時おり

parcimonie [parsimɔni] 女 (極度の)倹約, けち

parcimonieusement [parsimɔnjøzmɑ̃] 副 つましく, わずかばかり, けちけちと

parcimonieux(se) [parsimɔnjø, -øz] 形 (極度に)倹約家の, けちな, わずかばかりの

parcmètre [parkmɛtr] 男 パーキングメーター

*__parcourir__ [parkurir パルクリール] 他 18 (英 go all over) 歩き(走り)回る; 踏破する; 駆けめぐる; ざっと目を通す, 一読する;〖情報〗全体をスクロールする

*__parcours__ [parkur パルクール] 男 (不変) (英 course) 行程, 道のり; 経路, 道すじ; 走行距離; (競走・ゴルフ等の)コース ▶ incident de parcours 思わぬ障害 parcours du combattant〖軍〗障害走訓練; 数々の試練 parcours santé 遊歩道

parcouru [parkury] parcourir の過去分詞

par(-)delà [pardəla] 前 …の向こうに, …を越えて ── 副 反対側に[で], 向こう側に[で]

par(-)derrière [pardɛrjɛr] 前 …の向こうに, …の後ろに ── 副 後ろから, 背後で

*__par-dessous__ [pardəsu パルドゥスー] 前 …の下に[に], …の下から ── 副 下に[で, に], 下から

pardessus [pardəsy] 男 (男性用の)オーバー(コート), 外套

*__par-dessus__ [pardəsy パルドゥスュ] 前 (英 over) …の上に[に, の], …の上から ▶ avoir par-dessus la tête de… 〖話〗…にうんざりしている par-dessus le marché〖話〗その上 par-dessus tout とりわけ ── 副 上を[に], 上から, そこを越えて

par-devant [pardəvɑ̃] 前 …の前を[で, に], …の前を[に, から]

par-devers [pardəvɛr] 前 〔義〕…の前に ▶ avoir… par-devers soi 自分の手元に…を置く

pardi [pardi] 間 そうとも, もちろん

*__pardon__ [pardɔ̃ パルドン] 男 ①許し;

pardonnable [pardɔnabl] 形 許せる

pardonner [pardɔne パルドネ] 他 (英 forgive) 許す, 大目にみる; 受け入れる ▶ **pardonner A à B / pardonner à B de** 不定同 B(人) に A(…すること) を謝罪する, すまがない; …(人) を許す (à); [否定文で] 重大な結果を招く ▶ **Ce genre d'erreur ne pardonne pas.** この種の過ちは取り返しがつかない — 代動 [se~] 許される; (自己の過ちなどを) 責めない; 許し合う

paré(e)¹ [pare] 形 (< parer) ①飾られた, 盛装の ②(肉が小売り用に) 整形された, 下ごしらえができた

paré(e)² [pare] 形 (…に対する) 準備 [備え] ができた (contre)

pare-balles [parbal] 男 〈不変〉 弾よけ (板), 防弾板 — 形 〈不変〉 防弾の

pare-boue [parbu] 男 〈不変〉 (車輪の) 泥よけ

pare-brise [parbriz] 男 〈不変〉 (自動車・飛行機の) フロントガラス; 〈話〉 めがね

pare-chocs [parʃɔk] 男 〈不変〉 (特に自動車の) バンパー, 緩衝器

pare-étincelles [paretɛ̃sɛl] 男 〈不変〉 (暖炉や煙突の) 火の粉止め, 衝立 (ァッ)

pare-feu [parfø] 男 〈不変〉 ①防火装置 ②〔情報〕ファイアーウォール

pare-fumée [parfyme] 男 〈不変〉 (鉄道の) 吸煙 [排煙] 装置

parégorique [paregɔrik] 形 鎮痛の — 男 鎮痛剤

***pareil(le)** [parɛj パレイユ] 形 (英 similar, such) ①同じ; (…と) よく似た (à, que) ②このような, その (あの) ような ▶ **en pareil cas** そのような場合には — 名 同様の人 [もの] ▶ **C'est du pareil au même.** それは同じ事だ ▶ **ne pas avoir son pareil pour** …で比肩する人はない ▶ **rendre la pareille à** (人) にお返しをする ▶ **sans pareil** 比類ない — 副 〈話〉同じように

pareillement [parɛjmɑ̃] 副 同じように; …と同じく

parement [parmɑ̃] 男 ①(衣服の) 折り返し ②(壁などの) 外装面, 仕上げ面

parenchyme [parɑ̃ʃim] 男 ①〔解〕(器官や腺の) 実質 (組織) ②〔植〕柔組織

:parent(e) [parɑ̃, -ɑ̃t パラン(ト)] 名 ①親; 〈複〉両親; 〈文〉先祖 ②親戚の人, 親類 ▶ **parent éloigné** 遠縁の親類 — 形 (…と) 親戚の (avec); (…と) 類似の (de)

parental(ale) [parɑ̃tal] 形 (男複 -aux) 両親の

parenté [parɑ̃te] 女 血縁 [親戚] 関係; 〈集合的〉親類縁者, 親族; 類似性

parentèle [parɑ̃tɛl] 女 〈集合的〉〈文〉親族

parenthèse [parɑ̃tɛz] 女 (挿入用の) 丸かっこ, パーレン; 挿入句 [文], 余談 ▶ **entre parenthèses** ついでながら, 余談として ▶ **mettre entre parenthèses** かっこに入れる; 脇にやる ▶ **ouvrir [fermer] la parenthèse** かっこを開く [閉じる]

paréo [pareo] 男 パレオ [タヒチの腰巻き]

parer¹ [pare] 他 (…で) 飾る, 飾り立てる (de); (ものが) 飾る ②(料理で) 下ごしらえをする; (海) (…することを) 準備する (à) — 代動 [se~] 着飾る; (名前・肩書などを) 自称する (de)

parer² [pare] 他 (攻撃などを) かわす, 避ける — 自 (…に) 備える (à) ▶ **parer au plus pressé** 緊急措置を取る — 代動 [se~] (…に) 備える (de, contre)

pare-soleil [parsɔlɛj] 男 〈不変〉 (自動車の) 日光線よけ, サンバイザー

***paresse** [parɛs パレス] 女 (英 laziness) 怠惰, 不精; 緩慢, のろさ ▶ **paresse intestinale** 腸の機能低下

paresser [parese] 自 怠ける, のんびりする

paresseusement [parɛsøzmɑ̃] 副 怠けて, のんびりと; ゆっくりと

paresseux(se) [parɛsø, -øz パレスー(ズ)] 形 (英 lazy) 怠惰な, 不精な; 機能が低下した — 名 ①怠け者 — 男 ② 〔動〕ナマケモノ

parfaire [parfɛr] 他 31 仕上げる, 完成する; 補う, 補完する

***parfait(e)** [parfɛ, -ɛt パルフェ(ト)] 形 (英 perfect) ①完璧な, 完全な, 申し分のない, この上ない ②[間投詞的に] 結構, よろしい — 男 ①〔文法〕完了 (形) ②〔菓〕パフェ

parfaitement [parfɛtmɑ̃ パルフェトマン] 副 (英 perfectly) ①完璧に, 申し分なく, 全く ②〈話〉[oui の強調] そうですとも, その通り

***parfois** [parfwa パルフォワ] 副 (英 sometimes) 時には, 時々

***parfum** [parfœ̃ パルファン] 男 (英 perfume) よいにおい, 香り; 香水; 風味, 香味; いい雰囲気, 好印象 ▶ **au parfum** 〈話〉事情に通じている

parfumé(e) [parfyme] 形 (…の) いい香りのする, 香り(風味)をつけた (à); 香水をつけた ▶ **parfumé au citron** レモン味の

parfumer [parfyme] 他 香りをつけ

parfumerie [parfymri] 囡 香水(化粧品)製造; 香水工場; 香水店

parfumeur(se) [parfymœr, -øz] 图 香水製造(販売)業者

pari [pari] 男 賭け, 賭け事, ギャンブル; (賭の)賞金, 賭金 ▶ *gagner [perdre] son pari* 賭けに勝つ[負ける] *pari individuel [à la cote] pari mutuel* パリミューチュエル方式(馬券やロトなどの配当を決定する方式の一つ)

paria [parja] 男 (インドのカースト制度で)不可触民; のけ者

paridigitidé [paridiʒitide] 形動 偶蹄類の 一 男 (複) 偶蹄類

*****parier** [parje パリエ] 他 (英 bet) 賭ける; きっと…だ[…する]と思う (*que* [*de*] …) ▶ *Je l'aurais parié!* そうだと思っていたよ *parier A à [sur] B* AにBを賭ける *parier aux courses* 競馬で賭ける

pariétaire [parjeter] 囡 (植) ヒカゲミズ

pariétal(ale) [parjetal] 形 (男複 -*aux*[-o]) ① *os pariétal* (解) 頭頂骨 ② *peinture pariétale* (先史時代の)洞窟壁画

parieur(se) [parjœr, -øz] 图 賭けをする人

parigot(e) [parigo, -ɔt] 形 图 (話) パリっ子(の)

*****Paris** [pari パリ] 男 パリ(フランスの首都, 男であるとともに県に準じる)

paris-brest [paribrest] 男 (不変) パリ・ブレスト(アーモンドをかけた王冠型のシュー菓子)

parisianisme [parizjanism] 男 パリっ子特有の習慣[言葉づかい]

parisien(ne) [parizjɛ̃, -ɛn] 形 パリの, パリ風の 一 图 [P-] パリの人, パリジャン

parisyllabique [] 形 (ギリシア・ラテン語で)音節数不変の(語)

paritaire [pariter] 形 同数の代表者からなる ▶ *commission paritaire* (労使の代表者が同数の)同額委員会

parité [parite] 囡 ①同じであること; (特に賃金の)等価, (経)(2国間の為替相場の)等価, 平価 ②パリテ法(選挙の候補者を男女同数とすることを課す)

parjure [parʒyr] 男 (文) 偽りの宣誓, 宣誓違反 一 形图 偽証する(人), 不実な(人)

parjurer [parʒyre] 代動 [*se* ~] 誓いを破る, 偽証する

parka [parka] 男 囡 (服) パーカー, フード付きの防水コート

*****parking** [parkiŋ パルキング] 男 (英 *car*) 駐車, 駐車場

parkinson [parkinsɔ̃] 男 (医) パーキンソン病

parkinsonien(ne) [parkinsɔnjɛ̃, -ɛn] 形图 (医) パーキンソン病の(患者)

par-là [parla] 副 ⇒ *par-ci, par-là*

parlant(e) [parlɑ̃, -ɑ̃t] 形 ①表現力のある, (もの)雄弁に物語る ▶ *Les chiffres sont parlants.* 数字が物語っている ②声の出る, 音の出る *ci-néma parlant* [le ~] トーキー映画 *horloge parlante* [le ~] (電話の時刻サービス ③…的に言える *-ment* 副 …で終わる副詞ととともに)…的に言うと *scientifiquement parlant* 科学的に言えば *strictement parlant* 厳密に言えば (⇒ *parler*) 話す, 言葉で

*****parlement** [parlǝmɑ̃ パルルマン] 男 ①[P-] 国会, 議会 ▶ *Parlement européen* 欧州議会 ②(史) 高等法院(1791年廃止)

parlementaire [parləmɑ̃ter] 形 議会の; 議員の 一 图 ①国会議員 ②休戦交渉使節, 軍使

parlementarisme [parləmɑ̃tarism] 男 議会制度(政治)

parlementer [parləmɑ̃te] 自 敵と交渉する, 談判する

*****parler**[1] [parle パルレ] 自 (英 talk, speak) 話す, しゃべる; (*de*:) …について話す (もの)を物語る, …を示す ▶ *proprement parler* 正確に言えば *Les faits parlent d'eux-mêmes.* 事実が雄弁に物語っている *N'en parlons plus.* もうその話はやめよう *parler à* (人)に話す, 話しかける *avec* (人)と語り合う *parler de* (不同意) とりとめのない話をすること *et du beau temps* とりとめのない話をする *parler pour ne rien dire* 中味のない言を言う *sans parler de* …は言うまでもなく *Tu parles!* (話・同意) まったく話す; …の話をする 一 他 (言語)を話す *parler (le) français* フランス語を話す *parler affaires* 政治(仕事)の話をする 一 代動 [*se* ~] ①話し合う, 言葉を交わす

parler[2] [parle] 男 話し方; [言] 口語[方言など]による

parleur(se) [parlœr, -øz] 图 話すのがうまい人 ▶ *beau parleur* 口先のうまい人

parloir [parlwar] 男 (学校・修道院・病院などの)面会室

parlot(t)e [parlɔt] 囡 (話) おしゃべり, 歓談; (裁判所にある弁護士の)談話

Parme [parm] 男 パルム(イタリアの都市)

parme [parm] 形 [P-]の ①薄紫色の ②パル マハム 一 形 (不変) 薄紫色の

parmesan [parməzɑ̃] 男 パルメザンチーズ

*****parmi** [parmi パルミ] 前 (英 *among*)

Parnasse [複数名詞・集合名詞の前] …の間に, …の中で〔3つ以上のものに使う〕; 2つの場合は entre]

Parnasse [parnas] 男 ①〔古代ギリシアの〕パルナソス山 ②〔文〕詩;〔文学〕高踏派 [19世紀後半の詩派]

parnassien(ne) [parnasjɛ̃, -ɛn] 形 パルナソス山の(に住む); 高踏派の 名 高踏派の詩人

parodie [parɔdi] 女 パロディー,〔文学・芸術作品の〕模倣; 滑稽な模倣, 茶化し, 見せかけ

parodier [parɔdje] 他 パロディー化する, もじる;〔動作・口調を面白おかしくまねる〕茶化す

parodique [parɔdik] 形 パロディ風の, パロ

parodiste [parɔdist] 名《文》パロディー作者

parodonte [parɔdɔ̃t] 男〔解〕歯周

parodontie [parɔdɔ̃ti] 女〔医〕歯周治療学

parodontiste [parɔdɔ̃tist] 名〔医〕歯周病治療医

parodontite [parɔdɔ̃tit] 女〔医〕歯周炎

paroi [parwa] 女〔建物の〕仕切り壁;〔洞窟などの〕内壁; 岩壁, 絶壁 ▸ ~ rocheuse]

paroisse [parwas] 女〔司祭・牧師の管轄する〕小教区の(集合的)小教区の信者

paroissial(ale) [parwasjal] 形(男複 -aux[-o]) (キ教)(司祭の司(ℓ)る)小教区の

paroissien(ne) [parwasjɛ̃, -ɛn] 名(キ教)小教区の信者 ▸ drôle de paroissien (話)変なやつ ── 男 祈祷書, ミサ典書

***parole** [parɔl] 女 バロール ▸話す能力, 話しことば;〔言〕パロール, 発話; 言葉, 語句;(複)歌詞 ▸ adresser la parole à (人)に話しかける couper la parole à (人)の話をさえぎる croire … sur parole (人)を言葉だけで信じる donner [passer] la parole à (人)に発言させる donner sa parole d'honneur 名誉にかけて保証する Ma parole! (話)まったく! 何てこった! paroles en l'air 空約束 prendre la parole 発言する tenir parole 約束を守る Vous avez la parole. どうぞご発言してください

parolier(ère) [parɔlje, -ɛr] 名〔歌の〕作詞家, (オペラの)台本作家

paronyme [parɔnim] 男〔文法〕類音語

paronymie [parɔnimi] 女〔文法〕音の類似, 類音

parotide [parɔtid] 女〔解〕耳下腺

parotidien(ne) [parɔtidjɛ̃, -ɛn] 形〔解〕耳下腺の

parotidite [parɔtidit] 女〔医〕耳下腺(炎)炎

parousie [paruzi] 女〔宗〕(キリストの)再臨

paroxysmal(ale) [parɔksismal] 形(男複 -aux[-o]) = paroxysmique

paroxysme [parɔksism] 男 ①〔病気の〕最悪期 ②感覚や感情の絶頂

paroxysmique [parɔksismik], **paroxystique** [parɔksistik] 形(病気が)最悪期の, 発作性の

paroxyton [parɔksitɔ̃]〔音声〕パロクシトーン〔後から2番目の音節を強勢する語〕

parpaillot(e) [parpajo, -ɔt] 名《古・ふざけて》プロテスタント, 新教徒

parpaing [parpɛ̃] 男〔建築用の〕ブロック, コンクリートブロック

Parque [park] 名〔les ~s〕〔ロ神〕パルカたち〔生死・運命をつかさどる三女神〕── 女〔la p-〕《文》運命, 死

parquer [parke] 他 ①〔家畜を〕囲いに入れる;〔物資を集積所に置く〕②〔人を狭い場所に詰め込む〕③〔車を駐車場に入れる 代動〕se ~〕駐車する

parquet[^1] [parke] 男 寄せ木張り〔フローリング〕の床

***parquet**[^2] [parke バルケ] 男《集合的》検事, 検察官, 検察官

parquetage [parkɔtaʒ] 男〔床をはめ木にすること; はめ木の床

parqueté(e) [parkɔte] 形 寄せ木張りにした, フローリングの

parqueter [parkɔte] 他(4)〔床を寄せ木張りにする〔フローリングにする〕

parrain [parɛ̃] 男 ①〔洗礼に立ち会う〕名づけ親 ②〔会などへの〕紹介者, 保証人 ③(マフィアの)ゴッドファーザー

parrainage [parɛnaʒ] 男 ①〔洗礼の代父(代母)の役 ②〔入会・就職の〕推薦; 事業の後援

parrainer [parene] 他〔事業などを〕後援する,(会などに人を)推薦する, 紹介する

parricide [parisid] 男 親殺し;〔法〕尊属殺し ── 形名 親殺し〔尊属殺人〕の(犯人)

pars [par] ⇒ partir

parsemé(e) [parsəme] 形(< parsemer)(…で)ちりばめられた, 点在した(de)

parsemer [parsəme] 他 (…に…を)まき散らす, (…で)ちりばめる(de)

part[^1] [par] ⇒ partir

***part**[^2] [par パール] 女(英 share, portion)部分, 分け前, 割り当て, 分担(金); 役割, 仕事 ▸ à part 別に, わきにのけて, 例外的な, 独自の; …を別にして autre part 他の所に C'est de la part de qui?(電話で)どちら様でしょうか de la part de …から; …の代理で de part en part 貫いて de part et d'autre 両側で; どちら側にも de toutes parts 至る所に Dites-lui de ma part que … 彼に私から…と伝えてください

い *d'une part…, d'autre part…* 一方では…, 他方では… *faire la part de …* を考慮する *faire part à A de B* A(人)にBを知らせる *nulle part* どこにもない *part de marché* シェア, 市場占有率 *pour ma part* 私としては *prendre part à* …に参加する *quelque part* どこかに *se tailler la part du lion* 独り占めする

partage [partaʒ] 男 (英 division, sharing) ①分割, 分配 ②宿命, 運命

partagé(e) [partaʒe] 形 (< partager) ①(感情・意見などが)分かれた, (人が)迷っている ②共有された ▶*amour partagé* 相思相愛

partageable [partaʒabl] 形 分割[分配]できる; 共有[同調]できる

***partager** [partaʒe] 他 ⑩ ①(英 divide) 分ける, 分割する ②(英 share) 分け合う; 共有する; (…と)分担する (avec); [[目的語なしで]] 割り勘にする ── 代動 [se ~] ①(人が…に)分けられる; (ものが)分割[分配]される ②(…に)時間[関心]をふり分ける (entre)

partageur(se) [partaʒœr, -øz] 形 気前のよい(人)

partance [partɑ̃s] 女 ▶*en partance* (…へ)出発間近の (pour)

partant[1] [partɑ̃] 接 《文・古》したがって, ゆえに

partant[2] **(e)** [partɑ̃, -ɑ̃t] 形 ①出発する ②《話》(…(すること)に)乗り気である (pour) ── 名 出発する人; (レースの)出走[発]馬

parte ... ⇒ partir

***partenaire** [partənɛr パルトネール] 名 (競技・ダンス・仕事などの)パートナー, 相手, 相棒; 同盟国; (貿易の)相手国 ▶*partenaires sociaux* 労使代表

partenariat [partənarja] 男 パートナーシップ, 業務提携

parterre [parter] 男 ①花壇 ②(劇場の)1階後部席(の客)

partes [part], **partez** [parte] ⇒ partir

parthénogenèse [partenoʒə(e)nɛz] 女 《生》単為生殖, 処女生殖

parthénogénétique [partenoʒenetik] 形 《生》単為生殖の

Parthénon [partenɔ̃] 男 パルテノン(神殿)[アテネのアクロポリスに建つ神殿]

***parti**[1] [parti バルティ] 男 (英 party) ①党; 党派 ⇒[コラム: フランスの主要政党] ▶*esprit de parti* 党派心, 党派的観念 ▶*parti d'opposition* 野党 ②解決策, 方針; 選択, 決心 ▶*parti pris* 偏見; 《文》断固たる決意 *prendre le parti de …* する決心をする *prendre parti* 立場を決める *prendre parti pour* (人)に味方をする *prendre son parti de …* をあきらめて受け入れる *tirer parti de …* を利用する ③結婚相手 (= un beau ~)

parti[2] **(e)** [parti] 形 (< partir) ①出発した, 立ち去った; 始まった ②《話》酔った

parti ... ⇒ partir

partial(ale) [parsjal] 形 (男複 -aux [-o]) 不公平な, 偏った

partialement [parsjalmɑ̃] 副 偏って, 不公平に

partialité [parsjalite] 女 不公平, 偏向

participant(e) [partisipɑ̃, -ɑ̃t パルティスィパン(ト)] 形 参加[加入]する ── 名 (…への)参加者, 加入者

participatif(ve) [partisipatif, -iv] 形 ①住民参加型の ②《経》 ▶*prêt participatif* (企業に対しての低利率の)融資[貸付]制度

***participation** [partisipasjɔ̃ パルティスィパスィヨン] 女 参加; 関与; (費用などの)分担 ▶*participation aux bénéfices* 利益分配

participe [partisip] 男 〖文法〗分詞 *participe passé* [*présent*] 過去[現在]分詞 ── 男 分詞の構文

***participer** [partisipe パルティスィペ] 自 ①(…に)参加する (à); (費用などを)分担する (à) ②《文》(ものが…の)性質を帯びている (de)

フランスの主要政党

- PCF (Parti communiste français)
  フランス共産党
- PS (Parti socialiste)
  社会党
- UDF (Union pour la démocratie française)
  フランス民主連合
- UMP (Union pour un mouvement populaire)
  国民運動連合

*UMP は2002年11月に共和国連合 RPR (Rassemblement pour la République), フランス民主連合と自由民主党の一部が統合してできた

participial(ale) [partisipjal] 形（男複 -aux [-o]）〔文法〕分詞の ― 男 分詞節

particularisation [partikylarizasjɔ̃] 女 特殊化

particulariser [partikylarize] 他 特徴づける ―（代動）[se ~] 目立つ, 奇をてらう

particularisme [partikylarism] 男（地方・地域の）自治主義, 自主独立主義

particulariste [partikylarist] 形 自主独立主義(者)(の)

particularité [partikylarite] 女 特性, 特色

particule [partikyl] 女 ①粒, 小量, 小片;〔物〕粒子 ▶**particule élémentaire** 素粒子 ②〔文法〕小辞〔接頭辞・接尾辞などを含む〕③貴族の姓の前に付ける de

***particulier(ère)** [partikylje, -ɛr] 形（英 particular）個人的な, 私的な; 個々の; 特殊な, 特別の;（…に）独特の, 固有の (à); 変な, 異常な ▶**cas particulier** 特殊なケース

― 名 私人, 一個人;〈話・軽蔑的の〉やつ

― 男 個別のこと ▶**du général au particulier** 一般的なことから個別なことへ **en particulier** 特に, とりわけ; 個人的に, 個人的

***particulièrement** [partikyljɛrmɑ̃] 副（英 particularly）①特に, とりわけ (= tout ~) ②個人的に

partie² [parti] 女（英 part, game）①部分, 一部;〔楽〕声部, パート ▶**en grande [majeure] partie** 大部分は **en partie** 部分的に **faire partie de …** の一員である **parties de discours** 品詞 ②（専門）分野, 専門 ③遊びの集まり, パーティー ④〔法〕当事者（訴訟の）相手方 ▶**partie adverse** 敵方 ⑤勝負, 試合, 競技 ▶**prendre … à partie**（人）を攻撃する

partiel(le) [parsjɛl] 形 部分的な, 不完全な ― 男（中間）テスト ▶補欠選挙

partiellement [parsjɛlmɑ̃] 副 一部分, 部分的に

***partir** [partir] 自 48（英 leave, go）〔助動詞はêtre〕出発する, 出かける; 立ち去る;（弾丸などが）飛び出す;（…から）始まる (de);（染み・痛みなどが）消える, 取れる ▶**à partir de**（時間・場所）…から **être mal [bien] parti** 出だしが悪い [良い] **faire partir**（しみ・におい）をとる **partir de rien** 裸一貫から身を起こす

partisan(e) [partizɑ̃, -an] 形 ①（…することに）を支持[賛成]する (de) ②党派的な, 先入観のある ― 名（党・主義などの）支持者, 信奉者 ― 男 ゲリ

ラ, 遊撃兵

partit [parti] partir の直・過・3・単

partita [partita] 女〈イ〉〔楽〕パルティータ, 組曲

partitif(ive) [partitif, -iv] 形〔文法〕（全体に対する）「部分」を表す ▶**article partitif**〔文法〕部分冠詞 ― 男〔文法〕部分冠詞

partition [partisjɔ̃] 女 ①分割 ②楽譜; 楽曲

parton [partɔ̃] 男〔物〕パートン【荷電粒子】

partons [partɔ̃] ⇨ partir

partouсard(e) [partuzar, -ard] = partouzard(e)

partouse [partuz] 女 = partouze

partouser [partuze] 自 = partouzer

***partout** [partu パルトゥ] 副（英 everywhere）①いたる所で, どこででも ②（スポーツ）双方同点で

partouzard(e) [partuzar, -ard]〈話〉乱交パーティー参加者

partouze [partuz] 女〈話〉乱交パーティー

partouzer [partuze] 自〈話〉乱交パーティーをする

parturiente [partyrjɑ̃t] 女〔医〕（陣）産婦

parturition [partyrisjɔ̃] 女 出産, 分娩(べん)

paru(e) [pary], **parû …** ⇨ paraître

parure [paryr] 女 装い, 装飾;（アクセサリー・下着などの）ひとそろい ▶**parure de lit** 寝具

parution [parysjɔ̃] 女（本などの）刊行, 発行, 発売

***parvenir** [parvənir パルヴニール] 自 75〔助動詞 être〕（英 reach）（…に）たどり着く, 届く (à); およぶ;（…する）できる (à);（人が出世する, 財をなす ▶**faire parvenir … à A A**（人）…を届ける

parvenu(e) [parvəny] 名 成り上がり者

parvi[n … ⇨ parvenir

parvis [parvi] 男（教会前の）広場

***pas¹** [pa パ] 男 ①歩(ほ), 歩み; 歩度; 足音; 歩調, 歩き方, 歩幅;（ダンスの）ステップ ▶**à deux pas** ごく近くに **à pas de loup** こそこそと **à pas feutrés** 忍び足で **allonger le pas** 足を速める **au pas cadencé** 行進の歩調で **au pas de course** 駆け足で **d'un pas lourd** 重い足取りで **emboîter le pas à**（人）の後をついて行く;（人）のまねをする **faire le premier pas**（和解など）で自分から歩み寄る **faire les cent pas**（待ちくたびれに）同じ所を行ったり来たりする **faire un faux pas** つまずく; 失敗する **faire un pas en avant [arrière]** 前 [後] ろに踏み出す **marcher au pas** 行進する **marcher d'un bon pas** 早歩きで歩く **marquer le pas**

足踏みする; 進展しない *pas à pas* 1 歩ずつ *revenir sur ses pas* もと来た道を引き返す; 方針を撤回する *tirer ... d'un mauvais pas* (人)を窮地から助ける

*pas² [pɑ pア] 副 ① [ne ... pas の形で否定を作る] …ない ─ *Elle ne vient pas.* 彼女は来ない ② [pas だけで] …ない ► *une situation pas ordinaire* 普通でない状況 ► *Absolument pas!* [受け答えで] 絶対ない違う; *ne ... pas que* …の限りでない *ne (pas) beaucoup* [*assez*] *de ...* あまりたくさん[十分]…ない *ne pas de ...* は全然ない *pas du tout* まったく…ない *pas encore* まだ…ない *pas un(e)...* 1つ[1人]も…ない

Pascal [paskal] (Blaise~) パスカル [1623‐62; 数学者・哲学者]

Pascal [paskal] 男子名

pascal(ale) [paskal] 形 (*pl* ~*aux*[-o]) (キリスト)復活祭の; (ユダヤ教の)過越(ぎ)祭の

pascal² [paskal] 男 ①〔圧力の単位〕〔略 Pa〕 ②〔情報〕パスカル プログラム言語

Pascale [paskal] パスカル [女子名]

Pas-de-Calais [pɑdkalɛ] パ・ド・カレー県 [フランス北部]

pas-de-porte [pɑdpɔrt] 男 (不変)(営業(権)のために支払う)権利金

paso(-)doble [pasodɔbl] 男 (不変) (ス)〔舞〕パソドブレ [動きの激しい舞踏曲]

passable [pɑsabl] 形 最低限許容できる; (評点の)可

passablement [pɑsabləmɑ̃] 副 まあまあ, 普通に; かなり, 十分に

passade [pɑsad] 女 浮気, 気まぐれ

*passage [pɑsaʒ パサージュ] 男 通過, 通行; 航海, 渡航; 通り道, 通路; (文学・音楽作品などの)1部分, 一節 ► *au passage* 通りがかりに; ついでに *être de passage* 短期滞在している *grand passage* 死 *livrer passage à* (人)に通ることを許す *passage à niveau* 踏み切り; (一時的な)意欲[力]の喪失 *passage clouté* 横断歩道 *Passage interdit*〔掲示〕通行禁止 *Passage protégé*（交差点での）優先通過 *passage souterrain* 地下通路 *sur le passage de* (人)の通過の途中で

*passager(ère) [pɑsaʒe, -ɛr パサジェ（ール）] 形 ①一時的な, つかの間の ► *oiseau passager* 渡り鳥 ②[話] 通行人 通りが多い ─ 名〔英 passenger〕乗客; *passager clandestin* 密航者

passagèrement [pɑsaʒɛrmɑ̃] 副 しばらく, 一時的に

*passant(e) [pɑsɑ̃, -ɑ̃t パサン(ト)] 形 (< passer) ① (人, 車の)通行の多い ─ 名 通行人, 通りがかりの人 ─ 男 (ズボンの)ベルト通し[ループ]

passation [pɑsasjɔ̃] 女 *passation de(s) pouvoirs* 権限の移譲 *passation d'un contrat* 契約の調印[締結]

passavant [pɑsavɑ̃] 男 ①（課税される商品の）移送許可証 納付状; トラップ; [古] (船首から船尾への)通路

*passe¹ [pɑs パス] 女 ①（ボールの）パス;〔フェンシング〕の突き ②〔催眠術師の〕の手(ぎ) ③通路; (運河などの)航行用の水路; 時期, 状況, 境 ► *être dans une bonne* [*mauvaise*] *passe* 好調[不調]である *être en passe de* ... する見込みがある

*passe² [pɑs パス] 男 ①（英 master key）合い鍵 ► *mot de passe* 合言葉; パスワード ②（乗り物などの）パス

*passé(e) [pɑse パセ] 形 (< passer) (英 past) ①過ぎ去った; (時間や年齢が)…過ぎの ► *Il est trois heures passées.* 3時過ぎだ *participe passé*〔文法〕過去分詞 ②色あせた, 盛りを過ぎた ─ 男 過去, 昔 ► *passé composé*〔文法〕複合過去 *passé simple*〔文法〕単純過去 ─ 前 (時間・空間を)過ぎて

passe-crassane [pɑskrasan] 女 (不変) パスクラサヌ〔冬に出回る多汁質の洋梨〕

passe-droit [pɑsdrwa] 男 特別待遇, えこひいき

passéisme [pɑseism] 男〔軽蔑的〕懐古趣味

passéiste [pɑseist] 形 名 懐古趣味の(人)

passe-lacet [pɑslasɛ] 男〔服〕ひも通し(針)

passement [pɑsmɑ̃] 男〔服〕飾りひも

passementerie [pɑsmɑ̃tri] 女〔服〕(集合的) 飾りひも類; 飾りひも販売[製造]業

passementier(ère) [pɑsmɑ̃tje, -ɛr] 形名〔服〕飾りひもの(販売[製造]業者)

passe-montagne [pɑsmɔ̃taɲ] 男 目出し帽, 防寒頭巾

passe-partout [pɑspartu] 男 (不変) マスターキー, 合い鍵 ─ 形 (不変) 広く通用する; 多目的の

passe-passe [pɑspɑs] 男 (不変) ► *tour de passe-passe* 手品, マジック; ごまかし

passe-plat [pɑspla] 男 ハッチ, (食堂と台所の間の)料理出し入れ口

passepoil [pɑspwal] 男〔服〕笹縁(ぎ), 縁取り

passepoilé(e) [pɑspwale] 形〔服〕笹縁(ぎ)のついた

*passeport [pɑspɔr パスポール] 男 (英 passport) パスポート, 旅券

*passer [pɑse パセ] 〔英 pass〕〔助動詞は普通être〕① 通る, 通過する; 通り過ぎる; (人が)立ち寄る; (電車・バスが)停まる;〔不定詞とともに〕…しに立ち

passereaux　700　**pastis**

寄る ▶*Ça passe?* (車を運転中に)通り抜けられる? *Ça passe ou ça casse!* 〔話〕 一か八(ばち)かだ *en passant* 通りがかりに *en passer par...* (あきらめて)…を受け入れる *laisser passer* 通す; 見逃す; 見落す *ne faire que passer* ちょっと立ち寄る *Passe encore!* それはいいとしよう *passer au travers* 通り抜ける *passer avant...* に優先する; …より勝る *passer devant* (建物・人の)前を通る; (法廷に)出頭する *passer outre à...* を無視する *passer par* (場所などを)通る, 経由する; (人を)通す, 仲介にする; (つらいことを)経験する *passer sur* ...大目に見る, 無視する ②(時が)経つる, 過ぎ去る; (流行が)去る; (雨などが)あがる; (色が)褪(あ)せる ③(…に)移る; 行く (à, en); (敵方などへ)寝返る; (役職などに)就く *passer à table* 食卓につく ④承認される, 通用する ▶*passer pour* ...とされる, ...と通る *passer pour un Allemand* ドイツ人といって通用する *se faire passer pour*...自分を…だと偽る *y passer* (辛いことを)経験する; 〔話〕死ぬ ⑤出演する; 上映[上演]される
—— 他 ①越える; 渡る; 追い越す ▶*Et j'en passe!* (まだまだあるが)このくらいにしておきます ②(…に)移す, 移動させる; 手渡す, 伝える (à, en); (ボールを)パスする; (風邪を)移す; (人を)電話口に出す ▶*passez-moi l'expression* このような言い方をしてもいいなら ③(試験を)受ける ④(時を)過ごす ⑤(映画などを)上映[上演]する; (CDなどを)かける ⑥さっと動かす; (塗料などを)塗る; (雑巾・掃除機を)かける; (服を)さっと着る, はおる ⑦(順番・詳細を)抜かす, とばす ⑧(怒りなどを)鎮める ⑨(契約に)署名する
—— 代動 [se ~] ①(事件などが)起こる, 行われる ▶*Comment ça s'est passé?* それはどんなふうに起こったのですか ②(時が)過ぎる, 過ぎ去る ③自分の…を動かす; 自分の体に…をつける ④▶*se passer de* ...なしですませる

passereaux [pɑ(a)sro] 男 〔複〕〔鳥〕スズメ目

passerelle [pɑ(a)srɛl] 女 歩道橋; (船・飛行機の)タラップ, 乗降用ブリッジ; (2者間の)かけ橋

passeros [pasroz] 女 〔植〕タチアオイ

passe-temps [pɑstɑ̃] 男 〔不変〕 暇つぶし, 趣味, 娯楽

passeur(se) [pɑsœr, -øz] 名 渡し守; 密輸・密入国の手引きをする人

passe-vue [pɑsvy] 男 (スライド映写機の)キャリア; (スライドの)移動枠

passible [pasibl] 形 (…を)課せられるべき (de)

passif(ve) [pasif, -iv パスィフ(ヴ)] 形 (英 passive) 消極的な, 受け身の; 〔文法〕受動態の —— 男 〔文法〕受動態;

〔商〕負債

passiflore [pasiflɔr] 女 〔植〕トケイソウ; パッションフルーツ

passim [pasim] 副 (この)随所に, 方々に

passing-shot [pasiŋʃɔt] 男 (<英) 〔テニス〕パッシングショット

***passion** [pɑsjɔ̃] 女 ①情熱, 熱情; (…への)熱狂, 熱中 (de) ②[P.] キリストの受難(曲)

***passionnant(e)** [pɑsjɔnɑ̃, -ɑ̃t パスィヨナン(ト)] 形 (英 fascinating) 夢中にさせる, 非常におもしろい

passionné(e) [pɑsjɔne] 形 (< passionner) (英 passionate) ①情熱的な ②(…に)夢中になった (de)
—— 名 情熱家; 熱烈な愛好家, ファン

passionnel(le) [pɑsjɔnel] 形 恋愛の, 情熱による, 情念の

passionnellement [pɑsjɔnɛlmɑ̃] 副 ①激情に駆られて

passionnément [pɑsjɔnemɑ̃] 副 情熱[熱情]的に, 熱烈に

passionner [pɑsjɔne] 他 ①熱中させる, とりこにする ②(議論などを)白熱させる —— 代動 [se ~] (…に)夢中になる, 熱中する (pour)

passivement [pasivmɑ̃] 副 おとなしく, 抵抗せずに, 受け身で

passiver [pasive] 他 ①(化)(金属を)不動態化する ②〔言〕受動化する

passivité [pasivite] 女 受動性, 受身, 消極性, 無反応

passoire [pɑswar] 女 (野菜・茶の)水切り, こし器

pastel [pastel] 男 〔美術〕パステル, クレヨン; パステル画 —— 形 〔不変〕パステル調の

pastelliste [pastelist] 名 パステル画家

pastèque [pastɛk] 女 〔植〕スイカ(西瓜)

Pasteur [pastœr] (Louis~) ルイ・パストゥール 〖1822-95; フランスの化学者・生物学者〗

pasteur [pastœr] 男 ①(プロテスタントの)牧師 ②〔文〕羊飼い ▶*Bon Pasteur* [le ~] キリスト

pasteurien(ne) [pastœrjɛ̃, -ɛn] 形 パストゥールの

pasteurisation [pastœrizasjɔ̃] 女 低温殺菌法 〖牛乳などの殺菌法〗

pasteuriser [pastœrize] 他 (牛乳などを)低温殺菌する

pastiche [pastiʃ] 男 模作(画), 作風などの模倣, 模写

pasticher [pastiʃe] 他 模倣[模作]する

pasticheur(se) [pastiʃœr, -øz] 名 模作者; 模写家, 亜流

pastille [pastij] 女 ①(円く平たい)ドロップ, (薬用他のトローチ ②〔服〕水玉模様

pastis [pastis] 男 ①パスティス 〖ウイ

pastoral(ale) [pastoral] 形 (男複 -aux/-o]) ①羊飼いの, 田園の ②司教の, 牧畜の — 女 田園文学; 牧歌

pastorat [pastora] 男 牧師の位[職, 在職期]

pastoureau(elle) [pasturo, -ɛl] 名 (男複 -eaux) 〔文〕羊飼いの少年[少女]

pat [pat] 形〔不変〕〔チェス〕ステイルメイトの

patachon [pataʃɔ̃] 男 ▶mener une vie de patachon 〔話〕快楽的な生活をする

patapouf [patapuf] 男〔話〕太ってもたもたした子供

pataquès [patakɛs] 男 ①リエゾンの誤り, 言い間違い ②もつれた状態, 大混乱

patate [patat] 女 (くス) ①サツマイモ(=~ douce) ②〔話〕ジャガイモ ③〔話・軽蔑的〕ばか, 間抜け ④〔数〕(集合の)ベクトル ⑤〔俗〕困ったこと ⑥ ▶en avoir gros sur la patate ひどくつらい

patati, patata [patatipatata] 間〔話〕▶et patati (et) patata ぺちゃくちゃ 【長いおしゃべりを言う】

patatras [patatra] 間 どすん, がちゃん【物の倒れる[落ちる]音】

pataud(e) [pato, -od] 形名 鈍重な(子供・人間), のろまな

Pataugas [patogas] 男 トレッキングブーツ

pataugeoire [patoʒwar] 女 幼児用プール

patauger [patoʒe] 自 40 ぬかるみを歩く; もたつく, わからなくなる; 〔話〕(ある状態から)抜け出せない

Patay [patɛ] パテ [Loiret 県の村; ジャンヌダルクが英軍を破った地]

patch [patʃ] 男〔く英〕①〔医〕医薬シール【皮膚から薬を吸収させる】②〔医〕(血管形成術のパッチ) ③〔情報〕パッチファイル

patchouli [patʃuli] 男〔植〕パチョリ【から採取した香料】

patchwork [patʃwœrk] 男〔く英〕(手芸の)パッチワーク; 寄せ集め, 継ぎはぎ

***pâte** [pat] 女 (英 pastry) ①(小麦粉を練った)生地; ペースト状のもの; 〔複〕パスタ, めん類 ▶bonne pâte 〔話〕好人物, よい人 ‖ mettre la main à la pâte 精を出す, 努力する pâte à frire 揚げものの生地 pâte à modeler 〔図工用〕粘土 pâte à pain パン生地 pâte à papier 製紙用パルプ pâte à tarte タルト生地 pâte brisée (タルトなどの)練り込み生地 pâte d'amandes アーモンドペースト pâte de fruits フルーツゼリー pâte feuilletée 折り込み生地 pâte molle 優柔不断の人

②(料・魚心の)バター, パイ; 〔料〕インクの染み; 〔砂遊びの〕砂山 (=~ de sable) ▶pâté de campagne (豚肉とレバーの)田舎風パテ ‖ pâté de maisons 一かたまりの家屋, ブロック pâté en croûte パイ皮で包んだパテ pâté impérial 春巻き

pâtée [pate] 女 ①(家畜・犬猫の)飼料, えさ ②〔俗〕痛めつけ, 殴ること

patelin¹(e) [patlɛ̃, -in] 形〔文〕猫かぶりの

patelin² [patlɛ̃] 男〔話〕小さな村, いなか

patelle [patɛl] 女〔貝〕カサガイ

patène [patɛn] 女〔カト〕パテナ, 聖体皿

patenôtres [patnotr] 女〔複〕①〔古〕お祈り; (皮肉の)難解な祈りの言葉

patent(e) [patɑ̃, -ɑ̃t] 形 明らかな, 疑う余地のない

patente [patɑ̃t] 女〔古〕(1976年までの)営業税【現在は taxe professionnelle】

patenté(e) [patɑ̃te] 形 ①特許の, 公認の ②〔古〕営業税を納めている[課された]

Pater [patɛr] 男〔不変〕〔キ教〕主祷(とう)文, 主の祈り

patère [patɛr] 女 ①(壁に取りつける)洋服掛け ②〔古代の〕聖杯

paternalisme [patɛrnalism] 男 (経営管理の)家族主義, 温情主義

paternaliste [patɛrnalist] 形 家族主義, 温情主義の — 名 家族[温情]主義者

paterne [patɛrn] 形〔文〕温情に満ちた

***paternel(le)** [patɛrnɛl] パテルネル 形 (英 paternal) 父(親)の; 父方の (= du côté ~); 温情に満ちた — 男〔話〕おやじ, 父ちゃん

paternellement [patɛrnɛlmɑ̃] 副 父として, 父のように, 温情をこめて

paternité [patɛrnite] 女 ①父親であること, 父性, 父としての感情; 〔法〕父子関係 ②作者[発案者]の資格

pâteux(se) [pɑtø, -øz] 形 どろどろの, べたべたした; (文体・言葉が) 鈍重な ▶avoir la langue [bouche] pâteuse 舌がもつれる

Pathé [pate] パテ 〔フランスの映画関連のメディアグループ〕

pathétique [patetik] 形 悲壮な, 感動させる — 男〔文〕悲壮感, 悲愴

pathétiquement [patetikmɑ̃] 副 悲壮に

pathétisme [patetism] 男〔文〕悲壮感

pathie 接尾 (くギ) 「感情」「…療法」の意の女性語尾をつくる

patho- 接頭 (くギ) 「病」「疾患」の意

pathogène [patɔʒɛn] 形〔医〕病原(性)の, 病因となる

pathologie [patɔlɔʒi] 女 病理学

pathologique [patɔlɔʒik] 形 病理学の, 病気の;《俗》病的な, 異常な

pathologiquement [patɔlɔʒikmɑ̃] 副 病理学的に

pathologiste [patɔlɔʒist] 形名 病理学者(の)

pathos [patos] 男 (<ギ)《文》過度の悲壮感

patibulaire [patibylɛr] 形 (顔だち・様子が)凶悪な

patiemment [pasjamɑ̃] 副 我慢強く, 根気よく

:**patience** [pasjɑ̃s パスィヤンス] 女 ① 忍耐, 我慢, 辛抱 ▶**Patience.** ちょっと待って下さい **perdre patience** 辛抱しきれない **s'armer de patience** 辛抱強く我慢する ②[トランプ]ペイシェンス, ソリテール【トランプを使った一人遊び】

***patient(e)** [pasjɑ̃, -ɑ̃t パスィヤン(ト)] 形 我慢強い, 忍耐を要する ── 名 (とくに手術の)病人

***patienter** [pasjɑ̃te パスィヤンテ] 自 (辛抱強く)待つ ▶**Veuillez patienter.** (掲示)お待ち下さい

patin [patɛ̃] 男 ①スケート靴 ▶**faire du patin** スケートをする **patin d'un frein** (自転車の)ブレーキゴム **patins à glace** アイススケート **patins à roulettes** ローラースケート **patins en ligne** インラインスケート, ローラーブレード ②(床を汚さないように靴の上に履く)布製の上履き

patinage [patinaʒ] 男 ①スケート; (車輪の)空回り, スリップ ▶**patinage artistique** フィギュアスケート **patinage de vitesse** スピードスケート **patinage sur glace** アイススケート

patine [patin] 女 ①(経年による)変色; 古色; ニス(の色) ②緑青(ふき)

patiner[1] [patine] 自 スケートをする; (車輪などが)滑べる

patiner[2] [patine] 他 (壁などに)古色をつける, 色つやを出す ── 代動 (**se~**) 古色を帯びる

patinette [patinɛt] 女 ⇒ キックボード

patineur(se) [patinœr, -øz] 名 スケートをする人, スケート選手

patinoire [patinwar] 女 スケート場, スケートリンク

patio [patjo] 男 (<スペ) パティオ【スペインの家の中庭】

pâtir [patir] 自 33 (…で)苦しむ, 被害を被る (**de**)

*****pâtisserie** [pɑtisri パティスリ] 女 (英 cake, pastry) ①ケーキ, 菓子 ⇨[コラム: フランスの菓子] ②ケーキ製造(販売)業, ケーキ屋; ケーキ作り

*****pâtissier(ère)** [pɑtisje, -ɛr パティスィエ(ール)] 名 ケーキ屋(製造・販売人) ── 形 ▶**crème pâtissière** カスタードクリーム

pâtisson [pɑtisɔ̃] 男 [植] パティソン【カボチャの一種】

patois [patwa] 男 ①方言 ②隠語

patoisant(e) [patwazɑ̃, -ɑ̃t] 形名 方言を使う(人)

patouiller [patuje] 自《話》ぬかるみの中を歩く ── 他 やたらにさわる, いじくりまわす

patraque [patrak] 形《話》体調が悪い, 病気の

pâtre [pɑtr]《文》牧人, 牧童, 羊飼い

patriarcal(ale) [patrijarkal] 形 (男複 -aux [-o]) ①質朴な ②家父長制の, 族長の

patriarcalement [patrijarkalmɑ̃] 副 家父長制によって

patriarcat [patrijarka] 男 ①(東方教会の)総大主教[司教]の位[職] ②家父長制

patriarche [patrijarʃ] 男 ①[キ教] (東方教会の)総大主教 ②族長; 長老

Patrice [patris] パトリス【男子名】

patricien(ne) [patrisjɛ̃, -ɛn] 名 ①(古代ローマの)パトリキの ②《文》血統貴族の

***patrie** [patri パトリ] 女 (英 homeland) 祖国; 生まれ故郷 ▶**mère patrie** 母国

patrilinéaire [patrilineɛr] 形 [人類] 父系の

patrimoine [patrimwan] 男 世襲財産, 遺産; 文化遺産 ⇨[コラム: フランスの世界遺産]

patrimonial(ale) [patrimɔnjal] 形 (男複 -aux [-o]) 世襲(財産)の

patriotard(e) [patrijɔtar, -ard] 形名 極端な愛国主義の者

patriote [patrijɔt] 名 愛国者 ── 形 愛国心に燃えた

patriotique [patrijɔtik] 形 愛国的な

patriotiquement [patrijɔtikmɑ̃] 副 愛国的に, 愛国者として

patriotisme [patrijɔtism] 男 愛国心, 祖国愛

:**patron**[1]**(ne)** [patrɔ̃, -ɔn パトロン(ヌ)] 名 (英 owner, boss) ①経営者, 雇用者; 指示をだす人, 指導教授; 船長;《話》(使用人から見て)主人 ②(教区・都市などの)守護聖人

patron[2] [patrɔ̃] 男 (服などの)型紙, 図案

patronage [patrɔnaʒ] 男 ①後援, 協賛, 保護 ②(聖人による)守護 ③青少年育成会

patronal(ale) [patrɔnal] 形 (男複 -aux [-o]) ①経営者[雇用者]の ②守護聖人の

patronat [patrɔna] 男《集合的に》経営者, 雇用者

patronner [patrɔne] 他 (人・企業を)後援する, 支援する

patronnesse [patrɔnɛs] 女 ▶**dame patronnesse** (皮肉的)(慈善事業の)女性後援者

patronyme [patronim] 男 姓, 名字 (= nom patronymique)

patronymique [patronimik] 形 姓の

patrouille [patruj] 女 (警察の)パトロール(隊), (軍隊の)巡察(隊), 斥候(隊)

patrouiller [patruje] 自 パトロールする, パトロールに行く

patrouilleur(se) [patrujœr, -øz] 名 パトロール隊員, 偵察兵 — 男 哨戒機

***patte** [pat] パット 女 ①(動物の)脚, 足;《話》(人間の)足; 手;(芸術家などの)筆前 ▶à quatre pattes 四つ足の **Bas les pattes!** 触らないで **en avoir plein les pattes** 歩き疲れる **graisser la patte à** (人)を買収する **montrer patte blanche** 身分を証明する, 合言葉を言う **pantalon pattes d'éléphant** ベルボトムのズボン **pattes de derrière** 後脚 **pattes de devant** 前脚 **retomber sur ses pattes** 首尾よく窮地を脱する **tirer dans les pattes de** (人)の邪魔をする ②《複》短い頬ひげ(=~s de lapin) ③(ポケットなどの)ふた ④(目[耳]の)しわ, 小皺

patte-d'oie [patdwa] 女《複 ~s》①(3つの道の)分岐点, 交差点 ②(目じりの)しわ, 小皺

pattemouille [patmuj] 女 (アイロンかけの)当て布, 濡れふきん

pattern [patɛrn] 男《< 英》型, パターン

pâturage [patyraʒ] 男 牧草地, 放牧場

pâture [patyr] 女 (動物の)餌, (家畜の)飼料; (目り・好奇心の)糧(ぞ) ▶**vaine pâture** 入会放牧(収穫後の畑に家畜を放す権利)

pâturer [patyre] 他 自 (牧草を)食べる

paturon [patyrɔ̃], **pâturon** [patyrɔ̃] 男 蹄(ぞ), 繋(ぞ)[馬のひづめとくるぶしの間];《俗》(人間の)脚

Pau [po] ポー [Pyrénées-Atlantiques 県の県庁所在地]

フランスの菓子

flan フラン ： 固めのカスタードクリームを入れて焼いたタルト, 中に果物などが入っているものもある

dragée ドラジェ ： 青やピンクなどパステルカラーの糖衣をかけたアーモンド, 結婚や出産の際に配られることも多い

macaron マカロン ： 間にクリームをサンドした小さな円型のメレンゲ菓子, キイチゴはピンク, レモンは黄色などさまざまな色がある

◆◆伝統菓子◆◆

madeleine マドレーヌ ➡ アルザス・ロレーヌ地方
貝をかたどった焼き菓子, マドレーヌという娘が焼いたことからこの名がつけられたと言われる

tarte Tatin タルト・タタン ➡ トゥーレーヌ地方
キャラメルのかかったリンゴのタルト. タタン家の料理人がアップルパイを焼こうとして失敗したところ出来上がったのが始まりという説があるが真偽は不明

cannelet de Bordeaux カヌレ(・ド・ボルドー) ➡ アキテーヌ地方
表面が焦げ茶色した素朴な焼き菓子.

far breton ファー・ブルトン ➡ ブルターニュ地方
乾燥プラム入りの卵と牛乳をたっぷり使った菓子. ブルターニュ地方はシレープが有名だが, これも厚焼きのクレープと言える

gaufre ゴーフル ➡ フランドル地方
薄いさっくりしたビスケット状のものと, クリームやシロップをかけて食べるふっくらしたワッフルがあり, 後者はベルギーとの国境近くに多い

◆◆祝い事の菓子◆◆

galette des Rois ガレット・デ・ロワ
1月6日(公現祭：キリスト誕生を祝うために東方の三博士が訪問した日)に食べられる. 菓子の中にフェーヴと呼ばれる陶器が隠され, 切り分けたときにそれが当たった者は王様となり, その日は王様として祝ってもらえる

bûche de Noël ビュッシュ・ド・ノエル
新しくかたどったクリスマスケーキ. クリスマスには焚き火をする習慣があり, その焚き木の燃えさしを取っておいて1年間魔よけと幸運のお守りにするところから作られるようになった

croquembouche クロッカンブッシュ
小さなシューを円錐状に積み上げたもの. 農作物の豊かな収穫と子孫繁栄の願いが込められ, 幸せが天まで届くように高く積み上げられている

フランスの世界遺産

*2010年7月現在

Abbatiale de Saint-Savin-sur- Gartempe
サン・サヴァン・シュール・ガルタンプの修道院教会 ⇒Poitou-Charentes ポワトゥー・シャラント地方

Abbaye cistercienne de Fontenay
フォントネーのシトー会修道院 ⇒Bourgogne ブルゴーニュ地方

Arles, monuments romains et romans
アルル、ローマ遺跡とロマネスク様式建造物群 ⇒Provence プロヴァンス地方

Basilique et colline de Vézelay
ヴェズレーの教会と丘 ⇒Bourgogne ブルゴーニュ地方

Beffrois de Belgique et de France
ベルギーとフランスの鐘楼群

Bordeaux, Port de la Lune
ボルドー、リューヌ港 ⇒Aquitaine アキテーヌ地方

Canal du Midi
ミディ運河 ⇒Languedoc ラングドック地方

Cathédrale d'Amiens
アミアン大聖堂 ⇒Picardie ピカルディ地方

Cathédrale de Bourges
ブールジュ大聖堂 ⇒Centre サントル地方

Cathédrale de Chartres
シャルトル大聖堂 ⇒Centre サントル地方

Cathédrale Norte-Dame, ancienne abbaye Saint-Remi et palais de Tau, Reims
ランスのノートル・ダム大聖堂、サン・レミ旧大寺院及び宮殿 ⇒Champagne-Ardenne シャンパーニュ・アルデンヌ地方

Centre historique d'Avignon : Palais des papes, ensemble épiscopal et Pont d'Avignon
アヴィニョン歴史地区:法王庁宮殿, 司教関連建造物群及びアヴィニョン橋 ⇒Provence プロヴァンス地方

Chemins de Saint-Jacques-de-Compostelle
サンティアゴ・デ・コンポステーラの巡礼路

De la grande saline de Salins-les-Bains à la saline royale d'Arc-et-Senans
旧王製塩施設, サラン・レ・バン大製塩所からアルク・スナンの王立製塩所まで ⇒Franche-Comté フランシュ・コンテ地方

Fortifications de Vauban
ヴォーバンの要塞群
⇒Nord-Pas-de-Calais ノール・パ・ド・カレ地方, Franche-Comté フランシュ・コンテ地方, Aquitaine アキテーヌ地方, Provence-Alpes-Côte d'Azur プロヴァンス・アルプ・コート・ダジュール地方, Bretagne ブルターニュ地方, Lorraine ロレーヌ地方, Languedoc-Roussillon ラングドック・ルーシヨン地方, Alsace アルザス地方, Poitou-Charentes ポワトゥー・シャラント地方

Golfe de Porto : calanche de Piana, golfe de Girolata, réserve de Scandola
ポルト湾:ピアナのカランケ, ジロラッタ湾, スカンドラ保護区 ⇒Corse コルシカ島

Juridiction de Saint-Émilion
サン・テミリオン地域 ⇒Aquitaine アキテーヌ地方

Lagons de Nouvelle-Calédonie : diversité récifale et écosystèmes associés
ニューカレドニアのラグーン:リーフの多様性とその生態系 ⇒Nouvelle-Calédonie ニューカレドニア

Le Havre, la ville reconstruite par Auguste Perret
ル・アーヴル, オーギュスト・ペレによる再建都市 ⇒haute-Normandie オート・ノルマンディ地方

Mont-Saint-Michel et sa baie
モン・サン・ミッシェルとその湾 ⇒Basse-Mormandie バス・ノルマンディ地方

Palais et parc de Fontainebleau
フォンテーヌブローの宮殿と庭園 ⇒Île-de-France イル・ド・フランス地方

Palais et parc de Versailles
ヴェルサイユの宮殿と庭園 ⇒Île-de-France イル・ド・フランス地方

Paris, rives de la Seine
パリのセーヌ河岸 ⇒Île-de-France イル・ド・フランス地方

Places Stanislas, de la Carrière, et d'Alliance à Nancy
ナンシーのスタニスラス広場、カリエール広場及びアリアンス広場 ⇒Lorraine ロレーヌ地方

Pont du Gard
ポン・デュ・ガール ⇒Languedoc-Roussillon ラングドック・ルーシヨン地方

Provins, ville de foire médiévale
中世市場都市プロヴァン ⇒Île-de-France イル・ド・フランス地方

Pyrénées - Mont Perdu
ピレネー山脈 - ペルデュ山

Site historique de Lyon
リヨン歴史地区 ⇒Rhône-Alpes ローヌ・アルプ地方

Site préhistoriques et grottes ornées de la vallée de la Vézère
ヴェゼール渓谷の先史時代史跡群と洞窟壁画群 ⇒Aquitaine アキテーヌ地方

Strasbourg - Grande Île
ストラスブールのグラン・ティル ⇒Alsace アルザス地方

Théâtre antique et ses abords et «Arc de Triomphe» d'Orange
オランジュのローマ劇場とその周辺及び"凱旋門" ⇒Provence プロヴァンス地方

Val de Loire entre Sully-sur-Loire et Chalonnes
シュリー・シュル・ロワールとシャロンヌ間のロワール渓谷 ⇒Centre サントル地方, Pays de la Loire ペイ・ド・ラ・ロワール地方

Ville fortifiée historique de Carcassonne
歴史的城壁都市カルカソンヌ ⇒Languedoc-Roussillon ラングドック・ルーシヨン地方

Paul [pol] 男 ①ポール【男の名】②パウロ【12使徒の1人】

paulownia [polonja] 男 【植】キリ(桐)

paume [pom] 女 ①手のひら ②ポーム【昔の球技でテニスの原形】

paumé(e) [pome] 形 (<paumer) (話) 惨めな(人), 無一物の(人), 道に迷った(人)

paumelle [pomɛl] 女 ①(開き戸の)蝶番(ちょうつがい), ヒンジ ②パーム(掌革(なつこう))

paumer [pome] 他 《話》なくす, 失う ▸paumer la gueule à …を殴る ▸se faire paumer つかまらされる ── 代動 [se ~] 《話》道に迷う

paupérisation [poperizasjɔ̃] 女 生活水準の低下, 貧困化

paupériser [poperize] 他 困窮させる, 貧困化させる

paupérisme [poperism] 男 困窮[窮乏]状態

paupière [popjɛr] 女 まぶた

paupiette [popjɛt] 女 ポピエット【肉や魚の薄切りで詰め物を巻いたもの】

pause [poz] 女 ①休憩, 中休み; (話)(途中の)間(*) ②【楽】全休止符

pause-café [pozkafe] 女 (複 ~s-~) コーヒーブレイク, 休憩の時間

***pauvre** [povr ポーヴル] 形 (英 poor) ①貧しい, 貧乏な; (…が)乏しい, 少ない (en); 貧弱な, 貧相な; (土地が)やせた ②[名詞の前で]かわいそうな, 哀れな; 役に立たない ── 名 貧しい人

pauvrement [povrəmɑ̃] 副 貧しく, みすぼらしく; へたに; 不十分に

pauvresse [povrɛs] 女 《古》貧しい女, 女乞食

pauvret(te) [povrɛ, -ɛt] 形名 《古/方》かわいそうな(子供)

***pauvreté** [povrəte ポヴルテ] 女 (英 poverty)(物質的・精神的な)貧しさ ▸Pauvreté n'est pas vice. 〔ことわざ〕貧乏は悪徳にあらず

pavage [pavaʒ] 男 舗装(工事), 舗床

pavane [pavan] 女 パバーヌ【16-17世紀の壮麗な宮廷舞踊; その舞踊曲】

pavaner(se) [pavane] 代動 《話 ~》気取って歩く, 気取る

pavé [pave] 男 (舗装用の)敷石, 舗石; 石畳; 舗装道路, 街路; (話)分厚い本; (菓子など)四角く切ったもの ▸battre le pavé de trottoirs をぶらつく; 路頭に迷う ▸pavé dans la mare 波紋を呼ぶ出来事; 晴天の霹靂(へきれき) ▸pavé numérique 【情報】(キーボードの)テンキー ▸tenir le haut du pavé (社会的に)高い地位を占める

pavement [pavmɑ̃] 男 舗装

paver [pave] 他 (道路や建造物の床に)敷石を張る[敷く], 舗装する

paveur [pavœr] 男 舗装工

pavillon [pavijɔ̃] 男 ①小さな建物, 小屋 ▸pavillon de chasse 狩猟小屋 ②船の国旗, 旗 ▸pavillon de complaisance 便宜置籍船(の国旗) **pavillon de détresse** 遭難信号の船旗 ③[金管楽器・スピーカーなどの]口 ▸pavillon de l'oreille [解] 外耳, 耳介

pavillonnaire [pavijɔnɛr] 形 一戸建ての郊外住宅の

pavlovien(ne) [pavlɔvjɛ̃, -ɛn] 形 パブロフ(の理論)の, 条件反射の

pavois [pavwa] 男 〔集合的〕(満艦飾に用いられる)船旗 ▸élever [hisser]… sur le pavois (人)を高い地位につける, 絶賛する

pavoiser [pavwaze] 他 (船・建物などを)旗で飾る ── 自 ①旗を飾る ②大喜びする

pavot [pavo] 男 【植】ケシ

paxon [paksɔ̃] 男 = pacson

payable [pejabl] 形 支払うことができる, 支払われる

payant(e) [pejɑ̃, -ɑ̃t] 形 ①有料の, 金を支払う ②採算がとれる, 効果がある

paye [pɛj] 女 (英 pay) ①(支払い) ▸feuille de paye 給料明細書 ▸toucher sa paye 給料を受け取る ②《話》長い間 [<給料日から次の給料日までの間]

payé(e) [peje] 形 (<payer) (給料の)支払われる; 支払い済みの

payement [pɛjmɑ̃] 男 = paiement

payer [peje ペイエ] 他 49 50 (英 pay) ①(金を)払う, (人に)金を払う, (人に)買ってやる; (…で)支払う (de) ▸Il me le paiera! あいつ, おぼえてろよ ▸payer à boire à … に飲み代をごちそうする **payer A de B** Aの代償をBで払う **payer d'audace** (状況を打開するために)思い切ってやる **payer de sa personne** 体を張る, 努力を惜しまない **payer de sa poche** 自分で支払う, 身銭を切る ②(ものごとが人に)報いる, 利益をもたらす; 金になる ── 代動 [se ~] ①《話》自分に…を奢(おご)る; 言うにとどめずにら, がまんする ▸se payer la tête de… (人)をばかげる **s'on payer** 楽しい時を過ごす ②支払われる

payeur(se) [pɛjœr, -øz] 名 金を支払う人, 支払人, (官庁などの)支払担当者

***pays**[1] [pei ペイ] 男 (英 country) 国, 国家; 祖国, 故郷; 地方, 地域; (小さな)町, 村 ▸comme en pays conquis 我が物顔に, 自分勝手に ▸être du pays 土地の者である **pays Basque** バスク地方 **pays d'adoption** 第2の祖国 **pays de cocagne** 桃源郷 **pays natal** 祖国, 生まれ故郷

pays[2]**(e)** [pei, -iz] 名 《話》同郷人

***paysage** [peizaʒ ペイザージュ] 男 (英 landscape) ①風景, 景色; 風景画 ②情勢, 状況

paysagé(e) [peizaʒe], **paysager**

(**ère**) [pɛizaʒɛ, -ɛr] 形 自然の景観の, 自然を模した.

paysagiste [peizaʒist] 名 風景画家;(公園・都市計画などの)景観デザイナー

***paysan(ne)** [peizɑ̃, -an ペイザン(ザヌ)] 名 (英 farmer) 農民, 百姓;《軽蔑的》田舎者 ── 形 農民の, 田舎風の

paysannat [peizana] 男 農民階級,《集合的》農民

paysannerie [peizanri] 女 《集合的》農民

Pays-Bas [peibɑ] 男 《複》オランダ【Hollande の正式呼称】

Pays de la Loire [peidlalwar] ペイ・ド・ラ・ロワール【フランス中西部の地域圏名】

payse [peiz] 女 pays の女性形

PC (略)(< EN) personal computer パソコン; poste de commandement 〔軍〕司令部; Petite Ceinture パリ周辺循環バス; Parti communiste 共産党

P.C.C. (略) Pour copie conforme 原本に相違無いことを証す

PCF (略) Parti communiste français フランス共産党

PCV (略) paiement contre vérification コレクトコール, 料金着信払通話 **appeler en PCV** コレクトコールをかける

PDG [pedeʒe] 男 (略) président-directeur général 社長

***péage** [peaʒ] 男 ①(橋・高速道路の)通行料 ②料金所

péagiste [peaʒist] 名 (高速道路の)料金徴収員

***peau** [po ポー] 女 (複 ~x) (英 skin) ①皮膚, 肌;(動物・果物の)皮;(液体の表面にできる)薄い膜 **être bien [mal] dans sa peau** 好調[不調]である **faire peau neuve** やり方[意見]を完全に変える **n'avoir que la peau sur les os** やせこけている **peau de banane** (話) 罠 **se faire trouer la peau** 殺される ②(話) 命 **faire la peau à …** …を殺す **risquer sa peau** 命を危険にさらす **sauver sa peau** 命を救う ③**peau de vache** 厳しい人, 意地悪な人

peaufinage [pofinaʒ] 男 丹念な仕上げ

peaufiner [pofine] 他 《話》丹念に仕上げる

peausserie [posri] 女 なめし革; なめし業, なめし革店

peaussier [posje] 男 皮なめし職人, なめし革商

pécan [pekɑ̃] 男 〔植〕ペカン, ペカンの実(= noix de ~)

pécari [pekari] 男 〔動〕ペッカリー(の皮), アメリカイノシシ(の皮)

peccadille [pekadij] 女 〔文〕微罪, わずかな過ち

pechblende [pɛʃblɛ̃d] 女 (< F) 〔鉱〕閃ウラン鉱, ピッチブレンド

péché [peʃe] 男 (宗教上の)罪, 罪悪; 過ち, 欠点 ▶ **péché mignon** やめられないほどの楽しみ, 悪癖 **péché originel** [キ]原罪 **sept péchés capitaux** [キ] 7つの大罪

***pêche**¹ [pɛʃ ペシュ] 女 (英 peach) 〔植〕桃(実) ②(話) 平手打ち ③▶ **avoir la pêche** (話) エネルギッシュである

***pêche**² [pɛʃ ペシュ] 女 (英 fishing) (魚)釣り, 漁業; (釣った)獲れた魚; 釣り場, 漁場 ▶ **aller à la pêche** 釣りに行く **pêche à la ligne** 釣り **pêche sous-marine** 素潜り漁

pécher [peʃe] 自 57 罪[過ち]を犯す;(…という)欠点がある(par, sur) ▶ **pécher contre la bienséance** 礼儀作法に反する **pécher par omission** 何もしないことによって違犯する

***pêcher**¹ [peʃe ペシェ] 男 〔植〕桃の木

***pêcher**² [peʃe ペシェ] 他 (英 fish) (魚を)釣る; 《話》探し出す, 見つける ▶ **pêcher en eau trouble** 混乱の中で利益を得る

pécheresse [peʃrɛs] 女 pécheur の女性形

pêcherie [pɛʃri] 女 漁場, 釣り場

pêcheur(eresse) [peʃœr, -rɛs] 名 (宗教上の)罪人

pêcheur(se) [pɛʃœr, -øz] 名 釣りをする人, 漁師

pécore [pekɔr] 名 ①《話》気取ったばかな娘 ②〔古〕動物

pectine [pɛktin] 女 〔生化〕ペクチン

pectoral(ale) [pɛktɔral] 形 (男複 -aux[-o]) ①胸の;(動物の)腹部正面の ②呼吸器疾患に効く ── 男 《複》胸筋

pécule [pekyl] 男 (少しずつ貯めた)小金, へそくり

pécuniaire [pekynjɛr] 形 金銭の, 財政に関する

pécuniairement [pekynjɛrmɑ̃] 副 金銭的に

pédagogie [pedagɔʒi] 女 教育学〔法〕; 教育者としての資質

pédagogique [pedagɔʒik] 形 教育(上)の, 教育的な

pédagogiquement [pedagɔʒikmɑ̃] 副 教育に関して, 教育的に

pédagogue [pedagɔg] 名 教育者, 教師, 教育学者 ── 形 教育じょうずな

***pédale** [pedal] 女 ①(自転車などの)ペダル;(ピアノなど楽器の)ペダル ▶ **perdre les pédales** (話)話の脈絡がなくなる, あたふたする ②(話・軽蔑的)男色家, ホモ

pédaler [pedale] 自 ペダルをこぐ, 自転車で走る;《話》急ぐ ▶ **pédaler dans la choucroute [le couscous, le yaourt]** 無駄骨を折る

pédaleur(se) [pedalœr, -øz] 名 《話》自転車に乗っている人, 自転車競

pédalier [pedalje] 男 ①(自転車の)クランク装置 ②(パイプオルガンの)ペダル鍵盤;(ピアノの)ペダル

pédalo [pedalo] 男 足こぎボート

pédant(e) [pedɑ̃, -ɑ̃t] 形 学者ぶった — 名 学者ぶった人, ペダンチックな人

pédanterie [pedɑ̃tri] 女 〔文〕衒(げん)学的態度

pédantesque [pedɑ̃tɛsk] 形 〔文〕学者ぶった, 衒(げん)学的な

pédantisme [pedɑ̃tism] 男 学者気取り, 衒(げん)学的態度

-pède 接尾〈ラ〉「…足の(動物)」の意の形容詞, 名詞をつくる

pédé [pede] 男 〔話〕男色家, ホモ

pédéraste [pederast] 男 男色家, ホモ

pédérastie [pederasti] 女 少年愛, 男色

pédérastique [pederastik] 形 男色の

pédestre [pedɛstr] 形 徒歩の ➤ *randonnée pédestre* ハイキング

pédestrement [pedɛstrəmɑ̃] 副 徒歩で

pédi- 接頭〈ラ〉「足」の意

pédiatre [pedjatr] 名 小児科医

pédiatrie [pedjatri] 女 小児科, 小児医学

pédiatrique [pedjatrik] 形 小児科の

pedibus [pedibys] 副 〔話〕歩いて

pédicule [pedikyl] 男 〔植〕細い茎;〔解〕茎, 柄

pédiculose [pedikyloz] 女 〔医〕シラミ寄生症【アタマジラミ・ケジラミなど】

pédicure [pedikyr] 名 (まめ・たこなど)の足治療医

pedigree [pedigre[i]] 男 〈英〉(犬・猫などの)血統(書)

péd(o)- 接頭〈ギ〉①「子ども」「教育」の意 ②「土壌」の意

pédodontie [pedodɔ̃si] 女 〔医〕小児歯科学

pédologie¹ [pedoloʒi] 女 土壌学

pédologie² [pedoloʒi] 女 = pédiatrie

pédologue [pedolog] 名 土壌学者

pédoncule [pedɔ̃kyl] 男 〔植〕花柄(ぺい), 花梗(ぺい) ②〔解〕(脳神経の)脚

pédonculé(e) [pedɔ̃kyle] 形 〔植〕花柄(ぺい)のある, 花梗(ぺい)に生じる

pédophile [pedofil] 形 名 小児(性)愛の(人)

pédophilie [pedofili] 女 小児(性)愛

pédopsychiatre [pedopsikjatr] 名 児童精神科医

pédopsychiatrie [pedopsikjatri] 女 児童精神医学

pedzouille [pedzuj] 名 〔話・軽蔑で〕どん百姓, 田舎っぺ

peeling [pilin] 男 〈英〉ピーリング【顔の角質を落とす美容整形術】

pégase [pegaz] 男 ①[P-]〔ギ神〕ペガサス, 天馬;〔天〕ペガサス座 ②〔魚〕ウミテング

PEGC [peʒese] 男 professeur général de collège 一般教育コレージュ教員

pègre [pɛgr] 女 裏社会のグループ【泥棒・強盗・詐欺など】

pégueux(se) [pegø, -øz] 形 〔南仏〕べたべたした

pehlvi [pɛlvi] 形 男 ⇒pahlavi

peign... ⇒peindre, peigner

peignage [pɛɲaʒ] 男 〔織〕梳毛(そもう)(工程, 工場)

peignant [pɛɲɑ̃] peindre, peigner の現在分詞

*__peigne__ [pɛɲ ペーニュ] 男 ①〔英 comb〕櫛(くし), (女性のまげを留める)櫛;(羊毛・麻の)梳き櫛 ▶ *passer ... au peigne fin* …を入念に調べる *sale comme un peigne* ひどく汚い *se donner un coup de peigne* 櫛で髪をとかす ②〔貝〕イタヤガイ属【ホタテガイなど】

peigne(...) [pɛɲ] ⇒peindre, peigner

peigné(e) [pɛɲe] 形 櫛(くし)を入れた, 梳(す)かれた — 男 梳毛(そもう)糸[織物], ウーステッド

peigne-cul [pɛɲky] 男 〔俗〕げす, ろくでなし

peignée [pɛɲe] 女 〔話〕殴打

*__peigner__ [pɛɲe ペニェ] 他 〔英 comb〕(髪を櫛(くし)などで)とかす;(羊毛・麻を)梳(す)く — 代動 [se ~] 自分の髪をとかす

peigneur(se) [pɛɲœr, -øz] 名 〔織〕梳毛(そもう)工 — 女 梳毛機

peigni[t]... ⇒peindre, peigner

peignoir [pɛɲwar] 男 (美容院などの)ケープ, クロス; ガウン, 部屋着; バスローブ(= ~ de bain)

pein... ⇒peindre

peinard(e) [pɛnar, -ard] 形 名 〔話〕のんびりした(人)

peinardement [pɛnardəmɑ̃] 副 〔話〕のんびりと, 気楽に

*__peindre__ [pɛ̃dr パンドル] 他 19 〔英 paint〕①(壁などに)色を塗る, 塗装する ②(もの・人を)描く;(人物・風景を)描き出す — 代動 [se ~] ①(表情などが)表れる (sur) ②〔古・軽蔑的〕化粧する

*__peine__ [pɛn ペヌ] 女 〔英 pain, punishment〕①刑罰, 刑 ②(精神的な)苦痛, 心痛; 苦労, 骨折り ▶ *à grand-peine* 苦労して, やっとのことで *à peine ... que ...* …するやいなや *à peine* ほとんど…ない, (数詞とともに)せいぜい *avoir de la peine* 心を痛める *avoir de la peine à ...* …するのが骨折りだ *ça ne vaut pas la peine.* / *Ce n'est pas la peine.* それには及ばない *C'est à peine si on se parle.* 我々はほとんど口を

peiner [pene] 他 (人)を苦しめる，心配させる ━━ 自 苦労する，骨を折る

peins, peint ⇒**peindre**

peint(e) [pɛ̃, pɛ̃t] 形 (<peindre) ①色を塗った ②(古・比喩的)(口紅・マニキュアなどを)塗った，濃く化粧した

peintre [pɛ̃tr バントル] 男 (英 painter) ①(女性にも男性形用なし)画家，絵描き；(文) 文士 ②ペンキ屋，塗装職人

peinture [pɛ̃tyr パンテュール] 女 (英 painting, paint) ①絵画(作品)，絵 ▶peinture à l'huile [à l'eau] 油絵 [水彩画] ②ペンキ，塗料；塗装，装飾 ▶Peinture fraîche (掲示)ペンキ塗りたて ③(ことばによる)描写

peinturer [pɛ̃tyre] 他 (下手に)塗りたくる

peinturlurer [pɛ̃tyrlyre] 他 (話)けばけばしく塗りたくる

péjoratif(ve) [peʒɔratif, -iv] 形 (言)軽蔑的な ━━ 男 軽蔑語，けなし言葉

péjoration [peʒɔrasjɔ̃] 女 (言)軽蔑語化(語に軽蔑的な意味を付加すること)

péjorativement [peʒɔrativmɑ̃] 副 軽蔑的な意味で

pékan [pekɑ̃] 男 (動)アメリカテン(の毛皮)

Pékin [pekɛ̃] 北京(中国の首都; Beijing とも書く)

pékin [pekɛ̃] 男 ①(軍)(俗・軽蔑的)民間人 ②(古)中国人，なやつ

pékinois(e) [pekinwa, -az] 形 北京の ━━ 男 [P-] ①北京語，北京官話 ②ペキニーズ(体毛の長い愛玩犬)

PEL (略) plan d'épargne logement 財形住宅貯蓄

pelade [pəlad] 女 (医)円形脱毛症，禿頭(とくとう)病

pelage [pəlaʒ] 男 (動物の)毛並み，毛

pélagique [pelaʒik] 形 遠洋(性)の，外洋(性)の，深海の

pelé(e) [pəle] 形 (<peler)皮をむかれた；はげた；草木のない，何も生えていない ━━ 名 ▶quatre pelés et un tondu (話)わずかな人

Pélée [pele] 男 (ギ神)ペレウス(アキレウスの父)

pêle-mêle [pɛlmɛl] 副 乱雑に，ごちゃごちゃに

peler [pəle] 他 ①(果物などの)皮をむく ━━ 自 (日焼けなどで)皮膚がむける

pèlerin [pɛlrɛ̃, -ɛ̃] 男 ①巡礼者 ②(鳥)ハヤブサ(隼) ③(魚)ウバザメ

pèlerinage [pɛlrinaʒ] 男 巡礼(の旅)，巡礼地；(ゆかりの地などへの)旅，名所巡り ▶en pèlerinage 巡礼中の

pèlerine [pɛlrin] 女 (婦人用の)短いケープ

pélican [pelikɑ̃] 男 (鳥)ペリカン

pelisse [pəlis] 女 毛皮[毛裏]付きコート

pellagre [pelagr] 女 (医)ペラグラ(ナイアシン欠乏症)

***pelle** [pɛl ペル] 女 (英 shovel) シャベル，スコップ，ちり取り ▶à la pelle たっぷり ▶pelle à tarte ケーキサーバー pelle mécanique パワーショベル ramasser [se prendre] une pelle (話)ころぶ；失敗する

pelle-pioche [pɛlpjɔʃ] 女 (複~s-~s) つるはし鍬(くわ)[シャベル]

pelletage [pɛltaʒ] 男 (穀物などを)シャベルでかき混ぜること

pelletée [pɛlte] 女 シャベル1杯の分量

pelleter [pɛlte] 他④ シャベルでかき混ぜる[運ぶ・掘る]

pelleterie [pɛlt(ə)ri] 女 毛皮の加工，毛皮業；毛皮商

pelleteur [pɛltœr] 男 ①シャベルを使う人；土木作業員 ②パワーショベル

pelletier(ère) [pɛltje, -ɛr] 名 毛皮業者，皮革職人

pelliculaire [pelikylɛr] 形 薄い膜の

pellicule [pelikyl] 女 ①皮膜，薄皮 ②(頭の)ふけ ③(写真用)フィルム

péloche, pelloche [pelɔʃ] 女 (話)(映画や写真の)フィルム

Péloponnèse [peloponɛz] 男 ペロポネソス半島(ギリシア南部)

péloponnésien(ne) [peloponezjɛ̃, -ɛn] 形 [P-] ペロポネソス半島の(人)

pelotage [p(ə)lɔtaʒ] 男 (話)(大胆な)愛撫

pelotari [p(ə)lɔtari] 男 (<バスク)ペロタをする人 ⇨pelote

pelote [p(ə)lɔt] 女 ①(糸・毛糸・ひもの)玉 ②(裁縫の)針山，針刺し ③ペロタ(バスク地方の球技)(=~ basque)

peloter [p(ə)lɔte] 他 (話)(体を大胆に)愛撫する，へらつく，ちゃらす

pelotari [p(ə)lɔtaʒ] 男 ①小さな糸玉，毛糸玉 ②(競走中の)選手の一団；(軍隊などの)小隊，班 ▶peloton de tête 先頭集団 peloton d'exécution (軍)銃殺班

pelotonnement [p(ə)lɔtɔnmɑ̃] 男 (糸などを)球状に巻くこと

pelotonner [p(ə)lɔtɔne] 他 (糸などを)球状に巻く ━━ (代動) se~ 丸くする

pelouse [p(ə)luz] 女 芝生, 芝地; 芝;〔競馬〕フィールド(席), 野外席;〔ラグビーなどの〕芝グランド ► **Pelouse interdite**〔掲示〕芝生に入るな

peluche [p(ə)lyʃ] 女 ①〔服〕フラシ天 ②〔動物の〕ぬいぐるみ ③綿ぼこり, 糸くず

pelucher [p(ə)lyʃe] 自〔布が〕毛羽立つ

pelucheux(se) [p(ə)lyʃø, -øz] 形 毛羽立ちの多い,〔植物が〕毛で覆われた

pelure [p(ə)lyr] 女 ①〔果物・野菜をむいた〕皮 ②〔話〕上着, コート ► **papier pelure** 薄葉紙

pelvien(ne) [pɛlvjɛ̃, -ɛn] 形〔解〕骨盤の

pelvipéritonite [pɛlviperitɔnit]〔医〕骨盤腹膜炎

pelvis [pɛlvis] 男 〈ラ〉〔解〕骨盤

pénal(ale) [penal] 形 (男複 -aux [-o]) 刑(罰)の, 刑法(上)の, 刑事上の

pénalement [penalmɑ̃] 副 刑法上, 刑事面で

pénalisant(e) [penalizɑ̃, -ɑ̃t] 形 不利益をもたらす

pénalisation [penalizasjɔ̃] 女〔スポーツ〕ペナルティーを課すこと; 罰則を課すこと; 不利益を与えること

pénaliser [penalize] 他〔スポーツ〕ペナルティーを課する; 罰則を課する; 不利益を与える

pénaliste [penalist] 名〔法〕刑法学者

pénalité [penalite] 女 ペナルティー, 刑罰; 罰金, (税金の)追徴金 ► **coup de pied de pénalité**〔サッカー・ラグビーの〕ペナルティーキック

penalty [penalti] 男〈英〉(複 penaltys, penalties)〔サッカー〕ペナルティーキック; ペナルティー ► **tirer un penalty** ペナルティーキックをける

pénard(e) [penar, -ard] 形名 = peinard

pénates [penat] 男複 ①〔古代ローマの〕家の守り神(の像) ②〔話〕住居, 住まい

penaud(e) [pəno, -od] 形 恥じ入った, 困惑した

pence [pɛns] 男複 ⇒penny

penchant [pɑ̃ʃɑ̃] 男 ①(…への)傾向, 性癖, 好み (à, pour) ②(文)(…への)好意, 共感 (à, pour)

penché(e) [pɑ̃ʃe] 形 (<pencher) (…に)傾いた, かしいだ; 身をかがめた ► **air(s) penché(s)** 考え込んだ[物憂げな]様子

***pencher** [pɑ̃ʃe パンシェ] 他〈英 lean〉傾ける ── 自[助動詞はêtre] 傾く ► **pencher pour** …に気持ちが傾く ──(代動)[se ~] ①(人)が身をかがめる ②(…に)強い関心を寄せる, 検討する (sur)

pendable [pɑ̃dabl] 形〔古〕〔犯罪が〕絞首刑に値する ► **tour pendable** 悪ふざけ

pendaison [pɑ̃dɛzɔ̃] 女 ①絞首刑; 首つり自殺 ② ► **pendaison de crémaillère** 新居祝い

***pendant¹** [pɑ̃dɑ̃ パンダン] 前〈英 during, for〉〔時間・空間〕…の間(に) ► **pendant de temps-là** その間 **pendant des kilomètres** 何キロもの間 **pendant que** …する間に; …しているのに **pendant trois jours** 3日の間

pendant² [pɑ̃dɑ̃] 男 ①対をなすもの ► **se faire pendant** 対をなす ②ペンダント; たれ飾り ► **pendants d'oreille** イヤリング

pendant³(e) [pɑ̃dɑ̃, -ɑ̃t] 形 ①たれ下がった ②〔問題が〕未解決の

pendeloque [pɑ̃dlɔk] 女 ①〔イヤリングの〕宝石;〔シャンデリアの〕切子ガラスのたれ飾り

pendentif [pɑ̃dɑ̃tif] 男 ①ペンダント ②〔建〕ペンデンティブ, 穹隅(ॸ្យូह)

penderie [pɑ̃dri] 女 衣装戸棚, 衣装小部屋

pendiller [pɑ̃dije] 自 (ぶらぶらと)たれ下がる, ぶら下がる

pendoir [pɑ̃dwar] 男〔肉屋で肉を吊す〕鉤(%)

pendouiller [pɑ̃duje] 自〔話〕だらりと(変に)たれ下がる

***pendre** [pɑ̃dr パンドル] 他 28〈英 hang〉①掛ける, つるす, ぶら下げる ► **pendre la crémaillère** 新居祝いをする ②絞首刑にする ── 自 ①ぶら下がる; たれ下がる ②(服のすそなどが)たれ下がりすぎる ──(代動)[se ~] ①(人…に)ぶら下がる, しがみつく (à) ②首つり自殺する

pendu(e) [pɑ̃dy] 形 (<pendre) ①(…に)ぶら下がった (à) ②絞首刑になった, 首をつった ── 名 首をつった人; 絞首刑になった人

pendulaire [pɑ̃dylɛr] 形 振り子の(ような)

pendule¹ [pɑ̃dyl] 男 振り子

***pendule²** [pɑ̃dyl パンデュル] 女〈英 clock〉置き[掛け]時計, 振り子時計

pendulette [pɑ̃dylɛt] 女〔携帯用の〕小型の置き時計

pêne [pɛn] 男〔錠の〕舌, ボルト【鍵の受け座 gâche に入る部分】

Pénélope [penelɔp] 女〔ギ神〕ペネロペ ► **travail de Pénélope** 果てしなく繰り返される仕事

pénéplaine [peneplɛn] 女〔地〕準(基準面)平原, ペネプレーン

pénétrabilité [penetrabilite] 女〔文〕①透過性 ②理解可能性

pénétrable [penetrabl] 形 ①入り込める, 透過性のある ②理解できる

pénétrant(e) [penetrɑ̃, -ɑ̃t] 形 ①しみ込む, 浸透する; 心にしみる, 強烈な ②洞察力のある ── 女〔周辺部から大都市に通じる〕幹線道路

pénétration [penetrasjɔ̃] 女 ①入り込むこと, 侵入, 浸透 ②洞察力, 明

敏さ

pénétré(e) [penetre] 形 (< pénétrer) (…が)しみ込んだ, 満ちた, 確信した《de》 ▶**parler d'un ton pénétré** 確信に満ちた調子で話す

***pénétrer** [penetre] 自[57] (英 enter, penetrate) (…の中に)入り込む, 侵入する《dans》; (感情・思想などが)入り込む, 浸透する — 他 ①(…に)しみ込む, 浸透する; (感情などが心の中に)入り込む ②(意図・秘密を)見抜く — [代動][se ~] ①(…を)確信する《de》 ②混じり合う

pénible [penibl] 形 (英 hard, painful) ①痛ましい, 悲しい ②(仕事などが)骨の折れる, つらい; 《話》(人が)我慢のならない

péniblement [penibləmɑ̃] 副 苦労して, つらい思いで; かろうじて, やっと

péniche [peniʃ] 女 (運搬用の)川船, 平底船

pénicilline [penisilin] 女《薬》ペニシリン

pénicillium [penisiljɔm] 男《菌》アオカビ

péninsulaire [penɛ̃syler] 形 半島の, 半島に住む

péninsule [penɛ̃syl] 女 半島; [la P.] イベリア半島

pénis [penis] 男《解》ペニス, 陰茎

pénitence [penitɑ̃s] 女 ①《カト》悔悛(かいしゅん)(の秘跡), 贖罪(しょくざい); 苦行 ②罰

pénitencier [penitɑ̃sje] 男 ①《カト》特別聴罪司祭 ②監獄, 刑務所

pénitent(e) [penitɑ̃, -ɑ̃t] 名 ①《カト》(神に対する)告解者, 贖罪(しょくざい)者 ②苦行会員【慈善事業に従事する集団】 — 形 悔悛(かいしゅん)の, 贖罪の

pénitentiaire [penitɑ̃sjer] 形 監獄に関する, 受刑者の, 刑務所の

pénitentiaux [penitɑ̃sjo] 形 (男性形のみ)(複) ▶**Psaumes pénitentiaux** 悔罪詩篇【ゆるしを願うときに教会で用いる7つの詩篇】

pénitentiel(le) [penitɑ̃sjel] 形《宗》悔悛(かいしゅん)の, 償いの

pennage [penaʒ] 男 (鷹などの生え替わる)羽毛

penne[1] [pen] 女 ①《動》おおばね【鳥の翼の風切り羽・尾羽】; 矢羽根 ②《海》桁端(こうたん)

penne[2] [pen] 女 (<イ) ペンネ

penné(e) [pe(n)ne] 形《植》(葉が)羽状の

penny [peni] 男 (複 *pence*) ペニー【英国の通貨単位; 100分で1ポンド】

pénombre [penɔ̃br] 女 薄明かり, 微光

pensable [pɑ̃sabl] 形 [[多く否定表現で]] 考えられる, 信じられる

pensant(e) [pɑ̃sɑ̃, -ɑ̃t] 形 考える, 思考能力のある ▶**tête pensante** (組織の)ブレーン

pense-bête [pɑ̃sbet] 男《話》忘れないためのメモや印

***pensée**[1] [pɑ̃se] 女 (英 thought) ①(複)思い; 思考, 思索; 思想, 意見; 考察 ▶**à la pensée de** …することを考えると par la [en] pensée 頭の中で se représenter … en pensée …を思い浮べる

pensée[2] [pɑ̃se] 女《植》パンジー

***penser** [pɑ̃se] 自他 (英 think) 考える, 思う ▶**Penses-tu! / Pensez-vous!** とんでもない **Qu'est-ce que tu en penses?** どう思いますか **sans penser à mal** 悪気なしに ②(…のことを)考える, 思う; …しようと考える, 忘れずに…する《à》 ▶**N'y pensons plus!**《話》もう考えてるのはやめよう — 他 ①…だと思う《que + 直説法》②(不定詞とともに) …するつもりで; …だと思う ▶**laisser** [**donner**] **à penser que** …を考えさせる

penseur(se) [pɑ̃sœr, -øz] 名 考えにふける人, 思想家

pensif(ve) [pɑ̃sif, -iv] 形 物思いにふけった, 考え込んだ

***pension** [pɑ̃sjɔ̃] パンシィヨン 女 ①寄宿学校; 食事付き宿泊, 下宿; 下宿代, 寄宿費 ▶**demi pension** (下宿などが) 2食付き mettre A en pension A(子供)を寄宿舎に入れる **pension complète** (下宿などが) 3食付き **pension de famille** ペンション ②年金, 恩給, 手当 ▶**pension alimentaire** (離婚後の)養育費 **pension d'effets** 買い戻し約定付手形

pensionnaire [pɑ̃sjɔner] 名 寄宿生; 下宿人

pensionnat [pɑ̃sjɔna] 男 (私立の)寄宿学校; (集合的) 寄宿学校の生徒

pensionné(e) [pɑ̃sjɔne] 形 (< pensionner) 年金(恩給)を受け取る — 名 年金(恩給)受給者

pensionner [pɑ̃sjɔne] 他 (…に)年金(恩給)を支給する

pensivement [pɑ̃sivmɑ̃] 副 物思わしげに

pensum [pɛ̃sɔm] 男 (< ラ) 《古》(生徒への)罰課【学校の書き取りなど】; 退屈な仕事

pent(a)- 接頭 (< ギ) 「5」の意

pentacle [pɛ̃takl] 男 五角(の)星形【完全の象徴, 護符(ごふ)】

pentagonal(ale) [pɛ̃tagonal] 形 (男性複 -*aux*[-o]) (複) 5角形の, 5角形状の

pentagone [pɛ̃tagon] 男《数》5角形, 5角形; [[le P.]] ペンタゴン, アメリカ国防総省

pentamètre [pɛ̃tametr] 男《ギリシア・ラテン詩》で5歩格の詩

Pentateuque [pɛ̃tatøk] 男 [[le ~]]《聖》モーゼ五書【旧約聖書の最初の五書】

pentathlon [pɛ̃tatlɔ̃] 男 [スポーツ] 5種競技

pentatonique [pɛ̃tatɔnik] 形 [楽] 5音音階の

***pente** [pɑ̃t] 女 (英 slope) 傾斜, 勾配; 斜面, 坂道, (特に下り坂の)坂道; (人の)傾向, 性向【悪いものについて言う】
 ▶**en pente** 傾斜している **être sur une mauvaise pente** 悪い方向へ向かう **pente douce [raide]** ゆるやかな[急な]傾斜 **remonter la pente** 真っ当な道に戻る, 持ち直す

Pentecôte [pɑ̃tkot] 女 [[la ~]] [キ教] 聖霊降臨の主日【復活祭後7度目の日曜日】; [ユダヤ教] ペンテコステ, 五旬祭

penthotal [pɛ̃tɔtal] 男 [薬] ペントタール【自白剤の一種】

pentu(e) [pɑ̃ty] 形 傾斜した

penture [pɑ̃tyr] 女 (両開き戸・鎧戸の)蝶番【8は装飾用】

pénultième [penyltjɛm] 形 終わりから2番目の(音節)の — 女 終わりから2番目のもの[人]; [音声] 第2尾音節, 終わりから2番目の音節

pénurie [penyri] 女 不足, 欠乏, 払底

pep [pɛp], **peps** [pɛps] 男 (< 英) 活(動)力, バイタリティー

pépé [pepe] 男 [幼児] おじいちゃん

pépée [pepe] 女 ① [話] 若い女, (かわいい)娘 ② [幼児] 人形

pépère [pepɛr] 男 [話・幼児] おじちゃん —— 形 [話] のんきな, 平穏な

péperin [peprɛ̃] 男 (< イ) [地] ペペリノ【凝灰岩】

pépètes [pɛpɛt] 女 (複) [話・古] 金, ぜに

pépie [pepi] 女 (鳥の)舌の病気 ▶ **avoir la pépie** [話] のどからからだ

pépiement [pepimɑ̃] 男 (小鳥が)ぴいぴい鳴くこと[声]

pépier [pepje] 自 (小鳥が)ぴよぴよ鳴く

pépin[1] [pepɛ̃] 男 ① (リンゴ・ナシ・ブドウなどの)種 ② [話] 面倒なこと, いざこざ ▶ **avoir un pépin** 面倒が起きる

pépin[2] [pepɛ̃] 男 [話] かさ(傘)

pépinière [pepinjɛr] 女 ① 苗床, 苗圃 ② (人材の)養成所; 温床

pépiniériste [pepinjerist] 名 苗木屋 —— 形 苗木業に関する, 苗木屋の

pépite [pepit] 女 (天然の)金塊; 金属の塊

péplum [peplɔm] 男 (< ラ) ① (古代ギリシャ・ローマの)ペプラム【袖(ﾗ)のない婦人用上着】② (映画の)古代史劇スペクタクル

peppermint [pɛpɛrmɛ̃t, pɔpœrmɛ̃t] 男 (< 英) ペパーミント【リキュール酒】

pepsine [pɛpsin] 女 [生化] ペプシン

peptique [pɛptik] 形 [生化] 消化の, ペプシンの

peptone [pɛptɔn] 男 [化] ペプトン

peptonisation [pɛptɔnizasjɔ̃] 女 [化] ペプトン化

péquenaud(e) [pɛkno, -od] 形 名 [話・軽蔑的] 田舎者(の)

péquenot [pɛkno] 男 = péquenaud

péquin [pekɛ̃] 男 = pékin

per- [接頭] (< ラ) 「完全」「徹底」「過度」の意

perborate [pɛrbɔrat] 男 [化] 過ホウ酸塩

perçage [pɛrsaʒ] 男 (木や金属などに)穴をあけること

percale [pɛrkal] 女 [織] ペルカル, 金巾(ﾎﾟ)【目のつまった木綿の布地】

percaline [pɛrkalin] 女 [織] ペルカリン, パーカリン【薄手の上等な綿布】

perçant(e) [pɛrsɑ̃, -ɑ̃t] 形 刺すような, 鋭い; (目が)利く

perce [pɛrs] 女 ① 穴あけ用工具, 錐(ﾞ) ▶ **mettre un tonneau en perce** 酒樽を抜く ② (フルートなど管楽器の)穴

percé(e) [pɛrse] 形 (< percer) 穴のあいた

percée [pɛrse] 女 ① (森や町などの)貫通路 ② [軍・スポーツ] (ディフェンスの)突破 ③ 驚異的進歩

percement [pɛrsəmɑ̃] 男 穴を開けること, (道路・トンネルの)貫通; 穿孔(ﾞ)工事

perce-neige [pɛrsənɛʒ] 男 または 女 [不変] [植] マツユキソウ, スノードロップ, ユキノハナ

perce-oreille [pɛrsɔrɛj] 男 [虫] ハサミムシ

percepteur(trice) [pɛrsɛptœr, -tris] 名 収税吏, (罰金などの)徴収官

perceptible [pɛrsɛptibl] 形 ① 知覚できる, 気付きうる ② (税金が)徴収できる

perceptiblement [pɛrsɛptiblamɑ̃] 副 知覚できるほど

perceptif(ve) [pɛrsɛptif, -iv] 形 [心] 知覚の

perception [pɛrsɛpsjɔ̃] 女 ① 知覚(能力) ② (税・罰金などの)徴収; 税務署

***percer** [pɛrse ペルセ] 他 52 (英 pierce) ①穴をあける; 突き通す; (道・トンネルなどを)作る, 通す ② (謎・秘密などを)突き止める, 見抜く —— 自 ① 突き破って現れる; (乳児の歯が)生える, (できものが)つぶれる; (感情・秘密などが)外に表れ, 漏れる ② (人が)頭角を現す, 有名になる

perceur(se) [pɛrsœr, -øz] 名 穴をあける人, 穴あけ工 —— 女 穿孔(ﾞ)機, 削岩機

percev... ⇨percevoir

percevable [pɛrsəvabl] 形 ① 知覚できる ② (税が)徴収可能な

***percevoir** [pɛrsəvwar] 他 63 ① 知

Perche [pɛrʃ] 囡 [le ~] ペルシュ〔Normandie 地方の丘陵地帯〕

perche¹ [pɛrʃ] 囡 〔魚〕パーチ〔スズキ目の淡水魚〕

perche² [pɛrʃ] 囡 (長い)棒, 竿;〔スポーツ〕(棒高跳びの)棒;(テレビ・映画の)マイクブーム ▶ **tendre la perche à** (人に)救いの手をさしのべる

perché(e) [pɛrʃe] 形 (< percher) (鳥が)枝にとまった; 高い所にある ▶ **voix haut perchée** かん高い声 ── 男 鳥が木に止まった瞬間

percher [pɛrʃe] 自 (鳥が枝に)とまる; 〔話〕住む; [助動詞は être] (家などが)…にある 他 〔話〕高い所に置く ── 代動 [**se ~**] (枝などに鳥が)とまる; (人が高い所に)ある

percheron(ne) [pɛrʃərɔ̃, -ɔn] 名 ペルシュロン 〔< cheval ~〕ペルシュ産の大型の輓馬(ばんば)

percheur(se) [pɛrʃœr, -øz] 形 (鳥が枝とか木にとまる習性のある)

perchiste [pɛrʃist] 名 ① 棒高跳びの選手 ②〔放送〕(マイクロホンなどを支える)音声係

perchoir [pɛrʃwar] 男 ① (鳥がとまり木, ねぐら ②〔話〕高い所〔壇(だん)・マンションの高い部屋など〕; 国民議会の議長席

perclus(e) [pɛrkly, -yz] 形 (麻痺などで)体が動かない; (寒さなどで)体が動かなくなる (de)

perco [pɛrko] 男 〔話〕= percolateur

perçoi... ⇒ percevoir

perçoir [pɛrswar] 男 錐(きり), 穿孔(きな)機, 穴あけ器, ドリル

percolateur [pɛrkɔlatœr] 男 (コーヒーをつくる)パコレーター

perçu(e) [pɛrsy] 形 (< percevoir) ① 知覚された, 把握された ② (税金が)徴収された

perçus..., perçût... ⇒ percevoir

percussion [pɛrkysjɔ̃] 囡 ① 衝突, 衝撃 ②〔楽〕(集合的)打楽器, パーカッション ③〔医〕打診

percussionniste [pɛrkysjɔnist] 名 打楽器(パーカッション)奏者

percutané(e) [pɛrkytane] 形 〔医〕経皮の, 皮膚を通しての

percutant(e) [pɛrkytɑ̃, -ɑ̃t] 形 衝撃による, 衝撃を与える; 衝撃的な ── 自 ① 激突する, 爆発する ②〔話〕わかる

percuteur [pɛrkytœr] 男 (火器の)撃鉄, 打ち金

perdant(e) [pɛrdɑ̃, -ɑ̃t] 形 (賭けなどで)負けた ── 名 敗者, 損をした人 ▶ **être mauvais perdant** 往生際が悪い

perdition [pɛrdisjɔ̃] 囡 破滅, 堕落

▶ **en perdition** 難破した; 破産しそうな

＊perdre [pɛrdr ペルドル] 他 51 (英 lose) 失う, なくす; 見失う; 落とす; (命・日付を)忘れる; (習慣を捨てる; (時間などを)浪費する; ロスする; (機会などを)逃す; 聞きのがす, 取り逃がす; 敗れる; 損をする; (人を)滅ぼす ▶ **ne rien perdre pour attendre** 必ずいつか罰を受ける **perdre... de vue** …を忘れる; 無視する **perdre la tête** 正気を失う; 動転する **perdre le nord** 〔話〕方向を見失う, 道に迷う

── 自 ① 道に迷う ② 姿を消す, 消える; 失われる, なくなる ③ (…に)没頭する 《dans, en》 ④ 傷(いた)む, 腐る; むだになる ▶ **se perdre dans les détails** 細かい部分にこだわって全体を見失う

perdreau [pɛrdro] 男 (複 ~x)〔ヨーロッパ〕ヤマウズラのひな

perdrix [pɛrdri] 囡 〔鳥〕〔ヨーロッパ〕ヤマウズラ

perdu(e) [pɛrdy] 形 (< perdre) ① 失われた, なくなった; 道に迷った, はぐれた; 無駄(むだ)になった, 見込みのない; 負けた, 敗れた ▶ **à ses moments perdus** 暇なときに **Un de perdu, dix de retrouvés.** 《ことわざ》代わりはいくらでも見つかる ② 人里離れた, 辺鄙(へんぴ)な ③ (…に)没頭した 《dans》 ▶ **perdu dans ses pensées** 考えにふけった ── 名 狂人

perdurer [pɛrdyre] 自 〔文〕永続する

père [pɛr ペール] 男 (英 father) 父, 父親; 父親のような人; 創始者, 元祖; 《人名の前につけて親しみをこめる》…爺(じい)さん, …おやじ; 〔複〕〔文〕祖先, 父祖; 〔P-〕〔+独〕父 (なる神); 神父 ▶ **de père en fils** 親子代々 **mon père** (呼びかけ) 神父さま, 神主さま **père de famille** 一家の父 **père Noël** [le ~] サンタクロース **Tel père, tel fils.** 《ことわざ》この父にしてこの子

pérégrination [peregrinasjɔ̃] 囡 (特に外国への)長旅; 〔複〕国内漫遊, 渡り歩き

Père-Lachaise [pɛrlaʃɛz] 男 (パリの)ペール・ラシェーズ墓地

péremption [perɑ̃psjɔ̃] 囡 〔法〕訴権の消滅時効 ▶ **date de péremption** 賞味期限; 有効期限

péremptoire [perɑ̃ptwar] 形 断固とした

péremptoirement [perɑ̃ptwarmɑ̃] 副 断固として, 徹底的に

pérennisation [perenizasjɔ̃] 囡 永続化

pérenniser [perenize] 他 永続させる

pérennité [perenite] 囡 永続(性), 存続

péréquation [perekwasjɔ̃] 囡 (税金や価格などの)適正化, 均等化

perestroïka [perestroika] 囡 (< ロ

シア】ペレストロイカ

perfectibilité [pɛrfɛktibilite] 囡 改善可能性

perfectible [pɛrfɛktibl] 形 改善し得る

perfection [pɛrfɛksjɔ̃] 囡 ①完全, 完璧 ②[複]美点, 長所 ③申し分のない人[物], 傑作, 逸品 ▶**à la perfection** 完璧に, 申し分なく

perfectionné(e) [pɛrfɛksjɔne] 形 (<perfectionner) 完璧に近い, 改良[改善]された

perfectionnement [pɛrfɛksjɔnmɑ̃] 男 改良, 改善, 完成の域に近づけること)

perfectionner [pɛrfɛksjɔne] 他 改良する, 改善する, 完成の域に近づける ─ 代動 [se ～] (…に)上達する (en, dans)

perfectionnisme [pɛrfɛksjɔnism] 男 完璧[完全]主義, 完成欲

perfectionniste [pɛrfɛksjɔnist] 名 完璧[完全]主義の[者]

perfide [pɛrfid] 形 《文》①不実の[な], 裏切りの ②(見かけによらず)危険な, 油断のならない

perfidement [pɛrfidmɑ̃] 副 《文》不実にも, 陰険にも

perfidie [pɛrfidi] 囡 《文》不実, 背信, 裏切り(の言動)

perforateur(trice) [pɛrfɔratœːr, -tris] ─ 囡 (回転式)削岩機

perforation [pɛrfɔrasjɔ̃] 囡 (小さな)穴をあけること, (穴あけ器で開けた)小穴; [医](腸などの)穿孔(せんこう)

perforé(e) [pɛrfɔre] 形 穴あきの

perforer [pɛrfɔre] 他 (…に)小さな穴をあける

performance [pɛrfɔrmɑ̃ːs] 囡 (<英)①(競技・試験などの)記録, 成績, 結果 ②手柄, 大成功 ③(機械などの)性能

performant(e) [pɛrfɔrmɑ̃, -ɑ̃ːt] 形 (機械などが)高性能の; (企業や商品が)競争力のある; (人が)優秀な

perfuser [pɛrfyze] 他 [医] (…に)点滴をする

perfusion [pɛrfyzjɔ̃] 囡 [医] (血液・薬の)持続注入; 点滴 ▶**être sous perfusion** 点滴を受けている

pergola [pɛrgɔla] 囡 (<イ) パーゴラ, つる棚

péri [peri] 囡 (<ペルシア) ペリ【神話の妖精】

péri- 接頭 (<ギ)「周囲に」「周辺に」の意

perianthe [perjɑ̃ːt] 男 [植] 花被(ひ)

péricarde [perikard] 男 [解] 心膜, 心嚢(のう)

péricarpe [perikarp] 男 [植] 果皮

péricliter [periklite] 自 (企業などが)危機に陥る, 破滅に向かう

péridural(ale) [peridyral] 形 (男複 -aux[-o]) [医] 硬膜外の ─ 囡 [医] 硬膜外麻酔 ＝anesthésie ～

périf [perif] 男 《話》外環状道路

périgée [periʒe] 男 [天] 近地点

périglaciaire [periglasjɛːr] 形 [地] 周氷河の, 氷河周辺の

Périgord [perigɔːr] 男 ペリゴール 【フランス南西部の地方名】

périgourdin(e) [perigurdɛ̃, -in] 形 ペリゴール地方の, ペリグーの ─ 名 [P-] ペリゴール地方 [ペリグー]の人 ─ 男 ペリゴール地方の舞踏

Périgueux [perigø] 男 ペリグー 【Dordogne 県の県庁所在地】

périhélie [perieli] 男 [天] 近日点

péri-informatique [periɛ̃fɔrmatik] 囡 [情報] 情報処理機器, 情報関連産業

***péril** [peril ペリル] 男 危険, 危機; 脅威, 災難 ▶**au péril de sa vie** 命を賭けて **mettre ... en péril** …を危険にさらす

périlleusement [perijøzmɑ̃] 副 危険を冒して, 危うく

périlleux(se) [perijø, -øːz] 形 《文》危険な

périmé(e) [perime] 形 有効[賞味]期限の切れた, 無効の; 時代遅れの, 古くさい

périmer [perime] 代動 [se ～] 有効期限が切れる; 時代遅れになる

périmètre [perimɛtr] 男 ①[数] 周囲(の長さ), 外周 ②(街・建物などの)周辺地帯, 地域, 区域

périnatal(ale) [perinatal] 形 (男複 -aux[-o]) [医] 周産期の, 分娩前後の

périnatalité [perinatalite] 囡 [医] 周産期, 分娩前後

périnatalogie [perinatalɔʒi], **périnatologie** [perinatɔlɔʒi] 囡 [医] 産期医療

périnéal(ale) [perineal] 形 (男複 -aux[-o]) [解] 会陰(いん)の

périnée [perine] 男 [解] 会陰(部)

***période** [perjɔd ペリオド] 囡 (英 period) ①期間, 時期, 時代 ②(物・生物の)周期; [天](惑星などの)公転周期

périodicité [perjɔdisite] 囡 周期性, 定期性

périodique [perjɔdik] 形 ①定期的な, 周期的な ②(物・天)周期の ─ 男 定期刊行物

périodiquement [perjɔdikmɑ̃] 副 周期的に, 定期的に

périoste [perjɔst] 男 [解] 骨膜

périostite [perjɔstit] 囡 [医] 骨膜炎

péripétie [peripesi] 囡 予期せぬ出来事, 波乱; 情勢の急変; (筋の)急展開, どんでん返し

périphérie [periferi] 囡 ①周囲, 周辺; (物体の)表面 ②都市の周辺部, 近郊

périphérique [periferik] 形 ①周辺の ②[解・生理] 末梢の ― 男 (パリなどの)外環状道路(= boulevard ~) ③[情報] 周辺装置, 周辺機器

périphlébite [perifleit] 囡 [医] 静脈周囲炎

périphrase [perifrɑz] 囡 遠回しな言い方, 婉曲表現; [修] 迂言(法)

périphrastique [perifrastik] 形 遠回しの, 婉曲的な

périple [peripl] 男 ①(周遊)旅行 ②大航海

périr [perir] 直 33 《英 perish》《文》命を落とす, 死ぬ; 滅びる, 消え去る

périscolaire [periskɔlɛr] 形 課外の, 学校外の

périscope [periskɔp] 男 展望鏡; (潜水艦の)潜望鏡

périsplénite [perisplenit] 囡 [医] 脾臓(ぞう)部位の腹膜炎

périssable [perisabl] 形 ①(食べ物が)腐敗しやすい ②《文》はかない

périssodactyles [perisodaktil] 男 《複》ウマ目

périssoire [periswar] 囡 (1人乗りの)カヌー

périssologie [perisɔlɔʒi] 囡 冗語法, トートロジー

péristaltique [peristaltik] 形 [生理] 蠕動(ぜん)の

péristaltism [peristaltism] 男 [生理] 蠕動(ぜん)

péristome [peristom] 男 ①[植] コケの縁歯 ②[動] (原生動物や軟体動物などの)囲口(こう)部

péristyle [peristil] 男 [建] (建物正面の)列柱; 列柱回廊

péritel [peritel] 男 [不変] ► **prise péritel** テレビの周辺機器をつなぐ端子

péritéléphonie [peritelefɔni] 囡 [通信] 電話回線通信; 周辺機器 {ファックス・留守番電話・携帯電話など}

péritélévision [peritelevizjɔ̃] 囡 テレビ周辺機器 {ビデオ・ゲーム機など}

péritoine [peritwan] 男 [解] 腹膜

péritonite [peritɔnit] 囡 [医] 腹膜炎

périurbain(e) [periyrbɛ̃, -ɛn] 形 都市周辺の

*****perle** [perl ペルル] 囡 ① 真珠, パール; ビーズ, 飾り玉 ► **perle de culture** 養殖真珠 ② 申し分のない人物 ► **perle rare** またと見られない人物 ③ 《話》滑稽な間違い, へま

perlé(e) [perle] 形 ①真珠で飾った, 真珠のような ②入念に仕上げた ► **grève perlée** さみだれスト

perlèche [perlɛʃ] 囡 [医] 口角口唇炎

perler [perle] 直 (液体が)しずくになる ― 他 ①(仕事を)細かく念入りに仕上げる; [楽] (曲を)音の粒をそろえて(細やかに)演奏する

perlier(ère) [pɛrlje, -ɛr] 形 真珠の, 真珠を産する

perlimpinpin [pɛrlɛ̃pɛ̃pɛ̃] 男 ► **poudre de perlimpinpin** 効かないいせ薬

perlingual(ale) [pɛrlɛ̃gwal] 形 《男複-aux[-o]》 [医] 経舌の

perlot [pɛrlo] 男 [動] (英仏海峡沿岸産の小型のカキ属の)牡蠣(かき)

perlot [pɛrlo] [古・俗] 男 たばこ

perlouse, perlouze [pɛrluz] 囡 《俗》真珠

perm(e) [pɛrm] 囡 《話》①(学校の)自習室 ②(軍隊・病院などの)外出許可, 休暇

permanence [pɛrmanɑ̃s] 囡 ①恒久性, 不変性; 終日業務, 常設窓口 ► **en permanence** 恒久的に ► **être de permanence** 当直である ③(学校の)自習室(= salle de ~)

permanencier(ère) [pɛrmanɑ̃sje, -ɛr] 常設窓口の係, 当直(係)

*****permanent(e)** [pɛrmanɑ̃, -ɑ̃t ペルマナント] 形 ①永続的な, 変わることのない ②絶え間のない, 連続的な; 常設の, 常任の ― 名 (労働組合や党の)専従職員 ― 囡 パーマ

permanenter [pɛrmanɑ̃te] 他 (人に)パーマをかける

permanganate [pɛrmɑ̃ganat] 男 [化] 過マンガン酸塩 {水の消毒に使用される}

perméabilité [pɛrmeabilite] 囡 透過性, 浸透性

perméable [pɛrmeabl] 形 (液体などを)よく通す; (影響などを)受けやすい(à)

permet [pɛrmɛ] ⇨ **permettre**

*****permettre** [pɛrmɛtr ペルメトル] 他 41 《英 allow, permit》 (人に)許す, 認める; (ものが人に)可能にする(à) ► **Il est permis à ...** …がいすることができる; …が…することを認められている **permettre à A de** 不定詞 A (人に)…することを許す **permettre que** + 接続法 …であることを許可する; 可能にする ► **Vous permettez?** 《話》よろしいですか ― 代動 [se ~] あえて…する **Je me permettrai de ...** 失礼ですが …させていただきます

permis¹ [pɛrmi, -iz] permettre の過去分詞

*****permis**² [pɛrmi ペルミ] 男 許可証; 運転免許証(= ~ de conduire) **permis de chasse** 狩猟許可証 **permis de construire** 建築許可証 **permis de séjour** (外国人)滞在許可証 **permis de travail** (外国人)労働許可証

permissif(ve) [pɛrmisif, -iv] 形 寛大な, 自由放任の

*****permission** [pɛrmisjɔ̃ ペルミスィヨン] 囡 《英 permission》 許可, 許し; (軍人の短期の)休暇, 外出許可 ► **demander la permission de** …する許可を求める

permissionnaire [pɛrmisjɔnɛr] 男 ①休暇中の軍人 ②許可を得た人 — 形 (軍人的)休暇中の

permissivité [pɛrmisivite] 女 寛大さ, 容認, 自由放任

permutabilité [pɛrmytabilite] 女 交換可能性

permutable [pɛrmytabl] 形 交替(交換)可能の

permutant(e) [pɛrmytɑ̃, -ɑ̃t] 名 (職務の)交替者, 交代要員

permutation [pɛrmytasjɔ̃] 女 配置転換; [数・言]置換

permuter [pɛrmyte] 他 入れ替える, 交換置換する — 自 …と入れ替わる 《avec》

pernicieusement [pɛrnisjøzmɑ̃] 副 有害に, 危険なやり方で

pernicieux(se) [pɛrnisjø, -øz] 形 (健康に)害をおよぼす; (精医)(倫理的に)有害な

péroné [peroné] 男 [解]腓骨(こっ)

péronnelle [peronel] 女 (話)おしゃべりな若い女

péroraison [perɔrezɔ̃] 女 (演説の)結論; 結びの文句

pérorer [perɔre] 自 長広舌をふるう, 気取ってしゃべる

Pérou [peru] 男 ペルー【南米の共和国】

peroxydation [pɛrɔksidasjɔ̃] 女 過酸化物化

peroxyde [pɛrɔksid] 男 [化]過酸化物 ▶peroxyde d'hydrogène 過酸化水素

peroxyder [pɛrɔkside] 他 [化]過酸化物にする

perpendiculaire [pɛrpɑ̃dikylɛr] 形 (…と)垂直な, 直角である《à》 — 女 [数]垂線

perpendiculairement [pɛrpɑ̃dikylɛrmɑ̃] 副 (…と)直角に; 垂直に《à》

perpète, perpette [pɛrpɛt] ▶à perpète / à perpette (話)永久に, いつまでも; ずっと遠くに

perpétration [pɛrpetrasjɔ̃] 女 [法](犯罪の)遂行

perpétrer [pɛrpetre] 他 57 [法](とくに皮肉的に)(犯罪を)遂行する, 犯す

perpétuation [pɛrpetɥasjɔ̃] 女 (文)恒久化; 保存, 維持

perpétuel(le) [pɛrpetɥɛl] 形 永久の, 永続的な; 絶え間のない; 注: 終身の

perpétuellement [pɛrpetɥɛlmɑ̃] 副 永久に; いつも, 絶えず

perpétuer [pɛrpetɥe] 他 永続させる — [代動] [se ~] 長く続く

perpétuité [pɛrpetɥite] 女 永続(性), 長期化 ▶à perpétuité 永久に[の]; 終身の ▶être condamné à perpétuité 終身刑に処される

Perpignan [pɛrpiɲɑ̃] ペルピニャン【Pyrénées-Orientales 県の県庁所在地】

perplexe [pɛrplɛks] 形 当惑した, 困惑した

perplexité [pɛrplɛksite] 女 当惑, 困惑

perquisition [pɛrkizisjɔ̃] 女 [法]家宅捜索

perquisitionner [pɛrkizisjɔne] 自他 家宅捜索する

Perrault [pero] (Charles~) ペロー【1628~1703; 作家】

perron [perɔ̃] 男 (玄関前などの)階段, 石段, ステップ

perroquet [perɔkɛ] 男 ①[鳥]オウム; (話)おうむ返しに復唱する人 ②[海]トゲルマストの四角い帆[上檣(じょう)] ③ (話)ミントシロップを加えたパスティス【カクテル】

perruche [peryʃ] 女 [鳥]インコ; おしゃべり女

perruque [peryk] 女 かつら, ヘアピース

perruquier [perykje] 男 かつら製造業者, かつら師

pers [pɛr] 形 (男性形のみ) (文)(目が)青みがかった, 青緑色の

persan(e) [pɛrsɑ̃, -an] 形 ペルシアの — 名 [P.~] ペルシア人 — 男 ①(現代)ペルシア語 ②ペルシア猫

Perse [pɛrs] 女 ペルシア【Iran の旧称】

perse¹ [pɛrs] 形名 [P.~] 古代ペルシアの(人) — 男 古代ペルシア語 (= vieux~)

perse² [pɛrs] 女 インド更紗(さらさ)綿布

persécuté(e) [pɛrsekyte] 形名 (< persécuter) 迫害された(人); [精医]被害妄想の(患者)

persécuter [pɛrsekyte] 他 迫害する, いじめぬく; うるさくつきまとう, 責め立てる

persécuteur(trice) [pɛrsekytœr, -tris] 形名 迫害する(人), いじめる(人); うるさくつきまとう(人)

persécution [pɛrsekysjɔ̃] 女 迫害, いじめ

Persée [pɛrse] 男 [半神]ペルセウス【ゼウスの子でメドゥサを殺した】; [天]ペルセウス座

persel [pɛrsɛl] 男 [化]過酸塩

persévérance [pɛrseverɑ̃s] 女 根気, 辛抱, 忍耐(力); 固執

persévérant(e) [pɛrseverɑ̃, -ɑ̃t] 形 根気のある, 辛抱強い

persévérer [pɛrsevere] 自 57 (…において)根気よく続ける, 固執する《dans》

persienne [pɛrsjɛn] 女 (窓の外側の)よろい戸, ブラインド

persiflage [pɛrsiflaʒ] 男 茶化し, 嘲笑(ちょうしょう), 揶揄(やゆ)

persifler [pɛrsifle] 他 (文)揶揄(やゆ)する, 茶化する

persifleur(se) [pɛrsiflœr, -øz] 形 皮肉な, 嘲笑(ちょうしょう)的な — 名 皮肉屋

persil [pɛrsi] 男 〔植〕パセリ

persillade [pɛrsijad] 女 〔料〕ペルシアード [刻みパセリのドレッシング; それを用いた冷肉料理]

persillé(e) [pɛrsije] 形 ① 〔料〕刻みパセリを加えた, パセリを添えた ② ► *fromage persillé* ブルーチーズ ③ ► *viande persillée* 霜降りの

persistance [pɛrsistɑ̃s] 女 執拗さ, 頑固さ; 持続, 継続

persistant(e) [pɛrsistɑ̃, -ɑ̃t] 形 執拗な, しつこい; 持続する

persister [pɛrsiste] 自 ① (…に)固執する 《dans》 ► *persister à...* あくまでも…し続ける ② 長引く, 持続する

persona grata [pɛrsonagrata] 〔不変〕《ラ》(外交上)受け入れられる人物[相手国政府から受け入れを承認された外交官]; (ある閉じられた社会に)出入りを許された人

persona non grata [pɛrsonanɔ̃grata] 〔不変〕《ラ》(受け入れ国に)好ましからざる外交官

***personnage** [pɛrsonaʒ] 男 ペルソナージュ[界]; (社会的に重要な)人物, 著名人; (小説・劇の)登場人物, 作中人物

personnalisation [pɛrsonalizasjɔ̃] 女 (規格品などを)個人の好みに合わせること, 個性化

personnalisé(e) [pɛrsonalize] 形 (<personnaliser) (商品などが)個人を考慮した, 個別的な; 個人的な要求に応じた

personnaliser [pɛrsonalize] 他 個人の好みに合わせる, 個性的にする

personnalisme [pɛrsonalism] 男 〔哲〕人格主義(の)

personnaliste [pɛrsonalist] 名 〔哲〕人格主義者

***personnalité** [pɛrsonalite ペルソナリテ] 女 ①個性; 人格, パーソナリティ ②重要人物

***personne**¹ [pɛrsɔn ペルソヌ] 女 (英 person) ① 人, 人間, 人柄, 人格; 身体, 容姿 ► *en personne* 自分自身で *grande personne* 《幼児》大人 *personne âgée* 高齢者 *personne morale* 〔法〕法人 ② 〔文法〕人称 ► *à la première personne* 1人称で

***personne**² [pɛrsɔn ペルソヌ] 代 (不定) (不変) (英 no one, nobody) ① [ne とともに] 誰も…ない ► *Il n'y a personne.* 誰もいない *Personne ne viendra.* 誰も来ないだろう ② [否定] 誰か ► *Elle le sait mieux que personne.* 彼女はそれについては誰よりもよく知っている *personne d'autre* 他の誰も

***personnel(le)** [pɛrsonɛl ペルソネル] 形 (英 personal) ① 個人の, 私的な ② 自分自身の, 個性的な ③ 〔文法〕人称の, (動詞が)人称変化する —— 男 〔集合的〕従業員, 人員 ► *manquer de personnel* 人手不足である *Personnel navigant* 〔空〕搭乗員

personnellement [pɛrsonelmɑ̃] 副 (英 personally) 個人的に(は); 自分自身で

personnification [pɛrsonifikasjɔ̃] 女 擬人化, 擬人法; 典型, 化身

personnifié(e) [pɛrsonifje] 形 擬人化された; 化身の, 典型の

personnifier [pɛrsonifje] 他 擬人化する; 具現する, 体現する

perspectif(ve) [pɛrspɛktif, -iv] 形 遠近法の

perspective [pɛrspɛktiv] 女 ① 遠近法, 遠視図法(の) ② 眺望, 見晴らし; 見通し, 展望; 視野, 観点, 見地 ► *en perspective* 将来的に; 見通して

perspicace [pɛrspikas] 形 洞察力のある

perspicacité [pɛrspikasite] 女 鋭い洞察力

perspiration [pɛrspirasjɔ̃] 女 〔生理〕(皮膚からの)蒸散, 発汗

persuadé(e) [pɛrsɥade] 形 (<persuader) (…を)確信している, 固く信じている 《de, que》

persuader [pɛrsɥade ペルスュアデ] 他 (英 persuade) 説得する, 納得[確信]させる —— 代動 [se 〜] 確信する, 信じ込む; 互いに納得させ合う

persuasif(ve) [pɛrsɥazif, -iv] 形 説得力のある, 納得させる

persuasion [pɛrsɥazjɔ̃] 女 説得(力), 確信, 信念

persuasivement [pɛrsɥazivmɑ̃] 副 説得力のあるやり方で

persulfate [pɛrsylfat] 男 〔化〕過硫酸塩

persulfure [pɛrsylfyr] 男 〔化〕過硫化物

persulfuré(e) [pɛrsylfyre] 形 〔化〕過硫化の状態の

***perte** [pɛrt ペルト] 女 (英 losing, loss) 失うこと, 紛失; 失ったもの; 〔複〕(戦争・災害での)損害, 損失; 死傷者 ► *à perte* 損をして *à perte de vue* 見渡す限り *courir [aller] à sa perte* 破滅に向かう *en pure perte* 無駄に *perte de vitesse* (飛行機の)失速 *perte sèche* まる損

pertinemment [pɛrtinamɑ̃] 副 妥当なやり方で, うまく, 常識的に ► *savoir pertinemment* …をはっきり[正確に]わかっている

pertinence [pɛrtinɑ̃s] 女 適切さ; 妥当性, 正当性

pertinent(e) [pɛrtinɑ̃, -ɑ̃t] 形 適切な, 正当な, 妥当な; 〔法〕関連性のある; 〔言〕示差的な

perturbant(e) [pɛrtyrbɑ̃, -ɑ̃t] 形 (人を)動揺させる

perturbateur(trice) [pɛrtyrbatœr, -tris] 形 混乱させる, かき乱す, 秩

perturbation 名 擾乱者

perturbation [pɛrtyrbasjɔ̃] 囡 ①混乱, 支障 ②[気]気圧の変動, (特に)低気圧

perturber [pɛrtyrbe] 他 混乱させる, かき乱す, (人を)動揺させる

péruvien(ne) [peryvjɛ̃, -ɛn] 形 ペルー(Pérou)の ━ 名 [P-]ペルー人

pervenche [pɛrvɑ̃ʃ] 囡 [植]ツルニチニチソウ ━ 形 (不変)淡青色の

pervers(e) [pɛrvɛr, -ɛrs] 形 ①[文]邪悪な, 背徳の ②(性的に)倒錯した, 変態の ━ 名 邪悪な人;(性)倒錯者

perversement [pɛrvɛrsəmɑ̃] 副 [文]背徳的に

perversion [pɛrvɛrsjɔ̃] 囡 ①[文](道徳などの)退廃, 堕落 ②性的倒錯

perversité [pɛrvɛrsite] 囡 ①邪悪さ, 背徳 ②[心](性的)倒錯, 病的悪意

pervertir [pɛrvɛrtir] 他 33 堕落させる, 退廃させる, 悪くする ━ 代動 [se ～] 堕落する, 悪くなる

pervertissement [pɛrvɛrtismɑ̃] 男 [文]堕落, 悪化

pesage [pəzaʒ] 男 計量, 検量, (騎手・ボクサーなどの)検量(所)

pesamment [pəzamɑ̃] 副 重く, 重たげに, 不器用に

pesant(e) [pəzɑ̃, -ɑ̃t] 形 重い; 重たげな, 重苦しい; 鈍重な ━ 男 ▶valoir son pesant d'or (ふざけて)大変価値がある

pesant-lait

pesanteur [pəzɑ̃tœr] 囡 ①[物]重力, 引力 ②重さ, 重量 ②重たさ; 鈍重さ, のろさ

pèse-alcool [pɛzalkɔl] 男 (複 ～-s) アルコール計

pèse-bébé [pɛzbebe] 男 (複 ～-～(s)) 乳児用体重計

pesée [pəze] 囡 ①重さを計ること; 計った量 ②力を加えること

pèse-lait [pɛzlɛ] 男 (複 ～-～(s)) 検乳計, 牛乳(比重)計

pèse-lettre [pɛzlɛtr] 男 (複 ～-～(s)) 手紙[書状]秤(はかり)

pèse-personne [pɛzpɛrsɔn] 男 (複 ～-～(s)) (家庭用の)体重計

*****peser** [pəze] プゼ[曲] 他 ①(…の)重さをはかる ②注意深く検討する, 吟味する ━ 自 (英 weigh) 重さがある ▶peser à (人)にとって(精神的)負担を与える **peser le pour et le contre** てんびんにかける **peser lourd** 重い **peser sur ...** (肩が)…に重くのしかかる; (ものが人に)重くのしかかる, プレッシャーとなる **peser sur l'estomac** 胃にもたれる **tout bien pesé** よく考慮した上で ━ 代動 [se ～] 自分の体重をはかる, 計量される

peseta [pezeta, peseta] 囡 (くス) ペセタ [ユーロ導入前のスペインの通貨単位]

peseur(se) [pəzœr, -øz] 名 計量係

peso [pezo, peso] 男 (くス) ペソ [チリ・ボリビアなどの通貨単位]

peson [pəzɔ̃] 男 (簡易)秤(ぎ⁰), クレーンスケール

pessimisme [pesimism] 男 悲観主義, 悲観論

pessimiste [pesimist] 形 悲観的な, 厭世的な ━ 名 悲観的な人, ペシミスト

peste [pɛst] 囡 ペスト;(被害をもたらす)人物; いやな女 ▶**craindre ... comme la peste** …をひどく恐れる

pester [pɛste] 自 (…に)悪態をつく, 毒づく (contre)

pesticide [pɛstisid] 男 [農]殺虫剤, 農薬 ━ 形 殺虫剤の, 殺虫[除草]効果のある

pestiféré(e) [pɛstifere] 形 ペストにかかった ━ 名 ペスト患者

pestilence [pɛstilɑ̃s] 囡 悪臭, 腐敗臭

pestilentiel(le) [pɛstilɑ̃sjɛl] 形 悪臭を放つ

pet [pɛ] 男 ①[話]おなら, 屁(へ) ②[俗]騒ぎ, 危険 ━ 間 [俗]気をつけろ, 危ない

pétale [petal] 男 [植]花びら, 花弁 ▶**pétales de maïs** コーンフレーク

pétanque [petɑ̃k] 囡 ペタンク [金属の球を的球の近くに投げるゲーム]

pétant(e) [petɑ̃, -ɑ̃t] 形 [話](時間が)ぴったりの

pétaradant(e) [petaradɑ̃, -ɑ̃t] 形 (オートバイなどの)爆音を響かせる

pétarade [petarad] 囡 連続した小爆発音

pétarader [petarade] 自 (オートバイなどが)連続的に爆音を放つ

pétard [petar] 男 ①爆竹; [話]騒ぎ ②[話]ピストル ③[俗]尻(しり) ④[話]マリファナたばこ

pétasse [petas] 囡 [俗]売春婦

pétaudière [petodjɛr] 囡 [話]収拾のつかないような会合, 大混乱

pet-de-nonne [pɛdnɔn] 男 (複 ～-s-～-～) ペ・ド・ノンヌ [シュー生地の揚げ菓子]

péter [pete] 自 57 [話] ①おならをする; 激しい音を立てて爆発する ②壊れる, 割れる ━ 他 [話]壊す, 壊る, 割る ▶**péter les plombs** かっとなる, 怒りをぶちまける

pète-sec [pɛtsɛk] 形 名 (不変)厳格な(人)

péteux(se) [petø, -øz] 名 [話]臆病者, 気取り屋

pétillant(e) [petijɑ̃, -ɑ̃t] 形 ぱちぱちはねる; きらきら輝く, はつらつとした

pétillement [petijmɑ̃] 男 ぱちぱちはねること

pétiller [petije] 自 ①ぱちぱちはねる; (液体が)泡立つ ②(…で)きらめく, 躍動する《de》

pétiole [pesjɔl] 男 [植]葉柄(ようへい)

petiot(e) [pətjo, -ɔt] 形《話》ごく小さい、ちっぽけな ━名《話》おちびさん、坊や、お嬢ちゃん

petit(e) [p(ə)ti, -it プティ(ット)] 形〖英 small, little〗① 小さい；背が低い；〈数量・程度が〉小さい、少ない；ちょっとした、ささいな；地位[身分]の低い；貧しい ▶**en petit** 小規模に **petit à petit** 少しづつ **petit coin** 便所 **se faire tout petit** 目立たないように小さくなる ②小、年少の ▶**petit frère** 弟 **petit nom**《話》名前(= prénom) **petite sœur** 妹 ③かわいい、いとしい ▶**petit ami** ボーイフレンド **petite amie** ガールフレンド ━名 ①子供 ②低学年の子供、下級生；末っ子 ③(親しみを込めて)君、おまえ ▶**Pauvre petit!** かわいそうに ━男 ①小さなもの[こと]；《俗》弱者 ②〈動物の〉子 ━副 小さく

petit-beurre [p(ə)tibœr] 男(複〜s〜) プチ・ブール【バターを使った長方形のビスケット】

petit(-)bourgeois(e) [p(ə)tiburʒwa, p(ə)titburʒwaz] 形(男複〜〜, 女複〜es〜es) 〈男女が〉プチブルの、小市民的な ━名 プチブル(ジョワ)、小市民、中産階級

petit-déjeuner [p(ə)tideʒœne プティデジュネ] 男(複〜s(-)〜s)〖英 breakfast〗朝食 ━自《話》朝食をとる

petite-fille [p(ə)titfij プティットフィーユ] 女(複〜s〜s) 孫娘

petitement [p(ə)titmɑ̃] 副 窮屈に、つつましく；卑劣に ▶**être logé petitement** 狭苦しい所に住んでいる

petite-nièce [p(ə)titnjɛs] 女(複〜s〜s) 姪の娘、姪(めい)の娘

petitesse [p(ə)tites] 女〖英 smallness〗小ささ、少なさ；卑小さ、卑小な言動

petit-fils [p(ə)tifis プティフィス] 男〖英 grandson〗(複〜s〜) (男の)孫

petit(-)four [p(ə)tifur] 男(複〜s(-)〜s) プチ・フール【一口サイズのケーキ、クッキー】

petit-gris [p(ə)tigri] 男(複〜s〜) ①〔動〕〈シベリア産のリス〉灰青色の毛皮が珍重される〕②ヒメリンゴマイマイ ③小さな食用カタツムリ

pétition [petisjɔ̃] 女 ①請願[嘆願]書、陳情書 ▶**pétition de principe**〔論〕論点先取の虚偽【まだ論証していないものを前提にすること】

pétitionnaire [petisjɔnɛr] 名 請願書に署名した人、請願人

pétitionner [petisjɔne] 自 請願書を提出する

petit-lait [p(ə)ti tlɛ] 男(複〜s〜s) 乳清、乳漿(にゅうしょう)、ホエー(= lactosérum)【チーズ製造で凝乳から分離する透明液】

petit-nègre [p(ə)ti negr] 男(複〜s〜s) 片言のフランス語

petit-neveu [p(ə)tinvø] 男(複〜s〜x) 甥(おい)の息子

petits-enfants [p(ə)tizɑ̃fɑ̃ プティザンファン] 男(複)〖英 grandchildren〗孫たち

petits-pois [p(ə)tipwa] 男(複) グリーンピース

petit-suisse [p(ə)tisɥis] 男(複〜s〜s) プチ・スイス【円筒形のクリームチーズ】

pétochard(e) [petɔʃar, -ard] 形〈俗〉恐がりの、臆病者の

pétoche [petɔʃ] 女《話》恐怖、恐れ

pétoire [petwar] 女 ①ぼろの鉄砲 ②《話》(ひどい音を出す)ボロ車【(吹き矢に使う)ニワトコの枝】

peton [pətɔ̃] 男《話》小さな足、あんよ

pétoncle [petɔ̃kl] 男〔貝〕ペトンクル【イタヤガイ科の二枚貝；食用】

pétrel [petrel] 男〔鳥〕ウミツバメ、ミズナリドリ目の総称

pétrifiant(e) [petrifjɑ̃, -ɑ̃t] 形〈水が〉石化させる、石灰分を付着させる；〈人を〉呆然とさせる

pétrification [petrifikasjɔ̃] 女 石化、化石化；石灰分の表面付着；硬直化

pétrifié(e) [petrifje] 形 石化した、石灰層で覆われた；身動きできない；硬直した

pétrifier [petrifje] 他 石化させる、化石化する；身動きできなくさせる、ぼう然とさせる ━代動 [se 〜] 石化する；唖然とする、身動きできない

pétrin [petrɛ̃] 男 ①(パン生地の)練り桶 ②《話》困った状態

pétrir [petrir] 他 33 〈粉を〉こねる；もむ、もみくちゃにする；〈人格などを〉形成する、鍛える ▶**être pétri d'orgueil** 傲慢そのものである

pétrissage [petrisaʒ] 男 ①(パン生地などを)こねること ②強力マッサージ

pétrisseur(se) [petrisœr, -øz] 名 ①(製パン用)こね職人 ②マッサージ師 ━女 こね[練り]機

pétro- 接頭 (くぎ)「岩石」「石油」の意

pétrochimie [petrɔʃimi] 女 石油化学

pétrochimique [petrɔʃimik] 形 石油化学の

pétrochimiste [petrɔʃimist] 名 石油化学専門家[工業家]、石油化学者

pétrodollar [petrɔdɔlar] 男 オイルダラー

pétrographie [petrɔgrafi] 女 記載岩石学【岩石を分類し命名する】

pétrole [petrɔl ペトロル] 男〖英 oil〗石油 ━形《不変》▶**bleu pétrole** 灰色がかった青緑色の **pétrole lampant** 灯油

pétrolette [petrɔlɛt] 女《話》小型バイク

pétroleuse [petrɔløz] 女 ①(パリコミューンで)火を放った女性闘士 ②気性の激しい女性

pétrolier(ère) [petrɔlje, -ɛr] 形 石油の — 男 ①石油タンカー ②石油探査技師 ③石油屋【会社経営者や投資家など】

pétrolifère [petrɔlifer] 形 石油を含んだ(堆積).

pétulance [petylɑ̃s] 女 活発さ,激しい意気込み, 血気

pétulant(e) [petylɑ̃, -ɑ̃t] 形 活発な, 元気にあふれた, 血気盛んな

pétunia [petynja] 男 〔植〕ペチュニア

*****peu** [pø プー] 副 (英 (a) little, (a) few) ①〔肯定的で〕[un ~ で] 少し, ちょっと, (反語的)あまりにも ►encore un peu もう少し un peu de ... 少しの… un peu partout はとんどどこでも, そこらじゅうで un peu trop すこし多すぎる un (tout) petit peu ほんのわずか ②〔否定的で〕ほんの少ししか…, ほとんど…ない ►à peu près ほとんど, およそ peu à peu 少しずつ peu de ... 少しの…, …ごくわずかの… peu souvent めったに si peu que + 接続法 どれほどわずかに…でも très peu ほんの少し, ほとんど…ない

— 代 (不定) わずかなもの; ごくわずかな人 [少数の人]もの ►avant peu すぐに de peu かろうじて, わずかに depuis peu 最近 pour peu que ... 少しでも …であれば pour un peu もう少しで sous peu 間もなく

peuchère [pøʃɛr] 間 (南仏) かわいそうに

Peugeot [pøʒo] プジョー【フランスの自動車メーカー】

peuh [pø] 間 ふん, ふうん, へえ【軽蔑・無関心などを表す】

peuplade [pøplad] 女 (未開社会の)小部族, 小集団

*****peuple** [pøpl プープル] 男 (英 people) ①民族, 国民; 民衆 ②〔話〕たくさんの人, 群衆

peuplé(e) [pœple] 形 (< peupler) 人の住んでいる ►peuplé de ...が住む, …でいっぱいの très [peu] peuplé 人口の密集した[まばらな]

peuplement [pœpləmɑ̃] 男 住みつく(住んでいる)こと; 入植; (ある地域での)人口増加, 繁殖状態

*****peupler** [pœple ププル] 他 (英 populate) ①(ある場所)に人[動物]を住まわせる; 植林する ②(集団である場所)に住みつく ③〈文〉(心などを)一杯にする, 満たす — 代動 [se ~] 住民が増える, (…でいっぱいになる)

peupleraie [pœpləre] 女 ポプラの(植林); ポプラ並木

peuplier [pœplije] 男 〔植〕ポプラ

*****peur** [pœr プール] 女 (英 fear) 恐怖, 恐れ; 心配, 不安 ►avoir peur (de) (...) (...することを)恐れる avoir peur que + 接続法 ...であることを恐れる, 心配する avoir plus de peur que de mal 怖い思いをするだけですむ avoir une peur bleue de ...に激しい恐怖を感じる faire peur à ...を怖がらせる mourir de peur 死ぬほど怖い par [de] peur de (...) (...することを)恐れて prendre peur おびえる, パニックになる

peureusement [pœrøzmɑ̃] 副 おびえて, おそるおそる, こわごわ

peureux(se) [pœrø, -øz] 形 臆病な, 怖がりの, おびえた — 名 臆病者, 怖がり

peut [pø] ⇨pouvoir

peut-être [pøtɛtr プトエトル] 副 (英 perhaps, maybe) もしかすると, ことによると; 〈文中で皮肉を表して〉…だとでもいうのか ►peut-être bien きっと

peuvent [pœv], **peux** [pø] ⇨pouvoir

p.ex. [parɛgzɑ̃pl] (略) par exemple 例えば

peyotl [pejɔtl] 男 〔植〕ウバタマサボテン【幻覚作用をもつメスカリンを含む】

pèze [pɛz] 男 〔俗〕金(かね), 銭

pfennig [pfenig] 男 ペニヒ【ドイツの旧通貨単位; 100分の1マルク】

pff(t) [pf(t)], **pfut** [pfyt] 間 ふん, へっ【軽蔑・無関心などを表す】

PGCD (略) le plus grand commun diviseur 〔数〕最大公約数

pH [peaʃ] 男 〔化〕PH, 水素イオン指数 [< potentiel d'hydrogène]

phacochère [fakɔʃɛr] 男 〔動〕イボイノシシ

phag(o)- 接頭, **-phage**, **-pha-gie**, **-phagique** 接尾 (ぐ)食の意

phagocyte [fagɔsit] 男 〔生〕食細胞

phagocyter [fagɔsite] 他 〔生〕(食細胞が)消化する, 食菌する; 〈話〉(組織などを)吸収する

phagocytose [fagɔsitoz] 女 〔生〕食作用【食細胞が細菌などの固形物を消化すること】

phalange [falɑ̃ʒ] 女 ①〔解〕(手足の)指骨, 趾骨(しこつ) ②(古代ギリシアの)歩兵密集方陣; 軍団 ③(政治)結社, 過激な思想グループ; [la P-] (スペインの)ファランヘ党【スペインの国家主義政党; フランコ政権と共にスペインを支配】

phalangette [falɑ̃ʒɛt] 女 〔解〕(指の)末節骨

phalangien(ne) [falɑ̃ʒjɛ̃, -ɛn] 形 〔解〕指節骨の

phalangine [falɑ̃ʒin] 女 〔解〕(指の)中節骨

phalangiste [falɑ̃ʒist] 名 〔史〕(スペインのファランヘ党(員)) (の)

phalanstère [falɑ̃stɛr] 男 ファランステール【フーリエ(Fourier)主義の共産生活共同体】

phalanstérien(ne) [falɑ̃stɛrjɛ̃, -ɛn] 形 フーリエ主義の(人), ファランステールの(住民)

phalène [falɛn] 男 または 女 〔虫〕

シャクガ(類)
phallique [fa(l)lik] 形 男根(崇拝)の
phall(o)- 接頭 ((ギ))「男根」「男性」の意
phallocrate [fa(l)lɔkrat] 形 名 男性中心主義者(の)
phallocratie [fa(l)lɔkrasi] 女 男性中心主義
phalloïde [faloid] 形 ▶amanite phalloïde タマゴテングタケ【高い毒性を持つ】
phallus [fa(l)lys] 男 ①陰茎, ペニス, 男根像 ②[植]スッポンタケ
phanérogame [fanerɔgam] 形 [植]顕花(植物)の ── 女(複)顕花植物(門)
phantasme [fɑ̃tasm] 男 = fantasme
pharamineux(se) [faraminø, -øz] 形 = faramineux
pharaon [faraɔ̃] 男 ファラオ【古代エジプト王の称号】
pharaonique [faraɔnik] 形 ファラオ(統治時代)の
***phare** [far ファール] 男 (英 lighthouse) ①灯台 ②(自動車の)ヘッドライト ▶phare antibrouillard フォグランプ ③(接尾辞的に)輝かしい ▶une industrie-phare 模範的な産業
pharisaïque [farizaik] 形 [宗]パリサイ派の
pharisaïsme [farizaism] 男 [宗]パリサイ人(ﾋﾞﾄ)の教義[態度]; 偽善的態度
pharisien(ne) [farizjɛ̃, -ɛn] 名 [宗]パリサイ人【律法を厳守したユダヤ教の1派】 ②独善家; 偽善者 ── 形 ①パリサイ人の ②独善的な; 偽善的な
pharmaceutique [farmasøtik] 形 薬学の, 製剤の
***pharmacie** [farmasi ファルマスィ] 女 (英 pharmacy) 薬学; 薬局, 薬屋; 救急箱, 薬棚 (= armoire à ~)
***pharmacien(ne)** [farmasjɛ̃, -ɛn ファルマスィヤン(ｴﾇ)] 名 (英 pharmacist) 薬剤師
pharmaco- 接頭 ((ギ))「薬」の意
pharmacodépendance [farmakodepɑ̃dɑ̃s] 女 [医]薬物依存性(症)
pharmacodépendant(e) [farmakodepɑ̃dɑ̃, -ɑ̃t] 形 [医]薬物依存の
pharmacologie [farmakɔlɔʒi] 女 [医]薬理学
pharmacomanie [farmakɔmani] 女 [医]薬物嗜癖
pharmacopée [farmakɔpe] 女 薬局方(ﾎﾟｳ), (薬)の公式処方集
pharyngal(ale) [farɛ̃gal] 形(男複 -aux -o]) [言](子音の)咽頭音の ── 男 咽頭音
pharyngé(e) [farɛ̃ʒe], **pharyngien(ne)** [farɛ̃ʒjɛ̃, -ɛn] 形 [医]咽頭の
pharyngite [farɛ̃ʒit] 女 [医]咽頭炎

pharyngo- 接頭 ((ギ))「咽頭」の意
pharyngoscope [farɛ̃gɔskɔp] 男 [医]咽頭検査鏡, 咽喉鏡
pharynx [farɛ̃ks] 男 咽頭
phascolome [faskɔlɔm] 男 [動]ウォンバット
phase [fɑz] 女 ①(発達・変化の)段階, 局面; 位相, 相 ▶être en phase avec (人)と波長が合う ▶phase terminale [医](痛などの)末期; 最終段階
phasme [fasm] 男 [虫]ナナフシ
phatique [fatik] 形 [言](言葉が)交感的な, 社交的な
Phèdre [fɛdr] 女 [ギ神]ファイドラ, フェードル【テセウス(Thésée)の妻】
phélé(o)- 接頭 ((ギ))「静脈」の意
Phénicie [fenisi] 女 フェニキア【地中海岸の古代国家】
phénicien(ne) [fenisjɛ̃, -ɛn] 形 フェニキアの ── 名 [P-]フェニキア人 ── 男 フェニキア語
phénique(e) [fenike] 形 [化]フェノール(石炭酸)を含む ▶eau phéniquée 石炭酸水【消毒液】
phénix [feniks] 男(不変) ①不死鳥, フェニックス ②無二の逸材, 第一人者 ③= phœnix
phénobarbital [fenɔbarbital] 男 [薬]フェノバルビタール【鎮静薬・てんかん治療薬】
phénol [fenɔl] 男 [化]フェノール, 石炭酸【消毒薬として用いる】
phénoménal(ale) [fenomenal] 形(男複 -aux[-o]) 異常な, 驚くべき
phénoménalement [fenomenalmɑ̃] 副 驚くほど, 異常に
***phénomène** [fenɔmɛn フェノメヌ] 男 (英 phenomenon) ①現象, 事象; 驚くべきこと ②[話]変人, 変わったやつ
phénoménisme [fenɔmenism] 男 [哲]現象論, 現象論
phénoménologie [fenɔmenɔlɔʒi] 女 [哲]現象学
phénoménologique [fenɔmenɔlɔʒik] 形 [哲]現象学の
phénoménologue [fenɔmenɔlɔg] 名 現象学派の哲学者
phénotype [fenɔtip] 男 [生]表現型
phénotypique [fenɔtipik] 形 [生]表現型の
phényle [fenil] 男 [化]フェニル
phéophycées [feɔfise] 女(複) [植]褐藻類
phéromone [fer(o)mɔn] 女 [生]フェロモン
phi [fi] 男(不変) ((ギ))ファイ【Φ, φ; ギリシア字母第21字】
philanthrope [filɑ̃trɔp] 名 博愛家, 慈善家, 篤(ﾄｸ)志家
philanthropie [filɑ̃trɔpi] 女 博愛(精神); 慈善
philanthropique [filɑ̃trɔpik] 形 博愛主義的な, 博愛の

philatélie [filateli] 女 切手収集, 切手研究, 切手売買

philatélique [filatelik] 形 切手収集の

philatéliste [filatelist] 名 切手収集家

philharmonie [filarmɔni] 女 音楽愛好協会

philharmonique [filarmɔnik] 形 音楽愛好の

Philippe [filip] ①フィリップ【男の名】②〔聖〕ピリポ【12使徒の1人】

philippin(e) [filipɛ̃, -in] 形 フィリピンの ——名 [P-] フィリピン人

Philippines [filipin] 女《複》フィリピン(諸島)

philistin [filistɛ̃] 男 (文学・芸術のわからない)俗物 ——形《男性形のみ》俗物の

philo [filo] 女〔話〕哲学(= philosophie)

phil(o)- 接頭《(ギ)「好き」「愛する」》「友」の意

philodendron [filɔdɛ̃drɔ̃] 男〔植〕フィロデンドロン(の花)【観葉植物】

philologie [filɔlɔʒi] 女 文献学

philologique [filɔlɔʒik] 形 文献学の

philologue [filɔlɔg] 名 文献学者

philosophale [filɔzɔfal] 形《女性形のみ》▸ **pierre philosophale**（錬金術で）賢者の石, あるじないもの

***philosophe** [filɔzɔf フィロゾフ] 名 ①哲学者 ②(18世紀の)啓蒙思想家 ③生きる術(キ)を心得ている人 ——形 (人生を)達観した

philosopher [filɔzɔfe] 自 思索を巡らす, 哲学する; 議論にふける

***philosophie** [filɔzɔfi フィロゾフィ] 女 ①哲学 ②(大学の)哲学科, (リセの)哲学クラス【最終学年】②人生観, ものの考え方; 達観, 諦(ネイ)観

philosophique [filɔzɔfik] 形 哲学の, 哲学的な

philosophiquement [filɔzɔfikmɑ̃] 副 哲学的に; 達観して

philosophisme [filɔzɔfism] 男〔古・軽蔑的〕哲学の濫用

philtre [filtr] 男 媚薬(ビ゙゙゙ヤ), ほれ薬, 霊薬

phimosis [fimozis] 男〔医〕包茎

phlébite [flebit] 女〔医〕静脈炎

phlébologie [flebɔlɔʒi] 女〔医〕静脈学

phlébologue [flebɔlɔg] 名〔医〕静脈学の専門家

phlegmon [flɛgmɔ̃] 男〔医〕蜂窩織(ネ゙ネヘ)炎, 蜂巣(ネ゙゙゙ノ)炎, フレグモーネ【結合組織での急性の化膿性炎症】

phlox [flɔks] 男〔植〕フロックス, クサキョウチクトウ【ハナシノブ科】

phlyctène [fliktɛn] 女〔医〕水疱

Phnom Penh [pnɔmpɛn] プノンペン【カンボジアの首都】

-phobe 接尾《(ギ)「…を嫌う(人)」の意の形容詞[名詞]をつくる

phobie [fɔbi] 女〔心〕恐怖症; 本能的な嫌悪

phobique [fɔbik] 形名 恐怖症にかかった(患者)

Phocée [fɔse] フォカイア【小アジアの古代都市】

phocéen(ne) [fɔseɛ̃, -en] 形 フォカイアの; マルセイユの ——名 [P-] (古代の)フォカイア人; マルセイユの人 ▸ **cité phocéenne** マルセイユ(= Marseille)【フォカイアの開拓地だった】

phœnix [feniks] 男〔植〕ナツメヤシの類, フェニックス

phonateur(trice) [fɔnatœr, -tris] 形 発声の, 発声に関する

phonation [fɔnasjɔ̃] 女 発声

phonatoire [fɔnatwar] 形〔音声〕発声の(= phonateur)

phone [fɔn] 男〔物〕ホン, フォン【音の強さの単位】

-phone 接尾《(ギ)「音」「声」の名の名詞をつくる ②「…語を話す(人)」の意の形容詞[名詞]をつくる

phonème [fɔnɛm] 男〔言〕①〔音声〕音素 ②〔医〕音声幻聴

phonémique [fɔnemik] 形〔音声〕音素の

phonéticien(ne) [fɔnetisjɛ̃, -ɛn] 名 音声学[音韻(ネ゙)]学者

phonétique [fɔnetik] 形 音声(学)の ——女 音声学

phonétiquement [fɔnetikmɑ̃] 副 音声(学的)に

phoniatrie [fɔnjatri] 女 音声医学

phonique [fɔnik] 形 音声に関する; 騒音の

phon(o)- 接頭《(ギ)「音」「声」の意

phonographe [fɔnɔgraf] 男 (昔の)蓄音機

phonologie [fɔnɔlɔʒi] 女〔言〕音韻(ネ゙)論

phonologique [fɔnɔlɔʒik] 形 音韻(ネ゙)論の

phonologue [fɔnɔlɔg] 名 音韻(ネ゙)論学者

phonothèque [fɔnɔtɛk] 女 (レコード・テープなどの)音資料館[所]

phoque [fɔk] 男〔動〕アザラシ(の毛皮)

phormion [fɔrmjɔ̃], **phormium** [fɔrmjɔm] 男〔植〕マオラン, ニュージーランドアサ

phosgène [fɔsʒɛn] 男〔化〕塩化カルボニル, ホスゲン【毒ガス】

phosphate [fɔsfat] 男〔化〕リン酸塩, リン酸肥料

phosphaté(e) [fɔsfate] 形〔農〕リン酸カルシウムを含む, リン酸肥料の ▸ **engrais phosphaté** リン酸肥料

phosphater [fɔsfate] 他〔農〕(畑などに)リン酸肥料を施す; (金属に)リン酸塩被覆を施(は)こす

phosphène [fɔsfɛn] 男 [医] (目の) 閃光(感覚, 現象), 光視症

phosph(o)- [接頭]「リン(燐)」の意

phosphore [fɔsfɔr] 男 [化] リン(燐)

phosphoré(e) [fɔsfɔre] 形 リンを含んだ

phosphorer [fɔsfɔre] 自 (話) 頭を働かせる

phosphorescence [fɔsfɔresɑ̃s] 女 燐光(りんこう)性

phosphorescent(e) [fɔsfɔresɑ̃, -ɑ̃t] 形 燐光(りんこう)を発する

phosphoreux(se) [fɔsfɔrø, -øz] 形 [化] リン(燐)の, リンを含んだ

phosphorique [fɔsfɔrik] 形 [化] リンを含んだ ▶ **acide phosphorique** リン酸 **anhydride phosphorique** 無水リン酸

phosphorisation [fɔsfɔrizasjɔ̃] 女 [生理] リン酸カルシウム形成

phosphorite [fɔsfɔrit] 女 [地] 燐(りん)灰土

***photo** [foto フォト] 女 (英 picture) (<photographie) 写真, 写真を撮ること, 写真撮影 ▶ **photo de mode** カメラマン **en photo** 写真で **Il n'y a pas photo.** (話) 明白だ, 間違いない **photo couleur** カラー写真 **photo d'identité** 証明写真 **photo noir et blanc** 白黒写真 **prendre... en photo / faire une photo de ...** を写真に写す

photo- [接頭] (<ギ)「光」「写真」の意

photochimie [fɔtɔʃimi] 女 光化学

photochimique [fɔtɔʃimik] 形 光化学の

photocomposer [fɔtɔkɔ̃poze] 他 写真植字する

photocomposeur [fɔtɔkɔ̃pozœr], **photocompositeur** [fɔtɔkɔ̃pozitœr] 男 写真植字工

photocomposeuse [fɔtɔkɔ̃pozøz] 女 写真植字機

photocomposition [fɔtɔkɔ̃pozisjɔ̃] 女 [印]写真植字, 写植

photocopie [fɔtɔkɔpi] 女 コピー, (写真)複写

photocopier [fɔtɔkɔpje] 他 (…の)コピーを取る, コピーする

photocopieur [fɔtɔkɔpjœr] 男, **photocopieuse** [fɔtɔkɔpjøz] 女 コピー機

photocopillage [fɔtɔkɔpijaʒ] 男 [法] (複写による)著作権侵害〔許容限度以上に書物を複写し使用すること〕

photodissociation [fɔtɔdisɔsjasjɔ̃] 女 [化] 光分解, 光解離

photoélectricité [fɔtɔelɛktrisite] 女 [物] 光電気(現象)

photoélectrique [fɔtɔelɛktrik] 形 光電気の

photo-finish [fɔtɔfiniʃ] 女 (複 ~s~) (<英) (競馬などの競技の)写真判定, ゴール写真(機)

photogénie [fɔtɔʒeni] 女 フォトジェニー, 撮影効果, 写真うつりのよさ

photogénique [fɔtɔʒenik] 形 撮影効果のある, 写真写りの良い, 映画向きの

***photographe** [fɔtɔgraf フォトグラフ] 名 (英 photographer) カメラマン, 写真家; 写真屋 ▶ **photographe de mode** ファッションカメラマン

photographie [fɔtɔgrafi] 女 写真, 撮影, 写真(術)

***photographier** [fɔtɔgrafje フォトグラフィエ] 他 (英 photograph) …の写真を撮る

photographique [fɔtɔgrafik] 形 (英 photographic) 写真(用)の, 写真による; (写真のように)正確な, 模写的な

photographiquement [fɔtɔgrafikmɑ̃] 副 写真によって; 写真のように正確に

photograveur [fɔtɔgravœr] 男 写真製版工

photogravure [fɔtɔgravyr] 女 写真製版(法), グラビア(印刷)

photo-interprétation [fɔtɔɛ̃tɛrpretasjɔ̃] 女 (複 ~s~s) (航空写真の)写真判読[分析, 解説]

photolithographie [fɔtɔlitɔgrafi] 女 フォトリソグラフィ【半導体素子のパターン生成技術】

photolyse [fɔtɔliz] 女 [化] 光分解

photomaton [fɔtɔmatɔ̃] 男 (<商標) スピード写真(ボックス)

photomécanique [fɔtɔmekanik] 形 写真製版(法)の

photomètre [fɔtɔmɛtr] 男 [物] 光度計, 測光器

photométrie [fɔtɔmetri] 女 [物] 測光(学), 光度測定

photométrique [fɔtɔmetrik] 形 [物] 測光(学)の

photomontage [fɔtɔmɔ̃taʒ] 男 写真モンタージュ, 合成写真

photon [fɔtɔ̃] 男 [物] 光子, 光量子

photonique [fɔtɔnik] 形 [物] 光量子の

photophobie [fɔtɔfɔbi] 女 [医] 光恐怖症

photophore [fɔtɔfɔr] 男 反射鏡付きライト; ヘッドランプ, [動] 発光器

photopile [fɔtɔpil] 女 光電池, 太陽電池

photopolymère [fɔtɔpɔlimɛr] 形 男 光硬化樹脂 [フォトポリマー] (の)

photo-robot [fɔtɔrɔbɔ] 男 (複 ~s~s) (犯人の)モンタージュ写真

photo-roman [fɔtɔrɔmɑ̃] 男 (複 ~s~s) 写真小説, フォトストーリー

photosensible [fɔtɔsɑ̃sibl] 形 感光性の

photosphère [fɔtɔsfɛr] 女 [天] 光球

photostyle [fɔtɔstil] 男 [情報] ライトペン

photosynthèse [fɔtɔsɛ̃tɛz] 女 [生

化)光合成

photosynthétique [fotosɛ̃tetik] 形 光合成の

photothèque [fototɛk] 囡 写真資料室[館]

phototropisme [fototropism] 男 【植】屈光性

phototype [fototip] 男 (写真の)原版ネガ

phototypie [fototipi] 囡 コロタイプ印刷[術]

*__phrase__ [fraz フラーズ] 囡 (英 sentence) ①文章, 文; ことば ▶**faire des phrases** 気取った[空疎な]言葉を並べる *petite phrase* 政治家などの問題発言 *phrase toute faite* 型にはまった言葉 *sans phrase* 注釈なしで, 単刀直入に ②【楽】楽節, 楽句

phrasé [fraze] 男【楽】フレージング, 句切り法

phraséologie [frazeɔlɔʒi] 囡 ①【言】語法, 表現法 ②〈文〉空疎な雄弁

phraséologique [frazeɔlɔʒik] 形 ①表現法の ②〈文〉空疎な雄弁の

phraser [fraze] 他【楽】楽句を区切って演奏する[歌う], フレージングを行う

phraseur(se) [frazœr, -øz] 形名 美辞麗句を連ねる(人)

phrastique [frastik] 形【言】文の, 文に関する

phratrie [fratri] 囡 胞族【氏族の集合体】

phréatique [freatik] 形 ▶**nappe phréatique** [地]自由地下水

phrénie [freni] 囡【解】横隔膜の

phrénologie [frenɔlɔʒi] 囡 骨相(ネネ)学

phrénologique [frenɔlɔʒik] 形 骨相(ネネ)学の

Phrygie [friʒi] 囡〔古代の〕フリギア【小アジアにあった国】

phrygien(ne) [friʒjɛ̃, -ɛn] 形名 [P.] フリギアの(人) ─ 男 ▶**bonnet phrygien** フリジア帽【フランス革命期に流行した赤い縁無し帽, 自由の象徴】

phtisie [ftizi] 囡〈古〉肺結核(= tuberculose pulmonaire)

phtisiologie [ftizjɔlɔʒi] 囡【医】肺結核医療

phtisiologue [ftizjɔlɔg] 名 肺結核専門医

phtisique [ftizik] 形〈古〉肺結核にかかった(人)

phyco-[接頭]〈ギ〉「藻」の意

phycologie [fikɔlɔʒi] 囡 藻類学

phycomycètes [fikomisɛt] 男 [複]藻菌類

phylactère [filaktɛr] 男 ①【ユダヤ教】経札, 聖句箱 ②〔古代ギリシア・ローマの〕護符 ③漫画の吹き出し

phyll(o)-[接頭], **-phyllie**[接尾]〈ギ〉「葉」の意

phyllotaxie [filotaksi] 囡【植】葉序

phylloxéra [filoksera] 男【虫】ネアブラムシ, フィロキセラ: ネアブラムシ病【ブドウの木の蛆】

phylloxéré(e) [filoksere] 形 (ブドウの木に)フィロキセラがついた

phylogenèse [filoʒənɛz], **phylogénie** [filoʒeni] 囡【生】系統発生, 系統学

phylogénique [filoʒenik] 形, **phylogénétique** [filoʒenetik] 形【生】系統学の

phylum [filom] 男【生】(分類学における)門

physicien(ne) [fizisjɛ̃, -ɛn] 名 物理学者

physicochimie [fizikoʃimi] 囡 物理化学

physicochimique [fizikoʃimik] 形 物理化学の

physio-[接頭]〈ギ〉「自然」の意

physiognomoniste [fizjognomonist] 名 人相学者

physiologie [fizjɔlɔʒi] 囡 生理学

physiologique [fizjɔlɔʒik] 形 生理学の, 生理(学)的な

physiologiste [fizjɔlɔʒist] 名 生理学者

physionomie [fizjonɔmi] 囡 顔つき, 容貌; (町などの)様相, 外観; (事態の)趨(ウ)勢, なりゆき

physionomiste [fizjonɔmist] 形名 他人の顔をよく覚えている(人)

physiothérapeute [fizjoterapøt] 名 理学療法士

physiothérapie [fizjoterapi] 囡【医】理学療法

*__physique__[^1] [fizik フィジック] 囡 (英 physics) 物理学 ── 形 ①物質の, 自然(界)の ②物理学[的]な

*__physique__[^2] [fizik フィジック] 男 (英 physique) 肉体, 身体, 体つき; 容姿, 体格, 健康状態 ── ▶**avoir le physique de l'emploi** 役柄[職業]にふさわしい容姿である ── 形 ①肉体の, 身体の; 自然の ②性的な, 官能の

physiquement [fizikmɑ̃] 副 ①物質的に, 物理的に ②肉体的に; 容姿の点で; 性的に

phyt(o)-[接頭], **-phyte**[接尾]〈ギ〉「植物」の意

phytohormone [fitoɔrmo(o)n] 囡 植物ホルモン

phytopathologie [fitopatolɔʒi] 囡 植物病理学

phytophage [fitofaʒ] 形【動】植食性の, 植物を食べる ── 男 植食性動物

phytoplancton [fitoplɑ̃ktɔ̃] 男 植物プランクトン

pi [pi] 男 ①パイ【Π, π, ギリシア文字の第16字】 ②【数】パイ【π; 円周率の記号】

piaf [pjaf] 男〈話〉スズメ(雀)

piaffant(e) [pjafɑ̃, -ɑ̃t] 形 (馬が)じれていらだった

piaffement [pjafmɑ̃] 男 (馬が)前脚で地面を蹴ること

piaffer [pjafe] 自 (馬が)前脚で地面を蹴る;(人が)いらだつ,じりじりする

piaillement [pjajmɑ̃] 男 (小鳥や幼児の)ぴいぴい鳴く(泣く)声

piailler [pjaje] 自 (話)(鳥が)ぴいぴい鳴きさえずる;(子供が)泣きわめく

piaillerie [pjajœri] 女 (話)(鳥のさえずり,子供の)泣きわめく声

piailleur(se) [pjajœr, -øz] 形 (話)ぴいぴい鳴く,泣き虫の,不平を言う —名 (話)泣き虫の子供,不平を言う人

pian [pjɑ̃] 男 [医] フランベジア,森林梅毒

pianissimo [pjanisimo] 副 (< イ) ①[楽] ピアニシモ ②非常にゆっくりと;そっと

pianiste [pjanist] 名 ピアニスト

pianistique [pjanistik] 形 ピアノの;(曲が)ピアノにぴったりの

***piano**[1] [pjano ピアノ] 男 ピアノ ► *jouer du piano* ピアノを演奏する *piano à queue* グランドピアノ *piano droit* アップライトピアノ *piano mécanique* 自動ピアノ *se mettre au piano* ピアノに向かう

piano[2] [pjano] 副 (< イ) ①[楽] ピアノ,弱音で ②(話)そっと,静かに

piano-bar [pjanobar] 男 (複 ~s-~s) ピアノバー【ピアノの生演奏の聴けるバー】

pianoforte [pjanoforte] 男 (< イ) [楽] ピアノフォルテ

pianola [pjanɔla] 男 ピアノラ,自動ピアノ

pianotage [pjanotaʒ] 男 ①ピアノのキーを叩く動作 ②下手なピアノ

pianoter [pjanote] 自 ①ピアノをへたに弾く ②(ピアノを弾くように)指先で叩く

piastre [pjastr] 女 ピアストル【エジプト・シリアなどの通貨単位】

piaule [pjol] 女 (話)部屋

piaulement [pjolmɑ̃] 男 (小鳥や赤ん坊の)ぴいぴい鳴く(泣く)声

piauler [pjole] 自 (ひよこが)ぴよぴよ鳴く;(子供が)ぴいぴい泣く

PIB (略) (英 GDP) *produit intérieur brut* 国内総生産

pic[1] [pik] 男 つるはし;尖峰(詩);山頂;(グラフの曲線の)頂点 ► *à pic* 垂直に,切り立って;ちょうどいいときに *arriver à pic* いいところにやってくる *Ça tombe à pic.* それはおあつらえ向きだ *pic à glace* アイスピック *pic d'audience* 視聴率のピーク

pic[2] [pik] 男 [鳥] キツツキ

picador [pikadɔr] 男 (< ス) ピカドール【馬上で槍を使い牛を疲れさせる役の闘牛士】

picaillons [pikajɔ̃] 男 (複) 《古・話》銭(ぜ)

picard(e) [pikar, -ard] 形名 【P-】ピカルディー地方の(人) ―― 男 ピカルディー方言

Picardie [pikardi] ピカルディー【フランス北部の旧地方名;現地域圏】

picaresque [pikarɛsk] 形 ► *roman picaresque* [文学] 悪漢(ピカレスク)小説

Picasso [pikaso] (Pablo Ruiz~) ピカソ【1881-1973;画家】

piccolo [pikɔlo] 男 (< イ) [楽] ピッコロ【楽器】

pichenette [piʃnɛt] 女 (話)指(爪)で弾くこと

pichet [piʃe] 男 (柄付きの)水差し,ピッチャー

pickles [pikœls] 男 (< 英) (複)(野菜の)酢漬け,ピクルス

pickpocket [pikpɔkɛt] 男 (< 英) すり

pick-up [pikœp] 男 (不変) (< 英) ①小型無蓋トラック ②(古)レコードプレーヤー

picoler [pikɔle] 自 (話)酒を飲む

picoleur(se) [pikɔlœr, -øz] 名 (大)酒飲み

picolo [pikɔlo] 男 = piccolo

picorer [pikɔre] 自 (鳥が)餌をついばむ;(人が)少ししか食べない ―他 ついばむ

picot [piko] 男 ①[服] ピコット【レースなどの縁飾り】 ②(石工用の)ハンマー ③(帽子用の)麦わら ④(複)(ノルマンディーの)カレイ漁の網 ⑤《古》(木の切り口の)ささくれ

picotement [pikɔtmɑ̃] 男 ちくちく(ひりひり)する感じ

picoter [pikɔte] 他 ちくちく刺激する;軽くつつく,刺す

picotin [pikɔtɛ̃] 男 馬に与える1回分のカラスムギ

picrate [pikrat] 男 ①[化] ピクリン酸塩,ピクラート[ピクレート] ②(話)低級な赤ワイン

picrique [pikrik] 形 ► *acide picrique* [化] ピクリン酸

picris [pikris] 男, **picride** [pikrid] 女 [植] コウゾリナ【キク科】

pictogramme [piktɔgram] 男 絵文字【標識】

pictographie [piktɔgrafi] 女 絵文字(のシステム)

pictographique [piktɔgrafik] 形 ► *écriture pictographique* 絵文字

pictural(ale) [piktyral] 形 (男複 *-aux*[-o]) 絵の,絵画の

pic-vert [pivɛr] 男 (複 ~s-~s) [鳥] ヨーロッパアオゲラ(= pivert)

pidgin [pidʒin] 男 (< 英) ピジン(英)語【英語と現地語の混成言語】

pie[1] [pi] 女 [鳥] カササギ;(話)おしゃべり ― 形 (不変)(馬などが)白と黒(茶)でまだらの

pie[2] [pi] 形 (女性形のみ) ► *œuvre*

pie〘文〙慈善事業

*pièce [pjɛs ピエス]〖女〗①ひとつ,1個;(機械などの)部品,部分;かけら,破片 ▶acheter [vendre]... à la pièce ばらで…を買う[売る] créer [inventer]... de toutes pièces …をすべて創作する deux pièces〖服〗ツーピース en pièces détachées ばらばらの mettre... en pièces ばらばらにする pièce à conviction 証拠物件 pièces de rechange スペア部品 travailler à la pièce 出来高払いで働く ②部屋 ③戯曲(=～ de théâtre);〖文学・音楽・美術などの〗作品 pièce de collection 蒐集品 pièce de musée〖美術館所蔵にすぐ好きな〗逸品 pièce d'eau (庭園の)泉水 pièce montée (結婚式などの)デコレーションケーキ ④貨幣,硬貨(=～ de monnaie) ⑤書類,証明書 ▶pièce d'identité 身分を証明するもの(パスポートや免許証など) pièces justificatives 証明書類 ⑥(継ぎ目の)当て布,布きれ

piécette [pjesɛt]〖女〗小額硬貨

*pied [pje ピエ]〖男〗〖英 foot〗足;(家具・グラスの)脚;(山の)ふもと;(柱・壁の最下部;(作物の)株,フィート〖長さの単位;約 30.5 センチ〗(=～anglais);ピエ〖昔の長さの単位;32.48 センチ〗(ギリシャ・ラテン詩の)脚;(フランス詩の)音節 ▶à pied sec 足を濡らさずに à pieds joints (ジャンプするのに)足を揃えて,両足で au pied de la lettre 字字義通りに au pied levé 準備なしに avoir le pied marin 船酔いしない avoir les pieds sur terre 地に足がついている,堅実である avoir le pied (水の中で)背が立つ Ça te fera les pieds!〘話〙君にいい教訓になるだろう casser les pieds à (人)をいらいらさせる C'est le pied!〘話〙最高に楽しい comme un pied ひどく下手に de pied en cap 頭の上から爪先まで,全身 de pied ferme 決然と donner un coup de pied à [dans]…を蹴る être [marcher] pieds nus [nu-pieds] 裸足で[いる・歩く] être à pied d'œuvre 仕事にかかれる être au pied du mur 追い詰められている être sur pied 起きて[立って]いる être sur un pied d'égalité (…と)対等である(avec) faire des pieds et des mains あらゆる手をつくす faire du pied à ... (テーブルの下で)(人)の足に触れて気を引く faire le pied de grue 立ち通しで待つ fouler ... aux pieds ...を踏みつける,無視する mettre ... au pied du mur (人)を窮地に追い込む mettre ... sur pied …を設立する,立ち上げる mettre les pieds à [chez]...〘多く否定形で〙...に足を踏み入れる mettre les pieds dans le plat〘話〙遠慮せず言う,へまをする ne pas sa-voir sur quel pied danser どうしていか わからない ne pas se laisser marcher sur les pieds 踏みつけにさせない perdre pied (水の中で)足が立たない;あきあきし …を[ぱかにする]ようになる (親指を鼻にあてて)指を広げる pied de porc 豚足 pied plat 扁平足 portrait en pied 全身立像 prendre son pied〘話〙性的な喜びを得る retomber sur ses pieds うまく立ち直る,難局を逃れる se lever du pied gauche 寝起きが悪い sur pied 収穫可能な vivre sur un grand pied ぜいたくに暮らす

pied-à-terre [pjetatɛʀ]〖男〗〘不変〙(出張先などに設ける)仮住まい

pied-bot [pjebo]〖男〗(複 ～s-～s)内反足の人

pied-d'alouette [pjedalwɛt]〖男〗(複 ～s-～) 〖植〗オオヒエンソウ,デルフィニウム

pied-de-biche [pjed(ə)biʃ]〖男〗(複 ～s-de-～) ①(椅子・机などの)湾曲した脚 ②くぎ抜き;(ミシンの)布押さえ

pied-de-mouton [pjed(ə)mutɔ̃]〖男〗(複 ～s-～) 〖植〗シロカノシタ〖食用きのこ〗

pied-de-poule [pjed(ə)pul]〖男〗(複 ～s-～) 〖形〗〘不変〙〖織〗千鳥格子(の)

pied-droit [pjedʀwa]〖男〗(複 ～s-～s) = piédroit

piédestal [pjedɛstal]〖男〗(複 -aux [-o]) (ものを上に載せる)台 ▶ mettre ... sur un piédestal (人)を崇める

pied-noir [pjenwaʀ]〖形・名〗(複 ～s-～s) 〘話〙(独立以前のアルジェリア生まれで[在住]のフランス人の)

pied-plat [pjepla]〖男〗(複 ～s-～s)〘古〙不作法な人,いやしい人

piédroit [pjedʀwa]〖男〗〖建〗(アーチの)せり脚;窓または開口部の側柱

*piège [pjɛʒ ピエージュ]〖男〗〖英 trap〗(動物用の)罠(わな);策略;(試験などの)落とし穴 ▶ prendre au piège 罠に捕らえる tendre un piège (...に)罠をかける

piégé(e) [pjeʒe]〖形〗罠[爆弾]を仕掛けた lettre piégée 手紙爆弾 voi-ture piégée 時限爆弾を仕掛けた自動車

piégeage [pjeʒaʒ]〖男〗①罠(わな)猟 ②仕掛け爆弾[地雷]の設置

piéger [pjeʒe]〖他〗④⑤⑦ ①(場所に)わなを仕掛ける;(動物を)わなでとる;(人)をわなにかける,窮地に追い込む

pie-grièche [piɡʀiɛʃ]〖女〗(複 ～s-～s) ①〖鳥〗モズ ②〘古〙口うるさい女

pie-mère [pimɛʀ]〖女〗〖解〗軟膜【脳・脊髄をおおっている】

Piémont [pjemɔ̃]〖男〗(イタリアの)ピエモンテ州

piémontais(e) [pjemɔ̃tɛ, -ɛz]〖形〗(イタリアの)ピエモンテの ──〖名〗[P-] ピエモンテの人 ──〖男〗ピエモンテ方言

piéride [pjerid] 女 〘虫〙シロチョウ

pierraille [pjerɑj] 女 小石, 砕石, 砂利道

Pierre [pjɛr] ① ピエール【男の名】 ② 〘聖〙ペテロ【12使徒の1人】

:pierre [pjɛr] 女 (英 stone) 石, 石ころ; 宝石; 〘医〙〘古〙結石; (梨などの果実に出来る)堅い粒; 不動産 ▶ *en pierre* 石造りの *faire d'une pierre deux coups* 一石二鳥になる *pierre à plâtre* 石膏 *pierre d'achoppement* 蹟(っ_{まず})きの石; 障害 *pierre de touche* 試金石 *pierre levée* 立て石【巨石遺跡】 *pierre ponce* 軽石 *pierre précieuse* 宝石 *Pierre qui roule n'amasse pas mousse.*(ことわざ) 転石苔むさず *pierre tombale* 墓石 *poser la première pierre* 礎石を置く; 基盤を築く

pierreries [pjɛrri] 女 〈複〉(加工済みの)宝石類

Pierrette [pjɛrɛt] ピエレット【女子の名】

pierreux(se) [pjɛrø, -øz] 形 (道や畑などが)石ころだらけの;(梨の実などに)固いつぶつぶがある ▶ *concrétion pierreuse* 〘医〙結石

pierrot [pjɛro] 男 ① ピエロ(役) ② 〘話〙スズメ

pietà [pjeta] 女 〈不変〉 〈イ〉〘美術〙ピエタ, 嘆きの聖母像

piétaille [pjetɑj] 女 〈集合的〉〈軽蔑的で〉下っ端

piété [pjete] 女 (英 piety) 信心, 敬虔(_{けん}) ▶ *piété filiale* 孝行心

piètement [pjetmɑ̃] 男 (家具の)足

piéter [pjete] 自 57 〘狩〙(きじなどが)地を走る, 小走りする ── 代動 [se ~] 〘文〙突っ張る; ふんばる

piétinement [pjetinmɑ̃] 男 足踏み, 停滞; 足を踏み鳴らす音

piétiner [pjetine] 自 足踏みする, もたつく ── 他 踏みつける, 踏みにじる; (地面を)踏み固める

piétisme [pjetism] 男 (ルター派教会内の)敬虔(_{けん})主義, 敬虔派

piétiste [pjetist] 形 名 敬虔(_{けん})派の(教徒)

*piéton(ne) [pjetɔ̃, -ɔn] ピエトン(トヌ) 名 (英 pedestrian) 歩行者 ── 形 歩行者専用の

piétonnier(ère) [pjetɔnje, -ɛr] 形 歩行者専用の

piètre [pjɛtr] 形 〘文〙〔名詞の前で〕 みじめな, 貧弱な, お粗末な

piètrement [pjɛtrəmɑ̃] 副 みすぼらしく, 下手に

pieu [pjø] 男 (複 ~x) ① 杭(_{くい}) ② 〘話〙寝台, ベッド

pieusement [pjøzmɑ̃] 副 敬虔(_{けん})な心で, 信心深く; うやうやしく

pieuter [pjøte] 代動 [se ~] 〘話〙寝る

pieuvre [pjœvr] 女 ①〘動〙(大型の)タコ(蛸) ② 貪欲な人

*pieux(se) [pjø, pjøz] ピュー(ーズ) 形 (英 pious) ① 信心深い, 敬虔(_{けん})な ▶ *pieux mensonge* 思いやりのあるうそ ② 〘文〙うやうやしい

piézo-électricité [pjezoelεktrisite] 女 〘物〙圧電気, ピエゾ電気

piézo-électrique [pjezoelεktrik] 形 圧電気の

piézomètre [pjezɔmɛtr] 男 〘物〙ピエゾメーター【流体の圧力計】

pif¹ [pif] 男 〔多くは pif! pif! または pif paf!〕ぴしゃぴしゃ, ぱんぱん【破裂音・手をたたく音】

pif² [pif] 男 〘話〙(大きな)鼻 ▶ *au pif* 勘で, あてずっぽうで *avoir ... dans le pif* ...を嫌う

pif(f)er [pife] 他 〘話〙 ▶ *ne pas (pouvoir) piffer* (人)が我慢ならない

pifomètre [pifɔmɛtr] 男 〘話〙勘, 見当 ▶ *au pifomètre* 勘で, 見当で

pige [piʒ] 女 ① ものさし; 寸法 ② 〘話〙(出来高払いの)原稿料, 校正料 ▶ *faire des piges pour un journal* 新聞社でフリーライターとして働く *travailler à la pige* 行為払いで働く ③ 〘話〙年, 年齢 ④ ▶ *faire la pige à ...*(人)を上回る

*pigeon [piʒɔ̃] ピジョン 男 ① ハト(鳩) ▶ *pigeon voyageur* 伝書バト ② 〘話〙だまされやすい人, かも

pigeonnant(e) [piʒɔnɑ̃, -ɑ̃t] 形 豊胸の

pigeonne [piʒɔn] 女 雌鳩

pigeonneau [piʒɔno] 男 (複 ~x) 鳩のひな

pigeonner [piʒɔne] 他 〘話〙(人を)だます, かもにする

pigeonnier [piʒɔnje] 男 鳩小屋, 鳩舎(_{しゃ});〘話〙高い所にある小さな住居, 屋根裏部屋

piger¹ [piʒe] 他 40 ①〘話〙理解する, わかる ②〘ケベック〙くじを引く; 適当にとる

piger² [piʒe] 他 40 物差しで測る

pigiste [piʒist] 名 (報酬的)行数払いの記者(編集者)

pigment [pigmɑ̃] 男 色素; 顔料, 染料

pigmentaire [pigmɑ̃tɛr] 形 色素の; 顔料の, 染料の

pigmentation [pigmɑ̃tɑsjɔ̃] 女 〘生化〙色素沈着(形成); 着色, 染色

pigmenté(e) [pigmɑ̃te] 形 色素の沈着した; 着色(染色)された

pigmenter [pigmɑ̃te] 他 顔料で着色(染色)する

pignada [piɲada] 女 = pinède

pigne [piɲ] 女 〈方〉松かさ, 松の実, 松ぼっくり

pignocher [piɲɔʃe] 自 〘話〙少しずつまずそうに食べる

pignon¹ [piɲɔ̃] 男 〘建〙切り妻の(壁) ▶ *avoir pignon sur rue* 名声を確立

pignon[2] [piɲɔ̃] 男 〖機〗小歯車, ピニオン

pignon[3] [piɲɔ̃] 男 〖植〗カサマツ(の実), 松の実(= ~ de pin)

pignouf [piɲuf] 男 《俗》がさつなやつ, 粗野な男

pilaf [pilaf] 男 《トルコ・料》ピラフ

pilage [pilaʒ] 男 粉にすること, 細かくくだくこと

pilaire [piler] 形 毛髪の

pilastre [pilastr] 男 〖建〗付け柱, 柱形(はしらがた)

pilchard [pilʃar] 男 〖魚〗イワシ(鰯)の一種

pile[1] [pil] 女 (貨幣の)裏面 ▶ **Pile ou face?** (コイン投げて)表か裏か — 副 《話》ぴたっと, ちょうどよく ▶ **s'arrêter pile** 急停止する **tomber pile** いいタイミングで出くわす

pile[2] [pil] 女 ①堆積, 積み重ね; …の山(de) ②橋脚 ③《英 battery》電池; 乾電池 ④《話》いためつけ, 惨敗

piler [pile] 他 ①砕く, 粉にする ②《話》(人を)めった打ちにする, やっつける — 自 《話》(自動車が)急に止まる

pilet [pile] 男 〖鳥〗オナガガモ

pileu(se) [pilø, -øz] 形 〖解〗毛の, 毛のある

pilier [pilje] 男 ①柱, 支柱; 大黒柱, 中心人物 ②(ラグビーの)プロップ ③《話・軽蔑的》(カフェなどの)常連

pillage [pijaʒ] 男 略奪, 強奪, 横領

pillard(e) [pijar, -ard] 名 略奪者, 強奪者 — 形 略奪する

piller [pije] 他 ①略奪する, 強奪する ②横領する, くすねる ③剽窃(ひょうせつ)する

pillerie [pijri] 女 《古》略奪, 横領

pilleur(se) [pijœr, -øz] 名 略奪者; 剽窃(ひょうせつ)者

pilon [pilɔ̃] 男 ①つき砕く道具; 乳棒, すりこ木 ▶ **mettre A au pilon** A(本)を絶版にする ②鉄の下もも肉; (昔の)義足の先端

pilonnage [pilɔnaʒ] 男 ①つき砕くこと ②砲撃, 爆撃

pilonner [pilɔne] 他 ①つき砕く ②(激しい砲撃で陣地などを)壊滅させる; 打ちのめす

pilori [pilɔri] 男 (罪人の)さらし台 ▶ **mettre [clouer]… au pilori** (人)をさらしものにする

pilosité [pilozite] 女 毛の生えかた

pilot [pilo] 男 〖建〗(基礎の)杭

pilotage [pilɔtaʒ] 男 (飛行機などの)操縦, 操作 ▶ **pilotage automatique** 自動操縦

pilote [pilɔt] 男 (英 pilot) ①操縦士[者], パイロット, オートレーサー; 案内人 ▶ **pilote automatique** 自動操縦装置 **pilote de chasse** 戦闘機パイロット **pilote de ligne** 定期航路のパイロット **pilote d'essai** テストパイロット ②〖名詞の後で同格的に〗先導者[モデル]となる ▶ **bateau pilot** 水先案内船 **projet pilote** 試験プロジェクト

piloter [pilɔte] 他 ①飛行機・車などを操縦する ②(船の)水先案内をする; (人を)案内する

pilotin [pilɔtɛ̃] 男 (商船の)見習い船員

pilotis [pilɔti] 男 〖建〗〖集合的〗基礎杭 【2階以上の建物を支える吹きさらしの柱・空間】

pilou [pilu] 男 〖織〗綿ネル

* **pilule** [pilyl] ビュルル ①(英 pill) 丸薬; 〖固〗経口避妊薬, ピル ▶ **dorer la pilule** à (人)を丸め込む

pimbêche [pɛ̃bɛʃ] 形 《女性形のみ》女 気取きな(女)

piment [pimɑ̃] 男 〖植〗トウガラシ; (言葉や作品の)ぴりっとした味 ▶ **donner du piment à …** に趣を添える **piment rouge** 赤トウガラシ

pimenté(e) [pimɑ̃te] 形 トウガラシのきいた, 辛い; (話などが)きわどい, 刺激的な

pimenter [pimɑ̃te] 他 唐辛子で味付けをする; (話などに)興を凝らす

pimpant(e) [pɛ̃pɑ̃, -ɑ̃t] 形 優雅な, 粋な, しゃれた

pimprenelle [pɛ̃prənɛl] 女 〖植〗ワレモコウ

pin [pɛ̃] 男 〖植〗マツ(松); 松材 ▶ **pin parasol** カサマツ **pin sylvestre** 欧州アカマツ

pinacle [pinakl] 男 ①(建物の)頂, 頂上; 最高の地位, 栄華 ▶ **porter… au pinacle** (人)を絶賛する

pinacothèque [pinakɔtɛk] 女 (ドイツやイタリアの)美術館, 画廊

pinaillage [pinajaʒ] 男 《話》難癖(をつけること)

pinailler [pinaje] 自 《話》(…に)難癖をつける, あら捜しをする(sur)

pinailleur(se) [pinajœr, -øz] 形 名 いちゃもんをつける(人), つまらないことにこだわる(人)

pinard [pinar] 男 《話》赤ワイン

pinardier [pinardje] 男 《話》ワイン商, ワイン運搬船

pinasse [pinas] 女 (フランス南西部沿岸の)平底漁船

pinçage [pɛ̃saʒ] 男 ①はさむこと; つねること ②= pincement ③

* **pince** [pɛ̃s] パンス 女 ①(英 pliers)はさむ具, ペンチ, ピンセット, くぎ抜き; (エビ・カニの)はさみ ▶ **aller à pinces** 徒歩で行く **pince à cheveux** ヘアクリップ **pince à épiler** 毛抜き ② **pince à linge** 洗濯はさみ **pince universelle** 万能ペンチ **serrer la pince à …** 《話》(人)と握手する ③〖服〗ダーツ

pincé(e) [pɛ̃se] 形 ①取りすました, 気取った ②(くちびる・鼻筋が)細い, 薄い

* **pinceau** [pɛ̃so] パンソー 男 (複 ~x) (英 brush) ①筆, はけ, ブラシ; 筆さばき, 画法 ② ▶ **pinceau lumineux** 光

pincée [pɛ̃se] 囡 1つまみ(の量)

pince-fesses [pɛ̃sfes] 男《不変》《話》パーティー

pincement [pɛ̃smɑ̃] 男 ①つまむこと; (弦楽器を)はじくこと ②▶*pincement au cœur* (悲しい知らせで)胸が締めつけられること ③《植物の生をよくするために》余分な枝をはらうこと

pince-monseigneur [pɛ̃smɔ̃sɛɲœr] 囡 (複〜s-〜) 鉄梃(テコ)

pince-nez [pɛ̃sne] 男《不変》鼻めがね

pince-oreille [pɛ̃sɔrɛj] 男《虫》ハサミムシ

*****pincer** [pɛ̃se パンセ] 他《英 pinch》①つまむ, はさむ, つねる, 締めつける ▶*en pincer pour...*《話》(人)に熱を上げる *Pince-moi, je rêve!*《話》信じられない ②(寒さなどが)痛みを感じさせる ▶*Ça pince!*《話》寒い ③(弦楽器を)指で弾く ④《話》(人を)つかまえる, 逮捕する; 悪事の現場をおさえる ── 代動 [se 〜] はさまれる; 自分の…をつまむ ▶*se pincer le doigt* 指をはさまれる ▶*se pincer le nez* 鼻をつまむ

pince-sans-rire [pɛ̃ssɑ̃rir] 名 形《不変》まじめな顔で皮肉[ユーモア]を言う(人)

pincette [pɛ̃sɛt] 囡 ピンセット; (複) 火挟み, 火ばし ▶*n'être pas à prendre avec des pincettes* (汚さや機嫌の悪さなどで)近寄りにくい

Pincevent [pɛ̃svɑ̃] パンスヴァン【Seine-et-Marne 県にある石器時代のマドレーヌ文化遺跡】

pinçon [pɛ̃sɔ̃] 男 (皮膚に残った)つねった跡, つめ跡

Pindare [pɛ̃dar] ピンダロス【古代ギリシアの抒情(ジョッ)詩人】

pineau [pino] 男 (複〜x) ピノ【Charente 県特産の甘味ワイン】

pinède [pinɛd], **pineraie** [pinrɛ] 囡 (南仏の)松林

pinène [pinɛn] 男《化》ピネン【松脂(ネルシ)などの主成分】

pingouin [pɛ̃gwɛ̃] 男《鳥》ペンギン

ping-pong [piŋpɔ̃g] 男 ピンポン, 卓球(台, 用具)

pingre [pɛ̃gr] 形 けちな(人)

pingrerie [pɛ̃grəri] 囡 しみったれ(た行為)

pinnipèdes [pinipɛd] 男《複》《動》鰭脚(キキャク)類【アザラシ・セイウチなど】

pinnule [pinyl] 囡 (照準器の)視準板

pinot [pino] 男 ピノ【ブルゴーニュのブドウの品種】

pin-pon [pɛ̃pɔ̃] 間 パンポン, ピーポー【消防自動車などの警笛音】

pin's [pins] 男《不変》《英》バッジ

pinson [pɛ̃sɔ̃] 男《鳥》アトリ(属), (特に)ズアオアトリ ▶*gai comme un pinson* とても陽気な

pintade [pɛ̃tad] 囡《鳥》ホロホロチョウ【食用鳥(ムメラョゥ)】

pintadeau [pɛ̃tado] 男 (複〜x) ホロホロチョウのひな

pinte [pɛ̃t] 囡 ①パイント【液量単位: 英国の0.568リットル, カナダで約1.136リットル】パント【昔のフランスの液量単位: パリは0.93リットル】 ▶*se payer une pinte de bon sang*《話》楽しむ, 大いに笑う ②《スイス》バー

pinter [pɛ̃te] 自動《俗》(酒を)がぶ飲みする ── 代動 [se 〜]《話》酔っ払う

pin up [pinœp] 囡《不変》《＜英》セクシーな女性; ピンナップ(写真)

pinyin [pinjin] 男《＜中国》ピンイン【中国語のローマ字表記】

piochage [pjɔʃaʒ] 男《話》猛勉強, がり勉

***pioche** [pjɔʃ ピヨシュ] 囡《英 pick》①つるはし ②(ドミノやトランプ遊びの)積み札

piocher [pjɔʃe] 他 ①つるはしで掘る ②《話》猛勉強する ── 自 ①(…の山を)探しだす (dans) ②(ドミノやトランプで)札の山から札を取る

piocheur(se) [pjɔʃœr, -øz] 名 ①《話》猛勉強家 ②つるはしを使う人, 土木作業員

piolet [pjɔle] 男 (登山用の)ピッケル

pion[1] [pjɔ̃] 男 (チェスの)歩(フ), ポーン; (チェッカーの)駒 ▶*damer le pion à (人)* (人)を出し抜く ▶*n'être qu'un pion (sur l'échiquier)* (組織の)捨て駒に過ぎない

pion[2] [pjɔ̃] 男《物》パイ中間子

pion[3](**ne**) [pjɔ̃, -ɔn] 名《話》(学校の)自習監督官【大学生のアルバイトが多い】

pioncer [pjɔ̃se] 自動《話》眠る, 熟睡する

pionne [pjɔn] 囡 pion の女性形

pionnier(ère) [pjɔnje, -ɛr] 名 開拓者; 先駆者 ── 形 開拓者の, 先駆的な

pioupiou [pjupju] 男《古》《話》一兵卒

*****pipe** [pip ピプ] 囡 ①パイプ ②《話》紙巻きたばこ ③▶*casser sa pipe*《話》死ぬ

pipé(e) [pipe] 形 (さいころ・トランプが)いかさまの, 細工をした

pipeau [pipo] 男 (複〜x) 牧笛, 笛笛; (複)(鳥を捕らえるための)わな ▶*C'est du pipeau.*《話》そんなのはでたらめだ

pipée [pipe] 囡 もち竿(サ)猟, 笛笛猟

pipelet(te) [piple, -ɛt] 名《話》おしゃべりな人; 《古》門番

pipeline [pajplajn, piplin] 男《＜英》送油管, パイプライン

piper [pipe] 他 (鳥笛を吹いて)鳥を呼び寄せる ▶*ne pas piper mot* 一言も喋らない; (さいころに)いかさま細工

をする

piperade, pipérade [piperad] 囡 ピペラード【バスク地方のトマトとピーマン入りオムレツ】

pipette [pipεt] 囡〔化〕ピペット

pipi [pipi] 男《話・幼児》おしっこ ▶ *faire pipi* おしっこする

pipier(ère) [pipje, -εr] 形名 パイプ製造の人

pipi-room [pipirum] 男《ふざけて》トイレ

pipistrelle [pipistrεl] 囡〔動〕アブラコウモリ, イエコウモリ

piquage [pika3] 男 ミシン縫い

***piquant(e)** [pikã, -ãt ピカン(ト)] 形 〔英 prickly〕①ちくちくする; 肌を刺す;(味が)辛い, 刺激のある, ぴりっとした ②〈文〉しゃれた ── 男 ①(バラ・ウニなどの)とげ ②〈文〉(事件や物語の)面白味, 興趣

pique[1] [pik] 囡 槍

pique[2] [pik] 男 (トランプの)スペード(の札)

piqué(e) [pike] 形 (< piquer) ①ミシン縫いされた, 虫に食われた ②《話》おかしな, 変な ▶ *n'être pas piqué de vers* 普通じゃない, 立派である ── 名《話》おかしな人 ── 男 ①ピケ【畝(うね)模様のある織物】 ②(飛行機の)急降下 ▶ *descendre en piqué* 急降下する

pique-assiette [pikasjεt] 名 (複 ~, ~(s))《話》(食事の)たかり屋, 食客

pique-feu [pikfø] 男 (不変) 火かき棒

pique-fleurs [pikflœr] 男 (不変)《生け花の)剣山(けん)

pique-nique [piknik] 男 ピクニック, 野外での食事, お弁当

pique-niquer [piknike] 自 野外で食事をする, ピクニックをする

***piquer** [pike ピケ] 他 〔英 stick, prick〕①突き刺す; 注射する; (動物に, 安楽死させるため)注射する; (蚊などが)刺す ②(ものが感覚を)刺激する; (煙が目に)しみる; (好奇心などを)そそる; むっとさせる ▶ *piquer ... au vif* (人の)痛い所を突く *piquer une crise* 急に怒り出す ③ミシンで縫う, キルティングにする ④(虫が)穴をあける, (湿気が)しみを付ける ⑤[...から] (...から)盗む, くすねる (à); 逮捕する, つかまえる ⑥[料] (脂身・ニンニクなどを)刺し込む ── 自 ①(ワインなどが)酢を刺す ②(飛行機が)急降下する; (人・動物・乗り物が) (...めがけて)突っ込む (dans) ▶ *piquer du nez* (人がうつむきに)倒れる, 眠くてこっくりをする; (飛行機が)垂直降下する 代動 [*se* ~] ①麻酔を打つ ②(紙や布が)虫に食われる; (ワインが)酸っぱくなる ③〈文〉 (...しえることに)自惚れる, 誇る (de) ▶ *se piquer au jeu* 勝負にしみつき, むきになる

piquet [pikε] 男 ①杭(くい) ②(緊急出動態勢にある)集団 ▶ *piquet de grève* ストライキのピケ *piquet d'incendie* (軍隊の)消防班

piquetage [pikta3] 男 杭(くい)打ち

piqueté(e) [pikte] 形 (< piqueter) ①斑点を散りばめた ②杭(くい)打ちされた

piqueter [pikte] 他 [4] ①斑点をつける ②杭(くい)を打つ

piquette[1] [pikεt] 囡《話》安ワイン

piquette[2] [pikεt] 囡《話》ひどい打ち, 惨敗 ▶ *prendre une [la] piquette* ぼこぼこにされる, 惨敗する

piqueur(se) [pikœr, -øz] 名 縫製工, ミシン工 ── 形 (虫が)刺す ── 男 採炭夫

piqouse [pikuz] 囡《俗》注射

***piqûre** [pikyr ピキュール] 囡 ①(虫などが)刺すこと; 刺し傷 ②注射 ③縫い目

piranha [pirana] 男〔魚〕ピラニア

piratage [pirata3] 男 違法コピー; 〔情報〕不正アクセスによる情報取得(= ~ informatique)

pirate [pirat] 男 海賊; 〔情報〕ハッカー(= ~ informatique); 悪徳商人, 詐欺師 ▶ *pirate de l'air* ハイジャッカー

pirater [pirate] 他 (...の)海賊版を作る, 盗作する; 〔情報〕システムに不正アクセスする

piraterie [piratri] 囡 海賊(的)行為, (飛行機・船の)乗っ取り; 詐欺[偽造]行為

***pire** [pir ピール] 形 〔英 worse, worst〕①[mauvais の比較級] より悪い ▶ *de pire en pire* ますます悪く ②[[定冠詞 + 所有形容詞とともに]] [mauvais の最上級] 最悪の ── 男 最悪のこと *s'attendre au pire* 最悪の状況を想定する

piriforme [piriform] 形 洋梨(状)の形をした

pirogue [pirɔg] 囡 (アフリカ・オセアニアの)細長い丸木舟

piroguier [pirɔgje] 男 丸木舟を操る人, 漕ぐ人

pirouette [pirwεt] 囡 ①(片足を軸とする)旋回, 半回転; 〔舞〕ピルエット ②《話》はぐらかし, 逃げ口上 ▶ *répondre par une pirouette* はぐらかして答える

pirouetter [pirwete] 自 つま先で回る

pis[1] [pi] 男 (牛・ヤギ・羊などの)乳房

pis[2] [pi ピ] 副 〔英 worse〕 [mal の比較級] より下手に ▶ *de mal en pis* だんだん悪く ▶ *de pis en pis* ますます悪く ── 形 (不変)〈文〉もっと悪い ── 男 〈集合的で〉もっと悪いこと; 〈文〉最悪の事態を想定して ▶ *au pis [aller]* 最悪の場合, せいぜい ▶ *aller au pis* 最悪の事態を想定する

pis-aller [pizale] 男 (不変) やむを得ず選ぶ人, 最後の手段

pisci- 接辞 〈ラ〉「魚」の意

piscicole [pisikɔl] 形 養魚(法)の

pisciculteur(trice) [pisikyltœr, -tris] 名 養魚家

pisciculture [pisikyltyr] 女 養魚(法)

pisciforme [pisiform] 形 魚形の

piscine [pisin ピスィヌ] 女 (英 swimming pool)（水泳）プール；〔宗〕沐浴(もくよく)場 ▶ **piscine couverte [découverte]** 屋内[屋外]プール

piscivore [pisivɔr] 形名 魚を捕食する(動物)

Pise [piz] ピサ〖イタリア中部の都市〗 ▶ **tour de Pise** [la~)〗ピサの斜塔

pisé [pize] 男 練り土〖建築材料〗

pisiforme [pizifɔrm] 形 [解] ▷ **os pisiforme** 豆状骨(とうじょうこつ) 男 [解] 豆状骨

pissaladière [pisaladjɛr] 女 ニース風ピザパイ〖アンチョビー・黒オリーブをのせる〗

pissat [pisa] 男（馬・ロバなどの）尿

pisse [pis] 女《俗》尿, 小便

pisse-froid [pisfrwa] 男（不変）《話》陰気で冷たい男, 嫌なやつ

pissement [pismã] 男 排尿 ▶ **pissement de sang** 血尿

pissenlit [pisɑ̃li] 男 〔植〕（セイヨウ）タンポポ ▶ **manger les pissenlits par la racine** 《話》死んで葬られている

pisser [pise] 自《話》小便をする；液体を漏らす；（…を）馬鹿にする（sur） — 他《話》（液体を）漏らす ▶ **pisser de la copie**《話》悪文を書きなぐる **pisser du sang** 血尿を出す

pissette [pisɛt] 女 スポイト, 洗浄瓶(びん)

pisseur(se) [pisœr, -øz] 名《古》小便の近い人 ▶ **pisseur de copie**《古》(悪文を書きなぐる作家[ジャーナリスト] — 女《軽蔑的》小娘

pisseux(se) [pisø, -øz] 形 ①小便のしみた, 小便臭い ②あせた黄色の

pisse-vinaigre [pisvinɛgr] 男（不変）《話》けちん坊；陰気なやつ

pissoir [piswar] 男《話》男子用公衆便所

pissotière [pisɔtjɛr] 女《話》男子用公衆便所

pistache [pistaʃ] 女 ピスタチオ(ナッツ) — 形（不変）薄緑色の

pistachier [pistaʃje] 男 〔植〕ピスタチオの木

pistage [pistaʒ] 男 追跡, 尾行

pistard(e) [pistar, -rd] 名（トラックレース専門の）自転車競技の選手

*****piste** [pist ピスト] 女（英 track）①（動物・人の）足跡 ▶ **brouiller les pistes** 足跡をくらます **être sur la (bonne) piste** 追跡中である, 手がかりを得ている **suivre [perdre] une piste** 足跡をたどる[見失う] ②森・未開地の未舗装の道 ③（飛行機の）滑走路（~ = ~ d'atterrissage）④（陸上競技などの）トラック；（スキーの）ゲレンデ（= de ski）;（サーカスの）舞台 ▶ **piste artificielle** 人工雪スキー場 **piste cyclable** 自転車専用道 **piste de danse** ダンスフロアー ⑤（フィルムなどの）録音帯

pister [piste] 他 跡を追う, 追跡する

pisteur [pistœr] 男（スキー場の）監視員, 整備員

pistil [pistil] 男 〔植〕雌蕊(しべい), めしべ

*****pistolet** [pistɔlɛ ピストレ] 男（英 pistol, gun）①ピストル, 拳銃 ②（塗料などの）吹き付け器, スプレーガン ③《話》変なやつ

pistolet-mitrailleur [pistɔlɛmitrajœr] 男（複 ~s-~s) 短機関銃, サブマシンガン

piston [pistɔ̃] 男 ①（機械の）ピストン；（金管楽器の）音栓(せん)；《話》コルネット ②《話》（就職・昇進の）後ろだて, コネ

pistonner [pistɔne] 他《話》（就職などのため）人を後押しする, 推薦する

pistou [pistu] 男〖プロヴァンス料理〗使うみじん切りのバジリコ；ニンニクとバジリコ入りの野菜スープ〖プロヴァンス料理〗

pitance [pitɑ̃s] 女〘古・軽蔑的〙（貧しい）食い物, 脚

pitbull [pitbul y l] 男 ピットブル〖アメリカ原産の闘犬の総称〗

pitchoun(e) [pitʃun], **pitchounet(te)** [pitʃune, -ɛt] 名《南仏方言》くん, お嬢ちゃん〖子どもに対する愛情表現〗 — 形 小さな, ちっちゃい

pitchpin [pitʃpɛ̃] 男（< 英 pitchpine）〘北米産松材〙

piteusement [pitøzmã] 副 哀れに, みじめに

piteux(se) [pitø, -øz] 形 惨めな, 情けない

pithécanthrope [pitekɑ̃trɔp] 男〖人類〗ピテカントロプス

pithiviers [pitivje] 男〖菓〗ピティヴィエ〖アーモンドクリームパイ〗

*****pitié** [pitje ピティエ] 女（英 pity) 哀れみ, 同情；哀れさ ▶ **avoir pitié de (人)** に同情する **par pitié** 哀れんで；お願いだから **Pitié!** お許し下さい **sans pitié** 無情にも；無情な

piton [pitɔ̃] 男 ①ピトン〖頭が環状・鉤状のくぎ〗；〔登山〕ハーケン ②尖峰

pitonnage [pitɔnaʒ] 男（ハーケンを）打ち込むこと

pitonner [pitɔne] 自 ①〔登山〕ハーケンを打ち込む ②▶ **pitonner sur un clavier**〘ケベック〙キーボードで打ち込む

pitoyable [pitwajabl] 形 ①哀れな, 同情を誘う；同情深い ②くだらない, 取るに足りない

pitoyablement [pitwajablmã] 副 哀れに, かわいそうに；惨めに, 下手に

pitre [pitr] 男〘古〙道化師 ▶ **faire le pitre** おどける

pitrerie [pitrəri] 女 道化, おどけ

*****pittoresque** [pitɔrɛsk ピトレスク] 形

pittoresquement (英 picturesque) 絵になる; (表現などが)特色に富む; (外観が)人目を引く, 一風変わった —— 男 画趣; 精彩

pittoresquement [pitɔrɛskəmɑ̃] 副 目立つて, 鮮やかに

pituite [pitɥit] 女 〖医〗(胃·鼻の)粘液, 痰(たん)

pityriasis [pitirjazis] 男 〖医〗粃糠疹(ひこうしん)

pivert [pivɛr] 男 〖鳥〗ヨーロッパアオゲラ

pivoine [pivwan] 女 〖植〗ボタン(牡丹), シャクヤク

pivot [pivo] 男 ① 軸, 心棒, ピボット; 中心(人物), かなめ ② 義歯の台, 合釘(ぎくぎ)

pivotant(e) [pivotɑ̃, -ɑ̃t] 形 ① 回転する ▶**fauteuil pivotant** 回転いす ②〖植〗根が垂直に張った ▶**racine pivotante** 〖植〗直根

pivotement [pivotmɑ̃] 男 (軸による)回転, 旋回

pivoter [pivɔte] 自 ①(軸を中心に)回る, 回転する ②〖植〗地下に垂直に根を張る

pixel [piksɛl] 男 〖情報〗ピクセル, 画素

pizza [pidza] 女 (<イ)〖料〗ピザ, ピッツァ

pizzeria [pidzerja] 女 (<イ) ピザ[ピッツァ]の店, ピザハウス

pizzicato [pidzikato] 男 (複 ~s, *pizzicati*) (<イ)〖楽〗ピチカート

PJ〖略〗*police judiciaire* 司法警察

p.j.〖略〗*pièce(s) jointe(s)* 同封物

placage [plakaʒ] 男 ①(壁面·家具などの)化粧仕上げ; 化粧張り ② 取ってつけたようなところ ③(ラグビーで)タックル (=*plaquage*)

placard [plakar] 男 ①(作りつけの)戸棚, 押し入れ ▶**mettre... au placard** (人)をのけ者にする; (問題などを)棚上げにする ② はり紙, ビラ, 広告, 告示 ▶**placard publicitaire** (新聞などの)目立つ広告 ③ 校正刷り, ゲラ

placarder [plakarde] 他 (掲示物を壁などに)貼る

place [plas プラス] 女 ① 場所, 位置; (乗り物·劇場の)席; (社会的な)地位, 立場, 職, 働き口 ▶**à la place** (人の)代わりに; (…の)立場だったら (de) **en place** しかるべき場所に **être à sa place** いつもの場所にいる; 自分にふさわしい所にいる **être maître de la place** が もの顔にふるまう **faire de la place** 場所をあける **faire place à** に取って代わる **faire place nette** 場所を明渡す **mettre... en place** ─を設置する **payer place entière** (割引でなしに)正規の料金を払う **perdre sa place** 職を失う **place assise** 座席 **place boursière** 株式市場 **place de parking** 駐車スペース **place d'honneur** 貴賓(きひん)席 **première** [**seconde**] **place** 〖← ~〗1番[2番] **prendre de la place** 場所をとる **prendre la place de** (人)の代わりをする **prendre place** (人)に身の程を知らせる **remettre... à sa place se mettre à la place de** (人)の立場になって考える **sur place** 現場で **tenir sa place** 自分の仕事を(じゅうぶんに)こなす ② 広場 ③ 要塞(= ~ forte)

placé(e) [plase] 形 (< *placer*) (場所·立場などに)置かれた, ある ▶**cheval placé** 〖競馬〗(複勝式の)入着馬 **être bien** [**mal**] **placé** (*pour...*) (…するのにいい[悪い])場所にある; 好都合[不都合]な立場である **haut placé** 高い地位にある

placebo [plasebo] 男 (<ラ)〖薬〗プラシーボ, 偽薬

placement [plasmɑ̃] 男 ① 投資(金) ② 就職の斡旋(あっせん); (施設·病院への)受け入れ

placenta [plasɛ̃ta] 男 (<ラ) ①〖医〗胎盤 ②〖植〗胎座

placentaire [plasɛ̃tɛr] 形 ①〖医〗胎盤の ②〖植〗胎座の —— 男 (複) 〖動〗有胎盤真獣類

placer[1] [plase プラセ] 他 52 (英 place) (ある場所·地位に)置く, 据える; (言葉などを)差しはさむ; (人を部署·職に)つかせる, 配置する; (金を)投資する, 預ける; (商品などを)売り込む —— 他 [*se* ~] ① 席につく, 身を置く; 位置づけられる, 置かれる ② 雇われる

placer[2] [plasɛr] 男 (<ス)(貴金属を含む)砂鉱, 金鉱床

placeur(se) [plasœr, -øz] 名 ①(劇場などの)座席案内係 ② 就職斡旋業者

placide [plasid] 形 (人が)穏やかな, 落ち着いた

placidement [plasidmɑ̃] 副 平穏に, 穏やかに

placidité [plasidite] 女 穏やかさ, 平静

placier(ère) [plasje, -ɛr] 名 ①(市場の地物の)陳列人 ② 商品ブローカー, 販売員, 外交員

placoplâtre [plakɔplɑtr] 男 〖建〗石膏ボード, プラスターボード

plafond [plafɔ̃ プラフォン] 男 (英 ceiling) 天井; 最高限度, 上限; (飛行機の)上昇限度 ▶**faux plafond** 吊り天井 **plafond nuageux** 〖気〗雲高

plafonnage [plafɔnaʒ] 男 天井張り(工事)

plafonné(e) [plafɔne] 形 (< *plafonner*) 最高限度に達した, 頭打ちの

plafonnement [plafɔnmɑ̃] 男 最高限度, 頭打ち

plafonner [plafɔne] 自 最高限度[上限]に達する, 頭打ちになる; (飛行機が)上昇限度に達する —— 他 (部屋に)天井を張る

plafonnier [plafɔnje] 男 天井灯;

(車の)室内灯

plage [plaʒ ブラージュ] 女 ①〔英 beach〕浜辺, 海岸; 海水浴場; (遊泳可能な)川岸, 湖岸 ▶ **plage de galets** 砂利浜 **plage de sable** 砂浜 ②冷蔵庫 ▶ **plage arrière** (車の)バックシェルフ【後部シートの後ろの棚】③(レコードの)録音部分 ④時間帯 ▶ **plage musicale** (番組途中での)音楽放送 **plage publicitaire** コマーシャル

plagiaire [plaʒjɛr] 名 剽窃(ひょう)家, 盗作者

plagiat [plaʒja] 男 剽窃(ひょう), 盗作

plagier [plaʒje] 他 剽窃(ひょう)する, 盗作する

plagiste [plaʒist] 名 (駐車場や更衣室のある)有料海水浴場の経営者

plaid [plɛd] 男 〈一英〉 プレード【旅行用のタータンチェックの毛布】; スコットランド風のマント

plaidable [plɛdabl] 形 弁護できる

plaidant(e) [plɛdɑ̃, -ɑ̃t] 形 〔法〕訴訟の, 訴訟を起こす

*plaider [plɛde プレデ] 他 (法廷で)弁護する; 主張する; (人のために)弁論する ▶ **plaider coupable** (non coupable) 起訴事実を認める[無罪を主張する] **plaider la cause de** (人)を弁護する — 自 (英 plead) (法廷で)主張する ▶ **plaider contre** (人)に対して訴訟を起こす **plaider pour** (en faveur de) (人)を弁護する, 有利に働く

plaideur(se) [plɛdœr, -øz] 名 〔法〕訴訟人

plaidoirie [plɛdwari] 女 〔法〕口頭弁論

plaidoyer [plɛdwaje] 男 口頭弁論; (熱心な)弁護, 擁護

*plaie [plɛ プレ] 女 〔英 wound, cut〕傷, 傷口, 負傷; (心の)痛手; 災禍, つらいこと ▶ **Plaie d'argent n'est pas mortelle.** 《ことわざ》金銭上の損失は命の問題ではない

plaign... ⇒plaindre

plaignant(e) [plɛɲɑ̃, -ɑ̃t] 形 〔法〕告訴する — 名 〔法〕告訴人, 原告

plain-chant [plɛ̃ʃɑ̃] 男 (複 ~s) 〔カト〕カントゥス・プラーヌス【単旋律聖歌】

*plaindre [plɛ̃dr プランドル] 他 19 〈英 pity〉(人)を…に…する[になって]気の毒に思う, 同情する (de) ▶ **être à plaindre** 同情に値する 〈英 complain〉苦痛を訴える ▶ **se plaindre à** (人)を非難[抗議]する **se plaindre de (que)** …(であること)に不平を言う

plaine [plɛn プレヌ] 女 ①平野, 平原 ②[la P-]〔史〕平原派【フランス革命期の穏健派】

plain-pied [plɛ̃pje] 男 〔成句でのみ〕▶ **de plain-pied** 同一平面の[に]; (人と)対等の[に] (avec)

plains[t] [plɛ̃] ⇒plaindre

*plainte [plɛ̃t プラント] 女 〈英 moan, complaint〉①うめき声, 嘆き ②不平, 苦情, 不満 〔法〕告訴 ▶ **porter plainte contre** (人)を告訴する **retirer sa plainte** 告訴を取り下げる

plaintif(ve) [plɛ̃tif, -iv] 形 (声などが)嘆く[うめく]ような

plaintivement [plɛ̃tivmɑ̃] 副 嘆くように, 悲しげに, うめくように

*plaire [plɛr プレール] 自 53 〈英 please〉(人の)気に入る, 好かれる (à); 好評を博する ▶ **Ça vous (te) plairait de…?** …してみませんか **comme il vous plaira** お好きなように **s'il vous (te) plaît** 〔非人称〕どうぞ, お願いします. すみません — 代動 〔se ~〕 互いに気に入る; (自分が…なのが)気に入る, 好む ▶ **se plaire (+ 場所)** …で過ごすのが気に入っている **se plaire à** …(する)のが好きである **se plaire avec** (人)と過ごすのが好き

plais... ⇒plaire

plaisamment [plɛzamɑ̃] 副 快適に, 気持ちよく; おもしろおかしく, 愉快に

plaisance [plɛzɑ̃s] 女 クルージング (= navigation de plaisance) ▶ **bateau de plaisance** レジャーボート【ヨット・モーターボートなど】

plaisancier(ère) [plɛzɑ̃sje, -ɛr] 名 クルージングをする人, ヨットマン — 形 クルージングの, ヨットの

plaisant(e) [plɛzɑ̃, -ɑ̃t] 形 〈一plaire〉①快適な, 気持ちよい; (人が)魅力的な ②おもしろい, 愉快な — 男 ①《文》(…の)おもしろさ (de) ②▶ **mauvais plaisant** 悪ふざけをする人

*plaisanter [plɛzɑ̃te プレザンテ] 自 〈英 joke〉冗談を言う, ふざける — 他 (人)をからかう

*plaisanterie [plɛzɑ̃tri プレザントリ] 女 〈英 joke〉冗談, いたずら, からかい; 取るに足らないこと; たやすいこと

plaisantin [plɛzɑ̃tɛ̃] 男 ①冗談好きな人, ふざける人 ②いい加減な男

*plaisir [plezir プレズィール] 男 〈英 pleasure〉喜び, 楽しみ; 快楽, 快感; 楽しいこと[事], 娯楽 ▶ **avec plaisir** 喜んで **avoir du (prendre) plaisir à** …(すること)を楽しむ **faire plaisir à** (人)を喜ばせる **par plaisir / pour le plaisir** 楽しくて **prendre un malin plaisir à** …(すること)に意地の悪い喜びを覚える

plaît [plɛ] ⇒plaire

plan¹(e) [plɑ̃, -an] 形 平らな, 平面の ▶ **géométrie plane** 平面幾何学

*plan² [plɑ̃ プラン] 男 ①平面, 面; (絵画・舞台・写真の)面; (映画の)ショット ▶ **au premier plan** 最重要な位置に **de tout premier plan** 超一流の **gros plan** 〔映〕大写し, アップ **plan de travail** 調理台 **plan d'eau** 水面 **sur le plan…** [形容詞を伴って] …の面で, …の次元で, …の領域で

plan³ [plɑ̃ プラン] 男 (英 map) 地図, 市街図; (路線の)案内図; 図面, 設計図; 計画, (総合的な)政策; (作品の)筋書き, 構想 ▶**laisser ... en plan** …を置き去りにする; 見捨てる **plan d'épargne-logement** 財形住宅貯蓄 [略 PEL] **plan social** (余剰人員の)削減計画

planage [planaʒ] 男 (板などを)平らにすること

planant(e) [planɑ̃, -ɑ̃t] 形 《話》恍惚(こうこつ)とさせる, トリップさせる

planche [plɑ̃ʃ プランシュ] 女 (英 board) ①板, 板材; ボード; スキーの板 ▶**faire la planche** (水上で)浮身をする **planche à dessin** 製図板 **planche à neige** スノーボード **planche à repasser** アイロン台 **planche à roulettes** スケートボード **planche à voile** ウインドサーフィン **planche de bord** (自動車の)ダッシュボード **planche de salut** 頼みの綱 ②(版画, 印刷用の)版, 原版; (本の)図版, 版画 ③(長方形の)うね, 畑 ④(複)舞台 ▶**monter sur les planches** 舞台に立つ, 役者になる

planche-contact [plɑ̃ʃkɔ̃takt] 女 (複 ~s-~s) 密着印画

planchéiage [plɑ̃ʃejaʒ] 男 (床の)板張り

planchéier [plɑ̃ʃeje] 他 (…に)床(板)を張る; 板張りする

plancher¹ [plɑ̃ʃe プランシェ] 男 (英 floor) ①床(ゆか) ▶**avoir le pied au plancher** (話)(自動車の)アクセルペダルを踏み込む ▶**débarrasser le plancher** (話)出て行く, 立ち去る ②最低基準, 下限; 〔解〕基底 ③〔古〕天井

plancher² [plɑ̃ʃe] 自 (話) ①(黒板の前で問題を解く, (口頭)発表をする ②(…に)取り組む, 専念する (sur)

planchette [plɑ̃ʃɛt] 女 小板; 棚

planchiste [plɑ̃ʃist] 名 ウインドサーファー

plan-concave [plɑ̃kɔ̃kav] 形 (レンズが)片凹の

plan-convexe [plɑ̃kɔ̃vɛks] 形 (レンズが)片凸の

plancton [plɑ̃ktɔ̃] 男 〔生〕プランクトン

planctonique [plɑ̃ktɔnik] 形 プランクトンの

plane [plan] 女 (両柄の)引き削り刀, せん【木工用の両刃の鉋(かんな)】

plané [plane] 形 (< planer) ▶**faire un vol plané** (話)つまずいて転ぶ; **vol plané** (鳥の)滑翔(かっしょう); (飛行機の)滑空

planer¹ [plane] 自 ①(鳥が)飛ぶ, 滑翔(かっしょう)する; (飛行機が)滑空する; (煙・においなどが)漂う ②(謎・疑惑が)垂れ込める ③(危険が)迫る ④何がおこるかわからない ④〔文〕(…を)高い所から見下ろす (au-dessus de, sur)

planer² [plane] 他 平らにする

planétaire [planetɛr] 形 ①惑星の, 遊星の ②世界的規模の, 地球全体の

planétarium [planetarjɔm] 男 プラネタリウム

planète [planɛt] 女 惑星, 遊星

planeur [planœr] 男 グライダー

planeur [planœr] 男 (金属の)平仕上工

planeuse [planøz] 女 平削機

plani- 頭 (ラ) ①「平面」「平らな」の意 ②「計画」の意

planificateur(trice) [planifikatœr, -tris] 形 〔経〕計画による — 名 〔経〕計画立案者

planification [planifikasjɔ̃] 女 計画化, 計画(経済)

planifier [planifje] 他 計画化する, 計画に従って運営する

planimètre [planimɛtr] 男 面積計, プラニメーター

planimétrie [planimetri] 女 面積測定(法), 平面測量, 測面法

planimétrique [planimetrik] 形 面積測定法の

planisphère [planisfɛr] 男 〔天〕平面地球儀; 〔天文〕平面天球図

planning [planiŋ] 男 (<英) (企業などの)生産計画, 作業計画; 日程表 ▶**planning familial** 家族計画, 産児制限

planque [plɑ̃k] 女 《話》①隠れ家, アジト; 隠し場所 ②安全な場所; 金になる楽な仕事

planqué(e) [plɑ̃ke] 形 (< planquer) 《話》隠れた; 安全な場所についている — 名 脱走兵; 安全な勤務の兵士

planquer [plɑ̃ke] 他 (話)(安全な場所に)隠す, かくまう — 代動 [se ~] 隠れる, 避難する; 安全な場所にいる

plant [plɑ̃] 男 苗 ▶**un plant de …** …の植え込み

plantain¹ [plɑ̃tɛ̃] 男 〔植〕オオバコ(属)

plantain² [plɑ̃tɛ̃] 男 (<ス) 〔植〕プランテーン【バナナの木の一種】

plantaire [plɑ̃tɛr] 形 〔解〕足裏(あしうら)の, 足裏の

plantation [plɑ̃tasjɔ̃] 女 ①植えつけ; 農園; (集合的) 農作物 ②(熱帯地方などの)大農園, プランテーション ③(髪の生えかた, 生え際)

plante¹ [plɑ̃t プラント] 女 (英 plant) 植物; 草木, 草花 ▶**plante d'appartement (verte, d'intérieur)** 観葉植物 **plante grasse** 多肉植物【サボテンなど】 **plante grimpante** つる植物 **plantes médicinales** 薬用植物

plante² [plɑ̃t] 女 足の裏, 足底(~ des pieds)

planté(e) [plɑ̃te] 形 (< planter) ①(人が)突っ立っている ▶**bien planté** (体格が)がっしりした ②〔情報〕フリーズしている

planter [plɑ̃te プランテ] 他 (英 plant)
① (木・野菜を) 植える; (場所に植物を) 植えつける ② (釘 [くぎ] などを) 打ち込む; (テント・旗などを) 立てる, 据えつける ▶*planter son regard dans celui de* (人)をじっと見る ▶*planter là* ⇒を置き去りにする, 投げ出す ——[代動] 〔se ～〕①植えられる; 突き刺さる ▶*se planter une épine dans le doigt* (自分の)指にとげがささる ②(人が)立ち往生する, 動けなくなる; (機械が)動かなくなる, 固まる ③〖話〗間違う, 失敗する

planteur(se) [plɑ̃tœr, -øz] 名 (熱帯地方の)大農園主, プランテーション経営者

plantigrade [plɑ̃tigrad] 形 〖動〗蹠行 [しょこう] する〖足裏全部を地面につけて歩く〗——[男] [複]蹠行動物

plantoir [plɑ̃twar] [男] 〖園〗苗差し 〖苗の植付けや種まき用の土掘り具〗

planton [plɑ̃tɔ̃] [男] 伝令 (兵) ▶*faire le planton* 〖話〗長い間じっと立って待つ

plantureusement [plɑ̃tyrøzmɑ̃] 副 〖文〗多量に

plantureux(se) [plɑ̃tyrø, -øz] 形 ①(食事が)量の多い ②〖話〗(女性が)肉づきのよい, 豊満な ③(土地が)肥沃 [ひよく] な

plaquage [plakaʒ] [男] (ラグビーで) タックル; 〖話〗(仕事や人を)急に捨てること

*plaque [plak プラク] [女] (英 plate) 板; (ネーム)プレート, 標示板; 〖地〗プレート; 〖医〗斑 [はん] ▶*être à côté de la plaque* 〖話〗間違っている *plaque chauffante [de cuisson]* ホットプレート *plaque dentaire* 歯垢 *plaque d'immatriculation [minéralogique]* 自動車のナンバープレート *plaque tournante* 列車の転車台; (活動の)中心, 中心人物

plaqué(e) [plake] 形 (< plaquer) ①めっきしてある ▶*plaqué or [argent]* 金 [銀] めっきの ②(髪が)なでつけられた ③取っつけられた ——[男] めっき; めっきした金属

plaquemine [plakmin] [女] 柿の実

plaqueminier [plakminje] [男] 柿の木

plaquer [plake] 他 ①めっきする ②(…に)押しつける 〈contre, sur〉 ③(髪を)なでつける ④(ラグビーで)タックルする ⑤〖話〗突然捨てる ▶*plaquer un accord* 和音を同時に鳴らす ——[代動] 〔se ～〕張りつく, へばりつく ▶*se plaquer au sol* 腹ばいになる *se plaquer les cheveux* 髪をなでつける

plaquette [plakɛt] [女] ①小さな板, (錠剤・カプセルの)板 ▶*plaquette de frein* ディスクブレーキのパッド ②〖生理〗血小板 (= ～ *sanguine*) ③小冊子

plasma [plasma] [男] ①〖生理〗血漿 [しょう] ②〖物〗プラズマ

plasmatique [plasmatik] 形 〖生理〗血漿 [しょう] の

plastic [plastik] [男] (< 英) プラスチック爆弾

plasticage [plastikaʒ] [男] プラスチック爆弾を使った犯罪[爆破]

plasticien(ne) [plastisjɛ̃, -ɛn] [名] ①プラスチック技師[技工] ②形成外科医

plasticité [plastisite] [女] (物体の)可塑性; (性格などの)柔軟性, 適応性

plastifiant(e) [plastifjɑ̃, -ɑ̃t] 形 〖化〗可塑化する ——[男] 〖化〗(外)可塑剤

plastification [plastifikasjɔ̃] [女] ①プラスチック加工 ②〖化〗可塑化

plastifier [plastifje] 他 ①プラスチック加工する ②〖化〗可塑化する = *plastiquage*

*plastique [plastik プラスティク] 形 (英 plastic) ①プラスチック(製)の ②造形(術)の; 〖医〗形成の ▶*arts plastiques chirurgie plastique* 形成[整形]外科 ——[女] 可塑性の, 柔軟な ——[男] プラスチック(材・製品); ビニール, ラップ; プラスチック爆弾 ▶*en plastique* プラスチック製の ——[女] 造形(術), 彫刻; 体形(美), プロポーション

plastiquement [plastikmɑ̃] 副 造形的に

plastiquer [plastike] 他 プラスチック爆弾で爆破する

plastiqueur(se) [plastikœr, -øz] [名] プラスチック爆弾犯

plastron [plastrɔ̃] [男] ①〔剣・フェンシングの〕胴衣の胸当て ②〖服〗プラストロン〖胸飾り〗 ③〖軍〗(軍事演習における)仮想敵

plastronner [plastrone] [自] 胸を反らす; ふんぞり返る, いばる

*plat¹(e) [pla, plat プラ(ト)] 形 (英 flat) ①平らな, 平たい, 平板な, 凡庸な ▶*angle plat* 平角, 180度 *eau plate* (炭酸抜きの)普通の水 (人・態度が)卑屈な ②平らな部分, 平地 ▶*à plat* 平らに; 〖話〗(疲れて)ぐったりして; (タイヤが)空気が抜けている; (バッテリーが)あがっている *course de plat* (馬術)の平地レース *mettre … à plat* ⇒を詳細に検討する ▶*(水泳)* 水平飛び込み ③(本の)表紙, 裏表紙

*plat² [pla プラ] [男] (英 dish) 皿, 大皿; 料理, 主菜 ▶*faire tout un plat de* ⇒を大げさに騒ぎ立てる *mettre les petits plats dans les grands* 金をかけてごちそうする *mettre les pieds dans le plat* ずけずけと言う *plat cuisiné, plat préparé* 調理食品 *plat de résistance* メインディッシュ 〖(議題などの)本日のおすすめ料理〗 *plat du jour* (レストランの)本日のおすすめ料理

platane [platan] [男] 〖植〗プラタナス,

スズカケノキ

plat-bord [plabɔr] 男 (複 ~s-~s) [海] 船縁(舷)

***plateau** [plato] プラトー 男 (複 ~x) (英 tray) ①盆, トレー; 秤(はかり)皿 ► *apporter A à B sur plateau* B に A をすっかり用意してやる *plateau de fromages* チーズの盛り合わせ ②高原, 台地;(グラフの)高平部, 平坦域 ► *arriver à un plateau* (グラフの)高平部に達する *plateau continental* 大陸棚 ③舞台;(映画・テレビの)(スタジオ)セット ► *plateau technique* (病院の)医療設備

plateau-repas [platoɾ(ə)pa] 男 (複 ~x-~) (機内食用などの), 膳

plate(-)bande [platbɑ̃d] 女 (複 ~s-~s) (帯状の)花壇, 植え込み ► *marcher sur les plates-bandes de ...* 《話》(人)の領分を侵す

platée [plate] 女 1 皿分の量[料理]

plate(-)forme [platfɔrm] 女 (複 ~s-~s) ①高くなった水平面[床,площад];(旧式バスの)立席;[地] 台地 ②(政党・組合の)綱領, 基本政策 ③ ► *plate-forme de forage* (海底油田の)掘削装置プラットホーム

platement [platmɑ̃] 副 平凡に; 唯々諾々と

platine[1] [platin] 女 ①(機械の)盤, ターンテーブル, (顕微鏡の)ステージ; (時計, 錠などの)側板 ②(AV機器の)プレイヤー

platine[2] [platin] 男 プラチナ, 白金 ─ 形 (不変) 白金[プラチナ]色の

platiné(e) [platine] 形 (< platiner) ①プラチナブロンドの(髪の) ► *vis platinées* (自動車の)ブレーカー接点[ポイント]

platiner [platine] 他 白金めっきをする

platitude [platityd] 女 ①平板さ, 凡庸, 陳腐な言葉 ► *débiter des platitudes* 陳腐なことばを並べる ②《古》 卑屈, 卑下

platonicien(ne) [platɔnisjɛ̃, -ɛn] 形名 プラトン学派の(哲学者)

platonique [platɔnik] 形 ①純精神的な, 観念的な; 理論だけの, 実際の効果のない

platoniquement [platɔnikmɑ̃] 副 プラトニックに, 精神的に

platonisme [platɔnism] 男 プラトン哲学[主義]

plâtrage [platɾaʒ] 男 ①プラスター装, 漆喰を塗ること ► *plâtrage gastrique* [医] 胃壁保護剤

piastras [platɾa] 男 漆喰(しっくい)[石膏]のかけら, 瓦礫(がれき)

***plâtre** [platɾ] 男 (英 plaster) ①石膏(せっこう), プラスター, 漆喰(しっくい) ②(複) ノラスター壁, 漆喰工事 ③石像, 石膏細工;[医] ギプス ► *essuyer les plâtres* (新しいことの)不都

合を被る

plâtrer [platɾe] 他 漆喰(しっくい)を塗る; 石膏で[入れる];《話》顔におしろいを塗りたくる

plâtrerie [platɾəɾi] 女 石膏[プラスター]工場; 左官仕事

plâtreux(se) [platɾø, -øz] 形 ①プラスター[漆喰]の混じった; 石膏のように白い ②チーズが成熟不十分で固い

plâtrier [platɾije] 男 左官, 石膏業者(= ouvrier ~)

plâtrière [platɾijɛɾ] 女 石膏採掘場; 石膏焼き窯[窖]; 石膏工場

plausibilité [plozibilite] 女 もっともらしさ

plausible [plozibl] 形 もっともらしい, 納得できる

plausiblement [ploziblamɑ̃] 副 もっともらしく

play-back [plɛbak] 男 (不変) (< 英)(録音に合わせて)歌う(演技の)ふり ► *chanter en play-back* 口ぱくで歌う

play-boy [plɛbɔj] 男 (< 英) プレイボーイ

plèbe [plɛb] 女 《集合的》《古・軽蔑》(の)下民衆;(古代ローマの)平民

plébéien(ne) [plebejɛ̃, -ɛn] 形名 大衆の, 庶民の;(古代ローマの)平民の

plébiscitaire [plebisitɛɾ] 形 信任投票的

plébiscite [plebisit] 男 プレビシット [政権の信任を問う国民投票]

plébisciter [plebisite] 他 国民投票で選ぶ, (圧倒的多数で)選出[承認]する

pléiade [plejad] 女 ①作家・芸術家・有名人の集まり ②[les P-s](天)プアデス星団; [la P-](16世紀フランスの)プレイヤード詩人

***plein(e)** [plɛ̃, -ɛn] プラン(プレヌ) 形 (英 full) ①いっぱいの; 満員の;《話》(人)が たらふく食いした, べろんべろんに酔った; 完全な, 最大限の; すきまのない; ふっくらした ► *avoir les pleins pouvoirs* 全権を握る *en plein air* 野外で *en plein jour* 白日に, 公然と *en plein milieu* ど真ん中に *être en pleine forme* 元気いっぱいだ *heurter ... de plein fouet* 真正面から...にぶつかる *plein à craquer* はちきれんばかりの *plein de* ...いっぱいの ②(動物が)はらんだ ─ 前 ...いっぱいに, ...だらけの ► *avoir des bonbons plein les poches* ポケットいっぱいに飴を持っている *en avoir plein le dos*, *les bottes de* ...《話》...にうんざりしている ─ 副 いっぱいに ► *tout plein*《話》非常に ─ 男 最大限; 中身の詰まった部分;(複)(文字の縦の)太い部分 ► *à [en] plein* 全面的に, 完全に *battre son plein* 最高潮に達する *en plein dans [sur]* ...のまんなかに *faire le plein* ガソリンを満タンにする

pleinement [plɛnmɑ̃] 副 (英 fully) 全く, 完全に, 十分に

plein(-)emploi [plɛnɑ̃plwa] 男 (不変) 完全雇用

plein-temps [plɛtɑ̃] 男 (複 ~s-~) フルタイム, 常勤 ▸ **à plein-temps** 常勤で

pléistocène [pleistɔsɛn] 形 [地] 更[最]新世(の), 第4期初期(の), 洪積世の

plénier(ère) [plenje, -ɛr] 形 全員が揃った, 完全な ▸ **assemblée [réunion] plénière** [カト] 全員出席の会議, 総会

plénipotentiaire [plenipɔtɑ̃sjɛr] 名 全権使節, 全権委員 ── 形 全権を有する

plénitude [plenityd] 女 (文) 完全さ, 充実, 絶頂

plenum [plenɔm], **plénum** [plenɔm] 男 (くら) (社会主義国で党中央委員会の) 全体会議, 総会

pléonasme [pleɔnasm] 男 [修] 冗語(法)

pléonastique [pleɔnastik] 形 冗語(法)の, 冗語的な

pléonastiquement [pleɔnastikmɑ̃] 副 冗語的に

plésiosaure [plezjɔzɔr] 男 [古生] クビナガリュウ, プレシオサウルス【ジュラ紀の恐竜】

pléthore [pletɔr] 女 (生産などの)過剰, 過多; [医] 多血[質]症

pléthorique [pletɔrik] 形 多すぎる, 過剰の

pleur [plœr] 男 (複) (文) 涙; 悲しみ ▸ **être en pleurs** 涙にくれている

pleurage [plœraʒ] 男 [電] ワウ, 音むら【フォノモーターの回転むらによって生じる】

pleural(ale) [plœral] 形 (男複 -aux [-o]) [解] 胸膜の, 肋膜(ろくまく)の

pleurant [plœrɑ̃, -ɑ̃t] 形 [美術] 嘆き悲しむ人物像【ゴシック末期に多くみられる墓碑彫刻】

pleurard(e) [plœrar, -ard] 形 名 (話) 泣き虫(の)

pleurer [plœre プルレ] 自 (英 weep) 泣く, 涙を流す ▸ **pleurer après ...** (話) ... をしつこくせがむ **pleurer comme une Madeleine** (話) おいおい泣く **pleurer de joie** うれし泣きする **pleurer de rire** 涙が出るほど笑う **pleurer sur ...** ... を嘆く, 悲しむ ── 他 嘆く, 悔やむ; (涙を)流す

pleurésie [plœrezi] 女 [医] 胸膜炎, 肋(ろく)膜炎

pleurétique [plœretik] 形名 胸膜炎(ろく)膜炎(の)(患者)

pleureur(se) [plœrœr, -øz] 形 ① 悲しげな ② 枝のたれた ── 名 ① 泣く人; 泣き虫 ── 女 (葬式に雇われる)泣き女

pleurite [plœrit] 女 [医] 乾性肋(ろく)膜炎

pleurnichard(e) [plœrniʃar, -ard] 形名 = pleurnicheur

pleurnichement [plœrniʃmɑ̃] 男, **pleurnicherie** [plœrniʃri] 女 (話) めそめそすること, 泣き言を言うこと

pleurnicher [plœrniʃe] 自 (話) めそめそ泣く, 泣き言を言う

pleurnicheur(se) [plœrniʃœr, -øz] 形名 (話) 泣き言不平を言う人

pleuro- 接頭 (<ギ) 「胸膜」「肋(ろく)骨」の意

pleurote [plœrɔt] 男 [菌] ヒラタケ

pleut [plø] ⇨ **pleuvoir**

pleutre [pløtr] 形名 (文) 臆病(な)[卑怯(な)](人)

pleutrerie [pløtrəri] 女 (文) 臆病, 卑怯

pleuv- ... ⇨ **pleuvoir**

pleuvasser [pløvase] 非人称 (話) 小雨が降る

pleuviner [pløvine] 非人称 霧雨が降る

pleuvoir [pløvwar プルヴォワール] 64 (英 rain) 雨が降る; (... の雨が)降りそそぐ ▸ **Il pleut.** 雨が降っている **Il pleut à torrents [à verse].** 雨がざあざあ降っている **Il pleut des cordes.** 雨がざあざあ降っている ── 自 (ものが)降りかかる, 押し寄せる

pleuvoter [pløvɔte], **pleuvioter** [pløvjɔte] 非人称 = pleuvasser

plèvre [plɛvr] 女 [解] 胸膜, 肋(ろく)膜

plexiglas [plɛksiglas] 男 (商標) プレキシグラス【透明な合成樹脂の安全ガラス】

plexus [plɛksys] 男 [解] (神経や静脈の)叢(そう), 網 ▸ **plexus solaire [cœliaque]** 腹腔神経叢

pleyon [plɛjɔ̃] 男 [農] (果樹をしばりつける)柳の枝, 細枝

pli [pli プリ] 男 (英 fold) ① (衣服や紙の)折り目, プリーツ; しわ (= faux ~) ② (土地の)起伏; [地] 褶曲(しゅうきょく) ③ (服や髪の)形, 癖 ▸ **prendre le pli** (... することに)癖になる (de) ④ 封筒, 手紙 ▸ **sous pli séparé** 別便で

pliable [plijabl] 形 折り曲げられる, 折りたためる

pliage [plijaʒ] 男 折り曲げること, たたむこと; 折り紙

pliant(e) [plijɑ̃, -ɑ̃t] 形 折りたたみ式の ── 男 折りたたみいす

plie [pli] 女 [魚] カレイ(鰈)

plier [plije プリエ] 他 (英 fold) ① (布・紙を)折る, たたむ; 曲げる, 折り曲げる ▸ **être plié (en deux) / être plié de rire** 笑い転げる **plier bagage** 荷造りをする ② (... に)服従させる, 適応させる (à) ▸ **plier ... à la discipline** (人)を規律に服させる, 適応させる ── 自 ① 曲がる, たわむ ② 服従する, 屈服する, 退却する ── 代動 [**se** ~] ① 曲がる, 折り畳まれる ② (... に)従う, 適応する (à)

plieuse [plijøz] 女 (紙などの)折り機

plinthe [plɛ̃t] 女 【建】(影像の)台座;(部屋の内壁下部の)幅木

pliocène [plijɔsɛn] 男 【地】鮮新世

plissage [plisaʒ] 男 ひだをつけること

plissé(e) [plise] 形 (< plisser) ひだのついた、しわよった；【地】褶曲(ﾋ)した ── 男《集合的》ひだ、プリーツ

plissement [plismã] 男 しわを寄せること；【地】褶曲(ﾋ)

plisser [plise] 他 ひだしをつける;(額に)しわを寄せる ── 自 代動 《se ~》ひだがつく、しわになる

pliure [plijyr] 女 折り目、しわのある場所

ploc [plɔk] 男 ぽちゃん《物が水に落ちる音》

ploi... ⇒ ployer

ploiement [plwamã] 男 曲げる[曲がる]こと

*__plomb__ [plɔ̃ プロン] 男 (英 lead) 鉛;【電】ヒューズ;(猟銃用)弾丸、散弾;(釣糸や漁網の)おもり;(鉛の)封印;(ステンドグラスの)鉛線 ▶ **à plomb** 垂直に **avoir du plomb dans l'aile** 危うくなる **mettre du plomb dans la tête** よりよく考えるようにさせる **mine de plomb** 黒鉛 **n'avoir pas de plomb dans la cervelle** 非常にそそっかしい **sans plomb** (ガソリンが)無鉛の

plombage [plɔ̃baʒ] 男 (歯の)充填(ﾂ)、詰め物;(鉛による荷の封印

plombagine [plɔ̃baʒin] 女 黒鉛

plombe [plɔ̃b] 女 《俗》時間、時刻

plombé(e) [plɔ̃be] 形 鉛をかぶせた[つめた];鉛の封印をした ── 男 (中世の)鉛のこん棒;【漁】おもり

plomber [plɔ̃be] 他 ①(歯に)つめものをする ②鉛をつける、鉛の封印をする ③《話》致命的な損害を与える ── 代動 《se ~》(肌の色などが)鉛色になる

plomberie [plɔ̃bri] 女 (ガス・水道などの)配管(工事);鉛製品製造業[工場]

plombier [plɔ̃bje] 男 (ガス・水道などの)配管工、修理工;《話》《警察の》盗聴係

plombières [plɔ̃bjɛr] 女 プロンビエル《果物の砂糖漬け入りのバニラアイスクリーム》

plonge [plɔ̃ʒ] 女 《話》(レストランの)皿洗い ▶ **faire la plonge** 皿洗いをする

plongé(e) [plɔ̃ʒe] 形 (ある状態に)浸り切った、没頭した《dans》

plongeant(e) [plɔ̃ʒã, -ãt] 形 下向きの、見下ろす

plongée [plɔ̃ʒe] 女 ①ダイビング、潜水、潜航 ▶ **plongée sous-marine** スキューバダイビング ②沈潜、没入 ③俯瞰(ﾌｶﾝ)《撮影》、見下ろす眺め

plongement [plɔ̃ʒmã] 男 (液体に)沈めること

plongeoir [plɔ̃ʒwar] 男 (水泳の)飛び込み台

plongeon[1] [plɔ̃ʒɔ̃] 男 【鳥】アビ(属)

plongeon[2] [plɔ̃ʒɔ̃] 男 ①(水泳の)飛び込み、ダイビング ▶ **faire le plongeon** 《話》大損をする ②《話》最敬礼 ③《サッカー》(ゴールキーパーの)ダイビングキャッチ)

*__plonger__ [plɔ̃ʒe プロンジェ] 自 40 ①(水に)飛び込む、潜水する;《サッカーでゴールキーパーが》ダイビングキャッチする《飛行機・鳥》下に向けて急降下する、飛びかかる《sur》 ③《物思いなどに》沈む、ふける《dans》 ④《視線が》見下ろす ── 他 ①(液体に)つける;(ある状態に)置く;(ある状態に)人を陥れる《dans》 ②突っ込む、突きさす ③《視線を》投じる ▶ **plonger son regard dans** …をじっと見つめる、飛び込む、没頭する《dans》

plongeur(se) [plɔ̃ʒœr, -øz] 名 ①ダイバー、潜水夫;飛び込みをする人[選手] ②(レストランの)皿洗い

plot [plo] 男 ①【電】固定接点電極、端子;(路面に埋め込まれた)電光標識 ②(プールの)飛び込み台 ③《スイス》丸太

plouc [pluk] 形名 (不変)《話》野暮な人、田舎者

plouf [pluf] 間 ぽん、ぽちゃん、ぴちゃ、ぽとん《水など柔らかな表面に物が落ちる音》

plouto- 接頭 (<ギ) 「富」の意

ploutocrate [plutɔkrat] 名 (政治を動かす)富豪、財閥、金権政治家

ploutocratie [plutɔkrasi] 女 金権政治(体制)

ploutocratique [plutɔkratik] 形 金権政治の

ployer [plwaje] 他 45 《文》曲げる、たわめる ── 自 ①(枝などが)曲がる、たわむ ②《文》屈服する、従う

plu [ply] pleuvoir, plaire の過去分詞

plucher [plyʃe] 自 = pelucher

pluches [plyʃ] 女《複》(ジャガイモなどの)皮むき;野菜くず

plucheux(se) [plyʃø, -øz] 形 = pelucheux

*__pluie__ [plɥi プリュイ] 女 (英 rain) 雨、雨が降ること ▶ **Après la pluie, le beau temps.** 《ことわざ》雨のち晴、苦あれば楽あり **faire la pluie et le beau temps** わがもの顔に振舞う **ne pas être né de la dernière pluie** それほど世間知らずではない **pluie battante** どしゃ降りの雨 **pluie diluvienne** 豪雨 **pluie fine** 霧雨 **pluies acides** 酸性雨 **sous la pluie** 雨の中を **une pluie de** …の雨

plumage [plymaʒ] 男 鳥の羽をむしること;《集合的》(鳥の)羽毛

plumard [plymar] 男 《話》寝床、ベッド

plumassier(ère) [plymasje, -ɛr] 名 羽根細工師、羽根商人 ── 形 羽根細工の

*__plume__[1] [plym プリュム] 女 (英 feath-

plume ①羽, 羽毛, 羽飾り ▶**poids**

plume [ボクシング] フェザー級 **voler dans les plumes** 〖話〗突然襲いかかる **y laisser [perdre] des plumes** 〖話〗損をする ②ペン先, ペン; 筆; 〖文〗文体 ▶**homme de plume** 〖古〗文士 **prendre la plume** 書き始める

plume² [plym] 男 〖話〗寝床, ベッド 〖plumard の略〗

plumeau [plymo] 男 (複 ~x) 羽根ぼうき, 羽根はたき

plumer [plyme] 他 (鳥の)羽をむしる; 金を巻き上げる

plûmes [plym] ⇨**plaire**

plumet [plymɛ] 男 (帽子の)(軍帽の)羽飾りの飾り, 羽根飾り

plumetis [plymti] 男 プリュムティ 〖刺繍の一法〗

plumier [plymje] 男 筆箱, ペン入れ

plumitif [plymitif] 男 小役人; へぼ作家

*__plupart__ [plypaR プリュパール] 女 〖la ~〗〖複数扱い〗大部分 **la plupart de ...** (英 most of) ...の大部分〖大多数〗の... **la plupart du temps** たいてい, ほとんどいつも **pour la plupart** 大部分

plural(e) [plyral] 形 (男複 -aux [-o]) 複数の, 多数の

pluralisme [plyralism] 男 多様性; 〖政〗(政党や組合の)複数指導体制; 〖哲〗多元論

pluraliste [plyralist] 形 多元論の, 複数政党制の ── 名 多元主義者

pluralité [plyralite] 女 多元性, 多様性; 〖文法〗複数性

plurent [plyr] ⇨**plaire**

pluri- 〖接頭〗 (<ラ)「多数の」「複数の」の意

pluriannuel(le) [plyrianɥɛl] 形 数年にわたる; 〖植〗多年生の

pluridimensionnel(le) [plyridimɑ̃sjɔnɛl] 形 多次元の

pluridisciplinaire [plyridisipliner] 形 (研究などが)多領域にわたる, 学際的な

pluridisciplinarité [plyridisiplinarite] 女 (研究などの)学際的性格

*__pluriel(le)__ [plyrjɛl プリュリエル] 形 複数(形)の; 〖文〗複雑な構造の **gauche plurielle** 〖政〗複数左翼〖社会党・共産党・緑の党など傾向の異なる左派政党による連立政権〗 ── 男 〖文法〗複数(形) **au pluriel** 複数形で

plurietnique [plyrietnik] 形 多民族の, 複数民族からなる

plurilingue [plyrilɛ̃g] 形 〖言〗多言語(併用)の ── 名 多言語併用者

plurilinguisme [plyrilɛ̃gɥism] 男 多言語併用; 多言語主義

plurinational(ale) [plyrinasjɔnal] 形 (男複 -aux [-o]) 多国家にわたる, 多国籍の

pluripartisme [plyripartism] 男 〖政〗複数政党制, 多党共存, 小党分立

*__plus__ [plys, ply プリュ(ス)] 〖子音の前では [ply], 母音・無音の h の前では [plyz], 文の切れ目の前では [plys] となる. ただし ▶の否定表現では [ply] の〗 (⇔**more**, **most**) ①〖形容詞・副詞とともに比較級を作る〗(...より)一層, より(...), よけいに(...) 《que ...》; 〖単independent de 量の比較を表す〗より多く ── **plus beau (que ça)** (それ)よりきれいだ / **Plus vite** ↕ ⇔! / **manger plus** よりたくさん食べる ▶**de plus** そのうえ; 〖名詞の後で〗...の上に, ...に加えて, ...のほかに **en plus** そのうえ; さらに **en plus de** ...に加えて, ...のほかに **pas plus A que** ...ほどAでない ...と同様にAでない **plus ..., moins ...** ...すればするほど ...でない **plus ..., plus ...** ...すればするほど, ますます... **plus de** より多くの..., 以上の... **plus ou moins** 多かれ少なかれ, ほぼ ②〖最上級を作る〗〖定冠詞とともに〗 (...の中で)最も多く 《de》, (...した中で)一番 ...《que + 接続法》 **C'est la personne la plus belle que je connaisse.** この人は私の知っている中で一番きれいな人だ **la plus agréable de toutes saisons** 四季の中で最も気持ちのよい季節 **travailler le plus** 一番よく働く ③▶**ce que ...** **de plus ...** (...する[...である]中で)最も ...なこと[もの] **ce que j'ai vu de plus intéressant** 私が見たもっとも興味深いもの ④〖ne, sans などとともに, あるいは単独の否定表現で. 発音は [ply] のみ〗 もう... ない, もうこれ以上 ...ない ▶**Elle ne le voit plus.** 彼女はもう彼には会っていない **ne ... plus du tout** もうまったく ... ない **ne ... plus que** もう ... しかない **ni plus ni moins** まさしく, ちょうど **non plus** ...もまた ... ない ⇨**non** 成句 **on ne peut plus** ... この上なく ... **Plus un mot!** それ以上(ひと言も)言うな **sans plus** それ以上は何も, ただそれだけ ──前 [plys]: ...に加えて, ...を加えて, その他に ▶**Trois plus trois font six.** 3+3=6 ──名 [plys] ①より多いもの; 〖定冠詞をつけて〗最も多いもの, 最大限のこと ▶**Qui peut le plus peut le moins.** 〖ことわざ〗より多くの事のできる者はより少ない事もできる; 難しい事ができる人はやさしい事もできる **(tout) au plus** せいぜい, どんなに多くても ②プラス記号 ▶ プラスになること; 追加

plus² [ply] ⇨**plaire**

plû ⇨**plaire**

*__plusieurs__ [plyzjœr プリュズュール] 形 〖不定〗 (英 several) 〖複〗 いくつもの, 何人もの ── 代 〖不定〗 (...の中の)いくつも, 何人もの 《de》

plus-que-parfait [plyskapaRfɛ] 男 〖文法〗大過去

plus-value [plyvaly] 女 ①〖経〗(土

plut … (価などの)値上がり; 割増料金 ②(マルクス経済学で)剰余価値

plut …, plût … ⇨ pleuvoir, plaire

Plutarque [plytark] プルタルコス, プルターク【ギリシャの著述家】

plûtes [plyt] ⇨ plaire

Pluton [plytɔ̃] 圉 ①【ギ神】プルトン【黄泉の国の王 Hadès の呼称】②【天】冥王星

plutonium [plytɔnjɔm] 圉【化】プルトニウム

＊plutôt [plyto プリュト] 副 (英 rather) ①むしろ, それよりは, どちらかといえば; かなり, まあまあ ▸*plutôt que … [de* 不定詞*]* …(する)よりむしろ ②(話)まったく, とても

pluvial(ale) [plyvjal] 形 男複 -aux [-o] 雨の ▸*eau pluviale* 雨水

pluvier [plyvje] 圉【鳥】チドリ(千鳥)

pluvieux(se) [plyvjø, -øz] 形 雨の降る, 雨の多い

pluviner [plyvine] 非人称 = pleuviner

pluvio- 接頭 (<ラ)「雨の」の意

pluviomètre [plyvjɔmɛtr] 圉 雨量計

pluviométrie [plyvjɔmetri] 囡 降雨量測定

pluviôse [plyvjoz] 圉【史】プリュヴィオーズ, 雨月【共和暦の第5月】

pluviosité [plyvjozite] 囡【気】降水量, 降雨量

PLV (略) publicité sur le lieu de vente〔商〕販売時点広告, POP 広告

PM (略) pistolet-mitrailleur 小型機関銃; préparation militaire 軍事基礎教育; police militaire 軍事警察

p.m. 副 (<ラ)(略) post meridiem 午後

PMA (略) pays les moins avancés 低開発国, 最貧国; procréation médicale assistée 生殖補助医療

PME (略) petites et moyennes entreprises 中小企業

PMI (略) protection maternelle et infantile 母子保護施設

PMU (略) pari mutuel urbain 場外馬券制度, 場外馬券場

PNB (略) produit national brut 国民総生産, GNP

＊pneu [pnø プヌー] 圉 (複 ~s) (< pneumatique) ①タイヤ ▸*pneu arrière* 後輪タイヤ *pneu clouté* スパイクタイヤ *pneu-neige* スノータイヤ ②(古)(気送管による)速達郵便【1984年に廃止】

pneumatique [pnømatik] 形 空気の, 圧搾(あっさく)空気による, 圧搾空気で動く ― 圉 ①タイヤ ②(気送管の)速達郵便【1984年に廃止】

pneumo [pnømo] 圉 (略) 人工気胸(法)

pneum(o)-, pneumat(o)- 接頭 (<ギ)「呼吸」「肺」の意

pneumocoque [pnømɔkɔk] 圉【医】肺炎(球)球菌

pneumogastrique [pnømɔgastrik] 形【解】迷走神経(の)

pneumologie [pnømɔlɔʒi] 囡 呼吸器病理学

pneumologue [pnømɔlɔg] 名 呼吸器病理学者

pneumonie [pnømɔni] 囡【医】肺炎

pneumonique [pnømɔnik] 形 肺炎の ― 名 肺炎患者

pneumothorax [pnømɔtɔraks] 圉【医】気胸(症); 人工気胸(術) (= ~artificiel)

pochade [pɔʃad] 囡【美術】(彩色した)粗描画, 略画; 【文】戯文; 【文学】即興の作

pochard(e) [pɔʃar, -ard] 形名 (話) 酔っ払いの…

＊poche [pɔʃ ポッシュ] 囡 (英 pocket) ①ポケット; (かばんなどの)中仕切り; 領域, 区域; (衣服・布地の)下部のふくらみ; 【医】嚢(のう); (動)袋状器官; (地)鉱脈▸*… de poche* 小型の…; ポケットサイズの… *argent de poche* 小遣い *avoir … en poche* …が手中にある *C'est dans la poche.* それはもう確実だ *connaître … comme sa poche* …を知り尽くしている *faire des poches* (服に)たるみができる *faire les poches de …* (話) (人)のポケットを調べる *mettre … dans sa poche* (人)を操る *poche d'air* エアポケット *poche revolver* (ズボンの)尻ポケット ― 圉 (話)ペーパーバック, 文庫本

poché(e) [pɔʃe] 形 ゆでた, ポシェした ▸*œil poché* (殴られて)はれ上がった目 *yeux pochés* 下ぶくれした目

pocher [pɔʃe] 他 (沸騰寸前の湯・スープで)ゆでる, 煮る, ポシェする ▸*pocher l'œil à …* (殴って)(人)の目をはれ上がらせる

pochetée [pɔʃte] 囡 (話) 間抜け, とんま

pochette [pɔʃɛt] 囡 ①ポシェット, クラッチバッグ ②(胸ポケットの)ハンカチーフ ③小さな袋; 封筒; レコードジャケット

pochette-surprise [pɔʃɛtsyrpriz] 囡 (複 ~s-~s) お楽しみ袋, 福袋

pochoir [pɔʃwar] 圉 ステンシル, 刷り込み型; (染物用の)型紙

pochon [pɔʃɔ̃] 圉 (方) 紙袋, 小袋; ウェストバッグ

pochothèque [pɔʃɔtɛk] 囡 文庫本売り場【専門書店】

podagre [pɔdagr] 形名 (古) (足の)痛風(の患者)

-pode 接尾 (<ギ) = -pède

podestat [pɔdesta] 圉 (中世イタリアの)中世イタリアの行政官

podium [pɔdjɔm] 圉【スポーツ】(競技の勝利者が立つ)表彰台; 特設ステージ

podologie [pɔdɔlɔʒi] 囡 〔医〕足学, 足病学

podologique [pɔdɔlɔʒik] 厖 足の病気に関する

podologue [pɔdɔlɔɡ] 名 足病学の専門医

podomètre [pɔdɔmɛtr] 男 万歩計, 歩測計

podzol [pɔdzɔl] 男 《ロシア》〔農〕ポドゾル

****poêle**¹ [pwal ポワル] 囡 (英 frying pan) フライパン; 金属探知機 ▸ **poêle à frire** フライパン

poêle² [pwal] 男 (英 stove) ストーブ (= poêle)

poêle³ [pwal] 男 〔古〕柩(ひつぎ)にかける布

poêlée [pwale] 囡 フライパン1杯分(の量)

poêler [pwale] 他 (鍋で)蒸し焼きにする, ポワレする; フライパンで焼く(いためる)

poêlon [pwalɔ̃ ポワロン] 男 (小型で)厚手の片手鍋, 土鍋

****poème** [pɔɛm ポエム] 男 (英 poem) (1編の)詩, 詩作品 ▸ **poème symphonique** 〔楽〕交響詩

****poésie** [pɔezi ポエズィ] 囡 (英 poetry) (文学ジャンルとしての)詩; 詩情, 詩趣

****poète** [pɔɛt ポエト] 男 (英 poet) 詩人 〔女性にも男性名詞を使用〕; 詩情豊かな人 —— 厖 詩人の

poétesse [pɔetɛs] 囡 〔軽蔑的〕女流詩人

poétique [pɔetik] 厖 詩の, 詩に関する, 詩的な —— 囡 詩学, 詩法

poétiquement [pɔetikmɑ̃] 副 詩で, 詩として, 詩的に

poétisation [pɔetizasjɔ̃] 囡 美化, 理想化

poétiser [pɔetize] 他 美化する, 理想化する

pogne [pɔɲ] 囡 〔古・話〕手

pognon [pɔɲɔ̃] 男 〔俗〕お金, 銭(ぜに)

pogonophores [pɔɡɔnɔfɔr] 〔複〕有鬚(ひげ)動物門

pogrom(e) [pɔɡrɔm] 男 《ロシア》ポグロム〔帝政ロシアにおけるユダヤ人大虐殺〕

****poids** [pwa ポワ] 男 (英 weight) ① 重さ, 重量; 体重; おもり; 重圧, 重荷, 負担; 重要性, 重み, 有力な論拠 ▸ **avoir du poids de** 影響力がある **donner du poids à** …に重みを与える **ne pas faire le poids** 力不足で, 能力に欠ける **perdre [prendre] du poids** 体重が減る〔増える〕 **Quel poids fait-il?** 〔話〕重さはどれくらいですか **vendre au poids** 量り売りをする ② 〔スポーツ〕(体重別の)級; 砲丸(投げ); (重量挙げのバーベルの)ウエイト ▸ **lancer le poids** 砲丸を投げる **poids lourd** (ボクシング)ヘビー級 **poids plume** (ボクシング)フェザー級 ③ ▸ **poids lourd** 大型トラック; 大物; 大企業

poign... ➪ **poindre**

poignant(e) [pwaɲɑ̃, -ɑ̃t] 厖 胸を刺すような, 悲痛な

poignard [pwaɲar] 男 短刀

poignarder [pwaɲarde] 他 短刀で刺す(殺す); (…に)ひどい苦痛を与える

poigne [pwaɲ] 囡 (手の)握る力; 威力, 威圧 ▸ **à poigne** 強権的な **avoir de la poigne** 握力が強い; 権威がある

****poignée** [pwaɲe ポワニェ] 囡 (英 handful) ① ひと握り, ひとつかみ; 少数, 少量 ▸ **poignée d'amour** 腰回りの贅肉(ぜいにく) **poignée de main** 握手 ② 取っ手, 握り

poignet [pwaɲɛ ポワニェ] 男 (英 wrist) ① 手首 ② 袖(そで)口, カフス

poïkilotherme [pɔikilɔtɛrm] 〔動〕変温(性)の —— 男 変温動物

****poil** [pwal ポワル] 男 (英 hair) (人間の)体毛; ひげ; (動物の)毛, (集合的に)毛並み; (植物の)軟毛, (ブラシ·じゅうたんの)毛, 毛髪, けば ▸ **à poil** 〔話〕真っ裸に **à poil ras** (動物が)毛足の短い **au (quart de) poil** 〔話〕ちょうど; すごくうまく **avoir un poil dans la main** ひどく怠け者である **de tout poil** あらゆる種類の **être de bon [mauvais] poil** 〔話〕機嫌が良い〔悪い〕 **Il s'en est fallu d'un poil.** すんでの所だった **reprendre du poil de la bête** 〔話〕(病気などから)元気になる **se mettre à poil** 真っ裸になる **un poil** ほんの少し **un poil plus grand** ほんの少し大きい

poilant(e) [pwalɑ̃, -ɑ̃t] 厖 〔話〕ひどくおかしい, 滑稽な

poiler [pwale] 代動 〔**se ~**〕〔話〕笑い転げる

poilu(e) [pwaly] 厖 毛深い, 毛むくじゃらの —— 男 〔第1次大戦中の〕兵隊さん

poinçon [pwɛ̃sɔ̃] 男 ① 錐(きり), 千枚通し ②(貴金属の品質を証する)極印(ごくいん) ③ (貨幣などの)母型

poinçonnage [pwɛ̃sɔnaʒ], **poinçonnement** [pwɛ̃sɔnmɑ̃] 男 ① (切符などに)パンチを入れること ② 極印を打つこと

poinçonner [pwɛ̃sɔne] 他 ① (切符などに)パンチを入れる ② 極印を打つ

poinçonneur(se) [pwɛ̃sɔnœr, -øz] 名 (地下鉄などの)切符切り, 改札係 —— 男 押し抜き機; (改札係の)パンチ

poindre [pwɛ̃dr] 自 ③⑧ 現れる, 見え出す —— 他 〔文〕(…に)苦しめる, 傷つける

poing [pwɛ̃ ポワン] 男 (英 fist) 握りこぶし, げんこつ ▸ **coup de poing** パンチ, げんこつ **dormir à poings fermés** ぐっすり眠る **taper du poing sur la table** テーブルを叩く; 自分の意見を押し付ける

poinsettia [pwɛ̃sɛtja] 男 〔植〕ポインセチア

point¹ [pwɛ̃ ポワン] 男 点; 斑点; 地点, 個所; 終止符, ピリオド; [情報]ドット; 条数, 得点; (指数などの)ポイント; (さいころの)目; 問題点, 論点; (論文・法律などの)条項, 目; 縫い目, 編み目, ステッチ; (船, 飛行機などの)現在位置; (活字の)ポイント ▶**à ce point** これほどまでに **à point** (料理が)ほどよく焼けた **à point (nommé)** ちょうどよい時に **au plus haut point** 熱烈に **au point** 焦点の合った; 整備された **au point de [que] / à tel point que** …するほどまでに **au point du jour** 《文》夜明けに **au point mort** (ギアが)ニュートラルで; 停滞している **avoir un point commun avec** (人)と共通点がある **bon point** よい点数; 手柄 **en tous points** あらゆる点で, 完全に **être sur le point de** まさに…しようとしている **faire le point** (船や飛行機の)現在位置を調定する; 現状を分析する **gagner aux points** [ボクシング]判定勝ちする **jusqu'à un certain point** ある程度まで **marquer un point** (スポーツ)得点する; ポイントを稼ぐ **mauvais point** 悪い点数; 失策 **mettre au point** ピントを合わせる; 調整する **mettre les points sur les i** 《話》正確を期する, 念を押す **mise au point** ピント合わせ; 調整 **point chaud** 激戦地; 危険地帯 **point culminant** (山の)最高点, ピーク **point d'appui** 支点, 足場 **point de côté** (走ったときなどのわき腹の痛み) **point de mire** 照準, 関心の的 **point de ralliement** 集結点; 合意点 **point de repère** 目印; (時間の)区切り **point de vente** 販売拠点, 支店 **point de vue** 観点; 見晴らし **point d'eau** (砂漠などの)水場 **point d'exclamation** 感嘆符[!] **point d'interrogation** 疑問符[?] **point faible** 弱点 **point fort** 得意な点, 長所 **point névralgique** 急所 **point noir** にきび; 障害, 難点 **point par point** いちいち, 逐一 **points cardinaux** 基本方位(東西南北) **points de suture** [医]縫合 **Un point c'est tout.** 以上, 話はおしまい

point² [pwɛ̃] 副 (英 not) 《文》[ne とともに] …ない; 少しも…でない; [単独で] Point du tout. 全然(そうでない)

point³ [pwɛ̃] ⇒poindre

pointage [pwɛ̃taʒ] 男 ①印をつけること; 点検, チェック; 出勤[退出]の記録 ②(銃・望遠鏡などの)照準を合わせること

***pointe** [pwɛ̃t ポワント] 女 (英 point) ①先端, 突端; 先; 最先端, つま先(= des pieds); [舞] トウ; ピーク; 最高 [最大]値, 最高速 ②(尖った先) 突き出た先, とがった先 ▶**à la pointe de l'épée** 力ずくで **de pointe** 最先端の; ピークの **décollage en pointe** Vネック en **pointe** 先の尖った; 最高で **faire [pousser] une pointe** 最高速度を出す **faire [les] pointes** 〔舞〕つま先立ちで踊る **heure de pointe** ラッシュアワー **pointe d'asperge** アスパラガスの穂 **pointe sèche** (美術) ドライポイント **sur la pointe des pieds** 慎重に, こっそりと ②[軍] 突入 ③皮肉, 毒舌 ④三角布の布, スカーフ

pointé(e) [pwɛ̃te] 形 傍点の付いた ▶**note pointée**〔楽〕付点音符 **zéro pointé** 傍点つき0点【これがあると落第になる】

Pointe-à-Pitre [pwɛ̃tapitr] ポワンタピートル【カリブ海の Guadeloupe 海外県にある港町】

pointeau [pwɛ̃to] 男 (複 ~x) ①センターポンチ, 目打ち ②ニードル(弁) ③出勤記録係

pointer¹ [pwɛ̃te] 他 ①印をつける, チェックする; (従業員の)出勤時間を調べる ②(目的物に)向ける, ねらいをつける; (指を…に)向ける(vers) ③(動物が耳を)ぴんと立てる ── 自 ①タイムカードを押す ②(ものが)そびえる, そそり立つ ③(ペタンクで)的の球の近くに投げる ── 代動 **se~** 《話》やって来る, 姿を現す

pointer² [pwɛ̃tœr] 男 =pointeur¹

pointeur¹(se) [pwɛ̃tœr, -øz] 名 ①(名簿などの)点検係; (スポーツの)得点記録係 ②[軍] (大砲などの)照準手 ── 男 [情報] カーソル ── 女 タイムレコーダー

pointeur² [pwɛ̃tœr] 男 (< 英) ポインター【猟犬】

pointillage [pwɛ̃tijaʒ] 男 ①[美術]点描 ②指圧

pointillé [pwɛ̃tije] 男 ①点線; [美術] 点描(法) ▶**Découper suivant le pointillé** [揭示]点線に沿って切り離して下さい **en pointillé** 点線で; おぼろげな

pointiller [pwɛ̃tije] 他自 ①点で描く

pointilleux(se) [pwɛ̃tijø, -øz] 形 (細かいことに)口うるさい, 気むずかしい(sur)

pointillisme [pwɛ̃tijism] 男 [美術] 点描画法

pointilliste [pwɛ̃tijist] 形名 [美術] 点描画の(画家)

***pointu(e)** [pwɛ̃ty ポワンテュ] 形 (英 pointed) ①(先の)とがった; とげとげしい; (声などが)鋭い, かん高い ②高度な, 最先端の ③**~ accent pointu** (南仏人にとっての)パリなまり ── 副 ▶**parler pointu** パリなまりで話す

pointure [pwɛ̃tyr] 女 ①(手袋・靴・帽子の)サイズ ②《話》ある領域の大物, 実力者(= grosse~)

point-virgule [pwɛ̃virgyl] 男 (複 ~s-~s) セミコロン[;]

***poire** [pwar ポワール] 女 (英 pear) ①洋梨; 洋梨の蒸留酒; 洋梨形の器具類 ▶**couper la poire en deux** 折り合

をつける *poire à injections* 浣腸器 *poire Belle-Hélène* ベレーヌ風洋梨【洋梨とアイスクリームの上にチョコをかけた】 *poire électrique* (洋梨型)スイッチ ② (話) 間抜け,お人よし(= bonne 〜) ③ (話) 顔,頭 ── 形 (話) だまされやすい,お人よしの

poiré [pware] 男 梨酒,ペリー酒

poireau [pwaro] 男 (複〜x) ①〔植〕リーキ,ポロネギ ▶ *poireau vinaigrette* フレンチドレッシングをかけたポロネギ

poireauter [pwarote] 自 (話) 長いこと待つ

***poirier** [pwarje] 男 〔植〕洋梨の木;ナシ材 ▶ *faire le poirier* (話) (頭を付けて)3点倒立をする

***pois** [pwa] 男 (英 pea) エンドウ(豆);水玉模様の *pois chiche* ひよこ豆 *petits pois* グリーンピース *pois de senteur* スイートピー

poiscaille [pwaskaj] 男 または 女 (話) poisson

***poison** [pwazɔ̃] ポワゾン 男 ①毒,毒薬;有害なもの;(話) 厄介な[面倒な]こと ── 名 (不変) 厄介者

poissard(e) [pwasar, -ard] 形 女 (古) 卸売市場の(女),下層階級の(女),下品な言葉を使う(女)

poisse [pwas] 女 (話) 不運 ▶ *porter la poisse* 不運である *Quelle poisse!* なんてついていないか

poisser [pwase] 他 ①(べとつくもので)汚す ②(話) (人を)捕まえる ── [代動] [se 〜] ▶ *se poisser les mains* 手をべとべとにする

poisseux(se) [pwasø, -øz] 形 べたつく,べっとりと滲みた

***poisson** [pwasɔ̃] ポワゾン 男 (英 fish) ①魚;(集合的)魚の肉 ▶ *être comme un poisson dans l'eau* 生き生きしている/敵をにらす *poisson d'avril* 4月馬鹿,エイプリルフール *poisson rouge* 金魚 *poisson volant* トビウオ ②〔(les) P-s〕〔天〕うお座;双魚宮

poisson-chat [pwasɔ̃ʃa] 男 (複〜s〜s) 〔魚〕ナマズ

poissonnerie [pwasɔnri] 女 魚屋,魚売場,魚市場

poissonneux(se) [pwasɔnø, -øz] 形 (魚が)たくさんいる,豊富な

poissonnier(ère) [pwasɔnje, -ɛr] 名 魚屋,魚商 ②女 (細長い)魚料理用鍋

poisson-perroquet [pwasɔ̃pɛrɔkɛ] 男 (複〜s〜s)〔魚〕ブダイ

poisson-scie [pwasɔ̃si] 男 (複〜s〜s)〔魚〕ノコギリエイ

poitevin(e) [pwatvɛ̃, -in] 形 ポワトゥー地方の 名〔P-〕ポワトゥー地方の(人),ポワチエの(人)

Poitiers [pwatje] ポワチエ【Vienne 県の県庁所在地】

Poitou [pwatu] 男 ポワトゥー【フランス西部の旧地方名】

Poitou-Charentes [pwatuʃarɑ̃t] ポワトゥーシャラント【フランス西部の地域圏;中心都市 Poitiers】

poitrail [pwatraj] 男 (馬などの)胸先;(ふざけて)(人の)大きな胸

poitrinaire [pwatrinɛr] 形 (古) 肺結核にかかった(人)

***poitrine** [pwatrin] ポワトリヌ 女 (英 chest, bust) ①胸,胸部,バスト;胸囲 ②(女性の)胸,乳房 ③(牛・羊・豚などの)胸部肉,ブリスケ

poivrade [pwavrad] 女 コショウのきいたソース[ドレッシング]

***poivre** [pwavr] ポワーヴル 男 (英 pepper) コショウ,ペッパー ▶ *poivre blanc* 白コショウ *poivre en grains* 粒コショウ *poivre et sel* (髪が)ごま塩の *poivre gris [noir]* 黒コショウ

poivré(e) [pwavre] 形 ①コショウのきいた,コショウ風味の ②(話が)淫(だ)らな,きわどい

poivrer [pwavre] 他 ①コショウを加える ②きわどさ[辛辣さ]を加える ── [代動] [se 〜] (話) 酔っ払う

poivrier [pwavrije] 男 ①〔植〕コショウの木 ②コショウ入れ

poivrière [pwavrijɛr] 女 コショウ入れ;(円錐屋根の)物見櫓(ぐら),望楼

poivron [pwavrɔ̃] 男 〔植〕ピーマン (=〜 vert)

poivrot(e) [pwavro, -ɔt] 名 (話) 酔っ払い

poix [pwa] 女 木(き)タール;松脂(まつ),ピッチ

poker [pokɛr] 男 (英〜)〔トランプ〕ポーカー;(ポーカーの)フォアカード ▶ *coup de poker* 思いきった手,大ばくち

polack [polak] 名 (話・軽蔑的)ポーランド人

polaire [polɛr] 形 ①極の,極地の ②(電)極の;(電)電磁極の ── 女 〔la P-〕北極星

polaque [polak] 名 = polack

polar [polar] 男 (話) 推理小説,探偵[刑事]映画

polard(e) [polar, -ard] 形 名 (話) ガリ勉の

polari- [接頭] (くず) 「回転する」の意

polarisation [polarizasjɔ̃] 女 ①〔物〕偏り,偏光,〔電〕分極 ②(力・感情などの)一点集中

polarisé(e) [polarize] 形 〔物〕偏った(話) (1つの問題に)集中した,没頭した (sur)

polariser [polarize] 他 ①〔物〕偏らせる;〔電〕極性を与える ②(関心などを)集中させる ── [代動] [se 〜] (…という一点に)関心を集中させる (sur)

polarité [polarite] 女 極性

polaroïd [polaroid] 男 ポラロイド写真,ポラロイド(カメラ)

polder [poldɛr] 男 (くオランダ) 干拓

-pole [接尾] (<ギ)「…都市」の意の女性名詞をつくる

pôle [pol] 男 ① (天球・地球の)極;(特に)北極; 極地 ▶ **pôle Nord** 北極 **pôle Sud** 南極 ② 電極, 磁極;(陰)極 ③ 意見・性格などの対極;(活動・関心などの)中心, 焦点 ▶ **pôle d'attraction** 呼び物; 見せ場

polémique [polemik] 女 論争, 論戦 ── 形 論争の, 論戦的な

polémiquer [polemike] 自 (…と)論争する《contre》

polémiste [polemist] 名 論争家, 論客

polémologie [polemɔlɔʒi] 女 戦争学【戦争の総合的科学研究】

polenta [polɛnta] 女 (<イ)〖料〗ポレンタ【とうもろこし粉または栗の粉の粥】

pole position [polpozisjɔ̃] 女 (<英)(カーレースの)ポールポジション, 有利な位置

poli(e)[1] [pɔli] 形 ポリ 丁寧な, 礼儀正しい ▶ **peu [mal] poli** 失礼な

poli(e)[2] [pɔli] 形 (< polir) 磨かれた, 光沢のある ── 男 光沢, つや

poli- [接頭] (<ギ)「都市」の意

police[1] [pɔlis] 女 ① 警察;(集合的)警察官 ▶ **être de [dans] la police** 警察官である **police judiciaire** 司法警察【刑事事件を担当, 略 PJ】 **police secours** 救急出動警察 ② 公安, 治安, 取り締まり; 秩序(維持) ▶ **faire la police** 治安を維持する, 取り締まる

police[2] [pɔlis] 女 ①〖法〗(保険などの)保険証書, 証券 ②〖印〗フォント(= ~ de caractères)

policé(e) [pɔlise] 形 〈文〉文明化された, (文明の)開化した

policer [pɔlise] 他 52 〈文・古〉文明化する; 洗練する, 統治する

polichinelle [pɔliʃinɛl] 男 [P-]ポルチネッラ, ポリシネル【イタリアの笑劇の道化役】; マリオネットのポリシネル人形; 軽薄な人, おっちょこちょい ▶ **secret de polichinelle** 公然の秘密

policier(ère) [pɔlisje, -ɛr ポリスィエ(-ル)] 形 警察の; 犯罪捜査を扱った ── 名〖女性にも男性形を用いることが多い〗警察官, 刑事; 私立探偵 ▶ **femme policier** 婦人警官 **policier en civil** 私服刑事 ── 男 〈話〉(小説・映画の)推理もの, 刑事[探偵]もの ▶ **roman policier** 推理小説

policlinique [pɔliklinik] 女 公立の診療所, 市立病院; 外来患者診療所

poliment [pɔlimɑ̃] 副 礼儀正しく, 丁寧に

polio [pɔljo] 女 〈話〉ポリオ ── 名 〈話〉ポリオ患者

poliomyélite [pɔljɔmjelit] 女 〖医〗ポリオ, 小児麻痺

poliomyélitique [pɔljɔmjelitik] 形 〖医〗ポリオの ── 名 ポリオ患者

polir [pɔlir] 他 33 ① (表面を)磨く; (文章を)推敲(ᵗⁱⁱⁱ)する ② …の…を磨く ── 代動 《se ~》

polissage [pɔlisaʒ] 男 磨き, 研磨, つや出し

polisseur(se) [pɔlisœr, -øz] 名 研磨工 ── 男 つや出し盤

polissoir [pɔliswar] 男 研磨機; 爪磨

polisson(ne) [pɔlisɔ̃, -ɔn] 形 名 みだらな(人), みだらしい(人); わんぱくな(子供), いたずら好きの(人子供)

polissonner [pɔlisɔne] 自 〈古〉(子供が)いたずらする

polissonnerie [pɔlisɔnri] 女 ①(子供の)いたずら, わんぱく ②〈古〉卑猥(ᵗⁱ)なこと

politesse [pɔlites ポリテス] 女 (英 politeness) 礼儀, 礼儀正しさ; 挨拶 ▶ **brûler [griller] la politesse à** …の前を通り過ぎる; 〈古〉挨拶せずに(突然)立ち去る **par politesse** 儀礼上 **rendre la politesse à** …に仕返しをする

politicard(e) [pɔlitikar, -ard] 形 〈話・軽蔑的〉政治屋[家]の, 策謀的な ── 名 (汚い)政治屋, 策謀家

politicien(ne) [pɔlitisjɛ̃, -ɛn] 名 政治家;〈軽蔑的〉政治屋 ── 形 政治屋の ▶ **politique politicienne** 政治工作

politique [pɔlitik ポリティク] 形 ①(英 political)政治の, 政治に関する ▶ **homme politique** 政治家 ② 巧妙な (英 politics); 〈文〉(英 policy) 政策; 方策, やり方; 戦略 ▶ **faire de la politique** 政治をやる **parler politique** 政治を論ずる **politique du pire** 最悪の政策【政治目的のために事態を悪化させること】 **politique étrangère** 対外政策 **politique intérieure** 国内政策 **politique de l'autruche** 深刻な事態と向き合わない ── 男 ① 政治家, 政略家 ② [le ~] 政治的なこと, 政治問題

politiquement [pɔlitikmɑ̃] 副 政治的に, 政略的に, 巧妙に ▶ **politiquement correct** ポリティカルコレクトの, 差別的表現をしない

politisation [pɔlitizasjɔ̃] 女 政治化

politiser [pɔlitize] 他 政治化する; (人に)政治意識をもたせる ── 代動 《se ~》政治意識をもつ; (問題などが)政治色を帯びる

politologie [pɔlitɔlɔʒi] 女 政治学

politologue [pɔlitɔlɔg] 名 政治学者

polka [pɔlka] 女 (<ポーランド)〖楽・舞〗ポルカ(舞踏)▶ ポルカの曲

pollen [pɔlɛn] 男 〖植〗花粉

pollinisation [pɔlinizasjɔ̃] 女 〖植〗受粉

polluant(e) [pɔlɥɑ̃, -ɑ̃t] 形 汚染する, (工場などが)汚染物質を出す ── 男 汚染源[物質]

polluer [pɔlɥe] 他 汚染する, 汚す

pollueur(se) [pɔlɥœr, -øz] 形 汚染する ── 名 汚染者[源]

*pollution [pɔlysjɔ̃ ポリュスィヨン] 女 汚染; 公害 ▶*pollution sonore* 騒音公害

polo [pɔlo] 男 〈英〉 ポロシャツ; 〔スポーツ〕ポロ〔馬上球戯〕

polochon [pɔlɔʃɔ̃] 男 〈話〉長枕

Pologne [pɔlɔɲ] 女 ポーランド

polonais(e) [pɔlɔnɛ, -ɛz] 形 ポーランドの ── 名 [P.-] ポーランド人 ── 男 ポーランド語 ── 女 〔楽〕ポロネーズ【ポーランド舞踏曲】; 〔菓〕ポロネーズ【果物の砂糖煮の入ったメレング】

polonium [pɔlɔnjɔm] 男 〔化〕ポロニウム【原子番号84の元素】

poltron(ne) [pɔltrɔ̃, -ɔn] 形 臆病な ── 名 臆病者, 意気地なし

poltronnerie [pɔltrɔnri] 女 臆病(さ)

poly- 接頭 〈ギ〉「多数の」「多量の」の意

polyakène [pɔljakɛn] 男 〔植〕瘦果(そうか)

polyalcool [pɔljalkɔl] 男 〔化〕ポリオール

polyamide [pɔljamid] 男 〔化〕ポリアミド

polyamine [pɔljamin] 女 〔生・化〕ポリアミン

polyandre [pɔljɑ̃dr] 形 一妻多夫の

polyandrie [pɔljɑ̃dri] 女 一妻多夫

polyarthrite [pɔljartrit] 女 〔医〕多発(性)関節炎

polycentrisme [pɔlisɑ̃trism] 男 〔政〕複数指導制

polychrome [pɔlikrom] 形 多色の

polychromie [pɔlikrɔmi] 女 多色配合(特に建築や彫像の)多色装飾

polyclinique [pɔliklinik] 女 総合病院

polycopie [pɔlikɔpi] 女 (ステンシルを用いた)謄写, 複写

polycopié(e) [pɔlikɔpje] 形 謄写版刷りの, プリントにした ── 男 プリント; (大学の)講義録のプリント

polycopier [pɔlikɔpje] 他 謄写[複写]する, プリントにする

polycourant [pɔlikurɑ̃] 形 〔不変〕〔鉄道〕多電気式の

polyculture [pɔlikyltyr] 女 (同一地域での種々の作物の)同時栽培, 多角農法

polydactyle [pɔlidaktil] 形名 〔医〕多指[多趾]症(の患者)

polydactylie [pɔlidaktili] 女 〔医〕多指[多趾]症

polydipsie [pɔlidipsi] 女 〔医〕(多飲)多渇症

polyèdre [pɔli(j)edr] 男 〔数〕多面体 ── 形 多面の

polyédrique [pɔli(j)edrik] 形 多面体の

polyester [pɔliɛster] 男 〔化〕ポリエステル

polyéther [pɔlietɛr] 男 〔化〕ポリエーテル

polyéthylène [pɔlietilɛn] 男 〔化〕ポリエチレン

polygala [pɔligala], **polygale** [pɔligal] 男 〔植〕ヒメハギ

polygame [pɔligam] 形 一夫多妻の; 一妻多夫の ── 名 多妻の男; 多夫の女

polygamie [pɔligami] 女 一夫多妻(制); 一妻多夫(制)

polyglotte [pɔliglɔt] 形名 数か国語を話す(人)

polygonal(ale) [pɔligɔnal] 形 (男複 -*aux* -o) 〔数〕多角形の

polygone [pɔligon] 男 ①〔数〕多角形, 多辺形 ②〔軍〕射撃演習場

polygraphe [pɔligraf] 名 〈古〉雑文家

polymère [pɔlimɛr] 形男 〔化〕ポリマー(の), 重合体(の)

polymérisation [pɔlimerizasjɔ̃] 女 〔化〕重合

polymorphe [pɔlimɔrf] 形 〔生・化〕多形(態)の, 様々な形をとる

polymorphie [pɔlimɔrfi] 女 polymorphisme

polymorphisme [pɔlimɔrfism] 男 〔生・化〕多形(現象), 多形性, 同質異像

Polynésie [pɔlinezi] 女 ポリネシア【南太平洋東部にある島々】 ▶*Polynésie française* フランス領ポリネシア【海外領土の一つ】

polynésien(ne) [pɔlinezjɛ̃, -ɛn] 形 ポリネシアの ── 名 [P.-] ポリネシア人 ── 男 〔言〕(マライ・ポリネシア語族の)ポリネシア語派

polynévrite [pɔlinevrit] 女 〔医〕多発(性)神経炎

polynôme [pɔlinom] 男 〔数〕多項式, 整式

polynucléaire [pɔlinykleɛr] 形 〔生〕多核の

polyol [pɔliɔl] 男 = polyalcool

polyoside [pɔliozid] 男 = polysaccharide

polype [pɔlip] 男 ①〔動〕ポリプ, サンゴ虫 ②〔医〕ポリープ

polypeux(se) [pɔlipø, -øz] 形 ポリープ状の

polyphasé(e) [pɔlifaze] 形 〔電〕多相の

Polyphème [pɔlifɛm] 男 〔ギ神〕ポリュペモス【単眼の巨人】

polyphénol [pɔlifenɔl] 男 〔生化〕ポリフェノール

polyphonie [pɔlifɔni] 女 〔楽〕ポリフォニー, 多声音楽

polyphonique [pɔlifɔnik] 形 〔楽〕ポリフォニーの, 多声の

polypier [pɔlipje] 男 《動》ポリプ母体【ポリプ群体の単位構成virus;サンゴなど】

polypode [pɔlipɔd] 男 《植》ウラボシ《科》《シダの一種》

polyptyque [pɔliptik] 男 《美術》ポリプティク,多翼祭壇画

polysaccharide [pɔlisakarid] 男 《生化》多糖

polysémie [pɔlisemi] 女 《言》(言葉の)多義(性)

polysémique [pɔlisemik] 形 《言》多義的な

polystyrène [pɔlistirɛn] 男 《化》ポリスチレン, スチロール樹脂 ▶*polystyrène expansé* 発泡スチロール

polysyllabe [pɔlisi(l)lab] 形 多音節の,多綴りの ── 男 多音節語,多綴語

polysyllabique [pɔlisi(l)labik] 形 = polysyllabe

polytechnicien(ne) [pɔlitɛkniṣjɛ̃, -ɛn] 名 理工科学校の学生〔卒業生〕

Polytechnique [pɔlitɛknik] 女 理工科学校《国防省に属するグランドゼコール》(= École ~)

polythéisme [pɔliteism] 男 多神教

polythéiste [pɔliteist] 形 多神教の(信徒)

polytoxicomanie [pɔlitɔksikɔmani] 女 《医》多毒物嗜好癖

polytransfusé(e) [pɔlitrɑ̃sfyze] 形 名 《医》輸血を繰り返し受けた(人)

polytraumatisé(e) [pɔlitromatize] 形 名 《医》多所性外傷の(患者)

polytraumatisme [pɔlitromatism] 男 《医》多所性外傷

polyuréthan(n)e [pɔli(j)yretan] 男 《化》ポリウレタン

polyvalence [pɔlivalɑ̃s] 女 複数の機能をもつこと,多義性,多面性

polyvalent(e) [pɔlivalɑ̃, -ɑ̃t] 形 ①多目的の,複数の機能をもつ;(人が)色々な仕事をこなせる ②《化·医》多価の ── 女 《ケベック》総合制〔中等学校〕

pomélo [pɔmelo] 男 《植》《(英) pomelo》ザボン, ブンタン

pomi- 接頭 《ラ》「果物」の意

pommade [pɔmad] 女 ①軟膏(な), ②《古》ポマード

pommader [pɔmade] 他 (髪に)ポマードを塗る ── 代動 se ~ (自分の髪に)ポマードをつける;《話》おしゃれをする

pommard [pɔmar] 男 ポマール《ブルゴーニュ産赤ワイン》

***pomme** [pɔm] 女 《英 apple》 ①リンゴ ▶*tomber dans les pommes* 《話》気絶する ②ジャガイモ(= ~ de terre) ▶*pomme vapeur* ふかしイモ *pommes allumettes* (細切りリンノイドポテト *pommes frites* フライドポテト ③球形のもの;《話》頭, 顔; ¡[ma (ta,

sa) ~]〕《話》俺〔おまえ, あいつ〕 ▶*pomme de douche* シャワーのノズル *pomme de pin* 松かさ *pommes de discorde* 不和の種 ④▶*pomme d'Adam* のどぼとけ

pomme(e) [pɔme] 形 ①(レタスやキャベツが)結球した ②《話·古》完全な

pommeau [pɔmo] 男 (複 ~x) (刀剣の)柄頭(らんがら);(傘・ステッキの)丸い握り

***pomme de terre** [pɔmdətɛr ポムドゥテール] 女 (複 ~s ~ ~) ジャガイモ ▶*pommes de terre en robe des champs* 皮ごと煮たジャガイモ

pommel(e) [pɔmle] 形 ①(空が)うろこ雲におおわれた ②(馬に白と灰色の)斑紋ある

pommeler [pɔmle] 代動 [se ~] ①(空が)うろこ雲におおわれる ②(馬に)斑紋が出る ③(果物が)丸くなる;(キャベツが)結球する

pommer [pɔme] 自 (キャベツなどが)結球する

pommeraie [pɔm(ə)rɛ] 女 リンゴ園

pommette [pɔmɛt] 女 ほお骨

***pommier** [pɔmje ポミエ] 男 《植》リンゴの木

pomo- 接頭 《ラ》「果物」の意

pomologie [pɔmɔlɔʒi] 女 果樹園芸

pomologue [pɔmɔlɔg], **pomologiste** [pɔmɔlɔʒist] 名 果樹園芸〔研究〕家

pompage [pɔ̃paʒ] 男 (ポンプによる)揚水, 吸水, 排水

***pompe¹** [pɔ̃p ポンプ] 女 《英 pomp》 ①ポンプ ▶*à toute pompe* 《話》全速力で *avoir un coup de pompe* 《話》へばっている *pompe à essence* 給油ポンプ *pompe à incendie* 消火ポンプ ②《話》靴 ▶*être à côté de ses pompes* 《話》ぼけっとしている ③(複) 腕立てふせ

pompe² [pɔ̃p] 女 ①《文》華美, 壮厳, 盛儀 ▶*en grande pompe* 盛大に ②▶*pompes funèbres* 葬儀(屋)

pompé(e) [pɔ̃pe] 形 《話》疲れきった,へとへとの

Pompéi [pɔ̃pei] ポンペイ《イタリア南部の古代都市》

pompéien(ne) [pɔ̃pejɛ̃, -ɛn] 形 ポンペイの ── 名 [P-] ポンペイの人

pomper [pɔ̃pe] 他 ①(液体・気体などを)送る;ポンプで汲む;吸う,汲み上げる ②《話》丸写しする,カンニングする ③《話》疲れさせる ▶*pomper l'air à ...* 《話》(人)をうんざりさせる ④《話》(酒)を飲む

pompette [pɔ̃pɛt] 形 《話》ほろ酔いの

pompeusement [pɔ̃pøzmɑ̃] 副 大げさに, 仰々しげに;盛大に

pompeux(se) [pɔ̃pø, -øz] 形 大げさな, もったいぶった

***pompier¹** [pɔ̃pje ポンピエ] 男 《英 fireman》消防士, 防火係

pompier²(ère) [pɔ̃pje, -ɛr] 形 (作家や作品が)もったいぶった, 大時代な ━ 男 大時代な手法の(芸術)家

pompiérisme [pɔ̃pjerism] 男 (芸術・文学の)大時代調, もったいぶった紋切型

pompiste [pɔ̃pist] 名 ①(ガソリンスタンドなどの)給油係 ②ポンプ整備工

pompon [pɔ̃pɔ̃] 男 玉房ふさ, ボンボン ▶ **avoir** [**tenir**] **le pompon** 《話》一枚上である **C'est le pompon!** 《話》そいつはひどい

pomponné(e) [pɔ̃pɔne] 形 ポンポンのついた; 入念に飾り立てた; めかし込んだ

pomponner [pɔ̃pɔne] 他 着飾る, (人を)飾り立てる ━ 代動 **se** ～ めかしする, 着飾る

ponant [pɔnɑ̃] 男 《詩・文》西方; (南仏の)西風; [[P.-] (地中海に対して)大西洋

ponçage [pɔ̃saʒ] 男 磨くこと, 研磨

ponce [pɔ̃s] 女 ①軽石(= pierre ~) ②型を取るための粉の入った布袋

ponceau [pɔ̃so] 男 (不変) ヒナゲシ色の, 深紅色の ━ 男 [植]ヒナゲシ

poncer [pɔ̃se] 他 52 (軽石・紙やすり・研磨機などで)磨く

ponceuse [pɔ̃søz] 女 研削盤, 研磨機

ponceux(se) [pɔ̃sø, -øz] 形 軽石(質)の

poncho [pɔ̃(t)ʃo] 男 《ス》《服》ポンチョ

poncif [pɔ̃sif] 男 ①型紙, ステンシル ②独創性のない作品, 月並みな表現, 決まり文句

ponction [pɔ̃ksjɔ̃] 女 ①[医]穿刺(せんし)(術) ②天引き

ponctionner [pɔ̃ksjɔne] 他 ①[医]穿刺する ②《話》金を取り立てる

ponctualité [pɔ̃ktɥalite] 女 時間厳守; きちょうめんさ

ponctuation [pɔ̃ktɥasjɔ̃] 女 句読法 ▶ **signe de ponctuation** 句読点

ponctuel(le) [pɔ̃ktɥɛl] 形 ①時間を厳守する ②点の(ような); 限定された, 一時的な

ponctuellement [pɔ̃ktɥɛlmɑ̃] 副 ①時間どおりに, 期限を守って ②ある点[局面]に限定して, 一時的に

ponctuer [pɔ̃ktɥe] 他 ①(…に)句読点を打つ, (…で)区切る 《de》 ②[楽]休止符[分割点]を打つ

pondaison [pɔ̃dɛzɔ̃] 女 (鳥の)産卵期

pondérable [pɔ̃derabl] 形 計量できる, 重さをはかることが可能な

pondéral(ale) [pɔ̃deral] 形 (男複 -aux[-o]) 重量に関する, 重量の

pondérateur(trice) [pɔ̃deratœr, -tris] 形 均衡を保つ, 安定させる; [統計]加重値の

pondération [pɔ̃derasjɔ̃] 女 ①判断の慎重さ, 穏健, 分別, 冷静 ②力の均衡

pondéré(e) [pɔ̃dere] 形 (< pondérer) ①慎重な; 沈着な, 冷静な ②均衡のとれた

pondérer [pɔ̃dere] 他 57 ①均衡[バランス]を保たせる, 釣り合わせる ②[数・統計]加重値を与える

pondeur(se) [pɔ̃dœr, -øz] 形 (鳥が)卵を産む ━ 名 (軽蔑的)多作な作家 ━ 女 卵をよく産む鳥 [雌鶏]; 《俗》多産な女

pondre [pɔ̃dr] 他 61 (卵を)産む, 産卵する; 《話・軽蔑的》(子供・作品などを)次々と産み出す

poney [pɔnɛ] 男 (<英) ポニー, 小馬 ▶ **faire du poney** ポニーに乗る

pongé(e) [pɔ̃ʒe] 男 [織]ポンジー, 絹紬(つむぎ)

pongiste [pɔ̃ʒist] 名 卓球をする人, 卓球選手

pont¹ [pɔ̃] 男 (英 bridge, link) ①橋; 橋脚, かけ橋; (休日間の平日を休みにした)連休; (自動車の)駆動連結装置 ▶ **couper les ponts avec** (人)との関係を断つ **faire le pont** (祭日をはさんで)連休にする **pont aérien** ピストン空輸 **pont arrière** 後輪軸 **pont avant** 前輪軸 **pont suspendu** 吊り橋 **pont tournant** 回旋橋; (鉄道の)転車台 ④[船]甲板, デッキ; 上下板 ▶ **Ponts et Chaussées** 土木局 ④作業用リフト ⑤[服]フラップ, 折り返し ⑥ ▶ **pont aux ânes** ロバの橋《愚か者以外に理解できないやさしい問題》

pontage [pɔ̃taʒ] 男 ①仮橋の架設, 架設 ②(建造中の船に)甲板をつけること ③[医]バイパス手術

ponte¹ [pɔ̃t] 女 産卵; 卵即(らんそく); 一度に産む卵(の数) ▶ **ponte ovulaire** [医]排卵

ponte² [pɔ̃t] 男 《話》有力者, 大物

ponté(e) [pɔ̃te] 形 (船が)甲板のある

pontet [pɔ̃tɛ] 男 (銃の)用心鉄かね

pontife [pɔ̃tif] 男 ①[カト]高位聖職者(司教など) ▶ **souverain pontife** ローマ教皇 ②(古代ローマの)神祇(じんぎ)官 ③《話》大御所, ボス

pontifiant(e) [pɔ̃tifjɑ̃, -ɑ̃t] 形 名 もったいぶった(人)

pontifical(ale) [pɔ̃tifikal] 形 (男複 -aux[-o]) [カト](ローマ)教皇の

pontificat [pɔ̃tifika] 男 [カト](ローマ)教皇の位階; 教皇在位期間

pontifier [pɔ̃tifje] 自 偉そうにふるまう

pont-l'évêque [pɔ̃levɛk] 男 (不変) ポン・レヴェック《オージュ産の柔らかい加熱チーズ》

pont-levis [pɔ̃lvi] 男 (複 ~s-~) (城(門)の)跳ね橋

Pont-Neuf [pɔ̃nœf] [le ~] ポン・ヌフ《セーヌ川に架かるパリ最古の橋》

Pontoise [pɔ̃twaz] ポントワーズ《Val-d'Oise 県の県庁所在地》

ponton [pɔ̃tɔ̃] 男 浮き(桟)橋, 浮台;

(港の)はしけ, 台船

pontonnier [pɔ̃tɔnje] 男 〔軍〕架橋兵

pontuseau [pɔ̃tyzo] 男 (製紙における)漉(す)き入れ用鎖線

pool [pul] 男 (く英) ①生産者連合; 企業連合 ②(企業内の作業)グループ, チーム ③ **pool génétique** 〔生〕遺伝子給源, 遺伝子プール

pop [pɔp] 形 〔不変〕(く英) ポップ(ス)の —— 男(女) ポップス(調), ポピュラーミュージック —— 女 ポップスのアイドル歌手

pop art [pɔpart, pɔpar] 男 (く英) ポップアート

pop-corn [pɔpkɔrn] 男 〔不変〕(く英) ポップコーン

pope [pɔp] 男 〔ギリシア正教〕(教区付き)司祭

popeline [pɔplin] 女 〔織〕ポプリン

popote [pɔpɔt] 女(話): ①〔料〕料理, 炊事 ②〔軍〕(共同で食事をとる)(下)士官のグループ; 共同食堂 —— 形〔不変〕(話) (人が)所帯じみた

popotin [pɔpɔtɛ̃] 男 (話) お尻 ▶ **se manier le popotin** 急ぐ

popov [pɔpɔf] 男(女) (話) ロシア人

populace [pɔpylas] 女 (軽蔑的な)下層民

populacier(ère) [pɔpylasje, -ɛr] 形 (軽蔑的)下層民の; 下品な

*__populaire__ [pɔpylɛr] ポピュレール 形 (英 popular). 庶民の, 大衆的な; 人気のある; 人民の, 民衆の ▶ **classes populaires** 庶民階級, 労働者階級

populairement [pɔpylɛrmɑ̃] 副 庶民的に, 通俗的に; 俗っぽく, 俗語で

popularisation [pɔpylarizasjɔ̃] 女 大衆化, 普及

populariser [pɔpylarize] 他 一般に普及させる, 大衆化する, 広める, (...の)人気を高める —— 代動 [se～] 人気が出る, 普及する

popularité [pɔpylarite] 女 人気, 知名度; 人望

*__population__ [pɔpylasjɔ̃] ポピュラシォン 女 ①人口; (一定の地域の)住民; (話) 人々, 世間 ▶ **population active** 労働人口 **population agricole** 農業人口 **population civile** 一般住民 **population scolaire** 就学人口 ②(一定地域の)(全)生物群; 〔統計〕母集団

populationniste [pɔpylasjɔnist] 形 人口増加論(主義)の —— 名 人口増加論(主義)者

populeux(se) [pɔpylø, øz] 形 人口の多い

populisme [pɔpylism] 男 ①〔文学〕民衆主義【民衆の生活や感情を表現しようとした1930年代の文学運動】②(政治における)大衆迎合主義

populiste [pɔpylist] 形 ①大衆迎合主義(者)の ②〔文学〕民衆主義の —— 名 ①大衆迎合主義者 ②〔文学〕民衆主義の作家

populo [pɔpylo] 男 (話) 大衆; 群衆

poquer [pɔke] 自 (ペタンクなどで)落ちた地点に静止するように球を投げる

poquet [pɔkɛ] 男 (種まきの)種をうえる穴

*__porc__ [pɔr] ポール 男 (英 pork) ①豚; 豚肉, ポーク; 豚皮 [革] ②(話) 豚野郎 【大食いで粗暴・下品な人にいう】

porcelaine [pɔrsəlɛn] 女 ①磁器 ②〔貝〕タカラガイ(宝貝), コヤスガイ(子安貝)

porcelainier(ère) [pɔrsəlɛ(e)nje, -ɛr] 形 磁器の, 磁器に関する —— 名 磁器商, 磁器製造人

porcelet [pɔrsəlɛ] 男 子豚

porc-épic [pɔrkepik] 男 (複 ~s-~s) 〔動〕ヤマアラシ; (話) 怒りっぽい人

porche [pɔrʃ] 男 (建物の)ポーチ; 屋根付きの玄関口, 車寄せ

porcher(ère) [pɔrʃe, -ɛr] 名 豚飼い; 養豚業者

porcherie [pɔrʃəri] 女 豚小屋; (話) 汚い場所

porcin(e) [pɔrsɛ̃, -in] 形 豚に関する, 豚に似た —— 男 (複) 〔動〕イノシシ亜目 ▶ **élevage porcin** 養豚

pore [pɔr] 男 (皮膚などの)毛穴; (鉱物などの)小孔; 〔植〕気孔

poreux(se) [pɔrø, -øz] 形 小孔[気孔]のある, 多孔質の; 水のしみ通る

porion [pɔrjɔ̃] 男 (炭鉱・油田などの)坑夫長, 坑内監督

porno [pɔrno] (話) ポルノの —— 男 ポルノ(映画)

pornographe [pɔrnɔgraf] 形 ポルノの —— 名 ポルノ作家

pornographie [pɔrnɔgrafi] 女 ポルノ(グラフィー); 猥褻(ホシ)さ

pornographique [pɔrnɔgrafik] 形 ポルノの, 猥褻(ホシ)な

porosité [pɔrozite] 女 多孔度, (軽石などの)多孔性; 透水性

porphyre [pɔrfir] 男 〔鉱〕斑(ハ)岩

porridge [pɔridʒ] 男 (く英) 〔料〕ポリッジ 【オートミールの一種】

*__port__[1] [pɔr] ポール 男 (英 port, harbor) ①港; 港町 ▶ **port d'armes** 軍港 **port d'attache** 母港 **port de commerce** 貿易港 **port de pêche** 漁港 **port de plaisance** ヨットハーバー **port fluvial** 河港 ②〔文〕避難所, 休憩場所 ▶ **arriver à bon port** 無事に到着する ③(ピレネー山脈の)峠

port[2] [pɔr] 男 (萬 wearing) ①(郵便の) ▶ **franco de port** 送料支払済みで ②着用, 携帯 ③(人の)態度, 姿勢 ▶ **port de voix** 〔楽〕ポルタメント

portabilité [pɔrtabilite] 女 持ち運びできること

portable [pɔrtabl] 形 ①携帯用の, 持ち運びできる ②(衣服が)着られる ③

〔情報〕互換性のある ━ 男 ポータブル機器；携帯電話，ノート型パソコン

portage [pɔrtaʒ] 男 ①（特に背負っての）運搬 ②新聞宅配 ③他社への輸出販売網供与

portail [pɔrtaj] 男 ①（教会の）正面入口 ②正面玄関，正門 ③〔情報〕ポータル

portant(e) [pɔrtɑ̃, -ɑ̃t] 形 (< porter) ①（構造物などの）支えとなる ▶ vent portant〔海〕順風 ③ ▶ à bout portant 至近距離で ④ ▶ être bien [mal] portant 体調が良い〔悪い〕━ 男 垂直方向に支える〔つり下げる〕器具；〔劇〕（舞台装置や照明などを支える）支柱；（トランクなどの）（運搬用）取っ手

portatif(ve) [pɔrtatif, -iːv] 形 携帯用の，持ち運びできる

*__porte__[1] [pɔrt] ポルト〕女 ①〔英 door, gate〕①ドア，扉，戸；出入り口，戸口，門；（都市の）門 ▶ claquer [fermer] la porte au nez de (人)を門前払いする écouter aux portes（ドア越しに）盗み聞きする être à la porte（鍵がなくて）閉め出されている être la porte à côté〔話〕すぐ近くにある ficher [foutre]... à la porte (人)を締め出す Il faut qu'une porte soit ouverte ou fermée.（ことわざ）中途半端にしてはいけない journée porte(s) ouverte(s) 公開日〔企業や官庁などを一般見学できる〕mettre [flanquer]... à la porte (人)を解雇する porte cochère（車の出入りする）正門 porte de communication（部屋をつなぐ）連絡口 porte de secours 非常口 porte de sortie 出口 porte d'entrée 入口 porte vitrée ガラス戸 ②〔複〕峡谷，峡路 ③〔スキー〕（回転競技の）旗門

porte[2] [pɔrt] 形〔解〕門脈の ▶ veine porte〔解〕門脈

porte- 接頭「持つ[運ぶ]（もの[人]）」の意

porté(e) [pɔrte] 形 (< porter) ①（…の[…する]）傾向がある，気にさせられる（à）；（…）が大好きである (sur) ② ▶ porté disparu 行方不明の

porte-aéronefs [pɔrtaerɔnɛf] 男《不変》航空母艦，空母

porte(-)à(-)faux [pɔrtafo] 男《不変》（建築物などの）突出部，片持ち梁(はり) ▶ en porte à faux 張り出した；不安定な，ぐらついた

porte-à-porte [pɔrtapɔrt] 男《不変》（セールスなどの）戸別訪問，訪問販売

porte-autos [pɔrtoto] 男《不変》自動車運搬用の鉄道車両，トレーラー

porte-avions [pɔrtavjɔ̃] 男《不変》航空母艦，空母

porte-bagages [pɔrt(ə)bagaʒ] 男《不変》（自転車の）荷台；（電車・バスの）荷物棚

porte-bébé [pɔrt(ə)bebe] 男《不

~.~(s)》 ベビーキャリア；（赤ん坊用の）だっこひも，籠

porte-billets [pɔrt(ə)bijɛ] 男《不変》札入れ

porte-bonheur [pɔrt(ə)bɔnœːr] 男《不変》お守り，マスコット

porte-bouteille(s) [pɔrt(ə)butɛj] 男 ワイン棚；瓶用水切り棚；（運搬用）瓶かご

porte-cartes [pɔrt(ə)kart] 男《不変》身分証明書［名刺・定期・カード］入れ

porte-cigarettes [pɔrt(ə)sigarɛt] 男《不変》シガレットケース

porte-clefs [pɔrtəkle], **porte-clés** [pɔrtəkle] 男《不変》キーホルダー

porte-conteneurs [pɔrt(ə)kɔ̃tənœːr] 男《不変》コンテナ船

porte-coton [pɔrt(ə)kɔtɔ̃] 男 綿棒

porte-couteau [pɔrt(ə) kuto] 男《複 ~x》（食卓用の）ナイフ置き

porte-croix [pɔrt(ə)krwa] 男《不変》十字架捧持(ほうじ)者

porte-documents [pɔrt(ə) dɔkymɑ̃] 男《不変》（薄手の書類かばん）；ブリーフケース

porte-drapeau [pɔrt(ə) drapo] 男《複 ~x》旗手；（社会運動などの）リーダー

***portée** [pɔrte ポルテ〕女 ①射程距離；（声などが及ぶ）範囲；（能力の）限界 ▶ à la portée de (人)の手の届くところに，理解できる hors de (la) portée de …の及ばない ②影響力，重要性 ③一腹の子 ④〔楽〕五線；（柱などの）間，スパン

portefaix [pɔrtəfɛ] 男《不変》（昔の）荷担ぎ人夫；荒くれ者

porte-fenêtre [pɔrt(ə) fənɛtr] 女《複 ~s-~s》フランス窓〔両開きのガラスのドア〕

***portefeuille** [pɔrtafœj] 男 ①〔英 wallet〕①財布，札入れ ②有価証券類（一覧表），ポートフォリオ ③大臣の職

porte-greffe [pɔrtəgrɛf] 男《複 ~(s)》〔園〕（接ぎ木の）台木

porte-hélicoptères [pɔrtelikɔptɛːr] 男《不変》〔海〕ヘリ空母，ヘリ母艦

porte-jarretelles [pɔrt(ə) ʒartɛl] 男《不変》ガーターベルト

porte-malheur [pɔrt(ə)malœːr] 男《不変》不幸をもたらすもの[人]，疫病神

porte(-)manteau [pɔrt(ə)mɑ̃to] 男《複 ~x》コート掛け，ハンガー

portement [pɔrtəmɑ̃] 男 ▶ portement de croix〔美術〕十字架を背負うキリスト像

porte(-)mine [pɔrtəmin] 男 シャープペンシル

***porte-monnaie** [pɔrt(ə)mɔnɛ ポルトモネ〕男《不変》〔英 purse〕小銭入れ，

がま口

porte-parapluies [pɔrt (ə) paraplɥi] 男《不変》傘立て

porte-parole [pɔrt(ə)parɔl] 男《不変》スポークスマン; (政党などの)機関紙

porte-plume [pɔrtəplym] 男 (複 ~~(s)) ペン軸, ペンホルダー

*__porter__[1] [pɔrte ポルテ] 他 (英 carry, wear) ①(荷物などを)持つ, 担ぐ; (責任などを)負う; (物を)支える ②(衣服などを)身につけている; 着ている; (名前などをもって)(からだの部分を)…の状態にする; (日付などの)記載がある; (痕跡などを)留めている ▶ porter les cheveux courts 短い髪をしている __porter son âge__ 年相応に見える __se faire porter malade__ 病気になる ③《文》持って行く, 運ぶ, 届ける ④(…を…に)至らせる, 到達させる; (人に…するようにしむける[仏]); __porter la main sur__ (人)をたたく __tout (nous) porte à croire que…__ どう考えても…と思わずにいられない ⑤(…に)視線・注意を向ける; 感情を抱く(sur, vers) ⑥(…を)もたらす, 与える ▶ __porter bonheur [malheur]__ 幸運[不幸]をもたらす ⑦(…に)記入する, 書きこむ(sur, à) ⑧(子を)孕む(は), 宿す, (実・花・葉を)つける; (利子を)生む ── 自 ①(…に)かかわる, (…を)対象とする (sur) ②(…に)重みがかかる, 支えられている (sur) ③(…に)ぶつかる (sur, contre) ④(弾丸・音などが)到達する, 達する; 命中する; (指摘などが)的を射る, 効果をあげる ── 代動 [se~] ①体の調子が…である ②(衣服が)着用される, 流行する ③名乗りをあげる, (…に)なり出る ▶ __se porter garant de__ …を保証する ④(視線・感情が)向けられる (sur, vers); 思わず…になる (à, vers) ⑤(…に)行く, 赴く (à, vers) ▶ __se porter à des extrémités__ 極端に走る

porter[2] [pɔrter] 男《<英》ポーター【英国の黒ビール】

porte-revues [pɔrt(ə)rəvy] 男《不変》マガジンラック

porterie [pɔrtəri] 女 (修道院などの)受付

porte-savon [pɔrt(ə)savɔ̃] 男 (複 ~~(s)) 石けん入れ[置き]

porte-serviettes [pɔrt(ə)sɛrvjɛt] 男 (複) タオル掛け

porteur(se) [pɔrtœr, -øz] 名 (英 porter) ①運ぶ人; (駅や登山でのポーター, 赤帽 ②(知らせなどを)伝える人; 使者, 配達人 ③(…をもっている人, 所持者, 保有者; [医] (病原体などの)保菌者 (de) ── 形 ①運ぶ, 伝える ▶ __mère porteuse__ 代理母 ②支える; 重要な, 発展性のある ▶ __marché porteur__ 成長市場 __mur porteur__ [建] 耐力壁 __thème porteur__ 重要概念

porte-voix [pɔrtəvwa] 男《不変》メガホン

portfolio [pɔrtfɔljo] 男《<英》ポートフォリオ

portier(ère)[1] [pɔrtje, -ɛr] 男 (ホテルの)ドアマン; (公共施設などの)門衛, 守衛

portière[2] [pɔrtjɛr] 女 ①(自動車・列車の)ドア, 扉 ②ドアカーテン; 仕切り用のカーテン

portillon [pɔrtijɔ̃] 男 (丈の低い)小さな扉, 小門

*__portion__ [pɔrsjɔ̃ ポルシオン] 女 一部, 部分; 分け前, 割り当て; 1人分の食事 ▶ __être réduit à la portion congrue__ かつかつの収入[食糧]である

portique [pɔrtik] 男 ①[建] 柱廊, ポルチコ ②アーチ型の門 ③(自動車の)洗車台 (~~ de lavage); (空港などの)(金属)探知装置 ③(ぶらんこ・吊り輪などの)横木

porto [pɔrto] 男 ポートワイン【ポルトガルの Porto 産のリキュール酒】

portoricain(e) [pɔrtɔrikɛ̃, -ɛn] 形 プエルトリコの ── 名 [P-] プエルトリコ人

Porto Rico [pɔrtoriko] プエルトリコ【西インド諸島にある島】

*__portrait__ [pɔrtrɛ ポルトレ] 男 肖像画 [写真], ポートレート; (言葉による)(人物)描写; 生き写しの人; [話] 顔 ~~ ▶ __être tout le portrait de…__ まさに…の生き写しである __faire le portrait de__ …の肖像画をつくる; 人となりを説明する __portrait en buste__ 半身像 __portrait en pied__ 全身像

portraitiste [pɔrtrɛ(e)tist] 名 肖像画家

portrait-robot [pɔrtrɛrɔbo] 男 (複 ~~s-~~s) モンタージュ写真, 似顔絵; (人・物の)典型的イメージ

portraiturer [pɔrtrɛ(e)tyre] 他 《文》(肖像画を描く; 描写する

port-salut [pɔrsaly] 男《不変》ポールサリュ【半硬質のチーズ】

portuaire [pɔrtɥɛr] 形 港の

portugais(e) [pɔrtygɛ, -ɛz] 形 ポルトガルの ── 名 [P-] ポルトガル人 ── 男 ポルトガル語 ── 女 ポルトガルガキ(牡蠣(ホホ)); 《俗》耳

Portugal [pɔrtygal] ポルトガル

POS [pɔs] 《略》plan d'occupation des sols [法] 土地利用計画

pose [poz] 女 ①取り付け, 設置, 敷設 ②姿勢, ポーズ; 気取り ▶ __prendre une pose__ ポーズを取る ③(写真の)露出 ▶ __film (de) 36 poses__ 36枚撮りのフィルム

posé(e) [poze] 形 (<poser) 落ち着いた, 物静かな ▶ __bien [mal] posé__ (声などが)しっかりとした[不明瞭な]

Poséidon [pozeidɔ̃] 男 [ギ神] ポセイドン 【海の支配者】

posément [pozemɑ̃] 副 落ち着いて, 物静かに

posemètre [pozmɛtr] 男 [写] 露出

poser [poze ポゼ] 他 (英 put, set) ①置く；取り付ける，設置する ②(原理などを)立てる；(…と)仮定する《que》③(英 ask)〔質問〕する，(問題を)提起する；(問題を)引き起こす ④(ものが人を)立派に見せる ▶ **poser sa candidature** 立候補する ⑤捨てる ▶ **poser le masque** 仮面を明かす ▶ **poser les armes** 降伏する — 自 ①(…の上に)のっている，根拠を置く《sur》②ポーズをとる；気取る，格好をつける ③〔写〕露出する ④(人を)気取る，(人の)ふりをする《à》— 代動〔se ~〕①(鳥・飛行機が)とまる，着陸する；置かれる，(視線などが)注がれる ②(問題などが)提起される ③ふるまう ▶ **se poser comme** [**en tant que**]... (人が)…としてふるまう **se poser en** ... (人が)…を気取る

poseur(se) [pozœːr, -øz] 名 ①気取り屋 ②(設備などを)敷設する人 — 形 気取った

positif(ve) [pozitif, -iv ポジティフ(ヴ)] 形 (英 positive) ①確実な，明確な ②現実的な，実際的な ③肯定的な；積極的な，建設的な ④〔物〕正の，プラスの；〔医〕陽性の；〔収支が〕黒字の；〔写〕陽画の ⑤〔文法〕〔形容詞・副詞の〕原級の — 男 ①確実なもの；具体的なもの ②〔写〕陽画，ポジ ③〔楽〕ポジティフオルガン

position [pozisjɔ̃ ポズィスィヨン] 女 ①姿勢，態勢；位置；順位 ▶ **arriver en première** [**deuxième, dernière**] **position** 一番[二番，最後]に着く **en position allongée** [**assise, verticale**] 横になった[座った，直立の]姿勢で ②地位；立場；見解，態度 ▶ **prise de position** 態度決定 ▶ **rester** [**camper**] **sur ses positions** 立場を固持する ③〔軍〕陣地

positionnement [pozisjɔnmɑ̃] 男 位置を決めること

positionner [pozisjɔne] 他 ①位置を決める；きまった位置に置く ②(製品などの)ターゲットをしぼる — 代動〔se ~〕位置が決まる；明示される

positivement [pozitivmɑ̃] 副 ①確実に；実際に，全く；肯定的に，積極的に ②〔電〕陽に，プラスに

positiver [pozitive] 他 ─ 自 楽観的[前向き]になる，自信を見せる

positivisme [pozitivism] 男 実証主義〔哲学〕【コントが提唱；感覚や経験を重視】

positiviste [pozitivist] 形 実証主義の — 名 実証主義者

posit(r)on [pozit(r)ɔ̃] 男 〔物〕陽電子

posologie [pozɔlɔʒi] 女 〔医〕薬(用)量，薬量学

possédant(e) [posedɑ̃, -ɑ̃ːt] 形 資産を持っている — 名 資産家

possédé(e) [posede] 形 (< possé-

der) (…に)取りつかれた《de》— 名 悪魔に取りつかれた人

***posséder** [posede ポセデ] 他 [7] (英 possess) ①所有している，持っている ②精通している ③〔話〕(人)をだます，かつぐ ④(感情などが人を)支配する；(超自然的なものが)取り憑く ⑤〔文・古〕(感情を)抑制する ⑥(女性を)ものにする — 代動〔se ~〕〔文・古〕自制する ▶ **ne plus se posséder de joie** 喜びを抑えかねる

possesseur [posesœːr] 男 持ち主，所有者

possessif(ve) [posesif, -iv] 形 〔文法〕所有の；(人が)独占欲の強い — 男 〔文法〕所有詞

possession [posesjɔ̃ ポセスィヨン] 女 ①所有；所有物；(愛情・肉体関係の)獲得 ▶ **avoir ... en sa possession** / **être en possession de** …を所有している **être en possession de** …のものである **prendre possession de** …を手に入れる，占領する ②把握；制御 ▶ **possession de soi** 自制心 ③悪魔つき，憑依(ひょうい)

possessionnel(le) [posesjɔnɛl] 形 〔法〕占有を示す

possessivité [posesivite] 女 〔心〕独占欲の強さ

possibilité [pɔsibilite ポスィビリテ] 女 (英 possibility) 可能性，見込み；手段，可能なこと；〔複〕能力，資力

***possible** [pɔsibl ポスィブル] 形 ①可能な，できる；ありうる；可能な限りの，できるだけの ▶ **dès que** [**aussitôt que**] **possible** できるだけ早く **Il est possible que ...** …かもしれない **le plus ... possible** できる限り… ②まずまずの，我慢できる — 男 可能なこと；〔複〕起こり得ること ▶ **au possible** 極端に **dans la mesure du possible** できる限り **faire tout son possible** できる限りのことをする

post- 接頭 〔ラ〕(空間的・時間的に)「後ろの」「後の」「次の」の意

postage [pɔstaːʒ] 男 投函，郵送

postal(ale) [pɔstal] 形 (男 複 -aux [-o]) (英 mail) 郵便の

postclassique [pɔstklasik] 形 古典主義に続く，古典主義後の

postcombustion [pɔstkɔ̃bystjɔ̃] 女 〔ロケットやジェットエンジンの〕アフターバーニング，アフターバーナー

postcommunisme [pɔstkɔmynism] 男 脱(ポスト)共産主義

postcommuniste [pɔstkɔmynist] 名 脱共産主義(者)(の)

postcure [pɔstkyːr] 女 〔医〕(治療後の)アフターケア

postdate [pɔstdat] 女 先日付，事後日付〔日付を実際より遅らせること〕

postdater [pɔstdate] 他 日付を実際より遅らせる

***poste**[1] [pɔst ポスト] 女 (英 post) ①

郵便(業務);郵便局 ▶par la poste 郵便で poste aérienne 航空郵便 poste centrale 中央郵便局 poste restante 局留め郵便 ②(昔の)駅馬車,宿駅

*poste² [pɔst ポスト] 男 (英 post) ①(軍隊の)部署,部隊;配置についた兵士;(警察などの)分署,派出所(＝~ de police);(機械などの)設置場所;監視する装置 ▶être fidèle au poste 持ち場を守る;頑張りぬく poste de contrôle 検問所 poste de secours 救護所 poste de travail (情報)ワークステーション poste émetteur 送信機 poste pilotage コクピット ②地位,ポスト,職 ③(テレビの)受像機(＝~ de télévision),(ラジオの)受信機(＝~ de radio)

posté(e) [pɔste] 形 交替勤務の
poste-frontière [pɔstfrɔ̃tjɛr] 男 (複 ~s-~s) 国境検問所
poster¹ [pɔste] 他 部署につかせる,配置する ── 代動 [se ~] (見張りなどの)配置につく,持ち伏せする
poster² [pɔste] 他 投函する,郵便で出す
poster³ [pɔstɛr] 男 (＜英) ポスター
*postérieur(e) [pɔsterjœr ポステリユール] 形 ①(時間的に)(…より)後の,以後の(à) ②(空間的に)(…より)後方の,後部の ── 男 (話) 尻
postérieurement [pɔsterjœrmɑ̃] 副 (…より)後に(à)
posteriori [pɔsterjɔri] ⇨ a posteriori
postériorité [pɔsterjɔrite] 女 (時間的に)後であること
postérité [pɔsterite] 女 後世の人々;(芸術家などの)後継者;(文) 後嗣(し),子孫 ▶passer à la postérité 後世に伝わる
postface [pɔstfas] 女 (書物の)後記,あとがき
posthume [pɔstym] 形 死後の;死後刊行の;(父の)死後に生まれた ▶à titre posthume 死後に
postiche [pɔstiʃ] 形 後から付け加えた;人工の;にせの ── 男 かつら,ヘアピース
postier(ère) [pɔstje, -ɛr] 名 郵便局員
postillon [pɔstijɔ̃] 男 ①(古)(駅馬車の)御者(ぎょしゃ) ②(話)(しゃべる時に飛ばす)唾
postillonner [pɔstijɔne] 自 (しゃべりながら)唾を飛ばす
postimpressionnisme [pɔstɛ̃presjɔnism] 男 (美術)後期印象派[主義]
postimpressionniste [pɔstɛ̃presjɔnist] 形 名 (美術)後期印象派の(画家)
postindustriel(le) [pɔstɛ̃dystrijɛl] 形 工業化以後の,脱工業化の

post-it [pɔstit] 男 (不変) (＜商標) ポストイット,付箋
postmoderne [pɔstmɔdɛrn] 形 名 ポストモダンの(人・もの)
postmodernisme [pɔstmɔdɛrnism] 男 ポストモダニズム
postnatal(ale) [pɔstnatal] 形 (男複 -als, -aux[-o]) 誕生直後の,生後の
postopératoire [pɔstɔperatwar] 形 (医)(手)術後(性)の
postposer [pɔstpoze] 他 (文法)(他の語の後)に置く,後置する
postposition [pɔstpozisjɔ̃] 女 (文法)後置,後置詞
postscolaire [pɔstskɔlɛr] 形 学校卒業後の,学業終了後の
post-scriptum [pɔstskriptɔm] 男 (不変) (＜ラ)(手紙の文面で)追伸[略 PS または P...S.]
postsynchronisation [pɔstsɛ̃krɔnizasjɔ̃] 女 (映画・テレビの)アフレコ
postsynchroniser [pɔstsɛ̃krɔnize] 他 (フィルムに)音入れをする,アフレコで吹き入れる
postulant(e) [pɔstylɑ̃, -ɑ̃t] 名 志願者,求職者;(カト)修道志願者
postulat [pɔstyla] 男 (数・論) 第一公理,要請,公準
postuler [pɔstyle] 他 ①(職・地位)を志願する,志願する ②前提とみなす
posture [pɔstyr] 女 (不自然な)姿勢 ▶être se trouver en mauvaise posture 不利な立場にいる

*pot [po, ポ] 男 (水さし,jar)①つぼ(壺),(小)瓶;(古)鍋;つぼ[びん]の中のもの ▶découvrir le pot aux roses 事件の真相をつかむ payer plein pot 全額払う petit pot (瓶の)離乳食 pot à confiture ジャムの瓶 pot catalytique 触媒コンバーター pot de colle のり壺;しつこい人 pot de fleurs 植木鉢 pot d'échappement (エンジンの)マフラー poule au pot ブフ—ブ(鶏の詰め物野菜の煮込み) tourner autour du pot まわりくどく言う ②(飲み物の)杯 ▶boire prendre un pot (話) 1杯飲む ③(話)飲み会 ▶faire un pot 飲み会を開く ④(話)つぼ,つき ▶avoir du manquer de pot 運がある(ない) ⑤しびん(＝~ de chambre) ⑥(俗)尻
*potable [pɔtabl ポタブル] 形 ①(英 drinkable)飲める ▶eau potable 飲料水 ②(話)まずまずの
potache [pɔtaʃ] 男 (話)中学生,高校生
*potage [pɔtaʒ] 男 ポタージュ,スープ
*potager(ère) [pɔtaʒe, -ɛr] ポタジェ(ール) 形 (英 edible)(植物が)食用の;野菜の ▶plante potagère 野菜 ── 男 菜園,菜畑(＝jardin ~)
potard [pɔtar] 男 (古・話)薬剤師
potasse [pɔtas] 女 (化)カリウム化合

potasser [potase] 他 〔話〕猛勉強する

potassique [potasik] 形 〔化〕カリウム化合物の, カリウムを含んだ

potassium [potasjɔm] 男 〔化〕カリウム

pot-au-feu [potofø] 男〔不変〕〔料〕ポトフ; ポトフ用の牛肉; 〔古〕ポトフ用の鍋 ── 形〔不変〕〔話〕所帯じみた

pot-de-vin [pod(ə)vɛ̃] 男〔複 ～s-~-~〕わいろ, リベート, そでの下

pote [pɔt] 男〔話〕友達, 仲間

poteau [pɔto] 男〔複 ～x〕柱; 処刑用の柱 (= ~ d'exécution); (スポーツ) ゴールポスト (= ~ de but) ◆ **coiffer sur le poteau** (人)を最後の所で打ち負かす[出し抜く] *poteau électrique* 電柱 *poteau indicateur* 道路標識 *poteau télégraphique* 電信柱

potée [pɔte] 女 ポテ〔豚肉と野菜の煮込み料理〕

potelé(e) [pɔtle] 形 ぽっちゃりした, むっちりした

potence [pɔtɑ̃s] 女 T字形支柱; 絞首台, 絞首刑

potentat [pɔtɑ̃ta] 男 絶対君主, 専制君主; 大御所, 大立者

potentialisation [pɔtɑ̃sjalizasjɔ̃] 女〔効果の〕強化

potentialiser [pɔtɑ̃sjalize] 他〔薬の効力を〕相乗作用によって強化する; 効力を上げる

potentialité [pɔtɑ̃sjalite] 女 可能性, 潜在性; 潜在的な能力[性質]

potentiel(le) [pɔtɑ̃sjɛl] 形 潜在的な, 可能性のある;〔言〕可能法の ── 男 ①潜在力, 可能性; 〔物・化〕ポテンシャル, 〔電〕位 ②〔言〕可能法

potentiellement [pɔtɑ̃sjɛlmɑ̃] 副 潜在的に

potentille [pɔtɑ̃tij] 女〔植〕キジムシロ

potentiomètre [pɔtɑ̃sjɔmɛtr]〔電〕ポテンショメータ; 半固定抵抗器

poterie [pɔtri] 女 陶器(造り); 製陶工場

poterne [pɔtɛrn] 女 〔城・要塞の抜け穴に通じる〕隠し戸; 裏門, 間道

potiche [pɔtiʃ] 女 ①大型陶磁器 ②〔実質的権限のない名誉職の人

potier(ère) [pɔtje, -ɛr] 男 女 陶芸家; 陶器商

potimarron [pɔtimarɔ̃] 男〔植〕クリカボチャ

potin [pɔtɛ̃] 男 ①〔複〕うわさ話, 悪口 ②〔ばか騒ぎ, 喧噪(たぞう)

potiner [pɔtine] 自〔古〕陰口をたたく, うわさ話をする

potinier(ère) [pɔtinje, -ɛr] 形 名〔古・話〕おしゃべりな[うわさ話の好きな]人

potion [pɔsjɔ̃] 女 水薬; まずい飲み物

potiron [pɔtirɔ̃] 男〔植〕〔セイヨウ〕カボチャ

pot-pourri [popuri] 男〔複 ~s-~s〕①〔楽〕メドレー ②香ばこ, ポプリ〔乾燥させた花や香料を入れた小瓶〕

pou [pu] 男〔複 ～x〕シラミ;〔動植物につく〕害虫

pouah [pwa] 間〔話〕ああいやだ, うわっ〔嫌悪・軽蔑を表す〕

* **poubelle** [pubɛl] 女〔英 garbage can, dustbin〕ごみ箱 ◆ **faire les poubelles**〔話〕ごみ箱をあさる **mettre ... à la poubelle** …をごみ箱に捨てる

* **pouce** [pus] 男〔英 thumb〕①（主に手の）親指 ◆ **faire du pouce** ヒッチハイクする **manger sur le pouce**〔話〕大急ぎで食べる **se tourner les pouces**〔話〕何もしないでいる **sucer son pouce** 親指をしゃぶる ②プス〔旧尺度; pied の12分の1; 2.7センチ〕◆ **ne pas bouger [céder] d'un pouce** 1歩も動かない[譲らない]

poucer [puse] 自 52〔話・ケベック〕ヒッチハイクする

Poucet [pusɛ] 男 ▶ **Petit Poucet [le ~]** 親指太郎〔ペロー Perrault の童話の主人公〕

pouding [pudiŋ] 男〔料〕プディング

poudingue [pudɛ̃g] 男〔地〕礫(れき)岩

poudrage [pudraʒ] 男〔農〕薬剤散布

poudre [pudr] プードル 女〔英 powder〕①粉, 粉末, 粉薬, おしろい, パウダー; 〔古〕(土)ほこり ◆ **en poudre** 粉末の **jeter de la poudre aux yeux** 目くらましをする **poudre à laver / lessive en poudre** 粉末洗剤 **prendre la Poudre d'escampette**〔話〕ずらかる, 逃げる ②火薬 ◆ **mettre le feu aux poudre** 大事件を引き起こす **poudre à canon** 黒色火薬

poudré(e) [pudre] 形 おしろいをつけた

poudrer [pudre] 他 おしろい[パウダー]をつける; 粉をまぶす ── 代動〔se ~〕(自分の顔に)おしろいをつける

poudrerie [pudrəri] 女 ①火薬製造所 ②〔ケベック〕雪煙

poudreux(se) [pudrø, -øz] 形 ①〔文〕ほこりっぽい ②粉状の ── 女 粉雪 (= neige poudreuse)

poudrier [pudrije] 男 ①〔化粧用の〕コンパクト ②火薬職人

poudrière [pudrijɛr] 女 火薬庫; 危険地帯

poudroiement [pudrwamɑ̃] 男 ほこりが立つこと

poudroyer [pudrwaje] 自 45 ①ほこりを立てる ②〔光が〕空中のほこりをきらめかす; 〔光を受けた粉のように〕きらめく

pouf [puf] 間 どすん, ばたん; どかん 【墜下・破裂を表す】 ── 男 ①クッションスツール, 〔腰掛け用の〕分厚いクッション

pouffer [pufe] 自 (ぷっと)吹き出す (= ~ de rire)

pouf(f)iasse [pufjɑs] 囡 《俗・軽蔑的》品のない女, ずんぐりした女; 《古》売春婦

pouillerie [pujri] 囡 赤貧; 汚い所[もの]

pouilles [puj] 囡 《複》 ▶ **chanter pouilles à…** 《文》 (人)をののしる, 非難する

pouilleux(se) [pujø, -øz] 形 不潔な, シラミのわいた; みじめな; (土地が)不毛の — 名 《古》 不潔な人, 悲惨な貧乏人

pouilly [puji] 男 プイイ(酒) [Nièvre地方の白ワイン; プイイ・フュイッセ(Pouilly-fuissé)やプイイ・フュメ(Pouilly-fumé)など]

poujadisme [puʒadism] 男 プジャード主義[党]【1954年結成; 商人や手工業者の立場に立つ抗税政党】

poujadiste [puʒadist] 形名 プジャード主義の(人)

poulailler [pulaje] 男 ①鶏小屋; 《集合的》(鶏小屋の)鶏 ②《話》天井桟敷

poulain [pulɛ̃] 男 ①子馬, (生後30か月までの)馬 ②秘蔵の弟子, 新人

poulaine [pulɛn] 囡 ▶ **souliers à la poulaine** プレーヌ[先が長くとがった靴; 14-15世紀に流行した]

poularde [pulard] 囡 肥育鶏[人工的に太らせた雌めんどり]

poulbot [pulbo] 男 (モンマルトルの)やんちゃ坊主

*__**poule**__[1]__ [pul] 囡 《英 hen》 ①めんどり(雌鶏) ▶ **avoir la chair de poule** 鳥肌がたつ __**poule mouillée**__ 気の弱い[ma~] ②(母親に愛情をこめて)おまえ ③《俗》尻軽女, 売春婦; 愛人

poule[2] [pul] 囡 ①《スポーツ》総当たり戦, (予選リーグでの)組 ②(ゲームでの)総賭け金

*__**poulet**__ [pulɛ] 男 《英 chicken》 ①ひな鶏, 若鶏 ▶ **poulet de grain** 穀粒で飼育した鶏 __**poulet fermier**__ 放し飼いの若鶏 __**poulet rôti**__ ローストチキン ②[mon ~] (子供に愛情をこめて)おまえ ③《話》手紙 ④《話》警官, 刑事, でか

poulette [pulɛt] 囡 ①《古》若いめんどり ②《話》若い娘; [ma ~] (娘に愛情を込めて)おまえ ③ ▶ **sauce (à la) poulette** プーレットソース[卵黄入りのホワイトソース]

pouliche [puliʃ] 囡 若いめす馬[牝馬](♀)

poulie [puli] 囡 滑車, プーリー

pouliner [puline] 自 (馬が)子を産む

poulinière [pulinjɛːr] 囡 繁殖用牝馬(♀ = jument ~)

poulpe [pulp] 男 タコ(蛸)

pouls [pu] 男 脈, 脈拍, 胸さわぎ ▶ **prendre [tâter] le pouls à** (人)の脈をとる; (人)の動向を探る

*__**poumon**__ [pumɔ̃] 男 《英 lung》 肺; 酸素の供給源 ▶ **respirer à pleins poumons** 胸いっぱいに吸い込む

poupard(e) [pupar, -ard] 名 《古》丸々太った赤ん坊

poupart [pupar] 男 《動》 イチョウガニ

poupe [pup] 囡 船尾 ▶ **avoir le vent en poupe** 追い風を受けている, 状況が有利である

*__**poupée**__ [pupe] 囡 《英 doll》 ①人形 ▶ **jouer à la poupée** 人形遊びをする ②《話》かわいい娘; 見てくれだけの女 ③包帯を巻いた指

poupin(e) [pupɛ̃, -in] 形 (顔が)丸ぽちゃの, 血色のよい

poupon [pupɔ̃] 男 赤ん坊; 赤ちゃん人形

pouponner [pupɔne] 自 赤ん坊をあやす

pouponnière [pupɔnjɛːr] 囡 ①(3歳までの24時間制の)託児所 ②託児所の所員

*__**pour**__ [puːr] 前 《英 for, (in order) to》 ①(方向) …の方へ, …に行く ▶ **Partir pour Paris** パリへ出立する ②(時期・期限) …に; …の間, …の予定で ▶ **pour combien de temps** どのくらい(の時間[期間]) __**pour une heure**__ 1時間の予定で ③(目的・対象・用途) …のために[の], …にとって, …のための, …用の; [[trop assez] ~ …] (…する)にはあまりに[十分に]…である; あまりに[十分に]…なので…である[する]
▶ **C'est bon pour la santé.** それは体によい __**Je suis venu pour vous voir.**__ あなたに会いに来たのです __**pour que +**__ [接続法] …のために ④《賛成・味方》…に賛成して, …の味方をして ⑤《交換・等価・代理》…と引き換えに, …を支払って, …に代わって ▶ **dans un an, jour pour jour** 1年後の同じ日に ⑥《主題》…に際して, …にあたって, …としては, …について, …に対して ▶ **pour ce qui est de** …に関しては ⑦《原因・理由》…のために, …のゆえに ▶ **pour m'avoir aidé** 私に手を貸してくれたことで ⑧《譲歩・対立・比較・代比》…であるにもかかわらず, …ではあるが; …の割りに, …にしては ⑨《継続・結果》 [不定詞とともに] …してそして ▶ **Il m'a serré la main pour monter ensuite dans le train.** 彼は私の手を握り, それから列車に乗り込んだ
— ② 賛成して; 《話》そのために ▶ **Je suis pour!** 賛成です —— 男 《不変》賛成(意見, 理由); よい面, 利点 ▶ **le pour et le contre** 賛成と反対, 賛否

pour- [接頭] 《ラ》 「…のために」「徹底的に」の意

*__**pourboire**__ [purbwaːr] プルボワール 男 《英 tip》 チップ, 心づけ

pourceau [purso] 男 《複 ~x》《文》豚(= cochon) ▶ **donner des perles aux pourceaux** 豚に真珠を与える

pourcentage [pursɑ̃taʒ プルサンテージ] 男 (英 percentage) パーセンテージ, 百分率; 歩合(給)

pourchasser [purʃase] 他 (執拗に)追い求める, 追求する

pourfendeur(se) [purfɑ̃dœr, -øz] 名 《文中にふざけて》一刀両断にする人; 激しい批判者

pourfendre [purfɑ̃dr] 他 28 (古)(刀剣で)一刀両断にする; (時にふざけて)激しく批判する

pourlèche [purleʃ] 女 = perlèche

pourlécher [purleʃe] 代動 57 [se ~] 舌なめずりする, 舌鼓を打つ

pourliche [purliʃ] 男 (話) チップ

pourparlers [purparle] 男《複》折衝, 交渉 ▶être en pourparlers avec (人)と交渉中である

pourpier [purpje] 男《植》スベリヒユ

pourpoint [purpwɛ̃] 男 (古) (男性用の昔の) 胴衣

pourpre [purpr] 形 深紅の, 緋(ひ)の — 女 ①緋色, 紫がかった紅 《古代地中海人が珍重》 ②〈文〉緋色の衣; 王位, 帝位; 緋色, 真紅

pourpré(e) [purpre] 形〈文〉深紅の, 緋(ひ)色の

***pourquoi** [purkwa プルコワ] 副《疑問》(英 why) なぜ, どうして, 何のために; 《不定詞とともに》…して何になるのだろうか ▶C'est pourquoi... それゆえに… Pourquoi pas? それでいいですか — 男《不変》①原因, 理由 ②なぜという質問

pourr... ⇨ pouvoir

pourri(e) [puri] 形 ①腐った; (金属・岩が)風化した; (気候が)じめじめした ②堕落した, 甘やかされた ▶pourri de ... (話)…が腐るほどある — 男 腐敗(部分)

***pourrir** [purir プリール] 他 33 ①腐らせる ②人を堕落させる, (子供を)甘やかしてだめにする — 自 (英 go bad, rot) ①腐る ②(状況などが)悪化する; (人が)悪い状況のままでいる — 代動 [se ~] ①腐る ②(状況などが)悪化する

pourrissage [purisaʒ] 男 ①陶土に湿気を与えること ②〔製紙〕(原料の)浸漬(しんし)

pourrissant(e) [purisɑ̃, -ɑ̃t] 形 腐りかけの; 腐らせる

pourrissement [purismɑ̃] 男 腐敗; 情勢の悪化, 泥沼化

pourriture [purityr] 女 腐りきっていること; 腐敗(物), 堕落; (軽蔑的の)腐りきった人間

poursui... ⇨ poursuivre

***poursuite** [pursɥit プルスュイト] 女 (英 chase) ①追跡, (…の)追求 (de) ▶poursuite en voiture カーチェイス se lancer à la poursuite de (人)を追跡する ②《複》〔法〕訴追, 起訴 ▶engager des poursuites judiciaires contre (人)を起訴する ③続行, 継続

poursuivant(e) [pursɥivɑ̃, -ɑ̃t] 名 追跡者, 追っ手 — 形 ▶partie poursuivante〔法〕訴えを起こした当事者

***poursuivre** [pursɥivr プルスュイーヴル] 他 《英 pursue》①追いかける, 追跡する ②目的・理想を追い求める ③〔法〕起訴する, 訴追する (= ~ en justice) ④(仕事・行動を)続行する, (ものごとの)続きをする ▶poursuivre A de B A(人)に B (怒り・憎しみ)をぶちまける — 代動 [se ~] 続く, 続行する

***pourtant** [purtɑ̃ プルタン] 副 (英 yet, nevertheless) それでも, しかし, それにもかかわらず

pourtour [purtur] 男 周囲, まわり

pourvoi [purvwa] 男〔法〕上告, 上訴, 抗告 ▶pourvoi en cassation 上告

***pourvoir** [purvwar プルヴォワール] 他 55《英 provide》(人に必要なものを)与える, 持たせる; (…に装備などを)備えつける (de) — 自 (…に) 必要なものを供給する (à) — 代動 [se ~] (…を備える, 用意する (de); 〔法〕上訴[上告]する

pourvoyeur(se) [purvwajœr, -øz] 名 供給者, 供給源; 弾薬補給兵, 弾薬手

***pourvu que** [purvy プルヴュ] 形 (< pourvoir) ①(…を)備えた, 持っている (de) ②金持ちの ③▶pourvu que + 接続法 《英 provided that》…でありさえすれば;《独立節で》…ならいいのに

pourvu.û ⇨ pouvoir

poussa [pusa] 男 プッシャーバージ方式〔一隻の動力船による数隻の川船の後押航法〕

poussah [pusa] 男 ①ずんぐりむっくり男, 太っちょ ②起き上がり小法師(ぼうし)

pousse [pus] 女 (植物・歯などが)生えること; 新芽, 若枝 ▶pousses de bambou たけのこ pousses de soja もやし

poussé(e) [puse] 形 (< pousser) 押された; 押し進められた, 入念な, 高度な; 度を越した

pousse-café [puskafe] 男《不変》(話)(食後のコーヒーの後で飲む)食後酒

***poussée** [puse] 女 ①押す力, 圧力, 押すこと ②(熱・物価の)急上昇; 急な高まり ▶poussée de fièvre 急な発熱 ③〔物〕浮力(= ~ d'Archimède)

pousse-pousse [puspus] 男《不変》①人力車 ②(スイス・カナダ) ベビーカー

***pousser** [puse プセ] 他 ①(英 push)押す, 押しやる;(英 urge)(人を)駆り立てる, 励ます;(候補者などを)後押しする;(仕事などを)押し進める, 推進する

pousser... à bout (人)を追い詰める **pousser A à B** [à 不定詞] A (人)をそそのかして…させる, A (人)を…するように仕向ける ②(出力などを)高める; (ある段階まで)至らせる ③(声などを)発する ── 自 ①(…まで)行く(jusqu'à) ②(植物・髪・歯が)生える, 伸びる; (子供が)成長する, 大きくなる ▶**faire pousser** …を栽培する **laisser pousser la barbe** ひげを伸ばす ③(話)誇張する, やり過ぎる ▶**Faut pas pousser!** (話)それはやり過ぎだ ④(町・建物などが)大きくなる, 発展する ── 代動 [se〜] ①どく, 席を詰める ②出世する, のしあがる

poussette [pusɛt] 囡 ①(折りたたみ式の)ベビーカー; ショッピングカート ②(自転車競技で)後押し [反則]

pousseur [pusœr] 男 押し船 [河川航行で使用される動力船]

pussier [pusje] 男 粉末石炭, 炭塵(じん)

***poussière** [pusjɛr プスィエール] 囡 (英 dust) ほこり, ちり; 粉末; 微粒子 ▶**et des poussières** (話)…と少々 **mordre la poussière** 地面に倒れる; 敗北する **réduire ... en poussière** …を粉末にする; …を粉砕する **tomber en poussière** 粉末になる **une poussière de ...** 無数の…

poussiéreux(se) [pusjerø, -øz] 形 ほこりまみれの, 生気のない; 古びた

poussif(ve) [pusif, -iv] 形 ①すぐ息切れする; (エンジンや車が)がたがたいう ②(話) (作品などが)生彩を欠いた

poussin [pusɛ̃] 男 (鳥の)ひな, ひよこ ▶**mon poussin** (話)おちびさん [幼児に対する愛称]

poussivement [pusivmɑ̃] 副 息を切らせて

poussoir [puswar] 男 (ベルなどの)押しボタン

poutre [putr] 囡 (建物の)梁(はり), 桁(けた), ビーム ▶**poutre apparente** むき出しの梁

poutrelle [putrɛl] 囡 小梁(こばり)

poutser [putse] 他 (話・スイス)きれいにする

***pouvoir**¹ [puvwar プヴォワール] 他 56 [不定詞とともに] ①(可能・許可)…できる; …してもよい ▶**faire ce qu'on peut** 自分のできることをする **Puis-je fermer la fenêtre?** 窓を閉めてもいいですか **Tu peux venir.** 君は来てもいい ②(推測・可能性)…かもしれない ▶**Il peut pleuvoir.** 雨が降るかもしれない ③[否定詞を伴わず]…できる ▶**Je n'en peux plus.** 疲れてへとへとだ; もう我慢ならない **Je n'y peux rien.** どうにもさせられない **on ne peut plus** ⇒ **plus** 成句 ── 代動 [se 〜] [非人称] [[Il se peut que ... 接続法]] …はありうる ▶**Ça se peut.** それはありうる **Il se peut que je me trompe.** 私が間違っているかもしれない

***pouvoir**² [puvwar プヴォワール] 男 (英 power) 力, 能力; 影響力, 支配力; 権力, 権限 ▶**être en son pouvoir** …の権限にあるうちの一つ **parti au pouvoir** 与党 **pouvoir central** 中央政府 **pouvoir exécutif** 行政権 **pouvoir judiciaire** 司法権 **pouvoir législatif** 立法権 **pouvoirs publics** 公権力, 当局 **prendre le pouvoir** 政権をとる **quatrième pouvoir** メディア, マスコミ

pouzzolane [puzɔlan] 囡 〈くい〉 プゾラン [セメントの材料となる火山灰土]

pp. (略) **pages** ページ [p. の複数]

p.p. (略) **participe passé** 過去分詞

PPCM (略) **plus petit commun multiple** [数] 最小公倍数

PQ [peky] 男 (話) トイレットペーパー

præsidium [prezidjɔm] 男 〈くロシア〉(旧ソ連の)最高会議幹部会

pragmatique [pragmatik] 形 [哲] 実際的な, 実用的な; [言] 語用論の ── 囡 語用論

pragmatisme [pragmatism] 男 [哲] プラグマティズム, 実用主義

pragmatiste [pragmatist] 形名 ①実用主義者(の), プラグマティスト(の)

Prague [prag] プラハ【チェコの首都】

prag(u)ois(e) [pragwa, -az] 形 プラハの ── 名 P- プラハの人

praire [prɛr] 囡 食用の二枚貝

prairial [prerjal] 男 [史] プレリアル, 牧月 [革暦の第9月]

prairie [preri プレリー] 囡 ①草原, 牧草地 ▶**la P-]** (アメリカの)プレリー ③[**les P-s**] (カナダ南部の)プレリー3州 [アルバータ・サスカチュワン・マニトバ]

praline [pralin] 囡 ①プラリーヌ [アーモンドにカラメル状の砂糖をまぶしたもの]; (ベルギー) チョコレートボンボン ▶**cucul la praline** (話)ばかげた, 変なこと ②(話) 銃弾

praliné(e) [praline] 形 [菓] 細かく切ったプラリーヌを混ぜた ── 男 プラリーヌ入りチョコレート

praliner [praline] 他 ①[菓] 砕いたプラリーヌを加える ②[農] 肥料土をまぶす

praticable [pratikabl] 形 (道が)通行可能な; (計画が)実現できる ── 男 (舞台の)実物セット; (スタジオの)可動装置, 足場

praticien(ne) [pratisjɛ̃, -ɛn] 名 ①開業医, 臨床医; 医療補助員 ②(技術の)実地に当たる人

pratiquant(e) [pratikɑ̃, -ɑ̃t] 形名 宗教の掟を実践する(人)

***pratique**¹ [pratik プラティク] 形 ①(革 practical) 実際的な, 実用的な ②(英 handy) 便利な, 使いやすい

***pratique**² [pratik プラティク] 囡 (英 practice) 実践, 実行, 実用; (仕事な

どの)経験, 実績; 慣行, やり口; 《複》信仰の実践 ▶ dans la pratique 実際上, 現実に ▶ mettre ... en pratique …を実行する

*pratiquement [pratikmɑ̃ プラティクマン] 副 (英 in practice) 実際に, 現実に, 実用的に(は); ほとんど

*pratiquer [pratike プラティケ] 他 (英 practice) ①(仕事・スポーツなどを)行う, 実行する; (方法などを)実践する ②(窓・通路・穴などを)作る —— 自 (宗教上の)勤めを果たす —— 代動 [se ~] 実践される, 行われる

praxis [praksis] 女 《ド》実践, 活動

*pré [pre プレ] 男 (英 meadow) (小)牧場, 草原, 野原

pré- 接頭 《ラ》(空間的・時間的に)「前に」「前の」の意.

préadolescence [preadolesɑ̃s] 女 思春期前

préadolescent(e) [preadolesɑ̃, -ɑ̃t] 名 思春期直前の子供, ローティーンの少年[少女]

préalable [prealabl] 形 前もっての; (…に)先行する (à) ▶ sans avis préalable 予告なしに 男 前提条件 ▶ au préalable 何よりもまず

préalablement [prealabləmɑ̃] 副 前もって, あらかじめ ▶ préalablement à …に先だって

préalpin(e) [prealpɛ̃, -in] 形 〔地〕アルプス前山地帯の

préambule [preɑ̃byl] 男 序言, 前置き, 前文; (…の)前兆 (de)

préamplificateur [preɑ̃plifikatœr] 男 〔電〕プリアンプ【略 préampli】

préau [preo] 男 (複~x) (校舎の)屋根のある部分; (監獄・病院などの)中庭

préavis [preavi] 男 予告; (特に)契約解除予告 ▶ donner un préavis de grève ストの予告を出す

prébende [prebɑ̃d] 男 《文》余録, 役得

précaire [prekɛr] 形 一時的な, 不安定な, はかない; 〔法〕仮の

précairement [prekɛrmɑ̃] 副 一時的に, 仮に; 不安定な状況の下で

précambrien(ne) [prekɑ̃briɛ̃, -ɛn] 形 名 〔地〕先カンブリア代(の)

précancéreux(se) [prekɑ̃serø, -øz] 形 〔医〕前癌状態の

précariser [prekarize] 他 (雇用などを)不安定な状態にする —— 代動 [se ~] 不安定になる

précarité [prekarite] 女 《文》不安定性, 不確かさ, 一時的なこと

*précaution [prekosjɔ̃ プレコスィヨン] 女 用心, 慎重さ ▶ par précaution 念のために précautions d'emploi (薬の)服用上の注意 prendre des [ses] précautions あらかじめ備えておく

précautionner [prekosjɔne] 代動 [se ~] 《文》(…に対して)用心する (contre)

précautionneusement [prekosjɔnøzmɑ̃] 副 用心深く

précautionneux(se) [prekosjɔnø, -øz] 形 用心深い, 慎重な, 用意周到な

précédé(e) [presede] 形 (…に)先行[先導]された (de)

précédemment [presedamɑ̃] 副 以前に, 前に; 以前は

*précédent(e) [presedɑ̃, -ɑ̃t プレセダン(ト)] 形 (英 previous) (すぐ)前の; 以前の ▶ jour précédent [le ~] 前日 mois précédent [le ~] 前月 —— 名 [前出の名詞を受けて] 前の人[もの] —— 男 先例, 前例 ▶ sans précédent 先例のない

*précéder [presede プレセデ] 他 57 (英 precede) (…に)先行する

préceller [preselɑ̃s] 女 《古・文》優秀さ, 卓越性

précepte [presept] 男 教訓; 教え; (宗教上の)戒律, 掟(ｵｷﾃ)

précepteur(trice) [preseptœr, -tris] 名 (貴族・富豪の)家庭教師, 教育係

préceptorat [preseptɔra] 男 家庭教師の職[期間]

préchauffage [prefofaʒ] 男 (オーブン・エンジンなどの)予熱

préchauffer [prefofe] 他 (オーブン・エンジンなどを)あらかじめ暖める, 予熱する

prêche [prɛʃ] 男 ①(牧師・神父の)説教 ②〔話・古〕お説教, 小言

prêcher [prefe] 他 ①(神の教えを)説く, (人に)神の教えを説教する ②(人に)忠告する, 説く (à) —— 自 説教をする

prêcheur(se) [prefœr, -øz] 形 名 ①《古》お説教好きの(人) ② ▶ frères prêcheurs ドミニコ会修道士

prêchi-prêcha [preʃipreʃa] 男 〈不変〉〔話〕くどくどしい説教, 小言

précieusement [presjøzmɑ̃] 副 大切にし, 念を入れて ②気取って

*précieux(se) [presjø, -øz プレスィユー(ズ)] 形 ①高価な; 貴重な, 大切な ②《文》〈態度・言葉づかいが〉気取った; 〔文学〕プレシオジテの (préciosité の) —— 名 気取り屋; 才女気取りの女 女 (17世紀の)才女; 才女気取りの女

préciosité [presjozite] 女 ①〈文体などの〉気取り, 凝りすぎること ②〔文学〕プレシオジテ 〔言葉・物腰の洗練を競った17世紀の風潮〕

précipice [presipis] 男 断崖, 絶壁

précipitamment [presipitamɑ̃] 副 大急ぎで, あわただしく, あたふたと

précipitation [presipitasjɔ̃] 女 ①大急ぎ, あわただしさ, 性急さ ②〔化〕沈殿; 《複》〔気〕降水(量)

précipité(e) [presipite] 形 ①(事態・動作が)急いだ, 性急な ②〔化〕沈殿した —— 男 〔化〕沈殿物

*précipiter [presipite プレスィピテ] 他 (英 hurl) ①突き落とす; (混乱・不幸

に)陥れる ((dans)) ②(動作を)速める, (事態を)早める ③(化)沈殿させる — 自 (化)沈殿する — 代動 [se ~] ①身を投げる, 飛び込む ②(人が)突進する, 駆け寄る; 急ぐ ③(出来事・水などが)勢いよく流れる, 速くなる

précis(e) [presi, -iz プレスィ(ズ)] 形 (英 precise) ①正確な, 明確な, はっきりした ②(行動が)ちょうどぴったりの ②(人が)時間に正確な, きちょうめんな — 男 概要; 概説書

précisément [presizemɑ̃ プレスィゼマン] 副 (英 precisely) ①正確に; ちょうど, まさしく ②(話)(返事で)そうです, その通りです

préciser [presize プレスィゼ] 他 正確に言う, 明確にする; (…であるとはっきり述べる ((que)) — 代動 [se ~] 明確になる, はっきりする

précision [presizjɔ̃ プレスィズィヨン] 女 正確さ, 明確さ, 的確さ; 詳細 ▶ **de haute précision** 高精度の

précité(e) [presite] 形 前述の, 上記の

préclassique [preklasik] 形 古典主義時代以前の

précoce [prekɔs プレコス] 形 (英 early) (植物が)早く育つ, 早咲きの; (人が)早熟な, ませた; ふつうより早い

précocement [prekɔsmɑ̃] 副 (文)季節より早く, 早熟に

précocité [prekɔsite] 女 (植物の)早なり, 早咲き; 早熟, ふつうより早いこと

précolombien(ne) [prekɔlɔ̃bjɛ̃, -ɛn] 形 (アメリカに関して)コロンブスによる発見以前の

précompte [prekɔ̃t] 男 天引き

précompter [prekɔ̃te] 他 あらかじめ差し引く; 天引きする

préconçu(e) [prekɔ̃sy] 形 あらかじめ考えられた, 予断の

préconception [prekɔ̃sepsjɔ̃] 女 先入見, 偏見

préconisation [prekɔnizasjɔ̃] 女 ①[カト]新司教告示 ②推薦, 推奨

préconiser [prekɔnize] 他 ①[カト]新司教を告示する ②しきりに勧める ▶ **préconiser de** 不定詞 ((que)) …するように[…に]推奨する

précontraint(e) [prekɔ̃trɛ̃, -ɛ̃t] 形 男 プレストレスコンクリート(工法による)

précuire [prekqir] 他 あらかじめ調理しておく

précuit(e) [prekqi, -it] 形 (食品が)調理済みの

précurseur [prekyrsœr] 男 先駆者 — 形 (男性形のみ) 前触れの, 予告する

prédateur(trice) [predatœr, -tris] 名 [生]捕食性の — 男 捕食動物; 略奪者; (企業の)乗っ取り屋

prédation [predasjɔ̃] 女 捕食

prédécesseur [predesesœr] 男 ①(女性にも男性形を用いるが)前任者, 先任者 ②(複)先人, 先駆者; 祖先

prédécoupé(e) [predekupe] 形 (布・木材が)あらかじめ切断されている

prédélinquant(e) [predelɛ̃kɑ̃, -ɑ̃t] 名 非行少年[少女]予備軍

prédestination [predestinasjɔ̃] 女 ①(救霊)予定(説) ②(文)宿命

prédestiné(e) [predestine] 形 (…に)運命づけられた ((à)); 運命の; 〔神〕救霊を予定された

prédestiner [predestine] 他 (…に)運命づける, あらかじめ定める ((à)); 〔神〕(…の)救霊を予定する

prédétermination [predetɛrminasjɔ̃] 女 ①〔哲〕先行決定 ②〔神〕(神のたて)予定

prédéterminer [predetɛrmine] 他 (意思・行為を)あらかじめ決定する

prédi[... ⇒prédire

prédicable [predikabl] 形 〔論〕属性として適用し得る, 帰し得る — 男 属性

prédicat [predika] 男 〔文法〕述語, 述部

prédicateur(trice) [predikatœr, -tris] 名 説教する人 — 男 説教師

prédicatif(ve) [predikatif, -iv] 形 〔文法〕述語の, 述部の, 述語的な

prédication [predikasjɔ̃] 女 (福音の)宣教, 布教; (文)説教

prédictibilité [prediktibilite] 女 予見可能性

prédictible [prediktibl] 形 予見できる

prédiction [prediksjɔ̃] 女 予言; 予報, 予告

prédilection [predilɛksjɔ̃] 女 偏愛, ひいき ▶ **de prédilection** お気に入りの

prédire [predir] 他 37 予言する, 予想する

prédisposé(e) [predispoze] 形 (…の)傾向がある ((à))

prédisposer [predispoze] 他 (ものごとが人に…の)素地を与える, (人を…に)傾かせる ((à))

prédisposition [predispozisjɔ̃] 女 (…への)生来の傾向, 素地

prédit [predi] prédire の過去分詞

prédominance [predɔminɑ̃s] 女 優越, 優勢, 卓越

prédominant(e) [predɔminɑ̃, -ɑ̃t] 形 優勢な, 支配的な

prédominer [predɔmine] 自 最も重要である, 有力である; (…に)勝る ((sur))

préélectoral(ale) [preelɛktɔral] 形 (男複 -aux[-o]) 選挙前の

préemballé(e) [preɑ̃bale] 形 (食品が)パック詰めの

prééminence [preeminɑ̃s] 女 優位, 卓越(性), 傑出性

prééminent(e) [preeminɑ̃, -ɑ̃t] 形 (文)傑出した, 卓越した, 上位の

préempter [preɑ̃pte] 他 〔法〕(土地を)先買権によって取得する

préemption [preɑ̃psjɔ̃] 囡 〔法〕先買い, 先買権

préencollé(e) [preɑ̃kɔle] 形 (壁紙などが)糊つきの

préenregistré(e) [preɑ̃rʒistre] 形 (放送が)前もって録音された; (テープなどが)録音ずみの

préétabli(e) [preetabli] 形 前もって決定された

préétablir [preetablir] 他 33 前もって決める, あらかじめ設定する

préexistant(e) [preɛgzistɑ̃, -ɑ̃t] 形 前存の, 先在の

préexistence [preɛgzistɑ̃s] 囡 〔文〕先在, 前存

préexister [preɛgziste] 自 (…より以前から)存在する, 先在する (à)

préfabrication [prefabrikasjɔ̃] 囡 プレハブ(工法)

préfabriqué(e) [prefabrike] 形 (建築物などが)プレハブの, 組み立て式の; 前もって準備された, 不自然な ── 男 プレハブ(部)材

préface [prefas] 囡 序文, 序言; 前触れ

préfacer [prefase] 他 52 (…の)序文を書く

préfacier(ère) [prefasje, -ɛr] 名 序文執筆者

préfectoral(ale) [prefektɔral] 形 (男複 -aux [-o]) 県の

***préfecture** [prefektyr] プレフェクテュール 囡 ① 県所在地; 県庁 ② 知事の職[任期] ③ [la P.-] 警視庁(= ~ de police)

***préférable** [preferabl] プレフェラブル 形 (…より)好ましい (à) ▶**Il est préférable de** [不定詞] **que** + [接続法] …するほうがよい

préféré(e) [prefere] 形名 お気に入りの(人), ひいきの(人)

***préférence** [preferɑ̃s] プレフェランス 囡 好み, 選択; 偏愛, (えこ)ひいき; 特恵 ▶**de préférence à** …よりはむしろ **donner la préférence à** …を選ぶ

préférentiel(le) [preferɑ̃sjɛl] 形 特恵的な, 特別の; 優先の

préférentiellement [preferɑ̃sjɛlmɑ̃] 副 特恵的に, 優先的に, 優遇して

***préférer** [prefere] 他 57 (英 prefer) より好む; [~ + [不定詞] **que** + [接続法]] …するほうがよい ▶**préférer A à B** BよりもAのほうが好きである **si vous préférez** もしそのほうがよければ ── [代動] **[se ~]** 自分が…であることを好む

***préfet** [prefe] プレフェ 男 (英 prefect) ① [女性にも男性形を用いる] 知事 ② ▶**préfet de Police** 警視総監 ③ **préfet des études** (ミッションスクールでの)学監, 生徒監

préfète [prefet] 囡 ① (古) 知事夫人 ② 女性知事

préfiguration [prefigyrasjɔ̃] 囡 《文》予兆, 予示

préfigurer [prefigyre] 他 前もって示す, (…の)前兆となる

préfinancement [prefinɑ̃smɑ̃] 男 (金融機関が行う資金などの)前貸し

préfixation [prefiksasjɔ̃] 囡 〔言〕接頭辞付加, 接頭辞法

préfixe [prefiks] 男 〔言〕接頭辞

préfixé(e) [prefikse] 形 (< préfixer) 接頭辞として付けられた, 接頭辞の付いた

préfixer [prefikse] 他 ① 〔言〕接頭辞として(接頭辞を)つける ② 〔法〕(期限を)前もって決める

préfoliation [prefoljasjɔ̃], **préfoliaison** [prefoljezɔ̃] 囡 〔植〕幼葉態, 芽期

préformé(e) [preforme] 形 あらかじめ形成[成形]された

préformer [preforme] 他 あらかじめ作る

préglaciaire [preglasjɛr] 形 〔地〕氷河期前の

prégnant(e) [preɲɑ̃, -ɑ̃t] 形 含みの多い, 含蓄のある

préhenseur [preɑ̃sœr] 形《男性形のみ》▶**organe préhenseur** (動物の)捕捉器官

préhensile [preɑ̃sil] 形 〔動〕(尾などが)ものをつかむことができる

préhension [preɑ̃sjɔ̃] 囡 (物をつかむこと, 把握(能力), 捕捉

préhistoire [preistwar] 囡 ① 先史(時代) ② 先史学

préhistorien(ne) [preistɔrjɛ̃, -ɛn] 名 先史学者

préhistorique [preistɔrik] 形 有史以前の, 《話》時代遅れの

préindustriel(le) [preɛ̃dystrijɛl] 形 産業革命以前の, 工業化前の

préinscription [preɛ̃skripsjɔ̃] 囡 (大学などの)予備登録

préinstaller [preɛ̃stale] 他 〔情報〕プレインストールする

préjudice [preʒydis] 男 損害, 迷惑 ▶**porter préjudice à** …に損害を与える **subir un préjudice** 損害を被る

préjudiciable [preʒydisjabl] 形 (…に)有害な, 害する (à)

préjudiciel(le) [preʒydisjɛl] 形 〔法〕先決の, 先決すべき

***préjugé** [preʒyʒe] プレジュジェ 男 (英 prejudice) (…に対する)偏見, 先入観 《contre》; 予断

préjuger [preʒyʒe] 他 40 (古・文) (…について)予断を下す ── 自 (…について)憶測する (de)

prélasser [prelase] [代動] **[se ~]** くつろぐ

prélat [prela] 男 (カトリック教会の)高位聖職者

prélatin(e) [prelatɛ̃, -in] 形 ラテン文化[語]以前の

prélature [prelatyr] 女 〖宗〗高位聖職者の地位

prélavage [prelavaʒ] 男 (洗濯機での)予洗い，下洗い

prêle, prèle [prɛl] 女 〖植〗トクサ，スギナ

prélèvement [prelɛvmɑ̃] 男 採取; (税金などの)天引き ▶ **prélèvement automatique** 自動引き落とし **prélèvements obligatoires** (税金と社会保険料の)源泉徴収

prélever [prelve] 他 ①採取する; **prélever du sang** 採血する ②(…から)天引きする, 徴収する《sur》

préliminaire [preliminɛr] 形 予備の, 前提の, 前置きの ── 男《複》①予備し[事前]交渉; 下準備, 根回し ②前置き; 前ぶれ

prélogique [prelɔʒik] 形 〖心〗前論理の

prélude [prelyd] 男 〖楽〗(演奏直前の)声[楽器]の調整; 前奏曲, プレリュード; 序幕, 発端, 前触れ

préluder [prelyde] 自 〖楽〗(演奏直前に)声や楽器の調整で音などを出す ▶ **préluder à**... (ものが)…の発端[前触れ]となる **préluder à** …で演奏を始める

prématuré(e) [prematyre] 形 早すぎる, 時期尚早の ── 名 早産児, 未熟児

prématurément [prematyremɑ̃] 副 あまりにも早く, 時期尚早に

prématurité [prematyrite] 女 早産児の未熟状態

préméditation [premeditasjɔ̃] 女 (犯罪などの悪事をあらかじめ計画すること) ▶ **avec préméditation** (犯罪などが)計画的な

prémédité(e) [premedite] 形 熟慮のうえの ▶ **crime prémédité** 計画的犯罪

préméditer [premedite] 他 (…することを)あらかじめ熟慮[計画]する《de》

prémices [premis] 女《複》①〖文〗初物(もつ), 初穂 ②〖文・宗〗始まり, 発端

***premier(ère)** [prəmje, -ɛr] プルミエ(-ル)] 形 (英 first) 最初の, 第1の, 1番目の; 初期の; 初歩の, 基本的な, 根本の, 基になる; 一級の, 最高の, 首席の ▶ **en première page** 第1面の下に **être [sortir] premier** 1番[首席]で(卒業する) **matières premières** 原料, 素材 **nombre premier** 〖数〗素数 ── 名 ①最初の人[もの], 1番目の人[もの] ▶ **parler [sortir] le premier** 最初に話し出す[出発する] ②前者 ── 男 ①(月の)1日(ﾂｲﾀﾁ); (パリ・リヨンなどの)第1区; 2階 ▶ **Premier de l'an [le ~]** 元日 ②(英国の)首相 ③ ▶ **en premier** まず第一に ── 女 ①(警察などの)初し), (映画などの)封切り[達成] ②〖話〗(ある分野での)初めての成功[達成] ③(乗り物の)1等 ④(リセの)

第1学級【第2年目】(= classe de ~) ⑤自動車のギアの①ロー ▶ **passer la première** ギアをローにいれる

***premièrement** [prəmjɛrmɑ̃ プルミエルマン] 副 第一に, まず

premier(ère)-né(e) [prəmjene, p-rəmjɛrne] 形《複 -s-~s》初めに生まれた ── 名 第1子; 最初の作品

prémilitaire [premiliter] 形 兵役〖徴兵〗前の

prémisse [premis] 女 〖論〗前提

prémolaire [premɔlɛr] 女 小臼歯

prémonition [premɔnisjɔ̃] 女 予感, 知らせ

prémonitoire [premɔnitwar] 形 前兆の, 前触れの

prémunir [premynir] 他 33 〖文〗(人を…から)守る, 保護する《contre》 ── **se ~** (…から)身を守る, 用心する《contre》

pren... ⇒**prendre**

prenable [prənabl] 形 ①攻略可能な ②掘む[服用]できる

prenant(e) [prənɑ̃, -ɑ̃t] 形 ①魅力的な ②労力や時間のかかる ③〖法〗金銭を受け取る ▶ **partie prenante** 〖法〗(金銭の)受け取り人; (契約の)当事者

prénatal(ale) [prenatal] 形《男複 -als》出産前の

prend [prɑ̃] ⇒**prendre**

***prendre** [prɑ̃dr プランドル] 他 60 (英 take, get, catch) ①手に取る, つかむ; (…から)(金銭を)取る, 奪う《de》; (知らせや情報を得る(ノートを)とる; (…の中を)取り出す《dans》; 買う; 選び[こむ]る; 採用する; 連れる, 行く; (人を)引きさがる ▶ **à tout prendre** すべてを考慮すると, 全体として, 結局 **prendre ... par le bras** (人)の腕をつかむ **prendre ... sur soi** …の責任を引き受ける **prendre sur soi** 自制する, 我慢する **prendre sur soi de** …することを引き受ける ②(乗り物に)乗る ③身につける, 着る; (…を構えを帯びる ④(食事を取る, 食べる, 飲む (風呂に入る, (シャワーを浴びる; (空気にたる) 吸う ⑤(受け取る, 受けとめる; 理解する ▶ **prendre A pour B** (AをBと)みなす, 取り違える; (AをBに)選ぶ, 用いる **prendre bien [mal]** …を冷静に[悪く]受け取る ⑦(時間・空間をとる, 占める; (時間がかかる; (場所・席などを)占める ⑧(手段・行動を)とる; (感情を…に)持つ, (感情を…に)わく ⑨(休暇・予約を)とる ⑩捕まえる; (人の不意を襲う; (現場を押さえる; (人が…しているとこそを押さえる《à》 ▶ **Je vous y prends!** さあ捕まえた! **On ne m'y prendra plus!** その手は食わないさ! ⑪(写真などを)とる ⑫(寸法などを)とる, はかる ⑬(習慣などを)身につける, (体格・単量などを増やす ⑭(病気に)かかる; (疑念・怒りなどが)…に襲いかかる ▶ **être pris par la panique** パニックに陥る **prendre froid** 風邪を引

Qu'est-ce qui te prend? 一体どうしたんです ⑮(…によって)人の心をとらえる, 丸め込む (par) ▶**se laisser prendre par** [à] (人の)心をひかれる, 丸め込まれる **Tel est pris qui croyait prendre.** 《ことわざ》だまそうとして逆にしてやられる

— 自 ①(液体などが)固まる, 凝固する; 凍る ▶**prendre ~ par le bras** (人の)腕をつかむ ②(火が)つく; (樹木が)根づく ③うまく行く, 通用する, 効果がある, 成功する ▶**Avec moi, ça ne prend pas.** 私にそれは通用しないよ ④(人・車が…に通[方向]する) ▶**Prenez à gauche.** 左に曲がって ⑤(道・線などが)始まる ▶**La grande-rue prend devant la gare.** その大通りは駅前から始まっている ⑥(…しようという考えが人に)浮かぶ, とりつく (à … de 不定詞)

— 代動 [se ~] ①(取られる, 持たれる, 捕らえられる; (薬が)服用される; (病気などが)とりつく ②(服・身体の一部が)ひっかかる, 挟まる ③(…であると)自分を見なす (pour) ▶**Pour qui se prend-il?** 彼はいったい何様のつもりなんだ / se prendre au sérieux 自分の言動に重きをおく, うぬぼれている ④(互いに奪い合う, つかみ合う; 抱き合う ⑤固まる, 凝固する, 凍る ⑥(言葉が)用いられる, 解釈される ⑦(人を)非難する (à) ⑧夢中になる (à) ▶**s'y prendre** 取りかかる; 行動する —savoir s'y prendre avec (人)の扱い方を知っている / s'y prendre bien [mal] うまく[へたに]やる

preneur(se) [prənœr, -øz] 名 ①(何かをとる人) ▶**preneur de son** 録音技師 **preneur d'otages** 人質犯 ②買い手; [法]賃借人; (手形などの)受取人 ▶**trouver preneur** 買い手がつく

prenez [prəne], **prennent** [pren] ⇨prendre

***prénom** [prenɔ̃ プレノン] 男 (英 first name) 名, ファーストネーム, 洗礼名

prénommé(e) [prenɔme] 形 (…という名の) ▶**le prénommé Jacques** ジャックという名の男

prénommer [prenɔme] 他 (人に…と)名づける — 代動 [se ~] (…という)名である

prenons [prənɔ̃] ⇨prendre

prénuptial(ale) [prenypsjal] 形 (男複 -aux[-o]) 結婚前の

préoccupant(e) [preɔkypɑ̃, -ɑ̃t] 形 (事態などが)気がかりの, 不安な

préoccupation [preɔkypasjɔ̃] 女 気がかり, 心配事, 関心事

préoccupé(e) [preɔkype] 形 (préoccuper の p.p.) (…に気を取られた (de); 心配そうな

***préoccuper** [preɔkype プレオキュペ] 他 心配させる; (人の)頭をいっぱいにする

— 代動 [se ~] (…に)心配する, 気にかける (de)

préolympique [preɔlɛ̃pik] 形 オリンピック前の

préopératoire [preɔperatwar] 形 手術前の

préoral(ale) [preɔral] 形 (男複 -aux[-o]) 助 口の前方の

prépa [prepa] 女 (話) (学生言葉で)高等専門学校進学準備学級

préparateur(trice) [preparatœr, -tris] 名 (実験などの)助手 ▶**préparateur en pharmacie** 薬剤師助手

préparatifs [preparatif] 男複 準備, 支度

***préparation** [preparasjɔ̃ プレパラシヨン] 女 準備, 支度, 用意; (食べ物の)調理, 下ごしらえ; (薬の)調合; 調合したもの; 養成

préparatoire [preparatwar] 形 準備の, 予備の ▶**classe préparatoire (aux Grandes Écoles)** (グランドゼコール)進学準備学級 [リセ卒業後二年間のクラス; 略 prépa] **cours préparatoire** (小学校の)準備科 [略 CP]

***préparer** [prepare プレパレ] (英 prepare) 準備する, 用意する; 調理する, 下ごしらえする; (薬を)調合する; (計画などを)立てる, 練る ▶**plat préparé** 調理済の食品 **préparer A à B** B (人)に A を用意しておく; A (人)に B の準備(心構え)をさせる **préparer la terre** 畑を耕す **préparer l'esprit à** …に対して心構えをする — 代動 [se ~] 準備する, 身支度をする, 心がまえをする (à, pour) ②自分に用意する ③準備される; 起こりそうである

prépondérance [prepɔ̃derɑ̃s] 女 (…に対する)優越性, 主導性, 支配力 (sur)

prépondérant(e) [prepɔ̃derɑ̃, -ɑ̃t] 形 (地位や役割において)卓越した, 優勢な

préposé(e) [prepoze] 名 ①(下級の)係員; (…の)担当係員 (à) ②郵便集配人[日常語では facteur]

préposer [prepoze] 他 (…の)職につかせる; 係に任じる (à) ▶**être préposé à** …を担当している

prépositif(ive) [prepozitif, -iv] 形 [文法]前置詞的の

préposition [prepozisjɔ̃] 女 [文法] 前置詞

prépositionnel(le) [prepozisjɔnɛl] 形 [文法]前置詞の, 前置詞に導かれた

prépositivement [prepozitivmɑ̃] 副 [文法]前置詞として

prépuce [prepys] 男 [解](男性の生殖器の)包皮

préraphaélisme [prerafaelism] 男 [美術] (19世紀イギリスの)ラファエル前派

préraphaélite [prerafaelit] 形 名

〔美術〕ラファエル前派の(画家)

préglage [prereglaʒ] 男 プリセット

prérégler [preregle] 他 57 (周波数などを)プリセットする

prérequis [prer(ə)ki] 男 (…するための)必要条件, 前提条件

préretraite [prer(ə)trɛt] 女 (定年前の)早期退職; ►partir en préretraite 早期退職する

préretraité(e) [prer(ə)trete] 名 早期退職者

prérogative [prerɔgativ] 女 特権, 特典; 特質, 特性

préromantique [preromɑ̃tik] 形 名 〔文学〕前ロマン主義の(作家)

préromantisme [preromɑ̃tism] 男 〔文学〕前ロマン主義(時代)

*près** [prɛ プレ] 副 (英 near) 〔空間・時間的に〕(…の)近くに, そばに ⟨de⟩; 近く, およそ, 約 ⟨de⟩ ►... près …を除いて, …を別として; わずか…の差で, …違いで à beaucoup près 〔古〕〔否定文で〕はるかに(及ばない) à ceci [cela] près que …を除けば à peu près / à peu de chose(s) près おおよそ, ほとんど de près 間近で; 細かく être près de … (今にも)…するところである être très près de ses sous 〔話〕ケチだ, 金に細かい

présage [prezaʒ] 男 前兆, 前触れ; (予兆からの)推察, 臆測

présager [prezaʒe] 他 40 〔文〕(人が)推察する, 予想する; (ものごとが)…の前兆を示す, 予告する ►laisser présager de …を予測させる

pré-salé [presale] 男 ⟨複〜s〜s⟩ プレサレ[海辺の塩分を含む牧草で育てた羊; その肉]

presbyte [prɛsbit] 形 名 老眼の(人)

presbytéral(ale) [prɛsbiteral] 形 (男複 -aux [-o]) 〔カト〕司教の, 司祭の

presbytère [prɛsbitɛr] 男 〔カト〕司祭館, 〔プロテスタント〕牧師館

presbytérianisme [prɛsbiterjanism] 男 〔キ教〕長老派教会, 長老派教会

presbytérien(ne) [prɛsbiterjɛ̃, -ɛn] 名 〔キ教〕長老派(教徒) — 形 長老教会の, 長老派教会の

presbytie [prɛsbisi] 女 老眼, 老視

prescience [presjɑ̃s] 女 予知(能力), 予見; 予感

préscientifique [presjɑ̃tifik] 形 (近代)科学以前の, 前科学的の

préscolaire [preskolɛr] 形 就学前の

prescri... ⇨ prescrire

prescripteur(trice) [prɛskriptœr, -tris] 名 〔医〕処方する医師 = médecin ~) — 男 〔経〕(商品選択などに)影響を与える人[グループ]

prescriptible [prɛskriptibl] 形 〔法〕時効の対象となりうる

prescription [prɛskripsjɔ̃] 女 ① 〔医〕処方; (詳細な)命令, 要請, 指示 ② 〔法〕時効

prescrire [prɛskrir] 他 28 ①(医者が)処方する, 命じる; (規則・法律が)規定する ②〔法〕(債務・刑などを)時効にする — 代動 [se ~] ①(薬が)処方される ②〔法〕時効する

prescrit(e) [prɛskri, it] 形 (⟨ prescrire) 規定された, 定められた

préséance [preseɑ̃s] 女 上席権, 優先権

présélection [preseleksjɔ̃] 女 前もって選ぶこと, 予備選考; (テレビ, カメラなどの機器の)プリセット

présélectionner [preseleksjɔne] 他 予選選考する; プリセットする

*présence** [prezɑ̃s プレザンス] 女 (特定の場所に)いる[ある]こと, 存在; 出席; 影響力; 気配; (俳優などの)存在感, 個性 ►avoir de la présence 存在感がある en présence 面前に; 対決して en présence de … と向かい合って, の面前で feuille de présence 出席[出勤]簿 honorer ... de sa présence (人に)臨席をたまわる présence d'esprit 冷静; 機転

*présent¹(e)** [prezɑ̃, -ɑ̃t プレザン(ト)] 形 ①(人が)いる; (ものごとが)存在する, ある; 出席している; (心などに)留まっている, 残っている ►avoir ... présent à l'esprit …をはっきりと覚えている ②〔名詞の前〕目の前にある, この ►présent ouvrage 本作品 — 名 出席者 — 男 ①現在, 今 ►à présent 今では à présent que … 今…なので dès à présent 今から, 今や jusqu'à présent 今までは ②〔文法〕現在(形) ►au présent 〔文法〕現在形の — 女 〔行政・商業用語で〕この手紙, 本状(=~ lettre)

présent² [prezɑ̃] 男 〔文〕贈り物, プレゼント ►faire présent à A de B A(人)にBを贈る

présentable [prezɑ̃tabl] 形 人前に出せる, 体裁のいい, 見苦しくない

présentateur(trice) [prezɑ̃tatœr, -tris] 名 司会者, 解説者, 説明者; 発表者

*présentation** [prezɑ̃tasjɔ̃ プレザンタスィヨン] 女 ①紹介; (作品・研究などの)発表 ②(証明書などの)提示 ►sur présentation de …の提示すると ③(商品などの)展示, 飾りつけ ④〔話〕(人の)身なり, みなり ⑤〔医〕胎位

présentement [prezɑ̃tmɑ̃] 副 〔古・カナダ〕現在(は), 今

*présenter** [prezɑ̃te プレザンテ] 他 ①展示する, 提示する; 表明する, 述べる ②(人 introduce) (人を…に)紹介する, 引き合わせる ③(作品などを)見せる, 献呈する (候補者などを)立てる, 出す; (人・ものを)推薦する, 勧める ⑤(様相を呈する) — 自〔bien, mal を伴って〕(人が)見かけがよい[悪い]

— 代動 [se ~] ① 自己紹介する ② 現れる, 出頭する, 出席する ③ (…に)志願する, 受験する, 立候補する (à) ④ 起こる, 生じる; (様相を)呈する ▶ se présenter bien [mal] うまく行きそうである [失敗しそうである]; いい[悪い]様相である

présentoir [prezɑ̃twar] 男 ショーケース, 陳列棚

préservateur(trice) [prezɛrvatœr, -tris] 形 (古) 予防の — 名 保存剤

préservatif [prezɛrvatif] 男 コンドーム

préservation [prezɛrvasjɔ̃] 女 予防(手段), 保護, 保存

***préserver** [prezɛrve プレゼルヴェ] 他 (…から)守る, 保護する (de) — 代動 [se ~] (…から)身を守る, 免れる (de)

présidence [prezidɑ̃s] 女 ① 大統領[議長・会長]の職[任期] ② (会議の)議長, 主宰, 司会 ③ 官邸, 執務室

***président** [prezidɑ̃ プレズィダン] 男 ① 大統領 ▶ président de la République (フランス) 共和国大統領 ② 会長, 議長, 委員長; 裁判長; 学長 ▶ président-directeur général 取締役社長 [略 PDG] ▶ président du conseil d'administration 理事長

présidente [prezidɑ̃t] 女 ① (女性の) 会長, 議長, 委員長 ② (古) 大統領[会長, 議長, 裁判長]夫人

présidentiable [prezidɑ̃sjabl] 形 名 大統領[議長] 候補者の

présidentialisation [prezidɑ̃sjalizasjɔ̃] 女 大統領制化, 権力の大統領への集中

présidentialisme [prezidɑ̃sjalism] 男 大統領制, 大統領集権主義

présidentiel(le) [prezidɑ̃sjɛl] 形 大統領の ▶ régime présidentiel 大統領制 — 女 (複) 大統領選挙

présider [prezide] 他 大統領を務める, 司会する; 主宰する, 主人役を務める — 自 (…を取り仕切る, 支配する

présidial(ale) [prezidjal] 形 名 (男複 -aux[-o]) (フランス革命以前の)下級裁判所の

présidium [prezidjɔm] 男 = præsidium

présomptif(ve) [prezɔ̃ptif, -iv] 形 推定の ▶ héritier présomptif 推定相続人

présomption [prezɔ̃psjɔ̃] 女 ① 推定, 仮定 ▶ présomption d'innocence [法] 推定無罪 ② うぬぼれ, 思い上がり

présomptueusement [prezɔ̃ptɥøzmɑ̃] 副 (文) うぬぼれて, 図々しく

présomptueux(se) [prezɔ̃ptɥø, -øz] 形 名 うぬぼれの強い(人)

*:**presque** [prɛsk プレスク] 副 (英 almost) ほとんど, ほぼ; [[形容詞的に]] ほとんどの ▶ presque jamais めったに(ない) ▶ presque personne [rien] ほとんど誰も[なにも]

presqu'île [prɛskil] 女 (小さな)半島

pressage [prɛsaʒ] 男 圧縮, プレス加工; (衣服・レコードなどの)プレス

pressant(e) [prɛsɑ̃, -ɑ̃t] 形 ① 急を要する, 緊急の, 差し迫った ② しつこい, うるさすぎる

press-book [prɛsbuk] 男 (< 英) (関係する新聞記事などをまとめた)売り込み資料

*:**presse** [prɛs プレス] 女 (英 press) ① 圧搾[圧縮]機; 印刷機 ② 定期刊行物, 出版物; 報道, 新聞, ジャーナリズム ▶ agence de presse 通信社 ▶ avoir bonne [mauvaise] presse (メディアで)評判がよい[悪い] dossier de presse (新聞などの)切り抜き資料 liberté de la presse 出版・報道の自由 presse à tabloïd紙 (センセーショナルな)タブロイド紙 presse féminine 女性誌 presse hebdomadaire 週刊誌 ③ (商売の)繁忙, 盛況 ④ (文)押し合い, 雑踏, 群衆

*:**pressé(e)** [prɛse] 形 (< presser) ① (英 hurried) 急いでいる, 急ぎの ② (英 squeezed) (果物などを)搾った ▶ orange pressée オレンジジュース — 男 ▶ aller au plus pressé 最も緊急なことを真っ先にする

presse-agrumes [prɛsagrym] 男 (不変) 電動ジューサー

presse-bouton [prɛsbutɔ̃] 形 (不変) 押しボタン式の, 完全に自動化された

presse-citron [prɛssitrɔ̃] 男 (～·～(s)) レモン搾り器, 果汁搾り器

presse-fruits [prɛsfrɥi] 男 (不変) 果物[果汁]搾り機

pressen... ⇨ **pressentir**

pressentiment [prɛsɑ̃timɑ̃] 男 予感, 虫の知らせ

*:**pressentir** [prɛsɑ̃tir プレサンティール] 他 48 (英 sense) ① 予感する, 察する ② (人の)意向を打診する, (人に)探りを入れる

presse-papiers [prɛspapje] 男 (不変) ① 文鎮 ② [情報] クリップボード

presse-purée [prɛspyre] 男 (不変) 野菜こし器, マッシャー [ゆでたジャガイモなどをつぶす器具]

*:**presser** [prɛse プレセ] 他 ① (英 press) 押す; (人を)押しつける, 抱きしめる; (手などを)握りしめる ② (英 squeeze) (果物・スポンジなどを)搾る ③ (人に…するよう)せき立てる (de); テンポを速める ▶ presser... de questions (人を質問攻めにする) presser le pas [l'allure] 足を速める — 自 急を要する, 差し迫る ▶ Le temps presse. 時間がおしている Rien ne presse. 何も急ぐことはない — 代動 [se ~] ① (大勢の人が)押し合う, ひしめく, 殺到する; 自分の体を押しつける ② 急ぐ

pressing [presiŋ] 男 《英》(蒸気による衣服の)プレス; クリーニング店

***pression** [presjɔ̃] プレスィヨン 女 《英 pressure》① 押すこと; 圧力, 気圧; (精神的)圧力, 影響力 ▶ **être sous pression** (人が)ぴりぴりしている **exercer une pression sur** …に圧力をかける **faire pression sur** (人)にプレッシャーをかける **pression artérielle** 血圧 **pression atmosphérique** 気圧 ② 生ビール(= bière ～) ③《服》スナップ

pressoir [preswar] 男 (ブドウなどの果実を搾る)圧搾器, 搾り機; 圧搾場

pressurage [presyraʒ] 男 (果実などの)圧搾; 搾り汁

pressurer [presyre] 他 ① しぼる, 圧搾する ②(人から金銭・精力を)しぼり取る ── 代動 [se ～] ▶ **se pressurer le cerveau** 《話》頭[脳味噌]をしぼる

pressurisation [presyrizasjɔ̃] 女 (飛行機内などの)気圧の通常化

pressuriser [presyrize] 他 (飛行機・宇宙船の機内を通常の気圧に保つ)

prestance [prestɑ̃s] 女 ① 堂々とした風裁, 貫禄 ▶ **avoir de la prestance** 堂々としている

prestataire [prestater] 名 ①(手当などの)受給者 ② ▶ **prestataire de services** サービス従事者

prestation [prestasjɔ̃] 女 ①(社会保険などの)給付, 支給, 手当; 供与, 提供 ▶ **prestation en nature** 現物支給 **prestations familiales** 家族手当 **prestations sociales** 社会保障給付金 ②(俳優・運動選手などの)演技, 技 ③宣誓

preste [prest] 形 すばやい, 敏捷(びんしょう)な

prestement [prestəmɑ̃] 副 素早く, 敏捷(びんしょう)に

prestesse [prestes] 女 《文》敏捷(びんしょう)さ, 機敏なこと

prestidigitateur(trice) [prestidiʒitatœr, -tris] 名 手品師, 奇術師

prestidigitation [prestidiʒitasjɔ̃] 女 手品, 奇術

prestige [prestiʒ] プレスティージュ 男 威信, 威光, 名声 ▶ **de prestige** 威信をかけた; 高級な

***prestigieux(se)** [prestiʒjø, -øz] プレスティジュー(ズ) 形 威信のある; 名高い, 格調高い

prestissimo [prestisimo] 副《イ》《楽》プレスティッシモで, 非常に急速に

presto [presto] 副《イ》《楽》プレスト, 極めて速く; 《話》早く, さっさと ── 男《楽》プレストの曲

présumé(e) [prezyme] 形 (< présumer) 推定された ▶ **être présumé coupable[innocent]** 有罪[無罪]と推定されている **meurtrier présumé** 殺人容疑者

présumer [prezyme] 他 推定する; (…と)思う, 推測する 《que》── 自

(…を)過信する, 買いかぶる《de》

présupposé(e) [presypoze] 形《文》予想された; 前提事項

présupposer [presypoze] 他《文》あらかじめ想定する; 前提とする

présupposition [presypozisjɔ̃] 女 前提, 想定, 予断

présure [prezyr] 女 凝乳酵素, レンニン, レンネット

présurer [prezyre] 他 (牛乳を)凝乳酵素で凝固させる

***prêt** [pre, pret] プレ(ット) 形《英 ready》用意[支度]のできた ▶ **être prêt à …** (人が)…のもうけができている, (ものが)…できる状態にある **être prêt à tout** 何でもやる覚悟がある **Prêts? Partez!**《号令》よーい, スタート

prêt² [pre] 男 ①貸すこと; 貸付金 ②(兵士の)給料 ▶ **prêt immobilier** 住宅ローン **prêt relais** つなぎ融資

prétantaine [pretɑ̃tɛn] 女 = prétentaine

prêt-à-porter [pretaporte] (複 ~s~~) プレタポルテ [高級既製服およびその業界]

prêté(e) [prete] 形 貸し付けられた ── 男 ▶ **C'est un prêté pour un rendu.** やられた分の仕返しだ

prétendant(e) [pretɑ̃dɑ̃, -ɑ̃t] 名 王位を要求する人, 王位継承権主張者 男 求婚者

***prétendre** [pretɑ̃dr] プレタンドル 他 28(不定詞とともに)(…する)すると主張する, 言い張る; (…と)言い張る《que》②[不定詞とともに](…することを)望む, 要求する; 《古》(…ということを)要求する《que》── 自(…を)切望する《à》── 代動 [se ～] 自分が…であると主張する

prétendu(e) [pretɑ̃dy] 形 (< prétendre) 自称の; いわゆる

prétendument [pretɑ̃dymɑ̃] 副 自称して; 世間でいわれる

prête-nom [pretnɔ̃] 男 (事業・契約などの)名義人

prétentaine [pretɑ̃ten] 女《成句でのみ》 ▶ **courir la prétentaine**《話》ぶらつく; 色事にふける

prétentieusement [pretɑ̃sjøzmɑ̃] 副 もったいぶって, 気取って

***prétentieux(se)** [pretɑ̃sjø, -øz] プレタンスィユー(ズ) 形 名 うぬぼれの強い(人); 気取った(人); きざな人

prétention [pretɑ̃sjɔ̃] プレタンスィヨン 女《avec claim》①権利の主張, 要求; 《複》要求額 ②自負; うぬぼれ, 思い上がり; 気取り ▶ **avoir la prétention de…** 図々しくも…しようとする **sans prétention(s)** 控えめの; 質素な

***prêter** [prete] 他《英 lend》① 貸す《à》; 提供する, 与える **prêter attention à** …に注意を払う **prêter le flanc à** …にすきを与える **prêter**

l'oreille 耳を貸す[傾ける] **prêter main-forte à** …に手を貸す **prêter serment** 宣誓する ②(発言・行動を人のせいにする, (人に)帰する (à) ▶**prêter de l'importance à** …を重要視する —— 自 ①(人)を招く, 引き起こす (à) ②(布地などが)伸びる —— 代動 [**se ~**] ①(人が…に)応じる, 同意する (à) ②(ものが…に)向く, 適する (à)

prétérit [preterit] 男 〔文法〕過去形

prétérition [preterisjɔ̃] 女 〔修〕暗示的看過法; 逆言法

prêteur [prɛtœr] 男 (古代ローマの)法務官

prêteur(se) [prɛtœr, -øz] 名 貸す人, 貸主, 金貸し ▶**prêteur sur gages** 質屋

***prétexte** [pretɛkst プレテクスト] 男 (英 pretext) 口実, 言いわけ; きっかけ, 機会 ▶**sous prétexte** (…を)口実に (de, que)

prétexter [pretɛkste] 他 口実にする, かこつける

prétoire [pretwar] 男 ①〔文〕法廷 ②(古代ローマの)法務官の公邸

Pretoria [pretɔrja] プレトリア【南アフリカ共和国の首都】

prétorien(ne) [pretɔrjɛ̃, -ɛn] 形 (古代ローマの)法務官の —— 男 近衛兵

prétraité(e) [pretrete] 形 前処理された, 調理済みの

prétranché(e) [pretrɑ̃ʃe] 形 あらかじめカットされた

***prêtre** [prɛtr プレトル] 男 (英 priest) (宗教の)僧侶, 神官, 祭司; 聖職者; 〔カト〕司祭, 神父

prêtresse [prɛtrɛs] 女 巫女(みこ), 女祭司

prêtrise [prɛtriz] 女 〔カト〕司祭職; 司祭叙階

préture [pretyr] 女 (古代ローマの)法務官の職[任期]

***preuve** [prœv プルーヴ] 女 (英 proof) 証拠, あかし; 検算 ▶**faire preuve de** …を示す **faire ses preuves** 真価を発揮する **jusqu'à preuve (du) contraire** 反証がでない限り **preuve de bonne volonté** 善意の証

preux [prø] 形 (男性形のみ)〔古〕勇敢な —— 男 (中世の)騎士, 勇士

préval... ⇒prévaloir

prévalence [prevalɑ̃s] 女 〔医〕有病率

prévaloir [prevalwar] 自 58 〔文〕…に勝る, 優位に立つ (sur, contre) —— 代動 [**se ~**] (…を)利用する, 自負する (de)

prévaricateur(trice) [prevarikatœr, -tris] 形名 〔法〕〔文〕不正を働く(人); 汚職[背任行為]をする人

prévarication [prevarikasjɔ̃] 〔法〕〔文〕(特に公務員の)不正, 汚職, 背任行為

prévariquer [prevarike] 自 〔法〕背任行為をする; 職務上の義務に違反する

prévau... ⇒prévaloir

préven... ⇒prévenir

prévenance [prevnɑ̃s] 女 心づかい, 思いやり, 親切(な行為)

prévenant(e) [prevnɑ̃, -ɑ̃t] 形 よく気のつく, 思いやりのある; 好感のもてる, 感じのよい

***prévenir** [prevnir プレヴニール] 他 75 (英 inform) (前もって)通報する, 知らせる ▶**prévenir A contre [en faveur de]**… A(人)に…にについて[有利な]先入観を与える **prévenir A de (que)**… A(人)に…するを(…であることを)告げる ②(人の欲求などを)察知し満足させる, かなえる ③(災害, 病気などを)防止する, 未然に防ぐ

préventif(ve) [prevɑ̃tif, -iv] 形 予防の, 防止する ▶**détention préventive** 〔法〕未決勾留

prévention [prevɑ̃sjɔ̃] 女 ①予防(措置), 防止 (対策) ▶**prévention routière** 交通事故対策 ②先入観, 偏見; 反感 ③〔法〕未決勾留期間

préventivement [prevɑ̃tivmɑ̃] 副 ①予防のために ②〔法〕刑事被告人として

préventorium [prevɑ̃tɔrjɔm] 男 結核予防療養所, サナトリウム

prévenu(e) [prevny] 形 (< prévenir) ①先入観[偏見]をもった ②〔法〕(…の)罪に問われた (de) —— 名 〔法〕被告人, 被疑者

préverbe [preverb] 男 〔文法〕動詞前接辞

prévi[1]... ⇒prévoir

prévien..., **prévi[ɛ̃]n...** ⇒prévenir

prévisibilité [previzibilite] 女 予測可能性

prévisible [previzibl] 形 予想[予測]できる

***prévision** [previzjɔ̃ プレヴィズィヨン] 女 予想, 予測; 見通し ▶**en prévision de** …を見越して **prévisions météorologiques** 天気予報

prévisionnel(le) [previzjɔnɛl] 形 予測[予想]による

prévisionniste [previzjɔnist] 名 経済予測の専門家

prévo... ⇒prévoir

***prévoir** [prevwar プレヴォワール] 他 59 (英 foresee) 予想する, 予測する, 予見[予知]する; 予定する, 計画する; (前もって)準備する —— 代動 [**se ~**] 予想[予測]される

prévôt [prevo] 男 ①長官, 奉行【中世・アンシャンレジーム下の行政官・司法官の称号】②憲兵隊長 ③フェンシングなどの助教師, 師範代 ④〈古・俗〉(看守の代行をする囚人の)部屋頭

prévôté [prevote] 女 憲兵隊の権限

[職務]

prévoy... ⇨prévoir

prévoyance [prevwajɑ̃s] 女 先見の明; (将来に対する)配慮, 用心

prévoyant(e) [prevwajɑ̃, -ɑ̃t] 形 先見の明のある; 用意周到な

***prévu(e)** [prevy プレヴュ] 形 (<prévoir) 予想された; (…用に)用意[予定]された 《pour》 ▶ **comme prévu** 予想通りに **plus ... que prévu** 予想より…

prie-Dieu [pridjø] 男 (不変) 祈禱台

***prier** [prije プリエ] 他 (英 pray) ❶(神に)祈る, 願う ❷(人に…するよう)頼む, お願いする 《de》 ▶ **Je vous en prie.** / **Je t' en prie.** どうぞ; (返事)どういたしまして **se faire prier** なかなか応じない **Vous êtes priés de ...** どうか…なさってください

***prière** [prijɛr プリエール] 女 (英 prayer) 祈りの言葉; 願い, 懇願 ▶ **Prière de** 不定詞 (掲示・張紙) どうか…してください

prieur(e) [prijœr] 名 小修道院の院長

prieuré [prijœre] 男 小修道院(の付属の聖堂)

prima donna [primadɔ(n)na] 女 (不変) (<イ) プリマドンナ, (オペラの)主役女性歌手

primage [primaʒ] 男 (ボイラーなどの)プライミング

primaire [primɛr] 形 ❶初等教育の; 基本的な, 第1次の; (法) 初犯の ▶ **couleur primaire** 原色 **élection primaire** 予備選挙 ❷(軽蔑)幼稚な, 単純な ― 名 ❶幼稚な[単純な]人 ― 男 ❶初等教育 ❷(地)古生代 (= ère ~) ❸第1次産業 (= secteur ~)

primat [prima] 男 ❶(カト)首座司教 ❷(哲)優位, 卓越

primates [primat] 男 (複) (動) 霊長目(類)

primatial(ale) [primasjal] 形 (男複 -aux [-o]) (カト) 首座(大)司教の ― 女 首座司教座聖堂

primatie [primasi] 女 (カト)首座司教の位; 首座司教区

***primatologie** [primatɔlɔʒi] 女 霊長類学

primauté [primote] 女 優位, 優越, 首位

prime¹ [prim] 女 ❶特別手当, ボーナス; 奨励金, 助成金 ❷(保険の掛金, 保険料); (株式の)プレミアム, 割増金 ❸(商品につく)景品, おまけ ▶ **en prime** おまけに; さらに

prime² [prim] 形 (数) ダッシュ記号 [′] のついた

prime³ [prim] 形 (文) 最初の; 一番の ▶ **de prime abord** まず最初に **prime jeunesse** 幼年期

primer [prime] 他 賞を与える; 手当

を支給する ▶ **Le film a été primé au festival.** この映画は映画祭で賞を受けた ― 自 (…に)勝る; 優位に立つ 《sur》

primerose [primroz] 女 (植) タチアオイ

primesautier(ère) [primsotje, -ɛr] 形 (文) 衝動的な; 直観的な; 直情径行の

prime time [prajmtajm] 男 (<英) (テレビの)ゴールデンアワー

primeur [primœr] 女 ❶(複) はしりの野菜[果物] ❷(文) 初物(じき) ▶ **avoir la primeur de** …を最初に入手する **vin (de) primeur** 新酒のワイン【年下11月第3週に出る】

primevère [primvɛr] 女 (植) サクラソウ(桜草)

primipare [primipar] 形 (女・雌が)初産の ― 女 初産の雌; 初産婦

***primitif(ive)** [primitif, -iv プリミティフ(ヴ)] 形 (英 primitive) ❶最初の, 原始時代の ❷最初の, もとの; 根源的, 基本となる ❸未開の; 粗野な, 原始的な ― 名 ❶未開人 ❷(美術)ルネサンス以前の画家[彫刻家]

primitivement [primitivmɑ̃] 副 最初は, 元来は, もとは

primitivisme [primitivism] 男 ❶(美術)原初主義, プリミティブ主義 ❷原始社会の状態[特徴]

primo [primo] 副 (<ラ) 第1に, まず

primogéniture [primɔʒenityr] 女 (法)長子の身分

primo-infection [primoɛ̃fɛksjɔ̃] 女 (特に結核の)初期感染

primordial(ale) [primɔrdjal] 形 (男複 -aux [-o]) ❶最初の, 原初の ❷最も重要な ▶ **d'une importance primordiale** きわめて重要な

***prince** [prɛ̃s プランス] 男 ❶王子, 皇子, 親王 ▶ **prince consort** 女王の夫君 **prince héritier** 皇太子 ❷大公, 公爵, 公, 君主 ❸第一人者, 王者

prince(-)de(-)galles [prɛ̃sdəgal] 形 (不変) (織) グレンチェック(の) 【小さな格子が集まり大きな格子を構成する柄】

princeps [prɛ̃sɛps] 形 (不変) (<ラ) ▶ **édition princeps** 初版

***princesse** [prɛ̃sɛs プランセス] 女 (英 princess) ❶王女, 皇女, お姫様; 皇太子妃 ❷大公妃, 大公夫人, 公爵夫人

princier(ère) [prɛ̃sje, -ɛr] 形 君主の, 王族の, 大公の; 王侯のような, 豪華な

princièrement [prɛ̃sjɛrmɑ̃] 副 王侯のように, 豪華に

***principal(ale)** [prɛ̃sipal プランスィパル] 形 (男複 -aux [-o]) (英 main) 主要な, 主な ― 名 ❶(中学 (=collège) の)校長 ❷主要な人物 ― 男 ❶重要なこと ❷(公証人事務所の)第1書記 ❸元金 ― 女 (文法) 主節 (= proposition ~ale)

principalement [prɛ̃sipalmɑ̃] 副 主に, 主として, 何よりも

principauté [prɛ̃sipote] 女 公国 ▶principauté de Monaco モナコ公国

principe [prɛ̃sip プランシプ] 男 (英 principle) ①原理, 原則; 主義, 信念, 信条; 方針 ▶avoir pour principe de …を行動の原則とする de principe 原則的な en principe 主義として par principe 主義として partir du principe que … 最初に…を前提とする pour le principe たてまえ上 ②(複)基礎知識, 初歩 ③(物質の)構成要素, 成分 ④根源, 原因

printanier(ère) [prɛ̃tanje, -ɛr] 形 春の, 春らしい, 若々しい; [料]春野菜を使った

printemps [prɛ̃tɑ̃ プランタン] 男 (英 spring) ①春 ②(文)青春, 若さ ③(古)(若い人の)年齢

prion [prijɔ̃] 男 (英 ~) (生)プリオン【狂牛病の原因とされる白質粒子】

priori [prijɔri] ⇨a priori

prioritaire [prijɔritɛr] 形名 優先権をもつ(人)

prioritairement [prijɔritɛrmɑ̃] 副 優先的に

priorité [prijɔrite プリヨリテ] 女 優先(権), 優先課題, 最重要課題 ▶donner la priorité absolue à …を最優先課題にする en priorité 優先的に priorité à droite (道路で)右側優先

prirent [prir] ⇨prendre

pris(e) [pri(z)] 形 (<prendre) ①(人が)予定が詰まっている, 用事がある; (場所・時間が)ふさがっている ▶avoir les mains prises 手がふさがっている ②(感情に)おそわれた, (酒に)酔った 《de》 ③病気にかかった ④固まった, 凍った ⑤▶C'est autant de pris. / C'est toujours ça de pris. 《話》これだけでもよしとしよう

prise [priz プリーズ] 女 (<prendre) ①とること, つかむこと, 奪うこと ▶avoir prise sur …に影響力をもつ donner prise à …に手がかりを与える être aux prises avec …と争っている lâcher prise 放す prise de conscience 自覚 prise de possession 取得 prise de sang 採血 prise de son 録音 prise de terre アース prise de vues (映画などの)撮影 prise en charge (人の)世話を引き受けること; タクシーの基本料金; (社会保険による)払い戻し ②(柔道・レスリングの)組み手; (登山者の)つかむところ, 足場 ③(空気・水などの)取り入れ口; (電気の)コンセント, プラグ《= ~ de courant, ~ électrique》 prise d'air 通気孔 prise d'eau 蛇口 prise multiple 多口コンセント ④固まること, 凝固 ⑤(嗅ぎタバコ・コカインの)ひとつまみ

prisée [prize] 女 [法](動産の)価格査定

priser[1] [prize] 他 (嗅ぎたばこ・麻薬を)鼻から吸飲する

priser[2] [prize] 他 (文)高く評価する

prismatique [prismatik] 形 ①角柱の, プリズム(型)の ②プリズムのついた; 分光の

prisme [prism] 男 ①(結晶の)柱(状)体; [数]角柱 ②[光]プリズム

prison [prizɔ̃ プリゾン] 女 ①刑務所, 監獄; 拘置所 ▶mettre … en prison (人)を投獄する ②禁錮(飾), 懲役 ▶faire de la prison 服役する

prisonnier(ère) [prizɔnje, -ɛr] プリゾニエ(-ル)] 名 (英 prisoner) ①囚人, 捕虜 ▶faire … prisonnier (人)を捕虜にする ②虜 《de》; (…の)とりこになった 《de》; 自由を奪われた

priss… ⇨prendre

prit, prît [pri], **prîtes** [prit] ⇨prendre

Privas [priva] プリヴァ【Ardèche 県の県庁所在地】

privatif(ve) [privatif, -iv] 形 ①(自由などを)奪い去る《de》 ②[言]否定の ③専用の, 排他的な ──男 [言]否定接頭辞

privation [privasjɔ̃] 女 ①(複)(必需品の)欠乏, 窮乏; 耐乏生活 ②剥奪; 喪失

privatisation [privatizasjɔ̃] 女 (公共事業の)民営化

privatiser [privatize] 他 (公共事業を)民営化する

privautés [privote] 女 (複)(特に女性に対する)なれなれしさ

privé(e)[1] [prive プリヴェ] 形 (英 private) ①非公式の ②民間の, 私立の ③私的な, 個人的な ──男 ①(話)民間企業 ②私立探偵 《= détective ~》 ③私事 ▶dans le privé 私生活で en privé 私的に, 個人的に

privé(e)[2] [prive] 形 (<priver) (…のない, …を奪われた 《de》

priver [prive プリヴェ] 他 (英 deprive)《~ A de B》(A (人)から B を)奪う ──代動 《se ~》断つ, 我慢する《de》; 切り詰めた生活をする ▶ne pas se priver de … 思いのままにする; 遠慮なく…する

privilège [privilɛʒ プリヴィレージュ] 男 特権, 特典, 恩恵, 利点, 特性

privilégié(e) [privileʒje] 形名 特権を受けた(人); 恵まれた(人), 運のいい(人)

privilégier [privileʒje] 他 (人に)特権を与える; 特別扱いする, 優遇する

prix [pri プリ] 男 ①(英 price, cost)値段, 価格; 価値; (複)物価, 代価, 代価 ▶à aucun prix [否定文で] 絶対に(…ない) à bas prix 安く à moitié prix 半値で à prix de grands sacrifices 大変な犠牲を払って à prix

d'or 非常な高値で **à tout prix** どんな対価を払っても **au prix coûtant** 原価で **au prix fort** 高値で **C'est dans mes prix.** それは予算内で **faire un prix (d'ami) à** (人)にまけてやる **hors de prix** ひどく高い **prix d'achat** 買値 **prix d'ami** 特価 **prix de gros** 卸値 **prix de revient** 原価 **prix de vente** 売価 **prix fixe** 定価 **prix net** 正価 **y mettre le prix** 代償を払う,大金を払う ②(英)賞,賞品;受賞者 ⇨[コラム:フランスの賞] **Grand Prix** グランプリ(レース) **mettre la tête de ... à prix** (人)の首に懸賞金をかける **prix Nobel** ノーベル賞

pro [pro] 名 (不変) [スポーツ](話)プロ(選手)

pro- 接頭 (く: ギ,ラ)「代わりに」「前に」「味方する」の意

probabilisme [probabilism] 男 [哲・神] 蓋然(然)論

probabiliste [probabilist] 名 ① [哲・神]蓋然(然)論者 ② [数]確率論学者 — 形 ①蓋然論の ②確率の

probabilité [probabilite] 女 ①確かしさ,蓋然(然)性;ありそうなこと ▶ **selon toute probabilité** 恐らく,十中八九 ②[数]確率 ③(複)見込み,公算

*__probable__ [probabl プロバブル] 形 ありそうな,本当らしい ▶ **Il est probable que ...** おそらく…だろう — 副(話)おそらく,たぶん ②ありそうなこと,確からしいこと

*__probablement__ [probablemɑ̃ プロバブルマン] 副 (英 probably) おそらく,たぶん,きっと

probant(e) [probɑ̃, -ɑ̃t] 形 確かな,説得力のある

probation [probasjɔ̃] 女 [法] 保護観察

probatoire [probatwar] 形 能力を試験する ▶ **examen probatoire** 学力試験

probe [prob] 形 〔文〕実直な,誠実な,正直な

probité [probite] 女 実直,誠実,正直

problématique [problematik] 形 (解決・結果が)疑わしい,不確かな — 女 [学問分野での]諸問題,問題提起,問題群

*__problème__ [problem プロブレム] 男 (英 problem) 問題, 難題; 悩み事; 不可解な人[こと] ▶ **à problèmes** 問題の多い **faux problème** 見当外れの問題

procaïne [prokain] 女 [薬] プロカイン【局所麻酔薬】

procaryote [prokarjɔt] 形 男 [動] 原核生物(の)

procédé [prosede プロセデ] 男 (英 process) ①方法,手順,やり方 ②〔文〕(人に対する)態度,ふるまい

*__procéder__ [prosede プロセデ] 自 57 (英 proceed) ①(…に)とりかかる,とり行う (à) ②〔文〕(…から)生じる,起こる (de) ③行う,ふるまう

procédure [prosedyr] 女 方法;手順,手続き;[法] 訴訟(手続き)

procédurier(ère) [prosedyrje, -ɛr] 形 訴訟好きな(人)

*__procès__ [prose プロセ] 男 (英 proceedings) ①訴訟,裁判 ▶ **faire le procès de** ...を訴える; 非難する **gagner [perdre] son procès** 勝訴[敗訴]する **intenter un procès à** (人)を告訴する ②[言]過程,事行 [動詞の表す行為・状態] ③[解] 突起

processeur [prosesœr] 男 [情報] 処理装置,プロセッサ

procession [prosesjɔ̃] 女 (宗教上の儀式での)(行列);(人・車の)(行)列 ▶ **en procession** 行列をつくって

processionnaire [prosesjoner] 女

フランスの賞

文学賞

- **Prix Goncourt** ゴンクール賞:小説を中心に与えられる
- **Prix Théophraste-Renaudot** ルノドー賞
  :ゴンクール賞への批判の意味も持ち,ゴンクール賞の同日に与えられる
- **Prix Fémina** フェミナ賞:12名の女流文学者が審査する
- **Prix Médicis** メディシス賞:斬新なスタイルの作品に与えられる
- **Prix Interallié** アンテラリエ賞:ジャーナリストによる作品に与えられる

映画賞

- **César** セザール賞:フランスのアカデミー賞にあたる
- **Palme d'Or** パルム・ドール:カンヌ映画祭最優秀映画賞
- **Prix Jean-Vigo** ジャン・ヴィゴ賞:独立系映画に与えられる
- **Prix Louis-Delluc** ルイ・デリュック賞
  :批評家が中心になって選ぶ映画賞

演劇賞

- **Prix Molière** モリエール賞

ギョウレツケムシ【カイコ蛾の一種】(= chenille ~)

processionnel(le) [prɔsesjɔnɛl] 形 行列の

processionnellement [prɔsesjɔnɛlmɑ̃] 副 行列として

processus [prɔsesys] 男 (くラ) 過程, 工程; 経過, 進展

procès-verbal [prɔsɛvɛrbal] 男 (複 ~-aux[-o]) ①調書; 交通違反調書 ②(会議の)議事録

prochain(e) [prɔʃɛ̃, -ɛn] プロシャン(シェズ) 形 (英 next) この次の, 今度の; 間近に迫った ▶ **la semaine prochaine** 来週 ── 名 (文)「単数のみ」隣人 ── 女 (話) 次の駅[停留所]; 次回, 今度 ▶ **À la prochaine!** (話)じゃあまた今度

prochainement [prɔʃɛnmɑ̃] 副 近いうちに, まもなく

__proche__ [prɔʃ] プロシュ 形 (英 near) 近い; 似通った; 親しい; 近い関係の ▶ **proche de** …に近い ── 名 (複)近親者

Proche-Orient [prɔʃɔrjɑ̃] 男 近東

proclamation [prɔklamasjɔ̃] 女 宣言(文), 声明(文), 公表, 布告

proclamer [prɔklame] 他 公表する, 宣言する; 明言する, 主張する

proclitique [prɔklitik] 形[言] 後接の ── 男 後接語

proconsul [prɔkɔ̃syl] 男 (古代ローマの)属州の総督; 独裁官

procrastination [prɔkrastinasjɔ̃] 女 (文)引き延ばし, 優柔不断

procréateur(trice) [prɔkreatœr, -tris] 形 (文)子供を作る; 生殖する

procréation [prɔkreasjɔ̃] 女 (文) 出産; 生殖 ▶ **procréation médicale(ment) assistée** 人工授精 [略 PMA]

procréer [prɔkree] 他 (文)産む, (子供を)作る

procurateur [prɔkyratœr] 男 [史] ①(古代ローマの)代官, プロクラトル ②(ヴェネチアなどの)執政官

procuration [prɔkyrasjɔ̃] 女 代理(権); 委任状 ▶ **donner procuration à** (人に)委任する **par procuration** 委任して

__procurer__ [prɔkyre] プロキュレ 他 (英 obtain) ①(人に)手に入れさせる, 与える (à) ②(のが)引き起こす, もたらす ── 代動 [se ~] 手に入れる

procureur [prɔkyrœr] 男 ①検事 (= ~ de la République) ▶ **procureur général** 検事総長 ②[法]代理人

prodigalité [prɔdigalite] 女 浪費癖; (複)浪費, 散財

__prodige__ [prɔdiʒ] プロディジュ 男 奇跡, 驚異; 非凡な人, 奇才 ▶ **enfant prodige** 神童 **faire des prodiges** 奇跡を行う; 劇的な効果をあげる **un prodige [des prodiges] de ...** 驚異的な…, けたはずれの…

prodigieusement [prɔdiʒjøzmɑ̃] 副 驚くほど異常に

__prodigieux(se)__ [prɔdiʒjø, -øz] プロディジュー(ズ) 形 驚くべき, とてつもない, 桁外れの

prodigue [prɔdig] 形 ①浪費する; 放蕩の ②(人に)気のいい ▶ **être prodigue de** …を惜しまない ── 名 浪費家, 放蕩者

prodiguer [prɔdige] 他 ①(金などを)浪費する ②(人に)惜しみなく与える, やたらと振りまく (à) ▶ **prodiguer des soins à** (人)を献身的に介護する ── 代動 [se ~] 骨身を惜しまない, 献身的である

pro domo [prodomo] 形副 (くラ) 自分のために

prodrome [prɔdrom] 男 (文)前兆, 前駆症; [医]前駆症状

prodromique [prɔdrɔmik] 形 症状などが前兆となる

producteur(trice) [prɔdyktœr, -tris] 形 生産する, 作り出す ▶ **pays producteur de pétrole** 石油産出国 ── 名 ①(映画などの)製作者[会社] ②生産者

productible [prɔdyktibl] 形 生産できる

productif(ve) [prɔdyktif, -iv] 形 生産的な, 生産する

__production__ [prɔdyksjɔ̃] プロデュクスィヨン 女 ①生み出すこと, 生産, 産出; 生産物; 発生, 生成; 作品; (映画の)製作; 映画作品 ▶ **coût de production** 生産コスト **production littéraire** 文学作品 ②(書類などの)提出, 提示

productique [prɔdyktik] 女 (産業における)自動化, コンピュータ化

productivisme [prɔdyktivism] 男 (軽蔑的)生産第一主義

productiviste [prɔdyktivist] 形 (軽蔑的)生産第一主義の, 生産(性)本位の

productivité [prɔdyktivite] 女 生産性, 生産力

produi ... ⇨ produire

__produire__ [prɔdɥir] プロデュイール 他 15 (英 produce) ①生産する, 産出する; 引き起こす, 生じさせる; (映画・番組を)製作する; (作品を)生み出す ②(書類・証人を)提出する, 提示する ── 代動 [se ~] ①起こる, 生じる ②(俳優などが)出演する

produis ... ⇨ produire

produit¹ [prɔdɥi] ⇨ produire

__produit²__ [prɔdɥi] プロデュイ 男 (英 product) 生産物, 製品; 産物, 結果; 収益, 収入; (算)(掛け算の)積 ▶ **produit de consommation** 消費物資 **produit de grande consommation** 大衆消費製品 **produit financier** (証券会社の)顧客サービス **produit inté-**

rieur brut 国内総生産, GDP【略 PIB】 **produit national brut** 国民総生産, GNP【略 PNB】 **produits alimentaires** 食料品 **produits blancs** 白物家電製品【冷蔵庫・洗濯機など生活家電】 **produits bruns** 生活家電以外の家電製品【テレビ・ステレオなど】 **produits chimiques** 化学製品 **produits de beauté** 化粧品 **produits d'entretien** 家庭用メンテナンス製品【洗剤・ワックスなど】

proéminence [prɔeminɑ̃s] 女 (文) 突出, 突起(物)

proéminent(e) [prɔeminɑ̃, -ɑ̃t] 形 突出[突起]している

prof [prɔf] 男 (話) 先生, 教授 (< professeur)

profanateur(trice) [prɔfanatœr, -tris] 形 (文) 冒涜(する)の, 瀆聖の ── 名 冒涜者, 瀆聖者

profanation [prɔfanasjɔ̃] 女 冒涜(する), 瀆聖; (墓石などによる)俗化

profane [prɔfan] 形 ① 非宗教的な; 世俗の ② 門外漢の, 素人の ── 男 俗事 ── 名 ① 非[未]信者; 俗人 ② 門外漢, 素人

profaner [prɔfane] 他 冒涜(する)する; けがす, 踏みにじる

proférer [prɔfere] 他 57 声高らかに言う, 発言する

professer [prɔfese] 他 (文) 公言する, 表明する, 主張する ── 自 (古) 教える, 教鞭をとる

professeur [prɔfesœr プロフェスール] 女 (英 professor) 【女性にも男性形を用いる】教授; 教師; 先生

*****profession** [prɔfesjɔ̃ プロフェスィヨン] 女 (英 occupation, profession) ① 職業; (集合的) 業者 ▶ **de profession** プロの; 常習の **profession libérale** 自由業 **sans profession** (書類などで)無職 ② (宗教・信条などの)表明, 公言 ▶ **faire profession de** …を表明する

professionnaliser [prɔfesjɔnalize] 他 (スポーツ選手などを)職業化する, プロにする ── 代動 [se ~] プロになる

professionnalisme [prɔfesjɔnalism] 男 [スポーツ] プロ精神[意識], プロであること

*****professionnel(le)** [prɔfesjɔnɛl プロフェスィヨネル] 形 ① 職業の, 職業上の ② プロの, 本職の ── 名 ① プロ, 専門家; プロスポーツ選手 ② 常習者[犯] ── 女 (英) 商売女, 売春婦

professionnellement [prɔfesjɔnɛlmɑ̃] 副 専門的に, 職業上

professoral(ale) [prɔfesɔral] 形 (男複 -aux [-o]) 教授の, 先生の; うぬぼれた ▶ **corps professoral** 教授団

professorat [prɔfesɔra] 男 教授職, 教職(期間)

profil [prɔfil] 男 ① 横顔; 姿勢, 態度

▶ **adopter profil bas** (意図的に)目立たぬ姿勢をとる **de profil** 横からの; 横向の ② 輪郭, 外形; 側面図, 断面図 ③ (職業などの)適性, 資質

profil(e) [prɔfile] 形 決まった側面をした ── 男 形鋼(類)

profiler [prɔfile] 他 (…に)はっきりした輪郭を示す; (車などの)外形を描く ── 代動 [se ~] くっきりと形を見せる; (ものごとが)浮かび上がる, 現れる

*****profit** [prɔfi プロフィ] 男 利益, 利潤, もうけ; 利点, ためになること ▶ **au profit de** …のために **mettre à profit** …を最大限利用する **tirer profit de** …を役立てる; 利用する

profitable [prɔfitabl] 形 (…にとって) 有益な, ためになる (à)

*****profiter** [prɔfite プロフィテ] 自 ① …が…を利用する, 活用する (de); (ものが人の)役に立つ (à) ② (話) (子供・動植物が)大きくなる ③ (話) (料理・服などが)長持ちする, 経済的である

profiteroles [prɔfitrɔl] 女 (複)[菓] プロフィトロール【チョコレートをかけた小さなバニラのシューアイス】 (= ~ au chocolat)

profiteur(se) [prɔfitœr, -øz] 名 (他人の不幸を利用する)便乗者

*****profond(e)** [prɔfɔ̃, -ɔ̃d プロフォン(ド)] 形 (英 deep) 深い, 奥行きのある; 深遠な; (色・音が)深みのある; 根源的な; (度合いが)おさえようもなく大きい ▶ **débile profond** 重度の精神遅滞 **esprit profond** 洞察力のある人 **France profonde** 深層のフランス【伝統を色濃く残す社会層】 **peu profond** 浅い; 表面的な **profond de 3 mètres** 3メートルの深さの **structure profonde** [言] 深層構造 ── 副 深く ── 男 の奥底で ▶ **au plus profond de** …の奥底で

*****profondément** [prɔfɔ̃demɑ̃ プロフォンデマン] 副 (英 deeply) 深く; 心の底から; 根本的に; 非常に; (眠りが)ぐっすりと

*****profondeur** [prɔfɔ̃dœr プロフォンドゥール] 女 (英 depth) 深さ; 奥行き; 深い所, 深部, 深遠さ, 深み ▶ **à 10 mètres de profondeur** 10メートル深さの **en profondeur** 深く **profondeur de champ** [写] 被写界深度

profus(e) [prɔfy, -yz] 形 (文) おびただしい, いっぱいに広がる

profusément [prɔfyzemɑ̃] 副 たっぷりと, 多量に

profusion [prɔfyzjɔ̃] 女 豊富; 過剰, 過多 ▶ **à profusion** たくさん une **profusion de** …たくさんの…

progéniture [prɔʒenityr] 女 (文) (人・動物の)子; (話・ふざけて) 子供(たち)

progestatif(ve) [prɔʒɛstatif, -iv] 形 [生] 妊娠を促す ── 男 [医] 黄体ホルモン

progestérone [prɔʒɛsterɔn] 女

〔生化〕プログステロン

progiciel [prɔʒisjɛl] 男 〔情報〕パッケージソフト

prognathe [prɔgnat] 形 〔人類〕顎(≦)の突き出た，突顎の

prognathie [prɔgnati] 女, **prognathisme** [prɔgnatism] 男 突顎；上顎前突症

progouvernemental(ale) [prɔguvɛrnəmɑ̃tal] 形 (男複 -aux [-o]) 政府(支持)派の

programmable [prɔgramabl] 形 プログラム可能な；タイマー予約などができる

programmateur(trice) [prɔgramatœr, -tris] 名 (ラジオ・テレビなどの)番組編成〔作成〕係 ── 男 (電気製品の)タイマー

programmation [prɔgramasjɔ̃] 女 計画，立案；(ラジオ・テレビ・映画の)番組編成；〔情報〕プログラミング

***programme** [prɔgram プログラム] 男 (英 program) 計画，計画書；時間割，スケジュール；(試験・授業の)科目；(テレビ・ラジオの)番組(表)；(演劇・コンサートなどの)プログラム ▶**avoir un programme chargé** 予定がぎっしり詰まっている **C'est tout un programme!** あとは推して知るべしだ **œuvres au programme** [les ~] (試験)科目に入っている作品，課題図書 **programme des réjouissances** 催し物の予定

programmer [prɔgrame] 他 番組〔放送予定〕に組み入れる；(…の)プログラムを組む；(…の)計画を立てる

programmeur(se) [prɔgramœr, -øz] 名 〔情報〕プログラマー

***progrès** [prɔgrɛ プログレ] 男 (英 progress) 進歩；向上，上達；拡大 ▶**être en progrès** 進歩しつつある **faire des progrès** 上達する

progresser [prɔgrese] 自 前進する；(事態が)進展する，進行する；進歩する，向上する

progressif(ve) [prɔgresif, -iv] 形 漸(ざ)進的な，段階的な，累(る)進的な ── 男 〔文法〕進行形

progression [prɔgresjɔ̃] 女 前進，進展，進行；〔数〕級数，数列 ▶**être en progression** 進展しつつある

progressisme [prɔgresism] 男 進歩主義

progressiste [prɔgresist] 形 進歩主義の ── 名 進歩主義者

progressivement [prɔgresivmɑ̃] 副 徐々に，しだいに

progressivité [prɔgresivite] 女 前進性，進歩性；累進性

prohibé(e) [prɔibe] 形 (< prohiber) (法的に)禁止された，禁制の ▶ **temps prohibé** 禁猟期間

prohiber [prɔibe] 他 (法的に)禁止する

prohibitif(ve) [prɔibitif, -iv] 形 ① 法的に禁じる ② (値段が)手が出ないほど高い

prohibition [prɔibisjɔ̃] 女 ① (法的)禁止；禁制〔販売・製造〕禁止 ② [la ~] (アメリカの)禁酒法時代〔1919-33〕

prohibitionnisme [prɔibisjɔnism] 男 禁輸〔禁制〕主義，禁止措置；保護貿易主義 ② (アメリカの)禁酒論

prohibitionniste [prɔibisjɔnist] 形 名 ① 保護貿易主義の(人) ② (アメリカの)禁酒論者(の人)

proie [prwa] 女 餌食(ji)，獲物；食いもの，獲物 ▶**être en proie à** …に苦しめられている **être la proie de** …の餌食となる **La maison était la proie des flammes.** 家は炎に包まれた **oiseau de proie** 猛禽(菌)

projecteur [prɔʒɛktœr] 男 投光機；映写機；(自動車の)ヘッドライト

projectile [prɔʒɛktil] 男 砲弾，弾丸；投射物

projection [prɔʒɛksjɔ̃] 女 ① 投げること，発射，噴出；(複) 発射〔噴出〕物 ② 投影；映写 ③ 〔心・精医〕投影

projectionniste [prɔʒɛksjɔnist] 名 映写技師

***projet** [prɔʒɛ プロジェ] 男 計画，プラン，下書き；草案，草稿；設計図，企画書 ▶**des projets d'avenir** 長期的な見通し **projet de loi** 法案

***projeter** [prɔʒte プロジュテ] 他 4 (英 plan) ① 投げ出す；噴出する ② (光・影などを)投げかける；映写する；(図形を)(対象に)投影する ③ (…する)計画を立てる ── 代動 [se ~] (…に)自分を投影する (sur)

projeteur(se) [prɔʒtœr, -øz] 名 企画者，設計者

projo [prɔʒo] 男 〔話〕プロジェクター

prolapsus [prɔlapsys] 男 〔医〕脱(出)(器官の正常位置からの脱出)

prolégomènes [prɔlegɔmɛn] 男 (複)序論，緒論；基礎概念，前提

prolétaire [prɔletɛr] 形 名 プロレタリア(の)，無産労働者(の)

prolétariat [prɔletarja] 男 プロレタリアート，プロレタリア階級

prolétarien(ne) [prɔletarjɛ̃, -ɛn] 形 プロレタリアの

prolétarisation [prɔletarizasjɔ̃] 女 プロレタリア化

prolétariser [prɔletarize] 他 代動 [se ~] プロレタリア化する

prolifération [prɔliferasjɔ̃] 女 増殖，繁殖

prolifère [prɔlifɛr] 形 〔植〕繁殖する；(花などが)異常発育した

proliférer [prɔlifere] 自 57 増殖する，繁殖する；増加する

prolificité [prɔlifisite] 女 〔文〕繁殖力

prolifique [prɔlifik] 形 繁殖力のある，多産な

prolixe [prɔliks] 形 冗漫な，冗長な，

prolixement [prɔliksəmɑ̃] 副 だらだらと, 冗長に

prolixité [prɔliksite] 女 冗漫(さ), 冗長(さ), 長たらしさ; 饒舌

prolo [prɔlo] 男 《話》プロレタリア, 無産者

prologue [prɔlɔg] 男 序章, 序文, プロローグ; (古典劇・オペラの)序幕, 序詞; (ギリシア悲劇の)開口上; 前触れ, 発端

prolongateur [prɔlɔ̃gatœr] 男 (電気の延長コードの男性形のみ)

prolongation [prɔlɔ̃gasjɔ̃] 女 (時間的な)延長; [スポーツ] 延長戦 [時間] ▶ *jouer les prolongations* 延長戦を行なう

prolonge [prɔlɔ̃ʒ] 女 [軍] 幅車(ちょう車, 弾薬車; [鉄道] (貨物用の)長編

prolongé(e) [prɔlɔ̃ʒe] 形 (< prolonger) 長引く, 延長された

prolongement [prɔlɔ̃ʒmɑ̃] 男 (空間的な)延長, 延長部分; (時間的な)延長; (出来事などの)結果, 反響 ▶ *être dans le prolongement de* …の先の方にある

prolonger [prɔlɔ̃ʒe プロロンジェ] 他 40 (英 prolong) ① (時間的・空間的に)延ばす, 延長する ②(…の)延長となる, (…に)続く ─ 代動 [se ~] (時間的に)長引く, 延長される; (空間的に)続く

promenade [prɔmnad プロムナード] 女 (英 walk) 散歩; 遊歩道, プロムナード ▶ *promenade à vélo* サイクリング *promenade en voiture* ドライブ

promener [prɔmne プロムネ] 他 ① 散歩させる, 連れ歩く; (人を)案内して歩く ② (指・視線などを…の上に)移動させる, (sur); 漂わせる ▶ *envoyer promener* …を追い払う ─ 代動 [se ~] 散歩する

promeneur(se) [prɔmnœr, -øz] 名 散歩する人, 散策者

promenoir [prɔmnwar] 男 ① (学校・病院・刑務所の)遊歩場, 散歩場 ② (劇場などの)立ち見席

promesse [prɔmes プロメス] 女 (英 promise) 約束; 契約; (複) (愛の)言い込み ▶ *être plein de promesses* 前途有望である *manquer à sa promesse* 約束を破る *promesse d'achat* 購入契約 *promesse de vente* 売却契約 *promesses en l'air* 空約束 *tenir sa promesse* 約束を守る

promet ⇒promettre

Prométhée [prɔmete] 男 [ギ神] プロメテウス 【天上の火を盗んで巨岩に縛りつけられた巨人】

prométhéen(ne) [prɔmeteɛ̃, ɛn] 形 プロメテウス的な; 《文》プロメテウス的な, (人類に貢献する)英雄的な; 巨大な

prométhium [prɔmetjɔm] 男 [化] プロメチウム 【原子番号61の元素】

promettant [prɔmɛtɑ̃] promettre の現在分詞

prometteur(se) [prɔmɛtœr, -øz] 形 有望な, 見込みのある

* **promettre** [prɔmɛtr プロメトル] 他 41 (英 promise) 約束する; (ものを)予告させる, 見込みを与える ▶ *Ça promet!* 《話》先が思いやられるよ *promettre (à A) [que]…* (A(人)に)…する[…ということ]を約束する; (ものが) (A(人)に)…する…であることを予告させる ─ 代動 [se ~] ①期待する, 当てにする ②(…する)決心をする (de)

promi[i] (...) ⇒promettre

promis(e) [prɔmi, -iz] (< promettre) (…を)約束された (à) ▶ *Chose promise, chose due.* (ことわざ)約束したことは果さなければならない *Terre promise* [聖] 約束の地; 理想の場所

promiscuité [prɔmiskyite] 女 (人々の)入り混じっている状態; (男女の)雑居

promo [prɔmo] 女 《話》(グランドエコールなどの)同期(入学)生

promontoire [prɔmɔ̃twar] 男 岬

promoteur(trice) [prɔmɔtœr, -tris] 名 ① 発案者, 主唱者 ② 販売促進係 (~ de ventes) ─ 男 ① 不動産開発業者 (= ~ immobilier) ② [化] 触媒促進剤

* **promotion** [prɔmo(ɔ)sjɔ̃ プロモシォン] 女 ① 昇進, 昇格; 地位の向上 ② 販売促進, プロモーション (= ~ des ventes) ▶ *en promotion* 販売促進中の, キャンペーン中の ③ (グランドエコールの)同期入学生

promotionnel(le) [prɔmɔsjɔnɛl] 形 (販売)促進の

promouvoir [prɔmuvwar] 他 27 ①推し進める, 奨励する; 販売促進する ②(人を)昇進させる

prompt(e) [prɔ̃, prɔ̃t] 形 すばやい, 速やかな, 迅速な ▶ *prompt à…* すぐ…する

promptement [prɔ̃tmɑ̃] 副 《文》 速やかに, 迅速に, 素早く

prompteur [prɔ̃ptœr] 男 プロンプター 【テレビの出演者にせりふを教える装置】

promptitude [prɔ̃tityd] 女 《文》 迅速, すばやさ, 敏捷

promu(e) [prɔmy] 形名 (< promouvoir) 昇進した(人)

promulgation [prɔmylgasjɔ̃] 女 (法律の)公布, 発布; (大統領による)法律への審署

promulguer [prɔmylge] 他 (法律を)公布[発布]する

prône [pron] 男 [宗] (日曜のミサでの)司祭の話し, 訓話; 説教

prôner [prone] 他 称賛する; 強く勧める

pronom [prɔnɔ̃ プロノン] 男 [文法] 代名詞 ▶ *pronom personnel* 人称代名詞 *pronom possessif* 所有代

pronominal(ale) [pronominal] (男複 -aux[-o]) 形 ①代名詞的な ②代名動詞の — 男 代名動詞(= verbe ~)

pronominalement [pronominalmɑ̃] 副 ①代名詞的に ②代名動詞として

prononçable [prɔnɔ̃sabl] 形 発音できる

prononcé(e) [prɔnɔ̃se] 形 (< prononcer) ①発音された ②宣言された ③はっきりした, 際立った — 男 〔法〕宣告; 判決文

***prononcer** [prɔnɔ̃se プロノンセ] 他 52 (英 pronounce) ①発音する ②(言葉を)発する, 述べる ③〔法〕宣言する, (判決を)言い渡す — 自 判決を下す — 〔代動〕 [se ~] ①発音される ②決定を下す; 意見を述べる

prononciation [prɔnɔ̃sjɑsjɔ̃ プロノンスィヤスィヨン] 女 (英 pronunciation) ①発音 ②〔法〕宣告

pronostic [prɔnɔstik] 男 予想, 予測;〔医〕予後(診断)

pronostiquer [prɔnɔstike] 他 予想[予測]する; (ものごとが)予想させる;〔医〕予後を予想する

pronostiqueur(se) [prɔnɔstikœr, -øz] 名 (スポーツ・競馬などの)予想屋; 予測者

pronunciamiento [prɔnunsjamjento] 男 (< スペ) 軍事クーデター, 武力蜂起

***propagande** [prɔpagɑ̃d プロパガンド] 女 (英 propaganda) 宣伝(活動), プロパガンダ

propagandiste [prɔpagɑ̃dist] 形名 宣伝する(人), プロパガンダを行う(人)

propagateur(trice) [prɔpagatœr, -tris] 名 伝播させる人, 宣伝者; 布教者

propager [prɔpage] 他 60 広める, 広く伝わらせる — 〔代動〕 [se ~] 広まる, 広がる; (光・音などが)伝わる

propane [prɔpan] 男 〔化〕プロパン(ガス)

propanier [prɔpanje] 男 LPGタンカー

proparoxyton [prɔparɔksitɔ̃] 形 (男性形のみ) 男 〔言〕語末から3番目にアクセントがある(語)

propédeutique [prɔpedøtik] 形 (高等教育を受けるための)予備教育

propension [prɔpɑ̃sjɔ̃] 女 (…する…への)傾向, 性向 (à)

propergol [prɔpɛrgɔl] 男 (< ド) 〔化〕プロペラント【ロケットエンジンなどの推進剤】

prophète(phétesse) [prɔfɛt, -fetɛs] 名 預言者, 予言者 ▶*Nul n'est prophète en son pays*.《ことわざ》身近な生活を知っている人たちの間では人はその真価を認めてもらえない【イエスキリストの故事より】 *prophète de malheur* 不吉なことばかり予言する人

prophétie [prɔfesi] 女 預言, 神託; 予言

prophétique [prɔfetik] 形 預言(者)の

prophétiquement [prɔfetikmɑ̃] 副 預言的に

prophétiser [prɔfetize] 他 預言する; 予測する

prophylactique [prɔfilaktik] 形 〔医〕(病気)予防の

prophylaxie [prɔfilaksi] 女 〔医〕(病気の)予防(法)

propice [prɔpis] 形 ①(…に)好都合な (à) ▶*le moment propice* 好機 (à) ②(文)神などが恵み深い

propitiation [prɔpisjɑsjɔ̃] 女 〔宗〕(文)贖罪(しょくざい)

propitiatoire [prɔpisjatwar] 形 贖罪(しょくざい)の, 神の憐れみを乞う

***proportion** [prɔpɔrsjɔ̃ プロポルスィヨン] 女 釣り合い, 均整, プロポーション; 比率, 割合;〔数〕比例;(複) 大きさ, 規模 ▶*en proportion* それ相応に *hors de (toute) proportion* (…と)全く釣り合いの (avec) *toute(s) proportion(s) gardée(s)* 規模の違いは別として

proportionnalité [prɔpɔrsjɔnalite] 女 釣り合い, 比例; 比例配分(制)

proportionné(e) [prɔpɔrsjɔne] 形 (< proportionner) (…と)釣り合った, 相応の (à)

proportionnel(le) [prɔpɔrsjɔnɛl] 形 (…に)釣り合った, 応じた (à); 比例した — 女 比例代表制 (= représentation ~le)

proportionnellement [prɔpɔrsjɔnɛlmɑ̃] 副 (…に)比例して, 応じて (à)

proportionner [prɔpɔrsjɔne] 他 釣り合わせる (à)

***propos** [prɔpo プロポ] 男 (複) (会話における)発言, 話, ことば ▶*à propos* ところで; 都合よく, 適切に *à propos de* …のこと; …について *à quel propos?* 何のことだって *à tout propos* 何かにつけ *hors de propos* 不適切に ②(文)意図, 目的 ▶*de propos délibéré* 故意に

proposable [prɔpozabl] 形 提案[推薦]できる

***proposer** [prɔpoze プロポゼ] 他 (英 propose) (人に)提案する, 提示する (à); (人を地位・職業などに)推薦する (à, pour); (人にAをBとして)勧める A (人に)…しようと[…ということ]を申し出る, 提案する; (人に)…であるよう[…しようと]勧める — 〔代動〕 [se ~] ①(…する)つもりである (de) ②(…しようと)申し出る (pour)

***proposition** [prɔpozisjɔ̃ プロポズィ

スィョン] ①(英 proposal) 提案, 申し出 ▶proposition de loi (議員の出す)法案 ②[文法] 節 ③[論] 命題, 定理

*propre [prɔpr プロブル] 形 ①(英 clean) 清潔な, 汚れていない; 潔白な; (幼児やペットなどに)しつけのきちんとできた; (仕事などが)正確な, 丁寧な ▶C'est du propre! (反語的に)なんて散らかしようなの, なんてひどい Nous voilà propres! 困ったことになった ②(英 proper) 自分自身の; 固有の, 本来の, 適切な ▶mot propre 適切な言葉 nom propre 固有名詞 propre à …に特有[固有]の; …(するの)に適した remettre … en main(s) propre(s) …を本人に直接手渡す ━男 ①特性, 本性 ②[法] 固有財産(= bien ～) en propre 私有財産として (語の)本来の意味(= sens ～) ▶au propre 本来の意味で ▶mettre … au propre …を清書する

propre-à-rien [prɔprarjɛ̃] 名 (複 ~s-~-~) 〈古〉役立たず, 能なし

*proprement [prɔpr(ə)mɑ̃ プロブルマン] 副 ①(英 properly) きれいに, 清潔に ②きちんと, 丁寧に; 〈話〉誠実に ③本来, まさしく, 文字通りに ▶proprement parler 厳密に言えば ▶proprement dit 本来の意味で, まさしく

propret(te) [prɔprɛ, -ɛt] 形 こぎれいな, さっぱりした

propreté [prɔprəte] 女 ①(英 cleanliness) ①清潔であること ②きれいな仕上げ

*propriétaire [prɔprijetɛr プロブリエテール] 名 (英 owner) 所有者, 持ち主, 飼い主; 家主, 地主(= ～ foncier, ～ terrien)

*propriété [prɔprijete プロブリエテ] 女 (英 ownership) ①所有 ②所有物, 所有地; 大邸宅, 農地 ▶propriété de l'État 国有財産 propriété industrielle 工業所有権 [特許・商標など] propriété intellectuelle 知的所有権 propriété littéraire 著作権 propriété privée 私有財産 ③特性, 属性 ④(表現などの)適切

proprio [prɔprijo] 名 〈話〉大家(部), 家主

propulser [prɔpylse] 他 ①(プロペラ・スクリューで)推進させる; (荒々しく遠くに)突き飛ばす ②〈話〉を抜擢する, 昇進させる ━代動 [se ～] 〈話〉移動する, 行く

propulseur [prɔpylsœr] 男 ①推進装置 [プロペラ・スクリューなど] ②投げ槍や銛(船)の柄のうち一種

propulsif(ve) [prɔpylsif, -iv] 形 推進させる

propulsion [prɔpylsjɔ̃] 女 推進; 前進

propylée [prɔpile] 男 (古代ギリシャの)プロピライア【神殿・寺院などの入り口】

prorata [prɔrata] 男《不変》〈ラ〉〈古〉比例配分 ▶au prorata de … に比例して

prorogatif(ve) [prɔrɔgatif, -iv] 形 延期させる

prorogation [prɔrɔgasjɔ̃] 女 ①(期限の)延長, 延期 ②(議会の)休会

proroger [prɔrɔʒe] 他 40 ①(期限などを)延長[延期]する ②(会議・議会を)休会させる

prosaïque [prɔzaik] 形 散文の, 平板な, 平凡な

prosaïquement [prɔzaikmɑ̃] 副 散文的に, 平板に

prosaïsme [prɔzaism] 男 凡俗, 平板; 散文的な性格

prosateur [prɔzatœr] 男 散文作家

proscenium [prɔsenjɔm] 男 〈ラ〉[劇] プロセニアム [前舞台; ギリシア古典劇の舞台]

proscription [prɔskripsjɔ̃] 女 追放, 放逐(言葉などの)使用禁止

proscrire [prɔskrir] 他 26 ①(公に)禁止する; 〈文〉(人を)追放する, 締め出す

proscrit(e) [prɔskri, -it] 形 追放[禁止]された ━名 追放された人, 亡命者

prose [proz] 女 ①散文 ▶en prose 散文で ②〈話・多く皮肉〉(独特の)文体

prosélyte [prɔzelit] 名 (宗教の)新信者; (政党・教義などへの)新加入者

prosélytisme [prɔzelitism] 男 (政党・宗教・思想などへの)熱心な獲得

prosodie [prɔzɔdi] 女 (特にギリシャ・ラテン詩の)韻律法 ▶prosodie musicale 歌詞の音韻法

prosodique [prɔzɔdik] 形 韻律法の; 音韻論の

prosopopée [prɔzɔpɔpe] 女 [修] 擬人法, 活喩法

prospect [prɔspɛ(kt)] 男 ①(2つの建物のあいだに)最低限必要な間隔 ②(潜在的な)顧客

prospecter [prɔspɛkte] 他 ①(資源を求めて土地を)探査する ②(市場・地域の)顧客調査をする

prospecteur(trice) [prɔspɛktœr, -tris] 名 調査員; 探索[探求]する人

prospecteur-placier [prɔspɛktɔrplasje] (複 ～s-～s) 就職斡旋業者, 職業安定所の職員

prospectif(ve) [prɔspɛktif, -iv] 形 未来の, 未来予測の; 前望的な ━女 未来研究, 干来学

prospection [prɔspɛksjɔ̃] 女 ①探査, 採鉱 ②市場調査, 顧客の開発

prospectiviste [prɔspɛktivist] 名 未来学者

prospectus [prɔspɛktys] 男 (宣伝用の)パンフレット, 案内書, 内容見本

prospère [prɔspɛr] 形 繁栄している,

prospérer [prospere] 自 57 繁栄する, 栄える；(動植物が)よく育つ, 増殖する

prospérité [prosperite] 女 (経済的な)繁栄, 隆盛, 好況；(個人的な)繁栄, 幸運

prostaglandine [prɔstagladin] 女 〔生化〕プロスタグランジン

prostate [prɔstat] 女 〔解〕前立腺

prostatectomie [prɔstatɛktɔmi] 女 〔医〕前立腺摘出術

prostatique [prɔstatik] 形 前立腺の；名 前立腺肥大症患者

prostatite [prɔstatit] 女 〔医〕前立腺炎

prosternation [prɔstɛrnasjɔ̃] 女
prosternement [prɔstɛrnəmɑ̃] 男 平伏, 完全な服従

prosterner [prɔstɛrne] 代動 [se ~] ひれ伏す

prostitué(e) [prɔstitɥe] 形 売春する ── 男 男娼(ょぅ) ── 女 売春婦, 娼婦

prostituer [prɔstitɥe] 他 ①(人を)売春をさせる ②〈文〉(才能などを)けがす, 安売りする ── 代動 [se ~] ①売春する ②〈文〉(芸術家などが)金のために身を売る, 堕落する

prostitution [prɔstitysjɔ̃] 女 ①売春 ②(才能などの)安売り; 堕落

prostration [prɔstrasjɔ̃] 女 意気消沈, 蕭脱;〔医〕衰弱, 脱力状態

prostré(e) [prɔstre] 形 意気消沈した, 打ちひしがれた；〔医〕脱力状態の

protactinium [prɔtaktinjɔm] 男 〔化〕プロトアクチニウム【放射性同位体元素の一つ】

protagoniste [prɔtagɔnist] 名 (映画・事件などの)中心人物, 主役

prote [prɔt] 男 〈古〉(印刷工場の)職工長

protéase [prɔteaz] 女 〔生化〕プロテアーゼ

protecteur(trice) [prɔtɛktœr, -tris] 名 保護者, 擁護者, 庇護(ぎ)者 ▶ **Protecteur du citoyen** [le ~] 《ケベック》オンブズマン ── 形 保護する, 保護的な；保護者の

protection [prɔtɛksjɔ̃] プロテクスィヨン 女 保護；保護となるもの, 保護者；擁護, 後ろだて；後援者 ▶ **de protection** (製品が)保護用の **prendre ... sous sa protection** (人)を自分の庇護下に置く **protection civile** (災害時の)市民の保護 **protection rapprochée** (要人の)身辺警護 **protection sociale** 社会保障

protectionnisme [prɔtɛksjɔnism] 男 保護貿易(主義)

protectionniste [prɔtɛksjɔnist] 形 保護貿易(主義)の ── 名 保護貿易論者

protectorat [prɔtɛktɔra] 男 保護領制；保護領[国]

Protée [prɔte] 男 〔ギ神〕プロテウス【変幻自在の能力をもち, 予言を行う海神】

protée [prɔte] 男 ①〈文〉意見や態度を絶えず変える人 ②〔動〕ホライモリ

protégé(e) [prɔteʒe] 形 (< protéger) 保護された ── 名 (配)被保護者, お気に入り

protège-cahier [prɔtɛʒkaje] 男 (小学生用の)ノートカバー

protège-dents [prɔtɛʒdɑ̃] 男《不変》マウスピース

protège-parapluie [prɔtɛʒparaplɥi] 男 傘のカバー

***protéger** [prɔteʒe] プロテジェ 他 40 57 (英 protect) ①(…から)保護する, 守る (contre, de); (人の後ろだてになる; (文化や産業を)擁護する ── 代動 [se ~] (…から)自分の身を守る (contre, de)

protège-slip [prɔtɛʒslip] 男 パンティーライナー【下着につける女性用ナプキン】

protège-tibia [prɔtɛʒtibja] 男 脛(ば)当て

protéiforme [prɔteifɔrm] 形 〈文〉変幻自在の, 絶えず姿を変える

protéine [prɔtein] 女 〔生化〕たん白質

protéique [prɔteik] 形 たん白質の

protèle [prɔtɛl] 男 〔動〕アードウルフ, ツチオオカミ

***protestant(e)** [prɔtɛstɑ̃, -ɑ̃t] プロテスタン(ト) 形名 (英 Protestant) プロテスタント(の), 新教徒(の)

protestantisme [prɔtɛstɑ̃tism] 男 新教;(集合的)プロテスタント教会; 新教徒

protestataire [prɔtɛstatɛr] 形 〈文〉抗議する(人)

***protestation** [prɔtɛstasjɔ̃] プロテスタスィヨン 女 (英 protest) 抗議, 異議, 抗議文;〈古・文〉公言, 確言 ▶ **en signe de protestation** 抗議のために

***protester** [prɔtɛste] プロテステ 自 (英 protest) ①(…に)抗議する, 反対する (contre) ②〈古・文〉(…を)主張する, 公言する (de) ── 他 〔法〕(手形に対して)拒絶証書を作成する

protêt [prɔtɛ] 男 〔法〕(手形の)拒絶証書

prothèse [prɔtɛz] 女 (義手・義足などの)人工装具, 人工器官；〔外〕補綴(る)(術) ▶ **prothèse auditive** 補聴器 **prothèse dentaire** 義歯

prothésiste [prɔtezist] 名 義手[義足]製作技師

prothrombine [prɔtrɔ̃bin] 女 〔生化〕プロトロンビン ▶ **taux de prothrombine** プロトロンビン時間【血液凝固に関する指標の一つ】

protide [prɔtid] 男 〔生化〕〈古〉プロチド；たん白質

protiste [prɔtist] 男 〔動〕原生動物

prot(o)- 接頭 (<ギ) 「最初の」「原初の」の意

protocolaire [prɔtɔkɔlεr] 形 礼儀(作法)にかなった；儀礼的な，儀典書どおりの

protocole [prɔtɔkɔl] 男 ①(公式の)儀礼，礼儀作法，しきたり ②(国際会議などの)議定書，決議書，議定条項 ③(実験などの)実施要項 ④(情報)プロトコル ⑤(印)校正記号(表)

protohistoire [prɔtɔistwar] 女 原史時代【先史時代と歴史時代の間】

protohistorique [prɔtɔistɔrik] 形 原史時代の

proton [prɔtɔ̃] 男 (< 英) 陽子，プロトン

protoplasme [prɔtɔplasm] 男 〔生〕原形質

prototype [prɔtɔtip] 男 (自動車・飛行機などの)試作品；原型，典型，模範；プロトタイプ

protoxyde [prɔtɔksid] 男 〔化〕第一酸化物 ▶ **protoxyde d'azote** 亜酸化窒素，笑気ガス

protozoaire [prɔtɔzɔεr] 男 〔動〕原生動物

protubérance [prɔtyberɑ̃s] 女 隆起，突起，こぶ ▶ **protubérance solaire** 〔天〕紅炎，プロミナンス

protubérant(e) [prɔtyberɑ̃, -ɑ̃t] 形 隆起した，突き出た

prou [pru] 副〔成句でのみ〕 ▶ **peu ou prou** 〔文〕多かれ少なかれ

proudhonien(ne) [prudɔnjε̃, -εn] 形 プルードン主義の

proudhonisme [prudɔnism] 男 プルードン主義

proue [pru] 女 船首，へさき

prouesse [prues] 女 〔文〕武勲，偉業，手柄；(皮肉的)手柄

prout [prut] 間〔幼児語〕ぶー，ぶー【おならの音】 —— 男〔幼児語〕おなら

prouvable [pruvabl] 形 証明[立証]できる

*__prouver__ [pruve] ブルヴェ 他 (英 prove) 証明する；(態度・言葉で)示す；(ものが)証拠となる ▶ **prouver que** + 直接法 …ということを証明する —— 代動 [**se ~**] 証明される；自らに証明することができる

proven… ⇨provenir

provenance [prɔvnɑ̃s] 女 出所(でどころ)，出発地，産地，産地 ▶ **en provenance de** …から来た；…発の

provenant [prɔvnɑ̃] provenir の現在分詞

provençal(ale) [prɔvɑ̃sal] 形（男複 **-aux**[-o]）プロヴァンス地方の ▶ **à la provençale**〔料〕プロヴァンス風の【ニンニクとトマトなどを用いる】 —— 名［P-］プロヴァンス地方の人 ▶ プロヴァンス語[方言]

Provence [prɔvɑ̃s] 女 プロヴァンス【フランス南東部の旧地方名】

Provence-Alpes-Côte d'Azur [prɔvɑ̃salpkotdazyr] 女 プロヴァンス・アルプ・コート・ダジュール【南仏の地域圏名】

provende [prɔvɑ̃d] 女 ①〔古・文〕(貯蔵)食糧 ②(特に羊の)(混合)飼料

provenir [prɔvnir] 自〔助動詞はêtre〕 (英 come from) (…から)来る，由来[起因]する〈**de**〉

provenu [prɔvny] provenir の過去分詞

*__proverbe__ [prɔverb] プロヴェルブ 男 諺(ことわざ)，格言 ▶ **passer en proverbe** 広く知られる

proverbial(ale) [prɔvεrbjal] 形（男複 **-aux**[-o]）①諺(ことわざ)の，格言風の ②周知の，よく知られる

proverbialement [prɔvεrbjalmɑ̃] 副 諺(ことわざ)風に，諺で

providence [prɔvidɑ̃s] 女 ①〔神〕(神の)摂理，神意；[la P-] 神，救いの神，慈悲(ひ) ▶ **État providence**〔話〕福祉国家

providentiel(le) [prɔvidɑ̃sjεl] 形（神の)摂理による；思いがけない，運のいい

providentiellement [prɔvidɑ̃sjεlmɑ̃] 副 摂理によって；奇跡的に，運よく

provien…, provi[i]nn… ⇨provenir

provigner [prɔviɲe] 他（ブドウなどの枝を)取り木する —— 自 取り木で殖える

*__province__ [prɔvε̃s] プロヴァンス 女 ①(フランス革命前の)州；(カナダ・ベルギーなどの)州 ②(首都以外の)地方；〔集合的〕(パリに対して)地方，いなか —— 形（不変）〔話〕田舎くさい

provincial(ale) [prɔvε̃sjal] 形（男複 **-aux**[-o]）①地方の，田舎の；田舎くさい ②（ケベック）州の —— 名 地方(出身)の人

provincialisme [prɔvε̃sjalism] 男 地方なまり；地方気質

proviseur [prɔvizœr] 男 高校(lycée)の校長

*__provision__ [prɔvizjɔ̃] プロヴィズィヨン 女（英 stock）①蓄え，備蓄；〔複〕(食料・日用品の)買物，蓄え ▶ **faire provision de** …を蓄える ②(銀行・企業の)引当金 ③(弁護士に対する)前払金

provisionnel(le) [prɔvizjɔnεl] 形〔法〕(契約などの)仮の，暫定である

provisionner [prɔvizjɔne] 他 (銀行口座に)入金する

*__provisoire__ [prɔvizwar] プロヴィゾワール 形（英 provisional）仮の，一時的な —— 男 仮の状態

provisoirement [prɔvizwarmɑ̃] 副 仮に，一時的に，暫定的に

provisorat [prɔvizɔra] 男 高校(lycée)の校長の職[任期]

*__provocant(e)__ [prɔvɔkɑ̃, -ɑ̃t] 形 挑発的な，挑戦的な；扇情的な，色っぽい

provocateur(trice) [prɔvɔkatœr, -tris] 形 挑発する，扇動する —— 名 挑発者，扇動者；扇動分子

provocation [prɔvɔkasjɔ̃] 女 挑

発, 挑戦; そそのかし, 扇動

provoquer [prɔvɔke プロヴォケ] 他 (英 provoke) ① (人に…(すること)を)そそのかす, 仕向ける (à) ▸*provoquer … en duel* (人)に決闘を挑む ② (人を)欲情させる, 挑発する ③ 引き起こす, 生じさせる — 代動 [*se* ～] 挑発し合う

proxénète [prɔksenɛt] 名 売春斡旋業者; (売春婦の)ひも

proxénétisme [prɔksenetism] 男 売春斡旋行為[業]

proximité [prɔksimite] 女 (距離的・時間的に)近いこと, 近接 ▸*à proximité* (…の)すぐ近くに (de) *de proximité* 近くの

prude [pryd] 形 (文) 貞淑ぶった, 上品ぶった — 女 ▸*faire la prude* 上品ぶる

prudemment [prydamɑ̃] 副 慎重に, 用心深く

prudence [prydɑ̃s プリュダンス] 女 慎重さ, 用心深さ ▸*Prudence est mère de sûreté.* (ことわざ)慎重は安全の母; 転ばぬ先の杖

prudent(e) [prydɑ̃, -ɑ̃t プリュダン(ト)] 形 慎重な(人), 用心深い(人)

pruderie [prydri] 女 (文) 貞淑[謹厳]ぶること

prud'homal(ale) [prydɔmal] 形 (男複 -*aux* [-o]) (労働裁判所の)調停判事の

prud'homme [prydɔm] 男 (法) (労働裁判所の)調停判事 ▸*Conseil des prud'hommes* 労働裁判所

pruine [prɥin] 女 (ブドウなどの果実の)蠟(ろう)粉, 白粉

***prune** [pryn プリュヌ] 女 (英 plum) プラム, スモモ ▸*pour des prunes* (話)無駄に, 無益に — 形 (不変) プラム色の, 濃い紫の

pruneau [pryno] 男 (複 ~*x*) ① 干しスモモ, プルーン ② (俗)弾丸

prunelle[1] [prynɛl] 女 (解)(ひとみ); 目, まなざし ▸*tenir à … comme à la prunelle* …をとても大切にする

prunelle[2] [prynɛl] 女 リンボクの実

prunellier [prynɛlje] 男 (植) スピノサスモモ, リンボク(属)

prunier [prynje] 男 (植) プラムの木, スモモの木

prunus [prynys] 男 (植) サクラ(属)

prurigineux(se) [pryriʒinø, -øz] 形 (医) かゆみ性の, 搔痒(そうよう)性の

prurigo [pryrigo] 男 (医) 痒疹(ようしん)

prurit [pryrit] 男 ① (医) かゆみ, 搔痒(そうよう)(症) ② (文) 激しい欲望

Prusse [prys] 女 プロイセン, プロシア 【旧ドイツ帝国の主要な王国】

prussien(ne) [prysjɛ̃, -ɛn] 形 名 [P.-] プロイセンの(人), プロシアの(人)

prussique [prysik] 形 ▸*acide prussique* 青酸

prytanée [pritane] 男 ① (古代ギリシアの)プリュタネイオン【評議員の集会所】

② 陸軍幼年学校

PS (略) Parti Socialiste 社会党

P.-S. (略) post-scriptum 追伸

psallette [psalɛt] 女 (教会付属の)聖歌隊学校, 唱歌隊が歌う場所; (集合的)聖歌隊

psalliote [psaljɔt] 女 (植) ハラタケ

psalmiste [psalmist] 男 詩篇作者

psalmodie [psalmɔdi] 女 (宗) 詩篇朗唱[朗誦]法

psalmodier [psalmɔdje] 自 他 ① (宗) (詩篇を)唱える, 朗唱する ② 一本調子で(話す)

psaltérion [psalterjɔ̃] 男 (楽) プサルテリー【ツィター・ハープなどと同族の古楽器】

psaume [psom] 男 詩篇曲; (旧約聖書の)詩篇

psautier [psotje] 男 (宗) 詩篇集

pschit(t) [pʃit] 間 ぷしゅ, しゅ【炭酸水の瓶などをあける音】— 男 (話) スプレー

pseud(o-) [接頭] (ぐギ) 「擬」「偽」の意

pseudomembrane [psødɔmɑ̃bran] 女 (医) 偽膜

pseudonyme [psødɔnim] 男 偽名, 仮名 ペンネーム; 芸名

pseudopode [psødɔpɔd] 男 (生) (原生動物などの)仮足, 偽足

psi [psi] 男 プシー【Ψ, ψ; ギリシア字母第23字】

psit(t) [psit] 間 (話) ちょっと, おい【呼びかけ・喚起の時などに出す音】

psittacisme [psitasism] 男 (医) プシタシスム【意味を考えず言葉を反復する精神障害】

psoriasis [psɔrjazis] 男 (医) 乾癬(かんせん)【炎症性の慢性皮膚病】

pst [pst] 間 = psit(t)

psy [psi] 名 (話) 心理学者; 精神科医; 精神分析家 — 形 (不変) (話) 心理学の, 精神分析[学]の

psychanalyse [psikanaliz] 女 精神分析学, 精神分析

psychanalyser [psikanalize] 他 精神分析(治療)をする; 精神分析に解釈する

psychanalyste [psikanalist] 名 精神分析医

psychanalytique [psikanalitik] 形 精神分析の

Psyché [psiʃe] 女 (ギ神) プシュケ【愛の神エロスに愛された美少女】

psyché [psiʃe] 女 (角度を自在に変えられる)大型姿見

psychédélique [psikedelik] 形 ① 幻覚剤による, (薬が)幻覚を起こさせる ② (音楽・絵画が)サイケデリックな

psychiatre [psikjatr] 名 精神科医

psychiatrie [psikjatri] 女 精神医学

psychiatrique [psikjatrik] 形 精神医学の, 精神科の

psychique [psiʃik] 形 精神の, 心的な

psychisme [psiʃism] 男 《集合的》心理現象; 精神機構

psycho [psiko] 女 《話》心理学(= psychologie)

psych(o)- 接頭 《くぎ》「精神の」「霊魂の」の意

psychodramatique [psikodramatik] 形 心理劇の

psychodrame [psikodram] 男 サイコドラマ, 心理劇【精神療法の一種】

psycholinguistique [psikolɛ̃gistik] 形 女 心理言語学(の)

***psychologie** [psikɔlɔʒi プスィコロジ] 女 (英 psychology) ①心理学 ②心理(状態), 心性; 人間心理の洞察; 《文学作品などの》心理描写, 心理分析

***psychologique** [psikɔlɔʒik プスィコロジック] 形 (英 psychological) 心理の, 心理的な; 心理学の

psychologiquement [psikɔlɔʒikmɑ̃] 副 心理(学)的に, 心理学的にみれば, 精神的に

psychologisme [psikɔlɔʒism] 男 心理主義

psychologue [psikɔlɔg] 名 心理学者, (応用)心理学の専門家, 心理カウンセラー; 人間心理の洞察にすぐれた人 ― 形 心理に通じている

psychomoteur(trice) [psikomotœr, -tris] 形 [医] (中枢などが)精神運動(性)の, 随意運動の

psychopathe [psikopat] 名 精神病質者

psychopathologie [psikopatɔlɔʒi] 女 精神病理学

psychopédagogie [psikopedagoʒi] 女 教育心理学

psychopédagogique [psikopedagoʒik] 形 教育心理学(の)

psychopharmacologie [psikofarmakɔlɔʒi] 女 精神薬理学

psychophysiologie [psikofizjɔlɔʒi] 女 精神生理学

psychose [psikoz] 女 [医] 精神病, 精神障害; 強迫観念 ▶ **psychose collective** 集団ヒステリー

psychosé(e) [psikoze] 形 [医] 精神病の ― 名 精神病者

psychosocial(ale) [psikososjal] 形 (男複 -aux[-o]) 社会心理的な, 社会心理の

psychosociologie [psikososjɔlɔʒi] 女 社会心理学

psychosomatique [psikosomatik] 形 [医] 心身に関する, 精神身体の

psychotechnicien(ne) [psikotɛknisjɛ̃, -ɛn] 名 精神工学専門家, 応用心理学者

psychotechnique [psikotɛknik] 形 精神工学(の), 応用心理学(の)

psychothérapeute [psikoterapøt] 名 精神療法医[士], 心理療法医[士]

psychothérapie [psikoterapi] 女 精神療法, 心理療法

psychotique [psikɔtik] 形 名 精神病の(患者)

psychotonique [psikɔtɔnik] 形 [医] 精神を刺激する(薬)

psychotrope [psikɔtrop] 形 《薬物などが》精神に作用する, 向精神性の ― 男 向精神薬

psychromètre [psikrɔmɛtr] 男 乾湿計

psychrométrie [psikrɔmetri] 女 《乾湿計による》湿度測定

ptér(o)- 接頭 《くぎ》「翼」の意

ptérodactyle [pterodaktil] 名 [古生] プテロダクティルス, 翼竜

Ptolémée [ptoleme] 男 プトレマイオス【古代エジプトの王, または古代ギリシアの天文・物理学者】

ptose, ptôse [ptoz] 女 [医] (内臓)の下垂(症)

PTT 男複 Postes, Télécommunications et Télédiffusion (昔の)郵政省【1991年に La Poste と France Télécom という公共企業体に分割】

pu [py] pouvoir の過去分詞

pu..., pû... ⇒ **pouvoir**

puant(e) [pɥɑ̃, pɥɑ̃t] 形 臭い, 悪臭を放つ; 鼻持ちならない, 鼻につく

puanteur [pɥɑ̃tœr] 女 悪臭

pub[1] [pyb] 女 広告, 宣伝; CM [< publicité] ▶ **faire de la pub pour ...** を宣伝する

pub[2] [pœb] 男 (<英) (英国(風)の)パブ, カフェ

pubère [pybɛr] 形 名 《文》思春期の(子供)

pubertaire [pyberter] 形 思春期の

puberté [pyberte] 女 思春期, 第二次性徴期

pubien(ne) [pybjɛ̃, -ɛn] 形 [解] 恥骨の, 恥丘の

pubis [pybis] 男 (<ラ) [解] 恥丘; 恥骨 ▶ **poils du pubis** 陰毛

publiable [pyblijabl] 形 発表できる, 公にできる

***public(que)** [pyblik ピュブリック] 形 公開された, 公衆の前での; 公然の, 周知の; 公の; 公立の, 公共の; 公的な, 国の ▶ **en public** 人前で, 公衆の面前で **film grand public** 一般大衆向けの映画 **grand public** 一般大衆 ②大衆, 聴衆, 読者; 視聴者 ▶ **être bon public** 《話》《何にでも》感動する観客である

***publication** [pyblikɑsjɔ̃ ピュブリカスィヨン] 女 公表, 刊行, 発行・出版物, (特に)定期の)刊行物 ②公告, 公布, 発表 ▶ **publication assistée par ordinateur** デスクトップパブリッシング, DTP【全ての編集作業をパソコンで行うこと, 略 PAO】

publiciste [pyblisist] 名 ①広告業

publicitaire [pyblisiter] 形 広告の, 宣伝の ——名 広告業者

***publicité** [pyblisite ピュブリシテ] 女 (英 advertising) ①広告, 宣伝, コマーシャル; 宣伝ビラ ▶**faire de la publicité pour** …の宣伝をする **publicité mensongère** 虚偽広告 **publicité sur le lieu de vente** (**P.L.V.**) 店頭広告 **travailler dans la publicité** 広告会社で働く ②公ני(性), 公然

***publier** [pyblije ピュブリエ] 他 (英 publish) 出版する, 刊行する; 発表する, 公表する

publiphone [pyblifɔn] 男 カード式公衆電話

publipostage [pyblipostaʒ] 男 ダイレクトメール(方式), 広告郵便; 通信販売

publireportage [pyblir(ə)pɔrtaʒ] 男 記事広告

publiquement [pyblikmã] 副 公然と, 公に, 公衆の面前で

puce [pys] 女 ①ノミ(蚤); 蚤の市, 古物市 (= marché aux ～s) ▶**mettre la puce à l'oreille de** (人)に警戒心を抱かせる **secouer les puces à** (人)をひどく叱りつける ②〖電〗(集積回路の)チップ ▶**carte à puce** ICカード ③〖話〗ちび (少女への呼びかけ) ——形 (不変) 赤褐色の

puceau [pyso] 形 (男性形のみ) 男 (複 ~x) 〖話〗童貞(の)

pucelage [pyslaʒ] 男 〖話〗処女[童貞]であること

pucelle [pysεl] 形 女 ①〖話〗処女(の) ②▶**pucelle d'Orléans** [la ～] オルレアンの乙女 (ジャンヌ・ダルク)

puceron [pysrɔ̃] 男 〖虫〗アブラムシ, アリマキ

pudding [pudiŋ] 男 (< 英) 〖菓〗プディング

puddlage [pydlaʒ] 男 〖冶〗(溶鉄の) 攪錬(かくれん)法, 精錬法

puddler [pydle] 他 〖冶〗(溶鉄を)攪錬法で精錬する

puddleur [pydlœr] 男 精錬工

pudeur [pydœr] 女 ①(特に性的なことに対する)羞恥心, 恥じらい ②慎み, 遠慮

pudibond(e) [pydibɔ̃, -ɔ̃d] 形 ひどく恥じしがる; わざとらしく恥ずかしそうにする

pudibonderie [pydibɔ̃dri] 女 (わざとらしい)ひどく恥ずかしがること

pudicité [pydisite] 女 〖文〗羞恥, はにかみ

pudique [pydik] 形 つつましやかな, 内気な;(動作・感情が)慎み深い

pudiquement [pydikmã] 副 つつましく; 遠慮して; 婉曲に

puer [pɥe] 自他 (…の)いやなにおいがする

puériculteur(trice) [pɥerikyltœr, -tris] 名 (3歳以下の乳幼児の)保育士, 保父

puériculture [pɥerikyltyr] 女 育児学[法]

puérile [pɥeril] 形 子どもっぽい; 幼稚な

puérilement [pɥerilmã] 副 子どもっぽく

puérilité [pɥerilite] 女 子供っぽさ, 幼稚さ;〖文〗子供じみた言動[考え]

puerpéral(ale) [pɥɛrperal] 形 (男複 -aux(-o)) 〖医〗産褥(じょく)の

pugilat [pyʒila] 男 ①殴り合い ②(古代ギリシアの)ボクシング

pugiliste [pyʒilist] 男 ①〖文〗拳闘家, ボクサー ②(古代ギリシアの)ボクサー

pugnace [pygnas] 形 〖文〗闘争心の旺盛な

pugnacité [pygnasite] 女 〖文〗闘争心

puîné(e) [pɥine] 形 〖古〗次に生まれた ▶**frère puîné** 弟

*puis¹ [pɥi] 副 (英 then) それから, 次に ▶**et puis** (理由) その上 **Et puis quoi** [après] **?** 〖話〗それがどうした

puis² [pɥi] ⇨**pouvoir**

puisage [pɥizaʒ] 男 汲(く)むこと, 汲み出すこと

puisard [pɥizar] 男 汚水だめ

puisatier [pɥizatje] 男 井戸掘り人夫

puiser [pɥize] 他 ①(液体を)汲(く)み出す ②(ものを…から)取り出す (dans) ③(…から)取る, 借りる

*puisque [pɥisk(ə) ピュイスク] 接 (英 since) ①…なのだから, …である以上 ②〖独立節で〗〖いらだち・憤慨を示す〗▶**Puisque je te le dis!** だから言ってるでしょう

puissamment [pɥisamã] 副 強力に, 力強く, たくましく;〖話〗大いに, 非常に ▶**Puissamment raisonné!** 〖皮肉的〗なんて理屈だ

*puissance [pɥisɑ̃s ピュイサンス] 女 (英 power) ①力, 強さ; たくましさ; 能力 ②権力, 勢力; 権力者, 有力者 ③強国, 大国 ④(機械の)出力, 動力;(音・光の)強さ ⑤〖数〗べき, 累乗 ▶**10 puissance 4** 10の4乗 ⑥〖哲〗可能態 ▶**en puissance** 潜在的な

*puissant(e) [pɥisɑ̃, -ɑ̃t ピュイサン(ト)] 形 (英 powerful) ①強い, 力強い;(機械的に)強力な; 影響力がある ——男 権力者, 有力者

*puits [pɥi ピュイ] 男 (英 well) ①井戸 ▶**puits de sciences** 博識な人 ②(鉱山の)立坑; 縦穴 (= ～ de mine) ▶**puits de pétrole** 油井(ゆせい)

pull [pyl] 男 〖話〗= pull-over

pullman [pulman] 男 (< 英) (快適な設備の)観光バス

*pull-over [pylɔvεr ピュロヴェール] 男 (< 英) セーター

pullulement [pylylmã] 男, **pullulation** [pylylasjɔ̃] 女 急激な繁殖; 群がり; おびただしさ

pulluler [pylyle] 自 急激な繁殖する;(人が)群がる,(ものが)たくさんある

pulmonaire [pylmɔnɛr] 形 肺の,肺疾患の

pulpe [pylp] 女 ①果肉,(野菜の)身の部分 ②[解] 髄 ▶**pulpe dentaire** 歯髄

pulpeux(se) [pylpø, -øz] 形〖文〗果肉状の,果肉の多い ▶**lèvres pulpeuses** 肉感的な唇

pulsar [pylsar] 男（＜英）〖天〗パルサー,電波星天体

pulsation [pylsasjɔ̃] 女 ①(心臓・動脈の)拍動,動悸,脈拍 ②[物] 波動,振動,脈動

pulser [pylse] 他 (空気・ガスなどを)送り出す

pulsion [pylsjɔ̃] 女〖精医〗欲動

pulsionnel(le) [pylsjɔnɛl] 形〖精医〗欲動の,欲動性の

pulvérisateur [pylverizatœr] 男 噴霧器,スプレー(ガン)

pulvérisation [pylverizasjɔ̃] 女 噴霧;粉末[霧状]にすること

pulvériser [pylverize] 他 ①粉末にする;粉砕する,粉々にする ▶**pulvériser un record**（話）記録を軽く破る ②霧状にして散布する —**代動**［se ～］粉々になる,霧状になる

pulvérulence [pylverylɑ̃s] 女 粉末状態,粉末になりやすいこと

pulvérulent(e) [pylverylɑ̃, -ɑ̃t] 形 粉末状の,粉末[霧状]になりやすい

puma [pyma] 男〖動〗ピューマ,アメリカライオン

pûmes [pym] ⇒**pouvoir**

puna [pyna] 女（＜ケチュア）①アンデス山脈での高山病 ②[地]（ペルーなどの）寒冷な高原

punaise [pynɛz] 女 [虫] トコジラミ,ナンキンムシ（＝～ des lits）,画びょう

punaiser [pyneze] 他 画びょうでとめる

punch[1] [pɔ̃ʃ] 男 ポンチ【ラム酒やブランデーに紅茶・砂糖・レモン・肉桂などを加えた飲み物】

punch[2] [pœn(t)ʃ] 男（不変）（＜英）①パンチ力,決定打 ②（話）迫力,活力

puncheur [pœnʃœr] 男（ボクシングの)強打者,(ハード)パンチャー

punching-ball [pœnʃiŋbol] 男（＜英）(ボクシングの練習用の)パンチングボール

puni(e) [pyni] 形名（＜**punir**）罰を受けた(者)

punique [pynik] 形 ポエニの,カルタゴの〖古代チュニジアの植民地〗

***punir** [pynir] ピュニール 他 33（英 punish）(人を)罰する ▶**punir A de B** Bを理由に A を罰する

punissable [pynisabl] 形 罰すべき;(...の)罰に値する（**de**）

punitif(ve) [pynitif, -iv] 形 処罰の,懲罰の

***punition** [pynisjɔ̃ ピュニシヨン] 女（英 punishment）①罰すること,(処)刑 ②(過ちなどの)報い

punk [pœnk, pœnk] 形（不変）名（＜英）パンク(の人)

pupille[1] [pypij, pypil] 名 後見人のいる孤児 ▶**pupille de la Nation** 戦災孤児 ▶**pupille de l'État** 国の援助を受けている孤児

pupille[2] [pypij, pypil] 女 瞳孔(どう),ひとみ

pupitre [pypitr] 男 (傾斜した)書見台,譜面台;教室机;[情報] 制御卓,コンソール

pupitreur(se) [pypitrœr, -øz] 名 [情報] コンソールオペレーター

***pur(e)** [pyr ピュール] 形（英 pure）①純粋な,まじりけのない;澄んだ,透き通るような;けがれのない,まっすぐな;清らかな ②[名詞の前] 全くの,単なる;(芸術・科学が)純然たる ▶**C'est par un hasard que je l'ai vu.** それを見たのは全くの偶然だ **en pur perte** 無駄に **pur et dur** 原則通りの **pur et simple** 無条件の,純然たる —男 純粋な人; (主義・党派に)忠実な人

purée [pyre] 女 [料] ピュレ;マッシュポテト（＝～ de pommes de terre）▶**purée de pois**（話）濃霧

purement [pyrmɑ̃] 副 全く,単に,もっぱら ▶**purement et simplement** 丸呑みし,きっぱりと

purent [pyr] ⇒**pouvoir**

pureté [pyrte] 女（英 purity）純粋さ;清らかさ;潔白,純真さ;純正さ,正しさ

purgatif(ve) [pyrgatif, -iv] 形 浄化する;下剤の,瀉下(しゃ)作用のある —男 下剤

purgation [pyrgasjɔ̃] 女 下剤による排便

purgatoire [pyrgatwar] 男 [神] 煉獄(れんごく);試練の場所[時]

purge [pyrʒ] 女 ①下剤;通じをつけること ②粛清,パージ ③(シリンダー・タンクなどの)排水

purger [pyrʒe] 他 40 ①(人に)下剤をかける ②(管などをからにする);(国・団体などを)一掃する ③(刑に)服する —代動[se ～] 下剤を服用する

purgeur [pyrʒœr] 男 排水[排気]装置［ジャケ］,蒸気「リップ」

purifiant(e) [pyrifjɑ̃, -ɑ̃t] 形〖文〗清める

purificateur(trice) [pyrifikatœr, -tris] 形 清める,浄化する —男 浄化器

purification [pyrifikasjɔ̃] 女 清め(の儀式);浄化,純化 ▶**purification**

purificatoire [pyrifikatwaʀ] 形 《文》清めの

purifier [pyrifje] 他 浄化する，純化する；《文》(心などを)清める ─ 代動 [se ~] 浄化される；身を清める

purin [pyʀɛ̃] 男 水肥(だ)

purisme [pyʀism] 男 ①(芸術・思想上の)純粋主義；[言] 純正語法主義

puriste [pyʀist] 名 ①(芸術・思想などの)純粋主義者 ②[言] 純正語法主義者 ─ 形 純粋主義(者)の

puritain(e) [pyʀitɛ̃, -ɛn] 形 名 ① 清教徒(の)，ピューリタン(の) ② 厳格な(人)，潔癖な(人)

puritanisme [pyʀitanism] 男 ① ピューリタニズム，清教徒主義 ② 厳格主義

purpura [pyʀpyʀa] 男 [医] 紫斑(はん)(病)

purpurin(e) [pyʀpyʀɛ̃, -in] 形 《文》緋(ひ)色の

pur-sang [pyʀsɑ̃] 男《不変》サラブレッド [純血種の馬]

purulence [pyʀylɑ̃s] 女 [医] 化膿(のう)

purulent(e) [pyʀylɑ̃, -ɑ̃t] 形 [医] 膿(のう)状の，化膿した

pus[1] [py] 男 [医] 膿(のう)，うみ

pus[2] [py] ⇒pouvoir

pusillanime [pyzi(l)lanim] 形 《文》臆病な，小心な

pusillanimement [pyzi(l)lanimmɑ̃] 副 《文》臆病に

pusillanimité [pyzi(l)lanimite] 女 《文》臆病さ，勇気のなさ

pustule [pystyl] 女 [医] プステル，膿疱(ほう)

pustuleux(se) [pystylø, -øz] 形 [医] 膿疱のできた，膿疱性(の)

put, pût [py] ⇒pouvoir

putain [pytɛ̃] 女 ①《俗》売春婦；《軽蔑的》性的に奔放な女 ② ▶ *Putain!* ちぇっ，くそ［怒り・驚きなど］ *putain de...* このいまいましい… ─ 形 《不変》《話》誰にでも媚びる

putatif(ve) [pytatif, -iv] 形 [法] 推定の

pute [pyt] 女 名 = putain

pûtes [pyt] ⇒pouvoir

putois [pytwa] 男 [動] ケナガイタチ(の毛皮)

putréfaction [pytrefaksjɔ̃] 女 腐敗

putréfier [pytrefje] 他 腐らせる ─ 代動 [se ~] 腐る

putrescible [pytresibl] 形 腐りやすい

putride [pytrid] 形 腐敗した；腐敗を示す，腐敗による

putridité [pytridite] 女《文》腐敗，腐乱

putsch [putʃ] 男 《<ド》 クーデター，政治的暴動

putschiste [putʃist] 形 名 クーデターの(参加者・支持者)

putt [pœt] 男《<英》[ゴルフ] パット

putto [pytto] 男《<イ》(複 *putti, puttos*) [美術] プット［絵画等に描かれた翼のある幼児の姿をたユビット］

Puy-de-Dôme [pɥiddom] 男 ピュイ・ド・ドーム県 [フランス中部]

Puy-en-Velay [pɥiɑ̃v(ə)lɛ] ピュイ・アン・ヴレ [Haute-Loire 県の県庁所在地]

puzzle [pœzl] 男《<英》ジグソーパズル；《話》厄介な事

p.-v. (略) procès-verbal [話] 交通違反

PVC 男《不変》《<英》poly-vinyl-chloride ポリ塩化ビニル

PVD (略) pays en voie de développement 発展途上国

pygmée [pigme] 男 ① ピグミー [アジア・アフリカなどの小人族] ② 背の低い人，つまらない人物

***pyjama** [piʒama ピジャマ] 男 《<英》パジャマ

pylône [pilon] 男 (高圧線やアンテナ用の)鉄塔，柱塔；(橋・街路の入り口を装飾する)塔

pylore [pilɔr] 男 [解] 幽門

pylorique [pilɔrik] 形 [解] 幽門の

pyorrhée [pjɔre] 女 [医] 膿漏(ろう)(症)

pyracantha [pirakɑ̃ta] 男 [植] トキワサンザシ，ピラカンサ

pyrale [piral] 女 [虫] メイガ, アワノメイガ [トウモロコシ・ブドウなどの害虫]

pyralène [piralɛn] 男《<商標》[化] ピラリン [PCB の一つで熱分解するとダイオキシンを発生する合成油]

pyramidal(ale) [piramidal] 形 (男複 -*aux*[-o]) ピラミッド(形)の，角錐(すい)状の

pyramide [piramid] 女 [数] 角錐；ピラミッド；ピラミッド形のもの；分布グラフ

Pyrénéen(ne) [pireneɛ̃, -ɛn] 形 ピレネー山脈(地方)の ─ 名 [P.-] ピレネー地方の人

Pyrénées [pirene] 女《複》ピレネー山脈(地方) ▶ *traité des Pyrénées* ピレネー条約 [三十年戦争を終結させたフランス・スペイン間の条約; 1659 年]

Pyrénées-Atlantiques [pireneza tlɑ̃tik] 女《複》ピレネーザトランティク県 [フランス南西部]

Pyrénées-Orientales [pireneza rjɑ̃tal] 女《複》ピレネーゾリアンタル県 [フランス南部]

pyrèthre [piretr] 男 [植] シロバナムシヨケギク, 除虫菊 [ピレトリンを含む]

pyrex [pireks] 男《<商標》パイレックス [耐熱ガラス]

pyrite [pirit] 女 [鉱] 黄鉄鉱

pyro- 接頭《<ギ》「火」「熱」の意

pyrogène [piroʒɛn] 形 [医] 発熱性の

pyrograver [pirɔgrave] 他 焼き絵で飾る, 焼き絵にする

pyrograveur(se) [pirɔgravœr, -øz] 名 焼き絵師

pyrogravure [pirɔgravyr] 女 焼き絵【熱した焼きごてで板などに描く】

pyrolyse [pirɔliz] 女 〔化〕熱分解

pyromane [pirɔman] 名 放火魔

pyromanie [pirɔmani] 女 〔精医〕放火癖

pyromètre [pirɔmɛtr] 男 パイロメーター, 高温測定計

pyrométrie [pirɔmetri] 女 放射温度測定

pyrométrique [pirɔmetrik] 形 放射温度測定の

pyrotechnie [pirɔtɛkni] 女 花火製造[打ち上げ]術

pyrotechnique [pirɔteknik] 形 花火製造[術]の

pyrrhonien(ne) [pirɔnjɛ̃, -ɛn] 形名 ピュロン(Pyrrhon)派の(人);〔古〕懐疑的な(人)

pyrrhonisme [pirɔnism] 男 〔哲〕ピュロンの懐疑説, ピュロニズム

Pythagore [pitagɔr] ピタゴラス【ギリシアの哲学者・数学者】

pythagoricien(ne) [pitagɔrisjɛ̃, -ɛn] 形〔哲〕ピタゴラス(派)の ― 名 ピタゴラス派の人

pythagorisme [pitagɔrism] 男 〔哲〕ピタゴラスの学説

pythie [piti] 女 ①【ギ神】ピュティア【神託を授けたデルフォイ(Delphes)の巫女】②〔文〕女予言者

python [pitɔ̃] 男〔動〕ニシキヘビ

pythonisse [pitɔnis] 女 ①〔古代ギリシアの〕女予言者, 巫女 ②

pyurie [pjyri] 女 〔医〕膿尿

Q

Q, q¹ [ky] 男 フランス字母の第17字

q² (略)〔q〕quintal (重量単位の)キンタル

Qatar [katar] 男 カタール【アラビア半島にある首長国】

QCM (略) questionnaire à choix multiple 多項式選択問題

QG (略) quartier général 司令部

QI (略)(英 IQ) quotient intellectuel 知能指数

qu' [k] 代接(関係)(疑問)副 que の縮約形

quadra [k(w)adra] (不変), **quadragénaire** [k(w)adragener] 形名 40歳(代)の(人)

quadr(a)- 接頭 〈ラ〉「4」の意

quadrangulaire [k(w)adrɑ̃gyler] 形 4つの角をもつ,〔数〕四角形の

quadrant [k(w)adrɑ̃] 男〔数〕四分円(弧);象限

quadratique [k(w)adratik] 形〔数〕2次の

quadrature [k(w)adratyr] 女 〔数〕求積(法), 面積 ▶ **quadrature du cercle** 円積法;解決不可能な問題

quadri- 接頭 〈ラ〉「4」の意

quadriceps [k(w)adrisɛps] 男〔解〕大腿四頭筋

quadrichromie [k(w)adrikrɔmi] 女 四色印刷【黄・赤・青・黒の4色】

quadriennal(ale) [k(w)adrijenal] 形〔男複 -aux〕-o〕〕4年間の;4年ごとの

quadrige [k(w)adriʒ] 男 〔古代ローマの〕4頭立て2輪戦車

quadrilatéral(ale) [k(w)adrilateral] 形〔男複 -aux〕-o〕〕4辺形の

quadrilatère [k(w)adrilater] 男 4辺形

quadrillage [kadrijaʒ] 男 ①碁盤縞;格子状のもの ②〔公共施設・病院などの計画的な分散〕配置;〔警察や軍隊などが小区域に分けて行う〕碁盤目作戦

quadrille [kadrij] 男〔くス〕〔舞〕カドリーユ【19世紀に流行した4人ひと組になった踊り】

quadrillé(e) [kadrije] 形 碁盤縞の, 方眼の ▶ **papier quadrillé** 方眼紙

quadriller [kadrije] 他 碁盤目状に線を引く;(軍隊や警察が)碁盤目[網の目]作戦をとる

quadrimoteur [k(w)adrimɔtœr] 男 4発(飛行)機(= avion 〜) ― 形 (男性形のみ) 4基のエンジンを備えた

quadripartite [k(w)adripartit], **quadriparti(e)** [k(w)adriparti] 形 4つの部分[要素]からなる;〔植〕4深裂の

quadriphonie [k(w)adrifɔni] 女 〔録音・再生の〕4チャンネル方式

quadrique [k(w)adrik] 形名〔数〕2次曲面(の)

quadriréacteur [k(w)adrireaktœr] 男 4発ジェット機 ― 形 (男性形のみ) 4発ジェットの

quadrisyllabe [k(w)adrisi(l)lab] 名〔言〕4音節語

quadrisyllabique [k(w)adrisi(l)labik] 形〔言〕4音節の

quadrivalent(e) [k(w)adrivalɑ̃, -ɑ̃t] 形〔化〕4価の

quadrivium [kwadrivjɔm] 男〔史〕(中世の大学の)四学科【算術・幾何・天文学・音楽】

quadru- 接頭 〈ラ〉「4」の意

quadrumane [k(w)adryman] 形〔動〕(猿などの)四手をもつ(動物)

quadrupède [k(w)adryped] 形名〔動〕四足をもつ(動物)

quadruple [k(w)adrypl] 形 4倍の, 4重の ― 男 4倍

quadrupler [k(w)adryple] 他 4倍にする ― 自 4倍になる

quadruplé•s [k(w)adryple] 名 (複)4つ子

*__quai__ [ke] 男 〔英 platform〕プラット

quaker(esse) [kwɛkœr, -krɛs] 名 (<英) クエーカー教徒

qualifiable [kalifjabl] 形 形容できる；[スポーツ] 出場資格のある ▶ *peu qualifiable* 形容しがたい

qualificateur [kalifikatœr] 男 (昔の教皇庁の) 検閲官

qualificatif(ve) [kalifikatif, -iv] 形 ①性質を表す ▶ *adjectif qualificatif* [文法] 品質形容詞 ②[スポーツ] 出場資格を与える ── 男 形容詞 [語]

qualification [kalifikasjɔ̃] 女 ①形容，呼称，修飾 ②[職や技能の]資格；[スポーツ] (出場) 資格 ▶ *épreuves de qualification* [スポーツ] 予選 ▶ *obtenir sa qualification* (…の) 出場資格を得る (en, pour) ▶ *qualification professionnelle* 職能資格 *sans qualification* 未熟練の; 無資格の

qualifié(e) [kalifje] 形 (<qualifier) ①資格のある；[スポーツ] 出場資格のある ② ▶ *vol qualifié* [法] 加重情状のある窃盗

*****qualifier** [kalifje] 他 カリフィエ ①(…と) 形容する，名付ける (de) ②[~A pour B [pour 不定詞]] A (人) に B への (…する) (出場) 資格を与える ▶ *être qualifié pour* …への (する) 資格を得ている ── 代動 [se ~] (…への) 出場権を得る (pour)

qualitatif(ve) [kalitatif, -iv] 形 質に関する，質的な ▶ *analyse qualitative* [化] 定性分析

qualitativement [kalitativmɑ̃] 副 質的に (みて)

*****qualité** [kalite カリテ] 女 (英 quality) ①質 (のよさ)，品質；特質，長所 ▶ *de bonne* [*mauvaise*] *qualité* 良質の (粗悪の) ▶ *de première qualité* 最高級の *de qualité*，高級の ②身分，資格，肩書 ▶ *en qualité de* …の資格で，として

qualiticien(ne) [kalitisjɛ̃, -ɛn] 名 [商] 品質管理責任者

*****quand** [kɑ̃ カン] 副 (英 when) いつ *depuis quand* いつから *jusqu'à quand* いつまで *n'importe quand* いつでも ── 接 ①[時間] …するとき (に)；…すると；…するたびに ▶ *Quand je pense que...!* …だとは[驚きだ] ②[対立] …なのに，…にもかかわらず；[譲歩] たとえ…でも ▶ *quand bien même* たとえ…でも *quand même* それでも，やはり；[感嘆文] まったく

quanta [kwɑ̃ta] 男 (<ラ) (複) quantum の複数形

*****quant à** [kɑ̃ta カンタ] 前 (英 as for)

《主題を導く》…に関しては，…はどうかといえば

quant-à-soi [kɑ̃taswa] 男 (不) (話) つんとした態度，よそよそしさ ▶ *rester sur son quant-à-soi* よそよそしくしている

quantième [kɑ̃tjɛm] 男 [法] (月の) 何日，日付

quantifiable [kɑ̃tifjabl] 形 数量化できる

quantification [kɑ̃tifikasjɔ̃] 女 [論] (命題の) 量化 ②[物] 量子化 ③[言] 量化

quantifier [kɑ̃tifje] 他 数量化する；量子化する

quantique [k(w)ɑ̃tik] 形 [物] 量子 (論)に関する

quantitatif(ve) [kɑ̃titatif, -iv] 形 量的な ▶ *analyse quantitative* [化] 定量分析

quantitativement [kɑ̃titativmɑ̃] 副 量的に

*****quantité** [kɑ̃tite カンティテ] 女 (英 quantity) 量，分量，数量；[言] 音量 ▶ *adverbe de quantité* 数量副詞 [*assez, beaucoup* など] *en petite quantité* わずかばかり *en quantité* / *en grande quantité* たくさん，多量に ▶ *une* [*des*] *quantité de...* 多くの…，たくさんの…

quantum [kwɑ̃tɔm] 男 (複 *quanta*) (<ラ) ①[物] 量子 ②定量；[法] (罰金や補償などの) 額

quarantaine [karɑ̃tɛn] 女 ①約 40；約 40歳，40代 ②検疫期間 ▶ *mettre... en quarantaine* (人) を検疫隔離する；(人) を仲間外れにする

*****quarante** [karɑ̃t カラント] 形 (不変) (英 forty) 40 の；40番目の ── 男 (不変) 40；40番 (地)；[テニス] フォーティー ▶ *quarante cinq tours* 45 回転レコード

quarante-huitard(e) [karɑ̃tɥitar, -ard] 形 名 [史] 2月革命の (革命家) [1848年]

quarantième [karɑ̃tjɛm] 形 (英 fortieth) 40番目の ── 名 40番目の人 (物) ── 男 40分の 1

quark [kwark] 男 (英 quark) クウォーク [素粒子のひとつ]

*****quart** [kar カール] 男 (英 quarter) ①4分の 1；4分の 1リットル (入りの小瓶)；4分の 1 リーブル [ポンド] [125グラム] ▶ *au quart de tour* すぐに，簡単に *les trois quarts* ほとんど *quart de finale* 準々決勝 *quart de siècle* 四半世紀 *quart de vin* ワインの小ビン [4分の 1リットル] ②15分 (= ~ d'heure) ▶ *Il est deux heures et quart* 3時15分 *Il est le quart* [*moins le quart*]. 15分過ぎ [15分前] である *passer un mauvais* [*sale*] *quart d'heure* 困難な時期を過ごす ③[海] 4時間の当直 ▶ *être de quart* 当直中である

quartaut [karto] 男 (古)小樽; 昔の容積の単位

quarte [kart] 女 [楽] 4度

quarté [karte] 男 [競馬] 4連勝式

quarteron[1] [kartərɔ̃] 男 ①少数, 少量 ②(古) 4分の1リーブル[ポンド]

quarteron[2](**ne**) [kartərɔ̃, -ɔn] 名 (黒人の血が4分の1入った)混血児

quartette [kwartet] 男 [楽] カルテット, 四重奏(曲)

*quartier [kartje カルティエ] 男 (英 district, area) ①4分の1; 1片 ②月の弦 ③(都市の)地区, 街; 界隈(かい)の住人) ▸ *quartier chaud* 歓楽街 *quartier commerçant* 商店街 *Quartier latin* (パリの)カルティエ・ラタン [セーヌ左岸の学生街] *quartier résidentiel* 高級住宅街 ④[軍] 宿営地, 兵舎 ▸ *avoir quartier libre* 軍務からの外出を許されている; 行動の自由がある *ne pas faire de quartier* だれにも容赦しない; 皆殺しにする *quartier général* 司令部; 本拠地, ヘッドクォーター [略 QG]

quartier-maître [kartjemetr] 男 (複 ～s-～s) (海軍の)兵長

quart-monde [karmɔ̃d] 男 (複 ～s-～s) 第4世界 [先進国の貧困層または開発の遅れている発展途上国]

quarto [kwarto] 副 (<ラ) 4番目に

quartz [kwarts] 男 (<ド) [鉱] 石英; 水晶 ▸ *montre à quartz* クォーツ時計

quartzeux(**se**) [kwartsø, -øz] 形 [鉱] 石英質の

quasar [kazar] 男 (<英) [天] クェーサー, 準星

*quasi[1] [kazi カズィ] 副 (<ラ) ほぼ, …も同然に; [quasi-名詞に] ほぼ… ▸ *quasi-collision* 衝突寸前の状態, ニアミス *quasi-totalité* ほぼ全体

quasi[2] [kazi] 男 (子牛の)もも肉

quasiment [kazimɑ̃] 副 (話) ほとんど

Quasimodo [kazimodo] 女 [カト] 白衣の主日(ゼ), 復活祭後の第1日曜日

quassia [kwasja] 男 [植] クワッシャ, カシア[ニガキ科]

quat' [kat] (<quatre) (話) ▸ *un de ces quat'* 近いうちに(= un de ces quatre (matins)) ⇨ *quarte* 成句

quaternaire [kwaterner] 形 ①4要素からなる; 4で割れる; [化] 4元素[基]からなる ②[地] 第四紀の — 男 [地] 第四紀

*quatorze [katɔrz カトルズ] 形 《不変》(英 fourteen) 14の; 14番目の — 男 《不変》14; 14日; 14[分]の — ▸ *guerre de quatorze* [la ～] 第1次世界大戦 *quatorze juillet* [le ～] (7月14日の)革命記念日

quatorzième [katɔrzjɛm] 形 (英 fourteenth) 14番目の; 14分の1の

— 名 14番目の人[物] — 男 14分の1; (パリの) 14区; 第14日

quatorzièmement [katɔrzjɛmmɑ̃] 副 14番目に

quatrain [katrɛ̃] 男 4行詩

*quatre [katr カトル] 形 《不変》(英 four) 4の [名詞の前で「4つ」, 4回などの意で]; わずかな ▸ *être tiré à quatre épingles* めかし込んでいる *faire les quatre cents coups* 放縦な生活をする *marcher à quatre pattes* 四つんばいになって歩く *ne pas y aller par quatre chemins* 目的に直截する *un de ces quatre (matins)* 近いうちに — 男 《不変》 4, 4の字; 4日; 4番地; 4時; 4拍子 ▸ *comme quatre* 並はずれて(大量に) *monter [descendre] l'escalier quatre à quatre* 階段を駆け上る[駆け下りる] *quatre-huit* 上の4拍子 *quatre-quatre* 4分の4拍子 *se mettre en quatre pour* (人)のために懸命になる

quatre-cent-vingt-et-un [katr(ə)sɑ̃vɛ̃teœ̃] 男 《不変》4-2-1[この3つの数字が最高となるさいころ遊び]

quatre-quarts [kat(rə)kar] 男 《不変》パウンドケーキ[小麦粉・バター・砂糖・卵を同量に混ぜて作るケーキ]

quatre-quatre [kat(rə)katr] 女 または 男 《不変》 4WD, 4輪駆動車

quatre-saisons [kat(rə)sezɔ̃] 女 《不変》 ▸ *marchand*(*e*) *des quatre-saisons* 屋台の八百屋

quatre-temps [katrətɑ̃] 男 《複》 [カト] 四季の斎日

quatre-vingt- [katrəvɛ̃] ⇨ *quatre-vingts*

*quatre-vingt-dix [katrəvɛ̃dis カトルヴァンディス] 形 《不変》(英 ninety) 90の; 90番目の — 男 《不変》90; 90番(地)

quatre-vingt-dixième [katrəvɛ̃dizjɛm] 形 (英 ninetieth) 90番目の; 90分の1の — 名 90番目の人[物] — 男 90分の1

quatre-vingt-un [katrəvɛ̃tœ̃] 男 = quatre-cent-vingt-et-un

quatre-vingtième [katrəvɛ̃tjɛm] 形 (英 eightieth) 80番目の; 80分の1の — 名 80番目の人[物] — 男 80分の1

*quatre-vingts [katrəvɛ̃ カトルヴァン] 形 《不変》(英 eighty) [他の数字を伴うときは vingt には s をつけない] 80の; 80番目の ▸ *quatre-vingt-deux* 82番 《不変》80; 80番(地)

*quatrième [katrijɛm カトリエム] 形 (英 fourth) 4番目の, 4分の1の — 名 4番目の人[物] — 男 ①4分の1 ②4区; (パリの)4区 — 女 ①鰤子4級[4+中等教育の第3学年] ②トップギヤ, 4速

*quatrièmement [katrijɛmmɑ̃ カトリエマン] 副 (英 fourthly) 第4に, 4

quattrocento [kratroʧɛnto] 男 (〈イ〉) 15世紀【イタリアのルネッサンス期】

quatuor [kwatɥɔr] 男 (〈ラ〉)〔楽〕(弦楽)4重奏曲[奏団], 4重唱曲[唱団]; 4人組 ▶*quatuor vocal* 4重唱

*__que__[1]__ [k(ə) ク]〔母音・無音のhの前では qu'〕接 ①〈英 that〉[名詞節を導く]…ということ ▶*Je ne crois pas qu'il vienne.* 彼は来ると思わない ②[他の接続詞(句)の代用]もし…ならば ▶*si tu as le temps et qu'il fait beau* もし君が暇で天気もよければ ③〈仮定〉[+接続法]…であろうと ▶*qu'il parte ou non* 彼が出かけようと出かけまいと ④〈願望〉…だったらなあ ▶*Qu'il se taise!* 彼が静かにしてくれたらいいのに ⑤[比較の表現を作る]…より, …と ▶*aussi ... que ...* …と同じだけ… ▶*plus ... que ...* …よりももっと… ⑥▶*Elle ne fait que manger.* 彼女は食べることしかしない. — 副〈感嘆〉なんと ▶*Que c'est beau!* なんてきれいなんでしょう

*__que__[2]__ [k(ə) ク] 副〈感嘆〉〈英 what〉(なんと)…(であろう)

*__que__[3]__ [k(ə) ク] 代〈関係〉[性数は不変]〈英 that〉(…を)…である(ところ)の, …であるところのもの *la fille qu'il a rencontrée* 彼が会った女の子

*__que__[4]__ [k(ə) ク] 代〈疑問〉〈英 what〉何を, 何 ⇒ que est-ce que, qu'est-ce qui ▶*Que fais-tu?* 何をしているの

Québec [kebɛk ケベック] 男 ケベック【カナダ東部の州; [州都]ケベック】; [le ～] ケベック州 ⇒ [コラム: ケベック]

québécisme [kebesism] 男 ケベックのフランス語法【ケベック特有の表現や語彙】

québécois(e) [kebekwa, -az] 形 名〔Q.〕ケベックの(人). — 男 (フランス語の)ケベック方言

quechua [ketʃwa] 男 ケチュア語【ペルーやボリビアなどの先住民が話す】

*__quel(le)__ [kɛl ケル] 形〈疑問〉(男複 *quels*, 女 *quelle(s)*)[複数形は母音, 無音のhの前ではリエゾン]〈英 what, which〉どの, 何の, どれくらいの; [代名詞的]どれ ▶*Quelle heure est-il?* 今何時ですか ②▶*quel que ...*〔être の接続法とともに〕…がどんなであろうと *quelles que soient les conséquences, ...* どんな結果になろうとも… — 形〈感嘆〉なんという, なんたる ▶*Quel beau temps!* なんていい天気なんだろう

*__quelconque__ [kɛlkɔ̃k ケルコンク] 形〈不定〉①何らかの, 任意の ▶*donner un prétexte quelconque* 何らかの口実を設ける *Pour une raison quelconque* 何らかの理由で — 形 取るに足りない, つまらない

*__quelque__ [kɛlk ケルク] 形〈不定〉〈英 some, any〉①〔複〕いくつかの, 何人かの, 少しの ▶*quelques milliers* 数千 ②[非可算名詞の前で]いくらかの, 少しの ▶*quelque temps* しばらくの間 ③ある, 何かの ▶*et quelque*〔数詞の後〕…と少々 *Il est midi et quelque.* 正午過ぎだ *quelque part* どこかに[で]; (話) 尻 ▶*quelque ... que*〈文〉どんな…でも *quelque route que je prenne* どんな道を進んでも — 副〔数詞の前で〕〈文〉およそ, 約 ▶*quelque 20 ans* およそ20年 *quelque ... que ...* どれほど…でも *quelque peu* 少し, 幾分

ケベック

カナダ連邦ケベック州(いくつかの分野で独立した司法権をもつ)
言語；フランス語使用者(約83%), 英語使用者(10%), その他の言語(6%)

🍁 祝日

1月1, 2日	le Jour de l'An	元日
3月, 4月	※le Vendredi saint	聖金曜日(復活祭の前の金曜日)
	または le Lundi de Pâques	復活祭の翌日の月曜日(事業主の都合による)
5月	※la journée nationale des patriotes	ヴィクトリア・デイ (5月25日前の月曜日)
6月24日	la Fête nationale du Québec	ケベック・デイ
7月1日	la Fête du Canada	カナダ建国記念日(日曜日にあたる場合は7月2日)
9月	※la Fête du Travail	労働の日(9月最初の月曜日)
10月	※l'Action de grâce	感謝祭(10月第2週の月曜日)
12月25, 26日	Noël	クリスマス

（※は移動祝祭日）

🍁 世界遺産

Arrondissement historique du Vieux-Québec　ケベック旧市街の歴史地区
Parc national de Miguasha (Péninsule de Gaspé)　ミグアシャ国立公園(ガスペ半島)

quelque chose [kɛlkəʃoz ケルクショーズ] 代 (不定) (英 something) ①何か, ある物, あること; 何か…なこと (de + 形) ▸**quelque chose d'autre** 何か他のこと ②大した人物[こと]; (反語的に)ひどいこと

quelquefois [kɛlkəfwa ケルクフォワ] 副 (英 sometimes) 時々, 時には

quelque part [kɛlkəpar] 副 ⇨ quelque ③

quelqu'un(e) [kɛlkœ̃, -yn ケルカン(キュヌ)] 代 (不定) (男複 *quelques-uns* [kɛlkəzœ̃], 女複 *quelques-unes* [kɛlkəzyn]) (英 someone, somebody) ①[男性単数形で] だれか, ある人; …の人 (de + 形) ▸**quelqu'un de bien** いい人, 立派な人 ②[男性単数形で] 大した人物; (話) 驚くべきこと, ひどいこと ③[quelques-uns, quelques-unes の形で] (…のうち)何人か, いくつか (de)

quémander [kemɑ̃de] 他 (人に)しつこくせがむ, 懇請する (à)

quémandeur(se) [kemɑ̃dœr, -øz] 名 (文) 懇請[懇願]する人

qu'en-dira-t-on [kɑ̃diratɔ̃] 男 (不変) (話) 人のうわさ, 世評

quenelle [kənɛl] 女 〔くど〕 〔料〕 クネル (肉, 魚などのすり身のだんご・フライ)

quenotte [kənɔt] 女 (話) (子供の) 歯

quenouille [kənuj] 女 (糸を紡ぐ時の) 糸巻き棒

quéquette [keket] 女 (幼児) おちんちん

Quercy [kɛrsi] 男 [le ～] ケルシー (フランス南西部の地方)

***querelle** [kərɛl] 女 (英 quarrel) けんか; 口論; 論争; 争い ▸**chercher querelle à** (人)にけんかを売る

quereller [kərɛle] 他 (文) (…に)文句をつける, 非難する ── 代動 [se ～] (…と)けんかする (avec)

querelleur(se) [kərɛlœr, -øz] 形 名 (古) けんか好きの(人), けんか腰の(人)

quérir [kerir] 他 [不定形でのみ用いられる] (文) 探す; 求める

quérulence [kerylɑ̃s] 女 〔精医〕 好訴妄想

***qu'est-ce que** [kɛsk(ə) ケスク] 代 (疑問) [母音, 無音の h の前では qu'est-ce qu'] ①何; 何か; 何と; どれだけ ▸**Qu'est-ce que c'est?** これは何ですか **Qu'est-ce que tu fais?** 君は何をしているのですか **Qu'est-ce qu'il mesure?** 彼の身長はどれくらいですか **Qu'est-ce qu'il y a?** どうしましたか ── 副 (話・感嘆) なんと ▸**Qu'est-ce qu'il joue bien!** なんて上手に彼はプレーするんだ

***qu'est-ce qui** [kɛski ケスキ] 代 (疑問) 何が ▸**Qu'est-ce qui se passe?** 何が起こったんですか

questeur [kɛstœr] 男 ①(議院の)財務官 ②(古代ローマの)財務官[検察]官

***question** [kɛstjɔ̃ ケスティヨン] 女 質問, 問い; 疑問; 問題 ▸**en question** 問題の, 話題になっている **faire question** 疑問をもたらす **Il est question de** …が問題になっている **Il n'en est pas question!** / **C'est hors de question!** そんなのは論外だ **mettre … en question** を問題にする **poser une question à** (人)に質問をする **question (de)** …(話) …のことなら **question écrite [orale]** 〔法〕 (議員が大臣に対して出す)文書[口頭]による質問 **question piège** ひっかけ問題 **question subsidiaire** 補足問題 [試験の同点者に課される] **se poser la question** 自問する

questionnaire [kɛstjɔnɛr ケスティヨネール] 男 (アンケートなどの)質問, 質問表 ▸**questionnaire à choix multiple** 多項選択式問題 [略 QCM]

***questionner** [kɛstjɔne ケスティヨネ] 他 (…に)質問する, 尋問する ── 代動 [se ～] 質問し合う

questionneur(se) [kɛstjɔnœr, -øz] 形 名 質問好きな(人)

questure [kɛstyr] 女 ①(議院の)財務局; 財務職 ②(古代ローマの)執政官補佐の財務[検察]官の職[任期]

***quête** [kɛt] 女 ①募金 ②(文) 探求, 探索 ▸**en quête de** …を探して

quêter [ke(ɛ)te] 自 募金をする, 寄付金を集める ── 他 (施し・称賛などを)求める, 乞う ▸

quêteur(se) [kɛtœr, -øz] 形 名 募金を集める(人)

quetsche [kwɛtʃ] 女 クェッチ, ダムソン (の実) 【スモモの一種】; クェッチ酒

***queue** [kø ク─] 女 ①(英 tail) ─, しっぽ; 尾状のもの ▸**faire une queue de poisson** (自動車が)追越した後に元の車線に戻る **finir en queue de poisson** 中途半端に終わる **sans queue ni tête** 支離滅裂な **se mordre la queue** 堂々巡りになる **s'en aller la queue basse** みじめな姿で立ち去る ②(列・列車の)最後尾; 終わり, 末尾 ▸**pas la queue d'un (e) …** (話) …が全くない ③(後ろ) (順番を待つ行列) ▸**à la queue leu leu** (縦に一列になって)雁が行列を作る ④(花・葉などの)柄, 軸; (ビリヤードの)キュー ⑤(話) ペニス

queue(-)de(-)cheval [kød(ə)ʃəval] 女 (複 **~s(-)~(-)~**) ①ポニーテール ②〔植〕 スギナ (= prêle)

queue-de-pie [kød(ə)pi] 女 (複 **~s-~-~**) (話) えんび服

queue de rat [kød(ə)ra] 女 = prêle

queuter [køte] 自 ①(ビリヤード) (1突きで2球に)当てる ②(話) 失敗する

queux [kø] 男 ▶ *maître queux* 〘古〙料理長

:qui¹ [ki キ] 代 〘疑問〙(英 who, whom) ①〘主語〙だれが;〘直接目的語〙だれを;〘前置詞とともに〙だれに[の, を] ▸ *C'est à qui?* これはだれのもの *Chez qui allez-vous?* だれの家に行くのですか *Qui as-tu vu?* だれに会ったの? *Qui es-tu?* 君はだれ? *qui est-ce que* ⇨見出し *qui est-ce qui* ⇨見出し ② ▸ *qui que* + 〘接続法〙誰が…しようとも *qui que ce soit* 誰であろうが

:qui² [ki キ] 代 〘関係〙〘性数無変化〙(英 who, that, which) ①〘関係代名詞の動詞の主語として〙…(するところ)の;〘先行詞なしで〙…する人[もの] ▸ *Ira qui voudra.* 行きたい人は行きなさい *Je l'ai vu qui passait.* 彼が通るのを見た *qui mieux est* もっともよいのは *qui pis est* その上 ②〘関係詞の動詞の補語として前置詞とともに〙…の人 ▸ *la personne à qui je parle* 今私が話している人

quia [kɥija]〘ラ〙〘古〙〘成句でのみ〙 ▸ *être à quia* 返答に苦しむ *mettre ... à quia* (人)を返答に詰まらせる

quiche [kiʃ] 女 キッシュ〘アルザス地方のパイ料理〙

quichenotte [kiʃnɔt] 女 キシュノット〘ヴァンデ地方の農民女性の半円筒形の帽子〙

Quichotte [kiʃɔt] (Don~) ドン・キホーテ〘セルバンテスの小説の主人公〙

quichua [kitʃa] 男 = quechua

*quiconque [kikɔ̃k キコンク] 代 〘関係〙…する者はだれでも ── 代 〘不定〙だれ, どの人

Quid [kɥid, kwid] 男 クイッド〘毎年発行される国際年鑑〙

quid [kɥid, kwid] 男 〘ラ〙〘話〙…についてはどうなんだ

quidam [k(ɥ)idam] 男〘ラ〙〘話・ふざけて〙だれかさん, ある人

:qui est-ce que [kiɛsk キエスク] 代 〘疑問〙〘母音・無音の h の前では qui est-ce qu'〙だれを

*qui est-ce qui [kieski キエスキ] 代 〘疑問〙だれが

quiet(ète) [kjɛ, -ɛt] 形 〘古〙平安な, 静かな

quiétisme [kjetism] 男 〘宗〙静寂主義〘神への献身と魂の静寂を追求した神秘思想〙

quiétiste [kjetist] 形 名 静寂主義(の人)

quiétude [kjetyd] 女 〘文〙平穏, 平安

quignon [kiɲɔ̃] 男〘話〙(丸パンの)大きな1切れ

quille [kij] 女 ①(九柱戯・ボーリングの)ピン ②〘話〙脚 ③(船の)キール, 竜骨 ④〘俗〙(軍隊で)(満期による)除隊

quillon [kijɔ̃] 男 (剣の)十字型のつば;

銃口近くの砲耳

Quimper [kɛ̃pɛr] カンペール〘Finistère 県の県庁所在地〙

quinaud(e) [kino, -od] 形 〘古〙恥じ入った

quincaille [kɛ̃kaj] 女 ①〘古〙金物 ②(コンピューターの)ハードウェア

quincaillerie [kɛ̃kajri] 女 ①金物(屋) ②〘俗〙安物(にせもの)のアクセサリー

quincaillier(ère) [kɛ̃kaje, -ɛr] 名 金物商, 金物屋

quinconce [kɛ̃kɔ̃s] 男 ①(さいころの)5の目型, 5点型 ▸ *en quinconce* 5の目型に

quinine [kinin] 女 〘薬〙キニーネ〘マラリアの薬〙

quinqua [kɛ̃ka]〘話〙, **quinquagénaire** [kɛ̃kaʒenɛr, kɥɛ̃kwaʒenɛr] 形 名 50歳代(の人)

quinqu(a)- 〘接頭〙〘ラ〙「5」の意

quinquagésime [kɛ̃kaʒezim, kɥɛ̃kwa-] 女 五旬節の主日(どう)

quinquennal(ale) [kɛ̃kenal] 形 (男複 -aux[-o]) 5年ごとの; 5年継続の

quinquennat [kɛ̃kena] 男 5か年(計画);(大統領の)5年任期

quinquet [kɛ̃kɛ] 男 ①ケンケ灯〘昔のオイルランプ〙 ②〘複〙〘話・古〙目

quinquina [kɛ̃kina] 男 〘植〙キナノキ, キナ皮;キナ酒

quint- 〘接頭〙〘ラ〙「5」の意

quintal [kɛ̃tal] 男 (複 -aux[-o]) キンタル〘重量単位; フランスでは100 kg, ただし国により異なる〙

quinte [kɛ̃t] 女 ①(激しく長く続く)咳の発作 ②〘楽〙5度 ③〘トランプ〙同じマークの続き番号5枚 ④〘古〙突然の怒り;気まぐれ

quintefeuille [kɛ̃tfœj] 女 〘植〙キジムシロ ── 男 〘建〙五弁飾り

quintessence [kɛ̃tesɑ̃s] 女 〘文〙精髄, 真髄

quintessencié(e) [kɛ̃tesɑ̃sje] 形 〘文〙極度に洗練[純化]された

quintessencier [kɛ̃tesɑ̃sje] 他 〘文〙極度に洗練[純化]する

quintette [k(ɥ)ɛ̃tɛt] 男 〘楽〙5重奏[唱]

quinteux(se) [kɛ̃tø, -øz] 形 ①(咳(き)が)発作的な ②〘古〙気まぐれな, すぐ怒る

quintidi [kɛ̃tidi] 男 〘史〙(共和暦の)第5日

quintuple [kɛ̃typl] 形 5倍の; 5つの部分からなる ── 男 5倍

quintupler [kɛ̃typle] 他 5倍にする ── 自 5倍になる

quintuplé(e)s [kɛ̃typle] 名 〘複〙五つ子

quinzaine [kɛ̃zɛn カンゼヌ] 女 ①約15 ②2週間(= ~ de jours) ③2週間分の給料

:quinze [kɛ̃z カンズ] 形 〘不変〙(英 fif-

quinze jours 2週間 ― 男 《不変》 15;(月の)15日;15番目(地);《テニス》フィフティーン;《ラグビー》(15人の)チーム

quinzième [kɛ̃zjɛm] 形 (英 fifteenth) 15番目の;15分の1の ― 名 15番目の人[物] ― 男 ①15分の1 ②(パリの)15区

quinzièmement [kɛ̃zjɛmmɑ̃] 副 15番目に

quiproquo [kiprɔko] 男 取り違え,人違い,勘違い

quittance [kitɑ̃s] 女 受領証,領収書

quittancer [kitɑ̃se] 他 《商》受領証を出す

quitte [kit] 形 借りのない;(…に)借金を返した (envers);(…を)免れた,解放された (de);《法》(税を免除された (de) ▸**en être quitte pour** …だけで済む;…する羽目になる **jouer à quitte ou double** 一か八かやってみる **Nous sommes quittes.** お互い貸し借りなしだ **quitte à** …しても構わないで;…することになるかもしれないが

quitter [kite キテ] 他 (英 leave) ①(活動・仕事などを)やめる;(場所を)離れる ▸**ne pas quitter … des yeux** …を厳しく監視する,…から目を離さない **Ne quittez pas!** (電話)そのままお待ち下さい ②(衣服などを)脱ぐ,とる ③(人のもとを)去る,(人と)別れる ― 代動 [se ~] (互いに)別れる

quitus [k(ɥ)itys] 男 《ラ》《法》業務管理配得証書;決算確認証

qui-vive [kiviv] 男 《不変》(歩哨(しょう)の)誰何(すいか) ▸**être se tenir sur le qui-vive** (身の回りを)警戒している ― 間 だれだ

quiz [kwiz] 男 《<英》クイズ

:**quoi**[1] [kwa コワ] 代 《疑問》(英 what) ①[[直接目的語・属詞として]] 何を ou quoi? (話)…とはどうなる **Je ne sais pas quoi dire.** 何を言ったらいいかわからない **quoi de +** 形 何か…である こと ―**Quoi de neuf?** 何か変わったことはありますか **Quoi encore?** まだありますか;今度は何か **Quoi faire?** 何をしたらよい;どうしよう ②[[前置詞の後で]] 何 ▸**À quoi bon?** それが何になるの **À quoi penses-tu?** 何を考えているの **De quoi?** (話)なんだって,どういうこと **De quoi parles-tu?** 何のことを話しているの ― 間 なんだって;要するに,ということさ

:**quoi**[2] [kwa コワ] 代 《関係》[[前置詞とともに用いる]] (英 which) ①…(ところ)のこと ▸**ce à quoi je me suis intéressé** 私の興味があること ②[[前の文「箇条を受けて]] そのこと ▸**après quoi** その後で **moyennant quoi** そうすれば **sans faute de quoi** さもないと ③…の **De quoi +** 不定詞 …するのに十分[必要]なもの;…する価値[理由] ―**Avez-vous de quoi écrire?** 何か書くものを持ってませんか **Il n'y a pas de quoi.** 「Merci!」に対して] どういたしまして ④[[que とともに接続詞句をつくる]] **quoi que** たとえ…だろうと, quoi que ce soit たとえ何か,何か **quoi que ce soit** たとえ何か,何か **quoi qu'il arrive** 何が起ころうと,いずれにせよ **quoi qu'il dise** 彼が何と言おうと **quoi qu'il en soit** いずれにせよ

:**quoique** [kwak(ə) コワク(ェ)] 接 (英 although) [[il(s), elle(s), on, en, un(e) の前では quoiqu'il] ①[[接続法とともに]]…ではあるが,…にもかかわらず ②[[直説法・条件法とともに]],文の後半で quoique…, ではあるが…

quolibet [kɔlibɛ] 男 《文》 (下品な)冷やかし,嘲弄

quorum [k(w)ɔrɔm] 男 《ラ》(会議などの)定足数

quota [k(w)ɔta] 男 《<英》割り当て;規定数

quote-part [kɔtpar] 女 (複 ~s) 割り当て額,分け前

:**quotidien(ne)** [kɔtidjɛ̃, -ɛn コティ ディヤン(エヌ)] 形 《英 daily》 日々の,毎日の 毎日の生活(の流れ);日刊紙 ▸**au quotidien** 毎日;日常的に

quotidiennement [kɔtidjɛnmɑ̃] 副 毎日

quotidienneté [kɔtidjɛnte] 女 日常性

quotient [kɔsjɑ̃] 男 《数》(割り算の)商 ▸**quotient familial** 家族係数【家族の人数に応じた所得税の緩和法】 **quotient intellectuel** 《心》知能指数,IQ [略 QI]

quotité [kɔtite] 女 《法》分担額

R

R, r [ɛr] 男 フランス字母の第18字 ▸**mois en R** [les ~] r をつづりに含む月【9月から4月】

féflexogène [reflɛksɔʒɛn] 形 《医》反射を引き起こす

rab [rab] 男 《話》= rabiot

rabâchage [rabɑʃaʒ] 男 同じことを繰り返し言うこと;くどい話

rabâcher [rabɑʃe] 他自 (同じことを)くどくどと言う,繰り返して言う

rabâcheur(se) [rabɑʃœr, -øz] 形 名 《話》くどく言う(人)

:**rabais** [rabɛ ラベ] 男 値引き,割引 ▸**au rabais** 値引きして,安い値段で;質の悪い,安物の **travailler au rabais** 安い賃金で働く

rabaissement [rabɛsmɑ̃] 男 (価値などを)下げること,見くびり

rabaisser [rabɛse] 他 ①下げる,低くする ②(力など)抑制する ③(…の)価値を低くする,けなす ― 代動 [se ~] 謙遜する ▸**se rabaisser devant** (人)の前で謙遜する

rabane [raban] 囡 〔織〕ラフィア(のむしろ)

rabat [raba] 男 ①(襟の)折り返し, (聖職者・司法官のガウンの)胸飾り ②〔猟〕(獲物の)狩り出し(=rabattage)

rabat-joie [rabaʒwa] 形《不変》名《不変》興ざめな(人), 座を白けさせる(人)

rabattable [rabatabl] 形 折りたたみ式の

rabattage [rabataʒ] 男 (獲物の)狩り出し

rabattement [rabatmɑ̃] 男 折りたむこと；〔数〕ラバットマント

rabatteur(se) [rabatœr, -øz] 名 〔狩〕勢子(こ)；客引き, 勧誘人

rabattre [rabatr] 他 9 ①下ろす, 下げる；値引きする ②(…の方へ無理やり)向かわせる (sur, vers); 押し戻す ▶ **en rabattre** 思い上がりを改める；(幻想から)目がさめる ③折りたたむ；閉める — 代動 [se ~] ①(ものが)下がる, 下りる；折りたたまれる ▶ **Le siège se rabat.** このいすは折りたためる ②(人・動物が)急に方向を変える；もとの場所に急いで戻る ③(…で)我慢する, 間に合わせる (sur)

rabattu(e) [rabaty] 形 (< rabattre) 下ろした, 折り曲げられた

rabbi [rabi] 男 ラビ〔ユダヤ教の指導者への敬称〕

rabbin [rabɛ̃] 男 ラビ〔ユダヤ教区の長〕▶ **Grand rabbin** ユダヤ教会の首長

rabbinat [rabina] 男 ラビの職

rabbinique [rabinik] 形 ラビの；律法博士の ▶ **école rabbinique** ラビ養成学校

Rabelais [rable] (François~) ラブレー【1494-1553；作家】

rabelaisien(ne) [rablezjɛ̃, -ɛn] 形 ラブレー流の, 野卑で滑稽な

rabibochage [rabibɔʃaʒ] 男〔話〕①応急修理 ②仲直りさせること

rabibocher [rabibɔʃe] 他 ①〔話〕仲直りさせる ②ざっと修繕する — 代動 [se ~] 仲直りする

rabiot [rabjo] 男〔話〕(飲食物を分けたあとの)余り, 残り物；残業, 超過勤務時間 ▶ **faire du rabiot** 残業する

rabioter [rabjote] 他自〔話〕(分け前をよけいにくすねる, ぴんはねする

rabique [rabik] 形〔医〕狂犬病の

râble¹ [rɑbl] 男 ①(とくにウサギの)背肉 ②〔話〕(人の)背中(の下部)▶ **tomber [sauter] sur le râble de**(人の)背後から飛びかかる,(人を)襲撃する

râble² [rɑbl] 男 火かき棒

râblé(e) [rɑble] 形 ①背肉の多い ②(人が)がっしりした

rabot [rabo] 男 かんな(鉋)

rabotage [rabɔtaʒ] 男 かんなをかけること

raboter [rabɔte] 他 かんなをかける, 平らに削る

raboteur [rabɔtœr] 男 かんなかけ専門職人

raboteux(se) [rabɔtø, -øz] 形 でこぼこした；〔文〕(文体などが)ごつごつした — 囡 平削り盤, 機械かんな

rabougri(e) [rabugri] 形 (< rabougrir) 発育の悪い；しなびてちぢんだ

rabougrir [rabugrir] 他 (植物の)発育を妨げる — 代動 [se ~] (乾燥・高齢などで)発育しない, しぼむ

rabougrissement [rabugrismɑ̃] 男 (植物・人の)発育不全；しなびること

rabouillère [rabujɛr] 囡 (アナウサギの)巣穴

rabouilleur(se) [rabujœr, -øz] 名〔古〕水を濁らせてザリガニなどをとる釣師

rabrouer [rabrue] 他 (人を邪険にあしらう, 手ひどくはねつける

racaille [rakɑj] 囡 ①〔集合的〕〔古〕最下層民 ②社会のくず

raccommodable [rakɔmɔdabl] 形 直す〔繕う〕ことのできる

raccommodage [rakɔmɔdaʒ] 男 繕い, 修繕, 修理

raccommodement [rakɔmɔdmɑ̃] 男〔話〕仲直り, 和解

***raccommoder** [rakɔmɔde ラコモデ]他 (英 mend) ①(小さなものを)修繕する；(針と糸で)繕う；〔話〕(人を)仲直りさせる — 代動 [se ~] 仲直りする

raccommodeur(se) [rakɔmɔdœr, -øz] 名 修繕する人；繕い職人

***raccompagner** [rakɔ̃pane ラコンパニェ]他 (人を)送って行く, 見送る

raccord [rakɔr] 男 ①(2つの部分を)つなぎ合わせること；接合(部)；継ぎ目；〔映〕(場面のつなぎ(のカット)；継ぎ手, 接続部品 ▶ **faire un raccord** 化粧直しをする

raccordement [rakɔrdəmɑ̃] 男 接続, 連結；〔鉄〕連絡線

raccorder [rakɔrde] 他 ①(…に)接続する ②(2つのものを)つなぎ合わせる — 代動 [se ~] ①(…に)つながる, 接続する (à)

raccourci(e) [rakursi] 形 (< raccourcir) 短くした — 男 ①近道 ②簡潔な表現, 省略(法) ▶ **en raccourci** 要約して, 要約された

***raccourcir** [rakursir ラクルスィール] 他 33 (英 shorten) 短くする, 縮める — 自他 短くなる, 縮む

raccourcissement [rakursismɑ̃] 男 短くする[なる]こと

raccroc [rakro] 男 ▶ **de raccroc** 偶然の ▶ **par raccroc** まぐれで

raccrochage [rakrɔʃaʒ] 男 ①(街頭での)呼び込み, 客引き ②掛け直すこと；(土壇場での)挽回

***raccrocher** [rakrɔʃe ラクロシェ] 他 ①再び掛ける, 掛け直す ②(土壇場で)取り戻す, 再開する ③(…に)結びつける, つなぐ (à) ④(通りで人を)つかまえる,

(客を呼び込む) ― 自 電話を切る, 受話器を置く ▶raccrocher au nez de (人)との電話を切る ― 代動 [se ~] (…に)しがみつく, すがりつく; 結びつく (à)

raccuser [rakyze] 他 (話・ベルギー) 告げ口する

*race [ras ラス] 囡 人種; 民族; (動物の)(品)種; (話)(ふるまい・嗜好などが)同じ仲間 ▶de race 純血種の race humaine [la ~] (人) 人類

racé(e) [rase] 形 (動物の)純血種の; (人が)気品ある

rachat [ra∫a] 男 ①買い戻すこと ▶rachat d'entreprise par les salariés 社員による自社株の買上 ②(身代金などの支払いで)釈放させること ③(罪の)償い, あがない

rachetable [ra∫tabl] 形 買い戻せる; 償える

racheter [ra∫te] 他 ①買い直す, 新しく買う, 買い足す; 買い戻す, 買い取る ②(金を払って)逃れる, 解放させる ③(罪などを)つぐなう; (欠点を)埋め合わせる, 補う ▶Il n'y en a pas un pour racheter l'autre. どっちもどっち, 両方とも救いようがない ― 代動 [se ~] (過ち・失敗の)つぐないをする

rachi [ra∫i] 囡 = rachianesthésie

rachialgie [ra∫jalʒi] 囡 [医] 脊椎痛

rachianesthésie [ra∫janɛstezi] 囡 [医] 脊椎麻酔

rachidien(ne) [ra∫idjɛ̃, -ɛn] 形 [医] 脊椎の

rachis [ra∫is] 男 [解] 脊椎, 脊柱

rachitique [ra∫itik] 形 ①くる病の; 虚弱な ②(植物が)発育不全の ― 图 くる病患者

rachitisme [ra∫itism] 男 [医] くる病

racial(ale) [rasjal] 形 (男 複 -aux [-o]) 人種の

Racine [rasin] (Jean~) ラシーヌ [1639-99; 劇作家]

*racine [rasin ラスィヌ] 囡 (英 root) 根; 根もと, 付け根; 根本, 根源; (言)語根; [数] 根(え) ▶attaquer le mal à la racine 問題の真相を追求する prendre racine 根を張る; (客が)長居する racine carrée [cubique] 平方 [立法]根

racinien(ne) [rasinjɛ̃, -ɛn] 形 ラシーヌ(風)の

*racisme [rasism] 男 人種差別; (年齢・性別などによる)差別

raciste [rasist] 形 人種差別をする ― 图 人種差別主義者

racket [rakɛt] 男 (笑) ゆすり, たかり ▶racket scolaire (生徒の間での)かつあげ

racketter [rakɛte] 他 ゆする, 恐喝する

racketteur(se) [rakɛtœr, -øz] 图 恐喝する人, ゆすり屋

---

raclage [raklaʒ] 男 削り[かき]取ること

racle [rakl] 囡 (方) 削り具

raclée [rakle] 囡 (話) めった打ち; 完敗 ▶filer [flanquer] une raclée ぶちのめす

raclement [rakləmɑ̃] 男 削り取ること[音], こすること[音]

raclement [rakləmɑ̃] 男 削りとること; こすれ, こすれる音

racler [rakle] 他 ①削り取る; こする ▶racler les [fonds de] tiroirs 有り金を１円残らず集める ②(軽蔑的に)(弦楽器などを)下手に演奏する ③(ワインなどが)渋みのどを刺す(= ~ le gosier) ― 自 [自動法] ― 代動 [se ~] se racler la gorge (たんをとるため)咳払いする

raclette [raklɛt] 囡 ①(製菓・料理用の)へら(= racloir) ②ラクレット [熱したチーズにジャガイモをそえて食べるスイス料理]

racleur(se) [raklœr, -øz] 图 ①かき落とす人 ②へたなバイオリン弾き

raclure [raklyr] 囡 削りくず

racolage [rakɔlaʒ] 男 勧誘; (売春婦の)客引き

racoler [rakɔle] 他 勧誘する, 募集する; (売春婦が客を)引く

racoleur(se) [rakɔlœr, -øz] 图 勧誘員, 募集係 ― 形 (話) (悪どい手段を使って)勧誘する

racontable [rakɔ̃tabl] 形 話すことができる

racontar [rakɔ̃tar] 男 (話) でたらめ話; 悪口

*raconter [rakɔ̃te ラコンテ] 他 (英 tell, say) (人に)語る, 話す (à); (…だと)言う (que ~) [直現法]; (いいかげんなことを)言いふらす, しゃべる ▶en raconter 尾ひれをつけて話す Je te raconte pas! (口では言い表せないほど)すごい On raconte que …だというのうわさだ raconter sa vie à (人)に余計な話を長々とする ― 代動 [se ~] ①自分のことを話す, 人生を語る ▶se raconter des histoires 夢みたいなことをあれこれと思い描く

raconteur(se) [rakɔ̃tœr, -øz] 图 話好きな人

racorni(e) [rakɔrni] 形 (< racornir) 固くなった; 無感覚になった

racornir [rakɔrnir] 他 ③3 固くする; 角質化させる ― 代動 [se ~] 固くなる; 角質化する

racornissement [rakɔrnismɑ̃] 男 固くなること; 角質化

radar [radar] 男 (<笑) レーダー, 電波探知器 ▶contrôle radar (レーダーによる)スピード違反取り締まり marcher au radar (話) (自動操縦のように)無意識的に歩く

radariste [radarist] 图 レーダー技師

rade¹ [rad] 囡 (<英) 停泊地, 錨(いかり)地 ▶en rade 停泊中の; (話)

rade 故障した, 立ち往生している **laisser... en rade** …を見捨てる, 放り出す

rade² [rad]〖俗〗カフェ, カフェ

radeau [rado]〖男〗(複 ~x) いかだ(筏) ▶ **radeau de sauvetage** [pneumatique] 救命ボート

radial(ale) [radjal]〖形〗(男 複 -aux [-o])①放射状の, 半径方向の ②〖解〗橈骨(とう)の ── 〖男〗放射状道路

radian [radjɑ̃]〖男〗〖数〗ラジアン, 弧度

radiant(e) [radjɑ̃, -ɑ̃t]〖形〗放射の, 輻射の

*__radiateur__ [radjatœr ラディヤトゥール]〖男〗①放熱器, 暖房器 ▶ **radiateur soufflant** ファンヒーター ②(自動車などの)冷却装置, ラジエーター

radiatif(ve) [radjatif, -iv]〖形〗〖物〗放射性の

radiation¹ [radjasjɔ̃]〖女〗放射(線), 輻射(線)

radiation² [radjasjɔ̃]〖女〗削除, 抹消; 除名

radical(ale) [radikal]〖形〗(男 複 -aux [-o])①根本的な; 徹底的な; よく利く, 効果のある; 〖言〗語幹の; 〖数〗根(こん)の ②〖政〗急進派の ── 〖名〗急進社会党員 ── 〖男〗〖文法〗語幹; 〖数〗根号 [√]; 〖化〗基(き), 根(こん)

radicalement [radikalmɑ̃]〖副〗根本的に, 完全に

radicalisation [radikalizasjɔ̃]〖女〗過激化, 急進化

radicaliser [radikalize]〖他〗過激なものにする, 急進化させる ── 〖代動〗[se ~]過激[急進]化する

radicalisme [radikalism]〖男〗急進社会党の政治思想; 急進主義

radical-socialisme [radikalsɔsjalism]〖男〗急進社会主義

radical-socialiste [radikalsɔsjalist]〖形〗〖名〗(男 複 radicaux-~s [radiko-])急進社会党の[員]

radicelle [radisel]〖女〗側根

radicule [radikyl]〖女〗幼根

radier¹ [radje]〖男〗(ダムなどの)土台, 底部, 基礎盤

radier² [radje]〖他〗(名簿などから)削除する

radiesthésie [radjestezi]〖女〗ダウジング

radiesthésiste [radjestezist]〖名〗ダウジングを行う人

radieux(se) [radjø, -øz]〖形〗①(太陽が)光り輝く; よく晴れた ②(喜びなどに)あふれた, 輝くばかりの

Radiguet [radige] (Raymond ~) ラディゲ【1903-23; 小説家】

radin(e) [radɛ̃, -in]〖形〗〖名〗〖話〗けちな(人)

radiner [radine]〖自動〗[se ~]〖話〗やって来る, 着く

radinerie [radinri]〖女〗〖話〗けちしみったれ

:radio [radjo ラディヨ]〖女〗①ラジオ(放送); ラジオ無線電話; ラジオ局 ②X線撮影[写真] ▶ **Passer à la radio** X線検査を受ける ── 〖名〗無線士, 無線電信技師

radio- 〖接〗〈ラ〉「ラジオ」「無線」「放射」「射線」「X線」の意

radioactif(ve) [radjoaktif, -iv]〖形〗放射性の ▶ **déchets faiblement [hautement] radioactifs** 低[高]レベル放射性廃棄物

radioactivité [radjoaktivite]〖女〗放射能

radioalignement [radjoalinmɑ̃]〖男〗〖航〗無線航路標識, ラジオレンジ

radioaltimètre [radjoaltimɛtr]〖男〗電波高度計

radioamateur [radjoamatœr]〖男〗アマチュア無線家

radioastronomie [radjoastrɔnɔmi]〖女〗電波天文学

radiobalisage [radjobalizaʒ]〖男〗ラジオビーコンによる航路表示

radiobalise [radjobaliz]〖女〗ラジオビーコン, 無線標識(局)

radiobaliser [radjobalize]〖他〗(航路に)ラジオビーコンを備える

radiobiologie [radjobjɔlɔʒi]〖女〗放射線生物学

radiocarbone [radjokarbɔn]〖男〗放射性炭素

radiocassette [radjokaset]〖女〗ラジオカセット, ラジカセ

radiochronologie [radjokrɔnɔlɔʒi]〖女〗〖地質〗(放射線元素の測定による)年代測定(学)

radiocommunication [radjokɔmynikasjɔ̃]〖女〗無線通信

radiodiagnostic [radjodjagnɔstik]〖男〗〖医〗レントゲン診断

radiodiffuser [radjodifyze]〖他〗ラジオで放送する ▶ **interview radiodiffusée** ラジオのインタビュー

radiodiffusion [radjodifyzjɔ̃]〖女〗ラジオ放送

radioélectricien(ne) [radjoelektrisjɛ̃, -ɛn]〖名〗無線電気技師

radioélectricité [radjoelektrisite]〖女〗無線工学, 電波技術

radioélectrique [radjoelektrik]〖形〗電波の, 無線の

radioélément [radjoelemɑ̃]〖男〗放射性元素

radiofréquence [radjofrekɑ̃s]〖女〗無線周波数

radiogoniomètre [radjogɔnjɔmɛtr]〖男〗ラジオゴニオメーター, 無線方位計

radiogoniométrie [radjogɔnjɔmetri]〖女〗電波による方向探索

radiogramme [radjogram]〖男〗①無線電報 ②X線検査[写真]

radiographie [radjografi]〖女〗X線[レントゲン]撮影[写真]【略 radio】

radiographier [radjɔgrafje] 他 X 線[レントゲン]写真を撮る

radiographique [radjɔgrafik] 形 [医] X 線[レントゲン]撮影の

radioguidage [radjogidaʒ] 男 無線誘導; (ラジオによる)道路交通情報

radioguider [radjogide] 他 無線誘導する

radio-isotope [radjoizɔtɔp] 男 [化] 放射性同位元素

radiolaires [radjɔlɛr] 男 (複) [動] 放散虫

radiolésion [radjɔlezjɔ̃] 女 [医] 放射線障害

radiologie [radjɔlɔʒi] 女 放射線(医)学

radiologique [radjɔlɔʒik] 形 放射線(医)学の ▶ **examen radiologique** レントゲン検査

radiologue [radjɔlɔg], **radiologiste** [radjɔlɔʒist] 名 放射線専門医, レントゲン技師

radiomessagerie [radjomesaʒri] 女 ポケットベルによる通信

radionavigant [radjonavigɑ̃] 男 航空[航海]無線通信士

radionavigation [radjonavigasjɔ̃] 女 無線[電波]航行[航法]

radiophare [radjofar] 男 ラジオビーコン, 無線標識

radiophonie [radjɔfɔni] 女 ラジオ放送

radiophonique [radjɔfɔnik] 形 ラジオ放送の

radioreportage [radjɔrəpɔrtaʒ] 男 (ラジオの)現地報道番組, 実況放送

radioreporter [radjɔrəpɔrtɛr] 名 (ラジオの)現地報道員, 放送記者

radioscopie [radjɔskɔpi] 女 X 線[レントゲン]透視

radiosondage [radjosɔ̃daʒ] 男 ラジオゾンデによる上層気象観測

radiosonde [radjosɔ̃d] 女 ラジオゾンデ

radiosource [radjosurs] 女 [天] 電波源

radio-taxi [radjotaksi] 男 (複 ~-s ~) 無線タクシー

radiotélégraphie [radjotelegrafi] 女 無線電信

radiotélégraphiste [radjotelegrafist] 名 電信技手

radiotéléphone [radjotelefɔn] 男 無線電話; 車内電話; コードレス電話

radiotéléphonie [radjotelefɔni] 女 無線電話

radiotélescope [radjoteleskɔp] 男 電波望遠鏡

radiotélévisé(e) [radjotelevize] 形 ラジオ・テレビ同時放送の

radiothérapie [radjoterapi] 女 [医] 放射線療法

radiothérapeute [radjoterapøt] 名 放射線療法士

radis [radi] 男 (< イ) ハツカダイコン, ラディッシュ ▶ **ne pas [plus] avoir un radis** (話) [もう一銭もない

radium [radjɔm] 男 [化] ラジウム [原子番号88の元素]

radiumthérapie [radjɔmterapi] 女 ラジウム療法

radius [radjys] 男 (< ラ) [解] 橈骨[とう]

radja [radʒa] 男 = rajah

radôme [radom] 男 (< 英) レーダー用ドーム, ドーム状の覆い

radon [radɔ̃] 男 [化] ラドン [原子番号86の元素]

radotage [radɔtaʒ] 男 同じ話のくり返し; (老人の)たわごと

radoter [radɔte] 自 (老人が)脈絡のないたわ言をいう; くどくどと同じ話を繰り返す

radoteur(se) [radɔtœr, -øz] 形 名 たわごとを繰り返す(人)

radoub [radu] 男 (船体の)修理

radouber [radube] 他 (話) (ドックで)船体を修理する; (網を)繕う

radoucir [radusir] 他 33 (天候などを)和らげる, 温和にする ── 代動 [se ~] (気候・性質が)穏やかになる, 温暖になる

radoucissement [radusismɑ̃] 男 (気候などが)穏やかに[温かく]なること

rafale [rafal] 女 ①突風, 一陣の風 ▶ **souffler en [par] rafales** (風が)突風となって吹く ②(機関銃の)連射, 一斉射撃 ▶ **tirer par rafales** 一斉に撃つ

raffermir [rafɛrmir] 他 33 (筋肉などを)引き締める; (人・組織などを)強固なものにする ── 代動 [se ~] しっかりする, 固くなる

raffermissant(e) [rafɛrmisɑ̃, -ɑ̃t] 形 引き締める

raffermissement [rafɛrmismɑ̃] 男 固くなる[する]こと; 安定, 強化, 回復

raffinage [rafinaʒ] 男 精製

raffiné(e) [rafine] 形 (< **raffiner**) 洗練された, 凝った; 精製された ── 名 洗練された人

raffinement [rafinmɑ̃] 男 洗練, 凝ること ▶ **un raffinement de** …のきわみ

***raffiner** [rafine ラフィネ] 他 ①精製する ②(言葉づかい・物腰を)洗練する, 磨く ── 自 (…に)凝る, 神経質になる《sur》

raffinerie [rafinri] 女 製油所(＝ ~ de pétrole); 精製工場 ▶ **raffinerie de sucre** 精糖工場

raffineur(se) [rafinœr, -øz] 名 精製業者; 製油技師

raffoler [rafɔle] 自 (し)目がない, 夢中になる《de》

raffut [rafy] 男 (話) 大騒ぎ

rafiot [rafjo] 男 ぼろ舟

rafistolage [rafistɔlaʒ] 男 (話) 応急措置；一時しのぎ

rafistoler [rafistɔle] 他 (話) (ありあわせのもので) ざっと修繕する；応急措置をする

rafle [rɑfl] 女 一斉検挙；残らずかっさらうこと

rafler [rɑfle] 他 (話) 残らずかっさらう

rafraîchi(e) [rafreʃi] 形 (< rafraîchir) 冷やした

***rafraîchir** [rafreʃir] ラフレシール 他 33 (英 cool, freshen) ①冷する, 涼しくする (人)をさわやかな気分にする, (人)ののどの渇きをいやす ②よみがえらせる, もとの状態に戻す ▶ **rafraîchir la mémoire à ...** (話) (人)の記憶を呼び覚ます (情報) 更新する ── 自 冷える ▶ **mettre ... à rafraîchir** (食べ物など)を冷やす ── 代動 [se ~] ①(人) がさっぱりする, 冷たい飲み物を飲む ②涼しくなる, 冷える

rafraîchissant(e) [rafreʃisɑ̃, -ɑ̃t] 形 涼しくする, さわやかな ▶ **boisson rafraîchissante** 清涼飲料

rafraîchissement [rafreʃismɑ̃] 男 ①涼しくなる[冷やす]こと ②修復, 手直し；再生；(情報) 最新の情報に更新 ③(複) 冷たいもの；清涼飲料

raft [raft] 男 (< 英) (スポーツ用の)いかだ

rafting [raftiŋ] 男 (< 英) (いかだでの)渓流下り

ragaillardir [ragajardir] 他 33 元気を取り戻させる

***rage** [raʒ] ラージュ 女 ①狂犬病 ②激しい怒り, 激怒；(…への)熱狂, 激しい情熱 (de) ▶ **être fou de rage** 怒り狂う **faire rage** 猛威をふるう；猛烈(ﾚ)を極める **la rage au ventre** 激怒して **mettre ... en rage** (人)を激怒させる **rage de dents** 歯の激しい痛み

rageant(e) [raʒɑ̃, -ɑ̃t] 形 (話) 腹立たしい, しゃくにさわる

rager [raʒe] 自 40 (話) ひどく腹を立てる, 歯ぎしりしてくやしがる

rageur(se) [raʒœr, -øz] 形 怒りっぽい；(口調などが)怒った

rageusement [raʒøzmɑ̃] 副 かっとなって, 怒って

raglan [raglɑ̃] 男 ラグラン袖のコート ── 形 (不変) ラグラン型の

ragnagnas [raɲaɲa] 男 (複) (話) 月経

ragondin [ragɔ̃dɛ̃] 男 (動) ヌートリア (南米産の水生齧歯(ｹｯ)類；その毛皮)

ragot [rago] 男 (話) 悪口, 陰口

ragougnasse [raguɲas] 女 (話) まずい料理[シチュー]

ragoût [ragu] 男 (肉・野菜の)シチュー, 煮込み

ragoûtant(e) [ragutɑ̃, -ɑ̃t] 形 食欲をそそる；魅力のある

ragréer [ragree] 他 (表面を)平らにする；磨いて滑らかにする

ragtime [ragtajm] 男 (< 英) (楽) ラグタイム

rai [re] 男 (文) 光線

raï [raj] 男 (不変) ライ (アルジェリア起源のポップス)

raid [red] 男 (< 英) ①(軍) 急襲；空襲(= ~ aérien) ②長距離耐久テスト (= ~ automobile) ③(乗っ取りのための)株式公開買い付け(の開始) (= ~ boursier)

***raide** [red] レド 形 (英 stiff) ①こわばった, 硬直した, 硬い, ぴんと張った；(態度などが)固苦しい, もったいぶった ▶ **être** か **tenir** か **raide comme un échalas** か **un piquet, un manche à balai** 棒のようにこちこちになる；直立不動の姿勢をとる ②(坂・斜面などが)急な, 険しい ③認められない, 信じがたい；きわどい, 良識に反する ④(話) 酔っぱらった ⑤(話) 一文なしの ⑥(酒が)強い, ごく辛口の ── 副 急に；急な勾配(ｺｳ)で ▶ **tomber raide mort** 即死する, ばたりと倒れて死ぬ

rai-de-cœur [red(ə)kœr] 男 (複 ~s~) (建) ハート形玉縁

raider [redœr] 名 (< 英) (企業の)乗っ取り屋

raideur [redœr] 女 ①こわばり, 硬直, 堅苦しさ, 固苦しさ ②(坂などが)急なこと, 急勾配(ｺｳ)

raidillon [redijɔ̃] 男 33 ぴんと張る；固くする；(人の態度などを)硬化させる ── 代動 [se ~] ぴんと張る；固くなる；態度を硬化させる；(…に対して) 毅然として立ち向かう (contre)

raidissement [redismɑ̃] 男 硬直, こわばり；(態度などの)硬化

raie[1] [re] 女 ①(毛皮などの)縞；ストライプ；線；(髪の)分け目 ▶ **raie des fesses** (話) 尻の割れ目

raie[2] [re] 女 (魚) エイ

raifort [refor] 男 (植) セイヨウワサビ

***rail**[1] [raj] レイユ 男 (< 英) レール；鉄道(輸送) ▶ **rail de sécurité** ガードレール **sur les rails** (事業などが)進行中である

***railler** [raje] ライエ 他 (…を)からかう, 冷やかす ── 代動 [se ~] (文) (…を)ばかにする, あざける (de)

raillerie [rajri] 女 冷やかし, からかい, あざけり

railleur(se) [rajœr, -øz] 形 からかい半分の(人)；冷やかし好きの(人)

rail-route [rajrut] 形 (複 ~s-~s) 鉄道・トラック運輸送の

rainer [rene] 他 溝をつける

rainette [renet] 女 (動) アマガエル

rainurage [renyraʒ] 男 (路面の)すべり止め

rainure [renyr] 女 溝

rainurer [renyre] 他 (金属・木に)溝を作る

raiponce [repɔ̃s] 女 (植) カブラギキョウ

raire [rɛr] 自 72 《古》(鹿などが)鳴く

raïs [rais] 男 (エジプトなどの)国家元首

***raisin** [rezɛ̃ レザン] 男 ブドウ(の実); 《話》血 ▸ **pain aux raisins** レーズンパン **raisin blanc** [**noir**] 白[黒]ブドウ **raisins de Corinthe** 小粒の種なし干しブドウ **raisins secs** レーズン

raisiné [rezine] 男 ブドウジャム

raisinet [rezinɛ] 男 《スイス》赤スグリの実

***raison** [rezɔ̃ レゾン] 女 《英 reason》① 理性, 正気; 分別; 理由, 動機, わけ; 言い分, 口実 ▸ **à plus forte raison (si/quand…)** (…ならばなおさら) **avec (juste) raison** 当然のことながら; 正当な理由があって **avoir raison de** [不定詞] (…するのは)正しい **avoir raison de** …に打ち勝つ **donner raison à** …を正しいと認める **en raison de** …の理由で; …に応じて **la raison pour laquelle** …する理由 **plus que de raison** 度を越して **pour la (simple) raison que** …(だけ)の理由で **pour une raison ou pour une autre** 何らかの理由で **raison de plus (pour…)** なおさら(…した方がいい) **raison d'État** 国家の理由; 政治家の口実 **raison d'être** 存在理由; 生きがい **se faire une raison** 甘受する ② 比率, 割合 ▸ **à raison de** …の割合で ③ **raison sociale** 社名

***raisonnable** [rezɔnabl レゾナブル] 形 《英 reasonable》理性的; 分別のある, 道理をわきまえた; 妥当な, 穏当な, 適当な

raisonnablement [rezɔnabləmɑ̃] 副 分別をもって; 適度に, 妥当な線で

raisonnant(e) [rezɔnɑ̃, -ɑ̃t] 形 ▸ **folie raisonnante** 《精医》パラノイア

raisonné(e) [rezɔne] 形 (< raisonner) 論理的な, 体系的な; よく考え抜かれた

***raisonnement** [rezɔnmɑ̃ レゾヌマン] 男 《英 reasoning》推論, 理屈, 論証; 論理的思考

***raisonner** [rezɔne レゾネ] 自 《英 reason》推論する; (論理的に)思考する; 議論する; 口答えする, へ理屈を言う ― 他 (人)をさとす, 言い聞かせる ― [代動] [**se ~**] 理性的になる, 理性に従う

raisonneur(se) [rezɔnœːr, -øːz] 形名 《古・文》理屈を並べる(人)

rajah [raʒa] 男 (インドの)王, 首長, 貴族

rajeunir [raʒœniːr] 他 33 (人を)若返らせる; 若く見せる; 新しくする, 一新する; (人事の)若返りを実行する ― 自 若返る ― [代動] [**se ~**] (実際より)若く見せる

rajeunissant(e) [raʒœnisɑ̃, -ɑ̃t] 形 若返らせる; 若く見せる

rajeunissement [raʒœnismɑ̃] 男 若返らせる[新しくする]こと; 刷新, 一新

rajout [raʒu] 男 付加したもの; 加筆; 増補部分

rajouter [raʒute] 他 さらに加える ▸ **en rajouter** 《話》誇張する

rajustage [raʒystaʒ] 男 調整

rajuster [raʒyste] 他 (服装などを)ちゃんと直す; (給料を)調整する ― [代動] [**se ~**] 身なりを整える

râlant(e) [rɑlɑ̃, -ɑ̃t] 形 《話》腹立たしい

râle¹ [rɑl] 男 ① ぜいぜいうあえぎ ② 《医》ラッセル音, 水泡音

râle² [rɑl] 男 《鳥》クイナ

ralenti(e) [ralɑ̃ti] 形 (< ralentir) 遅い, ゆっくりした ― 男 ① 《映》スローモーション ② (エンジンの)アイドリング, 低速回転 ▸ **au ralenti** ゆっくりと, ペースを落として; スローモーションで

***ralentir** [ralɑ̃tiːr ラランティール] 他 33 《英 slow down》速度を緩める; ペースをゆるめる ― 自 (人・車が)スピードを落とす; (ものが)ペースが遅くなる, 鈍くなる ― [代動] [**se ~**] 《速》(速度が)遅くなる

ralentissement [ralɑ̃tismɑ̃] 男 減速; (活動などの)低下, 衰退; 渋滞

ralentisseur [ralɑ̃tisœːr] 男 減速装置

***râler** [rɑle ラレ] 自 ① ぜいぜいとあえぐ, せわしく息をする ② 《話》ぶつぶつ文句を言う (contre)

râleur(se) [rɑlœːr, -øːz] 形名 《話》何にでも文句を言う(人)

ralingue [ralɛ̃g] 女 (帆の)縁索(ふちなわ), ボルトロープ

ralliement [ralimɑ̃] 男 集結, 集合; (政党・主義などへの)参加, 賛同 ▸ **point de ralliement** (部隊などの)集結地点; (様々な立場の)合意点 **signe de ralliement** (メンバーを確認するための)目印

rallier [ralje] 他 (兵・部隊を)集結させる; 再結集させる; (…に)賛同させる, 味方につける (à); (部隊などに)戻る ― [代動] [**se ~**] (…に)賛同する (à)

rallonge [ralɔ̃ʒ] 女 継ぎ足し部分; 延長コード; 《話》追加予算; 休暇の延長 ▸ **table à rallonge(s)** 伸長式のテーブル

rallongement [ralɔ̃ʒmɑ̃] 男 延ばすこと; 継ぎ足すこと

rallonger [ralɔ̃ʒe] 他 40 長くする; 《話》遠回りさせる ― 自 長くなる

rallumer [ralyme] 他 (…に)火[明かり]をまたつける; (情熱・争いを)再熱させる ― [代動] [**se ~**] 再燃する

rallye [rali] 男 《英》(自動車の)ラリー

RAM [ram] 女 《不変》《英》〔情報〕ラム

ramadan [ramadɑ̃] 男 《< アラビア》

ラマダン【イスラム暦第9月;教徒は日の出から日没まで断食する】 ▶faire [observer] le ramadan ラマダンの断食をする

ramage [ramaʒ] 男 ①(茂みの中の鳥の)さえずり ②(複)枝葉[花]模様

ramager [ramaʒe] 自 40 さえずる
── 他 (布)に枝葉模様をつける

ramas [rama] 男〔古〕=ramassis

ramassage [ramasaʒ] 男 取り[拾い]集め,回収,採集 ▶**ramassage scolaire**(スクールバスによる)児童の送迎

ramassé(e) [ramase] 形 (<ramasser) ずんぐりした;(姿勢が)ちぢこまった;(文章が)簡潔な

ramasse-miettes [ramasmjɛt] 男〔不変〕パンくず用卓上ブラシ[掃除器]

*****ramasser** [ramase ラマセ] 他 (英 pick up, gather)(寄せ集める,拾い集める;拾う;(動物を引き取る;(人を)連行する;(臓器)食らう,拾布などにやられる ▶ramasser ses forces 全力を集中する ramasser une bûche un gadin, gamelle, gaufre, pelle)(話)転ぶ se faire ramasser(話)しょっ引かれる ── 代動 [se ~] ①(話)(転んで)起き上がる ②体を丸くする ③(話)転ぶ,失敗する;(試験に)落ちる

ramasseur(se) [ramasœr, -øz] 名 寄せ[拾い]集める人;収集人,採集人

ramassis [ramasi] 男〔不変〕(軽蔑的)(がらくたなどの)山;(ろくでなしの)群

rambarde [rɑ̃bard] 女 手すり

Rambouillet [rɑ̃bujɛ] 固 ランブイエ【大統領別邸のあるパリ南西郊外の町】

rambour [rɑ̃bur] 男 ランブール【リンゴの一種】

ramdam [ramdam] 男 (話)大騒ぎ

*****ram** [ram ラム] 女 (英 ram) オール,櫂(た) ▶ne pas en ficher [foutre] une rame 何もしない

rame² [ram] 女 (蔓)を絡ませるための支柱

rame³ [ram] 女 ①(地下鉄などの)列車;車両 ②連[紙の単位;500枚]

rameau [ramo] 男(複~x) ①小枝,細枝;分枝 ②[les R-x]〔カト〕教会の主日(=le dimanche des R-x)【復活祭直前の日曜日】

ramée [rame] 女〔古・文〕枝の茂み

*****ramener** [ramne ラムネ] 他 ①もう1度連れて行く[来る];連れて帰る,送り届ける;(もとに帰る;(もとの状態に戻す(à);(…に)帰着させる(à) ▶ramener ... à la vie (人)を蘇生させる ramener sa fraise [poire] / la ramener (話)格好をつける;しゃしゃり出てくる ramener tout à soi 何でも自分を中心に考える
── 代動 [se ~] ①(…に)帰着する(à) ②(話)来る,戻る

ramequin [ramkɛ̃] 男〔菓〕ラムカン

(チーズタルト)

ramer¹ [rame] 自 こぐ,(話)ひどく苦労する

ramer² [rame] 他 (エンドウなどに)支柱を立てる

ramette [ramet] 女 (小型用紙の)1連【125~500枚】

rameur(se) [ramœr, -øz] 名 こぐ人,こぎ手

rameuter [ramøte] 他 (群衆などを)集める

rameux(se) [ramø, -øz] 形〔植〕小枝の多い

rami [rami] 男 ラミー【トランプゲームの一種】

ramier [ramje] 男〔鳥〕モリバト

ramification [ramifikasjɔ̃] 女 分枝,枝分かれ;支部,下部組織

ramifié(e) [ramifje] 形 (<ramifier) 枝分かれ[分岐]した

ramifier [ramifje] 代動 [se ~] 枝分かれ[分岐]する;(組織などが)支部をもつ

ramille [ramij] 女 細枝

ramolli(e) [ramɔli] 形名 (< ramollir) ぼけた(人) ▶avoir le cerveau ramolli 頭がぼけている

ramollir [ramɔlir] 他 33 柔らかくする;(人)を怠惰[無気力]にする ── 代動 [se ~] 柔らかくなる;怠惰になる,ぼける

ramollissement [ramɔlismɑ̃] 男 柔らかくなること,軟化

ramollo [ramɔlo] 形名 (話)頭のぼけた(人)

ramonage [ramɔnaʒ] 男 煤(す)払い

ramoner [ramɔne] 他 (…の)煤(す)を払う

ramoneur [ramɔnœr] 男 煙突掃除人

rampant(e) [rɑ̃pɑ̃, -ɑ̃t] 形 ①(動植物が)這う ②(人が)卑屈な,ぺこぺこする
── 男 (話・ふざけて)(空軍・航空会社の)地上勤務員

rampe [rɑ̃p] 女 ①(階段の)手すり,欄干 ▶lâcher la rampe (話)死ぬ tenir bon la rampe (話)元気だ ②傾斜した出入り口;傾斜路 ▶rampe d'accès (高速道路・駐車場などへの)進入路 rampe de lancement 発射台;飛翔のきっかけ ③(劇)脚光フットライト;照明灯 ▶passer la rampe (観客や読者などに)受ける

rampeau [rɑ̃po] 男(複~x) 同点決勝戦,雪辱戦

rampement [rɑ̃pmɑ̃] 男 はうこと

*****ramper** [rɑ̃pe ランペ] 自 (英 crawl) はう,匍匐(ほふく)する;追いつくる,へつらう

ramponneau [rɑ̃pɔno] 男(複~x) (話)どんと突くこと,(特にふざけて)腰をぶつけること

ramure [ramyr] 女〔集合的〕(木の)枝;(鹿の)角

ranatre [ranatr] 女〔虫〕ミズカマキリ

rancard [rɑ̃kar] 男 ①(俗)秘密の情報 ②(話)人と会うこと

rancarder [rɑ̃karde] 他 《俗》秘密の情報を教える《sur ～》 ► 代動 《se ～》情報を交換し合う

rancart [rɑ̃kar] 男 スクラップ ► **mettre ... au rancart** (話) (不要な人・ものを)捨てる, お払い箱にする

Rance [rɑ̃s] 女 《la ～》ランス川 【ブルターニュ地方からイギリス海峡に注ぐ】

rance [rɑ̃s] 形 酸敗したにおいのする —男 すえた悪臭; 酸味

ranch [rɑ̃tʃ] 男 《複》《英》(米国の草原地帯の)大牧場; 牧場経営

ranche [rɑ̃ʃ] 女 (柱ばしごの)横木

rancher [rɑ̃ʃe] 男 柱ばしご

ranci(e) [rɑ̃si] 形 (< rancir) 酸敗した(におい)

rancio [rɑ̃sjo] 男 《ス》ランシオ 【独特の酸化臭のあるワイン】

rancir [rɑ̃sir] 自 酸敗する

rancissement [rɑ̃sismɑ̃] 男 酸敗したにおい[味]がすること

rancœur [rɑ̃kœr] 女 《文》恨み, 怨恨(えんこん) ► **avoir de la rancœur contre** (人)に恨みをもつ

***rançon** [rɑ̃sɔ̃] ランソン 女 身代金; 代価, 代償

rançonnement [rɑ̃sɔnmɑ̃] 男 金品の強奪; 身代金要求; 暴利をむさぼること

rançonner [rɑ̃sɔne] 他 (人から)金品を脅し取る

rancune [rɑ̃kyn] 女 恨み ► **garder rancune à** (人)に恨みを抱く **Sans rancune!** 恨みっこなしだぞ

rancunier(ère) [rɑ̃kynje, -er] 形 名 恨みがましい(人), 執念深い人

randomisation [rɑ̃dɔmizasjɔ̃] 女 無作為抽出

randomiser [rɑ̃dɔmize] 他 [統計] 無作為抽出する

randonnée [rɑ̃dɔne] 女 遠出, 遠足 ► **randonnée à vélo** サイクリング **randonnée équestre [à cheval]** 馬の遠乗り **randonnée pédestre** ハイキング **sentier de grande randonnée** 自然探索路 **ski de randonnée** 山スキー

randonneur(se) [rɑ̃dɔnœr, -øz] 名 ハイカー; サイクリング[山スキー]をする人

***rang** [rɑ̃ ラン] 男 ①(英 row, line)(横)の列, 列; (複) 集団, 団体; 隊列 ; 兵卒 ► **en rang d'oignons** 一列に並んで **grossir les rangs de** …の一員になる **se mettre en rang (par deux)** (2人ずつ)列になる **se mettre sur les rangs** 立候補に志願する ②(英 rank) 順位, ランク; 階級, 地位 ► **de haut rang** 身分の高い **garder [tenir] son rang** 地位を保っ, 地位にふさわしいふるまいをする

rangé(e) [rɑ̃ʒe] 形 (< ranger) ①整理された, 片づいた ③まじめな, 身持ちのよい

***rangée** [rɑ̃ʒe] ランジェ 女 (英 row, line) ► **une rangée de** …の列

rangement [rɑ̃ʒmɑ̃] 男 整理, 整頓; 収納スペース

***ranger**[1] [rɑ̃ʒe ランジェ] 他 40 ①きちんと並べる; 片づける, 整理する ②(…の中のひとつに数える)《parmi》 ③(車を)脇に寄せる ► 代動 《se ～》 ①並ぶ, 席につく; 整理される; 素行がよくなる ②《…中に数えられる 《parmi》》 ③脇に寄る ► **se ranger du côté de** (人)の意見に与する

ranger[2] [rɑ̃dʒœr] 男 《英》 レンジャー隊員, 国立公園監視員

ranger[3] [rɑ̃dʒœr] 男 (レンジャー隊員がはく)深い編み上げ靴

ranidés [ranide] 男《複》〔動〕 アマガエル科

ranimation [ranimasjɔ̃] 女 蘇生法 (= réanimation)

ranimer [ranime] 他 蘇生させる; 生気を取り戻させる, 活気づける ► 代動 《se ～》 息を吹き返す; 活気を取り戻す

rantanplan [rɑ̃tɑ̃plɑ̃] 間 どんどん 【太鼓の音】

raout [raut] 男 《古》 大夜会

rap [rap] 男 《英》〔楽〕ラップ

rapace [rapas] 形 ①貪欲な; (鳥獣に)肉食の —男 猛禽

rapacité [rapasite] 女 貪欲

rapailler [rapaje] 自 (話・ケベック)散らかったものを集める

rapatrié(e) [rapatrije] 形 (< rapatrier) (本国に)送還された, 引き揚げた —名 送還者, 帰還者

rapatriement [rapatrimɑ̃] 男 本国送還, 引き揚げ; 〔経〕(資本などの)本国への還流 ► **rapatriement sanitaire** 病人の本国送還

rapatrier [rapatrije] 他 本国に送還する; (資金などを)本国に還流する

râpe [rap] 女 おろし金, おろし器; やすり ► **râpe à fromage** チーズおろし

râpé(e) [rape] 形 (< râper) ①(おろし金で)おろした ②(衣服などが)すり切れた ③(話) しくじった ► **C'est râpé!** (一巻の)終わりだ —男 おろしチーズ

râper [rape] 自 = rapper

***râper** [rape ラペ] 他 ①(おろし金で)おろす; やすりをかける ②ひりひりさせる

rapetassage [raptasaʒ] 男 (話) ざっと繕うこと

rapetasser [raptase] 他 (話) ざっと繕う[直す]

rapetissement [raptismɑ̃] 男 縮小, 短縮; 価値の低下

rapetisser [raptise] 他 ①小さくする ②(価値などを)下げる —自 代動 《se ～》 小さくなる 縮む

râpeur(se) [rapœr, -øz] 名 = rappeur

râneux(se) [rapø, -øz] 形 ざらざらした; 口当たりが悪い; 耳障りな

raphaélique [rafaelik], **raphaélesque** [rafaelɛsk] 形 ラファエロ

(Raphaël)(風)の
raphé [rafe] 男 [解] 縫線
raphia [rafja] 男 [植] ラフィアヤシ
raphide [rafid] 男 [生] 束晶(┃);(通例、シュウ酸カルシウムからなる針状結晶)
rapiat(e) [rapja, -at] 形名 (話·古) けちけちした(人)
*__rapide__ [rapid ラピド] 形 (英 fast, quick, rapid) ①速い、高速の;すばやい;迅速な;即座の;手短な;テンポの速い ▸ **rapide comme une flèche [l'éclair]** 目にも止まらぬ ②[傾斜が]急な(=train ~) ━ 男 ①急流、早瀬 ②特急列車
*__rapidement__ [rapidmɑ̃ ラピドマン] 副 (英 fast) 速く、迅速に;急速に
*__rapidité__ [rapidite ラピディテ] 女 (英 speed) 速さ、スピード;すばやさ ▸ **rapidité d'esprit** 頭の回転の早さ
rapidos [rapidos] 副 (話)たいへん速く
rapiéçage [rapjesaʒ], **rapièce-ment** [rapjɛsmɑ̃] 男 継ぎはぎ、パッチワーク
rapiécer [rapjese] 他 [57] つぎを当てて繕う
rapière [rapjɛr] 女 (昔の)長剣;剣
rapin [rapɛ̃] 男 (軽蔑的)へぼ絵かき;(古)画家の弟子
rapine [rapin] 女 (文)略奪;横領、略奪物
rapiner [rapine] 他自 (文)略奪[横領]する
raplapla(t) [raplapla] 形 (不変) (話)疲れ切った、へとへとになった
raplati(e) [raplati] 形 (話)ぺちゃんこになった、平らの
raplatir [raplatir] 他 [33] 再び平らにする、ぺちゃんこにする
rappareiller [rapareje] 他 (欠けた部分を)そろえる
rapparier [raparje] 他 (対の片方を)そろえる
*__rappel__ [rapɛl] 男 ①思い出すこと;(注意などの)喚起 ▸ **rappel à l'ordre** 議長の静粛の命令;(違反者への)規則順守の警告 **rappel des titres de l'actualité** (ニュース番組の最後にもう一度)主なニュース項目 ②呼び戻すこと、召還(劇場のカーテンコール) ③再接種 ④追給、追加支払い ⑤(登山)懸垂、アブザイレン
rappelé(e) [raple] 形名 (< rappeler) 再召集された(兵)
*__rappeler__ [raple ラプレ] 他 ①(英 recall) 呼び戻す、召還する;リコールする ②(英 call back) 電話をかけ直す ③(英 remind) 思い出させる;思わせる;(人を…)に立ち戻らせる(à) ▸ **rappeler ... à l'ordre** (違反者に)警告する ━ 代動 [se ～] 思い出す、覚えている
rapper [rape] 自 [楽] ラップをする、ラップの曲を作る
rappeur(se) [rapœr, -øz] 名 [楽]

ラップミュージシャン
rappliquer [raplike] 自 (話)不意にやって来る;戻る
*__rapport__ [rapɔr ラポール] 男 ①(英 report) 報告(書) ②収益、収入 ③(英 connection, relationship) 関係、関連、共通点;[複]人間関係;性的関係;(国家間などの)交流 ▸ **avoir rapport à** …と関連がある **en rapport avec** …と釣り合った;…と見合った **par rapport à** …と比べて;…に応じて;…に対して **rapport à** ... (話) …のことで;…のせいで **rapport de forces** バランス・オブ・パワー **rapport qualité-prix** コストパフォーマンス **se mettre en rapport avec** (人)と関わりをもつ、交際する **sous tous rapports** どこから見ても、あらゆる点で ④比率、比率
rapportage [rapɔrtaʒ] 男 (話)告げ口
*__rapporté(e)__ [rapɔrte] 形 (< rapporter) 付け加えられた
*__rapporter__ [rapɔrte ラポルテ] 他 (英 bring back) ①(もとの場所に)戻す、返す、また持って来る;持ち帰る ②(利益を)もたらす、生む ③報告する;伝える、語る ④付け加える;結びつける、関係づける ▸ **rapporter tout à soi** 彼は何でも自分を中心に考える ━ 代動 [se ～] ①(…と)関係がある、かかわる(à) ②[s'en ～ à ...] (…に)任せる、頼る
rapporteur(se) [rapɔrtœr, -øz] ━ 男 告げ口をする(人) ━ 男 ①(法廷·議会の)報告者 ②[数]分度器
rapprendre [raprɑ̃dr] 他 [60] 再び学ぶ、学び直す
rapproché(e) [raprɔʃe] 形 (< rapprocher) (…に)近い[似た];近接した;類似した ▸ **surveillance rapprochée** 厳重な監視
*__rapprochement__ [raprɔʃmɑ̃ ラプロシュマン] 男 近づくこと、接近;和解、歩み寄り;比較、関連づけ
*__rapprocher__ [raprɔʃe ラプロシェ] 他 (…に)近づける、接近させる(de);(人を)結びつける、和解させる;(離れたものを)くっつける;比較する、対比する ━ 代動 [se ～] ①(…に)近づく(de) ②(…に)近くなる;和解する ③(…に)似る(de)
rapsode [rapsod] 男 = rhapsode
rapsodie [rapsɔdi] 女 = rhapsodie
rapt [rapt] 男 (主に身代金のための)誘拐
raquer [rake] 他自 (話)(金を)支払う
raquette [rakɛt] 女 ①ラケット;テニス[卓球]選手 ②(雪道で用いる)かんじき
*__rare__ [rar ラール] 形 ①まれな、珍しい;めったにない ②驚くべき;数の少ない;髪などが薄い ▸ **à de rares exceptions près** わずかな例外を除いて **d'un rare ...** たぐいまれなる…の **être l'un(e) des rares qui ...** (+ [接続法][条件法]) …する数少ない一人である **se**

raréfaction [rarefaksjɔ̃] 女 (気体の)希薄化; (商品・生産物の)減少, 欠乏

raréfiable [rarefjabl] 形 [物] 希薄化できる

raréfier [rarefje] 他 (気体を)希薄にする ── 代動 [se ~] 少なくなる; 希薄になる

***rarement** [rarmɑ̃ ラルマン] 副 (英 rarely) まれに; めったに…ない

rareté [rarte] 女 ① 珍しいこと; まれなこと; [文] まれなもの ② (商品・労働力の)不足

rarissime [rarisim] 形 非常にまれな

RAS [話] 特に報告することなし, 万事順調 ⟨= rien à signaler⟩

ras(e) [rɑ, -ɑz] 形 ① 短く刈った; 毛足の短い; (植物の)丈の低い ② 表面に何もない ▶ faire table rase de …を一掃する ▶ rase campagne 平地 3 すれすれの ▶(話) en avoir ras le bol /（俗) en avoir ras le cul うんざりする ras du [de] cou / ras le cou 丸首の une cuillère rase さじすりきり1杯 ── 副 非常に短く ── 名 限界, すれすれ ▶ à [au] ras de …すれすれに; …に密着した à ras ごく近く; すれすれに à ras bords なみなみと à ras de terre [sol] / au ras des pâquerettes (話) 低俗な, 下品な

rasade [razad] 女 なみなみ1杯分

rasage [razaʒ] 男 (ひげなどを)剃ること

rasant(e) [razɑ̃, -ɑ̃t] 形 ① 地面すれすれの ② (話) 退屈な, うんざりさせる

rascasse [raskas] 女 [魚] カサゴ(類)

ras-du-cou [radyku] 男 (不変) 丸首のセーター

rasé(e) [rɑze] 形 (< raser) (ひげなどを)剃った; (髪を短くした) ▶ être mal rasé ひげの剃り残しがある rasé de près 深剃りの

rase-mottes [razmɔt] 男 (不変) (話) 超低空飛行

***raser** [rɑze ラゼ] 他 ① (英 shave) 剃る, 刈り込む ② (話) (人を)うんざりさせる ▶ Ça me rase de …するのはうんざりだ ③ 取り壊す, 取り払う ④ かすめる, すれすれを通る ── 代動 [se ~] ① (自分の…を)剃る ② (話) うんざりする

raseur(se) [rɑzœr, -øz] 形名 ① 剃毛(工) ② (話) うんざりさせる(人)

rash [raʃ] 男 (< 英) [医] 発疹, 吹き出物

rasibus [razibys] 副 (話) すれすれに, すぐそばで

ras-le-bol [rɑlbɔl] 男 (不変) (話) うんざり(した気分)

***rasoir** [rɑzwar ラゾワール] 男 (英 razor) かみそり ▶ rasoir mécanique [de sûreté] 安全かみそり ── 形 (不変) うんざりさせる

rassasié(e) [rasazje] 形 (< rassasier) 満腹の; (…に)満ち足りた ⟨de⟩

rassasiement [rasazjmɑ̃] 男 [文] 満腹, 満足, 堪能

rassasier [rasazje] 他 満腹させる; (…に)堪能させる ⟨de⟩ ── 代動 [se ~] 満腹する; (…に)飽き飽きする; (…を)堪能する ⟨de⟩

rassemblement [rasɑ̃bləmɑ̃] 男 集めること, 収集; 集まること, 集合; 人だかり, 集まり; (特に政治的な)結集, 連合; [軍] 集合(の合図)

***rassembler** [rasɑ̃ble ラサンブレ] 他 (英 gather, rally) (人を)集める, 結集させる; (ものを)まとめる; (考えなどを)集中する ▶ rassembler ses esprits 気持ちを落ち着ける ── 代動 [se ~] 集まる, 結集する

rassembleur(se) [rasɑ̃blœr, -øz] 名 結集者

rasseoir [raswar] 他 また座らせる; 置き直す ── 代動 [se ~] ① 再び座る, 座り直す ② (ワインが)澄む

rasséréné(e) [raserene] 形 (< rasséréner) 平静を取り戻した

rasséréner [raserene] 他 53 安心させる, 落ち着かせる ── 代動 [se ~] 穏やかになる

rassir [rasir] 自 33 代動 [se ~] 固くなる

rassis(e) [rasi, -iz] 形 ① [文] 沈着な ② (パン・菓子が)少し固くなった

rassurant(e) [rasyrɑ̃, -ɑ̃t] 形 安心させる

rassuré(e) [rasyre] 形 安心した

***rassurer** [rasyre ラシュレ] 他 (英 reassure) 安心させる ── 代動 [se ~] 安心する

rasta[1] [rasta] 形男 = rastaquouère

rasta[2] [rasta], **rastafari** [rastafari] 形 (不変) 名 ラスタファリズミ(の) 【ジャマイカなどの黒人たちの間で, アフリカへの回帰をとなえる宗教・政治的運動】

rastaquouère [rastakwɛr] 形名 (< 話) 派手な暮らしの怪しげなよそ者

rastel [rastɛl] 男 (南仏) 招宴, 酒盛

***rat** [ra ラ] 男 ① [動] ネズミ(鼠) ▶ être fait comme un rat (話) わなにかかる Face de rat! このネズミ面め! ras gris [d'égout] ドブネズミ ras noir クマネズミ ▶ rat de bibliothèque 本の虫 s'ennuyer comme un rat mort (話) 退屈しきる ② [mon (petit) ~] (女性・子供に対しての) 坊や, ちゃん, かわいちゃん ③ (パリオペラ座付属のバレエ学校の生徒) ⟨= petit ~ de l'Opéra⟩ ── 形 (不変) (話) けちな(人)

rata [rata] 男 (話) (軍隊の)粗末な[まずい]食事

ratafia [ratafja] 男 ラタフィア【果実酒】

ratage [rataʒ] 男 失敗

rataplan [rataplɑ̃] 擬 どんどん【太鼓

ratatiné(e) [ratatine] 形 (< ratatiner) ① しなびた, ちぢこまった ② 《話》ぺしゃんこにつぶれた

ratatiner [ratatine] 他 ① 押しつぶす ② 《話》めちゃめちゃにする; 殴る ▶se faire ratatiner こてんぱんにやられる, 殺される —[代動][se ~]（年齢・病気で）体が縮む;（果物などが）しなびる

ratatouille [ratatuj] 女 ラタトゥイユ《ナス・トマト・ズッキーニなどの野菜で作る煮込み料理》;《話・古》粗末な料理, ごった煮

rate¹ [rat] 女 雌ネズミ

rate² [rat] 女 [解] 脾臓(ひ_) ▶ne pas se fouler la rate 力を出し惜しみする

raté(e) [rate] 形名 (< rater) 成功できなかった(人), 失敗した(人) — 男 (銃・エンジンの)不発, 不調音; 不調, 不都合

râteau [rɑto] 男 (複 ~x) 熊手, レーキ;（カジノのチップ集め）

ratel [ratɛl] 男 [動] ラテル《イタチ科》

râteler [rɑtle] 他 ④ 熊手でかき集める

râtelier [rɑtəlje] 男 ① 秣(まぐさ)棚; 台, 架 ▶manger à tous les râteliers 《話》もうかる側につく, 二股をかける ②《話・古》入れ歯

***rater** [rate] ラテ 自 （計画などが）失敗する;（銃などが）不発に終わる ▶Ça n'a pas raté. 思った通りだ —《話》(miss) 撃ち損なう; 失敗する, 乗り[会い]損なう ▶ne pas en rater une 《話》へまばかりする occasion ratée のがしたチャンス rater son coup しくじる —[代動][se ~] 行き違いになる;《話》自殺に失敗する

ratiboiser [ratibwaze] 他《話》①（人を）すっからかんにする, 破産させる ② 髪を短く切りすぎる

raticide [ratisid] 男 殺鼠(さっそ)剤

ratier [ratje] 形《男性形のみ》男 ネズミをとる(犬)

ratière [ratjɛr] 女 ネズミ取り

ratification [ratifikɑsjɔ̃] 女 [法] 批准, 認証;《複》批准書

ratifier [ratifje] 他 批准する, 認証する;《文》正式に認める

ratine [ratin] 女 ラティネ《厚地の毛織物》

ratiner [ratine] 他 [織]（毛織物の）毛羽を縮らせる

rating [ra(e)tiŋ] 男 (< 英)《ヨット・企業を格付けする》指標

ratio [rasjo] 男 (< 英) [経] 率, 比率

ratiocination [rasjɔsinɑsjɔ̃] 女 《文》へ理屈

ratiociner [rasjɔsine] 自 《文》ぐだぐだと述べる, へ理屈をこねる

ration [rasjɔ̃] 女 （1日分の）食糧, 配給(量);《話・皮肉的》分け前 ▶avoir sa ration d'épreuves たっぷりとつらい目にあう ration alimentaire 1日に必要な栄養量

rationalisation [rasjɔnalizɑsjɔ̃] 女 合理化

rationaliser [rasjɔnalize] 他 合理化する; 理由付けをする

rationalisme [rasjɔnalism] 男 合理主義

rationaliste [rasjɔnalist] 形 合理主義(論)の — 名 合理主義(論)者

rationalité [rasjɔnalite] 女 合理性

rationnel(le) [rasjɔnɛl] 形 合理的な, 理にかなった; 理性的な

rationnellement [rasjɔnɛlmɑ̃] 副 合理的に, 理性的に

rationnement [rasjɔnmɑ̃] 男 配給制 ▶carte de rationnement 配給通帳

rationner [rasjɔne] 他 配給制にする;（人の）食事を制限をする —[代動][se ~] 食事制限をする

ratissage [ratisaʒ] 男 ① 熊手で掃除すること ②（徹底的な）捜索

ratisser [ratise] 他 ① 熊手で掃除をする ▶ratisser large （票などを）かき集める ②（…から）奪う ③ — 自 《話》 faire ratisser (au jeu) 賭けで金を巻き上げられる ③（軍・警察が）しらみつぶしに捜索する

raton [ratɔ̃] 男 ① 子ネズミ ② ▶raton laveur アライグマ ③《軽蔑的》北アフリカ人

ratonnade [ratɔnad] 女《話》（北アフリカ人などへの）人種的迫害

ratonner [ratɔne] 他自（北アフリカ人などを）迫害する

ratonneur [ratɔnœr] 男（北アフリカ人などへの）迫害者

RATP (略) Régie autonome des transports parisiens パリ市交通公団《バス・地下鉄・RER を運行している》

rattachement [rataʃmɑ̃] 男 結びつけ合併, 併合

***rattacher** [rataʃe] ラシェ 他 結び直す, 再びつなぐ;（…に）関係づける, 併合する (à) —[代動][se ~]（…に）結びつく, 関係がある (à)

rat-taupe [ratop] 男（複 s~s~s）[動] メクラネズミ = spalax

ratte [rat] 女 メークイン《ジャガイモの一種》

rattrapable [ratrapabl] 形 取り戻せる, 取り返せる

rattrapage [ratrapaʒ] 男 追いつくこと; 取り戻し ▶cours de rattrapage 補習授業 rattrapage des salaires sur les prix 物価上昇に対する賃金調整

***rattraper** [ratrape] ラトラペ 他 （また）つかまえる; 追いつく;（落ちそうな人・ものを）つかみ, 支える;（遅れなどを）挽回する, 取り戻す —[代動][se ~] ①（…に）かまる, すがる (à) ▶se rattraper aux branches 危機をかろうじて脱する ②

raturage [ratyraʒ] 男 ① 抹消, 削除 ② 羊皮紙を仕上げる

rature [ratyr] 女 削除線; 削除分

raturer [ratyre] 他 (線を引いて)削除[抹消]する

raucité [rosite] 女《文》(声の)しわがれ

rauque [rok] 形 (声が)しゃがれた

rauquer [roke] 自 (トラが)吠える; トラが吠えるような音を出す

ravage [ravaʒ] 男 ①《複》被害, 大損害; (精神的・肉体的な)荒廃 ▶**faire des ravages** 猛威を振るう;《話》異性を次々と泣かせる

ravagé(e) [ravaʒe] 形 (＜ravager) (顔などが)やつれた, 憔悴(しょうすい)した;《話》理性を失った, 狂った

ravager [ravaʒe] 他 40 場所などを荒らす, 大損害を与える; (心身を)荒廃させる

ravageur(se) [ravaʒœr, -øz] 形 荒らす, 被害を与える ── 名 荒らす人

ravalement [ravalmã] 男 ① 磨きなおし, 塗りなおし ②《農》剪定(せんてい)

ravaler [ravale] 他 ① 磨きなおす, 塗り替える ②(言葉・つばなどを)飲み込む; (感情を)抑える ▶**faire ravaler ses paroles à** (人の)言葉を撤回させる (人をおとしめ, 値打ちを下げる) ④《農》剪定(せんてい)する ── 代動 ① ② 堕落する, 身を落とす ②**se ravaler la façade**《話》化粧直しをする

ravaleur [ravalœr] 男 外装職人

ravaudage [ravodaʒ] 男 繕い, 継ぎはぎ

ravauder [ravode] 他《古》(服などを)繕う

rave¹ [rav] 女《植》大根, カブ

rave² [rɛv] 女 (＜英) レイヴ (＝rave-party)【人里離れた所などでテクノ音楽に合わせて一晩中踊るパーティー】

ravenala [ravənala] 男《植》タビビトノキ

ravenelle [ravnɛl] 女 ①《植》ニオイアラセイトウ ②《植》セイヨウダイコン

raveur(se) [ravœr, -øz] 名 レイヴ(rave)に行く人

***ravi(e)** [ravi] 形 (＜ravir) (英 delighted) 非常にうれしい, 大喜びの ▶**être ravi de (que)** …で[あることが]とてもうれしい

ravier [ravje] 男 オードブル皿

ravigotant(e) [ravigɔtɑ̃, -ɑ̃t] 形《話》元気付ける

ravigote [ravigɔt] 女 ラヴィゴットソース【みじん切り入りの香草入りのドレッシング】

ravigoter [ravigɔte] 他《話》(人を)元気にさせる

ravin [ravɛ̃] 男 (英 gully) 峡谷, 渓谷;《漫画には》しわくちゃな人は地

ravine [ravin] 女 小峡谷; 急流の川床

ravinée [ravine] 形 (＜raviner) 深い溝のできた; 深いしわを刻んだ

ravinement [ravinmɑ̃] 男 (水の流れが)地面を浸食[浸蝕]する

raviner [ravine] 他 (流水が地面に) 溝をうがつ, 浸食する; (顔に)しわを刻む

raviole [ravjɔl] 女《地方》ラヴィオル【ドーフィネ地方】, ラヴィオリに似た料理

ravioli [ravjɔli] 男 (＜イ)《複》ラヴィオリ

ravir [ravir] 他 33 ①《文》(…から)奪う (**à**) ②(ものごとが人を)うっとりさせる, 魅了する ▶**à ravir** うっとりするほど

raviser [ravize] 代動 [**se ~**] 思いなおす, 意見を変える

***ravissant(e)** [ravisɑ̃, -ɑ̃t] ラヴィサン(ト)] 形 うっとりするような; 見事な, すばらしい

ravissement [ravismɑ̃] 男 うっとりすること, 恍惚(こうこつ)

***ravisseur(se)** [ravisœr, -øz] ラヴィスール(ズ)] 名 誘拐犯

ravitaillement [ravitajmɑ̃] 男 (食糧・物資の)補給, 補充;《話》食糧を買い出しに行く ▶**ravitaillement en vivres [munitions]** 部隊への食糧[弾薬]補給 **ravitaillement en vol** 空中給油

ravitailler [ravitaje] 他 (…に)食糧[物資]を補給する; (…を…に)補給する (**en**) ▶**ravitailler un avion** 飛行機に給油する

ravitailleur [ravitajœr] 形 (男性形のみ) 男 (食糧・物資を補給する(船・飛行機)) ── 名 女 **ravitailleuse**[-øz]補給隊

ravivage [ravivaʒ] 男 ①(溶接面などの)磨き ②色あざやかさを出すこと

raviver [ravive] 他 ① 活気づかせる; よみがえらせる ②(色を)あざやかにする ③(溶接面などを)磨く

ravoir [ravwar] 他 [不定詞のみ] 取り戻すこと;《話》元のきれいな状態にする

rayé(e) [rɛje] 形 (＜rayer) 線[すじ]が入った, 縞のある; すり傷がついた

rayer [rɛje] レイエ 他 (英 rule) ①線を引く, 筋をつける; すり傷をつける ②線を引いて消す; (…から)抹消する, 抹殺する (**de**) ▶**rayer la mention inutile** (申込用紙などで)不要な語は線を引いて消してください **rayer un pays [une ville] de la carte** 国[街]を消滅させる

rayon¹ [rɛjɔ̃] 男 ① (英 ray) 光線, 光のすじ;《複》輻(や)射線, 放射線 ▶**rayon laser** レーザー光線 **un rayon d'espoir** 一縷(いちる)の希望 ②(英 radius) 半径; (ある点からの)範囲 ▶**dans un rayon de …** …半径…の範囲内で **rayon d'action** 行動半径 ③(年輪の)線[すじ]

rayon² [rɛjɔ̃] レイヨン 男 (英 shelf)棚; (デパートなどの)売り場; 持ち場, 領分 ▶**Ce n'est pas mon rayon.** これは私

rayon 〖話〗そのことに非常に詳しい
rayon alimentation 食料品コーナー
rayon parfumerie 化粧品コーナー
rayonnage [rejɔnaʒ] 男 《集合的》棚, 整理棚
rayonnant(e) [rejɔnɑ̃, -ɑ̃t] 形 ① 輝くばかりの; (…で)光り輝く《de》 ② 放射状の; 放射状の
rayonne [rejɔn] 女 〖織〗レーヨン
rayonnement [rejɔnmɑ̃] 男 ① 放射(線), 輻(ふく)射(線) ② 広がり, 波及, 威光, 影響力 ③ (表情の)輝き
rayonner [rejɔne] 自 ① (道などが)放射状に広がる; (ある点を拠点として)動き回る ② 広まる; 影響を及ぼす《sur, dans》 ③ 光を放つ; (表情が)輝く ▶ **rayonner de bonheur** 幸せいっぱいである
rayure [rejyr] 女 ① 縞(しま); ストライプ ② (すり)傷 ③ (銃身内の)腔(こう)線(せん)
raz [rɑ] 男 〖海〗速い潮の流れ, 渦潮
raz(-)de(-)marée [rɑdmare] 男 《不変》津波; (精神的・社会的な)大変動, 激動; (選挙の)地滑り的大勝利
razzia [ra(d)zja] 女 《<アラビア》 (野盗の)襲撃, 略奪; 〖話〗買占め ▶ **faire une razzia sur** …を洗いざらい盗む; …をあっという間に食べてしまう
razzier [ra(d)zje] 他 襲撃する, 略奪する
Ré [re] 〖île de ~〗レ島 《ラ・ロシェル地方の大西洋上の島; リゾート地》
re-, ré- 接頭 《<ラ》 「再び」「後ろに」「もとに」「強意」の意
ré [re] 男 《不変》 〖楽〗 (音階の)レ, ニ音, D音
réa [rea] 女 (病院の)救命救急センター 《<service de réanimation》
réabonnement [reabɔnmɑ̃] 男 (予約購読の)更新
réabonner [reabɔne] 他 (人のために…の)予約購読を更新する《à》— 代動 [se ~] (…の)予約購読を更新する《à》
réac [reak] 形名 〖話〗反動的な(人)
réaccoutumer [reakutyme] 他 (人を…に)再び慣らす《à》— 代動 [se ~] (…に)再び慣れる《à》
réacheminer [reaʃ(ə)mine] 他 (情報)リダイレクトする
réactant [reaktɑ̃] 男 〖化〗反応物
réacteur [reaktœr] 男 ① ジェットエンジン ② 原子炉《= ~ nucléaire》
réactif(ve) [reaktif, -iv] 形 反応の, 反応性の — 男 〖化〗反応体, 試薬
*réaction** [reaksjɔ̃] レアクスィヨン 女 反応, 反響; 反発, 反動; 〖物〗反作用 ▶ **en réaction à** …に応えて **en réaction contre** …に反発して **moteur à réaction** ジェットエンジン **réaction de défense** (免疫などの)防御反応 **réaction en chaîne** 連鎖反応

*réactionnaire** [reaksjɔnɛr] レアクスィヨネール 形名 《軽蔑的》反動的な(人)
réactionnel(le) [reaksjɔnɛl] 形 反応性の
réactivation [reaktivasjɔ̃] 女 再活性化
réactiver [reaktive] 他 再生する, 再活性化する
réactivité [reaktivite] 女 反応性
réactualisation [reaktɥalizasjɔ̃] 女 更新;(記憶などを)新たにすること
réactualiser [reaktɥalize] 他 更新する;(思い出などを)新たにする
réadaptation [readaptasjɔ̃] 女 (環境・社会への)復帰, 再適応
réadapter [readapte] 他 (…に)再び適応させる, 社会復帰させる《à》— 代動 [se ~] (…に)再適応する, 復帰する
réadmettre [readmɛtr] 他 41 (入学などを)改めて認める
réadmission [readmisjɔ̃] 女 再許可
ready-made [rɛdimɛd] 男 《複 ~-s》 〖美術〗レディーメイド《日用品などを本来の用途から切り離して一つの作品として表現したもの》
réaffirmer [reafirme] 他 改めて断言〔確認〕する
*réagir** [reaʒir] レアジール 自 33 (英 react) ① (…に)反応する《à》 ② (…に)逆らう, 抵抗する《contre》 ③ (…に)影響を及ぼす《sur》
réajustement [reaʒystəmɑ̃] 男 = rajustement
réajuster [reaʒyste] 他 = rajuster
réalésage [realezaʒ] 男 57 〖建〗穿孔(せんこう)仕上げをしなおす
réalignement [realiɲ(ə)mɑ̃] 男 (通貨・為替相場・価格の)見直し
réalisable [realizabl] 形 ① 実現可能な ② 現金化できる
réalisateur(trice) [realizatœr, -tris] 名 ① 映画監督, ディレクター ② 実行する人, 実行力のある人
*réalisation** [realizasjɔ̃] レアリザスィヨン 女 ① 実現, 実行, 実施, 作品, 製品 ② (映画・番組の)制作, 監督, 演出 ③ (証券・資産の)現金化, 換金
*réaliser** [realize レアリゼ] 他 (英 realize) ① 実現する, 現実化する; 実行する; 体現する, (…の)典型である ② 実感する;(…であることに)気づく《que》 ③ (映画・番組を)監督〔制作〕する ④ 現金化する — 代動 [se ~] ① 実現する ② 自分の理想を達成する, 自己を実現する
réalisme [realism] 男 ① 現実主義, 現実感覚 ② 〖文学・美術〗写実主義, リアリズム; 〖哲〗実在論
*réaliste** [realist レアリスト] 形 (英 realistic) ① 現実主義の ② 〖文学・美術〗写実主義の — 名 ① 現実主義者 ② 〖文学・美術〗写実主義

者 ②〖文学・美術〗写実主義者

***réalité** [realite レアリテ] 囡 (英 reality) 現実; 現実のものごと, 実情; 現実性; 実在 ▶**en réalité** 実際のところは *La réalité dépasse la fiction.* 〔ことわざ〕事実は小説よりも奇なり *réalité virtuelle* バーチャルリアリティー

reality show [rjalitiʃo] 囲 (＜英) (テレビの)〔事件などの〕再現ドラマ

realpolitik [realpolitik] 囡 (＜ド) (国益優先の)実益政策, 現実政策

réaménagement [reamenaʒmɑ̃] 男 見直し, 再編成; 再開発; 改装

réaménager [reamenaʒe] 他 再開発[再編成]する; 見直す

réamorcer [reamorse] 他 (ポンプに)もう一度呼び水をさす; [対話などを]再開する ▶*réamorcer la pompe* 再び活気を与える

réanimateur(trice) [reanimatœr, -tris] 图 蘇生術専門医

réanimation [reanimasjɔ̃] 囡 蘇生術 ▶**en (service de) réanimation** 集中治療室で治療中の

réanimer [reanime] 他 蘇生術を施す

réapparaître [reaparetr] 自 47 〖助動詞 être または avoir〗再び現れる

réapparition [reaparisjɔ̃] 囡 再び現れること, 再登場

réapprendre [reaprɑ̃dr] 他 60 = rapprendre

réapprovisionnement [reaprovizjɔnmɑ̃] 男 再び仕入れること, 再供給

réapprovisionner [reaprovizjɔne] 他 品物を再び供給する, 再び仕入れる

réarmement [rearməmɑ̃] 男 再武装, 再軍備

réarmer [rearme] 他 ①(銃などに)再び装填する ②〖古〗再軍備する — 自 (国家が)再軍備する, 装備を近代化する

réassortiment [reasɔrtimɑ̃] 男 新たな仕入れ(品)

réassortir [reasɔrtir] 他 33 欠けているものを補給する, 仕入れる — 代動 [se ~] 足りない品を補充する

réassurance [reasyrɑ̃s] 囡 再保険

rebaptiser [rəbatize] 他 (…の)名前を変更する

rébarbatif(ve) [rebarbatif, -iv] 囲 (顔つきなどが)とっつきにくい, 愛想のない; (対象が)解くに苦しむ, 難しい

rebâtir [rəbɑtir] 他 33 建て直す, 再建する

rebattre [rəbatr] 他 9 再び打つ, 繰り返したたく ▶*rebattre les oreilles à A de B* A (人)にB(の話)を何度も繰り返す

rebattu(e) [rəbaty] 囲 言い[使い]古された; 平凡な

rebelle [rəbɛl] 囲 ①反乱した, 反抗した ②(…に)逆らう, (…を)受けつけない (à) ③扱いにくい — 图 反逆者, 反

抗的な人

rebeller [rəbele] 代動 [se ~] (…に)反逆する, 逆らう, 反抗する (contre)

rébellion [rebeljɔ̃] 囡 反逆, 謀反; 反抗; (集合的) 反逆者

rebelote [rəbəlɔt] 間 ▶*et rebelote* 〖間投詞的に〗またもや

rebiffer [rəbife] 代動 [se ~] 〖話〗(…に)はねつける, (…に)反抗する (contre)

rebiquer [rəbike] 自 〖話〗(髪やえりが)反り返る, はね上がる

reblochon [rəblɔʃɔ̃] 男 ルブロション 【サヴォワ地方産のチーズ】

reboisement [rəbwazmɑ̃] 男 (伐採地への)植林

reboiser [rəbwaze] 他 (伐採した場所に)再び植林する

rebond [rəbɔ̃] 男 (ボールなどの)はね返り, バウンド

rebondi(e) [rəbɔ̃di] 囲 (＜rebondir) 丸々と太った, ふっくらした

***rebondir** [rəbɔ̃dir ルボンディール] 自 33 (ボールなどが)はね返る, はずむ; 新展開を示す; (議論などが)再燃する

rebondissement [rəbɔ̃dismɑ̃] 男 (事件などの)新展開

rebord [rəbɔr] 男 (盛り上がった)縁(ふち); (衣服の)折り返し

rebot [rəbo] 男 ルボ 〖バスク地方の球技〗

reboucher [rəbuʃe] 他 再び栓をする, またふさぐ — 代動 [se ~] 再びふさがる, 詰まる

rebours [rəbur] 男 〖成句でのみ〗 ▶*à rebours* は かみそりに, 逆さまに *compte à rebours* カウントダウン

rebouter [rəbute] 他 〖話〗(骨折・脱臼・捻挫を)治す

rebouteux(se) [rəbutø, -øz] 图 〖話〗接骨医

reboutonner [rəbutɔne] 他 代動 [se ~] (服の)ボタンをかける

rebrousse-poil [rəbruspwal] 〖成句でのみ〗 ▶*à rebrousse-poil* 毛並みに逆らって; 逆さまに *prendre… à rebrousse-poil* (人)の神経を逆なでする

rebrousser [rəbruse] 他 (髪・毛などを)立毛にする ▶*rebrousser chemin* 引き返す — 自 代動 [se ~] (髪・毛などが)逆立つ

rebuffade [rəbyfad] 囡 手ひどいあしらい, 冷遇 ▶*essuyer une rebuffade* 剣もほろろにあしらわれる

rébus [rebys] 男 判じ物, 謎文字, 謎掛け; 読みにくい物, 悪筆

rebut [rəby] 男 くず ▶*de rebut* 質の悪い, くずの物 *mettre [jeter]… au rebut* …をお払い箱にする

rebutant(e) [rəbytɑ̃, -ɑ̃t] 囲 うんざりさせる

***rebuter** [rəbyte ルビュテ] 他 (人の)やる気を失わせる; 不愉快にする

recacheter [rəkaʃəte] 他 4 再

recalcifier [r(ə)kalsifje] 他 カルシウムを投与する

récalcitrant(e) [rekalsitrɑ̃, -ɑ̃t] 形 名 反抗する(人), 言うことを聞かない(人); 〔話〕思い通りにならない(物)

recalculer [rəkalkyle] 他 計算しなおす, 再検討する

recalé(e) [r(ə)kale] 形名 (< recaler) 〔話〕試験に落ちた(学生)

recaler [r(ə)kale] 他 〔話〕(試験に)落第させる

récapitulatif(ve) [rekapitylatif, -iv] 形 要約の

récapitulation [rekapitylɑsjɔ̃] 女 要約, 概要

récapituler [rekapityle] 他 要約する意, 要点をまとめる; 再検討する

recaser [r(ə)kɑze] 他 〔話〕再就職先を探してやる ── (代動) [se ~] 再就職する

recauser [r(ə)koze] 自 (…のことを)改めて話す (de)

recéder [r(ə)sede] 他 [57] 返還する, 再譲渡する; 転売する

recel [rəsɛl] 男 かくまうこと; 〔法〕隠匿 ►recel de malfaiteur 犯人隠匿

receler [rəs(ə)le] 他 [11] (1) (物を)隠匿する; (人を)かくまう (2) 〔文〕包み隠す, 内に秘める

recéler [rəsele] 他 [57] = receler

receleur(se) [rəs(ə)lœr, -øz] 名 隠匿者

*****récemment** [resamɑ̃ レサマン] 副 (英 recently) 最近, 近ごろ

recensement [r(ə)sɑ̃smɑ̃] 男 (1) 人口[国勢]調査(= ~ de la population) (2) 調査; 目録(の作成)

recenser [r(ə)sɑ̃se] 他 調査する; 数え上げる

recenseur(se) [r(ə)sɑ̃sœr, -øz] 名 人口[国勢]調査員

recension [r(ə)sɑ̃sjɔ̃] 女 〔文〕(1) 校訂 (2) 書評

*****récent(e)** [resɑ̃, -ɑ̃t レサン(ト)] 形 最近の, できたばかりの ►nouvelle toute récente 最新ニュース

recentrage [r(ə)sɑ̃traʒ] 男 〔政〕再編, 再結集

recentrer [r(ə)sɑ̃tre] 他 再編成する[再結集]する; (ずれたものを)中心に戻す

receper [rəs(ə)pe], **recéper** [r(ə)sepe, r(ə)sape], **recéper** [r(ə)sepe] 他 〔農〕(1) 株もとで切る (2) (杭などの高さを)切りそろえる

récépissé [resepise] 男 受領証, 受取証

réceptacle [reseptakl] 男 集まる所, たまり場

récepteur(trice) [reseptœr, -tris] 形 (電波・液を)受ける ►centre récepteur (神経の)受容中枢 ── 男 (1) 受信機, 受像機; 受話器 (2) 〔生化〕受容体 (3) 受信者; 〔古〕受取人

réceptif(ve) [reseptif, -iv] 形 影響を受けやすい(à); 〔医〕(伝染病などに)かかりやすい

*****réception** [resɛpsjɔ̃ レセプスィヨン] 女 (1) (英 receipt) 受け取ること, 受領; 受信 (2) もてなし, 応接; 面会; レセプション, 招待会 ►faire une bonne réception de (人)を歓迎する salle de réception レセプションホール (3) フロント, 受付 (4) 入会(許可), 入会式 (5) 〔スポーツ〕着地; レシーブ

réceptionnaire [resɛpsjɔnɛr] 名 納品受理係

réceptionner [resɛpsjɔne] 他 (納品を)受領する

réceptionniste [resɛpsjɔnist] 名 (ホテル・会社の)受付係, フロント係

réceptivité [reseptivite] 女 影響を受けやすいこと, 敏感さ; 〔医〕罹病(りびょう)性

recès [rɔsɛ] 男 = recez

récessif(ve) [resesif, -iv] 形 〔生〕劣性の

récession [resesjɔ̃] 女 〔経〕景気後退

récessivité [resesivite] 女 〔生〕劣性

*****recette** [r(ə)sɛt ルセット] 女 (英 recipe) (1) (料理の)作り方, 料理法; (薬の)処方 (2) 秘訣, こつ (3) 収入, 売り上げ高; (税金などの)徴収; 集金額, 徴税事務所 ►faire recette 大好評を博す

recevabilité [rəs(ə)vabilite] 女 〔法〕受理可能性

recevable [rəs(ə)vabl] 形 受け入れることができる; 〔法〕受理可能

receveur(se) [rəs(ə)vœr, -øz] 名 (1) (公金の)受取人 ►receveur des contributions 収税吏, 税務署員 receveur des postes 郵便局長 (2) (血液・臓器の)被提供者 (3) 車掌

*****recevoir** [rəs(ə)vwar ルスヴォワール] 他 [63] (1) (英 receive) 受け取る, もらう; 被る (2) 迎える, 招く; 面会する; もてなす; 受け入れる; 取容する ►recevoir ... à dîner (人)を夕食に招く (3) 合格させる; 入学[入会]を認める ── (代動) [se ~] (1) 招きあう (2) 〔スポーツなどで〕着地する

recez [rɔsɛ] 男 (1) (2国間の)議定書 (2) 〔史〕(ドイツ帝国議会の)議事録

réchampir [refɑ̃pir], **rechampir** [rəfɑ̃pir] 他 [33] 浮き出し装飾を施す

réchampissage [refɑ̃pisaʒ], **rechampissage** [rəfɑ̃pisaʒ] 男 浮き出し装飾

rechange [r(ə)fɑ̃ʒ] 男 予備, 交換用のもの ►de rechange スペアの, 替えの

rechanger [r(ə)fɑ̃ʒe] 他 [40] (また)取り替える

rechanter [r(ə)fɑ̃te] 他 もう一度歌う

rechapage [r(ə)fapaʒ] 男 (タイヤの)溝の付け直し

rechaper [r(ə)fape] 他 (古タイヤに)

réchapper [reʃape] 自 [助動詞とき に être] (…を)逃れる, 脱する (de, à) ▶**en réchapper** 危機を脱する, 助かる

recharge [r(ə)ʃarʒ] 女 ①替え, スペア ②(再)充電, 再装填

rechargeable [r(ə)ʃarʒabl] 形 (中身を)詰め替えられる; 充電式の

rechargement [r(ə)ʃarʒəmɑ̃] 男 再びさらに)積みこむこと; 充電

recharger [r(ə)ʃarʒe] 他 40 (再)充電する, 再装填する; 再び(さらに)荷物を積む; (道路などを)かさ上げする ▶**recharger ses accus [ses batteries]** (話)充電する, 体力を回復する

rechasser [r(ə)ʃase] 他 再び狩りに出す —— 自 再び追い出す

réchaud [reʃo] 男 こんろ

réchauffage [reʃofaʒ] 男 温め直すこと, 再加熱

réchauffé(e) [reʃofe] 形 温め直した; 言い古された; 蒸し返しの —— 男 温め直した料理; 焼き直し ▶**C'est du réchauffé.** それは二番煎じだ

réchauffement [reʃofmɑ̃] 男 (気候などが)暖かくなること, 温暖化

*réchauffer [reʃofe レシォフェ] (英 reheat) 他 温め直す; (体を)温める; (熱意などを)再びかき立てる, 奮い立たせる ▶**Ça réchauffe.** これは温まる —— 代動 [se ~] ①自分の体を温める ②体が温まる; 暖かくなる; 再び温まる

réchauffeur [reʃofœr] 男 加熱器, ヒーター

rechausser [r(ə)ʃose] 他 ①再び靴をはかせる ②[園] 盛り土をする [建] (壁などの)土台を固める —— 代動 [se ~] 靴をはき直す

rêche [rɛʃ] 形 (果物などが)渋い; ざらざらした, (手触りの)粗い; (性格が)気難しい

*recherche [r(ə)ʃɛrʃ ルシェルシュ] 女 (英 search, research) 探し求めること; 捜索; 探究, 追求; (複) 研究; [情報] 検索; (服装・文体などが)凝っていること ▶**à la recherche de** …を探して, …を求めて ▶**échapper aux recherches de la police** 警察の捜査を逃れる ▶**être habillé avec [sans] recherche** 服装に気を使う[使わない]

recherché(e) [r(ə)ʃɛrʃe] 形 (< rechercher) ①貴重な; (みんなから)追い求められている ②(文体・服装が)凝った

*rechercher [r(ə)ʃɛrʃe ルシェルシェ] 他 (英 search) ①探し求める; 捜索する; [情報]検索する ②調査する, 探究する ③迎えに来る[行く]

rechigner [r(ə)ʃiɲe] 自 嫌がる; …(するの)を渋る (à)

rechute [r(ə)ʃyt] 女 (病気・罪・悪癖の)再)ぶり返し, 再び陥ること

rechuter [r(ə)ʃyte] 自 (病気が)ぶり返す

récidivant(e) [residivɑ̃, -ɑ̃t] 形 [医] 再発性の

récidive [residiv] 女 ①同じ過ちを繰り返すこと; [法] 累犯, 再犯 ②(病気の)再発

récidiver [residive] 自 再度罪を犯す, 同じ過ちを繰り返す; (病気・悪癖が)再発する

récidiviste [residivist] 名 [法] 累犯者, 再犯者

récidivité [residivite] 女 [医] 再発性

récif [resif] 男 暗礁 ▶**récif de corail** サンゴ礁

récifal(ale) [resifal] 形 (男複 -aux [-o]) 暗礁の

récipiendaire [resipjɑ̃dɛr] 男 ①(儀式とともに迎えられる)新会員 ②(大学の)学位受領者

*récipient [resipjɑ̃ レスィピヤン] 男 (英 container) 容器, 入れ物

réciprocité [resiprɔsite] 女 相互性

*réciproque [resiprɔk レスィプロク] (英 reciprocal) 相互の; [文法] 相互的な; [数] 逆の —— 女 逆; 仕返し

réciproquement [resiprɔkmɑ̃] 副 互いに, 相互に ▶**et réciproquement** 逆もまた同じだ

*récit [resi レスィ] 男 (英 story) 話, 物語

récital [resital] 男 (複 ~s) リサイタル, 個人発表会

récitant(e) [resitɑ̃, -ɑ̃t] 名 ①[楽] (オペラなどの)叙唱[レチタティーヴォ]の歌い手 ②(テレビ映画の)ナレーター

récitatif [resitatif] 男 [楽] レチタティーヴォ, 叙唱

récitation [resitasjɔ̃] 女 暗唱, 朗唱

*réciter [resite レスィテ] 他 ①暗唱する ②口裏を合わせて言う, 口先だけで唱える ③[楽] 叙唱部を歌う

réclamant(e) [reklamɑ̃, -ɑ̃t] 名 [法] 請願者

*réclamation [reklamasjɔ̃ レクラマスィヨン] 女 ①(正当な権利の)要求, 請求, 要求書, クレーム; (店の)苦情処理係, サービスセンター (= bureau [service] des ~s)

*réclame [reklam レクラーム] 女 (古)広告, 宣伝 ▶**en réclame** 特売中の ▶**ne pas faire de réclame à** …にとってマイナスになるだけである

*réclamer [reklame レクラメ] 他 (英 claim) ①(人に助けなどを)強く求める, 要請する ②(ものが)必要とする ③(正当な権利として人に)要求する (à) —— 自 ① に抗議する (contre) —— 代動 [se ~] (…を)引き合いに出す, 持ち出す (de)

reclassement [r(ə)klasmɑ̃] 男 再分類, 給与体系の見直し, 再就職の斡旋

reclasser [r(ə)klase] 他 分類し直す; 給与体系を見直す; 新しい仕事を斡

reclus(e) [rəkly, -yz] 形名 隠遁(は)した人

réclusion [reklyzjɔ̃] 女 ①[法] 禁錮重労働 ► **réclusion (criminelle) à perpétuité** 無期懲役 ②(文)隠遁状態

récognitif [rekɔɡnitif, rekɔɲitif] 形(男性形のみ)[法]承認書 ► **acte récognitif**

recoiffer [rəkwafe] 他 (人の髪を直す;(人に)帽子をかぶせ直す ── 代動 [se ~] 自分の髪を直す;帽子をかぶり直す

recoin [rəkwɛ̃] 男 片隅;(心などの)奥底 ► **les coins et recoins (de...)** (…の)隅々

recollage [r(ə)kɔlaʒ], **recollement** [r(ə)kɔlmɑ̃] 男 (のり)継ぎ直し

récollection [rekɔlɛksjɔ̃] 女 [宗]沈思黙考

recoller [r(ə)kɔle] 他 はり直す、継ぎ直す ── 自 [スポーツ](…に)追いつく(à) ── 代動 [se ~] ►(仕事などに)とりかかる(à)

récollet [rekɔlɛ] 男 [宗]静修派修道士

récoltable [rekɔltabl] 形 取り入れできる

récoltant(e) [rekɔltɑ̃, -ɑ̃t] 形名 収穫する人

*****récolte** [rekɔlt レコルト] 女 (英 harvest) 収穫、取り入れ;採取;収穫物[量];収獲(物)

*****récolter** [rekɔlte レコルテ] 他 (英 harvest) 収穫する、取り入れる;手に入れる ── 代動 [se ~] 収穫される

recombinaison [r(ə)kɔ̃binɛzɔ̃] 女 [生]組み換え

recombinant(e) [r(ə)kɔ̃binɑ̃, -ɑ̃t] 形 [生]組み換え型の

recombiner [r(ə)kɔ̃bine] 他 再結合する

recommandable [r(ə)kɔmɑ̃dabl] 形 [多く否定表現で]推薦に値する、推奨できる

*****recommandation** [r(ə)kɔmɑ̃dasjɔ̃ ルコマンダスィヨン] 女 ①推薦(状);勧告、忠告 ► **sur la recommandation de** (人)の勧めにしたがって ②(郵便の)書留扱い

*****recommandé(e)** [r(ə)kɔmɑ̃de ルコマンデ] 形 (<recommander) ①推薦された、勧められた ②書留の ── 男 書留(郵便) ► **envoyer... en recommandé** …を書留で送る

*****recommander** [r(ə)kɔmɑ̃de ルコマンデ] 他 (英 recommend) ①(人に…を)推薦する、推奨する(à) ②(人に…を)忠告する(à);(人に…するよう)強くすすめる(à... de +不定詞) ③(人に)委ねる(à) ► **recommander son âme à Dieu** (臨終に際して)神に魂をゆだねる ④(郵便物を)書留で出す ── 代動 [se ~]

recommencement [r(ə)kɔmɑ̃smɑ̃] 男 再開;繰り返し、やりなおし

*****recommencer** [r(ə)kɔmɑ̃se ルコマンセ] 他 (英 start again, resume) 再び始める、再開する;やり直す;繰り返す ── 自 再び始まる、再開される

*****récompense** [rekɔ̃pɑ̃s レコンパンス] 女 (英 reward) ほうび、報酬;報い ► **en récompense de** …の報酬として

*****récompenser** [rekɔ̃pɑ̃se レコンパンセ] 他 (英 reward) 報いるほうびを与える;(…に対して)報いる(de, pour)

recomposable [r(ə)kɔ̃pozabl] 形 組み立て直しができる

recomposé(e) [r(ə)kɔ̃poze] 形 (<recomposer) ► **famille recomposée** 混合家族【再婚により、夫婦とそれぞれの連れ子たちから構成される家族】

recomposer [r(ə)kɔ̃poze] 他 再び組み立てる;[印]組み直す[情報]リダイアルする

recomposition [r(ə)kɔ̃pozisjɔ̃] 女 組立て直し;再構成

recompter [r(ə)kɔ̃te] 他 数え直す、計算しなおす

réconciliateur(trice) [rekɔ̃siljatœr, -tris] 名 調停者

réconciliation [rekɔ̃siljɑsjɔ̃] 女 ①和解、仲直り ②[カト]赦免、教会への復帰

*****réconcilier** [rekɔ̃silje レコンスィリエ] 他 (英 reconcile) 和解させる、仲直りさせる;融和させる、折り合わせる ── 代動 [se ~] 和解する;(人と)仲直りする(avec)

reconductible [r(ə)kɔ̃dyktibl] 形 更新[継続]可能な

reconduction [r(ə)kɔ̃dyksjɔ̃] 女 [法](賃貸借契約の)更新、継続 ► **tacite reconduction** (賃貸人に異議がない時の)自動更新

reconduire [r(ə)kɔ̃dɥir] 他 19 ①送って行く、見送る;(自分の家や国に)送り返す ②(契約などを)延長する、更新する、継続する

reconduite [r(ə)kɔ̃dɥit] 女 送り返すこと

réconfort [rekɔ̃fɔr] 男 励まし;慰め

réconfortant(e) [rekɔ̃fɔrtɑ̃, -ɑ̃t] 形 励ましの、慰めの;元気づける

*****réconforter** [rekɔ̃fɔrte レコンフォルテ] 他 励ます、慰める;元気づける ── 代動 [se ~] (食事などをして)元気づける;気力を取り戻す

reconnaissable [r(ə)kɔnɛsabl] 形 それとわかる、識別できる

*****reconnaissance** [r(ə)kɔnɛsɑ̃s ルコネサンス] 女 ①(英 gratitude) 感謝 ► **éprouver de la reconnaissance envers** (人)に感謝する ► **exprimer sa reconnaissance à** (人)に謝意を表する ②(英 recognition) それとわかること、

識別; 正式に認めること, 承認 ▶*reconnaissance de dette* 借用証書 *reconnaissance des formes* パターン認識 *reconnaissance optique de caractères* [情報] 光学式文字認識 *reconnaissance vocale* 音声認識 ③[軍] 偵察, 現地踏査 ▶*aller* [*partir*] *en reconnaissance* 偵察に行く;[話] を探しに行く

***reconnaissant(e)** [r(ə)kɔnɛsɑ̃, -ɑ̃t ルコネサン(ト)] 形 (< reconnaître) …(してくれたこと)に関してA(人)に感謝している (à A de …) ▶*Je vous serais reconnaissant de bien vouloir…* (手紙で)…していただけたらありがたく存じます

***reconnaître** [r(ə)kɔnɛtr ルコネトル] 他 16 (英 recognize) ①それとわかる;(…で)見分ける《à》 ▶*Je l'ai reconnu à sa voix.* 声で彼だとわかった *Je le reconnais bien là!* そこがいかにも いういわ *On ne la reconnaît plus.* 彼女は見違えるほど変わった ②認める; 承認[認知]する ③(…を)踏査する ── 代動 [se ~] ①自分がどこにいるのかわかる ②(…の中に)自分の姿を認める 《dans》;自分を…と認める ③互いに誰であるかわかる;(…で)それとわかる 《à》

reconnu(e) [r(ə)kɔny] 形 (< reconnaître) 世に認められた, 周知の

reconquérir [r(ə)kɔ̃kerir] 他 24 (領土などを)再び征服する, 奪回する;(名誉・人気などを)取り戻す

reconquête [r(ə)kɔ̃kɛt] 女 再征服; 奪回; 挽回

reconsidérer [r(ə)kɔ̃sidere] 他 57 再検討する, 再考する

reconstituant(e) [r(ə)kɔ̃stituɑ̃, -ɑ̃t] 形 体力を回復させる ── 男 強壮剤

***reconstituer** [r(ə)kɔ̃stitɥe ルコンスティテュエ] 他 編成し直す, 再建する, 復元する, 再現する;(体力などを)回復させる

reconstitution [r(ə)kɔ̃stitysjɔ̃] 女 再建, 再構成; 再現 ▶*reconstitution du crime* 犯行状況の再現

reconstruction [r(ə)kɔ̃stryksjɔ̃] 女 再建, 復興; 復元

reconstruire [r(ə)kɔ̃strɥir] 他 15 再建する, 復興する; 復元する; 立て直す

reconvention [r(ə)kɔ̃vɑ̃sjɔ̃] 女 [法] (古) 反訴請求

reconventionnel(le) [r(ə)kɔ̃vɑ̃sjɔnɛl] 形 [法] 反訴請求の

reconversion [r(ə)kɔ̃vɛrsjɔ̃] 女 ①(産業・設備の)転換, 切り替え ②転職, 配置転換

reconvertir [r(ə)kɔ̃vɛrtir] 他 33 (産業設備などを)(再)転換する;(人を)配置転換させる; 転職させる ── 代動 [se ~] …に転職する 《dans》

recopiage [r(ə)kɔpjaʒ] 男 写しなおし, 清書

recopier [r(ə)kɔpje ルコピエ] 他 書き写す; 清書する

***record** [r(ə)kɔr ルコール] 男 (英) 記録 ▶*battre tous les records* 前代未聞の; 想像を絶している *détenir* [*améliorer, battre*] *un record* 記録を保持する[更新する, 破る] ── 形 (不変) 記録的な ▶*en un temps record* 記録的な早さで

recordman(woman) [r(ə)kɔrdman, wuman] 名 (男複 -men[-men], 女複 -women[-winmen]) 記録保持者

recorriger [r(ə)kɔriʒe] 他 40 再び訂正する

recoucher [r(ə)kuʃe] 他 再び寝かせる(横たえる) ── 代動 [se ~] 再び寝(横たわる)

recoudre [r(ə)kudr] 他 17 縫い直す, 縫合する

recoupement [r(ə)kupmɑ̃] 男 (さまざまな)情報の合致; 検証 ▶*par recoupement* 突き合わせによって

recouper [r(ə)kupe] 他 ①さらに切る ②情報が…と一致する;[服] 裁ち直す ── 代動 [se ~] (情報が)合致する

recourbé(e) [r(ə)kurbe] 形 (< recourber) 曲がった ▶*nez recourbé* わし鼻

recourber [r(ə)kurbe] 他 曲げる, たわめる

recourir [r(ə)kurir ルクリール] 自 18 ①(…に)助けを求める, 頼る 《à》 ②再び走る ── 他 (レースに) 再出場する

recours [r(ə)kur] 男 (…に)助けを求めること, 頼る[訴える]こと 《à》; 最後の手段, 頼みの綱; [法] 上訴 ▶*avoir recours à …* に訴える, …に頼る *en dernier recours* 最後の手段として *recours en cassation* 上告 *recours en grâce* 減刑請願 *sans recours* お手上げの

recousu(e) [r(ə)kuzy] 形 (< recoudre) 縫い直された

recouvert(e) [r(ə)kuvɛr, -ɛrt] 形 (< recouvrir) (…で)覆いつくされた 《de》

recouvrable [r(ə)kuvrabl] 形 回収[徴収]可能な

recouvrement[1] [r(ə)kuvrəmɑ̃] 男 ①(借金などの)取り立て ②(文)回復

recouvrement[2] [r(ə)kuvrəmɑ̃] 男 再び覆うこと; 覆い, カバー

recouvrer [r(ə)kuvre] 他 ①取り立てる, 徴収する ②(文) 取り戻す, 回復する

***recouvrir** [r(ə)kuvrir ルクヴリール] 他 46 (英 cover) ①(…で)覆う, ふたをする 《de》 ②再び覆う;(屋根などを)はり替える ③(領域などを)カバーする, 包含する ── 代動 [se ~] ①(で)覆われる 《de》; 互いに重なり合う

recracher [rəkraʃe] 自 (口に入れたものを)吐き出す

récré [rekre] 囡 〔話〕= récréation

récréance [rekreɑ̃s] 囡 ▶**lettres de récréance** 大使の召還状

récréatif(ve) [rekreatif, -iv] 形 気晴らしの, 楽しい

recréation [rəkreasjɔ̃] 囡 再創造, 再現

***récréation** [rekreasjɔ̃ レクレアスィヨン] 囡 ①(学校の)休み時間(=〔話〕récré) ②気晴らし, 息抜き ▶**aller en récréation** (休み時間に)遊びに行く **cour de récréation** 運動場

recréer [rəkree] 他 再創造する, 造り直す; 再現する

récréer [rekree] 他 〔文〕気晴らしをさせる —— 代動 [se ~] 〔文〕気晴らしをする

recrépir [r(ə)krepir] 他 (壁などを)塗り替える

recreuser [r(ə)krøze] 他 ①再び掘る ②深く掘る

récrier [rekrije] 代動 [se ~] 〔文〕(驚き・抗議などの)声をあげる, 叫ぶ

récriminateur(trice) [rekriminatœr, -tris] 形名 不平を言う(人)

récrimination [rekriminasjɔ̃] 囡 (多く複)不平, 非難, 苦情

récriminer [rekrimine] 自 (…を)非難する, 苦情[不平]を言う (contre)

récrire [rekrir] 他 26 書き直す, 書き改める

recroquevillé(e) [rəkrɔkvije] 形 (<recroqueviller) (人が)ちぢこまった; (葉・紙が)縮んだ

recroqueviller [rəkrɔkvije] 他 縮み上がらせる —— 代動 [se ~] (人が)ちぢこまる; (紙などが熱に)縮む

recru(e) [r(ə)kry] 形 〔文〕疲労で困憊(はい)した (de)

recrudescence [r(ə)krydesɑ̃s] 囡 悪化, 激化; ぶりかえし, 再熱

recrudescent(e) [r(ə)krydesɑ̃, -ɑ̃t] 形 〔文〕勢いを盛り返した, さらに悪化した

recrue [r(ə)kry] 囡 (団体への)新加入者; 新兵

recrutement [r(ə)krytmɑ̃] 男 (会員・人材の)募集; 徴兵

***recruter** [r(ə)kryte レクリュテ] 他 ①募集する ②採用する ③徴兵する —— 代動 [se ~] 採用される; (…の中から)集められる (parmi, dans)

recruteur(se) [r(ə)krytœr, -øz] 名 募集係; 徴募官

recta [rekta] 副 〔話〕きっちりと, 正確に —— 形 〔不変〕〔話〕きちんとした

rectal(ale) [rektal] 形 (男複 -o) 直腸の

***rectangle** [rektɑ̃gl レクタングル] 男 長方形 —— 形 直角の

rectangulaire [rektɑ̃gylɛr] 形 長方形の

recteur [rektœr] 男 大学区長;《カナダ》大学長; (神学校などの)学長

rect(i)- 綴頭 〈ラ〉「まっすぐな」の意

rectifiable [rektifjabl] 形 訂正できる

rectificatif(ve) [rektifikatif, -iv] 形 (公文書などが)訂正[修正]のための —— 男 訂正文

rectification [rektifikasjɔ̃] 囡 ①訂正, 修正; 訂正文 ②まっすぐにすること

***rectifier** [rektifje レクティフィエ] 他 ①まっすぐにする ②訂正する, 修正する ③〔化〕精留する ④〔俗〕殺す

rectiligne [rektiliɲ] 形 直線の, まっすぐな

rectitude [rektityd] 囡 ①公正さ, 正しさ ②〔文〕まっすぐなこと

recto [rekto] 男 〔印〕(本などの)表, (見開きの)右ページ ▶**recto verso** 裏両面に

rectoral(ale) [rektoral] 形 (男複 -aux) 大学区長の

rectorat [rektora] 男 大学区長の職[任期]; 大学区本部

rectoscope [rektoskɔp] 男 〔医〕直腸鏡

rectoscopie [rektoskɔpi] 囡 〔医〕直腸検査(法)

rectum [rektɔm] 男 〔解〕直腸

***reçu(e)** [r(ə)sy ルスュ] 形, -it] 形 (<recevoir) (試験などに)合格した; (習慣などが)受け入れられた —— 名 合格者 —— 男 領収証, 受取証

recueil [rəkœj] 男 選集, 文集; 寄せ集め

recueillement [r(ə)kœjmɑ̃] 男 (精神の)集中; 内省, 瞑想

recueilli(e) [r(ə)kœji] 形 (<recueillir) 瞑想にふけっている, 内省的な

***recueillir** [r(ə)kœjir ルクイール] 他 22 (英 gather, collect) ①集める, 収集する; たくわえる, 収める ②(人・動物を)引き取る ③(遺産を)受ける —— 代動 [se ~] 思いを凝らす, 瞑想する

recuire [r(ə)kɥir] 他 15 再び煮る[焼く], 煮[焼き]直す

recuit(e) [r(ə)kɥi, -it] 形 (<recuire) 煮[焼き]直された —— 男 焼きなまし, 焼戻し

recul [r(ə)kyl] 男 ①後退, 退却; 低下, 衰退; (通貨の)下落 ②(空間・時間的な)距離, 隔たり ▶**avec du recul** 距離を置いてみれば; 時が過ぎれば **avoir [prendre] du recul** 後ろに下がる; 距離をおいて見なおす **manquer de recul** 後退する余地がない; 対象が近すぎて冷静に判断できない ③(大砲などの)反動; (テニスの)バックコート

reculade [r(ə)kylad] 囡 後退, 退却

reculé(e) [r(ə)kyle] 形 (<reculer) 人里離れた, 僻地の; 遠い昔の

***reculer** [r(ə)kyle ルキュレ] 自 ①(英 move back) 後退する, 後ろへ下がる

reculer pour mieux sauter 一歩下がって好機を待つ;先送りしてさらにひどい目にあう ②(…に)たじろぐ,譲歩する(dans);躊躇する ③減少する;低下する,衰退する

reculons [rəkylɔ̃] [成句のみ] *▶ à reculons* 後ずさりして;不承不承,仕方なく

récupérable [rekyperabl] 形 回収できる;取り戻せる

récupérateur(trice) [rekyperatœr, -tris] 形 回復させる;(廃品を)回収する —— 名 回収業者 —— 男 復熱装置

récupération [rekyperasjɔ̃] 女 回収;回復;(休みなどの)埋め合わせ;懐柔

*****récupérer** [rekypere レキュペレ] 他 57 (英 get back) ①取り戻す;回復する ②(休みなどの)埋め合わせる,(遅れを)取り戻す ③回収する,再利用する ④(反対派などを)懐柔する ⑤(子供を学校などに)迎えに行く —— 自 力を取り戻す,体を休める

récurage [rekyraʒ] 男 (みがき粉で)みがくこと

récurer [rekyre] 他 (みがき粉で)みがく

récurrence [rekyrɑ̃s] 女 〘文〙反復,回帰

récurrent(e) [rekyrɑ̃, -ɑ̃t] 形 回帰的な;繰り返す,反復する

récursif(ve) [rekyrsif, -iv] 形 反復性の

récursivité [rekyrsivite] 女 反復性,回帰性

récusable [rekyzabl] 形 〘法〙忌避しうる;信用のおけない

récusation [rekyzasjɔ̃] 女 〘法〙(裁判官などの)異議申立て

récuser [rekyze] 他 〘法〙忌避する,異議を申し立てる(権威・意見などを)認めない —— 代動 [se ~] 自分にその能力[権限]がないことを言明する

recyclabilité [r(ə)siklabilite] 女 リサイクル[再生]可能性

recyclable [r(ə)siklabl] 形 再生できる

recyclage [r(ə)siklaʒ] 男 ①(生徒の)進路変更;(社員などの)再教育 ②(ごみの)リサイクル,再利用

recycler [r(ə)sikle] 他 ①(新技術などに対応させるため)再教育する;(生徒の)進路を変更させる ②再利用する,リサイクルする *▶ papier recyclé* 再生紙 —— 代動 [se ~] 新しい仕事[スキル]を身につける;(話)(古い考え方を変える

rédacteur(trice) [redaktœr, -tris] 名 編集者,記者;執筆者・文書作成者 *▶ rédacteur en chef* 編集長 *rédacteur politique [sportif]* 政治[スポーツ]担当記者

rédaction [redaksjɔ̃] 女 ①(文書の)作成,執筆;編集(部) ②(学校の)作文

rédactionnel(le) [redaksjɔnɛl] 形 編集[執筆]に関する

reddition [redisjɔ̃, reddisjɔ̃] 女 降伏;服従 *▶ reddition sans conditions* 無条件降伏

redécoupage [r(ə)dekupaʒ] 男 (組織などの)再編成;再編成された組織

redécouvrir [r(ə)dekuvrir] 他 46 再発見する,見なおす

redéfinir [rədefinir] 他 33 新しく定義し規定しなおす

redéfinition [r(ə)definisjɔ̃] 女 再定義

redemander [rəd(ə)mɑ̃de, r(ə)dəmɑ̃de] 他 再び要求[注文]する;返却を求める *▶ en redemander* (話)懲りない,ほしがる

redémarrage [rədemaraʒ] 男 再出発;再出発,再起動

redémarrer [rədemare] 自 再び活気を取り戻す;(車を)再発進させる;(情勢)再起動する

rédempteur(trice) [redɑ̃ptœr, -tris] 形 贖罪(しょくざい)の —— 名 救い主;[le R-l] 贖(あがな)い主【イエスキリスト】

rédemption [redɑ̃psjɔ̃] 女 ①[la R-] (キリストの)贖罪(しょくざい) ②罪の償い

redéploiement [rədeplwamɑ̃] 男 (産業・軍事などの)再編成,配置転換

redéployer [rədeplwaje] 他 45 (産業などを)再編成する

redescendre [r(ə)desɑ̃dr] 自 28 [助動詞être] 再び降りる;(のぼった後で)降りる —— 他 再び下に降ろす;(坂などを)再び降りる

redevable [rədvabl, rədəvabl] 形 債務を負っている *▶ être redevable à A de B* A(人)にBの恩を受けている —— 名 未納者;債務者

redevance [rədvɑ̃s, rədəvɑ̃s] 女 (公共施設などの)使用料;(期限までに支払うべき)債務,納付金

redevenir [rədvənir, rədəvnir] 自 [助動詞être] 75 再び…になる

redevoir [rədvwar, rədəvwar] 他 23 (…に)借りが残っている

rédhibition [redibisjɔ̃] 女 〘法〙(欠陥による)売買契約の取り消し

rédhibitoire [redibitwar] 形 〘法〙売買契約取消しの原因となる;(欠陥などが)致命的な,とんでもない

rediffuser [rədifyze] 他 (番組を)再放送する

rediffusion [rədifyzjɔ̃] 女 再放送

*****rédiger** [rediʒe レディジェ] 他 40 (文章を)書く,作成する,起草する

redingote [r(ə)dɛ̃gɔt] 女 ①(ウエストを細くした)婦人コート ②(昔の)フロック...

*****redire** [r(ə)dir ルディール] 他 109 何度も言う,くりかえす;口外する,言いふらす *▶ avoir [trouver] à redire à* …に文句をつける

rediscuter [r(ə)diskyte] 他 再検討する,議論しなおす

redistribuer [r(ə)distribye] 他 配

redistribution [r(ə)distribysjɔ̃] 囡 再配分

redite [r(ə)dit] 囡 不必要な繰り返し

redondance [r(ə)dɔ̃dɑ̃s] 囡 冗長, 繰り返し;〔情・報〕冗長性〔度〕

redondant(e) [r(ə)dɔ̃dɑ̃, -ɑ̃t] 形 冗長な, 大げさな

redonner [r(ə)dɔne] 他 再び[もっと]与える, 返す;(体力などを)取り戻させる ▶**redonner de la confiance [du courage] à** (人に)自信[勇気]を取り戻させる —— 自 (…に)再び陥る (dans)

redorer [r(ə)dɔre] 他 再び金色に塗る, 金めっきし直す ▶**redorer son blason** (没落貴族が資産家の娘と結婚して)家を再興する, 人気[権威]を回復させる

redoublant(e) [r(ə)dublɑ̃, -ɑ̃t] 名 落第生, 留年生

redoublé(e) [r(ə)duble] 形 (<redoubler) 2度繰り返された; 二重の; 立て続けの ▶**à coups redoublés** 立て続けに

redoublement [r(ə)dubləmɑ̃] 男 繰り返し; 落第;〔言〕重複

redoubler [r(ə)duble] 他 ①繰り返す, 二重にする;(学年を)落第[留年]する ②いっそう強める —— 自 ①(…が)倍加する (de) ②落第[留年]する

***redoutable** [r(ə)dutabl] ルドゥタブル 形 恐るべき, 手ごわい

redoutablement [r(ə)dutabləmɑ̃] 副 恐るべきほどに

redoute [r(ə)dut] 囡 〔城の〕方形堡(塁)

***redouter** [r(ə)dute] ルドゥテ 他 (英 fear) (…を)恐れる, 心配する ▶**redouter de** [**que +** [接続法]] …する[である]ことを恐れる

redoux [radu] 男 寒気のゆるみ

redresse [r(ə)drɛs] 囡 〔成句でのみ〕▶**à la redresse** (俗)したたかな; 腕っぷしの強い

redressement [rədrɛsmɑ̃] 男 立て直し, 再建, 復興, 更生 ▶**redressement judiciaire** 会社更生法(の適用)

***redresser** [radrese ルドレセ] 他 立て直す; まっすぐにする, ゆがみを直す ▶**redresser la tête** 頭を上げる; 毅然とした態度を取る **se faire redresser les dents** 歯並びを矯正してもらう —— [代動] [**se ~**] 身を起こす; 立ち直る ▶**Redresse-toi!** 背筋を伸ばしなさい

redresseur(se) [radresœr, -øz] 形 まっすぐにする —— 男 ①〔電〕整流器 ②▶**redresseur de torts** (中世の)正義の騎士; (皮肉содержatель)正義の味方

réducteur(trice) [redyktœr, -tris] 形 ①(化)還元する ②減速する ③(考えなどを)単純化する —— 男 〔化〕還元剤; 減速装置

réductibilité [redyktibilite] 囡 縮小可能性;〔化〕還元可能性

réductible [redyktibl] 形 ①縮小できる ②〔化〕還元できる ③〔数〕約分できる

***réduction** [redyksjɔ̃ レデュクスィヨン] 囡 ①縮小; 縮尺, 縮写; 削減, 減少; 値引き; 割引 ▶**réduction du temps de travail** 労働時間の短縮 ②〔化〕還元

***réduire** [redɥir レデュイール] 他 15 (英 reduce) ①減らす, 削減する; 縮小する; 短縮する;〔…の状態に〕細かくする (en);(人を…に)追い込む, 陥らせる (à); (…に)単純化する, 帰する (à) ▶**en être réduit à** …するほどまでに落ちぶれる **réduire à néant [rien]** …を無に帰せしめる ▶**réduire ... en miettes [en morceaux]** …を粉々にする ②〔化〕還元する —— 自 煮詰まる ▶**faire [laisser] réduire** 煮詰める —— [代動] [**se ~**] ①(…まで)生活を切りつめる (à) ②(減る) ③(…に)帰着する, 帰する (à); (…に)変わる (en) ▶**Je me réduirai à quelques exemples.** いくつかの例を引くだけにとどめておこう

***réduit(e)** [redɥi, -it レデュイ(ト)] 形 (<réduire) 割引の; 縮小した ▶**à prix réduits** 割引価格で ▶**à vitesse réduite** 減速して **de taille réduite** ミニサイズの

réduit [redɥi] 男 (薄暗い)小部屋; (部屋の)片隅

réduplicatif(ve) [redyplikatif, -iv] 形 〔文〕反復を表す

rééchelonnement [reeʃ(ə)lɔnmɑ̃] 男 〔経〕債務返済期日の延長, リスケジューリング

réécouter [reekute] 他 聞き直す

récrire [rekrir] 他 26 = récriture

réécriture [reekrityr] 囡 書き直し, リライト

rééditer [reedite] 他 ①再版する, 改訂版を出す ②〔話〕やり直す

réédition [reedisjɔ̃] 囡 再版, 改訂版; 繰り返し, 再現

rééducation [reedykasjɔ̃] 囡 機能回復治療, リハビリ; 再教育, (非行少年の)更正 ▶**centre de rééducation** リハビリセンター; 養護施設

rééduquer [reedyke] 他 リハビリテーションを施す; 再教育する

***réel(le)** [reɛl レエル] 形 (英 real) 現実の, 実在する, 本当の, 真の; 実質的な; 明らかな —— 男 現実, 実在, 現実の世界

réélection [reelɛksjɔ̃] 囡 再選, 再当選

rééligible [reeliʒibl] 形 再選される資格のある

réélire [reelir] 他 39 再選する

***réellement** [reelmɑ̃ レエルマン] 副 (英 really) 現実に, 実際に; 本当に

réembaucher [reɑ̃boʃe] 他 再び雇う

réemploi [reɑ̃plwa] 男 再使用; 再

雇用

réemployer [reɑ̃plwaje] 他 45 再雇用する; 再び使用する

réentendre [reɑ̃tɑ̃dr] 他 再び聞く

rééquilibrage [reekilibraʒ] 男 均衡[つり合い]の回復

rééquilibrer [reekilibre] 他 (…の)均衡[つり合い]を回復させる

réer [ree] 自 = raire

réescompte [reeskɔ̃t] 男 [財] 再割引

réescompter [reeskɔ̃te] 他 [財] 再割引を行う

réessayage [reesɛjaʒ] 男 再度試みること

réessayer [reeseje] 他 再び試みる, やりなおす

réétudier [reetydje] 他 再調査[再検討]する

réévaluation [reevalɥasjɔ̃] 女 ① 再評価 ② (平価の)切り上げ

réévaluer [reevalɥe] 他 ① 再評価する ② (…の)平価を切り上げる

réexamen [reɛgzamɛ̃] 男 再検討, 再検査

réexaminer [reɛgzamine] 他 再検討する

réexpédier [reekspedje] 他 転送する, 再び発送する; 送り返す

réexpédition [reekspedisjɔ̃] 女 発送, 転送, 返送

réexportation [reɛkspɔrtasjɔ̃] 女 再輸出

réexporter [reɛkspɔrte] 他 再輸出する

refai..., refass... ⇨refaire

*__refaire__ [r(ə)fɛr] ルフェール 他 31 ① (英 redo, remake) 再びする, 繰り返す; やり直す ② 作り直す; 作り変える; 修理[修繕]する; (体力などを)回復する; (人の)性格を変える ▸__refaire le monde__ 世の中をよりよく変える ▸__refaire ses forces__ 体力を回復する ③ (話) だます; 盗む ― 代動 [__se ~__] ① 体力を回復する; (賭で)負け分を取り戻す ② 性格を変える ▸__On ne se refait pas!__ 人の性格は変えられないものだ ③ (…に)再び適応する, また慣れる

réfection [refɛksjɔ̃] 女 ① 修理, 改修 ② (古・文) (体力の)回復; 食事

réfectoire [refɛktwar] 男 (学校などの)食堂

refend [r(ə)fɑ̃] 男 ① ▸__bois de refend__ [林業] 挽材(ﾋ) ② ▸__ligne de refend__ [建] (化粧)石目 ③ ▸__mur de refend__ [建] 耐力壁

refendre [r(ə)fɑ̃dr] 他 28 再び割る; (木材などを)縦に挽く[割る]

référé [refere] 男 [法] 急速審理(手続)

*__référence__ [reterɑ̃s] レフェランス 女 ① 参照, 参考; 出典, 典拠; 準拠; [言] 指示(対象) ▸__faire référence à__ …を参照する; …に依拠する ▸__prix de référence__ 基準価格 ▸__servir de référence__ 基準となる ▸__système de référence__ [数] 座標系 ② (実力・人物の)保証; (複) 人物紹介状, 身元保証書 ▸__Ce n'est pas une référence!__ そんなのは何の保証にもならない

référencer [referɑ̃se] 他 出典指示を付ける, 参照指示をする

référendaire [referɑ̃dɛr] 形 国民投票に関する ― 男 会計検査官(= conseiller~)

referendum, référendum [referɛ̃dɔm] 男 国民投票; 世論調査, 意見調査

référentiel [referɑ̃sjɛl] 形 [言] 指示的の ― 男 [物・数] 座標系

référentiel(le) [referɑ̃sjɛl] 形 [言] 指示的の ― 男 [物・数] 座標系

référer [refere] 他 22 (…を)指示する(à) ▸__en référer à__ (人)に一任する ― 代動 [__se ~__] (…に)従う, 参照する(à)

*__refermer__ [r(ə)fɛrme] ルフェルメ 他 閉じる, 再び閉める ― 代動 [__se ~__] 閉まる, 閉じる

refiler [r(ə)file] 他 《話》あげる; (厄介なものを)押しつける, つかませる; (病気などを)うつす ▸__refiler le bébé à__ (話) (人)に面倒を押しつける

refimes, refirent [r(ə)fim, r(ə)fir], **refis(...)**, **refit, refites...** ⇨ refaire

réfléchi(e) [reflefi] 形 (< réfléchir) ① 思慮深い, よく考え抜かれた ▸__C'est tout réfléchi.__ もう決めたことだ ▸__tout bien réfléchi__ あれこれ考えた末に ② 反射した; 映った ③ [文法] 再帰的の

*__réfléchir__ [reflefir] レフレシール 他 33 (英 reflect) ① (光や音を)反射する; 映す ② (…と)考える, 判断する ― 自 (…について)よく考える, 熟考する(à, sur) ▸__réfléchir que__ ということに考えが及ぶ ― 代動 [__se ~__] 反射する, 映る

réfléchissant(e) [reflefisɑ̃, -ɑ̃t] 形 反射する

réflecteur [reflɛktœr] 男 反射装置, 反射鏡; 反射望遠鏡

*__reflet__ [r(ə)flɛ] ルフレ 男 (英 reflexion) ① (光)反射(光), 照り返し ② (映った)影, 姿; 反映

*__refléter__ [r(ə)flete] ルフレテ 他 57 映す, 照り返す; 反映する, 表す ― 代動 [__se ~__] 映し出される, 現れる

refleurir [r(ə)flœrir] 自 33 再び花が咲く; 再び栄える

reflex [reflɛks] 形 (不変) (英) レフレックスの ― 男 (不変) レフレックスカメラ ▸__reflex à un objectif__ 一眼レフ

*__réflexe__ [reflɛks] レフレクス 男 反射運動, 反射神経; すばやい反応 ▸__avoir de bons__ [__mauvais__] __réflexes__ 反射神

réflexif(ve) [refleksif, -iv] 形 〔哲〕内省の; 〔数〕(項関係が)反射的な

réflexion [refleksjɔ̃ レフレクスィヨン] 女 ①(ma réflexion) 反射; 光や音の反射 ②〔英 thought〕熟考, 反省; 考えたこと, 考察; (不愉快な)注意; 文句, 批判 ▶ **à la réflexion** よく考えて見れば **Garde tes réflexions pour toi.** つべこべ余計なことは言うな **groupe (cellule, cercle) de réflexion** シンクタンク **réflexion faite** 熟慮の末に

réflexogène [refleksɔʒɛn] 形 〔医〕反射を引き起こす

refluer [rəflye] 自 逆流する; (人の群れが)後退する

reflux [rəfly] 男 逆流, 引き潮; 後退, 退潮

refonder [rəfɔ̃de] 他 (政党などを)新しく設立する

refondre [r(ə)fɔ̃dr] 61 溶かし直す, 鋳直す; やり直す, 改作[改訂]する ▶ **édition entièrement refondue** 全面改訂版

refonte [r(ə)fɔ̃t] 女 鋳直し, 改鋳; 改作, 改訂

réformable [reformabl] 形 改革可能

reformatage [rəformataʒ] 男 再フォーマット

reformater [rəformate] 他 〔情報〕再フォーマットする

réformateur(trice) [reformatœr, -tris] 形 改革をめざす ― 名 改革者; 宗教改革者

réformation [reformasjɔ̃] 女 ①(上級審での)判決・命令などの変更, 修正 ②(la R-)〔史〕宗教改革

***réforme** [reform レフォルム] 女 〔英 reform〕①改革, 改革派; [(la R-)] 宗教改革 ②〔軍〕(資材などの)廃用 ③〔軍〕軍人の除隊, 退役

réformé(e) [reforme] 形 (< réformer) ①〔宗〕新教の, 改革派の ②〔軍〕(資材などの)廃用の ③退役になった ― 名 ①新教徒, 改革派, (特にカルヴァン派) ②退役になった軍人 ▶ **religion réformée** 改革派

reformer [r(ə)forme] 他 作り直す; 再編する ― 代動 [se ~] 作り直される; 再編される

***réformer** [reforme レフォルメ] 他 〔英 reform〕①改革する ②〔文・古〕初心に戻す ③〔軍〕(資材などを)廃用にする ④〔軍〕退役させる

réformette [reformɛt] 女 小手先だけの改革, えせ改革

réformisme [reformism] 男 〔政〕改良主義 [革命によらず漸進的な改革によって社会主義を実現できるとする思想]

réformiste [reformist] 形名 〔政〕改良主義の(人)

reformuler [rəformyle] 他 (文書を)書き直す, 明晰な表現に直す

refoulé(e) [r(ə)fule] 形名 (< refouler) (心理面で)抑圧された(人); 〔医〕(特に性的に)抑圧された人

refoulement [r(ə)fulmã] 男 ①追い返すこと; 撃退 ②(感情・性欲の)抑制; 〔精〕抑圧

***refouler** [r(ə)fule ルフレ] 他 ①押し返す, 撃退する ②(感情を抑える; 性欲を抑制する ③(液体を)逆流させる

refouloir [r(ə)fulwar] 男 (昔の大砲の)装填具

refourguer [r(ə)furge] 他 〔話〕押しつける, 売りつける

réfractaire [refrakter] 形 ①(…に)逆らう, 従わない; 動かされない ▶ **maladie réfractaire** 難病 **prêtre réfractaire** (大革命期の)非宣誓僧 ②耐(火)性の ― 男 徹底拒否者, (第2次大戦中の)対独協力拒否者

réfracter [refrakte] 他 屈折させる ― 代動 [se ~] 屈折する

réfracteur(trice) [refraktœr, -tris] 形 (光を)屈折させる

réfraction [refraksjɔ̃] 女 屈折

refrain [r(ə)frɛ̃] 男 〔詩・歌の〕リフレイン, 繰り返し句; 同じ文句の繰り返し ▶ **C'est toujours le même refrain.** またいつもの話だ **Change de refrain.** たまには別の話をしろ

réfrangible [refrãʒibl] 形 〔古〕屈折性の

réfréner [refrene], **refréner** [refrene] 他 ― 代動 [se ~] (感情を抑制する

réfrigérant(e) [refriʒerã, -ãt] 形 冷却する; 冷淡な, 冷ややかな ― 男 冷却装置

***réfrigérateur** [refriʒeratœr レフリジェラトゥール] 男 〔英 refrigerator〕冷蔵庫

réfrigération [refriʒerasjɔ̃] 女 冷却, 冷蔵

réfrigéré(e) [refriʒere] 形 冷却[冷凍]した; 〔話〕(人が)凍えた

réfrigérer [refriʒere] 他 57 冷却[冷凍]する; 〔話〕(人を凍えさせる; (人に)冷や水を浴びせる

réfringence [refrɛ̃ʒãs] 女 〔物〕屈折性[力]

réfringent(e) [refrɛ̃ʒã, -ãt] 形 (光などを)屈折させる

***refroidir** [r(ə)frwadir ルフロワディール] 他 33 (la cool) ①冷やす; (気持ち・興味などを)冷やす, そぐ ②〔話〕(人を)殺す ― 自 冷える, 冷める ▶ **laisser refroidir** (感情などが落ち着くまで)放っておく ― 代動 [se ~] 冷える, 冷たくなる; (体が)冷え込む; (熱意などが)冷める

refroidissement [r(ə)frwadismã] 男 ①冷える[冷やすこと], 冷却; (熱意・関係などが)冷めること ②寒け; 悪寒

***refuge** [r(ə)fyʒ ルフュージュ] 男 避難

réfugié(e)

所, 隠れ場, たまり場; [登山] 避難小屋; (車道中央の) 安全地帯 ▶**chercher [trouver] refuge** 避難先を探す[見つける] **valeur refuge** 避難資産【インフレヘッジの対象となる株式・不動産・宝石など】

réfugié(e) [refyʒje] 形 亡命した, 避難した ── 名 亡命者; 難民

*****se réfugier** [refyʒje リフュジエ] 代動 [**se ~**] 亡命する; 避難する, 逃れる

***refus** [r(ə)fy リュフュ] 男 (英 refusal) 拒絶, 拒否 ▶**Ce n'est pas de refus.** (話) (贈り物などを) 喜んでお受けします

refusable [r(ə)fyzabl] 形 拒否できる

refusé(e) [rəfyze] 形 名 拒否された(人), 不合格になった(人)

*****refuser** [r(ə)fyze リュフュゼ] 他 (英 refuse) 拒否する, 断る; (...することを; ...ということを) 認めない, 許さない (de; que); (人を) 入れない, 不合格にする ▶**refuser A à B** A を B に拒む; (文) B (人) の A (長所などを) 認めない ── 代動 [**se ~**] ①自分に禁じる, 控える ②(...することを) 拒む (à); (女性が) 体を許さない ③断られる ▶**Tu ne te refuses rien!** 君は何でもやりたい放題だな

réfutable [refytabl] 形 反論できる

réfutation [refytasjɔ̃] 女 反論; 反証

réfuter [refyte] 他 反論する, 反駁する

refuznik [rəfyznik] 名 (ロシア) 国外への移住を認められなかったソビエト国民【大半はユダヤ系】

regagner [r(ə)gane] 他 取り戻す; (もとの場所に) 戻る ▶**regagner du terrain** 勢力を挽回する **regagner sa place** 自分の席に戻る

regain [rəgɛ̃] 男 ①回復, 復活 ②二番草

régal [regal] 男 好物, ごちそう; 楽しみ, 喜び

régalade [regalad] 女 ▶**boire à la régalade** (容器に唇をつけずに口に流し込んで飲む)

régale [regal] 形 (女性形のみ) ▶**eau régale** (化) 王水

*****régaler**[1] [regale レガレ] 他 ごちそうする ── 代動 [**se ~**] ①好物[ごちそう] を食べる ②(...を; ...することを) 楽しむ (de; à)

régaler[2] [regale] 他 地ならしする; (税などを) 均等に割り当てる

régalien(ne) [regaljɛ̃, -ɛn] 形 (史) 王権に属する

***regard** [r(ə)gar ルガール] 男 (英 look, glance) 見ること, 視線, まなざし; 目つき ▶**au premier regard** 一目見たところでは **au regard de** ...から見て **échanger des regards d'intelligence avec** (人)に目配せをする **en regard** 向かい合って, 並べて **en regard de** ...にくらべて **fusiller [foudroyer] du regard** (人) をにらみつける **regard en coin** 横目 **regard noir** 怒り顔った目つき **sous le regard de** ...の目の前で **soustraire... aux regards** ...を人目につかないところに隠す ▶マンホール, (機械などの) のぞき穴

regardant(e) [r(ə)gardɑ̃, -ɑ̃t] 形 (話) けちな; 口やかましい

*****regarder** [r(ə)garde ルガルデ] 他 (英 look, watch) ①見る, 眺める, 調べる; 考える, 考慮に入れる ▶**regarder A comme B** A を B とみなす **regarder à la dépense** 金の出し惜しみをする **Regardez-moi ça!** おいこれを見てくれ! **Vous ne m'avez pas regardé. / Tu ne m'as pas regardé.** (話) お門違いだよ, 見当違いだ **y regarder à deux fois** (話) (行動を起こす前に) よく考える **y regarder de près** 細かく検討する ②(建物などが) ...に面している ③(ものが人に) かかわる, 関係する ▶**Ça ne te regarde pas.** ...(に)注意を払う (à) ── 代動 [**se ~**] ①自分の姿を見る ②互いに見つめ合う; (ものが) 向かい合っている ▶**Il ne s'est pas regardé!** 彼は自分のことを棚に上げている

regarnir [rəgarnir] 他 33 補充する

régate [regat] 女 レガッタ, 競漕(そうてい), ヨットレース

régater [regate] 自 レガッタに参加する

régatier(ère) [regatje, -ɛr] 名 レガッタの参加者

regel [rəʒɛl] 男 再氷結

regeler [r(ə)ʒ(ə)le] 他 再び凍らせる ── 自 冷たくなる

régence [reʒɑ̃s] 女 摂政政治(の機関); [la R-] 摂政時代【オルレアン公フィリップの摂政時代: 1715-23】 ── 形 (不変) (古) 摂政時代風の; 優雅な

régénérateur(trice) [reʒenerateur, -tris] 形 再生させる ── 男 (触媒の) 再生装置

régénération [reʒenerasjɔ̃] 女 再生; (精神的) 浄化

régénérer [reʒenere] 他 57 生まれ変わらせる; 刷新する ── 代動 [**se ~**] 生まれ変わる; 刷新される

régent(e) [reʒɑ̃, -ɑ̃t] 名 (組織の) 管理者; 摂政; [le R-] オルレアン公フィリップ【ルイ 15 世の摂政】

régenter [reʒɑ̃te] 他 (不当な権力で) 支配する, 牛耳る

reggae [rege] 形 (不変) 男 [楽] レゲエの

régicide [reʒisid] 名 王の殺害者 ── 男 王殺害 ── 形 王殺しの

régie [reʒi] 女 ①公社, 公共企業体; 国家管理, 公営 ▶**régie publicitai-**

regimber [r(ə)ʒɛ̃be] 自 ①(馬などが)跳ねて逆らう ②(人が)逆らう

régime[1] [reʒim レジム] 男 ①政体, 体制; 制度, 規則 ▶à ce régime このペースで行くと à plein régime エンジン全開で Ancien Régime [l'~] [史]アンシャン・レジム [フランス革命以前の旧制度] régime de la communauté [de la séparation de biens] 夫婦共有[分有]財産制度 régime de la Sécurité sociale 社会保障制度 ②食餌療法, ダイエット ▶se mettre au régime / suivre un régime ダイエットする ③(エンジンの)回転数; (機械の)作動, 運転; 定格 ④[文法]被制辞, 目的語

régime[2] [reʒim] 男 (バナナなどの)房

régiment [reʒimɑ̃ レジマン] 男 ①連隊; [話]軍隊; 兵役 ②[話]多数, 多量 ▶un régiment de... たくさんの...

régimentaire [reʒimɑ̃tɛr] 形 連隊の

*__région__ [reʒjɔ̃ レジョン] 女 ①地方, 地域; 近郊, 周辺; 周辺区; 地域圏 ②[軍]軍管区 ③[鉄道]管区 ④(体の)部位, 部分

*__régional(ale)__ [reʒjɔnal レジョナル] 形 (男複 -aux[-o]) ①地方の, 地域圏の ②[医] 局部の

régionalisation [reʒjɔnalizasjɔ̃] 女 地方分散, 地方分権化

régionaliser [reʒjɔnalize] 他 地方分権化する, 地方分散させる

régionalisme [reʒjɔnalism] 男 ①地方分権主義; (文学上の)地方主義 ②[言]地方特有の表現

régionaliste [reʒjɔnalist] 形名 地方分権主義の(人); 地方を描く(作家)

régir [reʒir] 他 [33] (法則などが)規定する; [文法]支配する

régisseur [reʒisœr] 男 ①管理人; (映画・劇場などの)助監督, 舞台監督; アシスタントディレクター ▶régisseur de plateau [テレビ]フロアディレクター

registre [rəʒistr] 男 ①登録簿, 帳簿;記録; [情報]レジスター ▶registre de l'état civil 登記簿 registre du commerce 商業登記簿 registre d'un hôtel (ホテルの)宿泊者名簿 ②声域, 音域; (作品などの)調子 ▶Il a complètement changé de registre. 彼は作風をがらりと変えた

réglable [reglabl] 形 ①調節できる ②支払い可能な

réglage [reglaʒ] 男 調整, 調節; 調節の仕方

*__règle__ [rɛgl レーグル] 女 (英 rule) ①定規, ものさし ▶règle à calcul 計算尺 ②[複]規則, ルール; 規律, 規範; (修道院の)戒律 ▶dans les règles (de l'art) / selon les règles 規則に従って, しかるべき手続きを踏んで en règle 規則通りの, 正規の en règle générale たいていの場合 être de règle 慣例である règle d'or 金科玉条 ③[複]月経, 生理

réglé(e) [regle] 形 ①(紙が)罫(けい)のある ▶réglé comme du papier à musique 判で押したような ②規則正しい; 決定された, 解決した ③月経[生理]のある

*__règlement__ [rɛglǝmɑ̃ レグルマン] 男 ①(英 regulation) ①解決, 決着; 決済, 決算 ▶règlement de compte(s) 暴力による決着; 果し合い règlement judiciaire [法]更生整理 ②規定, 法規, 条例; (グループ内の)規則 ▶règlement intérieur 校則; 内規

réglementaire [rɛglǝmɑ̃tɛr] 形 規則にかなった, 規定通りの

réglementairement [rɛglǝmɑ̃tɛrmɑ̃] 副 規定通りに, 規則に乗っ取って

réglementation [rɛglǝmɑ̃tasjɔ̃] 女 規制; (集合的)(ある分野の)法規

réglementer [rɛglǝmɑ̃te] 他 規制する, 規則に従わせる

*__régler__ [regle レグレ] 他 [57] (英 settle) ①(紙に)罫を引く ②取り決める; (人に)合わせる(sur) ③(機械などを)調節する ④解決する; 決済する, 支払う ▶régler en espèces [par chèque, par carte] 現金で[小切手で, カードで]支払う régler son compte à (人)に復讐する —— 代動 [se ~] ①(人に)合わせる, 従う (sur) ②解決される, 決着がつく

réglette [reglɛt] 女 小さな定規, 角棒; (印)(組付けの)定規

régleur(se) [reglœr, -øz] 名 (機械の)調整工

réglisse [reglis] 女 [植]カンゾウ(甘草) —— 男 カンゾウの根

réglo [reglo] 形 (不変)[話]規則どおりの; (人が)規則を守る; 几帳面な

réglure [reglyr] 女 罫(けい)を引くこと

régnant(e) [reɲɑ̃, -ɑ̃t] 形 統治する; (文)支配的な, 流行している

*__règne__ [rɛɲ レニュ] 男 ①君臨, 統治; 治世; 支配 ▶sous le règne de (人)の治世下に ②[生]界 ▶règne animal 動物界 règne végétal 植物界

*__régner__ [reɲe レニェ] 自 [6] (英 reign) ①(王が)君臨する, 統治する; 権力をふるう ②(風潮などが)支配する, 存続する; (雰囲気などが)漂う, ある ▶faire régner l'ordre 秩序を行き渡らせる

regonfler [r(ə)gɔ̃fle] 他 再びふくらます ②[話](人を)勇気づける

regorgement [r(ə)gɔrʒǝmɑ̃] 男 あふれ出ること

regorger [r(ə)gɔrʒe] 自 [40] (...で)満ちあふれる (de)

regrattage [r(ə)grataʒ] 男 (汚れの)こすり落とし

regratter [r(ə)grate] 他 (汚れを)こすり落とす

régresser [regrese レグレセ] 自 後退する, 減少[退]する; [心] 退行する

régressif(ve) [regresif, -iv] 形 後退する, 退行的な

régression [regresjɔ̃] 女 後退;減少, 退歩;[生] 退化;[心] 退行

regret [r(ə)grɛ ルグレ] 男 後悔, 悔い; 残念さ, 遺憾; 惜しむこと; 哀惜, 未練 ▶ à mon grand regret まことに残念なことに *à regret* いやいやながら *avoir le [être au] regret de …, que* …しなければならない *sans regret* 何の未練もなく *Tous mes regrets.* 《断り・謝罪》大変申し訳ありません

regrettable [r(ə)grɛtabl] 形 残念な, 遺憾な

regretté(e) [r(ə)grɛte] 形 今は亡き, なつかしい

*regretter [r(ə)grɛte ルグレテ] 他 (英 regret) ①後悔する, 悔やむ; 残念に思う ▶ *Je regrette.* 悔し訳ありません; お言葉ですが ②惜しむ, なつかしむ

regrimper [r(ə)grɛ̃pe] 自他 再びよじ登る; 再び乗る

regroupement [r(ə)grupmɑ̃] 男 再び集める[集まる]こと, 再編成 ▶ *regroupement familial* (長期滞在労働者に認められる)家族の呼び寄せ

regrouper [r(ə)grupe] 他 再び集める, 再編成する; (ばらばらのものを)1つにまとめる ── 代動 [se ~] 再び集まる, 結集する

régularisation [regylarizasjɔ̃] 女 正規化, 正常化; 一定のものにすること

régulariser [regylarize] 他 正規のものにする, 正式[正規]化する; 調整する ▶ *régulariser sa situation* (不法移民が)正規の滞在許可を得る

régularité [regylarite] 女 規則正しさ, きちんとしていること; (顔立ちなどが)端正さ; 適法性, 合法性 ▶ *avec régularité* 正確に

régulateur(trice) [regylatœːr, -tris] 形 調整する, 規制する ── レギュレーター, 調節器

régulation [regylasjɔ̃] 女 調節, 調整 ▶ *régulation des naissances* 産児制限

régule [regyl] 男 バビットメタル

réguler [regyle] 他 調節する, 規制する

*régulier(ère) [regylje, -ɛːr レギュリエ[ール]] 形 (英 regular) ①規則正しい, 一定の; 定期的な; きちんとした, 公正な ②正規の, 合法的な; 規則にかなった, 定型の ▶ *en situation régulière* 正規の身分の ③[形の]整った, 整った ④〖軍〗 正規兵の, 正規の ── 男 修道会員, 正規の兵 ── 女 《話》妻, 公認の愛人

*régulièrement [regyljɛrmɑ̃ レギュリエールマン] 副 (英 régularly) ①規則正しく, 一様に; 定期的に; きちんとして; いつも, 必ず; 毎回 ②合法的に, 正

式に ③〖文頭で〗一般に, 本来は

régurgitation [regyrʒitasjɔ̃] 女 (食べ物が)口の中に逆流すること, 吐出(と)

régurgiter [regyrʒite] 他 (食べ物を)吐出する; (学んだことを)そのままくり返す

réhabilitable [reabilitabl] 形 復権可能な

réhabilitation [reabilitasjɔ̃] 女 ①復権, 復籍; 名誉回復 ②(建物・区画などの)改修, 改造

réhabilité(e) [reabilite] 形名 名誉回復した(人)

réhabiliter [reabilite] 他 ①復権する ②(人の)名誉を回復させる ③(建物・区画)を改修する ── 代動 [se ~] 自らの名誉を回復する, 汚名をそそぐ

réhabituer [reabitɥe] 他 (…に)再び慣らす, もとの習慣に戻す (*à*) ── 代動 [se ~] (…に)再び慣れる, もとの習慣にもどる (*à*)

rehaussement [rəosmɑ̃] 男 より高く[長く]すること; 引き立て

rehausser [rəose] 他 さらに高くする; 引き立たせる; 飾る

rehausseur [rəosœːr] 男 (自動車の)チャイルドシート

rehaut [rəo] 男 明るい色のタッチ, ハイライト

réhydrater [reidrate] 他 再水和[水和]させる

Reichstag [rɛʃ(s)tag, rajʃstak] 男 〖史〗 [le ~] (1945年までの)ドイツ帝国[国民]議会

réification [reifikasjɔ̃] 女 〖哲〗 (人間の)物(むの)化

réifier [reifje] 他 〖哲〗 (人間を)物(もの)化する

réimplanter [reɛ̃plɑ̃te] 他 ①(会社・工場などを)移転させる ②〖医〗 (切れてしまった手足・指・歯などを)再びくっつける

réimportation [reɛ̃pɔrtasjɔ̃] 女 再[再]輸入

réimporter [reɛ̃pɔrte] 他 再[再]輸入する

réimposer [reɛ̃poze] 他 新税を課す, 追加課税する

réimpression [reɛ̃presjɔ̃] 女 再版(本)

réimprimer [reɛ̃prime] 他 再版する

Reims [rɛ̃s] 〖地〗 ランス《パリ東方 Marne 県の町》

*rein [rɛ̃ ラン] 男 (英 waist) ①腎臓 ▶ *être sous rein artificiel* 人工透析を受けている ②〖複〗 腰 ▶ *avoir les reins solides* 財政的にしっかりしている

réincarnation [reɛ̃karnasjɔ̃] 女 〖宗〗 死後魂が他の肉体に宿ること; 再生, 再来

réincarner [reɛ̃karne] 代動 [se ~] (魂が死後他の肉体に)転生する, 生まれ変わる

réincorporer [reɛ̃kɔrpɔre] 他 再編入する

*__reine__ [rɛn レヌ] 女 (英 queen) 王妃; 女王; (チェスの)クイーン; 女王バチ ▸ *avoir un port de reine* 女王のように堂々としている *la reine mère* 王の母;《ふざけて》一家を取りしきる主婦

reine-claude [rɛnklod] 女 (複 ~s(-~s))【植】レーヌ・クロード種【西洋スモモ】

reine-des-prés [rɛndepre] 女 (複 ~s-~-~s)【植】セイヨウナツユキソウ

reine-marguerite [rɛnmargərit] 女 (複 ~s-~s)【植】エゾギク

reinette [rɛnɛt] 女 レネット種(のリンゴ)

réinjecter [reɛ̃ʒɛkte] 他 (資金を)再投入する; (利益を)還流させる

réinscriptible [reɛ̃skriptibl] 形【情報】書き換え可能な

réinscription [reɛ̃skripsjɔ̃] 女 再記入, 再登録

réinscrire [reɛ̃skrir] 他 26 再記入する; 再登録する

réinsérer [reɛ̃sere] 他 57 再び挿入する; 社会復帰させる — 代動 [se ~] (社会に)復帰する

réinsertion [reɛ̃sɛrsjɔ̃] 女 (受刑者・身体障害者の)社会復帰

réinstaller [reɛ̃stale] 他 再び据える, 再任する; 再び住まわせる — 代動 [se ~] (もとの住まいに)戻ってくる

réintégration [reɛ̃tegrasjɔ̃] 女 復職; 権利の回復

réintégrer [reɛ̃tegre] 他 57 復職させる; (権利を)回復させる; (もとの場所に)戻る

réinterpréter [reɛ̃tɛrprete] 他 57 解釈し直す

réintroduction [reɛ̃trɔdyksjɔ̃] 女 再導入

réintroduire [reɛ̃trɔdɥir] 他 15 再び導入する

réinventer [reɛ̃vɑ̃te] 他 再発見する, (…に)新しい価値を見出す

réinvestir [reɛ̃vɛstir] 他 33 再投資する

réinviter [reɛ̃vite] 他 再び招待する

réitération [reiterasjɔ̃] 女 反復

réitérer [reitere] 他 57 繰り返す; 再び始める

reître [rɛtr] 男 ①《文》乱暴な兵隊 (15-16世紀のドイツ騎兵)

rejaillir [r(ə)ʒajir] 自 33 (液体が)はね返る; (…に)及ぶ, 波及する (sur)

rejaillissement [r(ə)ʒajismɑ̃] 男 はねかえること; 波及

rejet [r(ə)ʒɛ] 男 ①拒否, 拒絶; 却下, 排斥; 投棄(物) ▸ *phénomène [réaction] de rejet*【医】拒絶反応 ②[詩]送り語 ③新芽

*__rejeter__ [rəʒte, rəʒɛte ルジュテ] 他 4 ①(英 throw back) 投げ返す, 投げ出す; 追い返す, 締め出す; 吐き出す, 拒絶する ②(体の部分を)急に動かす; 移す; のけぞる ③(英 reject) 拒絶する; 却下する; 意外視する (sur) — 代動 [se ~] ①(…に)仕方なく頼る, (…で)我慢する (sur) ②互いに責任を転嫁し合う (sur) ③跳びのく, のけぞる

rejeton [rəʒtɔ̃, rəʒɛtɔ̃] 男 ①(植物の)新芽 ②《話》子供, 息子

*__rejoindre__ [r(ə)ʒwɛ̃dr ルジョワンドル] 他 63 ①(人)と合流する, 再び一緒になる; 追いつく ②戻る, たどりつく; 復帰する ③(道などの)方に達する; 似通う, 満ちする ④接合する — 代動 [se ~] (人が)再び一緒になる; つながる, 合流する

rejouer [r(ə)ʒwe] 他 (芝居を再演する; 再演奏する; (スポーツ) サーブし直す — 自 再び勝負する; 再び行う

réjoui(e) [reʒwi] 形 (< réjouir) 楽しそうな; 陽気な

*__réjouir__ [reʒwir レジュイール] 他 33 (英 delight) 喜ばせる, 楽しませる — 代動 [se ~] (…を)喜ぶ, 楽しむ (de, que)

réjouissance [reʒwisɑ̃s] 女 (集団的な)喜び; (複) 祝い事, 祭, 娯楽; (皮肉的の)お楽しみ

réjouissant(e) [reʒwisɑ̃, -ɑ̃t] 形 楽しい, 愉快な

relâche [rəlɑʃ] 男女【文】休止, 中断; (劇場の休演) ▸ *faire relâche* 休演する *Relâche*【掲示】本日休演 *sans relâche* 休みなく — 女 寄港(地)

relâché(e) [r(ə)lɑʃe] 形 ゆるんだ, だらけた

relâchement [r(ə)lɑʃmɑ̃] 男 ゆるみ, たるみ

*__relâcher__ [r(ə)lɑʃe ルラシェ] 他 (緊張などを)ゆるめる; 釈放する, 放つ — 自 寄港する — 代動 [se ~] ゆるむ, たるむ; だらける, 気を抜く

*__relais__ [r(ə)lɛ ルレ] 男 ①交代, 引継ぎ; 仲介; 中継(地); 【電】継電器 ▸ *prendre le relais de* …を引き継ぐ; …と交代する *relais de télévision* テレビの中継所 *relais hertzien* 無線中継器 *relais routier*(幹線道路の)サービスエリア, 休憩所 *servir de relais* 仲介をする *ville relais* 中継都市 ②リレー(競走) (= course de ~) ▸ *relais 4 fois 100 mètres* 400メートルリレー

relance [rəlɑ̃s] 女 ①推進, 活性化; 再開 ▸ *mesures [politique] de relance* 景気浮揚策 ②(特にポーカーの)賭け金のつり上げ

relancer [r(ə)lɑ̃se] 他 52 ①投げ返す, 再び投げる; (活動・経済などを)てこ入れする, 振興する ②(頼みごと・勧誘などで人を)追い回す, しつこくつきまとう ③(賭け金を)つり上げる

relaps(e) [rəlaps] 形 名【宗】異端に戻った(人), 再び邪道に陥った(人)

relater [r(ə)late] 他 ①《文》詳しく

relatif(ve) [r(ə)latif, -iv] ラレティフ(ヴ)] 形 ①(英 relative) (…に)関係のある、ついての(à) ②相対的な、相関的な ▶ **Tout est relatif.** それだけでは判断できない ③まあまあの、不完全な ④【文法】関係(詞)の — **pronom relatif** 関係代名詞 — 男 関係詞

relation [r(ə)lasjɔ̃] ラルスィヨン] 女 関係、関連；《複》(人との)つきあい、交際；肉体関係；《複》(国家間の関係、交流 ▶ **avoir des relations** コネがある、顔が広い **entrer [se mettre] en relation(s) avec** (人)と交際し始める **être [rester] en relation(s) avec** (人)と付き合いがある **relation de cause à effet** 因果関係 **relations publiques** 広報、PR ②知人、知り合い ③詳細な報告、証言 ▶ **ouvrage de relation** (古)旅行記

relationnel(le) [r(ə)lasjɔnɛl] 形 関係の ▶ **base de données relationnelle** リレーショナルデータベース

relativement [r(ə)lativmɑ̃ ルラティヴマン] 副 比較的に、わりあい ▶ **relativement à** …に関して

relativisation [r(ə)lativizasjɔ̃] 女 相対化

relativiser [r(ə)lativize] 他 相対化する、相対的に見る

relativisme [r(ə)lativism] 男 相対主義

relativiste [r(ə)lativist] 形名 相対主義の[者]

relativité [r(ə)lativite] 女 相関性；相対性 ▶ **théorie de la relativité** 相対性理論

relaver [r(ə)lave] 他 再び洗う、洗い直す

relax(e) [r(ə)laks] 形 (<英)(話)リラックスした、くつろぐ；(服)がカジュアルな — 男 安楽椅子 — 女 くつろぎ、リラックス

relaxant(e) [r(ə)laksɑ̃, -ɑ̃t] 形 くつろがせる

relaxation [r(ə)laksasjɔ̃] 女 リラックスすること、くつろぎ；弛緩(しかん)

relaxe¹ [r(ə)laks] 女 【法】釈放、放免

relaxe² [r(ə)laks] 形名 = relax

relaxer¹ [r(ə)lakse] 他 リラックスさせる、くつろがせる — 代動 [se ~] リラックスする

relaxer² [r(ə)lakse] 他 【法】釈放[放免]する

relayer [r(ə)leje ルレイエ] 他 ①(人)と交代する、引き継ぐ ②(放送)中継をして伝える — 代動 [se ~] 互いに交代する、交代で働く

relayeur(se) [r(ə)lɛjœr, -øz] 名 リレー走者

relecture [r(ə)lɛktyr] 女 再読読、読み返し；再放、読み直し

relégation [r(ə)legasjɔ̃] 女 【刑】流刑；《スポーツ》(下位リーグへの)格下げ

reléguer [r(ə)lege] 他 57 遠ざける、追放する；片づける、しまう；流刑にする；《スポーツ》降格する

relent [r(ə)lɑ̃] 男 (染みついた)におい、悪臭；形跡、痕跡；疑い

relevable [r(ə)ləvabl] 形 (座席などが)はねあげられる

relevailles [rəlvaj, rəlvaj] 女 《複》【カト】出産後の感謝式

relevé¹ [r(ə)ləve, rəl(ə)ve] 形 ①持ち上げられた、高くなった ②(文体などが)引き立った、高尚な ③香辛料のきいた

relevé² [r(ə)ləve, rəl(ə)ve] 男 一覧表、明細書、計算書；(計器の)読み取り ▶ **relevé de compte** (銀行口座の)出入金明細票 **relevé de gaz [téléphone]** ガス代[電話]の請求明細書 **relevé de notes** 成績表 **relevé d'identité bancaire** 銀行口座証明書《略 RIB》

relève [r(ə)lɛv] 女 交代；交代要員 ▶ **assurer [prendre] la relève de** (人)と交代する

relèvement [r(ə)lɛvmɑ̃] 男 起こすこと；立てなおし、再建；高くすること；引き上げ

relever [rəlve, rəlve ルルヴェ] 他 ①(英 stand up, raise) (倒れた人・ものを)起こす；(国・経済などを)立て直す、再建する；(落ちたもの)を拾う；拾い集める ▶ **relever la tête** 顔を上げる；正面を見据える **relever le moral de** (人)を励ます ②高める、上げる；味を引き立てる；風味を強くする ③(批評・悪口などに)反応する、応酬する ▶ **relever le gant [le défi]** 挑戦に応じる ④指摘する；(指紋などを採取する；(記録などを)書き留める；検討する ⑤(人を…から)解放する(de) ⑥交代させる(de)；引き継ぐ — 自 ①(…に)属する、(…の)管轄である(de) ②(病気などから)回復する ▶ **relever de couches** 産褥を離れる — 代動 [se ~] ①起き上がる；寝床を離れる ②(ものが)上がる、高くなる ③(…から)立ち直る(de) ▶ **se relever de ses ruines [cendres]** 廃墟から復興する

releveur(se) [rəl(ə)vœr, -øz, r(ə)lavœr, -øz] 名 引き上げる ▶ **muscle releveur** 【解】挙筋 — 男 ①【医】牽引器 ②(海)引き上げ船

relief [rəljɛf ルリエフ] 男 ①凹凸、起伏；地形、立体感；際立った部分 ▶ **carte en relief** レリーフ地図 **en relief** 立体的な；浮彫りになった **mettre en relief** 目立たせる ②《複》(文)(食事の)残り物

relier [rəlje ルリエ] 他 ①(英 join) (…)と結ぶ、連絡する(à) ②製本する、とじる；再び結ぶ、結び直す — 代動 [se ~] 【情報】リンクする

relieur(se) [rəljœr, -øz] 名 製本屋[職人]

religieuse [rəliʒjøz] 女 ①ルリジューズ《大小のシューを重ねてバタークリームを塗った菓子》 ② = religieux

religieusement [r(ə)liʒjøzmɑ̃] 副 宗教的に；信心深く；熱心に，真剣に ▶ **se marier religieusement** 教会で結婚式を挙げる

***religieux(se)** [r(ə)liʒjø, -øz ルリジュー(-ズ)] 形 (英 religious) 宗教(上)の；信心深い；厳粛な，細心な ― 名 修道士[女]

***religion** [r(ə)liʒjɔ̃ ルリジョン] 女 ①宗教；信仰；崇拝，信奉 ②修道生活，修道会 ▶ **entrer en religion** 修道士[修道女]になる

religionnaire [r(ə)liʒjɔnɛr] 名《古》(宗教戦争当時の)プロテスタント

religiosité [r(ə)liʒjozite] 女 宗教的感情，宗教心

reliquaire [r(ə)likɛr] 男 [カト] 聖遺物箱

reliquat [r(ə)lika] 男 残債，未払い金；残高

relique [r(ə)lik] 女 ①聖遺物，聖骨 ②思い出の品，形見

relire [r(ə)lir] 他 39 再読する，読み返す ― 代動 [**se** ~] (自分の書いたものを)読み直す

relis(…) → relire

reliure [rəljyr] 女 製本(技術)；装丁；(装丁された)表紙；バインダー

relogement [r(ə)lɔʒmɑ̃] 男 (家を失った人への)住居の提供

reloger [r(ə)lɔʒe] 他 40 (家を失った人に)住居を与える

relooker [r(ə)luke] 他 (<英)《話》(…の)見た目を変える

relouer [rəlwe] 他 再び貸す[借りる]

reluire [rəlɥir] 自 15 (光が反射して)輝く，光る

reluisant(e) [rəlɥizɑ̃, -ɑ̃t] 形 ①(光が反射して)輝く，光る ▶ **reluisant de propreté** ちりひとつない ②《多くは否定文で》華やかな ▶ **peu [pas très] reluisant** あまりぱっとしない

reluquer [r(ə)lyke] 他《話》横目で見る，物欲しげに見る；ねらう

rem [rɛm] 男 [物・生] レム 【電離放射線の旧単位】

remâcher [r(ə)mɑʃe] 他 (いやな思い出などを)反芻(ﾊﾝｽｳ)する

remaillage [r(ə)majaʒ] 男 = remmaillage

remailler [r(ə)maje] 他 = remmailler

remake [rimɛk] 男 (<英) リメイク，再映画化作品》；(同じテーマの)新作

rémanence [remanɑ̃s] 女 [物] 残留磁化；[心] 残像

rémanent(e) [remanɑ̃, -ɑ̃t] 形 (磁気などが)残存する

remanger [r(ə)mɑ̃ʒe] 他 40 (同じようなものを)再び食べる

remaniable [r(ə)manjabl] 形 修正可能な

remaniement [r(ə)manimɑ̃] 男 手直し，修正；改訂，改造 ▶ **remaniement ministériel** 内閣改造

***remanier** [r(ə)manje ルマニエ] 他 手直しする，修正する，改造する

remaquiller [r(ə)makije] 代動 [**se** ~] 化粧を直す

remarcher [r(ə)marʃe] 自 ①(歩けなかった人が再び)歩き出す ②(機械などが)再び機能する

remariage [r(ə)marjaʒ] 男 再婚

remarier [r(ə)marje] 他 再婚させる ― 代動 [**se** ~] 再婚する

***remarquable** [r(ə)markabl ルマルカブル] 形 (英 remarkable) 注目すべき，傑出した，目立つすばらしい

remarquablement [r(ə)markabləmɑ̃] 副 すばらしく，見事に，著しく

***remarque** [r(ə)mark ルマルク] 女 注意，指摘；注記，備考；考察 ▶ **faire la remarque de …** について指摘[注意]する **faire une remarque à** (人)に小言を言う

remarqué(e) [r(ə)marke] 形 目立った，人目を引く

***remarquer** [r(ə)marke ルマルケ] 他 (英 notice, remark) 気づく，注目する；指摘する，述べる ▶ **faire remarquer** 注意をうながす，教えてやる；目立たせる **se faire remarquer** 目立つ，人目を引く ― 代動 [**se** ~] 目立つ，人目を引く

remballage [rɑ̃balaʒ] 男 荷造りのし直し，再梱包(ﾊｳ)

remballer [rɑ̃bale] 他 荷造りし直す，再び梱包(ﾊｳ)する ▶ **remballer sa marchandise** (商品・提案などを勧めて)売り込もうとあせる

rembarquement [rɑ̃barkəmɑ̃] 男 再乗船，再積みこみ

rembarquer [rɑ̃barke] 他 再び乗せる；再乗船[搭乗]させる ― 自 代動 [**se** ~] 再乗船[搭乗]する，再び乗りこむ

rembarrer [rɑ̃bare] 他 手ひどくはねつける，やり込める

rembaucher [rɑ̃boʃe] 他 再び雇う

remblai [rɑ̃blɛ] 男 盛土；埋め立て

remblaiement [rɑ̃blɛmɑ̃] 男 埋積作用

remblayage [rɑ̃blɛjaʒ] 男 盛り土，埋め立て

remblayer [rɑ̃blɛje] 他 (…に)盛り土をする，埋め立てる

rembobiner [rɑ̃bɔbine] 他 巻き戻す

remboîtage [rɑ̃bwataʒ] 男 (古本の)装丁をやり直すこと

remboîtement [rɑ̃bwatmɑ̃] 男 (外れたものを)はめ直すこと

remboîter [rɑ̃bwate] 他 ①はめ直す；(脱臼した骨を)整復する ②(古本を

rembourrage [rɑ̃buraʒ] 男 詰め物(をすること)

rembourré(e) [rɑ̃bure] 形 詰め物を入れた;《話》ぽってりと太った, ぽっちゃりした

rembourrer [rɑ̃bure] 他 (…に)詰め物をする

remboursable [rɑ̃bursabl] 形 返済できる; 償還される(べき)

remboursement [rɑ̃bursəmɑ̃] 男 返済, 払い戻し, 償還 ►**expédition contre remboursement** 代金引換え送り

***rembourser** [rɑ̃burse ランブルセ] 他 (英 pay back) (借りた金を)返し, 払い戻す ►**Satisfait ou remboursé**(掲示) ご満足いただけなかった場合には代金をお返しします

rembrunir [rɑ̃brynir] 代動 [**se ~**] ③ (表情が)曇る, 悲しげになる

remède [r(ə) mɛd ルメード] 男 (英 remedy) 薬, 治療法; 救済策 ►**Aux grands maux les grands remèdes.** 〈ことわざ〉大病には思い切った治療[措置]が必要 **Le remède est pire que le mal.** 解決策がかえって事態を悪くする **remède de bonne femme** 民間療法[薬] **remède de cheval** 劇薬, 荒療法 **sans remède** お手上げである, 手の施しようがない

remédiable [r(ə)medjabl] 形 改善できる; 治療できる

***remédier** [r(ə)medje ルメディエ] 自 (…を)改善する, 直す (à)

remembrement [r(ə)mɑ̃brəmɑ̃] 男 (耕地の)整理統合

remembrer [r(ə)mɑ̃bre] 他 (耕地)を整理統合する

remémorer [r(ə)memɔre] 他《文》思い出させる —— 代動 [**se ~**] 思い出す

***remerciement** [r(ə)mɛrsimɑ̃ ルメルスィマン] 男 感謝, お礼(の言葉) ►**Avec tous mes remerciements.**(手紙で)本当にありがとうございます. **en remerciement** 感謝のしるし

***remercier** [r(ə)mɛrsje ルメルスィエ] 他 (英 thank) ① 感謝する, 礼を言う ►**Je vous remercie.** ありがとうございます;(断るときに)いえけっこうです **remercier A de [pour] B / remercier A de ...** A に B で[…すること]で礼を言う ② 解雇する

réméré [remere] 男〖法〗買い戻し

remettant [r(ə)metɑ̃] 男〖郵便·商〗送金人

***remettre** [r(ə)metr ルメトル] 他 ④1 (英 put back) 戻す;(再び)…の状態にする;(外れたもの)を…につけなおす (à); (人に)元気を取り戻させる; (衣服などをまた着る, (靴)をまたはく; 記憶によみがえらせる, 思い出す;(さらに)加える, 足す ►**en remettre**《話》やりすぎる, よけいなことを言う[する] **remettre ... à sa place** …をもとの場所に戻す; 叱る **remettre ... au pas** (人に)やるべきことをさせる **remettre ... en esprit [en mémoire] à A** A(人)に … を思い出させる **remettre ... en marche** また を動くようにする, 修理する **remettre ... en question** また問題にする **remettre ça**《話》もう一度やる; もう一杯飲む **remettre de l'ordre dans** …を整理しなおす **remettre le contact** エンジンをかけ直す **remettre les pendules à l'heure** ものごとをはっきりさせる **remettre une montre à l'heure** 時計を合わせる ② (人に)手渡す, 預ける, 届ける; 譲る (à) ③ (決定·判決を…まで)延期する (à) ④ (罰や義務を)軽減する, 免除する ⑤《ベルギー》(…に)おつりを出す (sur); 売る

—— 代動 [**se ~**] ① 再び身を置く, 戻る; 再び…し始める (à); (…から)回復する, 立ち直る (de);(人と)和解する, 仲直りする (avec); 思い出す, 覚えている ►**Remettez-vous!** 立ち直れ ►**se remettre debout** 立ち直る ② [s'en ~ à ...] …に任せる;…を信頼する ►**s'en remettre à la décision de** (人)の決定に任せる

remeubler [r(ə)mœble] 他 家具を取り替える

rémige [remiʒ] 女 (鳥の)風切り羽

remilitarisation [r(ə)militarizasjɔ̃] 女 再軍備

remilitariser [r(ə)militarize] 他 再軍備する

réminiscence [reminisɑ̃s] 女 かすかな記憶, 追憶;(過去の作品の)無意識の借用;〖心〗レミニセンス

remirent [r(ə)mir] ⇨remettre

remis(e) [r(ə)mi, -iz] 形 (< remettre) 回復した, 元どおりになった; 延期された

remisage [r(ə)mizaʒ] 男 (車の)車庫入れ

***remise** [r(ə)miz ルミーズ] 女 (< remettre) ①(もとの場所·状態に)戻すこと (en ...) ►**remise en jeu**〖サッカー〗スローイン **remise en marche** 再始動, 再開 **remise en question [cause]** 再検討 ② 手渡すこと, 配達; 授与 **remise des diplômes** 卒業式 **remise des prix** 授賞式 ③ 割引, 値引; (刑などの)軽減; 延期 ④ 車庫; 物置

remiser [r(ə)mize] 他 車庫に入れる;(使わない道具を)しまう

remisier [r(ə)mizje] 男〖経〗(1989年から)株などの中間仲買人

rémissible [remisibl] 形 (罪が)許し得る;〖法〗恩赦[減刑]の対象になる

rémission [remisjɔ̃] 女 ①(罪の)軽免, 許し;(病気などの)小康状態 ►**sans rémission** 容赦なく; 絶え間なく

rémittent(e) [remitɑ̃, -ɑ̃t] 形〖医〗

remix [rəmiks] 男 〈英〉[楽] リミックス

remmaillage [rɑ̃majaʒ] 男 編目のつくろい

remmailler [rɑ̃maje] 他 網目をかがり直す

remmener [rɑ̃mne] 他 (もとの場所に)連れて行く ▶ *remmener... chez lui* 人を家まで送って行く

remodelage [r(ə)mɔdlaʒ] 男 (美容)整形; 再開発, 再整備; 再編成

remodeler [r(ə)mɔdle] 他 ①(顔などを)整形する; (都市などを)再開発する; (組織などを)再編成する

rémois(e) [remwa, -az] 形名 [R-] ランス (Reims) の(人)

remontage [r(ə)mɔ̃taʒ] 男 再び組み立てること; (時計などの)ねじを巻くこと

remontant(e) [r(ə)mɔ̃tɑ̃, -ɑ̃t] 形 (飲み物などが)元気づける, 強壮の; [植]返り咲きの ― 男 強壮剤

remonte [r(ə)mɔ̃t] 女 流れをさかのぼること; (魚の)遡上(そじょう)

remonté(e) [r(ə)mɔ̃te] 形 (話) ①元気の戻った ②怒った

remontée [r(ə)mɔ̃te] 女 ①再び上ること; (川の)遡行(そこう); 追い上げ ▶ *faire une belle remontée* 見事な追い上げを見せる ②▶ *remontée mécanique* スキーリフト

remonte-pente [r(ə)mɔ̃tpɑ̃t] 男 (スキー場の)Tバーリフト

*__remonter__ [r(ə)mɔ̃te ルモンテ] 自 [助動詞 être] (上へ)再び昇る, 上る [登る, 乗る]; (時間を)さかのぼる; [[不定詞とともに]]再び…する…; (数量が)再び増える; (順位などが)…から…へと上がる 《de ... à ...》 ▶ *aussi loin que remontent ses souvenirs* (人が)思い出せる[覚えている]限りでは; *remonter à la source* [*cause*] 出所[国]にまでさかのぼって調べる; *remonter à la surface* 再浮上する; 信頼を回復する; *remonter dans le temps* 時間をさかのぼる; *remonter dans l'estime de jusqu'au coupable* 犯人にたどり着く; *remonter sur les planches* [*sur scène*] 舞台に復帰する; *se faire remonter par un adversaire* 相手に抜かされる ― 他 ①(階段などを)再び登る[上がる]; (河などを)さかのぼる; (魚が)遡上する ②(荷物などを)持ち上げる[…から]もって上がる 《de》; (家具を…だけさらに高くする 《de》; (衣服を)たくし上げる; (襟を)立てる ▶ *se faire remonter les bretelles par* (話)(人)にきつく叱られる ③追い抜く, 追い抜く 《à》④(人)を元気づける ▶ *remonter le moral à* [*de*] (人)の士気を高める; 自信を取り戻させる ⑤ねじを巻く; 再び組み立てる ⑥再演する ― [[代動]] [*se* ~] 元気を取り戻す

remontoir [r(ə)mɔ̃twar] 男 (時計のぜんまいの, 竜頭(りゅうず))

remontrance [r(ə)mɔ̃trɑ̃s] 女 叱責(しっせき), 戒め, 忠告

remontrer [r(ə)mɔ̃tre] 他 再び見せる, 再び示す ▶ *en remontrer à* (人)より優れていると主張する; (人)に説教を垂れる ― [[代動]] [*se* ~] 再び姿を見せる

rémora [remɔra] 男 [魚] コバンザメ

remordre [r(ə)mɔrdr] 他 51 再び噛む, 再び食いつく

*__remords__ [r(ə)mɔr ルモール] 男〈英 remorse〉悔恨, 後悔 ▶ *avoir des remords* 後悔する; *être bourrelé* [*pris*] *de remords* 後悔の念に苛まれる

remorquage [r(ə)mɔrkaʒ] 男 牽引; 曳航(えいこう)作業

remorque [r(ə)mɔrk] 女 ①曳航(えいこう); (車の)牽引 ②トレーラー, 付属車両 ③引き網 ▶ *être à la remorque de* (人)の後ろをついて行く; 言いなりになる

remorquer [r(ə)mɔrke] 他 曳航(えいこう)する, 牽引する; (話)引き連れる

remorqueur [r(ə)mɔrkœr] 男 引き船, タグボート

remoudre [r(ə)mudr] 他 42 再び挽(ひ)く

remouiller [r(ə)muje] 他 ①再び湿らす ②[海] 再び いかりを降ろす

rémoulade [remulad] 女 レムラード [マヨネーズに香草・マスタードを加えたソース]

remoulage [r(ə)mulaʒ] 男 ①(穀物の)挽き直し ②(像などの)再鋳造

rémouleur [remulœr] 男 (巡回の)研ぎ師

remous [r(ə)mu] 男 渦; 人波; 動揺, 動乱

rempaillage [rɑ̃pajaʒ] 男 (わらの)詰め替え

rempailler [rɑ̃paje] 他 (椅子の)わらを詰め替える

rempailleur(se) [rɑ̃pajœr, -øz] 名 わらの詰め替え職人

rempaqueter [rɑ̃pakte] 他 14 包み直す

rempart [rɑ̃par] 男 城壁, 城砦(じょうさい); (文)防御物

rempiler [rɑ̃pile] 他 再び積み上げる ― 自 (話) 延長して兵役につく

remplaçable [rɑ̃plasabl] 形 取り替えのできる

remplaçant(e) [rɑ̃plasɑ̃, -ɑ̃t] 名 代理人, 代わりの人, 補欠

remplacement [rɑ̃plasmɑ̃] 男 取り替え, 入れ替え; 代わり, 代理 ▶ *en remplacement de* …の代わりに; *produit de remplacement* 代用品

*__remplacer__ [rɑ̃plase ランプラセ] 52 〈英 replace〉[[~ A (par B)]] A を (B

rempli(e) と)取り替える；代わり[代理]をする；取って代わる．[情報]置換する

rempli¹(e) [rɑ̃pli] 形 (< remplir) ① (…で)いっぱいの，満ちた (de) ②(時間が)有効に使われた；(義務・約束)が果された

rempli² [rɑ̃pli] 男 《衣服の》縫い上げ，タック

*****remplir** [rɑ̃plir ランプリール] 他 33 ① 《英 fill, fulfill》(…で)満たす，いっぱいにする (de) ②(時間)を埋める；(空欄など)に記入する ③(義務・約束)などを果す；(条件)を満たす ── 代動 [se ~] ①…でいっぱいになる，満ちる (de) ②(自分の…を)満たす ►*se remplir les poches* 私腹を肥やす

remplissage [rɑ̃plisaʒ] 男 満たすこと，いっぱいにすること；《文章の冗漫な部分》水増し ►*taux de remplissage* (予約などの)埋まり具合

remploi [rɑ̃plwa] 男 再使用[利用]

remployer [rɑ̃plwaje] 他 45 = réemployer

remplumer [rɑ̃plyme] 代動 [se ~] 《話》もとの体重に戻る；(経済的に)立ち直る

rempocher [rɑ̃pɔʃe] 他 《再び》ポケットに入れる

rempoissonner [rɑ̃pwasɔne] 他 (川などに)再び魚を放流する

*****remporter** [rɑ̃pɔrte ランポルテ] 他 ① 《英 take away》持ち帰る，元に戻す ②獲得する，勝ち取る

rempotage [rɑ̃pɔtaʒ] 男 鉢替え

rempoter [rɑ̃pɔte] 他 《園》鉢替えする

remprunter [rɑ̃prœ̃te] 他 再び借りる

remuant(e) [rǝmyɑ̃, -ɑ̃ːt] 形 じっとしていない，活動的な，精力的な

remue(e) [rǝmye] 形 (< remuer) 心を動かされた，感動した

remue-ménage [r(ǝ)mymenaʒ] 男 《不変》騒ぎ，大混乱

remue-méninges [r(ǝ)mymenɛ̃ʒ] 男 《不変》ブレーンストーミング (= brainstorming)

remuement [r(ǝ)mymɑ̃] 男 動かすこと；移動

*****remuer** [r(ǝ)mɥe ルミュエ] 他 (ものを)移動させる，運ぶ；(体の一部を)動かす，振る；かき回す，かきまぜる；心を動かす，感動させる ►*remuer ciel et terre pour* …のためにあらゆる手を尽くす ►*remuer de l'argent (à la pelle)* 大金を動かす ►*remuer la queue* 尻尾をふる ── 自 動く，動き回る；揺れる ── 代動 [se ~] 動く，体を動かす；《話》努力する，奔走する

remugle [r(ǝ)myɡl] 男 《文》かび臭さ，こもったむっとするにおい

rémunérateur(trice) [remyneratœːr, -tris] 形 利益のあがる，金になる

rémunération [remynerasjɔ̃] 女 報酬，謝礼

rémunérer [remynere] 他 57 (人に)金銭で報いる，報酬を与える ►*travail bien [mal] rémunéré* 給料のいい[少ない]仕事

renâcler [rǝnakle] 自 (ウマなどが不満げに)鼻を鳴らす；(…に)不平を言う，嫌がる (à)

renaissance [r(ǝ)nɛsɑ̃ːs] 女 再生，復活；[la R-] ルネサンス，文芸復興 ── 形 《不変》[R-] ルネサンス(時代)の

renaissant(e) [r(ǝ) nɛsɑ̃, -ɑ̃ːt] 形 (<renaître) 再生する，よみがえる；ルネサンス(期)の

renaître [r(ǝ)nɛtr] 自 44 ①再生する，よみがえる ②《文》(…を)取り戻す (à) ►*renaître à la vie* 元気を回復する

rénal(ale) [renal] 形 《解》腎臓の (男複 -aux[-o])

Renan [rǝnɑ̃] (Ernest~) ルナン [1823-92] ルナン《哲学者》

Renard [r(ǝ)naːr] (Jules~) ルナール [1864-1910; 作家]

renard(e) [r(ǝ)naːr] 男 《英 fox》①《動》キツネ(狐)；キツネの毛皮 ②ずる賢い男 ►*vieux renard* 古だぬき ③(ダム・タンクなどの)漏水箇所

renarde [r(ǝ)naːrd] 女 雌ギツネ

renardeau [r(ǝ)nardo] 男 (複 ~x) 子ギツネ

renardière [r(ǝ)nardjɛːr] 女 キツネの巣穴

rencard [rɑ̃kaːr] = rancard

rencarder [rɑ̃karde] 他 = rancarder

renchérir [rɑ̃ʃerir] 自 33 ①値上がりする ②(…)以上のことをする[言う]；(人が言ったことに)さらに付け足す (sur)

renchérissement [rɑ̃ʃerismɑ̃] 男 値上がり

rencogner [rɑ̃kɔɲe] 他 《話・古》隅に追いやる ── 代動 [se ~] 《話》すみでちぢこまる

*****rencontre** [rɑ̃kɔ̃ːtr ランコントル] 女 《英 encounter, meeting》出会い，遭遇；会見，会談；会議；(スポーツの)対戦，試合；(車などの)衝突；(線・川などの)合流 ►*à la rencontre de* (人)を出迎えに，(人)の方へ *de rencontre* 偶然の *faire une mauvaise rencontre* 《文》偶然の危険な人物と出会う *point de rencontre* 合流点；集合場所 *rencontre au sommet* 首脳会談 *rencontres musicales [théâtrales]* 音楽[演劇]祭

*****rencontrer** [rɑ̃kɔ̃tre ランコントレ] 他 《英 meet》出会う，会う；会見[面会]する；対戦する；(困難などに)ぶつかる；(道で)会う，ぶつかる；知り合う ── 代動 [se ~] ①出会う，ぶつかる ②見うけられる，起こる

rendement [rɑ̃dmɑ̃] 男 ①収穫高，生産高；収益，利益 ②能率，効率

*****rendez-vous** [rɑ̃devu ランデヴー] 男

rendormir [rɑ̃dɔrmir] 他 69 再び眠らせる;(気持ちや感覚を静める、おさえる — 代動 [se ~] 再び眠る

rendossage [rɑ̃dose] 他 再び身につける

***rendre** [rɑ̃dr] ランドル 他 28 ①(英 give back)返す,戻す;取り戻させる (à) ▶ **rendre grâce(s) à** (人)に感謝する ▶ **rendre le pareille à** (釈放)する ▶ **rendre la pareille à** (人)にお返し[仕返し]をする ▶ **rendre la politesse à** (人)の親切に報いる ▶ **rendre l'âme** [le dernier soupir] 息を引き取る ▶ **rendre les armes** 武器を引き渡す,降伏する ▶ **rendre visite à** (人)を訪ねる ②(英 make)[形容詞を伴って](人をある状態に)する ▶ **rendre ... heureux** (人)を幸せにする ▶ **rendre ... public** …を公表する ③產む;(音・液などを)出す;(意見・決定などを)表明する,下す ④(話)吐く — 代動 [se ~] ①(…に)行く,赴く (à) ②(…に)屈服する,降伏する (à) ▶ **se rendre aux raisons de** (人)の言い分を認める ③[形容詞を伴って](…に)なる ▶ **se rendre utile** 役に立つ ▶ **se rendre compte de** …が分かる,…に気付く

rendu(e) [rɑ̃dy] 形 (<rendre) 着いた,届いた;疲れ切った — 男 ①返品 ②(美術)表現(力)

rêne [rɛn] 女 手綱 ▶ **tenir les rênes de** …を牛耳る

renégat, -ate [rənega, -at] 名 背教者;変節者,裏切り者

renégociation [rənegɔsjasjɔ̃] 女 (条約・協定などの)改定交渉,再交渉

renégocier [r(ə)negɔsje] 他 再交渉する

reneiger [r(ə)neʒe] 非人称 40 再び雪が降る

***renfermé(e)** [rɑ̃fɛrme] ランフェルメ 形 (<renfermer) 感情を表に出さない;閉鎖的な — 男 こもった[いやな]におい ▶ **Ça sent le renfermé.** かびくさい

renfermement [rɑ̃fɛrməmɑ̃] 男 (人を)閉じ込めること

***renfermer** [rɑ̃fɛrme] ランフェルメ 他 (英 contain)収容[収納]する;閉じ込めしまい込む;含む — 代動 [se ~] 閉じこもる

renfiler [rɑ̃file] 他 ①再び糸を通す ②再び着る

renflé(e) [rɑ̃fle] 形 まん中がふくらんだ

renflement [rɑ̃fləmɑ̃] 男 ふくらみ

renfler [rɑ̃fle] 他 ふくらませる

renflouement [rɑ̃flumɑ̃], **renflouage** [rɑ̃fluaʒ] 男 (座礁した船・企業を)救い出すこと

renflouer [rɑ̃flue] 他 (船を)離礁させる;(財政的に)救済する

renfoncé(e) [rɑ̃fɔ̃se] 形 深くくぼんだ

renfoncement [rɑ̃fɔ̃smɑ̃] 男 くぼみ,へこんだ部分

renfoncer [rɑ̃fɔ̃se] 他 52 さらに深く[強く]押し込む

renforçateur [rɑ̃fɔrsatœr] 男 [写] 補力液

renforcé(e) [rɑ̃fɔrse] 形 強化[補強]された

renforcement [rɑ̃fɔrsəmɑ̃] 男 強化,補強

renforcer [rɑ̃fɔrse] 他 52 強化[補強]する;(意見・表現・信念などを)より強める — 代動 [se ~] さらに強まる,強化される

renfort [rɑ̃fɔr] 男 援軍,加勢;救援物資;補強(材) ▶ **à grand renfort de** …をたくさん用いて ▶ **en renfort** 援軍として,補強に

renfrogné(e) [rɑ̃frɔɲe] 形 しかめた,不機嫌な

renfrogner [rɑ̃frɔɲe] 代動 [se ~] 顔[眉]をしかめる

rengagé(e) [rɑ̃gaʒe] 形名 再役兵(の)

rengagement [rɑ̃gaʒmɑ̃] 男 再雇用;[軍](再役)

rengager [rɑ̃gaʒe] 他 40 ①再び質に入れる ②再び雇う — 自 代動 [se ~] 再び兵役につく

rengaine [rɑ̃gɛn] 女 (話) 決まり文句;流行歌 ▶ **C'est toujours la même rengaine.** またいつもの決まり文句だ

rengainer [rɑ̃gene] 他 (剣などを)鞘(さや)におさめる;(話)(言いかけたことを)やめる

rengorger [rɑ̃gɔrʒe] 代動 [se ~] 40 (鳥が)胸をそらす;いばる,得意がる

reniement [r(ə)nimɑ̃] 男 否認;放棄

renier [rənje] 他 否認する;自分のものと認めない;(信仰などを)捨てる — 代動 [se ~] (自説)を捨てる

reniflement [r(ə)nifləmɑ̃] 男 鼻をぐずぐずいわせること,鼻を鳴らす音

renifler [r(ə)nifle] 自 鼻を鳴らす,鼻をぐずぐずいわせる — 他 (鼻でにおいを)嗅(か)ぐ;(噂などを)嗅ぎつける

reniflette [r(ə)niflɛt] 女 (話) ①(鼻で吸う)麻薬 ②▶ **avoir la reniflette** 鼻をすする

renifleur(se) [r(ə)niflœr, -øz] 形 (話)鼻を鳴らすくせのある(人) — 男 大気汚染物質探知機

rennais(e) [rene, -ez] 形 レンヌの — 名 [R-] レンヌの人

renne [rɛn] 男 (動) トナカイ

Rennes [rɛn] レンヌ【Ille-et-Vilaine 県の県庁所在地; Bretagne 地方[地域圏]の中心都市】

Renoir [rənwar] (Auguste~) ルノワール【1841-1919; 画家】

Renoir [rənwar] (Jean~) ルノワール【1894-1979; 映画作家】

renom [r(ə)nɔ̃] 男 名声; (よい)評判 ▶de renom 名高い

renommé(e)[1] [r(ə)nɔme] 形 有名な, 評判の

renommée[2] [r(ə)nɔme] 女 ①名声, (よい)評判 ②《文》世評, うわさ *Bonne renommée vaut mieux que ceinture dorée.* (ことわざ) よい評判は富に勝る *de renommée mondiale* 世界的に有名な

renommer [r(ə)nɔme] 他 ①再任命[選出]する ②[情報] 名前を変更する

renoncement [r(ə)nɔ̃smɑ̃] 男 (… すること)の放棄, 断念 (à); 禁欲

*__renoncer__ [r(ə)nɔ̃se ルノンセ] 自 ④ (英 give up, renounce) [~ à] (…することを)あきらめる, 断念する; (権利などを)放棄する, 捨てる; (習慣…することを)やめる; (人と)縁を切る —— 他 《文》捨てる

renonciation [r(ə)nɔ̃sjasjɔ̃] 女 (…の)断念, 放棄 (à)

renonculacées [r(ə)nɔ̃kylase] 女 (複) [植] キンポウゲ科

renoncule [r(ə)nɔ̃kyl] 女 [植] キンポウゲ

renouée [rənwe] 女 [植] タデ(類)

renouer [rənwe] 他 結び直す; 再び始める —— 自 (人と)また付き合うようになる, 仲直りする; (伝統などを)復活させる (avec)

renouveau [r(ə)nuvo] 男 (複 ~x) 再生, 復活, 回帰; 《文》春の訪れ

renouvelable [r(ə)nuvlabl] 形 更新できる; (実験などに)再現できる ▶ *énergies renouvelables* (太陽光・風力などの)自然を利用したエネルギー

*__renouveler__ [r(ə)nuvle ルヌヴレ] 他 ④ (英 renew) ①新しくする, 入れ替える; 一新する, 刷新する; (書類・契約などを)更新する ②繰り返す, 繰り返し行う —— 自 [(芸術家の作風などが)新しくなる ②繰り返される

*__renouvellement__ [r(ə)nuvɛlmɑ̃ ルヌヴェルマン] 男 新しくすること, 入れ替え, 取り替え; 更新; 刷新; 再発

rénovateur(trice) [renɔvatœr, -tris] 形 革新的な, 改革的な —— 名 変革[改革]者

rénovation [renɔvasjɔ̃] 女 改修, 改装; (都市などの)再開発; 革新, 刷新

*__rénover__ [renɔve レノヴェ] 他 改修する, 改装する; 改革する, 刷新する

*__renseignement__ [rɑ̃sɛɲmɑ̃ ランセニュマン] 男 (英 information) 情報; 案内所; 情報活動 ▶*aller aux renseignements* 調査する *demander un renseignement [des renseignements] à* (人)にたずねる *guichet [bureau] des renseignements* 案内所 *prendre des renseignements sur* …について調査する[問い合わせる] *Renseignements généraux* (*les ~*)(フランス国家警察の)総合情報局 *service de renseignements* 情報機関

*__renseigner__ [rɑ̃seɲe ランセニエ] 他 (英 inform)(…について)教える, 情報を与える (sur) ▶*être bien [mal] renseigné* 事情によく通じている(うとい) —— 代動 [se ~] (…について)問い合わせる, 情報を得る (sur) ▶*se renseigner auprès de* …に聞く[問い合わせる]

rentabilisation [rɑ̃tabilizasjɔ̃] 女 黒字にする[なる]こと, 収益化

rentabiliser [rɑ̃tabilize] 他 (経) 収益が上がる[採算がとれる]ようにする

rentabilité [rɑ̃tabilite] 女 利益になること, 収益性 ▶*taux de rentabilité* 収益[利益]率

*__rentable__ [rɑ̃tabl ランタブル] 形 利益が上がる, 収益性のある; 《話》報われる, 成果がある

rente [rɑ̃t ラント] 女 (英 annuity) 金利所得; 年金; 国債; 《話》定期的な出費 ▶*rente viagère* 終身年金 *vivre de ses rentes* 金利で遊んで暮らす

rentier(ère) [rɑ̃tje, -ɛr] 名 金利生活者 ▶*mener une vie de rentier* 金利で遊んで暮らす

rentoiler [rɑ̃twale] 他 布を取りかえる, 裏打ちする

rentrant(e) [rɑ̃trɑ̃, -ɑ̃t] 形 引き込み式の ▶*angle rentrant* [数] 優角【180度以上の角】

rentre-dedans [rɑ̃tr(ə)dədɑ̃] 男 (不変) ▶*faire du rentre-dedans* 強引に口説く —— 形 (不変) 攻撃的な

__rentrée__ [rɑ̃tre ラントレ] 女 (英 return) ①帰り, 新学期 (~ scolaire [des classes]*); 社会活動の再開 ▶*à la rentrée* 夏休み明けには *rentrée littéraire* (秋の)文学新シーズンの幕開け *rentrée parlementaire* (秋の)議会の再開 ②復帰, カムバック; 帰ること ③外から内側に入ること; 入金 ▶*rentrée atmosphérique* (人工衛星・シャトルの)大気圏突入

*__rentrer__ [rɑ̃tre ラントレ] 自 [助動詞 être] ① (英 go back, return) 戻る, 帰る, 尾口する ▶*rentrer dans le rang* 市民に戻る; 集団を周囲に合わせる *rentrer dans l'ordre* 平静を回復する *rentrer dans ses frais [ses fonds]* 出費[資金]を回収する ②新学期[新年度]が始まる, 再び始まる ③入

renverr... る; 収まる, はまる; (…に)属する, 含まれる; (…に)ぶつかる (dans) ► *Ça rentre...* (話)頭に入る, わかる **faire rentrer les impôts** 税金を徴収する **rentrer dedans [dans le chou, le lard] à** (話)(人)をやっつける —— 他 [助動詞 avoir] 入れる, しまう, 引っ込める; (感情などを)抑える ► *rentrer le son ventre* お腹を引っ込める

renverr... ⇨ renvoyer

renversant(e) [rɑ̃vɛrsɑ̃, -ɑ̃t] 形 びっくり仰天させる

renverse [rɑ̃vɛrs] 女 ① **► à la renverse** あおむけに ②(海)(風向きや潮流の)方向の変化

renversé(e) [rɑ̃vɛrse] 形 (< renverser) びっくりした; 倒れた, ひっくり返った; 逆さまの ► *C'est le monde renversé.* それは非常識だ **crème renversée** カスタードプリン

renversement [rɑ̃vɛrsəmɑ̃] 男 ひっくり返すこと; 転倒, 逆転, 覆滅; (頭などを)反らすこと

*renverser** [rɑ̃vɛrse ランヴェルセ] 他 (英 knock over; run over) 倒す, ひっくり返す; (車が人をはねる; (英 spill)こぼす; (政府・秩序などを)倒す, 覆(くつがえ)す; (上体・頭を)のけぞらせる; (順序などを)逆にする; (状況を)逆転させる; (話)びっくりさせる ► *renverser la vapeur* 方針を180度変える —— 代動 [se 〜] 倒れる; ひっくり返る, 倒れる; のける

renvoi [rɑ̃vwa] 男 ① 送り返すこと; [スポーツ]返球 ② 解雇; 退学処分 ③ 延期 ④(他の箇所への)送り, 参照記号(;); (他の裁判所への)移送 ► (en, devant) ⑤ げっぷ

*renvoyer** [rɑ̃vwaje ランヴォワイエ] 他 29 (英 send back, return) ① 送り返す, 返送する; 戻す, 帰す ► *renvoyer l'ascenseur à* (話)(人)に恩返しをする ②(人)を解雇する, 退学させる; 追い払う ③(人を…に)差し向ける; (読者に…を)参照させる (à) ④(他の裁判所に)移送する ► *renvoyer de service en service* (人)をたらい回しにする ④(…まで)延期する (à) —— 代動 [se 〜] ① 投げ返し合う ► *se renvoyer la balle* 激しくやり合う, 責任をなすりつけ合う

réoccupation [reɔkypasjɔ̃] 女 再占領

réoccuper [reɔkype] 他 再占領する

réopérer [reɔpere] 他 57 再手術する

réorganisateur(trice) [reɔrganizatœr, -tris] 形名 (組織を)再編成する(人)

réorganisation [reɔrganizasjɔ̃] 女 (組織の)再編成

réorganiser [reɔrganize] 他 再編成する, 組織し直す

réorientation [reɔrjɑ̃tasjɔ̃] 女 新たな方向づけ; 進路変更, 再指導

réorienter [reɔrjɑ̃te] 他 新しい方向づける; 進路を変更させる; 再指導する ► 代動 [se 〜] 新たな分野に行く

réouverture [reuvɛrtyr] 女 (手続きや営業などの)再開

repaire [r(ə)pɛr] 男 (野獣の)隠れ場; (盗賊の)巣窟

repais(...), repaît(...) [r(ə)pɛ] ⇨ repaître

repaître [rəpɛtr] 他 16 (文)(…で)心・感覚を)楽しませる (de) ► *repaître ses yeux de* …で目を楽しませる —— 代動 [se 〜] (文)(動物が…)を食ぐ; (人が…を)糧(かて)にする[楽しむ] (de)

*répandre** [repɑ̃dr レパンドル] 他 28 こぼす, まき散らす; ふんだんに与える; (光・においなどを)放つ, 発散する; (うわさ・思想などを)広める, 普及させる —— 代動 [se 〜] こぼれる, まき散らされる; 広まる, 普及する ► *se répandre en* ... 思う存分...ずる; (悪口などを)散々に言う

répandu(e) [repɑ̃dy] 形 (< répandre) 広がった, 広まった; こぼれた, 散らばった

réparable [reparabl] 形 修理できる; 償うことができる

reparaître [r(ə)parɛtr] 自 47 再び現れる; (病気が)再発する

réparateur(trice) [reparatœr, -tris] 形名 修理人 —— 形 体力を回復させる; (過ちを)償う

*réparation** [reparasjɔ̃ レパラスィヨン] 女 (英 repairing) 修理, 修繕; (複)修理工事; 賠償, 償い; (複) (敗戦国による)賠償 ► *être en réparation* 修理中である **surface de réparation** [サッカー]ペナルティーエリア

*réparer** [repare レパレ] 他 (英 repair) 修理する; 償う, 埋め合わせする; (健康などを)回復する

reparler [r(ə)parle] 自 (…について)再び話す (de); (けんかした人と)再び口をきく —— 代動 [se 〜] 再び口をきく

repars [r(ə)par], **repart(...), reparti...** ⇨ repartir

repartager [r(ə)partaʒe] 他 40 再分配し分割する

repartie, répartie [reparti] 女 すばやい受け答え, 即答 ► *avoir de la repartie* 当意即妙の才がある

*repartir¹** [r(ə)partir ルパルティール] 自 48 [助動詞 être] 再び出発する; 帰る, 戻る; 再び始める ► *repartir à zéro* 一からやりなおす

repartir² [r(ə)partir], **répartir** [repartir] 他 48 [助動詞 avoir] (文)(即座に)言い返す

répartir [repartir レパルティール] 他 33 分ける, 分配する; 割り振る; 分類する —— 代動 [se 〜] 分け合う; 配分される

répartition [repartisjɔ̃] 女 分配,

配分，割り振り；分布；分類 ▶**répartition par âge [sexe]** 年齢別[性別]分類

reparu(...), reparû — [r(ə)pary] ⇨reparaître

reparution [r(ə)parysjɔ̃] 囡 再び姿をあらわすこと

*__repas__ [r(ə)pa ルパ] 男 食事 ▶**manger en dehors des repas [entre les repas]** 間食する **repas d'affaires** 仕事上の会食 **repas de Noël** クリスマスのご馳走

*__repassage__ [r(ə)pasaʒ ルパサージュ] 男 アイロンかけ；研ぐこと

repasser [r(ə)pase] 自 [助動詞 être] 再び通る；再び出てくる［上演］される；（料理などが）また回ってくる ▶**repasser derrière** …の仕事を点検する **repasser sur** …をたどる **Tu peux toujours repasser!** 何度来てもむだだよ — 他 ①再び越える；（試験などを）再度受ける；再度与える，戻す；（皿を）再び回す；再び放送［再録］する；(CDなどを)再びかける ▶**repasser ... dans sa tête [son esprit]** (心の中で)…を たどる ②(話)（仕事などを人に）引き渡す；（病気などを人にうつす）(à) ③アイロンをかける ▶**bien [mal] se repasser** アイロンがかかりやすい[かけにくい] **ne pas se repasser** アイロンがかからない

repasseur [r(ə)pasœr] 男 研師；仕上工

repasseuse [r(ə)pasøz] 囡 アイロンかけ女工［機］

repavage [r(ə)pavaʒ] 男 舗石の敷き替え

repaver [r(ə)pave] 他 (…の)舗石を替える

repayer [r(ə)peje] 他 再び支払う

repêchage [r(ə)pɛʃaʒ] 男 水から引き上げること；(落第生の)救済, 追試験；[スポーツ] 敗者復活戦

repêcher [r(ə)peʃe] 他 水から引き上げる；(話) 落第しそうな学生を救済する；[スポーツ] 敗者復活の機会を与える

repeindre [r(ə)pɛ̃dr] 他 19 塗り替える, 塗り直す

repeint [rapɛ̃] 男 塗り直した箇所，修正箇所

repenser [r(ə)pɑ̃se] 自他 (…を)考え直す，再考する (à)

repentant(e) [r(ə)pɑ̃tɑ̃, -ɑ̃t] 形 罪を悔いている

repenti(e) [r(ə)pɑ̃ti] 形 (< repentir) 罪を悔いた — 名 悔い改めた人; (警察への)更正協力者【元マフィア・テロリストなど】

*__repentir__ [r(ə)pɑ̃tir ルパンティール] 代動 48 [se ~] (…したことを)悔いる，後悔する (de) — 男 ①悔い改め，後悔, 悔悛(しゅん) ②(絵や文章の)修正，訂正

repérable [r(ə)perabl] 形 位置を決定ができる

repérage [r(ə)peraʒ] 男 位置を見つけること[映] 撮影場所探し, ロケハン

repercer [r(ə)pɛrse] 他 52 (…に)再び穴をあける

répercussion [repɛrkysjɔ̃] 囡 レパルキュスィヨン 反響；(…への)影響，はね返り (dans, sur)

répercuter [repɛrkyte レペルキュテ] 他 ①反響させる，反射する ②(…に)はね返らせる (sur) ③(話)(命令・情報などを)伝える — 代動 [se ~] ①反響する，反射する ②(…に)影響する, はね返る (sur)

reperdre [rapɛrdr] 他 51 (得たものを)失う

repère [r(ə)pɛr] 男 目印，指標, 基準; 指針 ▶**point de repère** (もの・事の) 目印；目安

repérer [r(ə)pere] 他 57 ①(…の)位置をつきとめる；(…に) 目印をつける; (軍) 探知する ②(話) 見つける；気がつく — 代動 [se ~] (話) 自分の位置を知る，方角がわかる；見つかる

répertoire [repɛrtwar] 男 ①目録, 一覧表，総覧，名簿；(劇場などの)演目 ②[情報]ディレクトリ

répertorier [repɛrtɔrje] 他 目録・一覧表に記入する；目録を作成する

*__répéter__ [repete レペテ] 他 57 (英 repeat) 繰り返して言う；繰り返す；反復する；復習する；繰り返し練習する, 稽古をする — 代動 [se ~] 繰り返される; 同じことを繰り返し言う［する］

répétiteur(trice) [repetitœr, -tris] 名 (古) (復習・補習のための) 家庭教師

répétitif(ve) [repetitif, -iv] 形 繰り返しの，反復的な

*__répétition__ [repetisjɔ̃ レペティスィヨン] 囡 繰り返し, 反復；稽古，練習, リハーサル；補習，(古)個人授業 ▶**à répétition** 連続, 続発の ◆ **répétition générale** 総稽古, ゲネプロ

répétitivité [repetitivite] 囡 反復性

rcpeuplement [r(ə) pœpləmɑ̃] 男 (人口・動物などの)再増加

repeupler [r(ə)pœple] 他 人を再び住まわせる，動植物を再び増やす — 代動 [se ~] (…の)人口が増加に転じる

repiquage [r(ə)pikaʒ] 男 (苗の)移植，再録音, ダビング；(写) 修整

repiquer [r(ə)pike] 他 ①(苗を)移植する；再録音する；(写)修整する ②(話)(人を)再びつかまえる — 自 (話)(…に)再び始める (à)

répit [repi] 男 休息；猶予 ▶**sans répit** 休みなく

replacement [r(ə)plasmɑ̃] 男 再配置

replacer [r(ə)plase] 他 52 ①(もとの所に)戻す，再び置く ②(人を)新しい地位につける — 代動 [se ~] (もとの

replanter [r(ə)plɑ̃te] 他 植え替える; (土地に)再び植える

replat [rapla] 男 [地理]岩棚, 肩

replâtrage [r(ə)plɑtraʒ] 男 漆喰()の塗り替え; 取り繕い; 表面的な和解

replâtrer [r(ə)plɑtre] 他 (壁の)漆喰()を塗り直す; 取り繕う

replet(ète) [rəple, -et] 形 でっぷり太った, 肉付きのよい

repleuvoir [r(ə)pløvwar] 非人称 54 再び雨が降る

repli [r(ə)pli] 男 ①ひだ, 折り目; (川・道の)屈曲; (土地の)起伏 ②[軍]撤退; [経]落ち込み, 後退 ③(他の奥底) *les replis du cœur* 心の奥底 ▶*position de repli* [軍]予備陣地; 最後の逃げ道 *repli sur soi-même* 内向, 自閉

repliable [r(ə)plijabl] 形 折り畳める

réplication [replikasjɔ̃] 女 [生] (DNAなどの)複製

repliement [r(ə)plimɑ̃] 男 ①自分のなかに閉じこもること ②[軍]退却, 後退

replier [r(ə)plije] 他 ①折り畳む; 折り曲げる, 折り返す ②[軍]撤退させる ── 代動 [se ~] ①折れ曲がる; 身を丸める ▶*se replier sur soi-même* 身を丸める; 自分の殻に閉じこもる (軍隊が…に)退却する(sur); (経済などが)後退する

*****réplique** [replik] 女 ①応答, (すばやい言い返し), 反駁(); [劇]せりふ ▶*donner la réplique à …* [劇] (次の役者に)せりふの合図を与える; (人の)話し相手になる; 相手に調子を合わせる *sans réplique* 口答えせずに; 反論の余地なく ②[美術]複製, レプリカ

répliquer [replike レプリケ] 他 (< 英 reply) (すばやく)言い返す, 応答する ── 自 反駁する

reploiement [rəplwamɑ̃] 男 (文) = repliement

replonger [r(ə)plɔ̃ʒe] 他 40 再び沈める; 再び陥れる; (以前の状況に)連れ戻す ── 自 再び沈む(潜る) ── 代動 [se ~] (…に)また没頭する (dans)

repolir [r(ə)polir] 他 磨き直す

repolissage [r(ə)polisaʒ] 男 磨き直し

répondant(e) [repɔ̃dɑ̃, -ɑ̃t] 名 保証人 ▶*avoir du répondant* [話] 保証となるだけの金がある; 当意即妙の答えをする才がある

répondeur(se) [repɔ̃dœr, -øz] 形 口答えする ── 男 留守番電話

*****répondre** [repɔ̃dr レポンドル] 自 61 (英 answer, reply) 答える, 返事をする, 返事を書く; 口答えする; 応じる; (物が…に)対応する; 反応する ▶*répondre à la force par la force* 武力に武力で応じる *répondre à l'attente* [*aux espérances*] *de* (人の)期待にこたえる *répondre de* …の責任を負う [請け合う] ▶*répondre par oui* [*non*] イエスで[ノーで]答える ▶*répondre présent à l'appel* 点呼に出席の返事をする ── 他 [~ A (*que* …) *à B* / *~ A à B de* …] B に A […]だと…すると答える ── 代動 [se ~] 呼応し合う; 対称をなす

répons [repɔ̃] 男 [カト]答唱

*****réponse** [repɔ̃s レポンス] 女 (英 answer, reply) 答え, 返事; 解答, 解決策; 反応, 反駁(); (英 response) 応答; 反応 ▶*avoir réponse à tout* 何にでも答えられる, 機転が利く *en réponse à* …への答え[返事]として

repopulation [r(ə)pɔpylasjɔ̃] 女 (減少後の)人口増加

report [r(ə)pɔr] 男 延期, 繰り越し (高); [印]転写 ▶*report des voix* [選挙](2回目の投票で)上位者への票の移動

*****reportage** [r(ə)pɔrtaʒ ルポルタージュ] 男 (英 report) ルポルタージュ(の仕事); 現地報告 ▶*faire un reportage sur* …のルポルタージュを書く

*****reporter¹** [r(ə)pɔrte ルポルテ] 他 (英 take back) ①(もとの場所に)戻す; (他の場所に)移す ②(過去に)立ちもどらせる(à) ③延期する ③(他の対象に)移す, 振り向ける; 転記する (sur) ── 代動 [se ~] ①(過去に)立ち戻る, さかのぼる (à) ②…を参照する (à)

reporter² [r(ə)pɔrter] 男 (< 英) 現地報道員, 特派記者

reporter-cameraman [r(ə)pɔrterkameraman] 男 (複 ~s-cameraman[-men]) 報道カメラマン

*****repos** [r(ə)po ルポ] 男 (英 rest) 休憩, 休息; 休み, 休暇; 安らぎ, 平穏; (文) 眠り; (活動の停止, 静止(状態) ▶*au repos* 静止[休止]している *de repos* 休みの, オフの *de tout repos* 安全な, 確かな; (仕事などが)楽な *Repos!* 休め! *repos éternel* 永遠の安らぎ

reposant(e) [r(ə)pozɑ̃, -ɑ̃t] 形 休養になる; 心の安らぐ

repose [r(ə)poz] 女 (取り外したものの)取り付け

reposé(e) [r(ə)poze] 形 (< reposer) 十分休養をとった; 元気そうな ▶*à tête reposée* 落ち着いて, じっくりと

repose-pied [r(ə)pozpje] 男 (オートバイ・いすの)足のせ

*****reposer¹** [r(ə)poze ルポゼ] 他 (英 rest) 休ませる, 休める; もたせかける ── 自 (…に)基づく; (…の上に)建っている; 根拠を置く (sur) ②(文)休んでいる; 眠る ③ ▶*laisser reposer* …(酒やパン生地などを)ねかせる ── 代動 [se ~] ①休む, 休息する ▶*se reposer l'esprit* 心を休める ②…に頼る, 任せる (sur) ▶*se reposer sur*

reposer ses lauriers 《話》過去の栄光の上にあぐらをかく

reposer² [r(ə)poze] 他 再び置く; (もとの場所に)戻す; (問題などを)問いかえす — 代動 [se ~] (問題などが)再提起される

repose-tête [rəpoztɛt] 男《不変》《古》(座席・いすなどの)頭もたせ, ヘッドレスト

repositionner [r(ə)pozisjɔne] 他 位置を修正する; (商品のイメージチェンジを)はかる

reposoir [r(ə)pozwar] 男《カト》祭壇をかたどった台, 仮祭壇

repoussage [r(ə)pusaʒ] 男《金属版などの》打ち出し細工

repoussant(e) [r(ə)pusã, -ãt] 形 嫌悪感を起こさせる, いやな, 不快

repousse [r(ə)pus] 女 (髪・植物が)再び生えること

repoussé(e) [r(ə)puse] 形 (< repousser) 打ち出し細工を施された

*__repousser__ [r(ə)puse ルプセ] 他 ① 押し戻す; 押しやる; 延期する ② 拒絶する, 退ける; 不快にする ③ 打ち出し細工をする —自 (髪・植物が)再び生える — 代動 [se ~] 反発し合う

repoussoir [r(ə)puswar] 男 ① 小型のかねを ②《美術》ルプソワール【遠近・対照の効果を出すための濃い色調部分】
► servir de repoussoir à (人)の引き立て役になる

répréhensible [repreãsibl] 形 非難すべき

*__reprendre__ [r(ə)prɑ̃dr ルプランドル] 他 60 (英 take back, regain) 再び取る, 再び握る; 引き戻す, 下取りする; 買い戻す; (預けたものを)持って帰る; 連れて帰る; 取り戻す, 回復する; (中断したことを)再びやり始める; 言葉を繰り返す; やり直す; さらに食べる[飲む]; (病気などが)ぶり返す; (前の状態が)再びやってくる; (企業などを)引き継ぐ; 継承する ► Ça se reprend. あいかわらずやっている よ Ni repris ni échangé. 《表示》品物の返品・交換はお断わりにします On ne m'y reprendra plus. もうその手には乗らないよ Que je ne t'y reprenne pas! もうこんなことしちゃだめだよ reprendre confiance [courage] 自信[勇気]を取り戻す reprendre connaissance [ses esprits] 意識を取り戻す reprendre contact avec (人)とよりを戻す reprendre des couleurs (ほほに)血の気が戻る reprendre haleine 一休みする reprendre sa place 席に戻る; 復職する reprendre son cours 話をまた戻す; いつもの状態に戻る — 自 勢い盛り返す; (病人が)回復する; 再び始まる — 代動 [se ~] 言い直す; 気を取り直す, 自分を取り戻す — se reprendre à … 《文》また…し始める ► s'y reprendre à deux [plusieurs] fois 2度[何度も]やりなおす

repreneur(se) [r(ə) prɑnœr, -øz] 男 《経》(企業の)買収者; (倒産企業の)請負い人

représailles [r(ə)prezaj] 女《複》(国家間の)報復; (個人の)仕返し, 復讐
► exercer des représailles 復讐する par représailles 報復として

*__représentant(e)__ [r(ə)prezɑ̃tɑ̃, -ɑ̃t ルプレザンタン(ト)] 名 《英 representative》 ① 代表者, 代理人 ② セールスマン (= ~ de commerce) ③ (人間・動物の)代表, 典型

représentatif(ve) [r(ə)prezɑ̃tatif, -iv] 形 (…を)代表する《de》; 代議制の

*__représentation__ [r(ə)prezɑ̃tasjɔ̃ ルプレザンタスィヨン] 女 ① 表示, 表現 ② 代表すること; 《集合的》代表者, 代理 ③ (劇の)上演, 公演

représentativité [r(ə)prezɑ̃tativite] 女 代表性, 代表権[資格]

*__représenter__ [r(ə)prezɑ̃te ルプレザンテ] 他 《英 represent》 ① (絵・写真などで)示す, 表す, 象徴する ② 上演する, 演じる ③ 代表する; 代理をする ④ …になる, 相当する ⑤ 再提出する — 自 《話》(人が)態度[風采]がよい — 代動 [se ~] ① 想像する, 思い描く ② (人が)再び志願[出願]する; (ものが)再び生じる

répressif(ve) [reprɛsif, -iv] 形 抑圧的な

répression [represjɔ̃] 女 鎮圧, 弾圧; 抑止, 防止;《心》抑圧

réprimande [reprimɑ̃d] 女 叱責, 非難, 懲戒, 戒告

réprimander [reprimɑ̃de] 他 叱責する, とがめる

réprimer [reprime] 他 ①(感情など)を抑圧する, 抑える ② 鎮圧する; 処罰する

reprint [rəprint] 男 《<英》 リプリント

repris(e) [r(ə) pri, -iz] 形 (< reprendre) 繰り返された — 男 ► repris de justice 前科者

reprisage [r(ə)prizaʒ] 男 繕い

*__reprise__ [r(ə)priz ルプリーズ] 女 ① 再開; 再演, 再上映; 繰り返し;《楽》反復; 取り戻すこと; (景気などの)立ち直り, 回復; 奪回 ► à plusieurs [maintes] reprises 何回にもわたって ② (商品の)下取り, 引取り; (企業などの)買い取り ③ (自動車の)加速 ④ (衣服の)繕い ⑤ [スポーツ] (馬術の)1課; (試合の)後半; (ボクシングの)ラウンド

repriser [r(ə)prize] 他 (衣服などを)繕う

réprobateur(trice) [reprɔbatœr, -tris] 形 厳しい非難のこもった

réprobation [reprɔbasjɔ̃] 女 厳しい非難, 糾弾

*__reproche__ [r(ə)prɔʃ ルプロシュ] 男 《英 reproach》 非難; 批判 ► sans reproche 非の打ちどころのない **soit dit sans reproche** 非難するつもりはないのだが

*****reprocher** [r(ə)prɔʃe ルプロシェ] 他 (英 reproach) 非難する, とがめる ▸ **reprocher A à B** A にB をとがめる **reprocher à A de …** A (人) が…することを非難する — 代動 [se ~] (…のことで) 自分を責める (de)

reproducteur(trice) [r(ə)prɔdyktœr, -tris] 形 生殖用の — 男 ① 繁殖用の家畜 ② 複製の機器

reproductible [r(ə)prɔdyktibl] 形 再生 [再現] できる; 繁殖可能な

reproductif(ve) [r(ə)prɔdyktif, -iv] 形 繁殖 [生殖] の, 再生産の

reproduction [r(ə)prɔdyksjɔ̃] 女 ① 生殖, 繁殖 ② 再現; 再録, 転載 ③ 複製, 模写, コピー

*****reproduire** [r(ə)prɔdɥir ルプロデュイール] 他 ⑮ ① 再現する, 再生する; 再録する, 転載する ② 繰り返す ③ 複製を作る, 複写する ④ (子孫を) 生む, 増やす — 代動 [se ~] ① 繁殖する ② 再生される; 再び起こる

reprogrammer [r(ə)prɔgrame] 他 (番組などのプログラムを) 組み直す

reprographie [r(ə)prɔgrafi] 女 複写 (法)

reprographier [r(ə)prɔgrafje] 他 複写する

réprouvé(e) [repruve] 形名 (< réprouver) ① 社会から拒絶された (人) ② (神) 神に見捨てられた (人)

*****réprouver** [repruve レプルヴェ] 他 ① 非難する, 排斥する; 拒絶する ② (神) 神が見捨てる

reps [rɛps] 男 (家具張りなどに使う) 畝(うね)織の布

reptation [rɛptɑsjɔ̃] 女 這うこと, 爬行(はこう)

*****reptile** [rɛptil レプティル] 男 ヘビ (蛇); (複) 爬(は)虫類の

reptilien(ne) [rɛptiljɛ̃, -ɛn] 形 爬(は)虫類の

repu(e) [rəpy] 形 (< repaître) 腹いっぱい食べた; (…に) 満足した (de)

*****républicain(e)** [repyblikɛ̃, -ɛn ルピュブリカン (ケヌ)] 形 共和国の; 共和主義の; (アメリカの) 共和党の — 名 共和主義者; (アメリカの) 共和党員 [支持者]

républicanisme [repyblikanism] 男 共和主義

*****république** [repyblik ルピュブリック] 女 共和国; 共和制 ▸ **Cinquième République** [la ~] 第5共和制 [1958年以降]

répudiation [repydjɑsjɔ̃] 女 離婚; 放棄

répudier [repydje] 他 (妻を) 離縁する; 捨てる, 破棄する; [法] (財産や国籍などを) 放棄する

répugnance [repyɲɑ̃s] 女 嫌悪感; 嫌気 ▸ **avec répugnance** いやいやながら

répugnant(e) [repyɲɑ̃, -ɑ̃t] 形 嫌悪を催させる, 不快な

*****répugner** [repyɲe レピュニェ] 自 ① (人に) 嫌悪感を抱かせる (à) ② (…することを) いやがる (à)

répulsif(ive) [repylsif, -iv] 形 反発する

répulsion [repylsjɔ̃] 女 激しい反感, 嫌悪; (物) 反発作用, 斥力

réputation [repytɑsjɔ̃ レピュタスィヨン] 女 評判; 名声 ▸ **connaître … de réputation** …の話だけは聞いている ▸ **de réputation mondiale** 世界的に名の通った

réputé(e) [repyte] 形 (< réputer) 評判のよい, 有名な

réputer [repyte] 他 (文) (…と) みなす

requérant(e) [rəkerɑ̃, -ɑ̃t] 形 [法] 申請する — 名 申請人

requérir [rəkerir] 他 ② ① 要請する, [法] 求刑する; (賠償などを) 要求する ② (ものが) 必要とする ▸ **requérir A de …** A (人) に…することを要求する

requête [rəkɛt] 女 嘆願 (書), 懇願; [法] 請願, 申請 ▸ **à [sur] la requête de** (人) の請願により

requiem [rekɥijɛm] 男 (不変) (カト) 死者鎮魂の祈り; [楽] 鎮魂曲, レクイエム

requin [rəkɛ̃] 男 [魚] サメ (鮫); (商売などに) 強欲な人 ▸ **requins de la finance** 高利貸し

requinquer [r(ə)kɛ̃ke] 他 (話) (もの が) 人を元気づける — 代動 [se ~] 元気になる

requis(e) [rəki, -iz] 形 (< requérir) 必要な; 徴用された ▸ **avoir l'âge requis** 規定の年齢に達している **satisfaire aux conditions requises** 必要な条件を満たす — 男 (第2次大戦中にドイツ軍によって) 徴用された市民

requisit, réquisit [rekizit] 男 [哲] 必要条件

réquisition [rekizisjɔ̃] 女 (法による) 要請; 徴用, 徴発

réquisitionner [rekizisjɔne] 他 徴用する, 徴発する; (話) (手伝いなどに) 駆り出す

réquisitoire [rekizitwar] 男 [法] 論告, 求刑; 非難 (文書), 糾弾

RER (略) Réseau express régional 首都圏高速交通網 [パリと郊外を結ぶ地下鉄]

resaler [r(ə)sale] 他 塩を足す

resalir [r(ə)salir] 他 ③③ 再び汚す

rescapé(e) [rɛskape] 形名 (事故・災難などから) 生き残った (人)

rescinder [resɛ̃de] 他 [法] (契約などを) 取り消す

rescision [resizjɔ̃] 女 [法] (契約の) 取り消し

rescousse [rɛskus] 女 ❶*à la rescousse* 救援に, 救助に ―*appeler... à la rescousse* …に助けを求める ❷(海)(古)(略奪されたものの)奪還

***réseau** [rezo レゾ~] 男 (複 ~x) (英 net) 網, (交通・通信などの)組織網; [情報] ネットワーク ▶*être en réseau* ネットワーク化されている *mettre des ordinateurs en réseau* パソコンをネットワークに接続する *réseau commercial* [*de vente*] 販売網 *réseau d'espionnage* スパイ網 *réseau ferroviaire* [*routier*] 鉄道[道路]網 *réseau local* ローカルエリアネットワーク (LAN)

résection [rezɛksjɔ̃] 女 [医] 切除 (術)

réséda [rezeda] 男 [植] モクセイソウ

réséquer [reseke] 他 57 [医] 切除する

réservataire [rezɛrvatɛr] 男 [法] 遺留分権利者

réservation [rezɛrvasjɔ̃ レゼルヴァスィヨン] 女 (部屋・座席などの)予約; 予約したもの

***réserve** [rezɛrv レゼルヴ] 女 (英 stock) ❶貯え, 備蓄; (商店の倉庫, 奥の部屋; 天然資源などの)埋蔵量 ▶*de réserve* 予備の *en réserve* うち で; 保存用に ❷(動植物の)保護地域, (美術館・図書館の)非公開収蔵品 ▶ *réserve de pêche* [*chasse*] 禁漁 [禁猟]区 *réserve naturelle* 自然保護区 ❸慎重さ; 留保, 条件 ▶*devoir* [*obligation*] *de réserve* (公務員の)政治的中立の義務 *être* [*se tenir*] *sur la réserve* 慎重に構える *sans réserve* 無条件に, 全面的に *sous réserve de* [*que*]…という条件で, …である限り *sous toutes réserves* 保証はできないが; 未確認である

***réservé**(**e**) [rezɛrve レゼルヴェ] 形 (<*réserver*) ❶控え目な, 慎みがちな 慎重な ❷(座席などが)予約済みの ❸(…に)専用の, 割り当てられた (à, pour) ▶*tous droits réservés* 著作権所有

***réserver** [rezɛrve レゼルヴェ] 他 (英 reserve) 取っておく, 残しておく; 予約する; (決断などを)保留する, 控える ▶ *réserver à... un accueil chaleureux* [*glacial*] (人)を温かく[冷たく]迎える ―代動 [*se* ~] ❶自分のために取っておく ❷(…する権利を)残しておく (*de*); (…のために)控える (*pour*)

réserviste [rezɛrvist] 男 予備役軍人

***réservoir** [rezɛrvwar レゼルヴォワール] 男 貯水槽[池]; 養魚池, いけす; (…の)宝庫 (*de*)

résidant(**e**) [rezidɑ̃, -ɑ̃t] 形 在住の, 駐在する

***résidence** [rezidɑ̃s レズィダンス] 女 居住(地); 住居; 邸宅, 高級マンション ▶ *en résidence surveillée* 自宅に軟禁された *résidence principale* [*secondaire*] 主たる住居[別荘]

***résident**(**e**) [rezidɑ̃, -ɑ̃t レズィダン(ト)] 名 (特に外国人・学生寮の)居住者 ▶*résidents japonais en France* 在仏日本人 ― 形 [情報] 常駐の

résidentiel(**le**) [rezidɑ̃sjɛl] 形 (地域などが)住宅のための ▶*quartier résidentiel* 高級住宅街

***résider** [rezide レズィデ] 自 ❶(…に)居住する, 在住する (à, en, dans) ❷(…にある, 存する (dans)

résidu [rezidy] 男 [物・化] 残留物; くず, 残りかす

résiduel(**le**) [reziduɛl] 形 残留する, 残った

résignation [reziɲasjɔ̃] 女 甘受, 忍従; あきらめ

résigné(**e**) [reziɲe] 形名 (< *résigner*) あきらめた(人), 忍従した(人)

***résigner** [reziɲe レズィニェ] 他 (英 resign) 《文》 (人の)をあきらめる; 辞職する ―代動 [*se* ~] (…すること)を甘受する; [[補語なしで]] 高級住宅街

résiliable [reziljabl] 形 [法] (契約が)解除可能な, 解約できる

résiliation [reziljasjɔ̃] 女 [法] (契約の)解除, 取り消し

résilier [rezilje] 他 [法] (契約)を取り消す, 解除する

résille [rezij] 女 ヘアネット ▶*bas résille* 網タイツ

résine [rezin] 女 樹脂; 松やに

résiné [rezine] 男 (松やにで香りをつけた)(ギリシアの)レッチーナワイン (= *vin* ~)

résiner [rezine] 他 (…の)樹脂をとる; (…に)樹脂を塗る

résineux(**se**) [rezinø, -øz] 形 樹脂を分泌する; 樹脂性の ― 男 (複) 樹脂植物

résinier(**ère**) [rezinje, -ɛr] 名 樹脂採取人 ― 形 樹脂の

résipiscence [resipisɑ̃s] 女 《宗》 (文) 悔悟, 悔悛 (ニヒミネʼ)

***résistance** [rezistɑ̃s レズィスタンス] 女 抵抗, 反抗, 反対; 耐久力, 強度, 抗力; [電] 抵抗力; [多く R-] レジスタンス 【第 2 次大戦中のドイツへの抵抗運動・組織】 ▶*manquer de résistance* スタミナ不足である, もろい *opposer une résistance* 抵抗する *résistance des matériaux* 材質の強度 *résistance passive* 不服従

***résistant**(**e**) [rezistɑ̃, -ɑ̃t レズィスタン(ト)] 形 丈夫な, 強い, 抵抗力のある; 反抗的な; (…に)強い, 耐久性がある (à) ― 名 対独レジスタンスの活動家; 抵抗する人

***résister** [reziste レズィステ] 自 (英 resist) ❶(…に)抵抗する, 逆らう (à) ❷(…の圧力・力)に耐える, (…)を持ちこたえる (à)

résistivité [rezistivite] 女 [電] 抵抗率

resocialisation [rəsɔsjalizasjɔ̃] 囡 (受刑者・障害者などの)社会復帰

***résolu(e)** [rezɔly レゾリュ] 形 (< résoudre) 断固たる, 決然とした ▶ **être bien résolu à...** 断固として...する決意だ

résoluble [rezɔlybl] 形 ①分解できる ②(問題が)解決できる ③(契約などが)解除できる

résolument [rezɔlymɑ̃] 副 断固として; 果敢に ▶ **être résolument contre** ...に断固反対である

résolutif(ve) [rezɔlytif, -iv] 形 [薬]溶解[消散]させる ― 男 溶解[消散]剤

***résolution** [rezɔlysjɔ̃ レゾリュスィヨン] 囡 ①(英 decision) 決心, 決意; 断固とした態度; 決議(文) ▶ **prendre la résolution de** ...しようと決心する ②(英 resolution) (問題などの)解決 ③(...への)変化, 還元((en)); 分解 ④ [情報・光]解像度

résolutoire [rezɔlytwar] 形 [法] 解除の

résonance [rezɔnɑ̃s] 囡 (音の)反響, 響き; (精神的な)反響; [物] 共鳴 ▶ **résonance magnétique nucléaire** [物]核磁気共鳴(= RMN)

résonateur [rezɔnatœr] 男 共鳴器

réson(n)ant(e) [rezɔnɑ̃, -ɑ̃t] 形 共鳴する

résonner [rezɔne] 自 (音などが)鳴り響く; (場所が)反響する; (音などで)響きわたる((de))

résorber [rezɔrbe] 他 [医](膿などを)吸収する; (困難などを)解消する ― [代動] **se ~** 吸収される; (困難などが)解消される

résorption [rezɔrpsjɔ̃] 囡 [医](膿瘍などの)吸収; (困難などの)解消

*★**résoudre** [rezudr レズードル] 他 62 (英 resolve) ①(問題などを)解く, 解決する ②(...しようと)決心する((de)) ③ ▶ **résoudre A à ...** A (人)に...することを決心させる ④(文)(...に)変える((en)) ― [代動] **se ~** ①(...しようと)決心する((à)) ②(...に)変わる((en)); (...に)帰着する((à))

*★**respect** [respe レスペ] 男 (英 respect) 尊敬, 敬意; 尊重, 重視; (複)(あいさつで)敬意のしるし ▶ **avoir du respect pour [envers]** (人)を尊敬している ▶ **manquer de respect à [envers]** (人)に対して失礼な態度をとる((特に女性に))なれなれしくする ▶ **Présentez mes respects à** (人)によろしくお伝え下さい ▶ **respect de soi** 自尊心, **sauf votre respect / avec [sauf] le respect que je vous dois** 失礼ながら言わせて頂きますが ▶ **tenir ... en respect** (武器などで)(人)の動きを封じる

respectabilité [respektabilite] 囡 尊厳, 威厳, 体面

*★**respectable** [respektabl レスペクタブル] 形 ①尊敬すべき ②かなりの, 相当な

*★**respecter** [respekte レスペクテ] 他 (英 respect) 尊敬する; (規則などに)従う; 守る, 大切にする ▶ **respecter les pelouses** (掲示)芝生の中に入らないでください **se faire respecter** (人)から尊敬される; (子供などに)言うことを聞かせる ― [代動] **(se ~)** 体面を重んじる, 義を重んじる ▶ **qui se respecte** その名にふさわしい

respectif(ve) [respektif, -iv] 形 それぞれの, 各自の

respectivement [respektivmɑ̃] 副 各自別々, それぞれ

respectueusement [respektɥøzmɑ̃] 副 敬意をこめて; うやうやしく

respectueux(se) [respektɥø, -øz レスペクテュユー(ズ)] 形 敬意のこもった, 丁重な ▶ **être respectueux envers** [**pour**] (人)に対して敬意を抱いている **respectueux de ...** を尊重する, ...に配慮した

respirable [respirabl] 形 呼吸に適した; 呼吸できる

respirateur [respiratœr] 男 人工呼吸器

respiration [respirasjɔ̃ レスピラスィヨン] 囡 (英 breath) 呼吸, 息; [楽]息継ぎ ▶ **respiration artificielle** 人工呼吸

respiratoire [respiratwar] 形 呼吸の

*★**respirer** [respire レスピレ] 自 (英 breathe) 呼吸する, 息をする; はっとひと息つく ▶ **respirer à fond [profondément, à pleins poumons]** 深呼吸する ― 他 ①(空気を)吸う; (においを)かぐ ②(感情・状態を)表す, 発散する

resplendir [resplɑ̃dir] 自 33 輝く, 光る

resplendissant(e) [resplɑ̃disɑ̃, -ɑ̃t] 形 光り輝く

resplendissement [resplɑ̃dismɑ̃] 男 光輝, 輝き

responsabilisation [respɔ̃sabilizasjɔ̃] 囡 責任をもたせられること

responsabiliser [respɔ̃sabilize] 他 (人に)責任感をもたせる

*★**responsabilité** [respɔ̃sabilite レスポンサビリテ] 囡 (英 responsibility) 責任, 責務 ▶ **avoir la responsabilité de** ...の面倒を見る責任がある **décliner toute responsabilité** 責任を一切負わない **prendre** [**assumer**] **la responsabilité de** ...の責任をとる **responsabilité civile** [**pénale**] 民事[刑事]責任 **responsabilité collective** 連帯責任

*★**responsable** [respɔ̃sabl レスポンサブル] 形 (英 responsible) ①(...に)責任がある; (ものが...の)原因となる((de)) ②思慮深い, 責任感のある ― 名 責任

resquille [rɛskij] 女, **resquillage** [rɛskijaʒ] 男 (話) ただ見; ただ乗り

resquiller [rɛskije] 自 (話) ただ見[乗り]する; (列に)割りこむ — 他 (話) ただで手に入れる

resquilleur(se) [rɛskijœr, -øz] 名 (話) ただ見[乗り]の(人); 割りこむ(人)

ressac [rəsak] 男 砕ける大波, 返し波

ressaisir [r(ə)sezir] 他 33 再び手に取る, 再びとらえる; 取り戻す — 代動 [se ~] 落ち着きを取り戻す; 立ち直る, 巻き返す

ressasser [r(ə)sase] 他 くどくど繰り返す; (思い出などを)反芻(はんすう)する

ressaut [r(ə)so] 男 隆起, 突起; [建] 突き出し

ressauter [r(ə)sote] 自 再び跳ぶ — 他 再び飛び越す

*__ressemblance__ [r(ə)sɑ̃blɑ̃s ルサンブランス] 女 (英 resemblance) 似ていること, 類似; (複) 類似点

*__ressemblant(e)__ [r(ə)sɑ̃blɑ̃, -t ルサンブラン(ト)] 形 よく似ている

*__ressembler__ [r(ə)sɑ̃ble ルサンブレ] 自 (英 resemble) (…に)似ている (à); (…に)似つかわしい, ふさわしい (à) ▶ **À quoi ressemble-t-il?** (話) 彼は見た感じどんな風でした? — 代動 [se ~] 互いに似ている ▶ **Qui se ressemble s'assemble.** (ことわざ) 類は友を呼ぶ **se ressembler comme deux gouttes d'eau** 瓜二つである

ressemelage [r(ə)səmlaʒ] 男 靴底の張り替え

ressemeler [r(ə)səmle] 他 4 (靴の)底を張り替える

ressemer [r(ə)səme, rəs(ə)me] 他 再び種をまく

*__ressentiment__ [r(ə)sɑ̃timɑ̃ ルサンティマン] 男 恨み, 怨(えん)恨 ▶ **éprouver [garder] du ressentiment de [contre]** …について[人に対して]恨みを抱く

ressentir [r(ə)sɑ̃tir] 他 48 (感覚·感情を)強く感じる, 抱く; (…に)強く影響される — 代動 [se ~] (人が痛みなどの)感じが残る; (ものの)影響が感じられる (de) ▶ **s'en ressentir pour…** (話) …が欲しい, したい

resserre [r(ə)sɛr] 女 物置(小屋), 倉庫

resserré(e) [r(ə)sere] 形 (< resserrer) (間隔が)狭い; きつく締めた

resserrement [r(ə)sɛrmɑ̃] 男 締め直し, 引き締め; 収縮

*__resserrer__ [r(ə)sere ルセレ] 他 (英 tighten up) 締め直す, 引き締める; (関係などを)強める — 代動 [se ~] 引き締まる, 収縮する; 狭まる; 強化される

resservir [r(ə)sɛrvir] 他 69 (同じ料理を)また出す; お代わりを出す; (話)などを)繰り返す — 自 再び役に立つ — 代動 [se ~] お代わりをする; (…を)再び使う (de)

ressort¹ [r(ə)sɔr] 男 ①ばね, ぜんまい ②気力, 元気力; 原動力, 動機 ▶ **avoir du [manquer de] ressort** 気力がある[無気力だ]

ressort² [r(ə)sɔr] 男 [法] 権限(のおよぶ範囲); 管轄(区域) ▶ **en dernier ressort** 最終審で; 最終的に ▶ **être du ressort de** (人の)権限[管分]である

ressortir¹ [r(ə)sɔrtir] 自 [助動詞 être] 48 ①(入ってからまた)出る ②(…に)浮き出る, 目立つ (sur) ▶ **faire ressortir** …を強調する — 他 [助動詞 avoir] (話) ①再びひっぱり出す; 復刊する, 再上映する ②繰り返す, むし返す

ressortir² [r(ə)sɔrtir] 自 48 ①[非人称で] **il ressort que…**]結果として生じる, 現れる ②(…の)管轄[領域]に属する; (…に)関係する (à)

ressortissant(e) [r(ə)sɔrtisɑ̃, -ɑ̃t] 名 外国在留者, 在外自国民 ▶ **ressortissant français** 在外フランス人

ressouder [r(ə)sude] 他 再びはんだうけする

*__ressource__ [r(ə)surs ルスルス] 女 (英 means, resource) (複)資金, 資産; 資源; 能力, 可能性; (困難を切り抜ける)手段, 方策 ▶ **avoir de la ressource** まだ余力がある **femme [homme] de ressource(s)** 臨機応変に行動できる人 **ressources humaines** 人材 **ressources naturelles** 天然資源 **Vous êtes ma dernière ressource.** あなたが最後の頼みの綱だ

ressourcer [r(ə)surse] 他 (理念などに)新たな価値を与える — 代動 [se ~] 根源に立ち帰る

ressouvenir [rsuvnir] 代動 [se ~] 75 (文) (…を)再び思い出す (de)

ressuer [rəsɥe] 自 (壁などに)結露ができる; (他)溶解分離にかける

ressurgir [r(ə)syrʒir] 自 33 = resurgir

ressusciter [resysite] 他 生き返らせる; 回復させる; 復活させる — 自 [助動詞 être] ①生き返る, よみがえる ②命を取りとめる

ressuyer [resɥije] 他 30 (古·方) 乾かす — 代動 乾く

restant(e) [rɛstɑ̃, -ɑ̃t] 形 (< rester) 残りの, 残っている ▶ **envoyer une lettre poste restante** 手紙を局留めで出す — 男 残り; 残部 ▶ **restant de ses jours** 余命

restau [rɛsto] 男 (話) レストラン

restaurant [rɛstorɑ̃ レストラン] 男 (英 restaurant) レストラン, 食堂 ▶ **restaurant rapide** ファーストフード店

restaurateur(trice) [rɛstɔratœr,

-tris] 名 ①レストランの経営者 ②(美術品などの)修復家

restauration [rɛstɔrasjɔ̃] 女 ①修復，復元 ②復興，(特に)王政復古；[la R-]](ブルボン家の)王政復古時代 [1814-30] ③レストラン業 ▶restauration rapide ファーストフード産業

*restaurer [rɛstɔre レストレ] 他 ①修復[復元]する ②復興させる，復活させる；(人体組織などを)回復させる ③(人に)食事を出す ── 代動 [se ~] 食事をする

restauroute [rɛstɔrut] 男 = restoroute

*reste [rɛst レスト] 男 (英 rest) 残り，余り；その他；(…の)名残；(複)残り物，残飯；(複)遺骸，遺骨；残額，廃墟 ▶avoir de beaux restes (皮肉をこめて)往年の美しさをとどめている du reste それに；いずれにせよ et (tout) le reste その他いろいろ le reste de sa vie 余命 le reste du temps [副詞的に]それ以外のときは partir sans demander son reste 四の五の言わずに立ち去る pour le reste その他のことは(について)は

*rester [rɛste レステ] 自 [助動詞 être] (ある場所に)とどまる，留まる；(…するために)とどまる，残る(à)；(ある状態に)とどまる，(…のままでいる；…しつづける；残っている，存在する(à)；思い出し残る，存続する ▶Ça me reste sur l'estomac. それが胃にもたれる；(話)思い出してならない Ça m'est resté en [en travers de la gorge]. それがのどにつかえる Ça reste entre nous. このことが外に漏れる心配はありません en rester à …までで終わる (en) rester comme deux ronds de flan (話)絶句する en rester là そこまでにしておく，その段階でとまってしまう (en) rester sur le cul (話)腰を抜かす ne pouvoir pas rester en place 1か所にじっとしていることができない rester à [不定詞] …するためにとどまる rester à la maison 在宅する，家にとどまる rester chez soi 自宅にいる，在宅する rester debout 立ったままでいる，起きている rester en carafe (話)待ちぼうけを食う rester sur le cœur 心から離れない rester sur sa faim (食事のあとに)まだなかがすいている；(映画などを見た後に)物足りない感じがする y rester (話)死ぬ ── 非人称 ▶Il ne reste plus qu'à ... あとは…するだけだ Il ne reste que ... もう…しか残っていない Il reste …が残っている Il reste à [不定詞] あと…することが残っている Il reste de ... …が残っている Il n'en reste pas moins que ... それでも…ということに変わりはない Reste à savoir si ... …かどうかはまだわからない[今後を待たねばならない]

restituable [rɛstitɥabl] 形 復元可能な；返還すべき

*restituer [rɛstitɥe レスティテュエ] 他 ①(不当に得たものを人に)返す，返還する(à) ②復元する，再現する；(音を)再生する；(蓄えられたエネルギーなどを)放出する

restitution [rɛstitysjɔ̃] 女 返還，復元

*resto [rɛsto] 男 (話)レストラン ▶resto(-)U 学生食堂

restoroute [rɛstɔrut] 男 ドライブイン

*restreindre [rɛstrɛ̃dr レストランドル] 他 19 制限する；切りつめる ── 代動 [se ~] 制限される；生活を切りつめる

restreint(e) [rɛstrɛ̃, -ɛ̃t] 形 (< restreindre) 限られた，限定された

restrictif(ve) [rɛstriktif, -iv] 形 制限する，限定する

*restriction [rɛstriksjɔ̃ レストリクスィヨン] 女 制限，縮減；制約，留保；(複)物資統制，配給制；窮乏 ▶enzyme de restriction (生)制限酵素 faire [émettre] des restrictions 疑問をさしはさむ sans restriction 無条件で[の]

restructuration [rɛstryktyrasjɔ̃] 女 再編成する，リストラ

restructurer [rɛstryktyre] 他 再構成する；再編成する，リストラする

resucée [r(ə)syse] 女 (話)(飲み物の)追加，もう1杯；焼き直し

résultante [rezyltɑ̃t] 女 (諸要因の)結果；物 合力

*résultat [rezylta レズュルタ] 男 (英 result) 結果；[文脈で副詞的に](その結果；(複)成果；(試験の)成績；(スポーツの)試合結果，勝負；決算；(問題の答え，解答 ▶résultat des courses 結局のところ résultat net [経] 純利益 sans résultat 成果を上げられず，無駄な

*résulter [rezylte レズュルテ] 自 (英 result) [助動詞 être または avoir] (ものが…から)生じる，(…の)結果である(de) ▶Il en résulte que ... その結果…ということになる Il résulte A de B. [非人称] B から A が生じる

*résumé [rezyme レズュメ] 男 要約，レジュメ；概説書 ▶en résumé 要するに

*résumer [rezyme レズュメ] 他 要約する，まとめる ── 代動 [se ~] ①自分の話のを要約する ②(ものごとが…に)要約される；(…(すること)に)つきる(à, en, dans)

résurgence [rezyrʒɑ̃s] 女 湧き水，再度現れること，復活

résurgent(e) [rezyrʒɑ̃, -ɑ̃t] 形 (水が)湧き出る

resurgir [r(ə)syrʒir] 自 33 再びふっと現れる

résurrection [rezyrɛksjɔ̃] 女 よみがえること，蘇生；[la R-] [美術] キリスト復活(の)；復活；回復；復興

retable [rətabl] (< ス) 男 [宗] 祭壇

rétabli(e) 背後の飾り壁[ついたて]；祭壇画

rétabli(e) [retabli] 形 (< rétablir) 復旧[回復]した，復元された

***rétablir** [retablir レタブリール] 他 33 (英 restore) 元の状態に戻す；(事実などを)再興する；(電信・交通などを)復旧する；立て直す；(健康を)回復させる；(人を)復帰させる；(人を)復権させる ▶ *~ qn dans [en] sa santé* (人の)健康を取り戻す；(ものごとが)元に戻る

rétablissement [retablismã] 男 ① 立て直し，回復；健康の回復 ②〔体操〕腕立て懸垂

retailler [r(ə)taje] 他 切り直す

rétamage [retamaʒ] 男 錫(すず)めっきの仕直し

rétamé(e) [retame] 形 ①(話) 疲れた ②(古) 酔った

rétamer [retame] 他 ① 再び錫(すず)めっきをする ②(話) 酔いつぶす，へとへとにさせる；壊す ▶ *se faire rétamer* (話)(賭け・争いに)負ける，(試験で)失敗する —代動 [se ~] 落ちる

rétameur [retamœr] 男 錫(すず)めっき職人

retapage [r(ə)tapaʒ] 男 手直し，修理

retape [r(ə)tap] 女 ▶ *faire de la retape* (街娼などが)客引きする，強引に勧誘する；(…を宣伝する，派手に主張する (*pour*))

retaper [r(ə)tape] 他 ①(話) 軽く修理する，手直しする ②(話) 元気にする —代動 [se ~] (話) 元気を取り戻す

***retard** [r(ə)tar ルタール] 男 (英 delay) ① 遅れ，遅滞；遅刻 ②〔冶金〕(薬剤などが)遅効性のこと ▶ *avoir du retard* 遅れている；(話題に)乗り遅れている *avoir un train [métro] de retard* (話) 遅れている，とり残されている *en retard* 遅れて *retard mental* 知恵遅れ *sans retard* ただちに *se mettre en retard* 遅刻する

retardataire [r(ə)tardatɛr] 形名 遅れた(人)，遅刻した(人)；時代遅れの(人)

retardateur(trice) [r(ə)tardatœr, -tris] 形 (燃焼・反応などを)遅らせる —男 〔写〕セルフタイマー

retardé(e) [r(ə)tarde] 形 遅れた —名 知的障害の(子供)

retardement [r(ə)tardəmã] 男 ▶ *à retardement* 時限式の；遅れての

***retarder** [r(ə)tarde ルタルデ] 他 (英 delay) (…の)時間[行為]を遅らせる (*de*)；延期する —自 (時計などが)遅れている (*de*)；(…に対して)遅れる；(話) 世情に疎い，遅れる (*sur*) —代動 [se ~] ① 遅れる，遅刻する ②(話) 時代に遅れる

retéléphoner [r(ə)telefɔne] 自 再び電話する

retendre [r(ə)tɑ̃dr] 他 28 張り直す

retenir [rətnir, rətənir ルトゥニール] 他 75 (英 keep, hold) ①(倒れ[落ち]ないように)つかまえる，支える，おさえる；固定する，留める；(人を)引き止める；留置する；制止する，思いとどまらせる；(怒り・涙などを)こらえる ▶ *Retenez-moi ou je fais un malheur!* 私を怒らせると何をするか分からないぞ *retenir l'attention de* (人の)注意を引く *retenir son souffle [sa respiration]* 息をこらえる ② 予約する ③ 覚える ④ (提案などを)とりあげる，考慮に入れる ⑤ (金額などを)差し引く，天引きする —代動 [se ~] ①(…に)つかまる，しがみつく (*à*) ②(…するのを)がまんする (*de*)；(屎)便などをがまんする ③ 覚えられる

retenter [r(ə)tɑ̃te] 他 再び試みる

rétenteur(trice) [retɑ̃tœr, -tris] 形 抑制する，抑止的な

rétention [retɑ̃sjɔ̃] 女 留め置くこと，保持，とどまること；〔医〕停留

***retentir** [r(ə)tɑ̃tir ルタンティール] 自 33 ① 響きわたる；〔文〕(…の音で)鳴り響く (*de*) ②(…に)影響する (*sur*)

retentissant(e) [r(ə)tɑ̃tisɑ̃, -ɑ̃t] 形 よく響く；反響を呼ぶ，大評判の

retentissement [r(ə)tɑ̃tismɑ̃] 男 響き，反響；評判，影響，余波

retenu(e) [rətny, rtəny] 形 (< retenir) 予約済みの，抑制された，慎み深い

retenue [rətny, rtəny] 女 ① 天引き，控除 ▶ *retenue à la source* 源泉徴収 ② 節度，自制；慎み深さ ▶ *sans retenue* 遠慮なく；手放しで ③〔数〕くり上がりの数 ④〔学校〕居残り ▶ *en retenue* 居残りの ⑤(商品の)差し押さえ，貯水池

réticence [retisɑ̃s] 女 ①(古) 故意の言い落とし；言外の意味 ② ためらい ▶ *avec réticence* ためらいがちに

réticent(e) [retisɑ̃, -ɑ̃t] 形 ためらいがちな；(故意に)黙っている

réticulaire [retikyler] 形 網(状)の

réticule [retikyl] 男 ①(古) 小型のバッグ，手提げ ②〔光〕照準十字線

réticulé(e) [retikyle] 形 網状の

réticulocyte [retikylɔsit] 男〔医〕網(状)赤血球

rétif(ve) [retif, -iv] 形 前に進まない；言うことをきかない，強情な

rétine [retin] 女〔解〕網膜

rétinien(ne) [retinjɛ̃, -ɛn] 形〔解〕網膜の

rétinopathie [retinɔpati] 女〔医〕網膜症

retirage [r(ə)tiraʒ] 男 増刷；焼き増し

retiré(e) [r(ə)tire] 形 (< retirer) 引退した，引きこもった；(場所が)人里離れた，へんぴな ▶ *vivre retiré* 隠棲する

***retirer** [r(ə)tire ルティレ] 他 ①(英 withdraw) (…から)取り出す，引き抜く；(利益などを…から)得る (*de*)；(英 take off) 脱ぐ，外す；引っ込める，取り下げる ▶ *retirer de l'argent (de*

la banque)(銀行から)金をおろす **retirer son permis à** (人)の免許を取り上げる **retirer un bouchon** ワインの栓を抜く **retirer un produit du commerce [du marché]** 商品を回収する ②再び撃つ;(写真を焼き増しする — 代動 **se ~** ①立ち去る;引き下がる;(…に)引きこもる(**dans**);身を引く,引退する;(潮・洪水などが)引く ►**se retirer de la partie** 勝負から降りる

retombées [r(ə)tɔ̃be] 囡 (複) 悪影響, 余波 ►**retombées radioactives** 放射性降下物, 灰

***retomber** [r(ə)tɔ̃be ルトンベ] 自 [助動詞 être] ①跳び下りる, 着地する;再び倒れる;再び落ちる;(悪い状態に)再び陥る(**dans**);(話題などが)…に戻ってくる;(また同じ人に)出くわす(**sur**) ►**retomber malade** また病気になる ②落ちてくる;垂れ下がる;下りる;(責任などが人に)降りかかる(**sur**) ►**Ça lui est retombé sur le nez.** 彼にもバチが当たったんだ **Ça m'est retombé dessus.** そのことで私は非難されるだろう

retoquer [r(ə)tɔke] 他 拒否する, しりぞける

retordage [r(ə)tɔrdaʒ] 男 (織)(糸に)撚(ょ)り合わせること

retordre [r(ə)tɔrdr] 他 [51] ①再び絞る ②(織)(糸を)撚(ょ)り合わせる ►**fil à retordre** 難題

rétorquer [retɔrke] 他 言い返す, 反論する

retors(e) [rətɔr, -ɔrs] 形 狡猾な, ずる賢い

rétorsion [retɔrsjɔ̃] 囡 (国家間の)報復措置 ►**user de rétorsion** 報復する

retouche [r(ə)tuʃ] 囡 手直し, 修正;(服の)寸法直し

retoucher [r(ə)tuʃe] 他 ①手直しする, 修正する;(服の)寸法を直す ②(…に)また手を出す(**à**)

retoucheur(se) [r(ə)tuʃœr, -øz] 名 修正する人

***retour** [r(ə)tur ルトゥール] 男 (英 return) 帰ること, 戻ること;帰宅;帰り道;もとに戻ること, 復帰, 回帰, 再発, 再来;再現;返送, 返品;(情報)リターンキー ►**à son retour** 帰るや **effet en retour** より戻し **en retour** その代わりに **(être) de retour** 帰っている(くる) **être sur le retour** 帰途につこうとしている;老年に近づいている **match retour** リターンマッチ **par retour du courrier** 折り返し **par un juste retour des choses** 情勢が逆転して;当然の報いとして **Retour à l'expéditeur [l'envoyeur]**(掲示)差出人へ返送 **retour au calme** 沈静化 **retour aux sources** 原点回帰 **retour d'âge** 更年期 **retour de manivelle**

[de bâton] はね返り **retour en arrière** 回顧, 回想;フラッシュバック **sans retour** 永久に

retourne [r(ə)turn] 囡 [トランプ](切り札を決める)めくり札

retournement [r(ə)turnəmɑ̃] 男 (事態・態度などの)急転, 急変

***retourner** [r(ə)turne ルトゥルネ] 他 (英 return, turn over) 裏返す, ひっくり返す;送り戻す;(話)(人の)意見を簡単に変える;(話)(部屋・家を)ひっかきまわす;(人)を動転させる —— 自 [助動詞 être] 再び行く;戻る, 帰る;(もとの状態に)戻る;(財産などが人に)返還される(**à**) ►**retourner… comme une crêpe** (話)(人)の意見をいとも簡単に変えさせる **retourner en arrière [sur ses pas]** 引き返す **retourner le compliment à**(人)にいやな言葉をそっくりそのまま返す **retourner le couteau dans la plaie** 傷口に塩を塗る **retourner un argument contre**(人)の論法を逆手にとって反撃する **savoir de quoi il retourne** [[非人称]](話)何か問題なのかわかっている —— 代動 **se ~** ①ひっくり返る;振り返る;寝返りを打つ ►**se retourner dans sa tombe**(死者が)安眠できない ②状況に対応する ③(…に)助けを求める(**vers**) ④(人に)敵対する(**contre**) ⑤[**s'en ~**](もとの場所に)戻る

retracer [r(ə)trase] 他 [52] ①生き生きと物語る, たどる ②(線を)引き直す, なぞる

rétractable [retraktabl] 形 ①撤回可能な ②(ボールペンが)ノック本式の

rétractation [retraktɑsjɔ̃] 囡 (言動の)取り消し, 撤回

rétracter¹ [retrakte] 他 撤回する, 取り消す —— 代動 **se ~** 前言を取り消す

rétracter² [retrakte] 他 収縮させる;ひっ込める —— 代動 **se ~** 収縮する;引っ込む

rétractibilité [retraktibilite] 囡 (湿気による木材の)伸縮性

rétractile [retraktil] 形 収縮性の;ひっ込められる

rétraction [retraksjɔ̃] 囡 (組織・器官などの)収縮;退縮

retraduire [rətradɥir] 他 [15] 改訳する;重訳する

retrait [r(ə)trɛ] 男 ①取り消し, 停止;辞退;撤回 ►**retrait du marché d'un produit** 製品の回収 **retrait du permis** 免許取り消し ②(荷物などの)引き渡し;(預金の)引き出し ③後ろに下がること;退避 ►**en retrait** 引っ込んで;後退して **rester en retrait** 表舞台に立たない ④(文)(水が)引くこと ⑤収縮

retraitant(e) [r(ə)trɛtɑ̃, -ɑ̃t] 名 (カト)黙想をする人

***retraite¹** [r(ə)trɛt ルトレット] 囡 (英

retraite 1) 退職, 引退, 退役 ▷退職年金, 恩給 ▶être à la [en] retraite 退職している prendre sa retraite 退職する retraite anticipée 早期退職 ②〔軍〕撤退, 退却 ▶battre en retraite 引き下がる ③〔宗〕静修;《文》隠れ家, 隠居所 ④〔軍〕《古》帰営 ▶retraite aux flambeaux (祝祭日などの軍隊による)松明(たいまつ)行進;(革命記念日などの一般の)ちょうちん行列

retraite² [r(ə)trεt] 囡 [商] 戻り手形

retraité(e) [r(ə)trete] 形 退職[退役]した;年金[恩給]を受けている — 图 退職者;年金生活者

retraitement [rətrεtmã] 男 (核燃料の)再処理

retraiter [rətrεte] 他 (核燃料を)再処理する

retranchement [r(ə)trãʃmã] 男 防御施設, 砦; 塹壕(ざんごう) ▶poursuivre [forcer]... dans ses derniers retranchements (人)を追い詰める

retrancher [r(ə)trãʃe] 他 ①(…から)削除する (de) ②(…から)数を引く, 差し引く (de) ③防御[砦]を築く — 代動 [se ~] (…のうちに)身を守る (de; …に)とる (derrière); 立てこもる ▶se retrancher dans son mutisme かたくなに黙り込む

retranscription [r(ə)trãskripsjɔ̃] 囡 新たな書き換え, 再度の書き写し; 再登記

retranscrire [r(ə)trãskrir] 他 26 転写し直す; 再登記する

retransmettre [r(ə)trãsmεtr] 他 41 中継放送する; 再び伝える ▶retransmettre... en direct [en différé] …を生中継[録画中継]する

retransmission [r(ə)trãsmisjɔ̃] 囡 中継放送 ▶retransmission en direct [en différé] 生録画放送

retravailler [r(ə)travaje] 他 再び手を加える, 修正する — 自 (…に)再びとりかかる (à); 再び働く

rétréci(e) [retresi] 形 (< rétrécir) 狭められた, 縮んだ

***rétrécir** [retresir レトレシール] 他 33 (英 take in, narrow) 狭くする, 縮める — 自 代動 [se ~] 狭くなる, 縮む

rétrécissement [retresismã] 男 狭く[小さく]なる[する]こと, 収縮; 偏狭になること;〔医〕狭窄(きょうさく)

retremper [r(ə)trãpe] 他 再び浸す; 再び焼入れする — 代動 [se ~] (…に)再び浸る (dans);(…によって)心が鍛えられる (à, dans)

rétribuer [retribɥe] 他 報酬を与える

rétribution [retribysjɔ̃] 囡 報酬, 給料; 報い

rétro¹ [retro] 形 (不変) 男 懐古趣味(の), 復古調(の), レトロ(な) (< rétrograde)

rétro² [retro] 男 《略》 rétroviseur (話) バックミラー

rétro- 接頭 (ラ)「後方へ」の意

rétroactif(ve) [retroaktif, -iv] 形 (法などの)遡及(そきゅう)力のある, 施行以前にさかのぼって適用される

rétroaction [retroaksjɔ̃] 囡 遡及(そきゅう)効果;〔電〕フィードバック

rétroactivement [retroaktivmã] 副 さかのぼって;遡及(そきゅう)して

rétroactivité [retroaktivite] 囡 (法の)遡及(そきゅう)性

rétrocéder [retrosede] 他 57 ①再譲渡する; 返還する ②〔医〕内攻する

rétrocession [retrosesjɔ̃] 囡 ①再譲渡, 返還 ②〔医〕内攻

rétrofusée [retrofyze] 囡 逆推進ロケット

rétrogradation [retrogradasjɔ̃] 囡 逆行, 後退; 公務員・軍人の降格処分, 格下げ

rétrograde [retrograd] 形 ①後退する, 逆行する ②退行中の, 復古調の, 反動的な

rétrograder [retrograde] 自 ①後戻りする, 後退する; 退行する, 進歩に遅らう ②(自動車の)ギアを落とす — 他 (公務員・軍人などを)降格処分にする

rétroprojecteur [retroprɔʒεktœr] 男 オーバーヘッドプロジェクター, OHP

rétropropulsion [retropropylsjɔ̃] 囡 逆噴射

rétrospectif(ve) [retrospεktif, -iv] 形 過去にさかのぼる, 回顧的な

rétrospective [retrospεktiv] 囡 (芸術家の)回顧展;(映画監督・俳優の)回顧特集

rétrospectivement [retrospεktivmã] 副 過去を振り返って; 後になってから

retroussé(e) [r(ə)truse] 形 まくり上げられた, めくれた ▶nez retroussé 上を向いた鼻

retrousser [r(ə)truse] 他 まくり上げる, 折り返す; 反り返らせる — 代動 [se ~] (自分の)服のすそをまくり上げる; めくれる, 反り返る

retrouvailles [r(ə)truvaj] 囡 (複) (話) 再会, (関係の)回復, 修復

***retrouver** [r(ə)truve ルトルヴェ] 他 ①再会する;(…の中に)再び見出す; 認める (dans) ▶Une chatte n'y retrouverait pas ses petits. ひどい散らかりようだ ②(失くしたものを)見つける;(健康などを)取り戻す; 思い出す — 代動 [se ~] (ある場所に)戻る, おもむく;(気がつくと…になっている, ついに …となる ③再会する; 再び落ち合う ▶On se retrouvera! 今に見てろよ ③場所・状況がわかる;(困難な状況に)光さがす (dans); 自分を取り戻す ▶Je ne m'y retrouve plus. もう訳がわからない s'y retrouver 見当がつく;(話) 出費をとり戻して, 利益を上げる

rétroversion [retroversjɔ̃] 囡〔医〕後傾(症)

rétrovirus [retrovirys] 男〔生〕レトロウイルス

rétroviseur [retrovizœːr] 男 バックミラー ▶*rétroviseur latéral* フェンダーミラー

rets [rɛ] 男〔文〕罠(な), 計略

réunification [reynifikasjɔ̃] 囡 (分裂した国家・党などの)再統一

réunifier [reynifje] 他 (分裂した国家・党などを)再統一する

Réunion [reynjɔ̃] 囡 [l'île de la ~] レユニオン島〔インド洋西部; フランス海外県〕

***réunion** [reynjɔ̃] レユニオン 囡 集めること; 集まり, 集会, 会合, 会議; 結合; (領土などの)併合 ▶*en réunion* 会議中である *réunion d'information* ブリーフィング *réunion sportive* 競技会

réunionite [reynjɔnit] 囡〔話〕何でもすぐに会議を開きたがる(病的な)性格

réunionnais(e) [reynjɔnɛ, -ɛz] 形 ; [R-] レユニオン島の(住人)

***réunir** [reynir] レユニール 他 33 集める, ひとつにまとめる; (会議・人を)招集する; 結びつける, 併合する; (いろいろな性質を)併せ持つ ── 代動 [se ~] ① (人が)集まる; (会議が)召集される ② (道・川が)合流する; 連合する

réussi(e) [reysi] 形 (< *réussir*) 成功した; 見事な; 〔話・皮肉の〕お見事な

***réussir** [reysir] レユスィール 直 33 (英 *succeed*) ① 成功する, うまくいく; 出世する; (試験などに)合格する (à) ② (うまくいくことに)成功する; (人に)よい結果をもたらす (à) ── 他 成功する, うまくやる; 試験に受かる ▶*réussir sa carrière* 輝かしいキャリアを積み上げる *réussir son coup* 見事にやってのける

***réussite** [reysit] レユスィト 囡 ① 成功, 合格; 成功作 ②〔トランプ〕ペイシェンス【ひとり占い】

réutilisable [reytilizabl] 形 再利用できる

réutilisation [reytilizasjɔ̃] 囡 再利用

réutiliser [reytilize] 他 再利用する

revacciner [r(ə)vaksine] 他 ワクチンを再接種する; 再種痘する

revaloir [r(ə)valwaːr] 他 74〔話〕(人に)恩返し[仕返し]する (à)

revalorisation [r(ə)valorizasjɔ̃] 囡 (価格・価値などの)引き上げ

revaloriser [r(ə)valɔrize] 他 (通貨・価格などを)引き上げる; 再評価する; イメージアップを図る

revanchard(e) [r(ə)vɑ̃ʃaːr, -ard] 形 ; 名〔軽蔑的〕復讐に燃えた(人・国)

***revanche** [r(ə)vɑ̃ːʃ] ルヴァンシュ 囡 (英 *revenge*) 雪辱, 報復, 仕返し; (スポーツなどの)雪辱戦 ▶*à charge de revanche* 相互主義で, おたい様で *en revanche* そのかわり; それに引きかえ *prendre sa revanche sur* (人)に雪辱[仕返し]する

rêvasser [revase] 直 空想にふける

rêvasserie [revasri] 囡 空想, 夢想

rêvasseur(se) [revasœːr, -øːz] 形 ; 名 空想にふける(人), 夢ばかり見ている(人)

***rêve** [rɛːv レーヴ] 男 (英 *dream*) 夢; 理想; 空想, 夢想; 〔話〕すばらしいもの ▶*créature de rêve* 空想上の生き物の化身(ぐし); 想像上の *de ses rêves* 理想の *en rêve* 夢の中で *faire un mauvais rêve* いやな夢を見る *Faites de beaux rêves!* (寝る前に)よい夢を *rêve éveillé* 白昼夢

rêvé(e) [reve] 形 理想的な

revêche [rəvɛʃ] 形 とっつきにくい, 気難しい

***réveil** [revɛj] レヴェイユ 男 ① 目覚め, 活動の再開; 〔軍〕起床の合図 ▶*au réveil* 目が覚めると ② 目覚まし時計 ▶*mettre le réveil à huit heures* 目覚ましを8時にセットする *réveil téléphonique* モーニングコール

réveillé(e) [reveje] 形 (< *réveiller*) 目の覚めた

réveille-matin [revɛjmatɛ̃] 男《不変》〔古〕目覚まし時計

***réveiller** [revɛje] レヴェイエ 他 (英 *wake (up)*) 目覚めさせる, 起こす; (人を)蘇(髪)らせる; 蘇起させる; (能力・感情などを)呼び覚ます, よみがえらせる ── 代動 [se ~] 目を覚ます, 起きる; 意識を取り戻す; 蘇起する; (感情などが)よみがえる

réveillon [revɛjɔ̃] 男 レヴェイヨン【クリスマスイブ&大晦日の真夜中にとる食事】 ▶*réveillon de Noël* [le ~] クリスマスイブのレヴェイヨン *réveillon du jour de l'An* [le ~] 大晦日のレヴェイヨン

réveillonner [revɛjɔne] 直 レヴェイヨン(*réveillon*)をとる

révélateur(trice) [revelatœːr, -triːs] 名 (真相の)啓示者 ── 形 (秘密・隠れたものを)明らかにする, 示す ── 男〔写〕現像液

***révélation** [revelasjɔ̃] レヴェラスィヨン 囡 ① 明かすこと (事態を解明する)新事実; 新発見; (突然頭角を現した)新人, 新星 ② 天啓, 啓示; [la R-]〔宗〕神の天啓

révélé(e) [revele] 形 ① 明かされた ② 神によって示された, 天啓の

***révéler** [revele] レヴェレ 他 57 ① (英 *reveal*) (未知の事実を)明かす, 暴露する; (ものを)示す, 表す ② 〔宗〕啓示する ③ 〔写〕現像する ── 代動 [se ~] 明かされる・才能などが現れる; (…ということが)明らかになる; [+形容詞] (…であることが)判明する

reven... ⇨*revenir*

revenant(e) [rəvnɑ̃, -ɑ̃ːt] 名 幽霊; 〔話〕久しぶりに現れた人

revendeur(se) [r(ə)vɑ̃dœr, -øz] 名 小売業者; 仲買人, ディーラー; 古物商

revendicateur(trice) [r(ə)vɑ̃dikatœr, -tris] 形 名 要求[請求]する(人)

revendicatif(ve) [r(ə)vɑ̃dikatif, -iv] 形 権利を要求する

***revendication** [r(ə)vɑ̃dikasjɔ̃] ルヴァンディカスィヨン 女 (英 claiming) (社会的)要求; 要求事項 ▶*délire de revendication* (精医) 被害妄想

***revendiquer** [r(ə)vɑ̃dike] ルヴァンディケ 他 ① 要求する, 主張する ②(責任を)負う, 引き受ける

revendre [r(ə)vɑ̃dr] 他 28 売り払う, 転売する ▶*avoir ... à revendre* …があふれるほどある

revenez-y [rəvnezi, r(ə)vənezi] 男 (不変) (感情などの)よみがえり ▶*un goût de revenez-y* 《話》また欲しくなるようなおいしい味

***revenir** [ravnir] ルヴニール 自 16 (英 come back, come again) [助動詞 être] ①戻って来る, 帰って来る; 再び来る, 繰り返し来る ②[不定詞とともに] …しに戻って来る; 再び[継ぎ足し]現れる; (元の状態・話題などに)戻る, 回復する, 復帰する(à); (…から)立ち直る, 覚める(de); 再考する, 考え直す, 撤回する(sur) ▶*Ça me revient!* 思い出した! *Cela revient à dire ...* それは…ということになる *Cela revient au même.* それは結局同じことだ *en revenir* 助かる, 危機を脱する; 迷いから覚める *en revenir à* …に戻る *il me revient ... (que ...)* …が思い当たる *Il n'y a pas à y revenir.* それはもう決まったことです *ne pas en revenir* いまだに信じられない; 開いた口がふさがらない *revenir à la charge* 再び攻撃する *revenir à la vie* 生きかえる *revenir à soi* 意識を取り戻す *revenir cher* 高くつく *revenir de loin* 九死に一生を得る *revenir sur ses pas* ①意見を変える ②帰着する, 費用がかかる(à); 帰属する, 権利[義務]となる(à) ③ ▶*faire revenir* (料)色つくまで炒める

revente [r(ə)vɑ̃t] 女 転売

***revenu** [ravny, r(ə)vəny] ルヴニュ 男 (英 revenue) (<revenir) 所得, 収入; 歳入

***rêver** [reve] レヴェ 自 (英 dream) 夢をみる; 空想[夢想]にふける, ほんやりする; 途方もないことを考える[言う] ▶*Faut pas rêver.* (話) そんなことは信用できないね 世の中そんなに甘くないよ *On croit rêver!* まさか, うそだろう *rêver à ...* …のことを考え続ける *rêver de ...* …を熱望する *rêver en couleurs* 《ケベック》夢を現実と取り違える *rêver éveillé* 白昼夢を見る ── 他 夢に見る; あこがれる; 思い込む

réverbération [reverberasjɔ̃] 女 (光・熱の)反射; こだま

réverbère [reverber] 男 街灯

réverbérer [reverbere] 他 57 (光・熱を)反射する; 反響させる

reverdir [r(ə)verdir] 自 33 再び緑(色)になる; 再び草木が茂る; (文) (感覚や感情が)よみがえる

révérence [reverɑ̃s] 女 ①(文) 畏敬 ②(特に女性の, 膝を折ってする)お辞儀 ▶*tirer sa révérence à ...* (ふざけて) (人)とあっさり別れる

révérenciel(le) [reverɑ̃sjɛl] 形 うやうやしい, 丁重な

révérend(e) [reverɑ̃, -ɑ̃d] 形 尊い [同修道士・修道女などに対する敬称] ── 名 [*mon ~*] 神父さま

révérendissime [reverɑ̃disim] 形 いとも尊い [司祭・大司教などに対する敬称]

révérer [revere] 他 57 あがめる, 敬う

rêverie [revri] 女 夢想, 空想; 幻想

revers [r(ə)ver] 男 裏面, 裏側; (テニス・卓球の)バックハンド; (衣服の折り)返し; 折り返し襟(襞); 不運; 失敗; (fortune) ▶*prendre à revers* 側面[背面]から攻撃する *revers de la main* 手の甲 *revers de la médaille* メダルの裏側; ものごとの悪い面

reversement [r(ə)versəmɑ̃] 男 (経) 移転; 繰り越し; 振り替え

reverser [r(ə)verse] 他 ①再び[もう1杯]注ぐ; 元の容器に戻す ②(商) 移転する; 繰り越す; 振り替える

réversibilité [reversibilite] 女 可逆性

réversible [reversibl] 形 可逆性の, 逆転できる; 裏表着られる, リバーシブルの

réversion [reversjɔ̃] 女 (生) 先祖返り ②(法)取り戻し権

revêtement [r(ə)vɛtmɑ̃] 男 外装(材); (道路の)舗装(材); 被覆(材)

revêtir [r(ə)vetir] 他 64 ①(礼服などを)着付ける, 身につける ②(性質を帯びる; …の形をとる ③(…で)覆い隠す, 飾る (de) ④(書類に)有効性を与える ── 代動 [*se ~*] (…を)身にまとう (de)

revêtu(e) [r(ə)vety] 形 (< revêtir) (…を)身につけた, 備えた (de)

rêveur(se) [revœr, -øz] 形 夢見がちな, 空想にふける ▶*Ça me laisse rêveur.* わけがわからない ── 名 夢想家, 空想家

rêveusement [revøzmɑ̃] 副 夢見るように, ほんやりして; 当惑して

revient [rəvjɛ̃] 男 ▶*prix de revient* 原価

revigorant(e) [r(ə)vigɔrɑ̃, -ɑ̃t] 形 元気を与[回復]する

revigorer [r(ə)vigɔre] 他 活力を与える; 元気を回復させる

revirement [r(ə)virmɑ̃] 男 (意見・態度の)急変, 豹変

révisable [revizabl] 形 改めることができる

réviser [revize レヴィゼ] 他 見直す, 再検討する; 修正[改正]する; 点検する, 修理する; 復習する ▶ **réviser à la hausse [à la baisse]** 上方[下方]修正する

réviseur(se) [revizœr, -øz] 名 検閲者; 校正係

révision [revizjɔ̃] 女 見直し, 再検討; 修正, 改正; 復習, おさらい; 点検, 修理; 検査; 校閲; [法] 再審

révisionnisme [revizjɔnism] 男 ①[政] 修正主義 ②ナチスのユダヤ人虐殺否定論

révisionniste [revizjɔnist] 形 名 ①修正主義の(人) ②ナチスのユダヤ人虐殺否定論の(人)

revisiter [r(ə)vizite] 他 (作品などを)新しく解釈をする

revisser [r(ə)vise] 他 再びねじで締める

revitalisant(e) [rəvitalizɑ̃, -ɑ̃t] 形 蘇生させる, 活力を取り戻させる

revitaliser [rəvitalize] 他 再活性化する; よみがえらせる

revivifier [r(ə)vivifje] 他 [文] 元気を取り戻させる

reviviscence [rəvivisɑ̃s] 女 ①[生] 再生 ②[文] (意識・記憶などの)復活, 再興

*__revivre__ [r(ə)vivr ルヴィーヴル] 自 76 生き返る, よみがえる; (人の中で)生き続ける 《dans》; 元気を取り戻す ▶ **faire revivre** (人を)生き返らせる, 再現する; …を復活させる; (過去の人物・出来事を)活写する ── 他 再び体験する; まざまざと思い出す

révocabilité [revɔkabilite] 女 取り消せること; 免職できること

révocable [revɔkabl] 形 取り消すことのできる, 罷免できる

révocation [revɔkasjɔ̃] 女 取り消し, 撤回; 罷免, 免職

revoici [r(ə)vwasi] 前 [話] また(ここに)来た ▶ **Me revoici!** また来たよ

revoilà [r(ə)vwala] 前 [話] また(あそこに)来た

*__revoir__ [r(ə)vwar ルヴォワール] 他 77 (英 see again) ①再び会う; (映画など)を再び見る; (場所を)再び訪れる ②復習する, 再度検討する ③思い出す, 思い浮かべる ── 代動 [**se ~**] ①再会する ②自分の姿を思い出す ③(状態・場所に)戻る ── 男 再会 ▶ **au revoir** [間投詞的に] ではまた, さよなら; [名詞的に] 別れ(のあいさつ) **Ce n'est qu'un au revoir.** またすぐ会えるよ **dire au revoir à (人)** にさようならを言う **faire au revoir de la main** 手を振って別れのあいさつをする

revoler [r(ə)vɔle] 他 再び盗む, 盗み返す

révoltant(e) [revɔltɑ̃, -ɑ̃t] 形 腹が立つ, とても不愉快な; ひどい

*__révolte__ [revɔlt レヴォルト] 女 (英 revolt) 反乱, 暴動; 反抗, 反発; 憤慨 ▶ **être en révolte contre** …に反発する

révolté(e) [revɔlte] 形 (< révolter) 反乱[暴動]を起こした, 反抗的な; 憤慨した ── 名 反逆者, 暴徒

*__révolter__ [revɔlte レヴォルテ] 他 (英 revolt) 憤慨させる ▶ **Ça me révolte de... [que...]** 私は…すること[…であること]に我慢がならない ── 代動 [**se ~**] ①(…に対して)反乱[暴動]を起こす, 反抗する 《contre》 ②(…に)憤激する 《contre》

révolu(e) [revɔly] 形 (時が)経過した, 満了した ▶ **avoir 15 ans révolus** 満15歳である

*__révolution__ [revɔlysjɔ̃ レヴォリュスィヨン] 女 ①革命; 大変革, 革新 ▶ **être en révolution** 大混乱に陥っている **révolution de Juillet** [la ~] (1830年の)7月革命 [ブルボン復古王政への民衆蜂起] **Révolution (française)** [la ~] フランス革命 [1789-99; バスティーユ襲撃からナポレオン統領政府まで] **Révolution tranquille** [la ~] 静かな革命 [1960年代ケベックの社会経済の改革運動] ②[話] 混乱, 大騒ぎ ③回転; [天] 公転

révolutionnaire [revɔlysjɔnɛr] 形 革命の; 革命期の; 革新的な, 画期的な ── 名 革命家

révolutionnarisme [revɔlysjɔnarism] 男 (多く軽蔑的) 革命至上主義

révolutionnariste [revɔlysjɔnarist] 形 名 革命至上主義(者)(の)

révolutionner [revɔlysjɔne] 他 ①変革をもたらす ②(人を)動転させる

revolver [revɔlvɛr] 男 (< 英) リボルバー, ピストル, 回転式連発拳銃

revolvériser [revɔlverize] 他 拳銃で殺すほど撃つ

révoquer [revɔke] 他 無効にする, 撤回する; 罷免する, 免職にする

revoter [r(ə)vɔte] 他 再投票する

revouloir [r(ə)vulwar] 他 78 (話) おかわりをする, もっと欲しがる ▶ **Qui en reveut?** もっと欲しい人は?

revoyure [rvwajyr] 女 [成句でのみ] ▶ **à la revoyure** (話) じゃあね, バイバイ

revu(e) [r(ə)vy] 形 (< revoir) 改訂された ▶ **édition revue et corrigée** 改訂版

*__revue__ [r(ə)vy ルヴュ] 女 (英 magazine, review) ①雑誌 ▶ **revue littéraire** 文芸誌 **revue scientifique** 科学誌 ②点検, 検討; [軍] 閲兵(式) ▶ **passer... en revue** …をひとつずつ点検[検討]する; …を閲兵する **revue de presse** 各新聞の主なニュースの紹介 ③レビュー ④時事風刺劇

révulsé(e) [revylse] 形 (< révulser) (眼が)ひきつった; 白目をむいた

révulser [revylse] 他 ①嫌な気持ち

révulsif(ve) [医] 血液を誘導する ― 動詞 [se ～] (気が動転して顔がひきつる; 白目をむく

révulsif(ve) [revylsif, -iv] 形 [医] 誘導(法)の ― 男 誘導剤[薬]

révulsion [revylsjɔ̃] 女 [医] 誘導(療)法

rewriter [rə(i)rajtœr] 男 (英) リライター(= rewriteur)

rewriting [rə(i)rajtiŋ] 男 (英) 書き直し, リライト

*__**rez-de-chaussée**__ [redʃose レドゥショセ] 男 (不変)(英 first floor) (建物の)1階

rez-de-jardin [redʒardɛ̃] 男 (不変) 庭つづきの階

RFA (略) République fédérale d'Allemagne ドイツ連邦共和国【特に旧西ドイツを指す略語】

Rh (略) rhésus [医] Rh 因子

rhabillage [rabijaʒ] 男 ①着替え ②修繕

rhabiller [rabije] 他動 ①再び服を着る, 着替えさせる ②修理する ― 代動 [se ～] 再び服を着る, 着替える ▶__aller se rhabiller__ (下手な役者・選手などが)引っ込む __Va te rhabiller!__ (罵辞)引っ込め!

rhabilleur(se) [rabijœr, -øz] 名 修理工

rhapsode [rapsod] 男 ラプソード 【古代ギリシアの吟遊詩人】

rhapsodie [rapsodi] 女 ①[楽] ラプソディー, 狂詩曲 ②[古代ギリシアの吟遊詩人の朗読する詩歌]

rhénan(e) [renɑ̃, -an] 形 ライン川(le Rhin)の; ラインラントの

Rhénanie [renani] 女 ラインラント 【ドイツのライン川左岸地域】

rhénium [renjɔm] 男 [化] レニウム 【原子番号75の元素】

rhéo- 接頭 (<ギ) 「流れ」の意

rhéologie [reɔlɔʒi] 女 流動学

rhéostat [reɔsta] 男 [電] 加減抵抗器

rhésus [rezys] 男 ①[動] アカゲザル ②[生] (血液の)Rh 因子 ▶__rhésus positif [négatif]__ Rh プラス[マイナス]

rhéteur [retœr] 男 (古代ギリシアの) 修辞学[雄弁術]教師; 美辞麗句を並べる演説家

rhétoricien(ne) [retɔrisjɛ̃, -ɛn] 名 修辞学者, 修辞家; 美辞麗句を並べ立てる人

rhétorique [retɔrik] 女 修辞(学), レトリック; 雄弁術;(軽蔑的)美辞麗句, 空疎な雄弁 ― 形 修辞(学)の

rhétoriqueur [retɔrikœr] 男 ▶__Grands rhétoriqueurs__ 大押韻派 【15世紀の宮廷詩人】

Rhin [rɛ̃] 男 [le ～] ライン川 ⇨ Bas-Rhin, Haut-Rhin

rhinencéphale [rinɑ̃sefal] 男 [解] 鼻脳(骨)の

rhingrave [rɛ̃ɡrav] 男 [史] ライン伯

rhinite [rinit] 女 [医] 鼻炎

rhin(o)- 接頭 (<ギ)「鼻」の意

rhinocéros [rinɔseros] 男 [動] サイ (犀)

rhinopharyngite [rinofarɛ̃ʒit] 女 [医] 鼻咽頭炎

rhinopharynx [rinofarɛ̃ks] 男 (不変) [解] 鼻咽腔

rhizo- 接頭 (<ギ)「根」の意

rhizome [rizom] 男 [植] 根茎

rhizotome [rizɔtom, rizotom] 男 根茎カッター

rho [ro] 男 (不変) ロー【P, ρ; ギリシア文字の第17字】

rhodanien(ne) [rodanjɛ̃, -ɛn] 形 ローヌ(Rhône)川[県]の ― 名 [R-] ローヌ県の人

Rhodésie [rodezi] 女 ローデシア

rhodium [rɔdjɔm] 男 [化] ロジウム 【原子番号45の元素】

rhodo- (話) = rhododendron

rhod(o)- 接頭 (<ギ)「バラ色の」の意

rhododendron [rododɛ̃drɔ̃] 男 [植] ツツジ属; ロードデンドロン; シャクナゲ (石南花)

rhodoïd [rodoid] 男 ロドイド【本の表装などに使われる不燃性・熱可塑性のプラスチック】

rhodophycées [rodofise] 女 (複) [植] 紅藻

rhodopsine [rodopsin] 女 [生] ロドプシン, 視紅【光受容器細胞の色素】

rhomb(o)- 接頭 (<ギ)「菱(ひし)」の意

rhomboèdre [rɔ̃bɔɛdr] 男 斜方六面体

rhomboïde [rɔ̃bɔid] 形 菱(ひし)形の; [解] 菱形筋

rhônalpin(e) [ronalpɛ̃, -in] 形 [R-] ローヌ・アルプの

Rhône [ron] 男 ①[le ～] ローヌ川 ②ローヌ県【フランス南東部】

Rhône-Alpes [ronalp] 男 ローヌ・アルプ【フランス南東部の地域圏】

rhovyl [rɔvil] 男 [織] ロービル【ポリ塩化ビニル繊維】

rhubarbe [rybarb] 女 [植] ダイオウ (大黄), ルバーブ

rhum [rɔm] 男 ラム(酒)

rhumatisant(e) [rymatizɑ̃, -ɑ̃t] 形 名 リューマチにかかった(人)

rhumatismal(ale) [rymatismal] 形 (男複 -aux [-o]) [医] リューマチ特有の

rhumatisme [rymatism] 男 [医] リューマチ

rhumatologie [rymatɔlɔʒi] 女 [医] リューマチ(病)学

rhumatologue [rymatɔlɔɡ] 名 [医] リューマチ専門医[学者]

*__**rhume**__ [rym リュム] 男 風邪, 感冒 ▶__attraper un rhume__ 風邪をひく __rhume de cerveau__ 鼻風邪 __rhume__

des foins 枯草熱, 花粉症

rhumerie [ʀymʀi] 囡 ラム酒製造所

ri [ʀi] rire の過去分詞

ria [ʀija] 囡 [地理] 深い河口

riant(e) [ʀjɑ̃, -ɑ̃t] 形 陽気な, 楽しそうな; (風景が)

RIB [eʀibe, ʀib] (略) relevé d'identité bancaire 銀行口座証明

ribambelle [ʀibɑ̃bɛl] 囡 (話) 長い列, 大勢

riboflavine [ʀiboflavin] 囡 [生化] リボフラビン

ribonucléase [ʀibonykleaz] 囡 [生化] リボヌクレアーゼ

ribonucléique [ʀibonykleik] 形 ► *acide ribonucléique* [生化] リボ核酸, RNA [略 ARN]

ribosomal(e) [ʀibozomal] 形 (男複 -aux[-o]) = ribosomique

ribosome [ʀibozom] 男 [生] リボソーム

ribosomique [ʀibozomik] 形 リボソームの

ribote [ʀibot] 囡 (話・古) 酒盛り, 大酒宴

ribouldingue [ʀibuldɛ̃g] 囡 (話・古) どんちゃん騒ぎ

ribovirus [ʀibovirys] 男 RNA ウイルス

ribozyme [ʀibozim] 男 [生化] リボザイム, リボ酵素

ricain(e) [ʀikɛ̃, -ɛn] 形名 (俗) アメリカ人(の)

ricanement [ʀikanmɑ̃] 男 冷笑, 嘲笑; にやにや笑い

ricaner [ʀikane] 自 あざ笑う; にやにや笑う

ricaneur(se) [ʀikanœʀ, -øz] 形名 嘲笑的な, あざ笑う人

richard(e) [ʀiʃaʀ, -aʀd] 名 (話・軽蔑的) 大金持ち

***riche** [ʀiʃ] 形 (英 rich) 金持ちの, 裕福な; 豊かな, 豊富な; (…に)富んだ, (…が)豊富な (de, en); 高価な; 豪華な ► *Ça fait riche.* それは豪勢だ. *riche comme Crésus* 大金持ちである *riche idée* 名案 — 名 金持ち *nouveau riche* 成金 *On ne prête qu'aux riches.* (ことわざ) 人は金持ちにしか貸さない / 転じて評判のある人ばかりがもてはやされる

richelieu [ʀiʃəljø] 男 (複 -x, ~s) ひもで結ぶ短靴

richement [ʀiʃmɑ̃] 副 ぜいたくに, 華美に; 豊富に; 金持ちになるように

***richesse** [ʀiʃɛs] 囡 リシェス (英 wealth, richness) 富, 裕福さ; 豊かさ, 豊富さ; 豪華さ, 高価さ ②(複) 財産, 富宝, 宝物; (精神的な) 価値; (一国の) 資源, 財源 ► *richesses naturelles* 天然資源

richissime [ʀiʃisim] 形 (話) 大金持ちの

ricin [ʀisɛ̃] 男 [植] ヒマ, トウゴマ ► *huile de ricin* ひまし油

ricine [ʀisin] 囡 リシン 【トウゴマから抽出される猛毒のタンパク質】

rickettsie [ʀikɛtsi] 囡 [生] リケッチア 【修疹チフスなどを引き起こす】

rickettsiose [ʀikɛtsjoz] 囡 [医] リケッチア感染症

ricocher [ʀikoʃe] 自 (小石が)水面にはねる; (弾が)はね返る

ricochet [ʀikoʃɛ] 男 水きり遊び; (弾の)跳ね返り ► *faire des ricochets* 水きり遊びをする *par ricochet* 跳ね返って; 間接的に

ric-rac [ʀikʀak] 副 きっちり, ぴったり; ぎりぎり (= ric et rac, ric à rac)

rictus [ʀiktys] (くラ) 男 口をゆがめること; 冷笑, 作り笑い

***ride** [ʀid] 男 リッド (英 wrinkle) ①(額の) しわ ► *ne pas avoir pris une ride* (人が)しわっていない (作品などが)新鮮さを失っていない ②さざ波, 波紋; (土地などの) 起伏

ridé(e) [ʀide] (< rider) しわのよった

***rideau** [ʀido] リドー 男 (複 ~x) (英 curtain) カーテン; 幕; 仕切り, 遮蔽(さえぎ)物; シャッター (= ~ *de fer*)

ridelle [ʀidɛl] 囡 (トラック・荷車の)側面荷台枠

rider [ʀide] 他 しわを作る; さざ波を立てる, 風紋をつくる — 代動 [se ~] しわが寄る; さざ波(風紋)ができる

***ridicule** [ʀidikyl] リディキュル 形 (英 ridiculous) ①こっけいな; ばかげた ②取るに足りない, わずかな — 男 こっけいさ, 物笑いの種; おかしな癖 ► *tomber dans le ridicule* 笑いものになる *tourner… en ridicule / couvrir… de ridicule* …を笑いものにする

ridiculement [ʀidikylmɑ̃] 副 こっけいに, おかしく; あきれるほど (少ない)

ridiculiser [ʀidikylize] 他 笑い者にする, ちゃかす — 代動 [se ~] 笑い者になる

ridule [ʀidyl] 囡 小じわ

rie [ʀi] ⇒ rire

***rien** [ʀjɛ̃] リヤン 代 (不定) (英 nothing, anything) ① [ne や sans などとともに否定表現に用いられることが多いが後の単独で用いられることもある] 何も…ない; …なものは何もない; (文) 何か, あるもの ► *Ça ne fait rien.* 大したことではありません *Ce n'est pas rien.* それは大変なことだ *Ce n'est rien.* 何でもありません, 大丈夫です *C'est mieux que rien.* 何もないよりはましです *De rien!* (お礼に対して) どういたしまして; (謝罪に対して) なんでもありません *Il n'y a rien à manger.* 実は全然違う *Il n'y a rien à manger.* 食べるものが何もない *Je n'en sais rien.* 私はそれについて何も知らない *n'avoir rien contre…* に異議(恨み)がない — 男

comprendre rien à rien 何一つわかっていない *pour rien* 理由なく;ただ同然で *pour rien au monde* どんなことがあっても *rien à faire* 何もすることがない;お手上げだ,どうしようもない;(強い拒否)とんでもない *rien du tout* 全然何も *Rien n'y fait!* 何をやっても無駄だ *rien qu'à le voir* 彼の顔を見ただけで *rien que* …以外の何も…ない,…だけが…,…のことだけで *trois [deux] fois rien* 取るに足りないようなもの,ほんの少しの金 ② [[鎖]形]…のようなものは何もない ▶*rien d'autre* 他に何も…ない *rien de neuf* 新しい[変わった]ことは何もない *rien de plus* …は少しも…ない *rien de plus facile* 何よりも簡単な ── 男 ① [un]…ごくわずかなもの[のこと];[副詞的に] 少しだけ ▶*comme un rien* (話) 何事もないかのように;いとも簡単に *en rien de temps* あっという間に *s'inquiéter pour un rien* 心配性である *un rien de…* わずかの… *un rien plus grand* 少しだけより大きい

riesling [rislin] 男 《ド》リースリング【白ブドウ;辛口白ワイン】

rieur(se) [rijœr, -øz] 形 よく笑う,陽気な;明るい ── 名 笑っている人;よく笑う人

riez [rje] ⇒rire

rif, riffe [rif] 男《俗》①けんか ②拳銃

rififi [rififi] 男《俗》けんか

riflard[1] [riflar] 男 かんな;鍛(ぎ);やすり

riflard[2] [riflar] 男《話・古》雨傘

rifle [rifl] 男《<英》ライフル銃

riflette [riflɛt] 女 けんか

rigaudon [rigodõ] 男《楽・舞》リゴドン

*****rigide** [riʒid リジド] 形 硬い;柔軟性のない,硬直した;厳格な ▶*livre à couverture rigide* ハードカバーの本

rigidement [riʒidmã] 副 厳しく,堅固に

rigidifier [riʒidifje] 他 硬くする;厳格にする

rigidité [riʒidite] 女 硬さ,硬直(性);厳しさ;頑固さ

rigodon [rigodõ] 男 = rigaudon

rigolade [rigolad] 女《話》ふざけること,冗談;ばかげたこと;たやすいこと ▶*prend tout à la rigolade* 茶化して

rigolard(e) [rigolar, -ard] 形《話》陽気な[人];おどけた[人]

rigole [rigol] 女 (排水・灌漑用の)溝;(雨水などの)細い流れ

rigoler [rigole リゴレ] 自《話》笑う,楽しむ;冗談を言う,ふざける ▶*Tu rigoles!* 冗談だろう

rigolo(te) [rigolo, -ɔt] 形《話》おもしろい,変わった ── 名《話》おもしろい人;ふざけたやつ

rigorisme [rigorism] 男 厳格主義

rigoriste [rigorist] 形名 厳格過ぎる(人),厳格主義の(人)

rigoureusement [rigurøzmã] 副 正確に,厳密に;絶対に,まったく

*****rigoureux(se)** [riguRø, -øz リグルー(ズ)] 形 厳格な;(気候などが)厳しい;正確な,厳密な ▶*hiver rigoureux* 厳冬

rigueur [rigœr リグール] 女《英 rigor》厳しさ;厳格;厳密さ;正確さ ▶*à la rigueur* どうしても必要なら;最大限譲歩して *de rigueur* (規則・慣習により)是非とも必要な *politique de rigueur* 緊縮政策 *tenir rigueur de A à B* A のことを B(人)に恨みを抱く

riiez [rij(i)e], **riions** [rij(i)jõ] ⇒rire

rikiki [rikiki] 形《話》(不変) = riquiqui

rillettes [rijɛt] 女 (複) 《料》リエット

rillons [rijõ] 男 (複) 《料》 (豚を塊切にして脂肪を取った後の豚[ガチョウ]の残滓) ②リヨン【豚バラ肉の角切りをラードで煮込んだ冷製料理】

rimailler [rimaje] 他《古》下手な詩を作る

rimailleur(se) [rimajœr, -øz] 名 へぼ詩人

Rimbaud [rɛ̃bo] (Arthur~)ランボー [1854–91;詩人]

rime [rim] 女 脚韻,韻 ▶*sans rime ni raison* わけもなく,わけなく

rimé(e) [rime] 形《<rimer》韻を踏んだ

rimer [rime] 自 ①(…と)韻を踏む (avec) ▶*Ça ne rime à rien.* それは無意味だ ②詩を作る ── 他 韻文で書く

rimeur(se) [rimœr, -øz] 名 へぼ詩人

rimmel [rimɛl] 男 マスカラ

rinçage [rɛ̃saʒ] 男 水洗い,すすぎ;リンス;ヘアマニキュア

rinceau [rɛ̃so] 男 (複 ~x) 唐草模様

rince-bouteille(s) [rɛ̃sbutɛj] 男 (不変) 栓抜し

rince-doigts [rɛ̃sdwa] 男 (不変) フィンガーボール

rincée [rɛ̃se] 女《話》①どしゃ降り ②《古》ひどい打ち,敗北

*****rincer** [rɛ̃se ランセ] 他 52《英 rinse》(容器などを洗う,すすぐ;(洗濯物等の)水ですすぐ ▶*se faire rincer* (話) 雨でずぶぬれになる ── [代動] [se ~] 洗う,ゆすぐ *se rincer la dalle [le gosier]*《話》一杯やる *se rincer l'œil*《話》目の保養をする

rincette [rɛ̃sɛt] 女《話》 (グラスをすすぐという口実でブランデー、リキュールを飲んだ後のコップに少量注ぐ)すすぎの後のブランデー

rinçure [rɛ̃syr] 女 (食器をすすいだ後の)汚水

rinforzando [rinfɔrtsãdo] 副《イ》《楽》リンフォルツァンド【「音を急に強める」の意】

ring [riŋ] 男 (<英) (格闘技の)リング; ボクシング

ringard¹ [rɛgar] 男 火かき棒

ringard² [rɛgar, -ard] 名 形 (話) 落ち目の俳優[歌手] — 形 (話) 時代遅れの, さえない, 能力がない

ringardisation [rɛgardizasjɔ̃] 女 時代遅れになること

ringardise [rɛgardiz] 女 (話) 遅れていること; 面白味がないこと

ringardiser [rɛgardize] 他 (話) しかびさせる — 代動 [se ~] (文体などが)かびる, 古びている

rions [rjɔ̃] ⇒rire

ripage [ripaʒ] 男 ①(ripe を使った)研削[研磨] ②(車や器具の)横すべり

ripaille [ripaj] 女 (話) ごちそう ▶faire ripaille たらふく飲み食いする

ripailler [ripaje] 自 (話) ごちそうを山ほど食べる

ripailleur(se) [ripajœr, -øz] 形 名 大食い(好き)の(人)

ripaton [ripatɔ̃] 男 (話) 足

ripe [rip] 女 ①(S 字型の)研削[研磨]用具 ②▶jouer ripe (話) 逃げる, ずらかる

riper [ripe] 他 すべらせる — 自 すべる, ずる; (話) 逃げる, ずらかる

ripieno [ripjeno] 形(係) (<伊) 〔楽〕リピエーノ(の)〔協奏曲等における独奏部に対する合奏部〕

ripolin [ripɔlɛ̃] 男 リポリン〔エナメル塗料〕

riposte [ripɔst] 女 言い返すこと, 反論; 反撃, 連襲 ▶en riposte à …への報復として

riposter [ripɔste] 自 (…に)言い返す, 反撃する (à) — 他 …だと言い返す (que)

ripou [ripu] 形名 (複 ~x, ~s) 買収された(警官) [pourri の逆さ言葉] — 形 (話) ひどい, 傷んだ

riquiqui [rikiki] 形 (不変) 小さい, ちっぽけな ▶Ça fait un peu riquiqui. 何だかちょっとみすぼらしい.

*****rire** [rir リール] 自 [65] (英 laugh) 笑う; 楽しむ; 冗談を言う, ふざける; (…を)問題にしない, ばかにする (de) ▶à mourir [crever] de rire 抱腹絶倒である éclater de rire 大笑いする Il vaut mieux en rire qu'en pleurer. どうせ笑って過ごそう Plus on est de fous, plus on rit. (ことわざ) 大勢であればあるほど楽しいものだ pour rire ふざけて Rira bien qui rira le dernier. (ことわざ) 最後に笑う者がよく笑う; 早まって喜ぶものではない rire au nez de (人)を面と向かってあざ笑う rire aux éclats 爆笑する rire aux larmes 涙が出るほど笑う rire dans sa barbe [tout bas] にそそ笑う sans rire 冗談ぬきで se tordre de rire 身をよじって笑う Tu veux [Vous voulez] rire? 冗談でしょう? Vous me

faites rire! / Laissez-moi rire! ばかばかしい, 笑われちゃいけません
— 代動 [se ~] (…を)問題にしない, あざ笑う (de)
— 男 笑い(声) ▶avoir le fou rire 笑いをどうにも抑えられない

ris¹ [ri] 男 快楽

ris² [ri] 男 〔料〕(子牛・子羊の)胸腺(☆ʊ) 的 ▶ris de veau 〔料〕リドヴォ- [子牛の胸腺肉]

ris³ [ri] 男 〔海〕帆リーフ, 縮帆部

ris⁴ [ri] ⇒rire

risée¹ [rize] 女 (集団による)あざけり, 嘲笑(*ʊ*)

risée² [rize] 女 〔海〕突風, はやて

risette [rizɛt] 女 (話) (特に幼児の)笑い ▶faire risette à …(赤ん坊が)(人)ににっこり笑う

risible [rizibl] 形 笑うべき, こっけいな

risorius [rizɔrjys] 男 〔解〕笑筋

risotto [rizɔ(t)to] 男 (<伊)〔料〕リゾット

*****risque** [risk リスク] 男 (英 risk) 危険; (保険での)災害, 危険, リスク ▶à risque 危険の高い à ses risques et périls 全責任を負って au risque de …する覚悟で, …する危険を冒して avoir le goût du risque 冒険好きである C'est un risque à courir. …か八かだ courir le risque de …する危険を冒す courir un risque de faire 思い切って…する危険を冒す On n'a rien sans risque. 虎穴に入らずんば虎児を得ず prendre des risques 無鉄砲なことをする prendre le risque de … あえて…する risques du métier 職業について回る危険

risqu(é)e [riske] 形 (<risquer) 危険な; (話などが)きわどい

*****risquer** [riske リスケ] 他 (英 risk) 危険にさらす; (…の)危険を冒す; 思いきって行う) ▶Ça ne risque rien. 何の心配もない Qui ne risque rien n'a rien. (ことわざ) 危険を冒さなければ何も手に入らない risquer de …するおそれがある; …するかもしれない risquer gros 大きな賭けをする risquer le coup 思い切ってやってみる risquer le tout pour le tout 一か八かやってみる risquer que + 接続法 …というおそれがある risquer sa vie 命を落とす危険がある risquer un œil [le nez ~] そおそる覗く — 代動 [se ~] …の危険に身をさらす; 思い切って…する(à)

risque-tout [riskatu] 形名 (不変) (話) 大胆な(人), 向こう見ずな(人)

riss... ⇒rhiss...

rissole [risɔl] 女 リソル〔肉・魚・野菜などの詰め物をパイ皮で包んで揚げたもの〕

rissoler [risɔle] 他 〔料〕(肉・じゃがいもに)こんがりと焼き色をつける — 自 こんがり焼ける

ristourne [risturn] 女 ①割り引き, 払い戻し, 手数料, リベート ②〔海・商〕保険契約の解除

ristourner [risturne] 他 ①割り引きする, 払い戻す ②〔海〕〔海上〕保険契約を解除する

rît(es) [ri(t)] ⇨rire

Rital(ale) [rital] 名〔話・軽蔑的〕イタリア人

rite [rit] 男 儀式, 祭式, 典礼; 慣習, しきたり ▶**rite de passage** 通過儀礼 **rites initiatiques** 入会[入門]儀式

ritournelle [riturnɛl] 女 リトルネロ〔歌曲などの前後の反復節〕; 口ぐせ

ritualiser [ritɥalize] 他 儀式化する

ritualisme [ritɥalism] 男 儀式偏重

rituel(le) [ritɥɛl] 形 儀式の, 祭式の; 儀礼的な, 慣例の — 男 典礼定式書; 慣例, しきたり

rituellement [ritɥɛlmɑ̃] 副 儀礼的に; 習慣的に

rivage [rivaʒ] 男 海岸, 浜辺; 湖岸

rival(ale) [rival] 形〈男複 -aux[-o]〉競争[相手]の, 対抗する — 名〔英 rival〕競争相手, ライバル; 恋敵

rivaliser [rivalize] 自 ①〔~ de A (avec B)〕(B 人)と A を競う, 張り合う ②(…に)ひけをとらない (avec)

rivalité [rivalite] 女 敵対関係; 競争, 対抗意識

rive [riv] 女〔英 bank〕川岸, 湖岸; 海岸; 川沿いの地区 ▶**la rive droite [gauche]** (パリのセーヌ川)右岸[左岸]

rivé(e) [rive] 形〈< river〉固定された; くぎ付けになった

river [rive] 他 ①(くぎなどの先を打ち曲げる ②(リベットなどで)固定する; くぎ付けにする

riverain(e) [rivrɛ̃, -ɛn] 形 名 沿岸の (住民), 沿道の(住民)

rivet [rivɛ] 男 リベット, 鋲(ピュー)

rivetage [rivtaʒ] 男 リベット締め, 鋲(ピュー)打ち

riveter [rivte] 他 ④ リベット締めにする, 鋲(ピュー)打ちする

Riviera [rivjera] リヴィエラ【イタリア北西部の地中海沿岸地方】

rivière [rivjɛr] 女〔英 river〕①(他の大きな河に注ぐ)川; (川のような)流れ ▶**L'eau va à la rivière.**《ことわざ》水は川へと流れる; 金はあるところに集まる **rivière de diamants** ダイヤモンドのネックレス ②〔馬術〕水濠(ミっ)障害

rivoir [rivwar] 男 リベットハンマー; 打ち機

rixe [riks] 女 殴り合い, 乱闘, けんか

riz [ri] 男〔英 rice〕米, 米飯; イネ(稲) ▶**riz brun [complet]** 玄米 **riz cantonais** チャーハン

rizerie [rizri] 女 精米所

riziculteur(trice) [rizikyltœr, -tris] 名 稲の栽培者, 稲作農家

riziculture [rizikyltyr] 女 稲作

rizière [rizjɛr] 女 水田; 稲田

riz-pain-sel [ripɛ̃sɛl] 男〈不変〉〔俗〕〔軍隊〕で兵站(ホポ)部将校[下士官]

RMI〔略〕revenu minimum d'insertion【(仏)就職促進のための】最低所得保障

RMiste, RMIste [ɛrɛmist] 名 RMI 受給者

RN〔略〕route nationale 国道

RNA [erena] 男〔<英〕リボ核酸(= ARN)

RNIS〔略〕〔英 ISDN〕réseau numérique à intégration de services〔情報〕総合デジタル通信網

*** robe** [rɔb] ローブ 女 ①〔英 dress〕ドレス, ワンピース ▶**robe de mariée** ウェディングドレス **robe de soirée** イブニングドレス ②(上下ひとつづきの)服; (裁判官・弁護士などの)法衣(聖職者の)法衣 ▶**pommes de terre en robe de chambre [des champs]** ベークドポテト **robe de bébé** ベビー服 **robe de chambre** ガウン, 部屋着 **robe de ~** 毛色, (ワインの)色調

robert [rɔbɛr] 男〔話〕乳房, おっぱい

robin [rɔbɛ̃] 男〔古・軽蔑的〕法律屋

robinet [rɔbinɛ] 男〔英 faucet〕①(水道の)蛇口; (ガスなどの)栓, コック ▶**couper [fermer] le robinet de ...**…の供給を止める ②〔話〕おしゃべりな人

robinetier [rɔbin(ɛ)tje] 男 水道金具製造者

robinetterie [rɔbinɛtri] 女 水道金具製造業[工場]; (集合的)(給水・給油設備の)水栓類

robinier [rɔbinje] 男〔植〕ニセアカシア(= faux acacia)

robinsonnade [rɔbɛ̃sɔnad] 女 〈ロビンソン・クルーソー風の〉冒険物語

roboratif(ive) [rɔbɔratif, -iv]〔文〕強壮の, 元気づける

robot [rɔbo] 男 ロボット; (自分の意志のない)操り人形のような人; フードプロセッサー

robotique [rɔbɔtik] 女 ロボット工学

robotisation [rɔbɔtizasjɔ̃] 女 ロボット化

robotiser [rɔbɔtize] 他 ロボット化する; 自動化する

robusta [rɔbysta] 男 ロブスタ【コーヒーの一種】

*** robuste** [rɔbyst] ロビュスト 形〔英 robust, firm〕頑丈な, 丈夫な; (信念などが)堅い

robustement [rɔbystəmɑ̃] 副〔文〕頑丈に

robustesse [rɔbystɛs] 女 頑丈さ, 丈夫さ

ROC〔略〕〔英 OCR〕reconnaissance optique des caractères〔情報〕光学式文字判(ミポ)り

roc [rɔk] 男〔文〕岩, 岩石; 岩のようなもの ▶**bâtir sur le roc** 頑丈なものをつくる

rocade [rɔkad] 女 バイパス(道路)

rocaille [rɔkaj] 女 ①小石; 小石の多い土地 ②ロカイユ[小石と貝殻をセメントで固めた装飾品] ── 形 (不変) ロカイユ様式の[ルイ15世様式の]

rocailleux(se) [rɔkajø, -øz] 形 小石だらけの; (文章の)どつごつした

rocambolesque [rɔkɑ̃bɔlɛsk] 形 奇想天外な, 信じられない

roche [rɔʃ] 女 岩, 岩石; 岩盤, 石材

Rochefort [rɔʃfɔr] ロシュフォール【フランス西部 Charente-Maritime 県の港町】

Rochelle [rɔʃɛl] 〖La ～〗 ラ・ロシェル〖Charente-Maritime 県の県庁所在地〗

*__rocher__*¹ [rɔʃe] 男〖英 rock〗 ①岩山, 岩壁; 岩礁 ▸**faire du rocher** ロッククライミングをする ②〖解〗側頭骨岩様部 ③〖菓〗ロッシェ〖岩状のチョコレート菓子〗

rocher² [rɔʃe] 自 ①(ビールが)泡立つ ②(銀ителем中に)気泡が生じる

Roche-sur-Yon [rɔʃsyrjɔ̃] 〖La ～〗 ラ・ロシュ・スュル・イョン〖Vendée 県の県庁所在地〗

rochet¹ [rɔʃe] 男 ロシェトゥム〖司教などの白衣〗

rochet² [rɔʃe] 男 (筒形の)糸巻き, ボビン

Rocheuses [rɔʃøz] 女 (複) 〖les ～〗 (アメリカの)ロッキー山脈

rocheux(se) [rɔʃø, -øz] 形 岩の多い, 岩石でできた

rock [rɔk] 男 (不変) 〖英〗 ロック; ロックンロール(＝～ and roll) ── 形 (不変) ロックンロールの

rocker [rɔkœr] 男 ロッカー

rockeur(se) [rɔkœr, -øz] 名 ロックミュージシャン

rocket [rɔkɛt] 女 =**roquette**¹

rocking-chair [rɔkiŋtʃɛr] 男 〖英〗 揺り椅子, ロッキングチェア

rococo [rɔkɔko, rokoko] 男 〖美術〗 ロココ様式〖18世紀に流行した装飾様式〗── 形 (不変) ①〖美術〗 ロココ様式の ②時代遅れの

rocou [rɔku] 男 アナトー色素〖ベニノキの種子から取る赤褐色の色素〗

rocouyer [rɔkuje] 男 〖植〗ベニノキ

rodage [rɔdaʒ] 男 ①ならし運転(期間); (部品どうしが合わせるための)すり合わせ; (新制度などの)試行(期間)

rôdailler [rodaje] 自 〖古・俗〗うろうろく歩き回る

rodé(e) [rɔde] 形 (<roder) 調整済みの; 熟練した, 経験を積んだ

rodéo [rɔdeo] 男 〖米〗 ロデオ; 暴走

roder [rɔde] 他 ならし運転する; (興行などの)段取りを調整する; 〖話〗慣らす, 調整する

rôder [rode] 自 うろつく, 徘徊(はいかい)する

rôdeur(se) [rodœr, -øz] 形 うろつく(人), 徘徊(はいかい)する

Rodez [rɔdɛs] ロデーズ〖Aveyron 県の県庁所在地〗

rodomont [rɔdɔmɔ̃] 男 〖文〗 虚勢の(人)

rodomontade [rɔdɔmɔ̃tad] 女 〖文〗 強がり, 空威張り

rœsti [rɔʃti] 男 (複) 〖スイス〗 (フライパンで焼いた)薄切りポテト

rogations [rɔgɑsjɔ̃] 女 (複) 〖カト〗(昇天祭前の3日間の)豊作祈願

rogatoire [rɔgatwar] 形 〖法〗依頼の

rogaton [rɔgatɔ̃] 男 〖話〗残飯, 残り物

rognage [rɔɲaʒ] 男 (紙などの)端を切ること

rogne [rɔɲ] 女 〖話〗不機嫌, 腹立ち ▸**se mettre [se foutre] en rogne** 腹を立てる

rogner [rɔɲe] 他 (…の)端を切る; 削減する ▸**rogner les ailes de …** (話)(人)の活動力をそぐ ── 自 (経費などを)削る(**sur**)

rogneur(se) [rɔɲœr, -øz] 名 (紙などの)端切りの職人 ── 女 (紙の)縁切り

rognon [rɔɲɔ̃] 男 〖料〗(動物の)腎臓

rognure [rɔɲyr] 女 削りくず, 裁ちくず

rogomme [rɔgɔm] 男 〖話・古〗強い酒 ▸**voix de rogomme** 〖話〗(酔払いの)しわがれた声

rogue¹ [rɔg] 形 傲慢な, 尊大な

rogue² [rɔg] 女 魚の卵, (特に)タラの卵

__roi__ [rwa] 男 〖英 king〗 王, 国王; 王者, 大実業家; (トランプ・チェスの)キング ▸**galette [gâteau] des Rois** 公現祭のケーキ(中に豆か小さな人形を入れ, 当たった人が一座の王になる) **jour des Rois** 〖キ教〗公現祭〖1月6日〗 **roi des animaux** 百獣の王〖ライオン〗 **Rois mages** 〖les ～〗〖キ教〗(キリスト降臨のさいに礼拝に来た)東方の三博士 **tirer les rois** 公現祭のケーキを切り分けて王様を決める

roide [rwad] 形 〖古〗=**raide**

roideur [rwadœr] 女 〖古〗=**raideur**

Roissy [rwasi] 男 ロワシー〖パリのシャルル・ドゴール国際空港のこと〗

Roissy-en-France [rwasiɑ̃frɑ̃s] ロワシー・アン・フランス〖パリの北東; シャルル・ドゴール国際空港がある〗

roitelet [rwatlɛ] 男 ①(皮肉的)小国の王 ②〖鳥〗キクイタダキ

__rôle__ [rol] 男 〖英 role, part〗 ①役; せりふ; 役割, 機能 ②名簿; (裁判所の)訴訟事件目録 ▸**à tour de rôle** 順番に **avoir le beau rôle** いい目を見る **distribuer les rôles** 配役する **premier rôle** 主役 **savoir son rôle** 自分の役割をわきまえている

rôle-titre [roltitr] 男 (複 ～s-～s) (演劇・映画などの)作品名と同名の役

Rolland [rɔlɑ̃] 〖Romain～〗 ロラン〖1866〜1944; 小説家〗

roller [rɔlœr] 男《英》ローラースケート ▶**roller en ligne** ローラーブレード

rollmops [rɔlmɔps] 男《ド》〔料〕ロールモップス【ニシンの切り身の酢漬け】

ROM [rɔm] 女《英》〔情報〕ROM, 読み出し専用メモリ【< Read Only Memory】

rom [rɔm] 形《不変》ロマ民族の —名《不変》[R-] ロマ人【ジプシーと呼ばれてきた民族】

romain(e) [rɔmɛ̃, -ɛn] 形 (古代)ローマの; ローマカトリック教会の —名 [R-] (古代)ローマ人 —男 [印] ローマン(字)体 (= caractère ~)

romaine[1] [rɔmɛn] 女〔植〕タチヂシャ【葉の細長いレタス】

romaine[2] [rɔmɛn] 女 天秤(てん), 竿秤(さおばかり) (= balance ~)

romaïque [rɔmaik] 形男 現代ギリシア語 (= langue ~)

***roman**[1] [rɔmã ロマン] 男《英 novel》小説, 長編小説; 中世ロマンス語で書かれた小説; 小説みたいな出来事; 作り話 ▶**roman d'amour** 恋愛小説 **roman d'anticipation [de science fiction]** SF小説 **roman de gare**《軽蔑的》大衆娯楽小説 **roman policier** 推理小説

roman[2](**e**) [rɔmã, -an] 形 ①ロマン語の ②〔美術〕ロネスク様式の —男 ①ロマンス語 ②ロマネスク様式

romance [rɔmɑ̃s] 女 ①恋歌; 〔楽〕ロマンス ②〔文学〕ロマンス【18-19世紀の叙事詩】

romancer [rɔmɑ̃se] 他 52 小説化する

romancero [rɔmɑ̃sero] (< ス) 男《文学史》スペインの8音節の叙事詩集

romanche [rɔmɑ̃ʃ] 男 ロマンシュ語【スイスの公用語の1つ】

romancier(ère) [rɔmɑ̃sje, -ɛr] 名 小説家

romand(e) [rɔmɑ̃, -ɑ̃d] 形 (スイスの)フランス語圏の —名 [R-] フランス語圏のスイス人

romanesque [rɔmanɛsk] 形 ①小説的な, 奇想天外な; 夢見がちな現実離れした ②〔文〕小説の

roman-feuilleton [rɔmɑ̃fœjtɔ̃] 男 (複 ~s~s) (新聞・雑誌の)連載小説

roman-fleuve [rɔmɑ̃flœv] 男 (複 ~s~s) 大河小説

romani [rɔmani] 男 ロマ[ロマニー]語【ジプシーの言語】

romanichel(le) [rɔmaniʃɛl] 名《軽蔑的》ジプシー, 放浪者, 浮浪者

romaniser [rɔmanize] 他 ①(言語・習慣を)ローマ化する; カトリック化する ②ローマ字化する —自 カトリックの掟に従う

romaniste [rɔmanist] 名 ロマンス語学者

romano [rɔmano] 名 = romanichel

roman-photo [rɔmɑ̃fɔto] 男 (複 ~s-~s) フォトストーリー【写真で物語をつくったもの】

***romantique** [rɔmɑ̃tik ロマンティク] 形 ロマン主義の; ロマン派の; 夢想的な —名 ロマン派作家[芸術家]; ロマンチックな人

romantisme [rɔmɑ̃tism] 男 ロマン主義; ロマンチックな性格[傾向]

romarin [rɔmarɛ̃] 男〔植〕ローズマリー, マンネンロウ

rombière [rɔ̃bjɛr] 女《話》気取っててこっけいな年配の女性

Rome [rɔm] 女《イタリア・古代ローマの首都》▶**Tous les chemins mènent à Rome.** 《ことわざ》すべての道はローマに通ず

roméique [rɔmeik] 形男 = romaïque

rompre [rɔ̃pr ロンプル] 他 66 《英 break》①断つ, (関係などを)破棄する; (状態・動きを)中断する, 破る; (秩序などを)乱す; (力・強いカで)破壊する ▶**à tout rompre** (拍手が)割れんばかりに **Rompez [les rangs]!** (号令) 解散! **rompre le charme** 幻想を打ち砕く **rompre l'équilibre** 均衡を破る —自 (文) (…に)慣らす (à) —(人と)別れる, 絶交する, (…と)決別する (avec) —代動 [se ~] 折れる, 砕ける (de) ③ (…に)熟練する (à)

rompu(e) [rɔ̃py] 形 (< rompre) ①折れた, 砕けた ②(…で)くたくたになった (de) ③(…に)熟練した (à)

romsteck [rɔmstɛk] 男《英》〔料〕ランプ, ラム【牛の腰肉】

ronce [rɔ̃s] 女 ①〔植〕キイチゴ; イバラ(茨) ②木目

ronceraie [rɔ̃srɛ] 女 イバラの生えた荒れ地

ronchon(ne) [rɔ̃ʃɔ̃, -ɔn] 形名〔女性にも男性形を用いることが多い〕ぶつぶつ不平を言う(人)

ronchonnement [rɔ̃ʃɔnmɑ̃] 男 ぶつぶつ不平を言うこと

ronchonner [rɔ̃ʃɔne] 自 ぶつぶつ文句を言う

ronchonneur(se) [rɔ̃ʃɔnœr, -øz] 形名 絶えず文句ばかり言う(人)

roncier [rɔ̃sje] 男 イバラの茂る[や]所

***rond(e)** [rɔ̃, rɔ̃d ロン(ド)] 形《英 round, circle》①丸い, 円形の, 球形の; 丸みを帯びた; 丸々とした, ずんぐりした ▶**avaler... tout rond** …を丸呑みする ②豊かなある ▶**faire un compte rond** 端数をなくす ③率直な ④《話》酔っぱらった ▶**rond comme une barrique [une bille, une queue de pelle]** (話) へろへろに酔っぱらった ▶**tourner rond** (機械が)正常に動く ▶**rond (de)** (ものごとが)うまく運ぶ; [否定形で]〔人が〕ちょっとおかしい —男 ①輪, 輪状のもの; 輪切り; 《話》金, 小銭 ▶**en baver des ronds de chapeau** 《話》ひどい目にあ

う、in rond 輪になって *faire des ronds dans l'eau* 水面に波紋をつくる *faire des ronds de jambe* やたらにぺこぺこする *Il n'a pas le [un] rond.* 彼は一文なしに *rond de jambe* [舞]ロン・ド・ジャンプ【片脚で半円または円を描く動作】 *rond de serviette* ナプキンリング *tourner en rond* ぐるぐる回る；堂々巡りをする

rondache [rɔ̃daʃ] 囡 (中世の)円盾

rond-de-cuir [rɔ̃dkɥir] 男 (複 ～s-～-~) (軽蔑的)小役人，事務員

ronde [rɔ̃d] 囡 ① 輪舞(曲)，ロンド ② 巡回，見回り，(車の周囲，ïī¢体の)循環 ►*à la ronde* 四方に；輪になって順番に ③ 丸い字体 — 男 全音符

rondeau [rɔ̃do] 男 (複 ~x) ロンドー【繰り返し句を含む定型詩】

ronde-bosse [rɔ̃dbɔs] 囡 (複 ~s-~s) [美術]丸彫り

rondelet(te) [rɔ̃dlɛ, -ɛt] 圏 丸みのある；(財布が)ふくらんだ；(金額が)かなりの

rondelle [rɔ̃dɛl] 囡 輪切り；円く平たいもの；座金，ワッシャー ►*couper en rondelles* 輪切りにする

rondement [rɔ̃dmɑ̃] 副 てきぱきと，能率よく；率直に

rondeur [rɔ̃dœr] 囡 ① 丸いこと；丸いもの；(複)(体の部分の)丸み ② 率直な態度

rondin [rɔ̃dɛ̃] 男 (丸太の)薪(ホネ)；丸太(棒)

rondo [rɔ̃do] 男 (＜イ)[楽]ロンド

rondouillard(e) [rɔ̃dujar, -ard] 圏 (話)ぽっちりした，太っちょの

rond-point [rɔ̃pwɛ̃] 男 (複 ～s-~) (道路が放射状に集まる)円形交差点，ロータリー

ronéo [rɔneo] 囡 ロネオ【輪転式謄写印刷機】

ronéotyper [rɔneɔtipe], **ronéoter** [rɔneɔte] 他 (ロネオ(ronéo)で)謄写印刷する

ronflant(e) [rɔ̃flɑ̃, -ɑ̃t] 圏 (＜ronfler)(いびきのような)うなりをあげる；大げさな，仰々しい

ronflement [rɔ̃flǝmɑ̃] 男 いびき；(ものが)うなる音

***ronfler** [rɔ̃fle] ロンフレ (英 snore, roar) 圓 ① いびきをかく；(話) 熟睡する ② (ものが)うなりをあげる

ronfleur(se) [rɔ̃flœr, -øz] 男囡 いびきをかく(人) — 男 ブザー

***ronger** [rɔ̃ʒe] ロンジェ 他 40 (英 gnaw) ① かじる，(虫が)食う；(馬がくつわを)かむ；(ものが)むしばむ，侵食する；(人を)苦しめる，さいなむ ►*ronger son frein* いら立ちを抑えきれない気持ちを抑えかねる — 代動 [*se ~*] ① (…に)苦しむ，悩む (de) ② 自分の…をかむ ►*se ronger les ongles* 爪をかむ

rongeur(se) [rɔ̃ʒœr, -øz] 圏 かむ，かじる；むしばむ — 男 (複)[動]齧

歯(ﾚｯ)目 [ネズミ・リスなど]

ronron [rɔ̃rɔ̃], **ronronnement** [rɔ̃rɔnmɑ̃] 男 ごろごろ【ネコののどを鳴らす音】；(機械などの)低い持続音；うなる音；単調さ

ronronner [rɔ̃rɔne] 圓 (猫が)ごろごろとのどを鳴らす；(機械が)鈍い音をたてる

Ronsard [rɔ̃sar] (Pierre de~) ロンサール[1524–85；詩人]

röntgen [rœ(ø)ntgen] 男 [物]レントゲン【X線・γ線の強さを表す単位】

roque [rɔk] 男 [チェス]キャスリング【ルークでキングを守ること】

roquefort [rɔkfɔr] 男 ロックフォールチーズ【羊乳を原料とする青かびチーズ】

roquentin [rɔkɑ̃tɛ̃] 男 (古)(軽蔑的)若者のような格好をした老人；風刺歌の歌手

roquer [rɔke] 圓 [チェス]キャスリングする

roquet [rɔkɛ] 男 バグ【愛玩犬】；よくほえる犬；(話)口やかましいだけのつまらない人

roquette¹ [rɔkɛt] 囡 (＜英)ロケット(砲)

roquette² [rɔkɛt] 囡 [植]ルッコラ

rorqual [rɔrk(w)al] 男 [動]ナガスクジラ

rosace [rozas] 囡 ばら形装飾；ばら窓

rosacé(e) [rozase] 圏 (花弁がバラに)似た — 囡 ① [植]バラ科の植物 ② [医]酒齇(ﾚｯ)

rosaire [rozɛr] 男 [カト]ロザリオ(念珠)；ロザリオの祈り

rosat [roza] 圏 (不変)バラの香りのついた

rosâtre [rozɑtr] 圏 くすんだばら色の，ばら色がかった

rosbif [rɔsbif] 男 (＜英)ローストビーフ用(肉)

***rose** [roz] ローズ 囡 (英 rose, pink) [植]バラ(の花)；[建](教会の)ばら窓 ►*découvrir le pot aux roses* 秘密を嗅ぎつける *envoyer … sur les roses* (話)(人)を追い払う *frais comme une rose* すっきりの元気になった *rose trémière* [植]タチアオイ(立葵) — 男 ① バラ色の ② エロティックな — 男 ピンク色，バラ色 *rose bonbon* キャンディーピンク *rose saumon* サーモンピンク ►*voir la vie en rose* 人生を楽観する

rosé(e) [roze] 圏 淡いバラ色の — 男 ロゼワイン (= *vin ~*)

roseau [rozo] 男 (複 ~x) (英 reed) [植]アシ(葦)，ヨシ

rosé-des-prés [rozedepre] 男 (複 ~s-~s-~) [植]ハラタケ類

rosée [roze] 囡 露

roselier(ère) [rozlje, -ɛr] 圏 アシ(葦)の生えた — 囡 アシの茂った場所

roséole [rozeɔl] 囡 [医]バラ疹(ん)

roser [rɔze] 他 バラ色にする

roseraie [rozre] 囡 バラ園

rosette [rozɛt] 囡 ① (リボンなどの)

結び; (勲章の)略綬 ②(リヨン産のサラミソーセージ(=～ de Lyon)

rosier [rozje] 男 〖植〗バラの木

rosière [rozjɛr] 女 〈話・古〉品行方正な少女

rosir [rozir] 自 33 バラ色になる —他 バラ色にする

rosissement [rozismã] 男 バラ色になること

rossard(e) [rɔsar, -ard] 形名 〈話〉意地[口]の悪い人

rosse [rɔs] 女 駄馬; 〈話〉意地の悪い人 —形 意地悪な; 厳しい

rossée [rɔse] 女 〈話〉殴打

rosser [rɔse] 他 (人を)殴りつける; 打ち負かす

rosserie [rɔsri] 女 〈話〉意地悪

rossignol [rɔsiɲɔl] 男 ①〖英 nightingale〗〖鳥〗ナイチンゲール ②錠をこじあける道具, 合い鍵 ③〈話〉売れ残りの本[品]

rossinante [rɔsinɑ̃t] 女 〈古〉やせ馬

rösti [røʃ(s)ti] 男 〖複〗＝rœsti

rostre [rɔstr] 男 ①(古代ローマの)船嘴(はし) 〖動〗についた突起 ②〖動〗吻(ふん); (昆虫・甲殻類などの)突出した部分

rot [ro] 男 〈話〉げっぷ

rôt [ro] 男 〈古〉焼き肉

rotang [rɔtɑ̃ɡ] 男 〖植〗トウ(籐)

rotateur(trice) [rɔtatœr, -tris] 形 回転させる —男 〖解〗回旋筋

rotatif(ve) [rɔtatif, -iv] 形 回転の, 回転式の

rotation [rɔtasjɔ̃] 女 ①回転(運動), 旋回 ②循環, 交代, ローテーション; 〖農〗輪作; (乗り物の)運航[運行]回数 ▶ rotation du personnel 人事異動

rotative [rɔtativ] 女 〖印〗輪転機

rotatoire [rɔtatwar] 形 回転の

rote [rɔt] 女 ローマ教皇庁控訴院

roter [rɔte] 自 〈話〉げっぷをする

*rôti(e) [ro(ɔ)ti] 形 ロティ(した) 〈＜rôtir〉 〖英 roast〗〖料〗ローストの —男 ロースト肉 ▶ poulet rôti ローストチキン —女 〖料〗〈古・カナダ〉トースト

rôtin [rɔtɛ̃] 男 ①トウ(籐) ②〈話・古〉お金 ▶ ne plus avoir un rotin 〈話〉一文なしである

*rôtir [rɔtir] 他 33 〖英 roast〗焼く, ローストする; 〈話〉強い熱にさらす —自 (肉などが)焼ける; 〈話〉(人が)強い熱を浴びる —代動 [se ～] (人が)日焼けする, 肌を焼く

rôtissage [rotisaʒ] 男 (肉を)焼くこと

rôtisserie [rotisri] 女 グリルレストラン; 焼肉屋

rôtisseur(se) [rotisœr, -øz] 名 焼肉屋

rôtissoire [rotiswar] 女 (回転串式の)ロースター

roto [roto] 女 〈話〉輪転機(＜rotative)

rotonde [rɔtɔ̃d] 女 円屋根の建物; (機関車庫の)円形車庫

rotondité [rɔtɔ̃dite] 女 〈文〉丸いこと, 球形; 〈話〉丸々としていること, 肥満

rotoplots [rɔtɔplo, rɔtɔplɔ] 男 〖複〗〈俗〉(女性の)胸, おっぱい

rotor [rɔtɔr] 男 〖電〗回転子

rototo [rototo] 男 〈話〉(授乳後の赤ん坊の)げっぷ

rotule [rɔtyl] 女 〖解〗膝蓋(しつがい)骨 ▶ être sur les rotules 〈話〉くたくたに疲れている

rotulien(ne) [rɔtyljɛ̃, -ɛn] 形 〖解〗膝蓋(しつがい)骨の

roture [rɔtyr] 女 〈文〉平民階級(の身分)

roturier(ère) [rɔtyrje, -ɛr] 形名 平民の, 品のない(人)

rouage [rwaʒ, ruaʒ] 男 (機械などの)歯車装置, 一部; (官庁・企業の)機構, 組織

rouan(ne) [rwɑ̃, -an] 形名 葦毛の(馬)

Roubaix [rubɛ] ルベー〖Lille 北郊の都市〗

roubignoles [rubiɲɔl] 女 〖複〗〈俗〉睾丸, きんたま

roublard(e) [rublar, -ard] 形名 〈話〉ずる賢い(人)

roublardise [rublardiz] 女 悪賢さ, ずるいやり口

rouble [rubl] 男 ルーブル〖ロシアの通貨単位〗

rouchi [ruʃi] 男 ルシ〖ピカルディー地方の方言〗

roucoulade [rukulad] 女, **roucoulement** [rukulmɑ̃] 男 (くうくうという)鳩の鳴き声; 〈話〉(恋人同士の)愛のささやき

roucoulant(e) [rukulɑ̃, -ɑ̃t] 形 (鳩が)くうくうと鳴く; (言葉・歌が)甘くせつない

roucouler [rukule] 自 (鳩が)くうくう鳴く; 〈話〉(人が)甘い言葉をささやく —他 (歌を)せつない声で歌う

roudoudou [rududu] 男 〈話〉(丸い木の小箱に流し込まれた)キャラメル

*roue [ru, ru] 女 〖英 wheel〗車輪; 運命の輪 ▶ en roue libre 惰性で; 気ままに faire la roue 倣(おご)る; (クジャクなどが)尾羽を広げる; かっこうつける grande roue 大観覧車 roue de secours スペアタイヤ roue dentée 歯車 véhicule à 4 roues motrices 四輪駆動車

roué(e) [rwe] 形名 ずる賢い(人), したたかな(人)

rouelle [rwɛl] 女 〖料〗(子牛・豚の)輪切りにした もも肉

Rouen [rwɑ̃, ruɑ̃] ルーアン〖Seine-Maritime 県の県庁所在地; Haute-Normandie 地方[地域圏]の中心都市〗

rouer [rwe] 他 ▶ rouer... de

coups (人)をさんざん殴りつける
rouerie [ruri] 囡 ずる賢いこと; 策略
rouet [rwɛ] 男 紡ぎ車; 滑車
rouf [ruf] 男 [海] 甲板室
rouflaquette [ruflakɛt] 囡 ①(古)こめかみの巻き毛 ②(男性の)頬髭

*__**rouge**__ [ruʒ ルージュ] (英 red) 形 赤い; (顔などが)赤くなった, 紅潮した; (高温で)真っ赤になった, 赤熱した; 共産主義の意味で赤い, 共産主義の ▶**rouge de colère** [**de honte**] 怒りで[恥ずかしくて]赤くなった —— 男 赤色; 赤信号; 赤字; (話)赤ワイン; 口紅(= ~ à lèvres); 頬紅 マニキュア; 頬紅, ロビン **dans le rouge** 赤字である **gros rouge** 安物赤ワイン **passer au rouge** (信号が)赤に変わる; 赤信号をわたる —— 副 ▶**se fâcher tout rouge** 真っ赤になって怒る **voir rouge** かっとなる
rougeâtre [ruʒɑtr] 形 赤みを帯びた
rougeaud(e) [ruʒo, -od] 形名 赤ら顔の(人)
rouge-gorge [ruʒgɔrʒ] 男 (複 ~s-~s) [鳥]ヨーロッパコマドリ, ロビン
rougeoiement [ruʒwamɑ̃] 男 (炎・夕焼けなどの)赤みを帯びた輝き
rougeole [ruʒɔl] 囡 [医] はしか
rougeoleux(se) [ruʒɔlø, -øːz] 形名 はしかにかかった(人)
rougeoyant(e) [ruʒwajɑ̃, -ɑ̃t] 形 赤みがさした
rougeoyer [ruʒwaje] 自 45 赤みを帯びる
rouget [ruʒɛ] 男 [魚]赤い魚[ヒメジ・カナガシラなどの通称]
rougeur [ruʒœr] 囡 赤み; (顔の)紅潮; (皮膚の)赤斑
rough [rœf] 男 ①(英) [ゴルフ] ラフ ②[美術] ラフスケッチ
rougi(e) [ruʒi] 形 (< rougir) 赤くなった

*__**rougir**__ [ruʒir ルージール] 他 赤くする —— 自 33 (英 turn red) 赤くなる; (人が)顔を赤らめる; 恥ずかしく思う (de)
rougissant(e) [ruʒisɑ̃, -ɑ̃t] 形 赤くなった
rougissement [ruʒismɑ̃] 男 赤くなる[する]こと

R
*__**rouille**__ [ruj ルイユ] 囡 ①錆(さび); [農] サビ病 ②[料] ルイユ[ブイヤベースなどに添える赤唐辛子入りのソース] —— 形 (不変) 錆色の, 赤茶色の
rouillé(e) [ruje] 形 (< rouiller) 錆びた; (体力・能力が)鈍った, 衰えた

*__**rouiller**__ [ruje ルイエ] 他 錆びさせる; (人・能力を)衰えさせる, 鈍らせる —— 自 錆びる —— [se ~] 錆びる; (話)(体力や能力が)衰える
rouir [rwir] 他 33 (亜麻などをほぐすために)水に浸す
rouissage [rwisaʒ] 男 (亜麻などをほぐすために)水に浸すこと
roulade [rulad] 囡 ①回転, でんぐりがえし ②[楽] ルラード, 旋転 ③[料] ルラード, ミートロール
roulage [rulaʒ] 男 ①トラック輸送 ②ローラーをかけること; 圧延加工 ③[法] (古) (車の)通行
roulant(e) [rulɑ̃, -ɑ̃t] 形 ①移動できる, 可動式の ▶**fauteuil roulant** 車椅子 **table roulante** ワゴンテーブル ②(話)こっけいな, 笑いを誘う —— 男 乗務員[= personnel ~]; 男 (軍などの)移動調理車(= cuisine ~e)
roulé(e) [rule] 形 (<rouler) 巻いた, 丸めた ▶**bien roulée** (話)(女性が)スタイルのよい **r roulé** 巻き舌の r —— 男 ロールケーキ

*__**rouleau**__ [rulo ルロー] 男 (複 ~x) (英 roll, roller) ①円筒形のもの, 麺(めん)棒 (= ~ à pâtisserie); ローラー; ころ; カーラー ▶**rouleau compresseur** [土木] ◎円筒状に巻いたもの, 巻いたもの, ロール ▶**rouleau de papier hygiénique** トイレットペーパー **rouleau de pellicule** 写真のフィルム **rouleau de printemps** [料] 春巻き ③巻き毛 ④(走り高跳びの)ロールオーバー
roulé-boulé [rulebule] 男 (複 ~s-~s) 回転着地
roulement [rulmɑ̃] 男 ①転がる[す]こと; 回転; 交代; (資金の運用) (体の一部を)揺すること, まわすこと ▶**roulement à billes** ボールベアリング **travailler par roulement** 交代で働く ②車の走る音; 響く音

:__**rouler**__ [rule ルレ] 他 ①転がす; (転がして)巻く ▶**rouler ... dans la farine** (人)をだます ②(車で)運ぶ ③(体の一部を)揺さする, 振る ▶**rouler ses mécaniques** (話)肩で風を切る ④平らにする, ローラーをかける; (…で)巻き込む, だます —— 自 ①(車が)走る; 転がる ▶**Ça roule.** (話)順調だ **se soûl à rouler sous la table** (テーブルの下に転げ落ちるほど)泥酔している **rouler sur l'or** (話)うなるほど金がある ②(車などが)走る; (人が)車で走る ③(人が)旅から旅へ転々とする ④(会話などが…を話題に)展開される (dans, sur) ⑤(船が)横揺れする; (雷などが)とどろく, 鈍い音を響かせる —— [se ~] ①(…で)転げ回る (dans, sur) ▶**à se rouler par terre** 転げ回るほどおかしい **se rouler les pouces / se rouler les pieds** 手持ち無沙汰だ ②(…に)くるまる (dans)
roulette [rulɛt] 囡 ①キャスター, 小さな車輪 ▶**aller [marcher] comme sur des roulettes** ことがすらすらと運ぶ ②(歯科医などの)バー; (裁縫用の)ルーレット [点線をつけるのに使う歯車] ③(ゲームの)ルーレット
rouleur [rulœr] 男 ①押し人夫 ②

長期にわたって高速を保つことのできる自転車選手

rouleuse [ruløz] 女 ①タバコの紙巻器 ②ハマキムシ

roulis [ruli] 男 (船・列車などの)ローリング, 横揺れ

roulot [rulot] 女 (ジプシー・旅芸人などが住む)大型トレーラー, 大型馬車

roulotté(e) [rulote] 形 縁が小さく丸まった —— 男 縁巻き縫い

roulure [rulyr] 女 (俗・軽蔑的)あばずれ, 売女

roumain(e) [rumɛ̃, -ɛn] 形 ルーマニアの —— 名 [R-] ルーマニア人 —— 男 ルーマニア語

Roumanie [rumani] 女 ルーマニア

roumi [rumi] 男 (イスラム教徒からみた)キリスト教徒, 西欧人

round [rawnd, rund] 男 (<英)(ボクシング・交渉の)ラウンド

roupettes [rupɛt] 女(複) = roubignoles

roupie[1] [rupi] 女 (古)鼻水 ► *de la roupie de sansonnet* 無意味なこと, ささいなこと

roupie[2] [rupi] 女 ルピー[インド・パキスタン・スリランカ・ネパールの通貨単位]

roupiller [rupije] 自 (話)眠る

roupillon [rupijɔ̃] 男 (話)居眠り ► *piquer un roupillon* 居眠りする

rouquin(e) [rukɛ̃, -in] 形(話)赤毛の —— 名 (話) 赤毛の人 —— 男 (話) 赤ワイン

rouscailler [ruskaje] 自 (話)文句をつける

rouspétance [ruspetɑ̃s] 女 (話)反抗, 抗議

rouspéter [ruspete] 自 [57] (話)抗議する, 文句を言う

rouspéteur(se) [ruspetœr, -øz] 形 名 (話)不平を言う(人)

roussâtre [rusɑtr] 形 赤茶けた

rousse[1] [rus] 形 女 roux の女性形

rousse[2] [rus] 女 (俗)警察

Rousseau [ruso] (Jean-Jacques~) ルソー[1712–78; 哲学者・小説家]

Rousseau [ruso] (Henri~) ルソー[1844–1910; 素朴派の画家, 別名 le douanier~]

rousseler [rusle] 自 そばかすができる

roussette [rusɛt] 女 ①(魚)トラザメ ②(鳥)オオコウモリ ③(動)カピバラ

rousseur [rusœr] 女 赤褐色; (紙の)赤茶色の染み ► *taches de rousseur* そばかす

roussi(e) [rusi] 形 (<roussir) 焦げた —— 男 焦げ臭いにおい ► *Ça sent le roussi.* 焦げ臭い; 雲行きが怪しい

Roussillon [rusijɔ̃] ルシヨン[ソフランス南部の旧地方名]

roussillonnais(e) [rusijɔnɛ, -ɛz] 形 名 [R-] ルシヨン人の

roussir [rusir] 他 [33] 焦がす, 赤茶色にする —— 自 赤茶色になる

roussissement [rusismɑ̃] 男 赤茶色にする[なる]こと

rouste [rust] 女 (話・仏)めったに打ち

roustons [rustɔ̃] 男(複)(話)睾丸, きんたま

routage [ruta3] 男 (新聞・郵便物などの配達区域による)仕分け

routard(e) [rutar, -ard] 名 (話)貧乏旅行者, バックパッカー

*route [rut ルート] 女 (英 road) 道路, 街道; (by travel) 道行; 航路; 軌道; (英 way) (たどるべき)道, 道筋; 道程; 旅; (人生の)進路 ► *en route* 途中, 途上で *être sur la bonne route* 正しい道にいる; 順調である *faire de la route* 車でさんざん走り回る *fausse route* 道をあやまる *faire route vers* …に向かって進む *La route est toute tracée.* 道はすっかり敷かれている; やるべきことは明白だ *mettre en route* (機械などを)始動させる; (事を)軌道に乗せる *mise en route* 始動 *prendre la route* 出発する *route aérienne* 空路 *route barrée* (掲示)通行止 *route de la soie* [la ~] シルクロード *route nationale* 国道 *tenir la route* タイヤのグリップがよい; (議論などが)しっかりしている

router [rute] 他 ①配達区域別に)仕分けする ②(海)航路を定める

routeur(se) [rutœr, -øz] 名 ①(配達物などを)仕分けする人 ②(海)航路を定める人 男 (情報)ルーター

routier(ère) [rutje, -ɛr] 形 道路の —— 男 ①長距離トラックの運転手 ②(自転車の)ロードレースの選手 ► *vieux routier* ベテラン, 古狸 —— 男 ツーリングカー

routine [rutin] 女 型にはまった行動[思考パターン]; 因習, 旧弊; (情報)ルーチン ► *de routine* いつもの; 機械的に, 習慣的な

routinier(ère) [rutinje, -ɛr] 形 名 型にはまった(人), 旧弊にこだわる(人)

rouvre[1] [ruvr] 男 (植)フユナラ

rouvre[2] [ruvr] →rouvrir

rouvrir [ruvrir] 他 [46] 再び開く; 再び開ける —— 自 (代動) [se ~] 再び開く; 再開される

*roux(sse) [ru, rus ルー(ス)] 形 (英 red, auburn) 赤茶色の —— 名 ①赤毛の人 —— 男 ①赤褐色, 赤茶 ②(料)ルー

*royal(ale) [rwajal ロワイヤル] 形 (男複 -*aux*[-o]) 王の; 国王にふさわしい; 豪華な 立派な; 徹底した, 徹底した. —— 女 (話)[la R-] フランス海軍

royalement [rwajalmɑ̃] 副 王のように; 豪華に; まったく, 完全に ► *s'en moquer royalement* そんなことはまるで構わない

royalisme [rwajalism] 男 王党主義

royaliste [rwajalist] 形 王党派の,

royalties 王政主義の ▶ *être plus royaliste que le roi* 他人の利害を当人以上に気にする ― 名 王党派, 王政主義者

royalties [rwajalti (z)] 女 (複) 特許[著作]使用料; 油田採掘ㆍパイプライン使用料

*__royaume__ [rwajom ロワヨム] 男 王国 ▶ *le royaume céleste* [*des cieux, de Dieu*] 神の国 *le royaume des morts* [文] 地獄

Royaume-Uni [rwajomyni] 男 イギリス連合王国 [正式名称 Royaume-Uni de Grande-Bretagne et d'Irlande du Nord グレートブリテンおよび北部アイルランド連合王国]

royauté [rwajote] 女 王座, 王位; 王権, 王政

-rr(h)agie 接尾 (<ギ)「噴出」の意の女性名詞をつくる

-rr(h)ée 接尾 (<ギ)「排出」の意の女性名詞をつくる

RSVP (略) Répondez s'il vous plaît 折り返しご返事ください

RTT (略) réduction du temps de travail (週35時間制による)労働時間の短縮

ru [ry] 男 (古ㆍ方) 小川

ruade [rɥ(y)ad] 女 後脚でけること ▶ *décocher* [*lancer*] *une ruade* 後脚で蹴り上げる

Ruanda [rwanda] 男 = Rwanda

*__ruban__ [rybɑ̃ リュバン] 男 ① (英 ribbon) リボン; テープ; 帯状のもの ② 綬(じゅ), 勲章 ▶ *ruban adhésif* 粘着テープ *ruban bleu* [le ~] ブルーリボン賞 *ruban rouge* [le ~] レジョンヌール勲章

rubané(e) [rybane] 形 縞模様の; 帯状の

rubaner [rybane] 他 帯状にする

rubato [ry(u)bato] 形副男 (<イ) [楽] ルバートの[で]

rubéfaction [rybefaksjɔ̃] 女 [医] (皮膚の)発赤作用, 引赤(いんしゃく)

rubéfiant(e) [rybefjɑ̃, -ɑ̃t] 形 [医] (皮膚を)発赤させる

rubéole [rybeɔl] 女 [医] 風疹(ふうしん)

rubéoleux(se) [rybeølø, -øz, rybeolik] 形 [医] 風疹(ふうしん)の

rubescent(e) [rybesɑ̃, -ɑ̃t] 形 少し赤い, 赤みのある性質の

rubiacées [rybjase] 女 (複) [植] アカネ科

Rubicon [rybikɔ̃] 男 [le ~] ルビコン川 [イタリア北東部の川] ▶ *franchir le Rubicon* ルビコン川を渡る; 重大な決断をする [古代ローマのカエサルの進軍した故事から]

rubicond(e) [rybikɔ̃, -ɔ̃d] 形 (顔が)真っ赤な; (人が)赤ら顔の

rubidium [rybidjɔm] 男 [化] ルビジウム

rubigineux(se) [rybiʒinø, -øz] 形 錆びた, 錆色の

rubis [rybi] 男 ルビー; (時計の)石 ▶ *de rubis* [文] 鮮紅色の *faire rubis sur l'ongle* (古) (ワインをグラスから)最後の一滴まで飲みほす *payer rubis sur l'ongle* 即金で全額支払う

rubrique [rybrik] 女 (新聞の)欄, (分類の)項目; 見出し ▶ *rubrique sportive* [littéraire] スポーツ[文芸]欄

ruche [ryʃ] 女 ① (ミツバチの)巣(箱); (集合的) (1つの巣のミツバチ; 人々がせっせと動いている場所 ② (= ruchée) [服] ひだ飾り, ルーシュ

ruchée [ryʃe] 女 養蜂箱の巣箱; (集合的) 養蜂箱の蜂群

rucher [ryʃe] 男 養蜂(ようほう)場; (集合的)養蜂場の蜂箱

*__rude__ [ryd リュド] 形 (手ざわりが)粗い, ざらざらした; (仕事ㆍ気候などが)激しい, 厳しい, つらい; (人が)荒っぽい, 粗野な; 耳[目]障りな, 不快な; 口当たりの悪い; (話)ものすごい; 手ごわい ▶ *être mis à rude épreuve* 厳しい試練にさらされる

rudement [rydmɑ̃] 副 手荒く; (話) 非常に, すごく

rudesse [rydes] 女 粗さ; あらあらしさ; 厳しさ, つらさ

rudiment [rydimɑ̃] 男 ① (複) (学問などの)初歩, 基礎 ② [生] 原基, 痕跡器官

rudimentaire [rydimɑ̃tɛr] 形 ① 初歩的な, 基礎的な; (設備などが)粗末な ② [生] 原基の, 痕跡的な, 未発達の

rudoiement [rydwamɑ̃] 男 《文》手荒く扱うこと

rudoyer [rydwaje] 他 45 (人ㆍ動物)を手荒に扱う

*__rue¹__ [ry リュ] 女 (英 street) 通り, 街路; 街, 巷(ちまた); (集合的) 通りの人々; 通行人; 大衆 ▶ *courir les rues* (うわさが)あちこちに広まる; ありふれている *descendre dans la rue* (デモなどのために)街頭に繰り出す *être à la rue* 路頭に迷う *jeter* [*mettre*]... *à la rue* (人)を路頭に放り出す

rue² [ry] 女 [植] ウンコウ(芸香), ヘンルーダ [薬用植物]

ruée [rɥe] 女 (大勢の人が)押し寄せること; 殺到 ▶ *ruée vers l'or* ゴールドラッシュ

ruelle [rɥɛl] 女 細い道, 小路 ②(寝台と寝台[壁]との間のすき間 ③ [文学] (17世紀の)閨房(けいぼう)

ruer [rɥe] 自 ① (馬が)後脚でけとばす ― 代動 [se ~] (…に)飛びかかる, 押し寄せる, 殺到する (sur, vers, dans)

ruffian [ryfjɑ̃] 男 (古)(売春婦の)ひも; ならず者

*__rugby__ [rygbi リュグビ] 男 (<英) ラグビー [コラム: ラグビー]

rugbyman [rygbiman] 男 (複 -men [-mɛn]) (<英) ラグビー選手

rugine [ryʒin] 女 [医] 骨膜剝離子

ruginer [ryʒine] 他 45 [医] (骨膜を)剝離する

rugir [ryʒir] 自 33 (ライオンなどが)ほえる; (人が)わめく; (風ㆍ波が)激しい音をたてる

る ▶**rugir de colère** 怒号する
rugissant(e) [ryʒisɑ̃, -ɑ̃ːt] 形 ほえる; うなりをあげる
rugissement [ryʒismɑ̃] 男 ほえた声; わめき声; うなり ▶**rugissement de fureur** 怒号
rugosité [rygozite] 女 ざらつき, ごつごつしていること
rugueux(se) [rygø, -øːz] 形 ざらざらした, ごつごつした
***ruine** [rɥin リュイヌ] 女 (英 ruin) (複) 廃墟, 遺跡, 瓦礫(が); (建物の)崩壊, 荒廃; 廃屋; (国などの)滅亡, 崩壊; (健康・名声などの)衰え, 失墜; 落ちぶれた人; 破産, 倒産 ▶**courir [aller] à sa ruine** 破滅の道をたどる **tomber en ruines** 崩壊[破滅]する
ruiné(e) [rɥine] 形 (<ruiner) 崩壊した; 破産した; 衰えた
***ruiner** [rɥine リュイネ] 他 (英 ruin, bankrupt) (健康・信用などを)失わせる; 破産[破滅]させる ── 代動 [**se ~**] 破産する; 莫大な出費をする
ruineux(se) [rɥinø, -øːz] 形 莫大な費用のかかる
ruisseau [rɥiso リュイソー] (複 ~x) 男 (英 stream) 小川, 排水溝, 溝, どぶ ▶**Les petits ruisseaux font les grandes rivières.**《ことわざ》小川が集まって大河となる; 塵も積もれば山となる **ruisseaux de larmes** 溢れる涙
ruisselant(e) [rɥislɑ̃, -ɑ̃ːt] 形 ①流れる ②[[~ de]] …でびっしょりぬれた, …でしたたる ③《文》…にあふれた, …で輝いた
ruisseler [rɥisle] 自 4 ①(涙・雨水が)流れる ②(…で)びっしょりぬれる; (…で)あふれる (**de**)
ruisselet [rɥislɛ] 男 せせらぎ
ruissellement [rɥisɛlmɑ̃] 男 (水や

汗が)流れること; (光などが)あふれること
rumba [rumba] 女 《くス》《楽》ルンバ
rumen [rymɛn] 男 《くラ》《動》ルーメン, こぶ胃【反芻(然)動物の第1胃】
***rumeur** [rymœːr リュムール] 女 ざわめき; 不満の声; うわさ ▶**rumeur publique** 世間のうわさ
ruminant(e) [rymina, -ɑ̃ːt] 形 反芻(然)する ── 男 反芻動物; (複) 反芻類
rumination [ryminasjɔ̃] 女 反芻(然)
ruminer [rymine] 他 自 反芻(然)する; 思いめぐらす
rumsteck [rɔmstɛk] 男 = romsteck
rune [ryn] 女 ルーン文字【北欧古代文字】
Rungis [rœ̃ʒis] ランジス【Val-de-Marne 県にあるパリの中央市場の所在地】
runique [rynik] 形 ルーン文字の
ruolz [rɥɔls] 男 金[銀]めっきした金属【ナイフ・フォークなど】
rupestre [rypɛstr] 形 ①(植物が)岩に生える ②洞窟の壁に描かれた
rupin(e) [rypɛ̃, -in] 形名《話》金持ちの
rupteur [ryptœːr] 男 《電》遮断器
***rupture** [ryptyːr リュプテュール] 女 切断, 折れ(ること); 決裂; 断絶, 絶交, 別れ; (契約の)破棄, 解消; (状態の)急変 ▶**en rupture avec** …と接触を絶っている **en rupture de ban avec** …の束縛を逃れた **en rupture de stock** 在庫を切らしている **point de rupture**【工学】破壊点 **rupture de rythme** リズムの急変
***rural(ale)** [ryral リュラル] 形 (男複

ラグビー

▶ プレイ
touche ラインアウト
maul モール
mêlée spontanée ラック
mêlée (ordonnée) スクラム
coup de pied de pénalité ペナルティーキック
coup de pied placé プレースキック
volée パント
essai トライ
plaquage タックル

▶ 反則
en-avant ノックオン
obstruction 妨害
hors-jeu オフサイド
passe en avant スローフォワード
avantage アドバンテージ

▶ ポジション
pilier プロップ
talonneur フッカー
deuxième ligne 第2列, ロック
flanker フランカー
demi de mêlée スクラムハーフ

▶ コート
en but インゴール
ligne de touche タッチライン
ligne de milieu ハーフウェイライン
ligne des 10 m 10メートルライン
ligne des 22 m 22メートルライン
ligne de but ゴールライン
ligne de ballon mort デッドボールライン

rurbain(e) [ryrbɛ̃, -ɛn] 形 都市近郊農村の
― 名(複)農民, 農村の住人

rurbanisation [ryrbanizasjɔ̃] 女 都市郊外農地の市街化

ruse [ryz リューズ] 女(複)悪知恵; 策略, 計略 ▶ **ruse de guerre** 計略

rusé(e) [ryze リュゼ] 形名 (<ruser) ずる賢い(人), 狡猾な(人)

ruser [ryze] 自 策を弄する

rush [rœʃ] 男 〈英〉①[スポーツ] ラストスパート ②(大勢の人の)殺到, ラッシュ ③(複)[映] ラッシュ, 未編集フィルム

russe [rys] 形 〈英 Russian〉ロシアの ― 名 [[R-]] ロシア人 ― 男 ロシア語

Russie [rysi リュスィ] 女 〈英 Russia〉ロシア

russification [rysifikasjɔ̃] 女 ロシア化(政策)

russifier [rysifje] 他 ロシア化する

russophone [rysɔfɔn] 形 ロシア語圏の ― 名 ロシア語話者

russule [rysyl] 女 [植] ベニタケ

rustaud(e) [rysto, -od] 形 がさつな, 田舎者の ― 名 粗野な人, 田舎者

rusticité [rystisite] 女 ①田舎じみていること, 素朴, 粗野 ②[農] (動植物の)抵抗力

rustine [rystin] 女 (自転車のパンク修理に使う)パッチゴム

rustique [rystik] 形 ①田舎(風)の, 素朴な, 粗野な ②(動植物が)丈夫な, 抵抗力がある ― 男 田舎風, 民芸調

rustiquer [rystike] 他 荒削りする; 粗面仕上げをする

rustre [rystr] 形名 粗野な(人), 無作法な(人)

rut [ryt] 男 (動物の)発情(期), さかり ▶ **en rut** さかりがついた

rutabaga [rytabaga] 男 [植] ルタバガ, スウェーデンカブ(の根) [主に飼用]

ruthénium [rytenjɔm] 男 [化] ルテニウム

rutilance [rytilɑ̃s] 女 [文] (真っ赤な)輝き

rutilant(e) [rytilɑ̃, -ɑ̃t] 形 (赤く)輝く, ぴかぴか光る

rutiler [rytile] 自 (赤々と)輝く, きらきら光る

R.-V. (略) rendez-vous

Rwanda [rwɑ̃da, rwanda] 男 ルワンダ共和国

rwandais(e) [rwɑ̃dɛ, -ɛz] 形 ルワンダの ― 名 [[R-]] ルワンダ人

:**rythme** [ritm リトム] 男 〈英 rhythm〉リズム, 拍子; 規則的な動き, テンポ, 速さ ▶ **au rythme de** …のリズムに合わせて; …のテンポで **avoir le sens du rythme** リズム感がいい **manquer de rythme** めりはりがない, テンポが遅い **marquer le rythme** リズムを刻むこと **rythme cardiaque** 心臓の鼓動

rythmé(e) [ritme] 形 (<rythmer) リズムのある(はっきりした), 律動的な

*rythmer [ritme リトメ] 他 リズムをつける; リズムに合わせる; 拍子をとる

rythmique [ritmik] 形 リズムに合わせた, リズミカルな; リズムの; 韻律のある ― 女 韻律学

rythmiquement [ritmikmɑ̃] 副 リズムに合わせて; リズミカルに

S

S, s¹ [ɛs] 男 ①フランス字母の第19字 ②S字型, ジグザグ

s² (略) ①[S] sud 南 ②[s] seconde 秒

s' [s] 代 (人称) se または 接 si の省形

SA (略) société anonyme 株式会社

sa [sa サ] 形 (所有) (女) [3人称単数] (英 his, her, its) 彼(女)の; その ⇒son

Saba [saba] 女 シバ【アラビア半島南西部の古代王国】

sabayon [sabajɔ̃] 男 [料] サバイヨン【卵黄・砂糖・ワインなどを混ぜて作るクリーム】

sabbat [saba] 男 ①(ユダヤ教の)安息日, サバト ②(中世伝説上の)魔女たちの夜宴; [話] 大騒ぎ

sabbatique [sabatik] 形 ①(ユダヤ教の)安息日(日)の ②▶ **année sabbatique** サバティカルイヤー【大学などで一定期間ごとに教員に与えられる長期の研究休暇】

sabir [sabir] 男 サビール語【アラビア語・フランス語・スペイン語などが混じった混成言語; 北アフリカなどで通商に使われた】; わけのわからない言葉

sablage [sablaʒ] 男 (道路などに)砂をまくこと

sable¹ [sabl サブル] 男 〈英 sand〉砂; (複)砂地; 砂浜 ▶ **bâtir sur le sable** 砂上に楼閣を築く **être sur le sable** [話] 金がない, 仕事にあぶれている **Le marchand de sable est passé.** [話] (子供に)さあもうおねんねしましょう **sables mouvants** 流砂, あり地獄 ― 形 (不変) 色の薄いベージュ色の

sable² [sabl] 男 [紋] 黒(色)

sablé(e) [sable] 形 (<sabler) 砂で覆われた, 砂をまかれた ― 男 [菓] サブレ

sabler [sable] 他 ①砂をまく, 砂で覆う; 砂型で鋳造する ②▶ **sabler le champagne** (お祝いの席で)シャンパンを飲む

sableur(se) [sablœr, -øz] 名 砂型鋳造工 ― 女 噴砂機【道路への砂きや金属の加工に用いる】

sableux(se) [sablø, -øz] 形 砂を含んだ; 砂地の

sablier [sablije] 男 砂時計
sablière [sablijɛr] 女 ①採砂場; (機関車の)砂箱 ②[建]桁
sablon [sablɔ̃] 男 細かい砂; 磨き砂
sablonner [sablɔne] 他 砂で覆う
sablonneux(se) [sablɔnø, -øz] 形 砂で覆われた, 砂地の
sablonnière [sablɔnjɛr] 女 (特に細砂の)採砂場
sabord [sabɔr] 男 [海]舷(げん)窓, 舷門
sabordage [sabɔrdaʒ] 男 ①(船の)自沈 ②(企業などの)活動停止, 店じまい
saborder [sabɔrde] 他 (船底に穴をあけて)沈める; (企業活動などを)停止させる; 倒産させる ── 代動 [se ~] (自分の船を)意図的に沈める; 店をたたむ, 活動を停止する
sabot [sabo] 男 木靴, 木靴のような靴; (馬・牛の)ひづめ; (車輪のブレーキ)シュー(= ~ de frein) ▶ **baignoire de sabot** (座浴用の)小さい浴槽 **sabot de Denver** (駐車違反車のタイヤにはめる)車かせ **voir [entendre] venir... avec ses gros sabots** (話)(人の)狙いは見え見えである
sabotage [sabotaʒ] 男 ①破壊活動, 妨害; サボタージュ ②(仕事を)いい加減にやること, 手抜き
saboter [sabote] 他 ①(仕事を)雑にやる, 手抜きする ②(設備などを)破壊する; (交通機関などを)妨害する; (計画を)ぶち壊す
saboterie [sabotri] 女 木靴の製造[製造所]
saboteur(se) [sabotœr, -øz] 名 破壊[妨害]工作をする人; 手抜き仕事をする人
sabotier(ère) [sabotje, -jɛr] 名 木靴製造工; 木靴屋
sabre [sabr] 男 サーベル, 刀; [フェンシング]サーブル; ヒゲソリ ▶ **le sabre et le goupillon** (話)軍と教会 **traîneur de sabre** いばりちらす軍人
sabrer [sabre] 他 ①(人を)サーベルで切る; 深い溝を刻み込む; (話)(文章を)ばっさり削る; (試験などで)落とす; 削除する ▶ **sabrer le champagne** (サーベルで)シャンパンのボトルを開ける
sabreur [sabrœr] 男 サーベルの使い手, 荒武者; [フェンシング]サーブルの選手

***sac¹** [sak サク] 男 (英 bag) 袋, 袋状のもの; バッグ, かばん; ハンドバッグ (= ~ à main); 一袋分の量 (話) ▶ **avoir plus d'un tour dans son sac** 抜け目がない **L'affaire est dans le sac**, (話)成功は間違いない **mettre [fourrer]... dans le même sac** を十把ひとからげにする **prendre... la main dans le sac** (人)を現行犯で捕まえる; 不意を突く **sac à bandoulière** ショルダーバッグ **sac à dos** リュックサック **sac de cou-**

---

chage 寝袋 **sac de voyage** 旅行かばん **sac embryonnaire** [植]胚嚢(のう) **sac (en) plastique** (スーパーなどの)ビニール袋 **sac lacrymal** [解]涙嚢(のう) **vider son sac** (話)胸中を告白する
sac² [sak] 男 (都市などの)略奪 ▶ **mettre à sac** 略奪する; 荒らす
saccade [sakad] 女 ぎくしゃくとした動き ▶ **avancer par saccades** (車などが)がたんがたんと進む
saccadé(e) [sakade] 形 ぎくしゃくした
saccader [sakade] 他 不規則にする, 途切れ途切れにする
saccage [sakaʒ] 男 略奪, 破壊; 荒廃
saccager [sakaʒe] 他 40 (都市などを)略奪する, 荒らす; (部屋などを)散らかす
saccageur(se) [sakaʒœr, -øz] 名 略奪[破壊]者
saccharification [sakarifikasjɔ̃] 女 [化]糖化
saccharifier [sakarifje] 他 [化]糖化する
saccharine [sakarin] 女 [化]サッカリン
sacchar(o)- 接頭 (<ギ, ラ) 「糖の」「サッカリンの」の意
saccharose [sakaroz] 男 [化]スクロース, 蔗(しょ)糖
sacciforme [saksiform] 形 袋状の
sacerdoce [sasɛrdɔs] 男 司教職, 聖職; (集合的)聖職者
sacerdotal(ale) [sasɛrdɔtal] 形 (男複 -aux [-o]) 司祭の, 聖職の
sach... ⇒ savoir
sachem [saʃɛm] 男 (北米原住民の)首長, 長老 ▶ **grand sachem** (話)大物

***sachet** [saʃɛ サシェ] 男 小さな袋; 匂い袋 ▶ **sachet de thé** ティーバッグ **soupe en sachet(s)** (袋入りの)インスタントスープ
sacoche [sakɔʃ] 女 (軍掌・集金人などの)肩掛けかばん; (ベルギー・ケベック)ハンドバッグ ▶ **sacoche de bicyclette** サドルバッグ
sac-poubelle [sakpubɛl] 男 (複 ~s-~) (家庭ごみ回収用の)ビニール袋
sacquebute [sak(ə)byt] 女 [楽]サクバット【トロンボーンの原型となる金管楽器】
sacquer, saquer [sake] 他 (話)首にする; (試験で)厳しい点をつける, 落とす
sacral(ale) [sakral] 形 (男複 -aux [-o]) 神聖化された
sacralisation [sakralizasjɔ̃] 女 神聖化
sacraliser [sakralize] 他 神聖化[視]する
sacramentel(le) [sakramɑ̃tɛl] 形

sacre [sakr] 男 ①(王・皇帝の)聖別式;(司教の)叙階式 ②祝祭, 祭典

***sacré(e)**[1] [sakre] 形 ①(名詞の後)神聖な;宗教的な;侵すべからざる, 聖い「敬すべき ②(話)(名詞の前)とんでもない;見事な, ものすごい ►*C'est un sacré menteur.* こいつはとんでもないうそつきだ *feu sacré* 仕事などへの情熱;霊感, インスピレーション *livres sacrés* 聖典, 聖書 *Sacré nom de Dieu (d'un chien)!* (話)こんちくしょう! ― 男 聖なるもの

sacré(e)[2] [sakre] 形〔解〕仙骨(sacrum)の

sacrebleu [sakrəblø], **sacrédié** [sakredje], **sacredieu** [sakrədjø] 間 (話・古)畜生, なんてこった, ちくしょう

Sacré-Cœur [sakrekœr] 男 (イエス キリストの)聖心(な).), (パリのモンマルトルにある)サクレ・クール大聖堂 (= le basilique du ~)

sacrement [sakrəmɑ̃] 男 〔カト〕秘跡 ►*derniers sacrements* 臨終の秘跡

sacrément [sakremɑ̃] 副(話)とっても, ものすごく

sacrer [sakre] 他 聖別する ― 自(話)ののしる

sacrificateur(trice) [sakrifikatœr, -tris] 名 供物をささげる司祭

sacrificatoire [sakrifikatwar] 形(古)犠牲の, 供物の

***sacrifice**, [sakrifis サクリフィス] 男 犠牲, 供え物, 生け贄;犠牲的行為;出費

sacrificiel(le) [sakrifisjel] 形 犠牲(供犠)の

sacrifié(e) [sakrifje] 形 (< sacrifier) 犠牲にされた, 見捨てられた ― 名 犠牲者

***sacrifier** [sakrifje サクリフィエ] 他 ①(…のために)犠牲にする, 捧げる;投げうつ (à, pour) ②(…に)生け贄として捧げる, 供える(à) ― 自 (文)(…に)従う, 迎合する (à) ― 代動 [*se* ~] (…のために)自己を犠牲にする, 献身する;がまんする (à, pour)

sacrilège [sakrilɛʒ] 男〔宗〕涜(き)聖, 冒涜;許しがたい行為 ― 形 不敬な;許しがたい ― 名 冒涜者

sacripant [sakripɑ̃] 男(話)ならず者

sacristain [sakristɛ̃] 男 (教会の)堂守;聖具室係, 香部屋係

sacristaine [sakristen], **sacristine** [sakristin] 女 (教会の)聖具室(香部屋)係の女性

sacristi [sakristi] 間 ちぇっ, なんてこった

sacristie [sakristi] 女 (教会の)聖具室, 香部屋

sacro-iliaque [sakroiljak] 形〔解〕仙腸骨の ►*articulations sacro-iliaques* 仙腸関節

sacro-saint(e) [sakrosɛ̃, -ɛ̃t] 形 (皮肉の)神聖にして不可侵の

sacrum [sakrɔm] 男 〔解〕仙骨

Sade [sad] (Marquis de~) サド(侯爵) 〖1740-1814;小説家〗

sadique [sadik] 形 サディズムの;残忍な ― 名 サディスト;残酷な人 [略 sado]

sadiquement [sadikmɑ̃] 副 残忍に

sadisme [sadism] 男 サディズム, 加虐趣味

sado [sado] 形 名 (不変)(話) = sadique

sadomaso [sadomazo] 形 名 (不変) = sadomasochiste

sadomasochisme [sadomazɔʃism] 男 〔精医〕サド・マゾヒズム

sadomasochiste [sadomazɔʃist] 名 サド・マゾヒスト ― 形 サド・マゾヒズムの

safari [safari] 男 (<アラビア)(アフリカでの)猛獣狩り

safari-photo [safarifoto] 男 (複 ~s-~s) 野獣撮影旅行

safran[1] [safrɑ̃] 男 〔植〕サフラン;サフラン粉(香料・染料);サフラン色〔鮮やかな黄色〕 ― 形 (不変) サフラン色の

safran[2] [safrɑ̃] 男 〔海〕舵板(だ.)(舵の水を切る部分)

safrané(e) [safrane] 形 サフラン色の;サフランで色(香り)をつけた

saga [saga] 女 〔文学〕サガ〖中世北欧の伝説〗;(一家・一門を数世代にわたって描く)大河小説

sagace [sagas] 形 鋭敏な, 慧眼(災)の

sagacité [sagasite] 女 ① 洞察力, 鋭敏さ

sagaie [sage] 女 (未開部族が用いる)投げ槍

***sage** [saʒ サージュ] 形 (英 wise) ①貞淑な, 身持ちのよい;節度ある;(文)賢明な, 思慮深い;慎重な ②(子供がおとなしい;言うことを聞く ►*sage comme une image*(子供が)とてもおとなしい ― 男 賢者, 賢人;常人

sage-femme [saʒfam] 女 (複 ~s-~s) 産婆, 助産婦

sagement [saʒmɑ̃] 副 賢明に;おとなしく

***sagesse** [saʒɛs サジェス] 女 ①(英 wisdom)賢明さ, 良識;慎重さ;節度, 慎み;貞淑;(文)叡智, 智恵 ►*dent de sagesse* 親知らず *écouter la voix de la sagesse* 理性の声に耳を傾ける ②(子供の)従順さ, 聞き分けのよさ

sagette [saʒɛt] 女 ①(古)矢 ②〔植〕オモダカ

sagittaire[1] [saʒiter] 男 [S-]〔天〕射手(で)座, 人馬宮〖黄道12宮の第9宮〗

sagittaire[2] [saʒiter] 女 〔植〕オモダカ

sagittal(ale) [saʒital] 形 (男複 -aux[-o]) 矢の形をした; [解] 矢(状の ▸ **plan sagittal** 矢状面

sagouin(e) [sagwɛ̃] 名 《話》汚らしい子供, 粗野な人 ── 男 〔動〕《古》(中南米の)マーモセット

sagoutier [sagutje] 男 〔植〕サゴヤシ

Sahara [saara] 男 サハラ砂漠

saharien(ne) [saarjɛ̃, -ɛn] 形 名 [S-] サハラ砂漠の(住人) ── 女 〔服〕サファリジャケット

Sahel [sael] 男 ①サヘル〔サハラ砂漠南縁の草原地帯; 北アフリカ地中海沿岸の丘陵地帯〕 ②[s-] モロッコ南部でサハラ砂漠から吹く風

sahélien(ne) [saeljɛ̃, -ɛn] 形 サヘル地方の ── 名 [S-] サヘルの住人

sahraoui(e) [sarawi] 形 西サハラの ── 名 [S-] 西サハラの住民

saie[1] [sɛ] 女 (古代ローマの兵士が着用した)短いマント

saie[2] [sɛ] 女 豚毛のブラシ

saïga [sajga, saiga] 男 〔動〕サイガ, オオハナレイヨウ【中央アジアに分布するヤギの一種】

saignant(e) [sɛɲɑ̃, -ɑ̃t] 形 ①傷口から出血している, ふさがっていない; (心の傷が)癒えていない ②(ニュースなどが)センセーショナルな ③《話》手厳しい ③(肉が)レアの, 血の滴るような

saignée [sɛɲe] 女 ①刺絡(らく), 瀉(しゃ)血; 瀉血された血液; 大出費; [文] (戦争などによる)人的損失 ②(採血をする)肘(ひじ)の内側のくぼみ ③(排水・灌漑のための)水路, 溝

saignement [sɛɲmɑ̃] 男 出血 ▸ **saignement de nez** 鼻血

saigner [sɛɲe] セニェ 自 (英 bleed) 出血する; [文] 苦しむ ▸ **Ça va se saigner.** 《話》(値段などが)白熱しそうだ **saigner comme un bœuf** 大量に出血する **saigner du nez** 鼻血が出る ── 他 (動物の)血を抜いて殺す;《古》瀉血する; (人から)金を搾り取る ▸ **saigné à blanc** 全財産を使い果たした ‹代動› **se** ~ 多額の出費をする; 大きな犠牲を払う ▸ **se saigner aux quatre veines**《話》(人のために)有り金をはたく; 何もかも犠牲にする

Saïgon [saigɔ̃], **Saigon** [sɛgɔ̃] サイゴン〔ホーチミン市Hô Chi Minh-Villeの旧称〕

saillant(e) [sajɑ̃, -ɑ̃t] 形 突き出た, 張り出した; 目立つ, 突出した ▸ **angle saillant** (180度より小さい)凸角 ── 男 突出部

saillie [saji] 女 ①突起, 出っ張り ▸ **en saillie** 張り出した **faire saillie** 突き出る ②《文》才気, 機知 ③(家畜の)交尾

saillir [sajir] 自 22 [活用は不定詞と3人称のみ] 張り出す, 浮き出る; 目立つ ── 他 (雌と)交尾する

---

sain(e) [sɛ̃, -ɛn] サン(セヌ) 形 (英 healthy) 健康な; 傷んでいない; 体によい, 健康的な; 健全な, 良識のある ▸ **sain de corps et d'esprit** 心身とも健康な **sain et sauf** 無事に

sainbois [sɛ̃bwa] 男 〔植〕ジンチョウゲ(沈丁花)

saindoux [sɛ̃du] 男 [料] ラード

sainement [sɛnmɑ̃] 副 健康的に; 良識にしたがって

sainfoin [sɛ̃fwɛ̃] 男 〔植〕イガマメ, エワカガギ

saint(e) [sɛ̃, sɛ̃t] サン(ト) 形 (英 holy, saint) 聖なる, 神聖な; [[祝日・地名と共に]] 聖…; 敬虔(な), 聖人のような ▸ **faire** ‹**fêter**› **la** ‹**le**› **saint lundi** 平日(月曜日)に働かない **Sainte Bible** 『Écriture』 聖書 **sainte colère** 義憤〔道義に外れたことに対する怒り〕 **Sainte Vierge** [la ~] 聖母(マリア) **Terre Sainte** 聖地 **toute la sainte journée**《話》一日中 ── 名 聖人[女], 聖者; 聖人[女]像; 聖者のような人, 立派な人物 ▸ **Il vaut mieux s'adresser au bon Dieu qu'à ses saints.**〔ことわざ〕下っ端を相手にするより直接上役に当たった方がよい **petit saint**《話・皮肉の》聖人君子 **prêcher pour son saint**《話》自分に都合のよいことを説く **Saint des Saints** [[le ~]](エルサレム神殿の)至聖所; {建物・企業の)奥の院, 中枢

Saint-Barthélemy [sɛ̃bartelmi] 男 ①[聖]バルトロマイ〔イエスの使徒の一人〕②[史] サン・バルテルミーの虐殺(= **massacre de la** ~)[1572年8月24日の新教徒虐殺]

saint-bernard [sɛ̃bɛrnar] 男 (複 ~-~s) セントバーナード犬

Saint-Brieuc [sɛ̃briø] 男 サン・ブリュー〔Côtes-d'Armor県の県庁所在地〕

Saint-Cyr [sɛ̃sir] 男 サンシール陸軍士官学校〔昔はパリ西郊外にあった; 現在は Coëtquidan に移転〕

saint-cyrien(ne) [sɛ̃sirjɛ̃] 男 サンシール陸軍士官学校生

Saint-Denis [sɛ̃dəni] ①サン・ドニ〔パリ北郊の都市〕②サン・ドニ〔海外県 île de la Réunion の県庁所在地〕

saint-barbe [sɛ̃tbarb] 女 (複 ~-~s) ①《古》(昔の軍船の)火薬庫 ②うっとうしいこと[人]

Sainte-Beuve [sɛ̃tbœv] (Charles~) サント・ブーヴ [1804–69; 批評家]

Sainte-Lucie [sɛ̃tlysi] 女 セントルシア〔西インド諸島にあるイギリス連邦の国〕

saintement [sɛ̃tmɑ̃] 副 聖人のように, 敬虔に

saint-émilion [sɛ̃temiljɔ̃] 男 サン・テミリヨン〔ボルドー産の赤ワイン〕

sainte nitouche [sɛ̃tnituʃ] 女 (複 ~s ~s) (女性について) 猫かぶり; かまとと

Saintes [sɛ̃t] サント【Charente-Maritime 県の都市】

Saint-Esprit [sɛ̃tɛspri] 男《キON》聖霊【三位一体の三つの位格の一つ】

sainteté [sɛ̃tte] 女 ①神聖さ, 聖性 ②[[Sa S-]]教皇聖下【ローマ法王の尊称】

Saint-Étienne [sɛ̃tetjɛn] サン・テティエンヌ【Loire 県の県庁所在地】

Saint-Exupéry [sɛ̃tɛgzyperi] (Antoine de~) サン・テグジュペリ【1900–44; 作家】

saint-frusquin [sɛ̃fryskɛ̃] 男《不変》《話》有り金全部; 身ぐるみ一切
▶ *... et tout le saint-frusquin* 《話》(列挙の最後で) …とその他全部

Saint-Germain-des-Prés [sɛ̃ʒɛrmɛ̃depre] 男 (パリの)サン・ジェルマン・デ・プレ

Saint-Germain-en-Laye [sɛ̃ʒɛrmɛ̃ɑ̃le] サン・ジェルマン・アン・レー【パリ西部の都市】

saint-glinglin [sɛ̃glɛ̃glɛ̃] 《成句での み》 ▶ *à la saint-glinglin* 《話》ずっと先までいつまでも; (否定で)決して

saint-honoré [sɛ̃tɔnɔre] 男《複 ~~s》サン・トノレ【パイ生地の上に小さなシューを丸く並べて中央にクリームをのせたケーキ】

Saint-Jean [sɛ̃ʒɑ̃] [[la ~]] 聖ヨハネの祝日【6月24日】 ▶ *en Saint-Jean* 裸で[の]

Saint-Lazare [sɛ̃lazar] [[gare ~]] サン・ラザール駅【パリからフランス北西部方面への始発駅】

Saint-Lô [sɛ̃lo] サン・ロー【Manche 県の県庁所在地】

Saint-Louis [sɛ̃lwi] [[île ~]] サン・ルイ島【パリ中央部, セーヌ川に浮かぶ島】

Saint-Malo [sɛ̃malo] サン・マロ【ブルターニュ地方 Ille-et-Vilaine 県の都市】

saint-marcellin [sɛ̃marsɛlɛ̃] 男 サン・マルスラン【ドーフィネ地方産のチーズ】

Saint-Marin [sɛ̃marɛ̃] サン・マリノ【イタリア中部にある共和国】

Saint-Michel [sɛ̃miʃɛl] (パリの)サン・ミシェル大通り (= boulevard~)

Saint-Nazaire [sɛ̃nazɛr] サン・ナゼール【Loire-Atlantique 県の港湾都市】

saint-nectaire [sɛ̃nɛktɛr] 男《複 ~~s》サン・ネクテール【オーヴェルニュ産のチーズ】

Saint-Office [sɛ̃tɔfis] 男 (教皇庁の)検邪聖省【異端審問を司る現在の教理聖省 Congrégation pour la Doctrine de la foi に改称】

Saintonge [sɛ̃tɔ̃ʒ] 女 サントンジュ【フランス西部の旧地方名, 現在の Charente-Maritime 県などに相当】

saintpaulia [sɛ̃polja] 男《植》セントポーリア

Saint-Père [sɛ̃pɛr] 男《複 ~~s》聖父, 教皇聖下【ローマ法王の尊称】

saint-pierre [sɛ̃pjɛr] 男《不変》【魚】マトウダイ

Saint-Pierre-et-Miquelon [sɛ̃pjɛremiklɔ̃] サン・ピエール島・ミクロン島【カナダ東部ニューファンドランド島の南にあるフランス特別自治区】

Saint-Siège [sɛ̃sjɛʒ] 男 ローマ教皇庁

Saint-Simon [sɛ̃simɔ̃] (comte de~) サン・シモン【1760–1825; 経済学者・哲学者】

saint-simonien(ne) [sɛ̃simɔnjɛ̃, -ɛn] 形 サン・シモン【主義, 派】の ― 名 サン・シモン主義者

saint-simonisme [sɛ̃simɔnism] 男 サン・シモン主義

Saint-Sylvestre [sɛ̃silvɛstr] [[la ~]] 大晦日

saint-synode [sɛ̃sinɔd] 男《複 ~~s》〔宗〕宗務院【ロシア正教の最高会議】

Saint-Tropez [sɛ̃trɔpe] サン・トロペ【Var 県のリゾート地】

Saint-Valentin [sɛ̃valɑ̃tɛ̃] [[la ~]] バレンタインデー【2月14日】

Saint-Vincent-et-les-Grenadines [sɛ̃vɛ̃sɑ̃elegrenadin] 男 セントビンセントおよびグレナディーン諸島【カリブ海の島国】

sais [sɛ] savoir の直・現・1,2 単

:**saisi(e)**[1] [sezi] 形 (< saisir) ①(感情に)捕えられた, 突然襲われた ②〔法〕差し押えを受けた ― 名 差し押えを受けた債務者

saisie[2] [sezi] 女 ①差し押さえ, 押収, 没収 ②〔情報〕データ入力

saisie-arrêt [seziarɛ] 女《複 ~s~s》〔法〕(債務者の給料などの)差し止め

saisine [sezin] 女 〔法〕(相続者の)遺産占有権; (訴訟の)係属

:**saisir** [sezir] セズィール 33 他 ①《英 seize》つかむ, 握る; 捕まえる; 把握する, 理解する; 特徴をとらえる; (感情・感覚が)人を襲う, 衝撃を与える ▶ *saisir la balle au bond* 好機を捕らえる ②〔法〕差し押さえる, 差し止める ③ ▶ *saisir A de B* A (裁判所などに) B を提訴[付託]する ④〔情報〕データを入力する ⑤〔料〕(肉などを)強火で焼く ― 代動 (se ~) つかむ, 取り押さえる; 奪う (de)

saisissable [sezisabl] 形 知覚しうる; 〔法〕差し押え可能な

saisissant(e) [sezisɑ̃, -ɑ̃t] 形 刺すような; 心をゆさぶる

saisissement [sezismɑ̃] 男 ぞくっとする驚き強い衝撃

:**saison** [sɛzɔ̃] セゾン 女《英 season》季節, 時季; (狩猟または収穫の)時期, 旬; (観光, スポーツなどの)シーズン ▶ *basse saison* シーズンオフ *belle saison* (初夏から夏の)気候のよい季節 *en toutes saisons* 一年中 *être de saison* 季節である; 時宜にかなっている *être hors de saison* 不適切である *haute*

saison 最盛期 *hors saison* 季節はずれの *quatre saisons* 四季 *saison des amours* 発情期 *saison sèche [des pluies]* 乾期[雨期]

saisonnier(ère) [sɛzɔnje, -ɛr] 形 季節に特有の,季節限定の ― 名 (農場や観光地で働く)季節労働者 ▶*variations saisonnières* [統計] 季節変動

sait [sɛ] savoir の直・現・3 単

sajou [saʒu] 男 = sapajou

saké [sake] 男 (<日) 日本酒

salace [salas] 形 (文) 好色な; (話)が卑猥な

***salade** [salad] サラド 女 ① (英 salad) サラダ(サラダ菜やレタスなどが入った野菜 ▶*en salade* サラダ風に;寄せ集めの *salade de fruits* フルーツポンチ *salade niçoise* ニース風サラダ (アンチョビ・オリーブ・ゆで卵などの入ったサラダ) *vendre sa salade* 丸めこもうとする ② (話)ごたまぜ;(複)でたらめな話

saladier [saladje] 男 サラダボール; (サラダボールに入った)サラダ

salage [salaʒ] 男 塩をふること,塩漬け;(雪・氷を溶かすために)塩をまくこと

*****salaire** [salɛr] サレール 男 (英 salary) 給料,賃金; 報い ▶*salaire brut [net]* 税込み[手取り]給与 *salaire de base* 基本給 *salaire minimum* 最低賃金

salaison [salɛzɔ̃] 女 塩漬け;塩漬けにした食品

salamalecs [salamalɛk] 男 (複) (話)ばか丁寧な挨拶

salamandre [salamɑ̃dr] 女 [動] サンショウウオ

salami [salami] 男 サラミソーセージ

salangane [salɑ̃gan] 女 [鳥] アナツバメ

salant [salɑ̃] 形 (男性形のみ) 塩を産する,塩分を含む ▶*marais salant* 塩田 ― 男 塩分を含んだ湿地

salarial(ale) [salarjal] 形 (男 複 -aux[-o]) 給料の,賃金の ▶*masse salariale* 企業の給与総額

salariat [salarja] 男 賃金制度;給与生活;(集合的で)サラリーマン

*****salarié(e)** [salarje] サラリエ 形 (<salarier) (英 salaried) 賃金を支払われた ― 名 サラリーマン,給与生活者

salarier [salarje] 他 給料を支払う;賃金労働者として雇用する

salaud [salo] 男 (女性に対しては salope を用いる) (話) 卑怯者,くそ野郎 ― 男 (形性形のみ) (話) 根性の汚い,卑劣な

*****sale** [sal サル] 形 (英 dirty) 汚い,不潔な;(色などが)くすんだ;(名詞の前で)不倫慢な,軽蔑すべき,たちの悪い;下品な,いやらしい ▶*argent sale* (犯罪などで)きたない金 *avoir une sale tête [gueule]* (話)悪そうな顔をしている;具合が悪そうである *fai-*

re une sale tête [gueule] (話)うんざりした顔をする *sale comme un cochon [porc]* (話)ひどく不潔である *sale coup de la fanfare* (話)(突然の)厄介なできごと *sale temps* いやな天気

*****salé(e)** [sale サレ] 形 (<saler) ① (英 salty) 塩味をつけた,しょっぱい;塩漬けの,塩分を含む ▶*manger salé* [副詞的に] 塩辛いものを食べる ② きわどい;辛辣な;(話)(値段・量・罰が)法外な ― 男 塩漬けの豚肉

salement [salmɑ̃] 副 汚らしく,不潔に;(話) すごく,とても

salep [salɛp] 男 (<アラビア) サレップ [ラン科植物の球根を乾燥させたもの]

saler [sale サレ] 他 ① (英 salt) 塩をふるため塩味にする;(道路の凍結防止のため)塩をまく (高値を)吹っかける;(話) 厳しく罰する

saleron [salrɔ̃] 男 (食卓用の)小さな塩入れ

salésien(ne) [salezjɛ̃, -ɛn] 形 聖フランソワ・ド・サル (Saint François de Sales) の ― 名 サレジオ会修道士[女]

saleté [salte サルテ] 女 (英 dirtiness, dirt) 汚れ,不潔さ;汚物,糞尿;卑劣な行為[人間];下品[卑劣]なこと;(話)ろくでもない物,くず;まずい食物

saleur(se) [salœr, -øz] 名 塩漬け加工職人 ― 男 (道路の氷結防止のための)塩の散布車

salicorne [salikɔrn] 女 [植] アッケシソウ

salicylique [salisilik] 形 ▶*acide salicylique* [化] サリチル酸

salière [saljɛr] 女 ① (食卓用)塩入れ ② (話)(やせた人の)鎖骨のくぼみ

salification [salifikasjɔ̃] 女 塩化

salifier [salifje] 他 [化] 塩化する

saligaud [saligo] 男 (話)不潔な人;下劣な奴

salin(e) [salɛ̃, -in] 形 (風・岩などが)塩気を含む,塩気のある ― 男 (特に南仏の)塩田

saline² [salin] 女 製塩工場;塩田

salinité [salinite] 女 塩分(濃度)

salique [salik] 形 (史) (フランク族)サリ支族の ▶*loi salique* サリカ法典 [女性の土地相続権・王位継承権を否定]

salir [salir サリール] 他 33 (英 dirty) 汚す;中傷する,泥を塗る ― 代動 [se ~] 汚れる;面目を落とす

salissant(e) [salisɑ̃, -ɑ̃t] 形 (仕事などが)体の汚れる;(服などが)汚れやすい

salissure [salisyr] 女 汚れ

salivaire [salivɛr] 形 唾液の

salivation [salivasjɔ̃] 女 (生理) 唾液分泌

*****salive** [saliv サリーヴ] 女 唾液,つば,よだれ ▶*avaler sa salive* 言葉を飲みこむ,黙り込む *dépenser sa salive* (話)長々としゃべる *perdre sa salive* (話)むだおしゃべりをする

saliver [salive] 自 つばが出る

salle [sal サル] 女 《英 room》(家の中で特定の用途にあてられた)部屋; (英 hall) (公共施設などの)…室, ホール; 劇場, 映画館(= ～ de cinéma), コンサートホール(= ～ de concert); 客席; 《集合的》観客, 聴衆 ▶**faire ～ comble** 客席を満員にする, 大当たりする **salle à manger** 食堂 **salle d'attente** 待合室 **salle de bains** 浴室 **salle de classe** 教室 **salle de séjour** 居間 **salle d'eau** 洗面所 **salle d'embarquement** 出発ロビー **salle d'exposition** ショールーム

salmigondis [salmigɔ̃di] 男 ①寄せ集め ②《古》ごった煮

salmis [salmi] 男 サルミ《あらかじめローストした野鳥の煮込みシチュー》

salmonella [salmɔnela], **salmonelle** [salmɔnɛl] 女 〔生〕サルモネラ(菌)

salmonellose [salmɔneloz] 女 〔医〕サルモネラ感染症

salmoniculteur(se) [salmɔnikyltœr, -øz] 名 サケ[マス]養殖業者

salmoniculture [salmɔnikyltyr] 女 サケ[マス]の養殖

salmonidés [salmɔnide] 男 《複》〔魚〕サケ科

saloir [salwar] 男 塩漬け用の壺

Salomon [salɔmɔ̃] ①〔聖〕ソロモン《紀元前10世紀頃のイスラエル王ダビデの子》 ②〔îles ～〕(南太平洋の)ソロモン諸島

salon [salɔ̃ サロン] 男 ①応接間, 客間; 社交界, サロン; 応接セット ②(喫茶店や美容院などの)店 ▶**salon de beauté** 美容院 **salon de coiffure** 理髪店 **salon de thé** ティールーム **salon d'essayage** 試着室, 仮縫い室 ③(定期的な)美術展, 展覧会; (商品の)見本市, 展示会 ▶**Salon de l'Auto(mobile)** モーターショー **Salon du Livre** ブックフェア

salonnard(e) [salɔnar, -ard] 形 名 《話・軽蔑的》社交界に出入りする人間

salonnier(ère) [salɔnje, -ɛr] 形 社交界の

saloon [salun] 男 《<英》(西部劇の)酒場

salop [salo] 男 《古》= salaud

salopard [salɔpar] 男 《話》げす野郎

salope [salɔp] 女 《俗》売女(ばいた), あばずれ, ろくでなし; 《俗》(男に対して)女々しい行動

saloper [salɔpe] 他 やっつけ仕事をする, 台なしにする

saloperie [salɔpri] 女《話》汚れ, 不潔; ごみ, がらくた; 下品な言葉, 卑劣な行為

salopette [salɔpɛt] 女 〔服〕オーバーオール, つなぎ

salopiau(d), salopiot [salɔpjo] 男

(俗) = salaud

salpe [salp] 女 〔動〕サルパ《ゼラチン質の海中プランクトン》

salpêtre [salpetr] 男 〔化〕硝石 ▶ **salpêtre du Chili** チリ硝石 **vacciné au salpêtre**《口》アル中

salpingite [salpɛ̃ʒit] 女 〔医〕卵管炎; 耳管炎

salsa [salsa] 女《<ス》〔楽〕サルサ

salsepareille [salsəparɛj] 女 〔植〕シオデ属《根が薬用になる》

salsifis [salsifi] 男 〔植〕バラモンジン; セイヨウゴボウ

saltimbanque [saltɛ̃bɑ̃k] 名 (大道の)曲芸師, サーカス芸人

salubre [salybr] 形 体によい, 健康的な

salubrité [salybrite] 女 健康的なこと; 衛生 ▶**salubrité publique** 公衆衛生

saluer [salɥe サリュエ] 他 《英 greet, salute》挨拶する, お辞儀をする; 敬意を表する; (軍)敬礼する; 歓迎する; (…をもって)迎える (par) ▶**saluer A comme B**《文》A (人) をBとして賞賛する —— 代 [se～] 挨拶を交わす

salure [salyr] 女 塩分, 塩味

salut [saly サリュ] 男 ①〔間投詞的に〕《話》やあ, じゃあまた, ばいばい; ご免だね ②《英 greeting, salute》挨拶, 会釈; 敬礼 ③助かること, 救助; (宗教的な)救い ▶**Armée du Salut** 救世軍 **planche de salut** 頼みの綱

salutaire [salytɛr] 形 健康に役立つ, 有益な

salutation [salytasjɔ̃] 女 《大げさな》挨拶, お辞儀 ▶**mes salutations distinguées (dévouées, respectueuses)**(手紙の末尾で)敬具

salutiste [salytist] 名 救世軍の兵士

Salvador [salvadɔr] 男 〔le ～〕エルサルバドル《中央アメリカの共和国》

salvadorien(ne) [salvadɔrjɛ̃, -ɛn] 形 名 〔S-〕エル・サルバドルの(人)

salvateur(trice) [salvatœr, -tris] 形 《文》救助する(人)

salve [salv] 女 (火器の)一斉射撃; (連続して発射する)祝砲, 礼砲 ▶**salve d'applaudissements** 嵐のような拍手

Salzbourg [zalzbur] ザルツブルク《オーストリアの都市》

Samarie [samari] 女 サマリア《パレスチナのヨルダン川西岸地区; 古代パレスチナの地方名》

samaritain(e) [samaritɛ̃, -ɛn] 形 名 〔S-〕サマリアの(人) ▶**bon Samaritain**〔le ～〕〔聖〕よきサマリア人; 慈善家

Samaritaine [samaritɛn] サマリテーヌ《パリのデパート》

samarium [samarjɔm] 男 〔化〕サマリウム《原子番号62の元素》

samba [sɑ̃mba] 女 〔楽・舞〕サンバ

sambuque [sãbyk] 女 ①〖楽〗サンブカ〖古代ギリシアのハープ〗②〖古代・中世の城攻め用の移動櫓(やぐら)〗

samedi [samdi サムディ] 男 (英 Saturday) 土曜日

samizdat [samizdat] 男 (＜ロシア) サミズダート〖旧ソ連の地下出版〗

Samoa [samoa] 女 サモア独立国

samoan(e) [samɔa, -an] 形 サモア(諸島)の ── 名 [S-] サモア人

samouraï, samurai [samuraj] 男 (＜日) 侍(さむらい), 武士

samovar [samɔvaːr] 男 (＜ロシア) サモワール〖湯沸かし器〗

sampan [sãpã] 男 (＜中国) サンパン(三板)〖中国の河川・港で用いられる小舟〗

sampi [sãpi] 男 サンピ〖ギリシア文字の一つで数字の900に用いられる〗

sampler [sãplœr] 男 (＜英)〖楽〗サンプラー, サンプリングマシン

SAMU [samy]〖略〗Service d'aide médicale d'urgence 救急医療サービス

sanatorium [sanatɔrjɔm],〖話〗**sana** [sana] 男 (＜英) サナトリウム, 結核療養所

sancerre [sɑ̃sɛːr] 男 サンセール〖ブルゴーニュ西部サンセール地区の白ワイン〗

sanctifiant(e) [sãktifjã, -ãːt] 形〖神〗聖化の, 成聖の

sanctificateur(trice) [sãktifikatœːr, -tris] 形〖神〗聖化する[成聖する] ── 名 聖化する人

sanctification [sãktifikasjɔ̃] 女 聖化, 成聖

sanctifier [sãktifje] 他 ①〖宗〗聖なるものにする, 聖化[成聖]する; (神聖なものとして)崇める

sanction [sãksjɔ̃] 女 ①制裁, 処罰; 当然の報い ▶ **prendre des sanctions contre** [**à l'encontre de**] … …を処罰する **sanction économique** 経済制裁 ②承認, 同意;〖法〗認可, 批准

sanctionner [sãksjɔne] 他 ①処罰する, 制裁を加える ②承認する; 批准[認可]する

sanctuaire [sãktɥɛːr] 男 ①聖地, 聖域; 教会, 寺院 ②侵すべからざる所; (動植物の)保護区域, サンクチュアリ; (戦場の)安全地帯

sanctuarisation [sãktɥarizasjɔ̃] 女 (政治・軍事的)聖域化

sanctus [sãktys] 男〖教会・楽〗サンクトゥス〖ミサの式文;ミサ曲〗

Sand [sãd] 男 (George～) サンド[1804-76; 小説家]

sandale [sãdal] 女 サンダル

sandalette [sãdalɛt] 女 (子供向けの底の軽いサンダル)

sandow [sãdo] 男 (荷台用の)ゴムバンド

sandre [sãːdr] 男 [魚] ホソスズキ

sandwich [sãdwit(ʃ)] 男 サンドウィッチ [シュ] 男 (複 ～(e)s) (＜英) サンドウィッチ; 層状の構造のもの ▶ **être pris en sandwich** 板ばさみになる

sandwicherie [sãdwiʃri] 女 サンドイッチ屋

sang [sã サン] 男 (英 blood) 血, 血液; 流血; 命; 血統, 血筋 ▶ **animal à sang froid** [**chaud**] 冷血[温血]動物 **apport de sang neuf** 新しい人, 新しい血[資本]の投入 **avoir ... dans le sang** …の素質がある, 血が流れている **avoir du sang dans les veines** 勇気がある **avoir du sang de navet**〖話〗意気地がない **avoir le sang chaud** 血の気が多い **Bon sang!** 何だと! **être en sang** 血まみれである **fouetter le sang** 刺激する **jusqu'au sang** 血が出るまで **liens du sang** 血縁 **se faire du mauvais sang** [**un sang d'encre**] 気をもむ **suer sang et eau** 血のにじむような努力をする

sang-froid [sãfrwa] 男〖不変〗冷静, 平静; 落ち着き ▶ **de sang-froid** 平然と

sanglant(e) [sãglã, -ãːt] 形 ①血に染まった, 血みどろの ②(批判などが)情け容赦ない, 手加減しない

sangle [sãːgl] 女 (革・麻・布の)ベルト, 帯 ▶ **lit de sangle(s)** (枠に革帯を張った)簡易ベッド

sangler [sãgle] 他 (革・麻などの)帯で締める[巻く]; 締めつける

sanglier [sãglije] 男〖動〗イノシシ(の肉)

sanglot [sãglo] 男 すすり泣き, 嗚咽(おえつ) ▶ **éclater en sanglots** わっと泣き出す

sangloter [sãglɔte] 自 泣きじゃくる, むせび泣く

sang-mêlé [sãmele] 名〖不変〗混血の人

sangria [sãgrija] 女 (＜ス) サングリア〖赤ワインに砂糖やオレンジなどを加えた飲み物〗

sangsue [sãsy] 女〖動〗ヒル(蛭);〖話〗うるさくつきまとう人

sanguin(e) [sãgɛ̃, -in] 形 ①血液の ②血気の; 血の色をした ── 名 多血質の人; 短気な人

sanguinaire [sãginɛːr] 形〖文〗流血の; 残忍な; 血みどろの

sanguine [sãgin] 女 ①〖美術〗サンギーヌ〖レンガ色のチョーク〗; サンギーヌによるデッサン ②〖植〗ブラッドオレンジ〖果肉が赤い〗

sanguinolent(e) [sãginɔlã, -ãːt] 形 血が混じった, 血に染まった; 血の色をした

sanguisorbe [sãg(ɥ)isɔrb] 女〖植〗ワレモコウ

sanhédrin [sanedrɛ̃] 男〖史〗(古代ユダヤの)議会;〖特にエルサレムの〗最高法院 (= Grand-～)

sanie [sani] 女〖医〗〖文〗血膿(うみ)

sanisette [sanizɛt] 女 (街角の)有料

sanitaire [saniter] 形 ①衛生(上)の, 保健の ②(住宅内の)給排水に関する, 水まわりの ━━ 男 (複)給排水設備 トイレ

sanitaire [saniter] 形 ①衛生(上)の, 保健の ②(住宅内の)給排水に関する, 水まわりの ━━ 男 (複)給排水設備

sans [sɑ̃ サン] 前 (英 without) …なしにで), …抜きの; (仮定)もし…なければ[ないければ], [[不定詞または que + 接続法を伴って]]…せずに, …することなく ▶ **non sans**…, かなりの…を伴って ▶ **non sans peine** [mal] かなり苦労して **sans plus** ただそれだけ **sans quoi** [cela, ça] さもないと ━━ 副 なしで, そうでないと

sans-abri [sɑ̃zabri] 名 (不変) (災害や貧困で)家のない人, ホームレス
sans-cœur [sɑ̃kœr] 名 (不変) (話) 薄情な(人), 恩知らずな(人)
sanscrit(e) [sɑ̃skri, -it] 形 男 = sanskrit
sans-culotte [sɑ̃kylɔt] 男 サンキュロット[フランス革命時の過激共和派]
sans déc [sɑ̃dɛk] (話) 冗談抜きで; (疑問で)本当か [< sans déconner]
sans-emploi [sɑ̃zɑ̃plwa] 名 (不変) 失業者
sansevière [sɑ̃sǝvjɛr] 女 〔植〕サンセビリア, チトセラン
sans-façon [sɑ̃fasɔ̃] 男 (不変) (文) 格式ばらないこと; 無造作
sans-faute [sɑ̃fot] 男 (不変) 完璧なプレー[試合運び]; 文句なしの出来
sans-fil [sɑ̃fil] 男 (不変) 無線電信 ━━ 男 (不変) コードレス電話(= téléphone ~); 無線電報
sans-filiste [sɑ̃filist] 名 無線技術士, アマチュア無線技師
sans-gêne [sɑ̃ʒɛn] 男 (不変) 無遠慮な態度, 無作法 ━━ 名 (不変) ぶしつけな人, ずうずうしい人 ━━ 形 遠慮のない, 態度の大きい
sans-grade [sɑ̃grad] 名 (不変) 下っ端; 決定権のない人[機関]
sanskrit(e) [sɑ̃skri, -it] 形 男 サンスクリット語の
sanskritisme [sɑ̃skritism] 男 サンスクリット学
sanskritiste [sɑ̃skritist] 名 サンスクリット学者
sans-le-sou [sɑ̃lsu] 名 (不変) (話) 文なし
sans-logis [sɑ̃lɔʒi] 名 (不変) 家を失った人; ホームレス
sansonnet [sɑ̃sɔnɛ] 男 〔鳥〕ホシムクドリ (= étourneau ~)
sans-papiers [sɑ̃papje] 名 (不変) 身分証のない人, 不法滞在者
sans-parti [sɑ̃parti] 名 (不変) 無党派の人
sans-patrie [sɑ̃patri] 名 (不変) 無国籍者
sans-souci [sɑ̃susi] 名 (不変) (古)のんきな人, お気楽もの ━━ 形 (不変) 気楽な, 能天気な
santal [sɑ̃tal] 男 〔植〕ビャクダン(白檀)

santé [sɑ̃te サンテ] 女 (英 health) 健康; 健康状態, 体調; (経済などの)健全さ; 保健衛生; [la S-](パリの)サンテ刑務所 ▶ **À votre [ta] Santé!** 乾杯! **avoir la santé** (話) 健康である; タフである **porter une santé** 健康に乾杯する
santiag [sɑ̃tjag] 女 (話) カウボーイブーツ
santoméen(ne) [sɑ̃tɔmeɛ̃, -ɛn] 形 名 サン・トメ・プリンシペの(人)
santon [sɑ̃tɔ̃] 男 サントン【プロヴァンス地方の小さな土人形; クリスマスに飾る】
Saône [son] 固 [la ~] ソーヌ川 [フランス東部を北から南へ流れリヨンでローヌ川と合流する]
Saône-et-Loire [sonelwar] 固 女 ソーヌ・エ・ロワール県 [フランス東部]
São Paulo [sɑwpawlo, saopolo] サン・パウロ [ブラジルの都市]
São Tomé-et-Príncipe [saɔtɔmeeprɛ̃sip, sɑwtɔmeeprɛ̃sip] 男 サン・トメ・プリンシペ民主共和国
saoudien(ne) [saudjɛ̃, -ɛn] 形 名 [[S-]] サウジアラビアの(人) (Arabie saoudite) の(人)
saoul(e) [su, sul] 形 = soûl
saoulard(e) [sular, -ard] 形 名 = soûlard
saouler [sule] 自 = soûler
sapajou [sapaʒu] 男 〔動〕(中南米の)オマキザル
sape [sap] 女 〔軍〕(城・防塞を攻めるための)対壕(ごう) ▶ **travail de sape** 破壊工作
sapé(e) [sape] 形 (< saper) (話) 服を着た
sapement [sapmɑ̃] 男 (稀)(壁などを)掘り崩すこと, 倒壊させること; (社会制度などを)根底から覆すこと
saper [sape] 他 (建物を土台から)掘り崩す, 浸食する; 士気を阻喪させる; (世の中を)震撼させる ▶ **saper le moral à** (人)の気勢をそぐ
saper [sape] 代動 se ~ (話) 服を着る
saperlipopette [saperlipɔpɛt] 間 (話・古) ちぇっ, くそ (= sapristi)
sapes [sap] 女 (複) (話) 衣服
sapeur [sapœr] 男 〔軍〕工兵
sapeur-pompier [sapœrpɔ̃pje] 男 (複 ~s-~s) [[普通 pompier と言うことが多い]] 消防士
saphique [safik] 形 ①(作詩法が)サッフォー風の ②レズビアンの
saphir [safir] 男 〔鉱〕サファイア ▶ **de saphir** 〔文〕サファイア色の ━━ 形 (不変) サファイア色の
saphisme [safism] 男 (文) 女性同性愛, レズビアン
Sapho [safo] サッフォー [古代ギリシアの女流詩人]
sapide [sapid] 形 (文) 風味のある

sapidité [sapidite] 囡 風味
sapience [sapjɑ̃s] 囡 (く ラ)（古）① 知恵 ②神(の言葉)
sapin [sapɛ̃] 男〔植〕モミ(樅); モミ材;（話）棺桶 ▶ **sapin de Noël** クリスマスツリー **sentir le sapin**（話）棺桶に片足を突っ込んでいる
sapine [sapin] 囡 樅材;（建築用の）檜(ひ)
sapinette [sapinet] 囡〔植〕（北米産の）トウヒ
sapinière [sapinjɛr] 囡 モミの林
saponacé(e) [saponase] 形〔化〕石けん質の, 洗浄力のある
saponaire [saponɛr] 囡〔植〕サボナリア, シャボンソウ
saponification [saponifikasjɔ̃] 囡〔化〕鹸化(けんか)
saponifier [saponifje] 他〔化〕（脂肪を）鹸化(けんか)する
sapote [sapɔt], **sapotille** [sapɔtij] サポジラの実
sapotier [sapɔtje], **sapotillier** [sapɔtije] 男〔植〕サポジラ, チューインガムノキ
sapristi [sapristi] 間（話）ええい, ちくしょう
sapro- 接頭（ギ）「腐敗」の意
saprophage [saprɔfaʒ] 形〔動〕腐生の, 腐食性の —名 腐食動物
saprophyte [saprɔfit] 男〔植〕腐生菌 〔植物〕—形 腐生の
saquebute [sak(ə)byt] 囡 = sacquebute
saquer [sake] 他 = sacquer
sarabande [sarabɑ̃d] 囡 ①〔舞〕サラバンド【17-18世紀の宮廷で流行した3拍子の舞踊】②（話）大騒ぎ
sarbacane [sarbakan] 囡 吹き矢の筒
sarcasme [sarkasm] 男 痛烈な皮肉, あてこすり
sarcastique [sarkastik] 形 いやみな
sarcastiquement [sarkastikmɑ̃] 副 皮肉たっぷりに
sarcelle [sarsɛl] 囡〔鳥〕コガモ
sarclage [sarklaʒ] 男 除草, 草むしり
sarcler [sarkle] 他（雑草を）抜く;（庭などの）草刈りをする
sarcloir [sarklwar] 男 除草用の鍬(くわ)
sarco- 接頭（ギ）「肉」の意
sarcoïdose [sarkɔidoz] 囡〔医〕サルコイドーシス 〔肉芽腫(にくがしゅ)性疾患の一つ〕
sarcomateux(se) [sarkɔmatø, -øz] 形〔医〕肉腫(にくしゅ)の; 肉腫状の
sarcome [sarkom] 男〔医〕肉腫(にくしゅ)
sarcophage [sarkɔfaʒ] 男 ①（古代の）石棺 ②〔虫〕ニクバエ
sarcopte [sarkɔpt] 男〔動〕ヒゼンダニ
Sardaigne [sardɛɲ] 囡 サルデーニャ島【コルシカ島の南に位置するイタリア領の島】
sardane [sardan] 囡〔舞〕サルダーナ【スペインカタロニア地方の民俗舞踊】
sarde [sard] 形名〔[S-]〕サルデーニャ島の(人) — 男 サルデーニャ語
*****sardine** [sardin] 囡〔魚〕イワシ(鰯), サーディン — **être serrés comme des sardines**（話）ぎゅうぎゅう詰めである **sardines à l'huile** オイルサーディン(の缶詰)
sardinerie [sardinri] 囡 イワシの缶詰工場
sardinier(ère) [sardinje, -ɛr] 名 イワシ漁の漁師; イワシの缶詰工場で働く人 — 男 イワシ漁船 — 形 イワシ(漁)の
sardoine [sardwan] 囡〔鉱〕紅縞めのう
sardonique [sardɔnik] 形 冷笑的な, 意地の悪い
sardoniquement [sardɔnikmɑ̃] 副 あざ笑って
sargasse [sargas] 囡（くポルトガル）〔植〕ホンダワラ
sari [sari] 男（くヒンディー）〔服〕サリー【インド女性の民族衣装】
sarigue [sarig] 囡〔動〕ポッサム; オポッサム
sarin [sarɛ̃] 男〔化〕サリン
SARL (略) société à responsabilité limitée 有限(責任)会社
sarment [sarmɑ̃] 男 ブドウの若枝; 蔓(つる)
sarmenteux(se) [sarmɑ̃tø, -øz] 形〔植〕蔓(つる)になった
sarong [sarɔ̃g] 男（くマライ）サロン【マレーシア・インドネシアで男女が着用する腰巻き】
sarouel [sarwɛl], **saroual** [sarwal] 男 サルアル【北アフリカなどで着られる幅広のズボン】
sarrasin¹(e) [sarazɛ̃, -in] 形 サラセン(人)の — 名〔[S-]〕サラセン人
sarrasin² [sarazɛ̃] 男〔植〕ソバ(蕎麦); そば粉
sarrau [saro] 男（複 〜s）什事用の上っ張り;（子供用の）スモック
Sarre [sar] 囡 ①〔[la 〜]〕ザール川 ②ザールラント州【ドイツ西南部】
sarrette [saret] 囡〔植〕タムラソウ(属)
sarriette [sarjet] 囡〔植〕セイボリー
sarrois(e) [sarwa, -az] 形名〔[S-]〕ザールラント州の(住民)
Sarthe [sart] 囡 ①〔[la 〜]〕サルト川 ②サルト県【パリの西南部】
Sartre [sartr] (Jean-Paul〜) サルトル【1905-80; 哲学者・小説家 劇作家】
sas [sa(s)] 男 ①（気圧を調節するための）気密室, エアロック ②（運河の）閘室(こうしつ) ③篩(ふるい, しの)類
sashimi [saʃimi] 男（く日）刺身
sassafras [sasafra] 男〔植〕サッサフラス【葉を香料に使う】

sasser [sase] 他 ①篩(ふるい)にかける ②(船に)開帆(こうはん)を通過させる

sasseur(se) [sasœr, -øz] 名 (粉などを篩(ふるい)でよりわける職人 — 男 篩装置

Satan [satɑ̃] 男 〖聖〗サタン, 魔王

satané(e) [satane] 形 《名詞の前》《話》とてもやな; とんでもない

satanique [satanik] 形 悪魔的な, 非道の

satanisme [satanism] 男 悪魔崇拝; 悪魔的行為

satellisation [satelizasjɔ̃] 女 ①人工衛星の打ち上げ ②衛星国化

satelliser [satelize] 他 ①(ロケットなどを)衛星軌道に乗せる ②(国を)衛星国にする, 従属させる

satellite [satelit] 男 ①〖天〗衛星; 人工衛星(= ~ artificiel) ▶ *satellite de télécommunications* 通信衛星 *satellite météorologique* 気象衛星 ②(空港の)サテライトビル ③衛星国; 取り巻き — 形 衛星国のような

satiété [sasjete] 女 〖文〗満足, 飽満 ▶ *à jusqu'à satiété* 心ゆくまで; 飽き飽きするほど

satin [satɛ̃] 男 〖織〗サテン, 繻子(しゅす) ▶ *peau de satin* なめらかな肌

satinage [satinaʒ] 男 (布や紙の)つや出し

satiné(e) [satine] 形 サテンのような, つやややかな — 男 サテンのようなつや

satiner [satine] 他 (布や紙を)サテンのように仕上げる; つやを出す

satinette [satinet] 女 〖織〗綿繻子(しゅす)

satire [satir] 女 風刺, いやみ; 〖文学〗風刺文学 ▶ *faire la satire de* …を風刺する

satirique [satirik] 形 風刺の, 皮肉な — 男 風刺詩人[作家]

satiriquement [satirikmɑ̃] 副 風刺風に; いやみなやり方で

satiriste [satirist] 名 風刺家; 風刺詩人[作家]

***satisfaction** [satisfaksjɔ̃] サティスファクシォン 女 ①満足(感); 充足, 喜び, 楽しみ ▶ *à la satisfaction générale* みんなが満足してするように ▶ *donner satisfaction à* (人)を満足させる; (人)の要求に応える ②償い, 弁償; 〖カト〗贖罪

***satisfaire** [satisfɛr] サティスフェール 他 ③ (à satisfy) 満足させる, 満たす — 自 (…の)要求に応える; 条件を満たす — 代動 《se ~》 (…で)満足する, 甘んじる 《de》; (自分の生理的欲求を)満たす

satisfaisant(e) [satisfəzɑ̃, -ɑ̃t] 形 (<satisfaire) 満足すべき, 納得のゆく

***satisfait(e)** [satisfɛ, -ɛt] サティスフェ(ト) 形 《be satisfied》 (…に)満足した, 満たされた《de》

satisfecit [satisfesit] 男 (不変)《<ラ)》〖文・古〗賞状; 称賛

satrape [satrap] 男 〖文〗暴君

saturabilité [satyrabilite] 女 飽和可能性

saturable [satyrabl] 形 飽和され得る

saturant(e) [satyrɑ̃, -ɑ̃t] 形 飽和させる

saturateur [satyratœr] 男 (暖房器の)加湿装置

saturation [satyrasjɔ̃] 女 飽和状態; 過剰, 大混雑; 〖化〗飽和 ▶ *arriver à saturation* 限界に達する

saturé(e) [satyre] 形 (<saturer) 飽和状態に達した; (…で)満ちあふれた; うんざりした《de》

saturer [satyre] 他 (…で)あふれさせる; 飽き飽きさせる《de》; 〖化〗飽和させる — 自 《話》うんざりする

saturnale [satyrnal] 女 《複》(古代ローマの)サトゥルヌスの祭り〖収穫祭〗; 《文》お祭り騒ぎ

Saturne [satyrn] 男 ①〖ロ神〗サトゥルヌス〖農耕の神〗②〖天〗土星 — 男 〖s-〗〖錬金術〗鉛

saturnien(ne) [satyrnjɛ̃, -ɛn] 形 サトゥルヌスの

saturnin(e) [satyrnɛ̃, -in] 形 〖医〗鉛毒による

saturnisme [satyrnism] 男 〖医〗鉛中毒

satyre [satir] 男 ①〖ギ神〗サテュロス〖半人半獣で酒と女を好む山野の精〗②《話》変態, 痴漢

satyriasis [satirjazis] 男 〖医〗(男性の)性欲過多

satyrique [satirik] 形 変態の

***sauce** [sos ソース] 女 ①〖料〗ソース, たれ; 《話》添え物, 飾り ▶ *allonger la sauce* ソースをのばす[薄くする]; 《話》くどくどと話を引きのばす *La sauce fait passer le poisson.* 《ことわざ》下らぬものでも見せ方しだいで格好がつく *mettre … à toutes les sauces* (人)にあらゆる仕事をさせる *sauce blanche* ホワイトソース ②《話》雨, にわか雨

sauce [sose] 女 〖絵〗どしゃ降り

saucer [sose] 他 (12) ①(皿のソースを)パンなどで取る ②ソースをかける ③(雨などで)濡らす ▶ *se faire saucer* 《話》雨でずぶぬれになる

saucier [sosje] 男 ソース専門のコック

saucière [sosjɛr] 女 (舟形の)卓上ソース入れ

saucifard [sosifar] 男 《話》ソーセージ

***saucisse** [sosis ソスィス] 女 ①《英 sausage》(小型で主に加熱調理用の)ソーセージ ②《話》ばか ▶ *ne pas attacher son chien avec des saucisses* (話) ひどいけちだ *saucisse de Francfort* フランクフルトソーセージ

***saucisson** [sosisɔ̃ ソスィソン] 男《英 sausage》(太くて加熱せずに食べる)ソーセージ ▶ *être ficelé comme un*

soucisson ひどい身なりをしている **saucisson sec** (サラミなどの)ドライソーセージ

saucissonnage [sosisɔnaʒ] 男《話》[計画などを]段階ごとに分けること;小分けにすること

saucissonné(e) [sosisɔne] 形 (< saucissonner)《話》(服が)きつすぎる

saucissonner [sosisɔne] 自《話》簡単な食事を取る ─ 他《話》細かく分ける、寸断する

sauf[1] [sof ソフ] 前《英 except》…を除いて、…は別として；[無冠詞名詞を伴って]…でない限り ▸ **sauf à** …(文)後で…することもありうるが **sauf avis contraire** 反対がない限り **sauf cas exceptionnel** 特別な場合を除き **sauf que** …ということを除けば **sauf si** …でない限り **sauf votre respect / le respect que je vous dois** こう申して何ですが

sauf[2]**(ve)** [sof, -ov] 形 無事な、助かった；(体面の)保たれた ▸ **sain et sauf** 無事に

sauf-conduit [sofkɔ̃dɥi] 男 通行証

sauge [soʒ] 女〔植〕アキギリ属；サルビア、セージ

saugrenu(e) [sogrəny] 形 (考えなどが)突飛な、突拍子もない

saulaie [solɛ], **saussaie** [sosɛ] 女 柳の植え込み

saule [sol] 男〔魚〕サケ(鮭)、サーモン ─ 形《不変》サーモンピンクの

saumâtre [somɑtr] 形 塩辛い；塩分の混じった；《話》不愉快な ▸ **la trouver saumâtre**(今の状況などが)我慢ならない

saumon [somɔ̃] 男〔魚〕サケ(鮭)、サーモン ─ 形《不変》サーモンピンクの

saumoné(e) [somone] 形 (魚の身が)サーモンピンクの ▸ **truite saumonée** ベニマス

saumoneau [somono] 男 (複 ~x) サケの稚魚

Saumur [somyr] ソーミュール【Maine-et-Loire 県の都市】

saumurage [somyraʒ] 男 塩水に漬けること

saumure [somyr] 女 (塩漬け用の)塩水

saumurer [somyre] 他 塩水に漬ける

sauna [sona] 男 (<フィンランド) サウナ風呂

saunage [sonaʒ] 男, **saunaison** [sonɛzɔ̃] 女 (海中での)塩の採取(期);《古・方》塩の販売

sauner [sone] 自 (塩田が)塩を産出する

saunier [sonje] 男 塩田労働者 ▸ **faux saunier** (昔の)塩の密売人

saupiquet [sopikɛ] 男〔料〕ソービケ【ウサギなどの肉料理のためのエシャロットの入ったソース】

saupoudrage [supudraʒ] 男 塩・砂糖などをまぶすこと

saupoudrer [supudre] 他〔料〕(塩・砂糖などを)まぶす、ふりかける；(金を)ばらまく (de)

saupoudreuse [supudrøz] 女 (ふりかけ式の)調味料入れ

saur [sɔr] 形《男性形のみ》 ▸ **hareng saur** 燻製ニシン

saurage [soraʒ], **saurissage** [sorisaʒ] 男 魚を燻製にすること

saurer [sore] 他 燻製にする

sauriens [sorjɛ̃] 男〔複〕〔動〕トカゲ亜目

saussaie [sosɛ] 女 →《古・方》柳の植え込み

saut[*] [so ソー] 男〔英 jump〕跳躍、ジャンプ；飛び込み、飛び降り；急な動き、ひと飛び(走り)；(話や論理の)飛躍 ▸ **au saut du lit** 飛び起きるなり；飛躍的に **faire le saut** 決心をする；抜け出す **un saut** …にちょっと立ち寄る **faire la corde** 縄とびをする **saut à la perche** 棒高跳び **saut à l'élastique** バンジージャンプ **saut en hauteur** 走り高跳び **saut en longueur** 走り幅跳び **saut périlleux** 宙返り **triple saut** 三段跳

saut-de-lit [sod(ə)li] 男 (複 ~s-~-~) (女性が起き抜けに羽織る)化粧着

saut-de-loup [sodlu] 男 (複 ~s-~-~) (幅の広い)空堀 (ほり)

saut-de-mouton [sodmutɔ̃] 男 (複 ~s-~-~) [立体交差の]高架陸橋

saute [sot] 女 (気候・感情などの)急変 ▸ **avoir des sautes d'humeur** 気分にむらがある

sauté(e) [sote] 形 (< sauter)〔料〕(油やバターで)炒めた、ソテーにした ─ 男 ソテー

saute-mouton [sotmutɔ̃] 男《不変》馬跳びする

sauter[*] [sote ソテ] 自 ①〔英 jump〕跳ぶ、跳ねる；飛び降りる、飛び込む；飛びかかる、飛びつく、飛び乗る (sur, à)；飛び移る；(話・論理が)飛躍する；(文章・学習が)抜け落ちる；飛躍する；(情報)スキップする ▸ **Et que ça saute!** さっさとやれ **sauter à la corde** なわとびをする **sauter au cou de qn** (喜びのあまり)(人)の首にしがみつく **sauter aux yeux** 一目瞭然である ②爆発する、破裂する、はじけ飛ぶ；(ヒューズが)飛ぶ、切れる；(企業が)破産する；(首になる) ▸ **faire sauter** 炒める、ソテーする **faire sauter la banque** (賭博)胴元を破産させる **faire sauter la cervelle** 頭をピストルで撃って自殺する ▸ **la sauter**《話》食事を抜く、空腹である **sauter le pas** 思い切ってやってみる

sauterelle [sotrɛl] 女〔虫〕バッタ、イナゴ；《話》やせっぽちの女

sauterie [sotri] 女 《古・ふざけて》内輪のダンスパーティー

sauternes [sotɛrn] 男 ソーテルヌ《ボルドー・ソーテルヌ地区産の貴腐ワイン》

sauteur(se) [sotœr, -øz] 名 ①《スポーツ》ジャンプ競技の選手 ②《話》考えをころころ変える人, 当てにならない人 ━━ 男 障害競技用の馬 ━━ 形《鳥・虫が》跳躍で移動する

sautillant(e) [sotijɑ̃, -ɑ̃t] 形 跳びはねるような; 一定しない; (文章などが) ぶつ切れの

sautillement [sotijmɑ̃] 男 ぴょんぴょん跳ぶこと

sautiller [sotije] 自 跳びはねる

sautoir [sotwar] 男 ①跳躍競技場 《助走路・踏切・着地点などによる》 ②長い首飾り ▶ *porter ... en sautoir* (ネックレス・勲章などを)首からさげる ③《紋》X形, 斜め十字

***sauvage** [sovaʒ] ソーヴァージュ 形《英 wild》①野生の, 飼いならされていない《植物が》自生の, 人跡未踏の, 荒涼とした; 原始の; 自然発生的な, 自主的な《ルールのない》②人が非社交的な《時には名詞の前で》③野蛮な, 粗野な ━━ 名 非社交的な人; 粗野な人

sauvagement [sovaʒmɑ̃] 副 野蛮に, むごたらしく

sauvageon(ne) [sovaʒɔ̃, -ɔn] 名 (教育を受けずに育った)少年[少女] ━━ 男 自生の若木

sauvagerie [sovaʒri] 女 野蛮, 残酷; 残虐さ, 粗暴性

sauvagine [sovaʒin] 女 ①《集合的》水鳥 ②野生小動物の毛皮

sauve [sov] 形 sauf の女性形

sauvegarde [sovgard] 女 ①《公の》保護; 擁護, 保証; 《情報》バックアップ, 保存 ▶ *sous la sauvegarde de* ...の保護のもとに[で]

sauvegarder [sovgarde] 他 保護する, 守る; 《情報》保存する, バックアップをとる

sauve(-)qui(-)peut [sovkipø] 男《不変》先を争って逃げること, 潰走(だいそう); パニック ━━ 間 退却せよ

***sauver** [sove] ソヴェ 他《英 save》救う, 助ける; 《名誉・体面を》保つ; 《欠点を》埋め合わせる, 取り繕う; 何とか見られるものにする; 《宗》救済する ▶ *sauver la face [les apparences]* 面目体面を保つ *sauver les meubles*《話》《破産などで》大事なものだけは守る *sauver sa peau [tête]*《話》命からがら逃げる ━━ 代動 [se ~] 逃げ出す (de); 《話》(急いで)立ち去る

sauvetage [sovtaʒ] 男 救助;救命活動; (経済的・精神的) 救済 ▶ *gilet [ceinture] de sauvetage* 救命胴衣 *plan de sauvetage*《企業などの》救済計画

sauveteur [sovtœr] 男 救助隊員

sauvette [sovɛt] 女 [成句でのみ] ▶ *à* la sauvette こっそりと, 人目を盗んで;無許可で[の]

sauveur [sovœr] 男 救い主, 命の恩人; 《宗》[le S-] 救世主

sauvignon [soviɲɔ̃] 男 ソーヴィニョン《白ワイン用のブドウ品種; これから作る白ワイン》

SAV《略》service après-vente アフターサービス

savais, savait [savɛ] ⇒ savoir

savamment [savamɑ̃] 副 学者ぶって, 博識をもって; 事情を承知して; 巧みに

savane [savan] 女 サバンナ

***savant(e)** [savɑ̃, -ɑ̃t サヴァン(ト)]形《英 learned》学問のある, 博識の, 精通した, en sur)); 学問的な, 難解な; 巧みな, 熟練の; (動物が)芸をする ━━ 男 [[女性にも男性形も用いる]] 学者

savarin [savarɛ̃] 男《菓》サヴァラン《リキュールをしみ込ませた丸いスポンジケーキ》

savate [savat] 女 ①古スリッパ, 履き古した靴 ▶ *traîner la savate*《話》貧乏暮らしをする ②《話》ぶきっちょし, へた

savent [sav] ⇒ savoir

savetier [sav(ə)tje] 男《古》靴の修理屋

saveur [savœr] 女 味, 風味; 味わい

savez [save] ⇒ savoir

saviez [savje], **savions** [savjɔ̃] ⇒ savoir

Savoie [savwa] 女 ①サヴォワ県《フランス東南部》②サヴォワ《フランス東南部の旧地方名》

***savoir** [savwar サヴォワール] 他 [57] 《英 know》①(…を)知っている; (…と)わかっている ▶ *savoir que* ... [+ 名詞 + 属詞] ②(…を)知っている; (…と)わかっている ▶ *à savoir* ...《列挙の前で》すなわち … *en savoir long sur* ...について詳しく知る *faire savoir à A que* ... A (人)に…だと知らせる *Je ne sais ...*《疑問詞として》…だかわからない *Je n'en sais rien.* さあ分かりません *Je savais qu'elle était malade.* 彼女が病気になったのを知っていた *On ne sait jamais.* 万一ということもある (*pour autant) que je sache* 私の知る限り *Qui sait?* ありえないことではない *sans le savoir* 知らず知らずに, うっうっかりに ③《不定詞とともに》(…することが)できる, (…するのを)心得ている; [[ne + savoir の条件法 + 不定詞]] …することができない, しかねる ▶ *savoir conduire* 運転できる ━━ 代動 [se ~] ①[[se ~ + 属詞]] 自分が…であることを知る ②知られる, わかる ━━ 男 知識, 学識

savoir-faire [savwarfɛr] 男《不変》腕前, 技量; こつ, ノウハウ

savoir-vivre [savwarvivr] 男《不変》礼儀作法, マナー

***savon** [savɔ̃ サヴォン] 男《英 soap》①

石けん ②〔話〕大目玉 ▶**passer un savon à**(人)をきつく叱る

savonnage [savɔnaʒ] 男 石けんで洗うこと

savonner [savɔne] 他 石けんで洗う; 石けんをつける —[代動]**se ～**) 自分の…を石けんで洗う

savonnerie [savɔnri] 女 石けん工場

savonnette [savɔnɛt] 女 化粧石けん

savonneux(se) [savɔnø, -øz] 形 石けん質の; 石けんを含む

savonnier(ère) [savɔnje, -ɛr] 形 石けんの; 石けんの製造販売に関する — 男 ①石けん製造業者 ②〔植〕ムクロジ

savons [savɔ̃] ⇒savoir

savourer [savure] 他 ゆっくり味わう; 堪能する

savoureusement [savurøzmɑ̃] 副 おいしく; 味わい豊かに

savoureux(se) [savurø, -øz] 形 美味な, 風味のある; (話が)味わい深い

savoyard(e) [savwajar, -ard] 形 [S-] サヴォワ地方(Savoie)の(人) — 男 ①[S-] サヴォワ地方方言

Saxe [saks] 女 (ドイツの)ザクセン地方 — 男 [s-] マイセン焼きの磁器

saxhorn [saksɔrn] 男 〔楽〕サクソルン【楽器製造家 Sax が考案した有弁金管楽器の総称】

saxifragacées [saksifragase] 女 (複) ユキノシタ科

saxifrage [saksifraʒ] 女 〔植〕ユキノシタ

saxo [sakso] 男 〔楽〕サックス — 名 〔話〕サックス奏者

saxon(ne) [saksɔ̃, -ɔn] 形 ザクセン地方(Saxe)の; 〔史〕サクソン族の — 名 [S-] 〔史〕サクソン人; ザクセン地方の人 — 男 ▶**le vieux saxon** 古ザクセン語

saxophone [saksɔfɔn] 男 〔楽〕サクソフォン

saxophoniste [saksɔfɔnist] 名 サクソフォン奏者

saynète [sɛnɛt] 女 〈くス〉寸劇

sbire [sbir] 男 〈くイ〉(軽蔑的)おまわり; 用心棒, 悪党の手下

scabieuse [skabjøz] 女 〔植〕マツムシソウ属

scabreux(se) [skabrø, -øz] 形 ① きわどい, いやらしい ②〔文〕厄介な, 危険の大きい

scaferlati [skafɛrlati] 男 刻みタバコ

scalaire[1] [skalɛr] 形 〔数〕スカラーの — 男 〔数〕スカラー

scalaire[2] [skalɛr] 男 〔魚〕エンゼルフィッシュ

scalène [skalɛn] 形 〔数〕不等辺の ▶**triangle scalène** 不等辺3角形 — 男 〔解〕斜角筋

scalp [skalp] 男 〈く英〉頭皮を剥ぐこと; 頭髪付きの頭皮【アメリカ先住民の戦利品】

863

scalpel [skalpɛl] 男 〔外〕メス

scalper [skalpe] 他 頭皮をはぐ

scampi [skɑ̃pi] 男 〈くイ〉(複) スカンピ【イタリア風エビのフライ】

***scandale** [skɑ̃dal] スキャンダル 男 (英 scandal)(世間の)非難, 悪評; ひんしゅく; 醜聞, 汚職; スキャンダル; 恥知らずな行為; けんか, 騒動 ▶**au grand scandale de**(人)の非難を受けながら **faire du**[**un**] **scandale** 騒ぎを起こす **faire scandale** 物議をかもす

scandaleusement [skɑ̃daløzmɑ̃] 副 破廉恥なやり方で; けしからんことに; 〔話〕途方もなく

***scandaleux(se)** [skɑ̃dalø, -øz] スキャンダルーズ(ス)〕形 (英 scandalous) 破廉恥な, ひんしゅくを買う

scandaliser [skɑ̃dalize] 他 ひんしゅくを買う, ショックを与える —[代動]**se ～**) (…に)憤慨する, 眉をひそめる (de)

scander [skɑ̃de] 他 ①(スローガンなど)を音節を区別して発音する ② (音・節の長短[強弱]をはっきり読む; 〔楽〕拍子をはっきりつけて演奏する[歌う]

scandinave [skɑ̃dinav] 形 名 [S-] スカンジナビアの(人)

Scandinavie [skɑ̃dinavi] 女 スカンジナビア

scandium [skɑ̃djɔm] 男 〔化〕スカンジウム【原子番号21の元素】

scanner[1] [skanɛr] 男 〈英〉[印] スキャナー, 電子製版機; 〔医〕CT スキャナー; 〔情報〕スキャナー

scanner[2] [skane] 他 〈英〉[情報] スキャンする, とり込む(= scannériser)

scansion [skɑ̃sjɔ̃] 女 〔詩〕韻律分析, 脚に分けて発音すること

scaphandre [skafɑ̃dr] 男 潜水服, 潜水具; 宇宙服 ▶**scaphandre autonome** アクアラング

scaphandrier [skafɑ̃drije] 男 潜水服を着た潜水夫

scapula [skapula] 女 〔解〕肩甲骨

scapulaire [skapylɛr] 〔カト〕スカプラリオ【修道士が肩から前後に吊るす二枚の布】— 男 〔解〕肩の, 肩甲骨の

scarabée [skarabe] 男 〔虫〕コガネムシ; コガネムシ上科

scarabéidés [skarabeide] 男 (複)〔虫〕コガネムシ科

scare [skar] 男 〔魚〕ブダイ

scarificateur [skarifikatœr] 男 ①〔医〕乱刺器 ②〔農〕カルチベーター

scarification [skarifikasjɔ̃] 女 ①〔医〕乱刺法 ②(身体装飾としての)スカリフィケーション

scarifier [skarifje] 他 〔医〕(皮膚を)乱刺する

scarlatine [skarlatin] 女 〔医〕猩紅(しょう)熱

scarole [skarɔl] 女 〔植〕チコリー, エンダイブ【サラダ菜の一種】

scato- 接頭 〈くラ〉「糞便」の意

scatologie [skatɔlɔʒi] 女 スカトロ

scatologique ジー, 糞尿譚(な), 糞尿趣味

scatologique [skatɔlɔʒik] 形 糞尿趣味の

sceau [so] 男 (複 ~x) 官印, 公式印; 印璽(ʲ); 刻印; (商標などの入った) 封印; 《文》(才能などの)しるし, 刻印 ▶ **garde des Sceaux** 法務大臣 **sous le sceau du secret** 秘密厳守の条件で

scélérat(e) [selera, -at] 形《文》極悪の ── 名《文》極悪人, 凶悪犯

scélératesse [selerates] 女《文》悪辣さ

scellé [sele] 男 (複) 〔法〕封印

scellement [sɛlmɑ̃] 男 はめ込むこと

sceller [sele] 他 ①(公文書に調印する); 封緘(す)する;〔法〕封印を施す ②(友情などを)確かめる; 確たるものにする ③固く閉ざす, 密閉する; 〔建〕(漆喰(にっ)・セメントで)固定する, 埋め込む

scénarimage [senariʒaʒ] 男 絵コンテ

scénario [senarjo] 男 (複 ~s) (< イ) シナリオ, 脚本; 筋書, やり口

scénariser [senarize] 他 脚本化する, 脚色する

scénariste [senarist] 名 シナリオライター, 脚本家

:scène セヌ [sɛn] 女 (英 stage) 舞台, ステージ; 舞台装置, 舞台設定;《集合的》演劇, 舞台 (英 scene) (戯曲の)場;(映画や小説の)場面, シーン;(実生活の)光景, 場面; 大騒ぎ, けんか ▶ **entrer en ∕ sortir de scène** (登場 [退場]する) **faire une scène à** (人に)食ってかかる **metteur en scène** 演出家, 映画監督 **mettre en scène** 演出[監督]する **mise en scène** 演出 **occuper le devant de la scène** 第一線で活躍する **porter... à la scène** …を舞台化[脚色]する **quitter la scène** 引退する **scène de ménage** 夫婦げんか

scénique [senik] 形 舞台の, 演劇に関する ▶ **indication scénique** ト書き

scénographe [senɔgraf] 名 舞台装飾家

scénographie [senɔgrafi] 女 舞台美術; 舞台装置

scénographique [senɔgrafik] 形 舞台美術の

scepticisme [sɛptisism] 男〔哲〕懐疑論; 懐疑心

sceptique [sɛptik] 形 疑い深い; 〔哲〕懐疑論の ── 名 疑い深い人; 〔哲〕懐疑論者

sceptre [sɛptr] 男 (権力を象徴する)王杖; 王権

schah [ʃa] 男〔史〕シャー【ペルシア[イラン]国王の称号】

schako [ʃako] 男 = shako

schelem [ʃlɛm] 男 = chelem

*schéma [ʃema シェマ] 男 (英 dia- gram) 図表, 図式; 概要, あらまし

schéma directeur (都市計画の)基本構想

schématique [ʃematik] 形 図で表した, 図解した; 概略の, 簡単な; 図式的な, 単純化された

schématiquement [ʃematikmɑ̃] 副 図式的に; 大ざっぱに

schématisation [ʃematizasjɔ̃] 女 図式化, 概略化

schématiser [ʃematize] 他 図で示す; 概要を示す

schématisme [ʃematism] 男 図式化

schème [ʃɛm] 男 ①〔哲〕(カントの)先験的図式 ②〔心〕シェーマ;〔美術〕形式

schéol [ʃeɔl] 男 (< ヘブライ) (旧約聖書の)黄泉(ょ)の国

scherzando [skɛrtsando, skɛrdzando] 副 (<イ) 〔楽〕スケルツァンド, 陽気に, 諧謔(ホラ)的に

scherzo [skɛrdzo] 男 (<イ) 〔楽〕スケルツォで, 軽快に ── 男 〔楽〕スケルツォ, 諧謔(ホラ)曲

schilling [ʃiliŋ] 男 (<ド) シリング【ユーロ導入以前のオーストリアの通貨単位】

schismatique [ʃismatik] 形名〔宗〕離教した(人)

schisme [ʃism] 男 〔宗〕離教;(宗派の)分裂;(グループ内での)分裂 ▶ **schisme d'Orient** 〔史〕東方教会の分裂

schiste [ʃist] 男 〔鉱〕結晶片岩, 頁岩(ホミ)

schisteux(se) [ʃisto, -oz] 形〔鉱〕片岩質の

schizo [skizo] 形名〔話〕精神分裂症の(患者)

schizo- 接頭 (<ギ)「分裂」「分離」の意

schizophrène [skizɔfrɛn] 形名 精神分裂症の(患者)

schizophrénie [skizɔfreni] 女 精神分裂病

schizophrénique [skizɔfrenik] 形 精神分裂症の

schlass[1] [ʃlas] 形 (不変) (<ド) 〔話〕酔っ払った

schlass[2] [ʃlas] 男 (<英) 〔俗〕ナイフ

schlinguer [ʃlɛ̃ge] 自 (<ド) 〔話〕におう, 臭い

schlittage [ʃlitaʒ] 男〔方〕橇(ら)(schlitte)による材木の運搬

schlitte [ʃlit] 女〔方〕シュリット, 材木を運ぶ橇(ち)

schmilblick [ʃmilblik] 男 〔話〕物事 ▶ **faire avancer le schmilblick** 物事を進展させる

schnaps [ʃnaps] 男 (<ド) 〔話〕シュナップス【ドイツ産の蒸溜酒】;《ふざけて》ブランデー

schnock, schnoque [ʃnɔk] 形

schnorkel [nɔrkɛl] 男 〈ド〉シュノーケル

schnouf [ʃnuf] 女 〈ド〉〈俗〉麻薬, (特に)ヘロイン

schooner [skunœr] 男 〈英〉〔船〕スクーナー [2-3本マストの縦帆式帆船]

schproum [ʃprum] 男 〈話〉騒動, もめごと

schrapnel(l) [ʃrapnɛl] 男 = shrapnel

schuss [ʃus] 男 〈ド〉〔スキー〕直滑降

sciage [sjaʒ] 男 のこぎりでひくこと; ひき立て材

scialytique [sjalitik] 男 (手術室用の)無影灯

sciant(e) [sjɑ̃, -ɑ̃t] 形 〈話·古〉うんざりする; いやになる

sciatique [sjatik] 形 〔解〕座骨の ― 女 〔医〕座骨神経痛

***scie** [si スィー] 女 ①(英 saw) のこぎり ▸**en dents de scie** ギザギザの; むらのある **scie à chaîne** チェーンソー **scie à métaux** 金鋸(のこ) **scie sauteuse** 電動糸鋸 ②〈話〉きまり文句; 単調な繰り返し ③〔魚〕ノコギリエイ (= poisson ~); 〔楽〕ミュージカルソー (= ~ musicale)

sciemment [sjamɑ̃] 副 承知のうえで, 故意に

science [sjɑ̃s スィヤンス] 女 科学, 学問; 〔複〕(特定の)科学分野; ~ 科学; 〔複〕自然科学, 理系の学問; 〔文〕知識, 教養; 学問, 技術, こつ ▸**avoir la science infuse** 学ばずして博識である **sciences humaines [sociales]** 社会科学 **sciences naturelles** 生物学

science-fiction [sjɑ̃sfiksjɔ̃] 女〔複 ~s-~s〕SF, サイエンスフィクション

Sciences Po [sjɑ̃spo] 女〔複〕〈話〉シアンスポ, パリ政治学院〔政経系のグランドゼコールの一つ; 正式名 Institut d'études politiques de Paris〕

***scientifique** [sjɑ̃tifik スィヤンティフィク] 形 (英 scientific) 学問の, 学術的な; 科学的な, 厳密な, 客観的な ― 名 (英 scientist) 科学者

scientifiquement [sjɑ̃tifikmɑ̃] 副 科学的に

scientisme [sjɑ̃tism] 男 科学万能主義

scientiste [sjɑ̃tist] 形名 科学万能主義者

***scier** [sje スィエ] 他 ①(英 saw) のこぎりでひく ②〈話〉びっくりさせる ③〈話·古〉うんざりさせる

scierie [siri] 女 製材所; 石切り工場

scieur [sjœr] 男 木(こ)びき, 製材工; 石切り職人

scinder [sɛ̃de] 他 切り離す, 細分する ― 代動〔**se** ~〕分裂する

scintigraphie [sɛ̃tigrafi] 女 〔医〕シンチグラフィー

scintillant(e) [sɛ̃tijɑ̃, -ɑ̃t] 形 きらめく ― 男 (クリスマスツリーなどの)飾り

scintillation [sɛ̃tijasjɔ̃, sɛ̃tillasjɔ̃] 女 きらめき, 輝き; 〔物〕シンチレーション〔放射線が蛍光体に当たった時に発する光; 電磁波の不規則な変動〕

scintillement [sɛ̃tijmɑ̃] 男 きらめき; 〔画面の〕ちらつき, フリッカー

scintiller [sɛ̃tije] 自 きらめく, ちかちか光る

scintillographie [sɛ̃ti(l)lɔgrafi] 女 = scintigraphie

scion [sjɔ̃] 男 新芽, ひこばえ; 接ぎ木の枝

scission [sisjɔ̃] 女 (グループの)分裂 ▸**faire scission** 分裂[脱退]する

scissionnisme [sisjɔnism] 男 分裂主義

scissionniste [sisjɔnist] 形名 分裂を引き起こす(人); 離反する(人)

scissipare [sisipar] 形 〔生〕分裂増殖の

scissiparité [sisiparite] 女 〔生〕分裂増殖

scissure [sisyr] 女 〔解〕裂(溝)

sciure [sjyr] 女 おがくず

sciuridés [sjyride] 男〔複〕〔動〕リス科

scléranthe [sklerɑ̃t] 男 〔植〕ナデシコ

sclérose [skleroz] 女 〔医〕硬化症, 硬化療法; (組織·制度などの)硬直化, 不適応 ▸**sclérose en plaques** 多発性硬化症

sclérosé(e) [skleroze] 形 〔医〕硬化した; 硬直化した

scléroser [skleroze] 他 〔医〕硬化させる ― 代動〔**se** ~〕〔医〕硬化する; 硬直化する, 柔軟性を失う

sclérotique [sklerɔtik] 女 〔解〕(眼)の強膜

***scolaire** [skɔlɛr スコレール] 形 (英 school) ①学校の, 学校教育の ▸**âge scolaire** 就学年齢 ②〈軽蔑的〉教科書どおりの, 独創性に乏しい ― 名 (小学校の)生徒, 学童

scolairement [skɔlɛrmɑ̃] 副 学校の生徒のように; 教科書的に

scolarisable [skɔlarizabl] 形 就学可能な

scolarisation [skɔlarizasjɔ̃] 女 学校教育の普及; 就学

scolariser [skɔlarize] 他 学校教育を普及させる; 就学させる

scolarité [skɔlarite] 女 就学; 就学期間 ▸**frais de scolarité** 授業料 **scolarité obligatoire** 義務教育年限

scolastique [skɔlastik] 形 スコラ派の; 形式主義的な ― 男 スコラ哲学者〔神学者〕; 形式主義者

scoliose [skɔljoz] 女 〔医〕脊柱側彎(症)

scolopacidés [skɔlɔpaside] 男《複》〔鳥〕シギ科

scolopendre [skɔlɔpɑ̃dr] 女 ①〔植〕コタニワタリ属【シダの一種】 ②〔動〕オオムカデ

sconse [skɔ̃s] 男 スカンクの毛皮

scoop [skup] 男 (<英) スクープ; (話) 大ニュース

scooter [skutœr, skuter] 男 スクーター ▸**scooter des mers** ジェットスキー, 水上バイク **scooter des neiges** スノーモービル

scootériste [skuterist] 名 スクーターに乗った人

scope [skɔp] 男 (話) = cinémascope

-scope, -scopie [接尾] (<ギ)「調べる」「観察する」の意の名詞をつくる

scopie [skɔpi] 女〔医〕(話) X線透視 ⇨radioscopie

scopolamine [skɔpɔlamin] 女〔化〕スコポラミン, ヒオスシン

scorbut [skɔrbyt] 男〔医〕壊血病

scorbutique [skɔrbytik] 形〔医〕壊血病の —名 壊血病の患者

score [skɔr] 男 (<英) 得点, スコア; (数字で表せる)成績; (選挙の得票数

scoriacé(e) [skɔrjase] 形〔地〕岩滓(がんし)質の

scorie [skɔri] 女 ①〔地〕岩滓(がんし) ②〔鉱滓(こうさい)〕, スラグ

scorpion [skɔrpjɔ̃] 男 ①〔動〕サソリ(蠍); [S-]〔天〕さそり座; 天蠍(てんかつ)宮

scorsonère [skɔrsɔner] 女〔植〕キバナノモジリソウ

scotch¹ [skɔtʃ] 男 (複 ~es) (<英) スコッチウイスキー

scotch² [skɔtʃ] 男 セロハンテープ

scotché(e) [skɔtʃe] 形 (話) 張り付いた, 釘付けになった

scotcher [skɔtʃe] 他 セロハンテープではる; (話) 釘付けにする

scotome [skɔtɔm] 男〔医〕視野暗転, 閃(せん)輝光暗転

scotopie [skɔtɔpi] 女 暗順応, 暗所視

scottish-terrier [skɔtiʃterje] 男 (<英) スコッチテリア【犬】

scoumoune [skumun] 女 (<英) (俗) 不運, つきのなさ

scout [skut] 男 (<英)【ガールスカウトは guide という】ボーイスカウト — 形 (女 **scoute**) ボーイ[ガール]スカウトの; 青臭い

scoutisme [skutism] 男 ボーイ[ガール]スカウト運動

scrabble [skrabl] 男 (<英) スクラブル【与えられた文字を使って単語を作るゲーム】

scraper [skrɛpœr, skrapœr] 男 (<英)〔土木〕スクレーパー【掘削機械】

scratcher [skratʃe] 他〔スポーツ〕(時間に遅れた選手を失格とする)

scribe [skrib] 男 ①〔史〕古代エジプトの書記, 記録官; 代書人 ②〔聖〕古代ユダヤの律法学者 ③〔軽蔑的〕小役人

scribouillard(e) [skribujar, -ard] 名 (話・軽蔑的) 小役人

scribouilleur [skribujœr] 男 (話・軽蔑的) 三文文士, へぼ作家

script¹ [skript] 男 (<英) ①〔手書きの活字体〕② (映画の)台本

script² [skript] 男 (<英)〔経〕仮債券; 仮証券

scripte [skript] 名 (映画・テレビの)スクリプター, 進行記録係

scripteur [skriptœr] 男 ①(ローマ教皇の)教会書記 ②筆者, 書き手

script-girl [skriptgœrl] 女 (<英) = scripte

scriptural(ale) [skriptyral] 形 (複 -aux[-o]) 文字の, 文書の ▸**monnaie scripturale**〔経〕預金通貨

scrofulaire [skrɔfyler] 女〔植〕ゴマノハグサ

scrofulariacées [skrɔfylarjase] 女《複》〔植〕ゴマノハグサ科

scrofule [skrɔfyl] 女〔医〕腺病, 瘰癧(るいれき)

scrofuleux(se) [skrɔfylø, -øz] 形〔医〕腺病質の

scrogneugneu [skrɔɲøɲø] 間 (老兵の愚痴をからかって)畜生め

scrotal(ale) [skrɔtal] 形 (男複 -aux[-o]) 陰嚢の

scrotum [skrɔtɔm] 男 (<ラ)〔解〕陰嚢

scrupule [skrypyl] 男 (英 scruple) 良心の呵責, ためらい, 気がね; 小心, 細心, きちょうめん ▸**avoir scrupule à** …するこどを躊躇(ちゅうちょ)する **sans scrupules** 臆面もなく **se faire scrupule de** …するのは気がとがめる

scrupuleusement [skrypyløzmɑ̃] 副 きまじめに; きちょうめんに

scrupuleux(se) [skrypylø, -øz] 形 きまじめな, 律義な; 念の入った; 配慮の行き届いた

scrutateur(trice) [skrytatœr, -tris] 形 (文) 探るような, 詮索する — 名 (選挙の)開票立会人

scruter [skryte] 他 探る, じっと観察する; 詮索する

scrutin [skrytɛ̃] 男 投票 ▸**dépouiller un scrutin** 開票する **scrutin majoritaire** 多数決投票 **scrutin proportionnel** 比例代表制選挙 **scrutin public [secret]** 記名[無記名]投票

sculpter [skylte] 他 (英 sculpture) 彫刻する, 彫る

sculpteur [skyltœr スキュルトゥール] 男 (英 sculptor) [女性にも一般に sculpteur を用いるが, à sculptrice, sculpteuse も可能] 彫刻家

sculptural(ale) [skyltyral] 形 (複 -aux[-o]) 彫刻の; 彫刻を思わせる

sculpture [skyltyr スキュルテュール] 女 (英 sculpture) 彫刻, 彫刻作品

scyphoméduses [sifomedyz] 女 (複), **scyphozoaires** [sifozoɛr] 男 (複) [動] 鉢虫(ばちむし)綱 【クラゲなどを含む】

scythe [sit] 男 形 スキタイ(人)(の)【古代の遊牧騎馬民族】

scythique [sitik] 形 = scythe

SDF (略) sans domicile fixe ホームレス, 路上生活者

S.E. (略) Son Excellence 閣下, 猊(げい)下【大臣や司教に対する尊称】

***se** [s(ə) ス] 代 (人称)〖3人称再帰代名詞〗(英 himself, herself, itself, themselves) ①[再帰的] 自分を[に] ▶ **Il se lave les mains.** 彼は手を洗う **se regarder dans le miroir** 鏡に映った自分の姿を見る ②[相互的] 互いを[に] ▶ **Ils s'aimaient.** 彼らは愛し合っていた ③[受動的] ▶ **Cela se vend bien.** さっさと売れている

sea-line [silajn] 男 (< 英) 海底パイプライン

séance [seɑ̃s セアンス] 女 (英 session) ①会議, 審議, 会期; (証券取引所の)立会い; (一回の)上映, 上演, 演奏; (催しや共同作業のために)決められた時間[期間]; (複数の人間で行う)一回の活動; (講座などの)一回の授業 ▶ **être en séance** (会議が)開会中である **La séance est ouverte [levée].** (議長が)ただいまより開会[これにて閉会]いたします **séance tenante** 即座に ②(話)大騒ぎ; 見苦しい場面

séant¹ [seɑ̃] 男 ①▶ **sur son séant** 座った姿勢で ②(話)お尻

séant² [seɑ̃, -ɑ̃t] 形 (文) 礼儀にかなった

***seau** [so ソー] 男 (複 ～x) (英 bucket) バケツ, 手桶 ▶ **Il pleut à seaux.** (話) バケツをひっくり返したような雨だ **seau à glace** アイスペール; ワインクーラー

sébacé(e) [sebase] 形 [生理] 皮脂の

sébaste [sebast] 男 [魚] メバル

sébile [sebil] 女 (乞食が物乞いに使う)椀(わん)

sebk(h)a [sepka] 女 [地] サブカ, 塩類平原

séborrhée [sebore] 女 [医] 脂漏(しろう)

séborrhéique [seboreik] 形 [医] 脂漏性の ▶ **dermite séborrhéique** 脂漏性湿疹

sébum [sebom] 男 皮脂(腺分泌物)

***sec(sèche)** [sɛk, sɛʃ セック(セシュ)] 形 ①(英 dry) 乾いた, 乾燥した; 干し[乾し]た, やせた, 十からびた; (音などが)乾いた; 潤いのない, 無味乾燥な, 冷淡な; ぶっきらぼうな; 冷静な; 何も加えない; 水気のない; 水を使わない ▶ **à pied sec** 足をぬらさずに **avoir la gorge sèche** のどが渇いている **avoir les yeux secs** 涙を見せない; 心を動かされない **d'un coup sec** すばやく, 一撃で **en cinq sec** (話) 大急ぎで **l'avoir sec** (話) がっかりする; いらいらする **panne sèche** ガス欠 **poisson sec** 干物 **rester sec** (学生言葉で)質問に答えられない **toux sèche** から咳(せき) ② (ワインなどが) 辛口の —— 男 乾燥(場所) ▶ **à sec** 干からびた; 乾いた状態で; 金がない; アイデアの浮かばない **nettoyage à sec** ドライクリーニング —— 副 手荒く, いきなり; そっけなく ▶ **aussi sec** さっさと **boire sec** (古) ストレートで飲む; (話) 大酒を飲む

sécable [sekabl] 形 分割[切断]できる

SECAM [sekam] (略) séquentiel à mémoire セカム方式 【フランスが開発したカラーテレビの伝送方式】

sécant(e) [sekɑ̃, ɑ̃t] 形 [数] (線・面が)交わる, 交差する — 女 割線

sécateur [sekatœr] 男 剪(せん)定ばさみ ▶ **baptiser au sécateur** (俗) 割礼を施す

sécession [sesesjɔ̃] 女 (一部国民の)国家からの離脱, 分離; (集団からの)脱退 ▶ **faire sécession** 分離独立する **guerre de Sécession** [la ～の] 南北戦争

sécessionniste [sesesjonist] 形 名 分離主義の [者]

séchage [seʃaʒ] 男 乾燥させること

sèche² [sɛʃ] 形 sec の女性形

sèche³ [sɛʃ] 女 (話) タバコ

sèche-cheveux [sɛʃʃəvø] 男 (不変) ヘアドライヤー

sèche-linge [sɛʃlɛ̃ʒ] 男 (不変) 乾燥機

sèche-mains [sɛʃmɛ̃] 男 (不変) (公衆トイレなどの) ハンドドライヤー, エアタオル

sèchement [sɛʃmɑ̃] 副 手荒に, いきなり; そっけなく, 無愛想に

***sécher** [seʃe セシェ] 動 57 ①(英 dry) 乾かす, 乾燥させる; 干上がらせる ②(話) (グラスを)飲み干す ③(講義を)さぼる —— 自 乾く, 乾燥する; 干からびる; (文) (…で)やつれる, 苦しむ (de) ▶ **faire sécher** 乾かす **sécher sur pied** 立ち枯れする, しおれる ④(授業に)答えに詰まる; (試験で全くできない) — 代動 [se ～] 自分の体[服]を乾かす

sécheresse [seʃrɛs] 女 ①乾燥; 日照り, 旱魃(かんばつ) ②潤いのなさ; 無愛想

séchoir [seʃwar] 男 (洗濯物の)乾燥機; 物干し場; ヘアドライヤー

***second(e)¹** [s(ə)gɔ̃, -ɔ̃d スゴン(ド)] 形 第2の, 2番目の, 2度目の; もうひとつの, 新たな; 劣り; 2等の; [商]二級の; 第二の, 副の; 二義的な ▶ **de seconde main** 人の手を介して; 中古で **en second lieu** 第2に; 他方では **être dans un état**

second 心神喪失の状態にある ── 第2番目の人[もの] ▶**sans second (e)** 比べるものがない ── 男 ①助手, 補佐役; [海軍] 副艦長 ▶**en second** 副の; 責任者に代わって *passer en second* 二の次になる ②3等席 (乗物の) 第2等; (リセの) 第2学年 [15-16歳に相当]; [車] セカンドギア; [楽] 2度

secondaire [s(ə)gɔ̃dɛːr スゴンデール] 形 (英 secondary) 二次的な, 二次の; あまり重要でない; 第2期の, 第2次の, 付随[派生]的な ▶**effets secondaires** 副作用 ── 男 中等教育 [11-18歳まで] (= enseignement ~); [地] 中生代 (= ère ~); 第2次産業 [部門] (= secteur ~re)

secondairement [s(ə)gɔ̃dɛrmɑ̃] 副 副次的に, 付随して

seconde² [s(ə)gɔ̃d] 女 (英 second) 秒; 瞬間, 一瞬; [数] (角度の単位で; 記号 ″) ▶**à la seconde** 即刻 *Une seconde!* ちょっと待って!

secondement [s(ə)gɔ̃dmɑ̃] 副 第2に, 次に

seconder [s(ə)gɔ̃de] 他 (人の)助力を務める, 補佐する; 支援する

secouement [s(ə)kumɑ̃] 男 《文》揺さぶること

***secouer** [s(ə)kwe スクエ] 他 (英 shake) 揺さぶる, 強く動かす (自分の体を) 振る; 振り払う, 払いのける; 動揺させる, ショックを与える; 《話》叱る; 奮起させる ▶*secouer la tête* うなずく, (疑いや拒絶のしるしに)首を振る *secouer les puces à* (人)を叱りつける 《話》元気を出す, 勇気を奮い起こす

***secourable** [s(ə)kurabl] 形 人助けをいとわない; 親切な ▶*main secourable* 救いの手

***secourir** [s(ə)kurir スクリール] 他 18 (英 help) 救助[救出]する; (苦境にある)人を)援助する

secourisme [s(ə)kurism] 男 応急手当て, 救急法

secouriste [s(ə)kurist] 名 救急隊員

***secours** [s(ə)kuːr スクール] 男 (英 help, aid) 救助, 救援; 救い; (物質的な)援助; 救助隊, 援軍; 応急手当て, 救急処置; 救護 ▶*aller [courir] au secours de* (人)を助けに行く *appeler [crier] au secours* 助けを呼ぶ *Au secours!* 助けて! *de secours* 非常[緊急]用の, *être d'un grand secours à* (人)にとって大きな助けになる *porter secours à* (人)を救助する, 救いの手を差しのべる

secousse [s(ə)kus] 女 衝撃, 振動, 揺れ; (精神的)ショック ▶*ne pas en ficher une secousse* 《話》仕事をしない, ぶらぶらしている *par secousses* 突発的に

***secret(ète)** [s(ə)krɛ, -ɛt スクレ(ト)] 形 秘密の, 内緒の; 機密扱いの; 公表されていない; 隠れた, 目立たない; 内に秘めた, (文) 口の堅い ▶*garder [tenir]... secret* ...を秘密にしておく ── 男 秘密, 機密; 隠し事; 秘密の保持; 秘訣[コツ], こつ, からくり; 心の内奥; (事件などの)真相 (複) (文) 秘事 ▶*dans le plus grand secret* 極秘裏に *en dans le secret* ひそかに *être dans le secret* (内の)秘密[内幕]に通じている (de) *faire un secret de* ...を隠す *mettre... au secret* (人)を監禁[幽閉]する *mettre... dans le secret* (人)に秘密を打ち明ける *secret de Polichinelle* 公然の秘密 *secret professionnel [bancaire, médical]* 職業上の[銀行の, 医者の]守秘義務

***secrétaire** [s(ə)kretɛːr スクレテール] 名 (英 secretary) 書記, 秘書; 秘書局長; (大使館の)書記官 ▶*secrétaire de direction* 役員秘書 *secrétaire de rédaction* (新聞・雑誌の)編集主幹 *secrétaire d'État* (フランスの)閣外大臣, 政務次官; (米国の)国務長官 *secrétaire général* 事務総長, 幹事長 ── 男 ライティングビューロー [ふたを下ろすと書物机になる]

secrétariat [s(ə)kretarja] 男 ①秘書課, 事務局, 官房 ②秘書[書記]の職 ▶*secrétariat d'État* (フランスの)閣外大臣[政務次官]の職

secrète [səkrɛt] 形 secret の女性形

secrètement [səkrɛtmɑ̃] 副 ひそかに, こっそりと

sécréter [sekrete] 他 57 [生理] 分泌する; にじませる

sécréteur(trice) [sekretœːr, -tris] 形 (女性形は sécréteuse もある) [生理] 分泌する

sécrétion [sekresjɔ̃] 女 [生理] 分泌

secrétoire [sekretwaːr] 形 分泌の

sectaire [sɛktɛːr] 形 党派に偏った, 不寛容な; 狂信的な ── 名 セクト主義の人, 偏狭な人

sectarisme [sɛktarism] 男 セクト主義

sectateur(trice) [sɛktatœːr, -tris] 名 (文・古) (…流派の)信奉者

secte [sɛkt] 女 ①宗派; セクト ② (教祖が絶対的権力を持つ)宗教団体, カルト

***secteur** [sɛktœːr セクトゥール] 男 (英 sector, district) 地区, 区域 (行政上の区分); (学問・産業などの)分野, 部門, 領域; (水道・電気・ガスなどの)供給区域, 配電区; 電源; [軍] 作戦地区, 防衛区域 ▶*panne de secteur* (区域全体の)停電 *secteur primaire [secondaire, tertiaire]* 第1次[2次, 3次]産業 *secteur privé [public]* 民間[公共]部門

***section** [seksjɔ̃ セクスィヨン] 囡 (官庁・企業などの)部, 課; (党や組合の)支部; (大学などの)学科, 系; (行政の)区分; (道路などの)区間; (バス・電などの)料金区間; (書物の)節, 節; 切断, 切断部; 断面(図); [軍] (30–40人の)小隊

sectionnement [sɛksjɔnmɑ̃] 男 分割, 切断

sectionner [sɛksjɔne] 他 区分する, 切断する ― 代動 [**se ~**] 切断される

sectoriel(le) [sɛktɔrjɛl] 形 地区 [部門]ごとの

sectorisation [sɛktɔrizasjɔ̃] 囡 地域への分散; (産業の)部門化

sectoriser [sɛktɔrize] 他 地域ごとに分散させる; 部門別に編成する

sécu [seky] 囡 (話) 社会保障 [< Sécurité sociale]

séculaire [sekylɛr] 形 ① 100年ごとの ② 〈文〉 1 世紀以上[数百年]を経た, 古来の

sécularisation [sekylarizasjɔ̃] 囡 世俗化; (教会財産などの)国有化

séculariser [sekylarize] 他 (教会財産などを)国の管理とする; 還俗(ザ)させる

séculier(ère) [sekylje, -ɛr] 形 (聖職者の)在俗の ― 男 在俗司祭

secundo [sɛgɔ̃do] 副 (<ラ>) [primo (第 1 に)の次に用いて] 第 2 に

sécurisant(e) [sekyrizɑ̃, -ɑ̃t] 形 〔心〕安心感を与える

sécurisation [sekyrizasjɔ̃] 囡 安全性の強化

sécuriser [sekyrize] 他 〔心〕安心させる, 不安を取り除く; 安全性を高める

sécurit [sekyrit] 男 強化ガラス

sécuritaire [sekyritɛr] 形 治安の, (政策が)治安第一の

***sécurité** [sekyrite セキュリテ] 囡 (英 security, safety) 安心; 安全; 治安, 安全保障; 安全装置; [情報]セキュリティ ▶*ceinture de sécurité* シートベルト *Conseil de sécurité* (国連の)安全保障理事会 *de sécurité* 安全のための *en sécurité* 安全である *mesures de sécurité* 治安対策 *Sécurité sociale* [la ~] 社会保障

Sedan [sədɑ̃] スダン 〖Ardennes 県の都市〗

sédatif(ve) [sedatif, -iv] 形 〔医〕鎮静の, 鎮痛の ― 男 鎮静剤, 鎮痛剤

sédation [sedasjɔ̃] 囡 〔医〕鎮静

sédentaire [sedɑ̃tɛr] 形 家にこもりがちの; (民族が)定住生活の; (仕事などが)移動のない, 一定の場所でする ― 图 出不精の人; (複) 定住民族

sédentarisation [sedɑ̃tarizasjɔ̃] 囡 (遊牧民などの)定住化

sédentariser [sedɑ̃tarize] 他 定住させる

sédentarité [sedɑ̃tarite] 囡 定住(生活)

sédiment [sedimɑ̃] 男 〔地理〕堆積物; 〔医〕沈殿物

sédimentaire [sedimɑ̃tɛr] 形 堆積[沈殿]によってできた

sédimentation [sedimɑ̃tasjɔ̃] 囡 地理堆積(作用); 〔化〕沈降 ▶*vitesse de sédimentation* 〔医〕血沈

sédimenter [sedimɑ̃te] 他 〔地理〕堆積する

séditieux(se) [sedisjø, -øz] 形 暴動[反乱]を起こす; 挑発的な ― 名 暴徒

sédition [sedisjɔ̃] 囡 暴動, 反乱, 蜂起

séducteur(trice) [sedyktœr, -tris] 形 魅力的な, 抗しがたい ― 名 誘惑者; 女たらし; 妖婦

***séduction** [sedyksjɔ̃ セデュクスィヨン] 囡 誘惑; 魅力, 魅了

***séduire** [seduir セデュイール] 他 15 (英 charm) (人の心を)ひきつける, そそる, 魅惑する; アピールする; 〈文〉誘惑する

***séduisant(e)** [seduizɑ̃, -ɑ̃t] セデュイザン(ト) 形 魅力的な, 心をひく

séfarade [sefarad] 形名 セファルディムの [地中海沿岸諸国のユダヤ人]

segment [sɛgmɑ̃] 男 〔数〕(線や図形の)切り取られた部分, 切片; 〔解〕(器官の)一節; 体節; 〔機〕部品, 部分 ▶*segment de droite* 線分 *segment de piston* ピストンリング

segmentaire [sɛgmɑ̃tɛr] 形 〔解〕分節の

segmentation [sɛgmɑ̃tasjɔ̃] 囡 〈文〉分割, 分節化; 〔生〕分裂; 〔経〕セグメンテーション

segmenter [sɛgmɑ̃te] 他 分割する, 細分化する

ségrairie [segrɛri] 囡 森林の共同所有

ségrégatif(ve) [segregatif, -iv] 形 隔離する, 人種差別の

ségrégation [segregasjɔ̃] 囡 (特定の民族の)隔離, 人種差別; 差別

ségrégationnisme [segregasjɔnism] 男 人種隔離政策, アパルトヘイト

ségrégationniste [segregasjɔnist] ― 名 人種隔離主義者, 差別主義者

ségrégé(e) [segreʒe], **ségrégué(e)** [segreɡɥe] 形 隔離[差別]された

séguedille [seɡədij] 囡 セギディリャ [スペインの軽快な舞踊・音楽]

seiche [sɛʃ] 囡 〔動〕コウイカ(類)

séide [seid] 男 狂信者, 盲従者

seigle [sɛɡl] 男 〔植〕ライムギ

***seigneur** [sɛɲœr セニュール] 男 (英 lord) 領主, 大名, 貴族; …殿 …様, 閣下 〖封建時代の男性に対する敬称〗; 富豪, 大立者; [le S-] 主(ﾇ) [キリスト教・ユダヤ教の神] ▶*À tout seigneur, tout honneur.* 〈ことわざ〉人には身分相応の待遇をしなければならない *en grand seigneur* ぜいたくに; 気品をもっ

seigneuriage [sɛɲœrjaʒ] 男 〔史〕領主権

seigneurial(ale) [sɛɲœrjal] 形 (男複 -aux [-o]) 領主の；貴族にふさわしい

seigneurie [sɛɲœri] 女 〔史〕領主の権限；領主の土地 ▶ *Votre [Sa] Seigneurie* 閣下〔貴族の敬称〕

seime [sɛm] 女 〔獣医〕爪割(つめわれ)

*****sein** [sɛ̃ セン] 男 ①〔la ～〕〔英 breast〕（女性の）乳房；〈文〉胸，懐 ▶ *donner le sein à un bébé* 赤ん坊に乳をやる ②〈文〉胎内；内奥，中心部 ▶ *au sein de* …の真ん中で, …に囲まれて

Seine [sɛn] 女 ①〔la ～〕セーヌ川 ②セーヌ県〔1964年以降パリ市とその周囲3県に分割された〕

seine [sɛn] 女 〔漁〕引き網

Seine-et-Marne [sɛnemarn] 女 セーヌ・エ・マルヌ県〔パリの東〕

Seine-Maritime [sɛnmaritim] 女 セーヌ・マリティーム県〔フランス北部〕

Seine-Saint-Denis [sɛnsɛ̃dni] 女 セーヌ・サン・ドニ県〔パリ近郊〕

seing [sɛ̃] 男 〔古〕花押(かおう)

séisme [seism] 男 地震

seismique [seismik] 形 地震の

séism(o)- 接頭〔ギ ―〕「揺れ」の意

séismographe [seismɔgraf] 男 地震計

seizain [sɛzɛ̃] 男 〔詩〕16行詩

*****seize** [sɛz セーズ]〔英 sixteen〕形 (不変) 16の；16番目の(不変) 16；〔le ～〕16日

*****seizième** [sɛzjɛm セズィエム] 形 〔英 sixteenth〕16番目の 名 16番目の人［もの］ 男 16分の1；〔パリの〕16区 (= ～ *arrondissement*)〔高級住宅地〕

seizièmement [sɛzjɛmmɑ̃] 副 16番目に

*****séjour** [seʒur セジュール] 男 〔英 stay〕滞在，逗留(とうりゅう)；滞在期間；〈文〉滞在地；住まい，居室 ▶ *carte de séjour* 滞在許可証；*salle de séjour* リビングルーム

séjourner [seʒurne] 自 ①滞在する，逗留する；とどまる ②たまる，よどむ

sel [sɛl セル] 男 〔英 salt〕塩，食塩；ぴりっとしたもの；機知，辛辣さ；〔化〕塩(えん)；〔複〕気付け薬〔炭酸アンモニウムのこと〕▶ *gros sel* 粗塩，*sel de la terre*〔le ～〕地の塩〔社会の模範となる人〕*sel gemme* 岩塩

sélacien(ne) [selasjɛ̃, -ɛn] 形 〔動〕軟骨魚綱〔類〕の 男 〔複〕軟骨魚綱〔類〕

sélaginelle [selaʒinɛl] 女 〔植〕イワヒバ

sélect(e) [sɛlɛkt] 形 〔話・古〕選び抜かれた，上流の

selecter [selɛkte] 他 選択する

sélecteur(trice) [selɛktœr, -tris] 形 選択を行う 男 選択装置；〔電・情〕セレクタ；〔オートバイの〕シフトペダル

sélecti(ve) [selɛktif, -iv] 形 選択式の

*****sélection** [selɛksjɔ̃ セレクスィヨン] 女 選択，選定，選抜；〔生〕淘汰，選択；選ばれた人［もの］；選抜チーム；（作家の）選集 ▶ *épreuves de sélection* 選抜試験〔試合〕*sélection naturelle* 自然淘汰

sélectionné(e) [selɛksjɔne] 形 選ばれた，選りすぐりの 名 代表選手

sélectionner [selɛksjɔne] 他 選び出す，選抜し選考する

sélectionneur(se) [selɛksjɔnœr, -øz] 名 選別する人

sélectivement [selɛktivmɑ̃] 副 選考によって，選択して

Séléné [selene] 女 〔ギ神〕セレネ〔月の女神〕

sélénique [selenik] 形 ▶ *acide sélénique*〔化〕セレン酸

sélénite [selenit] 形 月の 名 月に住む人

sélénium [selenjɔm] 男 〔化〕セレン，セレニウム〔原子番号34の元素〕

séléno- 接頭〔ギ ―〕「月」の意

sélénographie [selenɔgrafi] 女 月理学，月面地理学

sélénographique [selenɔgrafik] 形 月理学の

sélénologie [selenɔlɔʒi] 女 月学

self [sɛlf] 男 〈英〉〔話〕= self-service

self-control [sɛlfkɔ̃trol] 男 〈英〉自制

self-inductance [sɛlfɛ̃dyktɑ̃s] 女 〈英〉〔物〕自己インダクタンス

self-induction [sɛlfɛ̃dyksjɔ̃] 女 〈英〉自己誘導，電磁誘導

self-made-man [sɛlfmɛdman] 男 (複 ～-~-men [-mɛn])〈英〉独力で成功した人，立志伝中の人物

self-service [sɛlfsɛrvis] 男 〈英〉セルフサービスの店

selle [sɛl] 女 〔la ～〕〈英 saddle〉鞍(くら)；（自転車などの）サドル；〔美術〕（彫刻用の）回転式彫塑台 ▶ *être bien en selle* (地位をすっかり固めた *mettre ... en selle*（人が事業を始めるのを手助けしてやる *se remettre en selle* 立ち直る ②〔料〕（羊などの）鞍下肉 ③便器；〔複〕大便 ▶ *aller à la selle* 便所へ行く

seller [sele] 他 鞍(くら)を置く

sellerie [sɛlri] 女 馬具製造［販売］業；馬具一式，馬具置場

sellette [sɛlɛt] 女 〔昔の〕被告人尋問席；（彫刻用の）小型彫塑台；（ビルの外装工事に吊り下げられ ▶ *être sur la sellette* 被告席に座る；槍玉に上がる *mettre ... sur la sellette*（人を尋問する

sellier [selje] 男 馬具商

selon [s(ə)lɔ̃ スロン] 前 (英 according to) …に従って, …に応じて; (人の意見・情報など)によると; …の言うところでは ▶*C'est selon*. 《話》それは場合による *selon que* …であるかどうかによって

selve [selva, sɛlv] 女 [地理] セルバ 《特にアマゾンの熱帯雨林》

semailles [s(ə)mɑj] 女 《複》種まき; 種まきの時期

*****semaine** [s(ə)mɛn スメーヌ] 女 (英 week) ①週, 1週間; (催しなどの)週間; 週給, 一週間分の小遣い ▶*à la petite semaine* 先の見通しもなく, その場しのぎで *à la semaine* 週決めで 〖単位で〗 *de semaine* 週番の *semaine de trente-cinq heures* [la 〜] 週35時間労働制 ②週, ウイークデー; 就労日 ▶*en [pendant la] semaine* 平日に 〖7つのリングからなる指輪[ブレスレット]〗7つのもの

semainier(ère) [s(ə)menje, -er] 名 (教会や学校の)週番 — 男 ①週間スケジュール帳, 七曜表; 7日で引き出しのついたたんす ②7つのリングでできたブレスレット

sémanticien(ne) [semɑ̃tisjɛ̃, -ɛn] 名 [言] 意味論研究者

sémantique [semɑ̃tik] 女 [言] 意味論 — 形 意味の; 意味論の

sémaphore [semafɔr] 男 [鉄道] 腕木信号機; [海] (岸から船に信号を送る)信号所

sémaphorique [semafɔrik] 形 信号の

*****semblable** [sɑ̃blabl サンブラブル] 形 (英 similar) 同じような, 同様の; 似たような, 類似の; 〖目的語によく訳出〗 〖数〗相似の; 〖名詞の前で〗そんな, こんな —— 男 肩を並べる存在; [所有形容詞とともに] 同類, 仲間

semblablement [sɑ̃blabləmɑ̃] 副 同じように

semblant [sɑ̃blɑ̃] 男 見せかけ, 外観 ▶*faire semblant de* …のをするふりをする *ne faire semblant de rien* 何もないふりをする, とぼける *un semblant de* … 見せかけの…

*****sembler** [sɑ̃ble サンブレ] 自 (英 seem) (…のように)思われる, (いちしく)見える ▶*comme bon te semble* 好きなように *Il semble (à A) que* … (A(人)には)…であるように思われる

semé(e) [s(ə)me] 形 (＜semer) まいた, ちりばめた 〖de〗

sème [sɛm] 男 [言] 意味素

*****semelle** [s(ə)mɛl スメル] 女 (英 sole) 靴底; (靴の)底敷き; (アイロンの)滑走面; (アイロンの)底 ▶*C'est la semelle*. 〖話〗(焦げたりして)靴の底のように固い 〖肉のことをさして〗 *ne pas avancer d'une semelle* 一歩も進まない; 全然進歩しない *ne pas quitter … d'une semelle* (人)に付きまとう *semelles compensées* ウェッジヒールの靴

sémème [semɛm] 男 [言] 形態意味素

semence [s(ə)mɑ̃s] 女 ①種, 種子; 精液 ②因 ③鋲(びょう), 平鋲 ③▶*semence de diamants [perles]* (ちりばめる)粒のダイヤ[真珠]

*****semer** [s(ə)me スメ] 他 ①(英 sow) (種を)まく; まき散らす, ばらまく; (トラブルなどの)種をまく ▶*semer A de B* 〖文〗AにBをちりばめる［まき散らす〗 ②〖話〗(人を)厄介払いする; 〖スポーツ〗 (競争相手を)引き離す

semestre [s(ə)mɛstr スメストル] 男 (英 half year, semester) 半年, 半期; (2期制の)学期; 半年ごとに支払いの手当 [年金]

semestriel(le) [s(ə)mɛstrijɛl] 形 半年[半期]ごとの

semestriellement [səmɛstrijɛlmɑ̃] 副 半年[半期]ごとに

semeur(se) [s(ə)mœr, -øz] 名 種をまく人 ▶*semeur de trouble(s)* トラブルメーカー

semi- 接頭 (＜ラ) 「半分」「…に近い」の意

semi-automatique [səmiɔtɔmatik] 形 半自動(式)の; (銃が)セミオートマチックの

semi-auxiliaire [səmioksiljɛr] 形 [文法] 準助動詞 [aller, faire, pouvoir など不定詞に先行する動詞] (= *verbe* 〜)

semi-circulaire [səmisirkylɛr] 形 ▶*canaux semi-circulaires* [解] 三半規管

semi-conducteur(trice) [səmikɔ̃dyktœr, -tris] 形 男 [電] 半導体(の)

semi-conserve [səmikɔ̃sɛrv] 女 チルド食品

semi-consonne [səmikɔ̃sɔn] 女 [音声] 半子音

semi-fini(e) [səmifini] 形 ▶*produit semi-fini* = semi-produit

semi-liberté [səmilibɛrte] 女 ①(動物の)半野生状態 ②〖刑〗外出許可

sémillant(e) [semijɑ̃, -ɑ̃t] 形 〖文〗快活な, 活気のある

sémillon [semijɔ̃] 男 〖ワイン〗セミヨン 《ボルドー地方のブドウ品種; 甘口白ワインの原料》

semi-lunaire [səmilynɛr] 形 [解] 半月形[状]の

séminaire [seminɛr] 男 ①セミナー, ゼミ, 研究会 ②神学校

séminal(ale) [seminal] 形 (男複 -aux[-o]) 精液の, 精子の

séminariste [seminarist] 男 神学生

séminifère [seminifɛr] 形 [解] 精液を運ぶ

semi-nomade [səminɔmad] 形 半遊牧の —— 名 半遊牧民

séminome [seminom] 男 [医] 精上皮腫

sémiologie [semjɔlɔʒi] 囡 記号学; [医] 症候学

sémiologique [semjɔlɔʒik] 形 記号学の

sémioticien(ne) [semjɔtisjɛ̃, -ɛn] 名 記号学論者

sémiotique [semjɔtik] 形 記号論の

semi-ouvert(e) [səmiuvɛr, -ɛrt] 形 [数] 半開の

semi-ouvré(e) [səmiuvre] 形 半ばまで仕上がった

semi-perméable [səmipermeabl] 形 半透性の

semi-produit [səmiprɔdɥi] 男 半製品 [鉄鋼など, 原料から製品への途中段階で取引・貯蔵されるもの]

semi-public(que) [səmipyblik] 形 半官半民の

sémique [semik] 形 [言] 意味(素)の

semi-remorque [səmir(ə)mɔrk] 囡 セミトレーラー —— 男 セミトレーラー式連結車

semis [s(ə)mi] 男 ①種まき, 播種(はしゅ)法; 種のまかれた畑 ②苗, 苗木; 苗床 ③散らし模様

semi-submersible [səmisybmɛrsibl] 形 半潜水型の

sémite [semit] 形名 ①セム族(の) ②ユダヤ人(の)

sémitique [semitik] 形 セム(族)の, セム(諸)語の; ユダヤ人の —— 男 セム(諸)語 [アラビア語・ヘブライ語など]

sémitisme [semitism] 男 セム族の特性, セム文明の特徴; ユダヤ人気質

semi-voyelle [səmivwajɛl] 囡 [音声] 半母音

semnopithèque [sɛmnɔpitɛk] 男 [動] ハヌマンラングール [インドに住むオナガザル科のサル]

semoir [səmwar] 男 種袋, 播種(はしゅ)機

semonce [s(ə)mɔ̃s] 囡 ①調戒, 譴責(けんせき) ②[海] 不審船に対する国旗掲揚[停船]命令 ▶ **coup de semonce** 国旗掲揚[停船]を命じる威嚇射撃; 暴力警告

semoncer [s(ə)mɔ̃se] 他 52 [海] (不審船に)国旗掲揚[停船]を命じる

semoule [s(ə)mul] 囡 セモリナ [硬質小麦の粗粉でパスタなどの材料になる] ▶ **pédaler dans la semoule** [話] まごつく **sucre semoule** グラニュー糖

sempervirent(e) [sɛ̃pɛrvirɑ̃, -ɑ̃t] 形 (植物の)常緑の

sempiternel(le) [sɛ̃pitɛrnɛl] 形 果てしない, 長たらしい

sempiternellement [sɛ̃pitɛrnɛlmɑ̃] 副 つねに; 果てしなく

semtex [sɛmtɛks] 男 セムテックス [プラスチック爆薬]

***sénat** [sena セナ] 男 (英 senate) ① [le S-] 元老院 [フランスの上院]; 上院 ② [史] (ローマなど古代帝国の)元老院

***sénat|eur(trice)** [senatœr, -tris セナトゥール(リス)] 名 (英 senator) (フランスの)元老院議員; 上院議員

sénator|ial(ale) [senatɔrjal] 形 (男複 -aux [-o]) 元老院[上院]議員の

sénatus-consulte [senatyskɔ̃sylt] 男 [史] (古代ローマの)元老院令, (フランス第1・第2帝政下の)元老院決議

séné [sene] 男 [植・薬] センナ [葉とさやを下剤に用いる]

sénéchal [seneʃal] 男 (複 -aux [-o]) [史] (王侯の)家令; セネシャル [南仏の地方代官]

sénéchaussée [seneʃose] 囡 [史] セネシャルの管轄区域; セネシャル裁判所 [国王裁判所]

seneçon, sèneçon [sɛns̃ɔ] 男 [植] ノボロギク

Sénégal [senegal] ① セネガル [西アフリカの共和国] ② [le ~] セネガル川

sénégalais(e) [senegalɛ, -ɛz] 形 [S-] セネガルの(人)

sénégalisme [senegalism] 男 セネガルのフランス語法 [セネガル特有の表現や言い回し]

sénescence [senɛsɑ̃s] 囡 [生] 老衰

sénescent(e) [senɛsɑ̃, -ɑ̃t] 形 老衰した

senestre, sénestre [senɛstr] 形 ① [動] (貝が)左巻きの ② [紋] (盾を持つ人から見て)左側の ③ [古] 左の

senestrorsum, sénestrorsum [senɛstrɔrsɔm] 形 (不変) 左回りの, 左巻きの —— 副 左回りに, 左巻きに

senevé, sènevé [sɛnve] 男 [植] シロカラシ; ノハラガラシ ▶ **sénevé noir** クロカラシ

sénile [senil] 形 老人の, 老年の; [話] 耄碌(もうろく)した

sénilité [senilite] 囡 老化, 老人ぼけ

senior [senjɔr] 形名 (不変) (< 英) ① (スポーツ) シニアの(選手) [junior と vétéran の間で21-40歳くらい] ② 50歳以上の(人)

senne [sɛn] 囡 [漁] 引き網

senneur [sɛnœr] 男 [漁] 引き網漁船

sénonais(e) [senɔnɛ, -ɛz] 形名 [S-] サンスの(人)

Sens [sɑ̃s] サンス 【Yonne 県の町】

***sens** [sɑ̃s サンス] 男 ① (英 sense) 感覚, 知覚; (複) (les ~) 官能, 肉体的欲望 ▶ **cinq sens** 五感 **reprendre ses sens** 意識を取り戻す **sixième sens** [le ~] 第六感, 直感 ② 理解力, 認識力; センス; 判断力, 分別; 考え方, 観点 ▶ **à mon sens** 私の考えでは **avoir le sens de** …のセンスがある **bon sens** 良識, 分別 **sens commun** 常識 ③ (英 meaning) 意味, 存在理由, 意義 ▶ **au sens propre** [fi-

sens [sɑ̃s サンス] 男 語の本来の[比喩的な]意味で **au sens strict** [**large**] **du terme** 語の厳密な[広い]意味で **Ça n'a pas de sens.** そんなのは意味がない **en** [**dans**] **un sens** ある意味では **en ce sens que** …という点から見て **tomber sous le sens** 明白である, 当たり前である

*sens[2] [sɑ̃s サンス] 男 (= direction) 方向, 向き; 進行方向, 行く先;(事態の進む)方向, 動向; 方針; 流れ ▶ **à sens unique** 一方通行の **dans ce sens** この趣旨[方針]に沿って **dans le bon** [**mauvais**] **sens** まっすぐ[斜め]に; 正しい方向[逆方向]に **dans le sens de la longueur** [**largeur**] 縦[横]に **dans le sens de la marche** 進行方向に **dans le sens des aiguilles d'une montre** 時計回りに **dans tous les sens** あらゆる方向に, 四方八方に **en sens inverse** 反対方向に **sens dessus dessous** 上下逆に; ごった返して; 動転して **sens devant derrière** 前後逆に **sens giratoire** (ロータリーの)旋回方向 **sens interdit** 進入禁止(路) **sens obligatoire** 決められた通路

sens[3] [sɑ̃] ⇨ **sentir**

sensass, sensa [sɑ̃sa] 形 (不変)(話・古) すごい

*sensation [sɑ̃sasjɔ̃ サンサスィヨン] 女 ① (英 feeling) 感覚, 感じ, 気持ち; 印象 ▶ **avoir la sensation de** [**que**] …のような感じがする ② 興奮, センセーション; 大反響 ▶ **à sensation** 過激さが売りの, センセーショナルな **faire sensation** 大評判になる, 反響を巻き起こす

sensationnalisme [sɑ̃sasjɔnalism] 男 扇情主義, センセーショナリズム

*sensationnel(le) [sɑ̃sasjɔnɛl サンサスィヨネル] 形 (英 sensational) センセーショナルな, 世間を騒がせる;(話) すごい ― 男 センセーショナルな事

sensé(e) [sɑ̃se] 形 良識のある, もっともな, 理にかなった

sensément [sɑ̃semɑ̃] 副 (古) 分別をもって

senseur [sɑ̃sœr] 男 センサー, 探知器

sensibilisateur(trice) [sɑ̃sibilizatœr, -tris] 形 注意を喚起する;[写] 感光させる;[医] アレルギー反応を引き起こす

sensibilisation [sɑ̃sibilizasjɔ̃] 女 関心を持たせること, 世論の喚起;[医] 感作(かん)[抗原に対して過敏な状態にすること]

sensibiliser [sɑ̃sibilize] 他 (…について)関心を呼び覚ます(à, sur); [医] 感作(かん)する 代動 [**se** ~] (…に対して)敏感になる(à)

*sensibilité [sɑ̃sibilite サンスィビリテ] 女 感性, 感受性; 傾向; 過敏さ(à);感覚, 知覚能力;(計器の)感度;(フィルムの)感光度

*sensible [sɑ̃sibl サンスィブル] 形 ① (英 sensitive) 感じやすい, 感受性の強い; 敏感な; 影響されやすい, 情にもろい (à); 傷つきやすい, デリケートな, 注意が必要な; 一触即発の (計器などが) 感度の高い; [写] 感光性の ▶ **zone sensible** 暴動などの起きやすい地域 ② 感知できる; 目立つ, 顕著な ― 女 [楽] 導音 (= note ~)

sensiblement [sɑ̃sibləmɑ̃] 副 ① 目立って, めっきりと ② (話) ほとんど, ほぼ

sensiblerie [sɑ̃sibləri] 女 (軽蔑的) 感傷癖, センチメンタリズム

sensitif(ve) [sɑ̃sitif, -iv] 形 ① 感覚を伝える ② (文) 神経過敏な ― 名 (文) 神経過敏な人 ― 女 [植] ミモザ, オジギソウ

sensitomètre [sɑ̃sitɔmɛtr] 男 [写] 感光(度)計

sensitométrie [sɑ̃sitɔmetri] 女 [写] 感度測定

sensoriel(le) [sɑ̃sɔrjɛl] 形 [生理] 感覚の, 感覚器の

sensualisme [sɑ̃sɥalism] 男 [哲] 感覚論, 官能主義

sensualiste [sɑ̃sɥalist] 形 名 [哲] 感覚論者(の)

sensualité [sɑ̃sɥalite] 女 好色, エロティシズム; 官能性

*sensuel(le) [sɑ̃sɥɛl サンスュエル] 形 性愛の, 肉体的な; 官能的な, セクシーな; 享楽的な, 淫蕩(いんとう)な ― 名 快楽主義者; 好色家

sensuellement [sɑ̃sɥɛlmɑ̃] 副 官能的に

sente [sɑ̃t] 女 (文) 小道

sentence [sɑ̃tɑ̃s] 女 ① 判定; [法] 判決, 宣告 ② (文) 格言, 警句

sentencieusement [sɑ̃tɑ̃sjøzmɑ̃] 副 もったいぶって, 格言めかして

sentencieux(se) [sɑ̃tɑ̃sjø, -øz] 形 (軽蔑的) 仰々しい, 格言を好んで使う; (古) 格言調の

senteur [sɑ̃tœr] 女 (文) 芳香, 香気

senti(e) [sɑ̃ti] 形 (< **sentir**) [多くbien とともに] 真摯(しんし)な, 実感のこもった; 率直な

sentier [sɑ̃tje] 男 (英 path) 小道, 山道; (文) 険しい道 ▶ **sentiers battus** 無難な道, ありきたりのやり方

*sentiment [sɑ̃timɑ̃ サンティマン] 男 (英 feeling) 意識, 自覚; 印象, 感じ; 感情, 気持ち; (複) 情意, 愛情, 思いやり; (話) 感傷; 感覚, ヒンチ, (文) 意見, 見解 ▶ **avoir... au sentiment** / **prendre... par les sentiments** (話) (人の情に訴え) 手加減する **faire du sentiment** (話) 情熱にかぶれる **la** [**le**] **faire au sentiment** (話) 同情を買うとする **Veuillez agréer, Monsieur** [**Madame, Mademoiselle**]**, l'ex-**

pression de mes sentiments distingués [cordiaux, les meilleurs]. 〔手紙の末尾で〕敬具

sentimental(ale) [sɑ̃timɑ̃tal サンティマンタル] 形 (男複 -aux[-o]) ① 愛情の, 恋愛の, 感情の ② 感情に流されやすい；センチメンタルな, 涙もろい ― 名 多感な人, 感傷的な人

sentimentalement [sɑ̃timɑ̃talmɑ̃] 副 感傷的に；心情的に

sentimentalisme [sɑ̃timɑ̃talism] 男 感傷的傾向；センチメンタリズム

sentimentalité [sɑ̃timɑ̃talite] 女 多感な性質；感傷癖

sentine [sɑ̃tin] 女 〔海〕ビルジ【船底の汚水がたまる所】；〈文〉不潔でじめじめした場所

sentinelle [sɑ̃tinɛl] 女 見張り番；〔軍〕歩哨(しょう)

＊sentir [sɑ̃tiʀ サンティール] 他 48 (fe feel) 感じる, 気付く；[[〜 A +不定詞]] (A が…するのを感じる)；感じ取る, 察知する, わかる；匂いをかぐ；(…の)匂いがする, …くさい；(…を)思わせる；(…の)気配でいきする ▶**faire sentir A à B** B (人) に A をほのめかす〔わからせる〕 **Il sent de la bouche [des pieds].** 彼は口[足]がくさい **(le [la]) sentir passer ...** 〈話〉痛い[ひどい]目に遭う **ne pas pouvoir sentir ...** 〈話〉(人)が我慢ならない **ne pas sentir ...** 〈話〉…に気乗りがしない **ne pas sentir sa force** 力の加減を知らない **se faire sentir** 匂い・影響が表れる, 感じられる ― 自 匂う；悪臭がする ▶**sentir bon [mauvais]** いい〔いやな〕匂いがする ― 代動 [se 〜] [[属詞を伴って]] 自分が…だと感じる；[[不定詞を伴って]] 自分が…するのを感じる；[[名詞を伴って]] 自分に…があると感じる；▶**ne pas se sentir le courage de ...** …する勇気がない **ne plus se sentir (pisser)** 〈話〉得意の絶頂である；我を忘れる **se sentir bien [mal]** 気分がよい[悪い] **se sentir rajeunir** 若返る気がする

seoir [swaʀ] 自 68 【活用形は3人称単数・複数の直説法現在・半過去・単純未来と条件法・接続法現在のみ】似合う, ふさわしい (à) ▶**Il sied à A de ...** …するのは A (人) にふさわしい；A (人) は…するべきである

Séoul [seul] ソウル【韓国の首都】

sep [sɛp] 男 鋤(すき)の刃をはめる部分

sépale [sepal] 男 〔植〕萼(がく)片

séparable [separabl] 形 分離できる

séparateur(trice) [separatœʀ, -tʀis] 形 分離する ― 男 分離器, セパレータ

＊séparation [separasjɔ̃ セパラスィヨン] 女 (英 separation) 分けること, 分離；別れ, 別居；仕切るもの；境界 ▶**séparation de corps** 〔法〕〔協議による〕夫婦の別居 **séparation de l'Église et de l'État** 政教分離

＊séparatisme [separatism セパラティスム] 男 〔政〕分離〔独立〕主義

séparatiste [separatist] 形 分離〔独立〕主義の ― 名 分離〔独立〕主義者

＊séparé(e) [separe セパレ] 形 (< séparer) (…から)分離された, 別れた (de)；別個の, 異なる

séparément [separemɑ̃] 副 個別に；離れ離れに

＊séparer [separe セパレ] 他 (英 separate) 分ける, 分離させる；隔てる；区別する；(夫婦を)離れ離れにする, 別居させる；離反させる (de) ― 代動 [se 〜] (…と)別れる, 離別する；(…を)手放す (de)；分かれる, 離散する；解散する

sépharade [sefaʀad] 形 名 ＝ séfarade

sépia [sepja] 女 ①イカの墨 ② セピア【暗褐色の顔料】；セピアで描いた淡彩画

＊sept [sɛt セット] 形 〔不変〕(英 seven) 7人の, 7つの；7番目の ▶**Sept Merveilles du monde** [les 〜] 世界の七不思議 **sept péchés capitaux** [les 〜] 七つの大罪 ― 男 〔不変〕7, 7の数字；[le 〜] 7日；7番地

septain [sɛtɛ̃] 男 〔文学〕7行詩

septal(ale) [sɛptal] 形 (男複 -aux[-o]) 〔解〕隔膜の, 隔壁の

septante [sɛptɑ̃t] 形 〔不変〕(ベルギー・スイス) 70の

septantième [sɛptɑ̃tjɛm] 形 (ベルギー・スイス) 70番目の

＊septembre [sɛptɑ̃bʀ セプタンブル] 男 (英 September) 9月 ▶**en septembre / au mois de septembre** 9月に **massacres de septembre** 〔史〕9月の大虐殺【1792年9月にパリの牢獄で多数の王党派が虐殺された】

septembrisades [sɛptɑ̃bʀizad] 女 (複) ＝massacres de septembre

septennal(ale) [sɛptenal] 形 (男複 -aux[-o]) 7年ごとに行われる；7年周期[任]の

septennalité [sɛptenalite] 女 7年周期[任期]

septennat [sɛptena] 男 〔特にフランス大統領の〕7年間の任期【2002年より5年任期 quinquennat となった】

septentrion [sɛptɑ̃tʀijɔ̃] 男 〈文〉北

septentrional(ale) [sɛptɑ̃tʀijɔnal] 形 (男複 -aux[-o]) 北の

septicémie [sɛptisemi] 女 〔医〕敗血症

septicémique [sɛptisemik] 形 敗血症の

septicité [sɛptisite] 女 〔医〕腐敗性, 伝染性

＊septième [sɛtjɛm セティエム] 形 (英 seventh) 7番目の, 第7の ▶**être au septième ciel** 喜びの絶頂にいる **septième art** [le 〜] 第7芸術【映画のこと】 ― 名 第7番目の人［もの］ ― 男 7分の1；[le 〜] (パリの)7区

septièmement [setjɛmmɑ̃] 副 第7番目に

septum [sɛptɔm] 男(ラ)〔解〕隔膜, 隔壁

septuor [sɛptyɔr] 男〔楽〕7重奏(唱)曲; 7重奏団

septuple [sɛptypl] 形男 7倍の

septupler [sɛptyple] 他 7倍にする —— 自 7倍になる

sépulcral(ale) [sepylkral] 形(男複 -aux[-o])《文》墓から出てきたような; 死を思わす

sépulcre [sepylkr] 男《文》墓

sépulture [sepyltyr] 女 ① 墓所 ②《文》(正式な)埋葬

séquelle [sekɛl] 女 後遺症; 余波

séquençage [sekɑ̃saʒ] 男〔生化〕(DNA・タンパク質などの)解析, 配列決定 ▶séquençage du génome humain ヒトゲノムの解析

séquence [sekɑ̃s] 女 ひと続きのもの;〔トランプ〕シーケンス【3枚以上の続き札】;〔映〕シーケンス【幾つかのカットからなる一場面】;〔生化〕高分子化合物内の化学成分の配列【DNAの塩基配列やタンパク質のアミノ酸配列など】;〔情報〕シーケンス

séquenceur [sekɑ̃sœr] 男〔楽・情報〕シーケンサー;〔生化〕(DNAなどの)解析装置

séquentiel(le) [sekɑ̃sjɛl] 形 一連の; 逐次的な

séquestration [sekɛstrasjɔ̃] 女 (不法な)監禁, 幽閉

séquestre [sekɛstr] 男〔法〕(係争物の第三者への)供託; 管財人 ▶mettre... sous séquestre ... を供託[寄託]する

séquestrer [sekɛstre] 他 ① 閉じ込める, 不法に監禁する ②(係争物を)第三者に供託する

sequin [səkɛ̃] 男 ゼッキーノ金貨【かつてヴェネチアで鋳造された】

séquoia [sekɔja] 男〔植〕セコイア

sera [s(ə)ra] ⇒être

sérac [serak] 男〔地〕セラック【氷河が割れてできた氷塊】

serai [s(ə)re] ⇒être

sérail [seraj] 男(複 ~s)〔史〕(オスマントルコ)皇帝の宮殿,《文》閉鎖的な社会; 権謀術数渦巻く世界

serais, serait [s(ə)rɛ] ⇒être

séraphin [serafɛ̃] 男(くヘブライ)熾(し)天使, セラフィム【9階級のうち最上級の天使】

séraphique [serafik] 形 熾(し)天使の, セラフィムの;《文》天使のような

seras [s(ə)ra] ⇒être

serbe [sɛrb] 形 セルビアの —— 名 [S-] セルビア人 —— 男 セルビア語

Serbie [sɛrbi] 女 (ユーゴスラビアの)セルビア

serbo-croate [sɛrbokrɔat] 男 セルボクロアチア語

serein(e) [sərɛ̃, -ɛn] 形 落ち着いた, 心静かな; 晴れ晴れとした,《文》晴朗な

sereinement [sərɛnmɑ̃] 副 落ち着いて; 晴れやかな気持ちで

sérénade [serenad] 女 ①〔楽〕セレナード ②《話》ばか騒ぎ

sérénissime [serenisim] 形 いとも麗しき, 静謐なる【貴人・国に対する尊称】 ▶Sérénissime République [la ~] 静謐この上なき共和国【ヴェネチアの呼称】

sérénité [serenite] 女 平穏; 冷静

séreux(se) [serø, -øz] 形〔医〕漿(しょう)液性の; 血清の

serez [s(ə)re] ⇒être

serf(ve) [sɛrf(v), sɛrv] 形名〔史〕(封建時代の)農奴(の)

serfouette [sɛrfwɛt] 女〔農〕セルフェット【一方の端が鍬(くわ), 他方の端がフォークになった農具】

serfouir [sɛrfwir] 他 33〔農〕セルフェットで耕す

serge [sɛrʒ] 女〔織〕サージ

sergé [sɛrʒe] 男〔織〕サージ織り

sergent [sɛrʒɑ̃, -ɑ̃t] 名 (英 sergeant)〔軍〕(陸・空軍の)軍曹【下士官の中で一番下の階級】

sergent-chef [sɛrʒɑ̃ʃɛf] 男(複 ~s-~s)〔軍〕(陸・空軍の)曹長【sergentの上の階級】

serial [serjal], **sérial** [serjal] 男(複 ~s)(く英)〔連載ものの〕映画, ドラマ

sérialisme [serjalism] 男〔楽〕セリー技法

sérici- 接頭 ①(くラ)「絹」の意 ②(くラ)「蚕」の意

séricicole [serisikɔl] 形 養蚕に関する

sériciculteur(trice) [serisikyltœr, -tris] 名 養蚕家

sériciculture [serisikyltyr] 女 養蚕

séricigène [serisiʒɛn] 形〔生〕(虫・腺などが)絹を分泌する

***série** [seri] 女(英 series, set) ひと続き, 連続; 一揃い; シリーズ, セット; 叢(そう)書;〔数〕級数;〔電〕直列;〔化〕系列;〔楽〕セリー ▶une série (大量生産の規格品 (サイズや色はまざまあ)の)既製品; (カテゴリーの)組, 級; 《競》ランク; リーグ, カテゴリー, 部門 ▶de série 大量生産カテゴリーの ▶en série 量産方式で; 連続して ▶film de série B 駄作Bムービー ▶hors de série 特製の; 並外れた;(雑誌などが)臨時増刊の ▶par série 連続して; セットで ▶série noire セリー・ノワール【犯罪小説

sériel(le) 876 **serré(e)**

シリーズ];(映画の)犯罪[ミステリー]もの;不幸な出来事の連続 *série télévisée* テレビの連続ドラマ *toute une série de ...* ...一通りの...

sériel(le) [serjɛl] 形 [楽] セリー[系列]の

sérier [serje] 他 分類する, 区分する

*****sérieusement** [serjøzmɑ̃ セリユズマン] 副 ①(英 seriously) 本気で, 熱心に, 真剣に ②(病気などが)重く, ひどく

*****sérieux(se)** [serjø, -øz セリユー(ズ)] 形 (英 serious) ①まじめな; 勤勉な; 真剣な, 本気の; 堅実な, 信頼の置ける, あてになる; [[名詞の前]] 根拠のしっかりとした ▶ *faire sérieux* (行為・様子などが人を)まじめそうに見せる (*Si*) *pas sérieux* (交際相手の募集などで)冷やかしはお断り ②重大な, 深刻な; (本や映画が)重いテーマの ③[[名詞の前]] かなりの, 相当な, 莫大な ── 男 まじめさ, 真剣な態度; 手堅さ; (事態の)重大性 ▶ *garder son sérieux* 笑いをこらえる *perdre son sérieux* 笑ってはいけない時に笑ってしまう *prendre ... au sérieux* ...を真に受ける, 重大に考える;(人)を信頼する *se prendre au sérieux* 自分のことを過大評価する

seriez [sərje] ⇨*être*

sérigraphie [serigrafi] 囡 [印・美術] シルクスクリーン

serin [s(ə)rɛ̃] 男 [鳥] カナリア ── 形 (不変) カナリア色の ── 名 (女 *serine*[-in]) 《古・話》間抜け, お人よし

sérine [serin] 囡 [生化] セリン

seriner [s(ə)rine] 他 《話》(人に)何回も繰り返して言う

serinette [s(ə)rinɛt] 囡 (鳥に歌を教えるための)手回しオルガン

seringa(t) [s(ə)rɛ̃ga] 男 [植] バイカウツギ

seringue [s(ə)rɛ̃g] 囡 [医] 注射器; [園] 噴霧器

serions [sərjɔ̃] ⇨*être*

sérique [serik] 形 [医] 血清の

serment [sermɑ̃] 男 宣誓, 誓約; 固い約束 ▶ *faire le serment de* [*que*] ...することを誓う *prêter serment* 宣誓する *sous serment* 宣誓して

sermon [sermɔ̃] 男 [宗] 説教, お説教; 退屈な話

sermonnaire [sermɔnɛr] 男 [宗] 説教家;説教集

sermonner [sermɔne] 他 お説教する

séro- 接頭 〈ラ〉 [血清]の意

séroconversion [serokɔ̃vɛrsjɔ̃] 囡 [医] 血清転換 [血清中に抗体が出現すること]; 抗体転換; 《稀》抗原消失

sérodiagnostic [serodjagnɔstik] 男 [医] 血清診断

sérologie [serɔlɔʒi] 囡 血清学

sérologique [serɔlɔʒik] 形 血清学の

sérologiste [serɔlɔʒist] 名 血清学者

séronégatif(ve) [seronegatif, -iv] 形 名 血清診断で陰性反応の(人); (特に) エイズ検査で陰性反応の(人)

serons, **seront** [s(ə)rɔ̃] ⇨*être*

séropositif(ve) [seropozitif, -iv] 形 名 血清診断で陽性反応の(人); (特に) エイズ検査で陽性反応の(人); エイズに感染した人

séropositivité [seropozitivite] 囡 エイズに感染していること[事実]

sérosité [serozite] 囡 [生理] 漿(しょう)液

sérothérapie [seroterapi] 囡 [医] 血清療法

sérotonine [serɔtɔnin] 囡 [生化] セロトニン

sérovaccination [serovaksinasjɔ̃] 囡 [医] 血清接種

serpe [sɛrp] 囡 鉈鎌(なたがま)

serpent [sɛrpɑ̃ セルパン] 男 (英 snake) ① [動] ヘビ(蛇); 腹黒い人, 狡猾な人; (悪への)誘惑者 ▶ *serpent à sonnettes* ガラガラヘビ *serpent de mer* 伝説上の海獣; (記事が乏しい時の)新聞の埋め草; 周期的に蒸し返される話題

serpentaire [sɛrpɑ̃tɛr] 男 [鳥] カンムリワシ

serpenteau [sɛrpɑ̃to] 男 (複 ~*x*) 子供のヘビ; 蛇花火 [蛇行しながら上がる打上げ花火]

serpentement [sɛrpɑ̃tmɑ̃] 男 《文》(川などの)蛇行

serpenter [sɛrpɑ̃te] 自 蛇行する

serpentin(e) [sɛrpɑ̃tɛ̃, -in] 形 《文》ヘビのような ── 男 ①(色つきの)紙テープ ②(蒸留器の)らせん管

serpentine [sɛrpɑ̃tin] 囡 [鉱] 蛇紋石

serpette [sɛrpɛt] 囡 小型の鉈鎌(なたがま)

serpigineux(se) [sɛrpiʒinø, -øz] 形 (皮膚病が)蛇行状の

serpillière [sɛrpijɛr] 囡 床雑巾(ぞうきん)

serpolet [sɛrpɔlɛ] 男 [植] イブキジャコウソウ(属)

serrage [sera:ʒ] 男 (ネジなどを)締めること

serran [serɑ̃] 男 [魚] ヒメスズキ(属)

serranidés [seranide] 男 (複) [動] ハタ科

serre [sɛr] 囡 ①温室, ビニールハウス ▶ (*gaz à*) *effet de serre* 温室効果(ガス) ②(複) (猛禽類の) 爪 ▶ *tenir ... dans ses serres* (人)を捕える ③ (ブドウの)圧搾

*****serré(e)** [sere セレ] 形 (<*serrer*) 詰まった, ぎっしりの; 窮屈な; 密集した; (服などが)体にぴったりした, やきつい (*contre*); (結び目・ねじが)締まった; 無駄のない, 手堅い; (試合が)伯仲した, 接戦の; (予算などが)切り詰めた; (コーヒーなどが)濃い ▶ *arrivée serrée* ほぼ同時のゴール *avoir la gorge serrée* (緊張・興奮で)のどがつまる; (不安で)胸がしめつけられる

avoir le cœur serré (悲しみなどで)胸が締めつけられる **avoir un calendrier très serré** スケジュールがびっしりである **être serrés comme des sardines** 〖話〗すし詰めになっている **les lèvres serrées** 口をきっと結んで **les poings serrés** 拳(ゥとりを握りしめて **serré à la taille** (服などが)体にぴったりの — 副 後く, きっちりと ▶ **jouer serré** 手堅く試合(こと)を運ぶ

serre-file [sɛrfil] 男 〖軍〗押伍(た?)〖行軍の後尾監視役〗

serre-fils [sɛrfil] 男 (不変) 〖電〗(複数の電線を接続する)コネクタ

serre-joint [sɛrʒwɛ̃] 男 締め付け工具, クランプ

serre-livres [sɛrlivr] 男 (不変) 本立て, ブックエンド

serrement [sɛrmɑ̃] 男 握ること, 締めること; (胸などが)締めつけられること ▶ **serrement de cœur** 胸が張り裂けるような思い

serrer, serrent, serres [sere セレ] 他 ① 握りしめる, 抱きしめる; (身体の一部に)ぐっと力を入れる ▶ **serrer la main à [de]** (人)と握手する, (人)の手を握る ② 〖英 tighten〗締める; 束ねる, 縛る ③(服などが)締めつける, 窮屈だ; (感情が心を)締めつける ▶ **Ma jupe me serre à la taille.** スカートのウエストがきつくなった **serrer la vis à** (人)を厳しく扱う ▶ **serrer le kiki [cou] à…** 〖話〗(人)の首をしめる ▶ **serrer les dents** 歯を食いしばる **serrer les fesses** おじけづく **serrer les lèvres** 口をぎゅっと結ぶ ③ 間隔を詰める, 密集させる; (車などが)すれすれに寄る[通る], 追い詰める; かすめる ▶ **serrer de près** …を仔細に検討する; 間近に見ている, 言い寄る **serrer à droite [gauche]** 右[左]に寄る ④(価格・コストを)下げる, 切り詰める

— 代動 [se ~] 身をすり寄せる, (場所を空けるために)詰め合う ▶ **se serrer autour de** …のまわりに身を寄せ合う **se serrer la ceinture** 生活を切り詰める **se serrer la main** 握手する

serre-tête [sɛrtɛt] 男 (不変) ヘアバンド; (髪を包み込む)縁なし帽

serrette [sɛrɛt] 女 = sarrette

serriste [serist] 名 温室栽培農家

serrure [seryr セリュール] 女 〖英 lock〗 錠, 錠前 ▶ **trou de la serrure** 鍵穴

serrurerie [seryrri] 女 錠前製造(業)

serrurier [seryrje] 男 錠前屋, 鍵屋

sers, sert [sɛr] ⇒servir

sertir [sɛrtir] 他 33 ①(宝石を台座などに)はめ込む ②(金属板などの)はめ込み式の接合

sertissage [sertisaʒ] 男 ①(宝石の)はめ込み ②金属板などのはめ込み式の接合

sertisseur(se) [sertisœr, -øz] 名 宝石のはめ込み細工師 — 男 薬莢(誌う)製造具[台座との]爪

sertissure [sertisyr] 女 (宝石の台座へのはめ込み方; (台座の)爪

sérum [serɔm] 男 〈ラ〉〖生理〗血清(= ~ sanguin) ▶ **sérum de vérité** 自白剤 **sérum physiologique** 生理的食塩水

sérumalbumine [seromalbymin] 女 〖生化〗血清アルブミン

servage [sɛrvaʒ] 男 農奴の身分; 隷属

serval [sɛrval] 男 (複 -s) 〖動〗サーバル(キャット)

servant [sɛrvɑ̃] 形 (男性形のみ) (女性)に奉仕する ▶ **chevalier [cavalier] servant** 意中の婦人に尽くす中世の騎士; 女に尽くす男 — 男 ①(カト)(ミサの)侍者 ②〖軍〗(弾丸を装填する)砲兵

servante [sɛrvɑ̃t] 女 ①〖古・方〗女中, 下女 ②(劇場用の)ランプ

serve, servent, serves [sɛrv] ⇒ servir

serveur(se) [sɛrvœr, -øz セルヴール(ズ)] 名 ①〖英 waiter, waitress〗 ウエートレス, ウェーター; (家庭で臨時に雇う)給仕人 ②〖スポーツ〗サーバー; 〖トランプ〗ディーラー — 男 ①〖情報〗サーバー ②▶ **serveur vocal** 自動音声応答装置

servez, servi [sɛrvi] ⇒ servir

serviabilité [sɛrvjabilite] 女 世話好き

serviable [sɛrvjabl] 形 世話好きな

service [sɛrvis セルヴィス] 男 ①手助け, 手伝い; 世話; (客への)サービス, 給仕; サービス料, 〖軍〗〖経〗サービス業, 第3次産業 ▶ **au service de** …の役に立つ; …に奉仕する **rendre service à** (人)に役立つ **rendre un mauvais service à** (人)にありがた迷惑なことをする **service compris [non compris]** サービス料込みで[別で] ②勤務, 職務, 仕事; (国家に対する)義務, 奉仕, (特に)兵役(= ~ militaire); 〖宗〗お勤め, 儀式, 人に仕えること; (召使いの)奉公 ▶ **en service** 運航[営業]中である **entrer en service** 営業を開始する, 利用可能になる **être de service** 勤務中である **faire son service** 兵役を務める **hors (de) service** 使えない, 故障中の **pendant le service** 勤務中に **porte de service** 勝手口 ▶ 〖電気・水道・通信などの〗公共サービス機関〖業務〗; (企業, 役所・病院の)部局, 部, 課; (交通機関の)運行, 便; (機械の)使える状態, 運転; (定期切行物の)配布, 配達 ▶ **mettre ... en service** …を就航[運行]させる, 利用できるようにする **service après-vente** アフターサービス **service de presse** (マスコミや批評家への)寄贈本; 広報課[係] **service de renseigne-**

serviette [servjɛt セルヴィエト] 囡 (英 napkin, towel) ①(テーブル用)ナプキン (＝～ de table) ；タオル，手ぬぐい (＝～ de toilette) ▶ **serviette de bain** バスタオル **serviette hygiénique** 生理用ナプキン ②書類かばん，ブリーフケース

servile [sɛrvil] 形 ①奴隷根性の，卑屈な；創意のない，盲従的な ②《史》農奴の

servilement [sɛrvilmɑ̃] 副 卑屈に；盲従して

servilité [sɛrvilite] 囡 卑屈な態度；盲従

***servir** [sɛrvir セルヴィール] 他 69 ①(人の) 役に立つ (食事や飲物を出す，ふるまう)；取ってやる；(人に) 食事を出す，給仕する ▶ **Servir frais** (表示) 冷やしてお召し上がりください ②(商人が客の)応対をする；(食料品などを) 売る ③仕える，尽くす，奉仕する；(人の) 手助けをする，役に立つ ▶ **servir les intérêts de** (人の) 利益のために尽くす ④(トランプを) 配る；(スポーツ) (ボールを)サーブする ⑤(機械などが使える状態にしておく；(軍) (銃砲に)弾丸を装塡する

—— 自 ①(人の)役に立つ (à)；〔補語なしで〕使える，用をなす，(…するのに)役立つ，用いられる (à) ▶ **Ça [Cela] ne sert à rien de …** しても何にもならない **Je lui ai servi d'interprète.** 私は彼(女)の通訳を務めた **servir à A de B** A (人)にBの役目を果たす(代わりになる) ②兵役につく；召使として仕える ③トランプを配る；(スポーツ)サーブする

—— 〔代動 **se~**〕①(…を)使う，用いる，利用する (de) ②(料理を)自分で取る；(飲物を)手酌する；(商品を)自分で選ぶ ▶ **Servez-vous.** どうぞお取りください ③(いつも)店で買う，調達する (chez, dans) ④(食事・飲物が)出される，供される

serviteur [sɛrvitœr] 男 《文》奉仕者；《文・古》召使い ▶ **votre serviteur** (ふざけて)この私め

servitude [sɛrvityd] 囡 ①従属，隷属；《文》束縛，責務 ②《法》地役権

servo- [sɛrvo] 接頭 〈ラ〉「自動制御」「サーボ」「補助」の意

servocommande [sɛrvokɔmɑ̃d] 囡 サーボ制御(機構)

servofrein [sɛrvofrɛ̃] 男 (自動車の)サーボブレーキ

servomécanisme [sɛrvomekanism] 男 サーボ機構，自動制御装置

servomoteur [sɛrvomɔtœr] 男 サーボモーター

***ses** [se セ] 形 (所有) 《his, her, its》彼の，彼女の，その ⇨ **son**

sésame [sezam] 男 ①《植》ゴマ(胡麻) ②(望みをかなえるための)魔法の呪文，秘訣 「アラビアンナイトのSésame, ouvre-toi!(開け，ゴマ)」より

sésamoïde [sezamɔid] 形 ⇨ **os sésamoïde** [解] 種子骨

sesbania [sɛsbanja] 男, **sesbanie** [sɛsbani] 囡 《植》セスバニア，シロゴチカク

session [sesjɔ̃] 囡 (<英) (議会などの)会期；(法廷の)開廷期；(大学の)試験期間

sesterce [sɛstɛrs] 男 セステルティウス【古代ローマの貨幣】；セステルティウム【1000セステルティウスに相当する通貨単位】

set [sɛt] 男 (<英) ①(スポーツ)(テニス，バレーボールなどの)セット ②(集合体の)ランチョンマット (＝～ de table)

sétacé(e) [setase] 形 剛毛状の

Sète [sɛt] セート 【Hérault県の港湾都市】

setter [sɛter] 男 セッター犬

seuil [sœj スイユ] 男 ①敷居，戸口，入口；始まり，初期，端緒 ▶ **au seuil de la mort** 死の間際に ②限界(値)，限度，閾(き)，閾値；大台 ▶ **seuil de pauvreté** 貧困線【最低限度の生活を維持するのに必要な所得水準】 **seuil de rentabilité** [経] 収支(損益)分岐点

***seul(e)** [sœl スル] 形 (英 only) 唯一の，ただ(ひとり)の，ただ…だけの ▶ **à la seule fin de …** ただ…するために **comme un seul homme** 満場一致で；一斉に **du seul fait que …** という だけで **d'un seul coup (d'un seul)** 一挙に **une seule fois** たった一度 ②(英 alone) [名詞の後，属詞で]ひとりきりの，単独の；孤独な；[副詞的に]ひとりで，それだけで ▶ **seul à seul** 1対1で **seul au monde** 天涯孤独の **tout seul** 独力で，ひとりだけで；ひとりでに

—— 名 ひとり[ひとつ]だけ；[定冠詞と共に]唯一の人[もの]

***seulement** [sœlmɑ̃ スルマン] 副 (英 only) ①…だけ，もっぱら；たった，わずか；(時間の)やっと，たった今；まだ ▶ **ne pas seulement** …さえ…ない **non seulement A, mais (aussi encore) B** AだけではなくBもまた **sans seulement** …さえずに **Si seulement …** せめて…ならば ②[文の冒頭で対立・制限を導いて] ただし，でも **seulement voilà ...** (話) ただ…だ ③(話)［命令文で命令を強めて］とにかく，何はともあれ ④《スイス》［命令文の誇張表現に］…して下さい

seulet(te) [sœle, -et] 形 《古・ふざけて》ひとりぼっちの

sève [sɛv] 囡 ①樹液 ②《文》精気，

生命力

sévère [sevɛr セヴェール] 形 (英 severe) ①厳しい,厳重な;厳格な,容赦のない ②〔文〕堅苦しい,飾り気のない ③深刻な,重大な

sévèrement [sevɛrmɑ̃] 副 厳しく,厳重に;手ひどく

sévérité [severite] 女 厳しさ,厳格さ;〔文〕飾りのなさ,いかめしさ

sévices [sevis] 男〔複〕虐待 ▶ **exercer des sévices sur** (人)を虐待する **sévices sexuels** 性的虐待

sévillan(e) [sevijɑ̃, -an] 形名 [S-] セビリャの(人)

Séville [sevil] セビリャ〔スペイン南部の都市〕

sévir [sevir] 自③ ①(…に対して)厳しく罰する,弾圧する,厳重に取り締まる《contre》②〔伝染病などが〕猛威をふるう;〔悪弊が〕のさばる

sevrage [səvraʒ] 男 ①離乳(期) ②〔医〕(依存症治療で)酒や麻薬の禁断 ③〔園〕取り木の切り離し

sevrer [səvre] 他① ①離乳させる ②(依存症患者に)酒や麻薬を絶たせる ③〔園〕(取り木を)切り離す ④ ▶ **sevrer de A** (人)から A (楽しみなど)を取り上げる

Sèvres [sɛvr] セーヴル〔パリ西郊の町〕—— 男 [s-] セーヴル焼,セーヴル産の磁器

sévrienne [sevrijɛn] 女 女子高等師範学校の生徒〔卒業生〕〔かつてSèvresにあった〕

sex- 接頭 (<ラ)「6」の意

sexage [sɛksaʒ] 男 (ヒヨコの)雌雄鑑別

sexagénaire [sɛgzaʒenɛr] 形名 60歳(代)の(人)

sexagésimal(ale) [sɛgzaʒezimal] 形 (男複 -aux[-o]) 60進法の

sex-appeal [sɛksapil] 男 (<英)〔古〕セックスアピール,性的魅力

*__sexe__ [sɛks セクス] 男 (英 sex) ①性;性別 ②〔集合的〕男性,女性 ▶ **sexe fort [faible]** 男性〔女性〕 ③性器

sexisme [sɛksism] 男 性差別(特に)女性差別

sexiste [sɛksist] 形名 性差別をする(人)

sexologie [sɛksɔlɔʒi] 女 性科学

sexologue [sɛksɔlɔg] 名 性科学者

sex-ratio [sɛksrasjo] 女 (<英)〔生〕性比〔男女・雌雄の相対的割合〕

sex-shop [sɛksʃɔp] 男 (<英)ポルノショップ,アダルトショップ

sextant [sɛkstɑ̃] 男 〔天・空・海〕六分儀,〔数〕円の6分の1

sextuor [sɛkstyɔr] 男 6重奏団;6重奏(唱)曲

sextuple [sɛkstypl] 形名 6倍の

sextupler [sɛkstyple] 他 6倍にする —— 自 6倍になる

sexualisation [sɛksualizasjɔ̃] 女 性的意識を与えること

sexualiser [sɛksualize] 他 性的意味を与える

sexualité [sɛksualite] 女 性的欲求,性行動,性生活;セクシュアリティ;〔生〕性的特徴,性別

sexué(e) [sɛksue] 形 〔生〕有性の;両性の結合による ▶ **reproduction sexuée** 有性生殖

sexuel(le) [sɛksuɛl] 形 性の,生殖に関する;性的な

sexuellement [sɛksuɛlmɑ̃] 副 性的に ▶ **maladie sexuellement transmissible** 性行為感染症〔略 MST〕

sexy [sɛksi] 形 〔不変〕(<英)セクシーな

seyant(e) [sɛjɑ̃, -ɑ̃t] 形 よく似合う

Seychelles [sɛʃɛl] 女〔複〕セーシェル〔インド洋西部,セーシェル諸島からなる国〕

seychellois(e) [sɛʃɛlwa, -az] 形名 [S-] セーシェルの(人)

SF (略) science-fiction 〔話〕SF, サイエンスフィクション

sforzando [sfɔrtsɑ̃do, sfɔrdzɑ̃do] 副 (<イ)〔楽〕スフォルツァンド,特に強めて

sfumato [sfumato] 男 (<イ)〔美術〕スフマート【輪郭をぼかして描いて柔らかさを出す技法】

SGBD (略)(英 DBMS) système de gestion de base de données 〔情報〕データベース管理システム

SGDG (略) sans garantie du gouvernement (特許品について)政府の保証なし

SGML (略)(<英) standard generalized markup language 〔情報〕SGML【標準一般化マーク付け言語;コンピュータ間でデータをやり取りするための国際規約】

shah [ʃa] 男 = schah

shaker [ʃɛkœr] 男 (<英)(カクテル用)シェーカー

shakespearien(ne) [ʃɛkspirjɛ̃, -ɛn] 形 シェークスピア(Shakespeare)の,シェークスピア的な

shako [ʃako] 男 (<ハンガリー) シャコ【筒形で前立ての付いた昔の軍帽;現在は陸軍士官学校の制帽】

shampooing, shampoing [ʃɑ̃pwɛ̃] 男 (<英)シャンプー;髪を洗うこと ▶ **shampooing à moquette** カーペットクリーナー

shampouiner, shampooiner [ʃɑ̃pwine] 他 (人の髪を)シャンプーする —— 代動 [se ~] 自分の髪をシャンプーで洗う

shampouineur(se), shampooineur(se) [ʃɑ̃pwinœr, -øz] 名 美容院のシャンプー係 —— 女 (カーペット用)クリーナー

Shanghai [ʃɑ̃ŋhaj, ʃɑ̃gaj] シャンハイ

(上海)

shantung [ʃɑ̃tuŋ] 男【織】シャンタン, 山東絹【つむぎ風の平織り絹地】

shekel [ʃekel] 男 シェケル【イスラエルの通貨単位】

shérif [ʃerif] 男 ①(米国の)保安官 ②(英国の)州長官

sherpa [ʃɛrpa] 男 (ヒマラヤ地方の)シェルパ;〔話〕(首脳会議などをお膳立てする)大物政治家

sherry [ʃeri] 男 (<英) シェリー酒

shetland [ʃetlɑ̃d] 男 ①シェットランド【スコットランド産の毛織物】;シェットランド・セーター ②シェットランド・ポニー ③シェットランド・シープドッグ

shilling [ʃiliŋ] 男 (<英) シリング【英国の旧貨幣単位】

shilom [ʃilɔm] 男 (大麻吸引用の)漏斗(ろうと)状パイプ

shimmy [ʃimi] 男 (<英) (車の前輪の)横揺れ

shinto [ʃinto], **shintoïsme** [ʃintoism] 男 (<日) 神道

shintoïste [ʃintɔist] 形名 (<日) 神道(の信者)

shipchandler [ʃipʃɑ̃dlœr] 男 (<英) 船具商

shit [ʃit] 男 (<英)《話》ハシシ,大麻

shocking [ʃɔkiŋ] 形 (不変) (<英)《古・ふざけて》ショッキングな

shogun, shogoun [ʃɔgun] 男 (<日) 将軍

shoot [ʃut] 男 (<英) ①(サッカーの)シュート ②〔話〕麻薬の注射

shooter [ʃute] 男 (<英) (サッカーの)シューターをする ―― 代動 [se ~] 〔話〕(自分に)麻薬を打つ;(…の)中毒者である (à)

shop(p)ing [ʃɔpiŋ] 男 (<英) ショッピング,買物 ▶ faire du shopping 買物をする

short [ʃɔrt] 男 (<英) ショートパンツ

show [ʃo] 男 (<英) ショー,バラエティーショー;(政治家の)パフォーマンス

show-business [ʃobizneṣ], **showbiz** [ʃobiz] 男 (不変) (<英) ショービジネス

show-room [ʃorum] 男 (<英) ショールーム

shrapnel(l) [ʃrapnɛl] 男 (<英)〔軍〕榴(りゅう)散弾

shunt [ʃœ̃t] 男 (<英)〔電〕分流器;〔医〕短絡

shuntage [ʃœ̃taʒ] 男〔電〕分流器の取りつけ

shunter [ʃœ̃te] 男〔電〕(回路などに)分流器をつける

*si¹ [si] 接 [il, ils の前では s' となる](英 if) ①〔仮定〕もし…なら;〔譲歩〕…ではあるが;〔対立〕…であるにしても;〔非現実的仮定〕仮に…だとすれば […だったとすれば] ▶ si…, c'est que …なのは…だからだ si ce n'est 〔…でない〕

ならば;…を別にして si j'étais riche もし私が金持ちだったら si oui もしそうなら si possible もし可能なら,できれば si seulement …でさえあるならば,せめてこと なら 《提案》…したらどう? ▶ Si tu lui téléphonais? 彼に電話してみたら? ②〔間接疑問節を導いて〕…かどうか,どうか,と ▶ J'ignore s'il viendra. 私は彼が来るかどうかを知らない
―― 男 (不変) 「もし」,仮定

*si² [si] (英 yes) 〔否定の疑問に対する肯定の答え〕いいえ;〔相手の否定の発言に対して〕いや,そんなことはない ▶ Tu n'y vas pas? - Si [Mais si!] 行かない? - いや行くよもちろん行くよ

*si³ [si] 副 (英 so) ①それほど,そんなに;とても ▶ Elle est si jolie! 彼女は本当にかわいい ②〔譲歩〕どんなに(…でも) ▶ si bête soit-il 彼がどんなに馬鹿でも ③―― 接 …そう,そうい うわけで… ▶ Il n'est pas si timide que tu crois. 彼は君が思うほど内気ではない si…que… とても…なので ④〔否定詞とともに〕…ほど…ではない ⑤ ▶ si…que… + 接続法〔譲歩〕どんなに…でも si peu que ce soit どれほど少なくても

si⁴ [si] 男 (不変)〔楽〕(音階の)シ,ロ

sialagogue [sjalagɔg] 形〔医〕唾液分泌を促す ―― 男 唾液分泌剤

Siam [sjam] シャム【タイ王国の旧称】

siamois(e) [sjamwa, -az] 形 [S-] シャムの(人) ▶ chat ~ シャム猫(= chat ~) ▶ frères siamois, sœurs siamoises シャム双生児; 非常に仲のよい兄弟[友達]

Sibérie [siberi] 女 シベリア

sibérien(ne) [siberjɛ̃, -ɛn] 形 [S-] シベリアの(人) ▶ froid sibérien 厳しい寒さ

sibilant(e) [sibilɑ̃, -ɑ̃t] 形〔医〕空気の漏れるような音を出す,歯擦音の

sibylle [sibil] 女 (古代ギリシア・ローマの)巫女(ふじょ);女予言者

sibyllin(e) [sibil(l)ɛ̃, -in] 形 巫女(ふじょ)の,ぴそうの;謎めいた,難解な

sic [sik] 副 (<ラ) 原文のまま〔引用文の後などにカッコ内に入れて示す〕

sicaire [siker] 男〔文・古〕刺客

sicav [sikav] 女 (不変)〔略〕société d'investissement à capital variable 投資信託(会社)

siccatif(ve) [sikatif, -iv] 形 (塗料・インクなどを)乾燥させる ―― 男 乾燥剤

siccité [siksite] 女 乾燥状態

Sicile [sisil] 女 シチリア(島)

sicilien(ne) [sisiljɛ̃, -ɛn] 形 [S-] シチリア(島)の(人) ―― 男 シチリア方言 ―― 女 シチリアーナ舞踏曲)

sida [sida] 男 (<英 AIDS)〔略〕syndrome immunodéficitaire acquis エイズ,後天性免疫不全症候群

sidatique [sidatik], **sidaïque** [sidaik] 形 = sidéen

side-car [sidkar, sajdkar] 男 《〈英〉サイドカー

sidéen(ne) [sideɛ̃, -ɛn] 形 名 エイズに感染した人

sidéral(ale) [sideral] 形 (男複 -aux [-o]) 〖天〗恒星の

sidérant(e) [siderɑ̃, -ɑ̃t] 形 《話》あ然とさせる

sidération [siderasjɔ̃] 女 〖医〗急激な発作

sidéré(e) [sidere] 形 呆気にとられた

sidérer [sidere] 他 57 ①急激な発作を起こさせる ②《話》あ然とさせる，仰天させる

sidér(o)- 接頭 《〈ギ〉「鉄」の意

sidérolit(h)ique [siderɔlitik] 形 〖地〗鉄鋼を豊富に含む

sidérose [sideroz] 女 〖医〗鉄沈着症

sidérostat [siderɔsta] 男 〖天〗シデロスタット《天体からの光を常に一定の方向へ導く装置》

sidérurgie [sideryrʒi] 女 鉄鋼業；製鉄業

sidérurgique [sideryrʒik] 形 鉄鋼業の，製鉄の

sidérurgiste [sideryrʒist] 名 製鉄業者；製鉄工

sidi [sidi] 男 《古・軽蔑的》《フランスに住む》マグレブ人

sidologie [sidɔlɔʒi] 女 エイズ治療学

sidologue [sidɔlɔg] 名 エイズ専門医

*__siècle__ [sjɛkl] スィエクル 男 ①《〈英〉century》世紀，100年；時代；当代；《複》《話》長い年月 ► au troisième siècle avant J.C. 紀元前3世紀に ► au siècle dernier [passé] 前世紀に，19世紀に ② du siècle 《話》世紀の，最高の ③〖宗〗俗世界，浮世

sied, **siée**, **siéent** [sje] ⇒seoir

siège [sjɛʒ] スィエージュ 男 ①《〈英〉seat》腰掛け，いす；座席 ► siège avant [arrière] 前部[後部]座席 ► siège éjectable 《ジェット機などの》射出座席 ②議席；（教皇・司教の）座 ③《〈英〉headquarters》（企業・団体などの）本拠；機関の所在地；《文》（思考や感覚の）中枢，中心部；源 ► siège social 本社 ④（都市などの）包囲（網）；攻囲 ► état de siège 戒厳令 ► lever le siège 包囲を解く ⑤尻，腰

siéger [sjeʒe] 自 40 57 ①（…の）座につく；（党議員が）議席を占める；（法官が）現職にある（à, dans） ②（会議・裁判が開かれる（企業・機関が）本部を置く，駐在する ③（病根・問題などが）宿る，存在する

siemens [simens, sjɛmɛs] 男 〖電〗ジーメンス《コンダクタンスの単位》

*__sien(ne)__ [sjɛ̃, -ɛn] スィヤン[エンヌ] 代《所有》《〈英〉his, hers, its》《定冠詞とともに》彼（女）のもの，自分のもの —— 名 《複》自分の家族；仲間，身内の者；《古》自分の持ち物［財産］ ► y mettre du sien 貢献する，犠牲を払う —— 女 ► faire des siennes 《話》いつものへまをやらかす；困ったことになる
—— 形 《古・文》彼（女）の，その

sierra [sjera] 女 《〈スペ〉》山脈

Sierra Leone [sjeraleone] 女 シエラ・レオーネ《西アフリカの共和国》

sieste [sjɛst] 女 《〈スペ〉》昼食後の休息；昼寝

sieur [sjœr] 男 〖法〗…氏；《話・軽蔑的》…といういう男

sievert [sivert] 男 〖物〗シーベルト《放射線の等価線量の単位；略 Sv》

sifflant(e) [siflɑ̃, -ɑ̃t] 形 《音》口笛を吹くような，ヒューヒュー［シューシュー］いう —— 女 〖言〗歯擦音

*__sifflement__ [sifləmɑ̃ スィフルマン] 男 《〈英〉whistling》口笛，ホイッスル；汽笛；（風などの）うなり；（鳥の）鋭い鳴き声；（ラジオの）ピーという雑音 ► sifflement d'oreilles 耳鳴り

siffler [sifle] 自 《〈英〉whistle》①口笛［ホイッスル］を吹く，汽笛を鳴らす；（鳥が）鋭く鳴く；（へびが）シュッという音を出す；風が鳴る；うなりをあげて飛ぶ；（ガス・水蒸気などが）シューシューと音を立てる —— 他 ①（メロディーを）口笛で吹く；口笛で呼ぶ；（芝居やスポーツ観戦で）口笛でやじる；（スポーツ）ホイッスルで合図する ②（一気に）飲み干す

sifflet [siflɛ] 男 ①ホイッスル，呼び子；汽笛，警笛；《複》口笛によるブーイング；《話》のど笛，のど ► coup de sifflet ホイッスルの音 ► couper le sifflet à （人）の話をさえぎる；話を妨害する en sifflet 斜めに

siffleur(se) [siflœr, -øz] 形 口笛を吹く；（鳥が）ピーピー鳴く —— 名 口笛でやじる人

sifflotement [siflɔtmɑ̃] 男 軽く口笛を吹くこと

siffloter [siflɔte] 自 軽く口笛を吹く —— 他 （メロディーを）軽く口笛で吹く

sigillaire [siʒilɛr] 形 印章のついた

sigill(o) [siʒi(l)lo] 印が押しる，印章模様のついた

sigillographie [siʒi(l)lɔgrafi] 女 印章学

sigisbée [siʒizbe] 男 《〈イ〉文》（女性のエスコート役の）騎士；（皮肉的）女にしいう男

siglaison [siglɛzɔ̃] 女 頭文字による略称化

sigle [sigl] 男 （頭文字による）略号；頭字語

siglé(e) [sigle] 形 （服・バッグなどに）ブランドの略号［頭文字］をあしらった

sigma [sigma] 男 《〈ギ〉》シグマ【Σ, σ；ギリシャ文字の第18字》

sigmoïde [sigmɔid] 形 〖解〗（湾曲部が）シグマ[Σ]形の，S字形の —— 女 S状結腸

***signal** [siɲal スィニャル] 男 (複 -aux [-o]) (英 signal) 合図, サイン; しるし, きざし; きっかけ; 信号(機), 標識 ▶ *donner le signal de* …の合図をする; 口火を切る *signal d'alarme* 警報 *signal de détresse* 遭難信号

signalé(e) [siɲale] 形 (< signaler) (文) 顕著な, 格段の

signalement [siɲalmɑ̃] 男 (たずね人・迷い犬などの) 身体的特徴, 人相書き

***signaler** [siɲale スィニャレ] 他 (英 signal) (信号・標識などで) 合図する, 知らせる; (英 point out) 指摘する, 注意を促す; 知らせる; 通報する ▶ *Rien à signaler* (掲示) 特記事項なし; 異常なし ── 代動 [se ~] (…で) 注目される, 異彩を放つ (par)

signalétique [siɲaletik] 形 特徴を記載した

signaleur [siɲalœr] 男 信号手; 信号兵

signalisation [siɲalizasjɔ̃] 女 信号 [標識] の設置; 信号 [標識] ▶ *signalisation routière* 道路標識

signaliser [siɲalize] 他 信号 [標識] を設置する

signataire [siɲatɛr] 名 署名者, 調印者

***signature** [siɲatyr スィニャテュール] 女 署名, サイン; 署名すること; 調印

***signe** [siɲ スィニュ] 男 (英 sign) しるし, 兆候; 特徴; 合図, サイン; 身振り, ジェスチャー; 記号; 目印, マーク; (ホロスコープの)星座 ▶ *C'est signe de [que]...* …のしるしだ *en signe de*…のしるしに *faire signe à A (de …)* A(人)に(…するように) 合図する *langage des signes* 手話 ▶ *ne pas donner signe de vie* 音沙汰ない *signes du zodiaque* 黄道十二宮 *sous le signe de* …の星の下に; …の雰囲気の中で

***signer** [siɲe スィニェ] 他 (英 sign) (署名 [サイン] する, 調印する; (作品などに)署名を入れる; (作品などを) 発表する ▶ *C'est signé*. 誰の仕業か一目でわかる ── 代動 [se ~] 十字を切る

signet [siɲɛ] 男 (本の) スピンとじお紐); しおり; 〔情報〕 ブックマーク

significatif(ve) [siɲifikatif, -iv] 形 ①(文) 深い意味をもつ ②(言) 有意の, 意味(意図)のはっきりとした, (…を)端宁に物語る (de)

signification [siɲifikasjɔ̃] 女 ①意味; (言葉や記号の) 意味するところ, 意義; (言) 意味作用 ②(法) (判決などの) 通達

significativement [siɲifikativmɑ̃] 副 はっきりしたやり方で, 明白に; 意味あり気に

signifié [siɲifje] 男 (言) シニフィエ, 記号内容

***signifier** [siɲifje スィニフィエ] 他 ①(英 signify) 意味する; 示す; 物語る ②(意志などを) はっきり表明する, 通告する (法) 通達する

sikh(e) [sik] 形 シーク教の ── 名 シーク教徒

sikhisme [sikism] 男 シーク教

s'il [sil] ⇨ si

silane [silan] 男 (化) シラン【水素化ケイ素】

silence [silɑ̃s スィランス] 男 沈黙, 無言; 黙秘; 言わないこと, 静寂, 静けさ; (楽) 休止(符) ▶ *en silence* 黙って; ひそかに *passer ... sous silence* …について話すのを避ける *réduire ... au silence* …を黙らせる, 反論を封じる

silencieusement [silɑ̃sjøzmɑ̃] 副 沈黙のうちに; 音もなく, 静かに

***silencieux(se)** [silɑ̃sjø, -øz スィランスィユー, ユーズ] 形 (英 silent) 無口な, 無言の; 静かな, 音(声)を立てない ── 男 (エンジン・銃の) 消音器, マフラー

silène [silɛn] 男 ナデシコ科

silex [silɛks] 男 (ラ) 燧(ひうち)石, 火打ち石

silhouette [silwɛt] 女 シルエット; (くっきり浮かび上がる) 姿, 輪郭; 体つき, ボディーライン

silhouetter [silwɛte] 他 輪郭を描く, シルエットに映し出す ── 代動 [se ~] 形がくっきり浮かび上がる

silicagel [silikaʒɛl] 男 シリカゲル

silicate [silikat] 男 (化) ケイ酸塩

silicaté(e) [silikate] 形 (化) (石が) ケイ酸塩を含む

silice [silis] 女 (化) 二酸化ケイ素, シリカ ▶ *gel de silice* シリカゲル

siliceux(se) [silisø, -øz] 形 (化) 二酸化ケイ素の

silicium [silisjɔm] 男 (化) ケイ素

siliciure [silisjyr] 男 (化) ケイ化物【ケイ素と金属元素の化合物】

silicone [silikon] 女 (化) シリコン

silicose [silikoz] 女 (医) ケイ肺症

silicotique [silikotik] 形 ケイ肺症の ── 名 ケイ肺症患者

silique [silik] 女 (植) 長角果【アブラナなど】

sillage [sijaʒ] 男 航跡; (物) 後流, 伴流 ▶ *dans le sillage de* (人) のやり方にならって *sillage d'un parfum* 香水の残り香

sillet [sije] 男 (楽) (弦楽器の) 糸受け, 上駒(ごま)【指板上端の弦を浮かせる枕】

sillimanite [silimanit] 女 (鉱) シリマナイト, ケイ線岩

sillon [sijɔ̃] 男 畝(うね)溝; (複) (詩) 田畑; 筋, ひだ; (レコードの) 溝

sillonner [sijone] 他 畝をつける, 線を刻む; (道などが) 縦横に走る; 隅から隅まで通る

silo [silo] 男 (くス) ①(農) サイロ, 貯蔵庫 ②(軍) (ミサイルの) 地下格納庫

silotage [silɔtaʒ] 男 サイロに貯蔵すること

silphe [silf] 男〔動〕シデムシ

silure [silyr] 男〔魚〕ナマズ(鯰)

silurien(ne) [silyrjɛ̃, -ɛn] 形 男〔地〕シルル紀の

sima [sima] 男〔地〕シマ【ケイ素とマグネシウムを豊富に含む地殻下部層】

simagrée [simagre] 女 見せかけ, もったいぶること

simarre [simar] 女 (法官・聖職者などの)長衣

simien(ne) [simjɛ̃, -ɛn] 形 サルの ― 男 (複)〔動〕真猿亜目

simiesque [simjɛsk] 形 サルのような, サルっぽい

similaire [similɛr] 形 類似した, 同種の

similarité [similarite] 女 類似性

simili[1] [simili] 男 ① 模造品, まがいもの ②(絹の光沢を出す)シルケット[マーセライズ]加工の木綿

simili[2] [simili] 男 = similigravure

simili(i)- 接頭 〈(ラ) 模倣」「類似」の意

similicuir [similikyir] 男 人工皮革

similigravure [similigravyr] 女〔印〕網点版(ハーフトン)印刷

similisage [similizaʒ] 男 シルケット[マーセライズ]加工

similiser [similize] 他 (木綿を)シルケット[マーセライズ]加工する

similitude [similityd] 女 類似;〔数〕相似

simoniaque [simɔnjak] 形〔カト〕〔文〕聖物[聖職]売買の罪のある

simonie [simɔni] 女〔カト〕聖物[聖職]の売買

simoun [simun] 男 シムーン【砂漠地帯の乾いた熱風】

***simple** [sɛ̃pl] 形 単純な, 簡単な, やさしい; 素朴な, 気取らない; 質素な;(性格の)単純な, 短絡的な; 愚直な, めでたい;[名詞の前] 単なる, ただの, 一介の; 単一の, 一重の;〔化〕単体の ▶ **pur et simple** まったくの, 純然たる ▶ **rester simple** おごらない ▶ **simple comme bonjour** わかりきった ▶ **simple d'esprit** 知恵おくれの ― 男 ① 単純な人, 愚かな人; 質素[素朴]な人 ②〔草〕 ①(テニス・卓球の)シングルス ②(複)薬草

***simplement** [sɛ̃pləmɑ̃] 副 ①(英 simply) 単純に, わかりやすく, 率直に; 質素に ② ただ単に; あっさりと ▶ **tout simplement** ただ単に, 全くもって

simplet(te) [sɛ̃plɛ, -ɛt] 形 単純すぎる; めでたい

simplexe [sɛ̃plɛks] 男〔数〕単体

***simplicité** [sɛ̃plisite] 女 サンプリシテ〈基 simplicity〉単純さ, 単一性; 分かりやすさ, 素朴さ, 率直; 質素;〔文〕愚かさ, 馬鹿正直 ▶ **d'une grande sim-**

plicité とても簡単な ▶ **en toute simplicité** 肩肘張らずに; ごく率直に

simplifiable [sɛ̃plifjabl] 形 単純化できる;〔数〕約分可能

simplificateur(trice) [sɛ̃plifikatœr, -tris] 形 単純化[簡略化]する;(人が)単純化しがちな

simplification [sɛ̃plifikasjɔ̃] 女 単純化, 簡易化;〔数〕約分

simplifié(e) [sɛ̃plifje] 形 (< simplifier) 単純化された; 簡易な

***simplifier** [sɛ̃plifje] サンプリフィエ 他 〈英 simplify〉単純化する, 簡易化する; 〖目的語なしで〗分かりやすく[一言で]言う

simplisme [sɛ̃plism] 男 不当な[過度の]単純化

simpliste [sɛ̃plist] 形 名 単純化しすぎる(人), 一面しか見ない(人)

simulacre [simylakr] 男 ① 〔文〕 見せかけの, まやかし ② 模造品

simulateur(trice) [simylatœr, -tris] 名 ふりをする人; 仮病を使う人 ― 男 シミュレーター, 模擬実験[訓練]装置 ▶ **simulateur de conduite [vol]** 運転[フライト]シミュレーター

simulation [simylasjɔ̃] 女 ふりをすること, 偽装;〔法〕仮装行為; シミュレーション, 模擬実験

simulé(e) [simyle] 形 (< simuler) 見せかけの

simuler [simyle] 他 (…のように)見せかける, 装う;〔法〕仮装する; シミュレーションを行う

simulie [simyli] 女〔虫〕ブユ, ブヨ, ブト

simultané(e) [simyltane] 形 同時の, 同時に起こる

simultanéisme [simyltaneism] 男 〔文学〕同時話法;〔文学〕同時主義【詩の一派】

simultanéité [simyltaneite] 女 同時性

simultanément [simyltanemɑ̃] 副 同時に

Sinaï [sinai] シナイ半島 ▶ **mont Sinaï** [le ~] 〔聖〕シナイ山【モーゼが十戒を授けられたと伝えられる山】

sinanthrope [sinɑ̃trɔp] 男〔人類〕北京原人

sinapisé(e) [sinapize] 形 ▶ **bain sinapisé**〔医〕芥子泥(がらし)を入れた温浴

sinapisme [sinapism] 男〔医〕芥子泥(がらし)(療法)

***sincère** [sɛ̃sɛr] サンセール 形 ①〈英 sincere〉誠実な, 率直な, 本心からの;(手紙の結びの文句で)心からの ▶ **mes sincères salutations** 敬具 ② 真の, 正真正銘の

sincèrement [sɛ̃sɛrmɑ̃] 副 心から, 誠意をもって;『文面で』率直に言って ▶ **sincèrement vôtre** 敬具

***sincérité** [sɛ̃serite] サンセリテ 女 率直さ, 誠意; 公正さ ▶ **en toute sin-**

sincérité 率直にいって

sinécure [sinekyr] 囡 給料がよくて楽な仕事 [名誉職や顧問など] ▸*Ce n'est pas une sinécure.* 《話》楽じゃない

sine die [sinedje] 副 《ラ》《政》無期限に

sine qua non [sinekwanɔn] 形 《ラ》必要不可欠の

singalette [sɛ̃galɛt] 囡 《織》サンガレット [型紙用の綿モスリン]

Singapour [sɛ̃gapur] シンガポール

singapourien(ne) [sɛ̃gapurjɛ̃, -ɛn] 形 名 [S-] シンガポールの (人)

***singe** [sɛ̃ʒ] サンジュ 男 ①《英 monkey, ape》《動》サル(類); 雄ザル ▸*faire le singe.* おどけてみせる *payer en monnaie de singe* うまいことを言って金を返さない(払わない) ②他人のまねをする人; ずるい人 ③醜い人 ④《俗》ボス, 親分 ⑤《俗》《軍隊で》コーンビーフ

singer [sɛ̃ʒe] 他 40 サルまねをする, まねをしてからかう; ふりをする

singerie [sɛ̃ʒri] 囡 ①(おどけた)しかめ面, 滑稽な身ぶり ②サルまね

single [siŋgɛl] 男 《英》(CD・レコードの)シングル盤; (ホテルの)シングル; (寝台車の)個室

singleton [sɛ̃glətɔ̃] 男 《英》①(ブリッジなどで)1枚札, シングルトン ②[数] 単集合

singulariser [sɛ̃gylarize] 他 (奇抜さで)目立たせる ━ 代動 [se ~] 奇をてらう, 目立とうとする (par)

singularité [sɛ̃gylarite] 囡 奇抜さ, 型破り; 奇矯な言行

***singulier(ère)** [sɛ̃gylje, -ɛr] サンギュリエ(-ル)ル 形 《英 singular》①一風変わった, 奇抜な, 突飛な《文》特異な, 独特の ②単独の; [文法] 単数の ━ 男 [文法] 単数 ▸*deuxième personne du singulier* 2人称単数 *combat singulier* 一騎打ち

singulièrement [sɛ̃gyljɛrmɑ̃] 副 ①きわめて, とても; 特に ②《文》奇妙に, おかしな風に

sinisation [sinizasjɔ̃] 囡 中国化

siniser [sinize] 他 中国化する; 中国風にする

sinistre¹ [sinistr] 形 ①不吉な, 気味の悪い; 陰鬱な, もの悲しい ②《文》悪意に満ちた, 陰険な ③[名詞の前に]ひどい, あきれ果てた

sinistre² [sinistr] 男 災害, 惨事; (保険の対象となる)損害, 被害

sinistré(e) [sinistre] 形 災害に襲われた, 罹災(りさい)した ━ 名 被災者

sinistrement [sinistrəmɑ̃] 副 不吉にも

sinistrose [sinistroz] 囡 (集団の)極端なペシミズム; [精医] 賠償神経症; 詐(さ)病, 虚偽性障害

sinité [sinite] 囡 中国文明の特色

sino- [接頭] 《ラ》「中国の」の意

sinologie [sinɔlɔʒi] 囡 中国研究, 中国学

sinologue [sinɔlɔg] 名 中国研究家, 中国学者

***sinon** [sinɔ̃] スィノン 接 ①《英 otherwise, if not》そうしないと, さもなければ ②[疑問否定文の後で]…別にして, …以外に…でないならば ▸*Je ne sais pas grand-chose, sinon* という以外はよくからない ③(譲歩)…でないにしても; (断定を和らげて)…でさえあるかもしれない ▸*sinon pour le plaisir, du moins par devoir* 気は乗らないかもしれないが, それでも義務として

sinoque [sinɔk] 形 名 《話・古》頭がおかしい

sino-tibétain(e) [sinɔtibetɛ̃, -ɛn] 形 シナ・チベット語派の

sintérisation [sɛ̃terizasjɔ̃] 囡 [冶] 焼結

sintériser [sɛ̃terize] 他 [冶] 焼結する

sinuer [sinɥe] 自 《文》蛇行する

sinueux(se) [sinɥø, øz] 形 曲がりくねった; (行動・考え方が)回りくどい

sinuosité [sinɥozite] 囡 蛇行, 曲折; 回りくどさ

sinus¹ [sinys] 男 《ラ》[解] 洞(どう) ▸*sinus Paranasal* 副鼻腔

sinus² [sinys] 男 [数] 正弦, サイン

sinusite [sinyzit] 囡 [医] 蓄膿症, 副鼻腔炎

sinusoïdal(ale) [sinyzɔidal] 形 (男複 -aux) [数] 正弦曲線の

sinusoïde [sinyzɔid] 囡 [数] 正弦曲線, サインカーブ

sionisme [sjɔnism] 男 シオニズム [パレスチナにユダヤ人国家の建設を求める運動]

sioniste [sjɔnist] 形 シオニズムの ━ 名 シオニスト

Sioux [sju] 名 スー族の人 [アメリカ先住民] ▸*ruses de Sioux* 巧妙な戦略 ━ 形 ①[s-] スー族の ②《話》抜け目がない

siphoïde [sifɔid] 形 サイフォン状の

siphon [sifɔ̃] 男 サイフォン; (炭酸水用の)サイフォン瓶; (排水管の)トラップ

siphonné(e) [sifɔne] 形 《話》頭のいかれた

siphonner [sifɔne] 他 (液体を)サイフォンで移す

sire [sir] 男 陛下 ▸*triste [pauvre] sire* 《話》情けないやつ

sirène [sirɛn] 囡 ①サイレン, 警笛 ②[ギ神] セイレン [人魚の姿をした海の魔女]

siréniens [sirenjɛ̃] 男 (複)[動] ジュゴン目, 海牛目

sirocco [sirɔko] 男 シロッコ [サハラ砂漠から地中海岸に吹く乾燥した熱風]

***sirop** [siro] スィロ 男 《英 syrup》シロップ ▸*C'est du sirop!* 《話》(音楽や映画などが)甘ったるい *sirop contre la toux* 咳止めシロップ *sirop d'é-*

rable メープルシロップ **sirop d'orgeat** アーモンドシロップ

siroter [siʀɔte] 他《話》ちびちび味わって飲む

sirupeux(se) [siʀypø, -øz] 形 シロップ状の; 甘ったるい

sirvente [siʀvɑ̃t], **sirventès** [siʀvɑ̃tɛs], **sirventes, sirventès** [siʀvɑ̃tɛs] 男《文学》シルヴァンテ【中世プロヴァンスの風刺詩】

sis(e) [si, -iz] 形《法》《文》(…に)所在の(à)

sisal [sizal] 男 (複 ~s)《植》サイザル麻

sismique [sismik] 形 地震の

sism(o)- 接頭 《ギ》「地震」の意

sismographe [sismɔɡʀaf] 男 地震計

sismologie [sismɔlɔʒi] 女 地震学

sismologique [sismɔlɔʒik] 形 地震学の

sismologue [sismɔlɔɡ] 名 地震学者

sismométrie [sismɔmetʀi] 女 地震計測学

sismothérapie [sismɔteʀapi] 女《医》電気痙攣(けいれん)療法

sistership [sistœʀʃip] 男《英》姉妹船(艦)

sistre [sistʀ] 男 シストルム【古代エジプトの打楽器】

Sisyphe [sizif] 〔ギ神〕シシュフォス

sitar [sitaʀ] 男《ヒンディー》《楽》シタール

sitariste [sitaʀist] 名 シタール奏者

sitcom [sitkɔm] 男女《英》(テレビの)連続ホームコメディー

site [sit] 男 ①景色, 景観, 風景 ► **site classé** 景観保存地区 **site touristique** 観光地 ②(開発・利用の対象としての)地形, 地勢; 立地; 用地 ► **site archéologique** 遺跡 **site propre** バス[市電]専用レーン ③〔情報〕ウェブサイト

sit-in [sitin] 男《不変》《英》(抗議の)座り込み

sitologie [sitɔlɔʒi] 女 地勢学

sitologue [sitɔlɔɡ] 名 地勢学者

*__**sitôt** [sito] 副 ①するとすぐに ► **ne... pas de sitôt** そんなに早くは…しない **sitôt après**《文》…のすぐ後に **Sitôt dit, sitôt fait.** 言下に実行された **sitôt que**...するとすぐに ── 前《文》…のすぐ後に

*__**situation** [sitɥasjɔ̃ スィテュアスィヨン] 女 立場, 状態, 境遇; 社会的地位, 身分, ポスト; (国・社会などの)情勢, 状況; (地理的な)位置, 立地条件; (小説や芝居の)場面; 〔経〕決算[報告]書; 財政状況 ► **en situation** 現実に近い状況で **être en situation** ある状態に[立場に]ある **situation de famille** (履歴書などで)配偶者, 子供の有無

situé(e) [sitɥe] 形 (< situer) 配置された, 位置した

*__**situer** [sitɥe スィテュエ] 他《英 situate》(小説などの)場面を)設定する; 位置づける ► **On ne le situe pas bien.**《話》あの人がどういう人なのかよくわからない ── 代動 [**se** ~] 位置づけられる; 存在する, 立場を明らかにする

*__**six** [sis, si スィス, スィ] 形《不変》6つの, 6つの; 6番目の ── 男《不変》6, 6の数字; [le ~] 6日; 6という数字 ► **le ~ juin** 6月6日

sixain [sizɛ̃] 男 = sizain

six-huit [sisɥit] 男《不変》〔楽〕8分の6拍子の曲

*__**sixième** [sizjɛm スィズィエム] 形《英 sixth》6番目の, 第6の ── 名 6番目の人[もの] ── 男 6分の1; [le ~] (パリの)6区; 〔教育〕第6学級【中等教育の第1学年で11-12歳に相当】

sixièmement [sizjɛmmɑ̃] 副 6番目に

six-quatre-deux [siskatʀødø]〖成句でのみ〗► **à la six-quatre-deux**《話》大急ぎで; ぞんざいに

sixte [sikst] 女 ①〔楽〕6度 ②〔フェンシング〕第6の構え

sizain [sizɛ̃] 男 ①〔詩〕6行詩 ②(トランプの)6組セット

skaï [skaj] 男 合成皮革

skate-board [skɛtbɔʀd],《話》**skate** [skɛt] 男《英》スケートボード

sketch [skɛtʃ] 男(複 ~es)《英》寸劇

*__**ski** [ski スキ] 男 スキー; スキー用具 ► **piste de ski** ゲレンデ **ski de fond** クロスカントリースキー **ski nautique** 水上スキー **station de ski** スキー場

skiable [skjabl] 形 スキーのできる, 滑れる

ski-bob [skibɔb] 男 スキーボブ【自転車の車輪をスキーにした乗り物】

skier [skje] 自 スキーをする

skieur(se) [skjœʀ, -øz] 名 スキーヤー

skiff [skif] 男《英》スキフ【1人用の小舟】

skinhead [skinɛd],《話》**skin** [skin] 名《英》スキンヘッドの若者

skipper [skipœʀ] 男《英》〔海〕外洋ヨット用ヨットの船長; 競技用ヨットの舵手

skunks [skɔ̃s] 男 スカンクの毛皮

slalom [slalɔm] 男〔ノルウェー〕〔スキー〕スラローム, 回転競技; ジグザグ, すり抜けること ► **faire du slalom entre**...の間をぬうようにして進む **slalom géant** 大回転

slalomer [slalɔme] 自〔スキー〕スラロームをする; 間を縫って行く

slalomeur(se) [slalɔmœʀ, -øz] 名〔スキー〕回転競技の選手

slash [slaʃ] 男(複 ~s, ~es)《英》スラッシュ記号 [/]

slave [slav] 形 スラブ人[語]の ── 名

slavisant(e) [S-]スラブ人 —— 男 スラブ語

slavisant(e) [slavizɑ̃, -ɑ̃t] 名 スラブ語学者

slaviser [slavize] 他 スラブ化する

slavophile [slavɔfil] 形名 スラブびいきの(人)

SLBM (<英)(略) submarine launched ballistic missile 潜水艦発射弾道ミサイル

slice [slajs] 男 (<英) 〔テニス〕スライス

slicer [slajse] 他 52 〔テニス〕(打球を)スライスさせる

***slip** [slip スリプ] 男 (<英) パンティー, ショーツ; ブリーフ ▶**slip de bain** 水泳パンツ

slogan [slɔgɑ̃] 男 (<英) キャッチフレーズ; スローガン, 標語

sloop [slup] 男 (<英) 〔海〕スループ帆船

slovaque [slɔvak] 形名 [S-] スロバキアの(人) — 男 スロバキア語

Slovaquie [slɔvaki] 女 スロバキア【ヨーロッパ中部の共和国】

slovène [slɔvɛn] 形名 [S-] スロベニアの(人) — 男 スロベニア語

Slovénie [slɔveni] 女 スロベニア【ヨーロッパのバルカン半島にある共和国】

slow [slo] 男 (<英) 〔舞〕スロー・ダンス

S.M. (略) Sa Majesté 陛下【世襲君主の尊称】

smala(h) [smala] 女 (<アラビア) (アラブ族長の)一族郎党; (話) 大世帯

smalt [smalt] 男 スマルト【顔料として用いられる青色のガラス】

smart [smart] 形 (不変) (<英) (話・古) 優雅な, 粋な

smash [smaʃ] 男 (複 ~es) (<英) (テニス・卓球の)スマッシュ; (バレーボールの)スパイク

smasher [sma(t)fe] 自 スマッシュする

SME (略) Système monétaire européen 欧州通貨制度

SMIC [smik] 男 (略) salaire minimum interprofessionnel de croissance 全産業一律スライド制最低賃金

smicard(e) [smikar, -ard] 名 (話) 最賃金しかもらっていない労働者

smiley [smile] 男 (<英) (電子メールで用いる)顔文字

smocks [smɔk] 男 (<英) (複) 〔裁縫〕スモッキング, 飾りひだ

smog [smɔg] 男 (<英) スモッグ, 濃霧

smoking [smɔkiŋ] 男 (<英) タキシード

smorzando [smɔrtsɑ̃do, smɔrzɑ̃do] 副 (<イ) 〔楽〕スモルツァンドで, 徐々に音を弱めて, 段々遅くして

smurf [smœrf] 男 スマーフ・ダンス

snack [snak], **snack-bar** [snakbar] 男 (<英) 軽食堂

SNCF (略) Société nationale des chemins de fer français フランス国有鉄道 ⇨[コラム: フランスの鉄道]

snif(f) [snif] 間 (<擬音) くんくん, すすす 【鼻を鳴らす音】

sniffer [snife] 他 (話) (麻薬を)かぐ

snob [snɔb] 名 (<英) スノッブ, 上流気取りの人 —— 形 お高くとまった

snober [snɔbe] 他 見下す

snobinard(e) [snɔbinar, -ard] 形名 (話) ちょっときざな(人)

snobisme [snɔbism] 男 スノビズム, 上流気取り; 俗物根性

snowboard [snobɔrd] 男 (<英) スノーボード

snow-boot [snobut] 男 (<英) (古) オーバーシューズ

soap)**opéra** [sopɔpera], (話) **soap** [sop] 男 (<英) (テレビの)メロドラマ

sobre [sɔbr] 形 (<英 sober) ① 酒を控えた; (飲食を)節制した ② (文) 簡素な, 地味な; 控え目な

sobrement [sɔbrəmɑ̃] 副 控え目に; 質素に

sobriété [sɔbrijete] 女 ① 節制, 節制[禁]酒 ② (文) 節度; 簡潔さ

sobriquet [sɔbrikɛ] 男 あだ名, ニックネーム

soc [sɔk] 男 鋤(す)きの刃

soccer [sɔkœr] 男 (<英) (ケベックで) サッカー

***sociabilité** [sɔsjabilite ソシヤビリテ] 女 協調性, 人づきあいのよさ

***sociable** [sɔsjabl ソシャブル] 形 ① 社交的な, 協調性のある, 愛想のよい ② (動物が)群居する, 社会生活を営む

***social(ale)** [sɔsjal ソシャル] 形 (男複-aux[-o]) ① 社会の, 社会的な; 社会福祉の, 福利厚生の, 社会問題に関する ▶公的問題の; (生物が)群居(群生)する ▶**aide sociale** 社会福祉 **conflit social** 労使紛争 **œuvres sociales** 慈善活動 **plan social** リストラ計画 **Sécurité sociale** 社会保障 ② 社交界の, 社会の ③ 会社に関する ▶**raison sociale** 社名; 商号 **siège social** 本社 —— 男 (集合的) 社会問題 ▶**faire du social** 労働問題に取り組む, 福祉に力を入れる

social(ale)-démocrate [sɔsjaldemɔkrat] 形男 (複-aux/~s[-o.-]), 女複~es(~s) 社会民主主義の, 社会民主党の —— 名 社会民主主義者, 社会民主党員

social-démocratie [sɔsjaldemɔkrasi] 女 社会民主主義

socialement [sɔsjalmɑ̃] 副 社会的に; 社会階級的に

socialisant(e) [sɔsjalizɑ̃, -ɑ̃t] 形名 社会主義的な傾向の人

socialisation [sɔsjalizasjɔ̃] 女 社会化適応; (生産手段などの)共有化

socialiser [sɔsjalize] 他 社会主義化する, 共有化する; 社会に適応させる

socialisme [sɔsjalism] 男 (英 socialism) 社会主義; 社会主義勢力

socialiste [sɔsjalist] 形 (英 socialist) 社会主義(者)の, 社会党の ── 名 社会主義者; 社会党員

sociétaire [sɔsjeter] 名 (正規のメンバー, 会員 ── 形 正規の;(団体に)加入している

sociétal(ale) [sɔsjetal] 形 (男複 -aux[-o]) 社会活動の, 社会生活に関わる

sociétariat [sɔsjetarja] 男 正会員の資格

＊**société** [sɔsjete ソスィエテ] 囡 ①(英 society) 社会;(生物の)集団, 群 ②協会, 団体; クラブ; 仲間, グループ ●**en société de** (人)と一緒に **haute société** 上流社会 **jeu de société** (トランプなどの)室内遊戯 **société savante** 学術団体 **société secrète** 秘密結社 ③(英 company) 会社, 法人 ●**société à responsabilité limitée** 有限会社 **société anonyme** 株式会社 ④交際, 社交; 社交界

socio [sɔsjo] 囡《話》社会学(= sociologie)

socio- 接頭「社会(の)」の意

sociocritique [sɔsjokritik] 囡 社会学的文学研究

socioculturel(le) [sɔsjokyltyrɛl] 形 社会・文化的な, 文化普及の

sociodrame [sɔsjodram] 男《心》ソシオドラマ[集団精神治療の一つ]

socio-économique [sɔsjoekɔnɔmik] 形 社会・経済的な

socio-éducatif(ive) [sɔsjoedykatif, -iv] 形 社会教育の; 文化普及に関する

sociogramme [sɔsjogram] 男 ソシオグラム[集団内の人間関係を表した図]

sociolinguistique [sɔsjolɛ̃gɥistik] 囡 社会言語学

sociologie [sɔsjɔlɔʒi] 囡 社会学

sociologique [sɔsjɔlɔʒik] 形 社会学的な

sociologiquement [sɔsjɔlɔʒikmɑ̃] 副 社会学的に

sociologue [sɔsjɔlɔg] 名 社会学者

sociométrie [sɔsjɔmetri] 囡《心》ソシオメトリー測定法

sociométrique [sɔsjɔmetrik] 形《心》ソシオメトリーの

sociopolitique [sɔsjɔpɔlitik] 形 社会・政治的な

socioprofessionnel(le) [sɔsjɔprɔfesjɔnɛl] 形 社会職能別の, 職業別の社会分類の

socle [sɔkl] 男 (<1) ①(彫像・円柱

フランスの鉄道

★ 列車の種類
- **TGV (Train à Grande Vitesse)**
  テジェヴェ：平均時速250km, 最高時速300kmの超高速列車
- **Eurostar** ユーロスター：パリとロンドンを結ぶ新幹線
- **Thalys** タリス：パリとベルギー・オランダ・ドイツを結ぶ新幹線
- **Euro City** ユーロシティー：ヨーロッパ主要都市を結ぶ国際特急
- **Corail** コライユ：フランス主要都市を結ぶ急行列車
- **TER (Train Express Régional)** テウエール：地域圏内を走る普通列車

★ パリの駅：パリには6つの駅があり, それぞれ行く方面が異なる
- **Gare du Nord** 北駅：フランス北部, ロンドン, ベルギー方面
  LGV Nord(LGV北線)の発着駅
- **Gare de l'Est** 東駅：ナンシー, ストラスブール, ドイツ方面
- **Gare de Lyon** リヨン駅：リヨン, マルセイユなど南仏方面
- **Gare d'Austerlitz** オステルリッツ駅：リモージュなどフランス中南部方面
- **Gare Montparnasse** モンパルナス駅：トゥール, ボルドーなどフランス大西洋方面
  LGV Atlantique (LGV大西洋線)の発着駅
- **Gare St-Lazare** サン・ラザール駅：ルーアンなどノルマンディー方面

★ Composteur 日付刻印機
フランスの駅には改札がないので, 代わりにホームの出入り口にあるオレンジ色のComposteurに切符を差し込んで刻印する. これを忘れて乗り込むと無賃乗車とみなされて数倍の罰金が徴収されることになってしまう

★ 鉄道用語

aller simple 片道	aller et retour 往復
première classe 1等	deuxième classe 2等
fumeur 喫煙席	non fumeur 禁煙席
fenêtre 窓際席	couloir 通路側席
Voitures-lits 個室寝台車	Couchettes 簡易寝台車

socque [sɔk] 男 ①(靴の)台座, 台石 ②[劇]島棚

socle [sɔkl] 男 木底の靴[サンダル]

socquette [sɔkɛt] 女 (くるぶしまでの)靴下

Socrate [sɔkrat] ソクラテス【古代ギリシアの哲学者】

socratique [sɔkratik] 形 ソクラテス(流)の

soda [sɔda] 男 ソーダ水 ► **soda l'orange** 炭酸オレンジジュース **whisky soda** ウイスキーソーダ

sodé(e) [sɔde] 形 [化] ソーダ[ナトリウム]を含む

sodique [sɔdik] 形 [化] ナトリウムの

sodium [sɔdjɔm] 男 [化] ナトリウム, ソディウム

sodomie [sɔdɔmi] 女 肛門性交; 男色; 獣姦

sodomiser [sɔdɔmize] 他 肛門性交する

sodomite [sɔdɔmit] 男 男色家

:**sœur** [sœr スール] 女 (英 sister) ①姉妹; 姉, 妹 ► **Et ta sœur!** (話) ほっといてくれ; いい加減にしてくれ **sœur aînée, grande sœur** 姉 **sœur cadette, petite sœur** 妹 ②姉妹のように親しい人; 似たもの同士 ► **âme sœur** 異性の親友, よきパートナー ③[カト] 修道女, シスター ► **bonne sœur** (話) シスター

sœurette [sœrɛt] 女 (話・呼びかけ) 妹, おまえ

sofa [sɔfa] 男 ソファー

Sofres [sɔfrɛs] (略) Société française d'enquêtes par sondages フランス世論調査会社【1997年より名称はTNS Sofres】

soft [sɔft] 男 (不変) (< 英) [情報] ソフトウェア

software [sɔftwɛr, sɔftwar] 男 (< 英) [情報] ソフトウエア(= logiciel)

:**soi** [swa ソワ] 代(人称) (英 oneself, himself, herself, itself) (< 英 人称代名詞の se の強勢形; 性数不変)自分, 自分自身 ► **à part soi** 心の中で **Cela va de soi.** それは言うまでもない **chacun pour soi** 各自が自分のために **chez soi** 自宅[自国]で[に] **chose en soi** [哲] 物自体(= noumène) **en soi** それ自体, 自らのうちに; [哲] 即自体 **malgré soi** 思わず ── 男 (不変) 自己, 自我

***soi-disant** [swadizã ソワディザン] 形 (不変)(人について)自称の; (ものについて)いわゆる ► **soi-disant poète** 自称詩人 ── 副 (…と称して), 表向きは ► **soi-disant que …** (俗)…だそうだ

***soie** [swa ソワ] 女 ①(英 silk) 絹; 絹糸; 絹布 ► **en soies de nylon** (ブラシ·筆などが)ナイロンでできた **papier de soie** 薄葉紙(½); **péter dans la soie** (話) ぜいたくな暮らしをする **soie grège** 生糸 **ver à soie** カイコ ②(豚などの) 剛毛

soient [swa] ⇨ **être**

soierie [swari] 女 絹織物(業)

***soif** [swaf ソワフ] 女 (英 thirst) ①のどの渇き; …への渇望 (de) ► **avoir soif** のどが渇いている **avoir soif de** …に飢えている **boire à sa soif** 欲しいだけ飲む **donner soif** のどを渇かせる **Il fait soif!** (話) 喉が渇いた! **jusqu'à plus soif** (話) いやと言うほど **rester sur sa soif** 満たされない気持ちが残る

soiffard(e) [swafar, -ard] 名 (俗) のんべえ

soignable [swaɲabl] 形 治療可能な

soignant(e) [swaɲɑ̃, -ɑ̃t] 形名 看護する(人)

soigné(e) [swaɲe] 形 (< soigner) 身だしなみのよい; (仕事などが)入念な, 丁寧な; (話·皮肉的に)ご丁寧な, やり過ぎの

***soigner** [swaɲe ソワニェ] 他 (英 look after) 世話をする, 面倒をみる; 手入れをする, 大事に扱う; 手当てをする, 看護[介護]する; 念入りにする, 凝(<)る ━ [介助] **se** ～ ①健康に気をつける; (病気が)治る ②身なりに気を配る ► **Ça se soigne.** (話) どうしようもない, 医者に見てもらうほかない

soigneur [swaɲœr ソワニュール] 男 [スポーツ] トレーナー, セコンド; (動物の)世話係

soigneusement [swaɲøzmɑ̃] 副 念入りに

soigneux(se) [swaɲø, -øz] 形 ①(人が)注意深い, ものを大事にする; (…に)気を使う (de) ②(古) (仕事などが)入念

***soi-même** [swamɛm ソワメム] 代(人称) (英 oneself) 自分自身, それ自体

***soin** [swɛ̃ ソワン] 男 (英 care) 心遣い, 気配り, 注意; (複) 治療, 手当て; 看護, 介護; 世話, 管理; 配慮, 手入れ ► **aux bons soins de** …(手紙のあて名書きで)…様方, …気付 **avec [sans] soin** 念入りに[雑に] **avoir [prendre] soin de** …するのに気をつける; …を大事にする **confier à A le soin de B** A(人)にB(の世話)をたのむ **être aux petits soins pour [avec]** (人)に何かと気を配る **premiers soins** 応急処置

***soir** [swar ソワール] 男 (英 evening) 晩, 夕方, 夜 [就寝時までをさす]; [副詞的に] 晩[夕方, 夜]に ► **À ce soir!** ではまた今晩 **être du soir** 宵っ張りである ②(文) たそがれ, 晩年

***soirée** [sware ソワレ] 女 (英 evening) ①晩, 宵, 夕べ [日没から就寝までをさす] ► **Bonne soirée.** (夕方別れる時に)では, 楽しい晩を ②夜のパーティー, 夜会; (芝居などの)夜の公演, 夜の部 ► **Charmante soirée!** (不快な思いをしたときに)結構なパーティーですね **soirée dansante** ダンスパーティー

sois [swa] ⇨être

Soissons [swasɔ̃] ソワソン【Aisne 県の都市】

soit¹ [swa] ⇨être

*__soit__² [swa ソワ 接] ① [soit ... que + 接続法], soit ... [que + 接続法]] …かまたは…か; …にせよ…にせよ ② (証明問題などで仮に…だとしよう ③ つまり, すなわち, — 剛 [swat ソワット] まあいいだろう, よろしい

soixantaine [swasɑ̃tɛn] 囡 (約) 60; [la 〜] 60歳代

*__soixante__ [swasɑ̃t ソワサント] 厖 (不変) (英 sixty) 60; 60番目 — 男 (不変) 60; 60番地 ▸ *années soixante* [les 〜] 1960年代

soixante-dix [swasɑ̃tdis] ソワサント(ディ)ス 厖 (不変) (英 seventy) 70 の; 70番目の — 男 (不変) 70; 70番地 ▸ *années soixante-dix* [les 〜] 1970年代

soixante-dixième [swasɑ̃tdizjɛm] 厖 (英 seventieth) 70番目の — 名 70番目の人[もの] — 男 70分の1

soixante-huitard(e) [swasɑ̃tɥitaːr, -taʀd] 厖 [話] (1968年の) 5月革命の (世代)

soixantième [swasɑ̃tjɛm] 厖 (英 sixtieth) 60番目の — 名 60番目の人[もの] — 男 60分の1

soja [sɔʒa] 男 [植] ダイズ (大豆) ▸ *germes de soja* もやし *sauce de soja* 醤油

*__sol__¹ [sɔl ソル 男] (英 ground) 地面; 床(ゆか); 土地, 土壌, 地盤; 国土, 国 ▸ *à même le sol* 地面[床]にじかに *droit du sol* (国籍取得に関して) 出生地主義 *sol natal* 母国

sol² [sɔl] 男 (不変) [楽] ソ, ト音, G音

sol³ [sɔl] 男 [化] ゾル[コロイド溶液]

solaire [sɔlɛʀ] 厖 太陽の; 太陽光[熱]による; 日光から守る; 日焼けの ▸ *crème solaire* 日焼けどめクリーム *système solaire* 太陽系

solanacées [sɔlanase] 囡 (複) [植] ナス科

solarium [sɔlaʀjɔm] 男 サンルーム; (療養所などの) 日光浴室

*__soldat__ [sɔlda ソルダ 男] (英 soldier) 兵士, 軍人; 兵卒; 闘士 ▸ *jouer au petit soldat* (話) 偉そうにする *soldat de plomb* すずの兵隊 *tombe du Soldat inconnu* [la 〜] (パリ凱旋門の下にある) 無名戦士の墓

soldate [sɔldat] 囡 (話) 女性兵士

soldatesque [sɔldatɛsk] 厖 (挙動・言葉づかいが) 軍人特有の; 兵士のように粗野な — 囡 無規律な兵士の群れ

*__solde__¹ [sɔld ソルド 男] (英 sale) ① バーゲンセール ② (複) バーゲン品, 特売品 ③ (口座の) 貸借の差引残高; 未払い金, 残金 ▸ *pour solde de tout compte* 結局のところ *solde créditeur [débiteur]* 貸越[借越] 額

solde² [sɔld] 囡 (軍人の) 俸給 ▸ *avoir...à sa solde* (人) を金で手なずける *être à la solde de* (人) に金で買収された, 買収された

solder [sɔlde] 他 ① バーゲンセールをする, 安売りする ② 貸借の決算をする; 未払金の清算をする — (代動) [se 〜] …という結果になる; (清算の結果が) …となる (*par, en*)

solderie [sɔldəʀi] 囡 ディスカウントショップ, 安売り専門店

soldeur(se) [sɔldœːʀ, -øz] 名 ディスカウントショップ経営者; 見切り品商人

sole¹ [sɔl] 囡 [魚] シタビラメ

sole² [sɔl] 囡 ① [建] 台木, 横木, (機) 台板, 底板 ② (窓の炉床, (鉱物の) 床 ③ (ウマやウシの) 蹄底(ていてい)

sole³ [sɔl] 囡 [農] 輪作地

solécisme [sɔlesism] 男 [文法] 語法の誤り

*__soleil__ [sɔlɛj ソレイユ 男] (英 sun) ① 太陽, 日 ▸ *Le soleil luit [brille] pour tout le monde*. (ことわざ) 太陽は万人のために輝く *piquer un soleil* 赤面する *Roi-Soleil* [le 〜] 太陽王【ルイ14世】 *soleil levant [couchant]* 朝日[夕日] ② 日光, 日差し; 日なた ▸ *avoir des biens [du bien] au soleil* 不動産を所有している *avoir sa place au soleil* 恵まれた立場にある, 日の当たる場所にいる *bain de soleil* 日光浴 *coup de soleil* 日焼け, 日射病 *en plein soleil* 炎天下に *Il fait (du) soleil*. 日が照っている *soleil de plomb* 灼熱の太陽 ③ [植] ヒマワリ ④ [鉄棒] 大車輪 ⑤ (花火の) 車火, (紋) 日輪模様

solen [sɔlɛn] 男 [貝] マテガイ

*__solennel(le)__ [sɔlanɛl ソラネル 厖] (英 solemn) ① 正式の, 公式の ② 厳粛な, 盛大な; もったいぶった

solennellement [sɔlanɛlmɑ̃] 副 公式に; 盛大に; 仰々しく

solenniser [sɔlanize] 他 盛大に行う [祝う]

solennité [sɔlanite] 囡 ① 壮麗さ, 厳粛さ; 盛大な儀式, 祭典 ② 格式ばった様子, 仰々しさ

solénoïde [sɔlenɔid] 男 [電] ソレノイド

solex [sɔlɛks] 男 ソレックス【原付き自転車】

solfatare [sɔlfataʀ] 男 [地] 硫気孔

solfège [sɔlfɛʒ] 男 [楽] ソルフェージュ (教習書)

solfier [sɔlfje] 他 [楽] (ドレミファで) 階名で歌う

solidage [sɔlidaʒ], **solidago** [sɔlidaɡo] 囡 [植] アキノキリンソウ属

solidaire [sɔlidɛːʀ] 厖 (…と) 連帯[団結] している (*de*); (物事が) 関連した, つながっている; [法] 連帯責任のある

solidairement [sɔlidɛrmɑ̃] 副 連帯して; 連帯責任によって

solidariser [sɔlidarize] 他 連帯させる ━ 代動 [se ~] (…と)連帯する (avec)

*__solidarité__ [sɔlidarite] 女 ソリダリテ⁵ 連帯感情, 連帯; 連帯感; 関連性, 相互関係; [法] 連帯(責任)

:__solide__ [sɔlid] 形 (英 solid) ① 丈夫な, 頑丈な, がっしりした; 長もちする; 確固たる, 揺るぎない; 堅実な, 信頼するに足る ▶être solide sur ses jambes しっかりと立つ ② [名詞の前] [話] 大きな, 強烈な, したたかな ③ 固体の, 固形の ④ [数] 立体の
━ 男 ①個体 ②[数]立体 ③堅固なもの ▶C'est du solide. [話] これは頑丈だ

solidement [sɔlidmɑ̃] 副 しっかりと; 揺るぎなく

solidification [sɔlidifikasjɔ̃] 女 固体化, 凝固

solidifier [sɔlidifje] 他 凝固凝結させる ━ 代動 [se ~] 一つに凝固する

solidité [sɔlidite] 女 固さ, 丈夫さ; 確かさ

soliflore [sɔliflɔr] 男 一輪差し

soliloque [sɔlilɔk] 男 ひとり言, 独白; (相手を無視して)しゃべり続けること

soliloquer [sɔlilɔke] 自 ひとり言を言う

solipède [sɔliped] 形 [動] (馬などが) 単蹄の

soliste [sɔlist] 名 ソリスト, 独唱者, 独奏者

*__solitaire__ [sɔlitɛr] ソリテール 形 ①(英 solitary) 孤独な, 孤独を好む; 単独の ②(場所が)人里離れた, さびしい ③[植] 単生の; [動] 群居しない ━ 名 孤独な人; 隠者 ▶en solitaire 単独で
━ 男 ①[指輪の1つ留めのダイヤモンド ②群れを離れた雄のイノシシ

solitairement [sɔlitɛrmɑ̃] 副 孤独に, ひとりきりで

*__solitude__ [sɔlityd] ソリテュード 女 孤独; 寂寞, 隠棲; 人のなさ, さびしさ; [複] [文] 人里離れた場所 ▶solitude à deux (カップル) 2人だけの世界

solive [sɔliv] 女 [建] 梁(はり), 根太(ねだ)

soliveau [sɔlivo] 男 (複 ~x) [建] 小梁(こばり), 小根太(こねだ)

sollicitation [sɔ(l)lisitasjɔ̃] 女 ①懇願, 請願; 強請 ②(心) 誘惑, 刺激 ③働きかけ; (機械の)操縦

*__solliciter__ [sɔ(l)lisite] ソリシテ 他 ①願い出る, 懇請する ▶être très sollicité 引っ張りだこである ②注意を引く, 心をそそる ③(機械·装置などを)動かす; 操縦する; (馬などを駆り立てる) ④(文章などを)自分に都合よく解釈する

solliciteur(se) [sɔ(l)lisitœr, -øz] 名 請願者

sollicitude [sɔ(l)lisityd] 女 配慮, 思いやり ▶avec sollicitude 心をこめて

solmisation [sɔlmizasjɔ̃] 女 [楽] ソルミゼーション, 階名唱法

solo [sɔlo] 男 (複 ~s, soli) (〈イ〉[楽·舞] ソロ, 独奏(曲), 独唱(曲); 単独, ひとり ▶en solo ソロで, 単独で
━ 形 [不変] ソロの

Sologne [sɔlɔɲ] ソローニュ [パリ盆地南部の地方]

solognot(e) [sɔlɔno, -ɔt] 形 名 [S-] ソローニュの(人)

solstice [sɔlstis] 男 [天] 至点 ▶solstice d'été (d'hiver) 夏至(冬至)

solubilisation [sɔlybilizasjɔ̃] 女 溶けやすくすること

solubiliser [sɔlybilize] 他 溶けやすくする

solubilité [sɔlybilite] 女 可溶性, [化] 溶解度

soluble [sɔlybl] 形 ①溶ける, 溶性の ②(問題が)解決可能な

soluté [sɔlyte] 男 [薬] 溶剤; [化] 溶質

*__solution__ [sɔlysjɔ̃] ソリュスィヨン 女 ①解答, 解決; 解決法; [数] 解 ▶solution de facilité 安易な解決法 ②溶解; 溶液 ③ ▶solution de continuité 中断, 断絶

solutionner [sɔlysjɔne] 他 解決する

Solutré [sɔlytre] 男 ソリュートレ [ブルゴーニュ地方の村]

solutréen(ne) [sɔlytreɛ̃, -ɛn] 形 男 [考古] ソリュートレ文化期(の) [旧石器時代後期]

solvabilité [sɔlvabilite] 女 (債務の)支払い能力

solvable [sɔlvabl] 形 (債務者が)支払い能力のある

solvant [sɔlvɑ̃] 男 [化] 溶媒, 溶剤

soma [sɔma] 男 [生] 体質

somali [sɔmali] 男 ソマリ語

Somalie [sɔmali] 女 ソマリア [アフリカ東部の国]

somalien(ne) [sɔmaljɛ̃, -ɛn] 形 名 [S-] ソマリアの(人)

somatique [sɔmatik] 形 [医·生] 身体の, 身体性に関する

somatisation [sɔmatizasjɔ̃] 女 身体化

somatiser [sɔmatize] 他 [心] (人が精神的障害を)身体症状に表す

somato- 接頭 (〈ギ〉「身体の」の意

somatotrope [sɔmatɔtrɔp] 形 [生·医] 体に作用する

somatotrophine [sɔmatɔtrɔfin] 女 [生化] 成長ホルモン

:__sombre__ [sɔ̃br] ソンブル 形 ①(英 dark) 暗い, 薄暗い; (色が)黒っぽい, くすんだ; 目立たない; 陰気な, 気の滅入る; 暗澹(あんたん)とした ▶Il fait sombre. 曇っている[薄暗い] ② [名詞の前] [話] ひどい, どうしようもない

sombrer [sɔ̃bre] 自 (船が)沈む; (…

sombrero [sɔ̃brero] 男 《(ス) ソンブレロ》山が高くつばの広い帽子

somite [sɔmit] 男 〔生〕体節

sommaire [sɔmɛr] 形 簡単な, 大ざっぱな; 手軽な, 略式の ▶*exécution sommaire* 裁判なしの処刑 ── 男 概要, 要約; (雑誌などの)目次

sommairement [sɔmɛrmɑ̃] 副 ざっと, かいつまんで; 手軽に; 略式で

sommation¹ [sɔmasjɔ̃] 女 (警察官・軍隊の)警告; (デモ隊への)解散勧告; (税・債務などの)督促, 催促; 催告

sommation² [sɔmasjɔ̃] 女 〔数〕和を求めること; (級数の)総和

Somme [sɔm] 女 ① [la ~] ソンム川 ② ソンム県《フランス北部, ピカルディー地方[地域圏]》

somme¹ [sɔm ソム] 女《英 sum》合計; 総量, 総額; 〔数〕和; 金額, 総計; 大量, 大金; 集大成; 大全, 全書 ▶*en somme / somme toute* 要するに, 結局 ▶*faire la somme de …* …の和を求める

somme² [sɔm] 男 《話》ひと眠り

somme³ [sɔm] 女 〔成句でのみ〕 ▶*bête de somme* 荷運び用の家畜

***sommeil** [sɔmɛj] 男《英 sleep》眠り, 睡眠; 眠け; 休止, 中断; 休眠状態 ▶*avoir sommeil* 眠い ▶*dormir du sommeil du juste* 枕を高くして寝る ▶*dormir d'un sommeil de plomb* 熟睡する **en sommeil** 活動休止状態に[で] **premier sommeil** 寝入りばな **tomber de sommeil** 眠くてたまらない

sommeiller [sɔmeje] 自 うとうとする, まどろむ; 活動を休止している

sommeilleux(se) [sɔmejø, -øz] 形 《文》うとうとしている, 眠たそうな

sommelier(ère) [sɔməlje, -ɛr] 名 ソムリエ《レストランのワイン係》

sommellerie [sɔmɛlri] 女 ソムリエの仕事; ワインの貯蔵庫

sommer¹ [sɔme] 他 (人に…するように)通告[要求]する, 命じる 《de》 ▶*sommer … de comparaître* (人に)出頭を命じる

sommer² [sɔme] 自 〔数〕(…の)和を求める

sommes [sɔm] ⇒être

***sommet** [sɔmɛ ソメ] 男《英 summit》頂(いただき), てっぺん; 頂上, 山頂; 〔数〕頂点; 絶頂, 極致; 頂点; 首脳会談, サミット(= conférence au ~) ▶*Sommet de la Terre* [le ~] (国連の)地球環境サミット

sommier [sɔmje] 男 ① (ベッドの)マットレス台 ② 〔建〕(アーチの)迫持(せりもち)受け; (窓・戸などの)まぐさ; (鎧扉などの)横棒 ③ (帆船の)帆桁, 山稜帆

sommital(ale) [sɔ(m)mital, -o] 形 (男 *-aux*) 頂の, 頂点に立つ

sommité [sɔ(m)mite] 女 ① (ある分野の)権威者, 大御所 ② 〔植〕(茎の)先端

somnambule [sɔmnɑ̃byl] 形名 夢遊病の(人); 催眠術にかかった(人)

somnambulique [sɔmnɑ̃bylik] 形 夢遊病の

somnambulisme [sɔmnɑ̃bylism] 男 夢遊病

somnifère [sɔmnifɛr] 男 睡眠薬 ── 形 催眠性の

somnolence [sɔmnɔlɑ̃s] 女 半睡状態, うとうと; 眠け; 無気力, 休眠状態

somnolent(e) [sɔmnɔlɑ̃, -ɑ̃t] 形 まどろんでいる, 半分寝ている; 無気力な; (才能などが)目覚めていない

somnoler [sɔmnɔle] 自 うとうとする, まどろむ; (才能などが)眠っている

somptuaire [sɔ̃ptɥɛr] 形 ぜいたくな; (出費などに)ぜいたく品に費やされる

somptueusement [sɔ̃ptɥøzmɑ̃] 副 豪奢に, ぜいたくに

somptueux(se) [sɔ̃ptɥø, -øz] 形 豪華な, ぜいたくな; 羽振りのよい

somptuosité [sɔ̃ptɥozite] 女 豪華さ, 華やかさ

▶**son**¹ (*sa*) [sɔ̃, sa ソン(サ)] 形 《所有》[3人称単数] 複 *ses*[sɛ]) 《母音または無音の h で始まる女性名詞には son を用いる》《英 his, her; its》彼の, 彼女の, それの; 自分の; (習慣を表して)いつもの, 例の ▶*Sa Majesté* [[尊称の前; つねに大文字で]] 陛下

son² [sɔ̃] 男《英 sound》音, 音響, 響き; 〔言〕音声, 音(おん) ▶*au son de …* …の音に合わせて ▶*spectacle son et lumière* 音と光のショー《名所旧跡の歴史を音響・照明効果によって再現するショー》

son³ [sɔ̃] 男 ふすま, 糠(ぬか); (詰め物用の)おがくず ▶*pain de son* ふすま入りのパン **taches de son** そばかす

sonagraphe [sɔnagraf] 男 ソナグラフ《音波の周波数や強度の記録装置》

sonal [sɔnal] 男 (番組や CM で流れる)おぼえやすい短い音楽, イメージソング

sonar [sɔnar] 男《(英)》ソナー, 水中音波探知機

sonate [sɔnat] 女《(イ)》〔楽〕ソナタ

sonatine [sɔnatin] 女 〔楽〕ソナチネ

sondage [sɔ̃daʒ] 男 調査, アンケート; 〔統計〕サンプリング; (地質, 水深などの)測定, 計測, 観測; ボーリング調査; 〔医〕ゾンデ挿入

sonde [sɔ̃d] 女 水深測量器, 鉛錘; 観測機, 探査機; ゾンデ; 〔地・鉱〕ボーリング機械, ボーリング用工具; プローブ; 〔医〕ゾンデ, 消息子; 食物注入管 ▶*sonde aérienne* 気象観測用気球 **sonde spatiale** 惑星探査機

sondé(e) [sɔ̃de] 名 (調査・アンケートの)回答者

sonder [sɔ̃de] 他 測深する; 測定する; 探査する, 調査する; (人の意向を)調べる, さぐる; 〔医〕ゾンデで調べる ▶*sonder*

le terrain 情勢を詳しくさぐる
sondeur(se) [sɔ̃dœr, -øz] 名 世論調査員; 測深技師; ボーリング技師 — 男 測深機

songe [sɔ̃ʒ] 男 〔文〕夢, 夢想, 空想
songe-creux [sɔ̃ʒkrø] 男 〔不変〕夢想家

***songer** [sɔ̃ʒe ソンジェ] 自 40 〔**~ à**〕(…のことを考える, 思い浮かべる; …するつもりである ▸ **sans songer à mal** 悪気なしに **Songez-y bien!** よく考えてみることだ — 他 (…ということを)考えに入れる, 忘れずにいる (que)
songerie [sɔ̃ʒri] 女 夢想
songeur(se) [sɔ̃ʒœr, -øz] 形 夢想にふけった; 考え込んだ
sonique [sɔnik] 形 〔物〕音の; 音速の
sonnaille [sɔnaj] 女 (家畜の首につける)鈴; (家畜の)鈴の音
sonnant(e) [sɔnɑ̃, -ɑ̃t] 形 ①時刻がちょうどの; (時計が)時を告げる ② **espèces sonnantes (et trébuchantes)** (話) 硬貨
sonné(e) [sɔne] 形 (< sonner) ①(時刻・年齢を)過ぎた, 経過した ▸ **avoir... ans bien sonnés** (話)とうに…歳は越している ②(話)(ボクサーが)ふらふらの; (話)頭のおかしい

***sonner** [sɔne ソネ] 自 ①(英 ring) (鐘・ベル・楽器・時計などが)鳴る, 鳴り響く; (…の時が)告げられる ▸ **sonner bien sonner mal** sonner faux 調子外れの音を出す, わざとらしく聞こえる ②呼び鈴を鳴らす, 鐘を鳴らす; (金管楽器を)鳴らす (de) — 他 ①(鐘や管楽器を)鳴らす; (人を)呼ぶ鈴(ベル)を鳴らして呼ぶ ▸ **On ne t'a pas sonné** おまえなどに呼びじゃない **sonner les cloches à...** (話)(人を)こっぴどく叱る ②(鐘などが…の時を)告げる ③(話)(人を)殴りつける, ふらふらにさせる
sonnerie [sɔnri] 女 (鐘やベルの)鳴る音; (電話の)呼び出し音; (時計の)アラーム; 警報装置; (チャイムやラッパの)合図; (教会の)ひと組の鐘(の音)
sonnet [sɔne] 男 〔詩〕ソネット【14行詩】

***sonnette** [sɔnɛt ソネット] 女 (英 bell) 呼び鈴, ベル, ブザー; 鈴 ▸ **serpent à sonnettes** ガラガラヘビ **sonnette d'alarme** 非常ベル, 警報器
sonneur [sɔnœr] 男 ①教会の鐘つき男 ②(らっぱなどの)奏者
sono [sɔno] 女 (話)音響装置, スピーカー
sono- 接頭 (< ラ)「音」の意
sonomètre [sɔnɔmɛtr] 男 〔物〕測音計

***sonore** [sɔnɔr ソノール] 形 (英 resonant) ①よく響く, 響きわたる; 音響のすぐれた ②音の; 音を発する; 〔言〕有声の — 女 〔言〕有声(子)音
sonorisation [sɔnɔrizasjɔ̃] 女

響装置(の設置); (話) sono; 〔映〕音入れ; 〔言〕(音の)有声化
sonoriser [sɔnɔrize] 他 (…に)音響装置を設置する; 〔映〕音入れをする; 〔言〕有声化する
sonorité [sɔnɔrite] 女 音色; 音質; 響きぐあい; 〔複〕(声の)抑揚
sonothèque [sɔnɔtɛk] 女 音響ライブラリー
sont [sɔ̃] ⇒ être
soph-, -sophe, -sophie 接尾 (< ギ)「知」「智恵」の意
sophisme [sɔfism] 男 詭弁(きん), 背理屈
sophiste [sɔfist] 名 詭弁(きん)家, 背理屈屋; 〔古代ギリシア〕ソフィスト
sophistication [sɔfistikasjɔ̃] 女 気取り, 不自然さ; 凝りすぎること; (技術などの)精巧さ, 高度化
sophistique [sɔfistik] 形 詭弁的な, こじつけの; へ理屈をこねる — 女 (ソフィストの)詭弁術
sophistiqué(e) [sɔfistike] 形 (< sophistiquer) 凝りすぎの, 奇をてらった; しゃれた, 洗練された; (技術が)精密な, 高性能な
sophistiquer [sɔfistike] 他 凝ったものにする, 完璧なものに仕上げる
sophora [sɔfɔra] 男 〔植〕エンジュ(槐)
sophrologie [sɔfrɔlɔʒi] 女 〔医〕ソフロロジー法【リラックス法の一つ】
soporifique [sɔpɔrifik] 形 〔古〕催眠(性)の; (話)退屈な, 眠くなる — 男 睡眠薬
soprano [sɔprano] 男 〔複~s, so-pranos] 〔楽〕(ソプラノ歌手) — 名 ソプラノ歌手
sorbe [sɔrb] 女 ナナカマドの実
sorbet [sɔrbɛ] 男 シャーベット
sorbetière [sɔrbətjɛr] 女 シャーベット製造器
sorbier [sɔrbje] 男 〔植〕ナナカマド
sorbitol [sɔrbitɔl] 男 〔生化〕ソルビトール
sorbonnard(e) [sɔrbɔnar, -ard] 名 〔古・軽蔑的〕ソルボンヌの学生【教授】 — 形 ソルボンヌ的な
Sorbonne [sɔrbɔn] 女 ソルボンヌ【以前のパリ大学文学部・理学部の通称; 現在は主にパリ第4大学のことをさす】
sorcellerie [sɔrsɛlri] 女 魔法, 妖術; 不思議なこと
sorcier(ère) [sɔrsje, -ɛr] 名 魔法使い; (未開部族の)呪術師; 〔女性形で〕(話) 鬼ばばあ ▸ **Il ne faut pas être sorcier pour...** …するのは特別難しいことではない; (話) むずかしい, 智恵を要する
sordide [sɔrdid] 形 ひどく不潔な; 卑しい, おぞましい
sordidement [sɔrdidmɑ̃] 副 あさましく, 下劣に; みすぼらしく
sordidité [sɔrdidite] 女 〔文〕不潔さ; 下劣さ, 欲深さ

sorgho [sɔrgo] 男 〖植〗モロコシ

sornette [sɔrnɛt] 女 無駄話, たわごと

soror(ale) [sɔrɔral] 形 (男複 -aux [-o]) 〖法〗姉妹の

sors, sort [sɔr] ⇨*sortir*

***sort** [sɔr ソール] 男 ①(英 fate) 運命; 身の上, 境遇; 成り行き, 帰趨(きすう), 行方 ▶*coup* [*caprice*] *du sort* 運命のいたずら *faire un sort à ...* …を平らげる, 片付ける ②くじ, 抽籤(せん) ▶*tirer au sort* くじ引きをする; 抽選する ③呪(のろ)い, まじない ▶*jeter un sort à* (人)に呪いをかける

sortable [sɔrtabl] 形 人前に出せる; (服)がよそ行きの

sortant(e) [sɔrtɑ̃, -ɑ̃t] 形 ①(くじなどが)当たりの ②(大統領・議員・市町村長などが)任期満了をむかえた ▶*numéros sortants* 当せん番号 — 名 (複)出て行く人

***sorte** [sɔrt ソルト] 女 (英 sort) 種類, 部類, 類(たぐい) ▶*de la sorte* そんな風に *de sorte à ...* …するように *de sorte* [*en sorte que ...*] 〖直説法とともに〗その結果…; 〖接続法とともに〗…するように, …できるように *en quelque sorte* 言うなれば *faire en sorte de* [*que*] …するようにする *toutes sortes de ...* あらゆる種類の *une sorte de ...* 一種の…; …のようなもの

***sortie** [sɔrti ソルティ] 女 外へ出ること, 外出; 退出; 出口, 逃げ道; 〖軍〗発売; 刊行; 封切り; 出荷, 搬出; 輸出; 〖軍〗出動; (包囲を破るための)出撃; (液体・気体の)流出, 排出; 支出, 体出; 〖情報〗出力, アウトプット ▶*à la sortie de ...* …の終わりに *être de sortie* 外出する予定の, 外出中である; 不足している *faire une fausse sortie* 〖劇〗退場するが直ぐに戻ってくる *sortie de secours* 非常口

sortie(-)de(-)bain [sɔrtidbɛ̃] 女 バスローブ

sortilège [sɔrtilɛʒ] 男 魔法, 妖術; 呪縛

***sortir** [sɔrtir ソルティール] 自 48 (英 go out) 〖助動詞は être〗 出る, 外出する; 〖不定詞とともに〗…しに行く; (…から)外へ出て行く[来る] (de); (話)(人と)デートする (avec); (…の)出身である; 卒業する (de); (困難などを)脱する, 終える (de); (話題などから離れる) 脱線する (de); (植物が地面から)出て[生えて]くる (de); はみ出す; (香り・液体・音が)流れ出る, 漏れ出る; 発売[出版]される, 発売 [出版]する; (結果として)生じる ▶*D'où il sort?* 〖無教養・無作法の人に〗彼はどこの生まれだ; *être sorti* 外出中である *sortir de la tête* [*de l'esprit*] (話)記憶から抜け落ちる *sortir de l'ordinaire* 並外れている *sortir de table* (食事が終わって)食卓を離れる *sortir du lit* 起床する *sortir en tou-* *che* (ボールが)タッチラインをわる *sortir par les yeux* 怒る
— 他 外へ連れ出す; (…から)取り出す (de); …を除く; (人を困難などから)抜け出させる (de); 世に送り出す; 出版する, 販売する
— 他 [*se ~*] 脱け出す (de) ▶*s'en sortir* 切り抜ける, しのぐ, 助かる
— 男 ▶*au sortir de ...* …から出たときに; …の終わりに

SOS [ɛsoɛs] 男 救助信号, SOS; 金の無心; 救助[援助]の要請; 保護[援助]団体 ▶*lancer* [*envoyer*] *un SOS* SOSを発する

sosie [sɔzi] 男 瓜二つの人

sostenuto [sɔstenuto] 副 〖く イ〗〖楽〗ソステヌート, 音の長さを保って

***sot(te)** [so, sɔt ソ(ット)] 形 ①(英 silly)ばかな, 間抜けな, ばかな ②面食らった, 当惑した, 困った — 名 愚か者, 間抜け

sotie, sottie [sɔti] 女 〖文学〗(14-16世紀の)阿呆劇, 風刺的な茶番劇

sot-l'y-laisse [sɔliɛs] 男 〖不変〗家禽の腰骨のくぼみについている美味な肉

sottement [sɔtmɑ̃] 副 愚かにも

sottise [sɔtiz] 女 愚かさ, 愚行; 愚かなこと; へま; いたずら; (複)《話》ひどい言葉 ▶*avoir la sottise de ...* 愚かにも…する

sottisier [sɔtizje] 男 (著名人の)愚言集

***sou** [su スー] 男 スー【昔の通貨単位】; (複)《話》お金 ▶*de quatre sous* 《話》安物の *être près de ses sous* 《話》けちである *gros sous* 金もうけ *L'Opéra de quat'sous* 『三文オペラ』【ブレヒト Brechtの戯曲】 *machine à sous* スロットマシン *ne pas avoir un* [*le*] *sou* (人は)お金がない, 一文なしである *ne pas avoir un sou de ...* …がまるでない *s'ennuyer* [*s'embêter*] *à cent sous de l'heure* (話)どうしようもなく退屈する *sou à sou* [*par*] *sou* 少しずつ *Un sou est un sou.* 〖ことわざ〗金は節約しないといけない

souahéli(e) [swaeli] 形|男 スワヒリ語(の)

soubassement [subasmɑ̃] 男 〖建〗基壇; 土台, 台座; 〖地〗基盤

soubresaut [subrəso] 男 ①(馬などが)突然跳ねること; (乗物の)急なゆれ; (体が)びくっとすること ②〖舞〗スーブルソー【足をそろえたままの軽い跳躍】

soubrette [subrɛt] 女 (喜劇に登場する)女中; (話)愛想がよく気軽のきく女中

***souche** [suʃ] 女 ①切り株, 根株 ▶*dormir comme une souche* ぐっすり眠る *rester comme une souche* (話)じっと動かずにいる ②祖先, 始祖; 起源 ▶*faire souche* 始

となる **Français de souche** 生粋のフランス人 ③(小切手・領収書などの)控え ▶**carnet à souches** 控えつきの帳面

***souci**¹ [susi スシィ] 男 (英 worry) 心配ごと, 気がかり; 苦労の種; (英 concern) 大きな関心, 気になること ▶**avoir le souci de** …を気にすること **C'est le dernier [le cadet] de mes soucis.** (話) 私にとってはそれはどうでもいいことだ **par souci de** …を重んじて **se faire du souci pour** …のことを心配する (de)

souci² [susi] 男 (植) キンセンカ

soucier [susje] 代動 [se ~] [多く否定形](…のことを)気にかける, 心配する (de)

soucieusement [susjøzmɑ̃] 副 (文) 気にかけつつ, 細心の注意を払って

***soucieux(se)** [susjø, -øz スシュー(ズ)] 形 心配そうな;(…を)気にしている, 大事だと思っている (de)

soucoupe [sukup] 女 (コーヒーカップなどの)受け皿, ソーサー ▶**soucoupe volante** 空飛ぶ円盤

soudable [sudabl] 形 溶接できる

soudage [sudaʒ] 男 溶接, はんだ付け

:**soudain(e)** [sudɛ̃, -ɛn スダン(ヌ)] 形 (英 sudden) 突然の, 急な — 副 不意に, 急に

soudainement [sudɛnmɑ̃] 副 突然, 不意に

soudaineté [sudɛnte] 女 突然さ, 唐突さ

Soudan [sudɑ̃] 男 スーダン【アフリカ北部の共和国】

soudanais(e) [sudanɛ, -ɛz] 形 名 [S]スーダンの(人)

soudard [sudar] 男 (文) 粗野な兵士

soude [sud] 女 (化) ソーダ, 炭酸ナトリウム ▶**soude caustique** 水酸化ナトリウム, 苛性ソーダ

soudé(e) [sude] 形 (< souder) 溶接された, はんだ付けされた; (グループが)団結している

souder [sude] 他 溶接する, はんだ付けする; (傷口を縫合する; (人々を密接に結びつける — 代動 [se ~] 溶接[はんだ付け]される; (傷口が)癒着する

soudeur(euse) [sudœr, -øz] 名 溶接工, はんだ工 — 女 溶接機

soudier(ère) [sudje, -ɛr] 形 ソーダ(製造)の — 女 ソーダ工場

soudoyer [sudwaje] 他 45 買収する, 金を払って手なずける

soudure [sudyr] 女 溶接; はんだ付け; 溶接部分, 継ぎ目 ▶**faire la soudure** (端境期・決算期などに)やりくりして需要を満たす; (2つの異なる状況の)間に入って橋渡しをする

soufflage [suflaʒ] 男 風を送ること; (ガラスの)吹き込み成形

soufflant(e) [suflɑ̃, -ɑ̃t] 形 (機械な

どが)風を送る; (話) あっと驚くような

soufflante [suflɑ̃t] 女 送風機

***souffle** [sufl スーフル] 男 ①(英 breath) 息, 息の長さ[強さ]; 呼吸; 呼吸音; (芸術的な)息吹き, 霊感, ひらめき ② 風, 微風, そよぎ; (圧力差などによる)爆風 ▶**avoir du souffle** 息切れしない; (話)(人は)息が止まるほど驚かせる **être à bout de souffle** ばてている **manquer de souffle** 息が切れる; 才能が枯渇する **trouver son second souffle** 巻き返す, 元気を取り戻す ③(医)(聴診で聞く)異常音

soufflé(e) [sufle] 形 ①ふくらんだ; スフレにした, ふっくら焼いた ②(話)びっくりした — 男 (料) スフレ

soufflement [sufləmɑ̃] 男 息づかい

souffler [sufle スフレ] 自 ①(英 blow) 息を吐く; (…に)息を吹きかける[送る] (sur); ②風を吹く (dans) ③(風が)吹く; (騒動などが)吹き荒れる ④あえぐ, 息が上がる, 息切れする — 他 ①ひと息入れる[つく], 一休みする — 他 ①…に息を送る; 吹き消す; 吐き出す ▶**ne pas souffler mot** 何も言わない ②吹き飛ばす; (話)(人から)奪う, 横取りする, 取り上げる (à) ③ささやく, そっと教えてやる ▶**souffler le chaud et le froid** 人によって言うことを変える ④(話) びっくりさせる

soufflerie [sufləri] 女 送風機; 風洞

soufflet [suflɛ] 男 ①ふいご ②蛇腹; (車両連結部の)蛇腹式幌(まく) ③侮辱; (文) 平手打ち

souffleter [suflɛte] 他 4 (文) 侮辱する; (古)平手打ちを食らわす

souffleur(se) [suflœr, -øz] 名 ① [劇] プロンプター ②ガラス吹き職人

soufflure [suflyr] 女 (ガラスなどの)気泡

***souffrance** [sufrɑ̃s スフランス] 女 (英 suffering) 苦しみ, 苦痛; 苦悩 ▶**en souffrance** 未決の, 宙に浮いた; (荷物が)引き取り手のない

souffrant(e) [sufrɑ̃, -ɑ̃t] 形 ①体調がすぐれない, 気分が悪い ②(文) 苦しんでいる, 痛みを感じている; 悩んでいる

souffre-douleur [sufrədulœr] 名 (不変) いじめられっ子, いじめられっ子

souffreteux(se) [sufrətø, -øz] 形 病弱の, ひよわな

:**souffrir** [sufrir スフリール] 自 46 (英 suffer) (…で)苦しい思いをする; (…が)痛い; (…の)病気である; 被害を受ける (de); (話) 非常に苦労する — 他 (文) 我慢する, こらえる; 容認する, 許す ▶**ne pas pouvoir souffrir** …を嫌う **souffrir le martyre** [**mille morts**] 死ぬほどの苦しみを味わう — 代動 [**se ~**] 互いに我慢し合う

soufi(e) [sufi] 形 スーフィズムの — 名 スーフィズムの実践者, スーフィー

soufisme [sufism] 男 [宗] スーフィズ

ム［イスラム教神秘主義］

soufrage [sufraʒ] 男 (マッチ棒の)硫黄塗布;(ブドウの木などの)硫黄散布

soufre [sufr] 男［化］硫黄

soufrer [sufre] 他 硫黄を塗布［散布］する;(発酵を止めるため)亜硫酸ガスを通す

soufreur(se) [sufrœr, -øz] 名 硫黄を散布する人 女 硫黄散布器

soufrière [sufrijɛr] 女 硫黄坑

***souhait** [swɛ スエ] 男 願い, 望み ►à souhait 思いどおりに À vos [tes] souhaits! (くしゃみをした人に)お大事に

***souhaitable** [swɛtabl] 形 望ましい

***souhaiter** [swete ステエ] 他 《英 wish》願う, 望む;〖不定詞とともに〗…したいと思う;(人に幸運などを)祈る ►souhaiter à A de ... A(人)が…することを願う［祈る］ souhaiter la bonne année à (人)に新年のあいさつを述べる souhaiter que + 接続法 …であって欲しいと思う

souillard [sujar] 男 排水口

souille [suj] 女 ①〖狩〗(イノシシの好む)泥だまり ②〖海〗船の座礁跡

souiller [suje] 他 《文》汚す;(評判などに)泥を塗る

souillon [sujɔ̃] 名 不潔な女中 男《古》汚らしい人

souillure [sujyr] 女《文》汚点, けがれ

souk [suk] 男《くアラビア》(アラブ諸国の)街頭市場;《話》雑踏;騒ぎ

soul [sul] 形 〘不変〙 男〘〈英〙〘楽〙ソウルの(曲)

***soûl(e)** [su, sul スー(ル)] 形《英 drunk, drunken》①《話》酔っ払った ②《文》(…を)飽きるほどまで味わった — 男 ► tout son soûl 思う存分, 飽きるだけ

***soulagement** [sulaʒmɑ̃ スラジュマン] 男 (苦痛などの)軽減, 緩和; 安堵[¹²]

***soulager** [sulaʒe スラジェ] 他 40 《英 relieve》(人の)気持ちを楽にする, 苦痛［負担］を減らす; 助ける; (梁[¹¹⁾]などに)かかる荷重を減らす — 代動〘se ~〙気が楽になる; 《話》便をする

soûlant(e) [sulɑ̃, -ɑ̃t] 形《話》うんざりさせる

soûlard(e) [sular, -ard] 形名《話》酔っ払い(の)

soûlaud(e) [sulo, -od], **soûlot(e)** [sulo, -ɔt] 名《話》酔っ払い

soûler [sule] 他 ①酔わせる;《文》有頂天にさせる ②（…で）うんざりさせる （de） — 代動〘se ~〙《話》酔っ払う;（…に）うっとりする（de） ►se soûler la gueule 泥酔する

soûlerie [sulri] 女《話》酔うこと;酒盛り

soulèvement [sulɛvmɑ̃] 男 持ち上がること, 隆起; 蜂起[¹²], 暴動

***soulever** [sulve スルヴェ] 他 ①《英

lift, raise》持ち上げる, 少し上げる ②(ほこりなどを)舞い上げる;(反響を)巻き起こす;(問題を)提起する;興奮させる, 怒りをあおる 蜂起[¹²]させる ►soulever le cœur à …に吐き気を催させる; 嫌悪感を起こさせる ③《話》盗む, 巻き上げる — 代動〘se ~〙 ①起き上がる, 立ち上がる ②反乱を起こす

***soulier** [sulje スリエ] 男 《英 shoe》靴, 短靴 ►être dans ses petits souliers 居心地が悪い, 困った状態にある

soulignage [suliɲaʒ] 男 下線を引くこと; 下線

***souligner** [suliɲe スリニェ] 他 《英 underline》下線を引く;強調［力説］する, 目立たせる; アイラインを入れる

soûlographe [sulɔɡraf] 名《話》飲んだくれ

soûlographie [sulɔɡrafi] 女《話》泥酔(癖)

soûlot(e) [sulo, -ɔt] 名 = soûlaud

***soumettre** [sumɛtr スメトル] 他 41 ①《英 subject》征服する, 支配下に置く;(規則などに)従わせる ②《英 submit》(専門家などに)提出する, ゆだねる;(訓練・治療を)受けさせる;(分析・観察の)対象にする（à） ③降伏する;（…に）従う（à） — 代動〘se ~〙

soumîmes [sumim], **soumirent** [sumir], **soumis** [sumi] ⇒ soumettre

soumis(e) [sumi, -iz] 形 (…に)従順な; 言いなりの（à）

soumission [sumisjɔ̃ スミスィヨン] 女 ①服従, 従順さ; 降伏 ②〖法〗請負入札, 入札

soumissionnaire [sumisjɔnɛr] 名〖法〗入札者

soumissionner [sumisjɔne] 他〖法〗入札する, 請け負う

soupape [supap] 女 弁, バルブ ►soupape de sûreté 安全弁

***soupçon** [supsɔ̃ スプソン] 男《英 suspicion》疑い, 嫌疑; 推測, 予感 ►être au-dessus [à l'abri] de tout soupçon 疑わしところの少しもない un soupçon de ... ほんのわずかの…

soupçonnable [supsɔnabl] 形 疑わしい

***soupçonner** [supsɔne スプソネ] 他 ①《英 suspect》(…ではないかと)疑う, 怪しむ（de） ②感づく, 気づく; 見抜く; 予測する

soupçonneusement [supsɔnøzmɑ̃] 副《文》疑いを抱きつつ

***soupçonneux(se)** [supsɔnø, -øz スプソヌ(ー)ズ] 形 疑い深い

***soupe** [sup スープ] 女 ①《英 soup》スープ;(軍隊や刑務所のスープだけの)食事; 《話》めし ►cracher dans la soupe 恩知らずなことをする être soupe au lait 気が短い être trempé comme une soupe (雨で)びしょぬれだ

gros plein de soupe《話》はちきれそうな腹をした人;肥満児 **soupe à la grimace**《話》(遅く帰ったときなどの)冷ややかな応対 **soupe populaire** 貧しい人々のための炊き出し(所) ②べた雪

soupente [supɑ̃t] 女 (屋根裏・階段下の)小部屋, 物入れ

souper [supe] 男 (英 supper)(観劇・パーティーなどの後の)夜食;(ベルギー・スイス・ケベック)夕食 ― 自 夜食をとる ▶**en avoir soupé de ...**《話》…にはうんざりする

soupeser [supəze] 他 手で重さをはかる;検討(吟味)する

soupeur(se) [supœr, -øz] 名《古》夜食をとる人

soupière [supjɛr] 女 スープ鉢

***soupir** [supir スピール] 男 (英 sigh) ①ため息,嘆息 ▶**pousser un soupir** ため息をつく **rendre le dernier soupir** 息を引き取る ②《文》(恋などの)嘆き,悲嘆;もの悲しい音 ③《楽》4分休止(符)

soupirail [supiraj] 男 (男 複 _-aux_ [-o])(地下室の)換気窓;明かりとり

soupirant(e) [supirɑ̃, -ɑ̃t] 形《文》ため息をつく;(恋に)嘆く ― 男《古・ふざけて》恋する男

***soupirer** [supire スピレ] 自 ①ため息をつく, 吐息をもらす ②《文》(人を)恋い慕う (pour);(…を)熱望する (après) ― 他 ため息まじりに言う;《文》悲しそうに歌う

***souple** [supl スープル] 形 (英 supple, flexible) しなやかな;柔軟な;順応性のある, 融通のきく ▶**avoir l'échine souple / avoir les reins souples / être souple comme un gant** こびへつらう, 言いなりになる **horaires souples** フレックスタイム

souplement [supləmɑ̃] 副 しなやかに;柔軟に

souplesse [suplɛs] 女 しなやかさ, 柔らかさ;柔軟性;如才なさ ▶**manquer de souplesse** 融通がきかない

souquer [suke] 他 (海)(綱を)固く締める ― 自 力いっぱいこぐ

sourate [surat] 女 = surate

***source** [surs スルス] 女 ①泉, わき水;水源;源, 発生源;出所;情報源, ソース ② (川) 原典, 出典;原因;起源, 根源 ▶**couler de source** 自然に涌き出てくる;当然の結果である **de bonne source / de source sûre** 信頼できる筋から(の) **langue source**〔言〕起点言語 **prendre sa source à ...** …に源を発する **puiser à la source** (調査などで)本人(原典)に直接当たる **remonter à la source** **aux sources** 原因にさかのぼって調べる **source de chaleur d'énergie** 熱[エネルギー]源 **source de revenus** 収入源

sourcier(ère) [sursje, -ɛr] 名 水脈占い師【棒や振り子で水脈を探り当てる】

***sourcil** [sursi スルスィ] 男 (英 brow) 眉(毛) ▶**froncer les sourcils** 眉をひそめる

sourcilier(ère) [sursilje, -ɛr] 形〔解〕眉(の)

sourciller [sursije] 自《否定で》眉をひそめる ▶**sans sourciller** 眉ひとつ動かさずに

sourcilleux(se) [sursijø, -øz] 形 ①口やかましい, 細かい ②《文》傲慢な

***sourd(e)** [sur, -urd スール(スルド)] 形 ①(英 deaf) 耳が聞こえない, 耳が遠い;(…に)耳を貸さない, 聞き入れない (à) ▶**être sourd comme un pot** 耳が全く聞こえない **faire la sourde oreille** 聞こえないふりをする **Il n'est pire sourd que celui qui ne veut pas entendre.**〔ことわざ〕聞こうとしない人ほどもたちが悪い ②(音・痛みなどが)鈍い, はっきりしない;(感情などが)漠然とした, 口外に秘めた, 隠れた, 隠微たる;ひそかな ③〔言〕無声の ― 名 耳が聞こえない人, 耳の遠い人 ▶**crier (frapper) comme un sourd** 力の限り叫ぶ[叩く] ― 男 無声音

sourdement [surdəmɑ̃] 副 鈍く, かすかに;ひそかに

sourdine [surdin] 女〔楽〕弱音器, ミュート ▶**en sourdine** 音量を抑えて, ひそかに **mettre une sourdine à ...** …のトーンを落とす

sourdingue [surdɛ̃g] 形名《話・軽蔑的》つんぼの

sourd(e)-muet(te) [surmyɛ, surd(ə)myɛt] 形名(複 ~s-~s) 聾唖(ろうあ)の

sourdre [surdr] 自 28〔不定法と直説法3人称単数現在・半過去のみ〕《文》わき出る;生じる, わき起こる

***souriant(e)** [surjɑ̃, -ɑ̃t スリャン(ト)] 形 (英 smiling) にこやかな;愛想のいい;気持ちのいい

souriceau [suriso] 男(複 ~x) 子ネズミ

souricière [surisjɛr] 女 ネズミとり;(警察の)張り込み

***sourire** [surir スリール] 自 65 男 (英 smile) ほほ笑む, にっこり笑う;(運や人生が)上向く;(人の)気に入る, 気をそそる (à);(…を)(から)かって面白がる (de) ▶**faire sourire** 笑わせる, こっけいである **Tout lui sourit.** 彼にとってすべてが順調に行っている ― 男 微笑, 笑顔 ▶**avoir le sourire** 満足げである **être tout sourire** いやにこにこしている **garder le sourire**(逆境でも)笑顔を絶やさない

***souris** [suri スリ] (英 mouse) 女 ①〔動〕ハツカネズミ(二十日鼠) ▶**souris blanche** 実験用マウス **souris d'hôtel**〔話〕ホテル荒らし(の女) ②〔情報〕マウス ③〔料〕羊の膝肉 ④《話》ぴちぴちの女の子, 若い女

sournois(e) [surnwa, -az] 形 陰険

sournoisement [surnwazmɑ̃] 副 陰険に

sournoiserie [surnwazri] 女 本心を隠すこと, 腹黒さ; 陰険な行為

sous [su スー] 前 (英 under) 《位置・作用・影響・観点・条件・名目・時間》…の下で[に]; …から見て; …として; …のもとに ▶être sous pression プレッシャーを受けている sous huitaine 1 週間以内に sous les auspices de …の支持を受けて sous peu ほどなく sous terre 地下に

sous- 接頭 ①「下」の意;「次」「副」の意 ②「亜種」「亜流」の意 ③「不十分」の意

sous-admissible [suzadmisibl] 形 一次試験合格の(人)

sous-alimentation [suzalimɑ̃tɑsjɔ̃] 女 栄養不良

sous-alimenté(e) [suzalimɑ̃te] 形 (<sous-alimenter) 栄養不良の, 食糧不足に苦しむ

sous-amendement [suzamɑ̃dmɑ̃] 男 (法案の)再修正(案)

sous-bois [subwa] 男 (不変) (森の)下草, 下生え

sous-calibré(e) [sukalibre] 形 (弾丸が)大砲の口径よりも小さい, 縮射用

sous-chef [sufɛf] 男 副長, 次長

sous-classe [suklas] 女 (生) 亜綱

sous-comité [sukɔmite] 男 (企業などの)小委員会, 分科委員会

sous-commission [sukɔmisjɔ̃] 女 (議会・機関などの)小委員会, 分科委員会

sous-consommation [sukɔ̃sɔmɑsjɔ̃] 女 〔経〕過少消費

sous-continent [sukɔ̃tinɑ̃] 男 亜大陸

sous-couche [sukuʃ] 女 下塗り

souscripteur(trice) [suskriptœr, -tris] 名 (出版物の)予約申し込み者;(債券などの)応募者, 購入者;(手形の)振出人;株式引き受け人

souscription [suskripsjɔ̃] 女 ①(株・債券の)応募, 引き受け;(出版物の)予約申し込み ②予約金;寄付金 ③(証書・申込書などの)文末の署名

souscrire [suskrir] 自 26 ①(…に)応募する;出資[寄付]する ②同意する (à) ━ 他 ①申し込む, 予約する ②《古》(書類の最後に)署名する

sous-cutané(e) [sukytane] 形 〔解〕皮下の

sous déclarer [sudeklare] 他 (収入・事故などを)実際よりも少なく申告する

sous-développé(e) [sudevlɔpe] 形 (国・経済の)発展の遅れた, 開発途上の

sous-développement [sudevlɔpmɑ̃] 男 (国・経済などの)低開発性;後進性

sous-diaconat [sudjakɔna] 男 〔カト〕副助祭の位

sous-diacre [sudjakr] 男 〔カト〕副助祭

sous-directeur(trice) [sudirɛktœr, -tris] 名 次長, 副社長, 副支配人

sous-dominante [sudɔminɑ̃t] 女 〔楽〕属音, サブドミナント

sous-embranchement [suzɑ̃brɑ̃ʃmɑ̃] 男 〔生〕亜門

sous-emploi [suzɑ̃plwa] 男 〔経〕不完全雇用;(人材が)十分に活用されていない状態

sous-employé(e) [suzɑ̃plwaje] 形 (人材・設備などが)十分に活用されていない

sous-employer [suzɑ̃plwaje] 他 (人材・設備・時間などを)十分に活用しない

sous-ensemble [suzɑ̃sɑ̃bl] 男 〔数〕部分集合

sous-entendre [suzɑ̃tɑ̃dr] 他 28 ほのめかす, 言外に示唆する;(物事が)示している

***sous-entendu(e)** [suzɑ̃tɑ̃dy スザンタンデュ] 形 (<sous-entendre) (はっきり述べられていないが)暗示している;言うまでもない ━ 男 暗示, ほのめかし;当てこすり

sous-entrepreneur [suzɑ̃trəprənœr] 男 下請業者

sous-équipé(e) [suzekipe] 形 設備が不十分な;(産業などの)施設が立ち遅れた

sous-équipement [suzekipmɑ̃] 男 設備不足

sous-espace [suzɛspas] 男 〔数〕部分空間

sous-espèce [suzɛspɛs] 女 〔生〕亜種

sous-estimation [suzɛstimɑsjɔ̃] 女 過小評価

sous-estimer [suzɛstime] 他 過小評価する, 甘く見る

sous-évaluation [suzevalɥɑsjɔ̃] 女 過小評価

sous-évaluer [suzevalɥe] 他 (価値などを)低く見積もる, 見くびる

sous-exploitation [suzɛksplwatɑsjɔ̃] 女 (資源・資本などの)不十分な開発[利用]

sous-exploiter [suzɛksplwate] 他 (資源などを)十分に開発しない

sous-exposer [suzɛkspoze] 他 〔写〕十分に露出しない

sous-exposition [suzɛkspozisjɔ̃] 女 露出不足

sous-famille [sufamij] 女 〔生〕亜科

sous-fifre [sufifr] 男 《話》(会社などの)下っ端, 平社員

sous-genre [suʒɑ̃r] 男 〔生〕亜属

sous-glaciaire [suglasjɛr] 形 〔地〕

氷河下の

sous-gouverneur [suguvɛrnœr] 男 (中央銀行などの)副総裁

sous-groupe [sugrup] 男 [数] 部分群

sous-homme [suzɔm] 男 ①人間のくず ②悲惨な状況に置かれた人間

sous-humanité [suzymanite] 女 人間以下の状態;[集合的] 人間以下の人々

sous-information [suzɛ̃fɔrmasjɔ̃] 女 情報不足

sous-informé(e) [suzɛ̃fɔrme] 形 情報不足の

sous-jacent(e) [suʒasɑ̃, -ɑ̃t] 形 下部にある; 隠された

sous-lieutenant(e) [suljøt(ə)nɑ̃, -ɑ̃t] 名 (陸軍・空軍の)少尉

sous-locataire [sulɔkatɛr] 名 (家屋の)転借人, 又借りしている人

sous-location [sulɔkasjɔ̃] 女 (家屋の)転貸借

sous-louer [sulwe] 他 (家屋を)又貸し[又借り]する

sous-main [sumɛ̃] 男 〖不変〗 ①デスクマット, 下敷き ▶ **en sous-main** ひそかに

sous-marin(e) [sumarɛ̃, -in] 形 海中の, 海底の ▶ **plongée sous-marine** スキューバダイビング ── 男 潜水艦

sous-marinier [sumarinje] 男 潜水艦乗組員

sous-marque [sumark] 女 セカンドライン【高級ブランドがより安い価格帯で提供する第2のブランド】

sous-menu [sumany] 男 〖情報〗 サブメニュー

sous-multiple [sumyltipl] 形 男 〖数〗 約数(の)

sous-œuvre [suzœvr] 男 〖建〗 基礎, 土台 ▶ **en sous-œuvre** 根底から; 根本的に

sous-off [suzɔf] 男 〖話・軽蔑的〗 下士官

sous-officier [suzɔfisje] 男 下士官

sous-ordre [suzɔrdr] 男 ①部下, 下っ端 ②[生] 亜目 ③下請け

sous-payer [supeje] 他 49 60 (不当に)賃金を安く支払う

sous-peuplé(e) [supœple] 形 (人口)過疎の

sous-peuplement [supœpləmɑ̃] 男 (人口)過疎

sous-pied [supje] 男 アンダーストラップ【足の裏にかけてズボンを止めるバンド】

sous-préfecture [suprefɛktyr] 女 ①副庁(所在地) ②副知事[郡長]の職

sous-préfet [suprefɛ] 男 副知事; 郡長

sous-préfète [suprefɛt] 女 ①女性副知事; 郡長 ②〖古〗 副知事[郡長]夫人

sous-pression [supresjɔ̃] 女 〔土木〕揚圧力

sous-production [suprɔdyksjɔ̃] 女 〖経〗 生産不足

sous-produit [suprɔdɥi] 男 ①副産物, 2次品 ②下手な模造品, 二流のX

sous-programme [suprɔgram] 男 〖情報〗 サブルーチン

sous-prolétaire [suprɔleter] 形 名 下層プロレタリアの

sous-prolétariat [suprɔletarja] 男 下層プロレタリア階級

sous-pull [supyl] 男 (セーターなどの下に着るハイネックの薄いセーター

sous-qualifié(e) [sukalifje] 形 資格を満たしていない

sous-répertoire [surepɛrtwar] 男 〖情報〗 サブディレクトリ

sous-secrétaire [sus(ə)kreter] 男 ▶ **sous-secrétaire d'État** 政務次官補; (アメリカの)国務次官

sous-secrétariat [sus(ə)kretarja] 男 ▶ **sous-secrétariat d'État** 政務次官補の職

sous-seing [susɛ̃] 男 〖不変〗 [法] 私署証書

soussigné(e) [susiɲe] 形 名 [法] 下に署名する(人) ▶ **Je soussigné, X, déclare que...** 私こと, 下に署名せるXは…の旨申告します

***sous-sol** [susɔl] ススル 男 (英 basement); 地下[室] ②[地] 心土; [表土の下の地層] ▶ **richesses du sous-sol** 地下資源

sous-station [sustasjɔ̃] 女 〔電〕変電所

sous-tasse [sutas] 女 [方] ソーサー

sous-tendre [sutɑ̃dr] 他 28 ①[数] (弧の)弦を構成する ②(思想などを)支える, 基礎になっている

sous-tension [sutɑ̃sjɔ̃] 女 〔電〕電圧不足

sous-titrage [sutitraʒ] 男 〔映〕字幕をつけること

sous-titre [sutitr] 男 ①副題, サブタイトル ②〔映〕字幕

sous-titré(e) [sutitre] 形 〔映〕字幕付きの

sous-titrer [sutitre] 他 〔映〕字幕を入れる

soustractif(ve) [sustraktif, -iv] 形 〖数〗引き算の

***soustraction** [sustraksjɔ̃] ススラクスィヨン 女 ①〖英 subtraction〗引き算 ②〖法〗(文書の)窃取罪

soustraire [sustrer] 他 72 ①(…から)引く, 差し引く ⟨de⟩ ②(人から)巻き上げる, だまし取る ⟨à⟩ ③(人を)逃れさせる, 守る ⟨à⟩ ── 代動 [**se ~**] (…から)逃れる, 免れる ⟨à⟩

sous-traitance [sutretɑ̃s] 女 下請け

sous-traitant(e) [sutretɑ̃, -ɑ̃t] 名 下請け業者

sous-traiter [sutrεte] 他 下請に出す; 下請けする

sous-ventrière [suvɑ̃trijεr] 女 馬車をつなぐための(馬の)腹帯

sous-verre [suvεr] 男 (不変) パスパルツー(ガラス板と裏板で絵や写真を挟み込んだもの)

sous-vêtement [suvεtmɑ̃] 男 下着

sous-virer [suvire] 他 (自動車が)アンダーステアになる

sous-vireur(se) [suvirœr, -øz] 形 (自動車が)アンダーステアになりやすい

soutache [sutaʃ] 女 (服の)飾り紐

soutacher [sutaʃe] 他 飾り紐をつける

soutane [sutan] 女 〔カト〕スータン【聖職者の法衣】; [[la ~]]〈集合的〉(話)聖職者

soute [sut] 女 船倉(飛行機の貨物室)

soutenable [sutnabl] 形 (意見などが)堂々と主張し得る

soutenance [sutnɑ̃s] 女 学位論文の公開口頭審査

soutènement [sutεnmɑ̃] 男 〔土木〕支え ▶ **mur de soutènement** (土砂の崩壊を防ぐ)擁壁

souteneur [sutnœr] 男 売春婦のひも

*****soutenir** [sutnir] ストニール 他 75 ① (英 support, sustain) 支える; 活力を与える, 励ます; 支援する, 擁護する; 味方する ②主張する, 保つ, 耐える, 持ちこたえる ▶ **soutenir la comparaison avec** …と比較に耐え, …と比べても遜色(そん)がない ── 代動 [se ~] ①立った姿勢を保つ, 倒れずにいる; (水中・空中に)浮かんでいる ②互いに助け合う ③維持される; 持続する ④支持され得る, 批判に耐え得る

soutenu(e) [sutny] 形 変わることのない, 一貫した; (色などが)際立った; (文体などが)格調高い

*****souterrain(e)** [sutεrɛ̃, -εn] ステラン(レヌ) 形 (英 underground) 地下の; ひそかな, 内密の ── 男 地下道

soutien [sutjɛ̃] スティヤン 男 支え, 支柱; 支持, 支援; 支持者; [情報] サポート; (水準・価格などの)維持 ▶ **apporter son soutien à** …を支持する **cours de soutien** 補習授業 **soutien de famille** 一家の稼ぎ手

soutien-gorge [sutjɛ̃gɔrʒ] 男 (複 ~s-~) ブラジャー

soutier [sutje] 男 ①〔海〕船倉・石炭係の船員 ②下働きの人

soutif [sutif] 男 (話) = soutien-gorge

soutirage [sutiraʒ] 男 (ワインなどの)澱(おり)引き, 澱引きしたワイン

soutirer [sutire] 他 ①(ワインなどを別の容器に移して)澱引きする ②(人から)巻き上げる, おどし取る (à)

soutra [sutra] 男 (<サンスクリット) スートラ『ヴェーダ文学の経典』

souvenance [suvnɑ̃s] 女 (文) 思い出; 追憶

souvenir¹ [suvnir] スヴニール 代動 75 [se ~] (英 remember) (…を)思い出す, 覚えている, (…ということを)覚えている (que) ▶ **faire souvenir** [se faire ~] 〈代名受動〉思い出させる (à) [me, te, lui, …] 【助動詞は être】 [II …] (文) …が私は **souviens de** …[que …]…が私(男, 彼, 女, …)の心に浮かぶ

souvenir² [suvnir] 男 (英 memory) 思い出, 回想 ① 記憶 ②(英 souvenir) (複) 回想録 ③みやげ, 記念品, 思い出の品 ▶ **boutique de souvenirs** 土産物店 **en souvenir de (…)** (…)の記念に **photo-souvenir** 記念写真

*****souvent** [suvɑ̃] スヴァン 副 (英 often) しばしば, よく, ひんぱんに; 多くの場合 **le plus souvent** たいていは, 多くの場合 **peu souvent** たまに, ほとんどの場合ない **vent qu'à son tour** 普段よりも多く

souverain(e) [suvrɛ̃, -εn] 形 ①主権を有する, 最高権限をもつ, (裁判所が)最終審の ②至上の, 最高の; 極端な ③(薬などが)特効性の, 絶大な 支配者 ── 男 ① 君主; 主君 ▶ **souverain absolu** 絶対(立憲)君主 **constitutionnel souverain Pontife** [le ~] ローマ教皇

souverainement [suvrεnmɑ̃] 副 ①絶対的権能をもって ②この上なく, 極度に

souveraineté [suvrεnte] 女 主権, (君主の)至上権

souverainisme [suvrεnism] 男 ①主権主義 (EU の政治統合に反対し, 各国が主権を保持するべきだとする立場) ②(ケベックの)主権主義運動

souverainiste [suvrεnist] 名 ①主権主義者 ②(ケベックの)主権主義支持者

soviet [sɔvjεt] 男 (<ロシア) ソヴィエト [ロシア革命時の労働者兵士代表会議] ▶ **Soviet suprême** 最高評議会

soviétique [sɔvjetik] 形 名 [S-] (旧)ソ連の(人)

soviétiser [sɔvjetize] 他 ソヴィエト化する

soviétologue [sɔvjetɔlɔg] 名 ソ連研究者

sovkhoze [sɔvkoz] 男 (<ロシア) ソフホーズ [旧ソ連の大規模国営農場]

soya [sɔja] 男 = soja

soyeux(se) [swajø, -øz] 形 絹のようなつやのある ── 男 (リヨンの)絹織物業者

soyez [swaje], **soyons** [swajɔ̃] ⇒ être

spacieusement [spasjøzmɑ̃] 副 広々と, ゆったりと

spacieux(se) [spasjø, -øz] 形 広々とした、スペースのある

spadassin [spadasɛ̃] 男 (＜ イ)《文》刺客、殺し屋

spaghetti [spageti] 男 (複 ～(s)) (＜ イ)(複) スパゲッティ

spahi [spai] 男 (＜トルコ)〔史〕(アルジェリアでフランス軍に編入された)原住民騎兵

spalax [spalaks] 男〔動〕メクラネズミ

sparadrap [sparadra] 男 絆創膏(ばんそうこう)

spart(e) [spart] 男〔植〕エスパルト：アフリカハネガヤ

spartakisme [spartakism] 男〔史〕スパルタクス団運動【第1次大戦勃発後に起こったドイツの社会主義運動】

spartakiste [spartakist] 形名〔史〕スパルタクス団の(メンバー)

Sparte [spart]〔史〕スパルタ【古代ギリシアの都市国家】

sparterie [spart(ə)ri] 女 エスパルト工芸品

spartiate [sparsjat] 形 スパルタの；スパルタ式の、質実剛健な ▸à la spartiate スパルタ式に — 名 ①[S-] スパルタ市民 ②厳格な人 — 女《複》(革ひもで編んだ)サンダル

spasme [spasm] 男 痙攣(けいれん)

spasmodique [spasmodik] 形 痙攣(けいれん)(性)の；引きつったような

spasmophile [spasmofil] 形名〔医〕痙攣(けいれん)性体質の(人)

spasmophilie [spasmofili] 女〔医〕痙攣(けいれん)性体質

spatangue [spatɑ̃g] 男〔動〕ブンブク貝；ホンブンブク【ウニの一種】

spath [spat] 男〔鉱〕スパー【劈開(へきかい)できる結晶性鉱物の総称】 ▸spath d'Islande アイスランド・スパー

spathique [spatik] 形〔鉱〕スパー質の

spatial(ale) [spasjal] 形 (男複 -aux [-o]) 宇宙の；空間の、空間的な

spatialisation [spasjalizasjɔ̃] 女 空間化

spatialiser [spasjalize] 他 ①空間化する；(数値などを)視覚化する ②(ロケットなどを)宇宙空間に適応させる

spati(o)- 接頭「空間」の意

spatiologie [spasjɔlɔʒi] 女 宇宙科学

spationaute [spasjonot] 名 宇宙飛行士

spationef [spasjonɛf] 男〔古〕宇宙船

spatio-temporel(le) [spasjotɑ̃pɔrɛl] 形 時間と空間の

spatule [spatyl] 女 ①へら、へら状の器具 ②〔鳥〕ヘラサギ

spatulé(e) [spatyle] 形 へら状の

speaker(ine) [spikœr] 名 (英)アナウンサー —— 男 (英仏·米国の)下院議長

*__spécial(ale)__ [spesjal] スペシャル 形 (男複 -aux [-o])①(英 special) 特別の、例外的な；特殊な、専門の；(…に)独特の、特有の(à)；風変わりな、普通では ない ▸effets spéciaux [映] 特殊

*__spécialement__ [spesjalmɑ̃] スペシャルマン 副 (英 especially、particularly) 特別に、わざわざ；とりわけ

spécialisation [spesjalizasjɔ̃] 女 専門化、特殊化；専攻 ▸faire une spécialisation en … を専攻している

spécialisé(e) [spesjalize] 形 (＜ spécialiser) (本などが)専門向けの；(…を)専門とする(dans, en)

*__spécialiser__ [spesjalize] スペシャリゼ 他 専門化する；専門別に分ける — 代動 [se ～] 専門化する；(…を)専攻する、専門とする(en, dans)

*__spécialiste__ [spesjalist] スペシャリスト 名 (英 specialist) 専門家、スペシャリスト；専門医；(話)(…の)常習犯(de)

*__spécialité__ [spesjalite] スペシャリテ 女 ①(英 speciality) 専門、専攻 ▸spécialité administrative (仏)行政上の管轄 ②特産品；名物料理 ③(話)くせ、得意業(ごう)

spéciation [spesjasjɔ̃] 女〔生〕種分化、種形成

spécieusement [spesjøzmɑ̃] 副 もっともらしく

spécieux(se) [spesjø, -øz] 形《文》見てくれだけの、もっともらしい

spécification [spesifikasjɔ̃] 女 明記、明示；(商品に関する)明細

spécificité [spesifisite] 女 特性、独自性；特異性

spécifier [spesifje] 他 特定する、明示明記するは；はっきりと伝える

spécifique [spesifik] 形 特有[固有]の、特殊な；独自の、独特な

spécifiquement [spesifikmɑ̃] 副 特徴的に、典型的に

spécimen [spesimen] 男《ラ》①見本 ②典型、代表例 ③(話)変わり者

*__spectacle__ [spektakl] スペクタクル 男 ①(英 sight) 光景、情景；様相 ▸au spectacle de … を見て donner... en spectacle … を見せ物にする se donner en spectacle 自分をひけらかす ②(英 show) 演劇・舞踊・映画など)の見世物、ショー；興行；《軽蔑的》[同格的に] ショーと化した ▸à grand spectacle 大仕掛けな industrie du spectacle ショービジネス

spectaculaire [spektakylɛr] スペクタキュレール 形 劇的な、目覚ましい、華々しい

*__spectateur(trice)__ [spektatœr, -tris] スペクタトゥール(トリス) 名 (英 spectator) 観客、見物人；目撃者；傍観者

spectral(ale) [spektral] 形 (男複 -aux [-o])①《文》幽霊のような ②《物》スペクトルの

spectre [spɛktr] 男 ①幽霊; 亡霊のような人; (災厄の)おそれ, 脅威 ②〔物〕スペクトル

spectromètre [spɛktrɔmɛtr] 男 〔物〕分光計

spectroscope [spɛktrɔskɔp] 男 〔物〕分光器

spectroscopie [spɛktrɔskɔpi] 女 〔物〕分光学

spéculaire [spekylɛr] 形 鏡の; 鏡に写した

spéculateur(trice) [spekylatœr, -tris] 名 投機家, 相場師

spéculatif(ve) [spekylatif, -iv] 形 ①投機的な ▶fonds spéculatifs ヘッジファンド ②〔哲〕思弁的な

spéculation [spekylasjɔ̃] 女 ①投機, 思惑買い ②思索, 思弁

spéculer [spekyle] 自 ①(…に)投機する, 相場を張る; つけこむ(sur) ②(…について)思弁する, 思索をめぐらす(sur)

spéculo(o)s [spekylos] 男〘集〙(ベルギー)スペキュルス【甘いクッキー】

spéculum [spekylɔm] (ラ) 男 〔医〕検鏡【耳・鼻の穴・肛門などを調べる】

speech [spitʃ] 男 (複 〜es) (＜英) 〘古〙スピーチ

speed [spid] 男 (＜英) 〘俗〙アンフェタミン; スピード, LSD ── 形 〘不変〙〘話〙激しく興奮した, 非常に活動的な; アンフェタミンを摂取した

speedé(e) [spide] 形 〘俗〙アンフェタミンでハイになった ②〘話〙非常に興奮した, やたらに元気な

speeder [spide] 自 〘話〙急ぐ, せかせかする

spéléo- 接頭 (＜ギ)「洞窟」の意

spéléologie [speleɔlɔʒi] 女 洞窟学; 洞窟探検

spéléologique [speleɔlɔʒik] 形 洞窟学の; 洞窟探検の

spéléologue [speleɔlɔg] 名 洞窟学者; 洞窟探検家

spencer [spɛnsœr, spɛsɛr] 男 (＜英) 〘服〙スペンサー【丈の短い上着】

spermatide [spɛrmatid] 女 〔生〕精細胞

spermatique [spɛrmatik] 形 〔生〕精子の, 精液の

spermat(o)-, sperm(o)- 接頭 (＜ギ)「精子」「精液」の意

spermatogenèse [spɛrmatɔʒənɛz] 女 〔生〕精子形成

spermatophytes [spɛrmatɔfit] 男 〘複〙種子植物

spermatozoïde [spɛrmatɔzɔid] 男 〔生〕精子, 精虫

sperme [spɛrm] 男 精液

spermicide [spɛrmisid] 形 殺精子の ── 男 殺精子剤, 避妊用ゼリー

spermophile [spɛrmɔfil] 男 〘動〙ジリス(属)

sphaigne [sfɛɲ] 女 〘植〙ミズゴケ属

sphénoïdal(ale) [sfenɔidal, -o] 形 (男複 -aux [-o]) 蝶形骨の

sphénoïde [sfenɔid] 形男 〔解〕蝶形骨【頭蓋骨の一部】

sphère [sfɛr] 女 球; 球体, 球面; (活動・権力などの)範囲, 領域 ▶hautes sphères 上層部 ▶sphère céleste 天球

sphéricité [sferisite] 女 球面であること ▶aberration de sphéricité 球面収差

sphérique [sferik] 形 球面の, 球形の, 球状の

sphéroïde [sferɔid] 男 回転楕円体(面)

sphincter [sfɛ̃ktɛr] 男 〔解〕括約筋

sphinge [sfɛ̃ʒ] 女 上半身が女性のスフィンクス; 謎めいた女

sphinx [sfɛ̃ks] 男 ①スフィンクス(像); 謎めいた人 ②〘虫〙スズメガ

sphygmomanomètre [sfigmomanomɛtr], **sphygmotensiomètre** [sfigmotɑ̃sjɔmɛtr] 男 〔医〕血圧計

sphyrène [sfirɛn] 女 〔魚〕カマス

spi [spi] 男 〘話〙 = spinnaker

spica [spika] 男 〔医〕麦穂帯[スパイカ]包帯

spider [spidɛr] 男 (＜英) (昔のオープンカーの)後部座席

spin [spin] 男 (＜英) 〔物〕スピン【粒子が固有に持っている角運動量】

spinal(ale) [spinal] 形 (男複 -aux [-o]) 〔解〕脊椎の, 脊髄の

spinnaker, spinaker [spinɛkœr] 男 (＜英) 〘海〙スピンネーカー【追い風用の大三角帆】

spinosisme, spinozisme [spinozism] 男 スピノザ(Spinoza)哲学

spiral(ale) [spiral] 形 (男複 -aux [-o]) 螺旋(らせん)状の, 渦巻状の ── 男 (時計の)ひげぜんまい ▶ressort spiral = spirale

spirale [spiral] 女 ①螺旋(らせん)状のもの; (ノートなどの)螺旋とじの針金 ②〘数〙渦巻 ▶en spirale 螺旋状に ②物価・犯罪などの)急増, 急上昇; 悪循環, いたちごっこ

spire [spir] 女 (螺旋(らせん)・巻き線の)一巻き; (巻き貝の)渦巻き

spirille [spirij], **spirillum** [spirilɔm] 男 〔生〕スピリルム(属)【螺旋(らせん)菌の一属】

spirillose [siriloz] 女 〔医〕螺旋(らせん)菌症

spirite [spirit] 形 (＜英) 交霊術の ── 名 交霊術者

spiritisme [spiritism] 男 交霊術

spiritual [spiritɥal] 男 (複 〜s [-ols]) (＜英) 黒人霊歌(= négro〜)

spiritualisation [spiritɥalizasjɔ̃] 女 精神性を高めること

spiritualiser [spiritɥalize] 他 〘文〙精神性を付与する, 崇高にする

spiritualisme [spiritɥalism] 男 〔哲〕唯心論; 精神主義

spiritualiste [spiritɥalist] 形名 唯心論(者)(の), 精神主義(者)(の)

spiritualité [spiritɥalite] 女 ①霊性, 精神性 ②求道, 霊的生活

***spirituel(le)** [spiritɥɛl] スピリテュエル 形 ①(英 witty) 機知に富み, 才気にあふれた; 面白い ②(英 spiritual) 精神的な; 霊的な, 霊魂に関する; 宗教上の —— 男 教権, 教会権力 ▶ concert spirituel 宗教音楽会

spirituellement [spiritɥɛlmɑ̃] 副 ①才気煥発に, 機知をもって ②精神的に

spiritueux(se) [spiritɥø, -øz] 形 アルコール度の高い —— 男 蒸留酒, スピリッツ

spirochète [spirɔkɛt] 男 〔生〕スピロヘータ

spirographe [spirɔgraf] 男 〔動〕ラセンケヤリ〔環形動物〕

spiroïdal(ale) [spirɔidal] 形 (男複 -aux[-o]) 螺旋(%)状の

spiromètre [spirɔmɛtr] 男 肺活量計

spirorbe [spirɔrb] 男 〔動〕ウズマキゴカイ

spleen [splin] 男 (< 英)〔文〕憂鬱(%), もの悲しい気持ち

spleenétique [splinetik] 形 憂鬱(%)な

splendeur [splɑ̃dœr] 女 栄光, 栄華, 華やかさ; 見事なもの; 《文》光輝 ▶ dans toute sa splendeur 《皮肉的》余すところなく示した

***splendide** [splɑ̃did] スプランディド 形 (英 splendid) 光り輝く, まばゆい; きらびやかな, 壮麗な

splendidement [splɑ̃didmɑ̃] 副 きらびやかに, 見事に

splénectomie [splenɛktɔmi] 女 〔医〕脾臓(%)摘出術

splénique [splenik] 形 〔解〕脾臓(%)の

splénomégalie [splenɔmegali] 女 〔医〕脾臓(%)

spoliateur(trice) [spɔljatœr, -tris] 名 略奪者, 強奪者 —— 形 略奪する, 強奪する

spoliation [spɔljasjɔ̃] 女 略奪(品), 強奪(品)

spolier [spɔlje] 他 (人から…を)略奪〔強奪〕する, だまし取る 《de》

spondée [spɔ̃de] 男 〔詩〕(ギリシア・ラテン詩の) 長長格

spondylarthrite [spɔ̃dilartrit] 女 〔医〕脊椎炎; 脊椎関節炎 ▶ spondylarthrite ankylosante 強直性脊椎炎

spondylite [spɔ̃dilit] 女 〔医〕脊椎炎; 脊椎炎

spongiaires [spɔ̃ʒjɛr] 男 (複)〔動〕海綿動物門

spongieux(se) [spɔ̃ʒjø, -øz] 形 海綿質の, スポンジ状の; 吸水〔保水〕性に富む

spongiforme [spɔ̃ʒifɔrm] 形 〔医〕(組織が)ゆるんだ; 海綿状になった

sponsor [spɔ̃sɔr, spɔnsɔr] 男 (< 英) スポンサー

sponsoring [spɔ̃sɔriŋ, spɔnsɔriŋ] 男 (< 英) (文化・スポーツイベントの) 後援

sponsorisation [spɔ̃sɔrizasjɔ̃] 女 スポンサーになること, 後援

sponsoriser [spɔ̃sɔrize] 他 スポンサーになる

***spontané(e)** [spɔ̃tane] スポンタネ 形 (英 spontaneous) 自発的な, 任意の; 自然発生的な; 率直な, 下心のない; とっさの

spontanéité [spɔ̃taneite] 女 自発性, 自発的行為; 自然さ, 率直さ

spontanément [spɔ̃tanemɑ̃] 副 自発的に, ひとりでに; とっさに; 思いつくままに

sporadicité [spɔradisite] 女 散発性, 散在性

sporadique [spɔradik] 形 散発的な, 散発する; 〔医〕(伝染性に対して) 散発性の

sporadiquement [spɔradikmɑ̃] 副 散発的に

sporange [spɔrɑ̃ʒ] 男 〔植〕胞子囊(%)

spore [spɔr] 女 〔生〕胞子

sporophyte [spɔrɔfit] 男 〔植〕胞子体

sporotriche [spɔrɔtriʃ] 男 〔生〕スポロトリクス〔糸状菌〕

sporotrichose [spɔrɔtrikoz] 女 〔医〕スポロトリクム症

***sport** [spɔr] 男 (< 英) ①スポーツ, 競技; 運動 ▶ C'est du sport.《話》それは難しい〔危険な〕仕事だ Il y a avoir du sport.《話》これはひと騒動ありそうだ sport cérébral 頭を使うゲーム sport en salle [de plein air] インドア〔アウトドア〕スポーツ sport individuel [d'équipe] 個人〔団体〕競技 sports d'hiver ウィンタースポーツ —— 形 (不変)《話》(服装が) スポーティーな, カジュアルな

sportif(ve) [spɔrtif, -iv] スポルティフ (ヴ) 形 スポーツの; スポーツ好きな; フェアな, いさぎよい —— 名 スポーツマン〔ウーマン〕

sportivement [spɔrtivmɑ̃] 副 フェアな態度で, いさぎよく

sportivité [spɔrtivite] 女 スポーツマンシップ, フェアプレーの精神

sportswear [spɔrtswɛr] 男 (< 英)〔服〕スポーツウェア

sporulation [spɔrylasjɔ̃] 女 〔植〕胞子形成

sporuler [spɔryle] 自 〔植〕胞子を形成する; 胞子生殖する

spot [spɔt] 男 (< 英) ①スポットライト ②(テレビ・ラジオの) コマーシャル, CM (=

spoutnik [sputnik] 男 《<ロシア》 スプートニク【旧ソ連の人工衛星】

sprat [sprat] 男 〔魚〕スプラット【ニシン科の小魚】

spray [sprɛ] 男 《<英》スプレー

springbok [spriŋbɔk] 男 〔動〕スプリングボック

sprint [sprint] 男 《<英》スパート; 短距離競走, スプリント ▶*piquer un sprint* 《話》スパートをかける, ダッシュする

sprinter [sprinte] 自 ラストスパートをかける ── 男 = sprinteur

sprinteur [sprɛ̃tœr] 男〔女性には sprinteuse を用いることもある〕短距離競走者, スプリンター

spumescent(e) [spymɛsɑ̃, -ɑ̃t] 形 泡の, 発泡性の

spumeux(se) [spymø, -øz] 形〔医〕泡状の

squale [skwal] 男 鮫(さめ)

squamates [skwamat] 男《複》〔動〕有鱗目

squame [skwam] 女 ①〔医〕(皮膚からはがれる)鱗屑(りんせつ); ②〔文・古〕鱗(うろこ)

squameux(se) [skwamø, -øz] 形 ①〔医〕(皮膚が)鱗(うろこ)状の ②〔文・古〕鱗のある

squamifère [skwamifɛr] 形〔生〕鱗(うろこ)で覆われた

square [skwar] 男《<英》(鉄柵で囲まれた)小公園

squash [skwaʃ] 男《<英》〔スポーツ〕スカッシュ

squat [skwat] 男 (空家などの)不法占拠; 不法占拠された建物

squatter [skwate], **squattériser** [skwaterize] 他 (空家などを)不法占拠する; 無断で住みつく ── 男 = squatteur

squatteur [skwatœr] 男 (空家などに)無断で住みついている人; 不法占拠している人

squeezer [skwize] 他《話》優位に立つ

squelette [skəlɛt] 男 骸(がい)骨, 骨格; (建造物の)骨組み; (作品・演説の)骨子

squelettique [skəletik] 形 骸(がい)骨のような; がりがりの; (作品・計画などが)骨子だけの, 肉付けされていない; (人数が)切り詰められた

squille [skij] 女〔動〕シャコ(目)

squirr(h)e [skir] 男〔医〕硬性癌(がん)

squirr(h)eux(se) [skirø, -øz] 形 硬性癌(がん)の

ORAS [ɔras] 男《略》Syndrome respiratoire aigu sévère 〔医〕重症急性呼吸器症候群, サーズ

Sri Lanka [srilɑ̃ka] 男 スリランカ

sri lankais(e) [srilɑ̃kɛ, -ɛz] 形名 [S-] スリランカ(の人)

SS 女 ナチスの親衛隊員【ドイツ語 Schutz·Staffel】

stabat mater [stabat matɛr] 男《不変》《<ラ》〔カト〕悲しめる聖母は立てり【キリストが十字架にかけられた時の聖母の悲しみを歌う聖歌】

stabilisateur(trice) [stabilizatœr, -tris] 形 安定させる ── 男 ①(乗物の安定装置, スタビライザー; (自転車の)補助輪 ②〔化〕安定剤

stabilisation [stabilizasjɔ̃] 女 安定化; 制動

stabiliser [stabilize] 他 安定させる, ぶれを抑える; 〔化〕(化合物を)安定させる ── 代動 [se ～] 安定する; 落ち着く

stabilité [stabilite] 女 安定(性); (足場などの)確かさ

*__**stable**__* [stabl] スタブル 形 安定した, 確固とした; 揺るぎない; (椅子などがぐらぐらしない

stabulation [stabylasjɔ̃] 女 家畜の舎内飼育

staccato [stakato] 副《<イ》〔楽〕スタッカートで ── 男 スタッカート

stade [stad] スタード 男 ①《<英 stadium》競技場, スタジアム ②(発達・病気の)段階;〔精医〕… 期 ▶**stade oral** [anal. génital] 口唇[肛門, 性器]期

stadhouder [staduder] 男〔史〕(オランダの)州総督

Staël [stal] (Madame de～) スタール夫人【1766–1817; 作家】

staff¹ [staf] 男《<英》(企業の)経営陣, 上層部; (同じ仕事をする)スタッフ

staff² [staf] 男〔建〕スタッフ【混ぜもの入りの石膏】

*__**stage**__* [staʒ] スタージュ 男 研修(期間), 実習(期間); 短期講習, セミナー ▶*stage d'insertion (professionnelle)* 職業訓練 *stage en entreprise* 企業研修 *stage pédagogique* 教育実習

stagflation [stagflasjɔ̃] 女《<英》〔経〕スタグフレーション

stagiaire [staʒjɛr] 形 研修中の, 実習を受けている ── 名 研修生, 実習生

stagnant(e) [stagnɑ̃, -ɑ̃t] 形 よどんでいる, (景気などが)停滞している

stagnation [stagnasjɔ̃] 女 不振, 沈滞

stagner [stagne] 自 (水が)よどむ; (景気などが)停滞する

stakhanovisme [stakanɔvism] 男〔史〕スタハノフ運動【社会主義国における生産性向上運動】

stakhanoviste [stakanɔvist] 形名 スタハノフ運動の推進者

stalactite [stalaktit] 女 (天井から垂れ下がった)鍾乳(しょうにゅう)石

stalag [stalag] 男《<ド》(第2次大戦中の)ドイツの捕虜収容所

stalagmite [stalagmit] 女〔地〕石筍(せきじゅん)

Staline [stalin] (Joseph～) スターリン【1879–1953; 旧ソ連の政治家】

stalinien(ne) [stalinjɛ̃, -ɛn] 形 スターリンの ― 名 スターリン主義者

stalinisme [stalinism] 男 スターリン主義

stalle [stal] 女 (教会の聖歌隊席の両脇に設けられた)聖職者席;(厩舎の)房

staminal(ale) [staminal] 形 (男複 -aux[-o]) [植] 雄蕊(ずい)の

staminé(e) [stamine] 形 [植] 雄蕊(ずい)をもつ

stances [stɑ̃s] 女 (複) スタンス【同型詩節の反復からなる叙情詩】

stand [stɑ̃d] 男 (〈英〉) ①(展示会などの)出展コーナー, スタンド ②(カーレースの)ピット(= ~ de ravitaillement) ③射撃場, 射的場(= ~ de tir)

standard [stɑ̃daʀ] 男 (〈英〉) ①基準, 規格 ②(内線の)電話交換台 ③[楽] ジャズのスタンダードナンバー ― 形 (不変) 標準の, 規格どおりの;型にはまった

standardisation [stɑ̃daʀdizasjɔ̃] 女 (製品の)規格統一

standardiser [stɑ̃daʀdize] 他 規格化する;画一化する

standardiste [stɑ̃daʀdist] 名 電話交換手

stand-by [stɑ̃dbaj] 形名 (不変) (〈英〉) (飛行機のキャンセル待ちの(乗客) ― 男 (飛行機の)キャンセル待ち

standing [stɑ̃diŋ] 男 (〈英〉) ①(社会・経済的)地位, ステータス;生活水準 ②(住居の)高級さ, 豪華さ **de grand standing** (住宅・ホテルなどが)豪華な

stannifère [sta(n)nifɛʀ] 形 [鉱] スズを含む

staphylin [stafilɛ̃] 男 [虫] ハネカクシ

staphylococcie [stafilɔkɔksi] 女 [医] ブドウ球菌感染症

staphylococcique [stafilɔkɔksik] 形 ブドウ球菌感染症の

staphylocoque [stafilɔkɔk] 男 [生] ブドウ球菌

staphylome [stafilom] 男 [医] (角膜の)ブドウ腫(しゅ)

star [staʀ] 女 (〈英〉) スター, 有名人;スター選手

starie [staʀi] 女 停泊期間

starisation [staʀizasjɔ̃] 女 スターにすること

stariser [staʀize] 他 (話)スターにする

starlette [staʀlɛt] 女 (話) 女優の卵

star-système, star-system [staʀsistɛm] 男 (〈英〉) [映] スターシステム【スター中心の映画作り】

starter [staʀtɛʀ] 男 (〈英〉) ①(競走の)合図係, スターター ②(エンジンの)チョーク

starting-block [staʀtiŋblɔk] 男 (〈英〉) (陸上競技の)スターティングブロック

starting-gate [staʀtiŋgɛt] 男 (〈英〉) [競馬] スターティングゲート

start-up [staʀtœp] 女 (不変) (〈英〉) ベンチャー企業

stase [staz] 女 [医] うっ血

stat [stat] 女 (<statistique) (話) 統計

‡station [stasjɔ̃] スタスィヨン 女 ①(地下鉄などの)駅【通常の駅は gare】; (バスの)停留所【待合施設のないものは arrêt】 ▶ **station de taxi** タクシー乗り場 ▶ **station de ski** スキー場 **station thermale** 温泉場 **station balnéaire** 海水浴場 **station de ski** スキー場 **station thermale** 温泉場 ③放送局;(レーダーなどの)基地;観測所, 研究所;発電所;(浄水・給油などの)施設, サービスステーション ▶ **station de télévision (radio)** テレビ(ラジオ)局 **station de travail** [情報] ワークステーション **station d'épuration** 浄水場 **station météorologique** 測候所 **station spatiale** 宇宙ステーション ④姿勢;静止状態;立ち止まること, 小休止 ▶ **station debout** 立ったままの姿勢 **stations de la croix** [カト] [les ~] 十字架の道行きの留(りゅう)【キリストが十字架を負って刑場の丘に上る途中に足を止めたところ;それをモチーフにした絵画や彫刻】

stationnaire [stasjɔnɛʀ] 形 動かない, 変化しない;停滞している

stationné(e) [stasjɔne] 形 (<stationner) (自分の)車を停めてある;[軍] (部隊・兵器が)配備されている

‡stationnement [stasjɔnmɑ̃] スタスィヨヌマン 男 (英 parking) 駐車, 停車;[軍] 駐留, 配備 ▶ **stationnement interdit** (揭示) 駐車禁止

‡stationner [stasjɔne] スタスィヨネ 自 駐車[停車]する;立ち止まる

station-service [stasjɔ̃sɛʀvis] 女 (複 ~s~) ガソリンスタンド

statique [statik] 形 静止した;変化のない ― 女 静力学

statisme [statism] 男 静止状態

statisticien(ne) [statistisjɛ̃, -ɛn] 名 統計学者

statistique [statistik] 女 統計(学); (複) 統計表 ― 形 統計上の, 統計学の

statistiquement [statistikmɑ̃] 副 統計上, 統計学的に

stator [statɔʀ] 男 [電] (発動機などの)固定子

statuaire [statɥɛʀ] 形 彫像製作術の ― 女 彫像(製作)の ― 名 (文) 彫像製作家

‡statue [staty] スタテュ 女 像, 彫像; (…の化身(けしん)の)

statuer [statɥe] 自 (…について)裁定を下す, 決定する(sur)

statuette [statɥɛt] 女 小像

statufier [statyfje] 他 ①(話)(人の)像を立てる;功績をやたらに称える ②[ものが主語](人を)身動きできなくする

statu quo [staty k(w)o] 男 《ラ》現状

stature [statyr] 女 身長; (人間としての)スケール, 器量 ▶ *d'une autre stature* ずば抜けた

statut [staty] 男 ① 身分(規定), 社会的地位, ステータス ②《複》(団体・法人などの)規約, 定款

statutaire [statyter] 形 規定[規約]にかなった

statutairement [statytermɑ̃] 副 規定に則り

:**steak** [stɛk ステク] 男 《英》ステーキ ▶ *steak frites* ステーキのフライドポテト添え *steak haché* ハンバーグステーキ *steak tartare* タルタルステーキ

steamer [stimœr] 男 《英》(古)蒸気船

stéarate [stearat] 男 〔化〕ステアリン酸塩

stéarine [stearin] 女 〔化〕ステアリン

stéarique [stearik] 形 〔化〕ステアリン(酸)の

stéatite [steatit] 女 〔鉱〕凍石, 石けん石

stéatose [steatoz] 女 〔医〕脂肪症, 脂肪変成

steeple-chase [stipəlʃɛz], **steeple** [stipl] 男 《英》〔スポーツ・競馬〕障害物競走

stégomyie [stegomii] 女 〔虫〕ネッタイシマカ【黄熱病などを媒介する】

stégosaure [stegozor] 男 〔古生〕ステゴザウルス

steinbock [stɛnbɔk, stɛjnbɔk] 男 〔動〕スタインボック【アフリカ南部の小型レイヨウ】

stèle [stɛl] 女 (墓碑・記念碑のための)石柱, 石碑

stellaire [steler] 形 星の; 星形の, 放射状の ── 女 〔植〕ハコベ(属)

stellionat [steljona] 男 〔法〕(不動産の)転売詐欺

stellionataire [steljonater] 形名 〔法〕転売詐欺の(犯罪者)

stem(m) [stɛm] 男 (〈ノルウェー〉) 〔スキー〕 シュテムターン【スキーを開いて回転に入り, 回転が終わる所でまたスキーをそろえる技術】

stemmate [stemat] 男 (昆虫の)単眼

stencil [stɛnsil] 男 《英》(謄写版)の原紙; ステンシル(ペーパー)

Stendhal [stɛ̃dal] スタンダール【1783-1842; 小説家】

stendhalien(ne) [stɛ̃daljɛ̃, -ɛn] 形 スタンダールの(作品の)

sténo [steno] 名 速記者; 速記タイピスト ── 形 速記(術)

sténo- 接頭 (〈ギ〉)「短い」の意

sténodactylo [stenodaktilo] 名 速記タイピスト ── 女 = sténodactylographie

sténodactylographie [stenodak-

tilografi] 女 速記タイプ技術

sténogramme [stenɔgram] 男 速記文字[記号]

sténographe [stenɔgraf] 名 速記者

sténographie [stenɔgrafi] 女 速記(術) ▶ *prendre ... en sténographie* …を速記にとる

sténographier [stenɔgrafje] 他 速記する

sténographique [stenɔgrafik] 形 速記の, 速記による

sténose [stenoz] 女 〔医〕狭窄(?)(症)

sténotype [stenɔtip] 女 速記タイプライター

sténotypie [stenɔtipi] 女 速記タイプライター術

sténotypiste [stenɔtipist] 名 速記タイピスト

stentor [stɑ̃tɔr] 男 大声の持ち主

stéphanois(e) [stefanwa, -az] 形名 〖S-〗サンテチエンヌ(Saint-Étienne)の(人)

steppe [stɛp] 女 (〈ロシア〉) 〔地理〕ステップ【中央アジアなどの広大な草原】

steppique [stɛpik] 形 ステップの; ステップ地帯に生息する

stercoraire[1] [stɛrkɔrɛr] 男 〔鳥〕トウゾクカモメ

stercoraire[2] [stɛrkɔrɛr] 形 = stercoral

stercoral(ale) [stɛrkɔral] 形 (男複 -aux[-o]) 〔医〕糞便の

stère [stɛr] 男 ステール【薪・木材の計量単位で 1 立方メートルに相当】

stéréo [stereo] 女 〔音響〕ステレオ(装置) ── 男 〔不変〕ステレオの

stéréo- 接頭 (〈ギ〉)「固体」「立体」の意

stéréochimie [stereoʃimi] 女 立体化学

stéréochimique [stereoʃimik] 形 立体化学の

stéréognosie [stereognozi] 女 立体認知

stéréogramme [stereɔgram] 男 立体写真

stéréographie [stereɔgrafi] 女 実体投影法

stéréographique [stereɔgrafik] 形 立体画法の

stéréo-isomérie [stereoizomeri] 女 〔化〕立体異性

stéréométrie [stereɔmetri] 女 立体幾何学

stéréométrique [stereɔmetrik] 形 立体幾何学の

stéréophonie [stereɔfoni] 女 〔音響〕ステレオ

stéréophonique [stereɔfonik] 形 ステレオの, ステレオ録音[放送]の

stéréoscope [stereɔskɔp] 男 〔光〕

stéréoscopie [stereɔskɔpi] 囡 立体[実体]鏡, ステレオスコープ

stéréoscopie [stereɔskɔpi] 囡 立体視法; 立体映像

stéréoscopique [stereɔskɔpik] 形 立体視法の; 立体[実体]鏡の

stéréotomie [stereɔtɔmi] 囡 〔建〕截石[切截](法)【石材の切断法】

stéréotype [stereɔtip] 男 紋切り型, 陳腐な意見, 常套句

stéréotypé(e) [stereɔtipe] 形 型にはまった, お決まりの, 陳腐な

stéride [sterid] 男 〔化〕脂質

stérile [steril] 形 ①不毛な, 実のならない; 不作の; 不妊の, 生殖能力のない; (作家などの)創造力の乏しい ②殺菌した, 無菌の

stérilement [sterilmɑ̃] 副 不毛に; むなしく

stérilet [sterilɛ] 男 子宮内避妊具

stérilisant(e) [sterilizɑ̃, -ɑ̃t] 形 ①不妊にする; (知性や感情を)抑圧する ②殺菌する

stérilisateur [sterilizatœr] 男 消毒器(= appareil ～)

stérilisation [sterilizasjɔ̃] 囡 ①殺菌, 消毒 ②〔医〕不妊手術, 断種

stérilisé(e) [sterilize] 形 (<stériliser) 消毒済みの ▶ **lait stérilisé** 殺菌済みの牛乳

stériliser [sterilize] 他 ①殺菌[消毒]する ②不妊手術を施す ③不毛にする; むなしいものにする

stérilité [sterilite] 囡 ①不妊症, 生殖不能; (土地の)不毛性 ②(行為の)無益さ ③殺菌[消毒]の済んでいること

sterlet [sterlɛ] 男 〔魚〕カワリチョウザメ【卵は最高級のキャビアになる】

sterling [stɛrliŋ] 形 (不変) (<英) ▶ **livre sterling** イギリスポンド

sternal(ale) [stɛrnal] 形 (男複 -aux [-o-]) 〔解〕胸骨の

sterne [stɛrn] 囡 〔鳥〕アジサシ

sternum [stɛrnɔm] 男 (<ギ) 〔解〕胸骨

sternutation [stɛrnytasjɔ̃] 囡 〔医〕(連鎖的な)くしゃみ

sternutatoire [stɛrnytatwar] 形 〔医〕くしゃみを催させる

stéroïde [steroid] 形 男 〔生化〕ステロイド(の)

stéroïdien(ne) [steroidiɛ̃, -ɛn], **stéroïdique** [steroidik] 形 〔生化〕ステロイドの

stérol [sterɔl] 男 〔生化〕ステロール

stérolique [sterɔlik] 形 〔生化〕ステロールの

stertor [stɛrtɔr] 男 〔医〕いびき, 喘鳴(ぜんめい); 狭窄(きょうさく)音

stéthoscope [stetɔskɔp] 男 聴診器

steward [stiwart, stjuward] 男 (<英) (客船・旅客機の)客室乗務員, スチュワード

sthène [stɛn] 男 〔物〕ステーヌ【力の単位; 略 sn; 1 sn = 1 t·m/s²】

stibié(e) [stibje] 形 〔薬〕アンチモン含有の

stibine [stibin] 囡 〔鉱〕輝安鉱, アンチモナイト

stick [stik] 男 (<英) ①(しなやかな)杖, ステッキ; (ホッケーの)スティック; (口紅・糊(のり)などの)スティック ②〔軍〕(同じ飛行機から降下する)パラシュート部隊

stigmate [stigmat] 男 (複) 〔カト〕聖痕 ②傷跡, 痕跡; (文) (悪いことの)徴候; 烙印 ③〔動〕気門 ④〔植〕柱頭

stigmatisation [stigmatizasjɔ̃] 囡 ①〔カト〕汚名を着せること ②〔カト〕聖痕発現

stigmatisé(e) [stigmatize] 形 名 〔カト〕聖痕を受けた(人)

stigmatiser [stigmatize] 他 公然と非難する, 弾劾する; (罪人に)烙印を押す

stillation [stilasjɔ̃] 囡 滴下

stillatoire [stilatwar] 形 滴下の

stilligoutte [stiligut] 男 〔医〕ピペット, 計滴管

stimulant(e) [stimylɑ̃, -ɑ̃t] 形 元気づける, 活力を与える; 刺激となる, 活動を促す; 興奮させる ── 男 刺激物; 興奮剤

stimulateur [stimylatœr] 男 ▶ **stimulateur cardiaque** 〔医〕心臓ペースメーカー

stimulation [stimylasjɔ̃] 囡 刺激, 鼓舞; 増進

*****stimuler** [stimyle スティミュレ] 他 刺激する, 奮い立たせる; (体の活動・機能を)増進させる, 活発にする

stimulus [stimylys] 男 (複 **stimuli**, または不変) (<ラ) 〔生理〕刺激

stipe [stip] 男 〔植〕(分枝のない植物の)幹, 茎; (シダなどの)葉柄(ようへい); (キノコの)柄

stipendié(e) [stipɑ̃dje] 形 《文》買収された

stipendier [stipɑ̃dje] 他 《文》(人を)買取する

stipulaire [stipylɛr] 形 〔植〕托葉の

stipulation [stipylasjɔ̃] 囡 (契約書などの)約定, 条項, 規約; 明記, 特記事項

stipule [stipyl] 囡 〔植〕托葉

stipuler [stipyle] 他 〔法〕(契約の中で)取り決める, 規定する; 明記する

stochastique [stɔkastik] 形 〔数〕偶然の; 〔統計〕確率的な

stock [stɔk] 男 (<英) 在庫(品), ストック; 保有高; (話) 蓄え, 手持ち ▶ **avoir ... en stock** …をストックしている **avoir tout un stock de ...** (話) …をたくさん持っている

stockage [stɔkaʒ] 男 (商品などを)ストックすること, 貯蔵; 〔情報〕メモリに保存すること

stock-car [stɔkkar] 男 (<英) スタ

stocker [stɔke] 他 貯蔵する, 備蓄する

stockfisch [stɔkfiʃ] 男 干鱈(だら); (一般的に)魚の干物

Stockholm [stɔkɔlm] ストックホルム

stock-option [stɔkɔpsjɔ̃] 女 新株予約権, ストックオプション

stoïcien(ne) [stɔisjɛ̃, -ɛn] 形名 ①〔哲〕ストア学派の(哲学者) ②〔文〕毅然とした(人)

stoïcisme [stɔisism] 男 ①ストア哲学 ②克己心; 禁欲主義

stoïque [stɔik] 形 ストイックな, 禁欲的な; 動じない ― 名 ストイックな人; 毅然とした人

stoïquement [stɔikmɑ̃] 副 毅然として

stokes [stɔks] 男〔物〕ストークス【動粘性率の単位】

STOL [stɔl]〔略〕(<英) short taking-off and landing〔空〕短距離離着陸機

stolon [stɔlɔ̃] 男〔植〕(イチゴなどの)匍匐(ほ)枝[茎]

stolonifère [stɔlɔnifɛr] 形〔植〕匍匐(ほ)枝を出す

stomacal(ale) [stɔmakal] 形 (男複 -aux[-o])〔医〕胃の

stomachique [stɔmaʃik] 形〔医〕胃のはたらきを助ける ― 男 健胃薬

stomate [stɔmat] 男〔植〕気孔

stomatite [stɔmatit] 女〔医〕口内炎

stomat(o)- 接頭 (<ギ)「口」の意

stomatologie [stɔmatɔlɔʒi] 女 口腔医学

stomatologue [stɔmatɔlɔg] 名 口腔医

stomatorragie [stɔmatɔraʒi] 女〔医〕口内出血

stop [stɔp] 男 (<英) ①一時停止の標識; ブレーキランプ ②〔話〕ヒッチハイク ▶ **en stop** ヒッチハイクで *faire du stop* ヒッチハイクをする ― 間 ①止まれ, やめろ, ストップ ②(電文の)以下

stop-over [stɔpɔvœr] 男 (不変) (<英)(飛行機旅行で)ストップオーバー

stoppage [stɔpaʒ]男〔服〕かけはぎ

stopper [stɔpe] 他 ①(乗り物, 機械を)止める, 停止させる ②阻止する, 食いとめる ③〔服〕かけはぎする ― 自 止まる; 立ち止まる

stoppeur(se) [stɔpœr, -øz] 名 ①かけはぎ職人 ②〔話〕ヒッチハイカー ― 男〔スポーツ〕(サッカーの)センターバック

store [stɔr] 男〔巻き上げ式の日よけ; ブラインド ▶ **store vénitien** ベネチアンブラインド[ヨコ型ブラインド]

story-board [stɔribɔrd] 男 (<英)〔映〕ストーリーボード【映像の流れを一連のラフな絵で示したボード】

stoupa [stupa] 男 = stûpa

strabique [strabik] 形名〔医〕斜視の(人)

strabisme [strabism] 男〔医〕斜視, やぶにらみ

stradivarius [stradivarjys] 男 ストラディヴァリウス【バイオリンの名器】

strangulation [strɑ̃gylasjɔ̃] 女 絞殺

stranguler [strɑ̃gyle] 他〔文・ふざけて〕絞め殺す

strapontin [strapɔ̃tɛ̃] 男 (乗物や劇場の)補助いす; (会議などでの)オブザーバー的な資格, 重要でない立場

Strasbourg [strasbur] ストラスブール【Bas-Rhin 県の県庁所在地; Alsace 地方[地域圏]の中心都市】

strasbourgeois(e) [strasburʒwa, -az] 形名〔S-〕ストラスブールの(人)

strass [stras] 男 (人造宝石に用いられる)鉛ガラス

stratagème [strataʒɛm] 男 策略, 駆け引き

strate [strat] 女 (社会などの)階層; 〔地〕地層

stratège [strataʒ] 男 戦略家, 参謀; 策略家

stratégie [strateʒi] 女 戦略, 作戦

stratégique [strateʒik] 形 戦略(上)の; 非常に重要な

stratégiquement [strateʒikmɑ̃] 副 戦略的に

stratification [stratifikasjɔ̃] 女〔地〕成層;〔生〕層状構造;(社会・政治的な)階層構造

stratifié(e) [stratifje] 形 (<stratifier) 重なり合っている, 層をなした ― 男 (ポリエステルなどの)合板

stratifier [stratifje] 他 層に重ねる

stratigraphie [stratigrafi] 女〔地〕層相[層序]学, 地層学

stratigraphique [stratigrafik] 形 層位学の, 地層(学)の

strato- 接頭 (<ラ)「広大な」「層」の意

stratocumulus [stratɔkymylys] 男〔気〕層積雲

stratosphère [stratɔsfɛr] 女 成層圏

stratosphérique [stratɔsferik] 形 成層圏の

stratus [stratys] 男 (<ラ)〔気〕層雲

streptococcie [strɛptɔkɔksi] 女〔医〕連鎖球菌感染

streptocoque [strɛptɔkɔk] 男〔生〕連鎖球菌

streptomycine [strɛptɔmisin] 女〔医〕ストレプトマイシン

stress [strɛs] 男 (<英) ストレス

stressant(e) [strɛsɑ̃, -ɑ̃t] 形 ストレスのたまる

stressé(e) [strɛse] 形 ストレスのたまった

stresser [strɛse] 他 ストレスを生じさせる, ストレスになる ― 自 心配になる

――代動 [se ~] あせる
stretch [stretʃ] 男 (不変) (＜英)[服] ストレッチ加工の布地) ――形 (不変) ストレッチ加工をした
stretching [stretʃiŋ] 男 (＜英) ストレッチ体操
strette [stret] 女 [楽] ストレッタ [フーガの終結部]
***strict(e)** [strikt ストリクト] 形 ①厳密な，厳正な；厳格な，厳しい；きちんとした ②最低限の，ぎりぎりの；厳粛な ▶ **dans la plus stricte intimité** ごく内輪で **le strict nécessaire** [**minimum**] 最小限；必要最低限のもの
***strictement** [striktəmɑ̃ ストリクトマン] 副 厳密に，厳しく；完全に；きちんと
striction [striksjɔ̃] 女 [医] 絞搾，結紮(けっさつ)
stricto sensu [strictosɛ̃sy ストリクトサンスュ] 副 (＜羅) 厳密な意味において
stridence [stridɑ̃s] 女 [文] (声の)かん高さ；きんきん声
strident(e) [stridɑ̃, -ɑ̃t] 形 (音・声が)鋭い，かん高い
stridulant(e) [stridylɑ̃, -ɑ̃t] 形 (虫などが)鋭い鳴き声の
stridulation [stridylasjɔ̃] 女 (虫などの)鋭い鳴き声
striduler [stridyle] 自 (虫などが)鋭い声で鳴く
strie [stri] 女 (複) 細い筋[溝]，線条
strié(e) [strije] 形 (＜strier) 筋[溝]の入った，筋のある ▶ **muscles striés** [解] 横紋筋
strier [strije] 他 線条[筋]をつける
strige [striʒ] 女 [文] (女や雌犬の姿をした)吸血鬼
strigiformes [striʒifɔrm] 女 (複) [動] フクロウ目
string [striŋ] 男 (＜英) (腰の部分がひもになった)露出度の高いビキニ
strip-tease [striptiz] 男 (＜英) ストリップショー，ストリップ劇場；露出趣味
strip-teaseur(se) [striptizœr, -øz] 名 ストリッパー
striure [strijyr] 女 細い筋[溝]，線条
strobile [strɔbil] 男 ①[植] 球果 ②[動] 片節 [サナダムシなどの体節]
stroboscope [strɔbɔskɔp] 男 [物] ストロボスコープ
stroboscopie [strɔbɔskɔpi] 女 [物] ストロボスコープによる観察法
stroboscopique [strɔbɔskɔpik] 形 ストロボスコープの
strontiane [strɔ̃sjan] 女 [化] 水酸化ストロンチウム
strontium [strɔ̃sjɔm] 男 [化] ストロンチウム [原子番号38の元素]
strophe [strɔf] 女 [詩] 詩節
structural(ale) [stryktyral] 形 (男複 -aux[-o]) 構造(上)の，構造を研究する；構造主義の
structuralisme [stryktyralism] 男 構造主義
structuraliste [stryktyralist] 形 構造主義の ――名 構造主義者
structurant(e) [stryktyrɑ̃, -ɑ̃t] 形 構造を決定する
structuration [stryktyrasjɔ̃] 女 構造化
***structure** [stryktyr ストリュクテュール] 女 構造，構成；組織，機構 ▶ **structures d'accueil** (観光客を迎えるための)宿泊[娯楽]施設；文化活動
structuré(e) [stryktyre] 形 (＜**structurer**) 構造をそなえた，構成された
structurel(le) [stryktyrel] 形 構造的な；構造上の，組織としての
structurellement [stryktyrelmɑ̃] 副 構造的に
structurer [stryktyre] 他 構造化する；構成する[組織する] ――代動 [se ~] 構造化される
strychnine [striknin] 女 [化] ストリキニーネ [猛毒]
stuc [styk] 男 [建] スタッコ，化粧漆喰(しっくい)
stud-book [stœdbuk] 男 (＜英) (サラブレッドの)血統台帳
studette [stydet] 女 小さなワンルームマンション
studieusement [stydjøzmɑ̃] 副 勉勉(べんべん)に
***studieux(se)** [stydjø, -øz ステュディユー(ズ)] 形 (英 **studious**) 勉強熱心な，勉勉な；(休みなどが)勉学に明け暮れた
***studio** [stydjo ステュディオ] 男 ①ワンルームマンション ②(テレビ・映画撮影の)スタジオ；写真スタジオ ③小劇場，ミニシアター
stup [styp] 男 [話] 麻薬 [＜**stupéfiant**] ▶ **brigade des stups** (警察の)麻薬取締班
stûpa [stupa] 男 (＜サンスクリット) [仏教] 卒塔婆，仏舎利塔
stupéfaction [stypefaksjɔ̃] 女 茫然自失，驚愕，仰天
***stupéfait(e)** [stypefɛ, -ɛt ステュペフェ(ト)] 形 (…に)あっけに取られた；茫然とした (**de**)
stupéfiant(e) [stypefjɑ̃, -ɑ̃t] 形 あっと驚くような ――男 麻薬
stupéfier [stypefje] 他 あ然とさせる；衝撃を与える
stupeur [stypœr] 女 茫然自失，驚愕；[医] 麻痺；[精医] 昏迷(こんめい)
***stupide** [stypid ステュピド] 形 愚かな，ばかげた；愚鈍な，くだらない
stupidement [stypidmɑ̃] 副 愚かにも；ばかみたいに
stupidité [stypidite] 女 愚かさ，ばか：愚行；ばかなこと
stupre [stypr] 男 [文] 放蕩，破廉恥な行為
***style** [stil スティル] 男 文体；言い回し，言葉づかい；[美術] 様式，スタイル；(その人なりの)やり方，行動様式；独自性；[スポーツ] フォーム ▶ **avoir du style** 独自

stylé(e) の文体を持っている; (家具などが)風格がある **de grand style** 大がかりな **de style** 時代ものの, 古風な様式の **style de vie** ライフスタイル **style direct** [in-direct] [文法] 直接[間接]話法

stylé(e) [stile] 形 (使用人・ボーイなどが)きちんと仕込まれた

stylet [stilɛ] 男 ① 細身の短剣; [医] 消息子 ② [虫] 吻(ふん)針; 口吻

stylisation [stilizasjɔ̃] 女 図案化, 様式化

styliser [stilize] 他 図案化する; 様式化する

stylisme [stilism] 男 ① 文体[形式]に凝ること ② スタイリスト[インダストリアルデザイナー]の仕事

styliste [stilist] 名 ① デザイナー, スタイリスト; インダストリアルデザイナー ② 名文家, 文章家

stylisticien(ne) [stilistisjɛ̃, -ɛn] 名 文体論学者

stylistique [stilistik] 形 文体に関する — 女 文体論

*__stylo__ [stilo スティロ] 男 (英 fountain pen) 万年筆, ペン ▶ **stylo (à) bille** ボールペン

stylobate [stilɔbat] 男 [建] 基壇, スティロベート

stylo-feutre [stilofœtr] 男 (複 ~s-~s) サインペン, マーカーペン

stylographe [stilograf] 男 [古] = stylo

stylomine [stilomin] 男 [商] シャープペンシル

styptique [stiptik] 形 収縮を引き起こす; 止血の — 男 収斂(れん)剤; 止血剤

styrax [stiraks] 男 [植] エゴノキ

styrène [stirɛn], **styrolène** [stirolɛn] 男 [化] スチレン

su(e) [sy] 形 (< savoir) 知られている — 男 ▶ **au su de ...** 〖古〗(人)に知られて **au vu et au su de tout le monde** 公然と, 周知のこととして

suaire [sɥɛr] 男 [文] 屍衣(はた), 経帷子(きょう) ▶ **saint suaire** (キリストの)聖骸布

suant(e) [sɥɑ̃, -ɑ̃t] 形 汗をかいている, 汗くさい;〖俗〗厄介な, てこずらせる

suave [sɥav] 形 甘美な, 心地よい

suavement [sɥavmɑ̃] 副 やさしく, 心地よく

suavité [sɥavite] 女 心地よさ;〖文〗甘美さ

sub- 接頭 (< ラ) 「下」「やや」「半」「副」「次」「亜」の意

subaigu(ë) [sybɛgy] 形 [医] 亜急性の

subalpin(e) [sybalpɛ̃, -in] 形 アルプス山麓の

subalterne [sybaltɛrn] 形 下位の, 下っ端の; 二の次の — 名 部下, 下役

subatomique [sybatɔmik] 形 [物] 亜原子の

subconscient(e) [sypkɔ̃sjɑ̃, -ɑ̃t] 形 潜在意識の, 意識下の — 男 [心] 〖古〗潜在意識

subdésertique [sybdezɛrtik] 形 半砂漠状

subdiviser [sybdivize] 他 さらに分ける, 下位区分する — 代動 [se ~] さらに分かれる, 再区分される

subdivision [sybdivizjɔ̃] 女 再区分; 下位区分

subdivisionnaire [sybdivizjɔnɛr] 形 下位の

suber [sybɛr] 男 [植] コルク(カシ)

subéreux(se) [sybero, -øz] 形 [植] コルク質の

subérine [syberin] 女 [植] コルク質

subfébrile [sybfebril] 形 [医] 微熱の

*__subir__ [sybir スュビール] 他 33 (英 suffer) こうむる; 耐え忍ぶ;〖話〗(人)を我慢する; (試験・治療・修正などを)受ける; (影響を)受ける

subit(e) [sybi, -it] 形 急な, いきなりの

*__subitement__ [sybitmɑ̃ スュビトマン] 副 突然, 急に

subito [sybito] (< ラ) 〖話〗いきなり

*__subjectif(ve)__ [sybʒɛktif, -iv スュブジェクティ(ヴ)] 形 ① 主観的な ② [言] 主格の, 主語の

subjectivement [sybʒɛktivmɑ̃] 副 主観的に

subjectivisme [sybʒɛktivism] 男 主観論; 主観的傾向

subjectiviste [sybʒɛktivist] 形 名 主観論者(の)

subjectivité [sybʒɛktivite] 女 主観性, 主体性

subjonctif(ve) [sybʒɔ̃ktif, -iv] 形 [言] 接続法の — 男 [言] 接続法

subjuguer [sybʒyge] 他 魅了する, とりこにする;〖文〗屈服させる

sublimation [syblimasjɔ̃] 女 ① [化] 純化, 高尚化 ② [心・化] 昇華

*__sublime__ [syblim スュブリーム] 形 崇高な, 気高い; この上ない, 絶妙の — 男 崇高さ, 気高さ

sublimé(e) [syblime] 形 (< sublimer) [心・化] 昇華した — 男 [化] 昇華物

sublimer [syblime] 他 純化する, 崇高なものにする; [心・化] 昇華する

subliminal(ale) [sybliminal] (男複 -aux[-o]), **subliminaire** [sybliminɛr] 形 サブリミナル(効果)の; [心] 識閾(しきい)下の

sublimité [syblimite] 女 〖文〗崇高さ

sublingual(ale) [syblɛ̃gwal] 形 (男複 -aux[-o]) [解] 舌下の

sublunaire [syblynɛr] 形 〖古〗月と地球の間にある; (ふざけて)地球上の

submerger [sybmɛrʒe] 他 40 ① 水没させる, 水浸しにする ② [多く受動

submersible [sybmɛʀsibl] 形 [意]埋没させる, 呑み込む; 忙殺する(感情などが)心を満たす ▶être submergé de travail 仕事の山に埋もれている

submersible [sybmɛʀsibl] 形 (機械などが)水中でも作れる; (土地が)冠水しやすい ── 男 潜水艇; (昔の)潜水艦

submersion [sybmɛʀsjɔ̃] 女 水没, 冠水; 浸水

subodorer [sybɔdɔʀe] 他 (話)感づく, 見破る

subordination [sybɔʀdinasjɔ̃] 女 (…に対する)従属, 服従; 従属関係(à); [文法](…に対する)従属関係

subordonnant(e) [sybɔʀdɔnɑ̃, -ɑ̃t] 形 [文法] (2つの節を)従属関係におく

subordonné(e) [sybɔʀdɔne] 形 (< subordonner) ①従属している; 部下の(à) ── 名 部下 ── 女 [文法]従属節 = proposition 〜e)

subordonner [sybɔʀdɔne] 他 (…に)従属[依属]させる; (…の)部下にする, 下位におく ▶être subordonné à …次第である; …に左右される ── 代動 [se 〜] (…に)従属する; 従う(à)

subornation [sybɔʀnasjɔ̃] 女 [法] (証人の)買収, 教唆

suborner [sybɔʀne] 他 ①[法] (証人を)買収する, 教唆する ②(文) (女性を)誘惑する

suborneur [sybɔʀnœʀ] 男 (古) 女たらし

subrécargue [sybʀekaʀg] 男 [海] 貨物上乗(ǎ⌣)人[船主の代理で船荷監督をする]

subreptice [sybʀɛptis] 形 内密の; 違法の

subrepticement [sybʀɛptismɑ̃] 副 不法に, こっそりと

subrogation [sybʀɔgasjɔ̃] 女 [法] 代位

subrogatoire [sybʀɔgatwaʀ] 形 [法]代位による

subrogé(e) [sybʀɔʒe] 名 代位者 ▶subrogé(-)tuteur [法] 後見監督人

subroger [sybʀɔʒe] 他 代位させる

subséquemment [sypsekamɑ̃] 副 [法]その結果

subséquent(e) [sypsekɑ̃, -ɑ̃t] 形 [法]直後の, 次の

subside [sypsid] 男 (多く複) 補助金, 助成金; (他国への)援助金

subsidiaire [sypsidjɛʀ, sybzidjɛʀ] 形 補足する, 付帯的な ▶question subsidiaire (試験の同点合格者をふるい分けるための)補足問題

subsidiairement [sypsidjɛʀmɑ̃, sybzidjɛʀmɑ̃] 副 補足として, 付帯的に

subsidiarité [sybsidjaʀite, sypzidjaʀite] 女 ▶principe de subsidiarité [法] 補完原則[EUの役割は加盟国の主権を補完することに限定されるという原則]

subsistance [sybzistɑ̃s] 女 ①生計, 生活の維持; (都市への)食糧などの供給 ② (複) [古] 食糧, 生活; 生活必需品 ▶service des subsistances [軍] 糧秣(らいきい)部

*__subsister__ [sybziste スブズィステ] 他 ①存続する, 残る ▶il subsiste … [[非人称]] …が残る ②生計を立てる, 暮らしていく

subsonique [sypsɔnik] 形 亜音速の

*__substance__ [sypstɑ̃s スブスタンス] 女 物質, 物体, もの; 内容; 要点; [哲] 実体, 本質 ▶en substance 要するに

substantialisme [sypstɑ̃sjalism] 男 [哲] 実体論

substantialiste [sypstɑ̃sjalist] 形 [哲] 実体論(者) (の)

substantialité [sypstɑ̃sjalite] 女 [哲] 実体性

substantiel(le) [sypstɑ̃sjɛl] 形 ①実体の本質; 内容のある ②栄養たっぷりの ③目立った, 相当の; 主要な, 肝心な

substantiellement [sypstɑ̃sjɛlmɑ̃] 副 実体に関して

substantif(ve) [sypstɑ̃tif, -iv] 男 [文法] 名詞(の)

substantifique [sypstɑ̃tifik] 形 ▶substantifique moelle (文) (文学作品の)滋味豊かな精髄

substantivation [sypstɑ̃tivasjɔ̃] 女 名詞化

substantivement [sypstɑ̃tivmɑ̃] 副 [文法] 名詞的に, 名詞として

substantiver [sypstɑ̃tive] 他 [文法] 名詞化する

*__substituer__ [sypstitye スブスティテュエ] 他 [〜 A à B]BをAに置き換える; AをBの代わりに用いる ── 代動 [se 〜] (…に)取って代わる(à)

substitut [sypstity] 男 代理人, 代行; 代用物[品]; [法] 検事正[検事長]代理

substitutif(ve) [sypstitytif, -iv] 形 代用の

substitution [sypstitysjɔ̃] 女 取り替え, 置き替え; 代用; [化・数] 置換; [数・言] 代入

substrat [sypstʀa], **substratum** [sypstʀatɔm] 男 基盤, 土台; [哲] 基体; [言] 基層[言語]

subsumer [sypsyme] 他 [哲] 包摂する, 包含する

subterfuge [syptɛʀfyʒ] 男 逃げ口上, 言い逃れ

*__subtil(e)__ [syptil スブティル] 形 ①鋭敏な, 繊密な; 巧妙な ②かすかな, 捉えがたい; デリケートな

subtilement [syptilmɑ̃] 副 精緻に; 巧妙に

subtilisation [syptilizasjɔ̃] 女 かすめ取ること

subtiliser [syptilize] 他 (話)くすね

subtilité [syptilite スュプティリテ] 女 ①緻密さ, 鋭敏さ; 巧妙さ ②〘文〙捉え難さ; 微妙さ ③考えや言い回しの微妙さ; 頂末(どえ)な議論

subtropical(ale) [syptropikal] 形 (男複 -aux[-o]) 亜熱帯の

suburbain(e) [sybyrbɛ̃, -ɛn] 形 大都市郊外の

subvenir [sybvəniʀ] 自 26 〖助動詞 は avoir〗 (…に)援助を与える; まかなう (à)

***subvention** [sybvɑ̃sjɔ̃ スュブヴァンスィヨン] 女 補助金, 助成金

subventionner [sybvɑ̃sjɔne] 他 財政的に支援する, 助成金を出す

subversif(ve) [sybvɛʀsif, -iv] 形 (既成の秩序を)破壊する, 転覆する

subversion [sybvɛʀsjɔ̃] 女 (秩序・体制の)破壊, 打倒

subversivement [sybvɛʀsivmɑ̃] 副 破壊によって

subvertir [sybvɛʀtiʀ] 他 33 (体制・価値を)ひっくり返す

suc [syk] 男 ①汁, 液; (動植物の)水分; 体液, 果汁 ②〖生理〗消化液 ③〘文〙精髄 ▶suc gastrique 胃液

succédané [syksedane] 男 代用品〖薬〗

***succéder** [syksede スュクセデ] 自 57 (英 succeed) (人の)跡を継ぐ, 後継者 [後任]になる (…に)続いて起こる, 後に位置する (à) — 代動 [se ~] 相次いで起こる; 続く

***succès** [syksɛ スュクセ] 男 (英 success) 成功, 好結果; 勝利; (芝居・小説・映画などの)大好評, 当たり, ヒット(作); 異性にもてること ▶livre à succès ヒットした, 人気の avec succès 首尾よく avoir du succès 好評を博す, ヒットする; もてる se tailler un franc succès 〘話〙大当たりをとる

***successeur** [syksesœʀ スュクセスール] 男 後継者, 後任者; 相続人

successibilité [syksesibilite] 女 〖法〗継承権; 相続権

successible [syksesibl] 形 〖法〗継承[相続]権のある — 名 〖法〗継承[相続]権保有者

successif(ve) [syksesif, -iv スュクセスィフ(ヴ)] 形 相次ぐ, 続発する; 後に続く

***succession** [syksesjɔ̃ スュクセスィヨン] 女 連続すること, 続けて起こること, 継起; 後継, 継承; 〖法〗継承(財産) ▶droits de succession 相続税 prendre la succession de …の後を継ぐ

***successivement** [syksesivmɑ̃ スュクセスィヴマン] 副 相次いで; 次々と

successoral(ale) [syksesɔʀal] 形 (男複 -aux[-o]) 〖法〗相続に関する

succin [syksɛ̃] 男 〖鉱〗琥珀(こはく)

succinct(e) [syksɛ̃, -ɛ̃t] 形 手短な, 言葉数の少ない; 〘話・ふざけて〙(食事が)量の少ない ▶Soyez succinct. 手短かにお願いします

succinctement [syksɛ̃tmɑ̃] 副 簡潔に, 手短に

succion [sy(k)sjɔ̃] 女 吸うこと, 吸引

succomber [sykɔ̃be] 自 (…に)敗れる, 屈する (à); (…に)押しつぶされる (sous); 死亡する, 息絶える

succube [sykyb] 男 淫(いん)夢魔【睡眠中の男と交わるといわれる魔】

succulence [sykylɑ̃s] 女 〘文〙美味

succulent(e) [sykylɑ̃, -ɑ̃t] 形 美味な, 風味のよい; 味わい深い

succursale [sykyʀsal] 女 支店

succursalisme [sykyʀsalism] 男 〖商〗チェーン店方式

succursaliste [sykyʀsalist] 形 男 チェーン展開している(企業) — 名

***sucer** [syse スュセ] 他 52 (英 suck) 吸う, すう, しゃぶる ▶sucer ... avec le lait …を幼いうちから習う — 代動 自分の…を吸う; しゃぶられる ▶se sucer la poire [la pomme] 〘話〙キスし合う

sucette [sysɛt] 女 棒つきキャンディー; おしゃぶり

suceur(se) [sysœʀ, -øz] 名 吸い取る人; しぼり取る人〖虫〗(チョウやカなど)管状の口を持った(虫)

suçoir [syswaʀ] 男 〖虫〗吻 管(ふんかん); 〖植〗(寄生植物の)吸器

suçon [sysɔ̃] 男 キスマーク

suçotement [sysɔtmɑ̃] 男 (口先で)ちびちび吸う[なめる]こと

suçoter [sysɔte] 他 〘話〙(口先で)ちびちび吸う[なめる]

sucrage [sykʀaʒ] 男 砂糖を加えること, (特にワイン製造過程での)補糖

sucrant(e) [sykʀɑ̃, -ɑ̃t] 形 甘味をつける

***sucre** [sykʀ スュクル] 男 (英 sugar) 砂糖; 〖生理・化〗糖 ▶casser du sucre sur le dos de ... …の陰口をたたく ne pas être en sucre (人が)やわではない sucre de raisin ブドウ糖 sucre en poudre [en morceaux] 粉[角]砂糖

***sucré(e)** [sykʀe スュクレ] 形 (< sucrer) 甘い, 砂糖入りの; 妙に愛想のよい, べたべたした — 名 ▶faire le sucré [la sucrée] やけに親切にする — 男 甘味; 甘いもの

***sucrer** [sykʀe スュクレ] 他 ①(英 sugar) 砂糖を入れる; 甘くする ▶au cœur les fraises (老齢のために)手が震えている; もうろくしている ②〘話〙(...を人から)取り上げる, 没収する — 代動 [se ~] (コーヒーなどに)自分で砂糖を入れる; 〘話〙ぼろもうけをする, うまい汁を吸う

sucrerie [sykrəri] 囡 ①(複) 砂糖菓子, 甘いもの ② 製糖工場

sucrette [sykrɛt] 囡 シュクレット〔合成甘味料〕

sucrier(ère) [sykrije, -ɛr] 形 砂糖のとれる; 製糖の ― 名 製糖業者 ― 男 砂糖入れ

***sud** [syd] スュッド 男 (英 south); 南; 南部 ▶ *Amérique du sud* [l'~] 南アメリカ *au sud de* …の南に ― 形 (不変) 南の ▶ *pôle sud* [le ~] 南極

sud-africain(e) [sydafrikɛ̃, -ɛn] 形 南アフリカ共和国の ― 名 [S-A-] 南アフリカ人

sud-américain(e) [sydamerikɛ̃, -ɛn] 形 南アメリカの, 南米の ― 名 [S-A-] 南アメリカの人

sudation [sydasjɔ̃] 囡 [医] 発汗

sud-est [sydɛst] 男 南東; 南東部 [地方] ― 形 (不変) 南東の ▶ *Asie du Sud-Est* [l'~] 東南アジア

sudiste [sydist] 形 (米国の南北戦争における)南部連合の

sudorifique [sydorifik] 形 [医] 発汗作用のある ― 男 発汗剤

sudoripare [sydoripar] 形 [解] 汗を分泌する

sud-ouest [sydwɛst] 男 南西; 南西部[地方] ― 形 (不変) 南西の

Suède [syɛd] 囡 スウェーデン ― 男 [s-] スエード革

suédé(e) [syede] 形 [服] スエードの ― 男 スエード地革

suédine [syedin] 囡 [服] スエードクロス

suédois(e) [syedwa, -az] 形 名 [S-] スウェーデン(人) ― 男 スウェーデン語

suée [sɥe] 囡 (話) 大汗(をかくこと)

***suer** [sɥe] スュエ 自 (英 sweat) 汗をかく; (…に)骨を折る, 非常に苦労する(sur); 水分が出る; (壁などが)結露する ▶ *faire suer* …(話) (人)をうんざりさせる *se faire suer* (話) 退屈する ― 他 (血や汗を)にじませる; (…の)気配を漂わせる ▶ *en suer une* (話) ひと踊りする *a suer sang et eau* 骨身を削り足りる

***sueur** [sɥœr] スュウール 囡 (英 sweat) 汗; 労苦; 努力の結晶 ▶ *avoir des sueurs froides* 冷汗をかく *donner des sueurs froides à …* (話) (人)を冷やや汗をやらせる *en sueur* 汗をかいている

Suez [sɥɛz] スエズ〔エジプト北東部の都市〕 ▶ *canal de Suez* [le ~] スエズ運河 ② スエズ〔世界中に展開するフランスの電力・ガスなどの公益企業〕

***suffire** [syfir] スュフィール 自 70 ① (英 be sufficient) (ものが主語) (…に)十分である, 足りる(à) ▶ *Ça me suffit.* 私にはそれで十分だ ②〔非人称〕…だけで十分である; …さえすればよい〈de, que〉 ― 代動 [se ~] 自分ひとりでやっていく, 自給自足する: それだけで足りる

***suffisamment** [syfizamɑ̃] スュフィザマン 副 (英 sufficiently). 十分に ▶ *suffisamment de …* 十分なだけの…

suffisance [syfizɑ̃s] 囡 思い上がり, うぬぼれ

***suffisant(e)** [syfizɑ̃, -ɑ̃t] スュフィザン(ト) 形 ①(英 sufficient) 十分な, 満足のゆく ②うぬぼれた, 偉そうな

suffixal(ale) [syfiksal] 形 (男複 -aux [-o]) 〔言〕接尾辞の; 接尾辞となる

suffixation [syfiksasjɔ̃] 囡 〔言〕接尾辞添加

suffixe [syfiks] 男 〔言〕接尾辞

suffixer [syfikse] 他 〔言〕接尾辞をつける

***suffocant(e)** [syfɔkɑ̃, -ɑ̃t] スュフォカン(ト) 形 息苦しい, 息の詰まるような; あ然とさせる

suffocation [syfɔkasjɔ̃] 囡 呼吸困難, 窒息

suffoquer [syfɔke] 他 窒息させる, 息を詰まらせる; (驚きや怒りで)言葉を失わせる ― 自 窒息する; (…で)息が詰まる〈de〉

suffragant(e) [syfragɑ̃, -ɑ̃t] 形 (司教が)大司教付属の ― 男 〔カト〕属司教

***suffrage** [syfraʒ] スュフラージュ 男 ①〔選挙(方法)〕票, 投票 ② 支持 ▶ *suffrage direct [indirect]* 直接[間接]選挙 *suffrage universel [restreint]* 普通(制限)選挙 ②〈文〉賛同; 好評

suffragette [syfraʒɛt] 囡 〔史〕(英国の)婦人参政権論者

***suggérer** [sygʒere] スュジェレ 他 57 ①(英 suggest) 提案[提示]する, すすめる; 示唆する, ほのめかす ②〔ものが主語〕連想させる, 思わせる; 暗示する

suggestibilité [sygʒɛstibilite] 囡 暗示へのかかりやすさ

suggestible [sygʒɛstibl] 形 暗示にかかりやすい

suggestif(ive) [sygʒɛstif, -iv] スュグジェスティフ(ヴ) 形 ①暗示に富む, いろいろ連想させる ②わいせつな, 挑発的な

suggestion [sygʒɛstjɔ̃] スュグジェスティヨン 囡 ①提案, 提言; 勧め ②〈文〉ほのめかし, 示唆; 〔心〕暗示法; 〔法〕教唆

suggestionner [sygʒɛstjɔne] 他 暗示にかける ▶ *se ~* 自己暗示にかかる; 固定観念にとらわれる

suicidaire [sɥisidɛr] 形 自殺の, 自殺に至る; 自殺傾向のある; (企てなどが)自殺に等しい ― 名 自殺の危険のある人; 自殺未遂者

suicidant(e) [sɥisidɑ̃, -ɑ̃t] 形 名 自殺の恐れがある(人)

***suicide** [sɥisid] スュイスィド 男 自殺; 自殺行為 ▶ *attentat suicide* 自爆テロ *tentative de suicide* 自殺未遂

suicidé(e) [sɥiside] 形 名 (< suici-

suicider) 自殺した(人)
*se suicider** [sə sɥiside](英 commit suicide) 自殺する
suidés** [sɥide] 男 (複)[動]イノシシ科
suie** [sɥi] 女 煤(ホ)
suif** [sɥif] 男 獣脂, 油脂;〖話・軽蔑的〗(人の)脂肪
suiffer** [sɥife] 他 脂を塗る
suiffeux(se)** [sɥifø, -øːz] 形 脂質の;ぶくぶく太った
sui generis** [sɥiʒeneris] 形 〈ラ〉特有の, 一種独特の
suint** [sɥɛ̃] 男 スイント【羊毛に付着している脂肪分】
suintant(e)** [sɥɛ̃tɑ̃, -ɑ̃ːt] 形 (岩などが)水のしみ出す
suintement** [sɥɛ̃tmɑ̃] 男 滲(と)出, しみ出ること
suinter** [sɥɛ̃te] 自 (水分が)しみ出る, 漏れてくる;(気配が漂う;(壁などが)水をしみ出させる(にじませる) — 他 (水分を)しみ出させる;(雰囲気を)漂わせている
suis** [sɥi] ⇨être, suivre
*Suisse** [sɥis スュイス] 女 スイス ⇨[コラム: スイス連邦] ▶ **Suisse alémanique** [**italienne**, **romande**] スイスのドイツ語[イタリア語, フランス語]圏
suisse** [sɥis] 形 [S-] スイスの(人)
— 男 (ヴァチカンの)スイス人護衛兵;

(教会の)衛兵 ▶ **boire** [**manger**] **en suisse** 一人で飲む[食べる]
suit** [sɥi] ⇨suivre
*suite** [sɥit スュイト] 女 ①〈英 sequence〉続き;次にくるもの;後に起こること;結末,帰結;実現;〖医〗後遺症;(連続ドラマ・連載小説などの)続き, 続編 ▶ **à la suite de** …に続けて, 次々と ▶ **à la suite de** …に続いて, …の後に;…の結果 **donner suite à** (計画などを)実現させる;(要求などに)こたえる **et ainsi de suite** 以下同様に **faire suite à** …の次にある **par la suite** その後, あとで **par suite de** …の結果 **prendre la suite de** (人)の後を継ぐ **suite à** …(公式通信文で)…へのご返事として **suite et fin** 今回にて完結 **tout de suite** ただちに, すぐ ②連続性;一貫性, 脈絡 ▶ **avoir de la suite dans les idées** 考え方が一貫している;しつこい **de suite** 続けざまに, 連続して **sans suite** 脈絡のない;(事業などが)立ち消えになった **une suite de** …の連続, 一連の… ③〖楽〗組曲;〖数〗数列 ④スイートルーム
*suivant¹** [sɥivɑ̃ スュイヴァン] 前 〈英 according to〉…に応じて;…に従って, …に沿って;…によれば ▶ **suivant que** …かどうかによって
*suivant²(e)** [sɥivɑ̃, -ɑ̃ːt スュイヴァン

スイス連邦

首都: ベルン Bern
行政: 各自治体 (コミューン, ゲマインデ) 26の州 (canton)
言語: 西部はフランス語圏, 中部・東部はドイツ語圏, 南部はイタリア語圏及びロマンシュ語圏

❊ 祝日
- 1月1, 2日 le Jour de l'An 元日
- 1月6日 Épiphanie 公現節
- 3, 4月 ※Vendredi Saint 聖金曜日〈復活祭の前の金曜日〉
   ※Pâques 復活祭〈春分以降最初の満月の次の日曜日〉
   ※le Lundi de Pâques 復活祭の翌日の月曜日
- 4, 5, 6月 ※l'Ascension キリスト昇天日〈復活祭40日後の木曜日〉
- 5, 6月 ※la Pentecôte 聖霊降臨節〈復活祭の7週後の日曜日〉
   ※le Lundi de Pentecôte 聖霊降臨節の翌日の月曜日
- 8月1日 Fête de la Confédération 建国記念日
- 12月25, 26日 Noël クリスマス

(※は移動祝祭日)

❊ 主な世界遺産
- Couvent de Saint-Gall ザンクト・ガレン修道院
- Couvent bénédictin de Saint-Jean-des-Sœurs à Müstair ミュスタイルのベネディクト会聖ヨハネ修道院
- Vieille ville de Berne ベルン旧市街
- Trois châteaux, muraille et remparts du bourg de Bellinzone ベリンツォーナ旧市街にある3つの城, 要塞及び城壁
- Alpes suisses Jungfrau-Aletsch スイス・アルプス ユングフラウ・アレッチュ

suive(ト) 形 (英 following) 次の, 以下の; 次に続く ▶*l'année suivante* 翌年 ─名 次の人[もの] ▶*Au suivant!* 《話》次の方どうぞ

suive, suivent, suives [sɥiv] ⇨ suivre

suiveur(se) [sɥivœr, -øz] 名 ①(自転車レースの)伴走者【審判員・取材陣など】②追随者, 模倣者 ─形 (自転車レースに)伴走する

suivez [sɥive] ⇨suivre

suivi(e) [sɥivi] 形 (< suivre) 一貫した, 長く続いている, 絶えることがない; [商](生産が)続いている, 人気の高い; 多くの人が従う ─男 追跡調査; (一定期間継続した)検査, 監督

suivisme [sɥivism] 男 追従的な態度, 付和雷同

suiviste [sɥivist] 形名 追従的な(人)

suivre [sɥivr スュイーヴル] 他 71 (英 follow) 後について行く[来る], 付き従う; 後から行く[来る]; 後をつける[追う], つきまとう; 続く, たどる, 沿って行く(計画などに)従う; 注意深く見守る, 常に気を配る; (番組などを)継続して見る; (授業・治療などを)継続的に受ける; 《話》授業などについていく ▶*à suivre* (連載ものの) (次号に)続く *comme suit* 以下のように *faire suivre son courrier* 郵便物を転送してもらう *suivre le mouvement* みんなと同じようにする *suivre son cours* (事態が順調に予想通りに)進展する, (病気などが)正常な経過をたどる *Vous me suivez?* 《文》分りますか? ─自 《文》結果として…である ▶*Il suit de là que ... / D'où il suit que ...* [非人称]その結果...ということになる ─代動 (se ~) ①続いて行く, 相次ぐ; (番号や順序が)連続する ②首尾一貫する

***sujet**¹ [syʒɛ スュジェ] 男 ①(英 subject) 主題, 話題; テーマ; (小論文試験の)問題 ▶*au sujet de* ...のことで, ...に関して *C'est à quel sujet?* 何についてのお話ですか? *hors (du) sujet* 本題からはずれた, 脱線した ②原因, 理由 ▶*avoir sujet de* ...する理由がある ③《古》(個人としての)人; [医・心] 被験者, 患者 ▶*mauvais sujet* 素行の悪い人 *sujet d'élite, brillant sujet* 非常に優秀な生徒 *sujet parlant* [言]話者 ④[文法]主語 ⑤[哲]主体, 主観

sujet²(te) [syʒɛ, -ɛt] 形 ①(...に)陥りやすい, かかりやすい; しやすい (à) ②[法](...を)免れない (à) ▶*sujet à caution* 信頼のおけない, 疑わしい ─名 (封建制下の)臣民, 王政下の国民

sujétion [syʒesjɔ̃] 女 隷属, 服従; 束縛; 義務

sulfamide [sylfamid] 男 [化] スルファミド

sulfatage [sylfataʒ] 男 (ブドウの木の)硫酸銅溶液の噴霧

sulfate [sylfat] 男 [化] 硫酸塩

sulfater [sylfate] 他 (ブドウの木の病害予防に)硫酸銅溶液を噴霧する

sulfateuse [sylfatøz] 女 硫酸銅溶液の噴霧器; 《俗》(軍隊で)軽機関銃

sulfhydrique [sylfidrik] 形 ▶*acide sulfhydrique* [化] 硫化水素

sulfite [sylfit] 男 [化] 亜硫酸塩

sulfo- [sylfo] 接頭 《ラ》「硫黄」の意

sulfone [sylfon] 男 [化] スルホン

sulfosel [sylfosɛl] 男 [化] 硫酸塩

sulfurage [sylfyraʒ] 男 (ブドウの害虫駆除のための)硫化炭素による土壌消毒

sulfure [sylfyr] 男 [化] 硫化物

sulfuré(e) [sylfyre] 形 (< sulfurer) [化] 硫化した ▶*hydrogène sulfuré* 硫化水素

sulfurer [sylfyre] 他 ①[化] 硫化する ②(ブドウの木の)硫化炭素で処理する

sulfureux(se) [sylfyrø, -øz] 形 ①[化・鉱] 硫黄質の; 硫黄を含む ▶*acide sulfureux* 亜硫酸 ②《文》悪魔の匂いがする, 邪悪な

sulfurique [sylfyrik] 形 ▶*acide sulfurique* [化] 硫酸

sulfurisé(e) [sylfyrize] 形 硫酸処理をした ▶*papier sulfurisé* 硫酸紙

sulky [sylki] 男 (複 sulkies) (< 英) [競馬] (一人乗り一頭立ての)2輪軽馬車

sulpicien(ne) [sylpisjɛ̃, -ɛn] 形 ①[カト] 聖スルピス会の ②(パリの聖スルピス教会の周囲の聖具屋で売られている宗教画の)いわゆる「俗悪な ─名 聖スルピス会修道士[女]

sultan [syltɑ̃] 男 スルタン(オスマン・トルコの皇帝; イスラム教国の君主)

sultanat [syltana] 男 スルタンの位[治世]

sultane [syltan] 女 スルタンの妃

sumac [symak] 男 [植] ウルシ属

Sumatra [symatra] 男 スマトラ島【インドネシア西部の島】

Sumer [symɛr] 男 シュメール【メソポタミア南部, 世界最古の文明の興った地域】

sumérien(ne) [symerjɛ̃, -ɛn] 形名 [S-] シュメールの, シュメール人

summum [sɔ(m)mɔm] 男 《ラ》頂点, 絶頂

sumo [symo] 男 (< 日) 相撲; 相撲取り

sunlight [sœnlajt] 男 (< 英) [映] 撮影用ライト

sunna [sy(n)na] 女 (< アラビア) スンナ, スンナ【マホメットの言行・範例】

sunnisme [synism] 男 (イスラム教の)スンニー派

sunnite [sy(n)nit] 形名 [イスラム] スンニー派の(教徒)

sup [syp] 男 《話》= supérieur. supplémentaire ▶*faire des heures sup* 残業する

super [sypɛr] 男 《話》ハイオクガソリ

ン(= supercarburant) ── 形 (不変) (話)すごい,最高 ── 副 (話)すごく

super- 接頭 (<ラ)「最高度に」「超」「優れた」「上位の」の意

superalliage [syperaljaʒ] 男 超合金

***superbe** [syperb スュペルブ] 形 ①とても美しい, 華麗な; すばらしい ▶être superbe de ... 見事なまでに…だ ②(文)高慢な ③(文)豪華な ── 女 (文)高慢

superbement [syperbəmɑ̃] 副 ①見事に ②(文)尊大に

superbénéfice [syperbenefis] 男 超高利益

supercalculateur [syperkalkylatœr] 男 スーパーコンピューター

supercarburant [syperkarbyrɑ̃] 男 ハイオクガソリン

superchampion(ne) [syperʃɑ̃pjɔ̃, -ɔn] 名 (スポーツで)多くの賞を獲得した スーパースター

supercherie [syperʃəri] 女 詐欺, いんちき, ごまかし

superciment [sypersimɑ̃] 男 (建) スーパーセメント

supérette [syperet] 女 小規模スーパーマーケット; コンビニエンスストア

superfétation [syperfetasjɔ̃] 女 ①(生)過受胎 ②(文)無用な重複

superfétatoire [syperfetatwar] 形 (文)蛇足の, 重複する

superficie [syperfisi] 女 ①面積, 表面 ②(文)外見, うわべ

***superficiel(le)** [syperfisjel スュペルフィシエル] 形 (英 superficial) 表面的な, 皮相な, 浅薄な; 表面の, 表層の, (傷など)浅い

superficiellement [syperfisjelmɑ̃] 副 うわべだけ; 浅く

superfin(e) [syperfɛ̃, -in] 形 極上の, 最高級の

superflu(e) [syperfly] 形 余分な, 無用の; むだな ▶Il est superflu de ... …する可能性は無駄である ── 男 余計なもの, 余剰

superfluité [syperflyite] 女 (文) 余分なもの

supergrand [sypergrɑ̃] 男 (話)超大国, 巨大企業

superhétérodyne [sypereterɔdin] 形 男 (通信)スーパーヘテロダイン(の)

super-huit [syperɥit] 形 男 (不変) スーパーエイト方式の(フィルム・カメラ)

***supérieur(e)** [syperjœr スュペリユール] 形 ①(英 upper) 上の, 上部の; 上流の ②(…より)入さい, 高い, まさる, 上回る (à); すぐれた, 高級な; 上級の, 高等な ③(態度が)高慢な, 見下したような ── 名 目上の人; 上司, 上役; (宗)修道長[院]長 ▶Mère supérieure 女子修道院長

supérieurement [syperjœrmɑ̃] 副 並外れて, 見事に; (話)すごく

supériorité [syperjɔrite] 女 (…に対する)優越, 優位 (sur) ▶sentiment de supériorité 優越感

superlatif(ve) [syperlatif, -iv] 形 〔文法〕最上級の ── 男 ①〔文法〕最上級 ②大げさな言い回し ▶au superlatif 極度に

superlativement [syperlativmɑ̃] 副 (話・古)ものすごく

super(-)léger [syperleʒe] 男 ライトウェルター級(のボクサー)

superman(woman) [syperman, -wuman] 名 (男複 -men[-men], 女複 -women[-wimen]) (<英) スーパーマン; 超人的な人 ▶jouer les supermans スーパーマンを気取る

***supermarché** [sypermarʃe スュペルマルシェ] 男 (英 supermarket) スーパーマーケット〔売場面積が400～2500 m²〕

supernova [sypernɔva] 女 (複 -novæ) 〔天〕超新星

superordinateur [syperɔrdinatœr] 男 スーパーコンピューター

superphosphate [syperfɔsfat] 男 〔化〕過リン酸塩; 過リン酸肥料

superposable [syperpozabl] 形 重ねられる

superposer [syperpoze] 他 重ねる, 積み重ねる; (図形を)重ね合わせる ── 代動 [se ~] 重なる, 重なり合う; 加わる ▶lits superposés 二段ベッド

superposition [syperpozisjɔ̃] 女 重ねること, 重なり

super-préfet [syperprefe] 男 特命行政総監

superproduction [syperprɔdyksjɔ̃] 女 (<英)(映画などの)超大作

superprofit [syperprɔfi] 男 超高利益

superpuissance [syperpɥisɑ̃s] 女 超大国

supersonique [sypersɔnik] 形 超音速の, 超音速連続の (= avion ~) ▶ondes supersoniques 超音波

superstar [syperstar] 女 (<英)スーパースター

superstitieusement [syperstisjøzmɑ̃] 副 迷信深く, 縁起をかついで

***superstitieux(se)** [syperstisjø, -øz スュペルスティシユ(ーズ)] 形 迷信を信じる, 縁起をかつぐ; 迷信に由来する ── 名 迷信家

***superstition** [syperstisjɔ̃ スュペルスティシヨン] 女 迷信, 縁起かつぎ; 極端な執着

superstructure [syperstryktyr] 女 ①(建築物の)地上部分 (船の)甲板より上の部分 ②(マルクス主義の)上部構造

supertanker [sypertɑ̃ker] 男 (<英) (10万トン以上の)超大型タンカー

superviser [sypervize] 他 (<英) 監督する, (本や映画を)監修する

superviseur [sypervizœr] 男 監督

supervision [sypervizjɔ̃] 女 (仕事の)監督;監修

superwoman [syperwuman] 女 (複 -women[-wimen] ⇨superman

supin [sypɛ̃] 男 〔ラテン語〕スピヌム 【動詞状名詞】

supination [sypinasjɔ̃] 女 〔生理〕 (腕の)回外(運動)

supion [sypjɔ̃] 男 〔料〕小型のイカ

supplanter [syplɑ̃te] 他 押しのける, 蹴落とす;取って代わる

suppléance [sypleɑ̃s] 女 代理, 代行;代理の職

suppléant(e) [sypleɑ̃, -ɑ̃t] 形 代理の, 代行の ━ 名 代理(代行)人;(特に)臨時教員

suppléer [syplee] 他 補う;代理をつとめる ━ 自 (…の)不足を補う, 代わりとなる(à) ━ 代動 [se ～] 代わりがきく, 埋め合わせがつく

*__supplément__ [syplemɑ̃ スュプレマン] 男 追加, 補足;追加(割増)料金;別料金;(出版物の)付録, 補遺 ►*en supplément* 追加で;割増(別)料金で

*__supplémentaire__ [syplemɑ̃tɛr スュプレマンテール] 形 追加の, 余分の ►*angle supplémentaire* 〔数〕補角 *faire des heures supplémentaires* 残業する

supplémenter [syplemɑ̃te] 他 ① 追加料金を課する ② (食品に)添加する

supplétif(ve) [sypletif, -iv] 形 補充の ━ 男 (現地採用の)補助兵

suppliant(e) [syplijɑ̃, -ɑ̃t] 形名 懇願(哀願)する(人)

supplication [syplikasjɔ̃] 女 懇願, 哀願

*__supplice__ [syplis スュプリス] 男 (鞭打ちなど身体への)刑罰;拷問;責め苦;精神的苦しみ ►*dernier supplice* 死刑 *être au supplice* ひどく苦しむ *mettre ... au supplice* (人)を責めさいなむ *supplice de Tantale* タンタロスの苦しみ 《望むものを目の前にしながら手に入れられない焦燥感》

supplicié(e) [syplisje] 名 拷問にかけられて殺された人

supplicier [syplisje] 他 体刑を加える;処刑する;《文》(精神的に)苦しめる

*__supplier__ [syplije スュプリエ] 他 (英 beg) 懇願(哀願)する, 強く頼む ►*je t'en supplie*. たのむよ *supplier A de ...* A(人)に…するよう懇願する

supplique [syplik] 女 嘆願(書), 請願(書)

*__support__ [sypɔr スュポール] 男 台;支柱, 支柱;(絵画・印刷などの)画紙, 素材;(広告などの)媒体, メディア;(テープやディスクなどの)記憶媒体 ►*support publicitaire* 広告媒体

*__supportable__ [sypɔrtabl スュポルタブル] 形 我慢できる, 耐えられる;許せる,

まずまずの

*__supporter__[1] [sypɔrte スュポルテ] 他 (英 support) 支える;応援する, 支援する;耐える, 持ちこたえる;(他人の存在・行為を)我慢する, 許容する;(高低温や衝撃に)耐える, 抵抗力がある;引き受ける, 背負い込む;負担する;〔情報〕サポートする ━ 代動 [se ～] 耐えられる;互いに我慢する, 支え合う

supporter[2] [sypɔrter] 男, **supportrice** [sypɔrtœr, -tris] 名 (スポーツチームの)サポーター, ファン;支持者

supposé(e) [sypoze] 形 (<supposer) ① 仮定された;推定の;偽の ► *supposé que* ━ 接続法 …と仮定して

*__supposer__ [sypoze スュポゼ] 他 (英 suppose) 仮定する, 想定する;…だと思う;推測する;前提とする ►*à supposer [en supposant] que* ━ であると仮定して *supposer A à B* B(人)にはAがあるだろうと考える *supposer que ...* 〔直説法を伴って〕…であると思う, 〔接続法を伴って〕であると仮定する (ものが)…ということを前提とする

*__supposition__ [sypozisjɔ̃ スュポズィスィヨン] 女 ① 推測;仮定 ►*une supposition que ...* 《話》仮に…としよう ② 〔法〕偽造, 詐称

suppositoire [sypozitwar] 男 座薬

suppôt [sypo] 男 《文》(悪)の手先

suppression [sypresjɔ̃] 女 削除, 削減;廃止;抹殺;暗殺

supprimer [syprime スュプリメ] 他 (英 remove) 取り除く, 削除する, 抹消する;大幅に減らす;廃止する;取り消す;発行禁止にする;抹殺する ━ 代動 [se ～] 自殺する

suppurant(e) [sypyrɑ̃, -ɑ̃t] 形 化膿している

suppuratif(ve) [sypyratif, -iv] 形 〔医〕化膿性の ━ 男 化膿薬

suppuration [sypyrasjɔ̃] 女 化膿

suppuré(e) [sypyre] 形 化膿した

suppurer [sypyre] 自 膿(うみ)が出る, 化膿する

supputation [sypytasjɔ̃] 女 推量, 算定;判断, 評価

supputer [sypyte] 他 見積もる, 算定する

supra [sypra] 副 (<ラ) 上記を(に);前述

supra- 接頭 (<ラ)「上に」「超」の意

supraconducteur(trice) [syprakɔ̃dyktœr, -tris] 形 〔物〕超電(伝)導体の ━ 男 超電(伝)導体

supraconductivité [syprakɔ̃dyktivite] 女 超電(伝)導性

supranational(ale) [sypranasjɔnal] 形 (男複 -aux[-o]) 超国家の, 国家の枠組みを越えた

supranationalisme [sypranasjɔnalism] 男 超国家主義【国連・EUな

と国家の枠を越えた機関の権限を拡大しようとする考え〕

suprasensible [syprasɑ̃sibl] 形 五感では捉えられない, 超自然的な

supraterrestre [sypraterɛstr] 形 現世を超越した, この世のものならぬ

suprématie [sypremasi] 女 優位; 支配的地位, 覇権

***suprême** [syprɛm スュプレーム] 形 (英 supreme) (地位・程度などが)最高の, 究極の; 最後の 〜 [料] シュプレーム【ささみや白身魚のクリームソース添え】

suprêmement [syprɛmmɑ̃] 副 極めて, この上なく

***sur**¹ [syr スュール] 前 (英 on, over) ①(位置) …の上に, …の表面に; (範囲) …に面して, …にわたって ▶ sur la table テーブルの上に ②(基礎・根拠) …に基づいて ▶ sur sa recommandation 彼の勧めで ③(主題) …について, …に関して; (対象・方向) …に対して, …に向かって ▶ un livre sur la guerre 戦争に関する本 ④(比率) …のうちで, …につき; …の中から ▶ 9 sur 20 20点満点で9点 faire 10 mètres sur 15 10メートル×15メートルの寸法である ⑤(時間) …のころ; …してすぐ ▶ sur le soir 夜近く ⑥(基準) …に合わせて, …に応じて ▶ sur mesure 採寸して, あつらえて ⑦(様態) …の状態で

sur² [syr] 形 酸っぱい

sur- 接頭 (ラ) 「過剰」「極度」の意; 「上の」「越えた」の意

***sûr(e)** [syr スュール] 形 (英 sure) (…を)確信している, 自信を持っている, 信頼している (de, que); 確かな, 間違いのない; 信頼できる; 安全な ▶ à coup sûr 確かに, 間違いなく bien sûr (que)… もちろん(…だ) être sûr de soi 自信がある être sûr de son coup [fait] 自分の言動に自信を持っている J'en étais sûr! (話) だろうと思っていたよ Le plus sûr est de… 一番の得策は…することだ pour sûr (話) 絶対に sûr et certain 確信のある

surabondamment [syrabɔ̃damɑ̃] 副 過度に, あり余るほど

surabondance [syrabɔ̃dɑ̃s] 女 過多, 過剰

surabondant(e) [syrabɔ̃dɑ̃, -ɑ̃t] 形 過剰な, 余分の

surabonder [syrabɔ̃de] 自 あり余っている; (…で)過剰である (en, de)

suractivé(e) [syraktive] 形 (化・薬) より活性化された; 効果の増大した

suractivité [syraktivite] 女 過剰活動; (生理)(器官の)亢進

suraigu(ë) [syregy] 形 (音; 声・音が)非常に鋭い; (医)過急性の

surajouter [syraʒute] 他 さらに付け加える — 代動 [se 〜] (…に)さらに加わる (à)

sural(ale) [syral] 形 (男複 -aux[-o]) (解) ふくらはぎの

suralimentation [syralimɑ̃tasjɔ̃] 女 栄養過多, (燃料の)過給; (医)高栄養療法

suralimenté(e) [syralimɑ̃te] 形 (<suralimenter) 栄養過多の, 食べ過ぎの

suralimenter [syralimɑ̃te] 他 食物[栄養]を与えすぎる; (燃料を)過給する

suranné(e) [syrane] 形 (文) 時代遅れの, 古めかしい

surarmement [syrarməmɑ̃] 男 過剰軍備

surarmer [syrarme] 他 (多く過去分詞形で)過剰に軍備を施す

surate [syrat] 女 (<アラビア) スーラ [コーランの章]

surbaissé(e) [syrbese] 形 車高が普通より低い; (建) (ドームとアーチなどが)欠円の

surbaissement [syrbɛsmɑ̃] 男 (ドームやアーチなどの)欠円

surbaisser [syrbese] 他 高さをぎりぎりまで下げる; (建)(ドームとアーチなどを)欠円にする [弧が半円より小さいこと]

surbooking [syrbukiŋ] 男 (<英) (飛行機などの)オーバーブッキング

surboum [syrbum] 女 (話・古) (仲間の家で行う)ダンスパーティー

surcapacité [syrkapasite] 女 (経) 過剰生産能力; 過剰設備

surcharge [syrʃarʒ] 女 積みすぎ, 重量オーバー; 余分な負担; 過剰, 装備過多; 加筆, 書き加え; (切手の額面変更のための)加刷り ▶ en surcharge 定員[重量]超過の surcharge électrique (電)過負荷

surchargé(e) [syrʃarʒe スュルシャルジェ] 形 (<surcharger) 積みすぎの, すし詰めの; 装備がごちゃごちゃしている, 忙しすぎる, 仕事がびっしりの; 加筆のある ▶ timbre surchargé (額面変更のために)加刷りした切手

surcharger [syrʃarʒe] 他 ⓰ 荷を積みすぎる; 定員[重量]をオーバーさせる; (…で)負担をかけすぎる; 詰め込みすぎる; 加筆する, 訂正を加える — 代動 [se 〜] 詰め込み過ぎる; (…を)抱え込みすぎる (de)

surchauffe [syrʃof] 女 過熱, オーバーヒート; (経)(景気の)過熱状態

surchauffé(e) [syrʃofe] 形 (<surchauffer) 暖房のききすぎた; (物)過熱状態の, 熱気ぎみの, 興奮した

surchauffer [syrʃofe] 他 暖めすぎる; (物)(水などを)過熱状態にする

surchauffeur [syrʃofœr] 男 過熱器

surchoix [syrʃwa] 男 極上, 特選

surclasser [syrklase] 他 はるかに勝つ, よせつけない; はるかに優る

surcomposé(e) [syrkɔ̃poze] 形 (文法)重複時の

surconsommation [syrkɔ̃sɔmasjɔ̃] 女 過剰消費

surcontre [syrkɔ̃tr] 男〔トランプ〕(ブリッジの)リダブル

surcontrer [syrkɔ̃tre] 他〔トランプ〕(ブリッジの相手に)リダブルをかける

surcoter [syrkɔte] 他 過大に査定する

surcoupe [syrkup] 女〔トランプ〕より強い切り札で切ること

surcouper [syrkupe] 他〔トランプ〕より強い切り札で切る

surcoût [syrku] 男 追加費用

surcroît [syrkrwa] 男 増加, 増大; 追加 ▶*de* [*par*] *surcroît* さらに, その上

surdimensionné(e) [syrdimɑ̃sjɔne] 形 (規格・サイズが)大きすぎる; 過剰な

surdi(-)mutité [syrdimytite] 女 聾唖(ろうあ)

surdité [syrdite] 女 耳が聞こえないこと; 難聴

surdos [syrdo] 男〔馬具〕背帯〔引き綱を支えるため馬の背にかける革帯〕

surdosage [syrdozaʒ] 男〔医〕(薬の)過剰投与

surdose [syrdoz] 女 (麻薬などの)過量摂取, やりすぎ, オーバードーズ

surdoué(e) [syrdwe] 形名 非常に頭がよい(子供); 驚異的な才能に恵まれた(人) ▶*enfant surdoué* 神童

sureau [syro] 男 (複 ~*x*) 〔植〕ニワトコ ▶*baies de sureau* ニワトコの実

sureffectif [syrefektif] 男 過剰人員

surélévation [syrelevasjɔ̃] 女 さらに高くすること; かさ上げ

surélever [syrelve] 他 (建物などを)さらに高くする; かさ上げする

***sûrement** [syrmɑ̃ シュルマン] 副 (英 surely) 確実に, 間違いなく; きっと, おそらく; 《返事で》もちろん ▶*Sûrement pas!*〈話〉とんでもない ▶*sûrement que ...* きっと…だ

suremploi [syrɑ̃plwa] 男〔経〕過剰雇用; (資源の)過剰利用

surenchère [syrɑ̃ʃɛr] 女 (競売での)せり上げ; (値引き競争などの)激化; (要求の)エスカレート ▶*faire de la surenchère* 激しい競争をする, 張り合う

surenchérir [syrɑ̃ʃerir] 自 33 (競売で)せり上げる; (競争相手の)さらに上を行く; より多くのサービスを約束する 《*sur*》

surenchérissement [syrɑ̃ʃerismɑ̃] 男 (競売での)せり上げ

surenchérisseur(se) [syrɑ̃ʃerisœr, -øz] 名 (競売で)せり上げる人

surendetté(e) [syrɑ̃dete] 形 巨額の債務を抱えた

surendettement [syrɑ̃dɛtmɑ̃] 男 累積債務; 巨額の負債

surentraîné(e) [syrɑ̃trene] 形〔スポーツ〕過度の練習をやらされた

surentraînement [syrɑ̃trenmɑ̃] 男〔スポーツ〕(体を壊す危険のあるような)過度の練習, オーバートレーニング

surentraîner [syrɑ̃trene] 他 オーバートレーニングに陥らせる

suréquipé(e) [syrekipe] 形 設備過剰の

suréquipement [syrekipmɑ̃] 男 過剰設備

suréquiper [syrekipe] 他 必要以上に設備を整える

surestimation [syrɛstimasjɔ̃] 女 買いかぶり, 過大評価

surestimer [syrɛstime] 他 買いかぶる, 過大評価する ── 代動 (*se* 〜) 自分を過大評価する

***sûreté** [syrte シュルテ] 女 ① (英 sureness) 確かさ, 確実さ狂いのなさ ② (英 safety) 安全, 安心; 安全装置 ③〔法〕担保, 抵当 ④〖la S-〗(かつての)警察庁 ▶*de sûreté* 安全用の *Défiance* [*méfiance*] *est mère de sûreté*. 〈ことわざ〉不信は安全の母 *en sûreté* 安全に *pour plus de sûreté* 念のため

surévaluation [syrevalɥasjɔ̃] 女 買いかぶり, 過大評価

surévaluer [syrevalɥe] 他 水増しする; 過大評価する

surexcitation [syrɛksitasjɔ̃] 女 極度の興奮; 熱狂

surexcité(e) [syrɛksite] 形 興奮しきった

surexciter [syrɛksite] 他 極度に興奮させる; 熱狂させる

surexploitation [syrɛksplwatasjɔ̃] 女 乱開発

surexploiter [syrɛksplwate] 他 乱開発する; (人を)こき使う, 過度に搾取する

surexposer [syrɛkspoze] 他〔写〕過度に露出する

surexposition [syrɛkspozisjɔ̃] 女〔写〕露出オーバー

surf [sœrf, syrf] 男 (＜英) サーフィン; サーフボード ▶*faire du surf* サーフィンをする *surf des neiges* スノーボード

surfaçage [syrfasaʒ] 男〔工〕表面仕上げ

***surface** [syrfas シュルファス] 女 表面; 地表, 水面; 面積; 外観, 表層, うわべ;〈話〉社会的信用; 財産;〔数〕面;〔言〕表層 ▶*de surface* うわべだけの *en surface* 表面的に *faire surface* (水面に)浮上する *grande surface* 大型スーパーマーケット *refaire surface* (忘れられていた人ものが)再登場する;〈話〉意識を取り戻す; (病気・ショックから)立ち直る *surface de réparation* (サッカー) ペナルティーエリア

surfacer [syrfase] 他 52〔工〕表面

surfacturation [syrfaktyrasjɔ̃] 囡 水増し請求

surfacturer [syrfaktyre] 他 水増し請求する

surfaire [syrfɛr] 他 31 〔文〕水増しして言う; 過大に評価する

surfait(e) [syrfɛ, -ɛt] 形 不当に高値のついた; 買いかぶられた

surfaix [syrfɛ] 男 〔馬具〕腹带

surfer [syrfe] 自 サーフィンをする; (…)の波に乗る, 便乗する (sur) ▶**surfer sur Internet** ネットサーフィンをする

surfeur(se) [syrfœr, -øz] 名 サーファー

surfil [syrfil] 男 〔裁縫〕(ゆるい)縁(ç)かがり

surfilage [syrfilaʒ] 男 〔裁縫〕(裁ち目を)かがること

surfiler [syrfile] 他 (布の裁ち目を)ゆるくかがる

surfin(e) [syrfɛ̃, -in] 形 (品物の)極上の

surfondu(e) [syrfɔ̃dy] 形 〔物〕過融解[過冷却](状態)の

surfusion [syrfyzjɔ̃] 囡 〔物〕過融解, 過冷却

surgé [syrʒe] 男 〔略〕 surveillant général chargé《話》(学生ことばで)学監

surgélateur [syrʒelatœr] 男 急速冷凍装置

surgélation [syrʒelasjɔ̃] 囡 (食品の)低温急速冷凍

surgelé(e) [syrʒəle] 形 (< surgeler) 急速冷凍された ― 男 冷凍食品 (= produits 〜s)

surgeler [syrʒəle] 他 ① 急速冷凍する

surgénérateur [syrʒeneratœr] 男 〔(高速)増殖炉〕(= réacteur 〜)

surgeon [syrʒɔ̃] 男 〔園〕ひこばえ

***surgir** [syrʒir スュルジール] 自 33 (不意に)現れる, 浮き上がる; (問題などが)生じる

surgissement [syrʒismɑ̃] 男 〔文〕不意の出現

surhaussé(e) [syrose] 形 〔建〕(アーチの)せり高が高い, 超半円の; (壁などが)高くされた

surhaussement [syrosmɑ̃] 男 (建物などの)高さを増すこと

surhausser [syrose] 他 (建物・壁などの)高さを増す

surhomme [syrɔm] 男 超人; スーパーマン

surhumain(e) [syrymɛ̃, -ɛn] 形 超人的な, 人間離れした

surimi [syrimi] 男 (〈日〉 ▶**bâton-nets de surimi** カニかまぼこ

surimposer [syrɛ̃poze] 他 付加税を課す; (人に)重税を課す

surimposition [syrɛ̃pozisjɔ̃] 囡 付加税(をかけること)

surimpression [syrɛ̃presjɔ̃] 囡 〔写〕二重焼付け; 〔映〕オーバーラップ ▶**en surimpression** だぶって, 二重写しになって

surin[1] [syrɛ̃] 男 (接ぎ木をしていない)リンゴの若木

surin[2] [syrɛ̃] 男 〔古・俗〕ナイフ, どす

Surinam(e) [surinam] 男 スリナム【南米大陸北東部の共和国】

suriner [syrine] 他 〔古・俗〕ナイフで刺す

surinfecter [syrɛ̃fɛkte] 代動 [se 〜] 〔医〕重感染する

surinfection [syrɛ̃fɛksjɔ̃] 囡 〔医〕重感染, 菌交代症〖ある感染症の治療中に別の感染症にかかること〗

surinformation [syrɛ̃fɔrmasjɔ̃] 囡 情報過多

surinformé(e) [syrɛ̃fɔrme] 形名 情報であふれかえった(人)

surinformer [syrɛ̃fɔrme] 他 情報を過剰に提供する

surintendance [syrɛ̃tɑ̃dɑ̃s] 囡 〔史〕(旧体制下の)総監職

surintendant [syrɛ̃tɑ̃dɑ̃] 男 〔史〕(旧体制下の)総監

surinvestir [syrɛ̃vɛstir] 他 33 過剰投資する; 〔心〕(仕事などに)過剰にのめり込む

surinvestissement [syrɛ̃vɛstismɑ̃] 男 過剰投資

surir [syrir] 自 33 酸っぱくなる

surjet [syrʒɛ] 男 〔裁縫〕かがり縫い

surjeter [syrʒəte] 他 ④ かがり縫う

sur-le-champ [syrləʃɑ̃] 副 直ちに, すぐに

surlendemain [syrlɑ̃dmɛ̃] 男 翌々日

surligner [syrliɲe] 他 蛍光ペンでしるしをつける

surligneur [syrliɲœr] 男 蛍光ペン

surlonge [syrlɔ̃ʒ] 囡 〔料〕(牛の)肩ロース

surmédicalisation [syrmedikalizasjɔ̃] 囡 医療漬け; 必要以上の検査[診療・投薬]

surmédicaliser [syrmedikalize] 他 (人の)医療漬けにする; 薬を大量に処方する

surmenage [syrmənaʒ] 男 過労, 酷使

surmené(e) [syrməne] 形 (< surmener) 疲れ果てた, 過労の

surmener [syrməne] 他 酷使する; へとへとになるまで働かせる ― 代動 [se 〜] 無理をする, 過労に陥る

surmoi [syrmwa] 男 〔精医〕超自我

surmontable [syrmɔ̃tabl] 形 乗り越えられる

***surmonter** [syrmɔ̃te スュルモンテ] 他 (英 surmount) 克服する, 乗り越える; 上に乗る ― 1他 [au 〜] 克服される; 自制する

surmortalité [syrmɔrtalite] 囡 高すぎる死亡率

surmoulage [syrmulaʒ] 男 複製からの複製

surmouler [syrmule] 他 (オリジナルではなく)一度型に取ったものから複製する

surmulet [syrmylɛ] 男 〖魚〗ヒメジ

surmulot [syrmylo] 男 〖動〗ドブネズミ

surmultiplication [syrmyltiplikasjɔ̃] 女 〖車〗のオーバードライブ(装置)

surmultiplié(e) [syrmyltiplje] 形 オーバードライブの ▶ **passer la surmultipliée** 〘話〙スピードを上げる

surnager [syrnaʒe] 自 ① 表面に浮かぶ; (思い出・感情が)消えずに残る

surnatalité [syrnatalite] 女 高すぎる出生率

surnaturel(le) [syrnatyrɛl] 形 超自然的な, 不思議な; この世のものならぬ; 〖宗〗神の業(ﾜｻﾞ)による, 恩寵(ｵﾝﾁｮｳ)の ―― 男 超自然的なもの; (神の)恩寵

*__surnom__ [syrnɔ̃ スュルノン] 男 あだ名, 異名

surnombre [syrnɔ̃br] 男 定員超過 ▶ **en surnombre** 定員以上に(の), 余分に(の)

surnommer [syrnɔme] 他 (…というあだ名をつける; 異名で呼ぶ

surnuméraire [syrnymerɛr] 形 ①定数外の; 余分の ②〘昔の〙臨時雇いの

suroît [syrwa] 男 〖海〗①南西風 ②(しけの時にかぶる)水夫の防水帽

suroxyder [syrɔkside] 他 〖化〗過酸化物にする

surpassement [syrpasmɑ̃] 男 〘文〙超越

surpasser [syrpɑse] 他 しのぐ, 上回る; 打ち負かす ▶ **surpasser A en B** BにおいてA(人)を上回る ―― 代動 [se ~] いつも以上の力を出す

surpatte [syrpat] 女 〘話・古〙(自宅で行う)ダンスパーティー

surpaye [syrpɛj] 女 超払い

surpayer [syrpeje] 他 相場以上の値段で買う; 高すぎる賃金を払う

surpeuplé(e) [syrpœple] 形 人口過剰の

surpeuplement [syrpœplǝmɑ̃] 男 人口過剰

surpiquer [syrpike] 他 〖服〗ステッチする

sur(-)piqûre [syrpikyr] 女 〖服〗ステッチ

sur(-)place [syrplas] 男 ▶ **faire du sur(-)place** (渋滞などで車が)動かない; (自転車競技で)静止してバランスをとる; 進展がない

surplis [syrpli] 男 〖宗〗サープリス〖司祭が着る祭服〗

surplomb [syrplɔ̃] 男 (建物などの)張り出し, 突き出た部分 ▶ **en surplomb** 張り出した

surplombant(e) [syrplɔ̃bɑ̃, -ɑ̃t] 形 張り出した

surplombement [syrplɔ̃bmɑ̃] 男 張り出し

surplomber [syrplɔ̃be] 自 張り出す, 突き出る ―― 他 (…の上に)張り出す; 見下ろす

surplus [syrply] 男 過剰, 余分; 〘複〙余剰生産品; 余剰在庫; 軍の放出品 ▶ **au surplus** その上, しかも

surpoids [syrpwa] 男 超過重量; 重量オーバー

surpopulation [syrpɔpylasjɔ̃] 女 人口過密

*__surprenant(e)__ [syrprǝnɑ̃, -ɑ̃t スュルプルナン(ト)] 形 〘英 surprising〙驚くべき; 思いもよらない, 意外な ▶ **Il est surprenant que + 接続法**…は驚くべきことだ

*__surprendre__ [syrprɑ̃dr スュルプランドル] 他 60 ① 〘英 surprise〙驚かせる, 意表をつく ②突然襲う, だしぬけに訪れる; (犯罪人などをその場で捕まえる, 現場を押える; (隠されたことを)見破る, かぎつける ―― 代動 [se ~] 思わず…する; 自分が…していることに気づく (à)

surpression [syrpresjɔ̃] 女 超過圧力; 精神的重圧

surprime [syrprim] 女 割増保険料

surpris(e) [syrpri, -iz スュルプリ(ズ)] 形 (< surprendre) 〘英 surprised〙驚いた, 不意をつかれた «de, que»

*__surprise__[2] [syrpriz スュルプリズ] 女 ①驚き, 思いがけないこと; (ひそかに用意した)贈り物 ②〖軍〗他の名詞の後で同格的に〗突然の, 抜き打ちの ▶ **à ma [sa] grande surprise** 私[彼/女]がひどく驚いたこと **boîte à surprise(s)** びっくり箱 **par surprise** 不意に **sans surprise** 順当な; 面白味に欠ける

surprise-partie [syrprizparti] 女 (複 ~s-~s) 〘英〙〘古〙(若者が仲間の家で開く)ダンスパーティー ⇒**boum**[2]

surproduction [syrprɔdyksjɔ̃] 女 過剰生産

surproduire [syrprɔdɥir] 他 15 過剰生産する

surprotecteur(trice) [syrprɔtɛktœr, -tris] 形 (人が)過保護な

surprotection [syrprɔtɛksjɔ̃] 女 過保護

surprotéger [syrprɔteʒe] 他 40 67 過保護にする

surpuissance [syrpɥisɑ̃s] 女 巨大な力

surpuissant(e) [syrpɥisɑ̃, -ɑ̃t] 形 超強力な

surréalisme [syrrealism] 男 シュールレアリスム, 超現実主義

surréaliste [syrrealist] 形 シュールレアリスムの; シュールな, 現実離れした ―― 名 シュールレアリスト

surréel(le) [syrreɛl] 形 〘文〙超現実の

surrégénérateur [syrreʒeneratœr] 男 (高速増殖炉)

surrégime [syreʒim] 男 (エンジンの)超過回転; 猛烈な活動状態

surrénal(ale) [syrrenal] 形 (男複 -aux [-o]) 〖解〗腎臓の上の; 副腎の —— 男 (複)副腎

surréservation [syrrezɛrvasjɔ̃] 女 オーバーブッキング

sursalaire [syrsalɛr] 男 割増支給, 特別手当

sursaturation [syrsatyrasjɔ̃] 女 〖物·化〗過飽和

sursaturé(e) [syrsatyre] 形 〖物·化〗過飽和状態の; 《文》(…に)心底あきあきした(de)

sursaturer [syrsatyre] 他 ① 〖物·化〗過飽和にする ② うんざりさせる

sursaut [syrso] 男 (思わず飛び上がること, びくっとすること; (力や感情が)突然湧いてくること; 高まり, 奮起 ▶ dans un dernier sursaut d'énergie 最後の力をふりしぼって **en sursaut** はっとなって

sursauter [syrsote] 自 思わず飛び上がる, びくっとする

surseoir [syrswar] 自 [7] 〖法〗(…を)延期[猶予]する(à) ▶ **surseoir à une exécution** 死刑の執行を延期する

sursis [syrsi] スュルスィ 男 延期; 猶予期間; 徴兵猶予; 〖法〗執行猶予 ▶ **en sursis** (執行)猶予中の **mort en sursis** 死の宣告を受けた人 **six mois de prison avec sursis** 懲役6か月執行猶予つき

sursitaire [syrsiter] 名 徴兵[執行]猶予中の人

surtaxe [syrtaks] 女 ① 付加税 ② 〖商〗不法な重税

surtaxer [syrtakse] 他 ① 付加税を課する ② 過度な重税を課す

surtension [syrtɑ̃sjɔ̃] 女 〖電〗過電圧

surtitre [syrtitr] 男 (新聞記事の)わき見出し

surtitrer [syrtitre] 他 ① (新聞記事に)わき見出しをつける ② (オペラや劇で)セリフの同時訳を表示する

***surtout¹** [syrtu] スュルトゥー 副 (英 especially) とりわけ, 何よりも; (命令などを強調して)くれぐれも, 特に ▶ **Surtout pas!** とんでもない **surtout que ...** 《話》…なだけになおさら

surtout² [syrtu] 男 (テーブルの中央に置く飾り鉢

***surveillance** [syrvɛjɑ̃s] スュルヴェイヤンス 女 監視, 監督; 目張り ▶ **déjouer [tromper] la surveillance de ...** …の監視の目をくらます **placer ... sous haute surveillance** (人)を厳しい監視下に置く **société de surveillance** 警備会社 **surveillance médicale** 〖医〗経過観察

***surveillant(e)** [syrvɛjɑ̃, -ɑ̃t] スュルヴェイ(ヤン)[名] 監督者, 見張り人; 看守; 生徒監督

surveillé(e) [syrveje] 形 (< surveiller) 監督されている

***surveiller** [syrveje] スュルヴェイエ 他 (英 supervise) 監督する, 見守る, 見張る, 監視する; (言動や体調)に注意を払う, 気をつける ▶ **surveiller sa ligne** (太りすぎないよう)体の線に気をつける **surveiller son langage** 言葉遣いに気をつける — [代動] [se ~] 言動を慎む

survenance [syrvənɑ̃s] 女 〖法〗事の到来[付加]

***survenir** [syrvənir] スュルヴニール 自 [75] [助動は être] 突発する, 不意に起こる; 突然やって来る

survêtement [syrvɛtmɑ̃] 男 トレーニングウェア, ジャージー, ウィンドブレーカー

survie [syrvi] 女 生き延びること, 生存; サバイバル, 生き残り ▶ **chances de survie** (重病人の)生存の確率 ② 死後の生, 魂の不滅

survirage [syrviraʒ] 男 (車の)オーバーステアリング

survirer [syrvire] 自 (車が)オーバーステアリングする

survitrage [syrvitraʒ] 男 二重窓ガラス

survivance [syrvivɑ̃s] 女 遺物, 残存物;《文》生き延びること

***survivant(e)** [syrvivɑ̃, -ɑ̃t] スュルヴィヴァン(ト) 形 生き残った, 生還した; 後に残された — 名 ① 生存者; (過去の時代の)生き残り ② 遺族, 後に残された人

***survivre** [syrvivr] スュルヴィーヴル 自 [76] 《à, sans ~》(…の後に)生き残る; 生き続ける, 存続する(à) ② [語法なしで] 生き延びる, 命脈を保つ — [代動] [se ~] ① (…の記憶中で)死後も生き続ける 《dans》 ② 死に損なう; (盛りを過ぎて)みっともない姿をさらす

survol [syrvɔl] 男 上空飛行; ざっと目を通すこと, 大まかな検討

survoler [syrvɔle] 他 上空を飛ぶ; ざっと目を通す

survoltage [syrvɔltaʒ] 男 過電圧

survolté(e) [syrvɔlte] 形 過電圧の; 極度に興奮した

survolter [syrvɔlte] 他 (規定値以上に)電圧を上げる; 極度に興奮させる

survolteur [syrvɔltœr] 男 〖電〗昇圧機

sus¹ [sy] ⇒savoir

sus² [sys, sy] 副《文》▶ **en sus de ...** 〖法〗…に加えて

sus- 接頭 「上に」「上の」の意

susceptibilité [syseptibilite] 女 怒りっぽさ, 傷つきやすさ ▶ **susceptibilité magnétique** 〖物〗磁化率

***susceptible** [syseptibl] スュセプティブル 形 ① 傷つきやすい, 自尊心の強い; すぐべそを曲げる ② (…の)余地がある, …するかもしれない; …しかねない《de》 ▶ **susceptible d'amélioration [d'ê-**

tre amélioré 改善の余地がある

*susciter [sysite スュスィテ] 他 (英 arouse) 呼びさます, かき立てる; 生じさせる

suscription [syskripsjɔ̃] 女 (手紙の)上書き, 上書

susdit(e) [sysdi, -it] 形名 [法] 前記[前述]の(者)

sushi [suʃi] 男 (<日) 寿司

susmentionné(e) [sysmɑ̃sjɔne] 形 前記の, 前述の

susnommé(e) [sysnɔme] 形名 [法] 上に名をあげた ─ 名 [法] 上記[前記]の者

*suspect(e) [syspɛ(kt), -ɛkt スュスペクト] 形 怪しい, 疑わしい; 不審な; (…の[する])疑いがある, 嫌疑のかかった (de); (品質や安全性に)問題がある; [医] (伝染病に)感染した疑いのある ─ 名 容疑者

*suspecter [syspɛkte スュスペクテ] 他 怪しむ, 疑いをかける ▶**suspecter A de B** A(人)にBの疑いをかける

*suspendre [syspɑ̃dr スュスパンドル] 他 28 ①(を hang) つるす, 掛ける, ぶら下げる ②(英 suspend) 中断する, 一時停止する; 保留[延期]する; (公職にある人を)停職処分にする ③(文)［~ A à B］A を B に依存させる ▶**être suspendu aux lèvres [paroles] de** (人)の言葉を聞きもらすまいと耳を傾ける ─ 代動 [se ~] (人が…に)ぶら下がる (à)

*suspendu(e) [syspɑ̃dy スュスパンデュ] 形 (<suspendre) ①(…に)つるされた, ぶら下がった; はりつめたような (à) ▶**suspendu dans le vide** 宙ぶらりんの ②中断された, 保留になった; 停職処分を受けた; [スポーツ] (選手が)出場停止になった ③[車] サスペンションの効いた

suspens [syspɑ̃] 男 ▶**en suspens** 未解決の, 中断された; 宙に浮いたままの

suspense[1] [syspɛns] 男 (<英) (小説・映画などの)はらはらする場面; 手に汗握る状況 ▶**film à suspense** サスペンス映画

suspense[2] [syspɑ̃s] 女 [教会法] 聖職停止

suspenseur [syspɑ̃sœr] 男 [植] 胚柄(はい) ▶**ligament suspenseur** [解] 提靱(じん)帯

suspensif(ve) [syspɑ̃sif, -iv] 形 [法] (執行・実施を)停止する

suspension [syspɑ̃sjɔ̃] 女 ①中断, 一時停止; 停職処分 ▶**points de suspension** 省略符号［…］; ▶**suspension de l'audience** 休廷 ②[車] サスペンション ③(シャンデリアなどの)つり下げ式照明器具 ④[物・化] 懸濁状態 ▶**en suspension** 浮遊している

suspensoir [syspɑ̃swar] 男 ジョックストラップ[スポーツ用サポーター]

suspente [syspɑ̃t] 女 (気球の)サスペンションロープ; (パラシュートの)サスペンションライン

suspicieusement [syspisjøzmɑ̃] 副 疑り深く

suspicieux(se) [syspisjø, -øz] 形 (目つきなどが)疑うような

suspicion [syspisjɔ̃] 女 (文)疑惑, 不信; [法] 忌避

sustentateur(trice) [systɑ̃tatœr, -tris] 形 [空] 揚力を確保する

sustentation [systɑ̃tasjɔ̃] 女 ①[空] (物体を)支えること, 平衡状態[保つこと]; 浮力, 揚力 ②(文)(病人に)栄養をとらせること

sustenter [systɑ̃te] 他 (古)栄養をとらせる ─ 代動 [se ~] (話)食べる, 栄養をとる

sus-tonique [systɔnik] 女 [楽] 上主音[全音階第二音]

susurrant(e) [sysyrɑ̃, -ɑ̃t] 形 ささやくような

susurrement [sysyrmɑ̃] 男 ささやき, ささやき声

susurrer [sysyre] 自 そっとささやく; (梢などが)さらさら音を立てる ─ 他 ささやく

sûtra [sutra] 男 =soutra

sutural(ale) [sytyral] 形 (男複 -aux[-o]) [医] 縫合の

suture [sytyr] 女 [医] 縫合 ▶**faire des points de suture** 縫合手術をする

suturer [sytyre] 他 [医] 縫合する

suzerain(e) [syz(ə)rɛ̃, -ɛn] 形名 [史] (封建時代の)宗主の, 領主の

suzeraineté [syz(ə)rɛnte] 女 [史] 宗主たること; (他国に対する)宗主権

svastika [svastika] 男 (<サンスクリット) まんじ, かぎ十字, 卍

svelte [svɛlt] 形 すらりとした

sveltesse [svɛltɛs] 女 すらりとしていること

SVP (略) s'il vous plaît お願いします

swahili(e) [swaili] 形男 スワヒリ語(の)

swap [swap] 男 (<英) スワップ

swastika [swastika] 男 (<英) =svastika

Swaziland [swazilɑ̃d, swazilɑ̃d] 男 スワジランド［アフリカ南部の王国］

sweater [swɛtœr] 男 (<英) [服] セーター

sweat-shirt [switʃœrt, swɛtʃœrt] 男 (<英) [服] トレーナー

sweepstake [swipstɛk] 男 (<英) [競馬] ステークス競走

swing [swiŋ] 男 (<英) ①[ボクシング] スイング ②[楽] (ジャズの)スイング

swinguer [swiŋge] 自 (英)スイング感のある演奏をする; (曲が)スイングする

sybarite [sibarit] 形名 (文)遊惰(だ)な(人), 享楽的な(人)

sybaritique [sibaritik] 形 (文)遊惰(だ)な, 享楽的な

sybaritisme [sibaritism] 男 (文)

享楽的な生活[風習]

sycomore [sikɔmɔr] 男 〖植〗エジプトイチジク; シカモア【カエデの一種】

sycophante [sikɔfɑ̃t] 男 〖古〗密告者, くわせもの

sycosis [sikozis] 男 〖医〗毛囊(の)炎, 毛包炎

syllabaire [sil(l)abɛr] 男 ①〔言葉を音節ごとに区切った〕読み方練習帳 ②〖言〗音節文字【一文字が一音節を表す】

syllabation [sil(l)abɑsjɔ̃] 女 〖言〗音節区分

syllabe [sil(l)ab] 女 音節, シラブル ▶ne pas prononcer une syllabe うんともすんとも言わない

syllabique [sil(l)abik] 形 音節の, 音綴(%)の

syllabus [sil(l)abys] 男 〖カト〗教会要目;〚le S-〛『シラブス(誤謬($)表)』【ピウス9世が1864年に公表】

syllepse [silɛps] 女 〖言〗シレプシス【文法規則ではなく意味にしたがって性・数の一致を行うこと】

syllogisme [sil(l)ɔʒism] 男 ①〖論〗三段論法 ②机上の空論

syllogistique [sil(l)ɔʒistik] 形 〖論〗三段論法の(による)

sylphe [silf] 男 〖神話〗シルフ【ケルト・ゲルマン伝説の空気の精】

sylphide [silfid] 女 シルフィード【ケルト・ゲルマン伝説の女性の精】; 優美でほっそりとした女性; 夢の女性

sylvain [silvɛ̃] 男 ①〖ロ神〗シルワヌス【森と野の神】②〚S-〛シルヴァン【男子の名】

sylvaner [silvanɛr] 男 シルヴァナー【ドイツのライン地方産の白ブドウの品種; そのブドウから造る白ワイン】

sylvestre [silvɛstr] 形 森林の, 森に生える

sylv(i)- 接頭 〈ラ〉「森」の意

sylvicole [silvikɔl] 形 林業に関する, 植林の; 森林に生息する

sylviculteur(trice) [silvikyltœr, -tris] 名 林業従事者

sylviculture [silvikyltyr] 女 林業, 林学; 植林

sym- 接頭 〈ギ〉= syn-

symbiose [sɛ̃bjoz] 女 〖生〗共生; 密な関係

symbiote [sɛ̃bjɔt] 男 共生体

*symbole** [sɛ̃bɔl] サンボル 男 ①〈英 symbol〉象徴, 表象, シンボル; 象徴的な人(もの), 権化 ②〖宗〗信仰告白 ③記号; 慣用的表現による記号【km (キロメートル)など】③〖キ教〗信条, 信経

*symbolique** [sɛ̃bɔlik] サンボリク 形 ①象徴的な, 象徴する ②記号による, 記号で表す ③実質のない, 形ばかりの ──女〔ある分野・時代に固有の〕象徴体系 ──男 〖精医〗象徴的なもの

symboliquement [sɛ̃bɔlikmɑ̃] 副 象徴的に; 記号を使って

symbolisation [sɛ̃bɔlizɑsjɔ̃] 女 象徴化

symboliser [sɛ̃bɔlize] 他 象徴する; シンボルで表現する

symbolisme [sɛ̃bɔlism] 男 象徴〔記号〕体系;〖美術・文学〗象徴主義

symboliste [sɛ̃bɔlist] 形名 象徴派(の作家芸術家)

*symétrie** [simetri] スィメトリ 女 〈英 symmetry〉左右対称, シンメトリー;〖文〗均衡, 釣り合い;〖数〗対称;〖生〗相称

*symétrique** [simetrik] スィメトリク 形 左右対称の, 対をなす;〖文〗釣り合いのとれた;〖数〗対称の;〖生〗相称の

symétriquement [simetrikmɑ̃] 副 左右対称に

sympa [sɛ̃pa] 形〔不変〕《話》感じのいい, 親しみの持てる; 楽しい

*sympathie** [sɛ̃pati] サンパティ 女 ①〈英 sympathy〉〔人に対する〕好感, 親しみ;〔意見や計画に対する〕共感, 賛意 ▶avoir de la sympathie pour〔人〕に親しみを感じる ②〈文〉同情, 思いやり ▶Croyez à toute ma sympathie. 心からお悔やみ申し上げます *témoignages de sympathie* 弔辞

*sympathique** [sɛ̃patik] サンパティク 形 〈英 nice〉感じのいい, 好感のもてる; 素敵な, 雰囲気のよい ──男 交感神経

sympathiquement [sɛ̃patikmɑ̃] 副 好感をもって, いい雰囲気の中で

sympathisant(e) [sɛ̃patizɑ̃, -ɑ̃t] 形〔思想・党派などに〕共感[共鳴]する ──名 共鳴者, シンパ

sympathiser [sɛ̃patize] 自〔…と〕気が合う, 共感[共鳴]する 〈avec〉

symphonie [sɛ̃fɔni] 女 ①交響曲, シンフォニー ②〈文〉〔色彩などの〕調和のとれた組合せ

symphonique [sɛ̃fɔnik] 形 交響曲の ▶*orchestre symphonique* 交響楽団

symphoniste [sɛ̃fɔnist] 名 ①交響曲の作曲家 ②交響楽団員

symphyse [sɛ̃fiz] 女 〖解〗〔繊維軟骨〕結合; 恥骨結合(= ~ *pubienne*)

symplectique [sɛ̃plɛktik] 形〔他と〕組み合った

symposium [sɛ̃pozjɔm] 男 シンポジウム, 討論会

*symptomatique** [sɛ̃ptɔmatik] 形 〖医〗〔ある病気の〕徴候を示す; 徴候としての; 対症療法の(de); 前兆となる; 特徴を示す ▶*traitement symptomatique* 対症療法

symptomatiquement [sɛ̃ptɔmatikmɑ̃] 副 前兆として

symptomatologie [sɛ̃ptɔmatɔlɔʒi] 女 〖医〗症候(学)

*symptôme** [sɛ̃ptom] サンプトム 男 〖医〗症状; 前兆, 徴候; 予期させるもの

▶**symptômes subjectifs** 自覚症状

syn- 接頭 (くそ) [[m, b の前では sym-] 「共に」「同時に」の意

synagogue [sinagɔg] 女 シナゴーグ〔ユダヤ教の礼拝所〕

synalèphe [sinalɛf] 女〔言〕母音融合

synallagmatique [sinalagmatik] 形〔法〕相互義務の

synapse [sinaps] 女〔解〕シナプス〔神経細胞の接合部〕

synaptique [sinaptik] 形〔解〕シナプスの

synarchie [sinarʃi] 女 集団指導体制

synchro [sɛ̃kro] 女《話》= synchronisation

synchrone [sɛ̃kron] 形 同時の, 同周期の;〔電〕同期の

synchroni [sɛ̃kroni] 女 ①〔言〕共時態 ②同時性, 連動

synchronique [sɛ̃kronik] 形〔言〕共時的な;《古》同時的に起こる

synchroniquement [sɛ̃kronikmɑ̃] 副 共時的に; 同時的に

synchronisation [sɛ̃kronizasjɔ̃] 女 同時にすること; 同期(化), 同調;〔映〕音声と映像を合わせること, シンクロナイゼーション

synchronisé(e) [sɛ̃kronize] 形 (< synchroniser) 連動した, 同調した

synchroniser [sɛ̃kronize] 他 同時に動かす, 同期させる; 同調させる;〔映〕音声と映像を合わせる

synchroniseur [sɛ̃kronizœr] 男〔電〕同期装置

synchronisme [sɛ̃kronism] 男 同時性, 日付[時代]の一致;〔電〕同期

synchrotron [sɛ̃krotrɔ̃] 男〔物〕シンクロトロン〔粒子加速器〕

synclinal(ale) [sɛ̃klinal] 形(男複 -aux[-o])〔地〕向斜の ── 男〔地〕向斜

syncopal(ale) [sɛ̃kɔpal] 形(男複 -aux[-o])〔医〕失神の

syncope [sɛ̃kɔp] 女 ①〔医〕失神, 卒倒, 気絶 ▶**tomber en syncope** 気絶する ②〔楽〕シンコペーション

syncopé(e) [sɛ̃kɔpe] 形 ①〔楽〕シンコペーションを用いた, リズム感の強い, はっきりした ②**vers syncopé** [詩] その半音節のかわりに1つの長音節を用いた〕短歌詩法の

syncoper [sɛ̃kɔpe] 他〔楽〕(後続の音符と)シンコペーションで結ぶ ── 自 シンコペーションになる

syncrétisme [sɛ̃kretism] 男〔宗・哲〕諸教[諸説]混合, 習合, シンクレティズム;〔心〕混淆性

syncrétiste [sɛ̃kretist] 形 習合の; 習合思想の ── 名 習合思想論者

syncytium [sɛ̃sitjɔm] 男〔生〕シンシチウム, 合胞体

syndactyle [sɛ̃daktil] 形〔生〕合趾足の

syndactylie [sɛ̃daktili] 女〔医〕合指[趾]趾

syndic [sɛ̃dik] 男 ①(集合住宅や共同ビルの)管理者 ②パリ市議会の特別委員〔地域の管理やイベントの開催を担当する〕

syndical(ale) [sɛ̃dikal] 形(男複 -aux[-o]) 組合(運動)の

syndicalisation [sɛ̃dikalizasjɔ̃] 女 組合への加入

syndicaliser [sɛ̃dikalize] 他 ①組合を組織する ②組合に加入させる

syndicalisme [sɛ̃dikalism] 男 労働組合運動, サンディカリスム; 組合活動

syndicaliste [sɛ̃dikalist] 形名 組合の(活動家)

★**syndicat** [sɛ̃dika サンディカ] 男 (英 union) 労働組合, 同業者組合 [共同利益のための)組合, 協議会 ▶**syndicat d'initiative** (地方の)観光案内所 **syndicat du crime** マフィア

syndicataire [sɛ̃dikatɛr] 形名 (共同住宅などの)管理組合(の組合員); (銀行側の)財務協議の(委員)

syndiqué(e) [sɛ̃dike] 形 (< syndiquer) 組合に加入している ── 名 組合員

syndiquer [sɛ̃dike] 他 (労働者を)組合に組織する ── 代動 [se ~] 組合に加入する

syndrome [sɛ̃drom] 男〔医〕症候群, シンドローム

synecdoque [sinɛkdɔk] 女〔修〕提喩(°)法

synéchie [sineʃi] 女〔医〕癒着

synérèse [sinerɛz] 女〔音声〕母音融合〔連続する2つの母音が単音節になること〕

synergie [sinɛrʒi] 女〔生理〕協働〔複数の器官が共に働いてひとつの機能を果たすこと〕;〔経〕シナジー〔複数の方法を組み合わせて用いて利益を上げる効果〕; 相乗効果

synergique [sinɛrʒik] 形 協働の; 相乗効果による

synesthésie [sinɛstezi] 女〔心〕共感覚〔音を聞くと色をも感じるように, ある感覚への刺激が別の領域の感覚を引き起こす現象〕

syngnathe [sɛ̃gnat] 男〔魚〕ヨウジウオ科

synodal(ale) [sinɔdal] 形(男複 -aux[-o])〔カト〕司教区会議の; (プロテスタント)教会会議の

synode [sinɔd] 男〔カト〕司教区会議; (プロテスタント)教会会議 ▶**Saint synode** [le ~](東方正教会の)聖務会院

synodique [sinɔdik] 形〔天〕会合(⁵)の, 合の

synonyme [sinɔnim] 形 同義の, 類語の ── 男 同義語, 類義語

synonymie [sinɔnimi] 女〔言〕同

synonymique [sinɔnimik] 形 同義の

synopse [sinɔps] 女 〔キ教〕福音書の共観表［4福音書の対照配置表］

synopsis [sinɔpsis] 男 〔映〕筋書き，梗概，シノプシス ― 女 概要，要覧

synoptique [sinɔptik] 形 概観的な，一覧にした ― 男 〔複〕共観福音書（= Évangiles 〜s）

synostose [sinɔstoz] 女 〔医〕骨癒合，骨結合

synovial(ale) [sinɔvjal] 形 （男複 -aux[-o]）〔解〕滑液の ― 男 滑液嚢

synovie [sinɔvi] 女 〔生理・医〕（関節の）滑液

synovite [sinɔvit] 女 〔医〕滑膜炎

syntacticien(ne) [sɛ̃taktisjɛ̃, -ɛn] 名 統辞論研究者

syntactique [sɛ̃taktik] 形 統辞論〔上〕の，構文の ― 女 構文論

syntagmatique [sɛ̃tagmatik] 形 〔言〕連辞の，連辞的な ― 女 連辞論

syntagme [sɛ̃tagm] 男 〔言〕連辞；〔文法〕句 ▶ **syntagme nominal** [**verbal**] 名詞[動詞]句

syntaxe [sɛ̃taks] 女 〔言〕統辞論，構文論，シンタックス；文の構成法

syntaxique [sɛ̃taksik] 形 構文の，統辞論の

synthé [sɛ̃te] 男 〔話〕シンセサイザー

***synthèse** [sɛ̃tɛz] サンテーズ 女 総合，統合，総論，まとめ；〔哲〕（弁証法による）ジンテーゼ，合；〔化〕（物）の合成 ▶ **image de synthèse** コンピュータグラフィックス，CG 画像

synthétique [sɛ̃tetik] 形 ①総合的な；総括する，総論的な ②〔化〕合成の，人工の ― 男 合成品，合成繊維[樹脂]

synthétiquement [sɛ̃tetikmɑ̃] 副 ①総合的に ②〔化〕合成によって

synthétiser [sɛ̃tetize] 他 ①総合[統合]する，まとめる ②〔化〕合成する

synthétiseur [sɛ̃tetizœr] 男 〔楽〕シンセサイザー

synthétisme [sɛ̃tetism] 男 〔美術〕総合主義［19世紀末のフランス絵画様式］

syntonie [sɛ̃tɔni] 女 〔物〕同調，〔心〕同調性

syntonisation [sɛ̃tɔnizasjɔ̃] 女 〔物〕同調

syntoniser [sɛ̃tɔnize] 他 同調させる

syntoniseur [sɛ̃tɔnizœr] 男 チューナー

syphilis [sifilis] 女 〔医〕梅毒

syphilitique [sifilitik] 形名 梅毒の(患者)

syrah [sira] 女 シラー［赤ワイン用ブドウ品種］

syriaque [sirjak] 形[名] 古典シリア語の

Syrie [siri] 女 シリア［中東の共和国］

syrien(ne) [sirjɛ̃, -ɛn] 形名 [S-] シリアの(人) ― 男 （アラビア語の）シリア方言

syrinx [sirɛ̃ks] 男 〔ギ神〕（牧神）パンの笛

syrphe [sirf] 男 〔虫〕ハナアブ

systématicien(ne) [sistematisjɛ̃, -ɛn] 名 分類学者

***systématique** [sistematik] スィステマティク 形 ①体系的な，筋道の立った；徹底した，組織的な，計画的な ②一貫した，融通のきかない，型通りの；〔俗〕いつもの ― 女 体系学

systématiquement [sistematikmɑ̃] 副 体系的に，組織的に；一貫して，徹底して

systématisation [sistematizasjɔ̃] 女 体系化，組織化

systématiser [sistematize] 他 体系づける，組織化する ― 自 先入観で判断する，杓子定規に考える ― 代動 **(se 〜)** 体系[組織]化される

***système** [sistɛm] システム 男 （英 system）方法，方式；装置，機構，システム；制度，体制；社会組織；（学問の）体系，統一的理論；（言語などの）体系；（自然界の）系，系統；単位系，計量法 ▶ **courir** [**porter, taper**] **sur le système à...** (話）（人）をいらだたせる **esprit de système** 体系的思考；画一的な考え **ingénieur système** システムエンジニア **par système** 先入観で；型にはまったやり方で **système D** [「D」は débrouille から] （話）うまいやり方 **système d'exploitation** [情報] OS，基本ソフト **système nerveux** 神経系統 **système solaire** 太陽系

systémique [sistemik] 形 体系[系]に関する ― 女 システム理論

systole [sistɔl] 女 〔生理〕（心臓の）収縮(期)

systolique [sistɔlik] 形 〔生理〕（心臓の）収縮(期)の

syzygie [sizi3i] 女 〔天〕朔望(ﾎﾞｳ)［地球・惑星・太陽が一直線に位置すること］；新月と満月

T

T, t [te] 男 ①フランス字母の第20字 ②T 字形(のもの)

t. (略) tome 巻, tonne トン

***t'** [t] 代(人称) te, tu の縮約形

ta [ta] 形 (所有) ⇒ton

ta, ta, ta [tatata] 〈擬音〉間 もういい，もういい［軽蔑・疑い・不信などを表す］

***tabac**[1] [taba] タバ 男 （英 tobacco) たばこ(の葉)，たばこ属 ― 形 (不変) たばこ色の ▶ **tabac à priser** 嗅ぎたばこ **tabac blond** 黄色種たばこ **tabac brun** 褐色種たばこ

tabac² [taba] 男《話》[成句でのみ]
① ▸ **coup de tabac** 嵐, 暴風 ② ▸ **passage à tabac**（弱者への）暴力 **passer ... à tabac** …に暴力をふるう ③ ▸ **faire un tabac** 大成功をおさめる

tabacomanie [tabakɔmani] 女 過度の喫煙(癖)

tabagie [tabaʒi] 女 ①たばこの煙が充満している所 ②《カナダ》たばこ屋

tabagique [tabaʒik] 形名 たばこ中毒(の患者)

tabagisme [tabaʒism] 男 ニコチン中毒 ▸ **tabagisme passif** 受動喫煙《他人の煙を吸い込んでしまう》

tabassage [tabasaʒ] 男, **tabassée** [tabase] 女《話》殴打, 乱闘

tabasser [tabase] 他《話》殴りつける — 代動 [**se**] 殴り合う

tabatière [tabatjɛr] 女 嗅ぎ《ざたばこ入れ ▸ **fenêtre à tabatière**（屋根の突き上げ式）明かり窓 **tabatière anatomique** [解]（解剖学的）嗅ぎだばこ窩(か)《親指を反らしたときの付け根にできるくぼみ》

tabellion [tabeljɔ̃] 男《古》公証人

tabernacle [tabɛrnakl] 男 ①[聖]幕屋 ②[カト]（聖体を入れる）聖櫃(ひつ)

tabes, tabès [tabɛs] 男[医] 脊髄癆(ろう)

tablature [tablatyr] 女（楽器固有の）記譜法, タブラチュア

***table** [tabl] 女 タブル 男 ①テーブル, 台; 食卓; 食事;（集合的）食卓を囲む人たち ▸ **À table!** 食事ですよ **dresser la table** 食事の用意をする **être à table** 食卓についている **plaisirs de la table** ごちそう **quitter la table**（食事中に）食卓を離れる **se mettre à table** 食卓につく; 自白する **sortir de table** 食事後に食卓を離れる **table à langer** おむつ交換台 **table de billard** ビリヤード台 **table de chevet** [**nuit**] ナイトテーブル **table de cuisson** レンジ台 **table de jeu** [**jouer**] 賭博台 **table d'écoute** 盗聴器 **table d'hôte**（レストランなどの）定食用テーブル **table d'opération** 手術台 **table ronde** 円卓; 円卓会議 **table roulante**（キャスター付き）テーブルワゴン ②表; 目録, 一覧表 ▸ **table de multiplication** 九九の表 **table des matières** 目次

***tableau** [tablo] 男（複~**x**）①絵; 光景, 場面; 描写;（芝居の）場 ▸ **jouer sur les deux tableaux** 両方に賭ける, 二股をかける **noircir le tableau**（状況を）悲観的に描く（=~ **noir**）②黒板; 掲示板;（情報）コントロールパネル（器具などをまとめて収めた）盤, ボード; 名簿,（一覧）表 ▸ **tableau d'affichage** 掲示板 **tableau de bord**（車や飛行機の）計器盤, ダッシュボード **tableau de chasse** 狩の獲物; 戦果 **tableau d'honneur** 優等生名簿

tableautin [tablotɛ̃] 男 小さな絵

tablée [table] 女 食卓を囲む人々, 会食者

tabler [table] 自（…）を当てにする（**sur**）

tabletier(ère) [tabəltje, -ɛr] 名（チェス盤などの）細工職人

tablette [tablet] 女 ①棚板; 平板; 板状のもの, 錠剤;（昔の）書字板

tabletterie [tabletri] 女（小箱や小間物などの細工品;（細工品が専門の）小間物屋

tableur [tablœr] 男［情報］表計算ソフト

***tablier** [tablije タブリエ] 男（英 **apron**）①エプロン, 前掛け; 上っぱり ②保護板, 仕切り板;（自動車のエンジン室と運転席との）隔壁, バルクヘッド ③橋床, 橋の桟板

tabloïd(e) [tabloid] 形名（<英）タブロイド判（の新聞）

tabou(e) [tabu] 形（<英《時に不変》タブーの; 禁物の — 男 タブー, 禁忌

tabouiser [tabuize] 他 タブーとする

taboulé [tabule] 男 タブーレ《中東のサラダ料理》

tabouret [taburɛ] 男 スツール, 腰掛け; 足のせ台 ▸ **tabouret de bar**（バーの）椅子 **tabouret de piano** ピアノ用のスツール

tabulaire [tabylɛr] 形 表の; 台状の

tabulateur [tabylatœr] 男（タイプライター・パソコンの）タビュレーター, タブ

tabulation [tabylasjɔ̃] 女［情報］タブ ▸ **poser des tabulations** タブを設定する

tabulatrice [tabylatris] 女 パンチカードシステム

tac [tak] 擬 カタッ, カチャッ《乾いた音》— 男 カチッという音 ▸ **répondre** [**riposter**] **du tac au tac**（不快な言葉に対して）即座に言い返す

tachant(e) [taʃɑ̃, -ɑ̃t] 形 汚れやすい

***tache** [taʃ タシュ] 女（英 stain, spot）（衣服などのしみ, 汚れ; 斑点, まだら; 傷;［美術］色点; 欠点, 汚点 ▸ **faire tache** 不調和な, 調和を乱す **tache d'huile** 徐々に浸透する **tache de graisse** 油じみ **tache de rousseur** [**son**] そばかす **tache de vin**（皮膚の）母斑

taché(e) [taʃe] 形（<**tacher**）しみのついた; 斑点[あざ]のある

***tâche** [taʃ タシュ] 女（英 task）仕事, 任務, 務め;［情報］タスク ▸ **prendre à tâche de ...**（文）…しようと努力する **travailler à la tâche** 出来高払いで働く

tachéomètre [takeɔmɛtr] 男 トータルステーション

***tacher** [taʃe タシェ] 他（英 stain）しみをつける, 汚す;《文》（評判などを）汚(けが)す

— 自 しみをつける, しみになる
— 代動 [se ~] 自分の服にしみをつける; しみがつく, 汚れる

*tâcher [tɑʃe タシェ] 他 ▶tâcher de 不定詞 (英 try to) …しようと努める tâcher que + 接続法 …になるように努める

tâcheron [tɑʃrɔ̃] 男《軽蔑的》下働きの人; つまらない仕事をせっせとやる人

tacheté(e) [taʃte] 形 斑点のある

tacheter [taʃte] 他 4 斑点をつける

tachisme [taʃism] 男〘美術〙タシスム【1950年代の色彩のみを用いる抽象絵画】

tachiste [taʃist] 形名〘美術〙タシスムの(画家)

tachy- 接頭 〘ギ〙「速い」「急速な」の意

tachycardie [takikardi] 女〘医〙頻拍

tachygraphe [takigraf] 男 タコグラフ, 速度記録計

tachymètre [takimɛtr] 男 タコメーター, 回転速度計

tacite [tasit] 形 暗黙の, 言外の

tacitement [tasitmɑ̃] 副 暗黙のうちに, それとなく

taciturne [tasityrn] 形名 無口な(人); 口数の少ない(人), むっつりした(人)

tacle [takl] 男〘球〙タックル

tacler [takle] 自他 タックルする

taco [tako] 男 タコス【メキシコ料理】

tacot [tako] 男《話》おんぼろ車

*tact [takt タクト] 男 如才なさ, 機転; 〘生理〙触覚 ▶avec tact 如才なく avoir du tact 如才がない manquer de tact 機転がきかない

tacticien(ne) [taktisjɛ̃, -ɛn] 名 策士, 策略家

tactile [taktil] 形 触覚の; 触知できる ▶affichage [écran] tactile 〘情報〙タッチパネル

*tactique [taktik タクティク] 女 戦術の, 駆け引き, 策略 — 形 戦術(上)の

tadjik(e) [tadʒik] 形 タジキスタンの, タジク(人)の — 名 [T-] タジク人 — 男 タジク語

Tadjikistan [tadʒikistɑ̃] 男 タジキスタン【中央アジアの共和国】

tadorne [tadɔrn] 男〘鳥〙ツクシガモ

tænia [tenja] 男〘動〙= ténia

taffe [taf] 女 = touffe

taffetas [tafta] 男〘織〙タフタ織

tafia [tafja] 男《古》(寝かしていない)ラム酒

tag [tag] 男〘英〙スプレーによる落書き

tagger [tage] 自 = taguer

tagine [taʒin] 男 = tajine

tagliatelle [taljatɛl] 女〘料〙タリアテッレ【きしめんに似たイタリアのパスタ】

taguer [tage] 自 スプレーで落書きをする

tagueur(se) [tagœr, -øz] 名 スプレーで落書きする人

Tahiti [taiti] 女 タヒチ島【南太平洋のフランス領】

tahitien(ne) [taisjɛ̃, -ɛn] 形 タヒチの — 名 [T-] タヒチ人

taïaut [tajo] 間 ほうほう【獲物に犬をけしかける声】

taï-chi-chuan [tajʃiʃwan], taï-chi [tajʃi] 男《不変》〘中国〙太極拳

taie [tɛ] 女 ①枕カバー(= ~ d'oreiller) ②角膜白斑

taïga [taiga] 女〘ロシア〙タイガ【シベリア地方の針葉樹林】

taillable [tajabl] 形〘史〙(領民が)人頭税を課される ▶être taillable et corvéable à merci《文》こき使われる

taillade [tajad] 女 切り傷; (木などの)切り口

taillader [tajade] 他 切り傷をつける, 切りこみを入れる — 代動 [se ~](自分の体に)切り傷をつける

taillanderie [tajɑ̃dri] 女 刃物製造(販売)業

taillandier [tajɑ̃dje] 男 刃物製造工

taillant [tajɑ̃] 男《古》(斧・刀などの)刃

*taille [taj タイユ] 女〘英 height, size〙①身長(値物の)大きさ; (服や靴の)サイズ; (物の)大きさ —Ce n'est pas à ma taille. この服は私のサイズに合いません / de petite taille (人が)小柄な / la taille au-dessus [au-dessous] 1つ上の[下の]サイズ / Quelle taille faites-vous? 服のサイズはいくつですか? ▶de taille 重大な, 大きな être de taille à …する能力がある ②ウエスト, 胴 ▶avoir la taille fine ウエストが細い avoir une taille de guêpe 腰がくびれている pantalon taille basse 腰の浅いズボン se tenir par la taille (互いに)腰に手を回している ③切ること; (宝石などの)カット; 彫刻, 彫版; (剣などの)刃 ▶pierre de taille 建築用石材《文》(中世の)人頭税

taillé(e) [taje] 形 (< tailler) (…の)形つきの ▶bien taillé 体つきのいい cote mal taillée 誰も満足できない妥協案 être taillé pour …に適している taillé en …の形をした

taille-crayon [tajkrɛjɔ̃] 男(複 ~-~(s) (小型の)鉛筆削り

taille-douce [tajdus] 女(複 ~s-~s) 銅版画

taille-haie [tajɛ] 男(木・低木などを刈る)電動剪定機

*tailler [taje タイユ] 他〘英 cut〙(形を整えるために)刈る, 刈る; (服を)裁つ ▶tailler dans le vif 切開する; 思いきった[苦しい]決断をする tailler petit [grand] (服が)小さい[大きい] tailler une bavette《話》雑談する — 代動 [se ~]《話》ずらかる; 逃げ出す ▶se tailler un succès 大きな成功を収める

taillerie [tajri] 女 宝石カット細工術〔業〕, 宝石加工術

tailleur [tajœr タイユール] 男 (英 tailor) 仕立屋, テーラー; 婦人用スーツ; (…を)切る職人 (de) ▶**s'asseoir en tailleur** あぐらをかく

tailleur-pantalon [tɑjœrpɑ̃talɔ̃] 男 (複 ~s-~s) パンタロンスーツ

taillis [tɑji] 男 やぶ, 雑木林

tailloir [tajwar] 男 ①(中世の)肉切り皿 ②(建)(屋根を支える)柱の頭の部分

tain [tɛ̃] 男 (鏡の)裏箔(*はく*);錫(*すず*)合金 ▶**glace sans tain** マジックミラー

***taire** [tɛr テール] 他 53 (英 keep quiet) 言わない, 黙っている ▶**faire taire** 黙らせる ― 自 (**se** ~) 黙る, 口を閉ざす; (声・音などが)聞こえなくなる

Taiwan, Taïwan [tajwan] 女 台湾

taïwanais(e) [tajwanɛ, -ɛz] 形 台湾の ― 名 〔T-〕台湾人

tajine [taʒin] 男 〔料〕タジンヌ〔北アフリカの羊肉と野菜の煮込み料理〕

talc [talk] 男 〔鉱〕滑石, タルク;タルカムパウダー

talé(e) [tale] 形 (果実などが)傷んだ

***talent** [talɑ̃ タラン] 男 才能, 才能のある人, 人材 ▶**avoir du talent** 才能がある

talentueusement [talɑ̃tɥøzmɑ̃] 副 巧みに, うまく

talentueux(se) [talɑ̃tɥø, -øz] 形 才能のある

taler [tale] 他 傷つける, 傷める

taleth [talet] 男 タリス〔ユダヤ教徒が礼拝のときにかけるショール〕

taliban [talibɑ̃] 男 ターリバーン

talion [taljɔ̃] 男 (昔の)犯した罪と同等の刑 ▶**loi de talion** 同害刑法, 復讐法

talisman [talismɑ̃] (<アラビア) 男 お守り, 魔よけ;不思議な力のあるもの

talitre [talitr] 男 〔虫〕ハマトビムシ

talkie-walkie [tokiwoki, talkiwalki] 男 (複 ~s-~s) (<英) トランシーバー

talk-show [ta(l)kʃo] 男 (<英) (テレビの)トークショウ

Talmud [talmyd] 男 〔宗〕タルムード〔ユダヤ律法と注解の集大成〕

talmudique [talmydik] 形 タルムードの

talmudiste [talmydist] 男 タルムード研究者

taloche[1] [talɔʃ] 女 〔話〕平手打ち, びんた ▶**flanquer une taloche à** (人)にびんたを喰らわす

taloche[2] [talɔʃ] 女 (左官用の)こて板

talocher [talɔʃe] 他 〔話〕(人)にびんたを食らわす

***talon** [talɔ̃ タロン] 男 (英 heel) ①かかと;(靴の)ヒール ②(トランプ・ドミノなどの)残りの札;(小切手などの)控え部分;(パン・チーズ・ハムなどの)はし, 残った部分 ▶**être (marcher) sur les talons de** (人)にぴったりついていく;…を尾行する **montrer (tourner) les talons** 逃げ出す **talon d'Achille** アキレス腱;弱点 **talons aiguilles** ピンヒール **talons hauts** ハイヒール **talons plats** ヒールの低い靴

talonnade [talɔnad] 女 (サッカーの)ヒールキック

talonnage [talɔnaʒ] 男 (ラグビーの)ヒールアウト

talonner [talɔne] 他 ①(人の)すぐ後ろからついて行く;うるさくつきまとう, 悩ます ②(馬に)拍車を入れる ③(ラグビーで)ボールをヒールアウトする ― 自 (ラグビーで)ヒールアウトする

talonnette [talɔnɛt] 女 (靴の中に入れる)かかと当て

talonneur [talɔnœr] 男 (ラグビーの)フッカー

talquer [talke] 他 タルカムパウダーを塗る

talus [taly] 男 (道路・線路ぎわなどの)土手, 斜面;傾斜, 勾配

talweg [talvɛg] 男 (<ドイツ)〔地理〕凹線, 谷線〔上流から下流まで谷の最深部をつなぐ線〕

tamandua [tamɑ̃dɥa] 男 〔動〕コアリクイ

tamanoir [tamanwar] 男 〔動〕オオアリクイ

tamarin[1] [tamarɛ̃] 男 〔動〕タマリン〔南米産のサル〕

tamarin[2] [tamarɛ̃] 男 タマリンドの実〔緩下剤〕

tamarinier [tamarinje] 男 〔植〕タマリンド

tamaris [tamaris], **tamarix** [tamariks] 男 〔植〕ギョリュウ

tambouille [tɑ̃buj] 女 ①〔話〕まずい料理 ②調理, 炊事 ▶**faire la tambouille** 料理をする

***tambour** [tɑ̃bur タンブール] 男 ①太鼓;鼓手, 太鼓をたたく人 ▶**sans tambour ni trompette** こっそりと **tambour battant** きびきびと ②円筒のもの;(洗濯機・ブレーキの)ドラム;シリンダー

tambourin [tɑ̃burɛ̃] 男 ①タンバリン ②(南仏プロヴァンス地方の)長太鼓, タンブラン ③タンブラン〔プロヴァンス地方の舞踊(曲)〕

tambourinage [tɑ̃burinaʒ], **tambourinement** [tɑ̃burinmɑ̃] 男 くり返したたく音;太鼓のとどろく音

tambourinaire [tɑ̃burinɛr] 男 (南仏プロヴァンス地方の)長太鼓奏者

tambouriner [tɑ̃burine] 自 (…を)トントンとたたく (sur) ― 他 ①太鼓で演奏する ②吹聴する, 触れ回る

tambourineur(se) [tɑ̃burinœr, -øz] 鼓手, 太鼓奏者

tambour-major [tɑ̃burmaʒɔr] 男 (複 ~s-~s) (軍隊の)鼓笛隊隊長

tamil(e) [tamil] 形 名 = tamoul

tamis [tami] 男 ①ふるい, こし器 ▶ *passer au tamis* ふるいにかける ②《テニス》(ラケットの)ガット面 ▶ *raquette grand tamis* ラージラケット

tamisage [tamizaʒ] 男 ふるいにかけること

Tamise [tamiz] 女 [la ～] テムズ川 [英国の川]

tamiser [tamize] 他 ①ふるう, こす ②(光を)和らげる

tamoul(e) [tamul] 形 タミール(人)の ── 名 [T-] タミール人 [南インドや北スリランカの民族] ── 男 タミール語

tampico [tãpiko] 男 タンピコ麻 [メキシコ原産]

:**tampon** [tãpɔ̃] 男 タンポン ①栓, 詰めもの; 綿球; 止血栓; タンポン; (塗布・清掃用の)パッド, ぽんし, (壁にネジ・くぎを打つための)埋め木; (車両の)緩衝器; 緩衝物 ▶ *État tampon* 緩衝国 *mémoire [情報] バッファメモリ servir de tampon entre deux personnes* 2人の間を調停する *tampon à récurer* 金たわし *tampon hygiénique [périodique]* 生理用タンポン ②スタンプ, 検印, 消印 ▶ *tampon encreur* スタンプ台

tamponnade [tãpɔnad] 女 [医] 心[しん]タンポナーデ

tamponnement [tãpɔnmã] 男 ①詰めものをすること; 止血 ②(列車・自動車の)衝突(事故) ③ = tamponnade

tamponner [tãpɔne] 他 ①ふく, ぬぐう, 止血する; こする; スタンプを押す ②(車両などが)衝突する ── 代動 [se ～] ①(車が互いに)衝突する ②自分の一をふく[おさえる] ▶ *s'en tamponner (le coquillard)* 《話》 どうでもいい

tamponneur(se) [tãpɔnœr, -øz] 形 (車が)ぶつかる ▶ *autos tamponneuses* 遊園地でぶつかり合って遊ぶ電気豆自動車 ── 名 スタンプを押す人

tamponnoir [tãpɔnwar] 男 穿孔鑿[せんこうのみ]

tam-tam [tamtam] 男 [<クレオール] ①タムタム 【アフリカの太鼓】【中国起源】のどら ②《話》騒々しい宣伝; 大騒ぎ

tan [tã] 男 タン皮 【カシワの樹皮の粉】

tanagra [tanagra] 男 古代ギリシアのタナグラ人形

tancer [tãse] 他 52 〔文〕 叱責する

tanche [tãʃ] 女 [魚] テンチ [ヨーロッパ産; コイ科]

tandem [tãdɛm] 男 [<英] ①2人乗り自転車; (2人・2組の)協力体制 ▶ *en tandem* 2人で協力して

tandis que [tãdik(ə)] 接 [<英 while] ①〔同時性〕…する間に ②〔対立〕…であるのに, …の一方で

tandoori, tandouri [tãduri] 男 [料] タンドリー [香辛料に漬けた肉をかまどで焼いたインド料理]

tangage [tãgaʒ] 男 (船などの)縦揺れ, ピッチング

tangence [tãʒãs] 女 [数] 接触

tangent(e) [tãʒã, -ãt] 形 ①[数] (…に)接する (à) ②《話》ぎりぎりのすれすれの
── 女 [数] 接線: 正接, タンジェント ▶ *prendre la tangente* 《話》素早く逃げる

tangentiel(le) [tãʒãsjɛl] 形 [数] 接線の; 正接の

Tanger [tãʒe] タンジール [モロッコの都市]

tangible [tãʒibl] 形 触知できる; 明白な, 確実な

tango [tãgo] 男 [<スペ] [舞] タンゴ
── 形 [不変] 鮮やかなオレンジ色の

tanguer [tãge] 自 (船・飛行機などが)縦揺れする, ピッチングする

tanière [tanjɛr] 女 (野獣の)巣穴; 隠れ家

tanin [tanɛ̃] 男 [<ラ] タンニン

tank [tãk] 男 [<英] ①タンク; 貯水槽, 油槽 ②戦車 ③《話》無骨な大型車

tanker [tãkɛr] 男 [<英] タンカー, 石油輸送船

tankiste [tãkist] 男 戦車兵

tannage [tanaʒ] 男 皮なめし

tannant(e) [tanã, -ãt] 形 ①(皮)なめし用の ②《話》(人が)うんざりさせる, いらいらさせる

tanné(e) [tane] 形 ①(<tanner) (皮)なめしされた; (肌が)褐色の, 日焼けした

tannée [tane] 女 《話・古》ぶんなぐること; 完敗

tanner [tane] 他 ①(皮)なめす; (肌を)褐色にする, 日焼けさせる ②《話》悩ませる, うるさがらせる

tannerie [tanri] 女 なめし革工場

tanneur(se) [tanœr, -øz] 名 なめし工; 革屋

tannin [tanɛ̃] 男 = tanin

tannique [tanik] 形 タンニンからなる

tansad [tãsad] 男 (オートバイの)タンデムシート, 後部補助サドル

:**tant** [tã タン] 副 [英 so much, so many] ①それほど, そんなに; とても; [～ de…] それほど多くの, たくさんの ── *Il l'aime tant*. 彼は彼女が大好きだ ▶ *comme tant d'autres* 他の大勢のように *Pas tant que ça*. それほどではない *tant A que B* A も同様に B も *tant bien que mal* どうにかこうにか まずまず *tant et plus* 非常に多く *tant mieux* それはよかった *tant pis* それは気の毒 *Tant que ça!* そんなに! *tant s'en faut* それどころか (un) *tant soit peu* 少しでも, 多少とも ②[《名詞的》具体的な数字の代わりに] いくら, これこれ ▶ *gagner tant par mois* 月これこれの額を稼ぐ ▶ *à tant pour cent* 何々パーセントで ③[～ que…] …である限り, …だけ ▶ *tant et si bien que …* 非常に…なので…だ ④[～ que …] …する限り, …だけ ▶ *en tant que*

Tantale [tɑ̃tal] 男 [ギ神] タンタロス [ゼウスの息子]

tantale [tɑ̃tal] 男 (化) タンタル; [鳥] ズグロコウ [コウノトリの一種]

*tante [tɑ̃t タント] 女 (英 aunt) ①伯母, 叔母 ②(俗) ホモ, おかま; 卑怯者; チクリ屋

tantième [tɑ̃tjɛm] 形 比率配分; 役員配当

tantine [tɑ̃tin] 女 (幼児) おばちゃん

tantinet [tɑ̃tinɛ] 男 ►**un tantinet** (話) ほんの少し

*tantôt [tɑ̃to タント] 副 ①(きょうの)午後 ►**tantôt... tantôt...** (英 sometimes... sometimes...) ある時は…また ある時は…

tantouse, tantouze [tɑ̃tuz] 女 (俗) おかま

Tanzanie [tɑ̃zani] 女 タンザニア [アフリカ東部の共和国]

tanzanien(ne) [tɑ̃zanjɛ̃, -ɛn] 形 名 [T-] タンザニアの(人)

TAO (略) traduction assistée par ordinateur コンピューター援用翻訳, 機械翻訳

taoïsme [taɔism] 男 [宗] (中国の)道教

taoïste [taɔist] 形 名 [宗] 道教の(信者)

taon [tɑ̃] 男 [虫] アブ (虻)

tapage [tapaʒ] 男 大騒ぎ, 大きな騒音; 物議, スキャンダル ►**tapage nocturne** [法] 深夜騒音罪

tapageur(se) [tapaʒœr, -øz] 形 騒ぎ立てる; 人目を引く, 派手な; 物議をかもす, スキャンダラスな

tapageusement [tapaʒøzmɑ̃] 副 騒々しく; 派手に

tapant(e) [tapɑ̃, -ɑ̃t] 形 [時刻の後で] きっかり, ちょうど

tapas [tapas] 女 (くス) (複) [料] タパス [数種類の前菜の盛り合わせ]

tape [tap] 女 手で軽くたたくこと ►**donner une tape à** (人)を軽くたたく

tapé(e) [tape] 形 ①(<taper) (果物が)熟れすぎた, 少し腐った; (話) (人が)年齢を感じさせる ②(話) 頭のおかしい ►**bien tapé à** あざやかな, うまく言い返した

tape-à-l'œil [tapalœj] 形 名 (不変) けばけばしい(もの), 安ぴかの(もの)

tape(-)cul [tapky] 男 (話) (がたがたする)ぼろ車; シーソー

tapée [tape] 女 ►**une tapée de...** (話) たくさんの…

tapement [tapmɑ̃] 男 たたくこと[音]

tapenade [tapnad] 女 [料] タプナード [ケーパー, 黒オリーブ, アンチョビーから作る南仏地方のペースト]

*taper [tape タペ] 他 (英 slap, tap, type) ①たたく, ぶつ; (キーボードで)入力する, タイプする ②(話) (人から)金を借りる (à) ③(話) (車などが)…の速度で走る

─ 自 ①(…を)たたく (sur, dans, à) キーボードをたたく, タイプで打つ (= à la machine) ►**taper dans l'œil à...** (話) (人)に気に入られる **taper dans ses mains** 手をたたく **taper du poing sur** (人)を殴る **taper sur les nerfs [le système] de** (人)をいらだたせる **taper (un coup) à la porte** ドアをたたく ②(話) (人)の悪口を言う (sur) ③(蓄えなどを)頻繁に使う (dans) ④(陽)(陽射しなどが)きびしい

─ 代動 [**se ~**] ①(辛い仕事を)やる ②飲む, 食べる ③(俗) セックスする, 寝る

tapette [tapɛt] 女 ①軽くたたくこと ②(話) おしゃべり ►**avoir une bonne [sacrée] tapette** (話) ひどくおしゃべりである ③(話・軽蔑の) おかま, ホモ

tapeur(se) [tapœr, -øz] 名 (話) 借金ばかりしている人

tapi(e) [tapi] 形 (<tapir) 身をひそめている; (病気などが)潜伏した

tapin [tapɛ̃] 男 (話) 街娼 ►**faire le tapin** 客引きをする

tapiner [tapine] 自 (話) (街娼が)客引きをする

tapinois [tapinwa] ►**en tapinois** こっそりと

tapioca [tapjɔka] 男 (<ポルトガル) タピオカ [マニオックの根からとったでんぷん]; タピオカポタージュ

tapir[1] [tapir] 代動 [**se ~**] 33 (動物が)うずくまる, 隠れる; (人が)潜む

tapir[2] [tapir] 男 ①(動) バク(貘) ②(話) (学生言葉で)個人教授を受けている学生

*tapis [tapi タピ] 男 (英 carpet) じゅうたん, カーペット, 敷物, マット ►**dérouler le tapis rouge** 丁重に迎える **envoyer... au tapis** (人)をノックアウトする **à mettre... sur le tapis** …を議論する **revenir sur le tapis** 再び話題になる **tapis de bain** 浴室用マット **tapis de sol** (キャンプ用)グラウンドシート **tapis de souris** [情報] マウスパッド **tapis roulant** ベルトコンベア; 動く歩道

tapis-brosse [tapibrɔs] 男 (戸口の)靴ふきマット

tapisser [tapise] 他 ①部屋・壁に壁紙をはる; 壁掛けで飾る ②はり巡らす, 覆いつくす

tapisserie [tapisri] 女 タペストリー, つづれ織, 壁掛け, 壁張り ►**faire tapisserie** 壁際でじっとしている; (ダンスパーティーで)誘ってもらえない **l'envers de la tapisserie** 物事の隠れた裏の姿

tapissier(ère) [tapisje, -ɛr] 名 室内装飾業者; 手織りじゅうたんの織工

tapon [tapɔ̃] 女 (古) (布・紙などの)

taponnage [tapɔnaʒ] 男 《話・カナダ》時間つぶし

taponner [tapɔne] 他《話・カナダ》いじくる ── 自 時間をつぶす

tapotage [tapɔtaʒ], **tapotement** [tapɔtmã] 男 (何度か)軽くたたくこと, たたく音

tapoter [tapɔte] 他 自 (…を)(何度か)軽くたたく (sur); 下手にピアノを弾く(タイプライターなどのキーをたたく

tapuscrit [tapyskri] 男 ワープロ原稿

taquet [takɛ] 男 止め具; 〔海〕索止め
▶ **taquet d'arrêt** 〔鉄道〕の車輪止め

taquin(e) [takɛ̃, -in] 形名 からかい好きの(人)

taquiner [takine] 他 からかう

taquinerie [takinri] 女 からかい好きなこと, からかいの言葉

tarabiscoté(e) [tarabiskɔte] 形 装飾過剰の, 凝りすぎた

tarabuster [tarabyste] 他 うるさがらせる; (ものが)悩ませる, 気をもませる

tarama [tarama] 男 タラモサラダ〔たらこのペーストにレモン汁とオリーブ油をかけたギリシア料理〕

tarare [tarar] 男 〔農〕唐箕(とうみ)〔穀物選別器〕

tarasque [tarask] 女 タラスク〔プロヴァンス地方に伝わる伝説上の竜〕

taratata [taratata] 間 ①へえ〔疑惑・不信を表す〕 ②パッパラパー〔トランペットの音〕

taraud [taro] 男 〔機〕雌ねじ切り, タップ

taraudage [taroda3] 男 ねじ切り; ねじ立て

tarauder [tarode] 他 雌ねじを切る, ねじを立てる; (人の)心をさいなむ

Tarbes [tarb] タルブ〔Hautes-Pyrénées 県の県庁所在地〕

tarbouch(e) [tarbuʃ] 男 トルコ帽

*__tard__ [tar タール] 副 (英 late)後に; 夜遅く, 遅い時間に ▶ **Il se fait tard.** 夜も更けた **Mieux vaut tard que jamais.** 〔ことわざ〕遅くなってもしないよりはましだ **plus tard** 後で; 将来 **remettre... à plus tard** …を後に延ばす ── 男 ▶ **au plus tard** 遅くとも **sur le tard** 晩年になって; 夜遅くに

*__tarder__ [tarde タルデ] 自 (英 delay) 遅れる; ぐずぐずする ▶ **Il me tarde de [que]...** 〔非人称〕…するのが待ち遠しい **ne pas tarder à...** 今にも…する **sans tarder** すぐに **tarder à...** 遅れをか…しない

tardif(ve) [tardif, -iv] 形 (時間的に)遅い; 遅れた; 〔植物が〕晩熟れの

tardivement [tardivmã] 副 遅れて, 後になって

tare [tar] 〔< イ〕女 ①風袋(ふうたい)〔商品の容器の目方〕; 風袋量(りょう), タラ ②(人や組織などの)欠陥, 遺伝的欠陥

taré(e) [tare] 形名 欠陥のある(人);

腐敗した(政治家・体制など); 《話》あほ[ばか]な(人)

tarentelle [tarɑ̃tɛl] 女 〔舞〕タランテラ〔急速なテンポの南イタリアの舞踊〕

tarentule [tarɑ̃tyl] 女 〔動〕タランチュラ, 舞蜘蛛〔毒グモの一種〕

tarer [tare] 他 風袋(たい)を量る

targette [tarʒɛt] 女 小さな掛け金

targuer [targe] 代動 《se ～》 〔文〕 (…できること)を得意にする, 鼻にかける《de》

targui(e) [targi] 形名 = touareg

tari(e) [tari] 形 干上がった

tarière [tarjɛr] 女 ①穿孔(せんこう)機, ドリル ②(昆虫の)産卵管

*__tarif__ [tarif タリフ] 男 (英 rate, fare)料金, 値段, 価格; 料金表; (賃金などの)相場, 常識的な線 ▶ **demi-tarif** 半額料金 **plein tarif** 普通料金 **tarif étudiant** 学生料金 **tarif préférentiel** 特恵料金 **tarif réduit** 割引料金

tarifaire [tarifɛr] 形 料金に関する

tarifer [tarife] 他 (…の)料金を定める

tarification [tarifikasjɔ̃] 女 料金の決定; (定まった)料金

tarin¹ [tarɛ̃] 男 〔鳥〕マヒワ(属)

tarin² [tarɛ̃] 男 《話》鼻

tarir [tarir] 他 33 涸らす; 使い果たす ── 自 代動 《se ～》涸れる, 干上がる; 尽きる ▶ **ne pas tarir sur** …についてとめどなくしゃべる

tarissable [tarisabl] 形 涸れることのある

tarissement [tarismɑ̃] 男 干上がること, 枯渇

tarlatane [tarlatan] 女 〔織〕薄地モスリン

Tarn [tarn] 〔le ～〕①タルヌ川〔ガロンヌ川の支流〕 ②タルヌ県〔フランス南西部〕

Tarn-et-Garonne [tarnegaron] タルヌ・エ・ガロンヌ県〔フランス南西部〕

taro [taro] 男 タロイモ

tarot [taro] 男 (< イ) タロット(カード)

tarpon [tarpɔ̃] 男 (< 英)〔魚〕ターポン〔熱帯大西洋に生息する大型魚〕

tarse [tars] 男 〔解〕足根(そくこん)骨

tarsien(ne) [tarsjɛ̃, -ɛn] 形 〔解〕足根(こん)骨の

tarsier [tarsje] 男 〔動〕メガネザル

tartan¹ [tartɑ̃] 男 (< 英)〔織〕タータン〔スコットランドの格子柄〕

tartan² [tartɑ̃] 男 〔商標〕〔競技用トラックなどに使われる合成ゴム〕

tartane [tartan] 女 (< イ) 〔地中海の〕小帆船

tartare [tartar] 形名 タタール人(の) ── 男 ①タルタルステーキ 《= steak ～》 ② **sauce tartare** タルタルソース

tartarin [tartarɛ̃] 男 《話》ほら吹き, はったり屋

*__tarte__ [tart タルト] 女 (英 tart) ①〔菓〕タルト ▶ **C'est pas de la tarte!** そいつは面倒だ **tarte à la crème** クリーム

tartelette [tartəlet] 囡 〔菓〕タルトレット【小型のタルト】

tartempion [tartɑ̃pjɔ̃] 男 《話・軽蔑的》[T-] 何とかさん, 何某

tartignole, tartignolle [tartiɲɔl] 形 みっともない

*__tartine__ [tartin タルティヌ] 囡 ① タルティーヌ【バターやジャムを塗ったパン】►__tartine de confiture__ ジャムを塗ったパン __tartine grillée__ トースト ②《話》長々と論じていること, 長ったらしい文章

tartiner [tartine] 他 （バター・ジャムなどを）塗る；《話》長々と論じる ►__fromage à tartiner__ パンに塗るチーズ

tartir [tartir] 自 ①《俗》糞をたれる ►__envoyer tartir__（人を）追い払う

tartre [tartr] 男 酒石【ブドウ酒の沈殿物】；湯あか；歯石

tartrique [tartrik] 形 ►__acide tartrique__【化】酒石酸

tartuf(f)e [tartyf] 男 偽善者

tartuf(f)erie [tartyfri] 囡 偽善性

Tarzan [tarzɑ̃] 男 《話》体つきがたくましい男

tas [tɑ タ] 男《英 pile, heap》山積み, 堆積；建築現場, 建設中の建物 ►__dans le tas__《話》たくさんの人の中に；手当り次第 __en tas__ 山積みに __sur le tas__ 職場で, 仕事中に —__formation sur le tas__ 現場研修 __un [des] tas de ...__《話》たくさんの...

tassage [tɑsaʒ] 男（競走で）進路妨害

‡**tasse** [tɑs タース] 囡《英 cup》（取っ手の付いた）カップ；（カップの）1杯分 ►__boire la [une] tasse__（泳いでいて）思わず水を飲んでしまう；（金銭的な）損害を被る __Ce n'est pas ma tasse de thé.__ それは気に入らない __tasse à café [thé]__ コーヒー［ティー］カップ

tassé(e) [tɑse] 形 詰め込まれた, 沈下した ►__bien tassé(e)__ コップいっぱいに注がれた；（コーヒー・酒が）濃い, 強い；（年が）少なくとも, ゆうに

tasseau [tɑso] 男（複 ~x）【建】（棚などの）受け木, 腕（うで）木

tassement [tɑsmɑ̃] 男 圧縮；沈下；（景気などの）落ち込み, 停滞

tasser [tɑse] 他（ものを）詰め込む, 押し固める；（人を）押しこめる ►__se ~__（代動）①（壁・地面などが）へこむ, 沈下する；（年や病気で体が縮こまる ②（人が）間を詰める ③《話》（事態が）おさまる, 平常に戻る ④《話》（食べ物を）詰めこむ

tassili [tasili] 男【地理】タッシリ【サハラ砂漠の砂岩台地】

taste-vin [tastəvɛ̃] 男《不変》＝ tâte-vin

tata [tata] 囡 ①《幼児》おばちゃん ②《俗》おかま

tatami [tatami] 男（<日）（道場の）畳

tatane [tatan] 囡《話》靴 ►__filer un coup de tatane__ 蹴る

*__tâter__ [tate タテ] 他（英 feel）手で触る, 手さぐりする；（人に）探りを入れる ►__tâter le terrain__ 地形を調べる；状況［動向］を探る —自（de に）；味見する (de) —（代動）[se ~]（決心する前に）考えてみた, ためらう

tâte-vin [tatvɛ̃] 男《不変》（ワインのきき酒用の）小カップ, ピペット

tatillon(ne) [tatijɔ̃, -ɔn] 形 細かいことにうるさい(人)

tâtonnant(e) [tatɔnɑ̃, -ɑ̃t] 形 手さぐりの；暗中模索の

tâtonnement [tatɔnmɑ̃] 男 手さぐり；暗中模索

tâtonner [tatɔne] 自 手さぐりする；模索する；（よくわからなくて）ためらう

tâtons [tatɔ̃]【成句での み】►__à tâtons__ 手探りで；試行錯誤して

tatou [tatu] 男【動】アルマジロ

tatouage [tatwaʒ] 男 入れ墨

tatouer [tatwe] 他 入れ墨する

tatoueur(se) [tatwœr, -øz] 名 入れ墨師

tau [to] 男《不変》タウ【T, τ；ギリシア字母の第19字】

taudis [todi] 男 あばら家；荒れ放題の家

taulard(e) [tolar, -ard] 名《俗》囚人

taule [tol] 囡 ①《話》部屋, 家 ②《俗》刑務所, ムショ ►__être en taule__ ムショに入っている __faire de la taule__ 刑期をつとめる

taulier(ère) [tolje, -ɛr] 名《話》（ホテルなどの）経営者

taupe [top] 囡 ①【動】モグラ；モグラの毛皮 ►__myope comme une taupe__ ひどい近視である ②《話》スパイ；トンネル掘削機 ③《話》（学生言葉で）（理工科学校の入試準備のための）特別数学クラス

taupé(e) [tope] 形（フェルトが）ビロード状の ►（ビロード状のフェルト材）

taupinière [topinjɛr] 囡 モグラ塚, モグラの巣穴

*__taureau__ [tɔro トロー] 男（複 ~x）（英 bull）（去勢していない）雄牛；[T-]【天】おうし座, 金牛宮 ►__prendre le taureau par les cornes__ 困難に決然と取り組む __taureau de combat__ 闘牛用の雄牛

taurillon [tɔrijɔ̃] 男 若い雄牛

taurin(e) [tɔrɛ̃, -in] 形 雄牛の；闘牛の

tauromachie [tɔromaʃi] 囡 闘牛術

tauromachique [tɔromafik] 形 闘牛（術）の

tautologie [totɔlɔʒi] 囡 類語反復, トートロジー

tautologique [totolɔʒik] 形 類語反復の

tautomère [totomɛr] 形 ①〔化〕互変異性の ②〔解〕同一部位にある

tautomérie [totomeri] 女〔化〕互変異性

taux [to トー] 男 ①年利率(=~ d'intérêt); 率, 割合 ▶**taux d'audience** 視聴率 **taux de change** 為替レート **taux de natalité** 出生率 ②公定価格; (給与・税金などの)価格, 額

tauzin [tozɛ̃] 男〔植〕(フランス南西部の)コナラ

tavelé(e) [tav(ə)le] 形 (< taveler) 斑点のある

taveler [tav(ə)le] 他 4 斑点をつける

tavelure [tavlyr] 女 (皮膚・羽毛などの)斑点, 染み

taverne [tavɛrn] 女 居酒屋; (田舎風の)カフェレストラン

tavernier(ère) [tavɛrnje, -ɛr] 名〔古・ふざけて〕居酒屋の主人

tax- 接頭 (くぎ)「配列」の意

taxable [taksabl] 形 課税の対象となる

taxateur(trice) [taksatœr, -tris] 形 名 税額査定者の; 訴訟費用査定者(の)

taxation [taksasjɔ̃] 女 ①課税 ②(政府による)価格統制

***taxe** [taks タクス] 女 (英 tax) ①税, 税金 ▶**boutique hors taxes** 免税店 **hors taxe** 税抜きの **taxe foncière** 不動産税 **taxe professionnelle** 事業税 **taxe sur la valeur ajoutée** 付加価値税〔略 **TVA**〕 **toutes taxes comprises** 税込みの ②公定価格; (公共サービスの)料金

taxer [takse] 他 (英 tax) ①課税する; 公定価格を決める ②(人を…と)非難する, 決めつける 《de》 ③〔話〕盗む; 脅し取る

***taxi** [taksi タクシ] 男 タクシー; 〔話〕タクシー運転手

taxidermie [taksidɛrmi] 女 (動物の)剝製(はく)術

taxidermiste [taksidɛrmist] 名 剝製の専門家

taximètre [taksimɛtr] 男 (タクシーの)メーター

taxinomie [taksinomi] 女 = taxonomie

taxiphone [taksifon] 男〔古〕公衆電話(ボックス)

taxiway [taksiwɛ] 男 (< 英) (飛行機の)誘導路

taxon [taksɔ̃] 男〔生〕分類単位; 分類群

taxonomie [taksonomi] 女 分類(学)

tayaut [tajo] 間 = taïaut

taylorisation [tɛlɔrizasjɔ̃] 女 テーラーシステム導入

tayloriser [tɛlɔrize] 他 テーラーシス

テムを導入する

taylorisme [tɛlɔrism] 男〔経〕テーラーシステム【米国人の Taylor が提唱した科学的の工場管理法】

Tchad [tʃad] 男 チャド【アフリカ中央部の共和国】

tchadien(ne) [tʃadjɛ̃, -ɛn] 形 チャドの ── 名 [T-] チャド人

tchador [tʃador] 男 チャドル【イランで女性がベールにする大きな黒い布】

tchao [tʃao] 間 (< イ) 〔話〕じゃあ, またね

tchatche [tʃatʃ] 女 〔話〕(ひっきりなしの)おしゃべり

tchatcher [tʃatʃe] 自〔話〕べらべらとおしゃべりをする

tchatcheur(se) [tʃatʃœr, -øz] 名〔話〕べらべらとしゃべる人; 口達者な人, 口のうまい人

tchécoslovaque [tʃekɔslɔvak] 形 (旧)チェコスロバキアの ── 名 [T-] (旧)チェコスロバキア人

Tchécoslovaquie [tʃekɔslɔvaki] 女 (旧)チェコスロバキア

tchèque [tʃɛk] 形 チェコ(人)の ── 名 [T-] チェコ人 ── 男 チェコ語 ▶ **République tchèque** [la ~] チェコ共和国【ヨーロッパ中部の共和国】

tchernoziom [tʃɛrnɔzjɔm] 男〔地理〕チェルノジョーム土【ロシアの肥沃な土壌】

tchétchène [tʃetʃɛn] 形名 [T-] チェチェンの(人) ── 男 チェチェン語

Tchétchénie [tʃetʃeni] 女 [la ~] チェチェン【西アジアのロシア連邦の共和国】

tchin-tchin [tʃintʃin] 間 〔話〕乾杯!

tchitola [tʃitola] 男〔植〕チトラ

TD 〔略〕travaux dirigés (講義の)演習

***te** [t(ə) トゥ] 代【目的語・再帰代名詞; 2人称単数; 母音, 無音の h の前では t' (英 you) ①[直接目的語] を, おまえを ▶**Je t'écoute**. 君の言うことを聞こう ②[間接目的語] 「おまえに; 君[おまえ]から; 君[おまえ]にとって, 君[おまえ]のために; 君[おまえ]から ▶**Je te téléphone**. 君に電話します ③[再帰代名詞] ▶**Comment te sens-tu?** 気分はどうですか

tó[1] [to] 男 T字形のもの; T字形定規

té[2] [te] 間 〔南仏〕おや【驚き】

techn- 接頭 (くぎ)「技術」の意

technetronique [tɛknetrɔnik] 形 工業電子化された, IT 化された

***technicien(ne)** [tɛknisjɛ̃, -ɛn] テクニスィヤン(エヌ) 名 (英 technician) 技術工; 技術者, 専門家; 技巧家

technicité [tɛknisite] 女 専門的であること

technico-commercial(ale) [tɛknikɔkɔmɛrsjal] 形 (男 複 *-aux* [-o]) 技術営業の, 専門技術の知識がある ▶

T

agent technico-commercial セールスエンジニア

technicolor [tɛknikɔlɔr] 男 《映》テクニカラー

***technique** [tɛknik テクニク] 形 技術上の, 技術的な; 専門的な; 技法上の — 女 科学技術; 技巧, 技法;《話》やり方, こつ

techniquement [tɛknikmɑ̃] 副 技術的に

techno [tɛkno] 形 女 《略》▶ technologie[technologique] 工学の

technocrate [tɛknɔkrat] 男 テクノクラート【高い専門知識を持つ官僚】

technocratie [tɛknɔkrasi] 女 テクノクラシー【テクノクラートによる支配体制】

technocratique [tɛknɔkratik] 形 テクノクラートの, テクノクラシーの

technocratiser [tɛknɔkratize] 他 テクノクラシー化する

technologie [tɛknɔlɔʒi] 女 工学; 科学技術, テクノロジー ▶ **haute technologie** 高度先端技術, ハイテク

technologique [tɛknɔlɔʒik] 形 工学の, 科学技術の

technopole [tɛknɔpɔl] 女 ハイテク企業を誘致した都市

technopôle [tɛknɔpol] 男 ハイテク工業団地

technostructure [tɛknɔstryktyr] 女 テクノストラクチャー【意思決定に参加する専門家の集団】

teck [tɛk] (<ポルトガル) 男 《植》チーク(材)

teckel [tekel] 男 (<ド) 《犬》ダックスフント

tectonique [tɛktɔnik] 形 女 《地》地体構造の; 構造地質学の) ▶ **tectonique des plaques** プレートテクトニクス

tectrice [tɛktris] 形 女 《動》雨覆い羽の

teddy [tedi] 男 = teddy-bear ②

teddy-bear [tedibɛr] 男 (<英) ① テディベア, 熊のぬいぐるみ ② 人工の毛皮

Te Deum [tedeɔm] 男《不変》(<ラ) テデウム【感謝の歌】; テデウムを歌う謝恩式

tee [ti] 男 (<英) 《ゴルフ》ティー

teenager [tinedʒɶr] 名 (<英)《話》ティーンエイジャー

tee-shirt [tiʃɶrt] 男 (<英) Tシャツ

téflon [teflɔ̃] 男 《化》テフロン

tégénaire [teʒenɛr] 男 《動》タナグモ

tégument [tegymɑ̃] 男 ①《解》外被, 外皮 ②《植》種皮

tégumentaire [tegymɑ̃tɛr] 形 ① 外被の, 外皮の ② 種皮の

Téhéran [teerɑ̃] テヘラン【イランの首都】

teigne [tɛɲ] 女 ①《虫》コクガ(穀蛾), イガ(衣蛾)(属) ②《医》頭部白癬(はくせん);《話》意地悪な人

teigneux(se) [tɛɲø, -øz] 形 名 白

癬(はくせん)にかかった(人);《話》すぐ食ってかかる(人)

teille [tɛj] 女 ① 麻의皮

teindre [tɛ̃dr タンドル] 他 ⑲ (<英 dye) 染める, 染め直す — 代動 [se ~] 自分の髪を染める; (ものが)染まる

teint[1] [tɛ̃ タン] 男 (<英 complexion) ① 顔色 ② 染まり具合 ▶ **de bon teint** 十分に染まった, 意志堅固な

teint(e) [tɛ̃, tɛ̃t] 形 (<teindre) (髪を)染めた

teinte [tɛ̃t] 女 色合い, 色調 ▶ **une teinte**... 少し…気味, わずかな…の調子

teinté(e) [tɛ̃te] 形 (<teinter) 薄い色をつけた, (…の)傾向がある (de)

teinter [tɛ̃te] 他 薄く色をつける; 色合いをつける — 代動 [se ~] (…の)色合いを帯びる; (…で)染まる (de)

teinture [tɛ̃tyr] 女 ① 染色, 毛染め; 染料, 毛染め液; 《薬》チンキ(剤) ②(…の)生半可な知識 (de)

teinturerie [tɛ̃tyrri] 女 (染物もする)クリーニング店; 染色業

teinturier(ère) [tɛ̃tyrje, -ɛr] 名 (染物もする)クリーニング屋; 染色業者

tek [tɛk] 男 = teck

***tel(le)** [tɛl テル] 形 《不定》(<英 such) ① 《不定冠詞とともに》そのような; それほど ▶ **à tel point que** …するほどまでに **de telle manière [sorte] que** [+ 直説法] その結果, …である; [+ 接続法] …するために **Je n'ai rien dit de tel.** そんなことを言っているのではない **tel(...) que** …《程度・結果》あまりに…なので — Ils ont eu de tels ennuis avec leur voiture qu'ils l'ont vendue. 彼らは自動車が故障したのでそれを売ってしまった **tel (...) que** ...《比較・例示》…のような — les pays tels que la France フランスのような国 **tel et tel** これこれの **Tel père, tel fils.**《ことわざ》この父にしてこの子 **tel quel** 元のままの; そのままに **un tel homme** そのような男 ②《文脈で》(前文を受けて)以上が — Tel est mon avis. 以上が私の意見です ③《文》《不定冠詞の前で》…のような, …のように — Il a filé telle une flèche. 彼は矢のように去っていった ④《無冠詞で》(特定をしないで)ある, これこれの — Venez tel jour à telle heure. これこれの日のこれこれの時間に来て下さい

— 代《不定》《不定冠詞とともに》某(の); 《冠詞なしで》《文》ある人 — Un tel m'a dit qu'il était parti. 彼は出かけていると私に言った / Tel préfère le vin, tel autre la bière. ある人はワインを, 他の人はビールを好む

télé[1] 女 [tele] 男《略》(<英 TV)《話》テレビ (<télévision)

télé- 接頭 (<ギ)「遠距離」「遠隔」「テレビ」の意

télé(-)achat [teleaʃa] 男 テレビショッピング

téléacteur(trice) [teleaktœr, -tris] 名 (電話の)アンケート調査員

téléaffichage [teleafiʃaʒ] 男 (空港・駅の)電子掲示板

téléalarme [telealarm] 女 (身障者などのための)緊急通報サービス

télébenne [teleben], **télécabine** [telekabin] 女 小型ロープウェイ

télécarte [telekart] 女 テレフォンカード

télécharger [teleʃarʒe] 他 〔情報〕ダウンロードする

télécinéma [telesinema] 男 テレシネ〔テレビ用フィルム映写装置〕

télécommande [telekɔmɑ̃d] 女 リモコン; 遠隔操作

télécommandé(e) [telekɔmɑ̃de] 形 (<télécommander) 遠隔操作された

télécommander [telekɔmɑ̃de] 他 遠隔操作する, リモートコントロールする

télécommunication [telekɔmynikasjɔ̃], (複)〔話〕**télécoms** [telekɔm] 女 遠距離通信

téléconférence [telekɔ̃ferɑ̃s] 女 テレビ会議

télécopie [telekɔpi] 女 ファックス

télécopieur [telekɔpjœr] 男 ファックス(機)

télédétection [teledetɛksjɔ̃] 女 遠隔探査

télédiffuser [teledifyze] 他 テレビ放映する

télédiffusion [teledifyzjɔ̃] 女 テレビ放映

télédistribution [teledistribysjɔ̃] 女 ケーブルテレビ放送システム

téléenseignement [teleɑ̃sɛɲmɑ̃] 男 (テレビによる)通信教育

téléférique [teleferik] 男 ロープウェイ

téléfilm [telefilm] 男 テレビ映画

télégénique [teleʒenik] 形 テレビ映りがよい

télégramme [telegram] 男 (英 telegram) 電報

télégraphe [telegraf] 男 電信(機)

télégraphie [telegrafi] 女 電信技術

télégraphier [telegrafje] 他 (英 telegraph) 電信で送る, 電報を打つ; 電報で知らせる

télégraphique [telegrafik] 形 電信の; 電報文のような ▶ **style télégraphique** (電報のような文体)

télégraphiste [telegrafist] 名 電信技手; 電報配達人

téléguidage [telegidaʒ] 男 遠隔誘導[制御]

téléguider [telegide] 他 遠隔操縦[無線誘導]する; 遠くから陰で操る

téléimprimeur [teleɛ̃primœr] 男 テレタイプ, テレックス

téléinformatique [teleɛ̃fɔrmatik] 形女 データ通信(の)

téléjournal [teleʒurnal] 男 (複 -aux[-o]) テレビニュース

télémark [telemark] 男 〔スポーツ〕テレマークスキー〔スキーのスタイルの一つ〕

télémarketing [telemarketiŋ] 男 テレマーケティング

télématique [telematik] 形女 情報〔データ〕通信

télématiser [telematize] 他 情報〔データ通信〕を設置する

télémédecine [telemed(ə)sin] 女 (通信手段を利用した)遠隔医療

télémètre [telemetr] 男 遠隔測定器, 距離計

télencéphale [telɑ̃sefal] 男 〔解〕終脳

téléo- 接頭 (<ギ)「目的」の意

téléobjectif [teleɔbʒɛktif] 男 望遠レンズ

téléologie [teleɔlɔʒi] 女 〔哲〕目的論

téléologique [teleɔlɔʒik] 形 目的論の, 目的論的な

téléonomie [teleɔnɔmi] 女 〔生・哲〕目的論説

téléonomique [teleɔnɔmik] 形 〔生・哲〕目的論説の

télépaiement [telepɛmɑ̃] 男 (パソコンなどによる)オンライン振り込み

télépathe [telepat] 形名 テレパシーを送る(人)

télépathie [telepati] 女 テレパシー

télépathique [telepatik] 形 テレパシーの

télépéage [telepeaʒ] 男 (自動車の)通行料金自動徴収システム

téléphérique [teleferik] 男 ロープウェイ

※**téléphone** [telefɔn テレフォヌ] 男 電話(機) ─ **être au téléphone** 電話中である **par téléphone** 電話で **passer un coup de téléphone à** (人)に電話する **téléphone arabe** 口コミ **téléphone cellulaire** (セルラー式)携帯電話 **téléphone mobile** [**portable**] 携帯電話 **téléphone rouge** (緊急時の)ホットライン **téléphone sans fil** コードレス電話

※**téléphoner** [telefɔne テレフォネ] 自 (英 telephone, call) (人)に電話する (à) ─ 他 (人に…を)電話で知らせる (à) ─ **téléphoner à A de (que)**… A(人)に…するように電話をする(…と電話で知らせる)

téléphonie [telefɔni] 女 電話方式, 電話技術

téléphonique [telefɔnik] 形 電話の; 電話による

téléphoniste [telefɔnist] 名 電話交換手

téléport [telepɔr] 男 テレポート〔通信衛星の地上局を核とする情報化地域〕

téléreportage [telerəpɔrtaʒ] 男 (テ

レビの)ルポルタージュ番組

téléroman [teloromɑ̃] 男 《ケベック》連続テレビドラマ

télescopage [telɛskɔpaʒ] 男 激突, (車体が)互いにめり込むこと; (記憶やイメージが)混ざり合うこと

télescope [telɛskɔp] 男 望遠鏡

télescoper [telɛskɔpe] 他 (<英) 激突する, (衝突して)めり込む ── 代動 [se ~] (衝突して)互いにめり込む

télescopique [telɛskɔpik] 形 ① 伸縮式の, はめ込み式の ② (天体)望遠鏡[の]による

téléscripteur [teleskriptœːr] 男 テレタイプ

télésiège [telesjɛːʒ] 男 スキーリフト

téléski [teleski] 男 (スキー場の)Tバーリフト

téléspectateur(trice) [telespɛktatœːr, -tris] 名 テレビ視聴者

télésurveillance [telesyrvɛjɑ̃ːs] 女 遠隔監視 ▶ *caméra de télésurveillance* 監視[防犯]カメラ

télétraitement [teletrɛtmɑ̃] 男 〔情報〕(ネットワークによる)遠隔情報処理

télétransmission [teletrɑ̃smisjɔ̃] 女 (通信技術による)情報伝達

télétravail [teletravaj] 男 (複 -*aux* [-o]) (ネットワークによる)在宅勤務

télétravailleur(se) [teletravajœːr, -øːz] 名 在宅勤務者

télétype [teletip] 男 テレタイプ, 電信印刷機

télévente [televɑ̃ːt] 女 電話販売, 電話セールス

télévérité [televerite] 女 (テレビの)再現ドラマ (= reality show)

télévisé(e) [televize] 形 (<*téléviser*) テレビ放映される

téléviser [televize] 他 テレビ放映する

téléviseur [televizœːr] 男 テレビ受像機

*télévision** [televizjɔ̃] 女 テレビ; 《話》テレビ受像機 ▶ *à la télévision* テレビに, *passer à la télévision* テレビに出る *télévision haute définition* ハイビジョンテレビ *télévision numérique* デジタルテレビ *télévision par câble* ケーブルテレビ *télévision par satellite* 衛星テレビ

télévisuel(le) [televizɥɛl] 形 テレビ(向きの)

télex [telɛks] 男 テレックス

télexer [telɛkse] 他 テレックスで送る

tell [tɛl] 男 テル《中近東で古代の集落跡が堆積してできた丘状遺跡》

*tellement** [tɛlmɑ̃] 副 ① (*so*; *so much*) 非常に, とても; 《比較級を強調》ずっと; それほどに ── *Elle a tellement changé*. 彼女はあまりにも変わってしまった / *C'est tellement mieux maintenant!* 今はこんなにもよくなった / *Je ne comprends rien, tellement il parle vite*. 僕は何も理解できない, それほど彼は早く話すのだ / *pas tellement* 《話》それほどでもない / *tellement de …* 非常に多くの … ② ▶ *tellement … que …* (英 *so … that …*) [主文が否定または疑問の場合は接続法]《文》あまりに … なので … ── *J'étais tellement fatigué que je me suis couché immédiatement*. とても疲れていたのですぐに寝た

tellure [telyːr] 男 〔化〕テルル

tellurique[1] [telyrik] 形 (不変) 地球の

tellurique[2] [telyrik] 形 テルル化合物の ▶ *acide tellurique* テルル酸

téloche [telɔʃ] 女 《話》= télé

téméraire [temerɛːr] 形名 無謀な(人), 向こう見ずの(人); 軽率な(人) ▶ *jugement téméraire* (根拠のない)軽率な判断

témérairement [temerɛrmɑ̃] 副 大胆に; 無謀にも

témérité [temerite] 女 無謀, 無鉄砲

*témoignage** [temwaɲaʒ] 男 (英 *testimony*) 証言; 証拠, しるし; 記録 ▶ *en témoignage de …* のしるしとして *faux témoignage* 偽証

*témoigner** [temwaɲe] 他 (英 *testify*) ① 証言する ② (感情を)示す, 表す; (ものが)示す, 物語る ── 自 ① 証言する, 証人になる ② (… を)保証[証明]する (*de*) ▶ *témoigner contre [en faveur de]* (人)に不利[有利]な証言をする

*témoin** [temwɛ̃] 男 (英 *witness*) ① 目撃者 (= ~ *oculaire*), 証人, 立会人; 証拠となるもの ▶ *appartement témoin* モデルルーム *être témoin de …* を目撃する *lampe témoin* パイロットランプ *prendre A à témoin [que]* … A(人) に … を証言してもらう *témoin à charge* 原告側の証人 *témoin à décharge* 被告側の証人 ②[節の冒頭で]それが証拠に … ③ (スポーツ) (リレーの)バトン

tempe [tɑ̃ːp] 女 こめかみ(の毛)

tempera [tɑ̃pera] 女 (<イ)〔美術〕テンペラ(画[技法]) ▶ *a (la) tempera* 〔美術〕テンペラで

*tempérament** [tɑ̃peramɑ̃] 男 ① 気質, 気性; 個性; 体質; 好色 ② 〔楽〕平均律 ③ ▶ *à tempérament* 分割払いで

tempérance [tɑ̃perɑ̃ːs] 女 《古》節酒, 節食

tempérant(e) [tɑ̃perɑ̃, -ɑ̃ːt] 形名 《古》節制の

*température** [tɑ̃peratyːr] 女 気温; 温度; 体温, 熱 ▶ *avoir de la température* 熱がある *prendre sa température* 体温をとる

tempéré(e) [tɑ̃pere] 形 (<*tempé-*

tempérer ... 和らげる; 静める ─ 代動 [se ~] (人が)自制する, 落ち着く

tempête [tɑ̃pɛt] タンペート 女 (英 storm) 嵐, 暴風雨, 時化(ばけ); 大騒ぎ, 激情, 騒乱 ▶*Qui sème le vent récolte la tempête.* (ことわざ)風の種をまく者は嵐を収穫する; 身からでたさび *tempête de neige* 吹雪 *tempête de sable* 砂嵐 *tempête de …* …の嵐, …の嵐のような…

tempêter [tɑ̃pete] 自 わめき散らす

tempétueux(se) [tɑ̃petɥø, -øz] 形《文》嵐の多い, 大荒れの

temple [tɑ̃pl] タンプル 男 ①神殿, 聖堂;(プロテスタントの)教会堂 ②[le T-] [史] テンプル[聖堂] 騎士団(の会堂) [1119-1312; 聖地巡礼者を保護する十字軍時代の騎士団]

templier [tɑ̃plije] 男 [史] テンプル[聖堂]騎士団員

tempo [tɛ̃po, tempo] 男 (イ)[楽] テンポ, 速度

***temporaire** [tɑ̃pɔrɛr] タンポレール 形 一時的な, 臨時の

temporairement [tɑ̃pɔrɛrmɑ̃] 副 一時的に, 臨時に

temporal(ale) [tɑ̃pɔral] 形 (男複 -aux[-o]) こめかみの, 側頭の ─ 男 側頭骨

temporalité [tɑ̃pɔralite] 女 [哲言]時間性

temporel(le) [tɑ̃pɔrɛl] 形 ①[文法] 時を表す; [哲] 時間の ②つかの間の; 現世の ▶*biens temporels* 現世の富, 財産

temporellement [tɑ̃pɔrɛlmɑ̃] 副 ①[宗] 現世的には ②[哲] 時間に関して

temporisateur(trice) [tɑ̃pɔrizatœr, -tris] 形 名 時間稼ぎをする(人); 時機を待つ(人)

temporisation [tɑ̃pɔrizasjɔ̃] 女 時間稼ぎ, 待機

temporiser [tɑ̃pɔrize] 自 時間稼ぎをする; 時機を待つ

***temps** [tɑ̃] タン 男 (英 time) ①時, 時間; [文法] 時, 時制; (…をすべき) 時機, 好機, チャンス; 季節; [スポーツ] タイム, 記録; 時代 ▶*à temps* 時間通りに *au [du] temps de …* …の時に *avec le temps* 時がたつにつれて *avoir le temps de …* …する時間がある *avoir tout son temps* たっぷり時間がある *ces derniers temps / ces temps-ci* 最近は, このごろは *dans le temps* (話)かつては *de mon temps* 私が若かった頃 *de temps à autre / de temps en temps* 時々 *en ce temps-là* あの時は *en même temps* 同時に *en temps de paix [guerre]* 平時[戦時]に *en temps normal* 平時には, ふだんは *en temps utile* 適当な時に *gagner du temps* 時間を節約する *gros temps* (海の)時化(ばけ) *il est (grand) temps de [que]...* 今...すべき時だ *il y a un temps pour tout.* 何事にも時機がある *les premiers temps de …* …の最初のころ *les temps modernes* 現代 *mettre le temps à …* …するのに時間をかける *par les temps qui courent* 今日では *plein temps* 常勤, フルタイム *prendre le temps de …* …する時間がかかる *réaliser le meilleur temps* ベストの記録を出す *temps libre* 自由な時間, ひまな時間 *temps mort* [スポーツ] ロスタイム; 空いた時間 *temps partiel* パートタイム *temps simple* [composé] 単純[複合]時制 *tout le temps* たえず, いつも *tuer le temps* 時間をつぶす *un temps d'arrêt* 間, ポーズ ②(英 weather) 天気, 天候 ▶*Il fait beau [mauvais] temps.* いい天気[悪天候]です *Quel temps fait-il?* 天気はどうですか *temps de chien* ひどい天気 ③(作業などの)段階, (エンジンの)サイクル ▶*dans un premier [deuxième] temps* 第1[第2]段階で *L'opération s'est déroulée en trois temps.* 作戦は3段階に展開した *moteur à 4 temps* 4サイクルエンジン ④[楽] 拍, 拍子 ▶*mesure à deux [quatre] temps* 2[4]拍子

tenable [t(ə)nabl] 形 [多く否定形で] 耐えられる; (人が)維持できる, 手に負える

tenace [t(ə)nas] 形 しつこい; 頑固な

tenacement [tənasmɑ̃] 副 頑固に

ténacité [tenasite] 女 しつこさ; 頑固さ

tenaille [t(ə)nɑj] 女《複》やっとこ, くぎ抜き

tenaillement [tənajmɑ̃] 男 呵責

tenailler [tənaje] 他 責めさいなむ, 苦しめる

tenancier(ère) [tənɑ̃sje, -ɛr] 名 ①農場経営者 ②(ホテルなどの)経営者 ③(賭博場などいかがわしい店の)経営者

tenant(e) [t(ə)nɑ̃, -ɑ̃t] 形 ▶*séance tenante* 即座に ─ 名 [スポーツ] タイトル保持者 (~ *du titre*) ─ 男 (主義・党派の)支持者 ▶*d'un seul tenant* (土地が)ひと続きで *les tenants et les aboutissants de …* …の一部始終

tend [tɑ̃], **tendai** ... ⇒**tendre**

***tendance** [tɑ̃dɑ̃s] タンダンス 女 (英 tendency) (人の)性向, 性癖; 傾向, 風潮, 趨勢(むい); 派閥, 流派 ▶*avoir tendance à …* …の傾向がある *faire le … un procès de tendance* (人)を憶測で非難する *tendance à la hausse [baisse]* 上昇[下落]傾向

tendanciel(le) [tɑ̃dɑ̃sjɛl] 形 特定の傾向を持った

tendancieusement [tɑ̃dɑ̃sjøzmɑ̃] 副 偏向して、底意をもって

tendancieux(se) [tɑ̃dɑ̃sjø, -øz] 形 偏向した、底意をもった

tender [tɑ̃dɛr] 男 (<英) 炭水車 (蒸気機関車の)

tendeur [tɑ̃dœr] 男 (針金などの) 張りを保つ器具

tendineux(se) [tɑ̃dinø, -øz] 形 [解] 腱(けん)の; (肉が) 筋の多い

tendinite [tɑ̃dinit] 女 [医] 腱(けん)炎

tendon [tɑ̃dɔ̃] 男 [解] 腱(けん) ▶ **tendon d'Achille** アキレス腱

*tendre¹ [tɑ̃dr タンドル] 形 (英 soft) ① やわらかい; 弱い、繊細な ② 優しい、愛情のこもった ▶ **ne pas être tendre avec...** (…) に対して厳しい 名 優しい人

*tendre² [tɑ̃dr タンドル] 他 四 ① (英 stretch) 引っ張る、張る; (壁紙などを) 張る; 緊張[緊迫] させる ② 差し出す **tendre la main à** (人) に手を差し出す; 和解する **tendre l'oreille** 耳を傾ける **tendre un piège à** (人) に罠を仕掛ける **tendre une perche à** (人) に救いの手をのばす 自 (…) を目指す、向かう ((à, vers); (…のする) 傾向がある ((à))

tendrement [tɑ̃drəmɑ̃] 副 優しく、愛情を込めて

*tendresse [tɑ̃drɛs タンドレス] 女 (英 tenderness) 愛情、優しさ; (複) 愛情表現、甘い言葉 ▶ **avoir** [**ressentir, éprouver**] **de la tendresse pour** (人) に愛情を抱く **tendresse maternelle** 母性愛

tendreté [tɑ̃drəte] 女 柔らかさ

tendron [tɑ̃drɔ̃] 男 (牛・子牛の) ともばら肉

*tendu(e) [tɑ̃dy タンデュ] 形 (< tendre) 張りつめた、緊張した; (…を貼った) ((de)) ▶ **à bras tendues** 腕をいっぱいに伸ばして

ténèbres [tenɛbr] 女 (複) 闇、暗闇

ténébreux(se) [tenebrø, -øz] 形 暗闇の; 不可解な、謎めいた; (人が) 陰鬱に沈んだ ▶ **beau ténébreux** 陰のある美男子

teneur [tənœr] 女 含有量; (文書の) 正確な内容 ▶ **teneur en alcool** アルコール濃度

tenez [təne] ⇒tenir

ténia [tenja] 男 [動] ジョウチュウ、サナダムシ

*tenir [t(ə)nir トゥニール] 他 四 (英 hold, keep) ① (手などに) 持っている、握っている、(人を) 引き止めておく; 掌握する ▶ **Il vaut mieux tenir que courir.** (ことわざ) 明日の百より今日の五十 **Nous le tenons!** 彼を捕えました **tenir le bon bout** (話) 有利な立場にある **tenir un enfant par la main** 子どもの手を引いている **Tiens!** ⇒見出し ② (…に) しておく、(ある状態を) 保つ ▶ **tenir une porte ouverte** ドアを開けたままにしておく ③ 経営する; (職務などを) 受け持つ ▶ **tenir un rôle dans un film** 映画である役を演じる ④ (場所を) とる ⑤ (…に対して) 持ちこたえる ▶ **tenir l'alcool** 酒に強い **tenir le coup** 平気でいる; 長持ちする ⑥ (あるものを…と) みなす ((pour)) ▶ **Je le tiens pour responsable de l'accident.** 私は彼にその事件の責任があると考えている
自 ① (物が) しっかりしている; (人が) じっとしている; 頑張る、持ちこたえる; 長続きする ▶ **tenir bon** 頑張る、持ちこたえる ▶ **tenir toujours** (話) (計画などが) 変更せずに行なう ((pour)) ② (…に) 愛着をもっている; 執着する; どうしても…したい ((à)) ③ (…に) 原因がある、由来する ((à)) ▶ **Cela tient à plusieurs raisons.** それにはいくつもの理由がある **Qu'à cela ne tienne.** それで構わない ④ (…の) 血を引いている、(…に) 似ている ((de)) ▶ **fils qui tient de son père** 父親に似た息子 ⑤ (場所に) 収まる、入る ⑥ ▶ **Il tient à A de** ((que))... 〔非人称〕…は A (人) 次第だ
[代動] [se ~] ⑦ 互いに…を取り合う ▶ **se tenir par la main** 手をつなぎ合う ② (ある状態を) 保つ; (ある場所に) いる ▶ **se tenir bien** [**mal**] 行儀がいい [悪い] ▶ **se tenir debout tranquille** 立っている [静かにしている] ③ (会などが) 開かれる ④ (物が) しっかりしている; (話が) 筋が通っている ⑤ (…に) つかまる ((à)) ⑥ 自分を…とみなす ((pour)) ▶ **Tenez-vous-le pour dit!** (注意するように) 2度と言いませんからね ⑦ ▶ **s'en tenir à** …にとどめておく、…で満足する

*tennis [tenis テニス] 男 (<英) テニス; テニスコート; (複) テニスシューズ ⇒ [コラム: テニス] ▶ **faire du tennis** テニスをする **tennis de table** 卓球 (= ping-pong)

tennisman [tenisman] 男 (複 〜s, -men) (<英) テニス選手

tennistique [tenistik] 形 テニスの

tenon [tənɔ̃] 男 ほぞ; (義歯を固定する) 金属支柱

tenons [t(ə)nɔ̃] ⇒tenir

ténor [tenɔr] 男 (<イ) [楽] テノール (歌手); スター、立役者、花形

tenseur [tɑ̃sœr] 男 ① [解] 張筋 ② [数] テンソル

tensiomètre [tɑ̃sjɔmɛtr] 男 ① ひずみ計、表面張力計 ② [医] 血圧測定器

*tension [tɑ̃sjɔ̃ タンスィヨン] 女 ① 張ること; (ゴム・バネなどの) 張り; 緊張; 緊迫 ▶ **tension d'esprit** 精神集中 ② 血圧 (=〜 artérielle); 電圧 ▶ **avoir de la tension** 高血圧である **haute** [**basse**] **tension** [電] 高圧 [低圧]

tentaculaire [tɑ̃takylɛr] 形 [動] 触手の; (活動などが) 多方面にわたる

tentacule [tɑ̃takyl] 男 (タコ・イカな

tentant(e) どの)足;〔動〕触手
tentant(e) [tãtã, -ãt] 形 魅力的な, 気をそそる
tentateur(trice) [tãtatœr, -tris] 形名 心を惑わす(人) ― 男 〚T-〛悪魔
***tentation** [tãtasjɔ̃ タンタスィヨン] 女 誘惑; …したい気持ち(de), 誘惑するもの
tentative [tãtativ タンタティヴ] 女(英 attempt) 試み, 企て; 未遂 ▶ *tentative de suicide* 自殺未遂 *tentative d'homicide* 殺人未遂
***tente** [tãt タント] 女(英 tent) テント ▶ *tente à oxygène* 〔医〕酸素テント
***tenter** [tãte タンテ] 他(英 try, attempt) ①(…することを)試みる, 企てる(de) ▶ *tenter Dieu* 〘文〙危険極まりないことを企てる *tenter le diable* 無

防備になる *tenter le tout pour le tout* 一か八かやってみる *tenter sa chance* 運をためす ②気をひく, 心を惑わす ▶ *être tenté de* …したい気になる *se laisser tenter par* …の誘惑に負ける
tenture [tãtyr] 女 ①壁掛け; タペストリー ②壁紙
tenu(e) [t(ə)ny] 形 (< tenir) ①手入れをされた ▶ *bien* [*mal*] *tenu* 手入れの行き届いた[放置された], よく世話をされた[ほったらかしになった] ②▶ *être tenu à ...* [*de* 不定詞] …の[…する]義務がある ― 男 〔スポーツ〕ホールディング
ténu(e) [teny] 形 極めて細い; 微妙な
***tenue** [t(ə)ny トゥニュ] 女 ①(英 keeping) 維持, 管理 ▶ *tenue de la comptabilité* 簿記 *tenue de route* ロードホールディング【車の走行安定性】

テニス

●プレイ
- raquette ラケット
- balle ボール
- service サービス
- retour リターン
- ace サービスエース
- let レット
- échange ラリー
- faute フォールト
- double faute ダブルフォールト
- out アウト

●カウント
- zéro ラブ
- égalité ジュース
- avantage アドバンテージ
- jeu ゲーム
- jeu blanc ラブゲーム
- tie-break タイブレーク
- set セット
- match; rencontre マッチ

●ショット
- coup droit フォアハンド
- revers バックハンド
- drive ドライブショット
- balle liftée トップスピンボール
- balle coupée スライスボール
- passing-shot パッシングショット
- volée ボレー
- demi-volée ハーフボレー
- lob ロブ
- smash スマッシュ
- amorti ドロップショット

●コート
- court en gazon 芝コート
- court en dur ハードコート
- court en terre battu クレーコート
- filet ネット
- ligne de fond ベースライン
- ligne de côté サイドライン
- ligne de service サービスライン
- ligne de médiane センターライン

試合

simple (messieurs [dames]) (男子[女子])シングルス
double (mixte) (ミックス)ダブルス
Coupe Davis デビスカップ (男子国別対抗戦)
Fed Cup フェドカップ (女子国別対抗戦)

♣ Grand Chelom グラン・シュラム, 4大大会

Open d'Australie (Melbourne Park)
　全豪オープン (会場:メルボルン・パーク)
Internationaux de France (Stade Roland-Garros)
　全仏テニス (会場:ロラン・ギャロス)
Tournois de Wimbledon (Wimbledon)
　全英オープン (会場:ウインブルドン)
US Open (Flushing Meadow)
　全米オープン (会場:フラッシング・メドウ)

②(会議などの)開催 ③(英 manners)行儀, 態度; (出版物の)格調, 品位 ④(英 dress)服装, 身なり ▶ **en tenue** 制服である **être en petite tenue** 軽装である **tenue de soirée** 夜会服

ténuité [tenyite] 囡 《文》極めて細いこと; 薄いこと

téorbe [teɔrb] 男 = théorbe

tep [tep] (略) 《英》tonne d'équivalent pétrole 石油換算トン

tequila [tekila] 囡 テキーラ【メキシコの蒸留酒】

ter [tɛr] 副 (<ラ) ①(同一番号内・番地内の)3(号) ②(楽)3回繰り返して

téra- 接頭 (<ギ)「テラ」「10の12乗」の意

térato- 接頭 (<ギ)「奇形」の意

tératogène [teratɔʒɛn] 形 (医)催奇形の

tératologie [teratɔlɔʒi] 囡 奇形学

tercet [tɛrsɛ] 男 (詩)3行詩節

térébenthine [terebɑ̃tin] 囡 松やに ▶ **essence de térébenthine** テレビン油

térébinthe [terebɛ̃t] 男 (植)テレビンノキ (= pistachier ~)

tergal [tɛrgal] 男 テルガル【合成繊維】

tergiversation [tɛrʒivɛrsasjɔ̃] 囡 (複)逃げ口上, 言い逃れ

tergiverser [tɛrʒivɛrse] 自 言い逃れをする; 決断をためらう

terme [tɛrm] 男 (英 term) ①期限; 出産予定日; (支払いなどの)期日; 家賃 ▶ **à court [moyen, long] terme** 短期(中期, 長期)の **à terme** (金融)先物の **arriver à terme** 期限がくる **mener ... à terme** を無事やりとげる **mettre un terme à** ...に終止符を打つ **né avant terme** 早産の ②語, 言葉; (専門の)用語; (複) 言い回し; (計) 辞項; (数) 項 ▶ **aux termes de** ...の規定によれば **en d'autres termes** 別の言い方をすれば **moyen terme** 折衷案, 妥協策; 中間項 ③(人との)関係 ▶ **être en bons [mauvais] termes avec** (人)と仲が良い(悪い)

terminaison [tɛrminɛzɔ̃] 囡 ①(文法)語尾, 語末 ② ▶ **terminaison nerveuse** (解)神経終末

*__terminal(ale)__ [tɛrminal テルミナル] 形 (男複 -aux[-o]) 最終の, 最後の; 末端の, 終端の ▶ **en phase terminale** 末期状態の —男 ①(情報)端末 ②バスターミナル; 石油基地 — 囡 (リセの)最終学年

*__terminer__ [tɛrmine テルミネ] 他 (英 finish, terminate) 終える; (…で)おしまいにする (par) ▶ **en avoir terminé avec** …を何とか終わらせる **pour terminer** おしまいに —自 (…で)終わる (par); (…の形で)終わる ((en))

terminologie [tɛrminɔlɔʒi] 囡 (集合的)(専門)用語; 術語学, 専門用語論

terminologue [tɛrminɔlɔg] 名 専門用語学者

terminus [tɛrminys テルミニュス] 男 終着駅, 終点

termite [tɛrmit] 男 (<英) (虫)シロアリ(白蟻)

termitière [tɛrmitjɛr] 囡 シロアリの巣, アリ塚

ternaire [tɛrnɛr] 形 3要素からなる

terne [tɛrn] 形 輝きのない; 生彩のない; (人)がさえない

terni(e) [tɛrni] 形 (<ternir) 輝き[生彩]を失った, けがされた

ternir [tɛrnir] 他③③ 輝きを失わせる, 曇らせる; (名誉などを)けがす — 代動 [se ~] 輝きを失う; 価値を落とす

ternissure [tɛrnisyr] 囡 曇っていること[部分]

*__terrain__ [tɛrɛ̃ テラン] 男 (英 ground, field) 土地; 地所; 活動の場所, グラウンド; 戦場; (議論などの)分野, 領域, 状況; (軍)地形 ▶ **céder du terrain** 退却する; 譲歩する **déblayer le terrain** 整地する; 下準備をする **en terrain glissant** 不安定な状況で **gagner du terrain** 前進する; 優勢になる **homme de terrain** 実践家, 実務家 **perdre du terrain** 後退する; 劣勢になる **sur le terrain** 現場で; 戦場で **terrain d'atterrissage** 滑走路 **terrain d'aviation** 飛行場 **terrain de camping** キャンプ場 **terrain de jeux** 運動場 **terrain de tennis** テニスコート **terrain vague** 空地 **tout terrain** オフロードの **trouver un terrain d'entente** 妥協点を見つける **vélo tout terrain** マウンテンバイク

*__terrasse__ [tɛras テラス] 囡 (英 terrace) ①テラス; ルーフバルコニー, 屋上 ②(公園などの)築山; (地)段丘

terrassement [tɛrasmɑ̃] 男 土木作業; (複)盛土

terrasser [tɛrase] 他 (人を地面に)投げ飛ばす; たたきのめす; (人を)打ちのめす; 呆然とさせる

terrassier [tɛrasje] 男 土木作業員

*__terre__ [tɛr テール] 囡 (英 earth, land, ground) ①[T-] 地球 ②地面; 土地; 陸地; 大陸 ▶ **aller à terre** (船などから)上陸する **avoir les pieds sur terre** 地に足がついている, 現実的である **mettre [porter] en terre** 埋葬する **par terre** 地上に **remuer ciel et terre** あらゆる手を尽くす **sous terre** 地下に **terre ferme** 陸地 **terre natale** 生まれ故郷 **Terre promise** [la ~] (聖) 約束の地 **Terre Sainte** [la ~] (聖) 聖地【パレスチナのこと】 ③世界; この世 ④土; 土壌; 焼き物の材料 ▶ **terre battue** 固められた地面 **terre cuite** テラコッタ **terre glaise** 粘土 ⑤(電気器具の)アース

terre à terre [terater] 形《不変》日常的な, 平凡な; 実際的な

terreau [tero] 男 (複 ~x) 腐植土

terre-neuvas [tɛrnœva] 男 (ニューファンドランドへの)タラ漁船(員)(の)

Terre-Neuve [tɛrnœv] ニューファンドランド【カナダの大西洋岸の島とその州】 ── 形《不変》[t-n-] 犬 ニューファンドランド

terre-neuvier(ère) [tɛrnœvje] 形 名 = terre-neuvas

terre-plein [tɛrplɛ̃] 男 盛土; 台地 ▶ **terre-plein central** 中央分離帯

terrer [tere] 他〔園〕(植物のまわりに)土壌を盛る ── 代動 (**se ~**) (地中に)隠れる, もぐる

terrestre [tɛrɛstr] 形 ①地球の; 陸の ②現世の, この世の

***terreur** [tɛrœr テルール] 女 (英 terror) (激しい)恐怖; 恐怖政治; 恐怖の的

terreux(se) [tɛrø, -øz] 形 土の; 泥だらけの; (顔が)土色の

***terrible** [teribl テリーブル] 形 ①恐ろしい, 怖い; すさまじい, ひどい ②〈話〉すごい; 並はずれた ▶ **pas terrible**《話》大したことない, 平凡な ③我慢ならない, 手に負えない ── 副《話》すごくうまく

***terriblement** [tɛribləmɑ̃ テリブルマン] 副 (英 terribly) ひどく, すごく

terricole [tɛrikɔl] 形〔動〕陸生の; 地中に生息する

terrien(ne) [tɛrjɛ̃, -ɛn] 形 土地を所有する; 田舎(田園)の ▶ **propriétaire terrien** 地主 ── 名 ①(宇宙人に対し)地球人 ②陸に暮らす人

terrier[1] [tɛrje] 男 (動物の)穴ぐら, 巣穴

terrier[2] **(ère)** [tɛrje, -ɛr] 名 テリア【猟犬】

***terrifiant(e)** [tɛrifjɑ̃, -ɑ̃t テリフィヤン(ト)] 形 恐ろしい, ぞっとする; ひどい

***terrifier** [tɛrifje テリフィエ] 他 怖がらせる, おびえさせる

terril [tɛril], **terri** [tɛri] 男 採鉱くずの捨て場所, ぼた山

terrine [tɛrin] 女〔料〕テリーヌ【魚や肉をペーストにした前菜】; テリーヌの器

***territoire** [tɛritwar テリトワール] 男 (英 territory) 領土; 管轄区域; (動物の)テリトリー ▶ **territoires d'outre-mer** (フランスの)海外領土【略 TOM】⇨ DOM TOM

Territoire de Belfort [tɛritwardəbɛlfɔr] 男 テリトワール・ド・ベルフォール県【フランス東部, スイス国境】

territorial(ale) [tɛritɔrjal] 形 (男複 -aux[-o]) 領土の; 国土防衛の ── 女 国土防衛軍 ▶ **eaux territoriales** 領海

territorialement [tɛritɔrjalmɑ̃] 副 国土防衛から見て

territorialité [tɛritɔrjalite] 女〔法〕属領性

terroir [tɛrwar] 男 農産地; 地方, 郷土 ▶ **accent du terroir** 地方なまり **du terroir** 地方の **produits du terroir** 地方特産物

terroriser [tɛrɔrize] 他 恐怖に陥れる, おびえさせる

terrorisme [tɛrɔrism] 男 テロリズム

terroriste [tɛrɔrist] 形 名 テロリスト(の)

tertiaire [tɛrsjɛr] 形 ①〔地〕第3紀の (= **ère ~**) ②〔経〕第3次産業部門の (= **secteur ~**) ③〔医〕(症状が)第3期の

tertia(i)risation [tɛrsjarizasjɔ̃] 女 (産業の)第3次化

tertio [tɛrsjo] (ラテン) 副 第3に

tertre [tɛrtr] 男 丘; 塚

***tes** デ [te]〔所有〕⇨ **ton**

tessiture [tesityr] 女 〈イ〉〔楽〕テシトゥーラ【歌手が無理せず出せる声域】

tesson [tesɔ̃] 男 (ガラス・陶器などの)破片

test[1] [tɛst] 男 (< 英) 検査, 試験; 試金石 ▶ **test d'aptitude** 適性検査 **test de grossesse** 妊娠検査

test[2] [tɛst] 男 (甲殻類などの)甲, 殻

***testament** [tɛstamɑ̃ テスタマン] 男 (英 will) ①遺言書, 遺言; (作家などの)遺作 ②〈古〉神との契約 ▶ **Ancien Testament** 旧約聖書 **Nouveau Testament** 新約聖書

testamentaire [tɛstamɑ̃tɛr] 形 遺言の ▶ **exécuteur testamentaire** 遺言執行人

testateur(trice) [tɛstatœr, -tris] 名 遺言者

tester[1] [tɛste] 他 テストする, 検査する; 試行する

tester[2] [tɛste] 自 遺言する

testeur(se) [tɛstœr, -øz] 名 試験官, 検査員 ── 男 検査器, テスター

testiculaire [tɛstikylɛr] 形 睾丸(こうがん)の

testicule [tɛstikyl] 男 〔解〕睾丸(こうがん)

testimonial(ale) [tɛstimɔnjal] 形 (男複 -aux[-o]) 〔法〕証言 ▶ **preuve testimoniale**〔法〕証言

testostérone [tɛstɔsterɔn] 女〔生化〕テストステロン

têt [tɛt] 男〔化〕(実験用の)耐火皿

tétanie [tetani] 女〔医〕テタニー, 緊張性筋けいれん

tétanique [tetanik] 形 名 破傷風の(患者)

tétaniser [tetanize] 他 ①〔生理〕(筋肉に)強縮性けいれんを起こす ②(人)をぼう然とさせる

tétanos [tetanos] 男〔医〕破傷風

têtard [tɛtar] 男〔動〕オタマジャクシ; 《話》がき

***tête** [tɛt テット] 女 (英 head) 頭; 顔,

tête-à-queue

首; 頭部, 先端, 上部; (サッカーの)ヘディング; 顔つき, 表情; 頭脳, 頭の働き; 気性; 先頭, 冒頭; 首位, 首席, トップ; 指導者, リーダー, 首領; (人・家畜の)頭数 ▶à la tête de …の先頭に; à tête reposée 頭を冷やして, 冷静に agir sur un coup de tête 衝動的に行動する avoir la grosse tête《話》うぬぼれている avoir la tête dure 頑固である avoir la tête lourde 頭が重い avoir la tête sur les épaules 賢明である, しっかりしている avoir toute sa tête (老人などが)頭がしっかりしている avoir une bonne tête 人のよさそうな顔をしている calculer … de tête …を暗算する de la tête aux pieds 頭から爪先まで de tête 先頭の; (人が)しっかりした donner sa tête à couper que …と断言する donner un coup de tête à …に頭突きをする en avoir par-dessus la tête《話》うんざりする en tête 先頭に; 内心では être à la tête de …のリーダーである faire la tête すねる, ふてくされる faire une drôle de tête おかしな顔をする gagner d'une tête (競馬で)頭の差で勝つ garder la tête froide 冷静さを保つ la tête en bas 頭を低く la tête la première 真っ先に missile à tête chercheuse 誘導ミサイル n'en faire qu'à sa tête 自分のやりたいようにする par tête (de pipe) 1人につき perdre la tête 冷静さ[正気]を失う se casser la tête pour …するために知恵を絞る se laver la tête (自分の)髪を洗う se payer la tête de《話》(人)をばかにする tenir tête à (人)に逆らう tête de cochon [lard, mule] 頑固者 tête de lecture (テープの)再生ヘッド tête de liste 名簿のトップ tête de mort 頭蓋骨, どくろ tête de pont《軍》橋頭保(きょうとう); (企業の)海外進出の拠点 tête de série (スポーツ)シード選手 tête de Turc 嘲笑の的, なぶり者 tête en l'air ぼんやりした人

tête-à-queue [tɛtakø] 男《不変》(車などの)スピン ▶faire une tête-à-queue スピンする

tête(-)à(-)tête [tɛtatɛt] 男《不変》差し向かいで; 対談 ▶en tête-à-tête 差し向かいで, 2人きりで

tête-bêche [tɛtbɛʃ] 副 頭と足と逆に並んで, (2つのものが)逆に

tête-de-loup [tɛtdəlu] 女《複 ~s- ~~》(天井掃除用の)柄の長いほうき

tête-de-nègre [tɛtdənɛɡr] 形《不変》こげ茶色の

tétée [tete] 女 (赤ん坊が)乳を飲むこと; (1回に飲む)乳の量

téter [tete] 他 ①乳を飲む; 《話》しゃぶる ー自 ①乳を飲む ②《話》大酒を飲む

têtière [tetjɛr] 女 ①頭部用クッション (馬の)額当て; (昔の)(馬用の)面

甲 ③《海》四角帆の上部

tétine [tetin] 女 (哺乳瓶の)ゴム乳首; (哺乳類の)乳房

téton [tet3] 男《話》乳房, おっぱい

tétonnière [tetɔnjɛr] 形 女《古・話》胸の大きい女

tétra- [接頭] 《ぐギ》「4」の意

tétrachlorure [tetraklɔryr] 男《化》四塩化物

tétrachlorurométhane [tetraklɔryrmetan] 男 四塩化炭素 (= tétrachlorure de carbone)

tétraèdre [tetraɛdr] 男《数》四面体, 三角錐

tétragone [tetragɔn] 男《植》ハマミズナ科

tétralogie [tetralɔʒi] 女 四部作

tétra-lyre [tetralir] 男《鳥》クロライチョウ

tétraplégie [tetrapleʒi] 女《医》四肢麻痺症

tétraplégique [tetrapleʒik] 形 名《医》四肢麻痺症(の)の(患者)

tétrapode [tetrapɔd] 男 ①《複》《動》四足獣, 四肢動物 ②テトラポッド

tétras [tetra(s)] 男《鳥》ライチョウ(雷鳥)

tétrasyllabe [tetrasi(l)lab] 男 4音節(綴り)の語[詩行]

tétrasyllabique [tetrasi(l)labik] 形 4音節(綴り)の

*****têtu(e)** [tety テテュ] 形名《英 stubborn》頑固な(人), 強情な(人) ▶**têtu comme une mule [bourrique]** やたらに頑固である

teuf-teuf [tœftœf] 男《複 ~s-(~s)》(エンジンの)爆発音; 《話》おんぼろ車

-teur(trice) [接尾] ①「…する」の意の形容詞をつくる ②「…する人[器械]」の意の名詞をつくる

teuton(ne) [tøtɔ̃, -ɔn] 形 古代ゲルマン人(の) ー 名 [[T-]] 古代ゲルマン人

teutonique [tøtɔnik] 形 古代ゲルマン人の

texan(e) [tɛksã, -an] 形《米国の》テキサス州の ー 名 [[T-]] テキサス州の人

Texas [tɛksas] 男 テキサス州《米国の南部》

*****texte** [tɛkst テクスト] 男《英 text》書いた文章, (注に対して)本文; (写本に対して)原本; (翻訳に対して)原文; (古典的な)文献; (書物からの)抜粋; 原文, 台詞(だいもの); 歌詞 ▶**texte de loi** (法律の)文面 **texte intégral** (無削除の)完全版

textile [tɛkstil] 形 繊維の, 紡織の; 織物の ー 男 織維, 織物原料; 繊維産業 ▶**textiles synthétiques** 合成繊維

texto [tɛksto] 副《話》= textuellement

textuel(le) [tɛkstyɛl] 形 ①原文どおりの;《話》この[言った]通りの ②《文》

textuellement [tɛkstɥɛlmɑ̃] 副 一字一句そのままに、原文通りに

texture [tɛkstyr] 女 (物質の)組成、構造；(作品などの)構成

tézigue [tezig] 代 〈人称〉〈俗〉おまえ、君

TF 1 [teefœ̃] 〈略〉 Télévision Française 1 テー・エフ・アン〖フランス民放テレビ局〗

TGV 〈略〉 train à grande vitesse テジェヴェ〖フランスの新幹線、超高速列車〗

thaï(e) [tai] 形 タイ語族の ― 男 タイ語

thaïlandais(e) [tajlɑ̃dɛ, -ɛz] 形 タイの ― 名 〖T-〗 タイ人

Thaïlande [tajlɑ̃d] 女 タイ

thalamus [talamys] 男 〔解〕視床

thalassémie [talasemi] 女 〔医〕サラセミア〖ヘモグロビン合成障害による先天性の貧血〗

thalasso- 接頭 (<ギ)「海」の意

thalassothérapie [talasɔterapi]，(話) **thalasso** [talaso] 女 海水療法、海辺の療法

thalidomide [talidɔmid] 女 〔薬〕サリドマイド

thalle [tal] 男 〔植〕葉状体

thallophytes [ta(l)lɔfit] 女〈複〉〔植〕葉状植物〖藻類・菌類・地衣類〗

thalweg [talvɛg] 男 = talweg

thanato- 接頭 (<ギ)「死」の意

thanatologie [tanatɔlɔʒi] 女 タナトロジー、死生学

thanatopracteur(trice) [tanatɔpraktœr, -tris] 名 死体保存技師

thanatopraxie [tanatɔpraksi] 女 死体保存法

thanatos [tanatɔs, tanatos] 男 ① 〔精〕ᐢ タナトス、死の本能 ② 〖T-〗〔ギ神〕タナトス〖死の神〗

thaumaturge [tomatyrʒ] 名 〈文〉奇跡を行う人

thaumaturgie [tomatyrʒi] 女 奇跡を起こす力；魔力

thé [te] 男 〔英 tea〕茶、紅茶；茶の木〖葉〗；午後のお茶、ティーパーティー ▶ **prendre le thé** (お菓子と一緒に)お茶にする **thé au citron** レモンティー **thé au lait** ミルクティー **thé nature** ストレート紅茶 **thé vert** 緑茶 ― 形 〈不変〉淡黄色の

théâtral(ale) [teatral, -aux [-o]] 形 〈男複 -aux〉演劇の、演劇的な；大仰な、芝居がかった

théâtralement [teatralmɑ̃] 副 わざとらしく、芝居がかって

théâtraliser [teatralize] 他 演劇化する、脚色する

théâtralité [teatralite] 女 演劇性

***théâtre** [teatr テアートル] 男 〔英 theater〕劇場；演劇、芝居；劇団；(事件などの)舞台、現場；芝居がかった振舞い、わざとらしさ ⇨〖コラム：著名なフランス演劇〗 ▶ **coup de théâtre** 突発事件 **faire du théâtre** 舞台に立つ；役者である **théâtre de boulevard** ブルバール劇、軽演劇 **théâtre d'opérations** 〔軍〕作戦地域

théâtreux(se) [teatrø, -øz] 形 名 芝居の好きな(人)

thébaïde [tebaid] 女 〈文〉〈隠者や苦行者の棲む〉荒野

thébaïque [tebaik] 形 阿片の

théier [teje] 男 〔植〕茶の木

théière [tejɛr] 女 ティーポット、きゅうす

théine [tein] 女 〔化〕テイン〖カフェイン〗

théisme [teism] 男 有神論

théiste [teist] 形 名 有神論の[者]

thématique [tematik] 形 テーマの、主題に関する ― 女 〈集合的〉テーマ体系

***thème** [tɛm テーム] 男 ① 主題、テーマ；〔楽〕主旋律；〔言〕語幹 ② (母国語から外国語への)翻訳(練習)

thénar [tenar] 形 〔解〕母指球の(= éminence thénar)

théo- 接頭 (<ギ)「神」の意

théocratie [teɔkrasi] 女 神の支配体制、神権政治

théocratique [teɔkratik] 形 神権政治の

théodicée [teɔdise] 女 〔哲〕弁神論

théodolite [teɔdɔlit] 男 (測地用の)経緯儀

théogonie [teɔgɔni] 女 神統記、神系譜学

théologal(ale) [teɔlɔgal, -aux [-o]] 形 〈男複 -aux〉神を対象にした ▶ **vertus théologales** 神徳〖信徳・望徳・愛徳〗

théologie [teɔlɔʒi] 女 神学；神学研究

théologien(ne) [teɔlɔʒjɛ̃] 名 神学者

théologique [teɔlɔʒik] 形 神学の；神学的な

théorbe [teɔrb] 男 〔楽〕テオルボ〖リュート族の撥弦楽器〗

théorème [teɔrɛm] 男 定理

théorétique [teɔretik] 形 〔哲〕理論上の、純理的な ― 女 純理

théoricien(ne) [teɔrisjɛ̃, -ɛn] 名 理論家；空論家

***théorie** [teɔri テオリ] 女 〔英 theory〕理論、学説、抽象論、理屈 ▶ **en théorie** 理論上は

***théorique** [teɔrik テオリク] 形 理論の、理論上の；理論上の、理屈だけの

théoriquement [teɔrikmɑ̃] 副 理論的には；理論に基づいて

théoriser [teɔrize] 他 理論づける、理論化する

théosophe [teɔzɔf] 名 神智学者

théosophie [teɔzɔfi] 女 神智学

-thèque [接尾]（<ギ）「…保管所」の意の詞をつくる

thérapeute [terapøt] 名 治療士, セラピスト;（特に）精神療法医

thérapeutique [terapøtik] 形 治療の ―名 治療法; 治療学

thérapie [terapi] 女 セラピー, 治療; 精神療法 ▸ *thérapie de groupe* 集団精神療法 *thérapie génique* 遺伝子治療

thermal(ale) [termal] 形 〔複 *-aux*[-o]〕温泉の; 温泉による ▸ *faire une cure thermale* 湯治する *station thermale* 湯治場

thermalisme [termalism] 男 温泉開発, 温泉利用

thermes [term] 男〔複〕（古代ローマの）共同浴場; 湯治場

thermicité [termisite] 女〔物〕熱効果性

thermidor [termidɔr] 男〔史〕テルミドール, 熱月〔共和暦の第11月〕

thermidorien(ne) [termidɔrjɛ̃, -ɛn] 形名〔史〕（フランス革命の）テルミドール派(の)【Robespierreの打倒に参加】

thermie [termi] 女〔物〕テルミ【熱量単位】

thermique [termik] 形 熱の ▸ *centrale thermique* 火力発電所

thermo- [接頭]（<ギ）「熱い」「熱」の意

thermocollant(e) [tɛrmɔkɔlɑ̃, -ɑ̃t] 形 熱接着の

thermodynamique [tɛrmɔdinamik] 形 女 熱力学(の)

thermoélectricité [tɛrmɔelɛktrisite] 女 熱電気; 熱電気学

thermoélectrique [tɛrmɔelɛktrik] 形 熱電気(学)の

thermoformage [tɛrmɔfɔrmaʒ] 男 熱成形

thermogène [tɛrmɔʒɛn] 形 熱を発生させる

thermogénie [tɛrmɔʒeni] 女〔物〕熱発生技術

thermogénique [tɛrmɔʒenik] 形〔物〕熱発生技術の

thermographe [tɛrmɔgraf] 女 自記温度計

thermographie [tɛrmɔgrafi] 女 サーモグラフィ

thermomètre [tɛrmɔmɛtr] 男〔英 *thermometer*〕温度計, 体温計; 指標, バロメーター

thermométrie [tɛrmɔmetri] 女 温

著名なフランス演劇

『ル・シッド』 Le Cid (1637)
⇒ 作者：コルネイユ Corneille

『アンドロマック』 Andromaque (1667)
『フェードル』 Phèdre (1677)
⇒ 作者：ラシーヌ Racine

『タルチュフ』 Le Tartuffe (1664)
『ドン・ジュアン』 Don Juan (1665)
『人間嫌い』 Le Misanthrope (1666)
『守銭奴』 L'Avare (1668)
⇒ 作者：モリエール Molière

『愛と偶然の戯れ』 Le Jeu de l'amour et du hasard (1730)
⇒ 作者：マリヴォー Marivaux

『フィガロの結婚』 Le Mariage de Figaro (1784)
⇒ 作者：ボーマルシェ Beaumarchais

『戯れに恋はすまじ』 On ne badine pas avec l'amour (1834)
⇒ 作者：ミュッセ Musset

『シラノ・ド・ベルジュラック』 Cyrano de Bergerac (1897)
⇒ 作者：ロスタン Rostand

『繻子の靴』 Le Soulier de satin (1929)
⇒ 作者：クローデル Claudel

『トロイ戦争は起こらない』 La guerre de Troie n'aura pas lieu (1935)
⇒ 作者：ジロドゥ Giraudoux

『女中たち』 Les Bonnes (1947)
⇒ 作者：ジュネ Genet

『禿の女歌手』 La Cantatrice chauve (1950)
⇒ 作者：イヨネスコ Ionesco

『ゴドーを待ちながら』 En attendant Godot (1953)
⇒ 作者：ベケット Beckett

thermonucléaire [tɛrmɔnykleɛr] 形 〖物〗熱核反応の

thermorégulateur(trice) [tɛrmɔregylatœr, -tris] 形 体温調節の ― 男 熱調整器

thermorégulation [tɛrmɔregylasjɔ̃] 女 〖生〗体温調節(作用)

thermorésistant(e) [tɛrmɔrezistɑ̃, -ɑ̃t] 形 耐熱性の

thermos [tɛrmos] 男 または 女 魔法瓶(= bouteille ～)

thermosphère [tɛrmɔsfɛr] 女 〖気〗熱圏

thermostat [tɛrmɔsta] 男 サーモスタット

thésard(e) [tezar, -ard] 名 〖話〗博士論文執筆者

thésaurisation [tezorizasjɔ̃] 女 金をためこむこと, 蓄財

thésauriser [tezorize] 他 自 〖文〗(金を)ためこむ

thésauriseur(se) [tezorizœr, -øz] 名 金をためこむ人

thésaurus, thesaurus [tezɔrys] 男 シソーラス, 語彙表, (類語などの)辞典

thèse [tɛz] 女 ①主張, 命題; 〖哲・論〗テーゼ, 定立 ▶ **pièce [roman] à thèse** 問題劇[小説]〖作者の主張がはっきりと出ている〗 ② 学位論文, 博士論文 (= ～ de doctorat)

thêta [teta] 男 テータ, シータ〖Θ, θ; ギリシア字母の第8字〗

thétique [tetik] 形 〖哲〗措定の, 定立的な

Thomas d'Aquin [tɔmɑdakɛ̃] 〖saint ～〗トマス・アクィナス【1225‐74; イタリアの神学者】

thomisme [tɔmism] 男 〖哲〗トマス説【トマス・アクィナスの神学説】

thomiste [tɔmist] 形 名 トマス説の(人)

thon [tɔ̃] 男 〖魚〗マグロ ▶ **thon à l'huile** マグロの油漬け **thon au naturel** マグロの水煮 **thon blanc** 〖魚〗ビンナガマグロ

thonier [tɔnje] 男 マグロ漁船

thoracique [tɔrasik] 形 〖解〗胸部の

thorac(o)- 接頭 〈ギ〉「胸郭」の意

thorax [tɔraks] 男 〈ラ〉〖解〗(人間の)胸部, 〖動〗(虫の)胸部

thorium [tɔrjɔm] 男 〖化〗トリウム【原子番号90の元素】

thriller [srilœr] 男 〈英〉スリラー映画[小説]

thrombo- 接頭 〈ギ〉「血栓」の意

thrombocyte [trɔ̃bɔsit] 男 〖解〗血小板

thrombophlébite [trɔ̃bɔflebit] 女 〖医〗血栓性静脈炎

thrombose [trɔ̃boz] 女 〖医〗血栓症

thune [tyn] 女 〖話〗お金 ▶ **n'a-**

voir plus une thune 一銭もない

thuriféraire [tyrifere:r] 男 ①(教会の)香炉持ち ②〖文〗追従者, おべっかを使う人

thurne [tyrn] 女 〖話〗部屋; 散らかった家

thuya [tyja] 男 〖植〗クロベ

thylacine [tilasin] 男 〖動〗タスマニアオオカミ, フクロオオカミ

thym [tɛ̃] 男 〖植〗タイム, タチジャコウソウ【香草】

thymique [timik] 形 〖解〗胸腺の

thymol [timɔl] 男 〖化〗チモール【殺菌防腐剤】

thymus [timys] 男 〖解〗胸腺

thyréotrope [tireɔtrɔp] 形 〖医〗甲状腺刺激性の

thyroïde [tirɔid] 形 女 〖解〗甲状腺(の)

thyroïdectomie [tirɔidɛktɔmi] 女 〖医〗甲状腺切除

thyroïdien(ne) [tirɔidjɛ̃, -ɛn] 形 甲状腺の

thyrse [tirs] 男 〖ギ神〗テュルソスの杖【酒神バッカスの杖】

tiare [tjar] 女 (教皇の)三重冠; 教皇の位

Tibet [tibɛ] 男 チベット

tibétain(e) [tibetɛ̃, -ɛn] 形 チベットの ― 男 〖T-〗チベット人 ― 男 チベット語

tibia [tibja] 男 ①むこうずね ②〖解〗脛骨

tic [tik] 男 (顔などの)チック, 痙攣; (無意識の)みぶり, 癖 ▶ **tic verbal [de langage]** 言葉使いの癖

‡**ticket** [tikɛ] 男〈英〉切符, チケット ▶ **avoir un ticket avec ...** 〖話〗(人)に気に入られる **ticket de caisse** (レジの)レシート **ticket de rationnement** 配給切符 **ticket modérateur** (社会保険の)自己負担金

ticket-repas [tikɛr(ə)pɑ], **ticket-restaurant** [tikɛrɛstɔrɑ̃] 男 (複 〜s-〜) (会社が従業員に交付する昼食用の)食券

tickson [tiksɔ̃] 男 〖話〗切符, 券

tic(-)tac [tiktak] 間 男 (不変) チクタク, かちかち(という音) ▶ **faire tic-tac** チクタクする

tie-break [tajbrɛk] 男 〈英〉(テニスの)タイブレーク

tiédasse [tjedas] 形 生ぬるい

‡**tiède** [tjɛd] 形 〈英 lukewarm〉①生温い, 生ぬるい; 熱意のない, 煮え切らない ― 副 ▶ **boire tiède** 生ぬるい飲み物を飲む ― 名 熱意のない人

tièdement [tjɛdmɑ̃] 副 熱意なく, いいかげんに

tiédeur [tjedœr] 女 ぬるさ, 生暖かさ, 熱意のなさ, 不熱心さ

tiédir [tjedir] 自 33 暖かくなる; ぬるくなる ― 他 暖かくする, ぬるくする

tiédissement [tjedismɑ̃] 男 暖かく[ぬるく]すること

tien(ne) [tjɛ̃, -ɛn ティヤン(エヌ)] 代《所有》《定冠詞とともに》(英 yours) 君のもの;《複》君の家族[仲間] ▶**À la tienne! Mets-y du tien!** 君はもっと頑張りなさい ── 形《所有》《文》君の

tiens [tjɛ̃ ティヤン] 間 (<tenir) ①《驚きを示す》おや、まあ、へえ ▶**Tiens! Tiens!** おやおや ②《tu て話す相手の注意を引くときに》ほら、そら、ねえ、おい

tient [tjɛ̃] ⇨tenir

tierce [tjɛrs] 女 ①《楽》3度 ②《カト》三時課 ③《フェンシング》第3の構え ④《トランプ》同じ種類の3枚つづき

tiercé [tjɛrse] 男《競馬》3連勝式

tiercelet [tjɛrsəlɛ] 男《狩》(ハヤブサの)雄

tiers(ce) [tjɛr, -ɛrs ティエール(エルス)] 形 (英 third) 3分の, 3番目の ── 男 ①3分の1 ▶**tiers provisionnel** 予定納税［前年の所得税の3分の1を支払う］ ②第三者, 部外者, よそ者 (= tierce personne) ▶**assurance tierce** (自動車の)対第三者賠償保険 **tiers payant** 第三者支払制度［医療費が社会保障から支払われる］③《史》第三身分 (= ~ état)

tiers-monde [tjɛrmɔ̃d] 男 第三世界

tiers-mondisation [tjɛrmɔ̃dizasjɔ̃] 女 第三世界化

tiers-mondisme [tjɛrmɔ̃dism] 男 第三世界との連帯

tiers-mondiste [tjɛrmɔ̃dist] 形名 第三世界支持者(の)

tif [tif] 男《話》髪の毛

TIG (略) travail d'intérêt général《法》(軽犯罪者の)公益奉仕労働

*****tige** [tiʒ ティージュ] 女 (英 stalk) ①茎, 幹; 苗木 ②軸, 心棒;《話》タバコ

tiglon [tiglɔ̃] 男 タイゴン［ライオンとトラの交雑種］

tignasse [tiɲas] 女《話》ぼさぼさの毛

*****tigre(sse)** [tigr, -ɛs ティーグル(ティグレス)] 名《喩》虎(と) 動 トラ(虎) ▶**jaloux comme un tigre** 非常に嫉妬深い **tigre royal [du Bengale]** ベンガルトラ

tigré(e) [tigre] 形 虎斑(½ん)の; 斑点［縞］のある ▶**chat tigré** 虎斑ネコ

tigron [tigrɔ̃] 男 = tiglon

tilbury [tilbyri] 男 (英 tilbury) ティルビリー［2人乗り2輪馬車］

tilde [tild, tilde] 男《<ス》ティルデ［スペイン語でnの上につける波形符号: mañana］

tillac [tijak] 男《海》昔の船の上甲板

tillandsia [tijɑ̃dsja] 男 女《植》チランジア

tille [tij] 女 = teille

tilleul [tijœl] 男《植》ボダイジュ(菩提樹), シナノキ; ボダイジュの花のハーブティー

tilt [tilt] 男 (<英) ティルト［ピンボールで台を強くゆさぶるとでるゲームの停止の合図］▶**faire tilt**《話》突然考えがひらめく, ぴんとくる

timbale [tɛ̃bal] 女 ①《楽》ティンパニー ②円筒形の金属製のコップ ▶**décrocher la timbale** 大成功を収める ③《料》ティンバール［円筒形の焼き型; この型を使った料理］

timbalier [tɛ̃balje] 男 ティンパニー奏者

timbrage [tɛ̃braʒ] 男 印紙[切手]をはること, 証印[消印]を押すこと

:**timbre** [tɛ̃br タンブル] 男 (英 stamp) ①郵便切手; 印紙, 証紙; シール ▶**timbre fiscal** 収入印紙, 証紙, スタンプ, 消印 ②呼び鈴, ベル; 音色, 響き

timbré(e) [tɛ̃bre] 形 (< timbrer) ①切手[印紙]をはった, 消印[証印]された ▶**papier timbré** (印紙を貼った)公式書類用紙 ②響きのよい ③《話》少し頭のおかしい

timbre-amende [tɛ̃bramɑ̃d] 男 (複 ~s~) 罰金納入用印紙

timbre-poste [tɛ̃brəpɔst] 男 (複 ~s~) 郵便切手

timbre-quittance [tɛ̃brəkitɑ̃s] 男 (複 ~s~(s)) (領収書用の)収入印紙

***timbrer** [tɛ̃bre タンブレ] 他 切手[収入印紙, シール]をはる, 証印[消印]を押す

***timide** [timid ティミッド] 形 (英 timid) 内気な, おとなしく, 遠慮がちな; 力強さに欠ける ── 名 内気な人, 臆病な人

timidement [timidmɑ̃] 副 遠慮がちに, はにかんで

timidité [timidite] 女 内気, 遠慮

timing [tajmiŋ] 男 (<英) 時間割合

timon [timɔ̃] 男 (馬車・鋤(ご)の)轅(ⁿ), 梶棒(ⁿ)

timonerie [timɔnri] 女《海》操舵(ⁿ)室; 操舵室

timonier [timɔnje] 男《海》舵手(ⁿ); 航路監視係, 信号係

timoré(e) [timɔre] 形名 引っ込み思案の(人), 小心な(人)

tin [tɛ̃] 男 支材;《海》キール盤木

tinctorial(ale) [tɛ̃ktɔrjal] 形 (男複 -aux(ⁿ)) 染色(用)の

tinette [tinɛt] 女《古》(移動式)便所

tintamarre [tɛ̃tamar] 男 騒音, 大騒ぎ

tintement [tɛ̃tmɑ̃] 男 (鐘などの)音, 響き; (ものの触れ合う)カチンという音 ▶**tintement d'oreilles** 耳鳴り

tinter [tɛ̃te] 自 (鐘が)鳴り響く; カチン[カチャン]と鳴る; 耳鳴りする

tintin [tɛ̃tɛ̃] 間《話》何もない, どうしようもない ── 男 ▶**faire tintin** 何もなし, なしですます

tintinnabuler [tɛ̃tinabyle] 自《文》

(鈴が)チリンと音を立てる

tintouin [tɛ̃twɛ̃] 男 ①《話》心配, 気苦労 ②騒音, うるさい音

TIP [tip] 《略》titre interbancaire de paiement 銀行間支払証

tipi [tipi] 男 ①(北米の先住民が使用する)円錐形のテント小屋

tique [tik] 女 〖虫〗マダニ

tiquer [tike] 自《話》顔をしかめる, むっとする

tiqueté(e) [tikte] 形 小さな斑点のある

TIR [tir] 《略》transit international routier 国際路輪送協定【目的国まで税関を免除される】

*__tir__ [tir ティール] 男《英 shooting》①射撃; 発砲; 発射; (弓を)射ること ▶en position de tir 射撃態勢で à l'arc 弓; アーチェリー tir au pigeon クレー射撃 tir au pistolet [à la carabine] ピストル[ライフル]射撃 ②射撃場 ▶tir forain (縁日の)射的小屋 ③《スポーツ》シュート ▶épreuve des tirs au but 《サッカー》PK 戦

tirade [tirad] 女 長い演説; (俳優の)長ぜりふ

tirage [tiraʒ] 男 ①抽選, くじ引き(= ~ au sort) ②印刷部数; 発行部数; (写真の)焼付け, (版画の)本刷り ▶à grand tirage 発行部数の多い *tirage limité* 限定版 ③引っ張ること; (小切手・手形などの)振り出し ▶**Il y a du tirage.**《話》面倒がある

tiraillement [tirajmɑ̃] 男 ①痙攣(けいれん) ②心が引き裂かれる思い, 葛藤; 不和, 軋轢(あつれき)

tirailler [tiraje] 他 (何度も)ひっぱり; 心を引き裂く, 迷わせる ▶être tiraillé par [entre] …に心を引き裂かれる ― 自 撃ちまくる

tiraillerie [tirajri] 女 不和, 軋轢(あつれき)

tirailleur [tirajœːr] 男 ①狙撃兵 ▶en tirailleur 散開して ②(昔の植民地の)原住民歩兵

tiramisu [tiramisu] 男《イ》〖菓〗ティラミス

tirant [tirɑ̃] 男 ①(靴の)つまみ革 ②〖建〗つなぎ材 ③▶*tirant d'eau* 〖海〗吃(きっ)水

tire [tir] 女 ①《俗》自動車 ②▶*vol à la tire* すり(行為) *voleur à la tire* すり(人)

tiré(e) [tire] 形 (<tirer) ①やつれた ▶avoir les traits tirés やつれた顔をしている ②引かれた, 引っ張られた ▶*tiré à quatre épingles* めかし込んだ *tiré par les cheveux* 無理な, こじつけの ― 男 ①銃殺; 銃猟場 ②▶*tiré à part* 抜き刷り ③〖商〗手形名宛人

tire-au-cul [tiroky], **tire-au-flanc** [tiroflɑ̃] 男《不変》《話》さぼり屋, 怠け者

tire-botte [tirbɔt] 男 (長靴用の)脱ぎ板; (長靴をはくときつまみにかける)鉤(かぎ)

tire(-)bouchon [tirbuʃɔ̃] 男 (ワインの)コルク抜き ▶**en tire-bouchon** らせん状の[に]

tire(-)bouchonner [tirbuʃɔne] 他 らせん状にする ― 自 らせん状になる

tire-clou [tirklu] 男 くぎ抜き

tire-d'aile [tirdɛl] [成句でのみ] ▶*à tire-d'aile* (鳥が)勢いよくはばたいて; 《文》すばやく

tirée [tire] 女《話》長くてつらい道のり

tire-fesses [tirfɛs] 男《不変》《話》(スキー場の) T 字リフト

tire-fond [tirfɔ̃] 男《不変》(枕木用の)大ねじくぎ; 吊環(つりかん)

tire-jus [tirʒy] 男《不変》《俗》ハンカチ

tire-lait [tirlɛ] 男《不変》搾乳(吸乳)器

tire-larigot [tirlarigo] [成句でのみ] ▶*à tire-larigot*《話》たくさん, 大量に

tire-ligne [tirliɲ] 男 (製図用の)からす口

tirelire [tirliːr] 女 ①貯金箱 ②《話》頭, 顔; 胃袋, 腹

*__tirer__ [tire ティレ] 他 ①《英 draw, pull》引く, 引っ張る; 引き寄せる; (引いて)開ける[閉める]; …から引き出す, 取り出す, 手に入れる (de); (線・図面などを)引く; (くじ・カードなどを)引く ▶**On ne peut rien en tirer.** 彼は絶対口を割らない, 彼からは何も得られない *tirer … au clair* …を解明する ②《英 print》印刷する, (写真を)焼きつける ③《英 shoot》発射する, 撃つ; (ロケットなどを)打ち上げる ④(液体を)しぼり出す, 抜き出す ⑤(小切手・手形などを)振り出す ⑥(辛い)つらい時間を) 我慢して過ごす ― 自 ①近づく ▶*tirer à sa fin* 終わり[死]が近づく ②(…を)引っ張る (sur) ③(…を狙って)発砲する (sur); [スポーツ]シュートする; (ペタンクで)相手の球にあてる ④(たばこなどを)吸う (sur); (煙突などが)通風がよい ⑤(…色)を帯びる (sur) ▶*bleu tirant sur le vert* 緑がかった青 ⑥(…部)発行される (à) ― 代動[se ~] ①(病気・困難などを)切り抜ける, 乗り切る (de) ②《話》去る, 逃げる, ずらかる ▶*s'en tirer* (…で)切り抜ける, どうにかやりくりする

tiret [tirɛ] 男 ダッシュ【―】; ハイフン【-】

tirette [tirɛt] 女 ①(家具の)収納式天板, 補助板; (装置を移動させる)引き手, レバー

tireur [tirœːr] 男 ①射(いる)手; [スポーツ]シュートする人 ▶*tireur d'élite* 射撃の名人 ②引き出す人; (小切手・手形の)振出人 ▶*tireur de cartes* (トランプ)占い師 ③《話》すり ― 女 (写真の)焼付け機

*__tiroir__ [tirwaːr] 男《英 drawer》引き出し ▶*pièce [roman] à tiroir* 挿話劇[小説]【本筋には関係のないエピソードを盛り込んでいる】

tiroir-caisse [tirwarkɛs] 男 (複 ~s-~s) レジスター, 金銭登録器

tisane [tizan] 女 ①ハーブティー, 煎じ薬 ②(話) 殴打, 懲らしめ

tisanière [tizanjɛr] 女 煎じ器

tison [tizɔ̃] 男 (薪などの)燠(き), 燃えさし

tisonner [tizɔne] 他自 (火を)かき立てる

tisonnier [tizɔnje] 男 火かき棒

tissage [tisaʒ] 男 (機(き)織り; 織物工場

tisser [tise] 他 織る, 織り上げる; 作り上げる, 織り成す

tisserand(e) [tisrɑ̃, -ɑ̃d] 名 機(き)織り工, 織工

tisserin [tisrɛ̃] 男 〖鳥〗ハタオリドリ(類)

tisseur(se) [tisœr, -øz] 名 織工, 織物工

:**tissu** [tisy ティシュ] 男 (英 fabric, tissue) ①生地, 織物, 織り目 ▶ *un tissu de …* 一連の… ②〖生〗組織, 構造 ▶ *tissu adipeux* 〖生〗脂肪組織 *tissu conjonctif* 〖生〗結合組織 *tissu urbain* 都市分布

tissu-éponge [tisyepɔ̃ʒ] 男 (複 ~s-~s) タオル地

tissulaire [tisylɛr] 形 〖生〗細胞組織の

tissure [tisyr] 女 (古) 織り目, 織り方

titan [titɑ̃] 男 ①[T-] 〖ギ神〗タイタン【巨人族】 ②(文) 巨人

titane [titan] 男 〖化〗チタン

titanesque [titanɛsk] 形 巨大な

titi [titi] 男 (話) 生意気ながき

titillation [titij(l)asjɔ̃] 女 軽くくすぐること, くすぐったい感じ

titiller [titije, titile] 他 (軽く心地よくくすぐる; (欲求などが人を)かきたてる, むずむずさせる

titrage [titraʒ] 男 ①〖化〗(溶液の)滴定 ②(無声)映画に字幕を入れること

:**titre** [titr ティトル] 男 (英 title) ①肩書, 役職名; 資格, 学歴; (スポーツの)タイトル; (複)(…に対する)権利, 資格(à) ▶ *à aucun titre* どんなやり方でも(…ない) *à ce titre* この資格[理由]で *à juste titre* 正当に *à titre de …* …の資格[理由]で, …として *à titre d'exemple* 例として *à titre permanent [provisoire]* 永久[一時的]に *au même titre que …* …と同じ資格[理由]で *en titre* 正式の; 公認の名義で, 見出し ▶ *gros titre* (新聞の)大見出し ③証書, 権利書; 有価証券, 株券 ▶ *titre de propriété* 不動産登記証書 *titre de transport* 乗車券 ④含有比率; (合金の)純分 ▶ *titre d'alcool* アルコール濃度

titrer [titre] 他 ①題名[見出し]をつける ②(映画に)字幕を入れる ③爵位[肩書き]を与える ④(溶液の)滴定をする; (合金の)純分を検定する; (…度の)アルコール含有量がある

titreuse [titrøz] 女 ①(映画の)タイトル・字幕挿入機 ②(印)見出し組入機

titubant(e) [titybɑ̃, -ɑ̃t] 形 ふらつく, 千鳥足の

tituber [titybe] 自 ふらつく, よろめく

titulaire [titylɛr] 形 正式の資格[肩書]をもった; (法的に…を)保持する(de) ― 名 正教授, 正職員; (資格・肩書等の)保持者; 名義人

titularisation [titylarizasjɔ̃] 女 (正式の)任命, 任用

titulariser [titylarize] 他 (人を正式に)任用[任命]する

tmèse [tmɛz] 女 〖言〗分語法, 合成語分割

TNT (略) trinitrotoluène TNT 火薬, トリニトロトルエン

toast [tost] 男 ①(＜英) トースト(パン), 乾杯(の音頭), 祝杯 ▶ *porter un toast à …* に乾杯をする

toasteur [tostœr] 男 トースター

toboggan [tɔbɔgɑ̃] 男 (＜英) ①そり遊び台; (非常用の)脱出シュート ②(荷物運搬用の)滑走装置; 自動車用立体交差仮設橋

toc¹ [tɔk] 擬 こつこつ, ぱん, ぽん [擬音] ▶ *Et toc!* (話) (うまい返答にお見事!

toc² [tɔk] 男 (話) 偽物, くだらない物 ▶ *en toc* 偽の ― 形 (不変) 偽の; こけおどしの

tocade [tɔkad] 女 ＝toquade

tocante [tɔkɑ̃t] 女 (話) 腕[懐中]時計

tocard(e) [tɔkar, -ard] 形 (話) 醜い, ぶざまな, 悪趣味な; くだらない ― 男 (話) (競馬で)勝ち目のない馬; 役に立たない人, 能力のない人

toccata [tɔkata] 女 (＜イ) 〖楽〗トッカータ

tocsin [tɔksɛ̃] 男 警鐘, 早鐘

tofu [tɔfu] 男 (＜日) 豆腐

toge [tɔʒ] 女 (古代ローマ人の)トーガ; (教授・法官の)長衣

Togo [togo] 男 トーゴ【西アフリカの共和国】

togolais(e) [togolɛ, -ɛz] 形 トーゴの ― 名 [T-] トーゴ人

tohu-bohu [tɔyboy] 男 (＜ヘブライ) 大騒動, 大混乱, 喧(げん)騒

:**toi** [twa トワ] 代 〖人称〗[2人称単数・強勢形] 君, きみ ▶ *Assieds-toi!* 座りなさい *pour toi* 君のために

toilage [twalaʒ] 男 (レースの)下地

:**toile** [twal トワル] 女 (英 cloth, canvas) ①布, 布地; 油絵, 画布, カンバス ▶ *toile cirée* 蝋引きの布地 *toile de fond* (舞台奥の)幕; (事件などの)背景 ②(集合的)〖海〗帆 ③[la T-] (情報)ウェブ ④(話) 映画 ⑤▶ *toile d'araignée* クモの巣

toilerie [twalri] 女 平織物工場; 平織物販売業

toilettage [twaletaʒ] 男 (ペットの) 手入れ; 手直し, 修正

toilette [twalet トワレット] 女 ①(英 dressing) 身じたく; 洗面, 化粧 ▶ **faire sa toilette** 身じたくをする **faire un brin de toilette** 手早く化粧をする **produits de toilette** 化粧品 ②(女性の)身なり, 装い, 服装; 婦人服 ③(英 toilet) (複) お手洗い, 洗面所, 化粧室 ▶ **toilettes publiques** 公衆便所 ④化粧台, 鏡台

toiletter [twalete] 他 (ペットを)手入れする ▶ **toiletter un texte** 文章に手を入れる

*__toi-même__ [twamɛm トワメム] 代 (人称) ⇨ lui-même

toise [twaz] 女 ①身長計 ②トワズ 【昔の長さの単位】

toiser [twaze] 他 ①(人を)身長計で測定する ②(軽蔑・挑戦的に人を)じろじろ見る

toison [twazɔ̃] 女 (羊などの)毛(並み); ふさふさした髪の毛; もじゃもじゃの毛

*__toit__ [twa トワ] 男 (英 roof) 屋根; すみか, 家 ▶ **toit de tuiles [d'ardoises]** 瓦[スレート]屋根 **toit ouvrant** (自動車の)サンルーフ **vivre sous le même toit** 同居する

toiture [twatyr] 女 (集合的) 屋根, 屋根組み

tôlard(e) [tolar, -ard] 形 名 《俗》拘留されている(人)

tôle¹ [tol] 女 金属板, 鉄板 ▶ **tôle ondulée** 波板の鉄板

tôle² [tol] 女 = taule

tôlée [tole] 形 《女性形のみ》▶ **neige tôlée** アイスバーン

*__tolérable__ [tolerabl トレラブル] 形 許容できる; 我慢できる

*__tolérance__ [tolerɑ̃s トレランス] 女 大目に見ること, 黙認, 認容; 寛容さ; (製造品などの)公認誤差; [医] (薬への)耐性 ▶ **maison de tolérance** (古) 娼館 **seuil de tolérance** 許容限界

*__tolérant(e)__ [tolerɑ̃, -ɑ̃t トレラン(ト)] 形 寛容な, 寛大な

*__tolérer__ [tolere トレレ] 他 57 (英 tolerate) 大目に見ること, 許容する; 我慢する, 耐える; (治療・薬に)耐える, 適応する

tôlerie [tolri] 女 鉄板製造(業); 板金工場; (集合的) 板金製品

tôlier¹ [tolje] 男 鉄板製造[販売]人

tôlier(ère) [tolje, -ɛr] 名 = taulier

tollé [tɔ(l)le] 男 抗議の叫び, 憤り ▶ **soulever un tollé général** 一斉の抗議を浴びる

toluène [tɔlyɛn] 男 [化] トルエン

TOM [tɔm] 男 (略) territoires d'outre-mer 海外領土 ⇨ DOM-TOM

tomahawk [tɔmaok] 男 (英) トマホーク【アメリカ先住民の戦闘用斧(ホ)】

tomaison [tɔmɛzɔ̃] 女 [印] (本の扉・背の)巻数表示; 巻に分けること

*__tomate__ [tɔmat トマト] 女 (くさ) (英 tomato) トマト ▶ **tomate cerise** チェリートマト

tombac [tɔ̃bak] 男 トムバック, 黄銅【銅と亜鉛の合金】

tombal(ale) [tɔ̃bal] 形 (男 複 -aux [-o]) 墓の

tombant(e) [tɔ̃bɑ̃, -ɑ̃t] 形 垂れた, 落ちかかった ▶ **à la nuit tombante** 日暮れに

*__tombe__ [tɔ̃b トンブ] 女 (英 grave) 墓, 墓穴; 墓石 ▶ **aller sur la tombe de (人)** の墓参りをする **avoir un pied dans la tombe** 死にそうである **muet comme une tombe** じっと黙っている

tombé(e) [tɔ̃be] 形 (< tomber) 落ちた; 失墜した

tombeau [tɔ̃bo] 男 (複 -x) 墓石, 墓碑; 《文》墓場; 陰気な場所 ▶ **à tombeau ouvert** (事故死しかねないような)猛スピードで **mettre ... au tombeau** (人)を死に至らしめる

tombée [tɔ̃be] 女 (日が)暮れること; 《文》落ちること ▶ **à la tombée du jour [de la nuit]** 日暮れに

*__tomber__ [tɔ̃be トンベ] 自 [助動詞 être] (英 fall) ①倒れる; 崩れる ▶ **se laisser tomber** 倒れ込む ②落ちる, 落下する, 墜落する; (髪などが)抜け落ちる; 下がる, 垂れ下がる; 下落する; 弱まる; 失脚する; (興行が)失敗する; 戦死する; (雨などが)降る; (闇などが)降りる ▶ **La nuit tombe.** 日が暮れる. **laisser tomber** 落とす; 放っておく; 見捨てる **tomber à l'eau** 忘れ去られる; (計画などが)流れる **tomber de haut** 高い所から落ちる; ひどく驚く **tomber sous la main** (偶然)手に入る **tomber sous le coup de la loi** 法律に触れる ③(突然ある状態に)陥る (dans, en); [属詞とともに] (ある状態に)なる ▶ **tomber amoureux** 恋をする **tomber bien [mal]** いい[悪い]タイミングである **tomber bien** うまく合う **tomber bien bas** ひどく落ちぶれる **tomber malade** 病気になる ④(…に)たまたま出会う, (話題などが)及ぶ (sur) ⑤(行事が…に)当たる ⑥(…に)襲いかかる, (…を)激しく非難する (sur)
—— 他 [助動詞 avoir] ①(相手を)負かす; [レスリング] (相手を)フォールする ②(話) (上着を)脱ぐ ③(女性を)ものにする ▶ **être bien [mal] tombé** 運がいい[悪い] **faire tomber** (人)を軽んじる

tombereau [tɔ̃bro] 男 (複 ~x) 放下車, ダンプカー

tombeur(se) [tɔ̃bœr] 名 ①(スポーツなどの)勝利者 ②(話) 女[男]たらし

tombola [tɔ̃bɔla] 女 福引

*__tome__ [tɔm トム] 男 (書物の)巻

-tome, -tomie 接尾 (くぎ) 「切断」「分割」の意の名詞をつくる

tomme [tɔm] 女 トム【Savoie 産の非

加熱の半硬質チーズ】
tommette, tomette [tɔmɛt] 女 (南仏の)六角形の床用タイル
tomographie [tɔmɔgrafi] 女 [医] 断層撮影(法)
tom-pouce [tɔmpus] 男 〖不変〗 《話》小びと
ton[1] (**ta**) [tɔ̃, ta トン(タ)] 形 〖所有〗 (英 your) (複 tes) 〖母音または無音のhで始まる女性単数名詞の前ではtaがtonになる〗君の, おまえの, あなたの ▶ **ton fils et ta fille** 君の息子と娘
ton[2] [tɔ̃トン] 男 (英 tone) ①口調, 語気; 音調; 色調, 色合い; (表現の)調子 ▶ **de bon ton** 上品な **d'un ton sec** そっけなく **ton sur ton** 同系色を重ねて ②(声の)高さ; [楽] 楽音; 音程; 調; [言] 声調 ▶ **donner le ton** (行動の)範を示す **être dans le ton** (人が)順応する **hausser** [**baisser**] **le ton** 声を上げる[落とす]
tonal(ale) [tɔnal] 形 (男複 -als) [楽] 調性の, 調の
tonalité [tɔnalite] 女 ①(絵画・物語などの)色調, 基調; [楽] 調性の, 調; 音質, 音色 ②[電話の]発信音
tonca [tɔ̃ka] 男 = tonka
tondage [tɔ̃daʒ] 男 (織物・動物の)剪(せん)毛, 刈り込み
tondeur(se) [tɔ̃dœr, -øz] 名 (動物の)毛を刈る人;(織物の)剪(せん)毛工 ─ 女 芝刈り機 (= ~ à gazon); バリカン ▶ **passer la tondeuse** 芝刈り機をかける
tondre [tɔ̃dr トンドル] 他 61 (英 shear) 刈る, 刈り込む; (人から金を)奪い取る, 丸裸にする
tondu(e) [tɔ̃dy] 形 (< tondre) 短く刈られた ─ 男 短く髪を切った人
tong [tɔ̃g] 女 ビーチサンダル
Tonga [tɔ̃ga] 女 (複) トンガ 【南太平洋立憲王国】
tonicardiaque [tɔnikardjak] 形 [医] 強心の ─ 男 強心薬
tonicité [tɔnisite] 女 ①(気候などの)爽快さ; (薬などの)刺激性 ②[医] 筋緊張
tonifiant(e) [tɔnifjɑ̃, -ɑ̃t] 形 活力を与える, 元気[活気]づける
tonifier [tɔnifje] 他 活力を与える, 元気[活気]づける, 引き締める
tonique [tɔnik] 形 ①(心身に)活力を与える, 爽快な; (肌などをひきしめる) ②[音声] 強勢(アクセント)の(ある) ─ 男 強壮剤; トニックローション ─ 女 [楽] 主音 ▶ **accent tonique** 強勢アクセント
tonitruant(e) [tɔnitryɑ̃, -ɑ̃t] 形 (雷鳴のように)とどろく, 大きな音を立てる
tonitruer [tɔnitrye] 他 大声でわめく 《話》雷鳴のような音をたてる
tonka [tɔ̃ka] 男 [植] トンカマメ
Tonkin [tɔ̃kɛ̃] 男 トンキン 【ベトナム北部, ハノイの旧称】

tonkinois(e) [tɔ̃kinwa, -az] 形 トンキンの ─ 名 [T-] トンキンの人
tonnage [tɔnaʒ] 男 (<英) (商船の)トン数, 載量
tonnant(e) [tɔnɑ̃, -ɑ̃t] 形 雷鳴のような
tonne [tɔn トヌ] 女 (英 ton) トン【重量の単位】 ▶ **des tonnes de ...** 《話》すごくたくさんの...
tonneau [tɔno トノー] 男 (複 ~x) (英 barrel) ①樽; 樽1杯分(の量) ▶ **du même tonneau** 同じような ②(飛行機の)横回転, [体芸];(自動車の)横転(事故) ③(船の)容積トン
tonnelet [tɔnle] 男 小樽
tonnelier [tɔnəlje] 男 樽職人
tonnelle [tɔnɛl] 女 ①緑のあずまや 【つる草などをはわせた園亭】 ②[猟] シャコとり網
tonnellerie [tɔnɛlri] 女 樽製造業, 樽工場
tonner [tɔne] 非人称 雷が鳴る ─ 自 ①轟音(ごうおん)を発する ②(...に対して)怒号する (contre)
tonnerre [tɔnɛr トネール] 男 (英 thunder) 雷鳴; (文)雷(= foudre); 大音響 ▶ **coup de tonnerre** 雷鳴; 突然の出来事 **du tonnerre** 《話》素晴らしい
tonsure [tɔ̃syr] 女 [カト] 剃髪(ていはつ); 剃髪; 《話》(頭のてっぺんの)円形のはげ
tonsuré [tɔ̃syre] 形 (男性形のみ) (<tonsurer) 剃髪(ていはつ)した(聖職者)
tonsurer [tɔ̃syre] 他 剃髪(ていはつ)をさずける
tonte [tɔ̃t] 女 ①(毛・草などの)刈り込み, 剪(せん)毛 ②(刈った)羊毛 ③羊毛を刈る時期
tontine [tɔ̃tin] 女 [法] トンチン年金(法) 【加入者に死亡者が出るほど生存出資者の配当が増える方式】
tonton [tɔ̃tɔ̃] 男 (幼児)おじちゃん
tonus [tɔnys] 男 (<ラ) 緊張, 活気 ▶ **tonus musculaire** [医] 筋緊張
top[1] [tɔp] 男 ①(擬音)時報などの)ピッという音 ②開始の合図, ゴーサイン, キュー
top[2] [tɔp] 男 (<英)《話》最高のもの; トップモデル
topaze [tɔpaz] 女 [鉱] トパーズ, 黄玉 ─ 形 〖不変〗トパーズ色の
toper [tɔpe] 自 (挑戦に)応じる; (交渉などで)手を打つ ▶ **Tope-là!** それで決まりだ
topinambour [tɔpinɑ̃bur] 男 [植] キクイモ
topique [tɔpik] 形 ①的確な, 適切な ②[哲] (アリストテレスの)一般論理の ③局部局所用の ─ 男 [医] 局所薬 ─ 女 [哲] (アリストテレスの)一般論理 ─ 男[複] [哲] (アリストテレスの)局所用語 ─ 女 [哲] (アリストテレスの)トピカ

top model, top-modèle [tɔpmɔdɛl] 名 トップモデル (= 《話》top)

top niveau [tɔpnivo] 形男 (複 ~-x) (話) 最高の, トップレベルの

topo [tɔpo] 男 (話) 演説, 説明 ▶ *C'est toujours le même topo.* 相変わらず同じ話だ.

topo- [接頭] (<ギ) 「場所」「位置」「地形」の意

topographe [tɔpɔgraf] 名 地形[地勢]学者

topographie [tɔpɔgrafi] 女 地形測量(法); 地形図; 地形, 地勢

topographique [tɔpɔgrafik] 形 地形(測量)の

topologie [tɔpɔlɔʒi] 女 〔数〕トポロジー, 位相幾何学

toponymie [tɔpɔnimi] 女 《集合的》地名; 地名学

top secret, top-secret [tɔpsəkrɛ] 形 (不変)(<英) 極秘の

toquade [tɔkad] 女 (話) (一時的な) 熱中, (気まぐれな) 愛情 ▶ *avoir une toquade pour* (人)に夢中になる

toquante [tɔkɑ̃t] 女 = tocante

toquard(e) [tɔkar, -ard] 形 = tocard

toque [tɔk] 女 トック帽 〔筒形の縁のない帽子〕

toqué(e) [tɔke] 形名 (< toquer) (話) 頭のいかれた(人)

toquer [tɔke] 代動 [se ~] (話) (…)にのぼせる, 夢中になる (de)

torah [tɔra] 女 〔宗〕トーラ, モーセ五書

torche [tɔrʃ] 女 松明(たいまつ), トーチ; 懐中電灯(= ~ électrique)

torché(e) [tɔrʃe] 形 ① ぞんざいな, 雑な ▶ *bien torché* (話) うまくいった

torche-cul [tɔrʃəky] 男 (話・古) 尻拭き紙[布]; くだらない本[新聞]

torcher [tɔrʃe] 他 ① (話) (紙・布などで)ふく; 雑に仕上げる —— 代動 [*se ~*] (話) 自分の…をきれいにする, 自分の尻を拭く ▶ *se torcher (le cul) de …* を全然気にしない

torchère [tɔrʃɛr] 女 ① かがり火の台 ② 枝付きシャンデリア ③ (精油所の)フレア

torchis [tɔrʃi] 男 〔建〕荒壁土

***torchon** [tɔrʃɔ̃] 男 (英 cloth, duster) ふきん, タオル; (話) くだらない文章; 三流新聞 ▶ *donner un coup de torchon* ふきんで拭く; 事情する, 大量解雇する

torchonner [tɔrʃɔne] 他 (話) (仕事を)いい加減に仕上げる

tordant(e) [tɔrdɑ̃, -ɑ̃t] 形 (話) (腹の皮がよじれるほど)おかしい

tord-boyaux [tɔrbwajo] 男 (不変) (話) 強い安酒

tordeur(se) [tɔrdœr, -øz] 名 撚糸工 —— 女 ワイヤロープ製造機; 〔虫〕ハマキガ

tordoir [tɔrdwar] 男 (積み荷をとめるロープをしめるねじ棒; (洗濯物の)絞り機; 糸撚機

***tordre** [tɔrdr トルドル] 他 51 (英 twist, wring) ねじる, しぼる; ねじ曲げる; (胸・腹などを) 縮めつける ▶ *tordre le cou à …* (話) …を殺す —— 代動 [*se ~*] (自分の手や足を)くじく, ねじる; 身をよじる; ねじれる, 曲がる ▶ *se tordre de rire* 笑い転げる

***tordu(e)** [tɔrdy トルデュ] 形 (< tordre) ねじれた, ゆがんだ; (話) まともでない, 変な ▶ *avoir l'esprit tordu* つむじ曲がりである —— 名 (話) 奇人, 頭のおかしい人

tore [tɔr] 男 〔建〕(柱基の)トルス, 玉縁 ② 〔数〕トーラス

toréador [tɔreadɔr] 男 (<ス)(古) 闘牛士

toréer [tɔree] 自 (<ス) 闘牛をする

torero [tɔrero] 男 (<ス) 闘牛士

torgnole [tɔrɲɔl] 女 (話) 殴打, 平手打ち

torii [tɔrii] 男 (不変) (<日) 鳥居

toril [tɔril] 男 (<ス)(闘牛場の)牛の控え場

tornade [tɔrnad] 女 (<ス) 大竜巻, 大旋風

toron [tɔrɔ̃] 男 (綱の)子縄, (ロープの)ストランド

torpédo [tɔrpedo] 女 (<英)(古) トルペード 〔屋根形をしたオープンカー〕

torpeur [tɔrpœr] 女 麻痺状態; 無気力 ▶ *faire sortir (tirer) … de sa torpeur* (人)を無気力から抜け出させる

torpide [tɔrpid] 形 ① (文) 麻痺している; ぐったりさせる ②〔医〕(傷口などが)変化の見られない

torpillage [tɔrpijaʒ] 男 魚雷攻撃; (計画などの)妨害

torpille [tɔrpij] 女 ① 魚雷 ② 〔魚〕シビレエイ

torpiller [tɔrpije] 他 魚雷攻撃する; (計画などを)妨害する

torpilleur [tɔrpijœr] 男 魚雷艇

torque [tɔrk] 男 ① トルク 〔ケルト人がつけた金属製首輪〕 ② (針金の)巻束, コイル

torréfacteur [tɔrefaktœr] 男 焙煎(ばいせん)器; 焙煎したコーヒーなどを売る店

torréfaction [tɔrefaksjɔ̃] 女 焙煎(ばいせん)

torréfier [tɔrefje] 他 焙(ほう)じる, 焙煎(ばいせん)する ▶ *torréfier du café* コーヒーを炒る

***torrent** [tɔrɑ̃ トラン] 男 急流, 奔流 ▶ *Il pleut à torrents.* 雨がどしゃ降りである *un torrent de …* 大量の…, …のほとばしり

torrentiel(le) [tɔrɑ̃sjɛl] 形 急流の; 急流のごとき, ほとばしる

torrentiellement [tɔrɑ̃sjɛlmɑ̃] 副 (流れが)ものすごく, 滝のように

torrentueusement [tɔrɑ̃tɥøzmɑ̃] 副 (文) 激しく

torrentueux(se) [tɔrɑ̃tɥø, -øz] 形 (文) 急な流れの, 激しい

torride [tɔrid] 形 酷熱の; 官能的な

tors(e) [tɔr, tɔrs] 形 (<tordre) よじれた; ねじれた; らせん状の

torsade [tɔrsad] 囡 らせん状によじったもの; 撚り房; [建] 縄形刳(ﾆ)形 ▶ **pull à torsades** 縄編みのセーター

torsader [tɔrsade] 他 らせん状によじる, ねじる

***torse** [tɔrs トルス] 男 〈く†〉 上半身; (彫刻の)トルソー; 上半身像 ▶ **bomber le torse** 胸をそる; 威張る **se mettre torse nu** 上半身裸になる

torsion [tɔrsjɔ̃] 囡 ねじること, ねじれていること

*** tort** [tɔr トール] 男 ① (英 fault) 間違い, 誤り, 過ち ▶ **à tort** 間違って, 不正に **à tort et à travers** 何も考えもせずに **à tort ou à raison** 良かれ悪しかれ **avoir tort (de...)** (…するのは)間違っている **donner tort à** (人)を非難する; (人)の間違いを証明する **être en tort / être dans son tort** 間違っている ② (英 wrong) 損害, 迷惑 ▶ **faire du tort à / causer des torts à** (人)に損害を与える

torticolis [tɔrtikɔli] 男 (筋を違えた)首の痛み; [医] 斜頸(ﾋﾞ)症

tortilla [tɔrtija] 囡 トルティーヤ (クレープ状にしたトウモロコシを焼いたメキシコ料理)

tortillage [tɔrtijaʒ] 男 ねじること

tortillard [tɔrtijar] 男 《話》(曲がりくねった路線を走る)ローカル線列車

tortillement [tɔrtijmã] 男 ねじり, よじれ

tortiller [tɔrtije] 他 (何度も)ねじる, ひねり回す ▶ **Il n'y a pas à tortiller.** ためらうことはない. — 自 代動 [se ~] 体をくねらせる

tortillon [tɔrtijɔ̃] 男 ねじったもの; (荷物を頭にのせるための)当て布

tortionnaire [tɔrsjɔner] 名 拷問者 — 男 拷問する

tortu(e) [tɔrty] 形 《文・古》曲がった, ねじれた; ひねくれた, 心がゆがんだ

tortue [tɔrty] 囡 カメ(亀); のろまな人 ▶ **à pas de tortue** ゆっくりと **tortue de mer** ウミガメ

tortueusement [tɔrtɥøzmã] 副 曲がりくねって

tortueux(se) [tɔrtɥø, -øz] 形 曲がりくねった, ひねくれた, まわりくどい, 手のこんだ

torturant(e) [tɔrtyrã, -ãt] 形 苦しめる, 悩ます

*** torture** [tɔrtyr トルテュール] 囡 拷問; 耐え難い苦痛 ▶ **mettre ... à la torture** (人)を困らせる **se mettre l'esprit à la torture** 必死になって考える **sous la torture** 拷問されて

*** torturer** [tɔrtyre トルテュレ] 他 ① 拷問する; ひどく苦しめる, 悩ます; 虐待する ② ゆがめる, ねじ曲げる — 代動 [se ~] 自分を苦しめる ▶ **se torturer le cerveau [l'esprit]** 必死になって考える

torve [tɔrv] 形 ▶ **œil [regard] torve** 悪意で にらみつける目 [まなざし]

tory [tɔri] 形 囡 (複 tories, torys) (英国の)トーリー党員(の); 保守党員(の)

toscan(e) [tɔskã, -an] 形 [T-] トスカーナ(人) の — 男 トスカーナ方言

Toscane [tɔskan] 囡 トスカーナ 〔イタリア北部の地方〕

tosser [tɔse] 自 [海] (波のせいで船が)岸などに;何度もぶつかる

*** tôt** [to ト] 副 (英 early, soon) 早く, (特に)朝早く ▶ **au plus tôt** どんなに早くとも; できる限り早く **Ce n'est pas trop tôt!** 《話》やっとだね **le plus tôt possible** できるだけ早く **tôt ou tard** 遅かれ早かれ

*** total(e)** [tɔtal トタル] 形 (男複 -aux [-o]) (英 total) 全体の, 全部の, 総計の; 完全な — 男 合計, 総計, 総額 ▶ **au total** 合計して; 結局 **faire le total** 合計する **Total**, ... 〚文頭で〛結局, 要するに — 囡 ▶ **(C'est) la totale!** あんまりだ, いくらなんでもひどすぎる

*** totalement** [tɔtalmã トタルマン] 副 完全に, 全く

totalisateur [tɔtalizatœr] 男 加算機

totalisation [tɔtalizasjɔ̃] 囡 総計, 合算

totaliser [tɔtalize] 他 総計する; (…という総計)に達する

totalitaire [tɔtaliter] 形 全体主義の; 包括的な

totalitarisme [tɔtalitarism] 男 全体主義

totalité [tɔtalite] 囡 全部, 全体; 総数 ▶ **en totalité** 全体として, すっかり **la totalité de ...** 全ての…

totem [tɔtɛm] 男 トーテム; トーテムポール

totémique [tɔtemik] 形 トーテムの

totémisme [tɔtemism] 男 [民族] トーテミズム

toto [tɔto] 男 《話》シラミ(虱)

touareg [twareg] 形 (不変) トゥアレグ族の — 名 (不変) [T-] トゥアレグ族 〔サハラ砂漠の遊牧民〕 — 男 トゥアレグ語

toubib [tubib] 男 (<アラビア語) 《話》医者

toucan [tukã] 男 [鳥] オオハシ

*** touchant[1](e)** [tuʃã トゥシャン(ト)] 形 感動的な, ほろりとさせる

touchant[2] [tuʃã] 前 《文・古》 …に関しては

*** touche** [tuʃ トゥシュ] 囡 ① (ピアノ・パソコンなどの)鍵(ﾂ), キー ② (絵画のタッチ; 配色, 色彩効果; (作家の)文体, 筆づかい ③ 《話》 (人の)格好, 風采 ④ (釣りで)当たり, 食い入; [フェンシング] 突き; [ラグビー・サッカー] タッチ(ライン) ▶ **avoir [faire] une touche** (異性を)

touche-à-tout

引いておく《釣りで》当りがある *botter en touche* 《話》問題をうまく避ける, クリアする *être mis [rester] sur la touche* 蚊帳の外である, 相手にされない

touche-à-tout [tuʃatu] 名《不変》《話》何にでも触りたがる人; 何にでも手を出す人, なんでも屋

touche-pipi [tuʃpipi] 男《不変》▶*jouer à touche-pipi* 《話》お医者さんごっこをする

***toucher**[1]** [tuʃe] 他 (英 touch) ①さわる, ふれる; 隣接する ②(ものが…に)当たる; (的に)当てる ③(…に)かかわる, 関係する ④感動させる, 衝撃を与える ⑤(金などを)受け取る; (小切手を)現金化する ⑥(人に)連絡をとる, 接触する ── 自 [~ à] ①(…に)ふれる, さわる; (…に)接する ②(金・問題などに)手をつける ③(…に)近づく, かかわる ▶*toucher à sa fin* 終わりに近づく ── 代動 [se ~] ①隣接する; 似通っている ②《話》マスターベーションをする

toucher[2] [tuʃe] 男 触覚; 手ざわり, 感触; (ピアニストの)タッチ;〖医〗触診 ▶*doux au toucher* 手ざわりの柔らかな

touche-touche [tuʃtuʃ] 無冠 ▶*à touche-touche* 《話》いまにも触れそうに, くっつくように

touer [twe] 他〖引き綱で船を進める〗; 曳航(えいこう)する

touffe [tuf] 女 茂み, (髪などの)房

touffeur [tufœr] 女《文》暑苦しさ, 蒸し暑さ

touffu(e) [tufy] 形 密生した, 生い茂った; ぎっしり詰まった

touiller [tuje] 他《話》かきまぜる

***toujours** [tuʒur トゥジュール] 副 (英 always) いつも, 常に, 絶えず; 相変わらず, まだ, つねに; いずれにせよ, ともかく ▶*comme toujours* いつものように *de toujours* 変わらない *pour toujours* 永遠に *toujours est-il que* …いずれにせよ…である *toujours moins* だんだん少なく *toujours plus* ますます

Toul [tul] トゥール【Meurthe-et-Moselle 県の町】⇒*Trois-Évêchés*

Toulon [tulɔ̃] トゥーロン【Var 県の県庁所在地】

toulousain(e) [tuluzɛ̃, -ɛn] 形名 [T-] トゥールーズの(人)

Toulouse [tuluz] トゥールーズ【Haute-Garonne 県の県庁所在地】

toundra [tundra] 女 (くロシア)〖地理〗ツンドラ(地帯)

toupet [tupɛ] 男 ①《話》賢かましさ, 図々しさ ②(髪の)房; 前髪

toupie [tupi] 女 ①コマ(独楽) ②〖建〗(くり形や溝を削るための)回転式工具

toupiller [tupije] 他〖建〗(toupie で)くり形を作る, 木材を削る

touque [tuk] 女 金属製容器, 缶

***tour**[1] [tur トゥール] 女 (英 tower) ①塔, 櫓, 鐘楼; 高層建築 ▶*tour de*

---

contrôle (空港の)管制塔 *tour d'ivoire* 象牙の塔【学究生活の専念】 ②(チェスの)ルーク

***tour**[2] *Tour de France* 【le ~】 ①(英 turn) 回転, 回ること ▶*à tour de bras* 力一杯に *donner un tour de clé* 鍵をかけす *en un tour de main* またたく間に *fermer à double tour* 2 重ロックする *tour de reins* ぎっくり腰 ②(英 tour)一周, ひとめぐり; 周囲, まわり ▶*faire le tour de* …を一周する; …を検討する *faire un tour* ちょっと出かける *tour de chant* リサイタル *tour de cou* 首まわり *Tour de France* 【le ~】 ツール・ド・フランス【毎年 6,7 月に行うフランス一周自転車レース】 *tour de piste* トラックの 1 周 *tour d'horizon* 総合調査 ③順番, 回 ▶*à tour de rôle* 順番に *C'est à mon tour*. 私の番だ *élu au second tour* 第 2 回投票で選ばれる *passer son tour* 順番をパスする *plus souvent qu'à son tour* 〖度を越えて〗 *tour à tour* 交互に ④わざ, 手品, 芸当 ▶*jouer un tour à* 〈人に〉いたずらをする *tour de cartes* トランプ手品 *tour de force* 力業, 力作 ⑤(ものごとの)なりゆき, 様相 ⑥言い回し, 表現

tour[3] [tur] 男 旋盤; ろくろ; (料理を出し入れする)回転式ハッチ

Touraine [turɛn] 女 トゥーレーヌ【パリ盆地南西の旧地方名】

tourangeau(elle) [turɑ̃ʒo, -ɛl] 形 (男複 -*eaux*) トゥーレーヌの, トゥール (Tours) の ── 名 [T-] トゥーレーヌ【トゥールの人】

tourbe[1] [turb] 女 泥炭

tourbe[2] [turb] 女《古・軽蔑的》烏合(うごう)の衆, 群れ

tourbeux(se) [turbø, -øz] 形 泥炭質の, 泥炭を含む

tourbière [turbjɛr] 女 泥炭層〖鉱〗

tourbillon [turbijɔ̃] 男 旋風(= ~ de vent); 渦, 渦巻; 急旋回; めまぐるしい動き

tourbillonnant(e) [turbijɔnɑ̃, -ɑ̃t] 形 渦巻きをなす, 旋回する; めまぐるしい

tourbillonnement [turbijɔnmɑ̃] 男 渦を巻くこと, 旋回; めまぐるしさ

tourbillonner [turbijɔne] 自 渦を巻く, 旋回する

Tourcoing [turkwɛ̃] トゥールコワン【Nord 県の工業都市】

tourelle [turɛl] 女 小塔, 櫓(やぐら); (戦車などの)砲塔; 銃塔

touret [turɛ] 男 回転式研磨機; 小型ろくろ

tourie [turi] 女 籠入りの大びん

tourier(ère) [turje, -ɛr] 形名 (昔の修道院の)回転式受付口係の(修道士[女]); (修道院の)受付係の)

tourillon [turijɔ̃] 男 (鉄扉などの)旋回軸

***tourisme** [turism トゥリスム] 男 (英

touriste [turist トゥリスト] 名〔英 tourist〕観光客 ▶ **classe touriste**《古》(飛行機の)エコノミークラス

touristique [turistik] 形 観光の ▶ **guide touristique** 観光ガイド **ville touristique** 観光都市

tourmaline [turmalin] 女〔鉱〕トルマリン, 電気石

***tourment** [turmã トゥルマン] 男 悩み, 心配(の種); 激しい苦痛[苦しみ]

tourmenté(e) [turmãte, -ãt] 形《文》苦しめる

tourmente [turmãt] 女《文》嵐, 暴風; (社会の)激動

tourmenté(e) [turmãte] 形（< tourmenter）苦しんでいる; 激動する, 変化に起伏の多い

***tourmenter** [turmãte トゥルマンテ] 他 ①(肉体・精神的に)悩ませる, 苦しめる ②(欲望などが)つきまとう ― 代動 [se 〜] 心酸する, 悩む

tourmenteur(se) [turmãtœr, -øz] 形名《文》苦しめる, 悩ます(人)

tournage [turnaʒ] 男 ①(映画の)撮影 ②旋盤[ろくろ]にかけること

tournailler [turnaje] 自《話》あてもなく歩き回る

***tournant¹** [turnã トゥルナン] 男 曲がり角, カーブ; 転換期, 分岐点, 転機; 水車の車輪 ▶ **attendre ... au tournant**(人)に仕返しする機会をうかがう

tournant²(e) [turnã, -ãt] 形 回転の[旋回する]; 曲がりくねった, 迂回する ▶ **grève tournante** 波状スト[ストの業種を次々と変えていく]

tourné(e) [turne] 形 ①旋盤[ろくろ]で加工した ▶ **avoir l'esprit mal tourné** ひねくれた性格をしている **bien [mal] tourné** 表現の巧みな[下手な], 格好の良い[悪い] ②(ワイン・牛乳などが)酸っぱくなった

tournebouler [turnəbule] 他《話》動転させる

tournebroche [turnəbrɔʃ] 男 焼き串回転器

tourne-disque [turnədisk] 男 レコードプレーヤー

tournedos [turnədo] 男〔料〕トゥルヌド〔牛ヒレ肉の料理〕

***tournée** [turne トゥルネ] 女 ①出張; 巡回; 巡業 ▶ **faire la tournée de**(場所を)見てまわる **faire la tournée des grands-ducs** 派手に遊ぶ ②《話》(酒場での)おごり ③《話》めった打ち

tournemain [turnəmε̃] 成句での み] ▶ **en un tournemain**《文》またたく間に

***tourner** [turne トゥルネ] 自〔英 turn〕①回る, 回転する; まわりを巡る, 旋回する; まとい付く (autour de) ▶ **avoir la tête qui tourne** めまいがする **faire tourner le moteur** エンジンをかける **tourner autour de**（人）につきまとう **tourner autour du pot [sujet]** 遠回しに本論を探る **tourner bien [mal]** 順調[不調]である; 素行が良い[悪い] **tourner de l'œil** 目をまわす, 気を失う **tourner en rond** ぐるぐる回る; 堂々巡りをする; 暇である **tourner rond** うまく運ぶ, tourner 2 ②曲がる; 方向を変える ▶ **tourner à gauche (droite)**［左/右]に曲がる ③変わる, なる (à, en); (牛乳・ワインなどが)酸っぱくなる ▶ **tourner au drame [tragique]**（物事が）劇的に［悲劇的に］展開する ― 他 ①回す, 回転させる; かき混ぜる, かき回しまわる; 裏返す ▶ **tourner la page** ページをめくる; 過去と決別する; 話題を変える ②(ある方向へ)向ける; 向きを変える ▶ **tourner la tête à**（人）を酔わせる, 夢中にさせる **tourner le dos à** …に背を向ける, そっぽを向く ③(障害物などを)避けて通る, 回避する ④(映画などを)撮影する; (映画に)出る ― 代動 [se 〜] (ある方向を)向く; (…へ)向かう, 目指す (vers)

tournesol [turnəsɔl] 男〔植〕ヒマワリ

tourneur(se) [turnœr, -øz] 名 旋盤工（ろくろなどを回す人）

tournevis [turnəvis] 男 ねじ回し, ドライバー

tourniquer [turnike], **tournicoter** [turnikɔte] 自《話》(あてもなく)動き回る, うろつく

tourniquet [turnike] 男 ①回転ドア; 回転式入り口 ②スプリンクラー ③回転陳列台

tournis [turni] 男 ①（羊・牛の）旋回病 ②《話》めまい ▶ **donner le tournis à**（人）にめまいをさせる

tournoi [turnwa] 男 勝ち抜き戦, トーナメント; (中世の)馬上槍の試合

tournoiement [turnwamã] 男 旋回, 回転

tournoyant(e) [turnwajã, -ãt] 形 旋回する, 渦巻く

tournoyer [turnwaje] 自 45〔英 whirl〕くるくる回る, 渦巻く, 旋回する, 曲がりくねる

***tournure** [turnyr トゥルニュール] 女 なりゆき, 展開; (ものの)外観, 様子; 言い回し, 表現 ▶ **prendre tournure**（計画などが）形をとる **prendre une bonne [mauvaise] tournure**（状況が）好転する[悪化する] **tournure de phrase** その調子 **tournure d'esprit** ものの見方

tour-opérateur [turɔperatœr] 男（パックツアーを扱う）旅行業者

Tours [tur] トゥール【Indre-et-Loire

tourte [turt] 囡 ①(野菜・肉・果実入りの)パイ ②《話》頭の足りない人,ばか

tourteau¹ [turto] 男 (複 ～x) (果実・種子の)搾りかす【飼料・肥料用】

tourteau² [turto] 男 (複 ～x) 〖動〗イチョウガニ

tourtereau [turtəro] 男 (複 ～x) ①キジバトのひな ②(複)若い恋人同士

tourterelle [turtərɛl] 囡 〖鳥〗キジバト(雌鳩)

tourtière [turtjɛr] 囡 パイ焼きの型

tous [tu(s)] 形 [tout の男性複数形]

Toussaint [tusɛ̃] 囡 〖カト〗諸聖人の大祝日,万聖節【11月1日;墓参りをして霊を慰める習慣がある】

***tousser** [tuse トゥセ](英 cough) 自 咳をする;咳払いをする

tousseur(se) [tusœr, -øz] 图 咳をする人

toussotement [tusɔtmɑ̃] 男 軽い咳(払)

toussoter [tusɔte] 自 軽い咳(払い)をする

***tout(e)** [tu, tut トゥ(ト)] (男複 tous (複 toutes) 形 《不定》(英 all) ①〖tout (toutes) les...〗すべての,全部の; 〖tout (toute) le (la)...〗…全体,全一の;〖無冠詞名詞と共に〗…すべての,あらゆる ▶ **à toute heure** 時間に関係なく;昼夜を問わず **à toute vitesse** 〖話〗barre 全速力で **de toute façon** いずれにしても **tous les deux** 2人とも **tout ce que je sais** 私の知っていることは全部 **tout ceci (cela)** これ(あれ)全部 **tout le monde** みんな,全員 **toute la journée** 一日中 ②〖tout (toute) + un (une)...〗…全体,丸々 ▶ **manger tout un pain** パンを丸々一個食べる ③〖時間・距離〗〖tous (toutes) les...〗…ごとに ▶ **tous les deux ans** 2年毎に;1年おきに

— 代 《不定》(複 tous (toutes)) 〖tout〗 すべて(のもの);〖tous (toutes)〗 (話題に上った All ての)人(物);みんな,全員 ▶ **(à) tout casser** ものすごい;全力で **en tout** 全部で;全部で **Tout est bien qui finit bien.** (ことわざ)終わりよければすべてよし

— 副 全体,肝心なこと ▶ **pas du tout** 全然…

— 副 ①全く;とても ▶ **tout à coup** 突然 **tout à fait** そのとおり **tout à l'heure** ついさっき;のちほど **tout de même** やはり **tout de suite** すぐに;ただちに ②〖tout + ジェロンディフ〗…しながら;…ではあるが ▶ **tout en marchant (travaillant)** 歩きながら(仕事しながら) ③〖tout A que + 直接法/接続法〗Aではあるが,どんなにAでも **tout riche qu'il est** 彼は金持ちではあるが

tout-à-l'égout [tutalegu] 男 《不変》〖下水への〗汚水排水設備

***toutefois** [tutfwa トゥトフォワ] 副 (英 however) しかしながら,それでも

toute-puissance [tutpɥisɑ̃s] 囡 《不変》絶対権力;(神の)全能

tout-fou [tufu] 形 《男性形のみ》男 《話》興奮しやすい(人),半狂乱の(人)

toutim [tutim] 男 ▶ **et (tout) le toutim** 《俗》その他全部

toutou [tutu] 男 〖幼児〗わんちゃん ▶ **à la (en) peau de toutou** ずさんな,いい加減な **filer comme un toutou** いわれるままに従う

tout-Paris [tupari] 男 《不変》パリの名士たち

tout-petit [tup(ə)ti] 男 幼児,赤ん坊

tout(e)-puissant(e) [tupɥisɑ̃, tutpɥisɑ̃t] 形 (男複 ～s～s, 女複 ～es～es) 絶大な力をもった;(神が)全能の — 男 〖le T-P-〗 神

tout(-)terrain [tutɛrɛ̃] 形 《不変》どんな所でも走れる(車両),オフロードの(車両) ▶ **moto tout-terrain** オフロードバイク **vélo tout-terrain** マウンテンバイク

tout va. [tuva] 〖成句でのみ〗 ▶ **à tout-va** 際限なく,極端な

tout-venant [tuvnɑ̃] 男 《不変》そこらにいる人(あるもの)

toux [tu トゥー] 囡 咳(音)

toxémie [toksemi] 囡 〖医〗毒血症 ▶ **toxémie gravidique** 妊娠中毒症

toxémique [toksemik] 形 〖医〗毒血症の

toxicité [toksisite] 囡 毒性;致死量

toxico [toksiko] 形名 《話》= toxicomane

toxico- 接頭 (ギリ)「毒」の意

toxicodépendance [toksikodepɑ̃dɑ̃s] 囡 薬物依存

toxicodépendant(e) [toksikodepɑ̃dɑ̃, -ɑ̃t] 形 薬物依存症の(人)

toxicologie [toksikɔlɔʒi] 囡 毒物学

toxicologique [toksikɔlɔʒik] 形 毒物学の

toxicologue [toksikɔlɔg] 名 毒物学者

toxicomane [toksikɔman] 形名 麻薬中毒の患者)

toxicomaniaque [toksikɔmanjak] 形 麻薬中毒の

toxicomanie [toksikɔmani] 囡 〖医〗麻薬中毒

toxine [toksin] 囡 〖医〗毒素

***toxique** [toksik トクスィク] 形 有毒の,毒性のある — 男 毒物

toxoplasmose [toksɔplasmoz] 囡 〖医〗トキソプラズマ症【原虫による感染病】

TP (略) travaux pratiques (学生の)実習

trac [trak] 男 《話》(緊張で)あがること,

おじけ ▶avoir le trac おじけづく

traçabilité [trasabilite] 女 (販売・流通経路が)たどられること

traçage [trasaʒ] 男 作図, 線引き

traçant(e) [trasɑ̃, -ɑ̃t] 形 (根・茎が)はって(水に)浮く; 広がる ▶**balle traçante** 曳光(えいこう)弾

tracas [traka] 男 (複) 苦労, 心配

***tracasser** [trakase トラカセ] 他 心配させる, 悩ます ━ 代動 [**se ~**] 心配する, 気をもむ

tracasserie [trakasri] 女 (複) わずらわしさ, ささいな心配事

tracassier(ère) [trakasje, -ɛr] 形 名 うるさい(人), 口やかましい(人)

tracassin [trakasɛ̃] 男 (話) 心配な気持ち, 悩みの種

***trace** [tras トラース] 女 (英 track, trace) 足跡; 跡; 痕跡, 形跡; (心に刻まれた)印象; 名残 ▶**à la trace de** …の跡をたどって **être sur les traces de** …の跡をしっかりついている **marcher sur [suivre] les traces de** (人)の例にならう **perdre la trace de** …の跡を見失う **trace directe** [スキー] 直滑降

tracé [trase] 男 (文字・デッサンの)輪郭, 線; 図面, 設計図 ②川筋; 道筋; 海岸線

tracement [trasmɑ̃] 男 作図, 地取り

***tracer** [trase トラセ] 他 52 (線を)引く; (図形などを)描く; 線引きする; (道を)通す, 作る; (人に)示す (à) ━ ▶**tracer la voie [le chemin] à** (人)に手本を示す

traceur(se) [trasœr, -øz] 名 製図工, 線引工 ②追跡子, トレーサー

trachéal(ale) [trakeal] 形 (男複 -aux[-o]) [解] 気管の

trachée [traʃe] 女 [解] 気管

trachée-artère [traʃeartɛr] 女 (複 ~s~s) [古] = trachée

trachéite [trakeit] 女 [医] 気管炎

trachéobronchite [trakeɔbrɔ̃ʃit] 女 [医] 気管気管支炎

trachéotomie [trakeɔtɔmi] 女 [医] 気管切開(術)

trachome [trakom] 男 [医] トラコーマ (伝染性の目の疾患)

tract [trakt] 男 (〈英〉) ビラ, ちらし

tractable [traktabl] 形 牽引できる

tractation [traktasjɔ̃] 女 (複) (軽蔑的) 闇取引, 裏工作

tracté(e) [trakte] 形 [軍] 牽引車で引かれた

tracter[1] [trakte] 他 牽引する

tracter[2] [trakte] 自 ビラ配りをする

tracteur(trice) [traktœr, -tris] 形 牽引する ━ 男 トラクター, 牽引車

traction [traksjɔ̃] 女 ①ひっぱること, 牽引; (車の)動力; 前輪駆動車(~ avant) ▶**traction avant [arrière]** 前輪[後輪]駆動 ②(体操) 懸垂(する), 腕立て伏せ

tractoriste [traktɔrist] 名 トラクター運転手

trader [trɛdœr] 男 (〈英〉) (金融商品の)トレーダー

tradeur [trɛdœr] 男 = trader

***tradition** [tradisjɔ̃ トラディスィヨン] 女 (英 tradition) 伝統, 慣習, ならわし; 伝承, 言い伝え

traditionalisme [tradisjonalism] 男 伝統主義, 伝統への執着

traditionaliste [tradisjonalist] 形 名

***traditionnel(le)** [tradisjɔnɛl トラディスィヨネル] 形 伝統的な; 伝承に基づく; 習慣の, 慣例の

traditionnellement [tradisjɔnɛlmɑ̃] 副 伝統的に

***traducteur(trice)** [tradyktœr, -tris トラデュクトゥール=トリス] 名 翻訳家 ━ 男 [情報] 変換プログラム

***traduction** [tradyksjɔ̃ トラデュクスィヨン] 女 (英 translation) 翻訳; 訳書; [生] (遺伝情報の)翻訳 ▶**traduction automatique** [情報] 自動翻訳 ▶**traduction simultanée** 同時通訳

***traduire** [tradɥir トラデュイール] 他 15 (英 translate) ①翻訳する, 通訳する; 表現する, 言い表す; 示す ━ ▶**traduire ... en français [anglais]** …をフランス語[英語]に翻訳する ②(法) 召喚する ▶**traduire ... en justice** (人)を告訴[召喚]する ━ 代動 [**se ~**] 表現される, 現れる

traduisible [tradɥizibl] 形 翻訳可能な

Trafalgar [trafalgar] トラファルガール [スペインのジブラルタル海峡にある岬] ▶**coup de Trafalgar** [話] 不測のことでもない惨事 [1805年のトラファルガー海戦のフランス・スペイン連合軍の敗北から]

***trafic** [trafik トラフィク] 男 (英 traffic) ①不正取引, (特に麻薬の)密売 ▶**trafic d'armes** 武器の密売 **trafic de stupéfiants (drogue)** 麻薬の密売 **trafic d'influence** [法] 収賄(しゅうわい) ②交通量, 輸送(量)

traficoter [trafikɔte] 自 (話) 闇取引をする

trafiquant(e) [trafikɑ̃, -ɑ̃t] 名 密売人; 不正取引者

***trafiquer** [trafike トラフィケ] 自 不正取引[闇商売]をする; (…で)不当な利益を得る (de) ━ 他 ①(話) ひそかにする; たくらむ ②ごまかす, 不正をする ━ 代動 [**se ~**] (話) たくらむ, 企てる

***tragédie** [traʒedi トラジェディ] 女 (英 tragedy) 悲劇(作品); 悲劇的事件

tragédien(ne) [traʒedjɛ̃, -ɛn] 名 悲劇俳優

tragi-comédie [traʒikɔmedi] 女 悲喜劇; 悲喜こもごもの出来事(状況)

tragi-comique [traʒikɔmik] 形 悲喜劇的な

***tragique** [traʒik トラジク] 形 (英

tragique 悲劇の; 悲劇的な; 悲惨な — 男 悲劇; 悲劇作家; 悲惨さ ▶ *prendre ... au tragique* …を悲観的に取る *tourner au tragique* (状況が)悲劇的になる

tragiquement [traʒikmɑ̃] 副 悲劇的に

***trahir** [trair トライール] 他 33 (英 betray) ①裏切る, 背く; (ものが)人を捨てる ②暴露する, 表に出す (意味などを)曲げて伝える ▶ *[se ~]* (人が)本心を漏らす; (ものが)表れる

***trahison** [traizɔ̃ トライゾン] 女 (英 betrayal) 裏切り, 背信, 不貞; 歪曲

***train** [trɛ̃ トラン] 男 ①(英 train) 列車, 電車 ▶ *prendre le ~* 列車に乗る *train à grande vitesse* (フランスの)新幹線 [略 TGV] *train autocouchettes* カートレイン[車と旅客を運ぶ列車] *train corail* (フランスの)急行列車 *train d'atterrissage* (飛行機の)着陸装置 ②列, 行列 ③(装置などの)一式, ひと揃い ④(英 pace) 速度, ペース; (仕事などの)進み具合 ▶ *aller bon train* 大急ぎで行く *être en train* 調子がいい, 元気である *être en train de ...* …しているところである *mettre ... en train* …に着手する *train de vie* 暮らしぶり ⑤(獣の)半胴(ﾊﾝﾄﾞｳ); (馬)車台 ▶ *se manier le train* (話) 急ぐ

traînage [trɛnaʒ] 男 トロッコによる運搬

traînailler [trɛnaje] 自 = traînasser

traînant(e) [trɛnɑ̃, -ɑ̃t] 形 引きずる; だらだらした, 間のびした

traînard(e) [trɛnaʁ, -aʁd] 名 (行進などでの)落伍者; のろま, ぐず

traînasser [trɛnase] 自 (話) ぐずぐずする; うろつく

traîne [trɛn] 女 トレーン, 引きずり ▶ *à la traîne* 遅れた, 散らかった *pêche à la traîne* 地引き網漁

traîneau [trɛno] 男 (複 ~x) そり(橇)

traînée [trɛne] 女 ①細長く続く跡; 帯状のもの ▶ *se répandre comme une traînée de poudre* あっという間に広まる ②(話) 売春婦

traînement [trɛnmɑ̃] 男 (足などを)引きずること; (声を)長く伸ばすこと

traîne-misère [trɛnmizɛʁ] 男 (不変) 惨めな暮らしをしている人, 乞食

***traîner** [trɛne トレネ] 他 (英 drag) ①引っ張る; 引きずる ▶ *traîner ... dans la boue* (人を)くそみそに言う *traîner la jambe [patte]* 足を引きずる ②(無理に)連れて行く; (いつも)連れ[持ち]歩く; (つらいことに)耐える ③長引かせる, 引きのばす

— 自 ①ぐずぐずする; 遅れをとる; 長引く, 時間がかかる (= ~ en longueur); (声などが)長く伸びる; 引きずる, 下にたれる ②(雲などが)たなびく, 漂う ③散らばっている, (どこにでも)転がっている, 陳腐である ④うろつく

— 代動 *[se ~]* ①はう ②いやいや行く (痛この意味などをひきずる ③長引く ▶ *se traîner par terre* 地面[床]をはう

traîne-savate(s) [trɛnsavat] 男 (不変)(話) ただぶらぶらしている暇な人

traîne-semelle(s) [trɛnsəmɛl] 男 (話) = traîne-savates

traîneur(se) [trɛnœʁ, -øz] 名 ぶらぶらしている人, うろつく人

trainglot [trɛ̃glo] 男 = tringlot

training [trenɪŋ] 男 (< 英) ①(スポーツ)トレーニング ②トレーニングウェア

train(-)train [trɛ̃trɛ̃] 男 (不変) 単調な繰り返し

traire [trɛʁ] 他 72 (家畜の)乳をしぼる

***trait¹** [trɛ トレ] 男 ①(英 line) 線, 描線 (*les features*) (複) 顔だち, 表情; 表現の仕方, 筆致; 特徴, 特色 ▶ *à grands traits* おおまかに ▶ *avoir trait à ...* …と関係がある *d'un trait* 一気に, 一息に *tirer [faire, tracer] un trait sur ...* をあきらめる *trait pour trait* 正確に, 寸分違わずに *un trait de ...* を示す行為[言葉] ②(古) 発射物 ▶ *partir comme un trait* 突然立ち去る *trait de génie* 天才のひらめき *trait de rayon* (突然の)光線 ▶ *cheval de trait* 輓(ﾊﾞﾝ)馬

trait²(e) [trɛ] traire の過去分詞

traitable [trɛtabl] 形 (文)(人が)扱いやすい, 従順な

traitant(e) [trɛtɑ̃, -ɑ̃t] 形 ①(医者が継続して)診察する ▶ *médecin traitant* 主治医 ②トリートメント効果のある

***trait d'union** [trɛdynjɔ̃ トレデュニオン] 男 (複 ~s ~) ①ハイフン, トレ・デュニオン [-] ②仲介役, 橋渡し

traite [trɛt] 女 ①乳しぼり ②(古) 行程, 道のり ▶ *d'une seule traite / tout d'une traite* 一気に, 休みなく ③手形 ④(奴隷などの)売買, 交易 ▶ *traite des blanches* (売春婦としての)白人女性売買 *traite des nègres [noirs]* 奴隷貿易

***traité** [trɛte トレテ] 男 ①(英 treaty) 条約 ▶ *traité de paix* 平和条約 ②概論, 論文

***traitement** [trɛtmɑ̃ トレトマン] 男 (英 treatment) ①待遇, 取り扱い ▶ *mauvais traitements* 虐待 *traitement de faveur* 特別待遇 ②治療; 処理, 加工 ▶ *être sous traitement* 治療を受けている *traitement antirouille* さび止め処理 *traitement de texte* ワープロ ③(公務員などの)給与

***traiter** [trɛte トレテ] (英 treat) 他 ①(人を)扱う ▶ *(軽蔑的に)* (人を…と)呼ばわりする *(de)* ▶ *traiter ... bien [mal, comme un chien]* (人)を丁重に[ぞんざいに, ひどく]扱う *traiter ... de*

traiteur *tous les noms* (人)をさんざん罵倒する ②(文)(ごちそうで)もてなす ③治療する; 処理する, 加工する ④(問題などを)取り上げる, 論じる; 交渉する ── 自 ①(人・書物などが…を)論じる (de) (…と交渉する (avec)

traiteur [tretœr] 男 仕出屋, 惣菜屋

***traître(sse)** [trɛtr, -rɛs トレトル(トレス)] 形 (英 treacherous) ①(…を)裏切る, 背いた (à) ②見かけによらず危険な, 油断のならない ▸ pas dire un **traître mot** 一言も口を開かない ── 名〖女性にも男性形が用いられることが多い〗裏切り者 ▸ **prendre ... en traître** (人)に卑劣な手を用いる

traîtreusement [trɛtrøzmɑ̃] 副 卑劣に, 陰険に

traîtrise [trɛtriz] 女 ①裏切り; 卑劣さ, 陰険さ ②(思わぬ)危険

trajectoire [traʒɛktwar] 女 軌道, 弾道

***trajet** [traʒɛ トラジェ] 男 (英 route, distance) 道のり, 行程; 旅程

tralala [tralala] 男 (話) 気取り ▸ **et tout le tralala** その他いろいろと

tram [tram] 男 = tramway

tramage [tramaʒ] 男 横糸を通すこと, 横糸を通した布地

trame [tram] 女 ①横糸;〖印〗網目スクリーン; (テレビの)コマ ②(ものごとの)骨組み, 大筋

tramer [trame] 他 ①横糸を織る (布地を)織る ②たくらむ, 企ての指の物── 代動 [se ~] たくらまれる, 企てられる

tramontane [tramɔ̃tan] 女 (< イ)(アルプス・ピレネー山脈から吹く)北西風

trampoline [trɑ̃pɔlin] 女 (英 スポーツ) トランポリン

tramway [tramwɛ] 男 (< 英) 路面電車

tranchant(e) [trɑ̃ʃɑ̃, -ɑ̃t] 形 よく切れる, 鋭利な; 断定的な, きっぱりした ── 男 刃; 톚を開いたときの)小指の側; (非難などの)断定的な調子 ▸ **à double tranchant** 両刃の; (議論などが)諸刃の剣となる

***tranche** [trɑ̃ʃ トランシュ] 女 (英 slice) 薄切り (= ~ fine); 1切れ; (書籍の裁断した)縁; 切断面; 区切り, 区分; (税などの分割払いの)1回分 ▸ **couper en tranches** 薄切りにする **s'en payer une tranche** (話) 大いに楽しむ **tranche d'âge** 年齢区分 **tranche de vie** 人生の一断面 **tranche épaisse** 厚切り **tranche horaire** 時間帯

tranché(e) [trɑ̃ʃe] 形 (< trancher) はっきりした, 際立った

tranchée [trɑ̃ʃe] 女 溝, 堀; 塹壕(ざんごう) ▸ **tranchée pare-feu** 防(火)災用林道

tranche-montagne [trɑ̃ʃmɔ̃taɲ] 男〖文·古〗大ぼら吹き

***trancher** [trɑ̃ʃe トランシェ] 他 (英 cut) 切断する, 断ち切る; (問題などの)決着をつける ▸ **trancher la tête à** (人)の首をはねる ── 自 ①(人が…において)決断を下す (sur) ②(…と対照をなす (sur, avec)

tranchet [trɑ̃ʃɛ] 男 (革などを切る)ナイフ

trancheuse [trɑ̃ʃøz] 女 (薄板を作る)製材機; (ハムの)スライサー

tranchoir [trɑ̃ʃwar] 男 肉切り台; (チーズ切り用の)まな板

***tranquille** [trɑ̃kil トランキル] 形 ①(英 quiet, tranquil) 静かな, 穏やかな; (人が)静穏かな ②安心した, 安らかな ▸ **être tranquille** (que + 直説法) (話) (…について)確信している **laisser ... tranquille** …にかまわない, そっとしておく

tranquillement [trɑ̃kilmɑ̃ トランキルマン] 副 静かに, 穏やかに; 安心して, 落ち着いて

tranquillisant(e) [trɑ̃kilizɑ̃, -ɑ̃t] 形 安心させる ── 男 精神安定剤

tranquilliser [trɑ̃kilize] 他 安心させる, 神経を鎮める ── 代動 [se ~] 安心する

***tranquillité** [trɑ̃kilite トランキリテ] 女 静けさ, 平穏; 安心, 落ち着き, 安定, 秩序 ▸ **en toute tranquillité** すっかり安心して **tranquillité d'esprit** 心の平安

trans- 接頭 (< ラ)「横切って」「越えて」の意

transaction [trɑ̃zaksjɔ̃] 女 ①和解; 〖法〗示談 ②〖経〗商取引, (株の)売買

transactionnel(le) [trɑ̃zaksjɔnɛl] 形 ①和解(示談)の, 妥協的な ②▸ **analyse transactionnelle** 〖心〗交流分析

transafricain(e) [trɑ̃safrikɛ̃, -ɛn] 形 アフリカ縦断の

transalpin(e) [trɑ̃zalpɛ̃, -in] 形 アルプス山脈のかなたの; イタリアの

transat¹ [trɑ̃zat] 男 (布製の折り畳み式)デッキチェア

transat² [trɑ̃zat] 女 大西洋横断ヨットレース

transatlantique [trɑ̃zatlɑ̃tik] 形 大西洋を横断する, 大西洋のかなたの ── 男 ①大西洋横断定期船 ②(布製の折りたたみ式イス (= transat¹) ③ 女 大西洋横断ヨットレース (= course ~) (= transat²)

transbahuter [trɑ̃sbayte] 他 (話) 移す, 運ぶ

transbordement [trɑ̃sbɔrdəmɑ̃] 男 積み換え, 乗り換え

transborder [trɑ̃sbɔrde] 他 乗り換えさせる, 積み換える

transbordeur [trɑ̃sbɔrdœr] 男 ①運搬橋【人や貨物を運搬する装置】 ②連絡船 (= navire ~)

transcendance [trɑ̃sɑ̃dɑ̃s] 女

transcendant(e) [trɑ̃sɑ̃dɑ̃, -ɑ̃t] 形 〔哲〕超越性の;超越性,優越性

transcendant(e) [trɑ̃sɑ̃dɑ̃, -ɑ̃t] 形 卓越した,ずば抜けた;〔哲・数〕超越的な

transcendantal(ale) [trɑ̃sɑ̃dɑ̃tal-] 形 (男複 -aux[-o]) 先験的な,超越的な

transcender [trɑ̃sɑ̃de] 他 超越する,乗り越える ━ 代動 [se ~] 自己を超越する

transcodage [trɑ̃skɔdaʒ] 男 〔情報〕コード変換

transcoder [trɑ̃skɔde] 他 〔情報〕コード変換する

transcodeur [trɑ̃skɔdœr] 男 〔テレビの〕方式変換装置;〔情報〕コード変換装置

transcontinental(ale) [trɑ̃skɔ̃tinɑ̃tal] 形 (男複 -aux[-o]) 大陸横断の

***transcription** [trɑ̃skripsjɔ̃] 女 トランスクリプション ①書き写すこと,書き写したもの;編曲(した曲) ②〔法〕登録,登記

transcrire [trɑ̃skrir] 他 26 ①書き写す,転写する;書き換える;(他の楽器用に)編曲する ②登録[登記]する

transculturel(le) [trɑ̃skyltyrɛl] 形 異文化間の

transcutané(e) [trɑ̃skytane] 形 (感冒・投薬などが)皮膚を通じての

transdermique [trɑ̃sdɛrmik] 形 (不変) = transcutané

transducteur [trɑ̃sdyktœr] 男 変換器,トランスデューサー

transduction [trɑ̃sdyksjɔ̃] 女 〔生〕形質導入

transe [trɑ̃s] 女 ①(複)(極度の)不安,恐れ ②失神状態,トランス状態 ▶ *être* [*entrer*] *en transe* 大変興奮している;トランス状態にある[なる]

transept [trɑ̃sɛpt] 男 〔建〕(教会の)翼廊,交差廊

transfèrement [trɑ̃sfɛrmɑ̃] 男 〔法〕(囚人などの)移送,護送

transférer [trɑ̃sfere] 他 57 ①移す,移転させる;(精医)転移する ②〔法〕名義をきかえる,譲渡する

transfert [trɑ̃sfɛr] 男 ①移すこと,移転,移動;(精医)(感情転移) ▶ *transfert d'appel* (電話の)自動転送 ②〔法〕名義変更,譲渡 ③〔スポーツ〕移籍

transfiguration [trɑ̃sfigyrasjɔ̃] 女 (人の)表情 外見の)大きな変化,変貌

transfigurer [trɑ̃sfigyre] 他 (外見を)変貌[変容]させる;(人の)顔を輝かせる,美化する

transfo [trɑ̃sfo] 男 〔電〕〔話〕変圧器,トランス

transformable [trɑ̃sfɔrmabl] 形 形を変えられる

transformateur(trice) [trɑ̃sfɔrmatœr] 形 変換する,形を変える ━ 男 〔電〕変圧器,トランス

***transformation** [trɑ̃sfɔrmasjɔ̃] 女 変化,変形;改造;(数・物)変換,転移;〔電〕変圧;〔ラグビー〕コンバート

transformationnel(le) [trɑ̃sfɔrmasjɔnɛl] 形 〔言〕変形の

***transformer** [trɑ̃sfɔrme トランスフォルメ] 他 (英 transform) (…に)変える (en) ━ 代動 [se ~] (…に)変わる (en)

transformisme [trɑ̃sfɔrmism] 男 〔生〕生物変移説

transformiste [trɑ̃sfɔrmist] 形 名 変移説の(人)

transfrontalier(ère) [trɑ̃sfrɔ̃taljɛ, -ɛr] 形 国境にまたがる,国境を横切る

transfuge [trɑ̃sfyʒ] 男 脱走兵,投降兵 ━ 名 転向者,裏切り者

transfuser [trɑ̃sfyze] 他 輸血する

transfusion [trɑ̃sfyzjɔ̃] 女 輸血(= ~ sanguine)

transgenèse [trɑ̃sʒənɛz] 女 遺伝子組み換え

transgénique [trɑ̃sʒenik] 形 遺伝子組み換えの

transgresser [trɑ̃sgrese] 他 背く,違反する

transgression [trɑ̃sgresjɔ̃] 女 違反

transhumance [trɑ̃zymɑ̃s] 女 移牧【夏にアルプス山地で放牧する】

transhumant(e) [trɑ̃zymɑ̃, -ɑ̃t] 形 (ヒツジなどが)移牧される

transhumer [trɑ̃zyme] 自 (ヒツジの群れが)移牧される

transi(e) [trɑ̃zi] 形 (< transir) 凍えた,ぞくぞくした

transiger [trɑ̃ziʒe] 自 40 和解する;(…に)妥協する (sur, avec);(義務や道徳などを)ないがしろにする ▶ *transiger avec sa conscience* 良心をごまかす

transir [trɑ̃zir] 他 33 〔文〕凍えさせる,ぞっとさせる ━ 自 《文・古》(心が)凍える

transistor [trɑ̃zistɔr] 男 (< 英) トランジスター(ラジオ)

transistoriser [trɑ̃zistɔrize] 他 トランジスター化する

transit [trɑ̃zit] 男 トランジット【目的地へ行く途中で空港に寄港すること】;(免,税)通過 ▶ *en transit* トランジットでの *transit baryté* バリウムによる胃腸レントゲン検査 *transit intestinal* (真の)腸内の通過

transitaire [trɑ̃zitɛr] 形 免税通過の ━ 名 免税通過貨物取扱業者

transiter [trɑ̃zite] 他 免税通過させる ━ 自 免税通過する;(…を)トランジットで通過する (par)

transitif(ive) [trɑ̃zitif, -iv] 形 ①〔文法〕他動的な ②〔数・論〕推移的な ━ 男 他動詞

transition [trɑ̃zisjɔ̃] 女 推移,移行;

transitivement [trɑ̃zitivmɑ̃] 副 〖文法〗他動詞的に

transitivité [trɑ̃zitivite] 女 〖言〗他動性

transitoire [trɑ̃zitwar] 形 過渡的な;つかの間の,はかない

translatif(ve) [trɑ̃slatif, -iv] 形 〖法〗(所有権の)移転を示す

translation [trɑ̃slasjɔ̃] 女 ①〖法〗移転,譲渡 ②〖物・数〗平行移動

translittération [trɑ̃sliterasjɔ̃] 女 〖言〗翻字法[ロシア文字をローマ字綴りにするなど]

translocation [trɑ̃slɔkasjɔ̃] 女 〖生〗(染色体の)転座

translucide [trɑ̃slysid] 形 半透明の

translucidité [trɑ̃slysidite] 女 半透明

transmetteur [trɑ̃smɛtœr] 男 送信機,送話器;通信員

***transmettre** [trɑ̃smɛtr トランスメトル] 他 41 (英 transmit) 伝える;渡す;移す ▶ *transmettre A à B* B に A を伝える; A (病気など) を B (人) に移す *Veuillez transmettre mes amitiés à* … によろしくお伝え下さい ── 代動 [se ~] 伝わる;伝染する

transmigration [trɑ̃smigrasjɔ̃] 女 〖宗〗転生;輪廻

transmigrer [trɑ̃smigre] 自 〖宗〗(魂が他の肉体に)乗り移る

transmissibilité [trɑ̃smisibilite] 女 伝達[伝染・譲渡]の可能性

transmissible [trɑ̃smisibl] 形 伝えられる;譲渡可能の;伝染する

***transmission** [trɑ̃smisjɔ̃ トランスミスィヨン] 女 伝えること,伝達;伝染;遺伝,放送,通信;〖機〗伝動(装置) ▶ *transmission des pouvoirs* (後任者への)権限の移譲

transmuable [trɑ̃smɥabl] 形 変質されうる

transmuer [trɑ̃smɥe] 他 変質させる;変換する ── 代動 [se ~] 変質する

transmutable [trɑ̃smytabl] 形 = transmuable

transmutation [trɑ̃smytasjɔ̃] 女 ①(物質の)変質,変換,転換 ②〖文〗変貌

transmuter [trɑ̃smyte] 他 = transmuer

transnational(ale) [trɑ̃snasjɔnal] 形 (男複 -aux [-o]) 国家を越えた;多国籍の

transocéanique [trɑ̃zɔseanik] 形 大洋[大西洋]横断の;大洋の向こうにある

transparaître [trɑ̃sparɛtr] 自 47 透けて見える

***transparence** [trɑ̃sparɑ̃s トランスパランス] 女 透明さ,透けて見えること;透明性;明晰 明白さ ▶ *par transparence* 透けて

***transparent(e)** [trɑ̃sparɑ̃, -ɑ̃t トランスパラン(ト)] 形 ①透明の,透き通った ②明白な,わかりやすい;見え透いた ── 男 透明のシート; (OHP の)透明資料

transpercer [trɑ̃sperse] 他 52 貫く;(雨などが)しみ通る;(心を)さいなむ

transpiration [trɑ̃spirasjɔ̃] 女 発汗;汗

transpirer [trɑ̃spire トランスピレ] 自 ①汗をかく;〖話〗(…に)悪戦苦闘する (sur) ②〖文〗(秘密などが)発覚する,明るみに出る

transplant [trɑ̃splɑ̃] 男 〖生〗移植組織[臓器]

transplantable [trɑ̃splɑ̃tabl] 形 移植可能な

transplantation [trɑ̃splɑ̃tasjɔ̃] 女 ①(植物・臓器の)移植 ②(人・動物の)移住,移植

transplanté(e) [trɑ̃splɑ̃te] 形 (< transplanter) ①臓器移植を受けた ②移住させられた ── 名 ①臓器移植を受けた人 ②移民,移住者

transplanter [trɑ̃splɑ̃te] 他 ①(植物を)植え替える;(臓器・組織を)移植する ②(人を)移住[移植]させる ── 代動 [se ~] 移住する

***transport** [trɑ̃spɔr トランスポール] 男 ①輸送,運送;運賃,送料,交通費(= frais de ~); 交通機関,輸送手段 ▶ *transport aérien* 航空輸送 *transport ferroviaire* 鉄道輸送 *transport maritime* 海上輸送 *transports publics* [*en commun*] 公共交通機関 ②〖文〗熱狂,激情

transportable [trɑ̃spɔrtabl] 形 運搬可能な,移すことができる

transporté(e) [trɑ̃spɔrte] 形 (< transporter) (…で)興奮した,有頂天になった (de)

transporter [trɑ̃spɔrte トランスポルテ] 他 (英 carry, transport) ①運ぶ,輸送する,運搬する;移動させる,移しかえる ②(…で)熱狂[興奮]させる (de) ── 代動 [se ~] 赴く,行く;(想像によって)身を置く

transporteur(se) [trɑ̃spɔrtœr] 形 運搬する ── 名 運送業者 ▶ *porteur maritime* 海運会社 *transporteur routier* 陸運会社

transposable [trɑ̃spozabl] 形 順序を変えられる;〖楽〗移調できる

transposer [trɑ̃spoze] 他 順序を変える;移し替える;〖楽〗移調する

transposition [trɑ̃spozisjɔ̃] 女 (位置・順序の)置き換え,移し替え;〖楽〗移調(した曲)

transsaharien(ne) [trɑ̃ssaarjɛ̃, -ɛn] 形 サハラ砂漠横断の

transsexualisme [trãssɛksyalism] 男 変性症, 性同一性障害

transsexuel(le) [trãssɛksyɛl] 形 変性症の(人), 性同一性障害の(人); 性転換の(人)

transsibérien(ne) [trãssiberjɛ̃, -ɛn] 形 シベリア横断の —— 男 [T-] シベリア横断鉄道

transsubstantiation [trãssypstãsjasjɔ̃] 女 変質; 《カト》実体変化【パンとぶどう酒がキリストの肉と血となること】

transsudat [trã(s)syda] 男 《医》滲(ﾞ)出液

transsudation [trã(s)sydasjɔ̃] 女 滲(ﾞ)出; 《医》滲(ﾞ)出液

transsuder [trã(s)syde] 自 滲(ﾞ)み出す; 《医》滲(ﾞ)出する —— 他 滲み出させる

transvasement [trãsvazmã] 男 移し替え

transvaser [trãsvaze] 他 (液体などを)移し替える

transversal(ale) [trãsvɛrsal] 形 (男複 -aux[-o]) 横切る, 横断の; 道を越えた ► *rue transversale* (幹線道路への)交差道路 —— 女 (鉄道・道路の)幹線

transversalement [trãsvɛrsalmã] 副 横に, 水平に; 横断して

transverse [trãsvɛrs] 形 《解》横の

trapèze [trapɛz] 男 ① 台形 ② (空中)ぶらんこ ③ 《解》僧帽筋

trapéziste [trapezist] 名 空中ぶらんこ乗り

trapézoïdal(ale) [trapezɔidal] 形 (男複 -aux[-o]) 台形の

Trappe [trap] 女 [la ～] トラピスト会【キリスト教の修道会】

trappe [trap] 女 ① (床・天井の)揚げ戸, 上げぶた; (狩猟用の)落とし穴, わな ► *passer à la trappe* 忘れ去られる

trappeur [trapœr] 男 (く英) (特に北米の)毛皮をとる猟師

trappiste [trapist] 男 トラピスト会修道士

trappistine [trapistin] 女 ① トラピスト会修道女 ② トラピスティヌ【トラピスト会修道士の酒】

trapu(e) [trapy] 形 ① 低くてどっしりした, ずんぐりした ② 《話》(ある科目が)よくできる ③ 《話》(問題などが)むずかしい

traque [trak] 女 (獲物の)狩り出し; 《話》(人の)追跡

traquenard [traknar] 男 罠(ﾜ)な, 落とし穴 ► *tomber dans un traquenard* 罠にかかる

traquer [trake] 他 (獲物・人を)追い回す, 追い詰める

trauma [troma] 男 (＜traumatisme) ① 《医》外傷性障害 ② 《心》トラウマ, 心的外傷

traumatique [tromatik] 形 外傷性の

traumatisant(e) [tromatizã, -ãt] 形 (心的)外傷を与える

*****traumatiser** [tromatize] 他 トラウマティゼ(心的)外傷をつける; 心的外傷を与える

traumatisme [tromatism] 男 ① 《医》外傷性障害 ► *traumatisme crânien* 頭部外傷 ② 《心》心的外傷; (一般に)精神的な衝撃

traumatologie [tromatɔlɔʒi] 女 外傷学, 災害外科学

*****travail**[1] [travaj トラヴァイユ] 男 (複 -aux[-o] 〈英 work〉) ① 仕事, 労働; 勉強; 練習, 訓練; 職, 職業; 勤め口; 職場; 労働;《集合的》労働者;《複》工事, 土木工事;《複》(特定の領域での)作業, 仕事;《複》研究(論文), 業績;《複》審議, 討議; 加工, 細工の物; 作品; 仕事ぶり; 出来栄え, 仕上がり ► *avoir du travail* 仕事がある *travail au noir* 不法労働 *travail primaire* 派遣労働 *travail précaire* 不安定雇用 *travaux d'approche* 準備作業 *travaux dirigés* (講義の)演習 [略 TD] *travaux forcés* (昔の)強制労働 *travaux manuels* 手工芸 *travaux ménagers* 家事(労働) *travaux pratiques* (学生の)実習 [略 TP] *travaux publics* 公共工事 ② 機能, 働き; 作用; (物の)変形[変質]

travail[2] [travaj] 男 (複 -ails) (家畜につける)枠組

travaillé(e) [travaje] 形 (＜travailler) 細工[加工]された, 練られた

*****travailler** [travaje トラヴァイエ] 自 〈英 work〉① 働く, 仕事をする; 勉強する; 勤めている, 勤務する; 練習する, 訓練する; (…することに)励む, 努力する(à) ► *travailler à temps partiel* パートで働く *travailler chez Renault [dans un bureau]* ルノー[会社]で働く *travailler du chapeau* 《話》頭がおかしい ② 動く, 作動する, 操業する; (物が)作用する, 活動する, 働く; 変質する —— 他 ① 勉強する; 練習する ► *travailler le chant [piano]* 歌[ピアノ]を練習する *travailler son anglais* 英語を勉強する ② 加工する, 細工する; (文章などを)練る, 推敲(ｽｳｺｳ)する ③ (人に)影響を与える, 扇動する ④ 悩ませる, 苦しませる;《話》痛めつける ⑤ (ボールに)変化をつける

*****travailleur(se)** [travajœr, -øz トラヴァイユール(ズ)] 形 勤勉な, よく働く —— 名 ① 〈英 hard worker〉働く人, 働き手; 勉強する人 ② 労働者 ► *travailleur humilié* 移民労働者 *travailleur indépendant* 自営業者

travaillisme [travajism] 男 (英国の)労働党の政治的立場

travailliste [travajist] 形 名 (英国の)労働党の(党員) ► *Parti travailliste* 労働党

travailloter [travajɔte] 自 《話》軽く仕事をする

travaux [travo] 男《複》travail の複

数形

travée [trave] 囡 ①(いす・テーブルなどの)列 ②〖建〗梁⑴間, スパン

traveller [travlœr] 男 (不変) = traveller's check

traveller's check, traveller's chèque [travlœrsʃɛk] 男 (<英〉 トラベラーズチェック

travelling [travliŋ] 男 (<英〉〖映〗移動撮影(装置)

travelo [travlo] 男 〖話〗女装したゲイ

*‡**travers**[1] [traver トラヴェール] 男 〖成句でのみ〗 ► **à travers** (...) (…)の通り抜けて **à travers champs** 野原を通って **voir... à travers la vitre** ガラス越しに…を見る ② ► **au travers** (**de ...**) …を通して **passer au travers** 通り抜ける; すり抜ける ③ ► **avaler de travers** (気管に入って)むせる **comprendre ... de travers** …を曲解する **de travers** 斜めに; 間違った方向に **regarder ... de travers** (人)を横目でにらむ ④ ► **en travers** 横に交差して (de)

travers[2] [traver] 男 ①ちょっとした欠点, 奇癖 ② ► **travers de porc** 〖料〗(豚の)スペアリブ

traversable [traversabl] 形 渡れる, 横断できる

traverse [travers] 囡 ①(鉄道の)枕木; (窓などの)横木 ②(複)試練, 障害 ③ ► **chemin de traverse** 近道, 抜け道

traversée [traverse] 囡 (海・川などの)横断; 通り抜け

*‡**traverser** [traverse トラヴェルセ] 他 (英 cross, go through) ①(…を)横切る, 通り抜ける; (ものが…を)貫通する; (時期・危機を)通り過ぎる; (時代を)生き延びる; (考えが…を)よぎる

traversier [traversje] 男 〖ケベック〗連絡船

traversière [traversjer] 形 (女性形のみ) ► **flûte traversière** フルート

traversin [traversẽ] 男 (ベッドの)長枕

travertin [traverte] 男 (<イ)〖鉱〗トラバーチン〖装飾にも用いられる石灰岩〗

travesti(e) [travesti] 形 (<英 travestir) 変装した, 仮装した ► **bal travesti** 仮面舞踏会 —— 男 ①仮面舞踏会用の衣装 ②女役(の男)

travestir [travestir] 他 33 ①(考えなどを)ゆがめる, ねじ曲げる ②(… を)〖仮装〗させる ——[代動][se ~] 変装する

travestisme [travestism] 男 〖精医〗異性装症

travestissement [travestismã] 男 ①(事実などの)歪曲; パロディー化 ②変装, 仮装

traviole [travjol] 囡 ► **de traviole** 〖話〗斜めに

trayeuse [trɛjøz] 囡 搾乳器

trayon [trɛjɔ̃] 男 (雌牛・雌ヤギなどの)乳首

trébuchant(e) [trebyʃã, -ãt] 形 よろめく; つかえつかえの

trébucher [trebyʃe] 自 (…に)つまずく, よろよろする (contre, sur); 困難になる, 立ち止まる (sur)

trébuchet [trebyʃɛ] 男 ①(小鳥の)わな ②天秤

tréfilage [trefilaʒ] 男 針金製造

tréfiler [trefile] 他 針金にする

tréfilerie [trefilri] 囡 針金工場

trèfle [trɛfl] 男 ①〖植〗クローバー ②〖トランプ〗クラブ ③〖話・古〗タバコ; お金

tréfonds [trefɔ̃] 男 〖文〗奥底, 深奥

treillage [trejaʒ] 男 格子組み

treillager [trejaʒe] 他 40 格子〖金網〗をつける

treille [trej] 囡 壁・塀などを這うブドウの木; ブドウ棚

treillis [treji] 男 ①格子, 金網 ②作業服; 戦闘服

*‡**treize** [trɛz トレーズ] 形 (不変)(英 thirteen) 13の; 13番目の —— 男 (不変) 13; 13日, 13番地 ► **treize à la douzaine** 12個の値段で13個; 〖話〗多過ぎる

treizième [trɛzjɛm] 形 13番目の ► **treizième mois** ボーナス〖年1回出る1か月分の給料〗 —— 名 ①13番目の人〖もの〗 —— 男 ①13分の1 ②(パリの)13区

treizièmement [trɛzjɛmmã] 副 13番目に

trekkeur(se) [trekœr, -øz] 名 トレッキングをする人

trekking [trekiŋ] 男 (<英〉 トレッキング

tréma [trema トレマ] 男 トレマ〖綴り字記号; Noël の¨〗

tremblant(e) [trãblã, -ãt] 形 震える, 揺れる

tremble [trãbl] 男 〖植〗ヤマナラシ

tremblé(e) [trãble] 形 (< trembler) 震えた

*‡**tremblement** [trãbləmã トランブルマン] (英 tremble) 震え, 震動; 揺れ ► **et tout le tremblement** 〖話〗その他もろもろ **tremblement de terre** 地震

*‡**trembler** [trãble トランブレ] 自 (英 tremble) ①震える; 震動する, 揺れる ②(…のことを)ひどく心配する (pour); (…しないか)おびえる (de)

tremblotant(e) [trãblɔtã, -ãt] 形 かすかに震える, ゆれる

tremblote [trãblɔt] 囡 ► **avoir la tremblote** 〖話〗震える

tremblotement [trãblɔtmã] 男 かすかな震え

trembloter [trãblɔte] 自 かすかに震える

trémie [tremi] 囡 ホッパー【コンクリートなどを流すためのじょうご形の装置】

trémière [tremjɛr] 形《女性形のみ》▶ **rose trémière**【植】タチアオイ(立葵)

trémolo [tremolo] 男〈イ〉【楽】トレモロ；(主に感情による)声の震え ▶ **avoir des trémolos dans la voix** (感動で)声が震えている

tremoussement [tremusmɑ̃] 男 小刻みに体を揺すること

trémousser [tremuse] 代動 (se ~) 小刻みに体をゆする

trempage [trɑ̃paʒ] 男 (水などに)浸すこと；(印刷前の紙の)加湿

trempe [trɑ̃p] 囡 ①(金属の)焼き入れ ▶ **de sa trempe** (人が)芯が強い ②〈話〉めった打ち

trempé(e) [trɑ̃pe] 形 ①ぬれた，浸した ▶ **être trempé jusqu'aux os** [**comme une soupe**] ずぶぬれである ②(金属が)焼き入れをした；(性格が)鍛えられた

***tremper** [trɑ̃pe] 他動 トランペ〈英 soak〉①浸す，つける；ぬらす ②(金属に)焼きを入れる；(人を)鍛える ── 自 ①(ものが液体に)浸かる 《dans》 ▶ **faire tremper** 浸しておく ②(人が悪事に)加担する，加わる 《dans》 ── 代動 (se ~) さっと水に浸る

trempette [trɑ̃pɛt] 囡 ▶ **faire trempette** さっと水浴び[入浴]する；パン角砂糖を飲み物に浸す

tremplin [trɑ̃plɛ̃] 男 (体操場・飛び込みの)踏み切り台，スプリングボード；(スキーの)ジャンプ台；(目的への)踏み台

trench-coat [trɛnʃkot] 男〈く英〉トレンチコート

***trentaine** [trɑ̃tɛn] 囡 トランテヌ〈英〉30；30歳ぐらい；30代 ▶ **avoir la trentaine** 30(歳)代である

‡**trente** [trɑ̃t] トラント 形《不変》〈英 thirty〉30の；30番目の ── 男《不変》①30；30日；30番地 ②(テニス)サーティー

trente-et-un [trɑ̃tœ̃] 形《不変》31の,31番目の ── 男《不変》31(番地) ▶ **être** [**se mettre**] **sur son trente-et-un**〈話〉一張羅を着ている，めかし込んでいる

trente-six [trɑ̃tsis] 形《不変》36の；36番目の ── 男《不変》36(番地) ▶ **tous les trente-six du mois**〈話〉非常にまれな

trente-sixième [trɑ̃tsizjɛm] 形 男 36番目(の) ▶ **être dans le trente sixième dessous**〈話〉落ち込んでいる，最悪の状況にいる

trente-trois [trɑ̃ttrwa] 形《不変》33の；33番目の ▶ **trente-trois tours** LP,33回転レコード ── 男《不変》33(番地)

trentième [trɑ̃tjɛm] 形〈英 thirtieth〉30番目の ── 名 30番目の人[もの] ── 男 30分の1

trépan [trepɑ̃] 男 削岩機；(頭蓋骨用の)穿孔(ᅟᅟᅟ)機

trépanation [trepanasjɔ̃] 囡〔外科〕穿孔法[術]

trépaner [trepane] 他動 (人に)開頭手術を行なう

trépas [trepa] 男〈文〉死,最期 ▶ **passer de vie à trépas** 死ぬ

trépassé(e) [trepɑse] 形〈文〉死んだ ── 名 死者,故人

trépasser [trepɑse] 自動〔助動詞 avoir または être〕〈文〉他界する

trépidant(e) [trepidɑ̃, -ɑ̃t] 形 小刻みに震える，テンポが速い；あわただしい

trépidation [trepidɑsjɔ̃] 囡 小刻みな震動；あわただしさ

trépider [trepide] 自動 小刻みに震える，震動する

trépied [trepje] 男 三脚(台)；三脚の机[いす]

trépignement [trepiɲmɑ̃] 男 足踏み，地団太

trépigner [trepiɲe] 自動 (怒りや喜びなどで)足を踏み鳴らす

tréponématose [treponematoz] 囡〔医〕トレポネマ症

tréponème [treponɛm] 男〔生〕トレポネマ〔梅毒の病原体〕

‡**très** [trɛ] トレ 副〈英 very, much〉非常に，とても，たいへん ▶ **Très bien.**(受け答えて)わかりました，大変結構です

***trésor** [trezɔr] トレゾール 男〈英 treasure〉①宝,財宝；貴重な人[もの]；《複》富, 大金, 遺金 ▶ **mon trésor**《呼びかけ》私の大事な人 ▶ **un [des] trésor(s) de...** 限りない…, 数多くの貴重な… ②[T-]国庫 (= T. public)

trésorerie [trezɔrri] 囡 国庫, 国の財政；(企業の)財源, 流動資本；経理

trésorier(ère) [trezɔrje, -ɛr] 名 経理係, 会計係, 出納係

trésorier-payeur [trezɔrjepejœr] 男《複 ~s-~s》▶ **trésorier-payeur général** 県財政部長

tressage [tresaʒ] 男 編むこと；編み方

tressaillement [tresajmɑ̃] 男 体を震わすこと, 身震い

tressaillir [tresajir] 自動 5 (喜び・恐怖などで)体を震わせる, 身震いする

tressautement [tresotmɑ̃] 男〈文〉身震い, (物の)急激な)震動

tressauter [tresote] 自動 (驚きなどで)飛び上がる；(車などが)激しく揺れる

tresse [trɛs] 囡 三つ編み；組みひも，編みひも ▶ **se faire des tresses** (髪を)三つ編みにする

tresser [trese] 他動 三つ編みにする；編んで作る

tréteau [treto] 男《複 ~x》(4本足の)脚台, 台架；《複》〈古〉(大道芝居の)演芸台, 小屋

treuil [trœj] 男 巻上げ機, ウインチ

treuillage [trœjaʒ] 男 (山の遭難者などを)

treuiller [trœje] 他 ウインチで上げる[下ろす] どの吊り上げ作業

trêve [trɛv] 女 休戦, 停戦; 休止, 中断 ▸ **trêve de** …はもうたくさんだ

tri [tri] 男 選別, 区分け; (郵便の)仕分け; [情報] ソート ▸ **faire le tri dans** …から選ぶ

tri- 接頭 (<ギ, ラ)「3」の意

triade [trijad] 女 3人[3つ]で1組のもの

triage [trijaʒ] 男 選別, えり分け — **gare de triage** 操車場

trial [trijal] 男 (<英) モトクロスレース

*__triangle__ [trijɑ̃gl] トリアングル 男 三角形; 三角形のもの; [楽] トライアングル — **triangle de signalisation** (自動車の)停止標示板 **triangle isocèle** 二等辺三角形 **triangle rectangle** 直角三角形

triangulaire [trijɑ̃gylɛr] 形 三角形の — 女 3つ巴の選挙(= élection ~)

triangulation [trijɑ̃gylasjɔ̃] 女 三角測量

trias [trijɑs] 男 [地] 三畳紀

triathlète [tri(j)atlɛt] 名 トライアスロンの選手

triathlon [trijatlɔ̃] 男 トライアスロン

triathlonien(ne) [tri(j)atlɔnjɛ̃, -ɛn] 名 = triathlète

tribade [tribad] 女 (文) 同性愛の女性

tribal(ale) [tribal] tribal (男複 -aux [-o]) 形

tribalisme [tribalism] 男 部族制(組織)

tribo- 接頭 (<ギ)「こする」の意

triboélectricité [triboelektrisite] 女 [物] 摩擦電気

triboélectrique [triboelektrik] 形 摩擦帯電の

tribomètre [tribometr] 男 摩擦摩耗試験機

tribord [tribɔr] 男 (<オランダ) [海] 右舷 ▸ **à tribord** 右舷に

tribu [triby] 女 部族, 種族; (話) 大家族

tribulation [tribylasjɔ̃] 女 (複) 苦い経験; (宗) 試練

tribun [tribœ̃] 男 ①(雄弁な)大衆扇動者 ②(古代ローマの)護民官

*__tribunal__ [tribynal] トリビュナル 男 (複 -aux [-o]) (英 court) 裁判所, 法廷; (集合的)裁判官; (文) 審判 ▸ **porter une affaire devant les tribunaux** ある事件を法廷に持ち込む **tribunal administratif** 地方行政裁判所 **tribunal correctionnel** 軽罪裁判所 **tribunal de commerce** 商事裁判所 **tribunal de grande instance** 大審裁判所 [略 TGI] **tribunal de police** 違警罪裁判所 **tribunal des conflits** 権限裁判所 **tribunal d'exception** 特別法廷 **tribunal d'instance** 小審裁判所 [略 TI] **tribunal pour enfants** 少年裁判所

tribune [tribyn] 女 ①演壇; 討論会 ▸ **tribune libre** 自由論壇 [新聞の寄稿欄; テレビの討論番組] ②階段席, 傍聴席, 観客席

tribut [triby] 男 貢ぎ物, 税, 年貢; (文) 犠牲 ▸ **payer le tribut du sang** 戦争に行く **payer tribut à la nature** (文) 死ぬ

tributaire [tribytɛr] 形 ①依存[従属]している; 属国の(de) ②(川が…に)注ぐ(de)

tricard(e) [trikar, -ard] 形名 (俗) 滞在禁止の(人)

tricentenaire [trisɑ̃tnɛr] 男 300年祭

tricéphale [trisefal] 形 3つの頭をもつ

triceps [trisɛps] 男 [解] 三頭筋 (= muscle ~)

triche [triʃ] 女 (話) いかさま, いんちき

*__tricher__ [triʃe] トリシェ 自 (英 cheat) いかさまをする; (…を)ごまかす(sur)

tricherie [triʃri] 女 いかさま; ごまかし

tricheur(se) [triʃœr, -øz] 形名 いかさまをする(人)

trichine [trikin] 女 [動] センモウチュウ(旋毛虫) [トリヒナ]

trichiné(e) [trikine] 形 [医] センモウチュウ(トリヒナ)の寄生した

trichinose [trikinoz] 女 [医] センモウチュウ(トリヒナ)症

trichloréthylène [triklɔretilɛn] 男 [化] トリクロロエチレン

tricho- 接頭 (<ギ)「毛」「髪」の意

trichocéphale [trikosefal] 男 [動] ベンチュウ(鞭虫)

trichocéphalose [trikosefaloz] 女 [医] ベンチュウ症

trichomonas [trikɔmɔnɑs] 男 [動] トリコモナス [ベンチュウ類の1属]

trichrome [trikrom] 形 3色版の

trichromie [trikrɔmi] 女 3色写真法

*__tricolore__ [trikɔlɔr] トリコロール 形 3色の; [スポーツ] フランスの ▸ **drapeau tricolore** 三色旗; [le ~] フランス国旗 [青・白・赤の三色] — 男 (複) [スポーツ] フランスチーム (= l'équipe ~)

tricorne [trikɔrn] 男 三角帽

*__tricot__ [triko] トリコ 男 (英 knitting) 編み物; セーター; ニット(製品) ▸ **faire du tricot** 編み物をする **tricot de corps** アンダーシャツ

tricotage [trikɔtaʒ] 男 編むこと; 編み物

tricoté(e) [trikɔte] 形 編んだ, ニットの

tricoter¹ [trikɔte] 自他 編む, 編み物をする

tricoter² [trikɔte] 自 (話) 急ぐ, 逃げ出す (= ~ des jambes)

tricoteur(se) [trikɔtœr, -øz] 名 編み物をする(人)

trictrac [triktrak] 男 トリックトラック【バックギャモンに似たすごろく】

tricycle [trisikl] 男 3輪車

tridactyle [tridaktil] 形 〔動〕3本指の

trident [tridɑ̃] 男 三つまたの熊手[やす]

tridimensionnel(le) [tridimɑ̃sjɔnɛl] 形 3次元の, 立体の

trièdre [tri(j)ɛdr] 形 〔数〕三面の 　—— 男 三面体

triennal(ale) [trienal] 形 (男 複 -aux[-o]) 3年間の, 3年目ごとの

*__trier__ [trije トリエ] 他 (英 sort out) より分ける；選別する, 区分けする, 分類する ▸ *trier sur le volet* 厳選する

trière [trijɛr] 女 〔古代ギリシアの〕3段オールのガレー船

trieur(se) [trijœːr, -øz] 名 区分け係, 選別工 —— 男 〔穀物などの〕選別機 —— 女 分類機, ソーター

trifide [trifid] 形 〔動・植〕三つに分裂した

trifolié(e) [trifolje] 形 〔植〕〔葉が〕三小葉の

triforium [triforjom] 男 〔建〕トリフォリウム【教会側廊上部のアーチと高窓との中間部分】

trifouiller [trifuje] 《話》 他 かき回す, いじくり回す —— 自 (…を)かき回す (dans)

triglycéride [trigliserid] 男 〔化〕トリグリセリド

triglyphe [triglif] 男 〔建〕〔ドーリア式建物の〕トリグリフ, 三条縦筋模様

trigone [trigon] 形 三角の

trigonométrie [trigonometri] 女 〔数〕三角法

trigonométrique [trigonometrik] 形 三角法の

trijumeau [triʒymo] 男 (複 -x) 〔解〕三叉(⁼)神経 (=nerf ~)

trilatéral(ale) [trilateral] 形 (男 複 -aux[-o]) 三者による；《古》三辺の

trilingue [trilɛ̃ɡ] 形 3か国語を話す［で書かれた］

trille [trij] 男 (<イ) 〔楽〕トリル, 顫音(な)

triller [trije] 他 トリルで演奏する —— 自 〔鳥(%)が〕さえずる

trillion [triljɔ̃] 男 ①100京 [10¹⁸] ②《古》1兆 [10¹², 1947年まで用いられた]

trilobé(e) [trilɔbe] 形 〔植〕〔華が〕三裂状の；〔建〕三葉飾りの

trilobites [trilɔbit] 男 (複) 〔古生〕三葉虫

trilogie [trilɔʒi] 女 3部作；3つで一組のもの

trimaran [trimarɑ̃] 男 トリマラン船【船体の3つある競争用ヨット】

trimard [trimar] 男 《俗・古》道

trimarder [trimarde] 自 《俗・古》ぶらぶらと道を進む, 放浪する —— 他 《俗・古》運ぶ, 連れ歩く

trimardeur [trimardœːr] 男 《俗・古》放浪者

trimbal(l)er [trɛ̃bale] 他 《話》持ち歩く；連れ歩く ▸ *Qu'est-ce qu'il trimballe!* 《話》あいつは大ばかだ 　—— [代動] [se ~] 《話》動き回る

trimer [trime] 自 あくせく働く

*__trimestre__ [trimɛstr トリメストル] 男 (英 quarter) 3か月, 四半期；（フランスの）学期；（年金・家賃などの）3か月分 ▸ *par trimestre* 3か月ごとに *premier trimestre* 1学期【10月からクリスマスまで】 *second trimestre* 2学期【クリスマスから復活祭まで】 *troisième trimestre* 3学期【復活祭から夏休みまで】

trimestriel(le) [trimɛstrijɛl] 形 3か月間の；3か月ごとの

trimestriellement [trimɛstrijɛlmɑ̃] 副 3か月ごとに

trimoteur [trimotœːr] 男 〔空〕三発機

tringle [trɛ̃ɡl] 女 横木, 横棒；カーテンロッド (=~ à rideaux)

tringler [trɛ̃ɡle] 他 《俗》(女を)ものにする

tringlot [trɛ̃ɡlo] 男 輜重(ちょう)兵

trinité [trinite] 女 [la T-] 〔神〕三位一体；三位一体の祝日 ▸ *à Pâques ou à la Trinité* 決して…ない

Trinité-et-Tobago [triniteetɔbaɡo] 女 トリニダード・トバゴ【カリブ海の小アンティル諸島南部の共和国】

trinôme [trinom] 男 〔数〕三項式

trinquer [trɛ̃ke] 自 (<ド) ①乾杯する ▸ *trinquer à la santé de* (人)の健康を祈って乾杯する ②《話》迷惑[被害]を被る

trinquet [trɛ̃kɛ] 男 〔海〕前檣(ᵍょぅ) 〔船首の方にある帆柱〕

trio [trijo] 男 (<イ) ①3人組 ②〔楽〕3重奏[唱]曲；3重奏[唱]団

triode [trijod] 女 〔電〕3極真空管

triolet [trijɔlɛ] 男 〔楽〕3連(音)符

triomphal(ale) [trijɔ̃fal] 形 (男 複 -aux[-o]) 華々しい, 勝利の；熟狂的な；勝ち誇った

triomphalement [trijɔ̃falmɑ̃] 副 勝ち誇った様子で；華々しく

triomphalisme [trijɔ̃falism] 男 自信満満 勝ち誇った態度

triomphaliste [trijɔ̃falist] 形 独善的な 　—— 名 勝ち誇った(人)

triomphant(e) [trijɔ̃fɑ̃, -ɑ̃ːt] 形 勝ち誇った；大勝利で大成功を収めた

triomphateur(trice) [trijɔ̃fatœːr, -tris] 形 勝利[成功]を収めた 　—— 名 勝者

*__triomphe__ [trijɔ̃f トリヨンフ] 男 (英 triumph) ①大勝利；大成功；拍手, 喝采；喝采を受ける特技, 十八番 ▸ *porter … en triomphe* (人)を肩車して歓声にこたえさせる ②（古代ローマの）凱

triompher [trijɔ̃fe] 自 ①勝ち誇る，得意になる；勝利[成功]を収める ②(…に)打ち勝つ《de》 ▶**faire triompher** …の成功を確実なものとする

trip [trip] 男《英》(LSD の吸引などによる)幻覚症状

tripaille [tripɑj] 女《話》(動物の)はらわた

triparti(e) [triparti] 形 3つの要素からなる；三者間の ▶**gouvernement triparti** 3党連立政府

tripartite [tripartit] 形 = triparti

tripatouillage [tripatuja3] 男《話》ごまかし

tripatouiller [tripatuje] 他《話》いじくり回す；(文章などを)改ざんする，勝手に変える

tripe [trip] 女 ①《複》〔料〕トリップ【牛の胃袋を使った料理】②《複》《話》(人の)内臓，はらわた ▶**avoir des tripes**《話》勇気がある ▶**prendre … aux tripes**《話》(人)の心を揺り動かす

triperie [tripri] 女 臓物店，臓物業

tripette [tripet] 女 ▶**Ça ne vaut pas tripette.**《話》それは何の価値もない

triphasé(e) [trifɑze] 形〔電〕三相(交流)の

tripier(ère) [tripje, -ɛr] 名 臓物屋[商人]

*****triple** [tripl トリプル] 形 ①3重の；3倍の ②《話》最高の，ものすごい ▶**triple … en triple exemplaire** …を3部用意する ― 男 3倍 ▶**en triple** 3段階で *triple saut* 三段跳び

triplé [triple] 男 ①〔スポーツ〕3種目[1・2・3位]独占 ②〔競馬〕3連勝式 ③《複》3つ子

triplement[1] [tripləmɑ̃] 副 3重に；3倍に

triplement[2] [tripləmɑ̃] 男 3倍にすること

tripler [triple] 他 3倍[3重]にする；三度繰り返す ― 自 3倍になる

triplette [triplet] 女 (特にペタンクなど球技の)3人チーム

triplex [tripleks] 男 ①3階建てアパート ②(防犯用)三層ガラス

Tripoli [tripoli] 男 ①リビアの首都；②レバノンの港湾都市

tripoli [tripoli] 男〔鉱〕トリポリ石，珪藻土(けいそうど)

triporteur [tripɔrtœr] 男 3輪自転車【前輪が2つでその上に荷台がついている】

tripot [tripo] 男《軽蔑的》賭博場

tripotage [tripotaʒ] 男《話》裏工作[取引]，不正操作；いじくり回すこと

tripotée [tripɔte] 女《話》①殴ること ▶**une tripotée de …** たくさんの…

tripoter [tripɔte] 他《話》やたらさわる，なで回す；(自分の都合のよいように)

tripoteur, -ʊz [tripɔtœr, -øz] 形名 裏取引をする(人)；さわりぎらい

triptyque [triptik] 男 3枚折りの絵画；3部作

trique [trik] 女《話》こん棒，太い棒 ▶**avoir la trique**《俗》勃起している

trirème [trirɛm] 女〔古代ローマの〕3段オールの帆船

trisaïeul(e) [trizajœl] 名 高祖父[母]

trisannuel(le) [trizanɥɛl] 形 ①3年毎の；②〔植〕3年生の

trisection [triseksjɔ̃] 女〔数〕3等分

trisomie [trizɔmi] 女〔医〕染色体三価体性，トリソミー ▶**trisomie 21** 21番染色体トリソミー【ダウン症を引き起こす】

trisomique [trizɔmik] 形名 ダウン症の(患者)

trisser [trise] 自《話》出発する ― 代動 [se ~] すばやく立ち去る

*****triste** [trist トリスト] 形《英 sad》①悲しい，悲しそうな；陰気な，さびしい ▶**d'un air triste** 悲しげな様子で *faire triste mine [figure]* 悲しげな表情をする *faire triste mine à* (人)を冷遇する ②［名詞の前］情けない，みじめな ▶**triste individu** 見下げた奴

tristement [tristəmɑ̃] 副 ①悲しそうに；みじめに ②残念ながら ▶**tristement célèbre** よくないことで評判の

*****tristesse** [tristɛs トリステス] 女《英 sadness》悲しみ，悲しさ；さびしさ；陰気さ

tristounet(te) [tristunɛ, -ɛt] 形《話》少し悲しげな

trisyllabe [trisi(l)lab] 形男 3音節の(語)

trisyllabique [trisi(l)labik] 形 3音節の

trithérapie [triterapi] 女〔医〕(エイズの)3重治療法【3種の治療法を同時に行う】

tritium [tritjɔm] 男〔化〕トリチウム，三重水素【記号 T または³H】

triton [tritɔ̃] 男 ①〔動〕イモリ；〔貝〕ホラガイ ②[T-]〔ギ神〕トリトン【半人半魚の海神】

triton [tritɔ̃] 男〔楽〕3全音，増4度

triturateur [trityratœr] 男 粉砕機

trituration [trityrasjɔ̃] 女 細かく砕くこと，粉砕，咀嚼(そしゃく)

triturer [trityre] 他 すりつぶす，細かく砕く ― 代動 [se ~] ▶**se triturer la cervelle [les méninges]**《話》頭を絞る

triumvir [trijɔmvir] 男〔古代ローマの〕三頭政治の執政官

triumvirat [trijɔmvira] 男〔古代ローマ〕の三頭政治

trivalent(e) [trivalɑ̃, -ɑ̃t] 形〔化〕3価の

trivial(ale) [trivjal] 形 (男複 -aux [-o]) 下品な, 野卑な; 《文》平凡な, 陳腐な

trivialement [trivjalmɑ̃] 副 下品に

trivialité [trivjalite] 女 下品さ, 野卑; 下品[野卑]な言葉

troc [trɔk] 男 物々交換; 物々交換制度 (= l'économie de ~), バーター貿易

trochée [trɔʃe] 男 《詩》(ギリシャ・ラテン詩の)長短格

troène [trɔɛn] 男 《植》イボタノキ

troglobie [trɔglɔbi] 形 《生》真洞穴性の

troglodyte [trɔglɔdit] 男 ①《考古》穴居民 ②《鳥》ミソサザイ

troglodytique [trɔglɔditik] 形 穴居の

trogne [trɔɲ] 女 《話》(酒飲みや大食家の)赤ら顔

trognon [trɔɲɔ̃] 男 ①(果物や野菜の)芯 ②《話・親》かわいい子 ── 形 《不変》《話》かわいらしい

Troie [trwa] トロイア, イリオス【ギリシア神話に登場するお市】

troïka [trɔika] 女 (〈ロシア〉) ①トロイカ(3頭立てのそり) ②《政》トロイカ方式 [三頭支配]

✝trois [trwa] トロワ 形 《不変》(英 three) ①3の; 3人の; 3番目の ▶**deux ou trois / trois ou quatre** わずかの **trois fois rien** ほんの(…ない) ── 男 《不変》3(の数字), 3日; 3番目 ▶**règle de trois** 【数】比例算

trois-deux [trwadø] 男 《不変》《楽》2分の3拍子

trois-étoiles [trwazetwal] 男 《不変》①匿名の印 ▶**Monsieur*** [**trois-étoiles**] 某氏, ××氏 ②3つ星レストラン[ホテル]

Trois-Evêchés [trwazeveʃe] 男 (複) [les ~!] 三司教領【アンリ2世が獲得したメス, トゥール, ヴェルダンの三都市; 1552年】

trois-huit [trwauit] 男 《不変》①《楽》8分の3拍子 ②8時間3交替制度 ▶**faire les trois-huit** 3交替制で働く

✝troisième [trwazjɛm] トロワズィエム 形 (英 third) 3番目の, 第3の ── 名 3番目の人[もの] ── 女 (パリの)第3区 ── 女 第3学級【中等教育の第4学年; 14から15歳に相当】①(自動車の)サードギア ▶**troisième âge** 老年期 ▶**troisième cycle** (大学の)第三期【博士課程に当たる】

✝troisièmement [trwazjɛmmɑ̃] トロワズィエムマン 副 第三に, 第3に

trois-mâts [trwama] 男 《不変》3本マストの帆船

trois-quarts [trwakar] 男 《不変》①《楽》(子供用)小型バイオリン ②《ラグビー》スリークォーター ③《服》7分丈のコート

trois-quatre [trwakatr] 男 《不変》《楽》4分の3拍子(の曲)

troll [trɔl] 男 トロール【北欧神話の妖精】

trolleybus [trɔlɛbys], **trolley** [trɔlɛ] 男 《英》トロリーバス

trombe [trɔ̃b] 女 ①竜巻 ▶**en trombe** すごい勢いで **trombes d'eau** どしゃ降りの雨

trombine [trɔ̃bin] 女 《話》顔, 頭

tromboscope [trɔ̃bɔskɔp] 男 《話》(議会などのメンバー全員の)写真名鑑

tromblon [trɔ̃blɔ̃] 男 (昔の)ラッパ銃

trombone [trɔ̃bɔn] 男 ①トロンボーン ②クリップ ── 名 = tromboniste ▶**trombone à coulisse** スライドトロンボーン **trombone à pistons** バルブトロンボーン

tromboniste [trɔ̃bɔnist] 名 トロンボーン奏者

trompe [trɔ̃p] 女 ①(象などの)鼻; (昆虫の)吻[ふん]; ②ラッパ; 警笛, クラクション ▶**à son de trompe** 大々的に, 派手に ③《解》管 ▶**trompe de Fallope** 輸卵管 **trompe d'Eustache** 【解】耳管

trompe-la-mort [trɔ̃plamɔr] 名 《不変》《話》不死身の人間, 命知らずのやつ

trompe-l'œil [trɔ̃plœj] 男 《不変》①【美術】だまし絵, トロンプルイユ ②見かけ倒し

✝tromper [trɔ̃pe] トロンペ 他 (英 deceive) ①だます, 欺く; 裏切る; 目をくらます; (夫・妻を)裏切る, 浮気をする ②(ものが人の判断を)誤らせる ③(空腹・退屈などを)まぎらす ── 代動 [**se** ~] ①間違う, 誤る ②(…を)間違える (**de**) ▶**se tromper de bus** 違うバスに乗る

tromperie [trɔ̃pri] 女 ごまかし, 欺瞞; 詐欺

trompeter [trɔ̃p(ə)te] 自 ①(ワシが)鳴く ── 他 ①《話・古》(大げさに)言いふらす ②《古》召喚する

trompette [trɔ̃pɛt] 女 ①トランペット, ラッパ ▶**en trompette** 上を向いた ②《貝》ホラガイ ── 名 ▶**trompette marine** トロンバマリーナ【中世・ルネサンス期のヨーロッパで用いられた一弦楽器】 ── 男 トランペット奏者

trompette-de-la-mort [trɔ̃pɛtdəlamɔr] 女 (複 ~s-~-~-~) 【植】クロラッパタケ

trompette-des-morts [trɔ̃pɛtdemɔr] 女 (複 ~s-~-~) = trompette-de-la-mort

trompettiste [trɔ̃pɛtist] 名 トランペット奏者

trompeur(se) [trɔ̃pœr, -øz] 形名 人を欺く(人), 見せかけの(人)

trompeusement [trɔ̃pøzmɑ̃] 副 人をだまして, 欺瞞的に

tronc [trɔ̃] トロン 男 《英 trunk》①(木の)幹; (人・動物の)胴, 胴体; 【解】幹 ▶**tronc commun** 共通部分; (中等教育

troncation [trɔ̃kasjɔ̃] 囡 [言] 切除 [音節を削り, 語を短縮すること]

の共通カリキュラム **tronc de cône** [数] 円錐台 **tronc de pyramide** [数] 角錐台 ② (教会の)献金箱

troncature [trɔ̃katyr] 囡 ① [数] 端数処理「切り捨て・切り上げ」 ② 切断(面), (結晶の)角の切り落とした面

tronche [trɔ̃ʃ] 囡 (俗) 顔つき; 頭 ▶ **faire la tronche** すねる

tronçon [trɔ̃sɔ̃] 男 ① (木などの) 輪切り (片); (道路・鉄道の) 1区間

tronconique [trɔ̃kɔnik] 形 [数] 円錐台状の

tronçonnage [trɔ̃sɔnaʒ] 男 輪切りにすること

tronçonner [trɔ̃sɔne] 他 輪切りにする

tronçonneuse [trɔ̃sɔnøz] 囡 (金属・材木の)チェーンソー, 金切り鋏

tronculaire [trɔ̃kyler] 形 [解] 神経や血管の幹の

trône [tron] 男 ① 王座, 王位 ▶ **monter sur le trône** 王位につく ② (話・ふざけて)便器

trôner [trone] 自 ① (人が)上座に座る; いばる ② (ものが)これ見よがしに置いてある

tronqué(e) [trɔ̃ke] 形 (< tronquer) 一部切り取られた ▶ **citation tronquée** 一部欠けた引用文 [文脈から離れ違う意味に取れてしまう] **colonne tronquée** 上部の欠けている円柱

tronquer [trɔ̃ke] 他 (文章などの一部を)削る

‡**trop** [tro(ɔ)] ト ロ 副 (英 too, too much) あまりに, 過度に; (~ de + 無冠詞名詞) あまりに多くの… ▶ **avoir trop chaud [froid, peur]** 暑すぎる [寒すぎる, 怖すぎる] **beaucoup trop** あまりに多すぎる **bien trop** たしかに多すぎる **de [en]** trop 余分に; 過度に; (人が)邪魔な **en faire trop** やりすぎる **être de trop** 邪魔者である **être trop** (話) ひどすぎる; すばらしい **par trop** 極端に

trope [trɔp] 男 [修] 転義(法), 比喩, 言葉の綾

-trope 接尾 (ギ) 「回転する(装置)」の意の形容詞[名詞]をつくる

trophée [trɔfe] 男 (スポーツなどの)トロフィー, 記念品; (狩りなどの)戦利品

tropical(ale) [trɔpikal] 形 (男複 -aux(o)) 熱帯(地方)の; 熱帯のような; (服などが)熱帯向きの

tropique [trɔpik] 男 [天] 回帰線; (複)熱帯地方 ▶ **année tropique** 回帰年, 太陽年 **tropique du Cancer** 北回帰線 **tropique du Capricorne** 南回帰線 **vivre sous les tropiques** 熱帯地方で生活する

tropisme [trɔpism] 男 [生] 向性, 屈性

troposphère [trɔposfer] 囡 [気] 対流圏

tropospherique [trɔposferik] 形 [気] 対流圏の

trop-perçu [trɔpersy] 男 [法] 余分に徴収した金額, 過重徴収

trop-plein [trɔplɛ̃] 男 あふれ出るもの; 溢水口, 放水口

troque [trɔk] 男 [貝] ニシキウズガイ

troquer [trɔke] 他 (…と)物々交換する, 取り替える, 着替える (contre)

troquet [trɔkɛ] 男 (話) 小さなカフェ, 居酒屋

trot [tro] 男 (馬の)速歩(%ホ), トロット ▶ **au trot** 速歩で; (話) 大急ぎで **Vas-y, et au trot!** さあ行け, 急いで

trotskisme [trɔtskism] 男 トロツキズム [ロシアの革命家トロツキーの革命論]

trotskiste [trɔtskist] 形名 トロツキストの

trotte [trɔt] 囡 (話) (徒歩での)長い道のり

trotte-menu [trɔtməny] 形 (不変) (古・ふざけて)小刻みに歩く

trotter [trɔte] 自 ① (馬が)速歩(はき)で進む; (人が)小走りに行く; (考えなどが)行き来する ▶ **un air [une idée] qui trotte dans la tête** 頭にこびりつく考え ── 代動 (se ~) 逃げ出す, 急いで立ち去る

trotteur(se)¹ [trɔtœr, -øz] 形名 速歩(はき)馬(の) ── 男 ① (女性用)ウォーキングシューズ ② (幼児用の)歩行器, 歩行具

trotteuse² [trɔtøz] 囡 (時計の)秒針

trottiner [trɔtine] 自 (馬の)小走りに走る; (人が)小刻みに歩く

trottinette [trɔtinet] 囡 ① (子供用の)キックボード ② (話) 小型車

*‡**trottoir** [trɔtwar トロトワール] 男 (英 pavement) 歩道 ▶ **faire le trottoir** (話) (売春婦が)通りで客引きをする **trottoir roulant** 動く歩道

trou [tru トルー] 男 (英 hole) ①穴, 孔; 破れ目; 欠落, 空白; 空き時間; 欠損, 赤字 ▶ **avoir un trou (de mémoire)** すっかり忘れる **boire comme un trou** 意味しに酒を飲む **faire un trou** 出世する **trou d'aération** 換気口 **trou d'air** エアポケット **trou de serrure** 鍵穴 **trou du cul [de balle]** (俗) けつの穴; まぬけ, ばか **trou noir** [天] ブラックホール **trou de nez** (話) 鼻の穴 ② (話) 片田舎, ひっそり過ごせる町, 穴場 ③ (話) ブタ箱, 刑務所

troubadour [trubadur] 男 [文学] トルバドゥール[中世南フランスの吟遊詩人]

*‡**troublant(e)** [trublɑ̃, -ɑ̃t トルブラン(ト)] 形 当惑させる; 心を乱す; 気がかりな

*‡**trouble¹** [trubl トルーブル] 男 (英 distress, turmoil) ① 動揺, 不安; 狼狽; 恋のときめき ② (複) 騒乱, 紛争, 暴動 ③ [医] 障害 ▶ **troubles de la personnalité** 人格障害 **troubles res-**

piratesses 呼吸障害

trouble[2] [trubl] 男 濁った; 曇った, 不透明な; 怪しげな, 不純な ━━ 形 ▶ **voir trouble** かすんで見える

troublé(e) [truble] 形 (< troubler) 濁った, 曇った; 乱れた, 波乱に富んだ; (心が)動揺した

trouble-fête [trubləfɛt] 名 《不変》 場をしらけさせる人

***troubler** [truble トルブレ] 他 《英 disturb》 ①濁らせる, 曇らせる; (感覚)を鈍らせる ②混乱させる, 乱す, 邪魔する; (人)を動揺させる, 心をかき乱す; (理性などを)乱す ━━ 代動 **[se ～]** ①(もの が)濁る; 曇る ②(人が)動揺する, 当惑する

troué(e) [true] 形 (< trouer) 穴のあいた

trouée [true] 女 (自然の)抜け道; 割れ目, 抜け穴; 〖軍〗突破口

***trouer** [true トルエ] 他 穴をあける; (光が闇などを)貫く

troufignon [trufiɲɔ̃] 男 《俗》尻, 尻の穴

troufion [trufjɔ̃] 男 《俗》兵卒

trouillard(e) [trujar, -ard] 形 名 《話》臆病な(やつ)

trouille [truj] 女 《話》 ▶ **avoir la trouille** おびえる, びびる **foutre [flanquer] la trouille** おびえさせる, びびらせる

trouillomètre [trujɔmɛtr] 男 ▶ **avoir le trouillomètre à zéro** 《話》ひどくびくびくする

***troupe** [trup トループ] 女 《英 troop》 ①集団, 群れ ▶ **en troupe** 群れをなして ②劇団, 一座 ③部隊; 《複》軍隊; 《集合的》(士官に対して)兵隊

***troupeau** [trupo トルポー] 男 (複 ～x) 《英 herd》(動物, 特にヒツジの)群れ;《軽蔑的》群衆, 人の群れ

troupier [trupje] 形 《男性形のみ》 男 〖古〗兵隊の ▶ **comique troupier** 兵隊ものの軽喜劇 [20世紀初頭に流行った]

***trousse** [trus トルス] 女 (携帯用の)用具入れ, 筆入れ ▶ **avoir... aux [à ses] trousses** (人)がつきまとう ▶ **trousse à outils** 工具箱 ▶ **trousse de toilette** 化粧ポーチ ▶ **trousse d'écolier** 小学生の筆箱

trousseau [truso] 男 (複 ～x) ①鍵の束 (= ～ **de clefs**) ②嫁入り衣装; (寄宿舎に入る生徒の)衣類一式

trousser [truse] 他 ①〖古〗(服の)すそをたくし上げる; (女)をおかす ②〖文〗手早く片づける ③〖古〗(藁など)を束ねる ▶ **trousser une volaille** 〖料〗(ロースト用に)鳥の手羽を束ねる

trousseur [trusœr] 男 ▶ **trousseur de jupons** 《話・古》女たらし

trouvable [truvabl] 形 見つけられる

trouvaille [truvaj] 女 掘り出し物; 思いがけない発見; 独創的な発想

trouvé(e) [truve] 形 (< trouver) 見つけられた ▶ **bien trouvé** 斬新な, 独創的な ▶ **tout trouvé** 明白な, 自明な

***trouver** [truve トルヴェ] 他 ①《英 find》(捜していたものを)見つける; 出会う; 得る, 手に入れる; わかる; 発見する, 思いつく; (…する)機会を見つける (à) ▶ **ne pas trouver ses mots** 言葉につまる ▶ **trouver la mort** (事故などで)命を落とす 〖～A B〗A が B だと思う; (人に特徴などを)認める (à) ▶ **Comment trouves-tu cela?** それをどう思うの ▶ **Je lui trouve mauvaise mine.** 彼の顔色はよくないですね ▶ **Je trouve cela trop sucré.** 私にはこれは甘すぎます ▶ **trouver bon [mauvais] que** …のことに同意[反対]する ▶ **Vous trouvez?** そう思いますか ━━ 代動 **[se ～]** ①(ある場所・状態)にいる, ある ②自分が…と感じる, 思う ③ ▶ **Il se trouve bien** 気分がいい ▶ **④** 〖非人称〗…ということがある[になる]; …ということがわかる ▶ **si ça se trouve** ひょっとしたら

trouvère [truvɛr] 男 〖文学〗トルヴェール【中世北フランスの吟遊詩人】

Troyes [trwa] トロワ【Aube 県の県所在地】

truand [tryã, ãd] 男 悪人, やくざ

truander [tryãde] 他 《話》盗む; だます

trublion [tryblijɔ̃] 男 扇動家; 混乱の種をまく人

***truc** [tryk トリュク] 男 《英 way, trick》 ①こつ, 要領; 仕掛け, トリック ▶ **Ce n'est pas mon truc.** それは苦手だ ②《話》あれ, それ 【思い出せないもの・言いたくないものを指す】

trucage [trykaʒ] 男 = **truquage**

truchement [tryʃmã] 男 〖文〗代弁者 ▶ **par le truchement de** …を介して

trucider [tryside] 他 《話》殺す

trucmuche [trykmyʃ] 男 《俗》あれ, それ 【名前が分からなもの】

truculence [trykylãs] 女 豪快さ

truculent(e) [trykylã, -ãt] 形 豪快な, 力強い, 大胆な

truelle [tryɛl] 女 ①(左官・画家の)こて ②(魚料理取り分け用の)へら状のナイフ

trullóe [trycl] 女 ❶ こて刃の星

truffe [tryf] 女 ①〖植〗トリュフ, セイヨウショウロ ▶ **truffe en chocolat** トリュフ形のチョコレート ②(犬の)鼻先; 《話》鼻 ③《話》ばか

truffer [tryfe] 他 ①トリュフを添える ②(ものに…を)詰める, 混ぜる (**de**) ▶ **film truffé d'effets spéciaux** 特殊効果を駆使した映画

trufficulture [tryfikyltyr] 女 〖農〗トリュフ栽培

truffier(ère) [tryfje, -ɛr] 形 トリュフを産する ━━ 女 トリュフの栽培地

truie [trɥi] 女 雌豚

truisme [trɥism] 男《<英》わかりきったこと, 自明の理

***truite** [trɥit トリュイト] 女〔魚〕マス(鱒) ▶ **truite arc-en-ciel** ニジマス **truite saumonée** サーモントラウト

truiticulture [trɥitikyltyr] 女 マスの養殖

trumeau [trymo] 男（複〜x) ①〔建〕窓間の壁；(暖炉の上の)飾り絵〔鏡〕②牛のすね肉

truquage [tryka3] 男 特殊撮影；いんちき, ごまかし

truqué(e) [tryke] 形（<truquer)偽造された, いんちきの, 不正の

truquer [tryke] 他 細工する, 偽造する, いんちきをする；トリック撮影する

truqueur(se) [trykœr, -øz] 名 ①いかさまをする人 ②〔映〕特殊撮影技師 ③(俗) 男娼；売春婦

trusquin [tryskɛ̃] 男〔大工の)平行定規, トースカン

trust [trœst] 男《<英》〔経〕トラスト, 独占的企業合同；大企業

truster [trœste] 他 (トラストによって)独占する；《話》ひとり占めする

trusteur [trœstœr] 男 (トラストによる)独占企業家, 独占業者

trutticulture [trytikyltyr] 女 ＝ truiticulture

tsar [tsar, dzar] 男 ツァー【昔のロシア・ブルガリアの皇帝】

tsarévitch [dzarevitʃ, tsa-] 男 ツァーの皇太子；ロシア皇太子

tsarine [tsarin, dzarin] 女 ツァーの妃；ロシア皇后

tsarisme [tsarism, dzarism] 男 帝政ロシア(時代), ツァーリズム【1917年ロシア革命で崩壊するまでの専制政治】

tsariste [tsarist, dzarist] 形 帝政ロシアの

tsé-tsé [tsetse] 女〔虫〕ツェツェバエ

T-shirt [tiʃœrt] 男 Tシャツ

tsigane [tsigan, dzigan] 形 名 ＝ tzigane

tsoin-tsoin [tswɛ̃tswɛ̃] 間《話》ちゃんちゃん【歌の終わりに楽器の音をまねる】— 形《不変》念入りな；うまくいった

tss-tss [tsts] 間 ええっ, ちぇっ【不信感・困惑・非難を表す】

TTC (略) toutes taxes comprises 税込み

TU (略) temps universel〔天〕世界時

:tu¹ [ty テュ] 代《人称》【主語2人称単数】《英 you》【親しい間柄で用いられ, それ以外は vous を使う】君, おまえ ▶ **être à tu et à toi avec** (人)と親しい間柄である

tu²(e) [ty] taire の過去分詞

tuant(e) [tɥɑ̃, -ɑ̃t] 形《話》つらい, 骨が折れる；(人が)うんざりさせる, 耐え難い

tub [tœb] 男《<英》入浴；《古》浴بم

tuba [tyba] 男 ①〔楽〕チューバ ②シュノーケル

tubage [tyba3] 男〔医〕挿管法

tubard(e) [tybar, -ard] 形 名《話・古》結核(患)の

***tube** [tyb テュブ] 男 ①管, パイプ, 〔電〕真空管；〔解剖〕管；筒, チューブ；容器 ▶ **à pleins tubes**《話》エンジン全開で, ボリュームを一杯にして **tube à essai** 試験管 **tube cathodique** ブラウン管 **tube de rouge (à lèvres)** (口紅の)筒形ケース **tube digestif**〔解〕消化管 ②《話》ヒット曲

tuber [tybe] 他〔土木〕(油田のボーリングなどで)パイプを入れる

tubercule [tyberkyl] 男 ①〔植〕塊茎(いけい), 塊根 [ジャガイモ・サツマイモなど] ②〔医〕結節；結核

***tuberculeux(se)** [tyberkylø, -øz] 形 ①結核性の, 結核にかかった；結節の ②〔植〕塊茎(いけい)の — 名 結核患者

tuberculide [tyberkylid] 女〔医〕結核疹(しん)

tuberculine [tyberkylin] 女〔医〕ツベルクリン

***tuberculose** [tyberkyloz テュベルキュローズ] 女〔医〕結核(症)

tubéreuse [tyberøz] 女〔植〕チューベローズ, ゲッカコウ(月下香)

tubéreux(se) [tyberø, -øz] 形 塊茎(いけい)の, 球根の

tubérosité [tyberozite] 女〔解〕(骨の)結節

tubiste¹ [tybist] 名 ①パイプ製造工 ②潜函(せんかん)作業員

tubiste² [tybist] 名〔楽〕チューバ奏者

tubulaire [tybyler] 形 管状の, 筒状の

tubulé(e) [tybyle] 形〔生〕(花などが)管状の, 筒状の

tubulure [tybylyr] 女（機械・オルガンなどの)パイプ(一式), 金属管；配管

tudesque [tydesk] 形（古)①ゲルマンの, チュートンの ②(軽蔑的)ドイツの

tué(e) [tɥe] 名《<tuer》死んだ, 殺された — 名 死者

tue-chien [tyʃjɛ̃] 男（複〜〜(s))〔植〕イヌサフラン

tue-loup [tylu] 男（複〜〜(s))〔植〕トリカブト

tue-mouche [tymuʃ] 形 ▶ **amanite tue-mouches**〔植〕(有毒の)ベニテングタケ **papier tue-mouches** 蠅(はえ)取り紙

***tuer** [tɥe テュエ] 他《<英 kill》殺す, 死なせる；(植物を)枯らす；へとへとにさせる；消滅させる；損なう ▶ **tuer ... d'une balle** (人)を銃で撃ち殺す **tuer le temps** 暇をつぶす **tuer le ver** 空腹時に酒を飲む — 代動 **se 〜** ①自殺する；(事故などで)死ぬ；健康を害する

se tuer à... 《話》必死に…する, 何度も…する **se tuer au travail** 仕事で体からだをこわす

tuerie [tyri] 囡 殺戮(りく), 虐殺

tue-tête [tytɛt] [成句でのみ] ▶**à tue-tête** 声をかぎりに

tueur(se) [tɥœr, -øz] 名 ①殺人者 ▶**tueur à gages** 殺し屋 **tueur en série** 連続殺人犯 ②食肉解体者

tuf [tyf] 男 〈くイ〉[地]凝灰岩;《文》(人の心・社会の)内奥, 真相

tuf(f)eau [tyfo] 男 〔複 ~x〕[地]白亜

*tuile [tɥil] 囡 〈くイ tile〉 ① 瓦(かわら); 《話》思いがけない災難 ②[菓子]テュイル(= ~ aux amandes)【瓦型に焼き上げたプチフール】

tuilerie [tɥilri] 囡 瓦(かわら)製造業; 瓦工場

tuilier(ère) [tɥilje, -er] 形 瓦(かわら)製造の — 名 瓦製造工

tularémie [tylaremi] 囡 [医] 野兎(と)病

tulipe [tylip] 囡 〈くトルコ〉[植] チューリップ; チューリップ型のもの

tulipier de Virginie [tylipje] 男 ▶**tulipier de Virginie** [植] ユリノキ **tulipier du Gabon** [植] カエンボク

Tulle [tyl] 囡 テュール【Corrèze 県の県庁所在地】

tulle [tyl] 男 [織] チュール【ヴェール用の布地】

tullerie [tylri] 囡 チュール織製造[販売]業

tullier(ère) [tylje, -er] 形 チュール織の

tuméfaction [tymefaksjɔ̃] 囡 [医]はれること; はれもの, 腫脹(しゅちょう)

tuméfié(e) [tymefje] 形 (< tuméfier) はれた

tuméfier [tymefje] 他 はれさせる — 代動 [se ~] はれる

tumescence [tymɛsɑ̃s] 囡 [医] 腫脹(しゅちょう)(状態)

tumescent(e) [tymɛsɑ̃, -ɑ̃t] 形 [医] はれた, 腫脹(しゅちょう)した

tumeur [tymœr] 囡 [医] 腫瘍(しゅよう), はれもの ▶**tumeur au cerveau** 脳腫瘍 **tumeur bénigne [maligne]** 良性[悪性]腫瘍

tumoral(ale) [tymɔral, -aux(-o)] 形 (男複 -aux(-o)) 腫瘍(しゅよう)の

tumulaire [tymyler] 形 墓の

tumulte [tymylt] 男 ① 騒ぎ, 喧騒; 騒々しさ ②《文》(心の)乱れ, 動揺

tumultueusement [tymyltɥøzmɑ̃] 副 騒々しく

tumultueux(se) [tymyltɥø, -øz] 形 ①《文》騒々しい, 騒然たる ②波乱に満ちた

tumulus [tymylys] 男《不変》〈くラ〉[考古] 古墳(石)塚, 土墳

tune [tyn] 囡 = thune

tuner [tyner, tynœr] 男 〈く英〉(テレビ・ラジオの)チューナー, 同調器

tungstène [tœksten] 男 [化] タングステン

tunique [tynik] 囡 〈服〉① チュニック; 詰襟(つめえり)の上着; チュニカ【古代ギリシア・ローマ人が着た寛衣】 ②[解] 膜

Tunisie [tynizi] 囡 チュニジア【アフリカ北部の共和国】

tunisien(ne) [tynizjɛ̃, -ɛn] 形 チュニジアの — 名 [T-] チュニジア人

*tunnel [tynel] テュネル 男 〈く英〉トンネル, 地下道; 苦境, 暗闇 ▶**tunnel sous la Manche** 英仏海峡トンネル, ユーロトンネル **voir le bout du tunnel** (難局を脱する)出口が見える

tupi [typi] 男 [言] トゥピ語【南米ブラジル・パラグアイに分布】

tupi-guarani [typigwarani] 男 [言] トゥピ・グアラニ語族【南米全体に分布】

turban [tyrbɑ̃] 男 ターバン; ターバン型の婦人帽; (花や貝などで)ターバン風の形をしたもの

turbin [tyrbɛ̃] 男《話・古》(金になる)仕事 ▶**aller au turbin** 仕事に行く

turbine [tyrbin] 囡 タービン, 原動機; アイスクリーム製造機

turbiner [tyrbine] 自《話・古》あくせく働く

turbo[1] [tyrbo] 形 高速の, ターボの

turbo[2] [tyrbo] 男 [動] 腹足綱【巻き貝類】

turbo- 接頭 〈く ラ〉「旋回」「ターボ」の意

turboalternateur [tyrboaltɛrnatœr] 男 ターボ発電機

turbocompresseur [tyrbokɔ̃prɛsœr] 男 ターボ圧縮機; ターボチャージャー

turbomoteur [tyrbomɔtœr] 男 ターボエンジン

turbopropulseur [tyrbopropylsœr] 男 ターボプロップエンジン

turboréacteur [tyrboreaktœr] 男 [空] ターボジェットエンジン

turbosoufflante [tyrbosuflɑ̃t] 囡 ターボ送風機; ターボファン

turbot [tyrbo] 男 [魚] ターボット, スナビラメ【カレイ科】

turbotière [tyrbɔtjɛr] 囡 ヒラメ・カレイ用鍋(なべ)

turbotin [tyrbɔtɛ̃] 男 [魚] 小型のターボット

turbotrain [tyrbotrɛ̃] 男 ガスタービン車

turbulence [tyrbylɑ̃s] 囡 ①騒々しさ, 喧騒 ②[気] 乱気流

*turbulent(e) [tyrbylɑ̃, -ɑ̃t] テュルビュラン(ト) 形 ①騒がしい, 騒々しい;《文》騒乱を好む ②[物] 乱気流の

turc(que) [tyrk] 形 トルコ(Turquie)の ▶**à la turc** (トイレの)腰掛式でなく, 和式風の — 名 [T-] トルコ人 ▶**fort comme un Turc** 力が強い

turent [tyr] taire の直・単純過去・3・複

turf [tyrf] 男 ①〈英〉競馬場; 競馬(界)②〈俗〉売春 ③〈話〉仕事

turfiste [tyrfist] 名 競馬ファン

turgescence [tyrʒesɑ̃s] 女〔生理〕(うっ血による)膨満; 膨起; 勃起

turgescent(e) [tyrʒesɑ̃, -ɑ̃t] 形〔生理〕腫れた, 膨張した; 勃起した

turgide [tyrʒid] 形〈文〉膨れた

Turin [tyrɛ̃] トリノ【イタリア北部の都市】

turista [tyrista] 女〈人〉話〉(外国旅行者の)下痢

turkmène [tyrkmεn] 形 トルクメニスタンの, トルクメン人の —名 [[T-]]トルクメン人 — 男 トルクメン語

Turkménistan [tyrkmenistɑ̃] トルクメニスタン【中央アジア西南部, カスピ海に臨む国】

turlupiner [tyrlypine] 他〈話〉(人を)悩ませる, 苦しめる

turlutaine [tyrlyten] 女〈古〉決まり文句, 常套句

turlututu [tyrlytyty] 間 ふん, あほらしい【拒否・軽蔑などを表す】

turne [tyrn] 女〈話〉(むさくるしい)部屋

turn(-)over [tœrnɔvœr] 男〈英〉(企業の)労働移動率

turpitude [tyrpityd] 女〈文〉破廉恥, 下劣; 破廉恥[下劣な]言動

turque [tyrk] 形 turc の女性形

turquerie [tyrk(ə)ri] 女 トルコ〈東洋〉趣味

Turquie [tyrki] 女 トルコ

turquoise [tyrkwaz] 女〔鉱〕トルコ石 —形〈不変〉男 トルコ石色の(色), 青緑色の

tus [ty], **tuss...** ⇒taire

tussah [tysa] 男〔織〕柞蚕糸(ざんし)

tussilage [tysilaʒ] 男〔植〕フキタンポポ

tussor [tysɔr] 男〔織〕柞蚕(ざん)絹布, タッサー; (タッサーのような)薄地の絹布

tutélaire [tyteler] 形 ①後見の ②〈文〉(神が)守護する

tutelle [tytel] 女 ①保護; 監督, 監視 ②〔法〕後見; (国連の)信託統治 ▶ **mettre ... sous tutelle** (人を)監督する **pays sous la tutelle de l'ONU** 国連信託統治国

tuteur¹ (*trice*) [tytœr, -tris] 名 ①後見人; 保護者 ②(個人指導をする)チューター

tuteur² [tytœr] 男〔園〕支柱, 添え木

tuteurer [tytœre] 他〔園〕(…に)添え木をする

tutoiement [tytwamɑ̃] 男 tu を用いて話すこと; 親しげな口をきくこと

*****tutoyer** [tytwaje テュトワイエ] 他 45

(tu を用いて)親しげな口をきく —代動 [se ～] 互いに親しげな口をきく

tutoyeur(se) [tytwajœr, -øz] 形 やたらに tu を用いて話す(人)

tutti [tu(t)ti] 男〈イ〉〔楽〕トゥッティ, 合奏, 全合奏

tutti quanti [tu(t)tikwɑ̃ti] 副〈イ〉▶ **et tutti quanti** 〈話・皮肉的〉その他大勢, 等々

tutu [tyty] 男 ①チュチュ【バレリーナ用のスカート】②〈幼児〉おしり

*****tuyau** [tɥijo テュイヨ] 男(複 ~x)〈英 pipe〉管, パイプ; 筒, ホース; (羽根の)羽管; 〔植〕丸む; 〈話〉秘密情報 ▶ **dire ... dans le tuyau de l'oreille** …をこっそり言う **tuyau d'alimentation** 燃料供給管 **tuyau d'arrosage** (水をまく)ホース **tuyau d'échappement** 排気管

tuyauté [tɥijote] 男〔服〕丸ひだ飾り

tuyauter [tɥijote] 他 ①〈話〉(人に)情報を流す ②〔服〕丸ひだをつける

tuyauterie [tɥijotri] 女(集合的)(ガス・水道などの)管路, 配管; パイプオルガンの管

tuyère [tɥijer, tyjer] 女 (高炉の)羽口(きち); (ジェット機関の)排気コーン

TVA(略)taxe à la valeur ajoutée 付加価値税

TVHD(略)télévision haute définition ハイビジョンテレビ

tweed [twid] 男〈英〉〔織〕ツイード

tweeter [twitœr] 男〈英〉ツィーター, 高音用スピーカー

twin-set [twinset] 男〈英〉〔服〕ツインセット【カーディガンとセーターのアンサンブル】

twist [twist] 男〈英〉ツイスト【ダンスの一種】

tympan [tɛ̃pɑ̃] 男 ①〔解〕鼓膜 ▶ **déchirer [crever] les tympans** (鼓膜が破れるほどの)大きな音をたてる ②〔建〕タンパン, ティンパヌム【扉の上のアーチとまぐさに挟まれた半円または三角の部分】

tympanique [tɛ̃panik] 形〔解・医〕鼓膜の

tympaniser [tɛ̃panize] 他 ①〈古〉(人前で)批判する; 笑いものにする うるさがらせる

*****type** [tip ティプ] 男 ①〈英 type〉型, 類型, タイプ, 典型 ②〈英 fellow〉〈話〉やつ, 男 ③〔印〕活字(書体) —形 特有の, 典型的な

typé(e) [tipe] 形 典型的な, 際立った

typer [tipe] 他 (作中人物などを)典型的に描く[演じる]

typesse [tipεs] 女〈話・軽蔑的〉女, 娘

typhique [tifik] 形名〔医〕チフスの(患者)

typhoïde [tifɔid] 形〔医〕チフス性の —女〔医〕腸チフス

typhoïdique [tifɔidik] 形〔医〕腸チ

typhon [tifɔ̃] 男 台風
typhus [tifys] 男 〖医〗チフス
typique [tipik] 形 典型的な, 代表的な; (…の)特質を示す《de》
typiquement [tipikmɑ̃] 副 典型的に
typo [tipo] 〖略〗(話) ① typographie 活版印刷 ② typographe 活版印刷工
typo- 接頭 (くぎ)「印刷」「活字」の意
typographe [tipɔgraf] 名 活版印刷工, 植字工
typographie [tipɔgrafi] 女 活版印刷
typographique [tipɔgrafik] 形 活版印刷の; ▶ **erreur [faute] typographique** 誤植
typolithographie [tipɔlitɔgrafi] 女 活版・石版併用印刷(術)
typologie [tipɔlɔʒi] 女 類型学, 分類(学)
typologique [tipɔlɔʒik] 形 分類[類型]学の
***tyran** [tirɑ̃ ティラン] 男 ① 専制君主, 暴君; 横暴な人 ② (文) タイラナチョウ科の鳥
tyranneau [tirano] 男 (複 ~x) (文) 小暴君
tyrannicide [tiranisid] 男名 暴君殺害(者)
***tyrannie** [tirani ティラニ] 女 専制政治, 暴政; 横暴, 専横; 抗しがたい力
tyrannique [tiranik] 形 専制的な; 横暴な
tyranniquement [tiranikmɑ̃] 副 専制的に, 横暴に
tyranniser [tiranize] 他 暴政を行う; 横暴にふるまう; 圧制する
Tyrol [tirɔl] 男 チロル 〖オーストリア西部からイタリア北部にかけての地方〗
tyrolien(ne) [tirɔljɛ̃, -ɛn] 形 チロルの ── 名 〖T-〗チロル人 ── 男 ヨーデル
tzar [tsar, dzar] 男 = tsar
tzarine [tsarin, dzarin] 女 = tsarine
tzigane [tsigan, dzigan] 名 〖T-〗ジプシー〖彼ら自身は Rom ロマを用いる〗── 形 ジプシーの ── 男 ジプシー語, ロマーニー語

U

U¹, u¹ [y] 男 フランス字母の第21字 ▶ **en U** U字型の
U², u² [y] 〖略〗〖U〗uranium ウラン; universitaire (話) 大学の
ubac [ybak] 男 (山の)北斜面
ubiquité [ybikqite] 女 (文) 同時に数ヶ所にいること; 遍在性 ▶ **avoir le don d'ubiquité** あちこち出没する
ubuesque [ybɥɛsk] 形 滑稽でグロテスクな, 不条理な 〖A・ジャリの戯曲の主人公ユビュ王から〗
UE 〖略〗(欧 EU) Union européenne 欧州連合, ヨーロッパ連合 ⇨〖コラム: 欧州連合の主要機関〗
-uel(le) 接尾 (くラ) = -el(le)
UEM 〖略〗 Union économique et monétaire (ヨーロッパ)経済通貨同盟
-ueux 接尾 (くラ) = -eux(se)
UFR 〖略〗 unité de formation et de recherche (大学の)養成研究単位
UHT 〖略〗 ultra-haute température 超高温殺菌法 ▶ **lait UHT** ロングライフ牛乳
ukase [ykaz] 男 ロシア皇帝の勅命; 至上命令
Ukraine [ykrɛn] 女 ウクライナ 〖ヨーロッパ東部の共和国〗
ukrainien(ne) [ykrɛnjɛ̃, -ɛn] 形 ウクライナの ── 男 ウクライナ語
ukulélé [ykylele] 男 ウクレレ〖楽器〗
ulcératif(ve) [ylseratif, -iv] 形 潰瘍(かいよう)(性)の
ulcération [ylserasjɔ̃] 女 〖医〗潰瘍(形成)
ulcère [ylsɛr] 男 〖医〗潰瘍(かいよう) ▶ **ulcère à [de] l'estomac** 胃潰瘍
ulcéré(e) [ylsere] 形 (< ulcérer) 潰瘍(かいよう)の; (精神的に)深く傷ついた, 恨(うら)んでいる
ulcérer [ylsere] 他 57 〖医〗潰瘍(かいよう)を生じさせる; (人を)精神的に深く傷つける
ulcéreux(se) [ylserø, -øz] 形 〖医〗潰瘍(性)の; 潰瘍にかかった
-ule 接尾 (くラ) 指小辞を表す名詞をつくる
uléma [y(u)lema] 男 ウレマー〖イスラム法学者・神学者〗
ULM 〖略〗 ultra-léger motorisé 超軽量飛行機〖エンジン付きのハンググライダー〗
ulmaire [ylmɛr] 女 〖植〗セイヨウナツユキソウ
ultérieur(e) [ylterjœr] 形 後の, その後の
ultérieurement [ylterjœrmɑ̃] 副 後で
ultimatum [yltimatɔm] 男 最後通牒(つうちょう); 最終的要求 ▶ **adresser [lancer] un ultimatum à** (人に)最後通牒をつきつける
ultime [yltim] 形 最後の, 最終の
ultra [yltra] 名 極右; 〖史〗(旧体制下の)過激な王党派 ── 形(不変) 極右の
ultra- 接頭 (くラ)「超…」「極端な」の意 ▶ **ultra-rapide** 超高速の
ultracentrifugation [yltrasɑ̃trifygasjɔ̃] 女 超遠心分離器による分離
ultracentrifugeuse [yltrasɑ̃trifyʒøz] 女 超遠心分離器
ultra(-)léger(ère) [yltraleʒe, -ɛr] 形 超軽量の

ultramarin(e) [yltramarē, -in] 形 ウルトラマリン, 群青色の

ultramicroscope [yltramikrɔskɔp] 男 限外顕微鏡

ultramoderne [yltramɔdɛrn] 形 超近代的な, 超モダンな

ultramontain(e) [yltramɔ̃tɛ̃, -ɛn] 形 教皇至上論の ― 名 教皇至上論者

ultraplat(e) [yltrapla, -at] 形 超薄型の

ultrapression [yltrapresjɔ̃] 女 〔物〕超高圧

ultra-rapide [yltrarapid] 形 超高速の

ultra(-)secret(ète) [yltrasəkrɛ, -ɛt] 形 極秘の

ultrasensible [yltrasɑ̃sibl] 形 過敏の;(機器が)超高感度の

ultrason [yltrasɔ̃] 男 〔物〕超音波

ultrasonore [yltrasɔnɔr] 形 〔物〕超音波の

ultraviolet(te) [yltravjɔlɛ, -ɛt] 形 男 紫外線の

ululation [ylylasjɔ̃], **ululement** [ylylmɑ̃] 男 = hululement

ululer [ylyle] 自 = hululer

Ulysse [ylis] 男 〔ギ神〕ユリシーズ, オデュッセウス

UMTS 男 (＜英) (略) universal mobile telecommunications system UMTS【高速, 大容量通信が可能な第三世代携帯電話のヨーロッパ規格】

un(une) [œ̃, yn アン(ユヌ)] 冠 (不定) (複 des) ① (基数詞)【数を強調するときは d'un 【エリジョンしない】(英más, one)】① (不特定) ある, 1つの ▶un chien 1匹の犬, ある犬 ②…というものはどれも ▶Une autruche ne vole pas. ダチョウは飛べない ③ (強調) すごい, 大変な ▶J'ai une de ces faims! 本当に腹ぺこだ ④【固有名詞とともに】…の作品, …の製品;…とかいう名前の人, …家の人;…のような人 ⑤第一の, 一番目の ▶acte l (un), scène 1 (une) 第一幕第一場 ⑥唯一の, 統一された ― 男 (不定) (数・数字の) 1;[le un] 1番, 1番地;(トランプの) 1のカード ▶compter de un à cent 1から100まで数える l'un de mes amis 私の友達の1人 ▶[la une]〖la une〗(新聞の)第1面;(テレビの)第1チャンネル ▶faire [être à] la une (新聞の)1面を飾る ne faire ni une ni deux ためらうことなく行動する
― 代 (不定) ①〖(l')un(e) de …〗…の 1つ, 1人 ②【代名詞 en とともに】その1つ[1人] ③〖un + 関係詞節〗…する人 ④〖l'un(e)〗〖l'autre とともに用いる; 複数は les uns, les unes で les autres に対応する〗一方 ▶les uns les autres (複数が) お互いに l'un …, l'autre あるものは…またあるものは l'un après l'autre 代わるがわる l'un d'entre vous あなたたちのうちの1人 l'un et l'autre 両方とも l'un l'autre (2人が)

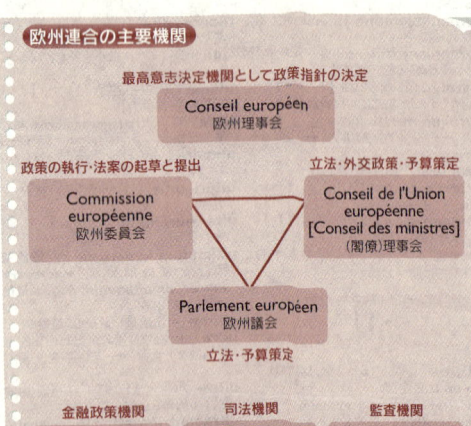

欧州連合の主要機関

最高意思決定機関として政策指針の決定

Conseil européen
欧州理事会

政策の執行・法案の起草と提出

Commission européenne
欧州委員会

立法・外交政策・予算策定

Conseil de l'Union européenne
[Conseil des ministres]
(閣僚)理事会

Parlement européen
欧州議会

立法・予算策定

金融政策機関

Banque centrale européenne
欧州中央銀行

司法機関

Cour de justice de l'Union européenne
欧州司法裁判所

監査機関

Cour des comptes européenne
欧州会計監査院

お互いに **l'un ou l'autre** 両者のどちらか **ni l'un ni l'autre** どちらも(…)ない **un(e) à un(e) / un(e) par un(e)** 1つ[1人]ずつ

unanime [ynanim ユナニム] 形 (英 unanimous) 満場一致で, 全員そろった

unanimement [ynanimmã] 副 満場一致で

unanimisme [ynanimism] 男 〔文史〕 ユナニスム, 一体主義【作家は人間集団の精神・心理を表現すべきだというジュール・ロマンらの主張】

***unanimité** [ynanimite ユナニミテ] 女 全員一致, 満場一致 ▶**à l'unanimité** 満場一致で **faire l'unanimité** 満場一致で承認される

unciforme [ɔ̃siform] 形 〔解〕鉤(弐)形

unciné(e) [ɔ̃sine] 形 〔植〕鉤(弐)形の

underground [œndərgrawnd, œdərgrawnd] 形 〈不変〉 (<英〉 アングラの

une [yn] 冠 個 女 (英a, one) un の女性形

UNESCO [ynɛsko] 女 (<英〉 (略) United Nations Educational, Scientific and Cultural Organization ユネスコ, 国際連合教育科学文化機関

unguéal(ale) [ɔ̃gueal] 形 (男複 -*aux*-o) 爪の

unguifère [ɔ̃gɥifɛr] 形 爪のある

***uni(e)** [yni ユニ] 形 (英 united) ①平坦な, なめらかな ②無地の, 単色の ③緊密な仲の; 結びついた; 統合された, 連合した

uni- 接頭 (<ラ)「1」「唯一」「単一」の意

uniate [ynjat] 形名 東方カトリック教の(教徒)

UNICEF, Unicef [ynisɛf] 男 (<英〉 (略) United Nations Children's Fund ユニセフ, 国際連合児童基金

unicellulaire [ynisɛlylɛr] 形 〔生〕単細胞の

unicité [ynisite] 女 単一性, 唯一性

unicorne [ynikɔrn] 〔神話〕(古) 一角獣, ユニコーン ─ 形 角が1本の

unidimensionnel(le) [ynidimɑ̃sjɔnɛl] 形 1次元の

unidirectionnel(le) [ynidirɛksjɔnɛl] 形 一方向の,(アンプラ等)単指向性の

unième [ynjɛm] 形 [他の数詞を伴って] 1番目の ▶**vingt et unième** 21番目の

unièmement [ynjɛmmã] 副 [他の数詞を伴って] 1番目に ▶**trente et unièmement** 31番目に

unificateur(trice) [ynifikatœr, -tris] 形 統一する, 1つにする

unification [ynifikɑsjɔ̃] 女 統一, 統合

unifié(e) [ynifje] 形 統一[統合]された

unifier [ynifje] 他 統一[統合]する, 1つにする ─ 代動 **[s'~]** 統一[統合]される

***uniforme** [yniform ユニフォルム] 形 (英 uniform) 同じ形の, 一様の; 変化のない, 単調な ─ 男 制服, ユニフォーム

uniformément [ynifɔrmemã] 副 一様に, 一律に; 単調に, 何の変化もなく

uniformisation [ynifɔrmizɑsjɔ̃] 女 画一化, 均一化

uniformiser [ynifɔrmize] 他 一律[均一]にする; 画一化する

uniformité [ynifɔrmite] 女 画一性, 均一性; 単調さ

unijambiste [yniʒɑ̃bist] 形名 片足の(人)

unilatéral(ale) [ynilateral] 形 (男複 -*aux*-o) 片側だけの; 一方的な

unilatéralement [ynilateralmã] 副 一方的に

unilingue [ynilɛ̃g] 形 単一言語で書かれた

uniment [ynimã] 副 ①〈文〉 一様に, 規則正しく ②▶**tout uniment** 率直に, ありのままに

uninominal(ale) [yninɔminal] 形 (男複 -*aux*-o) 単記の

***union** [ynjɔ̃ ユニヨン] 女 結合, 結びつき; 団結, 協力; 連合, 同盟, 組合 ▶ **(ex-)Union soviétique** [l'~] (旧)ソビエト連邦 **union conjugale** 婚姻関係, 結婚 **union de consommateurs** 消費者連合 **union douanière** 関税同盟 **Union européenne** [l'~] 欧州連合, ヨーロッパ連合【略 UE】 **union libre** 内縁関係, 同棲

unioniste [ynjɔnist] 名 〔史〕(北米・アイルランドなどの) 統一支持派

unipersonnel(le) [ynipɛrsɔnɛl] 形 ①〔言〕 (非人称動詞など)活用が3人称単数のみの ②一人だけの

***unique** [ynik ユニク] 形 唯一の, ただ1つ[1人]の; 統一のとれた; 独自の, すぐれた; 〈話〉 奇抜な, 風変わりな ▶ **être fils [fille] unique** 一人息子[娘]である **occasion unique** またとないチャンス **prix unique** 均一料金

***uniquement** [ynikmã ユニクマン] 副 (Only, solely) もっぱら, ただ単に

***unir** [ynir ユニール] 他 33 (華 unito) 1つにする, 結びつける; 結婚させる; 併せもつ; 華わ備える; (交通機関が)結ぶ ▶ **unir A à B** AをBと合わせる **unir ses forces** 力を合わせる ─ 代動 **[s'~]** 1人に結びつく; 団結する, 結婚する

unisexe [ynisɛks] 形 (服装・髪型が)男女どちらにも合う, ユニセックスの

unisexualité [ynisɛksɥalite] 女 〔生〕単性

unisexué(e) [ynisɛksɥe] 形 〔生〕単性の

unisson [ynisɔ̃] 男 〔楽〕同音, ユニゾン, 斉唱 ▶ **à l'unisson** 〔楽〕 ユニゾン

で;一斉に

unitaire [yniter] 形 統一の, 連合の; 単一の, 単位の

*__unité__ [ynite ユニテ] 囡 (英 unity) ① 統一; まとまり, 一貫性 ▶ **règle des trois unités** (古典劇の)三単一〔三一致〕の法則〔筋・場所・時間の一致〕 ② 単位;〔軍〕編成単位, 隊;〔数〕1,1 の位の数;(1個の)製品, 単品;〔情報〕装置, ユニット ▶ **prix à l'unité** 単価 **unité centrale de traitement**〔情報〕中央処理装置, CPU **unité de production**〔経〕生産単位 **unité de valeur** (大学の)取得単位

univalent(e) [nivalɑ̃, -ɑ̃t] 形〔化〕1価の

univalve [ynivalv] 形〔生〕(貝類が)単殻の;(植物が)単弁の

*__univers__ [yniver ユニヴェール] 男 宇宙;世界, 世界中の人々;領域, 場

universalisation [yniversalizasjɔ̃] 囡 普遍化, 普及

universaliser [yniversalize] 他 普及させる, 普遍化する ── 代動 **s'~** 普及する, 普遍化する

universalité [yniversalite] 囡 普遍性, 一般性;(才能・知識が)広範囲に及ぶこと

*__universel(le)__ [yniversel ユニヴェルセル] 形 (英 universal) 全世界的な, 世界規模の;宇宙の;普遍的な, 一般的な;万能の, 包括的な ── 男 普遍的なもの

universellement [yniverselmɑ̃] 副 普遍的に, 世界的に

universiade [yniversjad] 囡 ユニバーシアード

universitaire [yniversiter] 形 大学の ── 名 大学教員

*__université__ [yniversite ユニヴェルスィテ] 囡 (英 university) (総合)大学;〖U-〗(集合的)公教育機関 ▶ **université d'été** 夏期大学 **université du troisième âge** (中高年向けの)大学の公開講座

univitellin(e) [ynivitelɛ̃, -in] 形〔生〕1卵性の

univoque [ynivɔk] 形 (語などが)一義的な, 常に同じ意味をもつ

Untel [œ̃tel] 代 (不変) 〖**Monsieur** [**Madame**] **Untel**〗某氏

upérisation [yperizasjɔ̃] 囡 (英) (食品などの)高温滅菌, 高熱真空法

uppercut [ypɛrkyt] 男 (英) (ボクシングの)アッパーカット

upsilon [ypsilɔn] 男 ユプシロン【Υ, υ;ギリシャ字母第20字】

uracile [yrasil] 囡〔生化〕ウラシル, ピリミジン塩基

uraète [yraɛt] 男〔鳥〕オナガイヌワシ

uræus [yreys] 男〔考古〕蛇形記章, ウラエウス【古代エジプトの王権の象徴】

uranie [yrani] 囡〔虫〕ツバメガ科

uranique [yranik] 形 ウランの

uranisme [yranism] 男〔医〕(男性の)同性愛

uranium [yranjɔm] 男〔化〕ウラン

Uranus [yranys] 男〔天〕天王星

*__urbain(e)__ [yrbɛ̃, -ɛn ユルバン(ベヌ)] 形 (英 urban) 都市の, 都会の;《文》都会的な

urbanisation [yrbanizasjɔ̃] 囡 都市化, (人口の)都市集中

urbanisé(e) [yrbanize] 形 都市化[市街化]した

urbaniser [yrbanize] 他 都市化[市街化]する

urbanisme [yrbanism] 男 都市計画

urbaniste [yrbanist] 形名 都市計画の(専門家)

urbanistique [yrbanistik] 形 都市計画の

urbanité [yrbanite] 囡 (都会風の)洗練された態度;都会性

urbi et orbi [yrbietɔrbi] 副 〈ラ〉市(ローマ)と世界に【ローマ教皇がサン=ピエトロ大寺院から与える祝福の言葉】 ▶ **proclamer** [**publier**] **urbi et orbi** 全世界に表明[出版]する

urée [yre] 囡〔生化〕尿素

urémie [yremi] 囡〔医〕尿毒症

urémique [yremik] 形〔医〕尿毒症の

uretère [yrter] 男〔解〕尿管

urétérite [yreterit] 囡〔医〕尿管炎

uréthan(n)e [yretan] 男〔化〕ウレタン

urétral(ale) [yretral] 形 (男複 -aux [-o])〔解〕尿道の

urètre [yretr] 男〔解〕尿道

urétrite [yretrit] 囡〔医〕尿道炎

*__urgence__ [yrʒɑ̃s ユルジャンス] 囡 緊急, 切迫;〖複〗救急医療係〔室〕(= service [salle] des ~s) ▶ **d'urgence** 緊急に;すぐに **Il y a urgence.** 緊急事態である **prendre des mesures d'urgence** 緊急措置をとる

*__urgent(e)__ [yrʒɑ̃, -ɑ̃t ユルジャン(ト)] 形 緊急の, 切迫した

urgentiste [yrʒɑ̃tist] 形名 緊急手術の(専門家)

urger [yrʒe] 自 40 《話》切迫している, 緊急である

uricémie [yrisemi] 囡〔医〕尿酸血症

urinaire [yriner] 形〔医〕(泌)尿の

urinal [yrinal] 男 (複 -aux [-o]) 溲瓶(しびん), 尿器

*__urine__ [yrin] 囡 尿, 小便

uriner [yrine] 自 排尿する ── 他 (尿を)出す

urineux(se) [yrinø, -øz] 形〔医〕尿の

urinifère [yrinifer] 形〔解〕輸尿の ▶ **tube urinifère** 尿細管

urinoir [yrinwar] 男 男子用公衆便所

urique [yrik] 形 ►**acide urique**〔生化〕尿酸

urne [yrn] 女 ① 投票箱 ►**aller** [**se rendre**] **aux urnes** 投票に行く ② 骨壷 ③ (古代の) 壺

uro- 接頭〈くそ〉「尿」「尾」の意

urobilinurie [yrɔbilinyri] 女〔医〕ウロビリン尿(症)

urographie [yrɔgrafi] 女〔医〕泌尿器レントゲン撮影法

urologie [yrɔlɔʒi] 女 泌尿器科学

urologue [yrɔlɔg] 名 泌尿器科医

URSS [yeresɛs, yrs]〔略〕Union des Républiques Socialistes Soviétiques 旧ソ連、ソビエト社会主義連邦共和国

urticaire [yrtikɛr] 女〔医〕じんましん

urticant(e) [yrtikɑ̃, -ɑ̃:t] 形 ちくちくする、刺すような; じんましんを発症させる

urubu [yryby] 男〔鳥〕クロコンドル

Uruguay [yrygy(ɥ)ɛ] 男 ウルグアイ〔南米の共和国〕

uruguayen(ne) [yryg(ɥ)ejɛ̃, -ɛn] 形名〔U-〕ウルグアイ(人)

urus [yrys] 男〔動〕オーロックス〔家畜牛の祖先〕

us [ys] 男〔複〕►**us et coutumes** [les 〜] 慣例と風習、しきたり

USA [yɛsa] 男〈く英〉(複) United States of America アメリカ合衆国

****usage** [yzaʒ ユザージュ] 男 (英 use, usage) 使用、利用; 用途; (体の器官の) 働き;〔言〕慣用、慣例、慣習 (酒たばこなどの) 習慣、常用;〔文〕作法 ►**à l'usage** 使用の際に: 使っていくと **à l'usage de** (人) 向けの **à usage interne** [**externe**] 内服用 [外用] の **d'usage** 慣例的な **en usage** 使用されている **entrer dans l'usage** (**courant**) (言語・行動が) 慣用になる **faire mauvais usage de** …を悪用する **faire usage de** …を用いる **hors d'usage** 使われなくなった; 使用できない

usagé(e) [yzaʒe] 形 使い古された、中古の

****usager(ère)** [yzaʒe, -ɛr ユザジェール] 名 (公共機関などの) 利用者;〔言語の〕使用者;〔法〕使用権の所有者

usant(e) [yzɑ̃, -ɑ̃:t] 形 (力を消耗させる

****usé(e)** [yze] 形 (< user) (英 worn) すり切れた、使い古した; 言い古された、平凡な; 消耗した、疲れきった ►**eaux usées** 廃水

****user** [yze ユゼ] 他 (英 wear out) 使い古す、すり減らす、消費する ►**en user … avec A**〔文〕A(人)に対して…にふるまう ―自 (英 use)(…を使う、用いる (**de**) ―代動 〔s'〜〕 (視力などが) 弱くなる、自分の…を弱くする

usinage [yzinaʒ] 男〔機械〕加工

****usine** [yzin ユジィヌ] 女 (英 factory) 工場; 工業; (話) 大量生産の場 ►**usine à gaz** (複雑でわかりにくく) 実用的でない計画 **usine de retraitement** (**des déchets nucléaires**) (核燃料) 再処理工場

usiner [yzine] 他 機械加工する; 製造する

usinier(ère) [yzinje, -ɛr] 形 ①〔古〕工場の ② 工場のある

usité(e) [yzite] 形 (言葉が) 使われている、通用する ►**peu usité** ほとんど使われない **très usité** 頻用される

ustensile [ystɑ̃sil] 男 ① 家庭用品、器具、用具 ②〔話〕もの

usuel(le) [yzɥɛl] 形 日常使われる、日用の; 慣用の ――男 (図書館の) 参考図書

usuellement [yzɥɛlmɑ̃] 副 通常、普通に

usufructuaire [yzyfryktɥɛr] 形〔法〕用益権に関する

usufruit [yzyfrɥi] 男〔法〕用益権、使用収益権

usufruitier(ère) [yzyfrɥitje, -ɛr] 名〔法〕用益権者 ――形 用益権の

usuraire [yzyrɛr] 形 法外に高い、暴利の

usure¹ [yzy:r] 女 すり減らす [減る] こと、磨耗; (感覚・体力などの) 衰え、消耗 ►**avoir … à l'usure**〔話〕(人) を参らせて目的を達する

usure² [yzy:r] 女 高利で金を貸すこと; 高利

usurier(ère) [yzyrje, -ɛr] 名 高利貸し

usurpateur(trice) [yzyrpatœr, -tris] 名 横領者; 権利侵害者、(特に) 王権剝奪者 ――形 横領 [強奪] する

usurpation [yzyrpasjɔ̃] 女 不当な取得、横領;(…に対する)侵害する (**sur**)

usurpatoire [yzyrpatwa:r] 形〔法〕横領にあたる; 不当な

usurper [yzyrpe] 他 横領する; 剝奪する;(不当に) 手に入れる

ut [yt] 男〔不変〕〔楽〕C音、ド、ハ音

utérin(e) [yterɛ̃, -in] 形 ①〔解〕子宮の ② (法) 同母異父の

utérus [yterys] 男〔解〕子宮

****utile** [ytil ユティル] 形 (英 useful) 役に立つ; (…に) 有効な (**à**) ►**en temps utile** 適当な時に ――男 役に立つこと、実益

utilement [ytilmɑ̃] 副 有益に、有効に

****utilisable** [ytilizabl ユティリザブル] 形 利用しうる

utilisateur(trice) [ytilizatœr, -tris] 名 (英 user) 利用者

****utilisation** [ytilizasjɔ̃ ユティリザスィヨン] 女 (英 use) 使用、利用 ►**notice d'utilisation** 使用説明書

****utiliser** [ytilize ユティリゼ] 他 (英 use) 使う、利用する

utilitaire [ytilitɛr] 形 実用的な; 功利的な ――男 営業車 (= véhicule 〜)

utilitarisme [ytilitarism] 男〔哲〕

utilitariste 功利主義

utilitariste [ytilitarist] 形 〔哲〕功利主義の ── 名 功利主義者

utilité [ytilite] 女 (英 utility) ①有用性, 効用; 実益, 利益 ► **d'une grande utilité** 大変有用な **utilité publique** 公益 ②《複》(劇・映画の)端役 ► **jouer les utilités** 端役を演じる

utopie [ytɔpi] 女 ユートピア, 理想郷; 夢物語

utopique [ytɔpik] 形 空想的な, 非現実的な

utopiste [ytɔpist] 形 名 夢想家(の); 理想主義者(の)

UV[1] 女 《不変》(略) unité de valeur (大学の)取得単位

UV[2] 男 (略) ultraviolets 紫外線

uval(ale) [yval] 形 《複 -aux》[-o] ブドウに関する

uvée [yve] 女 〔解〕(眼球の)ぶどう膜

uvéite [yveit] 女 〔解〕ぶどう膜炎

uvulaire [yvyler] 形 〔解〕口蓋(こうがい)垂の ► **r uvulaire** (音声)口蓋垂音の R

uvule [yvyl] 〔医〕(略) Voir …を見よ

uxorilocal(ale) [yksɔrilɔkal] 形 《男複 -aux》[-o] 妻方居住婚の

V

V[1], **v**[1] [ve] 男 ①フランス字母の第22字 ②V字形(のもの) ► **pull en v** V ネックのセーター ③ローマ数字の5

V[2], **v**[2] (略) ①[V] volt ボルト ②volume (本の)巻

V. [vwar] (略) Voir …を見よ

va[1] [va] ⇨ aller

va[2] [va] 間 ①さあさあ, よし【激励・脅しなど】 ► **Va donc!** 【ののしり言葉の前に】この… **Va pour...** (話) …でいいよ ─ Va pour 10 euros [demain]. 10ユーロ[明日]でいいよ

vacance [vakɑ̃s] 女 (英 vacation) ①《複》休暇, バカンス ► **Bonnes vacances!** よい休暇を **être [partir] en vacances** 休暇中である[にでかける]; 旅行中である[にでかける] **grandes vacances** 夏休み **vacances de Noël** クリスマス休み【冬休み】 **vacances de Pâques** 復活祭休み【春休み】②欠員, 空席; 不在, 空白 ► **vacance du pouvoir** 政治的空白

vacancier(ère) [vakɑ̃sje, -ɛr] 名 休暇を過ごす人, バカンス客 ── 形 休暇の, バカンス期間の

vacant(e) [vakɑ̃, -ɑ̃t] 形 空いている, 空席の, 欠員の;《文》放心した

vacarme [vakarm] 男 騒音; 喧噪

vacataire [vakater] 形 名 臨時の(職員), 代用の(職員)

vacation [vakasjɔ̃] 女 ①〔法〕(鑑定人・裁判官などが任務に要する)所要時間 ②競売 ③(公証人・鑑定人への)報酬 ④《複》休廷期間

vaccin [vaksɛ̃] 男 (英 vaccine) ワクチン, 痘苗(とうびょう); 種痘; 牛痘ウイルス;(…を予防するための)《contre》

vaccinal(ale) [vaksinal] 形 《男複 -aux》[-o] 〔医〕ワクチンの

vaccination [vaksinasjɔ̃] 女 予防接種, ワクチン接種; 種痘

vaccine [vaksin] 女 ①牛痘, 馬痘 ②種痘反応

vacciné(e) [vaksine] 形 (< vacciner) 予防接種された; (話) (ひどい目にあったので…に対して)免疫ができた《contre》 ► **être majeur et vacciné** 大人としてちゃんとふるまえる ── 名 ワクチン接種を受けた人

vacciner [vaksine ヴァクスィネ] 他 (英 vaccinate) 予防[ワクチン]接種する; 種痘をする

vachard(e) [vaʃar, -ard] 形 (話) 意地悪の

vache [vaʃ ヴァッシュ] 女 (英 cow) ①雌牛, 雌牛の肉; 牛革 ► **maladie de la vache folle** 狂牛病 **vache à lait** (話) 金づる, かも **vache laitière** 乳牛 ②(話) 意地悪な人, 冷酷な人; (俗) 警官 ► **Ah la vache!** (驚き・感嘆) すごい!; 畜生! **faire un coup en vache à ...** (話) (人)に汚いまねをする ── 形 (話) 意地悪の, 冷酷な; ついていない; すごい

vachement [vaʃmɑ̃] 副 (話) すごく, とても

vacher(ère) [vaʃe, -ɛr] 名 牛飼い

vacherie [vaʃri] 女 (話) 意地悪, ひどい言いなさ ► **faire [dire] une vacherie à** (人)に意地悪なことを[言う]

vacherin [vaʃrɛ̃] 男 ヴァシュラン【Franche-Comté 地方産の軟質チーズ】

vachette [vaʃɛt] 女 ①(雌の)子牛 ②子牛の皮

vacillant(e) [vasijɑ̃, -ɑ̃t] 形 ぐらぐらする, ゆれる; 頼りない, はっきりしない

vacillation [vasijasjɔ̃] 女, **vacillement** [vasijmɑ̃] 男 ぐらつくこと; 動揺, 迷い

vaciller [vasije] 自 ぐらぐらする; (光・炎が) 揺らぐ ► **vaciller sur ses jambes** よろける

va-comme-je-te-pousse [vakɔmʒtəpus] (成句でのみ) ► **à la va-comme-je-te-pousse** 行きあたりばったりに, ぞんざいに

vacuité [vakɥite] 女 内容がないこと, 空虚, 無意味

vacuole [vakɥɔl] 女 〔生〕空胞, 液胞; 〔地〕気孔

vacuum [vakɥɔm] 男 《ラ》真空

vade-mecum [vademekɔm] 男 《不変》《ラ》(必携)必携書; 手引

vadrouille[1] [vadruj] 女 ①〔海〕(船で使う)モップ; 《カナダ》(一般の)モップ

vadrouille² [vadruj] 囡 (話) ぶらつくこと, 散歩
vadrouiller [vadruje] 自 (話) ほっつき歩く
vadrouilleur(se) [vadrujœr, -øz] 形名 (話) ほっつき歩く(人)
va-et-vient [vaevjɛ̃] 男 (不変) 往復運動; (人の)往来, 行き来; 往復連絡手段; [電] 2[3]路スイッチ ▶**faire le va-et-vient entre …の間を行き来する**
vagabond(e) [vagabɔ̃, -ɔ̃d] 形 放浪の; 移り気な, とりとめのない — 名 浮浪者; 放浪者
vagabondage [vagabɔ̃daʒ] 男 ① 放浪(癖); 浮浪(罪) ② とりとめのないこと, 気まぐれ
vagabonder [vagabɔ̃de] 自 放浪[浮浪]する; とりとめなく移り変わる
vagin [vaʒɛ̃] 男 [解] 膣(ちつ)
vaginal(ale) [vaʒinal, -aux(-o)] 形 (男複 -aux(-o)) [解] 膣(ちつ)の
vaginite [vaʒinit] 囡 [医] 膣(ちつ)炎
vagir [vaʒir] 自 33 (赤ん坊が)泣く; (ノウサギ・ワニが)鳴く
vagissant(e) [vaʒisɑ̃, -ɑ̃t] 形 (赤ん坊が)泣いている; (声などが)弱々しい, かぼそい
vagissement [vaʒismɑ̃] 男 (赤ん坊の)泣き声; (ノウサギ・ワニの)鳴き声
vagolytique [vagɔlitik] 形 [生理] 迷走神経抑制の
vagotonie [vagɔtɔni] 囡 [医] 迷走神経緊張症
***vague**¹ [vag ヴァーグ] 囡 (英 wave) 波 ▶**faire des vagues** (話) 評判になる **nouvelle vague** [la 〜] ヌーヴェルヴァーグ (1960年代の新進映画作家たち) **une vague de …** の波, …の高まり **vague de chaleur [froid]** [気] 熱波[寒波]
***vague**² [vag ヴァーグ] 形 (英 vague) ① 漠然とした, あいまいな; 取るに足りない ② (服が)だぶだぶの, たっぷりした ③ (土地に)何もない ▶**terrain vague** 空き地 ④ [解] **nerf vague** 迷走神経 — 男 ① あいまいさ, どっちつかずの状態[態度] ▶**avoir du vague à l'âme** 物憂い気分である **rester dans le vague** 煮え切らない, はっきりしたことを言わない ② 虚空(こくう) ▶**regarder dans le vague** 虚空を見つめる
vaguelette [vaglɛt] 囡 さざ波
vaguement [vagmɑ̃] 副 あいまいに, 漠然と
vaguemestre [vagmɛstr] 男 [軍] 郵便物担当下士官
vaguer [vage] 自 (文) さまよう, 彷徨(ほうこう)する — 他 (俗) (人の)ポケットを探る
vahiné [vaine] 囡 (〈タヒチ〉) タヒチ島の女性
vaillamment [vajamɑ̃] 副 勇敢に, けなげに, がんばって

vaillance [vajɑ̃s] 囡 (文) 勇敢さ, 雄々しさ
vaillant(e) [vajɑ̃, -ɑ̃t] 形 ① (文) 勇敢な, 雄々しい ▶**À cœur vaillant rien d'impossible.** (ことわざ) 勇敢な人間には不可能はない ② 精力的な, 健康な
***vain(e)** [vɛ̃, -ɛn ヴァン(ヴェヌ)] 形 (英 vain) ① むだな, 効果のない, むなしい; 無意味な, 空虚な ▶**en vain** むだに; むなしく ▶**en vain** むだに; むなしく
***vaincre** [vɛ̃kr ヴァンクル] 他 73 (英 defeat, conquer) 打ち破る, 負かす; 克服する, 征服する
vaincu(e) [vɛ̃ky ヴァンキュ] 形 (〈vaincre) 負けた, 打ち破られた, 征服された — 名 敗者
vainement [vɛnmɑ̃] 副 むだに; むなしく
***vainqueur** [vɛ̃kœr ヴァンクール] 男 (英 conqueror) 勝者; 征服者 — 形 (男性形のみ) 勝利を得た; 勝ち誇った
vairon¹ [vɛrɔ̃] 男 [魚] ヒメハヤ (コイ科の小魚)
vairon² [vɛrɔ̃] 形 (男性形のみ) ▶**yeux vairons** 片方ずつ色の異なった目
vais [vɛ] ⇒**aller**
vaisseau [vɛso] 男 (複 〜x) ① 大きな船, 軍艦 ▶**brûler ses vaisseaux** 背水の陣をしく **vaisseau spatial** 宇宙船 ② (大きな建物の)内部(空間) ③ [解・植] 脈管, 導管; 血管 (=〜 sanguin)
vaisselier [vɛsəlje] 男 (田舎風の)食器棚
***vaisselle** [vɛsɛl ヴェセル] 囡 (英 dishes) ① (集合的) 食器 ② (食後の)器洗い ▶**faire [laver] la vaisselle** 食器洗いをする
VAL [val] Véhicule automatique léger 自動運転小型車両 [無人の都市交通システム]
val [val] 男 (複 〜s, vaux) (文・古) 谷, 渓谷 ▶**par monts et par vaux** あちこちに
valable [valabl ヴァラブル] 形 (英 valid) 有効な; 法的効力のある; 正当な, 妥当な; 価値のある
valablement [valabləmɑ̃] 副 正当に; 有効に
Val-de-Marne [valdəmarn] 男 ヴァル・ド・マルヌ県 [パリの東郊]
valdinguer [valdɛ̃ge] 自 (話) 倒れる, ひっくり返る ▶**envoyer valdinguer** (人に)乱暴に扱う, 追い払う, 帰ってもらう
Val-d'Oise [valdwaz] 男 ヴァル・ドワーズ県 [パリの北郊]
valençay [valɑ̃sɛ] 男 ヴァランセ [Berry 地方産のかびのある山羊乳チーズ]
Valence [valɑ̃s] 囡 ① ヴァランス [Drôme 県の県庁所在地] ② バレンシア [地中海に面したスペインの都市]
valence [valɑ̃s] 囡 [化] 原子価

valent [valɑ̃] ⇨valoir

valériane [valerjan] 女 〔植〕カノコソウ

Valéry [valeri] (Paul~) ヴァレリー【1871-1945; 詩人・批評家】

valet [valɛ] 男 ①召使, 下僕；〔劇の〕召使役 ▸ **valet de chambre** (男性の)召使 **valet de pied** (お仕着せを着た)召使 ②追従[服従]する人 ③〔トランプ〕ジャック ④脚付き衣装掛け(=~ de nuit)

valetaille [valtaj] 女 《集合的》《軽蔑的》召使たち, 奉公人たち

valétudinaire [valetydinɛr] 形男 《文・古》虚弱な(人), 病弱な(人)

valeur [valœr ヴァルール] 女 (英 value) ①価値, 値段, 価格；重要性；〔法的)効力；価値観；能力, 実質；〔言〕(語の)意味 ▸ **accorder** [**attacher**] **de la valeur à** …を重視する, 大切にする **avoir de la valeur** 価値がある **de (grande) valeur** (物が)(大変)貴重な; (人が)(大変)有能な **mettre en valeur** (資源などを)活用する; (人・物などを)引き立たせる **perdre de sa valeur** 値段が下がる **prendre de la valeur** 値段が上がる **valeur ajoutée** 〔経〕付加価値 ②有価証券 ③値, 数値；(音符の)長さ ▸ **la valeur de** …およそ…の量 **valeur absolue** [**approchée**] 絶対値[近似値]

valeureusement [valœrøzmɑ̃] 副 《文》勇敢に

valeureux(se) [valœrø, -øz] 形 《文》勇敢な

valez [vale] valoir の直・現在・2・複

valgus [valgys] 形男 〈ラ〉〔医〕外反の

validation [validasjɔ̃] 女 法的に有効にすること, 認めること

valide [valid ヴァリッド] 形 ①(法的に)有効な ②健康な, 丈夫な

valider [valide] 他 法律的に有効にする, 有効と認める

validité [validite ヴァリディテ] 女 (法的な)有効性, 効力；有効期間

valise [valiz ヴァリーズ] 女 (英 suitcase, bag) スーツケース, 旅行かばん ▸ **faire sa valise** [**ses valises**] 荷造りをする；旅行の準備をする **valise diplomatique** (税関を通らない)外交小荷物

vallée [vale ヴァレ] 女 (英 valley) 谷；(山岳地方の)谷間；(大河の)流域

vallon [valɔ̃] 男 小さな谷

vallonné(e) [valɔne] 形 谷の多い

vallonnement [valɔnmɑ̃] 男 〔土地の〕起伏

valoche [valɔʃ] 女 《話》スーツケース

valoir [valwar ヴァロワール] 自 74 (英 be worth) (…の)準備である, 値打ちがある；力量[効力]がある；(…の)財産[収入]がある；(…の)報酬を得るだけの価値がある；匹敵する, 相当する ▸ **Ça vaut mieux.** 《話》その方がいい **faire valoir** (長所などを)ひき立たせる；(議論などを)主張する **Il vaut mieux** 不定詞 **[que** + 接続法**]** [非人称] …する方がいい **Rien ne vaut** …ほどのものはない **valoir cher** ものすごく値打ちがある **valoir la peine de** 不定詞 **[que** + 接続法**]** …する価値がある — 他 もたらす — 代動 [**se** ~] 互角である ▸ **Ça se vaut.** 《話》どっちもどっちだ

valorisant(e) [valorizɑ̃, -ɑ̃t] 形 価値[評価]を高める

valorisation [valorizasjɔ̃] 女 価値[評価]を高めること

valoriser [valorize] 他 価値を引き上げる；評価を高める — 代動 [**se** ~] 自分の価値を上げること

valse [vals] 女 〔舞・楽〕ワルツ, 円舞曲 ②《話》(役職・物価などが)めまぐるしく変わること

valse-hésitation [valsezitasjɔ̃] 女 (複~s-~s) 《話》考えあぐむこと, くるくる変わる言動

valser [valse] 自 ワルツを踊る；(ものが)くるくる回る ▸ **envoyer valser** … 《話》(人)を首にする, 追い払う

valseur(se) [valsœr, -øz] 名 ワルツを踊る人 — 女 〔複〕《俗》尻, 尻尾

valve [valv] 女 ①バルブ, 弁；〔電〕二極管 ②〔動〕(二枚貝の)殻

valvulaire [valvylɛr] 形 〔解〕弁の；弁のある

valvule [valvyl] 女 〔解〕弁, 弁膜

vamp [vɑ̃p] 女 (< 英) 男を惑わす女(の役の女優)

vamper [vɑ̃pe] 他 《話》(男を)陥れる, 誘惑する

vampire [vɑ̃pir] 男 (< ド) ①吸血鬼, 殺人鬼；搾取者, 強欲者 ②〔動〕チスイコウモリ(= chauve-souris ~)

vampirique [vɑ̃pirik] 形 《文》吸血鬼の, 吸血鬼のような

vampiriser [vɑ̃pirize] 他 勢力下におく, 服従させる

vampirisme [vɑ̃pirism] 男 ①吸血鬼伝説 ②搾取, 強欲

van¹ [vɑ̃] 男 箕(み), 唐(とう)箕

van² [vɑ̃] 男 (< 英) 競走馬運搬車；ワゴン

vanadium [vanadjɔm] 男 〔化〕バナジウム(原子記号 23 の元素)

vandale [vɑ̃dal] 名 ①〔芸術品・公共物の〕破壊者 ②〔V-〕〔史〕ヴァンダル人

vandaliser [vɑ̃dalize] 他 破壊する

vandalisme [vɑ̃dalism] 男 (芸術品・公共物の)破壊, 蛮行

vanille [vanij] 女 バニラの実；バニラエッセンス ▸ **glace à la vanille** バニラアイスクリーム

vanillé(e) [vanije] 形 バニラの香りをつけた

vanillier [vanije] 男 〔植〕バニラの木

vanilline [vanilin] 女 〔化〕バニリン

vanité [vanite ヴァニテ] 女 虚栄心；

慢心 ▸**sans vanité** 謙虚に **tirer vanité de** …を自慢する

vaniteusement [vanitøzmɑ̃] 副 うぬぼれて, 気取って

***vaniteux(se)** [vanitø, -øz ヴァニトゥ(ズ)] 形 うぬぼれた[虚栄心の強い人]

vanity-case [vanitikez] 男 (英・薬) バニティーケース[携帯用の化粧箱]

vannage [vanaʒ] 男 (穀物ともみがらを)箕(ˀ)でより分けること

vanne¹ [van] 女 (水門の)扉, 制水弁, 仕切り弁 ▸**ouvrir les vannes** 流れに任せる; (話)話しまくる

vanne² [van] 女 (話)嫌み, 当てこすり ▸**envoyer des vannes** (人)にいやみを言う

vanné(e) [vane] 形 (<vanner) (話)ヘとへとに疲れた

vanneau [vano] 男 (複 ~x) (鳥)タゲリ

vanner [vane] 他 ①(穀物ともみがらを)箕(ˀ)でより分ける ②(話)ヘとへとに疲れさせる ③(話)馬鹿にする; いやみを言う

vannerie [vanri] 女 籠編み作業; 籠製品

Vannes [van] ヴァンヌ[Morbihan 県の県庁所在地]

vanneur(se) [vanœr, -øz] 名 (穀物を)箕(ˀ)でより分ける人 ── 女 (穀物の)より分け機

vannier [vanje] 男 籠編み職人

vantail [vɑ̃taj] 男 (複 -aux[-o]) 開き戸

vantard(e) [vɑ̃tar, -ard (タルド)] 形 自慢ばかりする(人); ほら吹きの(人)

vantardise [vɑ̃tardiz] 女 自慢好き, 自慢話, ほら

***vanter** [vɑ̃te ヴァンテ] 他 ほめそやす ── 代動 [se ~] (…)を自慢する (de)

Vanuatu [vanwatu] バヌアツ[南太平洋にある共和国]

va-nu-pieds [vanypje] 名 (不変) 貧しい人, 乞食

vapes [vap] 女 (複) (話)もうろう状態 ▸**être dans les vapes** もうろうとしている; 気を失っている

***vapeur** [vapœr ヴァプール] 女 (英 vapor), 水蒸気, 湯気 (=~ d'eau), もや, 霧 ▸**à toute vapeur** 全速で **avoir ses vapeurs** (話)のぼせる **(cuit à la) vapeur** ふかした (野菜などに) ▸**être à voile et à vapeur** (俗)(性的に)両刀使いである **renverser la vapeur** ピストンを逆回転する; 方向転換する
── 男 汽船, 蒸気船 (= bateau à ~)

vapoureusement [vapurøzmɑ̃] 副 かすかに; ふわりと

vaporeux(se) [vaporø, -øz] 形 軽やかな, ふわりとした; (文)おぼろな, かすんだ

vaporisateur [vaporizatœr] 男 スプレー, 霧吹き

vaporisation [vaporizasjɔ̃] 女 噴霧, スプレー; 蒸発, 気化

vaporiser [vaporize] 他 (霧状にして)吹きかける; 蒸発[気化]させる

vaquer [vake] 自 ①(学校などが)休日となる ②(…)に従事する, 専念する (à)

Var [var] 男 ①[le ~] ヴァール川 ②ヴァール県[フランス南東部]

varan [varɑ̃] 男 (動) オオトカゲ

varangue [varɑ̃g] 女 (海) 船底床板, 肋(²)板

varappe [varap] 女 ロッククライミング

varapper [varape] 自 ロッククライミングをする

varappeur(se) [varapœr, -øz] 名 ロッククライマー

varech [varɛk] 男 (海岸に流れ着いた)海藻

vareuse [varøz] 女 ゆったりした上着; (水夫・漁師の)作業着

varia [varja] 男 (複) (ラ) 雑録, 雑文集

***variable** [varjabl ヴァリヤブル] 形 (英 variable) ①変わりやすい, 不安定な, 異なる; 変えることができる ②(言)変化する ── 女 (数)・(論)変数

variante [varjɑ̃t] 女 (同種のものの)変形; 異本, 異文; (言)変異体

variateur [varjatœr] 男 調光装置[照明の光量を調節する装置]; (機)変速機

***variation** [varjasjɔ̃ ヴァリヤスィヨン] 女 変化; 変動; (楽) 変奏曲

varice [varis] 女 (医) 静脈瘤(²̥)

varicelle [varisɛl] 女 (医) 水痘, 水疱瘡(ˀ²)

varié(e) [varje] 形 (<varier) (英 varied) 変化に富んだ, (複)さまざまな, 種々の ▸**hors d'œuvre variés** オードブル盛り合わせ **sandwichs variés** ミックスサンドイッチ

varier [varje ヴァリエ] 自 (英 vary, change) 変わる, 変化する, 異なる; (人)が意見[態度]を変える; (人々が)意見を異にする ── 他 変化をつける, 多彩にする; 変更する

***variété** [varjete ヴァリエテ] 女 (英 variety) ①多様性, 変化に富むこと, 品種, 変種 ②(複) バラエティーショー (= spectacle de ~s); 軽音楽

variole [varjɔl] 女 (医) 天然痘, 痘瘡(²ˀ)

varioleux(se) [varjɔlø, -øz] 形 天然痘[痘瘡(²ˀ)]にかかった(人)

variolique [varjɔlik] 形 (医) 天然痘[痘瘡(²ˀ)]の

variorum [varjɔrɔm] 形 (不変) (ラ) ▸**édition variorum** 集注版[諸家の注や異本を収めたもの]

variqueux(se) [varikø, -øz] 形 (医) 静脈瘤(²̥)の

varlope [varlɔp] 女 長かんな(鉋), 大

かんな

Varsovie [varsɔvi] ワルシャワ【ポーランド共和国の首都】

varsovien(ne) [varsɔvjɛ̃, -ɛn] 形 名 【V-】ワルシャワの(人)

varus [varys] 形 男 〈ラ〉〔医〕内半(の)

vas [va] ⇒**aller**

vasculaire [vaskylɛr] 形〔解〕脈管の, 血管の

vascularisation [vaskylarizasjɔ̃] 女〔医〕① 血管新生, 血管化 ②(身体部位の)血管分布

vascularisé(e) [vaskylarize] 形〔解〕血管のある

*vase[1]** [vaz] ヴァーズ 男 (英 vase) 花びん; 壺, かめ, 器; しびん ▶*en vase clos* 外部と連絡を断って, 閉じこもって *vases communicants* 〔化〕連通管

vase[2] [vaz] 女 (水底の)泥

vasectomie [vazɛktɔmi] 女〔医〕精管切除

vaseline [vazlin] 女 (英) ワセリン

vaseliner [vazline] 他 ワセリンを塗る

vaser [vaze] 自 非人称〔話〕雨が降る

vaseux(se) [vazø, -øz] 形 ①〈古〉泥の多い ②〔話〕あいまいな, でたらめな ③〔話〕ぐったりした, 気分が悪い

vasistas [vazistas] 男 〈ド〉(戸・窓の上部にある)開閉式小窓

vaso- 接頭 〈ラ〉「容器」「管」の意

vasoconstricteur(trice) [vazɔkɔ̃striktœr, -tris] 形〔生理〕血管収縮の ── 男 血管収縮薬

vasoconstriction [vazɔkɔ̃striksjɔ̃] 女〔生理〕血管収縮

vasodilatateur(trice) [vazɔdilatatœr, -tris] 形〔生理〕血管拡張(性)の ── 男 血管拡張薬

vasodilatation [vazɔdilatasjɔ̃] 女〔生理〕血管拡張

vasomoteur(trice) [vazɔmɔtœr, -tris] 形〔生理〕血管運動の

vasotomie [vazɔtɔmi] 女 = vasectomie

vasouillard(e) [vazujar, -ard] 形〔話〕(人が)ぼうっとした, ぐったりした; (話など)共に不明瞭な

vasouiller [vazuje] 自〔話〕しどろもどろになる; もたつく

vasque [vask] 女 ① 噴水受け ②(卓上装飾の)飾り鉢, 水盤

vassal(ale) [vasal] 名 (男 複 -aux [-o]) ① 隷属する人[もの] ②〔史〕封臣, 臣下 ── 形 隷属する

vassalisation [vasalizasjɔ̃] 女 隷属化

vassaliser [vasalize] 他 従属[隷属]させる

vassalité [vasalite] 女 隷属, 従属; 臣下であること

*vaste** [vast] ヴァスト 形 (英 vast) ① 広大な, 広い; 多くの; 広範囲に及ぶ ② 大規模の ③(冗談などに)ひどい, とん

でもない

vastitude [vastityd] 女〈文〉広がり; 広大さ

va-t-en-guerre [vatɑ̃gɛr] 形名〔不変〕(軽蔑的)好戦的な人

Vatican [vatikɑ̃] 男 ヴァチカン宮殿, 教皇庁 ▶*État de la cité du Vatican* [l'~] ヴァチカン市国

vaticination [vatisinasjɔ̃] 女〈文〉 ① 予言者の宣託 ②(軽蔑的)(おおげさな)予言

vaticiner [vatisine] 自〈文〉 ① 予言する ②(軽蔑的)(おおげさに)予言的なことを言う; たわごとを言う

va-tout [vatu] 男〔不変〕(トランプなどで)有り金を全部賭けること ▶*jouer son va-tout* 一か八かの勝負に出る

Vaucluse [voklyz] 男 ヴォークリューズ県【南フランス】

vauclusien(ne) [voklyzjɛ̃, -ɛn] 形 【V-】ヴォークリューズの(人)

vaudeville [vodvil] 男 ヴォードヴィル, 軽喜劇

vaudevillesque [vodvilɛsk] 形 ヴォードヴィル的の, 滑稽な

vaudevilliste [vodvilist] 名 ヴォードヴィル作家

vaudou [vodu] 男 ブードゥー教の神

vau-l'eau [volo]〔成句での み〕▶*à vau-l'eau* 流れのままに *aller à vau-l'eau* (計画が)流れる, 悪化していく

vaurien(ne) [vorjɛ̃, -ɛn] 名〈古〉ならず者, チンピラ;(話)いたずらっ子, 悪児 ── 男 【V-】ボーリエン型ヨット

vaut [vo] ⇒**valoir**

vautour [votur] 男 ①〔鳥〕ハゲワシ(禿鷲); コンドル ② 冷酷な人; タカ派の人 ▶*vautour barbu* ヒゲワシ

vautrer(se) [votre] 代動〔se ~〕① 転げ回る, 寝転がる, (軽蔑的)(…に)ふける (dans) ②〔話〕落ちる; 転ぶ

vaux[1] [vo] val の複数形

vaux[2] [vo] ⇒**valoir**

va-vite [vavit]〔成句でのみ〕▶*à la va-vite* 急いで, ぞんざいに

VDQS〔略〕vin délimité de qualité supérieure 産地限定上質ワイン【AOC ワインに次ぐ上質のワイン】

*veau** [vo] ヴォー 男 (複 ~x)(英 calf) 子牛, 子牛の肉[革]; (話・軽蔑的)ずぶの, まぬけ ②〔話〕加速のつかない車 ▶*Veau d'or* [le ~]〔聖〕金の子牛; 金銭, 富

vécés [vese] 男〔複〕〔話〕トイレ, WC

vecteur [vɛktœr] 男 ①〔数〕ベクトル ②〔軍〕核運搬手段 ③(特に病原菌の)仲介[媒介]となる[入る]人

vectoriel(le) [vɛktɔrjɛl] 形〔数〕ベクトルの

vécu(e) [veky] 形 (<vivre) 体験された, 実際にあった ── 男 実体験

Véda [veda] 男〈サンスクリット〉(複) ヴェーダ【バラモン教聖典】

vedettariat [vədetarja] 男 スターの地位, スターダム; スター気取り

*vedette [vədɛt ヴデット] 女 (＜イ) (En star) ① スター, 人気者, 花形; 主役 ▶ *avoir la vedette* 主役になる; 話題を集める *jouer les vedettes*〔話〕スターを気取る *mettre ... en vedette* (人)を目立たせる *vedettes de l'écran* 〔*du cinéma*〕映画スター ② モーターボート; 巡視艇, 哨(ガょ)戒艇

vedettisation [vədetizasjɔ̃] 女 スター扱い, スター化

védique [vedik] 形 (バラモン教聖典の)ヴェーダの

*végétal(ale) [veʒetal ヴェジェタル] 形 (男 複 -*aux* -o)（英vegetable, plant）植物(性)の; 植物をかたどった, 植物をモチーフにした ━ 男 植物

végétalien(ne) [veʒetaljɛ̃, -ɛn] 形 純粋菜食(主義)の ━ 名 純粋菜食主義者

végétalisme [veʒetalism] 男 純粋菜食主義【肉だけでなく乳製品などもとらない】

végétarien(ne) [veʒetarjɛ̃, -ɛn] 形 菜食(主義)の ━ 名 菜食主義者, ヴェジタリアン

végétarisme [veʒetarism] 男 菜食主義【動物の肉は口にしない】

végétatif(ve) [veʒetatif, -iv] 形 ① 〔生理〕植物性の, 栄養性の ② 植物のような, 無為な

végétation [veʒetasjɔ̃] 女 ① 〔集合的〕(ある地域の)植物(群落) ② 〔複〕〔医〕増殖肥大; (特に)アデノイド

végéter [veʒete] 自 57 ① 無為な生活を送る, 細々と暮らす; (事業などが)伸び悩む ② (文・古)（植物が)生育する

véhémence [veemɑ̃s] 女 〔文〕(感情などの)激しさ

véhément(e) [veemɑ̃, -ɑ̃t] 形 〔文〕激しい, 熱의한 ▶ *d'un ton véhément* 熱のこもった口調で

véhémentement [veemɑ̃tmɑ̃] 副 〔文〕熱烈に, 激しく

véhiculaire [veikylɛr] 形 ▶ *langue véhiculaire* 媒介言語【母語の異なる人々の間の伝達手段の言語】

*véhicule [veikyl ヴェイキュール] 男 (英 vehicle) 乗り物, 車; 媒介物, 伝達手段

véhiculer [veikyle] 他 ①(車で)運搬する ②(広く)～の媒介となる

*veille [vɛj ヴェイュ] 女 ①（英 the day before）前日 ▶ *à la veille de* ～の直前に 〔話〕それはずっと先の話だ *veille au soir* 〔la ～〕前夜 *veille de Noël* 〔la ～〕クリスマスイブ ② 目が覚めていること; 徹夜; 見張り, 夜の監視 *prendre la veille* 夜警につく *veille technologique* 技術モニター【ある分野の最新情報を収集分析する】

veillée [veje] 女 ①（夕食後から寝るまでの)宵, 夜; (夕食後の夜の集い, 団欒(だ)) ② 看病; 通夜 (＝～ *funèbre*)

*veiller [veje ヴェイエ] (En stay up, sit up) ① 夜更かしする, 徹夜する; 寝ずの番をする ②（...に)気を配る ③（...を)注意深く見守る (*sur*) ━ 他（病人を)徹夜で看病する

veilleur [vejœr] 男 夜警, 夜勤係り ▶ ～ *de nuit*; 〔軍〕哨(꾸ょ)兵, 監視哨

veilleuse [vejøz] 女 常夜灯; (自動車の車幅灯; (ガス器具などの)種火 ▶ *en veilleuse* (ランプなどが)小さく; (活動が)弱まった

veinard(e) [vɛnar, -ard] 形 名 〔話〕運のいい

*veine [vɛn ヴェヌ] 女 (英 vein) ①〔解〕静脈; 血管 ▶ *se saigner aux quatre veines* 一銭残らず出す *s'ouvrir les veines* (自殺しようと)手首を切る ②（木目の)模様); 石目; 〔植〕葉脈; 〔鉱〕鉱脈 ③（芸術的)感興, 霊感 ▶ *être en veine de* ...の気持ちになっている ④〔話〕運 ▶ *avoir une veine de cocu* ものすごくついている *coup de veine* まぐれ当たり

veiné(e) [vɛne] 形 (＜*veiner*) ①木目[石目]のある ②静脈[血管]の浮き出た

veiner [vɛne] 他 木目[石目]模様をつける

veineux(se) [vɛnø, -øz] 形 ①静脈の ②木目[石目]の多い

veinule [vɛnyl] 女 ①細静脈 ②（葉の)細脈

veinure [vɛnyr] 女 木目模様

vêlage [vɛlaʒ] 男（牛の)分娩(꺾)

vélaire [velɛr] 形〔音声〕軟口蓋(が)の ━ 女 軟口蓋音子音

Velay [vəlɛ] ヴレ〔Haute-Loire 県南部を占める地域〕

velcro [vɛlkro] 男 マジックテープ

vêlement [vɛlmɑ̃] 男 ＝vêlage

vêler [vele] 自（牛が)分娩(꺾)する

vélin [velɛ̃] 男 ①犢皮(가)紙【死産した子牛の皮から作る】 ②ベラム【犢皮紙に似せた上質紙】(＝*papier* ～)

véliplanchiste [veliplɑ̃ʃist] 名 ウィンドサーファー

vélivole [velivol] 形 グライダーの ━ 名 グライダー愛好家, グライダー飛行家

velléitaire [veleitɛr] 形 名 優柔不断な(人)

velléité [veleite] 女（行動には至らない)漠然とした意志, ちょっとした気持ち

*vélo [velo ヴェロ] 男（英 bike, cycle）〔話〕自転車; サイクリング ▶ *faire du vélo* サイクリングをする *vélo d'appartement* (トレーニング用)室内自転車 *vélo de course* レース用自転車 *vélo tout-terrain* マウンテンバイク

véloce [velɔs] 形 〔文〕すばやい, 敏捷(ょょう)な

vélocipède [velosipɛd] 男（昔の)2

[3]輪車

vélocité [velosite] 女 (楽器を演奏する)速さ, 敏捷(びんしょう)さ

vélocross [velokrɔs] 男 (サスペンションや泥よけのない)マウンテンバイク

vélodrome [velodrom] 男 自転車競技場, 競輪場

vélomoteur [velomɔtœr] 男 モーターバイク【50-125cc】

vélo(-)pousse [velopus] 男 (複 *vélopousses*, *vélo-pousse*) (東アジアの)輪タク

véloski [veloski] 男 スキーボブ

*__velours__ [vəlur ヴルール] 男 (英 velvet) ビロード, ベルベット; (ビロードのような)柔らかさ(をしたもの) ▶**faire patte de velours** (猫が)爪を隠す; 猫をかぶる **jouer sur du velours** 安全に行動する **velours côtelé** コーデュロイ, コール天

velouté(e) [vəlute] 形 ①ビロードのような; なめらかな; (口当たりの)まろやかな ②ビロードのアップリケのある ━━ 男 ①柔らかさ, まろやかさ ②【料】ヴルーテ【だし汁を煮つめたソース】; ヴルーテポタージュ【クリームスープ】

velouter [v(ə)lute] 他 ①ビロードのようにする; 柔らかくする ━━ 代動 [se ━] ビロードのようになる; 柔らかくなる

velouteux(se) [vəlutø, -øz] 形 ビロードのような

veloutine [vəlutin] 女 綿ネル

velu(e) [vəly] 形 ①毛深い ②(植物が)毛で覆われた

velum, vélum [velɔm] 男 (ラ) 天幕; 日よけ

velux [velyks] 男 (屋根の)採光窓, 天窓

venai... ⇒**venir**

venaison [vənɛzɔ̃] 女 獣肉【シカ・イノシシなど】

vénal(ale) [venal] 形 (男複 *-aux* [-o]) 金で買える; 金銭ずくの ▶**valeur vénale** 商品価値; 市価

vénalité [venalite] 女 金銭ずく, 買収されやすいこと

venant [v(ə)nɑ̃, ɑ̃t] 男 ▶**à tout venant** 誰にでも

vendable [vɑ̃dabl] 形 売ることのできる

*__vendange__ [vɑ̃dɑ̃ʒ ヴァンダンジュ] 女 (ワイン用の)ブドウの収穫; (取り入れたブドウ; (複)ブドウ収穫期 ▶**faire les vendanges** ブドウを収穫する

vendangeoir [vɑ̃dɑ̃ʒwar] 男 (ブドウ収穫用の)かご

vendanger [vɑ̃dɑ̃ʒe] 他 自 40 ブドウを取り入れる

vendangeur(se) [vɑ̃dɑ̃ʒœr, -øz] 名 ブドウの収穫をする人 ━━ 女 ①ブドウ収穫機 ②【植】ステルンベルギア

vendant [vɑ̃dɑ̃], **vende** [vɑ̃d] ⇒**vendre**

Vendée [vɑ̃de] 女 ①【la ～】ヴァンデ川 ②ヴァンデ県【フランス中西部】

vendéen(ne) [vɑ̃deɛ̃, -ɛn] 形 [V-] ヴァンデ県の(人)

vendémiaire [vɑ̃demjɛr] 男 【史】ヴァンデミエール, ぶどう月【共和暦の第1月】

vendetta [vɑ̃deta, vɑ̃detta] 女 (イ) (コルシカ風の)家族ぐるみの復讐, あだ討ち

*__vendeur(se)__ [vɑ̃dœr, -øz ヴァンドゥール]名 売り子, 店員; 販売人; 売り主, 売り手 ━━ 形 売り手の; 売る気のある

*__vendre__ [vɑ̃dr ヴァンドル] 他 28 (英 sell) 売る, 販売する; (友などを)裏切る; (良心などを)売り渡す ▶**À vendre** (掲示)売り物 **vendre son âme** 魂を売り渡す ━━ 代動 [se ━] 売れる, 売れる; (金のために)身を売る ▶**se vendre comme des petits pains** 飛ぶように売れる

*__vendredi__ [vɑ̃drədi ヴァンドルディ] 男 (英 Friday) 金曜日 ▶**Vendredi saint** 聖金曜日【復活祭前の金曜日; キリストが十字架にかけられた日】

vendu(e) [vɑ̃dy] 形 (<**vendre**) 売れた, 売却された; 身を売った, 買収された ━━ 名 裏切り者, 恥知らず

venelle [vənɛl] 女 路地

vénéneux(se) [venenø, -øz] 形 (植物などが)有毒の; (文) (人や思想が)害毒をもたらす

vénérable [venerabl] 形 (文・ふざけて) 尊敬すべき

vénération [venerasjɔ̃] 女 崇敬(はい)な気持ち; 尊敬, 敬愛

vénérer [venere] 他 67 (神などを)崇拝する; (人を)尊敬する, あがめる

vénerie [vɛnri] 女 (猟犬を使う騎馬の)狩猟

vénérien(ne) [venerjɛ̃, -ɛn] 形 ▶**maladie vénérienne** 性病

vénérologie [venerɔlɔʒi] 女 性病科

veneur [vənœr] 男 (王家などの)狩猟係

venez [v(ə)ne], **veniez** [v(ə)nje], **venions** [v(ə)njɔ̃] ⇒**venir**

Venezuela [venezuela] 男 ベネズエラ【南アメリカの共和国】

vénézuélien(ne) [venezueljɛ̃, -ɛn] 形 [V-] ベネズエラの(人)

*__vengeance__ [vɑ̃ʒɑ̃s ヴァンジャンス] 女 (英 revenge) 復讐, 報復, 仕返し

*__venger__ [vɑ̃ʒe ヴァンジェ] 他 40 (英 venge) 復讐する; (汚名などを)そそぐ, 挽回する ▶**venger A de B** BのためにBの恨みをはらす; A(人)のB(失敗など)を埋め合わせる ━━ 代動 [se ～] (人に)復讐する; (…の仕返しをする) 〈**de**〉 ▶**se venger (de A) sur B** (Aの恨みを) Bにぶつける

vengeur(eresse) [vɑ̃ʒœr, -ʒrɛs] 名 復讐者, 報復する人 ━━ 形 仕返しの, 復讐の

véniel(le) [venjɛl] 形 〔文〕（過ちが）軽い ▶**péché véniel** [宗] 小罪

veniez [v(ə)nje] ⇨venir

venimeux(se) [vənimø, -øz] 形（特に動物が）有毒の；意地の悪い

venin [vanɛ̃] 男（動植物の）毒（液）；悪意、毒舌 ▶**jeter** [**cracher**] **son venin** 毒づく、あたりちらす

*****venir** [v(ə)nir ヴニール] 自 〔助動詞 être〕 ①（…から〈英 come〉）〔助動詞 être〕 ①（…から〈de〉；(に)至る、達する（à）；（相手の方へ）行く；〔命令形で〕（…し）給え ▶**à venir** 来るべき、未来の **en venir aux mains** 取り合いになる ②（…の）出身であり；（…属である；（…に）起因する ▶**D'où venez-vous?** ご出身はどちらですか ③（時が）到来する；（考えが）浮かぶ；（物事が）生じる；（植物が）生え育つ ▶**Ça ne m'est jamais venu à l'idée.** そんなことは考えもしなかった **voir venir** (人)の意図［考え］を見抜く ④〔～ de 不定詞〕…したばかりである ▶**Il vient d'arriver.** 彼は今来たところだ ⑤〔～ à 不定詞〕たまたま…する ▶**s'il venait à mourir** 彼が死ぬようなことがあれば

Venise [v(ə)niz] ヴェネチア、ヴェニス

vénitien(ne) [venisjɛ̃, -ɛn] 形 名 [V-] ヴェネチアの (ヴェニスの) (人)

venons [v(ə)nɔ̃] venir の直・現在・1・複

vent [vɑ̃ ヴァン] 男 (英 wind) 風；大気、形勢；風向き、風潮；腸内のガス；（複）管楽器 ▶**吹奏楽器；〔instruments à ～〕**▶**avoir le vent dans les voiles** 順風満帆である **avoir vent de** ～ を風の便りに知る **Bon vent!** (話) やっと厄介払いできた；よい航海を **C'est du vent.** (話) そんなのは空約束だ **contre vents et marées** どんな障害があろうとも **dans le vent** 流行 (時流) の **coup de vent** あわただしく **Il fait du vent.** 風がある **vent portant** 逆風

ventail [vɑ̃taj] 男 (複 -aux[-o]) 〔古〕（甲冑 (かっちゅう)の)面の息抜き

*****vente** [vɑ̃t ヴァント] 女 (英 sale) 販売、売却；売り上げ、売れ行き；競売（会）(= ～ aux enchères) ▶**en vente** 売れ中の **en vente libre** 市販の、自由に手に入る **mettre...en vente** ～ を売りに出す **point de vente** 販売店 **service de vente** 販売部門 **vente au détail** 小売 **vente de charité** チャリティーバザー **vente en gros** 卸売 **vente par correspondance** 通信販売 **vente** 〔略 VPC〕 **vente publique** 公売

venté(e) [vɑ̃te] 形 風に流される、吹きさらしの

venter [vɑ̃te] 非人称 風が吹く

venteux(se) [vɑ̃tø, -øz] 形 風の多い、吹きさらしの

ventilateur [vɑ̃tilatœr] 男 扇風機、送風機；換気扇、換気扇

ventilation [vɑ̃tilasjɔ̃] 女 ①換気、通風 ②振り分け；〔法〕割合評価

ventiler [vɑ̃tile] 他 ①換気する、通風をしさせる ②振り分ける、分類する；〔法〕（売却物の）個々の評価をすること

ventôse [vɑ̃toz] 男 〔史〕ヴァントーズ、風月〔共和暦の第6月〕

ventouse [vɑ̃tuz] 女 ①吸盤 ②[医]吸角〔〕②工血を吸い寄せる器具〕

ventral(ale) [vɑ̃tral] 形 〔複 -aux [-o]〕腹(部)の

*****ventre** [vɑ̃tr ヴァントル] 男 (英 stomach, belly) 腹、腹部；胃袋；胎内；ふくらんだ部分；（機械装置の）内部；船腹；心のうち ▶**à plat ventre** 腹ばいで **avoir [prendre] du ventre** 腹が出ている **avoir mal au ventre** 腹が痛い **avoir quelque chose dans le ventre** 意気込みがある **le ventre mou de** …の弱い所、弱点 **se mettre à plat ventre devant** (人)にへつらう **ventre à terre** 全速力で **Ventre affamé n'a point d'oreilles.** 〔ことわざ〕空腹に耳なし

ventrée [vɑ̃tre] 女 腹いっぱいの食べ物

ventriculaire [vɑ̃trikylɛr] 形 〔解〕①心室の ②脳室の

ventricule [vɑ̃trikyl] 男 〔解〕①心室 ②脳室

ventrière [vɑ̃trijɛr] 女（馬の）腹帯

ventriloque [vɑ̃trilɔk] 形 腹話(術)のできる ― 名 腹話術師

ventriloquie [vɑ̃trilɔki] 女 腹話(術)

ventripotent(e) [vɑ̃tripɔtɑ̃, -ɑ̃t] 形 太鼓腹の

ventru(e) [vɑ̃try] 形 腹の出た；（びんなどが）真ん中がふくらんだ

*****venu(e¹)** [v(ə)ny ヴニュ] 形 (< venir) ▶**bien [mal] venu** 発育のよい〔悪い〕；出来のよい〔悪い〕；〔文〕タイミングの〔悪い〕；歓迎〔冷遇〕される **être mal venu de** 不定詞 …する資格がない、妥当でない ― 名 来た人 ▶**le dernier venu** 最後にやって来た人 **le premier venu** 最初にやって来た人；誰でも **un nouveau venu** 新顔、新参者

venue² [v(ə)ny] 女（英 coming）来ること；到着、到来

Vénus [venys] 女 ①〔ロ神〕ヴィーナス〔美と愛の女神〕 ②〔天〕金星 ③〔貝〕[v-] マルスダレガイ

vénusien(ne) [venyzjɛ̃, -ɛn] 形 金星の ― 名 [les V-s] 金星人

vénusté [venyste] 女 〔文〕（ビーナスの如き）美しさ、優雅さ

vépéciste [vepesist] 名 通信販売業者

vêpres [vɛpr] 女 (複) [カト] 晩課、晩の祈り ▶**Vêpres siciliennes** シチリアの晩鐘【1282年のフランス人大虐殺事件】

*****ver** [vɛr ヴェール] 男 (英 worm) (イモ

虫・ウジ虫などの)虫; ミミズ(= 〜 de terre) ▶ *nu comme un ver* (話)素裸の *tirer les vers du nez à* (人)に口を割らせる *tuer le ver* (話) 空腹時に(酒を)飲む *ver à soie* カイコ(蚕)

ver blanc ジムシ(地虫) 〔コガネムシの幼虫〕 *ver luisant* ホタルの幼虫 *ver solitaire* サナダムシ

véracité [verasite] 囡 真実性; 正確さ, 誠実さ

véranda [verɑ̃da] 囡 (<英)ベランダ,(家側面にある屋根つきガラス張りの張り出し部

verbal(ale) [vɛrbal] 厖 (男複 -aux [-o]) ①口頭の;言葉の、言葉だけの ② [文法]動詞の,動詞から派生した

verbalement [vɛrbalmɑ̃] 剾 口頭で;言葉で

verbalisation [vɛrbalizɑsjɔ̃] 囡 ① [法]調書の作成 ② [心](内面の)言語化

verbaliser [vɛrbalize] 自他 ①調書をとる ②(考えなどを)言葉で表す,言語化する

verbalisme [vɛrbalism] 男 (軽蔑的)(内容よりも)言葉に対する執拗なこだわり

***verbe** [vɛrb ヴェルブ] 男 (英 verb) ① 動詞 ▶ *verbe impersonnel* 非人称動詞 *verbe pronominal* 代名動詞 ②口調, 語調 ▶ *avoir le verbe haut* 高飛車に話す ③ (文)言語表現, 言葉; [[V-]](神)ロゴス, み言葉

verbeusement [vɛrbøzmɑ̃] 剾 饒舌(ぜつ)に;冗長に

verbeux(se) [vɛrbø, -øz] 厖 口数の多い, 饒舌(ぜつ)な; 冗長[冗漫]な

verbiage [vɛrbjaʒ] 男 無駄口, おしゃべり

verbosité [vɛrbozite] 囡 口数の多さ, 冗長

verdâtre [vɛrdɑtr] 厖 くすんだ緑色の, 緑色がかった

verdelet(te) [vɛrdəlɛ, -ɛt] 厖 *vin verdelet* (古) 酸味のあるワイン

verdeur [vɛrdœr] 囡 ①(未熟な果実・ワインの)酸味,渋み ②若々しさ ③(表現の)奔放さ,大胆さ

verdict [vɛrdik(t)] 男 (<英) [法] (陪審員の)評決; 審判, 裁き, 決定 ▶ *rendre un verdict* 評決を下す

verdir [vɛrdir] 自33 緑色になる;(恐怖などで顔が)青くなる ── 他 緑色にする

verdissage [vɛrdisaʒ] 男 (文) 緑色になること

verdissant(e) [vɛrdisɑ̃, -ɑ̃t] 厖 緑色になる

verdissement [vɛrdismɑ̃] 男 (文) 緑色になること

verdoiement [vɛrdwamɑ̃] 男 (草木・草原が緑になること

verdoyant(e) [vɛrdwajɑ̃, -ɑ̃t] 厖 緑に覆われた,青々とした

verdoyer [vɛrdwaje] 自 45 緑になる, 緑に覆われる

Verdun [vɛrdœ̃] ヴェルダン 【Meuse 県の町; 第1次大戦の激戦地】

verdunois(e) [vɛrdynwa, -az] 厖 图 [V-]ヴェルダンの(人)

verdure [vɛrdyr] 囡 (草木の)緑; 緑の草木; (サラダなどに使う)生野菜; 若々しさ

véreux(se) [verø, -øz] 厖 ①虫に食われた ②性悪な; 怪しげな; 腐り切った

verge [vɛrʒ] 囡 ①(体罰用の)笞(むち), 棒 ②[解]陰茎

vergé(e) [vɛrʒe] 厖 ▶ *étoffe vergée* (古)透かし織の布地 *papier vergé* 透かし模様の入った紙

vergence [vɛrʒɑ̃s] 囡 ①[光](レンズの)屈折力,光の広がり具合 ②非共同性眼球運動

vergeoise [vɛrʒwaz] 囡 粗糖

verger [vɛrʒe] 男 果樹園

vergeté(e) [vɛrʒəte] 厖 (皮膚に)笞(むち)のような,縞がある

vergeture [vɛrʒətyr] 囡 (複)[医](妊娠の腹部などにできる)皮膚線条

verglaçant(e) [vɛrglasɑ̃, -ɑ̃t] 厖 (雨などが)雨氷となる

verglacé(e) [vɛrglase] 厖 (< *verglacer*)(道路などの)表面が凍った

verglas [vɛrgla] 男 雨氷〔地面に氷結した雨〕

vergogne [vɛrgɔɲ] 囡 [成句でのみ] ▶ *sans vergogne* ずうずうしくも

vergue [vɛrg] 囡 [海] 帆桁(ばた)

véridicité [veridisite] 囡 (文) 真実性; 正確さ; 正直さ

véridique [veridik] 厖 真実の; 真実を語る

véridiquement [veridikmɑ̃] 剾 真実のままに

vérifiable [verifjabl] 厖 確かめられる

vérificateur(trice) [verifikatœr, -tris] 图 検査する人 ② 检查官[員] ▶ *vérificateur orthographique* (情報)スペルチェッカー

vérificatif(ve) [verifikatif, -iv] 厖 検査用の

vérification [verifikɑsjɔ̃ ヴェリフィカスィヨン] 囡 検査, 点検; 検証, 実証; 確認 ▶ *procéder à des vérifications* 検査をする

***vérifier** [verifje ヴェリフィエ] 他 (英 verify) 調べる, 確認する; 点検[検査]する; (正しさを)実証[立証]する ▶ *vérifier si* …であるかどうかを確かめる *se 〜* 実証される, 判明する

vérin [verɛ̃] 男 ジャッキ

***véritable** [veritabl ヴェリタブル] 厖 (英 true, real) 本当の, 実際の; 本物の, 真の; まったくの ▶ *du cuir véritable* 本革

véritablement [veritabləmɑ̃] 剾 本当に; まったく

***vérité** [verite ヴェリテ] 囡 (英 truth)

本当のこと, 真実, 事実; 真理, 真; 実態, 現実; 迫真性, 真実味; 正直さ, 誠実さ ▶ **à la vérité** 実のところ **dire ses quatre vérités à** (人)に(率直に)言うべきことまでずけずけ言う **en vérité** 本当に; 実際は **Il n'y a que la vérité qui blesse.** 《ことわざ》真実こそは耳に痛い **vérité première** 分かりきったこと; 自明の理

verjus [verʒy] 男 酸味のあるブドウ果汁

Verlaine [verlɛn] (Paul〜) ヴェルレーヌ【1844-96; 詩人】

verlan [verlɑ̃] 男 逆さ言葉【音節を逆さにして作る, 若い世代が用いる俗語; femme が meuf に, café が féca になるなど】

vermeil(le) [vermɛj] 形 鮮紅色の, 真っ赤な —— 男 金めっきした銀

vermicelle [vermisɛl] 男 ヴェルミセル【極細のパスタ】

vermicide [vermisid] 形 駆虫の, 寄生虫を殺す —— 男 駆虫薬

vermiculaire [vermikylɛr] 形 〖解〗蠕(ぜん)虫様の

vermiculé(e) [vermikyle] 形 虫食い彫り[柄]の; (線)に虫食いのような

vermifuge [vermifyʒ] 形 (特に腸内寄生虫の)駆虫の —— 男 駆虫薬

vermillon [vermijɔ̃] 男 朱色, 鮮紅色; 朱 —— 形 (不変) 鮮紅色の, 朱色の

vermillonner [vermijone] 他 朱に染める

vermine [vermin] 女 〖集合的〗(動物につく)(刺し)虫, 寄生虫; 〖軽蔑的〗社会のダニ, 役立たず

vermisseau [vermiso] 男 (複 〜x) 小虫, うじ虫; 役立たず

vermoulu(e) [vermuly] 形 (家具・木が)虫に食われた; (制度などが)古くさい

vermoulure [vermulyr] 女 虫食い(痕)

vermout(h) [vermut] 男 〈ド語〉ヴェルモット酒

vernaculaire [vɛrnakylɛr] 形 **langue vernaculaire** 土語, 現地語

vernal(ale) [vɛrnal] 形 (男複 -aux [-o]) 春の

Verne [vɛrn] (Jules〜) ヴェルヌ【1828-1905; 小説家】

verni(e) [vɛrni] 形 ①釉(うわぐすり)[ニス]を塗った; 光沢のある ②〖話〗運のいい —— 名 〖話〗運のいい人 ▶ **chaussures vernies** エナメル靴

vernir [vɛrnir] 他 釉(うわぐすり)[ニス]を塗る; 釉(うわぐすり)[ニス]をかける

***vernis** [vɛrni] 男 ①ニス, ワニス; (陶器用の)釉(うわぐすり); マニキュア液 [〜 à ongles] ②見てくれ, 外観; うわべだけの知識

vernissage [vɛrnisaʒ] 男 ①ニスを塗ること ②ヴェルニサージュ【絵画展の一般公開前日の特別招待】

vernissé(e) [vɛrnise] 形 釉(うわぐすり)のかかった; つやのある[光沢]

vernisser [vɛrnise] 他 (陶器に)釉(うわぐすり)をかける

vérole [verɔl] 女 ①〖話〗梅毒 ② ▶ **petite vérole** 天然痘

vérolé(e) [verɔle] 形 名 ①〖話〗梅毒病みの(人) ②あばたのある(人)

véronal [verɔnal] 男 〖薬〗ヴェロナール【催眠薬の一種】

véronique [verɔnik] 女 ①〖植〗クワガタソウ(属) ②ベロニカ【闘牛でケープを振って牛をかわすこと】

verr... ⇨voir

verrat [vera] 男 (繁殖用の)種豚

***verre** [vɛr ヴェール] 男 〈英 glass〉 ①ガラス; ガラスのふた[ケース] ▶ **maison de verre** (すべてを公開するほど)ガラス張りの企業 **verre dépoli** すりガラス ②グラス, コップ, 杯; (特に)一杯の酒 ▶ **avoir un verre dans le nez** ほろ酔い機嫌である **boire [prendre] un verre** 一杯やる **un verre de vin** グラス一杯のワイン **verre à dents** 歯磨き用コップ **verre à moutarde** マスタードのコップ **verre à pied** 脚つきのグラス **verre à vin** ワイングラス **verre ballon** (球形の)ブランデーグラス ③レンズ; 《複》めがね ▶ **porter des verres** めがねをかけている **verre grossissant** 拡大鏡 **verres antireflets** 反射防止めがね **verres de contact** コンタクトレンズ **verres progressifs** 多重焦点レンズ

verrerie [vɛrri] 女 ガラス(製品)の製造; ガラス製品

verrez [vɛre] voir の直・単純未来・2・複

verrier [vɛrje] 男 ガラス工; ステンドグラス職人

verrière [vɛrjɛr] 女 大ステンドグラス(の窓); ガラス張りの大屋根

verroterie [vɛrɔtri] 女 (装飾用の)ガラス細工

***verrou** [veru ヴェルー] 男 〈英 bolt〉差し錠, 掛け金; かんぬき ▶ **mettre ... sous les verrous** (人)を投獄する; 監禁する **mettre le verrou** 差し錠をかける **sous les verrous** 監禁されている

verrouillage [vɛrujaʒ] 男 差し錠[かんぬき]をかけること; 封鎖; (続行ի)底の閉鎖 ▶ **verrouillage central (centralisé)** (自動車の)集中ドアロック

***verrouiller** [vɛruje] 他 差し錠[かんぬき]をかける, ロックする; 封鎖する, 閉じ込める; (活動などを)妨げる —— 代動 [se 〜] 閉じこもる

verrucosité [vɛrykozite] 女 〖医〗いぼ状

verrue [vɛry] 女 〖医〗いぼ

verruqueux(se) [vɛrykø, -øz] 形 いぼ状の; いぼのある

***vers**[1] [vɛr ヴェール] 前 〈英 toward; about〉 ①(方向)…の方に ▶ **rouler**

vers Paris パリへ向けて車を走らせる ②(時間)…の頃に ▶**vers la fin du mois** 月末頃に **vers six heures** 6時頃に ③(場所)…の方に; …の近くに

vers² [vɛr] 男 (英 verse) 詩句; (詩の)1行; 韻文 **vers blancs** 無韻詩 **vers libres** (音節数が一定でない)自由詩

versaillais(e) [vɛrsajɛ, -ɛz] 形 [V.] ヴェルサイユの(人)

Versailles [vɛrsaj] 女 ヴェルサイユ 【Yvelines 県の県庁所在地】▶**château de Versailles** [lə ~] ヴェルサイユ宮殿 **grandes eaux de Versailles** [lɛs ~] ヴェルサイユ宮殿の大噴水

versant [vɛrsɑ̃] 男 (山・谷の)斜面; (物事の)側面

versatile [vɛrsatil] 形 意見をすぐ変える, 移り気な

versatilité [vɛrsatilite] 女 意見をすぐ変えること, 無節操, 気まぐれ

verse [vɛrs] 女 ① ▶**à verse** どしゃ降りに ②〔農〕(作物の風雨などによる)倒伏

versé(e) [vɛrse] 形〔文〕(…に)精通した〈dans〉

Verseau [vɛrso] 男〔天〕みずがめ座; 〔占星〕宝瓶(ほう)宮

versement [vɛrsəmɑ̃] 男 払い込み; 支払い(額) ▶**faire un versement sur le compte** 口座に払い込む **versement en espèces** 預金

***verser** [vɛrse ヴェルセ] 他 (英 pour) ①注ぐ, 流し込む; つぐ; こぼす, まき散らす;〔文〕(涙などを)あふれさせる ③倒す, ひっくり返す ④(金を)払い込む, 支払う ⑤(…に)添付する〈dans, à〉 — 自 ①(考え・態度などに)傾く, 陥る〈dans〉 ②ひっくり返る ▶**verser son sang**〔文〕(主義などのために)自分の血を流す **verser une pièce à un dossier** 書類に資料を添付する

verset [vɛrsɛ] 男 ①(聖書などの)節 (ミサで唱える聖書の)②〔詩〕唱句〔ひと呼吸をリズム単位とした文〕

verseur(se) [vɛrsœr, -øz] 形 注ぐための — 男 注ぎ口

verseuse [vɛrsøz] 女 (まっすぐな柄のついた)コーヒーポット

versicolore [vɛrsikɔlɔr] 形 色が変化する; 多色の

versificateur [vɛrsifikatœr] 男 作詩人, へぼ詩人

versification [vɛrsifikasjɔ̃] 女 作詩法, 詩法

versifier [vɛrsifje] 他自 詩にする, 韻文で書く

***version** [vɛrsjɔ̃ ヴェルスィヨン] 女 ① (外国語から自国語への)翻訳練習;(聖書などの)翻訳版 ②(映画・文学作品などの)版 ▶**film en version française** フランス語(吹き替え)版〔略 VF〕 **film en version originale** 〈sous-ti-

trée)〔字幕付き〕原語版〔略 VO〕 ③報告, 説明, 解釈

verso [vɛrso] 男 (←ラ)(紙の)裏; (見開きの)左ページ ▶**Voir au verso**〔掲示〕裏面参照

versus [vɛrsys] 前 …に対して

***vert(e)** [vɛr, vɛrt ヴェール(ヴェルト)] 形 (英 green) ①緑の, 緑色の; 自然の ▶**avoir la main verte** 園芸が上手である **classe verte** 林間学校 **numéro vert** (電話の)フリーダイヤル **tourisme vert** グリーンツーリズム〔休暇を農村に滞在する〕 ②熟していない, 青い; 生(き)の, 乾いていない;(言葉が)乱暴な, きつい ▶**en raconter**〔voir〕**des vertes et des pas mûres** ひどい話をする〔に出くわす〕 **Ils sont trop verts**.(ブドウは)熟していない〔負け惜しみの言葉; La Fontaine の寓話から〕 **langue verte** 隠語 ③(老人などが)元気な, 若々しい ④緑, 緑色; 環境保護運動, 緑の党〔[lɛs V-s] 緑の党〔= parti ~〕 ▶**passer au vert** (信号が)青に変わる **se mettre au vert** 田舎でのんびり過ごす **vert bouteille** 濃緑色 **vert d'eau** 薄緑色 **vert olive** オリーブ緑色 **vert pomme** 鮮やかな緑色

vert-de-gris [vɛrdəgri] 男〔不変〕緑青(ろくしょう)

vert-de-grisé(e) [vɛrdəgrize] 形〔不変〕緑青(ろくしょう)のふいた

vertébral(ale) [vɛrtebral] 形 (男複 -aux)〔解〕脊椎の, 椎骨の

***vertèbre** [vɛrtɛbr ヴェルテブル] 女〔解〕椎骨

vertébré(e) [vɛrtebre] 形〔動〕脊椎のある — 男〔複〕脊椎動物門

vertement [vɛrtəmɑ̃] 副 激しく, 厳しく

***vertical(ale)** [vɛrtikal ヴェルティカル] 形 (男複 -aux) (英 vertical) 垂直の, 鉛直の;(組織の)縦割りの, 階級制の — 女 垂直線, 鉛直; 垂線 ▶**à la verticale** 垂直に(なった)

verticalement [vɛrtikalmɑ̃] 副 垂直に

verticalité [vɛrtikalite] 女 垂直

***vertige** [vɛrtiʒ ヴェルティージュ] 男 (英 vertigo) めまい; 目がくらむこと, 陶酔, 眩惑 ▶**à donner le vertige** めまいがするほどの, 強烈な **être pris de vertiges** めまいに襲われる

vertigineusement [vɛrtiʒinøzmɑ̃] 副 目がくらむほどに

***vertigineux(se)** [vɛrtiʒinø, -øz ヴェルティジヌ(ズ)] 形 目がくらむ(ほどの); ものすごい

***vertu** [vɛrty ヴェルテュ] 女 (英 virtue) ①徳, 美徳; 美徳, 徳行 ②〔文〕(女性の)貞節 ③〔文〕効力, 効果 ▶**en vertu de** …によって

vertueusement [vɛrtyøzmɑ̃] 副 高潔に, 道徳的に; 貞節に

***vertueux(se)** [vɛrtyø, -øz ヴェルテュ

verve [vɛrv] 男 才気, 活気; 生彩; 生彩; être en verve 弁舌がさえている

vervaine [vɛrvɛn] 女 【植】バーベナ, クマツヅラ(の煎じ薬)

verveux[1] [vɛrvø] 男 【漁】漏斗型網

verveux[2] (**se**) [vɛrvø, -øz] 形 《文》才気にとんだ; 熱のこもった

vésanie [vezani] 女 《文》狂気

vésanique [vezanik] 形 狂気の

vesce [vɛs] 女 【植】ソラマメ; カラスノエンドウ(飼料用)

vésical(ale) [vezikal] 形 (男複 -aux[-o]) 膀胱の

vésicant(e) [vezikɑ̃, -ɑ̃t] 形 【医】発泡(性)の ► gaz vésicant 【軍】びらん剤【化学兵器の一種】

vésication [vezikasjɔ̃] 女 【医】発泡(作用)

vésicatoire [vezikatwaʀ] 形 【医】発泡剤; 男 発疱薬[剤]

vésiculaire [vezikylɛʀ] 形 小胞の; 小胞状の

vésicule [vezikyl] 女 【解】小胞, 小嚢(%); 【医】小水疱; 【植】液胞 ► vésicule biliaire 胆嚢

Vesoul [v(ə)zul] 固 ヴズール (Haute-Saône 県の県庁所在地)

vespa [vɛspa] 女 ヴェスパ 【スクーター】

vespasienne [vɛspazjɛn] 女 男子用公衆便所

vespéral(ale) [vɛsperal] 形 (男複 -aux[-o]) 《文》夕べの, 晩の

vesse [vɛs] 女 《古》すかしっ屁(%)

vesse-de-loup [vɛsdəlu] 女 (複 ~s-~~) 【植】ホコリタケ

vesser [vese] 自 《古》すかしっ屁(%)をする

vessie [vesi] 女 【解】膀胱; (ゴム製などの)袋, チューブ ► prendre des vessies pour des lanternes 《話》ばかな間違い[思いこみ]をする vessie natatoire (魚の)浮袋

Vesta [vɛsta] 固 【ロ神】ウェスタ 【かまどの女神; 家庭の守護神, 処女神】

vestale [vɛstal] 女 【古代ローマ】ウェスタに仕える巫女(%); 《文》純粋無垢な娘

*veste [vɛst] 女 ヴェスト 上着, ジャケット ► ramasser [prendre, remporter] une veste (選挙や試験に)落ちる, 失敗する retourner sa veste 《話》意見を急に変える veste croisée [droite] ダブル[シングル]の上着

vestiaire [vɛstjɛʀ] 男 ヴェスティエール 【クローク, 携帯品預かり所; (複) 更衣室, ロッカールーム; 《集合的》預けた携帯品[服]】

vestibule [vɛstibyl] 男 玄関; 玄関のホール

vestige [vɛstiʒ] 男 《複》遺跡; 名残り, 面影

vestimentaire [vɛstimɑ̃tɛʀ] 形 衣服の ► détail vestimentaire 服装

*veston [vɛstɔ̃] 男 《英 jacket》(スーツなどの)上着

vêtement [vɛtmɑ̃] 男 ヴェトマン 《英 clothes》服, 衣類, 身にまとうもの; 服飾産業 ► vêtements de bébé ベビーウェア, 産着 vêtements de femme 婦人服 vêtements de ski スキーウェア vêtements de sport スポーツウェア vêtements de travail 仕事着 vêtements d'homme 紳士服

vétéran [veterɑ̃] 男 古参兵, 退役軍人; 熟練者, ベテラン

vétérinaire [veterinɛʀ] 形名 獣医(の)

vététiste [vetetist] 名 マウンテンバイクに乗る人

vétille [vetij] 女 とるに足らないこと ► ergoter sur des vétilles 重箱の隅をつつく

vétilleux(se) [vetijø, -øz] 形 《文》つまらないことにこだわる

vêtir [vetiʀ] 他 64 《文》服を着せる; 服を着る 代動 [se ~] 服を着る

vétiver [vetivɛʀ] 男 【植】ベチバー, カスカスガヤ【インド産の草本; 根が香水の原料になる】

veto [veto] 男 《不変》《ラ》拒否権; 拒絶, 拒否 ► mettre son veto à … に対して拒否権を行使する

véto [veto] 男 《略》vétérinaire 《話》獣医

*vêtu(e) [vety] 形 (< vêtir) (…の)服を着た (de); 《文》(…で)覆われた (de)

vétuste [vetyst] 形 老朽化した

vétusté [vetyste] 女 《文》老朽化

*veuf(ve) [vœf, vœv] 形名 《英 widowed》配偶者を失った(人), ひとり身の(人)

veuille [vœj], **veuillez** [vœje], **veuillons** [vœjɔ̃], **veulent** [vœl], **veut** [vø] ⇒vouloir

veule [vøl] 形 《文》やる気のない, 無気力な

veulerie [vølʀi] 女 無気力, 活気のなさ

veut [vø] ⇒vouloir

veuvage [vœvaʒ] 男 やもめ暮らし, 単身生活

veuve [vœv] 形女 veuf の女性形

veux [vø] ⇒vouloir

*vexant(e) [vɛksɑ̃, -ɑ̃t] 形 ヴェクサン(ト) 不愉快な, いまいましい; 気分を害する

vexation [vɛksasjɔ̃] 女 いやがらせ; 傷つける言動, 侮辱

vexatoire [vɛksatwaʀ] 形 苛酷な

*vexer [vɛkse] 他 ヴェクセ 《英 offend》(人の)気を悪くする, 気分を傷つける ► être vexé par …で気を悪くする 代動 [se ~] 気を悪くする

vexillologie [vɛksilɔlɔʒi] 女 旗学

Vézelay [vezlɛ] ヴェズレー【Yonne 県の村; 古いロマネスクの教会がある】

VF (略) version française フランス語(吹替え版)

via [vja] 前 …経由で

viabiliser [vjabilize] 他 (道路・水道・ガスなどと)(住宅用地に)整備する

viabilité[1] [vjabilite] 囡 生存能力, 生育力; (事業などの)発展性

viabilité[2] [vjabilite] 囡 (道路の)通行可能な状態; (水道・ガス・電気などの)敷設整備工事

viable [vjabl] 形 (新生児などが)生存力のある; (事業・計画などが)発展性のある

viaduc [vjadyk] 男 陸橋, 高架橋

viager(ère) [vjaʒe, -ɛr] 形 (法) 終身の ── 男 終身年金 ▶ **mettre son bien en viager** 財産とひきかえに終身年金を得る

viande [vjɑ̃d ヴィヤンド] 囡 (英 meat) 肉, 食肉; (話) 肉体 ▶ **viande à pneus** (話) 不注意な歩行者 **viande blanche** 白身の肉【鳥・ウサギ・子牛・豚】 **viande de bœuf** 牛肉 **viande de porc** 豚肉 **viande froide** 冷肉【ハム・ソーセージ】; (話) 死体 **viande hachée** ひき肉 **viande rouge** 赤身の肉【牛・馬・羊】

viander [vjɑ̃de] 圁 (狩) (動物が)草を食べる ── 代動 **[se ~]** (話) (車・バイク・登山で)大けがをする

viatique [vjatik] 男 ①(文) 支え, 成功の手段 ②(カト) 臨終の聖体拝領

vibice [vibis] 囡 (複) (医) 皮膚線条; 線条紫斑(はん)

vibrant(e) [vibrɑ̃, -ɑ̃t] 形 ①よく響く; 振動する ②感動を与える; 高ぶった; 感じやすい

vibraphone [vibrafɔn] 男 (楽) ヴィブラフォン

vibraphoniste [vibrafɔnist] 名 ヴィブラフォン奏者

vibratile [vibratil] 形 振動性の

vibration [vibrasjɔ̃] 囡 振動; 震え, ゆらめき

vibrato [vibrato] 男 (楽) (<イ) (楽) ヴィブラート

vibratoire [vibratwar] 形 振動の

vibrer [vibre ヴィブレ] 圁 ①振動する; (声などが)震える; 感動する ▶ **faire vibrer** 感動させる

vibreur [vibrœr] 男 振動板; 振動子; ブザー

vibrion [vibrijɔ̃] 男 ①(生) ビブリオ, 弧菌 ②(話) 興奮している人

vibrionner [vibrijɔne] 圁 (話) 絶えず動き回る

vibromasseur [vibrɔmasœr] 男 電気振動マッサージ器; バイブレーター

vicaire [vikɛr] 男 助任司祭

vicariance [vikarjɑ̃s] 囡 (生) ①代替の ②分断分布

vicariant(e) [vikarjɑ̃, -ɑ̃t] 形 (生) ①代替の ②分断分布の

vicariat [vikarja] 男 助任司祭の職(任期)

*vice [vis ヴィス] 男 ①悪徳; 悪習, 悪癖; 背徳; 性的倒錯 ②欠陥, 欠点 ▶ **vice caché** 隠れた欠陥 **vice de forme** (法) 形式の不備

vice- 接頭 (<ラ) 「副」「代理」の意.

vice-amiral [visamiral] 男 (複 ~-*aux* [-o]) 海軍少将

vice-consul [viskɔ̃syl] 男 副領事

vicelard(e) [vislar, -ard] 形 名 (話) ①いやらしい(やつ); 悪賢い(やつ)

vice-présidence [visprezidɑ̃s] 囡 副大統領(副議長, 副会長)の職

vice-président(e) [visprezidɑ̃, -ɑ̃t] 名 副大統領; 副議長; 副会長

vice-roi [visrwa] 男 総督; 副王

vice(-)versa [vis(e)vɛrsa] 副 (<ラ) 逆に, 反対に

Vichy [viʃi] ヴィシー【Allier 県の都市】▶ **gouvernement de Vichy [le ~]** ヴィシー政府【1940–44; ドイツ占領下の Maréchal Pétain (ペタン元帥)による臨時政府】

vichy [viʃi] 男 ①ヴィシー織【チェック模様の綿織物】②ヴィシー【ミネラルウォーター】

vichyssois(e) [viʃiswa, -az] 形 名 [V.] ヴィシーの(人)

vichyste [viʃist] 形 名 (史) ヴィシー政府の(支持者)

vicié(e) [visje] 形 (< vicier) ①汚染した ②不十分な, 欠陥のある; 無効となった

vicier [visje] 他 ①(文) 汚染する ②(法) 無効にする ── 代動 **[se ~]** 汚染する, 汚れる

vicieusement [visjøzmɑ̃] 副 みだらに, 倒錯的に; 間違って, 不正確に

vicieux(se) [visjø, -øz] 形 ①(文古) 悪徳の, 不品行な ②変態の, いやらしい ③(話) (趣味・習慣が)風変わりな ④欠陥のある, 誤った ⑤(馬などが)言うことをきかない ── 男 ①背徳者, いやらしい人 ②(話) 風変わりな人 ▶ **cercle vicieux** 循環論法; 悪循環 ⑤(馬などが)

vicinal(ale) [visinal] 形 (男複 -*aux* [-o]) ▶ **chemin vicinal** 村道

vicissitude [visisityd] 囡 (複) (人生の)浮き沈み, 盛衰

vicomte [vikɔ̃t] 男 子爵

vicomtesse [vikɔ̃tɛs] 囡 子爵夫人; (女性の)子爵

*victime [viktim ヴィクティム] 囡 (英 victim) いけにえ; (…の)犠牲者, 被害者; 死傷者

*victoire [viktwar ヴィクトワール] 囡 (英 victory) 勝利; [V.] 勝利の女神(像) ▶ **chanter [crier] victoire** 凱歌(がいか)をあげる **victoire aux points** (スポーツ) 判定勝ち

victoria [viktɔrja] 囡 ①(昔の)4輪

無蓋馬車 **victorien(ne)** [viktɔrjɛ̃, -ɛn] 形 (英国の)ヴィクトリア女王(時代)の

victorieusement [viktɔrjøzmɑ̃] 副 勝利して; 見事に

victorieux(se) [viktɔrjø, -øz] 形 勝利を得た; 勝ち誇った

victuailles [viktɥɑj] 女(複) 食糧

vidage [vidaʒ] 男 ①(容器などを)からにすること; (話) 追放, くび

vidange [vidɑ̃ʒ] 女 ①(車の)オイル交換; (タンクなどの)排水 ②(複)し尿, 下肥(ごえ) ③排水孔, 排出装置

vidanger [vidɑ̃ʒe] 他 40 からにする, くみ出す

vidangeur [vidɑ̃ʒœr] 男 し尿汲取り業者

***vide** [vid] 形 (英 empty) ①空の, 何もはいっていない; (場所・時間が)空いている; 人のいない; 空虚な; からっぽの; (表面が覆われていないむき出しの) ▶ *vide de* …がない
— 男 ①(何もない)空間, すき間; (時間の)空き; 欠けていること; (地位などの)欠員, 空き; むなしさ, 空虚感 ▶ *à vide* からで; むなしく *avoir peur du vide* 高所で目がくらむ *conditionné [emballé] sous vide* 真空パックの *faire le vide autour de* (人)を孤立させる *parler dans le vide* ひとりごとを言う, 聞く人がいないのに話す *regarder dans le vide* うつろな目をする *vide juridique* 法の抜け穴

vidé(e) [vide] 形 ①(鳥や魚の)内臓を抜いた ②疲れ切った, (精神的にすり)減った

vidéaste [videast] 名 ビデオ作家

vide-greniers [vidɡrənje] 男(不変) (主に市が主催する)古物市

vidéo [video] 形名(不変) ビデオ(の) ▶ *bande vidéo* ビデオテープ *caméra vidéo* ビデオカメラ *jeu vidéo* ビデオゲーム

vidéo- 接頭 (<ラ) 「ビデオ」「映像」の意

vidéocassette [videokasɛt] 女 ビデオカセット

vidéoclip [videoklip] 男 ビデオクリップ, プロモーションビデオ

vidéoclub [videoklœb] 男 レンタルビデオ店

vidéoconférence [videokɔ̃ferɑ̃s] 女 [情報]テレビ会議

vidéodisque [videodisk] 男 ビデオディスク

vidéofréquence [videofrekɑ̃s] 女 映像周波数

vidéophone [videofon] 男 テレビ電話

vide-ordures [vidɔrdyr] 男(不変) ダストシュート

vidéosurveillance [videosyrvejɑ̃s] 女 ビデオ監視システム

vidéothèque [videotɛk] 女 ビデオライブラリー

vidéotransmission [videotrɑ̃smisjɔ̃] 女 ビデオ放映サービス [劇場などで テレビ番組を放映する]

vide-poches [vidpɔʃ] 男(不変) (卓上・車の)小物入れ

vide-pomme [vidpɔm] 男 (リンゴの)芯抜き器

***vider** [vide ヴィデ] 他 (英 empty) ①空にする, (容器の中身を捨て)からにする; (仕事や争いなどに)決着をつける; (魚)のはらわたを抜く ▶ *vider A de B* A (場所・容器)から B を取り除く[排除する] *vider les lieux* 立ち退く[排除する] *vider son cœur [(話) sac]* 心のうちをぶちまける *vider son verre* グラスを飲み込す ②(話)(人を)追い払う, くびにする ③(話)(人を)疲れさせる ④消耗させる (代動) [*se* ~] 空になる; (…が)なくなる (de); (汚水などが)排出される

videur [vidœr] 男 (話) (クラブ・バーなどの)用心棒

vidure [vidyr] 女 (魚・鳥のはらわた, (複)ごみ

***vie** [vi ヴィ] 女 (英 life) ①命, 生命; 命を奪う危険 ▶ *coûter la vie à* (人)の命を奪う *entre la vie et la mort* 生死の境をさまっている ②一生, 生涯; 人生; 世間; 生活; 生計, 生活費 (= *coût de la ~*) ▶ *à vie* 終身の *condamné à la prison à vie* 終身刑を宣告された *enterrer sa vie de garçon* (男性の)独身最後の夜を(パーティーをして)過ごす *gagner sa vie* 生計を立てる *pour la vie* 生涯の *prendre la vie du bon côté* 人生のいい方を見る *refaire sa vie* 人生をやり直す, 再婚する *vie courante* 日常生活 *vie de chien* 惨めな生活 *vie privée* 私生活 *vie sentimentale* 愛情生活 *voir la vie en rose* 人生をバラ色に見る

vieil [vjɛj] 形 *vieux* の男性第 2 形

***vieillard** [vjɛjɑr] ヴィエイヤール 男 (英 old man) 老人, 年寄り

vieille [vjɛj] 形 *vieux* の女性形

vieillerie [vjɛjri] 女 ①古いもの, がらくた; 古着, 古道具 ②古くさい考え, 時代遅れの作品

vieillesse [vjɛjɛs ヴィエイエス] 女 (英 old age) 老年(期); 老化, 老衰; 老人(的) 老人; (ものの)古さ, 老朽化 ▶ *mourir de vieillesse* 老衰で亡くなる

vieilli(e) [vjɛji] 形 (< *vieillir*) ①年老いた; 古くなった; (言葉が)古びた, すたれた

***vieillir** [vjɛjir ヴィエイール] 自 33 ①年をとる, 老いる; (ある状態・地位に)長くとどまる ▶ *vieillir bien [mal]* 年を感じさせない[老けてみえる] ②古くなる, すたれる (ワインなどが)熟成する 他 ①(人を)老けて見せる; (病気などが)②実際より年上に見る ▶ *Ils m'ont vieilli de cinq ans.* 彼らは私を 5 歳も年上に見ていた (代動) [*se* ~] (自分の年齢を)実際より年上に見せ

vieillissant(e) [vjejisɑ̃, -ɑ̃t] 形 老け始める；古びてゆく

vieillissement [vjejismɑ̃] 男 年をとること，老化；すたれること，古くなること

vieillot(te) [vjejo, -ɔt] 形 古くさい，古めかしい；年寄りじみた

vielle [vjɛl] 女〔楽〕ハーディーガーディー，ヴィエル（= à roue）

vielleur(se) [vjɛlœr, -øz] 名 ハーディーガーディー[ヴィエル]奏者

Vienne [vjɛn] 女 ①ウィーン〔オーストリアの首都〕 ②ヴィエンヌ〔Isère 県の県都〕 ③〖la ~〗ヴィエンヌ川〔ロワール川 Loire の支流の一つ〕 ④ヴィエンヌ県〔フランス中西部〕

vienne ... ⇨venir

viennois(e) [vjɛnwa, -az] 形名〖V-〗ウィーンの（人）　▶ **café viennois** ウィンナコーヒー　**pain viennois** ウィーン風パン【柔らかく弾力がある】　②ヴィエンヌの（人）

viennoiserie [vjɛnwazri] 女 菓子パン〔フランスパン以外のもの，クロワッサンなどを含む〕

viens, vient [vjɛ̃] ⇨venir

*__vierge__ [vjɛrʒ] ヴィエルジュ 形 (英 virgin) ①体験のない，処女の，童貞の ②未使用の；未開拓の，まだ足を踏み入れていない　▶ **forêt vierge** 原生林 — 女 ①処女，生娘；〖la V-〗聖処女，聖母マリア（像）(= la Sainte Vierge) ②〖V-〗〔天〕おとめ座；処女宮

Viêt-nam [vjɛtnam] 男 ヴェトナム〔東南アジアの社会主義共和国〕

vietnamien(ne) [vjɛtnamjɛ̃, -ɛn] 形名〖V-〗ヴェトナムの（人）— 男 ヴェトナム語

*__vieux(vieille)__ [vjø, vjɛj] ヴィユ（ヴィエイユ）〔母音または無音の h で始まる男性単数及び複数の前では vieil〕 形 (英 old) ①年を取った，高齢の，老いた；年上の，年長の　▶ **se faire vieux** 年をとる **vivre vieux** 長生きする ②古い，昔の，古びた，使い古した；（酒などが）年代物の；古色を帯びた；色あせた　▶ **C'est une histoire vieille de vingt ans.** それは20年も前の話だ **vieux jeu** [形] 時代遅れの ③昔からの，長年の，老練な　▶ **C'est le vieux problème.** それは前から議論されている問題だ — 名 ①老人，年寄り；（話）おやじ，おふくろ，母　▶ **mon vieux / ma vieille**（親愛を示す）ねえ君［おまえ］ **petit vieux**（話）おじいちゃん **petite vieille**（話）おばあちゃん　**prendre un coup de vieux**（話）急に老けこむ **vieille fille** オールドミス **vieux garçon** 独身の老人男性

*__vif(ve)__ [vif, viv] ヴィフ（ヴ）形 (英 lively, keen) ①生きた；生き生きした，活発な；（楽）生き生きと；（頭の回転が）鋭敏な，鋭敏な；（感情などが）激しい，激しやすい；鋭敏な；厳しい；（角の角度が）鋭い　▶ **à l'esprit vif** 才気煥発な　**à vive allure** 猛スピードで **de vive voix** 口頭で，じかに **être brûlé [enterré] vif** 火あぶりになる[生き埋めになる] ②（色）鮮やかな，強烈な — 男 ①〔法〕生者 ②（魚の）生身（なまみ）　▶ **à vif** むき出しの，むき出しの　**avoir les nerfs à vif** 神経がぴりぴりしている **couper [tailler, trancher] dans le vif** 思い切った手段を用いる　**entrer dans le vif du sujet** 問題の核心に入る　**piquer au vif** 痛い所を突く **sur le vif** ありのままに；実地に，現場で **une photo prise sur le vif**（現場をとらえた）証拠写真

vif-argent [vifarʒɑ̃] 男 ①水銀

vigie [viʒi] 女（船上の）見張り（番）；見張り台

vigilance [viʒilɑ̃s] 女 警戒，用心　▶ **tromper la vigilance de**（人）の警戒の裏をかく

*__vigilant(e)__ [viʒilɑ̃, -ɑ̃t] ヴィジラン(ト) 形 警戒怠りない，細心の，用心深い

vigile[1] [viʒil] 女〔カト〕（主要な祭日の）前日

vigile[2] [viʒil] 男（官庁・工場などの）夜警

*__vigne__ [viɲ] ヴィーニュ 女 (英 vine)〔植〕ブドウの木；ブドウ畑[園]　▶ **être dans les vignes du Seigneur** 酔っぱらっている **vigne vierge** ツタ，野ブドウ

vigneron(ne) [viɲərɔ̃, -ɔn] 名 ブドウ栽培者

vignette [viɲɛt] 女 ①（本の章の最初か最後の）装飾模様 ②商標ラベル；（自動車の）納税済証紙〔= ~ automobile〕

vignoble [viɲɔbl] 男 ブドウ畑，ブドウ園；（集合的）ブドウ栽培地

vigogne [vigɔɲ] 女 〔動〕ビクーニャ〔野生ラマ〕；ビクーニャの毛〔最高級の毛織物〕

vigoureusement [vigurøzmɑ̃] 副 力強く；激しく

*__vigoureux(se)__ [vigurø, -øz] ヴィグルー(ズ) 形 (英 vigorous) たくましい，頑健な；力強い，強烈な，激しい

vigueur [vigœr] 女 体力，精力；（表現・精神などの）力強さ，激しさ　▶ **avec vigueur** 精力的に，力強く **en vigueur**（法律が）効力が発生している **entrer en vigueur**（法律が）発行する

VIH〔略〕(英 HIV) virus de l'immunodéficience humaine ヒト免疫不全ウィルス

vil(e) [vil] 形 ①〔文〕卑しい，下劣な ②▶ **à vil prix** 捨て値で

*__vilain__ [vilɛ̃, -ɛn] ヴィラン(レヌ) 形 ①見苦しい，醜い；（天気などが）いやな，不快な；卑しい，下劣な；たちの悪い；危険な　▶ **Il fait vilain.** いやな天気だ **jouer un vilain tour à**（人）に卑怯な手を使う ②（子供が）聞き分けのない，行儀の悪い — 名 聞き分けのない子，悪い子 — 男（話）争い，けんか　▶ **Il va y avoir du vilain.** これはまずいことになりそうだ

そうだ

Vilaine [vilɛn] 囡 [la ~] ヴィレーヌ川 [Ille-et-Vilaine 県を流れる]

vilainement [vilɛnmã] 副 卑劣に,下劣に

vilebrequin [vilbrəkɛ̃] 男 ①ハンドドリル ②[機]クランク軸

vilement [vilmã] 副 [古]卑劣なやり方で

vilenie [vileni, vilni] 囡 [文]卑劣さ; 卑劣な行為

vilipender [vilipɑ̃de] 他 [文]誹謗(ひぼう)する

*****villa** [villa ヴィラ] 囡 (くイ) (英 villa) 別荘, (庭付きの)郊外別荘地の私邸

village [vilaʒ ヴィラージュ] 男 (集合的)村の人たち ▶ village de toile キャンプ場 village de vacances (宿泊施設のある)休暇村

villageois(e) [vilaʒwa, -az] 形 村の; 村人の ── 名 村民, 村人

*****ville** [vil ヴィル] 囡 (英 city, town) 都市, 都会; (行政上の)市, 町; (都会の中の)市の一部; 市民 ▶ aller en ville 街に出る en ville / à la ville 街で(に) *ville champignon* 新興開発都市 *ville d'eaux* 温泉町 *ville dortoir* ベッドタウン *ville nouvelle* (郊外の)ニュータウン

villégiature [vi(l)leʒjatyr] 男 (田舎・海辺などの)保養; 避暑地, 避暑[寒]地

Villon [vijɔ̃] ヴィヨン (François~) [1431-63?; 詩人]

vini- 接頭 (くラ) 「ワイン」の意

vini- 接頭 (くラ) 「ワイン」の意

vinicole [vinikɔl] 形 ワイン醸造の; ブドウ栽培の

vinification [vinifikasjɔ̃] 囡 ワイン醸造法; アルコール発酵

vinifier [vinifje] 他 (…から)ワインを造る

vînmes [vɛ̃m], **vinrent** [vɛ̃ʁ], **vins** [vɛ̃], **vinss...**, **vint** [vɛ̃], **vînt(es)** ... ⇒venir

vinyle [vinil] 男 ビニール

vinylique [vinilik] 形 ビニール性の

vioc [vjɔk] 名 = vioque

*****vin** [vɛ̃ ヴァン] 男 (英 wine) ワイン, ブドウ酒; (果実などの)発酵酒 ⇨[コラム: フランスのワイン] ▶ avoir le vin gai [triste] 飲むと陽気[陰気]になる *être entre deux vins* ほろ酔い加減である *grand vin* 銘柄ワイン *mettre de l'eau dans son vin* 強い酒[言葉]を和らげる *vin chaud* ホットワイン *vin cuit* 熱処理したワイン *vin d'honneur* 祝い酒; 祝賀会 *vin mousseux* 発泡性ワイン

vinaigre [vinɛgʁ ヴィネグル] 男 (英 vinegar) 酢 ▶ faire vinaigre (話)急ぐ *tourner au vinaigre* (話)(状況が)悪化する *vinaigre balsamique* バルサミコ酢 [イタリア産の醸造酢] *vinaigre de framboise* フランボワーズ酢 *vinaigre de vin* ワインビネガー

vinaigrer [vinegʁe] 他 酢で味をつける

vinaigrette [vinɛgʁɛt] 囡 ソレンチドレッシング ▶ en [à la] vinaigrette フレンチドレッシングをかけた

vinaigrier [vinegʁije] 男 ①(卓上に出す)酢の小瓶 ②食酢醸造[販売]業者

vinasse [vinas] 囡 ①(アルコールの)発酵残渣(さ) ②(話)安ワイン

Vincennes [vɛ̃sɛn] ヴァンセンヌ [パリ東部の町] ▶ *Bois de Vincennes* ヴァンセンヌの森 [パリ東端]

vindas [vɛ̃da(s)] 男 ①巻き上げ機, ウインチ ②回転ぶらんこ

vindicatif(ve) [vɛ̃dikatif, -iv] 形 恨みがましい人; 復讐心に燃えている

vindicte [vɛ̃dikt] 囡 [法]訴追 ▶ *désigner ... à la vindicte publique* (人に)社会的制裁を加える

vineux(se) [vinø, -øz] 形 ①ワイン色の; ワインの香り[味]のする ②ワインがアルコール度の高い

*****vingt** [vɛ̃ ヴァン] 形 (不変) (英 twenty) 20の; 20番目の; たくさんの ▶ *Je te l'ai dit vingt fois.* (話)もう何度も言ったでしょ ── 男 (不変) 20; 20日; 20番目; (試験の)20点満点 ▶ *avoir vingt sur vingt* (試験で)20点満点を取る

vingtaine [vɛ̃tɛn ヴァンテヌ] 囡 (英 about twenty) 約 20 ▶ *une vingtaine de ...* 約20の…

vingt-deux [vɛ̃tdø] 形 (不変) 22の ── 間 (話)気をつけろ

*****vingtième** [vɛ̃tjɛm ヴァンティエム] 形 (英 twentieth) 20番目の ── 名 20番目の人[もの] ── 男 20分の1; (パリの)20区

vingtièmement [vɛ̃tjɛmmɑ̃] 副 20番目に

vingt-quatre [vɛ̃tkatʁ] 形 (不変) ▶ *vingt-quatre heures* 24時間 *vingt-quatre heures sur vingt-quatre* 1日中; ずっと

viol [vjɔl] 男 強姦, レイプ; 侵犯; 冒瀆(とく) ▶ *viol collectif* 輪姦

violacé(e) [vjɔlase] 形 紫がかった

violateur(trice) [vjɔlatœʁ, -tʁis] 名 不法侵入者; (掟・法律の)違反者; 冒瀆(とく)者

violation [vjɔlasjɔ̃] 囡 (法律などの)違反; 不法侵入; (聖なるものの)冒瀆(とく) ▶ *violation de domicile* 住居不法侵入 *violation de sépulture* 墓荒らし *violation du secret professionnel* 職業上の守秘義務違反

viole [vjɔl] 囡 ヴィオール [15世紀からヨーロッパで使われた弦楽器]

*****violemment** [vjɔlamɑ̃ ヴィオラマン] 副 激しく, 熱烈に; 激烈に

*****violence** [vjɔlɑ̃s ヴィオランス] 囡 暴力; (複)暴行, 暴言; 虐待; 激しさ, 荒々しさ ▶ *faire violence à* …に強

violent(e) 制する; (文章などを)ねじ曲げる **se faire violence** 自分の感情を抑える **violence verbale** 言葉による暴力

*__violent(e)__ [vjɔlɑ̃, -ɑ̃t ヴィオラン(ト)] 形 乱暴な, 激しい, 強烈な; すさまじい ▶__une violente migraine__ ひどい頭痛 — 名 乱暴な人 ▶__mort violente__ (事故などによる)急死

violenter [vjɔlɑ̃te] 他 ①(人に)性的暴行を加える, 強姦する ②《文》ねじ曲げる

violer [vjɔle] 他 ①(人に)性的暴行を加える, 強姦する ②(場所に)不法侵入する; (規則・約束などを)犯す, 破る; (秘密などを)暴く

*__violet(te)__ [vjɔlɛ, -ɛt ヴィオレ(ト)] 形 男 紫色(の)

violette [vjɔlɛt] 女 【植】スミレ(の花); スミレの香り

violeur(se) [vjɔlœr, -øz] 名 暴行犯; 強姦者

violine [vjɔlin] 形 赤紫色の —— 女 赤紫色染料

violiste [vjɔlist] 名 ヴィオル奏者

*__violon__ [vjɔlɔ̃ ヴィヨロン] 男 ①バイオリン; (オーケストラの)バイオリン奏者 ▶__accorder ses violons__ 合意する **C'est comme si on pissait dans un violon.** まったくの無駄骨だ **violon d'Ingres** (本職以外の)余技【画家アングルがバイオリンをよくひいたことから】②《話》留置場

violoncelle [vjɔlɔ̃sɛl] 男 【楽】チェロ

violoncelliste [vjɔlɔ̃sɛlist] 名 チェ

フランスのワイン

◆◆産地と代表的銘柄◆◆

① Val de Loire ロワール川流域
　Chinon シノン
　Pouilly-Fumé プイィ・フュメ

② Bordeaux ボルドー
　St-Émilion サン・テミリオン
　Sauternes ソーテルヌ

③ Alsace アルザス
　Riesling リースリング
　Gewurztraminer ゲヴュルツトラミネール

④ Bourgogne ブルゴーニュ
　Vosne-Romanée ヴォーヌ・ロマネ
　Chablis シャブリ

⑤ Beaujolais ボージョレ
　Moulin-à-Vent ムーラン・ナ・ヴァン
　Fleurie フルーリー

⑥ Côtes du Rhône コート・デュ・ローヌ
　Châteauneuf-du-Pape シャトーヌフ・デュ・パプ
　Crozes-Hermitage クローズ・エルミタージュ

⑦ Côtes de Provence コート・ド・プロヴァンス
　Bandol バンドル
　Cassis カシス

◆◆種類◆◆

【色】

vin rouge	赤ワイン
vin blanc	白ワイン
vin rosé	ロゼ
vin jaune	黄ワイン(ジュラ地方産)

【味】

sec	辛口
demi-sec	半辛口
moelleux	半甘口
doux	甘口

◆◆分類◆◆

AOC (vin d'appellation d'origine contrôlée)
　原産地統制呼称ワイン(最高級ワイン)

VDQS (vin délimité de qualité supérieure)
　優良品質指定ワイン(AOCに次ぐランクのワイン)

Vin de Pays 地酒(主に地中海に近い地方のワイン)

Vin de Table テーブルワイン(原産地の異なるワインをブレンドしたもの)

violoneux [vjolnø] 男 (式などで演奏する)村のバイオリン弾き; (話)へたなバイオリン弾き

violoniste [vjɔlɔnist] 名 バイオリン奏者, バイオリニスト

vioque [vjɔk] 形 (話)年寄りの;(複)両親

viorne [vjɔrn] 女 〘植〙ガマズミ属

VIP [veipe, viajpi] 男 《不変》(く英話)要人

vipère [vipɛr] 女 〘動〙クサリヘビ; 陰険な人 ▶ **langue de vipère** 毒舌家

vipereau [vipəro] 男《複 ~x》クサリヘビの子

vipérin(e) [viperɛ̃, -in] 形 クサリヘビの

vipérine [viperin] 女 〘植〙エキウム, シベナガムラサキ

*****virage** [viraʒ] 男 (英 turn)(車などが)カーブすること, 方向転換;(道路などの)カーブ, 曲がり角;(方針・政策などの)急転換;(写真などの)調色 ▶ **négocier un virage** カーブをうまく曲がる **prendre le virage** 状況に応じて方向を調整する **virage de cuti**(ツベルクリン反応の)陽性 **virage en épingle à cheveux** ヘアピンカーブ

virago [virago] 女《く ラ》(話)男まさりの女

viral(ale) [viral] 形 男複 -aux[-o] 〘医〙ウイルス性の

vire [vir] 女 (山の岩壁などの)岩棚

virée [vire] 女《話》散歩, 回り, 回り;(バーなどの)はしご

virelai [virlɛ] 男 ヴィルレー【中世の定型詩】

virement [virmɑ̃] 男 振替, 振り込み ▶ **virement automatique** 自動振替 **virement bancaire** 銀行振替 **virement postal** 郵便振替

virémie [viremi] 女 〘医〙ウイルス血症

*****virer** [vire ヴィレ] 自他 回転する, 方向転換する;回転する, 回る;(…に)変わる, 変質する;(調色によって)(…に)変色する (à) ▶ **virer à droite [gauche]** 右折[左折]する; 政 右傾化[左傾化]する **virer au blanc [jaune]** 白色[黄色]に変色する **virer de bord** (船首を回す; 方針を変える **virer sur l'aile** (飛行機の)抗回する ① (虫を)振り落える, 振り込む ② (話)(人を追い出す 解雇する;(ものを)はずす, 取り除く

vireux(se) [virø, -øz] 形 有毒の

virevoltant(e) [virvɔltɑ̃, -ɑ̃t] 形 くるくる回る; くるりと反転する

virevolte [virvɔlt] 女 急回転, すばやく回転すること;(態度・性質などの)急転換, 豹変

virevolter [virvɔlte] 自 急回転する; 必要なく動き回る

virginal(ale) [virʒinal] 形《男複 -aux[-o]》処女の; けがれのない, 純潔な

virginité [virʒinite] 女 処女性; 童貞

*****virgule** [virgyl ヴィルギュル] 女 (英 comma)コンマ, 句点; 小数点 ▶ **mettre une virgule** コンマを打つ

viril(e) [viril] 形 男の, 成年男子の; 男性的な, 男らしい

virilement [virilmɑ̃] 副 男らしく, 雄々しく

viriliser [virilize] 他 (人を)男らしく見せる

virilisme [virilism] 男 〘医〙(女性の)男性化

virilité [virilite] 女 男性的特徴;(性的な)男としての能力; たくましさ

virocide [virɔsid] 形 男 抗ウイルス薬(の)

virole [virɔl] 女 (ナイフの柄などの道具の)着せ金具, はめ輪

virologie [virɔlɔʒi] 女 ウイルス学

virologiste [virɔlɔʒist], **virologue** [virɔlɔg] 女 ウイルス学者

virtualité [virtyalite] 女 潜在的性質; 潜在能力

*****virtuel(le)** [virtyɛl] 形 ① 潜在的な ② 仮想の ▶ **image virtuelle** 虚像 **réalité virtuelle**(英 virtual reality)仮想現実

virtuellement [virtyɛlmɑ̃] 副 ① 潜在的に ② 仮想空間で ③ おそらく, ほとんど

virtuose [virtyoz] 名《く イ》(音楽の)名手, 名人, 達人

virtuosité [virtyozite] 女 (音楽家の)名人芸, 妙技;(軽度的な)深みのある芸

virucide [virysid] 形 男 = virocide

virulence [virylɑ̃s] 女 辛辣さ, とげとげしさ;(細菌の)毒性

virulent(e) [virylɑ̃, -ɑ̃t] 形 辛辣な, 攻撃的な;(細菌の)毒性の強い

*****virus** [virys ヴィリス] 男《く ラ》〘医〙ウイルス, ビールス; 〘情報〙ウイルス;(流行などの)病気, 熱 ▶ **attraper le virus de …** 熱にとりつかれる, 熱中する **virus du sida** エイズウイルス

*****vis¹** [vis ヴィス] 女 ① ねじくぎ; 螺旋(らせん)歯輪 ▶ **serrer la vis à (人)の締めつけを厳しくする ② ▶ **escalier à vis** 螺旋(らせん)階段

vis² [vi] → **vivre**: voir

visa [viza] 男《く ラ》(英 visa)ビザ, 査証, 認印, 検印 ▶ **visa de censure**(映画の)検閲済みの印 **visa touristique [de tourisme]** 観光ビザ

*****visage** [vizaʒ ヴィザージュ] 男 (英 face)顔, 顔つき, 顔色; 人, 様相 ▶ **à visage découvert** 率直に, 公然と **changer de visage** 顔色を変える, 動揺する

visagisme [vizaʒism] 男 美顔術

visagiste [vizaʒist] 名 顔専門のエステシャン

*****vis-à-vis** [vizavi] 副 向き合って ▶ **vis-à-vis de** …と向かい合って

viscéral(ale) て; …に対して, …に関して; …に比べて ― 男 向かいあうこと, 対座; 向かいの人; 向かいにあるもの ▶avoir... pour vis-à-vis 向かいに…がある en vis-à-vis 向かい合って

viscéral(ale) [viseral] 形 (男複 -aux[-o]) ①内臓の ②深いところにある, 無意識の

viscéralement [viseralmã] 副 本能的に; 心の底から

viscère [viser] 男 (複)内臓

viscose [viskoz] 女 [化]ビスコース

viscosité [viskozite] 女 粘着性, ねばり

visée [vize] 女 ねらいを定めること, 照準; (複)目標, 目的 ▶avoir des visées sur …をねらう

***viser**[1] [vize ヴィゼ] 他 (英 aim) ①ねらう; めざす; 対象とする ― se sentir visé 批判されていると感じる viser haut 望みが高い viser juste 正確にねらう ②(話) 見る ― 自 (…すること)をねらう (à)

viser[2] [vize] 他 査証する

viseur [vizœr] 男 (カメラなどの)ファインダー; 照準器

visibilité [vizibilite] 女 視界, 見通し; 目に見えること ▶piloter sans visibilité 計器飛行をする

***visible** [vizibl ヴィジブル] 形 (英 visible) ①目に見える, 可視の; 目につく, 明白な ②見(せ)るに耐えられる; 面会できる ▶visible à l'œil nu [au microscope] 肉眼[顕微鏡]で見える ― 男 目に見えるもの

visiblement [vizibləmã] 副 目に見えて, 明らかに

visière [vizjɛr] 女 (帽子の)つば, サンバイザー; (かぶとの)面頬(鉢)

visioconférence [vizjokɔ̃ferɑ̃s] 女 [情報]テレビ会議

***vision** [vizjɔ̃ ヴィズィヨン] 女 ①視力, 視覚; 見ること; 見たもの, 見通し, (ものの)見方 ②幻影, 幻覚 ▶avoir des visions 幻覚を見る, たわごとを言う

-vision 接尾 「見る」の意の女性名詞をつくる

visionnaire [vizjɔnɛr] 形 幻を見る(人); 未来を予見する(人)

visionner [vizjɔne] 他 (編集のため映像を)ビューアーで見る

visionneuse [vizjɔnøz] 女 (映像編集用の)ビューアー

visiophone [vizjɔfɔn] 男 = vidéophone

Visitation [vizitɑsjɔ̃] 女 [カト]聖母のエリザベット訪問の祝日

***visite** [vizit ヴィズィット] 女 (英 visit) ①訪問(客), 見学, 見物, 参観; 面会, 見舞い; 視察, 巡視 ▶recevoir la visite de (人)の訪問を受ける avoir de la visite [une visite] 訪問客がある être en visite chez (人)を訪問中である heures [jour] de visite [des visites] 面会時間 [日] rendre visite à (人)を訪問する visite accompagnée [guidée] ガイド付きの見学 visite de politesse 表敬訪問 visite officielle 公式訪問 ②検診, 診察; 点検, 検査 ▶passer une visite médicale 健康診断を受ける visite à domicile 往診

***visiter** [vizite ヴィズィテ] 他 (英 visit) ①見舞う, 慰問に行く; 往診する; 訪れる, 見物する; 検分する ②検査をする, 調べる

***visiteur(se)** [vizitœr, -øz ヴィズィトゥール(ズ)] 名 (英 visitor) ①訪問者, 来客; 面会人, 見舞い客 ②検査官, 視察官; 戸別訪問員; 見学者; 観光客

vison [vizɔ̃] 男 [動]ミンク; ミンクの毛皮[コート]

visqueux(se) [viskø, -øz] 形 ①ねばねば[ぬるぬる]した, 粘性の高い ②(文)うさんくさい, 嫌らしい

vissage [visaʒ] 男 ねじで固定すること; ねじ留め

vissé(e) [vise] 形 (< visser) ねじで止めた; 動かない ▶être vissé devant la télé テレビかじりついて見ている

visser [vise ヴィセ] 他 ①ねじでとめる; (蛇口などを)回して締める ②(話) (人)を監視する, (人)に厳しくする

visseuse [visøz] 女 ねじ締め機; ドライバー

visu [vizy] 男 = de visu

visualisation [vizyalizɑsjɔ̃] 女 視覚化, 映像化

visualiser [vizyalize] 他 目に見えるようにする, 視覚化する; 映像化する

visuel(le) [vizɥɛl] 形 視覚の; 視覚による ― 名 視覚型の人間 ― 男 [情報]ディスプレー装置 (= ~ graphique)

visuellement [vizɥɛlmã] 副 視覚的に, 目で

vit [vi] ▷vivre; voir

***vital(ale)** [vital ヴィタル] 形 (男複 -aux[-o]) 生命の; 生命[生活]に不可欠の; 極度に重要な ▶minimum vital 必要最低限の生活費

vitalité [vitalite] 女 活力, 生命力

vitamine [vitamin] 女 (< 英) ビタミン

vitaminé(e) [vitamine] 形 ビタミン添加の

***vite** [vit ヴィット] 副 (英 fast, quickly) 速く; すばやく, 急いで; すぐに, まもなく ▶avoir vite fait de... すぐに…してしまう Fais vite! (話) 急いで vite fait (話) さっさと, すぐに ― 形 (特にスポーツで)速い

vitellus [vitelys] 男 [生]卵黄

***vitesse** [vites ヴィテス] 女 (英 speed) 速度, 速力; 速さ, スピード; (車の)変速ギア ▶à deux vitesses (組織などの) 2重構造の, ダブルスタンダードの à la vitesse grand V (話) 大急ぎで à tou-

vite vitesse 全速力で **changer de vitesse** (車のギアを変える) **en perte de vitesse** 失速状態の; 落ち気味の **en quatrième vitesse** (話) 大急ぎで, トップギアで **en vitesse** 大急ぎで, すぐに **passer la vitesse supérieure** ① ギアアップする ② 状況を改善する **prendre... de vitesse** (人) を追越す **prendre de la vitesse** スピードを上げる **vitesse de croisière** 巡航速度; 経済速度 **vitesse de pointe** 最高速度

viti- 接頭 (くら)「ブドウの木」の意

viticole [vitikɔl] 形 ブドウ栽培の; ワイン醸造の

viticulteur(trice) [vitikyltœr, -tris] 名 ブドウ栽培者

viticulture [vitikyltyr] 女 ブドウ栽培

vitiligo [vitiligo] 男 [医] 白斑(はん), 尋常性白斑

vitrage [vitraʒ] 男 ①《集合的》(建物・窓の)ガラス; ガラスの取付け ▶**fenêtre à double vitrage** 二重ガラスの窓 ②(窓に取りつけた)透かしカーテン

vitrail [vitraj] 男 (複 *-aux*[-o]) ステンドグラス (製造技術)

* **vitre** [vitr ヴィットル] 女 (sg pane) (窓などの) ガラス, 板ガラス ▶**laver [faire] les vitres** ガラスを拭く

vitré(e) [vitre] 形 (＜vitrer) ガラスのはまった ▶**corps vitré** [解] (眼球の) ガラス体

vitrer [vitre] 他 ガラスをはめる, ガラス張りにする

vitrerie [vitrəri] 女 板ガラス製造[販売]業; 板ガラス製品

vitreux(se) [vitrø, -øz] 形 ①ガラス状の ②どんよりした, 輝きのない

vitrier [vitrije] 男 ガラス屋, ガラス職人

vitrifiable [vitrifjabl] 形 ガラス化できる

vitrification [vitrifikasjɔ̃] 女 ガラス化, 透化

vitrifier [vitrifje] 他 ①ガラス化[透化]する ②(床の表面に)透明な合成樹脂を塗る

* **vitrine** [vitrin ヴィトリヌ] 女 ①ショーウインドー; (美術品などを陳列する)ガラスケース; セクルケース ▶**en vitrine** ショーウインドーに陳列してある **faire [lécher] les vitrines** 《話》ウィンドーショッピングをする

vitriol [vitrijɔl] 男 ①濃硫酸 ②辛辣(しん)な ▶**au vitriol** 辛辣な ③(古)安物の強い酒

vitriolage [vitrijɔlaʒ] 男 ①硫酸処理 ②硫酸をかけること

vitrioler [vitrijɔle] 他 ①硫酸処理する; 鹹性にする ②(人)に硫酸をかける

vitrioleur(se) [vitrijɔlœr, -øz] 名 ①(人に)硫酸をかける人 ②毒舌家, 辛辣(しん)な人

vitrocéramique [vitrɔseramik] 女 ガラスセラミック, 結晶化ガラス

Vittel [vitɛl] ヴィッテル【Vosges県の温泉町】

vitupération [vityperasjɔ̃] 女 (文) 非難, 罵倒(ばと)

vitupérer [vitypere] 自他 57 (文) (…を) 罵倒(ばと)する, 激しく怒る《contre》

vivable [vivabl] 形 住める, 生活できる; [[特に否定の形で]]《話》つきあいきれる

vivace[1] [vivas] 形 (植物などが) 生命力の強い; (憎しみなどが) 根強い, しつこい ▶**plante vivace** [植] 多年生植物

vivace[2] [vivatʃe] 形 (不変) 副 [楽] 〈イ〉 〔楽〕ヴィヴァーチェ, 快速な[に]

* **vivacité** [vivasite ヴィヴァシテ] 女 活発さ; すばやさ; (気性の) 激しさ; (色彩などの) 強烈さ, 鮮やかさ; (空気の) 新鮮さ ▶**vivacité d'esprit** 頭の回転の早さ

vivandier(ère) [vivɑ̃dje] 名 (古) 従軍商人

* **vivant(e)** [vivɑ̃, -ɑ̃t ヴィヴァン(ト)] 形 (英 alive) 生きている, 生命のある; 生き生きとした, 活気のある; 活気のある; (絵やイメージが)生き写しの; 生身の人間による; (言葉が)現用の ▶**bon vivant** 楽天家; 美食家 **langue vivante** 現用語 ── 男 ①存命中 ▶**du vivant de** (人)の存命中に, 生前 ②生きている人 ▶**les vivants et les morts** 生者と死者

vivarium [vivarjɔm] 男 (くら) (小動物などを飼育する) ガラスケース; (小動物の) 博物館

vivat [viva] 男 《複》 歓呼(の声)

* **vive**[1] [viv ヴィヴ] 間 ばんざい ▶**Vive la France!** フランスばんざい

vive[2] [viv] 女 [魚] ハチミツ

vive[3] [viv] 形 vif の女性形

* **vivement** [vivmɑ̃ ヴィヴマン] 副 (英 quickly; sharply) すばやく, 激しく; 強く, 痛切に ── [[名詞・節を伴って]] …が待ち遠しい, 早く…になれ ▶**Vivement les vacances!** 早く休みが来ないかな **Vivement que ce soit fini!** 終わるのが待ち遠しい

vivent, vives [viv], **vivez** [vive] ⇨ vivre

viveur(se) [vivœr, -øz] 名 遊び人, 道楽者

vivi- 接頭 (くら) 「生きている」の意

vivi- ⇨ vivre

vivier [vivje] 男 養魚池; いけす

vivifiant(e) [vivifjɑ̃, -ɑ̃t] 形 元気づける, 活力を与える

vivifier [vivifje] 他 活気づける, 元気づける

vivipare [vivipar] 形 [生] 胎生の ── 男 胎生動物

viviparité [viviparite] 女 [生] 胎生

vivisection [visiveksjɔ̃] 女 生体解剖

vivons [vivɔ̃] ⇨ vivre

vivoter [vivɔte] 自《話》細々と暮らす; (仕事などが)どうにか続いていく

:vivre [vivr ヴィーヴル] 自 76 《英 live》生きる, 生きている; 暮らす, 生活する, 住む; 食べていく; (…で)生計を立てる《de》; 存続する, 生き続ける ►**avoir de quoi vivre** 生きるだけのものはある **faire vivre sa famille** 家族を養う **se laisser vivre** のんきに暮らす **vivre au jour le jour** その日暮らしをする
—— 他 生きる; (日々を)送る; 体験する, 味わう; 実践する ►**vivre des jours heureux** 幸せな日々を送る **vivre sa vie** 自分のやりたいように生きる
—— 男 (複) 食糧 ►**couper les vivres à** (人)の糧道を断つ, 仕送りをやめる **vivre et le couvert** [le ~] 食事と宿泊

vivrier(ère) [vivrije, -ɛr] 形 食糧を産する[供給する] ►**cultures vivrières** 食糧農産物の栽培

vizir [vizir] 男 《史》(イスラム教国の)大臣

vlan, v'lan [vlɑ̃] 間 ばたん, ぽかっ, ぴしゃ《ドアの開閉・殴打などの音》

V.M. (略) Votre Majesté 陛下

VO (略) version originale (映画の)原語版

vocable [vɔkabl] 男 ①(意味の面から見た)語, 名称 ②►**sous le vocable de** …《カト》…を守護聖人とする

:vocabulaire [vɔkabylɛr ヴォカビュレール] 男 《英 vocabulary》①語彙, 用語; 言葉づかい ②基本語辞典; 専門用語(集)

vocal(ale) [vɔkal] (男 複 *-aux* [-o]) 形 声の, 発声の ►**ensemble vocale** 合唱団

vocalique [vɔkalik] 形 《言》母音の

vocalisation [vɔkalizasjɔ̃] 女 ①母音的発声 ②《楽》母音唱法 ③(子音の)母音化

vocalise [vɔkaliz] 女 《楽》母音唱法の発声練習

vocaliser [vɔkalize] 自《楽》母音唱法で発声練習する —— 他 (子音を)母音化する

vocalisme [vɔkalism] 男《音声》(1言語の)母音体系

vocatif [vɔkatif] 男《言》呼格; 呼びかけ

vocation [vɔkasjɔ̃] 女 天職; (職業への)適性, 資質; (組織・国などの)役割, 使命;《神》召命

vociferation [vɔsiferasjɔ̃] 女 (複) わめき声, 怒号

vociférer [vɔsifere] 自他 57 (人に対して)どなる, わめく《contre》 ►**vociférer des injures** のろう

vodka [vɔdka] 女 《ロシア》ウォッカ

:vœu [vø ヴー] 男 (複 ~x) 《英 wish》①(神々の)誓い; (自分に対する)決意, 願い, 願望 ►**faire (le) vœu de** …することを誓う **faire un vœu** 願い事をする **prononcer ses vœux** (厳粛に)誓いをたてる **vœu pieux** 実現しない願い事 ②(複) 《挨拶の表現》祝いの言葉 ►**Meilleurs vœux pour l'année nouvelle!** (手紙)新年おめでとうございます **Tous mes vœux!** ご多幸をお祈り

vogue [vɔg] 女 流行, 人気 ►**en vogue** 流行している

voguer [vɔge] 自《文・古》航行する; 漕ぐ

:voici [vwasi ヴォスィ] 副《英 here is [are]》①ここに…がある, これが…である; 以下が…だ ►**Voici comment il faut faire.** 以下がやり方です **Voici mon bureau.** ここがわたしの書斎です ②[直接目的的名詞およびyなどとともに]ほら…だ; ほら…が来る ►**Me [Nous, Le, …] voici.** 私[我々, 彼, …]はここにいます, さあ着いた **Nous y voici.** やっと来た ③[…がやった, いよいよ本題だ]③[… que…]…前に; …前から…である, …してから…になる ►**Voici quelques années que je ne l'ai pas vu.** 彼を見なくなってから数年になる **voici trois mois** 3か月前 ④►**… que voici** こちらにある(人); 以下の **l'homme que voici** こちらにいる男性

:voie [vwa ヴォワ] 女 《英 way, road》道; 交通路; 道程; 車線; 線路 (= ~ ferrée); (駅の)…番線; 方法, 手段; 《法》措置; 《解》管, 道 ►**en voie de** …の途中で; …しつつある **espèce en voie de disparition** 絶滅の恐れのある種 **être en bonne voie** 順調に進んでいる **mettre … sur la voie** (人)に手がかりを与える **par la voie diplomatique** 外交ルートで **par la voie maritime [aérienne]** 海路[空路]で **par voie orale [buccale]** 口からの, 経口の **pays en voie de développement** 発展途上国 **voie de fait**《法》暴力行為 **voie de garage** (鉄道の)引込み線; 将来性のない仕事 **voie d'eau** (船底にあいた)浸水口; 水路 **voie express** 高速道路 **Voie lactée** [la ~] 天の川, 銀河 **voie privée** 私道 **voie publique** 公道 **voie rapide** = voie express **voie royale** [la ~] 王道 **voies de communication** 交通路 **voies digestives**《解》消化管 **voies respiratoires**《解》気道

voie², **voient**, **voies** [vwa] ⇒ voir

:voilà [vwala ヴォワラ] 副《英 there is [are]》①そこに…がある; ほら, さあ…; 以上が…だ, 以下が…だ; (おつりなどを差し出して)はい; (相手に対して)そのとおり; (発言を締めくくって)以上 ►**Et voilà!** (一段落した)できた **Voilà, c'est prêt!** さあ, 準備ができた **Voilà comment il faut faire.** 以上[以下]のやり方です **Voilà pour toi.** これ, あなたにです **Voilà pourquoi…** 理

voilage

由は… *Voilà tout*. それだけのことです ②[直接打的代名詞およびyなどとともに] ほら…だ; ほら…が来た ▶*En voilà...!* 何て, まったくひどい… *en voilà* ここにある *En voilà une histoire!* ひどい話だ *Me voilà*. 私はここにいます, お待たせしました *Nous y voilà*. さあ着いた; 問題はこれからだ ③[「~... que ...」…前に; …前から…である, …してから…になる ▶*Voilà trois ans que je le connais*. 彼と知りあいになって3年になります ④[「... que voilà」あそこにある]… *la maison que voilà* あそこにある家

voilage [vwalaʒ] 男 (薄地の)大きなカーテン

voile¹ [vwal ヴォワル] 男 (英 veil) ベール, 覆い; 幕; 薄い布(紙), 覆い隠すもの;(写)(高露出度による)曇り ▶*avoir un voile devant les yeux* 真実が見えない *lever le voile sur* …のベールを取る, 真相を明らかにする *sans voile* 率直に *poumon* [医](レントゲン写真の)肺の曇り *voile du palais* [解]口蓋(こうがい)帆, 軟口蓋

voile² [vwal ヴォワル] 女 (英 sail) 帆, 帆船, ヨット; 帆走, ヨット競技 ▶*être à voile et à vapeur* 両刀使いである *faire de la voile* ヨット操縦する *faire voile (vers ...)* (へ)帆走する *mettre à la voile* 出帆準備する *mettre les voiles* (話)逃走する

voilé(e)¹ [vwale] 形 (< voiler) ベールをかぶった; はっきりしない, あいまいな; ぼんやりした, 曇った

voilé(e)² [vwale] 形 ゆがんだ, 反った

*voiler¹ [vwale ヴォワレ] 他 ベールをかける; 覆い隠す; 曇らせる; (写真)にかぶりを入れる —— 代動 [se ~] ベールをかぶる, 曇り, 隠される

voiler² [vwale] 他 ①[海] (船)に帆をつける ②ゆがめる, 歪曲させる; (車輪・板など)を反らせる —— 代動 ゆがむ; 反る

voilette [vwalɛt] 女 (帽子の)ベール

voilier [vwalje] 男 ①ヨット, 帆船 ▶*grand voilier* 大型帆船 ②[鳥]アホウドリ(= grand ~) ③[魚]バショウカジキ

voilure [vwalyr] 女 ①(1隻の船の)帆(面); (飛行機の)翼(面); (パラシュートの)傘 ②反り, ゆがみ

*voir [vwar ヴォワール] 77 [他] ①見える, わかる ▶*voir bien [mal]* よく目[ほとんど]見えない *voir trouble* はっきり見えない —— 他 ①見える, 見る; 思い浮かべる *On aura tout vu!* それはあんまりだ *On verra!* いまに分かるさ *se faire voir* 姿をあらわす ②(人に)会う, 面会する *aller voir* (人)に会いに行く *avoir assez vu* (人)にうんざりする *ni vu ni connu* (話)だれにも気づかれずに ③見いだす, 見てとる (à, en, dans); 理解する 気づく; 検討する; 体験する, 経験する ▶*Ça n'a rien à voir*. それは何の関係もないことだ *Je vois ça d'ici*. (話)今から目に見えるようだ *n'avoir rien à voir avec* …とは無関係である *pour voir* 試しに *Voyons, ...* (たしなめて)まあまあ, さあさあ

—— 代動 [se ~] ①(互いに)会う ②(鏡などの中に)自分の姿を見る, 想像する ▶*se voir contraint de* …せざるをえない ③[不定詞とともに] …される ④(物が)目につく, 見える ▶*Ça se voit!* よくわかります *Ça se voit de loin*. それは遠くからでも見える *Cela ne s'est jamais vu!* それは前代未聞のことだ

voire [vwar] 副 さらに, それどころか ▶*Ce sera difficile, voire impossible*. それは難しい, 不可能かもしれない

—— 間 (古・ふざけて)本当かね

voirie [vwari] 女 ①交通網, 道路; 道路行政 ▶*travaux de voirie* 道路工事 ②(古)ごみ捨て場

*voisin(e) [vwazɛ̃, -in ヴォワザン(ズィヌ)] 形 (英 next, neighbor) 近くの; 隣の, 近隣の; 類似の, よく似た ▶*voisin de* …の近在; (時間的に)…に近い, 間近の —— 名 隣人, 近所の人; 他人; 隣国(人) ▶*voisin de palier* 同じ階の人

voisinage [vwazinaʒ] 男 近所, 近隣; 隣人(間)の近所の人々; 近所づきあい, 隣人関係 ▶*relations de bon voisinage* 仲のいい近所付き合い *se trouver dans le voisinage* 近所にある

voisiner [vwazine] 自 ①(…の)隣りにある[いる] (avec) ②(文・古)近所づきあいをする

*voiture [vwatyr ヴォワチュール] 女 (英 car) 車, 自動車, 乗用車, 馬車; (列車の)車両, 客車 ▶*en voiture* 車で *voiture de course* レーシングカー *voiture de fonction [service]* 社用車 *voiture de location* レンタカー *voiture de tête [queue]* 先頭[最後尾]車両 *voiture d'enfant* ベビーカー *voiture d'occasion* 中古車

voiture-balai [vwatyrbalɛ] 女 (複 ~s-~s) (自転車競技の)乗棄者収容車

voiture-bar [vwatyrbar] 女 (複 ~s-~s) (列車内の)ビュッフェ

voiturer [vwatyre] 他 (話)車で運ぶ[送る]

voiturier [vwatyrje] 男 (レストラン・ホテルの)車庫入れ係 —— 形 (男性形の)車の運搬用の

*voix [vwa ヴォワ] 女 (英 voice) 声; 歌声; 内心の声; 意見, 勧告 ▶*à haute voix* 大声で; 声を出して *à mi-voix* / *à voix basse* 小声で *de vive voix* 直接, 口頭で *être [rester] sans voix* 驚きのあまり声が出ない *voix caverneuse* うつろな声 *voix de* fausset 裏声 **voix de stentor** 大音声 **voix in**［映］（解説なしの）生の声［画面］ **voix off**［映］画面外の声，ボイスオーバー ②［楽］声部 ▶**fugue à 3 voix** 3声のフーガ ③（英 vote）（選挙の）票; 投票権，発言権 ▶**avoir voix au chapitre** 発言権がある **donner sa voix à** …に投票する ④［文法］態 ▶**voix active**［文法］能動態 **voix passive**［文法］受動態

:**vol**¹ [vɔl ヴォル] 男 （英 flight）（鳥などが）飛ぶこと; 飛翔(ﾋﾞｮｳ)距離; 飛翔の群れ;（飛行機の）飛行，便，フライト ▶**à vol d'oiseau** 直線距離で **au vol** 飛行中の **en plein vol** 飛行中に **faire un vol plané** つまずいて倒れる **saisir une occasion au vol** チャンスにすかさず飛びつく **vol à voile**（グライダーの）滑空 **vol charter** チャーター便 **vol d'essai** テスト飛行 **vol libre** ハンググライディング **vol plané**（鳥・飛行機の）滑空 **vol régulier** 定期便

*:**vol**² [vɔl ヴォル] 男 （英 theft）盗み，窃盗; 盗品; 暴利，詐取 ▶**C'est du vol!**（話）それはぼったくりだ **vol à la tire** すり **vol à l'arraché**（話）（車からあるいは行き違いざまの）ひったくり，強盗 **vol à l'étalage** 万引き **vol à main armée** 強盗 **vol avec effraction** 押し込み強盗 **vol qualifié**［法］加重情状の強盗

vol.（略）volume 巻

volage [vɔlaʒ] 形 移り気な; 浮気な

volaille [vɔlɑj] 女 ①（集合的）家禽(ｷﾝ); ニワトリ ②（俗）女

volailler(ère) [vɔlɑje, -ɛr], **volailleur(se)** [vɔlɑjœr, -øz] 名 家禽商; 養禽家

volant¹ [vɔlɑ̃, -ɑ̃t] 形 ①飛ぶ，飛べる ▶**personnel volant**（航空会社の）乗員 ②固定されていない，移動できる ▶**feuille volante** ルーズリーフ **brigade volante**（警察の）特別機動隊

*:**volant**² [vɔlɑ̃ ヴォラン] 男 ①（英 steering wheel）（自動車の）ハンドル; はずみ車;（機械などの）調節器 ▶**donner un coup de volant** 急ハンドルを切る **être au volant** ハンドルを握っている，運転している **prendre le volant** ハンドルを握る，運転する ②（バドミントンの）羽根，シャトル;（スカートなどの）すそ飾り

volatil(e) [vɔlatil] 形 気化しやすい，揮発性の; 変わりやすい

volatile [vɔlatil] 男 家禽(ｷﾝ)

volatilisation [vɔlatilizɑsjɔ̃] 女 蒸発，気化

volatiliser [vɔlatilize] 他 気化[蒸発]させる; 消す ―[代動]**se** ～ ①気化[蒸発]する ②消える，なくなる

volatilité [vɔlatilite] 女 ［化］揮発性

vol-au-vent [vɔlovɑ̃] 男 （不変）ヴォロヴァン【クリーム煮を詰めたパイ】

*:**volcan** [vɔlkɑ̃ ヴォルカン] 男 （英 volcano）火山; 気性の激しい人 ▶**vol-can actif [éteint]** 活火山[死火山]

volcanique [vɔlkanik] 形 火山の; 激しやすい

volcanisme [vɔlkanism] 男 火山活動

volcanologie [vɔlkanɔlɔʒi] 女 火山学

volcanologue [vɔlkanɔlɔg] 名 火山学者

volé(e) [vɔle] 形 （＜voler）盗まれた ―名 盗難にあった人

volée [vɔle] 女 ①飛ぶこと; 飛ぶ距離;（鳥・人の）群れ ▶**à la volée** で; すばやく **de haute volée** 大規模な，一流の ②一斉射撃; （鐘の連打で）（話）めった打ち，殴打 ▶**donner [recevoir] une bonne volée** めった打ちする[される] ③（テニス・サッカーなどの）ボレー

*:**voler**¹ [vɔle ヴォレ] 自 （英 fly）飛ぶ，飛行する;（空中に）舞う;（人が）大急ぎで行く;（知らせなどが）急速に広がる ▶**voler de ses propres ailes** ひとり立ちする **voler en éclats** 粉々に砕ける

*:**voler**² [vɔle ヴォレ] 他 （英 steal）（人から）～を盗む⒜;（人のものを）盗む;（人から）暴利をむさぼる ▶**ne l'avoir pas volé**（話）当然の報いである **Qui vole un œuf vole un bœuf.**（ことわざ）卵を盗む者は牛をも盗む，うそつきは泥棒の始まり **Voler un baiser** 不意にキスをする

*:**volet** [vɔlɛ ヴォレ] 男 （英 shutter）①雨戸; シャッター ②（折り畳み式の）面;（計画などの）一面，局面 ③［空］フラップ，下げ翼(ﾖｸ)

voleter [vɔlte] 自 ④ ①（鳥・昆虫などが）羽を小刻みに動かして飛び回る ②（文）風にはためく

*:**voleur(se)** [vɔlœr, -øz ヴォルール(ズ)] 名 （英 thief）泥棒; 暴利をむさぼる人 ▶**Au voleur!** 泥棒だ! ―形 泥棒を働く，暴利をむさぼる ▶**douille voleuse** 電球ソケットで横にコンセント差し込み口がついたもの

volière [vɔljɛr] 女 鳥小屋，大きな鳥かご

volley-ball [vɔlɛbol], **volley** [vɔlɛ] 男 （英＜）バレーボール

volleyer [vɔleje] 自 （＜英）（テニスで）ボレーする

volleyeur(se) [vɔlejœr, -øz] 名 バレーボールの選手;（テニスで）ボレーのうまい選手

*:**volontaire** [vɔlɔ̃tɛr ヴォロンテール] 形 （英 voluntary）故意の; 自発的な; 意志の強い，頑固な ―名 （英 volunteer）ボランティア，志願者

volontairement [vɔlɔ̃tɛrmɑ̃] 副 故意に，わざと

volontarisme [vɔlɔ̃tarism] 男 ［哲］主意［意志］主義

volontariste [vɔlɔ̃tarist] 形 意志に

よる

volonté [vɔlɔ̃te ヴォロンテ] 囡 (英 will) ①意志, 意欲；意向, 意思；わがまま ▶à volonté 思うだけ, 好きなだけ bonne volonté 熱意, やる気；善意 dernières volontés (de ...) 〖…の〗遺言 faire les quatre volontés de ... 《話》(人)の言いなりになる la volonté de ... 〖不定詞〗…する意志 mauvaise volonté 嫌気, やる気のなさ；悪意 volonté de puissance 〖ニーチェ哲学の〗力への意志

*volontiers [vɔlɔ̃tje ヴォロンティエ] 副 (英 gladly, willingly) ①喜んで, 進んで, 快く ②とかく, えてして〔…がちである〕

volt [vɔlt] 男 ボルト〖電圧の単位〗

voltage [vɔltaʒ] 男 電圧；ボルト数

voltaïque [vɔltaik] 形 〖電〗ボルタ電池〖電気〗の

Voltaire [vɔltɛr] ヴォルテール【1694-1778; 哲学者】

voltaire [vɔltɛr] 男 ヴォルテールいす【低いひじ掛けいす】

voltamètre [vɔltamɛtr] 男 〖電〗電量計

volte [vɔlt] 囡 ①〖馬術〗輪乗り ②急旋回 ③ヴォルト, ヴォルタ【プロヴァンス起源の3拍子の舞踏】

volte-face [vɔltəfas] 囡〖不変〗半回転, 方向転換；〖意見などの〗急変, 豹変

voltige [vɔltiʒ] 囡 空中ぶらんこ；〖馬の〗曲乗り, 曲馬；アクロバット飛行（= ~ aérienne）；知的芸当；危険な企て（= haute ~ ）

voltiger [vɔltiʒe] 自 40 〖鳥・昆虫が〗飛び回る；風にひらひらと舞う, はためく

voltigeur [vɔltiʒœr] 男 ①空中軽業師；曲馬師 ②歩兵 ③〖野球の〗外野手

voltmètre [vɔltmɛtr] 男 電圧計

volubile [vɔlybil] 形 ①おしゃべりな ②〖植〗〖茎などが〗巻きつく, つる性の

volubilement [vɔlybilmɑ̃] 副 〖話し方が〗ぺらぺらと早口で

volubilis [vɔlybilis] 男 〖植〗マルバアサガオ

volubilité [vɔlybilite] 囡 おしゃべり, 多弁

*volume [vɔlym ヴォリューム] 男 ①〖本の〗巻, 冊 ②体積；容積；大きさ, かさ；全体量；〖河川の〗水量；音量（= ~ sonore） ▶faire du volume 偉そうにする, いばる

volumétrie [vɔlymetri] 囡 容積測定

volumétrique [vɔlymetrik] 形 容積を測定する

volumineux(se) [vɔlyminø, -øz] 形 かさばる, 〖体積が〗大きい；大部な

volumique [vɔlymik] 形 ▶masse volumique 〖物〗密度

volupté [vɔlypte] 囡 〖文〗 ①〖性的〗快感 ②〖精神的・知的な〗喜び, 満足

voluptueusement [vɔlyptyøzmɑ̃] 副 官能的に；うっとりと

voluptueux(se) [vɔlyptyø, -øz] 形 性的快楽を求める, 好色な；官能的な, なまめかしい, 快感の —— 名 快楽主義者；好色家

volute [vɔlyt] 囡 ①渦巻形；〖建〗渦巻装飾 ▶en volute 螺旋（ゼ）状の ②〖動〗前触（キャッヘ）属〖巻貝など〗

volvaire [vɔlvɛr] 囡 ハラタケ目のキノコ

volve [vɔlv] 囡 つぼ【キノコの根元を包んでいる厚い膜】

volvulus [vɔlvylys] 男 〖医〗軸捻（ヒッ）；腸捻転

vomi [vɔmi] 男 《話》へど, げろ

vomique [vɔmik] 形 ▶noix vomique マチシン（馬銭子）【インド産マチンの種子】

vomiquier [vɔmikje] 男 〖植〗マチン（馬銭）

*vomir [vɔmir ヴォミール] 他 33 (英 vomit) ①吐く, もどす；〖煙などを〗噴出する ▶avoir envie de vomir 吐き気がする ②ひどく嫌う；激しく非難する

vomissement [vɔmismɑ̃] 男 吐くこと, 嘔吐（キッ）

vomissure [vɔmisyr] 囡 へど, 吐いたもの

vomitif(ve) [vɔmitif, -iv] 形 〖医〗吐きけを催させる；《話》むかつく, へどが出るほど嫌な —— 男 吐剤

vomito negro [vɔmitonegro] 男 〖医〗黄熱（病）, 黒吐病

vont [vɔ̃] ⇨aller

vorace [vɔras] 形 がつがつ食べる；貪欲な

voracement [vɔrasmɑ̃] 副 がつがつと, 貪欲に

voracité [vɔrasite] 囡 むさぼり食うこと；貪欲

-vore 接尾 〖ラ〗「…を食べる〖動物〗」の意の形容詞〖名詞〗をつくる

vortex [vɔrtɛks] 男 渦

*vos [vo ヴォ] 形〖所有〗あなた(がた)の, 君たちの ⇨votre

Vosges [voʒ] 囡〖複〗 ①〖les ~〗ヴォージュ山脈【フランス北東部の山脈】 ②ヴォージュ県 ③ ▶place des Vosges 〖パリの〗ヴォージュ広場

vosgien(ne) [voʒjɛ̃, -ɛn] 形 名 〖V〗ヴォージュ山脈〖地方, 県〗の(人)

votant(e) [vɔtɑ̃, -ɑ̃t] 名 投票者, 有権者

*vote [vɔt ヴォト] 男 （< 英） 投票；票決；〖議会などの〗採択, 可決 ▶bulletin de vote 投票用紙 bureau de vote 投票所 droit de vote 選挙権 procéder [passer] au vote 採決する vote à bulletins secrets 秘密投票 vote à main levée 挙手による採決 vote blanc 白紙投票 vote nul 無効投票 vote par procuration 代理投票, 不在者投票

voter [vɔte ヴォテ] 自 (英 vote) 投票する ▶voter à droite [gauche] 右派[左派]に投票する ― 他 投票によって決める ▶voter la censure 不信任案を可決する

votif(ve) [vɔtif, -iv] 形 ①[宗] 奉納の ②(文) 奉納の

votre [vɔtr ヴォトル] 形(所有) [[2人称複数]] ①[君たちの(もの), 君たちの(~), 君たちの(もの) ②[尊称の前;つねに大文字で]] ▶ Votre Majesté 国王陛下

vôtre [vɔtr ヴォートル] 代(所有代名詞・定冠詞とともに) (英 yours) あなた(がた) [君たち]のもの; [[les ~s]] あなた(がた)の家族[仲間]; [[du ~]] あなた(がた)のもの《財産・労力》 ▶ À la vôtre! あなたの健康を祝って(乾杯)! Je suis des vôtres. 私はあなたの味方です y mettre du vôtre 精一杯努力する; 譲歩する ― 形(所有)(文) あなた(がた)の(もの), あなた(がた)のもの

voudra [vudra], **voudrai** [vudre], **voudrais** [vudre], **voudrait** [vudre], **voudras** [vudra], **voudrez** [vudre], **voudrons** [vudrɔ̃], **voudront** [vudrɔ̃] ⇒ vouloir

voué(e) [vwe] 形 (<vouer) 必ず…する, (…の)運命にある

vouer [vwe] 他 (人)に(献身などを)誓う; (状態)に運命づける ― 代動 [se ~] (…)に身をささげる (à)

voulez [vule], **vouliez** [vulje] ⇒ vouloir

vouloir [vulwar ヴルワール] 他 78 (英 want) ① 不定詞, 名詞または que + 接続法 とともに]] …したい, …ことを望む; …であって欲しい; [[que を主語にした疑問文で]] …してもらえないか ▶ Comment voulez-vous que je sache? 私が知るはずないですよ Je veux bien. 喜んで, 《一応の同意》 かまいませんけど; 《受け答えで》 承知しました; 《反論》 それはそうだろうけど Je veux que tu viennes. 君に来てもらいたい Je voudrais savoir. 私は知りたい Que veux-tu! 仕方ないでしょう. どうしようがその qu'il le veuille ou non 彼が好むと好まざると sans le vouloir 思わず, うっかりして si on veut そう言ってよけれりゃ Si vous voulez bien me suivre. ご案内致します Tu l'auras voulu! 後でどうなっても知らないよ Tu veux leur dire que …ということを彼らに話してくださる veuillez + 不定詞 どうか…してください Veux-tu te taire! 黙りなさい Voudriez-vous fermer la fenêtre? 窓を閉めていただけませんか vouloir bien 承知する, 同意する ②[[名詞を目的語として]] …が欲しい ▶ -Voulez-vous du café? コーヒーはいかがですか ▶ en vouloir (話) やる気に満ちている J'en veux plus. もう結構です ③(物が)(…)を必要とする, …されなければならない ▶ comme le veut la tradition 伝統に従えば l'usage veut que … 習慣によれば…である Qu'est-ce que ça veut dire? それはどういう意味ですか vouloir dire 意味する ④ ▶ en vouloir à (人)に恨みを抱く ― 代動 [se ~] ① 自分が…であることを望む ▶ s'en vouloir de …を後悔する ― 男 (文) 意思, 意欲 ▶ bon vouloir やる気, 誠意 mauvais vouloir やる気のなさ

voulu(e) [vuly] 形 (<vouloir) 要求された, 決められた, 故意の, 意図的の ▶ au moment voulu ちょうどよい時に C'est voulu. (話) それは仕組まれたことだ

vous [vu ヴー] 代 (人称) (英 you) [[主語・直接[間接]目的語・再帰代名詞]] あなたは[を, に], あなたがたは[を, に], 君たちは[を, に] ▶ Asseyez-vous. お座りください de vous à moi ここだけの話だが dire vous à (人) と vous を用いて話す Vous avez raison. あなたは正しい

*vous-même(s) [vumɛm ヴーメーム] 代 (人称) (英 yourself, yourselves) あなた(がた) 自身君たち自身 ⇒ lui-même

voussure [vusyr] 女 ①[建] (アーチ, 穹窿(きゅうりゅう)の) 湾曲部; (窓・戸口の) アーチ型曲線 ②[医] 胸部の局所的な隆起

voûte [vut] 女 (英 vault) [建] 丸天井, 穹窿(きゅうりゅう), ボールト; ドーム形のもの ▶ voûte céleste [[la ~]] (文) 空 voûte palatine [du palais] [解] 口蓋(こうがい) voûte plantaire [解] 土踏まず

voûté(e) [vute] 形 (<voûter) 丸天井にした, アーチ形の; 背の曲がった ▶ avoir le dos voûté 背が曲がっている

voûter [vute] 他 丸天井[アーチ形]にする; 背を曲げる ― 代動 [se ~] (背中が)曲がる; (人が)腰が曲がる

vouvoiement [vuvwamɑ̃] 男 vous を用いて話すこと

vouvoyer [vuvwaje] 他 45 (相手に) vous を用いて話す, 他人行儀な口をきく

vox populi [vɔkspɔpyli] 女 (不変) (ラ) 民の声

voyage [vwajaʒ ヴォワイヤージュ] 男 (英 trip, travel) ① 旅行, 旅; (通例, 長距離の) 往復 ▶ Bon voyage! よいご旅行を être en voyage 旅行中である partir en voyage 旅行に出かける voyage autour du monde 世界一周旅行 voyage d'affaires 出張 voyage d'agrément 観光旅行 voyage de noces 新婚旅行 voyage organisé 団体旅行 ②(麻薬による)幻覚状態, トリップ

voyager [vwajaʒe ヴォワイヤジェ] 自 40 (英 travel) 旅行する, 旅をする; (人が乗物で) 移動する; (荷物などが) 運ばれる

voyageur(se) [vwajaʒœr, -øz (se)

voyagiste [vwajaʒist] 名 旅行代理業者

voyance [vwajɑ̃s] 女 透視力

voyant(e) [vwajɑ̃, -ɑ̃t] 形 派手な, 目立つ ■ 男 警告灯, 標示器 ► *voyant d'essence* 燃料計 *voyant d'huile* 油圧警告灯; 油面計 ― 名 ①目の見える人 ②透視者, 占い師

voyelle [vwajɛl] 女 〔音声〕母音; 母音字

voyeur(se) [vwajœr, -øz] 名 のぞき魔, 窃視症の人

voyeurisme [vwajœrism] 男 窃視症, のぞき趣味

voyou [vwaju] 男 非行少年, 不良 ― 形 〔不変〕不良の, 非行の

VPC (略) vente par correspondance 通信販売

vrac [vrak] [成句でのみ] ►*en vrac* ごちゃごちゃに, 乱雑に; 〔商品を〕包まずに, 目方売りで

***vrai(e)** [vrɛ ヴレ] 形 (英 true) 本当の, 真の; 本物の; 正真正銘の, 真に迫った, 真実味のある ►*C'est (Il est) vrai que* …は本当です *C'est bien vrai que* 〔話〕まさか *Pas vrai?* 〔話〕…でしょう *vrai de vrai* 〔話〕正真正銘の, 真 *faux* 正式だが偽の〔政府高官に偽造パスポートを発行した事件から〕
― 男 真実; 事実 ►*à vrai dire / à dire vrai* 実を言えば *au vrai /*〔古〕*de vrai* 実のところ *distinguer le vrai du faux* 真偽を見分ける *être dans le vrai* (人が)道理にかなっている, 正しい *pour de vrai*〔話〕(冗談ではなく)本気で; 本当に
― 副 ①本当のままに, 真実のままに *faire vrai* (劇などで)真実らしさを出す *jouer vrai* (音楽などで)的確で自然な演奏をする *voir vrai* 正確に(物事を)理解する ②〔話〕〔間投詞的に〕まったく, 本当に

***vraiment** [vrɛmɑ̃ ヴレマン] 副 (英 really) 本当に, 実際に; 〔強調で〕まったく

***vraisemblable** [vrɛsɑ̃blabl ヴレサンブラブル] 形 (英 likely) 本当らしい, ありそうな ►*Il est vraisemblable que* …はまず確かだ, …しそうだ ― 男 真実らしいこと, 本当らしさ

vraisemblablement [vrɛsɑ̃blabləmɑ̃] 副 たぶん

***vraisemblance** [vrɛsɑ̃blɑ̃s ヴレサンブランス] 女 本当らしさ, ありそうなこと ►*contre toute vraisemblance* ありそうもないことだが *selon toute vraisemblance* たぶん, きっと

vraquier [vrakje] 男 〔海〕ばら荷貨物船

vrille [vrij] 女 ①ドリル, ねじ錐(⁂)(= ②

螺旋(状のもの; 〔植〕(ブドウなどの)ひげ ►*descendre en vrille* (飛行機が)錐もみ状態で降下する

vrillé(e) [vrije] 形 ねじれた, 巻いた; 〔植〕巻きひげのある

vriller [vrije] 他 (ねじ錐・ドリルで)突き刺す, 穴をあける ― 自 (飛行機が)錐もみ状態で上昇[降下]する

vrombir [vrɔ̃bir] 自 ③③ (エンジン・昆虫などが)ぶんぶん音を立てる

vrombissant(e) [vrɔ̃bisɑ̃, -ɑ̃t] 形 ぶんぶんいう, うなっている

vrombissement [vrɔ̃bismɑ̃] 男 (エンジンの)ふかす音; (昆虫の)羽音

vroum [vrum] 間 (<vroom) ぶるんぶるん [エンジンをふかす音]

VRP (略) voyageur représentant placier 出張代理販売員, 外交員

vs [vɛrsys] (略) versus …に対して, 対

VTC (略) vélo tout chemin (ツーリング用)マウンテンバイク

VTT (略) vélo tout terrain マウンテンバイク

vu(e) [vy] 形 (<voir) ►*C'est tout vu.* (話) その話はもうすんだ *être bien [mal] vu.* と〔悪く〕思われている *Vu.* 〔話〕わかった ― 前 …から考えて, …のゆえに ►*vu que* …のゆえに, …なのだから ― 男 見ること

***vue** [vy ヴュ] 女 (英 sight, view) ①視覚; 視力; 目; 視線, まなざし; (…を)見ること (*de*) ►*à la vue de* …を見て *à première vue* 一見したところ *à vue* 視覚を頼りにして *à vue de nez* 〔話〕見たところ, およそ *à vue d'œil* 目に見えて *avoir... en vue* …に目をつける *avoir une bonne vue* 視力がいい *connaître... de vue* (人)の顔を知っている *en mettre plein la vue à...* …(人)を眩惑する *en vue* 見えるところにある; 注目されている *naviguer à vue* 有視界航行をする; 〔話〕ぶっつけ本番でやる *perdre... de vue* …と疎遠になる; …を見失う *perdre la vue* 失明する *tirer à vue* 可視目標を撃つ ②眺め, 見晴らし, 光景; (風景などの)写真, 絵 ►*avoir vue sur* (景色を)見晴らす ③見解, 意見; 考え方; 〔複〕計画, 意図 ►*en vue de* …を目ざして *vue d'ensemble* 全体像 *vue panoramique* 全景

Vulcain [vylkɛ̃] 男 〔ロ神〕ウルカヌス 〔火と鍛冶の神〕

vulcanisation [vylkanizasjɔ̃] 女 硫黄を混ぜること, 加硫

vulcaniser [vylkanize] 他 (ゴムやプラスチックに)加硫する

vulcanologie [vylkanɔlɔʒi] 女 = volcanologie

vulcanologue [vylkanɔlɔg] 名 = volcanologue

***vulgaire** [vylgɛr ヴュルゲール] 形 (英 vulgar, commonplace) ①下品な, 俗

vulgairement [vylgɛrmɑ̃] 副 ① 下品に ② 俗に、一般に

vulgarisateur(trice) [vylgarizatœr, -tris] 形名 (科学・思想などを)普及させる(人)

vulgarisation [vylgarizasjɔ̃] 囡 (思想・科学の)通俗化、大衆化

vulgariser [vylgarize] 他 ① (思想や科学を)大衆化する、普及させる ② 俗悪にする

vulgarisme [vylgarism] 男 俗語的な言いまわし、下品な表現

vulgarité [vylgarite] 囡 下品さ、不作法;卑俗な言葉;(文)凡庸さ

Vulgate [vylgat] 囡 ウルガタ聖書【四世紀頃にできたラテン語訳聖書】

vulgo [vylgo] 副 ① 普通一般の言葉で ② 下品な言葉で【<vulgaire】

vulgum pecus [vylgɔmpekys] 男 (不変)(<ラ)(話) 無知な一般大衆

vulnérabilité [vylnerabilite] 囡 傷つきやすさ、もろさ

*__vulnérable__ [vylnerabl ヴュルネラブル] 形 傷つきやすい、もろい

vulnéraire [vylnerɛr] 男 傷薬 ― 囡 [植] アンテリス

vulvaire¹ [vylvɛr] 囡 [植] アカザ

vulvaire² [vylvɛr] 形 (女性の)外陰部の

vulve [vylv] 囡 [解] (女性の)外陰部

vumètre [vymɛtr] 男 (ステレオ装置などの)音量計

VVF (略) village vacances famille 国民休暇村

VV.MM. [vomaʒɛste] (略) Vos Majestés 陛下

W

W¹, **w** [dublǝve] 男 フランス字母の第23字

W² (略) watt ワット

*__wagon__ [vagɔ̃ ヴァゴン] 男 (<英) 車両、貨車;貨車1台分;(話)大量 ▶ _wagon de marchandises_ 貨車

wagon-citerne [vagɔ̃sitɛrn] 男 (複 ~s-~s) (石油などを輸送する)タンク車

wagon-lit [vagɔ̃li] 男 (複 ~s-~s) (個室式の)寝台車

wagonnet [vagɔnɛ] 男 トロッコ

wagon-restaurant [vagɔ̃rɛstɔrɑ̃] 男 (複 ~s-~s) 食堂車

walkie-talkie [wokitɔki] 男 (複 ~s-~s) (<英) 携帯用無線送受信機、トランシーバー

walkman [wokman] 男 ウォークマン

walk-over [wo(l)kɔvœr, walkɔvœr] 男 (不変)(<英)(話) 不戦勝;楽勝

Walkyrie [valkiri] 囡 ワルキューレ【北欧神話の女神】

wallaby [walabi] 男 (複 ~s, wallabies) [動] ワラビー【小型の有袋類】

Wallis-et-Futuna [walisefutuna] ワリス・エ・フツナ【南太平洋にあるフランス海外領】

wallisien(ne) [walizjɛ̃, -ɛn] 形名 [W.] ワリス諸島の(人)

wallon(ne) [walɔ̃, -ɔn] 形名 [W.] ワロン地方の(人) ― 男 ワロン語【ベルギー南部のフランス語方言】

Wallonie [walɔni] 囡 ワロニア地方【ベルギー南部;フランス語を公用語とする】

WAP [wap] 男 (<英)(略) wireless application protocol [通信] ワップ【携帯電話からインターネット接続が可能な規格】

wapiti [wapiti] 男 [動] ワピチ, (アメリカ)エルク【北米・東北アジアの大シカ】

warrant [warɑ̃t] 男 (<英)[法] 倉庫証券【倉庫預り証】

warranter [warɑ̃te] 他 [法] 倉庫証券で預入れする

water-closet(s) [waterklozɛt] 男 (<英) ≒ W.-C.

Waterloo [waterlo] ワーテルロー【ベルギーの町;ナポレオンの大敗地】

water-polo [waterpolo] 男 (<英)[スポーツ] 水球

waters [water] 男 (複)(古) ≒ W.-C.

watt [wat] 男 [電] ワット【電力単位】

wattheure [watœr] 男 [物] ワット時【略 Wh】

wattmètre [watmɛtr] 男 電力計

*__W.-C.__ [dublǝvese, vese ドゥブルヴェセ、ヴェセ] 男 (複)(略) Water Closet トイレ、便所

web [wɛb] 男 [情報] ウェブ

*__week-end__ [wikɛnd ウィケンド] (<英) 男 週末 (複 ~s), ウィークエンド ▶ _Bon week-end!_ よい週末を ▶ _partir en week-end_ 週末旅行に出かける

western [wɛstɛrn] 男 (<英)(映画・テレビの)西部劇 ▶ _western-spaghetti_ マカロニウェスタン【イタリア製作の西部劇】

wharf [warf] 男 (<英) 埠頭(ふとう)、桟橋(さんばし)

whipcord [wipkɔrd] 男 (<英)(織) ウィップコード【乗馬ズボンなどに用いられる生地】

*__whisky__ [wiski ウィスキー] (<英)(複 _whiskies_) 男 ウイスキー ▶ _whisky sec_ ウイスキーのストレート _whisky soda_ ウイスキーのソーダ割り

whist [wist] 男 (<英)[トランプ] ホイスト【ブリッジの前身】

white-spirit [wajtspirit] 男 (<英)

ホワイトスピリット, 白油; ペイントうすめ液

williams [wiljams] 囡 〖植〗ウィリアムス〖夏に出回る果汁の多い洋ナシ〗

winch [win(t)ʃ] 男〖(く英〗(ヨットなどの帆を揚げる)ウィンチ

winchester [win(t)ʃester] 囡〖(く英〗ウィンチェスター銃

wok [wɔk] 男 中華なべ

wolfram [vɔlfram] 男, **wolframite** [vɔlframit] 囡〖鉱〗鉄マンガン重石〖タングステンの主要鉱石〗

won [wɔn] 男 ウォン〖韓国・北朝鮮の通貨単位〗

woofer [wufœr] 男〖(く英〗ウーファー, 低音専用スピーカー

X

X, x [iks] 男 ①フランス字母の第24字 ②X字型のもの; X脚のいす ▶avoir les jambes en x X脚である ③未知のもの; 〖数〗未知数 ▶axe des x (座標の)x軸 Je te l'ai dit x fois. (話)もう何度も言ったよ ▶plainte contre X 〖法〗犯人不詳のままの告訴 ④ローマ数字の10 ⑤〖l'X〗(話)理科学校 ⇒ Polytechnique ▶film classé X ポルノ映画 ⑦▶rayons X X線

xanthine [gzɑ̃tin] 囡〖生化〗キサンチン

xanthome [gzɑ̃tom] 男〖医〗黄色腫(ゅ)

xénélasie [gzenelazi] 囡 (戦時の)敵国人国外追放権

xén(o)- 接頭〖ギ〗「外国(の)」「外部(の)」の意

xénogreffe [gzɛksenɔgrɛf] 囡〖医〗異種移植

xénon [gzɛksenɔ̃] 男〖化〗キセノン, 希ガス元素〖原子番号54の元素〗

xénophobe [gzɛksenɔfɔb] 形名 外国(人)嫌いの(人)

xénophobie [gzɛksenɔfɔbi] 囡 外国(人)嫌い

xérès [gzeres, keres, kseres] 男 シェリー〖スペインのヘレス周辺で造られるワイン〗

xéro 接頭〖(ギ〗「乾いた」の意

xérodermie [gzɛksenɔdɛrmi] 囡〖医〗乾皮症

xérographie [gzɛksenɔɡrafi] 囡 ゼログラフィー, 電子写真(法)

xérophile [gzɛksenɔfil] 形〖植〗耐乾性の

xérophtalmie [gzɛksenɔftalmi] 囡〖医〗眼球乾燥症

xérophyte [gzɛksenɔfit] 囡 乾生植物

xi [ksi] 男 クシー〖Ξ, ξ; ギリシャ字母の第14字〗

xylène [gzɛkɛlɛn] 男〖化〗キシレン

〖染料の原料〗

xylographie [gzɛkɛiloɡrafi] 囡 (15–16世紀の)木版術, 木版印刷

xylophage [gzɛkɛilofaʒ] 形〖生〗(昆虫などが)木を食う

xylophone [gzɛkɛilofɔn] 男 木琴, シロフォン

xylophoniste [gzɛkɛilofɔnist] 名 シロフォン奏者

Y

Y, y [igrɛk] ①フランス字母の第25字 ②Y字型のもの ③〖数〗第2未知数の記号 ▶axe des y (座標の)y軸

*y² [i] 代〖中性〗（英 there）問題目の語または場所・方向を表す副詞句[à+名詞[不定詞・節]に代わる] ①それに, そこに, そこで, そこへ; そこの うまくいった, これでいい, 準備は OK *Il y a* …がある ⇒ avoir *Je m'y attendait.* そんなことだろうと思っていた *J'y suis!* (話) ああ分かった *J'y vais demain.* 明日そこへ行きます *N'y pensez plus.* もうそのことは考えないで *Restez-y.* そこにいて下さい *y être pour* …と関係がある

y³ [i] 代〖俗〗= il ②〖動詞の後につけて疑問文・感嘆文を作る〗 ▶Ah, *C'est-y pas malheureux!* ああ, なんと不幸なことだろう

yacht [jɔt] 男〖(くオランダ〗ヨット

yacht-club [jɔtklœb] 男〖(く英〗ヨットクラブ

yachting [jɔtiŋ] 男〖(く英〗〖古〗ヨット航海(操縦)

yacht(s)man [jɔt(s)man] 男〖複 ~s, -men(-men)〗〖(く英〗〖古〗ヨット操縦者

ya(c)k [jak] 男〖動〗ヤク

yang [jɑ̃ɡ] 男〖(く中国〗(易学の)陽

yankee [jɑki] 形 アメリカの —名 アメリカ人

yaourt [jaurt ヤウールト] 男 ヨーグルト ▶pédaler dans le yaourt (話)骨折り損をする, 無益な努力をする *yaourt aux fruits* フルーツヨーグルト *yaourt nature* プレーンヨーグルト

yaourtière [jaurtjɛr] 囡 ヨーグルト製造器

yard [jard] 男〖(く英〗ヤード〖長さの単位〗

yatagan [jataɡɑ̃] 男 トルコ長剣〖つばのないS字型の剣〗

yearling [jœrliŋ] 男〖(く英〗(サラブレッドの)当歳馬

Yémen [jemɛn] 男 イエメン〖アラビア半島の共和国〗

yéménite [jemenit] 形 イエメンの —名 〖Y.〗イエメン人

yen [jɛn] 男〖不変〗〖(く日〗円〖日本

yeti, yéti [jeti] 男 (ヒマラヤの)雪男

yeuse [jøz] 女 〖植〗セイヨウヒイラギガシ

yeux [jø イユー] (英 eyes) 男〖複〗目、両眼 ← œil

yé(-)yé [jeje] 名形〖不変〗イエイエ調(の人)【1960年代前半に流行した音楽・踊り】

yiddish [(j)idiʃ] 男〖不変〗(＜英 イディッシュ語【東ヨーロッパのユダヤ人の言語】

yin [jin] 男 (＜中国)〖易学の〗陰

ylang-ylang [ilɑ̃ilɑ̃] 女 〔香～s-~s〕〖植〗イランイラン = ilang-ilang

yod [jɔd] 男 (＜ヘブライ) ①〖ヨッド〗フェニキア字母・ヘブライ字母の第10字; y に相当〗 ②〖音〗半母音の i [j] の音

yoga [jɔga] 男 (＜サンスクリット) ヨーガ ► faire du yoga ヨーガを行なう

yogi [jɔgi] 男 ヨーガ行者

yogourt [jɔgurt] 男 = yaourt

yole [jɔl] 女 (＜オランダ) 細長い小型ボート【レース用・周遊用】

Yonne [jɔn] 女 ①〔l'~〕ヨンヌ川 ② ヨンヌ県【フランス中部】

yougoslave [jugoslav] 形 ユーゴスラヴィアの ― 名〔Y-〕ユーゴスラヴィア人

Yougoslavie [jugoslavi] ユゴスラヴィ 女 ユーゴスラヴィア【1929年に成立したヨーロッパ南部の連邦共和国; 2003年に Communauté d'État Serbie-et-Monténégro と改名; その後2006年にモンテネグロが連合を解消】

youpi [jupi] 間 わーい【興奮を表す叫び】

youpin(ne) [jupɛ̃, -in] 形名 〖話・軽蔑的〗ユダヤ人の

yourte [jurt] 女 (中央アジアなどの)遊牧民の)獣皮テント

youyou[^1] [juju] 男 艦載ボート

youyou[^2] [juju] 男 (儀式などでの)アラブ女性の叫び声

yo(-)yo [jojo] 男〖不変〗ヨーヨー【玩具】 ► jouer au yoyo / faire le yoyo (数字が)乱高下する

yoyot(t)er [jɔjɔte] 自 (話)〖ヨーヨーで遊ぶ〗 ② 頭がおかしくなる

ypérite [iperit] 女 イペリット、マスタードガス【毒ガス】

yponomeute [ipɔnɔmøt] 男〖虫〗スガ科

ysopet [izɔpɛ] 男 (中世の)寓話集

ytterbine [itɛrbin] 女〖化〗酸化イテルビウム

ytterbium [itɛrbjɔm] 男〖化〗イッテルビウム【原子番号70の元素】

yuan [jɥɑ̃] 男 元【中国の通貨単位】

yucca [juka] 男〖植〗ユッカ

yuppie [jupi] 男 (＜英) ヤッピー【都会のエリートサラリーマン】

Yvelines [ivlin] 女〖複〗イヴリーヌ県【パリ西郊】

Z

Z, z [zɛd] 男 ①フランス字母の第26字 ► de A à Z 最初から最後まで ②〖数〗第3末知数; 整数全体の集合 ► axe des z〖座標の〗z 軸

zabre [zabr] 男〖虫〗ゴミムシ

ZAC [zak]〖略〗zone d'aménagement concerté 市街化規制地域【土地整備に国が関与する】

ZAD [zad]〖略〗zone à aménagement différé 市街化調整地域【土地投機を防止するため国に先買権がある】

Zaïre [zair] 男 ザイール【アフリカのコンゴ民主共和国の旧称】

zaïrois(e) [zairwa, -az] 形名〔Z-〕ザイールの(人)

zakouski [zakuski] 男(＜ロシア)〖複〗ザクースカ【ロシア料理の前菜】

Zambie [zɑ̃bi] 女 ザンビア【アフリカ南部の共和国】

zambien(ne) [zɑ̃bjɛ̃, -ɛn] 形 ザンビア(人)の ―名〔Z-〕ザンビア人

zancle [zɑ̃kl] 男〖魚〗ツノダシ

zapper [zape] 自 (テレビのチャンネルをしょっちゅう変える; (考えなどを)すぐに変える ― 他 (授業などを)さぼる; なしですます

zappette [zapɛt] 女 (話)リモコン

zappeur(se) [zapœr, -øz] 名 ① チャンネルをしょっちゅう変える人 ②(テレビの)リモコン

zapping [zapiŋ] 男 チャンネルをしょっちゅう変えること

zarbi [zarbi], **zarbi** [zarbi] 形〖話〗奇妙な、変な【bizarre の逆さ言葉】

zarzuela [sarswela] 女 (＜ス) サルスエラ【スペインのオペラ音楽】

zazou [zazu] 男 (1940年代の)ジャズを愛好する(青年)

zèbre [zɛbr] 男 ①シマウマ ② (話)かわった奴 ► un drôle de zèbre 変なやつ

zébrer [zebre] 他 57 縞模様にする

zébrure [zebryr] 女 (縞)模様

zébu [zeby] 男〖動〗コブウシ

zée [ze] 男〖魚〗マトウダイ

zélateur(trice) [zelatœr, -tris] 名 〖文〗熱心な信奉者

zèle [zɛl] 男 熱意、熱情 ► avec zèle 熱心に ► faire du zèle 張り切りすぎる

zélé(e) [zele] 形 熱心な、献身的な

zellige [zeliʒ] 男 (＜アラビア) ゼリージュ【壁の下部や建築で用いられる装飾タイル、装飾レンガ】

zen [zɛn] 男 (＜日) 禅 ― 形〖不変〗静かな ► rester zen (話) 冷静沈着でいる

zénith [zenit] 男〖天〗天頂; 頂点、絶頂 ► être au zénith de …の絶頂

zénithal(ale) [zenital] 形 (男複 -aux [-o]) 天頂の

ZEP [zɛp] (略) zone d'éducation prioritaire 教育優先地域

zéphyr [zefir] 男 ①《ギ神》ゼフィロス《西風の神》②《文》そよ風 ③ ゼファークロス《薄く柔らかな綿布》

zeppelin [zɛplɛ̃] 男 ツェッペリン飛行船

＊zéro [zero] 男 ゼロ; 零度; 0点; 《話》無, 無価値なもの ▶… degrés au-dessus de zéro 零下…度 avoir le moral à zéro すっかりやる気をなくしている les avoir à zéro 《話》ひどく怖がっている remettre à zéro (計器などを)ゼロに戻す, リセットする repartir à [de] zéro もう一度ゼロから始める ── 形 《不変》ゼロの;《話》価値のない ▶Il est zéro heure quinze. 今は0時15分である zéro faute ノーミス, ゼロの間違い

zérotage [zerotaʒ] 男 (計測器の)基準[ゼロ点]調整

zeste [zɛst] 男 (レモン・オレンジなどの)外皮, (クルミの)内皮 ▶un zeste de … わずかな…

zêta [dzeta] 男 ゼータ《Z, ζ; ギリシア字母の第6字》

Zeus [dzøs] 男《ギ神》ゼウス《最高神》

zézaiement [zezɛmɑ̃] 男 歯音不全

zézayer [zezeje] 自 歯音不全の発音をする《[ʃ]を[s], [ʒ]を[z]と発音する》

ZI (略) zone industrielle 工業地区

zibeline [ziblin] 女《動》クロテン《黒貂》; クロテンの毛皮

zidovudine [zidɔvydin] 女 ジドブジン, アジドチミジン《エイズ治療薬》

zieuter [zjøte] 他《話》見つめる, 眺める

zig [zig] 男《話》やつ, やから

zigoto [zigoto] 男《話》(変わった)やつ, 男 ▶faire le zigoto 変わったことをして目立とうとする, 奇をてらう

zigouiller [ziguje] 他《話》殺す

zigue [zig] 男 = zig

zigzag [zigzag] 男 ジグザグ, 稲妻形 ▶en zigzag ジグザグに

zigzaguer [zigzage] 自 ジグザグに進む

Zimbabwe [zimbabwe] 男 ジンバブエ《アフリカ南部の共和国》

zimbabwéen(ne) [zimbabweɛ̃, -ɛn] 形名《Z-》ジンバブエの[人]

zinc [zɛ̃g] 男 ①亜鉛 ②《話》(バーの)カウンター; (昔の)飛行機

zincifère [zɛ̃sifɛr] 形 亜鉛を含む

zincique [zɛ̃sik] 形 亜鉛性の

zingueur [zɛ̃gœr] 男 亜鉛めっき工

zinnia [zinja] 男《植》ヒャクニチソウ《百日草》; ジニア

zinzin [zɛ̃zɛ̃] 男《話》① 《俗・古》(軍隊で騒々しいもの《火器・戦車など》） ② (名前がわからないものを指して)あれ ③《複》機関投資家 ── 形《不変》《話》頭が少し変な

zip [zip] 男 ジッパー, ファスナー

zircon [zirkɔ̃] 男《鉱》ジルコン, 風信子石

zirconium [zirkɔnjɔm] 男《化》ジルコニウム《原子番号40の元素》

zizanie [zizani] 女 ①《植》マコモ ②《古》ドクムギ ▶semer la zizanie 不和の種をまく

zizi [zizi] 男《話》(子供の)おちんちん; 性器

zloty [zlɔti] 男 ズロチ《ポーランドの通貨単位》

zob [zɔb] 男《俗》ペニス

zodiacal(ale) [zɔdjakal] 形 (男複 -aux [-o])《天・占星》黄道(帯)の

zodiaque [zɔdjak] 男《天・占星》黄道帯 ▶signes du zodiaque 黄道十二星座宮

Zola (Émile~) ゾラ《1840-1902; 小説家》

zombi, zombie [zɔ̃bi] 男 ゾンビ; 気力や意志をなくした人

zombiesque [zɔ̃bjɛsk] 形 意志力の失せた, 気力のない

zona [zona] 男《医》帯状疱疹(ほうしん)

zonage [zonaʒ] 男 (都市計画における) 地域分け; 《情報》フィールド分け[区分]

zonal(ale) [zɔnal] 形 (男複 -aux [-o]) ①地域に特有の ②色帯のある

zonard(e) [zonar, -ard] 名《話》パリ周辺地域の貧民街の住民; 浮浪者; ならず者

＊zone [zon] 女 ①地区, 区域; 領域, 地帯; 《地》帯, 圏; 《数》帯; 《情報》フィールド ▶de troisième zone 三流の zone bleue 《古》駐車時間制限地域 zone d'action 《軍》作戦地域 zone de haute pression [dépression] 《気》高気圧[低気圧]帯 zone euro ユーロ圏 zone franche 免税地域 zone industrielle 工業地区 zone piétonnière 歩行者専用地域 ②《話》(パリなど大都市の場末, 貧民街 ▶C'est la zone! 最低だ, 最悪だ

zoner [zone] 他 区分する; 《情報》フィールドに分ける; 《話》(人の)品定めをする ── 自《話》(大都市近郊で)アウトローとして暮らす; ふらふらする

zonier(ère) [zonje, -ɛr] 名 郊外, 周辺地域の住民; 国境沖縄の住民

zoo [zoo] 男《〈英》動物園

zoo- 接頭 (くぎ) 「生きている」「動物」の意

zoologie [zɔɔlɔʒi] 女 動物学

zoologique [zɔɔlɔʒik] 形 動物(学)の ▶jardin zoologique 動物園

zoologiste [zɔɔlɔʒist], **zoologue** [zɔɔlɔg] 動物学者

zoom [zum] 男《〈英》ズーム《レンズ》

zoomer [zume] 自 (…を)ズームで撮

影する《sur》;《映像などを拡大する》
zoomorphe [zɔɔmɔrf] 形 動物をかたどった
zoonose [zɔɔnoz] 女〔医〕人獣共通感染症
zoophilie [zɔɔfili] 女 獣姦; 動物への過度の愛着
zoophobie [zɔɔfɔbi] 女 動物恐怖症
zootechnie [zɔɔtekni] 女 畜産(学)
zootechnique [zɔɔteknik] 形 畜産(学)の
zoroastrien(ne) [zɔrɔastrijɛ̃, -ɛn] 形名 ゾロアスター教の(信徒)
zoroastrisme [zɔrɔastrism] 男 ゾロアスター教
zostère [zɔster] 女〔植〕アマモ(甘藻)科
zostérien(ne) [zɔsterjɛ̃, -ɛn] 形〔医〕帯状疱疹(ほうしん)の
zou [zu] 間《南仏》さあ, ほら早く
zouave [zwav] 男 ①〔史〕ズアーブ兵【北アフリカにおける19世紀のフランス歩兵連隊】 ② ▶ *faire le zouave*《話》空威張りをする, ふざける, おどける
zoulou(e) [zulu] 名 ズールー人【南アフリカのズールー族】 ― 男 ズールー語
zozo [zozo] 男《話》やつ; 馬鹿, 間抜け
zozotement [zɔzɔtmɑ̃] 男《話》= zézaiement
zozoter [zɔzɔte] 自《話》= zézayer
zozoteur(se) [zɔzɔtœr, -øz] 形名《話》([ʃ], [ʒ] など)歯音の発音がうまくできない(人)
Zurich [zyrik] チューリヒ【スイス北部の都市・州】
zut [zyt] 間 ちぇっ, ちくしょう, ふん【不満・失望・いらだち・軽蔑など】
zwanze [zwɑ̃z, sw[v]ɑ̃tse] 女《ベルギー》(ブリュッセル人特有のユーモアによる)冗談, 笑い話
zyeuter [zjøte] 他 = zieuter
zygo-〖接頭〗(<ギ)「対をなす」の意
zygoma [zigɔma] 男〔解〕頬骨(きょうこつ)
zygomatique [zigɔmatik] 形〔解〕頬骨(きょうこつ)の ― 男 頬骨筋
zygomorphe [zigɔmɔrf] 形〔植〕左右対称形の
zygomycètes [zigɔmisɛt] 男《複》〔動〕接合菌門【ケカビ・クモノスカビなど】
zygospores [zigɔspɔr] 女 = zygomycètes
zygote [zigɔt] 男〔生〕接合子, 接合体, 受精卵
zymase [zimaz] 女〔生化〕チマーゼ【アルコール発酵を起こさせる複合酵素】
zymotique [zimɔtik] 形〔生化〕発酵の

Japonais-Français

和仏辞典

凡　例

1. 見出し語
1) 見出し語は五十音順に配列しました．長音は直前の母音に置き換えた位置に置きました．
2) 見出し語には一般的な漢字仮名交じり表記を【　】で併記しました．
3) 同じ音で表記が違うものは，原則として使う頻度の高い順に並べました．

2. 訳　語
1) 訳語は基本的に代表的なものを載せました．
2) 訳語が複数ある場合は，必要に応じて（　）で意味の限定をつけました．
3) 男性形・女性形のあるものは，変化する部分をイタリック体で示しました．
4) リエゾンやエリジョンしない有音のhやyで始まる語には，†をつけました．

3. 品詞等
1) 訳語名詞には，男 女 名 をつけました．
2) 複数で用いられる語には 複 をつけました．

4. 用　例
1) 用例は―で示し，用例の見出し語部分は～で省略しました．
2) 用例では，主語が明確でない場合は，名詞と形容詞は男性形だけで代表させました．

5. 合成語
2語以上の語からなる合成語は，検索の便を考えて▶をつけて語の最後に並べました．

6. 記　号
(　)	訳語の意味限定
	省略可能
[　]	直前の語との交換可能
《　》	結びつく前置詞など
【　】	漢字仮名交じり表記
	訳語の説明
|	文例の区切り

あ

アーケード arcades 女 複
アーチ arc 男; cintre; arche 女
アームチェア fauteuil 男
アーモンド amande 女
アールエヌエイ【RNA】A.R.N. 男 —メッセンジャー— A.R.N. messager
あい【愛】amour 男; (愛情) affection 女
あいかぎ【合鍵】double [deuxième] clef 女
あいかわらず【相変わらず】toujours; comme d'habitude [toujours]
あいきょう【愛敬】charme 男 ——のある souriant(e); adorable
あいこく【愛国】▶愛国者 patriote 名 愛国心 patriotisme 男
あいことば【合い言葉】mot convenu [de passe] 男; (モットー) slogan 男
アイコン icone 女
あいさつ【挨拶】(対面・別れの) salut 男; (大げさな) salutation 女 —する saluer; dire bonjour à ▶挨拶状 (通知) faire-part 男 (不変); (新年などの) vœux 男 複, carte de vœux 女
アイシャドー fard à paupières 男, ombre à paupières 女
あいしゅう【哀愁】mélancolie 女 —を帯びた mélancolique
あいしょう【愛称】petit nom 男
あいしょう【相性】——がいい s'entendre (avec); —が悪い s'entendre mal (avec)
あいじょう【愛情】affection 女, amour 男
あいじん【愛人】amant 男, maîtresse 女
アイス (アイスクリーム) glace 女 ▶アイスコーヒー café glacé 男 アイススケート patinage à glace 女 アイスティー thé glacé 男 アイスホッケー hockey sur glace 男
あいず【合図】signal 男 (複 -aux); (身振りによる) signe 男
アイスランド Islande 女 ——の islandais(e)
あいそ【愛想】aimer
あいそ【愛想】——のよい aimable; affable
あいだ【間】entre —?時と5時の— entre trois et cinq heures 書類の—に parmi [dans] les papiers その—に entre(-) temps しばらくの— (pendant) quelques temps
あいつぐ【相次ぐ】——相次いで l'un(e) après l'autre; successivement
あいて【相手】(一緒に物事をする人) compagnon (compagne) 名; (パートナー) partenaire 名; (敵) adversaire 名 —の—をする tenir compagnie à
アイデア idée 女 ▶アイデアマン homme plein d'idées 男 —彼はアイデアマンだ Il a toujours de bonnes idées.
アイティー【IT】informatique 女
あいどくしょ【愛読書】livre préféré [de chevet] 男, lecture favorite 女
アイドル idole 女
あいにく【生憎】malheureusement, par malheur
アイバンク banque des yeux 女
あいぶ【愛撫】——する caresser
あいま【合間】(間隔) intervalle 男; (休止) pause 女
あいまい【曖昧】——な ambigu(ë); (漠然とした) vague; (ぼやけた) flou(e)
あいらしい【愛らしい】mignon (ne), adorable
アイルランド Irlande 女 ——の irlandais(e)
アイロン fer (à repasser) 男
あう【会う】(人と会う) voir; (出会う) rencontrer; (再会する) revoir —お会いできてうれしいです Je suis heureux de vous voir. | Enchanté de faire votre connaissance. またいつかお会いしたいです Je voudrais vous revoir un jour. 私たちに会いに来てください Venez nous voir.
あう【合う】aller (bien) (à) [助動詞 être]; s'ajuster, s'adapter (à); convenir (à)
あう【遭う】(遭遇・経験) subir —雨に— être surpris par la pluie 事故に— avoir un accident
アウト out, dehors ▶アウトサイダー (はみ出し者) marginal(ale) 名 (男複 -aux) アウトプット output 男, sortie 女 アウトライン (概略) grandes lignes 女 複
あえぐ【喘ぐ】haleter; (ぜいぜいと) râler
あえて【敢えて】——…する (思い切って) oser 不定詞; (危険を冒して) se risquer à 不定詞
あえる【和える】assaisonner
あえん【亜鉛】zinc 男
あお【青】bleu 男; (緑) vert 男
あおい【青い】bleu(e); (緑) vert(e)
あおい【葵】mauve 女
あおぐ【仰ぐ】regarder en haut; (尊敬) respecter
あおぐ【扇ぐ】(人を) éventer
あおざめる【青ざめる】pâlir
あおじろい【青白い】(顔色が) pâle, blême
あおむけ【仰向け】——に倒れる tomber à la renverse
あおる【煽る】agiter, exciter
あか【赤】rouge 男
あか【垢】crasse 女
あかい【赤い】rouge; (毛が) roux(sse) —赤くなる rougir
あかぎれ【皹】gerçure 女

あかし【証し】preuve 女
あかじ【赤字】déficit 男;（損失）perte 女 ――になる être déficitaire [en déficit]
アカシア acacia 男
あかす【明かす】一人に秘密を～ confier son secret à
あかちゃん【赤ちゃん】bébé 男 ――ができる [生まれる] avoir un bébé
あかつき【暁】aube 女
アカデミー académie 女 ►アカデミー賞 Oscar 男
アカネ【茜】――色の garance (不変)
あかぼう【赤帽】porteur 男
あかみ【赤身】（肉の）viande maigre 女
あがめる【崇める】vénérer
あからさま ――の（露骨な）cru(e)
あかり【明かり】lumière 女;（電灯）lampe 女;（照明）éclairage 男 ――をつける allumer (la lumière) ――を消す éteindre (la lumière)
あがる【上がる】（上昇する・昇る、モンテ）monter [助動詞 être];（緊張する）avoir le trac
あかるい【明るい】（光・色などが）clair(e);（性格などが）gai(e) ――くなる s'éclaircir
あかんぼう【赤ん坊】bébé 男
あき【秋】automne 男
あき【空き】vide 男;（余地）place 女 ●空きびん bouteille vide 女 空き家 logement vacant 男, maison inoccupée [inhabitée] 女
あきなう【商う】vendre;（小売りする）détailler
あきらか【明らか】――な clair(e);（明白・明快）évident(e) ――になる s'éclaircir
あきらめる【諦める】renoncer (à);（甘受する）se résigner (à)
あきる【飽きる】se lasser (de);（退屈する）s'ennuyer (de);（うんざり）en avoir assez (de)
アキレスけん【アキレス腱】tendon d'Achille 男;（弱点）talon d'Achille 男
あきれる【呆れる】être stupéfait(e) [stupéfié(e)] de [que 接続法]
あく【悪】mal 男 (複 maux);（悪徳）vice 男
あく【開く】ouvrir; s'ouvrir
あく【空く】(から) être vide;（暇）être libre;（地位・席など）être vacant(e)
あくい【悪意】mauvaise intention 女, malveillance 女
あくうん【悪運】chance insolente 女
あくじ【悪事】mauvaise action 女, méfait 男
あくしつ【悪質】――な malveillant(e), vil(e)
あくしゅ【握手】poignée de main 女 ――する serrer la main (à, de)
あくしゅう【悪臭】mauvaise odeur 女

――を放つ dégager [exhaler] une mauvaise odeur
あくじゅんかん【悪循環】cercle vicieux 男 ――に陥る tomber dans un cercle vicieux
アクション（行動）action 女 ►アクション映画 film d'action 男
あくせい【悪性】――の malin (maligne)
アクセサリー（宝飾品）bijou 男 (複 ～x);（付属品）accessoire 男
アクセス accès 男
アクセル accélérateur 男 ――を踏む appuyer sur l'accélérateur
アクセント accent 男
あくとう【悪党】bandit 男, crapule 女
あくび【欠伸】bâillement 男 ――をする bâiller
あくま【悪魔】démon 男, diable 男
あくむ【悪夢】cauchemar 男
あくめい【悪名高い】notoire, mal famé
あくゆう【悪友】mauvais(e) ami(e) 名, mauvais(e) camarade 名
あくよう【悪用】abus 男 ――する abuser (de)
あぐら【胡座】――をかく s'asseoir en tailleur [à la turque]
あくりょく【握力】poigne 女, force du poing 女
アクリル acrylique 男 ►アクリル樹脂 résine acrylique 女
アクロバット acrobatie 女
あげあし【揚げ足】――を取る saisir au vol une erreur dite par
あけがた【明け方】aube 女, point du jour 男 ――に à l'aube
あけはなす【開け放す】ouvrir... tout(e) grand(e) [entièrement]
あけぼの【曙】aurore 女
あける【開ける】ouvrir ―穴を～ percer
あける【空ける】（空にする）vider
あける【明ける】一夜が～ Le jour se lève. | Il fait jour. 年が～ L'année commence. あけましておめでとう（ございます）Bonne (et heureuse) année! | Je vous souhaite une bonne et heureuse année!
あげる【与える】donner (à)
あげる【上げる】（高い所へ）élever;（増加・増大）augmenter;（手・顔を）lever
あげる【挙げる】（手を）lever ――例を～ donner [citer] un exemple
あげる【揚げる】frire; faire frire
あご【顎】mâchoire 女;（先端）menton 男 ►あごひげ barbe 女
アコーディオン accordéon 男
あこがれ【憧れ】（夢）rêve 男;（熱望）aspiration 女
あこがれる【憧れる】（夢見る）rêver de;（熱望する）aspirer à
あさ【朝】matin 男;（午前中）matinée 女 ～～に le matin ～から晩まで du

matin au soir; ～早く de bon matin 毎～ chaque matin, tous les matins

あさ【麻】chanvre 男; (亜麻) lin 男

あざ【痣】tache 女

あさい【浅い】(深さが) peu profond(e); (水位が) bas(se)

あさがお【朝顔】volubilis (des jardins) 男

あざけり【嘲り】dérision 女

あざける【嘲る】tourner en dérision; (ばかにする) se moquer de

あさせ【浅瀬】(海の) ᵗhaut-fond 男 (複 ～s∼s); (川の) gué 男

あさって【明後日】après-demain; dans deux jours

あさねぼう【朝寝坊】(人) gros(se) dormeur(se) 名, lève-tard 名 (不変)

あさばん【朝晩】(le) matin et (le) soir

あさひ【朝日】soleil du matin [levant] 男

あさましい【浅ましい】(卑しい) ignoble; (嘆かわしい) déplorable

あざむく【欺く】tromper

あさめし【朝飯】petit déjeuner 男 — そんなことは～前だ C'est simple comme bonjour. | C'est un jeu d'enfant.

あざやか【鮮やか】～～な (鮮明な) vif(ve); (くっきりした) net(te)

アザラシ【海豹】phoque 男, veau marin 男

アサリ【浅蜊】palourde 女

アザレア azalée 女

あざわらう【嘲笑う】ricaner

あし【足】(人の足(足首から下)) pied 男; (人の脚(足全体)) jambe 女; (動物・鳥・昆虫の) patte 女 ▶ **足跡** empreinte des pas 女; (通った跡) trace (de pas) 女; (動物の) piste 女 ▶ **足音** bruit de pas 男 ▶ **足かせ** entrave 女; (迷惑) gêne 女 ▶ **足首** cheville 女 ▶ **足どり**(歩き方) pas 男, allure 女 ▶ **足場** (建築の) échafaudage 男; (岩壁などの) prise de pied 女; (よりどころ) point d'appui 男

アシ【葦】roseau 男

あじ【味】(味覚) goût 男; (風味) saveur 女 — ～～をみる goûter 風変～がわからない Je trouve que rien n'a de goût avec ce rhume.

アジ【鰺】chinchard 男

アジア Asie 女 — ～～の asiatique ▶ **アジア人** Asiatique 名

アシカ otarie 女, lion marin 男

あじけない【味気ない】～～い insipide

アジサイ【紫陽花】hortensia 男

アシスタント assistant(e) 名

あした【明日】demain — また～ À demain.

あじみ【味見】～する goûter, déguster

あじわい【味わい】saveur 女 ～～のある文章 phrase savoureuse

あじわう【味わう】goûter; (鑑賞する) apprécier

あす【明日】demain; (翌日) le lendemain — ～の朝[晩] demain matin [soir]

あずかる【預かる】garder

あずかる【与る】participer à, avoir part à

あずき【小豆】ᵗharicot rouge 男

あずける【預ける】déposer; (ゆだねる) confier

アスパラガス asperge 女

アスピリン aspirine 女

アスファルト asphalte 男, bitume 男

あせ【汗】sueur 女; (発汗) transpiration 女 — ～をかく suer; transpirer

あせも【汗疹】boutons de chaleur 複

あせる【焦る】se hâter; (気持ちが) s'impatienter

あせる【褪せる】(色が) passer, déteindre

アゼルバイジャン Azerbaïdjan 男 — ～の azerbaïdjanais(e)

あぜん【唖然】～として avec stupeur; bouche bée

あそこ là

あそび【遊び】jeu 男 (複 ～x); (楽しみ) plaisir 男 ▶ **遊び相手** compagnon (compagne) de jeu 名, camarade de jeu 名 **遊び道具** jouet 男 **遊び場** terrain de jeux 男

あそぶ【遊ぶ】jouer; (楽しむ) s'amuser; (気晴らしをする) se divertir

あだ【仇】～の…を討つ venger

あたい【値】(値段) prix 男; (価値) valeur 女 — ～～に～する valoir

あたえる【与える】(あげる) donner 〈à〉; (権利などを) accorder 〈à〉; (賞などを) décerner 〈à〉; (贈呈・提供) offrir 〈à〉

あたかも【恰も】comme (si); (ちょうど) juste

あたたかい【暖かい・温かい】chaud(e); (気候が) doux(ce)

あたたかさ【暖かさ・温かさ】chaleur 女; (優しさ) douceur 女

あたたまる【暖まる・温まる】chauffer, devenir chaud(e) [助動詞 être]; (体が) se chauffer, se réchauffer

あたためる【暖める・温める】chauffer; (冷えたものを) réchauffer

アタッシュケース attaché-case 男

あだな【綽名・渾名】surnom 男; (こっけいな) sobriquet 男

あたふた ～と précipitamment; à la ᵗhâte

アダプター adaptateur 男

あたま【頭】tête 女 — ～がいい être intelligent; ～が悪い être bête [stupide]

あたらしい【新しい】nouveau (nouvelle); (最新の, 新品の) neuf(ve); (新鮮な) frais (fraîche)

あたり【当たり】(打撃) coup 男; (衝撃)

choc 男; (興行などの成功) **succès** 男

あたり【辺り】**environs** 男 複 ―この～に près d'ici

-あたり【-当たり】―人～ par tête, par personne

あたりさわり【当たり障り】―のない話をする tenir des propos anodins

あたりちらす【当たり散らす】passer sa colère sur, décharger [épancher] sa bile sur

あたりまえ【当たり前】―の normal(ale) (男複 -aux); (自然な) naturel(le)

あたる【当たる】(命中) se réaliser; (成功) réussir; (相当) correspondre à ―宝くじで100万円～ gagner un million de yens à la loterie

あちこち çà et là; par-ci par-là

あちら là; (人・物) celui-là (celle-là) 名

あっ Ah! | Tiens!

あつい【厚い】épais(se); (人情が) chaleureux(se)

あつい【篤い】cordial(ale) (男複 -aux)

あつい【熱い・暑い】chaud(e); (焼けるように) brûlant(e)

あっか【悪化】détérioration 女, aggravation 女 ―する se détériorer; s'aggraver

あつかい【扱い】traitement 男

あつかう【扱う】(人を) traiter; (道具を) manier; (対象とする) s'occuper de

あつかましい【厚かましい】effronté(e)

あつがみ【厚紙】papier épais 男; (ボール紙) carton 男

あつぎ【厚着】―する s'habiller [être vêtu(e)] chaudement, se couvrir bien

あつくるしい【暑苦しい】―な天気 chaleur étouffante 女

あっけない(簡単な) trop simple; (突然の) subit(e)

あつさ【厚さ】épaisseur 女 ―が7cmである avoir une épaisseur de 7 cm; avoir 7 cm d'épaisseur

あつさ【熱さ・暑さ】chaleur 女

あっさり(簡素に) simplement; (たやすく) facilement ―した simple; (味が) léger(ère)

あっしゅく【圧縮】compression 女 ―する comprimer

あっしょう【圧勝】écrasante victoire 女 ―する écraser

あっする【圧する】(打ちのめす) écraser; (威圧する) en imposer à

あっせん【斡旋】(世話) bons offices 男 複; (仲介) entremise 女

あっち ―へ[で] là, là-bas

あつで【厚手】―の生地 étoffe épaisse 女

あっとう【圧倒】écrasement 男 ―する(打ちのめす) écraser; (威圧する) en imposer à ―的な écrasant(e); imposant(e)

あっぱく【圧迫】pression 女; (抑圧) oppression 女

アップデート mise à jour 女

アップリケ applique 女, application 女

アップルパイ tarte aux pommes 女

あつまり【集まり】(集会) réunion 女; (集合) rassemblement 男

あつまる【集まる】se rassembler; (ある目的で) se réunir

あつみ【厚み】épaisseur 女

あつめる【集める】rassembler; (ある目的で) réunir; (回収) ramasser; (収集) recueillir

あつらえ【誂え】―お～向きの qui convient à

あつらえる【誂える】commander

あつりょく【圧力】pression 女; (押す力) poussée 女 ―をかける faire [exercer] une pression (sur) ▶圧力釜 autoclave 男 圧力団体 groupe de pression 男, lobby 男(複 -bies)

あつれき【軋轢】(摩擦) friction 女; (不和) désaccord 男

あて【当て】(見込み・期待) attente 女 ―にする compter sur ～にならない peu sûr(e)

-あて【-宛て】―の adressé(e) à

あてこすり【当て擦り】allusion 女; insinuation (calomnieuse) 女

あてこする【当て擦る】parler par sous-entendus; insinuer [que 直説法]

あてさき【宛て先】adresse 女, destination 女

あてな【宛名】adresse 女; (上書き) suscription 女

あてはまる【当て嵌まる】(適用) s'appliquer (à); (適合) convenir (à)

あてはめる【当て嵌める】appliquer (à)

あてる【当てる】(命中させる) atteindre; (付ける) mettre; (押し当てる) appliquer; (推測) deviner

あと【後】(後ろ) derrière; (のち) après ―また～で À tout à l'heure.

あと【跡】(形跡) trace 女; (痕跡) marque 女; (押しつけた跡) empreinte 女

あとあし【後足】patte de derrière 女

あとあじ【後味】arrière-goût 男 ―が悪い laisser un arrière-goût désagréable [amer] (à)

あとがき【後書き】postface 女

あとかた【跡形】―もなく sans laisser aucune trace

あとかたづけ【後片付け】remise en ordre 女 ―食事の～をする desservir [débarrasser] la table

あどけない innocent(e), candide

あととり【跡取り】héritier(ère) 名; (家の) héritier(ère) 名; (事業などの) successeur 男 [女性にも男性形を用いる]

あとどり【跡取り】héritier(ère) 名 アドバイス conseil 男 ―する donner conseil 男

あとばらい【後払い】paiement différé

アトピー atopie 女 ▶**アトピー性皮膚炎** dermatite atopique 女
あとまわし【後回し】 ～にする remettre [renvoyer]... à plus tard
アトランダム ～に au hasard
アトリエ atelier 男, studio 男
アドリブ improvisation 女 ～でピアノを演奏する improviser à son piano
アドレス adresse 女
あな【穴】 trou 男; (地面などの) fosse 女 ▶**穴埋め** bouchage 男; (欠員の) remplacement 男
アナウンサー speaker(ine) 名
アナウンス annonce 女 ～する annoncer ((que))
あなた vous; (夫婦・恋人・親しい者同士) tu, toi
あなどる【侮る】 sous-estimer; (軽視する) négliger
アナログ ～の analogique
あに【兄】 frère 男, frère aîné 男; (話) grand frère 男
アニメ(ーション) (技法) animation 女; (映画) dessin animé 男
あね【姉】 sœur 女, sœur aînée 女; (話) grande sœur 女
あの ce(cette) (複 ces) [母音字または無音の h で始まる男性単数名詞の前では cet]
アパート appartement 男; (建物全体) immeuble 男
あばく【暴く】 dévoiler, déceler
あばれる【暴れる】 se démener, s'agiter violemment
アピール appel 男, recours 男
あびせる【浴びせる】 verser ((sur))
アヒル【家鴨】 (雄) canard 男; (雌) cane 女
あびる【浴びる】 ―シャワーを～ prendre une douche 日光を～ prendre un bain de soleil
アブ【虻】 taon 男
アフガニスタン Afghanistan 男 ～の afghan(e)
アフター ～ケア traitement de convalescence 男; (後始末) soins ultérieurs 男複 **アフターサービス** service après-vente 男
あぶない【危ない】 dangereux(se)
あぶら【油】 huile 女
あぶら【脂】 graisse 女
あぶらえ【油絵】 peinture à l'huile 女, toile 女
あぶらっこい【脂っこい】 gras(se)
あぶらみ【脂身】 gras 男
アブラムシ【油虫】 (ゴキブリ) blatte 女; (アリマキ) puceron 男
アフリカ Afrique 女 ～の africain(e) ▶**アフリカ人** Africain(e) 名 **アフリカ大陸** continent africain 男
あぶる【炙る】 passer... à la flamme; (ロースト) rôtir
あふれる【溢れる】 déborder; (水浸しにする) inonder

あべこべ ～の (逆) inverse; (反対) contraire ～に à rebours; à l'envers
あへん【阿片】 opium 男
アボカド avocat 男
あま【尼】 religieuse 女; (仏教) bonzesse 女
あま【亜麻】 lin 男 ～色の blond(e)
あま【海女】 plongeuse 女
あまい【甘い】 (味が) doux(ce); (砂糖で) sucré(e); (評価が) indulgent(e)
あまえる【甘える】 (子供が) se montrer câlin(e) auprès de; (女性が男性に) se montrer coquette auprès de
あまがさ【雨傘】 parapluie 男
あまくち【甘口】 ～の doux(ce)
あまぐつ【雨靴】 chaussures imperméables 女複, caoutchoucs 男複
あます【余す】 (残す) laisser; (取っておく) réserver
あまだれ【雨だれ】 gouttes de pluie 女複
アマチュア amateur 男 ～の amateur (不変) [女性にも男性形を用いる]
あまねく【遍く】 universellement
あまのがわ【天の川】 Voie lactée 女; (銀河) galaxie 女
あまみず【雨水】 eau de pluie 女
あまもり【雨漏り】 fuite [infiltration] d'eau de pluie 女 ―屋根から～する L'eau (de pluie) s'infiltre par le toit.
あまやかす【甘やかす】 gâter
あまやどり【雨宿り】 ～する s'abriter de la pluie, se mettre à l'abri de la pluie
あまり【余り】 (残り) reste 男; (余分) surplus 男
アマリリス amaryllis 女
あまる【余る】 (残る) rester [助動詞 être]; (余分に) il y a ... de [en] trop
あまんじる【甘んじる】 se contenter ((de))
あみ【網】 filet 男; (焼き網) gril 男
あみだな【網棚】 porte-bagages 男 (不変); filet (à bagages) 男
あみど【網戸】 (窓の) fenêtre grillagée 女; (戸の) porte à grillage 女
アミノさん【アミノ酸】 aminoacide 男, acide aminé 男
あみばり【編み針】 aiguille à tricoter 女
あみめ【網目】 lacis 男
あみめ【編み目】 maille 女
あみもの【編み物】 tricot 男 ～をする faire du tricot
あむ【編む】 tricoter
あめ【雨】 pluie 女 ～が降る Il pleut.
あめ【飴】 bonbon 男
アメーバ amibe 女
アメリカ Amérique 女; (合衆国) les États-Unis (d'Amérique) 男複 ～の américain(e) ▶**アメリカ人** Amé-

アメリカンフットボール football américain(e) 名

あやうく【危うく】 ～…しそうになる manquer de [不定詞]; faillir [不定詞]

あやしい【怪しい】 (不審な) suspect(e); (疑わしい) douteux(se)

あやしむ【怪しむ】 (疑う) soupçonner (de); (嫌疑をかける) suspecter (de)

あやつり【操り】 ► 操り人形 marionnette à fil 女, pantin 男

あやふや ～な (確信のない) incertain(e); (漠然とした) vague

あやまち【過ち】 faute 女; (過失) erreur 女; (道徳上の) péché 男 ～を犯す commettre une faute [un péché]

あやまり【誤り】 faute 女; erreur 女

あやまる【謝る】 demander pardon (à); s'excuser (de)

あやまる【誤る】 faire une erreur; (間違える) se tromper de

アヤメ【菖蒲】 iris 男

あゆみ【歩み】 (歩行) marche 女, pas 男

あゆむ【歩む】 marcher

あらあらしい【荒々しい】 violent(e); (粗暴な) brutal(ale) (男複 -aux)

あらい【粗い】 gros(se), rude

あらい【荒い】 violent(e), brutal(ale) (男複 -aux)

あらいおとす【洗い落とす】 enlever ... par le lavage [en lavant]

アライグマ【洗い熊】 racoon, raton laveur 男

あらいざらい【洗い浚い】 (全部) tout; (すっかり) entièrement

あらう【洗う】 laver; (すすぐ) rincer

あらかじめ【予め】 à l'avance, par avance

あらかた presque, à peu près

アラカルト à la carte

あらさがし【あら探し】 ～する chercher des défauts [la petite bête]

あらし【嵐】 tempête 女, ouragan 男

あらす【荒らす】 ravager; (略奪) piller

あらすじ【あら筋】 grandes lignes 女複; (要約) résumé 男

あらそい【争い】 dispute 女, querelle 女; (紛争) conflit 男

あらそう【争う】 se disputer [quereller] (avec)

あらた【新た】 ～な nouveau (nouvelle) (母音および無音のhで始まる男性単数名詞の前では nouvel を用いる) ～に de nouveau

あらたまる【改まる】 changer; (直る) se corriger 一年が～ La nouvelle année commence.

あらためる【改める】 (全体) changer; (一部) modifier 一改めて (再び) de nouveau; (新たに) à nouveau 改めてお伺いいたします J'irai vous voir un autre jour.

あらっぽい【荒っぽい】 ⇒荒々しい

アラビア Arabie 女 ～の arabe ► アラビア数字 chiffres arabes 男複

アラブ ～の arabe, arabique ► アラブ人 Arabe 名 アラブ首長国連邦 Émirats arabes unis 男複 [略 EAU] ～アラブ首長国連邦の arabe

あらゆる tout(e) (男複 tous, 女複 toutes)

あられ【戦】 grêle 女; (あられの粒) grêlon 男

あられ【露わ】 ～に ouvertement

あらわす【表す】 exprimer; (気持ちなどを) montrer; (示す) représenter

あらわす【現す】 ～姿を～ se montrer; apparaître [助動詞 être]

あらわす【著す】 écrire, rédiger

あらわれる【現れる】 apparaître [助動詞 être]; (姿を見せる) se montrer

アリ【蟻】 fourmi 女

アリア aria 女

ありあまる【あり余る】 surabonder (en, de); regorger (de)

ありあり ～と clairement, distinctement

ありえない【有り得ない】 impossible 一そんなことは～ C'est impossible. | C'est pas possible.

ありえる【有り得る】 possible, probable

ありがたい【有り難い】 bienveillant(e)

ありがとう【有り難う】 Merci (beaucoup). 一色々と～ Merci à vous pour tout. 来てくれて～ Merci d'être venu.

ありきたり ～の banal(e) (男複 ~s); (普通の) ordinaire

ありさま【有様】 état (de choses) 男

ありそう【有りそう】 ～な probable; (本当らしい) vraisemblable

ありのまま【有りのまま】 ～に (隠さずに) sans déguisement 物事を～に描く décrire les choses telles qu'elles sont

アリバイ alibi 男

ありふれた【有りふれた】 ordinaire; (一般的な) commun(e)

ある【在る・有る】 (存在) être; exister; il y a; (ある場所に) se trouver

ある【或】 un(e); un(e) certain(e) 一 ～人 quelqu'un

あるいは【或いは】 ou

アルカリ alcali 男

あるく【歩く】 marcher 一 歩いて行く aller à pied

アルコール alcool 男 ► アルコール飲料 boisson alcoolisée 女

アルジェリア Algérie 女 ～の algérien(ne)

アルゼンチン Argentine 女 ～の argentin(e)

アルツハイマーびょう【アルツハイマー病】 maladie d'Alzheimer 女

アルト contralto 男; alto 女

アルバイト job 男; (臨時の) travail

(複 -aux) temporaire [occasionnel]

アルバニア Albanie 女 ～の albanais(e)

アルバム album 男

アルファベット alphabet 男 ～～順に par ordre alphabétique

アルプス Alpes 女複

アルミニウム aluminium 男

アルミホイル papier d'aluminium 男

あれ ça, cela ～～から depuis; (あのあと) après cela ～～ほど si, tant

あれやこれや ～～で忙しい être très occupé(e) ici et là

あれる【荒れる】(天候が) il fait rage; (人が) être fou(folle) de joie

アレルギー allergie 女 ～～性の allergique ▶アレルギー反応 réaction allergique 女

アレンジ arrangement 男

アロエ aloès 男

あわ【泡】bulle 女; (口からの) écume 女; (ビールの) mousse 女

あわい【淡い】faible, léger(ère)

あわせる【合わせる】joindre 《à》; (一体化して) unir 《à》; (適合) ajuster, accorder 《à》 ～～合わせて (合計) en tout; au total

あわただしい【慌ただしい】précipité(e); trépidant(e)

あわてる【慌てる】s'affoler; (急ぐ) se presser ～～必要はない Ne vous pressez pas. 慌てずに sans se presser

アワビ【鮑】abalone 男

あわれ【哀れ】～～な (かわいそう) pauvre

あわれみ【哀れみ】(憐憫) pitié 女; (慈悲) miséricorde 女

あわれむ【哀れむ】avoir pitié de; (気の毒) plaindre

あん【案】(提案) proposition 女; (考え) idée 女; (計画) projet 男

あんい【安易】～～な facile; aisé(e)

アンカー (競技の) le dernier coureur 男, la dernière coureuse 女

あんがい【案外】contrairement à ce qu'on attendait

あんき【暗記】～～する apprendre [retenir]... par cœur ～～している savoir... par cœur

アンケート enquête 女, sondage 男

あんこう【鮟鱇】baudroie 女

あんごう【暗号】chiffre 男, code secret 男

アンコール bis 男

あんこく【暗黒】obscurité 女, ténèbres 女複 ▶暗黒街 quartier [milieu] louche 男

アンゴラ Angola 男 ～～の angolais(e)

あんさつ【暗殺】assassinat 男 ～～する assassiner

あんざん【暗算】calcul mental 男

あんじ【暗示】suggestion 女; (ほのめかし) allusion 女

あんしつ【暗室】chambre noire 女

あんしょう【暗唱】récitation 女 ～～する réciter

あんしょう【暗証】▶暗証番号 code secret [confidentiel] 男

あんじる【案じる】(気がかり) se préoccuper de; (不安) s'inquiéter 《de; que》

あんしん【安心】～～する se rassurer お手紙を読んで～～しました Votre lettre m'a rassuré.

アンズ【杏子】abricot 男; (木) abricotier 男

あんせい【安静】repos 男 ～～にする rester au calme

あんぜん【安全】sécurité 女, sûreté 女 ～～な sûr(e) ～～かみそり rasoir mécanique [de sûreté] 男 安全地帯 zone de sécurité 女 安全ピン épingle de sûreté 女

アンダーライン soulignement 男

あんてい【安定】stabilité 女 ▶安定成長 croissance économique stable

アンティーク antique 男

アンテナ antenne 女

アンドラ Andorre 女 ～～の andorran(e)

あんな pareil(le); tel(le)

あんない【案内】(導き) conduite 女; (知らせ) information 女 ～～する guider; (客に) introduire ▶案内書 guide 男; (観光の) guide touristique 男 案内所 bureau de renseignements 男 案内人 guide 男

あんに【暗に】(それとなく) à mots couverts; (暗黙のうちに) tacitement

アンパイア arbitre 男

アンバランス déséquilibre 男

アンプ amplificateur 男

アンプル ampoule 女

アンペア ampère 男

あんま【按摩】～～にかかる se faire faire un massage

あんもく【暗黙の】tacite

アンモニア ammoniac 男

あんらく【安楽】～～な aisé(e), confortable ▶安楽椅子 fauteuil 男, bergère 女 安楽死 euthanasie 女

い

い【胃】estomac 男; (腹) ventre 男 ～～が痛い avoir mal au ventre [à l'estomac]

-い [-位] place 女

いあわせる【居合わせる】assister 《à》

いい【良い・善い】bon(ne) [比較級 meilleur(e), 最上級 le meilleur, la meilleure]; bien [比較級 mieux, 最

上級 le mieux》 ⇨よい
いいあてる【言い当てる】deviner ... juste
いいあらそい【言い争い】dispute 女
いいあらそう【言い争う】se disputer avec; se quereller avec
いいあらわす【言い表す】exprimer; (述べる) décrire
いいえ non;《否定疑問に対して》si ——～結構です Non merci.
いいかえす【言い返す】répliquer à, rétorquer
いいかえる【言い換える】exprimer... en d'autres mots [termes] ——言い換えれば autrement dit
いいかげん【いい加減】——～な peu sûr(e); (でたらめな) fait(e) au hasard
いいかた【言い方】manière de dire [parler, s'exprimer] 女; (表現) expression 女
いいき【いい気】——～なもんだ Quelle suffisance! | Quelle fatuité!
いいきかせる【言い聞かせる】(説得する) convaincre, persuader 《de, que》; (教えさとす) faire entendre raison à
いいすぎ【言い過ぎ】exagération 女 ——それは～だ C'est trop dire. | C'est un peu fort. | Tu exagères!
イースター Pâques 男
いいそこなう【言い損なう】(言い違える) faire un lapsus
いいつけ【言いつけ】(指示) indication 女; (命令) ordre 男
いいつける【言いつける】(命令) ordonner, commander 《à, de 不定詞》; (告げ口) rapporter 《à》
いいつたえ【言い伝え】(伝承) tradition 女; (伝説) légende 女
いいなずけ【許嫁】fiancé(e) 名
いいにげ【言い逃げ】faux-fuyant 男
いいのがれ【言い逃れ】user de faux fuyants; trouver une échappatoire
いいはる【言い張る】(主張する) prétendre 不定詞 《que 直説法》; (言い続ける) persister à dire
いいふらす【言い触らす】répandre
いいぶん【言い分】(意見) avis 男; (理由) raison 女
いいまわし【言い回し】(表現法) façon d'exprimer [de parler] 女; (表現) expression 女
Eメール【Eメール】e-mail 男; courrier électronique 男
イーユー【EU】UE, Union européenne 女
いいよる【言い寄る】courtiser
いいわけ【言い訳】excuse 女 ——～をする s'excuser《de》
いいわすれる【言い忘れる】oublier de dire
いいん【委員】membre d'un comité 男; (代表) délégué(e) 名 ▶**委員会** comité 男 **委員長** président(e) d'un comité 名
いいん【医院】clinique 女
いう【言う】dire《que》; (話す) parler ——...いまでもない inutile de dire que ... あなたの～とおりです Je suis entièrement de votre avis.
いえ【家】(家屋) maison 女; (家庭) famille 女 ——友達の～へ行く aller chez un ami
いえき【胃液】suc gastrique 男
イエス・キリスト Jésus-Christ 男
いえで【家出】——～する faire une fugue; s'enfuir de chez ses parents
イエメン Yémen 男 ——～の yéménite
いえる【癒える】⇨治る
いおう【硫黄】soufre 男
イオン ion 男
イカ【烏賊】(コウイカ) seiche 女; (ヤリイカ) calmar 男
いか【以下】moins de; (下記) ci-dessous ——～である Ce qui suit est ...
いがい【意外】——～な inattendu(e); (予期せぬ) imprévu(e)
いがい【以外】sauf; excepté ——...ということ～ sauf [excepté] que ...
いかいよう【胃潰瘍】ulcère à l'estomac 男
いかが【如何】——今日はご気分は～ですか Aujourd'hui, comment vous sentez-vous? アイスクリームは～ Vous voulez une glace?
いかがわしい(怪しい) suspect(e); (うさんくさい) véreux(se)
いかく【威嚇】menace 女; intimidation 女
いがく【医学】médecine 女 ——～(上)の médical(ale) (男複 -aux)
いかす【生かす】(活用) faire valoir; (うまく使う) bien employer [utiliser] ——～を生かしておく laisser la vie sauve à ...
いかすい【胃下垂】ptose de l'estomac 女
いかせる【行かせる】laisser ... aller ——助けを呼びに～ envoyer chercher de l'aide 買い物に～ envoyer ... en courses
いかだ【筏】radeau 男 (複 -x); (木材運搬用) train de bois 男
いかに【如何に】(どのように) comment; (どんなに) combien
いかめしい【厳めしい】majestueux(se); (重々しい) grave
いかり【怒り】colère 女; (激しい) rage 女, fureur 女 ——～にまかせて sous l'empire de la colère
いかり【錨】ancre 女 ——～を降ろす [jeter] l'ancre
いかる【怒る】se fâcher
いかん【遺憾】regret 男, dommage 男 ——～は～である il est regrettable [déplorable] que 接続法; c'est bien dom-

いき【息】souffle 男; (吐く息) haleine 女; respiration 女 ——が切れる avoir le souffle court ～を切らす perdre le souffle ～がくさい avoir mauvaise haleine ～をひそめる retenir son souffle

いき【意気】moral 男 ——消沈している être déprimé(e)

いき【粋】——な chic (不変); (洗練された) raffiné(e)

いき【生き】——のいい (新鮮な) frais (fraîche); (人が) plein(e) de vivacité [vie]

-いき【-行き】pour; à destination de

いぎ【意義】sens 男; (価値) valeur 女 ——のある util(e)

いぎ【異議】contestation 女; objection 女 ——を唱える élever une contestation, soulever une objection

いきいき【生き生き】——とした vif (ve); animé(e)

いきうつし【生き写し】le portrait vivant (de)

いきうめ【生き埋め】——になる être enterré vivant

いきおい【勢い】force 女; (力強さ) vigueur 女

いきがい【生き甲斐】raison d'être 女

いきかえる【生き返る】ressusciter, être ressuscité; revenir à la vie [助動詞 être]

いきかた【生き方】façon de vivre 女

いきごみ【意気込み】(熱意) ardeur 女, zèle 男

いきさき【行き先】destination 女

いきさつ【経緯】circonstances 女 複; (詳細) détails 男 複

いきた【生きた】vivant(e)

いきづまる【息詰まる】——ような沈黙 silence étouffant 男

いきている【生きている】vivant(e)

いきどまり【行き止まり】cul-de-sac 男 (複 ～s-~~)

いきなり(突然) brusquement, tout à coup; (予告なしに) sans préavis

いきぬき【息抜き】(休息) repos 男, (くつろぎ) détente 女

いきのこる【生き残る】survivre (à); (死を免れる) échapper à la mort

いきのびる【生き延びる】survivre (à)

いきもの【生き物】êtres vivants [animés] 男 複

いきょう【異教】paganisme 男 ▶ **異教徒** païen(ne) 名; (集合的に) paganisme 男

イギリス Angleterre 女 ⇨ 英国

いきる【生きる】vivre

いく【行く】aller [助動詞 être]; (出発する) partir (pour) [助動詞 être] ……に～ aller 不定詞 そろそろ行きます Je m'en vais. もう行かなければ Je dois partir. …に行きたいのですが Je voudrais aller à … じゃあ, 行ってきます Bon, j'y vais. Au revoir! 行ってらっしゃい Au revoir!

いくじ【育児】soins du bébé 男 複 ▶ **育児休戦** congé parental 男

いくじ【意気地】——のない sans courage; (臆病) poltron(ne)

いくせい【育成】(人の) formation 女; (苗の) culture 女

いくつ combien de; quel(le) ——か quelques, plusieurs

いくぶん【幾分】un (petit) peu

いくら【幾ら】(値段が) combien; quel (le) ——ですか? Combien? | C'est combien? | Combien ça coûte? ～か un (petit) peu

イクラ œufs de saumon 男 複

いけ【池】étang 男; (公園の) bassin 男

いけいれん【胃痙攣】crampe d'estomac 女

いけがき【生け垣】haie (vive) 女

いけない（悪い）mauvais(e) ……しては～ il ne faut pas 不定詞 [que 接続法]; ne pas devoir うそをついては～ Tu ne dois pas mentir. …すると～から de crainte [peur] de …

いけにえ【生け贄】sacrifice 男, victime 女

いけばな【生け花】(華道) art floral 男, art de l'arrangement des fleurs

いける【生ける】一花瓶に花を～ arranger [placer] des fleurs dans un vase

いけん【意見】avis 男; opinion 女 ——を言う dire son avis (sur)

いけん【違憲】——の inconstitutionnel(le), anticonstitutionnel(le)

いげん【威厳】dignité 女, majesté 女

いご【以後】depuis ——…… après; (…以来今まで) depuis

いこう【移行】(転換) passage 男; (推移) transition 女 ▶ **移行期** période de transition

いこう【意向】intention 女; disposition 女

いこう【憩う】se reposer

イコール ープラス2～7 Cinq et deux font [également, égale] sept.

いこく【異国】pays étranger 男 ——の étranger(ère)

いごこち【居心地】——がよい être confortable

いさかい【諍い】querelle 女, brouille 女

いざかや【居酒屋】taverne 女; 《話》bistrot 男

いざこざ（もめごと）brouille 女, trouble 男

いさましい【勇ましい】brave; (雄々しい) vaillant(e)

いさめる【諫める】faire des remontrances à

いさん【遺産】héritage 男; (世襲財産) patrimoine 男 ▶ **遺産相続** succession 女, héritage 男

いさん【胃酸】▶胃酸過多 hyperchlorhydrie 囡
いし【石】pierre 囡; (小石) caillou 男
いし【意志】volonté 囡 ――の強い volontaire
いし【意思】(意向) intention 囡
いし【医師】médecin 男 [女性にも男性形を用いる]▶医師会 ordre des médecins 男
いじ【維持】maintien 男, entretien 男 ――する maintenir 他, ▶維持費 frais d'entretien 男複, entretien 男
いじ【意地】――の悪い méchant(e) ～張な têtu(e); obstiné(e)
いじ【遺児】orphelin(e) 图
いしき【意識】conscience 囡 ――的 conscient(e) ――がある être conscient ▶意識不明 évanouissement 男, syncope 囡
いしきた étiolé(e), rabougri(e)
いしつ【異質】hétérogénéité 囡 ――な hétérogène
いしつぶつ【遺失物】objet perdu 男 ▶遺失物取扱所 bureau des objets trouvés 男
いじめ【苛め】brimade 囡
いじめる【苛める】taquiner, tourmenter; (虐待) maltraiter
いしゃ【医者】médecin 男 ――に診てもらう consulter un médecin お～さんを呼んでください! Appelez le médecin!
いしゃりょう【慰謝料】dommages-intérêts 男複
いしゅう【異臭】odeur fétide 囡
いじゅう【移住】migration 囡; (他国への) émigration 囡; (他国からの) immigration 囡
いしょ【遺書】dernier [ultime] message 男
いしょう【衣装】(衣類) vêtements 男複; (ある時代・民族の) costume 男
いしょう【意匠】dessin et modèle 男
いじょう【以上】plus de; (上述) ci-dessus ――12歳以上の子供たち les enfants de plus de 12 ans [âgés de 12 ans et plus]
いじょう【異常】――な anormal(ale) (男複 -aux); (並でない) extraordinaire
いじょう【異状】détraquement 男; (故障) dérangement 男
いしょく【異色】――の unique; (独創的な) original(e) (男複 -aux)
いしょく【移植】transplantation 囡, greffe 囡 ――する transplanter 臓器を～する transplanter un organe 心臓[腎臓]移植 transplantation cardiaque [rénale]
いしょく【委嘱】⇨委託
いしょくじゅう【衣食住】l'habillement, le vivre et le couvert
いじる【弄る】manier, tripoter
いじわる【意地悪】――な méchant(e); malicieux(se)

いじん【偉人】grand homme 男
いす【椅子】chaise 囡; (座席) siège 男; (スツール) tabouret 男 ▶揺りいす fauteuil à bascule; rocking-chair 男 折り畳みいす pliant 男 車いす fauteuil roulant
いずみ【泉】source 囡; fontaine 囡
イスラエル Israël 男 ――の israélien(ne)
イスラム Islam 男 ▶イスラム教 islam 男 イスラム教徒 musulman(e) 图
いずれ (どれ) lequel (laquelle) (男複 lesquels, 女複 lesquelles); (近いうちに) un de ces jours; (遅かれ早かれ) tôt ou tard
いせい【異性】l'autre sexe 男
いせい【威勢】――のよい plein(e) de vivacité
イセビ【伊勢海老】langouste 囡
いせき【遺跡】vestiges 男複; ruines 囡複
いぜん【以前】avant; auparavant
いぜん【依然】――（として）toujours, encore
いそ【磯】rivage rocheux 男
いそいそ ――と joyeusement, gaiement
いそうろう【居候】parasite 男
いそがしい【忙しい】occupé(e) (à) ――忙しくしそうである avoir l'air occupé 忙しすぎて…できない être trop occupé pour
いそぎ【急ぎ】――が urgent(e), pressé(e)
いそぐ【急ぐ】se dépêcher; se presser ――ごめんなさい, 急いでいますので Excusez-moi, je n'ai pas le temps maintenant. 急がないと Dépêche-toi. | Dépêchez-vous.
いぞく【遺族】famille d'un(e) défunt(e) 囡
いそん【依存】dépendance 囡 ――する dépendre (de)
いた【板】(木の) planche 囡
いたい【痛い】avoir mal ――頭 [おなか]が～ avoir mal à la tête [ventre] 手が～ avoir mal à la main 靴のせいで足が～ Ces chaussures me font mal aux pieds.
いたい【遺体】restes (mortels) 男複, corps 男
いだい【偉大】――な grand(e); (壮大) grandiose
いたいたしい【痛々しい】douloureux(se); (気の毒) pitoyable
いたく【委託】dépôt 男, consignation 囡
いだく【抱く】(腕に) prendre [tenir] dans ses bras; (心に) avoir
いたずら【戯】malice 囡; bêtise 囡
いたずらに【徒らに】inutilement, en vain
いただき【頂】sommet 男, cime 囡

いただく【頂く】(もらう) recevoir ～いただきものをしてすみません Merci pour votre cadeau! いただきます Bon appétit!

イタチ【鼬】belette 女 ▶いたちごっこ cercle vicieux 男

いたで【痛手】atteinte 女, coup 男

いたばさみ【板挟み】dilemme 男 ～になる être entre l'enclume et le marteau

いたましい【痛ましい】pitoyable, misérable

いたみ【痛み】douleur 女; mal 男 (複 maux)

いたむ【痛む】avoir mal à; faire mal à

いたむ【傷む】s'abîmer; (品物が) se détériorer

いたむ【悼む】…の死を～ déplorer le décès de; pleurer la mort de

いためる【炒める】faire sauter

いためる【傷める】abîmer; (品物を) détériorer

イタリア Italie 女 ～の italien(ne) ▶イタリア語 italien 男 **イタリア人** Italien(ne)

イタリック italique 形

いたる【至る】mener (à); aboutir (à) ▶至る所に partout, (あらゆる所で) de toutes parts

いたわる【労る】ménager

いたんしゃ【異端者】hétérodoxe 名, hérétique

いち【一】un 男

いち【市】marché 男; (規模の大きい) foire 女

いち【位置】position 女, situation 女 ～について、用意、ドン À vos marques, prêts, partez!

いちいち【一々】一～口答えをする répondre du tac au tac

いちいん【一員】membre 男

いちおう【一応】à titre provisoire; (さしあたり) pour le moment

いちがつ【一月】janvier 男 ～に en janvier, au mois de janvier

いちげき【一撃】coup 男

イチゴ【苺】fraise 女; (木) fraisier 男

いちじ【一時】(過去の) une fois; (しばらく) un moment ～的に temporairement ▶一時金 prime 女

いちじ【一次】～の premier(ère); primaire ▶一次産業 secteur primaire 男

イチジク【無花果】figue 女; (木) figuier 男

いちじるしい【著しい】remarquable, (特筆すべき) notable

いちど【一度】une fois ～も…ない (ne) jamais ～か二度 une ou deux fois

いちどう【一同】tous 男 複, toutes 女 複

いちにち【一日】un jour; (終日) une journée ～につき par jour

いちにん【一任する】confier (à); donner carte blanche (à)

いちにんまえ【一人前】(食事) une portion ～の職人 artisan accompli

いちねん【一年】un an; (年間) une année

いちば【市場】marché 男

いちばん【一番】(順番) la première place; (人) le premier 男, la première 女

いちぶ【一部】(部分) une partie; (一冊) un exemplaire

いちべつ【一瞥】～する jeter un coup d'œil

いちまい【一枚】(紙) une feuille; (パン・肉の) une tranche

いちめん【一面】un aspect; (そこらじゅう) tout autour

いちもく【一目】一人に～置く (脱帽する) donner son chapeau à; (優越を認める) reconnaître la supériorité de

いちもくさん【一目散】～に逃げる s'enfuir à toutes jambes

いちやく【一躍】d'un bond

いちやづけ【一夜漬け】～の勉強をする bachoter

イチョウ【銀杏】ginkgo 男

いちょう【胃腸】estomac 男 et intestin 男; (消化系) appareil digestif 男

いちらんひょう【一覧表】liste 女, tableau (synoptique) 男

いちりゅう【一流】～の de premier ordre [rang]

いつ【何時】quand; quand est-ce que ～でも N'importe quand; (常に) toujours ～までも pour toujours, à (tout) jamais ～頃から depuis quand

いつう【胃痛】gastralgie 女

いっか【一家】(家族) famille 女; (家庭) foyer 男

いつか(過去の) l'autre jour; (未来の) un jour

いっかい【一回】une fois; (ボクシングの) reprise 女

いっかい【一階】rez-de-chaussée 男 (不変の)

いっき【一気】～に d'un (seul) trait; d'une (seule) traite

いっけん【一見】(外見上) en apparence

いっこ【一個】une pièce

いっこう【一行】groupe 男

いっこう【一考】～ご…願いします Je vous prie d'y réfléchir. ～に値する valoir le coup

いっこく【一刻】un instant ーそれは～を争う C'est urgent.

いっさい【一切】(すべて) tout ～…ない ne… pas du tout ▶一切合切 entièrement

いっさくじつ【一昨日】avant-hier

いっさんかたんそ【一酸化炭素】oxyde de carbone 男

いっしき【一式】 assortment 男, service 男

いっしゅ【一種】 une sorte

いっしゅう【一周】 un tour 〜する faire le tour 《de》

いっしゅうかん【一週間】 une semaine, huit jours 男複

いっしゅん【一瞬】 un instant, une seconde

いっしょ【一緒】 〜に ensemble …と〜に avec 〜に《…と…に》行く aller ensemble 〔avec …〕 よければご〜しますが Je pourrais vous accompagner.

いっしょう【一生】 vie 女 〜の間 toute sa vie

いっしょうけんめい【一生懸命】 〜に de toutes ses forces;《最善を尽くして》de son mieux

いっする【逸する】 laisser échapper

いっせい【一斉】 〜に simultanément

いっせきにちょう【一石二鳥】 〜となる faire d'une pierre deux coups; faire coup double

いっそ plutôt

いっそう【一層】 encore plus, davantage

いっそく【一足】 靴〜 une paire de chaussures

いっそくとび【一足飛び】 〜に d'un bond

いったい【一体】 〜《全体》donc

いつだつ【逸脱】 déviation 女, écart 男

いっち【一致】 concordance 女, 《同意》accord 男 〜する concorder 〔avec〕

いっちょういっせき【一朝一夕】 〜にはできない ne pas pouvoir faire … en un jour

いっちょういったん【一長一短】 〜がある《人が》avoir des qualités et des défauts;《物が》avoir un avantage et un inconvénient

いっちょくせん【一直線】 〜に tout droit

いつつ【五つ】 cinq 男

いっつい【一対】 une paire, un couple

いってい【一定】 〜の《定まった》fixe;《不変の》constant(e)

いってき【一滴】 une goutte

いっとう【一等】 première classe 女,《賞》premier prix 男;《第一位》la première place

いっぱい【一杯】 〜の plein(e) 水[ワイン]を〜飲む boire un verre d'eau [de vin] コーヒー[お茶]〜 une tasse de café [thé] 縁まで〜の plein à ras bord …で〜である être plein de … 一杯機嫌の légèrement ivre

いっぱく【一泊】 une nuit 女 ホテルで〜する passer une nuit dans un hôtel

いっぱん【一般】 〜の général(ale) 《男複 -aux》〜に généralement; en général 〜的に言えば généralement parlant 〜化する généraliser ▶一般公開する ouvrir … au public

いっぴきおおかみ【一匹狼】 彼は〜だ Il fait cavalier seul.

いっぷく【一服】《薬》une dose 〜する《休息》se reposer un moment, faire une pause

いっぽ【一歩】 un pas

いっぽう【一方】《初めの一つ》l'un(e);《他方》l'autre;《片側》un côté 〜的な unilatéral(ale)《男複 -aux》▶一方通行《標識》Sens unique

いっぽう【一報】 〜する informer 〔de〕, faire savoir 〔à〕

いつも《常に》toujours;《ふだん》habituellement 〜のように comme toujours 〜…とは限らない pas toujours 〜は7時に起きます D'habitude, je me lève à sept heures.

いつわ【逸話】 anecdote 女

いつわり【偽り】 fausseté 女 〜の faux(sse)

いつわる【偽る】 mentir;《ふりをする》feindre

イデオロギー idéologie 女

いて【射手】 le Sagittaire

いてつく【凍てつく】 一寒さだ Il gèle. ここは〜ようだ On gèle ici.

いてん【移転】 déménagement 男;《権利の》transfert 男

いでん【遺伝】 hérédité 女 〜の héréditaire ▶遺伝子 gène 男 遺伝子療法 thérapie génique 女 遺伝病 maladie héréditaire 女

いと【糸】 fil 男;《釣り糸》ligne 女

いと【意図】 intention 女

いど【井戸】 puits 男

いど【緯度】 latitude 女

いどう【移動】 déplacement 男, mouvement 男 ▶移動図書館 bibliothèque ambulante 女

いとぐち【糸口】 一解決の〜 la possibilité d'une solution

いとこ【従兄弟・従姉妹】 cousin(e) 名

いどころ【居所】 adresse 女 彼の〜を知っている Je sais où il est.

いとしい【愛しい】 chéri(e), bien-aimé(e)

いとなむ【営む】 tenir

いどむ【挑む】 braver, défier 〔à〕

いない【以内】《時間》avant 一1週間〜に avant une semaine ここから1キロ〜に à moins d'un kilomètre d'ici

いなか【田舎】 campagne 女,《地方》province 女 ▶田舎者 campagnard(e) 名

イナゴ【蝗】 sauterelle 女

いなさく【稲作】 culture du riz 女

いなずま【稲妻】 éclair 男 〜が走る Il y a des éclairs.

いななく【嘶く】 'hennir

いなびかり【稲光】 éclair 男 〜がす

いなや【否や】——するや～ à peine ... que; aussitôt que
イニシアチブ initiative 女
イニシャル (lettre) initiale 女
いにん【委任】mandat 男 ▶委任状 procuration 女
イヌ【犬】chien(ne) 名 ◆犬小屋 niche 女
いね【稲】riz 男
いねむり【居眠り】assoupissement 男 ——をする sommeiller
イノシシ【猪】sanglier 男; (雌) laie 女
いのち【命】vie 女 ～を救う sauver la vie (de) ～を危険にさらす risquer sa vie ～を投げ出す sacrifier sa vie (pour) ～を落とす perdre la vie (à)
いのり【祈り】prière 女
いのる【祈る】prier, souhaiter ... à
いばら【茨】ronce 女, épine 女
いばる【威張る】prendre de grands airs; (自慢) être fier(ère) (de)
いはん【違反】violation 女; (不法行為) infraction 女
いびき【鼾】ronflement 男 ——をかく ronfler
いびつ【歪】——な déformé(e)
いぶかる【訝る】douter (de, que 接続法); soupçonner (de)
いぶき【息吹】souffle 男
いふく【衣服】vêtement 男, habit 男
いぶす【燻す】(虫を) enfumer
いぶつ【異物】corps étranger 男
イブニングドレス robe de soirée 女
いぼ【疣】verrue 女
いほう【違法】——の illégal(ale) (男複 -aux)
いま【今】maintenant; (目下) en ce moment, actuellement ——の actuel(le); présent(e) ～行きます J'arrive!
いま【居間】living 男, salle de séjour 女
いまいましい【忌々しい】vexant(e), irritant(e)
いまごろ【今頃】à cette heure
いましめる【戒める】donner un avertissement à
いまだ【未だ】pas encore ——かつて jamais
いまわしい【忌わしい】exécrable
いみ【意味】sens 男; (意義) signification 女 ——する signifier; vouloir dire
イミテーション imitation 女
いみん【移民】(他国からの) immigré(e) 名; immigrant(e) 名; (他国への) émigré(e) 名; émigrant(e) 名
いむべき【忌むべき】odieux(se), abominable
イメージ image 女 ——アップする rehausser son image de marque ～ダウンする déprécier

イモ【芋】(ジャガイモ) pomme de terre 女; (サツマイモ) patate (douce) 女
いもうと【妹】sœur cadette 女, (話) petite (jeune) sœur 女
いもの【鋳物】pièce de fonte 女
いや【嫌】——な mauvais(e); désagréable, déplaisant(e)
いやいや【嫌々】à contrecœur
いやがらせ【嫌がらせ】vexation 女 ——をする vexer
いやがる【嫌がる】répugner [rechigner] à
いやきん【違約金】dédit 男
いやくひん【医薬品】médicament 男
いやし【癒し】——の効果がある avoir un effet de guérison
いやしい【卑しい】(卑屈) ignoble; (身分が) bas(se)
いやしめる【卑しめる】mépriser, dédaigner
いやす【癒す】guérir
イヤホーン écouteur 男
いやみ【嫌味】sarcasme 男, fiel 男
いやらしい【嫌らしい】(不快) désagréable; (みだら) obscène
イヤリング boucle d'oreille 女, pendant d'oreille 男
いよいよ【愈々】(ついに) enfin; (多く) de plus en plus; (少なく) de moins en moins
いよう【異様】——な étrange; bizarre
いよく【意欲】volonté 女 ——的な ambitieux(se)
いらい【依頼】demande 女 人に……～する demander à ... de 不定詞 ▶依頼人 client(e) 名
いらい【以来】depuis; (……して以来) depuis que ...
いらいらする s'énerver; s'irriter (de, contre)
イラク Iraq 男, Irak 男 ——の irakien(ne)
イラスト illustration 女
イラストレーター illustrateur(trice) 名
いらっしゃい Soyez le bienvenu (la bienvenue)! ——こっちへ～ Venez par ici! ～ませ Bonjour. ∥ Je peux vous aider?
イラン Iran 男 ——の iranien(ne)
いりえ【入り江】baie 女, crique 女
いりぐち【入り口】entrée 女; (戸口) porte 女
いりくむ【入り組む】入り組んだ compliqué(e); enchevêtré(e)
いりみだれる【入り乱れる】se mêler confusément, se mettre pêle-mêle
いりょう【衣料】vêtements 男複, habillement 男
いりょう【医療】soins médicaux 男複, traitement médical 男 ▶医療ミス erreur médicale 女
いりょく【威力】pouvoir 男, puis-

いる【居る】(存在する) être; il y a; (場所・状態に) se trouver —だれかいますか Il y a quelqu'un? 家にはだれもいなかった Il n'y avait personne dans la maison. パリ[機内]に～ se trouver à Paris [dans l'avion]

いる【要る】il faut ...; être nécessaire; avoir besoin de ...

いる【射る】—矢を～ tirer [lancer] une flèche

いる【鋳る】couler, mouler

いるい【衣類】vêtements 男 複, habillement 男

イルカ【海豚】dauphin 男

いれい【異例】—～の exceptionnel(le)

いれかえる【入れ換える】remplacer (par); (一新する) renouveler

いれずみ【入れ墨】tatouage 男

いれば【入れ歯】dentier 男, dent artificielle 女, fausse dent 女

いれもの【入れ物】(容器) récipient 男, contenant 男

いれる【入れる】mettre (dans, à); faire [laisser] entrer (dans) —車を車庫に～ mettre une voiture au garage

いろ【色】couleur 女 —その～は君によく似合う Cette couleur te va bien. 洗っても～は落ちません La couleur est inaltérable au lavage. ▶**色鉛筆**

いろいろ【色々】—～な varié(e); (異なった) différent(e)

いろか【色香】beautés (de la femme) 女 複

いろけ【色気】charmes 男 複, érotisme 男

いろじろ【色白】—～の clair(e), blanc(che)

いろどり【彩り】coloris 男

いろめがね【色眼鏡】lunettes à verres teintés [colorés] 女 複 —～で見る voir ... à travers un prisme

いろん【異論】⇨ 異議

いわ【岩】roche 女 ▶**岩山** rocher 男

いわい【祝い】célébration 女; (祝祭) fête 女

いわう【祝う】fêter; (式・行事を) célébrer

イワシ【鰯】sardine 女

いわば【言わば】pour ainsi dire, autant dire

いわゆる ce qu'on appelle; proprement dit

いわれ【謂れ】raison 女, origine 女

いん【韻】rime 女 —～を踏む rimer (avec)

いんうつ【陰鬱】—～な morne, sombre

いんが【因果】cause et effet

いんかん【印鑑】sceau 男, cachet 男

いんき【陰気】—～な (暗い) sombre; (活気のない) morne

いんぎん【慇懃】—～な poli(e), courtois(e)

インク encre 女

いんけん【陰険】—～な sournois(e), tortueux(se)

インゲンマメ【隠元豆】haricots 男 複

インコ (鳥) perruche 女

いんさつ【印刷】impression 女 —～する imprimer ▶**印刷機** presse 女 **印刷所** imprimerie 女 **印刷物** imprimé 男; polycopié 男

いんし【印紙】timbre 男

いんしゅう【因習】conventions 女 複

インシュリン insuline 女

いんしょう【印象】impression 女 ......という～をもつ avoir l'impression que ... いい[強い]～を与える faire une bonne [forte] impression (sur) ...の～はどうですか Quelle est son impression sur ...? ▶**第一印象** première impression

いんしょう【印章】cachet 男, sceau 男

いんしょく【飲食】—～する boire et manger ▶**飲食店** restaurant 男

インスタント —～の instantané(e) ▶**インスタントコーヒー** café instantané

インストール —～する installer

インストラクター moniteur(trice) 名

インスピレーション inspiration 女

いんせい【陰性】—～の négatif(ve)

いんぜい【印税】droits d'auteur 男 複

いんせき【姻戚】parent(e) par alliance 名

いんぜん【隠然】—～たる latent(e)

いんそつ【引率】—～する conduire, accompagner

インターチェンジ échangeur 男; (クローバー型) trèfle 男

インターネット Internet 男

インターバル intervalle 男

インターフェロン interféron 男

インターホン interphone 男

インタビュー interview 女 —～する faire une interview (de)

インチ pouce 男

いんちき fraude 女, tromperie 女

インディアン Indien(ne) d'Amérique 名

インテリ intellectuel(le) 名

インテリア intérieur 男

インド Inde 女 —～の indien(ne)

いんとく【隠匿】recel 男 —～する receler

イントネーション intonation 女

インドネシア Indonésie 女 —～の indonésien(ne)

いんない【院内】▶**院内感染** contagion à l'intérieur d'un hôpital 女

インプット input 男, entrée 女

インフラ (社会的生産基盤) infrastructure 女

インフルエンザ grippe 女, influenza 女
インフレ inflation 女
インボイス facture 女
いんゆ【隠喩】métaphore 女
いんよう【引用】citation 女 ―〜する citer
いんりょう【飲料】boisson 女 ▶飲料水 eau potable 女
いんりょく【引力】attraction 女, gravitation 女

う

ウイーク ▶ウイークエンド week-end 男, fin de semaine 女 **ウイークデー** jour de semaine 男 ―ウイークデーに en semaine
ウイークポイント point faible 男
ウイスキー whisky 男 (複 *whiskies*)
ウイット esprit 男 ―〜に富んだ plein(*e*) d'esprit
ウイルス virus 男
ウインカー feu clignotant 男, clignotant 男
ウインク clin d'œil 男, clignement d'œil 男
ウインドーショッピング lèche-vitrines 男
ウインナー（ソーセージ）saucisse viennoise 女, petite saucisse 女
ウール laine 女 ―〜のセーター pull-over de [en] laine 男
うえ【上】haut 男 ―（のほうの）supérieur(*e*) ~に au-dessus …の~に[の, を]（表面に接した）sur; （接触していない）au-dessus de テーブルの上の花びん un vase sur la table ~の方から高く 1つ~のサイズ la taille au-dessus 10歳より~の子供 les enfants de 10 ans et au-dessus ~の棚 l'étagère au-dessus
うえ【飢え】faim 女;（飢饉）famine 女
ウエイター garçon 男, serveur 男
ウエイトレス serveuse 女
ウエート poids 男 …~に~を置く accorder de l'importance à ▶ウエートリフティング haltérophilie 女
うえき【植木】arbre (de jardin) 男, 植木鉢 pot à [de] fleurs 男 **植木屋** jardinier(*ère*) 名
ウエスト taille 女
ウエディング（結婚）mariage 男 ▶ウエディングケーキ gâteau de noces 男 **ウエディングドレス** robe de mariage 女 **ウエディングマーチ** marche nuptiale 女
うえる【植える】planter;（栽培）cultiver
うえる【飢える】être affamé(*e*);（空腹）avoir faim
うお【魚】poisson 男 ▶魚座 les Poissons 男 複
ウォーミングアップ exercices 男 複
うおのめ【魚の目】cor 男, œil-de-perdrix 男 (複 ~*s-*~~*-*~)
うかい【迂回】détour 男, déviation 女 ▶迂回路 déviation 女
うがい【嗽】gargarisme 男 ―〜する se gargariser ▶うがい薬 gargarisme 男
うかがう【伺う】（訪ねる）rendre visite (à);（尋ねる）demander
うかつ【迂闊】―〜な（軽率）étourdi(*e*);（不注意）inattentif(*ve*)
うかびあがる【浮かび上がる】émerger;（明確になる）se dessiner
うかぶ【浮かぶ】（水上・空中に）flotter;（水面に）surnager
うかべる【浮べる】（水に）faire flotter
うかる【受かる】―試験に〜 réussir (être reçu(*e*)) à l'examen
ウガンダ Ouganda 男 ―〜の ougandais(*e*)
うき【浮き】（釣りの）bouchon 男 ▶浮袋 ceinture de flottaison 女
うき【雨季】saison des pluies 女
うきあがる【浮き上がる】（空中に）monter en l'air;（水面に）remonter à la surface, émerger
うきうき【浮き浮き】―〜して gaiement; joyeusement
うきぼり【浮き彫り】relief 男;（金銀細工の）bosselage 女
うく【浮く】（水上・空中に）flotter;（水面に）surnager
ウグイス【鶯】rossignol (du Japon) 男
ウクライナ Ukraine 女 ―〜の ukrainien(*ne*)
うけあう【請け合う】garantir ―AにBを〜 assurer A de B, assurer à A que …
うけいれ【受け入れ】réception 女, accueil 男
うけいれる【受け入れる】recevoir;（受諾）accepter
うけおう【請け負う】prendre … à forfait
うけつぐ【受け継ぐ】hériter (de)
うけつけ【受付】（ホテルなどの）réception 女,（窓口）guichet 男 ▶受付係 réceptionniste 名
うけつける【受け付ける】recevoir; accepter
うけとり【受取】（領収書）reçu 男, quittance 女
うけとる【受け取る】recevoir;（快く）accepter
うけみ【受身】passivité 女;（文法の）voix passive 女
うけもつ【受持つ】se charger de …, prendre … en charge
うける【受ける】（得る）recevoir;（努力して）obtenir;（影響・被害を）subir;

うごかす【動かす】remuer
うごき【動き】mouvement 男
うごきだす【動き出す】se mettre en marche
うごく【動く】bouger; (移動する) se déplacer; (機械が) marcher
うごめく【蠢く】grouiller, fourmiller
ウサギ【兎】lapin 男; (野ウサギ) lièvre 男
ウシ【牛】bœuf 男; (雌牛) vache 女
うじ【蛆】ver 男
うしなう【失う】(なくす) perdre ―ものは何もない n'avoir rien à perdre 多くの人命が失われた Il y a eu de nombreuses victimes.
うしろ【後ろ】(後部) arrière 男; (背後) derrière 男; (背) dos 男 ……の―の席につく s'asseoir à l'arrière de … ―を歩く marcher derrière …の―から…く derrière… ▶後ろ足 patte de derrière 女
うす【臼】meule 女, mortier 男
うず【渦】tourbillon 男
うすあかり【薄明かり】pénombre 女; (ほのかな) lueur 女
うすい【薄い】(厚さが) mince; (色が) clair(e), (濃度が) léger(ère) ―紙のように~ mince comme une feuille de papier ~コーヒー café léger
うすうす【薄々】vaguement ―~感じる se douter un peu de
うずうずする cela [il] démange à… de 不定詞, être impatient(e) de 不定詞
うすきみわるい【薄気味悪い】sinistre
うずく【疼く】lanciner
うずくまる【蹲る】s'accroupir; se tapir
うすぐらい【薄暗い】sombre
ウズベキスタン Ouzbékistan 男 ―の~ ouzbek
うすべったい【薄っぺら】―~な mince; (浅薄) superficiel(le)
うずまき【渦巻き】spirale 女; (水・空気などの) tourbillon 男
うずめる【埋める】diluer (avec)
うずめる【埋める】―手に顔を~ se cacher le visage dans ses mains
うずもれる【埋もれる】être enfoui(e)
ウズラ【鶉】caille 女
うすれる【薄れる】(記憶などが) s'effacer, s'affaiblir
うせつ【右折】―~する tourner à droite
うせる【失せる】disparaître
うそ【嘘】mensonge 男; (虚偽) faux 男 ―~をつく mentir ▶嘘つき menteur(se)
うた【歌】chanson 女; (唱歌・歌曲) chant 男
うたう【歌う】chanter
うたがい【疑い】(疑念) doute 男; (嫌疑) soupçon 男 ―~は―よう〔~の余地〕がない il ne fait aucun doute que …

―~なく sans aucun doute, à n'en pas douter
うたがう【疑う】douter 〈de; que〉; (嫌疑) soupçonner 〈de〉 ―私のことを疑っているのですか Doutez-vous de moi?
うたがわしい【疑わしい】douteux(se); (不確かな) incertain(e)
うち【内】内部 男; ……の~に dans
うち【家】maison 女; (家族) foyer 男 ―~へおいでよ Viens chez moi.
うちあげ【打ち上げ】lancement 男
うちあける【打ち明ける】(人に) confier 〈à〉; (心情を) épancher
うちあげる【打ち上げる】lancer, tirer
うちあわせ【打ち合わせ】arrangement préalable 男; (協議) concertation [consultation] préalable 女 ―~打ち合わせする arranger
うちかつ【打ち勝つ】vaincre
うちがわ【内側】intérieur 男
うちき【内気】timidité 女; (遠慮) réserve 女 ―~な timide
うちけす【打ち消す】nier, démentir
うちこむ【打ち込む】s'enfoncer; (熱中する) s'adonner (entièrement) 〈à〉
うちたおす【打ち倒す】(敵を) battre; (政府などを) abattre
うちとける【打ち解ける】―~打ち解けた familier(ère); intime
うちのめす【打ちのめす】―~打ちのめされた (不幸などに) abattu(e) 〈par〉
うちやぶる【打ち破る】enfoncer; (負かす) vaincre
うちゅう【宇宙】univers 男; (宇宙空間) espace 男 ▶宇宙ステーション station spatiale 女 ▶宇宙船 vaisseau spatial 男 ▶宇宙線 rayons cosmiques 男複 ▶宇宙飛行士 astronaute 男
うつ【打つ】frapper; battre ―ラケットでボールを~ frapper la balle avec une raquette 人の心を~ toucher
うつ【撃つ】tirer
うつ【討つ】―父親のかたきを~ venger son père
うっかり ―~して (不注意から) par manque d'attention; avec négligence; (ぼんやりして) par étourderie
うつくしい【美しい】beau(belle); (母音省略は無音のhで始まる男性名詞の前に) bel; (女性に) joli(e) ―何て~人だろう Comme elle est belle!
うつくしさ【美しさ】beauté 女
うつし【写し】copie 女; (コピー機での) photocopie 女
うつす【写す】(写真) prendre une photo de; (書き写す) copier, recopier
うつす【映す】(鏡などに) refléter; (映画を) projeter
うつす【移す】(場所を) déplacer; (移転) transférer; (病気を) donner, passer 〈à〉

うったえ【訴え】(訴訟) action (en justice) 女; (告発) accusation 女; (嘆願) appel 男

うったえる【訴える】(訴訟) faire un procès à; (告訴) porter plainte contre

うつつ【現】—-をぬかす se passionner (pour)

うってつけ【打ってつけ】—-の fait(e) (pour); approprié(e) (à)

うっとうしい【鬱陶しい】triste; désagréable

うっとり—-している être en extase 〜させる ravir 〜する s'extasier

うつぶせ【俯せ・うつ伏せ】—-になる se coucher à plat ventre

うつむく【俯く】baisser la tête

うつりかわり【移り変わり】(変化) changement 男; (移行) passage 男

うつりかわる【移り変わる】changer, passer

うつる【移る】passer 〖助動詞être〗; (場所を変える) se déplacer

うつる【映る】(鏡に) se réfléchir; (水面などに) se refléter

うつる【写る】—-写真はよく写っていた Les photos ont été réussies.

うつろ【空ろ・虚ろ】—-な (中空の) creux(se); (空虚な) vide

うつわ【器】récipient 男, vaisselle 女

うで【腕】bras 男; (技量) habileté 女 —-人の〜をつかむ prendre... dans ses bras 〜を組んで bras dessus, bras dessous ▶腕相撲 bras de fer 腕時計 montre 女 腕輪 bracelet 男

うてん【雨天】temps pluvieux 男; (雨の日) jour de pluie 男

うながす【促す】(急ぐように) inciter (à); (促進) accélérer

ウナギ【鰻】anguille 女

うなじ【項】nuque 女

うなずく【頷く】donner [faire] un signe de tête; (同意) faire oui d'un signe de la tête

うなりごえ【うなり声】(人の) gémissement 男; (大なごの) grondement 男

うなる【唸る】(人がうなる) gémir; (動物が) gronder

ウニ【海胆】oursin 男

うぬぼれ【自惚れ】fatuité 女; (思い上がり) prétention 女

うぬぼれる【自惚れる】être plein(e) de soi-même

うねる (髪が) onduler; (蛇行) serpenter

うは【右派】droite 女

うばう【奪う】(...から) prendre (à); (取り去る) enlever, ôter (à); (権利などを) priver (de)

うばぐるま【乳母車】voiture d'enfant 女; (折り畳み式の) poussette 女

うぶ【初】—-な naïf(ve); ingénu(e)

ウマ【馬】cheval 男 (複 -aux)

うまい【旨い】bon(ne), délicieux(se); (巧い) —-うまく (上手に) bien; (巧みに) adroitement ⇒上手

うまみ【旨み】saveur 女, goût délicieux 男

うまる【埋まる】être enseveli(e) 《sous, dans》; (穴・損失が) être comblé(e)

うまれ【生まれ】naissance 女; (出身) origine 女 —-生まれつき naturellement

うまれる【生まれる】naître 〖助動詞être〗; (出現) venir au monde 〖助動詞être〗

うみ【海】mer 女; (大洋) océan 男 —-〜は凪いで [荒れて] いる La mer est calme [mauvaise].

うみ【膿】pus 男

うみがめ【海亀】tortue de mer

うみべ【海辺】bord de (la) mer, plage 女

うむ【生む・産む】(出産) accoucher de; (産出) produire

ウメ【梅】prune 女; (木) prunier 男

うめあわせ【埋め合わせ】compensation 女; (迷惑・苦労などの) dédommagement 男

うめあわせる【埋め合わせる】compenser; réparer

うめく【呻く】gémir

うめたてる【埋め立てる】remblayer

うめる【埋める】enfouir; enterrer

うもう【羽毛】plume 女; 《集合的》plumage 男

うやまう【敬う】respecter; (敬愛) vénérer

うよく【右翼】aile droite 女, droite 女

うら【裏】envers 男; revers 男; (紙の) verso 男, dos 男 —-一家は教会の〜です Ma maison est derrière l'église. ▶裏側 envers 男; revers 男

うらおもて【裏表】envers et endroit 男 —-〜のある人 homme à deux visages 男

うらがえし【裏返し】—-シャツを〜に着る mettre sa chemise à l'envers

うらがえす【裏返す】retourner

うらがき【裏書き】endos 男

うらぎり【裏切り】trahison 女 ▶裏切り者 traître(esse) 名

うらぎる【裏切る】trahir; commettre une trahison

うらぐち【裏口】porte de derrière 女 ▶裏口入学 admission de faveur (d'un candidat dans une école) 女

うらごえ【裏声】fausset 男

うらじ【裏地】doublure 女 —-〜をつけるmettre une doublure

うらづける【裏付ける】confirmer

うらどおり【裏通り】ruelle 女, rue de derrière 女

うらない【占い】divination 女 ▶占い師 devin (eresse) 名

うらなう【占う】deviner [prédire]

うらみ【恨み】rancune 女; ressentiment 男
うらむ【恨む】avoir de la rancune [du ressentiment] contre
うらやましい【羨ましい】(うらやましそうな) envieux(se); (人をうらやましがらせるような) enviable
うらやむ【羨む】envier ――が金持ちなのを～ envier... pour sa richesse; envier... d'être riche
ウラン uranium 男
うり【瓜】melon 男 ――二つだ se ressembler comme deux gouttes d'eau
うりあげ【売り上げ】recette 女, ventes 女 複
うりきれ【売り切れ】――の[た] épuisé
うりきれる【売り切れる】être épuisé(e)
うりだし【売り出し】mise en vente
うりだす【売り出す】mettre en vente
うりて【売り手】vendeur(se) 名
うりね【売り値】prix de vente
うりば【売り場】rayon 男
うりもの【売り物】――これは～ですか C'est à vendre?
うりょう【雨量】précipitations 女 複
うる【売る】(販売) vendre ――高く～ vendre cher 彼に車を1000ユーロで売った Je lui ai vendu ma voiture 1000 euro.
うるうどし【閏年】année bissextile 女
うるおい【潤い】humidité 女
ウルグアイ Uruguay 男 ――の uruguayen(ne)
うるさい【煩い】(騒々しい) bruyant(e); (しつこい) persistant(e)
うるし【漆】laque 女
うるわしい【麗しい】beau(belle), charmant(e)
うれい【憂い】inquiétude 女; souci 男
うれえる【憂える】s'inquiéter de
うれしい【嬉しい】être heureux(se) de... [que 接続法] ――あなたが来てくれてです Je suis heureux [content que vous puissiez venir. まあ～ Que je suis heureux!
うれゆき【売れ行き】vente 女
うれる【売れる】se vendre ――よく～ se vendre bien 飛ぶように～ se vendre comme des petits pains
うろこ【鱗】écaille 女
うろたえる se troubler, se décontenancer
うろつく traîner, rôder
うわき【浮気】amourette 女
うわぎ【上着】(ジャケット) veste 女; (背広の) veston 男
うわぐすり【釉薬】glaçure 女
うわごと divagations 女 複 ――を言う divaguer
うわさ【噂】bruit 男, rumeur 女 ……という～だ, ～だと…だ on dit que ...

うわつく【浮つく】――ついた léger (ère), frivole
うわのそら【上の空】――である être distrait(e); être dans la lune
うわべ【上辺】superficie 女; (外見) apparence 女
うわまわる【上回る】dépasser; (量的に) excéder
うわやく【上役】supérieur(e) 名
うん【運】chance 女, bonheur 男 ――がいい avoir de la chance ――するとは――がいい Ça porte bonheur de... ――だとは――が悪い Ce n'est pas de chance que [接続法] ～よく heureusement
うんえい【運営】administration 女, direction 女 ――する administrer
うんが【運河】canal 男(複 -aux)
うんこう【運行】(交通機関の) service 男
うんざり ――(…は)～だ J'en ai assez (de...)!
うんせい【運勢】sort 男, destin 男
うんそう【運送】transport 男 ▶運送会社 compagnie de transport
うんちん【運賃】frais de transport 男 複; (貨物の) fret 男
うんてん【運転】(車の) conduite 女; (機械の) manœuvre 女 ――する (車を) conduire; (機械を) faire fonctionner ▶運転手 (車の) conducteur(trice) 名; (タクシー・トラックの) chauffeur 男 運転免許証 permis de conduire 男
うんどう【運動】exercice 男; (社会的な) mouvement 男 ――する faire de l'exercice ▶運動靴 chaussures de sport 女 複; (トレーニングシューズの) chaussures d'entraînement 女 複 運動会 réunion [fête] sportive 女 運動場 terrain 男; (学校の) cour d'une école [de récréation] 女
うんぱん【運搬】transport 男
うんめい【運命】destin 男; (個人の) destinée 女
うんゆ【運輸】transport 男

え

え【絵】peinture 女; (カンバスに描いた) tableau 男; (鉛筆・クレヨンの) dessin 男 ――を描く peindre; dessiner
え【柄】manche 男
エアコン climatiseur 男 ――のついた climatisé(e)
エアバス airbus 男
エアメール poste aérienne 女
エアロビクス aérobic 女
えいえん【永遠】éternité 女 ――の éternel(le)
えいが【映画】cinéma 男; (個々の) film 男 ――(を見)に行く aller au cinéma ～を見る voir un film ▶映画

えいきゅう館 cinéma 男

えいきゅう【永久】éternité 女 ——に pour toujours

えいきょう【影響】influence 女;（効果）effet 男 ——を与える exercer de l'influence 《sur》 ——を受ける subir l'influence 《de》 ▶**影響力** influence 女 — 影響力がある avoir de l'influence

えいぎょう【営業】commerce 男 —中〔掲示〕Ouvert ▶**営業時間** heures d'ouverture 女複 ▶**営業所** bureau 男 ▶**営業マン** attaché commercial 男

えいご【英語】anglais 男

えいこう【栄光】gloire 女, auréole 女

えいこく【英国】Angleterre 女, Grande-Bretagne 女 ——の anglais(e); britannique ▶**英国人** Anglais(e)

えいじ【嬰児】nouveau-né(e)

えいしゃ【映写】projection 女 ▶**映写機** projecteur 男

えいじゅう【永住】——する s'installer définitivement

エイズ sida, SIDA 男〔syndrome immuno-déficitaire acquis の略〕

えいせい【衛星】satellite 男 ▶**衛星国** pays satellite 男 ▶**衛星中継** retransmission par satellite 女 ▶**衛星都市** ville-satellite 女（複 ~s-~s）▶**衛星放送** émission (de télévision) par satellite 女

えいせい【衛生】hygiène 女 ——的な hygiénique

えいぞう【映像】image 女

えいぞく【永続】——的な perpétuel(le); permanent(e)

えいてん【栄転】——する être promu(e)

えいびん【鋭敏】——さ finesse 女 ~な fin(e)

えいぶん【英文】texte anglais 男

えいへい【衛兵】garde 男

えいゆう【英雄】†héros 男, héroïne 女

えいよ【栄誉】honneur 男, gloire 女

えいよう【栄養】nutrition 女 ——のある nourrissant(e) ▶**栄養価** valeur nutritive 女

えいり【鋭利】——な tranchant(e), aigu(ë)

ええ〔肯定〕oui;〔驚き〕Quoi?

エージェンシー agence 女

エージェント agent 男

エース as 男

ええと euh; eh bien

エープリルフール poisson d'avril 男

エール (cris d') encouragement 男（複）

えがお【笑顔】visage souriant 男

えかき【絵描き】peintre 男〔女性にも男性形を用いる〕

えがく【描く】（鉛筆・クレヨンで）dessiner;（絵の具で）peindre;（描写する）décrire

えき【駅】gare 女;（地下鉄の）station 女 ——で à la gare どの~で降りたらいいですか À quelle station faut-il descendre? ▶**駅員** employé(e) de gare 名 ▶**駅長** chef de gare 男

エキサイティング ——な excitant

エキサイト ——する s'exciter

えきしゃ【易者】devin(eresse) 名

えきしょう【液晶】cristal liquide 男（複 -aux ~s）

エキス essence 女

エキストラ figurant(e) 名

えきたい【液体】——の liquide

エキスパート expert 名〔女性にも男性形を用いる〕; spécialiste 名

エキゾチック ——な exotique

えきたい【液体】liquide 男 ——の liquide

えきびょう【疫病】épidémie 女

エクアドル Équateur 男 ——の équatorien(ne)

エクスタシー extase 女

えくぼ【笑窪】fossette 女

エゴイスト égoïste 名 ▶**エゴイズム** égoïsme 男

エコノミークラス classe touriste [économique] 女 ▶**エコノミークラス症候群** syndrome de la classe économique 男

エコノミスト économiste 名

えこひいき【依怙贔屓】partialité 女 ——を——する être partial(ale) envers ……

エコロジー écologie 女

えさ【餌】pâture 女;（捕獲用の）appât 男

えしき【餌食】proie 女, victime 女

エジプト Égypte 女 ——の égyptien(ne)

えしゃく【会釈】——する saluer en s'inclinant légèrement

エスエフ【SF】science-fiction 女（複 ~s-~s）

エスカルゴ escargot 男

エスカレーター escalier roulant [mécanique] 男, escalator 男

エスカレート ——する s'intensifier

エスキモー Esquimau(de)名（男複 -x）——の esquimau(de) ▶**エスキモー犬** chien esquimau 男

エストニア Estonie 女 ——の estonien(ne)

エスニック ——な ethnique ▶**エスニック料理** cuisine exotique 女

エスプレッソ espresso 男, (café) express 男

えだ【枝】branche 女;（小枝）rameau 男

えたい【得体】——の知れない énigmatique; mystérieux(se)

エチオピア Éthiopie 女 ——の éthiopien(ne)

エチケット（作法）usages 男複; étiquette 女

エチュード étude 女

えっ（驚き）Ah!;（聞き返して）'hein?

エックスせん【エックス線】rayons X 男複

えっけん【謁見】audience 女

えっけん【越権】►**越権行為** abus de pouvoir 男

エッセー essai 男

エッセンス essence 女

エッチ ——な obscène;《話》cochon(ne)

エッチング gravure à l'eau-forte 女

えつらん【閲覧】lecture 女 ——する consulter

エナメル émail 男（複 -aux）, vernis 男

エネルギー énergie 女

エネルギッシュ ——な énergique

えのぐ【絵の具】（水彩用）couleurs à l'eau 女複;（油絵）couleurs à l'huile 女複

えはがき【絵葉書】carte postale illustrée 女

エビ【海老】（ロブスター）'homard 男;（伊勢えび）langouste 女;（小えび）crevette 女

エピソード épisode 男;（逸話）anecdote 女

エピローグ épilogue 男

エプロン tablier 男

エポック ——メーキングな qui fait époque 男

えほん【絵本】livre d'images 男

エメラルド émeraude 女

えもの【獲物】（狩猟の）gibier 男;（獣の餌食）proie 女

えら【鰓】branchies 女複

エラー erreur 女

えらい【偉い】grand(e)

えらぶ【選ぶ】choisir;（選挙で）élire

えり【襟】col 男;（襟ぐり）décolleté 男 ►**襟首, 襟足** nuque 女 **襟巻き** cache-nez 男（不変）;（毛皮の）boa 男

エリート homme d'élite 男;《集合的》élite 女

エリトリア Érythrée 女 ——の érythréen(ne)

える【得る】obtenir;（取得）acquérir;（賞・勝利を）gagner

エルサルバドル Salvador 男 ——の salvadorien(ne)

エレガント ——な élégant(e)

エレキギター guitare électrique 女

エレクトロニクス électronique 女

エレベーター ascenseur 男

えん【円】（円形）cercle 男;（丸）rond 男;（貨幣）'yen 男 ►**円高** 'hausse (de la valeur) du yen 女 **円安** baisse (de la valeur) du yen 女 **円建て決済** règlement en yen 男

えん【縁】rapport 男;（つながり）lien 男

えんえき【演繹】déduction 女 ——する déduire

えんかい【宴会】banquet 男;（豪華な）festin 男

えんかく【沿革】historique 男

えんかく【遠隔】 ——の éloigné(e)

えんかつ【円滑】 ——に sans difficultés; sans à-coups

えんがわ【縁側】véranda 女

えんがん【沿岸】côte 女, littoral 男（複 -aux）

えんき【延期】remise 女, renvoi 男

えんぎ【演技】jeu 男

えんぎ【縁起】 ——のよい［悪い］de bon［mauvais］augure

えんきょく【婉曲】 ——な表現 détour 男

えんきんほう【遠近法】perspective 女

えんけい【円形】cercle 男, rond 男

えんげい【園芸】horticulture 女, jardinage 男 ►**園芸植物** plante jardinière 女

えんげい【演芸】spectacle 男 ►**演芸場** salle de spectacle 女

エンゲージリング bague de fiançailles 女

えんげき【演劇】théâtre 男

えんこ【縁故】relations 女複; parenté 女

えんご【援護】assistance 女 ——する assister

えんさん【塩酸】acide chlorhydrique 男

えんし【遠視】hypermétropie 女 ——である être hypermétrope［presbyte］

エンジニア ingénieur 男

えんしゅう【演習】（訓練）exercice 男;（ゼミ）séminaire 男

えんしゅう【円周】circonférence 女

えんじゅく【円熟】maturité 女 ——した mûr(e)

えんしゅつ【演出】mise en scène 女 ——する mettre en scène ►**演出家** metteur en scène 男

えんじょ【援助】aide 女;（扶助）assistance 女 ——する aider ——してもらう se faire aider (par)

えんしょう【炎症】inflammation 女;（軽い）irritation 女

えんじる【演じる】jouer

エンジン moteur 男 ——をかける faire démarrer le moteur

えんしんりょく【遠心力】force centrifuge 女

えんすい【円錐】cône 男 ——形の conique

エンスト panne de moteur 女

えんせい【遠征】expédition 女;（軍隊の）campagne 女

えんせい【厭世】►**厭世主義** pessimisme 男 **厭世主義者** pessimiste 名

えんぜつ【演説】discours 男 ——する faire un discours ►**演説者** orateur 男

えんせん【沿線】 ——に le long d'une voie ferrée 女

えんそ【塩素】chlore 男

えんそう【演奏】exécution 女; jeu 男 ——する exécuter; jouer ▶演奏会 concert 男; (独奏会) récital 男

えんそく【遠足】excursion 女

えんたい【延滞】retard 男

えんだん【演壇】estrade 女; (議会の) tribune 女

えんだん【縁談】proposition de mariage 女

えんちゅう【円柱】colonne 女

えんちょう【延長】(距離) prolongement 男; (時間) prolongation 女

えんとう【円筒】cylindre 男 ——形の cylindrique

エンドウ【豌豆】pois 男

えんとつ【煙突】cheminée 女; (ストーブの) tuyau 男

えんばん【円盤】disque 男 ▶円盤投げ lancement du disque 男 空飛ぶ円盤 soucoupe volante 女

えんぴつ【鉛筆】crayon 男 ——を削る tailler un crayon ▶鉛筆削り taille-crayon 男

えんぶん【塩分】salinité 女, salure 女

えんぽう【遠方】loin 男, lointain 男

えんまん【円満】——な (幸福な) heureux(se)

えんゆうかい【園遊会】garden-party 女 (複~s・-parties)

えんよう【援用】——する alléguer, invoquer

えんよう【遠洋】——の au long cours

えんりょ【遠慮】réserve 女 ——なく sans réserve どうぞご~なく Ne vous gênez pas!

お

お【尾】queue 女

オアシス oasis 女

おい【甥】neveu 男

おい【おい】(呼びかけに) Hé! | Écoute!

おいおい【追々】peu à peu; (時とともに) avec le temps

おいかえす【追い返す】renvoyer

おいかける【追いかける】courir après; poursuivre

おいこす【追い越す】dépasser; (車が) doubler

おいしい【美味しい】bon(ne), délicieux(se) ——とても～ C'est très bon. おいしかった(ごちそうさま) C'était très bon.

おいしげる【生い茂る】pousser dru; (はびこる) envahir

おいだす【追い出す】mettre dehors [à la porte]; (追い払う) chasser

おいつく【追いつく】rattraper; (人と合流する) rejoindre

おいつめる【追い詰める】traquer

おいはらう【追い払う】chasser; (追い

散らす) disperser

おいる【老いる】vieillir, prendre de l'âge ——老いた âgé(e)

オイル huile 女; (石油) pétrole 男

おう【追う】courir après; poursuivre

おう【負う】(背負う) porter sur le dos; (責任を) assumer

おう【王】roi 男, (君主) monarque 男

おうえん【応援】encouragement 男; (援助) aide 女

おうおう【往々】——にして (しばしば) souvent; fréquemment

おうかくまく【横隔膜】diaphragme 男

おうかん【王冠】couronne (royale) 女; (びんの) capsule 女

おうぎ【扇】éventail 男

おうきゅう【王宮】palais royal 男

おうきゅうしょち【応急処置】mesures d'urgence [temporaires] 女 複

おうこく【王国】royaume 男

おうごん【黄金】or 男

おうし【雄牛・牡牛】bœuf 男; (去勢していない) taureau 男 (複~x) ▶牡牛座 le Taureau

おうじ【王子】prince 男; (皇太子) prince héritier

おうじ【皇子】prince impérial 男

おうしつ【王室】famille royale 女

おうしゅう【欧州】Europe 女

おうしゅう【押収】saisie 女, confiscation 女

おうじょ【王女】princesse 女

おうじょ【皇女】princesse impériale 女

おうじる【応じる】(答える) répondre à; (受け入れる) accepter

おうせつ【応接】▶応接室 salle d'accueil 男 応接間 salon 男

おうだ【殴打】——する donner des coups (de poing) à, frapper (à coups de poing)

おうたい【応対】accueil 男, réception 女

おうだん【横断】traversée 女 ——する traverser ▶横断歩道 passage clouté (protégé) 男

おうちょう【王朝】dynastie 女

おうてん【横転】——する (横倒し) tomber sur le côté [助動詞 être]; verser sur le côté

おうとう【応答】répondre 人 ——する répondre à

おうひ【王妃】reine 女

おうふく【往復】aller et retour; (行き来) va-et-vient 男 (不変) ▶往復切符[乗車券] billet aller-retour 男, aller et retour 男 往復葉書 carte postale avec réponse payée 女

おうぼ【応募】inscription 女 ——する s'inscrire (à) ▶応募者 inscrit(e) 名; (求職) postulant(e) 名

おうぼう【横暴】 ―～な despote, tyrannique

オウム【鸚鵡】 perroquet 男

おうよう【応用】 application 女, mise en pratique 女 ―～する appliquer
▶応用問題 exercices d'application 男複

おうらい【往来】（交通）circulation 女;（道路）rue 女 ―激しい～ circulation dense

おうりょう【横領】 détournement 男;（公金の）déprédation 女

おうレンズ【凹レンズ】 lentille concave 女

おえる【終える】 finir;（やり遂げる）achever …し～ finir [achever] de 不定詞

おおあめ【大雨】 forte pluie 女

おおい【多い】（多数）nombreux(se);（多量）abondant(e) ―友達が～ avoir beaucoup [plein] d'amis ビタミンの～くだもの un fruit riche en vitamines

おおい【覆い】 couverture 女, voile 男

おおいそぎ【大急ぎ】 ―で à la hâte;（全速力で）à toute vitesse

おおいに【大いに】 grandement;（とても）beaucoup

おおう【覆う】 couvrir (de, avec)

おおうりだし【大売り出し】 vente promotionnelle 女;（バーゲン）solde 男

おおがかり【大掛かり】 ―～な de grande [vaste] envergure

おおがた【大型】 ―～の grand(e), gros(se)

オオカミ【狼】 loup 男;（雌）louve 女

おおきい【大きい】（サイズなどが）grand(e);（容積が）gros(se); large ―家 une grande maison ―石 une grosse pierre 彼は私より10センチ～ Il fait dix centimètres de plus que moi. 大きくなる agrandir 大きくなる grandir 大きくなったら quand je serai grand

おおきさ【大きさ】 grandeur 女;（寸法）dimension 女;（容積）grosseur 女

おおきな【大きな】 ⇒大きい

おおく【多く】（たくさん）beaucoup;（大部分）la plupart

オークション vente aux enchères 女

おおぐま【大熊座】 la Grande Ourse

オーケー【OK】 D'accord!; O.K.!

おおげさ【大袈裟】 ―～な exagéré(e), emphatique

オーケストラ orchestre 男

おおごえ【大声】 ―で d'une voix forte; à plein gosier

おおざっぱ【大雑把】 ―～な grossier(ère)

オーストラリア Australie 女 ―～の australien(ne)

オーストリア Autriche 女 ―～の autrichien(ne)

おおぜい【大勢】（群衆）foule 女;（集団）masse 女

オーソドックス ―～な orthodoxe

オーソリティー autorité 女

オーダー（注文）commande 女 ―～（メード）の sur mesure

おおて【大手】 ―～の grand(e), principal(ale)（男複 -aux）

オーディオ ―～ビジュアルの audiovisuel(le)

オーディション audition 女 ―～を受ける passer une audition

オーデコロン eau de Cologne 女

おおどおり【大通り】（並木のある）avenue 女, boulevard 男

オートクチュール haute couture 女

オートバイ moto 女, motocyclette 女

オードブル hors-d'œuvre 男（不変）

オートマチック ―～な automatique
▶オートマチック車 voiture automatique 女

オートメーション automation 女

オーナー propriétaire 名

オーバー（外套）manteau 男;（男物）pardessus 男 ―～な exagéré(e) ▶オーバーホール remise en état 女

オービー【OB】（卒業生）ancien(ne) élève 名;（ゴルフ）hors des limites

オープニング ouverture 女

オーブン four 男

オープン ouverture 女 ―～する ouvrir

オーボエ hautbois 男

おおまか【大まか】 ―～な approximatif(ve);（雑な）grossier(ère)

おおみそか【大晦日】 le dernier jour de l'année 男; veille du jour de l'an 女; la Saint-Sylvestre

おおむぎ【大麦】 orge 女

おおめ【大目】 ―～に見る tolérer (que 接続法); être indulgent(e)

おおもじ【大文字】（lettre）majuscule 女, capitale 女

おおや【大家】 propriétaire 名

おおやけ【公】 ―～の public(que);（公式）officiel(le)

おおよろこび【大喜び】 grande joie 女

おおらか【大らか】 ―～な large, généreux(se)

オール rame 女, aviron 男

オールラウンド ―～の complet(ète)

オーロラ aurore boréale 女

おおわらい【大笑い】 grands éclats 男複 ―する rire aux éclats

おか【丘】 colline 女;（高台）hauteur 女

おかあさん【お母さん】 mère 女, maman 女

おかえし【お返し】 ―～をする（贈り物）faire un cadeau à … en retour;（仕返し）rendre la pareille à

おかげ【お陰】 ……の～で grâce à 成功したのもあなたの～だ Je vous dois ma réussite.

おかしい（おもしろい）drôle;（奇妙な）bizarre ―～ったらない Ça me fait

おかす【犯す】(過ちを) commettre; (法を) contrevenir à
おかす【冒す】一危険を~ se risquer
おかす【侵す】envahir, violer
おかず plat 男
おかね【お金】argent 男
おがむ【拝む】(祈る) prier; (礼拝) adorer
おがわ【小川】ruisseau 男
おかわり【お代わり】一~をお願いします Encore un peu, s'il vous plaît.
おかん【悪寒】frisson de fièvre 男
おき【沖】large 男, haute mer 女
-おき【置き】—1[2]日~に tous les deux [trois] jours
おきあがる【起き上がる】(倒れた後で) se relever; (上体を起こす) se redresser
おきざり【置き去り】一~にする abandonner; planter
おきて【掟】loi 女
おきどけい【置き時計】pendule 女; (小さい) pendulette 女
おぎなう【補う】suppléer à; (完全にする) compléter
おきにいり【お気に入り】(人・物) favori(te) 名; (人) chouchou(te) 名
おきもの【置物】bibelot 男, objet décoratif 男
おきる【起きる】(起床する) se lever; (起き上がる) se relever
おきわすれる【置き忘れる】laisser
おく【置く】poser; ーテーブルの上に花びんを~ mettre un vase sur la table
おく【奥】fond 男
おく【億】cent millions 男複 —10~ un milliard
おくがい【屋外】一~で[に, の] en plein air
◆屋内競技 sport en salle 男
おくさん【奥さん】femme 女; (呼びかけ) madame 女 (複 mesdames)
おくじょう【屋上】terrasse 女
おくそく【憶測】conjecture 女, supposition 女
おくない【屋内】一~の d'intérieur
おくびょう【臆病】一~な poltron(ne); (怖がり) peureux(se)
おくゆき【奥行き】profondeur 女
おくりかえす【送り返す】renvoyer, retourner
おくりさき【送り先】destination 女
おくりじょう【送り状】facture 女
おくりぬし【送り主】expéditeur(trice) 名
おくりもの【送り物】cadeau 男
おくる【送る】(品物を) envoyer
おくる【贈る】offrir (à); faire cadeau de (à)
おくれ【遅れ】retard 男 —~に~を取る prendre du retard sur...
おくれる【遅れる】(時間に) être en retard; se retarder —遅れてるね! Tu as du retard!
おけ【桶】seau (en bois) 男; (手桶) baquet 男
おこす【起こす】(立ち[起き]上がらせる) relever; (眠っている人を) réveiller; (引き起こす) causer
おこたる【怠る】négliger... [de 不定詞]; (義務を) manquer à
おこない【行い】(行動) action 女; (行為) acte 男
おこなう【行う】(する) faire; (実行・実践・実施する) effectuer
おこる【起こる】(発生する) arriver【助動詞 être】, se passer, (行われる) avoir lieu
おこる【怒る】se mettre en colère; (立腹) se fâcher
おごる【奢る】inviter, offrir
おごる【驕る】être orgueilleux(se)
おさえる【押さえる】(手などで) tenir; (動かないようにしっかりと) maintenir
おさえる【抑える】(抑制) contenir; (制止) retenir
おさき【お先】一~にどうぞ Après vous.｜Passez devant.
おさない【幼い】(小さい) petit(e); (子供っぽい) enfantin(e)
おさまる【収まる】(完全に中に入る) entrer [rentrer] dans【助動詞 être】; tenir en [dans]
おさまる【治まる】être arrangé(e), (鎮まる) se calmer
おさめる【治める】(統治する) gouverner; (鎮定する) calmer
おさめる【納める】(金銭を) payer; (A を B に納品する) fournir B en [de] A
おさめる【収める】(入れる) mettre... dans
おさめる【修める】—義務教育を~ accomplir sa scolarité obligatoire
おじ【伯父・叔父】oncle 男
おしあう【押し合う】se bousculer
おしあける【押し開ける】forcer
おしあげる【押し上げる】pousser vers le haut; (持ち上げる) soulever
おしあてる【押し当てる】(A を B に) appliquer [appuyer] A sur B
おしい【惜しい】(残念な) regrettable; (貴重な) précieux(se)
おじいさん【お祖父さん】(祖父) grand-père 男 (複 ~s~s); (老人) vieillard 男
おしうり【押し売り】vendeur(se) importun(e) 名
おしえ【教え】enseignement 男; (教訓) leçon 女
おしえる【教える】(教授する) enseigner ... à; (示す) indiquer ... à
おじぎ【お辞儀】inclination 女; (挨拶) salut 男
おしこむ【押し込む】pousser 《dans》
おしすすめる【押し進める】(推進する) pousser; (進展させる) faire avancer

おしつける【押しつける】 presser contre; (強制する) imposer... à

おしつぶす【押しつぶす】 écraser

おしとおす【押し通す】(固執する) persister

おしとどめる【押し止める】 retenir de force

おしどり【鴛鴦】 canard mandarin 男

おしべ【雄蕊】 étamine 女

おしボタン【押しボタン】 bouton 男

おしまい【お仕舞い】 fin 女

おしむ【惜しむ】(出し惜しむ) épargner; (残念に思う) regretter

おしめ couche 女

おしゃべり【お喋り】 (時にむだ話の意味で) bavardage 男; (人) bavard(e) 名

おしゃれ【お洒落】 ～～ coquet(te); (粋な) chic

おじょうさん【お嬢さん】 demoiselle 女, jeune fille 女; (呼びかけ) mademoiselle (複 *mesdemoiselles*)

おしょく【汚職】 malversation 女; (贈収賄) corruption 女

おしろい【白粉】 poudre 女

おす【押す】 (力を加える) pousser; presser; appuyer sur

おす【雄】 mâle 男 ——の～ mâle

おせじ【お世辞】 (適合な) flatterie 女; (社交上の) compliment 男

おせっかい【お節介】 ingérence 女 ——～な indiscret(ète)

おせん【汚染】 pollution 女 ——～する polluer

おそい【遅い】 (時間が) tardif(ve); (速度が) lent(e)

おそう【襲う】 (襲撃する) attaquer; (不意に) surprendre

おそなえ【お供え】 offrande aux dieux 女

おそらく【恐らく】 probablement, sans doute

おそれ【恐れ】 (恐怖) peur 女; (心配・懸念) crainte 女

おそれる【恐れる】 avoir peur de... [que...]; craindre... [que...]

おそろしい【恐ろしい】 (怖い) terrible; (嫌悪を催させる) horrible

おそわる【教わる】 apprendre... [à 不定刑], étudier

オゾン ozone 女 ▶**オゾン層** couche d'ozone 女 ▶**オゾンホール** trou d'ozone 男

おたがい【お互い】 ——～に l'un à l'autre

おたまじゃくし【お玉杓子】(お玉) cuiller à pot 女; (カエルの子) têtard 男

おだやか【穏やか】 ——～な (穏和な・心地よい) doux(ce); (静かな) calme

おち【落ち】 (漏れ) omission 女; (話の) dénouement empreint d'humour 男

おちあう【落ち合う】 se retrouver; (合流する) se rejoindre

おちいる【陥る】 tomber «dans, en» 《助動詞être》

おちつき【落ち着き】 calme 男, sang-froid 男 ——～のない agité(e)

おちつく【落ち着く】 (静まる・和らぐ) se calmer; (正気に戻る) se remettre; (場所に) s'installer

おちど【落ち度】 faute 女

おちば【落葉】 feuille morte 女

おちゃ【お茶】 thé 男

おちる【落ちる】 (落下する) tomber 《助動詞être》; (低下する) baisser; (試験に) échouer à

おっと【夫】 mari 男, époux 男

オットセイ otarie (à fourrure) 女

おつり【お釣り】 monnaie 女

おでき grosseur 女, bouton 男

おでこ【お凸】 front 男; (秀でた額) front proéminent 男

おてん【汚点】 tache 女

おてんば【お転婆】 garçon manqué 男

おと【音】 son 男; bruit 男

おとうさん【お父さん】 père 男, papa 男

おとうと【弟】 frère cadet 男; 《話》 petit [jeune] frère 男

おどおど ——～した目付き regard intimidé [effrayé] 男

おどかす【威かす】 ⇒脅す, 驚かす

おとぎばなし【お伽話】 conte de fées 男

おとくい【お得意】 point fort 男; (得意先) client(e) 名

おとけ bouffon(ne)

おとこ【男】 homme 男; (性としての) sexe masculin 男

おとさた【音沙汰】 nouvelles 女複

おどし【脅し】 menace 女; (威嚇) intimidation 女

おとしだま【お年玉】 étrennes 女複

おとす【落とす】 (落下させる) faire tomber; laisser tomber

おどす【脅す】 menacer; (威嚇する) intimider

おとずれ【訪れ】 ——春の～ retour du printemps 男

おとずれる【訪れる】 (人を) rendre visite à; (場所を) visiter

おととい【一昨日】 avant-hier ——～の朝 avant-hier matin

おととし【一昨年】 ——～に il y a deux ans

おとな【大人】 grande personne 女, adulte 名

おとなしい【大人しい】 (物静かな) tranquille; (子供などが) sage

おとめ【乙女】 jeune fille 女 ▶**乙女座** la Vierge

おどり【踊り】 danse 女 ▶**踊り場** palier 男

おとる【劣る】 être inférieur(e) à, le céder à

おどる【踊る】 danser

おどる【躍る】 sauter, bondir

おとろえる【衰える】 faiblir, s'affaiblir

おどろかす【驚かす】 étonner; (不意を ついて) surprendre

おどろき【驚き】étonnement 男; (不意の) surprise 女

おどろく【驚く】(びっくりする) s'étonner, être étonné(e); être surpris(e) 〔de; que〕; (驚嘆する) s'émerveiller 〔de; que〕

おなか【お腹】ventre 男 ──がすいた J'ai faim.

おなじ【同じ】(同一の) le (la) même (複 les mêmes); (違いがない) égal(ale) (男複 -aux) 〔à〕

おなじく【同じく】……と同じく comme …; de même que …

おなら pet 男, gaz 男

おに【鬼】(おとぎ話の) ogre(sse) 名; (鬼ごっこの) chat 男

おにいさん【お兄さん】⇨兄

おね【尾根】arête 女

おの【斧】'hache 女; (大きな斧) cognée 女

おのおの【各々】chacun(e) ──の chaque

おば【伯母・叔母】tante 女

おばあさん【お婆さん】grand-mère 女 (複 ~s~s); (老女) vieille femme 女

オパール opale 女

おばけ【お化け】fantôme 男; (怪物) monstre 男 ►**お化け屋敷** maison hantée 女; (遊園地などの) palais de l'épouvante 男

おはよう【お早う】──〜(ございます) Bonjour!

おび【帯】ceinture 女, obi 男

おびえる【脅える・怯える】s'effrayer, être effrayé(e) 〔de〕; (怖がる) s'apeurer, être apeuré(e)

おひつじざ【牡羊座】le Bélier

おびやかす【脅かす】menacer

オフィス bureau 男

オザーバー observateur(trice) 名

オフシーズン morte-saison 女

オブジェ objet 男

オプション option 女

おぶつ【汚物】ordures 女複, immondices 女複

オブラート cachet 男

オフレコ ──で en aparté

オフロード ►**オフロード車** véhicule tout terrain 男

おべっか flatterie 女

オペラ opéra 男

オペレーター opérateur(trice) 名

オペレッタ opérette 女

おぼえ【覚え】(記憶) mémoire 女; (回想) souvenir 男

おぼえがき【覚え書き】mémoire 男, note 女

おぼえる【覚える】(記憶する) se souvenir de; (習得する) apprendre … 〔à 不定詞〕; (感じる) sentir

おぼれる【溺れる】se noyer

オマーン Oman 男 ──の omanais(e)

おまえ【お前】toi; (夫婦間で) mon amour; (子供に) mon petit, ma petite

おまけ【お負け】supplément 男; (景品・割増) prime 女

おまもり【お守り】(身につける) amulette 女; (魔よけ) talisman 男

おまわりさん【お巡りさん】agent 男; (話) flic 男

おむつ couche 女

オムニバス omnibus 男

オムレツ omelette 女

おめでとう ──ご結婚── Félicitations pour votre mariage. 誕生日── Bon [Joyeux, Heureux] anniversaire!

おもい【重い】lourd(e); (病気の) grave

おもい【思い】(考え) pensée 女; (気持ち) sentiment 男

おもいがけない【思いがけない】inattendu(e), imprévu(e)

おもいきって【思い切って】(大胆に) hardiment ──思い切って…する oser 不定詞

おもいきり【思い切り】──のよい résolu(e) 綱を引っ張る tirer de toutes ses forces sur la corde

おもいこむ【思い込む】croire fermement que 直説法; (勝手に) s'imaginer 不定詞 〔que 直説法〕

おもいだす【思い出す】se rappeler … 〔不定詞, que〕; se souvenir de … 〔que …〕

おもいだせる【思い出させる】rappeler

おもいちがい【思い違い】quiproquo 男, méprise 女

おもいつき【思いつき】(考え) idée 女; (着想) trouvaille 女

おもいつく【思いつく】──いい考えを思い付いた Il m'est venu (J'ai trouvé, Je viens d'avoir) une bonne idée.

おもいで【思い出】souvenir 男

おもいどおり【思い通り】──に à souhait; (好きなように) à sa guise

おもいやり【思いやり】(心遣い) prévenance 女; (配慮) attention 女

おもう【思う】(判断) penser 〔à, de; que〕; (推測) croire 不定詞, croire que … ──私もそう思います Je le pense aussi. そうは思いません Je ne le pense pas.

おもかげ【面影】traits 男複, image 女

おもくるしい【重苦しい】lourd(e), pesant(e)

おもさ【重さ】poids 男 ──を測る peser

おもしろい【面白い】intéressant(e); amusant(e)

おもしろがらせる【面白がらせる】amuser; divertir

おもちゃ【玩具】jouet 男

おもだった【主だった】principal(ale) (男複 -aux); (有力な) notable

おもて【表】(表面・裏表の表) face 女; côté face 男; (表側) endroit 男

おもて【(戸外)】dehors
おもて【面】surface 囡, (顔)visage 男
おもてどおり【表通り】rue principale 囡
おもな【主な】principal(ale)(男複-aux);(重要な)important(e)
おもに【主に】principalement
おもに【重荷】fardeau 男
おもむき【趣】(雅趣)saveur 囡, grâce 囡
おもり【重り】(秤の)poids 男;(釣りの)plomb 男
おもわく【思惑】pensée 囡, intention 囡
おもわず【思わず】(無意識に)inconsciemment;(本能的に)instinctivement
おもわれる【思われる】il semble 形[que 接続法]—私には…と思われる[直説法]il me semble que
おもんじる【重んじる】(尊重する)donner de l'importance (à)
おや【親】parents 男複
おやかた【親方】(職人の)maître 男,(主人)patron 男
おやしらず【親知らず】dent de sagesse 囡
おやすみ【お休み】(休暇)congé 男 —〜(なさい)(あいさつ)Bonne nuit!
おやつ【お八つ】goûter 男
おやぶん【親分】chef 男
おやゆび【親指】(手の)pouce 男;(足の)gros orteil 男
およぐ【泳ぐ】nager;(水浴する)se baigner
およそ【凡そ】environ; à peu près
および【及び】et
およぶ【及ぶ】(数量・金額などが)atteindre;(範囲などが)s'étendre à [jusqu'à, sur]
オランダ Pays-Bas 男 —〜の hollandais(e); néerlandais(e)
おり【折】(時)moment 男;(機会)occasion 囡
おり【檻】cage 囡
おりあう【折り合う】(折り合いを付ける)s'accommoder avec;(合意する)se mettre d'accord avec
オリーブ【実】olive 囡,(木)olivier 男 ►**オリーブ油** huile d'olive
オリエンテーリング course d'orientation 囡
おりかえす【折り返す】(まくる)replier —折り返しお返事ください Répondez-moi par retour du courrier.
オリジナル original 男 —〜の original(ale)(男複-aux)
おりたたみ【折り畳み】—〜式の pliant(e)
おりたたむ【折り畳む】plier, replier
おりまげる【折り曲げる】plier;(一度伸ばしたものを)replier
おりめ【折り目】pli 囡
おりもの【織物】tissu 男,(布地)étoffe 囡
おりる【下りる】(高い所から)descendre 【助動詞être】
おりる【下りる】(乗り物から)descendre (de …);(雷・露などが)tomber
オリンピック jeux Olympiques 男複
おる【折る】casser;(折りたたむ)plier
おる【織る】tisser
オルガン(リードオルガン)harmonium 男;(パイオルガン)orgue 男 ►**オルガン奏者** organiste 名
オルゴール boîte à musique 囡
おれる【折れる】se casser;(曲がる)tourner
オレンジ【実】orange 囡,(木)oranger 男
おろか【愚か】—〜な sot(te); stupide
おろし【卸】(commerce de)gros 男 ►**卸売り** vente en gros 囡
おろす【下ろす・降ろす】(高いところから下ろす)descendre;(取りのける)retirer;(幕などを)baisser;(乗客を)déposer
おわり【終わり】fin 囡;(終末)bout 男
おわる【終わる】finir; se terminer
おん【恩】obligation 囡, bonté 囡
おんかい【音階】gamme 囡
おんがく【音楽】musique 囡 —〜の musical(ale)(男複-aux) ►**音楽家** musicien(ne) 名 **音楽会** concert 男;(独奏会)récital 男
おんかん【音感】oreille 囡, audition 囡
おんきゅう【恩給】(pension de) retraite 囡
おんきょう【音響】sonorité 囡
おんけい【恩恵】grâce 囡, bienfait 男
おんけん【穏健】—〜な modéré(e)
おんこう【温厚】—〜な(穏やかな)doux(ce);(優しい)gentil(le)
おんしつ【温室】serre (chaude) 囡 ►**温室効果** effet de serre 男
おんじん【恩人】bienfaiteur(trice) 名
おんすい【温水】eau chaude 囡
おんせい【音声】voix 囡 ►**音声学** phonétique 囡
おんせつ【音節】syllabe 囡
おんせん【温泉】eaux (thermales) 囡複, source thermale 囡 ►**温泉場** station thermale 囡
おんたい【温帯】zone tempérée 囡
おんだん【温暖】—〜な doux(ce), tempéré(e)
おんち【音痴】voix fausse 囡
おんど【温度】température 囡 ►**温度計** thermomètre 男
おんどり【雄鶏】coq 男
おんな【女】femme 囡 —〜の子 fille 囡
おんぶ—〜する porter sur son dos
おんぷ【音符】note 囡
オンライン —〜の en ligne
おんりょう【音量】volume 男
おんわ【穏和】—〜な(気候が)doux(ce);(性格が)gentil(le)

か

か【科】 (生物の) famille 女
か【課】 (学課) leçon 女; (会社の) section 女, service 男
か【可】 ーーの成績 mention passable
力【蚊】 moustique 男
-か ou
が【我】 ーーの強い obstiné(e), entêté(e)
ガ【蛾】 papillon de nuit 男
カーキ【カーキ】 ーー色の kaki (不変)
かあさん【母さん】 mère 女
ガーゼ gaze 女
カーソル curseur 男
カーディガン cardigan 男
カーテン rideau 男 ーーを開ける[閉める] ouvrir [fermer] les rideaux ► **カーテンコール** rappel 男
カード carte 女; (整理用) fiche 女
ガード (ボクシングで) garde 女 ►**ガードマン** garde, gardien(ne) 名 ►**ガードレール** rail de sécurité [protection] 男, garde-fou 男 **ボディーガード** garde du corps 男
カートリッジ (万年筆の) cartouche 女
ガーナ Ghana 男 ーーの ghanéen(ne)
カーニバル carnaval 男
カーネーション œillet 男
カーブ (曲線) courbe 女; (道路の) tournant 男, virage 男
カーペット tapis 男
カーボベルデ Cap-Vert 男 ーーの cap-verdien(ne)
ガーリック ail 男
カール (髪切の) boucle 女 ーーする boucler ーーした bouclé(e)
ガール ►**ガールスカウト** éclaireuse 女 **ガールフレンド** (petite) amie 女; (話) petite copine 女
かい【会】 (集合) réunion 女; (大会) assemblée 女; (音楽などの) séance 女; (団体) société 女, association 女 ーーを開く[催す] faire une réunion
かい【階】 étage 男 【数え方は日本とはひとつずれる】 1 ーーは le rez-de-chaussée 2 ーー建ての家 maison à un étage 3 ーーに住んでいる habiter au deuxième étage 5 ーー建ての建物 immeuble à [de] quatre étages
かい【貝】 coquillage 男
かい【回】 (回数) fois 女; (競技の) manche 女; (ボクシング) reprise 女, round
かい【甲斐】 ーーする~がある valoir la peine de 不定詞
かい【櫂】 rame 女
がい【害】 mal 男 (複 maux), dommage 男 ーーする nuire; faire du mal à

かいきゅう

健康をーーする nuire à sa santé ーーのある nuisible; malfaisant(e)
がいあつ【外圧】 pressions de l'étranger 女複
ガイアナ Guyana 女 ーーの guyanien(ne)
かいいれる【買い入れる】 acheter
かいいん【会員】 membre 男, adhérent(e) 名 ►**会員証** carte d'adhérent 女 **会員名簿** liste des membres [des adhérents] 女
かいえん【開演】 commencement 男
かいおうせい【海王星】 Neptune 女
かいおき【買い置き】 ーーする faire provision [des réserves] (de)
かいか【開花】 floraison 女, éclosion 女 ーーする (木が) fleurir
かいが【絵画】 peinture 女; (個々の) tableau 男
がいか【外貨】 monnaie étrangère 女; (外国為替) devises étrangères 女複 ►**外貨準備高** réserves de [en] devises étrangères 女複
かいかい【開会】 ouverture 女 ►**開会式** cérémonie d'ouverture 女
かいがい【海外】 ーーの d'outre-mer; étranger(ère) ーーで à l'étranger ーーからの de l'étranger ►**海外貿易** commerce extérieur 男 **海外旅行** voyage à l'étranger
がいかい【外界】 monde extérieur 男
かいかく【改革】 réforme 女, rénovation 女; (刷新) renouvellement 男 ーーする réformer; rénover; renouveler
がいかく【外角】 angle extérieur 男
かいかつ【快活】 ーーな gai(e), allègre; (活発) vif(ve) ーーさ gaieté 女; vivacité 女
かいかぶる【買い被る】 surestimer ...
かいがら【貝殻】 coquille 女
かいかん【快感】 (喜び) plaisir 男; (心地よさ) sensation agréable 女
かいがん【海岸】 rivage 男; (岸) côte 女; (浜) plage 女 ►**海岸線** côte 女, ligne côtière 女
がいかん【外観】 apparence 女
がいかん【概観】 vue d'ensemble 女
かいき【回帰】 retour 男
かいき【会期】 session 女
かいき【怪奇】 ーーな mystérieux(se); (異様な) extraordinaire
かいぎ【会議】 réunion 女; (集会) assemblée 女; (学術的な) congrès 男, (評議会・協議会) conseil 男, conférence 女 ーーを開く faire une réunion ーー中である être en réunion ►**会議室** salle de réunion 女
かいぎ【懐疑】 ーー的な sceptique
かいきゅう【階級】 classe 女; (位) rang 男, grade 男; (スポーツ) catégorie 女 ►**階級意識** conscience de classe 女 **階級闘争** lutte des classes 女

かいきょう【海峡】 détroit 男

かいきょう【回教】 islam 男, islamisme 男 ►回教徒 musulman(e)

かいぎょう【開業】 ouverture 女 ──する ouvrir ►開業医 médecin libéral 男

かいぐん【海軍】 armée de mer 女; forces navales 女複

かいけい【会計】 compte 男, comptabilité 女; (勘定) addition 女 ──をお願いします l'addition, s'il vous plaît. ►会計係 comptable 名 会計監査 inspection des comptes 男 会計士 comptable 名

かいけつ【解決】 solution 女, résolution 女 ──する résoudre; arranger; régler 問題への~策 solution à un [d'un] problème それは何の~にもなっていない Ce n'est pas une solution!

かいけん【会見】 entrevue 女; (記者の) interview 女 ──する avoir une entrevue (avec)

がいけん【外見】 apparence 女

かいげんれい【戒厳令】 loi martiale 女; état de siège 男

かいこ【蚕】 ver à soie 男

かいこ【解雇】 licenciement 男, renvoi 男 ──する licencier; renvoyer

かいこ【回顧】 rétrospection 女 ──する jeter un coup d'œil rétrospectif (sur)

かいご【介護】 soins 男複 ──する soigner

かいこう【開校】 ──する inaugurer [ouvrir] une école

かいごう【会合】 réunion 女, assemblée 女 ──を開く organiser [faire, avoir] une réunion

がいこう【外交】 diplomatie 女 ──(上) の diplomatique ►外交官 diplomate 男 [女性は femme diplomate] 外交辞令 langage diplomatique 男 外交政策 politique étrangère [extérieure] 女

がいこう【外向】 ──的な ouvert(e)

がいこく【外国】 (pays) étranger 男 ──の étranger(ère) ~へ行く aller à l'étranger ►外国為替 devises 女複 外国語 langue étrangère 女 外国人 étranger(ère) 名 外国旅行 voyage à l'étranger 男

がいこつ【骸骨】 squelette 男

かいこん【開墾】 ──する défricher

かいさい【開催】 ──する (会を) tenir; (催す) donner; (開会) ouvrir ──される se tenir

かいさつ【改札】 ►改札口 (guichet d') accès aux quais 男

かいさん【解散】 ──する se séparer; (議会を) dissoudre

がいさん【概算】 approximation 女 ──する calculer approximativement

かいさんぶつ【海産物】 fruits de mer 男複

かいし【開始】 commencement 男, début 男, ouverture 女 ──する commencer; se mettre à; ouvrir

かいじ【開示】 (情報の) transparence de l'information 女 ──する rendre public, publier

がいし【外資】 capital étranger 男

がいして【概して】 (一般に) en général, généralement; (通常) ordinairement

かいしめ【買い占め】 accaparement 男

かいしめる【買い占める】 accaparer

かいしゃ【会社】 entreprise 女, société 女; (大企業) firme 女; compagnie 女 ──に勤める travailler dans une entreprise ~を辞める quitter son entreprise ►会社員 employé(e) 名; (サラリーマン) salarié(e) 名

かいしゃく【解釈】 interprétation 女 ──する interpréter

がいじゅ【外需】 demande extérieure 女

かいしゅう【回収】 récupération 女 ──する récupérer

かいしゅう【改修】 ──する réparer; refaire; reconstruire

かいしゅう【改宗】 conversion 女 ──する se convertir

かいじゅう【怪獣】 animal monstrueux 男 (複 -aux ~); monstre 男

がいしゅつ【外出】 sortie 女 ──する sortir【助動詞 être】 ~中である ne pas être là

かいじょ【解除】 ──する lever; résilier 武装を~する (相手の) désarmer ...; (自分の) rendre [déposer] les armes

かいしょう【解消】 annulation 女; (契約の) résiliation 女, dissolution 女 ──契約を~する résilier le contrat

かいじょう【会場】 (ホールの) salle 女; (会合場の) lieu de réunion 男

かいじょう【開場】 ouverture 女

かいじょう【海上】 ~で sur [en] mer

がいしょく【外食】 ──する manger à l'extérieur 夜は~する dîner dehors.

かいしん【改心】 amendement 男 ──する s'amender; (素行を改める) se corriger

がいじん【外人】 étranger(ère) 名

かいすい【海水】 eau de mer 女 ►海水着 maillot (de bain) 男 海水浴 bain de mer 男 ──海水浴に行く aller se baigner à la mer【助動詞 être】

かいすう【回数】 nombre de fois 男; (頻度) fréquence 女 ►回数券 carnet (de tickets) 男

がいする【害する】 ruiner; (感情を) (se) vexer

かいせい【快晴】 temps magnifique 男

かいせい【改正】 ──する réviser;

かいせき【解析】analyse 女 ——する analyser

かいせき【解説】(論評) commentaire 男; (説明) explication 女 ——する commenter; expliquer ▶解説者 commentat*eur(rice)* 名

かいせん【回線】(電話回線) ligne (téléphonique) 女

かいぜん【改善】amélioration 女 ——する améliorer; perfectionner; (近代化) moderniser

かいせん【凱旋】▶凱旋門 arc de triomphe 男

かいそう【回想】mémoire 女, souvenir 男 ——する se souvenir 《de; que》

かいそう【改装】(模様替え) rénovation 女; (改造) transformation 女 ——する rénover; transformer

かいそう【海草・海藻】plante [herbe] marine 女; algues (marines) 女 複

かいそう【階層】(建築物の) étage 男, niveau 男; (社会的) couche sociale 女

かいそう【回送】——する réexpédier

かいぞう【改造】transformation 男 (手直し) remaniement 男 ——する transformer; (近代化) moderniser; (手直し) remanier

かいぞう【解像】▶解像度 résolution 女

かいそく【快速】——の rapide ▶快速列車 train rapide 男

かいそく【会則】(規則) règlements 男 複; (規約) statuts 男 複

かいぞく【海賊】pirate 男, corsaire 男

かいたい【解体】(建物などの) démolition 女, (分解) démontage 男; (組織などの) démembrement 男 ——する démolir; démonter; (組織を) mettre en pièces ▶解体業者 démoliss*eur(se)* 名

かいたく【開拓】(開墾) défrichement 男; (開発) exploitation 女 ——する défricher; exploiter ▶開拓者 défricheur(se) 名, exploitant(e) 名, pionnier 男

かいだん【会談】conférence 女, entretien 男 ——する (話し合う) conférer (avec), (会見) avoir une entrevue (avec)

かいだん【階段】escalier 男; (玄関前などのステップ) perron 男 ——を上る monter l'escalier [les marches], ——を降りる descendre l'escalier [les marches]

かいだん【怪談】histoire de revenants [fantômes] 女

ガイダンス orientation 女

かいちく【改築】reconstruction 女 ——する reconstruire, rebâtir

かいちゅう【懐中】▶懐中電灯 lampe de poche 女, torche électrique 女

かいちゅう【害虫】insecte nuisible 男

かいちょう【会長】président(e) 名

かいつう【開通】——する entrer en service [助動詞 être]; (復旧する) être rétabli(e)

かいて【買い手】acheteur(se) 名; (需要者) demandeur(se) 名; (お客) client(e) 名 ▶買い手市場 marché demandeur 男

かいてい【海底】fond de la mer 男 ——の sous-marin(e) ▶海底ケーブル câble sous-marin 男 海底トンネル tunnel sous-marin 男

かいてい【改訂】révision 女 ——する réviser ▶改訂版 édition revue et corrigée

かいてい【改定】révision 女 ——する réviser, corriger

かいてき【快適】——な agréable; confortable ~さ confort 男

かいてん【回転】tour 男 ——する tourner; (軸を中心に) pivoter ▶回転 競技 (スキーの) slalom 男 回転ドア tourniquet 男

かいてん【開店】——する ouvrir

ガイド (人) guide 名; (行為) guide 男 ▶ガイドブック guide (touristique) 男

ガイドライン directive 女, norme 女

かいとう【回答】réponse 女 ——する répondre, faire une réponse 《à》

かいとう【解答】réponse 女, solution 女 ——問題に～する répondre à une question

かいどう【街道】route 女

がいとう【街灯】réverbère 男

かいどく【解読】——する déchiffrer

がいどく【害毒】poison 男, mal 男 (複 maux) ——社会に～を流す exercer une mauvaise influence sur la société

かいならす【飼い馴らす】domestiquer; dresser

かいなん【海難】▶海難救助 sauvetage 男

かいにゅう【介入】intervention 女 ——する intervenir dans; s'immiscer dans; s'ingérer dans

かいぬし【飼い主】propriétaire 名

がいねん【概念】notion 女, conception 女

がいはく【外泊】——する découcher

かいはつ【開発】exploitation 女; développement 男 ——する exploiter; (製品を) mettre au point ▶開発途上 国 pays en voie de développement

かいばつ【海抜】——〜200メートル 200 mètres au-dessus du niveau de la mer; (山などの場合) 200 mètres d'altitude

かいひ【会費】cotisation 女

かいひ【回避】——する (避ける) éviter; (免れる・逃れる) échapper à; (嫌な

がいひ【事・困難を】se dérober à
がいひ【外皮】écorce 女
がいぶ【外部】extérieur 男, dehors 男 ――の~に à l'extérieur de ...; en dehors de ...
かいふく【回復】rétablissement 男; (病気の) guérison 女; (景気の) reprise 女 ――~する se rétablir; (病気から) guérir ►**回復期** convalescence 女
かいぶつ【怪物】monstre 男; (非凡な人) prodige 男
がいぶん【外聞】rumeur publique 女; qu'en-dira-t-on 男 (不変); réputation 女 ――恥も~もなく sans pudeur ni discrétion
かいへん【改変】――~する altérer
かいほう【介抱】soin 男 ――~する soigner
かいほう【解放】libération 女; émancipation 女; affranchissement 男 ――~する libérer ...
かいほう【開放】――~する ouvrir; laisser ouvert(e) ――~的な ouvert(e)
かいほう【解剖】dissection 女 ――~する disséquer ►**解剖学** anatomie 女
かいまく【開幕】――~する lever le rideau; commencer
がいむ【外務】――**外務省** Ministère des Affaires étrangères 男 **外務大臣** ministre des Affaires étrangères 男
かいめい【解明】élucidation 女, éclaircissement 男 ――~する élucider
かいめん【海綿】éponge (de mer) 女
がいめん【外面】⇒外見
かいもの【買い物】achat 男, courses 女 複 ――~をする faire des achats; faire des les courses ――~に行く aller faire des les courses 助動詞 être
かいやく【解約】annulation 女 ――~する annuler; résilier; invalider
かいよう【海洋】océan 男, mer 女 ►**海洋汚染** pollution des mers 女 **海洋学** océanographie 女
がいらい【外来】――~の étranger (ere); d'origine étrangère ►**外来語** mot d'origine étrangère 男
かいらく【快楽】plaisir 男, volupté 女
かいりつ【戒律】précepte 男, observance 女
がいりゃく【概略】aperçu 男, sommaire 男
かいりゅう【海流】courant marin 男
かいりょう【改良】amélioration 女 ――~する améliorer; perfectionner; rénover
かいろ【回路】circuit 男
がいろ【街路】rue 女, avenue 女 ►**街路樹** arbres qui bordent la rue 男 複
かいわ【会話】conversation 女; (対話) dialogue 男 ――~をする faire la [avoir une] conversation avec ...
かいん【下院】Chambre des députés 女; (フランスの国民議会) Assemblée nationale 女 ►**下院議員** député 男 【女性にも用いられる】

かう【買う】acheter; (評価する) apprécier; estimer
かう【飼う】(飼っている) avoir; (飼育する) élever ――犬[猫]を飼っています J'ai un chien [un chat].
カウボーイ cow-boy 男
ガウン robe 女
カウンセラー conseiller(ère) 名 ►**心理カウンセラー** psychologue 名
カウンセリング conseil 男 ――~を受ける demander conseil (à)
カウンター (銀行などの) caisse 女; (窓口) guichet 男; (カフェ・バーの) comptoir 男; (計器) compteur 男
カウント ――~する compter ►**カウントダウン** compte à rebours 男
かえ【代え】――~の de rechange
かえす【返す】rendre ... à ...; rapporter ... à ...; (返金する) rembourser ...; (元の場所へ) remettre ... à ...; (返還する) restituer ... (à ...)
かえって au contraire; (むしろ) plutôt
カエデ【楓】érable 男
かえり【帰り】retour 男 ――~に au retour ――~が遅い rentrer tard ――~を急ぐ se dépêcher de rentrer chez soi ►**帰り道** chemin du retour 男
かえりみる【顧みる】(考慮する) tenir en compte, avoir égard à
カエル【蛙】grenouille 女
かえる【帰る】rentrer à ...; 助動詞 être; (話者のいる場所に) revenir à ... 助動詞 être; (話者のいない場所に) retourner à ... 助動詞 être ――一家に~ rentrer chez soi
かえる【変える】changer A (en B); transformer A (en B); (変更する) changer A de B; changer de A; modifier A ――予定を~ changer ses projets 顔色を~ changer de visage
かえる【代える・換える】(両替) changer A en B; (交換) changer A contre [pour] B; remplacer A contre B; remplacer A par B; substituer A à B
かえる【返る】――我に~ revenir à soi
かえん【火炎】flamme 女, feu 男 ►**火炎瓶** cocktail Molotov 男 **火炎放射器** lance-flammes 男 (不変)
かお【顔】(顔面) visage 男; (話) figure 女; (顔つき) visage 男; (顔色) mine 女 ――~が大きな~をする faire le l'important ――~が広い avoir beaucoup de relations ――~を立てる sauver la face à ... ――~色がいい[悪い] avoir bonne [mauvaise] mine
かおり【香り】parfum 男, arôme 男 ――タバコの~がする Ça sent le tabac.
かか【画家】peintre 男【女性にも男性形を用いるが】femme peintre ともいう】
かかい【瓦解】――~する s'effondrer
かがいしゃ【加害者】agresseur 男
かかえる【抱える】tenir [porter] ...

dans ses bras —4人の子供を抱えている avoir quatre enfants à nourrir

かかく【価格】prix 男 ▶価格表 liste des prix 女 ——を破壊する casser les prix

かかく【科学】science 女 ——の scientifique ▶科学技術 technique 女 科学者 scientifique 名

かがく【化学】chimie 女 ——の[的な] chimique ▶化学者 chimiste 名

かかげる【掲げる】arborer

かかし【案山子】épouvantail 男

かかせない【欠かせない】indispensable

かかと【踵】talon 男

かがみ【鏡】miroir 男, glace 女 ——を見る se regarder dans un miroir [une glace]

かがみ【鑑】modèle 男, exemple 男

かがむ【屈む】se courber, se baisser

かがやかしい【輝かしい】brillant(e), éclatant(e)

かがやき【輝き】éclat 男; brillant 男

かがやく【輝く】briller, luire; reluire

かかり【係】(部署) service 男; (担当者) préposé(e) 名; (職員) employé(e) 名 ▶係員 préposé(e) 名

かかる【掛かる・架かる】(時間が) prendre, il faut; (費用が) coûter, il faut —壁に絵が掛かっている Un tableau est accroché au mur. それにはいくら——ですか Combien est-ce que cela va coûter? それをやるのに1時間~ Il faut une heure pour faire cela. 医者に——aller consulter le médecin

かかる【罹る】attraper, contracter

-かかわらず malgré..., en dépit de..., bien que 接続法 —それをもち~ cependant; malgré cela

かかわり【かかわり合う】——と avoir affaire à...

かかわる【係る・関わる】(関係する) concerner..., regarder, avoir rapport à; (影響する) affecter —生死に~問題だ C'est une question de vie ou de mort.

かかん【果敢】——な hardi(e); résolu(e); audacieux(se)

かき【柿】(実) kaki 男, plaqueminine 男; (木) kaki 男, plaqueminier 男

カキ【牡蠣】huître 女

かき【下記】——の[に] mentionné(e) [indiqué(e)] ci-dessous; infra

かき【夏期・夏季】été 男

かぎ【鍵】clef, clé 女; (錠) serrure 女 —ドアに~をかける Fermer la porte à clef ▶鍵穴 trou de serrure 男

かぎ【鉤】crochet 男, croc 男

かきあつめる【掻き集める】ramasser

かきいれる【書き入れる】inscrire, remplir

かきうつす【書き写す】copier, transcrire

かきかえる【書き換える】(更新する) renouveler; (名義を) transférer

かきかた【書き方】(書式) formule 女; (綴り) orthographe 女

かきこみ【書き込み】(データの) entrée 女

かきこむ【書き込む】inscrire; remplir

かきそえる【書き添える】ajouter (par écrit)

かきたてる【掻き立てる】exciter

かきとめ【書留】recommandé 男 ——で...を送る envoyer... en recommandé

かきとめる【書き留める】noter, marquer

かきとり【書き取り】dictée 女

かきとる【書き取る】prendre des notes

かきなおす【書き直す】récrire

かきね【垣根】(生け垣) †haie (vive) 女; (柴垣) †haie sèche 女; (欄) clôture 女

かぎばり【鉤針】crochet 男

かきまぜる【掻き混ぜる】(かき回す) tourner, (卵・クリームなどを) fouetter; (混ぜ合わせる) mélanger

かきまわす【かき回す】mélanger

かきみだす【かき乱す】ébranler, troubler

かきゅう【下級】——の (地位・身分が) subalterne, bas(se); (後進の) inférieur(e) ▶下級裁判所 tribunal d'une instance inférieure [d'une juridiction moins élevée] 男 下級生 élève d'une classe inférieure [d'une plus petite classe] 男

かきゅう【火急】——の urgent(e), pressant(e)

かきょく【歌曲】air 男, chant 男

かぎり【限り】(…する限り) tant que; (…しない限り) à moins que 接続法 ——ない illimité(e), sans limite できる——のことをする faire tout son possible 私の知る—— à ma connaissance

かぎる【限る】(制限) limiter... (à...) —限られた limité(e); restreint(e) そうとも限らない Ce n'est pas forcément ça. 彼女に限ってそんなことはしない Ce n'est pas elle qui ferait une chose pareille.

かきん【家禽】oiseau domestique [de basse-cour] 男; (食用として) volaille 女

かく【書く】(文字・文章を) écrire; (詩・曲を) composer; (記事・原稿を) rédiger

かく【描く】(絵を絵の具で) peindre; (絵・図形を線で) dessiner

かく【欠く】(不足する) manquer de...; (物が主語) manquer à... ——ことのできない indispensable

かく【掻く】gratter à

かく【核】noyau 男 ——の nucléaire ▶核家族 noyau familial 男 核実験 essai nucléaire 男 核燃料 combustible nucléaire 男 核廃棄物 déchet nucléaire 男 核兵器 arme nucléaire 女

かく【格】(地位) rang 男; (文法) cas 男

かく-【各】chaque

かく-【隔】-- 週に[で] toutes les deux semaines

かぐ【嗅ぐ】sentir

かぐ【家具】meuble 男 --つきの meublé(e)

がく【額】(金額) somme 女; (総額) montant total 男

がくい【学位】grade (universitaire) 男

かくいつてき【画一的】-- な uniforme

かくう【架空の】(想像上の) imaginaire; (作り事の) fictif(ve); (虚偽の) faux(sse)

かくえき【各駅】▶各駅停車 (train) omnibus

がくえん【学園】(学校) école 女; (大学構内) campus 男

がくげい【学芸】▶学芸員 (美術館の) conservateur(trice) 名

かくげつ【隔月】-- に tous les deux mois, bimestriel(le)

かくげん【格言】maxime 女

かくご【覚悟】(決意) résolution 女; (あきらめ) résignation 女 --する (心構えをする) se préparer à; (あきらめる) se résigner à

かくさ【格差】différence 女 -- を是正する réduire la différence

かくざい【角材】bois équarri 男

かくざとう【角砂糖】sucre en morceaux 男

かくし【隠し】▶隠し場所 cache 女

かくじ【各自】chacun(e) [複数形はない]

がくし【学士】licencié(e) 名

がくしき【学識】豊かな être érudit(e) ▶学識経験者 personnes compétentes 女

かくじつ【確実】-- な certain(e); sûr(e); assuré(e); positif(ve) -- に(間違いなく) certainement, sans faute -- さ certitude 女, sûreté 女

がくしゃ【学者】savant 男 [女性にも用いられる]; intellectuel(le) 男

かくしゃく【矍鑠】-- とした être encore vert(e)

がくしゅう【学習】étude 女, travail 男 (複 -aux) -- する étudier; apprendre

がくじゅつ【学術】-- 的な scientifique

がくしょう【楽章】mouvement 男

かくしん【確信】conviction 女, certitude 女, assurance 女 -- する être convaincu(e), être sûr(e) (de; que); avoir la conviction (que)

かくしん【革新】(制度などの) rénovation (技術の) innovation 女 -- 的な innovateur(trice); rénovateur 男

かくしん【核心】nœud 男, fond 男 --の をつく toucher au fond de ...

かくす【隠す】cacher ..., dissimuler ...; couvrir ..., voiler ..., -- 隠された caché(e), dissimulé(e), secret(ète)

かくせい【覚醒】▶覚醒剤 (médicament) stimulant 男, excitant 男

がくせい【学生】(大学生) étudiant(e) 名; (生徒) élève 名 ▶学生運動 mouvement étudiant 男 ▶学生証 carte d'étudiant 女 ▶学生食堂 restaurant universitaire 男 [一般に resto-U と言う]

かくせいき【拡声器】†haut-parleur 男

がくせつ【学説】doctrine 女; théorie 女

かくだい【拡大】-- する agrandir; étendre; (映像を) grossir ▶拡大鏡 loupe 女

がくだん【楽団】formation musicale 女

かくちょう【拡張】-- する élargir; étendre; agrandir

がくちょう【学長】président d'une université 男

かくづけ【格付け】-- する classer ...

かくてい【確定】détermination 女, fixation 女; (決定) décision 女 -- する déterminer; fixer

カクテル cocktail 男

かくど【角度】angle 男 -- さまざまな -- から sous divers angles

かくとう【格闘】-- する lutter [combattre] corps à corps

かくとく【獲得】-- する acquérir, obtenir, se procurer, (賞などを) remporter

かくにん【確認】confirmation 女; vérification 女; constatation 女 -- する confirmer; vérifier; s'assurer (de; que) ▶未確認情報 informations non confirmées

がくねん【学年】année scolaire 女

かくのうこ【格納庫】hangar 男

かくばる【角張る】-- 角張った carré(e) 男

かくはん【攪拌】-- する mélanger, battre ▶かくはん器 batteur 男

がくひ【学費】frais d'études 男 複, droits [frais] de scolarité 男 複

がくぶ【楽部】musique 女

がくぶ【学部】faculté 女 ▶学部長 président ou doyen, doyen 男

かくぶち【額縁】cadre 男 -- に入れる encadrer

かくへき【隔壁】cloison 女

かくべつ【格別】-- の particulier(ère); spécial(ale) (男複 -aux)

かくほ【確保】-- する assurer ...

かくまく【角膜】cornée 女

かくめい【革命】révolution 女 -- の[的な] révolutionnaire

がくもん【学問】science 女 ——的 scientifique; académique
がくや【楽屋】foyer des artistes 男
かくやく【確約】——する promettre formellement [sérieusement] à …
かくやす【格安】——の bon marché 《不変》
がくようひん【学用品】fournitures [affaires] scolaires 女 複
かくり【隔離】isolement 男 ——する isoler …
かくりつ【確立】——する établir
かくりつ【確率】probabilité 女
かくりょう【閣僚】membre du cabinet 男
がくりょく【学力】connaissances 女 複, niveau des connaissances 男
かくれが【隠れ家】refuge 男, nid 男
がくれき【学歴】carrière scolaire 女
かくれる【隠れる】disparaître, se cacher
かくれんぼう【隠れん坊】——をする jouer à cache-cache
がくわり【学割】réduction pour les étudiants 女
かけ【賭】pari 男, jeu 男 ——をする parier, jouer
かげ【影・陰】ombre 女; silhouette 女 ——の〜に[で] derrière …, sous …, dans l'ombre de …
がけ【崖】escarpement 男; précipice 男; (海岸の) falaise 女 —崖っぷち bord du précipice 男
かけあう【掛け合う】négocier avec …; marchander
かけあし【駆け足】——で en courant; (手短に) brièvement
かけい【家系】lignée 女
かけい【家計】économie domestique 女
かげえ【影絵】silhouette 女, ombres 女 複
かげき【過激】——な extrême; excessi(ve); radical(ale) (男複 -aux) ▶ 過激分子 extrémiste 名
かげき【歌劇】opéra 男
かげぐち【陰口】——をきく médire de; dénigrer
かけごえ【掛け声】appel 男
かけごと【賭け事】pari 男, jeu 男
かけざん【掛け算】multiplication 女
かけだし【駆け出し】débutant(e) 名; novice 名
かけつ【可決】——する adopter
かけっこ【駆けっこ】course de vitesse 女
-かけて —週末に〜 vers le week-end
かけどけい【掛け時計】pendule (murale) 女
かけね【掛け値】——なしの vrai(e); sans exagération
かけひき【掛け引き】tactique 女
かけぶとん【掛け布団】courtepointe 女

かけよる【駆け寄る】venir en courant vers …
かけら【欠片】morceau 男, fragment 男 ——の〜もない ne pas avoir le [la] moindre …
かげり【翳り】——が見える être sur son déclin
かける【掛ける・架ける】(吊す) accrocher, pendre; (時間を) mettre; (金を) dépenser; (時間・金を) consacrer; (掛け算) multiplier A par B —水を〜 verser de l'eau sur …
かける【欠ける】(破損する) s'ébrécher; (不足する) manquer de …; —月が〜 La lune est dans son décroît.
かける【駆ける】courir; (馬が) galoper
かける【賭ける】parier, jouer
かげる【陰る】s'assombrir
かげん【加減】——する régler, ajuster いい〜な人 négligent(e) 名
かこ【過去】(時間) passé 男 ——の passé(e); d'autrefois
かご【篭】panier 男, (鳥などの) cage 女
かこい【囲い】clôture 女, enclos 男
かこう【下降】descente 女 ——する descendre
かこう【火口】cratère 男
かこう【河口】embouchure 女, bouches 女 複
かこう【加工】——する façonner; transformer
かごう【化合】——させる combiner A avec B ▶ 化合物 combinaison 女, combiné 男
かこうがん【花崗岩】granit 男
かこく【過酷・苛酷】——な dur(e), rude
かこむ【囲む】(取り巻く) entourer; (柵などで) clôturer, enclore; (縁を) encadrer
かさ【傘】parapluie 男 ▶ 傘立て porte-parapluies 男 《不変》
かさ【嵩】(容積) volume 男; (量) quantité 女
かさい【火災】incendie 男, feu 男 ▶ 火災報知機 avertisseur d'incendie 男
かざい【家財】▶ 家財道具 ameublement, mobilier
かさかさ —〜の 肌 peau (sèche) déshydraté(e)
かさつく【嵩つく】grossier(ère), rude
かさなる【重なる】se superposer; s'entasser; (かち合う) tomber 〔助動詞 être〕
かさねる【重ねる】superposer (à); entasser —もう一度〜 encore une fois
かさばる【嵩張る】faire du volume
カザフスタン Kazakhstan 男 ——の kazakh(e)
かざみどり【風見鶏】coq 男
かさむ【嵩む】—借金が〜 Les dettes s'accumulent.

かざむき【風向き】direction du vent 女

かざり【飾り】ornement 男, décoration 女

かざりつけ【飾り付け】ornementation 女, décoration 女 —〜をする décorer

かざる【飾る】(AをBで) décorer A avec B, orner A de B; (置く) mettre; (配置する) disposer —飾らない態度で sans manières

かざん【火山】volcan 男 ►活火山 volcan actif [en activité] 休火山 volcan dormant 死火山 volcan éteint 男

かし【菓子】gâteau 男, sucreries 女複 ►菓子屋 pâtisserie 女, confiserie 女; (人) pâtissier(ère) 名, confiseur(se) 名

かし【貸し】paroles 複 女複; texte 男

かし【貸し】prêt 男, crédit 男 ►貸し主 prêteur(se) 名; propriétaire 名

カシ【樫】(木) chêne 男; (実) gland 男

かし【仮死】léthargie 女

かじ【火事】incendie 男, feu 男 —〜だ! Au feu! ►山火事 incendie de forêt

かじ【家事】ménage 男, travaux ménagers [domestiques] 男複

かじ【舵】barre (du gouvernail) 女; gouvernail 男 —〜を取る barrer; (指導権を握る) tenir [prendre] la barre

がし【餓死】—〜する mourir de faim [助動詞 être].

かじかむ —手がかじかんだ J'ai les mains engourdies.

かしきり【貸し切り】—〜の (チャーターした) affrété(e)

かしこい【賢い】intelligent(e); sage

かしこまりました Très bien.

かししぶり【貸し渋り】restriction du prêt 女

かしだし【貸し出し】prêt 男

かしつ【過失】faute 女, erreur 女

かじつ【果実】fruit 男 ►果実酒 alcool de fruits 男

かしつけ【貸し付け】prêt 男, crédit 男

カジノ casino 男

カシミア cachemire 男

かしゃ【貨車】fourgon 男

かしや【貸し家】maison à louer 女

かしゃく【仮借】—〜ない impitoyable

かしゅ【歌手】chanteur(se) 名

かじゅ【果樹】arbre fruitier 男 ►果樹園 verger 男

カジュアル ►カジュアルウェア tenue de détente 女

かしゅう【歌集】recueil de chansons 男

かじゅう【果汁】jus de fruit 男

かじゅう【荷重】charge 女

カシューナッツ cajou 男

かしょ【箇所】endroit 男; partie 女

かじょう【過剰】—〜な excédentaire; surabondant(e)

かじょうがき【箇条書き】—〜にする énumérer

かしょくしょう【過食症】boulimie 女

かしら【頭】(頭部) tête 女; (長) chef 男, maître 男 ►頭文字 initiale 女

-かしら Je me demande si —〜の人は誰〜 Je me demande qui est cet homme.

かす【糟・粕・滓】(澱(り)) lie 女; (しぼりかす) tourteau 男; (くず) déchet 男

かす【貸す】(物…を) prêter à …; (賃貸) louer à … —お金を貸してくれないか Tu ne peux pas me prêter de l'argent?

かず【数】nombre 男; (数字) chiffre 男 —〜に入れる mettre A au nombre de B —〜で勝る être supérieur(e) en nombre —知れない innombrable

ガス gaz 男 —〜をつける[消す] allumer [éteindre] le gaz —〜漏れしている Il y a une fuite de gaz —〜欠である être en panne d'essence ►ガスストーブ radiateur à gaz 男 ガスレンジ cuisinière à gaz 女 天然ガス gaz naturel 男

かすか【幽かな・微かな】faible; léger(ère); vague

カスタネット castagnettes 女複

カステラ biscuit de Savoie 男

かずのこ【数の子】œufs de hareng 男複

かすみ【霞】brouillard 男, brume 女

かすむ【霞む】(霞える) s'affaiblir; (影が薄くなる) se laisser éclipser

かすめる【掠める】(盗みとる) dérober secrètement à …; (すれすれに通る) effleurer …

かすりきず【掠り傷】éraflure 女

かする【科する】—罰金を〜 infliger une amende

かすれる【掠れる】—かすれた声で d'une voix cassée [rauque] ペンが〜 Ce stylo écrit mal.

かぜ【風】vent 男 —〜が吹いている Il y a du vent. —〜の通る aérer —通風のよい (bien) aéré(e) —〜の便りに聞く entendre dire que …

かぜ【風邪】rhume 男, coup de froid 男; (インフルエンザ) grippe 女 —〜をひく attraper un rhume [la grippe]; s'enrhumer —気味である sentir venir le rhume

かせい【火星】Mars 女 ►火星探査機 sonde Mars 女

かせい【加勢】—〜する aider …; secourir …

かぜい【課税】—〜する imposer; taxer

かせいふ【家政婦】femme de ménage

かせき【化石】fossile 男

かせぐ【稼ぐ】gagner ―時間を～ gagner du temps

かせつ【仮説】hypothèse 女

カセット（テープ・フィルム）cassette 女

かせん【下線】―を引く souligner

かせん【化繊】textile synthétique 男

かそう【仮装】déguisement 男 ―する se déguiser en... ▶仮装行列 défilé travesti 男

かぞう【画像】image 女

かぞえる【数える】compter…. faire le compte de…

かそく【加速】―する accélérer

かぞく【家族】famille 女 ―6人～です Nous sommes une famille de six personnes. ～水入りである être en famille ▶家族手当 allocations familiales 女複 大家族 famille nombreuse 女 核家族 famille nucléaire 女

ガソリン essence 女 ―を入れる prendre de l'essence ▶ガソリンスタンド poste à [d'] essence 女

かた【肩】épaule 女 ―で息をする respirer difficilement; haleter

かた【型】moule 男; modèle 男, type 男 ―にはまった conventionnel(le), stéréotypé(e) ～破りの original(e) 複数 -aux

かた【過多】excès 男

-かた【-方】…―様 aux bons soins de… 話し―façon de parler

カタール Qatar 男 ―の qatarien(ne)

かたい【固い・堅い・硬い】dur(e), ferme; (忠実な) solide, sûr(e); (厳密な) sérieux(se) ―ことは抜きにしよう Laissons de côté les cérémonies. 堅く考えすぎでないように Ne le prenez pas trop au sérieux. 頭が～ être têtu(e)

かだい【課題】sujet 男, (任務) tâche 女 …―を―として出す donner… comme sujet

かだい【過大】―な excessif(ve), exagéré(e); exorbitant(e) ―評価する surestimer

かたいれ【肩入れ】―する épauler…; donner un coup d'épaule à…

かたおもい【片思い】amour malheureux [non partagé] 男

かたがき【肩書き】titre 男

かたかた ―と鳴る cliqueter

がたがた ―の椅子 chaise bancale

かたがみ【型紙】(洋服の) patron 男, (染色用の) poncif 男, pochoir 男

かたがわり【肩代わり】―借金を～ payer les dettes de…

かたき【敵】ennemi(e) 名 ―父の～を討つ venger son père

かたぎ【堅気】―な honnête, sérieux(se)

かたくな【頑な】―な (頑固な) entêté(e), têtu(e); (強情な) obstiné(e)

かたくるしい【堅苦しい】compassé(e); formaliste, cérémonieux(se) ―ことは抜きにしましょう Laissons de côté les formalités.

かたこと【片言】―で話す balbutier

かたさ【堅さ・固さ・硬さ】dureté 女, solidité 女, fermeté 女

かたすかし【肩透かし】―を食わせる esquiver…

カタストロフィー catastrophe 女

かたち【形】forme 女

かたちづくる【形作る】former, constituer

かたづく【片付く】être mis(e) en ordre; (完結) se terminer; (処理) être arrangé(e)

かたづける【片付ける】ranger; mettre en ordre; (解決する) régler

カタツムリ【蝸牛】escargot 男, limaçon 男

かたな【刀】sabre 男 ―を抜く tirer [dégainer] son épée

かたはば【肩幅】carrure 女 ―が広い être large d'épaules

かたほう【片方】l'un(e) 名

かたまり【塊・固まり】bloc 男; masse 女

かたまる【固まる】(se) durcir; prendre, se figer; (凝固する) se solidifier ―考えが固まった Ma pensée s'est affermie.

かたみ【形見】souvenir 男

かたみ【肩身】―が狭い[広い] se sentir 'honteux(se) [fier(ère)] de

かたみち【片道】aller (simple) 男

かたむく【傾く】(斜めになる) pencher, s'incliner; (傾いている) être penché(e) de

かたむける【傾ける】(斜めにする) pencher, incliner ―耳を～ prêter l'oreille

かためる【固める】solidifier; tasser ―国境を～ garder la frontière

かためん【片面】un (seul) côté 男

かたよる【偏る・片寄る】―偏った考え idée partiale 女

かたらう【語り合う】causer de… avec…, s'entretenir de… avec…

カタル catarrhe 男

かたる【語る】dire, parler de…, raconter

カタログ catalogue 男

かたわら【傍ら】…―のに（わきに） à côté de…, (近くに) près de…

がだん【花壇】parterre 男

かち【価値】valeur 女, prix 男 ―がある valoir ▶価値判断 jugement de valeur 男

かち【勝ち】victoire 女, triomphe 男; (好結果) succès 男

-がち【-勝ち】être sujet à…

かちかち ―時計が～いう Le réveil fait tic tac.

かちき【勝ち気】――な fier(ère); ferme

かちく【家畜】animal domestique 男 (複 -aux ～s); (集合的) bétail 男

かちこる【勝ち誇る】être triomphant(e) — 勝ち誇って victorieusement

がちゃん —ドアを～と閉める faire claquer la porte

かちょう【課長】chef de bureau 男

かちょう【家長】chef de famille 男

ガチョウ【鵞鳥】oie 女

かつ【勝つ】gagner, triompher à; (相手に) l'emporter sur..., vaincre...; (克服・打破) vaincre... — うちのチームが3対2で勝っている Notre équipe mène par 3 buts à 2.

かつ【且つ】et, en plus

かつあい【割愛】――する omettre [excepter, supprimer] à regret

カツオ【鰹】bonite 女

がっか【学科】(科目) matière (d'étude) 女; (大学の) section 女

がっかい【学会】société savante 女, académie 女; (学術会議) congrès 男, colloque 男

がっかい【学界】monde savant 男

がつがつ ――食う dévorer; manger avidement

がっかり ――する (失望する) être déçu(e) (de; que); être désappointé(e) (de); (落胆する) se décourager; se démoraliser

かっき【活気】――のある vif(ve); actif(ve); animé(e); vivant(e) ～うく s'animer

がっき【楽器】instrument (de musique) 男

がっき【学期】(3学期制の) trimestre 男; (2学期制の) semestre 男

かっきてき【画期的】――な qui fait date [époque]

がっきゅう【学級】classe 女 ▶学級委員 délégué(e) de classe 名

かつぐ【担ぐ】porter; (だまして) faire marcher

がっくり ――する être abattu(e)

かっけ【脚気】béribéri 男

かっこ【確固】――とした bien défini(e)

かっこ【括弧】parenthèses 女 複

かっこう【格好】(形) forme 女; (外見) apparence 女 ――のconvenable; parfait(e) ――いい(話) cool (不変)

カッコウ【郭公】(鳥) coucou 男

がっこう【学校】(学校) école 女; (授業) classe 女 ――に通う aller à l'école ～に入る entrer dans une école

かっさい【喝采】applaudissement 男, acclamation 女, ovation 女

かつじ【活字】caractère 男

かっしゃ【滑車】poulie 女

がっしゅく【合宿】――する (スポーツで) suivre un stage d'entraînement

がっしょう【合唱】chœur 男 ――する chanter en chœur

かっしょく【褐色】brun 男 ――の brun(e)

かっそ ――した résistant(e), solide

かっそう【滑走】――する glisser; (飛行機が) rouler sur le sol ▶滑走路 piste 女

がっそう【合奏】concert 男 ――する jouer de concert

カッター【裁断機】coupoir 男; (ナイフ) canif 男, couteau 男

かっぱつ ――した le solide, robuste; (抜け目のない) malin(maligne)

かって【勝手】――な égoïste; arbitraire ～に à sa guise; à son gré; (許可なく) sans permission

かつて autrefois, dans le temps; (以前) avant; (一度) une fois

かっとなる perdre son sang-froid; s'emporter

カット (削除・切断) coupure 女; (髪の) coupe 女 ――する supprimer

かつどう【活動】activité 女; (行動) action 女 ――的な actif(ve); énergique ▶活動家 homme [femme] d'action 名; (政治的な) militant(e) 名

かっぱつ【活発】――な vif(ve); vivant(e); actif(ve); (物について) animé(e) ～く vivement, activement

カップ (茶碗) tasse 女; (賞杯) coupe 女; (計量用) verre gradué 男

カップル couple 男

がっぺい【合併】fusion 女; (領土の) annexion 女 ――する (...と) fusionner; (...と) fusionner avec; se fondre dans (à); (領土を) annexer

かつやく【活躍】――する déployer (toute) son activité

かつよう【活用】utilisation 女; (動詞の) conjugaison 女 ――する bien utiliser 動詞を～させる conjuguer un verbe

かつら【鬘】perruque 女

かつりょく【活力】vitalité 女, dynamisme 男, énergie 女

カツレツ escalope panée 女

かてい【家庭】famille 女; foyer 男 ――を持つ fonder une famille ▶家庭教師 répétiteur(trice) 名

かてい【過程】processus 男

かてい【課程】cours 男, programme d'études 男, cycle (d'études) 男

かてい【仮定】hypothèse 女, supposition 女 ――する supposer [que 接続法]

カテゴリー catégorie 女

かでん【家電】appareil électroménager 男

かと【過渡】 ▶過渡期 période transitoire 女

かど【角】 coude 男, coin 男, angle 男 ―〜のカフェ café du coin ―〜を左に曲がる tourner à gauche au coin de la rue

かど【過度】 ―〜の excessif(ve)

かとう【下等】 ―〜な inférieur(e); bas(se)

かどう【可動】 ―〜の mobile

かどう【稼動】 fonctionnement 男

かとく【家督】 ―〜をゆずる céder la direction de la maison à…

かどで【門出】 départ 男

カトリック ―〜の catholique

かなあみ【金網】 toile métallique 女, treillis 男

かない【家内】 famille 女; (妻) ma femme 女

かなう【敵う】 (対応する) correspondre à, répondre à; (一致する) être conforme à

かなえる【叶える】 exaucer

かなきりごえ【金切り声】 cris perçants [stridents] 男 複 ―〜をあげる pousser des cris perçants [stridents]

かなぐ【金具】 ferrure 女

かなしい【悲しい】 triste, affligé(e) ―〜ことに c'est triste à dire; malheureusement

かなしみ【悲しみ】 tristesse 女, chagrin 男

かなしむ【悲しむ】 éprouver de la tristesse, être triste 《de; que》

カナダ Canada 男 ―〜の canadien(ne) ▶カナダ人 Canadien(ne) 名

かなづち【金槌】 marteau 男

かなめ【要】 (中心) pivot 男

かなもの【金物】 quincaillerie 女

かならず【必ず】 sûrement, certainement, à coup sûr; nécessairement; sans faute ―〜しも…でない pas nécessairement; pas toujours

かなり assez; passablement; plutôt; pas mal; sensiblement ―〜の assez de, pas mal de; sensible, considérable

カナリア canari 男

カニ【蟹】 crabe 男 ▶蟹座 le Cancer

かにゅう【加入】 adhésion 女 ―〜する adhérer à; entrer dans

カアー canapé 男

かね【金】 argent 男; (話) fric 男; (小銭, 通貨) monnaie 女 ―〜を儲ける gagner de l'argent ▶金づる filon 男, mine d'or 女; (人) soutien financier 男

かね【鐘】 cloche 女, carillon 男 ―〜が鳴る La cloche sonne.

かねつ【加熱】 ―〜する s'échauffer; chauffer

かねもうけ【金儲け】 gain 男 ―〜する gagner de l'argent

かねもち【金持ち】 riche 名; fortuné(e); opulent(e) ―〜の riche; fortuné(e); opulent(e)

かねる【兼ねる】 (兼職) cumuler; (兼用) servir de A et de B

かのう【可能】 ―〜な possible ―〜ならば si possible ▶可能性 possibilité 女, chance 女

かのう【化膿】 suppuration 女 ―〜した purulent(e)

かのじょ【彼女】 (代名詞) elle; (恋人・愛人) amie 女, (petite) amie 女, copine 女

カバ【河馬】 hippopotame 男

カバー couverture 女; (衣服などの) 'housse 女; (自動車などの) bâche 女

かばう【庇う】 protéger…, abriter…; (庇護する) prendre sous sa protection

かばん【鞄】 sac 男, serviette 女

かはんしん【下半身】 partie inférieure du corps 女

かはんすう【過半数】 majorité 女

かび【黴】 moisi 男, moisissure 女 ―〜臭い sentir le moisi

かび【華美】 luxe 男, somptuosité 女

かびょう【画鋲】 punaise 女

かびん【花瓶】 vase (à fleurs) 男

かびん【過敏】 ―〜な trop sensible 彼は神経〜だ Il est très nerveux.

かぶ【株】 (植物の) souche 女, pied 男; (株式) action 女; (株券) titre 男; 《総括的に》 Bourse 女 ―彼の〜が上がる [下がる] Ses actions montent [baissent]. ―〜に手を出す spéculer en [à la] bourse

かぶ【下部】 partie inférieure 女

かぶ【蕪】 navet 男, rave 女

カフェ café 男

カフェイン caféine 女

カフェテリア cafétéria 女 《不変》

がぶがぶ ―〜飲む boire à grands traits [à grandes gorgées]

かぶき【歌舞伎】 kabuki 男

かぶしき【株式】 action 女, titre 男 ▶株式会社 société anonyme 女 ▶株式市場 place boursière 女

カフス manchette 女 ▶カフスボタン boutons de manchette 男 複

かぶせる【被せる】 (上に覆う) mettre sur …; (覆う) couvrir de [avec]

カプセル capsule 女

かぶと【兜・冑・甲】 casque 男

かぶぬし【株主】 actionnaire 男 ▶株主総会 assemblée générale des actionnaires

かぶりつく mordre à belles dents dans

かぶる【被る】 (身に付ける) mettre; (帽子を) se couvrir 《de》; (被っている) porter; (覆われる) être couvert(e) de ―他人の罪を〜 prendre sur soi la faute d'un autre

かふん【花粉】 pollen 男 ▶花粉症 pollinose 女, allergie au pollen 女

かふん éruption 女

かべ【壁】(建物の) mur 男; (仕切り) cloison 女 ――に耳あり Les murs ont des oreilles. ►壁紙 papier peint 男

かへい【貨幣】 monnaie 女 ►貨幣価値 valeur monétaire 女

かべん【花弁】 pétale 男

カボチャ【南瓜】 citrouille 女, potiron 男

ガボン Gabon 男 ――の gabonais(e)

かま【釜】 marmite 女; (オーブン) four 男

かま【鎌】 faucille 女

かまう【構う】(気に掛ける) se soucier de, regarder à; (干渉する) se mêler de; (面倒をみる) prendre soin de, s'occuper de … ――どうぞお構いなく Ne vous dérangez pas. どちらでも構わない Cela m'est égal.

カマキリ【蟷螂】 mante (religieuse) 女

かまど【竈】 four 男

がまん【我慢】 patience 女, endurance 女; tolérance 女 ――する supporter (…; de; que) もう…できない Je n'y tiens plus. 〜強い patient(e); endurant(e)

かみ【紙】 papier 男【不可算名詞】 ――1枚 une feuille de papier ►紙おむつ couche jetable 紙袋 sac en papier 男

かみ【髪】 cheveu 男; (頭髪全体) cheveux 男複; chevelure 女 ――を梳く se peigner les cheveux ►髪型 coiffure 女

かみ【神】 Dieu 男 ――の divin(e) ――に祈る prier Dieu ►神業 prodige 男, miracle 男

かみがみ ――言う gronder … d'un ton hargneux

かみそり【剃刀】 rasoir 男 ►電気かみそり rasoir électrique

かみつ【過密】 ――な bondé(e); rempli(e)

かみつく【噛み付く】 mordre (à, dans); (くってかかる) apostropher …

カミツレ camomille 女

かみなり【雷】 foudre 女; (雷鳴) tonnerre 男 ――が鳴る Le tonnerre gronde [roule].

かみん【仮眠】 ――する faire un petit somme

かむ【噛む】(かみつく) mordre …; (食べ物を) mâcher …; (かむ) mordiller …

かむ ――鼻を〜 se moucher

ガム chewing-gum 男

がむしゃら ――な téméraire

カムフラージュ camouflage 男

かめ【瓶】(取っ手のない) jarre 女; (取っ手付きの) cruche 女

かめ【亀】 tortue 女

かめい【加盟】 ――する s'affilier à; adhérer à

かめい【仮名】 pseudonyme 男

がめつい âpre au gain; intéressé(e)

カメラ appareil (photo) 男, (phot0-) caméra 女 ►カメラマン(写真家) photographe 名; (映画・テレビの) cadreur(se) 名, cameraman 男(複 -men)

カメルーン Cameroun 男 ――の camerounais(e)

カメレオン caméléon 男

かめん【仮面】 masque 男

がめん【画面】(テレビ映画の) écran 男; (映像) image 女; (絵画) tableau 男

カモ【鴨】(鳥) canard (sauvage) 男; (だまされやすい相手) dupe 女

かもく【課目・科目】 matière 女

かもく【寡黙】 ――な taciturne, silencieux(se)

-かもしれない(可能性・推測) pouvoir; (…の可能性がある) il est possible [c'est possible] que 接続法; (多分) peut-être

かもつ【貨物】 marchandises 女複; fret 男; cargaison 女 ►貨物船 cargo 男 貨物列車 train de marchandises 男

カモメ【鴎】 goéland 男, mouette 女

かゆ【粥】 bouillie de riz 女

かゆい【痒い】 démanger à ――背中が〜 Le dos me démange.

かよう【通う】(場所に) aller à 助動詞 être; (しばしば訪れる) fréquenter … ――学校に〜 aller à l'école

かようきょく【歌謡曲】 chanson populaire 女

かようし【画用紙】 papier à dessin 男

かようび【火曜日】 mardi 男

から【空】 ――の vide ――にする vider

から【殻】 coquille 女, carapace 女

-から(…を起点として) de; (…の出発点として) depuis; (…を通して・通って) par; (…から始めて) à partir de ――明日〜 à partir de demain 子供の頃〜 depuis [dès] son enfance

がら【柄】 dessin 男, motif 男

カラー(襟) col 男; (色) couleur 女 ►カラーテレビ télévision en couleurs 女 カラーフィルム pellicule couleur [en couleurs] 女

からい【辛い】(ぴりっとした) piquant(e), relevé(e), pimenté(e); (塩辛い) salé(e); (厳しい) sévère

からかう plaisanter (sur), taquiner …; (あざける) railler, se moquer de …

からから ――の vide, desséché

からくさ【唐草】 ►唐草模様 arabesque 女

がらくた vieillerie 女, bric-à-brac 男(不変) ►がらくた市 foire à la brocante 女

からくち【辛口】 ――の(ワイン) sec(sè-

che】(厳しい) sévère
からし【辛子・芥子】moutarde 女
カラス【烏】corbeau 男; (小型の corneille 女
ガラス【硝子】verre 男 ——の en [de] verre 1枚の〜 une plaque [feuille] de verre
からだ【体】【身体】corps 男; (健康) santé 女; (体格) forme 女 ——によい [悪い] bon(ne) [mauvais(e)] pour la santé 〜を大事にする se soigner 〜を壊そうに ruiner la santé
からて【空手】karaté 男
からまる【絡まる】s'enrouler autour de; (もつれる) s'emmêler; (身動きできなくなる) s'empêtrer
がらん ——とした vide; désert(e)
かり【借り】emprunt 男, dette 女 ——のある être en dette avec ...
かり【狩り】chasse 女 ——に行く aller à la chasse
かり【仮】——の (一時的な) provisoire, temporaire; (束の間の) passager (ère) 〜に... とすれば en supposant [à supposer] que 接続法
カリ【雁】oie sauvage 女
かりいれ【刈り入れ】moisson 女, récolte 女
カリウム potassium 男
かりかた【借方】(簿記で) doit 男, débit 男; (債務者) débiteur(trice) 名
カリカチュア caricature 女
カリキュラム programme d'études 男
カリスマ charisme 男
かりたてる【駆り立てる】(人を…するように) pousser ..., inciter ... 《à》
カリフラワー chou-fleur 男 (複〜x-〜s)
がりべん【がり勉】bûcheur(se) 名; (話) bête à concours 女
かりゅう【下流】aval 男
かりゅうど【狩人】chasseur(se) 名
かりる【借りる】(物・金を) emprunter à ...; (借りている) devoir à ...; (賃借) louer 一本を図書館から〜 emprunter des livres à la bibliothèque
かる【刈る】couper, tondre; faucher
かるい【軽い】(重量・程度) léger(ère); (楽な・簡単な) aisé(e), facile ——食事 repas léger 〜足取りで d'un pas léger 軽くする rendre léger(ère); (軽減する) diminuer
カルシウム calcium 男
カルチャー culture 女 ▶カルチャーショック choc culturel 男
カルテ fiche médicale 女
かるはずみ【軽はずみ】——な étourdi (e), irréfléchi(e); imprudent(e)
かるわざ【軽業】tour d'acrobatie 男
▶軽業師 acrobate 名
かれ【彼】(代名詞) il, lui; (恋人) petit ami 男, copain 男
カレイ【鰈】limande 女

かれい【華麗】——な splendide; magnifique; luxueux(se)
カレー curry 女 ▶カレー粉 curry en poudre 男
ガレージ garage 男
がれき【瓦礫】décombres 男複
かれら【彼ら】ils, eux
かれる【枯れる】se flétrir, se faner; (涸れる) mourir 一枯れた flétri(e)
カレンダー calendrier 男
かろう【過労】excès de travail 男, surmenage 男 ▶過労死 mort due à un excès de travail [au surmenage] 女
がろう【画廊】galerie 女
かろうじて【辛うじて】à peine, péniblement, difficilement
カロリー calorie 女
かろんじる【軽んじる】(軽視) faire peu de cas de ...; (なおざり) négliger ...
かわ【川】rivière 女; (海に注ぐ大河) fleuve 男; (小川) ruisseau 男; (総称的に河川) cours d'eau 男
かわ【皮】peau 女; (毛皮) fourrure 女; (樹皮・果実の厚い) écorce 女; (むいた皮) pelure 女, épluchure 女; (パン・パイの) croûte 女 ——をむく enlever la peau; (木などの薄い) peler ...; (オレンジなどの厚い) écorcer; (ジャガイモなど不要な部分を捨てつつ) éplucher ... 面の〜が厚い effronté(e); (話) ne pas manquer de toupet
かわ【革】cuir 男 ——製の de [en] cuir
がわ【側】côté 男, part 女
かわいい【可愛い】(キュートな) mignon (ne); (やさしいすてきな) gentil(le) 《名詞の前》; (愛らしい) adorable; (きれいな) joli(e) 《名詞の前》 ——子には旅をさせよ Les voyages forment la jeunesse.
かわいがる【可愛がる】aimer ..., chérir ...
かわいそう【可哀想】——な pauvre 《名詞の前》; (不幸な) malheureux(se); (哀れな) pitoyable; (悲しい) triste; (惨めな) misérable
かわいた【乾いた】sec(sèche)
かわかす【乾かす】sécher, dessécher
かわかみ【川上】amont 男
かわき【渇き】soif 女
かわぎし【川岸】rive 女, bord d'une rivière 男
かわく【渇く】(喉が) avoir soif
かわく【乾く】sécher
かわしも【川下】aval 男
かわせ【為替】mandat 男, change 男 ▶為替相場 cours (du change) 男 為替レート taux de change 男 外国為替 mandat international 男 郵便為替 mandat postal 男
かわった【変わった】(奇妙な) bizarre, étrange, un(e) drôle de ...; (特異な) singulier(ère); (独特な) original(ale)

かわら【(男複 -aux), unique
かわら【瓦】tuile 囡
かわら【河原·川原】lit à sec (d'une rivière) 男
かわり【代わり·替わり】remplacement 男; (人) remplaçant(e) 名; (代用品) substitut 男 …の~に au lieu de… ~をする remplacer…
かわり【変わり】changement 男, modification 囡 (相違) différence 囡 —おかわりませんか Vous allez toujours bien? ▶変わり者 original(ale) 名 (男複 -aux); personnage singulier 男
かわりやすい【変わり易い】instable, changeant(e)
かわる【代わる】(代わりをする) remplacer…, se substituer (à); (交替する) relayer, prendre la place de; (後任) succéder (à) —~がわる alternativement; tour à tour
かわる【変わる】(変化する) changer; (姿·形が) se transformer 《en》; (移行) tourner à, passer à 【助動詞être】; (異なる) varier; différer —変わらない inchangé(e), invariable; constant(e)
かん【缶】boîte 囡 ▶缶ビール bière en boîte 囡
かん【勘】intuition 囡, instinct 男
かん【管】tube 男; (ホース) tuyau 男; (導管) conduite 囡
-かん【-間】—4日~ pendant quatre jours
がん【癌】cancer 男 —~にかかる être atteint(e) d'un cancer ~で死ぬ mourir d'un cancer ▶胃がん cancer de l'estomac 乳がん cancer du sein 肺がん cancer du poumon
ガン【雁】oie sauvage 囡
かんえん【肝炎】hépatite 囡
かんおけ【棺桶】cercueil 男, bière 囡
かんか【感化】influence 囡 —~する influencer…
かんがい【灌漑】irrigation 囡
がんかい【眼科医】oculiste 名
かんがえ【考え】idée 囡, pensée 囡; (意見) idée, avis 男, opinion 囡; (意図) intention 囡; (考慮) considération 囡 —それはいい~ C'est une bonne idée. 私の~では à mon avis; d'après moi ~事をする réfléchir sur [à] ▶考え方 façon de penser 囡 (観点) point de vue 男
かんがえだす【考え出す】(創造する) inventer; (構想する) concevoir
かんがえなおす【考え直す】réfléchir de nouveau; reconsidérer
かんがえられる【考えられる】—~ない impensable
かんがえる【考える】(思考) penser 《à, de》; (熟考) réfléchir 《sur, à》; (考慮) prendre en considération —よく~ réfléchir bien それについてどう考えますか Qu'est-ce que vous en pensez?

かんかく【感覚】sensation 囡; sens 男; sensibilité 囡
かんかく【間隔】intervalle 男; (空間) espace 男
かんかつ【管轄】ressort 男, compétence 囡 ▶管轄官庁 autorité compétente 囡
かんがっき【管楽器】instrument à vent 男
カンガルー kangourou 男
かんかん —~になって怒る bouillir de colère
がんがん —頭が~ avoir mal à la tête
かんき【換気】aération 囡 —~する aérer ▶換気扇 ventilateur 男
かんき【寒気】froid 男
かんきゃく【観客】spectateur(trice) 名; (集合的) public 男 ▶観客席 salle de spectacle 囡; (スタンド) gradins 男複
かんきょう【環境】environnement 男, milieu 男 ▶環境汚染 pollution de l'environnement 囡 環境保護 protection de l'environnement, écologie 囡 環境問題 problème de l'environnement 男
かんきり【缶切り】ouvre-boîte(s) 男
がんぐ【玩具】jouet 男
かんけい【関係】(関連) relation 囡, rapport 男; (交際) relation 囡; (結びつき) lien 男 —密接な~がある Il y a un lien étroit.
かんげい【歓迎】(bon) accueil 男, bienvenue 囡 —~する faire bon accueil à… ▶歓迎会 réception de bienvenue 囡
かんげき【感激】—~する s'émouvoir
かんけつ【完結】—~する s'achever
かんけつ【簡潔】—~な concis(e); succinct(e); laconique; bref(brève)
かんげんがく【管弦楽】musique orchestrale [d'orchestre] 囡
かんこ【歓呼】acclamation 囡, cris de joie 男
かんご【看護】—~する soigner ▶看護師 infirmier(ère) 名
がんこ【頑固】—~な obstiné(e); têtu(e) —~一徹な entêté(e)
かんこう【刊行】—~する publier
かんこう【観光】tourisme 男 ▶観光案内所 syndicat d'initiative 観光客 touriste 名
かんこうちょう【官公庁】Administrations 囡複
かんこく【勧告】recommandation 囡 —~する faire des recommandations à… B~に~A(すること) にする recommander A à B 【à B de 不定詞】
かんこく【韓国】Corée (du Sud) 囡 ▶正式名称は République de Corée —~の (Sud-) coréen(ne) ▶韓国語 coréen 男 韓国人 (Sud-) Coréen(ne) 名

かんごく【監獄】prison 男
かんさ【監査】inspection 女 ►監査役 inspecteur(trice) 名, contrôleur(se) 名
かんさつ【観察】observation 女, examen attentif 男 ーーする observer; examiner attentivement
かんさん【換算】ーーする convertir
かんし【監視】surveillance 女, garde 女;〔人〕surveillant(e) 名
かんし【冠詞】article 男
かんじ【感じ】sensation 女; impression 女; sentiment 男 ーーのよい sympathique; agréable;〔魅力的な〕charmant(e)
かんじ【漢字】caractère chinois 男
かんしきか【鑑識】►鑑識課 service de l'identité judiciaire 男
がんじつ【元日】jour de l'an 男
かんして【関して】……に～は en ce qui concerne ...; quant à ...
かんしゃ【感謝】gratitude 女 ーーする remercier ... [de ...]; être reconnaissant(e) 《à, de》
かんじゃ【患者】patient(e) 名; client(e) 名
かんしゃく【癇癪】ーーを起こす avoir un accès de colère
かんしゅう【慣習】coutume 女, usage 男
かんしゅう【観衆】spectateur(trice) 名;《集合的》public 男
かんじゅせい【感受性】sensibilité 女
がんしょ【願書】demande (écrite) 女
かんしょう【干渉】intervention 女 ーーする intervenir〖s'ingérer〗dans
かんしょう【感傷】ーーの sentimental(ale)〔男複-aux〕
かんしょう【観賞】ーーする admirer
かんじょう【感情】sentiment 男; émotion 女 ーーを込めて avec émotion〖sentiment〗 ーーの émotionnel(le) ►国民感情 sentiment national 男
かんじょう【勘定】〔計算〕compte 男;〔会計〕addition 女 ーーお―! L'addition, s'il vous plaît! ーーを払う régler l'addition; payer la note ーーに入れる〔考慮する〕prendre en considération
がんじょう【頑丈】ーーな solide; robuste
かんしょく【間食】ーーする manger entre les repas
かんじる【感じる】sentir; éprouver ...
かんしん【関心】intérêt 男, curiosité 女 ……に～がある s'intéresser à ...; prendre intérêt à
かんしん【感心】ーーな〔感嘆すべき〕admirable;〔賞賛すべき〕louable, digne d'éloge ーーする admirer ...
かんじん【肝心】ーーな important(e); capital(ale)〔男複-aux〕
かんすう【関数】fonction 女
かんする【関する】……に～ sur ...; concernant ... 私に～限り en ce qui

me concerne
かんせい【完成】ーーさせる achever; perfectionner …が～する être achevé(e), s'achever ►完成品 produit fini 男
かんせい【歓声】cris de joie 男複 ーーを上げる pousser des cris de joie
かんせい【感性】sensibilité 女
かんぜい【関税】droit 男 ►関税障壁 barrières douanières 女 ►関税率 tarif douanier 男
がんせき【岩石】roche 女, rocher 男
かんせつ【関節】articulation 女
かんせつ【間接】ーーの indirect(e)
かんせん【感染】infection 女, contagion 女 ーーする attraper
かんせん【幹線】►幹線道路 artère 女, grande voie de communication 女
かんぜん【完全】ーーな〔完璧な〕parfait(e); complet(ète)
かんそ【元祖】fondateur(trice) 女, créateur(trice) 名
かんそ【簡素】ーーな simple; modeste
かんそう【感想】impression 女
かんそう【乾燥】ーーした〔空気など〕sec(sèche);〔土地・気候など〕aride ーーする sécher
かんぞう【肝臓】foie 男
かんそく【観測】observation 女 ーーする observer ►観測所 observatoire 男
かんたい【寒帯】zone glaciale 女
かんたい【艦隊】flotte 女, escadre 女
かんだい【寛大】ーーな indulgent(e); tolérant(e); généreux(se)
かんだかい【甲高い】perçant(e)
かんたん【簡単】ーーな〔単純な〕simple;〔容易な〕facile, aisé(e),〔短い〕bref(brève) ーーに simplement; facilement; ～に言うと en bref; pour être bref
かんたん【感嘆】ーーする admirer, avoir de l'admiration pour ... ►感嘆符 point d'exclamation 男
がんたん【元旦】jour de l'an 男
かんだんけい【寒暖計】thermomètre 男
かんちがい【勘違い】méprise 女;〔混同〕confusion 女; malentendu 男 ーーする se méprendre sur ...; commettre une méprise;〔AとBを〕faire une confusion entre A et B
かんちょう【干潮】marée descendante 女, reflux 男
かんちょう【官庁】bureau gouvernemental〖de l'administration〗男
かんつう【姦通】adultère 男
かんづめ【缶詰】〔食品〕conserve 女;〔容器〕boîte de conserve 女 ーーイワシの～ boîte de sardines 女
かんてい【鑑定】expertise 女

かんてい【官邸】résidence officielle 女

かんてつ【貫徹】accomplissement 男

かんてん【観点】point de vue 男

かんでんち【乾電池】pile 女

かんどう【感動】émotion 女;(感銘) impression 女;(感銘) ému(e) ~的な émouvant(e); touchant(e)

かんとうし【間投詞】interjection 女

かんとく【監督】～する (指揮) diriger;(監視) surveiller ...;(映画) mettre en scène

かんな【鉋】rabot 男

かんぬき【閂】bâcle 女, barre 女

かんねん【観念】idée 女, notion 女, concept 男;(考え方) conception 女 ~する se résigner

かんのう【官能】sens 男 複 ～的な sensuel(le), voluptueux(se)

かんぱ【寒波】vague de froid 男

カンパ collecte 女, quête 女;～を募る faire la quête

かんぱい【乾杯】toast 男;(音頭で) À votre santé! | Prosit!. ～する porter un toast

カンパス toile 女

かんばつ【干ばつ・旱魃】sécheresse 女

がんばる【頑張る】(努力する) travailler dur;(持ちこたえる) tenir bon;(粘る) persister ─がんばれ! Courage!

かんばん【看板】enseigne 女, panonceau 男

かんぱん【甲板】pont 男

かんび【甘美】～な doux(ce), délicieux(se)

ガンビア Gambie 女 ～の gambien(ne)

かんびょう【看病】soins 男 複 ～する soigner; s'occuper de

かんぶ【幹部】cadres 男 複, encadrement 男

かんぺき【完璧】～な parfait(e) ～に parfaitement

がんぺき【岸壁】côte escarpée 女;(埠頭) quai 男

かんべつ【鑑別】～する discerner

かんべん【勘弁】～する(人が) pardonner ...;[de 不定詞](à)

かんべん【簡便】～な simple; commode

がんぼう【願望】souhait 男, vœu 男

かんぼく【灌木】arbrisseau 男

カンボジア Cambodge 男 ～の cambodgien(ne)

かんぼつ【陥没】affaissement 男

カンマ virgule 女

かんむり【冠】couronne 女

かんめい【感銘】émotion [impression] profonde 女 ─深いを受ける être profondément impressionné(e) ～を与える faire impression 〈sur〉

かんもん【喚問】convocation 女, assignation 女

がんやく【丸薬】pilule 女; comprimé 男

かんゆう【勧誘】invitation 女, sollicitation 女 ～する solliciter ... de 不定詞, inviter ... à 不定詞

がんゆう【含有】～する contenir; renfermer ▶含有量 teneur 女, titre 男

かんよ【関与】participation 女

かんよう【寛容】tolérance 女, indulgence 女 ～な tolérant(e); indulgent(e)

かんようく【慣用句】formule conventionnelle 女

がんらい【元来】originairement; originellement

かんらく【歓楽】▶歓楽街 lieux de plaisir [de divertissements] 男 複

かんらく【陥落】～する capituler, se rendre

かんり【管理】contrôle 男; administration 女 ～する contrôler; gérer, administrer ▶管理人 (マンションなどの) concierge 男

かんり【官吏】fonctionnaire 男

かんりゅう【寒流】courant marin froid 男

かんりょう【完了】～する (人が主語) achever [de 不定詞];(物が主語) s'achever

かんりょう【官僚】bureaucrate 名 ～的な bureaucratique ▶官僚制 régime bureaucratique 男

かんれい【慣例】usage 男, coutume 女;(先例) précédent 男

かんれい【寒冷】▶寒冷前線 front froid 男

かんれん【関連】rapport 男, relation 女; lien 男 ～のある avoir rapport à; se rapporter à ...と～して relativement à ... A と B を～づける rapporter A à B

かんろく【貫禄】dignité 女

かんわ【緩和】～する amortir, adoucir, assouplir ▶規制緩和 déréglementation 女

き

き【木・樹】arbre 男;(木材) bois 男 ～を植える planter un arbre ～を切り倒す abattre un arbre ～でできた en bois

き【気】(気質) nature 女;(意識・精神) conscience 女;(気持ち) sentiment 男;(意向) intention 女 ──…に～がつく remarquer 《que》, s'apercevoir 《de; que》 ～に入る(人が主語) aimer ...;(物が主語) plaire à ... ～にする se préoccuper de, se soucier de ...する faire attention à ... 《à ce que 接続法》

ギア vitesse 女;(自転車の) braquet 男

きあつ【変速装置】dérailleur 男
きあつ【気圧】pression atmosphérique 女 ▶気圧計 baromètre 男
ぎあん【議案】projet 男
キー【鍵】clef 女, clé 女;（ピアノ・タイプライターなどの）touche 女
きい【奇異】–な étrange
キーパー（サッカー）gardien (du but) 男
キーボード clavier 男
キーホルダー porte-clefs [porte-clés] 男（不変）
きいろ【黄色】jaune 男 —い[の] jaune
ぎいん【議員】（国会の）parlementaire 名;（地方議会の）conseiller 男（女性にも用いられる）
キウイ（鳥）kiwi 男;（フルーツ）kiwi 男
きえい【気鋭】—の plein(e) d'ardeur [de feu]
きえる【消える】（火が）s'éteindre;（姿が見えなくなる）disparaître, s'éclipser;（文字・汚れが）s'effacer;（苦痛・感情から）se dissiper, passer;（希望などが）s'évaporer
ぎえんきん【義援金】argent recueilli pour une œuvre de charité
きおく【記憶】mémoire 女, souvenir 男 —している garder en mémoire ～する retenir...;（暗記する）apprendre... par cœur ▶記憶障害 troubles de la mémoire 男複 記憶装置 dispositif de mémoire 男 記憶力 mémoire 女
キオスク kiosque 男
きおん【気温】température 女 ▶最高[最低]気温 température maximale [minimale]
きか【気化】volatilisation 女 —する se volatiliser; se vaporiser
きか【幾何】▶幾何学 géométrie 女
きが【飢餓】famine 女
ぎが【戯画】caricature 女
きかい【機会】occasion 女 —この–を使って...する profiter de cette occasion pour... –を捕らえる saisir une occasion
きかい【機械】machine 女 —を動かす mettre une machine en marche ～的な machinal(ale) (男複-aux) ▶機械工 mécanicien(ne) 名
きかい【器械】appareil 男, instrument 男
きかい【奇怪】—な étrange, extraordinaire, mystérieux(se)
きがい【危害】mal 男, atteinte 女 —を加える faire du mal à...
ぎかい【議会】parlement 男;（地方議会）conseil 男 —を召集する convoquer le parlement ～を解散する dissoudre le parlement
きがえ【着替え】（行為）rhabillage 男;（衣服）vêtements de rechange 男複

きがえる【着替える】se rhabiller
きがかり inquiétude 女, préoccupation 女 –な anxioux(se)
きかく【企画】plan 男, planning 男, projet 男 —–を立てる dresser des plans
きかく【規格】normes 女複
きがく【器楽】musique instrumentale 女
きかざる【着飾る】se parer,《話》se pomponner, se bichonner
きかせる【聞かせる】faire entendre [écouter]...
きがね【気兼ね】gêne 女 —–する se gêner
きがる【気軽】facilité 女, simplicité 女 —–に sans cérémonies, sans façon, en toute simplicité
きかん【期間】（継続期間）durée 女;（時期）période 女;（猶予期間）délai 男
きかん【機関】（機械装置）machine 女;（政府などの）organe 男;（社会・教育の）établissement 男 ▶機関車 locomotive 女 機関銃 mitrailleuse 女
きかん【器官】organe 男, appareil 男
きかん【帰還】retour 男, rentrée 女 —–する retourner; rentrer
きかん【季刊】—–の trimestriel(le)
きかんし【気管支】bronche 女 ▶気管支炎 bronchite 女
きき【危機】crise 女, situation critique 女 —–の critique ～に瀕している être en danger
ききいる【聞き入る】écouter... de toutes ses oreilles
ききいれる【聞き入れる】accepter
きぎて【聞き手】auditeur(trice) 名, auditoire 男
ききとり【聞き取り】audition 女
ききみみ【聞き耳】—–をたてる dresser [tendre] l'oreille
ききめ【効き目・利き目】effet 男 —–のある efficace; opérant(e)
ききゃく【棄却】rejet 男 —–する rejeter
ききゅう【気球】ballon 男
ききょう【帰郷】retour au pays natal 男 —–する retourner à [regagner] son pays natal
きぎょう【企業】entreprise 女, industrie 女 ▶企業家 industriel(le) 名 大企業 grande entreprise
きぎょう【起業】—–起業家 entrepreneur(se) 名
ぎきょく【戯曲】pièce (de théâtre) 女, drame 男
ききん【基金】fonds 男, caisse 女
ききん【飢饉】famine 女, disette 女
ききんぞく【貴金属】métal précieux 男（複-aux）
きく【聞く】（耳に入れる）entendre...;（傾聴る）écouter...;（尋ねる）demander... à;（聞き入れる）obéir à..., ac-

きく 【効く】 agir sur...; produire [faire] de l'effet

きく 【利く】 ーブレーキが利かない Les freins ne fonctionnent pas.

キク 【菊】 chrysanthème 男

きぐ 【器具】 instrument 男, appareil 男;【道具】 outil 男

きぐ 【危惧】 〜〜する craindre...., appréhender [不定詞, que 接続法]

きくばり 【気配り】 prévenance 女, attentions 複, ménagement 男

きけい 【奇形】 difformité 女, malformation 女

ぎけい 【義兄】 beau-frère 男 (複〜x, 〜s)

きげき 【喜劇】 comédie 女;(笑劇) farce 女 〜〜的な comique

きけん 【危険】 danger 男; péril 男; risque 男 〜〜な dangereux(se), périlleux(se) 〜を冒す courir un danger [péril, risque] 危険信号 signal d'alarme 危険人物 homme [personnage] dangereux

きけん 【棄権】 abstention 女;(競技での) abandon 男 〜〜する (投票で) s'abstenir;(競技で) abandonner

きげん 【期限】 terme 男; échéance 女;(提出期限) date limite 女 〜〜の切れた périmé(e)

きげん 【機嫌】 humeur 女, disposition 女 〜〜がいい[悪い] être de bonne [mauvaise] humeur ...の〜を損ねる fâcher ... 〜をとる chercher à faire plaisir à ...

きげん 【起源】 origine 女, source 女

きげん 【紀元】 après Jésus-Christ; de notre ère ▶紀元前 avant Jésus-Christ [略 av. J.-C.]

きこう 【気候】 climat 男

きこう 【機構】 mécanisme 男; organisation 女

きこう 【寄港】 〜〜する faire escale

きごう 【記号】 signe 男, marque 女

ぎこう 【技巧】 technique 女, artifice 男

きこえる 【聞こえる】 《人が主語》entendre...;《物が主語》s'entendre;(解釈される) paraître ー聞こえますか Vous m'entendez? あなたの声が聞こえません Je ne vous entends pas.

きこく 【帰国】 〜〜する retourner [rentrer] dans son pays; regagner son pays

きごころ 【気心】 〜〜の知れた intime

きこちない (不器用な) maladroit(e), gauche;(不自然な) contraint(e)

きこなし 【着こなし】 〜〜がうまい savoir s'habiller

きこん 【既婚】 〜〜の marié(e)

きざ 【気障】 〜〜な affecté(e), maniéré(e)

きさい 【記載】 〜〜する inscrire...; mentionner...; enregistrer...

ぎざぎざ dentelure 女, crénelure 女 〜〜の dentelé(e); crénelé(e)

きさく 【気さく】 〜〜な ouvert(e), franc(franche)

きざし 【兆し】 signe 男, symptôme 男

きざむ 【刻む】 (細かく切る) couper... en (petits) morceaux;(肉を) hacher...;(心などに) imprimer...;(彫刻する) sculpter...., graver...;(時を) marquer les secondes

きし 【岸】 bord 男;(海岸) côte 女, plage 女;(海岸・湖岸) rivage 男;(川岸) rive 女

きし 【騎士】 chevalier 男

キジ 【雉子】 faisan 男; (雌) faisane 女

きじ 【記事】 article 男

きじ 【生地】 tissu 男, étoffe 女

ぎし 【技師】 ingénieur 男

ぎし 【義姉】 belle-sœur (複〜s, 〜s)

ぎしき 【儀式】 cérémonie 女;(宗教的な) rites 複

きしつ 【気質】 tempérament 男, caractère 男, humeur 女

きじつ 【期日】 date 女, jour 男

きしむ 【軋む】 grincer, crisser, craquer

きしゃ 【汽車】 train 男

きしゃ 【記者】 journaliste 名;(集合的) presse 女 ▶記者会見 conférence de presse 女

きしゅ 【騎手】 cavalier(ère) 名;(競馬の) jockey 男

きしゅう 【機首】 nez 男, avant 男

きしゅく 【寄宿】 ▶寄宿舎 pension 女

きじゅつ 【記述】 description 女 〜〜する décrire...

きじゅつ 【奇術】 prestidigitation 女

ぎじゅつ 【技術】 (芸術・科学の) technique 女;(実践的な) art 男 〜〜の technique ▶技術革新 innovation technique 女 技術者 technicien(ne) 名;(エンジニア) ingénieur 男

きじゅん 【基準】 norme 女, standard 男 〜〜となる servir de norme

きしょう 【気象】 phénomène atmosphérique 男;(天候) temps 男;(気候) climat 男 ▶気象衛星 satellite météorologique 男 気象学 météorologie 女 気象台 observatoire météorologique 男

きしょう 【起床】 se lever

きしょう 【記章】 insigne 男, badge 男

きしょう 【気性】 tempérament 男

ぎしょう 【偽証】 faux témoignage 男 〜〜する faire un faux témoignage

キス baiser 男;(接拶のキス) bise 女;(話) bisou 男 〜〜をする embrasser...

きず 【傷・疵】 blessure 女 〜〜を負う se blesser ▶傷跡 cicatrice 女, stigmate 男;(刃物の) balafre 女 傷口 plaie 女

きすう 【奇数】 (nombre) impair 男

きずく【築く】bâtir ..., édifier ... ─富を～ amasser des richesses

きずつく【傷つく】se blesser; (損害を受ける) s'endommager

きずつける【傷つける】blesser ...; offenser ...; endommager

きずな【絆】lien 男, nœud 男

きせい【規制】contrôle 男, régulation 女 ─～する contrôler ...; régler ... ▶規制緩和 déréglementation 女

きせい【既成】─～の accompli(e), acquis(e)

きせい【既製】─～の tout(e) fait(e) ▶既製服 costume tout fait 男

きせい【帰省】─～する retourner dans son pays natal 《助動詞être》

きせい【寄生】─▶寄生虫 ver parasite 男

ぎせい【犠牲】sacrifice 男 ─～にする sacrifier ... 《à, pour》 ─～になる se sacrifier ...; à を払って行う代償で; どんな～を払っても coûte que coûte ▶犠牲者 victime 女

きせき【奇跡】miracle 男

ぎせき【議席】siège 男

きせつ【季節】saison 女 ─～外れの hors (de) saison ▶季節風 mousson 女 季節労働者 saisonnier(ère) 名

きぜつ【気絶】─～する s'évanouir

きせる【着せる】(服を) habiller ... 《de ...》; (罪などを) imputer ... à ...

きせん【汽船】(bateau à) vapeur 男

ぎぜん【偽善】hypocrisie 女 ▶偽善者 hypocrite 名

きそ【基礎】base 女, fondations 女複; assises 女複, fondement 男 …に～を置く baser sur ... ─～的な fondamental(ale) (男複 -aux); de base; élémentaire ▶基礎工事 fondations 女複 基礎知識 connaissances de base 女複

きそ【起訴】poursuites 女複, accusation 女 ─～する engager des poursuites contre ...; accuser ... de ...

きそう【競う】rivaliser de ... avec ...

きそう【起草】rédaction 女 ─～する rédiger ...

きぞう【寄贈】don 男

ぎそう【偽装】─…に～する maquiller en ...

ぎぞう【偽造】contrefaçon 女, falsification 女 ─～する contrefaire ...

きそく【規則】(個々の) règle 女; (集合的) règlement 男 ─～的な régulier(ère) ▶規則違反 infraction 女

きぞく【貴族】noble 名, aristocrate 名

きた【北】nord 男

ギター guitare 女 ─～を弾く jouer de la guitare

きたい【期待】attente 女 ─～する espérer 不定詞 《que ...》; attendre 《de》; (当てにする) compter 《sur》 ─～に添う répondre à l'attente de ─～に反して contre toute attente ─…に～をかける mettre ses espérances 《en, dans》

きたい【気体】corps gazeux 男, gaz 男

ぎだい【議題】sujet [thème] de discussion 男

きたえる【鍛える】(心身を) fortifier ..., entraîner ...; (金属を) forger ..., battre ...

きたく【帰宅】retour (chez soi) 男 ─～する rentrer chez soi [à la maison]

きたちょうせん【北朝鮮】Corée du Nord 【正式名称は République populaire démocratique de Corée】 ─～の (Nord-) Coréen(ne)

きだて【気立て】─～のよい avoir bon cœur

きたない【汚い】sale; malpropre; (卑劣な) vilain(e) ─汚くする salir ─手を使う jouer un sale tour à ─金に～ être pingre; être près de ses sous

きたる【来る】prochain(e)

きち【基地】base 女

きち【機知】esprit 男 ─～に富んだ spirituel(le)

きちょう【貴重】─～な précieux(se), de valeur; (はかり知れない) inestimable ▶貴重品 objet précieux [de valeur]

きちょう【機長】commandant(e) 名

きちょう【議長】président(e) 名

きちょうめん【几帳面】─～な régulier(ère); (綿密な) consciencieux(se)

きちんと (正確に) exactement; (規則的に) régulièrement

きつい (厳しい) dur(e); (厳格な) sévère; (窮屈な) serré(e)

きつえん【喫煙】─～する fumer ▶喫煙者 fumeur(se) 名 喫煙席 place fumeur 女

きづかう【気遣う】(心配する) s'inquiéter, se préoccuper 《de》; (配慮する) veiller 不定詞 《à ...》

きっかけ occasion 女 ─…の～になる être l'occasion de ...

きっかり ─10時～に à dix heures précises

キック coup de pied 男 ─～する donner un coup de pied à ▶キックオフ coup d'envoi 男

きつく (厳しく) durement, sévèrement, strictement; (強く) très fort

きづく【気付く】s'apercevoir 《de, que》; (目で見て) apercevoir ...

きっさてん【喫茶店】café 男

きずい【生粋】─～の pur(e); de souche

きっちり (数量・時間が) juste, exactement; (時間どおりに) ponctuellement

キッチン cuisine 女

キツツキ【啄木鳥】pic 男

きって【切手】timbre 男

きっと (予想) sûrement; (たぶん) sans doute; (間違いなく・必ず) sans faute

キツネ【狐】 renard 男; (雌) renarde 女

きっぱり ～と catégoriquement

きっぷ【切符】 ticket 男; billet 男 ～売り場はどこですか Où sont les guichets? ▶切符売り場(駅の) guichet de la gare 〔券売機〕 distributeur 男; 〔劇場の〕 bureau 〔guichet de location〕男

きてい【規定】 règle 女, règlement 男
きてい【既定】 ～の fixé(e), décidé(e)
ぎてい【義弟】 beau-frère 男 (複 ～x-～s)
きてき【汽笛】 sifflet 男
きてん【機転】 ～がきく avoir un esprit d'à-propos
きとう【祈禱】 prière 女, oraison 女
きどう【軌道】 orbite 女, trajectoire 女 ～に乗せる mettre ... en orbite [sur les rails]; placer ... sur orbite
きとく【奇特】 ～な bizarre
きとく【危篤】 ～の agonisant(e)
きどる【気取る】 faire des manières ― 気取った affecté(e), maniéré(e)
きなが【気長】 ～な patient(e)
ギニア Guinée 女 ～の guinéen(ne)
ギニアビサウ Guinée-Bissao 女 ～の bissao-guinéen(ne)
きにいり【気に入り】 ―お～の favori(te), préféré(e)
きにゅう【記入】 ～する inscrire ...; remplir ...; marquer ...
きぬ【絹】 soie 女 ～の de [en] soie
きねん【記念】 commémoration 女 〔思い出〕 souvenir 男 ～すべき mémorable ～をして en souvenir de ...; en [à la] mémoire de ... ▶記念写真 photo-souvenir 女 (複 ～s-～) 記念品 monument (commémoratif) 男 記念日 anniversaire 男 記念品 souvenir 男
きのう【昨日】 ～は, に) hier ～の朝 hier matin ～の新聞 le journal d'hier
きのう【機能】 fonction 女 ～する fonctionner
ぎのう【技能】 art 男, technique 女
キノコ【茸】 champignon 男
きのどく【気の毒】 ～な (あわれな) pitoyable, misérable, pauvre 《名詞の前》; (つらい) malheureux(se) 人を～に思う plaindre ... 《de》; avoir pitié de
きのみ【木の実】 fruit d'un arbre 男; (殻のある) noix 女
きば【牙】 dents 女
きはつ【揮発】 volatilisation 女 ～性の volatil(e)
きばつ【奇抜】 ～な original(ale) (男複 -aux); singulier(ère); hardi(e)
きばらし【気晴らし】 divertissement 男, distraction 女 ～をする se divertir

きはん【規範】 norme 女
きばん【基盤】 base 女, fondement 男, assises 女
きひ【忌避】 récusation 女
きびきび ～した vif(ve); agile; incisif(ve)
きびしい【厳しい】 sévère, dur(e); strict(e)
きひん【気品】 distinction 女, grâce 女, noblesse 女 ～のある distingué(e)
きびん【機敏】 ～な agile; alerte; vif(ve); prompt(e)
きふ【寄付】 contribution 女, don 男 ～する donner ... comme [en] contribution; faire don de ... à ...
ぎふ【義父】 beau-père 男 (複 ～s-～s); 〔養父〕 père adoptif 男
ギプス plâtre 男 ～をつける plâtrer ...
キプロス Chypre 女 ～の chypriote
きぶん【気分】 humeur 女, disposition 女 ～はどうですか Comment vous sentez-vous? ～がよい[悪い] se sentir bien [mal]
きぼ【規模】 envergure 女
ぎぼ【義母】 belle-mère 女
きぼう【希望】 espoir 男; espérance 女; (望み) désir 男; (要求) demande 女 ～する espérer 不定詞 [que ...]; souhaiter ... [que ...]
きぼり【木彫り】 sculpture sur bois 女
きほん【基本】 base 女, fondement 男; ～の, ～的な fondamental(ale) (男複 -aux) de base; (初歩的) élémentaire ▶基本的人権 droits fondamentaux de l'homme 男 基本料金 tarif de base
ぎまい【義妹】 belle-sœur 女 (複 ～s-～s)
きまえ【気前】 ～のよい généreux(se)
きまぐれ【気紛れ】 ～な capricieux(se), fantaisiste
きまじめ【生真面目】 ～な scrupuleux(se), sérieux(se)
きまつ【期末】 fin du semestre [trimestre, terme] 男 ▶期末試験 examen semestriel [trimestriel, de fin d'année]
きまま【気儘】 ～な capricieux(se), fantaisiste
きまり【決まり】 〔規定〕 règle 女; 〔集合的〕 règlement 男; 〔習慣〕 habitude 女 ―それで話は～だ C'est décidé. お～になりましたでしょうか Vous avez déjà fait votre choix? ▶決まり文句 lieu commun 男, formules stéréotypées 女, banalités 女, cliché 男
きまる【決まる】 se décider, être décidé(e); (日取り・価格などが) être fixé(e)
きまん【欺瞞】 tromperie 女

きみ 【君】 tu, toi —ねえ、~ (男性に) mon ami(e); (男性に) mon cher; (女性に) ma chère

きみ 【気味】 ——の悪い sinistre; lugubre; (女性に) effrayant(e)

きみ 【黄身】 jaune (d'œuf) 男

-ぎみ 【気味】 —風邪~だ être un peu enrhumé(e)

きみじか 【気短】 ——な impatient(e), irritable, emporté(e)

きみつ 【機密】 ——の secret(ète)

きみどり 【黄緑】 vert jaunâtre

きみょう 【奇妙】 ——な étrange, bizarre, singulier(ère)

ぎむ 【義務】 devoir 男; (責務) obligation 女 ——がある devoir 不定詞; être obligé(e) de 不定詞; se devoir de 不定詞 ~を果たす accomplir son devoir ~うけられた obligatoire ▶ **義務教育** enseignement obligatoire

きむずかしい 【気難しい】 difficile, exigeant(e); (とっつきにくい) rêche

きめ 【木目・肌理】 (肌の) grain 男; (木目) fin 男 ——の粗い rude ~の細かい fin(e)

ぎめい 【偽名】 pseudonyme 男, faux nom 男

きめる 【決める】 (決断) décider ... [de ...], se décider (à, pour), se déterminer (à), se résoudre (à), prendre la décision de ...; (確定) déterminer ..., fixer ...; (合意) convenir (de) —フランスに留学することに決めた Je me suis décidé à aller étudier en France.

きもち 【気持ち】 (感情) sentiment 男; (意図) intention 女; (心) cœur 男; (気分) disposition 女, état d'âme 男; (感覚・感じ) sensation 女 ~よい (心地よい) agréable; (感じのよい) sympathique ~よく (心地よく) agréablement; (自らすすんで) de bon cœur; de bonne grâce ~が悪い J'ai mal au cœur.

きもの 【着物】 (衣服) vêtements 男復, habits 男復; (和服) kimono 男

ぎもん 【疑問】 (疑念) doute 男; (質問) question 女 ——の余地がない Cela ne fait aucun doute. ▶ **疑問文** phrase interrogative 女

きゃく 【客】 (来客) invité(e) 名, visiteur(se) 名; (集合的) visite 女; (顧客) client(e) 名; (集合的) clientèle 女; (乗客) voyageur(se) 名; passager(ère) 名; (観客・聴衆) spectateur(trice) 名; (見物客) visiteur(se) 名 —~をもてなす recevoir [accueillir] les invités ▶ **客室** (ホテルの) chambre (d'hôtel) 女; (飛行機・船の) cabine 女 **客室係** (ホテルの) garçon de chambre 男 (船の) garçon de cabine 男 **客室乗務員** préposé(e) de vol 名

きやく 【規約】 statuts 男復, règlement 男

ぎゃく 【逆】 inverse 男, contraire 男, opposé 男; (正反対) contre-pied 男 ——にする inverser ...; mettre ... à l'envers それとは~に au contraire

ギャグ gag 男

ぎゃくしゅう 【逆襲】 contre-attaque 女; (反撃) contre-offensive 女 ——する contre-attaquer ...

きゃくしょく 【脚色】 adaptation 女

きゃくせき 【客席】 (座席) place 女; (集合的) salle 女

ぎゃくせつ 【逆説】 paradoxe 男 ——的な paradoxal(ale) (男複 -aux)

ぎゃくたい 【虐待】 mauvais traitements 男復; sévices 男復 ——する maltraiter ...; exercer des sévices sur ...

きゃくちゅう 【脚注】 note au bas d'une page 女

ぎゃくてん 【逆転】 ——する se renverser ~させる renverser

きゃくほん 【脚本】 pièce (de théâtre) 女; (映画・テレビの) scénario 男 ▶ **脚本家** dramaturge 名, scénariste 名

きゃくま 【客間】 salon 男

ギャザー fronce 女

きゃしゃ 【華奢】 ——な fin(e), gracile, frêle

キャスター (ニュースキャスター) commentateur(trice) 名; (足車) roulette 女

キャスト distribution (des rôles) 女

キャタピラ chenilles 女復

きゃっか 【却下】 rejet 男

きゃっかん 【客観】 ——的 objectif(ve) ▶ **客観性** objectivité 女

キャッシュ espèces 女復 ——で支払う payer en espèces [liquide] ▶ **キャッシュカード** carte de paiement 女

キャッチ ——する (電波・信号などを) capter ▶ **キャッチフレーズ** slogan publicitaire 男

キャップ (帽子) bonnet 男; (万年筆の) capuchon 男; (主任) chef 男

ギャップ fossé 男, décalage 男; (違い) différence 女 ~を埋める combler un fossé ▶ **ジェネレーションギャップ** fossé des générations 男

キャビア caviar 男

キャビン cabine 女

キャプテン capitaine 男

キャベツ chou 男 (複-x)

キャラ (登録商標) cachet 男

キャラクター (性格) caractère 男; (漫画などの登場人物) personnage 男

キャラバン caravane 女

キャラメル (bonbon au) caramel 男

ギャラリー galerie 女

キャリア carrière 女, expériences professionnelles 女復

ギャング gangster 男; (集合的) gang 男

キャンセル annulation 囡
キャンデー bonbon 男
キャンパス campus 男
キャンピングカー caravane 囡, remorque de camping 囡
キャンプ camp 男, camping 男; ～をする faire du camping; camper ►キャンプ場 (terrain de) camping 男
ギャンブル jeu de hasard 男, pari 男
キャンペーン campagne 囡
きゅう【九】neuf (不変) ——番目の neuvième ～分の1 un neuvième
きゅう【急】——な (突然) soudain(e), brusque; inattendu(e); (緊急) urgent(e); (流れが) rapide; (傾斜が) raide これは～を要する C'est urgent. ～に soudainement, brusquement, tout d'un coup
きゅう【級】classe 囡
きゅう【球】boule 囡, globe 男
きゅうえん【救援】secours 男, sauvetage 男; (援助) aide 囡 ►救援隊 équipe de sauvetage
きゅうか【休暇】vacances 囡 複, congé 男 ——をとる prendre un congé
きゅうかく【嗅覚】odorat 男, sens olfactif 男 ～が鋭い avoir l'odorat fin
きゅうがく【休学】——する interrompre [suspendre] ses études
きゅうかん【急患】malade à soigner sans délai [d'urgence] 名
キュウカンチョウ【九官鳥】mainate 男
きゅうぎ【球技】jeux de balle 男 複
きゅうきゅう【救急】——の de secours ►救急車 ambulance 囡 ——救急車を呼んでください Appelez l'ambulance! 救急箱 boîte de secours 囡
ぎゅうぎゅう ～詰めである être tassé(e)
きゅうぎょう【休業】fermeture 囡 ——する fermer...; (祝日などに) chômer
きゅうきょく【究極】——の de dernier (ère) (名詞の前); final(e) (男複-s)
きゅうくつ【窮屈】——な étroit(e), serré(e); (堅苦しい) strict(e)
きゅうけい【休憩】repos 男; pause 囡 ——する se reposer; prendre du repos; (車などを止めて) faire halte ►休憩室 salle de repos 囡 休憩所 lieu de repos
きゅうげき【急激】——な (突然の) brusque; (急速な) rapide, fulgurant(e)
きゅうこう【急行】►急行列車 (train) express 男 急行料金 supplément pour train express 男
きゅうこうか【急降下】descente en piqué 囡, piqué 男 ——する descendre en piqué, piquer
きゅうこん【球根】bulbe 男, oignon (à fleur) 男
きゅうこん【求婚】——する faire une demande en mariage à...
きゅうさい【救済】secours 男, aide 囡, assistance 囡; (宗教的な) salut 男
きゅうし【急死】mort subite 囡 ——する mourir subitement
きゅうし【休止】halte 囡, pause 囡 ——する faire halte; faire une [la] pause
きゅうじ【給仕】service 男; (人) garçon 男, serveur(se) 囡
きゅうしき【旧式】——の démodé(e), désuet(ète), ancien(ne)
きゅうじつ【休日】jour férié 男, jour de congé 男
きゅうしゅう【吸収】absorption 囡, assimilation 囡 ——する absorber...; (自分のものにする) assimiler...
きゅうじゅう【九十】quatre-vingt-dix 男 (不変) ——番目の quatre-vingt-dixième
きゅうしゅつ【救出】——する secourir...; sauver...
きゅうしょ【急所】(体の) centre vital 男; (核心) vif 男
きゅうじょ【救助】sauvetage 男, secours 男 ——する sauver...; secourir...
きゅうじょう【窮状】situation difficile 囡
きゅうしょく【給食】(学校の) demi-pension 囡
きゅうしん【急進】——的な (過激な) radical(ale) (男複 -aux) ►急進派 extrémiste
きゅうじん【求人】offre d'emploi 囡
きゅうしんりょく【求心力】force centripète 囡
きゅうすい【給水】distribution d'eau 囡
きゅうせい【旧姓】(女性の) nom de jeune fille 男
きゅうせい【急性】——の aigu(ë)
きゅうせん【休戦】trêve 囡, armistice 男, cessation des hostilités 囡
きゅうせんぽう【急先鋒】——である prendre la tête de...
きゅうそく【休息】⇒休憩(☆☆)
きゅうそく【急速】——な rapide, brusque, prompt(e) ～に rapidement
きゅうだい【及第】——する être reçu(e) à l'examen
きゅうだん【糾弾】accusation 囡, réprobation 囡 ——する accuser... de...
きゅうち【窮地】——に立たされる se retrouver dans l'embarras
きゅうてい【宮廷】cour 囡
きゅうてん【急転】►急転直下 tout d'un coup
きゅうでん【宮殿】palais 男
きゅうとう【急騰】hausse brusque 囡,

ぎゅうにく【牛肉】bœuf 男, viande de bœuf [bovine] 女

きゅうにゅう【吸入】inhalation 女 —〜する inhaler …; faire des inhalations

きゅうにゅう【牛乳】lait (de vache) 男

きゅうば【急場】mauvais pas 男 —〜しのぎの de fortune

キューバ Cuba 男【無冠詞】—〜の cubain(e)

きゅうびょう【急病】maladie subite [aiguë] 女

きゅうふ【給付】allocation 女, prestation 女

きゅうへい【旧弊】routine 女, (anciens) errements 男 複

きゅうめい【究明】—〜する élucider

きゅうめい【救命】sauvetage 男 ▶救命胴衣 gilet de sauvetage 男 救命ボート canot de sauvetage 男

きゅうやく【旧約】▶旧約聖書 l'Ancien Testament 男

きゅうゆ【給油】—〜する ravitailler en essence [carburant]

きゅうゆう【級友】camarade de classe 男

きゅうゆう【旧友】vieil (le) ami(e) 名 (男複 vieux amis)

きゅうよ【給与】salaire 男 ▶給与体系 système des salaires 男

きゅうよう【休養】repos 男, délassement 男

きゅうよう【急用】affaire urgente [pressante] 女

きゅうり【胡瓜】concombre 男

きゅうりょう【丘陵】colline 女

きゅうりょう【給料】salaire 男, paye 女; [国家公務員の] traitement 男 ▶給料日 jour de paye 男

ぎゅっと —〜抱きしめる serrer … (fortement) dans ses bras

き【寄与】—〜する contribuer à …

きょう【今日】aujourd'hui —〜の朝 [午後, 夜] ce matin [cet après-midi, ce soir] —〜の新聞 journal d'aujourd'hui —〜から à partir d'aujourd'hui; dès aujourd'hui

きよう【器用】—〜な habile, adroit(e)

きよう【起用】—〜する (選ふ) choisir …; (任命する) désigner …

ぎょう【行】(文章の) ligne 女

きょうあく【凶悪】—〜な atroce

きょうい【胸囲】tour de poitrine 男

きょうい【脅威】menace 女

きょうい【驚異】merveille 女, prodige 男, miracle 男

きょういく【教育】éducation 女; (知的教育) instruction 女 —〜する instruire, enseigner; (しつける) éduquer; (養成する) former 〜的な éducatif(ve), instructif(ve)

きょういん【教員】enseignant(e) 名

きょうし【教師】professeur 男【女性にも用いられる】; (小学校の) instituteur(trice) 名, maître(sse) 名

きょうか【教科】matière 女, discipline 女

きょうか【強化】renforcement 男 —〜する renforcer …

きょうかい【協会】association 女, société 女

きょうかい【境界】limite 女, frontière 女

きょうかい【教会】église 女

きょうかい【業界】milieux 男 複

きょうがく【驚愕】étonnement 男, surprise 女, stupéfaction 女

きょうかしょ【教科書】manuel scolaire 男

きょうかつ【恐喝】chantage 男 —〜する faire du chantage; faire chanter …

きょうかん【共感】sympathie 女 —〜する sympathiser avec …

きょうき【凶器】arme 女

きょうき【狂気】folie 女, démence 女, délire 男

きょうき【狂喜】—〜して avec une joie extrême

きょうぎ【協議】concertation 女; (相談) consultation 女 —〜する concerter … avec …; consulter … sur …

きょうぎ【競技】jeu (sportif) 男; (対戦試合) match 男 (複〜s, 〜es) ▶競技会 compétition [rencontre] sportive 女 競技場 stade 男

ぎょうぎ【行儀】tenue 女, manières 女 複 —〜よくする se tenir bien

きょうきゅう【供給】fourniture 女 —A に B を〜する fournir [approvisionner, alimenter, ravitailler] A en B 需要と〜 demande et offre

きょうく【教区】paroisse 女

きょうぐう【境遇】situation 女; (環境) milieu 男, condition 女

きょうくん【教訓】leçon 女; morale 女

きょうけんびょう【狂犬病】rage 女

きょうこ【強固】—〜な ferme, fort(e)

きょうこう【恐慌】panique 女, affolement 男, crise 女

きょうこう【強硬】—〜な forme, énergique; intransigeant(e)

きょうこう【教皇】pape 男

きょうごう【競合】—〜する concurrencer

きょうこく【峡谷】gorge 女

きょうこく【強国】(grande) puissance 女, pays puissant 男

きょうざい【教材】matériel pédagogique 男

きょうさく【凶作】mauvaise récolte 女

きょうさん【共産】▶共産主義 communisme 男 —共産主義の communiste 共産主義者 communiste 名 共

産党 parti communiste 男【略 PC】

きょうし【教師】enseignant(e) 名; professeur 男【女性にも用いられる】; (小学校の) instituteur(trice) 名

ぎょうし【凝視】 ～～する regarder... fixement, fixer son regard [les yeux] sur...

ぎょうじ【行事】fête 女, cérémonie 女

きょうしつ【教室】(部屋) salle de classe 女; (講習) cours 男

ぎょうしゃ【業者】—出入りの～ fournisseur 男

きょうじゅ【教授】(教えること) enseignement 男; (大学の教授) professeur 男【女性にも用いられる】

きょうじゅ【享受】jouissance 女 ～～を～する jouir de...

きょうしゅう【郷愁】nostalgie 女

きょうしゅく【恐縮】～～する être confus(e)〈de〉

ぎょうしゅく【凝縮】condensation 女

きょうじゅつ【供述】déposition 女

きょうしょく【教職】enseignement 男

きょうしん【狂信】fanatisme 男

きょうせい【強制】contrainte 女, astreinte 女 ～～する［…するように～する〕contraindre [astreindre]... à 不定詞

きょうせい【共生】(生物の) symbiose 女

ぎょうせい【行政】administration 女 ▶ **行政権** droit administratif 男

ぎょうせき【業績】résultat 男

きょうそう【競争】concurrence 女, compétition 女, rivalité 女 ～～する [être] en concurrence avec; rivaliser de... avec ■ **競争相手** rival(ale) 名 (男名 -aux); concurrent(e) 名

きょうそう【競走】course 女

きょうぞう【胸像】buste 男

きょうそうきょく【協奏曲】concerto 男

きょうそん【共存】～～する coexister avec...

きょうだい【兄弟】(男の) frère 男; (女の) sœur 女 —ご～はいらっしゃいますか Vous avez des frères et sœurs?

きょうだい【強大】～～な fort(e), puissant(e), grand(e)

きょうだい【鏡台】coiffeuse 女

きょうたん【驚嘆】～～する s'émerveiller de...

きょうだん【教壇】estrade 女, chaire (de professeur) 女

きょうちょう【強調】insistance 女 ～～する insister sur...

きょうつう【共通】—…と…に～する s'entendre avec... ～的な conciliant(e) ▶ **共通点** point commun

きょうてい【協定】convention 女; accord 男; (条約) traité 男

きょうど【郷土】pays natal 男

きょうとう【教頭】sous-directeur(trice) (d'une école) 名

きょうどう【共同】—～の commun(e); collectif(ive) —…と…で en collaboration〈avec〉 ▶ **共同作業** travail collectif 男 **共同声明** communiqué commun 男 **共同体** communauté 女

協同組合 Coopérative 女

きょうはく【脅迫】～～する faire du chantage, faire chanter ; menacer

きょうはん【共犯】complicité 女 ▶ **共犯者** complice 名

きょうふ【恐怖】peur 女; horreur 女 —～を感じる avoir peur

きょうふ【胸部】thorax 男, poitrine 女

きょうふう【強風】vent fort 男

きょうほ【競歩】marche 女

きょうぼう【共謀】complicité 女 ～～する comploter; conspirer

きょうぼう【凶暴】～～な brutal(ale) (男複 -aux); féroce; cruel(le)

きょうみ【興味】intérêt 男, (好奇心) curiosité 女 ～～をもつ (人が主語) s'intéresser〈à〉; (物が主語) intéresser ～深い intéressant(e); curieux (se) ～～本位で par curiosité; par jeu

ぎょうむ【業務】service 男, affaires 女複

きょうゆう【共有】～～の commun(e)

きょうよう【教養】culture 女; éducation 女 ～～のある cultivé(e)

きょうよう【強要】—人に…することを～～する exiger... de 不定詞, forcer... à 不定詞

きょうらく【享楽】jouissance 女

きょうり【郷里】pays natal 男

きょうりゅう【恐竜】dinosaure 男

きょうりょう【狭量】～～な mesquin(e), borné(e)

きょうりょく【協力】collaboration 女, coopération 女; (援助) aide 女 ～～する collaborer à... avec...; coopérer à... [avec...] —…と…で en collaboration avec... ～的な coopératif(ve) 名, partenaire 名, associé(e) 名

きょうりょく【強力】～～な puissant(e), fort(e), vigoureux(se)

きょうれつ【強烈】～～な fort(e); vif (ve); violent(e); intense

ぎょうれつ【行列】(順番待ちの) queue 女, file 女; (行列行進) défilé 男

きょうわ【共和】▶ **共和国** république 女 **共和党** parti républicain 男

きょえい【虚栄】虚栄心 vanité 女 —虚栄心の強い vaniteux(se)

きょか【許可】permission 女; autorisation 女; (入会・入学などの) admission 女 —人に…することを～～する permettre à... de 不定詞; (入会・参加などを) admettre... à ～～を求める demander à... la permission de 不定詞 どこで～～をもらうことができますか Où puis-je obtenir le permis? ▶ 許

ぎょかく【漁獲】 ►漁獲高 pêche 女

ぎょがん【魚眼】 ►魚眼レンズ (objectif) fish-eye 男

ぎぎ【虚偽】 ――の faux(sse); mensonger(ère)

ぎょぎょう【漁業】 pêche 女

きょく【曲】 morceau 男, pièce 女

きょく【局】 (官庁964関) bureau 男, office 男, service 男 ►テレビ局 station de télévision 女

きょく【極】 pôle 男

きょくげい【曲芸】 tour d'acrobatie 男, acrobatie 女, voltige 女

きょくげん【極限】 limite 女, extrémité 女 ►極限状態 situation extrême 女

きょくしょう【極小】 minimum 男 (複 ～s, minima)

きょくせつ【曲折】 détour 男, sinuosité 女, zigzags 男

きょくせん【曲線】 (ligne) courbe 女 ――を描く dessiner une courbe

きょくだい【極大】 maximum 男 (複 ～s, maxima)

きょくたん【極端】 ――な extrême; excessif(ve)

きょくち【極致】 comble 男, apogée 男

きょくち【局地】 ――の,――的な local(ale) (男複 -aux); localisé(e)

きょくちょう【局長】 directeur(trice) 名, chef 男; (郵便局の) receveur(se) des postes 名

きょくてん【極点】 pôle 男

きょくど【極度】 ――の extrême; excessif(ve); outré(e) ►～に excessivement; extrêmement; à l'excès

きょくとう【極東】 Extrême-Orient 男 (不変)

きょくどめ【局留め】 poste restante 女

きょくぶ【局部】 partie (déterminée) 女; (陰部) parties sexuelles 女 (生殖器) organes génitaux 男複 ►局部麻酔 anesthésie locale 女

きょくめん【局面】 aspect 男, phase 女, situation 女

きょこう【挙行】 célébration 女 ――する célébrer ...

きょこう【虚構】 fiction 女

きょこう【漁港】 port de pêche 男

きょじゃく【虚弱】 ――な faible, chétif(ve)

きょじゅう【居住】 habitation 女 ――する habiter, demeurer, résider ►居住者 habitant(e) 名; (外国人の) résident(e) 名

きょしょう【巨匠】 grand maître 男

ぎょじょう【漁場】 lieu de pêche 男

きょしょくしょう【拒食症】 anorexie 女

きょじん【巨人】 géant(e) 名, colosse 男

きょする【御する】 gouverner ――馬を～ diriger un cheval

きょぜつ【拒絶】 refus 男, rejet 男 ――する refuser ►拒絶反応 (臓器移植で) réaction de rejet 女

ぎょせん【漁船】 bateau de pêche 男

ぎょそん【漁村】 village de pêcheurs 男

きょだい【巨大】 ――な gigantesque, colossal(ale) (男複 -aux), énorme

きょうかい【曲解】 fausse interprétation 女 ――する fausser ...; dénaturer ...

ぎょっと être saisi(e) d'épouvante, s'effrayer de ...

きょてん【拠点】 position 女; base 女

きょねん【去年】 l'année dernière 女, l'an dernier 男; (一年前) il y a un an

きょひ【拒否】 refus 男, rejet 男 ――する rejeter; refuser ――に対して～権を行使する mettre [opposer] son veto à ►拒否反応 réaction de rejet 女

きょむ【虚無】 néant 男 ――的な nihiliste ►虚無主義 nihilisme 男

きよめる【清める】 purifier ...

ぎょもう【漁網】 filet de pêche 男

きょよう【許容】 admission 女, tolérance 女 ――する tolérer à 人が～するのを～する permettre à ... de 不定詞

ぎょらい【魚雷】 torpille 女

きょり【距離】 distance 女; (間隔) intervalle 男 ――と～を置く (対人関係で) se tenir à distance de ...

きょろきょろ promener son regard de tous côtés

きらい【嫌い】 ――である ne pas aimer ...; (大嫌い) détester ...; avoir horreur de ...; (憎む) haïr ...

きらう【嫌う】 répugner à

きらきら ――光る scintiller; étinceler; briller

きらく【気楽】 ――な (のんきな) sans souci, insouciant(e); (簡単な) aisé(e)

きらめく scintiller; étinceler

きり【霧】 brouillard 男; (もや) brume 女 ――がかかっている Il fait du brouillard. ►霧吹き vaporisateur 男; atomiseur 男

きり【錐】 poinçon 男, foret 男

ぎり【義理】 obligation 女, devoir 男 ――堅い être fidèle à ses obligations ～を欠く manquer à son devoir ►～の母 belle-mère 女 (複～s-～s)

きりあげ【切り上げ】 réévaluation 女

きりかえ【切り換え】 changement 男 ――切り換える changer

きりかぶ【切り株】 (木の) souche 女; (稲などの) chaume 男

きりきざむ【切り刻む】 couper [mettre] en morceaux; hacher ...

きりきず【切り傷】 coupure 女

ぎりぎり ――で de justesse

きりくち【切り口】 incision 女; (断面)

きりこみ【切り込み】incision 女
きりさげ【切り下げ】dévaluation 女
きりさめ【霧雨】crachin 男, bruine 女 ―〜が降る Il bruine. | Il fait du crachin.
ギリシャ Grèce 女 ―〜の grec(que)
きりすてる【切り捨てる】supprimer ―端数を〜 arrondir au chiffre inférieur
キリスト(le) Christ, Jésus-Christ 男 ▶キリスト教 religion chrétienne 女, christianisme 男 ―キリスト教の chrétien(ne) キリスト教徒 chrétien(ne) 名
きりたおす【切り倒す】abattre ...
きりつ【規律】discipline 女, ordre 男
きりつ【起立】―〜する se lever; se mettre debout
きりつめる【切り詰める】économiser
きりとる【切り取る】détacher ...
きりぬき【切り抜き】découpage 男; (切り抜いたもの) coupure 女
きりぬく【切り抜く】découper ...
きりぬける【切り抜ける】se tirer [se sortir] de ..., échapper à ...
キリバス Kiribati 男 ―〜の kiribatien(ne)
きりはなす【切り離す】(刃物で) trancher ...; (AからBを) détacher B de A
きりひらく【切り開く】défricher
きりふだ【切り札】atout 男
きりみ【切り身】tranche 女
きりゅう【気流】courant aérien [atmosphérique] 男
きりょう【器量】―〜のよい beau (belle)
ぎりょう【技量】habileté 女, talent 男
きりょく【気力】énergie 女, moral 男
キリン【麒麟】girafe 女
きる【切る】couper; (切り分ける, 切り取る) découper; (薄切りにする) émincer; (刻む) hacher; (ばっさり切る) trancher; (切り倒す) abattre ―テレビを〜 éteindre la télévision
きる【着る】s'habiller; mettre ―着ている être habillé(e)
-きる【-切る】―使い〜 épuiser 疲れ〜 s'épuiser
キルギス Kirghizistan 男 ―〜の kirghiz(e)
きれ【布】toile 女
-きれ【-切れ】―〜のパン une tranche de pain
きれい【綺麗】―〜な (美しい) beau (belle); (清潔な) propre; (きちんとした) correct(e) ―〜にする nettoyer
きれつ【亀裂】fente 女, crevasse 女; (小さい) fissure 女, fêlure 女; (友情などの) faille 女 ―〜が入る se fendre
きれる【切れる】(刃物などが) couper bien, être tranchant(e); (切断される, 尽きる) être à

court de ... ―ガソリンが〜 être en panne d'essence
キロ(キログラム) kilogramme 男, kilo 男; (キロメートル) kilomètre 男 ▶キロリットル kilolitre 男 キロワット kilowatt 男
きろ【帰路】chemin de retour 男
きろく【記録】(競技などの) record 男; (書き記すこと) enregistrement 男; (文書) document 男; (総称) archives 女複 ―〜する enregistrer ..., noter ... ―〜を破る【更新する】battre [améliorer] un record ―〜的な数字 chiffre record
ぎろん【議論】(討論) discussion 女; (公開の) débat 男 ―〜する discuter (sur, de); débattre (de) ―〜の余地のない indiscutable
ぎわく【疑惑】doute 男, soupçon 男
きわだつ【際立つ】se détacher (sur)
きわどい【際どい】―〜なところで de justesse ―〜冗談 plaisanterie osée 女
きわめて【極めて】extrêmement, infiniment, très
きん【金】or 男 ―〜の en or, d'or
ぎん【銀】argent 男 ―〜の en argent
きんいつ【均一】―〜の uniforme
きんえん【禁煙】(掲示) Défense de fumer ―〜する arrêter de fumer ▶禁煙車 voiture non-fumeurs 女
きんか【金貨】pièce [monnaie] d'or 女
ぎんか【銀貨】pièce d'argent 女
ぎんが【銀河】Voie lactée 女 ▶銀河系 Galaxie 女
きんかい【近海】zone littorale 女
きんがく【金額】somme (d'argent) 女
きんがしんねん【謹賀新年】Meilleurs vœux [et souhaits sincères] pour la nouvelle année. | Je vous présente mes meilleurs vœux à l'occasion de la nouvelle année.
きんかん【近刊】(広告で) À paraître (prochainement)
きんかん【金管】▶金管楽器 (instrument à vent en) cuivre 男
きんがん【近眼】⇒近視
きんかんしょく【金環食】éclipse annulaire 女
きんきゅう【緊急】urgence 女 ―〜の urgent(e), d'urgence, pressant(e) ―緊急事態 état d'urgence 男
きんぎょ【金魚】poisson rouge 男
きんけん【金権】▶金権政治 ploutocratie 女
きんこ【金庫】coffre-fort 男 (複 -s~s)
きんこう【近郊】(proche) banlieue 女, alentours 男複
きんこう【均衡】équilibre 男, balance 女 ―〜を保つ garder l'équilibre ―... en équilibre ―〜をやぶる rompre l'équilibre
ぎんこう【銀行】banque 女 ▶銀行員

きんこつ【筋骨】～たくましい musclé(e), musculeux(se)

きんし【禁止】interdiction 女, défense 女; (法的な) prohibition 女 ～された interdit(e), défendu(e), prohibé(e) 人に…することを～する interdire à... de 不定詞

きんし【近視】myopie 女 ～である être myope

きんしつ【均質】homogénéité 女 ～の homogène

きんじつ【近日】～中に prochainement

きんしゅ【禁酒】～する arrêter de boire

きんしゅく【緊縮】réduction 女, restriction 女 ▶緊縮財政 économie d'austérité 女

きんじょ【近所】voisinage 男, proximité 女, environs 男複 ～の人 voisin(e) 名

きんじる【禁じる】interdire 一人が…することを～ interdire à... de 不定詞

きんせい【近世】époque moderne 女

きんせい【均整】(釣り合い) proportion 女, équilibre 男

きんせい【金星】Vénus 女

きんせん【金銭】argent 男 ～上の pécuniaire; financier(ère)

きんぞく【金属】métal 男 (複 -aux) ～の de [en] métal, métallique ▶金属工業 métallurgie 女, industrie des métaux [métallique] 女 ▶金属探知器 détecteur de métaux 男

きんだい【近代】temps modernes 男複; époque contemporaine 女 ～的な moderne ▶近代化 modernisation 女

きんちょう【緊張】tension 女, contraction 女, nervosité 女 ～する être tendu(e); (神経質になる) être nerveux(se); (あがる) avoir le trac; (緊迫する) se tendre ▶緊張緩和 détente 女

きんとう【近東】Proche-Orient 男

ぎんなん【銀杏】noix de ginkgo 女

きんにく【筋肉】muscle 男; (集合的) musculature 女 ▶筋肉痛 douleur musculaire 女, myalgie 女

きんねん【近年】ces dernières années, ces derniers temps, récemment

ぎんぱく【緊迫】tension 女 ～した tendu(e)

きんぱく【金箔】feuille d'or 女

きんぱつ【金髪】cheveux blonds [d'or, dorés] 男複 ～の女性 une blonde

ぎんばん【銀盤】(銀の皿) plat d'argent 男; (スケートリンク) patinoire 女

きんべん【勤勉】application 女, assiduité 女 ～な (よく働く) appliqué(e), assidu(e), travailleur(se); (勉強熱心な) studieux(se)

ぎんみ【吟味】examen (minutieux) 男, vérification 女 ～する (調べる) examiner...; (確かめる) vérifier...

きんむ【勤務】travail 男 (複 -aux), service 男 ～する travailler, être employé(e)

きんメダル【金メダル】médaille d'or 女

ぎんメダル【銀メダル】médaille d'argent 女

きんもつ【禁物】—彼の前でその話は～だ C'est un sujet tabou pour lui.

きんゆ【禁輸】interdiction d'exporter [d'importer] 女; (輸入禁止) embargo 男; (輸入禁止) prohibition 女

きんゆう【金融】finance 女; (融資) crédit 男 ▶金融機関 établissement de crédit, crédit 男 ▶金融業者 financier 男

きんようび【金曜日】vendredi 男

きんよく【禁欲】ascèse 女, abstinence 女 ～的な stoïque

きんり【金利】(利子) intérêt 男, rente 女; (利率) taux 男

きんりょう【禁漁】▶禁漁区 chasse gardée 女

きんりん【近隣】▶近隣諸国 pays voisins [limitrophes] 男複

く

く【九】neuf 男; (第9) neuvième

く【区】(都市の) arrondissement 男; (区域) circonscription 女, secteur 男

く【句】locution 女; (詩の) vers 男

く【具】ingrédient 男

ぐあい【具合】(調子・状態) état 男 —体の～がいい se porter bien

グアテマラ Guatemala 男 ～の guatémaltèque

くい【杭】pieu 男, piquet 男

くい【悔い】regret 男, remords 男

クイーン(女王) reine 女; (トランプ・チェスの) dame 女

くいき【区域】zone 女, circonscription 女, secteur 男, région 女

くいしんぼう【食いしん坊】gourmand(e) 名, glouton(ne) 名

クイズ jeu de devinette 男, devinette 女 ▶クイズ番組 jeu télévisé 男

くいちがい【食い違い】désaccord 男, divergence 女

くいちがう【食い違う】différer, diverger; se contredire; être en contradiction

くいつくす【食い尽くす】manger entièrement, (使い果たす) épuiser

くいとめる【食い止める】arrêter, enrayer; limiter ～が…するのを～ empêcher... de 不定詞

くう【食う】 ⇒食べる
クウェート Koweït 男; ～の koweïtien(ne)
くうかん【空間】 espace 男; place 女
くうき【空気】 air 男; (雰囲気) atmosphère 女 ～を入れ替える aérer
くうきょ【空虚】 ～な vide; vain(e)
くうぐん【空軍】 forces aériennes 女複, armée de l'air 女
くうこう【空港】 aéroport 男
くうしゃ【空車】 taxi libre 男
くうしゅう【空襲】 raid 男
くうすう【偶数】 (nombre) pair 男
くうせき【空席】 place libre [inoccupée] 女; (役職などの) poste vacant 男
くうぜん【空前】 ～の sans précédent
ぐうぜん【偶然】 hasard 男; (偶然の出来事) accident 男 ～に par hasard, accidentellement ～の fortuit(e), accidentel(le) ～の一致 coïncidence 女
くうそう【空想】 fantaisie 女, (想像) imagination 女; (夢想) rêverie 女, rêve 男 ～する imaginer (que); rêver
ぐうぞう【偶像】 idole 女, fétiche 男
◆偶像崇拝 idolâtrie 女
くうちゅう【空中】 ～に en l'air
クーデター coup d'État 男
くうどう【空洞】 cavité 女
くうはく【空白】 blanc 男, vide 男; lacune 女
くうふく【空腹】 faim 女 ～だ J'ai faim.
クーポン bon 男, coupon 男
くうゆ【空輸】 transport aérien 男
クーラー climatiseur 男
くうろ【空路】 ～で par avion
ぐうわ【寓話】 fable 女
クエスチョン ► クエスチョンマーク point d'interrogation 男
クォーツ (水晶) quartz 男 ►クォーツ時計 montre à quartz 女
くかく【区画】 division 女; (土地の分割) lotissement 男, morcellement 男
くがつ【九月】 septembre 男 ～に en septembre, au mois de septembre
くかん【区間】 section 女, tronçon 男
くき【茎】 tige 女; ʰhampe 女, chaume 男
くぎ【釘】 clou 男 (複～x) ～を打ち込む planter [enfoncer] un clou ►釘抜き arrache-clou 男; tenailles 女複
くぎづけ【釘付け】 ～にする clouer ～になる être rivé(e)
くきょう【苦境】 situation difficile 女; (逆境) adversité 女
くぎり【区切り】 division 女; (切れ目) pause 女 ～を区切る diviser, sectionner
くけい【矩形】 rectangle 男
くさ【草】 herbe 女; (雑草) mauvaises herbes 女複
くさい【臭い】 (においがする) sentir mauvais; (話) puer; (臭いにおいの) puant(e), empesté(e) ガス～ Ça sent le gaz.
くさかり【草刈り】 fauchage 男 ►草刈り機 faucheuse 女
くさき【草木】 végétation 女, verdure 女
くさち【草地】 pré 男
くさばな【草花】 fleurs 女複
くさび【楔】 coin 男, cale 女
くさり【鎖】 chaîne 女
くさる【腐る】 (腐敗する) pourrir, se putréfier, se décomposer; (傷む) se gâter 腐った pourri(e), gâté(e)
くし【串】 broche 女, brochette 女
くし【櫛】 peigne 男 ～でとかす (他人の) peigner...; (自分の) se peigner
くじ【籤】 sort 男; (宝くじ) loterie 女 ～を引く tirer au sort
くじく【挫く】 (ねんざする) se fouler; (やる気を失わせる) décourager
くじける【挫ける】 se décourager
クジャク【孔雀】 paon 男; (雌) paonne 女
くしゃくしゃ ～にする froisser
くしゃみ éternuement 男 ～をする éternuer
くじょ【駆除】 extermination 女, destruction 女 ～する exterminer
くしょう【苦笑】 ～する rire jaune
くじょう【苦情】 plainte 女, réclamation 女 ―AにBのことで～を言う se plaindre à A de B, réclamer auprès de A
クジラ【鯨】 baleine 女
くしん【苦心】 ～する se donner du mal (beaucoup de peine); faire de grands efforts
くず【屑】 déchets 男複; chiffon 男
くすくす ～笑う rire tout bas
ぐずぐず ～する traîner
くすぐったい Ça me chatouille.
くすぐる【擽る】 chatouiller...
くずす【崩す】 démolir, abattre, raser
くすぶる【燻る】 fumer
くすり【薬】 remède 男; (医薬品) médicament 男 ～を飲む prendre des médicaments? ►薬屋 (店) pharmacie 女
くすりゆび【薬指】 annulaire 男
くずれる【崩れる】 (崩壊する) crouler, s'effondrer; (形が) se déformer
くすんだ sombre; (つやのない) mat(e)
くせ【癖】 (習慣) habitude 女, pli 男; (性向) penchant 男; (変わった癖) manie 女, tic 男 ～でいつもの～で à son habitude, par habitude
くそ【糞】 excrément 男, selles 女複; (動物の) crotte 女 くそっ (俗) Merde!
ぐたい【具体】 ～的な concret(ète); réel(le) ～化する se concrétiser, se

matérialiser

くだく【砕く】casser, briser, écraser
くだける【砕ける】se casser, se fracasser, se briser, s'écraser
ください【下さい】—これを~ Donnez-moi ça, s'il vous plaît.
くだす【下す】—判決を~ prononcer [rendre] une sentence 命令を~ donner un ordre
くたばる crever, claquer
くたびれる se fatiguer, être fatigué(e)
くだもの【果物】fruit 男
くだらない【下らない】(愚か) absurde, stupide; (無益) inutile, vain(e); (ささいな) insignifiant(e)
くだり【下り】descente 女 ▶下り坂 pente 女, descente 女; déclin 男
くだる【下る】(低い所へ) descendre; (命令などが) être donné(e); (判決が) être prononcé(e) [rendu(e)]
くち【口】(人間の) bouche 女, (動物の) gueule 女; (容器の) ouverture 女 —~がかたい être discret(ète) ~をそろえて unanimement, d'une seule voix
ぐち【愚痴】plainte 女 —~をいう se plaindre (de, que), grommeler
くちえ【口絵】frontispice 男
くちかず【口数】—~の多い bavard(e), loquace ~の少ない taciturne, discret(ète)
くちがね【口金】capsule 女; fermoir 男
くちきき【口利き】—…の~で par l'intermédiaire de…
くちぎたない【口汚い】être mal embouché(e) —口汚くののしる injurier… grossièrement
くちぐるま【口車】—~に乗せる enjôler
くちげんか【口喧嘩】querelle 女, dispute 女 —~する se disputer [se quereller] avec…
くちごたえ【口答え】réplique 女, riposte 女 —~する répliquer à…
くちさがない【口さがない】cancanier(ère)
くちずさむ【口ずさむ】fredonner, chantonner
くちぞえ【口添えする】dire un mot en faveur de…
くちだし【口出し】—余計な~をするな Mêle-toi de tes affaires.
くちどめ【口止め】—~する demander à… le silence sur; (買収して) acheter le silence de… ▶口止め料 prix du silence 男
くちばし bec 男
くちび【口火】allumeur 男, amorce 女; veilleuse 女 —~を切る amorcer
くちひげ【口髭】moustache 女
くちびる【唇】lèvre 女 —~を噛む se mordre les lèvres ▶上下口唇 lèvre supérieure [inférieure] 女

くちぶえ【口笛】sifflement 男 —~を吹く siffler
くちぶり【口振り】façon [manière] de parler 女; (口調) ton 男
くちべに【口紅】rouge 男; bâton de rouge 男 —~をつける se mettre du rouge aux lèvres
くちやくそく【口約束】—~をする promettre verbalement [de vive voix]
くちょう【口調】ton 男
くつ【靴】chaussure 女, (短靴) soulier 男 —~をはく se chausser, mettre ses chaussures ~を脱ぐ se déchausser, enlever ses chaussures ▶靴墨 cirage 男, crème à chaussures 女 靴べら chausse-pied 男
くつう【苦痛】douleur 女, souffrance 女; (精神的な) chagrin 男
くつがえす【覆す】renverser
クッキー gâteau sec 男, biscuit 男
くっきり distinctement, clairement
クッキング cuisine 女
くっし【屈指】—~の de grande classe, de premier ordre; éminent(e)
くつした【靴下】chaussette 女; (ハイソックス) chaussette haute 女
くつじょく【屈辱】—~的な humiliant(e)
クッション coussin 男
ぐっすり —~眠る dormir profondément [à poings fermés]
くっせつ【屈折】flexion 女 —~する fléchir
くったく【屈託】—~のない insouciant(e)
ぐったり —~した être épuisé(e)
くっつく【くっ付く】(se) coller à, adhérer à; (べたつく) être collant(e)
くっつける【くっ付ける】fixer; joindre à; (貼り付ける) coller
くっぷく【屈服】—~する se soumettre (à), capituler (devant) ~させる soumettre…
くつろぐ【寛ぐ】se mettre à son aise [à l'aise], se prélasser —どうぞおくつろぎください Mettez-vous donc à votre aise. | Faites comme chez vous.
くどい prolixe; répétitif(ve), fatigant(e)
くどう【駆動】traction 女
くとうてん【句読点】signe de ponctuation 男
くどく【口説く】courtiser…, faire la cour à…
ぐどん【愚鈍】—~な stupide, imbécile
くなん【苦難】épreuve 女
くに【国】pays 男; État 男, nation 女 —お~はどちらですか De quel pays êtes-vous?
くばる【配る】(物を) distribuer (à); (配達する) livrer

- **くび**【首】cou 男; (頭部) tête 女; (うなじ) nuque 女 ――をしめる étrangler ~を縦に振る hocher la tête, faire signe que oui ~を横に振る secouer la tête, faire signe que non
- **くびかざり**【首飾り】collier 男
- **くびすじ**【首筋】nuque 女
- **くびわ**【首輪】collier 男
- **くふう**【工夫】(アイデア) idée 女; (考案) invention 女; (創意) ingéniosité 女 ――する s'ingénier (à)
- **くぶん**【区分】(分割) division 女; (区画) section 女 ――する diviser, sectionner, classifier
- **くべつ**【区別】distinction 女, différence 女; (分離) séparation 女 ――する distinguer (A de B); faire la distinction (entre A et B); (分離) séparer (A et [de] B)
- **くぼみ**【窪み】creux 男; enfoncement 男; cavité 女
- **くま**【熊】ours(e) 男
- **くまで**【熊手】râteau 男
- **くまなく**【隈なく】――さがす chercher dans tous les coins
- **くみ**【組】(集団) groupe 男; équipe 女; bande 女; (学級) classe 女; (一揃い) assortiment 男, service 男; (対) paire 女
- **くみあい**【組合】syndicat 男, association 女 ▶ 労働組合 syndicat (ouvrier) 男
- **くみあわせ**【組み合わせ】combinaison 女
- **くみあわせる**【組み合わせる】combiner, assortir, associer
- **くみいれる**【組み入れる】(挿入する) insérer, introduire; (付加する) ajouter
- **くみきょく**【組曲】suite 女
- **くみたて**【組み立て】montage 男; assemblage 男; composition 女; structure 女
- **くみたてる**【組み立てる】monter; assembler
- **くむ**【組む】(協力する) travailler avec, collaborer avec; (組を作る) faire équipe avec ―脚を~ croiser les jambes …と組んで en association avec
- **くむ**【汲む・酌む】(水などを) puiser
- **くめん**【工面】――する s'arranger pour se procurer de l'argent
- **くも**【雲】nuage 男 ――をつかむような話 histoire vague 女
- **クモ**【蜘蛛】araignée 女
- **くもゆき**【雲行き】(空模様) temps 男; (状況) situation 女 ――が怪しくなる s'assombrir
- **くもり**【曇り】(天候) temps couvert [nuageux] 男; (鏡・ガラスの) ternissement 男 ▶ 曇りガラス verre dépoli 男
- **くもる**【曇る】(空が) se couvrir; (ガラスなどが) se ternir ―曇った couvert(e),

nuageux(se); (ガラスなどが) terni(e)
- **くもん**【苦悶】angoisse 女, souffrance 女 ――する souffrir affreusement
- **くやくしょ**【区役所】mairie d'arrondissement 女
- **くやしい**【悔しい】éprouver du dépit
- **くやみ**【悔やみ】condoléances 女復 ―お~を述べる offrir [présenter] ses condoléances à …
- **くやむ**【悔やむ】se repentir, regretter (de)
- **くよくよ**――する se faire du souci
- **くら**【倉・蔵】(倉庫) dépôt 男, entrepôt 男, magasin 男; (穀物倉) grenier 男, grange 女, magasin à grains 男
- **くら**【鞍】selle 女
- **くらい**【暗い】(薄暗い) sombre, obscur(e); (陰気な) sombre, triste, morose, noir(e) ――暗くなる s'assombrir, devenir sombre
- **くらい**【位】(階級) grade 男, rang 男; (数学の) colonne 女
- **-くらい**【-位】(数詞とともに) environ, à peu près, aux environs de; (程度) combien; (比較) aussi…que
- **グライダー** planeur 男
- **クライマックス** point culminant 男, comble 男
- **グラウンド** terrain (de sport) 男
- **くらがり**【暗がり】obscurité 女, ténèbres 女復
- **クラクション** klaxon 男, avertisseur 男
- **ぐらぐら** ――する branler, chanceler, vaciller
- **クラゲ** méduse 女
- **くらし**【暮らし】vie 女, existence 女 ――を立てる gagner sa vie
- **クラシック** classique ▶ クラシック音楽 musique classique
- **クラス** (学級) classe 女; (等級) classe 女, catégorie 女, rang 男 ▶ クラス会 réunion des anciens élèves 女 クラスメート camarade de classe 男
- **くらす**【暮らす】vivre, mener sa vie ―幸せに~ vivre heureux(se)
- **グラス** verre 男
- **グラタン** gratin 男
- **クラッカー** (菓子の) cracker 男, petits biscuits salés 男復; (爆竹の) pétard 男
- **ぐらつく** (揺らぐ) branler; (よろめく) chanceler; (揺れ動く) vaciller, osciller
- **クラッチ** embrayage 男
- **グラビア** photogravure 女
- **クラブ** (同好会) club 男, société 女, association 女; (トランプ) trèfle 男; (ゴルフ) club de golf 男
- **グラフ** graphique 男, diagramme 男
- **グラフィック** ▶ グラフィックデザイナー graphiste 男
- **くらべる**【比べる】comparer A et

[avec, à] B ……に~と comparé(e) à..., en comparaison de [avec]..., par rapport à...
グラム gramme 男
くらやみ【暗闇】obscurité 女, noir 男
クラリネット clarinette 女
グランドピアノ piano à queue 男
グランプリ grand prix 男
くり【栗】(食用) marron 男; (木) châtaignier 男; (実) châtaigne 女
くりあげる【繰り上げる】(日付などを) avancer, hâter; (順位を) remonter ...
クリーナー (掃除機) aspirateur 男; (汚れ落とし) détachant 男
クリーニング nettoyage 男, blanchissage 男 ▶クリーニング屋(店) pressing 男; blanchisserie 女; (人) blanchisseur(se), teinturier(ère) 名 ドライクリーニング nettoyage à sec
クリーム (食用) crème 女; (化粧品) crème (de beauté) 女
グリーン vert 男; (ゴルフの) green 男 ▶グリーン車 voiture de première classe 女 グリーンピース (petits) pois 複
くりかえし【繰り返し】répétition 女
くりかえす【繰り返す】répéter; (言う) redire
クリケット cricket 男
くりこし【繰り越し】report 男
くりこす【繰り越す】reporter
クリスタル cristal 男 (複 -aux)
クリスチャン chrétien(ne)
クリスマス Noël 男 (通常無冠詞) ― メリー~ Joyeux Noël! クリスマスイブ la veille de Noël クリスマスカード carte de Noël 女 クリスマスツリー sapin de Noël 男 クリスマスプレゼント cadeau de Noël 男
グリセリン glycérine 女
クリック cliquer
クリップ (髪の) pince (à cheveux) 女; (紙の) trombone 男
クリニック clinique 女
グリル (食堂) grill-room 男; (調理器具) gril 男
くる【来る】venir [助動詞 être]; (到着する) arriver [助動詞 être]; (由来・起因する) venir de, provenir de [助動詞 être], ため だ ▶日本から来ました Je viens du Japon. こっちに来なさい Viens ici.
くるう【狂う】(気が) devenir fou(folle) [助動詞 être]; (調子が) se détraquer; (予定がくるう) être dérangé(e)
グループ groupe 男
グルジア Géorgie 女 ―~の géorgien(ne)
くるしい【苦しい】douloureux(se); (骨の折れる) pénible, rude; (困難な) dur(e), difficile ―~立場にある se trouver dans une situation difficile
くるしみ【苦しみ】douleur 女, souffrance 女; angoisse 女 (精神的な) chagrin 男
くるしむ【苦しむ】souffrir (de), se tourmenter
くるしめる【苦しめる】faire souffrir ..., tourmenter...; (肉体的に) torturer...
くるぶし【踝】cheville 女
くるま【車】voiture 女; (乗り物一般) véhicule 男; (車輪) roue 女 ―~に乗る monter dans une voiture ―~を運転する conduire une voiture ▶車いす fauteuil roulant 男
くるまえび【車海老】crevette grise 女
くるまる s'envelopper, s'enrouler
クルミ【胡桃】(実) noix 女; (木) noyer 男
くるむ envelopper, couvrir
くれ【暮れ】(夕方) soir 男, soirée 女; (年末) fin de l'année 女
グレー gris 男
クレーター cratère 男
クレープ (食べ物) crêpe 女; (織物の) crêpe 男
グレープフルーツ pamplemousse 男
クレーム réclamation 女 ―~をつける faire une réclamation auprès de ...
クレーン grue 女
クレジット crédit 男 ▶クレジットカード carte de crédit 女
くれつ【愚劣】―~な stupide; bête
グレナダ Grenade 男 ―~の grenadien(ne)
クレヨン crayon (de pastel) 男
くれる【暮れる】―日が~ Le soleil se couche.
くれる【呉れる】(与える) donner à, (…してくれる) avoir la bonté [gentillesse] de [不定詞], prendre [se donner] la peine de [不定詞]
クレンザー détergent 男
くろ【黒】noir 男 ―黒い noir(e); (日に焼けた) bronzé(e)
クロアチア Croatie 女 ―~の croate
くろう【苦労】peine 女 ―~する peiner sur à [不定詞]
くろうと【玄人】expert 男; professionnel(le) 名, spécialiste 名
クローク vestiaire 男
クローズアップ gros [premier] plan 男
クローバー trèfle 男
グローバリゼーション globalisation 女, mondialisation 女
グローブ gant 男
クロール ―~で泳ぐ nager le crawl, crawler
くろじ【黒字】excédent 男; (利益) bénéfice 男 ―~である (経理が) La balance se solde par un excédent.
クロス ▶クロスワードパズル mots

croisés 男復
くろずむ【黒ずむ】—黒ずんだ noirci(e), noirâtre
クロッカス（植物）crocus 男
くろパン【黒パン】pain noir 男; pain bis 男
くろまく【黒幕】éminence grise 女
クロム chrome 男
クロワッサン croissant 男
くわ【鍬】'houe 女
クワ【桑】mûrier 男
くわえる【加える】（足す）additionner 《à, de》, ajouter 《à》 —危害を〜する faire du mal à; blesser …に加えて en plus de …
くわえる【銜える】—パイプをくわえて pipe à la bouche
くわしい【詳しい】（詳細な）détaillé(e); （入念な）minutieux(se); （熟知している）connaître à fond; s'y connaître en
くわだて【企て】entreprise 女; projet 男; (試み) tentative 女, essai 男
くわだてる【企てる】entreprendre … 《de 不定詞》; tenter … 《de 不定詞》, essayer de 不定詞
くわわる【加わる】（参加する）participer, se mêler; (付け加わる) s'ajouter
-くん【君】Monsieur … —田中〜 Monsieur [M.] Tanaka
ぐん【郡】arrondissement 男
ぐんかん【軍艦】vaisseau [navire, bâtiment] de guerre 男
ぐんこく【軍国】▶軍国主義 militarisme 男
くんじ【訓示】instructions 女複
ぐんじ【軍事】—〜的な militaire ▶軍事行動 opération militaire 女 軍事費 budget militaire 男 軍事力 forces militaires 女複
くんしゅ【君主】monarque 男, souverain(e) 名
ぐんしゅう【群衆・群集】foule 女, cohue 女, affluence 女
ぐんしゅく【軍縮】désarmement 男 ▶軍縮会議 conférence du désarmement 女
くんしょう【勲章】décoration 女, médaille 女
ぐんじん【軍人】militaire 男; (兵士) soldat 男; (将校) officier 男
くんせい【薫製】fumage 男 —〜にする fumer
ぐんたい【軍隊】armée 女; (部隊) troupe 女 —〜の militaire
ぐんとう【群島】archipel 男
ぐんび【軍備】armement 男 ▶軍備縮小 réduction des armements 女
ぐんぶ【軍部】autorités militaires 女複
くんりん【君臨】règne 男 —〜する régner sur, dominer …
くんれん【訓練】exercice 男, entraînement 男 —〜する s'entraîner, s'exercer

け

け【毛】（髪の毛）cheveu 男;《集合的》chevelure 女;（人間の体毛）poil 男;（動物の）poil 男, (毛並み) pelage 男
-け【-家】famille 女, maison 女 —鈴木〜の人々 les Suzuki
けあな【毛穴】pore 男
けい【刑】peine 女, punition 女;（法律用語）pénalité 女
げい【芸】（技芸）art 男; (演技) jeu 男, tour 男 —〜がない ennuyeux(se)
けいあい【敬愛】vénération 女 —〜する vénérer
けいい【敬意】respect 男, hommage 男 —〜を表する rendre hommage à …
けいえい【経営】gestion 女, management 男 —〜する gérer …; administrer … diriger … ▶経営者 patron (ne) 名
けいえん【敬遠】—〜する éviter …
けいおんがく【軽音楽】musique légère 女
けいか【経過】cours 男, marche 女 —〜する s'écouler; passer
けいかい【軽快】—〜な léger(ère), agile 〜に légèrement, avec agilité
けいかい【警戒】garde 女, vigilance 女 —〜する être [se tenir] sur ses gardes; faire attention à …, se méfier de …
けいかく【計画】plan 男; projet 男, programme 男 —〜する projeter …, 《de 不定詞》; faire le projet de 《不定詞》; —的な (故意の) intentionnel(le); (前もって考えた) prémédité(e)
けいかん【警官】agent (de police) 男, policier 男
けいかん【景観】paysage 男; vue 女
けいき【景気】situation économique 女, conjuncture (économique) 女 —〜がよい Les affaires marchent bien. ▶景気回復 reprise économique 女 景気停滞 stagnation économique 女 景気変動 fluctuations de la conjoncture 女複
けいき【契機】occasion 女, cause 女, motif 男
けいき【計器】compteur 男; (車・飛行機の) instrument de bord 男
けいく【警句】aphorisme 男, épigramme 男
けいぐ【敬具】Respectueusement. | Veuillez agréer, Monsieur [Madame], l'expression de mes sentiments distingués.
けいけん【経験】expérience 女 —〜する faire l'expérience de …, connaître … …の〜がある avoir l'expérience de …

けいけん【敬虔】 ——な pieux(se), dévot(e)

けいげん【軽減】 ——する atténuer, alléger

けいこ【稽古】 exercice 男; entraînement 男; leçon 女 ——する faire des exercices, s'exercer à … [不定詞]

けいご【敬語】 terme de politesse 男; langage honorifique 男

けいご【警護】 garde 女 ——する garder…, escorter…

けいこう【傾向】 tendance 女; inclination 女 ……の～がある avoir tendance à …

けいこう【携行】 ——する avoir sur soi

けいこう【蛍光】 ▶蛍光灯 lampe fluorescente 女 蛍光ペン feutre fluorescent 男

けいこう【経口】 ▶経口避妊薬 pilule (contraceptive) 女

けいこうぎょう【軽工業】 industrie légère 女

けいこく【渓谷】 vallée 女; ravin 男

けいこく【警告】 avertissement 男, cri d'alarme 男 ——する avertir… de [que]

けいさい【掲載】 insertion 女, publication 女 ——する publier

けいざい【経済】 économie 女; finance 女 ——の[的な]économique, financier(ère) ▶経済学 économie, science économique 女 経済学者 économiste 名 経済危機 crise économique 女 経済制裁 sanction économique 女 経済政策 programme économique 男, politique économique 女 経済成長 croissance économique 女 経済大国 grande puissance économique 女

けいさつ【警察】 police 女 ——の policier(ère) ～に通報する signaler à la police ～はどこですか Où est le commissariat de police? ▶警察官 agent de police 男 警察署 commissariat de police 男

けいさん【計算】 calcul 男; compte 男 ——する calculer…; supputer… ▶計算機 calculateur 男, machine à calculer 女

けいし【軽視】 ——する sous-estimer, méconnaître, ne pas tenir compte de

けいじ【刑事】 inspecteur(trice) (de police) 名

けいじ【掲示】 affichage 男; (掲示物) affiche 女 ——する afficher; placarder ▶掲示板 panneau d'affichage 男; (インターネットの) BBS

けいじ【形而】 ——上の métaphysique

けいしき【形式】 forme 女; formalité 女

けいしゃ【傾斜】 inclination 女; pente

——した en pente, oblique, incliné(e)

けいじゅつ【芸術】 art 男; (美術) beaux-arts 男複 ——の[的な]artistique ▶芸術家 artiste 名 芸術作品 œuvre d'art 女

けいしょう【警鐘】 sonnette d'alarme 女 ～を鳴らす tirer la sonnette d'alarme

けいしょう【継承】 succession 女 ——する succéder à …, prendre la succession de …

けいしょう【敬称】 titre honorifique 男

けいじょう【経常】 ▶経常収支 balance des comptes courants 女; (国際収支の) solde des paiements courants 男

けいしょく【軽食】 repas léger 男, casse-croûte 男 (不変)

けいず【系図】 généalogie 女

けいすいろ【軽水炉】 réacteur à eau légère 男

けいせい【形成】 formation 女 ——する former

けいせい【形勢】 situation 女, conjoncture 女, circonstances 女複

けいせき【形跡】 trace 女, piste 女, marque 女

けいそ【珪素】 silicium 男

けいぞく【継続】 continuation 女; (更新) renouvellement 男; (延長) prolongation 女 ——する continuer, renouveler, prolonger

けいそつ【軽率】 imprudence 女, étourderie 女 ——な imprudent(e), étourdi(e); (無分別な) inconsidéré(e)

けいたい【携帯】 ——する porter… sur soi, se munir de … ——用の portatif(ve), portable ▶携帯電話 téléphone portable [mobile] 男, portable 男

けいたい【形態】 forme 女

けいちょう【傾聴】 ——する écouter… de toutes ses oreilles

けいちょうふはく【軽佻浮薄】 ——な ⇨軽薄

けいてき【警笛】 sifflet d'alarme 男; klaxon 男 ——を鳴らす klaxonner

けいと【毛糸】 laine (à tricoter) 女

けいど【経度】 longitude 女

けいとう【系統】 système 男

けいとう【傾倒】 ——する admirer [adorer] …, rendre un culte à …

けいとう【敬弔】 tour d'honneur 女

けいにん【芸人】 acteur(trice) 名, artiste 名; (宴席などの) fantaisiste 名

けいのう【芸能】 art 男 ▶芸能人 artiste 名; (テレビタレント) vedette du petit écran 女

けいば【競馬】 course de chevaux 女 ▶競馬場 champ de courses 男

けいはく【軽薄】 ——な frivole, léger (ère)

けいはつ【啓発】 édification 女, ins-

けいばつ【刑罰】peine 女, pénalité 女;(閒)châtiment 男, punition 女
けいはんざい【軽犯罪】contravention 女
けいひ【経費】dépense 女, frais 男複
けいび【警備】garde 女, surveillance 女 ——する garder..., surveiller... ▶警備員 garde 男;(ボディーガード) garde du corps 男
けいひん【景品】prime 女, petit cadeau en prime 男
けいふ【系譜】généalogie 女
けいぶ【警部】inspecteur de police 男
けいべつ【軽蔑】mépris 男, dédain 男 ——する mépriser..., dédaigner...; ~すべき méprisable
けいほう【警報】alerte 女, alarme 女
けいむしょ【刑務所】prison 女
けいもう【啓蒙】édification 女, instruction 女 ——する éclairer..., instruire...
けいやく【契約】contrat 女;(特に雇用の) engagement 男 ——する passer [conclure] un contrat ~を取り消す casser un contrat 契約違反 violation de contrat 契約書 contrat 男
けいゆ【軽油】huile légère 女
けいゆ【経由】——を して via...; en passant par...
けいようし【形容詞】adjectif 男
けいらん【鶏卵】œuf (de poule) 男
けいり【経理】comptabilité 女
けいりゃく【計略】ruses 女複, intrigue 女;(罠) piège 男
けいりゅう【渓流】ruisseau de montagne 男; torrent 男
けいりょう【計量】——する mesurer, peser
けいりん【競輪】course cycliste 女
けいれい【敬礼】salut 男 ——人に~する saluer...; faire un salut à...
けいれき【経歴】(過去) passé 男;(前歴) antécédents 男複;(履歴) curriculum vitæ 男(不変) /略 CV/;(職歴) carrière 女
けいれん【痙攣】spasme 男;(顔面の) tic 男
けいろ【経路】voie 女, route 女, chemin 男
けう【希有】——の rare, exceptionnel(le)
ケーオー【KO】(ボクシングで) K.-O. 男《不変》; knock-out 男《不変》
ケーキ gâteau 男;(総称) pâtisserie 女
ゲージ jauge 女
ケース(容器) caisse 女, boîte 女;(場合・症例) cas 男 ——バイ~で cas par cas
ゲート porte 女
ケーブル câble 男 ▶ケーブルテレビ télévision par câble 女 ケーブルカー funiculaire 男

ゲーム jeu 男;(試合) match 男(複~(e)s); partie 女
けおりもの【毛織物】tissu de laine 男
けが【怪我】blessure 女 ——をする se blesser, être blessé(e) ~人 blessé(e) 男
げか【外科】chirurgie 女 ▶外科医 chirurgien(ne) 男
けがす【汚す】salir...;(名誉を) déshonorer...
けがらわしい【汚らわしい】sale, immonde, dégoûtant(e)
けがれ【汚れ】souillure 女; tache 女
けがれのない【汚れのない】pur(e), sans tache
けがわ【毛皮】fourrure 女 ——のコート manteau de fourrure 男
げき【劇】théâtre 男;(悲劇) tragédie 女;(喜劇) comédie 女 ——的 dramatique ▶劇作家 dramaturge 名
げきじょう【劇場】théâtre 男
げきじょう【激情】passion 女
げきたい【撃退】——する repousser..., refouler...
げきだん【劇団】troupe de théâtre 女
げきど【激怒】fureur 女, rage 女 ——する entrer [se mettre] en fureur
げきれい【激励】一人に…するよう~する encourager... à 不定詞
げきろん【激論】chaude [vive, âpre] discussion 女
けげん【怪訝】——そうに d'un air méfiant
げこう【下校】——する sortir de l'école (助動詞 être)
けさ【今朝】ce matin
げざい【下剤】purgatif 男, laxatif 男
ケシ【芥子】pavot 男, œillette 女
げし【夏至】solstice d'été 男
けしいん【消印】cachet d'oblitération [de la poste] 男
けしき【景色】paysage 男;(眺め) vue 女;(展望) panorama 男
けしゴム【消しゴム】gomme à effacer 女
けじめ distinction 女 ——をつける faire la distinction (entre)
げしゃ【下車】——する descendre de train
げしゅく【下宿】(食事付きの) pension 女 ——する prendre pension chez ...
げじゅん【下旬】——に vers la fin du mois
けしょう【化粧】maquillage 男; toilette 女 ——する se maquiller, faire sa toilette ▶化粧室 cabinet de toilette 男 化粧品 produits de beauté [toilette] 男複, cosmétique 男
けしん【化身】incarnation 女
けす【消す】éteindre...; fermer..., couper...; effacer...;(削除する) supprimer...
げすい【下水】eaux d'égout 女複 ▶下水道 égout 男
ゲスト invité(e) 名

けずる【削る】(刃物で) tailler...; (機械で部品を) usiner...; (削減する) réduire..., diminuer...; (削除する) supprimer...

けた【桁】(建物の) poutre 女

けだかい【気高い】noble, sublime

けたたましい strident(e), perçant(e)

けだもの【獣】bête 女

けち avarice 女; (人) avare 男・女 ~な avare; regardant(e); (低級な) bas(se) ~をつける chicaner... sur...

ケチャップ ketchup 男

けつあつ【血圧】tension [pression] artérielle 女

けつい【決意】résolution 女, détermination 女, décision 女

けつえき【血液】sang 男 ▶ 血液型 groupe sanguin 男, type de sang 男 血液検査 analyse du sang 女

けつえん【血縁】liens du sang 男 複

けっか【結果】résultat 男, conséquence 女 (多く複数); effet 男; suite 女 ~……の~として par suite de..., en conséquence de..., à la suite de... その~ donc, par conséquent

けっかい【決壊】rupture 女

けっかく【結核】tuberculose 女

けっかん【欠陥】défaut 男; (主に身体的な) déficience 女; (技術的な) défectuosité 女 —構造上の~ défaut de structure 男 ▶ 欠陥商品 produit défectueux

けっかん【血管】vaisseau sanguin 男

げっかん【月刊】~の mensuel(le)

けっき【血気】~盛んな fougueux(se)

けつぎ【決議】décision 女, résolution 女 ~する prendre une décision [une résolution]

げっきゅう【月給】salaire mensuel 男, mensualité 女

けっきょく【結局】enfin, finalement, au bout [à la fin] du compte, après tout

けっきん【欠勤】absence 女

げっけい【月経】règles 女 複, menstrues 女 複

げっけいじゅ【月桂樹】laurier 男

けっこう【決行】~する mettre à exécution

けっこう【血行】circulation du sang

けっこう【結構】—いえ、~です Non, merci. ~混んでいる Il y a pas mal de monde.

けつごう【結合】union 女, combinaison 女 ~する s'unir (à, avec)

げっこう【月光】clair de lune 男

けっこん【結婚】mariage 男 ~する se marier avec...; épouser... ~している être marié(e) ~を申し込む faire une demande en mariage ▶ 結婚式 cérémonie de mariage 女, noce 女 —結婚式を挙げる célébrer le mariage

けっさい【決済】règlement 男, liquidation 女

けっさく【傑作】chef-d'œuvre 男 (複 ~s~)

けっさん【決算】règlement 男, liquidation 女

けっして【決して】(一度も) ne...jamais; (全然) nullement, pas du tout —彼は~怒らない Il n'est jamais fâché.

けっしゃ【結社】association 女, société 女

げっしゃ【月謝】cachet 男

げっしゅう【月収】salaire mensuel 男

けっしゅつ【傑出】~する se distinguer; se faire remarquer; exceller ~した excellent(e), remarquable

けっしょう【結晶】(作用) cristallisation 女; (結晶体) cristal 男 (複-aux)

けっしょう【決勝】finale 女

げっしょく【月食】éclipse de lune 女

けっしん【決心】résolution 女, décision 女 ~する……することを~する se décider à...

けっせい【結成】formation 女, constitution 女, organisation 女 ~する former, constituer, organiser

けっせい【血清】sérum 男

けっせき【欠席】absence 女 ~している[する] être absent(e), manquer, s'absenter

けっそく【結束】union 女; (連帯) solidarité 女; (同盟) coalition 女

けつだん【決断】résolution 女, détermination 女 ~する décider... [de 不定詞]

けっちゃく【決着】—紛争に~をつける trancher un différend

けってい【決定】décision 女; détermination 女; résolution 女; (設定) fixation 女 ~する décider... [de 不定詞]; (日付・価格などを) fixer...; (確定する) déterminer... ~的な décisif(ve), déterminant(e); définitif(ve)

けってん【欠点】défaut 男; (重大な) tare 女; (弱点) faiblesse 女

けっとう【血統】sang 男, lignée 女; (動物の) pedigree 男

けっとう【決闘】duel 男

けっぱく【潔白】pureté 女; innocence 女

げっぷ rot 男 ~をする roter

けっぺき【潔癖】~な probe, intègre

けつぼう【欠乏】manque 男, défaut 男

けつまつ【結末】fin 女; issue 女

げつまつ【月末】fin du mois 女

げつようび【月曜日】lundi 男

けつれつ【決裂】rupture 女 ~する se rompre

けつろん【結論】conclusion 女 ~と

げどく【解毒】▶ 解熱剤 contrepoison 男

けとばす【蹴飛ばす】lancer... d'un coup de pied à...; donner un coup de pied à...

けなげ【健気】—〜な courageux(se), louable

けなす【貶す】dire du mal de...; (こきおろす) dénigrer...; (非難する) critiquer..., réprouver...

ケニア Kenya —〜の kenyan(e)

げねつ【解熱】▶ 解熱剤 fébrifuge 男

けねん【懸念】appréhension 女, crainte 女

けはい【気配】air 男, apparence 女

けばけばしい tapageur(se), criard(e)

けびょう【仮病】maladie feinte [simulée] 女

げひん【下品】—〜な vulgaire, trivial(ale) (男複-aux), grossier(ère)

けぶかい【毛深い】poilu(e), velu(e)

けむい【煙い】enfumé(e)

けむし【毛虫】chenille 女

けむり【煙】fumée 女

けむる【煙る】fumer

けもの【獣】animal 男 (複-aux), bête 女

けやき【欅】orme du Caucase 男

げらげら —〜笑う éclater de rire

げり【下痢】colique 女, diarrhée 女 —〜をする avoir la colique [la diarrhée]

ゲリラ guérilla 女

ける【蹴る】donner un coup de pied à...; (拒絶する) refuser...

ゲルマニウム germanium 男

げれつ【下劣】—〜な bas(se), vilain(e), grossier(ère), abject(e)

けれども mais; (…にもかかわらず) cependant, pourtant, toutefois, malgré; (…とは言うものの) bien que [接続法]

ゲレンデ piste de ski 女

ケロイド chéloïde 女

けわしい【険しい】(斜面が) raide, abrupt(e) —〜顔をする faire la grimace

けん【件】affaire 女, question 女, cas 男 —…の〜で sur l'affaire de...

けん【券】ticket 男, billet 男, bon 男 ▶入場券 (駅の) ticket de quai; (劇場などの) ticket [billet] d'entrée

けん【県】département 男, préfecture 女

けん【剣】sabre 男; (両刃の) épée 女

けん【軒】—6〜の家 six maisons 女 複

けん【腱】tendon 男

けん【圏】sphère 女, zone 女, aire 女 ▶フランス語圏 francophonie 女

げん【弦】corde 女

けんあく【険悪】—〜な menaçant(e)

げんあん【原案】plan originel 男

けんい【権威】autorité 女 —〜主義的な autoritaire

けんいん【牽引】traction 女, remorquage 男; (故障車の) remorque 女 —〜する(trainer: remorquer

けんいん【検印】marque de contrôle 女

げんいん【原因】cause 女; (起源) origine 女 —…の〜となる causer..., être cause de... [que], donner lieu à...

げんえい【幻影】illusion 女

けんえき【検疫】contrôle sanitaire 男

げんえき【現役】—〜の en activité

けんえつ【検閲】censure 女

けんお【嫌悪】dégoût 男, répugnance 女, aversion 女

けんか【喧嘩】querelle 女; bagarre 女; dispute 女 —〜する se quereller (avec); (殴り合い) se bagarrer (avec); (口論) se disputer (avec)

げんか【原価】prix de revient 男

げんか【減価】—減価償却 amortissement 男

けんかい【見解】(意見) avis 男, opinion 女; (判断) jugement 男; (見方) vue 女

げんかい【限界】limite 女, bornes 女複 —〜に達する [越える] atteindre [dépasser] la limite

けんがく【見学】visite 女 —〜する visiter, faire une visite de

げんかく【幻覚】illusion 女, hallucination 女, vision 女

げんかく【厳格】—〜な sévère, strict(e)

げんかく【幻覚】▶ 幻覚剤 drogue 女

げんがく【弦楽】musique avec des instruments à cordes 女

げんがく【減額】réduction 女, diminution 女 —〜する réduire, diminuer

げんがっき【弦楽器】instrument à cordes 男

げんかん【玄関】vestibule 男; (入り口) entrée 女

けんぎ【嫌疑】soupçon 男 —人に…の〜をかける soupçonner de...

げんき【元気】vitalité 女, énergie 女; moral 男 —〜な (生き生きした) vif(ve), plein(e) de vivacité; (精力的な) énergique —〜を出せ Secouez-vous! お〜ですか? Comment allez-vous? おかげさまで〜です。あなたは? Très bien et vous? 〜です Très bien. | Je vais bien. とても〜そうですね Vous avez l'air en pleine forme!

けんきゅう【研究】étude 女, recherches 女複 —〜する étudier...; faire des recherches sur [en]... —研究室 salle d'études 女; (教授の個人研究室) bureau 男 研究者 chercheur(se) 名 研究所 centre d'études 男, centre de recherches

げんきゅう【言及】 mention 囡 ～する mentionner, faire mention de

げんきょ【謙虚】 ～な modeste, réservé(e)

げんきん【献金】 contribution en agent 囡, souscription 囡

げんきん【現金】 argent comptant [liquide] 男 ～で支払う payer en liquide [espèces]; payer comptant [cash] 小切手を～にかえる toucher un chèque ▶**現金自動支払機** distributeur (automatique) de billets 男

げんきん【厳禁】 ～する interdire formellement

げんけい【原型】 archétype 男, prototype 男

けんけつ【献血】 don de sang 男

けんげん【権限】 compétence 囡, pouvoir 男

げんご【言語】 langue 囡; langage 男 二～の bilingue 多くの～の multilingue ▶**言語学** linguistique 囡 **言語学者** linguiste 名 **言語障害** troubles du langage 男

けんこう【健康】 santé 囡 ～によい être bon(ne) pour la santé ～を害する abîmer [ruiner] sa santé ▶**健康食品** alimentation saine [naturelle] 囡 **健康診断** examen médical 男 **健康保健** (保険会社の) assurance maladie 囡; (国の) sécurité sociale 囡

げんこう【原稿】 manuscrit 男; copie 囡

げんこう【言行】 paroles et actes

げんこう【現行】 ～の actuel (le), existant(e) ～犯で逮捕する arrêter ... en flagrant délit

げんこつ【拳骨】 poing 男

けんさ【検査】 examen 男, contrôle 男; fouille 囡 ～する examiner contrôler ...; fouiller ...; analyser ... ▶**検査官** contrôleur(se) 名

けんざい【健在】 ～である être bien portant(e)

げんざい【現在】 présent 男, temps présent 男 ～の présent(e), actuel (le) ～まで jusqu'à présent, jusqu'ici

げんざいりょう【原材料】 matière première 囡

けんさく【検索】 recherche 囡 ～する rechercher, consulter

げんさく【原作】 original 男 (複 aux), œuvre originale 囡

けんさつ【検札】 contrôle des billets 男

けんさつかん【検察官】 ⇒検事

けんざん【検算】 ～する vérifier un calcul, faire la preuve

げんさんち【原産地】 lieu de provenance 男, pays d'origine 男

けんじ【検事】 procureur 男

けんじ【堅持】 ～する tenir ferme

げんし【原子】 atome 男 ▶**原子核** noyau de l'atome 男 **原子爆弾** bombe atomique 囡 **原子物理学** physique atomique 囡 **原子力** énergie nucléaire 囡 **原子力発電所** centrale nucléaire 囡

げんし【原始】 ～的な primitif(ve) ▶**原始時代** temps primitif 男

けんじつ【堅実】 ～な (まじめな) sérieux(se); (安全な) sûr(e)

げんじつ【現実】 réalité 囡, réel 男; (事実) fait 男; (真実) vérité 囡 ～の réel (le); (実際の) concret (ète), vrai(e) ～的な concret (ète), réaliste

けんじゃ【賢者】 sage 男

げんしゅ【元首】 chef d'État 男, souverain(e)

けんしゅう【研修】 stage 男

けんじゅう【拳銃】 pistolet 男

げんじゅう【厳重】 ～な sévère, rigoureux(se), strict(e)

げんじゅうしょ【現住所】 domicile actuel 男

げんしゅく【厳粛】 ～な grave, solennel (le)

けんしゅつ【検出】 détection 囡, découverte 囡 ～する détecter, découvrir par analyse

けんしょう【検証】 vérification 囡 ～する vérifier

けんしょう【懸賞】 prix 男, concours (à prix) 男

げんしょう【減少】 diminution 囡, décroissance 囡; (低下) baisse 囡 ～する diminuer, baisser, décroître

げんしょう【現象】 phénomène 男

げんじょう【現状】 état actuel 男, situation actuelle 囡, statu quo 男 ～では dans l'état actuel des choses ～を維持[打破]する maintenir [rompre] le statu quo

げんしょく【原色】 couleur primitive 囡

けんしん【検診】 examen médical 男

けんしん【献身】 ～的に avec dévouement

けんじん【賢人】 sage 男

けんすい【懸垂】 traction 囡; (話) pompe 囡 ～をする faire des tractions [de pompes] à la barre fixe

げんぜい【減税】 réduction des impôts 囡

げんせいりん【原生林】 forêt primaire 囡

けんせき【譴責】 blâme 男, coup de semonce 男 ～する blâmer

けんせつ【建設】 construction 囡, bâtiment 男; établissement 男 ～する construire ..., bâtir ..., établir ... ～的な constructif(ve), positif(ve); (創造的な) créateur(trice) ▶**建設現場** lieu de construction 男, chantier 男

けんぜん【健全】 ～な sain(e), salubre

げんせん【源泉】 source 囡, origine 囡

►**げんせん徴収** retenue à la source 囡
げんぜん【厳然】―――たる inéluctable, incontournable
げんそ【元素】élément 男
げんぞう【建造】construction 囡 ――する construire, bâtir
げんそう【幻想】illusion 囡, fantaisie 囡, chimère 囡
げんぞう【現像】développement 男 ――する développer
げんそく【原則】principe 男 ――として en principe, en règle générale
げんそく【減速】――する ralentir
けんそん【謙遜】――して modestement, avec modestie, humblement
げんそん【現存】――の existant(e)
けんたい【倦怠】lassitude 囡, ennui 男
げんたい【減退】――する diminuer, s'affaiblir
げんだい【現代】l'époque contemporaine 囡, notre temps 男 ――の moderne, contemporain(e), actuel(le)
けんち【見地】point de vue 男
げんち【現地】lieux 男復 ――で sur les lieux, sur place
げんち【言質】――を与える engager sa parole, faire une promesse ～を取る obtenir un engagement de ...
けんちく【建築】construction 囡, architecture 囡 ►**建築家** architecte 名 **建築物** construction 囡, bâtiment 男, édifice 男
けんちょ【顕著】――な remarquable, frappant(e), notable, manifeste
げんつき【原付】►**原付自転車** mobylette 囡, cyclomoteur 男
けんてい【検定】――する soumettre à l'examen
けんてい【献呈】don 男, offre 囡; (著作などの) dédicace 囡, hommage 男
げんてい【限定】limitation 囡, restriction 囡 ――する limiter, restreindre ►**限定版** édition limitée 囡
げんてん【減点】point de pénalisation 男 ――する enlever des points
げんど【限度】limite 囡, borne 囡 ――我慢にも～がある La patience a des limites.
けんとう【見当】――をつける se faire une idée de ... ～がはずれる rater son but ～違いのことをする frapper à la mauvaise porte
けんとう【検討】examen 男; étude 囡 ――する examiner, étudier, mettre à l'étude
けんとう【健闘】――する se battre bien, lutter courageusement
げんどうりょく【原動力】moteur 男, force motrice 囡
げんば【現場】(工事の) lieu des travaux 男; (犯行の) lieu du crime; (事故の) lieu de l'accident
げんばく【原爆】bombe atomique [A] 囡
けんばん【鍵盤】touches 囡復, clavier 男
けんびきょう【顕微鏡】microscope 男
けんぶつ【見物】visite 囡 ――する visiter
げんぶん【原文】texte original 男, original 男 (復 -aux)
けんぽう【憲法】constitution 囡 ――の constitutionnel(le) ～を改正する réformer [réviser] la Constitution
けんぼうしょう【健忘症】amnésie 囡
げんぽん【原本】original 男 (復 -aux)
げんまい【玄米】riz complet 男
げんみつ【厳密】――な strict(e), exact(e), rigoureux(se) ～に strictement, rigoureusement
けんめい【賢明】――な sage
けんめい【懸命】⇒生懸命
げんめい【言明】déclaration 囡, affirmation 囡 ――する déclarer, affirmer
げんめつ【幻滅】désillusion 囡
けんもん【検問】contrôle 男 ――する contrôler
げんや【原野】terre inculte [sauvage] 囡
けんやく【倹約】économie 囡, épargne 囡 ――する économiser ..., épargner ...
げんゆ【原油】pétrole brut 男
けんり【権利】droit 男 ――の～がある avoir le droit, être en droit (de) ～を主張する réclamer ses droits ～を放棄する renoncer à ses droits ～を行使する exercer son droit
げんり【原理】principe 男 ►**原理主義** fondamentalisme 男 **原理主義者** fondamentaliste 名
げんりょう【原料】matière première 囡
げんりょう【減量】――中である être au régime
けんりょく【権力】pouvoir 男 ――を握る [saisir] le pouvoir ►**権力者** personne influente 囡, homme fort 男
げんろん【言論】opinion 囡; presse 囡 ――の自由 liberté d'opinion 囡 ►**言論界** presse 囡

こ

こ【子】enfant 名, petit(e) 名 ――人っ～ enfant unique 名
こ【弧】arc 男
こ【個】――リンゴ5～ (買い物で) cinq pommes 囡復
こ【五】cinq 男 《不変》――番目の cinquième ～分の1 un cinquième
ご【語】(単語) mot 男; (用語) terme 男; (言語) langue 囡

-ご【-後】 三年～に dans trois ans

コアラ koala 男

こい【恋】 amour 男 ——に～をする tomber amoureux(se) de ～に破れる perdre l'amour

こい【故意】 ——に intentionnellement, avec intention, volontairement

こい【濃い】 (色が) foncé(e); (味が) fort(e); (強い, 辛い) relevé(e); (こくのある) corsé(e); (霧が) épais(se); (濃密な) dense; (ひげが) dur(e)

コイ【鯉】 carpe 女

ごい【語彙】 vocabulaire 男; (語彙集) lexique 男, glossaire 男

こいがたき【恋 敵】 rival(ale) (d'amour) 名 (男複 -aux)

こいし【小石】 caillou 男, gravier 男

こいしい【恋しい】 soupirer (pour)

こいぬ【子犬・小犬】 chiot 男, petit(e) chien(ne) 名

こいびと【恋人】 amoureux(se) 名, (petit(e)) ami(e) 名

コイル bobine 女

こいわずらい【恋煩い】 mal d'amour

コイン pièce (de monnaie) 女 ▶**コインランドリー** laverie (automatique) **コインロッカー** consigne automatique 女

こう【功】 ——を奏する porter ses fruits

ごう【号】 (番号) numéro 男; (絵画の) point 男

こうあん【考案】 ——する inventer ..., imaginer ...

こうい【好意】 (親切) bienveillance 女, complaisance 女; (善意) bonté 女; (好感) sympathie 女 ——を示す montrer de la bienveillance à ～的な bienveillant(e) avec [envers], favorable à

こうい【行為】 acte 男, action 女; (ふるまい) conduite 女

こうい【校医】 médecin attiré d'une école 男

ごうい【合意】 ——する se mettre d'accord, s'accorder pour

こういう ——時には dans ce cas

こういしつ【更衣室】 vestiaire 男

こういしょう【後遺症】 séquelles 女 複

こういん【行員】 employé(e) de banque 名

こういん【勾引】 ～な forcé(e)

ごうう【豪雨】 pluie diluvienne 女

こううん【幸運】 bonheur 男, (bonne) chance 女, bonne fortune 女, aubaine 女 ～な heureux(se); chanceux(se) ～にも par bonheur, heureusement

こうえい【光栄】 honneur 男

こうえき【公益】 intérêt public 男

こうえつ【校閲】 révision 女

こうえん【公園】 parc (public) 男; (小公園) square 男

こうえん【公演】 (演劇) représentation 女; (音楽) concert 男

こうえん【講演】 conférence 女

こうえん【後援】 ——する patronner ..., appuyer ...

こうおん【高音】 son [ton] aigu 男; (音楽で) aigu 男 ～の aigu(ë)

ごうおん【轟音】 bruit assourdissant 男

こうか【効果】 effet 男, efficacité 女 ——がある faire de l'effet [son effet]

こうか【硬貨】 pièce (de monnaie) 女

こうか【高価】 ～な cher(ère), coûteux(se)

こうか【降下】 descente 女, chute 女

こうか【校歌】 hymne d'une école 女

ごうか【豪華】 ～な splendide, magnifique; luxueux(se) ▶**豪華客船** paquebot de luxe 男 **豪華版** édition de luxe 女

こうかい【公開】 ——の public(que), ouvert(e) (au public) ～する ouvrir au public ▶**公開講座** cours public 男

こうかい【後悔】 regret 男, remords 男, repentir 男 ——する regretter de, avoir des remords; se repentir de

こうかい【航海】 navigation 女; (クルージング) croisière 女 ——する naviguer ▶**航海術** art de la navigation 男

こうがい【公害】 nuisances (publiques) 女複; (汚染) pollution 女

こうがい【郊外】 banlieue 女; (周辺) environs 男複

ごうがい【号外】 édition spéciale (d'un journal) 女

こうかいどう【公会堂】 salle 女, auditorium 男

こうかがく【光化学】 ▶**光化学スモッグ** smog photochimique 男

こうがく【工学】 technologie 女

こうがく【光学】 optique 女

ごうかく【合格】 succès 男, admission 女 ——する réussir (à); être admis(e) (reçu(e)); passer ... (avec succès) ▶**合格者** candidat(e) reçu(e) 名 **合格通知** annonce d'admission 女

こうかつ【狡猾】 ～な rusé(e), subtil(e), retors(e)

こうかん【交換】 échange 男 ——する (互いに) faire l'échange; (A と B を) échanger A contre B; (新しいものと) changer ... 意見を～する échanger des opinions

こうかん【好感】 ——のもてる sympathique, sympa

こうがん【厚顔】 ▶**厚顔無恥な** impudent(e)

こうがん【睾丸】 testicule 男

ごうかん【強姦】 viol 男

こうがんざい【抗癌剤】anticancéreux 男

こうき【高貴】——な noble, élevé(e)

こうき【好機】bonne occasion 女, occasion propice 女, opportunité 女

こうき【後期】deuxième [dernier] semestre 男

こうき【後記】postface 女

こうき【校旗】drapeau d'une école 男

こうぎ【講義】cour 男 ——をする donner un cours sur ...

こうぎ【抗議】protestation 女, contestation 女 ——する protester contre

こうぎ【合議】conférence 女; (討議) délibération 女

こうきあつ【高気圧】anticyclone 男

こうきしん【好奇心】curiosité 女 ——から par curiosité ——の強い curieux(se)

こうきゅう【高級】——な de premier ordre, haut de gamme

こうきゅう【恒久】——的な permanent(e), perpétuel(le)

こうきょ【皇居】palais impérial 男

こうきょう【公共】——の public (que), commun(e) ——公共施設 installation publique 女

こうきょう【好況】prospérité 女

こうぎょう【工業】industrie 女 ——の industriel(le) ——工業都市 ville industrielle 軽[重]工業 industrie légère [lourde] 女

こうぎょう【鉱業】industrie minière 女

こうきょうきょく【交響曲】symphonie 女

こうきん【拘禁】——する incarcérer ...

ごうきん【合金】alliage 男

こうぐ【工具】outil 男, instrument 男

こうくう【航空】aviation 女 ►航空会社 compagnie aérienne 女 航空機 avion 男 航空便 poste aérienne 女, courrier aérien 男 ——航空便で par avion

こうけい【光景】spectacle 男, scène 女

こうけい【後継】►後継者 successeur 男, héritier(ère) 名

こうげい【工芸】arts mécaniques 男複, arts et métiers 男複

こうけい【合計】somme 女, total 男 ——する faire la somme de, faire le total

こうけいき【好景気】prospérité 女, haute conjoncture 女

こうげき【攻撃】attaque 女, assaut 男 ——する attaquer ..., donner l'assaut à ——的な aggressif(ve)

こうけつあつ【高血圧】hypertension 女

こうけん【貢献】contribution 女 ——する contribuer à ...

こうけん【後見】tutelle 女

こうげん【高原】plateau 男

こうご【口語】langue parlée 女

こうご【交互】——に alternativement, tour à tour

ごうご【豪語】——する se vanter de ... [不記用]

こうこう【高校】lycée 男 ►高校生 lycéen(ne) 名

こうこう【孝行】piété filiale 女

こうこう【口腔】cavité buccale [orale] 女

こうこう【煌々】——と brillamment

こうごう【皇后】impératrice 女

ごうごう【轟々】——と鳴る gronder

こうごうしい【神々しい】divin(e), céleste

こうこがく【考古学】archéologie 女 ►考古学者 archéologue 名

こうこく【広告】publicité 女, annonce 女 ——する faire de la publicité ►広告代理店 agence publicitaire 女

こうこつ【恍惚】——として d'un air extasié

こうさ【交差・交叉】croisement 男, intersection 女 ——する se croiser ►交差点 carrefour 男, croisement 男; (ロータリー) rond-point 男 (複-s~s)

こうざ【口座】compte 男 ——に金を振り込む virer de l'argent sur un compte

こうざ【講座】cours 男

こうさい【交際】relations 女複, rapports 男複 ——する avoir des relations [rapports] avec; (頻繁に会う) fréquenter ►交際費 frais de représentation 男

こうさく【工作】(手作業) travail manuel 男 (複-aux ~s); (働きかけ) manœuvre 女 ——する travailler, manœuvrer

こうさく【耕作】culture 女, labour 男 ►耕作地 cultures 女複, labours 男複

こうさつ【考察】considérations 女複 ——する considérer ..., examiner ...

こうさん【公算】possibilité 女, probabilité 女

こうさん【降参】(降伏) reddition 女; (服従) soumission 女 ——する se rendre, se soumettre, capituler

こうざん【高山】haute montagne 女 ►高山植物 plantes alpines 女複

こうざん【鉱山】mine 女

こうし【子牛】veau 男

こうし【公私】——を混同する confondre vie publique et vie privée

こうし【講師】(講演者) conférencier(ère) 名; (専任) maître assistant 男; (非常勤) chargé de cours 男; (語学の) lecteur(trice) 名

こうし【公使】ministre 男

こうし【格子】grille 囡, barreau 男, treillis 男

こうじ【工事】travaux 男 複

こうじ【公示】annonce 囡; avis au public 男; notification officielle 囡 ーする annoncer officiellement

こうしき【公式】ーの officiel(le) ーに officiellement 数学の〜 formule

こうしつ【皇室】famille impériale 囡

こうじつ【口実】prétexte 男; (言い訳) excuse 囡 ……を〜にして sous prétexte de… [que …]

こうしゃ【後者】ce dernier (cette dernière) 名; celui-ci 囡 (複 ceux-ci), celle-ci 囡 (複 celles-ci)

こうしゃ【校舎】locaux (d'une école) 男 複, bâtiments scolaires 男 複

ごうしゃ【豪奢】ーな luxueux(se), fastueux(se), opulent(e)

こうしゅう【口臭】mauvaise haleine 囡

こうしゅう【公衆】public 男 ーの public(que) ▶公衆電話 téléphone public 男

こうしゅう【講習】cours 男, leçon 囡 ▶講習会 cours 男

こうしゅだい【絞首台】potence 囡, gibet 男

こうじゅつ【口述】dictée 囡 ーする dicter 囡; ……に…, exposer … oralement ▶口述筆記 dictée 囡

こうしょ【高所】hauteurs 囡, altitude 囡 ▶高所恐怖症 acrophobie 囡

こうじょ【控除】abattement 男, déduction 囡, décompte 男; (天引き) retenue 囡 ーする déduire…, décompter…

こうしょう【交渉】(話し合い) négociation 囡; (会談) pourparlers 男 複 ーする négocier

こうしょう【高尚】ーな noble, raffiné(e), élevé(e)

こうじょう【工場】usine 囡; (製造所) fabrique 囡, ▶工場長 directeur(trice) d'usine 囡

こうじょう【向上】progrès 男, amélioration 囡 ーする faire des progrès, s'améliorer; (精神的に) s'élever

ごうじょう【強情】ーな entêté(e), obstiné(e), têtu(e)

こうしょうにん【公証人】notaire 男

こうしん【行進】marche 囡, défilé 男 ーする marcher, défiler ▶行進曲 marche 囡

こうしん【更新】renouvellement 男; (賃貸契約などの) reconduction 囡 ーする renouveler …; reconduire …

こうはい【後輩】⇨後輩

こうしんりょう【香辛料】épice 囡

こうすい【香水】parfum 男

こうすい【降水】▶降水量 pluviosité 囡

こうずい【洪水】inondation 囡; (大洪水) déluge 男

こうずか【好事家】curieux(se) 名, dilettante 名

こうせい【公正】équité 囡; (公平) impartialité 囡; (正義) justice 囡 ーな équitable, impartial(ale) (男 複 -aux); juste ーに équitablement, avec justice

こうせい【攻勢】offensive 囡

こうせい【構成】composition 囡, constitution 囡, formation 囡; (作品などの) construction 囡

こうせい【厚生】(公衆衛生) santé publique 囡; (福祉) bien-être 男 (不変); (社会援助) aide sociale 囡 ▶厚生年金 retraite pour les salariés

こうせい【後世】postérité 囡

こうせい【恒星】étoile 囡

こうせい【校正】correction 囡 ーする corriger

こうせい【合成】synthèse 囡, composition 囡 ーする synthétiser 〜の synthétique, composé(e) ▶合成樹脂 résine synthétique

ごうせい【豪勢】ーな sompteux(se), fastueux(se)

こうせいのう【高性能】ーの performant(e), de haute performance

こうせいぶっしつ【抗生物質】antibiotique 男

こうせき【功績】mérite 男; (貢献) contribution 囡, services 男 複

こうせき【鉱石】minerai 男

こうせつ【降雪】chute de neige 囡 ▶降雪量 précipitations nivales 囡 複

こうせん【光線】rayon 男

こうせん【鉱泉】source thermale 囡; (飲水) eau minérale 囡

こうせん【好戦】ー的な belliqueux(se)

こうぜん【公然】ーと ouvertement, publiquement 〜の秘密 secret de Polichinelle

こうそ【控訴】appel 男 ーする faire appel d'un jugement

こうそ【公訴】action publique 囡

こうそ【酵素】enzyme 男

こうそう【高層】ーの en altitude ▶高層ビル immeuble tour 囡 (複 〜s - 〜(s)); immeuble de grande hauteur 男 [略 IGH] 超高層ビル gratte-ciel 男

こうそう【構想】plan 男, conception 囡

こうそう【香草】fines herbes 囡 複

こうそう【構造】structure 囡, mécanisme 男

ごうそう【豪奢】⇨豪勢

こうそく【高速】grande vitesse 囡 ▶高速道路 autoroute 囡

こうそく【校則】règlement d'une école 男

こうそく【拘束】ーする contraindre

こうたい【交代・交替】remplacement 男; alternance 女; relais 男 ～する remplacer; (二者で交互に) alterner (avec); (後を引き継ぐ) prendre le relais de ▶交代制勤務 travail par relais

こうたい【後退】recul 男, marche (en) arrière 女 ～する reculer, faire marche arrière

こうたい【抗体】anticorps 男

こうだい【広大】～な vaste, immense

こうたいし【皇太子】prince héritier 男

こうたく【光沢】lustre 男 ～のある lustré(e), luisant(e), poli(e)

ごうだつ【強奪】extorsion 女 ～する extorquer... à...

こうだん【公団】régie (autonome) 女 ▶公団住宅 habitation à loyer modéré 女 (略 HLM)

ごうたん【豪胆】～な audacieux (se), hardi(e), intrépide

こうちゃ【紅茶】thé 男

こうちょう【好調】～である (体調が) être en forme; (仕事などが) marcher bien

こうちょう【校長】directeur(trice) d'école 名; (リセの) proviseur 男

こうちょく【硬直】～した raide

こうつう【交通】circulation 女, trafic 男 ～の便がいい être bien desservi(e) ▶交通違反 contravention 女, 交通機関 moyens de transport 男, 交通事故 accident de la route 男, 交通費 frais de transport 男 複, 交通標識 panneau de circulation 男

こうつごう【好都合】～な favorable à... [pour 不定詞], avantageux (se)

こうてい【行程】trajet 男, parcours 男

こうてい【肯定】affirmation 女 ～する affirmer... ～的な affirmatif (ve), positif(ve)

こうてい【皇帝】empereur 男

こうてい【校庭】cour (d'une école) 女

こうてい【公定】▶公定歩合 taux d'escompte (officiel) 男

こうてき【公的】～な officiel(le), public(que)

こうてつ【更迭】～する changer; (やめさせる) destituer

こうてつ【鋼鉄】acier 男

こうてん【好転】amélioration 女 ～する s'améliorer

こうど【高度】altitude 女, hauteur 女 ～な haut(e)

こうとう【高等】～な supérieur(e), haut(e) ▶高等裁判所 cour d'appel 女

こうとう【口頭】～の oral(ale) (男 複 -aux); verbal(ale) (男 複 -aux) ～で oralement, verbalement

こうとう【喉頭】larynx 男

こうとう【荒唐】～～無稽の extravagant(e). absurde, fantaisiste

こうどう【行動】action 女; comportement 男, conduite 女 ～する agir, se comporter ～的な actif(ve)

こうどう【講堂】salle de conférence 女; (公会堂) auditorium 男

ごうとう【強盗】(人) cambrioleur(se) 名, bandit 男; (行為) cambriolage 男

ごうどう【合同】union 女; ensemble 男; association 女 ～の uni(e), unifié(e), d'ensemble

こうどく【購読】lecture 女 ～する lire... ▶購読料 tarif d'abonnement 男 定期購読 abonnement 男

こうない【口内】▶口内炎 stomatite 女

こうない【校内】～で dans l'école ▶校内暴力 violence dans l'école 女

こうにゅう【購入】achat 男, acquisition 女 ～する acheter...

こうにん【公認】～の approuvé(e), autorisé(e), agréé(e) ▶公認記録 record homologué 男 公認会計士 expert(e)-comptable 名 (複 ~s~s)

こうにん【後任】successeur 男, continuateur(trice) 名

こうねん【光年】année-lumière 女 (複 ~s~)

コウノトリ【鸛】cigogne 女

こうはい【交配】accouplement 男

こうはい【荒廃】délabrement 男, dévastation 女; ravage 男 ～した délabré(e), ravagé(e), désolé(e)

こうはい【後輩】(会社などの) cadet(te) 名

こうばい【勾配】pente 女, déclivité 女, inclinaison 女

こうばい【購買】achat 男

こうばしい【香ばしい】sentir bon

こうはん【後半】deuxième [seconde] partie 女; (サッカーなどの) deuxième mi-temps 女

こうはん【広汎】～な vaste

こうばん【交番】poste de police 男

こうはんい【広範囲】grande étendue 女

こうび【交尾】accouplement 男, monte 女 ～する s'accoupler

こうひょう【公表】publication 女; (暴露) révélation 女 ～する rendre public(que); révéler

こうひょう【好評】bonne réputation 女, faveur 女 ～の en faveur

こうふ【公布】～する promulguer...

こうふ【交付】délivrance 女

こうふ【鉱夫】mineur 男

こうふう【校風】tradition d'une école 女

こうふく【幸福】bonheur 男 ～な heureux(se) ～に heureusement

こうふく【降伏】reddition 女, capitulation 女 ――する capituler

こうふく【好物】(plat) favori 男

こうぶつ【鉱物】minéral 男 (複 -aux)

こうふん【興奮】excitation 女, exaltation 女 ――する s'exciter, s'exalter ▶興奮剤 stimulant 男

こうぶん【構文】construction 女

こうぶんしょ【公文書】document officiel 男, note officielle 女

こうへい【公平】――な impartial(ale) (男複 -aux), équitable, juste ～に impartialement; avec justice

こうほ【候補】candidature 女; (候補者) candidat(e) 名

こうぼ【酵母】levure 女; (パン種) levain 男

こうほう【広報】information 女 ▶広報活動 relations publiques 女複

こうほう【後方】arrière 男 ～に en arrière

こうぼう【工房】atelier 男

ごうほう【合法】――的な légal(ale) (男複 -aux)

こうま【子馬】poulain 男

こうまん【高慢】fierté 女, orgueil 男, arrogance 女 ――な fier(ère), orgueilleux(se), arrogant(e), hautain(e)

ごうまん【傲慢】orgueil 男, arrogance 女 ――な orgueilleux(se), arrogant(e)

こうみゃく【鉱脈】filon 男, veine 女

こうみょう【巧妙】――な habile, adroit(e)

こうみん【公民】citoyen(ne) 名 ▶公民権 droits civiques 男複 公民館 salle de réunions publiques 女

こうむ【公務】affaires publiques 女複 ▶公務員 fonctionnaire 名

こうむる【被る】(損害などを) recevoir ..., subir ...; (恩恵を) bénéficier de ...

こうめい【高名】――な de grand renom, renommé(e)

こうめい【公明】――正大な impartial(ale) (男複 -aux)

こうもく【項目】(辞書などの) article 男; (分類上の) rubrique 女

コウモリ【蝙蝠】chauve-souris 女 (複 -s)

こうもん【肛門】anus 男 ▶肛門科 proctologie 女

こうもん【校門】porte (d'entrée) d'une école 女

ごうもん【拷問】torture 女

こうや【荒野】lande 女

こうやく【膏薬】emplâtre 男

こうよう【公用】affaire officielle 女

こうよう【効用】utilité 女, effet 男

こうよう【紅葉】couleurs de l'automne 女複

こうようじゅ【広葉樹】arbre latifolié

こうよく【強欲】avarice 女, avidité 女 ――な avare, avide

こうら【甲羅】carapace 女

こうらく【行楽】excursion 女 ▶行楽地 lieu d'excursion 男; (観光地) site touristique 男

こうり【小売り】détail 男 ▶小売り店 débit 男, magasin de détail 男

こうり【高利】usure 女, intérêt usuraire 男

ごうり【合理】――的な rationnel(le) ～化する rationaliser ...

こうりつ【効率】efficacité 女, rendement 男

こうりつ【公立】――の (公共の) public(que); (市町村の) communal(ale) (男複 -aux); municipal(ale) (男複 -aux); (県の) préfectoral(ale) (男複 -aux); départemental(ale) (男複 -aux)

こうりゅう【交流】échanges 男複; relations 女複; (電気) courant alternatif 男 ▶文化交流 échanges culturels 男複

ごうりゅう【合流】――する confluer, se jeter; (落ち合う) (se) rejoindre

こうりょ【考慮】considération 女, égard 男; (熟考・熟慮) réflexion 女 ――する considérer, avoir égard (à), réfléchir (à, sur), tenir compte de

こうりょう【荒涼】――とした désert(e)

こうりょう【香料】aromate 男, parfum 男; (食品の) agent de sapidité 男

こうりょく【効力】efficacité 女, effet 男; (法的な) validité 女 ――をもつ être valable

こうれい【高齢】――の âgé(e)

ごうれい【号令】ordre 男, commandement 男

こうろ【航路】route [ligne] maritime 女; (航空路) route [ligne] aérienne 女

こうろう【功労】mérite 男; contribution 女

こうろん【口論】dispute 女, querelle 女 ――する se disputer 《avec》, se quereller 《avec》

こうわ【講和】▶講和条約 paix 女, traité de paix 男

こえ【声】voix 女; (叫び声・動物の声) cri 女; (鳥の) chant 男 ～を掛ける appeler [héler], adresser la parole à

ごえい【護衛】garde 女, escorte 女; (人) garde (du corps) 男 ――する garder ..., escorter ...

こえだ【小枝】rameau 男

こえる【越える・超える】franchir, passer; (横切る) traverser; (超過する) dépasser, excéder ――国境を～ franchir la frontière 限度を～ dépasser la limite

こえる【肥える】 grossir —肥えた gros (se); (土地が) fertile

コークス coke 男

ゴーグル lunettes 女 複

コース(道筋)(旅の) itinéraire 男; (競走・ゴルフの) parcours 男; (課程) cursus 男; (料理) menu 男 —スを間違える se tromper d'itinéraire

コーチ moniteur (trice) 名, entraîneur 男 【女性形 entraîneuse も可能】

コート(オーバー) manteau 男, (紳士用) pardessus 男; (球技の) court 男

コード(電気の) fil (électrique) 男; (記号の体系) code 男

コートジボワール Côte-d'Ivoire 女 —スの ivoirien(ne)

コーナー coin 男; (キックの) corner 男

コーヒー café 男 —スを入れる faire du café —でも飲みませんか Voulez-vous prendre un café?

コーラ(コカコーラ) coca-cola 男 (不変)【coca, coke とも綴る】

コーラス chœur 男

こおらせる【凍らせる】 congeler

こおり【氷】 glace 女 —のように冷たい être froid(e) comme (de) la glace ▶**氷砂糖** sucre candi 男 **氷枕** oreiller à glace 男

こおる【凍る】 geler, se glacer; (血が) se figer 一凍った gelé(e), glacé(e)

ゴール(マラソンなどの) arrivée 女; (球技の) but 男 —スを決める marquer un but

コールタール goudron de houille 男, coaltar 男

ゴールデン ▶**ゴールデンアワー** heure de grande écoute 女

コオロギ grillon 男

こがい【戸外】 dehors 男, extérieur 男 —で dehors, à l'extérieur

ごかい【誤解】 malentendu 男, méprise 女; (思い違い) quiproquo 男 —スを生む causer un malentendu —する se méprendre sur...

こがいしゃ【子会社】 filiale 女

コカイン cocaïne 女

ごかく【互角】 égalité 女 —彼らの力は〜である Ils sont de force égale.

ごがく【語学】(言語学) linguistique 女; (外国語の勉強) apprentissage (d'une langue étrangère) 男

ごかくけい【五角形】 pentagone 男

こかげ【木陰】 ombrage 男, ombre des arbres 女

こがす【焦がす】 brûler...; calciner..., carbonisé...; roussir... 一胸を〜 brûler d'amour

こがた【小型】 —スの de petit format, de petite dimension, petit(e)

ごがつ【五月】 mai 男 —スに en mai, au mois de mai

こがらし【木枯らし】 vent sec et froid d'hiver 男, bise 女

ごかん【五感】 cinq sens 男 複

ごかん【互換】 —スの性のある compatible

ごきげん【ご機嫌】 —スよう (こんにちは) Bonjour! |(さようなら) Au revoir!

こぎって【小切手】 chèque 男 —スで払う payer par chèque

ゴキブリ blatte 女, cafard 男

こきゃく【顧客】 client 男; (集合的) clientèle 女

こきゅう【呼吸】(息) respiration 女 —スする respirer

こきょう【故郷】(国・地方) pays natal 男; (祖国) patrie 女

こぐ【漕ぐ】 (櫂で) ramer

こく【語句】(句) locution 女; (言葉) mots 男 複; (表現) expression 女

こく【極】 très, fort, extrêmement

こくあく【極悪】 —スの非道な scélérat(e), atroce

こくえい【国営】 —スの national(ale) (男複 -aux); nationalisé(e), étatisé(e) ▶**国営化** nationalisation

こくおう【国王】 roi 男

こくぎ【国技】 sport national 男

こくご【国語】 langue nationale 女; (母国語) langue maternelle 女; (日本語) japonais 男; (フランス語) français 男

こくさい【国際】 —スの的な international(ale) (男複 -aux) ▶**国際化** internationalisation 女 **国際関係** relations internationales 女 複 **国際法** droits internationaux 男 複

こくさん【国産】 —スの du pays; national(ale) (男複 -aux)

こくじん【黒人】 Noir(e) 名

こくせい【国政】 politique d'État 女

こくせい【国勢】 ▶**国勢調査** recensement (de la population) 男

こくせき【国籍】 nationalité 女 —スが不明の de nationalité inconnue ▶**多国籍企業** (société) multinationale 女

こくそ【告訴】 plainte 女, accusation 女 —スする accuser...

こくそう【穀倉】 ▶**穀倉地帯** grenier 男

こくたん【黒檀】 ébène 女

こくち【告知】 annonce 女, avis 男; notification 女 —スする notifier

こくど【国土】 territoire 男 ▶**国土整備** aménagement du territoire 男

こくどう【国道】 route nationale 女 【略 RN】; nationale 女

こくない【国内】 —スの intérieur(e), domestique ▶**国内線**(飛行機の)lignes aériennes domestiques [intérieures] 女 複 **国内総生産** produit intérieur brut 男 【略 PIB】

こくはく【告白】 aveu 男 —スする avouer...

こくはつ【告発】 dénonciation 女, accusation 女 —スする dénoncer

こくばん【黒板】 tableau (noir) 男 —

こくふく【克服】 ――する surmonter ..., vaincre ...

こくべつ【告別】 adieu 男 ►告別式 cérémonie funèbre 女

こくほう【国宝】 trésor national 男

こくぼう【国防】 défense nationale 女

こくみん【国民】 peuple 男; nation 女; (特に共和国の) citoyen(ne) 名 ►国民感情 sentiment national 男 国民総生産 Produit National Brut 男 略 PNB

こくむ【国務】 ►国務大臣 ministre d'État 男

こくめい【克明】 ――な minutieux(se), détaillé(e); (綿密な) scrupuleux(se)

こくもつ【穀物】 céréales 女複, grains 男複

こくゆう【国有】 ――の national(ale) (男複 -aux)

ごくらく【極楽】 paradis 男, éden 男, septième ciel 男

こくりつ【国立】 ――の national(ale) (男複 -aux), d'État

こくるい【穀類】 ⇨穀物

こくれん【国連】 Organisation des Nations Unies 女 略 ONU ►国連安全保障理事会 Conseil de sécurité 男

ごくろう【ご苦労】 ――さま Merci.

コケ（苔） mousse 女 ; (地衣) lichen 男

こげる【焦げる】 brûler, roussir

ここ ――に[へ] ici ～まで jusqu'ici ～から ici d'ici ～だけの話だけ entre nous ～はどこですか Où est-ce que je suis?

ここ【個々】 ――の chaque, individuel(le), particulier(ère)

ここ【古語】 archaïsme 男, vieux mot 男

ごご【午後】 après-midi 男（不変）

ココア (飲物) chocolat 男, (カカオの粉) cacao 男

こごえ【小声】 ――で à voix basse

こごえる【凍える】 geler

こきょう【故郷】 pays natal 男, patrie 女

ここちよい【心地よい】 agréable, plaisant(e), confortable

こごと【小言】 ――を言う gronder ..., réprimander ...

ココナッツ noix de coco 女

ここのつ【九つ】 ⇨九[く]

こころ【心】 cœur 男; (精神・思考) esprit 男; (魂) âme 女 ――のこもった sincère ～の中で au fond du cœur ～に留める garder à l'esprit

こころあたり ――がある avoir ... en vue

こころえる【心得る】 connaître ..., être au courant de ...

こころがける【心掛ける】 veiller (à); s'efforcer (de)

こころがまえ【心構え】 préparation 女 ……はできている être prêt à ...

こころがわり【心変わり】 inconstance 女, versatilité 女 ――する changer d'idée

こころぐるしい【心苦しい】 se sentir embarrassé(e) (confus(e), gêné(e))

こころざし【志】 (目的) but 男, objectif 男; (大望) ambition 女; (決意) résolution 女

こころざす【志す】 se destiner (à)

こころづかい【心遣い】 attentions 女複 ――をする veiller (à)

こころぼそい【心細い】 se sentir seul(e), (découragé(e), inquiet(ète))

こころみ【試み】 essai 男, tentative 女

こころみる【試みる】 essayer ..., tenter ...; (テストする) tester ...

こころもとない【心許無い】 peu rassuré(e) (sûr(e)), inquiétant(e)

こころゆく【心行く】 ――まで tant qu'on veut, tout son soûl

こころよい【快い】 agréable, plaisant(e); (人が) aimable; (五感に) doux(ce) ――快く au bon cœur, volontiers, avec plaisir

ござ【茣蓙】 natte (de jonc) 女

こざかしい【小賢しい】 effronté(e); impertinent(e); malin(maligne)

こさく【小作】 ►小作人 fermier(ère) 名

こさめ【小雨】 pluie fine 女

ごさん【誤算】 erreur de calcul 女

こし【腰】 reins 男複, hanches 女複 ～が痛い avoir mal aux reins

こじ【孤児】 orphelin(e) 名

こじ【固持】 persistance 女 ――する persister

こじあける【こじ開ける】 forcer ..., crocheter ...; (壊して) enfoncer (briser) ...

こしかけ【腰掛け】 (椅子) chaise 女; (ベンチ) banc 男; (スツール) tabouret 男

こしかける【腰掛ける】 s'asseoir

こじき【乞食】 mendiant(e) 名; (ホームレス) sans-abri 名（不変）

こしつ【固執】 ――する s'obstiner (à, dans), s'entêter (dans)

こしつ【個室】 chambre individuelle 女

ゴシック ――の gothique

こじつけ arbitraire 男

ゴシップ potins 男複, commérages 男複, ragots 男複

こしゅ【戸主】 chef de famille 男, maître de maison 男

ごじゅう【五十】 cinquante 男 ――番目の cinquantième

ごじゅん【語順】 ordre des mots 男

こしょう【故障】 panne 女, ennui mécanique 男; (変調) détraquement 男 ――する tomber en panne, tomber en panne, se détraquer ～中 (掲示) hors service

コショウ【胡椒】 poivre 男

ごしょく【誤植】 faute d'impression 女

こじれる 1082 ことし

こじれる【拗れる】se compliquer; s'aggraver
こしん【個人】individu 男 ～～的な personnel(le), individuel(le); privé(e) ▶個人主義 individualisme 男 個人レッスン cours privé 男
こす【越す・超す】～冬を～ passer l'hiver …に越したことはない il vaut mieux …
こす【漉す】filtrer, passer
こずえ【梢】cime d'un arbre 女
コスタリカ Costa Rica 男 ～～の costaricain(e)
コスチューム costume 男
コスト coût 男; frais 男複
コスモス (宇宙, 植物) cosmos 男
こする【擦る】frotter, gratter
こせい【個性】personnalité 女, individualité 女, originalité 女
こせき【戸籍】état civil 男 ▶戸籍抄本 extrait d'acte de l'état civil 男 戸籍謄本 registre d'état civil
こぜに【小銭】(petite) monnaie 女 ▶小銭入れ porte-monnaie 男(不変)
ごぜん【午前】matin 男; (午前中) matinée 女 ～～中 dans la matinée
ごせんし【五線紙】papier à musique
ごぞんじ【ご存知】～～のとおり comme vous le savez
こたい【固体】(corps) solide 男 ～～の solide
こだい【古代】Antiquité 女, temps anciens 男複 ～～の antique, ancien(ne)
こだい【誇大】～～な exagéré(e)
こたえ【答え】réponse 女; réponse 女
こたえる【答える】répondre (à)
こたえる【応える】répondre à; (満足させる) satisfaire (à) …の期待に～ répondre à l'attente de …
ごたごた brouille 女, trouble 男; (混乱) confusion 女 ～～する se brouiller
こだち【木立ち】bosquet 男, bouquet (d'arbres)
こだま【木霊・谺】écho 男
こだわる【拘る】s'attacher (à); s'entêter (à, dans)
ごちそう【御馳走】régal 男; belle table 女 ～～する (招待する) inviter; (おごる) régaler ～さま Merci, c'était délicieux. | Nous avons très bien mangé.
ごちゃごちゃ ～～の désordonné(e) ～～にする mettre … en désordre, embrouiller …
こちょう【誇張】exagération 女, emphase 女 ～～する exagérer …
こちら（場所・方向）ici, par ici; (これ, この人) ceci; celui-ci 男, celle-ci 女 (男複 ceux-ci, 女複 celles-ci) [cela, celui-là との対比で用いる] —どうぞ～へ Par ici, s'il vous plaît. ～こそ Moi de même.

こつ truc 男, secret 男, système 男
こっか【国家】État 男; pays 男; nation 女 ～～の national(ale) (男複 -aux), étatique ▶国家元首 chef d'État 男 国家試験 concours national 男
こっか【国歌】hymne national 男
こっかい【国会】Parlement 男; (日本の) Diète 女 ～～を召集急[解散]する convoquer [dissoudre] le parlement ▶国会議員 parlementaire 名
こづかい【小遣い】argent de poche 男
こっかく【骨格】squelette 男, constitution 女
こっき【国旗】drapeau national 男
こっきょう【国境】frontière 女
コック cuisinier(ère) 名
こっけい【滑稽】～～な plaisant(e), drôle, marrant(e)
こっこ【国庫】Trésor (public) 男 ▶国庫補助 subvention de l'État 女
こっこう【国交】relations diplomatiques 女複
こつこつ ～～働く travailler assidûment
ごつごつ ～～した手 mains rugueuses 女複 ～～した岩 roche pleine d'aspérités 女
こつずい【骨髄】moelle 女
こっせつ【骨折】fracture 女 —腕を～する se casser le bras
こっそり en cachette, secrètement
こづつみ【小包】colis 男, paquet 男
こっとう【骨董】▶骨董品 antiquités 女複, objets anciens 男複 骨董屋 antiquaire 名
こつばん【骨盤】pelvis 男, bassin 男
コップ verre 男; (大型の) gobelet 男
こて【鏝】truelle 女, spatule 女
こてい【固定】～～する fixer …, assujettir …, ～～された fixé(e); fixe, immobile ▶固定観念 idée fixe 女
こてん【古典】classique 男 ～～の[的]な classique
こてん【個展】exposition personnelle 女
こと【事】(事柄) chose 女; (何か) quelque chose; (問題) affaire 女; (事実) fait 男 —君に言いたい～がある J'ai quelque chose à te dire. やる～がたくさんある J'ai beaucoup (de choses) à faire. ～を起こす causer du trouble
こと【古都】ancienne ville 女
-ごと【-毎】—10分～に toutes les dix minutes
こどう【鼓動】battement 男, pulsation 女; (動悸) palpitation 女
こどうぐ【小道具】accessoires 男複
ごとから【事柄】⇒事 (に)
こどく【孤独】solitude 女; (孤立) isolement 女 ～～な solitaire, isolé(e)
ことごとく【尽く】totalement
ことこまか【事細か】～～に en détail
ことし【今年】cette année 女 ～～の秋 cet automne

ことづけ【言付け】 message 陽, commission 陰 —ことづけをする transformer un message, faire une commission

ことなる【異なる】 différer de..., être différent(e) de...; diverger; varier —異なった différent(e), autre; varié(e), divers(e)

ことに【殊に】 particulièrement

ことば【言葉】 parole 陰; (言語) langage 陽, langue 陰; (語) mot 陽 ——の verbal(ale) (男複 -aux); linguistique 〜をかける adresser la parole à... 〜では言い表せない indescriptible, inexprimable

こども【子供】 enfant 名; (幼児) petit enfant; (男児) garçon 陽; (女児) fille 陰 ——っぽい enfantin(e), puéril(e) 〜扱いする traiter en enfant 〜だまし jeu d'enfant ▶**子供時代** enfance 陰 **子供服** vêtement pour enfants 陽 **子供部屋** chambre d'enfants 陰

ことり【小鳥】 oisillon 陽, petit oiseau 陽

ことわざ【諺】 proverbe 陽

ことわり【断り】 refus 陽

ことわる【断る】 refuser (de), rejeter; décliner

こな【粉】 poudre 陰, poussière 陰 ▶**粉石鹸** lessive en poudre 陰 **粉ミルク** lait en poudre 陽

こなごな【粉々】 ——にする mettre [réduire] en morceaux

こにもつ【小荷物】 colis 陽

コネ piston 陽 ——がある avoir du piston, être pistonné(e)

こねこ【子猫・小猫】 chaton 陽, petit(e) chat(te) 陰

こねる【捏ねる】 pétrir..., malaxer...

この ce(cette) (複 ces) [母音および無音の h で始まる男性単数名詞の前では cet] 〜〜 辺り ⇨ この辺り 〜 のように comme cela, autant que cela 〜 次 la prochaine fois, une autre fois 〜 通り ainsi comme cela

このあいだ【この間】 (先日) l'autre jour; (少し前に) il y a quelque [peu de] temps; (最近) récemment ——から depuis quelque temps

このうえ【この上】 en outre, de [en] plus ——ない幸せ sommet du bonheur 陽

このごろ【この頃】 ces derniers temps [jours], ces temps-ci, dernièrement

このさい【この際】 à cette occasion; (今) maintenant

このさき【この先】 (前方) plus loin, au-delà; (今後) désormais; (将来) à l'avenir

このところ【この所】 actuellement

このは【木の葉】 feuille 陰

このへん【この辺】 ——に près d'ici, par ici, dans ces environs [ce voisinage]

このまえ【この前】 la dernière fois, l'autre fois ——の dernier (ère); précédent(e)

このましい【好ましい】 désirable; préférable (à); agréable

このまま ——にしておく laisser tel(le) quel(le)

このみ【好み】 goût 陽, préférence 陰, penchant 陽

このむ【好む】 aimer, avoir du goût pour, se plaire à —— と好まざるとにかかわらず que cela vous plaise ou non 好んで volontiers

このよ【この世】 ce (bas) monde

このように ——な ⇨こんな

こはく【琥珀】 ambre 陽

こばこ【小箱】 coffret 陽

こばな【小鼻】 ailes du nez 複

こばなし【小話】 historiette 陰, anecdote 陰, conte 陽

こばむ【拒む】 refuser... [de 不定詞], rejeter

コバルト cobalt 陽

こはるびより【小春日和】 été de la Saint-Martin

こはん【湖畔】 bord d'un lac 陽

ごはん【御飯】 (米) riz (cuit) 陽; (食事) repas 陽 ——を炊く faire cuire du riz 〜ですよ À table!

コピー copie 陰, double 陽; (フォトコピー) photocopie 陰; (法律・行政) duplicata 陽 《不変》 ——する photocopier..., copier... ▶**コピー機** photocopieur 陽

こひつじ【子羊・小羊】 agneau 陽

こびと【小人】 nain(e) 名

こびる【媚びる】 flatter...

こぶ【鼓舞】 ——し士気を〜する remonter le moral de [à]...

こぶ【瘤】 bosse 陰

こぶ【古ぶ】 ——な archaïque; démodé(e)

ごぶさた【ご無沙汰】 ——しております Je suis resté longtemps sans vous donner de mes nouvelles.

こぶし【拳】 poing 陽

コブラ cobra 陽, serpent à lunettes 陽

こふん【古墳】 tumulus 陽 (複 〜, tumuli), tertre (funéraire) 陽

こべつ【個別】 ▶**個別指導** cours adapté 陽

ゴボウ【牛蒡】 bardane 陰

こぼす【零す】 (液体などを) répandre, renverser

こぼれる【零れる】 se répandre, couler; (溢れる) déborder

こま【独楽】 toupie 陰, sabot 陽

ゴマ【胡麻】 sésame 陽 ▶**ゴマ油** huile de sésame 陰

コマーシャル publicité 陰, réclame 陰

こまかい【細かい】 (小さい) fin(e), petit(e), menu(e); (詳細な) détaillé(e); (金銭に) économe

ごまかし tromperie 女, tricherie 女; (見せかけ) camouflage 男

ごまかす (だます) tricher sur, tromper; (つくろう) dissimuler

こまく【鼓膜】tympan 男

こまめ【小まめ】〜に fréquemment

こまやか【細やか】〜な affectueux (se)

こまらせる【困らせる】mettre ... en difficulté, gêner ..., embarrasser ...

こまる【困る】avoir des difficultés; (困惑する) être embarrassé(e), être confus(e); être ennuyé(e) 一金に〜 être dans le besoin ちょっと困っています J'ai un problème.

ごみ ordures 女復 〜〜だらけの couvert(e) [rempli(e)] d'ordures ►ごみ収集車 (小型の) camion à ordures 男; (大型の) ramasse-ordures 男 《不変》

ごみ捨て場 décharge 女, dépotoir 男

ごみ焼却場 usine d'incinération 女

ごみ箱 poubelle 女 ►ごみ袋 sac(-) poubelle 男

こみいる【込み入る】〜込み入った compliqué(e), complexe, embrouillé(e)

こみち【小道・小径】sentier 男, allée 女; (路地) ruelle 女, rue 女

コミュニケ communiqué 男

コミュニケーション communication 女

こむ【混む・込む】être plein(e) [bourré (e), bondé(e)] 〜手のこんだ recherché (e), minutieux(e)

ゴム caoutchouc 男, gomme 女 ►消しゴム gomme (à effacer) 女 輪ゴム élastique 男

こむぎ【小麦】blé 男 ►小麦粉 farine de blé 女

こめ【米】riz 男

こめかみ tempe 女

コメディアン comique 名; fantaisiste 名

コメディー comédie 女, pièce comique 女

こめる【込める】一弾丸を〜 charger ... 心をこめて de tout son cœur

ごめん【御免】〜ください Bonjour. | Excusez-moi.; (辞去) Au revoir. 〜なさい Pardon. | Je m'excuse. 〜 Excusez-moi.

コメント commentaire 男

こもじ【小文字】(lettre) minuscule 女

こもり【子守】nurse 女; (ベビーシッター) baby-sitter 名 〜〜をする garder des enfants, faire du baby-sitting ►子守歌 berceuse 女

こもる【篭もる】(閉じ込もる) s'enfermer, se retirer

コモロ Comores 男復 〜の comorien(ne)

こもん【顧問】conseill*er(ère)* 名

こや【小屋】cabane 女; baraque 女

ごやく【誤訳】erreur de traduction 女, traduction erronée 女 〜〜する traduire mal

こやし【肥やし】engrais 男

こゆう【固有】〜の particulier(ère) à ..., propre à ..., spécifique

こゆび【小指】petit doigt 男, auriculaire 男; (足の) petit orteil 男

こよう【雇用】emploi 男, embauche 女 〜〜する employer ... ►雇用契約 engagement 男 雇用主(者) employ*eur(se)* 名, patron(ne) 名 被雇用者 employé(e) 名 雇用条件 conditions de travail 女復 雇用保険 assurance contre le chômage 女

こよみ【暦】calendrier 男

こら hé, hé là, eh là, holà

こらえる【堪える】supporter, endurer; (抑える) retenir 一笑いを〜 se retenir de rire

ごらく【娯楽】divertissement 男, amusement 男; distraction 女

こらしめる【懲らしめる】punir ..., sanctionner ...; corriger ...

コラム (囲み記事) entrefilet 男 ►コラムニスト chroniqu*eur(se)*

こりごり 〜〜だ J'en ai assez.

こりしょう【凝り性】〜の人 perfectionniste 名

こりつ【孤立】isolement 男 〜〜した isolé(e), écarté(e) 〜〜する s'isoler

ゴリラ gorille 男

こりる【懲りる】tenir compte de ses échecs

こる【凝る】……に〜 se passionner pour ... 肩が〜 avoir des courbatures aux épaules 凝った raffiné(e), recherché(e)

コルク liège 男 ►コルク栓抜き tire-bouchon 男

ゴルフ golf 男 〜〜をする jouer au golf ►ゴルフ場 (terrain de) golf 男

ゴルファー golf*eur(se)* 名, jou*eur(se)* de golf 名

これ cela, ceci; (話) ça; (呼びかけ) Hé! 〜〜から (今後は) désormais, à partir de maintenant; (将来) à l'avenir, dans le futur; (今から) dès maintenant 〜〜まで (今までに) jusqu'à maintenant, jusqu'ici, jusqu'à présent; (かつて) jamais

コレクション collection 女

コレクトコール P.C.V. (略)[paiement contre vérification]

コレステロール cholestérol 男

コレラ choléra 男

ころ【頃】temps 男, époque 女, moment 男, période 女 一私が若かった〜 dans ma jeunesse 6時〜です Vers six heures.

ころがす【転がす】(faire) rouler ...

ころがる【転がる】rouler, bouler

ごろごろ 〜〜する rester désœuvré (e) [oisi*f(ve)*] 猫が〜いう ronronner

ころし【殺し】homicide 男, meurtre

ころす 男, assassinat 男 ►殺し文句 paroles galantes 女 殺し屋 tueur(se) (à gages) 名, nervi 男

ころす【殺す】tuer, donner la mort à, assassiner; massacrer

ごろつき canaille 女, voyou 男

コロッケ croquette 女

ころぶ【転ぶ】tomber 【助動詞être】; (ひっくり返る) culbuter ―どっちに転んでも損はない En tout cas, vous ne perdez rien.

ころも【衣】vêtements 男 複; (フライの) pâte à frire 女

コロン deux-points 男 (不変); (オーデコロン) eau de Cologne 女

コロンビア Colombie 女 ――の colombien(ne)

こわい【怖い・恐い】terrible, horrible; effrayant(e), terrifiant(e); (厳格な) sévère

こわがる【怖がる・恐がる】avoir peur de...; (心配する) craindre... [de 不定詞] ―怖がらせる faire peur, effrayer

こわごわ【恐恐】timidement, craintivement

こわす【壊す】(物を) casser, briser, détruire; (建造物などを) démolir

こわばる【強張る】―強張った raide, tendu(e)

こわれる【壊れる】(se) casser, se détruire; (故障する) se détraquer, tomber en panne ―壊れた cassé(e) 壊れやすい fragile

こん【紺】bleu foncé 男, azur 男 ――の azuré(e), bleu foncé 男

こんい【懇意】―な intime, familier(ère)

こんかい【今回】――は cette fois-ci

こんがらかる s'emmêler; se compliquer

こんがり ――焼けた rissolé(e)

こんがん【懇願】supplication 女 ―～する supplier [implorer]... de 不定詞

こんき【根気】persévérance 女, patience 女

こんきゅう【困窮】indigence 女

こんきょ【根拠】base 女, fondement 男 ――のない sans fondement

コンクール concours 男

コンクリート béton 男

こんけつ【混血】sang mêlé 男, métissage 男 ►混血児 sang-mêlé 名 (不変), métis(se) 名

こんげつ【今月】ce mois, mois courant 男 ――中に dans le courant du mois, avant la fin de ce mois

こんご【今後】désormais; (今からすぐ) dès à présent; (将来) à l'avenir, dans le futur; (後で) plus tard

コンゴ Congo 男; (コンゴ共和国) République du Congo 女; (コンゴ民主共和国) République démocratique du Congo 女 ――の congolais(e)

こんごう【混合】mélange 男 ―～する mélanger [mêler] A avec [à] B

コンコース hall 男, salle des pas perdus 女

コンサート concert 男

こんざつ【混雑】encombrement 男 ―～した encombré(e)

コンサルタント conseil 男

こんしゅう【今週】cette semaine

こんじょう【根性】(性質) caractère 男, tempérament 男; (気力) fermeté d'esprit 女

こんせい【混声】►混声合唱団 chorale mixte 女

こんせき【痕跡】trace 女, marque 女, empreinte 女

こんぜつ【根絶】extirpation 女; (絶滅) extermination 女 ―～する extirper, exterminer

コンセプト concept 男

こんせん【混線】―～する s'embrouiller, être brouillé(e) [troublé(e)]

コンセンサス consensus 男

コンセント prise (de courant) 女

コンソメ consommé 男

コンタクト ►コンタクトレンズ verres de contact 男 複, lentilles cornéennes 女 複

こんだて【献立】menu 男

こんだん【懇談】►懇談会 réunion amicale 女

コンテナ conteneur 男; (引っ越し用の) cadre de déménagement 男

コンデンサー condensateur 男

こんど【今度】(今回) cette fois(-ci), maintenant; (最近) récemment, dernièrement; (新しく) nouvellement; (次回) la prochaine fois; (近々) bientôt, prochainement ――は君の番だ Maintenant, c'est ton tour. ――は気をつけます Je ferai attention la prochaine fois.

こんどう【混同】confusion 女 ―～する confondre A avec [et] B, prendre A pour B

コンドーム préservatif 男

コンドミニアム appartement 男

ゴンドラ gondole 女

コントラスト contraste 男

コントラバス contrebasse 女

コントロール contrôle 男, maîtrise 女, réglementation 女

こんとん【混沌】chaos 男

こんな tel(le) (名詞の前); pareil(le), semblable (名詞の後で); comme ça ――時間に à une heure pareille ~

風に comme ça, de cette manière ～にうれしかったことはない Je n'ai jamais été si (aussi) heureux. ～に飲んだのは初めてだ Je n'ai jamais bu autant (tant que ça).

こんなん【困難】difficulté 女; peine 女 ～な difficile, dur(e), pénible

こんにち【今日】aujourd'hui, de nos jours, à présent, actuellement ～は Bonjour!

コンパ réunion amicale 女; fête 女

コンパートメント compartiment 男

コンパクト（化粧用）boîte à poudre 女; poudrier 男

コンパクトディスク CD 男, disque compact 男

コンパス compas 男

こんばん【今晩】ce soir ～は Bonsoir!

コンビ paire 女, couple 男

コンビーフ corned-beef 男《不変》

コンビナート combinat 男, complexe 男

コンビニエンスストア épicerie 女

コンビネーション combinaison 女

コンピューター ordinateur 男 ►コンピューターウイルス virus (informatique) 男 コンピューターグラフィックス infographie 女

こんぶ【昆布】laminaire 女; algue 女

コンプレックス complexe 男;（劣等感）complexe d'infériorité 男

こんぼう【棍棒】massue 女, gourdin 男;（警官の）matraque 女

こんぽう【梱包】emballage 男

こんぽん【根本】base 女, fondement 男 ～的な fondamental(ale)（男複 -aux）, essentiel(le) ～的に fondamentalement

コンマ virgule 女

さ

さ【差】différence 女;（隔たり）écart 男;（不均衡）inégalité 女 一貧富の～ écart entre les riches et les pauvres

ざ【座】（席）place 女, siège 男;（座り）posture 女 ～につく prendre place ～をはずす s'absenter

さあ Allons. | Allez.

サーカス cirque 男

サーキット autodrome 男

サークル cercle 男,（同好会）club 男

ざあざあ ―雨が～降る Il pleut à verse.

サーチライト projecteur 男

サーバー serveur 男

サービス service 男 ～する（値引きする）faire une réduction このレストランは～がよい On est bien servi dans ce restaurant. これは～です C'est gratuit. ►サービスエリア aire de service 女 サービス業 les services 男複（第三次産業部門）secteur économique des services 男 サービス料 frais de service 男複 ―サービス料金込みで service compris

サーブ service 男 ～する faire un service

サーファー surfer 男, surfeur(se) 名

サーフィン surf 男 ～をする surfer

サーフボード planche de surf 女

サーモン saumon 男

さい【際】（時）moment 男;（機会）occasion 女 ～の出発の～に au moment du départ この～に en cette occasion …に～して à l'occasion de (lors de)… 出発に～して au moment du départ

サイ【犀】rhinocéros 男

-さい【-歳】―彼は30～だ Il a trente ans. 5～の男の子 garçon de cinq ans 男

さいあい【最愛】―～の très cher(ère), chéri(e)

さいあく【最悪】―～の le (la) pire, le (la) plus mauvais(e)

ざいあく【罪悪】（法律上の）crime 男;（宗教上の）péché 男

さいえん【菜園】(jardin) potager 男

さいかい【再会】―～する revoir…;（お互いに）se revoir

さいかい【再開】réouverture 女, recommencement 男 ～する recommencer…, recommencer…

さいがい【災害】désastre 男;（大災害）catastrophe 女 ～に見舞われる subir un désastre ►災害救助 secours aux sinistrés 男

ざいかい【財界】milieux des affaires 男複

さいかく【才覚】ressources 女複 ―～のある avoir de l'esprit ～のある人 homme de ressources

ざいがく【在学】―～中で en cours de scolarité ～の（籍を置く）inscrit(e)

さいき【才気】esprit 男 ～あふれる plein(e) d'esprit

さいぎしん【猜疑心】méfiance 女

さいきょういく【再教育】rééducation 女 ～する rééduquer…

さいきん【最近】récemment, dernièrement;（近頃）ces derniers temps ～の récent(e), dernier(ère)

さいきん【細菌】bactérie 女;（微生物）microbe 男

さいく【細工】（作業）façonnage 男;（作品）ouvrage 男;（たくらみ）ruse 女 ～する façonner…

さいくつ【採掘】extraction 女;（鉱山の）exploitation minière 女 ～する（鉱物を）extraire;（鉱山・鉱脈を）exploiter

サイクリング randonnée à bicyclette 女;（自転車競技も含めて）cyclisme 男

サイクル cycle 男

さいけつ【採決】vote 男 ―法案を～す

さいけつ る voter un projet de loi
さいけつ【採血】prise de sang 女
さいげつ【歳月】(年月) années 女 複; (時) temps 男
さいけん【再建】(建て直し) reconstruction 女 (立て直し) rétablissement 男 ──する reconstruire, rétablir
さいけん【債権】créance 女
さいけん【債券】obligation 女
さいげん【際限】──のない sans limites [bornes], indéfini(e), infini(e) ～がない ne pas avoir de limites [bornes], être sans bornes [limites]
ざいげん【財源】ressources (financières) 女 複
さいけんとう【再検討】révision 女; (再調査) réexamen 男 ──する revoir, réexaminer
さいご【最後】fin 女, bout 男 ──の dernier(ère)《名詞の前》～に finalement
さいご【最期】mort 女, fin 女
ざいこ【在庫】stock 男
さいこう【最高】maximum 男 ──の (高さが) le(la) plus ʰhaut(e); (大きさが) le(la) plus grand(e); (程度が) le(la) plus élevé(e); (品質が) le(la) meilleur(e) ▶最高記録 le meilleur record 最高裁判所 Cour suprême 女 最高速度 vitesse maximale [limite] 女 最高点 la meilleure note 最高峰 point culminant 男
さいこう【採光】ensoleillement 男; (照明) éclairage 男
さいこう【再考】──する reconsidérer
さいころ【賽子】dé 男
さいこん【再婚】remariage 男
さいさき【幸先】～がよい s'annoncer bien
さいさん【採算】～が合う être rentable ～の合う事業 affaire rentable 女
ざいさん【財産】fortune 女, biens 男 複 ──を築く faire fortune ▶財産家 homme riche [fortuné] 男 財産分与 partage des biens 男 財産目録 inventaire 男
さいじつ【祭日】jour férié 男
ざいしつ【材質】qualité du matériau 女
さいしゅう【最終】──の dernier(ère), final(e) (男複 ~s) ──的な définitif(ive) 男
さいしゅう【採集】──する faire collection de …; collectionner
さいしゅつ【歳出】dépenses annuelles 女 複
さいしょ【最初】commencement 男, début 男 ──の premier(ère) ～に au début de …, (tout) d'abord ～から dès le début ～は au début, à l'origine

さいしょう【最小】──の le(la) plus petit(e); le(la) moindre
さいしょう【宰相】Premier ministre 男
さいじょう【最上】──の le(la) meilleur(e)
さいしょうげん【最小限】minimum 男 ──の minimal(ale) (男複 -aux)
さいしょく【菜食】▶菜食主義者 végétarien(ne) 名
さいしん【最新】──の tout(e) nouveau (nouvelle) (男複 -x); (最近の) dernier(ère)
さいしん【細心】──の scrupuleux(se), minutieux(se)
サイズ (胴の) taille 女; (靴・手袋・帽子などの) pointure 女 ──をはかる mesurer ～が合わない être pas à sa taille 服の──はいくつですか──40です Quelle taille faites-vous? ─ Je fais du quarante.
さいせい【再生】(音声・映像の) reproduction 女, lecture 女; (リサイクル) recyclage 男 ──する (音声・映像を) reproduire, lire; (リサイクルする) recycler ▶再生紙 papier recyclé [réutilisé]
ざいせい【財政】administration financière 女, finances 女 複
さいせいき【最盛期】pleine [ʰhaute] saison 女; (絶頂期) apogée 女
さいせん【再選】réélection 女 ──を果たす être réélu
さいぜん【最善】──の le(la) meilleur(e)
さいぜんせん【最前線】front (de bataille) 男
さいそく【催促】──する réclamer, (人に…することを) presser [sommer] de 不定詞
サイダー soda 男
さいだい【最大】maximum 男 (複 ~s, maxima), maximal(e) 男 ──の le(la) plus grand(e), maximum(a) (複 ~s, maxima) 日本での──な湖 le plus grand lac du Japon ──最大限 le plus grand du maximum(a) (複 ~s, maxima) ──最大限の maximum(a) (複 ~s, maxima) 最大限に le plus grand 最大公約数 le plus grand commun diviseur《略 PGCD》最大風速 vitesse record du vent 女
さいたく【採択】adoption 女 ──する adopter
ざいたく【在宅】している être à la maison ▶在宅医療 soins à domicile 男 複 在宅勤務 travail à domicile 男
さいだん【祭壇】autel 男
さいだん【裁断】(切ること) coupe 女, taille 女 ──する couper, tailler
ざいだん【財団】fondation 女
さいちゅう【最中】……の~に au milieu de … ～している~である être en train de 不定詞
さいてい【最低】──の minim*um*(a)

(複~s, minima) ~3000ユーロは必要だ Il faut au moins 3000 euros. ▶**最低限** 最低賃金 salaire minimum 男 (複~s, minima)
さいてき【最適】 ~な le mieux approprié(e), optimal(ale) (男複 -aux)
さいてん【採点】 notation 女 ~する noter, mettre une note à...
サイト site 男
サイド côté 男 ▶**サイドビジネス** travail d'appoint 男
さいなむ【苛む】 torturer
さいなん【災難】 mésaventure 女; (災害) désastre 男
さいにゅう【歳入】 recettes annuelles 女複
さいのう【才能】 talent 男; (天賦の) don 男 ~のある doué(e), doué(e) ~を発揮する faire preuve de son talent
さいはい【采配】 ~を振る commander, diriger
さいばい【栽培】 culture 女 ~する cultiver
さいはつ【再発】 (病気の) récidive 女 ~する se reproduire; (病気が) récidiver
さいばん【裁判】 justice 女, jugement 男; (訴訟) procès 男 ~にかける mettre... en jugement, juger... ~に訴える recourir à la justice ~に勝つ[負ける] gagner [perdre] un procès ▶**裁判官** juge 男; (集合的) magistrat 男
さいばんしょ【裁判所】 tribunal 男 (複 -aux); cour 女; (建物) Palais de Justice 男 ▶**家庭裁判所** tribunal des affaires familiales **簡易裁判所** tribunal sommaire **地方裁判所** tribunal de première instance **高等裁判所** cours d'appel **最高裁判所** Cour suprême
さいふ【財布】 portefeuille 男; (硬貨入れ) porte-monnaie 男 (不変) ~の紐を締める serrer les cordons de sa bourse ~をすられました On m'a volé mon portefeuille.
さいぶ【細部】 détail 男 ~にわたって en détail
さいぶんか【細分化】 ~する morceler, émietter
さいへん【再編】 ~する réorganiser, restructurer
さいほう【裁縫】 couture 女 ~をする coudre ▶**裁縫道具** matériel [équipement] de couture 男
さいぼう【細胞】 cellule 女 ~の cellulaire ▶**細胞分裂** division cellulaire 女
ざいほう【財宝】 trésor 男, richesses 女複
さいほうそう【再放送】 rediffusion 女
さいまつ【歳末】 fin d'année 女
さいみんじゅつ【催眠術】 hypnotisme 男

さいむ【債務】 dette 女, obligation 女
ざいむ【財務】 finances 女複
さいもく【細目】 détail 男
ざいもく【材木】 bois 男
さいよう【採用】 ~する (採択) adopter; (雇用) embaucher, engager
ざいがいこくじん【在留外国人】 résident(e) 名
ざいりゅう【在留】 résidence 女 ▶**在留外国人** résident(e) 名
さいりょう【最良】 ~の le(la) meilleur(e)
さいりょう【裁量】 (決定) décision 女; (判断) jugement 男
さいりよう【再利用】 recyclage 男 ~する recycler
ざいりょう【材料】 (資材) matériaux 男複; (食品・混合物などの成分) ingrédient 男; (資料) données 女複
ざいりょく【財力】 ressources 女複
ザイル corde (d'alpinisme) 女
サイレン sirène 女
サイロ silo 男
さいわい【幸い】 bonheur 男; (幸運) (bonne) chance 女 ~にも heureusement 【文頭に置く】 雨が彼にーした La pluie vint à son secours.
サイン (合図) signe 男; (署名) signature 女; (有名人の) autographe 男 ~する (書類などに) signer ここにーをお願いできますか Voulez-vous signer ici? ▶**サイン帳** album d'autographes 男 **サインペン** feutre 男
サウジアラビア Arabie saoudite 女 ~の saoudien(ne)
サウスポー ~の gaucher(ère)
サウナ sauna 男
サウンド son 男
-さえ même; (…さえすれば) si seulement 一子供で~それを知っている Même un enfant sait cela. 彼は暇~あれば本を読んでいる Dès qu'il a un peu de temps libre, il le consacre à la lecture.
さえぎる【遮る】 (中断させる) interrompre; (妨害する) barrer
さえずる【囀る】 gazouiller, chanter
さえる【冴える】 一目がさえて眠れない être pris d'insomnie 気分がさえない ne pas se sentir bien
さお【竿】 perche 女; (長い棒) gaule 女; (旗の) hampe 女
さか【坂】 pente 女; (坂道, 上り坂) côte 女
さかい【境】 limite 女 ~を接する être contigu(ë) à
さかえる【栄える】 prospérer
さがく【差額】 différence 女
さかさ【逆さ】 ~に ~に à l'envers ~にする renverser; (順序を) inverser
さがしだす【捜し出す】 trouver, découvrir
さがす【捜す・探す】 chercher; (捜し求める) rechercher
さかずき【杯】 coupe 女

さかだち【逆立ち】équilibre sur les mains 男
さかだてる【逆立てる】'hérisser
さかな【魚】poisson 男 ▶魚屋(店) poissonnerie 女; (人) poissonnier(ère) 名
さかなで【逆撫で】 ～～する prendre ... à contre-poil
さかのぼる【遡る】―川を～ remonter une rivière 彼の家系は十字軍時代に～ Sa famille remonte au temps des croisades.
さかば【酒場】bistro(t) 男, bar 男
さかみち【坂道】pente 女
さかや【酒屋】magasin de vin 男
さからう【逆らう】s'opposer à ...; (服従しない) désobéir à ... ―逆らって contre ...
さかり【盛り】(絶頂) apogée 男; (人生の) fleur de l'âge 女; (発情) rut 男 ―ブドウは今が～だ C'est maintenant la pleine saison des raisins. ▶盛り場 quartier des plaisirs 男
さがる【下がる】(低下) baisser; (減少) diminuer ―株価が下がった La Bourse a baissé.
さかん【左官】(漆喰を塗る) plâtrier 男; (れんが・石を積む) maçon 男
さかん【盛ん】―な (繁盛している) prospère; (活発な) actif(ive); (精力的な) énergique ―になる (繁盛する) prospérer; (人気が出る) devenir populaire
さき【先】(先端) pointe 女; (端) bout 男; (前方) plus loin, devant; (続き) suite 女 ―～に (最初に) d'abord; (前もって) à l'avance, d'avance 選挙は2週間～だ Les élections auront lieu dans deux semaines. 人々は～を争って列車に乗り込んだ Ils sont montés dans le train à qui mieux mieux.
さぎ【詐欺】fraude 女, escroquerie 女 ▶詐欺師 escroc 男
サギ【鷺】héron 男
さきおととい【一昨昨日】il y a trois jours
さきがけ【先駆け】précurseur 男, pionnier 男
さきごろ【先頃】(最近) récemment; (先日) l'autre jour
さきゆき【先行き】avenir 男
サキソホン ⇨サックス
さきだつ【先立つ】―彼は妻に先立たれた Il a survécu à sa femme. ～ものがない manquer de moyens
さきばしる【先走る】―先走った (性急な) 'hâtif(ive); (深く考えない) sans réflexion
さきばらい【先払い】～～する payer d'avance
さきほど【先程】⇨さっき
さきまわり【先回り】～～する devancer
さきもの【先物】～～買いをする (投機する) spéculer sur ... ▶先物取引 opérations à terme 女 複 ▶先物取引市場 marché de contrats à terme
さきゅう【砂丘】dune 女
さぎょう【作業】travail 男 (複 -aux) ▶作業服 vêtement de travail 男
さきんずる【先んずる】devancer ―先んずれば人を制す Premier arrivé, premier servi.
さく【策】―…に～を講じる prendre des mesures contre ... ～を弄する recourir à la ruse ～を巡らす chercher un moyen
さく【柵】barrière 女, clôture 女
さく【咲く】fleurir; (咲いている) être en fleur(s)
さく【裂く】(引き裂く) déchirer; (おもに縦に) fendre; (人の仲を) séparer, brouiller
さく【割く】(割り当てる) consacrer; (削る) prendre sur ...
さくいん【索引】index 男
さくげん【削減】réduction 女 ―～する réduire
さくさん【酢酸】acide acétique 男
さくし【作詞】―～する écrire des paroles ▶作詞家 parolier(ère) 名
さくし【策士】(戦略家) tacticien(ne) 名; (陰謀家) intrigant(e) 名
さくじつ【昨日】⇨きのう(昨)
さくしゃ【作者】auteur 男
さくしゅ【搾取】exploitation 女 ―～する exploiter
さくじょ【削除】suppression 女 ―～する supprimer
さくせい【作成】rédaction 女 ―～する rédiger, dresser
さくせん【作戦】opération (militaire) 女; (戦術) tactique 女; (戦略) stratégie 女
さくねん【昨年】l'année dernière, l'an dernier
さくばん【昨晩】⇨昨夜
さくひん【作品】œuvre 女; (著作) ouvrage 男; (戯曲・楽曲) pièce 女
さくぶん【作文】composition 女
さくもつ【作物】produits agricoles 男
さくや【昨夜】hier (au) soir, la nuit dernière
サクラ【桜】(木) cerisier 男; (花) fleurs de cerisier 女 複
サクラソウ【桜草】primevère 女
さくらん【錯乱】délire 男
さくらんぼ【桜桃】cerise 女
さぐり【探り】―～を入れる sonder, tâter
さぐりだす【探り出す】dévoiler, découvrir
さくりゃく【策略】ruse 女 ―～を用いる user de ruse [d'artifice]
さぐる【探る】fouiller (dans); (手探りする) tâtonner; (意向などを) sonder

さくれつ【炸裂】 ――する éclater
ザクロ【石榴】（木）grenadier 男; （実）grenade 女
サケ【鮭】 saumon 男
さけ【酒】（酒類）alcool 男; （アルコール飲料）boisson alcoolisée [alcoolique] 女; （日本酒）saké 男 ――を飲む boire ～が強い supporter bien l'alcool ～に酔う s'enivrer 彼は一癖が悪い Il a le vin mauvais.
さけびごえ【叫び声】 cri 男 ――を上げる pousser [jeter] des cris
さけぶ【叫ぶ】 crier
さけめ【裂け目】 fente 女
さける【避ける】 éviter ――避けがたい inévitable
さける【裂ける】（地面などが）se fendre; （布などが）se déchirer
さげる【下げる】 baisser; （数値や段階を）abaisser; （吊す）pendre; （後退させる）reculer ――レバーを～ baisser le levier
さこく【鎖国】 fermeture d'un pays aux étrangers 女
さこつ【鎖骨】 clavicule 女
ざこつ【坐骨】 ischion 男 ▶**坐骨神経痛** sciatique 女
ささ【笹】 bambou nain 男
ささい【些細】 ――な（わずかな）minime; （取るに足らない）insignifiant(e)
ささえ【支え】 appui 男, soutien 男
サザエ turbo 男 (不変)
ささえる【支える】 soutenir; （重み・圧力を）supporter; （維持する）maintenir
ささげる【捧げる】 consacrer, dédier
ささつ【査察】 inspection 女
さざなみ【さざ波】 rides 女 複
ささやき【囁き】 chuchotement 男
ささやく【囁く】 chuchoter
ささる【刺さる】 s'enfoncer
さじ【匙】 cuillère [cuiller] 女 ――を投げる laisser tomber
さしあげる【差し上げる】 ⇨与える
さしあたり【差し当たり】（当分の間）pour le moment; （今のところ）en ce moment
さしえ【挿絵】 illustration 女
さしおさえ【差し押さえ】 saisie 女
さしおさえる【差し押さえる】 saisir
さしき【挿し木】 bouturage 男; （切り枝）bouture 女
さしこみ【差し込み】（コンセント）prise (de courant) 女
さしこむ【差し込む】 ――鍵を～ introduire une clé ～プラグを～ brancher 窓から光が～ La lumière pénètre par la fenêtre.
さしさわり【差し障り】 ⇨差し支(つか)え
さししめす【指し示す】 indiquer [désigner] (du doigt)
さしず【指図】（指示）instructions 女 複; （指令）directives 女 複 ――する commander à... de 不定詞 [que 接続法]

さしせまる【差し迫る】 ――差し迫った imminent(e)
さしだしにん【差出人】 expéditeur (trice) 名
さしだす【差し出す】 tendre; présenter
さしつかえ【差し支え】（不都合）inconvénient 男; （支障）empêchement 男 ～ない Il n'y a pas d'inconvénient à...
さしとめる【差し止める】 interdire
さしはさむ【差し挟む】 ――口を～ en placer une 彼は一言も口を差し挟まなかった Il n'a pas pu placer un seul mot.
さしひく【差し引く】 déduire ――経費を差し引いて déduction faite des frais
さしみ【刺身】 sashimi 男
さしゅ【詐取】 escroquerie 女 ――人から...を～ escroquer... à
さしょう【査証】 visa 男
ざしょう【座礁】 échouement 男 ――する s'échouer
さじん【砂塵】（nuage de）poussière 男
さす【刺す】 piquer, percer; （刃物で）poignarder ――ような痛み douleur aiguë [poignante] 女
さす【指す】 désigner, indiquer ――時計は4時を指している L'horloge indique quatre heures.
さす【差す・射す】 ――傘を～ ouvrir son parapluie 部屋に日が～ Le soleil pénètre dans la chambre. 彼女の顔に赤味がさした Son visage [Sa figure] a repris des couleurs.
さす【注す】 ――目薬を～ se mettre [instiller] des gouttes dans les yeux オイルを～ huiler
さす【挿す】 ――花瓶に花を～ mettre des fleurs dans un vase 刀を～ porter [ceindre] une épée
さす【砂州】 banc de sable 男
さすが ――に（本当に）vraiment; （...である）（être）digne de ――彼も その問題は解けないだろう Même lui ne pourrait pas résoudre ce problème.
さずける【授ける】 donner, accorder
サスペンス ▶**サスペンス映画** film à suspense 男
さすらい vagabondage 男
さすらう vagabonder, errer
さする【擦る】 frotter (doucement)
ざせき【座席】 place 女; （席一般）siège 男 ――につく gagner [s'asseoir à] sa place ▶**座席表** plan des places 男; （劇場の）plan de la salle
させつ【左折】 ――最初の通りを～する tourner à gauche dans la première rue
ざせつ【挫折】 échec 男; （計画などの）avortement 男 ――する（失敗する）échouer; （流れる）avorter
させん【左遷】 ――する reléguer

さそい【誘い】 invitation 囡　―に応じる accepter une invitation

さそいこむ【誘い込む】 entraîner

さそいだす【誘い出す】 sortir

さそう【誘う】 inviter à... [不定詞]　―涙と―話 histoire qui tire des larmes 囡　その音楽に眠りを― Cette musique m'endort. 悪事に― inciter au mal いいにおいに誘われた― attiré(e) par la bonne odeur, ...

サソリ【蠍】 scorpion ►蠍座 le Scorpion

さだめる【定める】 fixer

ざだんかい【座談会】(対談) colloque 囲; (円卓会議) table ronde 囡

ざちょう【座長】(劇団の) directeur(trice) (de troupe) 名; (会議の) président(e) 名

さつ【札】 billet 囲 ►札束 liasse de billets (de banque) 囡

ざつ【雑】 peu soigné(e)

さつえい【撮影】 photographie 囡; (映画の) tournage 囲　―する photographier, prendre une photo de ...; (映画を) tourner un film　写真[ビデオ]を―は許可されていますか M'est-il permis de prendre des photos [filmer] ici?

さっか【作家】 écrivain 囲, auteur 囲 [この語は女性にも用いられる]; (小説家) romancier(ère) 名

サッカー football 囲, foot 囲

さつがい【殺害】―する tuer 囲

さっかく【錯覚】 illusion 囡　―する s'illusionner sur ...

ざっかや【雑貨屋】(人) droguiste 名; (店) droguerie 囡

さっき tout à l'heure, à l'instant; il y a quelques minutes

さつき【皐月】 azalée 囡

さっきょく【作曲】 composition 囡　―する composer ►作曲家 compositeur(trice) 名

ざっきん【雑菌】 stérilisation 囡; (低温殺菌) pasteurisation 囡　―する stériliser　低温―する pasteuriser

サックス saxophone 囲

ざっくばらん ―な (率直な) franc(che); (オープンな) ouvert(e) に　―に言えば à franchement parler

さっさと vite; tout de suite

さっし【察し】―は―がいい Il comprend [entend] à demi-mot. お―のとおりです Vous avez bien deviné.

ざっし【雑誌】 revue 囡; (グラフ雑誌) magazine 囲

ざっしゅ【雑種】 hybride 囡　―の métis(se), bâtard(e)

さつじん【殺人】 meurtre 囲, homicide 囲　―を犯す commettre un meurtre ►殺人犯 meurtrier(ère) 名; assassin 囲　殺人未遂 tentative d'assassinat [de meurtre] 囡

さっする【察する】(見抜く) deviner; (理解する) comprendre; (感じとる) pressentir

ざつぜん【雑然】―とした en désordre, confus(e)　―と pêle-mêle

ざっそう【雑草】 mauvaise herbe 囡

さっそく【早速】 tout de suite, immédiatement, sans tarder

ざつだん【雑談】 bavardage 囲　―する bavarder

さっちゅうざい【殺虫剤】 insecticide 囲

さっと（すぐさま）rapidement; (急に) brusquement, soudain

ざっと（予測に）brièvement, sommairement; (大雑把に) grosso modo, en gros　―目を通す parcourir

さっとう【殺到】―する se ruer, affluer

ざっとう【雑踏】 bousculade 囡

さっぱり―英語は―わからない Je suis nul en anglais.　―する se sentir frais (fraîche) (気が楽になる) se sentir soulagé(e)　―した物が食べたい Je veux manger quelque chose de léger. 彼は―した性格だ Il a un caractère simple et franc.

ざっぴ【雑費】 frais divers 囲複

さっぷうけい【殺風景】 ―な (荒涼とした) triste; (飾り気のない) sans décor

サツマイモ【薩摩芋】 patate (douce) 囡

ざつむ【雑務】 petits travaux 囲複

さてい【査定】 évaluation 囡, estimation 囡　―する évaluer, estimer

サディスト sadique 名

サディズム sadisme 囲

さと【里】 village 囲; (実家) maison paternelle 囡; (故郷) pays natal 囲

サトイモ【里芋】 taro 囲

さとう【砂糖】 sucre 囲　―を取ってください Passez-moi du sucre, s'il vous plaît. ►サトウキビ canne à sucre　角砂糖 sucre en morceau　黒砂糖 sucre brun

さどう【茶道】 cérémonie du thé 囡

さどう【作動】 fonctionnement 囲, marche 囡　―する marcher

さとおや【里親】 ⇨ 養父, 養母

さとご【里子】 ⇨ 養子

さとす【諭す】 raisonner

さとる【悟る】―を開く atteindre l'éveil [à la vérité absolue]

さとる【悟る】 comprendre (que); se rendre compte de (que)　―彼は悟ったようなことを言う Il parle comme un philosophe [comme s'il savait tout]. 悟ったような顔をする se donner des airs de vieux sage

サドル selle 囡

さなぎ【蛹】(チョウの) chrysalide 囡; (昆虫) pupe 囡

サナトリウム sanatorium 囲

さは【左派】gauche 女 〜の gauche
サバ【鯖】maquereau 男
サバイバル survie 女
さばき【裁き】jugement 男
さばく【砂漠】désert 男 〜〜化 désertification 女
さばく【裁く】juger
さばく【捌く】(操作する) manier; (処理する) régler; (売りさばく) écouler
さび【錆】rouille 女; (緑青) patine 女 (不変) 〜ナイフに〜が付く Le couteau se couvre de rouille. 〜を落とす enlever la rouille de ... 身から出た〜 Qui sème le vent récolte la tempête.
さび止め antirouille 男
さびしい【寂しい】(悲しく沈んだ) triste; (孤独な) solitaire 〜寂しく思う se sentir seul(e) 君がいなくて〜 Tu me manques.
さびしさ【寂しさ】(悲しさ) tristesse 女; (孤独) solitude 女
ざひょう【座標】coordonnées 女 複 ►座標軸 axes de coordonnées
さびる【錆びる】(se) rouiller, s'oxyder
サファイア saphir 男
サファリ ►サファリパーク parc safari 男
サブタイトル sous-titre 男
サフラン safran 男
さべつ【差別】discrimination 女; (分離・隔離) ségrégation 女 〜〜する faire une distinction entre A et B 〜的な discriminatoire, partial(ale) (男複-aux) ►人種差別 racisme 男 性差別 sexisme 男
さほう【作法】savoir-vivre 男
サポーター bande de maintien 女 (サッカーの) supporter 男
サボタージュ sabotage 男
サボテン cactus 男
さぼる 〜授業を〜 sécher un cours [la classe] 仕事を〜 manquer le travail
さま【様】─彼女の着物姿は〜になっている Elle est très bien en kimono.
-さま【-様】(男性) Monsieur; (既婚女性) Madame; (未婚女性) Mademoiselle
ざま【様】─なんたる〜だ Regarde ce que tu as fait! 〜を見ろ C'est bien fait!
さまざま【様々】─〜な divers(e), varié(e)
さます【覚ます】(目を) se réveiller; (人の迷いを) détromper, dégriser 一目を覚ませ Détrompez-vous!
さます【冷ます】refroidir; (冷却させる) faire [laisser] refroidir
さまたげ【妨げ】obstacle 男
さまたげる【妨げる】faire obstacle à, entraver; (妨害する) troubler
さまよう【彷徨う】errer, vagabonder

サミット sommet (du G 8) 男
さむい【寒い】froid(e); (いてつく) glacial(e) 〜きょうは〜 Il fait froid aujourd'hui. 〜(私は) 〜 J'ai froid.
さむがり【寒がり】(人) frileux(se)
さむけ【寒気】〜〜がする avoir des frissons, frissonner de froid
さむさ【寒さ】froid 男
さむざむ【寒々】〜〜とした (寒々な) froid(e; (物寂しい) triste
サメ【鮫】requin 男
さめる【覚める】(目が) se réveiller; (迷いが) se détromper, se désillusionner
さめる【冷める】refroidir
さも【然も】〜〜得意げに d'un air tout fier 〜〜あのなん Ça devait être ainsi.
サモア Samoa 男 〜の Samoan(e)
さもないと autrement, sans quoi [cela]; (もし...でないなら) sinon
さや【莢】cosse 女, gousse 女
さや【鞘】fourreau 男, gaine 女
サヤインゲン【英隠元】'haricots verts 男 複
ざやく【坐薬】suppositoire 男
さゆう【左右】〜〜に à droite et à gauche 〜〜する influencer 一生を〜する大事件 événement qui décide de la vie de ... 男 彼は人の言葉に〜されやすい Il est facilement influencé par les propos d'autrui.
さよう【作用】(物理的・化学的) action 女; (効果・影響) effet 男, influence 女 〜〜する agir sur ..., influencer
さようなら au revoir; (親しい相手に) salut, tchao; (永別) adieu
さよく【左翼】gauche 女 〜の gauche, gauchisant(e)
さら【皿】assiette 女; (大皿) plat 男; (集合的) vaisselle 女 〜〜を洗う faire [laver] la vaisselle 目を〜のようにして les yeux grands ouverts
さらいげつ【再来月】dans deux mois
さらいしゅう【再来週】dans quinze jours [deux semaines]
さらいねん【再来年】dans deux ans
さらう【攫う】voler, kidnapper
さらけだす【曝け出す】révéler
さらさら ─小川が〜流れる Le ruisseau susurre. 〜と書く écrire avec facilité
ざらざら 〜〜の rude
さらす【曝す】exposer
サラダ salade 女 ►サラダオイル huile à salade 女 サラダ菜 salade 女
さらに【更に】(もっと) plus, encore; (その上に) de [en] plus, en outre
サラブレット pur-sang 男 (不変)
サラミ salami 男
サラリー salaire 男
サラリーマン salarié 男
ざりがに écrevisse 女
さりげない naturel(le)
さる【猿】(雄) singe 男; (雌) guenon

さる ►**猿芝居** farce 囡 **猿真似** singerie 囡

さる【去る】(離れる) quitter; (立ち去る) partir [助動詞être], s'en aller; (過ぎ去る) passer [助動詞être] ――者は日々に疎し Loin des yeux, loin du cœur.

ざる【笊】 passoire 囡

さるぐつわ【猿轡】 bâillon 男 ――をかませる bâillonner

サルビア sauge 囡

サルベージ renflouement 男

サルモネラきん〖サルモネラ菌〗 salmonelle 囡

さわ【沢】 ravin 男

さわがしい【騒がしい】 bruyant(e)

さわがせる【騒がせる】 troubler, agiter 一世間を～ faire beaucoup de bruit お騒がせしました Excusez-moi de vous avoir dérangé.

さわぎ【騒ぎ】 bruit 男; (騒音) tapage 男, vacarme 男 ……するどころの～ではない ce n'est pas le moment de [不定詞]

さわぐ【騒ぐ】 faire du bruit; (要求を訴える) demander à cor et à cri; (お祭り気分で) faire la fête [bombe]

ざわつく (やかましい) faire du bruit; (動揺する) s'agiter

さわやか【爽やか】 frais (fraîche), rafraîchissant(e)

さわる【触る】 toucher (à) ――触らぬ神に祟りなし Il ne faut pas réveiller le chat qui dort.

さわる【障る】(身体に) nuire à la santé de ...; (気に) vexer ―気に～ようなことを言うな Ne dis pas de choses qui m'agacent!

さん【三】 trois 男 (不変) ――番目の troisième ～分の1 un tiers

さん【酸】 acide 男 ――(性)の acide

さんか【参加】 participation 囡; (政治・社会問題、競技への) engagement 男 ――する participer à ..., s'engager dans ... ―参加者 participant(e) 名

さんか【産科】 obstétrique 囡

ざんがい【残骸】 débris 男[複]; (建物の) décombres 男[複]

さんかく【三角】 triangle 男 ――の triangulaire ►三角地帯 région triangulaire ►三角形 triangle 男

さんがく【山岳】 ►山岳地帯 région montagneuse 囡

さんがつ【三月】 mars 男 ――に en mars, au mois de mars

さんかん【参観】 ――する visiter

さんぎいん【参議院】 Chambre des conseillers 囡; (上院) Sénat 男

さんきゃく【三脚】 trépied 男

ざんぎゃく【残虐】 ――な cruel(le), atroce

さんぎょう【産業】 industrie 囡 ――の industriel(le)

ざんぎょう【残業】 ――する faire des heures supplémentaires

ざんきん【残金】 reste 男; (未払い金) restant 男; (残高) solde 男

サングラス lunettes de soleil 囡[複]

ざんげ【懺悔】 confession 囡 ――する (se) confesser

さんご【珊瑚】 corail 男 (複 -aux) ►サンゴ礁 récif corallien 男

さんこう【参考】 référence 囡 ――にする se reporter à ..., consulter ～になる renseigner ►参考書 livre à consulter 男 ►参考資料 documents 男[複] ►参考文献 ouvrages de références 男[複]

ざんこく【残酷】 ――な cruel(le), féroce, atroce ～に cruellement, avec cruauté

さんさい【散在】 ――する s'éparpiller

さんざい【散々】 ――な目にあう en voir de belles [de toutes les couleurs]

さんじ【産児】 ►産児制限 contrôle des naissances 男

さんじゅう【三十】 trente 男 (不変) ――番目の trentième ～分後に dans une demi-heure

さんじゅう【三重】 triple 男 ――の triple

さんしゅつ【算出する】 calculer

さんしゅつ【産出】 production 囡 ――する produire

さんしょう【参照】 ――する se référer à ...

さんしょく【三色】 ►三色菫 pensée 囡

ざんしん【斬新】 ――な (新しい) nouveau (nouvelle) (男[複]-x); neuf(ve); (独創的な) original(ale) (男[複]-aux)

さんすい【散水】 arrosage 男

さんすう【算数】 arithmétique 囡

さんする【産する】 produire

さんせい【賛成】(合意) accord 男; (在認) approbation 囡; (支持) adhésion 囡 ――する donner son accord à ... ～である être d'accord (avec) 動議は多数により可決された La motion a été adoptée à la majorité. あなたに～です Je suis d'accord avec vous.

さんせい【酸性】 ――の acide ►酸性雨 pluie acide 囡

さんそ【酸素】 oxygène 男 ►酸素マスク masque à oxygène 男

さんぞく【山賊】 brigand 男

ざんだか【残高】(銀行口座の) position 囡; (差し引き残高) solde 男, balance 囡

サンタクロース le Père Noël 男

サンダル sandale 囡

さんだんとび【三段跳び】 triple saut 男

さんち【産地】 pays producteur 男, région productrice 囡

さんちょう【山頂】 sommet 男

さんてい【算定】 ――する évaluer.

ざんてい【暫定】 〜的 (臨時の) provisoire; (一時的な) temporaire

サンドイッチ sandwich 男 (複 -*e*(*e*)s)

さんどう【賛同】 adhésion 女 〜する donner son adhésion à ...

ざんねん【残念】 〜な regrettable; (期待はずれの) décevant(e) 〜ながら malheureusement ...なのは〜だ c'est dommage [il est regrettable de 不定詞/que 接続法]

さんねんせい【三年生】 élève de troisième année 名

サンバ samba 女

さんばい【三倍】 triple 男, trois fois 女 〜にする tripler, rendre ... triple

さんぱい【参拝】 〜する aller prier à un temple [助動詞 être]

さんばし【桟橋】 quai 男

さんぱつ【散髪】 〜してもらう se faire couper les cheveux

ざんぱん【残飯】 restes (de nourriture) 男複

さんび【賛美】 〜する glorifier, rendre gloire à ... ▶ **賛美歌** hymne 男

さんぴ【賛否】 〜両論ある Les avis sont partagés. 〜を問う soumettre ... au vote

ザンビア Zambie 女 〜の zambien(ne)

さんぷ【散布】 〜する pulvériser, épandre

さんぷく【山腹】 flanc 男

さんふじんか【産婦人科】 gynécologie-obstétrique 女 ▶ **産婦人科医** gynécologue-obstétricien(ne) 名

さんぶつ【産物】 produit 男; (集合的) production 女; (成果) fruit 男

サンプル échantillon 男, spécimen 男

さんぶん【散文】 prose 女

さんぽ【散歩】 promenade 女; (ひと巡り) tour 男 〜する se promener, faire un tour ▶ **散歩道** promenade 女

さんぼう【参謀】 officier d'état-major 男; (補佐役) conseiller(ère) 名

サンマ【秋刀魚】 (学名) scombrésocidé 男

サンマリノ Saint-Marin 男 〜の saint-marinais(e)

さんまん【散漫】 〜な distrait(e)

さんみ【酸味】 acidité 女, (牛乳・ワイン・果物の) aigreur 女 〜のある acide, aigre

さんみゃく【山脈】 chaîne de montagnes 女

さんゆこく【産油国】 pays pétrolier 男

さんらん【産卵】 〜する pondre

さんらん【散乱】 〜する s'éparpiller

ざんりゅう【残留】 〜する rester [助動詞 être]

さんりんしゃ【三輪車】 tricycle 男

さんれつ【参列】 〜する assister à ... ▶ **参列者** assistant(e) s 名複

さんろく【山麓】 〜に au pied d'une montagne

し

し【四】 ⇨四(t)

し【市】 ville 女 〜の municipal(ale) 男複 -*aux*

し【死】 mort 女; (死亡・逝去) décès 男 〜の灰 retombées radioactives 女複 九〜に一生を得る l'échapper belle

し【詩】 poème 男; 《総称的》poésie 女

し【師】 maître(sse) 名

-し【-氏】 (敬称) (男性) monsieur (複 *messieurs*); (女性) madame (複 *mesdames*)

じ【字】 lettre 女, caractère 男; (筆跡) écriture 女 〜が上手[下手]だ avoir une belle [mauvaise] écriture

じ【痔】 hémorroïdes 女複

-じ【-時】 −3〜ちょうどに à trois heures juste [précises]

しあい【試合】 match 男 (複 -(*e*)s); partie 女 ……と〜をする faire [disputer] un match avec ..., jouer contre ...

しあがる【仕上がる】 être fini(e) [achevé(e)]

しあげ【仕上げ】 finition 女 最後の〜をする mettre la dernière main à ...

しあげる【仕上げる】 finir; achever

しあさって【明々後日】 (話) après-après-demain, d'ici [dans] trois jours

しあわせ【幸せ】 bonheur 男 〜な heureux(se) 〜に暮らす vivre dans le bonheur

しあん【思案】 réflexion 女 〜する réfléchir (à, sur)

しい【恣意】 〜的な arbitraire

じい【辞意】 intention de démissionner 女

ジーエヌピー【GNP】 produit national brut 男 [略 PNB]

シーエム【CM】 publicité 女 [略 pub]

しいく【飼育】 élevage 男 〜する élever, faire l'élevage de ...

じいしき【自意識】 conscience de soi 女

シーズン saison 女 ▶ **シーズンオフ** basse saison 女

シーソー balançoire 女

シーツ (静かに) chut!

シーツ drap 男

シーディー【CD】 CD 男, disque compact 男 ▶ **CD ロム** CD-ROM 男, disque optique compact 男

ジーディーピー【GDP】 produit intérieur brut 男 [略 PIB]

シート【席】 siège 男; (覆い) †housse

ジーパン 女, bâche 女 ▶シートベルト ceinture de sécurité

ジーパン jean 男

ジープ jeep 女

シーフード fruits de la mer 男 複

しいる【強いる】forcer [obliger, contraindre] à ...

シール autocollant 男

しいれ【仕入れ】approvisionnement 男

しいれる【仕入れる】s'approvisionner en [de]...

しいん【子音】consonne 女

しいん【死因】cause du décès 女

シーン scène 女

じいん【寺院】temple 男

ジーンズ jean 男

シェア part de marché 女

しえい【市営】——の municipal(ale)（男複 -aux）

じえい【自衛】défense 女, autodéfense 女　——する se défendre ▶自衛隊 droit de légitime défense 男　自衛手段 mesures défensives [de défense] 女 複　自衛隊 Forces d'autodéfense 女 複

シェービングクリーム crème à raser 女

ジェスチャー geste 男

ジェット ▶ジェットエンジン réacteur 男　ジェット機 jet 男, avion à réaction 男　ジェットコースター montagnes russes 女 複

ジェネレーション génération 女

シェパード berger allemand, chien-loup 男（複 ~s-~s）

シェフ chef 男

シエラレオネ Sierra Leone 女　——の sierra-léonais(e)

しえん【支援】soutien 男, appui 男; (援助) aide 女　——する soutenir [appuyer]

しお【塩】sel 男　——をふる saler ~味のきいた salé(e) ▶塩入れ salière 女　塩水 eau salée 女　塩焼き grillade au sel 女

しお【潮】marée 女　——が満ちる [引く] La marée monte [descend].

しおかぜ【潮風】brise de mer 女

しおからい【塩辛い】salé 男, saumâtre

しおづけ【塩漬け】salaison 女　——にする saler, conserver ... dans le sel

しおどき【潮時】bon moment 男

しおり【栞】signet 男

しおれる【萎れる】se flétrir, se faner

しか【鹿】cerf 男; (雌) biche 女

しか【歯科】▶歯科医 dentiste 名　歯科技工士 prothésiste dentaire 名

しか【市価】cours du marché 男

-しか ne ... que, seulement

じか【直】——に directement, à même

じか【時価】prix courant 男

じが【自我】ego 男, soi 男, moi 男《不変》

しかい【司会】——する (会議などで) présider; (ショーなどで) animer ▶司会者 président(e) 名; (ショーなどの) animateur(trice) 名

しかい【視界】(見通し・視度で) visibilité 女; (視野) champ visuel 男

しがい【市街】ville 女; (通り・街頭); rue 女

しがい【市外】banlieue 女 ▶市外通話 interurbain 男, inter 男

しがい【次回】la prochaine fois

しがいせん【紫外線】ultraviolet 男

しかえし【仕返し】revanche 女; (復讐) vengeance 女　——の~をする se venger de ..., tirer vengeance de ...

しかく【資格】qualification 女; (免許) diplôme 男; (肩書き) titre 男 ▶資格検定試験 examen de capacité 男　資格審査 vérification de qualité 女　有資格者 personne qualifiée 女

しかく【四角】(正方形) carré 男; (長方形) rectangle 男; (四辺形) quadrangle 男　——い carré(e)

しかく【視覚】vue 女, vision 女　——の visuel(le), optique

しがく【史学】étude de l'histoire 女

しがく【私学】école privée 女; (私立の大学) université privée 女

じかく【自覚】conscience (de soi) 女　——する prendre conscience de [que]

しかけ【仕掛け】mécanisme 男, dispositif 男

しかし mais, toutefois; (それにもかかわらず) cependant, pourtant

じがじさん【自画自賛】——する se vanter

じかせい【自家製】——の fait(e) à la maison

じがぞう【自画像】autoportrait 男

しかた【仕方】façon 女, manière 女; (方法) méthode 女　——がない Tant pis! ~なく faute de mieux　ほかに~がありませんでした Je ne pouvais pas faire autrement.

しかつ【死活】▶死活問題 question de vie ou de mort; question vitale 女

しがつ【四月】avril 男　——に en avril, au mois d'avril

しかつ【自活】——する gagner sa vie [son pain]; vivre de son travail

しかつめらしい grave, cérémonieux(se)

しがみつく s'agripper, se cramponner (à)

しかめる【顰める】——顔を~ faire la grimace

しかも de [en] plus, en outre

じかようしゃ【自家用車】sa voiture privée 女, voiture privée 女

しかる【叱る】gronder; (叱責する) réprimander　——叱られる se faire répri-

mander

しかん【士官】officier 男 ▶下士官 sous-officier 男

しがん【志願】――する postuler; (応募する) poser sa candidature à … ▶ 志願者 candidat(e) 名, postulant(e) 名

じかん【時間】temps 男, moment 男; (時刻) heure 女 ――この仕事は〜がかかる Ce travail prend du temps. 〜がない Je n'ai pas le temps. …する〜です c'est l'heure de 不定形 〜を潰す tuer le temps 〜に正確である être ponctuel(le) ▶時間割 emploi du temps 男

しき【式】(儀式) cérémonie 女; (様式) style 男; (数学などの) expression 女, formule 女 ――フランス〜の[に] à la française ▶式次第 programme de la cérémonie

しき【四季】quatre saisons 女

しき【指揮】direction 女 ――する diriger ▶指揮官 commandant 男 指揮者 chef d'orchestre

しき ――彼はもう〜30歳になります Il va avoir [Il aura bientôt] trente ans.

じき【時期】(時) moment 男, temps 男; (期間) période 女 ――毎年この〜(は) … chaque année à cette période … 〜が来たら話します Je vous en parlerai le moment venu. 〜尚早な prématuré(e)

じき【時機】occasion 女; (好機) moment favorable [opportun] 男

じき【磁気】magnétisme 男 ――を帯びた magnétique

じき【磁器】porcelaine 女

しきい【敷居】seuil 男

しきいし【敷石】pavé 男

しききん【敷金】arrhes 女複

しきさい【色彩】couleur 女; (彩色) coloris 男 ――豊かな très coloré(e) ▶色彩感覚 sens des couleurs 男

しきじ【式辞】discours à l'occasion d'une cérémonie 男

しきしゃ【識者】personne compétente 女

しきじょう【式場】salle de cérémonie 女

しきそ【色素】pigment 男

しきち【敷地】terrain 男, emplacement 男

しきちょう【色調】ton 男, tonalité 女

しきてん【式典】cérémonie 女

じきひつ【直筆】――の autographe

しきふ【敷布】drap (de dessous) 男

しきふく【式服】habit de cérémonie 男

しきべつ【識別】――する distinguer

しきもう【色盲】achromatopsie 女; (赤と緑の) daltonisme 男 (人) daltonien(ne) 名

しきもの【敷物】tapis 男, (コースター) dessous 男, napperon 男

しきゅう【支給】――する allouer, fournir

しきゅう【至急】――の urgent(e)

しきゅう【子宮】utérus 男

じきゅう【時給】salaire horaire 男

じきゅうじそく【自給自足】autarcie 女

じきゅうりょく【持久力】résistance 女; endurance 女

しきょう【市況】situation du marché 女

しきょう【司教】évêque 男

じきょう【自供】aveux 男複 ――する avouer

じぎょう【事業】affaire 女, entreprise 女 ――を起こす lancer une affaire, fonder une entreprise 〜に成功 [失敗]する réussir [échouer] dans une affaire

しぎょうしき【始業式】cérémonie du commencement d'un trimestre à l'école

しきり【仕切り】compartiment 男; (部屋などの) cloison 女; (家具などの) case 女

しきり【頻り】――に souvent, sans cesse

しきん【資金】fonds 男複

しきんせき【試金石】pierre de touche 女

しく【敷く】(広げる) étendre; (置く) mettre, poser ――道に砂利を〜 recouvrir le chemin de gravier

じく【軸】axe 男; (機械の) arbre 男

しぐさ【仕草・仕事】geste 男

ジグザグ zigzag 男 ――に進む faire des zigzags, zigzaguer

しくしく ――泣く sangloter

しくじる échouer à, rater [manquer] son coup

ジグソーパズル puzzle 男

シグナル signal 男 (複 -aux)

しくみ【仕組み】mécanisme 男

シクラメン cyclamen 男

しぐれ【時雨】averse d'automne 女

しけ【時化】gros temps 男, grosse mer 女

しけい【死刑】peine capitale [de mort] 女 ――を執行する exécuter ▶死刑囚 condamné(e) à mort 名

しげき【刺激】stimulation 女, excitation 女 ――する stimuler, exciter 〜的な stimulant(e), excitant(e)

しげみ【茂み】buisson 男, feuillage 男

しける【湿気る】devenir humide [助動詞 être]; s'humidifier ――した humide

しける【時化る】(海が) grossir

しげる【茂る】devenir touffu(e) [dru 男] [助動詞 être]

しけん【試験】examen 男; (選抜試験) concours 男; (試験科目) épreuve 女 ――を受ける passer un examen 〜に合格する réussir à un examen 〜に落

ちる échouer à un examen ～的に à l'essai ▶試験管 éprouvette 囡
しげん【資源】ressources 囡
じけん【事件】affaire 囡 (大事件) événement 男; (小さな) incident 男 —に巻き込まれる être impliqué(e) dans une affaire
じげん【次元】dimension 囡
じげん【時限】▶時限爆弾 bombe à retardement
じこ【事故】accident 男; (小さな) incident 男; (大事故) catastrophe 囡 —～にあう avoir [subir] un accident —～を起こす causer [provoquer] un accident ▶事故死 mort accidentelle 囡 交通事故 accident de la route 男
じこ【自己】soi, soi-même —～紹介をする se présenter ～中心的な égoïste
しこう【思考】pensée 囡
しこう【施行】—～する appliquer, exécuter
しこう【嗜好】goût 男 ▶嗜好品 article de luxe 男
しこう【時効】prescription 囡
じごう【次号】le prochain numéro
じこく【時刻】heure 囡 ▶時刻表 horaires 男複; (冊子) indicateur 男
じごく【地獄】enfer 男 —～(の)ような infernal(ale) (男複 -aux) —～に落ちる aller [tomber] en enfer
しごと【仕事】travail 男 (複 -aux); (任務) tâche 囡, (職) emploi 男, (職業) métier 男 —～をする travailler お～は何ですか Que faites-vous (dans la vie)? —～の鬼 bourreau de travail
しこむ【仕込む】préparer; (教える) former, éduquer
しさ【示唆】—～する suggérer
じさ【時差】décalage horaire 男 —～ぼけになる souffrir du décalage horaire
しさい【司祭】prêtre 男
じざけ【地酒】saké de pays 男
しさつ【視察】inspection 囡 —～する faire une inspection, inspecter
じさつ【自殺】suicide 男 —～する se suicider, se tuer
しさん【資産】biens 男複 fortune 囡
じさん【持参】—～する apporter ▶参参 dot 囡
しじ【指示】indication 囡; (上層部からの) directives 囡複 —～する indiquer, (命令する) ordonner à... de 不定詞
しじ【支持】appui 男, soutien 男 —～する appuyer, soutenir ▶支持者 supporter 男; soutien 男 (味方) partisan(e) 名
じじ【時事】actualité 囡 ▶時事問題 questions d'actualité 囡複
ししざ【獅子座】le Lion
しつ【資質】nature 囡, tempéra-

ment 男
じじつ【事実】fait 男; (真実) vérité 囡; (実際に) de fait, effectivement, en effet ...に基づいた basé(e) sur des faits ～上の effecti(ve) ～は小説より奇なり La réalité dépasse la fiction.
しして【支社】succursale 囡
ししゃ【死者】mort(e) 名
ししゃ【使者】messager(ère) 名
ししゃかい【試写会】avant-première
じしゃく【磁石】aimant 男
ししゃごにゅう【四捨五入】—～する arrondir un nombre
じしゅ【自主】—～的な autonome, indépendant(e) ▶自主規制 autocensure 囡
じしゅ【自首】—～する se livrer à la police
ししゅう【刺繍】broderie 囡 —～する broder ▶刺繍糸 fil à broder 男
ししゅう【詩集】recueil de poèmes 男
しじゅう【始終】toujours, tout le temps
じしゅう【自習】—～する travailler en dehors des heures de cours
しじゅうそう【四重奏】quatuor 男
ししゅつ【支出】dépense 囡, (出金) sortie 囡; (支払) paiement 男
ししゅんき【思春期】puberté 囡
ししょ【司書】bibliothécaire 名
じしょ【辞書】dictionnaire 男; (用語集) lexique 男; (単語集) vocabulaire 男
しじょ【地所】terrain 男
じじょ【次女】deuxième [seconde] fille 囡
ししょう【支障】inconvénient 男
しじょう【市場】marché 男; (販路) débouché 男 —～に出す lancer [mettre]... sur le marché ～を拡大[独占]する étendre [monopoliser] le marché ▶市場経済 économie de marché 囡 市場調査 étude de marché 囡
じしょう【自称】—弁護士と～する s'intituler avocat
じじょう【事情】circonstances 囡複, (個々の事態) situation 囡 —やむを得ぬ～で pour des raisons inévitables, par suite d'un empêchement majeur 家庭の～で (ou) des raisons familiales ...の～に明るい être au courant de..., être bien renseigné(e) sur...
じじょう【自乗】carré 男 —ある数を～する élever au carré
ししょうしゃ【死傷者】morts et blessés 男複
ししょく【試食】—～する goûter (à, de)
じしょく【辞職】démission 囡 —～する démissionner, donner sa démission

じじょでん【自叙伝】autobiographie 女

ししばこ【私書箱】boîte postale 女

ししん【指針】(計器の)aiguille 女; (手引きの)guide 男, directives 女複

ししん【詩人】poète 男 [女性にも男性形を用いる]

じしん【自信】confiance (en soi) 女, assurance 女; 〜がある avoir confiance en soi, être sûr(e) de soi …する〜がある être sûr(e) de [不定詞] (que) 〜をつける prendre confiance en soi-même 〜をなくす perdre confiance en soi-même

じしん【地震】tremblement de terre 男; séisme 男 一震度3の〜tremblement d'intensité trois

じしん【自身】soi-même 〜〜で en personne, personnellement

じすい【自炊】〜する faire la cuisine soi-même

しすう【指数】indice 男; (数学での) exposant 男

しずか【静か】〜〜な calme, tranquille 〜に tranquillement, silencieusement; (そっと) doucement 〜にしろ Silence! | Taisez-vous!

しずく【滴・雫】goutte 女

しずけさ【静けさ】(音のない) silence 男; (ひっそりした) calme 男

システム système 男

じすべり【地滑り】glissement de terrain 男

しずまる【静まる】se calmer, s'apaiser

しずむ【沈む】(水に) couler; (船が) sombrer; (水・泥・砂などに) (s') enfoncer; (太陽・月が) se coucher

しずめる【静める・鎮める】calmer, apaiser; (和らげる) adoucir

しずめる【沈める】plonger, immerger

しせい【姿勢】position 女; (態度・物腰) attitude 女 …がいい se tenir bien [dans une bonne position]

じせい【自制】maîtrise (de soi) 女, retenue 女 〜する se maîtriser, se contrôler, se retenir

じせい【時勢】époque 女, temps 男; (時流) air du temps

しせいかつ【私生活】vie privée 女

しせき【史跡】(歴史的建造物) monument historique 男; (遺跡) vestiges 男複

しせつ【施設】établissement 男

しせつ【使節】(外交上の) envoyé(e) 名; (会議などに派遣される) délégué(e) 名 ▶**使節団** mission 女

しせん【視線】regard 男, vue 女

しせん【支線】embranchement 男

しぜん【自然】nature 女 〜〜のnaturel(le); (加工していない) brut(e) 女; (生来の) inné(e); (気どらない) sans affectation 〜に naturellement; (気どらず) sans affectation; (無意識に) inconsciemment それは後で〜にわかることだ C'est une chose qui s'éclaircira d'elle-même par la suite. ▶**自然科学** sciences naturelles 女複 ▶**自然現象** phénomène naturel 男

じぜん【事前】〜に préalablement, d'avance

じぜん【慈善】charité 女; (善行) bienfaisance 女 〜の charitable

しそ【紫蘇】sarriette 女

しそう【思想】idées 女複; (体系的な) pensée 女 ▶**思想家** penseur 男 **思想犯** criminel(le) politique 名

-しそうだ 一雨が降り出しそう On dirait qu'il va pleuvoir.

じそく【時速】〜60キロで走る rouler à soixante (kilomètres) à l'heure

じぞく【持続】〜する continuer, durer 〜の continu(e)

しそん【子孫】descendant(e) 名; (集合的) descendance 女, postérité 女

じぞんしん【自尊心】amour-propre 男 (複〜s〜s), orgueil 男

した【下】(…の下に) sous…, au-dessous de…, en bas de…; (力・価値の劣る) inférieur(e) 〜ネコはベッドの〜にいる Le chat est sous le lit.

した【舌】langue 女 〜がもつれる avoir la langue pâteuse 〜を出す tirer la langue 〜を巻く s'émerveiller de…

シダ【羊歯】fougère 女

したい【死体】cadavre 男

-したい vouloir [不定詞], avoir envie de [不定詞]

しだい【次第】(…するとすぐに) dès (que)…; (…によって決まる) dépendre de … 〜に peu à peu, petit à petit

じたい【辞退】〜する décliner

じたい【事態】situation 女, état de choses 男; (場合) cas 男

じだい【時代】époque 女, période 女; (大きな歴史的区分) âge 男; (元号などで区切られる時代) ère 女 一古きよき〜 le bon vieux temps 〜の古めかしい démodé(e) 明治〜 l'ère Meiji 江戸〜 l'époque d'Edo ▶**時代錯誤** anachronisme 男 **時代劇** drame historique 男

したう【慕う】s'attacher (à)

したうけ【下請け】sous-traitance 女 〜に出す sous-traiter ▶**下請け業者** sous-traitant 名; sous-entrepreneur 男

したうち【舌打ち】claquement 男 〜する faire claquer sa langue

したがう【従う】suivre; (服従する) obéir à…, se soumettre à… 一人の忠告に〜 suivre le conseil de …

したがき【下書き】(手紙などの) brouillon 男; (絵画・小説などの) ébauche 女

したがって【従って】donc; (そういうわけで) c'est pourquoi; (…について) (au

したぎ【下着】sous-vêtement 男

したく【支度】préparatifs 男複; (準備) préparation 女 ――する préparer

じたく【自宅】sa maison, son domicile 男 ――で仕事をする travailler à la maison [à domicile]

したごころ【下心】arrière-pensée 女 ――がある avoir une arrière-pensée

したごしらえ【下拵え】préparation 女; (魚・肉などの) habillage 男

したさき【舌先】――三寸でまるめこむ（話）tromper ... par de belles paroles, embobiner

したじ【下地】base 女; (絵画などの下塗り) fond 男

したしい【親しい】(親密な) intime; (仲の良い) familier(ère) ――の良い avoir des relations intimes avec ... 親しき中にも礼儀あり Même entre bons amis il y a une politesse à respecter.

したじき【下敷】――の になる se faire écraser par ...

したしみ【親しみ】sympathie 女

したしらべ【下調べ】préparation 女

-しだす【-し出す】commencer [se mettre] à 不定詞

したたらず【舌足らず】――な説明 explication incomplète [insuffisante] 〔女〕 ～に話す zézayer

したたる【滴る】dégoutter, tomber goutte à goutte 〔助動詞 être〕

したつづみ【舌鼓】clappement ――を打つ clapper

したっぱ【下っ端】subalterne 名

したつみ【下積み】――な生活を送る mener une existence subalterne

-してて― 彼は結婚～である Il vient de se marier.

したどり【下取り】reprise 女 ▶下取り価格 prix de reprise 男

したなめずり【舌なめずり】――をする se pourlécher, se lécher les lèvres

したぬり【下塗り】première couche 女

したび【下火】――火事は～になった Le feu commence à s'éteindre.

シタビラメ【舌平目】sole 女

-したほうがよい ― そう～ですよ Il vaut mieux faire ainsi.

したまち【下町】quartier populaire 〔男〕

したまわる【下回る】être inférieur(e) à 一 成績は予想を大いに～ものだった Le résultat a été plus mauvais que prévu.

したみ【下見】――する visiter à l'avance

したむき【下向き】――になる baisser,

se détériorer

じだらく【自堕落】――な désordonné (e)

じだん【示談】compromis 男

じだんだ【地団太】――を踏む trépigner

しち【七】⇨七(な)

しち【質】(prêt sur) gage 男 ――に入れる mettre [laisser] ... en gage ▶質屋 prêteur(se) sur gages 名

じち【自治】autonomie 女 ▶地方自治体 collectivité locale 女

しちがつ【七月】juillet 男 ～に en juillet, au mois de juillet

しちじゅう【七十】⇨七十(ななじゅう)

しちめんちょう【七面鳥】(雄の) dindon 男; (雌の) dinde 女

しちゃく【試着】essayage 男 ――する essayer

しちゅう【支柱】(建築) pilier 男; (テント・旗などの) mât 男; (植木の添木) tuteur 男

シチュー ragoût 男

しちょう【市長】maire 男; (職) mairie 女

じちょう【自嘲】――する se moquer de soi-même

しちょうかく【視聴覚】――の audio(-)visuel(le)

しちょうしゃ【視聴者】téléspectateur(trice) 名

しちょうそん【市町村】commune 女, municipalité 女 ――の municipal(ale) (男複 -aux)

しちょうりつ【視聴率】audience 女

しっ(静かに) Chut! | (犬などを追い払うときに) Oust(e)!

しつ【質】qualité 女 ――の高い de haute [d'excellente] qualité

じつ【実】――に (本当に) vraiment; (非常に) très ～は (実際は) en fait; (実を言うと) à vrai dire ～の息子 son vrai fils 名を捨てて～を取る sacrifier les honneurs à des avantages réels

しつう【歯痛】maux de dents 男複

じつえき【実益】profit 男; (純益) bénéfice net 男 ――を兼ねた趣味 passe-temps rémunérateur 男《不変》

じつえん【実演】démonstration 女

じっか【実家】maison paternelle 女

しっかく【失格】――する se disqualifier

しっかり ferme, fermement; (原因に) solidement, (きちんと) bien; (真剣に) sérieusement ――しろ Courage!; solide ～しろ Courage!

じっかん【実感】――する se rendre compte de [que]

しっき【漆器】laque 男

しつぎ【質疑】▶質疑応答 questions et réponses 女複

しっきゃく【失脚】chute 女 ――する perdre son poste [sa position]

しつぎょう【失業】chômage 男

じっきょう している être en [au] chômage ▶失業者 chômeur(se) 名 失業対策 mesures contre le chômage 男 失業手当 allocation de chômage 女 失業保険 assurance (contre le) chômage 女 失業率 taux de chômage 男

じっきょう【実況】▶実況放送 reportage télévisé [radiophonique] en direct 男 …の実況放送をする diffuser [retransmettre]… en direct

じつぎょう【実業】affaires 女 複 ▶実業家 homme d'affaires 男 実業界 monde des affaires 男

シック ～な chic

しっくい【漆喰】plâtre 男, mortier 男

じっくり mûrement; (時間をかけて) à loisir

しっけ【湿気】humidité 女 ～のある humide

しつけ【躾】discipline 女, éducation 女 ～のよい[悪い] bien [mal] élevé(e)

じっけい【実刑】prison ferme 女 懲役5年の～判決を受ける être condamné(e) à cinq ans (de prison) ferme

しつける【躾ける】discipliner, éduquer

しつげん【失言】～する avoir [laisser échapper] une parole malheureuse

じっけん【実験】expérience 女, expérimentation 女 ～(を)する faire une expérience, expérimenter ～的な expérimental(ale) (男複 -aux) ▶実験室 laboratoire 男 実験装置 dispositif expérimental

じつげん【実現】réalisation 女; (達成) accomplissement 男 ～する se réaliser ～可能な réalisable

じつに【実に】(確かに) certainement, (おそらく) sans doute

じっこう【執行】～する exécuter

しっこう【失効】déchéance 女

じっこう【実行】exécution 女, réalisation 女 ～する exécuter, réaliser 彼は～力がある C'est un homme d'action.

じっさい【実際】～に de fait, effectivement; (本当に) réellement ～の effectif(ve), réel(le) ～は en fait; (実地には) pratiquement

じつざい【実在】～する exister (réellement) ～の réel(le)

しっさく【失策】erreur 女

じっし【実施】exécution 女; (実行) pratique 女 ～する exécuter, mettre… à exécution [en pratique]

じっしつ【実質】substance 女 ～的な effectif(ve), réel(le) ▶実質賃金 salaire net

じっしゅう【実習】travaux pratiques 男 複; (職業の) stage 男, apprentissage 男 ▶実習生 stagiaire 名, apprenti(e) 名

じっしょう【実証】démonstration par les faits 女 ～～する prouver, attester ▶実証主義 positivisme 男

じつじょう【実情・実状】situation actuelle 女

しっしん【失神】～する s'évanouir, perdre conscience [connaissance]

じっしんほう【十進法】système décimal 男

しっせき【叱責】～する réprimander

じっせき【実績】résultats 男 複; (功績) mérite 男 ～をあげる obtenir des résultats positifs

じっせん【実践】pratique 女 ～的な pratique ～する pratiquer

しっそ【質素】～な simple, modeste ～に modestement, simplement

しっそう【疾走】～する courir à toute vitesse; (車などが) filer (à toute allure)

しっそく【失速】～する perdre de la vitesse

じつぞん【実存】existence 女 ～の existentiel(le) ▶実存主義 existentialisme 男

じったい【実体】essence 女; (哲学で) substance 女

じったい【実態】réalité 女

しったかぶり【知ったか振り】～する feindre de tout savoir, faire semblant de connaître ～する人 pédant(e) 男 女

じっち【実地】～に役立つ être utile à la pratique ～の pratique ▶実地教育 enseignement pratique 実地検証 constat sur les lieux 男

じっちゅうはっく【十中八九】(確かに) certainement, (おそらく) sans doute

じっちょく【実直】～な honnête, brave

しっと【嫉妬】jalousie 女; (うらやましさ) envie 女 ～する être jaloux(se) (de) ～深い jaloux(se)

しつど【湿度】humidité 女

じっと ～している rester [se tenir] immobile …を～見る regarder… fixement

しっとり ～した (湿った) humide, mouillé(e); (穏やかな) calme; (みずみずしい) frais/fraîche

しつない【室内】intérieur 男 ▶室内競技 jeux en salle 男 複

じっぱひとからげ【十把一からげ】en bloc

ジッパー fermeture éclair 女

しっぱい【失敗】échec 男; (過ち) erreur 女 ～する échouer (à, dans), rater ～は成功のもと C'est dans l'échec qu'on apprend.

しっぴつ【執筆】～する écrire, rédiger

しっぷ【湿布】compresse 女

じつぶつ【実物】(そのもの自体) l'objet même 男; (原物) original 男 (複

しっぽ 【尻尾】 queue 囡 ～を振る remuer la queue ～を出す montrer le bout de l'oreille

しつぼう 【失望】 déception 囡; (落胆) découragement 男 ～する être déçu(e) de... [que 接続法]; (落胆する) se décourager

じつむ 【実務】 pratique 囡

しつめい 【失明】 ～する perdre la vue

しつもん 【質問】 question 囡, interrogation 囡; (質疑) interpellation 囡 ～する poser une question à... 何かありますか Avez-vous des questions (à poser)？ ～攻めにする bombarder [assaillir, presser] ... de questions ▶質問書 questionnaire 男

しつよう 【執拗】 ～な persistant(e)

じつよう 【実用】 ～の pratique ～化する mettre... en œuvre ▶実用性 utilité 囡

しつりょう 【質量】 masse 囡

じつりょく 【実力】 capacité 囡, compétence 囡 ～のある capable, compétent(e) ～を発揮する montrer ses capacités ▶実力行使 recours à la force 男 実力者 homme influent 男 実力主義 système de mérite 男

しつれい 【失礼】 ～な impoli(e), indiscret(ète) ～ですが小島さんでしょうか Pardon, Monsieur, seriez-vous M. Kojima？ ～します Excusez-moi.｜Pardon.

じつれい 【実例】 exemple (concret) 男

しつれん 【失恋】 ～する avoir une déception amoureuse

じつわ 【実話】 histoire vraie 囡

してい 【指定】 ～する désigner, indiquer ▶指定席 place réservée 囡

してき 【指摘】 remarque 囡, observation 囡 ～する signaler, faire remarquer

してき 【詩的】 ～な poétique

してき 【私的】 ～な privé(e), personnel(le)

してつ 【私鉄】 chemin de fer privé 男

してん 【支店】 succursale 囡

してん 【支点】 point d'appui 男

してん 【視点】 point de vue 男

してん 【市電】 tramway 男

じてん 【辞典】 dictionnaire 男

じてん 【事典】 dictionnaire 男 ▶百科事典 encyclopédie 囡

じてん 【自転】 rotation 囡

じてん 【自伝】 autobiographie 囡

じてんしゃ 【自転車】 vélo 男, bicyclette 囡 ～に乗る monter à [en] vélo ～で行く aller à [en] vélo うちの会社は～操業だ Notre entreprise marche au jour le jour.

しと 【使徒】 apôtre 男

しどう 【指導】 direction 囡 ～する diriger; (教育する) instruire ～的な役割を果たす jouer un rôle prépondérant ▶指導者 dirigeant(e) 名, leader 男

しどう 【始動】 démarrage 男 ～する démarrer, se mettre en marche

じどう 【自動】 ～の automatique ～的に automatiquement ～化する automatiser ▶自動制御 contrôle automatique 男 自動ドア porte automatique 囡 自動販売機 distributeur automatique 男

じどう 【児童】 enfant 男; (小学生) écolier(ère) 名; (生徒) élève 名 ▶児童相談所 centre d'aide sociale à l'enfance 男 児童福祉法 loi sur le bien-être des enfants 囡 児童文学 littérature pour enfants 囡

じどうし 【自動詞】 verbe intransitif

じどうしゃ 【自動車】 voiture 囡; (行政) automobile 囡 ▶自動車産業 industrie automobile 囡 自動車事故 accident de voiture 男 自動車修理工場 garage 男

しとげる 【し遂げる】 achever [de 不定用]

しとしと ―雨が～降る Il pleut doucement.

しっとり ～した humide

しとやか ～な gracieux(se), pudique

しどろもどろ ～の confus(e), embarrassé(e)

しな 【品】 (商品) article 男, marchandise 囡; (製品) produit 男 ～この店は～がそろっている C'est un magasin bien assorti [fourni]. ～がよい[悪い] être de bonne [mauvaise] qualité

しない 【市内】 ～に en ville

しない 【竹刀】 sabre de bambou 男

しなう 【撓う】 plier, fléchir

しなぎれ 【品切れ】 ―砂糖は～です Nous n'avons plus de sucre.

しなびる 【萎びる】 se ratatiner

しなもの 【品物】 ⇒品(しな)

シナモン cinnamome 男

しなやか ～な souple, flexible

シナリオ scénario 男

じなん 【次男】 second fils 男, fils cadet 男

しにものぐるい 【死に物狂い】 ～の désespéré(e), acharné(e)

しにん 【死人】 mort(e) 名

じにん 【辞任】 ～する démissionner

しぬ 【死ぬ】 mourir [助動詞 être]; (事故・戦争などで) être tué(e); (死去する) décéder [助動詞 être] ―死んだ mort(e) 彼は癌で[老衰で]死んだ Il est mort d'un cancer [de vieillesse]. 空腹で死にそうだ Je meurs de faim.

じぬし 【地主】 propriétaire foncier (ère) [terrien(ne)] 名

しのぐ 【凌ぐ】 (耐える) endurer, sup-

しのびあし【忍び足】 ーーで à pas furtifs [feutrés]

しのびこむ【忍び込む】 s'introduire

しのぶ【忍ぶ】(我慢する) supporter, endurer; (避ける) se dérober à; (隠れる) se cacher

しば【芝】gazon 男; (芝生) pelouse 女 ーーを刈る tondre le gazon ▶芝刈り機 tondeuse à gazon

じば【地場】▶地場産業 industrie locale 女

しはい【支配】domination 女 ーーする dominer, contrôler ▶支配者 dominateur (trice) 名, maître(sse) 名 支配人 gérant 男

しばい【芝居】théâtre 男; (戯曲) pièce (de théâtre) 女 ーーを上演する jouer une pièce de théâtre ーーをする (振りをする) jouer la comédie, faire semblant

じはく【自白】aveu 男 ーーする avouer

しばしば souvent, fréquemment

しはつ【始発】ーー列車に乗る prendre le premier train

じはつ【自発】ーー的な spontané(e)

しばふ【芝生】pelouse 女

しはらい【支払い】paiement 男; (決済) règlement 男 ーー済み〈揭示〉 Payé; Acquitté ▶支払い期限 échéance 女, terme 男

しはらう【支払う】payer

しばらく un certain temps, (pendant) quelque temps ー帰宅してーーすると雨が降り始めた Il a commencé à pleuvoir un peu après mon retour. ~でしたね Il y a [Ça fait] longtemps que je ne vous ai pas vu.

しばる【縛る】lier; (つなぎとめる) attacher

しはん【市販】ーーの être dans le commerce

じばん【地盤】sol 男, terrain 男; (基盤) fondement 男, base 女 ▶選挙地盤 fief électoral 男

しはんき【四半期】trimestre 男

しひ【私費】⇨自費

じひ【慈悲】charité 女, (哀れみ) pitié 女 ーー深い charitable

じひ【自費】ーーで à ses propres frais

じびいんこうか【耳鼻咽喉科】oto-rhino-laryngologie 女

じびき【字引】dictionnaire 男

しひょう【指標】indice 男

じひょう【辞表】(lettre de) démission 女 ーーを出す donner sa démission

じびょう【持病】maladie chronique 女

しびれる【痺れる】s'engourdir

しぶ【支部】section locale 女

しぶ【渋】tanin 男, (渋味) âpreté 女

じふ【自負】ーーする se faire fort de ... 〈不定詞〉

しぶい【渋い】(味が) âpre; (色・好みを控えるのが) discret(ète), (洗練された) raffiné(e) ーー顔をする se renfrogner

しぶき【飛沫】poussières de gouttelettes 女(複) ーーをあげる éclabousser

しふく【至福】félicité 女, béatitude 女

ジプシー Tziganes 男(複) ーーの tzigane

しぶしぶ【渋々】à regret, à contre-cœur

ジブチ Djibouti 男 ーーの djiboutien (ne)

ジフテリア diphtérie 女

しぶとい【渋とい】ーー奴 Il est coriace!

しぶみ【渋味】tanin 男, âpreté 女, (趣) raffinement discret 男 ーーがある âpre

しぶる【渋る】ー返事を~ rechigner à répondre

じぶん【自分】soi; (私) moi; (自分自身) soi-même ーーで (自分から) de soi-même; (本人が) en personne ーーのことはーーでしなさい Débrouille-toi (tout) seul.

じぶんかって【自分勝手】égoïsme 男 ーーな égoïste ーーに égoïstement

しへい【紙幣】billet (de banque) 男

しへい【紙片】morceau de papier 男

じへん【事変】incident 男, affaire 女

しほう【司法】justice 女 ▶司法官 magistrat 男 司法試験 concours de la magistrature 男 司法書士 scribe 男 司法制度 système judiciaire 男

しほう【四方】(至る所に) partout; (周囲全体に) tout autour; (あらゆる方向) de tous côtés, de toute(s) part(s)

しぼう【死亡】mort 女; décès 男 ーーする mourir 〈助動詞 être〉, décéder 〈助動詞 être〉 ▶死亡者 mort(e) 死亡率 mortalité 女

しぼう【脂肪】graisse 女 ーー分の少ない maigre ーー分の多い gras(se)

しぼう【志望】souhait 男 ーーする souhaiter 〈不定詞, que 接続法〉; (地位や職を) postuler ▶志望校 université de son choix 女 志望者 candidat(e) 名

じほう【時報】signal horaire 男

しぼむ【萎む】(花が) se faner; (風船が) se dégonfler

しぼる【絞る】limiter, restreindre ー研究の対象をある分野に~ restreindre ses recherches à un domaine

しぼる【搾る】(ねじって) tordre; (押して) presser; (抽出する) extraire ーオリーブから油を~ extraire l'huile des olives

しほん【資本】capital 男 (複 -aux) ▶資本家 capitaliste 名 資本金 capital

しま (social) **資本主義** capitalisme 男
しま【島】île 女 ▶**島国** pays insulaire 男 **―島国根性** insularité 女
しま【縞】raie 女; **―模様** à raies
しまい【姉妹】sœurs 女 複
しまう【終える】finir; [de 不定詞]; (元の場所に戻す) remettre; (整理する) ranger
シマウマ zèbre 男
じまく【字幕】sous-titre 男
しまつ【始末】règlement 男; **―する** (解決する) régler; (処分する) se débarrasser de... あの子には負えない Cet enfant est intenable. ▶**始末書** lettre d'excuses 女
しまった! Zut!
しまり【締まり】**―のない** mou (molle), lâche; (だらしのない) veule
しまる【閉まる】fermer; se fermer
しまる【締まる】se tendre
じまん【自慢】orgueil 男, (誇り) fierté 女; (見栄) vanité 女 **―する** se vanter de... [不定詞]; être fier(ère) de... [不定詞] ▶**自慢話** vantardise 女
しみ【染み】tache 女, (顔などの) tache de pigmentation 女 **―になる** se tacher **～を抜く** enlever des taches シャツにワインの～を付ける faire une tache de vin sur sa chemise
しみ【紙魚】mite 女
じみ【地味】**―な** sobre, discret(ète)
しみこむ【染み込む】pénétrer, s'infiltrer
しみでる【染み出る】suinter
しみとおる【染み透る】pénétrer
シミュレーション simulation 女
しみる【染みる】pénétrer, imprégner; (ひりりと) irriter
しみん【市民】citoyen(ne) 名, **―の** civil(e) ▶**市民運動** mouvement de citoyens 男 **市民権** citoyenneté 女 **―市民権を得ている** avoir le droit de cité
じむ【事務】**―的な** administratif(ve) ▶**事務員** employé(e) de bureau 名 **事務官** fonctionnaire administratif(ve) 名 **事務次官** vice-ministre administratif 男 **事務局** bureau 男 **事務総長** secrétaire général(ale) 男 **事務用品** articles de bureau 男 複
ジム gymnase 男, club 男
しめい【指名】**―する** nommer, désigner
しめい【氏名】nom et prénom 男
しめい【使命】mission 女; (天職) vocation 女
しめきり【締め切り】délai prescrit [fixe] 男; (期日) date limite 女
しめきる【締め切る】fermer, clôturer
しめきる【閉め切る】fermer, condamner
しめしあわせる【示し合わせる】se

1103

しやくしょ

concerter [s'entendre] avec...
じめじめ **―した** humide, moite
しめす【示す】désigner, indiquer; (見せる) montrer, faire voir **―具体例を～** donner un exemple concret
しめす【湿す】mouiller, imbiber
しめだす【締め出す】(受け入れない) fermer sa porte (à); (…から追い出す) exclure [de...]
じめつ【自滅】**―する** aller à sa perte
しめった【湿った】humide
しめっぽい【湿っぽい】moite, humide; (陰気な) sombre
しめる【閉める】fermer **―ガス栓[蛇口]を～** fermer le gaz [le robinet]
しめる【締める】(緩んでいるものを) serrer, attacher (bien); (合計する) faire le total **―ベルトを～** boucler [attacher, serrer] sa ceinture
しめる【占める】occuper
しめる【湿る】devenir humide [助動詞 être], s'humidifier
しめる【絞める】(首を) étrangler
じめん【地面】sol 男; (大地) terre 女
しも【霜】gelée (blanche) 女 **―が降りる** Il y a de la gelée.
じもと【地元】**―の** local(ale) (男 複 -aux)
しもはんき【下半期】second semestre 男
しもやけ【霜焼け】engelure 女
しもん【指紋】empreintes digitales 女 複
しや【視野】champ visuel 男; (思考などの範囲) horizon 男
じゃ eh bien, alors **―ね!** Salut!
ジャー【魔法瓶】bouteille thermos 女
じゃあく【邪悪】**―な** pervers(e), mauvais(e)
ジャージー jersey 男
ジャーナリスト journaliste 名
ジャーナリズム journalisme 男, presse 女
シャープペンシル portemine 男
シャーベット sorbet 男
しゃいん【社員】employé(e) 名
しゃか【釈迦】Shakyamuni
しゃかい【社会】société 女; (世の中) monde 男 **―の** social(ale) (男 複 -aux) ▶**社会学** sociologie 女 **社会学者** sociologue 名 **社会主義** socialisme 男 **社会主義者** socialiste 名 **社会党** parti socialiste 男 **社会保険** assurances sociales 女 複
ジャガイモ pomme de terre 女
しゃがむ s'accroupir
しゃく【癪】**―にさわる** se vexer de...
しゃく【試薬】réactif 男
しゃくし【杓子】louche 女 **―～定規の** formaliste
じゃくし【弱視】**―の** amblyope
しやくしょ【市役所】mairie 女; (庁舎)

じゃぐち【蛇口】 robinet 男

じゃくてん【弱点】 point [côté] faible 男, faiblesse 女

しゃくど【尺度】 mesure 女; (判断基準) critère 男

しゃくねつ【灼熱】 ～の ardent(e)

しゃくほう【釈放】 libération 女 ～する rendre la liberté à ...

しゃくめい【釈明】 éclaircissements 男複; (弁明) justification 女 ～する se justifier

しゃくや【借家】 maison louée 女 ～人 locataire 名

しゃくよう【借用】 emprunt 男 人から～を～する emprunter ... à ...

しゃげき【射撃】 tir 男; (発砲) feu 男

ジャケット (上着) veste 女; (レコードの) pochette de disque 女

じゃけん【邪険】 ～に méchamment

しゃこ【車庫】 garage 男

しゃこう【社交】 ～的な sociable

しゃざい【謝罪】 excuses 女複 ～する faire [présenter] des excuses à ...

しゃじつ【写実】 ▶写実主義 réalisme 男

しゃしょう【車掌】 contrôleur(se) 名

しゃしょく【写植】 photocomposition 女

しゃしん【写真】 photo 女 ～を撮る prendre une photo de ..., photographier ～を現像[焼付け, 引き伸ばし]する développer [tirer, agrandir] une photo ～うつりがよい être photogénique 私たちに[を]～を撮ってくれませんか Voulez-vous me [nous] prendre en photo? ここで～を撮ってもいいですか Est-ce qu'on peut prendre des photos ici? ▶写真家 photographe 名 写真機 appareil (de) photo 男 写真屋 studio de photographie 男

ジャズ jazz 男

じゃすい【邪推】 ～する soupçonner ... injustement

ジャスミン jasmin 男

しゃせい【写生】 dessin 男 ～する dessiner ... d'après nature [sur le vif]

しゃせつ【社説】 éditorial 男 (複 -aux)

しゃせん【車線】 voie 女

しゃたく【社宅】 logements pour les employés d'une entreprise 男複

しゃだん【遮断】 ～する interrompre, intercepter ▶遮断機 barrière 女

シャチ【鯱】 orque 女

しゃちょう【社長】 président-directeur général 男 (複 ～s-～s-aux) [略 PDG]

シャツ chemise 女

しゃっかん【借款】 emprunt 男, prêt 男

じゃっかん【若干】 (少量) un peu 〜

の..., un peu de ..., quelques ...

ジャッキ vérin 男

しゃっきん【借金】 dette 女, emprunt 男 ～100万円の～がある avoir un million de yens de dette ～する faire des dettes, faire un emprunt ～を返す rembourser une dette [un emprunt] ▶借金取り créancier(ère) 名

ジャック (トランプの) valet 男 ▶ジャックナイフ couteau de poche 男

しゃっくり hoquet 男 ～する avoir le hoquet

ジャッジ jugement 男, arbitrage 男; (人) juge 名, arbitre 男

シャッター (鎧戸) volet 男; (カメラの) obturateur 男; (シャッターボタン) déclencheur 男 ～を切る déclencher l'obturateur

シャットアウト ～する fermer la porte à ...

しゃどう【車道】 chaussée 女

しゃにくさい【謝肉祭】 carnaval 男

しゃにむに【遮二無二】 ～働く travailler comme un forcené

しゃふつ【煮沸】 ～する faire bouillir

しゃぶる sucer

しゃべる【喋る】 bavarder; (話す) parler

シャベル pelle 女

しゃほん【写本】 manuscrit 男

シャボンだま【シャボン玉】 bulle de savon 女

じゃま【邪魔】 (迷惑・妨害) dérangement 男, empêchement 男 ～をする déranger; (妨害する) gêner 仕事の～をする déranger [gêner] ... dans son travail 交通の～になる gêner la circulation ～者扱いする considérer ... comme un embarras ～な gênant(e) ～お～してすみません Excusez-moi de vous déranger.

ジャマイカ Jamaïque 女 ～の jamaïquain(ne)

ジャム confiture 女

しゃめん【斜面】 pente 女; (山・谷の) versant 男

しゃもじ【杓文字】 louche 女

じゃり【砂利】 gravier 男

しゃりょう【車輌】 (乗り物) véhicule 男; (客車) voiture 女

しゃりん【車輪】 roue 女

しゃれ【洒落】 bon mot 男; (ごろ合わせ) jeu de mots 男 ～を言う faire des bons mots [de l'esprit] 彼には～が通じない Il ne comprend pas la plaisanterie [la finesse d'un bon mot].

しゃれい【謝礼】 honoraires 男複

しゃれる【洒落る】 ―しゃれた chic (不変); élégant(e)

じゃれる【戯れる】 ―犬がボールでじゃれている Le chien joue avec une balle.

シャワー douche 女 ～を浴びる prendre une douche

ジャングル jungle 女

シャンソン chanson (française) 女

シャンデリア lustre 男

ジャンパー blouson 男

シャンパン champagne 男

ジャンプ saut 男, 〜する sauter

シャンプー shampo(o)ing 男 〜する se faire un shampoing

ジャンボ（飛行機） jumbo-jet 男, (avion) gros porteur 男

ジャンル genre 男

しゅ【種】（種類）genre 男, sorte 女; （生物の）espèce 女

しゅい【首位】première place 女; tête 女

しゅう【週】semaine 女 今〜 cette semaine 先〜 la semaine dernière 来〜 la semaine prochaine 〜1回の hebdomadaire

しゅう【州】（カナダ・ベルギーの）province 女; （スイス・ルクセンブルクの）canton 男; （アメリカの）État 男

しゅう【私有】〜の privé(e) ▶私有財産 biens privés 男

じゅう【十】dix 男《不変》〜番目の dixième 〜分の1 un dixième

じゅう【銃】fusil 男;（ピストル）pistolet 男

-じゅう【-中】一日〜 toute la journée フランス〜で dans toute la France

じゆう【自由】liberté 女 〜な libre, affranchi(e) 〜に librement; (好きなように）à sa guise ご〜にお召し上がり[お飲み]ください Servez-vous. 彼はコンピュータを〜自在にあやつる Il est parfaitement à l'aise devant un ordinateur. ▶自由化 libéralisation 女 自由業 profession libérale 女 自由主義 libéralisme 男 自由席 place non réservée 女

じゅうあつ【重圧】pression 女

しゅうい【周囲】tour 男;（周囲の人々）entourage 男;（環境）milieu 男 〜に autour de ...

じゅうい【獣医】(médecin) vétérinaire 名

じゅういち【十一】onze 男《不変》《前の語とエリズィオン・リエゾンはしない》 〜番目の onzième

じゅういちがつ【十一月】novembre 男 〜に en novembre, au mois de novembre

しゅうえき【収益】produit 男;（利益）bénéfice 男

じゅうおく【1億】milliard 男

しゅうかい【集会】réunion 女

しゅうかく【収穫】récolte 女 〜する récolter ▶収穫高 rendement 男

しゅうがく【修学】▶修学旅行 voyage scolaire 男

じゅうがつ【十月】octobre 男 〜に en octobre, au mois d'octobre

しゅうかん【習慣】（個人の）habitude 女;（慣習）coutume 女, pratique 女

〜的な habituel(le) 〜をつける prendre l'habitude de 不定詞 〜する 〜がある avoir l'habitude [coutume] de 不定詞 〜で par habitude

しゅうかん【週間】semaine 女, †huit jours 男 ▶読書週間 semaine du livre 女

しゅうかん【週刊】〜の hebdomadaire ▶週刊誌 hebdomadaire 男

しゅうき【周期】période 女, cycle 男 〜的な périodique, cyclique

しゅうぎいん【衆議院】Chambre des représentants 女

しゅうきゅう【週休】〜2日制 semaine de cinq jours 女

しゅうきゅう【週給】salaire hebdomadaire [d'une semaine] 男

じゅうきゅう【十九】dix-neuf 男《不変》〜番目の dix-neuvième

じゅうきょ【住居】logement 男, domicile 男

しゅうきょう【宗教】religion 女 〜（上）の religieux(se) ▶宗教家 religieux(se) 名 宗教改革（ルターの）la Réforme 宗教団体 organisation religieuse 女 宗教法人 association religieuse déclarée 女

しゅうぎょう【就業】〜する se mettre au travail ▶就業時間 heures de travail 女

しゅうぎょう【修業】poursuite de ses études 女

しゅうぎょう【終業】fin du travail 女 ▶終業式 cérémonie de la fin du trimestre 女

じゅうぎょういん【従業員】employé(e) 名;（集合的に）personnel 男

じゅうきんぞく【重金属】métal lourd 男

じゅうく【十九】⇒ じゅうきゅう

シュークリーム chou à la crème 男

しゅうけい【集計】〜する faire le total de...

しゅうげき【襲撃】attaque 女;（テロ行為）attentat 男 〜する attaquer

じゅうけつ【充血】congestion 女

じゅうご【十五】quinze 男《不変》〜番目の quinzième 〜分 quinze minutes 女, un quart d'heure

しゅうごう【集合】rassemblement 男;（集まり）réunion 女;（数学で）ensemble 男 〜する se rassembler, se réunir ▶集合時間 heure de rassemblement [rendez-vous] 女 集合場所 lieu de rassemblement [rendez-vous] 男

じゅうこうぎょう【重工業】industrie lourde 女

じゅうごや【十五夜】nuit de pleine lune 女

ジューサー centrifugeuse 女

しゅうさい【秀才】brillant(e) élève 名

しゅうさく【習作】 étude 女

しゅうさつ【銃殺】 ――する fusiller

じゅうさん【十三】 treize 男《不変》 ――番目の treizième

しゅうし【収支】 recettes et dépenses 女複;(貸借対照表) bilan 男

しゅうし【修士】 diplômé(e) de la maîtrise 名 ▶**修士課程** cours de maîtrise **修士号** maîtrise 女

しゅうじ【習字】 calligraphie 女

じゅうし【十四】 ⇨ 十四（じゅうよん）

じゅうし【重視】 ――する accorder [attacher] de l'importance à…

じゅうじ【十字】 croix 女 ▶**十字架** croix 女;（小さな）croisette 女 **十字軍** Croisade 女 **十字路** carrefour 男

じゅうじ【従事】 ――する s'occuper de…;（職業を営む）exercer, pratiquer

しゅうじがく【修辞学】 rhétorique 女

じゅうしち【十七】 ⇨ 十七（じゅうなな）

しゅうじつ【終日】 toute la journée

しゅうじつ【週日】 jour de semaine 男

じゅうじつ【充実】 ――した satisfait(e), rempli(e) ――させる enrichir

しゅうしふ【終止符】 point (final) 男 ――を打つ mettre un terme à…

しゅうしゅう【収集】 collection 女 一切手を～する collectionner des timbres ▶**収集家** collectionneur(se) 名

しゅうしゅう【収拾】 一事態を～する arranger [mettre bon ordre à] une affaire

じゅうじゅん【従順】 ――な obéissant(e), soumis(e)

じゅうしょ【住所】 adresse 女 ――はどちらですか Quelle est votre adresse? ～不定の sans domicile fixe ▶**住所録** carnet d'adresses 男

じゅうしょう【重傷】 blessure grave 女 ――を負う être grièvement blessé

しゅうしょく【就職】 ――する obtenir un emploi [une place] ▶**就職活動** démarches pour obtenir un emploi 女複 **就職試験** examen d'entrée (d'une société) 男 **就職難** manque d'emploi 男 **就職率** taux d'emploi 男

しゅうじん【囚人】 prisonnier(ère) 名

じゅうしん【重心】 centre de gravité 男

しゅうしんけい【終身刑】 condamnation à perpétuité 女

ジュース jus de fruit 男

しゅうせい【修正】 modification 女;（法案などの）amendement 男;（作品などの手直し）retouche 女 ――する modifier, corriger ▶**修正案** amendement 男 **修正予算** budget rectificatif 男

しゅうせい【習性】 mœurs 女複

しゅうせい【終生】 toute la [sa] vie

しゅうせき【集積】 ――する accumuler

しゅうせん【終戦】 fin de la guerre 女

しゅうぜん【修繕】 réparation 女 ――する réparer

しゅうせんや【周旋屋】 courtier(ère)

じゅうそく【充足】 satisfaction 女

じゅうぞく【従属】 subordination 女 ――する se subordonner à…

じゅうたい【渋滞】（遅滞）retard 男;（交通渋滞）embouteillage 男

じゅうたい【重体・重態】 ――である être dans un état grave;（重病）être gravement malade

じゅうだい【十代】 ――の adolescent(e)

じゅうだい【重大】 ――な grave;（重要な）important(e) ――視する considérer… comme important ▶**重大性** gravité 女 **重大事件** affaire de grande importance 女

じゅうたく【住宅】 logement 男, habitation 女 ▶**住宅金融公庫** Caisse nationale du prêt foncier 女 **[略 CNPF]** **住宅手当** indemnité de logement 女 **住宅費** frais de logement 男複 **住宅ローン** prêt foncier 男

しゅうだん【集団】 collectivité 女, groupe 男 ～の collectif(ve) ～で行動する agir en collectivité [groupe] ▶**集団安全保障** sécurité collective 女 **集団検診** visite médicale collective 女

じゅうたん【絨毯】 tapis 男

じゅうだん【縦断】 ――する traverser longitudinalement

しゅうち【周知】 ――の notoire, connu(e)

しゅうちしん【羞恥心】 pudeur 女

しゅうちゃく【執着】 ――する s'attacher à…[不随意], tenir à…[不随意]

しゅうちゃくえき【終着駅】 terminus 男

しゅうちゅう【集中】 concentration 女, centralisation 女 ――する se concentrer;（一点に）converger 神経を～する concentrer son esprit [se concentrer] sur… ▶**集中豪雨** pluie diluvienne localisée 女 **集中講義** cours intensif 男 **集中治療室** service de soins intensifs 男複 **集中砲火** feux convergents 男複

しゅうてん【終点】 terminus 男

しゅうでん【終電】 dernier train 男

じゅうてん【重点】 point capital [essentiel] 男 ――的に （特に）particulièrement;（優先的に）en [par] priorité

じゅうでん【充電】 charge 女 ――する charger

しゅうと【舅】 beau-père 男（複 ～x, ～s）

シュート〔(サッカーの)〕tir 男; ～する tirer

しゅうとう【周到】 ～な scrupuleux(se)

しゅうどう【修道】▶修道院 monastère 男 修道士 religieux 男 修道女 religieuse 女

じゅうどう【柔道】judo 男

しゅうとく【習得】 ～する apprendre

しゅうとめ【姑】belle-mère 女(複~s-~s)

じゅうなな【十七】dix-sept 男《不変》～番目の dix-septième

じゅうなん【柔軟】 ～な souple; (融通のきく) flexible

じゅうに【十二】douze 男《不変》～番目の douzième

じゅうにがつ【十二月】décembre 男 ～に en décembre, au mois de décembre

じゅうにしちょう【十二指腸】duodénum 男

しゅうにゅう【収入】revenu 男; (事業などの) recette 女 ～が多い[少ない] avoir de gros [faibles] revenus ▶収入印紙 timbre fiscal 男

しゅうにん【就任】 ～する entrer en fonction [en charge], accéder au poste

じゅうにん【住人】habitant(e) 名

-しゅうねん【-周年】—10~ dixième anniversaire; centenaire 男

しゅうのう【収納】emmagasinage 男; (金銭などの) perception 女

しゅうは【宗派】secte (religieuse) 女

しゅうはすう【周波数】fréquence 女

じゅうはち【十八】dix-huit 男《不変》～番目の dix-huitième

じゅうびょう【重病】maladie grave [sérieuse] 女

しゅうふく【修復】restauration 女 ～する restaurer

しゅうぶん【秋分】équinoxe d'automne 男

じゅうぶん【十分】 ～な suffisant(e), assez de … ～に assez, suffisamment …で～である être suffisant pour … [不定詞], que [接続法]; il suffit de … [不定詞], que [接続法]

しゅうへん【周辺】alentours 男 複, environs 男 複 ——の～に aux environs de …

しゅうまつ【週末】week-end 男

じゅうまん【十万】cent mille 男

じゅうみん【住民】habitant(e) 名 ▶住民運動 mouvement civil 男 住民税 impôts locaux 男 複 住民登録 déclaration de domicile (à la mairie) 女 住民票 fiche d'enregistrement

しゅうや【終夜】toute la nuit

じゅうやく【重役】directeur(trice) 名; (取締役) administrateur(trice)

名 ▶取締役会 comité directeur 男

じゅうゆ【重油】mazout 男

しゅうゆう【周遊】tour 男; voyage circulaire 男 ～する faire le tour de …

しゅうよう【収容】 ～する admettre, contenir; (迎え入れる) accueillir ▶収容所 camp 男; (保護施設) asile 男

じゅうよう【重要】 ～な important(e); (肝心な) essentiel(le) …することが～である il est important [il importe] de [不定詞] [que [接続法]] ～な役割を演じる jouer un rôle essentiel [primordial] ～視する donner [attacher] de l'importance à … ▶重要事項 point important 男 重要参考人 suspect(e) 名 重要文化財 trésor [bien] culturel classé 男

じゅうよん【十四】quatorze 男《不変》～番目の quatorzième

じゅうらい【従来】(今まで) jusqu'à présent; (いつも) habituellement

しゅうり【修理】réparation 女; (故障の) dépannage 男 ～する réparer, dépanner ▶修理工 réparateur(trice) 名 修理工場 atelier de réparation 男, (自動車の) garage 男

しゅうりょう【終了】fin 女; (会期などの) clôture 女 ～する finir, se terminer

じゅうりょう【重量】poids 男 ▶重量挙げ haltérophilie 女

じゅうりょく【重力】pesanteur 女

しゅうろく【収録】enregistrement 男; (掲載) insertion 女 ～する enregistrer; insérer

じゅうろく【十六】seize 男《不変》~番目の seizième

しゅうわい【収賄】corruption passive 女 ～する se laisser corrompre [acheter]

しゅえい【守衛】gardien(ne) 名

しゅえん【主演】 ～する jouer le rôle principal ▶主演俳優 acteur principal 男

しゅかん【主観】 ～的な subjectif(ve)

しゅき【手記】note 女; (覚え書き) cahiers 男 複; (回想録) mémoires 男 複

しゅぎ【主義】principe 男 —般に複数形で使う; (教義) doctrine 女 …～するのが私の～だ j'ai pour principe de [不定詞]

しゅぎょう【修行】 ～する (見習い) faire son apprentissage; (調練) s'entraîner [s'exercer] à … [不定詞]

じゅきょう【儒教】confucianisme 男

じゅぎょう【授業】classe 女; (講義) cours 男 ～をする faire la classe; donner [faire] un cours ～を受ける suivre la classe [le cours] ▶授業時

間 heures de cours [classe] 女 複; 授業料 frais de scolarité 男
じゅく【塾】cours privé 男
しゅくが【祝賀】félicitations 女 複; 祝賀会 réunion pour fêter ... 女
じゅくご【熟語】locution 女; (合成語) mot composé 男
しゅくじ【祝辞】félicitations 女 複
しゅくじつ【祝日】jour de fête 男
しゅくしゃ【宿舎】logement 男; (寄宿舎) pension 女
しゅくしゃく【縮尺】échelle (de réduction) 女
しゅくじょ【淑女】dame 女
しゅくしょう【縮小】 ～する réduire ▶縮小コピー photocopie réduite 女
じゅくすい【熟睡】 ～する dormir profondément [d'un sommeil de plomb]
じゅくする【熟する】 mûrir —熟した mûr(e)
しゅくだい【宿題】devoir 男 ～をする faire son devoir
しゅくてん【祝典】fêtes 女 複; (記念祭) commémoration 女
しゅくでん【祝電】télégramme de félicitations 男
じゅくどく【熟読】 ～する lire ... attentivement
じゅくねん【熟年】âge mûr 男
しゅくはい【祝杯】toast 男
しゅくはく【宿泊】hébergement 男; (滞在) séjour 男 —ホテルに～する descendre [loger] dans un hôtel ▶宿泊所 logement 男; (難民などの) centre d'hébergement 男; 宿泊者名簿 registre (des voyageurs) 男
しゅくふく【祝福】 ～する féliciter; (聖職者が) bénir
しゅくめい【宿命】fatalité 女 ～する〜を背負う être prédestiné(e) à 不定詞
じゅくりょ【熟慮】réflexion 女
じゅくれん【熟練】maîtrise 女; (磨かれた技術) métier 男 ～した expert(e); (経験を積んだ) expérimenté(e) ▶熟練工 ouvrier(ère) expérimenté(e) 名
しゅげい【手芸】art manuel 男
しゅけん【主権】souveraineté 女 ～を有する être souverain(e) ▶主権者 souverain 男
じゅけん【受験】 ～する passer [subir, se présenter à] un examen ▶受験生 candidat(e) 名
しゅご【主語】sujet 男
じゅこう【受講】 ～する assister à un cours
しゅこうぎょう【手工業】industrie artisanale 女
しゅこうげい【手工芸】art manuel 男
しゅさい【主催】 ～する organiser
▶主催者 organisateur(trice) 名
しゅざい【取材】 ～する recueillir des renseignements
しゅし【趣旨】(意図) intention 女; (目的) but 男
しゅし【樹脂】résine 女
しゅじい【主治医】médecin traitant 男
しゅしゃ【取捨】▶取捨選択 sélection 女 ～する sélectionner
しゅじゅ【種々】 ～の divers(e), différent(e)
しゅじゅつ【手術】opération 女 ～する opérer ～を受ける subir une opération ▶手術室 salle d'opération 女
しゅしょう【主将】capitaine 男
しゅしょう【首相】Premier ministre 男
しゅしょう【殊勝】 ～な méritoire
じゅしょう【受賞】 ～する recevoir un prix ▶受賞者 lauréat(e) 名
しゅしょく【主食】aliment principal 男
しゅじん【主人】maître(sse) 名; (経営者) patron(ne) 名; (一家の) chef de famille 男 ▶主人公 (男性) †héros 男; (女性) héroïne 女
じゅしん【受信】 ～する recevoir, capter ▶受信機 récepteur 男
じゅせい【受精】fécondation 女 ～する être fécondé(e)
しゅせき【首席】première place 女
しゅぞく【種族】race 女; (部族) tribu 女
しゅだい【主題】sujet 男, thème 男
じゅたい【受胎】conception 女
じゅたく【受託】 ～する recevoir
しゅだん【手段】moyen 男, (措置) mesure 女 —どんな～を用いても par tous les moyens 確実な～をとる prendre des mesures infaillibles 最後の～として en dernier recours
しゅちょう【主張】prétention 女, revendication 女 ～する (言い張る) prétendre ... [不定詞, que]; (権利などを) revendiquer; (意見・説などを) avancer
しゅつえん【出演】 —テレビに～する passer à la télé [助動詞 être] 映画に～する jouer dans un film 舞台に～する se produire sur la scène
しゅっか【出火】 ～した —隣りの家から～した Le feu a pris dans la maison voisine.
しゅっか【出荷】expédition de marchandises 女
しゅっがん【出願】demande 女; (受験申し込み) candidature 女 ～する formuler une demande; (受験の) s'inscrire au concours d'entrée 特許～中 (掲示) Demande de brevet déposée
しゅっきん【出勤】 ～する aller travailler [au travail] [助動詞 être]
しゅっけつ【出血】saignement 男; (医

しゅっけつ【学】hémorragie 女 —〜する saigner
しゅっけつ【出欠】—〜をとる faire l'appel, pointer
しゅつげん【出現】—〜する apparaître
じゅつご【術語】terme technique 男
じゅつご【述語】prédicat 男
じゅっこう【熟考】—〜する réfléchir
しゅっこく【出国】sortie du pays 女 —〜する sortir du pays 助動詞 être
しゅっさん【出産】accouchement 男 —〜する accoucher, (動物が) mettre bas
しゅっし【出資】financement 男
しゅっしょ【出所】(出どころ) provenance 女; (情報源) source 女
しゅっしょう【出生】⇨出生(しゅっせい)
しゅつじょう【出場】—〜する participer (à) ▶出場者 participant(e) 名
しゅっしん【出身】……の〜である être (originaire) de…; (学校) être sorti(e) [ancien(ne)] élève [de…] ▶出身地 pays d'origine 男
しゅっせ【出世】—〜する réussir dans le monde; (昇進する) avoir de l'avancement
しゅっせい【出生】naissance 女 ▶出生率 natalité 女
しゅっせき【出席】présence 女; assistance 女 —〜する assister (à) ▶席者 (授業などの) présent(e) 名, (参加者) assistant(e) 名 ▶出席簿 liste d'appel 女
しゅっちょう【出張】déplacement 男, voyage d'affaires 男 —〜する faire un voyage d'affaires ▶出張所 succursale 女; (銀行の) agence 女
しゅっとう【出頭】—〜する(裁判所に)se présenter au tribunal, comparaître
しゅっぱつ【出発】départ 男; (発車) démarrage 男 —〜する partir 助動詞 être, (発車する) démarrer ▶出発点 point de départ 男
しゅっぱん【出版】publication 女, édition 女; (出版報道) presse 女; (発行) parution 女 —〜する publier, éditer; (発行する) faire paraître ▶この本はラルース社から〜された Ce livre a paru chez Larousse. ▶出版社 édition 女, 出版社 maison d'édition 女 出版物 publication 女
しゅっぱん【出帆】—〜する prendre la mer
しゅっぴ【出費】dépense 女
しゅっぴん【出品】exposition 女 —〜する exposer ▶出品者 exposant(e) 名
しゅつりょく【出力】(エンジンなど) puissance 女; (コンピューターの) output 男, sortie 女
しゅと【首都】capitale 女
しゅとう【種痘】vaccination 女
しゅどう【手動】—〜の à la main, manuel(le)

しゅどう【受動】—〜的な passif(ve) ▶受動態 voix passive 女
しゅどうけん【主導権】initiative 女
しゅとく【取得】obtention 女, acquisition 女 —〜する obtenir, acquérir
じゅなん【受難】épreuve 女, peine 女
ジュニア junior 名
じゅにゅう【授乳】—〜する allaiter
しゅにん【主任】chef 男
しゅのう【首脳】chef 男, leader 男
シュノーケル schnorkel 男
しゅび【守備】défense 女
しゅび【首尾】—〜よく heureusement; (成功裡に) avec succès —一貫した cohérent(e), conséquent(e)
じゅひ【樹皮】écorce 女
しゅひん【主賓】hôte(sse) d'honneur 名
しゅふ【主婦】maîtresse de maison 女, ménagère 女
しゅふ【首府】⇨首都
しゅぼうしゃ【首謀者】meneur(se) 名, instigateur(trice) 名
しゅみ【趣味】(好み・センス) goût 男; (気晴らし) passe-temps (favori) 男 (不変); (ホビー) 'hobby 男 (複 'hobbies) —〜がよい[悪い] avoir bon [mauvais] goût —〜は何ですか Quel est votre passe-temps favori?
じゅみょう【寿命】durée de la vie 女, (物の) durée 女 —〜が長い avoir une longue vie ▶平均寿命 espérance de vie à la naissance 女
しゅもく【種目】catégorie 女, genre 男
じゅもく【樹木】arbre 男
じゅもん【呪文】incantation 女
しゅやく【主役】(主な役) rôle principal 男; (中心的人物) protagoniste 名
じゅよ【授与】—〜する décerner
しゅよう【主要】—〜な principal(ale) (男複 -aux); (重要な) capital(ale) (男複 -aux) ▶主要産業 industrie principale 女 主要人物 personnages principaux personnages 男 複
しゅよう【腫瘍】tumeur 女
じゅよう【需要】demande 女 —〜が多い[少ない] être très [peu] demandé(e) —〜と供給 l'offre et la demande
ジュラルミン duralumin 男
じゅり【受理】—〜する accepter, recevoir
じゅりつ【樹立】—〜する établir, instituer
しゅりゅうだん【手榴弾】grenade à main 女
しゅりょう【狩猟】chasse 女
じゅりょう【受領】▶受領証 reçu 男
しゅりょく【主力】principales forces 女 複 ▶主力艦隊 flotte principale 女

しゅるい【種類】espèce 女, sorte 女; (分野) genre 男; (範疇) catégorie 女 —様々な〜の… une grande variété

シュレッダー de... あらゆる~の de toute sorte
シュレッダー destructeur de documents 男
シュロ【棕櫚】palmier 男
しゅわ【手話】langage des signes 男
じゅわき【受話器】récepteur (de téléphone) 男, combiné 男
しゅわん【手腕】capacité 女; (専門分野での) compétence 女
じゅん【順】(順序) ordre 男; (順番) tour 男 ——···に~で par ordre de... à tour de rôle ~を追って話す raconter en bon ordre ~不同に par ordre de préférence
じゅん【純】——な pur(e), innocent(e)
じゅんい【順位】classement 男, rang 男
じゅんえき【純益】bénéfice net 男
じゅんえん【順延】——する remettre ... au jour suivant
じゅんかい【巡回】——する faire une ronde, patrouiller
しゅんかん【瞬間】moment 男, instant 男
じゅんかん【循環】circulation 女, cycle 男 ——する circuler
じゅんきょ【準拠】——する (従う) se conformer à...; (よりどころにする) s'appuyer sur...
じゅんきょう【殉教】martyre 男 ▶殉教者 martyr(e) 名
じゅんきょうじゅ【准教授】maître de conférences 男
じゅんきん【純金】or pur 男
じゅんけつ【純潔】chasteté 女
じゅんけっしょう【準決勝】demi-finale 女
じゅんさ【巡査】agent (de police) 男
じゅんし【巡視】tournée d'inspection 女
じゅんじゅん【順々】——に tour à tour; (順番に) à tour de rôle
じゅんじゅんけっしょう【準々決勝】quart de finale 女
じゅんじょ【順序】ordre 男; (順番) tour 男 ——よく en (bon) ordre ~立てて avec ordre, méthodiquement
じゅんしん【純真】naïveté 女, innocence 女 ——な naïf(ve), innocent(e)
じゅんすい【純粋】——な pur(e)
じゅんちょう【順調】——な bon(ne); (正常な) normal(ale) (男複 -aux) ~に進む normalement ~な出だしだ C'est un bon [excellent] départ. 万事~だ Tout va bien.
じゅんとう【順当】——な normal(ale) (男複 -aux), raisonnable
じゅんのう【順応】adaptation 女 ——する s'adapter à..., se conformer à...
じゅんぱく【純白】——の blanc(che) comme la neige

じゅんばん【順番】tour 男; (順序) ordre 男 ——に (次々に) à tour de rôle; (順序に従って) par ordre 私の~が来た Mon tour est venu. ~を待つ attendre son tour
じゅんび【準備】préparation 女; (支度) préparatifs 男複 ——する préparer, faire des préparatifs ~ができた Le repas est prêt. ▶準備運動 mouvements d'assouplissements 男複
じゅんぷう【順風】vent propice 男 ——満帆の qui a le vent en poupe
しゅんぶん【春分】équinoxe de printemps [vernal] 男
じゅんれい【巡礼】pèlerinage 男 ▶巡礼者 pèlerin 名
じゅんろ【順路】itinéraire 男
じょい【女医】femme médecin 女
しょう【賞】prix 男
しょう【省】ministère 男
しょう【章】chapitre 男
しょう【使用】usage 男, utilisation 女 ——する employer; (ある目的のために) utiliser; (道具などを) se servir de ▶使用者 (雇い主) employeur(se) 名; (利用者) utilisateur(trice) 名 使用中 (掲示) Occupé 使用人 employé(e) 名 使用法 mode d'emploi 男 ——しようもない Il n'y a plus rien à faire maintenant. どう—もないやつだな C'est un propre à rien. ▶仕様書 manuel 男
しょう【私用】affaire privée 女; (使用) usage privé 男
しょう【情】(情愛) affection 女; (思いやり) tendresse 女; (感情) sentiment 男 ——の薄い sans grande affection ~にもろい人 personne très sensible 女 ~にほだされる s'attendrir sur [à]...
しょう【錠】serrure 女
-じょう【-条】article 男
-じょう【-乗】—2の3~は8である Deux puissance trois égale huit.
-じょう【-嬢】Mademoiselle... (略 Mlle)
じょう【滋養】——のある nutritif(ve)
しょういだん【焼夷弾】bombe incendiaire 女
じょういん【乗員】équipage 男
じょういん【上院】Sénat 男 ▶上院議員 sénateur 男
しょううちゅう【小宇宙】microcosme 男
じょうえい【上映】séance 女 ——する jouer [donner, présenter] un film
しょうエネ【省エネ】conservation de l'énergie
しょうえん【省宴】représentation 女 ——する représenter [jouer] une pièce
しょうか【消化】digestion 女 ——する (食物・知識などを) digérer; (仕事・

しょうか（日程などを）accomplir ▶消化不良 indigestion 女; 消化器官 appareil digestif 男

しょうか【消火】～～する maîtriser [éteindre] l'incendie ▶消火器 extincteur 男; 消火栓 bouche d'incendie 女

しょうか【昇華】～～する sublimer
しょうが【生姜】gingembre 男
じょうか【浄化】～～する épurer [purifier]

しょうかい【紹介】présentation 女; (推薦) recommandation 女; ～～する présenter, recommander あなたに友達のポールを～～します Je vous présente mon ami, Paul. ▶紹介者 présentateur(trice) 男, recommandateur(trice) 名; 紹介状 lettre de recommandation 女

しょうかい【照会】～～する demander des renseignements sur...

しょうかい【商会】maison de commerce 女, firme 女

しょうがい【生涯】vie 女 ～～の友 ami(e) de toute la vie [pour la vie] 名 ▶生涯教育 formation continue 女

しょうがい【傷害】blessure 女 ▶傷害保険 assurance contre les accidents 女

しょうがい【障害】obstacle 男; (身体の) handicap 男 ～～を乗り越える surmonter [franchir] un obstacle ▶障害者 handicapé(e) 名; 障害物競走 course à obstacles 女

しょうがくきん【奨学金】bourse (d'études) 女

しょうがくせい【小学生】écolier(ère) 名

しょうがくせい【奨学生】boursier(ère) 名

しょうがつ【正月】le nouvel an
しょうがっこう【小学校】école (primaire) 女

しょうがない【仕様がない】⇒仕様
しょうかん【召喚】convocation 女 ～～する convoquer

しょうき【正気】(健全な精神) esprit sain 男; (意識) conscience 女 ～～である avoir toute sa raison 彼は～～ではない Il a l'esprit trouble.

じょうき【蒸気】vapeur 女 ▶蒸気機関車 locomotive à vapeur 女

じょうき【常軌】～～を逸した extravagant(e)

じょうぎ【定規】règle 女
じょうきげん【上機嫌】bonne humeur 女 ～～である être de bonne humeur

しょうきゃく【焼却】～～する incinérer

しょうきゃく【償却】amortissement 男

しょうきゃく【乗客】(鉄道・バスなどの) voyageur(se) 名; (飛行機・船の) passager(ère) 名

しょうきゅう【昇給】augmentation (de salaire) 女

しょうきゅう【昇級】～～する être promu(e)

じょうきゅう【上級】niveau supérieur 男 ～～の supérieur(e) ▶上級生 élève d'une classe supérieure 名

しょうぎょう【商業】commerce 男 ～～化する commercialiser

じょうきょう【状況】circonstances 女複; (情勢) situation 女

じょうきょう【上京】～～する monter à la capitale 助動詞女

しょうきょく【消極】～～的な (受け身の) passif(ve); (積極性を欠いた) négatif(ve)

しょうきん【賞金】prix (en espèces) 男; (くじの) lot 男

しょうぐん【将軍】général 男 (複 -aux); (征夷大将軍) shogun 男

じょうげ【上下】～～に en haut et en bas; (垂直に) verticalement

じょうに【情に】spectacle 男, scène 女

しょうげき【衝撃】choc 男; (強い影響) impact 男 ～～的な bouleversant(e), percutant(e) ～～を与える donner un choc à...

しょうけん【証券】titre 男; (有価証券) valeurs (mobilières) 女; (公社債) emprunt (public) 男 ▶証券アナリスト analyste financier 名 証券会社 maison de titres [courtage] 女 証券取引所 Bourse (des valeurs) 女

しょうげん【証言】témoignage 男 ～～する témoigner, déposer ▶証言者 témoin 男

じょうけん【条件】condition 女 ～～という〔って〕 à condition de 不定詞 [que 接続法] ～～付きで承諾する accepter conditionnellement [sous condition] ▶条件反射 réflexe conditionné 男

しょうこ【証拠】preuve 女 ～～不十分で pour insuffisance de preuves ▶証拠固め rassemblement des preuves 男 証拠書類 pièce probante 女 証拠物件 pièce à conviction 女, preuve matérielle 女

しょうご【正午】midi 男 ～～に à midi

じょうご【漏斗】entonnoir 男
しょうこう【将校】officier 男
しょうこう【商工】～～会議所 chambre de commerce et d'industrie 女 略CCI

しょうごう【照合】collation 女, confrontation 女 ～～AをBと～～する collationner [confronter] A avec B

しょうごう【称号】titre 男; (学位) grade 男

じょうこう【条項】clause 女, article 男

しょうこうねつ【猩紅熱】scarlatine

じょうこく【上告】 demande en cassation 女 ～する se pourvoir en cassation

しょうさい【詳細】 détail 男 ～な détaillé(e) ～に en détail

じょうさい【城塞】 citadelle 女

じょうざい【錠剤】 comprimé 男

しょうさつ【小冊子】 brochure 女

しょうさん【称賛・賞賛】 louange 女, éloge 男 ～する louer, admirer ～に値する mériter d'être loué(e)

しょうさん【硝酸】 acide azotique 男

しょうし【上司】 supérieur 男

じょうじ【情事】 aventure (amoureuse) 女

しょうじき【正直】 ～な honnête, franc(che) ～に honnêtement, franchement

じょうしき【常識】 sens commun 男; (良識) bon sens 男 ～のある raisonnable, sensé(e) それは～だ C'est un fait bien connu.

しょうしつ【焼失】 ～する être consumé(e) [détruit(e)] par le feu

じょうしつ【上質】 ～の de (bonne) qualité

しょうしゃ【商社】 firme (commerciale) 女

しょうしゃ【勝者】 vainqueur 男, gagnant(e) 名

じょうしゃ【乗車】 ～する monter (en) 助動詞 être] ▶**乗車券** billet 男

じょうじゅ【成就】 ～する accomplir, réaliser

しょうしゅう【招集・召集】 convocation 女; (軍隊の) appel 男 ―議会を～する convoquer le parlement ▶**召集令状** ordre d'appel

しょうじゅう【小銃】 fusil 男

じょうじゅつ【上述】 ～する décrire ... en détail

じょうじゅん【上旬】 la première décade du mois ―三月～に au début de mars

しょうしょ【証書】 acte 男; (証明書) certificat 男; (免状) diplôme 男

しょうじょ【少女】 petite fille 女, fillette 女 ―彼女の～時代に dans son adolescence ～趣味の mièvre

しょうしょう【少々】 un (petit) peu, légèrement

しょうじょう【症状】 symptôme 男

しょうじょう【賞状】 certificat de mérite 男, diplôme d'honneur 男

じょうしょう【上昇】 montée 女; (価格・気温などの) hausse 女, élévation 女 ～する s'élever, monter [助動詞 être]

しょうじる【生じる】 (発生する) se produire; (不意に) surgir; (…から) provenir de ... [助動詞 être]

しょうしん【昇進】 promotion 女, avancement 男 ～する être promu(e)

しょうしん【正真】 ～～正銘の vrai(e), véritable, authentique

じょうず【上手】 ～な (巧みな) habile; (器用な) adroit(e) 好きこそものの～なれ C'est quand on aime quelque chose que l'on progresse.

しょうすう【小数】 (fraction) décimale 女 ▶**小数点** virgule décimale 女

しょうすう【少数】 ～の un petit nombre de ...; (少数派の) minoritaire ～派意見 opinion minoritaire 女 ▶**少数** minorité 女 **少数民族** minorités 女複

しょうする【称する】 (AをBと) appeler [nommer] A B; (自称する) s'appeler ～だと称して sous prétexte de ... [que]

じょうせい【情勢】 situation 女; (状況) circonstances 女複 ▶**国際情勢** situation internationale

しょうせつ【小説】 roman 男; (中編) nouvelle 女; (短編) conte 男 ▶**小説家** écrivain 女(女性に対しても男性形を用いる); romancier(ère) 名

じょうせつ【常設】 ～の permanent(e) ～する établir ... d'une manière permanente

じょうぜつ【冗舌・饒舌】 ～な bavard(e), volubile

じょうせん【乗船】 ～する s'embarquer

しょうぞう【肖像】 portrait 男; (貨幣の) effigie 女 ▶**肖像画** portrait 男

しょうそう【焦燥】 impatience 女, irritation 女

じょうぞう【醸造】 fermentation 女 ～する faire fermenter ▶**醸造所** (ワインの) caves 女複; (ビールの) brasserie 女

しょうそく【消息】 nouvelles 女複

しょうたい【招待】 invitation 女 ～する inviter ▶**招待客** invité(e) 名 **招待券** billet d'invitation 男 **招待状** invitation 女

しょうたい【正体】 vrai caractère 男, nature véritable 女

じょうたい【状態】 état 男; (状況) situation 女 ―現在の～では dans la situation actuelle

しょうだく【承諾】 acceptation 女; (同意) consentement 男, accord 男 ～する accepter ... [de 不定詞, que 接続法], consentir à ... [à 不定詞, que 接続法]

じょうたつ【上達】 ～する faire des progrès, se perfectionner

しょうだん【商談】 négociation commerciale 女; (取引) affaire 女, marché 男

じょうだん【冗談】 plaisanterie 女, blague 女; (軽口) badinage 男 ～を言う plaisanter, blaguer 6時間も待

しょうち ― ～じゃない Dire qu'il faut attendre six heures! ～にも程がある Cela dépasse la plaisanterie!

しょうち【承知】 ―ご―のように comme vous le savez (bien) そんなことは百も―だ Je ne le sais que trop bien. ―しました C'est entendu.

じょうちょ【情緒】 émotion 囡; (情趣) charme 男 ―不安定な子供 enfant instable 名 ▶情緒障害 troubles affectifs 男複

しょうちょう【象徴】 symbole 男 ―～的な ～する symboliser ▶象徴主義 symbolisme 男

しょうちょう【小腸】 intestin grêle 男
じょうちょう【冗長】 ―～な prolixe

しょうてん【焦点】 foyer 男 ―～を合わせる mettre... au point; (カメラの焦点を) faire la mise au point sur ... ▶焦点距離 focale 囡

しょうてん【商店】 magasin 男, boutique 囡

じょうと【譲渡】 ―～する transmettre, céder

しょうどう【衝動】 impulsion 囡 ―～的な impulsif(ve)

じょうとう【上等】 ―～な bon(ne), de (bonne) qualité; (極上の) excellent(e)

しょうどく【消毒】 désinfection 囡 ―～する désinfecter ▶消毒薬 désinfectant 男

しょうとつ【衝突】 collision 囡; (車など の) heurt 男 ―～する se heurter contre (à)..., percuter contre ...

しょうに【小児】 bébé 男, (petit(e)) enfant 名 ▶小児科医 pédiatre 名 小児科 pédiatrie 囡

しょうにゅうせき【鍾乳石】 stalactite 囡

しょうにん【証人】 témoin 男 ―～となる être témoin de [que]... 生き―な preuve vivante 囡 ▶証人尋問 audition des témoins 囡

しょうにん【商人】 commerçant(e) 名; (...商人) marchand(e) de ... 名

じょうにん【常任】 ―～の permanent(e)

じょうねつ【情熱】 passion 囡 ―～的な passionné(e)

しょうねん【少年】 garçon 男 ▶少年院 maison de rééducation 囡 少年時代 enfance 囡 (10代) adolescence 囡

じょうば【乗馬】 équitation 囡

しょうはい【勝敗】 la victoire ou la défaite

しょうばい【商売】 commerce 男; (事業) affaires 囡複; (職業) métier 男 ―～をする faire du commerce ▶商売敵 de par son métier [sa profession] 商売人 commerçant(e) 名; (プロ) professionnel(le) 名

じょうはつ【蒸発】 évaporation 囡; (揮発) volatilisation 囡 ―～する s'évaporer, se volatiliser; (失踪する) disparaître

じょうはんしん【上半身】 buste 男, torse 男

しょうひ【消費】 consommation 囡 ―～する consommer; (労力・時間を) dépenser ▶消費者 consommateur(trice) 名 消費税 taxe à la consommation 囡

しょうひょう【商標】 marque (de fabrique [commerce]) 囡

しょうひん【商品】 article 男, marchandise 囡 (多く複) ―～化する commercialiser ▶目玉商品 article en promotion 男, promotion 囡

しょうひん【賞品】 prix 男

じょうひん【上品】 (気品) distinction 囡; (優美) élégance 囡 ―～な élégant(e) ―に élégamment

しょうぶ【勝負】 partie 囡; (試合) match 男 (複 ―(e)s) ―人と…の―をする faire une partie de... avec ―に勝つ[負ける] gagner [perdre] la partie ▶勝負事 jeu 男

ショウブ【菖蒲】 acore 男

じょうぶ【丈夫】 ―～な solide; (耐久性のある) résistant(e); (頑健な) vigoureux(se)

じょうぶ【上部】 partie supérieure 囡, 'haut 男 ―～の―に au-dessus de ...

しょうふだ【正札】 étiquette 囡

しょうぶん【性分】 nature 囡, (気質) tempérament 男

しょうへい【招聘】 invitation 囡

しょうべん【小便】 urine 囡; 《話》 pipi 男

じょうほ【譲歩】 concession 囡 ―～する faire une concession, céder (à)

しょうほう【商法】 droit commercial 男

しょうぼう【消防】 ▶消防士 sapeur-pompier 男 (複 ―s) 消防隊 corps de sapeurs-pompiers 男 消防車 autopompe 囡 消防署 caserne des sapeurs-pompiers 囡

じょうほう【情報】 information 囡; (実用的な) renseignement 男; (最新の) nouvelle 囡 ―～を提供する donner des informations à..., informer, renseigner ―を得る se renseigner sur... ―～を流す diffuser des informations ▶情報科学 informatique 囡 情報検索 recherche d'informations 囡

しょうほん【抄本】 extrait 男
じょうまえ【錠前】 serrure 囡
じょうみゃく【静脈】 veine 囡
じょうむいん【乗務員】 (飛行機・船の) équipage 男; (鉄道の) personnel roulant 男

しょうめい【照明】 éclairage 男 ―～を当てる éclairer, illuminer

しょうめい【証明】 preuve 囡 ―(論理的な説明による) démonstration 囡 ―～する prouver [démontrer, certifier]

しょうめつ【消滅】 〜する disparaître, s'anéantir

しょうめん【正面】 face 男, front 男;(建物の)façade 女 〜の de face

しょうもう【消耗】 usure 女 〜する user;(自分が)s'user

じょうやく【条約】 traité 男, pacte 男 〜を締結[批准, 破棄]する conclure [ratifier, dénoncer] un traité

しょうゆ【醬油】 sauce de soja

しょうよ【賞与】 gratification 女, prime 女

しょうよう【商用】 〜で pour affaire

じょうよう【常用】 〜する se servir habituellement 《de》

しょうらい【将来】 avenir; (未来) futur 男 〜の d'avenir, futur(e) 〜性がある avoir de l'avenir

しょうり【勝利】 victoire 女 〜を収める remporter [gagner] la victoire, triompher ▶**勝利者** vainqueur 男

じょうりく【上陸】 débarquement 男 〜する débarquer

しょうりつ【勝率】 pourcentage des victoires 男

しょうりゃく【省略】 omission 女 〜する omettre ▶**省略記号** apostrophe 女

じょうりゅう【上流】(川の) amont 男 …の〜に en amont de ... ▶**上流階級** 'hautes classes 女 複

じょうりゅう【蒸留】 distillation 女 〜する distiller ▶**蒸留酒** eau-de-vie 女〔複 〜s〜s〕

しょうりょう【少量】 petite quantité 女 〜の塩 un peu de sel 〜の酢 un filet de vinaigre

しょうれい【奨励】 encouragement 男 一人に…することを〜する encourager ... à 不定詞

じょうれい【条令・条例】 règlement 男, arrêté 男

じょうれん【常連】 habitué(e) 名

じょうろ【如雨露】 arrosoir 男

しょうろう【鐘楼】 clocher 男, beffroi 男

しょうろんぶん【小論文】 dissertation 女

しょえん【初演】 première représentation 女;(演奏)première audition 女

ショー spectacle 男, attraction 女 ▶**ショーウインドー** vitrine 女 **ショールーム** salle d'exposition 女

じょおう【女王】 reine 女 ▶**女王蜂** reine (des abeilles)

ジョーカー (トランプで) joker 男

ジョーク plaisanterie 女

ショーツ short 男

ショート (電気の) court-circuit 男〈〜s-〜s〉 〜する se mettre en court-circuit 〜カットの髪 cheveux coupés court 複 ▶**ショートパンツ** short 男

ショール châle 男

しょか【初夏】 commencement [début] de l'été 男

しょか【書架】 rayon de bibliothèque 男, étagère de bibliothèque 女

じょがい【除外】 〜する excepter, exclure

しょがくしゃ【初学者】 débutant(e) 名

しょかつ【所轄】 〜の compétent(e)

しょかん【書簡】 lettre 女;(集合的) correspondance 女

しょき【初期】 première période 女; (冒頭) début 男 〜の premier(ère)

しょき【書記】 secrétaire 名

しょき【暑気】 chaleur 女

しょきゅう【初級】 niveau élémentaire 男, premier degré 男

じょきょ【除去】 élimination 女, enlèvement 男 〜する éliminer, enlever, supprimer

ジョギング jogging 男 〜をする faire du jogging

しょく【職】 travail 男〔複 -aux〕;(勤め口) emploi 男;(職業) métier 男, profession 女 〜を変える changer de métier [de profession] 〜を失う perdre son travail 〜を捜す chercher du travail [un emploi] 〜に〜をつける apprendre un métier

しょく【食】 〜が進む avoir (un) bon appétit 〜が細い avoir un petit appétit

しょく【私欲】 intérêt personnel 男

しょくあたり【食中り】 ⇨ 食中毒

しょくいん【職員】 employé(e) 名,《集合的》personnel 男 ▶**職員会議** conseil des professeurs [des instituteurs] 男 **職員室** salle des professeurs [instituteurs] 女

しょくえん【食塩】 sel de table [fin] 男 ▶**食塩水** eau salée 女

しょくぎょう【職業】 métier 男, profession 女 ご〜は何ですか Quelle est votre profession? 〜上の professionnel(le) ▶**職業安定所** Agence nationale pour l'emploi 女〔略 ANPE〕**職業病** maladie professionnelle 女

しょくご【食後】 〜に après le repas

しょくざい【贖罪】 rédemption 女

しょくし【食指】 〜が動く être alléché(e) par ...

しょくじ【食事】 repas 男 〜をする manger, prendre son repas

しょくじゅ【植樹】 plantation 女

しょくぜん【食前】 〜に avant le repas ▶**食前酒** apéritif 男

しょくだい【燭台】 chandelier 男

しょくたく【食卓】 table (à manger)

しょくちゅうどく　一〜につく se mettre à table　〜の用意をする dresser le couvert　〜を片付ける enlever le couvert　▶**食卓塩** sel de table 男

しょくちゅうどく【食中毒】intoxication alimentaire 女

しょくつう【食通】gourmet 男, gastronome 名

しょくどう【食堂】salle à manger 女;（料理店）brasserie 女, bistro（複 ～s）▶**食堂車** wagon-restaurant 男（複 ～s）

しょくどう【食道】œsophage 男

しょくにく【食肉】viande 女

しょくにん【職人】artisan(e) 名　▶**職人気質** mentalité artisanale 女　**職人芸** métier artisanal 男

しょくのうきゅう【職能給】échelle des salaires pour fonction exercée 女

しょくば【職場】lieu de travail 男　▶**職場放棄** abandon du travail 男

しょくパン【食パン】pain de mie 男

しょくひ【食費】frais de nourriture 男複

しょくひん【食品】aliment 男;（食料品）produits alimentaires 男複　▶**食品衛生** hygiène alimentaire 女　**食品加工業** industrie alimentaire 女　**食品添加物** additif alimentaire 男

しょくぶつ【植物】plante 女;《集合的》végétation 女　〜（性）の végétal(ale)（男複 -aux）▶**植物園** jardin botanique 男　**植物学** botanique 女

しょくみん【植民】colonisation 女　▶**植民地** colonie 女　〜**植民地化する** coloniser

しょくむ【職務】fonction 女;（勤務）service 男;（義務）devoir 男　〜を遂行する s'acquitter de ses fonctions　▶**職務規定** règlements des employés 男複　**職務権限** attributions 女複　**職務質問** vérification d'identité 女

しょくもつ【食物】nourriture 女, alimentation 女　▶**食物繊維** fibre alimentaire 女　**食物連鎖** chaîne alimentaire 女

しょくよう【食用】〜の comestible　▶**食用油** huile de table 女

しょくよく【食欲】appétit 男　〜がある avoir de l'appétit　〜をそそる donner de l'appétit

しょくりょう【食糧（食糧・食料）】vivres 男複;（備蓄した）provisions (de bouche) 女複;（穀物）nourriture 女

しょくりょうひん【食料品】⇨食物　▶**食料品店** magasin d'alimentation

しょくれき【職歴】expérience professionnelle 女

じょくん【叙勲】remise de décorations 女

しょけい【処刑】〜する exécuter

しょけん【所見】avis 男, opinion 女;（観察結果）observation 女

じょげん【助言】conseil 男;（示唆）suggestion 女　〜する donner un conseil à ..., conseiller (de 不定詞)　人に〜を求める demander conseil à ...　〜に従う suivre le conseil de ...

じょこう【徐行】〜する rouler au ralenti

しょさい【書斎】cabinet de travail 男, bureau 男

しょさい【所在】〜責任の〜を明らかにする déterminer à qui revient la responsabilité　▶**所在地** siège 男

じょさい【如才】〜ない adroit(e), habile;（機転がきく）avoir du tact

じょし【女子】petite fille 女　▶**女子学生** étudiante 女　**女子大学** université de [pour] jeunes filles 女

しょしき【書式】formule 女

じょしい【叙事詩】épopée 女

じょしゅ【助手】assistant(e) 名, aide 名

しょしゅう【初秋】commencement [début] de l'automne 男

じょじゅつ【叙述】〜する décrire

しょしゅん【初春】commencement [début] du printemps 男

しょじゅん【初旬】commencement du mois 男

しょじょ【処女】vierge 女

しょじょ【徐々】〜に petit à petit, graduellement;（ゆっくりと）lentement

じょじょうし【叙情詩】poésie lyrique 女

しょしんしゃ【初心者】débutant(e) 名

じょすう【序数】nombre ordinal 男

じょせい【女性】femme 女, dame 女　〜の féminin(e)　▶**女性ホルモン** hormone sexuelle femelle 女

じょせい【助成】〜する encourager

しょせいじゅつ【処世術】savoir-vivre 男（不変）

しょせき【書籍】livre 男

じょせつ【序説】introduction 女

じょそう【助走】course d'élan 女

じょそう【除草】〜する arracher les mauvaises herbes

しょぞく【所属】appartenance 女　〜する appartenir à ..., faire partie de ...

しょたい【所帯】ménage 男

しょたい【書体】écriture 女

じょたい【除隊】〜する être réformé(e)

しょたいめん【初対面】première rencontre [entrevue] 女　〜彼らは〜です C'est la première fois qu'ils se voient.

しょだな【書棚】bibliothèque 女

しょち【処置】mesures 女複;（治療）traitement 男　〜する traiter　〜を誤る prendre de mauvaises mesures

しょちゅう【暑中】▶**暑中見舞い** carte de salutations estivales 女

しょちょう【所長】 directeur(trice) 名

しょちょう【署長】 commissaire 名, directeur(trice) 名

しょっかく【触覚】 toucher 男

しょっき【食器】 ustensiles de table 男複; (集合的) vaisselle 女 ►**食器洗い機** lave-vaisselle 女 **食器棚** buffet 男

ジョッキ chope 女

ショッキング ——な choc 《不変》; choquant(e)

ショック choc 男 ——を与える[受ける] donner [recevoir] un choc ►**ショック死** mort de saisissement 女 **ショック療法** thérapeutique du choc 女

しょくけん【職権】 autorité 女, pouvoirs officiels 男複 ►**職権濫用** abus de pouvoir [d'autorité] 男

しょっぱい salé(e)

ショッピング achat 男 ►**ショッピングセンター** centre commercial 男

じょてい【女帝】 impératrice 女

しょてん【書店】 librairie 女

しょとう【初冬】 commencement [début] de l'hiver 男

しょとう【初等】 ——の primaire, élémentaire ►**初等教育** enseignement primaire 男

しょとう【諸島】 archipel 男

しょどう【書道】 calligraphie 女

じょどうし【助動詞】 (verbe) auxiliaire 男

しょとく【所得】 revenu 男 ►**所得税** impôts sur le revenu 男複

しょにんきゅう【初任給】 salaire de début 男

しょばつ【処罰】 ——する punir

じょばん【序盤】 début 男

しょひょう【書評】 compte rendu de livres 男, critique de livres 女

しょぶん【処分】 ——する se débarrasser de...; (処罰する) punir

じょぶん【序文】 préface 女, avant-propos 男

しょほ【初歩】 ——的な élémentaire, rudimentaire

しょほう【処方】 薬を——する ordonner [prescrire] un remède ►**処方箋(ﾝ)** ordonnance 女

じょまく【序幕】 prologue 男

じょまくしき【除幕式】 inauguration 女

しょみん【庶民】 peuple 男, masses 女複 ——的な populaire

しょめい【署名】 signature 女 ——する signer; ~入りの signé(e) ►**署名者** signataire 男

じょめい【除名】 exclusion 女, expulsion 女 ——する expulser [exclure]

しょもつ【書物】 livre 男

じょや【除夜】 dernière nuit de l'année 女

しょゆう【所有】 possession 女 ——する posséder, avoir... en possession

►**所有権** droit de propriété 男 **所有者** possesseur 男, propriétaire 男 **所有地[物]** propriété 女

じょゆう【女優】 actrice 男, comédienne 女

しょり【処理】 traitement 男 ——する traiter

じょりゅう【女流】 ►**女流作家** femme écrivain [auteur] 女, romancière 女 **女流画家** femme peintre 女

じょりょく【助力】 aide 女

しょるい【書類】 papiers 男複; (資料) documents 男複; (関係書類) dossier 男 ——を作成する constituer [établir] un dossier ~に必要事項を記入する remplir le formulaire ~を送検する envoyer le dossier de... au parquet ►**書類かばん** porte-document 男

ショルダー ►**ショルダーバック** sac à bandoulière 男

じょれつ【序列】 ordre 男, rang 男

じょろん【序論】 introduction 女

しょんぼり ——と d'un air triste [découragé]

じらい【地雷】 mine 女 ——を除去する déminer

しらが【白髪】 cheveu blanc 男

しらかば【白樺】 bouleau (blanc) 男

しらける【白ける】 —座を白けさせる jeter un froid

しらじらしい【白々しい】 transparent(e)

じらす【焦らす】 faire languir

しらせ【知らせ】 nouvelle 女; (通知・発表) annonce 女

しらせる【知らせる】 —A(人)にBを——faire connaître [savoir] B à A; (実情を) mettre A au courant de B; (告げる) annoncer B à A; (通知する) informer [prévenir] A de B [que...]

しらない【知らない】 ignorer

しらばくれる faire l'ignorant(e)

しらふ【素面】 —彼は~の時は無口だ Il parle peu quand il n'a pas bu.

しらべ【調べ】 (旋律) mélodie 女, air 男; (調査) enquête 女 (検査) examen 男 —警察の~によると selon l'enquête de la police **図書館で**~**物を**consulter des documents à la bibliothèque

しらべる【調べる】 enquêter sur; (検査する) examiner; (追求する) rechercher —辞書を~ consulter un dictionnaire

シラミ【虱】 pou 男

しらんかお【知らん顔】 ——をする faire semblant de ne pas reconnaître, ignorer

しり【尻】 fesses 女複; 《話》 derrière 男; (最後尾) queue 女 ——の軽い女 femme légère 女 女の~を追い回す courir le jupon [après les femmes] 夫を~に敷く porter la culotte 息子の

~をたたいて勉強させる pousser son fils à faire des études

シリア Syrie 女 ~の syrien(ne)

しりあい【知り合い】connaissance 女; (友人) ami(e) 男 ~ の de sa connaissance. 彼とは古くからの~です Je le connais depuis longtemps. 人と~になる faire connaissance avec

しりあう【知り合う】⇨知り合い

シリーズ série 女

しりおし【尻押し】appui 男, piston 男

じりき【自力】~で par ses propres moyens, tout(e) seul(e)

しりきれ【尻切れ】~he話は~とんぼに終わった Son discours a fini en queue de poisson.

しりごみ【尻込み】~する hésiter, reculer《devant》

シリコン silicone 女

しりすぼみ【尻すぼみ】~に終わる finir en queue de poisson

しりぞく【退く】reculer

しりぞける【退ける】(拒絶する) refuser, repousser; (後ろへ下げる) refouler

しりつ【市立】~の municipal(ale) (男複 -aux)

しりつ【私立】~の privé(e)

じりつ【自立】~する prendre son indépendance ~した indépendant(e)

じりつ【自律】autonomie 女 ▶自律神経 nerfs autonomes 男複

しりぬぐい【尻拭い】一部下の不始末の~をする réparer les bévues d'un subalterne

しめつれつ【支離滅裂】~な incohérent(e)

しりもち【尻餅】~をつく tomber sur le derrière (助動詞 être)

しりゅう【支流】affluent 男

しりょ【思慮】~の深い réfléchi(e)

しりょう【資料】document 男; (集合的) documentation 女; (素材) matériaux 男複

しりょう【飼料】pâture 女

しりょく【視力】vue 女

じりょく【磁力】magnétisme 男

シリンダー cylindre 男

しる【知る】connaître, savoir, être au courant de...; (知識・情報を得る) apprendre; (了解する) comprendre; (気づく) se rendre compte de《que》 —彼のこと知ってる？—知らない Tu le connais？—Non, je ne le connais pas. 私の知る限り(autant) que je sache, à ma connaissance 私の知ったことではない Ça ne me regarde pas.

しる【汁】(果物・肉の) jus 男; (植物・肉の) suc 男

シルエット silhouette 女

シルク soie 女 ▶シルクロード route de la soie 女

しるし【印】marque 女; (記号) signe 男 ~を付ける marquer

しるす【記す】marquer; (書く) écrire

シルバー ▶シルバーシート siège réservé pour les personnes âgées ou *handicapées

しれい【司令】instructions 女複, ordres 男複 ▶司令部 quartier général 男 司令官 commandant 男

しれい【辞令】nomination 女

じれったい irritant(e), énervant(e)

しれる【知れる】être découvert(e)

しれわたる【知れ渡る】se répandre

ジレンマ dilemme 男

しろ【城】château 男

しろ【白】(色) blanc 男 —彼は~だ Il est innocent de ce crime. ~っぽい blanchâtre

しろい【白い】blanc(che) ~眼で見る voir... d'un œil mauvais 私は壁を白く塗り替えた J'ai repeint les murs en blanc.

しろうと【素人】amateur 男【女性にも男性形を用いる】; (門外漢) profane 名

シロクマ【白熊】ours blanc 男

しろくろ【白黒】~の写真 photo en noir et blanc 女 目を~させて驚く rouler des yeux ahuris

じろじろ ……の顔を~見る fixer... des yeux

シロップ sirop 男

しろバイ【白バイ】moto de la police 女

しろぼし【白星】~をあげる gagner un match

しろみ【白身】—卵の~ blanc d'œuf 男 ~の魚 poisson à chair blanche 男

じろり ~と見る braquer son regard sur...; (見下すように) dévisager... avec insolence

しわ【皺】(皮膚の) ride 女; (布・紙などの) (faux) pli 男 ~になる se plisser, être froissé(e) ~を伸ばす déplisser, défroisser

しわける【仕分ける】classer, classifier

しわざ【仕業】acte 男, œuvre 女

しん【芯】(果物・野菜などの) cœur 男, trognon 男; (鉛筆の) mine 女; (灯油ランプなどの) mèche 女

しん【真】~の véritable, vrai(e)

しん-【新-】nouveau, néo-

しんあい【親愛】~な cher(ère)

しんい【真意】(本心) véritable intention 女, (真の意味) vraie signification 女

しんい【人為】~的な artificiel(le)

じんいん【人員】personnel 男, effectif 男 ▶人員整理 réduction de personnel 女

じんえい【陣営】camp 男

しんえん【深淵】gouffre 男

しんか【進化】évolution 女 ~する évoluer

しんか【真価】(vraie) valeur 女 —~を発揮する faire preuve de sa va-

シンガー chanteur(se) 名
しんかい【深海】 abysse 男, profondeurs de la mer 女
しんがい【侵害】 ——する violer, empiéter sur
しんかく【神格】 ——化する diviniser
しんがく【進学】 高校に——する entrer au lycée
しんがく【神学】 théologie 女
じんかく【人格】 personnalité 女; (性格) caractère 男
しんがた【新型】 ——の de nouveau modèle
しんがっき【新学期】 rentrée (des classes) 女
シンガポール Singapour 男【無冠詞】 ——の singapourien(ne)
しんかん【新刊】 nouveauté 女
しんき【新規】 ——の nouveau (nouvelle) (男性=x)
しんぎ【審議】 délibération 女, discussion 女 ——する délibérer sur ..., discuter ▶審議会 réunion de délibération
しんきゅう【進級】 ——する passer dans la catégorie supérieure [助動詞 être]
しんきょう【心境】 état d'âme 男
しんきろう【蜃気楼】 mirage 男
しんきろく【新記録】 (nouveau) record 男 ——を樹立する établir un record
しんきん【心筋】 ▶心筋梗塞 infarctus du myocarde 男
しんきんかん【親近感】 sympathie 女
しんぐ【寝具】 literie 女
しんくう【真空】 vide 男, vacuum ——の vide ▶真空管 tube à vide
ジンクス croyance populaire 女
シンクタンク équipe de cerveaux 男
シングル ——の seul(e), simple ——の部屋 chambre à un lit 女
シングルス (match) simple 男
シンクロナイズドスイミング natation synchronisée 女
しんけい【神経】 nerf 男 ——的な nerveux(se) ~が太い avoir des nerfs d'acier ~が細い avoir les nerfs fragiles ~をすり減らす s'épuiser nerveusement ~過敏の trop nerveux(se) ▶神経痛 névralgie 女
しんけいしつ【神経質】 ——な nerveux(se)
しんげつ【新月】 nouvelle lune 女
しんけん【真剣】 ——な sérieux(se) ——に sérieusement
しんげん【箴言】 maxime 女, aphorisme 男
じんけん【人権】 droits de l'homme 男複
しんげんち【震源地】 épicentre 男
じんけんひ【人件費】 dépenses de personnel 女複

しんご【新語】 mot nouveau 男, néologisme 男
しんこう【進行】 (乗り物の) marche 女; (前進) avancement 男 ——する marcher (en avant), avancer ▶進行係 dirigeant(e) 名
しんこう【信仰】 foi 女; (ある対象への) croyance 女 ——する croire en ... ——の厚い pieux(se) ▶信仰生活 vie religieuse [spirituelle] 女
しんこう【振興】 ——する développer, encourager
しんごう【信号】 signal 男 (複 -aux); (交通信号灯) feux de circulation 男複 ——を守る [無視] respecter [brûler] le feu rouge
じんこう【人口】 population 女 ——の多い町 ville peuplée 女 ▶人口過剰 surpeuplement 男 人口密度 densité de la population 女 人口問題 problème démographique 男
じんこう【人工】 ——の artificiel(le) ▶人工衛星 satellite artificiel 男 人工呼吸 respiration artificielle 女 人工授精 insémination artificielle 女 人工知能 intelligence artificielle 女
しんこきゅう【深呼吸】 ——をする respirer profondément [à pleins poumons]
しんこく【深刻】 ——な grave, sérieux(se)
しんこく【申告】 déclaration 女 ——する déclarer ▶申告者 déclarant(e) 名 申告書 déclaration écrite 女
しんこん【新婚】 ——ほやほやの夫婦 nouveaux mariés 男複 ▶新婚旅行 voyage de noces 男
しんさ【審査】 ——する examiner
じんざい【人材】 ressources humaines 女複, talents 男複
しんさつ【診察】 consultation 女 ——する examiner ~を受ける consulter ▶診察券 carte de consultation 女 診察料 honoraires 男複
しんし【紳士】 gentleman 男 (複 -men) ——的な correct(e), courtois(e) ▶紳士協定 convention d'honneur 女
じんじ【人事】 administration du personnel 女 ——不省に陥る perdre connaissance, s'évanouir
しんしき【新式】 ——の de nouveau système
シンジケート syndicat patronal 男
しんしつ【寝室】 chambre 女
しんじつ【真実】 vérité 女 ——の vrai(e), véritable
しんじゃ【信者】 croyant(e) 名, adepte 名
じんじゃ【神社】 temple shintô 男
しんじゅ【真珠】 perle 女
じんしゅ【人種】 race (humaine) 女 ▶人種差別 discrimination raciale 女
しんじゅう【心中】 double suicide 男

しんしゅく【伸縮】 ―～自在の élastique

しんしゅつ【進出】 ―～する s'étendre (sur); (活動に身を投じる) se lancer (dans)

しんしょう【心証】 impression 囡

しんじょう【心情】 sentiments 男 複

しんじょう【信条】 principes 男 複

しんしょうしゃ【身障者】 'handicapé(e) (physique) 名

しんしょく【侵食】 ―～する éroder

しんじる【信じる】 croire; (確信する) être sûr(e) [persuadé(e), convaincu(e)] de [que]; (信頼する) avoir confiance en... ―彼は自分が成功すると信じている Il croit [Il est sûr] qu'il réussira. 信じられない incroyable

しんしん【心身】 ―～ともに健康である sain(e) de corps et d'esprit

しんじん【新人】 nouveau (nouvelle) 名 (男複～x); débutant(e)

しんじん【信心】 ―～深い pieux(se)

しんすい【心酔】 ―～する admirer profondément

しんすい【浸水】 ―～する s'inonder

しんすい【進水】 mise à flot 囡 ▶進水式 baptême d'un navire 男

しんずい【真髄・神髄】 essence 囡

しんせい【申請】 demande 囡 ―～する demander

しんせい【神聖】 ―～な sacré(e), saint(e)

じんせい【人生】 vie 囡 ―幸福な～をおくる mener une vie heureuse ▶人生観 conception de la vie 男

しんせいじ【新生児】 nouveau-né 男 名

しんせき【親戚】 parent(e) 名; (親戚関係, 親戚一同) parenté 囡

シンセサイザー synthétiseur 男

しんせつ【親切】 gentillesse 囡; amabilité 囡 ―～な gentil(le), aimable ―～に gentiment, aimablement ご～にありがとうございます C'est gentil de votre part [à vous].

しんせつ【新設】 ―～の nouvellement fondé(e) ―～する fonder

しんせっき【新石器】 ▶新石器時代 âge néolithique 男

しんせん【新鮮】 ―～な frais (fraîche); (新しい) nouveau (nouvelle) (男複～x) ―～味がない Il n'y a rien de nouveau [d'original].

しんぜん【親善】 relations amicales 囡 複 ▶親善試合 match amical 男

しんそう【真相】 ―事件の～を明らかにする découvrir la vérité d'un événement

しんぞう【心臓】 cœur 男 ―～が強い avoir le cœur robuste; (ずうずうしい) avoir de l'estomac ―～がどきどきする avoir le cœur battant ▶心臓移植 greffe du cœur 囡 心臓発作 attaque

cardiaque 囡 心臓麻痺 paralysie du cœur [cardiaque] 囡

じんぞう【腎臓】 rein 男

じんぞう【人造】 ―～の artificiel(le)

しんぞく【親族】 parents 男 複

じんそく【迅速】 ―～な prompt(e)

しんたい【身体】 corps 男

しんだい【寝台】 lit 男 ▶寝台車 voiture-lit 囡 (複～s～s)

じんたい【人体】 corps humain 男

しんだん【診断】 diagnostic 男 ―～を下す faire un diagnostic ▶診断書 certificat médical 男

じんち【陣地】 position 囡, camp 男

しんちゅう【真鍮】 cuivre jaune 男

しんちょう【身長】 ―～はどのくらいですか Quelle est votre taille? ―～が1メートル80ある mesurer 1 m 80

しんちょう【慎重】 prudence 囡 ―～な prudent(e) ―～に avec prudence

しんちんたいしゃ【新陳代謝】 métabolisme 男; (一新) renouvellement 男

しんつう【心痛】 chagrin 男; peine 囡

じんつう【陣痛】 douleurs de l'accouchement 囡 複

ジンテーゼ synthèse 囡

しんてん【進展】 développement 男, évolution 囡, progrès 男 ―～する se développer, évoluer

しんてん【親展】 (掲示) Confidentiel

しんでん【神殿】 temple 男, sanctuaire 男

しんでんず【心電図】 électrocardiogramme 男

しんど【進度】 avancement 男

しんど【震度】 degré de sismicité 男

しんどう【振動】 vibration 囡 ―～する vibrer

しんどう【震動】 tremblement 男; (衝撃などによる) ébranlement 男 ―～する trembler

じんどう【人道】 ―～的な humain(e), humanitaire ▶人道主義 humanisme 男

シンドローム syndrome 男

シンナー diluant 男

しんにゅう【進入】 ―～する entrer【助動詞】男

しんにゅう【侵入】 ―～する pénétrer, (領土に) envahir ▶侵入者 envahisseur 男

しんにゅうせい【新入生】 (大学生以外) nouvel(le) élève 名, (人学生) nouvel(le) étudiant(e)

しんにん【信任】 confiance 囡 ▶信任投票 vote de confiance 男

しんにん【新任】 ―～の nouvellement nommé(e)

しんねん【信念】 conviction 囡

しんねん【新年】 nouvelle année 囡; (正月) nouvel an 男 ―～おめでとう Bonne (et heureuse) année! | Je vous souhaite une bonne (et heureuse) année.

しんぱい【心配】souci 男; (気がかり) préoccupation 女; (不安) inquiétude 女 ――する s'inquiéter [être inquiet (ète)] de..., [不定詞, que 接続法] inquiet, que 接続法] ～をかける donner [causer] du souci à... ～性である d'une nature inquiète ～事ある avoir des soucis [inquiétudes] ～いりません Ne vous inquiétez pas. | Soyez sans crainte!

ジンバブエ Zimbabwe 男 ――の zimbabwéen(ne)

シンバル cymbales 女 複

しんぱん【審判】(裁き) jugement 男; (スポーツの) arbitrage 男 ►審判員 arbitre 男, juge 男

しんぴ【神秘】mystère 男 ――的な mystérieux(se)

しんぴょう【信憑性】――性 authenticité 女

しんぴん【新品】neuf 男 ――の neuf (ve)

しんぷ【神父】abbé 男, père 男

しんぷ【新婦】(nouvelle) mariée 女

シンフォニー symphonie 女

じんぶつ【人物】personne 女; (重要な) personnage 男

シンプル ――な simple

しんぶん【新聞】journal 男 (複 -aux); (総称) presse 女 ――に載る paraître dans le journal ～で読む lire... dans le journal ►新聞記者 journaliste 名, 新聞社 (bureau du) journal 男

じんぶん【人文】►人文科学 sciences humaines 女

しんぽ【進歩】progrès 男; (進展) avancement 男 ――する progresser, se développer ――的な progressiste ►進歩主義 progressisme 男

しんぼう【辛抱】――する (じっと待つ) patienter; (耐える) supporter..., endurer... ～強い patient(e) ～強く patiemment, avec patience [persévérance]

しんぼう【信望】prestige 男

じんぼう【人望】crédit 男, prestige 男

しんぼうしゃ【信奉者】partisan(e) 名 【女性形ばれ】adepte 名

しんぼく【親睦】――を深める tisser des relations (amicales)

シンポジウム symposium 男

シンボル symbole 男

しんまい【新米】nouveau riz 男; (新参者) novice 名

じんましん【蕁麻疹】urticaire 女

しんみつ【親密】――な intime

じんみゃく【人脈】relations 女 複

じんみん【人民】peuple 男

しんめ【新芽】pousse 女

じんめい【人命】vie humaine 女 ►人命救助 sauvetage 男

シンメトリー symétrie 女

じんもん【尋問】interrogatoire 男 ――する interroger

しんや【深夜】minuit 男 ――に en pleine nuit ►深夜放送 émission après minuit 女

しんやく【新約】►新約聖書 le Nouveau Testament

しんゆう【親友】ami(e) intime 名; son(sa) meilleur(e) ami(e) 名

しんよう【信用】confiance 女; (取引上の) crédit 男; (評判) réputation 女 ――する faire confiance à..., avoir confiance en... ►信用貸し crédit 男, 信用金庫 caisse de crédit 女

しんようじゅ【針葉樹】conifère 男

しんらい【信頼】confiance 女, foi 女 ――する faire confiance à... ～を裏切る trahir la confiance de...

しんらつ【辛辣】――な mordant(e), acerbe

しんり【心理】psychologie 女 ――的な psychologique ►心理学 psychologie 女, 心理カウンセラー psychologue 名

しんり【真理】vérité 女

しんり【審理】――する examiner

しんりゃく【侵略】invasion 女, envahissement 男 ――する envahir ►侵略行為 acte d'agression 男, 侵略者 envahisseur (se) 名, 侵略戦争 guerre d'invasion 女

しんりょう【診療】(治療) traitement 男; (診察) consultation 男 ►診療所 clinique 女

しんりょく【尽力】――する se dépenser pour...

しんりん【森林】forêts 女 複, bois 男

しんるい【親類】parent(e) 名; (総称) parenté 女 ►親類縁者 parents et alliés 男 複

じんるい【人類】humanité 女 ――の de l'humanité ►人類学 anthropologie 女 人類学者 anthropologiste 名, anthropologue 名

しんろ【進路】chemin 男, passage 男 ―彼は卒業後の～を決めた Il a décidé de ce qu'il va faire après ses études.

しんろ【針路】direction 女, cap 男

しんろう【新郎】(nouveau) marié 男

しんろう【心労】souci 男

しんわ【神話】mythe 男

す

す【巣】(鳥や虫の) nid 男; (クモの) toile d'araignée 女; (巣穴) terrier 男 ――を作る faire son nid

す【酢】vinaigre 男

ず【図】figure 女; (図表) graphique 男; (絵図) image 女 ――に乗る s'enorgueillir de son succès

すあし【素足】pieds nus 男 複

ずあん【図案】dessin 男

すいあつ【水圧】pression hydraulique 囡
すいい【推移】évolution 囡
すいい【水位】niveau de l'eau 男
ずいい【随意】――の(自由な) libre; (任意の) facultati(ve)
スイートピー pois de senteur 男
ずいいん【随員】《集合的》 suite 囡, escorte 囡
すいえい【水泳】natation 囡; (泳ぎ) nage 囡
すいおん【水温】température de l'eau 囡
スイカ【西瓜】pastèque 囡
すいがい【水害】dégâts [ravages] de l'inondation 男
すいがら【吸い殻】mégot 男
すいきゅう【水球】water-polo 男
すいぎゅう【水牛】buffle 男
すいぎん【水銀】mercure 男
すいげん【水源】source 囡
すいこう【推敲】――する élaborer
すいこう【遂行】――する exécuter
すいこむ【吸い込む】aspirer; (匂いなどを) humer; (液体を) absorber
すいさい【水彩画】aquarelle 囡
すいさつ【推察】――する présumer
▶**すいさん**【水産】▶水産業 industrie de la pêche 囡 水産物 produits maritimes 男複
すいし【水死】――する se noyer
すいじ【炊事】cuisine 囡 ――する faire la cuisine
すいしつ【水質】qualité de l'eau 囡
すいしゃ【水車】moulin à eau 男
すいじゃく【衰弱】affaiblissement 男, (極度の) épuisement 男 ――する s'affaiblir, s'épuiser
すいじゅん【水準】niveau 男 ――の高い de niveau élevé
すいしょう【水晶】cristal 男 (複 -aux)
すいじょう【水上】――の sur l'eau, nautique ▶水上スキー ski nautique 男
すいじょうき【水蒸気】vapeur 囡
すいしん【推進】――する pousser, mener
スイス Suisse 囡 ――の suisse
すいせい【水星】Mercure 男
すいせい【彗星】comète 囡
すいせん【水洗】▶水洗便所 toilettes à chasse d'eau 囡複
すいせん【推薦】recommandation 囡, (入会などの) parrainage 男 ――する recommander, (党などに) parrainer ▶推薦状 lettre de recommandation 囡 推薦入学 admission sans examen des élèves recommandés 男
スイセン【水仙】narcisse 男
すいそ【水素】hydrogène 男
すいそう【水槽】(貯水用の) bassin d'eau 男; (魚などを飼育する) aquarium 男
すいぞう【膵臓】pancréas 男

すいそうがく【吹奏楽】musique d'harmonie [pour instruments à vent] 囡
すいそく【推測】supposition 囡, présomption 囡 ――する supposer, présumer ――が当たる[外れる] deviner juste [mal]
すいぞくかん【水族館】aquarium 男
すいたい【衰退】déclin 男, décadence 囡 ――する décliner
すいちゅう【水中】――の aquatique; (海中の) sous-marin(e)
すいちょく【垂直】aplomb 男 ――な vertical(ale) (男複 -aux)
すいつける【吸い付ける】attirer
スイッチ interrupteur 男, (スイッチボタン) bouton 男; (点火スイッチ) contact 男 ――を入れる (電灯の) allumer; (ボタンを押す) appuyer sur le bouton ――を切る éteindre
すいてい【推定】estimation 囡; (推測) présomption 囡 ――する estimer [présumer] que
すいでん【水田】rizière 囡
すいとう【水筒】gourde 囡
すいどう【水道】(給水設備) eau (courante) 囡, (海峡) détroit 男 ――を引く installer l'eau ▶水道管 conduite d'eau 囡 水道局 service des eaux 男 水道水 eau du robinet 囡 水道料金 (tarif d') abonnement à l'eau 男
すいとる【吸い取る】absorber
すいばく【水爆】bombe à hydrogène 囡
すいはんき【炊飯器】autocuiseur pour le riz 男
ずいひつ【随筆】essai 男
すいふ【水夫】matelot 男
すいぶん【水分】――の多い aqueux(se), (果汁の多い) juteux(se) ――を補給する s'hydrater
ずいぶん【随分】très, beaucoup, bien; (かなり) assez
すいへい【水平】――の horizontal (ale) (男複 -aux) ――に horizontalement ▶水平線 horizon 男
すいへい【水兵】matelot 男, marin 男
すいみん【睡眠】sommeil 男 ――6時間の――をとる prendre six heures de sommeil ▶睡眠不足 manque de sommeil 男 睡眠薬 somnifère 男
すいめん【水面】surface de l'eau 囡
すいよく【水浴】――性の soluble dans l'eau
すいようび【水曜日】mercredi 男
すいり【推理】raisonnement 男 ――する raisonner sur ▶推理小説 roman policier 男
すいりょく【水力】énergie [force] hydraulique 囡 ▶水力発電所 centrale hydraulique 囡
スイレン【睡蓮】nénuphar 男
すいろ【水路】voie navigable [maritime, fluviale] 囡; (河口・港湾の) che-

すいろん【推論】――する raisonner sur...

すう【吸う】aspirer; (空気を) respirer; (吸収する) absorber; (汁をすする) sucer

すう【数】nombre 男

スウェーデン Suède 囡 ――の suédois(e)

すうかい【数回】plusieurs fois 囡 複

すうがく【数学】mathématiques ▶

すうこう【崇高】――な sublime

すうじ【数字】chiffre 男

すうしき【数式】expression 囡, formule 囡

ずうずうしい【図々しい】effronté(e)

スーダン Soudan 男 ――の soudanais(e)

スーツ (男物) complet 男, costume 男; (女物) (costume) tailleur 男 ▶ スーツケース valise 囡

すうにん【数人】plusieurs personnes 囡 複

すうねん【数年】plusieurs années 囡 複

スーパー super ▶スーパースター superstar 囡 スーパーマーケット supermarché 男

すうはい【崇拝】culte 男, adoration 囡 ――する rendre un culte à… adorer

スープ soupe 囡

すうりょう【数量】quantité 囡

すえ【末】(終わり) fin 囡; (将来) avenir 男 ――よく考えた後 après avoir bien réfléchi

スエード suède 男

すえつける【据え付ける】installer

すえっこ【末っ子】benjamin(e) 名

すえる【据える】placer, poser, mettre; (据え付ける) installer

ずが【図画】(絵の具による) peinture 囡; (鉛筆・ペンなどによる) dessin 男

スカート jupe 囡 ――をはいている porter une jupe ▶ミニスカート minijupe 囡

スカーフ foulard 男

ずかい【図解】schéma 男, illustration 囡 ――する schématiser

ずがいこつ【頭蓋骨】crâne 男

スカイダイビング parachutisme 男

スカウト (人をモデルに…する) proposer à un(e) passant(e) de devenir mannequin

すがお【素顔】visage sans fard [maquillage] 男

ずかずか 一家に～と上がり込む faire irruption dans une maison

すがすがしい【清々しい】frais (fraîche)

すがた【姿】(体・形) forme 囡; (面影) image 囡; (外見) apparence 囡 ――を現す apparaître ～を消す disparaître

すがる【縋る】se cramponner [se raccrocher] à…

ずかん【図鑑】encyclopédie illustrée 囡

スカンク mouffette 囡

すき【好き】――である aimer; (A より B が) préférer B à A ～な préféré(e), favori(te) お～なように comme vous voulez, à votre guise それは私が～でやったことだ C'est moi qui ai voulu le faire. ～こそものの上手なれ C'est quand on aime quelque chose que l'on progresse.

すき【隙】(油断) imprudence 囡; (無警戒の隙) moment d'inattention 囡 ――のない (用心深い) vigilant(e); (非の打ち所のない) inattaquable 敵に～を見せない rester sur ses gardes face à l'ennemi

すき【鋤】(手で使う) bêche 囡; (牛馬・機械につける) charrue 囡

スギ【杉】cyprès du Japon 男

-すぎ【-過ぎ】――3時～だ Il est trois heures passées. 真夜中～まで jusqu'à minuit 働き～ 飲み～ excès de travail [de boisson] それは言い～です Vous allez trop loin. ｜ Vous exagérez.

スキー ski 男 ――をする skier, faire du ski ▶スキーウェア tenue de ski 囡 スキー靴 chaussures de ski 囡 複 スキー場 station de ski 囡 スキーヤー skieur(se) 名

すきかって【好き勝手】――なことをする faire tout ce qu'on veut

すききらい【好き嫌い】goût 男, préférence 囡 ～が激しい avoir des goûts très marqués

すきこのむ【好き好む】――こんなことをしているわけではない Je ne fais pas cela de gaieté de cœur.

すぎさる【過ぎ去る】passer [助動詞 être], s'écouler

ずきずき ――それは人～です C'est une affaire de goût.

ずきずき ―傷が～痛む Je sens des élancements dans la blessure.

スキップ ――する sautiller, gambader

すぎない【過ぎない】――これは始まりに～ Ce n'est qu'un début.

すきま【隙間】interstice 男; (割れ目) fente 囡 ▶隙間風 courant d'air 男, vent coulis 男

スキムミルク lait écrémé 男

スキャンダル scandale 男

スキューバ ▶スキューバダイビング plongée sous-marine 囡

すぎる【過ぎる】(経過) passer [助動詞 は多くêtre]; s'écouler; (通過) passer, dépasser ―時間が～ Le temps passe. 彼は50歳を過ぎているでしょう Il doit avoir la cinquantaine passée.

過ぎる は及ばざるがごとし Le mieux est l'ennemi du bien.

-すぎる【-過ぎる】——しゃべり~ parler trop｜これは少し高~ C'est un peu trop cher.

スキン ▶スキンシップ contact physique 男 ▶スキンダイビング plongée sous-marine 女 ▶スキンダイバー plongeur(se) 名

ずきん【頭巾】(フード) capuchon 男

すく【梳く】——髪を~ se peigner

すく【鋤く】——畑を~ bêcher la terre

すく【空く】être moins bondé(e); (腹が) avoir faim

すぐ【直ぐ】tout de suite, immédiatement; (時間で) dans un moment｜郵便局は~そこです La poste est juste à côté.｜彼女は~怒る Elle se fâche facilement pour un rien.

すくい【救い】secours 男, (援助) aide 女; (宗教上の) salut 男

すくう【救う】sauver; (援助する) aider

すくう【掬う】——手で水を~ puiser de l'eau dans ses mains｜足を~ faire un croc-en-jambe à ...

スクーター scooter 男

スクープ exclusivité 女, scoop 男

スクール ▶スクールバス autobus scolaire 男

すくない【少ない】(数が) peu nombreux(se); (量が) peu abondant(e); (まれな) rare｜少なくする diminuer, réduire

すくなからず【少なからず】beaucoup, pas mal

すくなくとも【少なくとも】au [du] moins

すくなめ【少なめ】——に見積る estimer ... au minimum

すくむ【竦む】être immobile(e)

すくめる【竦める】——首を~ rentrer la tête dans les épaules｜肩を~ hausser les épaules

スクラップ (鉄の) ferraille 女, (新聞などの) coupure 女 ▶スクラップブック album de coupures 男

スクラム mêlée 女

スクランブル ▶スクランブルエッグ œufs brouillés 男複

スクリーン écran 男

スクリュー hélice 女

すぐれる【優れる】exceller (à, dans, en); (人より) surpasser｜気分が優れない ne pas se sentir bien｜優れて excellent(e) (卓越した) éminent(e)

スクロール défilement 男

ずけい【図形】figure 男

スケート patinage 男 ——をする patiner, faire du patinage [patin] ▶スケート靴 patins 男複 ▶スケートボード skate-board 男 ▶スケートリンク patinoire 女

スケール envergure 女, échelle 女｜——の大きな de grande envergure

スケジュール（全体的な）programme 男；(時間割) emploi du temps 男

ずけずけ ——ものを言う avoir son franc-parler (avec)

スケッチ croquis 男 ——する faire le croquis de ..., croquer ▶スケッチブック cahier de croquis 男

すける【透ける】transparaître

スコア (スポーツ) score 男, marque 女; (楽譜) partition 女 ▶スコアボード tableau d'affichage 男

すごい【凄い】terrible; (並外れた) extraordinaire; (素晴らしい) formidable｜——すごい! Génial!｜Super!

ずこう【図工】peinture et travaux manuels 男

スコール rafale de pluie 女

すこし【少し】(数) quelques; (量) un (petit) peu de ..., (程度) un peu ——あとで un peu plus tard｜~ずつ peu à peu, petit à petit｜私には友達が~しかいない Je n'ai que quelques amis.｜~でも早く来てください Venez le plus tôt [vite] possible.｜6時~前に彼は帰った Il est rentré un peu avant six heures.｜お茶をもう~いかがですか Voulez-vous encore un peu de thé?｜もう~で轢(ひ)かれるところだった J'ai failli être écrasé, ne ... pas du tout

すごす【過ごす】passer｜いかがお過ごしですか Comment allez-vous?

スコップ pelle 女

すこやか【健やか】——な sain(e)

すさまじい（恐ろしい）horrible, épouvantable; (激しい) furieux(se)

ずさん【杜撰】——な négligé(e), grossier(ère)

すし【鮨】sushi 男

すじ【筋】(腱) nerf 男; (線) trait 男; (物語の) intrigue 女; (論理) logique 女; (情報源) source 女｜~首を違える prendre un tour de cou, avoir un torticolis｜~の通った logique, cohérent(e)｜~を通す être fidèle à ses principes

すじがき【筋書】——万事~どおりに運んだ Tout s'est passé selon le scénario prévu.

すじがね【筋金】——入りの éprouvé(e); (体に負えない) indécrottable

すじちがい【筋違い】——の (不当な) injuste; (道理に合わない) déraisonnable

すしづめ【すし詰め】——の電車 train bondé 男 ——である être serrés comme des sardines

すじみち【筋道】(道理) raison 女; (論理) logique 女; (一貫性) cohérence 女｜——を立てて話す parler logiquement

すじむかい【筋向かい】——の obliquement opposé(e) à ...

すじょう【素性】(生まれ) naissance 女;

ずじょう【頭上】 ～に au-dessus (de la tête), sur la tête
すす【煤】 suie 女
すず【鈴】 clochette 女
すず【錫】 étain 男
スズキ【鱸】 bar 男, loup 男
すすぐ【濯ぐ】 rincer
すすける【煤ける】 se couvrir de suie
すずしい【涼しい】 frais (fraîche) 一今日は～ Il fait frais aujourd'hui.
すずしさ【涼しさ】 fraîcheur 女
すすむ【進む】 avancer, aller 【助動詞 être】, marcher 一進んだ考え idées avancées [progressistes] 女複 進んで volontiers
すずむ【涼む】 prendre le frais
すすめ【勧め】 recommandation 女; (助言) conseil 男; (奨励) encouragement 男 ……の～で sur le conseil de …
スズメ【雀】 moineau 男
スズメバチ【雀蜂】 guêpe 女
すすめる【進める】 (faire) avancer; (進展させる) faire progresser 一計画を～ faire avancer son projet
すすめる【勧める】 (A(人)に B を) recommander B à A; (奨励する) encourager A à 不定詞
スズラン【鈴蘭】 muguet 男
すすりなく【すすり泣く】 sangloter
すする【啜る】 (飲む) boire; (吸う) sucer
すそ【裾】 bas 男
スター vedette 女, star 女
スタート départ 男, démarrage 男 ──する prendre le départ, démarrer ▶スタートライン ligne de départ 女
スタイリスト styliste 名
スタイル style 男; (体) corps 男
スタジアム stade 男
スタジオ studio 男
スタッフ personnel 男, équipe 女
スタミナ【耐久力】 endurance 女, résistance 女; (体力・活力) force 女, vigueur 女
すたれる【廃れる】 tomber en désuétude [obsolescence] 【助動詞 être】
スタンダード standard 男
スタンド【観客席】 tribune 女; (売店) kiosque 男; (電気スタンド) lampe de bureau 女 ▶スタンドプレー cabotinage 男
スタンプ tampon 男; (番号・日付などの) timbre 男
スチーム vapeur 女
スチール【鋼鉄】 acier 男; (映画の) photo de film 女
スチュワーデス hôtesse (de l'air) 女
スチュワード steward 男
-ずつ 一つ[1人]～ un(e) par un(e)
ずつう【頭痛】 mal de tête 男; (片頭痛) migraine 女 ──がする avoir

mal à la tête, avoir la migraine ～の種 casse-tête 男 (不変)
スツール tabouret 男
すっかり complètement, totalement
すっきり avec simplicité; (明瞭に) nettement, avec clarté 一気分が～する se sentir délivré(e)
ズック coutil 男, toile 女
すづけ【酢漬け】 conserves au vinaigre 女複
ずっと (はるかに) beaucoup, bien; (いつまでも) toujours; (前から) depuis longtemps; (その間ずっと) tout le temps ──以来 il y a très [bien] longtemps 一日中～ toute la journée
すっぱい【酸っぱい】 acide; (未熟や変質のせいで) aigre 一酸っぱくなる (牛乳などが) tourner à l'aigre 口が酸っぱくなるほど～ se tuer à répéter
すっぱぬく【すっぱ抜く】 révéler, dévoiler
ステーキ steak 男, bifteck 男
ステージ scène 女
すてき【素敵】 ──な chouette; (きれいな) joli(e); (魅力的な) charmant(e)
すてご【捨て子】 enfant abandonné(e) 名; (拾われた) enfant trouvé(e) 名
ステッカー étiquette 女
ステッキ canne 女
ステッチ piqûre 女
ステップ pas 男; (乗り物などの) marchepied 男
すでに【既に】 déjà; (以前に) avant ─述べたように comme nous l'avons mentionné ci-dessus
すてる【捨てる】 jeter, abandonner ─それも捨てたものではない Ce n'est pas si mal que ça.
ステレオ stéréophonie 女, stéréo 女 ▶ステレオセット chaîne stéréo 女
ステンドグラス vitrail 男 (複 -aux)
ステンレス acier inoxydable 男
ストーカー chasseur(se) à l'approche 名
ストーブ poêle 男; (ヒーター) radiateur 男
ストーリー【物語】 histoire 女; (筋) intrigue 女
ストール étole 女
ストッキング bas 男
ストック stock 男; (スキーの) bâton 男
ストップ ──する stopper, s'arrêter ▶ストップウォッチ chronomètre 男
ストライキ grève 女 ──をする faire grève ～中である être en grève
ストライプ raie 女, rayure 女
ストリッパー strip-teaseur(se) 名
ストリップ strip-tease 女
ストレス stress 男
ストレッチ extension 女
ストロー paille 女
ストローク brasse 女, coup 男
ストロボ flash (électrique) 男
すな【砂】 sable 男; (細砂) sablon 男

一砂をまく sabler ～を噛むような insipide, fastidieux(se) ►砂嵐 tempête de sable 囡 砂時計 sablier 男 砂場 bac à sable 男 砂浜 plage (de sable) 囡

すなお【素直】 ―な docile

スナック（店）snack-bar, snack;（軽食）casse-croûte 男《不変》

スナップ（写真）instantané 男;（留め金）bouton-pression（複～s～）

すなわち【即ち】c'est-à-dire, autrement dit;（例をあげれば）à savoir

スニーカー basket 囡

すね【脛】jambe 囡;（向こうずね）tibia 男

すねる【拗ねる】bouder

ずのう【頭脳】cerveau 男;（知能）intelligence 囡 ―な 的 cérébral(ale)（男 複 -aux）; intellectuel(le) ► 頭脳流出 fuite des cerveaux 囡 頭脳労働 travail intellectuel 男

スノーボード surf des neiges 囡

スパーク étincelle électrique 囡

スパークリングワイン vin mousseux

スパート sprint 男

スパイ espion(ne) 名, agent secret 男 ―をする espionner

スパイク（靴）pointe 囡;（バレーボールの）smash 男（複 ～es）►スパイクシューズ chaussures à pointes 囡 複

スパイス épice 囡

スパゲッティ spaghetti 男 複

すばこ【巣箱】（鳥の）nid artificiel 男

すばしっこい agile

すはだ【素肌】peau nue 囡

スパナ clef, clé 囡

ずばぬける【ずば抜ける】―ずば抜けた remarquable, extraordinaire, 'hors du commun ずば抜けて extraordinairement

すばやい【素早い】rapide;（迅速な）prompt(e) ―動作が～ agir rapidement

すばらしい【素晴らしい】magnifique, merveilleux(se);（優れた）excellent(e)

ずはん【図版】illustration 囡

スピーカー 'haut-parleur 男;（ステレオ装置の）enceinte acoustique 囡

スピーチ discours, speech 男（複 ～s）;（要人の短い演説）allocution 囡

スピーディー ―な rapide

スピード vitesse 囡 ―を出す prendre de la vitesse ►スピード違反 contravention pour excès de vitesse 囡 スピード写真（機）photomaton 男

ずひょう【図表】graphique 男, diagramme 男

スピン pirouettes 囡 複

スフィンクス sphinx 男

スプーン cuiller 囡, cuillère 囡

ずぶとい【図太い】audacieux(se), 'hardi(e);（ずうずうしい）effronté(e)

ずぶぬれ【ずぶ濡れ】―の tout(e) mouillé(e) ～になる être trempé(e) jusqu'aux os

スプリング ressort 男

スプリンクラー sprinkler 男

スプレー atomiseur 男, vaporisateur 男

スペア rechange 男 ►スペアタイヤ pneu de rechange 男

スペイン Espagne 囡 ―の espagnol(e) ►スペイン語 espagnol 男 スペイン人 Espagnol(e) 名

スペース（宇宙の）espace 男,（場所）place 囡 ►スペースシャトル navette spatiale 囡

スペード pique 男

スペクタクル spectacle 男

スペクトル spectre 男

スペシャリスト spécialiste 名

すべすべ ―した lisse, poli(e)

すべて【全て】tout ―の tout(e) 男 複 tous）

すべらす【滑らす】―彼は足を滑らせた Le pied lui a manqué.

すべりこむ【滑り込む】（もぐり込む）se glisser dans...;（ぎりぎり着く）arriver juste à temps [助動詞 être]

すべりだい【滑り台】toboggan 男

すべりやすい【滑りやすい】glissant(e)

すべる【滑る】glisser;（横滑り）déraper

スペル ―を言ってくださいますか Voulez-vous épeler, s'il vous plaît?

スポイト compte-gouttes 男《不変》; pipette 囡

スポーク rayon 男

スポークスマン porte-parole 男《不変》

スポーツ sport 男 ―をする faire du sport ►スポーツウェア vêtement de sport 男 スポーツカー voiture de sport 囡 スポーツマン sportif(ve) 名

スポーティー ―な sportif(ve)

スポットライト spot 男, projecteur 男

すぼめる【窄める】rétrécir ―口を～ faire la bouche en cul de poule

ズボン pantalon 男 ―をはく mettre [enfiler] son pantalon

スポンサー annonceur publicitaire 男;（学問 芸術の庇護者）mécène 男

スポンジ éponge 囡

スマート ―な svelte, de taille élancée

すまい【住まい】maison 囡;（住居）logement 男

すます【済ます】（終える）finir, terminer;（…で満足する）se contenter de... ［不定詞］;（…なしで）se passer de...［不定詞］

すます【澄ます】―耳を澄まして聞く écouter... de toutes ses oreilles 澄ました態度を取る prendre un air affecté

スマッシュ smash 男（複 ～es）

すまない【済まない】―彼には本当に～こ とをした Je me suis vraiment mal conduit à son égard.

すみ【隅】coin 男 ～から～まで捜す chercher ... dans tous les recoins 彼 はなかなか～に置けない人だ（見かけによ らない）Il est plus malin qu'il n'y paraît.；（あなどれない）Ce n'est pas un homme à dédaigner.

すみ【炭】charbon (de bois) 男
すみ【墨】encre de Chine 女
すみきる【澄み切る】―澄み切った limpide
すみなれる【住み慣れる】être habitué(e) à un endroit
すみません【済みません】（わび）excusez-moi, pardon；（呼びかけ）s'il vous plaît, excusez-moi ～が…していただ けませんか Excusez-moi, mais vous ne pourriez pas …
すみやか【速やか】―～に vite, rapidement
スミレ【菫】violette 女
すむ【住む】habiter；（生活する）vivre
すむ【済む】（終わる）finir, se terminer；（…で済む）s'en tirer avec … 一 気か～ être satisfait(e) 済んでしまった ことは仕方がない Ce qui est fait est fait.
すむ【澄む】devenir clair(e)〔助動詞 être〕, se clarifier ―澄んだ clair(e)；（澄み切った）limpide；（清らかな）pur(e)
スムーズ ―～な lisse；（円滑な）doux(ce) ―～に en douceur, sans 'heurts
すもう【相撲】sumo 男
スモーカー fumeur(se) 名
スモーク ▶スモークサーモン saumon fumé 男
スモッグ smog 男
すもも【李】prune 女；（木）prunier 男
すやすや ―～と眠る dormir tranquillement
-すら même ⇨さえ
スライス tranche 女
スライド diapositive 女；（顕微鏡の） porte-objet 男《不変》；（賃金などの） indexation 女
ずらす décaler, déplacer
すらすら ―～問題を解く résoudre un problème sans difficulté この万年筆 は～書ける On écrit facilement avec ce stylo. 事が～と運ぶ aller comme sur des roulettes
スラックス pantalon 男
スラム bidonville 男
すらり ―～とした svelte
スラング argot 男
スランプ mauvaise passe 女
すり【掏摸】pickpocket 男
スリーブ manche 女
すりおろす【擦り下ろす】râper
すりかえる【すり替える】（AをBに） remplacer secrètement A par B；（A をBと）substituer secrètement B à A

すりガラス【磨りガラス】verre dépoli 男
すりきず【擦り傷】éraflure 女, corchure 女
すりきれる【擦り切れる】s'élimer, s'user
すりこむ【擦り込む】―薬を皮膚に～ se faire pénétrer (par massages) un médicament sur la peau
スリット fente 女
スリッパ pantoufle 女
スリップ（滑ること）dérapage 男, glissement 男；（婦人の下着）combinaison 女 ―～する déraper, glisser
すりつぶす【擦り潰す】broyer；（粉にする）moudre
スリナム Surinam 男 ―～の surinamais(e)
すりばち【すり鉢】mortier de cuisine 男
スリム ―～な élancé(e), svelte
すりむく【擦り剥く】s'écorcher
スリラー thriller 男
スリランカ Sri Lanka 男 ―～の srilankais(e)
スリル frisson 男
する faire；（スポーツ・ゲームなどを） jouer à, pratiquer；（AをBに）faire de A B, rendre A B〔Bは形容詞〕；（身につける）mettre ―～する pratiquer, exécuter …を幸せに～ rendre … heureux(se) 何も～ことがない Je n'ai rien à faire.
する【刷る】imprimer, tirer
する【擦る】frotter
ずる triche 女 ―～をする tricher
ずるい【狡い・狡い】rusé(e)；（抜け目のない）malin(maligne)；（不正な）injuste
するがしこい【狡賢い】rusé(e)
するする ―～と木に登る grimper prestement sur un arbre
すると（その時）alors；（それで）et
するどい【鋭い】aigu(ë)；（刺すような） perçant(e)；（鋭敏な）subtil(e) ―～ 質問 question subtile 〔～鋭く厳しく rement, vivement
するどさ【鋭さ】acuité 女；（分析などの） subtilité 女；（感覚の）finesse 女
ずるやすみ【ずる休み】―～をする sécher
スレート ardoise 女
すれすれ ―～に au ras de …
すれちがう【擦れ違う】croiser（互いに） se croiser
ずれる（位置が）se déplacer；（逸脱する）dévier de；（かけ離れる）s'écarter de
スローガン slogan 男
スロープ pente 女
スローモーション ralenti 男
スロットマシン machine à sous 女
スロバキア Slovaquie 女 ―～の slovaque

スロベニア Slovénie 女 ——の slovène

スワジランド Swaziland 男 ——の swazi(e)

すわる【座る】s'asseoir; se mettre — 席に[食卓に]～ s'asseoir à sa place [à table] 座らせる asseoir

ずんぐり ——した trapu(e)

すんぜん【寸前】——に juste avant ... [de 不定詞]

すんぽう【寸法】mesure 女, dimension 女; (服の) taille 女; (靴などの) pointure 女

せ

せ【背】dos 男; (身長) taille 女; (椅子などの) dossier 男 ——が高い[低い] être grand(e) [petit(e)] ——はどのくらいありますか—173センチあります Vous mesurez combien? – (Je mesure) un mètre soixante-treize. ——に腹は替えられぬ De deux maux il faut choisir le moindre. ▶背比べ taille 女

せい【性】sexe 男; (本性) nature 女; (文法の) genre 男 ——的な sexuel(le) ▶性教育 éducation sexuelle 女 ▶性差別 sexisme 男 ▶性犯罪 délit sexuel 男

せい【精】(活力) vigueur 女; (精霊) esprit 男 ——を出して勉強する étudier avec zèle [de toute son ardeur]

せい【姓】nom (de famille) 男

せい ……のせい (原因) à cause de ...; (落度) par la faute de ... 自分の失敗を他人の～にする attribuer son échec à quelqu'un d'autre それは誰の～でもない Ce n'est la faute de personne. 気わのだよ Tu te fais des idées. それは私の～です C'est (de) ma faute. それは私の～ではありません Ce n'est pas (de) ma faute.

-せい【-製】(生産地) fabriqué(e); (材料) en, de フランス～ fabriqué(e) en France

ぜい【税】impôt 男; (各種間接税) taxe 女; (許認可の際に徴収される税) droit 男 ——を課す taxer, imposer 込み(で) taxe comprise; (給与などが) brut(e) ▶税率 taux de l'impôt

せい【誠意】sincérité 女; (善意) bonne foi 女 ——のある sincère

せいいっぱい【精一杯】de toutes ses forces; (できる限り) de son mieux

せいいん【成員】membre 男

せいえき【精液】sperme 男

せいえん【声援】cri d'encouragement 男 ——する encourager (de la voix)

せいおう【西欧】Europe occidentale 女; Occident 男

せいか【成果】résultat 男, fruit 男

せいか【生家】maison natale 女

せいか【聖火】flamme olympique 女 ▶flambeau olympique 男

せいか【聖歌】hymne 男 (女)

せいかい【解答】bonne réponse [solution correcte] 女

せいかい【政界】monde [milieu] politique 男

せいかく【性格】caractère 男; (生来の) nature 女, (気質) tempérament 男 ——の不一致 discordance des caractères 女 ▶性格俳優 acteur(trice) qui a son propre style 女

せいかく【正確】——な exact(e), précis(e) ——に言うと en termes plus précis

せいがく【声楽】musique vocale 女

せいかつ【生活】vie 女, existence 女 ——する vivre ▶生活水準 niveau de vie 男 ▶生活費 coût de la vie 男

せいかん【静観】——する observer ... sans agir

せいかん【精悍】——な (エネルギッシュな) énergique; (たくましい) vigoureux(se)

せいがん【請願】pétition 女, requête 女

ぜいかん【税関】douane 女 ——手続き formalités douanières 女複

せいき【世紀】siècle 男

せいき【生気】énergie 女, vigueur 女 ——のない顔をしている avoir un visage mort [inerte]

せいき【正規】——の régulier(ère)

せいぎ【正義】justice 女

せいきゅう【性急】——な précipité(e)

せいきゅう【請求】demande 女; (正当な権利の) réclamation 女 ——する demander, réclamer ▶請求額 montant réclamé 男 ▶請求書 facture 女

せいきょ【制御】maîtrise 女, contrôle 男 ——する maîtriser, contrôler

ぜいきん【税金】impôt 男, taxe 女 ——を納める payer des contributions [des impôts, des taxes]

せいくうけん【制空権】suprématie aérienne 女

せいくらべ【背比べ】——する comparer sa taille avec celle de ...

せいげい【生計】vie 女

せいけい【整形】——顔を～する se faire refaire le visage ▶整形外科 orthopédie 女; (美容の) chirurgie esthétique 女 ▶整形外科医 orthopédiste 名

せいけい【西経】longitude ouest 女

せいけつ【清潔】——な propre

せいけん【政権】pouvoir politique 男 ——を握る prendre le pouvoir

せいげん【制限】limitation 女 ——スピードを～する limiter la vitesse 自由を～する restreindre la liberté de ... ——なく sans limitation ▶制限時間 limite de temps 女 ▶制限速度 limite de vitesse 女

せいこう【成功】succès 男, réussite

せこう ――する réussir (à)
せいこう【精巧】――な précis(e)
せいざ【星座】constellation 女
せいさい【制裁】sanction 女; (罰) punition 女 ――を加える prendre des sanctions contre …
せいさく【政策】politique 女 ――を立てる établir une politique ～を実行する mettre en œuvre une politique
せいさく【製作】fabrication 女 ――する faire, fabriquer
せいさん【生産】production 女; (製造) fabrication 女 ――する produire, fabriquer ～的な productif(ve) ▶生産性 productivité 女 生産高 production 女, rendement 男
せいさん【清算】liquidation 女 ――する liquider
せいし【生死】～の境をさまよう être entre la vie et la mort
せいし【制止】――する (止める) arrêter; (…するのを阻む) empêcher de 不定詞
せいし【静止】――する s'arrêter, s'immobiliser
せいじ【政治】politique 女; (政体) gouvernement 男 ――的(な) politique ～に携わる s'occuper [se mêler] de politique, faire de la politique ▶政治家 homme politique 男, femme politique 女 政治学 politologie 女; (授業としての) science politique 女 政治献金 contribution à la caisse d'un parti politique 女 政治団体 groupement politique 男
セイシェル Seychelles 女 ――の seychellois(e)
せいしき【正式】――な régulier(ère); (合法的な) légal(ale) (男複 -aux); (形式に合った) en bonne et due forme ～に régulièrement, légalement
せいしつ【性質】(生来・本来の) nature 女, (特性) caractéristique 女
せいじつ【誠実】sincérité 女, loyauté 女 ――な sincère, loyal(ale) (男複 -aux)
せいじゃ【聖者】saint(e) 名
せいじゃく【静寂】tranquillité 女, silence 男
せいしゅく【静粛】――に願います Un peu de silence, s'il vous plaît!
せいじゅく【成熟】maturité 女 ――する mûrir ～した mûr(e)
せいしゅん【青春】jeunesse 女
せいしょ【清書】copie propre [au net] 女 ――する mettre … au propre [au net]
せいしょ【聖書】la (Sainte) Bible 女
せいしょう【斉唱】unisson 男
せいじょう【正常】――な normal(ale) (男複 -aux) ――化する normaliser
せいじょう【清浄】――な pur(e)
せいじょうき【星条旗】bannière étoilée 女; (アメリカの) drapeau américain 男
せいしょうねん【青少年】(集合的) jeunesse 女, (10代) adolescents 男
せいしょく【生殖】reproduction 女 ▶生殖器 appareil génital 男
せいしょくしゃ【聖職者】(総称) clergé 男; (修道士・修道女) religieux(se)
せいしん【精神】esprit 男 ――的(な) moral(ale) (男複 -aux), moral(al)e (男複 -aux) ▶精神安定剤 tranquillisant 精神科医 psychiatre 名 精神病 psychose 女, maladie mentale 女 精神分析 psychanalyse 女 精神力 force morale 女
せいじん【成人】adulte 名; (成年) majorité 女 ――する atteindre sa majorité ▶成人映画 film interdit aux moins de dix-huit ans 男 成人病 maladies de l'adulte 女複
せいじん【聖人】saint(e) 名
せいず【製図】dessin 男
せいすう【整数】nombre entier 男
せいする【制する】maîtriser
せいぜい(たかだか) à peine; (多くても) (tout) au plus, au maximum
せいぜい【税制】fiscalité 女 ▶税制改革 réforme de la fiscalité 女
せいせいどうどう【正々堂々】～と勝負する faire preuve de fair-play
せいせき【成績】résultats 男複; (評点) notes 女複 ――がよい [悪い] avoir de bonnes [mauvaises] notes ▶成績表 carnets de notes 男複
せいせん【精選】――する choisir avec attention [soin], sélectionner
せいせん【生鮮】▶生鮮食料品 denrées périssables 女複, produits frais 男複
せいぜん【整然】――と avec ordre
せいそ【清楚】――な discret(ète), propre
せいそう【正装】――する se mettre en grande tenue
せいそう【清掃】――する nettoyer, balayer ▶清掃車 camion à ordures
せいそう【製造】fabrication 女 ――する fabriquer ▶製造業 industrie manufacturière 女 製造業者 fabricant(e) 名
せいそうけん【成層圏】stratosphère 女
せいぞん【生存】existence 女, (生き残ること) survie 女 ――する exister; (生き残る) survivre ▶生存競争 lutte pour la vie 女 生存権 droit de vivre 男 生存者 survivant(e) 名, rescapé(e)
せいたい【生態】mode de vie 男; mœurs 女複 ▶生態学 écologie 女 生態系 système écologique 男

せいだい【正大】～な magnifique; (厳かな) solennel(le)

ぜいたく【贅沢】luxe 男 ～な luxueux(se); (華美な) somptueux(se) ～をこらしきる vivre dans le luxe ▶贅沢品 produit de luxe 男

せいち【精緻】～な précis(e), minutieux(se)

せいち【聖地】terre sainte 女

せいちょう【成長・生長】croissance 女; (発展) développement 男 ～する grandir, se développer ▶経済成長率 taux de croissance économique

せいつう【精通】～する s'y connaître en..., être savant(e) en...

せいてい【制定】～する instituer, établir

せいてき【静的】～な statique

せいてつじょ【製鉄所】usine sidérurgique 女

せいてん【晴天】beau temps 男

せいてん【青天】～の霹靂(へきれき) coup de tonnerre

せいでんき【静電気】électricité statique 女

せいと【生徒】élève 名

せいど【制度】système 男, institution 女 ～化する institutionnaliser

せいとう【正当】～な légitime; (当然の) juste; (理にかなった) raisonnable ～化する justifier ▶正当防衛 légitime défense 女

せいとう【政党】parti politique 男

せいとう【正統】～な orthodoxe; (血筋が) légitime ▶正統派 orthodoxie 女 正統派 orthodoxe 名

せいどう【青銅】bronze 男 ▶青銅器時代 âge du bronze 男

せいどく【精読】～する lire attentivement

せいとん【整頓】rangement 男 ～する ranger, mettre ... en ordre

せいなん【西南】sud-ouest 男

せいねん【青年】jeune homme 男, jeunes gens 男 複 ～時代に dans sa jeunesse

せいねん【成年】majorité 女

せいねん【生年】▶生年月日 date de naissance 女

せいのう【性能】performances 女 複

せいはんたい【正反対】contre-pied 男 ～の diamétralement opposé(e)

せいび【整備】aménagement 男; (メンテナンス) entretien 男 ～する aménager, entretenir ▶整備工場 atelier d'entretien 男; (自動車の) garage 男

せいひれい【正比例】～…に～する varier en proportion directe avec ...

せいひん【製品】produit 男, article 男

せいふ【政府】gouvernement 男

せいぶ【西部】Ouest 男

せいふく【征服】conquête 女 ～する conquérir; (山などを) vaincre

せいふく【制服】uniforme 男, tenue 女

せいぶつ【生物】êtres vivants 男 複; (有機体) organisme 男 ▶生物学 biologie 女 生物学者 biologiste 名 生物兵器 arme biologique 女

せいぶつ【静物】nature morte 女

せいふん【製粉】▶製粉機 moulin à céréales 男 製粉工場 minoterie 女

せいぶん【成分】composant 男; (混合物の) ingrédient 男

せいべつ【性別】sexe 男

せいぼ【聖母】Notre-Dame 女

せいぼう【制帽】casquette d'uniforme 女

せいほうけい【正方形】carré 男

せいほく【西北】nord-ouest 男

せいほん【製本】reliure 女

せいみつ【精密】～な précis(e), minutieux(se) 胃の～検査をしてもらう subir un examen approfondi de l'estomac ▶精密機械 machine de précision 女

ぜいむしょ【税務署】bureau de perception 男

せいめい【生命】vie 女 ～政治＝ carrière politique 女 ▶生命維持装置 équipement de réanimation 生命科学 sciences de la vie 女 複 生命線 artère [ligne] vitale 女 生命保険 assurance-vie 女 生命力 vitalité 女

せいめい【姓名】nom et prénom 男

せいめい【声明】déclaration 女, communiqué 男

せいもん【正門】porte principale 女

せいやく【制約】contrainte 女

せいやく【誓約】serment 男 ～する faire un serment (de 不定詞), jurer

せいゆう【声優】acteur (trice) de doublage 男

せいよう【西洋】Occident 男 ～の occidental(ale) (男後-aux)

せいよう【静養】repos 男 ～する se reposer

せいらい【生来】de [par] nature

せいり【整理】～する mettre en ordre, ranger 人員を～する réduire le personnel ▶整理券 billet d'attente 男, numéro 男 整理だんす commode 女

せいり【生理】physiologie 女; (女性の) règles 女 複 ～中である avoir ses règles ～的に (本能的に) instinctivement ▶生理学 physiology 女 生理痛 douleur des règles 女 生理用品 serviette hygiénique 女

ぜいりし【税理士】consultant fiscal

せいりつ【成立】～する (組織される) être formé(e); (締結される) être conclu(e)

ぜいりつ【税率】taux de l'impôt 男

せいりょういんりょう【清涼飲料】▶清涼飲料 boisson rafraîchissante 女

せいりょく【勢力】influence 女; (力) force 女 ～のある influent(e) ▶勢力争い lutte d'influence 女 勢力範囲 sphère d'influence 女

せいりょく【精力】énergie 女, vigueur 女 ～的な énergique, dynamique

せいれき【西暦】ère chrétienne 女

せいれつ【整列】～する s'aligner

セーター chandail 男; pull-over 男

セーフティーネット réseau de sécurité 男

セーラー ▶セーラー服 costume marin 男

セール solde 男

セールスマン représentant de commerce 男

せおう【背負う】porter ... sur le dos

せおよぎ【背泳ぎ】nage sur le dos 女

せかい【世界】monde 男 ～的な mondial(ale) (男複 -aux); (国際的な) international(ale) (男複 -aux) ～的に mondialement, à l'échelle mondiale ～中に[で] dans le monde entier

せかす【急かす】presser

せき【席】place 女; (会合) réunion 女, banquet 男 ～につく s'asseoir, prendre place ～を譲る céder sa place à ... ～を予約する [louer, retenir] une place 課長はただいま～を外しております Le chef de service est absent pour l'instant. ...のために～を設ける donner un banquet en l'honneur de ...

せき【咳】toux 女 ～をする tousser

せき【堰】digue 女, barrage 男

せきえい【石英】quartz 男

せきがいせん【赤外線】rayons infrarouges 男複

せきざい【石材】pierre de taille [à bâtir] 女

せきじゅうじ【赤十字】croix-rouge 女

せきじゅん【席順】ordre des places 男

せきずい【脊髄】moelle épinière 女

せきたてる【急き立てる】presser

せきたん【石炭】houille 女, charbon 男

せきちゅう【脊柱】colonne vertébrale 女

せきつい【脊椎】vertèbre 女

せきどう【赤道】équateur 男 ▶赤道ギニア Guinée équatoriale 女 ～の équato-guinéen(ne)

せきどめ【咳止め】remède contre la toux 男

せきにん【責任】responsabilité 女 (義務) devoir 男, obligation 女 ～にある avoir la responsabilité de ...; être responsable de ... ～を取る prendre [assumer] la responsabilité de ... ～を果たす accomplir son devoir ▶責任感 sens de responsabilité 男 責任者 responsable 男

せきばらい【咳払い】～をする toussoter

せきはんが【石版画】lithographie 女

せきひ【石碑】monument en pierre 男

せきぶん【積分】intégrale 女

せきめん【赤面】～する rougir (de honte)

せきゆ【石油】pétrole 男

せきり【赤痢】dysenterie 女

セクシー ～な sexy (不変)

セクト secte 女, groupuscule 男

セクハラ harcèlement sexuel 男

せけん【世間】monde 男 ～を騒がす faire sensation ～知らずの naïf(ve) ～並みの ordinaire ～離れした excentrique ～を気にする se préoccuper de ce que pensent les gens ～話をする parler de la pluie et du beau temps

-せざるをえない【-せざるを得ない】ne pas pouvoir s'empêcher de ...; (しなければならない) devoir 不定詞, être obligé(e) de 不定詞

セシウム césium 男

せしゅう【世襲】hérédité 女 ▶世襲財産 biens héréditaires 男複

ぜせい【是正】～する corriger, rectifier

せそう【世相】mœurs 女複

せぞく【世俗】monde 男 ～の mondain(e); (非宗教的な) laïque

せだい【世代】génération 女 ～の断絶 fossé entre les générations 男 ▶世代交代 relève des générations 女

せつ【節】paragraphe 男, passage 男 その～は世話になりました Merci pour l'autre jour.

せつ【説】opinion 女; (学説) théorie 女, thèse 女

ぜつえん【絶縁】～する rompre avec; (電気) isoler ▶絶縁体 isolant 男

せっかいがん【石灰岩】▶石灰岩 pierre à chaux 女

せっかい【切開】～する inciser

せっかく ～の努力が水の泡だ Tous ces efforts n'ont servi à rien. ～ですがお断りします C'est très gentil de votre part, mais je ne peux accepter.

せっかち ～の impatient(e)

せつがん【接岸】～する accoster

せっき【石器】outil de pierre 男 ▶石器時代 l'âge de la pierre

せっきょう【説教】sermon 男 ～する sermonner; (宗教の) prêcher

ぜっきょう【絶叫】 ～～する s'exclamer

せっきょく【積極】 ～～的な positif(ve), actif(ve) ～～的に positivement, activement ►積極策 mesures positives 囡

せっきん【接近】 ～～する (s')approcher, se rapprocher ⟨de⟩

セックス〈性交〉 rapports sexuels 男 復 ～～する avoir des relations sexuelles avec, coucher avec

せっけい【設計】 plan 男 ～～する faire un plan ►設計図 plan 男, tracé 男

せっけん【石鹸】 savon 男 ～～で洗う laver avec du savon ►石鹸入れ porte-savon 男 石鹸水 eau savonneuse 囡

ゼッケン dossard 男

せっこう【石膏】 plâtre 男

ぜっこう【絶交】 ～～する rompre avec

ぜっこう【絶好】 ～～の splendide, magnifique

ぜっさん【絶賛】 éloge enthousiaste 男 ～～する ne pas tarir d'éloges sur...

せっし【摂氏】 ―気温は～10度です Il fait dix degrés (Celsius).

せっしゅ【摂取】 ～～する assimiler

せっしゅ【接種】 inoculation 囡 ―ワクチンを～する vacciner

せっしょう【折衝】 négociations 囡 復 ～～する négocier... avec

せっしょく【接触】 contact 男 ～～する toucher ⟨à⟩; (車が) accrocher ►接触事故 accrochage 男

せつじょく【雪辱】 revanche 囡 ～～する prendre sa revanche sur...

ぜっしょく【絶食】 ～～する jeûner

せっする【接する】 (隣接する) confiner ⟨à, avec⟩; (出会う) rencontrer ―(知らせに)～～ apprendre

せっせ ～～と avec assiduité

せっせい【節制】 sobriété 囡 ～～する être sobre

せっせん【接戦】 partie serrée 囡

せっそう【節操】 fidélité à ses principes 囡

せつぞく【接続】 jonction 囡, connexion 囡, (交通機関の) correspondance 囡 ～～する (AをBに) brancher [connecter] A sur B; (列車などが) correspondre avec ►接続詞 conjonction 囡

せったい【接待】 réception 囡, accueil 男 ～～する recevoir, accueillir

ぜったい【絶対】 absolument; (断固として) catégoriquement ～～の absolu(e), catégorique

ぜつだい【絶大】 ～～な énorme, très grand(e)

せつだん【切断】 ～～する couper, trancher

せっちゃく【接着】 ►接着剤 colle 囡

adhésif 男

せっちゅう【折衷】 ～～する concilier ►折衷案 accommodement 男

ぜっちょう【絶頂】 apogée 男, comble 男; (頂点) sommet 男, cime 囡

せってい【設定】 ～～する fixer, poser ―初期設定 préférences 囡 復

せってん【接点】 point de rencontre 男; point de tangence 男

セット 〈一揃い〉 série 囡, assortiment 男; (髪の) mise en plis 囡; (テニスなどの) manche 囡; (映画などの) plateau 男 ―タイマーを～～する régler le programmateur

せつど【節度】 modération 囡

せっとう【窃盗】 vol 男

せっとく【説得】 persuasion 囡 ～～する persuader [convaincre] de... ～～力のある persuasif(ve), convaincant(e)

せつに (切に) (心から) sincèrement; (熱心に) ardemment

せっぱく【切迫】 ～～した urgent(e), pressant(e)

ぜっぱん【絶版】 ～～の本 livre épuisé 男

せつび【設備】 équipement 男, installation 囡 ►設備投資 investissements productifs [d'équipement] 男

せっぷん【接吻】 baiser 男

ぜっぺき【絶壁】 falaise 囡

ぜつぼう【絶望】 désespoir 男 ～～する désespérer de... ～～的な désespéré(e)

せつめい【説明】 explication 囡, (解説) commentaire 男 ～～する expliquer ―～のつかない inexplicable ►説明書 manuel d'utilisation 男, mode d'emploi 男

ぜつめつ【絶滅】 ～～する s'éteindre, disparaître ►絶滅危惧種 espèces menacées d'extinction 囡 復

せつやく【節約】 économie 囡, épargne 囡 ～～する économiser (sur); (香りを切らさぬように) épargner

せつりつ【設立】 fondation 囡, création 囡 ～～する fonder, créer

せともの【瀬戸物】 porcelaine 囡, poterie 囡

せなか【背中】 dos 男 ～～を向ける tourner le dos à... ～～を丸めて歩く marcher le dos courbé ～～合わせに dos à dos

セネガル Sénégal 男 ～～の sénégalais(e)

ゼネスト grève générale 囡

せのび【背伸び】 ～～する se hausser sur la pointe des pieds

ぜひ【是非】 à tout prix, coûte que coûte

セピア ►セピア色 brun foncé 男《不変》; couleur sépia 囡

せびる demander avec insistance

せびろ【背広】costume 男

せぼね【背骨】colonne vertébrale 女

せまい【狭い】étroit(e), petit(e) — 世間は～ですね Le monde est petit.

せまる【迫る】(近づく) (s') approcher (de); (追い込む) acculer à ... [不定詞]; (人に…を要求する) exiger ... de — 必要に迫られて par nécessité 出発の時間が迫っている L'heure du départ approche. 試験が3日後に迫っている Il ne reste plus que trois jours avant l'examen.

セミ【蝉】cigale 女

セミコロン point-virgule 男 (複 ～s-～s)

ゼミナール séminaire 男; (演習) travaux pratiques 男複

セミプロ semi-professionnel(le) 名

せめ【責め】(責任) responsabilité 女; (罰) punition 女

せめさいなむ【責め苛む】tourmenter

せめて au moins

せめる【責める】(A (人) のことで) reprocher B à A [A de 不定詞], blâmer A de [pour] B

せめる【攻める】attaquer; (襲撃する) assaillir

セメント ciment 男

ゼラチン gélatine 女

ゼラニウム géranium 男

セラピスト thérapeute 名

セラミック céramique 女

せり【競り】enchère 女

せりあう【競り合う】(A (人) とBをかけて) rivaliser avec A de B [pour 不定詞]

ゼリー gelée 女

せりふ【台詞・科白】rôle 男

セルフ ▶ セルフサービス libre-service 男 (不変) セルフタイマー déclencheur automatique 男

セルロイド celluloïd 男

セルロース cellulose 女

セレナーデ sérénade 女

ゼロ zéro 男

セロテープ scotch, ruban adhésif 男

セロハン cellophane 女

セロリ céleri 男

せろん【世論】opinion publique 女 ▶ 世論調査 sondage d'opinion

せわ【世話】soin 男; (扶養) charge 女; (斡旋) entremise 女 ——を焼くと s'occuper de ... 仕事を～する procurer un emploi à ... …の…になる世話をする se charger de ... 大きなお～だ Occupez-vous de vos affaires. お～になりました Je vous remercie beaucoup. ▶ 世話人 organisateur(trice) 名

せん【千】mille 男 (不変)

せん【線】ligne 女, trait 男 ——いい行っている être sur la bonne voie

せん【栓】bouchon 男; (ガス・水道の) robinet 男; (浴槽の) bonde 女 ——を抜く déboucher; (栓抜きで) décapsuler ▶ 栓抜き décapsuleur 男 (不変); (コルク栓の) tire-bouchon 男

ぜん【善】bien 男

ぜん【膳】table 女, repas 男

ぜん-【前-】tout(e) (男複 tous), entier(ère)

ぜん-【前-】ancien(ne), ex-

ぜんあく【善悪】bien et mal 男

せんい【繊維】fibre 女, textile 男 ▶ 繊維製品 article textile 男 食物繊維 fibre alimentaire

ぜんい【善意】bonne volonté 女

せんいん【船員】marin 男, matelot 男

ぜんいん【全員】tout le monde 男 ——~で à l'unanimité

せんえい【先鋭】——な (過激な) extrémiste; (急進的な) radical(ale) (男複 -aux)

ぜんえい【前衛】avant-garde 女 ——的な avant-gardiste

せんえつ【僭越】——な impertinent(e)

せんが【線画】dessin au trait 男

ぜんか【前科】——彼には～がある Il a déjà été condamné.

せんかい【旋回】——する faire un tour; (くるくる回る) tournoyer

ぜんかい【前回】la dernière fois

ぜんかい【全快】——する guérir [se rétablir] complètement

ぜんかい【全開】——する s'ouvrir à fond

せんかん【戦艦】cuirassé 男

ぜんき【前期】première période 女; (学校の) premier semestre 男

せんきょ【選挙】élection 女 ——する élire ～する [負ける] gagner [perdre] les élections ▶ 選挙運動 campagne électorale 女 選挙区 circonscription électorale 女 選挙権 droit de vote

せんきょ【占拠】——する occuper

せんきょうし【宣教師】missionnaire 男

せんくしゃ【先駆者】précurseur 男 [女性にも男性形を用いる]; pionnier(ère) 名

ぜんけい【前景】premier plan 男

せんげつ【先月】le mois dernier

せんけん【先見】——の明がある être clairvoyant(e)

せんげん【宣言】déclaration 女, proclamation 女 ——する déclarer; (独立・即位を) proclamer

ぜんけん【全権】pleins pouvoirs 男複 ——を委任する confier les pleins pouvoirs à ... ▶ 全権大使 plénipotentiaire 名

ぜんご【戦後】——の d'après-guerre

ぜんご【前後】(場所) devant et derrière; (およそ) environ, à peu près 一彼らは～にして到着した Ils sont arrivés l'un après l'autre. 彼は30歳の

せんこう

Il a environ trente ans. 話が—します J'aurais dû d'abord vous dire que ... ～の見境もなく sans discernement ▶前後関係 (文章などの) contexte 男

せんこう【選考】 ——する sélectionner ▶選考委員 membre d'un jury 男 選考基準 critère de sélection

せんこう【専攻】 spécialité 女; (学生の) discipline 女 ——する se spécialiser dans [en]...

せんこう【先行】 ——する précéder, devancer

せんこう【閃光】 éclair 男, éclat 男

ぜんこう【全校】 l'école entière 女

せんこく【宣告】 ——する déclarer; (刑を) condamner

ぜんこく【全国】 ——に dans [sur] tout le pays ～的な national(ale) (男複 -aux) ▶全国中継 retransmission nationale

センサー capteur 男, palpeur 男

せんさい【繊細】 ——な délicat(e), fin(e)

せんざい【洗剤】 lessive 女

せんざい【潜在】 ——的な potentiel(le), virtuel(le) ▶潜在意識 subconscient 潜在能力 pouvoir potentiel 男

ぜんさい【前菜】 hors-d'œuvre 男 《不変》

せんし【戦死】 ——する mourir [être tué(e)] à la guerre [mourir の助動詞は être]

せんし【先史】 ▶先史時代 temps préhistoriques 男複

せんしつ【船室】 cabine 女

せんじつ【先日】 l'autre jour

ぜんじつ【前日】 la veille

せんしゃ【戦車】 char 男

ぜんしゃ【前者】 le premier 男, la première 女

せんしゅ【選手】 joueur(se) 名; (陸上の) athlète 名 ▶選手権 championnat 男

せんしゅう【先週】 la semaine dernière ——の木曜日 jeudi dernier ▶先々週 il y a deux semaines

ぜんしゅう【全集】 œuvres complètes 女複

せんじゅうみん【先住民】 autochtone 女複

せんしゅつ【選出】 ——する élire

せんじゅつ【戦術】 tactique 女

せんじょう【洗浄】 ——する laver, nettoyer

せんじょう【戦場】 champ de bataille 男

せんじょう【扇情】 ——的な excitant(e), provocant(e)

ぜんしょう【全勝】 ——する gagner toutes les parties

ぜんしょう【全焼】 ——する être entièrement détruit(e) par un incendie

せんしょく【染色】 teinture 女 ▶染色

体 chromosome 男

ぜんしん【前進】 avance 女 ——する avancer

ぜんしん【全身】 tout le corps

せんしんこく【先進国】 pays avancé [développé] 男

センス sens 男; (趣味) goût 男

せんす【扇子】 éventail 男

せんすい【潜水】 ——する plonger ▶潜水艦 sous-marin 男 潜水夫 scaphandrier 男, plongeur(se)

せんせい【先生】 professeur 男; (小学校の) instituteur(trice) 名

せんせい【宣誓】 serment 男 ——する prêter serment

せんせい【専制】 despotisme 男, autocratie 女

ぜんせいき【全盛期】 période de pleine prospérité 女

せんせいじゅつ【占星術】 astrologie

センセーショナル ——なニュース nouvelle sensationnelle [à sensation] 女

センセーション sensation 女

ぜんせかい【全世界】 le monde entier

せんせん【戦線】 front 男

ぜんぜん【前前】 ——の d'avant-guerre

ぜんせん【前線】 front 男

ぜんぜん【全然】 pas du tout, absolument pas; (少しの…もない) aucun(e)

せんぞ【先祖】 ancêtre 男

せんそう【戦争】 guerre 女 ——をする faire la guerre à...; (互いに) se faire la guerre ～中である être en guerre ▶戦争犯罪 crime de guerre

ぜんそう【前奏】 ▶前奏曲 prélude 男

ぜんそく【喘息】 asthme 男

ぜんそくりょく【全速力】 ——で走る courir à toute vitesse [allure]

センター centre 男

ぜんたい【全体】 tout 男, ensemble 男 ——の général(ale) (男複 -aux); total(ale) (男複 -aux) ～的に dans l'ensemble ▶全体主義 totalitarisme 男

ぜんだい【前代】 ——未聞の sans précédent

せんたく【選択】 choix 男, option 女 ——する choisir, (選択肢の中から) opter pour... ～の余地がない ne pas avoir le choix 職業の～を誤る choisir mal sa carrière ▶選択科目 matière facultative [à option] 女 選択肢 choix 男

せんたく【洗濯】 lessive 女 ——する faire la lessive, laver le linge ▶洗濯機 machine à laver 女 洗濯物 lessive 女, linge à laver 男 洗濯屋 blanchisserie 女

せんたん【先端】 pointe 女, extrémité 女 ▶先端技術 technique de pointe

センチ ⇒センチメートル

ぜんち【全治】guérison complète 囡
ぜんちし【前置詞】préposition 囡
センチメートル centimètre 男
センチメンタル ——な sentimental(ale) (男複 -aux)
せんちょう【船長】capitaine 男
ぜんちょう【全長】longueur totale 囡
ぜんちょう【前兆】symptôme 男
ぜんてい【前提】prémisse 囡 ……を〜として à supposer [en supposant] que [接続法] ▶前提条件 condition préalable 囡
せんてん【先天】——的な congénital(ale) (男複 -aux), inné(e)
せんでん【宣伝】publicité 囡 [略 pub] ——する faire la publicité de ... ▶宣伝効果 effet publicitaire 男
せんど【鮮度】fraîcheur 囡
ぜんと【前途】perspective 囡, avenir 男
せんとう【先頭】tête 囡 ——列の〜に立つ prendre la tête du cortège ▶先頭集団 groupe de tête
せんとう【戦闘】combat 男, bataille 囡 ——的な belliqueux(se) ▶戦闘員 combattant(e) 名 戦闘機 chasseur 男
せんとう【銭湯】bains publics 男 [複]
せんどう【先導】——する guider, conduire
せんどう【扇動】incitation 囡 ——する exciter [pousser] à ... [不定詞]
セントラルヒーティング chauffage central 男
せんにゅうかん【先入観】préjugé 男
せんにん【選任】——AをBに〜する élire [nommer] A B
ぜんにん【善人】homme de bien 男
ぜんにんしゃ【前任者】prédécesseur 男
せんぬき【栓抜き】⇨栓
せんねん【専念】——する s'appliquer à ... [不定詞], se consacrer à ...
ぜんねん【前年】l'année précédente [avant] 囡
せんのう【洗脳】lavage de cerveau 男 ——する laver le cerveau (de)
ぜんのう【全能】omnipotence 囡 ——の神 Dieu omnipotent 男
せんばい【専売】monopole 男 ——する détenir un monopole ▶専売特許 brevet 男
せんぱい【先輩】ancien(ne) 名
せんぱく【浅薄】——な superficiel(le)
せんばつ【選抜】——する sélectionner
せんぱつ【先発】——する partir en précédant les autres [助動詞 être] ▶先発隊 détachement précurseur 男
せんばん【旋盤】tour 男
ぜんはん【前半】première moitié 囡 (サッカーなどの) première mi-temps 囡

ぜんぱん【全般】——的な général(ale) (男複 -aux), global(ale) (男複 -aux) 〜的に dans l'ensemble
せんび【船尾】poupe 囡
ぜんぶ【全部】tout 男; ensemble 男; (すっかり) totalement, complètement ——でいくらになりますか Ça fait combien en tout [au total]?
ぜんぶ【前部】partie antérieure 囡
せんぷうき【扇風機】ventilateur 男
せんぷく【潜伏】——する se cacher, se terrer
ぜんぶん【全文】texte intégral 男
せんべつ【餞別】cadeau d'adieu 男
せんぼう【羨望】——の的となる devenir un objet d'envie pour ... [助動詞 être]
ぜんぼう【先方】partie intéressée 囡
ぜんぽう【前方】——に devant ..., en avant
ぜんまい【発条】ressort 男
ゼンマイ【薇】(植物) osmonde 囡
せんめい【鮮明】——な net(te), vif(ve)
ぜんめつ【全滅】——する être anéanti(e), être complètement détruit(e)
せんめん【洗面】——する se laver la figure ▶洗面器 cuvette 囡 洗面所 cabinet de toilette 男 洗面台 lavabo 男
ぜんめん【全面】——的な entier(ère), total(ale) (男複 -aux); général(ale) (男複 -aux) 〜的に entièrement, totalement ▶全面戦争 guerre totale 囡
ぜんめん【前面】devant 男
せんもん【専門】spécialité 囡 ——の[的な] spécial(ale) (男複 -aux) これは私の〜外です Ce n'est pas mon domaine. ▶専門家 spécialiste 名 (友人) professionnel(le) 名 専門学校 école professionnelle 囡 専門用語 terme technique 男
ぜんや【前夜】la veille au soir
せんやく【先約】——今夜はすでに〜があります Ce soir je suis (déjà) pris.
せんゆう【占有】possession 囡 ——する posséder ▶占有者 possesseur 男
せんよう【専用】——の réservé(e) à ...
せんりつ【旋律】mélodie 囡
せんりつ【戦慄】frisson 男, frémissement 男
ぜんりつせん【前立腺】prostate 囡
せんりゃく【戦略】stratégie 囡
せんりょう【占領】occupation 囡; (奪取) prise 囡 ——する occuper, prendre ▶占領軍 forces d'occupation 囡 [複]
せんりょう【染料】colorant 男
ぜんりょう【善良】——な bon(ne)
ぜんりょく【全力】——を尽くす tout son possible pour ...

せんれい【先例】précédent 男
せんれい【洗礼】baptême 男
ぜんれい【前例】précédent 男
せんれつ【前列】premier rang 男
せんれん【洗練】～された raffiné(e) 男
せんろ【線路】voie ferrée 女; (レール) rail 男

そ

そあく【粗悪】～な mauvais(e), de mauvaise qualité
そう ～して ainsi, comme ça, de cette façon ～いうわけで pour cette raison ～言えば à propos 私も～思います C'est ce que je pense, moi aussi.
そう【層】couche 女; (階級) classe 女
そう【沿う】longer, border 一方針に沿って行動する se conduire suivant le plan fixé
そう【添う】(満足させる) satisfaire; (適応させる) conformer à... ～の期待に～ satisfaire [répondre à] l'attente de...
そう【僧】(修道僧) moine 男; (仏教の) bonze 男
そう【相】(外観) air 男, aspect 男, (人相) physionomie 女
そう【象】éléphant 男
そう【像】(彫像) statue 女; (肖像) portrait 男; (映像) image 女
そうあん【草案】avant-projet 男
そうい【相違】一案に～して contre toute attente
そうい【創意】～に富んだ ingénieux(se) ～工夫がある avoir l'esprit d'invention
ぞうお【憎悪】'haine 女
そうおう【相応】～の convenable, approprié(e) 年～の格好 tenue qui convient à son âge 男
そうおん【騒音】bruit 男, vacarme 男 ▶騒音公害 nuisances sonores 女複
ぞうか【増加】augmentation 女, accroissement 男 ～する augmenter, s'accroître ▶増加率 taux d'augmentation
ぞうか【造花】fleur artificielle 共
そうかい【総会】assemblée générale [plénière] 女
そうかい【爽快】～な rafraîchissant(e)
そうがく【総額】total 男 (複 -aux), montant 男
そうかつ【総括】synthèse 女; (要約) résumé 男, sommaire 男 ～する synthétiser, résumer
そうかん【創刊】première publication 女 ～する fonder ▶創刊号 premier numéro 男
そうがんきょう【双眼鏡】jumelles 女複

そうき【早期】～の précoce
そうぎ【葬儀】enterrement 男, obsèques 女複
そうきばやし【雑木林】taillis 男
そうぎょう【操業】travail 男 (複 -aux), service 男 ～する mettre en service
そうきょくせん【双曲線】hyperbole 女
そうきん【送金】envoi d'argent 男 ～する envoyer de l'argent à...
ぞうきん【雑巾】chiffon 男; (床) serpillière 女
そうぐう【遭遇】rencontre 女 ～する rencontrer, tomber sur [助動詞 être]
ぞうげ【象牙】ivoire 男
そうけい【計計】total 男 (複 -aux), somme 女, montant 男
ぞうけい【造形】plastique 男 ▶造形美術 arts plastiques 男複
そうげん【草原】prairie 女
そうこ【倉庫】entrepôt 男, dépôt 男
そうご【相互】～の mutuel(le), réciproque ～に l'un(e) l'autre, mutuellement, réciproquement
そうこう【走行】parcours ▶走行距離 parcours 男, kilométrage 男
そうごう【総合】synthèse 女 ～する synthétiser, globaliser ～的な synthétique; (包括的な) global(ale) (複 -aux) ▶総合大学 université 女
そうごん【荘厳】～な solennel(le)
そうさ【捜査】recherche 女, enquête 女 ～する rechercher, enquêter sur ...
そうさ【操作】manœuvre 女; manipulation 女 ～する manier, manœuvrer
そうさい【総裁】président 男; (官庁・銀行などの) gouverneur 男
そうさい【相殺】～A と B で～する compenser A avec B ～される se compenser
そうさく【捜索】recherche 女; (捜査) enquête 女 ～する rechercher ▶捜索隊 équipe de secours 女
そうさく【創作】～する créer; (小説・曲などを) composer
そうじ【掃除】nettoyage 男, balayage 男 ～する faire le ménage, nettoyer; (掃く) balayer ▶掃除機 aspirateur 男 ～をかける passer l'aspirateur
そうしき【葬式】enterrement 男; obsèques 女複
そうじしょく【総辞職】～する démissionner en bloc
そうしつ【喪失】perte 女, privation 女 ～する perdre
そうしゃ【走者】coureur(se) 名
そうじゅう【操縦】～する manœuvrer, piloter ▶操縦士 pilote 男

操縦席 poste de pilotage 男

そうじゅく【早熟】② précoce

そうじゅん【早春】commencement du printemps 男

そうしょ【双書・叢書】collection 女, bibliothèque 女

ぞうしょ【蔵書】bibliothèque 女

そうしょく【装飾】décoration 女; ornementation 女 ――～する décorer, orner ▶ 装飾品 ornement 男

そうしん【送信】――ニュースを・メールを～する émettre des informations; envoyer un message [courrier] électronique

そうしん【増進】accroissement 男

そうしんぐ【装身具】bijou 男 (複～x)

そうすう【総数】total 男 (複 -aux)

ぞうぜい【増税】augmentation ['hausse] des impôts 女

そうせいじ【双生児】jumeau(elle) 男(女)

そうせつ【創設】――～する fonder, créer

ぞうせん【造船】construction navale 女 ▶ 造船所 chantier naval 男

そうせんきょ【総選挙】élections générales 女 複; (フランスの) élections législatives 女 複

そうそう【早々】――～に vite, sans délai

そうぞう【想像】imagination 女; (空想) fantaisie 女 ――～する imaginer ...[que] ～上の imaginaire ～を絶する dépasser l'imagination ――もつかない inimaginable ▶ 想像力 imagination 女

そうぞう【創造】création 女 ――～する créer ～的な créati(ve) ▶ 創造性 créativité 女, originalité 女 創造力 force créative 女

そうぞうしい【騒々しい】bruyant(e), tapageur(se)

そうぞく【相続】succession 女, héritage 男 ――～する hériter de ... ▶ 相続税 droits de succession 男 複 相続人 héritier(ère) 名

-そうだ ――彼は近々結婚する～ On dit [J'ai entendu dire] qu'il va bientôt se marier.

そうたい【相対】――～的な relati(ve) ～に relativement

そうたい【早退】――～する (学校を) quitter l'école avant la fin des cours; (会社を) quitter le bureau en avance

そうだい【総代】représentant(e)

そうだい【壮大】――～な grandiose

ぞうだい【増大】――～する augmenter, s'accroître

そうだん【相談】consultation 女 ――～する consulter, demander conseil à ... ――がまとまる se mettre d'accord (sur); s'arranger 人の～に乗る aider ... de ses conseils 価格応~【掲示】Le prix à débattre ▶ 相談相手

confident(e) 名 相談役 conseiller (ère) 名

そうち【装置】(仕掛け) dispositif 男, (器具) appareil 男

ぞうちく【増築】――～する agrandir un bâtiment

そうちょう【早朝】――～に de bon matin, de bonne heure

そうてい【想定】supposition 女, hypothèse 女 ――～する supposer ...という～で dans l'hypothèse de...

そうとう【相当】――～する être équivalent(e) à... ～な considérable ――に (かなり) assez; (だいぶ) bien; (とても) très

そうどう【騒動】agitation 女; (暴動) émeute 女, troubles 男 複

そうなん【遭難】accident 男; (船などの) naufrage 男 ――～する être victime d'un accident ▶ 遭難者 victime 女

そうにゅう【挿入】insertion 女 ――～する insérer, introduire

そうば【相場】cours 男, cote 女; (投機) spéculation 女 ――～が上がる Les cours montent [sont en 'hausse]. ～が下がる Les cours baissent [sont en baisse]. ▶ 相場師 spéculateur(trice)

そうび【装備】équipement 男, (兵器の) armement 男 ――～する équiper 《de》

そうふ【送付】――～する envoyer, expédier

ぞうふくき【増幅器】amplificateur 男

そうべつかい【送別会】réunion d'adieu 女

そうほう【双方】――～の mutuel(le)

そうむ【総務】総務部 service des affaires générales 男

そうめい【聡明】――～な intelligent(e), sage

ぞうもつ【臓物】entrailles 女 複

ぞうよ【贈与】▶ 贈与税 taxe sur la donation 女

そうらん【騒乱】troubles 男 複, émeute 女

そうり【総理】▶ 総理大臣 Premier ministre 男

そうりつ【創立】fondation 女, création 女 ――～する fonder, créer ▶ 創立者 fondateur(trice) 名, créateur(trice) 名

そうりょ【僧侶】bonze 男; moine 男

そうりょう【送料】port 男

そうりょうじ【総領事】consul général 男

そうれい【壮麗】――～な magnifique, splendide

そうわ【挿話】épisode 男

ぞうわい【贈賄】corruption (active) 女

そえる【添える】(AをBに) accompagner B de A; (付け加える) ajouter A à B

ソース sauce 女

ソーセージ(加熱して食べる) saucisse 女; (そのまま食べる) saucisson 男

ソーダ(化学) soude 女 ▶ソーダ水 soda 女

そがい【疎外】aliénation 女 ——する aliéner, écarter

-そく【-足】一靴1〜 une paire de chaussures

ぞくあく【俗悪】——な grossier(ère), vulgaire

そくい【即位】avènement 男 ——する monter sur le trône 動詞句 女

ぞくご【俗語】langue populaire [vulgaire] 女

そくざ【即座】——に immédiatement, tout de suite; (その場で) sur-le-champ

そくし【即死】——する tomber raide mort(e), être tué(e) sur le coup

そくしん【促進】——する promouvoir; (速める) accélérer

ぞくする【属する】faire partie de..., appartenir à...; (管轄に) relever de ...

ぞくせい【属性】attribut 男

そくせき【即席】——の impromptu (e), improvisé(e)

ぞくぞく ——する frémir《de》, frissonner《de》; (寒さで) frissonner de froid

そくたつ【速達】exprès 男 ——で手紙を出す envoyer une lettre en exprès ▶速達料金 tarif exprès 男

そくてい【測定】——する mesurer

そくど【速度】vitesse 女, rapidité 女 —120キロの〜で à la vitesse de cent vingt kilomètres-heure ▶速度計 compteur de vitesse 男 ▶速度制限 limitation de vitesse 女

そくばい【即売】vente sur place 女

そくばく【束縛】contrainte 女; (制約) restriction 女 ——する contraindre, restreindre

ぞくはつ【続発】——する se succéder

ぞくぶつ【俗物】——的 objectif (ve), réaliste

ぞくぶつこんじょう【俗物】philistin(e) 名, snob 名

そくほう【速報】dernières nouvelles 女 複; (ニュース速報) flash 男 複-es

てくめん【即面】côte 男, flanc 男; (一面) aspect 男

そくりょう【測量】mesure 女, (測地) arpentage 女 ——する mesurer, arpenter ▶測量技師 arpenteur 男

そくりょく【速力】vitesse 女

ソケット douille 女

そこ là 一彼は〜にいます Il est là. すぐ〜です C'est tout près (d'ici). 〜が問題なんだ C'est là le problème.

そこ【底】fond 男; (靴などの) semelle 女 ——の浅い superficiel(le) 資金が〜をついた Les fonds sont épuisés.

そこい【底意】arrière-pensée 女

そこいじ【底意地】——の悪い sournois(e)

そこう【素行】conduite 女

そこく【祖国】patrie 女

そこそこ à peu près, à peine 一挨拶も〜に飛び出して行った A peine dit au revoir, il est sorti précipitamment.

そこぢから【底力】talent caché 男 ——のある énergique, qui a de la ressource

そこで donc; maintenant

そこなう【損なう】nuire (à), détériorer

そこなし【底無し】——の sans fond, insondable 〜の酒飲み soiffard(e) 名

そこぬけ【底抜け】——の extrême

そこね【底値】cours le plus bas 男

そこびえ【底冷え】——する夜 nuit où il fait un froid pénétrant 男

そこびきあみ【底引き網】chalut 男

そざい【素材】matière 女, matériaux 男 複; (作品の) étoffe 女

そし【阻止】entrave 女 ——する entraver, empêcher...《de 不定詞》, que 接続法》

そしき【組織】organisation 女; (生物の) tissu 男 ——する organiser, former 〜的な systématique ▶組織化 systématisation 女 組織票 vote organisé 男

そしつ【素質】étoffe 女, aptitude 女

そして et; (次に) (et) puis, (et) ensuite

そしゃく【咀嚼】——する mâcher, mastiquer

そしょう【訴訟】procès 男 ——を起こす intenter [engager] un procès contre... 〜を取り下げる retirer un procès ▶訴訟手続 procédure 女

そしょく【粗食】repas frugal 男

そせん【祖先】ancêtres 男 複, ascendants 男 複

そそぐ【注ぐ】verser 一この川は太平洋に注いでいる Ce fleuve debouche [se jette] dans le Pacifique. 愛情を〜 prendre... en grande affection …に力を〜 appliquer ses efforts à...

そそっかしい étourdi(e), distrait(e)

そそのかす【唆す】inciter à... 《不定詞》

そそりたつ【そそり立つ】s'élever, se dresser

そだち【育ち】——がよい[悪い] être bien [mal] élevé(e)

そだつ【育つ】grandir; (育てられる) être élevé(e); (植物などが) pousser

そだて【育て】——の親 parents nourriciers 男 複

そだてる【育てる】élever; (養う) nourrir; (栽培する) cultiver

そち【措置】mesures 女 複, disposi-

tions 女 複 —適切な~を取る prendre des mesures efficaces [adéquates]

そちら là

そつ —のない sans défaut

そっき【速記】sténographie 女, sténo 女 ▶**速記者** sténographe 名

そっきょう【即興】——の impromptu(e), improvisé(e) ~で演じる improviser

そつぎょう【卒業】fin d'études 女 ~する terminer [finir] ses études ▶ **卒業式** cérémonie de remise des diplômes **卒業証書** diplôme 男 **卒業生** ancien(ne) élève 名 **卒業論文** mémoire de licence 男

ソックス chaussettes 女 複

そっくり ——に~である être tout le portrait de...

そっけない brusque; (冷淡な) sec(sèche)

ぞっこう【続行】—~する continuer... [à 不定詞]; reprendre

そっこうじょ【測候所】station météorologique 女

そっせん【率先】~—して…する prendre l'initiative de... [不定詞]

そっちゅう【卒中】coup de sang 男, apoplexie 女

そっちょく【率直】franchise 女; sincérité 女 ~—な franc(franche); (真摯な) sincère ~に言って franchement

そっと doucement; (静かに) silencieusement

ぞっと —する frissonner, tressaillir ~するような光景 spectacle horrible 男

そっとう【卒倒】évanouissement 男 ~する s'évanouir

そつろん【卒論】mémoire de licence 男

そで【袖】manche 女 —~をまくる retrousser ses manches ▶**袖口** poignet 男; manchette 女 **袖の下** pot-de-vin 男 (複 ~s. ~~)

ソテー sauté 男

そと【外】dehors 男; extérieur 男; (野外) plein air 男 —~の~[に] en dehors de..., 'hors de..., ~~の extérieur(e)

そとがわ【外側】dehors 男, extérieur 男 —~からの視点 point de vue de l'extérieur 男

そとづら【外面】—彼は~がよい Il a des dehors aimables.

そとまわり【外回り】—私は~をしている Je suis représentant. | Je fais la tournée des clients.

そなえ【備え】préparation 女 —~付けの installé(e), équipé(e) —~あれば憂いなし Il faut être prêt à ~, alors on n'a pas de surprise.

そなえる【備える】parer à...; (予防を) prendre des précautions contre... —老後に~ se préparer pour ses vieux jours

ソナタ sonate 女

その ce(cette) (複 ces)【母音字および無音のhで始まる男性単数名詞の前ではcet】—~間 pendant ce temps-là —~ような本はこの店にはない On ne trouve pas ce genre de livres dans cette librairie.

そのうえ【その上】en [de] plus, en outre

そのうち【その内】(近いうちに) bientôt, un de ces jours; (いつか) un jour —~た~に À un de ces jours.

そのかわり【その代わり】au lieu de cela; (反対に) en revanche

そのくせ【その癖】pourtant; (…にもかかわらず) bien que 接続法

そのご【その後】depuis, plus tard —~の postérieur(e), suivant(e)

そのころ【その頃】alors; (当時) en ce temps-là, à cette époque-là

そのた【その他】etc., le reste, les autres

そのため【その為】(目的) pour cela; (結果) par conséquent, c'est pourquoi

そのつど【その都度】chaque fois que …

そのとおり【その通り】Vous avez raison. | C'est (bien) ça.

そのとき【その時】alors, à ce moment —彼が息を引き取ったちょうど~に À l'heure même de sa mort

そのば【その場】—私はたまたま~に居合わせた Je me suis trouvé là par 'hasard.

そのひ【その日】ce jour-là —~のうちに au cours du même jour, dans le même jour —~暮らしの生活をする vivre au jour le jour

そのへん【その辺】là, dans le coin —どこか~にあるよ Ça se trouve quelque part par là.

そのほか【その外】⇨その他

そのまま【その儘】—~お待ちください (電話で) Ne quittez pas. ~にしておく laisser... tel(le) quel(le)

そのもの【その物】—この男は善良な~だ Cet homme est la bonté même. ~ずばりだ C'est exactement cela.

そば【側・傍】voisinage 男, proximité 女 —(…の) ~に[で] près (de...), à côté (de...) —~の食料品屋 l'épicerie du coin 女

そば【蕎麦】soba [nouilles de sarrasin 女]

そばかす【雀斑】tache de rousseur 女

そびえる【聳える】se dresser ['élever] (très 'haut)

そふ【祖父】grand-père 男 (複 ~-s)

ソファー sofa 男, canapé 男

ソフト —~な (柔らかい) mou(molle);

(優しい) doux(ce) ▶ソフトウェア logiciel 男 ▶ソフトクリーム glace italienne 女

そふぼ【祖父母】grands-parents 男複

ソプラノ soprano 男

そぶり【素振り】(様子) air 男; (態度) attitude 女; (ふるまい) allure 女

そぼ【祖母】grand-mère 女 (複 ~s-~s)

そぼく【素朴】——な simple, naï(ve)

そまつ【粗末】——な pauvre, humble ~な食事 maigre repas 食べ物を~にする ne pas respecter la nourriture 体を~にする négliger sa santé

ソマリア Somalie 女 ——の somalien(ne)

そむく【背く】désobéir à...

そむける【背ける】——顔を~ détourner le visage [la tête], se détourner

ソムリエ sommelier(ère) 名

そめる【染める】(染料を) teindre; (色づける) colorer

そもそも【第一に】tout d'abord; (本質的に) essentiellement

そや【粗野】——な grossier (ère), (荒っぽい) rude; (乱暴な) sauvage

そよう【素養】(知識) connaissances 女複; (教養) culture 女, formation 女 ……の~がある avoir de grandes connaissances de...

そよかぜ【そよ風】brise 女

そよぐ frémir

そよそよ ——と風が吹く Le vent souffle doucement.

そら【空】ciel 男 (複 cieux) ——高く舞い上がる monter au plus haut du ciel

そら ——で言う réciter... par cœur

そらいろ【空色】bleu du ciel 男 ——の bleu ciel《不変》

そらす【逸らす】détourner

そらに【空似】——他人の~ ressemblance fortuite

そらまめ【空豆】fève 女

そらみみ【空耳】——どうやら~だったようだ J'avais pourtant cru entendre quelqu'un [quelque chose].

そらもよう【空模様】temps 男, aspect du ciel 男 ——が怪しい Le temps n'est pas sûr.

そり【橇】traîneau 男

そる【反る】se gaucir

そる【剃る】——ひげを~ se raser

それ ce, ça, cela, celui-là《celle-là》——はさておき à part cela ~だからこそプロ C'est digne d'un professionnel. ~だから Et alors? ~でこそプロだ C'est digne d'un professionnel.

それいらい【それ以来】après (cela), depuis (lors)

それから (et) puis, (et) ensuite

それきり ——その話から~立ち消えになったOn n'a plus entendu parler de cette affaire.

それくらい【それ位】——のことでへこたれるな Ne te décourage pas pour si peu de chose!

それぞれ chacun(e) ——に à chacun, respectivement ~の chaque, respectif

それだけ ——は勘弁してください(Je ferais) tout mais pas ça!

それで(だから) c'est pourquoi; (そして) et; (それから) (et) alors; (そんな感じで) comme ça

それでは ——出かけようか Alors, on y va?

それでも (しかし) cependant, pourtant; (しかしながら) toutefois; (それでも) quand même, tout de même

それどころ ——か au contraire

それとなく (何気なく) sans en avoir l'air; (間接的に) indirectement ——言う dire... à mots couverts

それとも ou (bien)

それなら ——私がやりやしょう Dans ce cas, c'est moi qui vais le faire.

それに d'ailleurs; (加えて) en [de] plus ——しても quand même, tout de même

それは ——そうと à propos

それまで jusque-là, jusqu'alors; (それまでに) d'ici là ——断られたら~のことだ Si c'est refusé, tant pis.

それゆえ【それ故】donc, par conséquent, c'est pourquoi; 《文頭で》aussi, ainsi

それる【逸れる】s'écarter de..., s'éloigner de...; (はずれる) dévier de...

ソロ solo 男 (複 ~s, soli)

そろい【揃い】——の uniforme, du même modèle

そろう【揃う】(完全になる) devenir complet(ète); 【助動詞 être】; (対になる) s'apparier, former une paire; (集まる) se rassembler, se réunir ——この店には品物が揃っている C'est un magasin bien assorti. 高さが揃っている être de même hauteur メンバーが全員~Tous les membres se rassemblent. 証拠はすべて揃っている Toutes les preuves sont réunies.

そろえる【揃える】(並べる) ranger; (集める) rassembler, (全部) compléter; (準備する) préparer; (一様にする) égaliser

そろそろ (ゆっくり) lentement; (そっと) doucement (もうじき) bientôt

そろばん【算盤】boulier (compteur) 男

ソロモン (ソロモン諸島) îles Salomon 女複 ——の salomonais(e)

そわそわ ——する ne pas tenir en place, s'agiter; (心配で) être nerveux(se)

そん【損】(損失) perte 女; (不利) désavantage 男 ——な désavantageux(se), (報われない) ingrat(e) ~をする

そんがい 1140 だいき

perdre, être perdant(e) 〜して得取れ Il faut savoir perdre pour gagner. ▶損益計算書 compte de profits et pertes 男 損料 prix de location 男

そんがい【損害】dommage 男; (被害) dégâts 男複 〜を与える endommager 〜を受ける subir des dommages ▶損害額 montant des dommages 男 損害賠償 dédommagement 男, indemnité 女 損害保険 assurance (contre les) dommages 女

そんけい【尊敬】respect 男; (敬意) estime 女 〜する respecter, estimer

そんげん【尊厳】dignité 女 ▶尊厳死 mort avec dignité [digne] 女

そんざい【存在】existence 女, être 男 〜する exister, être 〜感のある qui est présent(e), qui a de la présence [personnalité] ▶存在理由 raison d'être

ぞんざい 〜な言葉使い façon de parler grossière [impolie] 女

そんしつ【損失】perte 女; (損害) dommage 男 ▶損失補填 dédommagement 男

そんしょう【損傷】détérioration 女, dommage 男 〜を与える détériorer, causer [provoquer] des dommages

そんぞく【存続】persistance 女 〜する subsister

そんだい【尊大】〜な arrogant(e)

そんちょう【尊重】respect 男 〜する respecter

そんちょう【村長】maire (d'un village) 男

そんとく【損得】〜抜きで avec désintéressement 〜で動く agir par intérêt

そんな pareil(le), semblable, comme ça, de ce genre 〜ことだろうと思ってた m'en doutais. 〜はずはないわ Ça m'étonnerait. もう〜時間なの Il est déjà si tard que ça?

ぞんぶん【存分】〜に (満足のいくまで) autant qu'on veut; (十分に) suffisamment

た

た【田】rizière 女 〜を耕す cultiver une rizière

た【他】〜の autre ⇨他(ほか) 〜の人たち les autres

ダース douzaine 女

タートルネック col roulé 男 〜のセーター pull à col roulé 男

タービン turbine 女

ターボ turbo 男 ▶ターボジェット(エンジン) turboréacteur 男

ターミナル gare [station] terminus 女, terminus 男

ターン (方向転換) virage 男; (水泳の) culbute 女

タイ【鯛】daurade 女

タイ（同順位）ex æquo; (同点) égalité (de points) 女

タイ【泰】Thaïlande 女 〜〜の thaïlandais(e)

－たい【–対】–A〜B entre A et B; A contre B 3〜1で勝つ gagner (par) trois à un

だい【代】(時代) époque 女; (世代) génération 女

だい【台】table 女; (台座) socle 男

だい【題】titre 男; (主題) sujet 男

だい【太】〜こぶしの石 caillou de la taille d'un poing 男 〜のオペラ好き grand amateur d'opéra

たいあたり【体当り】〜する se lancer contre; frapper de tout (le poids de) son corps contre

タイアップ association 女

たいあん【対案】contre-proposition 女

たいい【大意】sens général 男, grandes lignes 女複

たいいく【体育】éducation physique 女 ▶体育館 gymnase 男, salle de sports [omnisports] 女

だいいち【第一】〜の premier(ère) 〜に premièrement ▶第一位 le premier rang

たいいん【退院】〜する quitter [sortir de] l'hôpital

たいえき【退役】retraite 女 〜する prendre sa retraite

ダイエット régime 男 〜する faire un régime

たいおう【対応】〜する (対処) faire face à; (相当) correspondre à

ダイオキシン dioxine 女

たいおん【体温】température (du corps) 女 ▶体温計 thermomètre (médical) 男

たいか【退化】dégénérescence 女 〜する dégénérer

たいか【大家】(grand) maître 男; (専門家) spécialiste 男

たいか【耐火】〜の ignifugé(e)

たいかい【大会】(学術の) congrès 男; (総会) assemblée générale 女

たいがい【大概】généralement, en général

たいかく【体格】constitution (physique) 女, carrure 女

たいがく【退学】〜する quitter son école

だいがく【大学】(総合大学) université 女; (学部) faculté 女 ▶大学院 (修士課程) cours de maîtrise 男; (博士課程) cour de doctorat 男 大学生 étudiant(e) 名 大学病院 Centre Hospitalier Universitaire 男 [略 CHU]

たいき【大気】atmosphère 女 ▶大気汚染 pollution atmosphérique 女

だいぎし【代議士】 député 男 【女性にも男性形を用いる】; membre du Parlement [de la Diète] 男

たいきゃく【退却】 retraite 女; (軍隊の) repli 男 ——する se replier

たいきゅう【耐久】 ▶**耐久性** endurance 女, résistance 女

たいきょ【退去】 évacuation 女, expulsion 女

たいきん【大金】 forte somme d'argent 女

だいきん【代金】 prix 男, coût 男

だいく【大工】 charpentier 男 ▶**大工仕事** charpenterie 女

たいぐう【待遇】 traitement 男, accueil 男

たいくつ【退屈】 ennui 男; (単調) monotonie 女 ——な ennuyeux(se)

たいぐん【大群】 foule 女 ——の une foule de…

たいけい【体系】 système 男 ——的な systématique ——的に systématiquement ——化する systématiser

たいけい【体形】 forme 女, taille 女

たいけい【台形】 trapèze 男

たいけつ【対決】 confrontation 女; (対戦) rencontre 女 ——する se confronter (à)

たいけん【体験】 expérience 女 ——する expérimenter ▶**体験談** histoire vécue 女

たいげん【体現】 incarnation 女, personnification 女

たいげんそうご【大言壮語】 fanfaronnade 女 ——する faire le fanfaron

たいこ【太鼓】 tambour 男 ——をたたく jouer du tambour

たいこう【対抗】 opposition 女, rivalité 女 ▶**対抗馬** contre-mesure 女 **対抗馬** (人) rival(ale) dangereux(se) 名 (男複 -aux ～)

だいこう【代行】 (人) suppléant(e) 名, remplaçant(e) 名

たいこく【大国】 grand pays 男, grande puissance 女

だいこん【大根】 radis (japonais) 男

たいざい【滞在】 séjour 男 ——する séjourner ▶**滞在期間** durée de séjour 女 **滞在許可証** carte de séjour 女 **滞在地** lieu de séjour 男

だいざい【題材】 matière 女; (主題) sujet 男

たいさく【対策】 mesure 女, moyen 男

だいさん【第三】 ——の troisième ▶**第三国** pays tiers 男

たいし【大使】 ambassadeur(drice) 名 【女性にも男性形を用いることがある】 ▶**大使館** ambassade 女 **—在仏日本大使館** ambassade du Japon en France

たいじ【胎児】 embryon 男, fœtus 男

たいじ【退治】 suppression 女, extermination 女

だいじ【大事】 ——な (重要な) important(e); (重大な) grave ——にする prendre soin de お～に Soignez-vous bien.

ダイジェスト résumé 男, digest 男 ▶**ダイジェスト版** version résumée 女

たいした【大した】 (重要な) grave ——あいつも～やった C'est vraiment quelqu'un! ——ことはない Rien de grave. | Ce n'est pas grave.

たいしつ【体質】 tempérament 男

たいして【対して】 ——に:～(対抗) contre; (割合) par, pour

たいして【大して】 ——…ない Ce n'est pas tellement [très, bien, vraiment]…

たいしゃ【代謝】 métabolisme 男

たいしゃく【貸借】 ▶**貸借対照表** bilan 男

たいしゅう【大衆】 public 男, masses 女複 ——的な populaire 形 ▶**大衆小説** roman populaire 男 **大衆食堂** restaurant populaire 男

たいじゅう【体重】 poids 男 ——を計る peser ▶**体重計** pèse-personne 男

たいしゅつ【退出】 ——する se retirer

たいしょう【対称】 symétrie 女 ——的な symétrique

たいしょう【対照】 contraste 男; (比較) comparaison 女

たいしょう【対象】 objet 男, but 男

たいしょう【大将】 (陸軍・空軍) général d'armée 男 (複 -aux ～); (海軍) amiral 男 (複 -aux)

たいじょう【退場】 sortie 女 ——する sortir de

だいしょう【代償】 compensation 女 ——でも～です か Est-ce que ça va si…? 病人はもう～です Le patient est maintenant hors de danger.

たいしょく【退職】 retraite 女 ——する prendre sa retraite

たいしん【耐震】 ——の anti-sismique

たいしん【退陣】 (辞任) démission 女; (引退) retraite 女

だいじん【大臣】 ministre 男

ダイズ【大豆】 soja 男

たいすい【耐水】 ——の imperméable

たいすう【対数】 logarithme 男

だいすう【代数】 algèbre 女

だいすき【大好き】 ——である aimer beaucoup, adorer

たいする【対する】 ——に～ envers…

たいせい【体制】 régime 男, système 男

たいせい【大勢】 ——に従う se conformer à la tendance générale

たいせい【態勢】 ▶**警戒態勢** état d'alerte

だいせいどう【大聖堂】 cathédrale 女

たいせいよう【大西洋】 l'Océan Atlantique 男, l'Atlantique 男

たいせき【体積】 volume 男; (容積) ca-

たいせき【退席】 ――する se retirer, quitter son siège

たいせき【堆積】 amoncellement 男, entassement 男

たいせつ【大切】 ――な important(e); (貴重な) précieux(se), cher(ère) ――にする (愛着) tenir à; (注意) prendre soin de

たいせん【対戦】 ――する combattre

たいそう【大層】 très, beaucoup

たいそう【体操】 gymnastique 女, exercices physiques 男複

だいそれた【大それた】 (大胆) audacieux(se); (非常識) insensé(e)

たいだ【怠惰】 ――な paresseux(se), fainéant(e)

だいたい【大体】 (およそ) environ, à peu près, en gros

だいだい【橙】 orange amère 女; (木) oranger amer 男 ――色の orange (不変)

たいたすう【大多数】 la majorité 女, la plupart 女

たいだん【対談】 entretien 男, entrevue 女

だいたん【大胆】 ――な hardi(e), audacieux(se)

だいち【大地】 terre 女

だいち【台地】 plateau 男

たいちょう【体調】 condition [forme] physique 女 ――がいい avoir la forme

たいちょう【隊長】 chef 男, capitaine

たいちょう【大腸】 gros intestin 男

タイツ collant 男

たいてい【大抵】 le plus souvent, la plupart du temps

たいど【態度】 attitude 女; (礼儀) manières 女複

たいとう【対等】 ――な égal(ale) (男複 -aux)

だいどうみゃく【大動脈】 aorte 女

だいとうりょう【大統領】 président 男 ▶大統領官邸 résidence (officielle) du Président 女 大統領候補 candidat(e) à la présidence 名 大統領選挙 élections présidentielles 女複 大統領夫人 épouse du Président, Première Dame 女

だいどころ【台所】 cuisine 女 ――仕事をする faire la cuisine et la vaisselle

だいとし【大都市】 grande ville 女

タイトル【題名】 titre 男, intitulé 男

だいなし【台無し】 ――にする détériorer, gâcher

ダイナマイト dynamite 女

ダイナミック ――な dynamique, plein(e) de vitalité

だいに【第二】 ――の second(e), deuxième

たいにん【退任】 retraite 女 ――する prendre sa retraite

ダイニング salle à manger 女 ▶ダイニングキッチン cuisine-salle à manger

たいねつ【耐熱】 ――の résistant(e) à la chaleur ▶耐熱ガラス verre résistant à la chaleur

ダイバー plongeur(se) 名

たいはい【退廃】 décadence 女 ――的な décadent(e)

たいばつ【体罰】 châtiment corporel

たいはん【大半】 la plus grande partie 女, la plupart 女

たいひ【堆肥】 fumier 男

たいひ【待避】 ――する s'abriter, se mettre à l'abri

だいひょう【代表】 représentation 女, délégation 女 ――的な représentatif(ve) ▶代表者 représentant(e) 名 代表団 délégation 女

タイピン épingle de cravate 女

ダイビング plongée 女 ――をする faire de la plongée

タイプ (型) type 男, sorte 女; ――する taper (à la machine) ▶タイプライター machine à écrire 女

だいぶ【大分】 (非常に) très; (かなり) bien

たいふう【台風】 typhon 男

だいぶぶん【大部分】 la plupart, la plus grande partie

たいへいよう【太平洋】 l'océan Pacifique 男, le Pacifique

たいへん【大変】 très ――な (非常な) grand(e), gros(se), important(e), énorme

たいべん【大便】 excréments 男複, selles 女複

たいほ【逮捕】 arrestation 女 ――する arrêter

たいほ【退歩】 recul 男, régression 女

たいほう【大砲】 canon 男

たいぼう【待望】 ――の attendu(e)

だいほん【台本】 texte 男; (映画の) scénario 男

たいま【大麻】 chanvre 男; (麻薬) marijuana 女

タイマー (電子レンジなどの) minuteur 男; (ピタゴなどの) programmateur 男

たいまん【怠慢】 négligence 女; (怠惰) paresse 女 ――な négligent(e)

タイミング ――よく au bon moment; (just) à temps

タイム temps 男; (中断) pause 女

タイムリー ――な opportun(e)

だいめい【題名】 titre 男

だいめいし【代名詞】 pronom 男

たいめん【体面】 (体裁) apparences 女複; (名誉) honneur 男 ――を保つ sauver les apparences [la face]

だいもく【題目】 titre 男

タイヤ pneu 男

ダイヤ (ダイヤモンド) diamant 男; (列車

ダイヤモンド 運行表) horaire 男; (トランプ) carreau 男

ダイヤモンド ⇨ダイヤ

ダイヤル cadran 男

たいよ【貸与】prêt 男 ――する prêter (à)

たいよう【太陽】soleil 男【天文学的な意味では Soleil) ▶ **太陽エネルギー** énergie solaire 女 **太陽系** système solaire 男 **太陽光線** rayons du [de] soleil 男 **太陽電池** pile solaire 女 **太陽暦** calendrier solaire 男

たいよう【大洋】océan 男

だいよう【代用】substitution 女; remplacement 男 ▶ **代用食** ersatz 男 **代用品** succédané 男

たいら【平ら】――な plat(e) 表面を～にする aplanir [égaliser] une surface

たいらげる【平らげる】……をぺろりと～ne faire qu'une bouchée de ...

だいり【代理】(代行) remplacement 男, suppléance 女 ▶ **代理店** agence 女, bureau de représentation 男 **代理人** remplaçant 男 名; agent 男 **代理母** mère porteuse 女

たいりく【大陸】continent 男 ▶ **大陸横断鉄道** chemin de fer transcontinental 男 **大陸間弾道弾** missile balistique intercontinental 男 **大陸性気候** climat continental 男 **大陸棚** plateau continental 男 **新旧大陸** Nouveau [Ancien] Continent 男

だいりせき【大理石】marbre 男

たいりつ【対立】opposition 女 ――する s'opposer

たいりょう【大量】――の … une grande quantité de… ～に en (grande) quantité ▶ **大量虐殺** massacre (général) 男, génocide 男 **大量生産** production de masse 女, fabrication en série 女

たいりょう【大漁】……が～である faire une bonne pêche de ...

たいりょく【体力】force (physique) 女, énergie 女

タイル carreau 男 ～張りの carrelé(e)

ダイレクトメール publipostage 男, mailing 男

たいわ【対話】dialogue 男, entretien 男

たいわん【台湾】Taiwan 女 ――の taiwanais(e)

たうえ【田植】repiquage du riz 男, plantation du riz 女 ――をする repiquer [planter] le riz

ダウン(鳥の綿毛) duvet 男 ――する (ボクシングで) baisser, aller au tapis ▶ **ダウンタウン** centre-ville 男 **ダウンロード** téléchargement 男 ――する télécharger

だえき【唾液】salive 女 ～が出る saliver

たえず【絶えず】continuellement, sans cesse

たえま【絶え間】――ない continuel(le) ～なく continuellement, sans cesse

たえる【耐える】endurer, supporter

たえる【絶える】finir, cesser

だえん【楕円】ellipse 女; (楕円形) ovale

たおす【倒す】(転倒させる) renverser, abattre

タオル serviette (de toilette) 女, (濡～ぬ～る) essuie-main 男 ▶ **タオル掛け** porte-serviette 男 (不変)

たおれる【倒れる】tomber【助動詞 être】

たか【高】～を括る prendre les choses à la légère

タカ【鷹】faucon 男 ▶ **タカ派** faucons 男 複

だが mais, (et) pourtant

たかい【高い】'haut(e) 【多くの名詞の前で); élevé(e); (値段が) cher(ère) ～を高く評価する élever, relever それは高すぎると思います Je pense que c'est trop cher. | Je le trouve trop cher.

たがい【互い】――に réciproquement, l'un l'autre

たかい【打開】――する surmonter, sortir (de)

たがく【多額】forte [grosse] somme 女, somme importante 女

たかさ【高さ】(高度) hauteur 女; (海抜) altitude 女

たかだい【高台】terrain élevé 男, hauteur 女

だがっき【打楽器】instrument à percussion 男, (総称的) percussion 女

たかとび【高跳び】～走り高跳び saut en hauteur 男 **棒高跳び** saut à la perche 男

たかとび【高飛び】――国外へ～する s'enfuir à l'étranger

たかなみ【高波】haute vague 女; (風で生じる) lame 女

たかね【高嶺】――私には～の花である Ce n'est qu'un beau rêve pour moi.

たかのぞみ【高望み】――する viser trop haut

たかびしゃ【高飛車】～な impérieux(se)

たかぶる【高ぶる】――神経が～ s'énerver おどり高ぶった hautain(e)

たかまる【高まる】s'élever

たかまり【高まり】――の見物をする observer un pur spectateur

たかめる【高める】élever; (増やす) accroître

たがやす【耕す】cultiver, labourer

たから【宝】▶ **宝くじ** loterie 女 ――に当たる gagner à la loterie **宝探し** chasse au trésor 女

だから(したがって) par conséquent; (それゆえ) aussi

たかる【集る】――砂糖に蟻が～ Le sucre grouille de fourmis.

-たがる vouloir 不定和, désirer 不定和
たかん【多感】 ――な sensible, émotif (ve)
たき【滝】 chute (d'eau) 女; (小さな) cascade 女
たぎ【多義】 ――的 polysémique
だきあげる【抱き上げる】 soulever [tenir] en l'air
たきぎ【薪】 bûche 女
タキシード smoking 男, tenue de soirée (pour les hommes) 女
たきび【焚き火】 ――をする faire du feu en plein air
だきょう【妥協】 compromis 男; (和解) conciliation 女 ――する trouver un compromis [un modus vivendi]
たく【炊く】 ――飯を～ préparer [faire] du riz
たく【焚く】 allumer du feu
だく【抱く】 porter [serrer] dans ses bras, embrasser
たくえつ【卓越】 excellence 女 ――した excellent(e)
たくさん【沢山】 (数・量が) beaucoup; (十分) assez, suffisamment ―もうだ J'en ai assez!
タクシー taxi 男 ――を呼んでもらえますか Pouvez-vous m'appeler un taxi? ▶タクシー乗り場 station de taxis 女
たくじしょ【託児所】 (3歳以下) crèche 女; (幼児・低学年児童) garderie 女
たくす【託す】 confier (à)
タクト baguette de chef d'orchestre 女
たくはい【宅配】 livraison à domicile 女 ――する livrer à domicile
たくましい【逞しい】 (力強い) vigoureux(se); (丈夫な) robuste
たくみ【巧み】 ――な adroit(e), habile 女
たくらみ【企み】 complot 男, intrigue 女
たくらむ【企む】 comploter ―陰謀を～ tramer un complot
たくわえ【蓄え】 réserve 女, provision 女
たくわえる【蓄える】 garder [tenir] en réserve, amasser
たけ【丈】 (身長) taille 女 ―スカートの～を長くする rallonger une jupe
タケ【竹】 bambou 男
-だけ (…のみ) ne ... que; (唯一) seulement, seul(e)
たけうま【竹馬】 échasses 女 複 ――に乗る monter sur des échasses [助動詞 être]
だけき【打撃】 coup 男, choc 男
だけつ【妥結】 accord 男, entente 女 ――する arriver à s'entendre
タケノコ【筍】 pousse de bambou 女
たこ【凧】 cerf-volant 男 (複 ~s~s) ――揚げをする lancer un cerf-volant
たこ【胼胝】 durillon 男, cal 男
タコ【蛸】 pieuvre 女

だこう【蛇行】 méandre 男 ――する serpenter
たこくせき【多国籍】 ――の multinational(ale) (男 複 -aux) ▶多国籍企業 (entreprise) multinationale 女
だこん【打言】 ――は無用です Ceci doit rester entre nous.
たさい【多彩】 ――な multicolore; (変化に富んだ) très varié(e)
たさん【多産】 ――な fécond(e); (動物が) prolifique
ださん【打算】 ――的 calculateur (trice)
だし【出し】 fond 男, bouillon 男
たしか【確か】 ――な sûr(e), certain (e); ――に sûrement, certainement, assurément
たしかめる【確かめる】 s'assurer (de; que), vérifier (que, si)
タジキスタン Tadjikistan 男 ――の tadjik(e)
たしざん【足し算】 addition 女 ――する additionner A et B
たしなみ【嗜み】 goût 男; (素養) connaissances 女 複
だしぬけ【出し抜け】 ――に brusquement, à l'improviste
だじゃれ【駄洒落】 ――を言う dire des calembours faciles
たしゅ【多種】 ――多様な (très) varié(e), diverses sortes de
たしょう【多少】 un (petit) peu, quelque peu ――の… un peu de…, quelques…
たしょく【多色】 ――の multicolore, polychrome
たじろぐ hésiter, reculer (devant)
だしん【打診】 ――する (医者が) percuter; (意向を) sonder
たす【足す】 ajouter (à); (不足を補う) suppléer
だす【出す】 (外に) sortir (de), mettre dehors; (引き出す) tirer (de), retirer (de); (送る) envoyer, expédier
-だす ⇨-しだす
たすう【多数】 (大部分) la plus grande partie 女; (過半数) la majorité 女 ――の… la plupart de… ▶多数決 décision (prise) à la majorité 女 ▶多数派 majorité 女
たすかる【助かる】 être sauvé(e) ―おかげで助かりました Merci beaucoup pour votre aide.
たすけ【助け】 (救助) aide 女; (援助) assistance 女
たすけおこす【助け起こす】 aider à se lever [se relever]
たすける【助ける】 aider; (救助) sauver ―助けて! Au secours!
たずねる【尋ねる】 demander (à) ―すみません、お尋ねしたいことがあるのですが Pardon, puis-je vous demander quelque chose?
たずねる【訪ねる】 (場所を) visiter; (人

だせい【惰性】inertie 女; (習慣) habitude 女

たそがれ【黄昏】crépuscule 男

ただ【只】一〜の (普通な) quelconque; (無料の) gratuit(e) 一ただの風邪です Ce n'est qu'un rhume (banal).

ただ【唯】一彼女は〜泣くばかりだった Elle ne faisait que pleurer.

だだ 一〜をこねる faire l'enfant gâté (e)

だたい【堕胎】avortement (volontaire) 男 一〜する (se faire) avorter

ただいま【只今】maintenant, actuellement

たたえる【称える】louer, glorifier

たたかい【戦い】lutte 女; (戦闘) bataille 女

たたかう【戦う】combattre; se battre 《contre, avec》

たたき【叩き】一〜壊す briser en frappant

たたく【叩く】(打つ) frapper, taper

ただごと【只事】一〜ではない Il se passe quelque chose de sérieux.

ただし【但し】cependant, seulement

ただしい【正しい】juste; (正確) exact (e), correct(e) 一それは〜 Vous avez raison.

ただす【正す】corriger

たたずむ【佇む】rester immobile

ただちに【直ちに】immédiatement, aussitôt

だたばたらき【只働き】一〜する faire un travail pour rien

たたむ【畳む】plier, replier

ただもの【只者】一あの人は〜ではない C'est quelqu'un.

ただよう【漂う】flotter; (船などが流される) dériver

たたり【祟り】malédiction 女

ただれる【爛れる】一皮膚がただれている La peau est enflammée.

たち【質】tempérament 男, nature 女 一〜の悪いやつだ mauvais sort

たちあがる【立ち上がる】se lever, se mettre debout

たちいり【立入り】▶立入禁止 【掲示】Entrée interdite; Accès interdit

タチウオ【太刀魚】trichiure 男, ceinture d'argent 女

たちおうじょう【立ち往生】一〜する ne pouvoir ni avancer ni reculer

たちぎき【盗り聞き】一〜する écouter aux portes

たちぐい【立ち食い】一〜する manger debout

たちさる【立ち去る】s'en aller

たちどまる【立ち止まる】s'arrêter

たちなおる【立ち直る】se relever, se remettre

たちのく【立ち退く】déménager 一立退かされる se faire expulser

たちのぼる【立ち上る】一湯気が〜 Les vapeurs s'élèvent.

たちば【立場】position 女, situation 女

たちまち【忽ち】(突然) tout d'un coup; (一瞬のうちに) en un moment [instant]

たちみせき【立ち見席】promenoir 男

たちむかう【立ち向かう】affronter, faire face à

だちょう【駝鳥】autruche 女

たちよる【立ち寄る】passer chez… 【助動詞 être】

たつ【立つ】se lever, se mettre debout

たつ【建つ】se construire, s'élever

たつ【経つ】passer 【助動詞 être】, s'écouler 一時が〜につれて avec le temps (qui passe)

たつ【発つ】partir 《pour》【助動詞 être】, quitter

たつ【断つ】(習慣などを) cesser (de 不定形); (遮断する) couper

たつ【裁つ】tailler [couper]

たっきゅう【卓球】tennis de table 男, ping-pong 男《不変》

だっきゅう【脱臼】déboîtement 男 一〜する se démettre

タックル plaquage 男 一〜する plaquer

だっこ 一赤ちゃんを〜する prendre un bébé dans ses bras

だっこく【脱穀】battage 男 一〜する battre

だっし【脱脂】▶脱脂乳 lait écrémé 男
脱脂綿 coton hydrophile 男

たっしゃ【達者】一〜な vigoureux(se); (上手な) habile

ダッシュ (短距離競走の) élan 男 一A' (A ダッシュ) A prime

だっしゅつ【脱出】évasion 女 一〜する s'échapper, s'évader 《de》

だっしょく【脱色】décoloration 女 一〜する décolorer

たつじん【達人】expert 男, virtuose 名

たっする【達する】atteindre, arriver à 【助動詞 être】

たっせい【達成】accomplissement 男 一〜する accomplir

だつぜい【脱税】fraude fiscale 女 一〜する frauder le fisc [l'impôt]

だっせん【脱線】déraillement 男; (話の) digression 女

だっそう【脱走】évasion 女, fuite 女

たった seulement 一彼は〜今出て行った Il vient juste de sortir.

だったい【脱退】départ 男; (離脱) séparation 女

タッチ (絵画の) touche 女; (タイプの) frappe 女 ▶タッチライン ligne de touche 女

だっちょう【脱腸】hernie 女

たって【達て】一彼の〜の願いで à sa dé-

だって (でも) mais; (強調) aussi
だつな【手綱】rênes 女 複, bride 女
タツノオトシゴ【竜の落とし子】hippocampe 男
だっぴ【脱皮】mue 女
タップ ▶タップダンス claquettes 女 複
たつまき【竜巻】trombe 女
だつもう【脱毛】chute des cheveux 女; (除毛) épilation 女
たつらく【脱落】omission 女 ーーする être omis(e), lâcher
たて【縦】longueur 女 ーーに (長辺) en long; (垂直) verticalement
たて【盾】bouclier 男 ーーに取る alléguer
-たて 大学を出たーの教師 professeur frais émoulu de l'université 男 焼きーのパン pain qui sort du four 男
たていと【縦糸】fil de chaîne 男
たてうり【建て売り】ーーする vendre une maison toute bâtie
たてがき【縦書き】écriture verticale 女 ーーする écrire verticalement [de haut en bas]
たてかける【立てかける】appuyer
たてがみ【髪】crinière 女
たてじま【縦縞】raies verticales 女 複
たてつづけ【立て続け】ーーに successivement, coup sur coup
たてふだ【立て札】panneau 男
たてまえ【建前】principe 男
たてもの【建物】bâtiment 男; (大きな) immeuble 男
たてゆれ【縦揺れ】tangage 男
たてる【立てる】dresser, lever
たてる【建てる】construire, bâtir
だとう【打倒】ーーする abattre, renverser
だとう【妥当】ーーな raisonnable, convenable
だどうし【他動詞】verbe transitif 男
たとえ ーー何が起ころうと quoi qu'il arrive [advienne]
たとえば【例えば】par exemple, comme
たとえる【譬える】(AをBに) comparer [assimiler] A à B
たどる【辿る】suivre
たな【棚】étagère 女; (食器棚) buffet 男
たに【谷】vallée 女; (峡谷) gorge 女
ダニ tique 女
たにがわ【谷川】ruisseau de montagne 男
たにん【他人】les autres
タヌキ【狸】sorte de blaireau japonais 【タヌキを指すフランス語はない】
たね【種】(種子) graine 女; (まくらの) semence 女
たねあかし【種明かし】explication 女 ーー手品のーーをする expliquer un tour de passe-passe

たねうし【種牛】taureau reproducteur [étalon] 男
たねうま【種馬】étalon 男
たねぎれ【種切れ】épuisement 男 ーーになる s'épuiser
たねまき【種蒔き】ensemencement 男, (穀物の) semailles 女 複 ーーする faire les semailles
たのしい【楽しい】joyeux(se); (おもしろい) amusant(e) ーー楽しかった Je me suis bien amusé
たのしませる【楽しませる】amuser; (気晴らしさせる) divertir
たのしみ【楽しみ】plaisir 男 (気晴らし) divertissement 男
たのしむ【楽しむ】jouir de; (遊ぶ) s'amuser (à)
たのみ【頼み】(依頼) demande 女 ーーの綱が切れた Mon dernier espoir est perdu.
たのむ【頼む】demander ーーから助けてくれ Aide-moi, je t'en supplie.
たのもしい【頼もしい】ー君が一緒だと ~ Je me sens encouragé avec toi. …を頼もしく思う trouver... digne de confiance
たば【束】(花・野菜などの) botte 女, gerbe 女; (書類などの) liasse 女
タバコ【煙草】cigarette 女; (たばこの葉) tabac 男 ーーを吸う fumer ▶たばこ屋 (bureau de) tabac 男
たばねる【束ねる】mettre [lier] ensemble, lier [nouer] en faisceau
たび【旅】voyage 男 ーーをする voyager
たび【度】ーー…する〜に chaque fois que…
たびかさなる【度重なる】répété(e), fréquent(e)
たびさき【旅先】(目的地) destination 女
たびだつ【旅立つ】partir (en voyage) 【助動詞】être) ー旅立ち départ 男
たびたび【度々】souvent, fréquemment
たびびと【旅人】voyageur(se) 名; (観光客) touriste 名
ダビング (テープなどの) repiquage 男, copie 女
タフ ーーな dur(e), robuste
タブー tabou 男 ーーの tabou(e)
だぶだぶ ーーの lâche, trop large
ダブる (重なる) faire double emploi, se superposer
ダブル ーーの上着 veston croisé 男 ▶ダブルクリック double clique 男 ダブルベッド grand lit 男, lit à deux places 男
ダブルス double 男
たぶん【多分】probablement; peut-être
たべあきる【食べ飽きる】en avoir assez de, être rassasié(e) de
たべかけ【食べかけ】ーーのステーキ

steak entamé 男

たべざかり【食べ盛り】 ～の子供 enfant en pleine croissance 名

たべすぎる【食べ過ぎる】 manger trop [avec excès]

タペストリー tapisserie 女

たべほうだい【食べ放題】 ～のレストラン restaurant où l'on mange à discrétion 男

たべもの【食べ物】 aliment 男, nourriture 女

たべる【食べる】 manger ―昼飯を～ prendre le déjeuner

たほう【他方】 l'autre part ―～では d'autre part

たぼう【多忙】 affairement 男 ―～である être occupé(e)

だぼく【打撲】 contusion 女

たま【玉】 boule 女

たま【球】 (テニスなどの) balle 女; (サッカーなどの) ballon 男

たま【弾】 balle 女, projectile 男

たま【偶】 ～に de temps en temps

たまご【卵】 œuf 男 ―小説家の～ futur écrivain 男

たましい【魂】 âme 女, esprit 男

だましうち【騙し討ち】 ～にする abattre par ruse

だます【騙す】 tromper

たまたま【偶々】 par hasard

たまつき【玉突き】 billard 男 ► 玉突き衝突 carambolage 男, collision en chaîne 女

タマネギ【玉葱】 oignon 男

たまのこし【玉の輿】 ～に乗る épouser [se marier avec] un homme riche

タマムシ【玉虫】 buprestre 男 ―～色の gorge-de-pigeon (不変); (どうとでもとれる) équivoque

たまらない【堪らない】 (我慢できない) insupportable ―…したくて～ être impatient(e) de [不定詞]

たまりかねる ne plus pouvoir supporter ―たまりかねて à bout de patience

だまりこむ【黙り込む】 s'enfermer dans le mutisme, se taire

たまる【溜まる】 s'accumuler

だまる【黙る】 se taire, garder le silence ―黙って en silence; (無断で) sans prévenir

ダム barrage 男

ため【為】 …の～ pour ..., en faveur de ... ; ～になる (教育的な) instructif(ve)

だめ【駄目】 ～にする endommager, abîmer ~ になる (失敗する) échouer; (傷などを) s'abîmer

ためいき【溜息】 soupir 男 ―～をつく soupirer

ダメージ dommage 男

ためし【試し】 essai 男 ―～に à l'essai

ためす【試す】 essayer; (実験する) expérimenter

ためらい【躊躇い】 hésitation 女, scrupule 男

ためらう【躊躇う】 hésiter

ためる【溜める】 amasser; (貯金する) épargner

ためる【溜める】 ―仕事を～ laisser le travail s'accumuler

たもつ【保つ】 maintenir, garder

たやすい facile, aisé(e)

たよう【多様】 ～な varié(e), divers(e)

たより【便り】 nouvelles 女(複); (手紙) lettre 女

たより【頼り】 appui 男, confiance 女 ―～にする avoir confiance en

たよる【頼る】 compter sur, se reposer sur

タラ【鱈】 morue 女

-たら si, au cas où

たらい【盥】 baquet 男, bassin 男

だらく【堕落】 corruption 女; (人間・社会の) pourriture 女 ―～する se corrompre

-だらけ ―間違い～である être plein(e) de fautes

だらける se relâcher, s'avachir

だらしない négligent(e), négligé(e)

たらす【垂らす】 (液体を) laisser couler; (ぶら下げる) suspendre

-たらず【-足らず】 (un peu) moins de, (tout) au plus

だらだら ～した演説 discours interminable ―～と続く traîner

タラップ passerelle 女

だらり ―腕を～と垂らす laisser pendre les bras カーテンの紐を～と垂れていた Le cordon de rideaux pendouille.

-たり ―雨が降ったり止んだりする Il pleut par intermittence.

ダリア dahlia 男

たりない【足りない】 ―…が～ manquer de…, ne pas avoir assez de…

たりょう【多量】 ～の～ beaucoup de…, une grande quantité de…

たりる【足りる】 suffire, être suffisant

たる【樽】 tonneau 男; (大樽) tonne 女

だるい fatigué(e), faible(e)

たるむ【弛む】 se relâcher ―たるんだ lâche

だれ【誰】 qui; (誰か) quelqu'un ―～もいない Il n'y a personne.

たれる【垂れる】 (下げる・下がる) pendre; (したたる) dégoutter

だれる se relâcher; (退屈する) s'ennuyer

タレント vedette du petit écran 女

-だろう peut-être, probablement ―明日は雨～ Il pleuvra demain.

タワー tour 女

たわし lavette (à vaisselle) 女

たわむ【撓む】plier, ployer
たわむれる【戯れる】jouer, s'amuser
たん【痰】crachat 男 ――を吐く cracher
だん【団】groupe 男, bande 女
だん【段】(階段の) marche 女; (段階) degré 男
だん【壇】estrade 女; (演壇) tribune 女
だんあつ【弾圧】oppression 女, répression 女 ――する opprimer
たんい【単位】unité 女; (学課の) unité de valeur 女; (略 UV)
たんいつ【単一】――の simple; (ひとつの) seul(e)
たんか【担架】brancard 男, civière 女
たんか【単価】prix unitaire [à l'unité] 男
だんか【噉呵】――を切る faire du bluff, bluffer
タンカーpétrolier 男, tanker 男
だんかい【段階】degré 男, étape 女 ――的な graduel(le)
たんかだいがく【単科大学】université monodisciplinaire 女
たんがん【嘆願】supplication 女, sollicitation 女 ▶嘆願書 pétition 女
だんがん【弾丸】balle 女; (砲弾) obus 男
たんき【短気】impatience 女, irritabilité 女 ――な emporté(e)
たんき【短期】――の de courte durée, à court terme ▶短期国債 emprunt d'État à court terme 男 短期大学 institut universitaire à deux ans 男
たんきゅう【探究】recherche 女, étude 女
たんきょり【短距離】petite [courte] distance 女 ▶短距離競走 course de vitesse 女 短距離選手 coureur(se) de vitesse 名
タンクréservoir 男, citerne 女 ▶タンクローリー camion-citerne 男 (複 ~s-~s)
だんけつ【団結】union 女, solidarité 女
たんけん【探検・探険】exploration 女, expédition 女
たんけん【短剣】poignard 男, dague 女
だんげん【断言】assertion 女, affirmation 女
たんご【単語】mot 男 ▶単語集 vocabulaire 男
タンゴtango 男
だんこ【断固】――たる résolu(e), décidé(e) ~として fermement
たんこう【炭坑】mine de charbon [houille] 女; houillère 女
だんごう【談合】entente illicite 女
ダンサーdanseur(se) 名
だんざい【断罪】condamnation 女 ――する condamner
タンザニアTanzanie 女 ――の tanzanien(ne)
たんさん【炭酸】acide carbonique 男 ――の carbonique ▶炭酸飲料 boisson gazeuse 女
だんし【男子】garçon 男 ――の masculin(e)
だんじき【断食】jeûne 男
たんしゅく【短縮】raccourcissement 男, diminution 女
たんじゅん【単純】simplicité 女 ――な simple ▶単純化 simplification 女
たんしょ【短所】défaut 男, faiblesse 女
だんじょ【男女】hommes et femmes, personnes des deux sexes 女 複
たんじょう【誕生】naissance 女 ――する naître [助動詞 être] ▶誕生祝い cadeau d'anniversaire 男 誕生日 anniversaire 男
たんしん【単身】――で tout(e) seul(e) 札幌へ――赴任する aller occuper son poste à Sapporo sans sa famille [助動詞 être]
たんしん【短針】petite aiguille 女
たんす【箪笥】(開き戸のついた) armoire 女; (衣装だんす) garde-robe 女
ダンスdanse 女 ▶ダンスパーティー bal 男
たんすい【淡水】eau douce 女
たんすう【単数】singulier 男 ――の singulier(ère)
だんせい【男性】sexe masculin 男, homme 男 ――の mâle, viril(e)
たんせき【胆石】calcul biliaire 男
だんぜん【断然】résolument, incontestablement
たんそ【炭素】carbone 男
だんそう【断層】faille 女, cassure 女
だんぞく【断続】――的な intermittent(e) ~的に par intervalles
たんだい【短大】⇨短期
だんたい【団体】association 女, organisation 女 ▶団体旅行 voyage organisé 男
たんたん【淡々】――とした (落ち着いた) calme; (執着のない) détaché(e)
だんだん【段段】de plus en plus; (少しずつ) peu à peu
だんち【団地】(grand) ensemble d'habitation collective 男
たんちょう【単調】――な monotone
たんちょう【短調】mode mineur 男
だんちょう【団長】chef (de groupe) 男
たんてい【探偵】détective 男
たんとう【担当】――する se charger (de) ▶担当者 préposé(e) 名; (責任者) personne responsable 女
たんとう【短刀】poignard 男
たんどく【単独】――の seul(e), individuel(le) ▶単独行動 action indépendante 女

だんどり【段取り】arrangements 男複 ──をつける arranger
だんな【旦那】maître 男; (敬称) Monsieur
だんなる【単なる】simple, pur(e) 《共に名詞の前》
たんに【単に】simplement, seulement
たんにん【担任】──の教師 professeur responsable (d'une classe) 男; (小学校の) maître(sse) d'une classe 名
たんねん【丹念】──な soigneux(se), soigné(e)
だんねん【断念】──する abandonner, renoncer 《à》
たんのう【堪能】──な bon(ne), fort(e) ──する être satisfait(e) [rassasié(e)] 《de》
たんのう【胆嚢】vésicule biliaire 女
たんぱ【短波】ondes courtes 女複 ▶短波放送 émission sur ondes courtes
たんぱく【蛋白】albumine 女 ▶蛋白質 protéine 女
タンバリン tambourin 男
たんび【耽美】▶耽美主義 esthétisme 男
ダンピング dumping 男
ダンプカー camion à benne 男
たんぺん【短編】conte 男 ▶短編映画 court métrage 男 短編小説 nouvelle 女
だんぺん【断片】fragment 男, morceau 男
たんぼ【田圃】rizière 女
たんぽ【担保】gage 男, garantie 女 ──付きの hypothécaire, sur gages
だんぼう【暖房】chauffage 男 ▶暖房器具 radiateur 男, appareil de chauffage 男
ダンボール【段ボール】carton ondulé 男
タンポポ【蒲公英】pissenlit 男
タンポン tampon 男
たんまつ【端末】terminal 男 (複 -aux)
たんまり abondamment, beaucoup
だんめん【断面】section 女, coupe 女
だんやく【弾薬】munitions 女複
だんゆう【男優】acteur 男
だんらく【段落】paragraphe 男
だんりゅう【暖流】courant chaud 男
だんりょく【弾力】élasticité 女, flexibilité 女 ──のある élastique
たんれん【鍛練】entraînement 男, exercice 男
だんろ【暖炉】cheminée 女, foyer 男
だんわ【談話】entretien 男, conversation 女 ▶談話室 parloir 男

ち

ち【血】sang 男 ──が出る saigner
ち【地】(大地) terre 女, (場所) lieu 男
チアノーゼ cyanose 女
ちあん【治安】ordre public 男, sécurité publique 女
ちい【地位】(身分) position 女; (役職) poste 男
ちいき【地域】région 女; (地区) zone 女 ──の régional(ale) (男複 -aux) ▶地域社会 société locale 女
ちいさい【小さい】petit(e); (細かい) fin(e)
チーズ fromage 男
チーター guépard 男
チーフ chef 男《女性にも男性形を用いる》
チーム équipe 女 ──ワークがよい avoir un bon esprit d'équipe
ちえ【知恵】intelligence 女, sagesse 女 ▶知恵の輪 anneaux magiques 男複
チェーン (鎖) chaîne 女 ▶チェーン店 chaîne de magasins 女
チェコ République tchèque 女 ──の tchèque
チェス échecs 男複 ──をする jouer aux échecs
ちぇっ Flûte! | Zut!
チェック (照合) pointage 男; (格子縞) carreaux 男複
チェックアウト ──する quitter sa chambre; (支払いをする) régler sa note
チェックイン ──する prendre sa chambre
チェリー cerise 女
チェロ violoncelle 男 ▶チェロ奏者 violoncelliste 名
チェンバロ clavecin 男
ちか【地下】sous-sol 男 ──の souterrain(e) ▶地下街 quartier souterrain 男 地下資源 ressources souterraines [du sous-sol] 女複 地下室 cave 女 地下水 eau souterraine 女 地下鉄 métro 男 地下道 (passage) souterrain 男
ちか【地価】prix d'un terrain 男
ちかい【近い】proche, près 《de》 ──また──うちに À bientôt.
ちかい【誓い】serment 男, vœu 男
ちがい【違い】différence 女; (区別) distinction 女
ちがいない【違いない】il est certain que, je suis sûr(e) que
ちがいほうけん【治外法権】exterritorialité 女
ちかう【誓う】jurer... [de 不定詞, que ...], faire le serment de 不定詞
ちがう【違う】être différent(e) 《de》; (間違っている) faux(sse) ──と違うって à la différence de, contrairement à
ちかく【近く】(近所) voisinage 男; (付近) environs 男複
ちかく【知覚】perception 女, sens 男
ちがく【地学】science de la terre 女

ちかごろ【近頃】ces jours-ci, récemment
ちかづく【近づく】(近づいてくる) approcher; (近づる) (s') approcher, se rapprocher ((de))
ちかづける【近づける】rapprocher ((de)), approcher
ちかみち【近道】raccourci, chemin de traverse
ちかよる【近寄る】⇨近づく
ちから【力】force 女; (元気) énergie 女 ――ずくで de [par] force ~強い fort(e), vigoureux(se) ~力仕事 travail physique 男
ちかん【痴漢】satyre 男
ちきゅう【地球】terre 女; 〖天文学的意味では Terre〗; globe (terrestre) 男 ►地球温暖化 réchauffement du globe 男 地球儀 globe (terrestre) 男
ちぎる【千切る】déchirer; (むしる) arracher
ちぎれる【千切れる】se déchirer; (取れる) se détacher
チキン poulet 男 ►ローストチキン poulet rôti 男
ちく【地区】quartier 男; (界隈) quartier 男
ちくさん【畜産】élevage (du bétail) 男 ►畜産業者 éleveur(se) 名
ちくしょう【畜生】Zut! | Merde!
ちくせき【蓄積】accumulation 女
ちくちく ~する Ça me pique.
ちくでんち【蓄電池】accumulateur 男
ちくのうしょう【蓄膿症】ozène 男
ちぐはぐ ~な (矛盾した) contradictoire; (調和していない) en désaccord, disparate
ちくび【乳首】mamelon 男, tétine 女
ちけい【地形】configuration 女 ――上の topographique
チケット (切符の大きさの) ticket 男; (紙幣ぐらいの大きさの) billet 男
ちこく【遅刻】retard 男 ――する arriver en retard 〖助動詞 être〗
ちじ【知事】préfet 男; 〖アメリカの州知事〗gouverneur 男
ちしき【知識】connaissances 女; 〖集合的〗savoir 男 ►知識人 intellectuel(le) 名
ちしつ【地質】nature d'un terrain 女 ►地質学 géologie 女
ちじょう【地上】surface de la terre 女 ――の terrestre ►地上権 droit d'occupation d'un terrain 男
ちじん【知人】connaissance 女, relations 女
ちず【地図】carte 女; (市街の) plan 男 ►地図帳 atlas 男
ちすじ【血筋】(血統) sang 男; (家系) ligne 女
ちせい【知性】intelligence 女
ちせつ【稚拙】――な enfantin(e)
ちそう【地層】couche (géologique) 女, strate 女

ちたい【地帯】zone 女; (帯状の) ceinture 女
ちだらけ【血だらけ】――の sanglant(e)
チタン titane 男
ちち【父】père 男 ――(方)の paternel(le)
ちち【乳】sein 男; (母乳) lait maternel 男
ちちおや【父親】père 男
ちぢこまる【縮こまる】se blottir; (姿勢を低くする) se tapir
ちぢむ【縮む】(布などが) (se) rétrécir; (筋肉・金属が) se contracter
ちぢめる【縮める】(時間・期限を) abréger; (寸法・範囲などを) raccourcir
ちちゅうかい【地中海】la Méditerranée
ちぢれげ【縮れ毛】cheveux frisés [crépus] 男 複
ちぢれる【縮れる】friser, frisotter
ちつ【腟】vagin 男
ちつじょ【秩序】ordre 男; (規律) discipline 女
ちっそ【窒素】azote 男
ちっそく【窒息】suffocation 女, étouffement 男 ――する être suffoqué(e) [étouffé(e)]
ちっとも ――…ない ne…pas du tout; ne…rien (du tout)
チップ pourboire 男; (サービス料) service 男; (半導体の) puce 女
ちてき【知的】――な intellectuel(le)
ちてん【地点】point 男; (場所) endroit 男
ちなまぐさい【血腥い】sanglant(e), sanguinaire
ちなむ【因む】――にちなんで d'après …
ちのう【知能】intelligence 女 ►知能指数 quotient intellectuel 男 知能犯 criminel(le) astucieux(se) 名
ちび nabot(e) 名; (子供) bambin 男
ちびちび peu à peu, petit à petit
ちぶさ【乳房】mamelle 女, sein 男
チフス typhus 男 ►腸チフス fièvre typhoïde 女
ちへいせん【地平線】horizon 男
ちほう【地方】région 女; province 女 ――の régional(ale) (男複 -aux), local(ale) (男複 -aux) ►地方分権 décentralisation 女
ちみつ【緻密】finesse 女; (繊細) délicatesse 女 ――な fin(e), délicat(e)
ちめい【地名】nom de lieu 男
ちめい【致命】――的な fatal(e) (男複 ~s), mortel(le)
ちめいど【知名度】célébrité 女
ちゃ【茶】茶 男; (木) théier 男 ►茶漉(こ)し passe-thé 男 (不変)
チャーター affrètement 男 ――する affréter un avion ►チャーター機 charter 男
チャーハン【炒飯】riz cantonais 男
チャーミング ――な charmant(e);

チャイム(人をひきつける) séduisant(e)
チャイム carillon 男, sonnerie 女
ちゃいろ【茶色】marron 男, brun 男
ちゃかす【茶化す】ridiculiser; (からかう) railler
ちゃく【着】一背広 1〜 un complet
ちゃくし【嫡子】héritier(ère) 名; (嫡出子) enfant légitime 男
ちゃくじつ【着実】〜な régulier(ère), constant(e)
ちゃくしゅ【着手】〜する commencer, mettre la main《à》
ちゃくしょく【着色】coloration 女; (彩色) coloriage 男 ▶**着色剤** substance colorante 女
ちゃくすい【着水】〜する amerrir
ちゃくせき【着席】〜する prendre place, s'asseoir
ちゃくそう【着想】idée 女, inspiration 女
ちゃくち【着地】(スポーツで) réception 女 〜する se recevoir
ちゃくちゃく【着々】〜と pas à pas, progressivement
ちゃくにん【着任】entrée en fonction 女 〜する entrer en fonction【助動詞 être】
ちゃくばらい【着払い】envoi contre remboursement 男
ちゃくふく【着服】détournement 男, malversation 女 〜する détourner
ちゃくもく【着目】remarque 女 〜する remarquer
ちゃくよう【着用】mise 女 〜する porter
ちゃくりく【着陸】atterrissage 男 〜する atterrir
ちゃっかり 〜した finaud(e), malin(maligne)
チャック fermeture éclair [à glissière] 女
チャド Tchad 〜の tchadien(ne)
ちゃのま【茶の間】living-room 男
チャペル chapelle 女
ちやほや 〜する courtiser; (甘やかす) cajoler
チャリティー charité 女, bonnes œuvres 女複 ▶**チャリティーショー** gala de bienfaisance 男
チャレンジ défi 男
ちゃわん【茶碗】(ご飯の) bol à riz 男; (コーヒーなどの) tasse 女
チャンス chance 女, occasion 女
ちゃんと en ordre; (正確に) précisément, exactement
チャンネル chaîne (de télévision) 女
チャンピオン champion(ne) 名
ちゆ【治癒】guérison 女, rétablissement 男 〜する (se) guérir
ちゅう【注】note 女, remarque 女
ちゅう【中】moyenne 女
-ちゅう【-中】一今月〜に dans le mois 私の留守〜に pendant mon absence

ちゅうい【注意】attention 女; (警戒) garde 女 〜〜深い attenti(ve), soigneu(se)
チューインガム chewing-gum 男
ちゅうおう【中央】centre 男, milieu 男 〜〜の central(ale) (複 -aux)
ちゅうおうアフリカ【中央-】(共和国) République centrafricaine 女 〜中央アフリカの centrafricain(e)
ちゅうか【中華】▶**中華料理** cuisine chinoise 女
ちゅうかい【仲介】intermédiaire 男, entremise 女 ▶**仲介者** intermédiaire 名, médiateur(trice)
ちゅうがえり【宙返り】(体操の) saut périlleux 男; (飛行機の) looping 男
ちゅうがく【中学】▶**中学生** collégien(ne) 名 ▶**中学校** collège 男
ちゅうかん【中間】milieu 男 〜〜の intermédiaire; (位の) moyen(ne) ▶**中間試験** examen partiel 男
ちゅうきゅう【中級】cours [niveau] moyen 男 〜〜の moyen(ne)
ちゅうきんとう【中近東】Moyen-Orient 男
ちゅうくらい【中位】〜〜の moyen(ne)
ちゅうけい【中継】relais 男; (放送) retransmission 女
ちゅうこ【中古】〜〜の d'occasion, de seconde main ▶**中古車** voiture d'occasion 女 ▶**中古品** article d'occasion 男
ちゅうこく【忠告】conseil 男 〜〜する conseiller《à》
ちゅうごく【中国】Chine 女 〜〜の chinois(e) ▶**中国語** chinois 男 ▶**中国人** Chinois(e) 名
ちゅうさい【仲裁】arbitrage 男, médiation 女 ▶**仲裁人** arbitre 男, médiateur(trice)
ちゅうざい【駐在】résidence 女
ちゅうさんかいきゅう【中産階級】classe moyenne 女, bourgeoisie 女
ちゅうし【中止】interruption 女; (一時的中断) suspension 女 〜〜する arrêter; (一時的に) suspendre
ちゅうじえん【中耳炎】otite moyenne 女
ちゅうじつ【忠実】fidélité 女 〜〜な fidèle
ちゅうしゃ【注射】piqûre 女, injection 女
ちゅうしゃ【駐車】stationnement 男, parking 男 ▶**駐車場** parking 男
ちゅうしゃく【注釈】annotation 女, commentaire 男
ちゅうしゅつ【抽出】extraction 女; (統計で) échantillonnage 男
ちゅうじゅん【中旬】一六月〜に au milieu du mois de juin, (à la) mi-juin
ちゅうしょう【中傷】calomnie 女; (名

ちゅうしょう【中傷】 diffamation 女

ちゅうしょう【抽象】 abstraction 女 ——的な abstrait(e) ▶抽象画 peinture abstraite 女

ちゅうしょう【中小】 ▶中小企業 petites et moyennes entreprises 女 複 【略 PME】

ちゅうしょく【昼食】 déjeuner 男 ——をとる déjeuner

ちゅうしん【中心】 centre 男, milieu 男; (核心) cœur 男 ▶中心人物 pivot 男 ▶中心地 centre 男, foyer 男

ちゅうすう【中枢】 centre 男, pivot 男

ちゅうせい【中世】 Moyen Âge 男 ——の médiéval(ale) (男複 -aux)

ちゅうせい【中性】 (文法で) neutre 男; (化学・物理で) neutralité 女

ちゅうせい【忠誠】 loyauté 女, fidélité 女

ちゅうせいし【中性子】 neutron 男

ちゅうぜつ【中絶】 avortement 男 ——する se faire avorter

ちゅうせん【抽選】 tirage (au sort) 男 ——に当たる[外れる] tirer un bon [mauvais] numéro

ちゅうぞう【鋳造】 ——する fondre, mouler

ちゅうたい【中退】 ——する arrêter [quitter] ses études

ちゅうだん【中断】 interruption 女, (一時的中断) suspension 女 ——する interrompre

ちゅうちょ【躊躇】 hésitation 女 ——する hésiter (à 不定詞)

ちゅうと【中途】 ——で à mi-chemin, à moitié chemin

ちゅうとう【中東】 Moyen-Orient 男 ——の moyen-oriental(ale) (男複 -aux)

ちゅうとう【中等】 ▶中等教育 enseignement secondaire 男

ちゅうどく【中毒】 intoxication 女, empoisonnement 男 ▶アルコール中毒 alcoolisme 男

チューナー tuner 男, syntoniseur 男

チューニング accord 男

ちゅうねん【中年】 âge moyen [mûr] 男

ちゅうばん【中盤】 一試合は——戦に入った La partie est entrée dans sa phase médiane.

ちゅうぶ【中部】 centre 男 ▶中部地方 région centrale 女

チューブ tube 男; (タイヤの) chambre à air 女

ちゅうふく【中腹】 flanc 男

ちゅうぼう【厨房】 cuisine 女

ちゅうもく【注目】 ——する remarquer (que) ——すべき remarquable

ちゅうもん【注文】 ordre 男; (オーダー) commande 女 ▶注文書 bon [bulletin] de commande

ちゅうゆ【注油】 graissage 男, huilage 男

ちゅうよう【中庸】 modération 女, mesure 女

ちゅうりつ【中立】 neutralité 女 ——の neutre

チューリップ tulipe 女

ちゅうりゅう【中流】 (川の) cours moyen 男; (中産階級) classe moyenne 女

ちゅうわ【中和】 ——する neutraliser

チュニジア Tunisie 女 ——の tunisien(ne)

ちょう【兆】 billion 男; mille milliards 男 複

ちょう【長】 chef 男, maître(sse) 名

ちょう【腸】 intestin 男; (動物の) boyau 男

チョウ【蝶】 papillon 男 ▶蝶ネクタイ nœud papillon 男 蝶結び nœud papillon 男

ちょうあい【寵愛】 faveur 女 ——を受ける être en faveur auprès de ...

ちょういん【調印】 signature 女 一条約に——する signer un traité

ちょうえき【懲役】 réclusion 女

ちょうえつ【超越】 ——する transcender

ちょうおんそく【超音速】 ——の supersonique

ちょうおんぱ【超音波】 ultrason 男

ちょうか【超過】 excédent 男, excès 男 ▶超過勤務 heures supplémentaires 女 複

ちょうかい【懲戒】 sanction 女, réprimande 女 ▶懲戒免職 révocation disciplinaire 女

ちょうかく【聴覚】 ouïe 女, sensation auditive 女

ちょうかん【朝刊】 édition du matin 女; (朝刊紙) journal du matin 男

ちょうかん【長官】 président(e) 名【女性にも男性形を用いる】; chef 男

ちょうき【長期】 longue période [durée] 女

ちょうきょう【調教】 dressage 男; (猛獣の) domptage 男

ちょうきょり【長距離】 longue distance 女 ▶長距離電話 communication interurbaine 女, interurbain 男

ちょうこう【徴候】 signe 男 (病気の) symptôme 男

ちょうこう【聴講】 ——する assister à un cours ▶聴講生 auditeur(trice) libre 名

ちょうごう【調合】 préparation des médicaments 女

ちょうこうそう【超高層】 ▶超高層ビル gratte-ciel 男 (不変)

ちょうこく【彫刻】 sculpture 女 ▶彫刻家 sculpteur 男 (女性にも男性形を用いるが femme sculpteur ともいう)

ちょうさ【調査】 enquête 女; (探索) investigation 女

ちょうし【調子】 condition 女; (語調・口調) ton 男 ——はどう? Comment

ちょうじ【寵児】一時代の〜 homme du jour 男, personnalité à la mode 女

ちょうしぜん【超自然】 〜的な surnaturel(le)

ちょうしゅ【聴取】écoute 女, audition 女

ちょうしゅう【徴収】perception 女, recouvrement 男

ちょうしゅう【聴衆】auditoire 男, public 男

ちょうしょ【長所】mérite 男, qualité 女

ちょうしょ【調書】procès-verbal 男 (複 -verbaux) 〜を取る dresser un procès-verbal

ちょうじょ【長女】(fille) aînée 女

ちょうしょう【嘲笑】ricanement 男; (冷やかし) moquerie 女

ちょうじょう【頂上】sommet 男, cime 女

ちょうしょく【朝食】petit déjeuner 男 〜を取る prendre son petit déjeuner

ちょうしん【長針】grande aiguille 女

ちょうじん【超人】surhomme 男

ちょうせい【調整】ajustement 男; (複数のものの間で) coordination 女

ちょうせつ【調節】régulation 女; (機械などの) réglage 男

ちょうせん【挑戦】défi 男 ▶挑戦者 challenge(u)r 男

ちょうせん【朝鮮】Corée 女 ▶朝鮮語 coréen 男

ちょうぞう【彫像】statue 女

ちょうだい【頂戴】 〜する recevoir

ちょうたつ【調達】approvisionnement 男

ちょうたんぱ【超短波】ondes ultra-courtes 女

ちょうちょう【町長】maire 男

ちょうちょう【長調】ton [mode] majeur 男

ちょうちょう【蝶々】⇨チョウ

ちょうちん【提灯】lanterne vénitienne 女

ちょうつがい【蝶番】charnière 女

ちょうてい【調停】arbitrage 男; (労働争議などの) médiation 女

ちょうてん【頂点】sommet 男, apogée 男

ちょうど【丁度】juste; (正確に) exactement

ちょうとっきゅう【超特急】train ultra-rapide 男

ちょうなん【長男】(fils) aîné 男

ちょうねんてん【腸捻転】torsion intestinale 女

ちょうのうりょく【超能力】pouvoir surnaturel 男

ちょうはつ【挑発】provocation 女, incitation 女 〜的な provocant(e)

ちょうばつ【懲罰】punition 女, sanction 女

ちょうふく【重複】répétition 女 〜した superflu(e)

ちょうへん【長編】▶長編映画 long métrage 男 長編小説 (grand) roman 男

ちょうぼ【帳簿】registre 男; (会計の) livre de comptes 男

ちょうほう【重宝】 〜な pratique 〜する se servir beaucoup de ...

ちょうぼう【眺望】vue 女

ちょうほうけい【長方形】rectangle 男 〜の rectangulaire

ちょうまんいん【超満員】 〜の archicomble, bondé(e)

ちょうみりょう【調味料】assaisonnement 男, condiment 男

ちょうみん【町民】habitants d'une ville 男複

ちょうめん【帳面】(ノート) cahier 男; (手帳) carnet 男

ちょうもんかい【聴問会】audience 女

ちょうやく【跳躍】saut 男, bond 男

ちょうり【調理】cuisine 女 ▶調理法 recette 女

ちょうりつ【調律】accordage 男 〜する ピアノを〜する accorder un piano

ちょうりゅう【潮流】courant de marée 男; (思想などの流れ) courant 男

ちょうりょく【聴力】acuité [capacité] auditive 女

ちょうれい【朝礼】assemblée [réunion] du matin 女

ちょうわ【調和】harmonie 女, accord 男 〜する s'harmoniser avec

チョーク craie 女

ちょきん【貯金】épargne 女, économies 女複 ▶貯金通帳 livret d'épargne 男 貯金箱 tirelire 女

ちょくげき【直撃】 〜する attaquer [frapper] directement

ちょくしん【直進】 〜する aller droit [助動詞 être]

ちょくせつ【直接】directement 〜の direct(e) ▶直接税 impôt direct 男 直接選挙 suffrage direct 男 直接法 ligne droite 女

ちょくせん【直線】 〜の direct(e)

ちょくばい【直売】vente directe 女

ちょくめん【直面】 〜する se trouver devant [en face de]; (立ち向かう) faire face à

ちょくやく【直訳】traduction littérale [mot à mot] 女

ちょくりつ【直立】 〜の droit(e), vertical(ale) (男複 -aux)

ちょくりゅう【直流】courant continu 男

チョコレート chocolat 男

ちょさく【著作】ouvrage 男, œuvre (littéraire) 女 ▶著作権 droit d'auteur 男

ちょしゃ【著者】auteur 男 [女性にも男性形を用いる]

ちょすいち【貯水池】réservoir d'eau 男, retenue d'eau 女
ちょぞう【貯蔵】conservation 女; (貯え) provision 女
ちょちく【貯蓄】épargne 女, économies 女複
ちょっかく【直角】angle droit 男
ちょっかん【直感】intuition 女 ーー～的な intuitif(ve)
チョッキ gilet 男
ちょっけい【直径】diamètre 男
ちょっこう【直行】ーー～する aller directement【助動詞être】▶直行便 vol direct 男
ちょっと（少し）un (petit) peu ーー～したものだ C'est quelque chose. 今いいですか Vous avez un instant? ～見る jeter un coup d'œil
ちょめい【著名】ーー～な célèbre, renommé(e)
ちょろちょろ ー小川が～と流れる Un ruisseau coule en un mince filet.
ちらかす【散らかす】mettre en désordre, laisser traîner partout ー散らかった部屋 chambre en désordre [désordonnée] 女
ちらし【散らし】prospectus 男, tract 男
ちらちら ー雪が～降る La neige tombe en [à] légers flocons.
ちらばる【散らばる】se disperser, s'éparpiller
ちらほら ー着物姿の若い女性も～見える On aperçoit des jeunes filles en kimono çà et là.
ちり【塵】poussière 女
ちり【地理】géographie 女 ーー～的な géographique
チリ Chili 男 ーー～の chilien(ne)
ちりがみ【塵紙】mouchoir en papier 男
ちりぢり【散り散り】ーー～になる se disperser, se débander
ちりとり【塵取り】pelle à poussière [à ordures] 女
ちりょう【治療】traitement 男, soins 男複 ▶治療費 frais médicaux 男複; 治療法 cure 女
ちりょく【知力】intelligence 女
ちる【散る】se disperser; (花・葉などが) tomber【助動詞être】
ちんあげ【賃上げ】augmentation [hausse] des salaires 女
ちんか【沈下】affaissement 男, tassement 男
ちんがし【賃貸し】location 女, louage 男
ちんがり【賃借り】location 女
ちんぎん【賃金】salaire 男; (報酬) rémunération 女
ちんじゅつ【陳述】exposé 男; (証人の) déposition 女
ちんじょう【陳情】requête 女, supplique 女

ちんせいざい【鎮静剤】calmant 男, (精神安定剤) tranquillisant 男
ちんたい【沈滞】stagnation 女, marasme 男
ちんたい【賃貸】location 女, louage 男
ちんちょう【珍重】ーー～する garder [conserver] précieusement
ちんつう【鎮痛】▶鎮痛剤 analgésique 男; calmant 男
ちんでん【沈殿】sédimentation 女; (化学) précipitation 女 ▶沈殿物 dépôt 男; (堆積物) sédiment 男
チンパンジー chimpanzé 男
ちんぷ【陳腐】ーー～な banal(e) (男複 ～s), (使い古した) usé(e)
ちんぷんかんぷん ーそれは私には～だ C'est du latin [de l'hébreu] pour moi.
ちんぼつ【沈没】submersion 女; (難破) naufrage 男 ーー～する couler
ちんみょう【珍妙】ーー～な bizarre, cocasse
ちんもく【沈黙】silence 男 ーー～する se taire
ちんれつ【陳列】exposition 女, étalage 男

ツアー（団体旅行）voyage organisé 男
つい ーー～今しがた il y a juste un instant
つい【対】paire 女 ーー～の une paire de
ついか【追加】supplément 男 ▶追加料金 supplément (à payer) 男
ついきゅう【追及】ー責任を～する rechercher [établir] la responsabilité de
ついきゅう【追求】poursuite 女 ーー～する poursuivre
ついきゅう【追究】recherche 女 ーー～する rechercher
ついげき【追撃】chasse 女
ついし【追試】examen de repêchage 男
ついじゅう【追従】soumission 女 ーー～する s'asservir à
ついじゅう【追従】flatterie 女 ーお～を言う flatter
ついしん【追伸】post-scriptum 男《不変》略 P.S.》
ついせき【追跡】poursuite 女; (調査) recherche 女
ついたて【衝立】paravent 男
ついて【就いて】de, sur ーそれに～は à ce propos
ついで【次いで】puis; (順位) après
ついで【序で】ー話の～に à propos ～に言っておきますが soit dit en passant

ついていく【付いて行く】courir après …, poursuivre
ついてる avoir de la chance —ついてない Pas de chance.
ついとう【追悼】commémoration 女 —～する déplorer [se désoler de] la mort de
ついとつ【追突】'heurt par derrière 男 —～する 'heurter d'arrière d'une voiture
ついに【遂に】enfin, finalement
ついばむ【啄ばむ】becqueter, picorer
ついほう【追放】expulsion 女; (国外へ の) exil 男
ついやす【費やす】consacrer (à); (金 を) dépenser (en, à)
ついらく【墜落】chute 女 —～する tomber【助動詞être】
ツイン —～の部屋 chambre à deux lits 女
つうか【通貨】monnaie courante 女 —～の monétaire ▶通貨供給量 masse monétaire 女
つうか【通過】passage 男 —～する passer ▶通過儀礼 initiation 女
つうがく【通学】—～する aller à l'école【助動詞être】
つうかん【通関】dédouanement 男
つうきん【通勤】—～する aller à son [au] travail【助動詞être】▶通勤電車 train de banlieue 男
つうこう【通行】passage 男; (交通) circulation 女 ▶通行人 passant(e) 名 通行料金 péage 男
つうこく【通告】notification 女, avis 男
つうじて【通じて】(仲介) par …, par l'intermédiaire de …
つうしょう【通商】commerce 男
つうじょう【通常】ordinairement, normalement —～の ordinaire
つうじる【通じる】(乗り物が) desservir; (道などが…へ) mener à …
つうしん【通信】communication 女; (手紙での) correspondance 女 ▶通信教育 enseignement par correspondance 男 通信社 agence de presse 女
つうせつ【痛切】—～に vivement, intensément
つうぞく【通俗】—～的な populaire, vulgaire ▶通俗小説 roman populaire 男
つうち【通知】annonce 女; (告知的な) avis 男 ▶通知表 carnet scolaire 男
つうちょう【通帳】livret de banque 男
つうどく【通読】—～する lire d'un bout à l'autre
ツーピース deux-pièces 男 (不変)
つうふう【通風】aération 女
つうほう【通報】—A に B を～する informer A de B [que]
つうやく【通訳】traduction 女; (人) interprète 名
つうよう【通用】—～する avoir cours; (有効である) être valable [valide]
ツーリスト touriste 名
つうれい【通例】—～は d'ordinaire, d'habitude
つうれつ【痛烈】—～な sévère, violent(e)
つうろ【通路】passage 男
つうわ【通話】communication (téléphonique) 女
つえ【杖】bâton 男, canne 女
つか【柄】poignée 女
つかい【使い】(用件) course 女; (使者) envoyé(e) 名
つがい【番い】couple 男, paire 女
つかいかた【使い方】mode d'emploi 男
つかいこなす【使いこなす】se servir adroitement de, bien utiliser [manier]
つかいこみ【使い込み】détournement de fonds 男, malversation 女
つかいこむ【使い込む】(横領する) s'approprier
つかいすぎる【使い過ぎる】employer à l'excès —金を～ dépenser trop
つかいすて【使い捨て】—～の jetable
つかいだて【使い立て】—おって下さいませんか Pourriez-vous me rendre un service?
つかいで【使い出】—～がある être inusable
つかいなれる【使い慣れる】s'habituer (à), se familiariser (avec)
つかいはしり【使い走り】—～をする faire les commissions de …
つかいはたす【使い果たす】épuiser —金を～ dépenser tout son argent
つかいふるす【使い古す】user —使い古した usé(e)
つかいみち【使い道】—～のない être inutile
つかいもの【使い物】—～にならない être hors de service
つかいやすい【使い易い】maniable
つかいわける【使い分ける】—状況に応 じて言葉を～ employer judicieusement ses mots selon son circonstances
つかう【使う】se servir de; (利用・活用) utiliser; (金を) dépenser
つかえる【使える】utilisable
つかえる【仕える】servir
つかえる【支える】—ホースに何かがつかえ ている Il y a quelque chose qui bouche le tuyau.
つかつか —～と歩み寄る s'avancer précipitamment [se précipiter] (vers)
つかのま【束の間】—～の passager (ère)
つかまえる【捕まえる】attraper, prendre

つかまる【捕まる】(捕らえられる) être attrapé(e); (しがみつく) s'accrocher à

つかみあい【掴み合い】échauffourée 女 ——をする lutter corps à corps avec

つかみどころ【掴み所】——のない人 personnage dont on ne sait pas comment juger 男

つかみどり【掴み取り】——キャンディを〜していいです On peut prendre une poignée de bonbons.

つかむ【掴む】saisir, prendre

つかる【浸かる】se plonger, se tremper

つかれ【疲れ】fatigue 女 ——が取れる se remettre de la fatigue

つかれる【疲れる】se fatiguer, être fatigué(e); (疲れさせる) fatigant(e)

つき【天体】lune 女 (天文学的な意味ではLune); (暦の) mois 男 ——に一度 une fois par mois

つき【運】chance 女

-つき par ——1件に〜1万円の手数料 dix mille yens de commission par affaire

-つき【付き】——風呂〜の部屋 chambre avec salle de bains 女

つぎ【次】——の prochain(e); (今度の) suivant(e)

つぎ【継ぎ】rapièccment 男 ——を当てる mettre une pièce à

つきあい【付き合い】fréquentation 女, relation 女

つきあう【付き合う】fréquenter; (行動をともにする) accompagner

つきあげる【突き上げる】pousser en haut; (人を) pousser

つきあたり【突き当たり】fond 男, bout 男

つきあたる【突き当たる】rencontrer; (衝突する) heurter

つきおとす【突き落とす】précipiter, faire tomber

つきかえす【突き返す】refuser, repousser

つぎき【接ぎ木】(木) greffe 女; (行為) greffage 男

つきころす【突き殺す】poignarder

つきさす【突き刺す】percer, piquer

つきそい【付き添い】accompagnateur (trice) 名; (看護人) garde 女

つきそう【付き添う】accompagner, escorter

つきだす【突き出す】——窓から顔を〜 sortir la tête par la fenêtre

つぎたす【継ぎ足す】ajouter 《à》; (延長する) rallonger

つきづき【月々】tous les mois, chaque mois

つぎつぎ【次々】l'un(e) après l'autre; (続けざまに) successivement

つきつける【突き付ける】mettre... sous le nez de ——ピストルを〜 braquer un revolver sur

つきつめる【突き詰める】approfondir; (子細に検討する) serrer de près

つきでる【突き出る】saillir, faire [former] saillie

つきとおす【突き通す】transpercer

つきとばす【突き飛ばす】bousculer, pousser brutalement

つきとめる【突き止める】trouver

つきなみ【月並み】——な banal(e) (男複〜s); commun(e)

つきぬける【突き抜ける】percer

つぎはぎ【継ぎ接ぎ】⇨継ぎ

つきはなす【突き放す】repousser; (見放す) abandonner

つきひ【月日】——が経つにつれて avec le temps 〜が経つのははやいものだ Le temps passe vite.

つきまとう【付きまとう】s'attacher aux pas de; (妄想などが) hanter

つきみ【月見】——をする admirer la lune

つぎめ【継ぎ目】joint 男; (板などの) jointure 女

つきゆび【突き指】——をする se fouler le doigt, se faire une foulure au doigt

つきよ【月夜】nuit (à clair) de lune 女

つきる【尽きる】s'épuiser, être à bout de ——ことのない inépuisable

つく【付く】s'attacher, coller 《à》; ……が付いた (備わった) être équipé(e) [muni(e)] de...

つく【着く】arriver 《à》(助動詞être); (達する) atteindre ——足が〜 (水中で) avoir pied

つく【突く】……で〜 donner un coup de...

つく【点く】——明かりがついている La lumière est allumée.

つく【継ぐ】hériter (de); (後任になる) succéder 《à》

つく【注ぐ】verser

つくえ【机】table 女; (事務机) bureau 男

つくす【尽くす】se dévouer, se donner 《à》

つぐない【償い】compensation 女, réparation 女

つぐなう【償う】(罪などを) expier, (埋め合わせる) compenser

ツグミ【鶫】merle 男, grive 女

つくりあげる【作り上げる】(完成する) achever; (築き上げる) édifier

つくりだす【作り出す】créer; (発明する) inventer

つくりなおす【作り直す】refaire

つくりばなし【作り話】histoire inventée [forgée] 女 ——をする raconter une histoire inventée

つくる【作る】faire; (製造) fabriquer; (生産) produire; (創造) créer

つくろう【繕う】(修理する) réparer ——

つけ その場を〜 arranger la situation
つけ【付け】 ―で買う acheter à crédit 怠けていた〜が回ってきた Je dois payer ma paresse.
つけあわせ【付け合わせ】 garniture 女
つげぐち【告げ口】 dénonciation 女 ―する dénoncer
つけくわえる【付け加える】 ⇒付け足す
つけこむ【付け込む】 abuser 《de》 ―人の弱みに〜 abuser des points faibles de
つけたし【付け足し】 ajout 男; (補足) supplément 男
つけたす【付け足す】 ajouter, joindre 《à》; (補足する) suppléer
つけね【付け根】 ―腕の〜 articulation de l'épaule 女 首の〜 naissance du cou
つけねらう【付け狙う】 guetter, épier
つける【付ける】 mettre 《à, sur》; (固定) fixer 《à, sur》
つける【着ける】 (着用する) mettre; (着けている) porter
つける【点ける】 ―明かりを〜 donner de la lumière タバコに火を〜 allumer une cigarette
つける【浸ける】 (水に) tremper, plonger
つげる【告げる】 annoncer 《que》; (言う) dire 《que》
つごう【都合】 (便宜・事情) convenances 女複 ―のよい convenable ―の悪い incommode
つじつま【辻褄】 ―が合う être cohérent(e)
ツタ【蔦】 lierre 男
つたえる【伝える】 transmettre, communiquer 《à》
つたわる【伝わる】 (受け継がれる) se transmettre; (音・熱・光が) se propager
つち【土】 sol 男, terre 女
つちかう【培う】 cultiver
つちけむり【土煙】 poussière 女 ―を立てる soulever de la poussière
つちふまず【土踏まず】 voûte plantaire 女
つつ【筒】 tuyau 男
つづき【続き】 (次のもの) suite 女; (連続) succession 女
つっきる【突っ切る】 ―人込みを〜 passer à travers la foule
つつく【突つく】 picoter; (くちばしで) becqueter
つづく【続く】 continuer; (持続する) durer; (後に続く) suivre
つづける【続ける】 continuer 《à》, poursuivre ―続けて (中断なしに) sans cesse [arrêt]; (次々と) successivement
つっこむ【突っ込む】 (AをBに) plonger A dans B; (突進する) s'élancer 《dans》
ツツジ【躑躅】 azalée 女

つつしみ【慎み】 (控え目) discrétion 女; (謙遜) modestie 女 ―深い modeste
つつしむ【慎む】 ―言葉を〜 mesurer ses expressions 医者に〜ように言われた Le médecin m'a dit de m'abstenir de fumer.
つつしんで【謹んで】 ―お悔やみ申し上げます Je vous présente respectueusement mes condoléances.
つっぱる【突っ張る】 ―足の筋(き)が〜 avoir une crampe au mollet 肘を〜 écarter les coudes
つつましい【慎ましい】 modeste, réservé(e)
つつみ【包み】 paquet 男; (小包) colis 男
つつみかくさず【包み隠さず】 sans rien cacher; (率直に) franchement
つつむ【包む】 envelopper 《avec, dans》; (くるむ) entourer 《de》
つづり【綴り】 orthographe 女 ―あなたの名前の〜を言って下さい Voulez-vous épeler votre nom?
つづる【綴る】 orthographier; (紙など をとじる) mettre en liasse
つとめ【務め】 devoir 男; (任務) tâche 女
つとめ【勤め】 ―〜に出る aller au travail (助動詞être) ►勤め口 emploi 男 勤め先 lieu de travail 男, bureau 男 勤め人 salarié(e) 名, employé(e) (de bureau) 名
つとめる【勤める】 travailler
つとめる【勉める】 ―主役を〜 jouer le rôle principal
つとめる【努める】 ―努めて…する essayer de, s'efforcer de 不定詞
つな【綱】 corde 女; (太い) câble 男
つながり【繋がり】 rapport 男
つながる【繋がる】 se lier, se rattacher 《à》
つなぐ【繋ぐ】 (ひもなどで) attacher 《à》; (結合する) relier ―手を〜 se donner la main つながれた犬 chien en laisse
つなひき【綱引き】 lutte à la corde 女
つなみ【津波】 raz de marée 男, tsunami 男
つねに【常に】 (いつも) toujours; (絶えず) sans cesse 世の〜 usages du monde 男複 ―ならぬ inattendu(e)
つねる【抓る】 pincer
つの【角】 corne 女
つば【唾】 salive 女; (吐き捨てた) crachat 男
ツバキ【椿】 camélia 男
つばさ【翼】 aile 女
ツバメ【燕】 hirondelle 女
ツバル Tuvalu 男 ―の tuvaluan(e)
つぶ【粒】 grain 男 ―揃いの d'un excellent niveau
つぶさに en détail ―語る racon-

つぶす【潰す】écraser, broyer

つぶやく【呟く】murmurer

つぶより【粒選り】——～の de (premier) choix

つぶれる【潰れる】s'écraser ——会社がつぶれた L'entreprise a fait faillite.

ツベルクリン ▶ツベルクリン反応 cuti-réaction 女; (陽性) cuti positive; (陰性) cuti négative

つぼ【壺】(容器) pot 男; (美術品) vase 男 ——～を心得ている (こつ) avoir le coup

つぼみ【蕾】(花芽) bouton 男; (花芽) bourgeon (de fleur)

つま【妻】femme 女, épouse 女

つまさき【爪先】pointe des pieds 女; (靴の) pointe des souliers 女

つましい【倹しい】humble; (倹約家の) économe

つまずく【躓く】trébucher, buter

つまみ【摘み】bouton 男; (一つまみ) une pincée (de); (酒の) amuse-gueule 男

つまみぐい【摘まみ食い】——～する manger à la dérobée [en cachette]

つまむ【摘む】pincer; (つかむ) prendre

つまようじ【爪楊枝】cure-dent 男

つまらない【詰まらない】(価値のない) peu important(e); (面白くない) peu intéressant(e)

つまり【詰まり】bref; (すなわち) c'est-à-dire

つまる【詰まる】être bouché(e) [engorgé(e) de]; (満ち満ちる) être plein(e) [comblé(e)] de ——息が～ s'étouffer

つみ【罪】crime 男; (宗教上の) péché 男 ——～のない innocent(e) ——～を犯した coupable

つみあげる【積み上げる】mettre en tas; entasser

つみかさねる【積み重ねる】entasser, empiler

つみき【積み木】cubes 男 複

つみこむ【積み込む】charger, embarquer

つみたて【積み立て】mise en réserve de fonds 女 ▶積み立て金 fonds de réserve 男; (貯金) économies 女 複

つみに【積み荷】charge 女; (作業) chargement 男

つみほろぼし【罪滅ぼし】réparation 女, expiation 女

つむ【積む】entasser, amasser ——経験を～ accumuler de l'expérience

つむ【摘む】cueillir; (園芸で) pincer

つむぐ【紡ぐ】filer

つめ【爪】ongle 男; (鳥獣の) griffe 女

つめあと【爪痕】marque de griffes 女 ——台風の～ ravages du typhon 男 複

つめあわせ【詰め合わせ】assortiment 男

つめえり【詰め襟】col montant 男

つめきり【爪切り】coupe-ongles 男 (不変)

つめこむ【詰め込む】bourrer, fourrer

つめたい【冷たい】froid(e); (心地よく) frais (fraîche)

つめたさ【冷たさ】froid 男; (冷淡さ) froideur 女

つめもの【詰め物】(クッションの) garnissage 女; (ベッドなどの) garniture 女; (包装の) rembourage 男; (料理) farce 女; (歯の) plombage 男

つめる【詰める】(A に B を) remplir A de B; (詰め物をする) bourrer A de B ——一席を～ se serrer

つもり ——～する～である avoir l'intention de ——彼は自分では利口な～でいる Il se croit intelligent.

つもる【積もる】s'accumuler, s'entasser

つや【艶】poli 男, lustre 男 ——～消しの dépoli(e), mat(e)

つゆ【露】rosée 女 ——そんなことは～知らず sans rien savoir de cela

つゆ【梅雨】saison des pluies 女

つよい【強い】fort(e); (強力な) puissant(e) ——～に～ résistant(e) à... 強く fortement, fort

つよがり【強がり】bravade 女, rodomontade 女

つよき【強気】——～の (断固たる) ferme; (高飛車な) autoritaire

つよさ【強さ】force 女, (エネルギー) énergie 女

つよび【強火】——～で à feu vif

つよまる【強まる】devenir fort(e) [助動詞 être]

つよみ【強み】(point) fort 男; (利点) avantage 男

つよめる【強める】renforcer, fortifier

つら【面】——善人～ apparence de bonté 女 ——どの～さげてここへ来たんだ Avec quel aplomb osez-vous paraître ici?

つらあて【面当て】——～を言う insinuer des méchancetés

つらい【辛い】dur(e), pénible ——～立場にある être dans une situation difficile

つらがまえ【面構え】——不敵な～をしている avoir l'air intrépide

つらなる【連なる】se mettre en rang

つらぬく【貫く】transpercer, traverser

つらのかわ【面の皮】——～を剥ぐ démasquer ——～が厚い être effronté(e)

つらよごし【面汚し】——一家の～である faire honte à sa famille

つらら【氷柱】chandelle [aiguille] de glace 女

つり【釣り】pêche 女; (釣り銭) monnaie 女

つりあい【釣り合い】équilibre 男; (バランス) balance 女

つりあう【釣り合う】s'équilibrer; (調和する) s'harmoniser

つりがね【釣り鐘】cloche 女

つりかわ【吊革】poignée 女 ——につかまる se tenir à la poignée
つりざお【釣竿】canne à pêche 女
つりばし【吊り橋】pont suspendu 男
ツル【鶴】grue 女
つる【蔓】vrille 女; (眼鏡の) branches (de lunettes) 女
つる【弦】corde 女
つる【釣る】pêcher
つる【吊る】suspendre, pendre
つるす【吊るす】⇨吊る
つるつる ——の (床などが) glissant(e); (肌などが) lisse
つるはし【鶴嘴】pioche 女, pic 男
つれ【連れ】compagnon (compagne) 名
つれあい【連れ合い】époux(se) 名; (夫) mari 男; (妻) femme 女
つれご【連れ子】enfant d'un premier mariage 名
つれこむ【連れ込む】entraîner ⟨dans⟩, emmener ⟨dans⟩
つれさる【連れ去る】enlever
つれそう【連れ添う】être auprès de
つれだす【連れ出す】mener dehors
つれだって【連れ立って】ensemble; (…と共に) de compagnie avec...
つれて【連れて】—犬を~散歩する se promener son chien ~するに~ à mesure que...
つれていく【連れて行く】emmener —生徒を遠足に~ emmener les élèves en excursion
つれてかえる【連れて帰る】ramener
つれてくる【連れて来る】amener
つわり【悪阻】maux de la grossesse 男複
つんと ——すます être collet monté
ツンドラ toundra 女

て

て【手】(人間・動物の) main 女; (手段) moyen 男 ——をつなぐ歩く marcher la main dans la main ~が早い (喧嘩で) avoir la main leste; (女に) courir le jupon ~を抜く bacler son travail それは私の~に負えない ~Cela dépasse mes capacités [forces]. この込んだ細工 ouvrage élaboré この子にけっこう手焼いている J'ai beaucoup de mal avec cet enfant.
-で(場所) à, en; (原因・理由) de, par
であい【出会い】rencontre 女
であう【出会う】rencontrer
てあし【手足】membres 男複
てあつい【手厚い】hospitalier (ère) ——に手厚くもてなす faire à... un accueil chaleureux
てあて【手当て】traitement 男; (賞与) prime 女
てあらい【手洗い】(洗面所) lavabo 男; (トイレ) toilettes 女複
-である être
ていあん【提案】proposition 女; (申し出) offre 女
ティー(お茶) thé 男; (ゴルフの) tee 男 ▶ティーカップ tasse à thé 女 ティーバッグ sachet de thé 男
ティーシャツ[T シャツ] tee-shirt 男
ディーゼル ▶ディーゼルエンジン (moteur) diesel 男 ディーゼル車 diesel 男
ていいん【定員】nombre fixé (du personnel) 男, nombre de places 男
ティーンエージャー teenager 名, adolescent(e) 名
ていえん【庭園】jardin 男; (城・邸宅の) parc 男
ていおう【帝王】empereur 男, monarque 男
ていか【定価】prix marqué 男
ていか【低下】baisse 女
ていかん【定款】statuts 男複
ていかんし【定冠詞】article défini 男
ていき【定期】——的な régulier(ère); (周期的な) périodique ▶定期券 carte d'abonnement 女 定期検診 examen médical périodique 男 定期預金 dépôt à terme 男
ていぎ【定義】définition 女 ——する définir
ていあつ【低気圧】dépression atmosphérique 女, cyclone 男
ていきゅう【低級】——な bas(se), vulgaire
ていきゅうび【定休日】jour de congé régulier 男, jour de fermeture 男
ていきょう【提供】offre 女 ——する offrir (à)
テイクアウト ——の à emporter 男
ていけい【提携】coopération 女 ——する s'associer avec
ていけつ【締結】conclusion 女 —平和条約を~する conclure un traité de paix
ていけつあつ【低血圧】hypotension 女
ていげん【提言】proposition 女
ていこう【抵抗】résistance 女; (反対) opposition 女 ▶抵抗器 rhéostat 男, résistor 男 抵抗力 résistance 女
ていこく【帝国】empire 男 ▶帝国主義 impérialisme 男 帝国主義者 impérialiste 名
ていこく【定刻】——に à l'heure
ていさい【体裁】apparence 女 ——を繕う sauver les apparences
ていさつ【偵察】observation 女
ていし【停止】arrêt 男; (中断) suspension 女
ていじ【定時】heure fixée 女 ▶定時制高校 lycée du soir 男
ていじ【提示】présentation 女 ——する présenter

ていしゃ【停車】 arrêt 男 ——する s'arrêter

ていしゅ【亭主】 mari 男, époux 男

ていじゅう【定住】 ——する se fixer, s'installer

ていしゅつ【提出】 présentation 女 ——する présenter, remettre

ていしょう【提唱】 ——する proposer, avancer

ていしょく【定食】 menu (à prix fixe) 男 ——本日の～ menu du jour 男

ていすい【泥酔】 ——する se soûler à mort, s'enivrer à mort

ていすう【定数】 nombre fixé 男; (数学) constante 女

ディスカウント rabais 男 ▶ディスカウントショップ magasin de soldes [de vente au rabais] 男

ディスカッション discussion 女

ディスク disque 男 ▶ディスクジョッキー disc-jockey 男 磁気ディスク disque magnétique フロッピーディスク disquette 女

ディスコ discothèque 女

ディスプレイ étalage 男

ていする【呈する】 ……の様相を～ présenter [offrir] l'aspect de …

ていせい【訂正】 correction 女, rectification 女

ていせつ【定説】 théorie admise 女

ていせん【停戦】 trêve 女, cessez-le-feu 男 (不変)

ていそ【提訴】 ——する faire un procès

ていぞく【低俗】 ——な vulgaire

ていたい【停滞】 stagnation 女, retard 男

ていたく【邸宅】 résidence (de luxe) 女, belle maison 女

ていちゃく【定着】 fixation 女 ——する se fixer

ていちょう【丁重】 ——な poli(e), courtois(e)

ていちょう【低調】 ——な inactif(ve), inanimé(e)

ティッシュペーパー kleenex 男, mouchoir de papier 男

ていでん【停電】 (事故による) panne d'électricité 女; (工事などによる) coupure de courant 女

ていど【程度】 (度合) degré 男; (レベル) niveau 男 ——ある～まで jusqu'à un certain point

ていとう【抵当】 hypothèque 女, gage 男 ▶抵当権 droit d'hypothèque 男 抵当物件 bien hypothéqué 男

ディナー dîner 男 ▶ディナーショー dîner-spectacle 男 (複~s~s)

ていねい【丁寧】 ——な poli(e)

ていねん【定年】 limite d'âge 女, l'âge de la retraite 女 ——になる prendre sa retraite

ていはく【停泊】 mouillage 男 ——する jeter l'ancre

ていひょう【定評】 ——のある réputé (e)

ディフェンス défense 女

ていへん【底辺】 —社会の～ bas-fonds de la société 男 複 三角形の～ base d'un triangle 女

ていぼう【堤防】 digue 女

ていぼく【低木】 arbrisseau 男

ていめい【低迷】 ——する stagner

ていり【定理】 théorème 男

でいり【出入り】 (収支) revenu et dépense 男 ——する fréquenter 我が家は人の～が多い Nous avons beaucoup de visites chez nous. ▶出入口 entrée 女, sortie 女

ていりゅうじょ【停留所】 (バス停) arrêt 男

ていれ【手入れ】 soin 男 ——をする entretenir

ディレクター (テレビ局の) réalisateur (trice) 名

ティンパニー timbales 女 複

テーゼ thèse 女

データ donnée 女 ▶データ処理 traitement de données 男 データバンク banque de données 女 データベース base de données 女

デート rendez-vous 男 (不変) ——する avoir un rendez-vous avec

テープ (カセットテープ) bande 女, cassette 女; (セロハンテープ) ruban adhésif 男, scotch 男【商標】 ▶テープレコーダー magnétophone 男 磁気テープ bande magnétique 女 ビデオテープ cassette vidéo 女

テーブル table 女 ▶テーブルクロス nappe 女

テーマ thème 男, sujet 男 ▶テーマ音楽 (番組の) indicatif musical 男 テーマソング chanson principale 女

テールランプ feu arrière 男

ておくれ【手遅れ】 —もう～だ C'est trop tard.

てがかり【手がかり】 (痕跡) trace 女; (解決の鍵) clef 女

てがき【手書き】 ——の écrit(e) à la main, manuscrit(e)

でかける【出かける】 s'occuper de

でかける【出かける】 (出発する) partir [助動詞être]; (外出する) sortir [助動詞être]

てがた【手形】 traite 女, billet 男 ▶約束手形 billet à ordre

てかてか ——の brillant(e), luisant (e)

でかでか ——その事件は新聞に～と載った Cette affaire a fait du bruit dans les journaux.

てがみ【手紙】 lettre 女; (郵便物) courrier 男 ——をありがとう Je te remercie de ta lettre.

てがら【手柄】 (功績) mérite 男; (壮挙) prouesse 女

てがる【手軽】 ——な facile, simple

てき【敵】ennemi(e) 名; (対戦相手) adversaire 名

てき【滴】goutte 女 —酒を1~も飲まない ne pas boire une goutte de vin

でき【出来】résultats 男 複; (収穫) récolte 女

できあい【出来合い】article tout fait 男

できあい【溺愛】idolâtrie 女 —～する idolâtrer

できあがる【出来上がる】se finir, s'achever

てきい【敵意】hostilité 女 —～のある hostile

てきおう【適応】adaptation 女 —～する s'adapter (à) ▶**適応性** adaptabilité 女

てきかく【的確】—～な juste, précis(e)

てきごう【適合】convenance 女 —～する convenir (à)

できごころ【出来心】—～で sous l'impulsion du moment

できごと【出来事】événement 男; (小さな) incident 男

てきし【敵視】—～する considérer ... comme ennemi, avoir de l'animosité contre ...

できし【溺死】noyade 女 —～する se noyer

てきしゅつ【摘出】extraction 女

テキスト texte 男; (教科書) manuel scolaire 男

てきする【適する】convenir, être propre [approprié(e)] (à)

てきせい【適性】aptitude 女, capacité 女 ▶**適性検査** test d'aptitude

てきせつ【適切】—～な adéquat(e)

できそこない【出来損ない】—～の料理 plat raté [mal réussi]

てきたい【敵対】—～する s'opposer (à) ▶**敵対行為** acte hostile 男, hostilités 女 複

できだか【出来高】(農産物の) récolte 女; (産出高) production 女 —～払いで働く travailler aux pièces

できたて【でき立て】—～の tout(e) neuf(ve), tout frais

てきちゅう【的中】—～する (的に) atteindre [toucher] le but; (予想が) se réaliser

てきど【適度】—～の modéré(e), mesuré(e)

てきとう【適当】—～な convenable, approprié(e) ～に comme il convient

てきぱき avec vivacité [diligence], expéditivement

てきびしい【手厳しい】dur(e), sévère

できもの【出来物】(腫れ物) grosseur 女; (吹き出物) bouton 男

てきよう【適用】application 女 —～する appliquer (à)

てきよう【摘要】résumé 男, abrégé

できる【出来る】(可能) pouvoir 不定詞, être capable de; (…から作られる) être fait(e) avec ... —あいつは一男だ C'est un homme capable.

てぎわ【手際】—～がよい adroit(e) ～が悪い maladroit(e)

てぐち【手口】façon 女, moyen 男

でぐち【出口】sortie 女, issue 女

テクニック technique 女, procédé 男

てくび【手首】poignet 男

でくわす【出くわす】rencontrer, tomber sur [助動詞 être]

てこ【梃子】levier 男 —～でも動かない être têtu(e) comme un âne [une mule]

てごころ【手心】—～を加える ménager

てこずる【手こずる】avoir du mal (à)

てごたえ【手応え】réaction 女

でこぼこ【凸凹】inégalité 女 —～の inégal(ale) (男 複 -aux)

デコレーション décoration 女

てごろ【手頃】—～な pratique ～な値段 prix modéré

てごわい【手強い】rude, redoutable

デザート dessert 男

デザイナー dessinateur(trice) 名, styliste 名

デザイン dessin 男, désign 男 —～する dessiner 素敵な～の d'une belle ligne [forme]

てさき【手先】doigts 男 複; (手下) subalterne 名

てさぐり【手探り】—～で à tâtons ～する tâtonner

てさげ【手提げ】▶**手提げ鞄** sac 男

てざわり【手触り】toucher 男

でし【弟子】disciple 男, apprenti(e) 名 —～入りする devenir l'élève de

てしごと【手仕事】travail manuel 男

てした【手下】sous-ordre 男

デジタル —～の digital(ale) (男 複 -aux); numérique ▶**デジタルカメラ** appareil photo numérique **デジタル時計** montre digitale 女 **デジタル放送** télévision numérique 女

てじな【手品】prestidigitation 女, tour de passe-passe 男 ▶**手品師** prestidigitateur(trice) 名

でしゃばり【出しゃばり】(行為) indiscrétion 女; (人) indiscret(ète) 名

でしゃばる【出しゃばる】fourrer son nez partout (口出しする) se mêler de

てじゅん【手順】filière 女, ordre 男

てじょう【手錠】menottes 女 複

てすう【手数】—～のかかる qui demande de la peine, gênant(e) ▶**手数料** commission 女, droit 男

デスク bureau 男 ▶**デスクワーク** travail au bureau 男

デスクトップ ▶**デスクトップコンピューター** ordinateur de bureau 男

テスト épreuve 女; (知能・適性の)

てすり【手摺】(橋の) garde-fou 男, (階段の) rampe 女

てせい【手製】⇨手作り

てそう【手相】ligne de la main 女 ～を見る lire les lignes de la main

てだすけ【手助け】aide 女, assistance 女

でたらめ【出鱈目】mensonge 男 ～に au hasard

てぢか【手近】——な familier(ère) ～に à portée de la main

てちがい【手違い】erreur 女

てちょう【手帳】carnet 男; (日付入りの) agenda 男

てつ【鉄】fer 男; (鋼鉄) acier 男

てっかい【撤回】rétractation 女, désaveu 男

てつがく【哲学】philosophie 女 ——的な philosophique ▶哲学者 philosophe 名

てっき【鉄器】instrument en fer, objet de fer ▶鉄器時代 âge du fer

てつき【手つき】——鮮やかなで adroitement, habilement

デッキ(船の) pont 男; (列車の) plate-forme 女(複～s～s) ▶デッキチェア transatlantique 男, fauteuil de pont 男

てっきょ【撤去】enlèvement 男; (取り壊し) démolition 女 ——する enlever

てっきょう【鉄橋】pont de chemin de fer 男

てっきん【鉄筋】——コンクリートの建物 bâtiment en béton armé 男

てづくり【手作り】——の fait(e) (fabriqué(e)) à la main

てつけきん【手付け金】arrhes 女複

てっこう【鉄鋼】acier 男

てっこうせき【鉄鉱石】minerai de fer 男

てっこつ【鉄骨】charpente métallique 女

デッサン dessin 男; (素描) esquisse 女

てっせい【鉄製】——の de [en] fer

てったい【撤退】retrait 男; (軍隊の) évacuation 女

てつだい【手伝い】aide 女; (人) assistant(e) 名

てつだう【手伝う】aider, assister ——手伝ってくれませんか Pouvez-vous m'aider?

でっちあげる【でっち上げる】inventer, fabriquer

てつづき【手続き】formalité 女; (法律上の) procédure 女

てってい【徹底】——した平和主義者 pacifiste convaincu 男 名 ～的な complet(ète)

てつどう【鉄道】chemin de fer 男; (列車) train 男

デッドヒート——激しい～を演じる mener une course serrée

てっぱん【鉄板】plaque de fer 女

てっぽう【鉄砲】fusil 男

てつぼう【鉄棒】barre fixe 女

てつや【徹夜】veille 女 ——する veiller toute la nuit; (眠れなくて) passer une nuit blanche

てなみ【手並み】——お～を拝見しよう Maintenant on va voir ce que vous savez faire.

テナント locataire 名

テニス tennis 男 ——をする faire du [jouer au] tennis

デニム——の en jean

てにもつ【手荷物】bagage à main 男 ▶手荷物預り所 (駅などの) consigne 女; (劇場などの) vestiaire 男

てぬき【手抜き】——する négliger les détails ▶手抜き工事 travail bâclé 男

てぬぐい【手拭い】serviette 女, essuie-main(s) 男《不変》

テノール ténor 男

てのこう【手の甲】dos de la main 男

てのひら【手の平】paume 女 ～を返すように冷たくなる faire volte-face

デノミネーション changement de désignation de l'unité monétaire 男

では eh bien, alors

デパート grand magasin 男

てはい【手配】arrangement 男 ——する arranger

はじめ【手始め】——に d'abord, pour commencer

てはず【手筈】préparatifs 男 複 ——を整える prendre des dispositions pour

てばなす【手放す】céder, se défaire de

てびき【手引き】guide 男, manuel 男

デビュー début 男 ——する débuter

てぶくろ【手袋】gant 男

てぶら【手ぶら】——で les mains vides, bredouille

デフレ déflation 女

てほん【手本】modèle 男, exemple 男

てま【手間】peine 女 ——がかかる prendre du temps, demander de la peine

デマ faux bruit 男 ——を飛ばす répandre des faux bruits

てまえ【手前】——東京の1つ前の駅で降りる descendre une gare avant Tokyo ～味噌を並べる se vanter

でまえ【出前】service à domicile 男

でまかせ【出任せ】——口から～を言う parler en l'air, parler à tort et à travers

でまど【出窓】fenêtre en saillie 女, bow-window 男

てまね【手まね】geste 男, signe 男

てまねき【手招き】——する appeler d'un signe [d'un geste] de la main

でみせ【出店】filiale 女, (露店) bouti-

てみやげ【手土産】cadeau 男

でむかえる【出迎える】recevoir, accueillir

デメリット désavantage 男, inconvénient 男

-ても ―雨が降る～行きます J'irai même s'il pleut.

デモ manifestation 女 ―戦争反対の～行進をする faire une manifestation contre la guerre

-でも ―たとえ…～ même si…; n'importe…

デモクラシー démocratie 女

てもと【手元】―～に置く placer... à portée de la main ～にある資料はこれで全部です Voilà tous les documents que j'ai sous la main.

デモンストレーション démonstration 女

デュエット duo 男

てら【寺】temple bouddhique 男

てらす【照らす】éclairer ―照らし合わせる confronter (avec, à)

テラス terrasse 女, balcon 男

デラックス ―～な de luxe, luxueux (se)

てりかえす【照り返す】réfléchir, refléter

デリケート ―～な délicat(e), sensible

テリトリー territoire 男

てる【照る】―日が～ Le soleil brille.

でる【出る】(外に出る) sortir [助動詞 être]; (出て行く) partir [助動詞 être]; ―テレビ[映画]に～ paraître à la télévision [l'écran]

てれくさい【照れ臭い】embarrassant(e) ―照れ臭そうに d'un air embarrassé

テレパシー télépathie 女

テレビ télévision 女; (話) télé 女; (受像機) téléviseur 男 ►テレビゲーム jeu vidéo 男

テレホンカード télécarte 女, carte téléphonique 女

てれや【照れ屋】timide 名

てれる【照れる】éprouver de la confusion, se sentir gêné(e)

テロ attentat 男 ►テロリスト terroriste 名 テロリズム terrorisme 男 自爆テロ attentat suicide 男 爆弾テロ attentat à la bombe 男

テロップ soustitre 男

てわたす【手渡す】passer, remettre (à)

てん【点】point 男; (試験の) note 女; (スポーツの) but 男

てん【天】ciel 男 (複 cieux); (神) Dieu 男

てんあつ【電圧】voltage 男, tension 女

てんい【転移】métastase 女 ―～する métastaser

てんいん【店員】employé(e) de commerce [magasin] 名

でんえん【田園】campagne 女, champs 男複 ►田園都市 cité-jardin 女 (複-s-~s)

てんか【天下】(この世) monde 男; (一国全体) tout le pays

てんか【点火】mise à feu 女 ―～する allumer, mettre le feu à

てんか【転嫁】―A (人) に B を～する mettre B sur le compte de A

でんか【電化】électrification 女 ►電化製品 appareils électriques 男複, électroménager 男

てんかい【展開】développement 男, déroulement 男

てんかぶつ【添加物】additif 男

てんかん【転換】changement 男; (方向転換) détournement 男

てんかん【癲癇】épilepsie 女

てんき【天気】temps 男 ―今日は～がいい[悪い] Il fait beau [mauvais] aujourd'hui. ►天気図 carte du temps [météorologique] 女 天気予報 météo 女

でんき【電気】électricité 女; (電流) courant 男 ―～の électrique

でんき【伝記】biographie 女 ►伝記作者 biographe 名

でんきゅう【電球】ampoule (électrique) 女

てんきょ【転居】déménagement 男 ―～する déménager

てんきん【転勤】changement de poste 男; (公務員の) déplacement 男 ―～する être muté(e)

てんけい【典型】type 男, modèle 男 ―～的な typique, modèle

てんけん【点検】contrôle 男 ―～する contrôler

でんげん【電源】(コンセント) prise (de courant) 女; (スイッチ) contact 男

てんこ【点呼】appel 男 ―～する faire l'appel

てんこう【天候】temps 男

てんこう【転校】changement d'école 男 ―～する changer d'école ►転校生 nouveau (nouvelle) 名 (男複 -x)

てんこう【転向】conversion 女 ―～する se convertir

でんこう【電光】lumière électrique 女

てんごく【天国】paradis 男, ciel 男 (複 cieux)

でんごん【伝言】message 男, petit mot 男

てんさい【天才】(人) génie 男; (才能) don 男 ―～的な génial(ale) (男複 -aux)

てんさい【天災】désastre naturel 男

てんさく【添削】correction 女 ―～する corriger

てんし【天使】ange 男 ―～のような angélique

てんじ【点字】braille 男
てんじ【展示】exposition 女 ——する exposer ▶展示会 exposition 女 展示品 objet exposé 男
でんし【電子】électron 男 ——の électronique ▶電子工学 électronique 女 電子出版 édition électronique 女 電子メール courrier électronique 男 電子レンジ (four à) micro-ondes 男
でんじは【電磁波】onde électromagnétique 女
てんしゃ【転写】transcription 女 ——する transcrire
でんしゃ【電車】train 男 ——に乗る prendre le train この——は…に行きますか Est-ce que ce train va à…? ▶電車賃 tarif (du train) 男
てんしゅつ【転出】changement de domicile 男 ▶転出届 déclaration de changement d'adresse 女
てんじょう【天井】plafond 男 ——物価は〜知らずだ Les prix ne cessent de monter.
でんしょう【伝承】tradition 女
てんじょういん【添乗員】accompagnateur(trice) 名
てんしょく【天職】vocation 女
てんしょく【転職】changement de profession 男 ——する changer d'emploi
でんしょばと【伝書鳩】pigeon voyageur 男
でんしん【電信】télégraphie 女 ——で par télégraphie
てんすう【点数】(試験) point 男; (成績) note 女
てんせい【天性】nature 女 ——の naturel(le), né(e)
でんせつ【伝説】légende 女 ——的な légendaire
てんせん【点線】pointillé 男, ligne pointillée 女
でんせん【伝染】contagion 女; (感染) infection 女 ——する se mettre ～性の contagieux(se), infectieux(se) ▶伝染病 maladie contagieuse [infectieuse] 女; (流行病) épidémie 女
でんせん【電線】fil (électrique) 男
でんそう【電送】transfert 男 ——する transférer
てんたい【天体】corps céleste 男, astre 男 ▶天体望遠鏡 télescope 男
でんたく【電卓】calculatrice (de poche) 女, calculette 女
でんたつ【伝達】transmission 女, communication 女
てんち【天地】ciel et terre; (上と下) haut et bas
でんち【電池】pile 女; (乾電池) pile (sèche) 女
でんちゅう【電柱】poteau électrique 男

てんてき【点滴】perfusion 女, goutte-à-goutte 男 (不変)
テント tente 女 ——を張る monter une tente
てんとう【転倒】——する tomber (à la renverse) 【助動詞 être】
でんとう【伝統】tradition 女 ——的な traditionnel(le) ▶伝統芸能 art traditionnel 男
でんとう【電灯】lampe [lumière] (électrique) 女
でんどう【伝導】conduction 女 ——する conduire
でんどう【伝道】prédication 女, mission 女
テントウムシ【天道虫】coccinelle 女
てんにん【転任】déplacement 男
でんねつき【電熱器】réchaud électrique 男
てんねん【天然】nature 女 ——の naturel(le) ▶天然記念物 espèces protégées (par la loi) 女
てんねんとう【天然痘】variole 女
てんのう【天皇】empereur 男
てんのうせい【天王星】Uranus 男
でんぱ【電波】ondes (électriques) 女 複
てんび【天火】four 男
てんびき【天引】prélèvement 男 ——する prélever
でんぴょう【伝票】facture 女, note 女
てんびん【天秤】balance 女 ——にかける mettre en balance ▶天秤座 la Balance
てんぷ【添付】——する joindre, annexer ▶添付書類 pièces (ci-)jointes 女 複 添付ファイル fichier attaché 男
てんぷく【転覆】capotage 男; (政府などの) renversement 男
てんぶん【天分】talent [don] (naturel) 男, génie 男
でんぷん【澱粉】amidon 男; (天然の) fécule 女 ——質の féculent(e)
テンポ tempo 男; (物事の) rythme 男
てんぼう【展望】vue 女; (見通し) prospective 女
でんぽう【電報】télégramme 男
デンマーク Danemark 男 ——の danois(e)
てんまつ【顛末】détails 男 複; (事情) toutes les circonstances 女 複
てんまど【天窓】lucarne 女
てんめつ【点滅】clignotement 男 ——する clignoter
てんもん【天文】▶天文学 astronomie 女 —天文学的な [上の] astronomique 天文台 observatoire 男
てんやく【点訳】transcription en braille 女
てんよう【転用】——する changer l'attribution de
てんらく【転落】chute 女 ——する tomber【助動詞 être】

てんらんかい【展覧会】exposition 囡; (定期的な美術展) salon 男

でんりゅう【電流】courant (électrique) 男 この針金には～が通じている Il y a du courant dans le fil.

でんりょく【電力】électricité 囡

でんわ【電話】téléphone 男 ～をかける téléphoner (à), appeler ～を切る raccrocher ～を貸してもいいですか Puis-je utiliser votre téléphone? 今夜またへおいただけますか Vous pouvez me rappeler ce soir? ～があったことをお伝えください Veuillez lui dire que je lui ai téléphoné. ▶電話機 appareil téléphonique 男 電話局 agence du téléphone 囡 電話帳 annuaire téléphonique 男 電話番号 numéro de téléphone 男 電話ボックス cabine téléphonique 囡 携帯電話 portable 男

と

と【戸】porte 囡; (よろい戸) volet 男
と【都】▶都知事 gouverneur de Tokyo 男 都庁 hôtel de ville de Tokyo 男
-と (並列) et; (比較・対象) avec
ど【度】～を越す dépasser les bornes [les limites]
-ど【-度】(回数) fois 囡; (温度・角度・経緯度) degré 男 何～ぐらいになるのですかね Quelle température va-t-il faire?

ドア porte 囡, (自動車の) portière 囡
とい【樋】gouttière 囡
とい【問い】question 囡, interrogation 囡
といあわせ【問い合わせ】demande de renseignements 囡 ▶問い合わせ先 référence 囡
といあわせる【問い合わせる】demander des renseignements à
といかえす【問い返す】répondre par une autre question
といかける【問いかける】poser [adresser] une question à
といし【砥石】pierre à aiguiser 囡
いただす【問いただす】不審な点を～ interroger pour éclaircir un point douteux
ドイツ Allemagne 囡 ～の allemand(e) ▶ドイツ語 allemand 男 ドイツ人 Allemand(e) 名
といつめる【問い詰める】presser [harceler] de questions
トイレ toilettes 囡 複, lavabos 男 複 ～はどこですか Où sont les toilettes?
トイレット ▶トイレットペーパー papier hygiénique 男
とう【党】parti 男, (徒党) clan 男
とう【塔】tour 囡; (尖塔) flèche 囡
とう【問う】demander (à) ―責任を

問われる voir sa responsabilité mise en cause
-とう【-等】(階級) classe 囡; (…など) et cætera etc.
どう【如何】―～したの Qu'est-ce que tu as? ギリシャ旅行は～でしたか C'était comment, votre voyage en Grèce? ～見ても à tous points de vue ～しようもない Il n'y a rien à faire. ⇨仕様
どう【胴】corps 男, taille 囡
どう【銅】cuivre 男; (ブロンズ) bronze 男
とうあん【答案】copie 囡
どうい【同位】▶同位元素 isotope 男
どうい【同意】consentement 男; (是認) approbation 囡 ～する consentir (à)
どういう（どんな）quel(le); (どんな種類の) quel genre de
どういたしまして Je vous en prie. / De rien. / Il n'y a pas de quoi!
どういつ【統一】unification 囡 ～する unifier
どういつ【同一】―～の même, identique
とういん【党員】membre d'un parti
どういん【動員】mobilisation 囡 ～する mobiliser
とうえい【投影】projection 囡 ～する jeter [projeter] une ombre sur
とうおう【東欧】Europe orientale [de l'Est] 囡
どうか【同化】assimilation 囡 ～する assimiler
どうか ―本当か～彼に聞いてみよう Demandons-lui si c'est vrai.
どうか【銅貨】monnaie de cuivre 囡
とうがい【等外】―～の作品 œuvre non classée 囡
どうかく【同格】même rang 男; (文法で) apposition 囡
どうかせん【導火線】mèche 囡, cordeau 男
トウガラシ【唐辛子】piment (rouge) 男
とうかん【投函】～する poster, mettre à la poste
どうかん【同感】―私も～です Je suis d'accord avec vous.
とうき【冬期・冬季】hiver 男
とうき【投機】spéculation 囡 ▶投機家 spéculateur(trice) 名
とうき【陶器】faïence 囡, poterie 囡
とうぎ【討議】discussion 囡, débat 男 ～する discuter (sur, de)
どうき【動機】motif 男, mobile 男 ～づけ motivation 囡
どうき【動悸】palpitation 囡, battement de cœur 男
どうぎ【動議】motion 囡, proposition 囡
どうぎ【道義】morale 囡 ～的な moral(ale) 男複 -aux]

どうぎご【同義語】synonyme 男

どうきゅう【等級】ordre 男, rang 男

とうぎゅう【闘牛】course de taureaux 女, corrida 女

どうきゅう【同級】la même classe ►**同級生** camarade de classe 名

どうきょ【同居】cohabitation 女 〜する cohabiter

どうぎょう【同業】même profession 女 ►**同業者** confrère 男

とうきょく【当局】autorité 女 —関係〜 autorités intéressées (compétentes) 女(複)

どうぐ【道具】outil 男; (器具) instrument 男 —商売〜 instruments de travail 男(複)

どうくつ【洞窟】grotte 女, caverne 女

とうげ【峠】col 男; (病気の) phase critique 女

どうけ【道化】bouffonnerie 女 ►**道化師** bouffon 男, clown 男

とうけい【統計】statistique 女 —〜的な statistique

とうけい【東経】longitude est (orientale) 女

とうげい【陶芸】art céramique 男, céramique 女 ►**陶芸家** céramiste 名

とうけつ【凍結】gel 男; (資産などの) blocage 男

どうけん【同権】droits égaux 男 —男女〜 égalité des (deux) sexes 女

とうこう【登校】〜する aller à l'école 助動 indirect ►**登校拒否** refus d'aller à l'école 男

とうごう【統合】unification 女, intégration 女

どうこう【瞳孔】pupille 女

どうこう【動向】mouvement 男, tendance 女

どうこう【同行】〜する accompagner

どうこうかい【同好会】amicale 女; association des amateurs 女

とうざ【当座】〜の présent(e) —〜は pour le moment ►**当座預金** compte courant 男

どうさ【動作】mouvement 男, geste 男

とうざい【東西】l'est et l'ouest 男 —洋の〜を問わず en Orient comme en Occident

とうさつ【洞察】〜する pénétrer, saisir avec lucidité (perspicacité) ►**洞察力** pénétration 女

とうさん【倒産】faillite 女 〜する faire faillite (banqueroute)

どうさん【動産】meubles 男(複)

とうし【投資】investissement 男 〜する investir (placer) de l'argent dans ►**投資家** investisseur(se) 名

とうし【闘志】esprit combatif 男

とうし【凍死】mort de froid 女 〜する mourir de froid

とうじ【当時】alors, en ce temps-là

とうじ【冬至】solstice d'hiver 男

とうじ【答辞】discours de réponse 男; (卒業式の) discours d'adieu 男

どうし【動詞】verbe 男

どうし【同士】—私たちはいとこ〜です Nous sommes cousins.

どうし【同志】camarade 名, compagnon(*compagne*) 名

どうじ【同時】—〜に simultanément; en même temps ►**同時通訳** traduction simultanée 女; (人) traduc*teur* (*trice*) simultané(*e*) 名 —〜の homogène

とうじき【陶磁器】poteries et porcelaines 女(複)

どうじだい【同時代】—〜の contemporain(*e*) ►**同時代人** contemporain(*e*) 名

とうじつ【当日】ce jour-là, le jour même

どうしつ【同質】homogénéité 女 —〜の homogène

どうして(なぜ) pourquoi; (どのようにして) comment ►**どうしても**(ぜひ) à tout prix; (必然的に) forcément

とうしゃばん【謄写版】polycopie 女

とうしゅ【党首】chef de parti 男

とうしょ【投書】〜する envoyer une lettre ▷

とうしょ【当初】—〜の premier(*ère*), initial(*ale*) (男複 *aux*)

とうじょう【登場】apparition 女; (舞台への) entrée en scène 女 〜する faire son apparition ►**登場人物** personnage 男

とうじょう【搭乗】embarquement 男 〜する s'embarquer ►**搭乗券** carte d'embarquement 女

どうじょう【同情】compassion 女, sympathie 女 〜する plaindre

とうしん【答申】rapport 男 〜する faire (présenter) un rapport sur

とうしんだい【等身大】—〜の grandeur nature (不変); en vraie grandeur

とうすい【陶酔】enivrement 男 〜する s'enivrer (de)

どうせ(いずれにせよ) de toute façon; (結局) après tout

とうせい【統制】〜する contrôler, réglementer

どうせい【同性】le même sexe

どうせい【同棲】concubinage 男 〜する vivre avec

とうせん【当選】〜する être élu(*e*); (懸賞などに) remporter le prix

とうぜん【当然】naturellement —〜の naturel(*le*) それは〜だと思います Je trouve que c'est normal.

どうぞ je vous [t'] en prie —お先に〜 Après vous. 〜(お入り下さい) Entrez!

とうそう【逃走】fuite 女; (脱獄) éva-

とうそう【逃走】 fuite 女, combat 男
とうそう【同窓】 ►同窓生 camarade d'école 名　同窓会 réunion des anciens élèves
どうぞう【銅像】 statue de [en] bronze
とうた【淘汰】 élimination 女　――する éliminer
とうだい【灯台】 phare 男
どうたい【胴体】 tronc 男, corps 男
とうたつ【到達】 arrivée 女　――する arriver 〈à〉[助動詞être];（苦労して）parvenir 〈à〉[助動詞être]
とうち【統治】 gouvernement 男;（王による）règne 男
とうち【倒置】 inversion 女　――する inverser
とうちゃく【到着】 arrivée 女　――する arriver 〈à, en〉[助動詞être] ►到着ホーム quai d'arrivée 男　到着時刻 heure d'arrivée 男
とうちょう【盗聴】 ―電話を～する intercepter une conversation téléphonique　～されている être sur écoute
どうちょう【同調】 accord 男
とうてい【到底】 ―この結果には～満足できない Ce résultat est loin d'être satisfaisant.
どうてい【童貞】 virginité 女　――の男 garçon [homme] vierge 男
どうてこと ―そんなことは――いい Cela n'a pas d'importance.
どうてん【同点】 ――である être à égalité
とうとい【尊い】 précieux(se);（高貴な）noble
とうとう【到頭】 enfin ―彼女は～泣き出した Elle a fini par pleurer.
どうどう【堂々】 ――たる imposant(e);（威厳のある）digne　～巡りをする tomber dans un cercle vicieux
どうとく【道徳】 morale 女　――的な moral(ale)（男複 -aux） ►道徳観念 sens moral
とうなん【東南】 sud-est 男　――の du sud-est ►東南アジア l'Asie du Sud-Est
とうなん【盗難】 vol 男
どうにか（かろうじて）à peine;（なんとか）tant bien que mal
とうにゅう【投入】 engagement 男,（投資）investissement 男
どうにゅう【導入】 introduction 女　――する introduire
とうにょうびょう【糖尿病】 diabète 男
どうねんぱい【同年輩】 ――の du même âge
とうは【党派】 parti 男, secte 女
とうばん【当番】 tour 男
どうはん【同伴】 accompagnement 男　――する accompagner

どうはんが【銅版画】 taille-douce 女
とうひ【逃避】 fuite 女, évasion 女
とうひょう【投票】 vote 男;（票）voix 女　――する voter ►投票率 taux de participation
とうふ【豆腐】 tofu 男
とうぶ【東部】 est 男, partie orientale 女
どうふう【同封】 ――する inclure dans une lettre
どうぶつ【動物】 animal 男（複 -aux）;（獣）bête 女 ►動物園 zoo 男　動物学 zoologie 女
とうぶん【当分】（しばらくの間）pour [pendant] quelque temps;（今のところ）pour le moment
とうぶん【等分】 ――の égal(ale)（男複 -aux） ～する diviser [partager] en parties égales
とうぶん【糖分】 sucre 男
とうほう【東方】 ――の oriental(ale)（男複 -aux）; est（不変）
とうぼう【逃亡】 fuite 女;（脱走）évasion 女
どうほう【同胞】 compatriote 名
とうほく【東北】 nord-est 男 ►東北地方 le Nord-Est
どうみゃく【動脈】 artère 女
とうみん【冬眠】 hibernation 女　――する hiberner
とうめい【透明】 ――な transparent(e), clair(e)
どうめい【同盟】 alliance 女; coalition 女 ►同盟国 pays alliés 男
どうメダル【銅メダル】 médaille de bronze 女
とうめん【当面】 pour le moment ――～の immédiat(e)
どうも ―～ありがとう Merci beaucoup. ―～よくわからない Je ne comprends pas très bien.
どうもう【獰猛】 ――な féroce
トウモロコシ【玉蜀黍】 maïs 男
どうやら ―～…のようだ il me semble que ...
とうゆ【灯油】 pétrole lampant 男
とうよう【東洋】 Orient 男　――の oriental(ale)（複 -aux）
どうよう【動揺】（心の）agitation 女, trouble 男　――する s'agiter, se troubler
どうよう【同様】 ――に de même　――の semblable〈à〉
どうよう【童謡】 chanson d'enfants [pour les enfants] 女
どうらく【道楽】（趣味）passe-temps 男;（不変）;（放蕩(とう)）débauche 女
どうらん【動乱】 révolte 女, troubles 男複
どうり【道理】 raison 女　――にかなった conforme à la raison
どうりょう【同僚】 collègue 名
どうりょく【動力】 force motrice 女
どうろ【道路】 route 女;（街路）rue 女

►**道路工事** travaux de voirie 男複 **道路地図** carte routière 女 **道路標識** signal de route 男
とうろう【灯籠】lanterne 女
とうろく【登録】enregistrement 男; (名簿などへの) inscription 女 ――済 (掲示) Déposé ►**登録商標** marque déposée 女 **登録番号** (人の) numéro matricule 男; (車の) numéro d'immatriculation 男
とうろん【討論】discussion 女, débat 男
どうわ【童話】conte pour enfants 男; (お伽話) conte de fées 男
とうわく【当惑】embarras 男
とお【十】⇒十(じゅう)
とおい【遠い】loin; (遠くの) éloigné(e) ――くに au loin
トーゴ Togo 男 ――の togolais(e)
とおざかる【遠ざかる】s'éloigner 《de》; (疎遠になる) se détacher 《de》
とおざける【遠ざける】éloigner, écarter
-どおし【-通し】――母は働きっです Ma mère travaille tout le temps [sans arrêt].
とおす【通す】faire [laisser] passer ……を通して à travers...
トースター grille-pain 男
トースト toast, pain grillé 男
とおで【遠出】randonnée 女, excursion 女
ドーナツ doughnut 男; (揚げ菓子) beignet 男
トーナメント tournoi 男
とおのく【遠のく】s'éloigner
ドーピング dopage 男 ――する se doper
とおまわし【遠回し】――の détourné (e), indirect(e) ――に d'une manière indirecte
とおまわり【遠回り】détour 男 ――する faire [prendre] un détour
ドーム dôme 男; (丸屋根の内側) coupole 女 ►**ドーム球場** stade à dôme 男
とおり【通り】rue 女; (大通り) avenue 女, boulevard; (人・車などの往来) circulation 女
-とおり【-通り】――いつもの~ comme d'habitude
とおりあめ【通り雨】averse 女
とおりいっぺん【通り一遍】――の (平凡な) banal(e) (複~s); (形式的な) de pure forme
とおりかかる【通りかかる】(偶然) venir à passer 【助動詞 être】――通りがかりに en passant
とおりこす【通り越す】dépasser
とおりすぎる【通り過ぎる】passer 【助動詞 être】
とおりぬけ【通り抜け】――無用 (掲示) Passage interdit
とおりぬける【通り抜ける】traverser

とおりみち【通り道】passage, chemin 男
とおる【通る】passer 【助動詞 être】; (通り抜ける) traverser
とかい【都会】ville 女 ――の[的な] urbain(e) ►**都会人** citadin(e) 名 **都会生活** vie urbaine 女
トカゲ【蜥蜴】lézard 男
とかす【溶かす】fondre; (液体の中に) dissoudre
とかす【梳かす】――髪を~ se peigner (les cheveux)
とがめる【咎める】blâmer; reprocher 《à》――気が~ se sentir coupable
とがらす【尖らす】aiguiser la pointe de
とがる【尖る】――尖った pointu(e); (鋭い) aigu(ë)
ドカン ――花火を~と打ち上げる tirer un feu d'artifice avec fracas
とき【時】(時間・時代) temps 男; (…する時) quand 《...》 ――として par moments ~の首相 le premier ministre d'alors
トキ【朱鷺】ibis du Japon [japonais] 男
とき【土器】poterie 女
ときおり【時折】de temps en temps
どぎつい criard(e), voyant(e)
ときどき【時々】de temps en temps; (時には) quelquefois
どきどき ――胸が~する avoir des palpitations, avoir le cœur qui bat très vite
ときには【時には】quelquefois; (場合によっては) en certains cas
ときはなつ【解き放つ】libérer, délivrer
ときふせる【説き伏せる】persuader, convaincre
ときめく【時めく】――今を~大スター vedette à l'apogée de sa gloire
ドキュメンタリー documentaire 男
どきょう【度胸】courage 男, audace 女
とぎれる【途切れる】s'interrompre, cesser
とく【得】profit 男; (有利) avantage 男 ――~をする profiter de
とく【徳】morale 女
とく【解く】dénouer; (解決する) résoudre
とく【説く】expliquer; (説教する) prêcher
とぐ【研ぐ】aiguiser sur la pierre; (米を) laver du riz
どく【退く】se mettre de côté, s'écarter
どく【毒】(毒物) poison 男; (蛇などの) venin 男 ►**毒ガス** gaz toxique 男 **毒キノコ** champignon vénéneux 男 **毒物** substance toxique 女
とくい【得意】(顧客) client(e) 名 ――…が~である être fort(e) [bon(ne)] à

...[en ...]【àはスポーツなど, enは教科・分野】

とくい【特異】 ──な particuli*er*(*ère*), unique ►**特異体質** idiosyncrasie 囡

どくがく【独学】 ──の autodidacte ──する apprendre tout(e) seul(e)

とくぎ【特技】 talent particulier 男; point fort

どくさい【独裁】 dictature 囡 ►**独裁政権[政権]** gouvernement dictatorial 男

とくさつ【特撮】 trucage de cinéma 男

どくさつ【毒殺】 empoisonnement 男 ──する empoisonner

とくさん【特産】 produit spécial 男; (名物) spécialité 囡

どくじ【独自】 ──の particuli*er*(*ère*), (自分たちによる) indépendant(e)

どくしゃ【読者】 lect*eur*(*trice*) 名; (定期購読者) abonné(e) 名

とくしゅ【特殊】 ──な particuli*er*(*ère*), spécial(ale) (男複 -aux) ►**特殊性** particularité 囡, spécificité 囡

とくしゅう【特集】 (記事) article spécial 男 ──する éditer spécialement sur

どくしょ【読書】 lecture 囡 ──する lire ►**読書家** grand(e) lect*eur*(*trice*) 名 ►**読書週間** semaine du livre 囡

どくしょう【独唱】 solo 男 ►**独唱者** soliste 名

とくしょく【特色】 caractéristique 囡 ──のある caractéristique

どくしん【独身】 célibat 男 ──の célibataire ►**独身者** célibataire 名

どくする【毒する】 avoir une influence néfaste sur

どくげつ【毒舌】 ──を振るう tenir des propos mordants ►**毒舌家** mauvaise langue 囡, langue de vipère 囡

どくせん【独占】 monopole 男 ──する monopoliser

どくぜん【独善】 ──的な arbitraire

どくそう【独奏】 solo 男 ──する jouer en solo

どくそう【独創】 ──性 originalité 囡 ──的な original(ale) (男複 -aux)

とくそく【督促】 sommation 囡 ──する sommer de payer ►**督促状** mise en demeure 囡

ドクター docteur 男; (医者) médecin 名

とくダネ【特dane】 scoop 男

どくだん【独断】 ──で agir arbitrairement ──的な dogmatique

とぐち【戸口】 porte 囡, entrée 囡

とくちょう【特徴】 caractéristique 囡, particularité 囡

とくちょう【特長】 qualité 囡, avantage 男

とくてい【特定】 ──を déterminé(e), fixe

とくてん【得点】 point 男; (サッカーなどの) but 男; (総得点) score 男

とくてん【特典】 privilège 男, avantage 男

どくとく【独特】 ──な (特徴的な) caractéristique 囡; (特異な) particuli*er*(*ère*)

とくに【特に】 surtout, particulièrement

とくばい【特売】 solde 男, vente-réclame 囡 (複 ~s-~) ►**特売品** articles en solde 男

とくはいん【特派員】 envoyé(e) spécial(ale) (男複 ~s -aux)

どくはく【独白】 monologue 男 ──する monologuer

とくひつ【特筆】 ──すべき remarquable, notable

とくべつ【特別】 ──な spécial(ale) (男複 -aux); particuli*er*(*ère*)

どくへび【毒蛇】 serpent venimeux 男

どくぼう【独房】 cellule 囡

とくほん【読本】 livre de lecture 男

どくみ【毒見・毒味】 ──する goûter ((de, à))

とくめい【匿名】 anonymat 男 ──の anonyme

どくやく【毒薬】 poison 男

どくゆう【特有】 toxique 男 ──の particuli*er*(*ère*), propre ((à))

どくりつ【独立】 indépendance 囡 ──の[した] indépendant(e) ►**独立国** pays indépendant 男 ►**独立宣言** proclamation d'indépendance 囡

どくりょく【独力】 ──で tout(e) seul(e), par ses propres moyens

とげ【棘】 épine 囡, piquant 男

とけい【時計】 horloge 囡; (腕時計) montre 囡 ──[反~]回りに dans le sens [le sens inverse] des aiguilles d'une montre ►**時計店** horlogerie 囡

とけこむ【溶け込む】 s'assimiler ((à)), se fondre ((dans))

とける【解ける】 (ほどける) se dénouer; (謎・問題が) se résoudre

とける【溶ける】 (se) fondre; (液体に) se dissoudre ─**砂糖は水に** ~ Le sucre est soluble dans l'eau.

とげる【遂げる】 accomplir, achever

とこ【床】 lit 男 ──に就く (病気で) s'aliter

どこ où ──か quelque part ──まで 泳いできたの Jusqu'où as-tu nagé?

とこや【床屋】 (人) coiff*eur*(*se*) 名; (店) salon de coiffure 男

ところ【所】 endroit 男, lieu 男 ►**所々** ici et là, par endroit

─どころ ─それ~か au contraire, au lieu de cela それ~ではない Il s'en faut bien.

ところが mais, pourtant

ところで or, à propos

とさか【鶏冠】 crête 囡

とざす【閉ざす】fermer, clore
とざん【登山】alpinisme 男 〜する faire de l'alpinisme ▶登山家 alpiniste 名
とし【年】an 男, année 女; (年齢) âge 男 〜を取った vieux(*vieille*)
とし【都市】ville 女 〜の urbain(*e*)
とし 〜になやつ stupide 名, bête 名
とし【年上】〜の plus âgé(*e*), aîné(*e*)
としかいで【年甲斐】〜もなく声を荒げてしまった C'était puéril de ma part d'avoir haussé le ton.
としかっこう【年格好】〜50ぐらいの〜の男 homme qui doit avoir la cinquantaine 女
としご【年子】あの子たちは〜です Ces enfants sont nés à un an d'intervalle.
としこし【年越し】〜する faire la veillée du Nouvel An
としこめる【閉じ込める】enfermer
としこもる【閉じ籠もる】s'enfermer, se cantonner
としごろ【年頃】âge 男 〜の娘 fille nubile 女
とした【年下】〜の plus jeune, cadet(*te*)
としつき【年月】années 女 複, temps 男
-として 一私〜は pour [quant à] moi, en ce qui me concerne それが事実だ〜 à supposer que cela soit vrai
どしどし 〜注文をつけてください N'hésitez pas à faire des demandes.
としなみ【年波】〜寄る〜には勝てない On ne peut rien contre l'âge.
としは【年端】〜も行かぬ少女 fillette 女
とじまり【戸締まり】〜をする fermer les portes (à clef)
どしゃ【土砂】〜降りの雨が降る Il pleut à verse [à torrents]. ▶土砂崩れ éboulement [effondrement] de terrain 男
としょ【図書】livre 男 ▶図書館 bibliothèque 女
どじょう【土壌】sol 男
ドジョウ【泥鰌】loche 女
としより【年寄り】vieillard 男
とじる【閉じる】fermer, clore
とじる【綴じる】attacher, mettre en liasse
としん【都心】centre [cœur] de la ville 男
どしん Paf! | Boum!
トス 〜する jeter la balle en l'air, faire une passe aérienne
どせい【土星】Saturne 男
とそう【塗装】peinture 女 〜する enduire
どそう【土葬】enterrement 男 〜する enterrer
どそく【土足】〜で sans se dé-
chausser ▶土足厳禁 (掲示) Se déchausser avant d'entrer
どだい【土台】fondations 女 複, base 女
とだえる【途絶える】cesser, s'interrompre
とだな【戸棚】armoire 女; (作り付けの) placard 男
どたばた bruyamment ▶どたばた喜劇 comédie bouffonne 女; (映画) film burlesque 男
とたん【途端】……した〜に dès que…
トタン【トタン板】tôle galvanisée 女
どたんば【土壇場】〜で au dernier moment, au moment critique
とち【土地】terre 女, terrain 男
どちゃく【土着】〜の autochtone; (軽蔑して) indigène
とちゅう【途中】〜で sur le chemin de; (道中) en chemin; (ものごとの) à mi-chemin
どちら lequel (*laquelle*) (複 lesquel(*le*)s) 〜かと言えば彼女は内気な方だ Elle est plutôt timide. 〜にしても彼が悪いのだ De toute façon, c'est lui qui a tort. 彼らは〜も左ききです Ils sont gauchers tous les deux. ジャンとリーズも〜も来なかった Ni Jean ni Lise n'est venu [ne sont venus]. 〜様ですか Qui est à l'appareil?
とっか【特価】prix spécial
どっかいりょく【読解力】〜がある avoir la compréhension de la lecture
とっきゅう【特急】(train) rapide 男
とっきょ【特許】brevet (d'invention) 男 ▶特許庁 Office national de la propriété industrielle 女
ドッキング accostage 男 〜する accoster
ドック cale 女, dock 男 ▶人間ドック check-up 男 (不変)
とっく 〜に亡くなっている être mort depuis longtemps
とっくみあい【取っ組み合い】〜をする lutter corps à corps avec; (互いに) se battre corps à corps
とっくん【特訓】entraînement spécial 男 〜する entraîner spécialement (à)
とつげき【突撃】assaut 男, charge 女
とっけん【特権】privilège 男 ▶特権階級 classe privilégiée 女
ドッジボール balle au chasseur 女
どっしり 〜した massi*f*(*ve*); (威厳のある) imposant(*e*)
とっしん【突進】〜する s'élancer [se précipiter] (vers, sur)
とつぜん【突然】tout à [d'un] coup, soudain ▶突然死 mort subite 女 突然変異 mutation 女
どっちつかず 〜の ambigu(*ë*), équivoque
どっちみち【どっち道】en tout cas; (ともかくも) quoi qu'il en soit

とって【取っ手】(戸の) poignée 女; (引き出しの) bouton 男
-とって 一私に〜 pour moi
とっておく【取って置く】(保管しておく) garder; (残しておく) réserver
とってかわる【取って代わる】détrôner
とってくる【取って来る】aller chercher【助動詞 être】
ドット point 男
とつにゅう【突入】irruption 女 〜する entrer brusquement【助動詞 être】
とっぱ【突破】enfoncement 男 〜する enfoncer
とっぱつ【突発】〜する survenir; (戦争・火事などが) éclater 〜的な imprévu(e), inattendu(e)
とっぴ【突飛】〜な bizarre, saugrenu(e)
とっぴょうし【突拍子】〜もない声をあげる pousser des cris perçants
トッピング nappage 女
トップ tête 女, chef 男 ―物理ではクラスで〜である être à la tête de sa classe en physique
とつめんきょう【凸面鏡】miroir convexe 男
とつレンズ【凸レンズ】lentille convexe 女
どて【土手】berge 女; (道路・鉄道の) talus 男
とてい【徒弟】apprenti(e) 名 ▶徒弟制度 système d'apprentissage 男
とても très【形容詞・副詞を修飾】; beaucoup【動詞を修飾】
とどく【届く】arriver【助動詞 être】
とどけ【届け】déclaration 女
とどける【届ける】(通告する) déclarer; (配達する) livrer (à, chez)
とどこおり【滞り】〜なく sans empêchement, sans encombre
とどこおる【滞る】avoir du retard
とのう【整う】(準備が) être prêt(e); (まとまる) être arrangé(e)
ととのえる【整える】(準備する) préparer; (きちんとする) arranger
とどまる【留まる】rester【助動詞 être】, demeurer【助動詞 être】
とどめる【止める】laisser; (限るse borner (à)
とどろき【轟き】grondement 男, retentissement 男
とどろく【轟く】gronder, tonner
ドナー donneur(se) 名
となえる【唱える】―念仏を〜 dire [réciter] sa prière 異議を〜 élever une contestation
トナカイ renne 男
となり【隣】―…の〜に à côté de...〜の人 voisin(e) 名
どなる【怒鳴る】crier violemment, hurler
とにかく【兎に角】en tout cas
どの quel(le) 〜季節が好きですか Quelle saison préférez-vous? 東京の〜辺に住んでいますか À Tokyo, de quel côté habitez-vous?
どのくらい【どの位】combien; (時間) combien de temps 〜〜待たないといけないですか Combien de temps dois-je attendre?
とのさま【殿様】seigneur (féodal) 男
どのように 〜〜すればよいか教えてほしい Voulez-vous m'apprendre comment faire?
トパーズ topaze 女
とはいえ mais, cependant
とばく【賭博】jeu 男
とばす【飛ばす】faire voler; (ロケットなどを) lancer
トビ【鳶】milan 男
とびあがる【跳び上がる】sauter; (驚きなどで) sursauter
トビウオ【飛魚】poisson volant 男
とびおきる【跳び起きる】se lever d'un saut
とびおりる【跳び下りる】sauter de haut en bas
とびかかる【飛びかかる】sauter, se jeter, s'élancer (sur)
とびこえる【跳び越える】sauter par-dessus, franchir
とびこみ【飛び込み】(水泳の) plongeon 男
とびこむ【飛び込む】―海に〜 se jeter [plonger] dans la mer
とびさる【飛び去る】s'envoler
とびだす【飛び出す】sauter [se précipiter] dehors; (突然現れる) surgir
とびたつ【飛び立つ】prendre sa volée, (鳥が) s'envoler
とびちる【飛び散る】se disperser, s'éparpiller
とびつく【飛びつく】⇨飛びかかる
トピック sujet 男, thème 男 ▶トピックニュース actualités 女 複
とびのる【飛び乗る】―電車に〜 sauter dans un train
とびばこ【跳び箱】cheval de voltige 男
とびはねる【飛び跳ねる】bondir, sauter
とびら【扉】porte 女・(本の) page de titre 女
とふ【塗布】application 女 〜する appliquer
とぶ【飛ぶ】voler
とぶ【跳ぶ】sauter, bondir
どぶ【溝】fossé 男, égout 男
とほ【徒歩】―〜で à pied
とほう【途方】―〜に暮れた désorienté(e) 〜もない extraordinaire
どぼく【土木】▶土木工事 travaux publics 男 複 土木工学 génie civil 男
とぼける【惚ける】faire l'ignorant(e)
とぼしい【乏しい】manquer de
とぼとぼ 〜〜歩く marcher lourdement [d'un pas pesant], se traîner

トマト tomate 女

とまどう【戸惑う】se troubler, être embarrassé(e)

とまりがけ【泊まりがけ】——で海に行く aller passer quelques jours à la mer【助動詞être】

とまる【止まる・停まる】s'arrêter; (止む) cesser ――その列車[バス]は…に停まりますか Est-ce que le train [le bus] s'arrête à…?

とまる【泊まる】loger (à, chez)

とみ【富】richesse 女, fortune 女

ドミニカ【ドミニカ国】Dominique 女;(ドミニカ共和国）République dominicaine 女 ――の dominiquais(e); (~ 共和国の) dominicain(e)

とむ【富む】(裕福である) être riche; (豊富である) abonder (en)

とむらう【弔う】――死者を~ pleurer la mort de

とめがね【留め金】agrafe 女; (バックル) boucle 女

とめる【止める・停める】arrêter; (阻止) empêcher

とめる【泊める】――友人を一晩~ loger un ami pour la nuit

とめる【留める】fixer, attacher

とも【友】ami(e) 名; (仲間) copain(ine) 名

とも【艫】poupe 女

ともかく (どちらにしても) en tout cas;（…は別として）à part …

ともかせぎ【共稼ぎ】――あの夫婦は~だ Ils travaillent tous les deux.

ともぐい【共食い】――~する s'entre-dévorer

ともす【灯す・点す】allumer

ともだおれ【共倒れ】――~になる tomber ensemble【助動詞être】, entraîner la chute de l'autre

ともだち【友達】ami(e) 名, (仲間) copain(ine) 名

ともなう【伴う】(連れて行く) emmener; (一緒に) aller avec【助動詞être】――技術の進歩に伴って avec le progrès technique

ともに【共に】――~する partager 行動を~する agir de concert avec

どもる【吃る】bégayer

どようび【土曜日】samedi 男

トラ【虎】tigre 男;（雌）tigresse 女

どら【銅鑼】gong 男

トライ (ラグビーの) essai 男 ――~する marquer un essai

ドライ ――~な sec(sèche), dur(e) ドライアイス neige carbonique 女 ドライクリーニング nettoyage à sec 男

トライアングル triangle 男

ドライバー (運転者) automobiliste 名; (ねじ回し) tournevis 男

ドライブ (車の) randonnée en voiture 女 ――~する faire une randonnée en voiture

ドライヤー sèche-cheveux 男 (不変)

とらえどころ【捕らえ所】――~のない人 personne qu'on ne sait par quel bout prendre 女

とらえる【捕える】saisir, prendre

トラクター tracteur 男

トラック camion 男; (陸上競技の) piste 女

ドラッグストア drugstore 男

トラブル ennuis 男複, problèmes 男複

トラベラーズチェック chèque de voyage 男

トラホーム trachome 男

ドラマ drame 男; (テレビの連続ドラマ) série télévisée 女

ドラマチック ――~な dramatique

ドラム tambour 男, batterie 女 ――~を叩く jouer de la batterie ►ドラム缶 tonneau métallique 男

トランク valise 女; (自動車の) coffre 男

トランクス maillot 男, slip 男

トランジスタ transistor 男 ►トランジスタラジオ poste de radio à transistor 男

トランジット transit 男

トランプ ――~をする jouer aux cartes

トランペット trompette 女 ――~を吹く jouer de la trompette

トランポリン trampoline 男

とり【鳥】oiseau 男

とりあえず【取り敢えず】(まず) d'abord; (さしあたり) pour le moment

とりあげる【取り上げる】(A (人) からB を) prendre B à A, priver A de B

とりあつかい【取り扱い】maniement 男, emploi 男 ►取り扱い説明書 manuel 男

とりあつかう【取り扱う】manier

トリートメント traitement 男

とりいれ【取り入れ】récolte 女; (納屋に取り込むこと) moisson 女

とりいれる【取り入れる】(採用する) adopter; (導入する) introduire

とりえ【取り柄】mérite 男, qualité 女

トリオ trio 男

とりおさえる【取り押さえる】arrêter

とりかえす【取り返す】regagner, reprendre

とりかえる【取り替える】changer (de); (交換する) échanger (contre)

とりかかる【取りかかる】commencer, se mettre (à)

とりかご【鳥籠】cage 女

とりかこむ【取り囲む】entourer, encercler

とりかわす【取り交わす】échanger

とりきめ【取り決め】(合意) accord 男; (決定) décision 女

とりきめる【取り決める】convenir (de, que)

とりくむ【取り組む】aborder; s'attaquer (à)

とりけす【取り消す】annuler; (前言などを) retirer

とりこ【虜】captif(ve) 名 ——になる être captif(ve) de

とりこみ【取り込み】——お〜中すみません Excusez-moi de vous déranger dans vos occupations.

とりこむ【取り込む】——洗濯物を〜 rentrer le linge

とりこわす【取り壊す】démolir, supprimer

とりさる【取り去る】enlever; (なくす) supprimer

とりしまりやく【取締役】administrateur(trice) 名

とりしまる【取り締まる】contrôler, administrer

とりしらべ【取り調べ】mise en examen 女, interrogatoire 男

とりしらべる【取り調べる】interroger

とりそこなう【取り損なう】——ボールを〜 manquer une balle

とりそろえる【取り揃える】……を豊富に取り揃えた店 magasin qui offre un grand choix de…

とりだす【取り出す】sortir

とりたてる【取り立てる】recouvrer

とりちがえる【取り違える】se tromper sur; (混同する) confondre A et [avec] B

とりつ【都立】——の municipal(e) de Tokyo

トリック truc 男; (映画などの) truquage 男

とりつける【取り付ける】fixer 《à》; installer

とりで【砦】fort 男, forteresse 女

とりとめ【取り留め】——のない incohérent(e)

とりにがす【取り逃がす】laisser échapper

とりにく【鶏肉】volaille 女, poulct 男

とりのぞく【取り除く】enlever, ôter

とりはだ【鳥肌】——が立つ avoir la chair de poule

とりひき【取引】commerce 男, affaire 女 ▶ **取引先** client(e) 名 **証券取引所** Bourse (des valeurs) 女

ドリブル dribble 男 ——する dribbler

とりぶん【取り分】part 女

とりまき【取り巻き】entourage 男

とりまく【取り巻く】entourer

とりみだす【取り乱す】perdre son sang-froid

トリミング trimming 男

とりもどす【取り戻す】reprendre, retrouver

とりやめる【取り止める】cesser, suspendre

トリュフ truffe 女

とりょう【塗料】peinture 女, enduit 男

どりょく【努力】effort 男 ——する faire des efforts ▶ **努力家** grand(e)

travailleur(se) 名

とりよせる【取り寄せる】faire venir

ドリル vrille 女; (穿孔機) perceuse 女

とりわけ【取り分け】surtout, particulièrement

とる【取る】prendre; (手に持つ) tenir; (つかむ) saisir; (獲得する) obtenir ——塩を取ってください Passez-moi le sel, s'il vous plaît.

とる【捕る・獲る】attraper, chasser; (魚を) pêcher

とる【採る】(植物などを) cueillir; (採用する) engager, adopter

ドル dollar 男

トルクメニスタン Turkménistan 男 ——の turkmène

トルコ Turquie 女 ——の turc(que)

とるにたりない【取るに足りない】insignifiant(e), sans importance

ドルばこ【ドル箱】mine d'or 女

どれ lequel (laquelle) (複 lesquel(le)s)

どれい【奴隷】esclave 名

トレース tracé 男

トレードマーク marque de fabrique 女

トレーナー (シャツ) sweatshirt 男; (コーチ) entraîneur 男

トレーニング entraînement 男 ——する s'entraîner 《à》 ▶ **トレーニングパンツ** pantalon de survêtement 男

トレーラー remorque 女, camion (à) remorque 男

どれくらい combien

ドレス robe 女

ドレッサー coiffeuse 女

ドレッシング vinaigrette 女

どれでも n'importe lequel (laquelle) (複 lesquel(le)s) ——構いません Cela m'est égal.

どれほど comme

どれも (肯定で) tous (toutes); (否定で) aucun(e)

とれる【取れる】(離れる・脱落する) se détacher; (痛みなどが) s'apaiser

トレンチコート trench-coat 男

どろ【泥】boue 女 ——まみれの boueux(se)

とろう【徒労】——に終わる n'aboutir à rien

どろじあい【泥仕合】——をする se disputer d'une manière odieuse

トロッコ wagonnet 男

ドロップ pastille 女, bonbon anglais 男

どろどろ ——の (柔らかい) pâteux(se); (液体が濃い) épais(e); (関係がもつれた) embrouillé(e)

どろなわ【泥縄】——式の対応策 mesures qui manquent de prévoyance 女 (複)

どろぬま【泥沼】bourbier 男 ——にはまる tomber dans un bourbier 【助動

トロフィー trophée 男, coupe 女

どろぼう【泥棒】(人) voleur(se) 名; (行為) vol 男

どろみず【泥水】eau boueuse

どろよけ【泥除け】(車の) bavette 女; (自転車の) garde-boue 男 (不変)

トロリーバス trolleybus 男

どろんこ【泥ん こ】～遊びをする jouer dans la boue

トロンボーン trombone 男

どわすれ【度忘れ】～彼の名を～した Son nom m'échappe.

トン tonne 女 [記号は t]; (船の容量トン) tonneau 男

どん 一位置について、用意、～ À Vos marques! Prêts? Partez! ～とぶつかる se heurter violemment contre

トンガ Tonga 男 ～の tonguien(ne)

とんカツ【豚カツ】côtelette de porc panée 女

どんかん【鈍感】～な obtus(e), insensible

どんぐり【団栗】gland 男

どんこう【鈍行】train omnibus 男

どんじゅう【鈍重】～な lourdaud(e), lourd(e)

とんだ【富んだ】……に～ être riche en ...., abonder en ....

とんち【頓知】esprit d'à-propos ～を働かせる faire preuve d'esprit

どんちゃんさわぎ【どんちゃん騒ぎ】～をする faire la noce [la bombe]

とんちんかん【頓珍漢】～な事を言う prononcer des paroles incohérentes

とんつう【鈍痛】douleur sourde 女

とんでもない insensé(e), extravagant(e)

とんとん ードアを～たたく faire toc toc à la porte, frapper à la porte ー病人は～良くなっている Le malade va de mieux en mieux.

どんな quel 形; comment 副 ～こととでも聞いてください Demandez tout ce que vous voulez savoir. ～に comme

トンネル tunnel 男

どんぶり【丼】bol 男

とんぼ【蜻蛉】libellule 女

とんぼがえり【とんぼ返り】～をする faire une culbute 東京と大阪を～する faire la navette entre Tokyo et Osaka

とんや【問屋】(店) maison de gros 女; (人) commerçant(e) en gros 名

どんよく【貪欲】avidité 女 ～な avide

どんより ～した天気 temps bouché [morne] 男

な

な【名】nom 男; (姓に対して) prénom 男 ～の知れた célèbre, connu(e) …の～のもとに sous prétexte de ...

ない【無い】(存在しない) il n'y a pas, ne n'exite pas, ne pas être; (欠如) ne pas avoir, manquer (à); être sans

ないえん【内縁】union libre [illégitime] 女, concubinage 男 ～の夫 concubin 男 ～の妻 concubine 女

ないか【内科】médecine des maladies internes 女 ▶内科医 médecin généraliste 男

ないがい【内外】(約) environ, à peu près ～で à l'intérieur comme à l'extérieur

ないかく【内閣】gouvernement 男, cabinet 男 ▶内閣総理大臣 Premier ministre 男

ないがしろ【蔑ろ】～にする négliger, ne pas tenir compte de

ないこう【内向】～的 introverti(e)

ナイジェリア Nigéria 男 ～の nigérian(e)

ないじゅ【内需】demande interne 女

ないしょ【内緒】～の secret(ète), caché(e), confidentiel(le) …の～で à l'insu de ...

ないしょく【内職】travail d'appoint [à domicile] 男

ないしん【内心】le fond de son cœur

ないしんしょ【内申書】rapport confidentiel des résultats scolaires 男

ないせい【内政】politique intérieure 女

ないせん【内戦】guerre civile [intérieure] 女

ないせん【内線】(電話の) téléphone interne 男

ないぞう【内臓】entrailles 女 複; (解剖学) viscères 男 複

ナイター match de soir 男

ないてい【内定】décision officieuse 女

ないてき【内的】～な intérieur(e), interne

ナイト ▶ナイトガウン robe de chambre 女 ナイトクラブ boîte de nuit 女

ナイフ couteau 男, poignard 男; (折りたたみの) couteau pliant [de poche] 男

ないぶ【内部】intérieur 男, dedans 男 ～に à l'intérieur, au-dedans (de); dans ～の intérieur(e), interne

ないふくやく【内服薬】médicament interne 男

ないふん【内紛】querelles intestines 女 複

ないみつ【内密】～の secret(ète), confidentiel(le)

ないめん【内面】aspect intérieur [interne] 男

ないよう【内容】contenu 男; (文書の) teneur 女; (要点) substance 女 ▶内容見本 page spécimen 女

ないらん【内乱】guerre civile 女

ナイロン nylon 男
ナウル Nauru 女 ──の nauruan(ne)
なえ【苗】plant 男, semis 男 ▶苗床 pépinière 女, couche 女
なお【尚】(一層) encore, davantage; (まだ) encore, toujours ──悪いことには surcroît de malheur, qui pis est
なおかつ【尚且つ】au surplus, qui plus est
なおさら【尚更】……であるだけに～ d'autant plus que……
なおざり【等閑】──にする négliger, ne pas tenir compte de
なおす【直す】réparer, dépanner; (修復する) restaurer; (訂正・矯正する) corriger ─ネクタイを～ rajuster [arranger] sa cravate
なおす【治す】guérir
なおる【直る】être réparé(e); (復旧する) être restitué(e); (訂正・矯正される) être corrigé(e), se corriger
なおる【治る】(se) guérir; (回復する) se rétablir, retrouver sa santé; (傷が) se cicatriser
なか【中】intérieur 男, dedans ──……の～に[で, へ] dans……, en…… à l'intérieur de……, ……の中で (範囲に) parmi……, entre…… 雨の～を sous la pluie ～に入ってもいいですか Puis-je entrer?
なか【仲】relations 女 複, rapports 男 複 ──～がよい[悪い] s'entendre bien [mal], avoir de bons [mauvais] rapports (avec) 2人の～を裂く[離す] [brouiller] deux amis ～を取り持つ servir d'intermédiaire (à)
ながい【長い】long(ue) ──～間 longtemps, pendant longtemps; (ずっと前から) depuis longtemps
ながいき【長生き】──～する vivre longtemps, vivre vieux(vieille)
ながいす【長椅子】banquette 女, banc 男 (ベンチ)
なかがいにん【仲買人】courtier(ère) 名
ながぐつ【長靴】botte 女
なかごろ【中頃】──90年代～ au milieu des années 90
ながさ【長さ】longueur 女; (時間の) durée 女 ──～1メートルの棒 bâton d'un mètre (de long) 男
ながし【流し】évier 男
ながす【流す】(液体を) couler, verser, déverser; (広める) répandre ─音楽を～ passer de la musique
ながそで【長袖】manches longues 女 複
なかたがい【仲違い】──～する se brouiller, se fâcher (avec)
なかつづき【仲続き】──～する durer (longtemps), continuer longtemps
なかでも【中でも】entre autres, en

particulier
なかなおり【仲直り】réconciliation 女 ──～する se réconcilier (avec)
なかなか assez; (非常に) très, très ─～分からない Je n'arrive pas à comprendre.
なかにわ【中庭】cour 女
ながねん【長年】depuis de longues années
なかば【半ば】moitié 女, demi 男 ─七月～に à la mi-juillet [miの形は常に女性名詞]
ながびく【長引く】se prolonger; (だらだらと) s'éterniser
なかほど【中程】──～に au [vers le] milieu de
なかま【仲間】compagnon(compagne) 名, ami(e) 名; (同僚) collègue 男; (協力者) collaborateur(trice) 名 ─私も～に入れてくれ Prenez-moi dans votre groupe [équipe]. ……の～入りをする prendre rang parmi…… ～外れにする mettre…… en quarantaine, tenir…… à l'écart ▶仲間意識 esprit de solidarité 男
なかみ【中身・中味】contenu 男
ながめ【眺め】vue 女; (光景) paysage 男 ──～のいい部屋 chambre d'où l'on a une très belle vue 女
ながめる【眺める】regarder; (観察する) observer
なかもち【長持ち】──～する durer (longtemps)
なかやすみ【中休み】pause 女, repos 男
なかゆび【中指】majeur 男; (足の) troisième orteil 男
なかよく【仲よく】──～する se lier d'amitié (avec) 人と～なる sympathiser (avec)
なかよし【仲よし】──～である être intime, être ami(e) lié(e) (avec)
ながれ【流れ】cours 男, courant 男
ながれこむ【流れ込む】couler, affluer
ながれだす【流れ出す】(流出する) couler; (流れ始める) commencer à couler
ながれぼし【流れ星】étoile filante 女
ながれる【流れる】couler, s'écouler; (時間が) passer [助動詞 être]; (噂など) courir, circuler
なき【泣き】──～の涙 (tout) en larmes ～をみる subir de rudes épreuves
なきあかす【泣き明かす】pleurer toute la nuit
なきおとす【泣き落とす】faire fléchir…… à force de larmes [supplications]
なきがお【泣き顔】visage éploré 男
なきくずれる【泣き崩れる】fondre en larmes
なきごえ【泣き声】(すすり泣き) sanglots 男 複; (涙声) voix éplorée 女; (赤ん坊の) vagissement 男
なきごえ【鳴き声】voix 女, cri 男

なきごと【泣き言】(不平) plainte 女; (嘆き) lamentations 女複 ——を言う se plaindre 《de, que 不定詞》; se lamenter 《sur, de 不定詞》

なきさけぶ【泣き叫ぶ】crier en pleurant

なきじゃくる【泣きじゃくる】pousser des sanglots

なきだす【泣き出す】commencer [se mettre] à pleurer ——わっと~ éclater en sanglots

なきつく【泣き付く】supplier, implorer 《de 不定詞》

なきつら【泣き面】——に蜂 Un malheur ne vient jamais seul.

なきどころ【泣き所】point [côté faible] 男 ——弁慶の~ talon d'Achille

なきねいり【泣き寝入り】——する être obligé(e) de se résigner

なきべそ【泣きべそ】——をかく être au bord des larmes

なきまね【泣き真似】——する faire semblant de pleurer; (話) pleurnicher

なきむし【泣き虫】pleurard(e) 名

なきわめく【泣きわめく】

なきわらい【泣き笑い】——する sourire entre ses larmes

なく【泣く】pleurer, être en larmes; (涙を流す) verser des larmes ——泣いて頼む demander en pleurant [les larmes aux yeux], implorer 《de 不定詞》感動して~ pleurer d'émotion

なく【鳴く】crier (動物によって固有の動詞を取ることが多い) ——小鳥が~ chanter 猫が~ miauler

なぐさめ【慰め】consolation 女

なぐさめる【慰める】consoler; (元気づける) réconforter

なくす【無くす】perdre; (廃止する) abolir

なくなる【無くなる】(消える) disparaître; (尽きる) s'épuiser; (金・財産などが) se dissiper

なぐりあう【殴り合う】se donner des coups de poing

なぐりがき【殴り書き】——手紙を~する griffonner une lettre

なぐりこみ【殴り込み】——をかける donner [livrer] l'assaut 《à》

なぐりたおす【殴り倒す】renverser ... d'un coup de poing

なぐる【殴る】battre, frapper; (平手で) gifler

なげかわしい【嘆かわしい】lamentable, regrettable

なげき【嘆き】plainte 女, lamentation 女; (悲しみ) tristesse 女

なげく【嘆く】se lamenter 《sur》; déplorer ... 《de 不定詞, que 接続法》

なげすてる【投げ捨てる】jeter

なげやり【投げ遣り】——な négligent(e), nonchalant(e)

なげる【投げる】jeter, lancer; (放棄) abandonner

なこうど【仲人】intermédiaire dans un mariage 名

なごやか【和やか】——な paisible; (友好的な) amical(ale)(男複 -aux)

なごり【名残】vestiges 男複, reste 男 ——を惜しむ prolonger les adieux, ~惜しそうに avec regret

なさけ【情け】charité 女, miséricorde 女; (哀れみ) pitié 女 ——深い compatissant(e), compatissant(e) おべで par pitié, par indulgence ~容赦なく impitoyablement, implacablement

なさけない【情けない】lamentable; (惨めな) misérable ——とは~ il est regrettable que 接続法

なし【無し】——の[で] sans ... ……で済ます se passer, priver 《de》

ナシ【梨】(実) poire 女; (木) poirier 男

なしとげる【成し遂げる】accomplir, achever, réaliser

なじみ【馴染み】——の familier(ère)

なじむ【馴染む】se familiariser 《avec》

ナショナリスト nationaliste 名

ナショナリズム nationalisme 男

なじる【詰る】reprocher 《à》; blâmer

ナス【茄子】aubergine 女

なぜ【何故】pourquoi, pour quelle raison ——だか分からずに sans savoir pourquoi

なぜなら【何故なら】parce que, car

なぞ【謎】énigme 女; (神秘) mystère 男 ——をかける proposer une énigme [devinette]; (ほのめかす) suggérer ~ を解く résoudre une énigme ~めいた énigmatique

なぞなぞ【謎謎】devinette 女 ——遊びをする jouer aux devinettes

なた【鉈】serpe 女, 'hachette 女

なだかい【名高い】célèbre, bien connu(e), renommé(e)

なたね【菜種】colza 男

なだめる【宥める】apaiser, calmer

なだらか——な onduleux(se)

なだれ【雪崩】avalanche 女

なつ【夏】été 男 ——の盛りに en plein été ▶ 夏服 vêtement d'été 男 夏みかん agrumes du Japon 男複 夏休み vacances d'été 女複

なついん【捺印】——する mettre [apposer] son sceau, sceller

なつかしい【懐かしい】nostalgique

なつかしむ【懐かしむ】avoir de la nostalgie 《de》

なづけおや【名付け親】(男) parrain 男; (女) marraine 女

なづける【名付ける】(AをBと) nommer A B

ナッツ noix 女

なっとく【納得】consentement 男 ——する(了解する) comprendre; (説得

ナツメ【棗】jujube 男
ナツメグ muscade 女
なておろす【撫で下ろす】―胸を~ éprouver du soulagement
なでがた【なで肩】épaules tombantes 女(複)
ナデシコ【撫子】œillet 男
なでつける【撫で付ける】―髪を~ lisser ses cheveux
なでる【撫でる】caresser; (そっと触れる) effleurer
など【等】et cætera【略 etc】; (…のような) tel(le) que ..., comme ...
ナトリウム sodium 男
なな【七】sept 男【不変】―番目の septième /~分の1 un septième
ななじゅう【七十】soixante-dix 男【不変】―番目の soixante-dixième
ななめ【斜り】oblique, biais(e) /~に en diagonale
なに【何】que, quoi; (疑問) qu'est-ce que, quel(le) /~のQue veux-tu? | Qu'est-ce que tu veux? /~が何だかさっぱりわからない Je n'y comprends rien. ~が起ころうとも quoi qu'il arrive これは~ですか Qu'est-ce que c'est? 中には~が入っていますか Qu'est-ce qu'il y a dedans?
なにか【何か】quelque chose /~飲み物を下さい Donnez-moi quelque chose à boire.
なにくわぬ【何食わぬ】―顔で sans avoir l'air d'y toucher
なにげ【何気】―ない involontaire, inconscient(e)
なにごと【何事】―もなかったかのように comme si de rien n'était
なにしろ【何しろ】en tout cas, de toute(s) façon(s)
なにひとつ【何一つ】―やましいことは~ありません Je n'ai rien à me reprocher.
なにも【何も】ne ... rien, ne ... aucun(e) /~することがない Je n'ai rien à faire.
なにもの【何者】―かは~だ Qui est-il? | Qui est-ce?
なにやら【何やら】―うれしそうだん Tu as l'air content.
なにより【何より】surtout, avant tout
なのる【名乗る】se nommer
なびかせる【靡かせる】faire [laisser] flotter
なびく【靡く】flotter; (屈する) obéir (à)
ナビゲーター navigateur(trice) 名
ナプキン (テーブル用) serviette (de table) 女; (生理用) serviette hygiénique 女
なふだ【名札】plaque d'identité 女; (荷物の) étiquette 女
ナフタリン naphtaline 女; (防虫剤) naphtaline 女

なぶる【嬲る】railler
なべ【鍋】(取っ手が2つの) marmite 女; (片手) casserole 女
なま【生】―の cru(e); (新鮮な) frais (fraîche); (未処理の) brut(e) /~の声を ▶recueillir les opinions sur le vif /生中継 魚を食べる manger le poisson cru /生中継 retransmission en direct /生ビール bière (à la) pression 女 /(一杯) un demi /生放送 émission en direct 女
なまあたたかい【生暖かい】tiède
なまいき【生意気】―な impertinent(e); (横柄な) orgueilleux(se); (思い上がった) présomptueux(se) /~なことを言う dire des impertinences
なまえ【名前】nom 男; (姓) nom (de famille) 男; (ファーストネーム) prénom 男 /~を伏せる garder l'anonymat /負けずに faire mentir son nom 私の~は ... です Je m'appelle ...
なまかわき【生乾き】―の à moitié séché(e)
なまき【生木】bois vert 男
なまぎす【生傷】blessure fraîche 女
なまぐさい【生臭い】avoir une odeur de poisson
なまクリーム【生クリーム】crème fraîche 女; (ホィップクリーム) crème fouettée 女
なまけもの【怠け者】paresseux(se) 名
なまける【怠ける】paresser, fainéanter; (怠る) négliger
ナマコ【海鼠】concombre de mer 男
なまごみ【生ごみ】ordures organiques 女(複)
ナマズ【鯰】poisson-chat 男(複 ~s, ~-~) siluro 男
なまぬるい【生ぬるい】tiède /~やり方 mesures trop peu sévères 女(複)
なまはんか【生半可】―な知識 connaissances incomplètes 女(複)
なまみ【生身】―私だって~の人間だ Moi, je suis un homme en chair et en os.
なまめかしい【艶かしい】coquet(te), séduisant(e)
なまもの【生物】aliments qui se mangent crus 男(複)
なまやさい【生野菜】légumes verts [frais] 男(複)
なまり【鉛】plomb 男
なまり【訛り】accent 男
なみ【波】vague 女 (さざ波) ride 女; (波紋) onde 女 /~が高い La mer est agitée. /~にさらわれる être emporté(e) par les flots /…の~に乗る surfer sur ...
なみ【並】―の commun(e), ordinaire; (中くらいの) moyen(ne) 男
なみうちぎわ【波打ち際】rivage 男, plage 女
なみうつ【波打つ】onduler

なみかぜ【波風】 —〜を立てる causer des ennuis

なみき【並木】 rangée [alignée] d'arbres 女 ▶並木道 chemin bordé d'arbres

なみだ【涙】 larme 女 —〜を流す verser des larmes …の—〜を誘う tirer des larmes à… 〜ぐましい touchant(e) 〜ぐむ avoir les larmes aux yeux お—〜頂戴の映画 film larmoyant [mélo] 男 〜もろい avoir la larme facile

なみたいてい【並大抵】 —それは〜のことではない Ce n'est pas une chose aisée.

なみの【並の】 —〜ならぬ peu ordinaire [commun(e)]

なみのり【波乗り】 surf 男

なみはずれ【並外れ】 —〜の 並外れた extraordinaire, exceptionnel(le)

ナミビア Namibie 女 —〜の namibien(ne)

ナメクジ【蛞蝓】 limace 女

なめしがわ【鞣皮】 peau tannée 女

なめす【鞣す】 tanner

なめらか【滑らか】 —〜な lisse

なめる【舐める】 lécher; (しゃぶる) sucer; (見くびる) sous-estimer —あめを〜 sucer un bonbon 〜なよ Pour qui me prends-tu?

なや【納屋】 grange 女, 'hangar 男

なやましい【悩ましい】 sensuel(le), voluptueux(se)

なやます【悩ます】 tracasser, tourmenter; (苦しめる) faire souffrir —頭を悩ませる se donner du souci

なやみ【悩み】 souci, ennui 男 —〜を打ち明ける confier ses ennuis

なやむ【悩む】 se tracasser, se tourmenter《pour》

ならう【習う】 apprendre《à 不定詞》; (学ぶ) étudier; (レッスンを受ける) prendre des leçons de

ならう【倣う】 (模倣する) imiter; (手本とする) suivre l'exemple de

ならす【馴らす】 dresser, dompter; (家畜化する) domestiquer

ならす【慣らす】 accoutumer [habituer]《à》; (気候・風土に) acclimater《à》

ならす【鳴らす】 sonner; (鐘・ベルなどを) sonner; (指などを) (faire) claquer

ならす【均す】 aplanir; (平均する) faire la moyenne

-ならない —…しては〜 ne pas devoir 不定詞, il ne faut pas 不定詞《que 接続法》

ならぶ【並ぶ】 (整列する) s'aligner; (列をつくる) faire la queue —コンピューターの知識では彼に〜者はいない Pour la connaissance de l'informatique, il n'a pas son pareil.

ならべたてる【並べ立てる】 énumérer

ならべる【並べる】 (ある配置に) disposer; (列に) ranger —本を本棚に〜 ranger les livres dans la bibliothèque

ならわし【慣わし】 usage 男, coutume 女; (伝統) tradition 女

なりあがる【成り上がる】 parvenir 助動詞 être ▶成り上がり者 parvenu(e) 男

なりきん【成金】 enrichi(e) 名, nouveau riche 男

なりたち【成り立ち】 origine 女

なりたつ【成り立つ】 (構成される) consister, être composé(e) 《de》; (基盤とする) être fondé(e) 《sur》; (有効である) tenir debout

なりゆき【成り行き】 (結果) résultat 男; (展開) déroulement 男

なる【成る・為る】 devenir 助動詞 être》; (変わる) se transformer 《en》; tourner 《à, en》; (達する) s'élever 《à》 —医者に〜 devenir médecin 有名に〜 devenir [se rendre] célèbre

なる【生る】 porter, donner

なる【鳴る】 (鐘・ベルなどが) sonner; (鳴り響く) retentir, résonner

ナルシスト narcisse 男

なるべく —〜早く le plus tôt possible

なるほど【成る程】 en effet

ナレーション commentaire 男

ナレーター récitant(e) 男

なれなれしい【馴れ馴れしい】 familier(ère)《avec》

なれる【慣れる】 s'habituer, s'accoutumer《à》; (順応する) s'adapter《à》

なわ【縄】 corde 女, lien 男

なわとび【縄跳び】 saut à la corde 男 —〜をする sauter à la corde

なわばり【縄張り】 territoire 男; (勢力範囲) zone d'influence 女; (活動分野) domaine 男 —〜を荒らす marcher sur les plates-bandes de 〜争いをする se disputer une zone d'influence

なんい【南緯】 latitude sud 女

なんおう【南欧】 Europe méridionale [du Sud] 女

なんか【軟化】 ramollissement 男 —〜する se ramollir; (態度が) se radoucir

なんかい【何回】 combien de fois —〜も à maintes reprises

なんかい【難解】 —〜な difficile

なんきょく【南極】 pôle Sud [antarctique] 男 ▶南極海 océan (glacial) antarctique 男 南極大陸 continent antarctique 男, Antarctique 男

なんきんまめ【南京豆】 cacahouète 女

なんこう【軟膏】 pommade 女, onguent 男

なんじ【何時】 —今〜ですか Quelle heure est-il? | Vous avez l'heure?

なんせい【南西】 sud-ouest 男

ナンセンス non-sens 男; (不条理な);

なんだ(こと) absurdité 女

なんだ【何だ】―こう言っては～けれども J'hésite un peu à le dire, mais…

なんなんどうぶつ【軟体動物】mollusques 男 複

なんちょう【難聴】dureté d'oreille 女

なんて【何て】⇨何と

なんでも【何でも】n'importe quoi, quoi que ce soit; (すべて) tout ce que; ～欲しいものが―見つかります Vous trouverez tout ce que vous cherchez. ～ないよ Ce n'est rien.

なんてん【難点】défaut 男

なんと【何と】(疑問) comment, que, qu'est-ce que; (感嘆) comme, que, quel(le) ～―お礼を言ったらいいかわかりません Je ne sais comment vous remercier. ～寒いんだろう Qu'il fait froid!

なんど【何度】―も plusieurs fois

なんとう【南東】sud-est 男

なんとか【何とか】―してくれ Faites quelque chose! まあ～やってます Comme ci comme ça.

なんとしても【何としても】à tout prix, coûte que coûte

なんとなく【何となく】vaguement; (なぜかわからないが) je ne sais pourquoi; (特別の理由もなく) sans raison particulière

なんにち【何日】―今日は～ですか Le combien sommes-nous aujourd'hui?

なんにん【何人】―ご家族は～ですか Vous êtes combien dans votre famille?

なんぱ【難破】naufrage 男 ――する faire naufrage

ナンバー numéro 女 ▶ナンバープレート plaque d'immatriculation 女

なんびょう【難病】maladie difficilement curable 女

なんびょうよう【南氷洋】⇨南極海

なんぶ【南部】le Sud

なんべい【南米】Amérique du Sud 女 ――の sud-américain(e)

なんぽう【南方】sud 男

なんぼく【南北】le nord et le sud ▶南北問題 problème nord-sud 男

なんみん【難民】réfugié(e) 名 ▶難民キャンプ camp de réfugiés 男

なんもん【難問】question difficile 女

に

に【二】deux 数《不変》～番目の deuxième, second(e) ～分の1 un demi

に【荷】charge 女, fardeau 男 ――を積む charger

にあい【似合い】―彼らは～の夫婦だ Ils forment un couple assorti.

にあう【似合う】(人に) aller à 【助動詞 être】; (ものに) aller avec, être assorti être); ～よく君に～ Ça te va bien.

にあげ【荷揚げ】déchargement 男, débarquement 男 ――する débarquer, décharger

ニアミス quasi-collision 女

ニーズ nécessité 女

にえきらない【煮え切らない】indécis(e), irrésolu(e)

にえる【煮える】cuire

におい【臭い・匂い】odeur 女; (芳香) parfum 男, arôme 男 ～いい匂いがする sentir bon [mauvais] ～のよい odorant(e), parfumé(e) ～をかぐ respirer ▶匂い袋 sachet à parfum

におう【臭う・匂う】sentir

にかい【二回】deux fois 女 ――目に pour la deuxième fois, à la seconde fois

にかい【二階】premier étage 男【1階は rez-de-chaussée 男】――建ての maison à un étage 女

にがい【苦い】amer(ère); (つらい) dur(e), pénible, rude ――思い出 souvenir amer

にがす【逃がす】(自由にする) lâcher, relâcher; (とり逃がす) laisser échapper

にがつ【二月】février 男 ～―に en février, au mois de février

にがて【苦手】―数学は～だ Je suis faible en mathématiques. あの人はなんとなく～だ Je ne me sens pas à l'aise avec lui.

にがにがしい【苦々しい】désagréable, déplaisant(e)

ニカラグア Nicaragua 男 ――の nicaraguayen(ne)

にかわ【膠】colle 女

にがわらい【苦笑い】sourire amer 男 ――する rire jaune

にきび bouton d'acné 男, acné juvénile 女

にぎやか【賑やか】――な animé(e); (陽気な) gai(e), joyeux(se)

にぎり【握り】poignée 女; (ステッキの) pommeau 男 ▶握り拳 poing 男

にぎりしめる【握り締める】serrer dans la main

にぎりつぶす【握り潰す】écraser dans la main; (葬りさる) enterrer

にぎる【握る】prendre, tenir; (素早く) saisir; (強く) empoigner ハンドルを～ prendre [tenir] le volant 秘密を握っている détenir le secret

にぎわう【賑わう】être animé(e); (繁栄している) être prospère

にく【肉】chair 女; (肉体) corps 男; (食用の) viande 女 ～を食べる manger de la viande ▶肉料理 plat de viande 男

にくい【憎い】―私は彼が～ Je le †hais.

-にくい【-難い】……しー être difficile à 不定詞

にくがん【肉眼】 ――で à l'œil nu

にくさ【憎さ】 ――可愛さ余って～百倍 Trop d'amour engendre plus de haine.

にくしみ【憎しみ】 'haine 囡 ――を抱く avoir [concevoir] de la haine ((pour))

にくしょく【肉食】 ――の carnivore ▶**肉食獣** animaux carnassiers [carnivores] 男 複

にくしん【肉親】 proche parent(e) 名

にくせい【肉声】 voix naturelle 囡

にくたい【肉体】 corps 男, chair 囡 ――の[的な] physique, charnel(le) ▶**肉体関係** relations sexuelles [charnelles] 囡 複 **肉体美** beauté physique 囡 **肉体労働** travail physique [manuel] 男

にくだんご【肉団子】 boulette 囡

にくづき【肉付き】 ――のよい charnu(e), bien en chair

にくづけ【肉付け】 ――する (登場人物に) étoffer un personnage; (彫刻家が) modeler

にくはく【肉薄】 ――する serrer ... de (très) près; (戦い・議論に) répliquer du tac au tac

にくばなれ【肉離れ】 déchirure musculaire 囡

にくひつ【肉筆】 (文字) autographe 男; (絵) original 男 (複 -aux)

にくまれぐち【憎まれ口】 ――をたたく tenir des paroles offensantes

にくまれっこ【憎まれっ子】 ――世にはばかる Mauvaise herbe croît toujours.

にくまれやく【憎まれ役】 rôle ingrat 男

にくむ【憎む】 'haïr, prendre [avoir] ... en 'haine ――べき 'haïssable, abominable, odieux(se)

にくや【肉屋】 boucherie 囡; (豚肉屋) charcuterie 囡; (人) boucher (ère) 名, charcutier(ère) 名

にくらしい【憎らしい】 vexant(e)

にぐるま【荷車】 (四輪の) chariot 男; (二輪の) charrette 囡

ニクロム nichrome 男

にげこうじょう【逃げ口上】 faux-fuyant 男

にげみち【逃げ道】 chemin de fuite 男, échappatoire 囡; (出口) issue 囡

にげる【逃げる】 s'enfuir (束縛を解いて) s'échapper; (危険を逃れて) se sauver ――彼は妻に逃げられた Sa femme l'a quitté. ～が勝ちだ Le plus sage est de fuir.

にごす【濁す】 ――言葉を～ parler en termes vagues

ニコチン nicotine 囡 ▶**ニコチン中毒** tabagisme 男

にごった【濁った】 trouble, impur(e); (汚染された) pollué(e)

にこにこ ――する sourire

にこやか ――な souriant(e)

にごる【濁る】 se troubler, se brouiller; (汚染される) se polluer

にさんかたんそ【二酸化炭素】 dioxyde de carbone 男

にし【西】 ouest 男, occident 男 ――の ouest (不変); occidental(ale) (男複 -aux)

にじ【虹】 arc-en-ciel 男 (複 ～s・～・～)

にじ【二次】 ――的な secondaire, accessoire ▶**二次会** réunion intime après le banquet officiel 囡 **二次試験** seconde série d'examens 囡

ニジェール Niger 男 ――の nigérien(ne)

ニジマス【虹鱒】 truite arc-en-ciel 囡

にじむ【滲む】 baver

にしゃ【二者】 ▶**二者択一** alternative 囡

にじゅう【二十】 vingt 男 (不変) ――一番目の vingtième

にじゅう【二重】 ――の double

ニシン【鰊】 'hareng 男

ニス vernis 男

にせ【偽】 ――の faux(sse), falsifié(e)

にせい【二世】 ――アンリ～ Henri II 日系～ émigrés japonais de la seconde génération 男複

にせもの【偽物】 contrefaçon 囡; (模造品) imitation 囡

にせる【似せる】 imiter; (偽造する) contrefaire

にそう【尼僧】 religieuse 囡

にたつ【煮立つ】 bouillir; (ぐらぐら) bouillonner

にたにた ――笑う (薄気味悪く) sourire sournoisement, (からかうように) sourire railleusement

にちじ【日時】 la date et l'heure 囡

にちじょう【日常】 ――の quotidien(ne); (ごく普通の) courant(e), ordinaire

にちふつ【日仏】 ――の franco-japonais(e)

にちぼつ【日没】 coucher du soleil 男

にちや【日夜】 jour et nuit; (たゆみなく) sans relâche

にちよう【日曜】 ▶**日曜大工** bricolage 男 ――日曜大工をする bricoler

にちようび【日曜日】 dimanche 男

にちようひん【日用品】 objets d'usage courant 男複, article de consommation courante 男

につか【日課】 tâche journalière 囡

にっかん【日刊】 ――の quotidien(ne)

にっき【日記】 journal 男 (複 -aux) ――をつける tenir un journal, écrire son journal ▶**日記帳** album (de journal)

にっきゅう【日給】 salaire d'une journée 男

ニックネーム surnom 男

にづくり【荷造り】 emballage 男 ――をする emballer

ニッケル nickel 男

ニッコウ【日光】lumière solaire [de soleil] 女; rayons de soleil 男 ▶ **日光浴** bain de soleil 男 **―日光浴をする** prendre un bain de soleil

にっこり **―する** sourire (gracieusement)

にっし【日誌】⇨日記

にっしゃびょう【日射病】insolation 女; coup de soleil 男

にっしょく【日食】éclipse du Soleil 女

にっちゅう【日中】journée 女

にってい【日程】programme 男; emploi du temps 男

ニット tricot 男 ▶ **ニットウエア** vêtement en tricot 男

につめる【煮詰める】réduire

にど【二度】deux fois 女 複 **―こんなこととないように** Que cela ne se reproduise plus.

にとう【二等】seconde [deuxième] classe 女

にとうぶん【二等分】**―リンゴを―する** diviser une pomme en deux parties égales

ニトログリセリン nitroglycérine 女

になう【担う】porter ... sur les épaules

にばい【二倍】double 男

ニヒル **―な** nihiliste

にぶい【鈍い】(動きが)lent(e); (音·光·痛みなどが)sourd(e); (無感覚な)insensible; (間抜けな)lourdaud(e)

にふだ【荷札】étiquette 女

にほん【日本】Japon 男 **―の** japonais(e), nippon(e) ▶ **日本語** japonais 男; langue japonaise 女 **日本人** Japonais(e)

にもつ【荷物】bagage 男; (負担)charge 女; fardeau 男

にやにや **―する** sourire; (ばかにしたように)sourire dédaigneusement

ニュアンス (微妙な差異)nuance 女; (繊細さ)subtilité 女

にゅういん【入院】hospitalisation 女 **―する** être hospitalisé(e)

にゅうか【入荷】arrivage 男

にゅうかい【入会】**―する** entrer (dans, à); adhérer (à)

にゅうがく【入学】entrer (dans, à) **―する** entrer (dans, à) [助動詞 être] ▶ **入学試験** concours [examen] d'entrée 男

にゅうがん【乳癌】cancer du sein 男

にゅうぎゅう【乳牛】vache laitière 女

にゅうきん【入金】recette 女, rentrées 女 複

にゅうこく【入国】entrée dans un pays 女 **―する** entrer dans un pays [助動詞 être]

にゅうさつ【入札】(競売の)adjudication 女; (請負の)soumission 女

にゅうさん【乳酸】acide lactique 男 ▶ **乳酸菌** ferment lactique 男

にゅうし【入試】concours [examen] d'entrée 男

にゅうし【乳歯】dent de lait 女

にゅうじ【乳児】nourrisson 男, bébé 男

ニュージーランド Nouvelle-Zélande 女 **―の** néo-zélandais(e)

にゅうしゃ【入社】**―する** entrer dans une compagnie [助動詞 être]

にゅうしゅ【入手】**―する** acquérir, obtenir

にゅうじょう【入場】entrée 女 **―する** entrer [助動詞 être] ▶ **入場券** billet d'entrée 男; (駅の)ticket de quai 男 **入場料** droit d'entrée 男

にゅうしょく【入植】implantation 女

ニュース nouvelle 女, informations 女 複; (テレビの)journal télévisé 男 **―最新―** dernières informations 女 複 ▶ **ニュースキャスター** présenta*teur*(*trice*) 男 **ニュース速報** flash 男 **―es**

にゅうせいひん【乳製品】laitages 男 複, produits laitiers 男 複

ニュートラル **―な** neutre

にゅうねん【入念】**―な** soigné(e), minutieux(se)

ニューフェース nouvelle étoile 女

にゅうもん【入門】**―する** se faire disciple (de) ▶ **入門書** introduction 女

にゅうよく【入浴】**―する** prendre un [son] bain

にゅうりょく【入力】input 男, entrée 女 **―データを―する** entrer des données

にゅうわ【柔和】**―な** doux(ce)

にょう【尿】urine 女

にょうぼう【女房】femme 女

ニラ【韮】ail odorant 男

にらみあう【睨み合う】(互いに)se regarder fixement; (反目する)être hostiles l'un(e) à l'autre

にらむ【睨む】regarder fixement, fixer

にりつはいはん【二律背反】antinomie 女

にりゅう【二流】**―の** de seconde classe, de second ordre

にる【似る】ressembler (à), tenir (de); (互いに)se ressembler

にる【煮る】faire cuire; (ゆでる)faire bouillir **―煮ても焼いても食えないやつだ** C'est un fin [vieux] renard.

ニレ【楡】orme 男

にわ【庭】jardin 男 **―の手入れをする** soigner son jardin ▶ **庭石** pierres ornementales de jardin 女 複 **庭木** arbre de jardin 男 **庭師** jardini*er*(*ère*) 名

にわかあめ【俄か雨】averse 女 **―にあう** être surpris(e) par une averse

にわかに soudain, brusquement

ニワトリ【鶏】(雄)coq 男; (雌)poule 女; (若鶏)poulet 男 ▶ **鶏小屋** basse-

にんい【任意】 ～の facultatif(ve); (自発的な) volontaire ▶任意保険 assurance volontaire 囡
にんか【認可】 autorisation 囡, approbation 囡 ～する autoriser, approuver ▶認可証 autorisation (écrite) 囡
にんき【人気】 popularité 囡 ～のある populaire ～が上がる acquérir de la popularité ～を博する avoir un grand succès ▶人気者 idole 囡, favori(te) 名
にんぎょ【人魚】 sirène 囡
にんぎょう【人形】 poupée 囡; (操り人形) marionnette à fils 囡 ▶人形劇 théâtre de marionnettes
にんげん【人間】 homme 男, être humain 男 ～の(的な) humain(e) とても～業とは思えない Cela dépasse les possibilités humaines.
にんしき【認識】 compréhension 囡; (自覚) conscience 囡; (哲学で) cognition 囡 ～する prendre conscience, se rendre compte 《de》 パターン～ reconnaissance de formes 囡
にんしょう【人称】【文法】 personne 囡 一～ première personne 囡
にんじょう【人情】 sentiments humains 男複, humanité 囡; (同情心) compassion 囡
にんしん【妊娠】 conception 囡; (状態) grossesse 囡 ～している être enceinte, attendre un bébé ▶妊娠中絶 avortement volontaire 男; interruption (volontaire) de grossesse 囡【略 IVG】
ニンジン【人参】 carotte 囡
にんずう【人数】 nombre de personnes 男
にんそう【人相】 physionomie 囡, mine 囡
にんたい【忍耐】 patience 囡; (我慢) endurance 囡 ～ 強 い patient(e), endurant(e)
にんてい【認定】 constatation 囡; (証明) attestation 囡; (認可) autorisation 囡 ～する constater
ニンニク【大蒜】 ail 男 (複 ～s)
にんぷ【妊婦】 femme enceinte 囡
にんむ【任務】 charge 囡, tâche 囡; (使命) mission 囡
にんめい【任命】 nomination 囡, désignation 囡 ～する nommer, désigner

ぬ

ぬいぐるみ【縫いぐるみ】 peluche 囡 —熊の～ ours en peluche 男
ぬいめ【縫い目】 couture 囡, suture 囡
ぬいもの【縫い物】 couture 囡, travaux d'aiguilles 男複 ～をする coudre
ぬう【縫う】 coudre; (破れ目などを) recoudre
ヌード nu 男
ぬか【糠】 son de riz 男
ぬかす【抜かす】 omettre, sauter
ぬかる【抜かる】 commettre une faute [étourderie]
ぬかるみ【泥濘】 bourbier 男; chemin boueux 男
ぬきがき【抜き書き】 extrait 男
ぬきずり【抜き刷り】 tirage [tiré] à part 男
ぬきだす【抜き出す】 tirer
ぬきとる【抜き取る】 extraire, tirer
ぬきんでる【抜きん出る】 se distinguer, surpasser —抜きん出た remarquable, extraordinaire
ぬく【抜く】 arracher; (引き抜く) tirer, retirer; (除去する) enlever
ぬぐ【脱ぐ】 enlever, ôter; (服を脱ぐ) se déshabiller; (追い越す) dépasser, doubler
ぬぐう【拭う】 essuyer; (自分の…を) s'essuyer ...
ぬけがら【脱け殻】 dépouille 囡
ぬけめ【抜け目】 ～のない adroit(e), habile, malin(maligne)
ぬける【抜ける】 tomber [助動詞 être]; (不足する) manquer 《de》 —髪の毛が～ perdre ses cheveux 底が～ Le fond cède.
ぬし【主】 (所有者) propriétaire 名; (主人) maître(sse) 名; (守り神) esprit gardien 男
ぬすみ【盗み】 vol 男 ～を働く commettre un vol
ぬすみぎき【盗み聞き】 ～する écouter en cachette, surprendre ce qu'on dit
ぬすみみる【盗み見る】 regarder ... à la dérobée, jeter un regard furtif
ぬすむ【盗む】 voler; (こっそり) dérober —人目を盗んで en cachette かばんを盗まれた On m'a volé mon sac.
ぬの【布】 (織物) tissu 男; (生地) étoffe 囡
ぬま【沼】 marais 男 ▶沼地 marécage 男
ぬらす【濡らす】 mouiller
ぬりえ【塗り絵】 coloriage 男
ぬる【塗る】 (ペンキなどを) peindre; (塗る) appliquer
ぬるい【温い】 tiède
ぬるぬる ～した onctueux(se), visqueux(se)
ぬるまゆ【ぬるま湯】 eau tiède 囡; (風呂の) bain tiède 男
ぬれぎぬ【濡れ衣】 ～を着せる porter une fausse accusation 《contre》
ぬれる【濡れる】 se mouiller —濡れた mouillé(e), trempé(e)

ね

ね【根】 racine 女 ～に持つ en vouloir à; avoir de la rancune ((contre)) ～も葉もない sans aucun fondement

ね【値】 prix 男, valeur 女

ね【音】 son 男 ～を上げる n'en pouvoir plus ((de))

ねあがり【値上がり】 augmentation 女, hausse 女 ～する augmenter, hausser

ねあげ【値上げ】 majoration 女 ～する augmenter [hausser] le prix de

ねいる【寝入る】 s'endormir

ねいろ【音色】 timbre 男, sonorité 女

ねうち【値打ち】 valeur 女 ～のある [ない] de [sans] valeur

ねえ（呼びかけ）Dis, ... | Dites, ...

ネーム nom 男 ▶ネームバリュー valeur attachée au nom 女 ネームプレート étiquette avec son nom 女

ネオン néon 男 ▶ネオンサイン enseigne au néon 女

ネガ（写真の）épreuve négative 女, négatif 男

ねがい【願い】 souhait 男, vœux 男 複; (懇願) requête 女, supplication 女 ―ひとつお願いがあるのですが Je voudrais vous demander une chose. | Est-ce que je peux vous demander un service? ～をかなえる combler les vœux de

ねがいでる【願い出る】 demander, faire une demande ((à))

ねがう【願う】 souhaiter ((que 接続法)), espérer ((que)); (欲する) vouloir ((que 接続法)) ―それらは願ったり叶ったりだ Je ne peux pas espérer mieux.

ねがえり【寝返り】 ～をうつ se retourner dans son lit

ねがえる【寝返る】 trahir, changer de camp

ねかす【寝かす】 (眠らせる) coucher, endormir; (横たえる) allonger; (活用せずに置いておく) laisser dormir; (発酵させる) laisser fermenter

ネギ【葱】 poireau 男

ねぎる【値切る】 marchander, débattre le prix de

ねくずれ【値崩れ】 effondrement des prix 男

ネクタイ cravate 女 ～を締める nouer sa cravate ～を着用する porter une cravate ▶蝶ネクタイ nœud papillon 男

ネグリジェ chemise de nuit 女

ねこ【猫】 chat 男; (雌) chatte 女; (子猫) chaton 男 ―～の手も借りたいほどの忙しさだ Je suis si occupé que toute aide serait la bienvenue. ～をかぶる être hypocrite

ねこじた【猫舌】 ―私は～だ Je ne peux pas manger très chaud.

ねこぜ【猫背】 ―～である avoir le dos rond

ねこそぎ【根こそぎ】 ～にする déraciner; (完全に破壊する) anéantir

ねごと【寝言】 ～をいう parler en dormant

ねこなでごえ【猫撫で声】 voix cajoleuse 女

ねこばば【猫糞】 ～する s'approprier

ねこむ【寝込む】 s'endormir; (病気で) s'aliter

ねころぶ【寝転ぶ】 s'allonger

ねさがり【値下がり】 baisse 女 ～する baisser

ねさげ【値下げ】 abaissement du prix 男, (値引き) réduction 女 ～する baisser le prix de

ねざす【根ざす】 se fonder ((sur)); (由来する) provenir ((de)) [助動詞 être]

ねじ（雄ねじ・ビス）vis 女; (雌ねじ・ナット）écrou 男 ▶ねじ回し tournevis 男

ねじまげる【捩じ曲げる】 tordre

ねじる【捩る】 tordre; (自分の手足など を) se tordre

ねすごす【寝過ごす】 se réveiller en retard, dépasser l'heure du réveil

ネズミ【鼠】 rat 男, souris 女 ▶鼠取り piège à rats 男, souricière 女

ねそべる【寝そべる】 s'allonger

ねたきり【寝たきり】 ―の alité(e) ▶寝たきり老人 personnes âgées infirmes 女 複

ねたみ【妬み】 jalousie 女

ねたむ【妬む】 avoir de la jalousie ((envers)); être jaloux(se) ((de))

ねだん【値段】 prix 男 ▶値段表 liste des prix 女

ねつ【熱】 chaleur 女; (体温) température 女, fièvre 女; (熱意・熱狂) passion 女, enthousiasme 男 ―～がある avoir de la fièvre ～をはかる prendre la température de ～のこもった chaleureux(se) ―～が冷める se refroidir, se désintéresser de

ねつい【熱意】 ardeur 女, ferveur 女, enthousiasme 男

ネッカチーフ foulard 男

ねっから【根っから】 foncièrement, de [par] nature

ねつききゅう【熱気球】 montgolfière 女

ねっきょう【熱狂】 enthousiasme 男; (興奮) exaltation 女 ～する s'enthousiasmer ～的な enthousiaste, fanatique ～する s'enthousiasmer ((pour))

ねつく【寝付く】 s'endormir ―寝つきが悪いのです J'ai du mal à m'endormir.

ねづく【根付く】 prendre racine

ネックレス collier 男

ねつじょう【熱情】 ardeur 女, ferveur

女, passion 女
ねっしん【熱心】――な enthousiaste, fervent(e); (勤勉な) assidu(e)
ねっする【熱する】 (faire) chauffer; (熱中する) s'échauffer
ねつぞう【捏造】――する falsifier, inventer
ねったい【熱帯】 tropiques 男 複 ――の tropical(ale) 男 複 -aux)
ねっちゅう【熱中】――する s'enthousiasmer, se passionner (pour) ▶**熱中症** coup de chaleur 男
ネット filet 男; (インターネット) internet 男, web 男
ねっとう【熱湯】 eau bouillante 女
ネットワーク réseau 男
ねつびょう【熱病】 fièvre 女 ――にかかる contracter une forte fièvre
ねつぼう【熱望】 aspiration 女 ――する aspirer (à)
ねづよい【根強い】 enraciné(e), opiniâtre
ねつれつ【熱烈】――な chaleureux (se), ardent(e), fervent(e)
ねどこ【寝床】 lit 男 ――に入る se mettre au lit
ネパール Népal 男 ――の népalais (e)
ねばねば ――した visqueux(se), gluant(e), collant(e)
ねばり【粘り】 viscosité 女; (辛抱強さ) persévérance 女 ――強い persévérant(e), patient(e)
ねばる【粘る】 (根気よく) persévérer
ねびき【値引き】 réduction 女, rabais 男 ――する faire une réduction
ねぶかい【根深い】 enraciné(e)
ねぶくろ【寝袋】 sac de couchage 男
ねぶそく【寝不足】 manque de sommeil 男
ねふだ【値札】 étiquette 女
ねぶみ【値踏み】 évaluation 女, estimation 女 ――する évaluer, estimer
ねぼう【寝坊】――する faire la grasse matinée, se lever tard
ねぼける【寝ぼける】 agir en somnambule
ねほり【根掘り】▶**根掘り葉掘り聞く** presser... de questions
ねまき【寝巻き】 pyjama 男; (ネグリジェ) chemise de nuit 女
ねまわし【根回し】 démarches préalables 女 複
ねむい【眠い】 avoir sommeil ――まだ～ j'ai encore sommeil.
ねむけ【眠気】 sommeil 男
ねむり【眠り】 sommeil 男; (短い) somme 男 ――が浅い[深い] avoir le sommeil léger [profond] ▶**眠り薬** somnifère 男, soporifique 男
ねむる【眠る】 dormir; (眠り込む) s'endormir ――ぐっすり～ dormir profondément 死んだように～ dormir d'un sommeil de plomb 海底に眠っている

石油 pétrole qui gît au fond de la mer 男
ねもと【根元】 ――雑草を～から抜く déraciner les mauvaises herbes
ねゆき【根雪】 neiges permanentes 女 複
ねらい【狙い】 visée 女; (目的・意図) but 男, objectif 男 ――をつける avoir des visées (sur)
ねらいうち【狙い撃ち】 ――する tirer au visé (sur)
ねらう【狙う】 viser; (密かに) guigner; (野心を燃やす) ambitionner
ねりはみがき【練り歯磨き】 pâte dentifrice 女
ねる【寝る】 dormir; (床に就く) se coucher, aller [se mettre] au lit; (眠りにつく) s'endormir; (病気で) rester couché(e); (横になる) s'allonger ――よく寝た J'ai bien dormi. ～時間です Il est l'heure de se coucher.
ねる【練る】 pétrir
ねん【念】 ――のため pour plus de sûreté, par précaution ～を入れる soigner, apporter du soin (à)
-ねん【-年】 an 男, année 女
ねんいり【念入り】 ――な soigné(e); (注意深い) attentif(ve); (凝った) recherché(e)
ねんえき【粘液】 mucus 男, mucosité 女
ねんがじょう【年賀状】 carte de nouvel an 女
ねんかっぴ【年月日】 date 女
ねんかん【年鑑】 annuaire 男, almanach 男
ねんかん【年間】 ――の annuel(le)
ねんきん【年金】 pension 女, retraite 女
ねんぐ【年貢】 tribut 男
ねんげつ【年月】 années 女 複, temps 男
ねんこう【年功】▶**年功序列** ordre d'ancienneté
ねんごう【年号】 nom d'une ère 男
ねんざ【捻挫】 entorse 女, foulure 女 ――足首を～する se tordre [se fouler] la cheville
ねんしゅう【年収】 revenu annuel 男
ねんじゅう【年中】 (一年中) toute l'année; (毎日) tous les jours; (常に) tout le temps, toujours
ねんしゅつ【捻出】 ――する se débrouiller
ねんしょう【燃焼】 combustion 女, ignition 女 ――する brûler
ねんしょう【年商】 chiffre d'affaire annuel 男
ねんしょう【年少】 ――の très jeune
ねんだい【年代】 (世代) génération 女; (時代) époque 女
ねんちゃく【粘着】 ――性の adhésif (ve)
ねんちゅう【年中】▶**年中行事** céré-

ねんちょう【年長】 ――の aîné(e), plus âgé(e)

ねんど【粘土】 argile 女, glaise 女; (造形用) pâte [terre] à modeler

ねんど【年度】 année 女, exercice 男

ねんとう【念頭】 ――におく avoir... en tête; (考慮に入れる) tenir compte de

ねんねん【年々】 d'année en année; (毎年) chaque année

ねんぱい【年配】 ――の âgé(e)

ねんぴょう【年表】 tableau chronologique 男, chronologie 女

ねんぽう【年俸】 traitement annuel 男

ねんまく【粘膜】 (membrane) muqueuse 女

ねんまつ【年末】 fin de l'année 女

ねんりょう【燃料】 combustible 男; (内燃機関の) carburant 男; (ガソリン) essence 女 ――を補給する ravitailler ▶燃料タンク réservoir à carburant 男

ねんりん【年輪】 cerne 男

ねんれい【年齢】 âge 男 ▶年齢制限 limite d'âge 女 年齢層 groupe d'âge 男

の

の【野】 campagne 女, champs 複

-の (所有・所属) de, à; (…についての) de, sur; (…のための) pour, à; (状態・性質) de, en …は私～です C'est à moi. 英語～先生 professeur d'anglais 男 革～ジャケット veste en [de] cuir 女

ノイローゼ névrose 女

のう【能】 (能力) capacité 女; (才能) talent 女 ――ある鷹は爪を隠す Le vrai mérite est modeste.

のう【脳】 cerveau 男, (脳みそ) cervelle 女 ▶脳溢血(いっ) hémorragie cérébrale 女 脳炎 encéphalite 女 脳死 mort cérébrale 脳震盪(とう) commotion cérébrale 脳卒中 apoplexie cérébrale

のうえん【農園】 ferme 女, plantation 女

のうか【農家】 ferme 女

のうがく【農学】 agronomie 女 ▶農学者 agronome 名 農学部 faculté d'agriculture 女

のうき【納期】 (金銭の) délai de paiement 男; (物品の) délai de livraison 男

のうぎょう【農業】 agriculture 女 ――の agricole

のうぐ【農具】 outil agricole 男

のうこう【農耕】 agriculture 女

のうこう【濃厚】 ――な dense, épais(e); (ワインなどが) corsé(e)

のうさんぶつ【農産物】 produits agricoles 男複

のうしゅく【濃縮】 condensation 女, concentration 女 ――する condenser, concentrer

のうじょう【農場】 ferme 女, plantation 女

のうぜい【納税】 paiement des impôts 男

のうそん【農村】 village rural 男; (田園) village 男 ▶農村地帯 région agricole 女

のうたん【濃淡】 nuance 女, teinte 女

のうち【農地】 terres cultivées 女複, champs 男複 ▶農地改革 réforme agraire 女

のうど【濃度】 densité 女

のうどう【能動】 ――的な actif(ve) ▶能動態 voix active 女

のうにゅう【納入】 (税金などの) paiement 男; (品物の) fourniture 女 ――する payer; (AにBを) fournir A en B

ノウハウ savoir-faire 男

のうひん【納品】 ――する livrer, fournir

のうふ【農夫・農婦】 paysan(ne) 名

のうべん【能弁】 (雄弁) éloquence 女; (多弁) volubilité 女 ――な éloquent(e), volubile

のうみん【農民】 agriculteur(trice) 名

のうむ【濃霧】 brouillard épais 男

のうやく【農薬】 insecticide agricole 男

のうりつ【能率】 (生産性) rendement 男; (効率) efficacité 女 ――的な efficace

のうりょく【能力】 capacité 女, faculté 女; (特定の分野の) compétence 女 ――する=がある être capable de... ▶能力給 salaire qui tient compte des compétences 男 能力主義 méritocratie 女 支払い能力 capacité de paiement 女

ノーコメント ――だ Pas de commentaires.

ノート cahier 男; (メモ) note 女

ノーベルしょう【ノーベル賞】 prix Nobel 男 ――受賞者 lauréat(e) du prix Nobel 名

のがす【逃す】 manquer, laisser échapper

のがれる【逃れる】 échapper (à), éluder; (逃げ出す) s'échapper (de)

のき【軒】 avant-toit 男; (ひさし) auvent 男

のけぞる【仰け反る】 se renverser en arrière

のけもの【除け者】 ――にする mettre... en quarantaine, tenir... à l'écart

のこぎり【鋸】 scie 女 ――でひく scier

のこす【残す】 laisser; (保持する) mettre de côté, garder, réserver ――を

のこす【遺す】〜のみである il ne reste plus que … 後世に名を〜 passer à la postérité

のこす【遺す】léguer —子供に財産を〜 léguer sa fortune à ses enfants

のこらず【残らず】entièrement, totalement

のこり【残り】reste 男; (他の人・物) les autres ——〜少ない人生 vie qui touche à sa fin ▶残り物 restes 男 —残り物には福がある Aux derniers les meilleurs morceaux.

のこる【残る】rester [助動詞 être]; demeurer [助動詞 être] —私にはまだ10万円残っている Il me reste encore cent mille yens.

のさばる s'imposer, faire la loi

ノズル tuyère 女

のせる【乗せる】(乗り物に) embarquer (dans, sur); prendre (dans); (だます) tromper, duper —私の車に乗せてあげよう Je te prends dans ma voiture.

のせる【載せる】mettre, poser; (荷物を積み込む) charger, embarquer (dans); (掲載する) insérer, faire paraître

のぞき【覗き】▶覗き趣味 voyeurisme 男 覗き魔 voyeur(se) 覗き窓 judas 男

のぞく【覗く】regarder à la dérobée; (ちらちらと) jeter des regards furtifs

のぞく【除く】enlever, supprimer ——…を除いて sauf …, excepté …, à part …

のぞましい【望ましい】souhaitable, préférable

のぞみ【望み】souhait 男, vœu 男; (希望) espoir 男; (見込み) chances 女 ——〜が高い viser haut その商談には〜薄だ Cette négociation a peu de chances d'aboutir.

のぞむ【望む】vouloir, souhaiter; (期待) espérer —それこそところで C'est justement ce que j'attendais.

のち【後】après ——〜に après, plus tard

のちのち【後々】à l'avenir

のちほど【後ほど】——また〜 À tout à l'heure.

ノック coup 男 —ドアを〜する frapper à la porte

ノックアウト knock-out 男 [不変] ——〜する mettre … knock-out

ノット nœud 男

のっとる【乗っ取る】faire mainmise; (飛行機を) détourner

のっぽ grande perche 女

-ので (節を伴って) parce que, comme; (名詞を伴って) à cause de, en raison de

のど【喉・咽】gorge 女; (咽喉) gosier 男 ——〜が渇く avoir soif 〜が痛い avoir mal à la gorge 〜から手が出るほど欲しい車 voiture qu'on brûle de se procurer 女

のどか ——〜な serein(e), calme

-のに malgré (que) [接続法], bien que [接続法]; (その一方) alors que, tandis que

のしる【罵る】insulter, dire des injures (à)

のばす【伸ばす】(長くする) allonger, rallonger; (引き伸ばす) étirer; (まっすぐにする) tendre —髪を〜 se laisser pousser les cheveux 子供の才能を〜 développer le talent d'un enfant

のばす【延ばす】(延長する) prolonger; (延期する) remettre, ajourner

のばなし【野放し】——〜にする laisser trop de liberté (à)

のはら【野原】campagne 女, champs 男 [複]; (草原) prairie 女

のばら【野薔薇】(木) églantier 男; (花) églantine 女

のび【伸び】(成長・生長) croissance 女; (増加) accroissement 男, augmentation 女 ——〜をする s'étirer

のびあがる【伸び上がる】(爪先で) se hausser sur la pointe des pieds

のびちぢみ【伸び縮み】——〜する élastique, extensible

のびなやむ【伸び悩む】ne pas faire de progrès; (頭打ち) plafonner; (停滞する) être stagnant(e)

のびのび【延び延び】——出発が〜になる Le départ est reculé de jour en jour.

のびのび【伸び伸び】——〜と à son aise, sans souci

のびる【伸びる】(植物が) croître; (生えた) pousser; (生育する) se développer; (引っ張って) s'étirer; (長くなる) s'allonger

のびる【延びる】(延長される) être prolongé(e); (延期される) être remis(e) [reporté(e)]; (塗料などが) s'étaler

ノブ poignée 女

のべ【延べ】au total ——〜人数 nombre total des personnes 男

のべる【述べる】dire, exprimer

のぼせる【逆上せる】être fou(folle) de

のぼり【幟】bannière 女; (吹き流し・長旗) banderole 女

のぼり【上り】▶上り列車 train pair 男 上り坂 montée 女, chemin montant 男

のぼる【上る】monter [助動詞 être]; (上昇する) s'élever; (高い地位に) arriver (à) [助動詞 être]; (…に達する) atteindre; s'élever (à) —川を〜 remonter une rivière

のぼる【登る】monter [助動詞 être]; (よじ登る) grimper —山に〜 monter une montagne 木に〜 monter à [sur] un arbre

のぼる【昇る】—太陽が〜 Le soleil se lève.

ノミ【蚤】puce 女 ▶蚤の市 marché aux puces 男

のみ【鑿】ciseau 男, burin 男

-のみ seul(e), seulement

のみくすり【飲み薬】 médicament à avaler 男

のみこみ【飲み込み・呑み込み】 ――が早い[遅い] avoir la compréhension rapide [lente]

のみこむ【飲み込む・呑み込む】 avaler; (理解する) comprendre

のみち【野道】 sentier 男

-のみならず (A だけでなく B も) non seulement A mais aussi (encore) B; (さらに) en outre de, en plus de

ノミネート sélection 女 ――される être nommé(e) à

のみほす【飲み干す】 vider

のみみず【飲み水】 eau potable 女

のみもの【飲み物】 boisson 女

のみや【飲み屋】 bistrot 男

のむ【飲む・呑む】 boire, prendre; (飲み込む) avaler; (受け入れる) accepter コーヒーを～ boire du café 飲みに行こう Allons prendre un verre.

のめりこむ【のめり込む】 s'enfoncer 《dans》

のらいぬ【野良犬】 chien errant 男

のらねこ【野良猫】 chat errant 男

のり【糊】 colle 女; (衣服用の) empois 男

のり【海苔】 feuille d'algue séchée 女; (学名) porphyra 女

のりおくれる【乗り遅れる】 manquer, rater

のりかえ【乗り換え】 ――が必要ですか Faut-il changer? ▶**乗り換え駅** gare de correspondance 女

のりかえる【乗り換える】 changer (de train) 一列車を乗り換えなければなりません Vous devez prendre une correspondance. どこで～のですか A quelle station change t-on?

のりくみいん【乗組員】【集合的】 équipage 男; (一員) membre de l'équipage 男

のりこえる【乗り越える】 passer par dessus de, escalader; (困難などを) surmonter

のりこす【乗り越す】 laisser passer la gare, dépasser

のりこむ【乗り込む】 monter 《dans, en》[助動詞 être]

のりつけ【糊付け】 collage 男; (布地の) empesage 男 ――する coller; (布地を) empeser

のりば【乗り場】 (タクシーの～) station de taxis 女; (船の) quai 男

のりもの【乗り物】 véhicule 男, voiture 女

のる【乗る】 (乗り物に) monter 《en, à, dans》[助動詞 être]; monter à bord 《de》; (乗り物を利用する) prendre; (物の上に) monter 《sur》 ―バイクに～ monter sur une moto リズムに乗って踊る danser sur le rythme

のる【載る】 (置いてある) reposer 《sur》; (掲載される) être mentionné(e), être inséré(e) 《dans》; figurer 《sur》

ノルウェー Norvège 女 ――の norvégien(ne)

ノルディック ――複合競技 combiné nordique 男

ノルマ rendement à accomplir 男; (売り上げなどの) quota 男

のろい【鈍い】 lent(e)

のろい【呪い】 malédiction 女; (呪文) maléfice 男

のろう【呪う】 maudire; (憎悪する) exécrer

のろのろ ――と lentement, comme un escargot

のろま lourdaud(e) 男 ――な lourdaud(e)

のんき【暢気】 nonchalance 女, insouciance 女 ――な nonchalant(e), insouciant(e) ――に暮らす vivre dans l'insouciance, vivre à son aise

ノンストップ non-stop 男 《不変》 ～で en non-stop

のんだくれ【飲んだくれ】 ivrogne 名

のんびり sans souci, nonchalamment; (静かに) tranquillement ――する se sentir délivré(e) de tous soucis ～した (のどかな) paisible; (のん気な) insouciant(e)

ノンフィクション œuvre documentaire 女

ノンプロ non-professionnel(le) 名; (アマチュア) amateur 男 ――の non-professionnel(le), amateur

は

は【葉】 feuille 女

は【歯】 dent 女 ――が痛い avoir mal aux dents

は【刃】 lame 女, tranchant 男

は【派】 (流派・学派) école 女; (党派) parti 男

ば【場】 (場所) endroit 男, lieu 男; (状況) circonstance 女

バー (酒場) bar 男, bistro 男

ばあい【場合】 cas 男; (状況) circonstance 女 ――の～は en cas de… それは～による Ça dépend.

パーキング parking 男 ▶**パーキングメーター** parcmètre 男

はあく【把握する】 saisir, comprendre

バーゲン solde 男

バーコード code à barres 男, code-barres 男 《複 ～s-～》

バージョン version 女

パーセント pourcentage 男

バーチャル ――な virtuel(le) ▶**バーチャルリアリティー** réalité virtuelle 女

パーティー réunion 女, soirée 女

バーテン barman 男 (複 -men, ~s); serveur de bar 男

ハート cœur 男
ハード ——な dur(e) ▶ハードウェア 'hardware 男 ハードディスク disque dur 男
パート (部分) partie 女 ▶パートタイマー travailleur(se) à temps partiel 名
パートナー partenaire 名
ハードル 'haie 女 ▶ハードル競走 course de haies 女
バーナー brûleur 男
ハーフ demi 男 ▶ハーフタイム mi-temps 女
ハーブ fines herbes 女 複 ▶ハーブティー tisane 女, infusion 女
ハープ 'harpe 女
バーベキュー barbecue 男
バーベル haltère 男
バーボン bourbon 男
パーマ permanente 女 ——をかけてもらう se faire permanenter
ハーモニー harmonie 女
ハーモニカ harmonica 女
バーレーン Bahreïn 男 ——の bahreïnien(ne)
はい Oui. | Voilà! ——君の辞書貸して——, どうぞ Prête-moi ton dictionnaire. – Oui [Tiens], voilà.
はい【灰】cendre 女
はい【杯】—ビール[水]1〜 un verre de bière [d'eau] コーヒー1〜 une tasse de café
はい【肺】poumon 男 ——の pulmonaire
ばい【倍】double 男
パイ (果物の) tarte 女; (肉・魚の) pâté 男
バイアスロン biathlon 男
はいいろ【灰色】gris 男 ——の gris(e)
ハイウェー (幹線道路) grand-route 女; (自動車専用道路) autoroute 女
ハイエナ 'hyène 女 [h は無音の場合もある]
はいえん【肺炎】pneumonie 女
バイオ ——の bio, biologique ▶バイオセンサー biocapteur 男 バイオテクノロジー biotechnologie 女 バイオハザード risque biologique 男 バイオマス biomasse 女 バイオリズム biorythme 男
パイオニア pionnier(ère) 名
バイオリン violon 男 ▶バイオリニスト violoniste 名
はいかい【俳徊】——する rôder, errer
ばいかい【媒介】intermédiaire 男 ——する servir d'intermédiaire; (伝染させる) transmettre
ばいかん【配管】canalisation 女
はいがん【肺癌】cancer du poumon 男

はいき【排気】▶排気ガス gaz d'échappement 男
はいき【廃棄】déchets 男 複
はいきょ【廃墟】ruines 女 複
ばいきん【黴菌】bacille 男, microbe 男
ハイキング excursion 女, randonnée (à pied) 女
バイキング Vikings 男 複 ▶バイキング料理 repas à volonté 男
バイク moto 女; (50 cc から 125 cc まで) vélomoteur 男; (50 cc 以下) cyclomoteur 男
はいぐうしゃ【配偶者】(夫) époux 男, conjoint 男; (妻) épouse 女, conjointe 女
はいけい【拝啓】(女性に) (Chère) Madame [Mademoiselle]; (男性に) (Cher) Monsieur; (会社・団体あて) Mesdames, Messieurs
はいけい【背景】arrière-plan 男, fond 男
はいけつしょう【敗血症】septicémie 女
はいご【背後】derrière 男
はいざら【灰皿】cendrier 男
はいし【廃止】abolition 女, suppression 女 ——する supprimer, abolir
はいしゃ【敗者】vaincu(e) 名, perdant(e) 名
はいしゃ【歯医者】dentiste 名
はいしゃ【媒酌】——する arranger un mariage ▶媒酌人 témoin d'un mariage 男
ハイジャック détournement d'avion 男, piraterie aérienne 女 ——犯 pirate de l'air 男
ばいしゅう【買収】achat 男 ——する acheter; (贈賄する) corrompre
ばいしゅん【売春】prostitution 女 ——する se prostituer ▶売春婦 prostituée 女
ばいしょう【賠償】indemnisation 女, dédommagement 男; (法律用語) réparation 女 ——する indemniser ▶賠償金 indemnité 女
はいしょく【配色】assortiment de couleurs 男
はいしん【背信】trahison 女
ばいしんいん【陪審員】juré(e) 名
はいすい【排水】——する évacuer l'eau
ばいすう【倍数】multiple 男
はいせき【排斥】expulsion 女 ——する expulser, exclure
はいせつ【排泄】évacuation 女 ——する évacuer ▶排泄物 évacuations 女 複
はいせん【敗戦】défaite 女 ▶敗戦国 pays vaincu 男
ばいぞう【倍増】doublement 男, redoublement 男
ハイソックス mi-bas 男

はいた【排他】―-的な exclusif(ve)

ばいたい【媒体】 media 男 (不変); moyen 男

はいたつ【配達】(商品の) livraison 女; (郵便・新聞の) distribution 女 ―-する livrer, distribuer

バイタリティー vitalité 女, force vitale

はいち【配置】 disposition 女; (適切な) arrangement 男 ―-する arranger, disposer

ハイチ Haïti 男 ―-の haïtien(ne)

ハイテク technologie de pointe 女

ばいてん【売店】(新聞などの) kiosque 男; (タバコの) bureau de tabac 男; (飲食物の) buffet 男

バイト(アルバイト) petit boulot 男; (情報量の単位) octet 男 ―メガ～ méga-octet 【略 Mo】

はいとう【配当】 dividende 男

ばいどく【梅毒】 syphilis 女

パイナップル ananas 男

はいはい【這い這い】―-する se traîner

ばいばい【売買】 vente et achat; (商売) commerce 男 ―-する acheter et vendre, faire commerce de

バイバイ Salut. | Tchao.【Ciao とも綴る】

バイパス déviation 女

ハイヒール talons 'hauts 複

ハイビジョン ▶ハイビジョンテレビ télévision à haute définition 女【略 TVHD】

はいびょう【肺病】 maladie de poitrine 女

はいふ【配布】 distribution 女 ―-する distribuer

パイプ(管) tuyau 男; (タバコ用の) pipe 女; (関係) relation 女 ▶パイプライン pipeline 男

ハイファイ 'haute-fidélité 女 (複～s～s); 'hi-fi 女

バイブル la Bible ⇨ 聖書

ハイフン trait d'union 男

はいぼく【敗北】 défaite 女, perte 女

ハイヤー voiture de location (avec chauffeur) 女

バイヤー acheteur(se) 名

はいやく【配役】 distribution (des rôles) 女

はいゆう【俳優】 acteur(trice) 名

ばいりつ【倍率】(レンズの) grossissement 男; (試験の) pourcentage de candidats reçus 男

はいりょ【配慮】 attentions 女 複; (考慮) considération 女 ―-する prendre en considération

はいる【入る】 entrer ((dans, à, en))【助動詞 être】; (加入する) adhérer ((à)); (収容できる) contenir ―このスタジアムには10万人～ Ce stade peut contenir cent mille personnes.

はいれつ【配列】 arrangement 男, dis-

position 女

パイロット pilote 男

バインダー(リングタイプ) reliure à anneaux 女; (レバータイプ) reliure à pince 女

はう【這う】 ramper

パウダー poudre 女

バウンド rebond 男, bond 男 ―-する rebondir

ハエ【蠅】 mouche 女

はえる【生える】 naissance 女

はえぬき【生え抜き】 ―-の vrai(e), pur(e)

はえる【生える】 pousser

はおる【羽織る】 endosser, poser ... sur ses épaules

はか【墓】 tombe 女, tombeau 男 ▶墓石 pierre tombale 女

ばか【馬鹿】 imbécile 名, idiot(e) 名; 《話》con 男 ―-げた absurde, ridicule ―-なことを言う dire des bêtises ―-にする se moquer ((de))

はかい【破壊】 destruction 女 ―-する détruire ▶破壊力 force destructrice 女

はがき【葉書】 carte postale 女

はがす【剥がす】 décoller

はかせ【博士】 docteur 男【女性にも男性形を用いる】

はかどる【捗る】 avancer, marcher

はかない【儚い】 éphémère

はがね【鋼】 acier 男

ばかばかしい【馬鹿馬鹿しい】 idiot(e), bête

はがゆい【歯痒い】 s'irriter ((de))

はからう【計らう】 arranger

はからずも【図らずも】(思いがけなく) inopinément; (偶然) par accident

はかり【秤】 balance 女

はかりうり【計り売り】 vente au poids

はかりしれない【計り知れない】 insondable, inestimable

はかる【測る・計る・量る】(大きさなどを) mesurer; (重さを) peser

はかる【図る】 projeter ... ((de 不定詞)); (試みる) essayer ... ((de 不定詞)) ―自殺を～ tenter de se suicider

はかる【諮る】 consulter, (判断を仰ぐ) soumettre ((à))

はがれる【剥がれる】 se détacher, se décoller

バカンス vacances 女 複

はき【破棄】 annulation 女; (判決の) cassation 女 ―-する annuler; (判決を) casser

はきけ【吐き気】 nausée 女 ―-がする avoir la nausée

はきごこち【履き心地】 ―この靴は～がいい On est à l'aise dans ces chaussures.

パキスタン Pakistan 男 ―-の pakistanais(e)

はきだす【吐き出す】 cracher

はきちがえる【履き違える】se méprendre 《sur》; (取り違える) prendre ... sif

はぎとる【剥ぎ取る】(A(人)からBを) arracher B à A, détrousser A de B

はきはき ―～と vivement, clairement

はきもの【履き物】chaussures 女複

はきゅう【波及】―～する se propager, se répandre; (影響を与える) influencer

はきょく【破局】catastrophe 女, ruine 女

はく【掃く】balayer

はく【吐く】(唾などを) cracher; (嘔吐を) vomir; (息を) expirer

はく【履く】mettre ―履いている porter

はく【箔】feuille 女

はぐ【剥ぐ】(樹皮などを) écorcer; (動物の皮を) écorcher

バグ bogue 女

はくい【白衣】vêtements blancs 男複

ばくが【麦芽】malt 男

はくがい【迫害】persécution 女 ―～する persécuter

はくがく【博学】―～の érudit(e)

はぐき【歯茎】gencive 女

ばくげき【爆撃】bombardement 男 ―～する bomarder ▶爆撃機 bombardier 男

はくさい【白菜】chou chinois 男

はくし【白紙】papier blanc 男 ―～に戻す faire table rase de

はくし【博士】docteur 男 〔女性にも男性形を用いる〕 ▶博士号 doctorat 男

はくしゃ【拍車】―～を掛ける accélérer, presser

はくしゃく【伯爵】comte 男

はくしゅ【拍手】applaudissement 男 ―～する applaudir

はくしょ【白書】livre blanc 男

はくじょう【白状】aveu 男 ―～する avouer

はくじょう【薄情】―～な froid(e), sans cœur

はくせい【剥製】empaillage 男, empaillement 男

ばくぜん【漠然】―～と vaguement ～とした vague

ばくだい【莫大】―～な énorme, immense

ばくだん【爆弾】bombe 女 ―～を仕掛ける poser une bombe

ばくち【博打】jeu 男

ハクチョウ【白鳥】cygne 男

バクテリア【細菌】bactérie 女

はくねつ【白熱】―～した incandescent(e)

はくは【爆破】―～する faire sauter

はくはつ【白髪】cheveu blanc 男

ばくはつ【爆発】explosion 女 ―～する exploser, éclater ▶爆発物 explosif 男

はくぶつ【博物】▶博物学 histoire naturelle 女 博物館 muséum 男

はくぼく【白墨】craie 女

はくらい【舶来】―～の d'outre-mer, importé(e)

はぐらかす esquiver, éluder

はくらんかい【博覧会】exposition 女

はくりょく【迫力】force 女, vigueur 女 ―～のある vigoureux(se)

はぐるま【歯車】roue dentée 女, rouage 男

ばくろ【暴露】révélation 女 ―～する révéler, divulguer

はけ【刷毛】brosse 女

はげ【禿】calvitie 女 ―～の chauve

はげしい【激しい】violent(e), intense, vif(ve)

はげたか【禿鷹】vautour 男

バケツ seau 男

はげます【励ます】encourager; (元気づける) remonter le moral 《à》

はげまし【励まし】encouragement 男; (刺激) stimulation 女

はげむ【励む】s'efforcer 《de》; (打ち込む) s'appliquer 《à》

ばけもの【化け物】monstre 男

はげる【剥げる】(塗料などが) se détacher; (色が) se décolorer

はげる【禿げる】devenir chauve 〔助動詞 être〕 ―はげた chauve

はけん【覇権】hégémonie 女, suprématie 女

はけん【派遣】envoi 男 ―～する envoyer ▶派遣社員 travailleur(se) intérimaire 名

はこ【箱】boîte 女; (大きめの) caisse 女

はこにわ【箱庭】jardin miniature 男

はこぶ【運ぶ】porter; (輸送する) transporter

バザー bazar 男; (慈善の) vente de charité 女

はさまる【挟まる】être pris(e) 〔coincé(e)〕 ―歯に…が～ avoir ... entre les dents

はさみ【鋏】ciseaux 男複; (大ばさみ) cisailles 女複

はさむ【挟む】coincer; (指や道具で) pincer; (間に置く) mettre entre ...

はさん【破産】ruine 女; (商店・企業の) faillite 女 ―～する se ruiner, faire [tomber en] faillite

はし【橋】pont 男 ―川に～を架けるjeter [construire] un pont sur une rivière

はし【端】bout 男; (縁) bord 男 ―～から～まで d'un bout à l'autre

はし【箸】baguettes 女複 ―～にも棒にもかからない incorrigible, intraitable

はじ【恥】honte 女; (不名誉) déshonneur 男 ―～を雪ぐ essuyer la honte ～を知れ Tu devrais avoir honte!

はしか【麻疹】rougeole 女

はしがき【端書き】préface 女, avant-

はしくれ【端くれ】 これでも芸術家の〜だ Je suis quand même (un) artiste.
はしけ【艀】 chaland 男
はしご【梯子】 échelle 女
はじまり【始まり】 commencement 男, ouverture 女
はじまる【始まる】 commencer, débuter
はじめ【初め】 commencement 男, début 男; (起源) origine 女 〜〜から depuis le début; (すぐに) dès le début
はじめて【初めて】 pour la première fois 〜〜の premier(ère)
はじめる【始める】 commencer; se mettre (à) 〜初めまして Enchanté.
ばしゃ【馬車】 voiture (à cheval) 女 〜〜馬のように働く travailler comme une bête de somme
はしゃぐ s'ébattre; (浮かれる) faire le fou
パジャマ pyjama
ばじゅつ【馬術】 équitation 女
はしゅつしょ【派出所】 poste de police 男
ばしょ【場所】 lieu 男; (lieu より狭い) endroit 男; (居場所・置き場所) place 女; (柄もわきまえず mal à propos
はじょう【波状】 〜〜の ondulé(e), onduleux(se)
はしら【柱】 pilier 男; (円柱) colonne 女
はしり【走り】 ▶走り高跳び saut en hauteur 男 走り幅跳び saut en longueur 男
バジリコ basilic 男
はしりよる【走り寄る】 accourir, se précipiter
はしる【走る】 courir; (乗り物が) rouler
はじる【恥じる】 avoir honte, être honteux(se) (de)
はす【蓮】 lotus 男
はず【筈】 〜〜そんな〜はない Ce n'est pas possible.
バス autobus 男; (長距離バス) autocar 男 ▶バスガイド guide d'autocar 名 バスターミナル gare routière 女 バス停 arrêt d'autobus 男 観光バス car [autocar] de tourisme 男
パス (球技で) passe 女; (通行許可証) laissez-passer 男 (不変) 〜〜ボールを〜する passer le ballon, faire une passe 〜する (トランプなどで) passer son tour
はずかしい【恥ずかしい】 honteux(se) 〜〜恥ずかしげもなく sans honte
はずかしめる【辱める】 insulter, humilier
バスケット panier 男 ▶バスケットボール basket-ball 男
バスタオル serviette de bain 女
パステル (crayon) pastel 男
バスト poitrine 女; (胸囲) tour de poitrine
パスポート passeport 男 〜〜をなくしました J'ai perdu mon passeport.
はずみ【弾み】 rebondissement 男; (勢い) élan 男 〜〜がつく prendre de l'élan ものの〜で par impulsion
はずむ【弾む】 rebondir 一話が〜 La conversation s'anime. チップを〜 donner un bon pourboire
パズル puzzle 男
はずれ【外れ】 extrémité 女, bout 男
はずれる【外れる】 (脱落する) se décrocher, se détacher; (それる) dévier (de)
バスローブ sortie-de-bain 女 (複〜s-〜..)
パスワード mot de passe 男
はせい【派生】 dérivation 女 〜〜する dériver (de)
ばせい【罵声】 *huées 複, injure 女 〜〜を浴びせる couvrir ... d'injures, huer
パセリ persil 男
パソコン ordinateur (personnel) 男
はそん【破損】 casse 女 〜〜する se casser
はた【旗】 drapeau 男
はだ【肌】 peau 女 〜〜が荒れている avoir la peau qui gerce
バター beurre 男
パターン type 男, modèle 男
はたおり【機織】 tissage 男; (人) tisseur(se) 男女
はだか【裸】 nudité 女, nu 男 〜〜の nu(e) 〜〜になる se mettre nu(e), se dénuder
はだぎ【肌着】 sous-vêtement 男
はたけ【畑】 champ 男, campagne 女; (専門分野) spécialité 女
はだざむい【肌寒い】 frais(fraîche)
はだざわり【肌触り】 toucher 男 〜〜のよい doux(ce) (au toucher)
はだし【裸足】 〜〜で pieds nus
はたす【果たす】 accomplir
はたち【二十歳】 vingt ans 男 複
はたと (急に) soudain, tout à coup
バタフライ (水泳) brasse papillon 女
はためく flotter
はたらき【働き】 (仕事) travail 男 (複 aux); (機能) fonction 女 〜〜盛りである être dans la force de l'âge ▶働きバチ[アリ] abeille [fourmi] ouvrière 女
はたらきかける【働きかける】 agir auprès de; (訴える) faire appel à
はたらく【働く】 travailler; (機能[作用]する) fonctionner
ばたん 〜〜ドアを〜としめる claquer la porte
はち【八】 *huit 男 (不変) 〜〜番目の huitième 〜分の1 un huitième
はち【鉢】 (食べ物を入れる) bol 男; (植木鉢) pot 男 ▶鉢植え plante en pot 女

ハチ【蜂】(ミツバチ) abeille 囡; (スズメバチ) guêpe 囡 ——の巣 nid d'abeilles 男
ばち【罰】punition (divine)
はちがつ【八月】août 男 ——に en août, au mois d'août
バチカン Vatican ——の vaticane
はちきれる crever, craquer
はちじゅう【八十】quatre-vingts ——番目の quatre-vingtième
はちまき【鉢巻き】bandeau 男
はちみつ【蜂蜜】miel 男
はちゅうるい【爬虫類】reptiles 男 複
はちょう【波長】longueur d'ondes 囡
ばつ【罰】punition 囡, peine 囡 ——を与える infliger une peine à
はつあん【発案】idée 囡, proposition 囡 ……の〜で sur l'initiative de ...
はついく【発育】(成長) croissance 囡; (発達) développement 男
はつおん【発音】prononciation 囡
はっか【発火】allumage 男, ignition 囡
ハッカ【薄荷】menthe 囡
はつが【発芽】bourgeonnement 男, germination 囡
はっかく【発覚】——する être découvert(e) [mis(e) au jour]
ハツカネズミ【二十日鼠】souris 囡
はっかん【発汗】transpiration 囡, sudation 囡
はっき【発揮】——する déployer
はっきょう【発狂】——した fou(folle), dément(e)
はっきり clairement, nettement; (率直に) franchement ——した clair(e); (明確に) précis(e)
ばっきん【罰金】amende 囡
パッキング garniture 囡
バック (背景) arrière-plan 男; (後援者) appuit 男 ►バックアップ (コンピュータ) sauvegarde 囡 バックグラウンドミュージック fond sonore 男 バックナンバー vieux (ancien) numéro 男 バックミラー rétroviseur 男
バッグ sac 男
はっくつ【発掘】fouille 囡, déterrement 男 ——する fouiller, déterrer
バックル boucle 囡
ばつぐん【抜群】——の remarquable, incomparable
パッケージ paquet 男 ►パッケージツアー voyage organisé 男
はっけっきゅう【白血球】globule blanc 男
はっけつびょう【白血病】leucémie 囡
はっけん【発見】découverte 囡 ——する découvrir
はつげん【発言】parole 囡 ——する prendre la parole
はつこい【初恋】premier amour 男
はっこう【発行】publication 囡, parution 囡 ——する publier, faire paraître ►発行部数 tirage 男
はっこう【発酵】fermentation 囡
はっこう【発光】——する émettre de la lumière
はっさん【発散】émission 囡, émanation 囡 ——ストレスを〜させる se détendre
バッジ insigne 男, badge 男
はっしゃ【発射】tir 男 ——する tirer; (ミサイルなどを) lancer
はっしゃ【発車】départ 男 ——する partir [助動詞 être]; démarrer
はっしん【発信】——する envoyer, expédier
はっしん【発疹】exanthème 男, éruption 囡
バッシング raclée 囡
ばっすい【抜粋】extrait 男 ——する extraire
はっする【発する】(光・熱・音などを) émettre; (声を) pousser
ばっする【罰する】punir; (違反などを) sanctionner
はっせい【発生】apparition 囡 ——する apparaître; (起こる) arriver, se produire
はっそう【発送】envoi 男, expédition 囡 ——する envoyer, expédier
はっそう【発想】inspiration 囡, idée 囡
バッタ sauterelle 囡
はったつ【発達】développement 男; (進展) évolution 囡 ——する se développer
はっちゅう【発注】——する commander
ばってき【抜擢】——する sélectionner
バッテリー batterie 囡
はってん【発展】développement 男; (飛躍) essor 男 ——する se développer ►発展途上国 pays en voie de développement
はつでん【発電】production de l'électricité 囡 ►発電機 génératrice 囡 発電所 centrale (électrique) 囡
パッド coussinet 男, rembourrage 男
ハットトリック coup du chapeau 男
はつばい【発売】mise en vente 囡 ——する mettre ... en vente
ハッピーエンド heureux dénouement 男
はっぴょう【発表】annonce 囡; (印刷物での) publication 囡 ——する annoncer, publier
はつびょう【発病】——する tomber malade [助動詞 être]
はっぷ【発布】promulgation 囡, proclamation 囡
はっぽう【発砲】——する tirer un coup de feu
はつめい【発明】invention 囡 ——する inventer ►発明家 inventeur(trice) 名
はつらつ【潑剌】——とした frais(fraî-

はて【果て】fin 女; (端) bout 男
はで【派手】――な (人目を引く) voyant(e); (けばけばしい) tapageur(se)
パテ mastic 男
はてしない【果てしない】infini(e); (切りのない) interminable
はてる s'épuiser, s'éreinter
ハト【鳩】pigeon(ne) 名, colombe 女 ▶ハト派 colombes 女複
ばとう【罵倒】――する injurier, insulter
パトカー voiture de police 女
パドック paddock 男
はとば【波止場】quai 男, embarcadère 女
バドミントン badminton 男
パトロール patrouille 女, ronde 女 ――する patrouiller
パトロン patron(ne) 名; (芸術・学問の) mécène 男
バトン (リレーの) témoin 男; (鼓笛隊の) canne de tambour-major 女
はな【花】fleur 女 ――をもたせる laisser l'honneur à …より団子 Préférer l'utile à l'agréable. ▶花屋 女 fleuriste 名; (店) boutique de fleuriste 女
はな【鼻】nez 男; (動物の) museau ――が高い avoir un grand [long] nez; (自慢である) être fier(ère) (de) ――が詰まる avoir le nez bouché ――をかむ se moucher [se curer] le nez ――の穴 narine 女
はな【洟】morve 女, goutte au nez 女 ――をかむ se moucher
はないき【鼻息】――が荒い être plein(e) d'ardeur
はなうた【鼻歌】chantonnement 男 ――を歌う chantonner
はながみ【鼻紙】mouchoir de papier 男
はなくそ【鼻糞】morve épaisse 女
はなげ【鼻毛】poil du nez 男, vibrisse 女
はなごえ【鼻声】voix nasillarde 女
はなさき【鼻先】bout du nez 男
はなし【話】histoire 女, récit 男; (会話) conversation 女 ――が合う s'entendre bien avec ～に乗る se mettre d'accord, tomber d'accord [助動詞 être].
はなしあい【話し合い】(協議) entretien 男, discussion 女
はなしあう【話し合う】parler avec; (協議) discuter [s'entretenir] avec
はなしかける【話しかける】s'adresser, adresser la parole (à)
はなしことば【話し言葉】langue parlée 女
はなす【話す】(A(人) と B について) parler à [avec] A de B; (語る) raconter B à A
はなす【放す】lâcher

はなす【離す】(2つのものを) séparer A de B; (遠ざける) écarter
はなたば【花束】bouquet 男
はなぢ【鼻血】saignement (de nez) 男
はなっぱしら【鼻っ柱】――の強い orgueilleux(se)
バナナ banane 女
はなはだ【甚だ】très, bien
はなはだしい【甚だしい】excessif(ve), extrême
はなばなしい【華々しい】brillant(e)
はなび【花火】feu d'artifice 男 ――を上げる tirer un feu d'artifice
はなびら【花びら】pétale 男
パナマ Panama 男 ――の panaméen(ne)
はなみず【洟・鼻水】morve 女
はなむこ【花婿】(nouveau) marié 男
はなもち【鼻持ち】――ならない puant(e), fétide
はなもよう【花模様】dessin de fleurs 男
はなやか【華やか】――な splendide
はなよめ【花嫁】(nouvelle) mariée 女
はなればなれ【離れ離れ】――の séparé(e)
はなれる【離れる】quitter; (遠ざかる) s'écarter, s'éloigner (de)
はなわ【花輪】guirlande 女, couronne de fleurs 女
はにかむ se montrer timide [embarrassé(e)]
パニック panique 女
バニラ vanille 女
バヌアツ Vanuatu 男 ――の vanuatuan(ne)
はね【羽】plume 女, aile 女 ――を伸ばす prendre ses aises
ばね ressort 男
はねあがる【跳ね上がる】bondir
はねつける repousser, refuser
ハネムーン lune de miel 女
はねる【跳ねる】sauter, bondir
パネル panneau 男, tableau 男 ▶パネルディスカッション débat public 男
パノラマ panorama 男
はは【母】mère 女 ――の日 Fête des mères 女
はば【幅】largeur 女; (差) écart 男
パパ papa 男
パパイア (実) papaye 女; (木) papayer 男
ははおや【母親】mère 女
はばかり【憚り】――の (du) côté maternel
はばたき【羽ばたき】coup d'ailes 男
はばたく【羽ばたく】battre des ailes
はばつ【派閥】faction 女, clan 男
はばとび【幅跳び】saut en longueur 男
はばひろい【幅広い】large
バハマ Bahamas 女複 ――の bahamien(ne)
はばむ【阻む】empêcher; (行く手をふさ

ババロア bavarois 男

パビリオン pavillon 男

パプアニューギニア Papouasie-Nouvelle-Guinée 女 ——の papouan(ne)

パフェ parfait 男

パフォーマンス représentation 女

はぶく [省く] omettre; (削除する) supprimer

ハプニング †happening 男, événement inattendu 男

はブラシ [歯ブラシ] brosse à dents 女

パプリカ paprika 男

はへん [破片] débris 男, fragment 男

はま [浜] plage 女, bord de la mer

はまき [葉巻] cigare 男

ハマグリ [蛤] palourde 女

はまべ [浜辺] ⇨浜

はまる [嵌まる] s'ajuster (à); (部分などが互いに) s'emboîter —罠に～ tomber dans un piège [助動詞 être]

はみがき [歯磨き] (練り製の) dentifrice 男

ハミング ——する fredonner

ハム jambon 男

ハムスター †hamster 男

はめこむ [嵌め込む] enchâsser; (象眼) incruster

はめつ [破滅] ruine 女, ——する aller à la ruine [助動詞 être] ～させる entraîner... à la ruine

はめる [嵌める] (入れ込む) emboîter (ぴったりと) ajuster; (身につける) mettre; (だます) tromper

ばめん [場面] scène 女

ハモ [鱧] congre 男

はもの [刃物] outil tranchant 男

はもん [波紋] rides 女 複, ronds 男

はもん [破門] excommunication 女, anathème 男

はやい [早い] ……するにはまだ～ il est trop tôt pour [不定詞] ～者勝ち Premier arrivé, premier servi.

はやい [速い] rapide —彼は食べるのが～ Il mange vite.

はやおき [早起き] ——する se lever tôt [de bon matin]

はやがてん [早合点] ——する tirer une conclusion précipitée

はやく [早く・速く] tôt; (速度が) vite, rapidement —できるだけ～ le plus tôt possible ～しなさい Vite, dépêche-toi!

はやくち [早口] ——である avoir un débit rapide

はやさ [速さ] vitesse 女, rapidité 女

はやし [林] bois 男, forêt 女

はやす [生やす] laisser pousser

はやね [早寝] ——する se coucher tôt

はやびけ [早引け] ——する (学校を) quitter la classe avant l'heure; (仕事を) quitter le bureau avant l'heure

はやめ [早め] ——に un peu à l'avance

はやめる [早める] †hâter, précipiter

はやり [流行り] ——の à la mode, en vogue

はやる [流行る] être à la mode [en vogue]; (繁盛する) prospérer

はら [腹] ventre 男 ——が痛い avoir mal au ventre ——が減る avoir faim ～を立てる se mettre en colère, se fâcher (contre)

ばら [薔薇] rose 女; (木) rosier 男

バラード ballade 女

はらいもどし [払い戻し] remboursement 男

はらいもどす [払い戻す] rembourser

はらう [払う] payer

ばらうり [ばら売り] ——する vendre à la pièce

バラエティー variété 女

パラオ Palau 男 ——の palauan(e)

パラグアイ Paraguay 男 ——の paraguayen(ne)

はらぐろい [腹黒い] sournois(e)

はらごしらえ [腹ごしらえ] ——する lester son estomac

はらごなし [腹ごなし] ——に散歩する faire une promenade digestive

パラシュート parachute 男

はらす [晴らす] ——疑いを～ dissiper les soupçons 恨みを～ se venger

ばらす [解体する] démonter; (暴露する) dévoiler, révéler

パラソル parasol 男

はらだたしい [腹立たしい] irritant(e), exaspérant(e)

はらだち [腹立ち] ——まぎれに sous le coup de la colère

らっぱ [原っぱ] champs 男 複

パラドックス paradoxe 男

はらばい [腹這い] ——で à plat ventre

はらはら ——する s'inquiéter; (どきどきする) palpiter

ばらばら ——の en pièces, dispersé(e)

パラフィン paraffine 女

はらぺこ [腹ぺこ] ——である avoir l'estomac dans les talons

パラボラ parabole 女

はらまき [腹巻き] flanelle pour le ventre 女

ばらまく [ばら蒔く] éparpiller

パラリンピック les Jeux paralympiques

はらわた [腸] (人間の) intestins 男 複; (動物の) entrailles 女 複

バランス équilibre 女 ▶バランスシート bilan 男

はり [針] aiguille 女 ——に糸を通す enfiler une aiguille

はり [梁] poutre 女, solive 女

はりあう [張り合う] rivaliser, être en concurrence (avec)

はりあげる [張り上げる] —声を～ †hausser [élever] la voix

バリアフリー ──の sans barrière
バリウム baryum 男
バリエーション variation 女, variété 女
はりがね【針金】fil de fer
はりがみ【張り紙】affiche 女
バリカン tondeuse 女
ばりき【馬力】cheval-vapeur 男 (複 -aux~)〖略 CV〗
はりきる【張り切る】avoir de l'entrain
バリケード barricade 女
ハリケーン ouragan 男
はりだす【張り出す】afficher, placarder
はりつけ【磔】mise en croix 女
バリトン baryton 男
ハリネズミ【針鼠】†hérisson 男
はる【春】printemps 男 ──物の服装 tenue printanière 女 ～になりました Le printemps est arrivé.
はる【張る】(延ばす) tendre; (広げる) étendre
はる【貼る】mettre; (のりで) coller; (ビラなどを) apposer
はるか【遥か】──な lointain(e) ～に infiniment
バルコニー balcon 男
バルバドス Barbade 女 ──の barbadien(ne)
はるばる【遥々】de [au] loin
バルブ valve 女, soupape 女
パルプ pâte à papier 女, pulpe 女
はるやすみ【春休み】vacances de printemps 女, vacances de Pâques 女
はれ【晴れ】beau temps 男
バレエ ballet 男
パレード parade 女, défilé 男
バレーボール volley-ball 男
パレスチナ Palestine 女 ──の palestinien(ne)
はれつ【破裂】explosion 女 ──する éclater, exploser
はれもの【腫れ物】tumeur 女, abcès 男
バレリーナ ballerine 女
はれる【腫れる】s'enfler, se gonfler ──腫れた enflé(e), gonflé(e)
はれる【晴れる】~~晴れた空 ciel dégagé 男 霧が~ La brume se dissipe.
ばれる se découvrir, se dévoiler
バレンタインデー (fête de) la Saint-Valentin 女
はれんち【破廉恥】impudence 女
バロック baroque 男
パロディー parodie 女
バロメーター baromètre 男
パワー puissance 女
パワフル ──な puissant(e), vigoureux(se)
はん【判】cachet 男, sceau 男; (紙・本の大きさ) format 男
はん【半】demi(e) ─1時間～ une heure et demie ～ダース demi-douzaine 女

はん【版】édition 女
はん【班】groupe 男, équipe 女
ばん【晩】soir 男, soirée 女
ばん【番】(順番) tour 男; (番号) numéro 男; (見張り) garde 女
パン pain 男 ──を焼く cuire [faire] le pain ▶パン粉 chapelure 女 パン屋 (店) boulangerie 女; (人) boulanger(ère) 名
はんい【範囲】étendue 女; (活動などの) champ 男; (勢力などの) sphère 女
はんい【反意語】antonyme 男
はんえい【繁栄】prospérité 女 ──する prospérer
はんえい【反映】reflet 男 ──する refléter
はんが【版画】estampe 女, gravure 女
ハンガー cintre 男, portemanteau 男
はんかがい【繁華街】rue animée 女
はんがく【半額】──で à moitié prix
ハンカチ mouchoir 男
ハンガリー †Hongrie 女 ──の †hongrois(e)
バンガロー bungalow 男
はんかん【反感】antipathie 女 ──を買う s'attirer l'antipathie
はんぎゃく【反逆】rébellion 女 ──する se rebeller (contre)
はんきゅう【半球】hémisphère 男
はんきょう【反響】(音の) résonnance 女; (評判) retentissement 男
パンク crevaison 女 ──する crever
ばんぐみ【番組】programme 男, émission 女
バングラデシュ Bangladesh 男 ──の bangladais(e)
はんけい【半径】rayon 男, demi-diamètre 男
はんげき【反撃】contre-attaque 女 ──する contre-attaquer
はんけつ【判決】sentence 女, jugement 男
はんげつ【半月】demi-lune 女
はんけん【版権】droit d'auteur 男
ばんけん【番犬】chien(ne) de garde 名
はんこ【判子】cachet 男, sceau 男
はんご【反語】antiphrase 女, ironie 女
はんこう【犯行】crime 男, délit 男
はんこう【反抗】révolte 女; (抵抗) résistance 女 ──する se révolter (contre), résister (à) ▶反抗期 période de révolte
ばんごう【番号】numéro 男 ─すみません！～を間違えました Oh, pardon! J'ai dû faire un faux numéro.
ばんこく【万国】──の international(ale) (男複 -aux)
はんざい【犯罪】crime 男, délit 男 ──を犯す commettre un crime ▶犯罪者 criminel(le) 名
ばんざい【万歳】†hourra 男〖h は無音

の時もある】—フランス〜 Vive la France!

はんざつ【繁雑】 —— な compliqué(e)
ハンサム —— な beau
ばんさん【晩餐】dîner 男
はんじ【判事】juge 男
ばんじ【万事】—— 休す Tout est perdu.
パンジー pensée 女
バンジージャンプ saut à l'élastique 男
はんしゃ【反射】reflet 男; (物理)réflexion 女; (生物)réflexe 男 —— する réfléchir, refléter
はんしょう【反証】preuve (du contraire) 女
はんじょう【繁盛】—— する prospérer
はんしょく【繁殖】reproduction 女 —— する se reproduire
はんすう【反芻】—— する ruminer
ハンスト grève de la faim 女
パンスト collant 男
はんズボン【半ズボン】culotte courte 女
はんする【反する】être contraire (à)
はんせい【反省】—— する réfléchir sur ce que l'on a fait, regretter
はんせん【帆船】bateau [navire] à voile 男, voilier 男
ハンセンびょう【ハンセン病】lèpre 女
ばんそう【伴奏】accompagnement 男
ばんそうこう【絆創膏】sparadrap 男
はんそく【反則】faute 女, pénalité 女
はんそで【半袖】—— の à manches courtes
はんだ【半田】soudure 女 —— づけする souder
パンダ panda 男
ハンター chasseur(se) 名
はんたい【反対】(逆)contraire 男, inverse 男; (異議・抵抗) opposition 女 —— の contraire, opposé(e) ……に〜する s'opposer à … [ce que 接続法] ▶ 反対勢力 forces d'opposition 女 複 反対側 l'autre côté 男
バンタムきゅう【バンタム級】poids coq 男
パンタロン pantalon 男
はんだん【判断】jugement 男 —— する juger ▶ 判断力 jugement 男
ばんち【番地】numéro 男
パンチ coup de poing 男, punch 男; (穴あけ器具) pince à poinçonner 女
はんちゅう【範疇】catégorie 女
パンツ slip 男; (トランクス)caleçon 男; (ズボン) pantalon 男
はんてい【判定】jugement 男 —— する juger
パンティー slip (de femme) 男, culotte 女 ▶ パンティーストッキング collant 男
ハンディキャップ †handicap 男
はんてん【斑点】tache, mouchetu-

1196

---

re 女
はんてん【反転】volte-face 女 (不変), renversement 男 —— する se renverser, faire volte-face
バンド (ベルト) ceinture 女 ▶ ロックバンド groupe de rock 男
はんとう【半島】péninsule 女, presqu'île 女
はんどう【反動】réaction 女, contre-coup 男 —— 的な réactionnaire
はんどうたい【半導体】semi-conducteur 男
ハンドバッグ sac à main 男
ハンドブック manuel 男
ハンドボール †handball 男
ハンドマイム pantomime 女
ハンドル (自動車の)volant 男; (自転車の) guidon 男
はんにち【半日】demi-journée 女
はんにん【犯人】criminel(le) 名; (軽犯) délinquant(e) 名
ばんにん【番人】gardien(ne) 名
ばんねん【晩年】derniers jours 男 複
はんのう【反応】réaction 女 —— する réagir (à)
ばんのう【万能】—— の omnipotent (e), tout(e)-puissant(e)
はんぱ【半端】—— な dépareillé(e)
バンパー pare-chocs 男 (不変)
ハンバーガー †hamburger 男
ハンバーグ steak haché 男
はんばい【販売】vente 女 ▶ 販売員 vendeur(se) 名
はんばく【反駁】réfutation 女, réplique 女
ばんぱく【万博】exposition universelle 女
はんぱつ【反発】—— する réagir (contre)
はんぴれい【反比例】—— する être proportionnellement inverse de
はんぷく【反復】répétition 女 —— する répéter
パンプス escarpins 男 複
ばんぶつ【万物】toute la création 女
パンフレット brochure 女
はんぶん【半分】demi 男, moitié 女 —— 減らす réduire de moitié
ハンマー marteau 男 ▶ ハンマー投げ lancement du marteau 男
はんめい【判明】—— する (…であることが) se révéler …
はんも【繁茂】—— する croître, pousser
はんもく【反目】antagonisme 男
ハンモック †hamac 男
はんらん【反乱】révolte 女; (反逆) rébellion 女 —— を起こす se révolter (contre)
はんらん【氾濫】débordement 男
はんれい【凡例】présentation de l'édition 女
はんろん【反論】réfutation 女 —— する réfuter

ひ【火】feu 男; (炎) flammes 女 複 — やかんを～に掛ける mettre la bouilloire sur le feu ～を付ける mettre le feu à それは～を見るよりも明らかだ C'est clair comme le jour. ～のない所に煙は立たぬ Il n'y a pas de fumée sans feu.
ひ【日】(太陽) soleil 男; (日差し) jour 男; (日にち) jour 男 ——の当たる ensoleillé(e)
ひ【比】proportion 女, rapport 男
び【美】beauté 女
ひあい【悲哀】tristesse 女; (哀れみ) pitié 女
ひあがる【干上がる】s'assécher; (井戸・泉などが) (se) tarir
ピアス piercing 男
ひあそび【火遊び】 ——する jouer avec des allumettes; (恋の) avoir une aventure avec
ひあたり【日当たり】 ——のよい bien ensoleillé(e)
ピアノ piano 男
ピアニスト pianiste 名
ヒアリング (語学の) compréhension orale 女; (公聴会) audition publique 女
ピーアール【PR】relations publiques 女 複 ——する faire de la publicité
ビーカー becher 男, vase à feu 男
ひいき【贔屓】 ——する favoriser
ピーク pointe 女, sommet 男
びいしき【美意識】sens du beau 男
ビーズ perle de verre 女
ビーだま【ビー玉】bille 女
ビーチ plage 女
ピーティーエー【PTA】association des parents d'élèves et des professeurs 女
ひいでる【秀でる】exceller, se distinguer
ビート ——のきいた au rythme marqué ▶エイトビート mesure à huit temps 女
ビーナス Vénus 女
ピーナッツ cacahouète 女
ビーバー castor 男
ビーフ bœuf 男 ▶ビーフシチュー bœuf bourguignon 男
ピーマン poivron 男
ビール bière 女
ヒーロー héros 男
ひうん【悲運】malheur 男
ひえこむ【冷え込む】fraîchir
ひえしょう【冷え性】 ——である être frileux(se)
ひえる【冷える】(寒くなる) fraîchir; (冷たくなる) (se) refroidir, devenir froid(e) [助動詞 être] ——冷えた frais(fraîche)

ピエロ (サーカスの) clown 男; (パントマイムの) pierrot 男
びえん【鼻炎】catarrhe nasal 男
ビオラ alto 男
ひがい【被害】dégâts 男 複; (損害) dommage 男 ——を受ける subir un dommage, être victime de ▶被害者 victime 女 被害妄想 délire de persécution 男
ひかえ【控え】(写し) copie 女; (領収書などの) souche 女; (予備) (de) réserve 名 ▶控え室 salle d'attente 女
ひかえめ【控えめ】 ——な modéré(e), modeste
ひがえり【日帰り】 ——旅行 voyage d'un jour 男
ひかえる【控える】(書きとめる) prendre note de; (抑制する) s'abstenir de
ひかく【比較】comparaison 女 ——する comparer, mettre en comparaison ——的 relativement ▶比較級 comparatif 男
ひかく【皮革】(なめし革) cuir 男; (なま皮) peau 女
びがく【美学】esthétique 女
ひかげ【日陰】ombre 女
ひがさ【日傘】ombrelle 女
ひがし【東】est 男 ——の est, oriental(ale) (男複 -aux)
ひがしティモール【東—】Timor-Oriental 男 ——の est-timorais(e)
ぴかぴか ——光る briller; (きらめく) étinceler
ひがむ【僻む】être jaloux(se) de
ひからびる【干からびる】se dessécher ——干からびた desséché(e)
ひかり【光】lumière 女 ——を放つ émettre de la lumière, briller ▶光ファイバー fibre optique 女
ひかる【光る】briller, luire; (きらめく・またたく) scintiller
ひかん【悲観】pessimisme 男 ——する être pessimiste 《sur》
ひがん【彼岸】semaine de l'équinoxe 女
ひきあい【引き合い】 ——に出す citer
ひきあう【引き合う】s'attirer; (元が取れる) payer
ひきあげ【引き上げ】(値段などの) relèvement 男; (外国からの) rapatriement 男
ひきあげる【引き上げる】(値段・車輌などを) relever; (退去する) se retirer
ひきあわせる【引き合わせる】(紹介する) présenter 《à》; (照合する) confronter 《à, avec, et》
ひきいる【率いる】mener; (統率する) diriger
ひきうける【引き受ける】(かかわる) s'occuper de; (引き受ける) se charger de; (責任などを) assumer
ひきおこす【引き起こす】(倒れたものを) relever; (事件・問題などを) causer

ひきかえ【引き換え】——と～に en échange de …

ひきかえす【引き返す】retourner 《助動詞être》; (元来た道を) revenir sur ses pas 《助動詞être》

ひきかえる【引き換える】échanger 《contre》

ひきがえる【蟇】crapaud 男

ひきがね【引き金】détente 女 ——を引く appuyer sur la détente

ひげき【悲喜劇】tragi-comédie 女

ひきさく【引き裂く】(紙·布などを) déchirer; (ずたずたに) déchiqueter; (仲を) séparer

ひきさげる【引き下げる】abaisser, réduire

ひきざん【引き算】soustraction 女 ——する soustraire

ひきしお【引き潮】marée descendante 女, reflux 男

ひきしめる【引き締める】serrer; (強固にする) raffermir —気を～ rester sur ses gardes

ひきずる【引き摺る】traîner

ひきだし【引き出し】tiroir 男

ひきだす【引き出す】(利益·結論などを) tirer; (預金などを) retirer

ひきたたせる【引き立たせる】rehausser, faire ressortir

ひきちぎる【引きちぎる】arracher; (破る·裂く) déchirer

ひきつぐ【引き継ぐ】(A(人)からBを) reprendre B à A; (あとを継ぐ) succéder《à》

ひきつける【引き付ける】attirer

ひきつづき【引き続き】successivement

ひきとめる【引き止める】retenir

ひきとる【引き取る】(物などを) reprendre; (人を) prendre … en charge

ビギナー débutant(e) 名

ビキニ (水着) bikini 女

ひきにげ【轢き逃げ】délit de fuite 男

ひきぬく【引き抜く】arracher

ひきのばす【引き伸ばす】(話などを) allonger; (期間を) prolonger; (写真を) agrandir

ひきはなす【引き離す】séparer; (競争相手を) distancer

ひきはらう【引き払う】quitter

ひきょう【卑怯】——な lâche ▶卑怯者 lâche 名

ひきよせる【引き寄せる】(近づける) approcher; (引き付ける) attirer

ひきわける【引き分ける】faire match nul

ひきわたし【引き渡し】(商品の) livraison 女; (犯罪人の) extradition 女

ひきわたす【引き渡す】livrer, délivrer; (犯罪人を) extrader

ひく【引く】tirer; (数を) soustraire; (注意·関心を) attirer

ひく【退く】reculer; (引退する) se retirer

ひく【弾く】(楽器を) jouer de; (曲を) exécuter

ひく【轢く】écraser

ひくい【低い】bas(se); (身長が) petit(e); (音が) grave ——になる baisser, abaisser 低くなる s'abaisser

ひくつ【卑屈】——な servile

ひくひく ——する tressauter

ピクニック pique-nique 男

ひくびく ——する avoir peur; (怖じ気づく) être intimidé(e)

ヒグマ【羆】ours brun 男

ピクルス pickles 男 複

ひぐれ【日暮れ】tombée du jour [de la nuit] 女

ひげ【髭】(あご·頬の) barbe 女; (口ひげ) moustache 女; (猫などの) moustache 女 ——を剃る se raser ～を生やしている porter la barbe [moustache] ▶ひげ剃り rasoir 男

ひげ【卑下】——する s'humilier

ひげき【悲劇】tragédie 女, drame 男 ——的な tragique

ひけつ【秘訣】secret 男; (こつ) recette 女

ひけつ【否決】rejet 男 ——する rejeter

ひける【引ける】—気が～ ne pas se sentir le courage de 不定詞

ひご【庇護】protection 女

ひこう【飛行】vol 男 ▶飛行士 aviateur(trice) 名 飛行船 (ballon) dirigeable 男

ひこう【非行】délinquance juvénile 女 ▶非行少年〈集合的〉jeunesse délinquante 女

びこう【備考】remarque 女

びこう【鼻孔】narine 女

びこう【尾行】filature 女 ——する filer

ひこうかい【非公開】——の à huis clos; (内輪の) privé(e)

ひこうき【飛行機】avion 男 ▶飛行機雲 traînée d'avion

ひこうしき【非公式】——の officieux(se), non officiel(le)

ひこうしき【非合法】——の clandestin(e), illégal(ale) (男複 -aux)

ひこうり【非合理】——な irrationnel(le)

ひこく【被告】accusé(e) 名; (軽罪の) prévenu(e) 名

ひごろ【日頃】ordinairement, d'habitude

ひざ【膝】genou 男 (複 -x) ——を交えて話し合う avoir une conversation intime

ビザ visa 男

ピザ pizza 女

びさい【微細】——な menu(e), minuscule

ひさいしゃ【被災者】sinistré(e) 名

ひざかけ【ひざ掛け】couverture de

ひさし【廂・庇】auvent 男, avant-toit 男; (帽子の) visière 女
ひざし【日差し】soleil 男
ひさしぶり【久し振り】——な Ça fait longtemps qu'on ne s'est pas vu.
ひざまずく【跪く】s'agenouiller, se mettre à genoux
ひさん【悲惨】——な misérable
ひじ【肘】coude 男
びじ【美辞】——麗句 rhétorique 女
ひしがた【菱形】losange 男
ビジネス affaires 女複 ▶ビジネスマン homme d'affaires 男
ひしゃく【柄杓】puisoir 男
ひじゅう【比重】poids spécifique 男
びじゅつ【美術】art, beaux-arts 男複 ▶美術館 musée 美術品 œuvre d'art 女
ひじゅん【批准】ratification 女 ——する ratifier
ひしょ【秘書】secrétaire 名
びじょ【美女】belle 女
ひじょう【非常】——に très, bien 【形容詞や副詞を修飾】; beaucoup 【動詞を修飾】▶非常口 porte [issue] de secours 女 非常手段 grands moyens 男複
ひじょう【非情】——な sans cœur
びしょう【微笑】sourire 男
ひじょうきん【非常勤】——の temporaire
ひじょうしき【非常識】——な insensé(e), (常軌を逸した) extravagant(e)
ひしょち【避暑地】station estivale 女
びしょぬれ【びしょ濡れ】——の tout(e) mouillé(e)
ビジョン vision de l'avenir 女
びじん【美人】beauté 女, belle 女
ひすい【翡翠】jade 男
ビスケット biscuit 男
ヒステリー hystérie 女
ヒステリック ——な hystérique
ピストル pistolet 男; (弾倉回転式の) revolver 男
ピストン piston 男 ▶ピストン輸送 navette 女
ひずむ【歪む】gauchir, se déformer
びせいぶつ【微生物】microbe 男, microorganisme 男
ひそ【砒素】arsenic 男
ひそう【悲壮】——な pathétique; (英雄的な) héroïque
ひぞう【脾臓】rate 女
ひそか【密か】——な secret(ète) ~に secrètement, clandestinement
ひぞく【卑俗】——な vulgaire
ひそひそ ——話す (小声で) parler à mi-voix, (ささやき声で) chuchoter
ひだ【襞】plis 男複
ひたい【額】front 男
ひたす【浸す】tremper
ビタミン vitamine 女 ▶ビタミン剤 médicaments vitaminés 男複

ひたむき ——な fervent(e); (決意の固い) résolu(e)
ひだり【左】gauche 女 ——の gauche, de gauche ~に à gauche, sur la gauche
ひだりがわ【左側】côté gauche 男
ひだりきき【左利き】——の gaucher(ère)
ひたん【悲嘆】désolation 女
ひつう【悲痛】——な déchirant(e), douloureux(se)
ひっかかる【引っ掛かる】s'accrocher (à); (捕まる) se prendre ((dans)); (だまされる) être trompé(e) par
ひっかく【引っ掻く】griffer
ひっかける【引っ掛ける】accrocher; (だます) tromper, (誘惑する) séduire
ひっき【筆記】▶筆記試験 (examen) écrit 男 筆記用具 de quoi écrire
ひつぎ【柩】cercueil 男
ひっきりなし ——に sans cesse [arrêt]
びっくり ——する être étonné(e) [surpris(e)] ((de, que 接続法)) ——仰天する être stupéfié(e)
ひっくりかえす【引っ繰り返す】retourner; (倒す) renverser
ひっくりかえる【引っ繰り返る】se renverser, culbuter; (人が) tomber 【助動詞être】
ひづけ【日付】date 女
ピッケル piolet 男
ひっこし【引っ越し】déménagement 男
ひっこす【引っ越す】(引き払う) déménager; (越してくる) emménager
ひっこみじあん【引っ込み思案】——な timoré(e); (内気な) timide
ひっこむ【引っ込む】se retirer, (引きこもる) s'enfermer
ピッコロ piccolo 男
ひっし【必死】——の désespéré(e) ~に désespérément
ひつじ【羊】mouton 男; (子羊) agneau 男 ▶羊飼い berger(ère) 名
ひっしゃ【筆者】auteur 男
ひっしゅう【必修】——の obligatoire
ひつじゅひん【必需品】nécessaire 男
ひっす【必須】——の indispensable
ひっせき【筆跡】écriture 女, graphisme 男 ▶筆跡鑑定 expertise graphologique 女
ひつぜん【必然】——的に forcément, inévitablement ▶必然性 nécessité 女
ひっそり ——と silencieusement
ひったくる【引ったくる】arracher
ピッチ 一息~で à toute [pleine] vitesse
ヒッチハイク autostop 男 ——をする faire de l'autostop
ピッチャー lanceur 男; (水差し) cruche 女; carafe 女
ひってき【匹敵】——する égaler

ヒット ――～する remporter [obtenir] un succès brillant
ビット bit 男
ひっぱく【逼迫】――～する avoir des difficultés
ひっぱりだこ【引っ張り凧】――であるêtre très demandé(e), être recherché(e)
ひっぱる【引っ張る】tirer
ヒップ tour de hanches 男
ひづめ【蹄】sabot 男
ひつよう【必要】――な nécessaire (à, pour) ～に迫られて par nécessité
▶必要経費 frais réels 男複 必要条件 condition nécessaire 女
ビデ bidet 男
ひてい【否定】――する nier (que); (うわさなどを) démentir (que) ～的な négatif(ive)
ビデオ vidéo 女 ▶ビデオカメラ caméra vidéo 女 ビデオテープ bande vidéo 女 ビデオレコーダー magnétoscope 男
びてき【美的】――な esthétique
ひでり【日照り】sécheresse 女
ひでん【秘伝】secret 男
ひと【人】homme 男; être humain 男; (特定の人) personne 女; (人々) gens 男複; 《集合的》monde 男
ひとあたり【人当たり】――がいい être aimable
ひどい【酷い】terrible; (激しい) violent(e) ――ひどく叱られる se faire gronder sévèrement 歯がひどく痛みます J'ai mal aux dents épouvantable.
ひといき【一息】――で d'un trait
ひといちばい【人一倍】exceptionnellement
ひとがら【人柄】caractère 男; (生来の) nature 女
ひときれ【一切れ】un morceau 《de》
びとく【美徳】vertu 女
ひとくち【一口】(食べ物の dose 女; (飲み物の) gorgée 女; (寄付・株などの) cotisation 女
ひとけ【人気】――のない désert(e)
ひとけい【日時計】cadran solaire 男
ひとこと【一言】un mot ――で言うと en un mot
ひとごみ【人込み】(群衆) foule 女; (混雑) bousculade 女
ひとごろし【人殺し】(行為) assassinat 男, meurtre 男; (人) assassin 男, meurtrier(ère) 名
ひとさしゆび【人差し指】index 男
ひとさわがせ【人騒がせ】――なことをする causer de l'inquiétude
ひとしい【等しい】être égal(ale) (à) (男複 -aux); (等価値に) être équivalent(e) (à)
ひとじち【人質】otage 男 ――…を～にとる prendre ... comme otage
ひとしれず【人知れず】secrètement
ひとずき【人好き】――のする sympa-
thique
ひとそろい【一揃い】assortiment 男, ensemble 男
ひとだかり【人だかり】attroupement 男
ひとだすけ【人助け】service 男
ひとちがい【人違い】――をする (AをBと間違える) prendre A pour B; (AとBを混同する) confondre A avec B
ひとつ【一つ】un(e) ――になる s'unir par un(e)
ひとづきあい【人付き合い】――がよい sociable, liant(e)
ひとづて【人伝】――に聞く apprendre par ouï-dire
ひとつぶ【一粒】un grain
ひとづま【人妻】femme mariée 女
ひとで【人出】foule 女
ひとで【人手】bras 男複, main-d'œuvre 女 ▶人手不足 pénurie de main-d'œuvre 女
ヒトデ【海星】étoile de mer 女
ひとどおり【人通り】――が多い passant(e), fréquenté(e)
ひととき【一時】un moment
ひとなつっこい【人懐っこい】affectueux(se)
ひとなみ【人並み】――に comme tout le monde
ひとなみ【人波】――にもまれる être pris(e) dans la foule
ひとびと【人々】gens 男複
ひとまえ【人前】～で en public
ひとまかせ【人任せ】――にする s'en remettre aux autres
ひとみ【瞳】prunelle 女, pupille 女
ひとみしり【人見知り】――する être timide [farouche]
ひとめ【一目】――で au premier coup d'œil ▶一目惚れ coup de foudre 男
ひとめ【人目】――につく[つかない]所 endroit voyant [discret] 男 ～を避ける éviter les regards ～を引く attirer le regard
ひとやすみ【一休み】pause 女 ――する faire une [la] pause
ひとり【一人・独り】――で seul(e) ――ずつ un(e) à un(e) ～ぼっちの solitaire ment ～善がりの arbitraire ▶独り言 monologue 男 独り言を言う monologuer 一人っ子 enfant unique 名
ひどり【日取り】date 女; (日程) calendrier 男
ひな【雛】(鶏の) poussin 男; (小鳥の) oisillon 男
ひながた【雛型】maquette 女, modèle 男; (文書の) formule 女
ヒナギク【雛菊】petite marguerite 女, pâquerette 女
ひなた【日向】～で au soleil
ひなびる【鄙びる】――鄙びた rustique, campagnard(e)
ひなん【避難】――する s'abriter; (災

害だから) se réfugier ▶避難訓練 exercice de sauvetage 男; 避難所 refuge 男, abri 男

ひなん【非難】 reproche 男; (批判) critique 女; (糾弾) accusation 女 ―― を reprocher (à)

ビニール vinyle 男 ▶ビニール袋 sac en plastique 男

ひにく【皮肉】 ironie 女; (風刺) satire 女 ――な ironique; (風刺的な) satirique

ひにひに【日に日に】 jour après jour

ひにょうき【泌尿器】 appareil urinaire 男

ひにん【避妊】 contraception 女

びねつ【微熱】 fièvre légère 女

ひねる【捻る】 tourner; (ねじる) tordre

ひのいり【日の入り】 coucher du soleil 男

ひので【日の出】 lever du soleil 男

ひのまる【日の丸】 drapeau du soleil levant 男

ひばち【火鉢】 brasero 男

ひばな【火花】 étincelle 女

ヒバリ【雲雀】 alouette 女

ひはん【批判】 critique 女 ――する critiquer

ひばん【非番】 ――である ne pas être de service

ひび (亀裂) fente 女; (ひび割れ) fêlure 女 ――が入る se fendre

ひびき【響き】 (音) son 男; (反響) résonance 女

ひびく【響く】 résonner, sonner; (影響を及ぼす) avoir des répercussions sur

ひひょう【批評】 critique 女 ――する critiquer, faire la critique de ▶批評家 critique 名

ひふ【皮膚】 peau 女 ▶皮膚科 dermatologie 女; 皮膚科医 dermatologue

ひぶん【碑文】 inscription 女

びぶん【微分】 différentielle 女

ひぼう【誹謗】 médisance 女, calomnie 女

びぼう【美貌】 belle figure 女

ひぼん【非凡】 ――な exceptionnel(le), peu commun(e)

ひま【暇】 temps (libre) 男 ――な libre; (することがない) désœuvré(e) ――をつぶす passer [tuer] le temps

ひまご【曾孫】 (男) arrière-petit-fils (複 ～s-～s); (女) arrière-petite-fille (複 ～s-～s)

ヒマワリ【向日葵】 tournesol 男

ひまん【肥満】 embonpoint 男; (肥満症) obésité 女 ――した obèse

ひみつ【秘密】 secret 男 ――の secret(ète); (不föus) clandestin(e) ―― にする faire (un) mystère de ▶秘密警察 police secrète 女; 秘密文書 document confidentiel 男

びみょう【微妙】 ――な subtil(e), fin

(e); (複雑で難しい) délicat(e)

ひめ【姫】 princesse 女

ひめい【悲鳴】 cri 男 ――をあげる pousser des cris

ひめん【罷免】 destitution 女

ひも【紐】 ficelle 女; (エプロンなどの) cordon 男; (靴の) lacet 男 ――でくくる ficeler

ひもと【火元】 foyer de l'incendie 男

ひやかす【冷やかす】 se moquer de; (店を) lécher les vitrines

ひゃく【百】 cent 男 ――何〜もの〜 des centaines de... ――番目の centième ――パーセント cent pour cent 男

ひゃく【飛躍】 (論理などの) saut 男; (急成長) essor 男 ――する sauter

ひゃくしょう【百姓】 paysan(ne)

ひゃくてん【百点】 vingt sur vingt [フランスの満点は20点]

ひゃくにち【百日】 ▶百日咳 coqueluche 女 百日草 zinnia 男

ひゃくねん【百年】 cent ans 男 ▶百年祭 centenaire 男

ひゃくはちじゅうど【百八十度】 一方針を〜転換する changer complètement d'orientation

ひゃくまん【百万】 million 男

びゃくや【白夜】 soleil de minuit 男

ひやけ【日焼け】 bronzage 男 ――する bronzer ▶日焼け止めクリーム[オイル] crème [huile] solaire 女

ヒヤシンス jacinthe 女

ひやす【冷やす】 rafraîchir; (冷ます) refroidir ―― 頭を〜 retrouver son calme

ひゃっか【百科】 ▶百科事典 encyclopédie 女

ひゃっかてん【百貨店】 grand magasin 男

ひやひや ――する être en proie à l'inquiétude

ビヤホール brasserie 女

ひややか【冷ややか】 ――な froid(e); (無関心な) indifférent(e)

ひゆ【比喩】 métaphore 女 ――的な figuré(e), métaphorique

ヒューズ plomb (fusible) 男, fusible 男

ヒューマニズム humanisme 男

ピューレ purée 女

ビュッフェ buffet (de la gare) 男

ひょう【表】 tableau 男, liste 女 ――を作る dresser [établir] une liste

ひょう【票】 voix 女; (投票) vote 男

ひょう【俵】 balle 女

ヒョウ【豹】 panthère 女, léopard 男

ひよう【費用】 frais 男 複, coût 男; (出費) dépense 女

びょう【秒】 seconde 女

びょう【鋲】 (画びょう) punaise 女; (じゅうたん・靴用の) broquette 女; (リベット) rivet 男

びよう【美容】 soins de beauté 男 複 ▶美容院 salon de coiffure 男 美容

師 coiffeur(se) 名

びょういん【病院】hôpital 男 (複 -aux); (私立の) clinique 女

ひょうか【評価】estimation 女, évaluation 女 ——する estimer ～が上がる monter dans l'estime de 評価額 évaluation 女

ひょうが【氷河】glacier 男 ▶氷河期 période glaciaire 女

ひょうき【表記】(宛名書き) suscription 女; (表記法) notation 女

びょうき【病気】maladie 女 ——な malade ～になる tomber malade 【助動詞 être】

ひょうぎかい【評議会】conseil 男

ひょうきん【剽軽】——な facétieux(se)

ひょうけつ【票決】vote 男, scrutin 男

ひょうげん【表現】expression 女; (記号や絵による) représentation 女 ——する exprimer

びょうげんきん【病原菌】bactérie pathogène 女, microbe pathogène 男

ひょうご【標語】devise 女, slogan 男

ひょうさつ【表札】plaque (de porte) 女

ひょうざん【氷山】iceberg 男

ひょうし【表紙】couverture 女, plat 男

ひょうし【拍子】mesure 女, (調子) cadence 女

ひょうじ【表示】indication 女 ——する indiquer

ひょうしき【標識】signal 男 (複 -aux); 《集合的》signalisation 女

びょうしつ【病室】chambre de malade 女

びょうしゃ【描写】description 女 ——する décrire

びょうじゃく【病弱】——な maladif(ve)

ひょうじゅん【標準】norme 女 ▶——的な normal(ale) 《男複 -aux》 ▶標準語 langue standard 女

ひょうしょう【表彰】——する faire l'éloge public de, récompenser ▶表彰状 certificat d'honneur 男 表彰台 podium 男

ひょうじょう【表情】expression 女; (顔つき) visage 男 ——豊かな expressif(ve)

びょうしょう【病床】——についている garder le lit, être cloué(e) au lit

びょうじょう【病状】état d'un(e) malade 男

ひょうせつ【剽窃】plagiat 男 ——する plagier

ひょうだい【表題】titre 男; (題目) sujet 男

ひょうたん【瓢箪】calebasse 女

ひょうてき【標的】cible 女

びょうてき【病的】——な maladif(ve), morbide

ひょうでん【評伝】biographie critique 女

びょうどう【平等】égalité 女 ——な égal(ale) 《男複 -aux》 ～に avec impartialité

びょうにん【病人】malade 名; (患者) patient(e)

ひょうはく【漂白】blanchiment 男 ——する blanchir ▶漂白剤 poudre à blanchir 女

ひょうばん【評判】réputation 女 ——の renommé(e) ～になる faire du bruit

ひょうひ【表皮】épiderme 男

ひょうほん【標本】(植物の) herbier 男; (昆虫の) recueil d'exemplaires d'insectes 男; (統計で) échantillon 男

ひょうめい【表明】——する manifester

ひょうめん【表面】surface 女; (外見) apparence 女 ——化する apparaître en surface, se faire jour ～的な superficiel(le) ▶表面張力 tension superficielle 女

びょうりがく【病理学】pathologie 女

ひょうりゅう【漂流】dérive 女 ——する dériver

ひょうろん【評論】critique 女; (新聞・雑誌のコラム) compte-rendu 男 (複 ～s～s) ▶評論家 critique 名

ひよく【肥沃】——な fertile, fécond(e)

ひよく【尾翼】empennage 男

ひよけ【日除け】store 男; (ブラインド) jalousie 女

ひよこ【雛】poussin 男

ひょっこり par hasard

ひよりみ【日和見】▶日和見主義 opportunisme 男

びら tract 男; (特に宣伝用の) prospectus 男

ひらい【避雷】▶避雷針 paratonnerre 男

ひらおよぎ【平泳ぎ】brasse 女

ひらく【開く】ouvrir, s'ouvrir

ひらける【開ける】(文明化する) se civiliser; (近代化する) se moderniser ——開けた civilisé(e), modernisé(e)

ひらたい【平たい】plat(e)

ピラニア piranha 男

ピラフ pilaf 男

ピラミッド pyramide 女

ひらめ【平目】barbue 女, turbot 男

ひらめく【閃く】étinceler, luire

びり le(la) dernier(ère)

ピリオド point 男 ——を打つ mettre le point final à, mettre un terme à

ひりつ【比率】proportion 女, rapport 男

ひりひり ——する piquant(e)

ビリヤード billard 男

ひりょう【肥料】engrais 男; (堆肥) fumier 男

ひる【昼】midi 男; (日中) jour 男

ヒル【蛭】sangsue 女

ビル immeuble 男

ピル pilule 女

ひるがえす【翻す】―前言を~ se dédire, se rétracter
ひるがえる【翻る】flotter
ひるごはん【昼御飯】déjeuner 男
ひるね【昼寝】sieste 女
ひるま【昼間】jour 男, journée 女
ひるむ【怯む】perdre courage; (しりごみする) reculer
ひるやすみ【昼休み】pause de midi 女
ひれ【鰭】nageoire 女; (フカの) aileron 男
ヒレ（肉の）filet 男
ひれい【比例】proportion 女　――する être proportionnel(le) (à)
ひれつ【卑劣】――な ignoble
ひろい【広い】large; (広大な) vaste ―心が~ être généreux(se), avoir l'esprit large
ヒロイン héroïne 女
ひろう【拾う】ramasser, recueillir; (見つける) trouver
ひろう【疲労】fatigue 女
ひろうえん【披露宴】repas de noces 男
ビロード velours 男
ひろがる【広がる】s'étendre; (幅が) s'élargir
ひろげる【広げる】étendre; (幅を) élargir; (畳んであったものを) déployer
ひろさ【広さ】(広がりの) étendue 女; (面積) surface 女
ひろば【広場】place 女
ひろびろ【広々】――とした vaste, spacieux(se)
ひろま【広間】grand salon 男; (大広間) hall 男
ひろまる【広まる】se répandre, se propager
ひろめる【広める】répandre, propager; (情報などを) diffuser; (普及させる) populariser
ビワ【枇杷】(木) néflier du Japon 男; (実) nèfle du Japon 女
ひん【品】――のある distingué(e) ~のない vulgaire
びん【瓶】bouteille 女; (香水などの) flacon 男; (ビールなどの小瓶) canette 女
びん【便】(列車・バスなどの運行) service 男; (飛行機の) vol 男
ピン épingle 女; (ボーリングの) quille 女
ひんい【品位】distinction 女; (威厳) dignité 女
びんかん【敏感】――な sensible
ピンク rose 女　――色の rose
ひんけつ【貧血】anémie 女
ひんこん【貧困】pauvreté 女, (貧窮) indigence 女
ひんし【品詞】parties du discours 女 複
ひんし【瀕死】――の mourant(e), moribond(e)
ひんしつ【品質】qualité 女

ひんじゃく【貧弱】――な pauvre; (粗末な) maigre
ひんしゅ【品種】espèce 女; (動物の) race 女
びんしょう【敏捷】agilité 女　――な agile
ひんせい【品性】caractère 男, personnalité (morale) 女
ピンセット pincette 女
びんせん【便箋】papier à lettres 男
ピンチ（窮地）pétrin 男; (危機) crise 女
ヒント（手がかり）clef 女; (ほのめかし) allusion 女
ピント foyer 男　――を合わせる mettre au point
ピンナップ pin-up 女
ピンはね dessous-de-table 男
ひんぱん【頻繁】――に fréquemment, souvent
びんぼう【貧乏】pauvreté 女　――な pauvre, indigent(e)
ピンぼけ ――である ne pas être au point
ピンポン ping-pong 男 《不変》 ⇨ 卓球

ふ

ふ【府】département 男; (中心) centre 男, capitale 女
ふ【譜】partition 女　――を読む lire une partition
ぶ【部】(部分) partie 女; (部門) section 女; (書物などの単位) exemplaire 男
ファーストネーム prénom 男
ファーストフード fast food 男
ぶあい【歩合】taux 男, pourcentage 男
ぶあいそう【無愛想】――な peu aimable [affable], bourru(e)
ファイト courage 男
ファイル classeur 男; (コンピューターの) fichier 男
ファインダー viseur 男
ファインプレー jeu excellent 男, coup de maître 男
ファウル faute 女
ファゴット basson 男
ファジー ――な flou(e)
ファシスト fasciste 名
ファシズム fascisme 男
ファスナー fermeture à glissière 女
ぶあつい【分厚い】épais(se), volumineux(se)
ファックス fax 男　――する envoyer ... par fax, faxer
ファッション mode 女, vogue 女
ファン admirateur(trice) 名; (熱狂的な) fanatique 名, fan 名
ふあん【不安】anxiété 女, inquiétude

ファンタジー 女 ——な inquiet(ète), anxieux(se) ~にさせる inquiétant(e)
ファンタジー fantaisie 女
ふあんてい【不安定】——な instable
ファンデーション fond de teint 男
ファンファーレ fanfare 女
ふい【不意】——の inattendu(e), imprévu(e)
ブイ bouée 女, balise 女
フィアンセ fiancé(e) 名
フィート pied 男
フィーリング feeling 男
フィールド terrain 男, champ ► フィールドワーク recherches sur le terrain 女 複
フィギュアスケート patinage artistique
フィクション fiction 女
ふいご【鞴】 soufflet 男
フィジー (îles) Fidji 女 複 ——の fidjien(ne)
ふいちょう【吹聴】 ——する répandre, claironner
フィットネス ► フィットネスクラブ club de gymnastique 男
フィナーレ finale 女
フィリピン Philippines 女 複 ——の philippin(e)
フィルター filtre 男
フィルム pellicule 女; (映画用) film 男
ふいん【部員】 membre 男
フィンランド Finlande 女 ——の finlandais(e)
ふう【封】 cachetage 男 ——をする cacheter
-ふう【-風】 —フランス～の[で] à la française
ふうあつ【風圧】 pression du vent 女
ふうか【風化】 désagrégation 女 ——する s'éroder
フーガ fugue 女
ふうがわり【風変わり】 ——な étrange, bizarre
ふうき【風紀】 mœurs 女 複, moralité publique 女
ふうけい【風景】 paysage 男, site 男
ふうさ【封鎖】 blocus 男 ——する bloquer
ふうさい【風采】 air 男, apparence 女
ふうし【風刺】 satire 女, sarcasme 男 ——的な satirique
ふうしゃ【風車】 moulin à vent 男; (風力発電機) aéromoteur 男
ふうしゅう【風習】 coutume 女; (一国・一時代の) mœurs 男 複
ふうしん【風疹】 rubéole 女
ふうせん【風船】 ballon 男
ふうそく【風速】 vitesse du vent 女
ふうぞく【風俗】 mœurs 女 複, coutume 女
ブータン Bhoutan 男 ——の bhoutanais(e)
ふうちょう【風潮】 tendance 女
ブーツ botte 女, bottine 女
ふうど【風土】 climat 男
ふうとう【封筒】 enveloppe 女
ふうふ【夫婦】 couple 男
ふうみ【風味】 saveur 女, goût 男
ブーム engouement 男, boom 男
ブーメラン boomerang 男
ふうりょく【風力】 intensité du vent 女
プール piscine 女
ふうん【不運】 malchance 女 ——な malchanceux(se), malheureux(se)
ふえ【笛】 flûte 女; (呼び子の) sifflet 男
フェア (催し) foire 女 ——な (公正な) loyal(ale) (男 複 -aux) ► フェアプレー fair-play 男 (不変); jeu loyal 男
フェイント feinte 女
フェーン fœhn 男
フェザーきゅう【フェザー級】 poids plume 男
フェスティバル festival 男
フェミニズム féminisme 男 ► フェミニスト féministe 名
フェリー ferry-boat 男
ふえる【増える】 (数・量が) augmenter; (数が) se multiplier
フェルト feutre 男 ► フェルトペン feutre 男
フェロモン phéromone 女
フェンシング escrime 女
フェンス barrière 女, clôture 女
ぶえんりょ【無遠慮】 ——な sans-gêne, indiscret(ète)
フォアグラ foie gras 男
フォーク fourchette 女 ► フォークソング chant folklorique 男 フォークダンス danse folklorique 女
フォーマット format 男
フォーム forme 女
フォーラム forum 男
フォワード avant 男
ふおん【不穏】 ——な inquiétant(e)
ふか【孵化】 incubation 女, éclosion 女
ふか【部下】 subordonné(e) 名, subalterne 名
ふかい【深い】 profond(e); (濃い, 茂った) épais(se) ——深く profondément 深くする approfondir
ふかい【不快】 ——な désagréable, déplaisant(e), dégoûtant(e)
ふかかい【不可解】 ——な incompréhensible, mystérieux(se)
ふかくじつ【不確実】 ——な incertain(e)
ふかけつ【不可欠】 ——な indispensable
ふかさ【深さ】 profondeur 女
ふかす【蒸かす】 cuire à la vapeur
ふかっこう【不格好】 ——な disgracieux(se), mal fait(e)
ふかのう【不可能】 ——な impossible

ふかんぜん【不完全】 ～な imparfait(e)

フキ【蕗】 pétasite 男

ぶき【武器】 arme 女

ふきかえ【吹き替え】 doublage 男

ふきげん【不機嫌】 ～な de mauvaise humeur, maussade

ふきそく【不規則】 ～な irrégulier(ère), inégal(ale) (複 -aux)

ふきだす【吹き出す】(笑い出す) éclater de rire; (噴出する) jaillir

ふきつ【不吉】 ～な sinistre, funeste

ふきでもの【吹出物】 bouton 男; (発疹) poussée 女

ふきとばす【吹き飛ばす】 emporter, faire sauter

ふきとる【拭き取る】 essuyer

ぶきみ【不気味】 ～な sinistre, inquiétant(e)

ふきゅう【普及】 diffusion 女, généralisation 女 ～する se généraliser

ふきゅう【不朽】 ～の impérissable, immortel(le)

ふきょう【不況】 dépression 女, récession 女; (不振) marasme 男

ぶきよう【不器用】 ～な maladroit(e)

ふきん【布巾】 torchon 男, essuie-verres《不変》

ふきん【付近】 environs 男 複, alentours 男 複

ふきんこう【不均衡】 déséquilibre 男

ふく【服】 vêtement 男, habit 男 ～を着る s'habiller

ふく【吹く】 souffler

ふく【拭く】 essuyer

ふく【福】 fortune 女, bonne fortune 女

ふく-【副-】 vice-, sous-

フグ【河豚】 poisson-globe 男

ふくいんしょ【福音書】 Évangile 男

ふくえき【服役】 ～する purger sa peine, faire de la prison

ふくがん【複眼】 yeux composés [à facettes] 男 複

ふくぎょう【副業】 travail d'appoint 男

ふくげん【復元・復原】 restauration 女, restitution 女 ～する restaurer, restituer

ふくごう【複合】 complexe 男 ～の composé(e)

ふくざつ【複雑】 ～な compliqué(e), complexe

ふくさよう【副作用】 effet secondaire 男

ふくさんぶつ【副産物】 sous-produit 男, produit dérivé 男

ふくし【福祉】 bien-être (social) 男《不変》▶福祉事業 aide sociale 女 **福祉国家** État-providence 男 (複 ～s～)

ふくし【副詞】 adverbe 男

ふくしゃ【複写】 reproduction 女, copie 女

ふくしゃ【輻射】 radiation 女

ふくしゃちょう【副社長】 sous-directeur(trice) 男

ふくしゅう【復習】 révision 女 ～する répéter

ふくしゅう【復讐】 vengeance 女 ～する se venger 《de》; (…の仇を討つ) venger ...

ふくじゅう【服従】 obéissance 女 ～する obéir 《à》

ふくすう【複数】 ～の plusieurs ▶ **複数形** pluriel 男

ふくする【服する】 obéir 《à》

ふくせい【複製】 reproduction 女, copie 女

ふくそう【服装】 tenue 女, mise 女

ふくだい【副題】 sous-titre 男

ふくつう【腹痛】 colique 女, mal de ventre 男

ふくびき【福引き】 loterie 女

ふくまくえん【腹膜炎】 péritonite 女

ふくむ【含む】 comprendre, inclure, contenir

ふくめん【覆面】 masque 男 ～をする se masquer

ふくよう【服用】 ～する prendre un remède

ふくらしこ【膨らし粉】 levure 女

ふくらはぎ【脹ら脛】 mollet 男

ふくらます【膨らます】 gonfler

ふくらむ【膨らむ】 (se) gonfler; (膨張する) se dilater

ふくり【複利】 intérêt composé 男

ふくれっつら【脹れっ面】 ～をする bouder, faire la moue

ふくれる【脹れる】 (se) gonfler, (s')enfler

ふくろ【袋】 sac 男, paquet 男; (小袋) sachet 男 ～～叩きにする rouer de coups ▶**袋小路** impasse 女, cul-de-sac 男

フクロウ【梟】 chouette 女

ふくわじゅつ【腹話術】 ventriloquie 女

ふけい【父兄】 parents 男 複

ふけいき【不景気】 dépression 女, récession 女; (不振) marasme 男 ～な morose, maussade

ふけいざい【不経済】 ～な coûteux(se)

ふけつ【不潔】 ～な sale, malpropre

ふける【老ける】 vieillir

ふける【更ける】 一夜 が ～ La nuit s'avance.

ふける【耽 る】 s'absorber 《dans》; s'adonner 《à》

ふけんこう【不健康】 ～な malsain(e), maussade

ふこう【不幸】 malheur 男 ～な malheureux(se) ～にも malheureusement

ふごう【富豪】 riche 名

ふごう【符合】coïncidence 囡, concordance 囡

ふごうかく【不合格】échec 男 ーーになる échouer à un examen

ふこうへい【不公平】ーーな partial (ale) (男複 -aux); injuste

ふごうり【不合理】ーーな irrationnel (le)

ふさ【房】(毛髪などの) touffe 囡, mèche 囡; (房飾り) frange 囡

ブザー alarme 囡

ふさい【夫妻】époux 男複

ふさい【負債】dette 囡, emprunt 男

ふざい【不在】absence 囡

ふさがる【塞がる】(管などが) se boucher; (使用中である) être occupé(e) [pris(e)]

ふさく【不作】mauvaise récolte 囡

ふさぐ【塞ぐ】boucher; (場所を) barrer, bloquer; (占拠する) encombrer

ふざける s'amuser; (冗談を言う) plaisanter

ぶさほう【無作法】ーーな impoli(e)

ふさわしい【相応しい】convenable, approprié(e)

ふさんせい【不賛成】désapprobation 囡, désaccord 男

ふし【節】(木などの) nœud 男; (体の) articulation 囡; (歌の) mélodie 囡, air 男

フジ【藤】glycine 囡 ーー色の lilas 《不変》

ふじ【不治】ーーの incurable

ぶじ【無事】ーーに sans problème; (無傷で) sain(e) et sauf(ve)

ふしぎ【不思議】ーーな étrange; (神秘的な) mystérieux(se); (不可解な) inexplicable, énigmatique 世界の七～ les sept merveilles du monde 囡複

ふしぜん【不自然】ーーな artificiel (le), factice

ふじちゃく【不時着】atterrissage forcé 男

ふしちょう【不死鳥】phénix 男

ふじつ【不実】ーーな infidèle, déloyal(ale) (男複 -aux)

ふじみ【不死身】ーーの invulnérable, immortel(le)

ふじゆう【不自由】ー金にーしている être à court d'argent

ふじゅうぶん【不十分】ーーな insuffisant(e); (不完全な) imparfait(e), incomplet(ète)

ぶしょ【部署】poste 男

ふしょう【負傷】blessure 囡 ーーする être blessé(e), se blesser ▶負傷者 blessé(e) 男

ふじょう【浮上】émersion 囡

ぶしょう【無精】ーーな paresseux (se), fainéant(e)

ふじょうり【不条理】absurde

ふしょく【腐食】corrosion 囡 ーーする se corroder

ぶじょく【侮辱】insulte 囡, humiliation 囡 ーーする insulter

ふしん【不信】défiance 囡, méfiance 囡

ふじん【婦人】femme 囡, dame 囡 ▶婦人警官 femme-agent 囡

ふじん【夫人】femme 囡, épouse 囡

ふしんせつ【不親切】ーーな désobligeant(e), peu gentil(le)

ふしんにん【不信任】défiance 囡 ▶不信任決議案 motion de censure 囡

ぶすい【無粋】ーーな inélégant(e)

ふせい【不正】injustice 囡 ーーな injuste; (非合法の) illégal(ale) (男複 -aux)

ふせいかく【不正確】ーーな inexact (e), imprécis(e)

ふせいじつ【不誠実】ーーな malhonnête, déloyal(ale) (男複 -aux)

ふせぐ【防ぐ】défendre, protéger; (防止する) empêcher

ふせつ【敷設】installation 囡 ーーする installer

ふせる【伏せる】retourner; (隠す) cacher

ぶそう【武装】armement 男 ーーした armé(e) ーーする s'armer ▶武装解除 désarmement 男

ふそく【不足】insuffisance 囡; (欠乏) manque 男 ーーする《物が主語》manquer (à); 《人が主語》manquer (de)

ふそく【不測】ーーの imprévu(e)

ふぞく【付属】ーーの annexe, attaché (e) ▶付属品 accessoire 男

ふそん【不遜】ーーな insolent(e), arrogant(e)

ふた【蓋】couvercle 男; (瓶の) capsule 囡 ーーをする mettre [fermer] le couvercle

ふだ【札】étiquette 囡; (トランプの) carte 囡

ブタ【豚】porc 男, cochon 男

ぶたい【舞台】scène 囡, planches 囡複; (活動の) champ 男 ▶舞台裏 coulisse 囡 ▶舞台装置 décor 男

ぶたい【部隊】troupe 囡

ふたご【双子】jumeau (jumelle) 名 (男複 -x) ▶双子座 les Gémeaux 男複

ふたしか【不確か】ーーな incertain(e)

ふたたび【再び】de [à] nouveau

ふたつ【二つ】deux ーーとも tous (toutes) (les) deux, l'un(e) et l'autre ーーとない unique, sans pareil(le)

ぶたにく【豚肉】porc 男

ふたり【二人】deux personnes 囡複

ふたん【負担】charge 囡 ーーする se charger (de); prendre ... en charge

ふだん【普段】ーーは d'habitude, d'ordinaire ▶普段着 vêtement ordinaire [de tous les jours] 男

ふだん【不断】ーーの incessant(e), assidu(e)

ふち【縁】bord 男, rebord 男

ぶち【斑】 ──の moucheté(e), tacheté(e)

ぶちゃく【付着】 ──する adhérer, s'attacher 《à》

ふちゅうい【不注意】 inattention 女; (怠慢) négligence 女 ─な inattentif(ve), négligent(e)

ぶちょう【部長】 directeur(trice) 名

ふつう【普通】 ──の ordinaire, (常態の) normal(ale) (男複 -aux) ─は en général ▶普通列車 compte courant 男 普通列車 (train) omnibus 男

ふつか【二日】 deux jours 男複 二日目 deuxième jour ~酔いになる avoir la gueule de bois

ぶっか【物価】 prix 男複 ─東京は~が高い La vie est chère à Tokyo. ▶物価指数 indice des prix 男

ふっかつ【復活】 renaissance 女 ──する renaître, ressusciter 〔助動詞 être〕 ▶復活祭 Pâques 女

ぶつかる †heurter, se †heurter 《contre》

ふっきゅう【復旧】 rétablissement 男 ──する rétablir

ぶっきょう【仏教】 bouddhisme 男 ▶仏教徒 bouddhiste 名

ぶっきらぼう ──な brusque, sec(sèche)

ぶつける †heurter 《à, contre》

ふっこう【復興】 reconstruction 女 ──する reconstruire

ふつごう【不都合】 inconvénient 男

ふっこく【復刻】 reproduction 女 ──する reproduire

ぶっしつ【物質】 matière 女, substance 女 ──的 matériel(le)

プッシュホン téléphone à touches 男

ぶっしょく【物色】 ──する chercher

ふって【弗素】 fluor 男

ぶっそう【物騒】 ──な dangereux(se)

ぶつぞう【仏像】 statue bouddhique 女

ぶったい【物体】 corps 男, objet 男

ふっとう【沸騰】 ébullition 女 ──する bouillir

フットボール football 男; (アメリカンフットボール) football américain 男

フットライト rampe 女

フットワーク jeu de jambes 男

ぶつぶつ ──言う grommeler, marmotter

ぶつぶつこうかん【物々交換】 troc 男 ──する troquer 《contre》

ぶつよく【物欲】 désirs matériels 男複

ぶつり【物理】 physique 女 ▶物理学者 physicien(ne) 名

ふで【筆】 pinceau 男; (ペン) plume 女

ふてい【不定】 ──の indéfini(e) ▶不定冠詞 article indéfini 男 不定詞 infinitif 男

ブティック boutique 女

プディング pudding 男

ふてきとう【不適当】 ──な impropre, malséant(e)

ふてくされる【不貞腐れる】 bouder

ふでばこ【筆箱】 plumier 男

ふてぶてしい effronté(e), impudent(e)

ふと par hasard, par accident

ふとい【太い】 gros(se); (厚みのある) épais(se)

ふとう【不当】 injustice 女 ──な injuste; (不法な) illégal(ale) (男複 -aux)

ふどう【不動】 ──の immobile, fixe ▶不動産 biens immobiliers 男複 不動産屋 agence immobilière 女

ブドウ【葡萄】 (木) vigne 女; (果実) raisin 男

ふところ【懐】 sein 男 ──が暖かい avoir la bourse ronde

ふとさ【太さ】 grosseur 女

ふとじ【太字】 caractère gras 男

ふとっぱら【太っ腹】 ──の magnanime

ふともも【太股】 cuisse 女

ふとる【太る】 grossir, prendre du poids ──した gros(se), corpulent(e)

フナ【鮒】 carassin 男

ブナ【椈】 hêtre 男

ふなたび【船旅】 croisière 女, voyage par mer 男 ──に出る partir en bateau 《助動詞 être》

ふなのり【船乗り】 matelot 男, marin 男

ふなびん【船便】 ──で par bateau

ふなよい【船酔い】 mal de mer 男 ──する avoir le mal de mer

ふにんしょう【不妊症】 stérilité 女

ふね【舟・船】 (大型の) navire 男 ──で行く aller en bateau 〔助動詞 être〕 ~を漕ぐ ramer 乗り掛かった~ Autant aller jusqu'au bout.

ふねん【不燃】 ──性の ininflammable

ふはい【腐敗】 pourriture 女 ──する (se) pourrir; (精神が) se corrompre ──した pourri(e)

ふひつよう【不必要】 ──な inutile

ふびん【不憫】 ──な pitoyable, pauvre

ぶひん【部品】 pièce 女

ふぶき【吹雪】 tempête de neige 女

ぶぶん【部分】 partie 女 ──的に en partie

ふへい【不平】 mécontentement 男 ──を言う se plaindre 《de, que 〔接続法〕》

ふべつ【侮蔑】 mépris 男, moquerie 女

ふへん【普遍】 ──的な universel(le), général(ale) (男複 -aux)

ふべん【不便】 ──な incommode

ふぼ【父母】 ses parents 男複

ふほう【計報】……の―に接する recevoir la nouvelle du décès de...
ふほう【不法】――な illégal(ale) (男複 -aux); clandestin(e)
ふまじめ【不真面目】――な peu sérieux(se), frivole
ふまん【不満】mécontentement 男; (社会的) malaise 男 ――な mécontent(e)
ふみきり【踏切】passage à niveau 男
ふみだい【踏み台】escabeau 男; (手段) tremplin 男
ふみつける【踏みつける】fouler aux pieds
ふみにじる【踏み躙る】fouler aux pieds, piétiner
ふみんしょう【不眠症】insomnie 女
ふむ【踏む】marcher sur; (ペダルなどを) appuyer sur
ふめい【不明】――な obscur(e); (不確かな) incertain(e); (知られていない) inconnu(e)
ふめいよ【不名誉】déshonneur 男; ――な déshonorant(e)
ふめいりょう【不明瞭】obscurité 女; ――な ambigu(ë)
ふめつ【不滅】――の immortel(le)
ふもう【不毛】――な stérile
ふもと【麓】bas 男, pied 男
ぶもん【部門】division 女, section 女, catégorie 女
ふやす【増やす】augmenter, accroître
ふゆ【冬】hiver 男
ふゆう【浮遊】flottement 男 ――する flotter
ふゆかい【不愉快】――な désagréable, déplaisant(e); (嫌悪を催す) dégoûtant(e)
ふよう【扶養】――する entretenir
ふよう【不用】――な inutile
ぶよう【舞踊】danse 女
フライ friture 女
フライきゅう【フライ級】poids mouche 男
フライト vol 男
プライド amour-propre 男
プライバシー vie privée 女 ――を侵害する faire intrusion dans la vie privée de
フライパン poêle 女
プライベート ――な privé(e), personnel(le)
フライング faux départ 男
ブラインド jalousie 女, store 男
ブラウス chemisier 男, blouse 女
ブラウンかん【ブラウン管】tube cathodique 男
プラカード pancarte 女
プラグ prise (de courant) 女
ぶらさがる【ぶら下がる】pendre
ぶらさげる【ぶら下げる】suspendre
ブラシ brosse 女 ――をかける brosser
ブラジャー soutien-gorge 男 (複 ~s-~)
ブラジル Brésil 男 ――の brésilien(ne)
プラス plus 男
フラスコ flacon 男
プラスチック plastique 男
フラストレーション frustration 女
ブラスバンド fanfare 女
プラズマ plasma 男
プラタナス platane 男
プラチナ platine 男
ブラック【黒】noir 男 ▶ブラックユーモア humour noir ブラックリスト liste noire 女
ぶらつく se balader
フラッシュ flash 男 (複 ~es)
プラットホーム quai 男
プラネタリウム planétarium 男
ふらふら ――する (よろめく) tituber, chanceler
ぶらぶら ――する flâner; 揺れ動く) balancer
フラミンゴ flamant 男
プラム prune 女
フラメンコ flamenco 男
プラモデル modèle en plastique 男
ふらん【腐乱】décomposition 女 ――する se décomposer
フラン franc 男
プラン plan 男
ブランク blanc 男, vide 男
プランクトン plancton 男
ぶらんこ balançoire 女
フランス France 女 ――の français(e) ▶フランス語 français 男 フランス人 Français(e) 名
プランター pot à fleurs 男
フランチャイズ franchisage 男
ブランデー eau-de-vie 女 (複 ~x-~); brandy 男
ブランド marque 女
プラント ensemble industriel 男
ふり【不利】désavantage 男, inconvénient 男 ――な désavantageux(se)
ふり【振り】(歌の)geste 男 ――…のーをする faire semblant [mine] de [不定詞]; feindre... [de 不定詞]
ぶり【鰤】sériole 女
-ぶり【-振り】――彼の話し―からすると À sa façon de parler 女 サッカーをするのは5年～だ Ça fait cinq ans que je n'ai pas joué au foot.
フリー ――の indépendant(e), free-lance 【不変】 ▶フリーキック coup franc 男 フリーダイヤル numéro vert
フリーター jeune travailleur(se) à temps partiel 男
プリーツ plissé 男, plis 男複
ブリーフ slip (d'homme) 男
ブリーフケース porte-documents 男
ふりえき【不利益】désavantage 男; (損失) perte 女
ふりかえ【振替】virement 男

ふりかえる【振り返る】 se retourner, tourner la tête
ふりかえる【振り返る】 se retourner, tourner la tête
ふりかける【振りかける】 (AにBを) saupoudrer A de B
ブリキ fer-blanc 男《複~s~s》
ふりこ【振り子】 balancier 男, pendule 男
ふりこみ【振り込み】 virement 男
ふりこむ【振り込む】 virer
プリズム prisme 男
ふりつけ【振付け】 chorégraphie 女
プリペイド ——~な payé(e) d'avance
ふりむく【振り向く】 se retourner, se tourner vers
ふりょ【不慮】 ——~の accidentel(le), fortuit(e)
ふりょう【不良】 ——~の mauvais(e), défectueux(se) ▶不良債権 créance irrécupérable 女 ▶不良少年 voyou 男
ふりょく【浮力】 poussée d'Archimède 女
ぶりょく【武力】 force armée 女
フリル volant 男, ruche 女
ふりん【不倫】 adultère 男
プリン crème caramel 女
プリンター imprimante 女
プリント (印刷物) polycopié 男; (布地) imprimé 男 ——~アウトする faire imprimer
ふる【降る】 tomber【助動詞 être】
ふる【振る】 agiter, secouer; (大きく) balancer
ふるい【古い】 vieux(vieille); (昔の) ancien(ne)
ふるい【篩】 tamis 男, crible 男
ブルー bleu(e) ▶ブルーカラー ouvrier(ère) 名
ブルース blues 男《不変》
フルート flûte 女
ブルーベリー myrtille 女
ふるえ【震え】 tremblement 男, frisson 男
ふるえる【震える】 trembler, frémir
ブルガリア Bulgarie 女 ——~の bulgare
ブルキナファソ Burkina-Faso 男 ——~の burkinabé(e)
ふるくさい【古臭い】 vieux(vieille), vieillot(te)
フルコース repas complet 男
ふるさと【古里・故郷】 pays natal 男
ブルジョワ bourgeois(e) 名; (階級) bourgeoisie 女
ブルゾン blouson 男
ブルドーザー bulldozer 男
ブルドッグ bouledogue 男
プルトニウム plutonium 男
ブルネイ Brunei 男 ——~の brunéien(ne)
ふるほん【古本】 livre d'occasion 男 ▶古本屋 (店) boutique de livres d'occasion 女; (人) bouquiniste 名
ふるまい【振舞い】 conduite 女, comportement 男

ふるまう【振る舞う】 agir, se comporter
ふるめかしい【古めかしい】 antique, démodé(e)
ブルンジ Burundi 男 ——~の burundais(e)
ぶれい【無礼】 ——~な impoli(e), insolent(e)
プレー jeu 男
ブレーキ frein 男 ——~をかける freiner
プレート plaque 女
フレーム cadre 男
プレーヤー (選手) joueur(se) 名; (CDなどの) lecteur 男, platine 女
ブレーン brain-trust 男
ブレザー blazer 男
プレス presse 女
フレスコが【フレスコ画】 fresque 女
ブレスレット bracelet 男
プレゼンテーション présentation 女
プレゼント cadeau 男 ——AをBに~する faire cadeau de A à B
プレタポルテ prêt-à-porter 男
フレックスタイム horaire flexible 男
プレッシャー pression 女
プレハブ ▶プレハブ住宅 maison préfabriquée 女
プレミアム prime 女
ふれる【触れる】 toucher (à)
フレンチドレッシング vinaigrette 女
ブレンド mélange 男
ふろ【風呂】 bain 男; (浴槽) baignoire 女 ——~に入る prendre son [un] bain ▶風呂場 salle de bains 女
プロ professionnel(le) 名
ふろうしゃ【浮浪者】 vagabond(e) 名, clochard(e) 名
ブローカー courtier(ère) 名
ブローチ broche 女
ふろく【付録】 appendice 男; (景品) prime 女
プログラマー programmeur(se) 名
プログラミング programmation 女
プログラム programme 男
プロジェクト projet 男
プロセス processus 男
プロダクション production 女
ブログ blog 男, zone 女
ブロッコリー brocoli 男
フロッピーディスク disque souple 男, disquette (informatique) 女
プロテクター protecteur 男
プロテスタント protestantisme 男; (信者) protestant(e) 名
プロデューサー producteur(trice) 名
プロバイダー fournisseur d'accès (à) Internet 男《略 FAI》
プロパガンダ propagande 女
プロパンガス (gaz) propane 男
プロフィール profil 男, portrait 男
プロペラ hélice 女
プロポーション proportion 女

プロポーズ demande en mariage 女 ——…に〜する demander … en mariage

プロモーション promotion 女

プロモーター promot*eur(trice)* 名

プロレス catch 男

プロレタリア prolétaire 名; (階級) prolétariat 男

プロローグ prologue 男

ブロンズ bronze 男

フロント réception 女 ▶**フロントガラス** pare-brise 男 (不変)

ブロンド ——の blond(e)

プロンプター souffleu*r(se)* 名; (テレビの) prompteur 男

ふわ【不和】désaccord, discorde 男

ふわたり【不渡り】non-paiement 男

ふん【分】minute 女

ふん【糞】crotte 女; (馬・羊などの) crottin 男

ぶん【文】phrase 女; (書いたもの) écrit 男

ぶん【分】(割り当て) part 女, portion 女 ——相応に暮らす vivre selon ses moyens

ぶんあん【文案】plan 男, idée 女

ふんいき【雰囲気】atmosphère 女, ambiance 女

ぶんか【文化】culture 女 ▶**文化祭** fête de l'école 女

ぶんか【噴火】éruption (volcanique) 女 ——する faire éruption

ぶんかい【憤慨】indignation 女 ——する s'indigner

ぶんかい【分解】décomposition 女 ——する décomposer

ぶんがく【文学】littérature 女 ——の littéraire

ぶんかつ【分割】division 女 ——する diviser ▶**分割払い** paiement par versements échelonnés 男

ふんきゅう【紛糾】complications 女 (複)

ぶんぎょう【分業】division du travail 女

ぶんげい【文芸】belles lettres 女 (複)

ぶんけん【文献】document 男

ぶんこ【文庫】bibliothèque 女 ▶**文庫本** livre de poche 男

ぶんご【文語】langue écrite [littéraire] 女

ぶんこう【分校】école annexe 女

ぶんごう【文豪】grand écrivain 男

ふんさい【粉砕】——する briser, écraser

ぶんし【分子】(化学) molécule 女; (数学) numérateur 男; (集団の中の) élément 男

ふんしつ【紛失】——する《人が主語》perdre; 《物が主語》disparaître

ふんしゃ【噴射】jet 男, injection 女

ぶんしょ【文書】écrit 男, document 男 ——で par écrit

ぶんしょう【文章】phrase 女; (文体) style 男 ——がうまく écrire bien

ぶんじょう【分譲】lotissement 男 ——する lotir ▶**分譲マンション** appartement à vendre 男

ふんしょく【粉飾】fardage 男 ▶**粉飾決算** bilan truqué 男

ふんすい【噴水】jet d'eau 男, fontaine 女

ぶんすいれい【分水嶺】ligne de partage des eaux 女

ぶんすう【分数】fraction 女

ぶんせき【分析】analyse 女 ——する analyser

ぶんそう【紛争】conflit 男, différend 男

ぶんたい【文体】style 男

ぶんたん【分担】partage 男 ——する partager

ぶんだんに en abondance, en grande quantité

ぶんちん【文鎮】presse-papiers 男

ぶんつう【文通】——する correspondre (avec)

ふんとう【奮闘】——する se démener, combattre avec acharnement

ぶんどう【分銅】poids 男

ぶんどき【分度器】rapporteur 男

ぶんぱい【分配】partage 男; distribution 女 ——する partager

ぶんぴつ【分泌】sécrétion 女, excrétion 女

ぶんぷ【分布】répartition 女 ——する être répandu(e)

ぶんぶん ——いう ronfler, bourdonner

ぶんべつ【分別】discernement 男

ぶんべん【分娩】accouchement 男

ぶんぼ【分母】dénominateur 男

ぶんぽう【文法】grammaire 女

ぶんぼうぐ【文房具】articles de bureau 男 (複), papeterie 女

ふんまつ【粉末】poudre 女

ぶんみゃく【文脈】contexte 男

ぶんみん【文民】civil(e) 名

ふんむき【噴霧器】pulvérisateur 男, atomiseur 男

ぶんめい【文明】civilisation 女

ぶんや【分野】domaine 男, champ 男

ぶんり【分離】séparation 女 ——する séparer

ぶんりょう【分量】quantité 女; (薬などの) dose 女

ぶんるい【分類】classification 女 ——する classifier

ぶんれつ【分裂】division 女 ——する se diviser

へ

へ【屁】pet 男 ——をする péter

-へ à; (…の方へ) vers …

ヘア cheveu 男 ▶ヘアスタイル coiffure 女 ヘアブラシ brosse à cheveux 女

ペア paire 女, couple 男

へい【塀】mur 男, clôture 女

へいい【平易】——な facile, simple

へいえき【兵役】service (militaire) 男

へいおん【平穏】——な tranquille, paisible

へいかい【閉会】clôture 女 ▶閉会式 cérémonie de clôture 女

へいがい【弊害】mal 男 (複 maux); influence néfaste 女

へいき【兵器】arme 女

へいき【平気】——な indifférent(e), insouciant(e)

へいきん【平均】moyenne 女 ——の moyen(ne) ——して en moyenne ▶平均寿命 espérance de vie 女

へいげん【平原】plaine 女

へいこう【平行】——な parallèle ——する aller de pair avec [助動詞 être]

へいこう【平衡】équilibre 男, balance 女

へいこう【平行】——する être embarrassé(e) (de)

へいこう【並行】▶並行輸入 importation parallèle 女

へいごう【併合】incorporation 女 ——する incorporer

へいさ【閉鎖】fermeture 女 ——する fermer

へいし【兵士】soldat 男

へいじつ【平日】jour ouvrable [semaine] 男 ——に en semaine

へいしゃ【兵舎】caserne 女

へいじょう【平常】——の normal(ale) (男複 -aux) habituel(le)

へいせい【平静】——な calme

へいぜん【平然】——と tranquillement, imperturbablement

へいたい【兵隊】soldat 男 [女性は soldate または femme soldat]

へいち【平地】plaine 女

へいてん【閉店】fermeture 女

へいねつ【平熱】température normale 女

へいねん【平年】année ordinaire 女

へいばん【平板】——な plat(e), monotone

へいふく【平服】habit ordinaire 男

へいほう【平方】▶平方キロメートル kilomètre carré 男 平方根 racine carrée 女

へいぼん【平凡】banalité 女 ——な banal(e) (男複 ~s)

へいや【平野】plaine 女

へいりょく【兵力】forces 女 複

へいわ【平和】paix 女 ——な paisible, en paix ▶平和主義 pacifisme 男

ペイント peinture 女

ベーコン lard (fumé) 男, bacon 男

ページ page 女 ——をめくる tourner la page

ベージュ beige 男

ベース base 女, (楽器の) basse 女

ベース allure 女 ▶ペースメーカー stimulateur cardiaque 男

ペースト pâté 男

ベール voile 男

へきが【壁画】peinture murale 女

へきち【僻地】lieu éloigné 男

ヘクタール hectare 男

ベクトル vecteur 男

へこむ【凹む】s'enfoncer

へさき【舳先】avant 男, proue 女

ベスト le mieux; (衣服の) gilet 男 ——を尽くす faire de son mieux ▶ベストセラー best-seller 男

ペスト peste 女

へそ【臍】nombril 男

へた【下手】——な maladroit(e)

へだたり【隔たり】écart 男, distance 女

へだたる【隔たる】s'éloigner, s'écarter (de)

へだてる【隔てる】séparer, éloigner (de)

ペダル pédale 女

ペチコート jupon 男

べつ【別】——の autre; (異なった) différent(e) ～にする mettre de côté ～に理由もなく sans raison particulière

べっかん【別館】(bâtiment) annexe 男

べっきょ【別居】——する vivre séparément

べっそう【別荘】villa 女, maison de campagne 女

ヘッド ▶ヘッドホン casque d'écoute 男 ヘッドライト phare 男

ベッド lit 男 ▶ベッドカバー dessus de lit 男 ベッドタウン cité-dortoir 女 (複 ~s-~s)

ペット animal choyé 男

べつべつ【別々】——の séparé(e), respectif(ve) ～に séparément; (個別に) respectivement

へつらう【諂う】flatter

へつり【別離】séparation 女

ヘディング coup de tête 男

ベテラン vétéran 男

ベトナム Viêt Nam, Vietnam 男 ——の vietnamien(ne)

へどろ boue gluante 女

ペナルティー ▶ペナルティーエリア surface de réparation 女 ペナルティーキック coup de pied de réparation 男

ベナン Bénin 男 ——の béninois(e)

ペニシリン pénicilline 女

ペニス pénis 男

ベニヤいた【ベニヤ板】contre-plaqué 男

ベネズエラ Venezuela 男 ——の vénézuélien(ne)

へばりつく【へばり付く】adhérer, col-

ler (à)
ヘビ【蛇】serpent 男
ベビー ▶ベビーカー poussette 女; (フードのついた) landau 男 (複~s) ベビーシッター baby-sitter 名
ヘビーきゅう【ヘビー級】poids lourd 男
へま gaffe 女, bévue 女
へや【部屋】pièce 女, salle 女; (寝室) chambre 女
へら【箆】spatule 女, gâche 女
へらす【減らす】diminuer, réduire
ベラルーシ Biélorussie 女 ――の biélorusse
ベランダ véranda 女
へり【縁】bord 男, bordure 女
ベリーズ Belize 男 ――の bélizien(ne)
ヘリウム hélium 男
ペリカン pélican 男
へりくつ【屁理屈】ergoterie 女
ヘリコプター hélicoptère 男
ヘリポート héliport 男
へる【減る】diminuer, baisser
ベル (鈴・呼び鈴) sonnette 女; (電話の) sonnerie (de téléphone) 女
ペルー Pérou 男 ――の péruvien(ne)
ベルギー Belgique 女 ――の belge
ヘルツ hertz 男 [記号は Hz]
ベルト ceinture 女 ▶ベルトコンベアー transporteur à courroie
ヘルニア 'hernie 女
ヘルメット casque 男
ベレーぼう【ベレー帽】béret 男
ヘロイン héroïne 女
へん【変】――な étrange, bizarre; (奇妙な) singulier(ère)
へん【辺】(周囲) alentours 男 複; (図形の) côté 男
べん【便】――交通の――のよい bien desservi(e)
べん【弁】valve 女
ペン plume 女, stylo 男
へんあつき【変圧器】transformateur 男
へんか【変化】changement 男, transformation 女 ――する changer
べんかい【弁解】excuse 女 (釈明) explication 女 ――する s'excuser; s'expliquer (sur)
へんかく【変革】réforme 女
へんかん【返還】restitution 女 ――する restituer
べんき【便器】cuvette des cabinets 女
べんぎ【便宜】facilités 女 複 ――A(人) に B の――を図る procurer à A les facilités pour B
ペンキ peinture 女
へんきゃく【返却】renvoi 男
べんきょう【勉強】travail 男 (複 -aux); (学業) études 女 複 ――する étudier, travailler
へんきょく【編曲】arrangement 男 ――する arranger

ペンギン manchot 男, pingouin 男
へんけん【偏見】préjugé 男
べんご【弁護】défense 女; (法廷で) plaidoirie 女 ――する défendre; (法廷で) plaider «pour»
へんこう【変更】changement 男 ――する changer
べんごし【弁護士】avocat(e) 男 [女性にも男性形を用いる事が多い]
へんさい【返済】remboursement 男 ――する rembourser
へんさん【編纂】compilation 女 ――する compiler
へんじ【返事】réponse 女 ――をする répondre «à»
へんしゅう【編集】rédaction 女; (映画の) montage 男 ――する rédiger; (映画を) monter ▶編集者 rédacteur(trice) 男(女) 編集長 rédacteur(trice) en chef 名 編集部 rédaction 女
へんしゅうきょう【偏執狂】monomaniaque 名
べんじょ【便所】toilettes 女 複
べんしょう【弁償】indemnisation 女 ――する indemniser
へんしょく【変色】――する se décolorer
ペンション pension de famille 女
へんしん【返信】(lettre de) réponse 女
へんしん【変身】métamorphose 女 ――する se métamorphoser (en)
へんじん【変人】original(ale) 名
へんせい【編成】formation 女, organisation 女 ――する former, organiser
へんせん【変遷】évolution 女, vicissitudes 女 複
へんそう【返送】renvoi 男
へんそう【変装】déguisement 男 ――する se déguiser
ペンダント pendentif 男
ベンチ banc 男
ペンチ pince 女, tenailles 女 複
ベンチャー ▶ベンチャー企業 start-up 女 (不変)
へんどう【変動】changement 男; (価格の) fluctuations 女 複
べんとう【弁当】panier-repas 男 (複 ~s-~)
へんとうせん【扁桃腺】amygdale 女
ペンネーム nom de plume 男
へんぴ【辺鄙】――な retiré(e), reculé(e)
べんぴ【便秘】constipation 女 ――する être constipé(e)
へんぴん【返品】rendu 男 ――する renvoyer
ペンフレンド correspondant(e) 名
へんぼう【変貌】transformation 女
べんめい【弁明】explication 女 ――する s'expliquer
べんり【便利】――な commode, pratique

べんろん【弁論】▶弁論大会 concours d'éloquence 男

ほ

ほ【帆】voile 女
ほ【穂】(麦・稲の)épi 男; (槍の)pointe 女
ほあん【保安】sécurité 女
ほい【補遺】supplément 男, appendice 男
ほいくえん【保育園】(3歳以下)crèche 女; (2歳から6歳まで)(école) maternelle 女
ボイコット boycott 男 〜〜する boycotter
ホイッスル sifflet 男
ボイラー chaudière 女
ホイル papier, feuille 女
ぼいん【母音】voyelle 女
ぼいん【拇印】marque du pouce 女
ポイント (得点・活字の大きさ)point 男; (要点)point capital [essentiel] 男
ほう【方】一南の〜へ行く aller vers le sud [助動詞 être] 大きい〜を私に下さい Je prends le grand(la grande). 君は家にいた〜がいい Tu ferais mieux de rester à la maison.
ほう【法】loi 女; (法典)code 男; (方法)méthode 女
ぼう【棒】bâton 男, barre 女 一一生を〜に振る gaspiller [rater] sa vie
ほうあん【法案】(政府からの)projet de loi 男; (議員からの)proposition de loi 女
ほうい【包囲】siège 男 〜〜する assiéger
ほうい【方位】direction 女
ほういがく【法医学】médecine légale 女
ぼういん【暴飲】▶暴飲暴食 excès de table 男
ほうえい【放映】〜〜する téléviser
ぼうえい【防衛】défense 女 〜〜する défendre ▶防衛省 Ministère de la défense nationale
ぼうえき【貿易】commerce extérieur 男 ▶貿易収支 balance commerciale 女
ぼうえん【望遠】▶望遠鏡 télescope 男; 望遠レンズ téléobjectif 男
ほうおう【法皇】pape 男
ぼうおん【防音】〜〜の insonore
ほうか【砲火】feu 男; (砲撃)coup de canon 男
ほうか【放火】incendie criminel 男 〜〜する incendier
ぼうか【防火】▶防火扉 porte coupe-feu 女
ほうかい【崩壊】écroulement 男 〜〜する s'écrouler
ほうがい【妨害】obstacle 男 〜〜する gêner
ほうがく【方角】direction 女, sens 男
ほうがく【法学】droit 男
ほうかご【放課後】après les cours
ほうかつ【包括】〜〜する englober
ほうがん【砲丸】▶砲丸投げ lancement du poids 男
ぼうかん【傍観】〜〜する rester spectateur(trice) 男
ほうがんし【方眼紙】papier quadrillé 男
ほうき【箒】balai 男
ほうき【法規】règlement 男
ほうき【放棄】abandon 男 〜〜する renoncer (à), abandonner
ほうきゅう【俸給】appointements 男複
ぼうぎょ【防御】défense 女
ぼうくうごう【防空壕】abri antiaérien 男
ぼうくん【暴君】tyran 男, despote 男
ほうけん【封建】〜〜的な féodal(ale) (男複 -aux)
ぼうげん【方言】dialecte 男; (俚言)patois 男
ぼうげん【暴言】injure 女
ほうこう【方向】direction 女; (動きの向き)sens 男 〜〜転換する changer de direction
ぼうこう【暴行】violences 女複
ぼうこう【膀胱】vessie 女 ▶膀胱炎 inflammation de la vessie 女
ほうこく【報告】rapport 男 〜〜する rapporter
ほうさく【豊作】bonne récolte 女
ほうさく【方策】mesure 女
ほうさん【硼酸】acide borique 男
ほうし【奉仕】service 男
ぼうし【帽子】chapeau 男; (縁なしの)bonnet 男; (野球帽)casquette 女
ぼうし【防止】prévention 女 〜〜する prévenir
ほうしき【方式】méthode 女; (体系)système 男
ほうしゃ【放射】radiation 女 〜〜状の radial(ale) (男複 -aux) 〜〜性の radioactif(ive) ▶放射性廃棄物 déchets radioactifs 男複
ほうしゃせん【放射線】radioactive 女 ▶放射線療法 radiothérapie 女
ほうしゃのう【放射能】radioactivité 女 〜〜のある radioactif(ive)
ほうしゅう【報酬】rémunération 女
ほうじょう【放縦】〜〜な libertin(e)
ほうじゅん【芳醇】〜〜な savoureux(se), riche
ほうじん【方針】orientation 女
ほうじん【法人】personne juridique [morale] 女
ぼうすい【防水】〜〜の imperméable

ほうせき【宝石】pierre précieuse 囡; (アクセサリー) bijou 男 (複~x)
ほうぜん【茫然】――と avec stupeur
ほうそう【放送】émission 囡 ――する émettre, diffuser ▶**放送局** station de radio [de télé] 囡
ほうそう【包装】emballage 男 ――する emballer
ほうそう【暴走】――する filer à toute allure ▶**暴走族** bande (de jeunes voyous) motorisée 囡
ほうそく【法則】loi 囡
ほうたい【包帯】pansement 男 ――をする panser
ほうだい【膨大】――な énorme, immense
ほうち【放置】――する laisser; (おろそかにする) négliger
ぼうちゅうざい【防虫剤】antimite 男
ほうちょう【包丁】couteau 男
ぼうちょう【傍聴】audience 囡
ぼうちょう【膨張】dilatation 囡, expansion 囡 ――する se dilater
ほうてい【法廷】tribunal 男 (複 -aux); cour (de justice) 囡
ほうていしき【方程式】équation 囡
ほうてき【法的】――な légal(ale) (男複 -aux); juridique
ほうどう【報道】informations 囡 複, journalisme 男 ▶**報道陣** représentants de la presse 男 複
ぼうどう【暴動】émeute 囡
ぼうとく【冒涜】profanation 囡 ――する profaner
ほうにん【放任】laisser-faire 男
ぼうねんかい【忘年会】banquet de fin d'année 男
ぼうはてい【防波堤】digue 囡
ぼうはん【防犯】prévention criminelle 囡
ほうび【褒美】prix 男, récompense 囡
ぼうび【防備】défense 囡
ぼうびき【棒引き】――借金を~にする remettre une dette à
ほうふ【豊富】――な abondant(e), riche
ほうふ【抱負】prétention 囡; (野心) ambition 囡
ぼうふう【暴風】tempête 囡
ぼうふうりん【防風林】brise-vent 男
ほうふく【報復】représailles 囡 複; (復讐) vengeance 囡
ぼうふざい【防腐剤】antiseptique 男
ぼうへき【防壁】mur 男, rempart 男
ほうべん【方便】expédient 男
ほうほう【方法】moyen 男; (体系的な) méthode 囡
ほうぼう【方々】――に de tous côtés
ほうぼく【放牧】pâturage 男

ほうまん【豊満】――な opulent(e)
ほうむ【法務】▶**法務省** Ministère de la Justice 男 **法務大臣** ministre de la Justice 男
ほうむる【葬る】enterrer, inhumer
ぼうめい【亡命】exil (volontaire) 男 ――する s'exiler **亡命者** exilé(e) 名, réfugié(e) 名
ほうめん【方面】direction 囡; (分野) domaine 男
ほうもん【訪問】visite 囡 ――する (人に) rendre visite à, aller voir; (場所を) visiter
ほうよう【抱擁】――する étreindre
ほうようりょく【包容力】――のある être large d'esprit
ぼうよみ【棒読み】――する lire d'une voix monotone
ぼうらく【暴落】――する s'effondrer
ほうらつ【放埓】――な débauché(e)
ぼうり【暴利】bénéfices excessifs 男 複
ほうりだす【放り出す】jeter dehors, chasser
ほうりつ【法律】loi 囡
ぼうりゃく【謀略】intrigue 囡
ほうりゅう【放流】――する déverser; (魚を) empoissonner
ぼうりょく【暴力】violence 囡 ――を振るう commettre des violences (contre) ▶**暴力団** gang 男, bande de malfaiteurs 囡 **暴力団員** gangster 男
ボウリング bowling 男
ほうる【放る】lancer, jeter
ボウル bol 男
ほうれい【法令】lois et ordonnances 囡 複
ほうれい【亡霊】fantôme 男, spectre 男
ホウレンソウ【ほうれん草】épinard 男
ほうろう【放浪】vagabondage 男
ほうろう【琺瑯】émail 男 (複 -aux)
ほうわ【飽和】saturation 囡
ほえる【吠える】aboyer, rugir
ほお【頬】joue 囡
ボーイ (給仕) garçon 男 ▶**ボーイスカウト** scout 男
ポーカー poker 男 ▶**ポーカーフェイス** visage impassible 男
ほおかぶり【頬被り】――する ne faire semblant de rien
ボーカル chant 男; (人) chanteur(se) 名
ボーキサイト bauxite 囡
ホース tuyau 男
ポーズ (姿勢) pose 囡 ――をとる prendre une pose
ほおづえ【頬杖】――をつく s'appuyer la joue sur la main
ボート canot 男
ボーナス prime 囡, bonus 男
ほおばる【頬張る】se remplir la bouche
ほおべに【頬紅】rouge à joues 男

ホームシック　―～にかかる avoir le mal du pays

ホームステイ　séjour [hébergement] chez des particuliers

ホームページ　page d'accueil 女 (ウェブサイト) site 男

ホームルーム　meeting de la classe

ホームレス　sans-abri 名《不変》

ポーランド　Pologne 女　―～の polonais(e)

ホール　(会館・大広間) salle 女, †hall

ボール　(テニスなどの) balle 女; (サッカーなどの) ballon 男

ポール　perche 女

ボールがみ【ボール紙】carton 男

ボールペン　stylo à bille 男

ほか【他】un(e) autre; (ほかのいくつか) d'autres; (はかのすべて) les autres ―…の―は sauf …, à part … …するよりほかはないのでon ne peut pas faire autrement que … の場所で ailleurs

ほかく【捕獲】―～する capturer

ぼかす【暈す】estomper

ほがらか【朗らか】　―～な gai(e), joyeux(se)

ほかん【保管】garde 女, ―～する garder, conserver

ぼき【簿記】comptabilité 女

ほきゅう【補給】ravitaillement 男 ―～する (AにBを) ravitailler A en B

ぼきん【募金】quête 女

ほくい【北緯】latitude nord 女

ほくおう【北欧】Europe du Nord 女 ―～諸国 pays nordiques 男複

ボクサー　boxeur 男

ぼくし【牧師】pasteur 男

ぼくじょう【牧場】pâturage 男, prairie 女

ボクシング　boxe 女

ほくせい【北西】nord-ouest 男

ぼくそう【牧草】herbe (des prés) 女

ぼくちく【牧畜】élevage (de bétail) 男 ►牧畜業者 éleveur(se) 名

ほくと【北斗】►北斗七星 Grand Chariot 男, Grande Ourse 女

ほくとう【北東】nord-est 男

ほくぶ【北部】nord 男

ほくべい【北米】Amérique du Nord 女

ぼくめつ【撲滅】―～する exterminer, anéantir

ほくろ【黒子】grain de beauté 男

ほげい【捕鯨】pêche à la baleine 女

ぼけい【母系】côté maternel 男

ほけつ【補欠】remplaçant(e) 名, suppléant(e) 名　►補欠選挙 élection partielle 女

ポケット　poche 女

ぼける【惚ける】devenir gâteux(se)

ほけん【保険】assurance 女 ―～に加入する s'assurer ～を掛ける assurer ►保険会社 compagnie d'assurances 女 ►保険金 indemnité d'assurance 女 ►保険料 prime d'assurance 女

ほけん【保健】hygiène 女 ►保健所 service de santé publique 男

ほご【保護】protection 女 ―～する protéger ►保護者 (両親) parents 男複

ほご【補語】complément 男

ぼご【母語】langue maternelle 女

ほこう【歩行】marche 女 ►歩行者 piéton 男

ぼこう【母校】(ancienne) école 女

ぼこく【母国】patrie 女 ►母国語 langue maternelle 女

ほこらしげ【誇らしげ】―～に d'un air fier

ほこり【埃】poussière 女, ―～だらけの poussiéreux(se)

ほこり【誇り】fierté 女; (自尊心) amour-propre 男 (複 ~s~~s) ―～ 高い fier(ère)

ほこる【誇る】être fier(ère), se faire gloire (de)

ほし【星】étoile 女 (天体) astre 男

ほしい【欲しい】vouloir

ほしくさ【干し草】foin 男

ほじくる【穿る】se curer

ポジション　position 女

ほしブドウ【干し葡萄】raisins secs 男複

ほしゃく【保釈】liberté sous caution 女 ►保釈金 cautionnement 男

ほしゅ【保守】(機械の整備) maintenance 女 ―～的な conservateur(trice) ►保守主義 conservatisme 男

ほしゅう【補修】réparation 女

ほしゅう【補習】cours supplémentaire [de rattrapage] 男

ほじゅう【補充】―～する (AにBを) suppléer à A par B

ほしゅう【募集】recrutement 男 ―～する recruter

ほじょ【補助】aide 女, assistance 女 ―～する aider

ほしょう【保証】garantie 女 ―～する garantir ►保証金 caution 女 ►保証書 bon de garantie 男 ►保証人 garant(e) 名

ほしょう【保障】garantie 女, assurance 女

ほしょう【補償】indemnisation 女 ―～する indemniser ►補償金 indemnité 女

ほす【干す・乾す】(faire) sécher

ボス　chef 男; (雇い主) patron(ne) 名

ポスター　affiche 女

ホステス　hôtesse 女

ホスト　hôte 男

ポスト　(郵便) boîte (à lettre) 女; (地位・職) poste 男

ボストンバッグ　sac de voyage 男

ボスニア・ヘルツェゴビナ　Bosnie-Herzégovine 女 ―～の bosniaque

ホスピス　hospice 男

ほせい【補正】 ～する corriger ▶補正予算 budget rectificatif
ほせい【母性】 maternité 囡
ほそい【細い】 fin(e); (ほっそりした) mince
ほそう【舗装】 revêtement 男 ～する asphalter
ほそく【補足】 complément 男
ほそながい【細長い】 allongé(e)
ほぞん【保存】 conservation 囡 ～する conserver
ポタージュ potage 男
ぼだいじゅ【菩提樹】 tilleul 男
ホタテガイ【帆立貝】 coquille Saint-Jacques 囡
ホタル【蛍】 luciole 囡
ボタン bouton 男 ～を掛ける[外す] se boutonner [se déboutonner]
ぼち【墓地】 cimetière 男
ホチキス agrafeuse 囡
ほちょう【歩調】 pas 男, marche 囡
ほちょうき【補聴器】 audiophone 男
ぼっか【牧歌】 ～的な bucolique
ほっかい【北海】 mer du Nord 囡
ぼっき【勃起】 érection 囡 ～する entrer en érection
ほっきにん【発起人】 promoteur(trice) 名, fondateur(trice) 名
ほっきょく【北極】 pôle Nord [arctique] 男 ▶北極海 Océan Arctique 男 北極星 (Étoile) Polaire 囡
ホック agrafe 囡 (スナップ) bouton-pression (複～s～)
ホッケー hockey 男
ほっさ【発作】 accès 男, attaque 囡 ～的な impulsif(ve)
ぼっしゅう【没収】 ～する confisquer
ぼっする【没する】 se coucher
ほっそく【発足】 inauguration 囡
ほっそり ～した svelte, fin(e)
ほったん【発端】 commencement 男; (起源) origine 囡
ほっと ～する respirer, se sentir soulagé(e)
ポット (電気湯沸かし) bouilloire électrique 囡; (魔法瓶) thermos 男
ほっとう【没頭】 ～する se plonger, s'absorber (dans)
ホットドッグ 'hot-dog 男
ホットライン téléphone rouge 男
ぼっぱつ【勃発】 ～する éclater
ポップコーン pop-corn 男
ポップス musique pop 囡
ぼつらく【没落】 chute 囡 ～する tomber, (助動詞être)
ボツワナ Botswana 男 ～の botswanéen(ne)
ボディー ▶ボディーガード garde du corps 男 ボディービル culturisme 男
ポテトチップス (pommes) chips 囡 (複)
ホテル hôtel 男 ……までお願いします Je voudrais aller à l'hôtel ...

ほてる【火照る】 avoir chaud
ほど ～どころ-我慢するにも～がある La patience a ses limites.
ほどう【歩道】 trottoir 男
ほどう【舗道】 pavé 男
ほどう【補導】 ～する ramener dans le droit chemin
ほどく【解く】 dénouer; (縫い目を) découdre
ほとけ【仏】 Bouddha 男
ほどける【解ける】 se défaire; (結び目が) se dénouer
ほどこす【施す】 donner; (行う) faire
ホトトギス【不如帰】 coucou 男
ほどなく【程無く】 bientôt, sous peu
ほとばしる【迸る】 jaillir
ほどほど【程々】 ～に avec modération
ほどよい【程よい】 (適切な) convenable; (中庸な) modéré(e)
ほとり【辺り】 bord 男
ボトル bouteille 囡
ほとんど (大体) presque, à peu près; (事実上) pratiquement, quasiment
ポニーテール queue de cheval 囡
ほにゅうびん【哺乳】 ▶哺乳瓶 biberon 男 哺乳類 mammifères 男 (複)
ほにゅう【母乳】 lait maternel 男
ほね【骨】 os 男; (魚の) arête 囡 ～を折る(骨折る) se casser ...; (苦労する) se donner du mal (pour)
ほねおしみ【骨惜しみ】 ～する ménager sa peine
ほねおり【骨折り】 peine 囡 ～損のくたびれ儲け C'est peine perdue.
ほねぐみ【骨組み】 ossature 囡; (構造) charpente 囡
ほねぶと【骨太】 ～である avoir de gros os
ほねやすめ【骨休め】 ～する se reposer
ほのお【炎】 flamme 囡
ほのか【仄か】 ～な faible
ほのめかす【仄めかす】 laisser entendre que; (示唆する) suggérer (que)
ホバークラフト aéroglisseur 男
ほばしら【帆柱】 mât 男
ポピュラー ～な populaire
ぼひょう【墓標】 tombeau 男
ボブスレー bob 男
ポプラ peuplier 男
ほへい【歩兵】 fantassin 男
ほぼ ⇒ほとんど
ほぼ【保母】 jardinière d'enfants 囡, institutrice d'école maternelle 囡
ほほえましい【微笑ましい】 attendrissant(e), adorable
ほほえみ【微笑み】 sourire 男
ほほえむ【微笑む】 sourire
ポマード brillantine 囡
ほまれ【誉れ】 gloire 囡
ほめる【褒める】 féliciter; (称賛する) louer; (よく言う) parler en bien de

ホモ homosexuel(le) 名

ぼやく grommeler

ぼやける s'estomper

ほゆう【保有】 ~~する posséder, détenir

ほよう【保養】 ~~する se soigner ▶ 保養地 station climatique 女

ほら【法螺】 hâblerie 女 ~~を吹く faire le fanfaron ▶ ほら吹き fanfaron(ne)

ボラ【鯔】 mulet 男

ほらあな【洞穴】 caverne 女, grotte 女

ボランティア【人】 bénévole 名

ほり【堀】 fossé 男

ポリープ polype 男

ポリエステル polyester 男

ポリエチレン polyéthylène 男

ポリオ polio 女

ポリシー ligne d'action 女

ほりだしもの【掘り出し物】 trouvaille 女

ほりだす【掘り出す】 déterrer, exhumer

ボリビア Bolivie 女 ~~の bolivien(ne)

ポリぶくろ【ポリ袋】 sac en plastique 男

ほりゅう【保留】 réserve 女 ~~する réserver

ボリューム volume 男 ~~のある食事 repas copieux 男

ほりょ【捕虜】 prisonnier(ère) 名 ~~になる être fait prisonnier

ほる【掘る】 creuser, fouiller

ほる【彫る】 (彫刻) sculpter; (彫版) graver

ボルト (電圧) volt 男; (ねじ) boulon 男

ポルトガル Portugal 男 ~~の portugais(e)

ポルノ pornographie 女, porno 女

ホルマリン formol 男

ホルモン hormone 女

ホルン cor 男

ほれる【惚れる】 s'éprendre (de); (恋に落ちる) tomber amoureux(se) (de) 【助動詞】 être

ぼろ【襤褸】 (布) chiffon 男; (ぼろ着) haillons 男複

ポロシャツ polo 男

ほろにがい【ほろ苦い】 un peu amer(ère)

ほろびる【滅びる】 périr, s'éteindre

ほろぼす【滅ぼす】 anéantir

ぼろぼろ ~~の en lambeaux

ホワイトハウス la Maison Blanche

ほん【本】 livre 男

ぼん【盆】 plateau 男

ほんかく【本格】 ~~的な vrai(e), authentique

ほんかん【本館】 bâtiment principal 男

ほんき【本気】 ~~の sérieux(se) ~~で sérieusement, pour de bon

ほんきょ【本拠】 ~~地 base 女, siège 男

ほんこん【香港】 Hong Kong ~~の hongkongais(e)

ほんしき【本式】 ~~の régulier(ère) 名; (正統の) orthodoxe

ほんしつ【本質】 essence 女 ~~的な essentiel(le)

ほんじつ【本日】 aujourd'hui ~~休業《掲示》 Fermé aujourd'hui

ほんしゃ【本社】 siège social 男

ホンジュラス Honduras 男 ~~の hondurien(ne)

ほんしょう【本性】 naturel 男

ほんしん【本心】 véritable [vraie] intention 女 ~~を明かす s'ouvrir (à)

ぼんじん【凡人】 homme ordinaire 男

ほんせき【本籍】 domicile (légal) 男

ほんそう【奔走】 ~~する faire des démarches

ほんたい【本体】 substance 女

ほんだな【本棚】 étagère à livres 女

ぼんち【盆地】 bassin 男

ほんてん【本店】 maison mère 女, siège social 男

ほんど【本土】 métropole 女

ポンド (通貨) livre (sterling) 女; (重量単位) livre 女

ほんとう【本当】 ~~の vrai(e), véritable; (現実の) réel(le) ~~に vraiment; (実際に) effectivement, en effet ~~は en fait, en réalité ~~にごめんなさい Je suis vraiment désolé.

ほんにん【本人】 propre personne 女

ほんね【本音】 véritables intentions 女複

ボンネット (自動車の) capot 男

ほんの【本の】 juste ~~少し un (tout) petit peu

ほんのう【本能】 instinct 男 ~~的に instinctivement

ほんのり légèrement

ほんば【本場】 pays (de) 男

ほんぶ【本部】 siège 男, centre 男

ポンプ pompe 女

ほんぶん【本文】 texte 男

ボンベ bouteille 女

ほんぽう【奔放】 ~~な indépendant(e)

ほんみょう【本名】 vrai nom 男

ほんめい【本命】 favori(te) 名

ほんもの【本物】 original 男《複 -aux》 ~~の vrai(e), authentique

ほんや【本屋】 librairie 女; (人) libraire 名

ほんやく【翻訳】 traduction 女 ~~する traduire ▶ 翻訳者 traducteur(trice)

ぼんやり vaguement ~~とした vague

ほんらい【本来】 (もともと) originellement, à l'origine; (本質的に) de [par] nature ~~の propre; (元来の) originel(le)

ほんりょう【本領】 ~~を発揮する don-

ner libre cours à ses talents
ほんろん【本論】sujet 男 　~~に入る entrer dans le vif du sujet

ま

ま【間】　あっという~に en un clin d'œil　~を持たせる occuper le temps　~が悪い時に au mauvais moment
ま【魔】　~がさす être tenté(e) par le diable
まあ Oh! | Tiens! | Mon Dieu!
マーガリン margarine 女
マーク marque 女　~~する avoir l'œil (sur)
マーケット marché 男
マーケティング marketing 男
マーシャルしょとう【~諸島】(îles)Marshall 複　~~の marshallais(e)
マージャン【麻雀】mah-jong 男
マージン marge 女
まあたらしい【真新しい】tout(e) neuf(ve)
マーチ（行進曲）marche 女
まあまあ pas mal, comme ci comme ça　~~の passable　調子は~です Ça va.
マーマレード marmelade 女
まい【枚】　紙2~ deux feuilles de papier 女
まい-【毎-】chaque
まいあさ【毎朝】chaque matin
マイカー sa voiture
マイク micro 男
マイクロ ► マイクロバス minibus 男
マイクロフィルム microfilm 男
まいご【迷子】enfant perdu(e) [égaré(e)] 名　~~になる se perdre
まいじ【毎時】à l'heure
まいしゅう【毎週】chaque semaine, toutes les semaines
まいそう【埋葬】enterrement 男, inhumation 女　~~する enterrer
まいぞうきん【埋蔵金】or enfoui 男
まいつき【毎月】chaque mois, tous les mois
まいど【毎度】chaque fois, toujours
まいとし【毎年】chaque année
マイナー ~~な mineur(e)
マイナス moins 男　気温は~5度です Il fait moins cinq (degrés).
まいにち【毎日】tous les jours, chaque jour　~~の quotidien(ne)
まいばん【毎晩】chaque soir
マイペース ~~で à son rythme
マイホーム sa propre maison 女
まいる【参る】参った! J'abandonne! | Vous m'avez eu!　部長はすぐ参ります Monsieur le directeur arrive dans un instant.
マイル mille (anglais) 男
マイルド ~~な doux(ce)
まう【舞う】danser
まうえ【真上】~~に juste au-dessus de
マウス souris 女
マウンテンバイク vélo tout terrain 男，略VTT
まえ【前】　-5年~に il y a cinq ans …する~ avant de … [que]…　5年~から depuis cinq ans　ドアの~で devant la porte　~もって d'avance
まえあし【前足】pattes de devant 女複, membres antérieurs 男
まえうり【前売り】location 女 ► 前売り券 billet vendu à l'avance
まえおき【前置き】préambule 男
まえおき【前置き】préface 女
まえかけ【前掛け】tablier 男
まえがみ【前髪】toupet 男
まえきん【前金】avance 女
まえば【前歯】dent de devant 女
まえばらい【前払い】paiement anticipé 男
まえむき【前向き】~~な positif(ve)　~に考える réfléchir positivement
マカオ Macao　~~の macanais(e)
まかす【負かす】vaincre, battre
まかせる【任せる】(AをBに) charger B de A, confier A à B　私に任せなさい Fiez-vous à moi.
まかりかど【曲がり角】tournant 男　人生の~ tournant de sa vie
まかりとおる【罷り通る】　不正が~ L'injustice se commet ouvertement.
まがる【曲がる】se courber, (se) plier　曲がった courbe, courbé(e)　右へ~ tourner à droite　ネクタイが曲がってるよ Ta cravate est de travers.
マカロニ macaroni 男
まき【薪】bûche 女, bois 男　~~を割る fendre des bûches
まきげ【巻き毛】boucle 女
まきこむ【巻き込む】entraîner, impliquer (dans)　…に指を巻き込まれる se prendre le doigt dans …
まきじゃく【巻き尺】mètre à ruban 男
まきちらす【撒き散らす】disperser, éparpiller
まきつける【巻き付ける】enrouler, entortiller
まきもどす【巻き戻す】rembobiner
まきもの【巻物】rouleau 男
まぎらわしい【紛らわしい】confus(e)
まぎれこむ【紛れ込む】se mêler (à)
まく【幕】rideau 男, (覆い) voile 男　（芝居の） acte 男
まく【膜】membrane 女
まく【巻く】rouler, enrouler; (包む) envelopper
まく【蒔く・播く】semer　自分でまいた種に On récolte ce que l'on a semé.
まく【撒く】répandre; (尾行者などを) semer　庭に水を~ arroser le jardin
まくあい【幕間】entracte 男

まぐさ【秣】foin 男

マグニチュード magnitude 女

マグネシウム magnésium 男

マグマ magma 男

まくら【枕】oreiller 男 ——を高くして寝る dormir sur ses deux oreilles ▶枕カバー taie d'oreiller 女

まくる【捲る】relever, retrousser

まぐれ ——で par un coup de chance

マグロ【鮪】thon 男

まけ【負け】défaite 女, perte 女

まけいくさ【負け戦】bataille perdue 女

まけいぬ【負け犬】perdant(e) 名

まけおしみ【負け惜しみ】——を言う être mauvais(e) perdant(e)

まけおとらず【負けず劣らず】——彼は兄に～ハンサムだ Il est aussi beau que son frère aîné.

まけぎらい【負け嫌い】——の子供 enfant qui ne supporte pas de perdre

マケドニア Macédoine 女 ——の macédonien(ne)

まける【負ける】perdre, être battu(e) [vaincu(e)]; (誘惑などに) céder, succomber (à) ——2 対 0 で～ être battu(e) par deux à zéro

まげる【曲げる】courber, ployer; (改変する) altérer

まけんき【負けん気】——が強い 強情な) inflexible; (闘争的な) combatif(ve)

まご【孫】(男) petit-fils 男 (複 ~s~); (女) petite-fille 女 (複 ~s ~s)

まごころ【真心】——のこもった cordial(ale) (複 -aux)

まごつく être embarrassé(e)

まこと【誠・真】vérité 女

まさか ——そんなはずはない Non, ce n'est pas possible. ～の時には le cas échéant

マザコン complexe maternel 男

まさつ【摩擦】frottement 男, friction 女

まさに【正に】précisément, justement ——出発するところだ être sur le point de partir ～の通り Exactement.

まさる【勝る・優る】être supérieur(e) (à)

まし ——A のほうが B より～だ A est meilleur que B.

マジック【魔法】magie 女; (手品) prestidigitation 女; (マジックペン) feutre 男

まして ——や encore moins, à plus forte raison

まじない【呪い】incantation 女

まじめ【真面目】——な sérieux(se); (誠実な) sincère ～に sérieusement, sincèrement

まじゅつ【魔術】magie 女 ▶魔術師 magicien(ne) 名

まじょ【魔女】sorcière 女

まじり【混じり気】——のない sans mélange; (純粋な) pur(e)

まじる【混じる】se mêler (à); (混ざり合う) se mélanger

まじわる【交わる】(交差する) croiser; (交際する) fréquenter, avoir des relations avec

ます【増す】augmenter

ます【升】mesure 女

ます【鱒】truite 女

まず（最初に）d'abord, en premier lieu; (手始めに) pour commencer; (何より先に) avant tout

ますい【麻酔】anesthésie 女 ——をかける anesthésier ▶部分麻酔 anesthésie locale 女

まずい【不味い】mauvais(e), fade ——まずそうな料理 plat peu appétissant 男 ——ことになった Nous sommes dans une situation embarrassante.

マスカット muscat 男

マスカラ mascara 男

マスク masque 男

マスコット mascotte 女

マスコミ communications de masse 女複; (マスメディア) mass(-)media 男

ますかっと muscat 男

マスク masque 男

マスコット mascotte 女

マスター patron 男 ——フランス語を～する avoir une bonne maîtrise du français ▶マスターキー passe-partout 男

マスタード moutarde 女

マスト mât 男

マスプロ production de masse 女

ますます【益々】(より多く) de plus en plus, davantage; (より少なく) de moins en moins; (ますますよく) de mieux en mieux; (ますます悪く) de mal en pis

まずまず【先ず先ず】——の結果 résultat assez bon 男 調子は～です On fait aller.

マスメディア mass(-)media 男

ませる ——ませた précoce

まぜる【混ぜる】mélanger, mêler (et, avec, à); (かき混ぜる) remuer

マゾヒスト masochiste 名

マゾヒズム masochisme 男

また【又】(再び) encore (une fois), de nouveau; (…もまた) aussi, également; (その上) en plus, en outre ——これを～の機会にしよう Ce sera pour une autre fois. じゃあ～ね À bientôt.

また【股】fourche 女 ——世界を～にかける parcourir le monde

まだ【未だ】(今なお) encore, toujours; (やっと) à peine, seulement ——この子は～生まれて3か月だ Cet enfant n'a encore que trois mois.

マダガスカル Madagascar 女 ——の malgache

またがる【跨る】 ―馬に～ enfourcher un cheval

またぐ【跨ぐ】 enjamber; (越える) franchir

まだしも ――度なら～二度目はだめだ Une fois passe encore, mais certainement pas deux.

またせる【待たせる】 faire attendre

またたく【瞬く】 scintiller, clignoter ―～間に en un clin d'œil

マタニティードレス robe de femme enceinte 囡

または【又は】 ―A～B A ou (bien) B, soit A soit B

まだら【斑】 tache 囡, moucheture 囡

まち【町・街】 ville 囡; (街頭) rue 囡 ―～中で dans la rue ～へ出る aller en ville

まちあいしつ【待合室】 (駅などの) salle d'attente 囡; (病院などの) salon d'attente 男

まちあわせる【待ち合わせる】 donner (un) rendez-vous (à)

まちうける【待ち受ける】 être dans l'attente (de)

まぢか【間近】 ―～に迫った imminent (e)

まちがい【間違い】 faute 囡, erreur 囡

まちがう【間違う】 ⇒ 間違える ―間違って par erreur; (不当に) à tort; (勘違いして) par méprise 間違った faux (sse), erroné(e) あなたは間違っています Vous vous trompez.

まちがえる【間違える】 se tromper, commettre une faute [une erreur]; (取り違える) confondre (avec) ―すみません, 番号を間違えました Pardon, je me suis trompé de numéro.

まちどおしい【待ち遠しい】 attendre impatiemment [avec impatience]

まちぶせ【待ち伏せ】 ―～する guetter

まつ【待つ】 attendre ... (de 不定詞, que 接続法); (我慢強く) patienter ―少々お待ち下さい Un moment [Un instant], s'il vous plaît. (電話で) Ne quittez pas. 待たせてすみません Je suis désolé de vous avoir fait attendre. ここで待っててもいいですか Je peux l'attendre ici?

マツ【松】 pin 男

まつえい【末裔】 descendant(e) 名

まっか【真っ赤】 ―～な pourpre, tout (e) rouge

まっき【末期】 dernière période 囡; (病気の) phase terminale 囡

まっくら【真っ暗】 ―～な tout(e) sombre お先っ～だ C'est sans espoir.

まっくろ【真っ黒】 ―～な tout(e) noir (e)

まつげ【睫毛】 cil 男

マッサージ massage 男 ―～する masser

まっさいちゅう【真っ最中】 ―～に au beau milieu de

まっさお【真っ青】 ―～な (顔色が) pâle comme un linge

まっさかさま【真っ逆さま】 ―～に落ちる tomber la tête la première [助動詞 être]

まっさき【真っ先】 ―～に手を上げる lever la main le premier (la première)

マッシュルーム champignon 男

まっしょう【抹消】 ―～する effacer

まっしろ【真っ白】 ―～な tout(e) blanc (che), blanc (che) comme neige

まっすぐ【真っ直ぐ】 ―～な droit(e); (正直な・誠実な) honnête ～に droit; (垂直に) verticalement

まったく【全く】 tout à fait, totalement, complètement; (全然) ne ... pas du tout, nullement; (本当に) vraiment ―～の total (ale) (複 -aux), complet(ète) ―興味ありません Cela ne m'intéresse pas du tout.

まったん【末端】 bout 男, extrémité 囡

マッチ allumette 囡; (試合) match 男 (複 -e (s)) ―～をする craquer [gratter] une allumette ―～する (調和する) aller bien avec [助動詞 être]

マット (敷物) (petit) tapis 男; (靴拭き用の) paillasson 男

マットレス matelas 男

マッハ mach 男

まつばづえ【松葉杖】 béquille 囡

まつやに【松脂】 résine de pin 囡

まつり【祭り】 fête 囡 ―お～気分で浮かれる être [avoir le cœur] en fête もうあとの～だ Il est trop tard.

まつる【祭る】 déifier; adorer

まで à, jusque, avant; (... さえ) même ―7時～に出発しなくてはならない Il faut partir avant sept heures. 最後～ jusqu'à la fin, jusqu'au bout

まてんろう【摩天楼】 gratte-ciel 男 (不変)

まと【的】 but 男, cible 囡 ―～を射た opportun(e), qui porte [touche] juste ～外れな hors de propos; (場違いな) déplacé(e)

まど【窓】 fenêtre 囡 ―～から外を見る regarder dehors par la fenêtre ～側の席 place côté fenêtre 囡

まどぐち【窓口】 guichet 男

まとまる【纏まる】 se rassembler, se réunir ―まとまった大きな金額 囡 交渉がまとまった Les négociations ont abouti.

まとめ【纏め】 résumé 男, récapitulation 囡

まとめる【纏める】 (集める) rassembler, réunir; (整理する) mettre en ordre; (解決する) arranger ―考えを～ ordonner ses idées

まとも ―～な (誠実な) honnête; (真面目な) sérieux (se) あれは～な人間のすることではない Un homme honnête ne fait pas cela. ～に (正面から) en face, de front; (直接) directement

まどり【間取り】plan d'une maison 男

まどろむ somnoler

まどわす【惑わす】égarer; (困惑させる) embarrasser

マナー manières 女 複, savoir-vivre 男 (不変)

まないた【まな板】planche à découper 女

まなざし【眼差し】regard 男

まなつ【真夏】plein été 男

まなぶ【学ぶ】apprendre (à 不定詞), étudier

マニア maniaque 名, fanatique 名

まにあう【間に合う】être à temps [à l'heure] (pour); (乗り物に) attraper

まにあわせ【間に合わせ】〜の provisoire, improvisé(e)

まにあわせる【間に合わせる】se contenter 《de》, s'arranger 《de, avec》

マニキュア manucure 女 〜をする se faire les ongles

マニュアル【手引き】manuel 男

まぬがれる【免れる】échapper 《à》; (免除される) être exempt(e) 《de》, se soustraire 《à》

まぬけ【間抜け】〜な stupide, idiot(e)

まね【真似】imitation 女; (物まね) singerie 女; (身振りによる) mimique 女 〜をする imiter 馬鹿な〜はせ Ne faites pas de bêtise.

マネーサプライ masse monétaire 女

マネージャー (スポーツの) manager 男; (芸能の) impresario 男; (支配人) gérant(e) 男

マネキン mannequin 男

まねく【招く】inviter; (引き起こす) susciter, provoquer パーティーに招かれる être invité(e) à une soirée 誤解を〜 susciter [provoquer] des malentendus

まねる【真似る】(模倣する) imiter; (物まねをする) singer; (身振りを) mimer

まばたき【瞬き】clignement 男 〜する cligner

まばら【疎ら】〜な clairsemé(e), (点在する) épars(e)

まひ【麻痺】paralysie 女, (無感覚) insensibilité 女 〜する être paralysé〜

まひる【真昼】midi 男

マフィア mafia 女 〜の mafieux (se)

まぶしい【眩しい】éblouissant(e), aveuglant(e)

まぶた【瞼】paupière 女

まふゆ【真冬】plein hiver 男

マフラー écharpe 女; (鼻まで覆える) cache-nez 男 (不変); (自動車の) silencieux 男

まほう【魔法】magie 女, sorcellerie 女 〜を使う pratiquer la magie [sorcellerie] 〜をかける ensorceler
▶魔法使い sorcier(ère) 名 魔法びん bouteille thermos 女

マホガニー acajou 男

まぼろし【幻】fantôme 男; (幻覚) vision 女

まま【儘】……の〜である rester [demeurer]...; 【助動詞 être】ドアを開けた〜にしておく laisser la porte ouverte

ママ (母親) maman 女; (バーなどの女主人) patronne 女

ままこ【継子】(男) beau-fils 男 (複 〜〜); (女) belle-fille 女 (複〜s〜s)

ままごと【飯事】dînette 女

ままはは【継母】belle-mère 女 (複〜s〜s)

まみず【真水】eau douce 女

マムシ【蝮】vipère 女

まめ 〜な (勤勉な) assidu(e); (几帳面な) ponctuel(le)

まめ【豆】légumes secs 男 複

まめ【肉刺】ampoule 女

まめつ【摩滅】〜する s'user

まもなく【間も無く】bientôt, dans un instant

まもの【魔物】diable 男, démon 男

まもり【守り】défense 女; (お守り) amulette 女

まもる【守る】défendre, protéger 一規則を〜 respecter le règlement

まやく【麻薬】drogue 女, stupéfiant 男 ▶麻薬中毒 toxicomanie 女

まゆ【眉】sourcil 男 〜をひそめる froncer les sourcils 眉墨 crayon à sourcils 男

まゆ【繭】cocon 男

まよい【迷い】hésitation 女; (幻想) illusion 女

まよう【迷う】se perdre, s'égarer; (ためらう) hésiter 《sur, à》

まよけ【魔除け】talisman 男

まよなか【真夜中】minuit 男 〜に à minuit

マヨネーズ mayonnaise 女

マラウイ Malawi 男 〜の malawien(ne)

マラソン marathon 男 〜をする courir le marathon

マラリア malaria 女

まり【鞠】balle 女 〜をつく faire rebondir la balle

マリ Mali 男 〜の malien(ne)

マリネ marinade 女

マリファナ marijuana 女

まる【丸】cercle 男 〜で囲む entourer... d'un cercle その仕事で〜一日つぶれた Ce travail m'a fait perdre toute ma journée.

まるい【丸い・円い】rond(e); (球形の) sphérique 〜く丸く治める arranger ... à l'amiable 人柄が丸くなる s'adoucir

まるがり【丸刈り】〜にする couper les cheveux ras

まるくび【丸首】〜の à encolure ronde

まるた【丸太】 rondin 男
マルタ Malte 女　――の maltais(e)
まるで （全く）complètement, ne ... pas du tout; on dirait ... comme si 《あとに続く節は半過去》 ――試験は～だったです J'ai complètement raté l'examen.
まるまる【丸々】 ――とした rond(e), rebondi(e)
まるみ【丸み】 ――を帯びた arrondi(e)
まるやね【丸屋根】 dôme 男
まれ【稀】 ――な rare　～に rarement
マレーシア Malaisie 女　――の malaisien(ne)
まわす【回す】 （回転させる）(faire) tourner; (順に渡す) passer (à)
まわり【周り】 （周囲）pourtour 男; （近辺）environs 男複, alentours 男複　――先生のを座るに s'asseoir autour du professeur
まわり【回り】 ――火の～が早かった L'incendie s'est vite répandu (propagé).
まわりくどい【回りくどい】 détourné(e), indirect(e)
まわりみち【回り道】 détour 男　――をする faire un détour
まわる【回る】 tourner, virer; (くるくると) tournoyer　――地球が太陽の回りを～ La Terre tourne autour du Soleil.
まん【万】 （1万）dix mille 男　――100～ million 男
まんいち【万一】 si par hasard, si jamais　――の場合は en cas d'imprévu, le cas échéant
まんいん【満員】 ――の bondé(e); (満席) complet(ète)
まんえん【蔓延】 ――する se propager, se répandre
まんが【漫画】 bande dessinée 女 〔略 BD〕; (日本の) manga 男, (アニメ) dessin animé 男　▶漫画家 dessinateur(trice) 名
まんかい【満開】 ――桜が～である Les cerisiers sont en pleine floraison.
マンガン manganèse 男
まんきつ【満期】 expiration 女　――になる expirer
まんきつ【満喫】 ――する jouir pleinement 《de》
まんげきょう【万華鏡】 kaléidoscope 男
まんげつ【満月】 pleine lune 女
マンゴー mangue 女
まんじょう【満場】 ――一致で à l'unanimité
マンション appartement 男　――ワンルーム～ studio 男
まんせい【慢性】 ――の chronique
まんぜん【漫然】 ――と (ぼんやりと) distraitement; (目的なしに) sans but
まんぞく【満足】 contentement 男, satisfaction 女　――させる satisfaire　～する être content 《de, que 《接続法》》――のいく satisfaisant(e)
まんタン【満タン】 ――にする faire le plein
まんちょう【満潮】 marée haute 女
まんてん【満点】 le maximum 男
マント cape 女
マンドリン mandoline 女
まんなか【真ん中】 milieu 男, centre 男, cœur 男　……の～に au (beau) milieu de..., au cœur de...
マンネリ routine 女　――化した stéréotypé(e)
まんねんひつ【万年筆】 stylo 男
まんびき【万引き】 vol à l'étalage 男　――する voler ... à l'étalage
まんぷく【満腹】 ――私は～だ Je suis bien rassasié.
まんべんなく【万遍なく】 sans exception
マンホール regard d'égout 男
まんぽけい【万歩計】 podomètre 男
マンモス mammouth 男
まんりき【万力】 étau 男

み

み【実】 (果実) fruit 男; (木の実) noix 女; (内容) substance 女　――りんごの～がなる Le pommier donne des fruits.　努力が～を結ぶ Mes efforts portent leurs fruits.
み【身】 corps 男; (中身・肉の部分) chair 女　――私には～に覚えのないことです Je n'ai rien à voir dans cette affaire.　～を挺してわが子を守る exposer sa vie pour protéger son enfant　～を持ち崩す se débaucher　～から出た錆だ Qui sème le vent récolte la tempête.
みあい【見合い】 ――する aller à une proposition de fiançailles 〔助動詞〕
みあげる【見上げる】 regarder en 'haut, lever les yeux
みあやまる【見誤る】 ――AをBと～ prendre A pour B
みあわせる【見合わせる】 (顔を) se regarder; (延期する) remettre
みいだす【見出す】 trouver, découvrir
ミーティング meeting, réunion 女
ミイラ momie 女　――取りが～になる Tel est pris qui croyait prendre.
みいり【実入り】 ――のよい lucratif(ve)
みうしなう【見失う】 perdre ... de vue
みうち【身内】 parent(e) 名, proches 男複　――の人 dit dans l'intimité
みえ【見栄】 vanité 女　――を張る faire des flaflas
みえすく【見え透く】 ――見え透いた嘘をつく dire un mensonge transparent
みえる【見える】 être visible; (目が見える) voir; (…に見える) avoir l'air ... 〔助

みおくる 【不即応】 sembler..., paraître... —彼女は年より若く～ Elle paraît plus jeune que son âge.

みおくる【見送る】(人を) raccompagner; (延期する) remettre; (断念する) renoncer 《à》

みおとす【見落とす】ne pas remarquer

みおぼえ【見覚え】—～のある familier (ère)

みおろす【見下ろす】regarder en bas

みかい【未開】—～の (原始の) primitif(ve); (未踏の) inexploré(e)

みかいけつ【未解決】—～の pendant (e), en suspens

みかえす【見返す】se venger 《de》

みかえり【見返り】contrepartie 囡

みがき【磨き】—フランス語に～をかける se perfectionner en français

みかく【味覚】goût 男

みがく【磨く】polir, frotter; (練り上げる) perfectionner

みかけ【見かけ】apparence 囡 —人は～によらない L'habit ne fait pas le moine.

みかた【味方】allié(e) 图 —～する s'allier 《avec》, prendre parti 《pour》

みかた【見方】manière [façon] de voir; (観点) point de vue 男

みかづき【三日月】croissant 男

みがって【身勝手】—～な arbitraire; (利己的な) égoïste

みがまえる【身構える】être [se tenir] sur ses gardes

みがる【身軽】—～な agile, leste; (自由な) libre

ミカン【蜜柑】mandarine 囡; (木) mandarinier 男

みかんせい【未完成】—～の inachevé (e)

みき【幹】fût 男, tronc 男

みぎ【右】droite 囡 —～の droit(e) —～に à droite, sur la droite

みぎうで【右腕】bras droit

みぎがわ【右側】côté droit

みぎきき【右利き】—～の droitier (ère)

ミキサmixeur 男; (音響用の) table de mixage 囡

みぎまわり【右回り】—～の dans le sens des aiguilles d'une montre

みきわめる【見極める】s'assurer de; (探究する) examiner à fond

みくだす【見下す】mépriser

みくびる【見くびる】sous-estimer, méconnaître

みぐるしい【見苦しい】désagréable [pénible] à voir; (恥ずべき) déshonorant(e)

ミクロネシア Micronésie 囡 —～の micronésien(ne)

ミクロン micron 男

みごと【見事】—～な beau(belle) 【母音または無音のhで始まる男性単数名詞の前でbel】; admirable, magnifique —～に失敗する échouer bel et bien

みこみ【見込み】(可能性) possibilité 囡, chance 囡; (予想) prévision 囡 —この企画は成功する～がある Ce projet a des chances de réussir. —～が外れた Je me suis trompé dans mes prévisions.

みこむ【見込む】escompter, prévoir

みこん【未婚】—～の célibataire —～の母 mère célibataire

ミサ messe 囡

ミサイル missile 男 —～を発射する lancer un missile

みさき【岬】cap 男

みじかい【短い】court(e); (簡潔な) bref(ève) —短くする raccourcir, écourter —気が～ (怒りっぽい) être coléreux(se); (せっかちな) manquer de patience

みじたく【身支度】—～する faire sa toilette; (着替える) s'habiller

みじめ【惨め】—～な misérable, lamentable; (哀れを催す) pitoyable

みじゅく【未熟】—～の (果実が) vert (e); (人・技が) inexpérimenté(e), novice

みしらぬ【見知らぬ】étranger(ère), inconnu(e)

ミシン machine (à coudre) 囡

ミス erreur 囡, faute 囡 —～をする commettre une faute [erreur]

みず【水】eau 囡 —花に～をやる arroser les fleurs —人のやる気に～をさす décourager la bonne volonté de —一杯もってきてもらえますか Pouvez-vous apporter un verre d'eau?

みずあび【水浴び】—～する se baigner

みずあめ【水飴】bonbon sirupeux 男

みずい【未遂】—～の manqué(e), avorté(e)

みずいろ【水色】bleu clair 男

みずうみ【湖】lac 男

みずかき【水掻き】palmure 囡

みずがめざ【水瓶座】le Verseau

みずから【自ら】soi-même, en personne

みずぎ【水着】maillot de bain 男; (海水パンツ) slip de bain 男

みずくさい【水臭い】fade; (態度が) froid(e)

みすごす【見過ごす】(取り逃がす) laisser échapper; (…に目をつぶる) fermer les yeux sur

みずさし【水差し】carafe 囡

みずしょうばい【水商売】établissements de nuit 男

みずしらず【見ず知らず】—～の étranger(ère)

みずたま【水玉】—～模様の à pois

みずたまり【水溜まり】flaque (d'eau) 囡, mare 囡

みずっぽい【水っぽい】fade, insipide

ミステリー【(小説)】roman policier 男

ミステリー【(小説)】roman policier 男

みすてる【見捨てる】abandonner, laisser tomber

みずとり【水鳥】oiseau aquatique 男

みずぶくれ【水脹れ】ampoule 女;(やけどによる) cloque 女

ミスプリント coquille 女

みずべ【水辺】bord de l'eau 男

みずぼうそう【水疱瘡】varicelle 女

みすぼらしい miteux(se), misérieux(se)

みずみずしい【瑞々しい】frais (fraîche)

みずむし【水虫】pied d'athlète 男

みせ【店】magasin 男, boutique 女
 —市場に〜を出す installer un étalage sur un marché

みせいねん【未成年】〜の mineur(e) /〜者 mineur(e) 名

みせかけ【見せかけ】〜の feint(e), apparent(e)

みせさき【店先】devanture 女

みせつける【見せつける】—いい条件を〜 se montrer sous son meilleur jour

みせばん【店番】〜をする garder la boutique

みせびらかす【見せびらかす】étaler, exhiber

みせもの【見せ物】spectacle 男 —〜にする exposer, donner ... en spectacle

みせる【見せる】montrer, faire voir, présenter

みぞ【溝】fossé 男, tranchée 女;(金属, 木材などに彫った) rainure 女

みぞう【未曾有】〜の sans précédent;(見た事のない) jamais vu(e)

みぞおち【鳩尾】creux de l'estomac 男

みそこなう【見損なう】(思い違いをする) se méprendre sur;(見落とす) manquer (l'occasion de voir) —見損なったよ Tu m'as déçu.

みそめる【見初める】tomber amoureux(se) (de)

みぞれ【霙】neige fondue 女
 —みたい —彼は怒っている〜だ Il a l'air fâché.

みだし【見出し】titre 男 ▶見出し語 entrée 女

みだしなみ【身嗜み】〜がいい soigné dans sa tenue /〜を整える faire sa toilette

みたす【満たす】remplir;(望みなどを) satisfaire, combler

みだす【乱す】troubler, perturber

みだれ【乱れ】désordre 男, trouble 男

みだれる【乱れる】être en désordre, être perturbé(e) —乱れた désordonné(e), dérangé(e), troublé(e)

みち【道】chemin 男, voie 女;(通り) rue 女;(街道) route 女 —駅までの〜を聞く[教える] demander [indiquer] à ... le chemin de la gare /〜を譲る céder le pas (à) /〜を塞ぐ barrer la route /すべての〜はローマに通ず Tous les chemins mènent à Rome. /〜に迷いました Je me suis égaré.

みち【未知】〜の inconnu(e), étranger(ère)

みちあんない【道案内】〜をする guider

みちくさ【道草】〜を食う s'amuser [s'attarder] en chemin, prendre le chemin des écoliers

みちしお【満ち潮】marée haute 女

みちじゅん【道順】itinéraire 男, chemin 男

みちしるべ【道しるべ】(里程標) borne kilométrique 女;(手引き) fil d'Ariane 男

みちすう【未知数】inconnue 女

みちのり【道程】distance 女, trajet 男

みちびく【導く】(案内する) guider;(指導する) diriger

みちる【満ちる】déborder, être plein(e) [rempli(e)] (de) —潮が〜 La marée monte. /...に満ちた plein(e) de

みつ【蜜】miel 男

みっかい【密会】rendez-vous clandestin 男

ミックス mélange 男 —〜する mêler

みつげつ【蜜月】lune de miel 女

みつける【見付ける】trouver;(なくしていたものなどを) retrouver;(隠れていたものを) découvrir;(明るみに出す) déceler

みつご【三つ子】triplé(e)s 名複 —〜の魂百まで Ce qui s'apprend au berceau dure jusqu'au tombeau.

みっこう【密航】traversée clandestine 女 —〜する passer clandestinement

みっこく【密告】dénonciation 女 —友人を警察に〜する dénoncer un ami à la police

みっしつ【密室】chambre fermée 女

みっしゅう【密集】〜する se serrer les uns contre les autres

みっせい【密生】〜する pousser dru

みっせつ【密接】〜な étroit(e);(親密な) intime

みっつ【三つ】trois 男

みつど【密度】densité 女 ▶人口密度 densité de la population

みっともない(見苦しい) désagréable [pénible] à voir;(恥ずべき) déshonorant(e)

みつばい【密売】trafic clandestin 男 ▶密売人 trafiquant(e) 名

ミツバチ【蜜蜂】abeille 女

みっぺい【密閉】〜する fermer hermétiquement

みつめる【見つめる】regarder fixement, fixer les yeux sur

みつもり【見積り】évaluation 女, estimation 女;(見積書) devis 男 —〜を

みつもる【見積もる】estimer, faire un devis 高く～ surestimer 低く～ sous-estimer

みつやく【密約】entente secrète 囡

みつゆ【密輸】contrebande 囡 ——する faire la contrebande de

みつりょう【密漁・密猟】braconnage 男 ——する braconner

みつりん【密林】forêt épaisse 囡; (ジャングル) jungle 囡

みてい【未定】——の non fixé(e), indéterminé(e)

みとう【未踏】——の inexploré(e)

みとおし【見通し】perspective 囡 ——のきかないカーブ virage sans visibilité 男 彼の考えていることはおぼ～ On devine tout ce qu'il pense.

みとおす【見通す】pénétrer, deviner

みとめる【認める】(見つける) apercevoir, remarquer; (承認) admettre, reconnaître

みどり【緑】vert 男; (草木の) verdure 囡 ——の vert(e); (草木が) verdoyant(e)

みとりず【見取り図】esquisse 囡, croquis 男

みとる【看取る】一母の最期を～ être à côté de sa mère à ses derniers moments

ミドルきゅう【ミドル級】poids moyen 男

みとれる【見とれる】regarder avec admiration; (魅了される) être fasciné(e) par

みな【皆】(すべて) tout(e) 男 (男複 tous); (全員) tous(toutes), tout le monde 男

みなおす【見直す】(再検討する) réviser; (再評価する) avoir une meilleure opinion de

みなしご【孤児】orphelin(e) 名

みなす【見なす】(A を B と) considérer [regarder] A comme B 一彼は死亡したものと見なされた Il est passé pour mort.

みなと【港】port 男

みなみ【南】sud 男 ►南半球 hémisphère sud 男

みなみアフリカ【南-】Afrique du Sud 囡 ——の sud-africain(e)

みなみアメリカ【南-】Amérique du Sud 囡 ——の sud-américain(e)

みなもと【源】(出所) source 囡; (起源) origine 囡

みならい【見習い】apprentissage 男; (研修) stage 男; (人) apprenti(e) 名, stagiaire 名

みならう【見習う】prendre exemple 《sur》

みなり【身なり】mise 囡, apparence 囡

みなれる【見慣れる】一見慣れた familier(ère)

みにくい【醜い】laid(e), disgracieux

(se); (話) moche

ミニスカート mini-jupe 囡

ミニチュア miniature 囡

みぬく【見抜く】deviner

みね【峰】sommet 男, cime 囡

ミネラル minéral 男 ►ミネラルウォーター eau minérale 囡

みのう【未納】——の non payé(e) 男

みのうえ【身の上】situation 囡, état 男

みのがす【見逃す】(見落とす) ne pas apercevoir [remarquer]; (取り逃がす) laisser échapper; (大目に見る) fermer les yeux sur

みのしろきん【身代金】rançon 囡

みのまわり【身の回り】——の世話をする prendre soin de ～品 objets personnels 男 複

みのり【実り】——の多い fructueux(se)

みのる【実る】donner [porter] des fruits

みはなす【見放す】abandonner

みはらし【見晴らし】vue 囡, perspective 囡

みはり【見張り】garde 囡, surveillance 囡; (人) garde 男 ——をする assurer la garde, surveiller

みはる【見張る】(警戒する) surveiller, avoir l'œil sur; (目を) ouvrir de grands yeux

みぶり【身振り】geste 男 ——で手振りで話す parler en gesticulant

みぶん【身分】rang 男; (階級) classe 囡 ►身分証明書 carte d'identité 囡

みぼうじん【未亡人】veuve 囡

みほん【見本】(商品の) échantillon 男, spécimen 男; (手本) modèle 男 ►見本市 foire 囡

みまい【見舞い】一病院へ～に行く aller voir à l'hôpital 《助動詞 être》

みまう【見舞う】一不幸に見舞われる être frappé(e) par un malheur

みまもる【見守る】observer

みまわす【見回す】一自分の周囲を～ regarder autour de soi

みまわる【見回る】faire une ronde 《patrouille》

-みまん【-未満】一18歳～の方お断り 《掲示》Interdit aux moins de dix-huit ans

みみ【耳】oreille 囡 一彼は～がいい Il a l'oreille fine. 母は～が遠い Ma mère est sourde. ——にする entendre dire que ——を塞ぐ faire la sourde oreille 《à》 彼は私の話に～を貸さなかった Il ne m'a pas prêté l'oreille.

みみかき【耳掻き】cure-oreille 男

ミミズ【蚯蚓】ver de terre 男

ミミズク【鳥】*hibou 男 (x)

みみたぶ【耳朶】lobe de l'oreille 男

みめい【未明】——に avant l'aube, avant le jour

みもと【身元】 identité 囡; (経歴) antécédents 男複 ▶ 身元保証人 garant(e) 名

みゃく【脈】 pouls 男, pulsation 囡 〜をとる prendre [tâter] le pouls de 〜がない (望み) être sans espoir

みゃくはく【脈拍】

みやげ【土産】 (手土産) cadeau 男; (旅の) souvenir 男

みやこ【都】 ──住めば〜 À chaque oiseau son nid est beau.

みやぶる【見破る】 découvrir, déceler

ミャンマー Myanmar 男 〜の myanmar(e), birman(e)

ミュージカル comédie musicale 囡

ミュージシャン musicien(ne) 名

みょう【妙】 〜な étrange, curieux(se), bizarre

みょうごにち【明後日】 après-demain

みょうじ【名字】 nom de famille 男

みょうれい【妙齢】 〜の nubile

みらい【未来】 futur 男, avenir 男 〜の futur(e) 〜に dans l'avenir

ミリグラム milligramme 男

ミリメートル millimètre 男

みりょう【魅了】 〜する enchanter, charmer

みりょく【魅力】 charme 男, attrait 男 〜的な charmant(e), attirant(e)

みる【見る】 regarder, voir; (…してみる) s'essayer à… 〜テレビを〜 regarder la télévision あの映画はもう見ましたか Avez-vous déjà vu ce film? どう見ても彼は間違っている Il est évident qu'il se trompe.

みる【診る】 ──医者に診てもらう consulter un médecin

ミルク lait 男 〜で子供を育てる nourrir un enfant au biberon

みるみる【見る見る】 ──うちに (一瞬にして) en un instant; (目に見えて) visiblement

ミレニアム millénaire 男

みれん【未練】 regret 男

みわく【魅惑】 〜的な fascinant(e), séduisant(e)

みわける【見分ける】 (A と B を) distinguer [discerner] A et [d'avec] B

みわたす【見渡す】 parcourir… des yeux

みんい【民意】 opinion publique 囡

みんえい【民営】 〜の privé(e) ▶ 民営化 privatisation 囡

みんか【民家】 maison (privée) 囡

みんかん【民間】 〜の privé(e); (軍に対して) civil(e) ▶ 民間人 civil 男

ミンク vison 男

みんげいひん【民芸品】 objet d'art folklorique 男

みんじ【民事】 〜の civil(e) ▶ 民事訴訟 procès civil 男

みんしゅ【民主】 〜的な démocratique ▶ 民主化 démocratisation 囡 民主主義 démocratie 囡 民主党 parti démocrate 男

みんしゅう【民衆】 peuple 男

みんしゅく【民宿】 pension de famille 囡

みんぞく【民族】 ethnie 囡; (国民) nation 囡 〜〜の ethnique ▶ 民族衣装 costume folklorique 男 民族主義 nationalisme 男

みんぞく【民俗】 folklore 男 ▶ 民俗学 folklore 男

ミント menthe 囡

みんぽう【民法】 droit civil 男; (法典) code civil 男

みんよう【民謡】 chanson populaire [folklorique] 囡

みんわ【民話】 récit [conte] folklorique 男

む

む【無】 rien 男; (虚無) néant 男 〜に帰する être réduit(e) à néant

むい【無為】 oisiveté 囡, désœuvrement 男

むいしき【無意識】 inconscience 囡; (心理学で) inconscient 男 〜の inconscient(e) 〜のうちに machinalement

むいちもん【無一文】 〜の fauché(e)

むいみ【無意味】 〜な insignifiant(e)

ムード ambiance 囡, atmosphère 囡

むえき【無益】 〜な inutile, futile

むえん【無縁】 〜の étranger(ère) (à); indépendant(e) (de)

むかい【向かい】 〜の 家 maison (d')en face

むがい【無害】 〜な anodin(e); (攻撃的でない) inoffensif(ve)

むかいあう【向かい合う】 être en face [vis-à-vis] de, faire face à

むかう【向かう】 (目指す) se diriger (vers); (出発する) partir [pour][助動詞 être] ──机に向かって書き物をする s'installer à son bureau pour écrire

むかえ【迎え】 〜に行く aller chercher [助動詞 être]

むかえる【迎える】 recevoir, accepter; (招く) inviter; (もてなす) accueillir

むかし【昔】 ancien temps 男, le vieux temps ── の vieux(vieille), d'autrefois 〜は autrefois; (以前は) avant ──かたぎの à l'ancienne ▶ 昔話 vieux conte 男

むかつく ──〜なあ Ça m'agace.

ムカデ【百足】 mille-pattes 男 (不変)

むかんかく【無感覚】 〜な insensible (à)

むかんけい【無関係】 〜の indépendant(e) (de) 〜である n'avoir aucun rapport avec

むかんしん【無関心】 〜な indifférent(e) (à) ; (執着のない) détaché(e) (de)

むき【向き】direction 女, orientation 女 ～を変える changer de direction 南への部屋 pièce exposée au sud ～のための… bon(ne) (à, pour) ～になる se monter la tête

むき【無機】～～的な inorganique ► 無機物 matière inorganique 女

むき【無期】～の indéfini(e) ► 無期延期 ajournement sine die 男 無期懲役 réclusion à perpétuité 女

ムギ【麦】(小麦) blé 男; (大麦) orge 女; (ライ麦) seigle 男

むきず【無傷】～の indemne, intact(e)

むきだし【剥き出し】～の nu(e), dénudé(e)

むきりょく【無気力】～な inerte, apathique

むぎわら【麦藁】paille (de blé) 女 ► 麦わら帽子 chapeau de paille 男

むきん【無菌】～の aseptique

むく【向く】se tourner (vers) ; (面す る) être orienté(e) [exposé(e)] (à), donner (sur) ; (適する) être bon(ne) [fait(e)] (pour) ～気がない avoir envie de 不定詞

むく【剥く】peler, éplucher

むくい【報い】(罰) punition 女; (報酬) récompense 女

むくいる【報いる】récompenser

むくち【無口】～な taciturne

ムクドリ【椋鳥】étourneau 男

むくむ【浮腫む】se boursoufler

-むけ【-向け】～の produits destinés à l'exportation au Japon 複

むけい【無形】～の immatériel(le)

むける【向ける】tourner (à, vers), diriger (vers, sur) 注意を～ prêter attention (à)

むげん【無限】～の infini(e), illimité(e)

むこ【婿】gendre 男

むごい【惨い・酷い】cruel(le)

むこう【向こう】l'autre côté; (先方) l'autre partie ー学校は教会の～にある L'école est au-delà de l'église. ～を張る rivaliser avec

むこう【無効】～の nul(le) ; (期限切 れの) périmé(e) ; (効力を持たない) non valable

むこうずね【向こう脛】tibia 男

むこうみず【向こう見ず】～な téméraire ; (大胆な) hardi(e)

むこくせき【無国籍】～の apatride

むごん【無言】～の silencieux(se), muet(te) ～で en silence, sans rien dire

むざい【無罪】innocence 女 ～の innocent(e), non coupable ～になる être acquitté(e)

むさぼる【貪る】ー暴利を～ prendre des bénéfices excessifs

むざん【無惨】～な cruel(le)

むし【虫】insecte 男; (一般に虫・小動 物) petite bête 女; (細長い虫) ver 男 ～～に刺される être piqué(e) par un insecte ～が知らせた J'en avais une prémonition. 彼は～が好かない Il me déplaît. ～の息である ne plus avoir qu'un souffle de vie

むし【無視】～～する négliger, mépriser ; (考慮に入れない) ne pas tenir compte de

むじ【無地】～の uni(e), sans ornement

むしあつい【蒸し暑い】ー今日は～ Il fait une chaleur étouffante aujourd'hui.

むしかく【無資格】～の non-qualifié(e), non-diplômé(e) ; (事業免許のな い) non-patenté(e)

むしくだし【虫下し】vermifuge 男

むじつ【無実】～～の gratuit(e)

むしば【虫歯】dent gâtée 女, carie (dentaire) 女

むしばむ【蝕む】ronger, miner

むじひ【無慈悲】～な féroce, impitoyable

むしぼし【虫干し】ー衣類の～をする mettre des vêtements à l'air

むしめがね【虫眼鏡】loupe 女

むじゃき【無邪気】～な innocent(e), naïf(ve)

むじゅん【矛盾】contradiction 女; (両 立しない) incompatibilité 女 ～する être en contradiction (avec) ; être contradictoire (à) ～した contradictoire, incompatible

むじょう【無償】～の gratuit(e)

むじょう【無常】mutabilité 女

むじょう【無情】～な inhumain(e), sans cœur

むじょうけん【無条件】～の[で] sans conditions, sans réserve

むしょく【無色】～の incolore

むしょく【無職】～の sans profession

むしょぞく【無所属】～の indépendant(e)

むしる【毟る】arracher

むしろ plutôt ー私は金より～名誉が欲 しい Je voudrais l'honneur plutôt que de l'argent.

むしん【無心】～に innocemment

むじん【無人】～に inhabité(e), désert(e)

むしんけい【無神経】～な peu délicat(e)

むじんぞう【無尽蔵】～の inépuisable

むじんとう【無人島】île déserte 女

むしんろん【無神論】athéisme 男 ► 無神論者 athée 名

むす【蒸す】(ふかす) (faire) cuire à la vapeur, étuver

むすう【無数】 〜の innombrable, incalculable

むずかしい【難しい】 difficile, dur(e) ……することは〜 il est difficile de [不定期] que [接続法] 難しさ difficulté 女

むすこ【息子】 fils 男

むすびつき【結び付き】 relations 女 複, rapport 男

むすびつく【結び付く】 s'unir (à)

むすびつける【結び付ける】 unir, lier, attacher (à)

むすびめ【結び目】 nœud 男

むすぶ【結ぶ】 nouer, lier; (つなぐ) relier, réunir

むずむず〜する (何かをしたくて) être impatient(e) de [不定期]

むすめ【娘】 fille 女; (若い女性) jeune fille 女; (女の子) petite fille 女

むぜい【無税】 〜の exempt(e) d'impôts; (関税がかからない) détaxé(e)

むせいげん【無制限】 〜の sans restriction

むせきにん【無責任】 〜な irresponsable

むせる【噎せる】 〜お茶に〜 s'étouffer en avalant du thé de travers

むせん【無線】 〜の sans fil; (無線による) radio ▶ **無線電信** radiotélégraphie 女

むそう【夢想】 rêverie 女, songe 男 〜する rêver; songer (à)

むだ【無駄】 〜な inutile; vain(e) 時間を〜にする gaspiller son temps 〜になる n'aboutir à rien, ne rien apporter

むだぼね【無駄骨】 〜を折る travailler pour rien

むだん【無断】 〜で (予告せずに) sans prévenir; (承認を得ずに) sans permission

むたんぽ【無担保】 〜で sans garantie

むち【鞭】 fouet 男

むち【無知】 〜な ignorant(e); (無学な) inculte

むちつじょ【無秩序】 désordre 男; (混乱) confusion 女 〜な désordonné(e), chaotique

むちゃ【無茶】 〜を言う dire des absurdités

むちゅう【夢中】 〜—仕事に〜になる s'adonner à son travail 彼女に〜だ Je suis fou d'elle.

むちん【無賃】 〜〜乗車する resquiller, voyager en fraude [sans ticket]

むつまじい【睦まじい】 intime, lié(e)

むてっぽう【無鉄砲】 〜な téméraire

むてんか【無添加】 〜の sans additifs

むとんちゃく【無頓着】 〜な nonchalant(e), insouciant(e) 《de》

むなさわぎ【胸騒ぎ】 〜がする éprouver une vague inquiétude

むなしい【空しい】 vide, creux(se); (無駄な) vain(e)

むね【胸】 poitrine 女; (乳房) seins 男 複 —感動で〜が一杯である avoir le cœur rempli d'émotion 〜を打たれる être ému(e) [touché(e)] 〜をなで下ろす être soulagé(e) 〜を張る bomber la poitrine [le torse]

むねやけ【胸焼け】 〜する avoir des brûlures d'estomac

むのう【無能】 〜な incapable, incompétent(e)

むのうやく【無農薬】 〜の biologique 〜の農業 agriculture biologique 女

むひ【無比】 〜の incomparable, sans pareil(le)

むひょうじょう【無表情】 〜な inexpressif(ve)

むふんべつ【無分別】 〜な irréfléchi(e)

むほう【無法】 ▶ **無法地帯** zone où la loi ne règne pas 女 **無法者** 'hors-la-loi 男 (不変)

むぼう【無謀】 〜な téméraire, irréfléchi(e)

むほん【謀叛】 révolte 女, insurrection 女

むめい【無名】 〜の inconnu(e)

むめんきょ【無免許】 〜の sans permis, sans diplôme; (医者などが) marron(ne)

むやみ【無闇】 〜に (考えなしに) à tort et à travers; (盲目的に) aveuglément; (過度に) avec excès

むゆうびょう【夢遊病】 somnambulisme 男

むら【村】 village 男 ▶ **村人** villageois(e) 男

むらがる【群がる】 s'assembler en foule, se grouper

むらさき【紫】 violet 男 〜の violet(te)

むり【無理】 〜な (不可能な) impossible; (法外な) déraisonnable; (非現実的な) irréalisable それは〜だ Ce n'est pas possible. | C'est impossible. あまり〜をしないでください Ne vous forcez pas. 彼がそれを断るのも〜はない Il a raison de le refuser.

むりい【無理強い】 〜する (A (人) にBを) forcer [contraindre] A à B

むりしんじゅう【無理心中】 〜する entraîner… dans son suicide

むりなんだい【無理難題】 〜を言う demander l'impossible

むりやり【無理遣り】 〜させる (A (人) にBを) forcer [contraindre] A à B

むりょう【無料】 〜の gratuit(e)

むりょく【無力】 〜な impuissant(e), incapable

むれ【群れ】 troupe 囡; (動物の) troupeau 男

め

め【目】œil 男 (複 yeux); (視力) vue 囡; (目つき・視線) regard 男 ～がいい avoir une bonne vue 長い～で見れば solutionsあるのはやはる à la longue ～に余る être intolérable ～に見えて à vue d'œil ～をそらす détourner les yeux ～を通す jeter un coup d'œil (sur); parcourir ～をつぶる fermer les yeux (sur) ～には～を Œil pour œil
め【芽】bourgeon 男, germe 男; (若芽) pousse 囡 ～～を出す germer
めあて【目当て】but 男
めい【姪】nièce 囡
めい【銘】(記念碑などの) inscription 囡; (制作者の名) signature 囡 一座右の～ maxime 囡
めいあん【名案】bonne idée 囡
めいおうせい【冥王星】Pluton 男
めいが【名画】tableau célèbre [renommé] 男; (映画) film célèbre
めいかい【明快】～～な clair(e), net(te)
めいかく【明確】～～な net(te), précis(e)
めいがら【銘柄】marque 囡; (株式) valeur 囡
めいぎ【名義】nom 男, titre 男
めいきょく【名曲】morceau (de musique) célèbre 男
めいさい【明細】détails 男 複
めいさい【迷彩】▶迷彩服 tenue de camouflage 囡
めいさく【名作】chef-d'œuvre 男 (複 ～s～)
めいし【名刺】(社交用) carte (de visite) 囡; (営業用) carte d'adresse [d'affaires] 囡
めいし【名士】notable 男, notabilité 囡
めいし【名詞】nom 男, substantif 男 ▶普通[固有]名詞 nom commun [propre] 男
めいしゃ【眼医者】oculiste 名, ophtalmologue 名
めいしょ【名所】endroit [site] célèbre 男; (歴史的な) monuments historiques 男
めいしょう【名称】nom 男; (呼称) appellation 囡
めいじる【命じる】(A に B を命令する) ordonner à B à A; ordonner à A de 不定詞 [que 接続法]; (A を B に任命する) nommer A B
めいしん【迷信】superstition 囡
めいじん【名人】maître 男
めいせい【名声】réputation 囡, renom 男

めいせき【明晰】～～な clair(e), lucide
めいそう【瞑想】méditation 囡 ～～にふける s'absorber [se plonger] dans la méditation
めいだい【命題】proposition 囡
めいちゅう【命中】～～する atteindre [toucher] le but, faire mouche
めいにち【命日】anniversaire de la mort de...
めいはく【明白】～～な clair(e), évident(e)
めいぶつ【名物】spécialité 囡
めいぼ【名簿】liste (des noms) 囡 ▶会員名簿 liste des membres 囡
めいめい【銘々】chacun(e)
めいめい【命名】～～する nommer; (あだ名をつける) baptiser
めいよ【名誉】nom 男; (栄誉) gloire 囡 ～～ある honorable, glorieux(se)
めいりょう【明瞭】～～な clair(e), distinct(e)
めいる【滅入る】一気が～ être d'humeur mélancolique [noire]
めいれい【命令】ordre 男, commandement 男; (指示) instructions 囡 複 ～～する (A に B を) ordonner [commander] à B à A; ordonner [commander] à A de 不定詞 [que 接続法] ～に従う obéir à un ordre ▶命令系統 voie hiérarchique 囡
めいろ【迷路】labyrinthe 男, dédale 男
めいろう【明朗】～～な (人の性格が) gai(e), joyeux(se); (物事が) honnête
めいわく【迷惑】embarras 男, ennui 男; (面倒な) embarrassant(e); (煩わしい) ennuyeux(se) ～～をかける embarrasser, ennuyer
メイン ▶メインストリート rue principale 囡
めうえ【目上】～～の人 (地位・階級が) supérieur(e) 名; (年齢が) personne plus âgée 囡
メーカー fabricant 男, marque 囡
メーキャップ maquillage 男
メーター compteur 男
メーデー le premier mai 男, fête du Travail 囡
メートル mètre 男 一100～走 course de cent mètres 囡
メール ▶Eメール courrier électronique 男, mél 男, e-mail 男
めかくし【目隠し】bandeau 男; (ブラインド) jalousie 囡 ～～をする bander les yeux (à)
めかけ【妾】maîtresse 囡
めがけて【目がけて】一的を～矢を放つ tirer une flèche sur la cible 敵を～突っ込む se précipiter sur l'ennemi
めかた【目方】poids 男, pesanteur 囡 ～～を計る peser
メカニズム mécanisme 男

めがね【眼鏡】lunettes 女 複 〜を掛けている porter des lunettes ▶めがね屋(店) lunetterie 女; (人) lunettier(ère) 名

メガバイト méga-octet 男 【略 Mo】
メガヘルツ mégahertz 男
メガホン porte-voix 男 《不変》
めがみ【女神】déesse 女 ▶自由の女神 la Liberté
メキシコ Mexique 男 〜〜の mexicain(e)
めきめき 〜〜と remarquablement, notablement
めキャベツ【芽キャベツ】chou de Bruxelles 男
めぐすり【目薬】collyre 男 〜〜をさす se mettre des gouttes dans les yeux
めくばせ【目配せ】clin d'œil 男 〜〜する cligner de l'œil (à)
めぐまれる【恵まれる】―天候に〜〜 avoir la chance d'avoir du beau temps 恵まれた環境 milieu favorable 男
めぐみ【恵み】(愛)charité 女; (恩恵)faveur 女, bienfait 女 〜〜深い charitable
めぐらす【巡らす】―ブロック塀を巡らした家 maison entourée de murs en parpaing 女
めぐりあう【巡り合う】rencontrer
めくる【捲る】―ページを〜〜 tourner une page カレンダーを〜〜 effeuiller un calendrier
めぐる【巡る】faire le tour 《de》
めざす【目指す】viser 他
めざまし【目覚まし】▶目覚まし時計
réveil 男
めざましい【目覚ましい】remarquable; (並はずれた)extraordinaire, prodigieux(se)
めざめる【目覚める】se réveiller; (覚醒)s'éveiller (à)
めし【飯】(米飯)riz 男; (食事)repas 男 ―三度の〜〜より映画が好きだ fanatique [passionné de cinéma 作家では〜〜が食えない Le métier d'écrivain ne permet pas de vivre.
めした【目下】inférieur(e) 名
めしつかい【召し使い】domestique 名, serviteur(servante) 名
めしべ【雌蕊】pistil 男
めじり【目尻】coin de l'œil 男
めじるし【目印】marque 女, repère 男 ―〜〜をつける marquer... d'un signe
めす【雌】femelle 女 〜〜の femelle
めずらしい【珍しい】rare, peu commun(e); (奇妙な)curieux(se); (異例の)exceptionnel(le) ―珍しそうに d'un air curieux 珍しがる trouver... curieux(se)
めそめそ 〜〜するな Ne pleure pas!
めだつ【目立つ】se faire remarquer; (際立つ)ressortir 【助動詞 être】―目立った apparent(e), remarquable 彼は目立ちたがり屋だ Il aime se faire remarquer.
めだま【目玉】(眼球)globe oculaire 男, (目玉)œil 男 《複 yeux》〜〜焼き œuf sur le plat 目玉商品 article en réclame 男
メダル médaille 女 ―金[銀, 銅]〜〜 médaille d'or [d'argent, de bronze]

メタンガス méthane 男
めちゃくちゃ【滅茶苦茶】―〜〜な abdéraisonnable; (乱雑な)désordonné(e)
メチルアルコール alcool méthylique 男

メッカ La Mecque
めっき【鍍金】placage 男 ―銀〜〜をする plaquer... d'argent 〜〜がはげる Le placage s'écaille.
めつき【目付き】regard 男
めっきり notablement, sensiblement
メッセージ message 男; (声明)déclaration 女
めった【滅多】―〜〜に出かけない Je ne sors presque jamais. 〜〜に見られない現象 phénomène rare 男
めつぼう【滅亡】effondrement 男, chute 女; (絶滅)disparition 女 ―〜〜する périr, s'éteindre
メディア média 男 【複数で用いられることが多い】
めでたい【目出度い】(喜ばしい)heureux(se); (お人よしの)naïf(ve), simple
めどころ【見通し】perspective 女; (目標)but 男 ―〜〜が立つ avoir des perspectives
メドレー pot-pourri 男 《複〜s〜s》
メニュー menu 男; (メニュー表)carte 女
めぬきどおり【目抜き通り】artère 女, grande rue 女
めのう【瑪瑙】agate 女
めばえ【芽生え】germination 女
めばえる【芽生える】germer; (生まれる)naître 【助動詞 être】
めぼしい remarquable, marquant(e)
めまい【目眩】vertige 男 ―〜〜がする avoir le vertige, avoir la tête qui tourne
めまぐるしい【目まぐるしい】trépidant(e), affairé(e)
メモ mémorandum 男, note 女 ―〜〜する noter ▶メモ用紙 bloc 男
めもり【目盛り】graduation 女, échelle 女
メモリー mémoire 女
めやす【目安】critère 男
めやに【目脂】chassie 女
めらめら 〜〜燃え上がる flamber, s'enflammer
メリーゴーラウンド manège (de che-

メリケンこ vaux de bois) 男

メリケンこ [メリケン粉] farine 女

めりこむ [減り込む] s'enfoncer

メリット mérite 男

メリヤス tricot 男

メルヘン conte de fées 男

メレンゲ meringue 女

メロディー mélodie 女

メロドラマ mélodrame 男

メロン melon 男

めん [綿] coton 男 〜〜のシャツ chemise en coton 女

めん [面] [顔] visage 男, figure 女; (仮面) masque 男; (ある方面) côté 男; (平面) surface 女 〜〜と向かって en présence de, en face de

めん [麺] ⇨麺類

めんえき [免疫] immunité 女 〜〜になる être immunisé(e) (contre)

めんかい [面会] entrevue 女 ▶面会時間 heure de réception 女

めんきょ [免許] permis 男; (資格) diplôme 男; (営業許可) licence 女 ▶ 運転免許証 permis de conduire 男

めんくらう [面食らう] être déconcerté(e) [ahuri(e)]

めんしき [面識] connaissance 女 〜〜と〜〜がある connaître ...

めんじょ [免除] dispense 女, dispense 男 〜〜する (AにBを) exempter [dispenser] A de B, remettre B à A

めんじょう [免状] (卒業) diplôme 男; (各種資格) brevet 男, certificat 男

めんしょく [免職] 〜〜になる être révoqué(e) 《懲戒免職 révocation disciplinaire 女

メンス règles 女複

めんする [面する] (部屋などが) donner sur; (面と向かう) faire face à

めんぜい [免税] 〜〜の détaxé(e) ▶ 免税店 boutique d'articles détaxés 女, duty-free 男 《不変》

めんせき [面積] superficie 女, surface 女; (数学) aire 女

めんせつ [面接] entrevue 女 ▶面接試験 oral 男 (複 -aux)

めんぜん [面前] …の〜で au nez de ...., en présence de ...; 公衆の〜で en public

めんだん [面談] entrevue 女, entretien 男 〜〜する avoir une entrevue [un entretien] avec

メンテナンス entretien 男, maintenance 女

めんどう [面倒] ennui 男, embarras 男 〜〜な ennuyeux(se), embarrassant(e), fâcheux(se) 〜〜なことになる se retrouver dans une situation embarrassante 〜〜を見る prendre soin, s'occuper 《de》 ご〜〜をおかけして申し訳ありません Je suis désolé de vous déranger [avoir dérangé]. 〜〜臭い embarrassant(e), ennuyeux(se) 〜〜臭そうに

à contre-cœur

めんどり [雌鶏] poule 女

メンバー membre 男; (スポーツチームの) équipier(ère) 名

めんみつ [綿密] 〜〜な minutieux(se), méticuleux(se) 〜〜に minutieusement, méticuleusement

めんもく [面目] face 女; (名誉) honneur 男; (評判) réputation 女 〜〜を保つ[失う] sauver [perdre] la face

めんるい [麺類] pâtes (alimentaires) 女複; (ヌードル) nouilles 女複

も

も [喪] deuil 男 〜〜に服する porter le deuil

-も 〜A〜B〜 A et B, A ainsi que B, A de même que B 彼はドイツ語〜話せる Il sait parler l'allemand aussi. 私はこの本を読みました — 私〜〜です J'ai lu ce livre. — Moi aussi [de même].

もう (すでに) déjà; (更に) encore, de plus 〜〜〜〜ない ne ... plus 〜〜お金は残っていない Il ne reste plus d'argent. お茶を〜〜一杯いかがですか Voulez-vous encore une tasse de thé? 〜〜一度やってみよう Je vais essayer encore une fois. 〜〜すぐ bientôt 〜〜少しゆっくり話してください Parlez un peu plus lentement.

もうかる [儲かる] être lucratif(ve), rapporter beaucoup [gros]

もうきん [猛禽] oiseau de proie 男

もうけ [儲け] profit 男, bénéfice 男 一株で大〜〜する gagner gros à la Bourse 〜〜物だ Quelle aubaine!

もうける [儲ける] gagner de l'argent

もうける [設ける] fonder, former 〜一席〜〜 organiser un banquet pour ...; (夕食に招待する) inviter ... à dîner

もうしあわせ [申し合わせ] convention 女; (約束) engagement 男; (合意) accord 男

もうしいれ [申し入れ] 〜〜を行う faire une proposition 女

もうじき bientôt, d'un moment à l'autre

もうしこみ [申し込み] demande 女; (登録などの) inscription 女 ▶申込書 formule de demande [d'inscription] 女

もうしこむ [申し込む] (応募・予約) souscrire 《à》; (登録) s'inscrire 《à》

もうしたて [申し立て] déclaration 女

もうしたてる [申し立てる] déclarer, exposer

もうしで [申し出] proposition 女; (提供) offre 女

もうしでる [申し出る] proposer, offrir

もうしひらき [申し開き] excuse 女

もうしぶん【申し分】 ——ない impeccable, parfait(e), idéal(ale) (男複 -aux)
もうじゅう【猛獣】 fauve 男, bête féroce 女
もうしわけ【申し訳】 ——して～ありません Excusez-moi de 不定詞
もうしん【盲信】 foi aveugle 女 ——する croire aveuglément
もうぜん【猛然】 ——と furieusement
もうそう【妄想】 chimère 女, illusion 女
もうちょう【盲腸】 cæcum 男 ▶盲腸炎 (虫垂炎) appendicite 女
もうどうけん【盲導犬】 chien guide d'aveugle
もうどく【猛毒】 poison mortel 男
もうはつ【毛髪】 cheveux 男複
もうふ【毛布】 couverture 女
もうまく【網膜】 rétine 女 ▶網膜剥離 décollement de la rétine 男
もうもく【盲目】 ——の aveugle ～的に aveuglément
もうれつ【猛烈】 ——な violent(e), furieux(se) ——に violemment, furieusement
もうろう【朦朧】 ——とした vague, indistinct(e)
もえあがる【燃え上がる】 flamber, s'enflammer
もえさし【燃え差し】 tison 男
もえつきる【燃え尽きる】 se consumer
もえる【燃える】 brûler; (火が付く) s'allumer; (炎上する) flamber
モーション (動き・動作) mouvement 男, geste 男
モーター moteur 男 ▶モーターボート canot automobile 男
モーテル motel 男
モード (ファッション) mode 女; (パソコンなどの動作モード) mode 男
モーリシャス Maurice 女 ——の mauricien(ne)
モーリタニア Mauritanie 女 ——の mauritanien(ne)
もがく se débattre, se démener
もぎ【模擬】 ▶模擬試験 examen blanc 男
もぎとる【もぎ取る】 arracher
もぐ ——木から実を～ cueillir un fruit sur l'arbre
もくげき【目撃】 ——事件を～する assister à un événement ▶目撃者 témoin 男
もくざい【木材】 bois 男
もくさつ【黙殺】 ——する ignorer complètement, ne tenir aucun compte de
もくじ【目次】 table des matières 女; (雑誌の) sommaire 男
もくせい【木製】 ——の en [de] bois
もくせい【木星】 Jupiter 男
もくぜん【目前】 ——の imminent(e), immédiat(e) 試験が～に迫っている L'examen approche.
もくぞう【木造】 ——の de [en] bois
もくたん【木炭】 charbon (de bois) 男; (デッサン用の) fusain 男
もくちょう【木彫】 sculpture sur bois
もくてき【目的】 but 男, fin 女; (目標) objectif 男 ——を達成する arriver à ses fins [son but] 助動詞である ……する〜 dans le but [l'intention] de 不定詞 ▶目的意識 connaissance [conscience] du but 女 目的補語 complément d'objet 男 目的地 destination 女
もくどく【黙読】 ——する lire des yeux
もくにん【黙認】 ——する approuver ... tacitement, fermer les yeux (sur)
もくば【木馬】 cheval de bois 男 ▶回転木馬 manège (de chevaux de bois) 男
もくはんが【木版画】 gravure sur bois 女
もくひけん【黙秘権】 droit de garder le silence 男
もくひょう【目標】 but 男, objectif 男 ——をにする avoir ... pour but
もくもく【黙々】 ——と en silence
もくようび【木曜日】 jeudi 男
モグラ【土竜】 taupe 女
もぐる【潜る】 (se) plonger; (隠れる) se cacher
もくれい【目礼】 ——する saluer ... du regard
もくろく【目録】 catalogue 男, liste 女; (財産などの) inventaire 男
もけい【模型】 modèle (réduit) 男, maquette 女
モザイク mosaïque 女
もさく【模索】 ——する tâtonner
モザンビーク Mozambique 男 ——の mozambicain(e)
もし si; (…の場合) au cas où 続く節は条件法; en cas de ——をかまわなかったらこの本を貸してください Prêtez-moi ce livre, si cela ne vous gêne pas. ～の場合 en cas de besoin
もじ【文字】 lettre 女, caractère 男, écriture 女 ——どおりに à la lettre, littéralement ▶文字盤 cadran 男
もしか ——したら par hasard ～したらその店は今日は休みかもしれない Si ça se trouve, le restaurant est fermé aujourd'hui.
もしも si ——私に～の事があったら s'il m'arrive quelque chose
もしもし allô ——, ルソーさんをお願いします Allô, je voudrais parler à Monsieur Rousseau.
もじもじ ——する être confus(e) ——しながら d'un air gêné
もしゃ【模写】 copie 女, reproduction

もじゃもじゃ【―――】する copier, reproduire
もじゃもじゃ【―の】embroussaillé(e)
もしょう【喪章】crêpe 男
もじる pasticher, parodier
モスリン mousseline 女
もぞう【模造】―の faux(sse) ▶模造品 imitation 女
もだえる【悶える】se tordre; (悩む・苦しむ) se tourmenter
もたせかける【凭せ掛ける】appuyer 《contre, à, sur》
もたせる【持たせる】―子供に弁当を～ faire emporter un casse-croûte à son enfant
もたもた ～しないでさっさと歩きなさい Ne traîne pas, marche plus vite.
もたらす【齎す】apporter, porter; (引き起こす) causer, entraîner
もたれる【凭れる】(寄りかかる) s'appuyer 《contre, sur》 ―この料理は胃に～ Ce plat pèse sur l'estomac.
モダン ―な moderne
もち【餅】pâte de riz 女
もちあげる【持ち上げる】lever, soulever
もちあじ【持ち味】goût [caractère] propre 男, particularité 女
もちあるく【持ち歩く】porter ... avec soi
もちあわせ【持ち合わせ】―いま～がない Je n'ai pas d'argent sur moi maintenant.
もちいえ【持ち家】sa propre maison
もちいる【用いる】employer, se servir de ―あらゆる手段を～ employer tous les moyens
もちかえる【持ち帰る】emporter, remporter ―持ち帰り用の (ファーストフード店など) à emporter
もちかぶ【持ち株】▶持ち株会社 'holding'男
もちこたえる【持ち堪える】résister 《à》; tenir bon 《contre》
もちこむ【持ち込む】porter, apporter
もちさる【持ち去る】emporter, enlever
もちだす【持ち出す】(外に出す) porter dehors; (持ち去る) emporter
もちにげ【持ち逃げ】―金を～する filer avec l'argent
もちぬし【持ち主】propriétaire 名, possesseur 男
もちば【持ち場】poste 男 ―～を回る (郵便配達人など) faire sa tournée; (軍隊・警察など) faire sa ronde
もちはこび【持ち運び】―～できる portatif(ve), portable
もちはこぶ【持ち運ぶ】porter, transporter
もちもの【持ち物】(所持品) ses affaires 女 複; (不動産などの所有物) propriété 女
もちろん【勿論】bien sûr, bien entendu, naturellement

もつ【持つ】avoir, tenir; (運ぶ) porter; (所有する) posséder; (負担する) prendre ... en charge; (維持できる) tenir ―病人は夏まで持たないだろう Je ne pense pas que le malade tienne jusqu'à l'été. ―あの会社は我慢して持っているようなものだ Cette entreprise ne semble marcher que par lui.
もっか【目下】maintenant, actuellement, pour l'instant
もっかん【木管】▶木管楽器 instrument à vent en bois 男
もっきん【木琴】xylophone 男
もったいない【勿体無い】C'est dommage de 不定詞 [que 接続法] ―時間が～ C'est une perte de temps.
もったいぶる【勿体振る】prendre [se donner] des airs, faire l'important ―もったいぶった prétentieux(se)
もっていく【持って行く】(持ち去る) emporter; (相手のところへ) apporter
もってくる【持って来る】apporter
もっと plus, encore, davantage
モットー devise 女; (方針・主義) principes 男 複
もっとも【最も】le(la) plus [moins]... (複 les ～...) ―～よい… le(la) meilleur(e)...
もっとも【尤も】(ただし) mais, toutefois, cependant ―～な raisonnable, normal(ale) (男複 -aux) ―彼が拒否するのも～だ Il a raison d'avoir refusé. ―～らしい vraisemblable
もっぱら【専ら】exclusivement, surtout
もつれる【縺れる】s'enchevêtrer, s'embrouiller ―舌が～ bredouiller
もてあそぶ【弄ぶ】jouer, s'amuser 《avec》
もてなし hospitalité 女 ―おもてなしをありがとう Merci pour votre hospitalité.
もてなす accueillir, donner [offrir] l'hospitalité 《à》
モデム modem 男
もてる【持てる】―…に～ avoir du succès auprès de ...
モデル (作品などの) modèle 男; (ファッションモデル) mannequin 男 ▶モデルハウス maison modèle 女
もと【元】origine 女, source 女; (原因) cause 女 ―～の ex-, précédent(e) ―～は originairement, au début ―が取れる rentrer dans ses fonds ―も子もなくなる perdre tout
もと 【基】―小説を～にして映画を作る réaliser un film d'après un roman
もと【下】―～で sous ―叔父の～で働いている Je travaille chez mon oncle.
もどす【戻す】(もとの状態に) remettre; (吐く) rendre, vomir
もとせん【元栓】robinet principal 男
もとづく【基づく】être basé(e), s'appuyer 《sur》 ―…に基づいて sur la base de ..., d'après ...

もとで【元手】capital 男 (複 -aux); fonds 男
もとね【元値】prix coûtant [de revient] 男
もとめる【求める】demander, exiger; (捜す)chercher; (探し求める)rechercher
もともと【元々】originairement, dès le début; (生まれつき)de [par] nature
もどる【戻る】revenir [助動詞être]; (引き返す)retourner [助動詞être]; (生活の本拠地に)rentrer [助動詞être]
モナコ Monaco 男　——~の monégasque
モニター moniteur 男
もの【物】chose 女; (物体)objet 男; (品物)article 男　——どんな~に興味がありますか À quoi est-ce que vous vous intéressez?　さっぱりした~が食べたい J'aimerais manger quelque chose de léger.
ものおき【物置】débarras 男, resserre 女
ものおと【物音】bruit 男
ものおぼえ【物覚え】mémoire 女　——~がよい[悪い] avoir une bonne [mauvaise] mémoire
ものおもい【物思い】——~にふける rêver, être plongé(e) dans ses réflexions
ものがたり【物語】récit 男, histoire 女; (小説)roman 男; (寓話)fable 女
ものがたる【物語る】raconter; (示す・表す)montrer, témoigner〈de〉
モノクロ ——~の monochrome
ものごい【物乞い】mendiant(e) 名　——~をする mendier
ものごと【物事】chose 女, affaire 女
ものさし【物差し】règle 女
ものしり【物知り】homme savant 男　——~の savant(e); (教養のある)instruit(e)
ものずき【物好き】——~な curieux(se)
ものすごい【物凄い】terrible, horrible
ものたりない【物足りない】être peu satisfaisant(e), laisser à désirer
ものほし【物干し】séchoir à linge 男
ものまね【物真似】imitation 女　——~をする imiter, mimer
モノレール monorail 男
モノローグ monologue 男
ものわかり【物分かり】——~のよい compréhensif(ve)
モバイル ——~の mobile
もはや【最早】——~これまでだ C'est fini!
もはん【模範】modèle 男, exemple 男　——~を示す montrer l'exemple　~の exemplaire ◆**模範試合** exhibition 女
もふく【喪服】habits de deuil 男 複
もほう【模倣】imitation 女, copie 女　——~する imiter, copier
モミ【樅】sapin 男
モミジ【紅葉】(カエデ)érable 男
もみ【揉み】masser
もめごと【揉め事】brouille 女, discorde 女
もめる【揉める】avoir des ennuis; (喧嘩する)se quereller〈avec〉
もめん【木綿】coton 男
もも【股・腿】cuisse 女
モモ【桃】(木)pêcher 男; (実)pêche 女
ももいろ【桃色】rose 男　——~の rose, rosé(e)
もや【靄】brouillard 男, brume 女　——~がかかっている Le temps est brumeux.
もやし【萌やし】germe de soja 男
もやす【燃やす】brûler; (火を付ける)allumer
もよう【模様】dessin 男, motif 男　——死者が出ている~である Il y aurait des morts.
もよおし【催し】manifestation 女; (祭)fête 女; (式典)cérémonie 女
もよおす【催す】donner, organiser
もより【最寄り】——~の tout(e) proche, le(la) plus proche
もらう【貰う】(受け取る)recevoir; (得る)avoir, obtenir; (…してもらう)se faire 不定詞　——友達に手伝ってもらった Je me suis fait aider par un ami.　この本は父からもらった C'est mon père qui m'a donné ce livre.　これはもらってもいいですか? Puis-je prendre ceci?
もらす【漏らす】(水・光・音を)laisser filtrer; (空気・言葉などを)laisser échapper　——小便を~ mouiller [faire dans] sa culotte
モラトリアム moratorium 男
モラル morale 女
もり【森】bois 男; (広大で自然の)forêt 女
もりあげる【盛り上げる】——パーティーを~ animer la soirée
もりあわせ【盛り合わせ】assortiment 男
もる【盛る】entasser　——皿に料理を~ arranger un mets dans une assiette
モルディブ Maldives 女 複　——~の maldivien(ne)
モルドバ Moldavie 女　——~の moldave
モルヒネ morphine 女
モルモット cobaye 男, cochon d'Inde 男
もれる【漏れる】fuir, s'échapper, couler
もろい【脆い】fragile, cassant(e)　——彼女は涙~ Elle a la larme facile.
モロッコ Maroc 男　——~の marocain(e)
もろは【両刃】——~の剣 épée à double

tranchant 女

もん【門】porte 女
もん【紋】⇨紋章
もんく【文句】(不平) plainte 女, murmures 男 複; (語句) paroles 女 複 ……について～を言う se plaindre de … 〜なしに incontestablement
もんげん【門限】heure de fermeture 女
モンゴル Mongolie 女 〜の mongol(e)
もんしょう【紋章】blason 男, emblème 男
モンタージュ(映画の編集) montage 男 ▶モンタージュ写真 portrait-robot 男
もんだい【問題】problème 男; (検討の対象) question 女; (不都合・トラブル) ennui 男 一息子がまた～を起こした Notre fils nous a créé encore des ennuis. 数学の～を解く résoudre un problème de mathématiques ～にする mettre en question ～ありません (Il n'y a) pas de problème. ▶問題児 élève réfractaire [difficile] 男 問題集 recueil d'exercices 男
もんばん【門番】portier(ère) 名
もんぶかがくしょう【文部科学省】Ministère de l'Éducation, de la Culture, des Sports, des Sciences et de la Technologie 男
もんもう【文盲】analphabétisme 男; (人) analphabète 名

や

や【矢】flèche 女 〜を射る décocher [lancer] une flèche 《sur》光陰〜のごとし Le temps file comme une flèche.
-や 一野菜～果物 des légumes et des fruits 男 複
やあ Ohé! | Hé! 〜, ジャン Salut, Jean.
ヤード yard 男
やえい【野営】campement 男 〜す camper
やちょう【八百長】truquer, monter un coup 〜する
やおや【八百屋】(人) marchand(e) de légumes 名; (店) boutique de marchand de légumes 女
やかい【夜会】soirée 女
やがい【野外】〜で en plein air, au grand air
やがく【夜学】cours du soir 男 複 〜に通う suivre les cours du soir
やかた【館】manoir 男, château 男
やがて(間もなく) tout à l'heure, (近いうちに) bientôt, (しばらくすれば) au bout d'un certain temps
やかましい【喧しい】bruyant(e); (人が) turbulent(e)
やかん【夜間】soir 男, nuit 女 〜の de nuit
やかん bouilloire 女
ヤギ【山羊】chèvre 女; (雄ヤギ) bouc 男 ▶山羊座 le Capricorne
やきつけ【焼き付け】tirage 男
やきにく【焼き肉】grillades 女 複 ▶焼き肉屋 grill 男, rôtisserie 女
やきまし【焼き増し】tirage supplémentaire 男
やきもち【焼き餅】jalousie 女 〜をやく être jaloux(se) 《de》
やきゅう【野球】base-ball 男 〜をする jouer au base-ball ▶野球場 stade [terrain] de base-ball 男
やきん【夜勤】travail [service] de nuit 男 〜をする travailler de nuit
やく【焼く】brûler; (食べ物を) (faire) cuire; (ローストする) (faire) rôtir; (焼き網で) griller
やく【役】(地位・官職) fonction 女, poste 男;(芝居の)rôle 男 〜に立つ être utile 〜に立たない être inutile
やく【訳】traduction 女
やく【約】environ, à peu près
やぐ【夜具】matériel de couchage 男, literie 女
やくいん【役員】(委員会の) commissaire 男; (会社の) administrateur(trice) 名
やくがい【薬害】maladie causée par les médicaments 女
やくがく【薬学】pharmaceutique 女
やくご【訳語】mot traduit 男, traduction 女
やくざ gangster 男, membre du milieu 男
やくざい【薬剤】médicament 男 ▶薬剤師 pharmacien(ne) 名
やくしゃ【役者】acteur(trice) 名, comédien(ne) 名
やくしゃ【訳者】traducteur(trice) 名
やくしょ【役所】Administration 女, bureau du gouvernement 男 ▶お役所仕事 lenteur administrative [bureaucratique] 女
やくしょく【役職】〜につく occuper un poste de [à] responsabilité
やくしん【躍進】grand essor 男 〜する prendre un grand essor [un essor prodigieux]
やくす【訳す】traduire 一英語からフランス語に～ traduire de l'anglais en français
やくそう【薬草】plante [herbe] médicinale 女
やくそく【約束】promesse 女 〜する faire une promesse, promettre 《à》〜を守る tenir sa promesse 〜を破る manquer à sa parole ▶約束手形 billet à ordre 男
やくだつ【役立つ】être utile, servir 《à》

やくにん【役人】 fonctionnaire 名; (軽蔑的) bureaucrate 名

やくば【役場】 mairie 女

やくひん【薬品】 produit pharmaceutique 男, médicament 男

やくぶつ【薬物】 matière médicamenteuse 女, médicament 男

やくぶん【訳文】 traduction 女, texte traduit 男

やくみ【薬味】 épice 女, condiment 男

やくめ【役目】 rôle 男, charge 女, fonction 女 ――を果たす s'acquitter de ses fonctions

やぐら【櫓】 tour 女, tourelle 女

やくわり【役割】 rôle 男

やけあと【焼け跡】 décombres d'un incendie 男 複, ruines d'un incendie 女 複

やけい【夜景】 vue nocturne 女

やけい【夜警】 garde (ronde) de nuit 女; (人) veilleur [gardien] de nuit 男

やけしぬ【焼け死ぬ】 mourir brûlé(e) [助動詞 être]

やけど【火傷】 brûlure 女 ――火事で大～を負う se brûler gravement dans un incendie

やける【焼ける】 brûler; (食べ物が) cuire

やこう【夜行】 ――性の nocturne 女 夜行列車 train de nuit 男

やさい【野菜】 légumes 男 複 ► 野菜サラダ salade (de légumes) 女 野菜ジュース jus de légumes 男 野菜スープ soupe aux légumes 女

やさしい【優しい】 tendre, doux(ce); (親切な) gentil(le) ――優しく tendrement, doucement 優しさ tendresse 女, gentillesse 女

やさしい【易しい】 facile, aisé(e), simple

ヤシ【椰子】 (木) cocotier 男; (実) noix de coco 女

やじ【野次】 huées 女 複 ――を飛ばす huer

やじうま【野次馬】 badauds 男 複 ► 野次馬根性 badauderie 女

やしき【屋敷】 résidence (de luxe) 女

やしなう【養う】 nourrir, entretenir

やしゅう【夜襲】 attaque nocturne 女 ――をかける lancer une attaque nocturne

やじゅう【野獣】 animal sauvage 男 (複 -aux ~s) ――のような bestial (ale) (男複 -aux)

やじるし【矢印】 flèche 女

やしん【野心】 ambition 女 ――を抱く avoir de l'ambition; ambitionner de [不定詞] ～のある ambitieux(se)

やすい【安い】 bon marché (不変); pas cher(ère) ――このハンカチは安く買った J'ai acheté ce mouchoir bon marché.

-やすい【-易い】 être facile à; (…の傾向がある) être sujet(te) à …

やすうり【安売り】 vente au rabais 女, solde 男 ――する vendre… au rabais, solder

やすげっきゅう【安月給】 maigre salaire 男

やすっぽい【安っぽい】 de pacotille

やすね【安値】 bas prix 男

やすませる【休ませる】 reposer, donner du repos

やすみ【休み】 repos 男; (休憩) pause 女; (休暇) congé 男; (長期の) vacances 女 ――10分の～をとる faire une pause de dix minutes 彼は今日は～です Il est absent aujourd'hui. この店は木曜日がお～です Ce magasin ferme le jeudi. ► 休み時間 récréation 女

やすむ【休む】 se reposer; (休憩) faire une pause; (学校・仕事を) être absent(e) (de); (休暇を取る) prendre un congé

やすらか【安らか】 ――な paisible, calme

やすらぎ【安らぎ】 calme 男

やすり【鑢】 lime 女 ――をかける limer

やせい【野生】 ――の sauvage

やせい【野性】 ――的な sauvage

やせおとろえる【痩せ衰える】 devenir maigre et affaibli(e) [助動詞 être] ――やせ衰えた amaigri(e)

やせがた【痩せ形】 ――の mince, maigre

やせがまん【痩せ我慢】 ――する endurer par fierté, faire le brave

やせすぎ【痩せすぎ】 ――の maigre, mince

やせこける【痩せこける】 ――痩せこけた émacié(e)

やせぽち【痩せぽち】 maigre 名

やせる【痩せる】 maigrir, s'amaigrir; (土地が) s'épuiser ―3キロ― perdre trois kilos 痩せた maigre; (ほっそりした) mince, svelte 痩せた土地 terre stérile 女

やそう【野草】 herbe sauvage 女

やそうきょく【夜想曲】 nocturne 男

やたい【屋台】 baraque (de foire) 女; (夜店) stand 男

やたら ――に avec excès, à tort et à travers

やちょう【野鳥】 oiseau sauvage 男

やちん【家賃】 loyer 男, location 女

やつ【奴】 type 男 ――変なやつだな C'est un drôle de type.

やっかい【厄介】 (面倒) ennui 男, embarras 男 ――な ennuyeux(se), embarrassant(e) 友達の～になっている Je loge chez un ami. ～払いする se débarrasser (de)

やっきょく【薬局】 pharmacie 女

やっつけしごと【やっつけ仕事】 bâclage 男

やっつける abattre, battre; (処理) expédier

やってくる【やって来る】arriver 【助動詞 être】

やってのける réussir (à); accomplir

やってみる essayer, tenter ―ひとりでなんとかやってみます Je vais me débrouiller tout seul.

やっと (ついに) enfin; (かろうじて) avec peine ―今やっと着きました Je viens d'arriver à l'instant.

やっとこ tenailles 女複, davier 男

やつれる s'affaiblir

やど【宿】hôtel 男, auberge 女

やといぬし【雇い主】employeur(se) 名, patron(ne) 名

やとう【雇う】employer, engager; (職人を) embaucher

やとう【野党】opposition 女

やどちょう【宿帳】registre de l'hôtel 男

やどなし【宿無し】sans-logis 男 (不変), sans-abri 男 (不変)

やどや【宿屋】hôtel 男, auberge 女

ヤナギ【柳】saule 男, osier 男

やに【脂】(樹木の) résine 女; (たばこの) nicotine 女; (目の) chassie 女

やめし【家主】propriétaire 名

やね【屋根】toit 男 ―~伝いに逃げる s'enfuir par les toits 一つ~の下に暮らす vivre ensemble ▶屋根裏部屋 combles 男複 瓦屋根 toit de tuiles 男 トタン屋根 toit de zinc 男

やはり【矢張り】(…ëmは) aussi, également; (否定文で) non plus; (結局) finalement, en fin de compte; (予想どおり) comme prévu

やはん【夜半】―~に à [vers] minuit

やばん【野蛮】barbarie 女 ―~な barbare; (原始的な) sauvage ▶野蛮人 barbare 名, sauvage 名

やぶ【藪】broussailles 女複, buisson 男 ―~から棒に à brûle-pourpoint ▶藪医者 charlatan 名

やぶる【破る】déchirer, (負かす) battre, vaincre

やぶれかぶれ【破れかぶれ】―~のdésespéré(e) ―~になる s'abandonner [se livrer] au désespoir

やぶれる【破れる】se déchirer; (望れる) s'user ―夢が破れた Mon rêve est brisé.

やぶれる【敗れる】―決勝戦で~ être battu(e) à la finale

やぶん【夜分】―~に à une heure tardive de la nuit

やぼ【野暮】―~な (粗野な) grossier(ère); (不粋な) inélégant(e)

やぼう【野望】ambition 女

やま【山】montagne 女; (多量) pile 女 ―~に登る monter sur une montagne 仕事が山ほどある avoir du travail par-dessus la tête

やまい【病】maladie 女 ―~は気から Le moral peut rendre malade.

やまかじ【山火事】incendie de forêt 男

やまごや【山小屋】(登山用) refuge 男; (山荘) chalet 男

やまし【山師】(投機家) spéculateur(trice) 名, (ぺてん師) charlatan 男

やましい【疚しい】avoir la conscience troublée

ヤマネコ【山猫】chat sauvage 男

やまのぼり【山登り】alpinisme 男 ―~をする faire de l'alpinisme

やまば【山場】point culminant 男, nœud 男

やまびこ【山彦】écho 男

やみ【暗黒】obscurité 女; (夜の) noir 男 ―事件は~に葬られた L'affaire a été étouffée dans le plus grand secret. 一寸先は~ Nul ne sait ce que demain nous réserve. ▶闇市 marché noir 男 闇討ち attaque nocturne 女 闇取引 commerce clandestin 男

やみくも【闇雲】―~に結論を急いでも仕方ない Cela ne sert à rien de brusquer le dénouement.

やむ【止む】cesser ―雨がやんだ Il s'est arrêté de pleuvoir.

やむ【病む】―…を~ souffrir, être atteint(e) 《de》

やむにやまれぬ【止むに止まれぬ】―~事情 circonstances indépendantes de la volonté de...女複

やむをえず【已むを得ず】―~…するêtre obligé(e) [forcé(e)] de...; être contraint(e) à...

やむをえない【已むを得ない】inévitable; (必要な) nécessaire

やめる【止める】arrêter... [de 不定詞], cesser... [de 不定詞] ―私はタバコをやめた J'ai cessé de fumer. やめてください Arrêtez!

やめる【辞める】quitter; (辞任する) démissionner

やもめ【寡婦】veuve 女

ヤモリ gecko 男

やや (少し) un (petit) peu; (多少) plus ou moins

ややこしい compliqué(e), embrouillé(e)

やり【槍】lance 女; (投げ槍) javelot 男

やりがい【やり甲斐】―~のある qui vaut la peine

やりかた【やり方】(方法) procédé 男, méthode 女, (手順) manière 女, façon 女

やりそこなう【やり損なう】manquer son coup, rater

やりとげる【やり遂げる】achever, accomplir

やりなおす【やり直す】refaire, recommencer

やりなげ【槍投げ】lancement du javelot 男

やりぬく【やり抜く】achever, accomplir

やる【遣る】(行かせる) envoyer; (与える)

やるき [やる気] （する）faire —よくやった Bravo! | Bien joué!

やるきまんまん [やる気満々] ――満々である être plein(e) de courage, être très motivé(e) ～のない démotivé(e)

やるせない [やる瀬ない] languissant(e)

やわらかい [柔らかい] （よふよした）mou(molle) （母音、無音のhで始まる男性単数名詞の前ではmol）; （心地よい）tendre; （しなやかな）souple ―柔らかくなる devenir mou(molle) [tendre] [助動詞être]

やわらぐ [和らぐ] ―寒さが～ Le temps s'adoucit [se radoucit]. 痛みが～ La douleur s'apaise [se calme].

やわらげる [和らげる] adoucir, atténuer, calmer

やんちゃ ～な espiègle

やんわり ～と doucement, avec douceur

ゆ

ゆ [湯] eau chaude 囡 ――をわかす faire bouillir de l'eau

ゆいいつ [唯一] ～の seul, unique

ゆいごん [遺言] dernières volontés 囡 複, testament 男 ▶遺言状 testament 男

ゆいぶつろん [唯物論] matérialisme 男 ▶唯物論者 matérialiste 男

ゆうい [優位] ～に立つ avoir l'[une] supériorité sur, prendre l'avantage [le dessus] sur

ゆういぎ [有意義] ～な significatif(ve); （有益な）utile

ゆううつ [憂鬱] ～な mélancolique ～になる tomber dans la mélancolie [助動詞être]

ゆうえき [有益] ～な utile, profitable

ゆうえつかん [優越感] complexe de supériorité 男

ゆうえんち [遊園地] parc d'attractions 男

ゆうか [有価] ▶有価証券 valeurs mobilières 囡 複

ゆうが [優雅] ～な élégant(e), gracieux(se)

ゆうかい [誘拐] enlèvement 男; （子供の）kidnapping 男 ～する enlever, kidnapper ▶誘拐犯 kidnappeur(se) 图, ravisseur(se) 图

ゆうがい [有害] ～な nuisible; （健康に悪い）malsain(e)

ゆうがた [夕方] soir 男, soirée 囡

ユーカリ eucalyptus 男

ゆうかん [夕刊] journal du soir 男 （複 -aux）

ゆうかん [勇敢] ～な courageux(se), brave ～に courageusement, bravement

ゆうき [勇気] courage 男 ――をつける encourager ～のある courageux(se), brave

ゆうき [有機] ～的な organique, organisé(e) ▶有機農業 agriculture biologique 囡

ゆうぎ [遊戯] jeu 男

ゆうきゅう [有給] ～の salarié(e), appointé(e) ▶有給休暇 congé payé 男

ゆうぐう [優遇] faveur 囡 ～する traiter favorablement

ゆうぐれ [夕暮れ] soir 男

ゆうげん [有限] ～の fini(e), limité(e) ▶有限会社 société à responsabilité limitée 囡 略SARL

ゆうけんしゃ [有権者] électeur(trice) 图; （集合的）électorat 男

ゆうこう [有効] ～な （効果のある）efficace; （効力のある）valable 時間を～に使う employer bien son temps ▶有効期間 durée de validité 囡 ▶有効票 bulletin valide

ゆうこう [友好] amitié 囡 ――的 amical（な -aux） ▶友好国 pays ami 男 ▶友好条約 traité d'amitié 男

ゆうごう [融合] fusion 囡 ～する fusionner

ユーザー usager(ère) 图

ゆうざい [有罪] culpabilité 囡 ～の coupable ▶有罪判決 verdict de culpabilité 男

ゆうし [融資] financement 男 ――を企業に～する financer une entreprise

ゆうし [有志] volontaire 图 ～の volontaire

ゆうし [有刺] ▶有刺鉄線 fil de fer barbelé 男

ゆうしきしゃ [有識者] personne instruite 囡; （専門家）spécialiste 图

ゆうしゅう [優秀] ～な excellent(e), éminent(e)

ゆうじゅうふだん [優柔不断] ～な irrésolu(e), indécis(e)

ゆうしょう [優勝] championnat 男 ▶優勝カップ coupe 囡 ▶優勝者 vainqueur 男, champion(ne) 图

ゆうじょう [友情] amitié 囡

ゆうしょく [夕食] dîner 男 ～をとる dîner

ゆうしょく [有色] ▶有色人種 gens de couleur 男

ゆうじん [友人] ami(e) 图; （仲間）camarade 图

ゆうずう [融通] ――がきく avoir l'esprit souple ～のきかない peu compréhensif(ve); （頑固な）obstiné(e) ▶融通無碍（の）に sans contrainte, librement

ユースホステル auberge de jeunesse 囡

ゆうせい [優勢] ～な supérieur(e), dominant(e)

ゆうせい【郵政】▶郵政民営化 privatisation de la Poste 囡
ゆうせん【優先】priorité 囡 ……に～する avoir la priorité sur... ～的に en priorité
ゆうぜん【悠然】～と d'un air posé, posément
ゆうそう【郵送】～する envoyer [expédier]... par la poste ▶郵送料 port 男
ゆうそう【勇壮】～な brave, héroïque
ユーターン【Uターン】demi-tour 男 ～する faire demi-tour
ゆうたい【優待】▶優待券 billet de faveur 男
ゆうだい【雄大】～な grandiose, magnifique
ゆうだち【夕立】(にわか雨) averse 囡; (雷雨を伴う) pluie d'orage 囡
ゆうち【誘致】～する attirer; (導入) implanter
ゆうどう【誘導】～する conduire, guider
ゆうどく【有毒】～な toxique; (植物が) vénéneux(se); (動物が) venimeux(se) ▶有毒ガス gaz toxique 男
ユートピア utopie 囡
ゆうのう【有能】～な compétent(e), capable
ゆうはつ【誘発】～する engendrer, entraîner
ゆうはん【夕飯】dîner 男
ゆうひ【夕日】soleil couchant 男
ゆうび【優美】～な élégant(e)
ゆうびん【郵便】poste 囡; (郵便物) courrier 男 ～を配達する distribuer le courrier ▶郵便受け boîte (aux lettres) 囡 郵便局 poste 囡, bureau de poste 男 郵便配達人 facteur 男 郵便番号 code postal 男 郵便ポスト boîte (aux lettres) 囡
ユーフォー【UFO】objet volant non identifié 男 略 OVNI
ゆうふく【裕福】～な riche ～に暮らす vivre à l'aise [dans l'aisance]
ゆうべ【夕べ】soirée 囡
ゆうべ【昨夜】hier soir
ゆうべん【雄弁】～な éloquent(e) ▶雄弁家 homme éloquent 男, orateur(trice) 名
ゆうぼう【有望】～な plein(e) d'avenir [de promesses], prometteur(se)
ゆうぼくみん【遊牧民】nomade 名
ゆうめい【有名】～な bien connu(e), célèbre ▶有名人 célébrité 囡
ユーモア humour 男 ～のある人 humoriste 名
ユーモラス ～な plein(e) d'humour, humoristique
ゆうやけ【夕焼け】embrasement du soleil couchant 男
ゆうやみ【夕闇】crépuscule 男

ゆうよ【猶予】délai 男 一刻の～も許されない Il n'y a pas un instant à perdre. ～猶予期間 délai de grâce 男 執行猶予 sursis 男
ゆうよう【有用】～な utile, profitable
ゆうらん【遊覧】▶遊覧船 bateau de plaisance 男 遊覧バス autocar de tourisme 男
ゆうり【有利】～な avantageux(se); (好都合な) favorable
ゆうりょ【憂慮】～する s'inquiéter, se soucier (de) ～すべき inquiétant(e), préoccupant(e); (重大な) grave
ゆうりょう【有料】～の payant(e) ▶有料道路 route à péage 囡
ゆうりょう【優良】～な excellent(e), supérieur(e)
ゆうりょく【有力】～な puissant(e), fort(e) ▶有力者 homme influent 男, notable 男
ゆうれい【幽霊】fantôme 男, revenant 男 ▶幽霊屋敷 maison hantée 囡
ユーロ euro 男
ゆうわ【宥和】adoucissement 男, apaisement 男
ゆうわく【誘惑】tentation 囡 ～する tenter
ゆえに【故に】donc
ゆか【床】plancher 男, sol 男
ゆかい【愉快】～な joyeux(se); (陽気な) gai(e); (面白い) amusant(e)
ゆがむ【歪む】se déformer, gauchir
ゆがめる【歪める】déformer, tordre
ゆかり【縁】lien 男, relations 囡 覆
ゆき【雪】neige 囡 ～が降る Il neige. ～が1メートル積もっている Il y a un mètre de neige. 今年の冬は～が多かった Il a beaucoup neigé cet hiver. ▶雪合戦 bataille de boules de neige 囡 雪だるま bonhomme de neige 男 雪解け dégel 男, fonte des neiges 囡
ゆきつく【行き着く】parvenir (à) 助動詞 être
ゆきづまる【行き詰まる】—交渉が～ Les négociations sont dans une impasse.
ゆきわたる【行き渡る】se répandre, se propager
ゆく【行く】→行(い)く
ゆくえ【行方】～て追う suivre... à la trace ～をくらます disparaître sans laisser de trace ～不明の disparu(e)
ゆくゆく【行く行く】～はPlus tard, je voudrais que mon fils me succède.
ゆげ【湯気】vapeur 囡 ～が立つ exhaler de la vapeur
ゆけつ【輸血】transfusion de sang 囡 ～する transfuser du sang (à)
ゆさぶる【揺さぶる】secouer, agiter
ゆしゅつ【輸出】exportation 囡 ～する exporter

ゆすぐ【濯ぐ】 rincer
ゆすり【強請】 extorsion 女, chantage 男
-ゆずり【-譲り】 —父親~の頑固さ entêtement hérité de son père 男
ゆずりあう【譲り合う】 —道を~ se céder mutuellement le pas
ゆずりうける【譲り受ける】 hériter
ゆする【揺する】 ébranler, secouer
ゆする【強請る】 faire chanter, extorquer
ゆずる【譲る】 céder (à); (譲歩する) concéder
ゆせい【油性】 —の onctueux(se)
ゆそう【輸送】 transport 男 —する transporter
ゆたか【豊か】 —な riche, abondant(e) —な土地 terre fertile [féconde] 女
ゆだねる【委ねる】 confier, remettre (à)
ユダヤ ▶ユダヤ教 judaïsme 男 **ユダヤ人 Juif(ve)**
ゆだん【油断】 inattention 女; (不用意) imprudence 女 —する relâcher sa vigilance —するな Prenez garde. ▶油断大敵 Prudence est mère de sûreté.
ゆたんぽ【湯たんぽ】 bouillotte 女
ゆちゃく【癒着】 collusion 女
ゆっくり lentement; (少しずつ) petit à petit —考えさせてください Laissez-moi bien réfléchir. どうぞ~と話 Prenez votre temps. もっと~話してください Pouvez-vous parler plus lentement, s'il vous plaît?
ゆでたまご【茹で卵】 œuf dur 男; (半熟) œuf à la coque 男
ゆでる【茹でる】 faire cuire [bouillir] à l'eau
ゆでん【油田】 gisement de pétrole 男
ゆとり place 女, marge 女; (気持ちの) aisance 女
ユニーク —な unique, seul(e) en son genre
ユニット unité 女 ▶ユニット家具 meuble par élément 男
ユニフォーム uniforme 男, tenue 女
ゆにゅう【輸入】 importation 女 —する importer ▶輸入品 article d'importation 男
ゆび【指】 doigt 男; (足の) orteil 男 —娘には~一本触れさせない Ne laisser personne approcher sa fille ~をくわえて見ている en baver d'envie ▶指先 bout du doigt 男
ゆびさす【指差す】 montrer du doigt
ゆびわ【指輪】 bague 女, anneau 男 —をはめる mettre une bague à son doigt
ゆみ【弓】 arc 男; (弦楽器の) archet 男
ゆめ【夢】 rêve 男 —を見る rêver, faire un rêve —がかなった Mon rêve s'est réalisé. 成功するとは~にも思わな

かった Je ne m'attendais vraiment pas à ce succès. ~のような計画 projet chimérique 男
ゆめごこち【夢心地】 —で en extase
ゆめみる【夢見る】 rêver (de) —よく~人 rêveur 男
ゆめゆめ ~を忘れるな Ne l'oublie jamais!
ゆゆしい【由々しい】 grave, sérieux(se)
ゆらい【由来】 origine 女; (来歴) histoire 女 —…に~にする provenir [dériver] de —avoir son origine dans ~
ユリ【百合】 lis 男
ゆりいす【揺り椅子】 fauteuil à bascule 男, rocking-chair 男
ゆりかご【揺り籠】 berceau 男
ユリカモメ【百合鷗】 mouette rieuse 女
ゆるい【緩い】 lâche, mou(molle); (母音・無音の h で始まる男性単数名詞の前では mol); (衣服などが) (trop) large
ゆるがす【揺がす】 ébranler, secouer
ゆるし【許し】 pardon 男; (許可) permission 女 —を請う demander pardon (à)
ゆるす【許す】 excuser, pardonner (à); (許可する) permettre (à) —心を許せる友人 ami(e) à qui on peut se confier 名 時間の~限り dans la mesure de temps disponible
ゆるむ【緩む】 se relâcher; (紐・ねじなどが) se desserrer —気が~ se détendre
ゆるめる【緩める】 (紐・ねじなどを) desserrer, (緩和する) relâcher
ゆるやか【緩やか】 —な doux(ce); (緩い) léger(ère); (寛大な) généreux(se)
ゆれ【揺れ】 secousse 女, tremblement 男
ゆれる【揺れる】 (小刻みに) trembler; (前後左右に) se balancer; (2つの間で) osciller
ゆわかしき【湯沸し器】 chauffe-eau 男

よ

よ【世】 monde 男 —この~ ce monde あの~ l'autre monde ~に言う c'est ce qu'on appelle ~に出る débuter dans la vie
よ【夜】 nuit 女 —~が明けるLe jour se lève.
よあかし【夜明かし】 —する passer une nuit blanche
よあけ【夜明け】 —に au point du jour ~前に avant le jour
よそだつ【夜遊び】 —をする sortir le soir 【助動詞】être
よい【良い・善い】 bon(ne) [比較級 meilleur(e), 最上級 le(la) meilleur(e)]; bien [比較級 mieux, 最上級 le

よい 〔mieux〕 ……しても～ pouvoir 君は寝ていた方が～ Tu ferais mieux de rester au lit. ワインとビールの方が～ Je préfère la bière au vin. この子は～こと悪いことの区別がつかない Cet enfant ne sait pas discerner le bien du mal. 調子はあまりよくありません Pas très bien.

よい【酔】 ivresse 女；〜船〔車〕酔い mal de mer [de la route] 男

よい【宵】 soir 男, soirée 女 〜の口 tombée de la nuit 女

よいん【余韻】〔残響〕résonances (profondes) 女複; 〔後味〕arrière-goût 男

よう【用】(用)事 affaire 女; (する事) quelque chose à faire 〜は何でしょうか Que désirez-vous? おまえには〜はない Je n'ai rien à voir avec toi.

よう【様】……の〜に comme, ainsi que いつもの〜に comme d'habitude

よう【酔う】(酒などに)s'enivrer 一成功に〜 s'enivrer [se griser] de son succès

ようい【用意】 préparation 女; (準備) préparatifs 男複 〜する préparer 〜ができている être prêt(e)

ようい【容易】〜な facile; (単純な) simple

よういん【要因】 facteur 男, cause principale 女

ようえき【溶液】 solution 女

ようかい【溶解】〜する se dissoudre, fondre

ようがし【洋菓子】 pâtisserie (européenne) 女 ▶洋菓子店 pâtisserie 女

ようがん【溶岩】 lave 男

ようき【容器】 récipient 男

ようき【陽気】〜な gai(e), joyeux(se)

ようぎ【容疑】 inculpation 女, soupçon 男 ……の〜で sous l'inculpation de… ▶容疑者 suspect(e) 名, inculpé(e) 名

ようきゅう【要求】 exigence 女, demande 女; (権利として) revendication 女 〜する exiger, demander, revendiquer

ようぐ【用具】 outil 男, instrument 男

ようけい【養鶏】 élevage de volaille 男

ようけん【用件】 affaire 女

ようご【用語】 terme 男; 《総称的に》terminologie 女 ▶専門用語 termes techniques 男複

ようご【養護】 soins 男複 ▶養護学校 école de rééducation 女

ようご【擁護】〜する défendre

ようこそ〜いらっしゃいました Bienvenue! Soyez le(la) bienvenu(e)!

ようさい【要塞】 forteresse 女

ようさん【養蚕】 sériciculture 女

ようし【要旨】 résumé 男; (要点) point essentiel 男

ようし【用紙】 formule 女; (質問用紙) formulaire 男

ようし【容姿】 apparence 女, figure 女

ようし【養子】 (男) fils adopté [adoptif] 男; (女) fille adoptée [adoptive] 女 ─養子を〜にする adopter un orphelin

ようし【用事】 affaire 女; (する事) quelque chose à faire

ようじ【幼児】 petit(e) enfant 名 〜の enfantin(e)

ようじ【楊枝】 cure-dent(s) 男 《不変》

ようしき【様式】 style 男, genre 男

ようしき【洋式】〜の à l'occidentale

ようしゃ【容赦】〜する pardonner 〜なく impitoyablement, sans merci

ようしょく【養殖】(カキ・魚などの) élevage 男; (真珠などの) culture 女

ようじん【要人】 personnage important 男

ようじん【用心】 attention 女, précaution 女 〜する faire attention 〈à〉; (信用しない) se méfier 〈de〉 〜深い prudent(e)

ようす【様子】 état 男; (外見・模様) air 男 しばらく〜を見よう On va voir comment ça se passe. この〜では dans cet état des choses 彼の〜がおかしい Il a l'air bizarre.

ようする【要する】 demander, exiger

ようするに【要するに】(en) bref, en un mot; (結局) après tout

ようせい【妖精】 fée 女

ようせい【要請】 demande 女 〜する demander

ようせい【養成】 formation 女 〜する former

ようせき【容積】 capacité 女, contenance 女

ようせつ【熔接】 soudure 女 〜する souder

ようそ【要素】 élément 男

ようそう【様相】 aspect 男, phase 女

ようだい【容体】 état (du malade) 男

ようち【幼稚】〜な enfantin(e), puéril(e) ▶幼稚園 (école) maternelle 女, jardin d'enfants 男

ようちゅう【幼虫】 larve 女, ver 男

ようつう【腰痛】 lumbago 男, douleur lombaire 女

ようてん【要点】 (point) essentiel 男

ようと【用途】 usage 男, emploi 男

ようとん【養豚】 élevage des porcs 男

ようにん【容認】〜する admettre, tolérer

ようねん【幼年】 première enfance 女 〜時代に dans sa première enfance, en bas âge

ようばい【溶媒】 solvant 男

ようび【曜日】 jour de la semaine 男 今日は何〜ですか Quel jour sommes-nous aujourd'hui?

ようひし【羊皮紙】 parchemin 男

ようふ【養父】 père adoptif 男
ようふく【洋服】 vêtement 男; (衣服) habit 男 ▶洋服だんす armoire 女, garde-robe 女
ようぶん【養分】 éléments nutritifs 男 複, qualités nutritives 女 複
ようぼ【養母】 mère adoptive 女
ようほう【用法】 emploi 男
ようほう【養蜂】 apiculture 女
ようぼう【容貌】 visage 男, figure 女
ようぼう【要望】 demande 女 〜…の〜に応じて à la demande de …
ようもう【羊毛】 laine 女, toison 女
ようやく【漸く】 enfin; (苦労して) avec peine
ようやく【要約】 résumé 男 〜する résumer
ようりょう【要領】 manière 女; (こつ) truc 男 〜あいつは〜がいい Il est malin. 〜を得ない qui n'est pas au point
ようりょう【容量】 capacité 女, contenance 女
ようりょう【用量】 dose 女
ようりょくそ【葉緑素】 chlorophylle 女
ようれい【用例】 exemple 男
ヨーグルト yaourt 男
ヨード iode 男 ▶ヨードチンキ teinture d'iode 女
ヨーロッパ Europe 女 〜の européen(ne)
よか【余暇】 loisirs 男 複, temps libre 男
ヨガ 'yoga 男
よかん【予感】 pressentiment 男
よき【予期】 attente 女; (予想) prévision 女 〜する s'attendre (à) 〜しない inattendu(e)
よきょう【余興】 divertissement 男, attractions 女
よきん【預金】 dépôt 男 〜する déposer de l'argent à la banque ▶預金通帳 livret de dépôt 男
よく【良く・能く・善く】 bien; (たくさん) beaucoup; (しばしば) souvent 〜〜あることだ Ça arrive souvent [fréquemment]. 〜言うよ Tu oses dire ça. | Tu parles.
よく【欲】 désir 男 〜が深い avare 〜のない désintéressé(e) 〜を言えば dans l'idéal
よくあさ【翌朝】 le lendemain matin
よくあつ【抑圧】 oppression 女 〜する opprimer; (抑え込む) réprimer
よくげつ【翌月】 le mois suivant
よくしつ【浴室】 salle de bain(s) 女
よくじつ【翌日】 le lendemain, le jour suivant
よくせい【抑制】 maîtrise 女 〜する maîtriser
よくそう【浴槽】 baignoire 女
よくねん【翌年】 l'année suivante
よくばり【欲張り】 〜〜な avide 〜〜な人 rapace 名

よくぼう【欲望】 désir 男, envie 女
よくよう【抑揚】 intonation 女
よくよくじつ【翌々日】 le surlendemain
よくりゅう【抑留】 détention 女
よけい【余計】 〜〜な superflu(e); (不要な) inutile 〜なお世話だ Mêle-toi de tes affaires.
よける【避ける】 éviter, se garder de
よけん【予見】 prévision 女 〜する prévoir
よげん【予言】 prophétiser 〜する prophétiser ▶予言者 prophète (étesse)
よこ【横】 largeur 女; (側面・わき) côté 男 〜…の〜に à côté de …
よこう【予行】 ▶予行演習 exercice préparatoire 男
よこがお【横顔】 profil 男
よこぎる【横切る】 traverser
よこく【予告】 préavis 男 〜する prévenir (de, que)
よごす【汚す】 salir; (染みをつける) tacher 一手を〜 se salir les mains
よこたえる【横たえる】 coucher, étendre
よこたわる【横たわる】 se coucher, s'étendre
よこむき【横向き】 〜〜になる se tourner de côté
よこめ【横目】 〜〜で見る regarder de biais
よごれ【汚れ】 saleté 女; (染み) tache 女
よごれた【汚れた】 sale, taché(e)
よごれる【汚れる】 se salir, se tacher
よさ【良さ】 mérite 男, avantage 男 一品質の〜 qualité 女
よさん【予算】 budget 男 〜を立てる dresser [établir] le budget 〜をオーバーする excéder le budget ▶予算案 projet de budget 男 予算委員会 commission du budget 女
よじのぼる【攀じ登る】 grimper 《sur》
よしゅう【予習】 préparation 女 〜をする préparer ses leçons
よじる【捩る】 tordre, tortiller
よしん【余震】 secousses secondaires 女 複
よす【止す】 cesser, arrêter
よせ【寄席】 (演芸) spectacle de variétés 男; théâtre de variétés 男
よせる【寄せる】 (AをBに近づける) approcher [rapprocher] A de B 一身を〜 loger 《chez》
よせん【予選】 série (éliminatoire) 女; éliminatoires 女 複 〜する passer les éliminatoires 〜を通過する franchir le cap des éliminatoires 〜で敗退する être éliminé(e) en série
よそ【余所・他所】 〜〜の autre, étranger(ère)
よそう【予想】 prévision 女 〜する prévoir, pronostiquer 〜どおりに comme prévu 〜に

よそうして contre toute attente ～外の imprévu(e)

よそおう【装う】(着る)s'habiller;(ふりをする)affecter ... [de 不定詞] 一事故を装った殺人 meurtre déguisé en accident 女

よそく【予測】prévision 女 ――する prévoir

よそみ【余所見】――する regarder ailleurs

よそもの【余所者】étranger(ère) 名

よそよそしい froid(e) ―よそよそしくする se montrer froid(e) [distant(e)] (avec)

よだれ【涎】bave 女 ――を垂らす baver

よち【余地】place 女, espace 男 ―疑いの～はない Cela ne fait aucun doute.

よつかど【四つ角】carrefour 男

よっきゅう【欲求】désir 男, besoin 男
▶欲求不満 frustration 女

ヨット voilier 男

よっぱらい【酔っぱらい】ivrogne 名
▶酔っぱらい運転 conduite en état d'ivresse 女

よっぱらう【酔っ払う】s'enivrer;《話》se soûler

よてい【予定】projet 男, plan 男 ――する prévoir …する …である compter 不定詞 ▶予定日 terme 男 予定表 planning 男

よとう【与党】parti gouvernemental 男, majorité 女

よどおし【夜通し】(pendant) toute la nuit

よどむ【淀む】stagner

よなか【夜中】nuit 女;(真夜中)minuit 男

よのなか【世の中】monde 男

よはく【余白】marge 女, blanc 男

よび【予備】réserve 女 ―― de réserve [rechange] ▶予備軍 armée de réserve 女 予備校 école préparatoire 女 予備交渉 préliminaires 男複 予備知識 connaissances préliminaires 女複

よびおこす【呼び起こす】évoquer

よびかける【呼びかける】appeler;(s'adresser (à);(訴える)lancer un appel

よびごえ【呼び声】appel 男, cri 男

よびもどす【呼び戻す】rappeler

よBほもの【呼び物】attraction (principale), clou 男

よびりん【呼び鈴】sonnette 女, sonnerie 女

よぶ【呼ぶ】appeler;(来させる)faire venir ―助けを～ appeler au secours タクシーを呼んでください Appelez-moi un taxi.

よぶん【余分】――な superflu(e) ――に de [en] trop

よほう【予報】▶天気予報 météo 女

よぼう【予防】prévention 女 ――する prévenir ▶予防措置 mesures préventives 女複 予防接種 inoculation préventive 女, vaccination 女

よみあげる【読み上げる】lire á haute voix

よみがえる【蘇る・甦る】revivre, ressusciter [助動詞 être]

よみとる【読み取る】lire 一言外の意味を～ saisir le sous-entendu (文章の)行間を～ lire entre les lignes

よみもの【読物】livre 男

よむ【読む】lire 一人の心を～ lire dans le cœur

よめ【嫁】belle-fille 女 (複～s-~s);(妻) femme 女

よやく【予約】réservation 女;(出版物の)souscription 女 ――する réserver;(出版物の)souscrire (à) こちらは～済みです C'est réservé. しました(していません) Nous avons (n'avons pas) réservé. ▶予約金 souscription 女

よゆう【余裕】(余地) place 女;(落ち着き) calme 男 一時間の～をみる se laisser une marge de temps 彼はいつも～しゃくしゃくだ Il est toujours imperturbable.

-より 《時・時間》de, depuis, à partir de;(…に基づいて) selon 一私～彼のほうが若い Il est plus jeune que moi.

よりいと【撚り糸】(fil) retors 男

よりかかる【寄り掛かる】s'appuyer ((à, contre, sur))

よりそう【寄り添う】se serrer ((contre)) ―寄り添って côte à côte

よりによって【選りに選って】――こんな時に来るなんて Pourquoi as tu choisi le pire moment pour venir me voir?

よりみち【寄り道】――する faire un détour

よる【夜】nuit 女;(日没から就寝まで) soir 男, soirée 女 ―今日[明日, 昨日]の～ ce [demain, hier] soir ―の nuit, nocturne ―遅くまで tard dans la nuit

よる【寄る】(近づく)(s')approcher;(立ち寄る) passer

よる【因る・依る】(…次第である) dépendre de 一新聞によれば selon les journaux

ヨルダン Jordanie 女 ――の jordanien(ne)

よろい【鎧】armure 女;(胴体だけの) cuirasse 女 ▶よろい戸 volet 男

よろこばしい【喜ばしい】heureux(se);(好都合な)favorable

よろこばせる【喜ばせる】faire plaisir (à), réjouir

よろこび【喜び】joie 女;(楽しみ) plaisir 男

よろこぶ【喜ぶ】être content(e), se réjouir (de) ―喜んで avec plaisir, volontiers

よろしい【宜しい】一これで～ですか Ça

よろしく va comme ça? タバコを吸っても~ですか Est-ce que je peux fumer? | Ça ne vous dérange pas que je fume?

よろしく【宜しく】一息子を~お願いします Je demande votre bienveillance pour mon fils. 奥さんに~ Mes respects à Madame.

よろめく chanceler

よろん【輿論・世論】opinion (publique) 囡

よわい【弱い】faible, fragile 一胃を~ avoir l'estomac fragile 意志が~ manquer de volonté 弱くなる s'affaiblir

よわさ【弱さ】faiblesse 囡

よわね【弱音】—~をはく montrer ses faiblesses

よわまる【弱まる】s'affaiblir

よわみ【弱み】faiblesse 囡 —~を握る connaître le point faible de

よわむし【弱虫】lâche 名, poule mouillée 囡

よわめる【弱める】affaiblir, diminuer

よわる【弱る】(衰える) s'affaiblir (困る) être ennuyé(e) [embarrassé(e)]

よん【四】quatre 男《不変》一番目の quatrième ~分の1 un quart ~倍の quadruple

よんじゅう【四十】quarante 男《不変》—~番目の quarantième

よんどころない【拠ん所無い】inévitable, inéluctable

ら

ラード saindoux 男

ラーメン nouilles chinoises 囡 《複》

らいう【雷雨】orage 男

らいうん【雷雲】nuage orageux 男

ライオン lion 男; (雌) lionne 囡

らいきゃく【来客】visiteur(se) 名 一~がある avoir une visite

らいげつ【来月】le mois prochain 男 ~の5日に au cinq du mois prochain

らいしゅう【来週】la semaine prochaine 囡 ~の金曜日 vendredi de la semaine prochaine

らいせ【来世】l'au-delà 男

ライセンス licence 囡, permis 男

ライター briquet 男; (文筆家) rédacteur(trice) 名, journaliste 名

ライチョウ【雷鳥】lagopède 男

ライト lumière 囡; (車の) phare 男

ライトきゅう【ライト級】poids léger 男

らいにち【来日】—~する visiter le Japon

らいねん【来年】l'année prochaine 囡, an prochain 男 ~の四月 avril de l'année prochaine

ライバル rival(ale) 名 (男複 -aux)

らいひん【来賓】hôte 名, invité(e) 名

ライフ ▶ ライフスタイル style de vie

ライフワーク œuvre de toute sa vie 囡

ライブ concert 男 —~で (生で) en direct

ライブラリー bibliothèque 囡

ライフル【ライフル銃】rifle 男

ライむぎ【ライ麦】seigle 男

らいめい【雷鳴】tonnerre 男

ライラック lilas 男

らいれき【来歴】histoire 囡; (起源) origine 囡

ラオス Laos 男 —~の laotien(ne)

らく【楽】—~な confortable; (容易な) facile, aisé(e) ~にしてください Mettez-vous à l'aise. その話を聞いて気が~になった Cette histoire m'a soulagé. —あれ苦あり Nul plaisir sans peine.

らくいん【烙印】marque 囡 —~を押す stigmatiser

らくがき【落書き】(紙への) gribouillage 男, (壁などへの) graffiti 男, tag 男 —~を書く gribouiller, (壁などに) faire des graffitis [tags]

らくご【落伍】—~する traîner ▶ 落伍者 traînard(e) 名

らくさ【落差】différence 囡; (ずれ) décalage 男

らくさつ【落札】—~する obtenir l'adjudication de

ラクダ【駱駝】chameau 男; (雌) chamelle 囡

らくだい【落第】—~する échouer; (留年する) redoubler

らくたん【落胆】—~する se décourager

らくてん【楽天】—~的な optimiste ▶ 楽天家 optimiste 名

らくのう【酪農】laiterie 囡 ▶ 酪農家 laitier(ère) 名

ラグビー rugby 男

らくよう【落葉】chute des feuilles 囡

らくらい【落雷】chute de la foudre 囡

らくらく【楽々】—~と (très) facilement, sans difficulté

ラケット raquette 囡

ラザニア lasagne 囡

らしい il me semble que, il paraît que, on dit que —それはいかにも彼~ C'est bien digne de lui.

ラジウム radium 男

ラジエーター radiateur 男

ラジオ radio 囡; (受信機) poste (de radio) 男 —~をつける [消す] ouvrir [fermer] la radio ▶ ラジオ局 station de radio カーラジオ autoradio 男

ラジカセ radiocassette 囡 ▶ CD ラジカセ radiocassette à lecteur de CD

らしんばん【羅針盤】boussole 囡, compas 男

ラスト —~の dernier(ère)

ラズベリー framboise 囡

らせん【螺旋】spirale 囡 —~状の en

spirale, en colimaçon ▶らせん階段 escalier en spirale 男

らたい【裸体】corps nu 男, nudité 女

らち【拉致】 ―～する enlever [emmener] de force

らっか【落下】chute 女 ―～する tomber [助動詞être] ▶落下傘 parachute 男

ラッカセイ【落花生】cacahouète 女

らっかん【楽観】 ―～する être optimiste ▶楽観論 optimisme 男

ラッキョウ【辣韭】échalote 女

ラッコ【猟虎】loutre de mer 女

ラッシュアワー heures d'affluence [de pointe] 女複

らっぱ【喇叭】trompette 女 ―～を吹く jouer de la trompette

ラップ film-plastique 男; (音楽) rap 男 ▶ラップミュージシャン rappeur(se) 男

ラップタイム temps de passage 男

らつわん【辣腕】 ―～な très habile

ラテン ―～の latin(e) ▶ラテンアメリカ Amérique latine 女

ラテンご【ラテン語】latin 男

ラトビア Lettonie 女 ―～の letton(ne)

ラバ【騾馬】mulet 男, mule 女

ラフ ―～な grossier(ère), dégagé(e)

ラブシーン scène d'amour 女

ラブレター lettre d'amour 女

ラベル étiquette 女 ―～を貼る étiqueter

ラベンダー lavande 女

ラム (子羊) agneau 男; (ラム酒) rhum 男

ラリー rallye 男

らん【新聞などの】rubrique 女, courrier 男; (書類の記入欄) case 女

ラン【蘭】orchidée 女

らんがい【欄外】marge 女

らんかん【欄干】parapet 男

ランキング classement 男

ランク rang 男, classement 男 ―第1位に～される être classé(e) au premier rang

らんざつ【乱雑】 ―～な désordonné (e), en désordre

らんし【乱視】astigmatisme 男 ―である être astigmate

ランジェリー lingerie 女

らんそう【卵巣】ovaire 男

ランチ (昼食) déjeuner 男; (小艇) chaloupe 女

らんとう【乱闘】bagarre 女, mêlée 女

ランドセル cartable à bretelles 男

ランドリー blanchisserie 女 ▶コインランドリー laverie automatique 女

ランナー coureur(se) 男

ランプ lampe 女

らんぼう【乱暴】 ―～な violent(e), brutal(ale) (男複 -aux) ―～する brutaliser

らんよう【濫用】abus 男 ―～する

abuser de …

り

リアリズム réalisme 男

リアル ―～な描写 description réaliste 女 ▶～タイムで en temps réel

リース leasing 男, crédit-bail 男 (複 ~s~s) ―～する vendre… en leasing

リーダー chef 男, leader 男

リード ―2点～する mener par [de] deux buts [points]

リール dévidoir 男, moulinet 男

リウマチ rhumatisme 男

りえき【利益】bénéfice 男, profit 男 ―～を得る faire [réaliser] des bénéfices ▶利益率 taux de bénéfice 男

りか【理科】sciences 女複

りかい【理解】compréhension 女 ―～する comprendre, saisir ～のある compréhensi(ve) ▶理解力 compréhension 女, entendement 男

りがい【利害】intérêt 男 ―～が一致する avoir les mêmes intérêts

りきがく【力学】dynamique 女, mécanique 女

りきせつ【力説】 ―～する insister (sur); (強調する) souligner

リキュール liqueur 女

りきりょう【力量】capacité 女

りく【陸】terre 女 ―～の terrestre

りくぐん【陸軍】armée de terre 女

りくじょう【陸上】 ▶陸上競技 athlétisme 男, jeux du stade 男複 陸上競技選手 athlète 男

りくつ【理屈】raison 女; (論理) raisonnement 男 ―～をこねる faire le raisonneur, raisonner ～っぽい人 raisonneur(se) 男

リクライニングシート siège à dossier réglable 男

りけん【利権】droit 男, concession 女

りこ【利己】 ―～的な égoïste ▶利己主義 égoïsme 男

りこう【利口】 ―～な intelligent(e); (賢明な) sage; (巧みな) habile

リコール révocation populaire 女, (人権商品の) rappel 男 ―～する révoquer; (欠陥商品を) rappeler

りこん【離婚】divorce 男 ―～する divorcer 《de》

リサイクル recyclage 男 ―～可能な recyclable

リサイタル récital 男

りざや【利鞘】marge bénéficiaire 女

りさん【離散】 ―～する se disperser

りし【利子】intérêt 男 ―～がつく rapporter des intérêts

りじ【理事】administrateur(trice) 男, directeur(trice) 男 ▶理事会 conseil

りじゅん【利潤】 profit 男, bénéfice 男
リス【栗鼠】 écureuil 男
リスク risque 男; 〜の高い risqué(e), à risque
リスト liste 女
リストラ restructuration 女
リズム rythme 男
りせい【理性】 raison 女; 〜的な raisonnable
りそう【理想】 idéal 男 (複 -aux); 〜的な idéal(ale) (男複 -aux) ▶理想主義 idéalisme 男 理想主義者 idéaliste 名
リゾート station touristique 女
りそく【利息】 intérêt 男
リチウム lithium 男
りちぎ【律義】 〜な honnête
りつ【率】 taux 男; (比率) proportion 女
りっきょう【陸橋】 passerelle 女
りっこうほ【立候補】 candidature 女; 〜する se porter candidat(e) (à)
りっしょう【立証】 〜する prouver, établir
りっしん【立身】 〜で出世する parvenir [助動詞 être]
りったい【立体】 〜的な en relief
りっち【立地】 ▶立地条件 conditions d'implantation 女複
リットル litre 男
りっぱ【立派】 〜な beau (belle) (男複 -x); (賞賛に値する) admirable; (優れた) excellent(e)
りっぽう【立法】 ▶立法権 pouvoir législatif 男
りっぽう【立方】 ▶立方体 cube 男 ▶立方メートル mètre cube 男
りてん【利点】 avantage 男
リトアニア Lituanie 女; 〜の lituanien(ne)
りとう【離島】 île isolée 女
リトグラフ lithographie 女
りにゅうしょく【離乳食】 régime de l'enfant sevré 男
りねん【理念】 idée 女
リネン lin 男; (シーツ類) drap 男
リハーサル répétition 女
リハビリ rééducation 女
りはん【離反】 〜する s'éloigner (de)
リビア Libye 女; 〜の libyen(ne)
リヒテンシュタイン Liechtenstein 男; 〜の liechtensteinois(e)
リビングルーム salle de séjour 女
リフォーム 〜する réaménager, rénover
りふじん【理不尽】 〜な absurde, déraisonnable
リフト (スキー用) télésiège 男; (荷物用) monte-charge 男 (不変)
リベート ristourne 女, commission 女
リベラル 〜な libéral(ale) (男複

-aux)
リベリア Liberia 男; 〜の libérien(ne)
リボン ruban 男
リムジン limousine 女
リモコン télécommande 女
りゃく【略】 omission 女
りゃくご【略語】 abréviation 女
りゃくしき【略式】 〜の simplifié(e), sommaire
りゃくす【略す】 abréger
りゃくだつ【略奪】 pillage 男, saccage 男; 〜する piller, saccager
りゅう【龍】 dragon 男
りゆう【理由】 raison 女; (原因) cause 女; 〜の…で pour [en] raison de…, à [pour] cause de… ; 〜もなく sans raison
りゅうい【留意】 〜する faire attention
りゅういき【流域】 bassin 男, vallée 女
りゅうがく【留学】 〜フランスに〜する aller étudier en France [助動詞 être]; faire ses études en France
りゅうかん【流感】 grippe 女
りゅうこう【流行】 mode 女, vogue 女; (病気の) propagation 女; 〜する être à la mode [en vogue]; (病気が) se propager 〜遅れの démodé(e) ▶流行歌 chanson populaire 女
りゅうさん【硫酸】 acide sulfurique 男
りゅうざん【流産】 avortement 男, fausse couche 女; 〜する avorter
りゅうし【粒子】 grain 男
りゅうしゅつ【流出】 écoulement 男; (資本・頭脳などの) exode 男, fuite 女
りゅうせい【隆盛】 prospérité 女
りゅうせんけい【流線型】 〜の caréné(e)
りゅうちょう【流暢】 〜に couramment, avec facilité
りゅうつう【流通】 circulation 女; 〜する circuler
りゅうどう【流動】 〜的な fluide, mouvant(e)
りゅうにゅう【流入】 afflux 男; 〜する affluer
りゅうねん【留年】 〜する redoubler
りゅうは【流派】 école 女
りゅうひょう【流氷】 glaces flottantes 女複
りゅうほ【留保】 回答を〜する réserver sa réponse
リュックサック sac à dos 男
りょう【量】 quantité 女, volume 男 一質より〜だ La quantité l'emporte sur la qualité.
りょう【漁】 pêche 女; 〜をする pêcher
りょう【猟】 chasse 女
りょう【寮】 pension 女, internat 男
りよう【利用】 utilisation 女; 〜する utiliser ▶利用価値 utilité 女 利用

りょういき【領域】domaine 男, champ 男

りょうが【凌駕】―する dépasser, surpasser

りょうかい【了解】consentement 男, accord 男 ―する comprendre; consentir (à) ～! (C'est) entendu!

りょうかい【領海】eaux territoriales 女複

りょうがえ【両替】change 男 一万円札を千円札に～する faire la monnaie de dix mille yens en billets de mille yens ▶両替機 changeur de monnaie 男

りょうがわ【両側】―に des deux côtés, de chaque côté

りょうきん【料金】prix 男; (運賃・入場料など) tarif 男; (費用) frais 男複 ▶料金所 péage 男

りょうくうかん【領空間】espace aérien 男

りょうこう【良好】―な bon(ne)

りょうさん【量産】fabrication en série 女 ―する fabriquer... en (grande) série

りょうし【漁師】pêcheur(se) 名

りょうし【猟師】chasseur(se) 名

りょうし【量子】quantum 男 (複 quanta) 女 ▶量子力学 mécanique quantique 女

りょうじ【領事】consul 男 ▶領事館 consulat 男

りょうしき【良識】bon sens 男

りょうじゅう【猟銃】fusil de chasse 男

りょうしゅうしょ【領収書】reçu 男, quittance 女

りょうしょう【了承】―する consentir (à)

りょうしん【両親】ses parents 男複

りょうしん【良心】conscience 女 ～的な consciencieux(se); (値段が) raisonnable

りょうせい【良性】―の bénin(bénigne)

りょうせいるい【両生類】amphibie 男

りょうど【領土】territoire 男 ―の territorial(ale) (男複 -aux)

りょうはんてん【量販店】magasin à grand débit 男

りょうほう【両方】tous (toutes) les deux, l'un(e) et l'autre; (否定に) ni l'un(e) ni l'autre

りょうめん【両面】deux côtés 男複

りょうよう【療養】cure 女 ―する se soigner

りょうり【料理】cuisine 女; (皿に盛った) plat 男 ―する cuisiner, faire la cuisine ▶料理学校 école culinaire 女 料理人 cuisinier(ère) 名

りょうりつ【両立】―する 仕事と家庭を～させる concilier travail et vie familiale

りょかく【旅客】(列車・バスの) voyageur(se) 名; (船・飛行機の) passager (ère) 名

りょかん【旅館】hôtel (de style japonais) 男

りょくち【緑地】espace vert 男

りょくちゃ【緑茶】thé vert 男

りょけん【旅券】passeport 男

りょこう【旅行】voyage 男 ―する voyager インドを～する faire un voyage en Inde ▶旅行案内所 bureau de tourisme 男 旅行ガイドブック guide touristique 男 旅行者 voyageur(se) 名; (観光客) touriste 名 旅行代理店 agence de voyages 女

りょひ【旅費】frais de voyage 男複

リラックス ―する se relaxer

りりく【離陸】―する décoller

りりつ【利率】taux d'intérêt 男

リレー relais 男

りれき【履歴】antécédents 男複 ▶履歴書 curriculum vitæ 男 (不変) (略 CV)

りろん【理論】théorie 女 ―上 en théorie; théoriquement ▶理論家 théoricien(ne) 名

りん【燐】phosphore 男

りんかい【臨界】―の critique ～点に達する atteindre le point critique

りんかく【輪郭】contour 男; (概要) grandes lignes 女複

りんぎょう【林業】sylviculture 女

リンク lien 男

リング (輪・指輪) bague 女, anneau 男; (ボクシングの) ring 男

リンゴ【林檎】pomme 女; (木) pommier 男

りんごく【隣国】pays voisin 男

りんじ【臨時】―の temporaire, provisoire ▶臨時ニュース informations spéciales 女複

りんじゅう【臨終】dernière heure 女, heure suprême 女 ―の床にある être sur son lit de mort

りんしょう【臨床】―の clinique

りんじん【隣人】voisin(e) 名; 《集合的》voisinage 男

リンス après-shampooing 男

りんせつ【隣接】―する toucher; voisiner (avec)

リンチ lynchage 女 ―を加える lyncher

りんね【輪廻】métempsyc(h)ose 女

リンパ【淋】lymphe 女 ▶リンパ球 lymphocyte 男 ganglion lymphatique 男

りんり【倫理】morale 女 ―的な moral(ale) (男複 -aux); éthique ▶倫理学 éthique 女

る

るい【類】espèce 女, genre 男 ―世界に～のない unique au monde ～は友を

るいけい【類計】 total 男
るいけい【類型】 type 男
るいご【類語】 synonyme 男 ▶類語辞典 dictionnaire analogique
るいじ【類似】 ressemblance 女, similitude 女 〜〜の semblable, similaire
るいすい【類推】 analogie 女 〜〜する raisonner par analogie
るいせき【累積】 accumulation 女
ルーキー nouveau(*nouvelle*) 名 (男複 〜x)
ルーズ 〜〜な relâché(e), négligent(e)
ルーズリーフ feuille volante 女
ルーツ (祖先) ancêtre 男; (起源) origine 女
ルート itinéraire 男; (平方根) racine carrée 女
ルーペ loupe 女
ルーマニア Roumanie 女 〜〜の roumain(e)
ルール règle 女, règlement 男
ルーレット roulette 女
ルクセンブルク Luxembourg 男 〜〜の luxembourgeois(e)
るす【留守】 〜〜である être absent(e) [sorti(e)] 〜〜中に pendant son absence; en l'absence de 〜〜番をする garder la maison ▶留守番電話 répondeur téléphonique 男
るつぼ【坩堝】 creuset 男
ルネサンス Renaissance 女
ルビー rubis 男
ルポルタージュ reportage 男
ルワンダ Rwanda 男 〜〜の rwandais(e)
ルンバ rumba 女

れ

れい【例】 exemple 男; (先例) précédent 男 〜〜こんな事件は〜がない C'est un événement sans précédent. 〜〜を挙げる citer un exemple 〜〜の男 homme en question 男
れい【礼】 〜〜を言う remercier 〜〜する(あいさつ) saluer 〜〜を申さねばなりません Il faut que je vous remercie. あなたになんとお〜を言ってよいかわかりません Je ne sais comment vous remercier.
れい【零】 zéro 男
れい【霊】 esprit 男 〜〜的な spirituel(le)
レイアウト mise en pages 女
レイオフ licenciement 男
れいがい【例外】 exception 女 〜〜なく sans exception 〜〜的に exceptionnellement, par exception
れいかん【霊感】 inspiration 女

れいき【冷気】 (air) frais 男, fraîcheur 女
れいぎ【礼儀】 politesse 女, courtoisie 女 〜〜正しい poli(e), courtois(e)
れいきゃく【冷却】 〜〜する refroidir, réfrigérer
れいきゅうしゃ【霊柩車】 corbillard 男
れいぐう【冷遇】 〜〜する traiter avec froideur
れいけつ【冷血】 〜〜な sans-cœur, insensible
れいこく【冷酷】 〜〜な dur(e), cruel(le)
れいこん【霊魂】 âme 女
れいじょう【令嬢】 demoiselle 女
れいじょう【礼状】 lettre de remerciement 女
れいじょう【令状】 mandat 男 ▶捜査令状 mandat de recherche 男
れいせい【冷静】 〜〜な calme, flegmatique 〜〜さを保つ garder son sang-froid
れいせん【冷戦】 guerre froide 女
れいぞうこ【冷蔵庫】 réfrigérateur 男, frigo 男
れいたん【冷淡】 〜〜な froid(e)
れいだんぼう【冷暖房】 climatisation 女
れいとう【冷凍】 〜〜する congeler, frigorifier ▶冷凍庫 congélateur 男 冷凍食品 aliments surgelés 男複
れいはい【礼拝】 culte 男 〜〜する rendre un culte ▶礼拝堂 chapelle 女
れいふく【礼服】 habit de cérémonie 男
れいぼう【冷房】 climatiseur 男 〜〜のきいた climatisé(e)
レインコート imperméable 男
レーザー laser 男
レース dentelle 女; (競争) course 女
レーズン raisin sec 男
レーダー radar 男
レート taux 男
レール rail 男
レオタード collant 男, maillot 男
れきし【歴史】 histoire 女 〜〜の[的な] historique 彼の名は〜に残るだろう Son nom restera dans l'histoire. 〜〜は繰り返す L'histoire se répète. ▶歴史家 historien(ne) 名 歴史小説 roman historique 男
れきぜん【歴然】 〜〜たる évident(e)
れきだい【歴代】 〜〜の successif(ve)
レギュラー 〜〜の régulier(ère) ▶レギュラーメンバー (スポーツの) équipier(ère) en titre 名
レクリエーション récréation 女
レコーディング enregistrement 男
レコード disque 男 ▶レコードプレーヤ tourne-disque 男
レジ caisse 女; (機械) caisse enregistreuse 女 ▶レジ係 caissier(ère) 名

レシート reçu 男
レシーブ ——する relancer, recevoir
レジスタンス la Résistance
レシピ recette 女
レジャー loisirs 男 複
レジュメ résumé 男
レストラン restaurant 男
レズビアン lesbienne 女
レスリング lutte 女; (プロレス) catch 男
レソト Lesotho 男 ——の lesothan (ne)
レタス laitue 女
れつ【列】 ligne 女; (順番待ちの) queue 女; (横の) rang 男; (縦の) file 女 ▶窓口の前に～を作る faire la queue devant le guichet
レッカーしゃ【レッカー車】 dépanneuse 女
れっきょ【列挙】 ——する énumérer
れっしゃ【列車】 train 男 ——リヨン行きの～ train pour Lyon
レッスン leçon 女
れっせい【劣勢】 en état d'infériorité
れっせき【列席】 ——する assister (à)
レッテル étiquette 女, label 男
れっとう【列島】 archipel 男
れっとうかん【劣等感】 complexe d'infériorité 男
レトリック rhétorique 女
レトロ ——な rétro (不変)
レバー levier 男; (肝臓) foie 男
レパートリー répertoire 男
レバノン Liban 男 ——の libanais(e)
レフェリー arbitre 男
レベル niveau 男 ——の高い[低い] d'un niveau élevé [bas]
レポーター reporter 男
レポート rapport 男, compte-rendu 男 (複 ~s ~s)
レモン【檸檬】 citron 男; (木) citronnier 男
れんあい【恋愛】 amour 男
れんが【煉瓦】 brique 女
れんきゅう【連休】 jours fériés consécutifs 男 複
れんきんじゅつ【錬金術】 alchimie 女 ——の alchimique
れんけい【連携】 coopération 女, collaboration 女
れんこう【連行】 ——する emmener (à)
れんごう【連合】 union 女, (同盟) alliance 女 ——する s'unir, s'allier
れんこん【蓮根】 rhizome de lotus 男
れんさ【連鎖】 ▶連鎖反応 réaction en chaîne 女
れんさい【連載】 feuilleton 男
レンジ four à micro-ondes 男
れんしゅう【練習】 exercice 男 (トレーニング) entraînement 男; (演劇・楽団などの) répétition 女 ——する s'exercer, s'entraîner ▶練習試合 match d'entraînement 男 練習問題 exercices 男 複
レンズ lentille 女; (カメラの) objectif 男
れんそう【連想】 évocation 女 ——させる évoquer
れんぞく【連続】 continuité 女, succession 女 ——する se succéder 3日～して雨だ Il pleut trois jours de suite. ▶連続殺人 meurtres en série 連続テレビドラマ feuilleton télévisé 男
れんたい【連帯】 solidarité 女 ——する se solidariser (avec) ▶連帯保証人 garant(e) solidaire 名
レンタカー voiture de location 女
レンタル location 女
レントゲン ——の検査を受ける se faire radiographier ▶レントゲン写真 radiographie 女
れんぽう【連邦】 fédération 女 ——の fédéral(ale) (男複 -aux)
れんめい【連盟】 union 女, fédération 女
れんらく【連絡】 correspondance 女, communication 女 ——をとる correspondre, communiquer (avec); contacter ▶連絡係 messager(ère) 名 連絡事務所 bureau de contact 男 連絡船 bac 男
れんりつ【連立】 coalition 女 ▶連立政権 gouvernement de coalition 男

ろ

ろ【炉】 foyer 男; (工業用) four 男
ろ【櫓】 godille 女
ろう【蝋】 cire 女
ろうあしゃ【聾唖者】 sourd(e)-muet (te) 名
ろうか【廊下】 couloir 男, corridor 男
ろうか【老化】 ——する vieillir ▶老化現象 sénilité 女
ろうかい【老獪】 ——な rusé(e), futé(e)
ろうがん【老眼】 presbytie 女 ▶老眼鏡 lunettes de presbyte 女 複
ろうきゅう【老朽】 ——化した vétuste
ろうご【老後】 vieux jours 男 複
ろうごく【牢獄】 prison 女
ろうさい【労災】 accidents du travail 男 複
ろうし【労使】 le patronat et le syndicat
ろうじん【老人】 personne âgée 女; (集合的に) vieux 男 複 ▶老人ホーム maison de la retraite 女
ろうすい【老衰】 ——した décrépit(e)
ろうそく【蝋燭】 bougie 女
ろうどう【労働】 travail 男 (複 -aux) ▶労働組合 syndicat ouvrier 男 労働者 travailleur(se) 名 労働時間

ろうどく【朗読】lecture à haute voix 女 ～～する lire à haute voix

ろうにんぎょう【蝋人形】statue en cire 女

ろうねん【老年】vieillesse 女, troisième âge 男

ろうばい【狼狽】trouble 男, confusion 女 ～～する se troubler

ろうひ【浪費】gaspillage 男 ～～する gaspiller

ろうりょく【労力】peine 女, effort 男

ろうれん【老練】～～な expérimenté(e)

ローカル ～～な local(ale)(男複 -aux)

ローション lotion 女

ロース entrecôte 女

ローストビーフ rosbif 男

ロータリー rond-point 男 (複 ～s-～s)

ローテーション rotation 女

ロードショー représentation en exclusivité 女

ロープ corde 女

ロープウェー téléphérique 男

ローラー rouleau 男 ▶ローラースケート patinage à roulettes 男

ロールキャベツ chou farci 男

ローン prêt 男 ～住宅～ prêt logement 男

ろか【濾過】～～する filtrer

ろく【六】six 男(不変) ～～番目の sixième ～分の1 un sixième

ろく【碌】～～でも無い sans valeur 今日は～なことがない Aujourd'hui tout va mal.

ろくおん【録音】enregistrement 男 ～～する enregistrer

ろくが【録画】enregistrement des images 男

ろくがつ【六月】juin 男 ～～に en juin, au mois de juin

ろくじゅう【六十】soixante 男(不変) ～～番目の soixantième

ろくでなし canaille 女, bon(ne) à rien 男

ろくまく【肋膜】plèvre 女 ▶肋膜炎 pleurésie 女

ロケーション extérieurs 男 (複)

ロケット fusée 女 ～～を打ち上げる lancer une fusée

ろけん【露見】révélation 女 ～～する être révélé(e)［dévoilé(e)］

ろこつ【露骨】～～な cru(e), brutal(ale)(男複 -aux)

ろじ【路地】petite rue, ruelle 女

ロシア Russie 女 ～～の russe ～人 Russe 名

ろしゅつ【露出】(写真)exposition 女; (さらけ出すこと)exhibition 女 ～～する exhiber

ロス perte 女

ろせん【路線】ligne 女

ロッカー vestiaire 男 ▶コインロッカー consigne automatique 女

ロッククライミング varappe 女 ～～する varapper

ロックンロール rock (and roll) 男

ろっこつ【肋骨】côte 女

ろてん【露店】boutique foraine 女

ロバ【驢馬】âne 男; (雌)ânesse 女

ロビー('hall 男);(圧力団体)lobby 男

ロボット robot 男

ロマン ▶ロマン主義 romantisme 男

ロマン主義者 romantiste 名

ロマンチック ～～な romantique

ろめん【路面】▶路面電車 tramway 男

ろんぎ【論議】discussion 女

ろんきょ【論拠】argument 男

ろんしょう【論証】démonstration 女, argumentation 女 ～～する démontrer, argumenter

ろんじる【論じる】traiter (de)

ろんせつ【論説】éditorial 男 (複 -aux)

ろんそう【論争】débat 男; (文章による)polémique 女

ろんてん【論点】sujet 男; (ポイント)point 男

ろんぴょう【論評】critique 女, compte-rendu 男 (複 ～s-～s)

ろんぶん【論文】article 男, mémoire 男

ろんり【論理】logique 女, raisonnement 男 ～～的な logique

わ

わ【和】accord 男, harmonie 女; (合計)somme 女

わ【輪】boucle 女; (円)rond 男 ～～になって踊る danser en rond

ワープロ machine à traitement de texte 女

ワールドカップ Coupe du monde 女

ワイシャツ chemise 女

わいせつ【猥褻】～～な obscène

ワイパー essuie-glace 男 (不変)

ワイヤー câble 男

わいろ【賄賂】pot-de-vin 男 (複 ～s-～～); dessous de table 男 ～～を贈る donner un pot-de-vin (à); corrompre

ワイン vin 男 ～赤[白, ロゼ]～ vin rouge [blanc, rosé] 男 ▶ワインリスト carte des vins 女

わおん【和音】accord 男

わかい【若い】jeune ～彼女は姉より2つ～ Elle a deux ans de moins que sa sœur. 若くして死ぬ mourir jeune 助動詞 aux.

わかい【和解】réconciliation 女 ～～する se réconcilier (avec)

わかがえる【若返る】(se) rajeunir

わかさ【若さ】jeunesse 女

わかす【沸かす】faire bouillir;(興奮さ

わかば【若葉】jeune feuille 囡

わがまま【我が儘】──な égoïste, entêté(e); (気まぐれな) capricieux(se); (甘やかされた) gâté(e)

わかもの【若者】jeunes 名 複, jeunesse 囡; (青年) jeune homme 男

わからずや【分からず屋】têtu(e) 名

わかる【分かる】comprendre, voir; (知っている) savoir ──わかりますか Vous comprenez? わかりません Je ne comprends pas. 彼はどうしていいのかわからない Il ne sait que [quoi] faire. わかってるよ Je sais. わかった D'accord! | C'est bien.

わかれ【別れ】séparation 囡, adieu 男 ──を告げる faire ses adieux (à)

わかれみち【別れ道】embranchement 男

わかれる【別れる】quitter; se séparer (de); (互いに) se quitter

わかれる【分かれる】(分岐する) se séparer, bifurquer; (分裂する) se diviser, être partagé(e)

わかわかしい【若々しい】jeune, juvénile

わき【脇】côté 男, (わきの下) aisselle 囡 ──に抱える porter... sous le bras ～へ押しやる mettre ses papiers à côté

わきばら【脇腹】flanc 男, côté 男

わきみち【脇道】chemin détourné 男, embranchement 男

わきやく【脇役】rôle secondaire 男; (端役) utilités 囡 複

わく【沸く】(煮え立つ) bouillir; (興奮する) s'enthousiasmer, s'exciter ──風呂が沸いた Le bain est prêt.

わく【湧く】jaillir; (感情が) naître (助動詞 être)

わく【枠】cadre 男, (制限) limite 囡

わくせい【惑星】planète 囡

ワクチン vaccin 男

わけ【訳】(意味) sens 男; (理由・原因) raison 囡, cause 囡 ──そういう～で ainsi, comme ça ～がわからない Je n'y comprends rien.

わけあう【分け合う】partager, se partager

わけまえ【分け前】part 囡, portion 囡

わける【分ける】(分割する) diviser; (分配する) partager, distribuer; (押し分ける) classer

わゴム【輪ゴム】élastique 男

ワゴン（テーブル用）table roulante 囡 ▶ワゴン車 fourgonnette 囡

わざ【技】art 男, technique 囡

わざと exprès, volontairement ──わらしく affecté(e), forcé(e) ──やったのではありません Je ne l'ai pas fait exprès.

ワザビ【山葵】raifort 男

わざわい【災い】malheur 男; mal 男 (複 maux) ──口は～の元 La langue est la cause de tous les maux. ～転じて福となす À quelque chose malheur est bon.

わざわざ exprès, délibérément

ワシ【鷲】aigle 男

わしつ【和室】pièce de style japonais

わしょく【和食】cuisine japonaise 囡

わずか【僅か】──な (数・量) peu de ...

わずらわしい【煩わしい】ennuyeux (se), embarrassant(e)

わずらわす【煩わす】ennuyer, déranger

わすれっぽい【忘れっぽい】oublieux (se), avoir la mémoire courte

わすれもの【忘れ物】──をする oublier quelque chose ～はないか Tu n'oublies rien?

わすれる【忘れる】oublier (de; que) ──彼の名前を忘れてしまった J'ai oublié son nom. | Son nom m'a échappé. 忘れられない inoubliable 部屋に鍵を忘れました J'ai laissé la clef dans ma chambre.

わせい【和声】harmonie 囡

ワセリン vaseline 囡

わた【綿】coton 男

わだい【話題】sujet (de conversation) 男

わだかまり【蟠り】ressentiment 男

わたし【私】je, moi ──の車 ma voiture 彼は～にそう言った Il me l'a dit. 彼らは～を待っている Ils m'attendent. ──としては私は反対です Moi, je suis contre ce projet.

わたす【渡す】passer, remettre; (代わりに) transmettre

わだち【轍】traces de roues 囡 複

わたりどり【渡り鳥】oiseau migrateur 男

わたる【渡る】traverser, passer ──多くの分野に～ s'étendre à de nombreux domaines

ワックス cire 囡; (スキーの) fart 男

ワット watt 男

わな【罠】piège 男 ──にかける piéger

ワニ【鰐】crocodile 男

ワニス vernis 男

わび【詫び】excuses 囡 複 ──お～します Je vous prie de m'excuser

わびしい【侘しい】triste; (孤独な) solitaire

わびる【詫びる】s'excuser (de)

わふう【和風】──の japonais(e)

わふく【和服】kimono 男, costume japonais 男

わへい【和平】paix 囡 ▶和平交渉 négociations de paix 囡 複

わめく【喚く】crier, hurler

わら【藁】paille 囡

わらい【笑い】rire 男; (微笑) sourire 男 ──をこらえる retenir son rire, se retenir de rire ▶笑い声 (éclat de rire)

わらう【笑う】 rire; (ほほえむ) sourire; (嘲笑する) se moquer (de) ―涙が出るほど～ rire aux larmes そんなことをしたら人に笑われるよ Si tu fais ça, on se moquera de toi.

わらわせる【笑わせる】 faire rire ―彼が正直だって、～なよ Lui, honnête? Tu me fais rire!

わり【割】 ―～のいい avantageux(se), intéressant(e) ～を食う essuyer des pertes

わりあい【割合】 proportion 囡, pourcentage 囡, taux 男; (比較的) relativement

わりあて【割り当て】 répartition 囡

わりあてる【割り当てる】 répartir

わりかん【割り勘】 ―食事代を～にする payer chacun son écot

わりきる【割り切る】 ―割り切ってd'une manière simple

わりこむ【割り込む】 se glisser, s'introduire

わりざん【割り算】 division 囡

わりだか【割高】 ―～な plutôt cher (ère)

わりに【割に】 relativement ―彼は年の～若く見える Il fait plus jeune que son âge.

わりびき【割引】 réduction 囡, rabais 男 ―～する faire une réduction [un rabais] ▶**割引料金** tarif réduit 男

わりまし【割り増し】 ―― 料金を払う payer un supplément

わりやす【割安】 ―～な plutôt bon marché

わる【割る】 (壊す) casser, briser; (分ける) diviser, partager; (水などで薄める) couper avec; (…以下になる) tomber au-dessous de... [助動詞être] ―一円相場が130円を割った Le cours du yen est tombé au-dessous de cent trente. ウイスキーを水で～ couper du whisky avec de l'eau

わるい【悪い】 mauvais(e); (有害である) nuisible ―タバコは健康に～ Le tabac est mauvais pour la santé. | Le tabac nuit à la santé. 彼には～ことをしたJe me suis mal comporté à son égard. 私は何も～ことはしていないJe n'ai rien fait de mal. 悪く思わないでください Ne m'en voulez [veuillez] pas. 調子は悪くないですか Comme ci comme ça.

わるがしこい【悪賢い】 rusé(e), malin (maligne)

わるくち【悪口】 médisance 囡, injure 囡 ―～を言う médire, dire du mal (de)

ワルツ valse 囡 ―～を踊る valser

わるふざけ【悪ふざけ】 mauvaise plaisanterie 囡

わるもの【悪者】 malfaiteur 男

わるよい【悪酔い】 ―～する avoir mal aux cheveux

われめ【割れ目】 fente 囡, crevasse 囡

われる【割れる】 se casser, se briser; (粉々に) se fracasser ―～ような拍手を送る applaudir à tout rompre 頭が～ように痛い avoir un terrible mal de crâne

われわれ【我々】 nous

わん【湾】 baie 囡; (大きな) golfe 男

わん【椀】 bol 男

わんがん【湾岸】 côte 囡 ▶**湾岸戦争** guerre du Golfe 囡

わんきょく【湾曲】 courbure 囡 ―～した courbe

わんしょう【腕章】 brassard 男

わんぱく【腕白】 ―～な gamin(e), fripon(ne)

ワンピース robe 囡

ワンマン ―～の autocrate ▶**ワンマンバス** autobus sans receveur 男 **ワンマンショー** one man show

わんりょく【腕力】 (力) force 囡; (握力) poigne 囡

付 録

数の表示 1254

代名詞および所有形容詞の変化 1257

動詞活用表 1259

数の表示 (Numération)

1. 数形容詞 (adjectifs numéraux)

	基本数形容詞 adjectifs numéraux cardinaux	序列数形容詞 adjectifs numéraux ordinaux
1	un(e)	premier(ère)
2	deux	deuxième(second(e))
3	trois	troisième
4	quatre	quatrième
5	cinq	cinquième
6	six	sixième
7	sept	septième
8	huit	huitième
9	neuf	neuvième
10	dix	dixième
11	onze	onzième
12	douze	douzième
13	treize	treizième
14	quatorze	quatorzième
15	quinze	quinzième
16	seize	seizième
17	dix-sept	dix-septième
18	dix-huit	dix-huitième
19	dix-neuf	dix-neuvième
20	vingt	vingtième
21	vingt et un(e)	vingt et unième
22	vingt-deux	vingt-deuxième
23	vingt-trois	vingt-troisième
30	trente	trentième
31	trente et un(e)	trente et unième
32	trente-deux	trente-deuxième
40	quarante	quarantième
41	quarante et un(e)	quarante et unième
42	quarante-deux	quarante-deuxième
50	cinquante	cinquantième
51	cinquante et un(e)	cinquante et unième
52	cinquante-deux	cinquante-deuxième
60	soixante	soixantième
61	soixante et un(e)	soixante et unième
62	soixante-deux	soixante-deuxième
70	soixante-dix	soixante-dixième
71	soixante et onze	soixante et onzième
72	soixante-douze	soixante-douzième
80	quatre-vingts	quatre-vingtième
81	quatre-vingt-un(e)	quatre-vingt-unième

	基本数形容詞 adjectifs numéraux cardinaux	序列数形容詞 adjectifs numéraux ordinaux
82	quatre-vingt-deux	quatre-vingt-deuxième
90	quatre-vingt-dix	quatre-vingt-dixième
91	quatre-vingt-onze	quatre-vingt-onzième
92	quatre-vingt-douze	quatre-vingt-douzième
100	cent	centième
101	cent un(e)	cent (et) unième
102	cent deux	cent deuxième
110	cent dix	cent dixième
120	cent vingt	cent vingtième
130	cent trente	cent trentième
140	cent quarante	cent quarantième
150	cent cinquante	cent cinquantième
160	cent soixante	cent soixantième
170	cent soixante-dix	cent soixante-dixième
180	cent quatre-vingts	cent-quatre-vingtième
190	cent quatre-vingt-dix	cent-quatre-vingt-dixième
200	deux cents	deux centième
201	deux cent un(e)	deux cent unième
202	deux cent deux	deux cent deuxième
300	trois cents	trois centième
301	trois cent un(e)	trois cent unième
302	trois cent deux	trois cent deuxième
400	quatre cents	quatre centième
401	quatre cent un(e)	quatre cent unième
402	quatre cent deux	quatre cent deuxième
500	cinq cents	cinq centième
501	cinq cent un(e)	cinq cent unième
502	cinq cent deux	cinq cent deuxième
600	six cents	six centième
601	six cent un(e)	six cent unième
602	six cent deux	six cent deuxième
700	sept cents	sept centième
701	sept cent un(e)	sept cent unième
702	sept cent deux	sept cent deuxième
800	huit cents	huit centième
801	huit cent un(e)	huit cent unième
802	huit cent deux	huit cent deuxième
900	neuf cents	neuf centième
901	neuf cent un(e)	neuf cent unième
902	neuf cent deux	neuf cent deuxième
1000	mille	millième

	※以下序列数形容詞は -ième をつければよい
1001	mille un(e)
1002	mille deux
1100	mille cent
	または onze cents
1101	mille cent un(e)
	または onze cent un(e)
1200	mille deux cents
	または douze cents
2000	deux mille
2001	deux mille un(e)
2100	deux mille cent
3000	trois mille
3100	trois mille cent
10 000	dix mille
100 000	cent mille
200 000	deux cent mille
1 000 000	un million
2 000 000	deux millions
200 000 000	deux cents millions
1 000 000 000	un milliard
2 000 000 000	deux milliards
1 000 000 000 000	un billion
2 000 000 000 000	deux billions

(注) 以下のような場合には序列数形容詞のかわりに基本数形容詞を用いる.
a) 年号, 日付. ──2011年 (l'an) deux mil onze (西暦年号のときは mille の代りに mil を用いる). 1950年 (l'an) mil neuf cent cinquante [dix-neuf cent cinquante]. 7月14日 le 14 juillet (1日の場合のみ序列数形容詞を用いる: 5月1日 le 1er mai)
b) 帝王名. ──ルイ14世 Louis XIV (1世の場合のみ序列数形容詞を用いる: ナポレオン1世 Napoléon Ier)

2. 分 数 (fraction)

$\frac{1}{2}$ un demi; la moitié, $\frac{1}{3}$ un tiers, $\frac{1}{4}$ un quart, $\frac{3}{4}$ trois quarts,

$\frac{1}{5}$ un cinquième, $\frac{3}{7}$ trois septièmes, $2\frac{1}{3}$ deux un tiers.

(数字が大きいとき) $\frac{28}{60}$ vingt-huit sur soixante, $\frac{a}{b}$ a sur b

3. 小 数 (nombre décimal)

24,32 vingt-quatre virgule trente-deux (小数点は . でなく, , を打つ)

4. その他

2+2=4　deux *et* [*plus*] deux (*font* [*fait*, *égale(nt)*]) quatre
5−2=3　cinq moins deux *font* [*égale(nt)*] trois
4×3=12　quatre fois trois font douze; quatre multiplié par trois *égale* [*donne*] douze
10÷5=2　dix divisé par cinq *égale* [*donne*] deux
20%　vingt pour cent

代名詞および所有形容詞の変化

1. 人称代名詞 (pronom personnel)

	人称	主語	直接目的語	間接目的語	強勢形
単数	1人称	je (j')	me (m')	me (m')	moi
単数	2人称	tu	te (t')	te (t')	toi
単数	3人称(男性)	il	le (l')	lui	lui
単数	3人称(女性)	elle	la (l')	lui	elle
複数	1人称	nous	nous	nous	nous
複数	2人称	vous	vous	vous	vous
複数	3人称(男性)	ils	les	leur	eux
複数	3人称(女性)	elles	les	leur	elles

1) 再帰用法では, (つまり主語名詞と同じものを指す場合), 1, 2人称は上記の表と同じ形を用いるが, 3人称は単数複数ともに se(s'), 強勢形は soi となる.
2) je, me, te, le, la, se は母音または無音の h の前でエリジオン(母音字省略)が起こり, それぞれ, j', m', t', l', l', s' となる.
3) 3人称主語代名詞としては, 他に on があり, 一般的な人を表わすか, または日常語で nous のかわりに使われる.

2. 中性代名詞 (pronom neutre (le, en, y))

人称代名詞は上記の代名詞の他に, 性数の変化をしない, 中性代名詞 le, en, y がある.

le : 直接目的として機能する不定詞, 節, 文.
 例 : Il est en colère. —je *le* sais (= Je sais qu'il est en colère). (『彼はおこっていますよ』『知っています』)
 または属詞として現れる名詞, 形容詞などを受ける.
 例 : Elles sont françaises?—Oui, elles *le* sont. (「彼女らはフランス人ですか」「ええ, そうです」)

en : 直接目的の不定名詞句 (定名詞句は le, la, les で受ける).
 例 : Voulez-vous du vin?—Oui, j'*en* veux bien. (「ワインはいかがですか」「ええ, いただきます」)
 および前置詞 de を伴った名詞, 形容詞, 動詞の補語を受ける.
 例 : J'ai la valise, mais je n'*en* ai pas la clé (= je n'ai pas la clé *de la valise*). (トランクはあるのに, そのカギがない)
 Il *en* est fier (= il est fier *de cela*). (彼はそれが自慢だ)
 N'*en* parlons plus (= Ne parlons plus *de cela*). (そのことはもう話さないようにしよう)

y : à, en, dans, chez, sur, devant などの前置詞を伴う場所を表す副詞句.
 例 : il est né à Paris et y a été élevé (= a été élevé *à Paris*). (彼はパリで生まれて, そこで育てられた)
 および, penser, renoncer, songer などいくつかの動詞や形容詞で 〈à+名詞, 不定詞〉の形をした補語を受ける. 場合によっては「人」/「物」の区別が y/lui または à+強勢形代名詞によって使い分けられることもある.
 例 : N'*y* pensons plus (= Ne pensons plus *à cela*). (そのことはもう考えないでおこう)

3. 所有形容詞 (adjectif possessif)

人称	単数名詞につくとき （男性名詞） （女性名詞）		複数名詞につくとき （男性・女性名詞共通）
1人称	mon	ma(mon)	mes
2人称	ton	ta(ton)	tes
3人称	son	sa(son)	ses
1人称	notre		nos
2人称	votre		vos
3人称	leur		leurs

1) ma, ta, sa は,母音または無音の h で始まる語の前では, mon, ton, son となり,リエゾンする.
2) 所有形容詞の性・数は,所有者ではなく次にくる名詞(所有されるもの)の性・数によって決まる.
  例: son père 彼(女)の父, sa mère 彼(女)の母.

4. 所有代名詞 (pronom possessif)

人称	単数 （男性）	（女性）	複数 （男性）	（女性）
1人称	le mien	la mienne	les miens	les miennes
2人称	le tien	la tienne	les tiens	les tiennes
3人称	le sien	la sienne	les siens	les siennes
1人称	le nôtre	la nôtre	les nôtres	
2人称	le vôtre	la vôtre	les vôtres	
3人称	le leur	la leur	les leurs	

1) 所有者の男性/女性の区別はない.
2) le/la/les vôtre(s) は2人称複数だけではなく,敬称の vous に対応する形で2人称単数としても用いられる.

5. 疑問代名詞 (pronom interrogatif)

	主語	直接目的語・属詞	前置詞
人	qui qui est-ce qui	qui qui est-ce que	前置詞 + qui 前置詞 + qui est-ce que
物	qu'est-ce qui	que qu'est-ce que	前置詞 + quoi 前置詞 + quoi est-ce que

1) 主語で「物」をたずねるとき以外は2つの表現の仕方がある.長い形では,「人」/「物」をたずねる qui/que (quoi) に,主語であれば est-ce qui,それ以外のときには est-ce que がつく.
2) est-ce que がつくときは代名詞主語と動詞との倒置は起こらない.
3) 前置詞句で物をたずねるときには quoi (que の強勢形) を使う.

動詞活用表

叙法 modes と時制 temps

叙法 \ 時制	単純時制 temps simples	複合時制 temps composés
直説法 indicatif	現在 présent	複合過去 passé composé (助動詞の直説法現在 + 過去分詞)
	半過去 imparfait	大過去 plus-que-parfait (助動詞の直説法半過去 + 過去分詞)
	単純過去 passé simple	前過去 passé antérieur (助動詞の直説法単純過去 + 過去分詞)
	単純未来 futur simple	前未来 futur antérieur (助動詞の直説法単純未来 + 過去分詞)
条件法 conditionnel	現在 présent	過去 passé (助動詞の条件法現在 + 過去分詞)
接続法 subjonctif	現在 présent	過去 passé (助動詞の接続法現在 + 過去分詞)
	半過去 imparfait	大過去 plus-que-parfait (助動詞の接続法半過去 + 過去分詞)
命令法 impératif	単純形 simple	複合形 composé (助動詞の命令法単純形 + 過去分詞)
不定詞 infinitif	単純形 simple	複合形 composé (助動詞の不定詞単純形 + 過去分詞)
分詞 participe	現在 présent	複合形 composé (助動詞の現在分詞 + 過去分詞)
	過去 passé	

avoir   現在分詞 ayant   過去分詞 eu

直説法

現在	複合過去	半過去	大過去
j' ai	j' ai eu	j' avais	j' avais eu
tu as	tu as eu	tu avais	tu avais eu
il a	il a eu	il avait	il avait eu
n. avons	n. avons eu	n. avions	n. avions eu
v. avez	v. avez eu	v. aviez	v. aviez eu
ils ont	ils ont eu	ils avaient	ils avaient eu

単純未来	前未来	単純過去	前過去
j' aurai	j' aurai eu	j' eus	j' eus eu
tu auras	tu auras eu	tu eus	tu eus eu
il aura	il aura eu	il eut	il eut eu
n. aurons	n. aurons eu	n. eûmes	n. eûmes eu
v. aurez	v. aurez eu	v. eûtes	v. eûtes eu
ils auront	ils auront eu	ils eurent	ils eurent eu

条件法 / 命令法

現在	過去	単純形	複合形
j' aurais	j' aurais eu		
tu aurais	tu aurais eu	aie	aie eu
il aurait	il aurait eu		
n. aurions	n. aurions eu	ayons	ayons eu
v. auriez	v. auriez eu	ayez	ayez eu
ils auraient	ils auraient eu		

接続法

現在	過去	半過去	大過去
j' aie	j' aie eu	j' eusse	j' eusse eu
tu aies	tu aies eu	tu eusses	tu eusses eu
il ait	il ait eu	il eût	il eût eu
n. ayons	n. ayons eu	n. eussions	n. eussions eu
v. ayez	v. ayez eu	v. eussiez	v. eussiez eu
ils aient	ils aient eu	ils eussent	ils eussent eu

être

現在分詞 étant 過去分詞 été

直説法

現在		複合過去			半過去		大過去		
je	suis	j'	ai	été	j'	étais	j'	avais	été
tu	es	tu	as	été	tu	étais	tu	avais	été
il	est	il	a	été	il	était	il	avait	été
n.	sommes	n.	avons	été	n.	étions	n.	avions	été
v.	êtes	v.	avez	été	v.	étiez	v.	aviez	été
ils	sont	ils	ont	été	ils	étaient	ils	avaient	été

単純未来		前未来			単純過去		前過去		
je	serai	j'	aurai	été	je	fus	j'	eus	été
tu	seras	tu	auras	été	tu	fus	tu	eus	été
il	sera	il	aura	été	il	fut	il	eut	été
n.	serons	n.	aurons	été	n.	fûmes	n.	eûmes	été
v.	serez	v.	aurez	été	v.	fûtes	v.	eûtes	été
ils	seront	ils	auront	été	ils	furent	ils	eurent	été

条件法 / 命令法

現在		過去			単純形	複合形	
je	serais	j'	aurais	été			
tu	serais	tu	aurais	été	sois	aie	été
il	serait	il	aurait	été			
n.	serions	n.	aurions	été	soyons	ayons	été
v.	seriez	v.	auriez	été	soyez	ayez	été
ils	seraient	ils	auraient	été			

接続法

現在		過去			半過去		大過去		
je	sois	j'	aie	été	je	fusse	j'	eusse	été
tu	sois	tu	aies	été	tu	fusses	tu	eusses	été
il	soit	il	ait	été	il	fût	il	eût	été
n.	soyons	n.	ayons	été	n.	fussions	n.	eussions	été
v.	soyez	v.	ayez	été	v.	fussiez	v.	eussiez	été
ils	soient	ils	aient	été	ils	fussent	ils	eussent	été

aimer 第1群規則動詞　現在分詞 aimant　過去分詞 aimé

直 説 法

現　在	複合過去	半過去	大過去
j' aime	j' ai aimé	j' aimais	j' avais aimé
tu aimes	tu as aimé	tu aimais	tu avais aimé
il aime	il a aimé	il aimait	il avait aimé
n. aimons	n. avons aimé	n. aimions	n. avions aimé
v. aimez	v. avez aimé	v. aimiez	v. aviez aimé
ils aiment	ils ont aimé	ils aimaient	ils avaient aimé

単純未来	前未来	単純過去	前過去
j' aimerai	j' aurai aimé	j' aimai	j' eus aimé
tu aimeras	tu auras aimé	tu aimas	tu eus aimé
il aimera	il aura aimé	il aima	il eut aimé
n. aimerons	n. aurons aimé	n. aimâmes	n. eûmes aimé
v. aimerez	v. aurez aimé	v. aimâtes	v. eûtes aimé
ils aimeront	ils auront aimé	ils aimèrent	ils eurent aimé

条 件 法　　　　　命 令 法

現　在	過　去	単純形	複合形
j' aimerais	j' aurais aimé		
tu aimerais	tu aurais aimé	aime	aie aimé
il aimerait	il aurait aimé		
n. aimerions	n. aurions aimé	aimons	ayons aimé
v. aimeriez	v. auriez aimé	aimez	ayez aimé
ils aimeraient	ils auraient aimé		

接 続 法

現　在	過　去	半過去	大過去
j' aime	j' aie aimé	j' aimasse	j' eusse aimé
tu aimes	tu aies aimé	tu aimasses	tu eusses aimé
il aime	il ait aimé	il aimât	il eût aimé
n. aimions	n. ayons aimé	n. aimassions	n. eussions aimé
v. aimiez	v. ayez aimé	v. aimassiez	v. eussiez aimé
ils aiment	ils aient aimé	ils aimassent	ils eussent aimé

finir 第2群規則動詞　現在分詞 finissant　過去分詞 fini

直説法

現在	複合過去	半過去	大過去
je finis	j' ai fini	je finissais	j' avais fini
tu finis	tu as fini	tu finissais	tu avais fini
il finit	il a fini	il finissait	il avait fini
n. finissons	n. avons fini	n. finissions	n. avions fini
v. finissez	v. avez fini	v. finissiez	v. aviez fini
ils finissent	ils ont fini	ils finissaient	ils avaient fini

単純未来	前未来	単純過去	前過去
je finirai	j' aurai fini	je finis	j' eus fini
tu finiras	tu auras fini	tu finis	tu eus fini
il finira	il aura fini	il finit	il eut fini
n. finirons	n. aurons fini	n. finîmes	n. eûmes fini
v. finirez	v. aurez fini	v. finîtes	v. eûtes fini
ils finiront	ils auront fini	ils finirent	ils eurent fini

条件法　　　　　　　　　　　命令法

現在	過去	単純形	複合形
je finirais	j' aurais fini		
tu finirais	tu aurais fini	finis	aie fini
il finirait	il aurait fini		
n. finirions	n. aurions fini	finissons	ayons fini
v. finiriez	v. auriez fini	finissez	ayez fini
ils finiraient	ils auraient fini		

接続法

現在	過去	半過去	大過去
je finisse	j' aie fini	je finisse	j' eusse fini
tu finisses	tu aies fini	tu finisses	tu eusses fini
il finisse	il ait fini	il finît	il eût fini
n. finissions	n. ayons fini	n. finissions	n. eussions fini
v. finissiez	v. ayez fini	v. finissiez	v. eussiez fini
ils finissent	ils aient fini	ils finissent	ils eussent fini

付録

être aimé 受動態   現在分詞 étant aimé(e)(s)

直説法	
現在	複合過去
je suis aimé(e)	j' ai été aimé(e)
tu es aimé(e)	tu as été aimé(e)
il est aimé	il a été aimé
n. sommes aimé(e)s	n. avons été aimé(e)s
v. êtes aimé(e)(s)	v. avez été aimé(e)(s)
ils sont aimés	ils ont été aimés
半過去	大過去
j' étais aimé(e)	j' avais été aimé(e)
tu étais aimé(e)	tu avais été aimé(e)
il était aimé	il avait été aimé
n. étions aimé(e)s	n. avions été aimé(e)s
v. étiez aimé(e)(s)	v. aviez été aimé(e)(s)
ils étaient aimés	ils avaient été aimés
単純過去	前過去
je fus aimé(e)	j' eus été aimé(e)
tu fus aimé(e)	tu eus été aimé(e)
il fut aimé	il eut été aimé
n. fûmes aimé(e)s	n. eûmes été aimé(e)s
v. fûtes aimé(e)(s)	v. eûtes été aimé(e)(s)
ils furent aimés	ils eurent été aimés
単純未来	前未来
je serai aimé(e)	j' aurai été aimé(e)
tu seras aimé(e)	tu auras été aimé(e)
il sera aimé	il aura été aimé
n. serons aimé(e)s	n. aurons été aimé(e)s
v. serez aimé(e)(s)	v. aurez été aimé(e)(s)
ils seront aimés	ils auront été aimés

条件法

現在		過去		
je serais	aimé(e)	j' aurais	été	aimé(e)
tu serais	aimé(e)	tu aurais	été	aimé(e)
il serait	aimé	il aurait	été	aimé
n. serions	aimé(e)s	n. aurions	été	aimé(e)s
v. seriez	aimé(e)(s)	v. auriez	été	aimé(e)(s)
ils seraient	aimés	ils auraient	été	aimés

命令法

単純形		複合形		
sois	aimé(e)	aie	été	aimé(e)
soyons	aimé(e)s	ayons	été	aimé(e)s
soyez	aimé(e)(s)	ayez	été	aimé(e)(s)

接続法

現在		過去		
je sois	aimé(e)	j' aie	été	aimé(e)
tu sois	aimé(e)	tu aies	été	aimé(e)
il soit	aimé	il ait	été	aimé
n. soyons	aimé(e)s	n. ayons	été	aimé(e)s
v. soyez	aimé(e)(s)	v. ayez	été	aimé(e)(s)
ils soient	aimés	ils aient	été	aimés

半過去		大過去		
je fusse	aimé(e)	j' eusse	été	aimé(e)
tu fusses	aimé(e)	tu eusses	été	aimé(e)
il fût	aimé	il eût	été	aimé
n. fussions	aimé(e)s	n. eussions	été	aimé(e)s
v. fussiez	aimé(e)(s)	v. eussiez	été	aimé(e)(s)
ils fussent	aimés	ils eussent	été	aimés

se laver 代名動詞

現在分詞 se lavant
過去分詞 lavé

直説法

現在			複合過去			
je	me	lave	je	me	suis	lavé(e)
tu	te	laves	tu	t'	es	lavé(e)
il	se	lave	il	s'	est	lavé
n.	n.	lavons	n.	n.	sommes	lavé(e)s
v.	v.	lavez	v.	v.	êtes	lavé(e)(s)
ils	se	lavent	ils	se	sont	lavés

半過去			大過去			
je	me	lavais	je	m'	étais	lavé(e)
tu	te	lavais	tu	t'	étais	lavé(e)
il	se	lavait	il	s'	était	lavé
n.	n.	lavions	n.	n.	étions	lavé(e)s
v.	v.	laviez	v.	v.	étiez	lavé(e)(s)
ils	se	lavaient	ils	s'	étaient	lavés

単純過去			前過去			
je	me	lavai	je	me	fus	lavé(e)
tu	te	lavas	tu	te	fus	lavé(e)
il	se	lava	il	se	fut	lavé
n.	n.	lavâmes	n.	n.	fûmes	lavé(e)s
v.	v.	lavâtes	v.	v.	fûtes	lavé(e)(s)
ils	se	lavèrent	ils	se	furent	lavés

単純未来			前未来			
je	me	laverai	je	me	serai	lavé(e)
tu	te	laveras	tu	te	seras	lavé(e)
il	se	lavera	il	se	sera	lavé
n.	n.	laverons	n.	n.	serons	lavé(e)s
v.	v.	laverez	v.	v.	serez	lavé(e)(s)
ils	se	laveront	ils	se	seront	lavés

条件法			
現在			過去
je me laverais		je me	serais lavé(e)
tu te laverais		tu te	serais lavé(e)
il se laverait		il se	serait lavé
n. n. laverions		n. n.	serions lavé(e)s
v. v. laveriez		v. v.	seriez lavé(e)(s)
ils se laveraient		ils se	seraient lavés

命令法	
単純形	複合形
lave-toi lavons-nous lavez-vous	（なし）

接続法			
現在			過去
je me lave		je me	sois lavé(e)
tu te laves		tu te	sois lavé(e)
il se lave		il se	soit lavé
n. n. lavions		n. n.	soyons lavé(e)s
v. v. laviez		v. v.	soyez lavé(e)(s)
ils se lavent		ils se	soient lavés
半過去			大過去
je me lavasse		je me	fusse lavé(e)
tu te lavasses		tu te	fusses lavé(e)
il se lavât		il se	fût lavé
n. n. lavassions		n. n.	fussions lavé(e)s
v. v. lavassiez		v. v.	fussiez lavé(e)(s)
ils se lavassent		ils se	fussent lavés

付録

動詞活用表

不定詞 現在分詞 過去分詞		直説法			
		現在	半過去	単純過去	単純未来
1 **acheter** achetant acheté	j' tu il n. v. ils	**achète** achètes achète **achetons** achetez achètent	achetais achetais achetait achetions achetiez achetaient	achetai achetas acheta achetâmes achetâtes achetèrent	**achèterai** achèteras achètera achèterons achèterez achèteront
2 **acquérir** acquérant **acquis**	j' tu il n. v. ils	**acquiers** acquiers acquiert **acquérons** acquérez acquièrent	acquérais acquérais acquérait acquérions acquériez acquéraient	acquis acquis acquit acquîmes acquîtes acquirent	**acquerrai** acquerras acquerra acquerrons acquerrez acquerront
3 **aller** allant allé	j'/je tu il n. v. ils	**vais** **vas** **va** allons allez **vont**	allais allais allait allions alliez allaient	allai allas alla allâmes allâtes allèrent	**irai** iras ira irons irez iront
4 **appeler** appelant appelé	j' tu il n. v. ils	**appelle** appelles appelle **appelons** appelez appellent	appelais appelais appelait appelions appeliez appelaient	appelai appelas appela appelâmes appelâtes appelèrent	**appellerai** appelleras appellera appellerons appellerez appelleront
5 **assaillir** assaillant assailli	j' tu il n. v. ils	**assaille** assailles assaille assaillons assaillez assaillent	assaillais assaillais assaillait assaillions assailliez assaillaient	assaillis assaillis assaillit assaillîmes assaillîtes assaillirent	assaillirai assailliras assaillira assaillirons assaillirez assailliront

動詞活用表

	条件法	接続法		命令法
	現在	現在	半過去	単純形
j'	achèterais	achète	achetasse	
tu	achèterais	achètes	achetasses	achète
il	achèterait	achète	achetât	
n.	achèterions	achetions	achetassions	achetons
v.	achèteriez	achetiez	achetassiez	achetez
ils	achèteraient	achètent	achetassent	
j'	acquerrais	acquière	acquisse	
tu	acquerrais	acquières	acquisses	acquiers
il	acquerrait	acquière	acquît	
n.	acquerrions	acquérions	acquissions	acquérons
v.	acquerriez	acquériez	acquissiez	acquérez
ils	acquerraient	acquièrent	acquissent	
j'	**irais**	**aille**	allasse	
tu	irais	ailles	allasses	**va***
il	irait	aille	allât	* en, y の前で **vas**
n.	irions	allions	allassions	allons
v.	iriez	alliez	allassiez	allez
ils	iraient	aillent	allassent	
j'	appellerais	appelle	appelasse	
tu	appellerais	appelles	appelasses	appelle
il	appellerait	appelle	appelât	
n.	appellerions	appelions	appelassions	appelons
v.	appelleriez	appeliez	appelassiez	appelez
ils	appelleraient	appellent	appelassent	
j'	assaillirais	assaille	assaillisse	
tu	assaillirais	assailles	assaillisses	assaille
il	assaillirait	assaille	assaillît	
n.	assaillirions	assaillions	assaillissions	assaillons
v.	assailliriez	assailliez	assaillissiez	assaillez
ils	assailliraient	assaillent	assaillissent	

付録

不定詞 現在分詞 過去分詞		直説法			
		現　在	半過去	単純過去	単純未来
6 **asseoir** asseyant assis	j' tu il n. v. ils	assieds assieds assied **asseyons** asseyez asseyent	asseyais asseyais asseyait asseyions asseyiez asseyaient	assis assis assit assîmes assîtes assirent	**assiérai** assiéras assiéra assiérons assiérez assiéront
7 **asseoir** assoyant assis	j' tu il n. v. ils	assois assois assoit **assoyons** assoyez assoient	assoyais assoyais assoyait assoyions assoyiez assoyaient	assis assis assit assîmes assîtes assirent	**assoirai** assoiras assoira assoirons assoirez assoiront
8 **avoir** ayant eu	j' tu il n. v. ils	**ai** **as** **a** **avons** **avez** **ont**	avais avais avait avions aviez avaient	**eus** eus eut eûmes eûtes eurent	**aurai** auras aura aurons aurez auront
9 **battre** battant battu	je tu il n. v. ils	**bats** bats bat **battons** **battez** **battent**	battais battais battait battions battiez battaient	**battis** battis battit battîmes battîtes battirent	battrai battras battra battrons battrez battront
10 **boire** buvant bu	je tu il n. v. ils	**bois** bois boit **buvons** buvez **boivent**	buvais buvais buvait buvions buviez buvaient	bus bus but bûmes bûtes burent	boirai boiras boira boirons boirez boiront

	条件法	接続法		命令法
	現在	現在	半過去	単純形
j'	assiérais	asseye	assisse	
tu	assiérais	asseyes	assisses	assieds
il	assiérait	asseye	assît	
n.	assiérions	asseyions	assissions	asseyons
v.	assiériez	asseyiez	assissiez	asseyez
ils	assiéraient	asseyent	assissent	
j'	assoirais	assoie	assisse	
tu	assoirais	assoies	assisses	assois
il	assoirait	assoie	assît	
n.	assoirions	assoyions	assissions	assoyons
v.	assoiriez	assoyiez	assissiez	assoyez
ils	assoiraient	assoient	assissent	
j'	**aurais**	**aie**	**eusse**	
tu	aurais	**aies**	eusses	**aie**
il	aurait	**ait**	eût	
n.	aurions	**ayons**	eussions	**ayons**
v.	auriez	**ayez**	eussiez	**ayez**
ils	auraient	**aient**	eussent	
je	battrais	batte	battisse	
tu	battrais	battes	battisses	bats
il	battrait	batte	battît	
n.	battrions	battions	battissions	battons
v.	battriez	battiez	battissiez	battez
ils	battraient	battent	battissent	
je	boirais	boive	busse	
tu	boirais	boives	busses	bois
il	boirait	boive	bût	
n.	boirions	buvions	bussions	buvons
v.	boiriez	buviez	bussiez	buvez
ils	boiraient	boivent	bussent	

不定詞 現在分詞 過去分詞		直説法			
		現在	半過去	単純過去	単純未来
11 **bouillir** bouillant bouilli	je tu il n. v. ils	**bous** bous bout **bouillons** bouillez bouillent	bouillais bouillais bouillait bouillions bouilliez bouillaient	bouillis bouillis bouillit bouillîmes bouillîtes bouillirent	bouillirai bouilliras bouillira bouillirons bouillirez bouilliront
12 **bruire** bruissant **bruit**	je tu il n. v. ils	 **bruit** **bruissent**	 bruissait bruissaient		 bruira
13 **clore** closant **clos**	je tu il n. v. ils	**clos** clos clôt **closons** closez closent			clorai cloras clora clorons clorez cloront
14 **conclure** concluant **conclu**	je tu il n. v. ils	**conclus** conclus conclut **concluons** concluez concluent	concluais concluais concluait concluions concluiez concluaient	conclus conclus conclut conclûmes conclûtes conclurent	conclurai concluras conclura conclurons conclurez concluront
15 **conduire** conduisant **conduit**	je tu il n. v. ils	**conduis** conduis conduit **conduisons** conduisez conduisent	conduisais conduisais conduisait conduisions conduisiez conduisaient	**conduisis** conduisis conduisit conduisîmes conduisîtes conduisirent	conduirai conduiras conduira conduirons conduirez conduiront

	条件法	接続法		命令法
	現在	現在	半過去	単純形
je	bouillirais	bouille	bouillisse	
tu	bouillirais	bouilles	bouillisses	bous
il	bouillirait	bouille	bouillît	
n.	bouillirions	bouillions	bouillissions	bouillons
v.	bouilliriez	bouilliez	bouillissiez	bouillez
ils	bouilliraient	bouillent	bouillissent	
je				
tu				
il	bruirait	bruisse		
n.				
v.				
ils				
je	clorais	close		
tu	clorais	closes		clos
il	clorait	close		
n.	clorions	closions		
v.	cloriez	closiez		
ils	cloraient	closent		
je	conclurais	conclue	conclusse	
tu	conclurais	conclues	conclusses	conclus
il	conclurait	conclue	conclût	
n.	conclurions	concluions	conclussions	concluons
v.	concluriez	concluiez	conclussiez	concluez
ils	concluraient	concluent	conclussent	
je	conduirais	conduise	conduisisse	
tu	conduirais	conduises	conduisisses	conduis
il	conduirait	conduise	conduisît	
n.	conduirions	conduisions	conduisissions	conduisons
v.	conduiriez	conduisiez	conduisissiez	conduisez
ils	conduiraient	conduisent	conduisissent	

付録

動詞活用表

不定詞 現在分詞 過去分詞		直説法			
		現在	半過去	単純過去	単純未来
16 **connaître** connaissant connu	je tu il n. v. ils	**connais** connais connaît **connaissons** connaissez connaissent	connaissais connaissais connaissait connaissions connaissiez connaissaient	connus connus connut connûmes connûtes connurent	connaîtrai connaîtras connaîtra connaîtrons connaîtrez connaîtront
17 **coudre** cousant cousu	je tu il n. v. ils	**couds** couds coud **cousons** cousez cousent	cousais cousais cousait cousions cousiez cousaient	**cousis** cousis cousit cousîmes cousîtes cousirent	coudrai coudras coudra coudrons coudrez coudront
18 **courir** courant couru	je tu il n. v. ils	**cours** cours court courons courez courent	courais courais courait courions couriez couraient	courus courus courut courûmes courûtes coururent	**courrai** courras courra courrons courrez courront
19 **craindre** craignant craint	je tu il n. v. ils	**crains** crains craint **craignons** craignez craignent	craignais craignais craignait craignions craigniez craignaient	**craignis** craignis craignit craignîmes craignîtes craignirent	craindrai craindras craindra craindrons craindrez craindront
20 **croire** croyant cru	je tu il n. v. ils	**crois** crois croit **croyons** croyez croient	croyais croyais croyait croyions croyiez croyaient	crus crus crut crûmes crûtes crurent	croirai croiras croira croirons croirez croiront

	条件法	接続法		命令法
	現在	現在	半過去	単純形
je	connaîtrais	connaisse	connusse	
tu	connaîtrais	connaisses	connusses	connais
il	connaîtrait	connaisse	connût	
n.	connaîtrions	connaissions	connussions	connaissons
v.	connaîtriez	connaissiez	connussiez	connaissez
ils	connaîtraient	connaissent	connussent	
je	coudrais	couse	cousisse	
tu	coudrais	couses	cousisses	couds
il	coudrait	couse	cousît	
n.	coudrions	cousions	cousissions	cousons
v.	coudriez	cousiez	cousissiez	cousez
ils	coudraient	cousent	cousissent	
je	courrais	coure	courusse	
tu	courrais	coures	courusses	cours
il	courrait	coure	courût	
n.	courrions	courions	courussions	courons
v.	courriez	couriez	courussiez	courez
ils	courraient	courent	courussent	
je	craindrais	craigne	craignisse	
tu	craindrais	craignes	craignisses	crains
il	craindrait	craigne	craignît	
n.	craindrions	craignions	craignissions	craignons
v.	craindriez	craigniez	craignissiez	craignez
ils	craindraient	craignent	craignissent	
je	croirais	croie	crusse	
tu	croirais	croies	crusses	crois
il	croirait	croie	crût	
n.	croirions	croyions	crussions	croyons
v.	croiriez	croyiez	crussiez	croyez
ils	croiraient	croient	crussent	

動詞活用表

不定詞 現在分詞 過去分詞		直説法			
		現在	半過去	単純過去	単純未来
21 **croître** croissant crû	je tu il n. v. ils	**crois** crois croît **croissons** croissez croissent	croissais croissais croissait croissions croissiez croissaient	crûs crûs crût crûmes crûtes crûrent	croîtrai croîtras croîtra croîtrons croîtrez croîtront
22 **cueillir** cueillant cueilli	je tu il n. v. ils	**cueille** cueilles cueille **cueillons** cueillez cueillent	cueillais cueillais cueillait cueillions cueilliez cueillaient	cueillis cueillis cueillit cueillîmes cueillîtes cueillirent	**cueillerai** cueilleras cueillera cueillerons cueillerez cueilleront
23 **devoir** devant dû, due, dus, dues	je tu il n. v. ils	**dois** dois doit **devons** devez **doivent**	devais devais devait devions deviez devaient	dus dus dut dûmes dûtes durent	**devrai** devras devra devrons devrez devront
24 **dire** disant dit	je tu il n. v. ils	**dis** dis dit **disons** **dites** disent	disais disais disait disions disiez disaient	dis dis dit dîmes dîtes dirent	dirai diras dira dirons direz diront
25 **être** étant été	j'/je tu il n. v. ils	**suis** **es** **est** **sommes** **êtes** **sont**	étais étais était étions étiez étaient	**fus** fus fut fûmes fûtes furent	**serai** seras sera serons serez seront

	条件法	接続法		命令法
	現在	現在	半過去	単純形
je	croîtrais	croisse	crusse	
tu	croîtrais	croisses	crusses	croîs
il	croîtrait	croisse	crût	
n.	croîtrions	croissions	crussions	croissons
v.	croîtriez	croissiez	crussiez	croissez
ils	croîtraient	croissent	crussent	
je	cueillerais	cueille	cueillisse	
tu	cueillerais	cueilles	cueillisses	cueille
il	cueillerait	cueille	cueillît	
n.	cueillerions	cueillions	cueillissions	cueillons
v.	cueilleriez	cueilliez	cueillissiez	cueillez
ils	cueilleraient	cueillent	cueillissent	
je	devrais	doive	dusse	
tu	devrais	doives	dusses	dois
il	devrait	doive	dût	
n.	devrions	devions	dussions	devons
v.	devriez	deviez	dussiez	devez
ils	devraient	doivent	dussent	
je	dirais	dise	disse	
tu	dirais	dises	disses	dis
il	dirait	dise	dît	
n.	dirions	disions	dissions	disons
v.	diriez	disiez	dissiez	dites
ils	diraient	disent	dissent	
je	**serais**	**sois**	**fusse**	
tu	serais	**sois**	fusses	**sois**
il	serait	**soit**	fût	
n.	serions	**soyons**	fussions	**soyons**
v.	seriez	**soyez**	fussiez	**soyez**
ils	seraient	**soient**	fussent	

動詞活用表 1278

不定詞 現在分詞 過去分詞		直説法			
		現在	半過去	単純過去	単純未来
26 **écrire**	j'	**écris**	écrivais	**écrivis**	écrirai
	tu	écris	écrivais	écrivis	écriras
	il	écrit	écrivait	écrivit	écrira
écrivant	n.	**écrivons**	écrivions	écrivîmes	écrirons
écrit	v.	écrivez	écriviez	écrivîtes	écrirez
	ils	écrivent	écrivaient	écrivirent	écriront
27 **émouvoir**	j'	**émeus**	émouvais	émus	**émouvrai**
	tu	émeus	émouvais	émus	émouvras
	il	émeut	émouvait	émut	émouvra
émouvant	n.	**émouvons**	émouvions	émûmes	émouvrons
ému	v.	émouvez	émouviez	émûtes	émouvrez
	ils	**émeuvent**	émouvaient	émurent	émouvront
28 **entendre**	j'	**entends**	entendais	**entendis**	entendrai
	tu	entends	entendais	entendis	entendras
	il	entend	entendait	entendit	entendra
entendant	n.	entendons	entendions	entendîmes	entendrons
entendu	v.	entendez	entendiez	entendîtes	entendrez
	ils	entendent	entendaient	entendirent	entendront
29 **envoyer**	j'	**envoie**	envoyais	envoyai	**enverrai**
	tu	envoies	envoyais	envoyas	enverras
	il	envoie	envoyait	envoya	enverra
envoyant	n.	**envoyons**	envoyions	envoyâmes	enverrons
envoyé	v.	envoyez	envoyiez	envoyâtes	enverrez
	ils	envoient	envoyaient	envoyèrent	enverront
30 **essuyer**	j'	**essuie**	essuyais	essuyai	**essuierai**
	tu	essuies	essuyais	essuyas	essuieras
	il	essuie	essuyait	essuya	essuiera
essuyant	n.	**essuyons**	essuyions	essuyâmes	essuierons
essuyé	v.	essuyez	essuyiez	essuyâtes	essuierez
	ils	essuient	essuyaient	essuyèrent	essuieront

	条件法	接続法		命令法
	現在	現在	半過去	単純形
j'	écrirais	écrive	écrivisse	
tu	écrirais	écrives	écrivisses	écris
il	écrirait	écrive	écrivît	
n.	écririons	écrivions	écrivissions	écrivons
v.	écririez	écriviez	écrivissiez	écrivez
ils	écriraient	écrivent	écrivissent	
j'	émouvrais	émeuve	émusse	
tu	émouvrais	émeuves	émusses	émeus
il	émouvrait	émeuve	émût	
n.	émouvrions	émouvions	émussions	émouvons
v.	émouvriez	émouviez	émussiez	émouvez
ils	émouvraient	émeuvent	émussent	
j'	entendrais	entende	entendisse	
tu	entendrais	entendes	entendisses	entends
il	entendrait	entende	entendît	
n.	entendrions	entendions	entendissions	entendons
v.	entendriez	entendiez	entendissiez	entendez
ils	entendraient	entendent	entendissent	
j'	enverrais	envoie	envoyasse	
tu	enverrais	envoies	envoyasses	envoie
il	enverrait	envoie	envoyât	
n.	enverrions	envoyions	envoyassions	envoyons
v.	enverriez	envoyiez	envoyassiez	envoyez
ils	enverraient	envoient	envoyassent	
j'	essuierais	essuie	essuyasse	
tu	essuierais	essuies	essuyasses	essuie
il	essuierait	essuie	essuyât	
n.	essuierions	essuyions	essuyassions	essuyons
v.	essuieriez	essuyiez	essuyassiez	essuyez
ils	essuieraient	essuient	essuyassent	

動詞活用表

不定詞 現在分詞 過去分詞		直説法			
		現　在	半過去	単純過去	単純未来
31 **faire** faisant fait	je tu il n. v. ils	**fais** fais fait **faisons** **faites** **font**	**faisais** faisais faisait faisions faisiez faisaient	**fis** fis fit fîmes fîtes firent	**ferai** feras fera ferons ferez feront
32 **falloir** fallu	je tu il n. v. ils	**faut**	fallait	fallut	**faudra**
33 **finir** finissant fini	je tu il n. v. ils	**finis** finis finit **finissons** finissez finissent	finissais finissais finissait finissions finissiez finissaient	finis finis finit finîmes finîtes finirent	finirai finiras finira finirons finirez finiront
34 **frire** frit	je tu il n. v. ils	**fris** fris frit			frirai friras frira frirons frirez friront
35 **fuir** fuyant fui	je tu il n. v. ils	**fuis** fuis fuit **fuyons** fuyez fuient	fuyais fuyais fuyait fuyions fuyiez fuyaient	fuis fuis fuit fuîmes fuîtes fuirent	fuirai fuiras fuira fuirons fuirez fuiront

	条件法	接続法		命令法
	現在	現在	半過去	単純形
je	ferais	**fasse**	fisse	
tu	ferais	fasses	fisses	fais
il	ferait	fasse	fît	
n.	ferions	fassions	fissions	**faisons**
v.	feriez	fassiez	fissiez	**faites**
ils	feraient	fassent	fissent	
je				
tu				
il	faudrait	**faille**	fallût	
n.				
v.				
ils				
je	finirais	finisse	finisse	
tu	finirais	finisses	finisses	finis
il	finirait	finisse	finît	
n.	finirions	finissions	finissions	finissons
v.	finiriez	finissiez	finissiez	finissez
ils	finiraient	finissent	finissent	
je	frirais			
tu	frirais			fris
il	frirait			
n.	fririons			
v.	fririez			
ils	friraient			
je	fuirais	fuie	fuisse	
tu	fuirais	fuies	fuisses	fuis
il	fuirait	fuie	fuît	
n.	fuirions	fuyions	fuissions	fuyons
v.	fuiriez	fuyiez	fuissiez	fuyez
ils	fuiraient	fuient	fuissent	

不定詞 現在分詞 過去分詞		直説法			
		現在	半過去	単純過去	単純未来
36 **haïr** haïssant haï	je	**hais**	haïssais	haïs	haïrai
	tu	hais	haïssais	haïs	haïras
	il	hait	haïssait	haït	haïra
	n.	**haïssons**	haïssions	haïmes	haïrons
	v.	haïssez	haïssiez	haïtes	haïrez
	ils	haïssent	haïssaient	haïrent	haïront
37 **interdire** interdisant **interdit**	j'	**interdis**	interdisais	interdis	interdirai
	tu	interdis	interdisais	interdis	interdiras
	il	interdit	interdisait	interdit	interdira
	n.	**interdisons**	interdisions	interdîmes	interdirons
	v.	interdisez	interdisiez	interdîtes	interdirez
	ils	interdisent	interdisaient	interdirent	interdiront
38 **joindre** joignant **joint**	je	**joins**	joignais	**joignis**	joindrai
	tu	joins	joignais	joignis	joindras
	il	joint	joignait	joignit	joindra
	n.	**joignons**	joignions	joignîmes	joindrons
	v.	joignez	joigniez	joignîtes	joindrez
	ils	joignent	joignaient	joignirent	joindront
39 **lire** lisant **lu**	je	**lis**	lisais	lus	lirai
	tu	lis	lisais	lus	liras
	il	lit	lisait	lut	lira
	n.	**lisons**	lisions	lûmes	lirons
	v.	lisez	lisiez	lûtes	lirez
	ils	lisent	lisaient	lurent	liront
40 **manger** mangeant mangé	je	**mange**	mangeais	mangeai	mangerai
	tu	manges	mangeais	mangeas	mangeras
	il	mange	mangeait	mangea	mangera
	n.	**mangeons**	mangions	mangeâmes	mangerons
	v.	mangez	mangiez	mangeâtes	mangerez
	ils	mangent	mangeaient	mangèrent	mangeront

動詞活用表

	条件法	接続法		命令法
	現 在	現 在	半過去	単純形
je	haïrais	haïsse	haïsse	
tu	haïrais	haïsses	haïsses	hais
il	haïrait	haïsse	haït	
n.	haïrions	haïssions	haïssions	haïssons
v.	haïriez	haïssiez	haïssiez	haïssez
ils	haïraient	haïssent	haïssent	
j'	interdirais	interdise	interdisse	
tu	interdirais	interdises	interdisses	interdis
il	interdirait	interdise	interdît	
n.	interdirions	interdisions	interdissions	interdisons
v.	interdiriez	interdisiez	interdissiez	interdisez
ils	interdiraient	interdisent	interdissent	
je	joindrais	joigne	joignisse	
tu	joindrais	joignes	joignisses	joins
il	joindrait	joigne	joignît	
n.	joindrions	joignions	joignissions	joignons
v.	joindriez	joigniez	joignissiez	joignez
ils	joindraient	joignent	joignissent	
je	lirais	lise	lusse	
tu	lirais	lises	lusses	lis
il	lirait	lise	lût	
n.	lirions	lisions	lussions	lisons
v.	liriez	lisiez	lussiez	lisez
ils	liraient	lisent	lussent	
je	mangerais	mange	mangeasse	
tu	mangerais	manges	mangeasses	mange
il	mangerait	mange	mangeât	
n.	mangerions	mangions	mangeassions	mangeons
v.	mangeriez	mangiez	mangeassiez	mangez
ils	mangeraient	mangent	mangeassent	

不定詞 現在分詞 過去分詞		直説法			
		現 在	半過去	単純過去	単純未来
41 mettre mettant mis	je tu il n. v. ils	**mets** mets met **mettons** mettez mettent	mettais mettais mettait mettions mettiez mettaient	**mis** mis mit mîmes mîtes mirent	mettrai mettras mettra mettrons mettrez mettront
42 moudre moulant moulu	je tu il n. v. ils	**mouds** mouds moud **moulons** moulez moulent	moulais moulais moulait moulions mouliez moulaient	moulus moulus moulut moulûmes moulûtes moulurent	moudrai moudras moudra moudrons moudrez moudront
43 mourir mourant mort	je tu il n. v. ils	**meurs** meurs meurt **mourons** mourez meurent	mourais mourais mourait mourions mouriez mouraient	**mourus** mourus mourut mourûmes mourûtes moururent	**mourrai** mourras mourra mourrons mourrez mourront
44 naître naissant né	je tu il n. v. ils	**nais** nais naît **naissons** naissez naissent	naissais naissais naissait naissions naissiez naissaient	**naquis** naquis naquit naquîmes naquîtes naquirent	naîtrai naîtras naîtra naîtrons naîtrez naîtront
45 nettoyer nettoyant nettoyé	je tu il n. v. ils	**nettoie** nettoies nettoie **nettoyons** nettoyez nettoient	nettoyais nettoyais nettoyait nettoyions nettoyiez nettoyaient	nettoyai nettoyas nettoya nettoyâmes nettoyâtes nettoyèrent	**nettoierai** nettoieras nettoiera nettoierons nettoierez nettoieront

動詞活用表

	条件法	接続法		命令法
	現在	現在	半過去	単純形
je	mettrais	mette	misse	
tu	mettrais	mettes	misses	mets
il	mettrait	mette	mît	
n.	mettrions	mettions	missions	mettons
v.	mettriez	mettiez	missiez	mettez
ils	mettraient	mettent	missent	
je	moudrais	moule	moulusse	
tu	moudrais	moules	moulusses	mouds
il	moudrait	moule	moulût	
n.	moudrions	moulions	moulussions	moulons
v.	moudriez	mouliez	moulussiez	moulez
ils	moudraient	moulent	moulussent	
je	mourrais	meure	mourusse	
tu	mourrais	meures	mourusses	meurs
il	mourrait	meure	mourût	
n.	mourrions	mourions	mourussions	mourons
v.	mourriez	mouriez	mourussiez	mourez
ils	mourraient	meurent	mourussent	
je	naîtrais	naisse	naquisse	
tu	naîtrais	naisses	naquisses	nais
il	naîtrait	naisse	naquît	
n.	naîtrions	naissions	naquissions	naissons
v.	naîtriez	naissiez	naquissiez	naissez
ils	naîtraient	naissent	naquissent	
je	nettoierais	nettoie	nettoyasse	
tu	nettoierais	nettoies	nettoyasses	nettoie
il	nettoierait	nettoie	nettoyât	
n.	nettoierions	nettoyions	nettoyassions	nettoyons
v.	nettoieriez	nettoyiez	nettoyassiez	nettoyez
ils	nettoieraient	nettoient	nettoyassent	

付録

不定詞 現在分詞 過去分詞		直説法			
		現 在	半過去	単純過去	単純未来
46 **ouvrir** ouvrant **ouvert**	j' tu il n. v. ils	**ouvre** ouvres ouvre ouvrons ouvrez ouvrent	ouvrais ouvrais ouvrait ouvrions ouvriez ouvraient	**ouvris** ouvris ouvrit ouvrîmes ouvrîtes ouvrirent	ouvrirai ouvriras ouvrira ouvrirons ouvrirez ouvriront
47 **paraître** paraissant **paru**	je tu il n. v. ils	**parais** parais paraît **paraissons** paraissez paraissent	paraissais paraissais paraissait paraissions paraissiez paraissaient	parus parus parut parûmes parûtes parurent	paraîtrai paraîtras paraîtra paraîtrons paraîtrez paraîtront
48 **partir** partant parti	je tu il n. v. ils	**pars** pars part **partons** partez partent	partais partais partait partions partiez partaient	partis partis partit partîmes partîtes partirent	partirai partiras partira partirons partirez partiront
49 **payer** payant payé	je tu il n. v. ils	**paie** paies paie **payons** payez paient	payais payais payait payions payiez payaient	payai payas paya payâmes payâtes payèrent	**paierai** paieras paiera paierons paierez paieront
50 **payer** payant payé	je tu il n. v. ils	**paye** payes paye **payons** payez payent	payais payais payait payions payiez payaient	payai payas paya payâmes payâtes payèrent	payerai payeras payera payerons payerez payeront

付録

動詞活用表

	条件法	接続法		命令法
	現在	現在	半過去	単純形
j'	ouvrirais	ouvre	ouvrisse	
tu	ouvrirais	ouvres	ouvrisses	ouvre
il	ouvrirait	ouvre	ouvrît	
n.	ouvririons	ouvrions	ouvrissions	ouvrons
v.	ouvririez	ouvriez	ouvrissiez	ouvrez
ils	ouvriraient	ouvrent	ouvrissent	
je	paraîtrais	paraisse	parusse	
tu	paraîtrais	paraisses	parusses	parais
il	paraîtrait	paraisse	parût	
n.	paraîtrions	paraissions	parussions	paraissons
v.	paraîtriez	paraissiez	parussiez	paraissez
ils	paraîtraient	paraissent	parussent	
je	partirais	parte	partisse	
tu	partirais	partes	partisses	pars
il	partirait	parte	partît	
n.	partirions	partions	partissions	partons
v.	partiriez	partiez	partissiez	partez
ils	partiraient	partent	partissent	
je	paierais	paie	payasse	
tu	paierais	paies	payasses	paie
il	paierait	paie	payât	
n.	paierions	payions	payassions	payons
v.	paieriez	payiez	payassiez	payez
ils	paieraient	paient	payassent	
je	payerais	paye	payasse	
tu	payerais	payes	payasses	paye
il	payerait	paye	payât	
n.	payerions	payions	payassions	payons
v.	payeriez	payiez	payassiez	payez
ils	payeraient	payent	payassent	

付録

動詞活用表

不定詞 / 現在分詞 / 過去分詞		直説法 現在	半過去	単純過去	単純未来
51 **perdre** perdant perdu	je tu il n. v. ils	**perds** perds perd perdons perdez perdent	perdais perdais perdait perdions perdiez perdaient	**perdis** perdis perdit perdîmes perdîtes perdirent	perdrai perdras perdra perdrons perdrez perdront
52 **placer** plaçant placé	je tu il n. v. ils	**place** places place plaçons placez placent	plaçais plaçais plaçait placions placiez plaçaient	plaçai plaças plaça plaçâmes plaçâtes placèrent	placerai placeras placera placerons placerez placeront
53 **plaire** plaisant **plu**	je tu il n. v. ils	**plais** plais plaît **plaisons** plaisez plaisent	plaisais plaisais plaisait plaisions plaisiez plaisaient	plus plus plut plûmes plûtes plurent	plairai plairas plaira plairons plairez plairont
54 **pleuvoir** pleuvant **plu**	je tu il n. v. ils	**pleut**	pleuvait	plut	**pleuvra**
55 **pourvoir** pourvoyant pourvu	je tu il n. v. ils	**pourvois** pourvois pourvoit **pourvoyons** pourvoyez pourvoient	pourvoyais pourvoyais pourvoyait pourvoyions pourvoyiez pourvoyaient	pourvus pourvus pourvut pourvûmes pourvûtes pourvurent	pourvoirai pourvoiras pourvoira pourvoirons pourvoirez pourvoiront

	条件法	接続法		命令法
	現在	現在	半過去	単純形
je	perdrais	perde	perdisse	
tu	perdrais	perdes	perdisses	perds
il	perdrait	perde	perdît	
n.	perdrions	perdions	perdissions	perdons
v.	perdriez	perdiez	perdissiez	perdez
ils	perdraient	perdent	perdissent	
je	placerais	place	plaçasse	
tu	placerais	places	plaçasses	place
il	placerait	place	plaçât	
n.	placerions	placions	plaçassions	plaçons
v.	placeriez	placiez	plaçassiez	placez
ils	placeraient	placent	plaçassent	
je	plairais	plaise	plusse	
tu	plairais	plaises	plusses	plais
il	plairait	plaise	plût	
n.	plairions	plaisions	plussions	plaisons
v.	plairiez	plaisiez	plussiez	plaisez
ils	plairaient	plaisent	plussent	
je				
tu				
il	pleuvrait	**pleuve**	plût	
n.				
v.				
ils				
je	pourvoirais	pourvoie	pourvusse	
tu	pourvoirais	pourvoies	pourvusses	pourvois
il	pourvoirait	pourvoie	pourvût	
n.	pourvoirions	pourvoyions	pourvussions	pourvoyons
v.	pourvoiriez	pourvoyiez	pourvussiez	pourvoyez
ils	pourvoiraient	pourvoient	pourvussent	

動詞活用表 1290

不定詞 現在分詞 過去分詞		直説法			
		現　在	半過去	単純過去	単純未来
56 **pouvoir** pouvant pu	je tu il n. v. ils	**peux** [puis] peux peut **pouvons** pouvez **peuvent**	pouvais pouvais pouvait pouvions pouviez pouvaient	pus pus put pûmes pûtes purent	**pourrai** pourras pourra pourrons pourrez pourront
57 **préférer** préférant préféré	je tu il n. v. ils	**préfère** préfères préfère **préférons** préférez préfèrent	préférais préférais préférait préférions préfériez préféraient	préférai préféras préféra préférâmes préférâtes préférèrent	préférerai préféreras préférera préférerons préférerez préféreront
58 **prévaloir** prévalant prévalu	je tu il n. v. ils	**prévaux** prévaux prévaut **prévalons** prévalez prévalent	prévalais prévalais prévalait prévalions prévaliez prévalaient	prévalus prévalus prévalut prévalûmes prévalûtes prévalurent	**prévaudrai** prévaudras prévaudra prévaudrons prévaudrez prévaudront
59 **prévoir** prévoyant prévu	je tu il n. v. ils	**prévois** prévois prévoit **prévoyons** prévoyez prévoient	prévoyais prévoyais prévoyait prévoyions prévoyiez prévoyaient	**prévis** prévis prévit prévîmes prévîtes prévirent	prévoirai prévoiras prévoira prévoirons prévoirez prévoiront
60 **prendre** prenant **pris**	je tu il n. v. ils	**prends** prends prend **prenons** prenez **prennent**	prenais prenais prenait prenions preniez prenaient	pris pris prit prîmes prîtes prirent	prendrai prendras prendra prendrons prendrez prendront

付録

	条件法	接続法		命令法
	現在	現在	半過去	単純形
je	pourrais	**puisse**	pusse	
tu	pourrais	puisses	pusses	
il	pourrait	puisse	pût	
n.	pourrions	puissions	pussions	
v.	pourriez	puissiez	pussiez	
ils	pourraient	puissent	pussent	
je	préférerais	préfère	préférasse	
tu	préférerais	préfères	préférasses	préfères
il	préférerait	préfère	préférât	
n.	préférerions	préférions	préférassions	préférons
v.	préféreriez	préfériez	préférassiez	préférez
ils	préféreraient	préfèrent	préférassent	
je	prévaudrais	prévale	prévalusse	
tu	prévaudrais	prévales	prévalusses	prévaux
il	prévaudrait	prévale	prévalût	
n.	prévaudrions	prévalions	prévalussions	prévalons
v.	prévaudriez	prévaliez	prévalussiez	prévalez
ils	prévaudraient	prévalent	prévalussent	
je	prévoirais	prévoie	prévisse	
tu	prévoirais	prévoies	prévisses	prévois
il	prévoirait	prévoie	prévît	
n.	prévoirions	prévoyions	prévissions	prévoyons
v.	prévoiriez	prévoyiez	prévissiez	prévoyez
ils	prévoiraient	prévoient	prévissent	
je	prendrais	prenne	prisse	
tu	prendrais	prennes	prisses	prends
il	prendrait	prenne	prît	
n.	prendrions	prenions	prissions	prenons
v.	prendriez	preniez	prissiez	prenez
ils	prendraient	prennent	prissent	

不定詞 現在分詞 過去分詞		直説法			
		現在	半過去	単純過去	単純未来
61 **répondre**	je	**réponds**	répondais	**ré**pondis	répondrai
	tu	réponds	répondais	répondis	répondras
	il	répond	répondait	répondit	répondra
répondant	n.	répondons	répondions	répondîmes	répondrons
répondu	v.	répondez	répondiez	répondîtes	répondrez
	ils	répondent	répondaient	répondirent	répondront
62 **résoudre**	je	**résous**	résolvais	**ré**solus	résoudrai
	tu	résous	résolvais	résolus	résoudras
	il	résout	résolvait	résolut	résoudra
résolvant	n.	**résolvons**	résolvions	résolûmes	résoudrons
(i) **résolu**	v.	résolvez	résolviez	résolûtes	résoudrez
(ii) **résous, te**	ils	résolvent	résolvaient	résolurent	résoudront
63 **recevoir**	je	**reçois**	recevais	reçus	**recevrai**
	tu	reçois	recevais	reçus	recevras
	il	reçoit	recevait	reçut	recevra
recevant	n.	**recevons**	recevions	reçûmes	recevrons
reçu	v.	recevez	receviez	reçûtes	recevrez
	ils	**reçoivent**	recevaient	reçurent	recevront
64 **revêtir**	je	**revêts**	revêtais	**revêtis**	revêtirai
	tu	revêts	revêtais	revêtis	revêtiras
	il	revêt	revêtait	revêtit	revêtira
revêtant	n.	revêtons	revêtions	revêtîmes	revêtirons
revêtu	v.	revêtez	revêtiez	revêtîtes	revêtirez
	ils	revêtent	revêtaient	revêtirent	revêtiront
65 **rire**	je	**ris**	riais	ris	rirai
	tu	ris	riais	ris	riras
	il	rit	riait	rit	rira
riant	n.	rions	riions	rîmes	rirons
ri	v.	riez	riiez	rîtes	rirez
	ils	rient	riaient	rirent	riront

	条件法	接続法		命令法
	現在	現在	半過去	単純形
je	répondrais	réponde	répondisse	
tu	répondrais	répondes	répondisses	réponds
il	répondrait	réponde	répondît	
n.	répondrions	répondions	répondissions	répondons
v.	répondriez	répondiez	répondissiez	répondez
ils	répondraient	répondent	répondissent	
je	résoudrais	résolve	résolusse	
tu	résoudrais	résolves	résolusses	résous
il	résoudrait	résolve	résolût	
n.	résoudrions	résolvions	résolussions	résolvons
v.	résoudriez	résolviez	résolussiez	résolvez
ils	résoudraient	résolvent	résolussent	
je	recevrais	reçoive	reçusse	
tu	recevrais	reçoives	reçusses	reçois
il	recevrait	reçoive	reçût	
n.	recevrions	recevions	reçussions	recevons
v.	recevriez	receviez	reçussiez	recevez
ils	recevraient	reçoivent	reçussent	
je	revêtirais	revête	revêtisse	
tu	revêtirais	revêtes	revêtisses	revêts
il	revêtirait	revête	revêtît	
n.	revêtirions	revêtions	revêtissions	revêtons
v.	revêtiriez	revêtiez	revêtissiez	revêtez
ils	revêtiraient	revêtent	revêtissent	
je	rirais	rie	risse	
tu	rirais	ries	risses	ris
il	rirait	rie	rît	
n.	ririons	riions	rissions	rions
v.	ririez	riiez	rissiez	riez
ils	riraient	rient	rissent	

動詞活用表

不定詞 現在分詞 過去分詞			直説法		
		現 在	半過去	単純過去	単純未来
66 **rompre** rompant rompu	je tu il n. v. ils	**romps** romps rompt rompons rompez rompent	rompais rompais rompait rompions rompiez rompaient	rompis rompis rompit rompîmes rompîtes rompirent	romprai rompras rompra romprons romprez rompront
67 **savoir** sachant su	je tu il n. v. ils	**sais** sais sait **savons** savez savent	savais savais savait savions saviez savaient	sus sus sut sûmes sûtes surent	**saurai** sauras saura saurons saurez sauront
68 **seoir** séant, seyant **sis**	je tu il n. v. ils	**sied** **siéent**	seyait seyaient		**siéra** siéront
69 **servir** servant servi	je tu il n. v. ils	**sers** sers sert **servons** servez servent	servais servais servait servions serviez servaient	servis servis servit servîmes servîtes servirent	servirai serviras servira servirons servirez serviront
70 **suffire** suffisant **suffi**	je tu il n. v. ils	**suffis** suffis suffit **suffisons** suffisez suffisent	suffisais suffisais suffisait suffisions suffisiez suffisaient	suffis suffis suffit suffîmes suffîtes suffirent	suffirai suffiras suffira suffirons suffirez suffiront

	条件法	接続法		命令法
	現在	現在	半過去	単純形
je	romprais	rompe	rompisse	
tu	romprais	rompes	rompisses	romps
il	romprait	rompe	rompît	
n.	romprions	rompions	rompissions	rompons
v.	rompriez	rompiez	rompissiez	rompez
ils	rompraient	rompent	rompissent	
je	saurais	**sache**	susse	
tu	saurais	saches	susses	**sache**
il	saurait	sache	sût	
n.	saurions	sachions	sussions	**sachons**
v.	sauriez	sachiez	sussiez	**sachez**
ils	sauraient	sachent	sussent	
je				
tu				
il	siérait	siée		
n.				
v.				
ils	siéraient	siéent		
je	servirais	serve	servisse	
tu	servirais	serves	servisses	sers
il	servirait	serve	servît	
n.	servirions	servions	servissions	servons
v.	serviriez	serviez	servissiez	servez
ils	serviraient	servent	servissent	
je	suffirais	suffise	suffisse	
tu	suffirais	suffises	suffisses	suffis
il	suffirait	suffise	suffît	
n.	suffirions	suffisions	suffissions	suffisons
v.	suffiriez	suffisiez	suffissiez	suffisez
ils	suffiraient	suffisent	suffissent	

動詞活用表

不定詞 現在分詞 過去分詞			直説法			
			現　在	半過去	単純過去	単純未来
71 **suivre** suivant **suivi**	je	**suis**	suivais	suivis	suivrai
	tu	suis	suivais	suivis	suivras
	il	suit	suivait	suivit	suivra
	n.	**suivons**	suivions	suivîmes	suivrons
	v.	suivez	suiviez	suivîtes	suivrez
	ils	suivent	suivaient	suivirent	suivront
72 **traire** trayant **trait**	je	**trais**	trayais		trairai
	tu	trais	trayais		trairas
	il	trait	trayait		traira
	n.	**trayons**	trayions		trairons
	v.	trayez	trayiez		trairez
	ils	traient	trayaient		trairont
73 **vaincre** vainquant **vaincu**	je	**vaincs**	vainquais	**vainquis**	vaincrai
	tu	vaincs	vainquais	vainquis	vaincras
	il	vainc	vainquait	vainquit	vaincra
	n.	**vainquons**	vainquions	vainquîmes	vaincrons
	v.	vainquez	vainquiez	vainquîtes	vaincrez
	ils	vainquent	vainquaient	vainquirent	vaincront
74 **valoir** valant valu	je	**vaux**	valais	valus	**vaudrai**
	tu	vaux	valais	valus	vaudras
	il	vaut	valait	valut	vaudra
	n.	**valons**	valions	valûmes	vaudrons
	v.	valez	valiez	valûtes	vaudrez
	ils	valent	valaient	valurent	vaudront
75 **venir** venant **venu**	je	**viens**	venais	**vins**	**viendrai**
	tu	viens	venais	vins	viendras
	il	vient	venait	vint	viendra
	n.	**venons**	venions	vînmes	viendrons
	v.	venez	veniez	vîntes	viendrez
	ils	**viennent**	venaient	vinrent	viendront

動詞活用表

| | 条件法 | 接続法 | | 命令法 |
	現在	現在	半過去	単純形
je	suivrais	suive	suivisse	
tu	suivrais	suives	suivisses	suis
il	suivrait	suive	suivît	
n.	suivrions	suivions	suivissions	suivons
v.	suivriez	suiviez	suivissiez	suivez
ils	suivraient	suivent	suivissent	
je	trairais	traie		
tu	trairais	traies		trais
il	trairait	traie		
n.	trairions	trayions		trayons
v.	trairiez	trayiez		trayez
ils	trairaient	traient		
je	vaincrais	vainque	vainquisse	
tu	vaincrais	vainques	vainquisses	vaincs
il	vaincrait	vainque	vainquît	
n.	vaincrions	vainquions	vainquissions	vainquons
v.	vaincriez	vainquiez	vainquissiez	vainquez
ils	vaincraient	vainquent	vainquissent	
je	vaudrais	**vaille**	valusse	
tu	vaudrais	vailles	valusses	
il	vaudrait	vaille	valût	
n.	vaudrions	**valions**	valussions	
v.	vaudriez	valiez	valussiez	
ils	vaudraient	vaillent	valussent	
je	viendrais	vienne	vinsse	
tu	viendrais	viennes	vinsses	viens
il	viendrait	vienne	vînt	
n.	viendrions	venions	vinssions	venons
v.	viendriez	veniez	vinssiez	venez
ils	viendraient	viennent	vinssent	

付録

不定詞 現在分詞 過去分詞			直説法			
			現　在	半過去	単純過去	単純未来
76 **vivre** vivant **vécu**		je	**vis**	vivais	vécus	vivrai
		tu	vis	vivais	vécus	vivras
		il	vit	vivait	vécut	vivra
		n.	**vivons**	vivions	vécûmes	vivrons
		v.	vivez	viviez	vécûtes	vivrez
		ils	vivent	vivaient	vécurent	vivront
77 **voir** voyant vu		je	**vois**	voyais	**vis**	**verrai**
		tu	vois	voyais	vis	verras
		il	voit	voyait	vit	verra
		n.	**voyons**	voyions	vîmes	verrons
		v.	voyez	voyiez	vîtes	verrez
		ils	voient	voyaient	virent	verront
78 **vouloir** voulant voulu		je	**veux**	voulais	voulus	**voudrai**
		tu	veux	voulais	voulus	voudras
		il	veut	voulait	voulut	voudra
		n.	**voulons**	voulions	voulûmes	voudrons
		v.	voulez	vouliez	voulûtes	voudrez
		ils	**veulent**	voulaient	voulurent	voudront

	条件法	接続法		命令法
	現在	現在	半過去	単純形
je	vivrais	vive	vécusse	
tu	vivrais	vives	vécusses	vis
il	vivrait	vive	vécût	
n.	vivrions	vivions	vécussions	vivons
v.	vivriez	viviez	vécussiez	vivez
ils	vivraient	vivent	vécussent	
je	verrais	voie	visse	
tu	verrais	voies	visses	vois
il	verrait	voie	vît	
n.	verrions	voyions	vissions	voyons
v.	verriez	voyiez	vissiez	voyez
ils	verraient	voient	vissent	
je	voudrais	**veuille**	voulusse	
tu	voudrais	veuilles	voulusses	**veuille**
il	voudrait	veuille	voulût	
n.	voudrions	**voulions**	voulussions	**veuillons**
v.	voudriez	vouliez	voulussiez	**veuillez**
ils	voudraient	veuillent	voulussent	

2003年4月1日　初版発行
2011年4月1日　第2版発行

デイリーコンサイス 仏和/和仏 辞典
第2版

2016年7月1日　第3刷発行

編　者　木内良行 (きのうち・よしゆき)
　　　　三省堂編修所

発行者　株式会社 三省堂　代表者 北口克彦
印刷者　三省堂印刷株式会社

発行所　株式会社 三省堂
　　　　〒101-8371
　　　　東京都千代田区三崎町二丁目22番14号
　　　　電話 編集　(03) 3230-9411
　　　　　　 営業　(03) 3230-9412

　　　　振替口座　00160-5-54300
　　　　商標登録番号　521140
　　　　http://www.sanseido.co.jp/

〈2版デイリー仏合本・1,312 pp.〉

落丁本・乱丁本はお取替えいたします

ISBN978-4-385-11951-9

Ⓡ本書を無断で複写複製(コピー)することは、著作権法上の例外を除き、禁じられています。本書をコピーされる場合は、事前に日本複製権センター (JRRC) の許諾を受けてください。
http://www.jrrc.or.jp　 eメール:info@jrrc.or.jp
電話:03-3401-2382

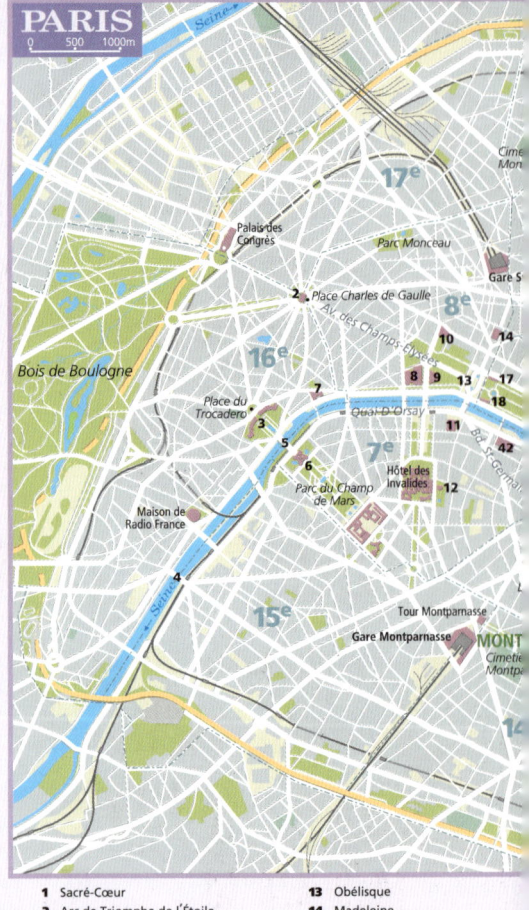

1 Sacré-Cœur
2 Arc de Triomphe de l'Étoile
3 Palais de Chaillot
4 Pont Mirabeau
5 Pont d'Iéna
6 Tour Eiffel
7 Musée d'Art Moderne
8 Grand Palais
9 Petit Palais
10 Palais de l'Élysée
11 Assemblée Nationale
12 Musée Rodin
13 Obélisque
14 Madeleine
15 Opéra
16 Colonne Vendôme
17 Jeu de Paume
18 Orangerie
19 Opéra-Comique
20 Bibliothèque Nationale
21 Comédie-Française
22 Palais Royal
23 Arc de Triomphe du Carrousel
24 Palais du Louvre